本书系教育部人文社会科学重点研究基地南京大学中国新文学研究中心重点资助项目

中国新时期文学期刊目录汇编

第一卷

张光芒 主编

学术顾问	丁 帆	王彬彬
主 编	张光芒	
编 撰	张光芒	史鸣威
	许永宁	杜 璇
	姜 淼	孙慧文
	高 旭	李 桢
	杨 雯	丁雨卉
	王凤华	张匀匀
	孙 琳	

南京大学出版社

图书在版编目(CIP)数据

中国新时期文学期刊目录汇编. 第 1 卷 / 张光芒主编
. —南京:南京大学出版社,2023.8
　　ISBN 978 - 7 - 305 - 25002 - 6

　　Ⅰ. ①中… 　Ⅱ. ①张… 　Ⅲ. ①中国文学—当代文学—
期刊目录 　Ⅳ. ①Z88:I206.7

　　中国版本图书馆 CIP 数据核字(2021)第 194059 号

出版发行　南京大学出版社
社　　址　南京市汉口路 22 号　　　　邮　编　210093
出 版 人　王文军

书　　名　**中国新时期文学期刊目录汇编**
　　　　　ZHONGGUO XINSHIQI WENXUE QIKAN MULU HUIBIAN
主　　编　张光芒
责任编辑　施　敏

照　　排　南京紫藤制版印务中心
印　　刷　南京新世纪联盟印务有限公司
开　　本　880 mm×1230 mm　1/16　印张 303　字数 12566 千
版　　次　2023 年 8 月第 1 版　2023 年 8 月第 1 次印刷
ISBN 978 - 7 - 305 - 25002 - 6
定　　价　1500.00 元(全五卷)

网　　址:http://www.njupco.com
官方微博:http://weibo.com/njupco
官方微信号:njupress
销售咨询热线:025 - 83594756

前　言

　　史料学的建设是否全面、完善和系统化，是一个学科是否走向成熟的重要标志之一，而目录学是否发达和完备，又是史料学建设的显要标志。在中国学术传统中，史料学及其相关的文献学、版本学、目录学等，历来居于正宗地位。中国现当代文学这一学科稍有不同，一方面，它距离较近、嬗变频仍；另一方面，它注重社会性、思想性与现实意义。因此，史料学的建设既不显得那么迫切，也未被赋予应有的学术地位。但是，自上世纪末本世纪初以来，随着学术生态的变化和学科自身发展的内在需求的剧增，中国现当代文学学科的史料学的地位日益凸显，甚至有现代文学"史料学转向"、"文献学转向"的说法。将史料学作为主攻方向的学者较前增加不少，目录学的重要性也随之引起重视。

　　尽管如此，在中国现当代文学研究领域，文学期刊目录汇编的搜集、整理、编撰与出版，尚集中在1949年之前的近现代时期。继上世纪80年代末唐沅先生等编的《中国现代文学期刊目录汇编》之后，刘增人教授主编的《中国现代文学期刊史论》于2005年出版。2010年，由吴俊教授等主编的《中国现代文学期刊目录新编》出版，该书系南京大学中国新文学研究中心重点资助的成果，逾700万字，收入自1919年至1949年期间中国现代文学及相关期刊657种，成为迄今规模最大、收录数量最多、编制也最全的一部中国现代文学期刊目录索引工具书。当代文学时期文学期刊目录汇编的工程起动则缓慢得多。近几年，也知悉有学者开始做这方面的工作，但进展有限。

　　实际上，1990年代之前的当代文学期刊，迄今已逾三十年以上，而且那时候也属于前互联网时代，资料的散佚、流失已经比较严重。再者，那时期文学刊物的创刊、复刊、试刊、改刊、并刊、停刊等现象频频发生，不深入其中难以想象文学期刊流布的复杂程度。这一点在我主持本书的编撰过程中有特别深的体会。从另一方面来说，当代以来，特别是改革开放以来，文学期刊的数量、发表作品的数量非常巨大，如果缺少这样一个庞大的基础工程和专业的资料整理，必然会极大地影响学科建设与学术发展。

　　南京大学中国新文学研究中心作为教育部人文社会科学重点研究基地，历来十分重视基础研究工作和资料库建设，从叶子铭先生、许志英先生、董健先生，到丁帆教授、王彬彬教授等，一直坚持组织国内外学界同仁，主持大型史料编撰工程，如《中国现代戏剧总目提

要》、《中国现代文学期刊目录新编》、《中国当代戏剧总目提要》、《江苏当代作家研究资料丛书》、《二十世纪中国戏剧理论大系》、《学衡派谱系》、《铁凝文学年谱》、《十年论鲁迅——鲁迅研究论文选（2000—2010）》、《中国乡土小说研究丛书》等，这方面的成果颇丰。

本资料汇编的搜集整理工作，作为新文学研究中心重点资助项目，正式启动于2012年底，前后历时近十年。前半段时间主要跑各地图书馆与杂志社进行搜集整理工作，有的刊物则只能求助于朋友和私人关系才能收集到手。后半段时间集中于反复校对和查漏补缺。整体设计与统校统稿由主编负责，编撰组成员中，许永宁、杜璇、史鸣威、姜淼等承担了非常大的工作量。编撰过程中遇到过各种各样的困难和始料未及的周折，但选择了这一课题也就选择了担当和使命，个中甘苦自不足为道。

丁帆教授和王彬彬教授始终支持和关心着本书的进展。王彬彬教授不但提供了收藏的资料，还提出了不少指导性建议。对民刊深有研究的傅元峰教授辗转托人提供了宝贵的民刊资料。南京大学出版社的施敏女士在四年多的编辑过程中，付出了大量的心血。还有许多师友从不同渠道提供了必要的帮助。如果没有这些宝贵的指导和鼓励、慷慨的支持和帮助，本书的完成和出版根本是不可想象的。对于大家的贡献，这里谨表崇高的敬意和衷心的谢忱！

众所周知，1949年以前的中国现代文学期刊与其后的文学期刊，在地域分布、编辑队伍、内容设计、出版周期诸方面完全遵循不同的规则，因此在文学期刊目录汇编的编撰上，自然有不同的特点和要求。因此，本书的内容编排、体例设计与期刊选择等方面，尚无可以参考的完整样本，只能说是一次严谨认真而小心翼翼的尝试。在当代文学期刊史料研究领域，这只是一个引起大家关注的开始，也是一次抛砖引玉的工作。编撰工作中的错误和遗漏、各地期刊选择中的疏忽和遗憾、编排体例上的不足和问题，都有待于大方之家与学界同仁不吝批评教正，以期将来能够不断弥补、改正和完善。

以下是关于本书的编撰说明。

本书收录文学期刊目录从1976年至1989年，共计112种，是国内外首部中国新时期文学期刊目录索引工具书，是第一部全面反映新时期十余年文学期刊分布、流变及发表文学作品全貌的资料汇编。中国当代文学史上所谓"新时期"一般指1978年至1980年代末，也有观点认为"新时期"指1978年至1990年代末。本书"新时期"的时段下限至1989年，因为文学期刊在整体上以上世纪八九十年代之交为界发生了明显的转型。而上限则推延至1976年，这主要是因为1976年"文革"结束至1978年的过渡阶段，小部分刊物已经开始复刊或创刊，将这两年纳入进来，可以更加完整地体现"文革"结束以后文学期刊的动向。文学期刊史与文学史的分期本来就有不同的规律和变化轨迹。

一、期刊来源说明

本书目录汇编的来源期刊主要有以下四种类型：

1. 全国性文学期刊。

2. 省（直辖市、自治区）级文学期刊尽可能收录齐全。需要说明的有两点：其一，本目录汇编不包括台、港、澳等区域的文学期刊；其二，基本按1980年代的行政区划加以归类。比如，重庆于1997年才划为直辖市，所以重庆的文学期刊在本书的"区域目录索引"中仍然属于四川省；现在的海南省虽然于1988年才正式成立，但区划调整发生在1989年以前，因此在本书的"区域目录索引"中，海南的期刊归类于海南省。

3. 地市级文学期刊中收录了较有代表性或者影响较大或者特色鲜明的部分期刊。

4. 由出版社、各类协会、文学团体等主办的文学期刊，行业性的文学期刊，民间文学刊物等，其中较有影响力或者有特色的部分期刊亦收录。

二、编撰体例说明

1. 每种文学期刊按照刊名、封面照片、刊物简介、发刊词和目录五个方面的顺序加以编排。有的期刊在此时段内并没有发刊词刊出，此项省略。

2. 刊名。刊名以1976年第一次出刊的名称为准，同时收录各个刊物更名或者合并之后的名称，皆以括号形式附在第一次出刊的刊物名称后，比如：《北京文艺》（《北京文学》）。另外，也有期刊重名的现象，对于这样的情况，在期刊名称后面加注出版地，以示区分，比如：《希望》（广州市），《希望》（合肥市）。

3. 封面照片。封面照片主要以刊物本时段内的名称的封面照片为主，同时收录部分更名、复刊后的刊物封面照片作为参考。

4. 刊物简介。简介内容主要从刊物名称、刊物类型、主办或主管单位、主编及主要编辑、刊物的定位、主要的栏目和特色栏目以及影响力等方面进行介绍。1980年代许多省的文学期刊主办单位标为"中国作家协会××分会"，各地分会从1980年代末到1990年代初纷纷改为某地作家协会，为统一表述，本简介中一律使用后者。

5. 发刊词。发刊词的形式不一，有以"发刊词"为题的，也有以"复刊词"或"编者的话"等形式出现的，为更好地了解刊物办刊特色或办刊宗旨，一并收录，保持原貌。

6. 目录。首先，尽可能保持目录原始的风貌。其次，小部分刊期目录由于电子文献传递的原因，缺少栏目说明。再次，小部分刊期的目录有缺失现象，除了资料搜集所限外，有的是因为刊物试运行、内部发行，有的是由于改刊、合并、停刊，情况不一。另外，1989年创刊的文学期刊因在此时段内过于短暂，未作收录。

三、本书目录说明

1. 本书设有两种形式的目录，即"目录"（音序目录）和"区域目录索引"两种。

2. "目录"系按音序方式进行排列。音序目录以1976—1989年时间段内第一次出刊的刊物名称的首字母音序排列。此后因更名或复刊出现名称变动等的刊名，皆以括号形式附在第一次出刊的刊物名称后。

3. "区域目录索引"附在"目录"之后。区域目录主要以各省（直辖市、自治区）为分类单位，另有全国性文学期刊和民间文学期刊两种单独归类。各区域中的刊物仍按音序方式进行排列。在该目录中，因更名或复刊出现名称变动等的刊名，单独列为一个条目，这样可以最大程度地方便读者检索。另一方面，区域目录的排列，可以直观地展现出新时期文学期刊的分布格局、地理特色，以及地域文化与文学之间的互动关系。因此，"区域目录索引"的设立也是十分必要的。

张光芒

2021年6月

目 录

A

《安徽文艺》(《安徽文学》、《文学》) ········· 001

B

《百花洲》 ············· 062
《北大荒》 ············· 091
《北京文艺》(《北京文学》) ············· 100
《边疆文艺》(《大西南文学》) ············· 176

C

《长安》(《文学时代》) ············· 241
《长城》 ············· 289
《长城文艺》 ············· 311
《丑小鸭》 ············· 334
《创作》 ············· 366
《春风》(长春) ············· 370
《春风》(鹤岗) ············· 416
《春风》(沈阳)(《中外文学》) ············· 428

D

《当代》 ············· 452
《当代外国文学》 ············· 479
《滇池》 ············· 493
《电影创作》 ············· 539
《电影新作》 ············· 595

F

《非非》 ············· 625
《汾水》(《山西文学》) ············· 627
《福建文艺》(《福建文学》) ············· 695
《芙蓉》 ············· 777

G

《甘肃文艺》(《飞天》) ············· 803
《广东文艺》(《作品》) ············· 895
《广西文艺》(《广西文学》) ············· 967
《广州文艺》 ············· 1046
《贵阳文艺》(《花溪》) ············· 1118
《贵州文艺》(《山花》) ············· 1182

H

《哈尔滨文艺》(《小说林》) ············· 1257
《海燕》 ············· 1309
《杭州文艺》(《西湖》) ············· 1349
《河北文艺》(《河北文学》) ············· 1414
《河南文艺》(《奔流》) ············· 1476
《黑龙江文艺》(《北方文学》) ············· 1547
《黑龙江戏剧》(《剧作家》) ············· 1615
《红岩》 ············· 1636
《湖北文艺》(《长江文艺》) ············· 1664
《呼和浩特文艺》(《山丹》) ············· 1740
《花城》 ············· 1778
《花山》 ············· 1809
《黄河》 ············· 1818
《火花》 ············· 1826

J

《吉林文艺》(《长春》、《作家》) ············· 1827
《江城》(《短篇小说》) ············· 1904
《江南》 ············· 1961
《江苏文艺》(《雨花》) ············· 1981
《江西文艺》(《星火》) ············· 2052
《解放军文艺》 ············· 2112
《今天》 ············· 2180
《剧本》 ············· 2183

K

《昆仑》 ………………………… 2227

L

《辽宁文艺》(《鸭绿江》) ………………… 2249
《绿洲》(乌鲁木齐) ………………… 2327

M

《莽原》 ………………………… 2346
《芒种》 ………………………… 2365
《萌芽》 ………………………… 2418
《民族文学》 ………………………… 2471
《名作欣赏》 ………………………… 2520

N

《南京文艺》(《青春》) ………………… 2570
《内蒙古文艺》(《草原》) ………………… 2625
《宁夏文艺》(《朔方》) ………………… 2694

Q

《青海文艺》(《青海湖》) ………………… 2761
《清明》 ………………………… 2834
《青年外国文学》 ………………………… 2857
《青年文学》 ………………………… 2862
《青年作家》 ………………………… 2902
《秋实》 ………………………… 2965

R

《人民文学》 ………………………… 2968

S

《散文选刊》 ………………………… 3029
《山东文艺》(《山东文学》) ………………… 3053
《陕西文艺》(《延河》) ………………… 3129
《山西群众文艺》(《晋阳文艺》) ………… 3191

《上海文艺》(《上海文学》) ………………… 3267
《生活》 ………………………… 3333
《石河子文艺》(《绿洲》、《绿风》) ……… 3334
《世界文学》 ………………………… 3374
《诗刊》 ………………………… 3426
《诗神》 ………………………… 3530
《十月》 ………………………… 3567
《收获》 ………………………… 3597
《四川文艺》(《四川文学》、《现代作家》)
………………………… 3618

T

《台港文学选刊》 ………………………… 3705
《特区文学》 ………………………… 3732
《天涯》 ………………………… 3753

W

《外国文艺》 ………………………… 3769
《外国戏剧》 ………………………… 3800
《外国小说》 ………………………… 3827
《武汉文艺》(《芳草》) ………………… 3840

X

《西藏文艺》(《西藏文学》) ………………… 3900
《希望》(广州) ………………………… 3946
《希望》(合肥) ………………………… 3982
《戏剧创作》(《戏剧文学》) ………………… 4006
《湘江文艺》(《湘江文学》、《文学月报》、《湖南文学》) ………………………… 4033
《小说界》 ………………………… 4113
《小说选刊》 ………………………… 4137
《小说月报》 ………………………… 4182
《新港》(《小说导报》、《天津文学》) ……… 4208
《新疆民族文学》(《民族作家》) ………… 4270
《新疆文艺》(《新疆文学》、《中国西部文学》)
………………………… 4300
《新苑》 ………………………… 4375
《星星》 ………………………… 4392

Y

《阳关》 …………………………………… 4489

《译林》 …………………………………… 4518

Z

《这一代》 ………………………………… 4540

《浙江文艺》(《东海》) ………………………… 4542

《郑州文艺》(《百花园》) ……………………… 4610

《中国》 …………………………………… 4668

《中国作家》 ……………………………… 4676

《中篇小说选刊》 ………………………… 4691

《钟山》 …………………………………… 4702

《啄木鸟》 ………………………………… 4730

《作品与争鸣》 …………………………… 4743

区域目录索引

全国性期刊

《丑小鸭》 …………………………………… 334
《当代》 …………………………………… 452
《电影新作》 …………………………………… 595
《解放军文艺》 …………………………………… 2112
《剧本》 …………………………………… 2183
《昆仑》 …………………………………… 2227
《民族文学》 …………………………………… 2471
《青年文学》 …………………………………… 2862
《人民文学》 …………………………………… 2968
《世界文学》 …………………………………… 3374
《诗刊》 …………………………………… 3426
《外国戏剧》 …………………………………… 3800
《小说选刊》 …………………………………… 4137
《中国》 …………………………………… 4668
《中国作家》 …………………………………… 4676
《啄木鸟》 …………………………………… 4730
《作品与争鸣》 …………………………………… 4743

安徽省

《安徽文学》 …………………………………… 001
《安徽文艺》 …………………………………… 001
《清明》 …………………………………… 2834
《文学》 …………………………………… 001
《希望》（合肥） …………………………………… 3982

北京市

《北京文学》 …………………………………… 100
《北京文艺》 …………………………………… 100
《电影创作》 …………………………………… 539
《十月》 …………………………………… 3567

福建省

《福建文学》 …………………………………… 695

《福建文艺》 …………………………………… 695
《台港文学选刊》 …………………………………… 3705
《中篇小说选刊》 …………………………………… 4691

甘肃省

《飞天》 …………………………………… 803
《甘肃文艺》 …………………………………… 803
《阳关》 …………………………………… 4489

广东省

《广东文艺》 …………………………………… 895
《广州文艺》 …………………………………… 1046
《花城》 …………………………………… 1778
《特区文学》 …………………………………… 3732
《希望》（广州） …………………………………… 3946
《作品》 …………………………………… 895

广西壮族自治区

《广西文学》 …………………………………… 967
《广西文艺》 …………………………………… 967
《青年外国文学》 …………………………………… 2857

贵州省

《创作》 …………………………………… 366
《贵阳文艺》 …………………………………… 1118
《贵州文艺》 …………………………………… 1182
《花溪》 …………………………………… 1118
《山花》 …………………………………… 1182

海南省

《天涯》 …………………………………… 3753

河北省

《长城》 ·········· 289
《长城文艺》 ·········· 311
《河北文学》 ·········· 1414
《河北文艺》 ·········· 1414
《花山》 ·········· 1809
《诗神》 ·········· 3530

河南省

《百花园》 ·········· 4610
《奔流》 ·········· 1476
《河南文艺》 ·········· 1476
《莽原》 ·········· 2346
《散文选刊》 ·········· 3029
《郑州文艺》 ·········· 4610

黑龙江省

《北大荒》 ·········· 091
《北方文学》 ·········· 1547
《春风》（鹤岗） ·········· 416
《哈尔滨文艺》 ·········· 1257
《黑龙江文艺》 ·········· 1547
《黑龙江戏剧》 ·········· 1615
《剧作家》 ·········· 1615
《外国小说》 ·········· 3827
《小说林》 ·········· 1257

湖北省

《长江文艺》 ·········· 1664
《芳草》 ·········· 3840
《湖北文艺》 ·········· 1664
《武汉文艺》 ·········· 3840

湖南省

《芙蓉》 ·········· 777
《湖南文学》 ·········· 4033
《文学月报》 ·········· 4033
《湘江文学》 ·········· 4033

《湘江文艺》 ·········· 4033

吉林省

《春风》（长春） ·········· 370
《长春》 ·········· 1827
《短篇小说》 ·········· 1904
《吉林文艺》 ·········· 1827
《江城》 ·········· 1904
《戏剧创作》 ·········· 4006
《戏剧文学》 ·········· 4006
《新苑》 ·········· 4375
《作家》 ·········· 1827

江苏省

《当代外国文学》 ·········· 479
《江苏文艺》 ·········· 1981
《南京文艺》 ·········· 2570
《青春》 ·········· 2570
《译林》 ·········· 4518
《雨花》 ·········· 1981
《钟山》 ·········· 4702

江西省

《百花洲》 ·········· 062
《江西文艺》 ·········· 2052
《星火》 ·········· 2052

辽宁省

《春风》（沈阳） ·········· 428
《海燕》 ·········· 1309
《辽宁文艺》 ·········· 2249
《芒种》 ·········· 2365
《鸭绿江》 ·········· 2249
《中外文学》 ·········· 428

内蒙古自治区

《草原》 ·········· 2625
《呼和浩特文艺》 ·········· 1740
《内蒙古文艺》 ·········· 2625

《山丹》 …………………………………………… 1740

宁夏回族自治区

《宁夏文艺》 ……………………………………… 2694
《朔方》 …………………………………………… 2694

青海省

《青海湖》 ………………………………………… 2761
《青海文艺》 ……………………………………… 2761

山东省

《山东文学》 ……………………………………… 3053
《山东文艺》 ……………………………………… 3053

陕西省

《长安》 …………………………………………… 241
《陕西文艺》 ……………………………………… 3129
《文学时代》 ……………………………………… 241
《延河》 …………………………………………… 3129

山西省

《汾水》 …………………………………………… 627
《黄河》 …………………………………………… 1818
《晋阳文艺》 ……………………………………… 3191
《名作欣赏》 ……………………………………… 2520
《山西群众文艺》 ………………………………… 3191
《山西文学》 ……………………………………… 627

上海市

《萌芽》 …………………………………………… 2418
《上海文学》 ……………………………………… 3267
《上海文艺》 ……………………………………… 3267
《收获》 …………………………………………… 3597
《外国文艺》 ……………………………………… 3769
《小说界》 ………………………………………… 4113

四川省

《红岩》 …………………………………………… 1636

《青年作家》 ……………………………………… 2902
《四川文学》 ……………………………………… 3618
《四川文艺》 ……………………………………… 3618
《现代作家》 ……………………………………… 3618
《星星》 …………………………………………… 4392

天津市

《天津文学》 ……………………………………… 4208
《小说月报》 ……………………………………… 4182
《小说导报》 ……………………………………… 4208
《新港》 …………………………………………… 4208

西藏自治区

《西藏文学》 ……………………………………… 3900
《西藏文艺》 ……………………………………… 3900

新疆维吾尔自治区

《绿风》 …………………………………………… 3334
《绿洲》（石河子） ……………………………… 3334
《绿洲》（乌鲁木齐） …………………………… 2327
《民族作家》 ……………………………………… 4270
《石河子文艺》 …………………………………… 3334
《新疆民族文学》 ………………………………… 4270
《新疆文学》 ……………………………………… 4300
《新疆文艺》 ……………………………………… 4300
《中国西部文学》 ………………………………… 4300

云南省

《边疆文艺》 ……………………………………… 176
《滇池》 …………………………………………… 493
《大西南文学》 …………………………………… 176

浙江省

《东海》 …………………………………………… 4542
《江南》 …………………………………………… 1961
《杭州文艺》 ……………………………………… 1349
《西湖》 …………………………………………… 1349
《浙江文艺》 ……………………………………… 4542

民刊

A

《安徽文艺》
(《安徽文学》、《文学》)

【简 介】

　　综合性文学月刊。安徽省文学艺术界联合会主办。创刊于1950年。创刊后几经改名,1979年7月由《安徽文艺》更名为《安徽文学》,1984年1月再次更名为《文学》,1986年1月恢复为现刊名《安徽文学》。1987年并入《清明》杂志。其旨在推动作家深入群众、深入生活,刊登作品主要有小说、诗歌、散文、杂文、报告文学、文学评论等。

期刊号:1976年1月号—1987年第12期

1976年1月号　刊名:《安徽文艺》
目录

词二首 ························· 毛泽东
水调歌头·重上井冈山　一九六五年五月
念奴娇·鸟儿问答　一九六五年秋
世上无难事　只要肯登攀
······《人民日报》、《红旗》杂志、《解放军报》社论

大寨红花遍地开
平原跃马(报告文学) ················· 绥　民
为普及大寨县而战斗(歌词六首)
··················· 马鸿宝　白　榕等
进军的脚步(诗) ················· 朝　兰

大寨梨(诗) ····················· 桂兴华
春潮万里(诗) ··················· 朱谷忠
风雪歌(诗) ····················· 蒋维扬
老管归来(散文) ················· 严啸建
大寨精神鼓斗志(表演唱) ············· 马　利

剧本
小店春早
安庆市文化局创作组集体创作···汪存顺　王寿之执笔

小说·散文
改卷 ························· 李丙华
春华 ························· 王才锡
喜报栏上 ····················· 孙继鹏

诗歌
水上先遣队 ····················· 马绪英
油田组歌 ······················ 姚焕吉
银色的河流 ····················· 吴志华

评论
文艺革命春潮涌 ··············· 姜　东　树　德
充分发挥诗歌的战斗作用——学习鲁迅诗论札记
··························· 黄季耕
坚持无产阶级政治挂帅　坚持面向农村
··················· 中共涡阳县梆剧团支部
"潜身"析 ····················· 余昌谷
修正主义的撺掇阴谋 ··············· 张在纯

美术
规划(国画) ····················· 徐欣民
学习(木刻)
学大寨(速写) ··········· 鲍　加　叶家和　葛新民

1976年2月号　刊名:《安徽文艺》
目录

报告文学
勇于登攀的人们 ·················· 定宣红

小说·散文
加油站 ························ 李克明
驼峰岭上的春光 ················· 孙叙伦
闪光的排架 ····················· 陈　树
新学员 ························ 陈振军

捕俘手—————————————周佳虎 薛宣和
编外民工—————————————————吴晓凤
天高地阔—————————————————秦圣非

诗歌

教育革命风雷吼（五首）————桂兴华 郑怀仁等
来自火热的第一线（四首）—————————阎志民
郭庄的路————————————————安保国
大寨花开万山头—————————————姜秀珍
春风春雨来报到—————————————阎广智
新民歌四支————————————————顾广道
皖西行（三首）——————————————罗会祥
在拦海造厂指挥部门前——————————朱金晨
献给一条新河——————————————张建阳
飞燕报春到渔乡（歌词）—————————夏 冰

评论

无产阶级斗争哲学的光辉篇章——学习毛主席两首词
的体会————————————————梁长森
大有希望的革命新一代——评短篇小说《一包化学草
稿本》—————————————腾凰 佩霖
面向农村 立足于下————中共黟县黄梅剧团支部
"逼上梁山"析————马钢南山铁矿工人评论组
匕首篇（杂文二题）————————————潘颂德

美术

迎春（国画）———————————————叶家和
水乡送教（水印木刻）——————————曾佑瑄
野营（速写）——————张 泉 林加冰 朱克远

简讯：我省召开文艺创作会议————————劲 芝

1976 年 3 月号　刊名:《安徽文艺》
目录

坚持文艺革命，反击右倾翻案风————————初 澜
迎头痛击右倾翻案风，把文艺革命进行到底（述评）

学习毛主席的光辉词章

坚持斗争 敢于登攀——学习毛主席的词二首
————————————————黄季耕 钱 健
战斗的号角——读《水调歌头·重上井冈山》
—————————————————————胡永年
岂容鱼目混珠——读《念奴娇·鸟儿问答》
————————————————张家治 张家汾

报告文学

大路朝阳—————————————————秋 石

沃土新苗—————————————————李 晖

小说·散文

百花洲渡口————————————————陆 苇
杏子———————————————————曹鸿骞
碧山飞泉—————————————————葛兆铣
大战黄土岗————————————————吴腾凰

诗歌

大寨战歌冲云霄（六首）————尚 宇 许成章等
新民歌（九首）———————赵家瑶 春 卉等
兵歌行（四首）——————————————朱苏力
输油管之歌（二首）———————————范震威
扛钻机（外一首）————————————李可刚
炼钢炉前的尖兵—————————————冯景元

评论

革命样板戏指导我战斗——创作《新来的小石柱》的
体会————————————————黄家佐

美术

电焊工（国画）——————————————王守志
田头故事会（剪纸）———————庆祖林 张晓勤
学大寨（速写）——————刘筱元 张 泉 朱 敏

1976 年 4 月号　刊名:《安徽文艺》
目录

捍卫文艺革命成果 反击右倾翻案风（工农兵笔谈）
为保卫革命样板戏而战斗—————————杨树德
革命样板戏好得很————合钢第一炼钢厂 工人理论组
捍卫革命文艺的胜利成果————蒋维扬 蔡二广

春风杨柳万千条（诗歌）——社会主义新生事物赞
————————————————邢开山 詹正香等
优秀的答卷（小说）———————————张世祥
教育革命结硕果（评论）——读《安徽文艺》发表的
几篇描写教育革命的小说
————————安徽大学中文系七四级 文艺评论组
识别投降派 战胜投降派（评论）——评论《水浒》
的现实意义————————————贾文昭 徐如勋
一部教育革命的好教材（评论）
——《决裂》观后—————————————何炳章
当代愚公征海螺（报告文学）——————曹鸿骞
石弓山上喷清泉（报告文学）———臧学舜 彭怀曾

红心向阳（小说）————————————蒋家环
小战士（小说）——————————————王传悟

淮上青松（小说）————————吴晓风
冰河之巅（散文）
——珠穆朗玛科学考察散记————光 群

迎春歌（诗）————————————江锡铨
渡江大合唱（歌词选登）——————竹 笛

大课堂（水粉画）————————张 泉
战地速写（速写画）——————张良勋 韩玉华
知识青年在茶山（剪纸）————————韦君琳

1976 年 5 月号　刊名：《安徽文艺》
目录

歌颂无产阶级"文化大革命"和社会主义新生事物特辑
战斗的诗歌　批邓的檄文（诗）——热烈欢呼反击右
倾翻案风斗争的伟大胜利————殷光兰 谢世法等
向新的高峰登攀（诗）————————严 阵
狂飙为我从天落（诗）——无产阶级"文化大革命"
颂歌————孙中明 蒋维扬 孔祥梁 刘祖慈
革命人民在战斗（歌曲）——刘永璜词 崔琳曲
青春似火（电影文学剧本）
————马鞍山市文化局《青春似火》创作组

新书记（小说）——————庄 稼 王 锐
爱打冲锋的战士（小说）——————王才锡
窗口（散文）——————————戎 林

文艺创作必须以阶级斗争为纲（评论）——文苍萍
革命样板戏的灿烂光辉（评论）——读报告文学《梁
立金和他的伙伴们》——————————莺 歌

文艺革命满园春（速写画）——————陈光华等
炉火正旺（水粉画）————————张 泉
煤海半边天（剪纸）————————金 谷

1976 年 6 月号　刊名：《安徽文艺》
目录

"文化大革命"永放光芒——纪念中共中央一九六六
年五月十六日《通知》十周年
————《人民日报》、《红旗》杂志、《解放军报》编辑部

诗歌
八亿神州旌旗奋——掀起深入批邓、反击右倾翻案
风、追查反革命的新高潮
————王树国 徐志华 张荣虎等

一代春苗在成长（儿歌）——————李先轶
平原新绿——————刘士光 蒋庆宾 蒋维扬等
闪光的煤城（六首）————————马恒祥

电影文学剧本
万里征途——————————韩传霖 贾梦雷

小说
铺草的故事————————————洪 霞
立足点—————————————姚远牧

评论
文艺上复旧是为了政治上复辟————许宏德

美术
稻是队里的（国画）————————汪友农
造船厂速写————————————洪明道
练武场上（剪纸）————————杜崇才

1976 年 7 月号　刊名：《安徽文艺》
目录

在斗争中建设党
——————《人民日报》、《红旗》杂志、《解放军报》社论

曲艺·故事
月夜追歼（淮北大鼓）————————景 图
秋风春雨（革命故事）————————宋振涛
一代新人（琴书）——————————庄 稼
农机嫂（太湖大鼓）————————张文鹏
俩队长（锣鼓书）——————————李开贵

诗歌
南湖春雨（外二首）————————马绪英
宣誓—————————————王应础 刘明达
火热的叮咛——给一位工宣队师傅——江锡铨
让思想冲破牢笼（五首）
——限制资产阶级法权战歌————武 澎 钱 巍等
给"七·二一"型刨煤机————————周志友

小说·散文
红旗指处乌云散——————————李洪俊
路————————————————杨积彬
风雪杏花岭————————————陈文举
出路问题—————————————冠 杰
大别山里一新峰——————————曹玉模

评论

"写好无产阶级向党内走资派作斗争的作品"笔谈
·················徐 瑛 李学诗 曹致佐等

美术

大学毕业第一秋（彩塑）·········北京工艺美术厂
安庆石油化工厂速写·········安庆市文化馆供稿
战友重聚（剪纸）·········陈之仁 李继周

1976 年 8 月号　刊名：《安徽文艺》
目录

小说·散文

报到·····················洪绍泉
摄影·····················徐明熙
选中锋·····················廖汝耕
丁海云·····················吴晓风
梨花记·····················张成森
促进派·····················程东峰
一斤猪肉的故事·············张文才 方春东
倔妹掌刀·····················张守诚

诗歌

战士爱唱革命歌·······钱 巍 方 忠 宫 玺等
红卫兵新歌·····················阎世伟

曲艺

燕尾岛（快书）（根据革命现代京剧《磐石湾》第五场
移植）·····················王兆水

评论

提高认识　努力写好新课题·············卞恩才
略谈短篇小说的创作——《倔妹掌刀》和《一斤猪肉
的故事》读后·····················徐唐余
支持新事物　歌唱新一代——读一九七五年以来《安
徽文艺》诗歌有感·············丁鸿元 朱大可

美术

踏遍青山·····················金 谷
速写（四幅）·····················聂 皎等
春苗（剪纸）·····················宋子龙

1976 年 9 月号　刊名：《安徽文艺》
目录

中国共产党中央委员会　中华人民共和国全国人民代
表大会常务委员会　中华人民共和国国务院　中国共
产党中央军事委员会　告全党全军全国各族人民书

评论

学习鲁迅的革命精神
学鲁迅的榜样·····················梁长森
鲁迅对资产阶级法权思想的批判·······潘颂德 谢励武
鲁迅对投降派的揭露和斗争·············卓士诚
剖析"第三种人"·····················谢昭新

报告文学

明珠辉映万重山·············李家谟 苏天辅
重担六年不歇肩
——记农业学大寨宣传队队员陆云凤·············李 晖

小说·散文

拳头里的文章·····················丁以能
刀尖上的斗争·····················许成厚
洪山行·····················孙叙伦

诗歌

千山万水赛新歌（十七首）
·············谢子言 曹满矾 方修礼等
沸腾的油海（五首）·····················于 鹏
干校诗简·····················纪 鹏
铁的边疆·····················孙中明
歌声·····················周佩红
闪闪的红岩·····················童本清

美术

支农集锦（速写）·····················王守志

1976 年 10 月号　刊名：《安徽文艺》
目录

亿万人民的共同心愿
·······《人民日报》、《红旗》杂志、《解放军报》社论

毛主席永远活在我们心中
贫下中农世世代代怀念毛主席·············龙冬花
世世代代难忘·············合肥钢铁公司政治部
把毛主席开创的无产阶级革命事业进行到底
·····················孙邦昌
毛主席啊，文博战士永远怀念您！
·············安徽省博物馆、展览馆革委会
坚持毛主席的革命文艺路线
·········中共合肥市庐剧团支部、合肥市庐剧团革委会
我们永远是毛泽东思想的红卫兵
·········受过毛主席检阅的 48 名当年红卫兵

毛主席啊，我们心中永远不落的红太阳⋯⋯⋯程正伟
乘风破浪永向前⋯⋯⋯⋯⋯⋯薛汉生　李道节
革命到底头不回（诗）
　　⋯⋯⋯⋯⋯桐城县石河公社翻身大队革委会
永远高唱红太阳（诗）⋯⋯⋯⋯⋯⋯⋯殷光兰
最珍贵的纪念（诗）⋯⋯⋯安徽省军区某部二连
海枯石烂志不移（诗）⋯⋯⋯⋯⋯⋯⋯徐自长
站在炉台想亲人（诗）
　　⋯⋯⋯⋯⋯⋯马钢一铁厂九号高炉全体工人

小说·散文
丰收⋯⋯⋯⋯⋯⋯⋯⋯⋯⋯⋯⋯⋯⋯林春旭
新来的工具员⋯⋯⋯⋯⋯⋯⋯⋯⋯⋯陈祥宝
春耘⋯⋯⋯⋯⋯⋯⋯⋯⋯⋯⋯⋯⋯⋯祝兴义
龙门女新传⋯⋯⋯⋯⋯⋯⋯⋯⋯⋯⋯陈德全

诗歌
瑰丽的朝霞（八首）⋯⋯王文忠　程正富　秋　石等
海防来信（外二首）⋯⋯⋯⋯⋯⋯⋯⋯杨德祥

学习鲁迅的革命精神
辩证法的辉煌胜利（评论）——论鲁迅后期的杂文
　　⋯⋯⋯⋯⋯⋯⋯⋯⋯⋯⋯⋯⋯⋯方　铭
和革命共同着生命（评论）——文艺思想札记
　　⋯⋯⋯⋯⋯⋯⋯⋯⋯⋯⋯⋯⋯⋯余昌谷
起看星斗正阑干（评论）——谈鲁迅祝贺红军长征胜
利的电报⋯⋯⋯⋯⋯⋯⋯⋯⋯⋯⋯⋯文怀樟
革命的硬骨头——鲁迅（诗）⋯⋯⋯⋯王传江
写在鲁迅墓前的诗（诗）⋯⋯⋯⋯⋯⋯武　澎

美术
驯铁牛（国画）⋯⋯⋯⋯⋯⋯⋯⋯⋯⋯肖玉磊
广积粮（速写）⋯⋯⋯⋯⋯⋯⋯⋯⋯张扬霞等
庆丰收（剪纸）⋯⋯⋯⋯⋯⋯庆祖霖　张晓勤

1976 年 11 月号　刊名:《安徽文艺》
目录

伟大的历史性胜利
　　⋯⋯⋯《人民日报》、《红旗》杂志、《解放军报》社论

诗歌
东风一夜花千树⋯⋯⋯邓　飞　任启生　龙小昭
放声高唱胜利歌⋯⋯⋯⋯⋯⋯⋯殷光兰　远　平
七律⋯⋯⋯⋯⋯⋯⋯⋯⋯⋯⋯⋯⋯⋯刘夜烽
红十月之歌⋯⋯⋯⋯⋯⋯⋯⋯⋯⋯⋯田上雨
人民胜利了⋯⋯⋯⋯⋯⋯⋯⋯⋯⋯⋯严　阵
太阳，正在向我们微笑⋯⋯⋯⋯⋯⋯⋯刘祖慈

特大喜讯传下来（歌词）⋯⋯⋯⋯⋯⋯苗振亚

评论
革命文艺战士的共同决心⋯⋯⋯⋯⋯⋯文苍萍
"四人帮"与白骨精⋯⋯⋯⋯⋯⋯⋯⋯胡永年
投向"叭儿"张春桥的匕首——读鲁迅《三月的租
界》⋯⋯⋯⋯⋯⋯⋯⋯⋯黄季耕　钱　健
一个假马克思主义政治骗子——姚文元在《鲁迅——
中国文化革命的巨人》一书中的自我暴露⋯⋯梁长森

戏剧
路诊（黄梅戏）
　　⋯⋯⋯⋯贵池县文化局创作组集体创作　王义礼执笔

小说
向阳关⋯⋯⋯⋯⋯⋯⋯⋯⋯⋯⋯⋯⋯曹鸿骞
俞瑛⋯⋯⋯⋯⋯⋯⋯⋯⋯⋯⋯⋯⋯陈承蔚

歌曲
国际歌⋯⋯⋯⋯欧仁·鲍狄埃词　比尔·狄盖特曲
三大纪律八项注意⋯⋯⋯⋯⋯⋯⋯⋯红军歌曲
东方红⋯⋯⋯⋯⋯⋯⋯⋯陕北民歌　李有源词

美术
老参谋和新书记（国画）⋯⋯⋯⋯薛　鹤　杭法基
风雨无阻（剪纸）⋯⋯⋯⋯⋯⋯叶卫华　汪　伦
悲痛化作千钧力（速写）⋯⋯⋯⋯⋯⋯张　松

1976 年 12 月号　刊名:《安徽文艺》
目录

诗歌
热烈庆祝华国锋同志任中共中央主席、中央军委主席
热烈庆祝粉碎"四人帮"篡党夺权阴谋的伟大胜利
喜歌·颂歌·战歌·凯歌（十六首）
　　⋯⋯⋯⋯⋯江锡铨　周志友　孙中明等

评论
划时代的光辉批示⋯⋯⋯⋯⋯⋯⋯⋯⋯金　曦
卑劣的霸占行径——关于《审椅子》⋯⋯芜湖市文化局
这把椅子还要审⋯⋯⋯⋯⋯⋯⋯⋯⋯白　榕
故伎重演　彻底灭亡⋯⋯⋯⋯⋯⋯⋯⋯章耀海

戏剧
大河春秋（话剧）⋯⋯⋯⋯⋯⋯鲁彦周　江　深

散文
韶山红日照征途⋯⋯⋯⋯⋯⋯赵海洲　赵文健

写在英雄的故乡 ············· 秦圣非　徐子芳

小说
永不松懈 ································· 魏启平
风雪石梁渡 ····························· 王传悟

美术
爸爸下乡我也去（国画）················· 杨剑华
钢铁工人的心愿（速写）················· 刘筱元
笑逐颜开（速写）······················· 贾德江
老茧不蜕（剪纸）············· 陈之仁　杜俊山
附　《安徽文艺》一九七六年总目录

1977 年第 1 期　刊名:《安徽文艺》
目录

纪念敬爱的周恩来总理逝世一周年
跟随周副主席十一年（选载）··········· 龙飞虎
永远的怀念 ····························· 杨旭辉
沁园春（词三首）······················· 宋亦英
七绝三首 ····························· 张涤华
水调歌头（词二首）····················· 刘夜烽

陈毅同志诗词选辑
奠基（诗）····························· 阎世伟
千秋大计（诗）························· 谢世法
进军的号角（诗十首）
　　　　　　徐如麒　李先铁　蒋庆宾等

太阳灯下（中篇小说连载）············· 徐有恒
"四人帮"压制《生命线》的罪责难逃（评论）
　　　　　　安徽省话剧团《生命线》创作组
瞪大眼睛看什么?（评论）··············· 叶文成
现实的江青与历史的吕雉（评论）········· 徐寿凯
文艺黑线的"旗手"（评论）··············· 何　刚

声声破晓（版画）······················· 张笃正
大有作为（剪纸）··············· 庆祖霖　张晓勤
说在俺们的心坎里（年画）··············· 傅阜晨

1977 年第 2 期　刊名:《安徽文艺》
目录

小说
广播站纪事 ····························· 张先珍
突破 ································· 周根苗
太阳灯下（中篇连载）··················· 徐有恒

诗歌
祖国颂 ····························· 郭小川遗作
金色的讲坛 ····························· 陈光华
飞吧，缀着白花的银燕··················· 郭瑞年
梅园的翠柏 ··················· 汪永言　俞锦元
写在北疆密林里 ························· 雷抒雁
灿烂的征途（三首）····················· 叶晓山
伟大的进军 ····························· 余照望

评论
毛主席指引我们胜利前进——纪念毛主席光辉题词
"面向农村"二十五周年··············· 蓝　天
一枝包藏祸心的毒箭——批判"四人帮"鼓吹"写与
走资派作斗争的作品"的阴谋········· 许爱根　陈　刚

美术
新绿（水彩）··························· 柳新生
支农小分队（版画）····················· 应天齐
愚公岭上春常在（版画）················· 郑　震
简讯

1977 年第 3 期　刊名:《安徽文艺》
目录

评论
一部疯狂反对毛主席革命路线的影片——《反击》
　　　　　　　　　　　　　　　　······· 文淮舟
《春苗》是毒苗——彩色故事片《春苗》必须批判
　　　　　　　　　　　　　　　　······· 徐文玉
荒谬的理论，反动的公式——批判"三突出"····· 严云受
雷同化的总根子························· 段儒东
"四人帮"迫害和摧残曲艺················· 朱司庄
砸碎"四人帮"的文艺模式················· 姜义田

小说·散文
大步向前 ····························· 王海宁
书记看彩排——一个编剧的手记············· 顾　鸣
柳岩 ································· 惠正法
第一步 ······················· 徐文一　时学芸
巧凤 ································· 洪　霞
石桥纪事 ····························· 白　榕

曲艺
华主席送女务农（琴书）················· 丁式平

诗歌
风展红旗如画（八首）——农业学大寨诗辑
　　　　　　阎志民　时红军　王志强等

周总理啊！您没有走·················那　沙
他永远活着——写在悼念周总理的日子里·······巩如旭

美术
三月淮北（国画）·················徐欣民
满江栋梁材（版画）················陈一新
热爱共产党　拥护华主席（剪纸）·········黄楚平

1977 年第 4 期　刊名：《安徽文艺》

目录

小说·散文
立夏节起义（革命回忆录）
殷刚·····················水庆中
宣传员····················范汝俊
农村人物速写·················贾平凹
彩霞歌····················胡家柱
凤凰琴声···················白　榕

曲艺
看电影（相声）·············佩　先　司　庆

诗歌
幸福的时辰··················周志友
献给创业者的歌——工业学大庆诗辑
　　　　　　　　雨　辰　程正富　王选民等
蓝色的海疆·······葛　逊　嵇亦工　阎世宏等
焊花朵朵抒壮志（外一首）··········唐世宝
女炮工（外一首）···············鲍青春

评论
一面标志反革命"新纪元"的黑旗——批判"四人
帮"炮制的"根本任务"论···········集　众
评江青的反"真人真事"论···········许宏德
《太阳灯下》座谈·······郭振山　蒋正萌　沈时凯等

美术
青山翠竹根连根（版画）············刘祖甲
愚公岭（国画）················杨胜利
森严壁垒（剪纸）···············余雅生

1977 年第 5 期　刊名：《安徽文艺》

目录

高高举起毛主席的旗帜（诗）——热烈欢庆《毛泽东
选集》第五卷出版发行
　　　　　　　　姜秀珍　汪克让　李光武等

无产阶级文艺革命的强大思想武器（评论）——学习
《毛泽东选集》第五卷中《应当重视电影〈武训传〉
的讨论》和《关于红楼梦研究问题的信》·······刘永璜
高举毛主席的伟大旗帜，繁荣社会主义文艺（评
论）——纪念《在延安文艺座谈会上的讲话》发表三
十五周年·········安徽省文艺创作研究室评论组
"三突出"是扼杀文艺创作的绞索（评论）——从修
改小说《矿山风云》第二部谈起·········李学诗
主轴（小说）·················曹致佐
卧牛河畔（小说）···············严啸建
鸭儿沟口渡江之战（革命斗争回忆录）······李宝奇
生命的春天（报告文学）············徐子芳
雷锋的歌我们唱（诗）
　　　　　　　孔祥梁　贺羡泉　王传江等
峰顶觇标（散文）——纪念珠峰高程测定两周年
　　　　　　　　　　　　　　　　光　群
攀登珠穆朗玛峰组歌（诗）···········杨匡满
双抢（版画）············郑华宁　陈乃夫
谈笑凯歌还（版画）··········潘鹤亭　简　繁
迎着高峰上（版画）··············张在元
千万个雷锋在成长（剪纸）···········张　松

1977 年第 6 期　刊名：《安徽文艺》

目录

散文
高水流水···················赵海洲
沉痛的悼念——纪念贺龙同志逝世八周年·····沙　汀
清泉·····················祁小林
曲曲莺歌赞柳西················高歌红

小说
园园豆····················洪　霞
龙山伏虎···················郭宜中
温暖·····················万克玉
差距·····················程东峰
小红尺的故事·················叶　平

诗歌
山呼水笑人欢歌——献给英明领袖华主席·····那　沙
旗杆·····················陈发玉
报春花（儿歌·十二首）
　　　　　　　　李先轶　谢采筱　陆　苇等
护堤柳····················朱恩明
矿工的誓言（民歌三首）············凌世学

曲艺
"呕心沥血"记（相声）··········方汝耕　田　仪

评论

"二百"方针永放光芒 ……………………………… 梁长森

坚持唯物论反映论　真实反映工农兵斗争生活
…………………………………………………… 刘夜烽

学习马克思主义文艺理论　批判"根本任务论"
…………………………………………………… 李焕仁

高唱民歌批江青 ……………………………… 殷光兰

杂文

从"蓝苹信封"说开去 ……………………… 郝　嘉

"青"出于"蓝"而胜于"蓝" ……… 苏海红　顾春华

美术

队里又添拖拉机（国画） …………………… 邵灶友

大寨花红（剪纸） ……………………… 亳县文化馆供稿

课余（版画） …………………………………… 应天齐

1977 年第 7 期　刊名:《安徽文艺》
目录

诗歌

江淮大地　阳光灿烂——热烈欢呼华主席、叶副主席
和中央领导同志关于解决安徽省委领导问题的重要指
示 …………………………………… 韩立森　王传江

安徽大有希望 …………………………………… 尚　宇

安徽人民心向华主席 …………………………… 袁明云

在毛主席的旗帜下前进 ………………………… 桂兴华

光闪闪的路——歌颂英明领袖华主席
…………………………………………… 高世民　倪　鹰等

祝诗 ……………………………………… 郭小川遗作

今天 ……………………………………………… 韩　瀚

歌曲

高举毛主席的伟大旗帜 ………… 邓国祥词　廖家骅曲

华主席把阳光雨露洒满油田
……………………………… 朱国强词　崔　琳　韩永昌曲

小说·散文

和朱总司令一起行军（革命斗争回忆录） …… 王夫同

护送朱总司令到洛阳（革命斗争回忆录） …… 李长林

支柱 …………………………………………… 武湘忠

温暖的雪花 …………………………………… 胡家柱

春分那天 ……………………………………… 孙叙伦

秀明 …………………………………………… 孙　枫

评论

日照原形毕露——学习《〈关于胡风反革命集团的材
料〉的序言和按语》…………………………… 胡永年

篡党夺权的反革命三部曲——批判反动影片《盛大的
节日》…………………………………… 方可畏　钟　湖

杂文

"《春秋》之法"的妙用
……………………………………（江苏南通军分区）理论组

"流动哨兵"与癌症扩散 ………………………… 白　榕

读者来信

一个值得注意的倾向 …………………………… 李文群

美术

一日千里（国画） ……………………………… 朱修立

赞歌为谁唱（漫画） …………………… 范竟达　程　晋

跃进新高潮 …………………………………… 康诗纬

1977 年第 8 期　刊名:《安徽文艺》
目录

热烈庆祝党的十届三中全会胜利召开（增页）

中国共产党第十届中央委员会第三次全体会议
公报（一九七七年七月二十一日通过）

发自心底的欢呼（散文）………… 祁小林　王海宇

在欢庆的节日里（散文）………… 周维培　周根苗

不眠之夜（散文）………………… 张文才　方春东

《啊，此时，在中国……》、《全会公报捧手上》、《山
山水水一色新》等诗歌四十首
…………………………… 时红军　姜秀珍　陈晓陆等

热烈庆祝党的十届三中全会胜利召开
（黄梅戏男女声表演唱）………… 丁式平词　时白林曲
（本期增页另发）

诗歌

第一声春雷——纪念八一南昌起义五十周年
…………………………… 张静江　于沙　钱　巍等

唤起工农千百万——纪念秋收起义五十周年
…………………………… 陈祖玉　贺一鸣　高正润等

珍贵的毛毯 …………………………………… 周志友

"硬骨头六连"标兵赞 ………………………… 任红举

柱石之歌 ………………… 马绪英　张志鹏　宫　玺等

青山志 ………………………………………… 牛广进

连队挂钩队 …………………………………… 葛　逊

河边 …………………………………………… 白　虹

我们一切都已准备好 ………………………… 嵇亦工

小说

银锁记 ………………………………………… 王光来

源远流长 ……………………………………… 张俊南

军舰上新来的炮手 …………………………… 曙　宽

一张借条的故事 ································· 周　进
电波通畅 ····························· 李伟国　薛宣和

曲艺
考核场上学六连（数来宝） ··············· 王兆水
巧打巡逻船（竹板书） ·················· 庄　稼

评论
同谁"对着干"？ ······················· 林　化
用党给我的笔战斗终生 ················· 陈登科
反对文学帮刊《朝霞》透视 ··············· 丁鸿元
反军贼子　罪不容诛——批判话题《千秋大业》、《冲
锋向前》 ···························· 许爱根

美术
旧貌变新颜（国画） ···················· 应野平
铁流（国画） ························· 华其敏
继承革命传统（剪纸） ·················· 汪　伦

1977 年第 9 期　刊名：《安徽文艺》
目录

热烈拥护党的第十一次全国代表大会的胜利召开
中国共产党第十一次全国代表大会新闻公报
华主席检阅我们的队伍（诗） ··············· 韩立森
向北京飞翔（诗） ····················· 高玉超
八月二十日晚上（诗） ·················· 苗振亚
献给您，继往开来的大会（诗） ············· 艾　风
好啊，新党章（诗） ···················· 李永龙
欢腾的夜晚（诗） ····················· 冉茂松
金秋的喜讯（诗） ····················· 刘湘如
十一大代表回来了（诗） ················· 徐国华
爆竹歌（诗） ························· 蒋维扬
红霞向着北京飘（诗） ····· 韩晓鹰　李茂辉　谢世法等
摆鼓之歌 ···················· 孙玉春　梁　毅
以更多更好的演出，响应十一大的庄严号召（散文）
······························· 刘美君
华主席主持召开十一大（歌曲）
··················· 姜义田　词　明　德　曲

隆重纪念伟大领袖和导师毛泽东主席逝世一周年
走进毛主席纪念堂 ····················· 朱　泽
鼓角·旗帜 ·························· 许　斌
龙眠山下的小亭 ······················ 赵小林
舒茶情深 ··························· 钱启贤
写在火红的战旗上 ····················· 郭瑞年
我盼着那一天 ························· 吴广川
登上红船思舵手 ······················ 凌世学

毛主席一生闪光辉 ·············· 江文波　王满夷等

诗歌
七绝五首 ··························· 张恺帆
词三首 ···························· 刘夜烽
在朱德委员长到过的地方 ················· 解光忠
山高水远 ··························· 唐大同
海的遐想 ··························· 吴建之
新民歌五首 ··················· 赵家瑶　陈所巨等

电影文学剧本
严峻的历程 ·············· 张笑天　侍继余　李　杰

评论
彻底铲除"四人帮"的毒草园——《朝霞丛刊》剖析
······························· 闻义佐
张春桥黑"思想"的艺术图解——斥反对帮诗《把炉
火烧得通红》 ·············· 安徽师大中文系理论组
鼓吹革命泰山重——读《陈毅诗词选集》 ······· 孙文光
漫谈红军时期的大别山民歌 ··············· 廖家骅

美术
丰硕（国画） ························· 徐德隆
延安写生 ··························· 柳新生
夜读（剪纸） ···················· 陈之仁　李　桨

1977 年第 10 期　刊名：《安徽文艺》
目录

诗歌
祖国迈开雄健的步伐 ···················· 那　沙
跟着华主席唱新歌 ····················· 姜秀珍
祖国的蓝天 ·························· 王　术
进军的号令——喜听华主席的《政治报告》 ······ 周本立
五星红旗，我心中的旗 ·················· 程正富
井冈山情思 ··················· 万里浪　杨学贵等

小说
榴火 ····························· 祝兴义
短篇四题 ··························· 贾平凹
水缸 ····························· 曹治泉

散文
追悼阿英同志 ························· 张恺帆
春绿琅琊醒醉翁 ············· 陈继安　徐文玉　王文忠

戏曲
油莎豆（黄梅戏讽刺喜剧） ················ 丁洪和

评论

捍卫鲁迅的光辉形象——石一歌批判·············方 铭
重读《青春之歌》·····························陈骏涛
诗界的战士 激昂的战歌——读郭小川同志遗作有感
·································徐文玉 傅腾霄
"难为水"和"难为用"·························黎 闻

歌曲

欢庆党的十一大胜利召开·······竹 笛词 醒 声曲

美术

金色的秋天（版画）··························金 谷
华主席在战火纷飞的年代······················贾德江
歌唱祖国（剪纸）··························韦君琳

1977 年第 11 期　刊名:《安徽文艺》
目录

报告文学

"三八红旗"今更红················陈登科 刘祖慈

小说·散文

最后一个冬天·····························陈 窗
怀里的秘密·····························万克玉
陆老头·····························许桂林
清湛河的浪花·····························严啸建
蛙鼓·····························汪丽景

诗歌

铁路大治歌·····························叶晓山
进行曲·····························姚焕吉
风展红旗如画——写在抓纲治国的第一线上
·····················郭 浩 孙德贵 黄东成

评论

生活、主题及其他——批判"四人帮"的"主题先
行"论·····························欧 荻
斥"四人帮"的"彻底批判"论··················蒋 濮
赞《王贵与李香香》·························吴欢章
油画《淮海大捷》创作经过和体会··············张法根

美术

百花争艳（国画）··························张 宽
永葆革命青春（版画）······················陆 平
淮海大捷（油画）··························张法根

1977 年第 12 期　刊名:《安徽文艺》
目录

小说·散文

02 号历险·····························张文才
路遇·····························韩延权
辛勤的园丁··················张贻琏 洪毅然
巨人的步伐·····························金振林
老牛·····························昱 杲
关心·····························宋知贤
第一百件和从零开始························吕克明
明亮的荧光屏·····························王海宁

诗歌

缅怀的潮水·····························蒋维扬
历史的光彩·····························吴建之
毛主席的脚印·····························于 沙
韶山行·····························匡 满
大干评述·····························阎志民
海疆诗情·····························彭 龄
战友赞·····························苗得雨
大江红灯·····························张万舒
橡皮坝赞·····························单凤彩
勘察队员之歌·····························余 超

评论

戳烂"初澜"！··················胡永年 徐文玉
"阴谋文艺"的鬼蜮伎俩······················毅 冰
清算"四人帮"对黄梅戏的摧残··················时白林
欣见《上海文艺》创刊······················徐 凤

美术

万年青（国画）··························齐白石
篆刻选登·····························孙仲毅等
强渡天堑（油画）··························张自申

1978 年第 1 期　刊名:《安徽文艺》
目录

散文

她，是属于人民的——追忆敬爱的周总理对严凤英同
志的深切关怀·····························王冠亚
生命的火花·····························刘湘如

小说

红花··················许桂林 储福金
两个支委·····························张玉银

渠水长流 —————————————————张德胜

诗歌

古近体诗十八首 —————————————————江 城
皖南吟草 —————————————————韩 瀚
地动三河铁臂摇 ——————王顺远 王问源 尧山壁等
日出 —————————————————陈发玉
北京三记 —————————————————郭小林
留给小鱼的话 —————————————————张国富

评论

连根铲除"黑线专政"论 —————————————————徐文玉
阴谋文艺与"黑线专政"论 —————————————————苏 中
"争鸣"杂感二篇 —————————————————闻 山
山花，尽情地开吧——谈花草纹样集《山花烂漫》有
感 —————————————————周昭坎
《榴火》笔谈 —————祝兴义 晓 洁 童本清等

美术

最后一碗炒面（国画）—————————————————王 涛

1978 年第 2 期 刊名：《安徽文艺》
目录

小说·散文

会战在金马山上 —————————————————曹玉模
石磙 —————————————————张文鹏
给孩子爸爸的回信 —————————————————程东峰
朴实赞 —————————————————马连芬
元胡 —————————————————汤湘华

报告文学

九龙岗车辆段的一场斗争 —————陈登科 刘祖慈

诗歌

天都峰赋 —————————————————赖少其
深山情（外四首）—————————————————周志友
陈老总抱着丰乐河（外一首）—————————贺羡泉
一个伤员的汇报（外二首）—————————吴建国
火柴（外一首）—————————————————胡永康
这条道 —————————————————史 辉
爆竹之歌（外一首）—————————————————王传江
讲台 —————————————————王 闿
话别（外一首）—————————————————陈光华
写在水乡小学里（二首）—————谢清泉 孔祥彪
贴在科技大楼前的传单 —————————王秋生
青春 —————————————————孙立真
画眉和啄木鸟的故事（童话诗·外一首）—————徐善新

评论

珍贵的文献，光辉的遗典——学习毛主席给陈毅同志
谈诗的一封信 —————————————————傅腾霄
黑手抹不掉光荣历史 —————————————————那 沙
让我们迎接春天 —————————————————徐欣民
清算"四人帮"破坏徽剧的罪行 —————————刁均宁
喜鹊枝头唱春回 —————————————————龚 勉

美术

海港灯光（版画）—————————————————赖少其

1978 年第 3 期 刊名：《安徽文艺》
目录

江山万里花似锦——热烈欢呼第五届全国人民代表大
会胜利召开 —————史维岫 陈所巨 徐稚声等

评论

斥所谓"文艺黑线"的"黑八论"——记本刊编辑部
召开的文艺理论座谈会
披着假左派外衣的反党杂文——《朝霞随笔》批判
—————————————————宗 廷 良凌
略谈短篇小说的人物塑造——谈《安徽文艺》七七年
的短篇小说 —————————————————姜永峰

小说

命运 —————————————————曹鸿骞
回风道 —————————————————周为松
一片绿野 —————————————————于美义

散文

心中的歌 —————————————————刘庆渝
漫流河上的报告 —————————————————王余九

诗歌

交城山（五首）—————————————————公 刘
华主席在人民中间 —————————————————田上雨
踏莎行（词二首）—————————————————宋亦英
山歌阵阵催春潮（民歌十八首）
—————王满夷 鲍国刚 朱家托等
"双突"三部曲（讽刺诗）—————————徐克年
黄河抒情——写给向科学进军的大军 —————艾 风
桂花寨（外二首）—————————————————孙玉春
高山会（外一首）—————————————————孔 林
鱼花曲（二首）—————————————————金 后
淠史杭的水来了 —————————————————佘林明
在台湾街头 —————————————————桂兴华

美术

春（水彩）⋯⋯⋯⋯⋯⋯⋯⋯⋯⋯⋯⋯柳新生

1978 年第 4 期　刊名:《安徽文艺》
目录

小说·散文

店堂⋯⋯⋯⋯⋯⋯⋯⋯⋯⋯⋯⋯⋯⋯吴立智
老李小传⋯⋯⋯⋯⋯⋯⋯⋯⋯⋯⋯⋯刘　振
坚实的脚步（报告文学）⋯⋯⋯⋯⋯武湘忠
金梭·大海⋯⋯⋯⋯⋯⋯⋯⋯⋯⋯⋯卫成琪
金针菜和姊妹石⋯⋯⋯⋯⋯⋯⋯⋯⋯钟　海
采菱曲⋯⋯⋯⋯⋯⋯⋯⋯⋯⋯⋯⋯⋯于美义

诗歌

交城山（五首）⋯⋯⋯⋯⋯⋯⋯⋯⋯公　刘
满江红（二首）⋯⋯⋯⋯⋯⋯⋯⋯⋯张　锴
啊，送子关（外四首）⋯⋯⋯⋯⋯⋯孙中明
大别山之歌（外一首）⋯⋯⋯⋯⋯⋯吴尚华
英雄的母亲⋯⋯⋯⋯⋯⋯⋯⋯⋯⋯⋯朝　兰
论书绝句十二首⋯⋯⋯⋯⋯⋯⋯⋯⋯林散之
灯火与群星的夜话⋯⋯⋯⋯⋯⋯⋯⋯冉茂松
情满矿山（二首）⋯⋯⋯⋯⋯⋯⋯⋯马恒祥
煤的赞歌（外一首）⋯⋯⋯⋯⋯⋯⋯余志银
山情海恋⋯⋯⋯⋯⋯⋯⋯⋯⋯⋯⋯⋯符启文
水手的歌⋯⋯⋯⋯⋯⋯⋯⋯⋯⋯⋯⋯程庆宾

评论

评故事影片《决裂》⋯⋯⋯⋯⋯⋯⋯潘孝琪
古为帮用的“死魂灵”——评几篇“批儒评法”的故事新编⋯⋯⋯⋯⋯⋯⋯许宏德
也谈散曲《高祖还乡》——揭《散曲〈高祖还乡〉是个坏作品》一文的奥秘⋯⋯⋯⋯⋯⋯刘芳松
春风化雨——学习《毛主席给陈毅同志谈诗的一封信》札记⋯⋯⋯⋯⋯⋯孙文光
书法艺术浅谈⋯⋯⋯⋯⋯⋯⋯⋯⋯⋯唐大笠
“彻底”的底子⋯⋯⋯⋯⋯⋯⋯⋯⋯斯　音

美术

山水（国画）⋯⋯⋯⋯⋯⋯⋯⋯⋯⋯黄宾虹

1978 年第 5 期　刊名:《安徽文艺》
目录

评论

不能走那条路——评李希凡同志《红楼梦评论集〈三版后记〉》及其他⋯⋯⋯⋯陈育德　严云受

典型共名、“三突出”原则及其他——为何其芳同志挨棍子鸣不平⋯⋯⋯⋯⋯⋯梁长森
小谈形象思维的特征⋯⋯⋯⋯⋯⋯⋯章新建

小说·散文

神奇的光束（报告文学）⋯⋯⋯⋯⋯汤湘华
戒烟⋯⋯⋯⋯⋯⋯⋯⋯⋯⋯⋯⋯⋯⋯吴立智
归队⋯⋯⋯⋯⋯⋯⋯⋯⋯⋯⋯⋯⋯⋯李用言
重返炉台⋯⋯⋯⋯⋯⋯⋯⋯⋯⋯⋯⋯邹献藩
凉床纪事⋯⋯⋯⋯⋯⋯⋯⋯⋯⋯⋯⋯崔思工

诗歌

普天乐（外一首）⋯⋯⋯⋯⋯⋯⋯⋯赵朴初
畅想曲三首⋯⋯⋯⋯⋯⋯⋯⋯⋯⋯⋯王　术
春风吹进科研所（四首）⋯⋯⋯⋯⋯杨旭辉
光明之路——纪念伟大革命导师马克思一百六十诞辰⋯⋯⋯⋯⋯⋯余照望
春之歌⋯⋯⋯⋯⋯⋯⋯⋯⋯⋯⋯⋯⋯孔祥梁
大树礼赞⋯⋯⋯⋯⋯⋯⋯⋯⋯⋯⋯⋯雷抒雁
唱吧，人民的歌手（外一首）⋯⋯⋯郭瑞年
春雨（外一首）⋯⋯⋯⋯⋯⋯⋯⋯⋯朱恩明
黄山小景（七首）⋯⋯⋯⋯⋯⋯⋯⋯鲁　兵

美术

莺歌燕舞（国画）⋯⋯⋯⋯⋯⋯⋯⋯王道良
补白三则

1978 年第 6 期　刊名:《安徽文艺》
目录

坚持毛主席的革命文艺路线　为实现新时期的总任务而奋斗——赵守一同志在安徽省文艺工作者会议上的讲话（摘要）
整顿文艺，繁荣创作，在斗争中恢复文联——省文艺工作者会议胜利闭幕

小说·散文

老不改⋯⋯⋯⋯⋯⋯⋯⋯⋯⋯⋯⋯⋯王有任
初探大别山⋯⋯⋯⋯⋯⋯⋯⋯⋯⋯⋯王余九
店堂续篇⋯⋯⋯⋯⋯⋯⋯⋯⋯⋯⋯⋯吴立智
迁新居⋯⋯⋯⋯⋯⋯⋯⋯⋯⋯⋯⋯⋯葛兆铣
小白兔采药⋯⋯⋯⋯⋯⋯⋯⋯⋯⋯⋯胡世晨
催芽时节⋯⋯⋯⋯⋯⋯⋯⋯⋯⋯⋯⋯俞丰年

诗歌

一九七七年杂诗（八首）⋯⋯⋯⋯⋯周景绍
长安新咏（十首）⋯⋯⋯⋯⋯⋯⋯⋯荒　芜
落花曲⋯⋯⋯⋯⋯⋯⋯⋯⋯⋯⋯⋯⋯赖少其

望春草（六首）‥‥‥‥‥‥‥‥‥‥‥‥‥韩　瀚
春天的苗苗（儿歌）‥‥李　幸　李先轶　赵家瑶等
小黄毛学游泳（童话诗）‥‥‥‥‥‥‥‥谭文波
大海‥‥‥‥‥‥‥‥‥‥‥‥‥‥‥‥‥孙小兰
田野散歌（三首）‥‥‥‥‥‥‥‥‥‥‥许　辉
码头的歌‥‥‥‥‥‥‥‥‥‥‥‥‥‥‥孔祥彪
映山红盛开的时候‥‥‥‥‥‥‥‥‥‥‥王前锋
水上丰收谣‥‥‥‥‥‥‥‥‥‥‥‥‥‥杨　烨
如果我们非死不可（五首）
‥‥‥‥‥‥‥〔美〕克劳德·麦凯作　荒　芜译
小飞船（儿童歌曲）‥‥陈　貌　朱　平词　醒　声曲

评论
荡涤文艺领域的极"左"流毒‥‥‥‥‥本刊编辑部
短篇小说《命运》讨论
‥‥‥‥‥‥‥赵光德　黄光明　陈卫东等
谈谈这个"禁区"‥‥‥‥‥‥‥‥‥‥‥丁学良

美术
荷花（国画）‥‥‥‥‥‥‥‥‥‥‥‥‥肖龙士

1978 年第 7 期　刊名:《安徽文艺》
目录

小说·散文
抱玉岩‥‥‥‥‥‥‥‥‥‥‥‥‥‥‥‥祝兴义
丝瓜累累的时节‥‥‥‥‥‥‥‥‥‥‥‥高　红
玉烟咀丢了算啥‥‥‥‥‥‥‥‥‥‥‥‥孟青禾
工作‥‥‥‥‥‥‥‥‥‥‥‥‥‥‥‥‥张树国
四月的茶山‥‥‥‥‥‥‥‥‥‥‥‥‥‥孙受康
春天寄语‥‥‥‥‥‥‥‥‥‥‥‥‥‥‥刘　希

诗歌
毛泽东颂（组诗选载）‥‥‥‥‥‥‥‥‥谢逢松
交城山（五首）‥‥‥‥‥‥‥‥‥‥‥‥公　刘
周总理就要来到我们之中‥‥‥‥‥‥‥‥苏叔阳
诗四首‥‥‥‥‥‥‥‥‥‥‥‥‥‥‥‥吕　剑
攻关的号音‥‥‥‥‥‥‥‥‥‥‥‥‥‥刘士光
野菜展览会‥‥‥‥‥‥‥‥‥‥‥‥‥‥濮本林
写在高山林海间（三首）‥‥‥‥‥‥‥‥黄克咸
乐在天涯（外一首）‥‥‥‥‥‥‥‥‥‥洪新裕
浪中歌（二首）‥‥‥‥‥‥‥‥‥‥‥‥朱苏力
社员就是铺云人（三首）‥‥‥‥‥‥‥‥禾　青
浪激飞舟‥‥‥‥‥‥‥‥‥‥‥‥‥‥‥童本清

评论
鲁迅小说的结构艺术‥‥‥‥‥‥吴中杰　高　云
"修正主义红学派统治"论必须批判‥‥‥李汉秋

黄永厚画水墨老鹰的启示‥‥‥‥‥‥‥‥祁　超
短篇小说《命运》讨论
‥‥‥‥‥‥‥余昌谷　刘泽林　袁维胜等
说风格‥‥‥‥‥‥‥‥‥‥‥‥‥‥‥‥王中平

美术
鹰（国画）‥‥‥‥‥‥‥‥‥‥‥‥‥‥黄永厚

1978 年第 8 期　刊名:《安徽文艺》
目录

报告文学
一枕铜官梦——林彪、"四人帮"在铜陵市的恶政纪实
‥‥‥‥‥‥‥‥‥‥‥‥‥‥‥‥‥‥江　流
无声的悲歌‥‥‥‥‥‥‥‥‥‥周根苗　钱　锋

小说·散文
解瑛瑶‥‥‥‥‥‥‥‥‥‥‥‥‥‥‥‥葛广勇
陈毅司令和潘木匠‥‥‥‥‥‥宝　录　沐　农　景　琳
箫笛漫忆‥‥‥‥‥‥‥‥‥‥‥‥‥‥‥刘湘如

诗歌
高歌猛进新长征‥‥‥‥‥‥‥‥徐竟高　傅　瑛等
来自部队的诗稿‥‥‥‥‥‥‥‥叶晓山　任红举等
烧窑者歌‥‥‥‥‥‥‥‥‥‥‥‥‥‥‥王　循
大庆诗抄（四首）‥‥‥‥‥‥‥‥‥‥‥张万舒
云雀之歌——悼念郭小川同志‥‥‥‥‥‥刘岚山
打杵颂‥‥‥‥‥‥‥‥‥‥‥‥‥‥‥‥刘益善
七律二首‥‥‥‥‥‥‥‥‥‥‥‥‥‥‥陆正伟
"1"‥‥‥‥‥‥‥‥‥‥‥‥‥‥‥‥‥余国松

评论
选材不拘一格　人物鲜明生动——评吴立智同志的三
个短篇‥‥‥‥‥‥‥‥‥‥‥‥‥‥‥徐文玉
短篇小说《命运》讨论‥‥‥‥‥李焕仁　高维晞等
话剧又挺起了胸膛——首都通信‥‥‥‥‥陈骏涛

美术
清晨（版画）‥‥‥‥‥‥‥‥‥‥‥‥‥莫　测
新安江晓雾（版画）‥‥‥‥‥‥‥‥‥‥莫　测

1978 年第 9 期　刊名:《安徽文艺》
目录

小说
明月当圆‥‥‥‥‥‥‥‥‥‥‥‥‥‥‥跃　渊
调班‥‥‥‥‥‥‥‥‥‥‥‥‥‥‥‥‥杨金速

开船·····················王桂宏
程利华小记·················方兴永
传统·····················宋振国
给奶奶的礼物···············黄复彩

散文
难忘的战友——马敬铮同志········陈登科
《南泥湾》之歌···············黄礼传

诗歌
悼郭老····················余凯成
郭沫若同志挽诗二首············章嘉乐
井冈山诗草（六首）············张澄寰
石头记····················邵燕祥
过淮南····················闻　山
白马山谣··················陈士元
杂诗十四首·················刘夜烽
列车夜过淮河（外一首）·········阿　红
信号台（外一首）·············唐大同
唱队长（民歌四首）············殷光兰
话务兵的歌（二首）············李永龙
美国黑人歌谣选···············袁可嘉译
歌唱新时期的总任务（歌曲）
　　　　　　　　　　竹　笛词　李长士曲

评论
努力清除文艺批评领域的极"左"余毒···胡永年
擂响向谁进攻的"战鼓"？——评某诗人的两首诗
　　　　　　　　　　　　　　　　照　华
遍地皆诗写不赢——读《沫若诗词选》··刘元树
头足倒置的丑恶表演——从"四人帮"倒看高尔基说
起·····················华　良　宗廷

美术
阜阳剪纸艺术作品选（三幅）·······刘子秀等

1978 年第 10 期　刊名:《安徽文艺》
目录

青春，为四个现代化而闪光——热烈祝贺共青团十大
胜利召开················孔祥梁　孙小兰

短篇小说专辑
杨林集的狗肉···············孙方友
短篇二题··················王祖铃
烧饭····················张守诚
一天····················祝兴义
价值····················张厚纯

泉·····················贾平凹
兄弟俩···················郎　澜

报告文学
春风化雨百花香··············李帆群

诗歌
十月六日颂·················杜仁和
灿烂的星辰（四首）············苗振亚
古风五首··················吕　剑
互相被发现——题"常林钻石"·······艾　青
常林钻石··················蔡其矫
给"常林钻石"············海　燕　海　鹰
轨道——祖国的跑道（外三首）······袁明云
擦痕····················时红军
密林之歌（三首）·············吴建之
江南短歌（九首）·············刘祖慈
红花草···················姜义田
行军····················张晓林
将军泉···················钱启贤
给黑板···················蒋维扬
田边····················王传圣
题韩羽同志京剧人物············荒　芜

评论
关于文艺真实性的几个问题·····陈育德　严云受
驳反形象思维论的"理性中介"说······张纯道
寄希望于未来——郭小川与青年···匡汉　匡满
讨论《解瑛瑶》············叶全新　步　愚

美术
戏画二幅··················韩羽

1978 年第 11 期　刊名:《安徽文艺》

抗旱战歌（诗一组）·····徐稚声　谢清泉　赵立旻等
柳暗花明（电影文学剧本）
　　　　　　　陈登科　鲁彦周　肖　马　江　深

小说
离异····················姜永峰
功罪篇···················涂白玉
现实政治········[英]安古斯·威尔生著　李文俊译

诗歌
小李家的怀念（三首）···········华继文
喝下吧，团长（外一首）······左朝胜　高正文

淮海烽烟（三首）—————————————朝　兰
保尔·柯察金在呼唤着我们前进—————冉茂松
七律二首————————————————荒　芜
移山序曲（外一首）—————————————袁戈风
寄自林海深处（三首）———————————高凌云

评论

"反真实"论批判————————————张民权
从《古怪歌》谈起—————————————白　榕
讨论《解瑛瑶》（之二）——————吴章胜　王云飞等

美术

郭老（版画）————————————————陆　平

1978 年第 12 期　刊名:《安徽文艺》
目录

导师创业垂千古（诗）——纪念毛泽东同志诞辰八十
五周年————————赖少其　刘夜烽　朱　泽等
畅谈文艺民主，探讨文学真实性问题——省文联召开
文艺理论、短篇小说座谈会
奇怪的命题（报告文学）——————王　术　莫　明
归队记（小说）———————————————解正中
告状（小说）————————————段吉顺　雨　鹿
较量（小说）————————————————杨中华
晚归（小说）————————————————王有任
二十号街的星期天早晨（小说）
————————————[美]艾·马尔兹　符家钦译
邓小平同志访日有感（诗）———————李明杠
我不去（诗）————————————————郭小林
开在昨天的野花（诗）———————————沈建翌
淮海战役纪念馆二题（诗）———————翟秀琪
题自画菊（诗）———————————————黄永厚
量角器和扑克牌的对话（童话诗·外一首）严歌芩
工地常委会（诗）—————————————张从海
姑嫂夜话（诗）———————————————魏启平
"样板"与创作（杂文）———————————光　群
山光水色皆文章（杂文）——————————白　榕
讨论《解瑛瑶》（之三）——————丛建元　赵山林等
江山清秀（国画）—————————————张　步

1979 年第 1 期　刊名:《安徽文艺》
目录

人民的呐喊　不朽的诗篇（散文）————童怀周
斩妖的剑　报春的花（评论）——赞天安门革命诗抄
————————————————————永　念

清明是人节（诗·外二首）————————陈允豪
读《心碑》（诗）——————————————孙小兰
题黄永厚画虎（诗）————————————陈梦麟
你可知道（诗·外二首）——————朝　胜　正　文
宋师傅的心事（小说）———————————周志新
事业（小说）————————————————李幼谦
碧云尖（小说）———————————————葛兆铣
寓言（六则）————————————————黄瑞云
探监（小说）
—————————[意大利]伊格纳其奥·西龙　林　昭译
八万里风云录（诗六首）——————————张万舒
地图之歌（诗）———————————————青　勃
诗词二首————————————————陈昊苏
喜马拉雅行（诗二首）———————————匡　满
两架大山把亲攀（民歌）——————————苏子农
社会主义靠大干（民歌）——————————刘学忠
采菱歌（民歌）———————————————孙必泰
诗二首———————————————————春　卉
踏踣专制　文艺要民主（评论）——————冯能保
三十年代文艺及其他（评论）———————方　铭
关于《解瑛瑶》的讨论（综合报道）————文　岚
种子撒在人间（六幕话剧）
——————————————那沙　左平　晓秋
漫画与漫话————————————————黄永厚
采桑船（木刻）———————————————莫　测

1979 年第 2 期　刊名:《安徽文艺》
目录

野火烧不尽（报告文学）—————王　术　徐子芳
我的两个女儿（小说）———————————蒋　韵
印象（小说）————————————————曹玉模
厂礼拜记事（速写）————————————黎　佳
小黄楼风云录（小说）———————————贺恒祥
白玲与黑妞（小说）————————————李　黎
大吹小传（小说）—————————————曹征路
悼贺龙（诗）————————————————秦兆阳
诗词九首————————————————张恺帆
痛苦与庄严的歌（诗）———————————刘祖慈
贺新人（词）————————————————聂洱舸
七古（诗）—————————————————吕　剑
题花杂咏（诗）———————————————王余九
履带写下的诗行（诗）———————————纪　鹏
淮海风雪歌（诗）—————————————孙友田
欢腾的泉水（诗）—————————————李先轶
淮河的春天（诗）—————————————严成志
晨曲（诗）—————————————————孔祥梁
你好，挺立在山村的老枫香树（诗）———贺羡泉

我们流过泪（诗）————雷 霆
今天我来下调令（民歌）————王怀让
雨（诗）————朱鹤年
潜伏（诗）————何文玉
"在真理面前人人平等"随感（评论）————江 流
从"放"所想到的……（杂文）————柏 木
拆除无形的"神圣法庭"（杂文）————周昭坎
"神权人授"及其他（杂文）————余百川
繁荣创作的一个关键问题（评论）————闻 山
多习一点自然科学（评论）——文苑谈片————杨匡汉
补白（二则）————郭 因 徐召勋
剪纸————蔚道安
漫画与漫话————黄永厚

九华一角（国画）————懒悟
本期木刻尾饰作者：李 桦

1979 年第 3 期 刊名:《安徽文艺》
目录

忠诚与日同辉耀——纪念周恩来同志诞辰八十一周年
爆竹（诗）————公 刘
壮怀激烈（诗·二首）————石 英
雷电歌（诗）————张雪杉
三月雪（诗）————李凤山
满江红（词）————范 曾
水龙吟（诗词二首）————杨正宗
中共安徽省委作出决定，推倒"文艺黑线专政"论，
为安徽省文联彻底平反
彻底清算极左路线对文艺界的摧残迫害
必须继续肃清"左"的流毒——学习周恩来同志《在
文艺工作座谈会和故事片创作会议上的讲话》的体会
————梁长森
漫话文字狱（杂文）————王 冰
"折扣"小议（杂文）————白 榕
桂花潭（小说）————鲁彦周
雪（小说）————陈允豪
拜访无花果（科学童话）————胡世晨
忆懒悟（散文）————唐象贤
诗词七首————张恺帆
机耕道抒怀（诗）————杜仁和
艺术二题（诗）————蔡其矫
煤海春潮（诗）————葛士静
大海的浪花（诗）————牛广进
春风（诗·外一首）————向 群
淀上诗笺（诗·二首）————敏 歧
荆山抒怀（诗·三首）————刘钦贤
古近体诗三首————陈次国
网（诗·外一首）————李恒瑞
飞渡春江又一程（诗·外二首）————王秋生
补白（二则）————柯文辉 郭 因

1979 年第 4 期 刊名:《安徽文艺》
目录

发扬四五精神，继续新的长征（诗专辑）
清明夜话（李先辉） 真正的诗（朝 兰）
"四五"运动随想录（苗振亚） 囚徒（王传江）
读《天安门诗抄》（朱 泽） 遗嘱（李舟生）
"五四"和"四五"（时红军） 血书（骆耕野）
拈阄（小说）————王有任
八怪成仙（小说）————曹治泉 聂新生 桓祖玉
酒后吐真言（小说）————孙玉春
赵懒王发愤（小说）————吴兆洛
医生（小说）————罗灏白
洁（小说）————汪克让
喜看宣笔又新生（散文）————张洪炉
打开我们的门窗（诗）————田上雨
春之歌（诗）————谷 饶
杜鹃呵，杜鹃（诗·外一首）————姜义田
晚霞（诗·外五首）————朱恩明
悼诗二首————赖少其
旧游六首（旧体诗）————舒 芜
渡江浪花（诗二首）————孔祥彪
大地绿了（诗）————吴建之
春从何处来（诗）————朱苏力
石头赞（诗）————王振寰
手（诗）————李光武 滕功倬
繁荣文艺必须批"左"（评论）————韩照华
新春杂识——关于"双百"的杂感数则————沈敏特
"爱情至上"及其他（杂文）————冯 可
去伪饰 讲实话——读鲁迅《立论》篇有感————凌 芝
"摘帽右派"之类（杂文）————光 群
众里寻他千百度（美术评论）————肖 马
韩美琳的动物世界（美术作品·三幅）

1979 年第 5 期 刊名:《安徽文艺》
目录

凯旋曲（诗）——献给"五四"运动六十周年
————青 勃
窗口（小说）————王余九
界限（小说）————袁汝学
石磙子（小说）————秦圣非
更名记（小说）————白 槐

红叶（小说）……………………………………罗灏白
感情（小说）……………………………………李德复
5·16十年祭（小说）……………………………秋　峰
黄山松的怀念（散文）…………………………金　涛
陶铸同志生命的最后四十三天（报告文学）……徐子芳
车过山海关（诗）………………………………公　刘
再谈"戒烟"（诗）………………………………郭小林
春天属于人民（短诗五首）……………………陈晓光
会唱歌的精灵（诗）……………………………沙　白
云南石林（诗）…………………………………刘岚山
春会（诗·外三首）……………………………郝传学
大平原，我亲爱的家乡（诗二首）……………刘士光
神（诗）…………………………………………方　冰
江南情思（诗二首）……………………………韩立森
今日是清明（诗）………………………………徐善新
英雄渡（诗·外一首）…………………………钱启贤
公社新曲（诗三首）……………………………凌　禹
淮北大路（诗·外一首）………………………陶保玺
短歌二曲…………………………………………谢清泉
"长官意志"与"文艺批评"（评论）……………智　杰
斥"样板戏"（文艺短论）………………………潘孝琪
人·神·鬼·英雄·狗熊（杂文）……………荒　芜
鞭挞黑暗有理有功（杂文）……………………李鹏飞
补白二则：
向人民学习语言艺术……………………………沈政和
谚语………………………………………………王效昭
屈原行吟图（版画）……………………………章开森

1979 年第 6 期　刊名：《安徽文艺》
目录

门友（小说）……………………………………陈梦麟
寸草心（小说）…………………………………许玉瑗
告别昨天（小说）………………………………鲁书潮
迟开的花（小说）………………………………张　坦
短篇二题（小说）………………………………洪　霞
复试（小说）……………………………………王维佐
我家的猫（散文）………………………………周翼南
小白兔学医记——给植物扎针治病（科学童话）
…………………………………………………胡世晨
两个献身者（小说）
………………………[苏]绥拉菲摩维奇著　扬　明译
无题（诗）………………………………………白　桦
写在早春的信笺上（散文诗）…………………刘湛秋
家祭篇（诗）……………………………………扬　子
这不再是我们的骄傲（诗）……………………陈所巨
云岭漫歌（诗·五首）…………………………艾　煊
平原上（诗·外二首）…………………………李小雨

听涛吟（诗）……………………………………张　炯
第一个夜班（诗·外一首）……………………陈光华
这车仍在飞奔（诗·外一首）…………………苗得雨
快醒一醒吧，大山（诗·外一首）……………应凤鸣
铁路诗草（诗·四首）…………………………侍继余
春雨（诗）………………………………………王满夷
山水情（诗）……………………………………解光忠
第一个早晨（诗·外一首）……………………桂兴华
光明（诗·外一首）……………………………陈咏华
白乳泉——泪泉（诗·外一首）………………方　遒
八斗岭抒情（诗）………………………………刘湘如
大森林里的动植物小学（诗·五首）…………谢采筏
哀悼孙兰同志（诗）……………………………章嘉乐
漫谈创作方法的几个问题（评论）……王多治　余昌谷
古典短篇艺术摭谈（一）………………李汉秋　张耀辉
照相术·X光·哈哈镜（杂文）………………吴执一
"防民之口，甚于防川"（杂文）………………张家治
批透极左路线　贯彻"双百"方针
省委宣传部邀请有关方面座谈发展文艺评论问题
（报道）
黑白木刻二幅…………………………………莫　测

1979 年第 7 期　刊名：《安徽文学》
目录

南疆凯歌（诗）
七公尺、一百二十公尺和四千公尺……………公　刘
你胜利归来了，我的战友（外一首）…………敏　岐
喝口山涧的水…………………………………任红举
逝者如斯……（小说）……………解正中　王福根
朝天椒（小说）…………………………………袁一平
"516"与蛇（小说）……………………………崔道怡
红石沟的绿树（散文）…………………………王　冰
外祖母（散文）…………………………………李　勃
绥拉菲摩维奇短篇三题（小说）………………扬　明译
论题目的学问——《"歌德"与"缺德"》一文欣赏
…………………………………………………眉间尺
写真实（评论）…………………………………郭　因
春末闲笔——关于"双百"的杂感又二则………沈敏特
"人化"与"神化"（杂文）……………刘静生　黄毓璜
君山（诗·外二首）……………………………邵燕祥
七月情歌（诗）…………………………………余照望
从海边捡回的石子（诗）………………………刘祖慈
文坛祭将诗……………………………………郭隽杰
天都峰（诗）……………………………………卢祖品
舞台深处（小叙事诗）…………………………晓　钢
农村情歌（诗·三首）…………………………刘　章
还乡曲——将军探家的手记……………………孙中明

风雨码头（诗）............严成志
绿天（中国画）............宋亦英

1979 年第 8 期　刊名:《安徽文学》
目录

锦鸡和麻雀（寓言）............冯雪峰遗作
希望（诗）............冯夏熊
极左的招魂幡——评《"歌德"与"缺德"》............陈子伶
人工气管在中国（杂文）............段儒东
审判（诗）............雷抒雁
题张志新（诗）............淳于丹
盘锦，我大声地把你盘问（诗）............贺羡泉
在餐车上发生的事情（小说）............高善礼
嘴（小说）............杨扬
往事（小说）............郭珍仁
两张电影票（小说）............杨跃庭
新房（小说）............李小龙
忆傅雷（散文）............叔子
部队生活短诗（九首）............杨德祥　宫玺等
通向前沿的钢铁大道（诗）............应凤鸣
佛山纪实（诗）............康志强
相思树下（诗·外一首）............玉杲
爸爸唱的催眠曲（诗）............白榕
在通往云岭的路上（诗·外二首）............庆胜
聚会（诗·外一首）............马绪英
叶挺桥（诗）............徐国华
写在列宁小学（诗·二首）............孙玉春
怀念（诗·外一首）............王兴国
"战高温"（旧体诗）............王怡白
农村短歌（民歌·三首）............陈所巨
山对渠水笑点头（民歌·外一首）............王满夷
古典短篇艺术撷谈（二）............李汉秋　张耀辉
补白：卡纽特和武则天............郭因
白岳秋色（中国画·二幅）............郭公达

1979 年第 9 期　刊名:《安徽文学》
目录

孙猴求雨记（小说）............秦兆阳
李马渡康王（小说）............彭拜
虔诚的心（小说）............梅汝恺
忆何其芳同志（散文）............吕剑

向党的好女儿张志新烈士学习
早醒者之歌（诗）............张万舒
真理之路（诗）............田上雨

满江红（词）............宋亦英
不（诗）............景晓东
这枪声（诗·外一首）............范保中
不屈的强者（诗）............孔祥彪
飞天（诗）............赖少其
哭闻一多、吴晗二先烈之死（诗）............周景绍遗作
五大夫松（诗）............白渔
剪刀（诗）............苏金伞
燕子山（诗）............郭瑞年
镰刀——问号（诗）............刘士光
海上矿区（诗·外一首）............姚焕吉
小店春（诗·外一首）............彭悦
示众的木牌（诗）............孙立真
"长官意志"解............于晴
"两结合"创作方法质疑............陈辽
提供革命现实主义和革命浪漫主义相结合的创作方法
............贾文昭
理当为《望星空》恢复名誉............公刘
附:《望星空》
波契德列画廊（美术作品）............赖少其

1979 年第 10 期　刊名:《安徽文学》
目录

新人三十家诗作初辑
刘人云　王同书　梁小斌　骆耕野　刘世良　方晴
桂兴华　余志银　米思及　孙中明　朱鹤年　王雨谷
薛卫民　陈所巨　晓喻　朱恩明　王晓辉　李平易
蒋维扬　孔祥彪　朱苏力　左朝胜　徐善新　张成功
顾城　周志友　李光星　许辉　王永林　苏艺林
虾圆子（小说）............王余九
妻子的心事（小说）............刘卫国
战友加亲邻（小说）............马春阳
音（小说）............平凡
小燕子和大老虎（童话）............李先辉
也谈"我为人民鼓与呼"——兼论文艺中的"暴露"
............戎坚
风向并未看准............梁长森
"不满"小议............沈敏特
"冷风"辨............胡永年
双栖图（中国画）............童雪鸿遗作

1979 年第 11 期　刊名:《安徽文学》
目录

周华英求职（小说）............高晓声
裸体模特儿（小说）............弋江月

馍（小说）⸺⸺⸺⸺⸺⸺⸺⸺⸺杨金速
一朵小白花（小说）⸺⸺⸺⸺⸺⸺聂华芩
马镇有个扎纸店（小说）⸺⸺⸺⸺严啸建
星星（小说）⸺⸺⸺⸺⸺⸺⸺⸺孙　台
鬼魂（小说）⸺⸺⸺⸺⸺⸺⸺⸺葛广勇
你没有死⸺长诗《强者的歌》的序诗⸺方　冰
敬悼彭德怀副总司令（旧体诗）⸺周景绍遗作
歌《森林法》（诗）⸺⸺⸺⸺⸺⸺满　锐
抉择（诗）⸺⸺⸺⸺⸺⸺⸺⸺⸺董　英
抒情与思考（诗）⸺⸺⸺⸺⸺⸺刘湛秋
海滨随感录（诗）⸺⸺⸺⸺⸺⸺雷　霆
贵州情思（诗）⸺⸺⸺⸺⸺⸺⸺治　芳
大海（诗·外一首）⸺⸺⸺⸺⸺⸺孔　林
渡工曲（诗）⸺⸺⸺⸺⸺⸺⸺⸺张福致
短诗一丛⸺⸺⸺⸺⸺⸺稽亦工　王传江
张　廓　康诗纬　纪　学　木　青　弘　征　詹天高

继续批判极左思潮　彻底肃清《纪要》流毒
为"创作自由"正名⸺⸺⸺⸺⸺⸺斤　薪
正确对待《讲话》⸺⸺⸺⸺⸺⸺梁长森
"染缸"内外⸺⸺⸺⸺⸺⸺⸺⸺周祥鸿
杂谈"作家要下去"⸺⸺⸺⸺⸺⸺张民权
再谈为文艺队伍"脱帽"⸺⸺⸺⸺辛有光
你在说些什么?　⸺浅评《你们在干什么???》
⸺⸺⸺⸺⸺⸺⸺⸺⸺⸺⸺⸺却　沛
何谓"赶时髦"?　⸺与益言同志争鸣⸺胡永年
小议"排座次"⸺⸺⸺⸺⸺⸺⸺丹　禾
说"闻腥"⸺⸺⸺⸺⸺⸺⸺⸺⸺舒　芜
文艺规律与编辑胆识⸺参加部分省市文艺期刊座谈
会随想⸺⸺⸺⸺⸺⸺⸺⸺⸺段儒东
九华雨霁（中国画）⸺⸺⸺⸺⸺李可染

1979 年第 12 期　刊名:《安徽文学》
目录

琴韵（小说）⸺⸺⸺⸺⸺海　翔　黑　子
牛头马嘴之间（小说）⸺⸺郑伯权　姚子良
烟（小说）⸺⸺⸺⸺⸺⸺⸺⸺⸺鲁笳萃
解脱（小说）⸺⸺⸺⸺⸺⸺⸺⸺姚远牧
根据地日记摘抄⸺⸺⸺⸺⸺⸺钱　毅遗作
如梦记（散文）⸺⸺⸺⸺⸺⸺⸺黄　裳
重回大刘营（散文）⸺⸺⸺⸺⸺艾　煊
夜行（散文·外一章）⸺⸺⸺⸺⸺周良沛
探求（散文）⸺⸺⸺⸺⸺⸺⸺⸺秦圣非
法语课（小说）⸺⸺⸺⸺[苏]瓦·拉斯普京著
马肇元　冯明霞译
译作评介:法语课⸺道德课⸺⸺⸺石国雄
寓言二则⸺⸺⸺⸺⸺⸺⸺⸺⸺许成章

歌谣小辑（民歌十七首）⸺⸺徐　康　钱国胜等
花圈,编在心头（诗）⸺⸺⸺⸺⸺刘朝兰
咏史（诗·四首）⸺⸺⸺⸺⸺⸺荒　芜
风浪中的歌唱（诗·外一首）⸺⸺马恒祥
写在两淮会战工地（诗·三首）⸺晓　风
田野散歌（散文诗·五章）⸺⸺⸺余林明
时间（诗）⸺⸺⸺⸺⸺⸺⸺⸺赵家瑶
播（诗·外一首）⸺⸺⸺⸺⸺⸺周志友
溪流问答⸺⸺⸺⸺⸺⸺⸺⸺⸺艾　风
从北方,到南方⸺⸺⸺⸺⸺⸺⸺宁　宇
漫话解放思想（评论）⸺⸺⸺⸺江　流
赞美你,呐喊文艺!（评论）⸺⸺⸺郭　因
文艺论争中的两个问题（评论）
⸺⸺⸺⸺李兴叶　李振玉　杜清源
来信照登⸺⸺⸺⸺⸺⸺⸺⸺⸺易　兵
《议政·议经·议文》专栏征稿启事
黄山写生（油画）⸺⸺⸺⸺⸺⸺朱　峰
漫画⸺⸺⸺⸺黄永厚　黎　佳　文　兵　王景峰

1980 年第 1 期　刊名:《安徽文学》
目录

议政·议经·议文
从李万铭到李小璋⸺⸺⸺⸺⸺⸺星　随
"悼"议⸺⸺⸺⸺⸺⸺⸺⸺⸺⸺吕　剑
尊重"分忧"者⸺⸺⸺⸺⸺⸺⸺黎　佳

原上草
一个女预审员的自述（小说）⸺⸺徐　晓
雪雨交加之间（小说）⸺⸺⸺⸺⸺万　之
约会（小说）⸺⸺⸺⸺⸺⸺⸺⸺薄　平
船（诗）⸺⸺⸺⸺⸺⸺⸺⸺⸺⸺吴　铭
自画像（诗·外一首）⸺⸺⸺⸺⸺芒　克
四月的黄昏（诗）⸺⸺⸺⸺⸺⸺舒　婷

小说·散文
迷失⸺⸺⸺⸺⸺⸺⸺⸺⸺⸺⸺蒋　濮
三个教授⸺⸺⸺⸺⸺⸺⸺⸺⸺曹冠龙
仙人球⸺⸺⸺⸺⸺⸺⸺⸺⸺⸺山　谷
骆驼⸺⸺⸺⸺⸺⸺⸺⸺⸺⸺⸺徐　干
灯会（散文）⸺⸺⸺⸺⸺⸺⸺⸺马连芬

诗歌
初绽的山花⸺⸺⸺⸺⸺⸺⸺⸺程光锐
南国抒情诗（六首）⸺⸺⸺⸺⸺孙静轩
星,谁也别想摘走⸺⸺⸺⸺⸺⸺时红军
教训（二首）⸺⸺⸺⸺⸺⸺⸺⸺黄克威
时间、飞鸟及其他⸺⸺⸺⸺⸺⸺孔祥梁

悼念陶勇司令员⋯⋯⋯⋯⋯⋯⋯⋯⋯⋯ 王　彦
采石怀古（外一首）⋯⋯⋯⋯⋯⋯⋯⋯ 魏礼江
罗汉⋯⋯⋯⋯⋯⋯⋯⋯⋯⋯⋯⋯⋯⋯ 刘亚瑜
诗的散步⋯⋯⋯⋯⋯⋯⋯⋯⋯⋯⋯⋯ 圣　野
月⋯⋯⋯⋯⋯⋯⋯⋯⋯⋯⋯⋯⋯⋯⋯ 刘益善
严冬诗抄⋯⋯⋯⋯⋯⋯⋯⋯⋯⋯⋯⋯ 刘夜烽
山河恋⋯⋯⋯⋯⋯⋯⋯⋯⋯⋯⋯⋯⋯ 谢清泉
讽刺诗二首⋯⋯⋯⋯⋯⋯⋯⋯⋯⋯⋯ 王满夷
写在波峰浪谷间（二首）⋯⋯⋯⋯⋯⋯ 张力生
布利森登诗选⋯⋯⋯⋯⋯⋯⋯⋯⋯⋯ 马祖毅译

札记
全国文代会给我的感受⋯⋯⋯⋯⋯⋯ 赖少其

读者・作者・编者
诗，应当这样写⋯⋯⋯⋯⋯⋯⋯⋯⋯ 张宝申
读新人诗作外感⋯⋯⋯⋯⋯⋯⋯⋯⋯ 蒋云亭
扶持新人值得称道⋯⋯⋯⋯⋯ 廖高群　简梧秋
幽默中含深意　寓深意于幽默⋯⋯⋯ 鲁利敏
名写虚无怪诞事　实批现实官僚者⋯⋯ 施振华

文学评论
《红楼梦》研究与现代迷信⋯⋯⋯ 傅继馥　李汉秋
"围剿"驳辩⋯⋯⋯⋯⋯⋯⋯⋯⋯⋯ 赵同蕴

美术作品
水彩画（二幅）⋯⋯⋯⋯⋯⋯⋯⋯⋯ 柳新生

1980 年第 2 期　刊名:《安徽文学》
目录

议政・议经・议文
主乎？友乎？奴乎？⋯⋯⋯⋯⋯⋯⋯ 吕　剑
黄叶邨杂记⋯⋯⋯⋯⋯⋯⋯⋯⋯⋯ 韩　瀚
过去、现在及将来⋯⋯⋯⋯⋯⋯⋯⋯ 丛亚平

小说
探源⋯⋯⋯⋯⋯⋯⋯⋯⋯⋯⋯⋯⋯ 郑秉谦
笑面女⋯⋯⋯⋯⋯⋯⋯⋯⋯⋯⋯⋯ 曹玉模
期待⋯⋯⋯⋯⋯⋯⋯⋯⋯⋯⋯⋯⋯ 焦　群
飞驰的轿车停下来⋯⋯⋯⋯⋯⋯⋯⋯ 曹鸿翔

诗歌
海鸥（外二首）⋯⋯⋯⋯⋯⋯⋯⋯⋯ 赵丽宏
台湾诗歌选载⋯⋯⋯⋯⋯⋯⋯ 渡　也　詹　澈等
早熟的孩子⋯⋯⋯⋯⋯⋯⋯⋯⋯⋯ 梁小斌
南曲歌词⋯⋯⋯⋯⋯⋯⋯⋯⋯⋯⋯ 蔡其矫
烈士的性格⋯⋯⋯⋯⋯⋯⋯⋯⋯⋯ 姚　莹

饮酒歌⋯⋯⋯⋯⋯⋯⋯⋯⋯⋯⋯⋯ 正　文
十字路口（外一首）⋯⋯⋯⋯⋯⋯⋯ 凌　禹
春天，山里红花开了（外一首）⋯⋯⋯ 姜金城
访日诗草⋯⋯⋯⋯⋯⋯⋯⋯⋯⋯⋯ 吕秋心
浍河的夜哟⋯⋯⋯⋯⋯⋯⋯⋯⋯⋯ 许凤惠
荷叶林里，轻轻的水响⋯⋯⋯⋯⋯⋯ 李武兵
分手⋯⋯⋯⋯⋯⋯⋯⋯⋯⋯⋯⋯⋯ 杨旭辉
花园之城（散文诗・外一章）⋯⋯⋯ 罗达成
雁（外一首）⋯⋯⋯⋯⋯⋯⋯⋯⋯⋯ 方　遒
提货谣⋯⋯⋯⋯⋯⋯⋯⋯⋯⋯⋯⋯ 胡丰传
移草皮⋯⋯⋯⋯⋯⋯⋯⋯⋯⋯⋯⋯ 叶晓山
响水檀（外一首）⋯⋯⋯⋯⋯⋯⋯⋯ 姜义田

评论
文艺是从属于政治的吗？⋯⋯⋯⋯⋯ 郝恩美
应当坚持"文艺为政治服务"⋯⋯⋯⋯ 矢　羽

读者・作者・编者
回顾与展望⋯⋯⋯⋯⋯⋯⋯⋯⋯⋯ 严　阵
也谈"度量"⋯⋯⋯⋯⋯⋯⋯⋯⋯⋯ 周根苗
伸张正义的佳作集锦——喜读《安徽文学》七九年十
一期⋯⋯⋯⋯⋯⋯⋯⋯⋯⋯⋯⋯⋯ 叶成庚
写人的命运——简评《周华英求职》⋯⋯ 斤　薪
死后是非能管得——《马镇有个扎纸店》读后
⋯⋯⋯⋯⋯⋯⋯⋯⋯⋯⋯⋯⋯⋯⋯ 施振华

美术
此时无声胜有声⋯⋯⋯⋯⋯⋯⋯⋯ 广　军

1980 年第 3 期　刊名:《安徽文学》
目录

小说・散文
妈妈别难过⋯⋯⋯⋯⋯⋯⋯⋯⋯⋯ 梁晓声
长颈鹿⋯⋯⋯⋯⋯⋯⋯⋯⋯⋯ 孙　台　杨　柳
啊，月亮作证⋯⋯⋯⋯⋯⋯⋯⋯⋯⋯ 涂吉安
端阳粽⋯⋯⋯⋯⋯⋯⋯⋯⋯⋯⋯⋯ 张国珍
榨菜炒肉丝的风波⋯⋯⋯⋯⋯⋯⋯⋯ 李中申
第一个带路的人——忆肖也牧老师（散文）⋯⋯ 王　扶
大姨（散文）⋯⋯⋯⋯⋯⋯⋯⋯⋯⋯ 蒋维扬

诗歌
手铐和金镯——梦幻曲⋯⋯⋯⋯⋯⋯ 那　沙
山地传说（二首）⋯⋯⋯⋯⋯⋯⋯⋯ 玛　金
蔷薇（外一首）⋯⋯⋯⋯⋯⋯⋯⋯⋯ 吴建之
正义⋯⋯⋯⋯⋯⋯⋯⋯⋯⋯⋯⋯⋯ 冯夏熊
爱人⋯⋯⋯⋯⋯⋯⋯⋯⋯⋯⋯⋯⋯ 刘祖慈
无题⋯⋯⋯⋯⋯⋯⋯⋯⋯⋯⋯⋯⋯ 昌　耀

冰河（外一首）⋯⋯⋯⋯⋯⋯⋯⋯吴乐森
晚晴轩诗词抄⋯⋯⋯⋯⋯⋯⋯⋯宛敏灏
诗二首⋯⋯⋯⋯⋯⋯⋯⋯⋯⋯⋯晋　驼

议政·议经·议文
夜闻鸡鸣偶感⋯⋯⋯⋯⋯⋯⋯⋯黄自强
"中层板结"小议⋯⋯⋯⋯⋯⋯⋯秋　耘
为"富"字洗尘⋯⋯⋯⋯⋯⋯⋯⋯邹正贤

评论
关于文艺为政治服务⋯⋯⋯⋯⋯洁　泯
政治并不等于艺术⋯⋯⋯⋯⋯⋯王明居
早春通信（作家书简）⋯⋯陈登科　肖马

读者·作者·编者
竹林和她的《生活的路》⋯⋯⋯江　流
严峻的现实　深沉的控诉——读《生活的路》
⋯⋯⋯⋯⋯⋯⋯⋯⋯⋯⋯⋯⋯刘锡诚
谁言寸草心——《生活的路》作者给本刊编辑部的信
⋯⋯⋯⋯⋯⋯⋯⋯⋯⋯⋯⋯⋯竹　林

美术作品
桃花溪畔迎宾归（中国画）⋯⋯朱修之

1980 年第 4 期　刊名:《安徽文学》
目录

散文·报告文学
洁白⋯⋯⋯⋯⋯⋯⋯⋯⋯⋯⋯⋯字　心
笑容⋯⋯⋯⋯⋯⋯⋯⋯⋯⋯⋯⋯徐子芳

小说
三个书记⋯⋯⋯⋯⋯⋯⋯⋯⋯⋯孙玉春
蛋蛋⋯⋯⋯⋯⋯⋯⋯⋯⋯⋯⋯⋯颜　屏
珍妮⋯⋯⋯⋯⋯⋯⋯⋯⋯⋯⋯⋯檀　溪
我把你放在心上⋯⋯⋯⋯⋯⋯⋯万克玉
乌浚江上⋯⋯⋯⋯⋯⋯⋯⋯⋯⋯吴树声

诗歌
清明，春天的黎明⋯⋯⋯⋯⋯⋯叶文福
诗三首⋯⋯⋯⋯⋯⋯⋯⋯⋯⋯⋯公　木
夜梦录（组诗）⋯⋯⋯⋯⋯⋯⋯沙　鸥
春天·花及其他⋯⋯⋯⋯⋯⋯⋯彭　拜
天与海⋯⋯⋯⋯⋯⋯⋯⋯⋯⋯⋯晓　钢
琴溪河的琴声⋯⋯⋯⋯⋯⋯⋯⋯刘天明
小提琴，奏着生活的旋律⋯⋯⋯熊光炯
大树王⋯⋯⋯⋯⋯⋯⋯⋯⋯⋯⋯黎焕颐
"拍马屁"小议（讽刺诗）⋯⋯⋯周所同

评论
重新认识文艺与政治的关系——驳"文艺为政治服务"论⋯⋯⋯⋯⋯⋯⋯⋯⋯⋯⋯⋯刘光耀
文艺标准的再认识——文艺现象探索之一⋯⋯柏　木
争鸣·怎鸣·恐鸣·杀鸣⋯⋯⋯林涵表
"眼高手低"及其他⋯⋯⋯⋯⋯王以铸

议政·议经·议文
希望与现实——刘少奇同志冤案平反断想⋯⋯胡永年
曹操是老实人（外二题）⋯⋯⋯郭　因
天下兴亡，匹夫有责⋯⋯⋯⋯⋯陆钊珑
中国画两幅⋯⋯⋯⋯⋯⋯⋯⋯⋯邵灶友

1980 年第 5 期　刊名:《安徽文学》
目录

心花——献给刘少奇同志
把这答案留给后代（诗）⋯⋯⋯韩　瀚
写在民族的伤疤上（诗）⋯⋯⋯徐善新
消息（诗）⋯⋯⋯⋯⋯⋯⋯⋯⋯乔延凤
大星（诗）——想念少奇同志⋯陈所巨
无名花开了（诗）⋯⋯⋯⋯⋯⋯谭国纲

报告文学·散文
春回皖东⋯⋯⋯⋯⋯⋯⋯⋯⋯⋯江　流
忆李季⋯⋯⋯⋯⋯⋯⋯⋯⋯⋯⋯苏　中

小说
我爱您，但是……⋯⋯⋯⋯⋯⋯张　弓
黄昏，有一个小院⋯⋯⋯⋯⋯⋯黄蓓佳
影儿⋯⋯⋯⋯⋯⋯⋯⋯⋯⋯⋯⋯高红十
李不见⋯⋯⋯⋯⋯⋯⋯⋯⋯⋯⋯胡家柱

诗歌
觉醒——为张志新烈士殉难五周年而作⋯⋯刘钦贤
诗九首（旧体）⋯⋯⋯⋯⋯⋯⋯江　城
诗三首（旧体）⋯⋯⋯⋯⋯⋯⋯张　禹
海思（外一首）⋯⋯⋯⋯⋯⋯⋯吕　剑
天柱山歌（外二首）⋯⋯⋯⋯⋯贺羡泉
秋风（外一首）⋯⋯⋯⋯⋯⋯⋯闻　频
桑干河的歌⋯⋯⋯⋯⋯⋯⋯⋯⋯李剪藕
通向食品收购站的路上⋯⋯韩朗亭　傅朝立
山村⋯⋯⋯⋯⋯⋯⋯⋯⋯⋯⋯⋯崔合美
希望⋯⋯⋯⋯⋯⋯⋯⋯⋯⋯⋯⋯汪国坚
狂风⋯⋯⋯⋯⋯⋯⋯⋯⋯⋯⋯⋯张雪杉
废墟⋯⋯⋯⋯⋯⋯⋯⋯⋯⋯⋯⋯晓　蕾
雪花⋯⋯⋯⋯⋯⋯⋯⋯⋯⋯⋯⋯张志鹏
生活（外一首）⋯⋯⋯⋯⋯⋯⋯王嘉庚

评论

解放思想·真实性·社会效果............沈敏特
政治,应当是科学的............朱子昂

读者·作者·编者

读《三个教授》............李　星
思索与期待——《探源》读后............张宝申
关于《周华英求职》的通信............高晓声
来信照登以后——读者来信来稿综述............本　刊

其他

屯溪即景(油画棒写生)............顾美琴
松涛(套色木刻)............林之耀
凤阳纪行(漫画通讯)............黎　佳
论真实(补白)............程自信　辑

1980 年第 6 期　刊名:《安徽文学》
目录

小说·散文

杨柳依依............耿龙祥
价格与性格............牛　文
烛光............谢鲁渤　胡　晓
三顾翠竹村............许成章
江南一枝春............严　阵
芬芳的祖国............白　榕

议政·议经·议文

彻底与透底............王若望
谈"拔尖"............龙国炳
针砭与讽刺............崔永生
烂橘子的联想............吴宗铭

诗歌

雪望(外二首)............梁　南
写给赛金花............张志民
关于"我"和"我"的过去............张万舒
亲密的森林(外一首)............高凌云
不是等待............陈敬容
七绝三首............徐　味
江上风情............陈次方
京华诗草(二首)............孙友田
母亲的心(外一首)............刘士光
心潮............陈晓光

短歌一束

茶叶花............蔚　文
寻春(外一首)............李　廉

捏泥巴(儿歌)............赵家瑶
儿歌三首............李先轶

评论

艺术首先必须是艺术............张民权
浅谈文艺为政治服务............谢昭新
文艺批评也要注意社会效果............胡永年

读者·作者·编者

心上的琴弦是怎样被拨动的——读《天云山传奇》
............余昌谷
山谷流泉图(中国画)............陶天月

1980 年第 7 期　刊名:《安徽文学》
目录

小说·散文

软卧夜话............薛海翔　黑　子
养猴的人............王海鸥
淘............毛志成
在病房里............鲁彦周
寻梦............马道远
香港来信............梁沪生
我的三位老师............刘祖慈
八百里太湖............柳　嘉

议政·议经·议文

"学而优则仕"新义............张春宁
向日葵小议............邵江天
掘煤、用煤和倒煤............叶式生
爱人民——从刘真《她好像明白了一点点》说起
............邵燕祥

诗歌

我见过你啊,彭老总!............石　湾
大江行............余照望
山谷的回响(外二首)............孙小兰
鸣禽篇............青　勃
浅绿色的抒情诗............刘湛秋
过马嵬坡(外一首)............丁　力
滴血的爱神............韩作荣
闹春的燕子回村来............王振寰
谒李白衣冠冢(外一首)............蒋维扬
我的诗儿(外二首)............孟庆祥
写在草叶上的诗............王秋生
石溪............许孔章

评论

皮毛说——浅谈对"文艺为人民服务"的看法............王　孙

写于《艾青〈归来的歌〉书后》之后 …… 吕　剑

关于文艺与政治关系的讨论
文艺从属于生活 …… 王贵寅
从来如此，便对么? …… 方　铭
岂是水火不相容? …… 吴公剑

读者·作者·编者
关于《唉……》的回答 …… 曹玉模
《新人新作专号》征稿启事 …… 本　刊
夏趣（中国画） …… 郭廷龙
论独创（补白） …… 程自信　辑
思茧（补白） …… 张开理

1980 年第 8 期　刊名:《安徽文学》
目录

评论
似曾相识"棍"重来——评《时代的报告》创刊号评论员文章 …… 黎　辉

小说·散文
有朋自远方来 …… 郭珍仁
雨夜来客 …… 王余九
填沟 …… 刘振华
红白棍和芝麻 …… 张厚纯
老板 …… 吴立智
月眉 …… 乔浮沉
有一个小镇（散文） …… 王英琦

诗歌
北大荒短笛（组诗） …… 唐　祈
春天的信息——写给故乡的一家医院 …… 徐　刚
湖畔诗情（五首） …… 柯　原
天地彩笺（组诗） …… 韩立森
海瑞墓前凝思（组诗） …… 阿　红
走出"喀斯特"时代 …… 丁　芒
我是一颗希望的种子 …… 牛广进
我认识这样一个青年 …… 张洪涛
蒲公英（外一首） …… 汪国坚
地方戏 …… 许　辉
荷叶与浮萍 …… 殷光兰　远　平
送茶 …… 唐儒友
新竹 …… 陈鼎元

议政·议经·议文
为"为民请命"请命 …… 陈子伶
尺限 …… 梁　音

关于批评的一段闲话 …… 向　理

读者·作者·编者
小议"三议" …… 张家治
一首有特色的诗 …… 石万能
请注意消灭错别字 …… 孙友银

美术作品
山林雨后 …… 蔡世明

1980 年第 9 期　刊名:《安徽文学》
目录

小说·散文
杨花似雪 …… 祝兴义
被留在昨天的人 …… 顾尔镡
弯路 …… 葛广勇
敲门 …… 张捷世
药的故事 …… 李小龙
火柴盒上的诗 …… 张继才
黄山纪游（散文） …… 秦兆阳

诗歌
黄山吟草 …… 范　曾
云南三首 …… 邵燕祥
人的塑像 …… 雷抒雁
哭遇罗克 …… 陈允豪
山居三首 …… 放　平
彭总住过的土屋 …… 张承信
金山（外一首） …… 王　也
致某钢铁厂 …… 王燕生
草堂漫吟（三首） …… 毛　锜
冰凌花（外一首） …… 常　青
落叶（外二首） …… 蒋庆宾
大海和草原 …… 师日新
石桥 …… 钱启贤

议政·议经·议文
论古人未必迷信而今人未必不迷信 …… 吕　剑
辫发之类 …… 徐尘言
良民 …… 陆钊珑
再论"他妈的" …… 徐昌洲

评论
人情与文艺 …… 顾　骧
她应该有点主动权 …… 行　人
社会效果，政治中介及其他——与谢约同志商榷 …… 段儒东

读者·作者·编者

浇花的园丁 ……………… 方　琳
形象鲜明的牟司令 ……………… 郭长德
来信 ……………… 贾遵仪

美术作品

夜（木刻） ……………… 张　弘

1980 年第 10 期　刊名:《安徽文学》
目录

小说·散文

紫灯 ……………… 孙　台
朝霞与夕色 ……………… 焦　群
失落的珍珠 ……………… 莫大祥
要什么 ……………… 陈晓淮
树叶开始发黄 ……………… 顾培军
有一个姑娘 ……………… 鲁书潮
巧婶 ……………… 肖　路
纺车嘤嘤 ……………… 苗振亚
克全老汉 ……………… 张健初

诗歌

女神与青年（三首） ……………… 凌代坤
苦难的年轮（七首） ……………… 王晓辉
风，在田野上微笑（六首） ……………… 陈所巨
那一夜（外三首） ……………… 朱苏力
山和春天（外四首） ……………… 孙中明
祖国啊，我想起了你（外四首） ……………… 孙朝熹
油茶（外二首） ……………… 周志友
火（外一首） ……………… 许桂林
桥梁（外一首） ……………… 郝传学
邮票（外一首） ……………… 孟　祥

议政·议经·议文

总统救火的联想 ……………… 段儒东
独家饭店有感 ……………… 吴宗铭
看见过的不能说没看见…… ……………… 中　耀
生死恋 ……………… 史益华
以文会友——记黄山笔会 ……………… 胡永年
编者的话 ……………… 本　刊
寓言（二则） ……………… 耿　昕
论新人新作（补白） ……………… 程自信辑

美术作品

九华春晓（版画） ……………… 高义珍
长发披肩的姑娘（油画） ……………… 侯　震

1980 年第 11 期　刊名:《安徽文学》
目录

小说

"细胞"闲传（新人新作） ……………… 高尔品
二十四只油饼（新人新作） ……………… 丁正泉
二胡（新人新作） ……………… 王大鹏
爱情与选择（新人新作） ……………… 马道远
心事（新人新作） ……………… 侯　路
懊悔（新人新作） ……………… 张建阳
山中 ……………… 高晓声

散文

庐山仙人洞钩沉（散文） ……………… 寒泻玉
后门小景 ……………… 忆明珠

诗歌

在过去的日子里（组诗） ……………… 袁戈风
红豆（外三首） ……………… 杨大矛
宣城杂诗 ……………… 张新旭
黄河故道行（三首） ……………… 严成志
潮音 ……………… 龙彼德
人（外二首） ……………… 李　钢
在昨天狂风大作的时候（外二首） ……………… 孔祥彪
胥门奇遇 ……………… 冰　夫
热茶 ……………… 黄　淮
为了那迟到一秒钟的春天 ……………… 沈宏菲
诞生 ……………… 顾　工
雨 ……………… 倩　晴
春的消息（外二首） ……………… 林　子
潜流 ……………… 李发模

议政·议经·议文

偶感 ……………… 叶至诚
孤莫孤于自恃 ……………… 黄秋耘
曹操仍不能说是老实人 ……………… 刘　伶
"人死观"种种 ……………… 余百川
"热烘烘的"，冒些什么? ……………… 赵秋立

评论

对文艺问题的几点思考 ……………… 胡　平
莫听穿林打叶声 ……………… 张　锲
信仰不失，精神不败——于连的奋斗是非议 ……………… 江　英

读者·作者·编者

自有公理在人间 ……………… 潘宇杰
封建礼教的荼毒——从《软卧夜话》谈起 ……………… 郑利群
含义隽永　意境幽深——读《月眉》 ……………… 章新建

美术作品

夏山图（中国画）————————————赖少其

大壑（中国画）————————————赖少其

1980 年第 12 期　刊名:《安徽文学》
目录

小说·散文

美丽————————————————周永年

无差别区——————————————郭　青

乡愁————————————————刘望坡

日出的幻觉————————————王成功

"串"病——过去的故事——————王友琴

小马————————————————王仲庆

茶果————————————————竹　蔗

怀念与感谢——短篇小说集自序——邓友梅

阿英同志和黄毛一家（散文）————钱小惠

闽南佛学院与"懒和尚"（散文）——陈元胜

考试——————[美]安吉莉卡·吉布斯著　宗　白译

远近——————[美]托马斯·沃尔夫著　宗　白译

诗歌

晶莹的雪花———尚　宇　桂兴华　肖　海　曹百清

马稼农　孟庆祥　单凤彩　叶卫平　戈　力　陈继光

钱锦方　凌　禹

石林（外二首）————————————流沙河

在那个年头————————————禹本愚

秋色（外三首）————————————王染野

泥土之歌————————————王　鸿

蛙鼓（散文诗·外二首）——————王文忠

划圈的长官（讽刺诗）——————王淑臣

御街行————————————————李　广

悼怀枫老人————————————徐　味

大雁赠我的礼物—————————杨松杰

议政·议经·议文

"御用……"之类——————————王若望

从〇说起————————————肖　民

化一股烟霞————————————韩英珊

评论

政治、文艺及其家————————吴章胜

"文艺为政治服务"口号的形成评述——李士文

时代的画卷——读《破壁记》、《赤龙与丹凤》

————————————————章新建

富矿——《白花·红花》浅评————彭　苏

《春天并不遥远》简评——————曹　野

不要忘记过去——读《燃烧的圣火》—周祥鸿

高原花朵——读《飞来的礼物》——文　风

论坛泛彩——《艺廊思絮》浅介——汪亦伦

美术作品

黄山速写————————————周　峰

割草归来（布贴画）————————杭法基

1981 年第 1 期　刊名:《安徽文学》
目录

当务之急（每月一论）——论文艺战线的改革——舒永森

小说·散文

飘飘荡荡的路————————————陈椿年

旧街人————————————————郭　强

吉它的朋友————————————刘树华

飘过身边的云彩—————————黄蓓佳

触角————————————————胡小胡

上妙峰山（散文）————————姜德明

诗歌

大学生诗丛————————————徐敬亚等

控诉————————————————刘人云

平方米————————————————公　刘

乡情————————————————崔成驹

大雪大雪盖床被（外一首）————盖湘涛

议政·议经·议文

愚公转世的悲剧—————————梅　寒

凑热闹种种————————————赵秋立

效颦的另一种————————————褚水傲

评论

《飞天》作者谈《飞天》——刘克致本刊编辑部的信

————————————————刘　克

文艺评论与政治鉴定——从对《飞天》的批评想到的

————————————————章　圻

关于王晓晖诗的通信——————白桦·刘祖慈

读《杨花似雪》—————————刘梦溪

1981 年第 2 期　刊名:《安徽文学》
目录

繁荣文艺的必由之路（每月一论）——舒永森

小说·散文

飞罗旋————————————————梁晓声

我，愿随你去！ —————————— 毛志成
一杯喜酒 ——————————————— 肖元生
啊，好猛的雨 ——————————————— 水　家
露 ——————————————————— 谢鲁渤
船，为什么搁浅了？ ————————— 王兴国
浪迹江湖（散文）———————————— 江　流

诗歌
致马克思 ——————————————— 雷　霆
卖粮 ——————————————————— 孔祥雨
武当山 ——————————————————— 刘岚山
哨雁的警笛（童话诗）—————————— 徐善新
山村年事（三首）——————————— 高凌云
平顶山（外一首）——————————— 朝　兰
走访九华山（外一首）————————— 郭瑞年
满江红（词）————————————— 宋亦英
龙门愤（七律）———————————— 孙子连
民歌三首 —————————————— 王满夷
星河（短诗小辑）　孙立真　李亚南　管用和等
打油赠荒芜 ————————————— 寒泻玉

议政·议经·议文
焦大何以不爱林妹妹 ————————— 穆斯林
"伤筋动骨"别议 ——————————— 黄自强
扯皮 ——————————————————— 邵江天

评论
春城断想——文艺思想随感 ————— 陈　辽
门外哲理谈——兼谈重视文艺的作用 — 沈敏特
莫因"商标"论作品 ————————— 张民权
偶感三则 —————————————— 王　冰

1981 年第 3 期　刊名：《安徽文学》
目录

每月一论
活与乱 ——————————————— 舒永森

小说·散文
在暮色中 —————————————— 王成功
心上的海 —————————————— 孙　台
无题 ——————————————————— 林　雨
明天来自何处 ———————————— 王承刚
Ge —————————————————————— 高红十
祥茂会亲 —————————————— 王余九
手套 ——————————————————— 邓　林
书谊（散文）———————————— 李旦生
访李旦生同志（散文）————————— 邹正贤

笑的权利（散文）——————————— 贾梦雷

诗歌
"不！"（伯罗奔尼撒山上的故事）—— 杨　炼
黄山（外一首）———————————— 蔡其矫
琴（外二首）————————————— 胡　昭
苇箭（外一首）———————————— 骆耕野
有感（外三首）———————————— 孔　孚
黄山诗词抄 ————————————— 吴丈蜀
苦笋的自由（外二首）————————— 李平易
假如（外一首）———————————— 陈继宗
天籁（外一首）———————————— 谢颐城
小草 ——————————————————— 刘爱萍
等 ——————————————————— 常　青
念 ——————————————————— 小　玫
书 ——————————————————— 史　辉
草芽 ——————————————————— 陈士元

议政·议经·议文
"生命在于运动" —————————— 黄奕谦
"小孩嘴里掏实话" ————————— 赵同蕴
良心 ——————————————————— 陈先雀

读者·作者·编者
形象丰满的"细胞"主任 ————————— 震　琪
一个独特的艺术形象——谈《"细胞"闲传》中的卜
阿菊 ——————————————————— 李炳银

创作书简
关于《爱情与选择》的通信———— 马道元　孙新民

关于《吉它的朋友》的讨论
探索当代青年的内心世界 ————— 刘庆渝
《吉它的朋友》是一篇坏作品 ——— 魏　新

1981 年第 4 期　刊名：《安徽文学》
目录

要力求"技巧的上达"（每月一论）—— 舒永森
一九八〇年《安徽文学》佳作奖揭晓 —— 记　者

小说·散文
这事很自然 ————————————— 志　鹏
"101"空翻 ————————————— 李道节
淘沙人哟 —————————————— 涂吉安
出龙渊 ——————————————— 吴泽蕴
峭壁上的百合花 ——————————— 曹玉模
在村庄外 —————————————— 张世刚
雄鹿 ——————————[阿根廷]莱昂尼达斯·巴尔莱塔著

唐民权译
晚会（散文）————————何　为
天都峰上的断想（散文）————王　冰
早晨（散文）————————舒　阳

诗歌

绿叶集（组诗）————————青　勃
万岁，我们的青春——————余志银
鸟从天涯归————————丁庆友
石林石语————————韩晓鹰
遗嘱（外一首）——————黄东成
春田里的杂音（二首）————时红军
书本之歌————————马恒祥
写给双堆烈士纪念塔——————正　文
霜————————————姚焕吉
我爱生命————————治　芳
竹林短句————————马庆仙
金箭————————————黄晓平
黄山二首（旧体诗）————袁高原
春天也为我来（散文诗）————李　耕

原上草

在弓箭巷廿七号（小说）————张健初
河水悠悠（散文）——————傅　瑛
山道吟（诗）——————杨永平
春雨（诗）——————朱文根
重逢（诗）——————邵凯生
不谢的春天（诗）————姜诗元

评论

在探索中前进——《安徽文学》八〇年小说一瞥
————————————刘建军
单纯与温暖的晶体——读梁小斌诗作随想——高洪波
座谈短篇小说《吉它的朋友》————潘　军　整理

美术作品

大地明珠（木刻组画·部分）————莫　测
秧歌（木刻·《皖南行》组画之一）————章　飚

1981 年第 5 期　刊名:《安徽文学》

目录

小说·散文

落霞————————————鲁　南
葬礼————————————冯　岗
返祖————————————徐善新
小姑所居————————黄蓓佳
三弟兄————————————安　然

启示————————————刘　元
深巷繁花（散文）——————汤湘华
草儿青青（散文）————尤其霞
铁画（散文）——————刘志宣

诗歌

我爱这块土地（组诗）————王晓辉
立马亭值雨（外一首）————吕　剑
山林抒情诗（三首）————宫　玺
过赛里木湖（外一首）————杨匡满
海的情思（散文诗）————刘湛秋
散花坞诗笺（二十三首）————孙必泰　于　克等
词三首————————陈清源
春夜闻邻居棋声（旧体诗）————黄志皋

评论

作家的责任及其他——在省小说创作座谈会上的发言
————————————那　沙
坚决在政治上同党中央保持一致————舒永森
自己的眼睛——谈公刘的诗——————刘智祥
关于《吉它的朋友》的讨论（四则）——吴章胜　林　森等

美术作品

墨竹（中国画）——————徐德隆
雕塑二件——————程仲昆

1981 年第 6 期　刊名:《安徽文学》

目录

小说·报告文学·散文

早春的露————————祝兴义
遗忘在病床上的日记————晓　樵
同位素————————————肖　路
九爷出世————————王有任
你们和我们————————王业霖
螺蛳壳里的预言————谢采筏
手枪的墓碑——————丹尼斯·福斯特著
来　来译
硕果篇（报告文学）————孙玉春
枕上的梦（散文·外一章）————万　叶

诗歌

悼茅盾同志（旧体诗）————班友书
江南雾————————吴建之
寄自海边的诗（二首）————陈佩芸
啊，森林（外一首）————钱启贤
热爱生命（外一首）————艾　丹
海滨浴场————————邓海南

在水库大坝上（外一首）—————— 王　也
咏醉翁亭 —————————————— 丁　芒
煤——古森林的理想 ——————— 李春林
雁阵・燕子 ———————————— 钱国胜
唱给孩子们的歌 ————— 李先轶　马绪英
亚群　王宜振　苏艺林
星河（短诗小辑）————— 韩　光　侍继余等

评论・其他
丰收的年景——1980年安徽省短篇小说泛评 胡永年
关于《吉它的朋友》的讨论 —————— 张颐武等
歉意・隐衷・告白 ————————— 编　者
农家女少年（中国画）——————— 王大根
黑白木刻（二件）————————— 张在元

1981年第7期　刊名:《安徽文学》
目录

庆祝中国共产党成立六十周年
党在人民之中（诗）———————— 贾梦雷
党啊，我歌唱你（诗）—————— 严成志
春风袅娜（词）————————— 刘夜烽
亮色之歌（诗）————————— 蒋维扬
我是党员（诗）————————— 孙中明
南槐营的奇事（小说）—————— 马本德
西山坡（小说）————————— 谢鲁渤
半个月亮（小说）———————— 蒋　濮
一封没有来得及写完的信（小说）— 黄　亨
"网"中人（小说）———————— 尹　平
富字从这里"突围"（散文）———— 白　榕
战地重游寻旧迹（散文）————— 黄锦思
秋风起的时候（散文）—————— 王英琦
悼宋庆龄名誉主席（旧体诗）——— 郭崇毅
美颂（诗）——悼念宋庆龄同志 —— 余照望
沁园春（词）——沉痛悼念敬爱的宋庆龄同志
—————————————————— 宋亦英
悼念宋庆龄同志（旧体诗）———— 江　城
散花坞诗笺（诗廿三首）——— 尚　宇　姜金城等
青青的田野（诗・五首）————— 陈所巨
生活之树（诗・三首）—————— 刘士光
朝霞（诗・外一首）———— ［美］保罗・邓巴
成熟（诗）——————————— 韩作荣
在植物的王国里（儿童诗）———— 谢采筏
我的几点思考——在省小说创作座谈会上的发言
—————————————————— 鲁彦周
新论，还是老高？——评亦木的一篇文章 拙　木
也谈《"御用……"之类》——— 吴国琳　王新民
"亮色"小议 —————————— 梁东方

玉兰雀屏图（中国画）—————— 裘忱耀
猿乡（木刻）—————————— 蔡世明
山寨妇女（中国画）——————— 王　涛

1981年第8期　刊名:《安徽文学》
目录

同胞兄弟（小说）———————— 季　宇
圆圆的月儿（小说）——————— 张小帆
立春（小说）—————————— 王文计
大杂院轶事（小说）——————— 王兴国
舞台灯光（小说）———————— 徐　晓
差不多是男子汉（小说）
———— ［美］理查德・赖特著　林之鹤译
彭老总的嗜好（散文）—————— 宇　心
十万亩幼林的崛起（散文）———— 黎　佳
水漾桥（散文）————————— 高红十
战士与母亲（诗）———————— 刘毅然
乡情集（诗・二首）——————— 刘益善
有色彩的风（诗）———————— 孔祥彪
窗外，有一棵槐树（诗・外一首）—— 陈茂欣
芦苇・渔港（诗）———————— 王振寰
废铁堆里一根扭曲的钢筋（诗）—— 张国富
散花坞诗笺（诗・十三首）——— 杨德祥　童本清等
忆（诗）——————————— 晓　云
跨栏（诗・外二首）——————— 常德义
走向突破的路——评《鲁彦周小说散文选集》
—————————————————— 梁长森
写出人物性格的复杂性 —————— 许宏德
《书谊》发表之后 ————— ［日］佐藤美惠子等
大地春回（木刻）———————— 师松龄
枫叶八哥・皓月当空（中国画・二年）— 赵景庵
西双版纳写生（油画）—————— 鲍　加

1981年第9期　刊名:《安徽文学》
目录

纪念鲁迅诞辰一百周年
论直面人生——学习鲁迅的现实主义文学观
—————————————— 苏　中　梁长森

小说・散文
阿弥陀佛 ——————————— 于炳坤
烟 ————————————— 王大鹏
归去 ————————————— 胡开强
俘虏 ————————————— 刘　崴
年关夜景 —————————— 贾平凹

实际的战士 ⋯⋯⋯⋯⋯⋯⋯⋯⋯⋯⋯⋯⋯ 陈元胜
早点 ⋯⋯⋯⋯⋯⋯⋯⋯⋯⋯⋯⋯⋯⋯⋯ 刘祖慈
善舞的瘟神 ⋯⋯⋯⋯ [苏] 瓦·舒克申著 马肇元译
我参加"左联"时期的文学活动的回忆片断 ⋯ 庄启东

诗歌

追赶（组诗） ⋯⋯⋯⋯⋯⋯⋯⋯⋯⋯⋯⋯ 孙中明
怀古两首 ⋯⋯⋯⋯⋯⋯⋯⋯⋯⋯⋯⋯⋯ 严 辰
我也喜欢唱欢歌 ⋯⋯⋯⋯⋯⋯⋯⋯⋯⋯⋯ 梁 南
桂林乐章（三首） ⋯⋯⋯⋯⋯⋯⋯⋯⋯⋯ 晏 明
江上诗存 ⋯⋯⋯⋯⋯⋯⋯⋯⋯⋯⋯⋯⋯ 林散之
诗三首 ⋯⋯⋯⋯⋯⋯⋯⋯⋯⋯⋯⋯⋯⋯ 江 城
黄山杂诗（二首） ⋯⋯⋯⋯⋯⋯⋯⋯⋯⋯ 黄 澍
散花坞诗笺 ⋯⋯⋯⋯⋯⋯ 秋 石 王传江 鲁 丁
钱佑山 翎 霄 吴淮生
小孙孙 ⋯⋯⋯⋯⋯⋯⋯⋯⋯⋯⋯⋯⋯⋯ 晓 风
春天 ⋯⋯⋯⋯⋯⋯⋯⋯⋯⋯⋯⋯⋯⋯⋯ 苏艺林

美术作品

鲁迅像（木刻） ⋯⋯⋯⋯⋯⋯⋯⋯⋯⋯⋯ 莫 测

1981 年第 10 期　刊名:《安徽文学》
目录

银河里有一颗小小的星星（小说） ⋯⋯⋯⋯ 黄复彩
王毛师傅（小说） ⋯⋯⋯⋯⋯⋯⋯⋯⋯⋯ 樊 勤
司令员的马夫（小说·外两篇） ⋯⋯⋯⋯⋯ 岳 楠
老黑牛和它的主人（小说） ⋯⋯⋯⋯⋯⋯⋯ 钱 巍
披鞍寻尸（小说） ⋯⋯⋯⋯⋯⋯⋯⋯⋯⋯ 常庚西
小小说两题 ⋯⋯⋯⋯⋯⋯⋯⋯⋯⋯⋯⋯⋯ 雨 冬
愿人人爱他（小说） ⋯⋯⋯⋯⋯⋯⋯⋯⋯ 张玉屏
一朵不知名的野花（小说） ⋯⋯⋯⋯⋯⋯⋯ 弋江月
第四次警报（小说） ⋯⋯⋯⋯ [美] 约翰·奇弗
林之鹤译
湖畔断想（散文） ⋯⋯⋯⋯⋯⋯⋯⋯⋯⋯ 丹 晨
唱给祖国的歌（诗） ⋯⋯⋯⋯⋯⋯⋯⋯⋯ 范俊德
绿色的摇篮（诗·外二首） ⋯⋯⋯⋯⋯⋯⋯ 晓 钢
祖国，我们把壮丽的青春献给您（诗） ⋯⋯ 韩立森
写在海珍养殖场（诗·二首） ⋯⋯⋯⋯⋯⋯ 鹿说之
欢腾的农村（诗一组） ⋯⋯⋯ 台德谦 姜义田等
帆——给我亲爱的社会主义祖国（诗） ⋯⋯ 沈天鸿
海涌·海滩（诗） ⋯⋯⋯⋯⋯⋯⋯⋯⋯⋯ 张志鹏
大雁塔（诗） ⋯⋯⋯⋯⋯⋯⋯⋯⋯⋯⋯⋯ 弘 征
雪中黄山（诗·外一首） ⋯⋯⋯⋯⋯⋯⋯⋯ 李书和
炉火·给天山战友（诗） ⋯⋯⋯⋯⋯⋯⋯⋯ 阎世宏
憧憬（诗） ⋯⋯⋯⋯⋯⋯⋯⋯⋯⋯⋯⋯⋯ 贺东久
琅琊纪游（诗二首） ⋯⋯⋯⋯⋯⋯⋯⋯⋯ 秦效成
交织着隐痛和思虑的欢歌

——谈陈所巨的农村生活诗 ⋯⋯⋯⋯⋯⋯ 张民权
文艺批评二题 ⋯⋯⋯⋯⋯⋯⋯⋯⋯⋯⋯⋯ 草 云
暮归·江心洲（木刻） ⋯⋯⋯⋯⋯⋯⋯⋯⋯ 易振生
老黄牛（中国画） ⋯⋯⋯⋯⋯⋯⋯⋯⋯⋯ 郭廷龙

1981 年第 11 期　刊名:《安徽文学》
目录

唐二嫂的婚事（小说） ⋯⋯⋯⋯⋯⋯⋯⋯⋯ 毛志成
热血（小说） ⋯⋯⋯⋯⋯⋯⋯⋯⋯⋯⋯⋯ 严红缨
鸡（小说） ⋯⋯⋯⋯⋯⋯⋯⋯⋯⋯⋯⋯⋯ 王晓新
女红（小说） ⋯⋯⋯⋯⋯⋯⋯⋯⋯⋯⋯⋯ 颜 屏
爆竹声中（小说） ⋯⋯⋯⋯⋯⋯⋯⋯⋯⋯ 胡名播
菟丝儿（小说） ⋯⋯⋯⋯⋯⋯⋯⋯⋯⋯⋯ 张西祥
捉鳖（小说） ⋯⋯⋯⋯⋯⋯⋯⋯⋯⋯⋯⋯ 葛兆铣
太阳帽（外二首） ⋯⋯⋯⋯⋯⋯⋯⋯⋯⋯ 陆小红
红枣（外一首） ⋯⋯⋯⋯⋯⋯⋯⋯⋯⋯⋯ 周志友
端阳 ⋯⋯⋯⋯⋯⋯⋯⋯⋯⋯⋯⋯⋯⋯⋯ 小 麦
我多么想（外一首） ⋯⋯⋯⋯⋯⋯⋯⋯⋯ 宋冬生
初冬（外二首） ⋯⋯⋯⋯⋯⋯⋯⋯⋯⋯⋯ 王唤春
在自行车的洪流里（外二首） ⋯⋯⋯⋯⋯⋯ 郭成禹
江南情诗（二首） ⋯⋯⋯⋯⋯⋯⋯⋯⋯⋯ 汪国坚
世界（外三首） ⋯⋯⋯⋯⋯⋯⋯⋯⋯⋯⋯ 凌代坤
金钥匙（诗） ⋯⋯⋯⋯⋯⋯⋯⋯⋯ 殷光兰 远 平
词三阕 ⋯⋯⋯⋯⋯⋯⋯⋯⋯⋯⋯⋯⋯⋯ 陈清源
我也是中国的希望（诗·外四首） ⋯⋯⋯⋯ 梁小斌
诗二首 ⋯⋯⋯⋯⋯⋯⋯⋯⋯⋯⋯⋯⋯⋯ 李百忍
幻想曲（诗） ⋯⋯⋯⋯⋯⋯⋯⋯⋯⋯⋯⋯ 汪德存
元素周期表（诗） ⋯⋯⋯⋯⋯⋯⋯⋯⋯⋯ 徐竟高
纪念吴敬梓诞辰二百八十周年
封建末世的儒林画卷——重读吴敬梓的《儒林外史》
⋯⋯⋯⋯⋯⋯⋯⋯⋯⋯⋯⋯⋯⋯⋯⋯⋯ 李汉秋
也不过是老调重弹——答拙木同志 ⋯⋯⋯⋯ 亦 木
再谈"御用"和歌颂问题——答《也谈"御用……"
之类》 ⋯⋯⋯⋯⋯⋯⋯⋯⋯⋯⋯⋯⋯⋯ 刘 金
马（木版画） ⋯⋯⋯⋯⋯⋯⋯⋯⋯⋯⋯⋯ 韩美林
早晨好（中国画） ⋯⋯⋯⋯⋯⋯⋯⋯⋯⋯ 万 家
采莲图（中国画） ⋯⋯⋯⋯⋯⋯⋯⋯⋯⋯ 家 和
秋江（套色木刻） ⋯⋯⋯⋯⋯⋯⋯⋯⋯⋯ 陶天月

1981 年第 12 期　刊名:《安徽文学》
目录

"拓荒者"的荒地（小说） ⋯⋯⋯⋯⋯⋯⋯⋯ 黄 河
洁白的信笺（小说） ⋯⋯⋯⋯⋯⋯⋯⋯⋯ 沈治平
城隍庙里四裁缝（小说） ⋯⋯⋯⋯⋯⋯⋯⋯ 严啸建
刘老保讨账（小说） ⋯⋯⋯⋯⋯⋯⋯⋯⋯ 曹玉林

愿你幸福（小说）·····················刘　粹
渐开线（小说）·····················方祖中
我的运气（小说）···················强骊骏
探求（小说）　　　[新西兰]弗兰克·萨金森
　林之鹤译
关于葡萄（散文）···················汪曾祺
散步（散文）·······················莫大祥
燕……（散文）·····················王正纲
我歌颂一碗大米饭（诗）·············邵燕祥
山中（组诗）·······················苗振亚
剪不断的故乡情（组诗）·············阿　红
思乡·心灵的明珠（诗）·············何晴波
大山的沉吟（诗二首）···············赵丽宏
兰苑（诗·外一首）·················孙小兰
岳飞像前（诗）·····················奕　林
巢湖素描（诗三首）·················凌　禹
散花坞诗笺（十首）·······章鹏程　姚长金等
爱与恨的剑歌（诗）·················阮大华
中国，在日夜奔波（诗）·············李广德
牡丹（诗）·························范来苏
咏物小札（诗）·····················傅　康
图书馆（诗）·······················陈瑞荣
游向生活和艺术的远海——漫谈高尔品的短篇小说
·································斤　薪
他，奋然一跃——从《大杂院轶事》谈王兴国的创作
·································田辰一
如要创作，第一须观察（文艺随笔）···许宏德
鱼（木版画）·······················韩美林
天高任鸟飞（木刻）·················师松龄
清凉晨曦（套色木刻）···············武忠平
古城·江上的夜（布贴画）·····杭法基　陈　民

1982 年第 1 期　刊名：《安徽文学》
目录

报告文学
蓦然回首——当作报告文学的几页日记···肖　马

小说
喜子·····························舟扬帆
葫芦村纪事·······················晓　见
让灵魂作证·······················赵丹涯
海思·····························蒋维扬
海涂泥···························陈梦麟
儿子的小旗·······················徐　干

散文
花村纪事·························严　阵

诗歌
四章·····························公　刘
嫩草小集·························茆　鸣
最初的祈愿（三首）···············张德强
盼·······························沉　苏
离别·····························王　野
施企巴乔夫抒情诗六首·············秋　原译
散花坞诗笺
群雕·····························杨　牧
愿望（外一首）···················李凤山
冻土地···························王家新
迎春花（外二首）·················王朝明
时刻表···························黄亚洲
致大海···························刘静生
观潮小札·························胡丰传
石榴·····························张德才
小麦扬花了（外一首）·············晓　蕾
摇篮情思·························刘康生
火光（外一首）···················陈　犀

争鸣
批评不能靠臆测——与刘金同志商讨···沈敏特
老调子还没有唱完？——敬答亦木同志···拙　木

读书札记
宝海初探骊龙珠···················郑秉谦

美术
皖南行（国画）···················王守志

1982 年第 2 期　刊名：《安徽文学》
目录

小说
穿上吧，我这绣着并蒂莲的新鞋···杨　杰　祖光益
声声思……·······················艾　蓓
消失的茅屋·······················张　坦
命运叛逆者的独白·················罗灏白
白手绢···························刘　钢
光棍和奴隶·······················汪松南
姬子···············[日]星新一著　丹　樱译

散文
平原三唱·························贺漾泉
柳·······························李　纪
村槐·····························朱普乐

诗歌

一棵门前柳 ……………………………………… 那 沙
旅歙杂咏（绝句九首）…………………………… 玛 金
故乡八月枣儿红（外一首）……………………… 梁如云
雪 ………………………………………………… 李光武
游子归·乡音 …………………………………… 华继文
圩乡剪影（组诗）………………………………… 葛崇岳

散花坞诗笺

中国，春天的故乡（外二首）…………………… 何波良
走，奋急地走（组诗）…………………………… 冯汪有
夜思（二首）……………………………………… 张雪杉
斗笠的情思 ……………………………………… 陈松叶
矿山风采（二首）………………………………… 韩 青
海的世界（三首）………………………………… 杨来顺
指挥的烟斗 ……………………………………… 方传政
归 ………………………………………………… 杨松杰
剪纸 ……………………………………………… 沈 晓
农村短歌（三首）………………………………… 陈玉坤
矿山小景 ………………………………………… 陈鼎元

评论

"学我者活　似我者死" ………………………… 苏 宁
新诗的宏观与微观世界 ………………………… 田 奇

美术

舟山掠影（速写）………………………………… 叶家和

1982 年第 3 期　刊名：《安徽文学》
目录

小说

墨荷 ……………………………………………… 黄复彩
胖胖姨 …………………………………………… 遇罗锦
手枪响过以后 …………………………………… 周尝棕
无声的遗言 …………………………… 徐孝鱼　陈剑君
疑决 ……………………………………………… 王承刚

报告文学

辛勤的耕耘者 ………………………… 刘 希　周养吾

散文

一瞥 ……………………………………………… 怀 谷

诗歌

诗四首 …………………………………………… 李一岷
诗三首 …………………………………………… 阮章竞
登天下第一关 …………………………………… 邹荻帆

大别山崖泉 ……………………………………… 余照望
黎明向我们走来（外一首）……………………… 黎焕颐
小草（外一首）…………………………………… 杨献瑶
无题 ……………………………………………… 高洪波
我的故乡在井冈山下（二首）…………………… 徐万明
弯弯桃河水（二首）……………………………… 倩 晴
别重庆下三峡 …………………………………… 张振国
日历 ……………………………………………… 何文玉

大学生的诗

列车记事 ………………………………………… 叶延滨
献给妈妈的歌 …………………………………… 单立凡
叮嘱 ……………………………………………… 姜诗元
母校，我要走了 ………………………………… 黄克咸

争鸣

拐了弯儿的争论——再答拙木同志 …………… 亦 木
究竟谁离真理更远？——答刘金同志 … 吴国琳　王新民
回答与说明 ……………………………………… 王若望

评论

田野上吹来一股清新的风——读一九八一年反映农村
变革的短篇小说 ………………………………… 段儒东

美术

封面设计 ………………………………………… 于 维
桑园之春（木刻）………………………………… 林之耀
渔乐家（木刻）…………………………………… 方国雄

1982 年第 4 期　刊名：《安徽文学》
目录

小说

上路之前 ………………………………………… 字 心

小短篇集锦

一句谎话也不会说的人 ………………………… 丁正泉
除夕 ……………………………………………… 钮 锶
债 ………………………………………………… 曹治泉
小鸟在叫 ………………………………………… 王正平
在高高的统建楼下 ……………………………… 王正平
外科上班之前 …………………………………… 邸 磊
一束明丽的阳光 ………………………………… 吴仰生
推剪咔嚓响 ……………………………………… 文 鸿
陌生的小店 ……………………………………… 谢鲁渤
门前一个馄饨棚 ………………………………… 任 河
贱骨头 …………………………………………… 哲 夫
飞来的旅伴 ……………………………………… 张守诚

散文

在盘旋的山道上 ………………… 邹正贤

诗歌

从深山到戈壁（组诗） ………… 许　辉
生活之路（组诗） ……………… 时红军
绿色的群山（组诗） …………… 徐善新
我的路（外二首） ……………… 孙朝熹
乡情 ……………………………… 冉茂松
寸草集 …………………………… 张成功
敬亭流云（外一首） …………… 魏礼江
渴念 ……………………………… 朱恩明
散花坞诗笺 …………… 钱启贤　梁谢成　李亚南
李先轶　高凌云　王满夷　峭　石　王　俭　稽亦工

评论

馒头放碱问题——谈《烟》 …… 黄永厚
祝兴义的短篇小说 ……………… 曾镇南
人生哲理的可贵探索——读《"拓荒者"的荒地》
　　　　　　　　　　　　　　… 钱念孙

美术

封三　塑料版画选辑（三幅） … 莫　测
瑶山春（木刻） ………… 庞良仁　梁汉昌

1982 年第 5 期　刊名:《安徽文学》
目录

小说

知县街上 ………………………… 徐　瑛
迎亲 ……………………………… 杨少衡
被水卷去的酒帘 ………………… 刘震云
饭市新闻 ………………………… 孙守印
幸运 ……………………………… 王才锡
花束 ……………………………… 温靖邦
他有了姓名 ……………………… 郑元祥
半夜敲门声 ……………………… 陈　新

散文

玛丽·爱莲娜老师 ……………… 邵江天
题艾青塑像 ……………………… 徐　刚
题画花木诗 ……………………… 刘夜烽
回声（外一首） ………………… 林　希
生命力跃动的北国 ……………… 梁　南

诗歌

跳动的心 ………………………… 段和平
参观线路 ………………………… 刘士光

种子 ……………………………… 何士奇
剪枝 ……………………………… 傅立泉
散花坞诗笺 ……… 吴尚华　沈天鸿　刘宜新　曾汉俊
叶世斌　王　健　水　家　陈春林
杨永平　吴章胜

评论

文艺批评应该发展——学习《在延安文艺座谈会上的
讲话》剖记（札） …………… 苏　中
读《白手绢》有感 ……………… 高光渤
在探索中前进——读孙中明的诗 … 治　芳

美术

油画两幅 ………………………… 王德威
太湖之滨（中国画） …………… 郭公达

1982 年第 6 期　刊名:《安徽文学》
目录

小说

这里的田园可有诗? ……………… 刘书文
"清风闲士" ……………………… 曹玉模
空白 ……………………………… 石　马
伤寒 ……………………………… 叶至诚
猴戏 ……………………………… 蒋维扬
雪满山岗 ………………………… 张西祥
灰驴 ………… [土耳其] 奈西克·哈里德　王汉良译

散文

花鼓世家的命运《说凤阳》之一章 … 贾梦雷

诗歌

诗词十八首 ……………………… 徐　味
淮北写意（组诗） ……………… 严　阵
山乡（二首） …………………… 张万舒
都江堰（外一首） ……………… 陈佩芸
帆（外二首） …………………… 孔祥彪
新街（外二首） ………………… 姚焕吉
呵，古栈道 ……………………… 潘万提
献给劳动者的诗（二首） ……… 王秋生
暖春的雨（外一首） …………… 陈　健
来吧，美丽的紫燕 ……………… 过希贤
童心颂（外一首） ……………… 马钦忠
小溪流 …………………………… 夏　天
唱给孩子们的歌 ………… 王宜振　何云龙　周国平
潘仲龄　谢清泉　徐竟高

争鸣

对"十六年"提法的异议——本刊编辑部召开的一次
座谈会发言摘要 ·····················段儒东 整理

杂文

别了，关系之神 ·····························余百川
我的这一天 ·······························吴宗铭

美术

雪之歌（木刻两幅） ·······················刘有成
船厂之夜（木刻） ·························天 月

1982 年第 7 期　刊名:《安徽文学》
目录

"《安徽文学》一九八一年佳作奖"评选结果

小说

小草的绿色 ·······························黄 河
青石板小街 ·····························徐 舟
胸前的十字架 ·····························涂吉安
难缠户 ·································孙昌瑞
路上行人 ·······························吴晟茹
弥合 ···································周永严
鹌鹑宴 ·································王自治
小院花事 ·······························孙守印

诗歌

散花坞诗笺 ··············杜春林 陆新民 白 平
程 玲 晓 杰 黄学敏 王方武 楼 冰 郝 炜
张 廊 李根红 潘仲龄
沈从文诗稿
西北十四行诗组 ·························唐 祈
我认购了国库券（外三首） ···············王晓晖
黄山绝句四首 ·····························朱 泽
知音的话 ·······························刘 章
叶赛宁抒情诗五首 ··············刘湛秋 茹香雪译

评论

生活激流中的一朵浪花——读组诗《生活之路》
 ····································邵江天
埋藏于心底的亮光——《墨荷》散议 ·······唐先田
尖锐·真实·新颖——《知县街上》赏析 ·····韩照华
"生活"与"深入" ·······················李 晴
开拓新局面，更上一层楼——记涡阳农村题材小说创
作座谈会 ·······························记 者
征求封面设计启事

美术

封面设计 ·······························于 雁
牧牛图（国画） ·························王 涛
木刻小品 ·······························易振生
国画两幅 ·······························韩玉华

1982 年第 8 期　刊名:《安徽文学》
目录

小说

连接明天的夜 ·····························焦 群
灯主郇姣姣 ·······························江多晨
陈王六月 ·······························韩 瀚
父与子 ·································孙叙伦
林中 ···································王余九
夕阳 ···································徐林森
飞回来的田螺姑娘 ·························周晓霞

散文

竹话 ···································王既端
从槛外到槛内——九华三题 ···············王业霖

诗歌

生命的欢歌（组诗） ·······················余志银
大山情（二首） ·························盖湘涛
曙色中的诗情（二首） ···················黄东成
淮北诗情（三首） ·························严成志
风，轻轻地摇 ·····························何忠强
寄讬 ···································孙秉建
比翼飞鸟——总工程师之歌
 ····································洪作文
献给心的歌 ·······························苏 敏
钟乳石 ·································尚 宇
种子 ···································王朝明
露珠集 ·································管用和
散花坞诗笺 ··············鹿说之 陈光华 孙立兵
杜仁和 陈树良 袁戈凤 邵凯生 徐 强 里 风

评论

蒋濮小说辨析 ·····························雷 达
文学六步谈 ·······························毛志成

美术

封面设计 ·······························于 雁
江村秋色（国画） ·························王守志
木制小品 ··························方国雄 章 飙
油画两幅 ·······························朱乃正
目录装饰小品 ·····························张瑞林

1982 年第 9 期　刊名:《安徽文学》

目录

报告文学

部长家的枪声·····················高正文

小说

暖夜·····························薛海翔
竣工之后·························张西祥
香椿圩里俩能人···················许成章
新安江上游的传说·················丁建顺
收获前的几天·····················赵莉华
高抠抠外传·······················傅勇军

散文

兴林作绿白鹭州——皖东林区巡礼·····江　流
蕨儿的梦·························汤湘华
荷·墩···························忆明珠

诗歌

一九三六年十月十九日居东京闻鲁迅先生逝世，文坛
失一巨人，为诗悼之（外一首）·····常任侠
大泽行···························徐　味
游黄山（七律二首）···············康　濯
赠马缨花·························吕　剑
土地上的情思（组诗）·············陈所巨
忆旧游——十四行四章·············唐　湜
少年行（二首）···················宫　玺
太白楼上怀李白（外一首）·········陈咏华
云·······························戎毓明
鸥舞（外一首）···················陈仲义

散花坞诗笺··········汝　恒　田　地　陈次方
田　野　熊召政　丁　芒　蒋庆宾　朱鹤年　鲁　丁
翟成明　郭　廓

评论

心中的呼唤　无尽的情思——散文《玛丽·爱莲娜老
师》欣赏·························李正西
相面、望闻问切和细节描写·········李汝伦
文学六步谈（续一）···············毛志成
努力塑造新人　建设精神文明——记安徽省首次女作
者、第二次青年作者创作会议·······记　者

美术

黄山写生·························王　鸿
版画作品·················杜卓跃　李小鹏
北京饭店壁画（局部）·······刘秉江　周　菱

本刊小启

1982 年第 10 期　刊名:《安徽文学》

目录

热烈欢呼党的十二大胜利召开

庆祝十二大召开二首···············张恺帆
献给十二大的颂歌·················袁　振
新时代的霞光·····················那　沙
词四阕···························徐　味
为党的十二大而歌·················邹人煜
中国前进的脚步···················陈所巨
玉楼春···························陈清源
每当提到你……···················白　榕

小说

春雨·····················王益河　王益山
海乐居轶事·······················安兴本
一封长长的信·····················沙林森
枸杞·····························陈源斌
捎脚·····························刘本夫
岁月悠悠·························字　心
乡间小事·························梅桑榆
烦扰·····························方乃秀
两个淘气精·······················杨植材
菜园里的梦·······················黄复彩

散文

散文二题
五湖泛舟·琅琊山游记···············江　流

诗歌

中国人的养料（外一首）···········范俊德
致您·····························曹　剑
在远离首都的地方（二首）·········马恒祥
乡情二首·························刘天明
爱的船···························黄晓平
献给民办学校教师（二首）·········王德芳
渴念·····························朱恩明
芽·······························魏先一
散花坞诗笺··········赵子云　翟秀琪　于宗信　郭日方
苏　力　杨兆席　赵士晋　何玉锁　李凤山　李永龙
阿　春　顾广道

评论

漫谈小小说·······················陈如鹏
文学六步谈（续完）···············毛志成
扉页　写在前面

美术

木刻作品二幅·······倪建明
忆江南·······陈治黄
长城（磨漆画）·······张世彦
目录装饰小品·······张瑞林

1982 年第 11 期　刊名:《安徽文学》
目录

小说

响亮的名字·······王成功
强龙·······曲一日
葛琦·······山　谷
看不见对手的棋赛·······梅家濂
幽幽兰花香·······王明义
柳下人家·······万克玉
寒露渡头·······谈正衡

散文

马大疙瘩老两口·······奚学瑶
摸秋·······余国松

诗歌

雪夜，一个公主的童话·······陆小红
乡思（三首）·······孙中明
我热爱秋天的风光（外二首）·······梁小斌
诗八首·······郭荣毅
绿叶的歌（散文诗）·······李　耕
树的情思·······姜金城
守塔人的心声·······郑秉谦
肖·纳尔逊诗二首·······马祖毅译
散花坞诗笺·······李凤波　王燕生　郭宝臣
陈大忠　赵丽宏　高广谋　赵家瑶　傅　康　杨松杰
阎广智　杨　烨　赵鹏万　刘允章　朱金晨

评论

他是一个男子汉——谈谈刘红贵这个形象·······梁长森
美在情真　新在意深——读《雪夜，一个公主的童话》·······田辰一
诗与童心·······陈良运
东施未必不如西施美·······王秋贵
扉页　写在前面

美术

封面设计·······于　雁
豆花香（木刻）·······师松龄
巢湖港即景（竹笔画）·······吴　恺
国画两幅·······张　步

目录装饰小品·······张瑞林

1982 年第 12 期　刊名:《安徽文学》
目录

小说

村女二环·······毛志成
可怕的怪影·······周尝棕
鱼鳞·······孙　台
帮工·······吴庆初
暮鼓·······许桂林
一个晚上的故事·······魏德平
短篇二题·······洪　霞

原上草

白果树下·······韩荣琪
童车·······张晓景
古塘雾影·······程新国

散文

散文两题·······邓　江
泰山雨中游·······王金屏

诗歌

母亲，我有一支歌（外一篇）·······凌　禹
风筝（外二首）·······曹汉俊
乡思（二首）·······孙友田
长沙行·······刘云程
给根·······陈秀庭
故乡的荷塘（散文诗）·······王文忠
桂林诗草（二首）·······朝　兰
诗三首·······何悟深
登九华（七律）·······陶文鹏
散花坞诗笺·······邬显荣　吴建之　白　榕　鲍国刚
秋　石　杨永平　张福致　彭劲秀　蒋琴宾　何晴波
钱锦方　王振寰　朱文根　韩立森　龙彼德　亚　群
金　凡　刘　淼　刘学忠　杉　林

评论

勇气和力量——读报告文学《部长家的枪声》·······宿　阳
"否定自己"——关于作家塑造人物的断想·······李壮鹰
关于《部长家的枪声》来信摘登

美术

木刻二幅·······董健生
欢欣鼓舞（瓷塑一组）·······江　涛
油画两幅·······张　泉

035

1983 年第 1 期　刊名：《安徽文学》
目录

岁首奇语
为举办"《安徽文学》一九八二年佳作奖"告读者

小说
天门开·······························江　流
猎获·······························志　鹏
喜老倌迎亲·······················周晓霞
泉水流过青石滩···················俞丰年
那没浮起的"半个球"··············黄　河
那里并没有塌方···················朱晶莹
定海针·····························王建华
大山羊·····························刘自球

散文
风筝·······························邵江天
大地喜爱抗逆的种子（报告文学）···张万舒

诗歌
天快亮了，我们仍在前进···········吴尚华
大地行草·························秦　松
黄山歌（并序）···················冯其庸
田家（组诗）·····················蒋维扬
我是男子汉（三首）···············傅天琳
川江行吟（四首）·················刘士光
故乡行·····························骆子程
捞青肥（外一首）·················叶晓山
汤和墓（外一首）·················乔延凤
散花坞诗笺·······晓　钢　程先群　汪国坚　和　谷
骆晓戈　叶流传　徐卫新

评论
现实土壤上的新开拓——《安徽文学》一九八二年小说述评

美术
晨之歌（木刻）···················虞　健
山村之夜（木刻）·················虞　健
贴窗花（油画）···················王立志

1983 年第 2 期　刊名：《安徽文学》
目录

迎春絮语···························本　刊
以复兴散文为己任

——记本刊召开的散文创作座谈会···段儒东

小说
驴队的覆灭——写小说的材料·······周尝棕
丹青引·····························葛兆铣
今日兰溪水倒流···················徐　锋
线包·······························吴若萍
相亲·······························李小龙
车把·······························邓彰华
说话算数·························秋　源
渡·································孟青禾

散文
还乡散记·························江晓天
初访三藩市——旅美杂记之一·······余凯成
帆·································李平易
春明梦游散记·····················王延龄

诗歌
包公祠（外二首）·················青　勃
唱吧！我是男高音·················杨松杰
夜港（外一首）···················吴乐森
乡妻·······························鲁谷风
女青年作者诗页
洁白的童话（组诗）···············方　晗
他，心里藏着天空（外一首）·······苏　敏
啊，山区···························史　辉
爱神·······························赵亚萍
夕阳·······························李　宏
致故乡的小河·····················方乃秀

燕山赠答草·························莪　芜
皱纹——给饱经风霜的老农···········王仲光
瞻园·······························华　田
怜悯·······························刘亚瑜
新井试喷·························郭　廓
散花坞诗笺·······孙祥雨　郭瑞年　芦　丁　童本清
王辽生　刘辉考　胡永康　孙迹踪　何文玉　吴信魁
魏志远　张玉庭　于耀江

随笔
风筝·领结及其他···················程东安

美术
春水·浮光耀金（木刻）·············莫　测　杜卓跃
山村（木刻）·······················董健生
灯会（油画）·······················张宏宾

1983 年第 3 期 刊名:《安徽文学》

目录

小说

海的女儿………………………………方　非
江上………………………………刘震云
江总和他的入党介绍人………………孙玉春
有一个木匠………………………………陈小初
情漫珍珠楼………………………………丁育民
嵇四拐子………………………………江多晨
夜雨刚刚停息………………………………王有任

散文之页

巢湖水，听我诉说……………………方乃秀
梅花三章………………………………唐大笠
蟋蟀叫了………………………………王业霖
恋………………………………秦圣非
大自然的馈赠………………………………洪　霞
小溪………………………………汤湘华

诗歌

心声（三首）………………………………陆继宗
诗二首………………………………刘芳松
诗人之路………………………………肖　岗
茂林诗词辑选………吴玉如　遗著　吴小如辑录
黄山岩壁松………………………………沙　白
北戴河的夏天………………………………周志友
永恒………………………………刘登翰
七律二首………………………………吴丈蜀
雪………………………………莫西芬
英国讽刺短诗四首………………………………邵　焱译
散花坞诗笺………王唤春　袁戈风　桂兴华　王毓才
喻德林　张岩松　陈应传　朱　雷　许　行　何士奇
沈仁康　王兴圣　刘允嘉　冯恩昌　潞　潞　晓　杰

评论

他点燃希望之火——谈《响亮的名字》中的杨全海
………………………………杨忻葆
孰精孰傻——《村女二环》讯后………徐钦功
嫩箨香苞竞出林——安徽各地文艺园地揽胜
………………………………本刊记者

美术

国画小品两幅………………………………王春林
太湖春（油画）………………………………戴恒扬
鼓子秧歌（油画）………唐其钟　焦应奇
巢湖速写一组………叶家和　徐　捷

1983 年第 4 期 刊名:《安徽文学》

目录

小说

田野一片金黄………………………………孙　台
"县长夫人"………………………………徐　瑛
难忘的一别………………………………孙华柄
最后一个冤案………宁学思　刘本夫
凡人风尘录………………………………肖　路
三张豹皮………………………………竹　蔗
局长今天感冒………………………………周根苗

散文

乔迁志思………………………………彭　拜
门达旺………………………………刘　克
海客话三藩——旅美札记之二………余凯成

诗歌

啊，长江……………………………刘人云
寄自小镇柜台（二首）………吴成良
渔汛（外二首）………………………………姜诗元
小孤山………………………………张保真
山泉啊，我生命的精蕴………钟永华
万里路吟稿………………………………刘夜烽
树魄花魂………………………………艾　风
柳笛………………………………梁如云
故乡山水………………………………方　遒
山村的回忆………………………………阮大华
管水员………………………………刘家魁
山谷里吹来一阵风………………………………朱谷忠
散花坞诗笺………晏　明　朱文根　吴淮生
濮本林　聂还贵　李洪勉　宋　鸣　李永龙　王智文

评论

提高"暴露"在文学中的地位………王若望
人的尊严的礼赞——读《海的女儿》………田辰一
从背影传神说起………………………………陈良运

美术

水泥版画………………………………刘有成
中国画两幅………………………………徐德隆
牡丹（中国画）………………………………徐德隆

1983 年第 5 期　刊名:《安徽文学》
目录

本刊一九八二年佳作奖评定·············本刊编辑部

小说

眷眷故园情···································祝兴义
绿门·······································陈卓乾
为农民的父亲·······························丁建顺
荷叶洲·····································黄复彩
酒仙胡庚···································曹克胜
敏感的人···································吴立智
我的丈母娘呀·································郎　澜

散文

姥姥·······································傅　瑛
窗外梅花开·································孙昌瑞
距城二十里的地方·····························陈晓淮

诗歌

鞋——看《红菱艳》·····························张保真
拾穗·······································刘益善
长安杂咏···································荒　芜
工厂一隅——为年青的母亲而作···················尤　郁
南国行（三首）·······························刘钦贤
凤阳明皇陵随想·······························春　卉

大学生和农民

葛针花·····································陆家音
雕塑（外一首）·······························曹汉俊
原野（外一首）·······························钱叶用
秋（外二首）·································杨剑坤
蓝色畅想曲——献给春天的扬子江···············毛　汉
红红的油桐（外一首）·························黄　凡
母亲的手（外一首）·····························刘　泉
成熟·······································童电球
眼睛·······································王森林
水手·······································郑小光

评论

《驴队的覆灭》的艺术追求···················张民权
有益的尝试——读《可怕的怪影》···············张建华

美术

五月·揽流（木刻）·····················杨积群　班　苓
候车·协力（版画）·····················应天齐　唐小朋

《安庆新闻》报和《振风》编辑部联合召开散文创作
座谈会·····································潘宜琴
启事·······································本　刊

1983 年第 6 期　刊名:《安徽文学》
目录

小说

坦荡君子···································高汉铭
最后的谢幕·································方同德
"快活林"中的小精灵·························章灶来
四伙伴·····························周沛生　王洪震
哥哥·······································周开雾
黄毛·······································丁加胜
笼中一只黄鹂儿·······························陈焕新
童稚·······································柏　原

散文

吴孟复作《唐宋八大家简述》序···················舒　芜
天涯海角···································林　非
文津阁的春秋·································袁高原
夜宿临淮关·································江晓天
飞···涂光群
生活的旋律·································汤湘华
漫看涟漪微动处·······························吕红文
霏霏的秋雨·································柳燕燕
跋《善哉行·并序》·····························唐大笠
彼岸人群谱——旅美札记之三···················余凯成
列带而食与分炊各爨·····························吴宗铭

评论

评短篇小说《强龙》·····························钟友循

诗歌

儿童诗小辑
海的儿子（外一首）·····························李先轶
余豆豆（外一首）·····························孙朝熹
春天凭什么出成绩·····························潘仲龄
山里的孩子·································何波良
妈妈笑眯了眼睛·······························王忠范
田埂上，有一个孩子·····························叶金新
弟弟的动物园·································姚业涌
渡口（外一首）·······························陈次方
筑坝·······································周　琳
糖果纸（外一首）·····························徐竟高
水乡小学···································文　丙
桃花水·····································谢清泉
家乡早春···································张维芳

农村散曲 .... 刘明达

美术

小妞（木刻）.. 班　芩
母与子·春 .... 杨积群　董健生
春芽·小妮·清清小溪水（木刻）.......................... 虞　健
猪年乐（剪纸）.. 邱志新
扉页治印 .... 郑肇基

1983 年第 7 期　刊名:《安徽文学》
目录

小说

雪花，悄悄地落 .... 颜　屏
灯红酒绿 .... 黄蓓佳
三坡 .... 刘震云
踢。踢。踢。 .... 徐　干
雨夜 .... 张　宇
洁白的云 .... 徐善新
短篇六题
桔色的路灯下 .... 胡野秋
邮筒前的一幕 .... 洪　涛
天车栅里 .... 王传富
他? 她? …… .... 张秋实
伯乐不乐 .... 顾　城
秋雨沙沙 .... 刘家田

散文

作家的土壤 .... 陈登科
命运的交响（报告文学）..................... 乔国良　钱金龙
天堂邂逅 .... 江　流
佛果飘香 .... 李幼谦
心曲 .... 曾石铃
"坊州不出杜若"怎么办 .... 仇　言

诗歌

登采石矶远望青山下李白墓 .... 袁　振
粉蝶，在浓荫下扑闪 .... 潘　敏
脚手架 .... 高　勤
垂柳 .... 王嘉庚
无题 .... 王熙政
盘古 .... 李加建
小灯的回忆 .... 何晴波
鹰，大心的骄子 .... 傅　康
散花坞诗笺 .... 阎世宏　尚　宇　贾朝云
钱启贤　潘万提　肖　川

评论

传凡人之奇　叙民风之美——评《新安江上游的传
说》... 王殿义　邑　贝

美术

花（瓷盘画）... 李平凡
生命之歌（木刻）.. 董健生
农村小品（国画）.. 刘国辉
尾花 .... 王造星

1983 年第 8 期　刊名:《安徽文学》
目录

无尽的怀念——四十八年前的遵义战役（革命回忆
录）... 谢振华

小说

隔膜 .... 鲁彦周
邻里之间 .... 王大鹏
在那个小屋 .... 景　风
委屈 .... 海　陵
减七和弦 .... 侯　杰
夜归 .... 童　志
莲嫂 .... 晓　见
短篇三题 .... 岳　楠

散文

唱给杏花的恋歌 .... 忆明珠
写在碎月滩头 .... 黎　佳
桐花又送一年香 .... 蒋维扬
彗星 .... 刘湘如
贝贝的位置 .... 石　涧
地火·春草 .... 杨芝明
作家的土壤 .... 陈登科
由《安徽文学》休刊想起的…… .... 吴瑾如
这算故事吗? .... 崔兴林

诗歌

旅途杂咏 .... 孔祥彪
故乡新筑的公路 .... 杜仁和
萤火虫，象闪闪的绿宝石 .... 晓　晴
一束红山茶 .... 张力生
淮海大战（三首）.. 马依群
春野 .... 易殿选
土地 .... 谢克强

评论

历史地、具体地反映生活

——读《为农民的父亲》…………黎 辉
关于《为农民的父亲》的来信

美术
山村（瓷盘画）……………………李平凡
幼林·清晨（版画）………莫 测 郑振强
纸版画两幅…………………………倪建明
太行情（油画）……………………戴恒扬
故乡景（纸版画）…………………陈 强

1983 年第 9 期　刊名:《安徽文学》
目录

小说
斑斓的琅岩…………………………于炳坤
坦途…………………………………王人诚
走出泥石流…………………………付继余
保温瓶………………………………俞丰年
开车门………………………………梁秉堃
立正，敬礼…………………………梁 毅
深水潭，丢进一块石子……………耿 昕
往事知多少…………………………姚大中

散文
巢州行纪……………………………契 丹
雨之旅………………………………白 榕
他未完成……——忆好友继馥……沈敏特
一棵抗拒凋零的小村………………莫大祥
"孝子坟"零墨………………………陈元胜

诗歌
飞絮集（二首）……………………梁谢成
访鲁迅故居（外一章）……………郭瑞年
黄山诗意（二首）…………………黄东成
妈妈快走吧！——写在行洪区的土地上……汪克让
题《曾母停机图》…………………施培毅
一个退伍战士的絮语………………赵中森
电风扇（外一首）…………………刘康生
南行二题……………………………冉茂松
一线天………………………………李 勇

学习札记
建设社会主义文艺队伍的指导方针——《邓小平文选》学习札记………唐先田

美术
秋（瓷盘画）………………………李平凡
装饰画二幅…………………………卢如来

中国画二幅…………………………杨其铮

1983 年第 10 期　刊名:《安徽文学》
目录

小说
啊，白鹭……………………………陈 晓
三千和三十万………………………宋知贤
风波…………………………………季 宇
两个木匠……………………………谢鲁渤
阿贵的生意经………………………姜 滇
长乐镇纪事…………………………肖建国
"人才行"发市记——市井人物之六……高尔品
鞋子…………………………………李书崇
"小天鹅"与"鸽子楼"………………陈庆鸿
小小说二题…………………………梁剑华

散文
天涯何处无芳草……………………彭 拜
贫贱夫妻……………………………冀 人
今夜月如水…………………………胡野秋
寓方四则……………………………薛贤荣

诗歌
祖国，我向您承包（外一首）……杨永平
山坞（外一首）……………………高凌云
阶石，垫起她新的高度……………邬显荣
海上捕捞（二首）…………………鹿说之
黄山杂咏（三首）…………………吕秋山
太平湖纪游（三首）………………何悟深
泉水吟………………………………郭荣毅

评论
她为什么要出走？ ——读鲁彦周的《隔膜》……剑 扬
在充满悬念的故事里——读《坦荡君子》……余三定
动情之作——董健生木刻《生命之歌》观感……顾家彝

美术
山村小径（瓷盘画）………………李平凡
山林晨雾　山村渡口（国画二幅）……郑若泉
雨住山色青　日出山岚明（国画二首）……文玉龙
秋熟时节（套色木刻）……………蔡世明

1983 年第 11 期　刊名:《安徽文学》
目录

小说

光面爆破 ·· 蒋法武
"末班车"上的乘客 ···················· 吴金田
小城三作家 ·································· 严啸建
雅案 ·· 陈梦麟
活力 ·· 曹冠龙
黄泥镇轶事 ·································· 舟扬帆
拉开吧，那道橙黄色的窗帘 ······ 张　宇
小镇人物 ·································· 钱玉亮

散文

离香草 ·· 王英琦
屯溪老街巡礼 ·································· 武旭峰
神仙之死 ·································· 仲　海
故乡杂忆 ·································· 曹玉林
骊山随想录 ·································· 罗灏自

诗歌

洗涤 ·· 袁戈风
淮北，生我养我的土地 ·············· 严成志
酿密的山乡（二首） ·················· 陈佩芸
短句散章 ·································· 晓　钢
写在中国瓷器上的一支歌 ·········· 张志鹏
开学（外一首） ·································· 余国松

评论

起步和前进——与青年业余作者的谈话 ·········· 那　沙
读《彗星》的情与理 ·················· 方子昂

美术

瑞雪（瓷盘画） ·································· 李平凡
王涛作品选（国画二幅）
踪萍扇面选（二幅）

本刊改名《文学》预告

1983 年第 12 期　刊名:《安徽文学》
目录

高举马克思主义的旗帜　坚决反对和清除精神污染
·· 杨海波

小说

无名的纪念 ·································· 陶明国

归去来兮 ···························· 叶　芳　李杭育
"老牛筋"小传 ·································· 海　静
疑惑 ·· 张玉屏
病员 6 号—1 ·································· 张西祥
"缝穷"女 ·································· 武　斐
杏花雨 ·································· 谈正衡
金佛 ·· 郭珍仁

散文

京华走访 ···························· 邹正贤　雨　东
钙塑的性格（报告文学） ·············· 高正文
江南春雨 ·································· 吴淮生
访云岭 ·································· 王忠瑜
栀子开花的时节 ·································· 秦圣非

诗歌

重访泰山 ·································· 袁　振
山丹丹 ·································· 叶晓山
关于白夜 ·································· 程步涛
西湖（外一章） ·································· 秦士元
最后一片落叶（外一首） ·············· 匡　满
新安江纤夫 ·································· 吴建之
桃花水（外二首） ·································· 凌　禹
秋的遐想 ·································· 赵子云
海（外一首） ·································· 塘　萍
阳光（外一首） ·································· 高　隽
放风筝 ·································· 浩　流

评论

半世歌诗老更成——贺羡泉诗评 ·········· 邵江天

美术

水仙（瓷盘画） ·································· 李平凡
王守志山水画

启事 ·· 本　刊

1984 年第 1 期　刊名:《文学》
目录

郎中 ·· 叶君健
瀚海魂 ·································· 志　鹏
一刀之怨 ·································· 高汉铭
秦淮人家 ·································· 山　谷
午夜的梧桐树 ·································· 孙小平
嗜洁者 ·································· 陈源斌

散文

一个低音变奏——和希梅内斯的《小银和我》
....严文井
文学的伦敦 生活的伦敦......................王佐良
宝瓶口..江 波

诗歌

书库抒情..方土人
平原，我心中的平原（组诗）..................张万舒
新鲜的欢笑......................................梁 南
嫩绿的芦笛（组诗）............................徐 泽
岩石上，坐着一个春天（外二首）.............王树喜

作家的甘苦

清醒——苦恼——摘自札记....................鲁彦周

评论

巢湖，我们向你报告——《安徽文学》一九八三年散
文巡礼..段儒东

美术

封面设计..鹿耀世
贾德江连环画选
万古长青（套色木刻）.........................师松龄

1984 年第 2 期　刊名：《文学》
目录

小说

白色不算色彩..................（蒙古族）鲍尔吉·原野
串门儿..王心丽
牛鹅眼..周尝棕
三到得气屯......................................毛志成
二十亮月一更天.................................丁加胜
醋坛子..朱普乐
除夜..徐明旭

散文

释谚二题..屠 岸
鲁迅的祖父科场案发时..........................周 晔
探日的人..尤彼德
列传第一百二十三...............................乐维华
笔会漫笔..江 流

诗歌

神女峰（外二首）...............................梁如云
招亲女婿..韩作荣
我的天空（外二首）............................杨松杰

冬天的树..胡永康
龙卷风过去之后——在劫后的一个小村的见闻
....亚 群

评论·编后话

是童话？ 不是童话！ ——《一个低音变奏》的鉴赏
....沈敏特
编余赘语..杨 子

美术作品

封面设计..鹿耀世
刘国辉作品选（中国画·四幅）
黄山抒情（套色木刻）.........................林之耀

1984 年第 3 期　刊名：《文学》
目录

同学少年（中篇）...............................高尔品
脚尖朝前，脚跟在后............................祖光益
大圩上走过一群人...............................吴双林
高原..高红十
没画家的肖像...................................孙民纪
怪..戴贤章

散文

那过去的，已经过去............................张 洁
红红的小辣椒...................................吴泰昌
月落沙滩..王宗仁
乔木三章..周同宾
墨光砚影之间...................................黎 佳

诗歌

洁白的歌（二首）...............................青 勃
在原野上，我歌唱（外一首）..................陈所巨
桐乡春晨..刘明达
我站在三月的旷野上............................苏 生
第一次巡井......................................郭 廓
手握火焰的姑娘.................................王秋生
你始终高扬着手臂...............................张甄平
白塔楼吟稿（三首）............................李声高
散文诗叶..........................潘万提 萧 林 李 耕

评论

笔谈《白色不算色彩》...............沈敏特 治芳等

美术

王和平纸版画
咱家又添一头牛（油画）.........................罗 朗

1984 年第 4 期　刊名:《文学》
目录

走向大森林 ⋯⋯⋯⋯⋯⋯⋯⋯⋯⋯⋯⋯ 杨道立
黑蝴蝶黑蝴蝶 ⋯⋯⋯⋯⋯⋯⋯⋯⋯⋯ 刘醒龙
乡粹 ⋯⋯⋯⋯⋯⋯⋯⋯⋯⋯⋯⋯⋯⋯⋯ 金　石
冶丧 ⋯⋯⋯⋯⋯⋯⋯⋯⋯⋯⋯⋯⋯⋯⋯ 袁汝学
鹅卵石 ⋯⋯⋯⋯⋯⋯⋯⋯⋯⋯⋯⋯⋯⋯ 杜宝华
二炳奶奶的手（外一篇）⋯⋯⋯⋯⋯⋯ 李平易
在深谷中 ⋯⋯⋯⋯⋯⋯⋯⋯⋯⋯⋯⋯⋯ 陈　峰
模糊的月亮 ⋯⋯⋯⋯⋯⋯⋯⋯⋯⋯⋯⋯ 刘震云

散文
草台戏 ⋯⋯⋯⋯⋯⋯⋯⋯⋯⋯⋯⋯⋯⋯ 王西彦
布鲁克林区与美国作家 ⋯⋯⋯⋯⋯⋯ 冯亦代
佛殇 ⋯⋯⋯⋯⋯⋯⋯⋯⋯⋯⋯⋯⋯⋯⋯ 王业霖
十四岁以后我懂了 ⋯⋯⋯⋯⋯⋯⋯⋯ 宋　铮

诗歌
杏花 ⋯⋯⋯⋯⋯⋯⋯⋯⋯⋯⋯⋯⋯⋯⋯ 刘芳松
心中的百花园（外一首）⋯⋯⋯⋯⋯⋯ 马庆仙
麦芽糖恋歌 ⋯⋯⋯⋯⋯⋯⋯⋯⋯⋯⋯⋯ 钱叶用
沂蒙三访 ⋯⋯⋯⋯⋯⋯⋯⋯⋯ 雨　畅　林　笑
短诗：春卉　岑吟　丁可　彭原　姜勇　魏先一　邓英玉

作家的甘苦
苦恼——奋进者的私产 ⋯⋯⋯⋯⋯⋯ 祝兴义

评论
新的矛盾　新的形象——读短篇小说《光面爆破》
　⋯⋯⋯⋯⋯⋯⋯⋯⋯⋯⋯⋯⋯⋯⋯⋯ 林为进
且莫说穿 ⋯⋯⋯⋯⋯⋯⋯⋯⋯⋯⋯⋯⋯ 王秋贵

美术
袁志山作品选

1984 年第 5 期　刊名:《文学》
目录

一九八三年"《安徽文学》佳作奖"评选揭晓

小说
往事散记 ⋯⋯⋯⋯⋯⋯⋯⋯⋯⋯⋯⋯⋯ 秦兆阳
刘青其人其事 ⋯⋯⋯⋯⋯⋯⋯⋯⋯⋯⋯ 祝兴义
探望 ⋯⋯⋯⋯⋯⋯⋯⋯⋯⋯⋯⋯⋯⋯⋯ 孙　台
雨季，偏远的山村里 ⋯⋯⋯⋯⋯⋯⋯⋯ 曹玉模

沉醉的春夜 ⋯⋯⋯⋯⋯⋯⋯⋯⋯⋯⋯⋯ 戴定常
种菊南山下 ⋯⋯⋯⋯⋯⋯⋯⋯⋯⋯⋯⋯ 黑　子
潜流 ⋯⋯⋯⋯⋯⋯⋯⋯⋯⋯⋯⋯⋯⋯⋯ 吴立智

散文
蓝花碗与《饮水》诗 ⋯⋯⋯⋯⋯⋯⋯⋯ 忆明珠
幽绝少人知 ⋯⋯⋯⋯⋯⋯⋯⋯⋯⋯⋯⋯ 丹　晨
襟变 ⋯⋯⋯⋯⋯⋯⋯⋯⋯⋯⋯⋯⋯⋯⋯ 契　丹

诗歌
大漠二章 ⋯⋯⋯⋯⋯⋯⋯⋯⋯⋯⋯⋯⋯ 章德益
山海吟（二首）⋯⋯⋯⋯⋯⋯⋯⋯⋯⋯ 再　耕
冰源黑龙江（外一首）⋯⋯⋯⋯⋯⋯⋯ 史雄飞
她们，是我的姐妹 ⋯⋯⋯⋯⋯⋯⋯⋯⋯ 王晓晶
金缕曲 ⋯⋯⋯⋯⋯⋯⋯⋯⋯⋯⋯⋯⋯⋯ 陈玉明

文艺随笔
细节的魅力 ⋯⋯⋯⋯⋯⋯⋯⋯⋯⋯⋯⋯ 刘景清
"假物"的艺术 ⋯⋯⋯⋯⋯⋯⋯⋯⋯⋯ 金　子

美术
姜林和作品选
阳光下（山村写生·油画）⋯⋯⋯⋯⋯ 李永林

1984 年第 6 期　刊名:《文学》
目录

报告文学
法官落网记 ⋯⋯⋯⋯⋯⋯⋯⋯⋯⋯⋯⋯ 高正文

小说
避雷针 ⋯⋯⋯⋯⋯⋯⋯⋯⋯⋯⋯⋯⋯⋯ 陈卓乾
今夜无星星陨落 ⋯⋯⋯⋯⋯⋯⋯⋯⋯⋯ 黄　放
黑风岭的枪声 ⋯⋯⋯⋯⋯⋯⋯⋯⋯⋯⋯ 丁建顺
田野仍是一片葱绿 ⋯⋯⋯⋯⋯⋯⋯⋯⋯ 曹鸿骞
梦 ⋯⋯⋯⋯⋯⋯⋯⋯⋯⋯⋯⋯⋯⋯⋯⋯ 郑元祥
锁在小屋里的男孩 ⋯⋯⋯⋯⋯⋯⋯⋯⋯ 佑　春

散文
域外湖畔手记——北海道之旅 ⋯⋯⋯⋯ 何　为
文学事业的朋友 ⋯⋯⋯⋯⋯⋯⋯⋯⋯⋯ 涂光群
与寻陈迹久徘徊 ⋯⋯⋯⋯⋯⋯⋯⋯⋯⋯ 石　楠

诗歌
读海（外一章）⋯⋯⋯⋯⋯⋯⋯⋯⋯⋯ 宫　玺
永遇乐——春日访"两户"感赋 ⋯⋯⋯ 陈复东
幻想 ⋯⋯⋯⋯⋯⋯⋯⋯⋯⋯⋯⋯⋯⋯⋯ 马钦忠
南国吟（二首）⋯⋯⋯⋯⋯⋯⋯⋯⋯⋯ 绥　民

渔歌唱晚 .... 丁　芒
山乡春歌 .... 王忠范
闪闪的童心（短诗一组）......... 杨剑坤　鲁谷风
李　勇　潘仲龄　李光武　李永庚　叶蔚理　孙　琳
傅　康　达　利

创作信息

深刻反映变革时期的新生活——记《文学》编辑部召
开的一次创作座谈会 .... 段儒东

作家的甘苦

快·慢·深·浅 .... 宋亦英

美术

叶家和作品选

1984 年第 7 期　刊名:《文学》
目录

第一位来访者 .... 梁晓声
无影灯 .... 漆小冬
回音 .... 陈晓淮
提拔 .... 孙玉春
一件米黄色的风衣 .... 严歌平
蟹子地 .... 徐志松
光头 .... 吴国光

散文

速写三篇 .... 黄　裳
河西走廊行 .... 竹　林
昆明情思 .... 史　辉
江南散曲 .... 凌代坤
也算"发言" .... 林　非
读《笑》 .... 郭　风
（附）笑 .... 冰　心

诗歌

童话诗二首 .... 阮文生
港岛掠影 .... 黄东成
母亲的捣衣声（外二首）...................... 卞国福
苗乡行吟 .... 白　榕
百灵鸟歌集 .... （蒙古族）阿拉坦托娅
睡莲（外一首）................................... 李昆纯
春风 .... 巩思良

评论

一曲令人警策的忧歌 .... 钱念孙
一次可贵的尝试 .... 周翰藻

"混沌世界"中的"混世游民" .... 枫　林
编后记

美术

我和奶奶摘柿子（中国画）.................. 徐　爽
黄裳《速与三篇》插图 .... 黄永厚

1984 年第 8 期　刊名:《文学》
目录

散文专辑
报告文学

披枷行 .... 乔国良

雨丝风片

江畔小镇 .... 何大水
生活的小站（三章）........................... 陆　萍
松风 .... 叶公觉
初夏（外一篇）................................... 刁永泉
晚香 .... 薛尔康

幽微集

求知 .... 契　丹
广告 .... 肖　马

记游·采风

鸟战风云录——古牛降自然保护区散记 .... 刘先平
康定城小记——康藏公路散记之一 .... 时培华
迪斯奈乐园记游——旅美札记之四 .... 余凯成
螺岩山中 .... 蒋星煜
春谒白少傅墓 .... 张若愚

往事漫忆

灯光 .... 方　非
我的鹅 .... 程东安
小蒜 .... 陈所巨
玉簪花 .... 叶全新

文苑拾遗

诗魂琐忆 .... 邹正贤
叶圣陶先生二三事 .... 夏弘福

散文欣赏

从开拓朴实无华的境界入手——《落花生》读后感
.... 林　非
（附）落花生

新作评介

让新意向深处延伸——读刘震云的三篇小说⋯⋯苗振亚

文艺随笔
珍惜文学生涯的第一步⋯⋯⋯⋯⋯⋯⋯⋯向尚瞰

天山风情
柳新生水彩画

1984 年第 9 期　刊名:《文学》
目录

小说
咫尺店堂⋯⋯⋯⋯⋯⋯⋯⋯⋯⋯⋯⋯⋯⋯山　谷
弗兰克·杨⋯⋯⋯⋯⋯⋯⋯⋯⋯⋯⋯⋯⋯苏　炜
两个截然相反的故事⋯⋯⋯⋯⋯⋯⋯⋯⋯唐　镇
她的船⋯⋯⋯⋯⋯⋯⋯⋯⋯⋯⋯⋯⋯⋯⋯张　宇
一封"家信"⋯⋯⋯⋯⋯⋯⋯⋯⋯⋯⋯⋯陈　新
英若走后⋯⋯⋯⋯⋯⋯⋯⋯⋯⋯⋯⋯⋯⋯李书崇
睡莲⋯⋯⋯⋯⋯⋯⋯⋯⋯⋯⋯⋯⋯⋯⋯⋯王余九
第七顶草帽⋯⋯⋯⋯⋯⋯⋯⋯⋯⋯⋯⋯⋯梁剑华

散文
竹子青青⋯⋯⋯⋯⋯⋯⋯⋯⋯⋯⋯⋯⋯⋯犁　人
机船⋯⋯⋯⋯⋯⋯⋯⋯⋯⋯⋯⋯⋯⋯⋯⋯李鸿声
蕨菜漫忆⋯⋯⋯⋯⋯⋯⋯⋯⋯⋯⋯⋯⋯⋯刘天明
石涧⋯⋯⋯⋯⋯⋯⋯⋯⋯⋯⋯⋯⋯⋯⋯⋯杜仁和
不思量,自难忘⋯⋯⋯⋯⋯⋯⋯⋯⋯⋯⋯王既端
月夜,小河边⋯⋯⋯⋯⋯⋯⋯⋯⋯⋯⋯⋯蒋传华

诗歌
青春,伴着马蹄奔腾⋯⋯⋯⋯⋯⋯⋯⋯⋯许俊文
访日诗抄⋯⋯⋯⋯⋯⋯⋯⋯⋯⋯⋯⋯⋯⋯丹　辉
词二首⋯⋯⋯⋯⋯⋯⋯⋯⋯⋯⋯⋯⋯⋯⋯宋亦英
北极光——致友人⋯⋯⋯⋯⋯⋯⋯⋯⋯⋯杜尔佳
竹雕老人⋯⋯⋯⋯⋯⋯⋯⋯⋯⋯⋯⋯⋯⋯吴晨笛
草叶集⋯⋯⋯⋯⋯⋯⋯⋯⋯⋯⋯⋯⋯⋯⋯吴建之
四面体之碑⋯⋯⋯⋯⋯⋯⋯⋯⋯⋯⋯⋯⋯黄学农
大海(外一首)⋯⋯⋯⋯⋯⋯⋯⋯⋯⋯⋯朱鹤年

作家的甘苦
美在酸咸之外——我的"作家瘾"⋯⋯⋯周尝棕

评论
不避平凡唱大风——读《今夜无星星陨落》⋯⋯邵江天

杂文
"还能领导"云云⋯⋯⋯⋯⋯⋯⋯⋯⋯⋯⋯邓　腯
厂长与小偷⋯⋯⋯⋯⋯⋯⋯⋯⋯珩　象　司伟

说扇⋯⋯⋯⋯⋯⋯⋯⋯⋯⋯⋯⋯⋯⋯⋯⋯怀　棣

美术
吴恺作品选

1984 年第 10 期　刊名:《文学》
目录

小说
复活之歌⋯⋯⋯⋯⋯⋯⋯⋯⋯⋯⋯⋯⋯⋯徐　干
淘金人⋯⋯⋯⋯⋯⋯⋯⋯⋯⋯⋯⋯⋯⋯⋯朱幼棣
新局长⋯⋯⋯⋯⋯⋯⋯⋯⋯⋯⋯⋯⋯⋯⋯黄复彩
生活并非永远严肃⋯⋯⋯⋯⋯⋯⋯⋯⋯⋯王正平
相逢在秋夜⋯⋯⋯⋯⋯⋯⋯⋯⋯⋯⋯⋯⋯吴慧泉
翰林学士⋯⋯⋯⋯⋯⋯⋯⋯⋯⋯⋯⋯⋯⋯李书崇
水上人家⋯⋯⋯⋯⋯⋯⋯⋯⋯⋯⋯⋯⋯⋯丁加胜
哑爷⋯⋯⋯⋯⋯⋯⋯⋯⋯⋯⋯⋯⋯⋯⋯⋯周德钿

散文
爬山虎·云雀⋯⋯⋯⋯⋯⋯⋯⋯⋯⋯⋯⋯邓　江
屯溪行⋯⋯⋯⋯⋯⋯⋯⋯⋯⋯⋯⋯⋯⋯⋯茅于美
鸡公山二题⋯⋯⋯⋯⋯⋯⋯⋯⋯⋯⋯⋯⋯刘湘如

诗歌
十月,秋天的歌⋯⋯⋯⋯⋯⋯⋯⋯⋯⋯⋯孔祥彪
进尺⋯⋯⋯⋯⋯⋯⋯⋯⋯⋯⋯⋯⋯⋯⋯⋯韩　青
我脚上都是祖国的泥土——寄江南故乡(外一首)
⋯⋯⋯⋯⋯⋯⋯⋯⋯⋯⋯⋯⋯⋯⋯⋯⋯范俊德

短诗一束
孙友田　秦士元　赵子云　刘家魁　宋之哲　杨鸿臣
左宗伟　杨蔚青　杨小珉　刘学忠

评论
天光云影映碧波——读《文学》一九八四年八月号散
文专辑⋯⋯⋯⋯⋯⋯⋯⋯⋯⋯⋯⋯⋯⋯⋯叶公觉

作家的甘苦
烦扰·探索·愉悦⋯⋯⋯⋯⋯⋯⋯⋯⋯⋯彭　拜

杂文
李贽何以使"一境如狂"?⋯⋯⋯⋯⋯⋯⋯弼　陉

美术
易振生木刻选
陈怀碧版画选

记者 作者 编者
读者来信三则————————————唐儒友 丁 可 刘 宏

1984 年第 11 期　刊名:《文学》
目录

小说

东方露出了鱼肚白————————————刘震云
矿区轶事————————————————傅　瑛
遮羞的短褂儿————————————————陈源斌
弟弟————————————————————李 纳
天波将军的后代————————————高进贤
脑震荡患者的头发————————————佳 斌

小小说

纸屑飘飞————————————————阮文生
有一棵老槐树————————————黎 佳
责任————————————————————吴仰生
我，失去了————————————————俞凤斌

散文

苏联西部纪行————————————王 燎
钱毅与陈富珍————————————钱小惠

诗歌

我，终于有了书房（外一首）————左一兵
因为那一次失误————————————王金明
大别山的秋天（外一首）————李根红
小店新开————————————————葛崇岳

散文欣赏

感人至深的《风筝》————————秦 牧
[附]风筝————————————————鲁 迅

创作信息

本刊编委会商定编辑方针————本刊记者
文艺随笔
惜墨如金与用墨如泼————————李德义

杂文

电话续录————————————珩 象 司 伟
做官和做人————————————崔兴林

美术

风味小吃（木刻）————————余多瑞
秋牧归、留荫凉（木刻）————魏帅华 周 锋

1984 年第 12 期　刊名:《文学》
目录

小说

丁可句时代————————————————杨 旭
乐土————————————————王大鹏 吕国泉
百花屏的传说————————————葛兆铣
没有人行道的大街————————————潘 军
尝试————————————————黄 强 海 城
瀑布下的石湾————————————李 培
这个厂长————————————————强骊骏

散文

黄山的咏叹调————————————白 榕
在静谧的胡同里————————————赵国青
柳絮·秋天————————————————赵成良

散文欣赏

写自己真知的和热爱的————————孙昌熙
[附]想北平————————————————老 舍

诗歌

山盟（长诗节选）————————严 阵
以大地赤子的名义————————孔祥雨
诗词三首————————————————刘夜烽
晨风——致改革者————————吴信魁
早晨，阳台上————————————郭良原
夕阳，浮在海浪上————————鹿说之
落潮————————————————————应湘源

作家的甘苦

生活，生活!————————————梁晓声

文艺随笔

漫话小说中的诗情画意————程东安

杂文

帽子杂说————————————————吴宗铭

美术

莫测版画选
章飙木刻选

1985 年第 1 期　刊名：《文学》
目录

丁氏父子（小说）————————————王建华
余热（小说）——————————————李惠新
架子会首与县委书记（小说）————————孙方友
到科威特去（小说）—————————————吴　海
捣臼·豆苗·半统靴（小说）————————屠渭兔
动摇（小说）——————————————杨宪光
龙套（小说）——————————————陈章永
家务琐事（小说）————————————王成功
绵绵哀思几时尽——悼女作家关露（散文）——李　纳
思念你，青屿（散文）———————————张守城
青海二题（诗）—————————————晓　钢
水乡（诗）——————————————袁　超
沁园春·热爱祖国（河）———————————关　露

散文欣赏
"五四"散文创作的一个艺术标本——朱自清《桨声
灯影里的秦淮河》试析———————————林　非

青年函授文学院习作选
凑喜份（小说）——————————安徽　姚兴隆
月还是明的（小说）————————四川　张礼丽
他两鬓映着茫茫雪山（诗）—————河南　李思敏
食物中毒（小说）—————————上海　汤炳生
沙海拾贝（诗）——————————浙江　瘦船夫
云（散文）————————————陕西　林　荫
云彩上的歌（诗二首）———————山东　刘自兴

谈谈短篇小说（评论）———————————徐文玉
新作短评二则—————————梁长森　唐先田

杂文
猫的妖气————————————————邓　江
"李白"打"杜甫"———————————陈允豪

庭院小景（木刻）————————————赵冠群
木刻两幅———————————————程德新
唐锐鹤雕塑作品选

1985 年第 2 期　刊名：《文学》
目录

从闹市消失了的（小说）——————————祝兴义
心渊（小说）——————————————金　石

宿愿（小说）——————————————陈卓乾
黄梅天（小说）—————————————蒋九霄
己之不欲（小说）————————————陶明国
掌声如雷（小说）————————————王不天
为了最美好的梦（小说）——————————史晓鸣
小巷风波（小说）————————————王海棠
废墟上的一笔财产（小说）—————————王有任
天柱三谭（散文）————————————王业霖
闲草赋（散文）—————————————万康生
拉萨八角街印象——康藏公路散记—————时培华
杏花汛———————————————李亚南
生命（诗）——————————————宋冬生
绿色的营造者（诗）———————————陈佩芸
故乡的树（诗）—————————————刘岚山
开在崖壁上的山花（外一首）————————高凌云
黄昏，我在想（诗）———————————叶海燕

青年函授文学院习作选
没有月光的晚上（小说）——————安徽　王　欣
水往哪儿流（小说）————————河北　田祖士
散文诗（三章）——————————湖北　高国兴
煤（诗）—————————————安徽　包士宏

"豹尾"小议——————————————林草思
寻事人（杂文）—————————————颂　葵

编者　读者
关于《法官落网记》一文的澄清

班芩木刻选（春·爱）

1985 年第 3 期　刊名：《文学》
目录

议文·议经·议政
"黄山画派"别议—————————————唐大笠
无由的悲悯———————————————白　榕
也谈"吹牛罪"—————————————柏　磊

最后一次奖金（小说）——————————沈海深
我窗外的小屋（小说）——————————沈虹光
红苹果（小说）—————————————李叔德
巡线员的儿子（小说）——————————江多晨
钟离先生（小说）————————————谷　新
寄包裹（小说）—————————————方　非
冯军长与贝多芬（小说）——————————江　深
野菜·南瓜（小小说）———————————王世衡
油煎荷包蛋（小小说）——————————胡子明

我该咋办（小小说）————————————————方春东
夜思的海（诗）——————————————————刘 虹
水族馆二题（诗）————————————————田 歌
月亮（散文诗）————————————————李思法
鹰（诗）——————————————————————嵇亦工

散文欣赏
一唱三叹——《没有秋虫的地方》赏析————陈 辽
［附］没有秋虫的地方————————————叶圣陶

青年函授文学院习作选
条件（小说）————————————————罗春山
苦菜花（小说）————————————————吕丰昌
福气（小说）—————————————————吴 霞

新作短评二则————————————石 衍 周翰藻

读者·作者·编者
为"三议"栏一呼————————————————李兴文

山妹子（砖刻）————————————————虞 健
集市小品（木刻）——————————————方国雄
朱松发作品选

1985 年第 4 期　刊名：《文学》
目录

高楼之间绿草地（小说）————————————涂吉安
丁香世界（小说）——————————————王建华
千里江蔚（小说）——————————————彭 拜
台上台下（小说）——————————————宋振琪
书记被通报之后（小说）——————————王人斌
我们这些村姑（小说）————————————方 跃

霜晨即兴（散文）——————————————犁 人
矿区掠影（特写）——————————————雨 东
舅母（散文）—————————————————檀 溪
毓园静静（散文）——————————————顾传菁

三角架（诗）————————————————杨 牧
大海给我一条声带（诗）——————————贺羡泉
路灯的启迪（外一首）———————————郭传火
城市风景线（散文诗）———————————马恒祥
短诗三首————————刘明达 鲍国刚 千堆雪

中国作家谈中国文学　澳大利亚阿德雷大学亚洲研究
中心主任———————————陈兆华 戴 晴译

笔谈创作自由
创作必须是自由的——————————————公 刘
话说创作自由————————————————鲁彦周
艺术自由杂想————————————————苏 中
现在就看我们的了——————————————刘祖慈

春之舞（速写）——————————袁尧书（封二）
江南行（速写）——————————赵前华（封三）

1985 年第 5 期　刊名：《文学》
目录

议文·议经·议政
我们的紧迫感————————————————陈登科

故居的回忆（小说）—————————————黄蓓佳
工人王福山（小说）—————————————唐 镇
黑月（小说）————————————————漆小冬
香山主题变奏曲（小说）——————————光 群
海的诗笺……（小说）———————————秦 汉
我，在想什么……（小说）—————————马望威
稻花香里（小说）——————————————颜 屏

纸壁斋说诗（散文）—————————————荒 芜
解脱（散文）————————————————洪 霞
我的学生——陈怡芳（散文）————————邵江天

散文欣赏
抒写心灵的一曲绝唱——读庐隐的《雷峰塔下》
———————————————————施 燕
［附］雷峰塔下——寄到碧落———————庐 隐

在船上（诗）————————————————苏 敏
春晨（诗）—————————————————曹树林
我向工地奔跑（诗）—————————————甄长松
卖兰草花的大嫂子（外一首）————————陶顺义
塔吊（诗）—————————————————宜 靖
勘探者的脚印（诗）—————————————向崇安

作家的甘苦
书被摧成墨未浓———————————————萧 马

青年函授文学院习作选
新岗位（小说）—————————————安徽 张 齐
小店飘香（小说）————————————云南 陈维刚
你悄悄来到我身边（外一首）———————安徽 黄玉俊

本刊一九八四年佳作奖评定——————————本刊编辑部

春光（木刻）⋯⋯⋯⋯⋯⋯⋯⋯董健生
插图作品选⋯⋯⋯⋯⋯⋯⋯⋯魏根生
水乡小屋（国画）⋯⋯⋯⋯⋯杨明义

1985 年第 6 期　刊名:《文学》
目录

猴祸（小说）⋯⋯⋯⋯⋯⋯⋯吴凤珍
一板之隔（小说）⋯⋯⋯⋯⋯肖复兴
坟场上（小说）⋯⋯⋯⋯⋯⋯曹克胜
赶庙会（小说）⋯⋯⋯⋯⋯⋯程东峰
"儿子"（小说）⋯⋯⋯⋯⋯⋯俞　律
乌有镇的棋坛春秋（小说）⋯雪　垅
铁路边的小屋（小说）⋯⋯⋯张西祥

文谊·乡谊·波兰教授及其他（散文）⋯梅汝恺
庙会戏（散文）⋯⋯⋯⋯⋯⋯韩晓鹰
石磨琐忆（散文）⋯⋯⋯⋯⋯陈进俊
我看小人书的年代（散文）⋯周开雾

散文欣赏
飞扬的爱国情景——谈郑振铎的《海燕》⋯⋯方　铭
[附] 海燕⋯⋯⋯⋯⋯⋯⋯⋯郑振铎

小羊羔，我不知道（诗）⋯⋯王晓琴
置我小钩上（诗）⋯⋯⋯⋯⋯陈允豪
海浴图（诗）⋯⋯⋯⋯⋯⋯⋯苗得雨
舅舅，我们捉鳖去（外一首）⋯余志银
象棋（诗）⋯⋯⋯⋯⋯⋯⋯⋯陆小红
心中，敲响绿色的蛙鼓（诗）⋯陈有才
大海的儿子（诗）⋯⋯⋯⋯⋯程　勇
我是铁匠（诗）⋯⋯⋯⋯⋯⋯张伦先
短诗一组⋯⋯⋯夏时林　何晴波　徐竟高　王毓才
范醒华　徐卫新

议文·议经·议政
马与犬⋯⋯⋯⋯⋯⋯⋯⋯⋯⋯高成元
经久味更香⋯⋯⋯⋯⋯⋯⋯⋯肖文苑
"男人别看"⋯⋯⋯⋯⋯⋯⋯⋯吴宗铭
报"一箭之仇"⋯⋯⋯⋯⋯⋯⋯王年华

《西游记》遐想（随笔）⋯⋯⋯周尝棕
文学就是文学（随笔）⋯⋯⋯肖　马

新作短评一则⋯⋯⋯⋯⋯⋯⋯韩子英

卧薪尝胆（国画）⋯⋯⋯⋯⋯王　涛
齐白石与徐悲鸿（水印木刻）⋯应天齐

新居（水彩）⋯⋯⋯⋯⋯⋯⋯徐元章

1985 年第 7 期　刊名:《文学》
目录

奇哉赵大胆（小说）⋯⋯⋯⋯漆小冬
初恋（小说）⋯⋯⋯⋯⋯⋯⋯徐　慎
野牛（小说）⋯⋯⋯⋯⋯⋯⋯袁和平
爆竹声中（小说）⋯⋯⋯吴若萍　肖　荚
天上星星真多（小说）⋯⋯⋯虹　雷
水妹子与水和尚（小说）⋯⋯何　东
S镇轶事（小说）⋯⋯⋯⋯⋯吉鼎平
亡羊补牢（小说）⋯⋯⋯⋯⋯濮本林

垂钓（散文）⋯⋯⋯⋯⋯⋯⋯叶君健
不远处有一颗灵魂（散文）⋯朱世达
观音堂里人家（散文）⋯⋯⋯李鸿声
歌唱者（散文）⋯⋯⋯⋯⋯⋯王京隆
朦胧的记忆（散文）⋯⋯⋯⋯赵　岩
马齿苋（散文）⋯⋯⋯⋯⋯⋯王世衡

海思（外二首）⋯⋯⋯⋯⋯⋯匡　满
旅途琴音（诗二首）⋯⋯⋯⋯时红军
少年情思（诗）⋯⋯⋯⋯⋯⋯程洪飞
致父亲（外一首）⋯⋯⋯⋯⋯张甄平
短诗一组⋯⋯⋯谢先云　巩思良　鲍传江　江志伟
亿　敏　谭思正

作家的甘苦
说"慢"·说"横"⋯⋯⋯⋯⋯忆明珠

议文·议经·议政
议一议地摊小报⋯⋯⋯⋯⋯⋯王业霖
辨识"左道"一法⋯⋯⋯陈允豪　陈子伶
话说"排排坐"⋯⋯⋯⋯⋯⋯刘隆有
去从谈片⋯⋯⋯⋯⋯⋯⋯⋯⋯草　萌

齐云山春色（速写四幅）⋯⋯徐　捷　根　生
皖南写生⋯⋯⋯⋯⋯⋯⋯⋯⋯汪家龄　俞宏理

1985 年第 8 期　刊名:《文学》
目录

你看那星（小说）⋯⋯⋯⋯⋯魏　强
法官的早晨（小说）⋯⋯⋯⋯陈卓乾
寻觅自己的位置（小说）⋯⋯晓　见
对抗上帝的实验（小说）⋯⋯李书崇

学戏（小说）⋯⋯⋯⋯⋯⋯⋯⋯⋯ 江多晨
聘书（小说）⋯⋯⋯⋯⋯⋯⋯⋯⋯ 宋庆尧
特别是他那张嘴（小说）⋯⋯⋯⋯ 曹鸿骞
短篇三题（小说）⋯⋯⋯⋯⋯⋯⋯ 徐本法
牛行风波（小说）⋯⋯⋯⋯⋯⋯⋯ 梅晓东
"夫妻松"前（小小说）⋯⋯⋯⋯⋯ 濮本林

名城·窗口·奇遇（散文）⋯⋯⋯⋯ 叶至善
巴蜀游踪（散文）⋯⋯⋯⋯⋯⋯⋯ 陈所臣
夏夜（散文）⋯⋯⋯⋯⋯⋯⋯⋯⋯ 程洪飞
剪相小记（散文）⋯⋯⋯⋯⋯⋯⋯ 王俊义

江南的信（外一首）⋯⋯⋯⋯⋯⋯ 陈峻峰
致恋人（诗）⋯⋯⋯⋯⋯⋯⋯⋯⋯ 汤中旗
村姑（诗）⋯⋯⋯⋯⋯⋯⋯⋯⋯⋯ 王 丽
红珊瑚（散文诗）⋯⋯⋯⋯⋯⋯⋯ 尚 宇
黎明·春夜·五月（诗）⋯⋯⋯⋯⋯ 及巨涛
短诗一组⋯⋯⋯ 张雪杉 亚 群 阿拉坦托娅
罗 箫 郭 俊 郑礼祥

散文欣赏
泰山的精魂——李广田《山之子》试析⋯⋯ 云无心
（附）山之子⋯⋯⋯⋯⋯⋯⋯⋯⋯ 李广田

议文·议经·议政
再谈镜子⋯⋯⋯⋯⋯⋯⋯⋯⋯⋯ 牧 惠
吴家玮·叶选平·一点想法⋯⋯⋯⋯ 郭 因
教八股论⋯⋯⋯⋯⋯⋯⋯⋯⋯⋯ 施振华
"为了一碗红豆汤"⋯⋯⋯⋯⋯⋯⋯ 朱 泉

读者来信
《海的诗笺》纯系抄袭⋯⋯⋯ 周明堂 吴丽丽

五月江南（木刻）⋯⋯⋯⋯⋯⋯⋯ 张一楫
山村月色（木刻）⋯⋯⋯⋯⋯⋯⋯ 曹继堂
高原牧歌（版画）⋯⋯⋯⋯⋯⋯⋯ 陈怀碧

1985 年第 9 期　刊名:《文学》
目录

山汉（小说）⋯⋯⋯⋯⋯⋯⋯⋯⋯ 魏 强
歙县土特产（小说）⋯⋯⋯⋯⋯⋯ 王人斌
驴都恨——灰山矿人物记之一（小说）⋯ 章海陵
高将军奔丧（小说）⋯⋯⋯⋯⋯⋯ 刘云程
山中异闻录（小说）⋯⋯⋯⋯⋯⋯ 葛兆铣
女监（小说）⋯⋯⋯⋯⋯⋯⋯⋯⋯ 宋知贤
更上层层楼（小说）⋯⋯⋯⋯⋯⋯ 王金年
脚手架上（小说）⋯⋯⋯⋯⋯⋯⋯ 曹克胜

春风岁岁还来否——怀念许芥昱（散文）⋯ 聂华苓
榴花时节祭良师（散文）⋯⋯⋯⋯ 白 榕
海上零札（散文）⋯⋯⋯⋯⋯⋯⋯ 赵健雄

古诗新韵（组诗）⋯⋯⋯⋯⋯⋯⋯ 梁如云
妈妈，我上班去了（诗）⋯⋯⋯⋯ 尚建国
黄山记游（诗词二首）⋯⋯⋯⋯⋯ 吴淮生
在逆境中奋进（散文诗）⋯⋯⋯⋯ 徐 红
采煤工的爱情（诗）⋯⋯⋯⋯⋯⋯ 濮本林
诗词三首⋯⋯⋯⋯⋯⋯⋯⋯⋯⋯ 李俊侔
乌江霸王庙（七绝二首）⋯⋯⋯⋯ 孟亦奇
短诗一组⋯⋯⋯⋯ 秦士元 黄东成 史 辉

新人评介
读魏强作品记⋯⋯⋯⋯⋯⋯⋯⋯ 苗振亚

令人震颤的乡情——读《春风岁岁还来否》⋯ 梁若梅

议文·议经·议政
零思小札⋯⋯⋯⋯⋯⋯⋯⋯⋯⋯ 郭 因
闲话考试⋯⋯⋯⋯⋯⋯⋯⋯⋯⋯ 刘隆有

云壑飞泉（中国画）⋯⋯⋯⋯⋯⋯ 穆庆东
国宝（中国画）⋯⋯⋯⋯⋯⋯⋯⋯ 袁烈洲
黄山北海（油画）⋯⋯⋯⋯⋯⋯⋯ 康 诗
尾花⋯⋯⋯⋯⋯⋯⋯⋯⋯⋯⋯⋯ 于照君

1985 年第 10 期　刊名:《文学》
目录

本刊重要启事

就在前头（小说）⋯⋯⋯⋯⋯⋯⋯ 石 楠
青磁水缸（小说）⋯⋯⋯⋯⋯⋯⋯ 陈小初
香客（小说）⋯⋯⋯⋯⋯⋯⋯⋯⋯ 汪 雷
关于一个女劳模的蒙太奇（小说）⋯ 张 宇
迷乱的旋律（小说）⋯⋯⋯⋯⋯⋯ 鲁书潮
到底缺什么（小说）⋯⋯⋯⋯⋯⋯ 薛 勇
奖学金（小说）⋯⋯⋯⋯⋯⋯⋯⋯ 张清毅
阳光下的梦（小说）⋯⋯⋯⋯⋯⋯ 周治平

师说新语（散文）⋯⋯⋯⋯⋯⋯⋯ 王业霖
那时，我们都是孩子（散文）⋯⋯⋯ 孙静洁

新安江流过皖南（诗三首）⋯⋯⋯ 沙 白
中国，旋转的魔方（外一首）⋯⋯⋯ 冷慰怀
生活抖开五彩的羽翼（诗）⋯⋯⋯ 冉茂松
矿工与雕塑（诗）⋯⋯⋯⋯⋯⋯⋯ 刘宪法

爱的短笛（诗二首）⋯⋯⋯⋯⋯⋯⋯⋯孙友田

议文·议经·议政

说"妒"⋯⋯⋯⋯⋯⋯⋯⋯⋯⋯⋯⋯邵江天
越女天下白⋯⋯⋯⋯⋯⋯⋯⋯⋯⋯肖文苑
"掐尖"琐谈⋯⋯⋯⋯⋯⋯⋯⋯⋯⋯张家治

《龙池》艺术情趣札记（评论）⋯⋯⋯唐先田

刘有成版画选
高明版画选
十月金秋胜似春（中国画）⋯⋯⋯⋯袁志山

1985 年第 11 期　刊名：《文学》

目录

本刊重要启示

议文·议经·议政

"智叟移山"论⋯⋯⋯⋯⋯⋯⋯⋯⋯⋯吴宗铭
登拜将坛随想⋯⋯⋯⋯⋯⋯⋯⋯⋯⋯刘隆有
文坛旧事发微⋯⋯⋯⋯⋯⋯⋯⋯⋯⋯孟　力

苦楝树，蓝花花开（小说）⋯⋯⋯⋯黄复彩
残缺（小说）⋯⋯⋯⋯⋯⋯⋯⋯⋯⋯毛志成
小插曲（小说）⋯⋯⋯⋯⋯⋯⋯⋯⋯王大鹏
我们，没有黑色的斗篷（小说）⋯⋯苗运勤
神笔刘（小说）⋯⋯⋯⋯⋯⋯⋯⋯⋯丁加胜
河上，没有桥（小说）⋯⋯⋯⋯⋯⋯徐　瑛
胜利了，但比失败更惨（小说）⋯⋯章　频

爱石说（散文）⋯⋯⋯⋯⋯⋯⋯⋯⋯忆明珠
稚真的爱心——沈从文先生印象记（散文）⋯⋯王佳斌
家养小记（散文）⋯⋯⋯⋯⋯⋯⋯⋯周沛生
鱼鳞木枯荣记（散文）⋯⋯⋯⋯⋯⋯金诚睿

挽朱海观同志（诗）⋯⋯⋯⋯⋯⋯⋯荒　芜
致周文中教授——访美抄诗之一⋯⋯严　阵
足印三章（组诗）⋯⋯⋯⋯⋯⋯⋯⋯凌　禹
熟枇杷的山坡（外一首）⋯⋯⋯⋯⋯陈所巨
爱的哲学（诗二首）⋯⋯⋯⋯⋯⋯⋯钱锦方
短诗一组
　　吴　波　钱启贤　樊泽虎　徐光学　杨自明

散文欣赏

浓缩的艺术——《江底之夜》赏析⋯⋯陈　辽
（附）江底之夜⋯⋯⋯⋯⋯⋯⋯⋯⋯艾　芜

文学期刊版权保护工作座谈会记要

刘筱元插图选
桃花汛期（木刻）⋯⋯⋯⋯⋯⋯⋯⋯洪树林
花（油画）⋯⋯⋯⋯⋯⋯⋯⋯⋯⋯⋯朱　迪

1985 年第 12 期　刊名：《文学》

目录

成人的童话（二则）⋯⋯⋯⋯⋯⋯⋯秦　牧
幸福的一对儿（小说）⋯⋯⋯⋯⋯⋯陶明国
一群大雁往南飞（小说）⋯⋯⋯⋯⋯金　石
少校军医（小说）⋯⋯⋯⋯⋯⋯⋯⋯李书崇
藏在录音带里的世界（小说）⋯⋯⋯张　宇
元宵（小说）⋯⋯⋯⋯⋯⋯⋯⋯⋯⋯黄　展

石话——奉和忆明珠的《爱石说》（散文）⋯⋯契　丹
我和牛（散文）⋯⋯⋯⋯⋯⋯⋯⋯⋯林　非
死水（散文）⋯⋯⋯⋯⋯⋯⋯⋯⋯⋯钱玉亮

爱的编织——老山战斗诗丛之一⋯⋯方雅林
大山·阵雨（诗）⋯⋯⋯⋯⋯⋯⋯⋯冯汪有
我们是青春的书——给姐姐（诗）⋯郭传火
渔人的梦（诗）⋯⋯⋯⋯⋯⋯⋯⋯⋯何波良
生活杂咏（诗）⋯⋯⋯⋯⋯⋯⋯⋯⋯周根苗
短诗一组⋯⋯⋯⋯⋯⋯⋯⋯⋯王晓晖　叶晓山
徐玉珍　宋　渠　宋　炜

散文欣赏

从作者的眼里去看取人生——介绍梁遇春的《救火队》⋯⋯方　铭
（附）救火队⋯⋯⋯⋯⋯⋯⋯⋯⋯⋯梁遇春

议文·议经·议政

鲁迅是人非神——阅读随想录之一⋯阳　刚
请您"对号入座"⋯⋯⋯⋯⋯⋯⋯⋯余百川
话说家教⋯⋯⋯⋯⋯⋯⋯⋯⋯⋯⋯魏先一
关露和她的《新旧时代》⋯⋯⋯⋯⋯蒋珍玲
魏强作品讨论会在灵璧县举行⋯⋯⋯许　辉

1985 年本刊总目录

苍松迎晓色（中国画）⋯⋯⋯⋯⋯⋯李伯英
春（木刻）⋯⋯⋯⋯⋯⋯⋯⋯⋯⋯⋯向思楼
我见青山真妩媚（中国画）⋯⋯⋯⋯贾德福

1986 年第 1 期　刊名:《安徽文学》
目录

小说

老水猴子之死 ·········· 漆小冬
黄色公告 ·········· 许　辉
无记名投票 ·········· 严歌平
别梦依稀 ·········· 潘　军
小河绿沙洲 ·········· 王　玲
闪烁着星光的夜晚 ·········· 许春樵
黑折扇 ·········· 郑元祥
朦胧的夜 ·········· 张　弓
钓鱼 ·········· 杨江安

散文

还愿 ·········· 王英琦
河畔小忆 ·········· 何大水
南乡三章 ·········· 程洪飞
落英掇拾 ·········· 方　晗

诗歌

青青的峰峦
水上摇篮曲（组诗） ·········· 袁　远
七·色·花 ·········· 范醒华　黄其海　卜凡中　徐　方

议文·议经·议政

失之东隅，收之桑榆——致第四届淮河乡土文学笔记 ·········· 江　流
禁锢·爱滋病·救救儿童 ·········· 柴　千

新人评介

许辉和他的作品 ·········· 孙民纪

美术

封面设计 ·········· 刘传文
山河颂歌（中国画） ·········· 王守志
卖泥玩具（木刻） ·········· 王冠群
啊，长城（布贴画） ·········· 陈　民

1986 年第 2 期　刊名:《安徽文学》
目录

小说

小妹 ·········· 钱玉亮
我们在湖边相遇 ·········· 安　然
翠鸟 ·········· 秦圣非　洪世金
得失 ·········· 龚永祥
第三个钓者 ·········· 王明义
画友 ·········· 陈卓乾
山鬼与鹭鸶 ·········· 晓　见
夜的柳湖湾 ·········· 丁加胜

散文

好莱坞屐痕——格杉矶漫步 ·········· 朱世达
《纸壁斋续集》序 ·········· 荒　芜
我爱这里一片秋 ·········· 小　雨
宾馆，你是童话? ·········· 方乃秀
大海 ·········· 谢明清
冬日的风景（二章） ·········· 程洪飞

诗歌

青青的峰峦·街上流行红裙子（外二首） ·········· 宋　斌
七·色·花 ·········· 刘　泉　许俊文　王卫东　雷　雯　吴丽丽　牛　人　张福致

议文·议经·议政

密开朗琪罗修鼻子和黄筌改指头 ·········· 商子雍
珍馐问 ·········· 刘隆有
人和猴子及其他 ·········· 马宁生
"三味书屋"中的另一味 ·········· 何宝康
谈谈《安徽文学》易名及复名 ·········· 吴瑾如

美术

丁新媛作品选
竹乡情（速写） ·········· 赵前华
新春喜事（木刻） ·········· 曹继堂

一九八五年"《文学》佳作奖"评选推荐表

1986 年第 3 期　刊名:《安徽文学》
目录

小说

族长·教徒·另一个人 ·········· 章海陵
翻过那座山头 ·········· 唐　镇
银鱼 ·········· 江多晨
"三扣友"的遗憾 ·········· 袁汝学
冯秘书偏遇"僵化症" ·········· 洪双烨　林　坡
少个耳垂子算啥 ·········· 张厚纯
座位 ·········· 李克定
"乌云盖雪"之死 ·········· 徐　航
一夜之间 ·········· 陈　新
裤子的尊严 ·········· 刘振华

散文

夜心 ································· 犁 人
生活琐记 ··························· 邵凯生
黄山沉醉录 ························· 白 榕
却鼠 ····························· 刘湘如

诗歌

青青的峰峦·四季歌——献给你 ········· 刘 虹
七·色·花 ··········· 叶海燕 阮文生 李尚才
俞 凌 金 山 王忠范 刘益富

议文·议经·议政

贪钱必怕死 ························· 牧 惠
从《水浒》想到康梁 ················· 郭 因
冠多发乱 ··························· 张家治
飞碟你在哪里 ······················· 陈正宽

美术

汪涛作品选
应天齐作品选

1986 年第 4 期 刊名:《安徽文学》
目录

远飞吧,那一对香枕——我们的婚后生活之二
································· 王人斌
面条"皇后" ························· 孙方友
友人——金海 ······················· 范小大
早市 ····························· 野 风
紧急通知 ··························· 傅 亭
画像 ····························· 晓 寒
杜鹃——血样的花 ··················· 李洪俊
绝招 ····························· 周 恒

散文

醉翁亭教文节作品小辑
醉翁亭奇遇 ························· 林 非
难忘的节日 ························· 张友道
滁州四题 ··························· 陈慧瑛
四八〇〇与麒麟石粉 ················· 杨道立
滁州掠美 ··························· 柯 蓝
报告文学·大匠之行 ················· 王业霖

诗歌

青青的峰峦·梦里华夏(组诗) ········· 刘明达
七·色·花 ··········· 周拥军 王兴圣 石玉坤
刘德亮 刘亚平 宋冬生 许俊文

议文·议经·议政

"吃学"新探 ························· 余百川
"文人相轻"辩 ····················· 吴宗铭
明镜仰照 ··························· 温 暖
孙悟空受审 ························· 袁成兰
新·作·短·评·关于《幸福的一对儿》的对话
································· 郭长德

美术

波光粼粼·围捕(木刻二幅)
············· 唐小明 陈志精 汪肃清
小镇人家(木刻)·喂食(纸版画) ···· 高 明 王恒德
雾(油画) ··························· 刘岐森

1986 年第 5 期 刊名:《安徽文学》
目录

小说

吉人天相 ··························· 孙民纪
这里通向远方 ······················· 志 鹏
炮·马·车 ··························· 虹 雷
老河 ····························· 魏 强
天机 ····························· 俞泽波

小小说·小小说

蟹糊 ····························· 吴仰生
垫板 ····························· 张开理
疯狂的螃蟹 ························· 王长胜
墨雨 ····························· 耿建华
星期三下午学习 ····················· 张海峰

散文

午门的傍晚 ························· 苏 晨
龙井志 ····························· 陈进俊
山不在高 ··························· 唐大笠

诗歌

颍河的传说(组诗) ················· 梁如云
乡情,这杯浓浓的酒 ················· 陈所巨
故道之忆 ··························· 时红军
寿县访古(二首) ··················· 乔延凤
世界·历史·人生 ··················· 钱锦方

议文·议经·议政

"马路巡阅使"新解 ··················· 王 荆
"做"诂 ··························· 老 烈
"文章经国"析 ····················· 吴宗铭
"历史悠久"两面观 ··················· 胡祖明

消息·本刊荣获首届"乌金刊"奖

美术

故乡的河·宁静的夜（木刻二幅）————易振生·班苓

1986 年第 6 期　刊名:《安徽文学》
目录

小说

大丈夫遇到新问题————————————胡开强
虎啸——————————————————葛兆铣
侯氏录音磁片————————————————安兴本
古运河三绝—————————————————尹　平
四不象———————————————————王　杰
孤独的守岁人————————————————王余九
红印————————————————————陈章永

散文

酿泉的清音—————————————————忆明珠
花木的挽留—————————————————周尊攘
琅琊拾翠—————————————————王文忠
滁州行———————————————————谢大光

青青的峰峦·"赤道"边的主题（组诗）————郭传火
七·色·花—————————宋文杰　孟　祥　书　山
李光武　李恒瑞　晓　弦　陈溪竹

议文·议经·议政

出洋与发迹—————————————————邵江天
可鄙的"老鼠"————————————————胡德培
警惕"鹂鸣深树"之才—————————————巫　猛

新作短评

关于《少个耳垂子算啥》的通信————————天　杰

美术

儿童世界（插图选辑）————————————林之耀
音乐会上（装饰小品）————————————胡永凯
翠溪笑语（套色木刻）————————————蔡世明

1986 年第 7 期　刊名:《安徽文学》
目录

小说

迷津————————————————————戴厚英
腻友黄白黑—————————————————李书崇
小县风物（三题）——————————————陶明国

哑狮————————————————————孙　台
午后————————————————————吴立智
松林小径的尽头———————————————何志云
搪瓷煤炉——————————————————洪　霞

散文

无聊纪事——————————————————邹正贤
秋访赵州桥—————————————————吴宗蕙
家事————————————————————杨道立
海之心——————————————————汪　皓

报告文学

人贩子在逍遥游———————————————跃　渊

诗歌

青青峰峦·趁着太阳尚未升起（外二首）————思　良
七·色·花——————方文竹　黄亚洲　李　成　蒋春明
李亚平　叶世斌　傅建设　李清云　葛士静

议文·议经·议政

闻涨价而心喜————————————————契　丹
"百善孝为先"别议——————————————大　易
盒装糕点及其他———————————————白　榕
照片也怕滥—————————————————傅　康

美术

荷花（中国画）———————————————游龙姑
戴成有写生选
南湖春色（水彩）——————————————邵遐远

1986 年第 8 期　刊名:《安徽文学》
目录

小说

市委大院——————————————————王金年
亡魂————————————————————吴仰生
新市长串演反角之后—————————————叶大春
初开的野菊—————————————————唐旺盛

诗歌

南疆，这片英雄的土壤（二首）————————张玉彬
苍鹰之死——————————————————陈光华
屯溪老街——————————————————王　烨
夏之夜——————————————————杨松杰
散文诗小辑
猎者————————————————————陈所巨
放早鹅的少年————————————————刘湘如
狗—————————————————————沈天鸿

冬桃 ·········· 温　暖
清清的香香的小溪 ·········· 李恒瑞

报告文学
冒险家的自白——何家庆考察大别山记 ·········· 秦圣非
从专业户到大学生 ·········· 苗凡卒

散文
春山·春水·春城 ·········· 朱长俭
人生小品（二题） ·········· 宫　玺
雾趣 ·········· 时培华

议文·议经·议政
拍车屁 ·········· 牧　惠
"你升了" ·········· 牛　歌
铃木俊一和"我的东京都" ·········· 耿　直

评论
更新了的诗美观念
——读陈所巨的《玫瑰海》 ·········· 张器友
本刊启事

美术
莫测作品选（塑料版画二幅）
晖明作品选（木刻二幅）

1986 年第 9 期　刊名：《安徽文学》
目录

人间世
世俗的重围 ·········· 杨守武
听夜 ·········· 石　铃
近的和远的云 ·········· 褚水敖
翠竹飒飒的家 ·········· 朱世达
乡音的魅力 ·········· 杜仁和
哀江楠 ·········· 段儒东

酒茶烟书录
酒（二题） ·········· 晓　钢
醉茶 ·········· 冶　芳
烟趣 ·········· 刘万友
书缘 ·········· 周　锋

闲话江南
樗（外二章） ·········· 刘祖慈
独轮车 ·········· 刘湛秋
透过窄小的窗子 ·········· 李平易
青蒿粑粑 ·········· 程洪飞
清晨，在沙滩 ·········· 孙功兵

报告文学
记一场无方位马拉松橡皮大战——小人物风云录之一
·········· 申　辰

三言集
为严啸建《小城三作家》序 ·········· 江　流
小鞋一例 ·········· 荒　芜
副刊漫笔 ·········· 唐大笠

散文诗小辑 ·········· 肖　岗　周保民　佘林明
胡永康　孔　林

笔谈散文的"真"
让散文走一条正路 ·········· 方　铭
散文的基础在真实 ·········· 梁长森
真诚——散文的生命 ·········· 叶公觉
不欺世，不媚俗——浅议真诚 ·········· 黎　佳

文讯
本刊与祁门县政府联合召开"祁门诗会" ·········· 雪顶鹤

本刊启事

1986 年第 10 期　刊名：《安徽文学》
目录

议文·议经·议政
从车制说到换车风 ·········· 木　森
"文明"的不正之风 ·········· 犁　人
女人不孕先查谁 ·········· 楠　客

小说
南乡人 ·········· 李平易
除夕·初一 ·········· 王　干
鱼王 ·········· 高进贤
户主 ·········· 吴国光
摩登——主题的变奏 ·········· 金　石
似趣非趣 ·········· 刘彬彬
路灯 ·········· 陈光远

散文
极顶的遗憾 ·········· 山　谷
在石林 ·········· 陈桂棣
不尽的思念 ·········· 汤湘华
滴露的希望 ·········· 谢明洲

报告文学
原野，在呻吟
——法警王立周解救受害妇女纪事 ·········· 乔国良

诗歌

青青的峰峦

我们的五月（外二首）⋯⋯⋯⋯⋯⋯⋯⋯⋯孔祥彪

七·色·花

海浪（外一首）⋯⋯⋯⋯⋯⋯⋯⋯⋯⋯⋯桑恒昌

偶遇·放花炮⋯⋯⋯⋯⋯⋯⋯⋯⋯⋯⋯⋯陈　新

黄山的性格⋯⋯⋯⋯⋯⋯⋯⋯⋯⋯⋯⋯⋯方　萱

山里的秋天⋯⋯⋯⋯⋯⋯⋯⋯⋯⋯⋯⋯⋯许松涛

民歌⋯⋯⋯⋯⋯⋯⋯⋯⋯⋯⋯⋯⋯⋯⋯⋯范俊德

秋叶⋯⋯⋯⋯⋯⋯⋯⋯⋯⋯⋯⋯⋯⋯⋯⋯孔祥雨

文艺评论

你可真不含糊——致郭传火⋯⋯⋯⋯⋯⋯徐蕴冬

寻不小说创作的轻松感⋯⋯⋯⋯⋯⋯⋯⋯程东安

美术

对话（纸版画）⋯⋯⋯⋯⋯⋯⋯⋯⋯⋯⋯王和平

晌午静悄悄（木刻）⋯⋯⋯⋯⋯⋯⋯⋯⋯王冠群

秋天和我（油画）⋯⋯⋯⋯⋯⋯⋯⋯⋯⋯冯念军

1986 年第 11 期　刊名:《安徽文学》
目录

小说

都市的荒野⋯⋯⋯⋯⋯⋯⋯⋯⋯⋯⋯⋯⋯刘震云

吻别⋯⋯⋯⋯⋯⋯⋯⋯⋯⋯⋯⋯⋯⋯⋯⋯杨宝成

虞美人⋯⋯⋯⋯⋯⋯⋯⋯⋯⋯⋯⋯⋯⋯⋯李亚南

宾馆内外⋯⋯⋯⋯⋯⋯⋯⋯⋯⋯⋯⋯⋯⋯颜　屏

红门⋯⋯⋯⋯⋯⋯⋯⋯⋯⋯⋯⋯⋯⋯⋯⋯潘　军

饱的和饥的⋯⋯⋯⋯⋯⋯⋯⋯⋯⋯⋯⋯⋯潘文伟

鬼界⋯⋯⋯⋯⋯⋯⋯⋯⋯⋯⋯⋯⋯⋯⋯⋯李安祥

背水一战⋯⋯⋯⋯⋯⋯⋯⋯⋯⋯⋯⋯⋯⋯章　频

散文

仓促之间⋯⋯⋯⋯⋯⋯⋯⋯⋯⋯⋯⋯⋯⋯石　湾

妻和她的母亲⋯⋯⋯⋯⋯⋯⋯⋯⋯⋯⋯⋯忆明珠

诗歌

青青的峰峦

江南飞絮（组诗）⋯⋯⋯⋯⋯⋯⋯⋯⋯⋯秦士元

七·色·花

中国，又站在历史的起跑线上⋯⋯⋯⋯⋯宜　靖

无题诗（四首）⋯⋯⋯⋯⋯⋯⋯⋯⋯⋯⋯张雪杉

散文诗小辑

雨夜（三题）⋯⋯⋯⋯⋯⋯⋯⋯⋯⋯⋯⋯沈天鸿

红梅（四章）⋯⋯⋯⋯⋯⋯⋯⋯⋯⋯⋯⋯温　暖

男子汉与大山⋯⋯⋯⋯⋯⋯⋯⋯⋯⋯⋯⋯华　隆

议文·议经·议政

说驴⋯⋯⋯⋯⋯⋯⋯⋯⋯⋯⋯⋯⋯⋯⋯⋯贝　吉

谈"文债"⋯⋯⋯⋯⋯⋯⋯⋯⋯⋯⋯⋯⋯刘景清

贴准"主义"又怎样?⋯⋯⋯⋯⋯⋯⋯⋯刘隆有

越说越糊涂——关于包公戏与铡美案⋯⋯张　禹

新人评介

潘军和潘军作品印象⋯⋯⋯⋯⋯⋯⋯⋯⋯唐先田

美术

归途（木刻）⋯⋯⋯⋯⋯⋯⋯⋯⋯⋯⋯⋯虞　健

江南小镇（木刻）⋯⋯⋯⋯⋯⋯⋯⋯⋯⋯吴增荣

秋（中国画）⋯⋯⋯⋯⋯⋯⋯⋯⋯⋯⋯⋯吴踪萍

1986 年第 12 期　刊名:《安徽文学》
目录

小说

男人泪⋯⋯⋯⋯⋯⋯⋯⋯⋯⋯⋯⋯⋯⋯⋯刘本夫

橄榄树⋯⋯⋯⋯⋯⋯⋯⋯⋯⋯⋯⋯⋯⋯⋯杨少衡

初六的月亮⋯⋯⋯⋯⋯⋯⋯⋯⋯梅晓东　王克洪

六安地区小辑

小镇二记⋯⋯⋯⋯⋯⋯⋯⋯⋯⋯⋯⋯⋯⋯罗会祥

只吃⋯⋯⋯⋯⋯⋯⋯⋯⋯⋯⋯⋯⋯⋯⋯⋯叶乃阔

一条床单⋯⋯⋯⋯⋯⋯⋯⋯⋯⋯⋯⋯⋯⋯江　源

书画家的崇拜者⋯⋯⋯⋯⋯⋯⋯⋯⋯⋯⋯野　风

惆怅⋯⋯⋯⋯⋯⋯⋯⋯⋯⋯⋯⋯⋯⋯⋯⋯宋振琪

散文

未死者的愤懑——罗灏白治丧会上的冥思⋯韩　瀚

报告文学

死过一次的人⋯⋯⋯⋯⋯⋯⋯⋯⋯⋯⋯⋯侍继余

诗歌

青青的峰峦

山思⋯⋯⋯⋯⋯⋯⋯⋯⋯⋯⋯⋯⋯⋯⋯⋯凌代坤

七·色·花

"山"的质疑（外一首）⋯⋯⋯⋯⋯⋯⋯鲍国刚

渔笛⋯⋯⋯⋯⋯⋯⋯⋯⋯⋯⋯⋯⋯⋯⋯⋯曹　骥

词二首⋯⋯⋯⋯⋯⋯⋯⋯⋯⋯⋯⋯⋯⋯⋯吴淮生

议文·议经·议政

说"民"⋯⋯⋯⋯⋯⋯⋯⋯⋯⋯⋯⋯⋯⋯王若谷

两部晚清小说的教训⋯⋯⋯⋯⋯⋯⋯⋯⋯陈炳熙

评论

纷纷思绪录——读《安徽文学·散文专辑》·····沈敏特

美术

关岛印象——美国漫笔·····王　涛
西部走马——速写·····罗　朗

1987 年第 1 期　刊名:《安徽文学》
目录

小说

食物链·····李书崇
现代派画展·····方世煌
软弓京胡变奏曲·····侯贺林
大水——《大别山之谜》之五·····刘醒龙
消逝的倩影·····吴双林
叔叔的雨点儿·····舟扬帆
晨思·····王建华
新船·····熊正良

报告文学

为了生者和死者·····跃　渊

漆园散文笔会小辑

平淡和浓烈·····沈小兰
蒙城三题·····许　辉
一个厂长的哲学·····冀中民
黄土地·····傅　瑛

诗歌

青青的峰峦
我的灵魂呼啸在荒原（外二首）·····王　湛
七·色·花·····张向葵　陈有才　青　勃
云　牧　孙　龙　李俊侔　牛广进

议文·议经·议政

额外的心得·····牧　惠
春天里晤华威·····江　流

评论

平庸酿造悲剧——评《都市的荒野》·····邵江天

美术

黑白装饰画·····张洪驯
秋色赋（纸版画）·····李冠俊

1987 年第 2 期　刊名:《安徽文学》
目录

小说

皮实·····周尝棕
赶路·····沈虹光
下沉的太阳·····晓　晓
狱中散记·····郭珍仁
"撒夫人"·····焦　群
门门门·····徐　航
那些做小生意的·····孙　浩
一个男人的自述·····陈晓淮

散文

泉影·····费良琼
望三峡·····吕红文
灯下闲愁·····张　宇

散文诗

也凑热闹集（四章）·····刘祖慈
野旅小札（四章）·····徐天喜

诗歌

青青的峰峦
拉一车黎明去飞奔（组诗）·····阮文生
七·色·花·····郭瑞年　张　颠　侯陶珠　梁谢成

议文·文经·议政

似乎缺点什么——新时期文学管窥·····彭　拜
桌子上下·····唐　恬
老百姓意识·····余百川
武大郎与周公瑾·····梅　寒
警惕干部队伍"近亲繁殖"·····孔令榜
影星、经理的鼻子及其他·····徐　徐

美术

江南月色（中国画）·····张　泉
舞（中国画）·····叶家和
落日（丝网版画）·····应天齐

1987 年第 3 期　刊名:《安徽文学》
目录

小说

春日在天涯·····祁　月
洪峰并未过去·····毛志成
烧酒、苦酒和美酒·····曹鸿骞

九月 .... 马未都
侯车 .... 孔德葆
魔梯 .... 郑元祥
一块铁板（外一篇） .... 王严平

散文
岳西剪影
编者的话——关于"第九世界"小引
南庄乡的启示 .... 杜仁和
岳酒人速写 .... 吴立智
迟开的山菊花 .... 邹正贤
被智力摒弃的"人"们 .... 陈所巨
凤姐儿逛街——岳西土特产一瞥 .... 伍　翼

诗歌
青青的峰峦
我们踏雪而行
——献给西行的朋友们（组诗） .... 叶海燕
七·色·花 ------- 陈佩芸　苏　敏　谢其规　何　仃
王建平　阿拉坦托娅　黄　凡　查结联
夏　天　王仁甫　凌　禹　张甄平　陈克文

新作短评
可怕的人际"链"性结构——读《食物链》 杨忻葆
歪打正着的背后——简评［刘本夫的《男人泪》］
.... 钱念孙
辛辣犀利，切中时弊
——《软弓京胡变奏曲》读后 .... 韩子英
爱，是不能忘记的——读《吻别》 .... 宋冬生

美术
大别山风情（摄影作品） .... 李小林
云离奇观（中国画） .... 吴子钧

1987 年第 4 期　刊名:《安徽文学》
目录

散文
回看来路 .... 苏　晨
昔日华阳风情 .... 陈登科
两个胖子"结婚"的地方 .... 王英琦
石关小记 .... 罗会祥
子在川上日 .... 王业霖
金题二题 .... 陆　苇

散文诗
夫妻峰（三章） .... 史　辉
夜探古南岳（三章） .... 乔延凤

松滋山水（二章） .... 时红军

报告文学
私奔：当代乡村的一个奇异时尚 .... 苗振亚

小说
扶贫记 .... 孙建英
不如归去 .... 纪　实
吃过八个盘的狗喜喜 .... 丁　茂
雪霁 .... 庄启东
夜深沉 .... 赵馨群
江水日夜流 .... 代　翎
白果两枚 .... 王　杰

诗歌
青青的峰峦
东方的土地（组诗） .... 吴　波
七·色·花 ------ 颜廷奎　吴多超　葛诗谦　杨成虎
夏姓（外一首）------［苏］帕斯捷尔纳克著　葛崇岳译
作家简介
帕斯捷尔纳克

美术
丁晖明作品选
余多端作品选

1987 年第 5 期　刊名:《安徽文学》
目录

报告文学
小傻子小传 .... 更　生

小说
老闸 .... 苏　生
价值——小说三题 .... 孙方友
三脚猫 .... 小　羊
晚景 .... 钱玉亮
"红小兵"逸事录 .... 相南翔　严丽霞
喜鹊窝 .... 王才锡
小董饭馆 .... 许　辉
劫后余生者三 .... 江多晨

散文
寂寞中的喧哗 .... 沈小兰
钓鱼 .... 王立道
不要过分地谦卑 .... 红　雪
海边 .... 秦圣非

青青的峰峦
火把舞（组诗）————————————————王兴圣
七·色·花————————姚焕吉　翟秀琪　舒　鹰
鲁　萍　李思法　易殿选　艺　辛　张艳齐　龙彼德
程正富　陆少平

随笔
谈"超前意识"————————————————刘景清

美术
行云流水（中国画）————————————————马波生
小镇一角（中国画）————————————————王守志
王晖陶艺

1987 年第 6 期　刊名:《安徽文学》
目录

小说
洋槐·古槐————————————————黄富强
烧荒————————————————杨守松
忐忑————————————————姜锋青
阿黄的眼睛————————————————蒋亚林
妖婆————————————————顾　鸣
汗毛岭————————————————张鑫华
小小说
饶舌的知了————————————————濮本林
舞蹈鉴赏家————————————————洪　霞

报告文学
一个乡村医生的世界————————罗会祥　周其庆

散文
卧龙冈眼福————————————————江　流
向远方————————————————陈晓淮
送别————————————————万康生
妻子的困惑————————————————朱谷忠

诗歌
青青的峰峦
宇宙的部族（外二首）————————————————钱叶用
七·色·花————————————陈复东　杨剑坤
维　达　黄东成　程　勇　汪向荣

美术
香港一瞥（速写三幅）————————————————高　海
清趣（纸版画）————————————————吴　霞
夕照（水彩画）————————————————张德祥

1987 年第 7 期　刊名:《安徽文学》
目录

周作人"风波"之始末（本刊特约稿）
————————————北京鲁迅博物馆　姚锡佩

小说
浅滩————————————————苏　生
女经理————————————————安兴本
湖蓝蓝————————————————时培华
没有谢幕————————————————蔡　康
车去车回————————————————陈章永
金桔王————————————————沈巧枝

散文
崔似燕————————————————陈卓乾
桃花潭随想————————————————邵凯生
雨韵————————————————齐铁谐
狱中散记————————————————郭珍仁
游"洋船屋"小记————————————————朱普乐
也来忆忆我的童年————————————————宋勃生
甜甜的槐树林————————————————胡传永

报告文学
判了死刑的"杨子荣"————————————————跃　渊

诗歌
青青的峰峦
百川之水（组诗）————————————————杨松杰
七·色·花
————————黄　羊　钱锦方　蒋　琳　王振寰　王采玲

议文·议经·议政
看小说随感————————————————紫　千
来点"海派文化"的风骨————————————————余英杰

美术
乡情（木刻）————————————————向思楼
山间铃响（木刻）————————————————唐小朋

1987 年第 8 期　刊名:《安徽文学》
目录

小说
多撕了一张日历————————————————蔡大鹏
享受————————————————王人斌
卖鱼————————————————彭志明

白骏……………………………………京 隆
不仅仅是为了证明自己……………………许春樵
古砚与西服……………………………解正中
摆渡老人…………………………………汪 晟

小小说
诺言·政变……………………………王不天
绿化三章………………………………杨 真
第三个工具柜…………………………陈光远

散文
初踏山东………………………………王业霖
寻放歌台………………………………葛兆铣
离情……………………………………小 雨
你不该晴朗……………………………李尚才

报告文学
魂系美酒………………………………李安祥

诗歌
青青的峰峦
女性的太阳（组诗）……………………李亚群
七·色·花……………阿 红 叶延滨 左一兵
张国领 莫西芬 刘国安 张 林 韩 光 杨 烨
吴 霖 刘学忠

评论
小说者言………………………………潘 军
读荒芜的纸壁斋诗………………………王玉祥
凑趣集…………………………………韩 羽

美术
秋光里的梦（中国画）…………………伯 莫
家住桐花村（中国画）…………………纵 横

1987 年第 9 期　刊名:《安徽文学》

目录

老山前线来信·中国人民解放军 35143 部队全体将士

小说
山里的老屋………………………………卢万成
人生加减乘除……………………………陈晓淮
桃花绚烂………………………………李平易
桐荫巷 73 号……………………………彭 拜
凌星和章晶的婚事………………………刘念民
嫁妆……………………………………洪 露
素素……………………………………薛 峰

失窃……………………………………王有任
奶妈……………………………………刘 勇

报告文学
多功能小屋……………………………钱金龙

散文
莫笑它无知无觉…………………………沈小兰
秋野……………………………………杨闻宇
琐事偶拾………………………………王大鹏
弯弯山道花花轿………………………刘云程

诗歌
青青的峰峦
吹奏战争与和平的双簧管（组诗）………许俊文
七·色·花………………洪 亮 徐卫新 朝 晖
蒋琴宾 立 人 王振寰 邓志杰
散文诗小辑
海思（五章）……………………………钱锦方
江南拾萃（三章）………………………胡永康
河岸，一朵雏菊（外二章）………………奎结联
星·心（外三章）………………………哈尔宜
乡缘……………………………………娄天劲

评论
拒绝成熟的痛苦及其他——写诗札记………陈所良
西湖诗话………………………………龙彼得
跃渊和他的报告文学……………………周志友

美术
军人与爱人（木刻）……………………甘育田
江城一隅（木刻）………………………江大才
月·雪山（油画）………………………吴增荣

1987 年第 10 期　刊名:《安徽文学》

目录

散文
四季的回想……………………………高红十
恶烟者说………………………………王业霖
天井·古井……………………………刘祖慈
犹是秦淮梦里人………………………廉正祥
夕阳下…………………………………犁 人
铜钟……………………………………金诚睿
桑椹……………………………………晓 琴
观庐山瀑布……………………………龙彼德

小说

只有月亮伴着我⋯⋯⋯⋯⋯⋯⋯⋯⋯⋯钱秀英
秋夜的念头⋯⋯⋯⋯⋯⋯⋯⋯⋯⋯⋯相南翔
地皮⋯⋯⋯⋯⋯⋯⋯⋯⋯⋯⋯⋯⋯⋯胡名播
剧场正在选举⋯⋯⋯⋯⋯⋯⋯⋯⋯⋯李　平
崩溃⋯⋯⋯⋯⋯⋯⋯⋯⋯⋯⋯⋯⋯⋯王立忱
山坳里的风⋯⋯⋯⋯⋯⋯⋯⋯郜志咏　雪　村

小小说

太阳神巨像⋯⋯⋯⋯⋯⋯⋯⋯⋯⋯⋯薛贤荣
月球上的大象⋯⋯⋯⋯⋯⋯⋯⋯⋯⋯薛贤荣
角色⋯⋯⋯⋯⋯⋯⋯⋯⋯⋯⋯⋯⋯⋯叶海燕

报告文学

黑色的梦⋯⋯⋯⋯⋯⋯⋯⋯⋯⋯⋯⋯庸　言
养貂人印象⋯⋯⋯⋯⋯⋯⋯⋯黄　河　美　子

诗歌

青青的峰峦
进击，中国帆（外三首）⋯⋯⋯⋯⋯⋯周拥军
七·色·花⋯⋯⋯⋯冉茂松　傅天虹　王忠范　严成志
吴建之　王业宇　白　梦　晓　杰　金寿民　王斯平

议文·议经·文政

笔名这个东西⋯⋯⋯⋯⋯⋯⋯⋯⋯⋯余百川
酒与文明随感录⋯⋯⋯⋯⋯⋯⋯⋯⋯木　森
有感于《开国大典》的几次修改⋯⋯⋯陈炳熙

评论

质朴·浅出·创新——从《老闸》、《浅滩》看苏生的
创作⋯⋯⋯⋯⋯⋯⋯⋯⋯⋯⋯⋯⋯徐文玉

美术

中国古文学黑白装饰画⋯⋯⋯⋯⋯⋯张瑞林
阿草黑白装饰作品选
天下第一关（中国画）⋯⋯⋯⋯⋯⋯蒋孝游

1987 年第 11 期　刊名:《安徽文学》
目录

小说

男子世界⋯⋯⋯⋯⋯⋯⋯⋯⋯⋯⋯⋯侯贺林
孤烟⋯⋯⋯⋯⋯⋯⋯⋯⋯⋯⋯⋯⋯⋯李学强
踏脚石⋯⋯⋯⋯⋯⋯⋯⋯⋯⋯⋯⋯⋯葛兆铣
旅客须知⋯⋯⋯⋯⋯⋯⋯⋯⋯⋯⋯⋯李书崇
第三块墓碑⋯⋯⋯⋯⋯⋯⋯⋯⋯⋯⋯谭光华

小小说

焦距⋯⋯⋯⋯⋯⋯⋯⋯⋯⋯⋯⋯⋯⋯阿　草
四毛钱、八毛钱⋯⋯⋯⋯⋯⋯⋯⋯⋯傅　涌

报告文学

性医学备忘录——记水厚地医师⋯⋯季　宇
一个人和一个厂的故事⋯⋯⋯⋯⋯⋯朱　文

散文

梨花月色⋯⋯⋯⋯⋯⋯⋯⋯⋯⋯⋯⋯李平易
拾麦——秦中风情录⋯⋯⋯⋯⋯⋯⋯杨闻宇
一棵笋的记录（外一篇）⋯⋯⋯⋯⋯程洪飞
逢山开路⋯⋯⋯⋯⋯⋯⋯⋯⋯⋯⋯⋯苏　晨
如歌如潮⋯⋯⋯⋯⋯⋯⋯⋯⋯⋯⋯⋯尚贵荣
三十而立⋯⋯⋯⋯⋯⋯⋯⋯⋯⋯⋯⋯文济齐
康复后的喜悦⋯⋯⋯⋯⋯⋯⋯⋯⋯⋯徐亚东
海边石屋⋯⋯⋯⋯⋯⋯⋯⋯⋯⋯⋯⋯李　成

诗歌

火山史话⋯⋯⋯⋯⋯⋯⋯⋯⋯⋯⋯⋯乔延凤
采果集⋯⋯⋯⋯⋯⋯⋯⋯⋯⋯⋯⋯⋯孔　林
短诗三首⋯⋯⋯⋯⋯⋯⋯⋯⋯⋯⋯⋯朱鹤年
沉思集⋯⋯⋯⋯⋯⋯⋯⋯⋯⋯⋯⋯⋯刘德亮
关于海的回忆（外一首）⋯⋯⋯⋯⋯思　良
致古银杏树（外二首）⋯⋯⋯⋯⋯⋯王　烨
星夜悄悄话（二首）⋯⋯⋯⋯⋯⋯⋯丹　妮
妈妈的眼睛（外一首）⋯⋯⋯⋯⋯⋯杨益生
梅子⋯⋯⋯⋯⋯⋯⋯⋯⋯⋯⋯⋯⋯⋯李继之
爱的履历⋯⋯⋯⋯⋯⋯⋯⋯⋯⋯⋯⋯丁　化
最后一场雪⋯⋯⋯⋯⋯⋯⋯⋯⋯⋯⋯左昌蕙

评论

凝炼的短篇艺术——读《洋槐·古槐》有感⋯⋯苏　中
以小见大　平中见奇——简评《价值》⋯⋯徐　静
农村女性的出路——读《春日在天涯》⋯邵怀德
谈《周作人"风波"之始末》及其他
⋯⋯⋯⋯⋯⋯⋯⋯⋯⋯安徽大学中文系部分教师

美术

木刻两幅⋯⋯⋯⋯⋯⋯⋯⋯⋯张怀林　高　明
王俊峰篆刻选
莫高窟壁画印象（中国画）⋯⋯⋯⋯扉诗纬

1987 年第 12 期　刊名:《安徽文学》
目录

人间世

人间惟有情难诉⋯⋯⋯⋯⋯⋯⋯⋯⋯张保真

黄昏 ……………………………………… 潘小平
惊讶 ……………………………………… 唐大笠
张益华小姐 ……………………………… 陈卓乾
无声的呼唤 ……………………………… 杨道立
婆与媳 …………………………………… 王慧骐
都市的雾 ………………………………… 董锦屏
写给儿子的信 …………………………… 陈 斌

怀人之计
书缘 ……………………………………… 曾石铃
一泻雪白的灯光 ………………………… 朱世达
父亲 ……………………………………… 聂鑫森
永远的咳嗽 ……………………………… 周志友
遥祭 ……………………………………… 张 宇

天涯游踪
缅寺与小和尚 …………………………… 廉正祥
旅途 ……………………………………… 陈慧瑛
不堪风雨下杭州 ………………………… 王英琦
所有的水都会重逢——联邦德国下萨克森州访问记
（节选） ………………………………… 刘祖慈

乡情小曲
二月新韭芽（外一章） ………………… 刘庆荣
小满时节 ………………………………… 梅绍静
村行笔记 ………………………………… 周同宾
香菜·乡情 ……………………………… 王世衡
青橙 ……………………………………… 徐天喜

杂俎新编
味到唐时不觉甜 ………………………… 王业霖
水仙伴我渡江来——寄 T ……………… 忆明珠
窥园 ……………………………………… 周 锋
诗人与海 ………………………………… 陈所巨
滋味泉记 ………………………………… 张国富
生日琐思 ………………………………… 沈晓富
话说大麦 ………………………………… 张国擎

尝试集
无主题变奏 ……………………………… 凌代坤
结局或开始：门 ………………………… 沈天鸿

评书录
小草的心——寄 H ……………………… 忆明珠
贫穷和诱惑——夜读《半生记》 ……… 沈小兰
自由地抒写人生和社会——读艾煊的散文 … 叶公觉

敬告读者

美术
明月隐高树·湖畔 ……………………… 杜雪松·李 杏
藏书票选页 ……………………………… 章 飚
命运主题的思索·小巷深处 …………… 张学锋·夏晓燕

B

《百花洲》

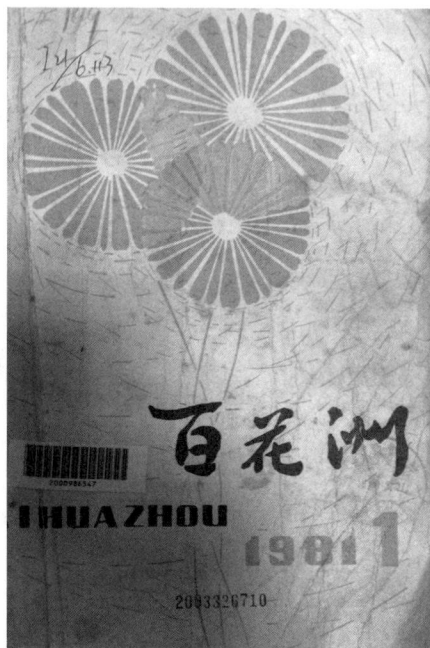

【简 介】

综合性文学期刊。百花洲文艺出版社主办。创刊于1979年。创刊初期不定期推出，1980年第4期起改为季刊发行，1982年第1期改为双月刊。其以外国中短篇小说为主，积极推动中外文学的交流。其常年开设的"花洲诗丛"和"花洲诗会"栏目对促进江西诗歌发展起到了积极作用。

期刊号：1979 年第 1 期—1989 年第 6 期

1979 年第 1 期 刊名：《百花洲》

目录

燕园忆旧（散文） ……………………… 俞 林
白头迎春（散文） ……………………… 吴 岩
青海湖记行（散文） …………………… 吕云松
一个普通的人（报告文学） …………… 张进明

旋风（长篇小说连载） ………………… 杨佩瑾
志愿（小说） …………………………… 孙顺临

兄妹之间（小说）────────周明发
甜蜜与痛苦（小说）────────张桂生
仇人的女儿（小说）────────赖晓忻
一封信（小说）────────傅之潮
景德镇民间故事两则────罗永文 康 戎

关于《父与子》────────巴 金
译诗纪事────────孙 用
马上随笔────────刘 金
谈诗味────────朱安群
论高尔基的艺术技巧
　　　　[苏联]扎赫洛娃著 秦得儒译

外国短篇小说
"唷！唷！唷！"──────[美国]杰克·伦敦著
万 紫 雨 宁译
从旧金山来的先生──────[俄国]蒲 宁著 戴 聪译
结婚──────[犹太]裴莱兹著 汤 真译
短篇小说两篇──────[法国]都 德著 洪丕柱译
　　公社的土哥
　　拉雪兹神父公墓之战
短篇小说两篇──────[英国]曼斯菲尔德著 陈良廷译
　　理想家庭
　　六便士
金钥匙（童话剧）──────[苏联]阿·托尔斯泰著
　　任溶溶译
心中的浪花（四场喜剧）────上饶地区戏剧创作组
执笔 黄克忠 夏 琼

你是真理的化身──献给张志新烈士────寇育彬
赣南情思（诗七首）────────郭蔚球
李渡花灯（诗三首）────────文莽彦
敝帚诗抄────────劳 荣
雁姑娘（童话诗）────────严霞峰
故乡的诗（三首）────────徐万明
访南昌"八一"起义大楼────────峭 岩

作品评论
漫谈《南国烽烟》的人物塑造────杨世昌
清官戏和《陈州粜米》的人民性────张燕瑾
金钱势力和门第观念夹攻中的青年一代
　──读巴尔扎克的《幻灭》────方 木
谈夏绿蒂·勃朗特的《简·爱》────康 林
奴隶起义英雄的悲壮诗篇
　──读长篇小说《斯巴达克思》────崔宝衡
百花洲漫记────────宗九奇
编后记

小平同志在南昌（油画）────────章仁缘

庐山两幅（国画）────────朱 恒

1979 年第 2 期　刊名:《百花洲》

目录

Good—bye，邢适先生（电影文学副本）────舒 晴
龙床恨（电影文学剧本）────胡仲愚 康 戎

宜春书简（散文）────────屠 岸
安源，我来看望您（散文）────────傅白芦
我爱家乡的老樟树（散文）────────程关森
梅山诗话（散文）────────周书文

文艺短评（七则）────────孙华民等
马上随笔（续）────────刘 金
漫谈诗歌──《外国抒情诗歌选》代序────叶君健
真实与真诚──杜诗现实主义的主要经验────朱安群

回忆戴望舒（附:《雨巷》《狱中题壁》）────赵景深
译诗纪事（续）────────孙 用

五岭风云（革命回忆录）────────刘建华
情与火（小说）────────王起玉
蜜月（小说）────────胡桔根
美神和魔鬼（小说）────────张忠富
向着光明（小说）────────谢日新
门诊纪事（小说）────────许学政
小调皮航天（童话）────────周基亭

垦殖场之歌（诗）────────李音湘
长安街，宽阔的跑道（诗）────────徐 刚
庐山瀑布（外二首）────────李春林
诗词十题────────石凌鹤
赠黄乃（诗）────────寇育彬
忠魂赋（诗）────────洪 亮
三月的雨（诗）────江朝栋 吴福春
杂咏（诗四首）────────张 弦
管水员（诗）────────沈良意
亲爱的，回来了（诗）────────陈庆瑚

外国短篇小说
害相思病的小母牛────────[美]辛格著 鹿 金译
爱情窝────────[美]拉德纳著 陈良廷译
讽刺小说三篇────────[捷]哈谢克著 扬 怡译
　　好色的刺猬
　　狗学院
　　引自《"在合法范围内主张温和及进步的政党"
史》

小说两篇⋯⋯⋯⋯⋯[罗]萨多维亚努著　劳　荣译
　善行
　私生子
坚贞不屈（长篇选译）
⋯⋯⋯⋯⋯⋯⋯[罗]斯坦古著　赵蔚青译
森林里的人们（长篇选译）
⋯⋯⋯⋯⋯[匈]依莱斯·贝拉著　文　德译

作品评论
高洁的情操　不幸的命运
——评小仲马的小说《茶花女》⋯⋯⋯⋯王维昌
德国第一部有政治倾向性的戏剧
——谈谈《阴谋与爱情》⋯⋯⋯⋯⋯⋯许明炎

春潮（版画）⋯⋯⋯⋯⋯⋯⋯⋯⋯⋯⋯陈祖煌
鹭（国画）⋯⋯⋯⋯⋯⋯⋯⋯⋯⋯⋯⋯陈慧荪

1980 年第 3 期　刊名:《百花洲》
目录

破网（中篇小说）⋯⋯⋯⋯⋯⋯⋯⋯⋯⋯罗　旋
谁是罪魁（小说）⋯⋯⋯⋯⋯⋯⋯⋯⋯⋯邢月铭
坎坷（小说）⋯⋯⋯⋯⋯⋯佚名创作　刘金编次
幸福（小说）⋯⋯⋯⋯⋯⋯⋯⋯⋯⋯⋯⋯许明晶
急诊室里（小说）⋯⋯⋯⋯⋯张兴荣　黄庆云
皆大欢喜（小说）⋯⋯⋯⋯⋯⋯⋯⋯⋯⋯胡启钺
辛苦了（小说）⋯⋯⋯⋯⋯⋯⋯⋯⋯⋯⋯隆　隆
成功的经验（小说）⋯⋯⋯⋯⋯⋯⋯⋯⋯袁传晓
两代人的血（小说）⋯⋯⋯⋯⋯⋯⋯⋯⋯蒋泽先
良心（小说）⋯⋯⋯⋯⋯⋯⋯⋯⋯⋯⋯⋯乔木森
月圆之梦（散文）⋯⋯⋯⋯⋯⋯⋯⋯⋯⋯黄文锡
灯流（散文）⋯⋯⋯⋯⋯⋯⋯⋯⋯⋯⋯⋯犁　人

外国中短篇小说
马来狂人⋯⋯⋯⋯⋯[奥]斯·茨威格著　翟继栋译
盲人乡⋯⋯⋯⋯⋯[英]H.G.威尔斯著　张建平译
最初的七年⋯⋯⋯⋯⋯⋯⋯⋯[美]伯·马拉穆德著
张叔强译　主　万校
小说两篇⋯⋯⋯⋯⋯⋯⋯[法]莫泊桑著　洪丕柱译
　恐惧
　小客栈
四块美元⋯⋯⋯[摩洛哥]穆·巴尔拉德著　陈　鹏译

仙岩⋯⋯⋯⋯⋯⋯⋯⋯⋯⋯⋯⋯⋯⋯⋯陈宏仁摄
垛草（油画）⋯⋯⋯[法]朱尔·巴斯蒂安-勒帕热作

水仙湖（电影文学剧本）⋯⋯⋯⋯⋯⋯⋯季　康
五井之春（八场戏曲）⋯⋯⋯⋯万　马　衍　任

文学是以其真实而才伟大的事业（评论）⋯⋯卫建林
从实际出发进行歌颂与暴露（评论）⋯⋯⋯曾奕禅
评长篇小说《霹雳》的人物塑造（评论）
⋯⋯⋯⋯⋯⋯⋯⋯⋯⋯⋯吴松亭　刘国伟
译诗纪事（二续）⋯⋯⋯⋯⋯⋯⋯⋯⋯⋯孙　用
谈任中敏的《优语集》⋯⋯⋯⋯⋯⋯⋯⋯赵景深
浅谈庐山历代诗歌⋯⋯⋯⋯⋯⋯⋯⋯⋯⋯冯兆平

花洲诗丛
满江红（外四首）⋯⋯⋯⋯⋯⋯⋯⋯⋯⋯姚天纵
定风波（外六首）⋯⋯⋯⋯⋯⋯⋯⋯⋯⋯马冰山
寄友人（诗）⋯⋯⋯⋯⋯⋯⋯⋯⋯⋯⋯⋯李定坤
花海（十首）⋯⋯⋯⋯⋯⋯⋯⋯⋯⋯⋯⋯严　阵
冬物咏（三首）⋯⋯⋯⋯⋯⋯⋯⋯⋯⋯⋯吕云松
海棠花赋（三首）⋯⋯⋯⋯⋯⋯杨俊青　阵　容
庐山遐思（组诗）⋯⋯⋯⋯⋯⋯⋯⋯⋯⋯周劭馨
长江夜航（二首）⋯⋯⋯⋯⋯⋯⋯⋯⋯⋯帅珠扬
歌满大山（组诗）⋯⋯⋯⋯⋯⋯⋯⋯⋯⋯钟祖基
林海诗笺（组诗）⋯⋯⋯⋯⋯⋯⋯⋯⋯⋯赵春华
红辣椒（讽刺诗三首）⋯⋯⋯⋯⋯⋯⋯⋯胡细生

本期插图、刊头画⋯⋯⋯⋯⋯⋯⋯⋯⋯⋯丁纪根

1980 年第 3 期外国文学专号　刊名:《百花洲》
目录

外国文学专号
一个得了邪病的少女（诗）
⋯⋯⋯⋯⋯⋯[乌克兰]谢甫琴柯　戈宝权译
采果集（诗·选译）⋯⋯[印度]泰戈尔　汤永宽译
英美短诗七首⋯⋯⋯[英国]莎士比亚等　景　行译

写在前言之前⋯⋯⋯⋯⋯⋯⋯⋯⋯⋯⋯⋯陈学昭
贝雷珂斯与梅丽桑特（歌剧）
⋯⋯⋯⋯⋯⋯[比利时]梅特林克　石　心译

马克·吐温童年生活的片断
⋯⋯⋯⋯⋯⋯[美国]丽洁·艾伦　张友松译
纪念肖洛姆—阿莱汉姆
⋯⋯⋯⋯⋯⋯[苏联]法捷耶夫　姚以恩译
《战争与和平》是怎样产生的
⋯⋯⋯⋯[苏联]阿·托尔斯泰雅　秦得儒译

小说
可怜的丽莎⋯⋯⋯⋯⋯[俄国]卡拉姆辛　戴　骢译
马卡尔的梦⋯⋯⋯⋯[乌克兰]柯罗连科　丰一吟译
太阳的宝库⋯⋯⋯⋯[苏联]米·普里希文　方　予译
请君入瓮（中篇小说）⋯⋯[美国]德莱塞　主　万译

奎特树叶…………………………[美国]德莱塞　余　杰译
五万元……………………………[美国]海明威　鹿　金译
短篇小说三篇………………………………[英国]毛　姆
　蚂蚁与蚱蜢…………………………………吴君陶译
　万事通先生…………………………………杨之宏译
　诗人…………………………………………滕绍霖译
亨利四世（莎士比亚历史剧故事）
　………………………[英国]奎勒—库奇　汤　真译
伊尔的维纳斯（小说）……[法国]梅里美　陈　乐译
不肖子孙（小说）
　………………[西德]海因里希·伯尔　江　南译
小洛塔搬家的故事（儿童小说）
　………………[瑞典]阿·林格伦　任溶溶译
短篇小说两篇
　…………[犹太]肖洛姆—阿莱汉姆　万　紫译
　一伙快活的人
　女儿的坟
惨痛的旧时代（小说）
　…………[匈牙利]约卡伊·莫尔　赵蔚青译
悼词（小说）………[南斯拉夫]努西奇　钱鸿嘉译
画猫的孩子（民间故事）
　………………[日本]小泉八云　梁国相译

补白：
肖洛姆-阿莱汉姆和人民
狄更斯最宠爱的孩子
别林斯基谈文学
发拉捷达的《月女》

亚历山大在达里的尸体前（油画）
　…………………………[意大利]瓜尔特
月女（油画）………………[美国]发拉捷达

1980 年第 4 期　刊名:《百花洲》

目录

今年的五一节（散文）
——布莱德国际笔会大会散记…………叶君健
"三百两周"的圣迹（散文）………………钦　文

山鸣谷应（长篇选载·张德育插画）………曹秀苍
春雨绵绵（小说）………………………榕　芳
熹微的曙色里（小说）…………………戴启棠
壁像（小说）……………………………姚茂初
洞箫恨（小说）…………………………刘欧生
母亲的胸怀（小说）……………………熊润华
早晨（小说）……………………………姚波烈
墙洞里掉出的钱包（小说）……………春　潮

"社会效果"漫议…………………………李　伟
也谈文艺的真实性………………………汪木兰
大力塑造社会主义新人形象……………吴松亭
论高尔基的艺术技巧（续）
　………[苏]薇·阿·札赫洛娃著　秦得儒译

作品评论
论龚自珍的《己亥杂诗》…………………刘世南
试论于连·索黑尔……………………………邵鹏健
狂飙突进的号角——浅谈歌德的《少年维特之烦恼》
　…………………………………………王维昌
徘徊于正反之间——读狄更斯的《匹克威克外传》
　…………………………………………劳　荣

琴音（诗）………………………………任彦芬
我的妻子（诗）…………………………徐　广
放言集（诗）……………………………马冰山
望余江（外二首）………………………文莽彦
方志敏遗照（外一首）…………………陈良运
瞻仰花园角二号（外一首）……………李彦令

花洲诗会………………郑成义　苏辑黎　陈运和
张晓峰　王慧骐　王慧骏

福尔摩斯（六幕话剧）……………陈伦元　沙　金
一概不见（独幕剧）………[朝鲜]宋　影著　高　巍译

短文
曾秀苍和《山鸣谷应》…………………黄　伊
塑造"人"………………………………亮
写自己所熟悉的…………………………汪　萌

外国短篇小说
悲剧的诞生…………[美国]乔·卡·奥茨著　杨怡译
棋逢对手……………[英国]格·格林著　叶　逢译
奈德和杰克…………[英国]克朗宁著　储宾枚译
凶手…………………[苏联]高尔基著　肖胜国译
短篇小说两篇………[苏联]阿扎耶夫著　杨郁译
　寻求幸福
　如此房客
短篇小说两篇………[日本]芥川龙之介著
　火男面具……………………………文洁若译
　玄鹤山房……………………………吴树文译
隧道…………[瑞士]弗·迪伦马特著　江　南译
妖女…………[保加利亚]埃林·彼林著　裴胜利译

九华月色（国画）………………………王兆荣
群峭碧摩天（摄影）……………………黄　翔

1981年第1期　刊名:《百花洲》
目录

风儿吹动我的船帆（小说·陈慧荪插图）…………陈世旭
梦的旋律（小说）……………………………………余国振
东去的列车（小说）…………………………………王起玉
车祸（小说·陈慧荪插图）…………………………朱礼生
干!（小说·丁纪根插图）…………………………邱汉南
走吧,不要回顾（小说·邱玮插图）………………孙顺临
范晋离婚（小说）……………………………………康　戎
矮檐下（台湾小说）…………………………………杨海宴
成龙之后（台湾小说）………………………………杨青矗

笔（散文）……………………………………………俞　林
月岭人家（散文）……………………………………吕云松
深山短笛（散文）……………………………………程关森
响在心中的歌（报告文学）
　　…………………………………柯才子　椿德章

作家书简
郭沫若书信十二封……………………………………孔海珠辑注

杂文
石刻喇叭裤及其他……………………………………黄文锡
"灾区"奇闻录………………………………………吴　岩
世代风标………………………………………………杨　柄

鹃花情（电影文学剧本）……………………………邱恒聪

江西采茶与黄梅戏……………………………………流　沙
山花向阳开不败………………………………………梅长英

研究与评论
《〈二十一个〉及其他》题记………………………张天翼
《诗经·关雎》首句新解（上篇）…………………骆宾基

《杜甫的阶级意识》析疑……………………………胡守仁
"对比"——艺术的辩证法…………………………李　伟
论批判现实主义文学…………………………………杜宗义
抗议·理想·艺术性——谈《悲惨世界》（一、二）的
思想倾向和艺术特色…………………………………陈伯通
《艰难时世》浅论……………………………………赖干坚

缺氧症（诗）…………………………………………张志民
春山剪影（组诗）……………………………………徐万明
南行杂咏（组诗）……………………………………吴有生
故乡绿叶（散文诗）…………………………………李　耕
花洲诗会………………………吴钧陶　张铁崖　陈庆瑚

徐新杰　李发模　周　民　陈运和　陈特明　梅　雨

外国中篇小说
恶有恶报………………………[美]威廉斯著　艾　湫译
小说两篇………………………[俄]库普林著　朝　蒂译
　神奇的医生
　儿童公园
养家活口的人…………………[俄]马明-西比里亚克著
敏　夫译　戴　骢校
医生的妻子……………………[瑞典]莱弗勒著　施　种译
小说三篇………………[黎巴嫩]米·努埃曼著　任　重译
　护身符
　礼物
　手镯

编后
郭沫若书简手迹
春晴（国画）…………………………………………胡献雅

1981年第2期　刊名:《百花洲》
目录

夜渡（中篇小说·丘玮插图）………………………峻　青
因为是人（中篇小说·丘玮插图）…………………曹玉模
广告人（小说·李智久插图）………………………胡万春
可怜的人（小说·李智久插图）……………………许子东
像章（小说·彭开天插图）…………………………梁正中
幽灵（小说·杨文敏插图）…………………………孙　颙
鳏夫的故事（小说·史俊插图）……………………蔡见邦
微弱的光（台湾小说）………………………………桑品载

自选集余墨（散文）…………………………………萧　乾
匡庐杂记（散文）……………………………………陈丹晨
七夕乞巧（散文·翁纪军插图）……………………彭作雨
乡桥（散文·杨文敏插图）…………………………熊述隆
春风正染白髭须（报告文学·史俊插图）…………吕云松

关汉卿笔下的性爱问题………………………………黄文锡
谈乐府诗中的《豫章行》…………………王运熙　杨　明
《诗经·关雎》首句新解（下篇）…………………骆宾基

花洲诗会………………………赵丽宏　朱安群　胡　平
李春林　陈良运　梁琴　麦　紫　鸿荒　汪　涛
刘安宇　华绥　江朝栋　陈安安　徐新杰　澍　雨
创作和知识（评论）…………………………………潘旭澜
摹声绘色（评论）……………………………………李　伟
有感于"僧多猴王少"（随笔）……………………乔　林
不见冲突的冲突（随笔）……………………………刘仁圣

作家书简

茅盾书简七封 ──────────── 孔海珠辑注
坦白（独幕剧）──── ［美］珀·怀尔德　万　紫译
鹃花倩（电影文学剧本）（续）──────── 邱恒聪

外国中短篇小说

西阵之蝶 ────────── ［日］水上勉　文洁若译
奇妙的事物 ──────── ［德］亨利希·曼　刘　浩译
"诺曼底"号遇难记 ────── ［法］雨果　张汉钧译
佐特牟斯基的决斗 ───── ［法］大仲马　王汉梁译
梅洛契卡 ─────── ［苏联］R.依里耶考夫　杨　郁译
山姑娘 ─────── ［苏联］冈察尔　帅本华译

小小说

十全十美的丈夫 ──── ［英］威廉·科贝特　周之亭译
他们要学狗叫 ── ［匈］米克沙特·卡尔曼　冯植生译
哭泣的女人 ──────── ［日］安部公房　卢春生译
沼泽地 ─────── ［日］芥川龙之介　文洁若译

读者来信

《万事通先生》的编者按不准确 ──────── 万斌生
文讯（四则）
啸（国画）──────────────────── 彭友善
海莱妮和她的两个孩子（油画）──── ［佛兰德斯］鲁本斯

1981 年第 3 期　刊名:《百花洲》
目录

"七一"情思（散文）──────────────── 李春林

纪念鲁迅诞生一百周年

鲁迅爱画 ──────────────────── 钦　文
鲁迅书话拾零 ──────────────── 吴泰昌
向鲁迅先生学习 ──────────────── 陈学昭

归（中篇小说）──────────────── 汤吉夫
前边才是夒门（中篇小说）─────────── 古　华
站台，列车（小说）──────────────── 瞿　航
琴声引起的故事（小说）─────────── 蓝　岚
疤点（小说）──────────── 戴启棠　陈乃庄
自由香（小说）──────────────── 周明发
生活的角落（小说）──────────────── 阿　西

倪焕之（电影文学剧本）─────────── 吴　岩

南国红豆寄情思（散文）─────────── 徐柏容
清风（散文）──────────────────── 菡　子
我的老师（散文）──────────────── 刘　金

大海放歌（散文）──────────────── 海　笑
一个情报参谋的手记（回忆录）─────────── 黄秋耘
山野吟（散文诗）──────────────── 廖石方
青春断想（散文诗）──────────────── 孙海浪
寓言四则 ──────────────── 郭　平　帅珠扬

文坛忆旧

三十年代的冰心 ──────────────── 赵景深
重印《边城》题记 ──────────────── 施蛰存
学者·诗人·战士
　──忆重庆时期的郭沫若同志 ─────────── 徐　敏
别忘了诗是抒情的艺术（评论）──── 孙光萱　吴欢章
要重视技巧（随笔）──────────────── 潘旭澜
南海五章（诗）──────────────── 李　瑛
无题三首（诗）──────────────── 蔡其矫
锋芽曲（诗）──────────────────── 刘亚明
画像集（诗）──────────────────── 马冰山
善良的独白（诗）──────────────── 丁　芒

花洲诗会 ────────── 吴钧陶　钟祖基　季振邦
钱锦方　于宗信　罗　迦　陈所巨　沈　晓　张铁崖
徐真柏　林　抒　聂　耐

外国中短篇小说

短篇小说两篇 ───────── ［美国］华·欧文著　万　紫译
　德国学生的奇遇
　意大利青年的故事
永不消逝的黑人之歌 ────────── ［美国］理·赖特著
唐长勤译
康拉德·格林的一天 ───────── ［美国］林·拉德纳著
陈良廷译
七年 ────────── ［苏联］弗·格·利金著　陈玉增译
河湾 ──────── ［苏联］瓦·伊·别洛夫著　石枕川译
催眠术杀人案（中篇推理小说）
　──────── ［日本］森村诚一著　彭小剑译

盼（漆刻）　载歌行（漆刻镶嵌）─────────── 陈圣谋
幽竹（国画）　五月硕果（国画）─────────── 傅梅影

1981 年第 4 期　刊名:《百花洲》
目录

望断归来路（中篇小说）─────────── 王　剑
错划以后（中篇小说）──────────────── 陈学昭
"瞎队长"小传（小说）──────────────── 胡桔根
正女（小说）──────────────────── 张敏才
斑鸠叫咕咕（小说）──────────────── 刘欧生
最低级的故事（小说）──────────────── 毛志成

沉沉的夜（小说）……………………………廖　琪
苏心悠悠（小说）……………………………张兴荣

童年·少年·青年
芳坚馆·禾四五和池（散文）………………郭　风
童稚的记忆（散文）…………………………曾秀苍
大学：风俗画（散文）………………………陈　村
我的父亲（散文）……………………………秦志怀
走在乡间的小路上（散文）…………………林丹娅

庐山谈
文学需要不断地突破…………………………李国文
在山道上"竞走"………………………………叶文玲
使心健全起来…………………………………莫应丰
欢迎从党和人民利益出发的文艺批评………张贤亮
写自己所有……………………………………罗　旋
也谈塑造新人…………………………………张步真
我愿意是一棵健康的树………………………叶之蓁
丛林中的遐思…………………………………铁　凝
感想与期望……………………………………俞　林

文坛忆旧
《西窗集》修订版引言………………………卞之琳
赵景深教授二三事……………………………雷群明
本质真实三题（评论）………………………肖云儒
破"套"而出及其他（评论）………………晓　江
戴望舒诗的象征主义手法（评论）…………左　燕

我所结识的遇罗克（报告文学）……………叶式生
万里山河任驰聘（游记）……………………万新华

耕耘者的歌（散文诗）………………………李　耕
无花果（散文诗）……………………………许　洁
南方的雪（诗）………………………………蔡其矫
种树（诗·外三首）…………………………唐　湜
恋的落莫（组诗）……………………………赵丽宏
花洲诗会……………………………熊光炯　戴启棠等

外国短篇小说
死………………［俄国］屠格涅夫著　黄伟经译
儿子……………………［俄国］蒲　宁著　戴　骢译
麻疹……………………［俄国］库普林著　杨　骅译
我怎样变成一个演员
　　　　［俄国］库普林著　潘勋照　张国粹译
雨蒙蒙的黎明
　　　　［苏联］帕乌斯托夫斯基著　江一勋译
克拉夫季娅
　　　　［苏联］瓦·伊·别洛夫著　陆肇明译
松鹰图………………………………［清］王　云

雕塑（三幅）……陈作芳　姚永康　郭剑翎　李艾东

1981 年外国文学专号　刊名:《百花洲》
目录

鲁迅论外国文艺的借鉴作用…………………吴中杰

雨果先生（四幕剧）………［美国］马尔兹　荒　芜译
巴尔扎克的婚事（三幕喜剧）
　　　　［波兰］雅·伊瓦什凯维奇　杨德友译

二十世纪初期美国上空的一颗流星——杰克·伦敦简
介………………………………………………蒋天佐

作家轶事
歌德——绿蒂——维特——《少年维特之烦恼》人物
轶事…………………………………………侯浚吉
巴尔扎克晚年二三事…………………………李金波
《复活》是怎样创作出来的
　　　　［俄国］帕斯捷尔纳克　李明滨译
托尔斯泰的遗嘱是怎样写成的
　　　　［苏联］谢尔根科　王化国译　杜宗义校

美国短篇小说专辑
海德格医生的实验………………霍桑　张友松译
丽人？　猛虎？…………F.R.斯笃克敦　彭恩华译
法国式大决斗………………马克·吐温　胡修洁译
异教徒…………杰克·伦敦　陈平建译　陈冠商校
冠军……………………林·拉德纳（雨　宁译
爱伦·阿达姆斯·林………………德莱塞　文　光译
雕刻家的葬礼……………威拉·卡瑟　陈良廷译
不夜城里的明眼人………………厄普代克　钱歌川译
娇妻……………………威廉·马奇　王维昌译
华盛顿·欧文散文两篇…………………白　亭译
　航海
　爱逢河上的斯特拉特福
吃电灯泡的人（报告文学）
　　　　［捷克］尤利乌斯·伏契克　劳　荣译

抒情诗选
史托姆四首……………………………钱鸿嘉译
萨拉·蒂丝黛儿五首…………………万　紫译
伊西·沃尔克三首……………………万世荣译
日本俳句与和歌（选译）……………彭恩华译
寄宿舍里的风波………［英国］詹·乔伊斯　黄嘉德译
淹死的人（中篇小说）
　　　　［德国］史托姆　王克澄译
皮大衣………………［瑞典］索德伯格　余　杰译

玛特维耶芙娜

　　　　　　　　[苏联]亚·别利亚耶夫　程　文译

六个尖子

　　　　　　[苏联]鲍·瓦西利耶夫　马肇元　冯明霞译

源泉　　　　　　　　　[波兰]显克微支　赵蔚青译

潘查姑娘

　　　[厄瓜多尔]何塞·德·拉夸德拉　朱景冬译

来到河边　　　[巴拿马]罗杰柳·希南　文　德译

婚约　　[坦桑尼亚]西·克·奥马力　丁邦英译

托尔斯泰（1909）（照片）
《欧根·奥涅金》《上尉的女儿》插图
红衣男孩（油画）　　　　[英国]托马斯·劳伦士

1982 年第 1 期　刊名:《百花洲》
目录

山村（中篇小说）　　　　　　　　　　叶君健
红豆之思（中篇小说）　　　　　　　　碧　野
蜜月旅途上（小说）　　　　　　　　　陈世旭
被囚的维纳斯（小说）　　　　　　　　钟祖基
报复（小说）　　　　　　　　　　　　陈海萍
主编（小说）　　　　　　　　　　　　康　戎
一位新娘子的日记（小说）　　　　　　陈金泉

作品评论
关于《山村》　　　　　　　　　　　　苑　茵
读《归》小记　　　　　　　　　　　　冯健男

漓江行（散文）　　　　　　　　　　　吴　岩
香水渡（散文）　　　　　　　　　　　彭作雨
马克·吐温外传　　　　　　　　　　　陈伯吹
《马背录》三题（杂文）　　　　　　　黄文锡
咸阳二门官（新编历史剧）　　　　　　龚　屏
花洲诗会　　　吕云松　顾　工　方　冰等

庐山谈
只缘身在此山中　　　　　　　　　　　林斤澜
山居杂感　　　　　　　　　　　　　　彭荆风
庐山的树　　　　　　　　　　　　　　中杰英
比风景更美的　　　　　　　　　　　　刘心武
在三叠泉　　　　　　　　　　　　　　母国政
庐山的雾　　　　　　　　　　　　　　王润滋
真实感和个性　　　　　　　　　　　　陈世旭
庐山闲话　　　　　　　　　　　　　　孔捷生
由爬山到艺术　　　　　　　　　　　　陈　村

文坛忆旧
亲属忆茅盾（五篇）　　　　金钧琴　孔海珠等
梅兰芳、斯坦尼斯拉夫斯基、布莱希特戏剧观比较

　　　　　　　　　　　　　　　　　　佐　临
评论工作者首先要懂得鉴赏　　　　　　陈荒煤
特权和使命　　　　　　　　　　　　　王西彦
漫谈作家对人的发现　　　　　　　　　周劭馨

影剧之窗
传播京剧艺术的使者——记父亲梅兰芳在国际艺坛上
的活动　　　　　　　　　　　　　　　梅绍武
漫话"电影皇帝"　　　　　　　　　　　金大漠
一个自自然然的艺术家——记著名导演王炎·杨兰如

外国中短篇小说
老人　　　　[美]凯瑟琳·安·波特　鹿　金译
米丽亚姆　　　[美]杜鲁门·卡波特　孙超雄译
一桩危险的买卖（间谍小说）

　　　　　　　[英]伊恩·弗莱明　方　木译
我偷偷地看到　[英]格雷厄姆·格林　胡正学译
短篇小说二篇　　[芬兰]马蒂·拉尼　朝　蒂译
　生命的价值在于活下去
　不长的对话

作家在庐山（照片四幅）　　　宫　正　张　坚摄

1982 年第 2 期　刊名:《百花洲》
目录

海天辽阔（中篇小说）　　　　　　　　彭荆风
癌（中篇小说）　　　　　　　　　　　陈　村
山村（中篇小说·续完）　　　　　　　叶君健
民事法官（小说）　　　　　　　　　　中杰英
何老三退休（小说）　　　　　　　　　黄　白
信任（小说）　　　　　　　　　　　　张聚宁
你呀，骄傲的公主（小说）　　　　　　涂吉安
樵女（小说）　　　　　　　　　　　　章淑萍

新秦中吟（十首）　　　　　　　　　　公　刘
花洲诗会　　　　　　　　许　洁　马冰山等

无题（散文）　　　　　　　　　　　　竹　林
枯叶蝴蝶（散文）　　　　　　　　　　徐　迟
上海抒情（散文）　　　　　　　　　　赵丽宏
鄱湖短笛（散文诗）　　　　　　　　　杨学贵
爱（散文诗）　　　　　　　　　　　　华　绥

百花洲笔谈

偏爱与博爱 ⋯⋯⋯⋯⋯⋯⋯⋯⋯ 毕必成
杂感与随想 ⋯⋯⋯⋯⋯⋯ 雨时 如月
重要的问题在于学习 ⋯⋯⋯⋯⋯ 胡启钺
我愿是一朵小花 ⋯⋯⋯⋯⋯⋯⋯ 邱国珍
做生活的有心人 ⋯⋯⋯⋯⋯⋯⋯ 王海玲

文坛忆旧

艾青在延安 ⋯⋯⋯⋯⋯⋯ 杨匡汉 杨匡满
"我绝不放下我的笔"——记巴金同志几件小事
⋯⋯⋯⋯⋯⋯⋯⋯⋯⋯⋯⋯⋯⋯⋯ 罗 迦
撩起面纱——谈喜剧《第十二夜》的爱情主题
⋯⋯⋯⋯⋯⋯⋯⋯⋯⋯⋯⋯⋯⋯⋯ 方 平
难忘的十三年——《流亡中的牛虻》读后 ⋯⋯ 文美惠
谈真实的典型的细节描写 ⋯⋯⋯⋯⋯ 陆贵山
谈创作灵感 ⋯⋯⋯⋯⋯⋯⋯⋯⋯ 熊大材

谈陈世旭的小说

他不倦地追求和开掘生活中的美 ⋯⋯⋯ 吴松亭
谈陈世旭短篇小说的独创性 ⋯⋯⋯⋯ 周劭馨
陈世旭小说中的细节描写 ⋯⋯⋯⋯⋯ 李承才

外国中短篇小说

米娜·冯·旺盖尔 ⋯⋯⋯ [法]司汤达 郝 珉译
神秘的绘画 ⋯⋯⋯⋯ [比利时]高斯特 侯少雄译
灰栏记 ⋯⋯⋯⋯⋯ [德]贝·布莱希特 翟继栋译
高更 ⋯⋯⋯⋯⋯⋯ [日本]曾野绫子 文洁若译
耍竹竿 ⋯⋯⋯⋯⋯⋯ [印度]古普塔 冯金辛译
阿拉伯短篇小说三篇 ⋯⋯ 张叔强 叶逢译 主 万校
一个死气沉沉的下午 ⋯⋯ [叙利亚]沃列德伊克拉西
送给孩子们的房子 ⋯⋯ [埃及]马哈莫德·迪阿布
出卖奇迹 ⋯⋯⋯⋯⋯ [埃及]陶菲克·哈基德
神秘案件引起疯狂性
⋯⋯⋯⋯ [加拿大]斯蒂芬·里柯克 施咸荣译

觅宝 春牛图（木刻）⋯⋯⋯⋯ 周新如 陈正元
本刊编辑部邀请本省部分中青年小说作者座谈
（照片）⋯⋯⋯⋯⋯⋯⋯⋯⋯ 宫 正 张坚摄影

1982 年第 3 期 刊名:《百花洲》

目录

霁雪（中篇小说）⋯⋯⋯⋯⋯⋯⋯⋯ 戴 晴
超度（中篇小说）⋯⋯⋯⋯⋯⋯ 陶 正 田增翔
一位作家的自述（小说）⋯⋯⋯⋯⋯⋯ 母国政
干爹与干娘（小说）⋯⋯⋯⋯⋯⋯⋯ 京 夫
桃李新村一号（小说）⋯⋯⋯⋯⋯⋯⋯ 余未人
灵犀（小说）⋯⋯⋯⋯⋯⋯⋯⋯⋯⋯ 沈仁康

流逝不去的花儿（小说）⋯⋯⋯⋯⋯⋯ 邱国珍
迎春（小说）⋯⋯⋯⋯⋯⋯⋯⋯⋯⋯ 戴文菁
香蕉船（台湾小说）⋯⋯⋯⋯⋯⋯⋯⋯ 张系国
留不住的脚步（台湾小说）⋯⋯⋯⋯⋯ 王默人

大海彼岸（散文）⋯⋯⋯⋯⋯⋯⋯⋯⋯ 于 逢
散入东风满洛城（散文）⋯⋯⋯⋯⋯⋯ 徐柏容
桔林纪事（散文）⋯⋯⋯⋯⋯⋯⋯⋯⋯ 彭作雨

歌德抒情诗四首 ⋯⋯⋯⋯⋯⋯⋯⋯⋯ 钱鸿嘉译

花洲诗会 ⋯⋯⋯⋯⋯⋯ 朱昌勤 王一民 陈良运
季振邦 徐万明 鸿 荒 周 民 文 丙 艾友弼
刘立云 彭文祥 余国振 何 仃 王中朝 申家仁

影剧之窗

信念的羽翼（电影文学剧本）⋯⋯⋯ 李 栋 逆 风
追求"特别东方"的美——影片《乡情》艺术片谈
⋯⋯⋯⋯⋯⋯⋯⋯⋯⋯⋯⋯⋯⋯⋯ 李以庄

文坛忆旧

谈《马兰》的写成经过 ⋯⋯⋯⋯⋯⋯⋯ 师 陀

论艺术创作中的想象——作家与其作品中人物的矛盾
⋯⋯⋯⋯⋯⋯⋯⋯⋯⋯⋯⋯⋯⋯⋯ 刘亚明
《伪君子》形象漫谈 ⋯⋯⋯⋯⋯⋯⋯ 刘国屏
推陈出新的成功范例——从《曼侬·雷斯戈》到《茶花女》
⋯⋯⋯⋯⋯⋯⋯⋯⋯⋯⋯⋯⋯⋯⋯ 李国政

文艺随笔

宝海初探骊龙珠 ⋯⋯⋯⋯⋯⋯⋯⋯⋯ 郑秉谦
有"我"，艺术创新的标志 ⋯⋯⋯⋯⋯ 蒋成瑀
似柔非柔 不刚而刚 ⋯⋯⋯⋯⋯⋯⋯ 贺先鑫

外国中短篇小说

一桌十三人 ⋯⋯⋯⋯ [匈]约卡伊·莫尔 汤 真译
麦尔塔·巴尼 ⋯⋯⋯ [黎巴嫩]哈·纪伯伦 王 今译
[英国]劳伦斯短篇小说两篇
　范妮和安妮 ⋯⋯⋯⋯⋯⋯⋯⋯⋯⋯ 主 万译
　菊花香 ⋯⋯⋯⋯⋯⋯⋯⋯⋯⋯⋯ 朱炯强译
野心客 ⋯⋯⋯⋯⋯⋯⋯ [美]霍桑 张友松译
苦盼 ⋯⋯⋯⋯⋯⋯⋯⋯ [法]莫泊桑 张汉钧译
各有各的梦 ⋯⋯⋯ [法]皮沃特 郑琳耀 张世俊译

国画

牛 ⋯⋯⋯⋯⋯⋯⋯⋯⋯⋯⋯⋯⋯⋯ 林曦明作
三友图 ⋯⋯⋯⋯⋯⋯⋯⋯⋯⋯⋯⋯⋯ 朱屺瞻作

油画

果香正浓⋯⋯⋯⋯⋯⋯⋯⋯⋯⋯⋯⋯⋯易　武作
更羽⋯⋯⋯⋯⋯⋯⋯⋯⋯⋯⋯⋯⋯⋯童建颖作

1982 年第 4 期　刊名:《百花洲》
目录

海角（中篇小说）⋯⋯⋯⋯⋯⋯⋯⋯⋯⋯叶文玲
悠悠岁月（中篇小说）⋯⋯⋯⋯⋯⋯⋯⋯李良杰

魂（小说）⋯⋯⋯⋯⋯⋯⋯⋯⋯⋯⋯⋯戴　晴
湘水清清（小说）⋯⋯⋯⋯⋯雨　时　如　月
雪夜（小说）⋯⋯⋯⋯⋯⋯⋯⋯⋯⋯⋯汤吉夫
展裘志（小说）⋯⋯⋯⋯⋯⋯⋯⋯⋯⋯榕　芳
打赌（小说）⋯⋯⋯⋯⋯⋯⋯⋯⋯⋯⋯朱盛杰
承德行（散文）⋯⋯⋯⋯⋯⋯⋯⋯⋯⋯吴　岩
露珠儿（散文）⋯⋯⋯⋯⋯⋯⋯⋯⋯⋯犁　人
萤（散文）⋯⋯⋯⋯⋯⋯⋯⋯⋯⋯⋯⋯汪国权
春笋吟（散文诗）⋯⋯⋯⋯⋯⋯⋯⋯⋯肖　岗

影剧之窗
山口百惠和她的自传⋯⋯⋯⋯⋯王　晨　宋丽红
阿Q走上银幕——记演员严顺开⋯张启火　宋　超

花洲诗会⋯⋯⋯⋯⋯⋯⋯⋯⋯李音湘　文莽彦
冰　夫　黄东成　帅珠扬　艺辛　刘晓滨　姜平章
吴钧陶　韦　一　陈　新　阮大华　艾子青　周敏生
陈安安　刘　章

作品评论
南国红梅斗雪开——评罗旋的长篇新作《梅》
⋯⋯⋯⋯⋯⋯⋯⋯⋯⋯⋯⋯⋯⋯晏　政
尼克索及其《蒂特：人的女儿》⋯⋯⋯张常人
真实的历史画卷——评《喀尔巴阡山狂想曲》
⋯⋯⋯⋯⋯⋯⋯⋯⋯⋯⋯⋯⋯⋯冯植生

外国短篇小说
[苏联]沃罗宁短篇小说选
太阳谷⋯⋯⋯⋯⋯⋯⋯⋯⋯⋯⋯⋯⋯戴　骢译
宿怨⋯⋯⋯⋯⋯⋯⋯⋯⋯⋯⋯⋯⋯⋯朝　蒂译
寄自途中的信⋯⋯⋯⋯⋯⋯⋯⋯⋯⋯任　重译
维伊卡⋯⋯⋯⋯⋯⋯⋯⋯⋯⋯⋯⋯⋯严梅珍译
爱情故事⋯⋯⋯⋯⋯⋯⋯⋯⋯⋯⋯⋯刘克彭译
[英国]曼斯菲尔德短篇小说两篇
毒药⋯⋯⋯⋯⋯⋯⋯⋯⋯⋯⋯⋯⋯⋯洪　怡译
莫斯小姐的一天⋯⋯⋯⋯⋯⋯⋯⋯⋯张建平译
安提戈涅⋯⋯⋯⋯[希腊]伊·韦内西斯　叶　雯译

微型趣味小说

莽撞人⋯⋯⋯⋯[美国]布兰狄罗　黄嘉琬　黄后楼译
人质⋯⋯⋯⋯⋯[日本]星新一　郝跃英　卢　群译

跑驴（国画）⋯⋯⋯⋯⋯⋯⋯⋯⋯⋯⋯黄　胄
午夜（油画）⋯⋯⋯⋯⋯⋯[瑞典]安德斯·佐恩

1982 年第 5 期　刊名:《百花洲》
目录

欢呼党的十二大（诗）⋯⋯⋯⋯朱昌勤　李春林
七叶一枝花（中篇小说）⋯⋯⋯⋯⋯⋯罗　旋
悠悠岁月（中篇小说·续完）⋯⋯⋯⋯李良杰
弯弯的龙溪河（中篇小说）⋯⋯⋯⋯⋯陈庆瑚

一个足球队员（小说）⋯⋯⋯⋯⋯⋯⋯贾平凹
乡情（小说）⋯⋯⋯⋯⋯⋯⋯⋯⋯⋯杨干华
离婚（小说）⋯⋯⋯⋯⋯⋯⋯⋯⋯⋯张企荣
家长会（小说）⋯⋯⋯⋯⋯⋯⋯⋯⋯何　侃

茉莉花盛开的国土（散文）⋯⋯⋯⋯⋯叶文玲
长河落日（散文）⋯⋯⋯⋯⋯⋯⋯⋯⋯杨羽仪
菊花魂（散文）⋯⋯⋯⋯⋯⋯⋯⋯⋯宁　宇
故乡的山（散文诗）⋯⋯⋯⋯⋯⋯⋯⋯李　耕

文坛忆旧
一个作家的品格——记施蛰存先生⋯⋯萧应深
不倦的旅人——记二、三十年代的陈学昭⋯⋯李　扬

杨佩瑾创作的新突破——评长篇小说《旋风》⋯吴松亭

谈胡桔根小说
思考,人物及其他⋯⋯⋯⋯⋯⋯⋯⋯⋯吴　海
他把焦点对准普通人物⋯⋯⋯⋯⋯⋯⋯黄日星
但愿人长久⋯⋯⋯⋯⋯⋯⋯⋯⋯⋯⋯杨　帆

雪山杜鹃（诗）⋯⋯⋯⋯⋯⋯⋯⋯⋯白　桦
踏遍青山（组诗）⋯⋯⋯⋯⋯⋯⋯⋯⋯沙　白
烈士的妻子（诗）⋯⋯⋯⋯⋯⋯⋯⋯⋯张志民
我在暴风雨中写诗（诗）⋯⋯⋯⋯⋯⋯顾　工

花洲诗会⋯⋯⋯⋯⋯⋯⋯戴启棠　钱锦方　吴　灌
姚辉云　陈　珑　刘毅然　苏辑黎　龙彼德　巫　猛
朱凯亚　傅湘云　徐真柏

影剧之窗
卓别林和《大独裁者》
⋯⋯⋯⋯⋯[美]小查利·卓别林著　李　俊译

路，从这里开始——记配音演员刘广宁
·····························吴民民　陈东湖

外国短篇小说
赛跑运动员·············[西德]西·伦茨　江安娜译
奥亚索船长
········[智利]马·拉托莱　晓　聪译　陈光孚校
地主的女儿
············[哥伦比亚]卢斯·泰勃兰卡　文　德译
纸棺·······[厄瓜多尔]赛·达·安德拉德　陈玉增译
还债·············[乌拉圭]胡·伊瓦沃罗　朱景冬译
和魔鬼订的条约
············[墨西哥]胡·何·阿莱奥拉　段若川译

来日春浓（版画）·······················董其中
龙宿郊民图轴（国画）···············[南唐]董源

1982 年第 6 期　刊名：《百花洲》
目录

心囚（长篇小说）·······················莫应丰
遥远的地平线（中篇小说）···············陈世旭
清清的矿泉水（中篇小说）···············陈海萍
观钓（短篇小说）·······················胡启钺
探家（短篇小说）·······················房树民
守门人（散文）·························羽　青

红砂矿（诗）···························丁　芒
乡村桥赞（诗二首）·····················吕云松
滇行吟（诗四首）·······················钟祖基
思乡情缕（诗）·························时红军
庐山行（诗三首）···············骆宾基　朔　望

写于《人民在战斗》再版时·················俞　林
茅盾书简（八封）·····················翟同泰辑

文坛忆旧
柳青剪影·····························冯健男
忆蒋彝·······························叶君健

作家庐山谈
庐山的冲击波·························蒋子龙
庐山感怀·····························陈国凯
兼容并蓄育百花·······················程树榛
美不尽在名胜·························成　一
庐山雾·······························左建明
情满于山　意溢于海·····················姜　旗
横看成岭侧成峰·······················京　夫

我从山里来庐山·······················杨干华
庐山的启示···························温小钰
风景点与细节描写·····················汪新成
强者的文学···························莫应丰
无题·································古　华
愿我们永远相亲相爱·····················戴厚英
雾的联想·····························张　弦
下三叠泉·····························张抗抗
忘不了的，是他·······················戴　晴
重游三叠泉有感·······················薛海翔
庐山，你是一本书·····················尤凤伟

外国中短篇小说
恐惧········[奥地利]斯蒂芬·茨威格　倪梁康译
[美国]薇拉·凯瑟短篇小说两篇
一只金色的鞋·························杨　怡译
保罗的一生···························鹿　金译
吉米·罗斯·········[美国]麦尔维尔作　唐长勤译
冲动·········[美国]康·艾坎　王正元　张一光译
代笔人···········[法国]法朗士　李良裕　连贯怡译

作家在庐山（照片）···················胡颖辉摄

1983 年第 1 期　刊名：《百花洲》
目录

姊妹之间（中篇小说）···················陈国凯
阳春巴人曲（中篇小说）·········王　继　陈振家
斗欧（中篇小说）·······················伊　始
阿大和他的秃尾巴狗（中篇小说）···········竹　林
桃花铺的歌声（小说）···················峭　石
灵魂的眼睛（小说）·····················黄　白

花重宜春园（报告文学）·················朱安群

小暮贵代（散文）·······················海　笑
湖畔寄远（散文）·······················赵丽宏
灯节（散文）···························彭作雨
深山短笛（散文）·······················程关森
麦青花香过信阳（散文）·················伍　杰
彩色的明信片（散文诗）·················蔡　旭

特列·维肯（叙事诗）
··················[挪威]易卜生　孙　用译
庐山乌龙潭（诗二首）···················田　间

花洲诗会·············高伐林　季振邦　许　洁
葛佳映　卓　凡　章庐生　蒋泽先　吴志昆

预告读者

文坛忆旧
阿英与电影⋯⋯⋯⋯⋯⋯⋯⋯⋯⋯⋯⋯⋯⋯⋯⋯吴泰昌
《郁达夫诗词抄》晚出之谜⋯⋯⋯⋯⋯⋯⋯⋯⋯吴泰昌
司马文森印象记⋯⋯⋯⋯⋯⋯⋯⋯⋯⋯⋯⋯⋯黑　婴
丁玲的创作个性管窥⋯⋯⋯⋯⋯⋯⋯⋯⋯⋯⋯杨桂欣
在探索中前进⋯⋯⋯⋯⋯⋯⋯⋯⋯⋯⋯⋯⋯⋯周劭馨
略谈欧阳修散文的艺术特色⋯⋯⋯⋯⋯⋯⋯⋯王运熙
染叶衬花（艺术琐谈）⋯⋯⋯⋯⋯⋯⋯⋯⋯⋯吴士余

外国中短篇小说
［法国］左拉小说三篇⋯⋯⋯⋯⋯⋯⋯⋯⋯⋯郝　运译
人们是怎样结婚的·环程旅行·一出笑剧
村长⋯⋯⋯⋯⋯⋯⋯⋯⋯⋯［俄国］屠格涅夫　黄伟经译
外国人⋯⋯⋯⋯⋯⋯⋯⋯⋯［俄国］安德列耶夫　文秉勋译
琵琶传⋯⋯⋯⋯⋯⋯⋯⋯⋯⋯⋯［日本］泉镜花　文洁若译
昨日⋯⋯⋯⋯⋯⋯⋯⋯⋯⋯⋯［日本］五木宽之　黎　平译
经理的故事⋯⋯⋯⋯⋯⋯⋯⋯［日本］源氏鸡太　谢宪文译

庐山风景两幅（国画）⋯⋯⋯⋯⋯⋯⋯⋯⋯⋯杨　豹
梳发的妇女（油画）⋯⋯⋯⋯⋯⋯⋯⋯⋯⋯［法］德　加

1983 年第 2 期　刊名:《百花洲》
目录

哥儿们折腾记（四幕话剧）⋯⋯⋯⋯⋯⋯⋯⋯中杰英

沧桑小户（长篇小说）⋯⋯⋯⋯⋯⋯⋯⋯⋯⋯朱春雨
霜叶（中篇小说）⋯⋯⋯⋯⋯⋯⋯⋯⋯毛小榕　邹　午
小五（短篇小说）⋯⋯⋯⋯⋯⋯⋯⋯⋯⋯⋯⋯孔捷生

对巴黎看了一眼（散文）⋯⋯⋯⋯⋯⋯⋯⋯⋯吴　岩
寸草心（散文）⋯⋯⋯⋯⋯⋯⋯⋯⋯⋯⋯⋯秦瘦鸥
三月李花潭（散文）⋯⋯⋯⋯⋯⋯⋯⋯⋯⋯林丹娅
乡情（散文诗）⋯⋯⋯⋯⋯⋯⋯⋯⋯⋯⋯⋯陈　犀

扬子江的波浪（组诗）⋯⋯⋯⋯⋯⋯⋯⋯⋯⋯公　刘

花洲诗会⋯⋯⋯⋯⋯吴钧陶　黄东成　赵春华
王中朝　陈运和　刘安宇

"外"和"中"⋯⋯⋯⋯⋯⋯⋯⋯⋯⋯⋯⋯⋯林斤澜
比较文学随想⋯⋯⋯⋯⋯⋯⋯⋯⋯⋯⋯⋯⋯方　平
人民的力量是不可战胜的——评长篇小说《人民在
战斗》⋯⋯⋯⋯⋯⋯⋯⋯⋯⋯⋯⋯⋯⋯⋯许明晶

文坛忆旧
回忆闻一多先生殉难前后的一些日子⋯⋯⋯⋯赵　沨
"青知"之夜，是何等光亮!⋯⋯⋯⋯⋯⋯⋯⋯黄秋耘

外国中短篇小说
国王迷⋯⋯⋯⋯⋯⋯⋯⋯⋯［英国］吉卜林著　潘庆舲译
忠诚⋯⋯⋯⋯⋯⋯⋯⋯［苏联］彼·巴甫连柯著　黎晗智译
一个爱情故事⋯⋯⋯⋯⋯⋯⋯［苏联］沃罗宁著　谢迎芳译
家庭矛盾⋯⋯⋯⋯⋯⋯⋯［美国］卡·麦柯勒斯著　李文俊译
远和近⋯⋯⋯⋯⋯⋯⋯⋯⋯［美国］托·沃尔夫著　万　紫译
未来之桧⋯⋯⋯⋯⋯⋯⋯⋯⋯［日本］井上靖著　吴树文译
喽啰们的报复
⋯⋯⋯⋯⋯⋯⋯［日本］星新一著　郝跃英　卢　群译

春潮（木刻）⋯⋯⋯⋯⋯⋯⋯⋯⋯⋯⋯⋯⋯彦　涵
林间（木刻）⋯⋯⋯⋯⋯⋯⋯⋯⋯⋯⋯⋯⋯力　群
黎丝忒·拉泰（木刻）⋯⋯⋯⋯⋯⋯⋯⋯⋯［法］凯亥勒
闲坐（木刻）⋯⋯⋯⋯⋯⋯⋯⋯⋯⋯⋯⋯⋯［英］杰　平

1983 年第 3 期　刊名:《百花洲》
目录

过海日记（上）⋯⋯⋯⋯⋯⋯⋯⋯⋯⋯⋯⋯蒋子龙

小船，失去了港湾（电影小说）⋯⋯⋯⋯⋯⋯母国政
天使（中篇小说）⋯⋯⋯⋯⋯⋯⋯⋯⋯⋯⋯遇罗锦
西岭人家（中篇小说）⋯⋯⋯⋯⋯⋯⋯⋯⋯黄郁贤
遥远，遥远的歌声（小说）⋯⋯⋯⋯⋯⋯⋯金　潮
他有"阿波罗计划"（小说）⋯⋯⋯⋯⋯⋯⋯肖建国
她进"老虎口"（小说）⋯⋯⋯⋯⋯⋯⋯⋯⋯黄乾孟

体育文学
音乐和芭蕾所诞生的
——记中国跳水队主教练梁伯熙
⋯⋯⋯⋯⋯⋯⋯⋯⋯⋯⋯⋯⋯罗达成　吴晓民
在梦的国土上（散文）⋯⋯⋯⋯⋯⋯⋯⋯⋯雁　翼
浅茅野的农家（散文）
——北海道之旅⋯⋯⋯⋯⋯⋯⋯⋯⋯⋯⋯何　为
战士的敬礼（散文）⋯⋯⋯⋯⋯⋯⋯⋯⋯⋯沈世豪
在乐山大佛的脚下（散文）
——"西南行"札记片断⋯⋯⋯⋯⋯⋯⋯⋯熊述隆
匡庐奇秀（木刻）⋯⋯⋯⋯⋯⋯⋯⋯⋯⋯⋯吴俊发
春（油画）⋯⋯⋯⋯⋯⋯⋯⋯⋯⋯⋯⋯［意］波提切利

文坛忆旧
四十年间——关于巴金、萧珊的片断回忆⋯⋯⋯刘北汜
郁达夫和戴望舒⋯⋯⋯⋯⋯⋯⋯⋯⋯⋯⋯⋯萧应深
陈白露悲剧的思想意义和性格特色（评论）⋯⋯刘亚明

和尚和女人（比较文学随想）————————方　平

花洲诗会
匡庐剪影————————朱昌勤　朱安群　陈良运　韦　一
李春林　陈　政　吴　灌　尹春林　姚辉云　陈　珑
邰绍周　于学荣　华　绥　祝逢安　卓　如　汪国权

外国中短篇小说
包鲁扎里的灾难————［伊朗］霍·萨哈尼　非　琴译
见面礼————————［伊朗］霍·萨艾迪　非　琴译
十二号病床之死————［埃及］格·卡纳法尼　叶　逢译
走廊上的干杯—————［南非］爱·帕通　葛万和译
原来如此—————［斯里兰卡］达·德西尔瓦　范为刚译
两个渔夫—————［斯里兰卡］赛纳纳亚戈　范为刚译
报复——————［斯里兰卡］塞纳纳亚戈　范为刚译

编后记

1983 年第 4 期　刊名:《百花洲》

目录

人的问题（中篇小说）————————耿　耿
生活的轨迹（中篇小说）———————朱崇山
普通女人（中篇小说）————————叶　林
巴牛皮和退休的胡局长（小说）————叶之蓁
热流（小说）——————涂反金　龚绵春

八十年代一座农业里程碑（报告文学）——窦店纪行
————————————————骆宾基
从棉兰到蒂加笃罗（回忆录）————巴　人

山河变色的岁月（散文）———————徐开垒
迟到的四十年的约会（散文）—————徐柏容
相思树（散文诗）——————————陈志泽
红花草（散文诗）——————————徐新杰

渥兹华斯诗四首—————钱鸿嘉　傅修延译
埃利蒂斯诗二首————————————李光鉴译

花洲诗会
清风徐来————————张万舒　宫　玺　郑成义
顾　城　沙　蕾　张品成　沈天鸿　周　彼　陆　萍
张厚德　夏　天　李忆敏

文坛忆旧
难忘的岁月（附田汉遗诗七首）———田海男
总算还掉了一笔债———————————王西彦

沙汀的跋涉————————————张大明

永葆文学的生命活力————————吴松亭
时代的呼唤————————————吴　海
关于文学表现道德美的断想————周劭馨
复杂而又合乎逻辑————————胡宗健
表现当代青年的心灵美——评《百花洲》三个中篇创
作的得与失——————————西　璘

外国中短篇小说
黑圣母————————［英］多丽丝·莱辛　万　紫译
阿西娜斯—————［美］凯特·肖班　刘克熹译
稳坐钓鱼船—————［美］詹姆斯·瑟伯　谭大立等译
鹌鹑——————［美］罗尔夫·英格维　林克彤译
波里斐摩—————［西班牙］阿·巴·伐尔德斯　依　依译
饥荒—————［新加坡］S.拉贾拉南　王家桢译

湖上归帆（水彩）—————————何启陶
圣母子、圣安娜和幼年的约翰————［意］达·芬奇

1983 年第 5 期　刊名:《百花洲》

目录

无言歌（中篇小说）————————中杰英
花湿红泥村（中篇小说）———————姜　滇
被遗忘了的（系列短篇）———————叶君健
王得胜从军记
婆亲的故事
水鬼
水下，空中（短篇）————————张抗抗
牡丹（短篇）———————————刘欧生
"苏成娟"办案（短篇）———————张健行

外国中短篇小说
世界冠军————————［英］罗尔德·达尔　朱炯强等译
引入歧途—————［英］丹·雅各布斯　徐礼莱译
士兵的歌声—————［法］巴比赛　易　豫　郑鹿年译
海的沉默—————［法］维尔高尔　管筱明译
特里贝尼—————［印度］杰·库马尔　郑璧辉译
我的美丽的邻居————［印度］泰戈尔　敖得列译

花洲诗会
天南地北————————吕云松　蔡其矫　宁　宇
孙友田　钱锦方　洪　亮　阮大华　易殿选　艺　辛
金　谷　胡细生　乔延凤

生命的回音（散文诗）———————李　耕
故事树（散文）——————————竹　林

枇杷叶一般翠绿的村庄（散文）————————冰 夫
梨园里的流萤（散文）——————————彭作雨

文坛忆旧
重逢——————————————————罗 迦
王统照和端木蕻良——————————姚素英
"时代推轮毂，腐朽岂能长"——父亲陈翔鹤二三事
——————————————————陈开第

塑造当代优秀知识分子形象的先河————潘旭澜
浅谈《山鸣谷应》的思想和艺术————傅正谷
浓缩着生命和春色的绿叶——李耕和他的散文诗
——————————————————王光明

影剧之窗
生活之树是常青的——略谈《邻居》创作中的感受
————————————马 林 达江复 朱 枚
她来自富士山下——访日本著名女作家山崎丰子
————————————————江 迅 韩 冰

1983 年第 6 期　刊名:《百花洲》
目录

菊月（中篇小说）——————————莫应丰
大山，绿色的大山（中篇小说）————江 鱼
幸福，我听见你的呼唤（中篇小说）——杨小敏
四个四十岁的女人（短篇小说）————胡 辛

美国小说
美满的家庭————————凌·拉德纳 张友松等译
献给爱思米——怀着爱与凄楚
——————————杰·大·塞林格 萧 桐译
忠诚的弗奇小姐————艾伦·马克斯 吴方等译
在美国发迹的人——————托马斯·贝尔 陈玮等译

文坛忆旧
青春浪迹、白首还乡——画旁书简之一————蔡若虹
他喷涌着青春活力——记老作家张天翼——刘士杰
夏青、葛兰（报告文学）————王宗仁 常 青
"拿起笔来，总要有感而发……"（报告文学）——访
黄宗英——————————————朱子南

过海日记（下）————————————蒋子龙
希望之光（散文）——————————菡 子
版纳竹青青（散文）————————薛尔康
熹微中的幽默（散文）————————钟祖基

花洲诗会————朱凯亚 季振邦 周 民 刘晓滨 崔合美

黎显毅 黄 宏 白石村 严春生 梁全水 郑德明

一个特殊的文学现象（评论）——谈部分青年诗人的
创作——————————————————朱先树
随感三篇————————黄文锡 李金波 陈学勇
编后记

1984 年第 1 期　刊名:《百花洲》
目录

同人民建立血肉的联系
纪念毛泽东同志诞生九十周年——————俞 林
斑竹园（中篇小说）————————熊尚志
树叶飘落在月台上（中篇小说）————张廷竹
青春作伴（中篇小说）————————吕 雷
白浪（中篇小说）——————————康 青
方丈室里（短篇小说）————————胡步怀

外国中短篇小说
未能实现的爱情———[苏]安·伊凡诺夫 黎皓智译
多少个寒冬———[苏]尤·阿里杰延科 董燮清等译
匿名信——————————[苏]沃罗宁 陈舜萍译

作家书简
谈谈《花园街五号》————————李国文
关于《无言歌》的情节时间表————中杰英
笑的升华（报告文学）——记相声演员侯跃文
——————————————常 青 王宗仁
访舒芜——————————————黄伟经
竹林印象————————————赵春华

文坛忆旧
怀念瞿白音同志——————————王昌定
忆游国恩先生——————————李 易
关于《民族魂鲁迅》————————冯亦代

我读《无言歌》——————————曾镇南

谈爱情的生灭与消长——从鲁迅小说《伤逝》得到的
教训——————————————————吕俊华

花洲诗会————————陈世旭 沙 白 顾 工
朱安群 王中朝 陈咏华 吴钧陶 刘立云 袁士中
熊述隆 陆 健 崔龙弟

1984 年第 2 期　刊名:《百花洲》

目录

心，憧憬着……（中篇小说）————汪浙成　温小钰
山里的太阳（中篇小说）————杨干华
卷进旋涡之后……（中篇小说）————陈金泉
住祠堂角的人家（短篇小说）————王西彦
蓝幽幽的波浪（短篇小说）————景玉川

外国中短篇小说

夏天的日子————[苏]巴乌斯托夫斯基　魏原枢译
孤独之花————[毛里求斯] A.安努特　连贯怡译
表————[土耳其]司·孔特　董燮清译
金药丸————[智利]阿·多尔曼　谭常柯译
绿色舞会之前————[巴西]法·特列斯　朱景冬译

家书抵万金（报告文学）——《傅雷家书》和傅聪
————叶永烈
悠悠情深——《家书抵万金》创作散记————叶永烈
祖国，你听我说（报告文学）————赵丽宏

文坛忆旧

一九五五年夏天的学习————陈学昭
重返北大荒————韩冰
春雪皑皑的时候（散文）————彭作雨
茶灯（散文）————沈世豪
洞庭芦苇赋（散文）————伍杰
杏坛（散文）————姜澍川

花洲诗会————钟祖基　王维洲　王安雄
高光　黄东成　张晓峰　丁一

谈谈有关文学创作的几个问题——在一次文艺创作座
谈会上的讲话————萧殷
三难"自我形象"论——兼为"抒人民之情"正名
————宋垒
当代中国作家首先应该是社会主义改革者（作家书简）
————张贤亮

1984 年第 3 期　刊名:《百花洲》

目录

走通大渡河（中篇小说）————陈村
山上的树哟岭上的花（中篇小说）————宋清海
别了，椰子树（中篇小说）————林丹娅
和尚老伯（短篇小说）————巴人

新剧院建起（短篇小说）————老萌　张昆

外国中短篇小说

湖上女郎————[美]马拉默德　周祖炎译
正义的凯歌————[美]欧文·肖　司一译
一个在这儿，一个在那儿
————[巴西]兰赫尔　朱景冬译
福尔维斯夫人的幸福之夏
————[哥伦比亚]马尔克斯　李德明译
他的名字叫童非（报告文学）————张兴荣　谭虎
一个没有被遗忘的人（报告文学）————徐洁人

文坛忆旧

文艺使者——记萧乾————符家钦
久历征场老更成——记柯灵————黑婴

"小盘谷"一墙（散文）————忆明珠
珲春小志（散文）————骆宾基
乡情十章（散文诗）————罗丁
山（叙事诗）————[美]弗罗斯特　方平译
扩大些你的精神视野————方平

花洲诗会————高光　艺辛　卓凡
文丙　时红军　汪国权　尤近明　蔡景祥　罗以民
石天行　李彦龄

以艺术的笔触抒写人生——《四个四十岁的女人》读
后漫笔————吴海
花儿正芬芳——评短篇小说集《流逝不去的花儿》
————西璘
《大山，绿色的大山》的一些回顾（作家书简）
————江鱼

中篇小说创作笔谈

江鱼中篇小说创作管窥————吴松亭
紧追生活　注重写人——读陈海萍中篇小说随想
————周劭馨
思考是为了前进——谈时雨、如月的中篇创作
————黄方

1984 年第 4 期　刊名:《百花洲》

目录

全凭这野心（报告文学）——刘宾雁纪事
————胡平　张胜友
弯弯的路（报告文学）————王宗仁
狐女阿梦（中篇小说）————任大星
甲鱼背上的人们（中篇小说）————李庆西

弓背（中篇小说）————————————————郭小东
结束句之惑（短篇小说）————————————王萍慧
青山雨潇潇（短篇小说）————————————徐万明

外国中短篇小说
［奥地利］阿杜尔·斯尼茨勒小说两篇
　饮誉的日子————————————————徐智儿译
　一个治安警察的业绩————————————瞿则诚译
永生的特奥多拉————［西德］海·伯尔　裴胜利译
幽灵巡逻——————［美］辛克莱·刘易斯　洪　怡译
下次见——————————［美］约翰·柯林　肖　耘译
北邻文情（中国作家看外国）————————朱春雨
大橡树，小橡树
心中流过伏尔加
异域砚田话寒暑
夜过云贵高原（散文）————————————薛尔康
婶婆的蝴蝶结（散文）————————————林丹娅
在南去的列车上（散文）———————————于良志

花洲诗会————————朱昌勤　忆明珠　柯　原
黄　耕　冰　夫　阮大华　张厚德　周敏生
读《匡庐游录》————————————————舒　芜
异流潜击成"冷香"——薛宝钗性格塑造的特点
　—————————————————————周书文

作家书简
献给我的同龄人————————————————胡　辛
关于《斑竹园》————————————————熊尚志
社会主义文学与时代精神（评论）—————周劭馨
应该有雄浑繁富的"合声"效果（评论）——程　麻

文坛忆旧
恩情源远自流长——怀念父亲欧阳予倩、母亲刘问秋
　—————————————————————欧阳敬如
博学　有胆　有识————————————黄贤俊
《棠棣之花》的两次演出——记老戏剧家凌鹤同志的
往事————————————————————石慰慈

1984 年第 5 期　刊名:《百花洲》
目录

中国姑娘（电视连续剧）————————沙叶新　鲁　光
淡绿色的窗幔（中篇小说）———————————朱崇山
命运的螺旋（中篇小说）———————相南翔　严丽霞
蓝蓝的天上银河水（中篇小说）————严亭亭　晓　剑
暗香疏影（短篇小说）————————————罗　旋

外国中短篇小说
富家女————————［英］杰弗里·阿切尔　邝明生译
乔依——————————［澳］多·科·休伊特　王　蕾译
他的姨姐之死—————［美］理·斯托克顿　张经浩译

姜姜芳草（报告文学）——记董湘毅、杜宁生和李
亚敏————————————————袁厚春　娄仲玉

她在赞美人的精神力量（报告文学）——记陈祖芬
　—————————————————————朱子南

摩洛哥，美丽的王国（中国作家看外国）———古　华
再度进藏（散文）————————————————黄宗英
溪谷之光（散文）————————————————刘　金
塔，塔的记忆（散文）——————————————徐柏容

读《走通大渡河》断想————————————曾镇南
放眼写好边远山区的改革（评论）——读中篇小说
《斑竹园》————————————————陈俊山
新的视野　新的探索——杂谈陈世旭的中篇小说创作
　—————————————————————吴　海

花洲诗会————————张诗剑　吕云松　帅珠扬
苏辑黎　罗　云　蒋泽先　季振邦　周　民　李彦龄
兰　兮　吴志昆　阿拉坦托娅　乔延凤

1984 年第 6 期　刊名:《百花洲》
目录

蜕壳（中篇小说）————————————————宋清海
秋千荡上晴空（中篇小说）———————————舒　升
啊，我们的少男少女（中篇小说）————————董一鼎
桐花烂漫的时候（短篇小说）——————————涂吉安

外国中短篇小说
心上人的来信———［苏］瓦库洛夫斯卡娅　李四海译
祝你们全家和睦——［苏］库什哈乌诺夫　任光宣译
埃菲·薇特尔丝———————［美］乔治·艾德　金国嘉译
杂志——————————［美］艾·巴·辛格　林克彤译

繁星闪耀（报告文学）——记廖沫沙————刘　茵
青春的璎珞（报告文学）————张炳生　钟延东
你展示时代，展示自己（报告文学）————胡　平
中国姑娘（电视连续剧·续一）————鲁　光　沙叶新

庐山行
云响不息————————————————————曾镇南
谢谢庐山————————————————————朱春雨

匡庐手记 ……………………………………… 林丹娅
留赠"庐山笔会" …………………………… 忆明珠
开先瀑雾趣 ………………………………… 熊尚志
黄龙和乌龙 ………………………………… 鹿　金
译后杂想 …………………………………… 戴　骢
心旷神怡，意趣盎然 ……………………… 胡　辛

匡庐七章（散文）………………………… 郭　风
饮茶粤海未能忘（散文）………………… 徐开垒

花洲诗会 ………………… 沙　白　忆明珠　郭蔚球
郑成义　沈天鸿　肖　宾　尹春林　文　牧

谈谈宋清海笔下的人物（评论）………… 舒信波
读《家书抵万金》（评论）……………… 林为进

1985 年第 1 期　刊名:《百花洲》
目录

中国作家看外国
飞越欧罗巴 ………………………………… 张贤亮

报告文学
啊，三块金牌——记李宁和他的教练张健 …… 傅溪鹏
"芝麻官"轶事 …………………… 王宗仁　常青
她在向生活微笑——记沈小岑 …………… 郭宝臣

中篇小说
又见了，小镇 ……………………………… 祝春亭
两家女 ……………………………………… 韩汝诚
放射性病痛区 ……………………………… 张　征

短篇小说
江湖忧 ……………………………………… 曹布拉

翻译小说
三幅肖像 ………… ［俄］屠格涅夫　侯华甫译
摆渡 ……………… ［法］都　德　连贯怡译
无能为力 ………… ［法］维尔高尔　华　青译
假大理石 ………… ［法］特罗亚　华　青译

散文
怀念爸爸 …………………………………… 舒　立
学习郭小川同志的革命品格与诗风 ……… 闻　山
桃李情 ……………………………………… 黄伟经
校园随想三题 ……………………………… 王友琴

诗歌
齐鲁大地 …………………………………… 公　刘
寻觅与思考 ………………………………… 高伐林
花洲诗会 ………… 李根红　林　祁　宜耕　宗宁

电视连续剧
中国姑娘 …………………………… 鲁　光　沙叶新

1985 年第 2 期　刊名:《百花洲》
目录

中篇小说
湖与海 ……………………………………… 左建明
交响音画：生命、爱情、事业 …………… 江　鱼

短篇小说
下洲湾记事（二章）……………………… 陈世旭
《静夜思》………………………………… 许　淇

翻译小说
恋歌 ………… ［美］约翰·契弗　沈东子译
怜悯 ………… ［美］马拉默德　黄嘉琬　黄后楼译
温暖的右手 …… ［日］壶井荣　吴自迼　傅修延译
携儿带女 ……… ［日］葛西善藏　余　生译

报告文学
"笨人刘老大"——刘宾雁纪事续篇
　　　　　　　　　　　　　胡　平　张胜友
武季梅和她的丈夫 ………………………… 叶永烈
唢呐姑娘 …………………………………… 朱幼棣

作家书简
致陈村 ……………………………………… 孔捷生
致孔捷生 …………………………………… 陈　村

诗歌
梅岭诗绪 …………………………………… 吕云松
人生的选择 ………………………………… 叶延滨
花洲诗会 ………… 林　希　易殿选　吴林抒　龙彼德

电视连续剧
中国姑娘 …………………………… 沙叶新　鲁　光

1985 年第 3 期　刊名:《百花洲》
目录

长篇小说

从前 ································· 陈　村

中篇小说

莽莽林深处 ······················· 尹俊卿
猴行者 ··························· 赵文泽
漩涡 ······················· 王文锦　林修平

翻译小说

爱情的四季 ········· [乌拉圭]奥·基罗加　庄陕宁译
残酷的人 ······· [墨西哥]拉·弗·蒙奥斯　董燮清译
退休的男人 ······ [澳]克·罗素　赵国杰　许健健译
伊梅尔达修女 ······· [爱尔兰]奥布赖思　关　鹏译

报告文学

站在社会学的起点上——记费孝通教授 ····· 张　桦
"这猴性"——记陆文夫 ·············· 朱子南
官墙下的灰姑娘——记周洁 ·········· 陆幸生

散文

咸鸭蛋和松花蛋 ·················· 吴泰昌
孤独的牧羊人 ···················· 晓　桦
东山岛日记 ····················· 熊光炯

诗歌

室内诗 ········· [苏]安娜·阿赫玛托娃　戴　骢译
花洲诗会 ············· 顾　工　黄宗林　熊　伟
陈　政　田　波　李忠利　蔡景祥　夏　雄

评论

试谈鲁迅的文学评论 ················ 周葱秀
艰苦的历程——评中篇小说《蜕壳》 ······· 牛玉秋
英雄主义的颂歌——谈中篇小说《走通大渡河》
··························· 戴　翊

1985 年第 4 期　刊名:《百花洲》
目录

中篇小说

冬泳世界 ······················· 余未人
遗失发言稿的"冒尖户" ·············· 邹绍志
断桥 ························· 徐万明

短篇小说

《银花嫂》等五篇 ·················· 李国文
青光眼 ························· 孟　宁
颤抖 ························· 邓绍成

翻译小说

老人的圣诞节 ········· [英]林·拉德纳　晓　光译
迷惑之地 ·········· [英]埃·杰克逊　戴秀芳译
回家 ·········· [挪]约翰·波耶　宋子燕等译
卢西多 ······· [英]胡·霍夫曼斯塔尔　方维贵译

中国作家看外国

飞越欧罗巴（续） ·················· 张贤亮

报告文学

"徐曼小姐" ····················· 王宗仁
神行者 ························· 叶永烈
立身勿从流俗走 ··················· 金雨时

散文

未能忘却的记念 ··················· 李国文
山中寄语 ······················· 忆明珠
泰山岩岩 ······················· 吴　岩
望江楼思絮 ····················· 钱锦方
花巷 ························· 钟祖基
春雪 ························· 伍　杰

文坛忆旧

见书思人 ······················· 刘北汜
诗人萌生在故乡 ··················· 高　陶
郁达夫与徐志摩 ··················· 许凤才

花洲诗会 ········· 李发模　姚辉云　解　放
殷　红　邓左民　廖延松　罗　丁　李　梓　金立强

1985 年第 5 期　刊名:《百花洲》
目录

中篇小说

衰亡 ····················· 雨　时　如　月
婉儿择婿 ······················· 张　平
织体 ····················· 方家骏　方家骊
三棱镜 ························· 谷　新

短篇小说

德馨里的新邻 ···················· 余国振
野医 ························· 聂鑫森

翻译小说

北风呼啸⋯⋯⋯⋯⋯⋯［澳］约翰·莫里森　黄源深译
母亲的心⋯⋯⋯⋯⋯⋯［匈］伊雷什·贝拉　顾生根译
跳舞的熊⋯⋯⋯⋯⋯⋯⋯⋯［匈］巴索尼　陆丽亚译
人质⋯⋯⋯⋯⋯⋯⋯⋯⋯［美］福雷斯特　姜振富译
死了的公理
⋯⋯⋯⋯⋯［德］莉沙·特茨纳　姚翰英　陈其昌译

中国作家看外国

菲律宾之行⋯⋯⋯⋯⋯⋯⋯⋯⋯⋯⋯⋯⋯陈国凯
旅美杂记⋯⋯⋯⋯⋯⋯⋯⋯⋯⋯⋯⋯⋯⋯梁学政

报告文学

"西伯利亚"升沉史⋯⋯⋯⋯⋯⋯任斌武　张永才
几度春满"爱莲堂"⋯⋯⋯⋯⋯⋯⋯⋯⋯朱子南
一个中国孩子的幸运⋯⋯⋯⋯⋯⋯⋯⋯⋯钟祖基

散文

回到家乡⋯⋯⋯⋯⋯⋯⋯⋯⋯⋯⋯⋯⋯⋯楼适夷
热爱生命⋯⋯⋯⋯⋯⋯⋯⋯⋯⋯⋯⋯⋯⋯赵丽宏

花洲诗会⋯⋯⋯⋯⋯⋯孙友田　塞风　金谷
乔延凤　曲庆玮　李易　王中朝　曾阅　陈珑

评论

读古华文论有感⋯⋯⋯⋯⋯⋯⋯⋯⋯⋯⋯康濯
从《绿化树》说到历史题材的美学升华问题——《唯
物论者的启示录》启示之一⋯⋯⋯⋯⋯⋯⋯程麻

1985 年第 6 期　刊名:《百花洲》
目录

长篇小说

虎毒⋯⋯⋯⋯⋯⋯⋯⋯⋯⋯⋯⋯⋯⋯⋯⋯宋清海

中篇小说

从终点开始⋯⋯⋯⋯⋯⋯⋯⋯⋯⋯⋯⋯⋯金沙水
导·演⋯⋯⋯⋯⋯⋯⋯⋯⋯⋯⋯⋯⋯⋯⋯杨守松
女长笛手⋯⋯⋯⋯⋯⋯⋯⋯⋯⋯⋯⋯⋯⋯黄佳星
被堵塞的下水道⋯⋯⋯⋯⋯⋯⋯⋯⋯⋯⋯李建国

翻译小说

1.5 万平方米
⋯⋯⋯⋯⋯⋯⋯［苏］鲍里斯·莫扎耶夫　谢迎芳译
幽默讽刺小说三篇⋯⋯⋯［苏］列·连奇　方造译
采扎里与克里季克
口哨大王
不眠之夜

报告文学

一份被揭下的"寻人启事"⋯⋯⋯⋯⋯⋯⋯胡平
含笑的泪，带泪的笑⋯⋯⋯⋯⋯⋯⋯⋯⋯王宗仁

散文

与尔同消万古愁⋯⋯⋯⋯⋯⋯⋯⋯⋯⋯⋯王英琦
竹乡抒情（散文诗）⋯⋯⋯⋯⋯⋯⋯⋯⋯罗丁

美术作品

月夜、少女（雕塑）⋯⋯⋯⋯⋯⋯⋯⋯⋯吴少湘
米德赫尼斯的林荫道（油画）⋯⋯⋯⋯［法］荷贝玛

1986 年第 1 期　刊名:《百花洲》
目录

长篇小说

循着爱的踪迹（上）⋯⋯⋯⋯⋯⋯雨时　如月

中篇小说

英雄的遗孀⋯⋯⋯⋯⋯⋯⋯⋯⋯⋯⋯⋯⋯楚良
山影⋯⋯⋯⋯⋯⋯⋯⋯⋯⋯⋯⋯⋯⋯⋯⋯谭谈

翻译小说

踪迹⋯⋯⋯⋯⋯⋯［苏联］鲍里斯·古雪夫　董燮清译
飞向家园
⋯⋯⋯⋯⋯［美］拉尔夫·埃利森　王永建　瞿祖红译

中国作家看外国

火星人对于地球人的观察⋯⋯⋯⋯⋯⋯⋯张抗抗

报告文学

一个七十岁的孩子的故事⋯⋯⋯⋯⋯⋯⋯胡平
在蓝天碧水之间⋯⋯⋯⋯⋯⋯⋯王中平　龚循正

散文

侗寨风情画⋯⋯⋯⋯⋯⋯⋯⋯⋯⋯⋯⋯⋯莫少云
书柜⋯⋯⋯⋯⋯⋯⋯⋯⋯⋯⋯⋯⋯⋯⋯⋯白水然
故乡的街⋯⋯⋯⋯⋯⋯⋯⋯⋯⋯⋯⋯⋯⋯李耕
溪流⋯⋯⋯⋯⋯⋯⋯⋯⋯⋯⋯⋯⋯⋯⋯⋯伍杰

花洲诗会

撒拉族诗情⋯⋯⋯⋯⋯⋯⋯⋯⋯⋯⋯⋯⋯晏明
齐鲁诗笺⋯⋯⋯⋯⋯⋯⋯⋯⋯⋯⋯⋯⋯⋯季振邦
黄梅戏⋯⋯⋯⋯⋯⋯⋯⋯⋯⋯⋯⋯⋯⋯⋯陈所巨
灯的变奏⋯⋯⋯⋯⋯⋯⋯⋯⋯⋯⋯⋯⋯⋯田地

评论

追寻容量：当代小说观念的新变⋯⋯⋯⋯周政保
论柯岩的报告文学创作⋯⋯⋯⋯⋯⋯⋯⋯吴松亭

1986 年第 2 期　刊名:《百花洲》
目录

长篇小说

循着爱的踪迹（下）························雨　时　如　月

中篇小说

折腾··································邹志安

世间事·································彭见明

除夕··································张步真

短篇小说

隔···································戴厚英

走船··································杨新民

翻译小说

一个如幻如梦的夜晚

　　　　　［美］露丝·斯坦伯格　　张友松译

蜜姑儿　　　［美］哈特　冯朝阳译　　张友松校

种玉米　　　［美］舍伍德·安德森　　郁林森译

黑吃黑　　　［英］爱德加·华雷斯　　秦瘦鸥译

中国作家看外国

巴尔干纪行·····························陈世旭

报告文学

一位女艺术家的是非短长·····················田珍颖

飞车奇人传······························朱昌勤

散文

杉坊花木志——《给爱的人》之一·················郭　风

《从前》后记···························陈　村

忆一件趣事······························章　明

评论

向大地的深层掘进——评近年来农村改革题材中篇小
说创作································周劭馨

试谈小说情节的选择与开掘····················贺光鑫

短篇小说

手心上的鹤鸣···························车前子

左邻右舍·······························孟　宁

鸽朗台外传······························吴文瑛

翻译小说

梅斯维尔镇的歌手········［美］林·拉德纳　黄果炘译

一个宽容的人··········［美］厄·海明威　敖得列译

镇压·············［美］约翰·斯坦贝克　李思贲译

运气·············［美］马克·吐温　张经浩译

爷爷怎样发了财········［美］埃·赞特纳　张经浩译

银十字架···········［意］福加采洛　纪　文译

一幅奇怪的画

　　　　　［日］森村诚一　郝跃英　卢　群译

中国作家看外国

一个中国女人在欧洲······················张　洁

报告文学

命运的琴弦····························张　桦

世界冠军和他的船·········王中平　张兴荣　龚循正

散文

悼俞林同志····························李清泉

沉痛的悼念····························祝方明

忆念郭绍虞先生··························王运熙

一颗热诚的心——与陈岩曦会晤纪实···············林承璜

红柳··································钱佩衡

诗歌

哈雷彗星的来归（外一首）···················沙　白

花洲诗会·················唐　湜　黄东成　钱锦方
楚　庄　新　民　江　萍

评论

困扰着的和激赏着的——论小说中的历史文化意识
　　　　　　　　　　　　　　　　　　　　胡宗健

《幼年》序论——访骆宾基故乡·······［日］深尾正美

1986 年第 3 期　刊名:《百花洲》
目录

中篇小说

那么多的太阳··························许德民

全家福·································俞　林

多事之夏·······························范小青

1986 年第 4 期　刊名:《百花洲》
目录

长篇小说

住读生·································陈　村

中篇小说

荒凉的大堤······························母国政

马齿苋·马蹄莲 .... 张　欣
琴瑟曲 .... 于　丹

短篇小说
苏北人物 .... 燕华君
名人故居 .... 陈秋生

翻译小说
初恋（中篇） .... ［俄］屠格涅夫　黄伟经译
弗·利金短篇小说两篇
跑车·清静 .... ［苏］弗·利金
王希明译　廖子高校

中国作家看外国
年节·山川·园林——旅日云烟录七章 .... 潘旭澜

报告文学
田园诗 .... 杨守松

散文
怕蛇者说 .... 陈继光
荷塘村纪事 .... 彭作雨

诗歌
瓷都漫笔（三首） .... 光未然
背影（外三首） .... 田　地
仙人洞（外二首） .... 韩　笑

花洲诗会 .... 谈宝森　刘立云　刘晓宇
赵云龙　张永平　程　维　张厚德　陈　新

1986 年第 5 期　刊名:《百花洲》
目录

中篇小说
失重的马拉松 .... 冯苓植
樟树坪的故事 .... 相南翔　严丽霞
第一场夏雨 .... 杨小敏

短篇小说
市井琐闻 .... 公　衡
黄茄子 .... 刘舰平
床头的遗像 .... 吴翼民

翻译小说
乌什镇的哈姆雷特 .... ［苏］阿·库尔
恰特金　黎晗智译
雪天的阿铃 .... ［日］岩井護　万国兴译

报告文学
羽坛女杰的爱情 .... 张兴荣　王中平　汤瑜玲
诤友 .... 叶永烈

散文
茶未凉 .... 忆明珠
在青海 .... 陈　村

诗歌
棋局 .... 公　刘
心的旋律 .... 郭宝臣
齐云山 .... 梁谢成

评论
性爱：一个文艺伦理学命题 .... 程　麻
循着爱的踪迹，我看到了——评《循着爱的踪迹》
.... 公　仲

1986 年第 6 期　刊名:《百花洲》
目录

长篇小说
旷野 .... 叶君健

中篇小说
亭楼奶奶 .... 谢建平
我的奶娘 .... 胡　辛
刑天壮舞 .... 陈　冲
横断山脉伊始处 .... 黄铁男

短篇小说
白坟 .... 薛　冰
上下左右 .... 老　萌　阿　昆

报告文学
周总理和一个演员 .... 王宗仁
鄱阳湖观鹤日记 .... 刘鲁闽

翻译小说
蛮荒 .... ［爱尔兰］埃德娜·奥布赖思　关　鹏译
丧偶之后 .... ［奥地利］阿·施尼茨勒　金　弢译
卡拉迦列小说三篇
.... ［罗马尼亚］卡拉迦列　侯华甫译

散文
虎威 .... 丘　峰
东山杜鹃 .... 丁　凡
黄山秋 .... 余国振

诗歌
皖赣线上（组诗）————————————梁如云

花洲诗会————————朱光甫 谢 轮 刘 昕
殷 红 熊 伟 刘燕子 颜 溶

1987 年第 1 期　刊名:《百花洲》
目录

长篇小说
天堂众生录————————————————杨干华

中篇小说
无法撰写的悼词————————————————张 平
青魂————————————————————蔡原宗

短篇小说
琅玕————————————————————梁 晴
远方有人在等我————————————————可 可
迪斯科————————————————————李建纲
梦呓————————————————————李建纲

翻译小说
死里逃生————————[苏]弗·卡尔波夫 谢祖钧译
不足为奇
————————[苏]维·托卡列娃 李熙宗 忻俭忠译
墙壁知道————————[苏]谢·沃罗宁 马伯健译

报告文学
沧桑————————————————————刘红梅
十年莫测一颗心——郑绪岚印象————王宗仁 宗 澈

中国作家看外国
两个柏林————————————————————孔捷生

散文
华盖楼随笔————————————————陈继光
江南散曲（散文诗）————————————钱锦方
情思（散文诗）————————————————兰 兮

花洲诗会————————季振华 季振邦 贺羡泉
姚雪雪 钟世庆 李金声 华光耀 尹松林

美术
封面设计————————————————彭开天
封二（漫画）————————————————韦启美
扉页·花饰————————胡连江 徐光堂 万 冰
封三（木刻）————————————————陈正元

1987 年第 2 期　刊名:《百花洲》
目录

长篇小说
天堂众生录（续）————————————————杨干华

中篇小说
海响————————————————————吕 雷
自费生在美国————————————————陈晓明
迷幻————————————————————熊 诚

短篇小说
云海——十年十痣之三————————————林斤澜

翻译小说
女人与陌生人————————[德]莱·弗兰克 裴胜利译
典妻记————————[伊朗]申·帕尔图 高瑞英译

中国作家看外国
"万金油"杂话美国————————————————中杰英
废墟上的梦——联邦德国之旅————————缪俊杰

报告文学
"图王"、"称霸"————————————————朱子南
穿和服的缪斯高————————————————高伐林

美术
封面设计————————————————彭开天
封二（漫画）————————————————王树忱
扉页·花饰————————————王 伟 于照君
封三（木刻）————————————————陈一元

1987 年第 3 期　刊名:《百花洲》
目录

中篇小说
我的美国故事————————————————王小鹰
争鸣协奏曲————————————————梁 潜
生活的潜流————————————————余松岩
白崖————————————————————蒋 波

短篇小说
傻佬————————————————————吴文丁
献给太阳的祭奠————————————————陈 洁
翡翠谷的白太阳————————————————孟 宁
墨趣————————————————————陈秋生

翻译小说

时来运转…………[英]佩·格·伍德豪斯　邹书康译
墨镜…………………[英]穆里尔·斯帕克　蔷　薇译
渔舟…………………[英]艾伦·西托　徐明德译
帐篷……[爱尔兰]利艾姆·奥·弗拉赫蒂　林　夕译
咒语…………………[美]阿瑟·戈登　周亚祥译

中国作家看外国

鲜花之国纪行——荷兰日记…………………古　华

报告文学

"阿庆嫂"内传……………………………杨守松

散文

丁玲·冯雪峰和他的朋友们…………………骆宾基
折光………………………………………钟祖基
舅舅的大海——故人情之三…………………丹　娅

美术

封面设计…………………………………彭开天
封二（漫画）………………………………天　呈
扉页·花饰………………胡连江　孙乃贵　吴天麟
封三（挂盘）………………………………任瑞华
封底（油画）………………………[日]森本草介

1987 年第 4 期　刊名:《百花洲》

目录

短篇小说

微澜——《没意思的故事》之十…………………李国文
老丑爷——《长河落日篇》之四…………………铁　凝
风月趣谈——小说五题………………………古　华

江西作家特辑
中篇小说

谁是祖父的子孙………………相南翔　严丽霞
麻风女………………………………………罗　旋
把蛋糕再做大一点…………………雨　时　如　月
瓷城一条街…………………………………胡　辛
远山的声音…………………………………熊正良
牛年………………………………………宋清海

短篇小说

喧嚣与骚动…………………………………陈世旭
黑狼………………………………………金　岱

报告文学

浔城三剑客…………………………………赵　青

诗歌

爱情：风筝及其他（五章）——青春梦的回忆
………………………………………李　耕
风流千古（组诗）…………………………程　维

马其顿小说特辑
短篇小说

证人…………………[南]米·福特夫　马江谊译
阿基尔的奖章………………[南]齐·钦科　金日强译
猛烈的热风…………[南]布·华洛斯里耶　谢迎芳译
薄暮………………[南]斯·马丁诺夫斯基　褚一心译

美术

封二（漫画）………………………………徐克仁
封三（国画）………………………………胡敬修
花饰·题字………徐先堂　孙乃贵　周士达　王　伟
封面设计…………………………………赵焜森

1987 年第 5 期　刊名:《百花洲》

目录

中篇小说

不要问我从哪里来………………………………张　欣
濂溪笔记…………………………………姜　滇
再寄一朵冰凌花……………………………陆星儿
漠荒荒　泉清清……………………………金学种

短篇小说

怪摊………………………………………中杰英
来客………………………………………何立伟
笑话………………………………………陈　村
妖字岩——《白鹭溪外来人物拾零》之八………沉　洲

翻译小说

咎………………………[苏]阿·拉比耶夫　谷　种译
不情愿的单身汉
………………[苏]瓦·伊洛纳坚科　董燮清译
在地铁里…………………[苏]谢·沃罗宁　王希明译
脸上的红月亮………[日]野田宏　蔡晓平　万国兴译

报告文学

郑达真与邹振先……………………………郭宝臣
一生………………………………张寄寒　陈　益

散文

曾胡子轶事…………………………………秦志怀
我宁可是零…………………………………张黎明
猎………………………………………程新华

诗歌
庐山风景线⸺⸺⸺⸺⸺⸺⸺⸺⸺⸺陈　政
六行诗一束⸺⸺⸺⸺⸺⸺⸺⸺⸺⸺田　地
秋晨（外三首）⸺⸺⸺⸺⸺⸺⸺⸺⸺查结联

花洲诗会⸺⸺顾　工　陈所巨　乔延风　嵇亦工　帅珠扬
王　熙　陈有才　吴建之　柳冰易　茅云祖　沈鸿猷

文坛信息
探论长篇新作，回顾十年成果
"87 广东长篇作品讨论会"在穗召开

美术
封二（漫画）⸺⸺⸺⸺⸺⸺⸺⸺⸺⸺丁　聪
封三（木刻）⸺⸺⸺⸺⸺⸺⸺⸺⸺⸺王智远
封四（油画）⸺⸺⸺⸺⸺⸺⸺［美］贝特富尔贝
花饰·题字⸺⸺⸺于照君　徐先堂　钟文斌　赵维伟
封面设计⸺⸺⸺⸺⸺⸺⸺⸺⸺⸺⸺刘超俊

1987 年第 6 期　刊名:《百花洲》
目录

长篇纪实小说
劫难⸺⸺⸺⸺⸺⸺⸺⸺⸺⸺⸺⸺马瑞雪
《劫难》及其作者⸺⸺⸺⸺⸺⸺⸺⸺叶永烈
马思聪手迹

报告文学
龙虎山下⸺⸺⸺⸺⸺⸺⸺⸺⸺胡　平　马　平

中篇小说
院落启示录⸺⸺⸺⸺⸺⸺⸺⸺⸺⸺余国振

短篇小说
黑猫⸺⸺⸺⸺⸺⸺⸺⸺⸺⸺⸺⸺王　平

翻译小说
春来小屋⸺⸺⸺［捷克］海·丝玛海诺娃　郑延国译
洋娃娃⸺⸺⸺［南非］马·冯·拉阿尔　纪秋山译

中国作家看外国
东方绿宝石⸺⸺缅甸风情⸺⸺⸺⸺⸺⸺郭蔚球

散文
遥祭天佐⸺⸺⸺⸺⸺⸺⸺⸺⸺⸺⸺楼适夷
深切悼念蒋天佐同志⸺⸺⸺⸺⸺⸺⸺张　报

美术
封二（漫画）⸺⸺⸺⸺⸺⸺⸺⸺⸺⸺苗　地

封三（国画）⸺⸺⸺⸺⸺⸺⸺⸺⸺⸺甘登信
封四镜中女人（油画）⸺⸺⸺［美］斯吉普·莱普凯
花饰·题字⸺⸺⸺⸺⸺⸺⸺⸺徐福根　张南峰
封面设计⸺⸺⸺⸺⸺⸺⸺⸺⸺⸺⸺赵焜森

1988 年第 1 期　刊名:《百花洲》
目录

报告文学
并非神童的秘密⸺⸺⸺⸺⸺⸺⸺⸺⸺肖复兴
大棚下的世界⸺⸺⸺⸺⸺⸺⸺⸺⸺⸺姜惠林
人生的舞台⸺⸺⸺⸺⸺⸺⸺⸺⸺⸺⸺陆幸生

中国作家看外国
第一次当外宾⸺⸺⸺⸺⸺⸺⸺⸺⸺⸺戴厚英
在美人鱼的故乡⸺⸺⸺⸺⸺⸺⸺⸺⸺陈国凯
卡门和安娜⸺⸺⸺⸺⸺⸺⸺⸺⸺⸺⸺赵丽宏

中篇小说
不眠之夜⸺⸺⸺⸺⸺⸺⸺⸺⸺⸺⸺主　泽
淬火的土地⸺⸺⸺⸺⸺⸺⸺⸺⸺⸺⸺徐万明
上弦月⸺⸺⸺⸺⸺⸺⸺⸺⸺⸺⸺⸺张品成
蓝旋风⸺⸺⸺⸺⸺⸺⸺⸺⸺⸺⸺⸺李挺奋

短篇小说
初秃⸺⸺⸺⸺⸺⸺⸺⸺⸺⸺⸺⸺⸺周昌义
阿宝⸺⸺⸺⸺⸺⸺⸺⸺⸺⸺⸺⸺⸺李　晓
童年琐记⸺⸺⸺⸺⸺⸺⸺⸺⸺⸺⸺熊心宏
晚钟⸺⸺⸺⸺⸺⸺⸺⸺⸺⸺⸺⸺⸺万长葆

翻译小说
幸福的人生⸺⸺⸺⸺⸺［日］赤川次郎　田洪宝译
打电话的女人⸺⸺⸺⸺⸺［日］柴田翔　金　澈译
约翰尼大熊⸺⸺⸺⸺⸺［美］斯坦贝克　敖得列译

散文
五色土⸺⸺⸺⸺⸺⸺⸺⸺⸺⸺⸺⸺梁　琴
又见万石岩⸺⸺⸺⸺⸺⸺⸺⸺⸺⸺⸺苏　晨
海上日记⸺⸺⸺⸺⸺⸺⸺⸺⸺⸺⸺潘向黎
电子技术与看手相⸺⸺⸺⸺⸺⸺⸺⸺黄东成
京郊十三陵漫步⸺⸺⸺⸺⸺⸺⸺⸺⸺苏　敏

诗歌
行吟在勾践的故国⸺⸺⸺⸺⸺⸺⸺⸺沙　白
南旅诗踪⸺⸺⸺⸺⸺⸺⸺⸺⸺⸺⸺梁谢成

花洲诗会⸺⸺⸺⸺⸺⸺许德明　赵云龙　莫少言
李曙白　于学芬　陈安安　丁　莹

评论

文学，面对着世界破裂的时代·················程麻

美术

封面设计····································陶雪华
封二（漫画）·······························英韬
封三（书法）·······························吴作人
插图花饰······························丘玮 张南峰
赵焜森 于照君 徐先堂 张明升

花洲诗会·················沈天鸿 陈涛 陈太顺
姚雪雪 陈志萍 聂焱如 张厚德 刘燕子

评论

作者形象构造力探微···························贺光鑫

美术

封二（漫画）·······························詹同
封三（国画）·······························李振球
花饰题字············徐光堂 于昭君 李家明 徐福根

1988 年第 2 期 刊名:《百花洲》
目录

中篇小说

摩登阿 Q····································陈国凯
绿光··薛冰
单处小传····································龙彼德
二先生（《越渎风情》之二）··················张国擎

短篇小说

猎魂··冀川
秋虫唧唧····································方家骏
祭孤··郭小东

翻译小说

单身汉死后········[奥]施尼茨勒 张经浩译
乡亲············[苏]舒克申 王意强译
苏佳的爱··········[苏]麦林 赵蔚青译
牛棚味··········[日]正宗白岛 余生译

中国作家看外国

莫斯科去来——访苏半月随记··················黄伟经

报告文学

当代"情探"··································陆幸生
赵桔和她的"保姆公司"························田珍颖
又是一个明月夜······························宗水龙
长城巍巍····································吴志峰

散文

记严沁······································林承璜
钓台问月····································邓加荣
南丰傩舞····································吕峻

诗歌

十四行六章··································唐湜
诗四首······································周民

1988 年第 3 期 刊名:《百花洲》
目录

长篇小说

侏儒··金岱

短篇小说

古菜··陈秋生
蓝梦··林修平
毛牯趣事····································黄秋明

翻译小说

这匆匆逝去的一朝一夕
················[美]詹姆士·鲍德温 彭开明译
凶杀见证人········[美]史蒂夫·特斯区 张子君译
手球场上的陌生人
················[美]劳伦斯·布洛克 钟耿夫译

报告文学

新潮文艺晚会································黄铁男
分裂的世界与爱的阳光························刘志清
心灵的奉献··································朱子南

中国作家看外国

莱茵河畔 25 天·······························叶文玲

诗歌

漓江踏歌（组诗）····························季振邦
大湖云影（组诗）····························乔延凤
北疆云（散文诗）····························罗丁
短诗································柏水虎 徐新杰等

美术

封二（漫画）··························郑辛遥 徐克仁
封三（水彩）·······························陈松茂

1988 年第 4 期 刊名:《百花洲》

目录

报告文学

文坛悲歌——胡风集团冤案始末

第 1 章 怀仁堂里的胡风 1949 年春天的北平——中南海重又成为中国的中心——文艺大军和士兵一起涌进北平——第一次文化会在怀仁堂开幕——心情复杂的胡风——胡风与周扬的历史宿怨——胡风同周扬新的冲突——茅盾旧事重提——胡风和朋友们在两个时代的转折点放声歌唱新时代，歌唱毛泽东——时间开始了

第 2 章 阿垅受挫 知识分子们的选择——此刻的胡风和朋友们——受批评之后的胡风——《人民日报》批判阿垅——阿垅的检讨——胡风的反应——何其芳的文章诱发了胡风的反击

第 3 章 胡风、何其芳重开笔战 他俩四十年代的论战宿怨——《希望》创刊号引起的风波——何其芳重提往事风波再起——胡风的应战——阿垅向周扬、向《人民日报》寄稿申辩

第 4 章 风起风落几度凉秋 中国文坛批评盛行的季节——胡风、路翎的作品的命运——受冷落的胡风——胡风与胡乔木的谈话——繁忙中的毛泽东——知识分子改造之路铺向远方——《武训传》批判的风波——胡风的上海朋友踊跃参战——文艺整风拉开帷幕——他们再次面临抉择

第 5 章 舒芜反戈一击 徘徊中的舒芜——胡风和朋友们在文艺整风中——舒芜迈出了关键的一步——学习毛泽东《讲话》的高潮兴起——出乎胡风意料之外的一击——众人的愤慨——"胡风文艺思想讨论会"应运而生——批判焦点上的胡风准备定居北京

第 6 章 三十万言上书中央 贾植芳劝说能风静心译《天方夜谭》——胡风举家由沪北上——朝鲜战争上的路翎——路翎小说热的风波——政坛风云"三十万言"的产生

第 7 章 "我们必须战斗" 胡风给毛泽东等人的信——三十万言送呈中央——《红楼梦》研究批判风云骤起——判断失误的胡风——联席会议上胡风、路翎争相放炮——袁水拍的反击——毛泽东决定着局势发展——周扬说：我们必须战斗

第 8 章 山雨欲来风满楼 上海朋友为胡风举杯致敬——《文艺报》改组，冯雪峰表态——胡风在反省——毛泽东作出决定：批判胡风——胡风的朋友纷纷表态——合作化运动的党内风波——舒芜又一次出现在历史前沿——毛泽东定性：胡风反党集团——中宣部、公安部专案组成立——"第一批材料"公布——人大常委会决定：逮捕"胡风反党集团骨干分子"

第 9 章 在被捕的日子里 全国大逮捕开始——胡风、梅志——牛汉——徐放——谢韬——贾植芳、任敏——耿庸——何满子——王戎——冀汸——化铁——欧阳庄——鲁藜——曾卓

第 10 章 风暴袭来之后 群众声讨集会此起彼伏——"第二批材料"公布——书信汇编的奥秘——吕荧令人惊奇的举动——最后定名：胡风反革命集团——"第三批材料"公布——台湾的反应——潘汉年、胡风被捕消息公开——"萧反"开始——邓子恢受批——各种批判方式的创造——批判风暴中的种种人——历史通向 1975 年……

第 11 章 1957 年——一个怪圈 出狱的胡风分子——双百方针的提出——整风运动的春风——鸣放中的胡风问题——林希翎等人的发言——出狱后胡风分子的举动——反右运动骤然升级——怪圈在旋转——与胡风相关的人们——曾经反对胡风的人们的命运——批判方式的再创造——历史通向 1966 年……

第 12 章 在狱中 吟诗、绝食……的胡风——译古诗的徐放——给国民党战犯讲马列主义的谢韬——自修德语的绿原——呻吟、变疯的路翎——痴情的阿垅——疯了的卢甸——与方然同一天井的冀汸——难对付的耿庸——送狱饭的贾植芳

第 13 章 受难的妻子们 胡风之妻梅志——贾植芳之妻任敏——卢甸之妻李嘉林——绿原之妻罗惠——牛汉之妻吴平——罗洛之妻杨友梅

第 14 章 受株连的人们 种种令人惊诧的株连——施昌东的厄运——只因阿垅是苏予的姐夫——给鲁藜写过信的人们——冀汸内弟的冤死——与胡风从不认识的人——曾向胡风请教写诗的人

第 15 章 十年"文革"——又一个怪圈 十几年后出狱的胡风分子们——毛泽东发动"文化大革命"——受冲击的周扬——被打倒的文艺家们——怪圈在急速地旋转——批林彪时的怪圈——重又入狱的胡风——死于"文革"的胡风分子——"文革"中的胡风分子——毛泽东逝世

第 16 章 劫后重逢 狱中的胡风得知粉碎"四人帮"——批"四人帮"时的胡风问题——邓小平复出带来根本转机——出狱后的胡风——劫后重逢的受害者们——第四次文代会——胡风与朋友重逢——胡风与周扬重逢——1980 年"胡风反革命集团"一案平反

第 17 章 一段历史的终结 第四次作家代表大会上的胡风和朋友们——给病中周扬的致敬信——癌症缠身的胡风——胡风逝世——悼词风波——冷清清的火化——隆重的追悼会——人们告别历史，反思历史

中国作家看外国

旅英七载 ················· 萧 乾

美术

封二、封三（照片）················· 李 辉

1988 年第 5 期　刊名:《百花洲》
目录

长篇小说

铜帆 ———————————————— 雨　时　如　月

中篇小说

我的独角牛　我的南方 ———————————— 萧　亮
长河落日 —————————————————— 志　鹏
过渡地带 —————————————————— 舒崇福

翻译小说

夜色朦胧 ————— [英]弗朗西兹·惠勒　刘崇丽译
修女梦 ——————— [英]凯瑟琳·曼斯菲尔德　田　怡译

评论

关于小说中的"故事" ———————————— 周政保
小说"主题"理解面面观 ————————————— 吴　方
社会心理学与小说创作 ————————————— 胡宗健

美术

封面设计 —————————————————— 陶雪华
封二（漫画） ————————————————— 丁士弼
封三（图画） ————————————————— 王兆荣
封四（油画） ————— [美]马克斯菲尔德·帕里什

1988 年第 6 期　刊名:《百花洲》
目录

中篇小说

白狐峪 —————————————————— 冯苓植
谎言 ——————————————————— 阿　宁
土匪汝河王与神枪乞丐 ————————————— 郑　柯
一个人和他的影子 ——————————————— 杨雪萍
捡筋 ——————————————————— 刘　华
地上有个黑太阳 ———————————————— 胡　辛
无言的江湖 ——————————————— 南　翔　丽霞

翻译小说

秋雨 ————— [苏]马尔·拜吉耶夫　赵　抗译

中国作家看外国

自由神下众生相 ———————————————— 曾　炜

评论

第一个春潮随想——读"中国作家看外国"——潘旭澜
史里寻诗的《国难》 ———————————— 吴慧颖

散文

复归了的断句 ————————————————— 忆明珠
儿女经 ——————————————————— 房余龙
我年轻的朋友 ——————————————— 马　平　黄世兴
佛光笼罩的地方——疗养笔记 ————————— 田　虚
无花果情思 ————————————————— 萧　云
相隔十八年的两次会面——《点点滴滴记忆犹新》之
二 ———————————————————— 骆宾基

美术

封二（漫画） ————————————————— 天　呈
封三（现代草编艺术） ————————————— 丘　斌

1989 年第 1 期　刊名:《百花洲》
目录

中篇小说

大草泊风情 ————————————————— 戴启棠
一个现代女性与窦尔敦的会晤 ————————— 毋国政
飘来的白云 ————————————————— 于　丹
色癫 ——————————————————— 龚笃清

短篇小说

魔室主宰 —————————————————— 宋清海
嫩绿封皮的女学生日记 ————————————— 孟　宁

报告文学

国宝热 —————————————————— 闻　博　高伐林
深谷秘闻 —————————————————— 赵　青

翻译小说

新婚之后 ————— [苏]安·雅·费先科　董燮清译

中国作家看外国

塞尔维亚杂记 ———————————————— 王西彦

诗歌

温柔的海洋 ————————————————— 朱光甫

评论

论新时期长篇小说的艺术局限 ————————— 陈　墨

美术

封面设计 —————————————————— 陆震伟
封二（国画） ——————————————— 钟文斌　范　坚
封三（版画） ——————————————— 陈正元　陈一文

1989 年第 2 期　刊名:《百花洲》

目录

中篇小说

玄黄 ———————————————— 杨志鹏

肥事·龙事·坟事 ———————— 彭见明

霍桐镇纪事 ———————————— 谭运长

短篇小说

三界 ———————————————— 梁　晴

痴恋 ———————————————— 肖　静

羊齿 ———————————————— 海力洪

翻译小说

归来 ———— ［美］寇蒂斯·哈纳克　刘心化译

一朵奇异的玫瑰 ——— ［美］保罗·索洛　李　点译

报告文学

重大事故沉思录 ———————— 周良平

原国民党中央监狱长秘闻实录 —— 应明阳

散文

石林 ———————————————— 吴　岩

赵浩生先生谈中国女性 ———— 苏　敏

淡淡的思绪 ———————————— 潘向黎

如琴湖遐思 ———————————— 欧阳毛荣

花洲诗会 ————— 唐湜　老木　甘伟

程　维　李光云　殷红

评论

《铜帆》、《侏儒》讨论会侧记 —— 本刊记者

作家书束 ———— 汤士杰　雨时　如月

文学观念的转型 ———————— 曾奕禅

美术

封二（艺术瓷盘） ——————— 丘　玮

封三（中国画） ———————— 方学晓

封四（插画） ——————— ［英］布朗弗德

1989 年第 3 期　刊名:《百花洲》

目录

报告文学

长江警报 ———————————— 杨马林

中国驻苏联第一个女记者 ———— 应明阳

长篇小说

狂欲 ———————————————— 张品成

短篇小说

第九号房间（五篇） ———— ［美］谢　青

心·杀 ———————————————— 陈　村

茶栈，来了两位卖唱的…… ——— 胡长灿

翻译小说

总书记的私生活

———— ［苏］德·沃尔科冈诺夫　谢迎芳译

生命之杯 ——— ［俄］伊凡·蒲宁　戴　骢译

中国作家看外国

访美谈话录·美国见闻杂记 ——— 公　刘

欧游摭拾 ———————————— 母国政

评论

《铜帆》有意味的形式的探索——长篇小说《铜帆》

叙事分析 ———————————— 陈　墨

一部"形面上的文学"新作——关于《侏儒》的文本

评价 ———————————————— 钱　宏

超细节现象释析 ———————— 胡　平

美术

封二（版画） ——————— 熊　青　许　宁

封三（湘西写生） ——————— 余春明

封四（插图）风景里的人像 —— ［英］山姆哈斯金

1989 年第 4 期　刊名:《百花洲》

目录

中篇小说

最后一个夏天 ———————————— 程　鹰

度假村风雨 ———————————— 星　城

黑白世界 ——————— 张儒安　张儒新

短篇小说

良心 ———————————————— 孟　宁

那棵楝树，那棵苦楝 —————— 杨守松

翻译小说

七月，孤寂的女人

———— ［苏］M.罗辛　孙　越　黄厚江译

中国作家看外国

少见多怪录 ———————————— 朱　红

爱之旅 ———————————————— 谭　谈

报告文学

"天堂"之门⋯⋯⋯⋯⋯⋯⋯⋯⋯⋯⋯季　宇
女学子与"傻大兵"⋯⋯⋯⋯⋯⋯⋯任斌武
当代中国警官的倾诉⋯⋯⋯雨　时　如　月

散文

开卷与行路⋯⋯⋯⋯⋯⋯⋯⋯⋯⋯陈若曦
剪不断理还乱⋯⋯⋯⋯⋯⋯⋯⋯⋯潘旭澜
六壁居随笔⋯⋯⋯⋯⋯⋯⋯⋯⋯⋯熊述隆
五味子⋯⋯⋯⋯⋯⋯⋯⋯⋯⋯⋯⋯梁　琴
船滩⋯⋯⋯⋯⋯⋯⋯⋯⋯⋯⋯⋯⋯陈　政
返照⋯⋯⋯⋯⋯⋯⋯⋯⋯⋯⋯⋯⋯钟祖基
多姿的石⋯⋯⋯⋯⋯⋯⋯⋯⋯⋯⋯张厚德
伊甸园的玫瑰⋯⋯⋯⋯⋯⋯⋯⋯⋯阿　玛

中国当代文学走向论坛

北京青年评论家小辑⋯⋯⋯吴　方　张颐武　李洁非
陈晓明　王　斌　蒋原伦　张首映　贺绍俊　潘凯雄
应　雄　陈　晋
文学的误区⋯⋯⋯⋯⋯⋯⋯⋯⋯⋯王　干

诗歌

安安的诗（六首）

美术

封面设计⋯⋯⋯⋯⋯⋯⋯⋯⋯⋯⋯赵焜森
封二（国画）⋯⋯⋯⋯⋯⋯⋯⋯⋯孙常粲
封三（艺术瓷盘）⋯⋯⋯⋯⋯⋯⋯宁　钢

1989 年第 5 期　刊名:《百花洲》
目录

长篇小说

梦洲（上）⋯⋯⋯⋯⋯⋯⋯⋯⋯⋯陈世旭

中篇小说

火炉·雪的回忆⋯⋯⋯⋯⋯⋯⋯⋯许　辉
神秘的木垛屋——世态变奏回旋曲⋯那家伦

短篇小说

纽约奇事怪闻录⋯⋯⋯⋯⋯⋯⋯⋯梅小汀

纪实文学

臭妖婆的自述——我与萧乾⋯⋯⋯文洁若

报告文学

"出土文物"⋯⋯⋯⋯⋯⋯⋯⋯⋯春　潮

中国作家看外国

圣诞万花筒——美国记闻杂记之二⋯⋯公　刘
投向"女神"的一瞥——意大利印象⋯杨佩瑾

诗歌

忆你⋯⋯⋯⋯⋯⋯⋯⋯⋯⋯⋯⋯李发模
扬州个园（外二首）⋯⋯⋯⋯⋯⋯方　舟

美术

封二（版画）⋯⋯⋯⋯⋯⋯⋯⋯⋯饶国安
封三（现代剪纸）⋯⋯⋯⋯⋯⋯⋯吴　薇

1989 年第 6 期　刊名:《百花洲》
目录

长篇小说

梦洲（续）⋯⋯⋯⋯⋯⋯⋯⋯⋯⋯陈世旭

中篇小说

逃遁⋯⋯⋯⋯⋯⋯⋯⋯⋯⋯⋯⋯黄蓓佳

短篇小说

一梦到天明⋯⋯⋯⋯⋯⋯⋯⋯⋯潘向黎
没有影子的故事⋯⋯⋯⋯⋯⋯⋯沈治平

翻译小说

热风⋯⋯⋯⋯⋯［美］罗蒙德·钱德勒　彭开明译
海滨少女⋯⋯［苏］纳塔利娅·巴兰斯卡娅　唐开雪译

报告文学

弃婴，弃婴⋯⋯⋯⋯⋯⋯⋯⋯⋯王宗仁

中国作家看外国

金色的布拉格⋯⋯⋯⋯⋯⋯⋯⋯汪浙成

散文

梅岭访梅⋯⋯⋯⋯⋯⋯⋯⋯⋯⋯吕云松
山间小路⋯⋯⋯⋯⋯⋯⋯⋯⋯⋯方国灿
古森林⋯⋯⋯⋯⋯⋯⋯⋯⋯⋯⋯陈　益
画屏⋯⋯⋯⋯⋯⋯⋯⋯⋯⋯⋯⋯罗　丁
比较⋯⋯⋯⋯⋯⋯⋯⋯⋯⋯⋯⋯苏　敏

诗歌

在那遥远的地方⋯⋯⋯⋯⋯⋯⋯周　民
那场小雨（外一首）⋯⋯⋯⋯⋯陈太顺
"1"与"一"——鲁迅先生祭⋯⋯秋　晓

花洲诗会⋯⋯⋯⋯⋯钱锦方　清　子　朱文平
张　波　刘国治　吴建之　唐　澜　曾毓琳　陈志萍

邓泽洲　上官甫贵　王晓利

评论

金庸赏评————————————————陈　墨
长篇小说将再度复兴————————方克强
奇异的心理？　奇异的玫瑰？————黄世瑜

《北大荒》

【简　介】

综合性文学双月刊。黑龙江省农场总局主办。创刊于1958年，1979年复刊，1982年起全国公开发行。1985年起停刊。其主要发表农垦区作家作品，有"垦区青年作者专辑"和"老北大荒人作品专号"等专栏，旨在推动地域特色文学发展。

期刊号：1982 年第 1 期—1984 年第 6 期

1982 年第 1 期　刊名：《北大荒》
目录

小说

在别里沁湖畔————————————林　子
刻舟者————————————————杨孟勇
邻居————————————————王炳勋
奶牛————————————————常新港
"？"————————————刘文秀　林淑琴

打的就是对家————————————郎石林
护青————————————————毛　飞
夜半敲门声————————————张　迟
翰普爷爷————————————袁凤鸣

新苗

白衣天使————————————阎晓玲
角度要新　人物要活————蔚　然　新　伟

散文

初到密山（回忆录）————————丁　玲
北大荒情思————————————韩　冰
雁窝岛（四章）————————————中　流
松江晚霞————————————谢中天
鹿场行————————————————蒋耀波
黄金，来自风雪————————王晓廉　许国泰

诗歌

北大荒诗会：
大地圆舞曲（外两首）————————石　践
晚归（外一首）————————————柳　笛
黑板报————————————————郭小林
秋兴————————————————吴国英
牧歌————————————————张祖之

鸽子————————————————于宗信
担着————————————————于会元
邮信————————————————夏　阳
罂粟花————————————————少开旗
我是一棵嫁接的小树————————岛　子
早晨，我走在路上————————白　帆

理论

小说创作随笔二则————————黄益庸
创作辅导
北大荒的境界、胸怀与色彩————何志云

美术

春流（水印木刻）————————郝伯义
松花江上（水印木刻）————————李亿平
塞外邮（水印木刻）————————李元军
晨光（水印木刻）————————周　祁
晨鸽（水印木刻）————————罗石昕
荒原的早晨（油印木刻）————陈玉平
编后记

1982 年第 2 期　刊名:《北大荒》
目录

小说
星的传说 ································ 史　方
从雪花中走来 ············· 刘进元　么树森
我的两家邻居 ························ 孟久成
有这样一个故事 ···················· 邹永庆
雪花，悄悄地飘落 ·················· 窦　强
原则和睡眠 ·························· 常新港
无形的网 ···························· 李　焱

散文
大地的儿子 ·························· 宫魁武
恋 ·································· 赵灿群
啊，奇尔沁 ·························· 白彦胜

散文短章
黄昏断想 ···························· 鲁晓云
小雏菊 ······························ 纪　红
星 ·································· 白　雁
雪中 ································ 武果毅
晨的宣叙曲（外一章） ·············· 岛　子

诗歌
田野之子 ···························· 袁志明
门沪河的早晨 ························ 徐　珣
春雪 ································ 何　鹰
蜜月 ································ 张洪波
秋山 ································ 张玉林
写在黑龙江上 ························ 李吉忠
织网女 ······························ 蔡文祥
柞树 ································ 王征雁
鹊桥 ································ 齐长伐
爱的延伸 ···························· 苏　冬
夏日，我在太阳岛 ·················· 李佩君

我和北大荒
对北大荒的祝愿 ······················ 吴祖光
在《北大荒》最初创刊的日子里 ········ 钟　涛

评论
他们在追求生活的价值 ················ 力　戈

创作辅导
有感于散文的"三多三少" ············ 石　英

新苗
丁丁的一天 ·························· 张迎萍
为时而著 ······················ 秋　德点评
眼睛 ································ 厉承荣

美术
秋的旋律（水印木刻） ················ 刘向荣
生产队长（水印木刻） ················ 刘　宝
艳秋（水印木刻） ···················· 李福茂
喧闹的小溪（水印木刻） ·············· 张喜良
爽风（水印木刻） ···················· 于广夫
我的家在松花江上（油印木刻） ········ 陈玉平
彩霞（水印木刻） ···················· 郝伯义

1982 年第 3 期　刊名:《北大荒》
目录

小说
春蚕 ································ 龚宗涤
中途 ································ 谢中天
春江水暖 ···························· 晓　岗
旷野的歌声 ·························· 宋学孟
打更人 ······························ 张建贺
眼睛·染发 ·························· 袁江人
渡口 ································ 寄　沫
末代公主 ···························· 赵天勇

散文
心之光 ······························ 鲁秀珍
春到小兴安岭 ························ 门瑞瑜
玛瑙山 ······························ 张爱华
回乡 ································ 张抗抗
回饶河 ······························ 曹鸿翔
那里有座新建的小城 ·················· 陈京卫
让我献上这束花 ······················ 杨　健
远远的完达山 ························ 郭小林
塞北风情
捕鳇姑娘 ···························· 冯俊安
天南海北
沙枣花飘香的地方 ···················· 倪晓燕
峨眉观猴 ···························· 许景海

诗歌
走到安宁的历程（四首） ·············· 梁　南
在丹顶鹤和白天鹅的故乡 ·············· 岛　子
早晨，他们在林海里畅游 ······ 方　雪　晓波
我是一棵小小的萌芽 ·················· 陈应松
岛 ································ 卫世民

孩提⋯⋯⋯⋯⋯⋯⋯⋯⋯⋯⋯⋯刘宁变
冰灯⋯⋯⋯⋯⋯⋯⋯⋯⋯⋯⋯⋯李松涛
吻⋯⋯⋯⋯⋯⋯⋯⋯⋯⋯⋯⋯⋯陈景文
虹⋯⋯⋯⋯⋯⋯⋯⋯⋯⋯⋯⋯⋯吴希英
绿⋯⋯⋯⋯⋯⋯⋯⋯⋯⋯⋯⋯⋯张洪波
夏夜⋯⋯⋯⋯⋯⋯⋯⋯⋯⋯⋯⋯王征雁
山鸽⋯⋯⋯⋯⋯⋯⋯⋯⋯⋯⋯⋯金克义
鹿锣声声⋯⋯⋯⋯⋯⋯⋯⋯⋯⋯王晓廉
迎春晨曲⋯⋯⋯⋯⋯⋯⋯⋯⋯⋯费　笳
云呵！好一个舞蹈家（外一章）⋯⋯中　流
夜⋯⋯⋯⋯⋯⋯⋯⋯⋯⋯⋯⋯⋯索久林
草木灰⋯⋯⋯⋯⋯⋯⋯⋯⋯⋯⋯武果毅

评论
切莫让眼睛"跳过去"⋯⋯⋯⋯⋯刘彤海
鲁迅的"我的意思"是什么？⋯⋯叶　康
言简意赅　余味无穷⋯⋯⋯⋯⋯胡孟雄
喜读《北大荒》拭目看丁玲⋯⋯杨桂欣
《刻舟者》白璧微瑕不失佳作⋯蔚　然
典型·典型环境与形象⋯⋯⋯⋯廖　天

创作辅导
致一位青年作者⋯⋯⋯⋯⋯⋯⋯王敬文

美术
采石歌（套色木刻）封面⋯⋯⋯李　健
芳春（水印套色木刻）封二⋯⋯周　祁
雁岛（套色木刻）封二⋯⋯⋯⋯丁立江
大豆姑娘（水印套色木刻）封三⋯陈玉平
晨（水印套色木刻）封三⋯⋯⋯杨凯生

1983 年第 1 期　刊名：《北大荒》
目录

小说·散文
在这片神奇的土地上（上）
热情与痛苦的果实⋯⋯⋯⋯⋯⋯王　蒙
北大荒——记忆中五味子花的海洋⋯李龙云
白桦林作证⋯⋯⋯⋯⋯⋯⋯⋯⋯梁晓声
二嫂子⋯⋯⋯⋯⋯⋯⋯⋯⋯⋯⋯刘进元
老猎户的女儿⋯⋯⋯⋯⋯⋯⋯⋯陈可雄
孤舟⋯⋯⋯⋯⋯⋯⋯⋯⋯⋯⋯⋯陈京卫
荒原手记⋯⋯⋯⋯⋯⋯⋯⋯⋯⋯杨　健
温暖的小屋⋯⋯⋯⋯⋯⋯⋯⋯⋯韩统良
静静的棒槌湖⋯⋯⋯⋯⋯⋯⋯⋯袁凤鸣
巧遇⋯⋯⋯⋯⋯⋯⋯⋯⋯⋯⋯⋯姜胜群
银河的故事⋯⋯⋯⋯⋯⋯⋯⋯⋯程树榛
津门漫话泥人张（天南地北）⋯谢大光

盛开的桃红⋯⋯⋯⋯⋯⋯⋯⋯⋯李聿川

处女地
旅途（小说）⋯⋯⋯⋯⋯⋯⋯⋯马相材
正好够数（小说）⋯⋯⋯⋯⋯⋯冬　青
春天，在那遥远的地方（散文）⋯李正玉
走向走来的（散文）⋯⋯⋯⋯⋯宿　明

诗歌
我与北大荒⋯⋯⋯⋯⋯⋯⋯⋯⋯聂绀弩

新诗苑
静静的国境线⋯⋯⋯⋯⋯⋯⋯⋯宋　歌
化石⋯⋯⋯⋯⋯⋯⋯⋯⋯⋯⋯⋯顾　城
海风（外一首）⋯⋯⋯⋯⋯⋯⋯杨大矛
秋天在枫叶间絮语（外一首）⋯岛　子
我是北方的儿子，我是雪⋯⋯⋯刘耀君
杭州二题⋯⋯⋯⋯⋯⋯⋯⋯⋯⋯高伐林
憧憬⋯⋯⋯⋯⋯⋯⋯⋯⋯⋯⋯⋯杜怀阳

黄金诗笺⋯⋯⋯⋯⋯⋯⋯⋯⋯⋯张玉林
蛛网（外一首）⋯⋯⋯⋯⋯⋯⋯赵玉祥
甜（外一首）⋯⋯⋯⋯⋯⋯⋯⋯王桂成
秋，迈着沉甸甸的脚步⋯⋯⋯⋯梅　新
绣⋯⋯⋯⋯⋯⋯⋯⋯⋯⋯⋯⋯⋯马　杰

评论
关于主题思想的断想⋯⋯⋯⋯⋯李　佳
新的起点⋯⋯⋯⋯⋯⋯⋯⋯⋯本刊编辑部

美术
春水（封面）⋯⋯⋯⋯⋯⋯⋯⋯张朝阳
吸水（封底）⋯⋯⋯⋯⋯⋯⋯⋯蒙希平
暖冬（封二）⋯⋯⋯⋯⋯⋯⋯⋯周胜华
老疙瘩（封二）⋯⋯⋯⋯⋯⋯⋯张良武
三月催绿（封三）⋯⋯⋯⋯⋯⋯赵占江
荒原烟火（封三）⋯⋯⋯⋯⋯⋯杨少军

1983 年第 2 期　刊名：《北大荒》
目录

小说
在这片神奇的土地上（下）
火，在雪原上燃烧⋯⋯⋯⋯⋯⋯曹鸿翔
相逢在春夜⋯⋯⋯⋯⋯⋯⋯⋯⋯肖复兴
河水，静静流淌⋯⋯⋯⋯⋯⋯⋯王啸文
雪夜⋯⋯⋯⋯⋯⋯⋯⋯陆康勤　张庆华
北大荒新一代的血肉与灵魂⋯⋯何志云

第十七个大信封···············张振有
重过元宝岭···················林建和
不期而至·····················赵永祥

短小说
两个女司机··············宋文杰　方　然
有这样一个女人，有这样一个家庭···常新港
老偏头失业···············苏贵生　王建勋
挠力河畔话鱼仓················姚中嶒
你就蹦跶吧····················许景海

散文
怀大荒·······················张　惟
柴达木，你好···················林　青
冬思·························李庭韵
我在思索·····················阎宝忠
春雪绵绵时····················鲁晓云
彩色的鹅卵石···················金荣光
窗花，寒冬的杰作（三章）············于耀生
心湖里的涟漪···················白彦胜
"新大陆"·····················远　远

诗歌
天空和大地····················陈应松
山中黎明（外一首）···············张　伟
猎户·······················邓万鹏
围堤·························周　民
初冬，北大荒的原野···············邢世健
乌苏里渔曲····················何　鹰
笑（外一首）···················李育先
途中·························沈　韬
林中梦（外一首）················魏久环
我的视野·····················郭小林
晨（外一首）···················翁景贵
彩贝·························陆　江
拓荒者（外三首）················阎振中

美术
高山青（封面）（套色木刻）···········丁立江
大地的火（封底）（水印套色木刻）········李元军
惊蛰（封二）（水印套色木刻）··········郝伯义
春鸣（封二）（水印套色木刻）··········杨凯生
雪乡吟（封三）（套色木刻）···········周胜华
阳春三月（封三）（水印套色木刻）········丁立江
鄂家春（封三）（水印套色木刻）·········王晓林
葵花村（封三）（水印套色木刻）·········曹向东

1983 年第 3 期　刊名:《北大荒》
目录

小说·散文
最后一群白鹳··················杨孟勇
桑榆非晚·····················郭兆文
圆月·······················耿明志
呵，故乡·····················张若谷
祖父·······················王　昉
沙茨················海明威著　沈东子译
视平线以下（处女地）··············郭熠华
矮的升华——关于《视平线以下》的通信·····王新伟
猎棚之夜（塞北风情）··············林　哨
生命之树常青（天南地北）············汪绪华
老等窝······················阎孝斌
访美印象漫记···················张福如

诗歌
北大荒新人
这是雄壮的土地（外七首）············苏　冬
在黄昏的原野上（外二首）············张小霞
洗衣女······················雅　鲁
儿时·······················段心炬
小路·······················王征雁
小雪花的童话（外一首）·············吴希英
遐想（外一首）··················徐江善

新诗苑
我的春天的小鸟（外一首）············徐　漪
中国素描·····················封开成
北大荒抒情诗···················陈松叶
冬天·······················武佩珧
我是骆驼·····················徐　泽
冬天的童心····················邹　平
冬天的怀念（外一首）··············丁雷娃

报告文学
前言·······················编　者
牛的颂歌·····················杜正志
烛光闪闪················冯俊安　宋　祥
给自己出难题的人（李焕忠的故事）········戈　里
她心中流淌着爱的溪流···············王左泓

评论
留在神奇土地上的思念
——读《在这片神奇的土地上》（上）专栏的小说散文
作品·······················王　工
塑造人物的反正法·················朱盾贤

美术作品

歌与梦（封面）（水印套色木刻）·········张朝阳
我爱荒原（封底）（水印套色木刻）
···刘向荣　于广夫
阳秋（封二）（水印套色木刻）·············梁士夫
新麦（封二）（水印套色木刻）·············李福茂
荒原花月夜（封三）（水印套色木刻）·······李亿平
麦黄时节（封三）（水印套色木刻）·········刘荣彦

1983 年第 4 期　刊名:《北大荒》
目录

散文特辑

春雨路上·································谢　树
故乡月···································李汉平
泥土情···································丁继松
雪，晶莹的雪·····························冰　清
暗泉·····································李庭韵
西双版纳的节日···························郑加真
绿的抒描·································平　青
呵，剑麻·································郭　力
笑·······································赵灿群
有一曲小小的流水儿·······················王晓廉
黄芪·····································严　冬
路歌·····································马　洁
流星赋···································付　强
苃苃草···································魏书林
回来吧! 心中的宫殿·······················戴立然
散文诗一束···········桂兴华　旭　宇　李挺奋
　晨　吟　晶　磊　王　军

小说

第五只鹧鸪·······························小　阳
沙发·····································孟久成
白兰香···································王炳勋
小路，小路（处女地）·····················邰勇夫
评点：真切，方能动人·····················方　然

诗歌

难以死亡的记忆···························梁　南
我每天睁开眼睛（外一首）·················顾　工
夜声（外一首）···························陆　蜉
冰灯（外一首）···························杨大矛
土地（外一首）···························王家新
爱情诗一束·······艺辛　彭国栋　陈敏　卢新智
海南诗草（四首）·························冯麟煌
山泉呵! 告诉我（外一首）·················倪峻宇
嫩江夜渡·································徐　珣

评论·北大荒作家简介

扑面而来的泥土气息·······················张　克
笑纳百花齐放，提倡流派竞争···········王凤麟整理
林予·····································童　成
钟涛·····································中　一

美术

盛夏（封面）·····························张春喜
新地（封底）·····························于广富
霞（封二）·······························于广富
麦场八月（封二）·························赵　勇
汲水（封三）·····························蒙希平
明月初升（封三）·························李亿平

1983 年第 5 期　刊名:《北大荒》
目录

垦区青年作者专辑

小说

我们的小船和桅灯·························王左泓
美的寻求（处女地）·······················龙　耕
评点：精理为文，秀气成采·················王新伟
天地之间·································常新港
弱者·····································付　强
在一个偏僻的生产队里·····················阎晓玲
不仅仅这样·······························刘家祥
省·······································林　梅
一个姑娘的梦·····························邹永庆
别亦难···································刘　敏

微型小说

发卡·····································王　若
荣嫂·····································吴宝川
啊，人们哪·······························孙荣成
美之患···································丁　彦

散文

呵，乐山·································魏书林
鹿岛三题·································蒋耀波
寸草心···································厉承荣
绿色的流韵·······························谢中天
散步·····································朔　星

诗歌

唱给妈妈听的歌（组诗）···················兰　马
春天的记忆·······························段心炬
小清河童话（外一首）·····················张晓霞

阳春跨过了回归线 ················· 叶东旭
我在晶莹的露珠里 ················· 王征雁
黎明，一个少女 ··················· 李育先
春，来自融雪的白桦林（散文诗） ··· 武果毅
美的呼唤（散文） ················· 石　英
王震部长来到我们村（我和北大荒） · 孙战科
影集（散文） ····················· 李聿川
王忠瑜（北大荒作家简介） ········· 凤　翼
读者，这就是我（北大荒作家简介） · 王观泉
诗苗，正在黝黑的沃土上嘎嘎拔节 ··· 岛　子
人物形象与思想高度（理论） ······· 李　佳
题材·立意·情感（理论） ··········· 金　川

美术
踏霜行（封面） ··················· 刘　宝
刺猬与猴头（封底） ··············· 李　健
山果落了（封二） ················· 刘　宝
三伏天（封三） ··················· 陈士才
晚秋（封三） ····················· 张良武

1983 年第 6 期　刊名:《北大荒》
目录

小说
冬雷 ····························· 欧阳铮
马老洪易职 ······················· 高　柳
寻觅 ····························· 雪　屏
寄向远方的铜铃 ··················· 赵常发
没有客人的酒宴 ··················· 毛　杰
爱，就要执着地追求（处女地） ····· 邵　丽
评点 ····························· 王凤麟
高处不胜寒 ······················· 唐家政
幸福在大江尽头 ··················· 杨传山
大顶子山的野鸡（儿童文学） ······· 袁凤鸣

微型小说
下小馆 ··························· 刘家祥
唠叨 ····························· 崔如岱
意图 ····························· 陈炜明
鼾 ······························· 孙雨山
祝您长寿 ························· 聂建长
一个没有多大意思的故事 ··········· 郭应文
爱 ······························· 路云山
弯弯的小河 ······················· 舒　臻

中国作家协会访问团诗文选
刻在北大荒土地上
诗与北大荒 ······················· 尹在勤

申请（外四首） ··················· 高　平
罂粟花（外三首） ················· 李士非
踏着拓荒者的足迹，我寻觅（外二首）··· 飞　雪
北疆杂咏（五首） ················· 海　涛
乡音 ····························· 温跃渊

散文
呵，黄河 ························· 阎宝忠
柳荫深处打飞龙 ··················· 孟　达
兴凯泼墨 ························· 郭建中
秋叶 ····························· 纪　红
蜜 ······························· 马沛然
这条静静的小河 ··················· 魏利娟
太阳城幻想（报告文学） ··········· 孟咏杨

诗歌
当春笋长出第一轮叶片的时候（外二首）··· 陆　蠕
大海·北陵（诗二首） ··············· 宋　歌
黎明的小河 ······················· 张玉林
船厂之夜 ························· 杨大矛
假如歌曲再也不重复 ··············· 顾　城
掬月泉思絮 ······················· 魏久环
北大荒，我心中的平原 ············· 叶东旭
小路 ····························· 王玉会
山中人家 ························· 崔学德

评论
让报告文学的路子越走越宽广 ······· 力　戈
结构安排与深化主题 ··············· 李　佳
试谈比较与研究 ··················· 任文锁
林青（北大荒作家简介） ··········· 中　一
肖英俊（北大荒作家简介） ········· 达　文

美术
雪乡（封面） ····················· 郝伯义
冰帆（封二） ····················· 李福茂
秋贮（封二） ····················· 罗石昕
哨卡（封四） ····················· 张喜良
洪荒初晓（封面） ················· 朱连生
蛙嬉山泉（封底） ················· 杨凯生

1984 年第 1 期　刊名:《北大荒》
目录

小说
一个老顾问的自述（电影小说·征文）··· 郑加真
五月雪（电视小说·征文） ··········· 平　青
小老黑上任记（电视小说·征文） ····· 郭　力

小河向远方的青山流去 …………………… 付　强
零点到达梧桐河 …………………………… 赵　洪
希望 ………………………………………… 王铁刚
婆母 ………………………………………… 于立君
亲情 ………………………………………… 邵齐建
戒酒二题（微型小说）…………………… 赵丹薇
移花记（微型小说）……………………… 李　伟
两捆草（微型小说）……………………… 塑　星

散文
浩良春曲（报告文学）…………………… 秦士庆
海军大尉鱼老慌（我和北大荒）………… 陈凤楼
动物篇（二章）…………………………… 庞壮国
书 …………………………………………… 王清学
想起故乡那块土地 ………………………… 宫晶珠
猴岛（天南地北）………………………… 李挺奋
郑加真（北大荒作家简介）……………… 丁继松
张惟（北大荒作家简介）………………… 一　鸣

诗歌
北国诗絮（组诗）………………………… 中　流
采自北大荒的原野 ………………………… 张玉林
北极村（外一首）………………………… 阿　拜
致母亲 ……………………………………… 张洪波
北方的山 …………………………………… 杨子忱
哨音 ………………………………………… 陈　宾

评论
情节六谈（创作辅导）…………………… 关沫南
这里别有天地 ……………………………… 何志云
努力表现生活的诗意美 …………………… 王　工

青年文学爱好者
蜜儿草（小说·处女地）………………… 张永钦
山的子孙（特写）……………… 讴　辛　武果毅
唐宋八大家（文学知识）………………… 凤　翼
文学创作随感录（习作者之友）………… 王昌隆

美术
新春（封面）……………………………… 王晓林
秋天里（封底）…………………………… 张学思
收玉米（封二）…………………………… 赵　勇
夕照（封三）……………………………… 刘　宝
考试之后（封三）………………………… 朱连生

1984 年第 2 期　刊名:《北大荒》
目录

我们的责任和期望 ………………………… 编　者

小说
希望所在 …………………………………… 龚宗涤
他留下了什么 ……………………………… 芦　荻
山道 ………………………………………… 刘　敏
相逢在明天 ………………………………… 廖宏炫
"班顾问"轶事 …………………………… 胡秉中
分房 ………………………………………… 钟永秋
过堂门 ……………………………………… 张荣珍
饭馆 ………………………………………… 赵清源
生存问题 …………………………………… 少　英
怪味豆·〇型人 …………………………… 纪　红
大老粗与文凭 ……………………………… 李树华
小城记忆 …………………………………… 余　光

散文
《北大荒》创刊号封面纪事 ……………… 晁　楣
虎饶行 ……………………………………… 谷来春
梧桐树赋 …………………………………… 杜正志
初雪 ………………………………………… 张福宽
啊，乌拉草 ………………………………… 白彦胜
南国怀旧北大荒（我和北大荒）………… 肖　山
急流索桥 …………………………………… 柴德森
绍兴一日 …………………………………… 秋　石
陆伟然（北大荒作家简介）……………… 一　乐
平青（北大荒作家简介）………………… 丁继松

诗歌
我是农场的土地（外一首）……………… 苏　冬
东方第一哨 ………………………………… 陆伟然
春·秋 ……………………………………… 蔡银辉
白云，我心中的云 ………………………… 任　歌
村女 ………………………………………… 刘宁变
冬天，冬天 ………………………………… 子　恩
雨后 ………………………………………… 徐　珣
小河（外一首）…………………………… 阿拉坦托娅
日蚀 ………………………………………… 曹汉俊

评论
一部振奋人心的军垦史诗——评林予的长篇小说《雁
飞塞北》…………………………………… 王　工
漫谈散文创作 …………………………… 林　青遗作

青年文学爱好者

夜啊，我耕耘 ························· 叶东旭
啊，心 ····························· 赵 晖

美术

回春（封面） ······················· 刘全德
育春（封底） ······················· 周胜华
雪春（封二） ······················· 李福茂
不夜的新村（封二） ················· 陆中华
冰江水（封三） ····················· 郝伯义
足迹（封三） ······················· 杨凯生

1984 年第 3 期　刊名:《北大荒》
目录

大写八十年代的北大荒 ············· 本刊编辑部
北大荒作家协会成立

老北大荒人作品专号

小说

没有完成的地图 ····················· 郑加真
窝棚 ····························· 史　方
春夜，静悄悄 ····················· 平　青
西平岗 ····························· 郭　力
拓荒者的墨迹 ······················· 窦　强

散文·诗歌

黑土 ····························· 门瑞瑜
沙发马车 ··························· 常　青
这是一块芳香的土地 ················· 丁继松
爬地松 ····························· 陈烈鸥
大雁情 ····························· 杨荣秋
荒原上的彩虹 ······················· 白彦胜
灵魂（我和北大荒） ················· 陈凤楼
洗刷 ····························· 梁　南
乌苏镇 ····························· 陆伟然

其他

艺术地把握现实（评论） ············· 刘锡成
他，在坎坷的道路上疾进（北大荒作家简介）
····························· 纪　宗
深深植根于北大荒这片沃土（北大荒作家简介）
····························· 王凤麟
本期编絮 ··························· 编　者

美术

新居（水印套色木刻） ··············· 张春善

雨后松花江（水印套色木刻） ········· 李亿平
丫儿（水印套色木刻） ··············· 张良武
织女（水印套色木刻） ··············· 赵占江
刺儿（水印套色木刻） ··············· 刘　宝
风尘（水印套色木刻） ··············· 李　健
封面设计 ··························· 郝伯义

1984 年第 4 期　刊名:《北大荒》
目录

北大荒青年作者专号

小说

鬼婆洼子一夜 ······················· 付　强
假如北方没有雪 ····················· 常新港
申强变法 ··························· 谢中天
妻情 ····························· 毛　飞
啊！朋友，再见 ····················· 孟久成
你回来吧! ························· 乐　羊
她，就在我的身边 ················· 邹永庆
啊！年轻人 ······················· 王　昉

散文·诗歌

她听到了一支歌（外一章） ··········· 鲁晓云
银鸭山中 ··························· 杜正志
爱与小女孩（组诗） ················· 蓝　马
带着童韵的歌（组诗） ··············· 平　洋
一串亮晶晶的音符（点评） ··········· 齐长伐
燕子 ····························· 李昱兰
北大荒晨曲（外一首） ··············· 刘晓东
朋友! 来吧!（五四征文） ··········· 贾琨琪

理论及其他

北大荒与诗（评论） ················· 石　英
从北大荒走上文学道路（北大荒作家简介） 李　风
他在不断地追求（北大荒作家简介） ··· 中　一
站在历史的高度（文艺随笔） ········· 王新伟

美术

边防线上（封面） ··················· 郝伯义
家乡（封二） ······················· 杨凯生
踏浪（封二） ······················· 丁立江
沙溪（封三） ······················· 陆中华
秋日（封底） ······················· 梁士富

1984 年第 5 期　刊名:《北大荒》
目录

建国三十五周年特辑
北大荒，开拓文学的摇篮·····················郭　力

小说
野菊花盛开的时候·····················李　利
想想，想想·····················王左泓
情曲（处女地）·····················欧继联
设计新巧感情淳朴——简评小说《情曲》·······王新伟
霜叶、黄菊·····················牧　天
生活和太阳（报告文学）——我的盲聋十年···吴百孙
老沈其人（报告文学）·····················于济川

葱茏世界
你好，晚霞（小说）·····················郭绍珍
雨后，尘雾（小说）·····················王　正
看庄稼（小说）·····················胡秉中
死海的复活（散文诗）·····················伊　萍
看山人（散文）·····················季　节
农场情（散文）·····················郭祥奎
踏荒（组诗）·····················洋　雨
绿洲与大漠（组诗）·····················东　虹
将军的脚印（组诗）·····················雷　霆
丁玲在北大荒的日子·········集体讨论　楼芹执笔

散文
散文诗小辑
围捕·····················白　帆
希望赋·····················董涵铭
北大荒恋歌（六题）·····················中　流
趸船、终点与起点（外二章）·····················魏久环
送你几枚贝螺（三章）·····················倪峻宇
绿色的湖岗（三章）·····················于耀生
雕塑师（外一章）·····················毕　坚
春姑娘与冰块（外一章）·····················袁　琳

诗歌
六盘山，响着一曲雄壮的旋律·····················姚学礼
给妻子·····················宋　歌
心的和弦·····················陆　蜉
生活变奏曲·····················人　戈
街·····················苏　冬
果园夜静静·····················李吉忠

北大荒作家简介
他发现生活中的美·····················芦　荻

永远微笑着看明天·····················墨　丹
新老北大荒人的理想信念和追求·····················王　工

美术
乡情（封面）·····················郝伯义
王震将军在北大荒（封二）·····················李亿平
秋实（封二）·····················陈士才
驭手，你早（封三）·····················赵　勇
边陲小站（封三）·····················李元军

1984 年第 6 期　刊名:《北大荒》
目录

小说
古庙佚事·····················赵常发
呵，生活·····················朱　锋
小玉·····················刘家祥
雨中的小路·····················全勇先
暴风雪中·····················杨春国
路，就在脚下·····················王光明
被肢解的模特儿·····················王建刚

微型小说专辑
前妻·····················曲洪智
有这样一次讨论会·········李　晶　曹　俊
春到穆棱河·····················朔　星
不寻常的周末十九点·····················迟　纯
其言也善·····················力　戈
海宝·····················常新港
钱包丢了·····················芦　荻
卖剪（电视小品）·····················黄贤载

散文
阿剌伯码符号：850·····················张　惟
远景图·····················袁广学
蒿叶·····················王宝秦

袖珍散文专辑
无声的石岸·····················秋　石
鹤乡情·····················蒋跃波
红房子·····················孙慧瑛
买鱼·····················张福德
雪吟·春水·····················武果毅
浪花·····················苗素芳

诗歌
士兵正年轻·····················马绪英
金陵抒情·····················宁　宇

修路工的旋律 ⋯⋯⋯⋯⋯⋯⋯⋯⋯⋯⋯⋯⋯ 袁志明
牧歌醒着 ⋯⋯⋯⋯⋯⋯⋯⋯⋯⋯⋯⋯⋯⋯⋯ 雅　鲁
信仰的绿树 ⋯⋯⋯⋯⋯⋯⋯⋯⋯⋯⋯⋯⋯⋯ 蔡炳华
走向走来的 ⋯⋯⋯⋯⋯⋯⋯⋯⋯⋯⋯⋯⋯⋯ 叶东旭

评论及其他
一位充满创造活力的人 ⋯⋯⋯⋯⋯⋯⋯⋯⋯ 壬　午
燃燃的星群 ⋯⋯⋯⋯⋯⋯⋯⋯⋯⋯⋯⋯⋯⋯ 尤　克
漫谈散文创作（上） ⋯⋯⋯⋯⋯⋯⋯⋯⋯⋯ 谢　树
《呦呦霞鸣》讨论会发言摘要 ⋯⋯⋯⋯⋯⋯ 斗　强

美术
兴旺的小户（封面） ⋯⋯⋯⋯⋯⋯⋯⋯⋯⋯ 蒙希平
幼林（封二） ⋯⋯⋯⋯⋯⋯⋯⋯⋯⋯⋯⋯⋯ 张喜良
小庄（封二） ⋯⋯⋯⋯⋯⋯⋯⋯⋯⋯⋯⋯⋯ 周胜华
华林（封三） ⋯⋯⋯⋯⋯⋯⋯⋯⋯⋯⋯⋯⋯ 刘　宝
苍雪（封三） ⋯⋯⋯⋯⋯⋯⋯⋯⋯⋯⋯⋯⋯ 赵占江
隆冬（封四） ⋯⋯⋯⋯⋯⋯⋯⋯⋯⋯⋯⋯⋯ 杨少军

《北京文艺》
（《北京文学》）

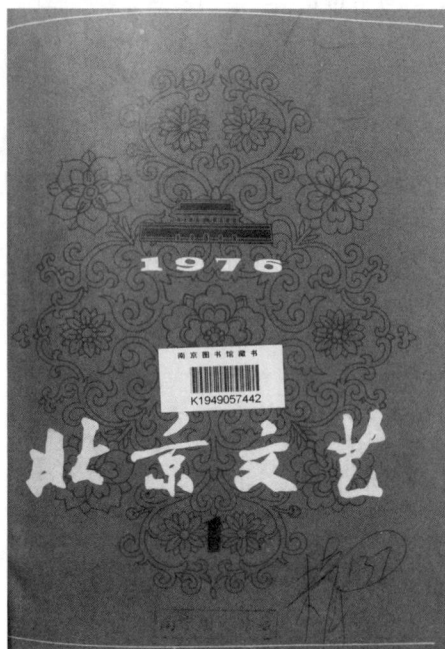

【简　介】

　　综合性文学月刊。北京市文学艺术界联合会主办。创刊于 1950 年。1980 年 10 月由《北京文艺》更名为《北京文学》。1978 年发表了汪曾祺的《受戒》等著名中短篇小说，被文学界公认为文学期刊的"甲级队"。刊物作品主要体裁有短篇小说、报告文学、散文随笔、诗歌和文化评论等。

期刊号：1976 年第 1 期—1989 年第 12 期

1976 年第 1 期　刊名：《北京文艺》

目录

词二首 ⋯⋯⋯⋯⋯⋯⋯⋯⋯⋯⋯⋯⋯⋯⋯⋯⋯ 毛泽东
　水调歌头·重上井冈山
　念奴娇·鸟儿问答
坚持继续革命　不断攀登高峰——学习《水调歌头·重上井冈山》 ⋯⋯⋯⋯⋯ 大兴县红星人民公社评论组
光辉的诗篇　锐利的武器——学习《念奴娇·鸟儿问答》 ⋯⋯⋯⋯⋯⋯ 北京电子管厂工人评论组

小说·散文
生活在前进 ⋯⋯⋯⋯⋯⋯⋯⋯⋯⋯⋯⋯⋯⋯ 王小平
大路上 ⋯⋯⋯⋯⋯⋯⋯⋯⋯⋯⋯⋯⋯⋯⋯⋯ 理　由
拆地堰 ⋯⋯⋯⋯⋯⋯⋯⋯⋯ 平谷县　胡永连　王　静
两院鸡 ⋯⋯⋯⋯⋯⋯⋯⋯⋯ 平谷县　张连苹　陈　满
春风又绿扎根园（散文） ⋯⋯⋯⋯⋯⋯⋯⋯⋯ 曲　岑

诗歌

吹响进军的号角——读《国际歌》手稿………石　湾
大寨红花遍地开（八首）………游来柱等
我的祖国（三首）………李　瑛
诗配画（三首）………吕振索　毛水仙等
"炼钢炉长"………田渴新
我的心愿………白　雾
茅屋赞………董小洁
工人民兵之歌………阵　容
电机千里送延安………顾绍康
矿山春早………郭天民
建设大寨县（歌词）………贾英杰等
《消息报》上的"新消息"（政治讽刺诗）………白云海

评论

投降主义的精神武器——谈《水浒》宣扬的"义"
………崇文区文艺评论组
投降派的奴才相………艾克恩

创作谈

无产阶级"文化大革命"的热情赞歌——喜读短篇小说《生活在前进》………薛　元
擂时代战鼓　抒革命豪情………潘　枫
满怀激情颂长征………何孔周

美术

封面设计………何镇强
封二、三速写、摄影………王为正　刘乐堂等

1976 年第 2 期　刊名:《北京文艺》
目录

认真学习毛主席词二首

光辉诗篇照征程——学习毛主席词二首的体会
………顾绍康　王恩宇
我们要歌唱——敬读毛主席词二首………曹　禺
伟大的诗篇　光辉的典范——学习毛主席词二首的体会………阮章竞

遍开大寨花

三把火（中篇连续）………浩　然
桃林三月………于公介
机声隆隆………王文平

教育革命赞

温榆河边的红花………周莘榆
良种………孟广臣

小小说

小姐俩送大鸭蛋（儿童文学）………马　光
梁雁看瓜………文　闯

评论

创作谈

再谈以党的基本路线指导创作——兼评浩然的《霞光曲》………联　玉
为社会主义新生事物大唱赞歌——谈《北京文艺》一九七五年短篇小说的一个思想特色………潘　枫
努力塑造学大寨运动中的英雄形象——读短篇小说《大路上》和《拆地堰》………宣武区业余文艺评论组

美术

《三把火》插图………方增先
天山南北红灯闪耀（年画）………吴漫宜
喜送革命样板戏（年画）………冉茂芹
认真学习无产阶级专政理论（速写）………徐　希
农业学大寨（速写）………欧阳兴义

1976 年第 3 期　刊名:《北京文艺》
目录

评论

鲜明的形象　独特的风格——赞革命现代京剧《磐石湾》………王　为
阶级斗争永不忘——革命现代京剧《磐石湾》观后………成志伟
"雷锋塔"与"孩儿塔"——学习鲁迅的革命精神………毛志成

诗歌

回击右倾翻案风

方向路线不许扭………红卫兵　杨赞东
不许翻案搞倒算………社　员　汉　章
基本路线记心头………工　人　白玉明
满腔义愤上战场………战　士　王克练
奇谈怪论要狠批………工农兵学员　张　斌
回击右倾翻案风………工农兵学员　张　同
保卫革命样板戏………奕　兵
我们的回答很明白………晓　岚
继续批孔不松劲儿（儿歌）………冬　冬
《决裂》赞………王国品
攥紧无产阶级专政的铁拳………武兆强
我爱北京………时永福
大寨花………艾成玉

社会主义新生事物赞

毛主席送我上大学·············工　人　耿志勇
写在入学通知书上··········工农兵学员　王武录
我们的家··················知识青年　郭小聪
这样的大学生咱欢迎·················南　英
赞背篓剧团·····················何　力
矿工和书记·················工　人　王德华
工农兵理论队伍赞·················赵金荣
女炮手（诗配画）················赵日升等

小说·散文

第一次出车·················社　员　樊福林
飒爽英姿·················辛汝忠　周宗汉
决赛之前······················马立诚
三凤（散文）····················陈大斌
三把火（中篇连载）·················浩　然

美术

红灯万代传·····················陈映华
工地上的宣传组（速写）··············王为政
《农奴愤》作品选················新华社供稿
征稿启事······················编辑部

1976 年第 4 期　刊名:《北京文艺》
目录

评论

坚持文艺革命，反击右倾翻案风·············初　澜
抓住阶级斗争这个纲——谈《春苗》等四部故事片
··························尹　岩
虎踞龙盘今胜昔···················闻　哨
"怕"从何来？····················左　红

诗歌

翻案不得人心
向不肯改悔的走资派开战··············李兴昌
大批判的声浪震山崖·················吴伯雄
喜报就是批判稿···················揭培礼
赞革命的大字报···················晓　波
首首儿歌像炮弹（儿歌）··············胡义河
夜深灯明······················赵国培
劈风斩浪永向前——忆最幸福的一天·········樊发稼
深山出了大学生——太行故乡抒怀··········李学鳌
雄鹰捎信到我家··················丹巴次仁
女铁匠·······················蔡文祥
喜看春苗已成树···················罗　湘
战友情深······················王行青

小说·散文

红焰灿灿（散文）··················江　溶
井（散文）·····················朱靖宇
高粱红似火··················高占义　刘廷海
加工件的风波····················张　镒
三把火（中篇连载）·················浩　然

演唱

梨园哨卡（山东快书）·······朱振岳　赵连甲　许　多

美术

战斗正未有穷期···················崔庆生
朝阳路上······················吴剑超
抓根本攀高峰····················庞希泉
离校之前·················杨春瑞　孙以增

1976 年第 5 期　刊名:《北京文艺》
目录

中共中央关于华国锋同志任中共中央第一副主席、国
务院总理的决议
中共中央关于撤销邓小平党内外一切职务的决议
吴德同志在天安门广场广播讲话
**坚决拥护中共中央两个决议!誓把反击右倾翻案风的
伟大斗争进行到底!**
继续战斗　乘胜前进······首都工人民兵朝阳区指挥部
警卫战士忠于党······首都警卫战士　贺彦伟　牛伟旗
欢庆的海··············特钢工人　韩胜勋
边疆学员庆决议··········清华大学业余文学创作组
英明的决议　战斗的号角··············李武兵
伟大决策光耀千秋··········二七厂业余文学创作组
坚决粉碎反革命逆流·················王荫昌
红色电波传天下···················阵　容
十里厂区沸腾了··········永定机械厂业余文学创作组

评论

坚持文艺革命　反对复辟倒退——学习《在延安文艺
座谈会上的讲话》··················潘　枫
"不食周粟"与不看样板戏（杂文）··········吴小丽
保卫"文化大革命"的战歌——读诗集《时代的洪流》
·····················海滨区文艺评论组

小说·散文

深山红叶············孔来顺　赵光元　王健娥
在手术台上·····················龚一文
小亮赶车······················王不天
胶林新曲······················李惠薪
平凡的岗位（散文）·················崔燕宁

诗歌·曲艺

《通知》颂 ———————— 王武录　柳小满　聂晶疆
十年赞歌唱不尽（民歌十三首）
———————————— 李炳天　李耀洲等
太行路上 ——————————————— 李学鳌
学戏路上（山东快书）————————— 王行青

美术

热烈欢呼毛主席、党中央的英明决策
——— 人民美术出版社、东城区文艺组等单位供稿
历史潮流（木刻）———————— 韦品高　乔荣汉作
村头阵地（木刻）————————— 廖开明作
任重道远（组画选登）——— 中阿友好人民公社阿宣作
千锤百炼（组画登选）——— 中阿友好人民公社阿宣作

把反击右倾翻案风的斗争进行到底（锣鼓快板）
——————————— 门头沟区业余文艺宣传队
高举红旗反潮流 ————————————— 黄　帅
批邓儿歌十首 ——————— 西四北小学儿歌创作组等
医疗队 ———————————————————— 常　安
水上医生 ——————————————————— 胡平开

评论

不许牛鬼蛇神重新登台 ———————————— 燕　枫
运用文艺武器大造革命舆论——"五一"国际劳动节
北京市群众业余文艺演出述评 ———————— 潘德千
从"走火"谈起（杂文）——————— 和健民　阎秀林
喜看少年战腐恶——读中篇小说《睁大你的眼睛》
——————————————————————— 朱小平

诗歌朗诵简讯 ——————————————— 殷之光
关心国家大事（油画）————————————— 赵雁潮

1976 年第 6 期　刊名:《北京文艺》

目录

"文化大革命"永放光芒——纪念中共中央一九六六
年五月十六日《通知》十周年
——《人民日报》、《红旗》杂志、《解放军报》编辑部
深入批判邓小平　坚持文艺革命——学习《在延安文
艺座谈会上的讲话》———————————— 初　澜

反击右倾翻案风　歌唱"文化大革命"

彻底批邓！坚决斗争！———— 曹与中词　王更茂曲
无产阶级"文化大革命"就是好
——————— 上海市工人文化宫文艺学习班词曲
工人阶级上战场
————— 北京市皮革公司业余文艺宣传队集体创作
为巩固无产阶级专政高歌猛进——赞首都工农兵歌咏
大会 ———————————————————— 艾克恩

小说

严峻的日子 ——————————————— 伍　兵
天安门广场擒敌（革命故事）————————— 李绪良
风雪征途 ————————————— 傅用霖　张　镒
掌舵记 ——————————————————— 方　楠
管理员姑娘 ——————————————— 歌　海

儿童文学

小雪花 ——————————————————— 肖福兴
彩红 ——————————————————— 及站稳

诗歌·演唱

为保卫毛主席保卫党中央而战斗（群口词）
————————————— 北京齿轮厂业余文艺创作组

1976 年第 7 期　刊名:《北京文艺》

目录

在斗争中建设党（《人民日报》、《红旗》杂志、《解
放军报》社论）

歌颂伟大领袖毛主席　歌颂伟大的中国共产党

跟着毛主席奋勇前进 ——————— 王恩宇　何玉锁
击水颂 ——————————————————— 时永福
十三陵水库放歌 —————————————— 张伯华
在大风大浪中前进 ————————————— 马尚瑞
跟着毛主席斗恶浪 ————————————— 韩静霆
我爱长安街的灯火 ————————————— 余光烈
擎天的玉柱 ——————————— 丁卫华　沈荣兴

反击右倾翻案风　歌颂"文化大革命"

"二七"工人忠于党
——————————— 二七机车车辆工厂台车车间民兵连
警卫战士心向毛主席 ——————— 天安门前警卫连
工农兵批邓大字报诗抄（十五首）
——————————— 张学义　张炳义　马德基等
寄自边防哨所 ——————————————— 峭　岩
燃烧吧　熊熊的炉火 ———————————— 松　明
火红的钢城 ———————————————— 陈维翰
炉前怒火 ——————————————————— 张欣民
风铲呼啸 ——————————————————— 朱　岩
批邓火线又添了"炮"———————————— 巴　山
火红的回忆 ———————————————— 揭培礼
王大爷送来枪和弹 ————————————— 健　民
春天的歌唱 ———————————————— 牛明通

笛声颂 .... 李瑞明等
红卫兵颂 .... 李小雨
诗二首 .... 臧克家
手啊 共产党的手 .... 尧山壁
永远记住这宣誓的时候 .... 李战吉

到处莺歌燕舞
一代新人（九首）........ 叶晓山 郭小聪 李炳天等
春花烂漫（十一首）........ 王恩桥 赵日升 纪 鹏等
凯歌嘹亮（九首）........ 叶延滨 郭天民 周 鹤等
闪光的脚印（散文诗）.................... 张 策
学习室——武器房（外一首）............ 苗得雨
铁牛谣（叙事诗）............................ 韩作荣
雁回岭（长诗选载）........................ 王主玉
歌词五首 .... 武兆强 吴甲丁等
狠狠批判复辟派（儿歌五首）........ 王幼玲 姜连明等
这样的工农兵学员谁不夸（歌曲）
.... 北京大学业余文艺宣传队词曲

评论
创作谈
谈新诗学习革命样板戏 .... 钱光培
更好地发挥儿歌的战斗作用 .... 樊发稼
一路行程一路歌——读李学鳌的《太行路上》
.... 高进贤
来自斗争生活的诗——读《北京文艺》的几首短诗
.... 贾 成
读鲁迅的一首斥谣诗 .... 朱靖宇
把革命诗歌的号角吹得更响 .... 殷之光 吴 超

工农兵评刊
努力反映无产阶级同走资派的斗争 .... 冯希望
多刊登知识青年扎根农村的作品 .... 薛元超 刘登荣
进一步改进文风 消灭错别字 .... 张 锡
诗讯二则

1976 年第 8 期 刊名:《北京文艺》
目录

中共中央给地震灾区人民的慰问电
英雄的人民不可战胜 .... 《人民日报》社论

英雄人民战震灾
英雄的人民定胜天 .... 李学鳌
毛主席心中想着咱（外二首）........ 邢 青 王旺盛
毛主席恩情似海洋 .... 张寿山
手捧党中央慰问电 .... 李眷子
深入批邓抗震灾 .... 张克锡

军民抗震肩并肩 .... 杜振会
祖国处处阶级情 .... 肖 里
送帐篷 .... 王行青
抗震速写（七幅）........ 乔 林 张红年 石 齐等

小说·散文
高岭风云 .... 孟广臣
荷泽惊澜 .... 陈建功
坝上石 .... 理 由
立新饭庄 .... 高宝善
荷叶雷 .... 张登魁
红瀑布（散文）................................ 陈小康
登攀（散文）.................................... 陈大斌

诗歌
光照千秋的大字报 .... 王恩宇
在鲁迅博物馆里（三首）.................... 金 波
政委和我们同劳动 .... 李明发
永和工人划等号 .... 罗 湘
坚定的步伐 .... 郭小聪
山村新人 .... 连 禾
砧上火花 .... 龙彼德
写给三军新战友（歌词）.................... 洪 源

评论
创作谈
新的课题 新的探索——读几篇反映无产阶级同走资
派斗争的小说 .... 洪毅达
研究和描写社会主义时期的阶级关系 .... 陈丹晨
刺刀装到笔杆上——读批邓短诗《炉前怒火》
.... 史志国 倪效仲
形象 思想 语言——读《春天的歌唱》随笔
.... 何孔周 葛运池
构思新颖 寓意深刻——读散文诗《闪光的脚印》
.... 冯希望

病入膏肓 无药可救——评苏修剧本《四滴水》
.... 陈之骅
速写三幅 .... 陈玉先 刘仁庆 董辰生

1976 年第 9 期 刊名:《北京文艺》
目录

抓住要害 深入批邓 .... 《人民日报》社论

批邓火线谱新篇
批邓火线谱新篇（短诗八首）
.... 郭天民 张寿山 李战吉等

重槌猛敲批邓鼓（抗震民歌七首）
...................艾成玉　沈玉玲等
昂首挺立（诗）...................时永福
集中火力批邓（诗）...................咏　晨
蓬雀不识鲲鹏志（随笔）...................高进贤
钢铁战士（散文）...................刘春祥
一个不平常的医院（散文）...................白衣兵
滴滴甘泉寄深情（散文）...................肖　里
流动售货车（散文）...................董善元
深入批邓　抗震救灾（速写五幅）
...................邵　菲　周思聪　国　良等

小说·散文
金光大道　第三部（长篇小说选载）...................浩　然

小小说
警卫员...................李明发
办公桌上办公...................歌　海
金马河畔...................陈　满
松伢子（散文）...................冯复加
枫林颂（散文）...................段展样

诗歌
战斗的岁月（二首）...................乔若鹏　李学来
赞"金不换"...................魏占海
接过鲁迅的战笔...................董晓宏　吴万夫
山村一家人...................周　鹤
选种...................郭启宏
赞连队黑板报...................行　卿
支农茶水站...................王东坡

评论
工农兵英雄人物必须占领文艺舞台——批"根本任务
的提法不妥当"论...................戈　新
学习鲁迅　深入批邓
在胜利面前——读鲁迅杂文《庆祝沪宁克复的那一
边》...................王书俊
"现在的屠杀者"及其变种——读鲁迅的《现在的屠
杀者》有感...................燕　枫
"靠天吃饭"和"人定胜天"——读鲁迅《"靠天吃
饭"》等杂文有感...................黄侯兴
要充分认识复辟派的残忍性——读鲁迅小说《长明
灯》...................佘树森

美术
鲁迅与木刻青年...................欧阳兴易
简讯

1976 年第 10 期　刊名:《北京文艺》

目录

伟大的领袖和导师毛主席永垂不朽
中国共产党中央委员会
中华人民共和国全国人民代表大会常务委员会
中国人民共和国国务院
中国共产党中央军事委员会
告全党全军全国各族人民书
在伟大的领袖和导师毛泽东主席追悼大会上
中国共产党中央委员会第一副主席、国务院总理
华国锋同志致悼词
中国共产党中央委员会
中华人民共和国全国人民代表大会常务委员会
中华人民共和国国务院
中国共产党中央军事委员会
关于建立伟大的领袖和导师
毛泽东主席纪念堂的决定
中共中央关于出版《毛泽东选集》和筹备出版《毛泽
东全集》的决定
亿万人民的共同心愿
........《人民日报》、《红旗》杂志、《解放军报》社论

继承毛主席遗志,最紧密地团结在华国锋同志为首的
党中央周围,把无产阶级革命事业进行到底!
毛主席指挥我们登上上层建筑舞台...................傅月霖
响起来,悲壮的汽笛...................张　策
毛泽东思想永放光辉...................王恩宇
毛主席啊,红卫兵想念您...................陈松叶
毛主席永远活在我们心上...................任公伟
广阔天地绘新图...................王德修
永远歌颂毛主席...................孟广臣
永远沿着毛主席指引的道路前进...................王梓夫
继续革命永不停...................赵日升
永远想念毛主席　永远忠于毛主席...................杜泽洲
毛主席啊,我们永远忠于您...................熊　健
警卫战士的誓言...................左银栋
悲痛化作千钧力...................李耀洲
誓作革命的火车头...................李瑞明

不落的太阳...................浩　然
毛主席给我一支笔...................李学鳌
继续革命永攀登...................张志民
走过毛主席的身边...................煤矿文工团王树元
继续革命　永远革命...................北京市评剧团朱怀旭
心中的太阳永不落...................北京市曲艺团关学增
毛主席是我们的大救星...................方　楠
指路的明灯...................李惠薪

悼念伟大的领袖和导师毛主席⋯⋯⋯⋯游国恩
深切悼念毛主席⋯⋯⋯⋯⋯⋯⋯⋯张晓楼
幸福的回忆⋯⋯⋯⋯⋯⋯⋯⋯⋯王宝恩
献上我们战斗的誓言⋯⋯⋯⋯⋯张力生
把红卫兵的战歌唱得更响⋯⋯⋯陈咏慷
守卫着祖国的大地⋯⋯⋯⋯⋯李武兵
手捧题词怀念毛主席⋯⋯⋯宋绍明 刘宪宗
志在红旗飘五洲⋯⋯⋯⋯⋯⋯刘登荣
把无产阶级革命事业进行到底⋯叶晓山
写在瞻仰毛主席遗容那一天⋯⋯赵 成
灿烂阳光照山河⋯⋯⋯⋯⋯⋯燕 丁
高举红旗向前进⋯⋯⋯⋯⋯⋯叶延滨

热烈拥护中央的两项决定
党中央和我们心连心⋯⋯⋯⋯何玉锁
炉火通红写誓言⋯⋯⋯⋯朱 岩 陈维翰
欢呼我们的伟大胜利⋯⋯⋯⋯郭天民
手握铁锤牢又牢⋯⋯⋯⋯⋯⋯杨俊青
革命红旗万代飘⋯⋯⋯⋯⋯⋯王恩桥
我们的愿望实现了⋯⋯⋯⋯⋯赵国培
战士的心声⋯⋯⋯⋯⋯⋯⋯⋯朱万春
两项决定传军营⋯⋯⋯⋯⋯⋯田亚文
丰功伟绩颂不尽 誓让红旗万代传（民歌十首）
⋯⋯⋯⋯⋯⋯李庆道 陈辉松等

1976年第11期 刊名:《北京文艺》
目录

华国锋主席像
吴德同志在首都庆祝大会上的讲话
伟大的历史性胜利
《人民日报》、《红旗》杂志、《解放军报》社论
华国锋同志是我们党当之无愧的领袖
⋯⋯⋯⋯⋯⋯⋯《解放军报》编辑部
学习鲁迅 永远进击⋯⋯⋯《人民日报》社论
革命歌曲三首

**热烈欢呼华国锋同志为我们党的领袖
愤怒声讨"四人帮"反党集团滔天罪行**
水调歌头·粉碎"四人帮"⋯⋯⋯郭沫若
华主席指引着胜利的航向⋯⋯⋯刘 章
华主席 我们衷心地向您致敬⋯⋯管 桦
华主席登上天安门城楼⋯⋯⋯陈松叶
沸腾的海洋⋯⋯⋯⋯⋯⋯⋯李战吉
肺腑之歌⋯⋯⋯⋯⋯⋯⋯⋯时永福
来吧 红色的风暴⋯⋯⋯⋯⋯黄 安
胜利鼓呵尽情地敲⋯⋯⋯⋯⋯吴 超
北京满城响春雷⋯⋯⋯⋯⋯⋯李学鳌

奔腾前进的火车头⋯⋯⋯⋯⋯李维勤
烈火熊熊⋯⋯⋯⋯⋯周宗汉 吴国良
火红的路⋯⋯⋯⋯⋯⋯⋯⋯王文平
红旗指引除"四害"⋯⋯⋯赵文锋 牛正平
在雪莲高原上⋯⋯⋯⋯⋯⋯陈淀国
"四人帮"是破坏无产阶级文艺革命的罪魁祸首
⋯⋯⋯⋯⋯⋯北京市文化局评论组
节日的颂歌⋯⋯⋯⋯⋯⋯⋯瀚 羽
师大沸腾了⋯⋯⋯⋯⋯⋯⋯梁仲华

哨兵的心⋯⋯⋯⋯⋯⋯⋯⋯骆 飞
党的决议传山村⋯⋯⋯时利成 童正洪
灿烂的前程⋯⋯⋯⋯⋯⋯⋯白玉明
十里钢城的欢呼⋯⋯⋯⋯⋯徐胜源
欢乐的街头⋯⋯⋯⋯⋯⋯⋯骆俊杰
我汇入欢乐的海⋯⋯⋯⋯⋯李向晨
印刷工人的心愿⋯⋯⋯⋯⋯史武林
把仇恨凝上笔端⋯⋯⋯⋯⋯晓 波
怒涛滚滚卷"四害"⋯⋯⋯田亚文 王行青
誓死捍卫红色江山⋯⋯⋯⋯张亦兵
沸腾的天安门广场⋯⋯⋯⋯刘贵贤
靶场战歌高⋯⋯⋯⋯⋯李炳天 和健民
刺刀·在太阳下闪光⋯⋯⋯许国泰 王晓廉
一腔热血永进击⋯⋯⋯⋯⋯朱万春
八亿神州尽开颜（民歌二十一首）
⋯⋯⋯⋯⋯邹士芳 徐卫国 王德祥等
儿歌三首⋯⋯⋯⋯焦成明 杨钧炜 高进贤
欢腾的洪流（对口快板）⋯⋯⋯申金仓
喜庆胜利（北京琴书）⋯⋯关学增 李福泉

"四人帮"扼杀影片《创业》罪责难逃（评论）
⋯⋯⋯⋯⋯⋯⋯⋯⋯⋯辛文彤
锲而不舍 永不休战——《鲁迅书信集》学习札记
⋯⋯⋯⋯⋯⋯⋯⋯⋯⋯陈漱渝

画页

1976年第12期 刊名:《北京文艺》
目录

纵情歌颂华主席 愤怒声讨"四人帮"
华主席率领我们前进⋯⋯⋯⋯寇宗鄂
紧跟领袖华主席
紧跟领袖华主席⋯⋯⋯⋯⋯⋯张丰富
华主席果断除魔妖⋯⋯⋯⋯⋯陈云梯
华主席挥巨手⋯⋯⋯⋯⋯⋯张光田
八亿人民欢呼华主席⋯⋯⋯⋯庞永顺

华主席穿上绿军装⋯⋯⋯⋯⋯⋯王建武　李祥生
华主席挥手指前程⋯⋯⋯⋯⋯⋯赵明山　冯希望
紧跟华主席创未来⋯⋯⋯⋯⋯⋯李升堂　许克明

华主席培土第一锹⋯⋯⋯⋯⋯⋯⋯⋯⋯⋯大　桩
华主席登上天安门（歌词）⋯⋯⋯⋯⋯⋯张寿山
短歌行⋯⋯⋯⋯⋯⋯⋯⋯⋯⋯⋯⋯⋯⋯⋯田　间
跟着华主席　奔向新征途⋯⋯⋯李绍明　刘宪宗
胜利欢呼震四海⋯⋯⋯⋯⋯⋯⋯⋯⋯⋯⋯毛秀璞
长江边上"五·七"路⋯⋯⋯⋯⋯⋯⋯郭小川遗作

认真学习毛主席关于电影《创业》的批示
揭露和批判"四人帮"破坏文艺革命的罪行
批判"四人帮"的强大思想武器——学习毛主席关于
电影《创业》的光辉批示⋯⋯⋯⋯⋯⋯⋯⋯潘　枫
"四人帮"扼杀《园丁之歌》何其毒也！
⋯⋯⋯⋯⋯⋯⋯⋯⋯⋯⋯⋯⋯少　林　平　凡
毛主席革命路线的颂歌——评话剧《万水千山》
⋯⋯⋯⋯⋯⋯⋯⋯⋯⋯⋯⋯⋯⋯⋯⋯⋯柯文平
学红军　唱红军⋯⋯⋯⋯⋯⋯⋯⋯⋯⋯⋯战　友
秤砣虽小压千斤——从《创业》的一个情节看"写真
人真事"责难的破产⋯⋯⋯⋯⋯⋯⋯⋯⋯傅　信

电影文学剧本
创业⋯⋯⋯大庆油田长春电影制片厂《创业》创作组
集体创作　张天民执笔

热烈欢呼我们党又有了自己的领袖华国锋主席
⋯⋯⋯⋯⋯⋯⋯⋯⋯⋯⋯⋯⋯⋯⋯⋯杨春瑞作
愤怒声讨"四人帮"反党集团的滔天罪行⋯⋯关连中作

1977 年第 1 期　刊名:《北京文艺》
目录

乘胜前进⋯⋯⋯⋯⋯⋯《人民日报》、《红旗》杂志、
《解放军报》一九七七年元旦社论
毛主席永远活在我们心中
喜读主席词二首⋯⋯⋯⋯⋯⋯⋯⋯⋯⋯⋯朱　德
献给毛主席⋯⋯⋯⋯⋯⋯⋯⋯⋯⋯⋯⋯王恩宇
沧海歌⋯⋯⋯⋯⋯⋯⋯⋯⋯⋯⋯⋯⋯⋯徐　刚
华主席主持奠基礼⋯⋯⋯⋯⋯⋯王荫昌　孙　理
奠基抒怀⋯⋯⋯⋯⋯⋯⋯⋯⋯⋯⋯⋯⋯李小雨

怀念敬爱的周总理
怀念敬爱的周总理⋯⋯⋯⋯⋯⋯⋯⋯⋯肖　华
随周恩来副主席长征⋯⋯⋯⋯⋯⋯⋯⋯魏国禄
历史的回答⋯⋯⋯⋯⋯⋯⋯⋯⋯⋯⋯⋯张志民
心血的浇注

⋯⋯⋯北京市基本建设委员会、北京市城市规划管理局
不朽的丰碑⋯⋯⋯⋯⋯⋯⋯⋯⋯⋯⋯⋯⋯陈淀国
四月梨花盛开时⋯⋯⋯⋯⋯⋯⋯⋯⋯⋯⋯马贵民
怀念您呵，敬爱的周总理⋯⋯⋯⋯⋯⋯⋯马连义
您永远活在我们的心里⋯⋯⋯⋯⋯⋯⋯⋯吴国良
陈毅同志诗选

纵情歌颂华主席　愤怒声讨"四人帮"
光辉的足迹⋯⋯⋯⋯⋯⋯⋯⋯⋯⋯⋯⋯⋯盘　山
华主席和我们最贴心⋯⋯⋯⋯⋯⋯⋯⋯⋯田亚文
三湘四水歌唱华主席⋯⋯⋯⋯⋯⋯⋯⋯⋯陈羽彤
迎春曲⋯⋯⋯⋯⋯⋯⋯⋯⋯⋯⋯⋯⋯⋯⋯端木蕻良
红旗火样红⋯⋯⋯⋯⋯⋯⋯⋯⋯邱金凯　战景武
"四人帮"篡党夺权的信号弹
⋯⋯⋯⋯⋯⋯⋯⋯⋯⋯周　舟　凤　仁　仲　锷
是反走资派，还是向无产阶级进攻
⋯⋯⋯⋯⋯⋯⋯⋯⋯中央"五七"艺术大学评论组
江青和慈禧⋯⋯⋯⋯⋯⋯⋯⋯⋯⋯⋯⋯⋯长　青
在"求全责备"的背后⋯⋯⋯⋯⋯⋯⋯⋯⋯何　峰

更高地举起农业学大寨的红旗
喜报歌⋯⋯⋯⋯⋯⋯⋯⋯⋯⋯⋯⋯⋯⋯⋯赵日升
民歌五首⋯⋯⋯⋯⋯⋯⋯⋯⋯⋯⋯⋯⋯⋯邢凤德等
金光大道　第三部（长篇小说选载）⋯⋯⋯浩　然
车间谱写《创业》篇⋯⋯⋯⋯⋯⋯⋯⋯⋯韩胜勋
锤⋯⋯⋯⋯⋯⋯⋯⋯⋯⋯⋯⋯⋯⋯⋯⋯⋯戈　缨
背包画展⋯⋯⋯⋯⋯⋯⋯⋯⋯⋯⋯⋯⋯⋯李明发
"缓和"的牙齿和爪子⋯⋯⋯⋯⋯⋯⋯⋯⋯孟伟哉
封面设计⋯⋯⋯⋯⋯⋯⋯⋯⋯⋯⋯北京市美术公司
绘新图⋯⋯⋯⋯⋯⋯⋯⋯⋯⋯⋯⋯⋯⋯⋯庞希泉

1977 年第 2 期　刊名:《北京文艺》
目录

诗歌
毛主席来到西柏坡⋯⋯⋯⋯⋯⋯⋯⋯⋯⋯聪　聪
柳树的怀念⋯⋯⋯⋯⋯⋯⋯⋯⋯⋯⋯⋯⋯杨玉辰
红井之歌⋯⋯⋯⋯⋯⋯⋯⋯⋯⋯⋯⋯⋯⋯陈羽彤
采石歌⋯⋯⋯⋯⋯⋯⋯⋯⋯⋯⋯⋯⋯⋯⋯肖　青
亿万人民的心声⋯⋯⋯⋯⋯⋯⋯⋯⋯⋯⋯朱　莉

难忘的一九七六⋯⋯⋯⋯⋯⋯⋯⋯⋯⋯⋯曹　禺
山河赋⋯⋯⋯⋯⋯⋯⋯⋯⋯⋯⋯⋯⋯⋯⋯莫文征
怀念敬爱的周总理⋯⋯⋯⋯⋯⋯⋯⋯⋯⋯管　桦
长安街的怀念⋯⋯⋯⋯⋯⋯⋯⋯⋯⋯⋯⋯李学鳌
悼念周总理歌词三首⋯⋯王恩平　王剑兵　仇英俊等
手握钢钎叙深情（诗表演）⋯⋯⋯首钢公司集体创作
新春⋯⋯⋯⋯⋯⋯⋯⋯⋯⋯⋯⋯⋯⋯⋯⋯朱靖宇

把"四人帮"破坏生产的损失夺回来⋯⋯⋯张学义
雪夜红心⋯⋯⋯⋯⋯⋯⋯⋯⋯⋯⋯⋯⋯杜　庚
治河工地滚惊雷⋯⋯⋯⋯⋯⋯⋯⋯⋯⋯王德祥
大寨红旗更鲜艳（民歌七首）⋯⋯陈　宽　赵志伟等
歌唱虎头山（歌词）⋯⋯⋯⋯⋯⋯⋯⋯张寿山

小说·散文
热气腾腾的田野⋯⋯⋯⋯⋯⋯⋯⋯⋯⋯张友明
爸爸是队长⋯⋯⋯⋯⋯⋯⋯⋯⋯⋯⋯⋯孟广臣
车队长⋯⋯⋯⋯⋯⋯⋯⋯⋯⋯⋯⋯⋯⋯刘颖南
万年青（革命故事）⋯⋯⋯⋯⋯⋯⋯⋯刘贵贤
赛茧花（散文）⋯⋯⋯⋯⋯⋯⋯⋯⋯⋯冯复加
一件雨斗篷⋯⋯⋯⋯⋯⋯⋯⋯⋯⋯⋯⋯崔石平
金光大道　第三部（长篇小说选载）⋯⋯浩　然

评论
永生的大地——敬看大型彩色纪录片《敬爱的周恩来
总理永垂不朽》⋯⋯⋯⋯⋯⋯⋯⋯⋯⋯成志伟
坚持党的文学原则⋯⋯⋯⋯⋯⋯⋯⋯⋯黄侯兴
"蛀虫"嘴脸毕现——评姚文元的《鲁迅——中国文
化革命的巨人》⋯⋯⋯⋯⋯⋯⋯⋯⋯⋯于　红
黄梁还未熟　女皇梦已破——批判江青对吕后的美化
和吹捧⋯⋯⋯⋯⋯⋯⋯⋯⋯⋯⋯北京画院理论组

杂文
当代的"主角迷"⋯⋯⋯⋯⋯⋯⋯⋯⋯⋯桑逢康
江湖骗子的叫卖⋯⋯⋯⋯⋯⋯⋯⋯⋯⋯王焕田

美术
军民同上阵，狠批"四人帮"⋯⋯⋯⋯⋯张颂南画

1977 年第 3 期　刊名：《北京文艺》
目录

诗歌
重游延安⋯⋯⋯⋯⋯⋯⋯⋯⋯⋯⋯⋯⋯叶剑英
金色的田地（组诗《红太阳颂歌》之一）⋯陈羽彤
韶山葵花⋯⋯⋯⋯⋯⋯⋯⋯⋯⋯⋯⋯⋯陈咏慷
明灯闪耀⋯⋯⋯⋯⋯⋯⋯⋯⋯⋯⋯⋯⋯赵金荣
伟大的奠基⋯⋯⋯⋯⋯⋯⋯⋯⋯⋯⋯⋯任洪渊

献给华主席的歌⋯⋯⋯⋯⋯⋯⋯⋯⋯⋯李战吉
华主席向咱频频招手⋯⋯⋯⋯⋯⋯⋯⋯张天志
愤怒声讨"四人帮"⋯⋯⋯⋯⋯柳志清　蔡志堂
红心铁手保江山⋯⋯⋯⋯⋯⋯⋯⋯⋯⋯李树平
光荣榜赞⋯⋯⋯⋯⋯⋯⋯⋯⋯⋯⋯⋯⋯陈松叶

大寨红花遍地开
进军歌⋯⋯⋯⋯⋯⋯⋯⋯⋯⋯⋯⋯⋯⋯赵日升
普及大寨县中的老书记（组诗）⋯⋯⋯⋯马连义
县委书记的故事（组诗）⋯⋯⋯⋯⋯⋯⋯刘　章
创业队之歌（外一首）⋯⋯⋯⋯⋯⋯⋯⋯孟国强
铁牛是我老战友⋯⋯⋯⋯⋯⋯⋯⋯⋯⋯许福元
支农货郎赞⋯⋯⋯⋯⋯⋯⋯⋯⋯⋯⋯⋯刘文华
笑迎金秋万里霞（民歌十二首）⋯⋯胡　皖　姜连明等

毛主席、华主席、周总理、叶副主席、朱委员长
关于向雷锋同志学习的题词

小说·散文
顶风飞（特写）⋯⋯⋯⋯⋯⋯⋯⋯⋯⋯浩　然
灿烂的群星（长篇选载）⋯⋯⋯⋯⋯⋯⋯杨　沫
一张运行图⋯⋯⋯⋯⋯⋯⋯⋯⋯李宝虹　于文香
老洪的动员报告⋯⋯⋯⋯⋯⋯⋯⋯⋯⋯傅镇岳
凤凰花开红似火⋯⋯⋯⋯⋯⋯⋯⋯⋯⋯李惠薪
坚守岗位（朗诵小说）⋯⋯⋯⋯⋯⋯⋯⋯刘厚明
家常饭⋯⋯⋯⋯⋯⋯⋯⋯⋯⋯⋯⋯⋯⋯张　静

评论
"四人帮"的文化专制主义必须批判
⋯⋯⋯⋯⋯⋯⋯⋯⋯⋯中共北京市委文卫组大批判组
究竟是谁家的"理论"⋯⋯⋯⋯⋯⋯⋯⋯师　钟
从江青争演《赛金花》谈起⋯⋯⋯任　炳　景　华
斥"鬼"⋯⋯⋯⋯⋯⋯⋯⋯⋯⋯⋯⋯⋯艾克恩
"听"与"不听"⋯⋯⋯⋯⋯⋯⋯⋯⋯⋯阎秀林
"专车"·"龙车"⋯⋯⋯⋯⋯⋯⋯⋯⋯⋯辛汝忠

美术
同心干⋯⋯⋯⋯⋯⋯⋯⋯⋯⋯⋯⋯⋯⋯关乃平

1977 年第 4 期　刊名：《北京文艺》
目录

大庆红旗飘扬在祖国各地
高举大庆红旗　永当开路先锋（报告文学）
⋯⋯⋯⋯⋯⋯⋯⋯⋯⋯⋯⋯⋯⋯马风华　李宝虹
万千铁人结队来（报告文学）⋯⋯曹劭宇　张恒玮
理想（报告文学）⋯⋯⋯⋯⋯⋯⋯⋯⋯徐胜源
金刚赞（散文）⋯⋯⋯⋯⋯⋯⋯⋯⋯⋯张　洋

坚定不移学大庆
誓做革命火车火⋯⋯⋯⋯⋯⋯"毛泽东号"机车组
祖国要钢咱们炼⋯⋯⋯⋯⋯⋯⋯⋯⋯⋯白树茂
架子工的脚步⋯⋯⋯⋯⋯⋯⋯⋯⋯⋯⋯顾顺章
电业工人的心声⋯⋯⋯⋯⋯⋯⋯⋯⋯石景山发电厂

为工农业生产架金桥························张秉贵

钻塔颂（诗）·····························桑　原
井场的春天（外一首）·····················荆其柱
站在钢城唱大庆（诗）·····················王德祥
炉长崔师傅（诗）·······················谭　谊
飞转的钻机（诗）·······················郭天民
开钻（诗）····························武兆强
"铁管保"（诗）························张宝申
师傅的礼物（诗）·······················崔振雄
锤声（诗）····························葛学中

炉火熊熊锤声高（诗）·····················王恩宇
呵，雷锋永在我们之中（诗）··················陈祖芬
螺丝钉（诗）··························骆　飞
学习六连掀高潮（诗）·····················李大迪
霞姑娘（诗）··························寇宗鄂
写在英雄纪念碑前（诗）····················毛秀璞
瞻仰烈士墓（诗）·······················朱万春

光明在前（小说）·······················孟克勤
交锋之前（小说）·······················张福德
老倔头（小说）·························傅镇岳
大号（小说）··························孟广臣
冰凌花（散文）·························雪　犁
莲莲（散文）··························王小平

《红楼梦》和江青的女皇梦···················周忠厚
愤怒声讨"四人帮"利用文物进行反革命活动的罪行
······················北京市文物管理处大批判组
戳穿"四人帮"拍摄旧戏《斩黄袍》的险恶居心
························北京市京剧团大批判组
褒贬长征为哪般（杂文）················肖健夫　郭照江

创作谈
揭批"四人帮"的罪行
广阔天地炼红心　阳光雨露育新苗——谈长篇小说
《晨光曲》中赵清明的形象···················石　奇
千万个雷锋在成长·················杨春瑞　庞希泉

1977 年第 5 期　刊名:《北京文艺》

目录

毛主席手书叶剑英同志《远望》诗
华主席手书民歌一首
诗三首·····························叶剑英

高举毛主席的伟大旗帜　欢呼《毛泽东选集》第五卷出版
明灯一盏指航程（短歌十二首）
················前志愿军二级战斗英雄　沈志宏
全国劳动模范　王治国等
最深沉的感情——在印制《毛泽东选集》第五卷的日
子里·······················窦孝鹏　王宗仁
沸腾的山谷（散文）·····················刘占绵
心上的旗帜（散文）·····················马贵民
春城尽朝晖（散文）·····················平海南
大路上洒满阳光（诗）····················周　鹤
春天的喜讯（诗）·······················李　炜
春风颂（诗）··························郭宝臣
战士的心愿（诗）·······················宋纪明
印就"五卷"高高擎（诗）··················高　桦
学习"五卷"甩开膀子干（诗）················刘宪忠
车间风光无限美（诗）····················白玉明
最幸福的时刻（诗）·····················郭天民
批判"四人帮"的锐利武器——学习毛主席《"关于
胡风反革命集团的材料"的序言和按语》···········钟广屏

亿万人民的共同心愿（木刻）···········乔荣汉　韦品高

毛泽东颂（长诗选载）····················时永福

纪念毛主席《在延安文艺座谈会上的讲话》发表三十五
周年
幸福的回忆——延安文艺座谈会前后··············金紫光
《讲话》精神照耀下的重要收获——评歌剧《白毛
女》·····························陆思凝
《讲话》永远放光芒（歌词）············张寿山　李战吉

大庆红旗飘
矿山铁人（报告文学）——记北京大台煤矿工人邬纪
秀同志······················韩静霆　王二石
我学大庆斗志坚（民歌六首）··············奚润珍等
我爱你呀——刹把（诗）···················梁月志
矿工新家（诗）·························梁　冬
晨（诗）····························曹怀新
渤海的早晨（歌词）·····················峦　峰
工业学大庆画页·····················穆永瑞等
高唱战歌永远前进——影片《大庆战歌》观后
··················北京市东城区人造金刚石厂理论组
华主席和咱们土家人心连心（散文）·············庄正华
退休之前（小说）·······················傅用霖
闯将（小说）··························杨　啸
桥（散文）··························刘贵贤

1977 年第 6 期　刊名：《北京文艺》

目录

高举《讲话》旗帜　繁荣社会主义文艺——本市部分
专业和业余文艺工作者纪念毛主席《在延安文艺座谈
会上的讲话》发表三十五周年座谈纪要
隆重纪念毛主席《在延安文艺座谈会上的讲话》发表
三十五周年
北京市专业、业余文艺单位联合演出速写选登
　　　　　　　　　曹方伯　李克瑜　范　曾等

小说·散文
心愿　　　　　　　　　　　　　王　嫣　李亚东
混凝土寄情　　　　　　　　　　　　　　韩静霆
雄堂高矗照万代　　　　　　　　　　　　理　由
密云人物特写选
永不衰竭的人　　　　　　　　　　　　　尹峻清
描绘春天的人　　　　　　　　　　　　　赵日升
闪光的路　　　　　　　　　　　　　　　徐天立
闯关　　　　　　　　　　　　　　　　　李显玉
种子　　　　　　　　　　　　　　　　　张广茂
老保管的故事　　　　　　　　　　　　　张怀敏
伯忠求师　　　　　　　　　　　　　　　山　春

审公鸡（儿童文学）　　　　　　　　　　胡忠军
早来的春天　　　　　　　　　　　　　　刘国春

诗歌
纪念堂工地的欢呼　　　　　　　　　　　朱万春
金灿灿的宝书我最爱读　　　　　　　　　陈满平
宝书把战士的激情点燃　　　　　宋绍明　刘宪宗

喜读宝书红"五卷"　　　　　　　　　　　苗得雨
新歌一曲颂太阳　　　　　　　　　　　　石中元
儿歌十首　　　　　　　　　　　　　　孙玉枝等
煤海激浪（二首）　　　　　　　　　　　陈羽彤
大庆和大寨握手　　　　　　　　　　　　韩静霆
高举大庆大寨两杆旗　　　　　　　　　　刘振波
海疆诗草（二首）　　　　　　　　　　　董茂棠
观杂技歌（二首）　　　　　　　　　　　禾　波

向大庆职工、家属业余文艺演出队学习
大庆节目选登
毛主席树起大庆红旗（歌词）
　　　　　　　大庆职工、家属业余文艺汇报演出队
像铁人那样去战斗（歌词）
　　　　　　　大庆职工、家属业余文艺汇报演出队

高举红旗斗斗斗（战鼓词）
　　　　　　　大庆职工、家属业余文艺汇报演出队
大庆精神放光芒——向大庆业余文艺演出队学习
赞《初升的太阳》　　　　　　北京话剧团　刘厚明
速写选登　　　　　　　　　　陈玉先　法乃光

评论
彻底批判"四人帮"破坏百花齐放、百家争鸣方针的
罪行　　　　　　　　　　　　　　　　　郁德生
"四人帮"是破坏儿童文学的狼外婆　　　刘　猛

杂文
"青"出于"蓝"而胜于"蓝"　　　苏海红　顾长华
张春桥的"别动"术　　　　东城区业余文艺评论组
文痞与"火鸡"　　　　　　　　　　　　　邝　典

1977 年第 7 期　刊名：《北京文艺》

目录

朱德同志诗十首
悼念朱总司令　　　　　　　　　　　　　张爱萍
怀念朱德同志诗词二首　　　　　　　　　魏传统
七律　　　　　　　　　　　　　　　　　邢广域
钢铁工人的怀念　　　　　　　　　首钢党委写作组
怀念敬爱的爷爷　　　　　　　　　　　　朱和平
食粮（小说）　　　　　　　　　　　　　王愿坚
旗帜篇（诗）　　　　　　　　　　　　　寇宗鄂
华主席事事得人心（诗）　　　　　　　　邹荻帆
周总理的衬衣（诗）　　　　　　　　　　喻　晓
重温入党申请书（诗）　　　　　　田亚文　宋纪明
小彝铁人——毛主席纪念堂工地剪影　　　韩静霆
华主席的故事　　　　　　　　　　　　　宋　峰
作战指挥室里（诗）　　　　　　　　　　骆　飞

小说·散文
生活的考验　　　　　　　　　　　　　　王金相
小石磨　　　　　　　　　　　　　　　　刘　恒
浪淘石　　　　　　　　　　　　　　　　方　楠

矿工的心声（散文）　　　　　　　　　　春　鸣
铁虎除奸（故事）　　　　　　　　林阿绵　高　鑫

诗歌
油海深情（二首）　　　　　　　　　　　姚焕吉
开镰　　　　　　　　　　　　　　　　　戚长道
书记要进北京城　　　　　　　　　傅国海　葛学中
挑战　　　　　　　　　　　　　　　　　李　曼
民歌三首　　　　　　　　　　　　　　宫书玲等

评论

思想文化战线上的一场伟大斗争——学习《应当重视
电影〈武训传〉的讨论》·····················徐　庄
华主席关怀新民歌·····························贺　嘉

创作谈

热气腾腾的小说——读短篇小说《热气腾腾的田野》
···顾　行
读《雁回岭》——兼谈长篇叙事诗的创作·······谢　冕

读者中来

我们喜欢这样的"家常饭"·········李树琦　张超英等

美术

纪念堂工地献红心
·············毛主席纪念堂工地业余美术小组　曹方伯

1977 年第 8 期　刊名:《北京文艺》

目录

中国共产党第十届中央委员会第三次全体会议公报
历史性的会议
·······《人民日报》、《红旗》杂志、《解放军报》社论
八十书怀·····································叶剑英

热烈庆祝党的十届三中全会的胜利召开

神州沸腾庆胜利·······························魏　华
句句倾吐万民情·············四季青公社业余文艺宣传队
跟着华主席继续长征·····························陈文骐
党中央信赖咱爱戴·····························柳志清
清除"四害"党更纯·····························王晓明
钢铁工人情更豪·······························王德祥
山寨社员唱赞歌·······························群　欢
华主席为咱壮军威·····························李升堂
唤回山河春光媚·······························陈　来

热烈庆祝中国人民解放军建军五十周年

将军河（长篇选载）·····························管　桦
启示（小说）·································王愿坚
一袋青稞（革命故事）·····························嘉和强
苹果的故事·····················殷宝昌　殷宝洪
温暖（散文）·································李明发
龙腾虎跃（散文）·····························张建明
赵军和朱小龙（儿童文学）·····················马立诚

井冈山颂（诗三首）·····························石　祥

中国共产党第十届中央委员会第三次全体会议公报

历史性的会议

·······《人民日报》、《红旗》杂志、《解放军报》社论
八十书怀·····································叶剑英

热烈庆祝党的十届三中全会的胜利召开

神州沸腾庆胜利·······························魏　华
句句倾吐万民情·············四季青公社业余文艺宣传队
跟着华主席继续长征·····························陈文骐
党中央信赖咱爱戴·····························柳志清
清除"四害"党更纯·····························王晓明
钢铁工人情更豪·······························王德祥
山寨社员唱赞歌·······························群　欢
华主席为咱壮军威·····························李升堂
唤回山河春光媚·······························陈　来

热烈庆祝中国人民解放军建军五十周年

将军河（长篇选载）·····························管　桦
启示（小说）·································王愿坚
一袋青稞（革命故事）·····························嘉和强
苹果的故事·····················殷宝昌　殷宝洪
温暖（散文）·································李明发
龙腾虎跃（散文）·····························张建明
赵军和朱小龙（儿童文学）·····················马立诚

井岗山颂（诗三首）·····························石　祥
井冈红星歌（诗）·····························洪　源
歌儿唱给华政委（诗四首）·····················王晋军
南昌起义（外一首）·····························顾　工
"八一"颂歌（诗）·····························赵金荣
瞻仰八一南昌起义纪念馆（七律）·················王为政
闪光的草鞋（诗）·····························董越芬
航图上的红星（外一首）·····················周　鹤
敬茶（外一首）·······························火　华
咱把喜讯寄亲人（诗）·············崔墨卿　钟振英
焦庄户民兵诗选·····················王文枕　马文藻等
抓纲治军灯一盏——学习硬骨头六连短诗八首
·································李耀洲　陈云梯等
学习六连练硬功（诗二首）·············赵中其　韩文夫

评论

"满目青山夕照明"——喜读敬爱的叶副主席七律
《八十书怀》·································尚　弓
青松的礼赞——读《陈毅诗词选集》·············杨子敏
关于《青春之歌》的通信
宋丽蓉　单解南　张蕾给杨沫同志的信
答亲爱的读者·······························杨　沫
文艺短评　喜读《万千铁人结队来》·············佘树森

美术

军民团结力无敌 ························· 马成群
打靶归来 ····························· 冀　水

1977 年第 9 期　刊名:《北京文艺》
目录

热烈欢庆党的第十一次代表大会胜利召开
伟大的里程碑 ························· 陈福汉
手捧代表证 ··························· 刁荣芬
修鞋工出席十一大 ····················· 杜宝荣
华主席啊，我们投票赞成您 ··············· 李学鳌
我爱你呵，大鼓 ······················· 马连义
颂歌 ······························· 石　英
大步向前跨 ··························· 蓝　曼
胜利了 ····························· 王宝安
车工的心愿 ··························· 陈福林
欢庆党的十一大 ······················· 曹士英
十一大公报传公社 ····················· 郭德贵
幸福的哨兵 ··················· 田亚文　宋纪明
把喜讯传向四面八方 ··················· 吴洪祥
画页

纪念伟大的领袖和导师毛主席逝世一周年
毛主席教导我识真伪明是非 ··············· 华罗庚
听毛主席给我们讲课 ··················· 涂国林
幸福的回忆 ······················· 杨士惠口述
芦沟桥头唱红日 ······················· 毛志成
一只玻璃杯的故事 ····················· 李长华
毛主席纪念堂礼赞 ····················· 韩静霆

写在九月九日的日历上 ················· 武兆强
路的抒怀 ··························· 郭小聪
炉前工的怀念 ························· 王金秋
征帆颂 ····························· 陈羽彤
红楼礼赞 ····················· 杨俊青　阵　容
纪念堂工地诗草（三首） ················· 朱万春
人民的殷切希望 ······················· 魏传统
红色的基石 ··························· 张　策
千秋万代的歌（三首） ············· 孙　理　韩彦华
钢花寄深情 ··························· 张维国
一条鲜红的领巾 ······················· 王君亚
永世长存 ··························· 何镇强

小说·散文
旱天雷 ····························· 理　由
雪山书简 ··························· 王宗仁
翻山路 ····························· 歌　海

评论

挥时代彩笔　颂当代愚公——评来自密云县的一组报
告文学 ····························· 艾克恩
写"误会"就是"无冲突论"吗? ··············· 刘保华
"捧角"的艺术 ························· 宇　子
阅读与欣赏·解放了的漳河永欢笔 ··········· 谢　冕
读者中来·欢迎《审公鸡》这样的好作品 ······· 李利平

1977 年第 10 期　刊名:《北京文艺》
目录

诗歌
犁头旗之歌 ··························· 于　沙
青松 ······························· 李学来
船工的心 ··························· 叶延滨
华主席走遍祖国山和水 ················· 陈松叶
莲树吐翠 ····················· 许国泰　王晓廉
十月东风鼓征帆 ················· 玉　运　宇峰
井冈诗笺（二首） ····················· 万里浪
我和燕山 ··························· 武兆强
为了实战（二首） ····················· 马连义
在大寨展览馆里（二首） ················· 梁　衡
火红的山村（三首） ··················· 石建林
过江曲（二首） ······················· 尧山壁
苹果林中（二首） ····················· 蓝　曼
书记的锤 ··························· 何玉锁
列车之歌 ··························· 董越芬
运河两岸歌声高 ················· 通县文化馆供稿
架子工 ····························· 杨大明

小说·散文
心灵上的眼睛 ························· 韩静霆

县城巧遇 ··························· 孟广臣
腊梅嫂 ····························· 周莘榆
火娃子 ····························· 石川军
烈火熊熊（长篇选载） ················· 舒丽珍
一张地质图 ··························· 雷　加
历史的一页 ··························· 徐　刚
《白毛女》怀想 ······················· 刘光人

评论
京剧革命的第一声春雷——喜看京剧《逼上梁山》
····························· 刘士杰　李杰华

创作谈
高歌欢庆新春来——学习歌剧《江姐》的几点体会
································· 任　萍
就《歌声》答问 ······················· 吴伯箫

杂文

"四人帮"的"处世之道" ⋯⋯⋯⋯⋯⋯⋯⋯ 文　昭
于会泳的"吹拍乐" ⋯⋯⋯⋯⋯⋯⋯⋯⋯ 舒　容
拿来为我所用——学习鲁迅《拿来主义》札记
⋯⋯⋯⋯⋯⋯⋯⋯⋯⋯⋯⋯⋯⋯⋯⋯⋯ 金　涛

美术

韶山灌渠水府庙水库 ⋯⋯⋯⋯⋯⋯⋯⋯⋯ 李　颖
建设中的北京前三门大街 ⋯⋯⋯⋯⋯⋯⋯ 肖启益

1977 年第 11 期　刊名:《北京文艺》
目录

逼上梁山（历史京剧）⋯⋯⋯根据一九四三年延安
中共中央党校俱乐部演出本整理（整理者金紫光）
继承和发扬延安京剧革命的传统——整理京剧《逼上
梁山》后记 ⋯⋯⋯⋯⋯⋯⋯⋯⋯⋯⋯⋯ 金紫光

他还在战斗（小说）⋯⋯⋯⋯⋯⋯⋯⋯⋯ 宋子成
老罗（小说）⋯⋯⋯⋯⋯⋯⋯⋯⋯⋯⋯⋯ 孟广臣
红果树下（小说）⋯⋯⋯⋯⋯⋯⋯⋯⋯⋯ 农　戈
金唇树（儿童文学）⋯⋯⋯⋯⋯⋯⋯⋯⋯ 孙克捷
稻子和稗子（寓言）⋯⋯⋯⋯⋯⋯⋯⋯⋯ 刘　谦
兔子的尾巴（寓言）⋯⋯⋯⋯⋯⋯⋯⋯⋯ 乐　牛
小青蛙搬家（童话）⋯⋯⋯⋯⋯⋯⋯⋯⋯ 冯大彪

湘江怒吼（京韵大鼓）⋯⋯⋯⋯⋯赵其昌　王存立

红岩挺立在人间——祝小说《红岩》再版 ⋯⋯ 马识途

创作谈
关于文学速写 ⋯⋯⋯⋯⋯⋯⋯⋯⋯⋯⋯ 孙　犁
鞭辟入里　熠熠闪光——学习鲁迅关于题材论述的札
记 ⋯⋯⋯⋯⋯⋯⋯ 张全宇　俞长江　许树森

走大寨路（木刻）⋯⋯⋯⋯⋯⋯⋯⋯⋯⋯ 张春明
精益求精（石版画）⋯⋯⋯⋯⋯⋯⋯⋯ 陈　镛等

1977 年第 12 期　刊名:《北京文艺》
目录

诗歌
永恒的微笑（外一首）⋯⋯⋯⋯⋯⋯⋯⋯ 彭庆元
太阳的宫殿 ⋯⋯⋯⋯⋯⋯⋯⋯⋯⋯⋯⋯ 毛　锜
巧匠颂（三首）⋯⋯⋯⋯⋯⋯⋯⋯⋯⋯⋯ 毛志成
献给科技大跃进的歌（三首）⋯⋯⋯⋯⋯⋯ 王晋军
真干篇

写在大庆油田的歌（二首）⋯⋯⋯⋯⋯⋯⋯ 李武兵
矿山在欢唱（二首）⋯⋯⋯⋯⋯⋯⋯⋯⋯ 聪　聪
擂台对手 ⋯⋯⋯⋯⋯⋯⋯⋯⋯⋯⋯⋯⋯ 白玉明
"把家虎" ⋯⋯⋯⋯⋯⋯⋯⋯⋯⋯⋯⋯⋯ 石　英

在我们的公社里
县委记忆的工折 ⋯⋯⋯⋯⋯⋯⋯⋯⋯⋯ 张庆明
新机手照像 ⋯⋯⋯⋯⋯⋯⋯⋯⋯⋯⋯⋯ 杨　畅
睡吧，主任 ⋯⋯⋯⋯⋯⋯⋯⋯⋯⋯⋯⋯ 王洪波

绿色的岗位（外一首）⋯⋯⋯⋯⋯⋯⋯⋯ 谭　谊
老舍同志遗作（三则）

小说·散文
翻身纪事（长篇选载）⋯⋯⋯⋯⋯⋯⋯⋯ 梁　斌
他在丛中笑（散文）⋯⋯⋯⋯⋯⋯⋯⋯⋯ 徐　刚
让我们活得更年青（报告文学）⋯⋯⋯⋯⋯ 理　由
四季飘香的不老屯（农村漫笔）⋯⋯⋯⋯⋯ 盘　山
喜相逢（小说）⋯⋯⋯⋯⋯⋯⋯⋯⋯⋯⋯ 何振英
新编阿凡提的故事（讽刺小品）⋯⋯⋯⋯⋯ 彭龙正

评论
卑劣的手段　罪恶的用心——揭晓梁效一篇黑文对邓
小平同志的攻击诬陷 ⋯⋯⋯⋯⋯⋯⋯⋯ 张剑福
篡党夺权的反革命叫嚣——评于会泳鼓吹阴谋文艺的
一次讲话 ⋯⋯⋯⋯⋯⋯⋯⋯⋯ 市文化局评论组
一个带根本性的阴谋口号 ⋯⋯⋯⋯⋯⋯⋯ 郁德生
阅读与欣赏
为大干社会主义鼓劲——重读短篇小说《两匹瘦马》
⋯⋯⋯⋯⋯⋯⋯⋯⋯⋯⋯⋯⋯⋯⋯⋯⋯ 艾克恩
一辈子的"考试"——谈短篇小说《路考》⋯⋯ 成志伟
杂文·如此之"多"！⋯⋯⋯⋯⋯⋯⋯⋯⋯ 筱　胜

美术
书法 ⋯⋯⋯⋯⋯⋯⋯⋯⋯⋯⋯⋯⋯⋯⋯ 陈叔亮

1978 年第 1 期　刊名:《北京文艺》
目录

毛主席给陈毅同志谈诗的一封信

散文·小说
挥泪忆总理 ⋯⋯⋯⋯⋯⋯⋯⋯⋯⋯⋯⋯ 孙新世
肝胆皆冰雪 ⋯⋯⋯⋯⋯⋯⋯⋯⋯⋯⋯⋯ 牟见策
深切怀念敬爱的周总理 ⋯⋯⋯⋯⋯⋯⋯⋯ 彭绍辉
白绢花 ⋯⋯⋯⋯⋯⋯⋯⋯⋯⋯⋯⋯⋯⋯ 雷　加
从八宝山归来 ⋯⋯⋯⋯⋯⋯⋯⋯⋯⋯⋯ 冰　心
教授和他的女儿 ⋯⋯⋯⋯⋯⋯⋯⋯ 陶　正　田增翔
总厂主任 ⋯⋯⋯⋯⋯⋯⋯⋯⋯⋯⋯⋯⋯ 傅用霖

诗歌
镌刻在心灵上的（散文诗四则）············兰 曼
深深的怀念·······························浪 波
革命诗选——首都群众怀念周总理、怒斥"四人帮"
诗词十六首
不朽·····································叶延滨
诗二首···································刘 章
周总理永远和我们在一起（散文诗）········姚 艮

光辉题词刻心上···························李树平
华主席劳动来水库·························沙如钢

握住华主席的手···························常 安
夜过葡萄园·······························郑渊洁
说填词之道（二首）·······················王昆仑
展翅南飞（六首）·························梁上泉
矿工之家（二首）·························陈京松
青工日记（二首）·························王恩宇
如果我是钢·······························符加雷
习作之页·不尽捷报滚滚来·················英广迹等
干不够···································王恩桥
山村新事（民歌四首）·····················董茂堂
雏鹰展翅·································陈羽彤

评论
十七年文艺成绩不可低估···················刘厚明
群众文化活动的成果不容抹煞···············李玉华
"根本任务"论剖析···············何文轩 杜书瀛
创作谈·人物与环境·······················阎 纲
阅读与欣赏·《王贵与李香香》浅谈···········林 非

美术
全党动员，普及大寨县（诗配画）
·······························范之和画 董越芬诗
光辉题词照山河（白描二幅）···············何镇强作

油田青松（报告文学）·····················高进贤
篝火红（散文）···························陈淀国
无形的纽带（报告文学）···········刘建辉 刘 力

诗歌
县城里（长诗选载）·······················王致远
铁火歌（二首）···························何玉锁
描春图···································张同吾
灭虫谣···································苗得雨
献给大寨铁姑娘队·························曹士钦

战士把钢枪紧握（诗辑）
·················闻耀 纪学 宋纪明 徐 贤
滑雪演练（外一首）·······················蔡文祥
怀柔山区纪行（四首）·····················吴爱水
赶车老汉的话·····························赵国培
民歌十四首·······························闫良木等
习作新花（四首）
·················高文忠 万 青 郭跃进 郭立洪
蜜蜂与山鸡（寓言诗四首）·················王荫昌

评论
谈谈律诗——学习毛主席给陈毅同志谈诗的一封信
···愈 欣
学习民歌写新诗···························刘 章
不朽的诗篇 珍贵的教材···········王建国 蒋士枚
"四人帮"的"红"与"黑"···········再捷 竹冰
力避行文的唠叨——学习鲁迅小说语言札记二则
···冀 沙

美术
北京市美术作品选登
送货上门（中国画）···········李淑玲 李玉兰 田运好
封面设计·································袁运甫

1978 年第 2 期　刊名：《北京文艺》
目录

华主席给《人民文学》的光辉题词

小说·散文
特殊关系（小说）·························王梓夫
海滩上的石子（小说）·····················母国政

翠竹赋（散文）·····················林阿绵 高 鑫
共同的怀念（散文）·······················张守仁
献上一束大红花（散文）···················江 溶

1978 年第 3 期　刊名：《北京文艺》
目录

中华人民共和国国歌···········聂 耳曲 集体填词

热烈庆祝五届人大胜利召开
前进吧 伟大的社会主义祖国···············万里浪
写出刻在我心头上的标语···················李武兵
献给祖国的歌
祖国颂·····················北京市歌曲征集小组
永远前进在毛主席的旗帜下·················何玉锁
华主席率领我们胜利前进···················李 宁
前进 继续长征···························姚 欣
为�设社会主义强国而斗争·················李瑞明

纪念敬爱的周总理诞辰八十周年
周总理青年时代诗选
献给周总理的八十诞辰⋯⋯⋯⋯⋯⋯⋯⋯曹 禺
"我们都是普通的红军战士"⋯⋯⋯⋯⋯郭应春
为了北京的明天⋯⋯⋯⋯⋯⋯⋯⋯⋯⋯韩静霆
三月春歌⋯⋯⋯⋯⋯⋯⋯⋯杨俊青 阵 容
我永远讴歌这里⋯⋯⋯⋯⋯⋯⋯⋯⋯⋯李 彤
忆念周总理（七律二首）⋯⋯⋯⋯⋯⋯朱靖宇
献给周总理的心意⋯⋯⋯⋯⋯⋯⋯⋯⋯王连颖

散文·小说
悼⋯⋯⋯⋯⋯⋯⋯⋯⋯⋯⋯⋯⋯⋯⋯⋯林斤澜
长林坡（长篇选登）⋯⋯⋯⋯⋯⋯⋯⋯李方立
金鸡河的歌——顺义县金鸡河水利工地散记
⋯⋯⋯⋯⋯⋯⋯⋯⋯戚长边 李安辅等

诗歌
庆科技战线开门红⋯⋯⋯⋯⋯⋯⋯⋯⋯张爱萍

光从旭日来（外一首）⋯⋯⋯⋯⋯⋯⋯陈广斌
下班后⋯⋯⋯⋯⋯⋯⋯⋯⋯⋯⋯⋯⋯⋯张宝申
赞"尖刀班"⋯⋯⋯⋯⋯⋯⋯⋯⋯⋯⋯⋯黄 安

迎春诗会作品选
恭贺北京市工人迎春诗会⋯⋯⋯⋯⋯⋯王昆仑
迎春归⋯⋯⋯⋯⋯⋯⋯⋯⋯⋯⋯⋯⋯⋯魏传统
迎接大好春光⋯⋯⋯⋯⋯⋯⋯⋯⋯⋯⋯臧克家
风流人物看今朝⋯⋯⋯⋯⋯第一机床厂 王恩宇
有这样一个字⋯⋯⋯⋯⋯⋯⋯首 钢 朱 岩
骏马飞腾把鬃抖（外一首）
⋯⋯⋯⋯⋯第一纺织机械配件厂 韩忆萍
沥青赞⋯⋯⋯⋯⋯⋯⋯⋯市政工程处 梁致章
万里铁边摆擂台⋯⋯⋯⋯⋯丰台机务段 刘天让
红灯⋯⋯⋯⋯⋯⋯⋯⋯⋯⋯⋯⋯⋯⋯⋯张志鹏
山区老教师⋯⋯⋯⋯⋯⋯⋯⋯⋯⋯⋯⋯杜长发

评论
艺术创作要用形象思维——学习《毛主席给陈毅同志
谈诗的一封信》⋯⋯⋯⋯⋯⋯⋯甘 霖 杨 辛
关于反映同"同人帮"斗争（笔谈）
浓墨重采绘英雄——谈与"四人帮"斗争的英尤人物
塑造⋯⋯⋯⋯⋯⋯⋯⋯⋯⋯⋯⋯⋯⋯方顺景
谨防灵魂被锈损——兼评《班主任》⋯⋯闫 纲
就《取经》谈"风派"人物的刻划⋯⋯⋯梁仲华
略谈反面人物的塑造⋯⋯⋯⋯⋯⋯⋯⋯刘树生
歌颂·暴露·立场⋯⋯⋯⋯⋯⋯⋯⋯⋯张 钟

美术
长城岭下唱国歌⋯⋯⋯⋯⋯⋯⋯⋯⋯⋯洪 涛

1978 年第 4 期　刊名:《北京文艺》

目录

诗歌
北京抒情（二首）⋯⋯⋯⋯⋯⋯⋯⋯⋯牛明通
北京晨歌（散文诗三则）⋯⋯⋯⋯⋯⋯胡 昭
团长新歌（二首）⋯⋯⋯⋯⋯⋯⋯⋯⋯马连义
哨所寄语（二首）⋯⋯⋯⋯⋯⋯⋯⋯⋯宋绍明

大办科学志凌云（五首）
⋯⋯⋯徐丽森 李华章 李隆汉 陈官煊
读《攻关》⋯⋯⋯⋯⋯⋯⋯⋯⋯⋯⋯⋯韩嗣仪

在明天的工业基地上（二首）⋯⋯⋯⋯杨 炼
大庆剪影（二首）⋯⋯⋯⋯⋯⋯⋯⋯⋯郭宝臣
夜闯十八盘⋯⋯⋯⋯⋯⋯⋯⋯⋯⋯⋯⋯李战吉

歌曲三首⋯⋯⋯⋯⋯北京市歌曲征集小组集体创作
致清洁工⋯⋯⋯⋯⋯⋯⋯⋯⋯⋯⋯⋯⋯李松涛
商业局长的扁担⋯⋯⋯⋯⋯⋯⋯⋯⋯⋯寇宗鄂
商店新歌（三首）⋯⋯⋯⋯⋯⋯崔黑卿 钟振英
习作新花（四首）
⋯⋯⋯⋯朴康平 倪 林 于文波 茅全杉
民歌七首⋯⋯⋯⋯张文才 陈春荣 茅梦知等
蓝天，我们的操场⋯⋯⋯⋯⋯⋯⋯⋯⋯王新弟
写在八达岭上⋯⋯⋯⋯⋯⋯⋯⋯⋯⋯⋯陶嘉善
一份功劳归志刚⋯⋯⋯⋯⋯⋯⋯⋯⋯⋯凤 翔

小说·散文
西华厅的一天⋯⋯⋯⋯⋯⋯⋯⋯⋯⋯⋯何 讦
桃花船⋯⋯⋯⋯⋯⋯⋯⋯⋯⋯⋯⋯⋯⋯王 扶
在热火朝天的日子里⋯⋯⋯⋯⋯⋯⋯⋯王梓夫
现场会⋯⋯⋯⋯⋯⋯⋯⋯⋯⋯⋯⋯⋯⋯尹峻清
马家沟矿片断⋯⋯⋯⋯⋯⋯⋯⋯⋯⋯⋯雷 加
将军河（长篇选载）⋯⋯⋯⋯⋯⋯⋯⋯管 桦

评论
评《西沙儿女》⋯⋯⋯⋯⋯⋯⋯姚飞岩 巴根汝
为科学技术现代化挥笔上阵⋯⋯⋯⋯⋯金 涛
给《哥德巴赫猜想》作者的信⋯⋯⋯⋯邹荻帆

阅读和欣赏
白洋淀上抒情曲——孙犁的《嘱咐》⋯⋯吴子敏

美术
放学以后⋯⋯⋯⋯⋯⋯⋯⋯⋯⋯赵今升 徐荣杲

1978 年第 5 期　刊名:《北京文艺》

目录

评论

批判毒草小说《严峻的日子》 ……………… 童怀周
写作电影剧本的一些体会 ……………… 李准
我是怎样写《山林支队》的 ……………… 王树梁

赞话剧《丹心谱》

话剧午台的新收获——喜看话剧《丹心谱》 … 颜振奋
观众给《丹心谱》剧组的信
……………… 周永仙　忻强　艾长绪

小说·散文

穿米黄色大衣的青年 ……………… 刘心武
郁郁新松（报告文学） ……………… 胡敬署
隆冬（长篇选载） ……………… 古立高

诗歌

在"二七"纪念馆（三首） ……………… 李瑞明
祖国的场院 ……………… 刘章
织毯新歌 ……………… 张湘霖

幸福的时刻 ……………… 郭天民
火的抒怀（外一首） ……………… 王金秋
永生的战士 ……………… 王洪涛
"拔河" ……………… 杨祖烈
锻工曲（二首） ……………… 张彐杉
钢花的故事 ……………… 罗湘
喷沃 ……………… 丁庆友
十四里隧洞银浪翻（七首）
……………… 延庆县白河引水工程工地　郭春云等
血汗换来幸福泉 …… 中共延庆县委付书记　段义海
校园新歌（五首）
……………… 亚平　李云冲　尹世霖　荆其柱
发射的时刻 ……………… 晨枫
采云赋 ……………… 赵金荣
马刀赋 ……………… 王晋军
咏物篇（四首） ……………… 刘宝田
鲁迅的笔 ……………… 曹复

美术

风雨不停钻（木刻） ……………… 廖开明
捷报频传（剪纸） ……………… 靳鹤年

1978 年第 6 期　刊名:《北京文艺》

目录

评论

一篇"帮性"十足的毒草小说——评《西沙儿女》
……………… 张书芳　杨喜顺
重演《蔡文姬》的一点念想 ……………… 朱琳

创作谈

有根花才香 ……………… 刘心武
观点·倾向·情节——学习鲁迅小说札记 … 鲍霁
切忌"直说"——从《彐花赋》谈起 ……… 侯爵良
阅读与欣赏
谈《将军河》的思想与艺术特色 ……………… 峻骧
资产阶级暴发户的典型——《欧也妮·葛朗台》简析
……………… 郑克鲁

小说·散文

清淤 ……………… 张迆国
大韩采购记 ……………… 陶正　田增祥

儿童文学

掉队的小花斑雁 ……………… 崔丽兴　葛运池
乌鸦逃出了树林 ……………… 陈长智
培培 ……………… 张镒
贡献 ……………… 荃善元

火热的心（报告文学） ……………… 马光　成志伟
柜台内外 ……………… 韩春旭

诗歌·曲艺

贴在校园内外 ……………… 赵日升
飞吧，飞向二十一世纪 ……………… 陈祖芬
关怀 ……………… 田兰菊
儿歌九首 ……………… 陈官煊等
革命历史儿歌四首 ……………… 陈寅中　玉琢整理
中南海的岗哨 ……………… 谭谊
钢铁歌（四首） ……………… 杨俊青
公社秋景 ……………… 张绵厘
金翅歌（二首） ……………… 尧山坒
致交通民警（外一首） ……………… 高峻
习作新花（四首）
……………… 郎争　张艳齐　王连颖　刘红岩
特别医生（相声） ……………… 李逢春　衣迆箱
王存立集体创作　王存立执笔

美术

电汧（木刻） ……………… 莫测

1978 年第 7 期　刊名:《北京文艺》
目录

在毛主席革命文艺路线指引下,
为繁荣社会主义文艺创作而奋斗
在中国文学艺术界联合会第三届全国委员会第三次扩
大会议上的讲话 ————————————— 黄　镇

深切悼念郭沫若同志

怀念郭沫若同志 ————————————— 张爱萍
哀挽卓越的无产阶级文化战士郭沫若同志 — 魏传统
花园祭 ———————————————————— 田　间
敬悼郭老 ——————————————————— 逯　斐
怀念您,文坛的光辉旗帜 ———— 陈满平等集体创作
敬悼郭沫若同志 —————————————— 果瑞卿
悼郭沫若同志 ——————————————— 臧恺之

怀念老舍同志

悼念老舍先生(诗) ———————————— 王昆仑
作者、教授、师友 ————————————— 吴伯萧
怀念老舍 ————————————————— 端木蕻良
痛悼老舍先生(诗) ————————————— 方　殷

小说·散文

从森林里来的孩子 ———————————— 张　洁
兰英的婚事 ———————————————— 刘连枢
小店姑娘 —————————————————— 林斤澜
岳麓巍巍湘水长 —————————————— 金振林
同志深情 —————————————————— 韩静霆
油灯闪亮 —————————————— 易启茂　张心平

诗歌

韶山的水呀交城的山(新民歌四十五首)
—————————————————— 徐　贤　田家骅等
楠木歌 ——————————————————— 吴　超
歌满中南海(二首) ———————————— 陈松叶
山乡乐(三首) ——————————————— 周　鹤
麦海短歌(六首) —————————————— 王恩桥
寄给二○○○年 —————————————— 朱万春
大海渔歌(二首) —————————————— 孔　林
松溪河水唱新歌 —————————————— 荃耀章
洗衣 ———————————————————— 钟文森
万紫千红满艺苑 —————————————— 孙淑华
深山河谷水文工 —————————————— 李　荣

评论

漫天大火为哪般? ——评《三把火》到《百花川》的

奥妙 ———————————————————— 徐明寿
阅读与欣赏·重读《我的第一个上级》 ——— 张维安
创作谈·题材多样化与小中见大 ————— 吴元迈

美术

八路军东渡黄河开赴抗日前线(木刻) ———— 彦　涵

1978 年第 8 期　刊名:《北京文艺》
目录

新长征路上凯歌扬

呵,洗灶台(外一首) ———————————— 陈　菲
深山创业(二首) —————————————— 周所同
装车 ———————————————————— 荃桂苓
见面会 ——————————————————— 张从海
县委书记请参谋 —————————————— 石　奇
中关村大边的春潮 ————————————— 王学彦
夜,静悄悄 ————————————————— 方　非
写在图书馆里(二首) ——————————— 彭庆元
满怀豪情绘新画 —————————————— 戈　绥
请女婿(外一首) —————————————— 严树本
朱德同志的故事 ——————————— 彭志海　宋人绥等
老过硬和小机灵(报告文学)
————————————————— 喻　晓　淀国前涉
瓜蔓结钱(诗) ——————————————— 晨　枫
火烊赞(诗) ———————————————— 纪　学
看齐(诗) —————————————————— 李晓华
冲啊!向着二○○○年(诗) ———————— 黄　安
"回家" —————————————————— 张力生

小说·散文

春水在残冰下流 —————————————— 从维熙
鞋 ————————————————————— 宋　汛
太行后代 —————————————————— 杨奔阳
祖国无处不喜人 —————————————— 艾　丰

诗歌

海淀诗选(六首) —————————————— 吴伯太等
献给先烈的歌(四首) ——————————— 果瑞卿
假日紫竹院素描 —————————————— 韩作荣
教导队生活短诗(四首) —————————— 王彦震
剪枝姑娘 ——————————————— 杜长发诗　王存德画
咏物篇(三首) ——————————————— 高近远

评论

以谁为"敌",为谁"擒敌"? ——批判毒草故事
《天安门广场擒敌》 ———————————— 丛　声　舒　风
重读郭沫若同志的历史剧《屈原》 ————— 黄侯兴

阅读与欣赏

古诗赏析——读李白诗二首 ················ 袁行霈

冷峻·深刻·精巧·严谨——谈莫泊桑的《项链》

················ 刘士杰 杨志杰

情真辞切 一唱三叹——读贺敬之的《回延安》

················ 何镇邦

创作谈·看似反常却正常 ················ 肖 盼

美术

林海巡逻（木刻） ················ 王 琦

1978 年第 9 期 刊名:《北京文艺》
目录

小说·散文

老同学（小说） ················ 顾 工
该选谁（小说） ················ 李书明 李法泉
青春·理想·爱情（报告文学） ················ 傅用霖
老石刻艺人的心（报告文学） ················ 许谋清
毛主席和我们一起看秧歌（散文） ················ 陆 石
浩气贯长虹（《向警予传略》选登） ················ 马尚瑞

诗歌·曲艺

风火集（三首） ················ 张宝申
火红的山乡（二首） ················ 张庆明
护林老人（外一首） ················ 别闽生
筑路工的歌（三首） ················ 王连颖
枣子红了 ················ 韩 杰
大镐（外一首） ················ 苓全杉
山茶花 ················ 舒宗范
百鸟朝凤 ················ 王世泰

北京市职工业余文艺汇演节目选登
上路（山东琴书坐唱） ················ 黄秉德 陈庆新
革新迷（对口快板） ················ 尹 雷

评论

围绕《豹子湾战斗》展开的一场严重斗争 ······ 白 钢
谎言必须戳穿——评《走出彼得堡》

················ 封 敏 胜 捷
"四人帮"也是"聋哑的制造者"——读鲁迅杂文
《由聋而哑》有感 ················ 鲍 霁
光辉映日月 灿烂若朝霞——浅谈《报童》的形象塑
造和艺术特色 ················ 康洪兴

阅读与欣赏

支撑祖国万里江山的钢骨铁梁——读短篇小说《延安
人》 ················ 古远清

美术

毛主席纪念堂（木刻） ················ 梁 栋

1978 年第 10 期 刊名:《北京文艺》
目录

诗词三首 ················ 毛泽东

北京市文学艺术界联合会第三届理事会第二次扩大会议特辑

北京市文联第三届理事会第二次扩大会议开幕词

················ 曹 禺

为实现新时期总任务努力发展社会主义文艺事业——
在北京市文联第三届理事会第二次扩大会议上的讲话

················ 项子明

北京市文联第三届理事会第二次扩大会议决议
在新长征的道路上作出新的贡献——记北京市文联第
三届理事会第二次扩大会议 ······ 本刊记者 方顺景
祝贺北京市文联恢复（诗） ················ 王昆仑
祝贺北京市文联的新生 ················ 胡絜青
略论"辛文彤" ················ 梁仲华 张维安
危险的道路 严重的教训——评《西沙儿女》作者的
变化 ················ 李德君
努力学习 勤奋工作 ················ 苏叔阳
扩大文艺节目 丰富文化生活

················ 北京市服装二厂党总支

我们的严重错误和沉痛教训 ················ 辛文彤
汲取教训 振奋精神 继续前进 ················ 本刊编辑部

小说·散文

一颗很小的星 ················ 刘厚明
大海唱起挽歌——悼念敬爱的罗瑞卿同志 ········ 白 刃
让悲唱"伐柽"的时代早日在台湾结束——阿里山见
闻 ················ （中国台湾）留丽娟

诗歌

写于二○○○年 ················ 邵燕祥
罗马尼亚诗三首

[罗]乔治·科什布克等作 王敏生译
桥之歌 ················ 顾绍康
彝寨新歌（三首） ················ 兰 曼
台湾谣（二首） ················ 于宗信
北大，我们向你报到 ················ 李 聂
齐唱人民公社好（民歌十首） ·········· 肖长海 张小旺等

评论

新苗赞
迟到的第一名——评《从森林里来的孩子》 ······ 谢 冕

清彻溪水响淙淙⋯⋯⋯⋯⋯⋯陈定宇　陈　刚
激情充沛　真实感人⋯⋯⋯⋯⋯⋯⋯⋯王文光
像梁老师那样战斗不息⋯⋯⋯⋯⋯⋯⋯岑建民

美术
人民艺术家老舍同志（中国画）⋯⋯⋯⋯蒋兆和
封面、封底图⋯⋯⋯⋯⋯⋯⋯⋯⋯⋯⋯郝　战

1978 年第 11 期　刊名:《北京文艺》
目录

加强党对业余创作队伍的领导⋯⋯⋯⋯⋯韩作黎
清算"四人帮"批"黑画"的罪恶阴谋⋯⋯潘洁滋
感言（诗）⋯⋯⋯⋯⋯⋯⋯⋯⋯⋯⋯⋯张季纯
北京市文联扩大理事会杂咏（诗四首）⋯钟敬文

小说·散文
木南山夜话⋯⋯⋯⋯⋯⋯⋯⋯⋯⋯⋯⋯王宗汉
乡邮员⋯⋯⋯⋯⋯⋯⋯⋯⋯⋯⋯⋯⋯⋯张羽南
汇报⋯⋯⋯⋯⋯⋯⋯⋯⋯⋯⋯⋯⋯⋯⋯杨　沫
在静静的病房里⋯⋯⋯⋯⋯⋯⋯⋯⋯⋯张辛欣
哪里去了，放风筝的姑娘⋯⋯⋯⋯⋯⋯张　洁

诗歌·曲艺
我们的六千万吨⋯⋯⋯⋯⋯⋯⋯⋯⋯⋯石　英
浪呀，浪（组诗）⋯⋯⋯⋯⋯⋯⋯⋯⋯唐大同
开滦之战（组诗）⋯⋯⋯⋯⋯⋯⋯⋯⋯田　间
北京的钟声⋯⋯⋯⋯⋯⋯⋯⋯⋯⋯⋯⋯晏　明
太行铁树⋯⋯⋯⋯⋯⋯⋯⋯⋯⋯⋯⋯⋯辛汝忠
十月随想曲（二首）⋯⋯⋯⋯⋯⋯⋯⋯宋家玲
答乡音⋯⋯⋯⋯⋯⋯⋯⋯⋯⋯⋯⋯⋯⋯姜强国
育种田边⋯⋯⋯⋯⋯⋯⋯⋯⋯⋯⋯⋯⋯樊永生
光荣榜前⋯⋯⋯⋯⋯⋯⋯⋯⋯⋯⋯⋯⋯蔡文祥
等待⋯⋯⋯⋯⋯⋯⋯⋯⋯⋯⋯⋯⋯⋯⋯王梓夫
深山情歌（二首）⋯⋯⋯⋯⋯⋯⋯⋯⋯宋庆丰
习作之页（三首）⋯⋯⋯⋯⋯⋯⋯⋯吴东炬等
如此照相（相声）⋯⋯⋯⋯⋯⋯姜　昆　李文华

评论
震撼人心的战斗诗篇——读天安门革命诗歌⋯胡德培
一部旧中国劳动者的血泪史——读老舍的《骆驼祥子》⋯⋯⋯⋯⋯⋯⋯⋯⋯⋯⋯⋯⋯曾广灿
浅谈"灵感"⋯⋯⋯⋯⋯⋯⋯⋯⋯⋯⋯李庚辰
"莎士比亚化"小议⋯⋯⋯⋯⋯⋯⋯⋯姜德梧
读《兰英的婚事》（四篇）⋯⋯⋯⋯⋯乔孝堂等
文艺简讯（二则）

美术
驯鹿（木刻）⋯⋯⋯⋯⋯⋯⋯⋯⋯⋯张　璐遗作
水乡油田（木刻）⋯⋯⋯⋯⋯⋯⋯⋯⋯古　元
丰收曲⋯⋯⋯⋯⋯⋯⋯⋯⋯⋯⋯⋯⋯⋯何镇强

1978 年第 12 期　刊名:《北京文艺》
目录

纪念伟大领袖毛主席诞辰八十五周年
身无半文，心忧天下（散文）⋯⋯⋯⋯张晓立
少年毛泽东的传说（散文）⋯⋯⋯⋯⋯贺　嘉整理
幸福的回忆（散文）⋯⋯⋯⋯⋯梅葆玖　梅葆玥
花山的思念（散文）⋯⋯⋯⋯⋯⋯⋯⋯张守仁
敬颂毛主席纪念堂（诗）⋯⋯⋯⋯⋯⋯万里浪
在转战陕北的日子里（诗）⋯⋯⋯⋯⋯马连义
手捧《复电》怀念毛主席（诗）⋯⋯⋯孙士庆
灯光（诗）⋯⋯⋯⋯⋯⋯⋯⋯⋯⋯⋯⋯陈国选

小说·报告文学
血书与锁链⋯⋯⋯⋯⋯⋯⋯⋯⋯⋯⋯⋯张　洋
月季⋯⋯⋯⋯⋯⋯⋯⋯⋯⋯⋯⋯⋯⋯⋯房树民
甜蜜⋯⋯⋯⋯⋯⋯⋯⋯⋯⋯⋯⋯⋯⋯⋯陈迨功
故事二则
脚的问候
南京板鸭⋯⋯⋯⋯⋯⋯⋯⋯⋯⋯⋯⋯⋯王　苎
丰收赞⋯⋯⋯⋯⋯⋯⋯⋯⋯⋯⋯⋯⋯⋯百　钢

诗歌
天安门诗抄（五十首）⋯⋯⋯⋯⋯⋯童怀周编选
领袖和人民心连心（三首）⋯⋯⋯⋯王宏显等
布拉格，静悄悄⋯⋯⋯⋯⋯⋯⋯⋯⋯顾子欣
南斯拉夫诗三首⋯⋯⋯⋯约·约·兹麦伊作　樊　石译

评论
可贵的探索——谈话剧《杨开慧》中毛委员形象的塑造⋯⋯⋯⋯⋯⋯⋯⋯⋯⋯⋯⋯⋯安　葵
动人心魄　发人深省——《于无声处》的启示⋯⋯⋯⋯⋯⋯⋯⋯⋯⋯⋯⋯⋯⋯⋯方顺景
文艺创作要敢于突破禁区——也对《兰英的婚事》谈一点意见⋯⋯⋯⋯⋯⋯⋯⋯⋯红　烛
《兰英的婚事》符合六条标准⋯⋯⋯⋯成志伟

读者·作者·编者
"更正"以外⋯⋯⋯⋯⋯⋯⋯⋯⋯⋯⋯蔡衍棻
再提反对抄袭⋯⋯⋯⋯⋯⋯⋯⋯⋯⋯本刊编辑部

美术
收葡萄⋯⋯⋯⋯⋯⋯⋯⋯⋯⋯⋯⋯⋯⋯彦　涵

攻城 ·················· 彦 涵
天山牧歌 ············· 彦 涵

1979 年第 1 期　刊名:《北京文艺》
目录

文艺要为新长征吹起进军号 ··········· 本刊评论员

小说·散文

彭德怀司令员来了 ············· 孟伟哉
有一个青年 ················ 张 洁
热血 ··················· 苏祥新
刚刚的眼睛 ················ 苏叔阳
压不住的吼声 ··············· 流 火
查干其其格的小白花 ············ 许 淇
甘露如饴 ················· 黎先耀
野景偶拾 ················· 丹 妮
寓言二则　愚蠢的畫虫　花瓶和药锅 ····· 郑伯琛
趴窝鸡（寓言） ·············· 刘品敬

诗歌

怨愤 ··················· 刘人云
护花之夜 ················· 武兆强
广场二题 ················· 姚 欣
愿望 ··················· 李功达
自赏诗三题 ················ 张志民
陶然亭对爱晚亭说 ············· 李 彤
首都哨兵（二首） ············· 石 祥
香山词笺（四首） ············· 刘 征
民歌十四首 ················ 张小旺等
古巴的出口生意（外一首） ········· 顾子欣
"归来吧，祖国的北方四岛！" ········ 洪 沅
在交接班的时刻 ········ [朝鲜] 许洙山作　冯剑秋译

评论

把艺术财富还给人民 ············ 刘锡诚
"长官意志"与文艺创作 ··········· 盛祖宏
从"双百"方针与资产阶级自由化谈起 ···· 张全宇
让文艺幼苗更快地成长 ········· 樊庆荣　傅 之
莫泊桑和福楼拜（作家轶事） ········ 常敬宇整理

简讯　努力反映社会主义现代化建设——本刊举行小
说、诗歌业余作者座谈会
本刊启事

美术

马蹄莲 ·················· 袁运甫
丛林中的战斗（木刻） ··········· 王 琦

北海 ·················· 袁运甫

1979 年第 2 期　刊名:《北京文艺》
目录

小说·散文

话说陶然亭 ················ 邓友梅
地母 ··················· 刘绍棠
榴梿果漫忆 ················ 秦 牧
生命三章 ············· 陈可雄　陆星儿
敦煌莫高窟游记 ·············· 范云兴

报告文学

飞翔的生命 ················ 谭 谊
她创造时间 ················ 陈祖芬
山村女教师 ············· 胡天亮　胡天培

诗歌

闪光的一页 ················ 柯国淳
写在鞍钢（三首） ············· 苗得雨
昆仑ヨ（四首） ·············· 梁上泉
社员的呼声（六首） ············ 王恩桥
罪物二题 ················· 李发模

纪念老舍先生八十诞辰

向毛主席唱出我们的决心 ·········· 老 舍遗作
写在《我热爱新北京》前面 ········· 胡絜青
老舍在北碚 ················ 萧伯青

扫尽阴霾刚峰现　揪来文痞祭晗翁（评论）
——痛斥姚文元的《评新编历史剧〈海瑞罢官〉》
························· 曲六乙

童话·寓言

吊竹兰和蜡笔盒 ·············· 宗 璞
牵牛花和桃树 ··············· 赵润兴
谷子和狗尾草 ··············· 贺中原
《治虫学》与蛀虫 ············· 王满麦

美术

中国画展选

瓜 ··················· 王雪涛
古柏 ··················· 白雪石
牧笛 ··················· 潘絜兹
牧牛图 ·················· 黄 胄
牧驼图 ·················· 吴作人
山水 ··················· 颜 地
云南大理天生桥 ·············· 秦仲文

春到太行 —————————— 黄润华
万马奔腾 —————————— 廖开明
春光 ——————————— 莫 测
海 ———————————— 赵富山

编后记
简讯 东城区文化馆召开业余作者座谈会

1979 年第 3 期　刊名:《北京文艺》
目录

学习周总理《在文艺工作座谈会和故事片创作会议上的讲话》
发展社会主义文艺的强大思想武器 ———— 洪 明
该哭就哭　该笑就笑 ——————— 刘心武
新的长征路万千　诗人兴会更无前 ———— 臧克家
永难忘怀的纪念 ——————————— 王 琦

小说·散文
内奸 ———————————— 方 之
"同案犯" ———————————— 韩静霆
两篇短短的小说
最美好的鲜花　邂逅 ——————— 沙小青
俺那二小子 ————————— 王梓夫
"眼睛" ————————————— 乐 牛
雨中的荷花 ————————— 白景晟
躯干之部（报告文学） —————— 林 晶

诗歌
转移 ———————————— 顾 工
海的故事 ——————————— 刘 征
诗呀　请把步子迈得再大一点 ——— 鲍雨冰
信 ————————————— 李 彤
京华三首 ——————————— 蔡其矫
马路边的合欢 ————————— 邹荻帆
钢铁的使者 ————————— 张宝申
老道理又回来了 ———————— 苓全杉
迎春（七律二首） ——————— 朱靖宇
吴哥在战斗（外一首） —————— 顾子欣
马车出发之歌 ——— ［日本］小熊秀雄作　李 芒译

阅读与欣赏
一个为革命献身的英雄——与青年读者谈《牛虻》
———————————————— 白晓朗

文艺漫笔
轻装与负重 ————————— 翟葆艺

读者·作者·编者
呼吁重视业余创作关心业余作者
《如此照相》不能如此下去
本刊启事

美术
人民的好总理（木刻） —————— 刃 锋
晨 ———————————— 何镇强
新貌 ———————————— 何镇强
天山的红星 ————————— 许彦博
春 ————————————— 许彦博

1979 年第 4 期　刊名:《北京文艺》
目录

小说
阳台 ———————————— 林斤澜
年轻人的事情 ————————— 李宽定
我的妈妈 ——————————— 高尔品
白花呵，洁白的花 ——————— 苏 林
母亲和儿子 ————————— 刘向阳
青春万岁（长篇选载） —————— 王 蒙

探亲（散文） ————————— 鲁秀珍
献身"TQC"的人（报告文学） ——— 百 钢

诗歌
自卫反击赞 ————————— 张爱萍
班师回防颂 ————————— 魏传统
最后的岁月 ————————— 任洪渊
送别死者的时候…… ——————— 树 元
沉痛的悼念 ————————— 李学鳌
悼念刘仁同志 ————————— 川 石
诗二首 ——————————— 芦 萍
花海（五首） ————————— 严 阵

学习周总理《在文艺工作座谈会和故事片创作会议上的讲话》
艺术规律小议 ————————— 邓友梅
吸取教训　面向未来 —————— 从维熙
短简 ———————————— 林斤澜
春天的信息 ————————— 刘 迅

漫谈老舍的文学语言（评论） ———— 孙钧政
避讳·文字狱及其他（杂文） ———— 饶 旭
野马与疲骡（文艺漫笔） —————— 翟葆艺
简讯 ———————————— 苗稼全

美术

清明感怀·····················袁运甫
焊花飞舞·····················邹达清
丙辰清明·····················彦涵
春讯·························何镇强

1979 年第 5 期　刊名:《北京文艺》
目录

纪念"五四"运动六十周年
"五四"的道路·················杨晦
纪念"五四"运动,向先驱者李大钊学习····贾芝
民主和科学——"五四"运动六十周年纪念感言
·························钟敬文
试论"五四"时期文学现实主义的多样性·····凌宇
伟大的先生(诗)——缅怀李大钊同志·····张雪杉
李大钊故居琐记················张建国

小说·散文
老"靠"和他的弟弟···············平申生
滚滚黄河总会清·················王文平
忠实的人们····················陈祖芬
妈妈·························刘永年
洗礼············[苏]高尔基作　孙静云译
彭总的故事·····················刘真
干部之家——罗荣桓同志二、三事········白刃
革命根据地日记摘抄···············钱毅
鄂尔多斯草原姐妹················白原

诗歌
欢迎毛主席进京阅兵式··············肖华
呵,石油······················顾工
八颗油砂赞····················赵日升
擂台上·······················李小雨
星下(外一首)··················王燕生
大海拾贝(四首)·················孔林
牧鸭图·······················黎元
现代美国工人诗选(三首)···········袁可嘉译

学习周总理《在文艺工作座谈会和故事片创作会议上的讲话》
让我从二十一岁开始···············刘绍棠
艺术规律与民主··················苏叔阳

关于典型问题的一封信··············姚雪垠

美术
放学回家(木刻)··················王琦

新村·························何镇强
工地不夜(木刻)·················陈晋镕
晨·························王存德

1979 年第 6 期　刊名:《北京文艺》
目录

儿童文学
小薇薇·······················瞿航
京京和都都····················韩作黎
儿歌四首·····················邓元杰等
艾梅特利亚·········[阿根廷]阿尔瓦劳·荣凯

小说
我们家的炊事员··················母国政
非党群众·······················张洁
青春的脚步·····················浩然
伍子胥与渔父(历史小说)············萧军
为胜利铺路的人(报告文学)·····陈淀国　徐国腾

诗歌
邓拓同志诗三首
寄自边防的捷报
致金鸡山(外一首)···············李瑞明
独胆英雄·······················喻晓

白雪抒情······················陈祖芬
长江三唱······················黄声笑
担水的故事·····················袁石
奴隶船···········[德国]亨·海涅作　何其芳译

评论
讽喻艺术之一例——读小说《内奸》·······闫纲
谈小说《内奸》民族化的艺术风格········何镇邦
冲破题材问题上的禁区——评小说《内奸》···陆钊珑
儿童特点与"童心论"···············贺嘉
关于《邓拓同志诗三首》的说明··········于浩成
《躯干之部》带来了清新气息(读者来信)···丁临一
本刊征稿启事

美术
自卫还击战速写四幅···········许宝中　余真
渡(木刻)······················李桦
长鼓舞(木刻)···················周建夫

1979 年第 7 期　刊名:《北京文艺》
目录

小说

徐家园三老汉 .... 陈忠实
雪花静静地飘 .... 李　陀
湖畔奇人 .... 孙幼军
乡土 .... 屈兴岐
玉米挂包了 .... 李　迪
比 .... 李　曼

散文

弃民图 .... 刘　艺
铁窗里的春天 .... 逯　斐
写在圆明园的废墟上 .... 王英琦
《怀亡友》与敬父执 .... 孙新世

诗歌

写给罗马尼亚（三首） .... 彭　龄
挂甲屯情思（三首） .... 孟宪良
醒悟·向往·信念（三首） .... 陈冠雄
彝族人民歌唱党（三首） .... （彝族）吉慧明
来自县委的春风（二首） .... 赖松廷
公社春歌（三首） .... 石　奇
南岛放歌（四首） .... 飞　雪
蜡 .... 王金秋
春播 .... 郭天民
颐和园情话 .... 高振生
了了录（杂感）——话说文艺刊物和编辑 .... 蓝　翎
辛弃疾求教（作家轶事） .... 朱靖宇

创作谈

人物性格要有自己的行动逻辑 .... 刘大新
意料之外和情理之中 .... 吴功正
"宜实而不泥乎实" .... 古远清
放纵与控制（"艺海潮汐"之三） .... 翟葆艺

评论

一个感人的故事——读《小薇薇》 .... 谷斯涌
黄河乍见清水来——读《滚滚黄河总会清》的一点启
示 .... 石　丛

美术

新貌 .... 邵柏林
春曲（木刻） .... 卜维勤
春雨（木刻） .... 广　军
花 .... 王树樟

1979 年第 8 期　刊名:《北京文艺》
目录

小说

梧桐雨 .... 从维熙
忏悔——献给不幸的孩子 .... 张　洁
自行车引起的风波 .... 韩石山
三月春山（长篇选载） .... 阮章竞

报告文学

铁甲虎将 .... 韩静霆
在硝烟中飞翔 .... 郑万隆

散文

青少年时期的贺龙同志 .... 贺学祥
往事难忘——忆老舍先生 .... 王碧岑
一个青年求教者的回忆——追怀敬爱的何其芳同志
.... 张梦阳

诗歌

江河呜咽哭忠魂——献给张志新烈士
.... 武兆强　熊光炯　苗　木　王恩宇　王业勋
京华诗草（三首） .... 孙友田
战士诗情（诗辑·七首） .... 张元清　孙立先
董茂棠　申　身　马合省
紫禁城三题 .... 杨俊青　阵　容
凤凰山 .... 曹世钦
学艺篇（六首） .... 刁永泉　樊发稼
如果 .... 殷树楷
天车姑娘 .... 李一波

评论

气体·液体·固体 .... 李锡康
从一出戏的风波谈起 .... 樊庆荣
小议"拔毒草" .... 林　晓
关于鲁迅与闰土的关系——与姚雪垠同志商榷
.... 叶伯泉
从"更正"说起 .... 成志伟

作品评介

《小薇薇》好 .... 崔道怡
推荐《我们家的炊事员》 .... 陆钊珑
要给读者新的东西——从小说《滚滚黄河总会清》想
到的 .... 赵尊党　刘孝存

美术

科学的春天 .... 邵柏林
张志新同志在狱中 .... 张作明

党的好女儿张志新 …………………… 王东海
林中熊猫（木刻） …………………… 彦 冰

1979 年第 9 期　刊名:《北京文艺》
目录

小说专号
评论
解放思想　勤学苦练 …………………… 夏 衍
一个必须丢弃的荒诞公式——论关于歌颂和暴露
　　　　　　　　　　　………………… 于 晴 苏 中

小说
京西有个骚鞑子 …………………… 陈建功
拣珍珠 …………………… 高晓声
芳草满天涯 …………………… 刘绍棠
落霞 …………………… 祝兴义
友人和烟 …………………… 王 蒙
伍子胥和浣纱女 …………………… 萧 军
问号 …………………… 林斤澜
养老女婿 …………………… 刘国春
勘探者的梦 …………………… 南 丁

新人新作
湮没 …………………… 韩蔼丽
把家虎 …………………… 赵松泉
礼物 …………………… 徐 峰
两个心眼儿 …………………… 孙 伟

简讯
北京市各区县文艺刊物纷纷问世
编后记

1979 年第 10 期　刊名:《北京文艺》
目录

小说
解脱 …………………… 蒋子龙
清晨，窗外飞过一队白鹤 …………………… 刘心武

报告文学
大路正为你敞开 …………………… 陈建功
起跑 …………………… 陈祖芬

散文
骆驼颂——怀念敬爱的任弼时同志 …………………… 朱子奇
解答三个问题 …………………… 丁 玲
举起这杯热酒 …………………… 秦兆阳

激动与沉思 …………………… 王 蒙
鹿场、参园见闻录 …………………… 秦 牧
泉 …………………… 端木蕻良
石子（病期琐事） …………………… 孙 犁

诗歌
登北京古司天台（二首） …………………… 任洪渊
花海（二首） …………………… 严 阵
词二首 …………………… 蔡天心
举杯起誓言 …………………… 吴林泉
心愿 …………………… 苏金伞
回答党的召唤 …………………… 郭宝臣
从海上到北京 …………………… 石 英
黄土高原的梦 …………………… 马恒祥
腾格里的春天（外一首） …………………… 高 深
春光曲响在路上 …………………… 周 鹤
陡河岸上樱花香（二首） …………………… 顾绍康
金色的柿林 …………………… 戚长道

评论
肃清流毒　继续战斗 …………………… 唐 挚
析"题材比例学" …………………… 李基凯
要关心青年作者的成长 …………………… 曹菲亚

美术
四厢花影怒如潮（彩墨画） …………………… 黄永玉
船在画中行（国画） …………………… 潘洁兹
诗二首（书法） …………………… 魏传统 李长路
欢庆胜利（木刻） …………………… 洪 波

1979 年第 11 期　刊名:《北京文艺》
目录

报告文学
中年颂 …………………… 理 由

小说
爱，是不能忘记的 …………………… 张 洁
劳姐 …………………… 贾大山
第五个穿大衣的人 …………………… 刘宾雁
座标 1221 …………………… 邓友梅
生命的花环 …………………… 叶雨蒙
有这样一堵高墙 …………………… 曹鸿翔

散文
悼念周立波同志 …………………… 葛 洛
终日坎壈缠其身——忆萧也牧同志 …………………… 曾秀苍

诗歌

敬神者的觉醒————————————宋大平
岚山行（外二首）————————————朱述新
生活里的浪花（三首）——————————董耀章
不灭的火种————————————黄东成
寄塑造灵魂的工程师（二首）—————苏殿远
元帅的传说（二首）——————————李春林
多叶的山路————————————黄安生
新婚夜话————————————刘贵贤
比萨斜塔的钟声————————————陈羽彤
望长城————————————朱吉成
运材道小唱————————————张树方
绿色的梦————————————鲍雨冰

评论

论老舍的语言风格————————————孙钧政
塑造各种各样的人物形象——读《北京文艺》小说札
记————————————马联玉
漫话"艺术想象"————————————盛英
应当重视和提倡报告文学——记一次座谈会————傅高
新花吐艳春色满园——北京市区、县文艺刊物巡礼
————————————方顺景

美术

乌苏里江渔歌（套色木刻）——————宋源文
藏族儿童（速写）————————————周菱
月季（木刻）————————————刘岘
花（木刻）————————————刘岘

1979 年第 12 期　刊名:《北京文艺》
目录

信心百倍　继续前进————————本刊评论员
作家的职责——在中国作家协会第三次代表大会上的
发言————————————邓友梅
重视扶植后继者——在中国作家协会第三次代表大会
上的发言————————————理由

小说

鱼————————————任大星
一个平静的夜晚————————————张辛欣
幸福————————————陈忠实
呼声————————————王梓夫
帆————————————暖子

散文

旅伴的故事————————————胡昭
蹄花————————————黄福林

为了祖国的安宁——记战斗英雄何相孟————程万里
蝗虫与蝈蝈（寓言）——————————方守让
鹌鹑的尾巴为什么是秃的（寓言）—————汪兆骞

报告文学

深深的海洋——记国家羽毛球队教练王文教
————————————肖复兴　于公介

诗歌

水龙吟二首————————————刘征
伟大的囚徒（二首）——————————时红军
未来人的奇想————————————白桦
十四行诗（二首）————————————唐祈
无题（四首）————————————武兆强
"警钟"————————————张宝申
摘帽————————————王恩桥
邮递员来了————————————宋绍明
春的召唤————————————刘湛秋
社员心————————————徐咏龄
我不爱他————————————李瑞明
颐和园————————————金谷
水乡丰采（三首）————————————文丙
水乡剪影（三首）————————————黄淮

评论

论老舍的语言风格（续）——————孙钧政

美术

泼水节——生命的赞歌（壁画·局部）————袁运生等
松竹之友（国画）————————————管桦
思故人（国画）————————————管桦
老队长（油画）————————————辛莽
知识青年（油画）————————————辛莽
花（木刻）————————————刘岘

1980 年第 1 期　刊名:《北京文艺》
目录

小说

富娃————————————韩石山
关于一个鸡蛋的"讲用"——————崔道怡
青草————————————张承志
"丑 2——15304"————————————叶文玲
寂静的黄昏————————————肖平
周伯伯的孩子————————————陈模

散文

痛悼方之————————————高晓声

又为斯民哭健儿 ················ 刘绍棠
你应当安息在这里 ················ 邹子婴
盛开吧，报春兰 ················ 德 咏

报告文学
醉面人和他的女儿 ················ 韩静霆

诗歌
北京抒情（三首） ················ 曹世钦
周总理在光明顶上微笑 ················ 贺羡泉
瞻仰周公馆（外一首） ················ 晏 明
给海瑞 ················ 江 日
公社地毯厂 ················ 张从海
岳王庙匾 ················ 江 枫
运河情思 ················ 刘瑞林
赶车大伯 ················ 方孜行
小草 ················ 刘人云 吴昭学
游上方山（七律二首） ················ 朱靖宇
换 ················ （中国香港）何 达
关于时间（二首） ················ 李 钧
山溪（外二首） ················ 张春文
铁 ················ 张志鹏

评论
一九七九年《北京文艺》短篇小说印象 ········ 刘锡诚
高尔基书简 ················ 王庚虎译
把想象的余地留给读者 ················ 何 新
读《北京短篇小说选》 ········ 张 韧 蒋守谦
从读者来信中看到的 ················ 本刊编辑部

美术
封面设计 ················ 林海默
长城冬夜 ················ 郑叔方
正阳门 ················ 谭权书
本刊一九八〇年举办《优秀短篇小说奖》评选启事

1980 年第 2 期　刊名:《北京文艺》
目录

散文
天涯归舟 ················ 赵 赴
华山情 ················ 王卫国
在米库米野生动物园 ················ 刘厚明
李瑜老师 ················ 叶雨蒙
鸣雀 ················ 瞿 航
郴州抒怀 ················ 张守仁 章仲锷
初猎 ················ 禾 平
"茶花"赞 ················ 马尚瑞

《刘绍棠短篇小说选》序 ················ 孙 犁

新人小说
庄稼观点 ················ 赵 新
聚会 ················ 甘铁生
窝心脚 ················ 刃 雷

翻译小说
柔弱的人 ······· 安东·契诃夫著 侯存治 于鹏飞译
诚实的人 ················ ［巴西］蒙特洛·洛瓦托著
孔令森 沈根发译

诗歌
梧桐愤 ················ 陈 菲

1980 年第 3 期　刊名:《北京文艺》
目录

女作家作品专辑

小说
老处女 ················ 李惠薪
晶晶落生记 ················ 谷 应
枫叶红似火 ················ 呆向真

散文
照镜子——小说《刘志丹》的命运 ················ 李建彤
让我忘记 ················ 张 洁
绿宝石之歌——西双版纳纪行 ················ 王英琦

报告文学
爱与死 ················ 陈祖芬

小说
梦 ················ 赵大年
贼 ················ 高尔基著 齐 欣译

诗歌
爱的祝愿（三首） ················ 叶延滨
无名花咏 ················ 王恩桥
阳光下，我思绪飘飘 ················ 武兆强
阿富汗高原上的十字架（外一首） ················ 顾子欣
咏怀古迹（二首） ················ 于 力
海之歌（散文诗四章） ················ 张 岐
昨天的歌（讽刺诗三首） ················ 刘静远

评论
引导国民精神的前途的灯火 ················ 于 晴

诗卷长留天地间——《老一辈无产阶级革命家诗词选注》前言⋯⋯⋯⋯⋯⋯⋯⋯⋯⋯⋯⋯⋯⋯鲁　歌
作家的信念和文艺的职责⋯⋯⋯⋯⋯⋯胡德培
我看文艺与政治的关系⋯⋯⋯⋯⋯⋯⋯张全宇

美术
夕阳
黄埘桥
苍鹭

——读《绿色的山岗》⋯⋯⋯⋯⋯⋯⋯雷　达
有感于创作中的讽刺和幽默⋯⋯⋯⋯⋯陆钊珑

美术
团城⋯⋯⋯⋯⋯⋯⋯⋯⋯⋯⋯⋯⋯⋯张作明
高山能上⋯⋯⋯⋯⋯⋯⋯⋯⋯⋯⋯⋯范元和
花常好⋯⋯⋯⋯⋯⋯⋯⋯⋯⋯⋯⋯⋯肖淑芳

编后记

1980 年第 4 期　刊名：《北京文艺》
目录

深切怀念刘少奇同志
读中共十一届五中全会公报为刘少奇故主席平反昭雪事志感⋯⋯⋯⋯⋯⋯⋯⋯⋯⋯⋯⋯赵朴初
早已恢复的名誉⋯⋯⋯⋯⋯⋯⋯⋯⋯⋯左一兵
闪光的明珠
——重读《论共产党员的修养》⋯⋯⋯陈松叶
情满花明楼⋯⋯⋯⋯⋯⋯⋯⋯⋯⋯⋯倪　鹰
记得时传祥⋯⋯⋯⋯⋯⋯⋯⋯⋯⋯⋯张志民
刘少奇同志故乡访问记⋯⋯⋯⋯⋯⋯⋯陈淀国
他的心……⋯⋯⋯⋯⋯⋯⋯⋯⋯⋯⋯纪　学
开国大典⋯⋯⋯⋯⋯⋯⋯⋯⋯⋯⋯⋯董希文

小说
绿色的山岗⋯⋯⋯⋯⋯⋯⋯⋯⋯⋯⋯成　一
烛光⋯⋯⋯⋯⋯⋯⋯⋯⋯⋯⋯⋯⋯⋯李　陀
万浪桥⋯⋯⋯⋯⋯⋯⋯⋯⋯⋯⋯⋯⋯邓友梅
一份病历记录⋯⋯⋯⋯⋯⋯⋯⋯⋯⋯岳　瑟
枪声⋯⋯⋯⋯⋯⋯⋯⋯⋯⋯⋯⋯⋯⋯张　斌

散文
雪峰同志⋯⋯⋯⋯⋯⋯⋯⋯⋯⋯⋯⋯陈　涌
忆雪峰⋯⋯⋯⋯⋯⋯⋯⋯⋯⋯⋯⋯⋯敏　泽

诗歌
奔腾的左右江（二首）⋯⋯⋯⋯⋯⋯⋯瞿　琮
题燕京八景⋯⋯⋯⋯⋯⋯⋯⋯⋯⋯⋯倩　晴
田野新歌
故乡行（二首）⋯⋯⋯⋯⋯⋯⋯⋯⋯赵日升
植树小唱（外一首）⋯⋯⋯⋯⋯⋯⋯禾　青
小溪在这里汇合⋯⋯⋯⋯⋯⋯⋯⋯⋯郭天民

评论
短篇小说创作三题⋯⋯⋯⋯⋯⋯⋯⋯王　蒙
我认为当前文艺创作中值得注意的几点⋯⋯⋯刘绍棠
撩开农村新生活的帷幕

1980 年第 5 期　刊名：《北京文艺》
目录

对于左翼作家联盟的意见——一九三〇年三月二日在左翼作家联盟成立大会讲⋯⋯⋯⋯⋯鲁　迅

小说
风筝飘带⋯⋯⋯⋯⋯⋯⋯⋯⋯⋯⋯⋯王　蒙
特殊社员⋯⋯⋯⋯⋯⋯⋯⋯⋯⋯⋯⋯徐朝夫
阿公的秘密⋯⋯⋯⋯⋯⋯⋯（中国台湾）留丽娟
没有织完的手套（少儿文学）⋯⋯⋯⋯刘　真
绿色钱包（少儿文学）⋯⋯⋯⋯⋯⋯⋯刘厚明
爸爸、妈妈、老师和我（少儿文学）⋯⋯赵金禾
蚩尤洞（科学幻想小说）⋯⋯⋯⋯⋯⋯郑文光

散文
忆李季同志⋯⋯⋯⋯⋯⋯⋯⋯⋯⋯⋯杨子敏
花的故事⋯⋯⋯⋯⋯⋯⋯⋯⋯⋯⋯⋯李中跃
圣·陈长安⋯⋯⋯⋯⋯⋯⋯⋯⋯⋯⋯晋叔鄙
一张党组织介绍信⋯⋯⋯⋯⋯⋯⋯⋯赵志悌

诗歌
申请⋯⋯⋯⋯⋯⋯⋯⋯⋯⋯⋯⋯⋯⋯公　木
题画诗四首（少儿文学）⋯⋯卜　镝画　柯岩诗
登长城（外一首）⋯⋯⋯⋯⋯⋯⋯⋯洪　源
摇篮曲（外一首）⋯⋯⋯⋯⋯⋯⋯⋯高洪波
窗口（外一首）⋯⋯⋯⋯⋯⋯⋯⋯⋯彭庆元
咏汀泗桥、贺胜桥⋯⋯⋯⋯⋯⋯⋯⋯毛　敏
朝露（外一首）⋯⋯⋯⋯⋯⋯⋯⋯⋯禾　波
无题⋯⋯⋯⋯⋯⋯⋯⋯⋯⋯⋯⋯⋯高近武

评论
诸葛亮形象的创造方法⋯⋯⋯⋯⋯⋯杜黎均
尺水要兴波——短篇小说艺术谈片
⋯⋯⋯⋯⋯⋯⋯⋯⋯⋯⋯贺光鑫　吴松亭
墨水瓶里的"血肉"⋯⋯⋯⋯⋯⋯⋯姜德梧
略谈谴责小说⋯⋯⋯⋯⋯⋯⋯⋯⋯汪家熔
"永恒主题"论异议⋯⋯⋯⋯⋯⋯⋯梁仲华

读者·作者·编者
写出劳动人民美好的心灵——关于报告文学《中年颂》的通信

美术

雨（水彩）……………………………………高 莽
长城（木刻）…………………………………杨 潼
葡萄熟了（木刻）……………………………金 旭

1980 年第 6 期　刊名:《北京文艺》
目录

小说

公民……………………………………………陆拂为
盖棺……………………………………………陈建功
雨，沙沙沙……………………………………王安忆
一天一夜………………………………………王 恺
向纬度挑战（散文）…………………………雷 加

新人新作

二哥的秘密（小说）…………………………秋 峰
海的召唤（小说）……………………………晓 咏
家宴（小说）…………………………………徐 峰
峨嵋晴雨（散文）……………………………王卫国
和爸爸在一起的日子（散文）………………李 书

诗歌

我欲遨游太空（三首）………………………田 间
深山家访（外二首）…………………………苏殿远
我的梦（二首）………………………………开 羽
友谊的航路（外一首）………………………顾绍康
诗三首
西行漫笔（二首）……………………………顾 工
一个公民的歌…………………………………罗继长
沸腾的工厂（二首）…………………………董耀章
网
无题（二首）

评论

论文学的悲愤性和现实主义——从四篇获奖小说看到的……………………………………………杜黎均
我们期待着——读《聚会》有感……………孟伟哉
托尔斯泰"画"马——读《安娜·卡列尼娜》随笔
………………………………………………张梦阳

美术

峡江秋色………………………………………郑叔方
迎春花…………………………………………温泉源

在那遥远的地方………………………………颜铁良

1980 年第 7 期　刊名:《北京文艺》
目录

坚持"双百"方针　推动文艺创作的不断繁荣——向北京市第四次文代会致意…………………本刊评论员

北京市文学艺术工作者第四次代表大会开幕词
………………………………………………曹 禺
在北京市文学艺术工作者第四次代表大会开幕式上的讲话（摘要）…………………………………林乎加
中国文联及各协会致北京市第四次文代会的贺信
北京市文学艺术工作者第四次代表大会决议
北京市文联正副主席暨各协会正副主席名单

小说

笨人王老大（蔡 荣插图）………………锦 云 王 毅
人物……………………………………………林 雨
雪夜奇事………………………………………乔典运
仇人（郑叔方题图）…………………………李惠薪
形势……………………………………………孟广臣
企望……………………………………………胡万春

散文

闻一多·新诗社·西南联大…………………何 达
忆吕荧…………………………………………碧 野

诗歌

壁画印象………………………………………李 彤
阳早、寒春（三首）…………………………孟宪良
仙女峰…………………………………………李学鳌
片叶集（二首）………………………………王恩宇
扬帆集（三首）………………………………张庆明
山林抒情诗（三首）…………………………宫 玺
春到燕山（四首）……………………………张雪杉
诗二首…………………………………………吕 剑
三峡短唱………………………………………刘 征
云雀（外一首）………………………………宋绍明
山路上…………………………………………何 理
地毯上的足音（二首）………………………金 波
圆圆和方方的游戏……………………………高 爽

评论

《〈北京文艺〉短篇小说选（1979）》序言……王 蒙
他们象征着未来
——试析王蒙短篇新作《风筝飘带》…………何 新

美术

水乡（封面）································徐　希

泼水节（封二）········杨淑青作　史　利　凌　飞摄影

绿荫满野（封三）································晓　岗

1980 年第 8 期　刊名:《北京文艺》
目录

团结起来，建设繁荣的社会主义文艺
赵鼎新同志在北京市文学艺术工作者第四次代表大会
上作报告

小说

丹凤眼（李玉璞插图）····················陈建功
中农姚顺吉（郑叔方插图）················韩石山
肋巴条（王　晖插图）····················林斤澜
玫瑰色的晚餐····························谌　容
考核··································张　英
荷花飘香的季节························祝兴义
良心····························高汉铭　刘大强
春蚕到死丝方尽（散文）——追念李克异同志

································刘景华
柳笛集（散文）························韩梦杰

诗歌

黎明抒情····························武兆强
春水传······························李　拔
京居二题····························张志民
西沙抒情（二首）······················李　瑛
起航（外一首）························唐大同
草原（十四行诗·外二首）················唐　祈
思亲曲（二首）························姚业涌
绿野小集（六首）······················郭　欣
写在蒜乡（二首）······················尧山壁
祝福（外一首）························姜强国
关于历史的评论························田　炜
诗花一束····························李　勤等

评论

从维熙中篇小说集序····················康　濯
她捧出的是两颗纯洁的心——谈怎样理解《爱，是不
能忘记的》··························李贵仁

美术

荷··································郑叔方
春光································徐英培
教育家叶圣陶··························姜　旗

1980 年第 9 期　刊名:《北京文艺》
目录

散文

我爱竹································李丹慧
橄榄坝情思（李玉璞插图）················王英琦
恋（三章）····························赵云鹤
夜思································孙　犁
鲁迅先生书简注释及其他··················萧　军
燕山扑蝶····························黎先耀
参乡夜话····························韩静霆
东进林································季　仲

小说

留不留种?（郑叔方插图）················徐朝夫
杏花山下的孩子（王为政插图）············金　河
塞下人物记（肖　星插图）················汪曾祺
乔莎································刘心武
地震································贾平凹
闲谈································屈兴岐

诗歌

"旗手""勇士"歌························阮章竞
承德纪行（江城子二首）··················魏传统
厂长的脚印····························何玉锁
魅力································陈祖芬
古都遗迹····························王维洲
江河································叶延滨
人世·风景····························陈敬容
小河呀，默默地流着……················树　元
商店某服务员（外三首）··········易和元　樊发稼
生活剪影（四首）······················马　沙
听··································晓　明
钢花和钢水····························王德祥

评论

关于文学创作中的现实主义问题——读一些短篇小说
所想到的····························敏　泽
理想的爱情与革命的道德··················石天河

美术

牧··································张　广
采集归来（选自劲草木刻展）··············周建夫
苹果飘香的季节························王东海

129

1980 年第 10 期　刊名:《北京文学》
目录

（更名为《北京文学》）

小说专号

空谷幽兰（王为政插图）⋯⋯⋯⋯⋯⋯李国文
傍晚，我们别离的时刻（卢　沉插图）⋯⋯母国政
第七个是哑巴（高　燕插图）⋯⋯⋯从维熙
受戒（王为政插图）⋯⋯⋯⋯⋯⋯汪曾祺
短篇三章（杨永青插图）⋯⋯⋯⋯孔捷生
雨中（郑叔方插图）⋯⋯⋯⋯⋯⋯张　洁
一只苍蝇⋯⋯⋯⋯⋯⋯⋯⋯⋯⋯张　弦
山伯⋯⋯⋯⋯⋯⋯⋯⋯锦　云　王　毅
眸子⋯⋯⋯⋯⋯⋯⋯⋯⋯⋯⋯韩霭丽
逃学的孩子⋯⋯⋯⋯⋯⋯⋯⋯⋯瞿　航
失而复得⋯⋯⋯⋯⋯⋯⋯⋯⋯陈祖芬
白桦树下的小屋⋯⋯⋯⋯⋯⋯郑万隆
荷花⋯⋯⋯⋯⋯⋯⋯⋯⋯⋯⋯晓　岚
更名记⋯⋯⋯⋯⋯⋯⋯⋯⋯⋯王路遥
好!（诗）⋯⋯⋯⋯⋯⋯⋯⋯⋯张志民
编余漫话

1980 年第 11 期　刊名:《北京文学》
目录

北京诗苑荟萃

旅德诗抄⋯⋯⋯⋯⋯⋯⋯⋯⋯柯　岩
诗的呼唤⋯⋯⋯⋯⋯⋯⋯⋯⋯雷抒雁
诗四首⋯⋯⋯⋯⋯⋯⋯⋯⋯⋯顾　城
扭曲的时代，扭曲的脊梁⋯⋯⋯叶延滨
音乐会印象⋯⋯⋯⋯⋯⋯⋯⋯李　彤
向日葵（三首）⋯⋯⋯⋯⋯⋯江　河
黎明（外一首）⋯⋯⋯⋯⋯⋯杨　炼
觉醒的灵魂⋯⋯⋯⋯⋯⋯⋯⋯武兆强
阆山亭⋯⋯⋯⋯⋯⋯⋯⋯⋯⋯韩忆萍
街头老柳⋯⋯⋯⋯⋯⋯⋯⋯⋯马尚瑞
宫墙下的沉思⋯⋯⋯⋯⋯⋯⋯张宝申
谒文丞相祠⋯⋯⋯⋯⋯⋯⋯⋯陈　容
万县夜泊⋯⋯⋯⋯⋯⋯⋯⋯⋯寇宗鄂

诗歌

路，就应该这样走（四首）⋯⋯张庆明

献给范熊熊同志

海之魂⋯⋯⋯⋯⋯⋯⋯⋯⋯⋯徐　康
海之情⋯⋯⋯⋯⋯⋯⋯⋯⋯⋯刘德亮

"群众脱离我"（江　帆插图）⋯⋯天　马
京华秋色（词二首）⋯⋯⋯⋯⋯韦　央
窗口⋯⋯⋯⋯⋯⋯⋯⋯⋯⋯⋯马恒祥

小说

子爵号（高　燕插图）⋯⋯⋯⋯理　由
寻（郑叔方题图）⋯⋯⋯⋯⋯⋯林斤澜
天才的庸人（王　晖题图）⋯⋯陆拂为
婚俗小记⋯⋯⋯⋯⋯⋯⋯⋯⋯刘国泰
花开花落⋯⋯⋯⋯⋯⋯⋯⋯⋯张宏运

散文

美好的记忆——怀念赵树理同志⋯⋯杜黎均
严师挚友——忆作家方之⋯⋯⋯靳金生
山乡情⋯⋯⋯⋯⋯⋯⋯⋯⋯⋯贺抒玉

作家论创作

探索断想⋯⋯⋯⋯⋯⋯⋯⋯⋯王　蒙
小说构思随感⋯⋯⋯⋯⋯⋯⋯林斤澜
创作要有自己的特色⋯⋯⋯⋯刘绍棠
也谈吃蜗牛⋯⋯⋯⋯⋯⋯⋯⋯李　陀
艺术地再现生活（评论）——略评陈建功的《谈天说地》⋯⋯⋯⋯⋯⋯⋯⋯陆钊珑

美术

神农架下甘泉口⋯⋯⋯⋯⋯⋯张　步
饮马⋯⋯⋯⋯⋯⋯⋯⋯⋯⋯⋯张佩义
从容谈兵⋯⋯⋯⋯⋯⋯⋯⋯⋯王为政

《北京文学》一九八〇年优秀短篇小说评选启事

1980 年第 12 期　刊名:《北京文学》
目录

小说

黑与白（周思聪插图）⋯⋯⋯⋯乔典运
喜多村秀美⋯⋯⋯⋯⋯⋯⋯⋯邓友梅
红棉几时开⋯⋯⋯⋯⋯⋯⋯⋯孔捷生
土地爷（王　晖题图）⋯⋯⋯⋯古　华
忏悔是为了什么⋯⋯⋯⋯⋯⋯刘树华
患难之交⋯⋯⋯⋯⋯⋯⋯⋯⋯任大霖
申姨⋯⋯⋯⋯⋯⋯⋯⋯⋯⋯⋯费　枝
牧场春秋⋯⋯⋯⋯⋯⋯⋯⋯⋯吉学沛
音容宛在（散文）——红小鬼与贺老总的故事⋯⋯⋯⋯⋯⋯⋯⋯⋯⋯莫　耶

诗歌

天鹅的歌声⋯⋯⋯⋯⋯⋯⋯⋯任洪渊

光绪，你还有什么遗恨 ⋯⋯⋯⋯⋯⋯⋯⋯ 赵日升
荆棘的心声 ⋯⋯⋯⋯⋯⋯⋯⋯⋯⋯⋯⋯ 苏殿远
欢乐的山乡（二首） ⋯⋯⋯⋯⋯⋯⋯⋯ 董耀章
塞上倩影（五首） ⋯⋯⋯⋯⋯⋯⋯⋯⋯ 张雪杉
云呵，云（外一首） ⋯⋯⋯⋯⋯⋯⋯⋯ 北 岛
大树 ⋯⋯⋯⋯⋯⋯⋯⋯⋯⋯⋯⋯⋯⋯⋯ 戚长道
游武侯祠感怀 ⋯⋯⋯⋯⋯⋯⋯⋯⋯⋯⋯ 徐城北
夜 ⋯⋯⋯⋯⋯⋯⋯⋯⋯⋯⋯⋯⋯⋯⋯⋯ 陈祖芬
洋槐赞 ⋯⋯⋯⋯⋯⋯⋯⋯⋯⋯⋯⋯⋯⋯ 方孜行
森林晨景（外一首） ⋯⋯⋯⋯⋯⋯⋯⋯ 鲍雨冰
树下佳话 ⋯⋯⋯⋯⋯⋯⋯⋯⋯⋯⋯⋯⋯ 陈作诗
犁 ⋯⋯⋯⋯⋯⋯⋯⋯⋯⋯⋯⋯⋯⋯⋯⋯ 文 丙
泪 ⋯⋯⋯⋯⋯⋯⋯⋯⋯⋯⋯⋯⋯⋯⋯⋯ 陈应松
花和蜜蜂的恋歌 ⋯⋯⋯⋯⋯⋯⋯⋯⋯⋯ 李瑞明

评论
短篇小说中的农村现实 ⋯⋯⋯⋯⋯⋯⋯ 易 言
文学的社会效果与生活的本质特征 ⋯⋯ 冯立三
艺术观察是形象思维的起点 ⋯⋯⋯⋯⋯ 余 飘
艺术·天才·人情味——评《空谷幽兰》 何 新
写吧，为了心灵——读短篇小说《受戒》 张同吾
以简代评——给《傍晚，我们别离的时刻》的作者
⋯⋯⋯⋯⋯⋯⋯⋯⋯⋯⋯⋯⋯⋯⋯⋯⋯ 钱光培

读者来信

美术
傍晚 ⋯⋯⋯⋯⋯⋯⋯⋯⋯⋯⋯⋯⋯⋯⋯ 王良武
海峡明月 ⋯⋯⋯⋯⋯⋯⋯⋯⋯⋯⋯⋯⋯ 戴慧文
笛声 ⋯⋯⋯⋯⋯⋯⋯⋯⋯⋯⋯⋯⋯⋯⋯ 刘体仁
千岩竞秀 ⋯⋯⋯⋯⋯⋯⋯⋯⋯⋯⋯⋯⋯ 宇文洲
《北京文学》（原《北京文艺》）1980 年总目录

1981 年第 1 期　刊名：《北京文学》
目录

对于创作的希望
新的年代赋予我们的庄严使命——对文学期刊的一点
希望 ⋯⋯⋯⋯⋯⋯⋯⋯⋯⋯⋯⋯⋯⋯⋯ 冯 牧
希望 ⋯⋯⋯⋯⋯⋯⋯⋯⋯⋯⋯⋯⋯⋯⋯ 秦兆阳
让生活变得更加美好 ⋯⋯⋯⋯⋯⋯⋯⋯ 王 蒙
短些、再短些 ⋯⋯⋯⋯⋯⋯⋯⋯⋯⋯⋯ 雷 加
作家要有勇气写美 ⋯⋯⋯⋯⋯⋯⋯⋯⋯ 谢 冕
更好地反映现实生活 ⋯⋯⋯⋯⋯⋯⋯⋯ 谢 云
关于北京作家群 ⋯⋯⋯⋯⋯⋯⋯⋯⋯⋯ 刘梦溪
建立北京的乡土文学 ⋯⋯⋯⋯⋯⋯⋯⋯ 刘绍棠

小说
温柔之乡的梦（王为政插图） ⋯⋯⋯⋯ 魏雅华

喜事（郑叔方插图） ⋯⋯⋯⋯⋯⋯⋯⋯ 锦 云
白荣老汉 ⋯⋯⋯⋯⋯⋯⋯⋯⋯⋯⋯⋯⋯ 刘国春
白天鹅 ⋯⋯⋯⋯⋯⋯⋯⋯⋯⋯⋯⋯⋯⋯ 理 由
祖国的儿子 ⋯⋯⋯⋯⋯⋯⋯⋯⋯⋯⋯⋯ 莫 伸
初春的气息（高燕插图） ⋯⋯⋯⋯⋯⋯ 王梓夫
留在我记忆中的 ⋯⋯⋯⋯⋯⋯⋯⋯⋯⋯ 张辛欣

通县人物特写
他们创造了奇迹 ⋯⋯⋯⋯⋯⋯⋯⋯⋯⋯ 刘 祥
岗位 ⋯⋯⋯⋯⋯⋯⋯⋯⋯⋯⋯⋯⋯⋯⋯ 孙宝琦
老队长重返前线 ⋯⋯⋯⋯⋯⋯⋯⋯⋯⋯ 张树林
读后随笔 ⋯⋯⋯⋯⋯⋯⋯⋯⋯⋯⋯⋯⋯ 浩 然

散文
星云月三赋 ⋯⋯⋯⋯⋯⋯⋯⋯⋯⋯⋯⋯ 孙 苏

诗歌
处女地 ⋯⋯⋯⋯⋯⋯⋯⋯⋯⋯⋯⋯⋯⋯ 马 莉
山中寻诗（二首） ⋯⋯⋯⋯⋯⋯⋯⋯⋯ 孙友田
湖山小札（二首） ⋯⋯⋯⋯⋯⋯⋯⋯⋯ 刘 征
飞旋的鹰 ⋯⋯⋯⋯⋯⋯⋯⋯⋯⋯⋯⋯⋯ 邹荻帆
磻溪驰思 ⋯⋯⋯⋯⋯⋯⋯⋯⋯⋯⋯⋯⋯ 峭 石
京华二咏 ⋯⋯⋯⋯⋯⋯⋯⋯⋯⋯⋯⋯⋯ 鸿 荒
题"正大光明"匾 ⋯⋯⋯⋯⋯⋯⋯⋯⋯ 吴 野
孵 ⋯⋯⋯⋯⋯⋯⋯⋯⋯⋯⋯⋯⋯⋯⋯⋯ 杨献瑶

评论
文学的突破与形式的创新 ⋯⋯⋯⋯⋯⋯ 雷 达

文艺杂谈
戒不掉的五欲六情——读小说《受戒》后乱发的议论
⋯⋯⋯⋯⋯⋯⋯⋯⋯⋯⋯⋯⋯⋯⋯⋯⋯ 可 人
真实性的两个侧面 ⋯⋯⋯⋯⋯⋯⋯⋯⋯ 石天河
防范"诱惑" ⋯⋯⋯⋯⋯⋯⋯⋯⋯⋯⋯ 张维安
编辑札记

美术
七月 ⋯⋯⋯⋯⋯⋯⋯⋯⋯⋯⋯⋯⋯⋯⋯ 黄冠余
生命奏鸣曲 ⋯⋯⋯⋯⋯⋯⋯⋯⋯⋯⋯⋯ 许彦博
树根造型（三件） ⋯⋯⋯⋯⋯⋯⋯⋯⋯ 沈玉华

1981 年第 2 期　刊名：《北京文学》
目录

小说
寂寞和温暖（王为政插图） ⋯⋯⋯⋯⋯ 汪曾祺
水片（肖 星插图） ⋯⋯⋯⋯⋯⋯⋯⋯ 庄启东
下棋（周建夫题图） ⋯⋯⋯⋯⋯⋯⋯⋯ 贾平凹

秋雨，在下着 ……………………………… 瞿　航
晨雾 …………………………………………… 浩　然

新人新作

春夜静悄悄（杜爱军插图）……………… 徐小斌
饭碗 ………………………………………… 马俊宽
细毛神老汉 ………………………………… 孟隰生
妈妈 ………………………………………… 韩　默
苦涩的蜜月 ………………………………… 李佩今
"莎士比亚" ………………………………… 冰　凌

散文

拾情篇 ……………………………………… 叶雨蒙
天涯乡音 …………………………………… 丁　宁
林区剪影 …………………………………… 刘国学

诗歌

书魂入我梦 ………………………………… 流沙河
咏太白楼 …………………………………… 丁　芒
英雄千古鹿皮关 …………………………… 刘力生
太行深山一明珠 …………………………… 李学鳌

春花集

春踪 ………………………………………… 黎　元
瞬间 ………………………………………… 韩　东
绿色的村歌（二首）……………………… 池　澄
酸枣树 ……………………………………… 苗　木
诗三首 ……………………………………… 宋家玲
求是篇（六则）…………………………… 马君伟
心湖涟漪 …………………………………… 马晋乾
香山诗笺（二首）………………………… 倩　晴
牌位 ………………………………………… 顾绍康
蒙尘 ………………………………………… 吴树民
书签 ………………………………………… 时红军
春雨 ………………………………………… 沈　晓

评论

文学与革新——由王蒙近作讨论引起的思考 吴　野
读作品记 …………………………………… 孙　犁

文艺杂谈

要珍重"自己的声调" ……………………… 张维安
要写出人物的心理深度 …………………… 赵　成
像鲁迅那样当编辑 ………………………… 高　爽

美术

杜甫（局部）……………………………… 王明明
冬 …………………………………………… 郑叔方
清流 ………………………………………… 赵秀焕

1981年第3期　刊名：《北京文学》

目录

小说

雪，默默地落（郑叔方插图）…………… 李国文
有朋自远方来 ……………………………… 母国政
他俩双双的去了（肖　星题图）…（中国台湾）留丽娟
躺在病床上的罗运广 ……………………… 孙方友
"生物爱好者" ……………………………… 黎　生
拣鸟蛋 ……………………………………… 乐　牛

报告文学

反弹琵琶的姑娘（方　为插图）………… 曹永安

散文

我的老师 …………………………………… 李惠薪
月日亭夜谈及其他 ………………………… 邓友梅
奋斗篇 ……………………………………… 司马言
芙蓉四变 …………………………………… 毕任昌

诗歌

蝴蝶情（外一首）………………………… 王晓廉
漓江水（李玉璞插图）…………………… 王笠耘
蝉（外二首）……………………………… 王洪涛
花桥的春天（三首）……………………… 晏　明
山村遐想 …………………………………… 杨春生
天鹅之死 …………………………………… 毛秀璞
童音 ………………………………………… 王恩宇
京华短章（四首）………………………… 石　湾
植物园诗草（四首）……………………… 刘胜旗
波纹（外一首）…………………………… 澍　雨
茅山诗选 …………………………………… 丹　丁
茅山壮歌 …………………………………… 阮　波
小诗一束（四首）………………………… 方　晴
吉普上山（外一首）……………………… 何　理
比高（外一首）…………………………… 洋　滔

评论

"深入生活"不容置疑 ……………………… 心　文
小说构思随想（之二）…………………… 林斤澜

文艺杂谈

牢牢抓住两个"进入"
　——艺术规律探微 ……………………… 胡德培
"我"的琐议 ………………………………… 马焯荣
一个不应受冷落的口号 …………………… 李德君

读者·作者·编者

美术

探索（油画）——————————————靳尚谊
御花园铜香炉（铜版画）————————邵 樱
罐舞（水印木刻）——————————王晶猷
春（中国画）————————————张仁芝

1981 年第 4 期　刊名:《北京文学》
目录

《北京文学》一九八〇年优秀短篇小说获奖作品篇目
为了万紫千红——————————本刊编辑部
在生机蓬勃的春色里——记一九八〇年"北京文学
奖"评选活动————————————本刊记者

小说

年关（刘 宜题图）————————中杰英
绒毛鸭子初下河（王为政插图）————王成启
大淖记事（李焙戈插图）————————汪曾祺
赤子心（杜爱军题图）————————立 高
墙里墙外——————————————赵 新
塞壬的歌——————————————木令耆

散文

上水石——————————————刘 章
雪里青松——回忆周立波同志在"牛棚"——谭冬梅

诗歌

地球深处的旋律（三首）————————聂鑫森
雪天的诗（四首）——————————周良沛
给友人（外一首）——————————旭 宇
兔乡谣（二首）——————————佘致迪
苹果园抒情（三首）————————赵雪勤
琴声——————————————郭耕田
秋雨——————————苗 辉 胡吉利

评论

诗歌创作浅谈——————————张志民
作家的心和大地的脉搏————————李国文

文艺杂谈

精神文明与文艺家的责任————————唐 挚
做时代的鼓手——————————舒 新

美术

泰山石路（水彩画）————————张克让
《可爱的中国》（木刻）————————徐英培
景山（木刻）————————————王 炜
富春烟雨（中国画）————————李问汉

1981 年第 5 期　刊名:《北京文学》
目录

小说

母亲（周建夫插图）————————祝兴义
珠子（郑叔方题图）————————陆永基
明星（高 燕插图）————————白子超
王爱鲜古城兜风记（张 军题图）————孙幼军
牛——————————————李 虹
康嘎尔——————————————魏志远
苦衷——————————————曹文轩

报告文学

他原是小提琴手——————————许谋清

散文

海涛英魂——————————————谭 谊
眼睛篇——————————————马尚瑞
毁书——————————————司马言

诗歌

写给桥梁工厂（三首）————————程显谟
石舫——————————————王辽生
北方抒情诗（五首）————————韩作荣
自立篇（二首）——————————马连义
天地篇（三首）——————————苗得雨
诗三首——————————————孔 林
名山记胜（诗辑·七首）——金 谷 朱 华 董耀章
生命（组诗）————————————龚 菀
登八达岭——————————————陈佩芸
飘香的山谷（三首）————————宗 鄂
翠绿的河道————————————王金秋
秋之曲——————————————陈松叶
啊，白杨林带————————————果 路
贝壳——————————————牛 波
红花——绿叶————————————连 禾
路口（外一首）——————————田 纬

评论

现实主义的深入发展——评 1980 年《北京文学》获奖
小说——————————————钱光培
关于"乡土文学"——————————孙 犁

文艺杂谈

用美的思想鼓舞人民——赞"振奋文学"——李基凯
作品的振奋与作家的振奋————————钟焕豫
"我们能照那样写吗?"————————王 颖

美术

家家都在画屏中（中国画）⸺⸺⸺⸺⸺张　步

学习（木刻）⸺⸺⸺⸺⸺⸺⸺聂昌硕

林海雪原（水彩）⸺⸺⸺⸺⸺⸺梁　栋

猫头鹰（中国画）⸺⸺⸺⸺王剑歌（七岁）

书童山（版画）⸺⸺⸺⸺⸺⸺周秀芬

南溪朝霞（中国画）⸺⸺⸺⸺⸺万青力

编者的话

本刊扩大优秀作品评奖范围启事

1981 年第 6 期　刊名：《北京文学》
目录

小说

飘逝的花头巾（钟阿城插图）⸺⸺陈建功

乔迁⸺⸺⸺⸺⸺⸺⸺⸺⸺⸺李功达

达紫香⸺⸺⸺⸺⸺⸺⸺⸺⸺肖复兴

三月的关怀⸺⸺⸺⸺⸺⸺⸺甘铁生

"状元"外传（王　晖插图）　锦　云　王　毅

父亲⸺⸺⸺⸺⸺⸺⸺⸺⸺⸺韩蔼丽

一朵珊瑚花⸺⸺⸺⸺⸺⸺⸺杨晓咏

熬鹰⸺⸺⸺⸺⸺⸺⸺⸺⸺⸺刘颖南

诗歌
京华诗笺

八达岭（外一首）⸺⸺⸺⸺⸺李野光

海边来的诗人（外一首）⸺⸺⸺李根红

颐和园（外一首）⸺⸺⸺⸺⸺流沙河

拾花小集⸺⸺⸺⸺⸺⸺⸺⸺刘　征

寄给北京的小巷⸺⸺⸺⸺⸺及巨涛

沉思与遥望⸺⸺⸺⸺⸺⸺⸺武　朔

天涯草（四首）⸺⸺⸺⸺⸺⸺孙静轩

春醒（外一首）⸺⸺⸺⸺⸺⸺张志鹏

献给祖国的花朵（儿歌、儿童诗六首）

　　　　　聪　聪　李　映　潘仲龄　樊发稼

十年浩劫旧诗追记⸺⸺⸺⸺⸺徐　康

土地的恋歌⸺⸺⸺⸺⸺⸺⸺孙成名

评论

忠诚于人民⸺⸺革命文学的灵魂⸺⸺葆　成

诗苑漫语

读《石舫》千字⸺⸺⸺⸺⸺⸺臧克家

《地球深处的旋律》的启迪⸺⸺晓　晴

山俗的《昙花》⸺⸺⸺⸺⸺⸺张　雄

文艺杂谈

打抱不平·帮倒忙·捧杀⸺⸺⸺黎　生

向契诃夫学习"短"的艺术⸺⸺姜德梧

留一些，让读者去想⸺⸺⸺⸺倪兴民

美术

古塞凌云（中国画·局部）⸺⸺⸺李　颖

1981 年第 7 期　刊名：《北京文学》
目录

小说

笑语满场⸺⸺⸺⸺⸺⸺⸺⸺乔典运

头像⸺⸺⸺⸺⸺⸺⸺⸺⸺⸺林斤澜

年⸺⸺⸺⸺⸺⸺⸺⸺⸺⸺⸺何士光

诱惑⸺⸺⸺⸺⸺⸺⸺⸺⸺⸺马道远

叶珍和艾华⸺⸺⸺⸺⸺⸺⸺陈祖芬

秋荷⸺⸺⸺⸺⸺⸺⸺⸺⸺⸺韩静霆

氓⸺⸺⸺⸺⸺⸺⸺⸺⸺⸺⸺李兴叶

散文

日本一青年⸺⸺⸺⸺⸺⸺⸺谌　容

大海情深⸺⸺⸺⸺⸺⸺⸺⸺宋绍明

诗歌

远征，从这里起步！⸺⸺献给中国共产党诞生六十周

年⸺⸺⸺⸺⸺⸺⸺⸺⸺⸺⸺张志民

京华诗笺

祖国抒情诗（四首）⸺⸺⸺⸺徐　刚

售花的手推车（外一首）⸺⸺⸺林　希

访双清别墅（外一首）⸺⸺⸺曹世钦

拾到的抒情诗（三首）⸺⸺⸺雁　翼

狼牙山，我心中的瀑布⸺⸺⸺尧山壁

久违了！淮海战役纪念章（外一首）⸺⸺方孜行

麦海情歌（三首）⸺⸺⸺⸺⸺王恩桥

水牛角⸺⸺⸺⸺⸺⸺⸺⸺⸺彭　龄

新风篇

美之歌（三首）⸺⸺⸺⸺⸺⸺时永福

院中梧桐树（外一首）⸺⸺⸺石　英

理发师、伞和姑娘⸺⸺⸺⸺⸺陈茂欣

评论

努力塑造社会主义新人⸺⸺⸺成志伟

诚挚的礼赞⸺⸺读陈祖芬的报告文学⸺⸺曾镇南

文艺杂谈

从"三一律"说起⸺⸺⸺⸺⸺茅继平

"不要扮鬼脸、作怪样" ………………贺光鑫
也要鼓励失败者 …………………………陈国昌

美术
凌霄（中国画）………………………沈学仁
延安（木刻）…………………………古　元
水乡（中国画）………………………郑叔方

本刊扩大优秀作品评奖范围启事
诗人兴会话评奖（简讯）

1981 年第 8 期　刊名:《北京文学》
目录

小说
瓜园里的风波 ………………………张一弓
正月里 …………………………………成　一
小姐儿俩 ………………………………刘国春
A 角 ……………………………………韩蔼丽
梦 ………………………………………周良沛
在 A 城 …………………………………梁晓声

散文
茅盾同志题签《金文新考》的附记……骆宾基
河湾没了 ………………………………冯骥才
澳门行琐忆 ……………………………李　琰
海浴 ……………………………………陈　键

诗歌
京华诗笺
祖国啊，我又唱起这支歌………………张小敏
北京交响诗 ……………………………叶延滨

乡情（二首）……………（中国香港）王心果
影子（二首）……………………………杨兆祥
片石小集（三首）………………………宋绍明
秒针（外一首）…………………………苏殿远
长空诗情（二首）………………………陶嘉善
白乙化烈士遗诗一首
词二首 …………………………………王少岩
盘山纪游（五律）………………………凤　翔

评论
动人的风俗画——漫评汪曾祺的三篇小说…陆建华
"写真实"与自然主义……………………杉　沐

文艺杂谈
苏轼咏桥的启示…………………………丁国成

细节不"细"……………………………马畏安

新作短评
祥林嫂"老了"没有？——评短篇小说《母亲》
………………………………………陆钊珑
写出生活的新意——读《珠子》………孙达佑

美术
丽春（中国画）………………………金鸿钧
中年时期的茅盾（木刻）……………姜　旗
远方来客（木刻）……………………张　源
希望啊！希望（水彩）………………柳新生

简讯：本刊召开短篇小说创作座谈会

1981 年第 9 期　刊名:《北京文学》
目录

小说
遥远 ……………………………………戈悟觉
病笃多投医 ……………………………肖建国
金亮 ……………………………………和谷岩
校花 ……………………………………李功达
泉水叮咚 ………………………………尹俊卿
春溪水涨 ………………………………杨干华
炼狱在人间 ……………………………留丽娟

诗歌
行路与采撷（四首）……………………赵日升
摇篮里的一九八一年（外一首）………任洪渊
京华诗笺（六首）………陈光华　李　彤　青　青
陈继光　陈满平
复苏的土地（十二首）……刘小放　范　源　唐大同
张从海　莫西芬　牛雅杰

沧海情怀（二十首）………贺星寒　罗继长　刘晓滨
邵燕祥　陈　犀　忆明珠　王家新　刘益善　姜强国
李瑞明　王恩宇　毛秀璞　何玉锁　黄东成

林肯纪念堂（三首）……………………屠　岸
海滨剪影（十四首）………曼　晴　张　岐　杨　炼
巴　山　放　平　韩忆萍　张雪杉

火花小札（十二首）………丁慨然　郭天民　白玉明
郭　欣　王连颖　方竟成　王德祥　张学义　张伯华

评论
努力发出我们"时代的声音"——纪念鲁迅诞生一百

周年 ………………………………………… 古远清
鲁迅在传播马克思主义文艺论著中的重大贡献
………………………………………… 周忠厚

诗苑漫语
一座崇高的诗的雕像 ………………………… 闻 山
红墙绿瓦出新诗——赞《北京交响诗》 …… 艾克恩

美术
春江花月夜（中国画）………………………… 余友心
鲁迅先生（版画）………………… 王东海 罗大伟
繁忙的小镇（版画）………………………… 徐 冰
碧水行（中国画）………………………… 潘晋拔

简讯：北京作协召开"仲夏联谊会"

1981 年第 10 期　刊名:《北京文学》
目录

小说专号
寻找 ………………………………………… 张一弓
辘轳把胡同 9 号 …………………………… 陈建功
失败者 ……………………………………… 理 由
正气篇 ……………………………………… 陈忠实
圣餐·涅槃·永生 ………………………… 刘厚明
好了歌 ……………………………………… 贾平凹
徙 …………………………………………… 汪曾祺
家丑 ………………………………………… 京 夫

新人新作
金山大爷 …………………………………… 祝凤潮
老罗头 ……………………………………… 丁小琦
我心目中的男子汉 ………………………… 秦剑波
编后记

1981 年第 11 期　刊名:《北京文学》
目录

报告文学
国际大师和他的妻子 ……………………… 肖复兴
心灵 ………………………………………… 陈祖芬

小说
说情 ………………………………………… 侯桂柱
母女 ………………………………………… 韦君宜
莲子 ………………………………………… 李惠薪
囍字上窗的时候 …………………………… 刘国春

戏台下 ……………………………………… 周 渺

散文
丁玲在嶂头 ………………………………… 沈 琨
林中（三篇）……………………………… 胡冬林
绿色海洋之恋 ……………………………… 逯 斐
岱顶迢日 …………………………………… 靳 丛

诗歌
我和美人鱼 ………………………………… 武兆强
在密云的山谷里（三首）………………… 陈松叶
霞坡（外一首）…………………………… 李松涛
京华诗笺（三首）……………… 杨匡满 树 元 郭宝臣
热嘲集（二首·诗画配）………… 易和元诗 方成画
回音壁（六首）………………… 杜志民 戴砚田
新人新作（七首）
………… 陈万鹏 杜淑君 段晓东 杨灵芝

北京作家谈创作
血和泪的凝集——我是怎样走上文学道路的 … 杨 沫

当前短篇小说创作笔谈
写出灵魂美 ………………………………… 艾克恩
不入窠臼　着意创新 ……………………… 胡德培
立意勿贪大　下笔要多思 ………………… 钱光培
要有鲜明的时代感 ………………………… 王葆生
北京文讯（二则）

1981 年第 12 期　刊名:《北京文学》
目录

小说
最后的"陶" ……………………………… 王 蒙
心灵上的墓碑 ……………………………… 从维熙
谷雨茶 ……………………………………… 韩少功
生死劫 ……………………………………… 孔捷生
小换 ………………………………… 锦 云 王 毅
军军民民 …………………………………… 王安忆
朝霞与晚霞 ………………………………… 王梓夫
梦里的天堂 ………………………………… 文 钊

散文
高度 ………………………………………… 雷 加
鲤鱼宴 ……………………………………… 卞 卡

诗歌
京华诗笺
京华三题 …………………………………… 牛明通

厂区，飞出早春的歌（三首）·············张宝申
书房小集（九首）·······················李学鳌
金色的露珠（五首）
··········孟宪良　朱谷忠　董耀章　蔡文祥

评论
谈现实主义文学与典型化——兼与王蒙同志商榷
·················吕晴飞　俞长江
开拓者的足迹——初论陈建功的创作·······陈骏涛

文艺杂谈
也说短篇小说的"短"···················母国政
从时代气息谈起·······················辛　垦
努力挖掘生活中的美···················赵铁信

读者·作者·编者
北京文讯（二则）
《北京文学》一九八一年总目录
1981 年《北京文学》优秀作品推荐表

1982 年第 1 期　刊名:《北京文学》
目录

新年展望（笔谈·五篇）·········杨　沫　陈　模
刘梦溪　谌　容　徐　刚

小说
八十六颗星星·························刘心武
蝉鸣声中···························李兴叶
这里的珍珠·························母国政
大集上·····························单学鹏
开在墙那边的扁豆花·········宋　黎　汪　江
野菊沾满了秋露·······················马　常
万紫千红···························方　立

报告文学
一只皮球和万家灯火···················陈祖芬

散文
温暖·······························田　野
不死花·····························刘献革
野草篇（二章）·······················山　曼

诗歌
京华诗笺
丰泽园遐思（四首）···················曹世钦
潭柘寺游记（二首）···················熊光炯
寄给北京的歌·······················陈知柏

母亲的土地·························叶延滨
神话诗笺（三首）·····················王恩桥
北疆南国（十一首）·······杨金亭　刘胜旗　荆其柱
白　槐　李根红　李术平

评论
在生活的急流下·······················钱光培
构思巧妙　寓意深刻···················艾克恩
"乔迁"志喜·························方顺景
活鲜鲜的人物风俗画···················胡德培
小家碧玉照眼明·······················钟焕豫
一个基层干部的生动形象···············王葆生
《母亲》的结尾小议···················牟钟秀

北京文讯（二则）

美术
北海之冬···························张新生
凝寒（中国画）·······················傅以新
雪夜出诊（版画）·····················周建夫
烟雨朦胧（中国画）···················杨炳湘

1982 年第 2 期　刊名:《北京文学》
目录

小说
希望之神···························张　林
艰难的使命·························金　河
故里杂记···························汪曾祺
傍晚，竹镇下起小雨···················丁小琦
人比黄花瘦·························孙慈忠
人之常情···························赵　新
赵德发的人缘儿经·····················刘连枢
雪姑和黎芸·························张晓东

散文
莲叶何田田·················赵大年　肖　琦
崆峒仙境···························杨闻宇

诗歌
我的月亮···························徐　刚
云水集（八首）·······················管　桦
入川曲（三首）·······················王笠耘
写在深夜的小诗（三首）···············宫　玺
春风吹来的歌（三首）·················陈万鹏
妈妈的歌（三首）·····················申爱萍
红叶集（四首）·········方孜行　谢先云　孟皋卿
圆明园抒情（七律）···················朱靖宇

评论

对深入工农兵生活之管见——与刘心武同志商榷
································谭 谊

"穷且益坚，不坠青云之志"——读报告文学《国际
大师和他的妻子》······古远清 高进贤

文艺杂谈

从歌德与席勒的一场争论说起············赵 成
寄语浇花人··························曹菲亚
深入生活与"表现自我"··················维 安

诗苑漫语

贵在贴切··························张志民
发人深思的《沉思与遥望》··············何镇邦

北京文讯（四则）

美术

十三陵··························张新生
宾至图（中国画）··················徐启雄
叶落归根（版画）··················戴慧文
京郊小景（油画）··················李文培

1982 年第 3 期　刊名：《北京文学》
目录

小说

绿杨堤··························刘绍棠
山路曲曲弯弯······················刘树德
石鞋（童话）······················宗 璞
庄稼院轶事························王 蓬
明月明年························祝兴义
剥葱的姑娘························张 策

散文

甜甜的记忆························王子冀
忆环谷园························闻国新
夜上庐山························司马云杰

诗歌

京华诗笺

晨歌（二首）······················林 希
龙骨山猿人馆诗草（二首）··············张永顺

养育我的土地啊····················赵日升
葛洲坝抒情诗（四首）················唐大同
红叶集（十四首）········顾绍康 王心果 宗 鄂
李瑞明 刘宪宗 崔墨卿 王金秋 王德祥

新人新作（六首）···王 庆 高立林 牛 波 白 云

评论

带着海腥味的石子——母国政短篇小说创作漫评
································蒋荫安

文艺杂谈

文学期刊的封面····················孙 犁
文艺也需要自我批评··················陈国昌
漫谈咏物诗························韩成武

回音壁（二则）
北京文讯（二则）

美术

民族文化宫························张新生
人间春色（版画）··················史济鸿
归（版画）························伍必端
江南细雨（中国画）··················郑叔方

1982 年第 4 期　刊名：《北京文学》
目录

《北京文学》一九八一年优秀作品评选获奖作品篇目
贺词··························阮章竞
努力反映人民群众的新时代··············陈 模
今日春光好　明朝花更红··············苏辛群
又一个丰收年······················本刊记者
热情赞颂首都新貌与时代新风··········本刊特约记者

小说

那五··························邓友梅
班门子弟························王梓夫
圆明园闲话························苏叔阳
张立德换房························刘贵贤

新人新作

魏三奶奶························张嘉鼎
浪子宝根························季恩寿
杏枝子··························张夙起

诗歌

京华诗笺

色彩，飘落在我心田（四首）··············李 彤
立交桥（外二首）··················程光锐
京华诗情（二首）··················黄东城

生活的色彩（二首）··················陶嘉善

红叶集（六首）

　　————贺羡泉　寒　星　张　迈　张雪杉　左一兵

评论

典型性格与艺术价值————————————张全宇

几个不应忽略的问题————————————刘绍棠

文艺杂谈

莫把杜撰当真实————————————————辛　垦

并非姑妄言之————————————————李壮鹰

文讯（二则）

美术

人民英雄纪念碑————————————————张新生

绿绮（中国画）————————————————肖金钟

匡庐瑞雪（中国画）————————————————吴传麟

水乡码头————————————————————张桂林

1982 年第 5 期　　刊名:《北京文学》

目录

小说

热水袋————————————————————李　陀

鉴赏家————————————————————汪曾祺

买驴————————————————————邵振国

小说三篇————————————————————李功达

渡口————————————————————陈世旭

茅台，茅台————————————————————韩静霆

看闺女————————————————————孟广臣

散文

神仙山访友（外二篇）————————————立　高

囚徒歌————————————————————陈　模

旅栈邂逅————————————————————王英琦

诗歌

京华诗笺

在记忆的小道上（五首）————————————刘　征

魔法篇（三首）————————易和元诗　方　成画

乡村（二首）————————————————陈　犀

心中耸立着的丰碑（外一首）————————顾　工

延安，让我为你再唱支歌————————————李学鳌

红叶集（七首）————苏殿远　刘德亮　程光炜

马庆仙　杨献瑶　曼　晴

评论

重新学习《在延安文艺座谈会上的讲话》

　　————张志民　刘绍棠　林斤澜

汪曾祺　余　飘　李德君　钱光培　顾绍康　李功达

获奖青年作者谈创作体会

　　————陈建功　肖复兴　张小敏　聂鑫森

希望，寄托在永葆青春的革命精神中————张　莉

美术

人民大会堂————————————————————张新生

速写一组————————吕小满　马　刚　吴长江　王春犁

春天的田野（版画）————————————————姜　旗

1982 年第 6 期　　刊名:《北京文学》

目录

小说

新人新作专辑

"工业气压"————————————————————杨　霞

节日里————————————————————季士林

风流湾————————————————————张　桦

蓝色的呼唤————————————————————乔　伊

都市三章————————————————————张　蓉

队长媳妇————————————————————李忠忱

海风轻轻地吹————————————————————晓　咏

这个女子店————————————————————张桂莹

大姑爷借粮————————————————————楚学晶

诗歌

京华诗笺

北京组诗————————————————————黎焕颐

工厂的旋律（组诗）————————————————王恩宇

工地风采（三首）————————————————宇　之

沙海抒情诗（三首）————————————————郭维东

红叶集（十二首）————金同悌　马连义　徐　康

马恒祥　马晋乾　陈　梅等

评论

往生活的深度和广度进发（北京作家谈创作）

　　————浩　然

浓郁的"北京风味"————————————————谭需生

北京文讯

编后

美术

天坛公园————————————————————张新生

赶街路上 ·························· 王　森
童年 ···························· 李宏仁

1982 年第 7 期　刊名:《北京文学》

目录

小说

哑巴说话的故事 ···················· 李功达
哥哥 ···························· 京　夫
工作人 ·························· 赵大年
鹌鹑 ···························· 宋　词
小镇陈情 ························ 赵　赴
刚 ····························· 张　斌
拉姆（儿童文学） ·················· 郭玉道

报告文学

癌症≠死亡 ······················ 柯　岩

散文

圣城灯火 ························ 刘厚明
天上的星星 ······················ 贾平凹
冬菊 ···························· 马尚瑞

诗歌

三月录像（京华诗笺） ················ 高伐林
北京的风格（京华诗笺） ·············· 张志民
呵，文明河（京华诗笺） ·············· 丁慨然
矿柱林 ·························· 孙友田
姜女出世（叙事诗《孟姜女》第一章） ······ 巴　山
红叶集 ····················· 莫西芬　白　云

评论

怎样迈好小说创作的第一步 ············ 本刊记者
喜读邓友梅的新作《那五》 ············ 杨世伟
漫谈"典型环境中的典型人物" ········· 潘仁山
从勇敢的托尔斯泰谈起（文艺杂谈） ······ 贺光鑫
不要这多话（文艺杂谈） ·············· 高进贤

美术

长城 ···························· 张新生
故宫博物院 ······················ 王维新
牛崽崽 ·························· 黄定初

1982 年第 8 期　刊名:《北京文学》

目录

小说

第七红旗手 ······················ 徐朝夫
霞光灿烂的早晨 ···················· 陈忠实
新车落户记 ······················ 屈兴岐
七奶奶 ·························· 李　陀
哨声喔喔 ························ 陈国凯
红花蕾 ·························· 张承志
一页没打勾的台历（新人新作） ········· 乔　勇
母与子（新人新作） ················· 蔡公正
夏日的河谷（新人新作） ·············· 黄文兴

报告文学

陈爱武背后 ······················ 肖复兴

散文

场边对话 ························ 邓友梅
绿岛 ···························· 郝月梅

诗歌

黄雀与城（二首） ·················· 雷抒雁
神佛前，有一位祈祷的大娘 ············ 姜强国
绿色的爱情（三首） ················· 周　鹤
带韵的边风（二首） ················· 李松涛
法卡山的琴声（二首） ················ 马合省
红叶集（九首） ··········· 白玉明　王少岩　赤　宇

评论

生活中的思考和发现 ················· 张同吾
民族美德的一曲颂歌 ················· 夏玉华
在退稿面前（文艺杂谈） ·············· 草　云
有感于"老妪解诗"（文艺杂谈） ········· 何镇邦
长期积累，偶然得之（文艺杂谈） ········ 胡德培

美术

军事博物馆 ······················ 张新生
前哨 ···························· 王金旭
卧龙松 ·························· 赵准旺

北京文讯

1982 年第 9 期 刊名:《北京文学》
目录

小说

奇迹出现在那天夜里 ······················ 郑万隆
河边丝丝柳 ································· 张 宇
王和乐平反记 ······························ 韩石山
啊！山村 ························· 康式昭 黎 凯
海边的女人 ································· 黄蓓佳
一杯难喝的喜酒 ····························· 方 楠
水钻别针 ··································· 马 常

报告文学

从白荷花到巫山神女 ························· 徐 然

散文

鸟情 ····································· 孙 荪
三峡览胜 ·································· 罗公元

诗歌

投向人生的砝码 ····························· 何玉锁
燕山短笛（四首） ···························· 孟国强
大渡河的雕塑（四首） ························· 余以建
三百万辆自行车（京华诗笺） ···················· 林 希
三月，在北京（三首·京华诗笺） ·················· 张小敏
过关沟（三首·京华诗笺） ······················ 石 英
红叶集 ··················· 纪 宇 董耀章 纪 鹏
白 金 陈万鹏 杨又春 八 康

评论

文学需要理想之光 ···························· 陈骏涛
蒲家庄杂感（北京作家谈创作） ··················· 林斤澜
再谈现实主义文学与典型化 ·········· 吕晴飞 俞长江
从现实出发（诗苑漫语） ························ 武兆强
凝炼些，再凝炼些（诗苑漫语） ···················· 姚 欣
抒"大我"之情（诗苑漫语） ······················ 方孜行

美术

故宫角楼 ·································· 张新生
江作青罗带（山如碧玉簪） ······················ 刘汝阳
钟声（水印木刻） ···························· 王春犁
新篁图 ···································· 杨延文

1982 年第 10 期 刊名:《北京文学》
目录

小说专号

考验 ····································· 张一弓
哪儿出了毛病 ······························ 马立诚
葫芦巷春秋 ································· 周 渺
东海的早晨 ································· 李惠薪
鸽子 ····································· 贾平凹
黑墙 ····································· 刘心武
哦！在路上 ································· 母国政
小店里 ···································· 肖复兴
画眉鸟（新人新作） ·························· 里慧群
快乐的桅子（新人新作） ························ 郭 萍

北京文讯（二则）

美术

天安门 ···································· 张新生
丝瓜小鸡 ·································· 娄师白
醒 ····································· 卢培君
岩羊图 ···································· 牛 波

1982 年第 11 期 刊名:《北京文学》
目录

小说

听海 ····································· 王 蒙
腾身 ····································· 林斤澜
水边老屋 ·································· 肖建国
孙小二订婚 ································· 苏叔阳
命运 ····································· 柏果良
生日的礼物 ································· 丰 光
青山苍苍 ·································· 刘树德

散文

京华小品（四题） ···························· 袁 鹰
云溪风情 ·································· 叶志坚

诗歌

向着理想之巅飞翔（四首） ··········· 荆其柱 时永福
高占祥 陈满平
北京二题（京华诗笺） ························ 李 瑛
首钢交响诗（三首）（京华诗笺） ·················· 武兆强
地壳深处的开拓者（三首） ······················ 聂鑫森
在特殊的花园里（三首） ························ 杨 英
台湾诗情（二首） ···························· 于宗信

红叶集（十六首）……………………许向诚等

评论

把最好的精神食粮奉献给人民——记本刊召开的《考验》座谈会…………………………本刊记者
邓友梅的市井小说……………………雷 达
有好的还是要说好……………………周良沛
革命英雄的赞歌………………………宋建林

美术

新华门…………………………………京 华
爱晚亭…………………………………张 步
新嫁娘…………………………周秀青 金捷中
怒放……………………………………郑叔方

北京文讯

1982 年第 12 期　刊名:《北京文学》
目录

小说

头条新闻………………………………张 宇
赎………………………………………王润滋
海的儿女………………………………康式昭
被遗忘的党员…………………………王梓夫
预备军属………………………………刘颖南
卖豆腐花的姑娘………………………陈 迅
酸枣儿…………………………………韩瑛珊
男儿新歌关山月………………………晓 咏
对象……………………………………刘庆邦

散文

信浓露…………………………………刘厚明

诗歌

一尊历史的铜像（京华诗笺）………顾绍康
北京畅想曲（四首）（京华诗笺）…赵 伟
海流集（三首）………………………韩忆萍
诗二十一首………曹世钦 晓 晴 李野光 王洪涛
王恩桥 郭天民 范以本 尧山壁 纪 学 宋绍明

评论

关于塑造典型人物问题的一些探讨……王 蒙
典型艺术形象、典型化、典型性………余 飘
"定义"及其他…………………………王葆生
是方法，还是目的?……………………李 陀

1982 年《北京文学》优秀作品评选启事、推荐表

《北京文学》1982 年总目录
北京文讯

美术

景山……………………………………张新生
冬………………………………………王东海
北疆日记（组画之一）………………史济鸿
书法……………………………舒 同 沈 鹏
梅………………………………………王成喜

1983 年第 1 期　刊名:《北京文学》
目录

小说

南湾镇逸事……………………………古 华
他们的父亲……………………………徐 然
心曲……………………………………陈泽顺
楼里静悄悄……………………………李兴业
叶老汉…………………………………孟文臣
这个田贵………………………………刘国春
黄昏未必是哀愁………………………毛志成

散文

天山行色………………………………汪曾祺
大漠雄关………………………………杨闻宇

诗歌

哦，我的地下铁道（京华诗笺）……匡 满
立体立叉公路上（外一首）（京华诗笺）……戴砚田
什刹海，飞过一颗蔚蓝的星（外一首）（京华诗笺）
………………………………………赵 恺
旧体诗词之页（五首）………端木蕻良 李 克
诗十首………傅 仇 徐 刚 赵中森 韩作荣
红叶集（十三首）……………………刘飞茂等

评论

悄悄地在前进——《北京文学》部分小说漫议……丹 晨
又看见你了，我的大渡河（诗苑漫语）……唐大同
诗，应该醒着（诗苑漫语）……………孟伟哉
我们欢迎这样的诗（诗苑漫语）………殷之光

回音壁
北京文讯（二则）

美术

昆明湖夕照
风筝……………………………………黄冠余
洞庭秋…………………………………叶 维
燕山人家………………………………李志国

秋的旋律 ──────────────────── 刘向荣
打破的水壶 ───── ［法国］让·巴蒂斯特·格瑞兹

1983 年第 2 期　刊名：《北京文学》
目录

新春寄语：为开创文学新局面多做贡献 ──本刊编辑部

散文
红枫如醉送嫩寒（作家国外见闻） ─────── 李　准
真假颠倒的世界（作家国外见闻） ─────── 蒋子龙

小说
大哉赵子谦 ────────────────── 王安忆
往事悠悠 ─────────────────── 迟松年
菊花晨 ──────────────────── 张　宇
枣树院 ──────────────────── 蒋　韵
死守的秘密（外一篇） ─────────── 陈　迅
大地 ───────────────────── 周梅森
月亮和星星 ───────────────── 张捷世
石桥粮站趣事 ───────────────── 贺景文

诗歌
道德老人的呼吁（外一首） ──────── 李瑞明
皇柏道上（三首） ─────────────── 唐大同
一个家庭的诞生 ───────────── 吕贵品
在荒漠里，跋涉 ──────────────── 宋绍明
诗十首 ───────── 吴林泉　吴正格　刘小放
岭岩　顾　城　高瑞明　陈志昂　何　音

评论
传统的生活与文化铸造的性格 ─────── 季红真
回到现实主义，回到民族传统 ──────── 汪曾祺
不要人为地净化生活（文艺杂谈） ───── 邹忠民
一点小小的担心（文艺杂谈） ─────── 孙豹隐
"情人睛里出西施"（文艺杂谈） ───── 袁文龙

北京文讯
回音壁（二则）
稿约

美术
景山之晨
闻鸡起舞 ────────────────── 田雨霖
我爱荒原 ──────────── 于广夫　刘向荣
今日建国门（丝漏版画） ──────────── 刘　耀
雨果的头像 ──────────── ［法国］罗　丹

1983 年第 3 期　刊名：《北京文学》
目录

小说
神明 ───────────────────── 徐　然
刘官人 ──────────────────── 贾平凹
没有接到请柬的人 ───────────── 李惠薪
病房纪事 ────────────────── 叶之蓁
向阳花进城 ───────────────── 张志春
他和她 ──────────────────── 岭　石

报告文学
明白人的烦恼 ───────────────── 韦　草

散文
村野当年事 ───────────────── 杨闻宇
故乡雨 ──────────────────── 郭启宏
仪仗兵轶事 ───────────────── 喜　民

诗歌
乡情集──女作者诗选二十二首 ─────── 殊　萍等
旧体诗词之页 ──────────── 刘　征　柳倩
红叶集 ──────────────── 阿拉坦托娅等

评论
摆脱混乱（争鸣篇） ───────────── 顾征南
江郎为何才尽 ────────── 怀　义　任　炳
扬长避短（北京作家谈创作） ─────── 邓友梅

北京文讯（二则）
稿约

美术
京郊风光 ────────────────── 郭志全
池趣图 ──────────────────── 李　涵
源远流长 ────────────────── 朱晓云
钢铁长城（组画） ─────────────── 王金旭
化妆室中的舞女 ───────── ［法国］德　加

1983 年第 4 期　刊名：《北京文学》
目录

《北京文学》一九八二年优秀作品评选
获奖作品篇目

北京青年作者小说专辑
逍遥之乐 ────────────────── 陶　正

老学生 ······························· 李功达
剧场效果 ··························· 张辛欣
童心三篇 ··························· 许谋清
草原人 ······························· 吴可雨
路口有棵老槐树 ··············· 丁小琦
儿子（新人园地）··············· 吴　滨
评点：贵在于"新" ············· 浩　然
眷恋（新人园地）··············· 曹　青
周怡在微笑（报告文学）····· 张　策　戈　金
开命锁（报告文学）··········· 高建中

诗歌

东方文明之星 ··················· 白云海
红荷 ·································· 丁慨然
流水线之歌（三首）··········· 陈万鹏
京华诗笺（二首）············· 徐　康　刘益善
诗四首 ················· 刘毅然　白　金　章德益

评论

文学，应该讲究格调 ·········· 潘自强
刘绍棠小说语言风格管窥 ··· 徐振辉
"名"的杂说（文艺杂谈）····· 草　云
银币变成纯金的启示（文艺杂谈）··· 贺光鑫
写作有秘诀吗？（文艺杂谈）··· 黄世英

美术

北海
作家 ·································· 王　晖作
水仙 ·································· 戴　泽作
红蓼 ·································· 郭钟永作
啄木鸟 ······························ 刘小岑作
老农 ·························· [法国] 梵　高作

1983 年第 5 期　刊名：《北京文学》

目录

小说

沙灶遗风 ··························· 李杭育
蓝色的雪 ··························· 何　新
青草叶儿 ··························· 张　宇
B 市蔬菜紧张 ····················· 李兴叶
改革者的悲喜剧 ··············· 韩石山
田园 ·································· 邵振国

散文

东道主们（访美散记）········· 张　洁

报告文学

复苏 ·································· 刘占绵

诗歌

欢腾的山村（十首）··········· 马及时
阵　容　张庆明　张中海
但愿我明天看见你⋯⋯ ········ 周　纲
诗四首 ······························ 罗子英等
红叶集（十三首）············· 王　野　韩　永等

评论

文学的艺术世界——《北京文学》1982 年小说漫评
·································· 刘梦溪
"星洲"归来（访老作家萧军）··· 晓　云
小诗《红叶集》值得提倡（诗苑漫语）··· 丁　力
片语零言话"乡情"（诗苑漫语）——读女作者诗选随
记 ·································· 式　昭　世　凯

回音壁
北京文讯

美术

芍药圃
跃马 ·································· 姜　旗作
广岛小景 ··························· 荣崇聘作
执扇少女 ····················· [法国] 雷诺阿作

1983 年第 6 期　刊名：《北京文学》

目录

小说

春天 ·································· 张承志
能人和笨蛋的故事 ··········· 刘　真
石匠魂 ······························ 张一弓
晚归 ·································· 严啸建
平原 ·································· 吴　滨
一个老人的唠叨 ··············· 王海龄
难忘的沙枣林（新人园地）··· 汪黎明

散文

从头到尾（作家国外见闻）··· 张　洁
故乡雪 ······························ 谷世泰
雾海拔峰壮山河 ··············· 黄福林

诗歌

崛起的春潮 ······················· 何玉锁
绿色的钢韵（三首）··········· 王金秋
往事（组诗）······················ 白　航

短诗七首·····················郭瑞年　马晋乾等

评论
反映社会矛盾和新的美学追求·············缪俊杰
小说不靠"说"（文艺杂谈）··············辛　垦
小议咏物诗（文艺杂谈）···········陈寓中　朱子庆
倒看（文艺杂谈）·····················崔兴林
"阮郎风骨剧峥嵘"（访诗人阮章竞）········高　洁

北京文学讲习所
近几年的中短篇小说创作···············王　蒙

美术
夏
田间···························李恒辰作
深情···························谭权书作
肖像·····················[德国]丢勒作

1983 年第 7 期　刊名：《北京文学》
目录

小说专号
歌不足泣，望不当归···················史　咏
少管家前传（中篇）···················韩少华
紫貂皮大衣·······················刘贵贤
鬼脸儿风筝·······················陶　正
戏在台外························马道远
残月（新人园地）····················雷齐鸣
刘姥姥回村·······················康式昭
狐狸、舞泡和我·····················季恩寿
第二只天鹅之死·····················许谋清
生活照·························张晓东

北京文学讲习所
观察生活和构思作品···················秦兆阳

北京文讯
编后记

美术
夕照
大石岛························宋文章作
秋···························王森然作
竹芋草·····················[俄国]西什金作

1983 年第 8 期　刊名：《北京文学》
目录

小说
绝响··························孔捷生
好汉子衣斯麻尔·····················王　蒙
少管家前传（中篇·续完）···············韩少华
月光··························雷齐明
月光··························王小平
后来……························韩蔼丽
夜客··························李功达
青竹··························许谋清

散文
自白——我的日记····················杨　沫
小草·水仙·沧桑····················张守仁
你真的骑马走了!····················逯　斐

诗歌
呵，小镇（外三首）···················王恩桥
小兴安组曲（四首）···················胡世宗
采自边海防的小花（二首）···············王晋军
胸前的红云（外一首）··················咏　慷
鹰剑篇（二首）·····················王知十
京城短歌（六首）··········何香久　谢先云　宫　玺
红叶集（十八首）··············任先青　胡万俊等

评论
魂系中华——新时期文学民族性问题的思考···李复威
"使艺术的反射作用科学化"···············成志伟
一种贫乏的民族性格的衰亡···············彭亚非
天涯何处无芳草····················杨纯光

北京文学讲习所
怎样选择题材和提炼主题·················刘心武

北京文讯·回音壁
美术
采菱··························宋刚明作
国魂··························杨延文作
碧云寺诗意·······················张　步作
陶然月夜·······················朱军山作
戒台远眺·······················赵准旺作
边陲金秋·······················谭涤夫作
出塞··························李玉昌作
北阳······················[日本]东山魁夷

1983 年第 9 期　刊名:《北京文学》
目录

小说专号

条件尚未成熟 ································ 张　洁
张六指的"革命" ·························· 梁晓声
谁是我? ································· 宗　璞
那矮矮的"木刻楞" ······················ 刘树德
一根很小很小的刺 ······················· 刘心武
干爹娘小史 ······························ 贾平凹
拍不出影子的姑娘 ······················· 徐朝夫
潮汐 ·································· 赵大年
一只猫的四个故事 ······················· 李功达
纹枰絮话（新人园地） ···················· 孙成叶

北京文学讲习所

略谈小说的功能与创新 ···················· 邓友梅

作家专访

宝刀不老　砺志图精——访作家杨沫 ········· 高进贤

美术

细雨
林场 ·································· 吴丽珠作
枇杷 ·································· 冯宗祥作
欢乐的潜水泵 ··························· 莫　测作
日月潭叙事 ····························· 朱维明作
三月 ······························· [俄]列雄坦作

1983 年第 10 期　刊名:《北京文学》
目录

学习《邓小平文选》攀登文学创作新高峰
··································· 本刊评论员

小说·散文

满城飞花（中篇） ······················· 林斤澜
少年高峦的四季歌 ······················· 徐　然
通堂倒彩 ······························ 史雨泯
娶媳妇（新人园地） ······················ 倪　勤
鲁迅奔丧（散文） ······················· 周　晔
菏泽游记（散文） ······················· 汪曾祺
护寒红枫耀眼明（报告文学） ·············· 安　峰

诗歌

吉光片羽爱国情 ·············· 钱昌照　冯亦吾等
北京中山诗词社建社作品选

京华散章（散文诗·京华诗笺） ·············· 唐大同
爱的纪念（二首·京华诗笺） ················ 罗　采
大地之恋（短诗小辑九首） ········ 王耀东　刘　章等

评论

在希望的田野上耕耘 ·············· 康式昭　李世凯
急起直追　迎头赶上 ····················· 刘绍棠
诗，在探求中前进 ······················· 张志民

北京文学讲习所

小说中的情节 ··························· 吴泰昌

北京文讯

美术

秋 ·································· 王文波摄
月光曲 ································· 张耀君作
漓江雨意 ······························ 田俊江作
鸟 ·································· 牛　波作
不夜的山谷 ····························· 黄　云作
海外来客 ····························· [俄]列里赫作

1983 年第 11 期　刊名:《北京文学》
目录

小说·散文

热雨 ·································· 张　弦
阿诚的龟 ······························ 刘厚明
云致秋行状 ····························· 汪曾祺
河中的星星 ····························· 刘震云
啊，克拉玛依（新人园地） ················· 韩天航
退稿（新人园地） ······················· 邓向东
不是我要沉默（新人园地） ················· 李　建
姊妹鸟（散文） ························· 刘长岭
京西龙门涧（散文） ····················· 张嘉鼎
海马的后代（散文） ····················· 陈昌本

诗歌

然而我们相信 ··························· 林　希
一束夕拾的花（诗六首·京华诗笺） ············ 阿　蓉
希望之星（短诗小辑九首） ········ 崔墨卿　张小敏等
红叶集（十七首） ···················· 郎德民等
凤阳行（外二首） ······················· 李方立
矿山诗情（二首） ······················· 孙友田
生活小镜（三首） ······················· 苗得雨

评论

柳·菊·草 ····························· 张毓书

生活信仰和艺术光照⋯⋯⋯⋯⋯⋯⋯⋯⋯罗强烈
创新，应有自己的气韵（文艺杂说）⋯⋯张春生
名家作序（文艺杂谈）⋯⋯⋯⋯⋯⋯⋯⋯草　思
诗苑漫语（三则）⋯⋯⋯宋　垒　曹世钦　尹一之
探求生活中的金子（作家专访）⋯⋯⋯⋯高　桦

北京文学讲习所
小说是形象思维的艺术⋯⋯⋯⋯⋯⋯⋯⋯从维照

1983 年《北京文学》优秀作品评选启事

美术
红叶
翠谷鹿鸣⋯⋯⋯⋯⋯⋯⋯⋯⋯⋯⋯⋯⋯傅恒学作
书法⋯⋯⋯⋯⋯⋯徐之谦　谢逢松　丛宏业作
流砂净土变⋯⋯⋯⋯⋯⋯⋯⋯［日本］平山郁夫作

1983 年第 12 期　刊名:《北京文学》
目录

开展马克思主义批评　认真清除精神污染
⋯⋯⋯⋯⋯⋯⋯⋯⋯⋯⋯⋯⋯⋯⋯⋯本刊评论员

小说·散文
苦恼⋯⋯⋯⋯⋯⋯⋯⋯⋯⋯⋯⋯⋯⋯⋯⋯王　蒙
踩蛤蛤⋯⋯⋯⋯⋯⋯⋯⋯⋯⋯⋯⋯⋯⋯⋯邓　刚
清与浊⋯⋯⋯⋯⋯⋯⋯⋯⋯⋯⋯⋯⋯⋯⋯孙春平
三月三⋯⋯⋯⋯⋯⋯⋯⋯⋯⋯⋯⋯⋯⋯⋯肖复兴
老汉还乡⋯⋯⋯⋯⋯⋯⋯⋯⋯⋯⋯⋯⋯⋯金　河
答案，明天揭晓⋯⋯⋯⋯⋯⋯⋯⋯⋯⋯⋯黄建中
彼岸（报告文学）⋯⋯⋯⋯⋯⋯⋯⋯⋯⋯理　由
海之歌（散文）⋯⋯⋯⋯⋯⋯⋯⋯⋯⋯⋯赵　赴
相思豆（散文）⋯⋯⋯⋯⋯⋯⋯⋯⋯⋯⋯和　谷

诗歌
工区的黎明（三首）⋯⋯⋯⋯⋯⋯⋯⋯⋯龙　郁
草原四题⋯⋯⋯⋯⋯⋯⋯⋯⋯⋯⋯⋯阿拉坦托娅
短诗小辑（十七首）⋯⋯⋯⋯黎陆昕　刁　斗等
乡恋（四首）⋯⋯⋯⋯⋯⋯⋯张宝申　禾　波
地之春韵（散文诗·二章）⋯⋯⋯⋯⋯⋯旭　宇

评论
文学要闪射革命理想的光华⋯⋯⋯⋯⋯⋯王葆生
出名和出丑（文艺杂谈）⋯⋯⋯⋯⋯⋯⋯康　凯
灵魂工程师的灵魂（文艺杂谈）⋯⋯⋯⋯伍　阵
从历史的尘雾中走来⋯⋯⋯⋯⋯⋯⋯⋯张同吾

北京文学讲习所
小说的主题与总体构思⋯⋯⋯⋯⋯⋯⋯⋯林斤澜

《北京文学》1983 年总目录
北京文讯
1983 年《北京文学》优秀作品评选启事

美术
日出
万里征程诗不尽⋯⋯⋯⋯⋯⋯⋯林　岗　庞　涛作
水乡⋯⋯⋯⋯⋯⋯⋯⋯⋯⋯⋯⋯⋯⋯⋯王　炜作
荷⋯⋯⋯⋯⋯⋯⋯⋯⋯⋯⋯⋯⋯⋯⋯王东海摄

1984 年第 1 期　刊名:《北京文学》
目录

青年作者小说散文专辑
星星⋯⋯⋯⋯⋯⋯⋯⋯⋯⋯⋯⋯⋯⋯⋯⋯余　华
教授和他的儿子⋯⋯⋯⋯⋯⋯⋯⋯⋯⋯⋯潘　军
寒岁里的光⋯⋯⋯⋯⋯⋯⋯⋯⋯⋯⋯⋯⋯刘　波
儿子⋯⋯⋯⋯⋯⋯⋯⋯⋯⋯⋯⋯⋯⋯⋯⋯丁小琦
熔点⋯⋯⋯⋯⋯⋯⋯⋯⋯⋯⋯⋯⋯⋯⋯⋯徐　舟
牛把式的故事⋯⋯⋯⋯⋯⋯⋯⋯⋯⋯⋯⋯李功达
晨雾消散的时候⋯⋯⋯⋯⋯⋯⋯⋯⋯⋯⋯曹　青
阿水⋯⋯⋯⋯⋯⋯⋯⋯⋯⋯⋯⋯⋯⋯⋯⋯刘亦索
悠远的歌（散文）⋯⋯⋯⋯⋯⋯⋯⋯⋯⋯由　岑
我思念的香椿树（散文）⋯⋯⋯⋯⋯⋯⋯董　华

诗歌
古柳（外二首）⋯⋯⋯⋯⋯⋯⋯⋯⋯⋯⋯张万舒
三峡颂（组诗）⋯⋯⋯⋯⋯⋯⋯⋯⋯⋯⋯阮章竞
写在乡村工业的地平线（二首）⋯⋯⋯⋯孟宪良
题红百合⋯⋯⋯⋯⋯⋯⋯⋯⋯⋯⋯⋯⋯⋯田　间
红叶集（十六首）⋯⋯⋯⋯殷树楷　李见春等

评论
权欲者的一面镜子——读张洁的新作《条件尚未成熟》⋯⋯⋯⋯⋯⋯⋯⋯⋯⋯⋯⋯⋯⋯⋯方顺景
塑造人物和塑造自己（文艺杂谈）⋯⋯⋯辛　垦
实话与真实（文艺杂谈）⋯⋯⋯⋯⋯⋯⋯余　飘
"认出"和"说出"（文艺杂谈）⋯⋯⋯⋯草　云

北京文学讲习所
必须重视第一要素⋯⋯⋯⋯⋯⋯⋯⋯⋯⋯刘绍棠

作家专访：访骆宾基⋯⋯⋯⋯⋯⋯⋯⋯⋯赵　成
北京文讯

美术

艳阳天 —————————————————— 李天祥
鸟儿又叫了 —————————————— 李恒辰
壁画（局部）—————————————— 刘秉江

1984 年第 2 期　刊名:《北京文学》
目录

踊跃参加庆祝建国三十五周年文艺作品征集评奖活动

小说

"死缓"（征文）—————————————— 李惠薪
越过克波河 —————————————— 乌热尔图
白天鹅 ————————————————— 佳　俊
位置 —————————————————— 辛　仪
生日那天 ——————————————— 龙非凡
小老鼠 ———————————————— 陆永基

散文

奇峰当面立 —————————————— 李学鳌
在大兴安岭的密林中 ————————— 谢明清
天涯歌声 ——————————————— 程相文

诗歌

燕子山放歌 —————————————— 晓　晴
瀑布·沙·树（三首）————————— 陈满平
京都二题（京华诗笺）———————— 高　深
京华诗草（三首·京华诗笺）———— 李加建
诗十首 ——————— 刘　镇　陈秀庭　韩忆萍
径　三　杨　英　于启河

评论

创作个性与作家的世界观 —————— 何孔周
如此"爱情真谛" ——————————— 康　凯

北京文学讲习所

文学创作中作家主观思想的渗透 ——— 刘梦溪

北京文讯

美术

报春 —————————————————— 郑叔方
乡村 —————————————————— 杨炳湘
鲁迅故乡行（组画之一）——————— 王金旭
热爱祖国，热爱共产党，热爱社会主义 — 晁德仁

1984 年第 3 期　刊名:《北京文学》
目录

小说·散文

"市内电话"间旁（征文）——————— 李兴叶
蓝背心 ———————————————— 浩　然
无名老汉（征文）——————————— 吴可雨
珊瑚沙的弄潮儿 ——————————— 李杭青
大清臣轶事 —————————————— 孟广臣
这间小室 ——————————————— 徐　然
竹女 —————————————————— 余　华
布满弹孔的战旗（报告文学·征文）—— 时　明
兰州采遗（散文）——————————— 杨闻宇
松骨（散文）————————————— 曾石铃

诗歌

山的儿子（组诗）——————————— 韩作荣
钢厂生活速写（三首）———————— 郭天民
美国掠影（二首）——————————— 孟国强
高原（外一首）———————————— 梅绍静
对瓶花的短评（外一首）——————— 梁　南
凉山写意（二首）——————————— 李发模
散文诗二章 —————————————— 蔡宗周
红叶集（十首）———————————— 李　浔等

评论

十月革命胜利后列宁文艺思想与实践的几个问题
————————————————————— 顾　骧
诗苑漫语（三篇）——— 李清泉　阿红　姚欣
一月清新的风——读《北京文学》第一期"青年作者
专辑"————————————————— 肖复兴

北京文学讲习所

短篇小说的艺术特点 ————————— 王愿坚

美术

彩霞 —————————————————— 张佩义
烟雨漓江 ——————————————— 白雪石
春 ——————————————————— 汲　成

1984 年第 4 期　刊名:《北京文学》
目录

《北京文学》一九八三年优秀作品评选获奖作品篇目
评选《北京文学》一九八三年优秀作品编委（扩大）
会名单
为了姹紫嫣红 ———————————— 本刊记者

读者对本刊作者、编者的勉励（来信摘编）

纪念老舍诞辰八十五周年
文艺要表现人民 ································· 彭　真
与首都人民血肉相连的艺术家 ············· 白介夫
缅怀舒舍予先生 ····························· 阮章竞

小说·散文
伏枥 ·· 韦君宜
月亮照着你，月亮照着我 ···················· 余　华
三河谣 ··· 闻　波
都冷桑阿爸和他的梨花鹰 ····················· 江　浩
两片绿叶 ······································ 张志春
老人与贝壳 ···································· 许谋清
人民代表（报告文学·征文） ··············· 陈祖芬
红火，依旧亮着（散文） ···················· 许　以

诗歌
清晨，脚步匆匆的北京人（外一首·征文）··· 荆其杜
生活的色彩（六首·征文） ···················· 陶嘉善
长江情思（三首） ····························· 宁　静
诗六首··· 商子秦　任耀庭　吴宝三　苏　敏　李遇春

评论
文学的一个重要内容 ························· 郑荣来
摘下兽与鬼的面具以后 ······················· 李复威

北京文讯：北京作协庆祝萧军从事文学活动五十年
北京文学讲习所小说创作讲习班结业

美术
小溪（封面） ·································· 柳新生
老舍（封二） ·································· 陈新
山村小景（封三） ···························· 袁志山
秋雨（封四） ·································· 吴永良

1984 年第 5 期　刊名：《北京文学》
目录

小说·散文
镀金的梅花 ···································· 从维熙
墓园 ·· 苏　玮
我们唱起儿时的歌 ···························· 肖　矛
和风细雨 ······································ 张　宇
"玛基尼"小提琴 ······························ 张　威
融洽（新人园地） ···························· 乔淑萍
我来到鲁迅的故乡（散文） ·················· 曹世钦

北京作家忆老舍
人民艺术家老舍 ····························· 端木蕻良
老舍先生 ······································ 汪曾祺
荣誉来自辛勤劳作 ···························· 杨纤如
二十多年前的座谈会 ························· 林斤澜
怀念老舍先生 ································· 邓友梅
北京作家的一代宗师 ························· 刘绍棠

诗歌
钢铁抒情诗（五首）（征文） ················ 雷抒雁
伊犁河谷（外一首） ·························· 公　刘
军旅生涯（二首） ···························· 王晋军
蓝天万里情（三首）（征文） ················ 殊　萍
北京二题 ······································ 申　身
红叶集（十一首） ··············· 父　城　白　云等

北京文学讲习所
关于小说的构思、素材和人物刻划 ··········· 苏叔阳

评论
新时期文学交响曲中独异的乐章 ·············· 白　烨
对于文艺批评的杂感（二则） ················ 林草思
掀掉这层纱 ···································· 苗稼全

北京文讯
回音壁

美术
秋趣 ·· 王培东
采油工 ·· 郝志国
苦与乐 ·· 蔡际平

1984 年第 6 期　刊名：《北京文学》
目录

小说·散文
007337 ·· 谌　容
村边，一片活水 ······························ 徐朝夫
灯火阑珊处 ···································· 韦　奈
安魂曲 ·· 孟伟哉
月是高原明 ···································· 金光中
"啄书鸟" ····································· 呆向真
日月贝 ·· 方　楠
没有名字的墓碑（散文） ···················· 宗　璞
凡尔赛喷泉（散文） ·························· 刘心武
英伦风情（散文） ···························· 李国文

诗歌

庆祝建国三十五周年征文专辑

弹奏起来吧，钢琴 .... 陈松叶

春秋交响曲 .... 王　浩

今日我乔迁（三首） .... 宗　鄂

燃烧的朝霞（二首） .... 张宝申

社会福利院二题 .... 崔墨卿

八十年代的乡村（六首） .... 王恩桥　高立林

阵　容　黎陆昕　孟宪良

评论

文学风格的审美价值刍议 .... 蔡润田

对社会主义文艺旗帜的一点思考 .... 王衍盈

报告文学笔谈

新生活，正扑面而来 .... 韩少华

报告文学作者要自强自重 .... 朱述新

题材与表现的希望 .... 肖复兴

美术

雨过数峰青 .... 宇文洲

藏书票选 .... 李　桦等

收获 .... 程亚南

红叶集（九首） .... 赵文生等

评论

艺术观察的视角和目光——试评李功达的小说创作

.... 罗强烈

"改变不了我的中国心"——读《墓园》 .... 蔡　葵

含而不露——读《珊瑚沙的弄潮儿》 .... 陆　莹

北京文讯（三则）

回音壁

美术

青春 .... 唐洪民　金在坤　杨世昌　王松引作

希望风帆 .... 卜维勤作

夏 .... 张耀君作

夜 .... 张华胜作

1984 年第 7 期　刊名:《北京文学》
目录

青年作者专号
小说

不该是方尖碑 .... 李　建

骆驼草（征文） .... 郭雪波

雪 .... 朱　伟

无所适从 .... 马道远

牛桩 .... 曹文轩

枸杞子 .... 郑家学

蓝霞 .... 李洪洋

冲出"西来顺" .... 路永江

爱的担子 .... 赵永庄

报告文学

飞越"四合院"（征文） .... 甘铁生　牛晓谦

诗歌

我快乐，我是一只小鸟（外三首） .... 筱　恺

潮头上的浪花（二首） .... 李　彤

海边的孩子（外二首） .... 染　儿

祭 .... 雪　迪

心中的帆（短诗十首） .... 严玉禄　赵李红等

1984 年第 8 期　刊名:《北京文学》
目录

小说·散文

清凉界 .... 尹俊卿

沙溪 .... 郭雪波

有核桃树的小院 .... 郑万隆

水碾 .... 李宽定

她好像想起了什么 .... 艾　青

蜜桃岭 .... 郑彦英

母与子 .... 庄启云

难忘的仙台（散文） .... 杨　沫

山海之间（散文） .... 王　浩

报告文学

他们来自北大荒 .... 肖复兴

诗歌

北京，我向你谛听（征文） .... 李野光

希望，在田野上（二首·征文） .... 张水舟

唱在故乡运河畔（三首·京华诗笺） .... 朱述新

系在枪上的情思（诗四首） ...... 峭　岩　刘毅然　王知十

诗八首 .... 禾　波　高停云　白　金　时永福

评论

一个朴素而亲切的公仆形象——评报告文学《人民代表》 .... 冯立三

读《不该是方尖碑》 .... 方　磊

"同能不如独胜"（文艺杂谈） .... 贺光鑫

由"鸡啄米"想到的（作家谈创作） .... 林斤澜

追求人世间最宝贵的（访作家管桦） .... 马光复

本刊启事

美术

狂飙……………………………………………刘　林作
乌龙潭…………………………………………蔡　衍作
夏夜……………………………………………张　衍作
柿子……………………………………………郭钟永作
秋色……………………………………………杨瑞芬

1984 年第 9 期　刊名:《北京文学》
目录

庆祝建国三十五周年
文艺创作征文专号
报告文学
红军留下的儿子………………………………徐　然
一片冰心领风骚………………………………王　颖

小说·散文
乡风……………………………………………尹玉如
大船在颠簸中前进……………………………徐仁骥
黎明，他将启程……………………………潘　军
三年陈案………………………………………陈昌本
还乡曲…………………………………………刘颖南
丁香谷（新人园地）…………………………舒　敏
龙潭梦（散文）………………………………郑伯崙
会说话的眼睛（散文）………………………逯　斐

诗歌
"死不着"的后代们……………………………张志民
走向广场………………………………………匡　满
信任，重新获得（外一首）…………………龙　郁
北京，我是从塞北来的………………………杜志民
出塞的女人（三首）…………………………蒙根高勒

评论
勇于向时代的纵深突进——文学反映当代社会变革的
历史职责………………………………………李复威
谈文学创作与欣赏趣味的"对位"……………前铁三
生活实感与艺术表现（文艺杂谈）…………胡德培

回音壁
编者的话

美术
帆………………………………………………苗新田
森林之歌………………………………………王　琦
仙鹤……………………………………………刘玉楼

1984 年第 10 期　刊名:《北京文学》
目录

小说专号
尾灯……………………………………………张　洁
在东京的四个中国人…………………………邓友梅
罗村在京郊……………………………………梁晓声
再造丸…………………………………………鲍　昌
花蛋糕…………………………………………郑万隆
鹿道……………………………………………闻　波
这个戴眼镜的姑娘……………………………江锡民
在闪光灯后面…………………………………马立诚
箫声（小小说）………………………………王梓夫
旅伴（小小说）………………………………许谋清
更年期（新人新作）…………………………齐　瑶
三将军之墓（新人新作）……………………吴海峰
点评：另外的感想……………………………林斤澜

文学期刊信息

美术
斗鲨……………………………………………张秉田作
杜甫……………………………………………钱绍武作
鼓楼……………………………………………张仁芝作

1984 年第 11 期　刊名:《北京文学》
目录

小说·散文
洁白的世界……………………………………李国文
哦，小公马……………………………………邹志安
小珠山…………………………………………孙少山
围城……………………………………………王梓夫
两盒磁带………………………………………孙肖平
苏丽珂（散文）………………………………王　蒙
随笔两篇………………………………………汪曾祺
她今天称杰于世（报告文学）——再续《扬眉剑出
鞘》……………………………………………理　由
痴情天地间（报告文学）……………………高进贤

诗歌
关于 0 和 1（外一首）（征文）……………高伐林
不熄灭的闪电（征文）………………………刘　征
我们是第一代共青团员（征文）……………林　希
太阳，是一只蝴蝶（征文）…………………郭宝臣
开塔吊的姑娘（征文）………………………董耀章
"红眼症"……………………易和元诗　方　成画

京华诗笺（四首）————————————杨 牧 宁 宇
诗十首……章德益 车美萍 郎 争 侯唯动 苏 敏

评论
可贵的升华——读《清凉界》————式 昭 世 凯
真实地反映现实生活的矛盾——读《大船在颠簸中前
进》————————————————高玉琨
生活气息与艺术虚构——读《乡风》————牛志强
一首好诗——读《"死不着"的后代们》————朱靖宇

1984 年《北京文学》优秀作品评选启事
编后记

美术
温泉之春————————————————田金铎
雷————————————————————赵大陆
《倪焕之》插图————————————————王智远
龙的传人————————吴之明 沈揆一 田大军

1984 年第 12 期　刊名:《北京文学》
目录

小说·散文
让平庸的日子逝去————————————母国政
雾山黄————————————————————尹俊卿
母与子————————————————————李功达
进行曲————————————————————戈悟觉
妻子的生日————————————————徐朝夫
失落在小镇上的童话————————————姜天民
看手相（小小说）————————————刘国春
看绿（散文）————————————————赵大年
读《郭影秋诗选》杂忆（散文）————宋士忠
石之姿（散文）————————————————可 音

报告文学
一个"怪人"的崛起————————————高 远

诗歌
我为农民的卧车和飞机歌唱（征文）————赵日升
给首钢（三首）（征文）————————聂鑫森
北京，我在成熟的中年唱你（征文）————时永福
绿色的怀念（征文）————————————王恩宇
大海之歌（征文）————————————树 元
走向中年（征文）————————————叶延滨
黄岭塑像（征文）————————————韩忆萍
诗六首————————石 英 晓 朦 赵永彬 谢先云

评论
"他是重生新父母"——评《红军留下的儿子》
————————————————————刘蓓蓓
《罗村在京郊》读后随想————————谢 云
不只是农民意识的绝妙写照——评张洁的短篇新作
《尾灯》————————————————李贵仁
观察·激情·深度——读诗随笔————宋 垒

回音壁
《北京文学》1984 年总目录
1984 年《北京文学》优秀作品评选启事

美术
珠海的女儿————潘 鹤 段积余 段起来作
椰林繁星————————————————黄 云作
女孩与鸽子————————徐英培 李晓军作

1985 年第 1 期　刊名:《北京文学》
目录

九姐（中篇小说）————————————李惠薪
容方————————————————————姜 滇
一封未完成的奏疏————————————马宗启
家族舞会————————————————————李兴叶
小镇棋圣————————————————————张宝申
小渔船上————————————————————任一舟
鸽子————————————————————宋 词
天上有颗星……————————————穆 静
答案————————————————————司马言
相会，在海峡那边（报告小说）——张治中探望张学
良————————————————纪红民 方 正
所向无空阔（评论）——读邹志安《哦，小公马》
————————————————————雷 达
情真意切（评论）——读《在东京的四个中国人》
————————————————————卢 芦
律己须严　眼界要高（文艺杂谈）————万仕同
"新棋"的联想（文艺杂谈）————————孙振华

新绿————————————————————郑叔方作
瑞雪————————————————————张跃君作
幸福的时刻————————————————袁学军摄

1985 年第 2 期　刊名:《北京文学》
目录

葡萄承认（报告文学）————————柯 岩
缉私者（报告文学）————————母国政 郑万隆

界碑（小说）　　　　　　　　　　　　　张西庭
相思江畔（小说）　　　　　　　　　　　江　水
选择（小说）　　　　　　　　　　　　　凌　晓
老夫当年勇（小说）　　　　　　　　　　苏　炜
千里驴（小说）　　　　　　　　　　　　许谋清
海牛（小说）　　　　　　　　　　　　　曹文轩
两情尽在不言中（小说）——张学良与赵四小姐的恋
爱故事　　　　　　　　　　　　纪红民　方　正
故乡板桥（散文）　　　　　　　　　　　杨闻宇
忆魏东明（散文）　　　　　　　　　　　韦君宜
追赶者的几句话　　　　　　　　　　　　浩　然
《信任，重新获得》小议　　　　　　　　尹在勤
从时代大潮中汲取力量——《让平庸的日子逝去》
读后　　　　　　　　　　　　　　　　方顺景

雪霁　　　　　　　　　　　　　　　　王绍明作
果山秋景　　　　　　　　　　　　　　廖开明作
黄山秋霞　　　　　　　　　　　　　　王长海作
荷　　　　　　　　　　　　　　　　　杨春生作
姑苏春　　　　　　　　　　　　　　　李忠良作

1985 年第 3 期　刊名：《北京文学》

目录

北京市庆祝建国三十五周年文艺作品征集评奖
获奖作品篇目（文学作品部分）
女作者专辑
山（小说）　　　　　　　　　　　　　　潘　婧
司机秦大宝（小说）　　　　　　　　　　方　方
生日（小说）　　　　　　　　　　　　　李惠薪
杯水风波（小说）　　　　　　　　　　　铁　凝
梦儿（小说）　　　　　　　　　　　　　冯　俐
海的女儿（小说）　　　　　　　　　　　胡　辛
小甜果店（小说）　　　　　　　　　　　郭　萍

小镇皇后（小说）　　　　　　　　　　　潘　军
傍晚，月光（小说）　　　　　　　　　　杨建平
桃个儿姨（小说）　　　　　　　　　　　岂　凡
刨花（小小说）　　　　　　　　　　　　杜永宾

"若是真情，就经看"……——读韩蔼丽的小说集
《湮没》　　　　　　　　　　　　　　黄子平
震惊之后的思考——评《失落在小镇上的童话》
　　　　　　　　　　　　　　　　　　郑志强
人物描写的映衬（文艺杂谈）　　　　　　王宜山
请选好"艺术视角"（文艺杂谈）　　　　许振强

在这块土地上　　　　　　　　　　　　龙力游作

白山初苏　　　　　　　　　　　　　　周沧米作
绿满军营　　　　　　　　　　　　　　范元和作
花　　　　　　　　　　　　　　　　　何卫作

1985 年第 4 期　刊名：《北京文学》

目录

诗歌专号
《北京文学》一九八四年优秀作品评选获奖篇目
《北京文学》一九八四年优秀作品评选委员会名单
读者对本刊的反应和建议（回音壁）

为《北京文学》诗歌专号题词　　　　　　艾　青
臧克家　贺敬之　阮章竞　张志民
大江赋　　　　　　　　　　　　　　　徐　刚
中国三题　　　　　　　　　　　　　　余以建
哦，龙的传人（仿时调）　　　　　　　　田　间
播谷篇（杂文诗）　　　　　　　　　　　刘　征
神秘的军旅　　　　　　　　　　　　　雷抒雁
火的辉煌（外二首）　　　　　　　　　　周　鹤
我还是杜鹃（外一首）　　　　　　　　　任洪渊
北京，鲜亮活泼的早晨（外一首）　　　　李发模
穿卓娅服的那位北京姑娘　　　　　　　　李学鳌
三峡风情（四首）　　　　　　　　　　　宁　静
暖暖的西南风　　　　　　　　　　　　傅天琳
思念（五首）　　　　　　　　　　　　　王少岩
短歌一束　　　　　　　　　　　　　　苏　敏
再给陌生的父亲　　　　　　　　　　　　申爱萍

京华诗笺（诗辑·十一首）　　　　　雁翼　纪鹏
秦岭　郭瑞年　李根红　邵康
旧体诗之页（诗辑·十六首）　　　　吴休　钱世明
果瑞卿　贾樾

感怀篇（诗辑·四十首）　　　　　　莫文征　中森
崔墨卿　茜子　宋家玲　张雪杉　尧山壁　李建华
顾工　溪流　姚焕吉　宋绍明　维维　李钧
黄河舟　方孜行　高立林　乔朔　陈志昂　采罗
丁小琦　李方立　孙凤达　韦黎明
校园诗选（诗辑·八首）　　　　　　小敏　永生
杜鸣　业君　王晓霞　陈染　毛毛
工矿诗抄（诗辑·十三首）　　　　　　　王燕生
周志强　孙友田　王钟伦　聂焱如　郭天民　王德祥
丁桦　张新泉
田野上的歌（诗辑·十六首）　　　　　　杨　山
杨兆祥　徐康　张水舟　宋丹　王恩桥　张志德
刘益善　姜振才
军旅曲（诗辑·十五首）　　　姜强国　林杉　晓桦

王晋军 刘德亮 马合省 赵希敬 峭 岩
散文诗（诗辑·十四章）——————唐大同 陈 犀
伊 萍 宋庆丰 肖 敏
山川纪胜（诗辑·十四首）——————吴烟痕 杨 英
福 庚 林 军 雷 雯 何玉锁
拾贝篇（诗辑·十三首）———顾绍康 韩作荣 江 河
杨 炼 陈秀庭 子 页 吴泽清 巴 山 徐家麟
红叶集（诗辑·二十六首）——————方竞成 蹊 言等
西窗诗话———————————————阿 红
代办（讽刺诗·外二首）—————石 河诗 法乃光画

春消息———————————————杨延文作
不夜城———————————————郑振强作
寒夜灯明—————————————周路石作

1985 年第 5 期　刊名:《北京文学》

目录

青年作者小说专号
庆祝《北京文学》创刊三十周年

我与《北京文学》—————————————张 洁
期待着新的合作——————————————陈建功

短篇
最后的游移————————————————陶 正
一个夏天的夜晚——————————————谭甫成
爱情是蓝色的———————————————杨小凌
黑色的帆—————————————————张 葵
也无风雨也无情——————————————陈 村
一桩重大政治案件始末记——————————丁正泉
乡厨往来事————————————————彭见明

中篇
凡夫俗子—————————————————江 水

评论
列宁和作家——读列宁致高尔基的 57 封书信
————————————————————辛 仪
正是梅雨霏霏时——我写《红军留下的儿子》
————————————————————徐 然
我的"一点点"——关于《星星》及其他———余 华

舍南舍北皆春水——————————————李行简作
牧牛图———————————————————石 虎作
藏书票选—————————————————梁栋等作

1985 年第 6 期　刊名:《北京文学》

目录

报告文学
"太阳底下最光辉的职业"——————————叶永烈
当代圣人—————————————————陈 模

短篇小说
阿巴李公—————————————————刘厚明
公民————————————————————张 宇
黄黄————————————————————贾 鲁
清泉—————————————————阿 木 肖 肖
目测————————————————————彭 达
布娃娃——给他———————————————冯 俐
送了一程又一程———————————————高今翔
令人提心吊胆的作品—————————————李清泉
祝愿————————————————————汪曾祺
近水楼台—————————————————理 由

中篇
剧务————————————————————胡发云

诗歌
访美组诗—————————————————陈志昂
旋（组诗）————————————————雪 迪
今晚我演奏（外一首）———————————张福成
小河流淌着霞红（外一首）—————————黄东成
青春之树（七首）
—————————徐恒进 张宝申 崔晓洁 殊 萍

创作谈
梦中的绿色——关于《清凉界》及其他————尹俊卿

作家书笺
致高占祥—————————————————杨 沫
愿我们的《青春之歌》唱得更响亮—————高占祥

创作信息

惠女————————————————————李宝林作
瞿秋白——————————————————席时荣作
秋—————————————————————胡韦唐作

1985 年第 7 期　刊名:《北京文学》
目录

小说

红了樱桃 ································· 刘连枢
炸坟 ····································· 李杭育
堂堂花主 ································· 毛志成
赵扔货与白花儿 ························· 申跃中
荷塘 ····································· 赵　新
台阶 ····································· 方　晴

散文

踏浪散记 ································· 陈建功
又是春天 ································· 张承志
紫竹院 ··································· 王琼柳
永恒的瞬间 ······························ 岳　巍
滴泉 ····································· 申文钟

诗歌

南方拾穗（三首） ························ 张莉娟
河（组诗） ······························ 牛　波
葡萄园情歌 ······························ 郭维东
运河的桨声 ······························ 孟宪良
黎明的诗 ·················· 李秀林　王　彭　宇　之
樊永忠　周所同　阵　容　张晓民

评论

艺术手法创新种种 ························ 许振强
文学批评中的美学观念 ···················· 罗强烈
陈建功小说的悲喜剧色彩 ·················· 王学仲
一篇迟迟写出的小说 ······················ 母国政

作家专访

戎马行中一秀才——访作家古立高 ·········· 高　爽

水乡春雨 ································· 潘晋拔作
长城颂 ··································· 李忠良作

1985 年第 8 期　刊名:《北京文学》
目录

小说

绿色的南方雨（中篇） ···················· 何继青
徐寨 ····································· 江　水
只不过是一瞬间 ·························· 何继青
枯河 ····································· 莫　言
汗血马哟，我的汗血马 ···················· 李本深

老孩 ····································· 黄献国

散文

樱花之旅 ································· 从维熙
踏浪散记（续） ·························· 陈建功

诗歌

在历史的肩上（散文诗·五章） ············ 朱碧森
佳节，奉给母亲（二首） ·················· 张雪杉
女人的夏天 ······························ 林　晓
我经过的那条小路（外二首） ·············· 杨作云
理想之光（十首） ·········· 段和平　施　明　董耀章
罗炳林　岩　石　晋咏冬

评论

读者的审美自由——当代小说艺术谈 ········ 罗强烈
困乏中的光彩更为动人——读《阿巴李公》 ···· 冯立三
从卢卡契的一个异议说开去 ················ 贺光鑫
毋忘寻找你自己（随笔） ·················· 谢海泉
艺术比生活更"永恒"（随笔） ············· 蔡田明

美术

竹 ····································· 张志永作
黄山夕照 ································· 白　海作
舞 ····································· 杜小波作

1985 年第 9 期　刊名:《北京文学》
目录

小说专号

异乡异闻三篇 ···························· 郑万隆
陶罐
狗头金
钟
雪霁 ····································· 何立伟
读《雪霁》所感 ·························· 李清泉
河北有个马胜利（报告文学） ·············· 赵义和
大圆顶的楼房 ···························· 尹黎云
现在的启示 ······························ 刘索拉
借笑 ····································· 乔典运
走窑汉 ··································· 刘庆邦
关于狗的报告和批复 ······················ 陶明国
山的印象 ·························· 张新力　马　原

评1984年全国获奖短篇小说的不足 ·········· 罗强烈
编辑的话

美术

蓬莱仙境 ———————————— 张成新作
《时间与人生》插图 ———————— 陈雅丹作
夜 ————————————————— 王金旭作

1985 年第 10 期　刊名:《北京文学》
目录

小说

浣江静静流 ———————————— 赵锐勇
废墟 ————————————————— 张承志
拍手歌 ——————————————— 王立纯
鹧鹕王 ——————————————— 吴海峰
首发病例 ——————————————— 熊成淑
太阳方队 ——————————————— 张　波
如花美眷 ———————————— 依　青　康式昭
改革家的手相 ————————————— 陈　冲
两个摆渡人 —————————————— 叶雨蒙
小站大钟 ——————————————— 戈悟觉
锛儿头 ——————————————— 梁秉堃

诗歌

失落的琴声（五首） ————————— 弘　征
望晗亭 ——————————————— 张同吾
参差弦 ——————————————— 赵李红
河西走廊 ——————————————— 白　渔
红叶流霞（诗辑·共十三辑） ——— 刘　镇　白　马
刘　静　林　莽　沈红星　方竟成　韩忆萍　陆　健
石　河　焦中敏　殊　萍

评论

关于"性格二重组合原理"的通信 ——— 刘再复　张德林
要有"超越自我"的精神境界 ——————— 胡德培
山川壮美　爱国情深——晏明的新山水诗 —— 张建设
回音壁 ——————————————— 梁国安等

美术

秋水长夜 ——————————————— 周至禹作
展 ————————————————— 张国琳作
晨 ————————————————— 郑叔方作

1985 年第 11 期　刊名:《北京文学》
目录

北京青年作者小说专辑

对一个精神病患者的调查（中篇） ———— 徐小斌
劈柴 ————————————————— 鲍　昆

圣贤塔的倒塌 ————————————— 陈　放
高高的布达拉宫 ————————————— 林　谦
在茫茫的草原上 ————————————— 张翼南
一个最正经的女人 ———————————— 王小平

诗歌

诗三首 ——————————————— 任洪渊
我，属于青春（组诗） ———————— 戴砚田
乡野来的风（散文诗·三章） ————— 谢先云
没有忘记（三首） —————————— 刘益善
心琴之声（三首） ———— 何玉锁　雷　霆　刘　章

评论

不断创新——本刊举行座谈会探讨部队文学创作
诗的"出路" ————————————— 洪子诚

美术

清溪 ————————————————— 诸葛志润作
小阿依 ——————————————— 阿　鸽作
夏 ————————————————— 赵准旺作

1985 年第 12 期　刊名:《北京文学》
目录

报告文学

一桩震惊全国的假药案 ————————— 赵义和
前线四日 ——————————————— 刘厚明
人生的一幕 —————————————— 浩　然

小说

初别 ————————————————— 叶蔚林
"BAC"的风波 ————————————— 李兴叶
出站口拾音 —————————————— 吴若增
冬叶 ————————————————— 刘兆林
猎人的惆怅 —————————————— 王家男
风前 ————————————————— 胡发云
雪夜 ————————————————— 青　山

诗歌

勒勒车的道路（组诗） ———————— 钱叶用
都市人生（三首） —————————— 莫少云
妻子的心（外一首） ————————— 张艳齐
写给自由女神（外一首） ——————— 杨兆祥
黎明之星（诗辑·共六首） —————— 宋　丹等

评论

在探索中前进——本刊第九期作品讨论会发言摘要
———————————————— 本刊编辑部整理

我们增进了友谊和信任——本刊举办中青年作者创作笔会……………………陈 霞
郑万隆的《陶罐》、《狗头金》和《钟》………黄子平
《神女峰》的启示………………徐成森

《北京文学》1985年总目录
1985年《北京文学》优秀作品评选启事

美术
农家乐………………………赵小牧作
风………………………方 楠作

1986 年第 1 期　刊名：《北京文学》
目录

北京青年作者小说专号
《北京文学》与新时期文学十年
寻找合适去死的剧中人………………张辛欣
附张辛欣作品目录（封三）
大漠咒………………………陈 放
风与黄金分割律………………山木公
蒺藜………………………王梓夫
瞎良子的胜利………………李功达
有人来等车了。雨，还在下………陆星儿
呵，我心中的黄花甸子………………朱 伟
画白鸽的孩子………………许谋清
白雪覆盖的世界………………李 建
车站上………………………张 策
青砖………………………周亚非

回音壁

美术
虎………………………王东海摄

1986 年第 2 期　刊名：《北京文学》
目录

小说
深圳经纬（中篇报告文学）………祖 慰 刘学强
勃尔支金荒原牧歌………………洪 峰
铃的闪………………………王 蒙
牛歌………………………赵国洲
狗………………（中国香港）殷德厚
无言歌………………………赵利平
运动员素描………………江锡民

秋韵（散文）………………宗 璞
神虫（散文）………………范若丁

诗歌
英雄的颂歌………………阿 海
给月亮的小白兔（外二首）………张石山
欢乐之歌………………孙桂贞
母亲祭………………崔墨卿
黎明之星（诗辑·五首）………叶延滨等

评论
场面与人物——小说艺术谈………张德林
为了告别那个荒凉的世界——评莫言的《枯河》及其他………………冯立三
拷问灵魂的"一瞬"间——读《只不过是一瞬间》………………范咏戈
谎言下的死亡——读乔典运的《借笑》………许道信

美术
春………………………黄 云作
涛声（水彩画）………………戴慧文作
迎新春………………廖开明作

1986 年第 3 期　刊名：《北京文学》
目录

小说
左翼红灯，右翼绿灯（中篇）………陶建军
断手………………………莫 言
草色………………………叶蔚林
陷车………………………肖建国
折腰………………………苏叔阳
绿草坪的话题………………蒋子丹
老师………………………余 华
何必曾相识………………冯 俐

散文
寂寞………………………韩蔼丽
作家草原行………………谢明清
空中午宴………………王 浩

诗歌
黄河和她的精灵（组诗）………冯 云 孙 涛
雪之梦（外一首）………………卜凡舟
爱情诗二首………………乔 朔
风雪青藏线（三首）………………阵 容
黎明之星（诗辑·共九首）………王莉莉等

评论

《异乡异闻》与文学的寻"根"——郑万隆作品讨论
会⋯⋯⋯⋯苏 予 陈骏涛 陈 墨 张 韧
谢 云 孙武臣 刘蓓蓓
作协北京分会召开北京市青年创作会议

美术

春江水暖⋯⋯⋯⋯⋯⋯⋯⋯⋯⋯⋯⋯⋯吴冠中作
双雄图⋯⋯⋯⋯⋯⋯⋯⋯⋯⋯⋯⋯⋯⋯赵宁安作
一片新绿⋯⋯⋯⋯⋯⋯⋯⋯⋯⋯⋯⋯⋯洪常青作

1986 年第 4 期　刊名:《北京文学》
目录

《北京文学》一九八五年优秀作品评选获奖篇目

小说

寻梦⋯⋯⋯⋯⋯⋯⋯⋯⋯⋯⋯⋯⋯⋯⋯母国政
鎏金钮子⋯⋯⋯⋯⋯⋯⋯⋯⋯⋯⋯⋯⋯韩少华
畅快⋯⋯⋯⋯⋯⋯⋯⋯⋯⋯⋯⋯⋯⋯⋯刘树德
保姆⋯⋯⋯⋯⋯⋯⋯⋯⋯⋯⋯⋯⋯⋯⋯陈世旭
总算得了心脏病⋯⋯⋯⋯⋯⋯⋯⋯⋯⋯韩石山
最后一只火狐狸⋯⋯⋯⋯⋯⋯⋯⋯⋯⋯孙旭光
活着的和死去的（中篇）⋯⋯⋯⋯⋯⋯徐恒进

诗歌

挑夫们的妻子（外二首）⋯⋯⋯⋯⋯⋯邓学政
腾飞的都市（散文诗四章）⋯⋯⋯⋯⋯谢先云
人生·社会·历史沉思录⋯⋯⋯⋯⋯⋯刘德亮
矿山曲（二首）⋯⋯⋯⋯⋯⋯⋯⋯⋯⋯王德华
重新发掘的古迹（二首）⋯⋯⋯⋯⋯⋯宗 鄂
黎明之星（诗辑）⋯⋯⋯⋯⋯⋯⋯⋯⋯唐大同等

评论

如此"标新立异"⋯⋯⋯⋯⋯⋯⋯⋯⋯成志伟
藏头露尾　摇心移神⋯⋯⋯⋯⋯⋯⋯⋯张毓书
要甘于寂寞⋯⋯⋯⋯⋯⋯⋯⋯⋯⋯⋯⋯胡德培

美术

生命之晨⋯⋯⋯⋯⋯⋯⋯⋯⋯⋯⋯⋯⋯王 晖作

1986 年第 5 期　刊名:《北京文学》
目录

小说

落霞——一个精神病医生的独白⋯⋯⋯从维熙
牌戏（小说三篇）⋯⋯⋯⋯⋯⋯⋯⋯⋯王安忆
三斤半糙米⋯⋯⋯⋯⋯⋯⋯⋯⋯⋯⋯⋯刘小兵
老处女续篇⋯⋯⋯⋯⋯⋯⋯⋯⋯⋯⋯⋯李惠薪
冰河⋯⋯⋯⋯⋯⋯⋯⋯⋯⋯⋯⋯⋯⋯⋯季恩寿
养鱼佬的儿子⋯⋯⋯⋯⋯⋯⋯⋯⋯⋯⋯薛尔康
嵇家山水⋯⋯⋯⋯⋯⋯⋯⋯⋯⋯⋯⋯⋯聂鑫森
空气半透明，半淡紫⋯⋯⋯⋯⋯⋯⋯⋯周 熠

散文

桥边散文（两篇）⋯⋯⋯⋯⋯⋯⋯⋯⋯汪曾祺
看海去⋯⋯⋯⋯⋯⋯⋯⋯⋯⋯⋯⋯⋯⋯余 华

诗歌

大地之屋⋯⋯⋯⋯⋯⋯⋯⋯⋯⋯⋯⋯⋯武兆强
老山情愫（散文诗·四章）⋯⋯⋯⋯⋯峭 岩
北京的胡同（组诗）⋯⋯⋯⋯⋯⋯⋯⋯姜振才
一片红叶（外一首）⋯⋯⋯⋯⋯⋯⋯⋯刘明达
母亲⋯⋯⋯⋯⋯⋯⋯⋯⋯⋯⋯⋯⋯⋯⋯樊发稼
黎明之星（诗辑）⋯⋯⋯⋯⋯⋯⋯⋯⋯岩 石等

评论

追寻的痛苦——张承志一九八五年小说概评⋯蔡 翔
由"红嘴绿鹦哥"说开去⋯⋯⋯⋯⋯⋯⋯余 飘
人·爱·英雄主义⋯⋯⋯⋯⋯⋯⋯⋯⋯张颐武
谈《勃尔支金荒原牧歌》的失误⋯⋯⋯宁 然

美术

荷⋯⋯⋯⋯⋯⋯⋯⋯⋯⋯⋯⋯⋯⋯⋯⋯杨瑞芬作

1986 年第 6 期　刊名:《北京文学》
目录

报告文学

一个民族的觉醒⋯⋯⋯⋯⋯⋯⋯⋯⋯⋯陈祖芬
附：陈祖芬作品要目

小说

狗儿爷传奇（中篇）⋯⋯⋯⋯⋯⋯⋯⋯锦 云
附：刘锦云作品要目
支书下台唱大戏⋯⋯⋯⋯⋯⋯⋯⋯⋯⋯邹志安
空空的捕蜇船（新人新作）⋯⋯⋯⋯⋯徐英华
小兵马凌霄（新人新作）⋯⋯⋯⋯⋯⋯刘舜骊

诗歌

高原采撷（三首）⋯⋯⋯⋯⋯⋯⋯⋯⋯闻 频
读山西地图⋯⋯⋯⋯⋯⋯⋯⋯⋯⋯⋯⋯郭庆平
澜沧江人⋯⋯⋯⋯⋯⋯⋯⋯⋯⋯⋯⋯⋯邓 壮
生活的启示（二首）⋯⋯⋯⋯⋯⋯⋯⋯张宝申
旅人！旅人⋯⋯⋯⋯⋯⋯⋯⋯⋯⋯⋯⋯陈 染

黎明之星（诗辑）————————————李　荣等

评论

处在两峰之间的文学——论近几年文学发展势态
　　　　　　　　　　　　　　　　　——钱光培
评论家的贫乏和困惑——高尔泰"再辩"析————章　琥

1986 年第 7 期　刊名：《北京文学》
目录

中篇小说
太阳万岁————————————————韩静霆

北京青年新作者小说专辑
老山红————————————————张震钦
超越————————————————————郑家学
坟地————————————————————田　涌
声音————————————————————尚　闽
梨子————————————————————王　海
黑色发带—————————————————徐　虹
燃烧的小草————————————————李江树

诗歌
问与物与如果———————————————王　蒙
在红台观礼席上（外一首）———————————犁　青
我从怀恋中走来——————————————文　昕
故乡的河（外一首）————————————樊永忠
红叶诗社诗辑（六首）———————————顾绍康等
黎明之星（诗辑·十六首）——————————雁　北等

评论
《落霞》与从维熙的创作———————————吴秉杰
现实主义在发展，创作方法在丰富——本刊举行"现
实主义及其发展"座谈会—————————侠

编后记

美术
晨————————————————————孙明方作
花间小鸟—————————————————孙　云作
京郊风情木刻两幅—————————————王春力作

1986 年第 8 期　刊名：《北京文学》
目录

小说
高粱殡（中篇）———————————————莫　言

毛茸茸的酸杏儿——————————————陈忠实
从前的雪花————————————————胡发云
野场————————————————————尹玉如
狐狸谷—————————————————碧　剑
淹没在水中的红高粱——莫言印象———————赵　玫

诗歌
强者的证明（组诗）————————————钱叶用
天野海郊集（二首）————————————王绶青
山及主题变奏（三首）———————————周志强
致我远方的弟弟（三首）——————————冬　至
南北情（四首）———————————————曹世钦
黎明之星（诗辑）——————王晋军　苏　敏等

评论
现实主义概念与当代现实主义文学实践
　　　　　　　　　　　　　　　李洁非　张　陵
评短篇小说《铃的闪》———————————孟繁华
畅快，是畅快————————————————泾渭河

本刊举办青年小说作者改稿班启事
美术
神韵————————————————————李力生作
幽燕雄凤—————————————————李　黎作
村落　水乡————————————————应天齐作

1986 年第 9 期　刊名：《北京文学》
目录

小说
超群出众之辈（中篇）———————————陈　冲
安乐居—————————————————汪曾祺
铁哥儿们—————————————————张　英
百灵世家—————————————————张　洋
失————————————————————马　常

纪念老舍先生逝世二十周年
"舍予"——————————————————舒　乙
国之瑰宝—————————————————曹菲亚
贵在通俗—————————————————黄宗洛
我演老舍先生的第一台戏——《残雾》————石　羽
怀念老舍（七律三首）———————————蔡若虹

诗歌
大学生之窗（三首）———刘　昕　石　丑　赛云峰
无题小辑（四首）—————————————潞　潞
巨龙————————————————————张雪杉
默写海边印象———————————————于　卓

黎明之星（诗辑）⋯⋯⋯⋯⋯钟 瑄 阿 沁等

评论
我所理解的现实主义⋯⋯⋯⋯⋯⋯罗强烈
现实主义随想⋯⋯⋯⋯⋯⋯⋯⋯白 烨
现实主义是永远年轻的⋯⋯⋯⋯刘亮盈

美术
少女⋯⋯⋯⋯⋯⋯⋯⋯⋯⋯⋯靳尚谊作
静物⋯⋯⋯⋯⋯⋯⋯⋯⋯⋯⋯郑 爽作
打马鬃⋯⋯⋯⋯⋯⋯⋯⋯⋯⋯杨 刚作

忆微含（散文）⋯⋯⋯⋯⋯⋯⋯周雁如

现代城市意识的探求与困惑——谈中篇小说《超群出
众之辈》及其他⋯⋯⋯⋯⋯⋯⋯张 韧
一个真正的共产党员——谈短篇小说《支书下台唱大
戏》⋯⋯⋯⋯⋯⋯⋯⋯⋯⋯⋯赵运通

春风无限⋯⋯⋯⋯⋯⋯⋯⋯⋯岳志澄作
家⋯⋯⋯⋯⋯⋯⋯⋯⋯⋯⋯⋯张耀君作
回忆⋯⋯⋯⋯⋯⋯⋯⋯⋯⋯⋯罗雪村作
天一阁⋯⋯⋯⋯⋯⋯⋯⋯⋯⋯郑叔方作

1986 年第 10 期　刊名:《北京文学》
目录

青年作者小说专号
人杰⋯⋯⋯⋯⋯⋯⋯⋯⋯⋯⋯张西庭
放排⋯⋯⋯⋯⋯⋯⋯⋯⋯⋯⋯孙旭光
最后一只蜘蛛⋯⋯⋯⋯⋯⋯⋯刘索拉
"我是侏儒"⋯⋯⋯⋯⋯⋯⋯⋯李 建
涂满古怪图案的墙壁⋯⋯⋯⋯马 原
玉字⋯⋯⋯⋯⋯⋯⋯⋯⋯⋯⋯刘庆邦
打赌⋯⋯⋯⋯⋯⋯⋯⋯张亦嵘 张亦峥
勾沉（中篇）⋯⋯⋯⋯⋯⋯⋯徐晓鹤

关于现实主义的学习、思考和论辩（评论）⋯⋯曾镇南
本刊编辑部、《光明日报》文艺部联合举行老舍创作
讨论会⋯⋯⋯⋯⋯⋯⋯⋯⋯本刊编辑部

秋、蕴馨⋯⋯⋯⋯⋯⋯⋯⋯⋯沈坚毅作
砖刻版画六幅⋯⋯⋯⋯⋯⋯⋯王金旭作
命运叩门声⋯⋯⋯⋯⋯⋯⋯⋯王晋军摄

1986 年第 11 期　刊名:《北京文学》
目录

小说
刘王村⋯⋯⋯⋯⋯⋯⋯⋯⋯⋯乔典运
哆嗦⋯⋯⋯⋯⋯⋯⋯⋯⋯⋯⋯林斤澜
婚市⋯⋯⋯⋯⋯⋯⋯⋯⋯⋯⋯刘绍棠
聊⋯⋯⋯⋯⋯⋯⋯⋯⋯⋯⋯⋯王 海
远村孤烟⋯⋯⋯⋯⋯⋯⋯⋯⋯彭见明
环⋯⋯⋯⋯⋯⋯⋯⋯⋯⋯⋯⋯厉 云
秋野⋯⋯⋯⋯⋯⋯⋯⋯⋯⋯⋯钱国丹
人与星空⋯⋯⋯⋯⋯⋯⋯⋯⋯陈 染
友情（新人新作）⋯⋯⋯⋯⋯鲍柯扬
花与影（新人新作）⋯⋯⋯⋯桂青山

1986 年第 12 期　刊名:《北京文学》
目录

小说
私刑（中篇）⋯⋯⋯⋯⋯⋯⋯朱晓平
虫迷⋯⋯⋯⋯⋯⋯⋯⋯⋯⋯⋯陆 明
怂哥的红领带⋯⋯⋯⋯⋯⋯⋯刘益善
这般的生这般的死⋯⋯⋯⋯⋯范小青
泡沫⋯⋯⋯⋯⋯⋯⋯⋯⋯⋯⋯辛 越

散文
南疆纪行⋯⋯⋯⋯⋯⋯⋯⋯⋯阮章竞
蘑菇情⋯⋯⋯⋯⋯⋯⋯⋯⋯⋯杲向真

诗歌
几个旧镜头（三首）⋯⋯⋯⋯张志民
故乡之旅（散文诗·六章）⋯⋯谢先云
夏日在草原上（散文诗·三章）祖淑英
是我，金三角⋯⋯⋯⋯⋯⋯⋯莫少云
大运河（外三首）⋯⋯⋯⋯⋯姚焕吉
游思集（三首）⋯⋯⋯⋯⋯⋯苗得雨
青岛吟⋯⋯⋯⋯⋯⋯⋯⋯⋯⋯王 浩
黎明之星⋯⋯⋯⋯⋯⋯申爱萍 毕福堂等

评论
多样化中的现实主义⋯⋯⋯⋯刘蓓蓓
放不下悬着的心——读《狐狸谷》许道信
未必"大惊小怪"⋯⋯⋯⋯⋯⋯嵇 山

《北京文学》一九八六年总目录
1986 年《北京文学》优秀作品评选启事

美术
春讯⋯⋯⋯⋯⋯⋯⋯⋯⋯⋯⋯傅家宝作
白莲图⋯⋯⋯⋯⋯⋯⋯⋯⋯⋯维 国作
黄山⋯⋯⋯⋯⋯⋯⋯⋯⋯⋯⋯周路石作

1987 年第 1 期　刊名:《北京文学》

目录

新年告白

小说

十八岁出门远行·······················余　华
秋歌·······························李　镜
黄昏 ROCK·····························张承志
来劲·······························王　蒙
坐在门槛上的巫女·····················李　逊
角度·······························周忠陵
四月，别作声·························蝌　蚪
魔圈·······························路东之
布告·······························何立伟
鸳鸯饼·····························王　平
手枪·······························王小平
藏书楼·······················张亦峥　张亦嵘
圆寂·······························漆小东

专栏

草木闲谈
云南茶话···························汪曾祺
拾穗集
镶在镜框里的作品·····················李清泉
备忘录
几乎无事的悲剧·······················黄　裳
侃大山
还是当官好···························理　由
人与书
险闯大祸···························吴泰昌

诗歌

赵疯子的女人（外一首）···············水　舟
我怀念你啊，昆明·····················王笠耘
寄向海天汇合处（二首）···············孙友田
踏雪（外一首）·······················段和平
郊野里的风（散文诗三章）···············卢　刚
黎明之星（诗辑）·····················余以建等

评论

86 年短篇小说——两个侧面的观察·········李敬泽
批评的寻"根"·························夏　刚
精神分析学与《红高粱》的叙事结构
·······························李洁非　张　陵

美术

漫画一组···························王复羊等

马与建筑···························曹　力

1987 年第 2 期　刊名:《北京文学》

目录

小说

宋诚斋仙去···························陆　明
桑园留念···························苏　童
男子世界···························侯贺林
惘寂·······························姚　霏
二生·······························秦　放
我到达西安那天·······················多　多
周宅·······························杨爱国
森林白果···························马　建
手中无措···························刘新平

专栏

草木闲谈
张大千和毕加索
拾穗集
且说狭路相逢·························李清泉
侃大山
现代押宝···························理　由
人与书
老师的书···························吴泰昌
备忘录
漫忆大字报···························叶至诚

诗歌

太阳之舟（散文诗）···················文　昕
礼品（散文诗七章）···················雪　迪
没有雪的冬天（外一首）···············真　子
傣乡泼水节·····················（蒙古族）哈斯乌拉
诗韵偶拾（二首）·····················董耀章
西部风情（二首）·····················黄东成
城市不再需要墙·······················李似弘
黎明之星（诗辑）·················禾　青　丁　岚等

评论

批评精神和自省意识——记"北京青年文学评论家座谈会"

美术

月魂·······························刘　云作
漫画一组···················夏　河　刘　力　王复羊作

1987 年第 3 期　刊名：《北京文学》
目录

青年作者改稿班小说专辑

鸡和蛋的故事 ……………………………… 李国胜
不能重叠的身影 …………………………… 华德民
河流里的黄昏 ……………………………… 李　悦
走走 ………………………………………… 炎　岩
黑洞 ………………………………………… 傅　伟
灾星 ………………………………………… 黄　羽
故里杂记 …………………………………… 乌　人

鼻血（小说）……………………………… 刘舰平

报告文学

一个美国人的中国心 ……………………… 叶永烈

专栏

草木闲篇
八仙 ………………………………………… 汪曾祺
拾穗集
两千年前的死城和死人 …………………… 李清泉
侃大山
心理学与游戏 ……………………………… 理　由
备忘录
父亲日记里我的一件往事 ………………… 叶至诚

诗歌

诗四首 ……………………………………… 卢祖品
绿色的情诗（四首）……………………… 峭　岩
访日本雅马哈乐器厂（二首）…………… 罗继长
宅基上（二首）…………………………… 王洪涛
鬼打墙（外一首）………………………… 刘　章
走向黑土地（外一首）…………………… 采　罗
山乡短歌（二首）………………………… 王忠范
黎明之星（诗辑）………………………… 刘利华等

评论

街谈巷语翻新篇——林斤澜《矮凳桥》系列小说论
………………………………………………… 张志忠

美术

集市 ………………………………………… 王焕庸

编后记

1987 年第 4 期　刊名：《北京文学》
目录

小说

季风 ………………………………………… 王　海
纪实小说两题 ……………………………… 刘厚明
礼拜天的礼拜 ……………………………… 黄亚洲
小小说四篇 ………………………………… 赵大年
三世图 ……………………………………… 陶　正
丧魂女 ……………………………………… 田　涌
工笔 ………………………………………… 鄸远征

专栏

草木闲篇
栈 …………………………………………… 汪曾祺
拾穗集
受委屈的马柳特迦 ………………………… 李清泉
侃大山
话说"没劲" ……………………………… 理　由
备忘录
别求新声 …………………………………… 林斤澜
人与书
吴组缃的《山洪》………………………… 吴泰昌

诗歌

爱与力的组曲（组诗）…………………… 张艳齐
无名岛（外一首）………………………… 吴建国
爱的流行色（四首）……………………… 潘万提
鹰之击（外一首）………………………… 王晋军
岛（外一首）……………………………… 方竟成
卵石 ………………………………………… 孙喜玲

评论

对文学和自我创作的再认识——谈浩然近年创作的艺
术追求 ……………………………… 陆莹　康凯
人的本质力量的礼赞——评武兆强的诗《大地之屋》
………………………………………………… 刘士杰
《私刑》的语言结构——兼论当前写实性作品语言功
能的深化 ………………………… 李洁非　张陵

美术

丘 …………………………………………… 傅忠诚
幽默漫画小辑 ……………………………… 郑辛遥

1987 年第 5 期　刊名:《北京文学》
目录

小说

十年风水转着流（中篇）……………………严啸建
杀……………………………………………刘　恒
西北风呼啸的中午……………………………余　华
河洛人………………………………………张　宇
冬天的风……………………………………佳　峻
死不了………………………………………张　征
土地…………………………………………和　谷
靠窗的餐桌…………………………………魏　铮

专栏

草木闲谈
杜甫草堂·三苏祠·升庵祠……………………汪曾祺
拾穗集
珊坦露西亚…………………………………李清泉
侃大山
"褒贬"新释…………………………………理　由
人与书
梦的记忆……………………………………吴泰昌

诗歌

悠悠北国情（三首）…………………………何玉锁
无题四首……………………………………白　槐
花岗岩在沉默（外一首）……………………顾　工
橄榄叶的传说（散文诗）……………………谢先云
海之韵（十四行诗三首）……………………叶延滨
大理三塔（外一首）…………………………罗　辛
致（外一首）………………………………杨兆祥

评论

我国新时期社会主义文艺发展的指针——学习邓小平
同志关于文艺问题的重要讲话…………………成志伟
短篇小说：发展中的文体……………………罗强烈

美术

冬梦…………………………………………广廷勃
漫画一组……………………………………周中华

字典…………………………………………鲍柯杨
祖宗树………………………………………尹世林
酒浪…………………………………………白雪林
墨西哥城之夜………………………………方　晴
夜神…………………………………………青　山
油葫芦………………………………………李　泗

散文

不熄的光……………………………………浩　然
月唱…………………………………………何立伟
游戏…………………………………………谢　烨

专栏

草木闲篇
苏三、宋士杰和穆桂英………………………汪曾祺
拾穗集
在"性冲击波"中……………………………李清泉
侃大山
记性和忘性…………………………………理　由
人与书
阿英的日记…………………………………吴泰昌
备忘录
纸牌里的神仙与强盗…………………………章品镇

诗歌

追回的爱（小叙事诗）………………………冯　云
洞中溯源（三首）……………………………林　杉
心之旅（散文诗六章）………………………段和平
游黄山感怀（外二首）………………………苏　敏
宁静（外二首）………………………………肖　凌
我爱你，祖国………………………………姜振才
高原·草原…………………………………张雪杉

评论

王蒙笔下的"新大陆人"………………………吴秉杰
"忧患意识"与文学之"魂"……………………王春立
琐议文学中的"婚外恋"………………………余　飘

美术

白马…………………………………………金　东
漫画一组……………………………………王复羊等

1987 年第 6 期　刊名:《北京文学》
目录

小说

同窗…………………………………………谌　容
宋大辫子……………………………………王立纯

1987 年第 7 期　刊名:《北京文学》
目录

小说

力气（中篇）…………………………………刘　恒
豹尾…………………………………………孙方友

作为悲剧的一种语言形式 ————————— 黄　石
雾的歌 ————————————————— 陆天明
小小船儿划过来 ——————————— 姚筱琼
初雪 ——————————————————— 潘　军
瘤 ————————————————————— 张乃坚
民兵王小旦（散文） ——————————— 阮章竞

报告文学
生死之交 ————————— 田　涌　刘殊萍　郑　建
镜子里，那半条马路 ——————————— 王　洁
OK，中国列车 ————————————— 韩　磊

专栏
草木闲篇
吴三桂 —————————————————— 汪曾祺
拾穗集
《讲话》杂忆 ————————————— 李清泉
侃大山
治气 —————————————————— 理　由
发自美国奥本尼的信 ———————— 於梨华

诗歌
呵，黄土地（外一首） ——————————— 关登瀛
爱的竖琴（三首） —————————— 谢克强
墟 ————————————————————— 陈所巨
招呼 ——————————————————— 陈秀庭
北京的责任 ————————————— 刘德亮
黎明之星（诗辑·共九首）——————— 杨　遝　崔墨卿等
写在春天的花瓣上（散文诗四章）———— 陈文和

评论
发扬革命文艺传统　反映新的时代精神——市文联、
文化局联合举行座谈会，纪念毛主席《在延安文艺座
谈会上的讲话》发表四十五周年————— 晓　天
关于《八仙》的材料依据 ——————— 郭良夫

美术
花 ————————————————————— 周子林
于迟暮中崛起的一代 ———————— 田大军

1987 年第 8 期　刊名:《北京文学》
目录

报告文学
南猴王世家 ———————————— 石　晶

小说
变异 ——————————————————— 李国文

天棚趣话录 ————————————— 段荃法
到杭州去 ————————————————— 赵锐勇
歪脖子乌鸦 ————————————— 徐朝夫
抓鼠 ——————————————————— 储福金
半根火柴 ————————————————— 薛　冰
故事：外乡人父子 —————————— 苏　童

专栏
草木闲篇
玉簪 ——————————————————— 林斤澜
拾穗集
令人不安的历史时刻 ———————— 李清泉
侃大山
运动和"运动" ——————————— 理　由
备忘录
鳞与爪 ————————————————— 王　蒙

诗歌
圆舞曲风暴 ————————————— 钱叶用
寻找自己 ————————————————— 冬　至
山里的百合花（外一章）——————— 陈　耀
母亲之河 ————————————————— 黄克伟
不该发生的故事（组诗）——————— 王宜振
旗 ————————————————————— 张新泉
船与岸 ————————————————— 刘　嵘
老山战区战士的诗 —————— 朱增泉　张国明等

评论
"把车辙当作道路，这是谬误" ———— 桂青山
从骄傲到虚荣 ————————————— 胡　平
小说《十年风水转着流》讨论会摘记 — 鲁　京

美术
细雨 ——————————————————— 郑叔方
渡口 ——————————————————— 莫　测

1987 年第 9 期　刊名:《北京文学》
目录

小说
盲流（中篇） ————————————— 孙少山
不过"尔尔" ——————————————— 齐岸青
艺术酒馆 ————————————————— 李功达
男子世界（续篇） —————————— 侯贺林
傻八子 ————————————————— 季恩寿
鼋山梦呓 ————————————————— 黄献国
二月二十九（新人新作）——————— 彭鸽子
红痣（新人新作）——————————— 剑　月

专栏

草木闲篇

夏天的昆虫 ························ 汪曾祺

拾穗集

关于《受戒》种种 ···················· 李清泉

侃大山

水与石 ·························· 理　由

人与书

难忘的微笑 ························ 吴泰昌

备忘录

发自美国奥本尼的信（续）··············· 於梨华

诗歌

题画：戴大耳环的少女（外一首）··········· 宫　玺

故乡的孩子（外一首）················· 高洪波

摆渡者（外二章）··················· 唐大同

山及主题变奏（组诗）················· 周志强

我的北方（二首）··················· 杨川庆

生活不会酩酊 ····················· 潘万提

山海关 ························· 董耀章

夏夜的六号哨 ····················· 常敬竹

渔人的对话（外一章）················· 桑　木

中国作家协会北京分会、《北京文学》编辑部联合举办

文学创作函授高级班招生启事

美术

夏日 ·························· 周路石

插图选 ························· 陈雅丹

1987 年第 10 期　刊名：《北京文学》
目录

中篇小说

白色沙龙 ························ 潘　军

短篇小说

小说三题 ························ 王立纯

您贵姓

蹊跷

找牙

小城轶事（三则）··················· 王　恺

古画

雅士

满城香

小说二题 ························ 张西庭

百年河东

土佬

小说三题 ························ 青　雪

湖的赞美诗

塞壬的童话

大湖夜之梦

散文

"人之初"（外二篇）················· 忆明珠

一种海 ························· 孙　苏

白马湖畔怀丐师 ···················· 高志林

专栏

草木闲篇

从桂林山水说到电视连续剧《红楼梦》········· 汪曾祺

拾穗集

记叙作品和人事 ···················· 李清泉

侃大山

说"墙"························· 理　由

备忘录

发自美国奥本尼的信（续）··············· 於梨华

诗歌

血染的警告（外一首）················· 何玉锁

找回自己 ························ 史光柱

月亮停留在屋脊上 ··················· 路　翎

不要问我青春是什么（外一首）············· 刘　镇

远眺后的沉思（三首）················· 颜廷奎

飘在山风里的歌（组诗）················ 李光云

高原驼铃 ························ 陈　亮

苦果 ·························· 江之龙

评论

关于《字典》的答非所问················ 张兴劲

在含泪的笑后面 ···················· 罗　辛

"来劲"评点······················ 曾镇南

中国作家协会北京分会、《北京文学》编辑部联合举办

文学创作函授高级班招生启事

1987 年第 11 期　刊名：《北京文学》
目录

中篇小说

博格达童话 ······················ 王　刚

短篇小说

走神 ·························· 高晓声

古庙，老和尚与小和尚················· 熊尚志

小祖宗和老鼠胡毛笔 ·········· 傅新友
硬汉刘森林 ·········· 鲍柯杨
检身 ·········· 刘庆邦
老憨之死 ·········· 徐广泽
收藏家 ·········· 李 天

专栏
拾穗集
稀罕的黑头发及其他 ·········· 李清泉
侃大山
论"哥们儿" ·········· 理 由
草木闲篇
鳜鱼 ·········· 汪曾祺

诗歌
你不知道（外一首） ·········· 洪兰花
白兰花，白兰花（外一首） ·········· 余以建
给北回归线标志塔 ·········· 顾绍康
勿忘我（外一首） ·········· 毛 翰
下弦月（外一首） ·········· 范 方
星空遐思 ·········· 孟宪良
黔行短章 ·········· 姜东胜
黎明之星 ·········· 卓成栋等

评论
评《力气》 ·········· 方顺景
反映改革是作家的历史使命——记北京作家、企业家
座谈会 ·········· 扬 子

美术
静静的河 ·········· 任福新

1987 年第 12 期　刊名:《北京文学》
目录

短篇小说
金盆 ·········· 王德忱
飞艇 ·········· 莫 言
第三者 ·········· 陈世旭
悬念 ·········· 张 欣
灰鸽 ·········· 蔡 康
绝活 ·········· 刘贵贤
探视时间 ·········· 李惠薪
喜庆的日子 ·········· 杨兆祥

专栏
拾穗集
说一则趣闻 ·········· 李清泉

侃大山
最大的娱乐 ·········· 理 由
备忘录
隔膜及其他 ·········· 黄 裳
草木闲篇
银铛 ·········· 汪曾祺

诗歌
红叶诗社六人诗（七首） ·········· 高立林、崔墨卿等
你·我（三首） ·········· 池 杉
阿里山的姑娘（三首） ·········· 于宗信
黄河岸边的母亲 ·········· 杜京山
黄河岸边的村舍 ·········· 邓万鹏
雪地的足迹 ·········· 毛宪文
黎明之星（诗辑） ·········· 张福成等

评论
追索童年的岁月 ·········· 张颐武
面对未来的思索 ·········· 刘友宾
刘恒作品讨论会综述 ·········· 京 研

美术
《少年天子》人物插图 ·········· 王 晖
晒薯干（版画） ·········· 赵晓沫

1988 年第 1 期　刊名:《北京文学》
目录

青年作者小说专号
中篇小说
现实一种 ·········· 余 华

短篇小说
我辈闲士 ·········· 陆 明
溪上桥 ·········· 潘 军
乡村变奏二题 ·········· 赵锐勇
书虫 ·········· 熊尚志
俘虏 ·········· 王立纯
知客 ·········· 张西庭
春日 ·········· 张兴元
王长有 ·········· 陈立风

新人新作
怪柳 ·········· 耿天丽
关于《怪柳》的几句话 ·········· 李 陀
季默其人 ·········· 康 宁
一点感想 ·········· 林斤澜
心琴集（诗八首） ·········· 冯立国等

美术

青春女神⋯⋯⋯⋯⋯⋯⋯⋯⋯⋯⋯⋯⋯［丹麦］托尔瓦德森
封面设计摄影⋯⋯⋯⋯⋯⋯⋯⋯⋯⋯⋯⋯⋯⋯⋯⋯蒋　明

1988 年第 2 期　刊名:《北京文学》
目录

短篇小说

春节——十年十癔之八⋯⋯⋯⋯⋯⋯⋯⋯⋯⋯林斤澜
小说四题⋯⋯⋯⋯⋯⋯⋯⋯⋯⋯⋯⋯⋯⋯⋯刘国春
冲动
辩证
两匹马
窗帘撩起一条缝儿

小说二题⋯⋯⋯⋯⋯⋯⋯⋯⋯⋯⋯⋯⋯⋯⋯李功达
急驰而去
别哭

黑道⋯⋯⋯⋯⋯⋯⋯⋯⋯⋯⋯⋯⋯⋯⋯⋯⋯马　原
鬼姥姥⋯⋯⋯⋯⋯⋯⋯⋯⋯⋯⋯⋯⋯⋯⋯⋯哲　夫
横山风情⋯⋯⋯⋯⋯⋯⋯⋯⋯⋯⋯⋯⋯⋯⋯康　健
黄村第一棺⋯⋯⋯⋯⋯⋯⋯⋯⋯⋯⋯⋯⋯⋯刘益善
夜半狗声⋯⋯⋯⋯⋯⋯⋯⋯⋯⋯⋯⋯⋯⋯⋯程绍国

诗歌

过去与现在⋯⋯⋯⋯⋯⋯⋯⋯⋯⋯⋯⋯⋯⋯文乾义
分离，我就是你的故乡（外一首）⋯⋯⋯⋯王琼柳
相对无言（组诗）⋯⋯⋯⋯⋯⋯⋯⋯⋯⋯⋯杨绍武
准备阶段（外一首）⋯⋯⋯⋯⋯⋯⋯⋯⋯⋯马高明
雪⋯⋯⋯⋯⋯⋯⋯⋯⋯⋯⋯⋯⋯⋯⋯⋯⋯⋯杜鸿才

评论

关于"伪现代派"及其批评⋯⋯⋯⋯⋯⋯⋯黄子平
小说实验：意义的消解⋯⋯⋯⋯⋯⋯⋯⋯⋯张颐武
《现实一种》及其他⋯⋯⋯⋯⋯⋯⋯⋯⋯⋯曾镇雨

新人新作

包儿爷⋯⋯⋯⋯⋯⋯⋯⋯⋯⋯⋯⋯⋯⋯⋯⋯张　展
读后小议⋯⋯⋯⋯⋯⋯⋯⋯⋯⋯⋯⋯⋯⋯⋯陈建功

美术

午晴⋯⋯⋯⋯⋯⋯⋯⋯⋯⋯⋯⋯⋯⋯⋯⋯⋯王明明
花⋯⋯⋯⋯⋯⋯⋯⋯⋯⋯⋯⋯⋯⋯⋯⋯⋯⋯之　林
刊标设计⋯⋯⋯⋯⋯⋯⋯⋯⋯⋯⋯⋯⋯⋯⋯陈汉民
早安（2）⋯⋯⋯⋯⋯⋯⋯⋯⋯⋯⋯⋯⋯⋯［美］卡　茨

1988 年第 3 期　刊名:《北京文学》
目录

中篇小说

伏羲伏羲⋯⋯⋯⋯⋯⋯⋯⋯⋯⋯⋯⋯⋯⋯⋯刘　恒

短篇小说

保镖⋯⋯⋯⋯⋯⋯⋯⋯⋯⋯⋯⋯⋯⋯⋯⋯⋯刘庆邦
卸罪⋯⋯⋯⋯⋯⋯⋯⋯⋯⋯⋯⋯⋯⋯⋯⋯⋯鲍柯杨

散文

南湖菱唱⋯⋯⋯⋯⋯⋯⋯⋯⋯⋯⋯⋯⋯⋯⋯鲍　昌
窗里窗外⋯⋯⋯⋯⋯⋯⋯⋯⋯⋯⋯⋯⋯⋯⋯许　淇

报告文学

乡魂⋯⋯⋯⋯⋯⋯⋯⋯⋯⋯⋯⋯⋯⋯⋯⋯⋯徐朝夫

诗歌

爱的流行色（组诗）⋯⋯⋯⋯⋯⋯⋯⋯⋯⋯潘万提
中南海情思（组诗）⋯⋯⋯⋯⋯⋯⋯⋯⋯⋯常敬竹
女孩的秘密⋯⋯⋯⋯⋯⋯⋯⋯⋯⋯⋯⋯⋯⋯杨　飞
无题（外一首）⋯⋯⋯⋯⋯⋯⋯⋯⋯⋯⋯⋯李晓茹
异国风物——访奥诗抄二首⋯⋯⋯⋯⋯⋯苗得雨
拾遗⋯⋯⋯⋯⋯⋯⋯⋯⋯⋯⋯⋯⋯⋯⋯⋯⋯杨　英
评论
神话世界的人类学空间——释莫言小说的语义层次
⋯⋯⋯⋯⋯⋯⋯⋯⋯⋯⋯⋯⋯⋯⋯⋯⋯⋯季红真

新人新作

孬种（小说）⋯⋯⋯⋯⋯⋯⋯⋯⋯⋯⋯⋯⋯佟德凯
小议《孬种》⋯⋯⋯⋯⋯⋯⋯⋯⋯⋯⋯⋯⋯赵大年
心琴集（诗辑·共 12 首）⋯⋯⋯⋯⋯⋯⋯安顺国等
一幅含着韵味的油画⋯⋯⋯⋯⋯⋯⋯⋯⋯晓　晴

美术

周沧米国画作品

1988 年第 4 期　刊名:《北京文学》
目录

小说

你好，养蜂人⋯⋯⋯⋯⋯⋯⋯⋯⋯⋯⋯⋯⋯苏　童
逍遥刀⋯⋯⋯⋯⋯⋯⋯⋯⋯⋯⋯⋯⋯⋯⋯熊尚志
老疤⋯⋯⋯⋯⋯⋯⋯⋯⋯⋯⋯⋯⋯⋯⋯⋯⋯叶之蓁
占线⋯⋯⋯⋯⋯⋯⋯⋯⋯⋯⋯⋯⋯⋯⋯⋯⋯李国胜
"如此这般"的记忆⋯⋯⋯⋯⋯⋯⋯⋯⋯⋯祝兴义
乡村角色（二题）⋯⋯⋯⋯⋯⋯⋯⋯⋯⋯⋯徐　风

疯驼 ————————————————— 路 远
爱丝缕缕 ———————————————— 朱素敏
四十年参商（散文）——————————— 张佳邻

诗歌
不知道你在哪里（散文诗）—————————— 冬 至
黑珊瑚（组诗）—————————————— 宗仁发
阿娜尔罕的目光（外一首）—————————— 舒 洁
黑色的辉煌（外一首）——————————— 朱增泉
清粼粼的小河 —————————————— 冯 云
雨巷 ————————————————— 段和平
绿色的赠言 ——————————————— 肖存平

评论
关于"伪现代派"的讨论
也谈"伪现代派"及其批评 ———————————— 李 陀
论"矫情"——兼及现代小说的主体表现与自律
—————————————————————— 吴 方

新人新作
躁动 ————————————————— 关圣力
楼顶上 ———————————————— 叶永定
古道 ————————————————— 倪 勤
在有所感悟之后——读《躁动》、《古道》、《楼顶上》
—————————————————————— 韩少华

美术
傣寨 ————————————————— 郑叔方
突厥石人 ——————————————— 赵以雄
甘尼美德 ——————————— ［丹麦］托尔瓦德泰

1988 年第 5 期　刊名:《北京文学》
目录

报告文学
大碗茶传奇 ———————————— 李武魁　张艾薇

小说
黄昏的童话（之一）—————————————— 张西庭
厚土 ————————————————— 李 锐
疤癞 ————————————————— 乔典运
一个关于爱情的故事 ————————————— 孙幼军
开车门 ———————————————— 刘学林
堕落 ————————————————— 叶 岗

诗歌
生命咖啡（组诗）—————————————— 钱叶用
天情（外一首）—————————————— 张雪杉
红莓花开（外一首）————————————— 黄东成

女清洁工 ——————————————— 崔墨卿
回答 ————————————————— 刘 江
泪别 ————————————————— 李 荣
枫叶 ————————————————— 曾 哲

评论
神话原型　心理原型　社会文化原型 —————————— 罗强烈
酒神精神：二十世纪中国文学中的一个主题原型
—————————————————————— 罗强烈

新人新作
孽种 ————————————————— 单光春
我看《孽种》—————————————— 赵金九
深深的大草甸 —————————————— 张 弘
现代中国石油雕塑群 ————————————— 李文彦
葡萄树（外一首）—————————————— 衣水草
黎明的赤红 ——————————————— 王 健
火柴盒（外一首）—————————————— 徐彦平

美术
扮成花神的享利埃特夫人
—————————————— ［法国］让-马克·纳蒂耶
西域名媛组画选 —————————————— 耿玉琨
江南喜雨 ——————————————— 徐 希

1988 年第 6 期　刊名:《北京文学》
目录

小说
到黑夜我想你没办法——温家窑风景（五题）
—————————————————————— 曹乃谦
《到黑夜我想你没办法》读后 —————————— 汪曾祺
你说人生忧郁我不言语（中篇）————————— 沈宏菲
老子就是王 ——————————————— 吴海峰
午困 ————————————————— 汤世杰
细腰 ————————————————— 池 莉
山顶石屋（散文）—————————————— 张守仁

报告文学
热岛——恍惚的冬天印象 ———————————— 沙 青
"老外"打架 —————————————— 徐恒进

诗歌
北方（组诗）—————————————— 雪 迪
世纪 ————————————————— 湛 锋
月下的甘榜 ————————————— ［新加坡］长 谣
追寻 ————————————————— 刘益善

评论

关于"伪现代派"讨论

"伪现代派"与"西体中用"驳议⋯⋯⋯⋯张首映

"上海味"和"北京味"⋯⋯⋯⋯⋯⋯⋯王安忆

新人新作

芸芸夫子⋯⋯⋯⋯⋯⋯⋯⋯⋯⋯⋯⋯徐英华

读后随感⋯⋯⋯⋯⋯⋯⋯⋯⋯⋯⋯⋯宋 汛

美术

心的激流·巴金⋯⋯⋯⋯⋯⋯⋯⋯⋯王 晖

应光照版画作品

天池⋯⋯⋯⋯⋯⋯⋯⋯⋯⋯⋯⋯⋯⋯赵以雄

1988 年第 7 期　刊名:《北京文学》

目录

小说

最后一曲（中篇）⋯⋯⋯⋯⋯⋯⋯⋯⋯多 多

煎心⋯⋯⋯⋯⋯⋯⋯⋯⋯⋯⋯⋯⋯⋯刘庆邦

落叶溪⋯⋯⋯⋯⋯⋯⋯⋯⋯⋯⋯⋯⋯田中禾

好爹⋯⋯⋯⋯⋯⋯⋯⋯⋯⋯⋯⋯⋯⋯于德才

承包⋯⋯⋯⋯⋯⋯⋯⋯⋯⋯⋯⋯⋯⋯麦祥和

古柏⋯⋯⋯⋯⋯⋯⋯⋯⋯⋯⋯⋯⋯⋯韩 黎

错乱⋯⋯⋯⋯⋯⋯⋯⋯⋯⋯⋯⋯⋯⋯齐庚林

身居何处⋯⋯⋯⋯⋯⋯⋯⋯⋯⋯⋯⋯李 晶

迷宫⋯⋯⋯⋯⋯⋯⋯⋯⋯⋯⋯⋯⋯⋯傅 伟

诗歌

胡杨泪⋯⋯⋯⋯⋯⋯⋯⋯⋯⋯⋯⋯⋯阮章竞

十四行诗三首⋯⋯⋯⋯⋯⋯⋯⋯⋯⋯屠 岸

如此"节约奖"⋯⋯⋯⋯⋯⋯⋯⋯⋯⋯梁谢成

触⋯⋯⋯⋯⋯⋯⋯⋯⋯⋯⋯⋯⋯⋯⋯王立敏

我遥远的星（外一章）⋯⋯⋯⋯⋯⋯峭 岩

宋式古巷⋯⋯⋯⋯⋯⋯⋯⋯⋯⋯⋯⋯张鹏云

评论

文学史框架及其他⋯⋯⋯⋯⋯⋯李 劼 黄子平

新人新作

爬过高墙的青藤⋯⋯⋯⋯⋯⋯⋯⋯⋯刘北平

好一蔓青藤——读《爬过高墙的青藤》⋯⋯康式昭

来信照登

有关"日记"的回忆⋯⋯⋯⋯⋯⋯⋯⋯钱小惠

美术

蒲松龄⋯⋯⋯⋯⋯⋯⋯⋯⋯⋯⋯⋯⋯李延声

岁月⋯⋯⋯⋯⋯⋯⋯⋯⋯⋯⋯⋯⋯⋯张祖英

天山牧场⋯⋯⋯⋯⋯⋯⋯⋯⋯⋯⋯⋯冯怀荣

1988 年第 8 期　刊名:《北京文学》

目录

中篇小说

婚戏⋯⋯⋯⋯⋯⋯⋯⋯⋯⋯⋯⋯⋯⋯刘绍棠

短篇小说

画壁——《聊斋》新义⋯⋯⋯⋯⋯⋯汪曾祺

江边小小说一辑

写在前面的话⋯⋯⋯⋯⋯⋯⋯⋯⋯⋯林斤澜

噩梦·红衣衫·小司机⋯⋯⋯⋯⋯⋯郑九蝉

好汉胡竟男⋯⋯⋯⋯⋯⋯⋯⋯⋯⋯⋯刘烨文

死吻⋯⋯⋯⋯⋯⋯⋯⋯⋯⋯⋯⋯⋯⋯许宗斌

特长、爱好⋯⋯⋯⋯⋯⋯⋯⋯⋯⋯⋯刘瑞坤

某日中午⋯⋯⋯⋯⋯⋯⋯⋯⋯⋯⋯⋯蔡未名

英雄辩⋯⋯⋯⋯⋯⋯⋯⋯⋯⋯⋯⋯⋯赵舒亚

黄和平⋯⋯⋯⋯⋯⋯⋯⋯⋯⋯⋯⋯⋯徐小斌

绿手镯⋯⋯⋯⋯⋯⋯⋯⋯⋯⋯⋯⋯⋯李胜利

诗歌

妙龄时光（三首）⋯⋯⋯⋯⋯⋯⋯⋯莫少云

并非悲壮的挽歌⋯⋯⋯⋯⋯⋯⋯⋯⋯张同吾

在平静的洱海拾趣⋯⋯⋯⋯⋯⋯⋯⋯叶延滨

野石⋯⋯⋯⋯⋯⋯⋯⋯⋯⋯⋯⋯⋯⋯张洪波

唐古拉风雪之夜（外一首）⋯⋯⋯⋯伊 甸

那天秋天的下午（外一首）⋯⋯⋯⋯谢久忠

黎明之星（三首）⋯⋯⋯苏 敏 苏殿远 艳 齐

评论

文学答问录

在作家与作品之间⋯⋯⋯⋯⋯王晓明 黄子平

关于"伪现代派"的讨论

关于"剥离"的剥离⋯⋯⋯⋯⋯贺绍俊 潘凯雄

新人新作

黄昏雾 白蒙蒙⋯⋯⋯⋯⋯⋯⋯⋯⋯姚筱琼

雾中看人应有情——读小说《黄昏雾 白蒙蒙》

⋯⋯⋯⋯⋯⋯⋯⋯⋯⋯⋯⋯⋯⋯⋯陈世崇

学员诗页

著名作家萧军遗体告别仪式在京举行⋯⋯⋯予 一

美术

在阳光下⋯⋯⋯⋯⋯⋯⋯⋯⋯⋯⋯⋯朱建昭

1988 年第 9 期　刊名:《北京文学》
目录

小说
组接 ································· 王　蒙
无歌的憩园 ······················· 迟子建

"中国潮"报告文学征文
性病在中国 ······················· 康　健
利康之魂 ················· 李武魁　张艾薇
中国有个马胜利 ··················· 赵义和

诗歌
生命走向（二首） ················· 文乾义
人生散歌（散文诗·五章） ········· 闻　频
阿波罗之歌 ······················· 春　晓
水手和山村女 ····················· 陈太顺
拥挤的日子 ······················· 宋家玲
在生日那天，我······（外一首） ····· 顾彦欣
没有梦的大嫂（外一首） ··········· 龙　郁
黎明之星 ········· 顾联第　郭启宏　杜鸿才等

评论
荒诞——作为一种创作现象——对于我国当代荒诞文
学几个问题的思考 ················· 张兴劲

文学答问录
小说叙事的两次转变 ········· 陈平原　黄子平

新人新作
男子的事业 ······················· 吴远岩
《男子的事业》小议 ··············· 高玉昆
狗二的婚事 ······················· 毛卫国
《温家窑风景》初始 ··············· 曹乃谦

1988 年第 10 期　刊名:《北京文学》
目录

评论
昆德拉关于小说创作的两次谈话
················· ［捷］米兰·昆德拉　孟　湄译
从绝望中走出来——与大陆作家史铁生对谈
······························· （中国台湾）施叔青

中篇小说
山豆 ····························· 浩　然

短篇小说
海土（三篇） ····················· 许谋清
星星是遥远的太阳 ················· 李永芹
过了二十年 ······················· 李国胜
红脸汉子——天棚趣话录 ··········· 段荃法
时日 ····························· 李继慧
竹筒儿 ··························· 马剑涛

诗歌
主题（组诗） ····················· 姜继宝
个人情感（组诗） ················· 张曙光
小提琴独奏（外一首） ············· 陆少平
题贝多芬画像（外一首） ··········· 鲁　萍
致校园小白杨 ····················· 卢均阔
公仆新解 ························· 王恩桥

新人新作
推理 ····························· 雨　瑞
读《推理》 ······················· 方顺景
心琴集（诗四首） ················· 西　雨等

美术
中国画人物新作 ··················· 吴山明
藏书票作品选 ····················· 王立春
保罗·厄尔吕夫妇在写生（油画）···· ［美国］萨金特

1988 年第 11 期　刊名:《北京文学》
目录

短篇小说
黄伞 ····························· 刘心武
往事离此一箭之遥 ················· 查建英
阴天下雨毛迎外——温家窑风景四题 ··· 曹乃谦
家谱 ····························· 吕　梁
麦熟一晌 ························· 岂　凡
鹅卵石 ··························· 傅鸿浩
石榴 ····························· 吴　滨

报告文学
痛苦，为了明天——记赵德福和他的崇文汽车场
································· 石　晶

诗歌
走向黑土地（组诗） ··············· 谢先云
爱恋时光（组诗） ················· 潘万提
思痛（四首） ····················· 雪　兵
飘逸的香乐神 ····················· 晓　雷
明天，我们相聚的地方（外一首） ··· 王　威

评论
小说、审美情感与时代................南　帆　黄子平

新人新作
同道..郭振荣
桥·船·人................................杨晓志
说说这两篇小说........................邴午生
心琴集....................................雁　鸣等

美术
乡情..王　路
雨后山泉................................陈克永

1988 年第 12 期　刊名:《北京文学》
目录

小说
古典爱情（中篇）........................余　华
最后一夜（中篇）........................多　多
年关六赋................................阿　成
快乐死了................................马海春

诗歌
魂诉（组诗）............................刘明达
十行抒情诗（四首）....................子　页
红·白（组诗）..........................靳亚利
梦的暗示（散文诗·二章）..............桑　木
抒情诗三首..............................段和平
黎明之星（诗辑共三首）......李小鹏　李守珍

评论
文学和心理学........................鲁枢元　黄子平
生命意识：谜一样的迴旋曲..........王　斌　赵小鸣

新人新作
弯脚..许伟杰
读小说《弯脚》..........................老　木
心琴集（诗辑·8首）....................唐冬梅等
有所作为、有所发现的一年——文学创作函授班一年
回顾..江　山

美术
结发带的雅克琳..................[西班牙]毕加索
冬华（日本彩墨画）..............[日本]东山魁夷
张立辰国画作品选

1989 年第 1 期　刊名:《北京文学》
目录

汪曾祺作品研讨会专辑
认识到的和没有认识的自己................汪曾祺
汪曾祺的意义............................黄子平
说"淡化"——汪曾祺小说的"别致"及其意义
....吴　方
笔下浸透了水意——沈从文的《边城》和汪曾祺的
《大淖纪事》..................[法]安妮·居里安
访汪曾祺实录............................张兴劲
汪曾祺作品研讨会纪要....................陈红军

中篇小说
连环套....................................刘　恒

短篇小说
小学同学................................汪曾祺
人心..陈昌本
厮儿印象二题............................吴琪捷

诗歌
对面（组诗）............................麦　琪
围墙（外三首）..........................古丽蓉
今夜大雪................................杨绍武
爱的明信片（六首）....................于宗信
男人与大草原（外一首）................陈　亮
黎明之星（诗辑）........................周　熠
孙喜玲　董梦知　陆新瑾　刘天让等

美术
悲剧演员西东斯（油画）........[英国]康斯博罗
汪曾祺作品研讨会选影
水粉喷色画..............................鹤田一郎

1989 年第 2 期　刊名:《北京文学》
目录

中篇小说
单位..刘震云

短篇小说
往事与刑罚................................余　华
船过金家嘴..............................钱家璜
站不稳....................................刘庆邦
拾掇那些日子............................王祥夫
梯子坝人................................胡长斌

天书 ································ 周 矢
小小说二题 ·························· 董兴文
被迫反击　看报
漂亮的中国人（散文）·················· 宋 汎

诗歌

你降生的那刻（外二首）················ 易殿选
英雄的城市（二首）··················· 陆 健
独旅（组诗）······················· 张洪波
你走不出炎热的夏季（外二首）············ 谢久忠
青铜平原（二首）···················· 艺 辛
黎明之星 ························· 江 边等

评论

文学答问录

关于"小说主题学" ············· 吴 方 黄子平
欲说还休 ························· 刘友宾

美术

为遭受战争毁坏而立的纪念碑 ········ ［荷兰］扎德金
中国画作品 ······················· 崔振国
夕阳 ··························· 刘 迅

1989 年第 3 期　刊名:《北京文学》

目录

中篇小说

神圣祭坛 ························· 王安忆

短篇小说

我的朋友李万福 ···················· 李功达
纸铐 ··························· 鲍柯扬
夏天的流浪 ······················· 范小天
五灵脂 ·························· 刘颖南
周末 ··························· 严歌平
好汉 ··························· 刘 渊

诗歌

野百卉山谷（四首）··················· 艳 齐
荒原（三首）······················· 文乾义
黄河，黄河 ······················· 波 士
一种文化（外一首）··················· 廖一鸣
半坡博物馆三题 ···················· 方孜行
黎明之星（八首）············· 李振祥 韩忆萍等

评论

从悲剧向喜剧的转化——《李自成》与姚雪垠

·························· 赵士林

美术

德美特尔（希腊雕刻）
肖野国画作品选
喷色画 ···················· ［日本］中村成二

1989 年第 4 期　刊名:《北京文学》

目录

短篇小说

灾难古龙镇 ······················· 高晓声
蚌壳 ··························· 格 非
也许还有别的 ······················ 赵 玫
老人世界（上）····················· 侯贺林
水土 ··························· 路 铁
迷乱的人流 ······················· 亦 夫
映山红（散文）····················· 罗强烈
男儿绿（散文）····················· 侯 江

中篇小说

红薯地 ·························· 熊正良

诗歌

绿之潮（组诗）····················· 林 杉
系列体验（组诗）···················· 杨 枫
格瓦斯（外一首）···················· 梅绍静
梦 ···························· 呆向真
中南海情思（五首）··················· 常敬竹

评论

理想主义的终结——实验小说的文化挑战 ······· 张颐武

美术

路得（油画）··········· ［意］弗兰西斯柯·海斯
李子侯工笔人物画选
块磊（国画）······················ 吴冠中

1989 年第 5 期　刊名:《北京文学》

目录

中篇小说

家属房 ·························· 刘庆邦
拐爷的罗曼史 ······················ 魏兰波

短篇小说

灶画 ———————————————— 陆 明
翡翠葡萄鱼 ————————————— 陆 明
上帝也没有鲜花 ——————————— 黄 石
水缸 ———————————————— 孟丽凤
橄榄情（报告文学）——孙万才治疗脉管炎纪实
　　　　　　　　　　　　傅新友　黄恩仁
断片的风景（散文）————————— 刘湛秋
斗（散文）—————————————— 张白山

诗歌

京华诗笺
我们护卫着你，国旗 ————————— 杜鸿才
北京二题 —————————————— 顾绍康
呼唤明天 —————————————— 冬 至
岁月拾遗（五首）—————————— 张雪杉
一座城市与一个干渴的现实（散文诗·二章）
　　　　　　　　　　　　　　　　杨 锦
爱的旋律（外一首）————————— 郭天民
黎明之星 ————————— 刘聪玲 石 坚

评论

诗学与神话 ————————————— 蒋原伦
《北京文学》新人新作奖获奖篇目

美术

阿波罗和达芙涅 —————— ［意大利］贝尼尼
徐希旅欧写生作品选
多瑙河之夏 ————————————— 徐 希

1989 年第 6 期　刊名:《北京文学》
目录

短篇小说

岛屿 ———————————————— 孙甘露
更年 ———————————————— 蒋子龙
苦夏 ———————————————— 蒋子龙
孤帆 ———————————————— 周新耕
砖王庞国增（报告文学）——— 肖建忠 郭惠光

中篇小说

鼠邻 ———————————————— 刘舰平
逃亡者说 —————————————— 北 村

诗歌

旅行者故事（外二首）———————— 钱叶用
历程（三首）———————————— 段和平
爱恋时光（三首）—————————— 潘万提

园丁·小花（外一首）————————— 峭 岩
贴报栏上雨迹斑斑 —————————— 顾 工
镌刻的刀 —————————————— 刘 原
散文诗之页（共七章）———— 周志强 李 耕
黎明之星 ——— 刘 迅 王 威 牧 鹅 李小鹏

评论

近期小说的后现实主义倾向 ————— 王 干

杂文

契约、争夺与控制 —————————— 吴 亮
永远的可能性 ———————————— 吴 亮

美术

家庭（大理石雕塑）————— ［英国］摩 尔
蔡衍兰竹作品选
幽谷泉鸣 —————————————— 周沧米

1989 年第 7 期　刊名:《北京文学》
目录

小说

生命中那段浓浓的黑 ————————— 蔡 康
箍桶匠 —————————————— 老 曹
羊吃草 —————————————— 哲 夫

评论

裂谷的一侧畔——初读余华 ————— 戴锦华
语言洪水中的坝与碑——重读中篇小说《小鲍庄》
　　　　　　　　　　　　　　　　黄子平
读林斤澜的《十年十癔》———————— 孟 悦
精神流浪者的智力游戏——王朔《玩的就是心跳》索
解 ———————————————— 季红真
《错误》方式——读马原的《错误》—— 木 弓
男人猜《请女人猜谜》——孙甘露的神话与梦呓
　　　　　　　　　　　　　　　　张颐武
《世事如烟》释义的邪说——简评余华的《世事如
烟》 ———————————— 王 斌 赵小鸣
三角的循环——评析王安忆的《荒山之恋》— 张京媛
东方基督的困窘——《古船》的潜本文 —— 李以建

美术

阿佛洛狄忒的头部 ———— ［古希腊］帕拉克西特列斯

刘懋善山水画作品选
日本画 ————————————— ［日本］中岛浩

1989 年第 8 期　刊名:《北京文学》
目录

认真学习　深刻领会
党的十三届四中全会精神——北京作协组织作家集中学习四中全会精神
国旗的尊严 ·············· 北京武警总队　张观臣　刘嘉根
三元桥的一天 ······················· 老山作战
三等功荣立者戒严部队某部报话班长　李洪舟
京城"戒妈妈" ······················· 郝湛秋
四日凌晨 ··························· 阮章竞
悲歌一曲颂长城 ······················ 卢　渔
六月的哀思 ························· 胡继斌

短篇小说
江边小说二辑（九篇） ·················· 孙根荣等
夜景 ···························· 浩　然
活水 ···························· 袁玉兰
灿烂的毁灭 ························· 黄　羽
算命者·死角 ························ 徐　慎
嚼 ····························· 郑彦英
妻子和房子（散文） ··················· 孙少山

"中国潮"报告文学
奇人怪事 ··························· 李武魁
京华别墅迴龙观 ······················ 刘棨林

诗歌
京华诗笺四首 ······· 刘　征　峭　岩　高洪波　邹静之
南行拾趣（二首） ····················· 苗得雨
三月 ····························· 黄一鸾
梳理的情绪（三首） ···················· 黄东成
黎明之星 ·············· 李台学　孙友田　崔墨卿等

美术
裸体的战士 ···················· [法国] 布尔德尔
山亭清话图 ························· 李可染

1989 年第 9 期　刊名:《北京文学》
目录

"中国潮"报告文学
红流 ················· 佳　融　义　和　岩　冰

短篇小说
小巷里的"美国梦"（新人新作） ············· 吕晓明
山水魅 ···························· 谢友鄞

在太平洋上 ························· 李忠效
日光里的月光 ······················· 刘恒志
诚笃 ····························· 陆涛声
元八——窑山风情录 ···················· 姜贻斌
狗报 ····························· 苏　北

散文
古观象台宿营记 ·············· 中尉干事　刘　力
野村先生的心愿 ············· 大校师政委　刁九健
暮雪碑林 ·························· 王　平

诗歌
沉思在西单路口 ············· 武警北京总队　啸　鸿

京华诗笺
地下与天上的交响（组诗） ················· 陈万鹏
北京三题 ·························· 王晋军
诗的彩虹（四首） ····················· 于宗信
野外女兵舞（外一首） ·············· 西藏　曾有情
苦别三首 ·························· 陈秀庭
黎明之星（共四首） ·············· 王忠范　皑　皑

美术
戴金盔的人（油画） ··············· [荷兰] 伦勃朗
朱颖人中国画作品选

1989 年第 10 期　刊名:《北京文学》
目录

中篇小说
力臂 ····························· 毛志成

短篇小说
赤土埔的黄昏 ······················· 许谋清
一共三棵树 ························· 老　乔
梁家平话 ·························· 阿　成
烧饭王 ···························· 陆　明
乡俗二题 ·························· 郭建华
最后的答卷 ························· 杨文彬

"中国潮"报告文学
胸怀 ····························· 郑　洁

评论
打开国门之后——对一些文化现象的思考记零
······························· 康　凯

诗歌
共和国卫生颂 ······················· 金　竹

圆明园三叹（京华诗笺）——————————王习耕
万水千山总是情——————————————史晓京
花期（外一首）————————————————张洪波
护林老人（外一首）————————————李自国
送别（外一首）————————————————彭 俐
黎明之星——————商泽军 樊永红 周志军 梦 薇

美术
叉手坐着的女子——————————[西班牙]毕加索

戴卫中国人物画选
印象·日出（油画）————————————[法国]莫 奈

1989 年第 11 期　刊名:《北京文学》
目录

中篇小说
北丢别克街六百二十五号————————李惠薪

短篇小说
横事————————————————————阿 成
述职报告————————————————————晓 白
古老话题—————————————————————叶兆言
雪利冷饮店，第一种报应——————————马 原
传染—————————————————————————范作文
黄花—————————————————————————刘烨文

散文
搬家之前—————————————————————可 音
哭李学鳌同志————————————————————杨 啸

报告文学
"天联"公司纪实———————————————邢 文
在故乡的土地上—————————————————张 绘

诗歌
亚运村抒情（三首）—————————————艳 齐
诗三首——————————————————————梁谢成
艺术凝思————————————————————胡仲仟
《艺术凝思》读后感————————————————陈 模
故宫御花园（外一首）———————————王恩宇
盐场（外一首）———————————————————周 民
黄昏的遐想（外一首）——————（朝鲜族）金 哲
黎明之星（共六首）——————————黄克伟 严 妍
方竟成 乡 雪 高正翠

美术
一杯啤酒（油画）——————————————[法国]马 奈

1989 年第 12 期　刊名:《北京文学》
目录

小说
莫说走廊窄（中篇）————————————鲁 剑
人境庐笑谈录（四则）——————————桂青山
插曲————————————————————————简 宁
割草的小芹————————————————————许 辉
回忆死亡—————————————————————张 宇
祭歌——————————————————————————张日凯
婚姻大事—————————————————————龚泽华

报告文学
临危救死有"同仁"————————康式昭 海 鸥

诗歌
漫漫幽林路（叙事诗）——————————阮章竞

美术
包厢（油画）——————————————————[法]雷诺阿
中国画选登——————————————肖 墅 赵 磊
郊外（油画）————————————————[奥地利]席 勒

《边疆文艺》
（《大西南文学》）

【简　介】

综合性文学月刊。云南省文学艺术界联合会主办。创刊于 1956 年，1978 年 4 月复刊，1985 年 1 月由《边疆文艺》更名为《大西南文学》。其主要发表少数民族如傣族、彝族、纳西族等的文学作品，同时附以相当篇幅的文学评论。"改刊后的《大西南文学》注重发表传递当代最新生活信息、反映振兴大西南、建设大西南的壮丽斗争的多种文学作品"。自创刊以来，刊物一直坚持培养少数民族作家队伍、弘扬少数民族文学事业的宗旨，具有浓郁的民族地域文化特色。

期刊号：1978 年第 1 期—1989 年第 12 期

复刊词（刊于 1978 年第 1 期）

响应华主席的号召，为繁荣云南各民族的社会主义文艺创作而奋斗

梁文英

在党的第十一次全国代表大会上，英明领袖华主席号召我们："战斗在社会主义文化战线的一切共产党员和革命同志，应当动员起来，立大志，鼓干劲，遵照毛主席的遗愿，认真搞好各个文化领域的革命，坚持为无产阶级政治服务，为工农兵服务的方向，努力创作具有革命政治内容和尽可能完美的艺术形式的，丰富多彩的文学艺术作品"。华主席为《人民文学》的光辉题词又指出："坚持毛主席的革命文艺路线，贯彻执行百花齐放、百家争鸣的方针，为繁荣社

会主义文艺创作而奋斗。"《边疆文艺》复刊，就是要响应华主席的号召，坚持毛主席的革命文艺路线，贯彻执行百花齐放、百家争鸣的方针，团结全省广大专业和业余作者，调动一切积极因素，为发展和繁荣云南各民族的社会主义文艺创作作出应有的贡献。

由于刘少奇反革命修正主义路线的干扰和破坏，过去《边疆文艺》有缺点和错误，但主流是好的。作为我省的一个综合性文艺刊物，办得是比较有特色的，是在毛主席革命文艺路线指引下，为繁荣我省各民族的文艺创作发挥过不小的作用的。"四人帮"从他们篡党夺权复辟资本主义的反革命政治需要出发，抛出了反动的"文艺黑线专政"论，全盘否定毛主席的革命文艺路线，否定建国以来文艺战线所取得的巨大成绩。"文化大革命"前十七年的文艺界被他们描绘得一团漆黑。 他们在云南的资产阶级帮派体系也挥舞"文艺黑线专政"论的大棒乱砍乱杀，把《边疆文艺》打成"修正主义"的"黑线刊物"。 今天，我们必须把"四人帮"颠倒了的是非纠正过来，还历史的本来面目。《边疆文艺》复刊以后，要高举毛主席的伟大旗帜，运用马克思列宁主义、毛泽东思想的锐利武器，坚决批判"四人帮"反动的"文艺黑线专政"论，彻底清算他们的反革命修正主义文艺路线，肃清其一切流毒，正确地总结过去的经验教训，把刊物办成真正能贯彻执行毛主席的革命文艺路线的刊物。

无产阶级文艺的根本任务是"团结人民、教育人民、打击敌人、消灭敌人"，是为工农兵服务、为无产阶级政治服务、为社会主义服务。 为达到这个目的，当然要塑造工农兵英雄人物，要塑造无产阶级英雄典型，但这只是实现或完成这一根本任务的一种重要手段。"四人帮"炮制的反动的"根本任务"论却把它当做是社会主义文艺的根本任务，这是对文艺为工农兵服务这一根本方向的严重歪曲和肆意篡改，实际他们是在"塑造工农兵的英雄人物"的幌子下，大搞所谓"写走资派"的阴谋文艺，他们要塑造的是所谓"头上长角，身上长刺"专门同无产阶级"对着干"、同毛主席革命路线"对着干"的人，这些只能是彻头彻尾的反革命分子，怎么能说成是工农兵英雄人物呢？ 我们只有彻底批判"四人帮"的"根本任务"论，肃清其阴谋文艺的一切流毒，才能更好地坚持文艺为工农兵服务、为无产阶级政治服务、为社会主义服务的方向，自觉地执行毛主席的革命文艺路线。

毛主席的《在延安文艺座谈会上的讲话》，为我们制定了一条马克思列宁主义的文艺路线。 新中国成立后，毛主席在新的历史条件下，又提出了"百花齐放、百家争鸣"促进文艺创作繁荣的方针。 无产阶级的文艺在为工农兵服务、为社会主义服务的正确方向下，必须允许和提倡题材、体裁、形式、风格的多样化，必须允许和提倡充分发挥个人多种多样的艺

术独创性。"四人帮"出于复辟资本主义、大搞法西斯专政的反革命需要，对毛主席提出的这一伟大方针，怕得要死，不但他们自己连提都不敢提，也不准别人提。他们在文艺界以最野蛮、最横暴的方式推行资产阶级文艺专制主义。只准鼓吹直接配合他们篡党夺权阴谋活动的毒草丛生，不许社会主义文艺的香花开放，造成了"没有小说，没有诗歌"，百花凋零，万马齐喑的严重恶果，受到毛主席多次严厉的批判。云南是受"四人帮"破坏最严重的"重灾区"，云南文艺战线，云南各民族的社会主义文学艺术和民族民间文学艺术，也遭到了特别严重的践踏、摧残和破坏，我们一定要彻底清算"四人帮"大搞资产阶级文化专制主义和法西斯专政的滔天罪行，砸烂"四人帮"强加给我们的各种精神枷锁，粉碎"四人帮"用来束缚文艺工作者手脚的铁链和绳索，来一次新的马克思列宁主义的思想解放运动，坚定不移地贯彻执行党的百花齐放、百家争鸣的方针，使《边疆文艺》真正能成为各民族的社会主义文艺百花争艳的园地。

为了把"四人帮"多年来在文艺理论上造成的混乱澄清，我们一定要认真学习马列主义、毛泽东思想，学习马克思主义文艺理论，学习毛主席关于马克思主义文艺理论的光辉论著，弄清马克思主义文艺理论的基本观点，特别要弄清文艺的源泉是什么，文艺与生活到底是什么关系，要学会如何运用唯物论辩证法的观点观察社会，观察生活，以及如何掌握文艺创作的特殊规律，运用文艺创作特有的方法来反映社会生活。创作出比实际生活更高、更强烈、更有集中性、更丰富多彩、更带有普遍性的典型形象。

毛主席《在延安文艺座谈会上的讲话》指出："作为观念形态的文艺作品，都是一定的社会生活在人类头脑中的反映的产物。""但是文艺作品中反映出来的生活却可以而且应该比普通的实际生活更高，更强烈，更有集中性，更典型，更理想，因此就更带普遍性。革命的文艺，应当根据实际生活创造出各种各样的人物来，帮助群众推动历史的前进。"毛主席按照辩证唯物主义和历史唯物主义的原理，精辟而深刻地阐明了文艺与生活的辩证关系，阐明了革命的现实主义和革命的浪漫主义相结合的创作方法的理论基础。"四人帮"是一伙穷凶极恶的反党、反毛主席、反马克思主义的反革命黑帮，他们的世界观完全是唯心主义和形而上学的反动的资产阶级世界观。他们为了反对深入工农兵的火热斗争生活而提出的"主题先行"论，他们为了取代革命的现实主义和革命的浪漫主义相结合的创作方法而提出的"三突出"创作模式，他们为了取消无产阶级文艺的特点和规律而拼命鼓吹的反形象思维论，以及他们提出的其他许多荒谬理论和反动公式，其思想基础就是他们的资产阶级的唯心主义和形而上学的反动世界观。他们根本颠倒了文艺与生活的关系，完全破坏了无产阶级文艺的政治性与真实性的统一。他们本末倒置，头足倒置，提倡从概念出发，要人们完全按照他们的这个"原则"、那个"原则"，去凭空编造为他们篡党夺权所需要的人物和故事情节，否则就要给你扣帽子、打棍子。他们口口声声要人们写阶级斗争，却又不许你写具体的环境、具体时间、具体条件下的生动具体、波浪起伏、错综复杂的阶级斗争，而只要你按他们的反动意图和荒唐公式，按他们规定好的"三突出"、"三陪衬"、"三对头"之类的框框套套，去填写他们所谓的阶级斗争，实际上是资产阶级对无产阶级的斗争。照他们这一套搞创作，即使不是炮制出《反击》、《典型报告》一类的大毒草，也只能产生公式化、概念化、雷同化，千人一面，千部一腔的毫无艺术生命力的货色。他们这一套之所以能够发生影响，而且流毒很难肃清，除了和他们帮派有牵连，中毒太深的人以外，就是因为他们这一套很适合一些还有唯心主义形而上学世界观的人，这样作最省力气。为什么"四人帮"已经揪出这样长的时间，"四人帮"的"帮风"、"帮气"在我们这些作品中还不能绝迹呢？原因就在这里。我们在揭批"四人帮"时，必须狠批他们反动的世界观，要通过批判，彻底肃清他们散布的唯心主义形而上学在我们思想上的影响，真正树立起无产阶级辩证唯物主义的世界观。

按照唯物辩证法认识论来分析客观事物。事物内部存在的矛盾有其普遍性也有其特殊性，我们认识事物必须注意它的共性，也就是必须注意研究事物存在的普遍矛盾。但是，尤其重要的，成为我们认识事物的基础的东西，则是必须研究事物内部存在的特殊矛盾即矛盾的特殊性。毛主席教导我们："就人类认识运动的秩序说来，总是由认识个别的和特殊的事物，逐步扩大到认识一般的事物。人们总是首先认识了许多不同事物的特殊的本质，然后才有可能进一步地进行概括工作，认识诸种事物的共同的本质。当着人们已经认识了这种共同的本质以后，就以这种共同的认识为指导，继续地向着尚未深入地研究的各种具体的事物进行研究，找出其特殊的本质，这样才可以补充、丰富和发展这种共同的本质的认识，而使这种共同的本质的认识不改变成枯槁和僵死的东西。"（《矛盾论》见《毛泽东选集》284－285页）毛主席在这里讲的两个认识过程，也是我们从事文艺创作所必须有的。所不同的是文艺创作要用形象思维方法。而同逻辑思维不可截然分开的形象思维本身，更需要从大量的具体事物出发，从千变万化、千姿万态、无比丰富多彩、生动活泼的现实生活和具体形象出发，并且始终不离开具体的形象。那种具有鲜明独特的个性而又比普通的实际生活更高、更强烈、更带普遍性的艺术典型，即恩格斯所说的"典型环境中的典型人物"，正是运用形象思维方法，按照上述两个认识过程创作出来的。

毛主席过去曾批评教条主义者是懒汉，他们根本不研究矛盾的特殊性，只知生搬硬套似乎到处都可适用的教条。"四人帮"这伙以极"左"伪装出现的假左真右的极右派，比当年毛主席批判过的教条主义者更恶劣十倍。他们在理论上一窍不通，对实际更是一无所知，他们公然否认"普遍性即存在于特殊性之中"，"共性，即包含于一切个性之中。无个性即无共性"这一马克思主义的基本道理，在文艺上也像在其他方面一样，根本不准人们讲特殊性、讲个性，不准讲文艺的特点和规律，不准讲形象思维，不准讲人物形象的独特个性，不准讲作家作品的创作个性、艺术特色和独特风格。他们反对作家深入生活，研究社会上各个阶级，研究他们的相互关系和各自状况，研究它们的面貌和它们的心理。他们这种反辩证法的反动思想，对文艺界造成的危害，必须有充分的估计。林彪和"四人帮"为了反对毛主席的革命路线，曾经诬蔑云南省民族边疆工作十七年执行的是修正主义路线，他们煽动群众批判根据毛主席革命路线从各民族的实际情况出发进行改革和生产建设的政策和方针，说社会主义社会已经没有民族问题，承认各民族有自己的特点就是修正主义。对云南的民族工作产生了极其恶劣的影响，对云南文艺工作也产生了极其恶劣的影响。

云南是伟大祖国西南边疆的一个多民族的省份，聚居着二十二个兄弟民族。由于社会历史发展的不同以及其他原因，各民族在政治经济、文化艺术、风俗习惯和心理状态等等方面都有自己的特点和特殊性。各族人民在长期的阶级斗争和生产斗争中，都创造了大量反映自己劳动斗争生活的形式有别、风格不同、各具特色的丰富多彩的民族民间文学艺术作品。解放以后，正是因为结合各民族不同情况，认真贯彻了毛主席的革命路线和民族政策，各民族都在党的领导下团结起来，很快走上了社会主义的康庄大道。云南的文艺工作者，在调查研究整理各民族的民族民间优秀的文艺作品和创作富有特色的、反映各族人民进行革命和建设新的斗争生活的优秀作品，以及培养各民族的歌手和文艺工作者方面也作出了不少成绩。但"四人帮"及其在云南的帮派骨干，却把这些都说成是"搞修正主义"，这充分说明了"四人帮"不仅是破坏云南民族工作的罪魁祸首，也是扼杀各民族社会主义文艺的刽子手。他们在民族问题上，完全继承了历代统治阶级的反动的大民族主义思想。我们一定要狠批他们破坏民族边疆工作的反动罪行，批判他们扼杀反映各民族社会主义革命和生产建设的社会主义文艺创作和各民族民间优秀文艺遗产的罪行。把《边疆文艺》办得更富有边疆民族特色，更好地发挥地方文艺刊物的战斗作用。

英明领袖华主席在五届人大的政府工作报告中指出，文艺战线要认真落实毛主席关于调整党内文艺政策的指示，整顿文艺工作，迅速改变"四人帮"破坏造成的缺少各种文艺作品的状况，扩大文艺节目，丰富文化生活。还指出文艺创作的题材要多样化，以现代革命题材为主，特别要反映社会主义时期的三大革命运动，也要重视历史题材和其他题材。提倡革命现实主义与革命浪漫主义相结合的创作方法。我们要积极行动起来，面向云南三千万各族人民群众，深入生活，改造思想，刻苦学习，磨练技巧，勇攀高峰，为发展和繁荣各民族具有独特风格的社会主义的文艺而努力奋斗！

编　后

《边疆文艺》复刊第一期和读者见面了。

英明领袖华主席在给《人民文学》的光辉题词中号召我们："坚持毛主席的革命文艺路线，贯彻执行百花齐放、百家争鸣的方针，为繁荣社会主义文艺创作而奋斗！"华主席的光辉题词，是催发文艺百花的春风，是激励我们沿着毛主席的革命文艺路线奋勇前进的号角；是办好党的文艺刊物的根本保证，本刊坚决地全面地贯彻执行。本期我们精印了华主席的题词，随刊赠送读者。让我们共同学习贯彻华主席的光辉题词，以实际行动，迎接社会主义文化建设的新高潮！

伟大领袖和导师毛主席在给陈毅同志谈诗的一封信中肯定"诗要用形象思维"，指出了文艺创作的特殊规律，在这期中，我们发表了郑谦等同志学习《毛主席给陈毅同志谈诗的一封信》的文章，领会掌握运用形象思维的重要性，批判"四人帮"否定形象思维的罪行，以便我们遵循毛主席的教导，"用形象思维的方法，反映阶级斗争与生产斗争"，创造出革命的政治内容和尽可能完美的艺术形式相统一的文艺作品来，为社会主义革命和社会主义建设事业服务。

在英明领袖华主席为首的党中央领导下，一场批判"四人帮"炮制的"文艺黑线专政"论的战斗正在深入发展。这场斗争的重要意义远远越出了文艺的范围，这是一声保卫毛主席革命路线，保卫无产阶级专政的斗争。江青、林彪之流炮制"文艺黑线专政"论，其罪恶的矛头是指向伟大领袖和导师毛主席，指向毛主席的革命文艺路线，指向热情关怀党的文艺事业的周总理；"四人帮"挥舞"文艺黑线专政"论的屠刀，全盘否定党的文艺事业，把大批文艺工作者打成"黑线人物"，把大批优秀文艺作品打成"毒草"，在文艺界实行文化专制主义，大搞阴谋文艺，使文艺成为他们篡党夺权的工具，给社会主义文艺事业带来了严重的灾难。《鼓吹"文艺黑线专政"论的破嗽叭》等文，联系我省文艺界实际，对"文艺黑线专政"论进行了初步的批判。我们要响应华主席的号召，"把被'四人帮'颠倒了的路线是非、思想是

非、理论是非，一一纠正过来"。 希望广大读者和作者，联系我省文艺路线的实际，进一步对"文艺黑线专政"论长久地持续地开展革命大批判，彻底肃清其流毒！

今年三月五日，是我们敬爱的周总理诞辰八十周年，本刊编辑部和云南省图书馆共同举办了诗歌朗诵会。 本期我们选载了参加朗诵的部分作品，以表达我们对周总理无比热爱、无比崇敬的感情。 希望广大读者作者继续来稿，反映周总理在云南的活动，歌颂周总理的丰功伟绩。

本期在集稿时，正值五届人大胜利闭幕，选出了各族人民非常满意、十分信赖的国家领导人，我们特选登了一组作品，歌颂五届人大的伟大历史意义。

我们遵照英明领袖华主席关于要认真整顿文艺工作、扩大文艺节目、丰富文化生活的指示精神，在本期编辑工作中坚持以揭批"四人帮"为纲，贯彻执行党的"双百"方针，所发表的小说、散文、诗歌、音乐、美术作品，力求在题材、体裁、形式和风格上努力实现多样化。 我们将保持原《边疆文艺》的特点，准备每期发一诗一画插页，根据读者要求，从本期起辟"新人新作"、各民族新民歌和民族民间故事诗专栏，为培育文艺新花浇水育苗，在为工农兵服务的方向下，使《边疆文艺》保持云南边疆浓郁的地方特色和民族特色。

最近，我们收到不少工农兵读者的来信，对《边疆文艺》的复刊表示祝贺并提出了殷切的期望，给了我们巨大的鼓舞和鞭策，我们特此表示感谢。 希望广大读者和作者继续来信来稿，对我们的工作提出批评建议，以便共同把刊物办好，为繁荣我省文艺创作而奋斗。

1978 年第 1 期　刊名：《边疆文艺》

目录

华主席给《人民文学》的光辉题词
响应华主席的号召，为繁荣云南各民族的社会主义文艺创作而奋斗 ···梁文英
傣家人永远歌唱毛主席（民歌一束）
··（傣族歌手）康朗甩等
热烈庆祝五届人大的胜利召开
··（傣族歌手）庄　相等

小说·散文
山妹子 ···王雨谷
苍松翠柏 ···曾　克
老抠 ···辛　勤
医疗队员的怀念 ···戴舜玲

新人新作
庙沙找祢 ···覃信刚
火把节之歌 ···建　丰
玛瑙寨 ···陈鉴群

诗歌
美丽　神奇　丰富 ·····································徐　迟
泼水节的情思（二首） ·······························王为真
想起那一夜 ···张昆华
小站情怀（三首） ·······································汤世杰
呵，轻快地走 ···米思及
在边寨（三首） ·······························（白族）张　长
蝴蝶泉（小叙事诗） ···································刘　章
老娘哭《反击》（讽刺诗） ·························谢本良

戏曲
奇峰图的背后（独幕讽刺喜剧） ··················张之一

评论
鼓吹"文艺黑线专政"论的破喇叭 ··················杨知秋
还历史的本来面目 ·······················杨　昭　柏鸿鹄
云南各族人民生活斗争的史诗 ·····················郭思九
也谈形象思维 ···郑　谦

美术·音乐
胜利在前——毛主席、周副主席、朱总司令在西柏坡
··齐　捷　费　正
敬爱的周总理在石林 ···································李忠翔
长城词（为陈毅同志诗词谱曲） ··················夏晓舜

1978 年第 2 期　刊名：《边疆文艺》

目录

纪念毛主席《在延安文艺座谈会上的讲话》发表三十六周年
认真贯彻"双百"方针，努力繁荣文艺创作 ···张振军
坚持为工农兵服务的方向　走与工农兵相结合的道路
··毛　烽
艺术源泉与"江郎才尽" ·······························蔡育曙

小说·散文
周总理四次救了我们 ···································陆万美
桌上的鲜花 ···何　泰
宽阔的田野 ···杨　苏
顶风岭 ···贺星寒
骄傲的老虎（佤族动物故事） ············郭思九收集整理
新人新作
丝瓜架下 ···罗　江

神仙焊工 …………………………… 金　平

诗歌

诗词四首 ……………………………… 张子斋
在孔雀开屏的地方（三首）…………… 车　凯
写在铁砧边的诗 ……………………… 张新泉
呵，绿灯 ……………………………… 李霁宇
大锤歌 ………………………………… 罗建琳
花信 …………………………………… 凝　溪
洗工装 …………………… 江　水　雨后苗

戏曲

双退礼（独幕花灯剧）………………… 殷宗器

评论

阴谋文艺和影射史学的混血儿……… 岳文志　王为真
"题材决定论"可以休矣 ……………… 梁自荣
刘勰论形象思维和比兴手法 ……… 张文勋　杜东枝
诗里的风景描写与风景诗 …………… 马焯荣

美术·音乐

亲切的关怀 …………………………… 张建中
向科学技术现代化进军 ……………… 付启中
科学的春天 …………………………… 郭普津
春茶献给华主席 …………… 罗　彦词　甘盛才曲
歌唱华主席为《人民文学》的光辉题词……王云龙词曲

1978 年第 3 期　刊名:《边疆文艺》

目录

本刊举办《新的长征》征文

小说·散文

不教胡马返秦关 ……………………… 陈　靖
两个司机长 …………………………… 雷国维
锁不住的鼓声 ……………… 唐伯礼　魏孝淳
油菜花开 ……………………………… 何　真
争春 …………………………………… 胡　蔷
献给祖国的花朵
钢铁牦子 ……………………………… 乔传藻
小飞松（童话）……………………… 杨玉珍
一个甜瓜（动画片剧本）…………… 徐志英　陈戈华
献给科学大会的礼物（诗歌一组）…… 聂　索等

诗歌

周总理啊，我们永远怀念您 ………（白族）晓　雪
深深的林海（外三首）……………… 王雨谷
春风里的歌声（二首）……………… 黎　云

望月思亲（二首）…………………… 王贤良
傣族情歌（三首）…………………… 李子贤整理

戏曲

凤凰花开的时候（独幕报导剧）…… 温昭礼　张　扬

评论

"中长篇会议事件"说明了什么……… 浴　曙
从"必由之路"到"走投无路"………… 云　梦
题材多样化及其他 ………………… 工人　辛　聂
发展各民族具有独特风格的文艺……… 余嘉华
想象在形象思维中的作用 …………… 吴功正

美术·音乐

喜讯传边疆 …………………………… 王仲清
云南旅行写生选 ……………………… 冯建吴
喜庆丰收对歌来（歌曲）…… 许象坤词　张　难曲
谛听 ………………………… 蒋铁峰　汤世杰

1978 年第 4 期　刊名:《边疆文艺》

目录

云南省文学艺术工作者第三次代表大会隆重召开
云南省文学艺术联合会第三届委员及各协会主席、付
主席、秘书长、付秘书长、理事名单
中共云南省委召开文艺座谈会
李启明同志在云南省文学艺术工作者第三次代表大会
上的讲话
团结起来，为繁荣各民族的社会主义文艺而奋斗
…………………………………… 梁文英
云南省文学艺术工作者第三次代表大会闭幕词
…………………………………… 张振军
祝词 …………………………………… 徐　迟
金色的莲花盛开怒放 ………………… 康朗甩

小说·散文

金沙水拍云崖暖 …………… 马顺清　杨玉珍
征文选刊
任务 …………………………………… 郭明效
支援 …………………………………… 辛　勤
愣哥 …………………………………… 张焰铎
老姜 …………………………………… 吴慧泉
盐 ……………………………………… 伏新龙
大象 …………………………………… 杨明渊

诗歌

民歌一束
丹桂村的颂歌 ……………… 梁子高　蒲　铁

写在山水花木间（二首）········王为真
韶山铁路（外一首）··········梁上泉
从边疆到边疆············杨兆祥
南疆拾花（二首）··········任红举
校园二章··············舒宗范

戏曲
蔡大嬷送菜·············马　和
数花················俞寿荣

美术
长征的新起点············林　聆
西双版纳写生选·······张建中　刘　南
洱海哨兵·········肖佳禾　黎云诗

1978 年第 5 期　刊名:《边疆文艺》
目录

沉痛悼念卓越的无产阶级文化战士郭沫若同志
郭沫若同志为《边疆文艺》题字（插页）
答《边疆文艺》编辑部问·········郭沫若
红梅山茶忆郭老···········陆万美
丰功永存剧常新···········范启新
敬吊郭沫若同志···········殊　冰

小说·散文
征文选刊
彝山风雪··············赵大宏
赶马人新传·············徐　军
浇透春雨的缅桂·······柏鸿鹄　杨　昭
"同步"的凤凰（报告文学）····张　长　陈建群
春················晨　星
记周霖···············李伟卿
进军西南千里歌·······关　庄　刘　林
民族民间故事（二则）·····陶学良　杨秉礼

诗歌
边防雷达兵的心声··········汪文庆
重踏红军长征路···········李　巍
隐蔽················高洪波
战士的脚印·············谢维耕
幸福情···············李鼎昌
深谷学语··············李发模
斥四丑···············王兰馨
白族民歌两首············谢本良

戏曲
拉祜新歌（表演唱）··········咸　锴

边防放映（相声）··········白培开

评论
《阿诗玛》的人物形象和艺术魅力·····晓　雪
瑰丽神奇的想象···········洛　汀
揭开海埂创作会议黑幕········李军农

美术·音乐
传················梅肖青
写生习作选········孙向阳　王天任

1978 年第 6 期　刊名:《边疆文艺》
目录

小说·散文
征文冲刺
春寒················魏孝淳
冲刺················贺星寒
母与子···············梁德铭
小八路张建·········（蒙古族）东涤吾
武昌——昆明············李建纲
书··············张敏　贾平凹
翠绿的河流·············赵强华
在聂耳墓前·············辛　磊
这不是我想出来的（讽刺小品）·····华　伟
天蛋姑娘（傣族民间故事）······顾峰整理

诗歌
悼念李广田同志···········张德光
虹桥下好美的一条大山沟·······李松涛
灶火················徐　康
宝库················江　水
泉声················雨后苗
老桃树···············李丛中
呵，爱情··············李霄宇
阿佤山情歌·············刘允褆
咏物诗···············杨承浩等

评论
是鲲鹏，还是蓬间雀········李阴后
为"四人帮"效劳的作品与道路···舒　英　张成觉
谈诗的修改·············吴培德
久违了，情歌············东方既晓
解放思想，繁荣创作（文艺简讯）····本刊记者

美术
红河州、临沧地区美术作品选······史　一等

1978 年第 7 期　刊名:《边疆文艺》
目录

诗词三首······毛泽东

小说·散文
拐弯的地方（征文选刊）······李良振
入滇第一关······贾书伟
我所知道的何其芳同志······荒芜
他行走在这里的山色花潮之中······李鉴尧
伤员······吴锐
书······沈深
糯卡晨曲······欧之德
阿里巴巴和四十个强盗的故事（阿拉伯民间故事）
······纳训译

诗歌
人民公社好（民歌十三首）······毛文中等
牡帕密帕（拉祜族民间故事长诗）······刘辉豪整理
科学的故乡（征文选刊、二首）······陈广斌
邱少云烈士陵园（征文选刊）······贾勇虎
悼郭老······张子斋
悼李广田同志······张文勋

评论
重读纳西族叙事长诗《玉龙第三国》······杨世光
险恶的用心　卑鄙的手法······刘永年
细节的选择和描写······陈志聪

美术·音乐
好春常在······江一波
剪纸一组······连维云
革命战士爱乌蒙······金鸿为词　夏晓舜曲

1978 年第 8 期　刊名:《边疆文艺》
目录

小说·散文
记勇谋兼备的贺英同志······陈靖
初会······李巍
最后一颗门牙······张向东
怀念刘澍德同志······孙凯宇
灯······呼延兵
老杜梨······赵熙
从高黎贡山带回的口弦······景谊
阿里巴巴和四十个强盗的故事（阿拉伯民间故事）
······纳训译

诗歌
边疆新貌
绿色的小站（三首）······汤世杰
乌蒙短笛（二首）······黎泉
甘甜（外一首）······王雨谷
春歌（二首）······凝溪
锡城灯火······刘位循
烈马箫箫（二首）······龙彼德
招山······黄宏
来云南的路······张苛
洗······雄川
星······胡笳
潜伏······殷恕

戏曲
送春图（独幕花灯剧）······朱礼敦

评论
真挚的感情，博大的胸怀······余嘉华
寒流已过，春满人间······蔡寿福　杨崇龙
情理之中，意料之外······张杰
文贵在新······柳枬
"格律诗"要讲格律······吴培德

美术
油画习作二幅······吴冠中
油画习作二幅······刘自鸣

1978 年第 9 期　刊名:《边疆文艺》
目录

小说·散文
爱漂亮的姑娘······邢绍俊
"四弦王子"的琴······杨玉珍
牛老慢对象······彭吉中
放飞······李硕
密林之恋······余德庄
瑞丽江畔的歌······黄在旺　赵翼荣
阿里巴巴和四十个强盗的故事（阿拉伯民间故事·续完）······纳训译
寓言二则······春华

诗歌
永远怀念毛主席（各民族民歌）······谷丁等
哀悼广田同志······王兰馨
吊刘澍德同志······端木蕻良
献给省工业交通先进生产者代表大会······徐嘉瑞遗作
大江流水（二首）······唐大同

西双版纳之歌⸺⸺⸺⸺⸺⸺⸺⸺梁上泉
怒江边的传说（二首）⸺⸺⸺⸺⸺段 伶
尽情地弹吧，尽情地敲⸺⸺胡崇禹 文建民
蔗乡诗草（二首）⸺⸺⸺⸺⸺⸺张新泉
阴河⸺⸺⸺⸺⸺⸺⸺⸺⸺⸺龚晓宽
苍山上的雾⸺⸺⸺⸺⸺⸺⸺⸺袁冬苇
大山出发了⸺⸺⸺⸺⸺⸺⸺⸺崔笛扬
边疆考古纪事（二首）⸺⸺⸺⸺⸺毛祖德
白云，我的战友⸺⸺⸺⸺梁子高 蒲 铁
脚印（外一首）⸺⸺⸺⸺⸺⸺⸺龙起涛
钻探诗情⸺⸺⸺⸺⸺⸺⸺⸺⸺骆 骁
石将军⸺⸺⸺⸺⸺⸺⸺⸺⸺⸺陈 平
河⸺⸺⸺⸺⸺⸺⸺⸺⸺⸺⸺章 勇
团花木（外一首）⸺⸺⸺⸺⸺⸺⸺雷 霆
钢水、钢花（外一首）⸺⸺⸺⸺⸺辛 磊

戏曲
迎春曲⸺⸺⸺⸺⸺⸺⸺⸺⸺⸺马中甲
相亲（四川金钱板）⸺⸺⸺⸺⸺⸺汪义德

评论
为《五朵金花》平反及其他
美好的生活美好的人⸺⸺⸺⸺⸺晓 雪
金花重开　欣喜异常⸺⸺⸺⸺⸺赖 静
从一首小诗的厄运谈起⸺⸺⸺⸺聂 索
阅信感赋⸺⸺⸺⸺⸺⸺⸺⸺⸺张黎青
云南扬琴《龙江壮歌》何罪之有⸺⸺郑福源
文化专制主义是"四人帮"扼杀革命文艺的狼牙棒
⸺⸺⸺⸺⸺⸺⸺⸺⸺⸺⸺文汉鼎

文艺随笔
人物的名字及其他⸺⸺⸺⸺⸺⸺张运贵
看似偶然实必然⸺⸺⸺⸺⸺⸺⸺赵增锴

美术
油画习作⸺⸺⸺⸺⸺⸺⸺⸺⸺姚仲华
水粉习作⸺⸺⸺⸺⸺⸺⸺⸺⸺朱维明

1979 年第 1 期　刊名：《边疆文艺》
目录

天安门诗抄
《天安门诗抄》笔谈
向《天安门诗抄》作者们学习⸺⸺⸺张振军
新的跃进年代⸺⸺⸺⸺⸺⸺⸺⸺陆万美
面对着光芒万丈的革命诗篇⸺⸺（白族）杨 明
思想·感情·艺术⸺⸺⸺⸺⸺⸺王 松
篇篇瑰宝　字字珠玑⸺⸺⸺⸺毛 烽 汪德荣

以实际行动怀念总理⸺⸺⸺⸺⸺关肃霜
向《天安门诗抄》学习⸺⸺⸺（彝族）李 乔
惊雷轰鸣⸺⸺⸺⸺⸺⸺⸺⸺⸺苏 策
赞革命的诗篇⸺⸺⸺⸺（傣族）康朗甩 岩 峰
时代的春雷，人民的心声⸺⸺（白族）晓 雪

小说·散文
孔雀飞起的地方（音乐歌舞片文学剧本）⸺⸺汤汝雁
一封未寄出的信⸺⸺⸺⸺⸺⸺⸺陈见尧
发芽的音符⸺⸺⸺⸺⸺⸺张 敏 小 兵
在私狱中⸺⸺⸺⸺⸺⸺⸺⸺⸺罗建琳
葵花⸺⸺⸺⸺⸺⸺⸺⸺⸺⸺吴慧泉
"抓"队长⸺⸺⸺⸺⸺⸺⸺⸺⸺胡 柯
刀刻的怀念⸺⸺⸺⸺⸺⸺⸺⸺王英琦
难忘的大摆⸺⸺⸺⸺⸺⸺⸺⸺何 萍
畹町桥哟，幸福的桥！（外一篇）⸺⸺宰 李

诗歌
决斗中诞生的花⸺⸺⸺⸺⸺⸺饶阶巴桑
牧羊人的思念⸺⸺⸺⸺⸺⸺⸺车 凯
洱海的传说⸺⸺⸺⸺⸺⸺⸺⸺杨圭枭
玉龙山牧歌（三首）⸺⸺⸺（纳西族）戈阿干
阿佤的舞（外一首）⸺⸺⸺⸺⸺倪金奎
解放战争诗抄（二首）⸺⸺⸺⸺⸺鲁 光
春联⸺⸺⸺⸺⸺⸺⸺⸺⸺⸺俞寿荣

评论
文艺要服务于四个现代化⸺⸺⸺⸺育 曙
爱的大纛　憎的丰碑⸺⸺⸺⸺⸺杨 磊
谈《边疆文艺》一九七八年的短篇小说⸺⸺黄镇海

1979 年第 2 期　刊名：《边疆文艺》
目录

小说·散文
舞台遗恨⸺⸺⸺⸺⸺⸺⸺⸺⸺魏孝淳
铁笔春秋⸺⸺⸺⸺⸺⸺⸺农民 束春光
阿惠⸺⸺⸺⸺⸺⸺⸺⸺⸺⸺李 勃
孔雀飞起的地方（音乐、歌舞片文学剧本）（续上期）
⸺⸺⸺⸺⸺⸺⸺⸺⸺⸺⸺汤汝雁

诗歌
三只鹦哥（傣族民间叙事长诗）
⸺⸺⸺⸺⸺⸺⸺⸺李子贤等搜集整理
狗⸺⸺⸺⸺⸺⸺⸺⸺⸺⸺饶阶巴桑
风啊，请讲，请讲⸺⸺⸺⸺⸺⸺王贤良
河岸上的黄昏⸺⸺⸺⸺⸺⸺⸺周国华

戏剧

红河水流长（独幕话剧）—————————————王兴浦

抽签记（山东快书）————李 卓 李 效 杨维新

评论

试论云南民族民间文学作品中的爱情问题———李丛中

再不抢救，更待何时?—————————————洛 汀

阿诗玛故乡的人民热爱《阿诗玛》

简讯二则

编后

1979 年第 3 期　刊名:《边疆文艺》
目录

小说·散文

湖边纪事（长篇选载）—————————刘澍德遗作

初春的早晨————————————（白族）杨 苏

黑·红·白—————————————————彭荆风

走厂———————————————————王梅定

细雨迷濛夜————————————————公 浦

悲惨世界（第五部片断）

————————[法]雨 果著 李 丹译

李丹与《悲惨世界》————————————陈晓华

爱尼人的歌声————————————————王洪波

仙人马脚迹（民间故事）——————————彭加胤

诗歌

夏雨（长诗选载）——————————杨 浪 谢丽华

摇篮曲——————————————————贾勇虎

我就是要爱他————————————————黄宗信

我仿佛看见……（外一首）——————————李石生

致越南当局————————————————张 长

株连（外一首）———————————————矛 戈

曲艺

阮小狗视察特工连（四川金钱板）——————杨昌一

评论

一部优美的神话叙事诗———————————陶学良

读《春寒》札记———————————————郑祖荣

深沉的恨，热烈的爱——评刘澍德同志的小说《老牛

筋》———————————————————陶 陶

对我省少数民族民歌整理工作的一点探讨

——————————————左玉堂 刘允褆

诗外琐谈——————————————王慧琪 王慧骏

1979 年第 4 期　刊名:《边疆文艺》
目录

热烈祝贺自卫还击战战斗的重大胜利

英雄赞（散文诗）—————————————张宜清

为了祖国的春天（诗）———————————杨 浪

马蹄声声（小说）—————————————文汉鼎

一条带血的纱巾（小说）——————————郭清云

神话的破产（漫画两幅）——————————杨成忠

小说·散文

甘姆阿略的一面镜子————————（彝族）李 乔

人心——————————————————苗 歌

张飞没有丈八蛇矛—————————————穆予才

上边说——————————————————袁佑学

茶山歌声——————————————邢绍俊 杨百铸

搬家——————————————————张兆鹏

金沙粒——————————————————程丽珠

金鸡的故事（傣族民间故事）

————————方峰群 何少林搜集 刘辉豪整理

诗歌

您，就是一支歌——————————————周良沛

寻求——————————————————兰 芒

那时候（外二首）—————————————米思及

给石油河（三首）—————————————李小雨

在边疆垦区（二首）————————————余德庄

啊，我们……我们这一代人—————————李 犇

评论

为实现四化做好民族民间文学工作——————云 民

充分发扬民主　解放文艺生产力——学习周恩来同志

《在文艺工作座谈会和故事片创作会议上的讲话》

——————————————————张振军

学习周总理讲话，繁荣文艺创作（座谈会消息）

——————————————————本刊记者

必须为《生活的牧歌》彻底平反————————岳文志

云南省文联邀请来自全国各地部分文艺界人士举行座

谈会——————————————————韩永福

美术

国画两幅—————————————————曹延路

国画两幅—————————————————李忠翔

1979 年第 5 期　刊名:《边疆文艺》
目录

热烈祝贺自卫还击战重大胜利特辑

拉祜人民的好儿子（报告文学）————郭明效
第三号界碑（报告文学）————李石生
血与火的颂歌（特写）————欧之德
哈尼赶马哥（小说）————陈见尧
血染的杜鹃（小说）————柏鸿鹄
小姐妹（小说）————田茂康
真正的战士（小说）————王雨谷
平凡的诗篇（小说）————石　樱
小战士（散文）————乔传藻
银燕颂（散文诗）————熊世杰
来自前线的诗传单（十一首）————王永门等
战区行（诗）————（中国香港）乔　丽
英雄谱（诗）————叶　鸣
飘动在硝烟里的歌声（诗）————杨伊达
家乡菠萝香（诗）————辛　勤
妇女支前队（外一首）————任海鹰
亲人啊，请您验收（诗）————杨　宏
欢呼我军反击越寇凯旋归国（诗）————赵佳聪
方人民机智杀敌兵（山东快书）————王春元
热烈欢迎胜利归来的英雄们（画）————张建中
严守祖国边界（画）————李忠翔
自卫还击严惩越南侵略者（画）————贾国中
凯旋（画）————王晋元

散文·诗歌

昆明的"五四"运动————杨青田
春城忆广田————季羡林
滇池情思————（壮族）黄勇刹
由首都飞昆明参加在古代文艺理论讨论会漫成四绝句
————马茂元

评论

铭记周总理教导　提高滇剧花灯艺术质量————李荫后
情满花枝　爱凝笔端————任兆胜
把《侗家人》从冤狱中解放出来
黔东南民族师范专科学校中文科七七级文学评论小组
小说《侗家人》作者致本刊的信————（侗族）滕树嵩
怎样认识民族民间文学与宗教的关系————秦家华
漫谈《阿惠》————韩永福
关于小说《阿惠》的一封信————李烈香
我读《阿惠》————艾　湫

1979 年第 6 期　刊名:《边疆文艺》
目录

庆祝自卫还击战斗的重大胜利

好孩子（报告文学）————陆柱国
圣洁的贡献（诗）————公　刘
战地的春天（诗）————李　瑛
英雄三颂（诗）————晓　雪
攻克老街之战（报告文学）————郭明效
三六九高地记事（报告文学）————张在昆
战火中的新一代（报告文学）————徐德轩
闪光的泪花（散文）————冯永祺

"六一"花朵

莲莲（小说）————李兴禄
铜鼓（小说）————刘　绮
采菌季节（小说）————（彝族）普　飞
表哥哥、等等我（小说）————朱德普
狐假虎威（寓言两则）————王　松
金格鸟（童话）————钟宽洪
聪明药（童话）————闻正学
野猪的冒险（寓言）————陈戈华
儿歌十首（诗）————刘　御
雷锋叔叔又在学校住下了（诗）————杨　渭
献给老师（诗）————倪金奎
四化建设做栋梁（诗）————刘英轩
彩虹（诗）————艾　华

诗歌

金筝之歌（纳西族欢乐调）————和鸿春　李缵绪整理
昆明纪行（诗）————李熏风

评论

多为孩子们生产些精神粮食————赵鲁云
苦聪人的解放之歌————吴德辉
试谈小说集《浇透春雨的缅桂》————梁友璋
谁是阿惠悲剧的制造者————张　文　陈于思
要窥一斑而见全豹————张荣权
一朵带刺的小花————王理中

美术

周爷爷好————熊传政
从小爱科学————蒋铁峰
科学养鸡————廖荣华　雷惠琼

1979 年第 7 期　刊名：《边疆文艺》
目录

小说·散文

化雪图 ································ （纳西族）戈阿干
通向景颇山寨的路 ····················· 李钧龙
灾难 ································· 伏新龙
滇池的黎明 ··························· 贺孝斌
石宝山游记 ··························· 江云岷
家乡的火把节 ····················· （彝族）熊家斌
拉祜族动物故事（二则）················· 郭思九

诗歌

澜沧江边有棵大青树 ·············· （傣族）康朗英遗作
幸福的种子 ····················· （白族）张杰伍
不能离开党 ····················· （景颇族）石　锐
心中的歌声 ····················· （哈尼族）朗　确
永不凋谢的鲜花 ················· （纳西族）和锡典
石林怀旧 ····························· 公　刘
阳光灿烂的版纳（组诗）················· 张永权
感怀（三首）····················· （纳西族）赵银棠
啊，滇池 ····························· 李霁宇
披肩的歌 ····························· 吴　超
蜜蜂嗡嗡唱 ··························· 杨锦锐
抗旱谣 ······························· 潘启发
少女 ································· 李发模
访歌手 ······························· 江　水
翡翠色的丰收 ····················· （白族）王玉嵩
一朵山茶花 ··························· 王怀让
花蕾 ································· 高　烽
长大我去守边疆 ······················· 张又君
美国歌谣两首 ······················· 袁可嘉翻译

评论

时间消逝　历史无情 ··················· 宋　莘
跃进斗志更奋发　不畏长征有困难 ········· 张运贵
文如看山不喜平 ······················· 维　良
美好的愿望　神奇的故事 ··············· 李丛中
文艺随笔（三则）················· 曹玉林　王慧琪等
关于小说《阿惠》的讨论
努力反映生活的本质 ··················· 云　崖
救救"阿惠"！ ······················· 黄基秉
本刊编辑部召开座谈会讨论短篇小说《阿惠》
································· 本刊记者

美术

自卫还击保卫边疆英雄赞 ··············· 钟开天
高尔基像 ····························· 王憨生

滇池远眺 ····························· 朱　明

1979 年第 8 期　刊名：《边疆文艺》
目录

小说·散文

家风篇 ······························· 字　心
谁杀了她? ··························· 汪凯利
老林内外 ····························· 彭荆风
说变就变 ····························· 芸　琪
"初露头角的明星" ····················· 刘永年
塑像 ································· 蒋正隆
花圈 ································· 黄天明
祭 ································· 邓启权
青松和流水 ··························· 黄传琨

云南风物志

深山古刹觅灵源（武定狮山纪游）····· 毛诗奇　李清昇

民族民间文学

阿一旦的故事 ····················· 和时杰整理

诗歌
献给英雄的花束

泪 ································· 黎　静
巡逻 ································· 汤世杰
竹筒水甜 ····························· 韩瑞亭
凤尾竹 ······························· 马　铭
闯雷区 ······························· 胡丰传
边寨诗情（三首）····················· 凝　溪
白鹇鸟飞过的地方 ····················· 唐敏凤
阿妈的伙伴 ··························· 陈　犀

外国文学

南斯拉夫情歌三首 ····················· 王志冲译

戏剧

"牛郎"与"织女"（独幕话剧）··········· 谢满庆

评论

彩色鲜明的太阳花 ····················· 岳文志

文学之窗

谈诗歌的色彩美 ······················· 廖　钦
好人的缺点与坏人的"优点" ············· 曹玉林

文学回忆录

怀念郭小川同志 ······················· 晓　雪

作家轶事

巴尔扎克与修女······维 良

果戈理焚书······维 良

文艺简讯（一则）······关 海

美术

朱德、郭沫若、田汉同志为人民音乐家聂耳的题词、题诗手迹

1979 年第 9 期　刊名:《边疆文艺》
目录

小说·散文

桃花流水（小说·杨作霖插图）······黄 放

"格中人"轶事（小说·袁斯鹏插图）······莫清华

最后一幕（小说·李忠翔插图）······贾平凹

斗！斗！！斗！！！（小说·陈学忠插图）······何光中

相亲（小说·何永明插图）······陈泽旗

一个越南女兵的笔记（小说·徐维良插图）······宜 云

拴线（散文·卢汝能插图）······征 鹏

老林内外（小说·陈学忠插图）······彭荆风

诗歌

为忠魂献上诗歌编织的花环（高临安插图）······李鉴尧

歌颂张志新烈士（三首）······王兰馨

黑牢里飞出的歌声······黎 泉

闻一多颂（四首）（瞿安钧插图）······杨伊达

赠友人（外一首）（瞿安钧插图）······吕 剑

谁说你默默无闻（外一首）（彭学诗插图）······刘允禔

光明之路（二首）（彭学诗插图）······陈广斌

金色的火箭······马 金

补钉赞······韦 苇

粉笔······朱赓武

云南风物志

大理三塔游记（徐维良插图）······李昆声

评论

诗的构思······公 刘

驳"歌德"与"缺德"······郑福源

阅读与欣赏

卡拉涅的木刻艺术······叶公贤

作家的话······莎士比亚等

文艺简讯

本刊编辑部召开文艺评论工作座谈会······本刊记者

我省文艺舞台上的丰收······省文化局艺术处

美术

素描二幅······钱绍武

"泰伊丝"插图······〔法〕卡拉涅

"莉茜屈拉妲"插图······〔法〕卡拉涅

1979 年第 10 期　刊名:《边疆文艺》
目录

小说

一个县委书记的失眠（小说）（陈学忠插图）······黎泉

信念（小说）（杨作霖插图）······孙凯宇

黎明的通知（小说）（张建中插图）······周良沛

魔鬼三角奇案（科学幻想小说）（高临安插图）

······汪建中

黑虎（小说）（李忠翔插图）······胡昆扬

归宿（小说）（刘绍荟插图）······朱兆麟

大理石······叶文玲

秋思······那家伦

春天，在我的心里······赵 櫓

大理的风花雪月······阿 举

千斤顶　鼓风机······蒋正隆

诗歌

节日的边疆（组诗）······（傈僳族歌手）李四益等

国庆三十周年放歌······（白族）张子斋

茈湖吟······马 曜

昆明素描（四首）······雁 翼

吊闻一多（二首）······高 缨

临江仙······王兰馨

悼念刘林元同志······徐 克

森林、铁矿和它们的工程师······（白族）张 长

石林风貌（二首）······晏 明

麦子熟了（外一首）······兰 曼

难民怨······梅绍农

小站黎明（二首）······汤世杰

老将（外一首）······辛 勤

在滇池畔（外一首）······王洪波

短诗三首······金鸿为　张 贵　赵明丰

作家与云南

美好的回忆······方 纪

从黄山向"边疆文艺"致意······季羡林

云南人物志

张天虚传略······马仲明

抗日时期的张天虚······（彝族）李 乔

云南风物志

云南山茶甲天下······施忠明

评论

"双百"方针与四项原则 ···················· 杨 磊
我省文艺新作出版巡礼 ···················· 蔡育曙
色泽依旧 馨香如故 ························ 冯永祺
作家、医生、算命先生 ···················· 杨知秋
多一些思考的文学 ························ 徐维良
我省召开优秀文学作品评奖座谈会（文艺简讯）
·································· 本刊记者

美术

沁澈傣家心 ··················· 常戈扬 熊传政
朱德同志在云南讲武堂 ···················· 尹 绘译
阿诗玛的故乡（三幅）······ 高中炎 常戈扬 曹晓峰

1979 年第 11 期 刊名:《边疆文艺》
目录

小说

美人洞（小说）················ （纳西族）戈阿干
古马山呵，古马山!（小说）················ 何秀琴
炊烟（小说）···························· 张昆华
过年（小说）···························· 字 心
相思鸟（散文）·························· 杨明渊

诗歌

电源（外一首）·························· 唐大同
夜吟（三首）···························· 王雨谷
菩提树（外一首）························ 倪金奎
有这样一种人 ·························· 车 凯

民族民间文学

民族的花环 ·························· 李遮鲁等

文学回忆录

抗战时期的一支"笔游击队"················ 芳 茵

作家与云南

云南在我的心地上播下了美好的种子 ········ 艾 芜
表现云南，表现边疆人民 ················ 洁 泯

云南风物志

杜鹃花开映山红——"云南名花录"之二 ······ 施忠民

云南人物志

髯翁傲骨今何在 ························ 杨 玠

评论

真与假 ······························ 周良沛

关于《阿惠》的讨论

小说"阿惠"讨论来信来稿综述 ············ 本刊整理
关于"阿惠"···························· 李 勃

阅读与欣赏

印象画派巨匠——雷诺阿 ················ 安 达

美术

国画人物写生 ·························· 丁立镇
猎神 ································ 雷诺阿
音乐会 ······························ 雷诺阿

1979 年第 12 期 刊名:《边疆文艺》
目录

在中国文学艺术工作者第四次代表大会上的祝辞
·································· 邓小平

小说·散文

鸡蛋、小猪和我的对象（小说·张建中插图）
·································· 尹晓成
延迟了的婚礼（小说·蒋高仪插图）········ 金丹元
月儿高高（小说·陈学忠插图）············ 罗建琳
病退（小说·王震插图）················ 茉 莒
警惊（小说·叶公贤插图）········ （中国香港）乔 丽
巴黎的圣诞节（散文·李忠翔插图）········ 阎纯德

诗歌

菊花诗会（郭普津插图）················ 李鉴尧
晓雪 张昆华 张永权
献歌（郭普津插图）···················· 黄 铁
西山草呀滇池水（外二首·杨成忠插图）······ 张 苟
边疆行（三首）························ 夏基照
落在阴影里的花瓣（二首·郭普津插图）······ 米思及
关于房子的诗 ·························· 周孜仁
真话与假话 ·························· 骆 虒
公正的"法官"························ 毛诗奇
宋柏歌 ······························ 李占学
辣椒集（讽刺诗一束·杨成忠插图）········ 李玉昌
献 清 袁冬苇 李儒广

作家与云南

再生的生命 ·························· 刘 真
一株四季含笑花 ························ 叶 楠

云南人物志

郑和公园怀古（赵治华 李忠翔插图）
·································· 昆 声 杨 解

云南风物志
婥约多姿报春花——《云南名花录》之三⋯⋯⋯施忠民

戏剧
凯旋（独幕广场剧）⋯⋯⋯⋯⋯⋯⋯⋯⋯⋯⋯王松声

评论
《清宫秘史》不是卖国主义影片——驳戚本禹《爱国
主义还是卖国主义？》⋯⋯⋯⋯⋯⋯⋯⋯⋯冉茂华

小说《谁杀了她？》讨论
真实的写照　血泪的控诉⋯⋯⋯⋯胡文琪　苗昆生
一个卑劣的灵魂——肖诚⋯⋯⋯⋯⋯⋯⋯⋯常庚西
一圃重放异彩的鲜花⋯⋯⋯⋯⋯⋯⋯⋯⋯⋯韩永福
德宏州在昆明举办美术作品展览⋯⋯⋯⋯⋯本刊记者
来函照登⋯⋯⋯⋯⋯⋯⋯⋯⋯⋯⋯王慧骐　王慧骏

阅读与欣赏
黑白画大师比亚兹莱⋯⋯⋯⋯⋯⋯⋯⋯⋯⋯⋯忠　翔

美术
德宏州美术作品选⋯⋯⋯⋯王兴灿　李开明　张友泉
英国黑白画选⋯⋯⋯⋯⋯⋯⋯⋯⋯⋯⋯⋯⋯比亚兹莱

1980 年第 1 期　刊名：《边疆文艺》
目录

继往开来，繁荣社会主义新时期的文艺⋯⋯⋯周　扬

小说·散文
迟到的平反通知——《一个县委书记的失眠》续篇
（小说·陈学忠　插图）⋯⋯⋯⋯⋯⋯⋯⋯⋯黎　泉
鹦鹉（小说·李忠翔　插图）⋯⋯⋯⋯⋯⋯⋯刘祖培
团圆（小说·凿井　插图）⋯⋯⋯⋯⋯⋯⋯⋯王　松
回信（小说·张雾勋　插图）⋯⋯⋯⋯⋯⋯⋯李　硕
圣星石（散文·史一　插图）⋯⋯⋯⋯⋯⋯⋯余德庄
打洛风情（游记·张志平　刘薇　插图）⋯⋯张永权
卢浮宫的微笑（瞿安钧　插图）⋯⋯⋯⋯⋯⋯闫纯德

诗歌
诗词八首⋯⋯⋯⋯⋯⋯⋯⋯⋯⋯⋯⋯⋯⋯⋯⋯刘　御
参加第四次全国文代会有感⋯⋯⋯⋯⋯⋯⋯⋯张文勋
北国之春（三首）⋯⋯⋯⋯⋯⋯⋯⋯⋯⋯⋯⋯沙　鸥
生活的色彩（外一首）⋯⋯⋯⋯⋯⋯⋯⋯⋯⋯康　平
会瘾十足（外一首）⋯⋯⋯⋯⋯⋯⋯⋯⋯⋯⋯杨大矛
海呀，海⋯⋯⋯⋯⋯⋯⋯⋯⋯⋯⋯⋯⋯⋯⋯⋯胡平英
丹心照日月⋯⋯⋯⋯⋯⋯⋯⋯⋯⋯⋯⋯⋯⋯⋯徐　克
火与水⋯⋯⋯⋯⋯⋯⋯⋯⋯⋯⋯⋯⋯⋯⋯⋯⋯毛祖德

僾尼姑娘的背⋯⋯⋯⋯⋯⋯⋯⋯⋯⋯⋯⋯⋯⋯乔家瑞
春雨染绿了南方的边境⋯⋯⋯⋯⋯⋯⋯⋯⋯⋯曾凡华
胶林长上翅膀（散文诗二章）⋯⋯⋯⋯⋯⋯⋯曹建成

云南风物志
亭亭玉立香木兰
——《云南名花录》之四⋯⋯⋯王今维　施忠民
南碑环宝——二爨⋯⋯⋯⋯⋯⋯⋯⋯⋯⋯⋯⋯顾　峰

作家与云南
赞美你，云南⋯⋯⋯⋯⋯⋯⋯⋯⋯⋯⋯⋯⋯⋯邓友梅
畹町怀念⋯⋯⋯⋯⋯⋯⋯⋯⋯⋯⋯⋯⋯⋯⋯⋯林斤澜

民族民间文学
阿妹啊，我心上的鲜花（佤族情歌）
⋯⋯⋯⋯⋯⋯⋯⋯⋯⋯⋯⋯⋯⋯刘允褆翻译整理

评论
勇于攀登艺术高峰——介绍著名京剧演员关肃霜
⋯⋯⋯⋯⋯⋯⋯⋯⋯⋯⋯⋯⋯⋯⋯⋯⋯⋯郭思九
关于《凯旋》⋯⋯⋯⋯⋯⋯⋯⋯⋯⋯⋯⋯⋯⋯马识途
篇短意真　富有特色——评短篇小说集《驿路梨花》
⋯⋯⋯⋯⋯⋯⋯⋯⋯⋯⋯⋯⋯⋯⋯⋯⋯⋯艺　丁

小说《谁杀了她？》讨论
肖诚不值得同情⋯⋯⋯⋯⋯⋯⋯⋯⋯⋯⋯⋯⋯勤　垦
在悲剧后面⋯⋯⋯⋯⋯⋯⋯⋯⋯⋯⋯⋯⋯⋯⋯天　伟

阅读与欣赏
达·芬奇、德拉克罗瓦与他们的两件作品⋯⋯录　者

美术
华主席在石林⋯⋯⋯⋯⋯⋯⋯⋯⋯⋯⋯⋯⋯⋯邓加民
蒙娜·丽莎⋯⋯⋯⋯⋯⋯⋯⋯[意]列奥纳多·达·芬奇
自由引导人民⋯⋯⋯⋯⋯⋯[法]欧仁·德拉克罗瓦

1980 年第 2 期　刊名：《边疆文艺》
目录

小说
墓地的琴声（小说·严凤杨　插图）⋯⋯⋯⋯唯　真
荒土的悲剧（小说·李忠翔　插图）⋯⋯⋯⋯陈新国
唉，小说！（小说·张建中　插图）⋯⋯⋯⋯何　群
照顾（小说·张志平　甘家伟　刘薇　插图）
⋯⋯⋯⋯⋯⋯⋯⋯⋯⋯⋯⋯⋯⋯⋯⋯⋯⋯李培荣
生之恋（小说·陈学忠　插图）⋯⋯⋯⋯⋯⋯李　琳
嫂嫂（小说·瞿安钧　插图）⋯⋯⋯⋯⋯⋯⋯赵正胜

诗歌

咏物二篇　并序（陈琦　万强麟　插图）············杨　明
大地的骄子·····································李鉴钊
生活·含羞草····································熊长麟
不要横加干涉·····························（藏族）饶阶巴桑
被焚烧的树林···································雷　霆
红豆辞（叙事诗·王震　插图）······················莫文征
给战友（外一首）·································杨　浪
雪莲（外一首）··································木丽春
竹（外一首）···································秋　原
山河寄语·····································雄　川
边山路·······································文　丙
歌词二首·····································姚宁华

作家与云南

三走云南·····································雁　翼

云南人物志

杨升庵游鹤庆（刘绍荟　插图）······················杨　铠

云南风物志

古洞奇观春燕归（刘绍荟　插图）·······李维义　毛诗奇
皎皎挺秀百合花（《云南名花录》之五）·············施忠民

民族民间文学

巧取银子（傈僳族民间故事）

　　　　　　　　　　祝发清　左玉堂　收集整理
哈尼族民歌（二首）·····················兰克　收集整理

评论

勇于探索　大胆创作·······························彭荆风
创作的新起点···································陈见尧
序《紫色的山谷》·································谢　冕
赞美《猎神》···································冯永祺
对联漫谈·····································马子华

关于小说《谁杀了她?》的讨论

简析小说《谁杀了她?》·····························刘文旺
对《谁杀了她?》的一点看法··························于　舍

美术

爱··王　震
春天·······································杨作霖
张仃画展作品选二幅

目录

小说·散文

碧达海——难忘的旅程（散文·云华　插图）

　　　　　　　　　　　　　　　　　　　　冯　牧
三重奏（小说·陈学忠　插图）······················周孜仁
喊亮月吞（小说·王震　插图）······················吴慧泉
爱情（小说·叶公贤　插图）···············（蒙古族）乌雅泰
整着哪一个?（小说·张建中　插图）··················春　光
梦话（小说·阿卡　插图）·························钟　山
夜遇（小说·杨晓东　插图）·······················吴　锐
歌声,是属于自己的（散文·史一　插图）·······何　真

云南省一九七六年十月——一九七九年十月优秀短篇
小说、散文、报告文学、特写评奖得奖作品名单
百花竞放中的一次群众检阅·························陆万美
反映边疆民族生活的新起点·························王　松
喜读新人新作···································李　乔
人和边疆特色···································彭荆风

文艺随笔

迎春笔谈·····································黄　虹等
身欲奋飞·····································姚仲华

诗歌

夜吟（三首）···································王雨谷
洱海情思（二首）·································王燕生
晚年的情诗（二首）·······························余薇野
小溪·······································赵永烈
日全食·······································车　凯
举盏慰儿郎····································陈　菲
流星·······································王　也
丝··陈果卿

作家与云南

寄云南友人····································田　间

云南人物志

阿盖公主与段功（彭放　插图）·····················李孝友

云南风物志

唯有兰花香正好——《云南名花录》之六（曾孝廉
插图）·······························施忠民　包士琪

民族民间文学

水晶一样的爱情（傣族民间故事诗·杨成忠　插图）

　　　　　　　　　　　　　　　　凝溪收集整理

美术

毛主席来到我们家·····················胡仁樵

钢铁战士——肖家喜·········李万春 谢梓雄

江水清清···························皮远香

生产队长···························朱 辉

戏曲演员···························朱 辉

1980 年第 4 期 刊名:《边疆文艺》
目录

小说·散文

太阳有黑子（小说·王正 插图）·········汪康懋

拍板（小说·肖佳禾 插图）·············公 浦

火的儿子（小说·李忠翔 插图）····（白族）陆家瑞

同学（小说·阿卡 插图）···············何 泰

多难识君迟（散文·张建中 插图）·········字 心

茶花纪事（散文）·····················刘剑青

含泪的歌声（散文·蒋高仪 插图）·········闫纯德

可怜的丽莎（小说·陈学忠 插图）

·············[俄]尼·米·卡拉姆辛 鲁开宇译

迎春诗会

八〇年迎春试笔·····················陆万美

大理行（二首）·····················陈 靖

水调歌头·························成 璧

西双版纳杂咏（二首）············（白族）张子斋

春日情思·························李鉴尧

春风颂·····················（白族）晓 雪

迎接战斗的八十年代···········（藏族）饶阶巴桑

我愿是春雨···················（白族）张 长

报春的雷电·······················张昆华

沁园春·····················（白族）张文勋

春雨·····························李鉴钊

短笛·····························熊长麟

一片痴情·························李石生

滇池吟·························米思及

我愿化作燃烧的星···················刘允褆

红豆吟·························杨伊达

致维纳斯·························王洪波

呵，春天·························李玉昌

作家与云南

愿美好事物如凤凰花盛开···············严 辰

评论

民族歌手欢唱声中忆袁勃···············陆万美

文艺为实现四个现代化服务管见···········孙凯宇

思考，战斗，前进！——漫谈《边疆文艺》一九七九

年短篇小说·······················范道桂

雕刻大师罗丹的艺术···················维 良

云南风物志

鲜明秀美的龙胆——《云南名花录》之七（曾孝廉

插图）·························施忠民

民族民间文学

定情的歌（傣族情歌·杨成忠 插图）

·····························沐 雨收集整理

美术

春·····························刘福海

翠竹·····························于千千

巴尔扎克像·················[法]奥·罗丹

雨果像·····················[法]奥·罗丹

1980 年第 5 期 刊名:《边疆文艺》
目录

小说·散文

肖虹访友（小说·孙金 插图）···········丁家桐

丫妹（小说·孙和林 插图）·········鲁墨 犁嵩

遥远而又亲近的星（小说·钟开天 插图）····张昆华

阿弥陀佛（小说·刘绍荟 插图）·········钱玉祥

斩庄贾（历史小说·李忠翔 插图）·········李华飞

心中的花啊，永不会凋谢（散文·王瑞明插图）

·····························江立仁

一件毛背心（散文·史一 插图）·········赵复生

诗歌

要刻石立碑——怀念刘少奇同志·······（白族）晓 雪

红色标线——读《论共产党员的修养》·······耿 英

你还活着——献给少奇同志（二首）·······郭明忠

彭总的怀念·························李鉴钊

谜语·····························邵燕祥

喜马拉雅行（二首）···················匡 满

春城纪游（四首）···················石 天

登龙门·························行 速

回声·····························兆兴奎

诗思在大气层中燃烧（四首）···········沈骏康

浮想篇（四首）·····················张雪杉

中兴乐（二首）·····················普梅夫

霹雳·····························木 斧

幻想·····························许秀华

祝贺九省区编辑工作会议···············彭荆风

春城感怀·························潭 流

昆明红山茶·······················叶惠明

作家与云南
我们这个集体 ……………………………… 李 纳

云南人物志
大理感通寺与担当和尚 ……………………… 杨中兴

云南风物志
雪山奇卉绿绒蒿 ……………………… 陈宗莲 施忠民

评论
认真总结经验，为繁荣少数民族文学而努力
…………………………………………… 铁衣甫江
浅谈边疆特点和民族特色 …………………… 李鉴尧
亲切的关怀 ……………………………… 李荫厚
滇池之滨的文艺省会（文艺简讯）………… 李玉昌

阅读与欣赏
现实主义画派的巨匠——戈雅 ……………… 李 曦

美术
民工支前（油画·现存中国革命历史博物馆）
…………………………………………… 肖 肃
街边（油画）…………………………… 刘自鸣
冬·伊·珂尔波·德·苞赛尔肖像
………………………………… [西班牙] 戈 雅
圣家族 ………………………… [西班牙] 戈 雅

1980 年第 6 期　刊名:《边疆文艺》

目录

小说
折断了的青梅竹马（小说·彭放 插图）…… 何 群
母亲的歌（小说·范谕 插图）…………… 方 敏
幽谷情思（中篇选载·陈学忠 插图）…… 李钧龙
一个老女工（小说·邬德辉 插图）……… 文同懿
神笛的故事（小说·刘绍荟 插图）……… 杨美清
莉莉和旦旦（小说·张亚琴 插图）……… 赵克雯
桃林曲（散文·蒋敏学 插图）…………… 陆章发
苦露都娜的歌（散文·刘南 插图）……… 景 谊
寓言五则 ……………………………… 凝 溪

诗歌
阿诗玛的形象 ………………（维吾尔族）铁衣甫江
致昆明姑娘 ……（哈萨克族）艾提哈力·乌斯满
莲花峰 ……………………（朝鲜族）任 镐
昆明吟（二首）……………（白族）王钰嵩
怀念高原 …………………（拉祜族）石安达

静 ……………………………（白族）艾 华
诗的比喻（外一首）………………… 高洪波
陌生人 ……………………………… 彭晓红
他不是文物 ………………………… 陈运和
洱海雨 ……………………………… 潘启发
祖国的提问 ………………………… 刘崇善
给孩子们（儿歌三首）……… 宽洪聂索文丙
绿叶集（散文诗一束）
…………………… 淡墨曹建成于戈张蒨

作家与云南
竹楼的恩情 ………………………… 高 缨

云南风物志
苗家"花山"百花艳（陈琦 插图）……… 梁 明
逮雉鸡（刘绍荟 插图）……………… 杨明渊

民族民间文学
蛤蟆断理（哈尼族民间动物故事）
………………………………（哈尼族）朗 确

评论
美的赞歌——读张长的《空谷兰》……… 彭荆风
性格复杂而真实可信的农民英雄 ………… 胡德培

"文艺与政治"讨论
莫吹"芦管" 多唱"楚歌" ………… 杨知秋
"文以载政"和"文以载人" ………… 王炳祥
从孔子谈"诗经"说起 ……………… 赵鲁云

阅读与欣赏
杰克·伦敦的启示 ………………… 肖 荣
外国文学流派简介 ………………… 赵 捷
十九世纪杰出的法国画家柯罗 ……… 忠 翔
关于柯罗的两幅画 ………………… 白 鸽译

文艺简讯
中国作家协会云南分会最近发展的会员名单

美术
边疆写生四幅 ……………………… 钟开天
绿衣妇人 …………………………… [法] 柯 罗
忧郁 ……………………………… [法] 柯 罗

1980 年第 7 期　刊名:《边疆文艺》
目录

小说·散文

爱人（小说　陈学忠　插图）························胡明文
带血的腊梅（小说　柯德恩　插图）----（白族）杨　苏
欧阳医生（小说　邬德辉　插图）··················卢　静
最愍丽的小卜哨（小说　瞿安钧　插图）········刘永年
开花的甘蔗（小说　张亚琴　插图）··············刘　绮
甜蜜的日子（小说　郭普津　插图）

····················（彝族）普　飞
长湖水，清又清（散文　万强林　题图）········红　芒
风筝（散文　阿鸽　题图）························李汉柱

诗歌

聂耳纪念碑前（四首）····························于　伶
你应该欣慰、欢笑了!
——为聂耳同志四十五周年祭············陆万美
云南三首······································邵燕祥
滇游诗草（三首）································吴作人
生日····································（藏族）饶阶巴桑
上帕····································（傈僳族）君　义
月山啊，月山··························（回族）马瑞麟
橄榄集（组诗）··································张永权
相思树（外一首）································莫文征
致石林··段　玫
"睡美人"吟······································王　春
车过滇黔边（外一首）··························程显谟
爱情絮语（二首）································李霁宇
余音··孙家祥
坚果·花蕾······································罗　马

云南人物志

陈圆圆与吴三桂································李孝友

云南风物志

江三木罗（彭放　题图）························张思林

评论

绮丽芬芳的一束鲜花——评"采花节"

····················（白族）赵　泽
泥土的芳香——"萧也牧作品选"读后········苏　策
矿山生活的画卷································杨　磊
似火诗情歌四化　如椽诗笔绘春光··········郑祖荣

文艺杂谈

鸡毛掸和棍子····································宋　莘
灵魂工程师小议··································溥　涛

文艺简讯

认真学习，总结经验，努力办好文学期刊······李玉昌

读者·作者·编者

谈谈"大理感通寺与担当和尚"一文与史实的出入

····················云南图书馆李硕

美术

国画三幅··梅肖青
舞台上的舞女······························〔法〕爱·德加
舞女··〔法〕爱·德加

1980 年第 8 期　刊名:《边疆文艺》
目录

小说·散文

原来是他!（小说·蔺雨　插图）··················八　图
孕育在冰雪中（报告文学·彭放　插图）

····················（彝族）李　乔
沙地（小说·王正　插图）························蔡光厚
关山路（小说·阿鹏　插图）··········毛祥麟　钟玲莉
十里不同天（小说·阿卡　插图）················李茂荣
小老黑（小说·陈学忠　插图）··················友　闻
热泪洒青词（历史小说·云华　题、插图）······晏国珙
又见龙门（散文·邬德辉　插图）················李起超
寓言（三则）······························海代泉　凝溪

诗歌

答边疆··田　间
山岗··张又君
空中遐思······································石　英
访朝杂咏······································袁晓岑
边防诗抄（六首）····················高洪波　陈实舜等
小草集（五首）··································李　耕
出访法兰西（二首）······························宋成九
郊边牧童··禾　雨
丽江行（二首）··································碎　石
孔雀舞（外一首）································倪金奎
银泉··范道桂
新花集（新人诗辑）············马　铭　肖　钢　赵翼荣等

作家与云南

亲切的墨迹　难忘的教诲························赵银棠
回忆闻一多先生在昆明二三事··················彭桂萼

云南风物志

帕西傣寨散记··························（回族）李清昇

云南人物志
书法篆刻艺术家介菴和尚————————孙太初

评论
咏物抒情的一组好诗————————王光闾
因为心中有着爱与恨————————冯永祺
民间文学的奇花异朵————————李缵绪

文艺杂谈
乡校与百花园————————禾 殷

读者·作者·编者
对小说《斩庄贾》的意见————————陶文台

美术
双玄鹄————————吴作人
飞舞————————萧淑芳
荷花————————刘岘
山茶花————————冯向杰

1980 年第 9 期　刊名:《边疆文艺》
目录

小说·散文
让生活更加芬芳（报告文学·云华　插图）
————————刘延昌　熊汝成
玉团（小说·瞿安钧　插图）————————张向东
昙花风波（小说·晓乌　插图）————————陈泽旗
悲壮的"纵戈"（小说·熊传政　插图）————吴慧泉
飞碟在天边出现（科学幻想小说·蔺雨　插图）
————————陈广群
呵，格朗和（散文·李忠翔　插图）————余德庄
访问西欧五国演出散记（散文）————————关肃霜
悼念我的日记（散文·王瑞明　插图）————聂乾先
寓言四则————————黄瑞云　溪凝　胡崇禹

诗歌
想着阿诗玛（二首）————————晏 明
醒来的歌（组诗）————————熊长麟
樟木歌————————匡 满
情诗（三首）————————沙 鸥
下关的风（外一首）————————张 苛
随中国云南省京剧团演出西欧有感（二首）————宋成九
忆旧（外二首）————————徐 克
彩色的车轮（外一首）————————汤世杰
农村散诗（二首）————————艾 金
姑娘的心（外二首）————————王洪波
寸心集（四首）————————骆 骉

江涛（外一首）————————林文远
通往糖厂的路（外一首）————————舒宗范
西山龙门————————（朝鲜族）金海镇

云南风物志
红河之夜————————李晴海

民族民间文学
一个聪明的小孩（傈僳族民间故事）
————————（彝族）左玉堂
情歌（十首）————————毛中祥

评论
为繁荣和发展少数民族文学事业而努力————本刊评论员
百花齐放才是春天————————（彝族）李 乔
云南的花，应开得更多更美————（白族）晓 雪
心向边疆————————彭荆风
落实民族政策，繁荣民族文学————（回族）马瑞麟
梦想不到的事情————————（怒族）叶世富
民族歌舞开新花——云南省少数民族文艺会演巡礼
————————徐维良
浓郁的民族色彩，独特的艺术风格————（白族）杨桂珍
一篇别开生面的讽刺小说————————杜东枝
小议生活的真实与艺术的真实————————陈执方
文艺简讯（三则）————————金 穗等

美术
号角——人民音乐家聂耳————————张建中
舞————————熊传政　常戈杨
峇厘农民————————杜 拉
农妇————————伊尔摩吉尼·米拉利亚

1980 年第 10 期　刊名:《边疆文艺》
目录

小说
云雀（插图　彭放）————————韦 翰
香客（插图　周文）————————彭荆风
儿子（插图　晓乌）————————王梅定
伍扎和他的凉山马（插图　李忠翔）
————————（白族）杨 苏
我的妻子是什么模样？（题图　陈学忠）————李钧龙
记忆，已经淡漠（插图　高临安）————王友琴
界碑，……在心上（插图　郭普津）
————————杨 昭　柏鸿鹄
寒夜的唢呐声（题图　陈学忠）————————周良沛
山崖上的苦刺花（插图　周文）————————张昆华
铁核桃（插图　王正）————————（纳西族）木丽春

作家与云南
我在云南边疆（插图　杨成忠）————————冯　牧

美术
《召树屯》插图之一————————刘绍荟
假日（国画）————————何　能
油画两幅————————王元寿

1980 年第 11 期　刊名:《边疆文艺》
目录

青年创作特辑
中秋月（小说）（题图　张建中）————————刘　浩
皂角树下（小说）（题图　蔺雨）————————张黎青
猫眼（小说）————————许　敏
谜一样的笑容（小说）————————汤世杰　彭吉中
这队长啊……（小说）（题图　石磊）————许秀华
芽（小说）（题图　郭普津）————————赵鲁云
围（小说）（题图　石磊）————————倪金奎
我们曾相识（小说）（题图　晓巫）————————张克元
新笋诗页————————晋效先　孟文举　刘鸿渝　郭明忠
刘　敏　王雨宁　尹明举　（白族）李武兵　铁　牛
李云峰　李　度　赵明丰
银杉的命运（外一首）————————陈广斌
三过青石沟（小叙事诗）————————李霁宇
贝壳（散文诗·外二首）————————程丽珠
寓言二则————————路　华

小说·散文
忆诗人柯仲平（散文）（题图　肖肃）————————肖　肃
听课（小说）（题图　曾从军）————————乔传藻

诗歌
西双版纳抒情（三首）————————纪　鹏
寄往校园（二首）————————张雪杉
花蕾（散文诗·外一章）————————管　蠡
巨著————————杨献瑶
粉笔————————刘雪琪

民族民间文学
佤族情歌————————刘允褆翻译整理

评论
勇于实践，勇于创新————————贾作光
走一步，跌一跤，向前进————————吴　锐
试笔有感————————汪凯利

文艺简讯
云南省民族文学创作、文学期刊编辑工作会议在昆明

召开————————李玉昌
德宏州召开首次文代会————————陈志鹏
《文艺报》明年起改为半月刊

美术
《连维云遗作展览》作品选
飞向主峰——献给我们的科学家
笛短情深
鹤————————刘　岘
栽甘蔗————————丁仕瑾

1980 年第 12 期　刊名:《边疆文艺》
目录

散文
岚山的樱花（题图　李忠翔）————（蒙古族）敖德斯尔
小船呵，何时才能靠岸（题图　沐羽）————————阎纯德
雪山作证（插图　沐羽）————————李鉴尧
笑容（插图　王晋元）————————字　心
啊，镜泊湖，美丽的湖（题图　何能）————————周　明
左手敬礼的战士（题图　林维东）————————黑　婴
螺峰叠翠（题图　蔺雨）————————洛　汀
眼睛（题图　石磊）————————石　英
紫薇花开（题图　林维东）————————涂　平
竹林青青（题图　柯德恩）————————湘　女
大地欢迎秋天（题图　晓巫）————————彭鸽子

民族花朵
春天（题图　刘绍荟）————————（白族）那家伦
寻找那忘却的记忆（题图　柯德恩）
————————（苗族）汤明渊
北戴河抒情（题图　刘绍荟）————————（回族）文　叔
放羊歌（题图　石磊）————————（白族）赵　橹
核桃裂了（题图　熊传政）————————（彝族）熊家斌

诗歌
伟大是"能死"（外一首）————————柯仲平
书记楼————————张志民
反官僚主义（五首）————————刘　御

民族花朵
留在戈壁的诗笺（三首）————————（藏族）饶阶巴桑
瑞丽江畔（五首）————————（白族）张　长
楠木的呼声————————（傣族）岩　峰
松涛————————（回族）马瑞麟
致诗人————————（白族）菡　芳
神马————————（傈僳族）祝发清
给一位纳西族琴师————————（傈僳族）何君义

滇中行（四首）⋯⋯⋯⋯⋯⋯⋯⋯⋯⋯⋯季　予
水电的颂歌⋯⋯⋯⋯⋯⋯⋯⋯⋯⋯⋯⋯郑　南
人与神⋯⋯⋯⋯⋯⋯⋯⋯⋯⋯⋯⋯⋯⋯周良沛
花叶集（三首）⋯⋯⋯⋯⋯⋯⋯⋯⋯⋯李鉴钊
弄岛夜色（外一首）⋯⋯⋯⋯⋯⋯⋯⋯熊长麟
唐梅（外一首）⋯⋯⋯⋯⋯⋯⋯⋯⋯⋯莫文征
啊，剑麻（外二首）⋯⋯⋯⋯⋯⋯⋯⋯于启河
假如你是花（外一首）⋯⋯⋯⋯⋯⋯⋯蓝　芒
不能忘却的诗（组诗）⋯⋯⋯⋯⋯⋯⋯张永权
不是怀古⋯⋯⋯⋯⋯⋯⋯⋯⋯⋯⋯⋯⋯米思及
晨歌（三首）⋯⋯⋯⋯⋯⋯⋯⋯⋯⋯⋯柳　松
露珠集（五首）⋯⋯⋯⋯⋯⋯⋯⋯⋯⋯孙家祥
含羞草（外二首）⋯⋯⋯⋯⋯⋯⋯⋯⋯沈骏康

散文诗之页
狗尾花（外二首）⋯⋯⋯⋯⋯⋯⋯⋯⋯杨知秋
海让呼唤（外一首）⋯⋯⋯⋯⋯⋯⋯⋯车　凯
蚌（外一首）⋯⋯⋯⋯⋯⋯⋯⋯⋯⋯⋯杨振昆
洱海拾螺⋯⋯⋯⋯⋯⋯⋯⋯⋯⋯⋯⋯⋯藏安常
游大观楼吟（八首）⋯⋯⋯⋯⋯⋯⋯⋯王　春
月与梅（二首）⋯⋯⋯⋯⋯⋯⋯⋯⋯⋯黎　方
真的猛士（外一首）⋯⋯⋯⋯⋯⋯⋯⋯倩　晴
红烛，永远在我心头燃烧⋯⋯⋯⋯⋯⋯泰　泥
大江飞虹（外一首）⋯⋯⋯⋯⋯⋯⋯⋯纪　学
如果⋯⋯⋯⋯⋯⋯⋯⋯⋯⋯⋯⋯⋯⋯⋯骆　骁
啊，出钢口⋯⋯⋯⋯⋯⋯⋯⋯⋯⋯⋯⋯矛　戈
吻的痕印⋯⋯⋯⋯⋯⋯⋯⋯⋯⋯⋯⋯⋯江　水
朝霞⋯⋯⋯⋯⋯⋯⋯⋯⋯⋯⋯⋯⋯⋯⋯傅文龙
重逢⋯⋯⋯⋯⋯⋯⋯⋯⋯⋯⋯⋯⋯⋯⋯杨　山
哑泉⋯⋯⋯⋯⋯⋯⋯⋯⋯⋯⋯⋯⋯⋯⋯周文林

散文诗之页
望夫石遐思（外二章）⋯⋯⋯⋯⋯⋯⋯高洪波
滇池晨笛⋯⋯⋯⋯⋯⋯⋯⋯⋯⋯⋯⋯⋯淡　墨
泼水节的水⋯⋯⋯⋯⋯⋯⋯⋯⋯⋯⋯⋯曹建成
工蜂⋯⋯⋯⋯⋯⋯⋯⋯⋯⋯⋯⋯⋯⋯⋯辛　勤
钢的所想⋯⋯⋯⋯⋯⋯⋯⋯⋯⋯⋯⋯⋯魏久环

评论
继续研究艾青⋯⋯⋯⋯⋯⋯⋯⋯⋯⋯⋯晓　雪
艺苑新芽⋯⋯⋯⋯⋯⋯⋯⋯⋯⋯⋯⋯⋯高德林
花开云岭⋯⋯⋯⋯⋯⋯⋯⋯⋯⋯⋯⋯⋯褚　文

美术
滇池（水粉画）（封二）⋯⋯⋯⋯⋯⋯李有行
古刹（中国画）（封二）⋯⋯⋯⋯⋯⋯陈蜀尧
清路女工（版画）（封三）⋯⋯⋯⋯⋯彭鸥嘉
课余（版画）（封三）⋯⋯⋯⋯⋯⋯⋯李　仲
封面设计⋯⋯⋯⋯⋯⋯⋯⋯⋯⋯⋯⋯⋯姚伟生

1981 年第 1 期　刊名：《边疆文艺》

目录

小说·散文
绿色的小酒罐（小说·插图　李忠翔）⋯⋯何秀琴
十字架上的模特儿（小说·插图　刘绍荟）⋯⋯李竹屏
"凡尔赛"之夜（小说·插图　林维东）⋯⋯胡开强
杨柳怨（小说·插图　张建中）⋯⋯⋯⋯魏孝淳
无题（散文·题图　柯德恩）⋯⋯⋯⋯⋯张守仁
海贝（三恩·题图　陈之川）⋯⋯⋯⋯⋯李　勃
小唤（散文）⋯⋯⋯⋯⋯⋯⋯⋯⋯⋯⋯晓　村
寓言二则（插图　晓巫）⋯⋯⋯⋯⋯⋯陈乃祥

翻译小说
男爵夫人⋯⋯⋯⋯〔法〕莫泊桑著　张良春　袁晓芳译
瞬间⋯⋯⋯⋯⋯⋯〔俄〕柯罗连科著　张秉祥译

民族新花
勒干和娜霜（小说）⋯⋯⋯⋯⋯（景颇族）石　锐
澜沧江的欢歌（散文·题图　刘绍荟）
⋯⋯⋯⋯⋯⋯⋯⋯⋯⋯⋯⋯⋯（傣族）征　鹏

诗歌
雪地上的脚印（外二首）⋯⋯⋯⋯⋯⋯胡廷武
他和几何公理一同走来（外一首）⋯⋯康　平
撒在"四化"道上的诗花⋯⋯⋯⋯⋯⋯古继堂
暮雨中⋯⋯⋯⋯⋯⋯⋯⋯⋯⋯⋯⋯⋯⋯秋　原
党费⋯⋯⋯⋯⋯⋯⋯⋯⋯⋯⋯⋯⋯⋯⋯周国华
随感录（三首）⋯⋯⋯⋯⋯⋯⋯⋯⋯⋯李玉昌
云岭梨乡⋯⋯⋯⋯⋯⋯⋯⋯⋯⋯⋯⋯⋯胡　笛
闻一多⋯⋯⋯⋯⋯⋯⋯⋯⋯⋯⋯⋯⋯⋯刘益善
写在动物园里的诗（二首）⋯⋯⋯⋯⋯金　蝉
高原行（二首）⋯⋯⋯⋯⋯⋯⋯⋯⋯⋯胡丰传
在边民联欢会场⋯⋯⋯⋯⋯⋯⋯⋯⋯⋯赵翼荣
批判的教训⋯⋯⋯⋯⋯⋯⋯⋯⋯⋯⋯⋯杨伊达
致原始林海⋯⋯⋯⋯⋯⋯⋯⋯⋯⋯⋯⋯袁柏霖
致海鸥⋯⋯⋯⋯⋯⋯⋯⋯⋯⋯⋯⋯⋯⋯舒宗范
心上的鸟⋯⋯⋯⋯⋯⋯⋯⋯⋯⋯⋯⋯⋯洪　轩
下潜⋯⋯⋯⋯⋯⋯⋯⋯⋯⋯⋯⋯⋯⋯⋯韩瑞亭
大理石的美⋯⋯⋯⋯⋯⋯⋯⋯⋯⋯⋯⋯李占学
礁岩上⋯⋯⋯⋯⋯⋯⋯⋯⋯⋯⋯⋯⋯⋯季振华
小岛，项链上的珍珠⋯⋯⋯⋯⋯⋯⋯⋯杨德祥
掏⋯⋯⋯⋯⋯⋯⋯⋯⋯⋯⋯⋯⋯⋯⋯⋯袁冬苇
昙花⋯⋯⋯⋯⋯⋯⋯⋯⋯⋯⋯⋯⋯⋯⋯李云飞
月光花（散文诗）⋯⋯⋯⋯⋯⋯⋯⋯⋯云　江
本期诗歌插图、题花⋯⋯⋯⋯⋯贾国中　陈之川

云南风物志

洱海，璀璨的明珠（题图　董锡汉）————杨美清

评论

试探边疆民族特色————————————范道桂

关于小说《香客》的讨论

不容许歪曲和污蔑监狱管理人员————廖德润
梦醒后的呐喊————————————傅　媛
诗艺瑑谈————————————————张文勋
一行也是诗————————————————聂　索
对小说《爱人》的意见————————黄怀庆
如此检查官————————————————毕　坚
我省作家介绍（一）————————一　叶
"伯乐"骑马————————————————晓　路
花开云岭（二）————————————金　阶
当代文学研究工作者的盛会————李　曦

美术

石林（油画）————————————————朱　炳
西双版纳小景（水粉画）————董仲维
兰竹（中国画）————————————黄继龄
静物（水粉画）————————————夏生兰

1981 年第 2 期　刊名:《边疆文艺》
目录

小说·散文

生活，在回答我（小说·插图　刘绍荟）————何　真
把不幸留在昨天（小说·插图　李忠翔）————何　群
脚下的土地——再续小说《一个县委书记的失眠》（小说·插图　方文）————黎　泉
在小勐崙植物园（散文·题图　蒋高仪）
　　　　　　　　　　　　　　（白族）杨　苏

民族花朵

月牙骨（散文·题图　柯德恩）（纳西族）戈阿干
石林云雾（诗）————————（白族）菡　芳
傈僳族谚语三则————————（傈僳族）何君义

云南人物志

明末杰出的云南诗僧——苍雪（题图　王瑞明）
　　　　　　　　　　　　　　　　　　孙太初
别具一格的工艺美术家——武恬————李孝友

云南风物志

泸沽湖，晶莹的金杯（题图　瞿安钧）
　　　　　　　　　　　　　　（纳西族）杨世光

诗歌

等待————————————————————邵燕祥
大理石（外三首）————————————于启河
乡情————————————————————李发模
钟情————————————————————于干千
文件漫游————————————————李丛中
心上的花（五首）————————————倪金奎
"幽浮"的联想————————————陈建群
山乡曲（二首）————————————李光云
我来了，睡美人————————————杨世运
战士的摇篮曲————————————夏国云
月下恋歌————————————————刘位循
浮想录（二首）————————蒋士枚　王建国
天湖娟秀————————————————柴德森
金沙行————————————————————冯宝兴
筇竹寺————————————————————刘鸿渝
曹溪古梅————————————————叶　笛
酒杯与火药筒————————————毛祖德
诗苑掇英————————管用和　程志霞　凝溪
本期诗歌插图————————————贾国中　戴玉茹

评论

从思想到艺术的突破——谈 1980 年的短篇小说
　　　　　　　　　　　　　　　　　　刘锡诚
诗人的职责和评论家的任务——兼评《将军和士兵》
　　　　　　　　　　　　　　　　　　晓　雪
诗，要反映生活的本质——《将军和士兵》读后————犁　丛
《香客》是一篇深刻感人的好作品——兼与廖德润同志商榷————周鹄昌
《草箭集》题记————————————夏　雨
我省作家介绍（二）——傣族诗人康朗甩————李　曦
花开云岭（三）————————————文　叟

美术

孔雀（中国画）————————————袁晓岑
玉兰（油画）————————————————刘自鸣
阳春（中国画）————————————王晋元
中甸风光（中国画）————————姚仲华

1981 年第 3 期　刊名:《边疆文艺》
目录

在剧本创作座谈会上的讲话————胡耀邦

小说·散文

蛮牛的新寨（小说·插图　李忠翔）————黄　尧
月圆（小说·题图　陈学中）（藏族）俞国贤
唯唯搬家（小说·题图　李铁生）————刘　绮

猛醒（小说·插图　方文）———————徐　军
"保哈"（小说·插图　蒋高仪）———————丁光洪
歌手坎列（小说）———————（普米族）何顺明
边疆絮语（散文·题图　晓巫）———（白族）杨　苏
斩断长江（散文）———————（彝族）李　乔
海上"花市"（散文·插图　林维东）———潘恒济

云南人物志
陈荣昌———————马子华

诗歌
植物园———————杨　牧
美———————汤世杰
绿色的雨（外一首）———————蒋正隆
到湖里去———————车　凯
山路上（外一首）———————莫少云
苍洱行（二首）———————王雨谷
访滇诗抄（四首）———————刘勋政
青石村———————郑成义
雨滴集———————张承源
高星星　魏志远　杜德宽　骆　虦等

民族花朵
听———————（苗族）石太瑞
柳———————（白族）杨承浩
春天又来到了阿佤山———————（佤族）董秀英
安宁呵———————（苗族）潘俊龄

民族民间文艺
鱼姑娘（独龙族民间故事　题图　何能）
———————（独龙族）新学先　新友华收集整理

评论
要坚定地坚持四项基本原则———————孙凯宇
战士不爱这样的诗———————田　野
你了解我们的将军、士兵和人们吗？——评《将军和
士兵》———————文　华
令人深思的对比———————周良沛

美术
工程师———————邓安克
椰林初旭（水彩画）———————李伟卿
高楼平地起（水彩画）———————李伟卿

1981 年第 4 期　刊名：《边疆文艺》

目录

小说·散文
浣衣女（小说·插图　高仪）———————丁家桐

荧光屏前的故事（小说·插图　晓巫）———周孜仁
"黑包公"轶事（小说·插图　陈中）———王雨谷
苦药飘香（小说）———————（白族）赵之星
心事（小说·插图　张帆）———————吴炳恒
花街（散文·插图　郭普津）———（彝族）普　飞
我心中的一首歌（散文·插图　郭普津）———吴世鹰
虎跳峡寄情（散文）———————（傈僳族）余正科
《兰亭》故事新编（中篇连载·插图　方文）
———————殷去疾

诗歌
边疆的春天———————陈佩芸　肖　钢　阮志宽
　苟泽邦　曾繁华　胡平英
叶落归根（三首）———————李松波
琴（外一首）———————杨伊达
绿色的翅膀（小叙事诗）———————张永权
对林、江反革命集团案判得好———————罗德银
夜话怒江宝藏———————郑　南
生活的哲理（小诗一束）———叶　簌　张金铭　计平静
　淡　墨　鄂　午
春雨（散文诗）———————吴　然

民族花朵
如果（外一首）———————（回族）马开尧

作家与云南
滇游漫笔———————邵燕祥

民族民间文学
情歌三首———————马忠映搜集整理
本期诗歌插图———————杨诚忠

评论
学习小平同志讲话的体会
文学艺术的崇高使命———————杜东枝
文艺创作与安定团结———————溥　涛

关于《将军和士兵》的讨论
曲解了的关系———————黄忠信
读诗杂感———————叶祖荫

关于《香客》的讨论
从历史悲剧中揭示生活真实———————杨知勇

美术
傣族民间叙事长诗《兰戛西贺》插图
———————万强麟　陈　琦
芦笛———————李忠翔
休息———————瞿安钧
南疆丛林———————魏小安
向往———————叶公贤

1981 年第 5 期　刊名:《边疆文艺》

目录

小说·散文

佤山风雨夜（小说·插图　冰可）----（佤族）董秀英
归去（小说·题插图　石磊）----------------------吴慧泉
录音新闻（小说）----------------------------------辛　勤
迎"头客"（小说·题插图　孔令生）
　　　　　　　　　　　　　　　　　　（纳西族）木丽春
中国象（小说·题插图　高一）--------------------刘允褆
没有师傅的徒弟（小说）--------------------------陶师舜
金沙石（散文·题图　冰可）----------------------何百源
啊，望天树（散文·题图　俸贵德）
　　　　　　　　　　　　　　　　　　　（彝族）王四代
口令——糯！（散文·插图　俸贵德）------------郭思九
从延安来的勤务员（报告文学·题插图　严凤扬）
　　　　　　　　　　　　　　　　　　　　　　　蒋正隆
"兰亭"故事新编（中篇连载·插图　方文）
　　　　　　　　　　　　　　　　　　　　　　　殷去疾

诗歌

乌蒙行（组诗）------------------------------------海　抒
瑞丽写生（组诗）--------------------------------于　沙
大雁情（外一首）--------------------------------晋效先
闺语（外一首）----------------------------------刘　章
致春天的旅行者（外一首）------------------------王洪波
雨中图（外一首）--------------------------------周文林
新笋诗页----------------------杨福泉　肖　琦　刘　扬
　费　嘉　赵怀仁　彭琦梁　石　樱　蔡　毅

民族花朵

蜗牛（外一首）------------------------（白族）段　冰

评论

战争中学习，建国时创造--------------------------陆万美
坚持四项基本原则和创作自由----------------------吴德辉
官兵一致是我们的传家宝----------------葛代祥　赵荣玉
一叶障目，不见泰山——评《将军和士兵》----------高洪勋
确实是你的立场错了——致廖德润同志--------------王宗元
《香客》并非珍品，也有不足之处------------------添　陪

美术

梅肖青画展作品选
大青海
十里飘香
梅
鹦鹉--刘　岘
石林夕照--冯向杰

1981 年第 6 期　刊名:《边疆文艺》

目录

悼念茅盾同志

缅怀茅盾　努力上进------------------------------边　霁
悼念茅盾（诗）----------------------------------国　华

小说·散文

猛动的大森林（小说·高临安插图）----------------黄　尧
啊，三色堇（小说·石磊插图）--------------------王胜华
嫂子（小说·斐文琨插图）------------------------字　心
大路的回声（小说）------------------------------褚嘉骅
《兰亭》故事新编（中篇小说连载·方文插图）
　　　　　　　　　　　　　　　　　　　　　　　殷去疾
像小河流入大海（散文）--------------------------冯永祺
彩色航道（散文）----------------------（白族）李承祖

献给孩子们的小花

唱给小朋友的歌----------喻德荣　伊克昭　赖松廷
　文　丙　潘仲龄　李富祺　许涧泉
小草远征记（童话·郭普津插图）------------------杨玉珍
桔子（小说）------------------------------------何　萍
葫芦泉（童话·李忠翔插图）----------------------钟宽洪

民族花朵

小路弯弯（小说·俸贵德插图）----（彝族）基默热阔
崩龙族泼水节散记----------（崩龙族）杨忠德　潘丽莉

诗歌

边陲诗情----------------姜金城　舒宗范　车　凯
　郑雄川　王寿春　高　平　李德森
昆明行（三首）----------------------------------柳　倩
征途思绪（二首）--------------------------------李霁宇
民族的花朵（短诗五首）
　　　　　　　　　　　　　（纳西族）白庚胜　和家胜
　（彝族）阿　刚　（白族）赵锐明
散文诗二章------------------------------于　戈　吴传玖
绿--刘雪棋
露珠（外一首）----------------------------------范　廉

评论

博采、融汇、创新--------------------------------维　良
《松树姑娘》序----------------------------------陈伯吹
一种值得注意的创作倾向--------------------------彭国楔
田野绘宏图　舞台溢芳香--------------------------李荫厚
生活的脚印　时代的心声（文艺简讯）--------------李玉昌
我省作家介绍——柯仲平--------------------------兆　胜

美术

我省参加全国第二次连环画展览获奖作品选登

《彩虹》封面 —————————————— 朱岷甫

《谜岛》第五幅 —————————————— 肖佳禾

陈学忠国画写生作品二幅

1981 年第 7 期 刊名:《边疆文艺》
目录

小说·散文

小院轶事（小说·瞿安钧插图）—————— 黎　泉

静静的大草地（小说·周文插图）————— 张　放

刘老汉和他的荷兰牛（小说·方文插图）— 张八图

和解（小说）————————————————— 吴　锐

日出（小说）————————————————— 叶　葳

彩墨大理石（散文）————————————— 高　缨

煤，在燃烧——记女作家李纳（散文）—— 阎纯德

进军甘孜（革命回忆录）—————————— 林　尧

伊甸园流来的河（散文）—————————— 刘烨园

竹仙（散文·王元寿插图）————————— 先子良

读万卷书　行万里路——记艾芜同志第三次南行之二

　　　　　　　　　　　　　　　　　　　冯永祺

群鱼争功（寓言）————————————————陈乃祥

诗歌
献给党的颂歌

希望的时钟 ———————（藏族）饶阶巴桑

党呵，我们的党 —————（白族）晓　雪

心中的碑 ——————————————— 李鉴尧

笙歌声声 ———————（彝族）左玉堂

留影 ——————————————————— 李玉昌

痛悼宋庆龄同志（沁园春）——————— 成　璧

海的襟怀（外一首）——————————— 汤世杰

啊，大厦 ——————————————— 曹建成

我见到了马克思 ———————————— 杨　钟

被撕破的绿衣 ————————————— 修晓林

林海曲（二首）————————————— 潘启发

浪花集 ————————袁冬苇　戴敬昌　黄东成

孙建江　蔡近非　彭肃非

评论

开掘人物的心灵美 ———————————— 黄天明

充满革命激情的赞歌 ——————————— 范林清

这是什么样的文艺批评? ————————— 晓　万

事实胜于谎言 ——————————————— 徐维良

举办《边疆文艺》优秀短篇小说奖

美术

思（油画）—————————————————— 张建中

傣族姑娘（国画）————————————— 石　磊

路（油画）—————————————————— 宫立龙

古城新声（装饰画）——————————— 徐勇民

1981 年第 8 期 刊名:《边疆文艺》
目录

小说·散文

绿林新传奇（小说·熊传政插图）——（白族）杨　苏

夏夜（小说·林维东插图）————（回族）马　平

工兵连老连长的传说（小说·李慧民插图）—郭明效

马厩里的"司令"（小说·柯德恩插图）—— 曹布拉

小路（小说·张建中插图）——（纳西族）和尚庚

相识在南行路上——记艾芜同志第三次南行之三

　　　　　　　　　　　　　　　　　　　冯永祺

姑娘茶（散文·万强麟插图）——————— 张昆华

天涯海角（散文·王正插图）——————— 胡本常

守职的公鸡（寓言）——————————— 陈乃祥

诗歌

光辉战斗历程 ———————（白族）张子斋

部队生活诗页（九首）———于启河　梁子高　杨锦锐

董学让　高洪波　刘位循　任芙康　周国华

将军岭（小叙事诗）———————————伟　德遗作

海上巡逻（外一首）——————————— 郭明忠

峨眉山游诗摘（四首）————————— 碎　石

我的名字（外二首）——————————— 陈　慧

长风万里听惊声 ———————————— 丁　芒

水碓（外二首）————————————— 陈建群

时间 ——————————————————— 陈运和

大海的水滴 ——————————————— 路　华

重读《雷锋日记》——————————— 章　勇

绿色的记忆 ——————————————— 李云峰

海行 ——————————————————— 龙彼德

第一封情书 ——————————————— 何　鹰

洱海的月 ——————————————— 李占学

晨露野花集（三章）—————————— 魏久环

月色 ——————————————————— 杨南生

云南风物志

"臭碑"轶事 ——————————————— 罗远书

评论

鲁迅小说的艺术特色 —————————— 刘正强

新时代的风习 ————————————— 洁　泯

民族文学的报春花 ——————————— 范道桂

云南作家介绍
我的创作 —————————————————（回族）马瑞麟

美术
边陲风情（国画）————————————————————钟开天
执勤归来（木刻）————————————————————林德宏
战地行之五（国画）———————————————————曹延路
村道、雾（水彩画）———————————————————池家卫
将军（国画）——————————————————————梅肖青

1981 年第 9 期　刊名:《边疆文艺》
目录

小说·散文
风雨愁（小说·曾从军插图）————————————————周孜仁
冷暖情（小说·沐羽插图）——————————————————余未人
傣寨小夜曲（小说·瞿安钧插图）———————————————何　群
晨钟敲过三响（小说·胡晓辛插图）——————————————汤世杰
买肉（小说·邓旭插图）——————————————————张树钦
毛料制服（小说）—————————————————————何　泰
红刺莓（散文）——————————————————————万元德
迎着潮湿的海风（散文）——————————————————晓　剑
何日金鸡下夜郎（散文）——————————————钱学文　何承朴
孔雀回到傣家寨（特写）——————————————————阳举文

诗歌
谒聂耳墓 ———————————————————————聂　索
虹（外二首）——————————————————————沈骏康
情思————————————————————————————张雪杉
乌蒙山春雨————————————————————————骆　骉
去香蕉园的路上 ————————————————————倪金奎
石林（八首）——————————————————————郭宝臣
观星小集（五首）————————————————高星　辰化
鲁迅诗文赞————————————————————————袁朗华
归帆————————————————————————————李松波
追求（外一首）—————————————————————亚　楠
泼水节————————————————————————————孙少文
洪椿晓雨————————————————————————————金　平
生命之树常绿（外二首）——————————————————曹永庆
登龙门————————————————————————————董辅文
断想集（二首）—————————————————————彭乡荣
"水"赞（外一首）————————————————————余定一
柳林曲————————————————————————————刘毅然
晨雾————————————————————————————胡崇禹
星——星（外二首）———————————————————汪　涛
找金花————————————————————————————梁志明
那时，我们还小 —————————————————————任宗保
祝福————————————————————————————王开良

镜————————————————————————————沈前祥
打油无题————————————————————————————北　寒
小鸟————————————————————————————雷根茂

纪念鲁迅诞生一百周年
娜拉和子君，今天将怎样? —————————————————陆万美
痛苦、麻木、抗争 ————————————————————蒙树宏
"点睛"的艺术——读鲁迅的几篇描写农民的小说
————————————————————————————东方既晓
学习鲁迅，讲究语言的文明和健康——《鲁迅全集》
夜读零扎————————————————————————————一　叶
鲁迅轶事四则——————————————————————邹建一

作家书简
在美好的边疆大地上 ————————————————————高　缨

文艺简讯
《边疆文艺》优秀短篇小说获奖篇目

美术
阿黑与阿诗玛（油画）———————————————————蒋高仪
倘能生存，我当然仍要学习（木刻）——————————————朱维明
孔雀（中国画）—————————————————————袁晓岑
和平颂（中国画）————————————————————袁晓岑

1981 年第 10 期　刊名:《边疆文艺》
目录

小说
除夕酒（恩戈　题图）———————————————————字　心
老憨和他的妻子（方文　插图）————————————————魏孝淳
姑娘到底爱什么（钟开天　题图）———————————————陈建群
回荡在幽谷里的歌（林德宏　插图）——————————————唐楚臣
拾菌（晓巫　题图）————————————————————彭吉中
酸辣苦甜咸（柯德恩　插图）—————————————————丁光洪
太阳鸟（凌一云　题图）——————————————————刘　绮
冷雨（董锡汉　题图）———————————————————曾志明
野茫茫（熊传政　插图）——————————————————张　放
心愿————————————————————————————吴宏瑜
出漂亮姑娘的寨子（田应康　题图）——————————————吴慧泉
女儿的心（田应康　题图）——————————————————芷　夫

民族花朵
带刺的玫瑰花（凌一云　题图）————————————（苗族）杨明渊
恩爱（王瑞明　题图）————————————————（景颇族）岳　丁
伏牛（长篇小说选载）———————————————————刘祖培

纪念鲁迅诞生一百周年
《伤逝》的主题意义和风格 —————————————————吴德辉

浅谈鲁迅小说中的对话描写·············舒康乐
纪念鲁迅诞生一百周年（诗）···········赵仲牧

美术
摇篮（水粉画）·····················吴 平
彝族生活速写·······················邬德辉
雄鸡一唱天下白（中国画）···········孙光宗
硕果累累（中国画）·················凌永明
喜悦（中国画）···············（满族）柯德恩

1981 年第 11 期　刊名:《边疆文艺》
目录

在鲁迅诞生一百周年纪念大会上的讲话·······胡耀邦
学习鲁迅，宣传鲁迅，继承和发扬鲁迅的战斗精神
·····································王 甸

小说·散文·报告文学
生命的近似值（报告文学·郝平插图）
·····························黄 尧　朱运宽
群山歌唱（报告文学·钟开天插图）·········苏 策
小店风雪（小说·高临安插图）···········陈学书
软磨（小说·吴平插图）···········（白族）张焰铎
爱，在青山绿水间（小说·晓巫题图）·······杨 森
回民支队生活片段（革命回忆录·沙璘插图）
······························（回族）王连芳
彩虹（散文·郝平题图）···········（纳西族）亚 笙
景颇山上斑色花（散文·王正题图）·······张永权
海心亭情思（散文·王正题图）·······（白族）姜 祥
月亮花（散文·晓巫题图）···············汪凯利
忠诚的党棍（翻译小说·高临安题图）
　　　　　[土耳其]阿齐兹·涅辛著　望 实译

诗歌
汽笛集（七首·黄寄萍插图）
············康 平　晋效先　江 水　张庆和　崔子峰
北戴河听歌（外一首）·················晏 明
山乡曲（三首）·······················李光云
初晴（外一首）·······················王雨谷
边寨诗情（恩戈插图）·········莫文征　张士燮
刘允褆　和 强　向 青　夏国云　丁 峻
生活的浪花（短诗一束）·······孙家祥　马 铭
朱 彻　白庚胜　汤君纯　圣 野　莹 雪　吴德铭
向吉星　蒋仲文　李 洁　铁 牛
咏苍山（七律二首）···················岳 野
散文诗三章···············耿林莽　赵楚玮
木必的故事（民族民间文学·赵之玄插图）
······················（彝族）左玉堂收集整理

评论
认真总结经验，力争我省文艺事业的更大繁荣
·····································张振军
开展批评和自我批评，满足群众对音乐生活的需要
·····································李 坚
文艺将随着时代潮流奔腾向前···········孙凯宇
省市联合举行纪念鲁迅诞生一百周年大会（文艺简讯）

美术
蕉香时节（国画）···············（满族）柯德恩
水彩人物写生·······················苏 治
新苗（套色木刻）···················瞿安钧
秋天（油画）···············（傈僳族）木志英
新居（国画）···············（白族）高锡印

1981 年第 12 期　刊名:《边疆文艺》
目录

小说·散文
小九九（小说·沐栩插图）·······吕克昌　李小刚
扣林山九勇士（报告文学·钟开天插图）
······························（白族）杨锦锐
苍山绿水（小说·徐维良插图）·······（白族）杨汝骅
景颇儿女（小说·王正插图）···········凝 溪
嗨、焕然一新（小说·蒋高仪插图）·······杨辅丛
生活的乐章（散文·田应康题图）·····（白族）赵之星
高高的布朗山（散文·林维东题图）·······杨胜能
三江交响乐（散文·林维东题图）·········胡月伟
夜宿景颇寨（散文·郝平题图）···········黄再旺
丽江行（散文·郝平题图）···············陈执方

民族花朵
笘哩声声（小说·柯德恩插图）·······（哈尼族）存文学

云南风物志
游剑川石宝山记（田应康题图）···········公 浦

诗歌
重阳之夜（长诗节选）···············柯仲平遗作
寄自扣林前线（二首）·················欧之德
田园诗情（三首）·····················熊长麟
在故乡的土地上（三首）···············毛中祥
我是蓝色的钢·······················毛诗奇
天南海北（诗辑·晓巫插图）·········梁上泉　莎 蕻
马瑞麟　郑成义　李汉柱　殷 勤　季振邦　杨德祥
李云飞　何昌正　刘鸿渝　尹明举　喻 民　邓 丹
旧体诗词二首···············向云鹄　寇一樵
利声集（短诗一束）·············雪 影　何 鹰

杨承浩　柴　扉
雉的漂亮尾巴（预言赵之玄插图）………………吴广孝

评论

像鲁迅那样进行批评和自我批评…………………杨知秋
谈黎泉的小说创作…………………………………李印堂
"三句话不离本行"和生活圈子侧谈………………碎　石
浅谈回族民间故事的民族特色……………………李维跃
《罗密欧与朱丽叶》里的四行奇诗………………陈晓华
陈圆圆来过云南吗?………………………………顾　峰
民族文学评奖（文艺简讯）………………………本刊记者

美术

摩梭姑娘（油画）…………………………………张建中
撒尼人的节日（油画）……………………………姚仲华
傣家村景（油画）…………………………………夭永茂
高黎贡山（重彩）…………………………………贾国中
夕晖（套色木刻）…………………………………李忠翔
撒尼摔跤手（油画）………………………………高临安

1982 年第 1 期　刊名:《边疆文艺》
目录

小说·散文

雪山磐石（小说·田应康插图）………（纳西族）木丽春
今夜是中秋（小说·刘绍荟插图）………………王唯真
黑罐和红果（小说·李佳葆题图）………………王学俊
丽绵绵（小说·林维东题图）……………（满族）石　丁
中秋花月夜（小说·刘南插图）………罗协中　杨百铸
悔（小说·柯德恩插图）…………………………谭　力
战局（小说·蒋高仪插图）………………………李霁宇
智与勇的赞歌（报告文学·钟开天插图）………周金城
胶林小景（散文·郝平题图）……………………修晓林
天下又一奇观（散文·孔令生题图）……（傈僳族）余正科
抚仙湖纪游（风物志·王瑞明题图）……………欧之德

诗歌

聂耳墓前………………………………………光未然
军营诗抄…………徐　勇　董保延　周　樵　郑荣华
醒来的山寨（二首）………………………………郑雄川
春的回答（外一首）………………………………杨振昆
钢链厂留给我的自问（外一首）…………………丁慨然
在南方的密林里（外一首）………………………邹昆陵
忆狱中诗稿（外一首）……………………………习从真
游金殿（外一首）…………………………………高树鹏
一个雷鸣电掣的雨夜（小叙事诗）………………顾树凡
爱的绿叶（爱情诗小辑　杜萍题图）
………………沈　重　骆　骁　吴高义　车　凯　刘　扬

繁星集（短诗一束　晓巫插图）…………黎　虹　岩　林
魏久环　刘蕃喜　毛祖德　王敬安　杨　浪　沈骏康
徐淮荫　郑江涛　朱兆麒
散文诗页……………………………………秋　原　淡　墨

评论

田间作《云南行》序………………………………晓　雪
开拓农村题材创作的新境界………………………徐维良
在文学的河床上……………………………………饶阶巴桑
接过党给我的金芦笙………………………………基默热阔
序杨伊达诗集《山情集》…………………………饶阶巴桑

美术

翠屏（重彩）………………………………………贾国中
绿色的苹果（油画）………………………………刘自鸣
茂（油画）…………………………………………王瑞明
新秀（中国画）……………………………………王晋元
天南文笔（中国画）………………………………姚栗园

1982 年第 2 期　刊名:《边疆文艺》
目录

小说·散文

两姊妹（小说·插图：冬深）……………………艾　芜
在马街酒店里（小说·插图：田应康）…………唐楚臣
民族文学
无声的爱（小说·插图：木松）
………………………………………（景颇族）石　锐
惹比尤诺的亲事（小说·插图：吴平）
………………………………………（彝族）基默热阔
天晴以后（小说·插图：刘绍荟）
………………………………………（白族）张焰铎
花的畅想曲（小说·插图：兆中）………………周　伟
早晨（小说·题图：熊传政）……………………艾　漱
深山布谷（小说·插图：柯德恩）………………蔡光厚
赶街（散文·题图：王正）………………………胡　蔷
滇池边的蓬莱岛（云南风物志·题图：王瑞明）
………………………………………（回族）李青升
笙声悠悠（民族风情·题图：刘绍荟）
………………………………………（傣族）征　鹏

诗歌

迎春曲（诗辑·插图：晓巫）……………杨　山　石　英
马　季　刘毅然　承　源　张挥戈　袁冬苇　肖　钢
杨国超　李存瑞　潘上九　郑祖荣　宋元璋　孟　征
高山的歌（小叙事诗·插图：恩戈）……………倪金奎
刺玫·丁香·枣树（三首）………………………谢本良
边城抒情（三首）…………………………………赵　奇

民族的花朵（插图：熊传政）————（回族）马开尧
（苗族）石太瑞 （拉祜族）扎 约
滴水集————————————杨南生 陈建群
余定一 南 雄 郭 欣 刘雪棋 张 鸿 章 勇
杜 宁 赵翼荣 田家禄
月亮（外一首）——————————李石生

评论
诗歌，面临着突破——————————杨振昆
真实性与文学性————————————丁 一
在批评和自我批评中进步——————李鉴钊
现代化与民族化————————————李丛中
对少数民族文学创作的几点意见————张承源
白描（文学知识）——————————刘正强
词约意丰为上乘————————————钟 法
启事一则————————————————李 乔

美术
版纳春（粉墨画）——————————林维东
滇池人家（中国画）————————梅肖青
苍山云海（中国画）————————黄继龄
枇杷小鸟（中国画）————————江一波
密林深处（中国画）————————袁熙坤

1982 年第 3 期 刊名:《边疆文艺》
目录

小说·散文
村戏幕后（小说·题图、插图：刘绍荟）
莫 石 李 崧
寂林之诗（小说·题图、插图：蒋高仪）——王雨谷
民族花朵
勒松（小说·选自《红河》·题图、插图：林维东）
（哈尼族）艾 扎
渴望幸福的人（小说·题图、插图：冬深）
（傣族）岩 林
工程师（小说·题图：柯德恩）
（纳西族）和之岗
乐利（小说·题图：柯德恩）——————张 放
水（小说·题图：孔令生）——————王援宁
春风送暖（小说·题图：李佳葆）——吴建华
西定的怀恋（散文·题图：田应康）——（白族）杨 苏
夜，在鹤岗（散文·题图：田应康）
徐志英 陈戈华

民族风情
铺满珍珠的路（题图：熊传政）————李 理

诗歌
女作者的诗（插图：李明光）————雪 影 杨 槐
程丽珠 武莲英 （傣族）方峰群
春天来了————————————————于 坚
草地的春天（外一首）——————————方 赫
路南石林诗记（旧体诗四首）————碎 石
民族花朵（栏图：贾国中）————（景颇族）晨 苏
（傣族）多林波静 （纳西族）和 强
（傣族）何少林
短诗一束（插图：贾国中）——————圣 野
魏志远 尹学渊 江 水 梁小刚 朱吉成 李松波
高 峰 季振华 朱 方 原 因

评论
忠胆碧血书情愫————————————董保延
漫评近几年来云南儿童文学创作————杨 磊
"艺术风格"随感录——————————赵 捷
略谈《文心雕龙》——————————杜东枝
曹丕的《典论·论文》————————蔡育曙
我省少数民族文学创作喜获丰收————李玉昌
情景交融的景物描写————————徐志福
飞雪迎春到————————————————徐本礼
浅谈《生命的近似值》中的数字运用——邓 熙
从一首诗想到的————————————黄世英

美术
石林（重彩）——————————————何 能
初晴（油画）——————————————杨继林
舞韵（油画）——————————————朱崇光
喜盈门（中国画）——————————晓 巫

1982 年第 4 期 刊名:《边疆文艺》
目录

小说·散文
儿子的婚事（小说·题图、插图：刘绍荟）——谢志强
怀念（小说·题图、插图：田应康）——丁光洪
"老撬棒"串亲（小说·题图、插图：林德宏）
辛 勤
阿爸呵阿爸（小说·题图、插图：林维东）——刘永年

红河州文艺创作之页
留（小说·题图：方丈）————————陈见尧
春夜里的笑声（小说·题图、插图：柯德恩）
王梅定
巧队长（小说·题图：田应康）————刘 琼
捷径（小说）——————————————官 廉
石榴花（散文）————————————俞德培

然秋阿妈（散文）——————————（哈尼族）阿　罗
认亲水（民族风情录　题图：李佳葆）

————————————————（彝族）石中山
乌鸦和猫头鹰（童话）——————杨　辉　杨　丽
洱海的怀念（散文）——————（白族）那家伦
雪山茶（散文·题图：李佳葆）——（纳西族）王正觉
南诏宝岫峥嵘（风物志）——————————王丽珠

诗歌
青年诗页（栏图、插图：晓巫）——（佤族）郭　蕊
沈骏康　钟　阳　李发模　郭　卉　彭国梁　高　波
洪三泰　汪　涛　徐云良　牛　泊　卫士平
（白族）赵怀仁　曹永庆　海　抒　张成林
聂耳墓前断想（题图：赵之玄）——————杨伊达
园（外一首）——————————————聂　索
偬尼人的路（外一首）————————————柳　朗
让坐（外一首）————————————刘益善
溢……（外一首）——————————————贾长厚

评论
李钧龙小说中各民族妇女形象———————王　屏　谢　红
诗意璀谈（二）——————————————张文勋
关于婉约派和豪放派——————————金丹元
中国当代文学研究会云南分会成立（消息）——李　曦

美术
孙太初书画篆刻作品选
杜鹃（中国画）——————————————王晋元
新装（中国画）——————————————钟　森

1982 年第 5 期　刊名:《边疆文艺》
目录

小说·散文
花马骄子（小说·李忠翔插图）

————————————————（纳西族）戈阿干
路，在我脚下（报告文学）——邹　俊　刘永和
侗乡行（小说·黄启乐插图）——（侗族）滕树嵩
村口有棵弯腰树（小说·柯德恩插图）——黄　尧
她（小说·选自《玉溪文化》二十三期　曾从军插图）——————————————周少金
小珠（儿童文学·邓旭插图）——————吴　锐
第一——不属于我（小小说）——（景颇族）岳　丁
"革命干部"吴有宝——————————杨辅丛
旅滇日记二则（散文）——————————碎　石
花恋（散文）——————————————胡平英
滇南揽胜话秀山（风物志）——————伏新龙
白族婚礼（民族风情·樊一波插图）——杨美清

诗歌
劳动者的颂歌——————龙　郁　康　平　李霁宇
田应时　骆　虢　潘启发　（白族）菡　芳　李瑞洪
诗二首——————————————————李加建
七律二首——————————————————汤君纯
春天的草原——————————————王忠范
才旦卓玛的歌声（外一首）——————周永严
火把果——————————————————李光云
为了春播——————————————————铁　牛
腊月菊——————————————————欧之德
高原，我心中的阳台——————————阮大华

评论
短篇小说杂谈——————————————玛拉沁夫
坚持无产阶级文学的党性原则——————范道桂
努力表现新时代和新人物——————————张运贵

美术
岁朝图（国画）——————————（纳西族）周　霖
白族民间传说（组画三幅）（1982 年《全国少数民族美术展览》获佳作奖）——————（白族）董锡汉
农家乐（国画）（1982 年《全国少数民族美术展览》获佳作奖）——————（纳西族）杨国相
我的家乡（年画）（1982 年《全国少数民族美术展览》获佳作奖）——————（傣族）万德荣
苦聪的新生（水粉组画之一）（1982 年《全国少数民族美术展览》获佳作奖）——苦聪人　王友明
猎（年画）（1982 年《全国少数民族美术展览》获佳作奖）——————（佤族）胡德全
途中小饮（油画）（1982 年《全国少数民族美术展览》获佳作奖）——————（彝族）夭永茂

1982 年第 6 期　刊名:《边疆文艺》
目录

小说·散文
比翼双飞（小说·插图：曾从军）——————王学俊
司令打球（小说·题、插图：黄启乐）——————温昭礼
泼水节之恋（小说·插图：陈学忠）——————吴军
大山的儿女（小说·插图：胡晓辛）

————————————————（纳西族）木丽春

大朋友给小朋友的礼物
小牧歌（诗　外一首）——————————费　嘉
存钱箱里飞出小飞机（诗）——————钟文森
水葫芦（诗）——————————————邓元杰
清碧溪（散文诗　外一章）——————吴　然
牵牛花（散文诗）——————————郑祖荣

假假长了尾巴（童话）—————————华 路
我是孩子的时候（散文）—————————郑 海
骄傲的项鸡（童话）—————————褟祖和
羌比（小说）
—————[秘鲁]胡里安·华纳伊 星 珊 明 德译
金老贵成亲（小说·插图：郝平）——（白族）赵之星
金黄的月轮（小说）—————————王洪波
花山歌海任徜徉（散文）—————————红 芒
刺梨歌（散文）—————————（布依族）吴 昉
美游掠影（散文）—————————赵 季
孤儿尼格子（民间故事·帅益子讲述）
—————————汉永生 阿 南翻译整理

诗歌
街头拾起的诗句（三首）—————————刘允嘉
滴水集—————————蒋士枚 王建国 商子秦
张显华 周樵 李守旨 吴哼声 赵楚玮

评论
认识现代，表现现代—————————王 甸
典故漫谈—————————杨知秋
白族诗人赵星海的咏茶花诗—————————澴 川

美术
花—————————王 正
儿童画选
老鼠求饶图—————————刘思丽
看大象—————————瞿 蔚
在绿色宝库里—————————万 凡
《故乡》插图—————————熊 飞
题图—————————李 历
小院（水粉）—————————黄唯一
黑水河（水粉）—————————黄唯一

1982 年第 7 期 刊名:《边疆文艺》
目录

小说·散文
歌手（小说）—————————杨 苏
沉甸甸的年礼—————————黎 泉

楚雄州文艺创作之页
斗牛（小说）—————————袁佑学
"神仙锅"传奇（小说）—————————（彝族）基默热阔
金沙江畔的姑娘（小说）—————————黄晓萍
三位女红军（革命回忆录）—————————老红军周大才
我的家乡（散文）—————————王 红
诗四首—————————康 平 毛中祥 赵强立

当春乃发生（评论）—————————杨继中
赶马人生活的赞歌（评论）—————————芮增瑞
我和艾康（小说）—————————林雨瘦
巧相逢（小小说）—————————重 生
今晚月亮特别圆（小小说）—————————庞强华
小巷桃花（小小说）—————————陶师舜
答谢酒宴（小说）—————————朱启辉
美（散文）—————————徐志福 周鹄昌

诗歌
壮气篇（七一诗页）—————————丁芒 张永权 刘雪棋
民族诗人赞云南—————————（东乡族）汪玉良
（满族）胡 昭 （朝鲜族）南永前 （藏族）伊丹
才让 （朝鲜族）金成辉 （回族）阿 拜
花之歌（三首）—————————穆 仁
种子—————————李凤山
洒满月光的小路—————————魏久环

作家与云南
故乡的路—————————李 纳

评论
糖弹和软刀（杂文）—————————宋 莘
谈作品"社会效果"的客观标准—————————张国庆
寄自黄浦江畔的绿叶（文艺通讯）
—————————徐蘋莉 毛祥麟 任惠敏
少数民族作者创作读书会在昆明举行—————————李 曦

美术
花—————————彭 放
晨—————————彭 晓
丰收曲—————————林德宏
源—————————张长利
傣家竹楼—————————杨成忠
双鹭—————————李忠翔

1982 年第 8 期 刊名:《边疆文艺》
目录

小说·散文
石证（小说·插图：刘南）—————————张 勤
红彩莲（散文）—————————杨大镇
钟馗大叔外传（小说·题、插图：李忠翔）
—————————（苗族）石太瑞
雾（小说·题图：李佳）—————————吴慧泉
美丽的格桑梅朵（小说·插图：陈学忠）
—————————（白族）罗 丹
状元牛娃子（小说·题、插图：邓旭）—————————孙亚宁

幽幽香草（小说·插图：张建中）

-------------------------------（景颇族）玛　波
江水悠悠（散文·题图：林德宏）-------黄晓萍
秋日（小说·题、插图：黄启乐）-------李培荣

诗歌

战士诗页-------------徐　勇　杨蜀华　饶阶巴桑
任耀庭　郭　卉　谢维耕　文汉鼎　郑蜀炎
梁子高　杨德祥
西双版纳诗情（三首）-----------------纪　鹏
写在彝族插花节-----------------------凝　溪
凭栏（外一首）-----------------------胡廷武
流星的自述（外二首）-----------------张凤南
滴水集-------------高　深　唐大同　张化声
李　振　倩　晴　何启波

评论

对美的执着追求——《滇云揽胜记》读后-------金荣光
党的民族政策的颂歌——《苦聪人的春天》-------陈贤楷
令人神往的南疆——浅谈散文集《在深山密林中》
-----------------------------------白崇人
谈曹延路的美术创作-------------------王　昭
艺术的魅力---------------------------刘正强
司空图及其《二十四诗品》-------------赵浩如
诗与生活-----------------------------郑祖荣
谈谈自然主义-------------------------孙钦华
《蜀道难》新探-----------------------仇凤峨

读者·作者·编者

对《杨升庵游鹤庆》一文的几点意见-------黎　早

文艺简讯

为繁荣农村题材文学创作而努力---------徐维良

美术

夜宿（中国画）-----------------------梅肖青
银泉（版画）-------------------------谭百辛
今日渡乌江（中国画）-----------------申根源
开辟胜利路（版画）-------------------王恩松
合影（版画）-------------------------陈永东
洱海的早晨（版画）-------------------陈天喜
强渡乌江（中国画）-------------------王忠才
痛快淋漓（中国画）-------------------曹延路

1982 年第 9 期　刊名：《边疆文艺》
目录

小说·散文

不信春风唤不回（小说·彭放插图）-------魏孝淳
燃烧吧！火柴（小说·陈学忠插图）-------周孜仁
苦涩的甜果（小说·范泰宏插图）---------曾志明
你、我、她（小说·张建荣插图）---------李霁宇
火把梨（小说·王正插图）---------------赵　橹
依罕（小说·邓履萍插图）---------------水　流
日本小小说两篇（郝平插图）

--------------------川端康成著　唐风楼译
彩云追月（散文）---------------------戴胜德

诗歌

诗人兴会更无前-------------蓝　曼　李野光
傅　仇　陈　犀　余薇野　寒　星　毛　烽
蓝　疆　徐国志　汤世杰　李汉柱　刘位循
东行纪事-----------------------------薛　波
滴水集（短诗一束）-------陈建辉　熊奎龙
拉　车　曹永庆　张子明

云南风情录

欢腾的插花节（蒋高仪插图）-----------韩永福

评论

用艺术形象来记录时代的农村面貌-------王　甸
创作方法及其与世界观的关系-----------杨振铎
福楼拜通信选（一）-------------------亚　丁译

读者·作者·编者

致《边疆文艺》的一封信---------------吴慧泉

文艺简讯

关于举办云南省文学创作评奖通知

美术

叶子花（摄影）-----------------------张　刘
春风（国画）-------------------------郑庆衡
休憩（木刻）-------------------------刘　岘
江畔（粉画）-------------------------刘　南
晨（油画）---------------------------彭　耘
密林（油画）-------------------------王瑞明

边疆风情（面塑）————————————————郭建苹

1982 年第 10 期　刊名：《边疆文艺》
目录

在党的十二大旗帜下
金秋交响诗————————————————杨伊达
阿妈又笑了————————————（傣族）浩　杰
一串忠诚的音符——————————————李光云

小说·散文
深深的酒窝海子（小说·周扬插图）————王绍志
没学会闭上一只眼（小说·胡晓辛插图）——胡　柯
鞋（小说·张建荣插图）————————夏承政
雁群，重新集合（小说·范泰宏插图）——汤世杰
冬天是白色的（小说·柯德恩插图）———张　慈
依拉参加比赛（小说·常戈杨插图）———刘　绮
铜山情（小说）————————————笑　非
在小河边（小说）————————（景颇族）岳　丁
芒果树下（散文·蒋高仪插图）————余德庄
星星（散文·林维东插图）—————马赛云峰
独龙江之春（散文）——————（独龙族）齐　平
雪里桃花（散文）——————————（藏族）楚丹娃
柳塘诗魂（散文）——————（回族）马瑞麟

云南风物志
欢笑的"库扎扎"————————————红　芒
登梁王山远眺—————————————公　浦

诗歌
唱给祖国——————————晓　雪　于宗信　张庆和
　　姚晓茂　李晓明　袁永庆　再耕
青年诗页————————————车　凯　刘扬　段瑞秋
　　熊召政　娜木罕　彭国樑　潘上九　薛永辉　李琳
　　陈建群　丁小平　邹昆凌　吴天
我爱——————————————————叶孝慎
给 S——————————————————林　子
蘑菇—————————————————李占学
燕—————————————————谷昆华　文建民

评论
云南在他的心地上播下了美好的种子————廉正祥
情满铜山——读笑非的小说《铜山情》——张布琼
文学评论与评论文学——————————一　叶
鲁迅和中国左翼作家联盟（文学知识介绍）—蒙树宏

美术
花（摄影）—————————————张　刘
黄维龄作品选　雨后　葡萄　山林
何宝森作品选　生活的空间　连年多余

1982 年第 11 期　刊名：《边疆文艺》
目录

小说·散文
五月榴花红（小说·插图：李忠翔）————杨　征
在那个角落（小说·插图：陈学忠）————朱国鼎
怪女（小说·插图：彭晓）————————涂　平
爬山调（小说·题图：李自强）—————晓　村
略记陈翼叔及其诗作（人物志）————徐　克
纳西画家周霖（人物志）———————苏民生
霁虹桥揽胜（风物志）————————献　青

省总工会创作学习班专页
初雪（小说·题图：范泰宏）———（藏族）查拉独几
幽香的缅桂，来自勐巴纳西（小说·插图：张建荣）
　　———————————————（傣族）帕　罕
房客（小说·插图：曾从军）————（回族）白　山
肖程的十五天（小说·插图：黄启乐）——春　文
高炉旁的遐思（诗）——————————毛诗奇
红军渡的旋涡（外一首）（诗）————雨后苗
钢钎与重锤（散文诗）————————田应时

诗歌
绿风吹遍大地——————穆　仁　徐　康　柯愈勋
　　袁冬苇　张启鹣　莫少云　路见　张学康　高枫
怒江，江的愤怒（外二首）———————倪金奎
昆明风采（外二首）—————————赵日升
散文诗页———————王敦贤　吴然　许慧
　　尹相如　于　戈　冯卫星　陈建辉　唐明

评论
为社会主义精神文明建设贡献更多的好作品
　　——————————————————本刊编辑部
情、巧、美—————————————王伟中
新诗管见——————————————毕　坚
浅谈抒情散文艺术构思的创新—————高万鑫

美术
花—————————————————蒋高仪
小街子————————————————杨德华
石骨丹青—————————————施　敏
撒尼山村—————————————瞿安钧
为了矿山—————————————袁斯鹏
傣族民间故事长诗《线秀》插画选———陈　琦　万强麟

1982 年第 12 期　刊名：《边疆文艺》

目录

小说·散文

枇杷香（题图、插图：田应康）……………汤君纯
四美图（题图、插图：柯德恩）……………王业腾
燕双飞（题图、插图：刘南）………………杨百铸
呵！星星河（题图、插图：柯德恩）………杨　泥
墓前（题图、插图：林维东）………………胡廷武
塘边遐思（题图：彭放）……………………李洪勉
小屋夜话…………………………………………黄家琦
盖底斯堡巡礼（题图：林维东）……………杨九声
云南会地…………………………………………周自琼

诗歌

丰收的田野（插图：晓巫）………谢先云　王雨谷
张丕利　郑雄川　杨承浩　朱　彻　胡志武　毕　坚
滇池的夜晚（题图：晓巫）…………………熊长麟
遐想（外一首）………………………………姜金城
无名的小花（外一首）………………………张雪杉
焊……………………………………………………钱国梁
滴水集（短诗一束，插图：常戈扬）………纪　学
白　龙　孙家祥　王长富　金　平　魏向阳　杨育贤
散文诗页…………………………………秋　原　魏久环

买寿延（民族民间文学　题图、插图：蒋高仪）
……………………………………………………禺　尺整理

评论

必须对发表"评《太阳花》"一文进行严肃批评
……………………………………………………王　甸
一篇有严重政治错误的诗评…………………闻　平
社会主义精神文明的建设与文艺的建设关系小议
……………………………………………………金　重
让城市雕塑为建设社会主义精神文明服务…李　曦
春城书坛繁花似锦……………………………汪德荣
伟大人民中的一个…………………许　明　高梦龄
死人"头"上做文章……………………………徐志福
小议"直"………………………………………潘志光

美术

阿诗玛（曲靖城市雕塑）……四川美术学院雕塑系创作
麒麟姑娘（曲靖城市雕塑）
………………………………四川美术学院雕塑系创作

封面、封底雕塑摄影
余钟志教授画展作品两幅
油画写生两幅…………………………………朱　炳

1983 年第 1 期　刊名：《边疆文艺》

目录

小说·散文

假若生命能重复一次（小说·题图、插图：刘绍荟）
……………………………………………………魏孝淳
井下花（散文·题图：黄启乐）……………张学康
凉山新村（散文·题图：郝平）……………金卓桐
西双版纳创作专页
院里的蛐蛐声（小说·题图、插图：高金洲）
…………………………………（哈尼族）朗　确
河边的泪（小说·题图、插图：柯德恩）
…………………………………（傣族）征　鹏
密林夜雨（小说·题图、插图：沙璘）……吴　军
晨光曲（散文·题图、插图：林维东）……晓　飞
别致的婚礼（风情录·题图：黄启乐）
…………………………………（布朗族）尼　香
还魂草（小说·题图、插图：田应康）……辛　勤
金鱼（小说·题图、插图：胡晓辛）………吴翼民
西沙情趣（散文）……………………………王建国
月季花思情……………………………………徐志福

诗歌

版纳诗页（栏图、插图：贾国中）……余定一　毛祖德
王　琪　明　丽　苗建坤　阎云山
征途上的歌声（栏图、插图：晓巫）………海代泉
刘允褆　凝　溪　杨　渭　胡崇禹　昆　藤
点滴集（四首）…………………蒋士枚　王建国
留在大娄山脉的脚印…………………………凌文远
致属于我的星…………………………………魏久环
照片（外二首）………………………………赵　奇
恋乡情（三首）………………………………李松波
小岛岛（散文诗）……………………………吴　然
迎春花的心愿（寓言）………………………陈乃祥

评论

努力开创社会主义音乐事业的新局面………李　坚
音乐工作者肩负着建设社会主义精神文明的重任
……………………………………………………刘　兰
提高文化素养　扩大知识视野………………赵宽仁
社会主义新人的含义及塑造艺术……………杨振昆
塑造崭新人物　繁荣电影创作………………杨汝雁
福楼拜通信选（二）…………………………亚　丁译

美术

山寨舞台（油画）……………………………卢汝能
谷子黄（国画）………………………………杨小华
云南省群众美术展览作品（四幅）

全国漫画展览作品（五幅）

1983 年第 2 期　刊名:《边疆文艺》
目录

小说·散文

段洁高老头的"大脖子"（小说·题图、插图：刘绍荟）························杨必传
心事（小说·题图、插图：王正）
·······················（纳西族）和经雁
审子记（小说·题图：张建荣）···········高义
队长请儿媳（小说·题图、插图：冬深）······尹晓成
边界线上的开场戏（小说·题图、插图：高金洲）
·································（傣族）多永相
婆媳（小小说·题图：孟薛光）····（景颇族）岳 丁
妻子（小说·题图、插图：田应康）·······许秀华
好发脾气的队长（小说·题图：林德宏）·······郝 迟
打不死与映山红（小说·题图、插图：林维东）
·································黄生富
美的湖（散文·题图：张建荣）····（纳西族）亚 笙

诗歌

征途上的歌（栏图，插图：晓巫）····艾 金 赵翼荣
杜佐祥 张国梁 丁 峻 岩 林 李 楠 黄立新
滴水集（插图：晓巫）······李根红 周 导 夏国云
苏圻雄 瑙 尼 杨照昌 骆 骔 华 莹 张 鸿
李晓坤 倪文瑞 汤君纯
散文诗寓言
春来了························宛世照 钱建群
海的眼睛···························袁 鹰
寓言二则（插图：周运贤）·············徐槐荫
猴子、老熊和小兔（插图：周云贤）
·························（彝族）阿 南翻译整理

评论

牧童与少数民族文学················李传锋
鲜明的人物形象　浓郁的生活气息·········张布琼
结尾的余味·······················陈建群
散文断想·························周冠群
学习偶感·························刘 绮
我国新文学运动中异军突起的创造社········向 翔

美术

阳光下（油画）·····················沙 璘
摩梭风情（壁画）···················华宁生
内蒙古、云南、甘肃、宁夏、青海、新疆版画联展作品六幅

1983 年第 3 期　刊名:《边疆文艺》
目录

小说·散文

笑吧，苦味的心（小说·题图、插图：柯德恩）
·································李安林
并非昨天的故事（小说·题图、插图：蒋高仪）
·································晓 旭
月照龙舌泉（小说·题图、插图：刘绍芸）····杨树芳
啊，金色的闪光!（小说·题图、插图：田应康）
·································胡文琪
一朵美丽的玛樱花（小说·题图、插图：彭放）
·························杨莱凤 佐 川
酒宴（小说·题图、插图：胡晓幸）·······张焰铎
郭赖子轶事（小说·题图、插图：张建荣）····余晓丹
在那遥远的地方（散文·题图：李佳葆）····张永权

诗歌

女作者诗页（栏图、插图：晓巫）····陈 慧 李 洁
董佳佳 孙桂英 曾海燕 雪 影 马 赛 杨瑾屏
赵文心 程丽珠
滴水集（栏图、插图：冬深）········李华飞 玛 散
袁冬苇 陆家瑞 骆国京 卫世平 高厘原 倩 梦
唐楚臣 朱 平 张学康 王忠范 白 水 段 玫
散花精舍远眺（外一首）·············晏 明
春晨（外一首）····················石太瑞
我采集成熟的花籽（外一首）···········晋效先

评论

朴素 自然 真实·················范林清
情趣洋溢的"创业"者之歌·············奋 夏
要充分重视人物肖像描写·············徐维良
诗的思絮·······················叶 簸
我省文学创作队伍日益壮大　作协云南分会又发展了一批会员

美术

三月（油画）·················任兆磊 施 放
水、牧（中国画）···················陈晓燕
西双版纳傣寨（中国画）···············刘付辉
山水（中国画）···················杨向阳
乌蒙复苏（中国画）·················陆泰琨
松鹰图（中国画）···················张菁研
花鸟（中国画）···················谢长辛

1983 年第 4 期　刊名:《边疆文艺》

目录

美的语言从哪里来……………………丁　玲

小说·散文
今晚阴转晴（小说·题图、插图：郝平）……周　伟
赠你一双眼睛（小说·题图、插图：柯德恩）……张　勤

曲靖创作专页
妈妈祝我幸福（小说·题图、插图：刘南）
………………………（满族）陈宏光
白珂与白珩（小说·题图、插图：高金洲）
………………………汤君纯
雪（小说·题图、插图：熊传政）……崔彩昆
野菌汤（散文·题图：孟薛光）……马　平
她送我一枝"勿忘我"（小说·题图、插图：田应康）
………………………王雨谷
岛上的阳光（小说·题图、插图：孙景波）……杨　泥
峡谷里，有个旱冰场（小说，题图、插图：王正）
………………………汤世杰
沿着密林的小径（散文·题图、插图：李佳葆）
………………………刘景岳

诗歌
在南方（组诗题图、插图：贾国中）……周良沛
昆明的花………………………李野光
滴水集（短诗一束插图：贾国中）……瞿　琮　杨大矛
舒宗范　黎　剑　张新泉　苏圻雄　刘　曙　红　芒
张凤南　李霁宇　车　凯　晨　宏
随感录………………………李玉昌
军营小曲（三首）………………………黄家琦
曲靖诗页（栏图、插图：代玉茹）
　　　　梁子高　杨承浩　李存瑞　朱兆麒

评论
文艺评论也需评论………………………李丛中
文艺评论也应讲究艺术性………………………王炳祥
文艺评论的价值………………………吴德辉
评论家也要深入生活………………………刘鸿渝
努力培养少数民族的文艺评论人才………张承源
从"评论家的苦恼"说起………………………范道桂

美术
丰收舞步（油画）………………………张建中
杜鹃（中国画）………………………王晋元
著名美术家廖新学遗作展览作品（油画三幅）
昆明市美协首届画展作品（版画四幅）

1983 年第 5 期　刊名:《边疆文艺》

目录

小说·散文
甜甜的雾（小说·题图、插图：田应康）……赵大宏
在金家牌坊旧址（小说·题图、插图：柯德恩）
………………………白　山
姐姐呵，姐姐（报告文学·题图：孟薛光）……周金诚
杜鹃花的种子（报告文学·题图：李佳葆）
………………………（彝族）基默热阔
归来（小说·题图、插图：刘绍芸）……吴慧泉
弯弯的宾河（小说·题图、插图：冬深）……春　武
浪花掀动着阳光（小说·题图、插图：高金洲）
………………………（白族）丁光洪
义井流芳（散文·题图：彭放）……（回族）李清升

诗歌
青年诗页（栏图、插图：晓巫）……阿　拜　段瑞秋
熊召政　刘扬　邹昆陵　张承源　顾城　崔亮
彭国梁　许云良　海男　泓叶雪影
五月的歌（栏图、插图：彭放）
………穆　仁　江水　潘上九　万立书　张庆和
彩色的梦………………………查　干
热心与甜美………………………石　英
水上人家………………………左一兵
杵歌………………………柯　原
冬雪………………………葛佳映
傍晚、在乡村………………………李恒瑞
梨花（外一首）………………………史玉峤
寓言（插图：贾国中）……袁静波　金　江　李昆屏
民间故事（插图：贾国中）………………………冯寿轩整理

评论
《生命的近似值》主题的确立………………………黄　尧
时代精神——诗歌的灵魂………………………赵　捷
慧眼与胆识………………………张布琼
继续开拓民间文学的新局面………………………刘辉豪
试谈当代英雄形象的塑造………………………张运贵
巧与拙………………………杨知秋
更好地发挥讽刺艺术功能………………………维　良
小幽默………………………熙　艺译

美术
石林春光（水粉画）………………………刘　南
密林深处（油画）………………………李开明
云南省首届漫画展览作品（十一幅）

1983 年第 6 期　刊名:《边疆文艺》
目录

小说·散文

"管不起"与"惹不起"（小说·题图、插图：田应康）……………………………………魏 华

山，淡淡的……（小说·题图、插图：蒋高仪）……………………………………………晓 剑

还债（小说·题图：李佳葆）……………………张黛玉

九九归一（小说·题图、插图：彭放）………字 心

刀老师（小说·题图、插图：熊传政）………张直心

虹（小说·题图、插图：刘南）………………叶延滨

江流的歌（小说·题图、插图：王正）………存文学

浪花（小说·题图：郝平）……………………涂 平

养花琐记（散文·题图：胡晓幸）……………李广联

在天鹅的故乡（散文·题图：李佳葆）………王忠瑜

橄榄果与弯竹竿（题图：蒋高仪）……………覃信刚

儿童文学之页

小白花（散文·题图：郝平）…………………牛曼卿

鹤顶兰（儿童文学·题图：胡晓幸）…………刘 绮

我的爸爸和妈妈（儿童文学·题图：熊传政）

………………………………………………方 萍

大象要过藤索桥（童话·题图、插图：沐振戈）

………………………………………………郭思九

花儿朵朵（短诗一束　栏图、插图：杨鹏）…骆 骁
吴 然　张大成　叶正坤　刘 瑛　朱自强　李富祺
赵家瑶　张洪波　程丽珠　华 路

诗歌

城市的旋律（三首）……………………………汤世杰

西沙，赠我一组海的歌（三首）………………欧之德

在白雾飘荡的林子里……………………………朱 茵

我是一头健壮的牛犊……………………………潘万提

醒来的山寨（三首）……………………………郑雄川

锻造………………………………………………丁慨然

滴水集………………拉 车　刘雪祺　康 平　申维升
余定一　杜 渐　阿拉坦托娅　叶 坪　雨后苗

评论

美的赞歌…………………………………………辛 勤

儿童文学园地中的辛勤园丁……………………樊庆荣

真诚地把美化为形象……………………………张祖渠

晓雪的诗论………………………………………古远清

读写随纪（两则）………………………………胡 昭

素材原在生活中…………………………………赵谷声

美术

苗山春（中国画）………………………………柯德恩

傣族少女（油画）………………………………高临安

云南省书法篆刻展览作品………………顾 峰　坚 冰
何在瑞　段雪峰　邢孝移　梁天星

边陲集市（油画）………………………………杨 龙

机声隆隆（油画）………………………………王瑞明

1983 年第 7 期　刊名:《边疆文艺》
目录

小说·散文

梅园怀故（回忆录·题、插图：郝平）………陈 靖

老兵（小说·题、插图：王瑞明）……………曾志明

胖嫂（小说·题、插图：彭放）………………冷 凌

江枫渔火（小说·题、插图：王正）…………和经雁

苦闷与希望（小说·题、插图：黄启乐）……王丹青

想起了丁玲（散文）……………………………李屏锦

从老柯的烟斗谈起（散文）……………………碧 波

秋（散文·题、插图：杨鹏）…………………张 慈

雪山碧水道兰花（散文）………………………刘景岳

诗歌

瞻仰"一大"会址有感…………………………薛 波

天南海北……………韩作荣　陈 犀　何 鹰
莫西芬　李占学　南永前

滇边小草…………于 坚　何君义　李广学　刘鸿渝
志 鹏　杜 宁　倪金奎　蜀 妹　潘启发　李云峰

散文诗苑…………李纯人　马 铭　闻树国　何百源

我的文学创作活动简述…………………………陆万美

用马克思主义观点研究当前文艺实践中的新经验新问
题…………………………………………………缪俊杰

诗意璀谈…………………………………………张文勋

古诗今话…………………………………………杨知秋

误笔难逃慧眼人…………………………………钟 法

谈谈太阳社………………………………………许 华

城市塑雕小议……………………………………徐维良

谈耐心……………………………………………徐 刚

美术

轻风………………………………………………马亦萍

彝寨………………………………………………彭 耘

城市雕塑稿样选登（七幅）……………李梦玲　暴佳玉
汤佩铭　余滕辉　陈龙生　沈德坤　黄泽谦

苍山脚下…………………………………………孟薛光

《西游记》封面设计⋯⋯⋯⋯⋯⋯⋯⋯陈学忠
《漂泊杂记》封面设计⋯⋯⋯⋯⋯⋯⋯刘巨德

1983 年第 8 期 刊名:《边疆文艺》
目录

云南省（1981－1982）文学创作评奖获奖篇目

小说·散文

延安红大毕业前后的回忆（革命回忆录）
⋯⋯⋯⋯⋯⋯昆明部队司令员张铚秀
梅雨天（小说·李忠翔插图）⋯⋯⋯⋯白　山
滇池海样宽（小说·邓旭插图）⋯⋯⋯罗建琳
带给她美好的祝福（小说·黄启乐插图）周孜仁
啊，红河谷（报告文学·曾从军插图）王雨宁
西沙探胜（散文）⋯⋯⋯⋯⋯⋯⋯⋯欧之德
曲子师傅不在家（散文）⋯⋯⋯⋯⋯张祖渠
黑瞎子趣闻（散文·林德宏插图）⋯⋯鲁之洛
杨梅果（散文）⋯⋯⋯⋯⋯⋯⋯⋯⋯李文义
春耕时节（散文）⋯⋯⋯⋯⋯⋯⋯⋯万元德

诗歌

战士诗页⋯⋯⋯⋯熊明发　徐　勇　曾长生
刘毅然　王知卜　高　峰　韩　冷　章　勇　彭兆祥
张海迪的心⋯⋯⋯⋯⋯⋯⋯⋯⋯⋯溅　波
贝鲁特的血（二首）⋯⋯⋯⋯⋯⋯⋯冯　异
雷公山（外一首）⋯⋯⋯⋯⋯⋯⋯⋯郑成义
散文诗苑⋯⋯⋯⋯李　耕　魏久环　淡　墨
滇边小草（小诗一束）⋯⋯王雨谷　王雁　杜丁
吴致远　张树静　谢本良　陈建群　马开尧

评论

文学创作技巧漫谈⋯⋯⋯⋯⋯⋯⋯⋯蒙树宏
开篇见性格⋯⋯⋯⋯⋯⋯⋯⋯⋯⋯陈贤楷
古朴纯美的民族风情诗⋯⋯⋯⋯⋯⋯陶　薇
探索者的足迹⋯⋯⋯⋯⋯⋯⋯⋯⋯石　砾
我国最早的创作论——《文赋》（上）蔡育曙
半封建半殖民地社会的特殊产物⋯⋯曾广辉
把书籍装扮得更美好⋯⋯⋯⋯⋯⋯⋯维　良
马克·吐温轶事两则⋯⋯⋯⋯⋯⋯⋯王学信

美术

收获（国画）⋯⋯⋯⋯⋯⋯⋯⋯⋯⋯李廷元
傍晚（油画）⋯⋯⋯⋯⋯⋯⋯⋯⋯⋯彭　放
战友（油画）⋯⋯⋯⋯⋯⋯⋯⋯⋯⋯张建荣
《兰嘎西贺》封面设计⋯⋯⋯⋯⋯⋯彭　放
《事物的起源》封面设计⋯⋯⋯⋯⋯贾国中
《兰嘎西贺》插图⋯⋯⋯⋯陈　琦　万强麟
《云南行》封面设计⋯⋯⋯⋯⋯⋯⋯何德光
《梦中的记忆》封面设计⋯⋯⋯⋯⋯刘绍荟

1983 年第 9 期 刊名:《边疆文艺》
目录

认真学习《邓小平文选》开创文艺工作新局面
⋯⋯⋯⋯⋯⋯⋯⋯⋯⋯⋯⋯⋯⋯赵廷光
两点意见⋯⋯⋯⋯⋯⋯⋯⋯⋯⋯⋯王　甸

小说·散文

掌声（小说·插图：马亦萍）⋯⋯⋯吴翼民
放心（小说·插图：蒋高仪）⋯⋯⋯屈明光
他有一盆素心兰（小说·插图：万强麟）杨圭杲
卸载不需要忏悔的年代⋯⋯（小说）张焰铎
一条喇叭裤（小说·插图：晋夫）王益山　王益河
前面，是一条大道⋯⋯（小说·插图：林朴）
⋯⋯⋯⋯⋯⋯⋯⋯⋯⋯⋯⋯⋯⋯尚静波
花儿为什么这样红（报告文学）⋯⋯倪振华
一片飘落的花瓣（散文）⋯⋯吕　晴　晓　黎
故乡的大榕树（散文）⋯⋯⋯⋯⋯⋯张德尧

诗歌

大渡河情思（三首）⋯⋯⋯⋯⋯⋯⋯周　纲
云岭诗页⋯⋯饶阶巴桑　刘允禔　胡廷武　袁冬苇　李石生
夏国云　刘位循　吴德铭　朱兆麒　张成林　董祥云
送（外一首）⋯⋯⋯⋯⋯⋯⋯⋯⋯南　雄
刺讽诗（二首）⋯⋯⋯⋯⋯⋯⋯⋯石　河
彝族寓言故事（二则）⋯⋯茶阿鲁讲述　阿　南整理

评论

文艺要为四个现代化做贡献⋯⋯⋯⋯范林清
金钱和体温⋯⋯⋯⋯⋯⋯⋯⋯⋯⋯宋　莘
喜读散文集《高山听雾》⋯⋯⋯⋯⋯杨　磊
表情与个性⋯⋯⋯⋯⋯⋯⋯⋯⋯⋯谢明德
散文与偏食⋯⋯⋯⋯⋯⋯⋯⋯⋯⋯红　芒
从祥林嫂的絮语说起⋯⋯⋯⋯⋯⋯张立新
我是怎样练习写作的⋯⋯⋯⋯⋯⋯斯蒂文森

美术

圭山的姑娘（水印木刻）⋯⋯⋯⋯⋯瞿安钧
石林（水粉）⋯⋯⋯⋯⋯⋯⋯⋯⋯杨作霖
云、贵、川书法联展作品选⋯⋯李群杰　王尊华
江友樵　周永祖　方小石　郭　伟
憩息（木刻）⋯⋯⋯⋯⋯⋯⋯⋯⋯刘　岘
送（木刻）⋯⋯⋯⋯⋯⋯⋯⋯⋯⋯周　涛
晚归（油画）⋯⋯⋯⋯⋯⋯⋯⋯⋯彭　耘

1983 年第 10 期　刊名:《边疆文艺》
目录

小说·散文

德宏州文学创作作品选

交班（小说·李忠翔插图）————————扬　子

盼望繁花如雪时（小说·黄启乐插图）———王业腾

畹町桥（散文）—————————熊家斌　胡　蔷

醉人的歌（散文）——————————杨忠德

银山翠谷——长篇小说《远山在落雪》中的两章

—————————————————苏　策

万元风波（小说）——————————郑　毅

丽山医生（小说·王正插图）—————金卓桐

春催新芽（小说·程中插图）—————李　理

在白马雪山的怀抱中（散文·孔令生插图）

———————————彭兆祥　杨德华

花泉（散文·孔令生插图）——————马　铭

诗歌

在我的祖国（诗辑）　叶廷滨　杨伊达　米新生

冉隆中　毛诗奇　卫士平　李甜芬　李汉柱　施东元

汪　涛　娜木罕　陈忠文

孔雀的故乡（德宏诗页）

————朵世拥汤　刘鸿渝　许云良　张承源

朱光灿　倪国强　张　珍　黎　晶　新　洲　宁海留

北风——————————————黄东成

洁白的收据—————————————崔　亮

泉眼————————————————马旷源

山野的童话（外一章）———————吉狄马加

评论

开展文艺批评　提高理论修养————张文勋

深些、深些、更深些————————王　松

投入母亲怀抱　吸取丰富营养————艾　金

散文抑扬手法纵横谈————————周冠群

我爱这第一盏绿灯—————————吴守华

跋涉者的歌————————————陈建群

《歌溪》后记———————————吴　然

《序》——————————————郭　风

美术

欣欣向荣（摄影）—————————张　流

兰（摄影）————————————孙维学

《论源岩画》之一—————————曾晓峰

《大理风光资源》——霁虹桥—————夏斌文

《瀑布》之一———————————李开明

《归》——————————————崔安域

《云南特产宣威火腿》之一—————郭　游

石林湖（油画）——————————赵春旭

1983 年第 11 期　刊名:《边疆文艺》
目录

小说·散文

耕山的人（小说·邓旭插图）——（纳西族）木丽春

穿裙礼（小说·李忠翔插图）—————戈阿干

路，伸向远方（小说·张建荣插图）——马　铭

姑娘一早卖菜来（小说·陈学忠插图）——李先钊

月光下，开着一朵白莲（小说·王瑞明插图）

—————————————————胡文琪

迟到的逮捕证（报告文学·黄启乐插图）

————————————（白族）王明达

一张书桌的故事（小说·曾从军插图）——罗　岭

母亲的光辉（小说·李佳葆插图）———淮　青

长江第一湾（散文）————————李汉础

诗歌

云岭新诗————————————于　坚　李光云

毛祖德　晋效先　洪　海　费　嘉　田应时　杜　宁

吴文光　马大车　陈　卡　徐　刘　甫立平　孙家祥

余定一　哈　丁　吕松泉　石　斛

绿叶集—————张雪杉　谢其规　刘嘉碧　刘益善

聂　索　陈　军　朱谷忠　李风山　李根红　朱昌勤

旧体诗三家——————高树鹏　汤君纯　碎石

散文诗页——————闫宝忠　唐大明　原因

寓言四家————凝溪　华路　马瑞麟　陈建群

评论

注意作品的社会效果————————郭思九

"不硬写"与"不硬做"——鲁迅写作经验谈一二

—————————————————邓啸林

奇伟之观常在于险远————————刘朝骏

幸福，是一定的——短篇小说《妈妈祝我幸福》读后

—————————————————吴守华

丹年无语却是诗——看胡善余油画展后感——陈蜀尧

美术

小憩——————————————彭　放

洱海渔舟————————————杨作霖

胡善余作品选

云南省农民作品选—————————崔安域

春（油画）————————————李开明

1983 年第 12 期　刊名:《边疆文艺》
目录

小说·散文
胸怀全局，英明决策（革命回忆录）·············张水发
丰碑下的几朵小说（革命回忆录·题图:郝平）
·············何开文
双龙亭歼敌（革命回忆录·题图:郝平）·······张振军

大理州文学创作作品选
晚秋（小说·题图:李忠翔）·······（回族）张世庆
金老贵出门（小说·题图:刘南）····（白族）赵之星
犟姑娘（小说·题图:王瑞明）·············王学俊
水上的火把节（散文）···········（白族）尹明举
三塔月夜（散文）·······················刘　强
哦，阿倩（小说·题图:段纠）···········陈鸿良
消失不了的记忆（小说·题图:张建中）·······李丽芳

诗歌
深深的怀念·············康　平　丛　林　瑙　尼
吴仲华　朱胜祥　刘　曙　李福春　郑德明　周嘉谟
刘允褆（整理）
苍洱新韵（大理诗页）·············袁冬苇　水　止
宋炳龙　李灿南　段世发　何伟明　杨腾霄　尹金彧
杨登龙　石　樱　谢本良　赵　泽　郑江涛
散文诗页···········王敦贤　皇甫可人　鲜述武
绿叶集（诗辑）·········梁谢成　易殿选　姜金城
李玉昌　穆　仁　李晓松　陈宏光　李霁宇　白　帆
吴琪拉达　和　强　王忠范　黎　虹　石太瑞　李广联

评论
毛泽东文艺思想与中国特色的社会主义文艺·······杜东枝
重大生活转机和农村题材创作·············陈达专
谈对文艺批评的要求·····················尹　鸿
悠悠情思寄版纳·························琼　若
相似的情节与独创的情节·················古远清
不要曲解"雕饰"·······················向尚瞰
寓庄于谐　发人深省·····················余嘉华
深刻的形象　历史的足音·················沙　平

美术
买桂花的撒尼姑娘·······················罗建华
山寨·································沈志坚
金沙水暖·····························张建中
花儿朵朵·····························谭百辛
老来俏·······························林德宏
撒尼寨·······························史　一
搭花山·······························叶公贤

1984 年第 1 期　刊名:《边疆文艺》
目录

报告文学
神矢（题图:郝平）·············黄　尧　朱运宽

小说·散文
山茶花蕾
在亚热带荒原上（小说·题图、插图:陈学忠）
·································邓　贤
小学美术老师（小说·题图:晋夫）·········费　嘉
小店飘香（小说·题图、插图:田应康）·······张嘉珍
全省水平:（小说·题图、插图:柯德恩）
·························莫　知　李　崧
帆（散文·题图:常戈扬）·················杨文杰
游大盈江虎跳石（散文·题图:熊传政）·······郭明效
界河恋情（散文·题图:王瑞明）···········胡　蔷

诗歌
云岭诗会（栏图、插图:贾国中）·····林　净　车　凯
郭玉山　献　青　志　鹏　秋　林　李云峰　李霁雪
南　雁　谢　辉　沿　河　李　楠　刘雪棋　哈　丁
钱君匋　胡延武　昆　藤
散文诗四家（栏图、插图:彭放）
·············那家伦　张祖渠　毛　毛　袁朗华

评论
清除精神污染　繁荣文艺创作
清除精神污染　繁荣文艺创作·············晓　雪
建设社会主义音乐　把最好的精神食粮献给人民
·································金　穗
用社会主义思想占领戏曲舞台·············杨　桐
我对美术界精神污染的浅见···············梅肖青
以美育人励志　抵制精神污染·············陈蜀尧
省文联召开座谈会讨论清除精神污染问题·······李　曦
如云似霞·····························玛拉沁夫
"知道的多，写的少"···················徐　刚
苗壮的艺术新苗·······················维　良

美术
月琴声声（油画）·······················张建中
瓶花（水粉画）·······················夏生兰
郭建苹面塑作品选

1984 年第 2 期　刊名：《边疆文艺》

目录

傻尼姑娘的雕像（中篇小说）⋯⋯⋯⋯⋯吴慧泉
探亲（小说）⋯⋯⋯⋯⋯⋯⋯⋯⋯周孜仁
"朽"木上雕出的花儿（小说）⋯⋯⋯郭　震
饕姑（小说）⋯⋯⋯⋯⋯⋯⋯⋯⋯罗建琳
满山胶林在呼唤收获（报告文学）⋯⋯黎　泉
陆万美同志在抗日战场上（散文）⋯⋯王云铎

南苑芳草

八道河（诗·自选《金沙江文艺》）⋯⋯毕继爱
小河（诗·自选《孔雀》）⋯⋯⋯⋯肖　忠
战士（诗·选自《山梅》）⋯⋯⋯⋯吴　天

春草集⋯⋯⋯⋯⋯刘　章　李松波　钟　山
杨振昆　徐　勇　曹永庆　于启河　苗　林
毕　坚　苏金鸿　舒宗范　魏向阳
骆驼（诗）⋯⋯⋯⋯⋯⋯⋯⋯⋯金　哲
我把晚霞挑落（诗）⋯⋯⋯⋯⋯⋯田玉文
给妻子的信（外一首）⋯⋯⋯⋯⋯高　深
对"崛起"论的回答（评论）⋯⋯⋯李丛中
他在探索生活的哲理（评论）⋯⋯⋯本　常
《野丁香》后记⋯⋯⋯⋯⋯⋯⋯⋯康　平
艾莱蒂斯的教训（评论）⋯⋯⋯⋯程东安

牧场归来⋯⋯⋯⋯⋯⋯⋯⋯⋯⋯柯德恩
牵牛花⋯⋯⋯⋯⋯⋯⋯⋯⋯⋯⋯朱屺瞻
木瓜⋯⋯⋯⋯⋯⋯⋯⋯⋯⋯⋯⋯江一波
鸭戏⋯⋯⋯⋯⋯⋯⋯⋯⋯⋯⋯⋯赵良翰
墨葡萄⋯⋯⋯⋯⋯⋯⋯⋯⋯⋯⋯沈济霖
岭南春⋯⋯⋯⋯⋯⋯⋯⋯⋯⋯⋯张正吟

1984 年第 3 期　刊名：《边疆文艺》

目录

在遥远的大江彼岸（中篇连载）⋯⋯⋯李必雨

山茶花蕾

啊，碰铃⋯⋯（小说）⋯⋯⋯⋯⋯张德尧
《啊，碰铃⋯⋯》读后⋯⋯⋯⋯⋯勇　连
雪融（小说）⋯⋯⋯⋯⋯⋯⋯⋯邓　贤
伸向森林的小路（小说）⋯⋯⋯⋯张开友
参谋长（小说）⋯⋯⋯⋯⋯⋯⋯刘永年
哭陆万美同志（散文）⋯⋯⋯⋯⋯李　乔
太阳雨（散文）⋯⋯⋯⋯⋯⋯⋯骆　骁
苏州（外三首）⋯⋯⋯⋯⋯⋯⋯圣　野

南斯拉夫散歌（三首）⋯⋯⋯⋯⋯汪承栋
螺丝钉（外二首）⋯⋯⋯⋯⋯⋯海代泉
瑞丽江畔（小叙事诗）⋯⋯⋯⋯⋯杨　宏
绿叶集⋯⋯周　导　魏久环　晓薇　李挺奋　普邵华
散文诗页⋯⋯⋯⋯淡墨　高星　辰化　魏　云
从社会效果看精神污染（评论）⋯⋯宋　莘
喜看景颇新人在成长（短评）⋯⋯⋯王炳祥
"艺术角度"随感录（文艺随笔）⋯⋯赵　捷

编辑絮语

年轻人，火热的心⋯⋯⋯⋯⋯⋯黄　伊
略谈编辑的写作实践⋯⋯⋯⋯⋯杨　磊
叶子花（油画）⋯⋯⋯⋯⋯⋯⋯傅启中
水上傣寨（油画）⋯⋯⋯⋯⋯⋯李开明
版画七幅⋯⋯⋯⋯⋯郝　平　李　秀　贾国中
陈　力　万强麟　陈　琦　王冬明　金祥龙

1984 年第 4 期　刊名：《边疆文艺》

目录

在遥远的大江彼岸（中篇小说·续完）⋯⋯李必雨
微笑（小说）⋯⋯⋯⋯⋯⋯⋯⋯白　山
在微笑的后面（短评）⋯⋯⋯⋯⋯王　森
河跳石（小说）⋯⋯⋯⋯⋯⋯⋯存文学
夜来风雨声（小说）⋯⋯⋯⋯⋯⋯魏孝淳
走做（小说）⋯⋯⋯⋯⋯⋯⋯⋯吴凤珍
一朵鲜艳的红山茶（报告文学）——记著名民歌演唱
家黄虹⋯⋯⋯⋯⋯⋯⋯⋯⋯⋯但　平
金沙石（散文）⋯⋯⋯⋯⋯⋯⋯杨世光
落花篇（散文）⋯⋯⋯⋯⋯⋯⋯杨　钊
夜映琐记（散文）⋯⋯⋯⋯⋯⋯高洪波
滇池帆（外三首）⋯⋯⋯⋯⋯⋯沈骏康
雪中的十字街头（外二首）⋯⋯⋯倪金奎
我站在梧桐山顶（诗）⋯⋯⋯⋯⋯王忠瑜
滴水集⋯⋯⋯⋯⋯江　水　王学信　李云峰
张跃虎　肖　钢　王坤红　杨　臻　王白石
散文诗二家⋯⋯⋯⋯⋯⋯⋯车　凯　邹昆凌
评"现实主义和现代主义相结合论"（评论）

⋯⋯⋯⋯⋯⋯⋯⋯⋯⋯⋯⋯⋯刘正强
处女作失败　仍要努力习作（文艺随笔）⋯官晋东
一个重要的党性原则——处理"评《太阳花》"一文
的教训⋯⋯⋯⋯⋯⋯⋯⋯⋯⋯杨　苏
山花（中国画）⋯⋯⋯⋯⋯⋯⋯秦国良
云岭秋色（油画）⋯⋯⋯⋯⋯⋯王瑞明
袁晓岑中国画二幅
秋塘清趣（中国画）⋯⋯⋯⋯⋯⋯张菁研
蕉林笑语（中国画）⋯⋯⋯⋯⋯王澍华

1984 年第 5 期　刊名:《边疆文艺》
目录

责任（中篇小说）————————————————周孜仁
古道悠悠（小说）————————————————李　崶
古道上飘来的歌——《古道悠悠》读后——————海　洋
晚饭后去散步（小说）——————————————汤世杰
岩叫和岩扁（小说）——————————————剑　刊
爱，神秘的弦线（报告文学）————谢　红　刘全健
一束灿烂的石窟艺术之花（散文）——李清昇　谭祖安
逆着重安江行舟（散文）————————————杨明渊
高高的防火楼（散文）——————————————刘　绮
小院里，有颗批把树（散文）——————————京　华
云南的云（组诗）———————————————阿　拜
戈壁诗草（组诗）———————————————高　缨
春天（散文诗）————————————————李　耕
南岛椰林曲（诗三首）—————————————冯麟煌
他微笑，在春天（诗）—————————————潘万提
回望祖国（诗）————————————————李永住
神女·阿诗玛（外一首）————————————张承源
南国雪（外一首）———————————————赵强立
高原大青树（诗）———————————————卫世平
聂耳的文学活动（云南作家与作品）——————崎　松
他胸中有一团火（云南作家与作品）——周孜仁和他
的小说————————————————————黎　泉
略评短篇小说《晚秋》新作评介————————上官玉
短篇小说的开头（短篇小说艺术探微）————谢明德
提高评论质量　促进创作繁荣——本刊台井评论工作
会议
花（油画）—————————————朱　炳　夏生兰
索尼娅·可尼布丝肖像————————[奥]克里慕特
陈祖煌作品选
赵春旭石林写生三幅

1984 年第 6 期　刊名:《边疆文艺》
目录

悬崖、陡坡、急转弯——————————————车　凯
转经路上（小说）———————————————杨增适
《转经路上》编后———————————————勇　连

献给儿童的小花
森林里的篮球赛（童话）————————————尹相如
小蜻蜓参加森林舞会（童话）——————（白族）马　璇
长青藤和地老鼠（童话）————————————郭思九
月儿圆了（小说）———————————————张直心
山枇杷树下（小说）——————————（佤族）董秀英

飘回来的云（小说）——————————————李丽芳
神奇迷离、金碧辉煌（云南风物志）——————侯天祚
校园的风（大学生的诗）——————————于　坚　蔡　翼
张稼闻　岳　丁　拉木·嘎吐萨　杨茂森　朱洪东
骆　梅　崔　亮等
天涯草（组诗）————————————————孙静轩
滴水集—————————————杨　山　丁　芒　潘上九
杨永萍　张先德　雷溅波　黄立新
散文诗页——————————马瑞麟　耿林莽　程丽珠
谈谈刘御的儿童诗（云南作家与作品）————吴　然
简论鲁迅文学评论的趣味性（评论界）————杨知秋
略谈《傻尼姑娘的雕像》得失（青年论坛）———李　骞
艾芜同志谈游记写作（文艺随笔）———肖　枫　谷　冰
散文诗论絮（文艺随笔）————————————周冠群
浅谈人物出场（短篇小说艺术探微）—————陈贤楷
封面设计——————————————朱　炳　夏生兰
边陲之春——————————————————李忠翔
老农夫————————————————————郭洪俊
花——————————————————————杨明理
整装————————————————————秦建勋
月亮弯弯——————————————————许建辉
织——————————————————————汤　平
阿廖奴什卡——————————[俄]维·米·瓦斯涅佐夫

1984 年第 7 期　刊名:《边疆文艺》
目录

观世音与维纳斯（中篇小说）——————————戈阿干
山鬼（小说）—————————————————费　嘉
他给灵魂奏出无声的乐曲————————————王　森
七里蜂（小说）————————————————林雨瘦
豆腐状元"王十万"（报告文学）————————张永权
待命（散文）—————————————————郭明效
秘密信号（散文）———————————————康　平
滴水集——王忠范　冉　庄　廖建军　朱　原　赵时俊
地质队员和酒（外一首）————————————杨　牧
村歌（外一首）————————————————李发模
在高原湖泊上（二首）—————————————章　勇
早晨 8 点（外一首）——————————————哈　丁
勒勒东（外二首）———————————————何　鹰
访盐城————————————————————毛诗奇
船过香溪（外一首）——————————————鄢家发
东坡书院（外一首）——————————————石太瑞
力与美的创造（外一首）————————————罗绍书
散文诗页——————————————————胡本常等
寓言二家————————————————鲜述武　曾建成
浅谈刘澍德文学语言的艺术特色（云南作家与作品）
——————————————————————罗大眉

刘澍德小传（云南作家与作品）⋯⋯⋯⋯赵国青
"长把光芒照后贤"（评论界）——读《田汉论创作》
⋯⋯⋯⋯⋯⋯⋯⋯⋯⋯⋯⋯⋯⋯⋯华　然
到"野"外去青年论坛——漫谈边疆民族题材作品中
的女主人公性格刻划⋯⋯⋯⋯⋯⋯⋯⋯朱静宇
织（摄影）⋯⋯⋯⋯⋯⋯⋯⋯⋯⋯⋯⋯黄国强
王舜水彩画二幅
边塞小景（油画）⋯⋯⋯⋯⋯⋯⋯⋯⋯周路石
佤族笙手（油画）⋯⋯⋯⋯⋯⋯⋯⋯⋯杨　龙
澜沧江（中国画）⋯⋯⋯⋯⋯⋯⋯⋯⋯刘傅辉
撒尼村寨（中国画）⋯⋯⋯⋯⋯⋯⋯⋯谢毓功

1984 年第 8 期　刊名:《边疆文艺》
目录

狱中记（小说）⋯⋯⋯⋯⋯⋯⋯⋯⋯⋯⋯艾　芜
第一个黎明（小说）⋯⋯⋯⋯⋯⋯⋯⋯⋯白　山
雨后天更蓝（小说）⋯⋯⋯⋯⋯⋯⋯⋯⋯罗协中
深山唢呐声（小说）⋯⋯⋯⋯⋯⋯⋯⋯⋯王树田
鉴定会（小说）⋯⋯⋯⋯⋯⋯⋯陈秋生　莫大祥
苗寨的家宴（小说）⋯⋯⋯⋯⋯⋯⋯⋯⋯栗海粟
皖南突围中的新一团（革命回忆录）⋯⋯张铚秀
铜城缅桂香（散文　征文选登）⋯⋯⋯⋯张祖渠
边关战士情（诗）⋯⋯徐　勇　魏　可　马鹤鸣　于启河
锁（外一首　征文选登）⋯⋯⋯⋯⋯⋯⋯梁子高
小镇（外一首　征文选登）⋯⋯⋯⋯⋯⋯田应时
心之桥（诗）⋯⋯⋯⋯⋯⋯⋯⋯⋯⋯⋯石　英
是谁破坏了我们的爱情（诗）⋯⋯⋯⋯⋯刘　御
热（诗）⋯⋯⋯⋯⋯⋯⋯⋯⋯⋯⋯⋯⋯水　台
钢枪·竹苗（诗）⋯⋯⋯⋯⋯⋯⋯⋯⋯刘德亮
李乔谈深入生活问题（云南作家与作品）
⋯⋯⋯⋯⋯⋯⋯⋯⋯⋯⋯⋯⋯刘　力　整理
李乔小传（云南作家与作品）⋯⋯⋯⋯赵国青
"彼岸"人物印象记（新作评介）——读《在遥远的
大江彼岸》有感⋯⋯⋯⋯⋯⋯⋯⋯⋯陶　薇
"蓝的笑"、"绿的哭"及牛仔裤（青年论坛）
⋯⋯⋯⋯⋯⋯⋯⋯⋯⋯⋯⋯⋯⋯⋯莫　凯
服装与性格（小说艺术探微）⋯⋯⋯⋯⋯张运贵
艺术是从"稍微"开始的（小说艺术探微）贺光鑫
给欣赏者留下一个艺术的"空筐"文艺随笔向尚瞰
我们需要这样的编辑（读者中来）⋯⋯⋯苏成义

文讯两则
纺线（摄影）⋯⋯⋯⋯⋯⋯⋯⋯⋯⋯⋯黄国强
边防前沿（中国画）⋯⋯⋯⋯⋯⋯⋯⋯钟开天
庆祝中国书法家协会云南分会成立展览作品选

1984 年第 9 期　刊名:《边疆文艺》
目录

对称美（中篇小说）⋯⋯⋯⋯⋯⋯⋯⋯⋯晋　妮
（附评）热爱美，追求美，创造美⋯⋯⋯潇　潇
白雪覆盖了他的脚印（小说）⋯⋯⋯⋯⋯周孜仁
哦，那双眼睛（小说）⋯⋯⋯⋯⋯⋯⋯⋯李霁宇
他将走向远方（小说）⋯⋯⋯⋯⋯⋯⋯⋯张焰铎
白楼下那个窗口（小说）⋯⋯⋯⋯⋯⋯⋯彭吉中
"从你做起"讽刺小说⋯⋯⋯⋯⋯⋯⋯⋯马宝康
山林歌（散文）⋯⋯⋯⋯⋯⋯⋯⋯⋯⋯⋯董祥云
诗四首⋯⋯⋯⋯⋯⋯⋯⋯⋯⋯⋯⋯⋯⋯杨瑾屏
在边疆的土地上（外二首）⋯⋯⋯⋯⋯⋯骆　虢
春天，我们在造屋（外二首）⋯⋯⋯⋯⋯肖　钢
我向往高速公路（三首　征文选登）⋯⋯曹永庆
献给建设时期的游击队（三首　征文选登）郑雄川
"望夫云"说（征文选登）⋯⋯⋯⋯⋯⋯杨腾霄
滴水集（短诗一束）⋯⋯⋯⋯⋯⋯穆　仁　圣　野
皇帝什么也没有穿（评论界）——文艺创作大众化、
民族化琐议⋯⋯⋯⋯⋯⋯⋯⋯⋯⋯⋯张毓书
独特的环境独特的歌（新作评介）——评《古道悠
悠》⋯⋯⋯⋯⋯⋯⋯⋯⋯⋯⋯⋯⋯⋯韩永福
绘形、传神与写心（小说艺术探微）⋯⋯谢明德

云南省一九八三年儿童文学征文评奖篇目
金色的年华（摄影）⋯⋯⋯⋯⋯⋯⋯⋯⋯毛白鸽
白族民间图案⋯⋯⋯⋯⋯⋯⋯陈永发　收集整理
洱海的早晨（水粉画）⋯⋯⋯⋯⋯⋯⋯⋯刘　南

1984 年第 10 期　刊名:《边疆文艺》
目录

迎着南来的风（中篇小说）⋯⋯⋯⋯⋯⋯魏孝淳
那条绿色小街（小说）⋯⋯⋯⋯⋯⋯⋯⋯陈海萍
鉴赏家（小说）⋯⋯⋯⋯⋯⋯⋯⋯南　翔　严丽霞
孤岛（小说）⋯⋯⋯⋯⋯⋯⋯⋯⋯⋯⋯黄家刚
一个越军特工中尉的命运（报告文学）
⋯⋯⋯⋯⋯⋯⋯⋯⋯⋯⋯胡静华　尹瑞伟
二十年来想着你——柯仲平同志二十周年祭（散文）
⋯⋯⋯⋯⋯⋯⋯⋯⋯⋯⋯⋯⋯⋯⋯王　琳
唱给祖国（诗　征文选登）⋯⋯⋯⋯左一兵　黎雨舟
吴　天　张庆和　马开尧　王梅源　张邦兴
长河·烈火·战歌（外一首）⋯⋯⋯⋯⋯晓　雪
高原采撷（组诗）⋯⋯⋯⋯⋯⋯⋯⋯⋯⋯韩作荣
故乡情（诗）⋯⋯⋯⋯⋯⋯⋯⋯⋯⋯⋯熊明发
九言集（诗）⋯⋯⋯⋯⋯⋯⋯⋯⋯⋯⋯黄　准
滴水集（诗）⋯⋯⋯艾　金　洪三泰　南　雄　江　水

在生活的激流面前（青年论坛）——有感于报告文学
与小说的角逐·······陈本仁
什么人说什么话（小说艺术探微）——浅谈文学作品
中的人物对话·······杨天庆
创新与突破（艺术评论）——评《云南省美术作品展
览》·······徐维良
本刊就改名《大西南文学》举行部分小说作者座谈会

文讯一则
彝族少女（摄影）·······朱明斌
盖房子（油画）·······曾晓峰
俚倛大妈（版画）·······杨顺安
寻觅（版画）·······汤　平
猪市（版画）·······何永明
乌蒙山寨（版画）·······崔安域

1984 年第 11 期　刊名:《边疆文艺》
目录

名花属我（小说）·······毛志成
山那边嫁来的新媳妇（小说）·······刘芝凤
一个业余作者的故事（小说）·······尚静波
金山行（历史小说）·······晏国光
烛光（讽刺小说）·······马　迅
卞主任的晚餐（讽刺小说）·······方　芳
唐督军与法国领事（长篇选登）·······李　乔
让阳光擦亮所有的日子（中篇小说）·······马宝康
让改革之风吹得更强劲些（新作评价）——评《边疆
文艺》十期中篇小说《迎着南来的风》·······吴德辉
黎明，带给人们幻想和希望（新作品评价）——读
《边疆文艺》八期短篇小说《第一个黎明》···林为进
从"未定稿"说到"一字之师"（小说艺术探微）
·······李挺奋
我追念那火热的诗魂（文学回忆录）——怀念柯仲平
老人·······李　子
近几年来外地书报收编转载本刊评论文章的情况及读
者的反映·······叶
彝族妇女（摄影）·······李泽衡
祖国、家乡（油画）·······张之仪
新花（年画）·······杨焕英
乐途（年画）·······赵宋生
月夜（中国画）·······王晋元
荷花（中国画）·······王　惠

1984 年第 12 期　刊名:《边疆文艺》
目录

石韵的破译（报告文学）·······康　平
华夏军人之魂（报告文学）·······张友谦
两朵老山兰（散文）·······王祖训　张开德
莲花池畔（散文）·······赵淮青
不应消逝的浪花（散文）·······马子华
咖啡（散文）·······廉正祥
妈妈的独儿子（散文）·······吕　晴　晓　黎
高高的笋塔边　中篇小说·······柏鸿鹄
青春的旋律　青年诗页·······于　坚　海　抒　郭　斌
吴　赳　李云峰　张　鸿　刘鸿渝　雨后苗　刘晓岚
田家禄　林　珂　孙家祥　张玲娟　潘启发　熊　民
月夜　外一首·······梁谢成
勘探者·······杨汝绸
滴水集　短诗一束·······魏久环　陈志鹏　袁冬苇
奎　龙　张大成　李　兵
散文诗页·········原　因　徐铁牛　唐大明　丁　峻
序《星星寨》·······晓　雪
"艺术变形"随感录（文艺随笔）·······赵　捷
意境与形象（诗艺璀谈）（四）·······张文勋
悲剧快感之谜·······朱运宽
重视人物活动环境的描写　小说艺术探微·······丘　峰
"美人不同面"文艺随笔——短篇小说艺术风格谈片
·······傅腾霄
为城市建设增添光彩·······维　良
简讯·······李　曦
窗口（摄影）·······王　志
天鹅（昆明城市雕塑）·······张元贞
春城圆舞曲（昆明城市雕塑）·······设计:朱祖德
制作:《春城圆舞曲》制作组
赞哈（城市雕塑稿）·······汤佩铭
东川市《开发矿业纪念碑》雕塑·······设计:钟　森
制作:《开发矿业纪念碑》制作组

1985 年第 1 期　刊名:《大西南文学》
目录

中国作家协会副主席丁玲、冯牧谈《大西南文学》
红河水从这里流过（中篇小说）····（哈尼族）艾　扎
遗书（中篇连载）·······李宽定
心病（小说）·······叶　辛
纳多（小说）·······黄　尧
夜歌（小说）·······汤世杰
关于黄龙九寨的通信（散文）·······何士光　周克芹
歌声（散文）·······（土族）熊家斌

冬日二题（散文）————————何秀琴
明代女诗人黄峨（人物志）————冯修齐
大西南之春————邵燕祥 流沙河 柯 原
饶介巴桑 米思及 程显谟 邹昆凌 周 导
吴秋林 付泽刚 李雳雪 巴振亚 菡 芳
散文诗两家————————唐大同 王敦贤
试谈李广田文学评论的艺术特色————许华斌
岳丁小说创作谈————————陈剑晖
改刊致读者
简讯————————————森
版纳临泉（中国画）————————袁晓岑
舞龙蛇（中国画）————————王晋元
啊，土地（油画）————————姚钟华

1985 年第 2 期　刊名:《大西南文学》
目录

火之谷（中篇小说）————（哈尼族）存文学
珍贵的馈赠——评《火之谷》————杨肇焱
礼花（小说）————————高晓声
水碾房的加西莫多（小说）————叶蔚林
遗书（中篇连载）————————李宽定
杜聿明黄埔从军记（报告文学）————黄济人
阿诗玛之魂（散文）————————刘白羽
雾神（散文）————————余仁澍
春燕（散文）————————董祥云
两海相通 鱼不往来（云南风物志）————京 华
散文诗二家————————鄢家俊 李纯人
大西南之春诗会 李发模 谷 禾 费 嘉 张成林
赵时俊 李 楠 李 晶 沈国林 钱正才 王兆雄
小巷星光——永胜县青年诗社诗选
文学创作必须从审美感受开始————刘正强
文学评论随想————————朱静宇
简评《让阳光擦亮所有的日子》————邓 贤
读短篇小说《名花属我》————王炳祥
简讯三则
晨（油画）————————孙式范
十年（国画）————————关山月
牡丹（国画）————————周秀歧
银色的梦（版画）————————李忠翔

1985 年第 3 期　刊名:《大西南文学》
目录

阎红彦之死（报告文学）————刘永年
初衷（小说）————————高 缨
驮铃又响深谷（小说）————蔡汉晖

在遥远的地方（小说）————————曾志明
云雾山少女（中篇传奇小说）————逆 风
遗书（中篇小说连载）————————李宽定
在八千公尺上空（散文）————高行健
诗苑新蕾————侯晓云 刘 克 杨淑芬
王耀军 高云波 吴 强 杨亚峰
大西南之春诗会————海代泉 袁冬苇 杜 丁
欧之德 冯麟煌 张永健
黑女人小叙事诗————————李松波
真实则自成高格（评论）——读李宽定的中篇小说
《遗书》————————胡延武
文艺家也要学点经济学和自然科学（评论）———晓 风
撩起人向往云南的情思（评论）——读《云南留韵》
等组诗随感————————张 灯
简讯一则————————纪 鹏
紫藤（中国画）————————张苇研
喜酒飘香（油画）————熊传政 常戈扬
丽日（中国画）————————朗 森

1985 年第 4 期　刊名:《大西南文学》
目录

会唱歌的树叶（中篇小说）————苏 策
寨边，有一条小溪（小说）————张龙明
景颇山的星——男人生活录之五（小说）————晓 剑
布谷声声（小说）————————高 棠
陡坡（小说）————————魏鹏华
香港散记——赌马————————周良沛
记或人同志二三事（散文）————碎 石
大理山水（散文）————————辛 勤
散文诗三家————车 凯 于 坚 廖建军
大西南之春诗会————顾 颖 汤世杰 叶 簇
张雪杉 石太瑞 圣 野 彭国梁 刘雪棋 李建明
王保义 曹永庆 王忠范 叶 坪 陆 搋 海 燕
时代在呼唤诗歌——云南省诗歌创作述评————万 宪
睿智而幽默的长者——艾青印象————胡世宗
腾空起飞的云南版画——从《拉祜风情》组画获奖谈
起————————王 琦
沃土出壮苗（新人新作评介）————海 洋
织（版画、云南省参加第六届全国美展获铜牌奖作
品）————————陈永乐
巫峡风光（中国画）————岑学恭
拉祜风情（木刻组画之一、云南省参加第六届全国美
展获金牌奖作品）————————郑 旭

1985 年第 5 期　刊名：《大西南文学》
目录

给他以当"将军"的机会（报告文学）……严亭亭
女人·线条·色彩（报告文学）…………何　真
壮丽的行程（报告文学）………………先燕云
以多彩之笔　绘巾帼能人——评本期三篇报告文学
…………………………………………王淑珍
失去的和得到的……中篇小说…………字　心
三仙居（小说）…………………………王胜华
清清龙泉水（小说）……………………李石生
香港散记——关…………………………周良沛
三月（散文）……………………………吴　然
冬日的反照（散文）……………………姚　霏
江边女（散文）……………………晓　雁　邓　琼
青年的诗………………张　烨　晓　龄　上　九
哈　丁　孙红梅　艾　华　毕　坚
大西南之春诗会　纪　鹏　黎焕颐　白　航　莫少云
郑成义　聂　索　郑　南
散文诗三家…………………朱　彻　瑠　尼　耿林莽
咏物片论（诗歌艺术探微）……………周冠群
悲剧快感之谜（二）美学杂谈…………朱运宽
从《强盗》的改编谈起（文艺随笔）……王志斋
淳朴、深情的时代颂歌（新人新作）……汪汉洲
"小窗口"与"大世界"（文艺随笔）……王　科
"星星草"业余文学社成立（文艺简讯）……冯云生
剪新花（中国画）………………………方克麟
寻源·古歌（油画）………邓启耀　李志昆　胡晓钢
婚礼（水彩画）…………………………苏　治

1985 年第 6 期　刊名：《大西南文学》
目录

白色的火焰（中篇小说）………………沈石溪
剑麻（小说）……………………………杨书深
回水湾的搬运夫（小说）………………杨文杰
舞会（小说）……………………………张庆国
嗨，当官儿的！（小说）………………余晓丹
从多味瓜子到花粉食品（报告文学）……杨　苏
她，把美带给生活（摄影报告文学）……编导　晓　剑
摄影　白　日
龙云公子还乡记（散文）………………范志平
珠海，珍珠般的海！（游记）…………刘鸿渝
大西南之春诗会
于　坚　骆　骙　蒋秋红　刘晓岚　朱德友
花儿朵朵（诗）……梁子高　高洪波　程丽珠
散文诗三家……………车　凯　王德明　徐天喜

三令五申的今和昔………………………宋　莘
色彩斑斓的南疆历史画卷（云南作家与作品）
…………………………………………李　玙
评论何妨多挑刺（评论界）……………蔡　毅
应当改善文学评论工作条件（评论界）……陈贤楷
让读者慢慢看明白（小说艺术探微）……谢明德
模仿与抄袭（文艺随笔）………………李挺奋
鬼斧神工出"巧思"（文艺随笔）………徐志福
作家和企业家交朋友（文艺简讯）……娟
《大西南文学》、《个旧文艺》联合举办"锡都笔会"
…………………………………………坚

1985 年第 7 期　刊名：《大西南文学》
目录

马桑部落的三代女人（中篇小说）……董秀英
花花世界（小说）………………………聂鑫森
大同街新号（小说）……………………徐朝夫
浴之幻（小说）…………………………王雨谷
蚁冢（小说）……………………………中　彦
鬼打锣冲的传奇（小说）………………曹　云
我心中的歌（散文）……………………赵淮青
剑阁书简（散文）………………………唐大同
在钢筋水泥的羽翼下（外一首）………叶廷滨
青春塑像（二首）………………………谢克强
爱情诗小辑…………杨承浩　时永福　毛诗奇
李灿南　红霜叶　舒宗范　应　时
散文诗二家………………………吴　然　克之
小凉山掠影（二首）……………………黄晓萍
山乌龟（外一首）………………………王　雁
赞作家与企业家的结合（作家论坛）……洛　汀
文艺批评要有新的发现（评论界）……丘　峰
简评《红河水从这里流过》（新作评介）……徐开荣
《神奇的玉龙山》的语言特色（云南作家与作品）
…………………………………………易　山
编者·作者·读者（四则）
简讯（二则）
冠军之路（油画）………………………王　正
夏（中国画）……………………………柯德恩

1985 年第 8 期　刊名：《大西南文学》
目录

纹面女人（中篇小说）…………………尹瑞伟
美酒神的叛变（小说）……………良　振　成　志
眼睛，寻找阿童木（小说）……………刘　剑
贩龟记（小说）…………………………魏孝淳

井（小说）—————————————————————李 勃
大山，为我作证（小说）————————————垄敏龙
在船上（散文）—————————————————王 松
西柏林国立图书馆之行（散文）————（纳西族）杨福泉
大西南之春诗会—————————梁 南 果 风 严 谅
吴志明 郑雄川 向求纬 张 华
谈评论作者的理论意识（评论界）————————陈 辽
读《阴差阳错三部曲》作家通信——至张长同志的一
封信—————————————————————陈达专
一见倾心（文艺随笔）———————————————李 乔
浅谈文学作品的情感表现（文艺随笔）————詹锦隆
亚热带性格（作品评介）—————————————董保延
《大西南文学》编辑部举办"文学之友"活动
文讯二则—————————————————————徐 骏
待发（中国画）—————————————————王晋元
滇人竞舟图（版画）—————————————————贾国中

1985 年第 9 期　刊名:《大西南文学》
目录

郝有才趣事（小说）—————————————————汪曾祺
在乡镇的酒店里（小说）——————————————何筑光
一个工程师的欢乐和苦恼（小说）————————陈见尧
山匪（小说）—————————————————————余松涛
钉鞋（微型小说）———————————————————晓 剑
同室（微型小说）———————————————————任芙康
开放浪花的河（微型小说）————————————陶建军
混江龙（中篇小说）—————————————————刘 林
密林随笔（散文）———————————————————吴 军
瑞丽江边的界碑（散文）——————————王德明 杨红昆
校园抒情诗——蔡 翼 滕 萍 方 舟 秦 伟 张稼闻
李 军 高文翔 赵春迎 潘 灵 纪云庆 何 松
七律三首—————————————————————张子斋
缅甸姑娘（诗）————————————————————曾伯炎
攀枝花树传奇（诗）—————————————————张承源
归燕（外二章）————————————————————原 因

大西南作家谈大西南文学
莺迁乔木之后—————————————————————流沙河
多民族的大西南文学—————————————————梁上泉
一点浅见—————————————————————叶 辛
三个第一，可贺可喜（新作评论）————————晓 雪
别有天地在人间　云南作家与作品——评中篇小说
《荒火》—————————————————————岳 徒
托尔斯泰笔下女性的笑容（文艺随笔）————贺光鑫
作家李必雨的来信（作家通信）—————————李必雨
大刀进行曲（雕塑）——————————潘 鹤 梁明诚
旭日东升（石版画）—————————————————李宏仁

出猎（拼贴版画）—————————————————史济鸿

1985 年第 10 期　刊名:《大西南文学》
目录

空房（待续小说）———————————————————刘心武
边地来客（小说）———————————————————李钧龙
这里原是古老的城墙（中篇小说）————晓 剑 严亭亭
窑主儿（小说）————————————————————叶 林
威尼斯船歌（小说）—————————————————冯惠明
黑夜的恐怖（小说）—————————————————马端忠
满山红樱花（散文）—————————————————苏 策
老山不老（散文）———————————————————李 巍
瑶山村拾趣（散文）—————————————————诺 晗
火把节（外一首）———————————————————王 甸
在大西南（三首）———————————————————张万舒
神女峰（外一首）———————————————————康 平
在版纳，我寻觅（诗）———————————————欧之德
在钢盔闪耀的南方（诗）——————————————魏 可
爱情诗小辑——————————王中朝 张 谊 倪国强
张辉戈 郭维东 朱谷忠 金 沙

大西南作家谈大西南文学
友谊·交流·担子———————————————————高 缨
开辟民族文学的处女地———————————————李 乔
祝贺《大西南文学》————————————————何士光
当"工程"去作————————————————————黄 尧
丰满而深邃的心灵世界（云南作家与作品）—区汉宗
鲁迅与艾思奇（文学史料）————————————邓啸林
学问作家与学问文学（文艺随笔）————————陈贤楷
接受美学（现代文艺学方法论简介）————章国锋
中国新诗学会成立（文讯）————————————一 木
版画珍珠——藏书票

1985 年第 11 期　刊名:《大西南文学》
目录

蓝色的路标（中篇小说）——————————————何 群
天上，又升起一颗星（小说）————————————刘 琼
狗癞子娶妻（小说）—————————————————杨 征
深深的鹿愁箐（小说）———————————————京 华
索南（小说）——————————————————（藏族）查拉独几
普隆古渡（小说）———————————张晓原 程 辉 乔 瑜
山脊（散文）—————————————————————陈 犀
庵堂（散文）—————————————————————梁 政
长城（外一首）————————————————————陈 靖
长城——和陈靖同志诗————————————————郑 坤

青年诗会······彭国梁 沈骏康 刘扬 于坚 肖钢
唐亚平 雪影 李云峰 飘飘 李琳 哈丁
书签（散文诗）······徐铁牛

大西南作家谈大西南文学
一点感想······周克芹
无题······李宽定
一点希望······汪承栋
猫头鹰及其他（杂文）······宋莘
不熄的生命之火（新作评论）——简评中篇小说《白色的火焰》······刘福
红河传来的新信息······鲁凝
省国防科工办系统积极参加《大西南文学》"文学之友"活动
金鹿鸣春（楚雄市城市雕塑）······设计 纳英 张明星 制作 《金鹿鸣春》制作组
大青树下（油画）······王瑞明

1985 年第 12 期　刊名:《大西南文学》
目录

天边，那一抹火烧云（中篇小说）······先子良
不眨眼的星（小说）······刘祖培
婚姻的变奏曲（小说）······公浦
飘去的云（小说）······普飞
一双牛皮鞋（小说）······陆永福
上帝只给我一次生命（报告文学）······刘永年 金康
告状（散文）······碎石
九重葛（散文）······菲律宾 黄春安
大西南之春诗会······杨然申 身沙鸥 莫少云
李光云 宁宇 袁冬苇 罗绍书 田应时 熊明发
倪俊宇 杨诚 杨臻
散文诗页······秋原 瑙尼 车凯
董祥云 丁峻
大座钟的命运（寓言）······杨向红

大西南作家谈大西南文学
扎根大西南，面向新时代······晓雪
在大西南这张稿纸上······黄济人
到那永远没有终点的远方······李发模
答陈达专 作家通信······张长
提炼（创作谈）······赵捷
关于云南文学创作怎样"突破"的思考······维良
我省召开第一次中篇小说创作讨论会······杨红昆 摄影报导
孔雀之乡（中国画）······靳连臣
鹰（中国画）······宋吟可

1986 年第 1 期　刊名:《大西南文学》
目录

车马炮（中篇小说）······马青
《空房》续篇之一······李成鹏
《空房》续篇之二······张粟
马家渡轶事（小说）······赖俊熙
水桩传奇（小说）······张浩明
旧书店之夜（小说）······陈秋生
啊，战士（报告文学）······杨锦锐
野生动物的乐土（散文）······张建中
家乡雨状（散文）······王淑珍
孔雀之乡短记（散文）······吴然
大西南之春诗会······汪承栋 杨承浩 钱桂蓉
郭斌 孙丽玲 郑雄川 杨照昌
爱情诗小辑······陈茂欣 李晓松 晓龄 陈衍强
黄濂清 李静 贺金梭 张鸿 刘允提
雪情（散文诗二章）······黎正光
大灰狼的奖赏······杨向红

大西南作家谈大西南文学
大西南文学名大声响······益希单增
一点感想······余德庄
大西南好······简嘉
把社会效益作为我们文学工作的唯一准则——作协云南分会召开理事扩大会······刘永年
也谈"待续小说"与"同题小说"关于"待续小说的争鸣"······赵珥
"待续小说"质疑关于"待续小说的争鸣……"《文摘报》
凤头、豹尾（小说艺术探微）
作者、读者、编者······洪波 何真
书讯
爱莎——阿哲姑娘······李泽衡
我送爷爷上学（丝网版画）······韦智仁
速写三幅······杨龙
纺织女工（油画）······傅启中

1986 年第 2 期　刊名:《大西南文学》
目录

南疆草（报告文学）······董保延
雾中的远山（中篇小说）······吴慧泉
《空房》续篇之三（小说）······蒋源
《空房》续篇之四（小说）······刘荣
红梳子（小说）······严民
那五颜六色的彩灯（小说）······张墅

这一夜（小小说）——————————胡 蔷
澳洲人的衣着（散文）——————张建中
鹏城散记（散文）——————————罗建琳
时代和人（诗）——————王 甸 叶廷滨
陈 慧 费 嘉 邹昆凌 白进明 沙江波
散文诗三家——————李 耕 徐天喜 原 因
人生与审美价值世界的探寻（创作谈）——云南青年
文学散论——————————————邓启耀
谈近几年来历史小说创作的几点不足（小说艺术探
微）——————————————林为进
文学评论也要"短平快"（评论界）——陈 辽
我们怎样读作品（美学杂谈）——接受美学简介
——————————————伍晓明
血肉之躯、灵气之物（文艺随笔）——谈小说人物性
格的主体性——————————李挺奋
小咪子——彝族姑娘——————康恩达
访澳速写——————————————张建中

1986 年第 3 期 　刊名：《大西南文学》
目录

为军事文学的繁荣助威（评论）
——————————云南省军区司令员 王祖训
文学与能源（评论）——云南省军区政委 赵 坤
野鸽（中篇小说）——————————沈石溪
从军行（中篇小说）——————————胡静华
片古岗之战（中篇小说）——————尹瑞伟
长刀和血（小说）——————————杨树芳
军营里的小鹿（小说）————————李 鑫
湾江水（小说）————————————赵晓澜
冬天的故事（小小说）————————韩可风
心中的梦（小小说）—————————蒋志能
探家第一夜（小小说）————————王子军
排雷英雄何志文（报告文学）————赵克清
名字的故事（散文）—————————王云龙
绿满南疆（散文）——————————张朝凤
军人的情愫（散文）—————————邓小华
妈妈，你如果想念我（诗）——————赵 勤
无言的送别（外一首）————————赵亚峰
我们的爱是一首诗（诗）——————郭思垠
练（摄影）——————————————边 疆
太阳出来了（中国画）————————梅肖青
春天来了（中国画）—————————王春元
鸿雁（中国画）——————————黄福山
输的是越寇（中国画）————————李光清
边寨夜话（中国画）—————————钟开天

1986 年第 4 期 　刊名：《大西南文学》
目录

一块白杨木的墓碑（中篇小说）————杨 苏
雨帘织着黎明（小说）————————黎 泉
达秋姑娘（小说）——————————艾 扎
大兵姑娘（小说）——————————黄晓夏
取款（讽刺小说）——————————马 迅
称呼问题（讽刺小说）————————丛昌民
伐木声声（散文）——————————高洪波
家乡的蘑菇房（散文）————————诺 晗
芬芳的世界——散文诗八家——柯 蓝 李 耕
文 牧 徐天喜 佟 伟 舒宗范 鄢家俊 骆 骎
谒聂耳墓（诗二首）————————石太瑞
出海（外一首）——————————张雪杉

1986 年第 5 期 　刊名：《大西南文学》
目录

西瓜地纪事（小说）—————————费 嘉
小城多朦胧（小说）—————————吴树乔
白太阳（小说）——————————雁 宁
大峡谷（小说）——————————张庆国
短篇小说二题（小小说）——————张德尧
吠（小小说）————————————李长廷
长头发·短头发（小小说）—————潘 燕
绿水（小说）————————————姚 霏
剪不断的哀思（散文）——悼丁玲同志——李 乔
食在澳洲（散文）——访澳书简之三——张建中
从滇池唱到洱海（诗）——王 甸 陈秀英
阿拜 杨瑾屏 石太瑞
剑麻集（诗）——————————周良沛 曾 波
哈尼人（三首）———————————哥 布
春雨跟着云彩（诗）—————————高 深
我生在月圆的时分（诗）——————杨振昆
思（诗）——————————————曹永庆
大地的欢笑（诗）——————————熊明发
落雨了（外一首）——————————宋亚平
春的花瓣——袁冬苇 雁 寒 程必伦 魏向阳 舒 瑾
散文诗三家——————王 铎 罗文亮 王德进
关于《一千零一夜》评论————————纳 训
生活的色彩与作家的审美角度——评《大西南文学》
1985 年短篇小说——————————范道桂
歌一般的诗——读张永权诗集《绿叶的深情》
——————————————苗得雨
好像有美的音符在飞翔——略论散文的音乐美
——————————————周冠群

"马太效应"杂谈（评论）————————刘汝蟝

水啊，水！（摄影）————————伍耀明

春暖（丙烯画）————————云欣成

秋趣（中国画）————————黄纬成

姚钟华国外速写二幅

1986 年第 6 期　刊名:《大西南文学》
目录

皮包记（报告文学）——《中华住宅建设公司》重大

诈骗案始末————————黄　尧

超员列车 1986 年 3 月 6 日（报告小说）——汤世杰

高原的他们（报告文学）————————何　真

煤气主题变奏曲（报告文学）————————马宝康

航线通向明天（报告文学）————————先燕云

魔方 F 面（报告小说）————————罗建琳

人与鸥（报告散文）————————于　坚

一个永恒的文学主题（评论）————————陈　慧

纪实文学审美琐谈（评论）————————邓启耀

贴近生活　干预生活（评论）——"纪实文学"与青

年作家的锐气————————王淑珍

浣（摄影）————————陈安定

寄自我们的生活——"纪实文学座谈会"剪影

————————李晓明

野菊山谷（中国画）————————王晋元

版画三幅————————郝　平

1986 年第 7 期　刊名:《大西南文学》
目录

结子发贵（小说）————————魏鹏华

酒客（小说）————————李霁宇

窗外在落雨（小说）————————郑　海

生命之夏（中篇小说）————————吴文光

细腰山风波（报告文学）————————何　群　张庆国

"住"在澳洲（散文）————————张建中

常怀美髯公（散文）————————吴德铭

你我之间（爱情诗小辑）——梁彬艳　高美清　飘　飘

陈广斌　冷　燕　张　波　李灿南　新　洲　许宏明

朱德友　王文新　雏　鹰　马及时

北疆短笛（诗）————哈斯乌拉　阿尔泰　舍·尤素夫

金珠玉　博格达·阿卜杜拉

给孩子们（诗）————————赖松廷　潘仲龄　刘　御

诗

绿叶集————————沈　重　冯麟煌　严　谅　沙江波

张　旗　刘　荣　毕　坚　哈　丁　马晓平　芦　萍

散文诗二家————————车　凯　阮志宽

评论

文学批评角度面面观————————伍晓明

作家们，请快去追踪生活的信息————————李丛中

突出个性　繁荣创作

——云南画院首届院展的启示————————徐维良

儿童文学书简

向孩子学习语言————————吴　然

一本有特色的楹联选集

赵浩如《历代楹联选注》介绍————————石鹏飞

云南作家采访团前线采访记实

千里边陲访英雄————————刘永年

诗魂兮，归来————————雁　寒

美术

冬日（摄影）（封面）————————毛白鸽

宝库（套色木刻）（封二）————————万强麟

秋（木刻）（封二）————————杨成忠

山果（油画）（封三）————————刘自鸣

洱海月夜（中国画）（封三）————————高锡印

土林奇观（油画）（封底）————————刘　南

封面设计————————晓　巫

1986 年第 8 期　刊名:《大西南文学》
目录

云南作家前线访问团作品专辑

献给当代最可爱的人（九首）————————晓　雪

此刻，边境静悄悄（组诗）——前线日记————米思及

在战争与和平之间（二首）————————彭国梁

军人，没有眼泪（小叙事诗）————————哈　丁

南中国的人面山影（散文）——前线散记之一

————————汤世杰

紫色的杜鹃花（小说）————————刘永年

诗情（小说）————————吴慧泉

樱桃洼的女子们（小说）————————周文林

蜘蛛（小说）————————鲁　勇

鬼事（小说）————————朱兆麒

街头（微型小说）————————卢云涛

一个越南小孩的梦魇（微型小说）————————黎　军

散文

在云南，有这样一个贫困山区————————张永权

凉山泪————————普　飞

评论

生活、创作及作家的素质—————田世云
变形与认同——————————谢明德
乡土、时代、作家——————————陈贤楷

文讯

云南省军区出现军事文学创作的好势头———尹瑞伟
前方来信——————————————高家鹏

美术

瑶族姑娘（摄影）（封面）—————赛云鹤
起风了（套色木刻）（封二）—————李　秀
动物速写三幅（封三）———————袁熙坤
远方（粉彩水印）（封底）—————李忠翔
封面设计——————————————晓　巫

1986 年第 9 期　刊名:《大西南文学》
目录

温哥华来的马锅头（小说）————（白族）张　长
逼婚（小说）——《边陲记事之一》
　　　　　　　　　　　　　　（苗族）李必雨
苹果园纪事（小说）——————（白族）杨　苏
会唱歌的老屋（小说）—————（回族）白　山
埃谷魂（小说）————————（哈尼族）诺　晗
点火的人（小数）———————（哈尼族）艾　扎
小桥流水人家（小说）————（白族）张焰铎
熟透了的山坡（小说）————（哈尼族）存文学
弦子舞和迪斯科（小说）———（藏族）查拉独儿
老肯吃（小说）————————（纳西族）亚　笙
野女（小说）—————————（爱伲族）朗　确
山外的声音（小说）—————（纳西族）木丽春
高地（小说）—————————（白族）丁光洪
那年我十岁（小说）——————（傣族）王竹曦
克里木火（散文）———————（彝族）李　乔
大漠的绿韵（散文）—————（纳西族）杨世光
我去泸沽湖（散文）——————（彝族）普　飞
桑娜植玛（散文）———（纳西族）拉木·嘎吐萨
圭山牧趣（散文）———————（白族）段云星
日出（外二首）———————（白族）晓　雪
苍山瑞雪（诗）———————（藏族）饶介巴桑
我们小山村（三首）—————（哈尼族）哥　布
相遇，在小巷（诗）—————（白族）袁冬苇
时间（外一章）———————（壮族）瑶　尼
风（诗）———————————（白族）朱洪东
澜沧江（诗）————————（傈僳族）密英文
小溪（诗）—————————（德昂族）杨忠德
云南民族文学在寻找自己的位置（评论）———李丛中

向新的高度迈进——本期小说述评———徐维良
宽松　融洽　探索　创新——我刊举办少数民族作者
海埂笔会侧记————————————潇　潇
思　摄影——————————————陈定安
融洽和谐，心花怒放——云南部分少数民族作家笔会
剪影————————摄影、制作　王洪波　伍跃明
一路春风一路歌（中国画）————（满族）柯德恩

1986 年第 10 期　刊名:《大西南文学》
目录

水·水（小说）—————————————刘祖培
神奇的绿叶（小说）———————————京　华
欲说还休（小说）————————————韩可凤
列车通过魔界（小说）——————————杨爱平
小白院风波（小说）———————————鲍光满
路遇（小说）——————————————拓　荒
龙灯恋（中篇小说）———————————赖俊熙
生命历程的思忆（散文）——————————哈　华
妹妹的礼物（散文）———————————廉正祥
大西南之春诗会—————白　渔　杨伊达　黄蒲生
刘不朽　张承源　邓善洁　朱谷忠
罗际明　刘邵琨　刘　永
探索民族生活的美——评李钧龙近几年来的小说创作
　　　　　　　　　　　　　　　　　　　范林清
纪实风物散文的新收获——读《云南风物志》
　　　　　　　　　　　　　　　　　　　一　叶
浅谈思维模式的对转与置换（评论）————陈达专
心有灵犀一点通——浅说通感艺术—————赵　捷
这是一片希望的田野——滇西赴会记事之一——王洪波
镜（摄影）——————————————张晓梅
民主战士（油画）————————————李靖寰
山间晨彩（中国画）———————————靳连臣
茶花（中国画）—————————————刘傅辉

1986 年第 11 期　刊名:《大西南文学》
目录

躲藏的"皇后"（小说）——————————王唯真
一只钟情的小燕（小说）——————————任斌武
入滇第一关（历史小说）——————————晏国琥
女儿从大洋彼岸归来（中篇小说）—————刘迪云
三家村的故事（微型小说）————————吴传玖
女儿没有回来的小镇（散文）———————李佩芝
历史的回音壁（散文）——————————淡　墨
青年诗会————————王中朝　柯平　李云峰
陈衍强　李晓寒　李光云　郭　斌　田应时　黄　灿

潘上九　王耀军　邹昆凌　吴传玖　谭忠兴　阿　薇

彩虹集（诗）⋯⋯⋯⋯⋯⋯⋯郑雄川　园　农　红霜叶

让现代理性更多地注入文学（评论）——关于云南文学创作的思考⋯⋯⋯⋯⋯⋯⋯⋯⋯⋯⋯蔡　毅

一颗种子在大西南（评论）——纪念鲁迅逝世五十周年⋯⋯⋯⋯⋯⋯⋯⋯⋯⋯⋯⋯⋯⋯邓啸林

欢聚与思索——滇西赴会记事之二⋯⋯⋯⋯⋯王洪波

简讯⋯⋯⋯⋯⋯⋯⋯⋯⋯⋯⋯⋯⋯⋯⋯⋯⋯晓　华

心相印（摄影）⋯⋯⋯⋯⋯⋯⋯⋯⋯⋯⋯⋯黄国强

牛·自然·人（工笔画）⋯⋯⋯⋯⋯⋯⋯⋯⋯高金龙

丰年（摄影）⋯⋯⋯⋯⋯⋯⋯⋯⋯⋯⋯⋯⋯蔡植本

翠羽丹霞（中国画）⋯⋯⋯⋯⋯⋯⋯⋯⋯⋯袁晓岑

1986 年第 12 期　刊名:《大西南文学》
目录

边地风情

西北行⋯⋯⋯⋯⋯⋯⋯⋯⋯⋯⋯⋯⋯⋯⋯⋯张守仁

高黎贡夜话⋯⋯⋯⋯⋯⋯⋯⋯⋯⋯⋯⋯⋯⋯洛　汀

冬街风情⋯⋯⋯⋯⋯⋯⋯⋯⋯⋯⋯⋯⋯⋯⋯黄晓萍

拳击场的斗士⋯⋯⋯⋯⋯⋯⋯⋯⋯⋯⋯⋯⋯周良沛

域外归来

记贝德哥什赤市⋯⋯⋯⋯⋯⋯⋯⋯⋯⋯⋯⋯郭　风

澳洲人的"行"⋯⋯⋯⋯⋯⋯⋯⋯⋯⋯⋯⋯张建中

生活的浪花

乘车小记⋯⋯⋯⋯⋯⋯⋯⋯⋯⋯⋯⋯⋯⋯⋯吴　然

稻草人⋯⋯⋯⋯⋯⋯⋯⋯⋯⋯⋯⋯⋯⋯⋯⋯芮增瑞

荒屯之梦⋯⋯⋯⋯⋯⋯⋯⋯⋯⋯⋯⋯⋯⋯⋯王淑珍

紫薇姨⋯⋯⋯⋯⋯⋯⋯⋯⋯⋯⋯⋯⋯⋯⋯⋯于松华

雪帮山下⋯⋯⋯⋯⋯⋯⋯⋯⋯⋯⋯⋯⋯⋯⋯杨红昆

随笔杂感

诗人·名人·"汉子人"⋯⋯⋯⋯⋯⋯⋯⋯⋯李宽定

感念⋯⋯⋯⋯⋯⋯⋯⋯⋯⋯⋯⋯⋯⋯⋯⋯⋯石　英

散文诗苑⋯⋯⋯⋯⋯柯　蓝　陈　犀　桂兴华　原　因

李　耕　唐大同　耿林莽　骆　骞　萧红涛　李　理

诗人兴会更无前⋯⋯⋯⋯严　辰　王燕生　叶廷滨

沙　鸥　马瑞麟　张永健　徐慎贵　莫少云　张新泉

康　平　王雨谷　袁冬苇　果　风　王忠范　韩　冷

女性抒情诗⋯⋯⋯⋯⋯⋯林　子　黄殿琴　陈秀英

袁成兰　晓　龄　刘晓岚　陈　琦　杨　怀　陈巧英

青年诗会⋯⋯⋯⋯⋯⋯⋯⋯水　舟　刘　扬　李松波

晨　宏　林　净　彭国梁　杨光永　严　谅　魏向阳

朱　平　希　巴　沐国美　李玉昌　卫世平

图曼尼扬诗（外国诗歌选载三首）⋯⋯⋯⋯蓝　曼译

旧体诗词三家⋯⋯⋯⋯⋯夏　雨　李西年　张作为

女矿工的天地（外二首）⋯⋯⋯⋯⋯⋯⋯⋯江　水

雨滴集⋯⋯⋯⋯⋯⋯⋯⋯寒　流　刘　荣　陈时源

吴　兵　宋兴宇　余　奇　李润青　邓　琼　李　瑛

散文与诗⋯⋯⋯⋯⋯⋯⋯⋯⋯⋯⋯⋯⋯⋯⋯晓　雪

美·出自真⋯⋯⋯⋯⋯⋯⋯⋯⋯⋯⋯⋯⋯⋯张　长

散文的美质⋯⋯⋯⋯⋯⋯⋯⋯⋯⋯⋯⋯⋯⋯杨振昆

散文离不开生活⋯⋯⋯⋯⋯⋯⋯⋯⋯⋯⋯⋯张永权

散文的景中情和情中景⋯⋯⋯⋯⋯⋯⋯⋯⋯毛乐耕

新诗＋音乐⋯⋯⋯⋯⋯⋯⋯⋯⋯⋯⋯⋯⋯⋯陈筱平

火红的年华（摄影）⋯⋯⋯⋯⋯⋯⋯⋯⋯⋯代韵涛

明镜（油画）⋯⋯⋯⋯⋯⋯⋯⋯⋯⋯⋯⋯⋯王瑞明

云乡（中国画）⋯⋯⋯⋯⋯⋯⋯⋯⋯⋯⋯⋯谢毓功

封面设计⋯⋯⋯⋯⋯⋯⋯⋯⋯⋯⋯⋯⋯⋯⋯晓　巫

1987 年第 1 期　刊名:《大西南文学》
目录

斑鸠镇说书（小说）⋯⋯⋯⋯⋯⋯⋯⋯⋯⋯李克定

唢呐吹出的河（小说）⋯⋯⋯⋯⋯⋯⋯⋯⋯曾维浩

女人的智慧（小说）⋯⋯⋯⋯⋯⋯⋯⋯⋯⋯榴　红

乌有夜谭（小说）⋯⋯⋯⋯⋯⋯⋯⋯⋯⋯⋯周孜仁

山乡轶事（小说）⋯⋯⋯⋯⋯⋯⋯⋯⋯⋯⋯吉　成

哦，那门⋯⋯（小说）⋯⋯⋯⋯⋯⋯⋯⋯⋯吴佳权

傻眼（微型小说）⋯⋯⋯⋯⋯⋯⋯⋯⋯⋯⋯苗　林

长江漂流队江源之行（报告文学）⋯⋯⋯⋯戴善奎

一个"抄袭专业户"（报告文学）⋯⋯⋯⋯朱振国

硝烟中的诗篇⋯⋯⋯碧玉萧　霍三明　山　娃　张建功

亚　森　薛荣国　方应元

新春诗会⋯⋯⋯⋯⋯谢先云　金　哲　李剑平　王保友

勒　擅　谷春辉　张成林　刘德映

种籽与土地——云南文学断想之一⋯⋯⋯⋯汤世杰

文学呼喊真实（评论）⋯⋯⋯⋯⋯⋯⋯⋯⋯陈见尧

优势·个性·质量——对《大西南文学》的一点思考⋯⋯⋯⋯⋯⋯⋯⋯⋯⋯⋯⋯⋯⋯⋯⋯冯永祺

一句座右铭（评论）⋯⋯⋯⋯⋯⋯⋯⋯⋯⋯杨　苏

来稿综述（评论）——读者对《少数民族作家作品专号》及其他

云南民族文学腾飞的躁动——评《少数民族作家作品专栏》及其他⋯⋯⋯⋯⋯⋯⋯⋯⋯⋯梁兆斌

云南省作协举办短篇小说创作研究班（文讯）⋯⋯⋯⋯⋯⋯⋯⋯⋯⋯⋯⋯⋯⋯⋯⋯⋯筠　卓

远方的朋友（摄影）⋯⋯⋯⋯⋯⋯⋯⋯⋯⋯毛白鸽

同酿丰收酒（油画）⋯⋯⋯⋯⋯⋯⋯⋯⋯⋯杨德华

在人流中（油画）⋯⋯⋯⋯⋯⋯⋯⋯⋯⋯⋯高金洲

傣家新歌（金色木刻）⋯⋯⋯⋯⋯⋯⋯⋯⋯陈永乐

1987 年第 2 期 刊名:《大西南文学》
目录

没有"真空地带" .... 杨树芳
在缤纷的色彩中 .... 沈石溪
无花的荣誉 .... 胡静华
渴望太阳 .... 韩可风
夜话 .... 王云龙
草屋·大楼·猫耳洞 .... 尹瑞伟
未尽风流 .... 彭民希
男子汉 .... 李 鑫
一千二百个孩子在远方 .... 欧之德
希望与期待（评论） .... 云南省军区司令员 王祖训
给《大西南文学》编辑部的一封信 评论
　　　　　　　　　　　　　　云南省军区政治委员 赵 坤
题外话（评论） .... 苏 策
闪耀着八十年代革命英雄主义光芒的诗篇 评论
　　　　　　　　　　　　　　　　　　　　　　　施荣华
谈《在缤纷的色彩中》的艺术构思 .... 杨迎萃
编后话
丛林小憩（摄影） .... 罗维贵
阵地小学（版画） .... 王春元 李传康
路口（国画局部） .... 张 卓
扣林山九勇士（国画） .... 钟开天

1987 年第 3 期 刊名:《大西南文学》
目录

请你吻一吻报春花（小说） .... 张昆华
嫁衣（小说） .... 陈见尧
秋天的絮语（小说） .... 曾 琼
冬天，永恒的回忆（小说） .... 孙 苹
鹤杳（小说） .... 王雨谷
篱笆中间的老桃树（小说） .... 杨玉珍
心灵的呼唤（小说） .... 甘恢理
巷（小说） .... 张德尧
危险，高压电（小说） .... 张尔和
泥泞的，泥泞的阱门口（小说） .... 吕克昌
脚印，留在波峰浪谷间（报告文学） .... 陈志鹏
展览（散文） .... 丁 玲
清碧溪的水（散文） .... 辛 恒
十八岁的表妹（散文） .... 拉木·嘎吐萨
故乡的仙人掌（散文） .... 太汝卉
她们这样歌唱（诗） .... 陈 慧 肖 钢 李 晶
陆少平 阎 妮 曹 静
春草集（诗） .... 王 春 叶 簇 于宗信
毕 坚 杨承浩

船帆（诗） .... 熊明发
散文诗二家 .... 吴 然 车 凯
行动与选择（评论） .... 区汉宗
社会心理和文学创作（评论） .... 杨荣昌
原因的散文诗（评论） .... 朱洪东
高原畅想（摄影） .... 刘建华
老树（油画） .... 沙 璘
张建中访澳画展作品二幅

1987 年第 4 期 刊名:《大西南文学》
目录

夜归（小说） .... 曾志明
黎明，香蕉花正开（小说） .... 辛 勤
你不知道你是谁（小说） .... 汤世杰
表格（小说） .... 李霁宇
明天返回前线（小说） .... 段 平
山恋（小说） .... 杨利先
南疆飘泊（小说） .... 邹纯儒
弄弄坪（散文） .... 李学明
儿子的画像（散文） .... 湘 女
题诗 英雄乐章的一个休止符
　　　　　　　　　宫 玺 黎焕颐 姜金城
春天的抒情（诗） .... 纪 学 张雪杉 刘岚山
高美清 廖建军 章 勇 杨 佳 张 卓 王豫文
何 松 刘位循 王坤红
悼叶帅（诗） .... 马仲明
散文诗页 .... 萧红涛 舒宗范 刘正龙
谈谈文化交流中的几个问题（评论） .... 杨知秋
文艺反映论随想（评论）——关于文学艺术中的再现
与表现问题 .... 杜东枝
比"皇后"更珍贵的——试评小说《躲藏的"皇后"》
中扎古形象的塑造 .... 何 敏
红日（摄影） .... 李玉龙
鲁布革电站工地速写 .... 王晋元 姚钟华
张建中 李忠翔 贾国中 刘 南 高锡印
一抹晚霞古城垒（油画） .... 李靖寰

1987 年第 5 期 刊名:《大西南文学》
目录

坚持"二为"方向和"二百"方针——纪念《在延安
文艺座谈会上的讲话》发表四十五周年 .... 本刊评论员
秦基伟、杨白冰给《含笑花》的复信
勇士与"滩王"的较量（报告文学）——长江漂流记
事 .... 韩声雄 杜敏生
桂花湾奇闻（小说） .... 黎 泉

清明时节（小说）——————————吴翼民
大门边，那座小屋（小说）——————冉隆中
她和他，在那座小楼里（小说）————曹力源
响水河边（小说）————————————张天健
"佐罗"和"小白鸡"的故事　中篇小说——楚臣
礼炮声中（散文）————————————王友琴
北戴河日出（散文）——————————杨美清
八千里外的童音（诗）————————时永福
双西版纳的雾或烟（诗）————————周民
在烟囱下（诗）————————————田应时
爱的流行色（诗）——————————潘万提
青苹果（诗）——————————————胡思明
雨濛濛（诗）——————————————袁冬苇
分手（散文诗）————————————叶子
生命之船的力——《断肠草》后记————彭荆风
我写《腊梅》——————————————乔传藻
小草的启示——简析丁玲的《我是一棵小草》许华斌
没有故事的故事——浅评《三家村的故事》张鸿鑫
贴近生活的一次实践——《大西南文学》组织作家访问鲁布革——————————————本刊记者
意识的断裂与文学的抉择（文艺随笔）范道桂
春暖（摄影）—————————————袁斯鹏
旋（版画）——————————————郝平
剪纸新作
山村（油画）————————————王瑞明

1987 年第 6 期　刊名:《大西南文学》
目录

鲁布革印象与思考（报告文学）————汤世杰
普洛米修士的化身（报告文学）————李乔
大山峡谷间的吉普赛人之歌（报告文学）刘永年
面对世界的回答（报告文学）————杨振昆
银河星光（报告文学）————————魏孝淳
悬崖女杰（报告文学）————————韩永福
灯的遐想（散文）——————————李钧龙
在那条河上（散文）—————————张昆华
一本大书上的几行字（散文）————乔传藻
光洁晶莹的心灵（散文）———————张永权
中奖（小说）————————————成章
领居（小说）————————————余四海
家训（小说）————————————刘翔
白鹤亮翅（小说）——————————彭吉中
鲁布革（外二首）（诗）———————于坚
一个句号（外四章）（散文诗）————车凯
峡谷流韵（诗、散文诗）（水电部十四工程局文协供稿）————陈锐弟　徐旅建　邓琼芬　曾锡泉
朱德友　陶兴荣　陈思聪　盛晓楠

结构模式变革与视觉转换（评论）————陈达专
潜意识中爆发的显意识（评论）——浅说艺术灵感
————————————————赵捷
从"出书比写书难"说起（杂文）————刘正强
从青年路说到标点符号（杂文　文讯）——大西南文学近期活动和评论界的反应————————鹃
深情（摄影）（第二届海鸥摄影比赛一等奖）
————————————————岑再进
与人民同心，与时代同步————————劳徒
窗口（版画）————————————杨德华

1987 年第 7 期　刊名:《大西南文学》
目录

鲤鱼草鱼花白鲢（小说）———————孙学礼
秦月楼（小说）————————————夏天敏
春潮（小说）————————————周昕
大峡谷（小说）————————————孙道雄
在这一个雨夜（小说）————————何秀琴
人面桃花（小说）——————————朱兆麒
工间十分钟（小小说）————————杨卓成
带穗的响蔓（中篇小说）———————刘文华
窗户（散文）————————————李伟卿
旅行（散文）————————————李锦
礁石赋（散文）———————————骆国京
猎人之恋（外一首）—————————杨泽文
在红原————————————————刘章
致 LL————————————————叶恒
峡溪（外一首）———————————陈显忠
滇池（外一首）———————————阿拜
散文诗二家——————————李慎贵　李耕
花山诗蕾——————张锦屏　李春福　高文翔
傅泽刚　邓琼芬　唐纪
英雄们回到了人间——浅评《大西南文学》一组战地报告文学————————————————陈先义
愈开愈鲜艳的民族文学之花————————林为进
这里有一片期待耕耘的宝地——我省部分名作家与国家级科技专家座谈会侧记——————何龙江
一股具有强烈迸发意识的潜流——"花山笔会"读稿札记————————————————刘永年
铜都的一次文学笔会（简讯）—————谭伯礼
金花（摄影）————————————杨腊
瑞丽清晨（中国画）——————（满族）关山月
屋檐下（套色木刻）—————————王周
冠（版画）—————————————郝伯义

1987 年第 8 期　刊名:《大西南文学》
目录

"老山"诗会·············朱增泉　贾进　张国明　谢玉玖
李旭东　刘向海　史洪安　段立明　刘庆军　谌璐
边瑞峰　柴建民　刘玉太　丁怀光　郝长印　沈云飞
王云池　张振军　唐进平　吴传玖　张苏宁
愿老山将士的心灵美光照人间
············中共云南省委宣传部长　赵延光
大胡子班长（报告文学）·········傅剑仁　刘礼宪
黄昏之恋（小说）···················字　心
风雨同路（小说）···················陈锐弟
首席代表（小说）···················潘义广
祭（小说）························钟文惠
树神（小说）·······················吉　成
荒洼迪斯科（小说）··················周自琼
粉红色花蕾（中篇小说）··············吴　江
军魂诗···········王豫文　高美清　张作为
红土地·黑土地（散文诗）·············瑙　尼
军事文学的基点（评论）··············苏　策
《老山诗》前言（评论）···············周良沛
"博"与"专"（评论）·················孙大卫
大胆地"异想天开"（评论）············雁　寒
水上市场（摄影）···················杨成忠
滇东北的一次文学盛会（摄影）···杨学义　普　章
春风（中国画）·····················钟开天
军营处处·························王春之
战区的路·························贾国中

1987 年第 9 期　刊名:《大西南文学》
目录

在爆炸即将发生的时刻（小说）·········吴学良
你曾经对我说过（小说）··············顾蔷英
犟刑警与逃犯（小说）················王佳铭
雨夜，一支 A 小调月光曲（小说）·······郭　斌
峡谷里的涛声（小说）················徐志勇
山，那片白雪覆盖的森林（小说）········洛　汉
芳馨满人间（报告文学）··············刘卫平
为远留谋杀人海
扑所迷离的借刀杀人案（报告文学）·······喻　芳
在闹市里（报告文学）················冰　玄
觅踪（报告文学）——昌宁"12.20"无名尸案侦破记实
···················一　叶　杨　元
对"大同党"覆灭的回顾与思考（报告文学）
·······························刘永年

龙崽（报告文学）···················刘新春
努力塑造当代人民警察的形象
·············云南省公安厅长　刘选略
鸣谢与希望·········云南省公安厅副厅长　冯家聪
可贵的探索　可喜的收获
·········云南省公安厅政治部主任　曾昭贵
浅谈我国法制文学的繁荣和社会效果
·········云南省政法专科学校教师　韩　冷
封面（摄影）·········夏明举　黄国强　李国坚
金盾增光彩　文苑添新葩···········马锡堂　摄影
滇云印社作品选················孙太初等 11 人
晨雾（套色木刻）···················陈玉平

1987 年第 10 期　刊名:《大西南文学》
目录

要一百头牛作聘礼的姑娘（中篇小说）
···························（纳西族）亚　笙
寡妇桑娥（小说）··············（哈尼族）朗　确
闪亮的牛耳刀（小说）···········（回族）马明康
梦鸟（小说）·················（白族）丁光洪
呼号的江桥（小说）············（白族）杨利先
边地青春（小说）··············（彝族）熊家斌
寨头有颗龙宝树（小说）·········（阿昌族）曹先强
风孕（小说）·················（瑶族）浩　水
山岚（小说）················（普米族）和善全
火红的凤凰花（小说）···········（傣族）帕　罕
从生活到艺术（评论）················蔡　毅
多色彩、多层次、多角度、多功能（评论）···徐维良
溪畔（摄影）······················杨成忠
本刊举办第二次民族作者笔会（摄影）
···························（白族）段云星
傣女（中国画）··············（满族）柯德恩

1987 年第 11 期　刊名:《大西南文学》
目录

养活，然后杀死（报告文学）——记肿瘤细胞学家梁
明达教授·························张　长
伴着朝阳行走的人（报告文学）——获得一级骑士勋
章的青年·························先燕云
请给我一个支点（报告文学）——与一位数学家的偶
然交往···························杨伊达
中华桫椤（报告文学）——记蕨类学家朱维明教授
·······························李必雨
红了咖啡，绿了橡胶（报告文学）——副总农艺师黄
泽润和他从事的色彩事业···············王左生

人间要好烟（报告文学）——烟草副研究员雷永和与他的烟·····················李霁宇
有机微量化学的宫殿里（报告文学）——记王昌益教授和他的化学世界·················杨 苏
大板车的药物学家（报告文学）——李树楠的故事·················李树梁 李鉴钊
最精密的尺寸（报告文学）——记昆明机床厂总工程师邹庠·····················周孜仁
爱，在她的心中（报告文学）——记爱的使者肖代芬主任·························屈明光
在心中构筑一个纯洁世界（报告体散文诗）——记云南工学院王飙教授···············车 凯
期待更多的反映优秀科技工作者的好作品问世·····················朱志辉
促进更多的优秀专业技术人才脱颖而出·······闪谆昌
他们从那个神奇的世界走来——评本期发表的一组报告文学作品·····················何龙江
封面摄影·······················廖可夫
春城小景（速写）·················马新儒
徐霞客游滇图（中国画）·············田应康
蝶泉映幽（中国画）···············杨 明

1987 年第 12 期　刊名:《大西南文学》
目录

散文诗歌专号
大理雨·······················冯永祺
雨在窗外·····················潘 燕
香肠·······················高洪波
神女镜·················（藏族）喻国贤 达达
桃花米·····················廉正祥
花流·······················王淑珍
翠绿的高碑················（纳西族）杨世光

域外归来
哥本哈根夜曲···················阎纯德
温哥华半周····················骞先艾

四海游踪
建文帝的下落（外一篇）·············汪增祺
夜过勐遮坝····················郭 斌
在昭君故里····················黄濂清
泰山中天门····················郭永功
巍宝山记游····················李清昇
诗人之窗·······黎焕颐 梁上泉 白 航 钟永华
芦 萍 米思及 圣 野 朱谷忠 莫少云 李云峰
海 男 陈佩芸 袁冬苇 费 嘉 李发模 张雪杉
张承源 冯麟煌 徐慎贵 红霜叶 刘鸿渝 邓耀泽

韩映山 陈 泥 毛祖德 果 风 李汉柱 刘雪祺
王中朝 晋效先
欢腾的群山——写在党的十三大召开的日子里
·························李光云
读《红楼梦》杂感 七律十三首·········张子斋
民族花环·······（白族）杨承浩 （傈僳族）密英文
（藏族）何国兴 （景颇族）晨 宏 （瑶族）赵 文
（普米族）殷海涛 （回族）哈 丁 （哈尼族）哥 布
青年诗会·········郝万峰 潘上九 魏向阳
飘 飘 陈 虹 英之 潘大华 王星亮 黄建安
朱 平 泣音
文学之友·········阿薇 廖云华 刘红春
张成林 李本力 张永俊 岳德文
散文诗页·········淡墨 瑙尼 原因
谈文学批评层次和模式的交叉与互补（评论）
·························陈 辽
也谈"形散神不散"（评论）··········王子威
面对"欧化"浪潮的沉思（评论）········黄吉生
就散文诗《野草》的"难于直说"谈谈象征艺术（评论）·····················刘正强
藏族少女（摄影）················毛白鸽
笔会影讯···········相 洪 宰 李 摄影报导
歇（油画）····················卢汝能
红土情（油画）··················李成忠

1988 年第 1 期　刊名:《大西南文学》
目录

想起了玉坦（纪实小说）·············李钧龙
复苏的山林（小说）············（哈尼族）朗 确
狮螺连长（小说）·············（回族）马 青
缺土（小说）···············（回族）白 山
秋色（小说）···················葛耀辉
刀杆怨（小说）·············（白族）段云星
傻伲野丫（小说）············（哈尼族）明 追
荒原的古树（小说）···········（彝族）吉霍旺甲
踏浪汉子（"中国潮"报告文学征文）
·················徐祖根 高晓虎
通天河水（散文）················赵淮青
忆赵树理（散文）················杨百铸
春天的旋律（诗歌）·········梁芒 李挺奋 董祥云
韩 冷 曹永庆 沈永昆 贾 进 张振军
在改革开放中走向新的文学时代（笔谈文学的改革）
·························晓 雪
解除契约（笔谈文学的改革）··········黄 尧
《桂花湾奇闻》所揭示的问题（笔谈文学与改革）
·························杨肇炎
艺术的天平

——谈黄金分割与美感效应（评论）————赵 捷
本刊编辑部召开座谈会学习社会主义初级阶段理论和
党的基本路线
"中国潮"报告文学征文百家期刊联名启事
《大西南文学》少数民族诗歌有奖赛启事
杜鹃花（摄影）————邹联聪
迎春（中国画）————靳连臣
铺路石（版画）————林德宏
龙（版画）————贾国中

1988 年第 2 期　刊名:《大西南文学》
目录

下一个节目：独角戏（讽刺小说）————任斌武
猎歌二题（小说）————沈石溪
舞（小说）————辛 勤
风雪东山庙（小说）————傅蜀亮
寻觅（小说）————张长京
曼允寨的佛塔（小说）————王竹曦
一块女人的碑（小数）————邓琼芬
砸锁·楼梯（小小说）————赵正胜
在橡胶林里（小小说）————陈家龙
来自伦敦的皇家勋章（云南旧话）————马守昌
中国云南楚雄彝州之行（散文）
　　　[美]马克·本德尔 李德馨 孟之仁翻译
故乡的话（散文）————杨红昆
春之声————胡天风 海代泉 李 楠
王佳翔 普之文 陈桂萍 杨浩东 冯林菊 廖建军
诗海中的水滴（诗歌）————段 庆 刘向海 王 正
刘游平 史洪安 张 钢 徐槐荫 林 西 张翼翔
散文诗二家————吴然 原因
现实主义的力量、发人深思——读《鲤鱼草鱼花白
鲢》（笔谈文学与改革）————秋 欣
在现实与希望之间——评周孜仁小说创作————文祖平
宋前小说一大观（一）————蔡育曙
用真情写真爱真知————张焰铎
鸥翔————杨克林
云南千里边防画展作品选
　　　钟开天 高中炎 冉守疆 张亚雄
土林人家————王瑞明

1988 年第 3 期　刊名:《大西南文学》
目录

刻在保险柜上的惊叹号（报告文学）————段 宁
浑水塘纪事（小说）————王德明
胖嫂，一个杂色调的故事（小说）————魏孝淳

无量山二题（小说）————文 鲱
雨丝般的雾（小说）————丁光洪
梁子（小说）————吕克昌
伤心的缅桂（小说）————张龙明
蓝色的街灯（小小说）————刘 琪
晚归（小小说）————刘勇德
珠光宝气翡翠城（云南旧话）————马守昌
哥（散文）————里 遥
珠江源呦珠江水（散文）————吴 军
红土高原的女性（诗）————靳春 秋鸿 李建英
王建芬 黄翠芳 赛蓉华
三色花（诗）————袁冬苇 刘位循 李灿南
田丕鸿 李开义 刘桂阳 马华孔 吕云芳
本刊诗歌有奖赛作品选登————晨 宏 潘上九
云南文学：重在对心理世界的穿透（评论）————杨荣昌
评中篇小说《石钟山的故事》（评论）————范道桂
凝溪《雄狮与哈哈镜》序————陈伯吹
民族特色 质朴情感（评论）————金鸿为
文艺随笔二则"纯文学"释义、模仿与竞争————杨知秋
超越寻常谋新篇（文艺随笔）————雁 寒
历史·思绪·理想（摄影）————袁斯鹏
田间（水彩画）————陈崇平
不嫌屋窄家中坐（水彩画）————苏 智
小镇秋阳（水彩画）————杨永福

1988 年第 4 期　刊名:《大西南文学》
目录

"中国潮"报告文学征文
新闻人物启事录————刘祖武

中篇小说
扁担山风情————刘祖培

短篇小说
乖狗————许泰权
沙木戛·走回部落————（佤族）董秀英
第六任校长————张立彪
月下敲门声————（白族）赵 勤
空白待补————（纳西族）和建华
选择————付锡文
开会迷————杨圭桌
眼病在那里————元德书

游记
傣家一席饭————字 心
会当凌绝顶————白舒荣
绚丽多姿的三峡————刘雪祺

寓言二则 ————————（中国香港）孙重贵

诗歌

识小录 ——————————————圣　野
北郊工厂的女王（外一首）————————于　坚
异国之灯（外一首）——————————李松波
抛锚，在神女峰（外一首）————————黄邦君
梦的影集 ——————————————娅　艨
眺望树 ——————————————陈荣才
云南的雨（外一首）——————（白族）阿　拜
我与诗 ————————————（回族）马开尧
本刊少数民族诗歌有奖赛作品选登　袁冬苇　陈家祥

评论

是雅俗异途，还是雅俗互补? ——————陈　辽
把题材优势转化成创作优势 ——————白崇人
于雅俗之间见功力——《诗词审美》评析 ——蔡育曙

美术·摄影

水的欢歌（摄影）——————————杨克林
版纳的故事（油画）—————————熊传政
歌仙（油画）————————————郭　游
牛（油画）—————————————杨德华

1988 年第 5 期　刊名:《大西南文学》
目录

一个 140 万元特大诈骗案的报告（报告文学）
　　　　　　　　　　　　　　　　　莫　知
大青渡口（小说）——————————沈培平
情债（小说）————————————张　墅
初乳（小说）————————（哈尼族）阿　婼
心中的圆月（小说）—————————王佳铭
我们都是太阳（小说）————————刘光华
黄莲爱（小说）———————————蒋凤仙
云台悬棺（小说）——————————刘廉昌
雨中（小小说）———————————杜文明
莲花赋（散文）———————————杨启云
老山下，有一条盘龙江（组诗）————朱增泉
童心绽开洁白无瑕的笑（诗外一首）———金　哲
诗海采珠 ———————————李云峰　贞　岛
卢传文　李建林　罗　云　吴秋林
本刊诗歌有奖赛作品选登
　　　　　　　　　哈　丁　田应时　刘红春
寓言六则 —————————————水　台
由玉坦想起了善——读《想起了玉坦》随笔—陈鸣峡
瑙尼和他的散文诗 —————————艾　歌
灵感与顿悟（评论）—————————李挺奋

小夜曲（摄影）———————————刘江江
丽江老镇风景（油画）————————刘自鸣
山路（油画）————————————杨　龙
巴黎地铁（油画）——————————姚钟华

1988 年第 6 期　刊名:《大西南文学》
目录

治癌"神医"传奇（"中国潮"报告文学）——杨大镇
万元户星夜上老山（"中国潮"报告文学）——杨树芳
乡场上的皮匠（小说）————————夏天敏
雾夜来客（小说）——————————吴慧泉
有客台湾来（小说）—————————周百义
在那遥远的小山村（小说）——————尹国春
幻觉（散文）————————————孔　华
农民企业家轶事（三首）———————潘万提
诗三首 ——————————————傅天琳
绣球（外一首）———————————毛　翰
石林，我骑着一匹大马 ————————聂　索
《珠江源》编辑部和本刊联合举办少数民族诗歌有奖
赛作品选登——————瑙尼　赵文　哈腊　柯　平
王豫文　李阳喜　和建华　辛　恒　韩碧煦　艾　华
散文诗页 ——————————舒宗范　尹祝生
徐慎贵　徐天喜　金美玲
散文主题丰富性杂说（创作研究）————周冠群
儿童散文漫笔（创作研究）——————吴　然
唱给故乡的歌——读晓雪诗集《苍山洱海》——未　青
山美　水美　人情美
——读李鉴尧敬文集《水意山情》————方　欣
执着于高原的诗魂——淡墨散文诗集《大峡谷之恋》
随想 ——————————————王　乙　李明生
作家应该是杂家 ——————————王志斋
来函照登 —————————————贾国中
课余（摄影）————————————王　瑜
王晋元中国画二幅
悠悠松江水（套色木刻）

1988 年第 7 期　刊名:《大西南文学》
目录

报告文学

沙旬女老板（"中国潮"征文）————马明康
关不住的才情（"中国潮"征文）————湘　女
当改革真的来临（"中国潮"征文）
　　　　　　　　　　　　　　徐祖根　高晓虎

小说世界

漂泊女异国奇遇（中篇通俗小说）———美 琪 琳 红

"女包公"（幽默小说）———————————金朱桐

野火（小说）—————————————————赖俊熙

逝水（校园小说）———————————————杨蔚冬

散文

杜康村归来———————————————————字　心

寄向故乡———————————————————上　九

偶像的困惑与沉思———————————————纯　人

寓言三家—————————金江　李植峰　吴秋林

诗歌

少数民族诗歌有奖赛作品选

——————朱增泉　郭斌　刘水云　张成林

圆明园题照（外一首）————————————叶廷滨

不惑—————————————————————李霁宇

女季节工———————————————————胡天风

版纳行———————————————————高树鹏

诗海采珠——————鲁　萍　书　山　黄建安

朱艳芳　王　春　李　宝

散文诗页——————叶知风　原　因　张友荣

评论

努力描写和培养社会主义新人——重新学习邓小平同

志《在中国文学艺术工作者第四次代表大会上的祝

辞》的体会———————————————杨　苏

马铭、这小子（新作短评）——读中篇小说集《孤

灯》————————————————————杨振昆

包含露珠的生活花瓣（新作短评）——读《野象出没

的群山》———————————————————春　牛

简说诗歌要歌（文艺随笔）—————————苗得雨

百花齐放繁荣创作——作协云南分会、《大西南文学》

编辑部召开创作座谈会———————————由　甲

写在长诗《郎京里》出版之时————————倪金奎

美术·摄影

人生将怎样谱写（摄影）————————徐庆元

报春（中国画）———————————————王景琨

观海（书法）————————————————李训华

天工神造（中国画）—————————————曹延路

鸡冠花（水粉画）——————————————陈菊菊

1988 年第 8 期　刊名:《大西南文学》

目录

纪实文学

云锡专家在英国（"中国潮"报告文学征文）

———————————————————————贾恩霖

小说世界

白蔷薇（中篇爱情小说）———————柏鸿鹄　杨　昭

听歌（小小说）———————————————李　瑨

介绍（小小说）———————————————管　一

甑子窑（小说）———————————————龚金才

影视文学

南天祭情（电视文学剧本）——————吴传玖　陈宗光

神奇·美丽·丰富

浪花辉映晚霞（散文）————————————张昆华

寻美而去（散文）——————————————里　遥

月夜听笛（散文）—————————（中国台湾）曾　焰

云南诗人作品展——周良沛　费　嘉　王琳　马瑞麟

重登六盘感怀（外一首）———————————陈　靖

受阅日（外一首）——————————————张国明

圩镇榕荫（诗）———————————————黄　灿

三月（诗）—————————————————晓　可

诗歌有奖赛作品选————密英文　李　露　陈　亮

乔砚泉　姬海云

满洲里———————————————————陈志泽

文艺论坛

"你不可能重返家园"（创作研究）———————区汉宗

同一性与随意性（探索与争鸣）———————伍林伟

我读《老山诗》（新作短评）————————杨红昆

美术·摄影

寺（摄影）—————————————————陶松生

乡路（油画）————————————————李开明

雨后（中国画）———————————————王森祥

九寨沟（色粉画）——————————————吴玉柱

1988 年第 9 期　刊名:《大西南文学》

目录

纪实文学

三七冲击波（"中国潮"报告文学征文）———王　芳

灰色的陷阱（报告文学）——杨德新贪污案始末

———————————————————————兰光鉴

春城歌女（报告文学）———————————阿　难

小说世界

大黑山人"边疆四十年"小说征文 ············ 马 铭

彩月（民族风情小说）················ 张焰铎

不许回家（微型小说）················ 李学军

神奇·美丽·丰富

散文笔会 ············ 戴 旦 于 坚 李春玉

朱兆麒 张 勇 丁永斌 杨美清

吴永湘 芮增瑞 韩永福 朱赓武

小小说三家 ········ 许晓毅 计用福 刘真文

诗海采珠 ········ 梁上泉 马 戎 宋德丽

黄建安 张开友 李晓寒 张开良 张爱民 邓 辉

刘德金 夜 航 阮学红 王 岚 汤文毅 梁 华

唐云发 刘润明 罗 云 方奇冕

刘夏文 肖循利 尹广洲 水 华

诗歌有奖赛作品选

············ 潘俊龄 金鸿为 王建芬 柏桦 李白英

文艺论坛

超越、突破的关键：民族文化与当代意识交相融汇

（探索与争鸣）················ 官晋东

确定性向非确定性内涵的倾斜（新作短评）

················ 王 乙 李明生

壮美、多姿、神奇（新作短评）········ 一 叶

创作线索浅谈（创作研究）············ 钟 法

美术·摄影

闯入大千世界（摄影）················ 张艳秋

湖畔（中国画）···················· 田应康

云南艺术学院工艺美术系师生作品

1988 年第 10 期　刊名:《大西南文学》
目录

小说世界

早么父子和阿崩神牛（边疆四十年小说征文）

················ 王业腾 王 霈

抚仙湖明珠传奇（中篇传奇小说）······ 尹晓成

莫名的日子（都市生活小说）·········· 曾 琼

小角色（幽默小说）················ 蒋凤仙

报告文学

阿庐美人——记云南第一洞·········· 杨永明

神奇·美丽·丰富

少数民族诗歌有奖赛作品选登 ······ 柏 叶 王佳翔

高文翔 时星原 李 楠 毛菁文 南 云 曹永庆

云南诗人作品展 ···· 米思及 彭国梁 杨承浩 王建芬

世纪的红石榴 ···················· 康 平

短诗一束 ········ 余德庄 唐流德 聪 聪

李湘琦 杏 子 勾魂 茅地 高厘原

帕瑞山·卡塔克先生印象（散文）······ 袁 鹰

文化的使者（散文）··········· 余寿荣 龙 强

被镂刻的（外一章）················ 李 耕

文艺论坛

美的发现与表现（创作研究）·········· 李 骞

关于作家的人格结构问题（探索与争鸣）···· 杨荣昌

引人入胜 雅俗共赏（新作短评）········ 方 欣

开拓者的思索（新作短评）············ 李必雨

静夜杂忆（杂文）·················· 晓 风

云南省社科文艺期刊研究会成立（文艺简讯）

···························· 边 文

五省区藏族文学研讨会综述·········· 木 昆

希望作者与读者同步（作者、读者与编者）···· 迟 来

美术·摄影

乐（摄影）······················ 袁斯鹏

晨牧图（中国画）·················· 赵宋生

1988 年第 11 期　刊名:《大西南文学》
目录

小说世界

601 房间凶案透视（中篇纪实小说）······ 王云龙

江祭（边疆四十年小说征文）·········· 张忠伟

斗牛女的侍郎餐（民族风情小说）······ 岑隆业

最后一颗黄桷兰（短篇小说）·········· 周自琼

武师（通俗小说）·················· 高春林

月儿西斜（短篇小说）················ 谭亲荣

男高音（幽默小说）················ 郭 毅

白毛（讽刺小说）·················· 张绍碧

神奇·美丽·丰富

小城记忆（散文）·················· 陆 莹

土林游踪（游记）·················· 屈 宁

散文诗页 ········ 马 青 于 戈 罗文亮 余定一

诗歌有奖赛作品选 ········ 肖 筱 拉木·嘎吐萨

王锡生 杨志刚 韦德明 华 杰 王红彬 晓 雁

傅泽刚 刘位循 王子文 王延林

诗海采珠 ······ 伊丹才让 王浦安 朱发虞 段 林

文艺论坛

淡妆浓抹总相宜（探索与争鸣）········ 赵 捷

历史感：对现实的深入与超越（创作研究）···· 朱运宽

阿崩神牛的启事（编余谈片）·········· 剑 瑶

文学，向何处去?（文艺随笔）·········· 黄吉生

235

滇东、滇南八地州创作座谈会在曲靖举行·····本刊记者
景颇族当代文学讨论会在昆明召开··········梁玉锦

美术·摄影
封面摄影·······································康恩达
春雨初晴（中国画）·······················王森祥
童趣（中国画）··························刘　浪
村寨边（中国画）·······················柯德恩

1988 年第 12 期　刊名:《大西南文学》
目录

小说
滴血的寨规（边疆四十年小说征文）········刘超民
梁柱石的"生活方式"（农村生活小说）·······孙凯宇
"消防市长"和雕塑家（都市生活小说）·······李洪文
陈二娘（幽默小说）·······················钟文蕙

纪实文学
热土（"中国潮"报告文学征文）··········莫　知
"流浪文豪"在昆明（传纪文学）··········廉正祥
大盗伐后的忧思——来自金沙江上游大森林的报告
（报告文学）····查拉独几（执笔）　寒　宇　庆　春
文明医院二三事（散文）·········清　尧　荷　琼
他跋涉在雪山的花丛中····跋　桑　光　禄　杨　光
醉了的害克底（散文）·········和世新　文　兴
溢出穷山窝窝的梦——特困县里的一组个体户的速写
（散文）·············石奇程　国　华（执笔）
茂　松　丽　魁

诗歌
诗歌有奖赛作品选·······摩　萨　倪国强　孙晓信
哥　布　朱炳禹　魏向阳　明　珠　喜饶尼玛
许泰权　李光华　申维升　白应成　金　沙
王易萍　马霁鸿　顾树凡　张绍碧　李本力
诗海采珠·······杨　莉　姜新武　张福崇　李中华
春天小集（散文诗、三章）···············吴　然

文艺论坛
云南文坛写意（探索与争鸣）············李汉柱
周良沛诗歌评论印象及其他（创作研究）······冯肖华
文学欣赏：心灵的感应（文艺随笔）········李丛中
关于《漂泊女异国奇遇》的通信（创作通讯）
·····································晨　昕

美术·摄影
未来（摄影）·······························袁思鹏
牧民与牦牛（水彩画）·····················傅启中

筛（油画）·······························杨元虎
幽枝（油画）·····························沙智滨

1989 年第 1 期　刊名:《大西南文学》
目录

风雨梨花泪（中篇社会小说　边疆四十年小说征文）
·····································魏孝淳
山妖与海怪（中篇武侠小说）··············鹤　川
震撼斋月的枪声（中篇惊险小说）··········杨利先
痴痴恒河情（中篇爱情小说）··············一　都
封面摄影·······························段　纠
中国画二幅·····························夏　暄
版画二幅·······························赵耀鑫
伴（水彩画）·····························傅启中

1989 年第 2 期　刊名:《大西南文学》
目录

小说世界
爱情失落在舞厅（中篇爱情小说，边疆四十年小说征
文）·····································文同懿
高山姑娘投夫记（民族风情小说）··········杨美清
艾鸾和她的心上人（边地爱情小说）
·····························（中国台湾）思　渝
中邪（幽默小说）·················（白族）石　彝
拉祜泉（民族风情小说）··················何发昌

新世态小说
菩萨太多·······························王大竹
中奖···································苗　林
电棒···································吴　军
分脚···································古　讷
岩洞相会·······························冯德胜
冲击···································漩　流
领带···································黄濂清
"黄牛"·······························白应成
人吓人，吓死人·························高美清

报告文学
走过古秦道（"中国潮"征文）·······吕克昌　蒋吉成

散文之夜
祭灵···································袁功荣
归来的黄鹤（游记）·····················刘雪棋
也算隐秘的故事（散文）··················张　静

诗海浪花
少男少女的恋情（诗辑）·····杨 莉 谢明洲 乡 溪
徐 阳 戴 青 黄建安 李 杰 麦 芒 郭若辉
赵玲虹 徐明高 西 篱
野玫瑰（外一章）·······························高 星
云南诗人作品展·········于 坚 李光云 雷平阳
读友诗页···············蛮 胤 胡 萍 沙必路
李耕志 陈忠文 陈剑宁 张宏歌 陈月辉 高先佑

文艺论坛
傣族文学的新突破·····························李丛中
也谈"形散神不散"···························尹瑞雯

美术·摄影
回眸（摄影）·································杨克林
五百里滇池奔来眼底···························刘傅辉
湖畔（版画）·································陈永乐
节日（版画）·································李 秀

1989 年第 3 期　刊名:《大西南文学》
目录

女作者小说专页
神秘谷口的镇魂棍（边疆四十年小说征文）
·····························（傈僳族）司仙华
樱花泉（边疆四十年小说征文）····（哈尼族）黄 雁
梦蝴蝶（边地爱情小说）·········（白族）李剑平
课桌旁的姑娘们（大学校园小说）·········吴娟妹
雨夜的絮语（都市生活小说）·····（回族）白 山

报告文学
1998·云南大地震（"中国潮"征文）·····李开义
在震后的土地上（"中国潮"征文）
·····················（哈尼族）存文学 李正新 李自贤
来自云南的深圳按摩女郎（"中国潮"征文）
·····································陶 薇

开花的土地
丁玲与柯仲平（散文）·······················王 琳
铜彩、陶彩与白玉兰（散文）···················王淑珍
少女的梦（诗）·················王建芬 瑞 秋
肖 钢 杜卫华 李白英 尹 坚 罗 云
云南诗人作品展（诗）
···············晓 雪 杨伊达 袁冬苇 王豫文
诗海采珠·····李云峰 民 子 程地超 马云飞 姜兴华
失落的爱（散文诗）···························王丽萍

文艺论坛
中国传统文化的二重性及《河殇》的忧患意识（探索
与争鸣）···································刘正强
在选择中嬗变——试析 1988 年本刊的报告文学
·····································何 真

美术·摄影
封面摄影····································杨克林
小溪（油画）·································刘国南
春风又绿万重山（漆刻）·······················唐人俊

1989 年第 4 期　刊名:《大西南文学》
目录

小说世界
吹鼓手轶事（中篇·边疆四十年征文）·······骆 虢
县宝（边疆四十年征文）·······················官 廉
乖猫··杜 欢
听月楼茶馆····································韩 星
大山深处的雷声································阮 镇
爱另一个男人··································林德忠

纪实文学
飞人世纪之战——约翰逊、刘易斯百米金牌争夺记
·····································杨红昆

神奇·美丽·丰富
凝结在失明者瞳孔里的美（散文征文选）·······夏天敏
坟的考据······································于 坚
最后的田园····································费 嘉
云南诗人作品展·····李鉴尧 海 男 张承源 密英文
八面来风·····卢祖品 苗得雨 周 民 陈茂欣 屈 宁

文艺论坛
试论长篇小说《藏民飞骑》（创作研究）·········沙 平
经济独立与自主意识——读岑隆业的《斗牛女的待郎
餐》（新作短评）·····························任利民

美术·摄影
封面摄影····································杨克林
油画二幅·····································张之仪

1989 年第 5 期　刊名:《大西南文学》
目录

淘金女王（中篇传奇小说）·················芳　瑄
狗缘（中篇世俗小说·边疆四十年征文选登）
···康　平
爱情并非游戏（中篇爱情小说）···········汤君纯
黑网（中篇推理小说）·····[日]西村寿行　白　鸽译

1989 年第 6 期　刊名:《大西南文学》
目录

云南省作协召开第四次会员代表大会
在云南省作家协会第四次作家大会上的讲话···梁金泉

小说世界
原生带（边疆四十年小说征文）···········乡　溪
阿惹佳妮（边疆四十年小说征文）·········沙文明
秀竹···京　华
蓬图瓦兹的红屋顶·····························潘　燕
荒唐（新世态小说）··························蒋仲文

报告文学
流动的性商品···························莫　知　正　光
弄潮儿·······························欧阳常贵　刘雪祺

开花的土地
他和他的男性香水（散文）·················里　遥
梦中的灯火（散文）··························吴慧泉
云南行（诗）··································贺敬之
云南诗人作品展·············李霁宇　郭　斌　张仲全
（回族）马开尧
诗海采珠···················潘　灵　吴哮声　周　曦

文艺论坛
新时期的云南儿童文学（创作研究）·······吴　然

美术·摄影
封面摄影······································袁斯鹏
哈尼寨（油画）·······························王瑞明
醒（中国画）··································李延元
鸡（中国画）··································周秀歧

1989 年第 7 期　刊名:《大西南文学》
目录

云南省第四次文代会选出新的领导班子
在云南省第四次文代会上的祝词···········聂荣贵
白色骚乱（"中国潮"报告文学征文）
···唐明高　厘　原
梦残花落（中篇小说·"边疆四十年"征文）
···高美清
狗闹花（小说·"边疆四十年"征文）
···（拉祜族）杨金焕
三道茶师（小说·"边疆四十年"征文）
···（白族）魏向阳
美女的脊背（散文）··························皇甫可人
灯升腾（散文）·····················（白族）杨葆崇
云南诗人作品展
·········张子斋　骆　虢　潘上九　哈　丁
昆明组诗······································赵增益
八面来风·······················圣　野　邓万鹏　唐流德
尹　坚　马　青　冉　旗
读友诗页·················董卫红　杨明军　李建国
李希强　沈向兴　程　明　冉文学
走出自我小世界（创作研究）···············陶　薇
面对文化反差的漩涡··························郑　海
文化心态的冲突与抉择（新作短评）·······李明生
封面摄影······································袁斯鹏
水彩画二幅····································王　舜
生命的摇篮（水彩画）·······················牟康华
版纳林泉处处幽（中国画）·················袁晓岑

1989 年第 8 期　刊名:《大西南文学》
目录

小说世界
铓锣的黄昏（边疆四十年小说征文）
···（傈僳族）司仙华
女岩神祭（边疆四十年小说征文）····（怒族）彭兆清
红尘　孽债（中篇通俗小说）·········（白族）穆　方
螃蟹（新世态小说）··························吴　天
奖赏（新世态小说）··························李西年
空屋（新世态小说）··························赵小平

报告文学
攀登之路（"中国潮"征文）···········殷　平　杨文颖

神奇·美丽·丰富
珠江夜夜到东瀛（"九乡杯"征文选）————————唐 明
"大海"漫笔（"九乡杯"征文选）————————计用辐
亚琴花（"九乡杯"征文选）————————杨美清
军旅诗人作品选————————纪 学 朱增泉
云南诗人作品展————饶介巴桑 凝 溪 毛诗奇
邓耀泽 吴传玖
诗海采珠————李 骞 蒋人瑞 褚鹤松 郭绍龙

文艺论坛
"精英""断层"及其他（杂文）————————杨 苏
十九岁的太阳充满希望（新作短评）————未 青
生命在爱的无私奉献中长存（新作短评）——王 乙
艺术及变形（文艺随笔）————————蔡 毅
社科文艺期刊研究会举行年会（简讯）
"九乡杯"散文征文启事

美术·摄影
封面摄影————————————杨克林
心花（中国画）————————————方克麟

1989 年第 9 期　刊名:《大西南文学》
目录

小说世界
海风从这里穿过（边疆四十年征文）
————————————（白族）李辉映
黑熊洞奇案（中篇·边疆四十年征文）
————————（普米族）汤格·萨甲博
克克连长和他的情人（中篇·边疆四十年征文）
————————————韩 孝
二月妹（民族风情小说）————（彝族）纳张元
瓷花瓶（遍地风情小说）————————南 山
头条新闻（新世态小说）————————智 峰

报告文学
探索指纹奥秘的人（"中国潮"征文）——张忠伟

"九乡杯"散文征文选登
叠虹桥散记————————————郑祖荣
六月大叠水————————————钱 江
逍遥游————————————唐似亮

诗歌天地
忧愤篇————————————李鉴尧
民族花环——少数民族青年诗人作品选——哥 布
和建华 柏 叶 肖 筱 杨承浩 蒙祖寿
云南诗人作品展————郑雄川 李云峰 胡延武

曹永庆 田应时 刘鸿渝 韩 冷
散文诗二家————————高 星 李开义
诗海采珠————————————赵晓梅等

文艺论坛
阿Q的癫疮疤及文艺界的自由化————未 青
对边疆民族生活的现实观照和艺术表现——评"边疆
四十年小说征文"部分作品————————官晋东

美术·摄影
封面摄影————————————袁斯鹏
芒典寨（水彩画）————————————夏斌文
封底摄影:郑祖荣　撰文:张发明

1989 年第 10 期　刊名:《大西南文学》
目录

小说世界
山路崎岖（中篇·边疆四十年征文）————李铮友
寻宝（边疆四十年征文）————————杨辅丛
意料之外（新世态小说）————————安 源
佤族王老大的星期天（新世态小说）——（白族）李 耘

报告文学
捧起一片灿烂的星光（"中国潮"征文）——张梅珍
魂系牵引带（"中国潮"征文）————张志华

"九乡杯"散文征文选登
盼月————————————袁功荣
赶马人————————————艾 华
美，花山湖————————————尹国春

诗人兴会更无前
十月情思——献给建国四十周年————李光云
民族的花环————普之文 基默热阔 阿布司南
柏 桦 殷海涛 和向阳
云南诗人作品展————————陈衍强 谭忠兴
铁笔丹心画神州——旧体诗词四家
————薛 波 高先佑 赵延康 王应祺
诗海采珠————朱德友 黄建安 杨明军 陈 红

文艺论坛
主导与多元化————————————孙凯宇
"是蓝色文明"还是历史浊流————————杨灿辉
民族性格的深刻表现（创作研究）————陈见尧

美术·摄影
封面摄影————————————段 纠

第七届全国美术作品展览云征云南版画获奖作品
————————魏启聪　贺　琨　贾国中　陈永乐　郝　平
王冬明　郭　游
本期题尾花————————————————杨力斌　斋　之

1989 年第 11 期　刊名:《大西南文学》

目录

纪实文学

漫湾，开拓者的见证（"中国潮"征文）————杨选民
高原舞台的?！……（"中国潮"征文）
————————————————司恩平　杨伊荪
从丑小鸭到金凤凰（报告文学）————————靳津平

小说世界

无人揭下的招贤榜————————————————白应成
曼哈顿工程前奏（中篇惊险小说）————————吕克昌
特等奖（新世态小说）————————————————艾万明
买画（新世态小说）————————————————林荣艺

神奇·美丽·丰富

乌拉古传歌（"九乡杯"征文选）————————诺　晗
龙潭晨浴（"九乡杯"征文选）————————————湘　女
河祭（"九乡杯"征文选）————————————谭忠兴
庐山记趣（"九乡杯"征文选）————————————杨红昆
千载前民族团结的标记————————高治国　刘难方
爱情诗小辑————————杨　莉　罗　云　李灿南　赵　钱
云南诗人作品展————（壮族）瑠　尼　傅泽刚　李汉柱
李本力　张庆和　郑蜀炎
诗海采珠————————宋德丽　昆　山　力　帆　陈荣才
朱　林　南雁汀　张成林

文艺论坛

拓展散文艺术的天地————————————————区汉宗
诗原上的花蕾————————————————海　岚

美术·摄影

封面摄影————————————————杨克林
西藏人物写生三幅————————————————罗　江
盘江河畔（中国画）————————————靳连臣
放（中国画）————————————————晓　巫

1989 年第 12 期　刊名:《大西南文学》

目录

小说世界

看着我，别用疑惑的眼光（中篇·都市生活小说）
————————————————靳　柯
妻子（边疆四十年小说征文）————————柏鸿鹄
棋手与鞋匠（边地风情小说）————（白族）邢绍俊
碑亭（讽刺小说）————————————————夏天敏
伸向汽水瓶的魔爪（侦破童话）————————马　璇

纪实文学

第二个太阳————————————————京　华

散文之窗

梦之泉————————————————廉正祥
在波浪中回忆————————————————唐贤可
寄语落雪山————————————————曹卫华
握牛鞭的学生妹————————————（彝族）赵振王
红月亮————————————————尹　坚
绿源————————————————蒋仲文
散文诗四家————————梁上泉　冯雪宜　冯德胜　冯清亮
"九乡杯"散文征文选登
————————————屈　宁　刘　伟　黄豆米　雷平阳

诗歌

云南诗人作品展————————张永权　倪国强　魏向阳
李松波　赵　云　刀　荣
听一首歌————————————————霁　虹

评论

要有高尚健康的艺术情趣————————————————赵　捷
学好江泽民同志讲话　繁荣社会主义文艺（文艺简
讯）————————————————林　青
军队离休老干部熊明发的来信

美术·摄影

封面摄影————————————————杨克林
节日鼓声（雕塑）————————————————汤佩铭
阳光（雕塑）————————————————朱祖德
晨牧（油画）————————————————刘　南

《长安》
（《文学时代》）

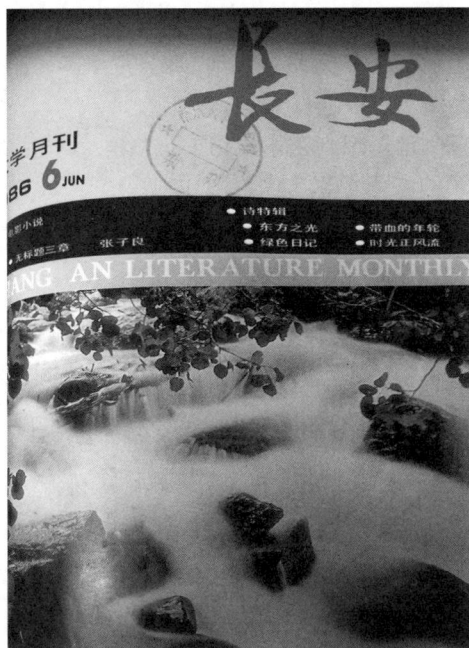

【简　介】

综合性文学月刊。陕西省西安市文学艺术界联合会主办。创刊于1979年，1985年1月由《长安》更名为《文学时代》，1986年1月恢复为刊名《长安》。常年开设栏目有报告文学、纪实小说、诗歌、评论等。

期刊号：1980年第1期—1988年第12期

1980年第1期　刊名：《长安》

目录

长安大道横九天·············本刊编辑部

小说
枣树下的身影·········周小宁　高振强
心事重重·················陈忠实
玉女山的瀑布·················贾平凹
爱的浩劫···················流　华
流放途中·············高　华　至　刚

散文
给"文竹"的歌···············张　敏

贝壳集···········王慧骐　王慧骏
细流集···················管用和
昆仑短笛··················王宗仁
文史漫步··················蒋星煜

诗歌
强者·真理·火炬··············关　睢
秦中吟（四首）···············李志清
论古三题··················玉　果
我写了一个剧本···············顾　工
牛棚曲···················胡　征
枣园哀歌（外一首）·············权　正
海燕····················薛锡祥
黄金路···················刘　浏
林海之歌··················郑　南
生活的剪影（四首）·············艾　路
星·早霞··················谢克强
我爱你沉静的性格··············樊继真
海帆（外一首）···············毛　锜
春歌（外一首）···············刁永泉
无花果···················田　奇

演唱
选主任（单弦联唱）·············刘拥政
稳坐钓鱼台（快书）·············段思明
我爱那带刺的红玫瑰（歌曲）（封三）
··················大声词　田中瑞曲

评论
完整、准确地理解党的文学原则········畅广元
"写真实"辨·················姚　红
贵在写出人物的灵魂（读稿随谈）·······李　黎
喜看版画《黄河入海流》···········高学敏

长安诗话
从一首"偷春格"的诗谈起··········霍松林

文艺随笔
吟诗论菊话文章···············徐训诰
切忌随人脚后行···············茹　桂
诗海一瓢··················王慎行
作家轶事··················陆　明辑
来信摘要··················韩　起等

美术
漫画五幅·······叶　坚　赵时铭　赵　良　长　锁

黄河入海流（套色木刻）————————————修　军
长安新貌（水彩）————————候继尧　张芷民

1980 年第 2 期　刊名:《长安》
目录

小说
生命在春天里孕育————————————郑万隆
石"总统"辞职————————————————黄　放
祖母的葬礼————————————————王克印
出路————————————吕明德　吕明智
维纳斯在黎明时破灭————————————晋　川
情理————————————————————陈云高
李世民慧眼识敬德（历史小说）——————辛　辰

散文
情深浦江
——访日本作家水上勉————————柯森耀
唐菖蒲（罗马传说）颜志侠　陈孝英　胥真理译
菊花的品格、情操————————————朱南征
我爱焊花————————————————赵润民
樊世珍藏验方（寓言）————雷富民　刘建民

杂文
凡夫谈僧————————————————邵　平
爱人才，才有人才————————————杨笑岸
点滴集————————————李文友　李恒瑞

诗歌
维纳斯山林园的百鸟会————————————刁永泉
长安杂咏（六首）————金谷　刘珂　黎焕颐
鲜花和颂歌————————————————刘　斌
花·草·树（三首）————————————闻　频
演出归来————————————————李廷华
乡土情（二首）————————————马合省
珍珠————————————————————华继文
诗的蒙太奇————————————————沈孝达
山村夜话（四首）————————————张洪波
山野诗篇（五首）————————————陈宫煊
声响————————————————————洪三泰
宪法给"我"创作权及其他
——西窗诗话————————————阿　红

演唱
核桃、鸭梨换媳妇（快板书）——————任　煜
婆婆多（相声）————————上官云霞　张　凡

理论
要写作家熟悉的————————————肖云儒
李白诗歌的历史地位
——《李白评传》的一章——————安　旗
在"儿女情"的抒发中刻划人物（名著欣赏）
——读明代话本小说《杜十娘怒沉百宝箱》
周溶泉　徐应佩

文艺随笔
画龙与点睛————————————————任重远
意境深邃————————————————王德省
从"虎丘剑池"想到艺术风格——————蜀　民
平凡人物的动人形象（读稿随谈）
——读《石"总统"辞职》随记————丰　禾

美术
太白醉歌（中国画）————————————李世南
宝成路上（中国画）————————————方济众
云南写生————————————————李世南
山丹丹红艳艳（中国画）————————康师尧
漫画————————西丁　王培琪　王桃源　战维汉
封面设计————————————————王炎林

1980 年第 3 期　刊名:《长安》
目录

大学生的作品
伤愈————————————————————晶　婷
春秋花————————————————————徐　岳
在代销店里————————————王德省　令广奎
青云有路————————————————姚友访
桂树飘香————————————————赵长天
搜神新记————————————————杜学钊
春节————————————————————刘希民
苦恼————————————————————叶又青
返春季节————————————————李佩芝
搜查————————————————————周　矢
省报夺权插曲————————————罗晓帆
等待————————————————————刘转建
涂山姐————————————————————弓保安
水仙————————[日]水上勉　柯森耀译
"做日本第一流的……"的故事
[日]砂田弘　赤　虹译

封面设计————————————————杨力民
木刻（封二）————————————————修　军
水仙（中国画）（封三）——————许志德
迎来春色（中国画）（封底）——————李世南

1980 年第 4 期　刊名:《长安》
目录

水 ································· 邹志安
阿娇出浴 ··························· 贾平凹
责任 ····························· 文之清
长颈鹿 ···························· 张绍宽
传奇姻缘 ···························· 韩　起
悲海微澜 ···························· 秦　昊
嵇康之死 ··························· 周洪林

散文
青海湖纪事 ·························· 周　竟
洱海的花 ··························· 那家伦
竹山湾的怀恋 ························ 卓列兵
斗蛐蛐 ···························· 邵　平
绿叶 ····························· 邹　越

诗歌
广场奇遇 ··························· 商子秦
人民之魂（二首） ···················· 徐　康
我是延安人（外一首） ················· 戈壁舟
犁 ······························ 海鹏彦
负重的一代（三首） ·················· 朱兆雪
蹲点（组诗） ······················ 赖松廷
花环与锁链（外一首） ················· 宋太海
雨花绿 ···························· 姜德华

评论
诗的直说及其他 ······················ 王缵叔
试论思考和议论在《创业史》中的艺术地位 ··· 费秉勋
在生活中思考（读稿随谈） ··············· 于　木

文艺随笔
写人，还是写政策？ ··················· 李　黎
塑造反面人物之我见 ··················· 冠　勇
谈风俗画的描写 ······················ 王敬铭
马总赠日本僧空海离合诗（长安诗话） ······ 霍松林
古代文人轶事（二则） ················· 曹东安

美术
画家（木刻）（封二） ················· 修　军
云南写生（二幅）（封三） ··············· 李世南
哀思（木刻）（封底） ·················· 成文正

1980 年第 5 期　刊名:《长安》
目录

报告文学·散文
关不住的"囚犯"（报告文学） ······· 吕明智　吕明德
苹果的情思 ························· 清　漪
归来 ····························· 赵一鹤
苏轼与凤翔东湖（游记） ················ 海　潮
兔忌长尾巴（寓言） ··················· 武　剑
夹竹桃和无花果（寓言） ················ 白　泉

小说
"难友"（附方凄《"难友"的艺术特色） ··· 顾　工
九九回亲 ··························· 赵大年
铁科长 ···························· 崔万堂
没有做成的买卖 ······················ 萌　献
噩梦 ····························· 马秉岐
"风流"闲传 ························· 陈日新

诗歌
属于自己的（外一首） ················· 胡文学
写在节日舞会的通知上（三首） ·········· 商子秦
白杨树下的荒坟 ······················ 黎　琦
歌从巴同来（二首） ··················· 胡　茄
塞上柳 ···························· 赵　剑
山乡呀 ···························· 李发模
高原随感录（组诗） ··················· 李武兵
风波 ····························· 侯　钺
瀚海春汛（二首） ···················· 师日新
婴泪（外二首） ······················ 呼延和平
买菜的喜剧（电视剧） ················· 杨　白

文艺评论
报告文学的真实性 ·············· 张德明　范培松
"放开眼光，自己来拿"
——谈《李自成》对艺术创作传统经验的继承
································· 吴功正

文艺随笔
时间、生命与创作 ···················· 毛　锜
文章不厌百回改 ······················ 赵　叶
这句话怎么样说 ················· 郁　云　尤　廉
《"难友"》的艺术特色（读稿随谈） ······· 方　涛

美术
秦岭东麓（中国画）（封底） ············· 石　鲁
水彩写生（两幅）（封二） ··············· 梁文亮
装饰画（二幅）（封三） ················ 彭　鹏

1980 年第 6 期　刊名:《长安》
目录

小说

父与子 ······························· 徐 岳
早霜 ································· 苗松岚
新官上任 ···························· 朱晓国
好啊，好！ ·························· 宇 共
我跟爷爷去买肉 ····················· 李凤杰
雏燕展翅的时候 ····················· 辛 原
急救 ································· 王永富

童话·寓言

小莉的决心 ·························· 郑 浦
森林里的故事 ······················· 镜 洲
寓言两篇 ···························· 白 泉

散文

红柳啊，红柳 ······················· 陈人龙
"我是皇甫人" ······················ 辛旭东

彭老总在西北的故事

酸枣情 ····························· 莫 夫
一杯开水 ···························· 王震学
文史漫步（二题） ··················· 蒋星煜

诗歌

油纸棚 ····························· 龙彼德
延安风情（五首） ··················· 和 谷
小风（外二首） ····················· 刁永康
深山战士情（三首） ················· 马合省
拾贝集 ····························· 杨 山
足球、课本和小罗（儿童诗） ·· 刘 斌 陈 军

评论

踏实的步子
——谈陈忠实创作的特色 ········ 肖云儒 李健民

文艺信箱

谈谈意识流小说 ····················· 薛迪之
可贵的第一步（读稿随谈） ··········· 杨小一

文艺随笔

联想·寻味·感染 ··················· 卢济恩
心血与生命 ·························· 曹天富
美趣天成
——介绍吴金狮的无笔油漆画 ········· 茹 桂
西子湖畔春意浓（通讯） ········ 索峰光 易原符

美术

晨（木刻） ·························· 柯桐枝
人小志气大（剪纸）（封二） ······ 贺 兰 贺 青
无笔油漆画（封三、四） ············· 吴金狮
漫画 ··························· 王桃源 赵崇敬

1980 年第 7 期　刊名:《长安》
目录

小说

高墙内的悲剧 ······················· 李惠生
清泉心上流 ·························· 刘树生
雪满天山 ···························· 流 华
橙红，褐黄，浅绿，还有晶莹透明的 ···· 桑林芳
考试 ································· 崔广鉴
暗杀（科学幻想小说） ··············· 希 旻
徒弟 ································· 陈国屏
名画罗莫尼被盗 ···· ［英］埃德加·华莱士 唐明权译

散文

寻找我父亲的足迹 ··················· 郑幼敏
蜜蜂谋 ····························· 李逢春
童话两则 ···························· 陈 军
冬花 ································· 张丛笑

诗歌

旅（外二首） ······················· 刁永泉
华岳二题 ···························· 李昆华
毛乌素草叶（四首） ················· 党永庵
碎影集（七首） ····················· 顾 城
光晶 ································· 骆耕野
山蔓花及其他 ······················· 郭 欣
矿山归来 ···························· 沙 鸥
故乡 ································· 韩作荣
爱情诗抄四首 ······················· 艾 路

评论

文艺的现实主义方向不应否定
——评一种奇特的观点 ··············· 文致和

长安文谈

读日本南画试笔 ····················· 杨建喜
保姆和"苦果"——顾城的诗读后感 ······· 孔 淦

长安诗话

"宫室"与《卖炭翁》 ················· 霍松林

名著欣赏

谈《琵琶行》······吴功正

文艺随笔

作家呵，请写人的灵魂······郑 珺 解 玲
关于"新鲁迅"的断想······白昌民

美术作品

日本南画展作品选
飞瀑······苫野蕙山
涡潮······篠原寒泉
初冬······荐田义山
树间鸟声······鸟海二乐子
民族之歌（木刻）······邸 雄
"一身清白"（漫画）······赵时铭

1980 年第 8 期　刊名：《长安》
目录

小说

透过雨蒙蒙的车窗······晓 剑
静夜思······沈 宁
露······顾 乡
"哎呦，爸爸……"······晋 川
月季······刘转建
娟娟的惆怅······李 甫 冯 健
米头······周 矢
万书记和李家父子······武而文

散文

边寨采歌······至 刚 （藏族）卓玛
漆树之歌······沈庆云
范观钓鱼（寓言）······林复初

诗歌

大雁塔及其他······流沙河
橡子的梦（外二首）······刁永泉
青果小辑······顾 城
挪威当代论诗小诗······马尔丁·纳戈
卡尔·弗里德里希·普利茨 马家骏译
林海放歌（二首）······文 丙
三峡浪朵······陈应松
春雨（外二首）······张洪波
草原短歌······赵仁广
希望······李今蒲
沙漠之歌······王平凡
短笛辑······呼延和平 何 鹰 杜存昌 蔡 焜

评论

关于诗的牢骚······刘 斌
诗和时代的断想
——兼谈年轻诗人刁永泉的诗······姚 虹

创作谈

我和我的心魂交谈······刁永泉

文艺随笔

读一点外国诗歌······马家骏
李白不题诗与郑板桥弃旧作······吴士余
谈谈爱情诗······刘 珂

读稿随谈

写出人物的性格特征——读《月季》札记······白 浪

长安诗话

"沙堤"与"官牛"······霍松林

美术

装饰画两幅······彭 鹏
山乡（套色木刻）······陈�咏
古柏（木刻）······刘 旷
漫画两幅······王桃源

1980 年第 9 期　刊名：《长安》
目录

小说

春晓······王晓新
打不出来的喷嚏······张宣强
分道扬镳······张 英
瓦罐······贾平凹
男儿泪······王宝成
心愿······何永林
"麻婆娘"······孙兴盛 边 际
媳妇的心病······王兰英

散文

窗花······谭留根
流月河之恋······胡迅雷
甜水井······王宗仁
我的祖母······卢 丁
巴山桔红······刘培森
香烟和扫帚（寓言）······周世庆

诗歌

五线谱以外的音符（组诗）······王德芳

昨天的悲歌（组诗）——记一个警卫战士对彭总在西
南的回忆……………………胡 笳 戴安常
负重的一代（二首）………………………朱兆雪
鬼雄之歌……………………………………谷 溪
小花（三首）………………………………陈 犀
春天…………………………………………荒 地
高原兵站……………………………………秦 川
露珠…………………………………………张会鉴
干果新味（二首）…………………………胡占青
某君叹………………………………………孙 理

曲艺
老主任开车（山东快书）…………………任 煜

评论
灵魂剖析的得和失——读贾平凹发表在《长安》的两
篇新作…………………………费秉勋
在探索中前进——评贾平凹的近作………李健民

长安诗话
温庭筠的《商山早行》诗…………………霍松林

文艺随笔
敢为自己设难题……………………………邓小秋

读者·作者·编者
读者、作者来信择发（五则）
写作要严肃认真……………………………李 绮

新书架
中朝友谊骨肉情
——长篇小说《蓝凌江波涛》简介………王 侠

美术
林区之晨（木刻）…………………………傅恒学
剪纸两幅………………………市十二中学美术组
长安之春（木刻）…………………………修 军

1980 年第 10 期　刊名:《长安》
目录

小说
贞操篇………………………………………蒋金彦
舞伴…………………………………………晶 婷
早晨…………………………………………陈忠实
死城幽魂（科学幻想小说）………………王金海
月黑杀人夜…………………………………肖英俊
清粼粼的流水………………………………峭 石

钥匙花………………………………………李克之
大楼后边……………………………………李志清
太宗执法（历史小说）……………………高 华
新人新作　朝霞残露………………………刘学章
石囡这个姑娘………………………………曹志前
刘二卖菜……………………………………黄建国
一个奇异的观众……………………………魏雅华

评论
《山地笔记》的艺术笔法…………………薛迪之

长安文谈
短篇小说要短………………………………孙豹隐
首要的是真实………………………………冯日乾

创作谈
心灵的触动…………………………………徐 岳

美术
桃（中国画）………………………………陈之中
作家（木刻）………………………………李宪基
篆刻…………………行作孝 杨树声 于谦诗 李福义
梦想…………………………………[日本]山本和夫

1980 年第 11 期　刊名:《长安》
目录

小说
碧海深情……………………………………曾德厚
爱笑的人……………………………………刘树生
旅途…………………………………………高红十
小城街的安琪儿……………………………陈俊文
爱的苦果……………………………………田 健
送活…………………………………………欤 乃
凤凰落架……………………………………徐钊铭
恐怖的古城（历史小说）…………………蒋和森
预算…………[乌拉圭]马里奥·贝内德蒂 王振东译

诗歌
巴山洞箫……………………………………肖重声
江南写意……………………………………宗 鄂
台湾谣曲……………………………………朱谷忠
思归三题……………………………………汪承栋
草虫集………………………………………马林帆
山中考察……………………………………索久林
嫉妒…………………………………………宋文杰

散文

天山深处	郭维东
摇钱树	王兆军
夏夜的蝙蝠	许宝华
月下	何 求
历史的幽灵（杂文）	陆钊珑
人发迹，讳也升级（杂文）	易原绥

评论

提出了党必须马克思主义化的问题——对《在社会的档案里》等作品的思考并回答《时代的报告》评论员提出的问题 …………… 畅广元
"内因"和"乐观主义"——就《在社会的档案里》引起的争论与《时代的报告》商榷 …………… 孔 淦
愿君多做育花人 …………… 杨 兴 西 屏
[附] 一个业余作者的苦恼 …………… 曲 歌

读稿随谈

真实、亲切、动人——简谈《旅途》	李 黎
富有情趣——介绍《小城街的安琪儿》	杨小一

读者·作者·编者

关于《保姆和"苦果"》	顾 城
读顾城诗的一点意见	谭士芳
写人物的一次尝试	刘树生
读《新官上任》和《好啊，好！》	希 民
业余作者的期望	萌 献
反对一稿多投	李 志

文讯

市文联创作联络部、本刊编辑部召开短篇小说创作座谈会

美术

电流过秦岭（中国画）	石 鲁
小熊猫（木刻）	王静全
晌午（木刻）	傅恒学
葡萄	[日本]片桐白登
当和尚，怕撞钟（漫画）	西 丁

1980 年第 12 期　刊名:《长安》
目录

小说

平淡的星期天	戴 晴
白大褂真美	陈俊文
青春·岁月·人	郭培杰
绰号	希 旻

残雪	崔广鉴
失却的梦	丁盈川
卖梨	马丹江
钟声响了	曹 进
狼的狂想曲	平 宇
石榴花	董颖夫

杂文

从吃穿山甲说起	葛 霆

长安风物志

钟楼轶闻	杨向曦

诗歌

收割·播种·耕耘——在西安地区青年诗歌作者座谈会上的发言 …………… 沙 陵

"破土"青年诗页

冬天的树（外二首）	王大平
迷路的人（四首）	王维英
梦	河 君
我喜欢红颜色	林 红
江山情思	王子今
名字（外一首）	卢 丁
假山遐思	卢鸿才
我醒了（外一首）	晓 路
长安二首	王 度
抛	黄亚洲

争鸣

极左幽灵在徘徊——从《时代的报告》创刊号评论员文章的批评方法谈起 …………… 王 愚
分歧在哪里?
——评《时代的报告》评论员文章 …………… 文致和

评论

从对比中表现人——读邹志安的小说《水》 …………… 冯日乾

长安文谈

关于文艺作品的社会效果	商子雍

读稿随谈

可喜的探索	李志清

美术

腊梅（中国画）	陈之中
深山流水（中国画）	崔振宽
西岳雨后（中国画）	赵振川
寒林雪霁（无笔油漆画）	吴金狮

文讯

本刊编辑部召开青年诗歌作者座谈会-------本刊记者

1981 年第 1 期　刊名:《长安》
目录

刊名题字⋯⋯⋯⋯⋯⋯⋯⋯⋯⋯⋯⋯⋯⋯茅　盾
总把新桃换旧符——一九八一年元旦献辞⋯本刊编辑部

诗歌

一个幽灵在中国大地上游荡⋯⋯⋯⋯⋯⋯孙静轩
你打开了自己的书（外一首）⋯⋯⋯⋯⋯牛　汉
我的遐想（四首）⋯⋯⋯⋯⋯⋯⋯⋯⋯刘祖慈
春华·秋实（三首）⋯⋯⋯⋯⋯⋯⋯⋯左一兵
昆明三题⋯⋯⋯⋯⋯⋯⋯⋯⋯⋯⋯⋯廖公弦

"破土"青年诗页

大地重光的时候（六首）⋯⋯⋯⋯⋯⋯⋯王大平
天边的一角（三首）⋯⋯⋯⋯⋯⋯⋯⋯高　洺
往事的沉淀（组诗）⋯⋯⋯⋯⋯⋯⋯⋯李昆华

小说·散文

权力⋯⋯⋯⋯⋯⋯⋯⋯⋯⋯⋯⋯⋯⋯文之清
苦瓜花⋯⋯⋯⋯⋯⋯⋯⋯⋯⋯⋯⋯⋯张宣强
月色正好⋯⋯⋯⋯⋯⋯⋯⋯⋯⋯⋯⋯马汉清
笑与健康⋯⋯⋯⋯⋯⋯⋯⋯⋯⋯⋯⋯蜀　岷
寂静的小院⋯⋯⋯⋯⋯⋯⋯⋯⋯⋯⋯惠振中
洗澡记⋯⋯⋯⋯⋯⋯⋯⋯⋯周　矢　张　敏
方壶园奇杀案⋯⋯⋯⋯〔日本〕陈舜臣　柯森耀译
西冢的歌声（散文）⋯⋯⋯⋯⋯⋯⋯⋯顾　城

争鸣

现象·本质·真实——评《时代的报告》的两篇评论
⋯⋯⋯⋯⋯⋯⋯⋯⋯⋯⋯⋯⋯⋯⋯薛瑞生

新诗笔谈

关于诗的随想⋯⋯⋯⋯⋯⋯⋯⋯⋯⋯刘　斌
诗体·流派·竞争⋯⋯⋯⋯⋯⋯⋯⋯⋯王大平
透过迷濛的雾气⋯⋯⋯⋯⋯⋯⋯⋯⋯沈　奇
新诗，在萧条中崛起⋯⋯⋯⋯⋯⋯⋯⋯张书省
也谈"朦胧诗"⋯⋯⋯⋯⋯⋯⋯⋯⋯⋯胡贺军
朦胧诗的断想⋯⋯⋯⋯⋯⋯⋯⋯⋯⋯李之实

外国作品欣赏

现当代美国女诗人的小诗（上）⋯⋯⋯⋯马家骏

长安诗话

杜甫的《月夜》⋯⋯⋯⋯⋯⋯⋯⋯⋯⋯霍松林

美术

春（中国画）⋯⋯⋯⋯⋯⋯⋯⋯⋯⋯王西京
迎新娘（木刻）⋯⋯⋯⋯⋯⋯⋯⋯⋯李习勤
牧牛图（木刻）⋯⋯⋯⋯⋯⋯⋯⋯⋯李习勤
量海姑娘（木刻）⋯⋯⋯⋯⋯⋯⋯⋯吴　珂
秋林（中国画）⋯⋯⋯⋯⋯⋯⋯⋯⋯杨崇时

1981 年第 2 期　刊名:《长安》
目录

小说

春雪⋯⋯⋯⋯⋯⋯⋯⋯⋯⋯⋯⋯⋯⋯王晓新
麻醉⋯⋯⋯⋯⋯⋯⋯⋯⋯⋯⋯⋯⋯⋯陈应松
乐在其中⋯⋯⋯⋯⋯⋯⋯⋯⋯⋯⋯⋯邹志安
选美⋯⋯⋯⋯⋯⋯⋯⋯⋯⋯⋯⋯⋯⋯李　君
桃花盛开的季节⋯⋯⋯⋯⋯⋯⋯⋯⋯李佩芝
亡夫⋯⋯⋯⋯⋯⋯⋯⋯⋯⋯⋯⋯⋯⋯贾平凹
在荒凉的大堤上⋯⋯⋯⋯⋯⋯⋯⋯⋯母国政
一个寻找海的孩子⋯⋯⋯⋯⋯⋯⋯⋯郑万隆
啊，人生⋯⋯⋯⋯⋯⋯⋯⋯⋯⋯⋯⋯陈忠实
特异病患者⋯⋯⋯⋯⋯⋯⋯⋯⋯⋯⋯丁　文
我和他⋯⋯⋯⋯⋯⋯⋯⋯⋯⋯⋯⋯⋯徐战文
淌血的心⋯⋯⋯⋯⋯⋯⋯⋯⋯⋯⋯⋯谢曼丽
路旁⋯⋯⋯⋯⋯⋯⋯⋯⋯⋯⋯⋯⋯⋯莫　伸
方壶园奇杀案⋯⋯⋯⋯〔日本〕陈舜臣　柯森耀译

争鸣

评《飞天》和"整体真实"说⋯⋯⋯⋯⋯畅广元

评论

徐岳小说的创作漫评⋯⋯⋯⋯⋯⋯⋯⋯费秉勋

创作谈

从表现人出发⋯⋯⋯⋯⋯⋯⋯⋯⋯⋯郭培杰
不妨让我们试试⋯⋯⋯⋯⋯⋯⋯⋯⋯桑林芳
我的一点体会⋯⋯⋯⋯⋯⋯⋯⋯⋯⋯庞惠农

文艺随笔

哀泪笑洒⋯⋯⋯⋯⋯⋯⋯⋯⋯陈孝英　李　君

读稿随谈

归来呵，人性——读《麻醉》⋯⋯⋯⋯⋯西　村

美术

春之神（中国画）⋯⋯⋯⋯⋯⋯⋯⋯⋯李世南
西峰问月（套色木刻）⋯⋯⋯⋯⋯⋯⋯王维一
巴金（木刻）⋯⋯⋯⋯⋯⋯⋯⋯⋯⋯李宪基
春日（中国画）⋯⋯⋯⋯⋯⋯⋯⋯⋯程十发

1981 年第 3 期　刊名:《长安》
目录

"春风吹又生"诗特辑

睡了的村庄这样说⋯⋯⋯⋯⋯⋯⋯⋯⋯⋯胡　风
诗三首⋯⋯⋯⋯⋯⋯⋯⋯⋯⋯⋯⋯⋯⋯胡　征
冻结⋯⋯⋯⋯⋯⋯⋯⋯⋯⋯⋯⋯⋯阿　珑遗作
写在七十年代（五首）⋯⋯⋯⋯⋯⋯⋯⋯绿　原
呼唤⋯⋯⋯⋯⋯⋯⋯⋯⋯⋯⋯⋯⋯⋯⋯冀　汸
一朵火焰——呈孟克⋯⋯⋯⋯⋯⋯⋯⋯彭燕郊
思想⋯⋯⋯⋯⋯⋯⋯⋯⋯⋯⋯⋯⋯⋯⋯鲁　藜
狱中诗一首⋯⋯⋯⋯⋯⋯⋯⋯⋯⋯方　然遗作
我活得像棵树了（外二首）⋯⋯⋯⋯芦　甸遗作
赠歌者⋯⋯⋯⋯⋯⋯⋯⋯⋯⋯⋯⋯⋯⋯罗　洛
花下短语——读《春风吹又生》诗特辑⋯⋯沙　陵

小说·散文

集邮者⋯⋯⋯⋯⋯⋯⋯⋯⋯⋯⋯⋯⋯⋯赵育岚
妻子⋯⋯⋯⋯⋯⋯⋯⋯⋯⋯⋯⋯⋯⋯⋯李尊秀
猫崽⋯⋯⋯⋯⋯⋯⋯⋯⋯⋯⋯⋯⋯⋯⋯茅　翀
三只燕子和她们的男友⋯⋯⋯⋯⋯⋯⋯倪　士
特殊任务⋯⋯⋯⋯⋯⋯⋯⋯⋯⋯⋯⋯⋯何　明
职业发笑者⋯⋯⋯⋯[西德]亨利希·伯尔　解　敏译
方壶园奇杀案（续完）⋯⋯[日本]陈舜臣　柯森耀译
我所认识的胡风（回忆录）⋯⋯⋯⋯⋯吴奚如
腊月忆（散文）⋯⋯⋯⋯⋯⋯⋯⋯⋯⋯李天芳

争鸣

飞天形象的真实性及其悲剧成因——兼与燕翰等同志
商榷⋯⋯⋯⋯⋯⋯⋯⋯⋯⋯⋯⋯⋯⋯⋯李健民

评论

李天芳散文人物描写的艺术特色⋯⋯⋯⋯杨田农

外国文学作品欣赏

现当代美国女诗人的小诗（下）⋯⋯⋯⋯马家骏

读者论坛

破除"大团圆"——读《长安》几篇小说有感
⋯⋯⋯⋯⋯⋯⋯⋯⋯⋯⋯⋯⋯⋯西安车宝仁
人物心灵的剖析——读《瓦罐》⋯⋯（北京）孙　理
一篇具有特色的作品——读《春晓》⋯（青海）杨万堂

文讯

正确认识文艺的真实性和倾向性
——《笔耕》文学研究组召开文艺真实性问题
⋯⋯⋯⋯⋯⋯⋯⋯⋯⋯⋯⋯⋯⋯⋯评论会纪要

美术

王昭君（中国画）⋯⋯⋯⋯⋯⋯⋯⋯⋯戴敦邦
雕塑⋯⋯⋯⋯⋯⋯⋯⋯⋯⋯⋯⋯⋯⋯⋯石建春
草原春天（雕塑）
故土扎根（木雕）
清音（中国画）⋯⋯⋯⋯⋯⋯⋯⋯⋯⋯崔振宽
渔民（中国画）⋯⋯⋯⋯⋯⋯⋯⋯⋯⋯王子武
冬猎归来（木刻）⋯⋯⋯⋯⋯⋯⋯⋯⋯李庆民

1981 年第 4 期　刊名:《长安》
目录

小说

白桡⋯⋯⋯⋯⋯⋯⋯⋯⋯⋯⋯⋯⋯⋯⋯李延华
橄榄⋯⋯⋯⋯⋯⋯⋯⋯⋯⋯⋯⋯⋯⋯⋯季　仲
不速之客⋯⋯⋯⋯⋯⋯⋯⋯⋯⋯⋯⋯⋯杨　威
小号手之死⋯⋯⋯⋯⋯⋯⋯⋯⋯⋯⋯⋯晋　川
烦恼⋯⋯⋯⋯⋯⋯⋯⋯⋯⋯⋯⋯⋯⋯⋯余　之
青坪寨轶事⋯⋯⋯⋯⋯⋯⋯⋯⋯⋯⋯⋯刘转建
邂逅⋯⋯⋯⋯⋯⋯⋯⋯⋯⋯⋯⋯⋯⋯⋯邓东兴
秋日⋯⋯⋯⋯⋯⋯⋯⋯⋯⋯⋯⋯⋯⋯⋯陈　璇
追恋情感的人（翻译小说）
　　　　[日本]国田木独步　赵德明　乔斌盛译

散文·杂文

请再做个榜样⋯⋯⋯⋯⋯⋯⋯⋯⋯⋯⋯陆钊珑
"女娲"和"明君"的阴影⋯⋯⋯⋯⋯⋯刘　研
"互称同志"与改"土"⋯⋯⋯⋯⋯⋯⋯何宜琛
从马来亚到延安（革命回忆录）⋯⋯⋯⋯陈　明
碑林漫步（长安风物志）⋯⋯⋯⋯⋯⋯⋯静　波

诗歌

回答——给一位远走的朋友⋯⋯⋯⋯⋯⋯王大平
路上，流散着串串旋律（二首）⋯⋯⋯⋯刁永泉
油田抒情（三首）⋯⋯⋯⋯⋯⋯⋯⋯⋯叶延滨
解冻的江河，流去（外一首）⋯⋯⋯⋯⋯武兆强
矿山之晨（外一首）⋯⋯⋯⋯⋯⋯⋯⋯和　谷
林海诗页（三首）⋯⋯⋯⋯⋯⋯⋯⋯⋯蔡国瑞
绿叶集⋯⋯⋯⋯⋯⋯⋯⋯⋯⋯⋯⋯⋯⋯陈　军
明镜⋯⋯⋯⋯⋯⋯⋯⋯⋯⋯⋯⋯⋯⋯⋯杨子青

评论

要多给读者一些"过剩题材"和"多余思想"
⋯⋯⋯⋯⋯⋯⋯⋯⋯⋯⋯⋯⋯⋯⋯⋯⋯薛瑞生
朴素的美——读《平淡的星期天》⋯⋯⋯李　星

读稿随谈
善心·诗意·情调美——读《白桅》 ………… 和 谷

长安诗话
白居易的《昆明春》与《杜陵叟》 ………… 霍松林

争鸣
《朦胧诗的断想》的断想 ………… 村 夫

美术
鸳鸯树（装饰画） ………… 樊文江
蔬菜（中国画） ………… 陈之中
山路（中国画） ………… 赵振川
春 ………… 哈琼文

1981 年第 5 期　刊名:《长安》
目录

关于《一个幽灵在中国大地上游荡》的讨论
疑义相与析 ………… 董大勇
《幽灵》琐议 ………… 和 谷
它不过批判了封建主义 ………… 梅 炽

小说
夹竹桃的投影 ………… 杨小明
洛杉矶到纽约的飞机 ………… 李 君
船在哪里停泊…… ………… 李 勃
第五十七次咳嗽 ………… 黄 岭
在小镇汽车站上 ………… 冯彩章
有这样一个人，不… ………… 陈文恩
微笑的眼睛 ………… 峭 石
白衣女妖（推理小说） ………… [日本] 阿刀田
高 林 怀 秋译

诗
会说话的草（组诗） ………… 雷抒雁
爱的颤音 ………… 张 郁
采撷小集 ………… 党永庵
共和国和我 ………… 金 蝉
长城脚下（四首） ………… 肖振荣
山情（外一首） ………… 段新民
浮光集 ………… 沈 奇
献给明天的诗 ………… 顾 城
房檐下，燕子低呢着…… ………… 刘玉芳
青苔（外一首） ………… 刘 珂
虔诚的歌——答虚无派 ………… 张天鲁

散文
红桥（革命回忆录） ………… 陈希愈
华山登险记（游记） ………… 周彦文

评论
关于文学现状及其发展的讨论
选择正确的突破口 ………… 王 愚
现实主义走向深化 ………… 薛瑞生
现实主义要继续深化 ………… 李健民
一个值得注意的文学现象 ………… 李 星
形式与文学创新断想 ………… 费秉勋
你塑造了一个多么美好的形象（读稿随谈） ………… 商子雍
祖咏的《终南望余雪》（长安诗话） ………… 霍松林
"做什么"和"怎样做"（文艺随笔） ………… 王德省
读者论坛（三篇） ………… 程瑛等
读者·作者·编者 ………… 尤 琨

美术
旋律（装饰画） ………… 樊文江
人像（写生） ………… 王炎林
月夜（中国画） ………… 李庚年
彝族少女（中国画） ………… 王子武

1981 年第 6 期　刊名:《长安》
目录

小说
一支过时的歌 ………… 蒋金彦
绿色 ………… 陈俊文
餐厅里的故事 ………… 曹志前
地铁站口的姑娘 ………… 晓 剑
土地诗篇 ………… 陈忠实
考验考验 ………… 彭兴国
小酒店 ………… 郭培杰
阿公和媳妇 ………… 张丛笑
试验品 ………… [法国] 亨利·特罗亚　张成柱译

散文
奔赴延安之前（革命回忆录） ………… 莫 耶

诗
唱给西安的情歌 ………… 玉 杲
长安诗情（组诗） ………… 孙友田
国门（外一首） ………… 郭维东
蓝天，飞着鸽群（外二首） ………… 黄 宏
阿尔泰山情思 ………… 王 军
谷物集 ………… 冯恩昌
生命的鼓点（外一首） ………… 邵文海

月亮（外一首）·················王中朝
题犀牛洞壁·····················朱光天
舟楫集·························喊 雷
蒲公英·························王维英
细雨·细语（外二首）···········胡占菁
春鸟集（三首）·················杜爱民

关于《一个幽灵在中国大地上游荡》的讨论
诗人，你的这些思想至少是胡涂的···········段国超
一首有严重缺点的诗·····················杨小一
站在事实的面前·······················刘 斌

评论
凝固的泪珠——读牛汉的诗《悼念一棵枫树》
·······························沙 鸥
热烈的爱，冷静的写——读《苦瓜花》·····薛迪之

创作谈
有所感·有所思·有所悟——谈《一支过时的歌》的
构思·····························蒋金彦

美术
江南（装饰画）·················樊文江
石林冰川（中国画）·············杨 涵
天山脚下（油画）···············阎文喜
陕北小姑娘（中国画）···········王有政

1981 年第 7 期　刊名:《长安》
目录

阳光雨露篇诗特辑
第一支歌啊，什么歌·············李志清
黄土小路·······················和 谷
信念·························白 浪
七月的合声·····················沙 陵
祝福你啊，母亲·················杨笑岸
在这块土地上（散文诗）·········贾平凹

小说
找红军·························刘杰诚
故乡情·························陶明国
这个女兵·······················姬建华
女奴··········[南斯拉夫]安德里奇 陈 斌译
寻·························周 矢
冷·························徐剑铭
上市·························陈 璇
王发强娶亲·····················高 华

散文
爱猫老人的礼物·················李巨川
芦苇青青·······················尤勇杰

评论
开展健全的文艺评论·············顾 言
思索与诗情——谈雷抒雁的诗·····高洪波

创作谈
追求，我的诗···················雷抒雁

名著欣赏
缜密的艺术构思——读苏轼的《前赤壁赋》····吴功正

文艺随笔
有景为何道不得·················朱先树

外国文学流派介绍
表现主义文学···················雪 笛

读稿随谈
要有真实·动人的生活细节——读短篇小说《这个女
兵》·························商子雍

读者论坛
读《秋日》有感···········（陕西乾县）达悟呆
这样的"编余偶拾"好·········（江苏南通）陈国昌

美术
信任（中国画）·················刘文西
篆刻选·················周 华 贾德宇等
神往（雕塑）···········云 岚作 王 进摄
长城万里图（中国画）···········钱松嵒
木刻三幅···············刘永贤 贾昇志
山野（装饰画）·················彭 鹏

1981 年第 8 期　刊名:《长安》
目录

小说
出于幽谷·······················喆 夫
生活·························贾平凹
狼窝人·························孙一农
驾驶证·························徐全祥
春·························汪润林
青香蕉和红元帅·················李廷华
希望·························史保民
抢救麦克逊·····················伯 仲

画眉 ································· 赵　剑

散文
乞巧 ································· 韩静霆
生活的彩练 ·························· 王宗仁
桃花蜜 ······························ 尤永杰

诗歌
春思（外一首）······················· 文武斌
亚热带风情画（三首）··················· 胡　笳
赶集 ································· 程　海
秦川秋色 ···························· 张志强
无定河抒怀 ·························· 郑光前
秋歌（三首）·························· 何　鹰
从月球望地球 ························ 倩　晴
瓜园 ································· 罗　巴

"破土"青年诗页
青春奏鸣曲（组诗）··················· 毛广魁
山歌·海韵（四首）···················· 杨海善
塞外诗草 ···························· 子　页

评论
一个青年探索者的印辙
——王晓新小说创作浅论 ·············· 陈　深
文学，要有鲜明的民族特色 ············· 康　伊

名著欣赏
居高见广　抚近知远
——谈杜甫等人同登慈恩寺塔诗 ······ 徐应佩　周溶泉

读稿随谈
浅议《狼窝人》的构思 ·················· 黎　敏

美术
翠华红叶（装饰画）··················· 樊文江
港湾早晨（油画）····················· 谢永熙
生活小品 ···························· 王炎林
暮韵图（中国画）····················· 李可染

1981 年第 9 期　刊名:《长安》
目录

小说
清官要断家务事 ······················ 顾惠良
秋雨 ································· 张兴海
盼富老汉 ···························· 程　瑛
走在乡间的小路上 ···················· 抱　谷

她的心 ······························ 李兴桥
小河边 ······························ 齐　飞
生命 ································· 程　海
闭上你的眼睛吧 ······················ 黄西文
媒婆张大姐 ·························· 燕　柳
雷特尔自治镇奇事 ········ ［美国］埃德加·艾伦·波

纪念鲁迅诞辰一百周年
鲁迅属于站起来的中国人民——纪念鲁迅诞辰一百周年 ····························· 阮　铭
鲁迅论真实 ·························· 吴功正
鲁迅前期小说与现代派文艺 ············· 王富仁
读鲁迅先生杂文杂感 ·················· 陆钊珑
写作要严肃认真——从鲁迅写《怀旧》说起··· 段国超
象征主义文学（外国文学流派介绍）········· 薛迪之

美术
船在山间行（装饰画）·················· 樊文江
无言的纪念（木刻）··················· 李宪基
榕树（中国画）······················· 王子武
葡萄树下（水粉画）··················· 刘秉江

1981 年第 10 期　刊名:《长安》
目录

散文特辑
关于散文的一封信 ···················· 孙　犁
夏夜静悄悄 ·························· 沙　石
乡土一日 ···························· 韦　昕
大海的一角 ·························· 徐　刚
云雀 ································· 贾平凹
乡笛 ································· 和　谷
提倡散文

小说
春色溶溶 ···························· 峭　石
雨夜 ································· 梁云祥
赶场路上 ···························· 吴健清
杀猪杀屁股的人 ······················ 谢万祯
高墙底下 ···························· 冰　洁
途中 ································· 田　夫

诗歌
北方风俗画（六首）··················· 宗　鄂
工厂夜歌（三首）····················· 澧　思
城市生活掠影（二首）·················· 马恒祥
油区喜讯（二首）····················· 黄　宏
神秘的画师 ·························· 陈　犀

盖着邮戳的歌（组诗）————————商子秦
我是石榴树一颗————————————陈有才
时代的背纤者————————————————孙　铭

"破土"青年诗页
我是一棵年青的树（外一首）————王　军
戈壁海思————————————————————子　页
生命（外一首）————————————————澄　清

评论
学习鲁迅严格解剖自己作品的精神…周溶泉　徐应佩
人物个性与人物语言——鲁迅小说学习随笔—高　信
要联系起来读——学习鲁迅杂文札记—苏育生
《一个幽灵在中国大地上游荡》的主旨是什么?
————————————————————————郦　洋

文艺随笔
以轻运重————————————————————贺光鑫

长安诗话
说贾岛《寻隐者不遇》————————————霍松林

读稿随谈
一幅情趣盎然的春色图——读《春色溶溶》—李　黎

美术
鸿雁长飞（装饰画）————————————樊文江
琴声（木刻）————————————————刘永贤
欢乐的草原（雕塑）————————————石建春
初春（中国画）————————————————范崇岷
少女（中国画）————————————————陈忠志
欢乐的库尔班节（油画）————————————谢元璜

1981 年第 11 期　刊名:《长安》
目录

小说·散文
追————————————————————————何开广
峡谷幽幽————————————————————春　光
艺术家的胃病————————————刘巽达　时永刚
回荡在记忆里的歌————————————————钟　炜
柳泉之春————————————————————杨小明
啄木倌儿————————————————————张宣强
"微不足道"的重大事故（推理小说）
　　　　　　　[日本]星新一著　李有宽译
天轮飞转————————————————————黄卫平
解脱————————————————————————少　鸿
乐镇瓜市————————————————————谢天祥

石城（散文）——访北也门散记————————解传广

诗歌
弦歌美酒溢天涯（组诗）————————————子　页
家乡的笑容（三首）————————————肖振荣
向北方（二首）————————————————尹家民
海望（外一首）————————————————黎　琦
高高的白杨树————————————————林　希
访（外二首）————————————————王尔碑
雨天的信（二首）————————————————杨　山
民歌手（外一首）————————————————蔡国瑞
农家小诗（二首）————————————————冯恩昌
一只鸟儿————————————————————澧　思
外滩镜头————————————————————徐　锁

评论
熟悉新生活，反映新时代————————本刊评论员
"摘出个人的有特色的谈话"
　　——学习鲁迅小说札记————————古远清

读者论坛
黄土一样纯朴的人民啊
　　——略评《土地诗篇》————————王郁森
美中不足——对《土地诗篇》的一点浅见—白　阳
一枚生活溪流中的闪光石——读《故乡情》—李怀埙

长安诗话
说白居易《轻肥》————————————————霍松林

读稿随谈
在"怎样做"上用点功夫——兼谈《追》————于　木
独具特色，入情合理
　　——谈《啄木倌儿》的人物塑造————公孙子邕

文艺随笔
"这一字"————————————————————汪承栋
看似反常却正常————————————————余昌谷

美术
年历（摄影:《仙人球》）————————吴印咸摄
晨（中国画）————————————————秋　晖
青山廓外斜（木刻）————————————李辛儒
光明到山乡（木刻）————————————罗贯生
"钱"派画家（木刻）————————————修　军
乌龟与长颈鹿（木刻）————————————修　军
庐山云雾（中国画）————————————杨　涵

1981 年第 12 期　刊名:《长安》
目录

向鲁迅学习——一九八一年九月二十四日在陕西省纪念鲁迅诞生一百周年大会上的讲话（摘要）⋯陈元方

小说

柳叶街⋯⋯⋯⋯⋯⋯⋯⋯⋯⋯⋯⋯孙见喜
在鸟店⋯⋯⋯⋯⋯⋯⋯⋯⋯⋯⋯⋯贾平凹
虚影（推理小说）⋯⋯⋯⋯⋯⋯⋯方世荣
驾辕记⋯⋯⋯⋯⋯⋯⋯⋯⋯⋯⋯⋯韩贵新
米纳·德·旺热尔⋯⋯[法]司汤达　黄慧珍译

散文

故乡瓜田⋯⋯⋯⋯⋯⋯⋯⋯⋯⋯⋯毛　锜
路遇⋯⋯⋯⋯⋯⋯⋯⋯⋯⋯⋯⋯⋯赵丽宏
诗歌
今天，我最好的人生（组诗）⋯⋯王大平
地球，正在轨道运行（组诗）⋯⋯李老乡
车过酒泉⋯⋯⋯⋯⋯⋯⋯⋯⋯⋯⋯韩作荣
酒乡晨曲⋯⋯⋯⋯⋯⋯⋯⋯⋯⋯⋯左一兵
长安短歌（二首）⋯⋯⋯⋯⋯⋯⋯沙　白
大路⋯⋯⋯⋯⋯⋯⋯⋯⋯⋯⋯⋯⋯李德忠

春华秋实

我是青蛙⋯⋯⋯⋯⋯⋯⋯⋯⋯⋯⋯庞壮国
粘知了（外一首）⋯⋯⋯⋯⋯⋯⋯何昌正
鱼网（外一首）⋯⋯⋯⋯⋯⋯⋯⋯李金安
哨所球台⋯⋯⋯⋯⋯⋯⋯⋯⋯⋯⋯刘得庆
泥瓦工的心（外一首）⋯⋯⋯⋯⋯李晓白
录像⋯⋯⋯⋯⋯⋯⋯⋯⋯⋯⋯⋯⋯王　璞

读者·作者·编者

《幽灵》作者认真作自我批评
教训和认识——编发《一个幽灵在中国大地上游荡》的自我批评⋯⋯⋯⋯⋯⋯⋯⋯⋯本刊编辑部

长安诗话

说白居易《买花》⋯⋯⋯⋯⋯⋯⋯霍松林

美术

村景（中国画）⋯⋯⋯⋯⋯⋯⋯⋯方鄂秦
千古功臣（中国画）⋯⋯⋯⋯⋯⋯王西京
冬林（套色木刻）⋯⋯⋯⋯⋯⋯⋯刘永贤
曼陀罗花开（中国画）⋯⋯⋯⋯⋯刘文西

1982 年第 1 期　刊名:《长安》
目录

邻居⋯⋯⋯⋯⋯⋯⋯⋯⋯⋯⋯⋯⋯张　英
四月，幸福的火花⋯⋯⋯⋯⋯⋯⋯吉　星
火锅⋯⋯⋯⋯⋯⋯⋯⋯⋯⋯⋯⋯⋯孙步康
行宫箫声（历史小说）⋯⋯⋯⋯⋯高　华
春天⋯⋯⋯⋯⋯⋯⋯⋯⋯⋯⋯⋯⋯陈俊文
在百慕大三角区海底（科幻小说）⋯杨　白
补偿⋯⋯⋯⋯⋯⋯⋯⋯⋯⋯⋯⋯⋯王宝成
假话（翻译小说）⋯⋯[日]远藤周作著　肖　雪译

长安新花

大叶女贞⋯⋯⋯⋯⋯⋯⋯⋯⋯⋯⋯何永林
土壤新歌⋯⋯⋯⋯⋯⋯⋯⋯⋯⋯⋯牛如忠

大学生作品

在女大学生寝室里⋯⋯⋯⋯刘巽达　时永刚

评论

准确把握、深入开掘新人的精神特征——兼谈《长安》部分描写新人的小说⋯⋯⋯⋯李建民
创作需要技巧（"短篇小说创作漫谈"专题讲座）⋯⋯⋯⋯⋯⋯⋯⋯⋯⋯⋯⋯⋯郑定宇
短篇结尾小议⋯⋯⋯⋯⋯⋯⋯⋯⋯祁　云
"刀子"和"磨刀石"（文艺随笔）⋯草　云
写作要紧跟形式吗?（文艺信箱）⋯尔　矛

美术

司马迁寒窗著史图（中国画）⋯⋯王西京
山谷之晨（木刻）⋯⋯⋯⋯⋯⋯⋯李辛儒
高原明珠（木刻）⋯⋯⋯⋯⋯⋯⋯李辛儒
西双版纳写生（两幅）⋯⋯⋯⋯⋯刘文西
又是两分（油画）⋯⋯⋯[苏]列歇特尼科夫
谈油画《又是两分》⋯⋯⋯⋯⋯⋯茹　桂

1982 年第 2 期　刊名:《长安》
目录

报告文学

生命之歌⋯⋯⋯⋯⋯⋯⋯⋯⋯⋯⋯张丛笑

小说

斗牛者⋯⋯⋯⋯⋯⋯⋯⋯⋯⋯⋯⋯齐麟鹏
新闻记者的新闻⋯⋯⋯⋯⋯⋯⋯⋯余　之
零点刚过⋯⋯⋯⋯⋯⋯⋯⋯⋯⋯⋯张兴海
赴宴⋯⋯⋯⋯⋯⋯⋯⋯⋯⋯⋯⋯⋯蜀　岷

在百慕大三角区海底（科幻小说　续完）┈┈┈杨　白

长安新花
无名草┈┈┈┈┈┈┈┈┈┈┈┈┈┈┈┈付宏建
长安米贵（历史小说）┈┈┈┈┈┈┈┈┈┈赵晓阳

诗
豆蔻年华（组诗）┈┈┈┈┈┈┈┈┈┈┈┈晓　蕾
海魂——都市印象┈┈┈┈┈┈┈┈┈┈┈┈叶延滨
山乡春意闲（二首）┈┈┈┈┈┈┈┈┈┈┈张宣强
心中的路（外一首）┈┈┈┈┈┈┈┈┈┈┈伍权民
冬天是什么┈┈┈┈┈┈┈┈┈┈┈┈┈┈┈屈敬祥
渔火（外一首）┈┈┈┈┈┈┈┈┈┈┈┈┈杨永年
峨眉天下秀（诗二首）┈┈┈┈┈┈┈┈┈┈王寅明
民族村┈┈┈┈┈┈┈┈┈┈┈┈┈┈┈┈┈王忠范
种瓜爷爷┈┈┈┈┈┈┈┈┈┈┈┈┈┈┈┈陈洪泽
崂山采撷┈┈┈┈┈┈┈┈┈┈┈┈┈┈┈┈孔　孚

评论
一九八一年《长安》短篇小说简评┈┈┈┈┈商子雍
第一目标（"短篇小说创作漫谈"专题讲座）
┈┈┈┈┈┈┈┈┈┈┈┈┈┈┈┈┈┈郑定宇

读稿随谈
《无名草》的得与失┈┈┈┈┈┈┈┈┈┈┈公孙子邕

美术
西北五市摄影联展作品选
草原联歌┈┈┈┈┈┈┈┈┈乌鲁木齐　张昆元
串亲家┈┈┈┈┈┈┈┈┈┈┈银川　李秀善
曲桥曲径┈┈┈┈┈┈┈┈┈┈兰州　赵清华
欢快的旋律┈┈┈┈┈┈┈┈┈西安　薛天祥
争┈┈┈┈┈┈┈┈┈┈┈┈┈西宁　祁成祥
杜工部行吟图（中国画）┈┈┈┈┈┈┈┈陈　延
入团（油画）┈┈┈┈┈┈┈［苏联］C.格里戈里叶夫
青春的赞歌（名画介绍）┈┈┈┈┈┈┈┈茹　桂
封面设计┈┈┈┈┈┈┈┈┈┈┈┈┈┈┈┈赵建科

1982 年第 3 期　刊名:《长安》
目录

铺着青石板的小巷┈┈┈┈┈┈┈┈┈┈┈┈谢　娉
天一的美惠┈┈┈┈┈┈┈┈┈┈┈┈┈┈┈叶广芩
音符┈┈┈┈┈┈┈┈┈┈┈┈┈┈┈┈┈┈贺抒玉
玉壶吟（历史小说）┈┈┈┈┈┈┈┈┈┈┈高　华
老沈家的年轻人┈┈┈┈┈┈┈┈┈┈┈┈┈良　俊
雪原上，深深的车辙┈┈┈┈┈┈┈┈┈┈┈李佩芝

散文
雁来红┈┈┈┈┈┈┈┈┈┈┈┈┈┈┈┈┈李天芳
美的素描┈┈┈┈┈┈┈┈┈┈┈┈┈┈┈┈王尔碑

诗
北戴河之滨┈┈┈┈┈┈┈┈┈┈┈┈┈┈┈舒　婷
我和他的故事┈┈┈┈┈┈┈┈┈┈┈┈┈┈王小妮
孩子和诗┈┈┈┈┈┈┈┈┈┈┈┈┈┈┈┈傅天琳
雁啊┈┈┈┈┈┈┈┈┈┈┈┈┈┈┈┈┈┈梅绍静
诗四首┈┈┈┈┈┈┈┈┈┈┈┈┈┈┈┈┈樊继真
泛舟┈┈┈┈┈┈┈┈┈┈┈┈┈┈┈┈┈┈宁　静
我的故事（外一首）┈┈┈┈┈┈┈┈┈┈┈石　娟

"破土"青年诗词
透明的秘密（五首）┈┈┈┈┈┈┈┈┈┈┈杨　蕾
网上的歌┈┈┈┈┈┈┈┈┈┈┈┈┈┈┈┈陈敏丽
觅诗（外一首）┈┈┈┈┈┈┈┈┈┈┈┈┈南　嫫
"小胖"┈┈┈┈┈┈┈┈┈┈┈┈┈┈┈┈┈飘　飘

评论
鲁迅短篇小说技艺拾贝┈┈┈┈┈┈┈┈┈┈周　健
唐诗小笺┈┈┈┈┈┈┈┈┈┈┈┈┈┈┈┈安　旗
支撑点——关于短篇小说的人物描写（"短篇小说创
作漫谈"专题讲座）┈┈┈┈┈┈┈┈┈┈郑定宇
透明的诗——读杨蕾的《透明的秘密》┈┈┈刘　斌
于细微处见真情
——读短篇小说《天一的美惠》┈┈┈┈┈邱国虎

美术
李清照（中国画）┈┈┈┈┈┈┈┈┈┈┈┈王西京
纺纱女（油画）┈┈┈┈┈┈［西班牙］委拉斯凯兹
青岛写生（油画两幅）┈┈┈┈┈┈┈┈┈┈谢永熙
伊犁姑娘（油画）┈┈┈┈┈┈┈┈┈┈┈┈阎文喜
质朴健美的《纺纱女》┈┈┈┈┈┈┈┈┈┈茹　桂

1982 年第 4 期　刊名:《长安》
目录

小说
暑期纪事┈┈┈┈┈┈┈┈┈┈┈┈┈┈┈┈王晓新
山楂糖┈┈┈┈┈┈┈┈┈┈┈┈┈┈┈┈┈京　夫
平安家信┈┈┈┈┈┈┈┈┈┈┈┈┈┈┈┈李天芳
穿过青青苞米林┈┈┈┈┈┈┈┈┈┈┈┈┈高红十
范羊催费┈┈┈┈┈┈┈┈┈┈┈┈┈┈┈┈刘新东
改变身分（推理小说）┈┈┈┈┈┈［日］西村京太郎著
张弘毅　王汉山译

长安新花

磨盘 ······ 陈欣明

散文

长江滚滚　友谊长存
——再访日本作家水上勉 ······ 柯森耀

诗歌

大漠绿窗（组诗） ······ 子　页
五彩的童年（组诗） ······ 杨　蕾
黎明的洒水车 ······ 姚焕吉
舰船之歌二首 ······ 任海鹰

春花秋实

咸阳抒情 ······ 峭　石
摇楼歌（外一首） ······ 宋文杰
南国行二首 ······ 张　波
网 ······ 莫西芬
西行吟（二首） ······ 黄东成
小燕子，在飞 ······ 晓　路
西行诗草（三首） ······ 昊　山
生活的海 ······ 朱志华

理论

读诗漫议——略谈《长安》一九八一年的诗···· 刘　斌
短篇小说创作技巧二题 ······ 文致和
她有一双美丽的翅膀——杨蕾的诗读后 ······ 雷抒雁
他们住在你隔壁——《邻居》读后 ······ 肖云儒
存在主义文学（外国文学流派介绍） ······ 雪　笛
在矛盾中写人，写出人的矛盾（"短篇小说创作漫
谈"专题讲座） ······ 郑定宇
有识者的眼和笔
——读《磨盘》二题（读稿随谈） ······ 商子雍

美术

日本少女（中国画） ······ 刘文西
访日写生（两幅） ······ 刘文西
访日速写（两幅） ······ 刘文西
无名女人像（油画） ······ ［俄］伊·尼·克拉姆斯科依
克拉姆斯科依的《无名女人像》 ······ 茹　桂

在社会实践中探求文学表现人性的正确途径
 ······ 刘建军　蒙万夫
生活是创作的唯一的源泉 ······ 刘大鹏

小说

听书 ······ 澧　思
驼伯醉酒 ······ 牛　垦
忏悔在黄昏 ······ 谭　力
螃蟹鲜汤 ······ 邢　可
血洒燕市（历史小说） ······ 何德麟
改变身分（推理小说·续完）
 ······ ［日］西村京太郎著　张弘毅　王汉山译

散文

幽谷花香 ······ 沙　石
雪忆 ······ 王兰英

诗歌

北方风俗画（组诗） ······ 宗　鄂
延安情思（组诗） ······ 闻　频
绿色的岗哨（组诗） ······ 陈　犀
走向五月（外二首） ······ 王大平
写在沸腾的大地（三首） ······ 何　鹰
农贸市场 ······ 李建邦
春天的传单（二首） ······ 陈敏丽
江与山 ······ 黄建伟

评论

一瞬间（"短篇小说创作漫谈"专题讲座）···· 郑定宇
读《驼伯醉酒》（读稿随谈） ······ 杨小一

美术

日本舞（中国画） ······ 刘文西
杨家岭速写——《在延安文艺座谈会上的讲话》发表
旧址 ······ 刘文西
速写 ······ 刘文西
桥儿沟——鲁艺旧址
杨家岭之春
刚出版的车间墙报（油画） ······ ［苏］列维琴·图林
形象的说服力《刚出版的车间墙报》欣赏随笔
 ······ 茹　桂

1982 年第 5 期　刊名：《长安》
目录

纪念《在延安文艺座谈会上的讲话》发表四十周年

永放光辉——纪念《在延安文艺座谈会上的讲话》发
表四十周年 ······ 胡　采
《讲话》依旧是明灯 ······ 王汶石

1982 年第 6 期　刊名：《长安》
目录

小说

不是终点 ······ 梁晓声
四路车轶事 ······ 包　川

赶路的人……………………………………惠振中
小旅馆……………………………………郭培杰
晚歌………………………………………司玉笙
天文望远镜……………………[土耳其]阿·涅辛著
曾宪英　唐鹤鸣译

长安新花
第九十九个………………………………马晓光
向往………………………………………孙满星

报告文学
温暖的一角…………………贾平凹　商子雍　和谷

诗·词
思乡者的梦（组诗）………………………雷抒雁
绿色的旋律（组诗）………………………李祥云
碑林二首…………………………………孙友田
工业主题随想曲（二首）…………………姜卫军
海上黄莺（外一首）………………………刘允嘉
海鸥，牵过一片阳光………………………于忠信
一串红……………………………………胡勗
煤矿晨曲（歌词）…………………………小　河
燃烧吧，营火（歌词）……………………艾　路
台湾有个陕西村（歌词）…………………张兴霖

评论
毛泽东同志的文艺思想有一个科学体系………何西来
浅和深（"短篇小说创作漫谈"专题讲座）………郑定宇
谈毛锜的咏史诗……………………………张志春
写出新人的风采——《第九十九个》读后（读稿随
谈）………………………………………李　黎

美术
日本新娘（中国画）………………………刘文西
青年矿工（中国画）………………………李世南
狐假虎威（木刻）…………………………修　军
正在跳舞的高韦爵士的孩子们（油画）
……………………………………[英]乔治·罗姆尼

1982 年第 7 期　刊名:《长安》
目录

在月亮旅社里……………………………少　古
曹雪芹（中卷选载第三十一章）…………端木蕻良
密林深处…………………………………肖英俊
萌芽………………………………………张沼清
情义………………………………………陈文恩

二十五号警察（推理小说）
…………[英]G.G.桑利·冯·阿著　陈林堂译

长安新花
围棋………………………………………邓传音
绛紫色的帷幕徐徐拉开……………………晓　彬
奇人趣事…………………………………肖建国

理论
化事件为情节（"短篇小说创作漫谈"专题讲座）
……………………………………………郑定宇
像兰花花一样纯朴和洁美——读贺抒玉的《女友集》
（书评）…………………………………李保均
一篇值得吟味的故事——读《在月亮旅社里》（读稿随
谈）………………………………………朱　艾
不尽秋风里，总是乡思情（创作谈）………蒋金彦
关于第一人称写法…………………………文致和
新小说派（外国文学流派介绍）…………雪　笛

美术
延河水（中国画）…………………………郭全忠
秦岭深处（套色木刻）……………………李庆民
白杨（木刻）……………………………刘永贤
水乡写生二幅（油画）……………………谢永熙
雪（木刻）………………………………刘永贤
黎明时分（油画）………………[苏]加甫里洛夫
让青春闪光
——谈油画《黎明时分》（名画介绍）………茹　桂

1982 年第 8 期　刊名:《长安》
目录

小说
根…………………………………………董川风
啊，夏天…………………………………樊继真
信念………………………………………何开广
音响………………………………………晓　蕾
鲁公草（历史小说）………………………钱世民
画家之死…………………[美]马克·吐温　刘心聪译

长安新花
兰花………………………………恒　毅　甲　地
我的"傻子"………………………………曾燕萍

散文
春风吹绿灞河岸（特写）…………………陈忠实
在我童年的世界（三章）…………………肖　岗

诗

塞北散歌（组诗）————————————尹家民
致木棉及其他（三首）————————————刁永泉
童年的回声（二首）————————————商子秦
给蜜蜂（外一首）————————————马合省
致勘探队战友————————————师日新
种花生的老头（外一首）————————————谷　溪
大火中走来的芦苇————————————关本满

评论

思考·诗情·诗意——谈商子秦的诗————————白冠勇
"我"就在那诗幕的后面————————————阿　红
缩空间于一隅（"短篇小说创作漫谈"专题讲座）
————————————郑定宇
饱蘸"诗美"的《他》（作品赏析）————————闵抗生
贵在发现
——《根》的艺术构思及其他（读稿随谈）————李健民

美术

纳鞋底（中国画）————————————郭全忠
海瑞（木雕）————————————陈云岗
葡萄熟了（中国画）————————————彭　蓥
归来（油画）————————[苏]谢·阿·格里戈里耶夫
在道德法庭上　油画《归来》欣赏随笔————————茹　桂

1982 年第 9 期　刊名:《长安》
目录

小说

未发出的信————————————朱联忠
送————————————石秋凉
公路旁的茶坊————————————黄建国
手镯————[黎巴嫩]米哈伊尔·努埃梅著　陈光汉译
父亲————————————陈　军
重又相逢————————————刘巽达　时永刚
第九十九次投稿————————————徐海滨
五月和风————————————杨　帆
"最近"消息————————————伍松乔
生命交响乐————————————雨　寒
消逝了的月光————————————黄晓平
友谊中的友谊————————————吴若春

诗

人民英雄纪念碑断想————————————邹荣华
我从春天走来（外二首）————————————陈　敏
孩子和树（三首）————————————赵　坤
抒情三首————————————卓　凡
你赶着骆驼从我梦里走过（外一首）————————田玉川

星期天，在站牌下————————————于　跃
画（外一首）————————————弓　弦

理论

在矛盾冲突中揭示人物心灵——读短篇小说《送》（读
稿随谈）————————————秦天行
诗的絮语（文艺随笔）————————————冯庆川
故事由谁来说（"短篇小说创作漫谈"专题讲座）
————————————郑定宇

美术

高原（油画）————————————张国龙
繁忙的奶厂（木刻）————————————张万里
阳光下（雕塑）————————————陈云岗
集市（中国画）————————————杨　季
初窥创作之门——油画《高原》的创作过程———张国龙

1982 年第 10 期　刊名:《长安》
目录

欢庆中国共产党第十二次全国代表大会诗专页
————————————沙　陵　杜心元　白　浪

诗特辑

祖国天地（十一篇）————————————胡　笳
刘湛秋　张　郁　郭　廓　韦焕成　李祥云　李清联
李松涛　赵丽宏　何吉明　孙静轩
长安风物（五篇）————————————玉　杲　杨　牧
蔡其矫　左一兵
抒情小集（六篇）————————————胡　征　田　奇
流沙河　杨　蕾　顾　城　尧山壁
破土青年诗页（七篇）————————————鞠　萍　石玉玲
卢鸿才　杨绍武　崔建忠　郑光前　敏　卓

小说

远山叠影————————————王晓牧
钢戒指————[苏]康·巴乌斯托夫斯基著　赵其强译
东坡泪（历史小说）————————————李廷华
五号院的故事（长安新花）————————————王恩选
闷葫芦和陈铁腕（长安新花）————————————孙庆义
在南去的列车上（大学生作品）————————范小天　殷小唯

评论

发现：诗人的可贵品格
——读玉杲诗集《红尘记》————————————姚　虹
文学批评刍议————————————费秉勋
郑重和他的新作《陈赓大将》————————————子　页
月·星·火柴和灯（文艺随笔）————————————王丙尧

学诗断想（文艺随笔）⋯⋯⋯⋯⋯⋯⋯宁焕申

美术
海风（油画）⋯⋯⋯⋯⋯⋯⋯⋯⋯⋯马骥生
黄河颂（中国画）⋯⋯⋯⋯⋯⋯⋯⋯苗重安
晨歌（木刻）⋯⋯⋯⋯⋯⋯⋯⋯⋯⋯罗贯生
丝绸之路起点（中国画）⋯⋯⋯⋯⋯张义潜

1982 年第 11 期　刊名:《长安》
目录

小说
清湘泪（历史小说）⋯⋯⋯⋯⋯⋯⋯喆　夫
漂在水上的梦⋯⋯⋯⋯⋯⋯⋯⋯⋯夏挽群
维纳斯和胖罗汉⋯⋯⋯⋯⋯⋯⋯⋯丁　文
觅⋯⋯⋯⋯⋯⋯⋯⋯⋯⋯⋯⋯⋯张立波
恭喜⋯⋯⋯⋯⋯⋯⋯⋯⋯⋯⋯⋯伍元新
甜桃⋯⋯⋯⋯⋯⋯⋯⋯⋯⋯⋯⋯雷抒雁
喜鹊闹春⋯⋯⋯⋯⋯⋯⋯⋯⋯⋯张宣强
春草之梦（翻译小说）⋯⋯⋯⋯[日本]曾野绫子著
文学朴译

大学生作品
"新世界"交响乐⋯⋯⋯⋯⋯⋯⋯周宇红

长安新花
青春的旋律⋯⋯⋯⋯⋯⋯⋯⋯⋯阿　莹

评论
窗口吹来清新的风
——《长安》大学生作品专号读后⋯肖云儒
思接千载，视通万里——读《"新世界"交响乐》的
随想（读稿随谈）⋯⋯⋯⋯⋯⋯李培坤
聚焦点（"短篇小说创作漫谈"专题讲座）⋯⋯⋯郑定宇

美术
凝视（中国画）⋯⋯⋯⋯⋯⋯⋯⋯王有政
林中小鹿（中国画）⋯⋯⋯⋯⋯⋯秋　晖
水乡之春（中国画）⋯⋯⋯⋯⋯⋯方鄂秦
期待（油画）⋯⋯⋯⋯⋯⋯⋯[罗]格里高莱斯库

1982 年第 12 期　刊名:《长安》
目录

小说
藕花落尽（大学生作品）⋯⋯⋯⋯孟祥云
天边有一轮陌生的月亮⋯⋯⋯⋯⋯马晓光

太爷斗酒（《驼伯醉酒》姐妹篇）⋯⋯牛　垦
石磨山里的一家⋯⋯⋯⋯⋯⋯⋯禹本愚

长安新花
星⋯⋯⋯⋯⋯⋯⋯⋯⋯⋯⋯⋯贺绪林
追⋯⋯⋯⋯⋯⋯⋯⋯⋯⋯⋯⋯贺绪林

电影文学剧本
陈赓大将（上）⋯⋯⋯⋯⋯⋯⋯郑　重

散文
梦中的雷音寺
——记韩起祥同志（报告文学）⋯韩静霆
在逆境中奋飞
——记残废青年业余作者贺绪林⋯商子雍

诗
南方，遥远的山乡（二首）⋯⋯⋯何吉明
农家画卷（组诗）⋯⋯⋯⋯⋯⋯冯恩昌
黄河咏叹调⋯⋯⋯⋯⋯⋯⋯⋯和　谷
长沙⋯⋯⋯⋯⋯⋯⋯⋯⋯⋯⋯昌　耀
举杯邀明月⋯⋯⋯⋯⋯⋯⋯⋯黎焕颐
化石⋯⋯⋯⋯⋯⋯⋯⋯⋯⋯⋯鹤　坪
在海边（二首）⋯⋯⋯⋯⋯⋯⋯王平凡
心的色彩（组诗）⋯⋯⋯⋯⋯⋯杨小敏
碑林（外一首）⋯⋯⋯⋯⋯⋯⋯毛　锜
轩辕柏⋯⋯⋯⋯⋯⋯⋯⋯⋯⋯葛佳映
华岳仙掌⋯⋯⋯⋯⋯⋯⋯⋯⋯李晓白
阳光，在向我涌来⋯⋯⋯⋯⋯⋯晓　路
春的祈求⋯⋯⋯⋯⋯⋯⋯⋯⋯赵哲权
石榴⋯⋯⋯⋯⋯⋯⋯⋯⋯⋯⋯于　跃
踏雪⋯⋯⋯⋯⋯⋯⋯⋯⋯⋯⋯张天明

评论
如何"聚焦"（"短篇小说创作漫谈"专题讲座）
⋯⋯⋯⋯⋯⋯⋯⋯⋯⋯⋯⋯郑定宇
巧设"悬念"陡生"反转"——欧·亨利《麦琪的礼
物》赏析⋯⋯⋯⋯⋯⋯陈孝英　孙豹隐
不一致的一致（文艺随笔）⋯⋯⋯余昌谷
不妨从身边写起（文艺随笔）⋯⋯李　昀

美术
向往（油画）⋯⋯⋯⋯⋯⋯⋯⋯戴海燕
雕塑（两幅）⋯⋯⋯⋯⋯⋯⋯⋯孟书明
文王访贤图（中国画）⋯⋯⋯⋯⋯李　超
西斯廷圣母（油画局部）⋯⋯⋯[意]拉斐尔

1983 年第 1 期　刊名:《长安》

目录

短篇小说

华威女士 ································· 宝　芝
珍珠 ··································· 陈忠实
射虎行（历史小说）····················· 高　华
甜甜的八月瓜（"长安新花"）············· 方　园
"准尉"（"大学生作品"）················ 伍松乔

电影文学剧本

陈赓大将（续完）······················· 郑　重

散文

往事二题 ······························ 王小妮

诗作

钢城之歌（组诗）······················· 王　雁
黄山梦思 ······························ 关　雎
造星的手 ······························ 廖代谦
两忆长安（二首）······················· 陈茂欣
破土青年诗页
地平线（外一首）······················· 敬　远
零点，我们接班（外一首）··············· 王维英
下井 ································· 高兴谦
葡萄树 ······························· 李　峻
街道上，驶过一辆洒水车················· 杨绍武

理论

学点美学知识（"美学漫步"）············· 刘建军
大学生笔谈小说《未发出的信》（八篇）
········ 陈瑞红　杨清波　孙亚平　尤晓民
邢小利　王小平　王宝成　魏利娥　席　琢
给读者以联想的余地——读《长安》82 年"大学生作
品专号"诗作随感 ····················· 张大愚
王安忆的中篇《冷土》（"艺苑折枝"）····· 吴　嘉
真实　集中——读《甜甜的八月瓜》随笔（读稿随
谈）································· 丰　禾
浅议小说《报》的真实性··········· 杨春清　张会鉴

美术

装饰画 ·························· [日]中山正
青春（油画）··························· 阎文喜
陕南林区（中国画）····················· 何纪争
少女像（油画）························· 毕加索

1983 年第 2 期　刊名:《长安》

目录

小说

征婚启事 ······························ 周健行
小船正起航 ···························· 谢曼丽
矿妹子 ································· 黄卫平
霞村一夜 ······························ 刘转建
梦 ··················· [英]G.C.索恩利　陈林堂译
门槛 ································· 裴积荣

长安新花

一束山花 ······························ 李康美

散文

巴基斯坦风情 ·························· 李孝才
铜蒺藜 ································· 刁永泉
延安道上 ······························ 张代民
友谊之页（外一章）····················· 王尔碑
秋日纪事 ······························ 周　明

评论

无巧不成书（"短篇小说创作漫谈"专题讲座）
··································· 郑定宇
真假虚实之间
——谈谈生活与艺术的辩证关系··········· 薛瑞生
开拓者家族的新篇章——蒋子龙的《锅碗瓢盆交响
曲》（艺苑折枝）······················· 晓　风
真切动人的山菊（读稿随谈）············· 李　绮
友谊的力量（文艺随笔）················· 肖文苑
浪漫主义的不朽之作（名画介绍）········· 邵养德

美术

装饰版画 ······················ [日本]中山正
傣族妇女（油画）······················· 谢源璜
淡然（中国画）························· 吴黎明
山景（中国画）························· 徐义生
屹立在米索隆基废墟上的希腊（油画）···德拉克罗瓦

1983 年第 3 期　刊名:《长安》

目录

小说

蜜桔 ································· 澧　思
雪魂 ································· 郭培杰
林荫畅想曲 ···························· 杨　惕
遗璞 ································· 贾平凹

让我轻轻地告诉你 ———————— 马晓光
咳嗽 ———————————————— 王晓新
播音员从足球场上报告 ——————— 晋　川
记住，那一桌酒菜 ————————— 邓传音
虹 ————————————————— 冯有源
明春阁（历史小说） ———————— 李廷华

散文
高高的城墙 ———————————— 毛　锜

诗
给我一个世界（外一首） —————— 王维英
我走过夜的城市 ————————— 费　赓
幻象 ——————————————— 王　琰
阳光是什么颜色的 ————————— 张　颖
小站 ——————————————— 田玉川
致小溪 —————————————— 闻　频
默写的画（三首） ————————— 王大平
金银花 —————————————— 张　晴
啊，南方！啊，北方 ———————— 鹤　坪

理论
美的多样性（美学漫步） —————— 刘建军
兴味线（"短篇小说创作漫谈"专题讲座）— 郑定宇
触类旁通 ————————————— 古远清
写的新些，写的深些（通讯） ———— 晓　风
展现新的生活（读者论坛） ————— 李增宪

美术
装饰画 ——————————— ［日］中山正
少女（油画） ———————————— 尚德周
幽泉（中国画） ——————————— 何纪争
速写 ——————————————— 陈国勇
三个塔希堤人（油画） —————— ［法］保罗·高更
高更和他的《三个塔希堤人》（名画介绍）— 谢源璜

1983 年第 4 期　刊名:《长安》
目录

小说
兵的挎包 ———————— 明　琪　马荣先
痴情泪 —————————————— 张　英
红石榴 —————————————— 程　海
解脱 ——————————————— 方英文
失落的童话 ———————————— 夏　扬
民意测验 ————————————— 李　铨
"成功者"的苦恼 —————————— 孙　克
高轩过（历史小说） ————————— 钱世明

深渊（翻译小说） ——— ［日本］佐保筱崎　应世昌译

诗歌
长安诗歌
编者的话
请用你的海回答我的海（诗三首） ——— 王大平
月光下的原野（外二首） —————— 余以建
岁月与我（组诗） ————————— 高伐林
无题二首 ————————————— 郭维东
他是盲诗人 ———————————— 嘉　嘉
读李太白集 ———————————— 白　航
魔方 ——————————————— 骆树基
春风，吹来了湿漉漉的露珠（外一首）— 蔡国瑞
瀑布 ——————————————— 任增寿
吴淞口外（外一首） ————————— 刘　珂

评论
关于《陈赓大将》（作家通信） ———— 王汶石
评论家，深入生活去！ ——————— 阎　纲
为一代新人塑像——略谈几部反映当代青年生活的小
说 ——————————————— 王　愚
性格的魅力
——简评《厂长今年二十六》（艺苑折枝）— 薛迪之
美的和谐（名画介绍） ———————— 尚　舟

美术
印度少女（装饰画） ————————— 石　鲁
海的女儿（铜版画） —————— 陈　妍　石渝翎
夏（油画） ——————————— ［苏］普拉斯托夫

1983 年第 5 期　刊名:《长安》
目录

小说
养在深闺人未识 —————————— 吕敏尔
晚香 ——————————————— 刘　斌
"女儿国"的青年们（长安新花） ——— 王　林
铁的栅栏门徐徐闭合 ———————— 樊继贞
浣溪沙（历史小说） ————————— 张晓明
悔 ——————————————— 贺绪林
生日礼品（翻译小说） ——— ［苏］伊凡　葛列罗夫作
林　静　唐若水译
角落 ——————————————— 张丛笑
闷棍 ——————————————— 薛建林

诗歌
长安诗家
唱给西藏的牧歌（三首） —————— 黎焕颐

月弦上的音符（组诗）···子 页
属于春天的事业···左一兵
金鱼···张志鹏
乡村···廖亦武
草原观灯··贾长厚
茧··李根红

"破土"青年诗页
沙滩上的脚印（外一首）·······································赵泽华
写给妈妈··杜爱民

评论
传奇之笔　赤子之心——论《陈赓大将》形象塑造的
艺术成就···雷 达、彭加瑾
美感中的知觉（美学漫步）·····································刘建军
假事与真情（文艺随笔）·······································贺光鑫
熟悉，才能表现（读稿随谈）···································大 平

美术
月夜风情（布贴装饰画）·······································程季华
飞泉凝翠（中国画）··杨维功
陕南风光（摄影）···吴定国
阿尔卡迪亚的牧人（油画）·······················[法]尼古拉·普桑

1983 年第 6 期　刊名：《长安》
目录

小说
还情···张文鹏
列车西行··朱士奇
顾问···田 夫
甜姑娘···王世伟
友谊···邓兴东
"豆腐"处长··麻海建
戴进逃归（历史小说）··高 华

微型小说
雪··徐规划
眼睛···冯少峰
厂务会"决议"···李广利
考场上···贾 亮

长安诗家
攀行者的足迹（三首）··晓 钢
野玫瑰···杨 牧
诗三首···刁永泉

爱情石页
我们摇着桨··刘允嘉
那个瞬间，那个画面···王 琰
雨中···刘德亮
教师之歌··王前锋
我的思念··李 峻
无花果树下··关 睢

理论
论适度——给一位作者的信（编辑手记）·······················甘初华
最佳角度（"短篇小说创作漫谈"专题讲座）
···郑定宇

当代志怪
——吴若增的《脸皮招领启事》（艺苑折枝）···················费秉勋
一个诗化了的高洁灵魂
——读《雪魂》（读者论坛）·································李廷华
活跃文艺评论，促进创作繁荣··················李 洪 本刊记者
谈谈情节的可信性
——兼谈《还情》（读稿随谈）·······························于 木
俄罗斯画家列宾和他的《乌克兰姑娘》·························张志超

美术
马上的情侣（油画）··································[俄]康定斯基
延安风情（速写一组）··张国龙
上学（木刻）···王静全
山村春景（木刻）···刘永贤
乌克兰姑娘（油画）··································[俄]列 宾

1983 年第 7 期　刊名：《长安》
目录

墨绿色的球台（中篇小说）·····································牛正寰

短篇小说
探亲房···刘转建
犟老汉···王吉呈
镰声···李克之
工厂彩霞（组诗）···郭 廓
等待与眺望（诗）···申爱萍
最大的博物馆（外一首）·······································薛家柱

煤海诗浪
煤层，黑皮的书（外一首）·····································李祥云
我是天轮··朱文杰
金色的钥匙··黄卫平
晚晴——萧军印象（散文）·····································和 谷
一只贝（散文）··贾平凹

学员作品

十五的月亮（小说）—————————————黄　芳
默默有言（小说）—————————————欲　晓
他有一头卷发（小说）———————————雷国胜
小诗四首————鲁华斌　仲　午　敏　卓　萧　青
山溪流韵（散文诗三章）——————————李茂询

寄希望于青年

——著名作家萧军答本刊记者问
发掘当代青年的心灵美——读今年《长安》上的几篇
小说——————————————————费秉勋
正与反的艺术辩证法（文艺随笔）杨茂林　李文田
是谁应当受到贬责——读《天边有一轮陌生的月亮》
（读者论坛）————————————————王式俭
思维——审美活动中的灵魂（美学漫步）———刘建军
《阅读间歇》欣赏—————————————周　正

装饰画

萧军西安之行（摄影一组）—————————李长生
小河春早（木刻）—————————————乔维新
春晨（套色木刻）—————————————贾升志
阅读间歇（油画）————————————[法]柯　罗

1983 年第 8 期　刊名:《长安》

目录

既然你挑选了文学这个事业
——为《长安》处女作专号而作———————王汶石

小说

春———————————————————刘小剑
李健民　评点：春的信息
今天老常请酒——————————————孙宝辰
莫仲　评点：敏锐的捕捉
剪鞋样————————————————魏常瑛
路遥　评点：要有真情实感
勿忘我————————————————优　伶
贾平凹　评点：给《勿忘我》作者的信
荒原情思————————————————张广学
姚虹　评点：热和冷
云深处—————————————————王　艾
遇见骗子之后—————————————张正建
谜中谜（推理小说）———————————芦继峰
井（散文）————————————————何　锋
李天芳　评点：从井里看到的
远方的小桔灯（外一首）——————————顾宜凡
爷爷的谜语（外一首）———————————王　茜
子页　评点："桔灯"与"谜语"的感言

鹰翅、荔枝与仙人球（诗辑）————周文慧　陈　忠
田　旭　柯　平　刘抒平　刘益人　宋毅君　古　泉
沙陵　评点：稚嫩，却单纯可爱
重文不重名——鲁迅怎样对待名家和无名作者（文艺
随笔）——————————————————邓啸林
蓬首垢面羞见人（编辑手记）————————丰　禾
我们欢迎微型小说——读《长安》七月号一组微型小
说有感（读者论坛）————————————胡秉之
由头（"短篇小说创作漫谈"专题讲座）———郑定宇
诗的色彩
——读吴金狮的无笔画（美术欣赏）————笃　蛮
海（装饰画）———————————————胡永凯
陕北之秋（中国画）————————————张建文
雨后彩云飞（中国画）———————————张建文
吴金狮无笔画作品

1983 年第 9 期　刊名:《长安》

目录

小说

女才子之夜————————————————徐海滨
居无求安————————————————孟祥云
在昨天和明天交替的时候—————————范小青
题签问题—————————————————雨　寒
雪花静静地飘——————————————阿　莹
哦，眼睛—————————————————杨文环
在海上—————————————————马玉琛
神童———————————————————安力达
唯一的证人——————[日]星新一著　李有宽译

诗歌

明天，我将远行—————————————傅铁成
戈壁———————————————————钱叶用
窗台上，盛开的花————————————于　跃
在浮雕前—————————————————杜爱民
轮椅·阳台·南来的风（特辑）————梁虎成　祁　智
彭江红　顾宜凡　彭国梁　王长琦　查结联
老农（散文诗）—————————————孙和平

大学生论坛

略论当前青年题材中新的美学价值观—————李西建
作家们，深入地探索大学生的心灵吧————张大愚

编辑手记

《居无求安》艺术谈————————————商子雍
人物和事件————————————————晓　风

美学漫步

美感是一种特殊的主客体关系 …………刘建军
《读书少女》欣赏 …………周 正

美术

大学生（油画）…………王国伟
油画习作 …………赵 拓
秋雨（中国画）…………康师尧
读书少女（油画）…………［法］弗拉戈纳尔

1983 年第 10 期　刊名：《长安》
目录

小说

有歌唱给蓝天 …………明 琪
探亲记 …………张庆林
蓝天上飘过一朵白云 …………赵晓阳
车祸 …………马林帆
发生在山区小站 …………莫 伸
茂陵石刻 …………李 君
枣儿红了的时候 …………仲 午
金色的苹果园 …………张 虹
两个逃犯（历史小说）…………宫 南
投水自杀者救助业（翻译小说）
…………［日本］菊池宽 鲍显阳译
山里人（小小说）…………张淑琴

理论

老套子和新框架（编辑手记）…………方 涛
诗意 哲理 感情——谈李天芳的小说 …………李 星
表达个性（文艺随笔）…………临 青
"不患不了，而患于了"（文艺随笔）…………陈良运
油画《西单夫人像》简介（名画欣赏）…………周 正

美术

播（装饰画）…………梅 洪
童心（中国画）…………王有政
描情绘心（中国画）…………柯建军
秦岭采伐歌（中国画）…………郑天欣
西单夫人像（油画）…………［英］庚斯博罗

1983 年第 11 期　刊名：《长安》
目录

江山流韵

巴山短笛 …………刘培森
京城小题（二章）…………那家伦

乡土掠影

故乡的土炕 …………同德普
大漠散歌 …………周彦文
令人心醉的音乐 …………牧 犁

天涯萍踪

梧桐沙沙响 …………薛家柱 王月曦
在曹雪芹的故居 …………邢良俊

情思缕缕

鹅乡少年 …………王宗仁
竹叶 …………尤永杰
柿子熟了 …………向 玫
长白抒怀（三章）…………秋 原

山光水色

船工号子 …………谭留根
捉鳝 …………陈 吟
青青的山峦 …………何笔欣

电影文学剧本

一个和八个 …………张子良 王吉呈

美学漫步

美在一定的关系中显现 …………刘建军

青年题材创作问题笔谈

准确把握当代青年的精神历程 …………王 愚
关于塑造当代青年形象的两点认识 …………雷成德
写"对立"及其限制
——从刘思佳、高加林说起 …………郭 琳
正确表现青年的人生探索 …………文致和
关于爱情题材 …………林 木
略谈作家的思想倾向 …………杨清波
卓越的技巧 严谨的画风 …………周 正

美术作品

收货（装饰画）…………梅 洪
关中风情（速写）…………王炎林
阿姨的心（油画）…………张重克
披纱女郎（油画）…………［意］拉斐尔

1983 年第 12 期　刊名：《长安》
目录

纪念毛泽东同志诞辰九十周年

"毛主席……"（外二首）…………胡 征
融融春光（叙事诗）…………黎 琦

种子,萌发在早晨

致青年服务队（二首）···········柯　平
高产油井的心事···············黄　宏
我们都是太阳················澄　清
爱情与理想·················晓　晴
爱的短笛··················田惠刚
等待····················王　野
我们····················马合省

诗城流韵

丈八沟杂记（五首）············绿　原
西边春天，东边秋天（外一首）······田　奇
古城交响（三首）··············李志清
长乐钟声··················陈　浩

飘起乳和血的帆

绸蝴蝶的帆·················陈所巨
草原集（三首）·········（蒙古族）韩　霞
桃花恋（外二首）·············木　斧
春雨潇潇··················黎焕颐
给橱窗里的女儿···············桂兴华
鹿····················姚焕吉
三月回乡··················杨立哮

海的细语

海洋抒情··················徐　刚
海滩，海滩·················赵丽宏
海边，拾贝的孩子（外一首）·······渭　水
鸟岛抒情（外一首）············刘宏亮
海情三首··················孔　孚
征帆（外一首）···············张　波
夜潮（外一首）···············石　娟
游泳中的蒙太奇···············曹汉俊

这多旅人情

戈壁诗三首·················邹荻帆
我们的山城·················廖公弦
塞外弦歌二题················胡　笳
大河记踪（二首）··············晓　蕾
古塞吟（二首）···············和　谷
大自然的色彩（二首）···········张　郁
黄山抒情（二首）··············孙友田
草原深处············（藏族）卓　玛
吐鲁番葡萄（外一首）···········叶　笛
西昌月···················张　晴
小城····················嘉　嘉
古峡江枫（外一首）············鄢家发
在深山（二首）···············熊召政
大漠炊烟··················牧　笛

孕育生机的芽眼

读凡·高画四题···············牛　汉
馈赠二章··················杨　山
眼睛····················王大平
心灵的对话（外一首）···········杨　蕾
献给一棵树的恋歌·············王德芳
云影集（三首）···············党永庵
金石····················鹤　坪
夜的窗口··················刘　敏

期待在眸子里

呵，土地（二首）··············刘祖慈
遥远的山音（三首）············子　页
雷雨篇···················韩作荣
土地的女儿（外二首）···········陈　犀
七月·夜··················左一兵
秦岭狩猎（二首）··············宋文杰
中原麦熟（外一首）············王中朝
轩亭口···················张德强
谒鲁迅墓··················刘　珂
游大名湖（二首）··············毛　锜
在这个空间·················郁　青
白杨····················杨绍武
渭河····················叶　浓
云····················曹凤权
清晨（外二首）···············陈　军
白浪河···················丹　萌

不朽的山岩

柴达木抒情·················雷　霆
一个婴儿··················刁永泉
久别的鲜花·················王平凡
冬日，我也爱················艾　路
镜子····················宋太海
小巷速写··················刘鑫海
织····················于忠信
赠——··················范俊德

散文诗

行云（外五章）···············王尔碑
一只信鸽··················牧　犁
碥桥····················芦　丁

翻译诗

委内瑞拉诗三首···············王央乐译

评论

坚持社会主义文学的思想原则·······李健民
秋窗漫笔——关于诗的断想········玉　呆

265

读诗书简——致邹荻帆 ············ 罗 洛
向着诗艺之海——西窗诗话
——读《嗨哟，神奇的海》 ············ 阿 红
《红衣男孩》赏析（名画欣赏）············ 周 正
西安市文联邀请文艺界人士座谈清楚精神污染建设精
神文明 ·············· 本刊记者

美术
生命的礼赞（装饰画）············ 赵建科
毛主席在陕北 ·············· 刘文西
房东的女儿（中国画）············ 刘文西
红衣男孩（油画）·············· ［英］劳伦斯
彝族风情（速写）·············· 张国龙

1984 年第 1 期　刊名:《长安》
目录

中篇小说
生命在于运动 ·············· 齐麟鹏

短篇小说
故乡的眼睛 ·············· 袁和平
星，还在闪烁 ·············· 黄小平
飘动的白毛巾 ·············· 张宣强
两腿泥 ·············· 董 墨
天空出彩霞 ·············· 翟 曜
红头将军 ·············· 申 晓

历史小说
萧寺哭临图 ·············· 钱世明

微型小说
在走廊里 ·············· 史宝民
瘦高个和连衣裙 ·············· 郑启玉
冬冬想不通 ·············· 虞大伟
橡皮的香味 ·············· 操剑锋

港澳作家作品
小提琴手 ·············· 白 洛

翻译作品
提升 ·············· ［日本］星新一著　李有宽译

评论
正确地描写青年一代的复杂性 ······ 孙豹隐　陈孝英
从孔乙己的塑造说开去（文艺随笔）······ 段崇轩
说悬念（编辑手记）·············· 大 平

美术
织（装饰画）·············· 赵建科
襟带风华（中国画）·············· 徐义生
草堂烟雾（中国画）·············· 陆震华
骊山晚照（中国画）·············· 陆震华
岳飞（中国画）·············· 李世南

1984 年第 2 期　刊名:《长安》
目录

小说
如果第一个报告不批 ·············· 李信安
矿山传奇 ·············· 朱文杰
那片青草地 ·············· 张应银
紫蓝色的水浮莲 ·············· 吴克敬
揉碎的花瓣 ·············· 言 冰
就是那座桥 ·············· 杨建中
微笑 ·············· 赵 丰
耳朵的毛病 ·············· 袁智强
黑伞 ·············· 王卫民

散文
葡萄熟了 ·············· 赵心琴
沙枣花 ·············· 芦继峰
八月流萤 ·············· 李小梅
犁弯木 ·············· 吴建华

诗歌
祖国裁给我一线蓝天 ·············· 王长乐
我是铝 ·············· 周 帆
湖乡记事（二首）·············· 陈安安
洁白的羽毛球 ·············· 李汉荣
叠 ·············· 方小毅
一瞬 ·············· 杨铜茂
吊兰 ·············· 张少波
大理素描 ·············· 党 继
石头的呼声 ·············· 祝喜堂
再见 ·············· 黄加美

评论
题材的开掘与作家的世界观——关于提高小说创作水
平的一个思考 ·············· 蒙万夫
谈对象化地深入生活 ·············· 张长仓
异军突起话《女神》（北窗书话）·············· 高 信
要有自己的"生活切面"（文艺随笔）·············· 常智奇

点评
《矿山传奇》的奇与不奇 ·············· 商子雍

在矛盾冲突中写人 ──────────────── 晓　风
愿生活中多一点微笑 ─────────────── 杨小敏
诗意在其中 ───────────────────── 沙　陵
生活的歌唱 ───────────────────── 子　页
《柳青纪念文集》出版发行（消息）

美术
装饰画
黄帝陵（中国画） ──────────────── 罗　铭
巴山锦绣（中国画） ─────────────── 方济众
正月里闹元宵（中国画） ───────────── 李世南

1984 年第 3 期　刊名:《长安》
目录

小说
古镇的儿子 ───────────────────── 殷小唯
山洞啊山洞 ───────────────────── 牛正寰
银白的游丝 ───────────────────── 张荣珍
古城小巷 ────────────────────── 王润华
女儿 ──────────────────────── 张淑琴
美髯公 ─────────────────────── 陈　璇
可怕啊，东京 ──────[日本] 远藤周作著　叶广芩译

报告文学
追赶春天的人──记西安园林局工程师丁绮── 高　华

诗歌
我要到白杨林里去（外二首） ───────── 奕　林
我的世界（组诗） ───────────────── 王　茜
金色的太阳帽 ─────────────────── 皋玉蒂
一个爱做梦的女孩 ───────────────── 白　虹
生活的七弦琴（外一首） ───────────── 鞠　萍
红枫（外二首） ────────────────── 周文慧
我是鹿妈妈（二首） ─────────────── 李　琦
小船（外一首） ────────────────── 涓　子
童心（外一首） ────────────────── 封筱梅
雨夜，有一盏小灯（外一首） ───────── 王　琰
雪（外二首） ─────────────────── 江　南

散文
编辑日记 ────────────────────── 叶　涛
山那边来的姑娘（散文诗五首） ──────── 华　姿
生活的小站（二章） ─────────────── 陆　萍
小水洼 ─────────────────────── 杨世芳
我爱校园的小路 ────────────────── 陆小芹
上嵩山 ─────────────────────── 李天芳

评论
时代潮流的呼唤──小说阅读漫笔 ─────── 陈　深
深情地呼吁──漫评黄宗英的《大雁情》、《桔》、《小
木屋》 ─────────────────────── 何西来
误会在小说中的运用 ─────────────── 于　木

美术
泉（装饰画） ─────────────────── 赵建科
学生（雕塑） ─────────────────── 石建春
峡江行旅图（木刻） ─────────────── 何思楼
宝塔山下（水彩） ───────────────── 张芷岷
封面设计 ────────────────────── 沈建康

1984 年第 4 期　刊名:《长安》
目录

长篇小说选载
落叶下长安（上） ───────────────── 冰　崐
皇都秋色 ────────────────────── 吴正德

短篇小说
阿努 ──────────────────────── 李景屏
元稹忏悔录 ───────────────────── 刘正成
曲江潜行 ────────────────────── 朱国明
长安十月闻惊雷 ────────────────── 石　丛
石门醉别 ──────────────── 陈　浩　李志慧
风雨半山堂 ───────────────────── 蒲士义

理论
悲剧中的悲剧 ─────────────────── 汝　捷
《故事新编》纵横谈 ─────────────── 高　信

美术目录
长白山传说（壁画局部）
高山仰止（中国画） ─────────────── 苗重安
石林奇观（摄影） ───────────────── 葛中山
西岳仙人掌（摄影） ─────────────── 葛中山
万木春回（中国画） ─────────────── 何海霞

1984 年第 5 期　刊名:《长安》
目录

短篇小说
门口那间空房儿 ────────────────── 李康美
风雨洛阳花 ───────────────────── 林　谦
独户人家 ────────────────────── 孙见喜
晚风轻轻吹 ───────────────────── 泰　和

绿色，绿色 ………………………… 竹　子
告别 …………………………………… 王晓新
嘎子 …………………………………… 杨　敏

长篇小说选载
落叶下长安（取自长篇小说《陆沉》下）…… 冰　崐

小小说
飞飞（二题）…………………… 戴嘉枋　徐小平
起名子 ………………………………… 纪　实

港澳作家作品
飞不起的翅膀 ………………………… 嘉　琦

翻译作品
一顿午餐 ……………… ［英］威廉·萨默塞特·毛姆著
袁长燕译
两件大衣 …………………… ［苏］安娜·里萨叶夫著
常智奇　成公田译

理论
用积极进取的态度反映人生——评贾平凹同志的创作
倾向 …………………………………… 闻　冰
寓"一世"于"一天"的启示 …………… 草　云
"小说意识"浅谈（编辑手记）………… 雨　嘉
"编"出真实来（文艺随笔）…………… 雅　谷
攀登新的高度——对《长安》的几点意见 …… 胡秉之

美术
天池仙女（壁画局部）………………… 黄金城
旷工（油画）………………………… 李瑞兆
早引春意（木刻）…………………… 贾昇志
风定犹闻碧玉香（中国画）…………… 方济众

1984 年第 6 期　刊名：《长安》
目录

长安诗家
将军和杜鹃花（组诗）………………… 闻　频
投撒骨灰（外二首）…………………… 流沙河
九寨沟抒情（组诗）…………………… 王尔碑
生命，留一片绿荫 …………………… 陈继光
母与子（组诗）……………………… 田　倚

大漠驼铃
驼铃声声 ……………………………… 沙　墨

她们正年轻
西湖三题 ……………………………… 奕　林
诗笺拾零（组诗）…………………… 王　琰
小雨点儿（组诗）…………………… 杨　蕾
工厂人物素描（二首）………………… 李　述
锚（外一首）………………………… 张　晴

生活，炽热的歌
织锦女（外二首）…………………… 白　航
这就是我的乡村（二首）……………… 王燕生
北方风情（三首）…………………… 何　墨
筑路工和轮子的梦 …………………… 沈承鸿
竹林小唱（二首）…………………… 唐大同
大渡河的水 …………………………… 鹤　坪
我狂热地爱我神圣的事业 …………… 刘毅然
抬工乐 ………………………………… 刘　评

远方，碧绿的山城
江南三曲 ……………………………… 冰　夫
黎明，敲响铁轨的女孩 ……………… 程宝林
远方，碧绿的山城（外一首）………… 刘国萍
黎明，我扬起风帆 …………………… 毕　林
鸽群 …………………………………… 宗　鄂

眼睛的哲学
星点集（三首）……………………… 王心果
眼睛的哲学 …………………………… 渭　水
半坡姑娘 ……………………………… 陈　浩
海底隧道 ……………………………… 黄东成
路，还在脚下 ………………………… 李祥云
彩霞（外二首）……………………… 莫西芬

故乡，在那儿等我
海魂（组诗）………………………… 洪　迪
江南小吟（五首）…………………… 何昌正
黄河（二首）………………………… 张　波
妈妈的童话在那儿等我 ……………… 廖亦武
走吧，散步去吧 …………………… 魏德平
龙舟 …………………………………… 汤世杰
高原这样对南方说 …………………… 杨绍武
咸亨酒店 ……………………… 叶曙光　张公勤
冬日的告别 …………………………… 芦鸿才
帆（外二首）………………………… 白晓冬

散文
我的先生 ……………………………… 赵丽宏
淮河情思 ……………………………… 黄　悌
高高的，从这儿望出去 ……………… 李佩芝
火炮树 ………………………………… 张宣强

妈妈的语言 ————————————————李孝才
老树 ——————————————————杨闻宇
新月集（三章）————————————————程 海
历史的沉思（三章）——————————————伊 萍

评论
沉浸（编辑手记）——————————————和 谷
无限丘壑烟云中
——漫谈古代风景诗画的朦胧美——————田 耒
读"点染"——————————————————陈世明
谈李金发诗的联想——————————————高 信
我读柳青的一首诗——————————————张 田
为新时期女性塑像——————————————王式俭
情趣的感情色调——————————————洛 煤

美术
新芽（摄影）————————————[英]哈里·本森
春的信息（雕塑）——————————————王天任
九华山百岁宫————————————————秋 晖
骠骑将军——霍去病（雕塑）————————王天任

1984 年第 7 期　刊名:《长安》
目录

小说
晚霞 ——————————————————周克芹
生活咏吧调（短篇三题）———————————路 遥
山梁上，一朵淡蓝色的花———————————周健行
耐心 ——————————————————程 海
秋歌 ——————————————————叶 林
口琴·交响乐————————————————王 戈

散文·报告文学
石国庆与"王林犊"（报告文学）——————白 描
商州又录——————————————————贾平凹
舔犊 ——————————————————毛 锜
山川灵气——————————————————刘成章

诗
贝多芬的晚年————————————————牛 汉
我选择底舱（外一首）———————————张德强
江峡行（外一首）——————————————商子秦

评论
谈谈散文——————————————————冰 心
我的心愿
——《杜鹏程小说选》序言——————————杜鹏程
爱的呓语与社会主义道德——————————冯日乾

再访王蒙（作家谈创作）———————————陈孝英

编后赘语

美术
叶笛（装饰画）（封面）———————————王炎林
本期部分作家近影（封二、三）
晨（油画）（封底）——————————————杨国杰

1984 年第 8 期　刊名:《长安》
目录

短篇小说
离任之前——————————————————张兴海
在病室里——————————————吴克敬　马友庄
代理 X 长—————————————————伍元新
小园曲——————————————————吴若增
两块青石——————————————————峭 石
紧急家庭会————————————————蒋正平
黄包袱（武林小说）————————钦志新　尹 平

翻译小说
共进晚餐——————[美]克里斯托弗·莫利　邵国瑞译
音乐课———————————[英]曼斯菲尔　李 翔译

中篇历史小说
暮春纪事——————————————————蒋和森

评论
论作家的情感品质——————————————畅广元
短篇小说结尾的艺术处理（短篇小说创作谈）
——————————————————————郑定宇

读者论坛
春在溪头荠菜花
——读《古镇的儿子》随想——————————邢小利
一个不真实的人物形象——谈《生命在于运动》中的
田春生——————————————————杨虎林
编者的话

美术
走向生活（水粉）——————————————王炎林
水乡写生——————————————————张国龙
春回（木刻）————————————————罗贯生
夏夜（装饰画）———————————————杨力民

1984 年第 9 期　刊名:《长安》
目录

短篇小说

阳光，可爱的阳光⋯⋯⋯⋯⋯⋯⋯⋯晓　芹
山上草青青⋯⋯⋯⋯⋯⋯⋯⋯⋯⋯⋯阿　莹
大学生序曲⋯⋯⋯⋯⋯⋯⋯⋯⋯⋯⋯林顺岩
大兵哥与"翻哥儿"⋯⋯⋯⋯⋯⋯⋯唐克雪
信鸽⋯⋯⋯⋯⋯⋯⋯⋯⋯⋯⋯⋯⋯⋯赵　翔
有一架那样的钢琴⋯⋯⋯⋯⋯⋯⋯⋯键　子

翻译小说

不留血迹的一把刀子
⋯⋯⋯⋯⋯⋯〔美〕詹姆士·瑟伯　王　玎译

散文

南国二镇⋯⋯⋯⋯⋯⋯⋯⋯⋯⋯⋯⋯姚　霏

散文诗

桑葚，已经变紫⋯⋯（外一首）⋯⋯徐　文
青春之旅（四章）⋯⋯⋯⋯⋯⋯⋯⋯华　姿

诗歌

大山的儿子（外一首）⋯⋯⋯⋯⋯⋯陈桂林
少年画梦录（组诗）⋯⋯⋯⋯⋯⋯⋯徐向东
春城剪影（三首）⋯⋯⋯⋯⋯⋯⋯⋯彭国梁

生活的旋律

我愿是一支歌⋯⋯⋯⋯⋯⋯⋯⋯⋯⋯胡万俊
闽南的诗⋯⋯⋯⋯⋯⋯⋯⋯⋯⋯⋯⋯菲　可
青弋江铁桥⋯⋯⋯⋯⋯⋯⋯⋯⋯⋯⋯袁　超
三月的阳光及其他⋯⋯⋯⋯⋯⋯⋯⋯周文慧
阵雨⋯⋯⋯⋯⋯⋯⋯⋯⋯⋯⋯⋯⋯⋯封新成
妈妈，我真想⋯⋯⋯⋯⋯⋯⋯⋯⋯⋯杨榴红

评论

创新管见⋯⋯⋯⋯⋯⋯⋯⋯⋯⋯⋯⋯路　侃
清新的格调　温暖的色彩——《阳光，可爱的阳光》
读后（读稿随谈）⋯⋯⋯⋯⋯⋯⋯⋯晓　风
奏出时代的强音⋯⋯⋯⋯⋯⋯⋯⋯⋯刘邵安
一曲爱国主义的颂歌⋯⋯⋯⋯⋯⋯⋯邵西玲
编者的话

美术

青春曲（水粉画）⋯⋯⋯⋯⋯⋯⋯⋯王炎林
大学生（油画）⋯⋯⋯⋯⋯⋯⋯⋯⋯王国伟
霓裳羽衣曲（雕塑）⋯⋯⋯⋯⋯⋯⋯王天任
游戏（雕塑）⋯⋯⋯⋯⋯⋯⋯⋯⋯⋯石建春

霞光（水彩）⋯⋯⋯⋯⋯⋯⋯⋯⋯⋯张芷岷

1984 年第 10 期　刊名:《长安》
目录

报告文学

绿灯，在前方⋯⋯⋯⋯⋯⋯⋯⋯⋯⋯高　华

小说

王老师轶事⋯⋯⋯⋯⋯⋯⋯⋯⋯⋯⋯刘　思
潮⋯⋯⋯⋯⋯⋯⋯⋯⋯⋯周　矢　郭培杰
夜宴⋯⋯⋯⋯⋯⋯⋯⋯⋯⋯⋯⋯⋯⋯雨　嘉
枣香村人物⋯⋯⋯⋯⋯⋯⋯⋯⋯⋯⋯张春荣
离城十里遥⋯⋯⋯⋯⋯⋯⋯⋯⋯⋯⋯赵　熙

诗歌

延安与青春（组诗）⋯⋯⋯⋯⋯⋯⋯晓　蕾
我是一个年轻的父亲⋯⋯⋯⋯⋯⋯⋯范俊德
希望之光（三首）⋯⋯⋯⋯⋯⋯⋯⋯郭　廓
寄远（外二首）⋯⋯⋯⋯⋯⋯⋯⋯⋯曾毓林

学院之页

啊朋友，再见（小说）⋯⋯⋯⋯⋯⋯宋向东
掐荠菜的季节（散文）⋯⋯⋯⋯⋯⋯董小龙
寻觅（诗）⋯⋯⋯⋯⋯⋯⋯⋯⋯⋯⋯郭建明

评论

文学，和变革的时代一同起飞⋯⋯⋯本刊评论员
新人形象与生活理想⋯⋯⋯⋯⋯⋯⋯权海帆
小说家的硬功夫——《晚霞》读后⋯⋯刘建军
植根于生活和劳动中的美⋯⋯⋯⋯⋯冯　立
情趣浅议（编辑手记）⋯⋯⋯⋯⋯⋯杨小一

美术

泉水（装饰画）⋯⋯⋯⋯⋯⋯⋯⋯⋯王永强
苗寨风情（写生）⋯⋯⋯⋯⋯⋯⋯⋯李世南
海礁（油画）⋯⋯⋯⋯⋯⋯⋯⋯⋯⋯柯建军
《文学时代》广告⋯⋯⋯⋯⋯⋯⋯⋯刘　刚

1984 年第 11 期　刊名:《长安》
目录

小说

现在可以登报⋯⋯⋯⋯⋯⋯⋯⋯⋯⋯丁　文
拭鉴（历史小说）⋯⋯⋯⋯⋯⋯⋯⋯钱世明
豆钱钱⋯⋯⋯⋯⋯⋯⋯⋯⋯⋯⋯⋯⋯杜彦明
新海⋯⋯⋯⋯⋯⋯⋯⋯⋯⋯⋯⋯⋯⋯杜宝华

转圈圈（翻译小说）

　　　　　　　　　　　　　[苏]列·谢·连奇著　徐家荣译
节奏……………………………………………范晋川
界………………………………………………黄建国

电视文学剧本
小偷与讲师……………………………………黄　悌

散文
苍山·雾海·古栈道……………………………马牧边
龙眼，甜蜜的记忆……………………………万国智

诗歌
诗三首…………………………………………绿　原
呵，小溪流……………………………………耿　翔
春曲……………………………………………李松涛

评论
张贤亮"第二次浪潮"的启示…………………李廷华
略谈文学创作中的时空追求…………………李国平
小说《李自成》与历史文学的创作问题
　　——访姚雪垠………………………高友群　郭　琳

美术
马兰花（油画）………………………………李相虎
请给孩子们留下一个完整的形象吧!（宣传画）

　　　　　　　　　　　　　　　　　　　　陈绍华
乾陵古道（中国画）…………………………芦　萍
山村晚秋气象新（中国画）…………………何纪争

1984 年第 12 期　刊名:《长安》

目录

迎着新浪潮的回声
诗，在找到通讯址之后——寄给深圳………王震西
方格与方格的交响……………………………陈　敏
中国，乡野的声音（二首）…………………马林帆
拨轨……………………………………………商子泰
举杯黄河畔……………………………………潘万提

大西北,我的心有六条触角
西部草原（组诗）……………………………唐　祈
写在大漠的人生（组诗）……………………子　页
天山六月雪（组诗）…………………………田　奇
草原风情（三首）………………（蒙族）毕力格太
赤子（二首）…………………………………杨　牧
大西北抒怀（二首）…………………………孙友田
鸣沙山和拉骆驼的孩子们（组诗）…………杜爱民

游牧部落………………………………………菲　可
奔流的雪浪……………………………………黄秉荣
坝柳……………………………………………雷　霆
人们讲述他的故事……………………………张宣强

煤的韵律,燃烧的歌
煤的韵律和我的歌（组诗）…………………鹤　坪
井巷……………………………………………李祥云
走向矿井………………………………………高少平

城市·深情的眸子
城市……………………………………………罗　洛
城市交响曲（三首）…………………………马绪英
年轻的武装民警（二首）……………………杨绍武
停站口（外二首）……………………………刁永泉
春城秋谣………………………………………刘　扬
中国的右上角…………………………………徐敬亚
梦（外一首）…………………………………高　缨

山光·水色·云影
西山之什（三首）……………………………彭燕郊
遥望（外一首）………………………………冀　汸
春夜星光………………………………………朱　健
寄自台湾的诗（三首）………………………谷　宾
洛阳记咏（三首）……………………………张雪杉
山中的壮喝（二首）…………………………刘毅然
月台……………………………………………姚焕吉
嘉陵归舟（外一首）…………………………杨　山
山民印象（外一首）…………………………刘益善

第一次的丁香
一滴泪（外一首）……………………………陈敬容
二月与四月（外一首）………………………郑　敏
回声……………………………………………罗　飞
爱情·喜剧·悲剧的组合曲……………………渭　水
初绽的蓓蕾（外二首）………………………张德强
丁香小辑（组诗）……………………………王式俭
梦雨……………………………………………岩书归
白玉兰（外一首）……………………………鄢家发
唐人街的北人…………………………………王中朝

青春的呼吸
我们的玫瑰（二首）…………………………唐　湜
晨曲……………………………………………傅铁城
告别了，我的乡土（外一首）………………耿　翔
红蜻蜓…………………………………………茅　地
童年纪事（二首）……………………………左一兵
我在春天歌唱（外一首）……………………鞠　平
不死的胡杨……………………………………毕　林

给他 ························ 范俊德
青春塑像（二首）············· 谢克强
我的心爱着世界 ·············· 顾 城

起飞,雏鹰和它的歌
将军与城（组诗）············· 李 瑜
汽车路及其他 ··············· 刘 歌
基石 ··················· 于 跃
陶罐变奏曲 ················ 尚飞鹏
强夯 ··················· 曾 瀑
清晨,我出车 ··············· 张少波
马王堆女尸 ················ 洋 雨
牧童和月牙 ················ 鲁华斌

诗坛撷拾
小小情趣五女图 ·············· 流沙河
诗的"最佳支点" ············· 刘康济
看似奇胲最寻常 ·············· 韩梅村

美术作品
山花（中国画）··············· 郭全忠
高粱（套色木刻）············· 修 军
凝视（摄影）··············· 孙立岳
华山松（摄影）·············· 孙立岳
信息开发智力的契机（宣传画）····· 郭显卢

1985 年第 1 期　刊名:《文学时代》

目录

更名为《文学时代》直至 1985 年第 12 期
小说群星谱
诞生在新时代的呼唤之中（代改刊词）··· 胡 采
列车穿过沙漠（中篇小说）········ 王 戈
西部文学断想（我与小说）········ 王 戈
青春的证明
——王戈及其新作《列车穿过沙漠》··· 雷 达

沃野
大山的性格（小说）······ 魏继新　李 静

台湾诗人十家
致读者（六首）············· 余光中
域外 ··················· 覃子豪
一小杯的快乐（二首）·········· 纪 弦
塔上 ··················· 钟鼎文
古典留我 ················· 蓉 子
空原上的小树呀 ············· 管 管
妻的手 ·················· 向 明

五官素描 ················· 商 禽
水牛本纪 ················· 罗 青
饵 ···················· 苏绍连

雏凤篇
迈开矫健的双脚（短篇小说）······ 董川夫
直面人生即丈夫
——《迈开矫健的双脚》读后 ······ 李廷华

中国现代散文选读
长安寺 ·················· 萧 红
（简评）················· 王仲生

评论
观察——一段录音的复制（作家谈心录）··· 贾平凹
建立"作家生活学"（文坛涉笔）····· 费秉勋
文坛信息

美术
书法 ··················· 刘浩然
评奖办法
魅力无穷的古都西安（宣传画）····· 陈 延

1985 年第 2 期　刊名:《文学时代》

目录

群星谱
人世间的新月（小说）·········· 包 川
寻找自己在生活中的位置（我与小说）··· 包 川
普通人的悲欢与希望
——读包川的小说 ············ 陈朝红

沃野
两个独身的女人（中篇小说）······ 汪天行
借牙（小说）··············· 林 希
岳父的相片（小说）··········· 张石山
第二排（小说）·············· 陈 放

小荷初露
相逢在清晨 ················ 李小冰

汹涌的海
久违的稠酒,你好啊（报告文学）···· 临 青

长安诗家
诗一束 ·················· 辛 笛
葡萄园情歌 ················ 郭维东

破土诗页
沙漠的孩子————————周　方

理论
上下身（中国现代散文选读）————周作人
改革，需要真实的文学（文坛涉笔）———谢永旺
打开思想的窗户（文坛涉笔）————何西来

美术
封面设计————————曾建华
秦川雪后（中国画）（封二）————方济众
枫林（油画）（封三）—————谢永熙
山姑娘（中国画）（封底）————刘文西

1985 年第 3 期　刊名:《文学时代》
目录

沃野
走出林家坡（短篇小说）————文　竹
田野上，有个小姑娘在唱歌（短篇小说）———陈　明
让我好好想一想（短篇小说）————李君利
不愿领取的头彩（短篇小说）————杨　柳
劫机！劫机！898 呼叫（中篇小说）———林　谦

散文专辑
遣唐使的后裔—————高　华
苍山的云—————薛家柱
蓝田美玉记—————肖重声
商山趣录（二章）————刘友义

理论
关于时代精神的对话（文坛涉笔）———李　星
文坛偶感（文坛涉笔）————李贵仁
披阅随感录（编辑手记）————徐　岳
途中（中国现代散文选读）————梁遇春
简评————————王仲生

美术
三月（水印木刻）————崔治中
巍巍古城万民情（中国画）————梁西安

1985 年第 4 期　刊名:《文学时代》
目录

短篇小说
鬼秧子乐—————陈忠实
青衣·黑头·龙套————李廷华

供热系数—————京　夫
泽畔————————刘　斌
小山那边—————韩　起
普洛米修斯之歌————黄卫平
鹧鸪天—————————程　海

中篇小说
霍去病还魂—————沙　石

小小说
如意郎—————————王吉呈

作家访问记
老作家的眷恋—————骞国政

文坛涉笔
作家也应当是思想家————草　云
青年作者要重视理论修养———白　烨

文坛信息
当前文艺有哪些观念需要更新
社会的变革和文学观念的变革
为何 1958——1966 年间成名的作家近年获奖甚少
84 年短篇小说有进展，但缺乏突破性作品———晓　黎
文艺界的"遵义会议"
作家陈登科谈"创作自由"问题

美术
山花丛中（中国画）————郭全忠
丽人行（中国画）————谢振瓯

1985 年第 5 期　刊名:《文学时代》
目录

沃野
周克芹的《晚霞》荣获《文学时代》荣誉奖
月色朦胧（短篇小说）————贺抒玉
"五量佛"和他的男子汉们（短篇小说）———舒　归
互不知名的旅伴（短篇小说）———谭合成
这里，静悄悄（短篇小说）————陈继光
年轻人的龙海湾（短篇小说）———郁　茏

历史小说
绍兴师爷（中篇）————曹志德　薛家栏
章台柳（短篇）—————傅起玉

翻译小说
网————————[苏]阿·阿凯诺夫著　王树昌译

西北籍在京评论家五人谈
继续清"左"，繁荣创作
长安·文学·时代 ························· 阎　纲
创作自由和独立思考 ················ 何西来
创作自由——无尽的阶梯 ··········· 雷　达
炒熟饭 ································· 李炳银
"内在自由"与"外在自由" ·········· 白　烨

中国现代散文选读
男人 ································· 梁实秋
简评 ································· 王仲生

作家谈心录
具象——抽象——具象
——创作过程之我悟 ··············· 吴若增
文坛信息 ······················ 邢小利供稿

美术
一部名著的诞生（选页）··········· 蔺宝纲　蔺宝军
牧场（油画）······················· 龚建中

1985 年第 6 期　刊名:《文学时代》

目录

群星谱
委托式指挥法——系列小说《模糊空间》之一（短篇小说）······················· 绍　六
淡淡的恋情（我与小说）············ 绍　六
执着探索的足印——绍六小说漫议 ·· 江少川

沃野
眼睛（短篇小说）··················· 商　欣
空袖管儿（短篇小说）·············· 冷　凝
第四封信（短篇小说）·············· 刘爱国
大理河，我生命的河（短篇小说）··· 黄河浪

小荷初露
月儿高挂中天（短篇小说）·········· 侯占良
宝库中的锈铁罐············ [土耳其] 阿吉兹·内辛著
陈　林译

常青树
石鲁（报告文学·A篇）············· 和　谷

长安诗家
酒神匍匐在士兵面前（外一首）······ 马合省
海，延伸的目光···················· 沙　陵
很多年（外二首）··················· 北　岛

大学生诗页
你走了 ····························· 李　斌
我想做长——长的江 ··············· 李　玲
致黄昏 ····························· 周　方
脚印 ······························· 王　茜
沙漠，沉睡的海 ···················· 赵　强

破土诗页
冶炼（外一首）····················· 张春文
碎了的维纳斯雕像 ·················· 羊　梦
在远方 ····························· 武炳新
少女情思 ··························· 李　燕

诗歌
石油城三题 ························· 晏　明
走近你（外一首）··················· 袁可嘉
郝哲渔歌（外二首）················· 何　鹰
家庭音乐会 ························· 王德芳
机耕（外一首）····················· 莫西芬

中国现代散文选读
幽默的叫卖声 ······················ 夏丏尊
简评 ······························· 王仲生

理论
时代、改革、文学（作家谈心录）····· 周克芹
漫谈小说中的"情势"（小说创作谈）··· 贺光鑫

美术
一部名著的诞生（连环画选页）······· 蔺宝纲　蔺宝军
西去列车（中国画）················· 陈光建

1985 年第 7 期　刊名:《文学时代》

目录

作家的足迹
又见塔影——访陕七日中的丁玲 ····· 肖云儒

短篇小说
小镇记事 ··························· 雁　宁
大山大山 ··························· 宋跃辉
佟二姐，倾盖如故乎? ··············· 曾德厚

历史小说
朝云 ······························· 成宗田

小荷初露
十三岁想当警察 ···················· 王革委

情真意切的悲剧（新作点评）⋯⋯⋯⋯⋯⋯杨小一

报告文学
石鲁（B篇）⋯⋯⋯⋯⋯⋯⋯⋯⋯⋯⋯和　谷

长安风物志
香积寺寻迹⋯⋯⋯⋯⋯⋯⋯⋯⋯⋯⋯⋯肖重声

长安诗家
高原（组诗）⋯⋯⋯⋯⋯⋯⋯⋯⋯⋯⋯沈骏康
陇海行⋯⋯⋯⋯⋯⋯⋯⋯⋯⋯⋯⋯⋯⋯唐　湜

破土诗页
塔及其他⋯⋯⋯⋯⋯⋯⋯⋯⋯⋯⋯⋯⋯朱蓓蓓
浪花小辑⋯⋯⋯⋯⋯⋯⋯⋯⋯⋯⋯⋯⋯李　玲
三月的风⋯⋯⋯⋯⋯⋯⋯⋯⋯⋯⋯⋯⋯王永红
关于风（外一首）⋯⋯⋯⋯⋯⋯⋯⋯⋯武炳新
蜘蛛⋯⋯⋯⋯⋯⋯⋯⋯⋯⋯⋯⋯⋯⋯⋯谷　梁
钓鱼者⋯⋯⋯⋯⋯⋯⋯⋯⋯⋯⋯⋯⋯⋯王志杰
缝织⋯⋯⋯⋯⋯⋯⋯⋯⋯⋯⋯⋯⋯⋯⋯乾　方
诗的对应物（读稿随谈）⋯⋯⋯⋯⋯⋯田　奇

作家谈心录
哦！自由的春风⋯⋯⋯⋯⋯⋯⋯⋯⋯⋯陈忠实

作家与作品
昨天今天和明天
——谈陈忠实的几部中篇小说⋯⋯⋯⋯曾文渊
波峰与浪谷——八四年获奖短篇小说疵议⋯⋯⋯王仲生

美术
关中风情⋯⋯⋯⋯⋯⋯⋯⋯⋯⋯⋯⋯⋯张小琴

1985 年第 8 期　刊名:《文学时代》
目录

短篇小说
洗澡⋯⋯⋯⋯⋯⋯⋯⋯⋯⋯⋯⋯⋯⋯⋯杜宝华
政策战⋯⋯⋯⋯⋯⋯⋯⋯⋯⋯⋯⋯⋯⋯绍　六
在治安办公室里⋯⋯⋯⋯⋯⋯⋯⋯⋯⋯京　夫
雨巷⋯⋯⋯⋯⋯⋯⋯⋯⋯⋯⋯⋯⋯⋯⋯赵　丰
父子⋯⋯⋯⋯⋯⋯⋯⋯⋯⋯⋯⋯⋯⋯⋯晓　见

讽刺小说
豆腐阿贵⋯⋯⋯⋯⋯⋯⋯⋯⋯⋯⋯⋯⋯陈伯建

历史小说
烟姿图⋯⋯⋯⋯⋯⋯⋯⋯⋯⋯⋯⋯⋯⋯钱世明

当代苏联小说
教训⋯⋯⋯⋯⋯⋯［苏］鲍利斯·萨昌卡　陈孝英译
可以寻求最佳“视点”——读短篇小说《教训》使用
人称的艺术（佳作赏析）⋯⋯⋯孙豹隐　陈孝英

报告文学
石鲁（C篇）⋯⋯⋯⋯⋯⋯⋯⋯⋯⋯⋯和　谷

破土诗页
当吐露出微笑的月芽时（外二首）⋯⋯卫　华
我注视着你——给一座大山⋯⋯⋯⋯乔山人
高原的注释⋯⋯⋯⋯⋯⋯⋯⋯⋯⋯⋯秦　北
夕阳⋯⋯⋯⋯⋯⋯⋯⋯⋯⋯⋯⋯⋯⋯廖俊德

文坛涉笔
创作，需要勇气⋯⋯⋯⋯⋯⋯⋯⋯⋯韩梅村

小说创作谈
通俗小说的真实性与传奇性⋯⋯⋯⋯邢小利

读稿随谈
《洗澡》断想⋯⋯⋯⋯⋯⋯⋯⋯⋯⋯大　平

编辑手记
编稿纪事⋯⋯⋯⋯⋯⋯⋯⋯⋯⋯⋯⋯徐剑铭
文学信息（三则）

1985 年第 9 期　刊名:《文学时代》
目录

群星谱
花仙（中篇小说）⋯⋯⋯⋯⋯⋯⋯⋯⋯韩　起
梦里寻“我”千百度（我与小说）⋯⋯⋯韩　起
于平凡中见真美
——谈韩起小说创作的审美意识⋯⋯⋯王　愚

短篇小说
示威⋯⋯⋯⋯⋯⋯⋯⋯⋯⋯⋯⋯⋯⋯⋯姜　汤
小鸟唱彻霞光⋯⋯⋯⋯⋯⋯⋯⋯⋯⋯段　军

讽刺小说
双眼皮⋯⋯⋯⋯⋯⋯⋯⋯⋯⋯⋯⋯⋯⋯胡　杰

争鸣小说
爱与恨的搏杀⋯⋯⋯⋯⋯⋯⋯⋯⋯⋯曹　建

微型小说
妊娠反应⋯⋯⋯⋯⋯⋯⋯⋯⋯⋯⋯⋯⋯刘仲平

舞厅里 ————————————————刘书平
妻子的絮叨 ——————————————冯普选
失去的金币（翻译小说）————查尔·鲍里克著
邓康延译

三秦风情
收麦鸟（散文）——————————————毛　锜

长安诗家
江湖探珠（组诗）——————————王震西
河流 ————————————————杜爱民
给诗人（组诗）——————————————木　斧

争鸣
一篇发人深思的作品 ——————————孙豹隐
创作不能光靠勇气 ——————————董子竹

中国现代散文选读
内腿 ————————————————丰子恺
简评 ————————————————王仲生

文坛轶话
"五四"后先较早出现的一部叙事长诗————王东明

美术
华山西峰（木刻）——————————王静全
长安仿唐乐舞图（中国画）——————李惠浪
九月的阳光（油画）——————————李瑞兆

1985 年第 10 期　刊名:《文学时代》
目录

中篇小说
铸 —————————————————尹　平

短篇小说
高山流水 ————————————————王　安
车祸之后 ————————————————马建涛
山神 ————————————————杜学钊
四十九个苹果 ——————————————泰　和
复仇 ————————————————音　闻
包工头 ————————————————唐铁强
昆仑玉 ————————————————蒋季成

微型小说
鼻涕 ————————————————常　征
大鱼 ————————————————孙满星

小荷初露
河那边一盏灯 ——————————————陈乃霞
人在画中，花贴人意（新作点评）——————秦学书

翻译小说
大卫·斯旺 ——————————[美]霍桑著　邓康延译

小说创作谈
从梁三老汉和梁生宝的父子关系看《创业史》的描写
角度 ————————————————吕世民　李晓峰

美术
戏水（摄影）——————————（中国香港）钱万里
摄影 ——————（中国香港）陈汝距　迪亚士
《文学时代》封面设计选 ——————————马林等
连环画选《斯诺西行》——————————陈　延

1985 年第 11 期　刊名:《文学时代》
目录

小说群星谱
黑龙沟的传说（中篇小说）——————————王宝成
关于文学与生活的思考（我与小说）——————王宝成
王宝成中篇小说创作小论 ——————————李　星

短篇小说
唐冠螺与虎斑贝 ——————————————景　风
明天告诉你 ————————————————宝　奇
金鱼 ————————————————林　谦
天宝 ————————————————扶　水

小荷初露
两个秘书的总结（小说）——————————李茂询
嫩叶飘香（小说）——————————————段吉虎

翻译小说
桥头上 ——————[西德]亨利希·伯尔　肖培生译
伯尔《桥头上》的特色（佳作赏析）——————马家骏

长安风物志
坝上行（散文）——————————————静　波

破土诗页
主题（外二首）——————————————杨　蓓
故乡——妈妈（外一首）——————————全　静
童年的五月（外一首）——————————刘　波
别了，玫瑰色的岸 ——————————————徐晓华

中国现代散文选读

论性急为中国人之所恶⋯⋯⋯⋯⋯⋯⋯林语堂

简评⋯⋯⋯⋯⋯⋯⋯⋯⋯⋯⋯⋯⋯⋯⋯王仲生

文坛涉笔

突破陈旧的文学观念的束缚⋯⋯⋯⋯⋯费秉勋

文学漫笔

浅谈艺术真实性与艺术真理性⋯⋯⋯⋯赵夫青

美术

暮归（摄影）⋯⋯⋯⋯⋯⋯⋯⋯⋯⋯⋯钱万里

荷（中国画）⋯⋯⋯⋯⋯⋯⋯⋯⋯⋯⋯李庚年

姐妹（油画）⋯⋯⋯⋯⋯⋯⋯⋯⋯⋯⋯刘爱民

1985 年第 12 期　刊名:《文学时代》
目录

诗特辑

西天的星光

啊，西天的星光（组诗）⋯⋯⋯⋯⋯⋯⋯子　页

玉门诗抄（五首）⋯⋯⋯⋯⋯⋯⋯⋯⋯雁　翼

高原日记（二首）⋯⋯⋯⋯⋯⋯⋯⋯⋯闻　频

西部中国（二首）⋯⋯⋯⋯⋯⋯⋯⋯⋯晓　蕾

旱塬人⋯⋯⋯⋯⋯⋯⋯⋯⋯⋯⋯⋯⋯⋯鹤　坪

山川情思

热泉⋯⋯⋯⋯⋯⋯⋯⋯⋯⋯⋯⋯⋯⋯⋯关　睢

岸·青春·钻（诗三首）⋯⋯⋯⋯⋯⋯王大平

九寨沟拾翠（二首）⋯⋯⋯⋯⋯⋯⋯⋯胡　笳

日本鸿爪（二首）⋯⋯⋯⋯⋯⋯⋯⋯⋯刘　珂

铜钟声声

古城游思（二首）⋯⋯⋯⋯⋯⋯⋯⋯⋯李志清

青铜的剑（外二首）⋯⋯⋯⋯⋯⋯⋯⋯孙友田

彩虹集

沉思游绪（组诗）⋯⋯⋯⋯⋯⋯⋯⋯⋯杨　蕾

血液的意象⋯⋯⋯⋯⋯⋯⋯⋯⋯⋯⋯⋯田　奇

母亲的笑声⋯⋯⋯⋯⋯⋯⋯⋯⋯⋯⋯⋯李祥云

选择（外一首）⋯⋯⋯⋯⋯⋯⋯⋯⋯⋯王　琰

鸟的起飞⋯⋯⋯⋯⋯⋯⋯⋯⋯⋯⋯⋯⋯王式俭

短篇小说

海⋯⋯⋯⋯⋯⋯⋯⋯⋯⋯⋯⋯⋯⋯⋯⋯孙月沐

无中生有的金戒指⋯⋯⋯⋯⋯⋯⋯⋯⋯峭　石

在紫藤花垣蓠里面⋯⋯⋯⋯⋯⋯⋯⋯⋯彭　拜

雨中的猫儿⋯⋯⋯⋯⋯⋯⋯⋯⋯⋯⋯⋯陈长吟

招牌⋯⋯⋯⋯⋯⋯⋯⋯⋯⋯⋯周　矢　张　敏

讽刺小说

夫子⋯⋯⋯⋯⋯⋯⋯⋯⋯⋯⋯⋯⋯⋯⋯陶明国

隔海说诗

台岛蝉声研究研究⋯⋯⋯⋯⋯⋯⋯⋯⋯流沙河

作家谈心录

我的追求⋯⋯⋯⋯⋯⋯⋯⋯⋯⋯⋯⋯⋯贾平凹

文学信息

贾平凹新作讨论会综述⋯⋯⋯⋯⋯⋯⋯邢小利

1986 年第 1 期　刊名:《长安》
目录

群星谱

那座山⋯⋯⋯⋯⋯⋯⋯⋯⋯⋯⋯⋯⋯⋯李廷华

我喜欢的小说⋯⋯⋯⋯⋯⋯⋯⋯⋯⋯⋯李廷华

立交桥头的古君子⋯⋯⋯⋯⋯⋯⋯⋯⋯林　青

诗人的小说

伴奏⋯⋯⋯⋯⋯⋯⋯⋯⋯⋯⋯⋯⋯⋯⋯徐晓鹤

拉萨，在藏语里是圣地（两章）⋯⋯魏志远　吴雨初

雨⋯⋯⋯⋯⋯⋯⋯⋯⋯⋯⋯⋯⋯⋯⋯⋯沈　新

小说实验室

摇动⋯⋯⋯⋯⋯⋯⋯⋯⋯⋯⋯⋯⋯⋯⋯林　珂

沃野

一个女画家的命运（长篇选载）⋯⋯吴正德　吴久德

虎叉⋯⋯⋯⋯⋯⋯⋯⋯⋯⋯⋯⋯⋯⋯⋯骆　炬

大学生风景线

第一次和最后一次⋯⋯⋯⋯⋯⋯⋯⋯⋯蓝　冰

小荷初露

沟口飘来一朵云⋯⋯⋯⋯⋯⋯⋯⋯⋯⋯袁自强

银样镴枪头⋯⋯⋯⋯⋯⋯⋯⋯⋯⋯⋯⋯路如营

诗歌

这里没有地平线⋯⋯⋯⋯⋯⋯⋯⋯⋯⋯米思及

红冰鞋⋯⋯⋯⋯⋯⋯⋯⋯⋯⋯⋯⋯⋯⋯刁永泉

我还有无数个黎明⋯⋯⋯⋯⋯⋯⋯⋯⋯葛佳映

我要对你说⋯⋯⋯⋯⋯⋯⋯⋯⋯⋯⋯⋯秋　桅

又饮⋯⋯⋯⋯⋯⋯⋯⋯⋯⋯⋯⋯⋯⋯⋯马婉蓉

散文

小土塬的梦⋯⋯⋯⋯⋯⋯⋯⋯⋯⋯⋯⋯秋　乡

作家与作品

着意于描写人物的心灵美——谈《天狗》和《远山野情》⋯⋯⋯⋯⋯⋯⋯⋯⋯⋯⋯⋯苏育生

叙事模式与心理定势——谈贾平凹部分中篇存在的一个问题⋯⋯⋯⋯⋯⋯⋯⋯⋯⋯⋯邢小利

信息广场

对一种创作探求的认识⋯⋯⋯⋯⋯⋯⋯⋯⋯亦 云

希望与鞭策（读者来信综述）

美术

摄影⋯⋯⋯⋯⋯⋯⋯⋯⋯⋯⋯⋯⋯⋯⋯杨力民

中国画两帧⋯⋯⋯⋯⋯⋯⋯⋯⋯⋯⋯⋯⋯宁曰曾

水彩画习作⋯⋯⋯⋯⋯⋯⋯⋯⋯⋯⋯⋯⋯陈尔振

北极壮物⋯⋯⋯⋯⋯⋯⋯⋯⋯⋯⋯⋯⋯⋯任 戬

1986 年第 2 期　刊名:《长安》
目录

沃野

未架起的桥（短篇小说）⋯⋯⋯⋯⋯⋯⋯王 戈

折煞人的秋夜（短篇小说）⋯⋯⋯⋯⋯黄河浪

翻露的白衬领（短篇小说）⋯⋯⋯⋯⋯张兴海

王德宝外传（短篇小说）⋯⋯⋯⋯⋯⋯何 洁

天边，有一颗淡蓝色的星（短篇小说）⋯汪润林

小说实验室

我亲爱的婷婷⋯⋯⋯⋯⋯⋯⋯⋯⋯⋯⋯王小龙

早先鸟是从哪来的⋯⋯⋯⋯⋯⋯⋯⋯⋯王小龙

诗人的小说

乌藤茶⋯⋯⋯⋯⋯⋯⋯⋯⋯⋯⋯⋯⋯⋯聂鑫森

悬念十题⋯⋯⋯⋯⋯⋯⋯⋯⋯⋯⋯⋯⋯赵丽宏

翻译小说

白牡马⋯⋯⋯⋯［捷克］詹·柯察克　黄嘉琬　黄后楼译

作家交流

重会金斯伯格（散文）⋯⋯⋯⋯⋯⋯⋯蒋子龙

金斯伯格在山城（散文）⋯⋯⋯⋯⋯⋯梁上泉

散文

向导⋯⋯⋯⋯⋯⋯⋯⋯⋯⋯⋯⋯⋯⋯⋯陈继光

我鼓足勇气敲门⋯⋯⋯⋯⋯⋯⋯⋯⋯⋯张淑琴

盐湖⋯⋯⋯⋯⋯⋯⋯⋯⋯⋯⋯⋯⋯⋯⋯高耀山

小荷初露

为了梦中的橄榄树（短篇小说）⋯⋯⋯姚鸿文

评论

让文学放射出时代的光彩⋯⋯⋯⋯⋯⋯刘 路

新诗的结构与感受⋯⋯⋯⋯⋯⋯⋯⋯⋯田 奇

美术

乾陵（摄影）⋯⋯⋯⋯⋯⋯⋯⋯⋯⋯⋯杨力民

达摩面壁图（国画）⋯⋯⋯⋯⋯⋯⋯⋯封兴昌

速写小品（二幅）⋯⋯⋯⋯⋯⋯⋯⋯⋯立 群

小女孩（油画）⋯⋯⋯⋯⋯⋯⋯⋯⋯⋯胡承斯

1986 年第 3 期　刊名:《长安》
目录

小说

大学生风景线

哭孩（中篇小说）⋯⋯⋯⋯⋯⋯⋯⋯⋯姚 霏

该笑了，"哭孩"（评论）⋯⋯⋯⋯⋯⋯董子竹

小说实验室

邻居，一个单身汉（短篇小说）⋯⋯⋯巴 威

沃野

家庭地震（短篇小说）——系列小说"模糊空间"之三⋯⋯⋯⋯⋯⋯⋯⋯⋯⋯⋯⋯⋯⋯绍 六

重放的白丁香（短篇小说）⋯⋯⋯⋯⋯阿 德

家兵家将（短篇小说）⋯⋯⋯⋯⋯⋯⋯沈庆云

小荷初露

负重（短篇小说）⋯⋯⋯⋯⋯⋯⋯⋯⋯张正国

诗歌

长安诗家

河西走廊（二首）⋯⋯⋯⋯⋯⋯⋯⋯⋯邵燕祥

家祭⋯⋯⋯⋯⋯⋯⋯⋯⋯⋯⋯⋯⋯⋯⋯流沙河

夜，南京路（外一首）⋯⋯⋯⋯⋯⋯⋯马林帆

宇宙和人生（二首）⋯⋯⋯⋯⋯⋯⋯⋯黎焕颐

雨中（外一首）⋯⋯⋯⋯⋯⋯⋯⋯⋯⋯朱蓓蓓

天南海北

江南月（组诗）⋯⋯⋯⋯⋯⋯⋯⋯⋯⋯奕 林

呀，贝加尔湖的秋已经深了（组诗）⋯李 瑜

构思之后的构思⋯⋯⋯⋯⋯⋯⋯⋯⋯⋯庞壮国

灵芝（外一首）⋯⋯⋯⋯⋯⋯⋯⋯⋯⋯峭 石

清甜的乡情（二首）⋯⋯⋯⋯⋯⋯⋯⋯潘万提

太湖（散文诗二章）⋯⋯⋯⋯⋯⋯⋯⋯刘辉考

破土诗页

主旋律之外（组诗）⋯⋯⋯⋯⋯⋯⋯⋯李 瑾

江南水乡一隅⋯⋯⋯⋯⋯⋯⋯⋯⋯⋯斯　方
秋天，最后一朵蔷薇⋯⋯⋯⋯⋯⋯⋯金　静
木屋⋯⋯⋯⋯⋯⋯⋯⋯⋯⋯⋯⋯⋯第五建平
不要背对着阳光⋯⋯⋯⋯⋯⋯⋯⋯傅　翀

理论
作家书简
《旱原人》感动了我⋯⋯⋯⋯⋯⋯王燕生
创作漫笔
创作闪想（三题）⋯⋯⋯⋯⋯⋯⋯侯雁北

美术
摄影作品⋯⋯⋯⋯⋯⋯⋯⋯⋯⋯⋯董瑞生
山林女神（油画）⋯⋯⋯⋯⋯⋯⋯布格罗

1986 年第 4 期　刊名:《长安》
目录

小说
沃野
魔幻巷道（短篇小说）⋯⋯⋯⋯⋯黄卫平
大梦初醒（短篇小说）⋯⋯⋯⋯⋯邹志安
三个陌生人（短篇小说）⋯⋯⋯⋯程　海
"红眼楼"轶事（短篇小说）⋯⋯⋯斯　菲
水眼（短篇小说）⋯⋯⋯⋯⋯⋯⋯孙见喜
草原魂（短篇小说）⋯⋯⋯⋯（藏族）才　旦

大学生风景线
女性的想象（短篇小说）⋯⋯⋯⋯黄琼柳

翻译作品
一件貂皮大衣（小说）⋯⋯⋯[美]罗德·达尔
梁根顺　秋　石译

散文
棕色的鸟巢⋯⋯⋯⋯⋯⋯⋯⋯⋯毛　锜

诗歌
长安诗章
情诗二首⋯⋯⋯⋯⋯⋯⋯⋯⋯⋯贾平凹
童年朋友（外五首）⋯⋯⋯⋯⋯王尔碑
从远方到远方（三首）⋯⋯⋯⋯潞　潞

天南海北
家乡的夏天⋯⋯⋯⋯⋯⋯⋯[泰国]岭南人
勘探纪事（三首）⋯⋯⋯⋯⋯⋯师日新

破土诗页
诗四首⋯⋯⋯⋯⋯⋯⋯张伯达　田　野　子　川

理论
作家与作品
历史感的探寻与当代意识的观照——读中篇小说《黑龙沟的传说》⋯⋯⋯⋯⋯⋯⋯⋯李健民

读者论坛
现实矛盾的真实展现⋯⋯⋯⋯⋯一　评

美术
摄影作品⋯⋯⋯⋯⋯⋯⋯⋯⋯⋯李子安
水彩画习作⋯⋯⋯⋯⋯⋯⋯⋯⋯张明德
骑驴散步（油画）⋯⋯⋯⋯⋯⋯布格罗

1986 年第 5 期　刊名:《长安》
目录

小说专号
沃野
谷神（中篇小说）⋯⋯⋯⋯⋯⋯⋯陈泽顺
虎痴张善子（长篇小说节选）⋯⋯苏政勋
执笔　王东伟　苏　华
脱颖（短篇小说）⋯⋯⋯⋯⋯⋯⋯董川夫
讽刺小说的续篇（短篇小说）⋯⋯黄少烽
不贞之妇（短篇小说）⋯⋯⋯⋯⋯商　欣
神相（短篇小说）⋯⋯⋯⋯⋯⋯⋯庞　烬

小说实验室
笔趣（二篇）⋯⋯⋯⋯⋯⋯⋯⋯⋯张小波

诗人的小说
孩子和大雁⋯⋯⋯⋯⋯⋯（彝族）吉狄马加

小小说
一个突击手的遭遇⋯⋯⋯⋯⋯⋯晋　川
光荣永远属于雕塑家⋯⋯⋯⋯⋯董国军
灭鼠方案⋯⋯⋯⋯⋯⋯⋯⋯⋯⋯马祖好

翻译小说
飞机票⋯⋯⋯⋯⋯[土耳其]乏克·白库特　朱继超译

评论
努力提高作品的思想质量和艺术质量——在西安市文艺作品获奖作者表彰会上的讲话⋯⋯⋯⋯⋯胡　采
大团结、大鼓劲、大繁荣⋯⋯⋯⋯周大鹏

美术

西岳华山（摄影）⋯⋯⋯⋯⋯⋯⋯⋯⋯马凌云
动物（版画）⋯⋯⋯⋯⋯[美国]涅滋道夫斯基
虾（国画）⋯⋯⋯⋯⋯⋯⋯⋯⋯⋯⋯马启延
写生三幅（油画）⋯⋯⋯⋯⋯⋯⋯⋯⋯杨国杰

1986 年第 6 期　刊名:《长安》
目录

深深的哀思⋯⋯⋯⋯⋯⋯⋯⋯⋯⋯⋯⋯问　彬
壁舟，你走的何其匆忙⋯⋯⋯⋯⋯⋯⋯王汶石
天国诗魂⋯⋯⋯⋯⋯⋯⋯⋯⋯⋯⋯⋯⋯子　页

电影小说
无标题三章⋯⋯⋯⋯⋯⋯⋯⋯⋯⋯⋯张子良

诗专辑
东方之光
西向瀚海（三首）⋯⋯⋯⋯⋯⋯⋯⋯⋯马学功
东方之光（三首）⋯⋯⋯⋯⋯⋯⋯⋯⋯李小雨
土地对雪花这样说⋯⋯⋯⋯⋯⋯⋯⋯⋯罗　飞
黄浦江印象（外一首）⋯⋯⋯⋯⋯⋯⋯杜爱民
微尘（三首）⋯⋯⋯⋯⋯⋯⋯⋯⋯⋯⋯葛佳映
白鸽⋯⋯⋯⋯⋯⋯⋯⋯⋯⋯⋯⋯⋯⋯⋯左一兵
冰河⋯⋯⋯⋯⋯⋯⋯⋯⋯⋯⋯⋯⋯⋯⋯姚焕吉

带血的年轮
一圈带血的年轮⋯⋯⋯⋯⋯⋯⋯⋯⋯⋯牛　汉
河岸上有一片蒿草⋯⋯⋯⋯⋯⋯⋯⋯⋯杨争光
我就是我⋯⋯⋯⋯⋯⋯⋯⋯⋯⋯⋯⋯⋯阿　红
大夏河的歌⋯⋯⋯⋯⋯⋯⋯⋯⋯⋯⋯⋯高　深
倦了的乌鸦⋯⋯⋯⋯⋯⋯⋯⋯⋯⋯⋯⋯王式俭
鸽（外二首）⋯⋯⋯⋯⋯⋯⋯⋯⋯⋯⋯张　郁

时光正风流
弯弯峡路（叙事诗）⋯⋯⋯⋯⋯⋯⋯⋯梁志宏
时光正风流（三首）⋯⋯⋯⋯⋯⋯⋯⋯王中朝
心之歌（组诗）⋯⋯⋯⋯⋯⋯⋯⋯⋯⋯黄东成
今夜，一股道⋯⋯⋯⋯⋯⋯⋯⋯⋯⋯⋯王震西

绿色日记
北方，绿色的日记（组诗）⋯⋯⋯⋯⋯申爱萍
蔷薇集（三首）⋯⋯⋯⋯⋯⋯⋯⋯⋯⋯杨　山
时间及其他（二首）⋯⋯⋯⋯⋯⋯⋯⋯田　奇
九寨沟拾翠（二首）⋯⋯⋯⋯⋯⋯⋯⋯胡　茄
红叶，白雪⋯⋯⋯⋯⋯⋯⋯⋯⋯⋯⋯⋯岚　光

天南海北

荒原上的花朵（组诗）⋯⋯⋯⋯⋯⋯⋯闻　频
长安一片月（三首）⋯⋯⋯⋯⋯⋯⋯⋯车前子
在边疆（组诗）⋯⋯⋯⋯⋯⋯⋯⋯⋯⋯陈佩芸
新疆诗情（组诗）⋯⋯⋯⋯⋯⋯⋯⋯⋯毛　琦
奔驰的灵魂（组诗）⋯⋯⋯⋯⋯⋯⋯⋯东　虹
长安⋯⋯⋯⋯⋯⋯⋯⋯⋯⋯⋯⋯⋯⋯⋯渭　水
屐痕处处（二首）⋯⋯⋯⋯⋯⋯⋯⋯⋯刘　珂

温柔的梦湖
沉默⋯⋯⋯⋯⋯⋯⋯⋯⋯⋯⋯⋯⋯⋯⋯谢荣华
真想再去看你⋯⋯⋯⋯⋯⋯⋯⋯⋯⋯⋯黄殿琴
温泉（外一首）⋯⋯⋯⋯⋯⋯⋯⋯⋯⋯蔡晓慧

彩色的和弦
滴霞集⋯⋯⋯⋯⋯⋯⋯⋯⋯⋯⋯⋯⋯⋯张雪杉
和弦（外一章）⋯⋯⋯⋯⋯⋯⋯⋯⋯⋯陈　犀
采撷小集⋯⋯⋯⋯⋯⋯⋯⋯⋯⋯⋯⋯⋯澄　清
夏雨初晴⋯⋯⋯⋯⋯⋯⋯⋯⋯⋯⋯⋯⋯张宣强
陕南女⋯⋯⋯⋯⋯⋯⋯⋯⋯⋯⋯⋯⋯⋯陈　敏
静静的沉息（组诗）⋯⋯⋯⋯⋯⋯⋯⋯孔　林
小路⋯⋯⋯⋯⋯⋯⋯⋯⋯⋯⋯⋯⋯⋯⋯曾　瀑

美术
中国画（三幅）⋯⋯⋯⋯⋯⋯⋯⋯⋯⋯方鄂秦

1986 年第 7 期　刊名:《长安》
目录

沃野
女记者与桃花癫患者（短篇小说）⋯⋯宋京生
白卵石海滩（短篇小说）⋯⋯⋯⋯⋯⋯马　原
考验（短篇小说）⋯⋯⋯⋯⋯⋯⋯⋯⋯赵宇共
塞上（短篇小说）⋯⋯⋯⋯⋯⋯⋯⋯⋯杨小敏
缝隙（短篇小说）⋯⋯⋯⋯⋯⋯⋯⋯⋯韦　昕
群星灿烂的夜晚（短篇小说）⋯⋯⋯⋯梅桑榆

小说实验室
梦见雪原⋯⋯⋯⋯⋯⋯⋯⋯⋯⋯⋯⋯⋯蓝　石

诗人的小说
守辇船的老人⋯⋯⋯⋯⋯⋯⋯⋯⋯⋯⋯陈应松

小荷初露
饲犬风波（短篇小说）⋯⋯⋯⋯⋯⋯⋯从　师

诗歌
卵生之祭（三首）⋯⋯⋯⋯⋯⋯⋯⋯⋯杨　牧

思念 ························ 赵伯涛
人生三幅画 ···················· 蓝 鸟
美国自白派诗六首 ················· 赵 琼译

破土诗页
故乡的小路（外一首）·············· 王景斌
消雪了（外一首）················· 郑 明
想不是故乡的地方（外一首）··········· 书 山

理论
求做"真正有才华的文学家"——读巴威的短篇小说
《邻居，一个单身汉》（争鸣园地）········ 蓝 晔
探索中的迷失（争鸣园地）············ 维 安
创作方法是多样的 ················ 费秉勋

1986 年第 8 期　刊名：《长安》
目录

沃野
古塬（短篇小说）················· 王润林
虫王（短篇小说）················· 沈嘉禄
别了，气球（短篇小说）············· 蒋华建
骨血（短篇小说）················· 刘宇文
凤女石（短篇小说）················ 李 君
飘香的鲜荔枝（短篇小说）············ 李晓彬
母亲的眼睛（散文）················ 杨敏生
树上的根（散文）················· 孙见喜
黄陵写生（散文三篇）··············· 银 笙

历史小说
左宗棠出关 ···················· 王炳毅

诗人的小说
小说二题 ····················· 和 谷

小说实验室
奇观（外一题）·················· 云 岗

小荷初露
燃烧（短篇小说）················· 汉 民
紫格茵茵的苜蓿花（短篇小说）·········· 郭 佳

诗歌
千岛湖情思 ···················· 张德强
曲径（组诗）··················· 王燕生
我的母亲取代了上帝 ··············· 李汉荣
栈道（外一首）·················· 秋 棪
断层面（外一首）················· 高旭旺

哦，我的北冰洋（二首）············· 晓 梅

理论
目迷五色，曲径通幽
——读《长安》"实验小说"··········· 王 喆
"寻根"是现代意识的表现之一 ········· 费秉勋

美术
桂林组画（国画）················· 梁 耘
版画新作 ····················· 戴信军
纸版画选 ····················· 剑 平

1986 年第 9 期　刊名：《长安》
目录

沃野
纸"皇冠"（短篇小说）·············· 王守义
开白花的夹竹桃（中篇小说）··········· 明 琪
小学校长马三瓜（短篇小说）··········· 方 方
死岛（短篇小说）················· 周 祥
静之夜（短篇小说）················ 小 殊

小说实验室
绿色的精灵 ···················· 晓 剑
走向老黑山 ···················· 张爱华

小荷初露
没有晚霞的黄昏（短篇小说）··········· 枭 蟒

散文
望不见的远方（三章）··············· 奕 林
迟开的串儿红 ··················· 董 墨
游龙华 ······················ 苏育生

诗歌
半坡之夜（组诗）················· 庞壮国
导游女（外一首）················· 葛诗谦
瓷坊拾遗（组诗）················· 刘新中
长情短咏（四首）················· 陈咏华
长安月（外一首）················· 郭庆平
南方，有一条江 ················· 王永祥

破土诗页
无题（外一首）·················· 子 川
果核的秘密（二首）················ 喻梅兰
一片雪花的谜（组诗）··············· 倪 嘉

理论

抚息不干净的魂灵························蕾 苓

茅盾自评《子夜》说······················高 信

从柳青的深入生活得到的启发··············孙豹隐

诗意辨踪——象征派手法管窥··············林金水

美术

当代青年（国画）························耿 建

浙江 85 新空间画展作品选

1986 年第 10 期　刊名:《长安》
目录

小说

医源性疾病·····························李廷华

荒原与峡谷之间·························王左泓

得失之间·····························听 樵

山野静悄悄·····························孙 旻

微型小说四题···························晋 川

灿然夜色·······························斯 菲

一个民间的童话·························李小虎

心像·································耿仁秋

魔室（小说实验室）·····················刘继明

屠夫张（大学生风景线）·················唐旺盛

散文

张铁民之死·····························甄 华

礼佛的沉思·····························李佩芝

诗歌

半掩之窗（组诗）·······················叶延滨

咿哑之桨·······························陈建祖

青春圆舞曲·····························飘 飘

沙山访景·······························刘 虹

那片绿叶（外二章）·····················刘辉考

淡蓝色的夜（外一章）···················刘 见

评论

时代意识——艺术生命的源泉··············高文斌

古城文学谈（文坛涉笔）·················田长山

走自己的路

——记青年作家晋川（文学之路）···········邢小利

1986 年第 11 期　刊名:《长安》
目录

小说

一颗心的独白···························赵伯涛

紫晶石项链（中篇小说）·······张晓光 朱淑琴

在乐之哉酒馆里·························曾宪国

乳鸠·································骆 炬

逝去的爱侣·····························木 桦

有待复庭宣判（微型小说）···············孙占森

月亮，她的月亮（微型小说）·············冯彩章

太阳（微型小说）·······················丁 当

大漩涡（小说实验室）···················临 青

当你回头（小荷初露）···················刘 冰

点评·································岛 子

散文

散文五题·······························梅绍静

浅春·································刘成章

诗歌

致狂飙诗神——祭柯仲平同志··············李若冰

忆江南（组诗）·························周所同

西部抒情（三首）·······················雷 霆

飞天（外一首）·························刁永泉

毡房·································朱 疆

评论

一种奇怪的争鸣心理·····················畅广元

《陕西新诗十年》补述···················刘 斌

1986 年第 12 期　刊名:《长安》
目录

小说

皮匠娘子（中篇）·······················周 矢

炸弹·································郑 人

槐林·································吴汉宾

夏天，一只野鸽子·······················韩 涛

古老的儿歌·····························为 华

飞碟（小说实验室）·····················丁 当

米脂的婆姨绥德的汉（小荷初露）·········常胜国

散文

陕南人——记贾平凹下安康·················陈长吟

我的藏胞·······························杨景民

求是斋札记（二篇）·····················商子雍

诗歌
苦难风流（组诗）⋯⋯⋯⋯⋯⋯⋯⋯⋯马合省
夜思（三首）⋯⋯⋯⋯⋯⋯⋯⋯⋯⋯王大平
我的信⋯⋯⋯⋯⋯⋯⋯⋯⋯⋯⋯⋯和　谷

破土诗页
高原的风（外一首）⋯⋯⋯⋯⋯⋯⋯卫　华
山林，五月的印象⋯⋯⋯⋯⋯⋯⋯周晓云
我的四月⋯⋯⋯⋯⋯⋯⋯⋯⋯⋯⋯川　淮

评论
冷静中的突破⋯⋯⋯⋯⋯⋯⋯⋯⋯王仲生
升华，艺术构思的关键环节（小说创作探微）
⋯⋯⋯⋯⋯⋯⋯⋯⋯⋯⋯⋯⋯⋯⋯段崇轩
我省召开黄土地新诗创作会（消息）

1987 年第 1 期　刊名:《长安》
目录

报告文学
芝罘湾的是与非——续《知识的罪与罚》⋯⋯郭慎娟

佳作集锦
父诃（中篇小说）⋯⋯⋯⋯⋯⋯⋯⋯赵　熙
城市戏谑曲（短篇小说）⋯⋯⋯⋯⋯姚鸿文
药锅（外一篇）⋯⋯⋯⋯⋯⋯⋯⋯⋯刘新中

小说实验室
同一个面孔的女人⋯⋯⋯⋯⋯⋯⋯⋯开　愚

诗人的小说
苔阶⋯⋯⋯⋯⋯⋯⋯⋯⋯⋯⋯⋯⋯聂鑫森

诗人漫画廊
蔷薇和弦⋯⋯⋯⋯⋯⋯⋯⋯⋯⋯⋯岛　子
拓在人类正史扉页上的金蔷薇——岛子《蔷薇和弦》
感应录⋯⋯⋯⋯⋯⋯⋯⋯⋯⋯⋯⋯董子竹
岛子其人⋯⋯⋯⋯⋯⋯⋯⋯⋯⋯⋯周　葵

旅游漫笔
火焰山，神话的世界（散文）⋯⋯⋯陈四长
秋谒禹门山（散文）⋯⋯⋯⋯⋯⋯⋯白宝学
嘉五台记（散文）⋯⋯⋯⋯⋯⋯⋯⋯肖重声

诗歌
绿色群体（组诗）⋯⋯⋯⋯⋯⋯⋯⋯桑恒昌
伫立在黄河滩头的情思⋯⋯⋯⋯⋯黄河舟
人河（外一首）⋯⋯⋯⋯⋯⋯⋯⋯⋯蓝　冰

小荷初露
小城最后的夜（短篇小说）⋯⋯⋯⋯剑　华

评论
创作闪想二题⋯⋯⋯⋯⋯⋯⋯⋯⋯侯雁北

1987 年第 2 期　刊名:《长安》
目录

报告文学
长相思，在长安⋯⋯⋯⋯⋯⋯⋯⋯⋯和　谷

沃野
怪味胡豆（小说五题）⋯⋯⋯⋯⋯⋯雁　宁
循环（短篇小说）⋯⋯⋯⋯⋯⋯⋯⋯白志强
影壁墙（短篇小说）⋯⋯⋯⋯洪双烨　林　波
傻金山（短篇小说）⋯⋯⋯⋯⋯⋯⋯邹月照
秋窗漫思录（随笔五则）⋯⋯⋯⋯⋯毛　锜

小说实验室
名人之死⋯⋯⋯⋯⋯⋯⋯⋯⋯⋯⋯荒　原

历史小说
凤凰从这里飞过⋯⋯⋯⋯⋯⋯⋯⋯成宗田

诗歌
七彩旋律⋯⋯⋯⋯⋯⋯燎　原　杨绍武　谭德生
　尚飞鹏　肖　凌　张锡贵　阳　波
　范俊德　张宣强　屈文焜　高云鹏
诗海情波⋯⋯⋯⋯⋯⋯⋯⋯⋯颜廷奎　稽　亦
　张志安　彭　原　何　松　邓康延　萍　子

评论
她追求真诚——李佩芝散文创作撷拾⋯⋯⋯李健民
强化自主意识　发出自己声音
——"陕西省青年文艺理论批评工作者座谈会"纪要
小议《荒流》⋯⋯⋯⋯⋯⋯⋯⋯⋯李国平

1987 年第 3 期　刊名:《长安》
目录

长篇小说选载
眼角眉梢都是恨⋯⋯⋯⋯⋯⋯⋯⋯邹志安

中篇小说
一个女人的命运⋯⋯⋯⋯⋯⋯⋯⋯白　描
一只大蝴蝶⋯⋯⋯⋯⋯⋯⋯⋯⋯⋯彭　拜

沃野（短篇小说）

马林鱼 ·························· 凌耀忠
两岸 ···························· 董川夫
爱情的故事 ···················· 林　谦
小小说二题 ···················· 黄金岭

小说实验室

午夜里的故事 ·················· 王莉莉

小荷初露

驼锅那老婆儿 ·················· 张笃生

理论

说《古塬》 ···················· 权海帆
难忘的故土——《古塬》读后感 ···· 赵秉申

1987 年第 4 期　刊名:《长安》
目录

沃野

酒店（短篇小说） ·············· 李倍俊
神枪（短篇小说） ·············· 星　竹
文驼子（短篇小说） ············ 王立纯
祭日（短篇小说） ·············· 马　力
醉汉（短篇小说） ·············· 郝克运
山那边（散文） ················ 张孔民
造神者（小小说） ·············· 牧　笛
拣到的和没有拣到的（小小说） ···· 卢鸿才

诗人的小说

雪花少女 ······················ 叶延滨

大学生风景线

A，一个不合时宜的故事 ·········· 那　耘

诗人漫画廊

为了爱情，巴格达不嫌远（组诗） ·· 李　瑜
李瑜其人 ······················ 周　葵

散文

秋叶 ·························· 李沙玲
奉还"回生丸"（外二首） ········ 石　河
黄果树瀑布（外三首） ·········· 芦　萍
冻土地，我永恒的太阳 ·········· 王小蝉
星星，追求（组诗） ············ 傅　翀
山峡，神奇的显微望远镜 ········ 灵　子
野雏菊（外一首） ·············· 王长军
魂在绿野（外一首） ············ 柳土同

音符 ·························· 川　淮

青年文学评论小辑

批评的命运和批评家的品格 ······ 李国平
新建文学观念体系描述 ·········· 苏　冰
对中国农村生活全景式地展现（综述） ·· 黎　真

1987 年第 5 期　刊名:《长安》
目录

报告文学

猫耳洞的梦 ···················· 沈庆云

诗人漫画廊

诗八首 ························ 叶延滨
黄土地上起飞的鹰 ·············· 白　柳
叶延滨其人 ···················· 周　葵
挑战 ·························· 渭　水
渭水诗作掠影 ·················· 阎建滨
渭水其人 ······················ 子　页

沃野

大暑或收缩的季节（中篇小说） ···· 巴　威
大方向（短篇小说） ············ 姜　汤
在高楼的荫凉处（短篇小说） ······ 孙　涛
生活的轨迹（短篇小说） ········ 王建业

诗人的小说

寻找幻想兽 ···················· 庞壮国

诗歌

你之像（二首） ················ 梁志宏
相思林（外一首） ·············· 张次征
小镇上的朋友（外一首） ········ 伊　甸
生命（外一首） ················ 吴晋南
落花生的花（散文诗，外一章） ···· 徐慎贵

评论

在反对资产阶级自由化的斗争中锻炼提高
　——西安市文联召开学习座谈会
审美趣味转移的沉思 ············ 韩梅村
略谈文学中的性描写 ············ 邢小利

1987 年第 6 期　刊名:《长安》
目录

南北风韵

理解万岁（组诗） ·············· 黎焕颐
南疆边关札记 ·················· 蒋海将
遥遥西北角（组诗） ············ 郭维东

黄土之魂（组诗）—————————————朱文杰
南海恋（组诗）—————————————陈佩芸
走向草原（组诗）——————（蒙古族）舒 洁
塞上古意（二首）—————————————肖 川
大明湖写意——————————————————丁 一
独步荒原（三首）—————————————谢明洲
西安记咏（三首）—————————————张雪杉
飘在山风里的歌（组诗）——————————李光云
短诗三首——————————————————沈 奇
静寂的草坪（二首）————————————马林帆
坟茔（外一首）——————————————张拴国
光明行（外一首）—————————————龙彼德
香妃的后裔们（二首）———————————陈 青
故宫（外二首）——————————————黄 宏
纪念（外二首）——————————————阿 橹
伤口———————————————————————林 珂
初春的设计（二首）————————————肖 凌
木鱼女（外一首）—————————————晓 梅
季节·树·少女（外一首）————————鄢元平

白蔷薇

白蔷薇（外三首）—————————————郭 廓
琴音里的爱恋（组诗）———————————晓 晴
多彩的馈赠————————————————————李 泳
爱之钟（组诗）——————————————张新泉
夜航———————————————————————傅 翀
爱，没有结局（三首）———————————陈广斌
独身者二题————————————————————小 殊
爱的小花（三首）—————————————孙 瑞
雨季（三首）————————————————张先冰
致（外一首）————————————————王浦安
红叶诗笺（三首）—————————————莫西芬
爱的围墙（三首）—————————————杨建莹
在我们分别的地方—————————————韩 晓
雨天的诗笺（外一首）———————————书 山

翻译诗

情诗四首———————[美国]比尔·霍姆 胡守峰译
前川幸雄转选————————————————马秋婉译

变异星空

梦踱海滩（外一首）————————————庞壮国
抒情诗（三首）——————————————凡 果
《有力的鸟之二》：典籍————————————开 愚
创世之鹿（外一首）————————————杜显斌
对窗子的叙述（外一首）——————————朱永良
对语———————————————————————罗 凯
特提斯古海抒怀——————————————陈 亮
关门峡，黎明前的号子———————（撒拉族）闻 采

黑土地（组诗）——————————————武永利

散文诗

与大海冰川之兼行—————————————肖 黛
山、海、雪原（外一章）——————————田 颉
天道的形体————————————————————海 男
你，是谁——————————————————葛诗谦

抒情短诗

王景韩 邓亨禄 张 滩 刘芳霞 雨 田 肖正民
杨立哮 赵少琳 杨 扬 于 卓 祁 山 刘兰鹏
阿 西 李 新 朱志伟 黄 默 韩 彬 晓 路
王晓宇 祝文彪 阎月君 黎 威 王玉民 杨 莹
曾思云 许德民 喻梅兰 豆冷伯 周 折 张 鹏
沈 方 向 荣 李汉荣 高 山 李晓茹 蓝 冰

诗歌联谊会会员作品

周晓云 丁 鸣 郭德力 苏 城 杨林科 姜建新
雷 雯 岩 伟 白如升 任 彦 古 鱼

诗评

论贾平凹的诗———————————————费秉勋
横看成岭侧成峰
——漫话诗歌"弹性美"—————————田 耒

1987 年第 7 期　刊名:《长安》
目录

消息

重新学习《讲话》　繁荣发展社会主义文艺事业
——西安市召开纪念《讲话》发表四十五周年座谈会
——————————————————————————文 讯

报告文学

邱晨和她的圆球——————————井 频 丽 真

中篇小说

车庄———————————————————————王吉呈

沃野(短篇小说)

风城———————————————————————景 风
寂静里的期待———————————————李康美
人情———————————————————————胡安忍

历史小说

万里桥——————————————————————李廷华

散文

春雨赋 ························· 秦天行
山情（二章） ·················· 尤永杰

诗人漫画廊

魂系荒原（组诗） ·············· 闻　频
闻频其人 ······················ 朱文杰
黄土地的阳刚情 ················ 田　奇

评论

当前文学创作和理论批评四人谈
············ 董子竹　李贵仁　张中良　李健民

报告文学

皇居：圣光与投影——日本封建色彩见闻 ··· 高伐林
篷布大王 ······················ 白振华

沃野

酒壮英雄胆 ···················· 商　欣
花山梦 ························· 姜锋青
白鸽飞起来了 ·················· 高　华
麻石桥头 ······················ 张子良
乘凉 ·························· 张丛笑
碎心的胜利 ···················· 庞一川

纪实小说

"静虚村"里的贾平凹 ············ 孙见喜

诗人漫画廊

和平：浑浊的，透明的（外七首） ··· 晓　钢
晓钢其人 ······················ 周　葵
晓刚：战火中诞生的爱与夜的歌 ····· 何开四

诗歌

与我同行（外一首） ············ 魏志远
一群海外来的游客（组诗） ········ 李遇春

评论

小说的文化蕴意与批评的文化视角——读周矢"石城
纪事"断想 ···················· 李国平
弗洛伊德艺术观描叙 ············ 秦　弓
社会学批评（文学批评方法介绍） ··· 小　林

美术

封面摄影 ······················ 马凌云
封面设计 ······················ 晓　川

1987 年第 9—10 期　刊名:《长安》
目录

深沉的爱（中篇报告文学） ········ 吴树民
神秘的胭脂红（中篇惊险侦探小说） ·· 丰　芩
最后的红蔷薇（中篇侦探小说） ····· 赵　遐
罪恶的黑手（中篇侦探小说） ······ 陈初明
他将死于谁手
——影星与间谍（中篇小说） ····· 高　华　王　刚
女人的世界（系列爱情小说） ······ 舟　舟

短篇小说

老猎人的悔恨 ·················· 特木尔巴干
情种 ·························· 明　琪

1987 年第 11—12 期　刊名:《长安》
目录

避尘珠垫脚石和将军头（报告文学） ·· 张　敏
一个可悲的角色（中篇记实报告）
——遇罗锦在西德 ·············· 渭滨文
冷酷的谋杀（中篇侦探小说）
············ [美] 理查·肯顿　张子君译
案犯就地处决（中篇纪实小说） ····· 魏雅华
霹雳行动（中篇惊险纪实文学） ····· 姜　克　布江山
阴影（中篇社会小说） ············ 陆　棣
破碎的心灵（中篇影星传记） ······ 唐　林
玛丽莲·梦露的婚姻悲剧
可惜你是半条硬汉（中篇报告文学） ·· 乔瑜殷
边城匿影客（中篇革命历史传奇） ··· 权宽浮

短篇小说

芦陵河，十三道湾 ·············· 殷小英
水注 ·························· 白　洁
一天并非二十四小时 ············ 佳　云
朝圣路上 ······················ 湛　岭
通讯一则

1988 年第 1 期　刊名:《长安》
目录

沃野

黑神仙（短篇小说） ············ 张　欣
灭鼠（短篇小说） ·············· 宋安娜
进入角色（短篇小说） ············ 刘继安
铜马（短篇小说） ·············· 薛亦然

浪脊上的洁白（短篇小说）⋯⋯⋯⋯⋯⋯谷　桑
秋夜（短篇小说）⋯⋯⋯⋯⋯⋯⋯⋯⋯⋯沈嘉禄

诗人的小说
二十一病室琐事⋯⋯⋯⋯⋯⋯⋯⋯⋯⋯筱　敏

历史小说
风流太守⋯⋯⋯⋯⋯⋯⋯⋯⋯⋯⋯⋯⋯成宗田

小荷初露
初雪（短篇小说）⋯⋯⋯⋯⋯⋯⋯⋯⋯吴汉宾

诗人漫画廊
爱和我（六首）⋯⋯⋯⋯⋯⋯⋯⋯⋯⋯王中朝
王中朝其人⋯⋯⋯⋯⋯⋯⋯⋯⋯⋯⋯⋯周　葵
纷纭的迷朦——读组诗"爱和我"⋯⋯⋯曾　凡

散文
欧罗巴·北方的行云⋯⋯⋯⋯⋯⋯⋯⋯阎纯德
巴蜀二题⋯⋯⋯⋯⋯⋯⋯⋯⋯⋯⋯⋯⋯蔡庆生
红事⋯⋯⋯⋯⋯⋯⋯⋯⋯⋯⋯⋯⋯⋯⋯高耀山
破碎的梦⋯⋯⋯⋯⋯⋯⋯⋯⋯⋯⋯⋯⋯卫冠夏

诗歌
生命表达形式（组诗）⋯⋯⋯⋯⋯⋯⋯陈建祖
雹雨（外二首）⋯⋯⋯⋯⋯⋯⋯⋯⋯⋯陈茂欣
潜流（四首）⋯⋯⋯⋯⋯⋯⋯⋯⋯⋯⋯靳亚利
张大千山水画意二题⋯⋯⋯⋯⋯⋯⋯⋯姜诗元
西部秋忙（外一首）⋯⋯⋯⋯⋯⋯⋯⋯黄　毅
球的魔力（外一首）⋯⋯⋯⋯⋯⋯⋯⋯若　烺
儿童诗一束（四首）⋯⋯⋯⋯⋯⋯⋯⋯张　萌

评论
美学批评⋯⋯⋯⋯⋯⋯⋯⋯⋯⋯⋯⋯⋯小　林
"改革文学"断想⋯⋯⋯⋯⋯⋯⋯⋯⋯⋯孙豹隐

1988 年第 2—3 期　刊名:《长安》
目录

罪恶（长篇小说选粹）⋯⋯⋯⋯［美］朱迪斯·古尔德
喻林久　向晓红　马勋伟译
雨果的情书⋯⋯⋯⋯⋯［法］维克多·雨果　颜维熊译
替身（怪诞小说）⋯⋯⋯⋯［美］苏珊·桑戴克　刘　力译
殊死的搏斗（中篇惊险小说）⋯［日］西村寿行　陈　浩译
无从追踪（短篇小说）⋯⋯［英］弗雷德里克·福赛斯
周仲安　周慧敏　王美娣译
迟了六十年的婚礼（短篇小说）
⋯⋯⋯⋯⋯⋯⋯［美］阿诺德·法恩　舒　玉译

文学名著的译本需要年轻化——《羊脂球》新译本前
言⋯⋯⋯⋯⋯⋯⋯⋯⋯⋯⋯⋯⋯⋯⋯罗大冈

1988 年第 4 期　刊名:《长安》
目录

留影（短篇小说）⋯⋯⋯⋯⋯⋯⋯⋯⋯航　鹰
怀疑家（中篇小说）⋯⋯⋯⋯⋯⋯⋯⋯邹志安
锺馗放鬼（短篇小说）⋯⋯⋯⋯⋯⋯⋯彭　拜
乾隆钦点大案（中篇历史小说）⋯⋯高　华　至　刚
死亡报告（中篇侦探小说）⋯⋯⋯⋯⋯彭　震
神鬼篇（短篇小说）⋯⋯⋯⋯⋯⋯⋯⋯王吉呈
臭梅香（短篇小说）⋯⋯⋯⋯⋯⋯⋯⋯哲　夫
微型科幻小说两篇⋯⋯⋯⋯⋯⋯⋯⋯⋯晋　川
自作自受⋯⋯⋯⋯⋯⋯⋯⋯⋯⋯⋯⋯⋯秦亚民
坚定不移地走改革之路
坦诚的对话，有益的探索（座谈纪要）⋯小　雨

1988 年第 5—6 期　刊名:《长安》
目录

平凡的世界（第三部选粹）⋯⋯⋯⋯⋯路　遥
夜色里的秘密行动（中篇纪实小说）⋯⋯姜维平
恋爱机器（中篇言情小说）⋯⋯［美］杰奎琳·苏珊
邱　红译
夜劫河内桑塔战俘营（中篇惊险纪实小说）⋯姜　克
死者的来信（中篇推理小说）⋯⋯⋯［日］三好彻
孔保尔译
一枝花诱杀乾隆（中篇武侠小说）⋯⋯⋯薛　里
海南大潮（中篇报告文学）⋯⋯⋯⋯⋯邓　澍
蜡屈症（中篇现代小说）⋯⋯⋯⋯⋯⋯张　旻

1988 年第 7 期　刊名:《长安》
目录

浪尖上的弄潮儿⋯⋯⋯⋯⋯⋯⋯⋯⋯⋯诃　婴
中国姿态⋯⋯⋯⋯⋯⋯⋯⋯⋯⋯⋯⋯⋯常　扬

和谷报告文学两篇
HG 魅力
南郑"父母官"

子页报告文学两篇
走入自己的世界
河流的事业

岛子报告文学两篇
"女神"涅槃记
黑色的光冠·有色的创获·稀有的乘幂

周琼报告文学两篇
人生的驿站
一支转民之歌

为政篇 —————————————— 匡 燮 卫 星
属牛的人 ——————————————————— 田 颉
楚金元搏击的回声 ——————————————— 黄河浪
我不当板凳队员 ——————————————————— 丹 萌
时代的强音 ——————————————————— 杨小一
一英里高的梦 ——————————————— 许青安
金州轻骑 ——————————————————— 张 虹
陕西有个李炳超 ——————————————————— 黄 翔
车轮奏鸣曲 ——————————————————— 史焕生
让世界充满色彩 ——————————————————— 李康美
七彩虹之魂 ——————————— 王晓鹏 王 彬
张志发的夜晚 ——————————————————— 马庆富
侯建生素描 ——————————————————— 白 山
一条翻腾的蛟龙 ——————————————————— 维 纳
开拓者的个性 ——————————————————— 白振华

1988 年第 8—9 期　刊名:《长安》
目录

情链（中篇言情小说）————————— ［美］张爱玲
十字架下的冤魂（长篇武侠小说）—————— 冯育楠
杀妻记（中篇军伍隐情小说）————（中国香港）徐 速
塔里木手记（系列散文）————————— 李若冰
黑羽毛酒家（社会奇情小说）————————— 临 青
高尔基死亡之谜（名人传奇纪实）
　　　　———— ［美］尼娜·别尔别罗娃 黄厚江译
魏延之死（中篇历史悲剧小说）——————— 宋福全

1988 年第 10 期　刊名:《长安》
目录

"中国潮"报告文学征文特辑
1988，户县纪事 ——————————————————— 和 谷
晚晴 ——————————————————— 子 页
一个青年企业家的四重奏 ——————————————————— 白 夜
广厦 ——————————————————— 四 知
他的血管涌动一条黄河 ——————————————————— 周 葵
军营里的企业家 ——————————————————— 马庆富
农民迪斯科 ——————————————————— 弓少立

"如意"腾飞录 ——————————— 杨小一 杨 莹
播火者：一条燃烧的荆路 ———————— 刘宇文 杨小一
不是新星，却在闪光 ——————————————————— 贾留柱
名胜的意味 ——————————————————— 柏 叶
汉江酒神 ——————————————————— 子 页
给我一支烟 ——————————————————— 和 谷
桔乡·酒城·工业县 ——————————————————— 炜 男
在希望的乡土上 ——————————————————— 俏 阳

陕西长篇小说新作展
井坡 ——————————————————— 白 描
我与君知 ——————————— 李天芳 晓 蕾

作家之钟
端阳杏 ——————————————————— 诃 婴
一个临终者的自述 ——————————————————— 白 云
送礼的悲欢 ——————————————————— 石 英
时间永远陌生 ——————————————————— 之 园
一条永恒的金链 ——————————————————— 黑 孩

新诗潮:有关永恒主题的现代诗专辑
开愚一首/严力五首/贝岭三首/赵琼六首/凡果二首/
欧阳江河一首/琼柳一首/唐亚平一首/孟浪一首/义海
一首/艾伦·金斯堡诗六首（岛子 赵 琼译）

散文世界
中国：行走的梦呓 ——————————————————— 刘 斌
杂品 ——————————————————— 匡 燮
东方神秘 ——————————————————— 朱 鸿
美哉，那达慕 ——————————————————— 骞国政
土壤 ——————————————————— 王少白
湿手帕 ——————————————————— 泾 渭

电影文学剧本
长空"飞虎将" ——————————— 刘建华 王韩琍

1988 年第 11 期　刊名:《长安》
目录

当代台湾妓女（中篇纪实小说）——————————— 萧 铜
麻将桌上的魔影（中篇社会小说）——————————— 新 生
钟情在婚外（婚姻伦理小说）————— ［日］渡边淳一
张大飞 张镜海译

1988 年第 12 期　刊名:《长安》

目录

周末大绑架（中篇传奇小说）·············朔　朔
孤坟——陈独秀之死（中篇纪实文学）·······舒德骑
芳妹的沦落（中篇社会问题小说）···········玉兰
当男人爱上女人的时候（翻译小说）
··············[日本]山田泳美

《长城》

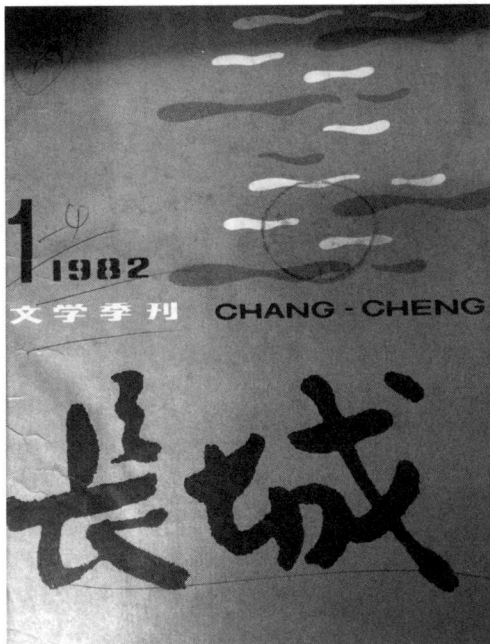

【简　介】

综合性文学期刊。河北省作家协会主办。创刊于1979年,1984年第1期起改为双月刊,1988年第1期再次改为季刊。其内容多贴近生活实际,关注时代动态,注重人性书写。刊物作品体裁众多,有小说、诗歌、戏剧、散文等,对河北省的文学发展起到积极的推动作用。

期刊号:1979 年第 1 期—1989 年第 4 期

编者的话

一个大型刊物,首次同读者见面,总该说几句话。

当下,全国人民在党的领导下,正以"不到长城非好汉"的雄健步伐,同心同德,全力以赴地奔向一个伟大的目标——实现社会主义四个现代化。就在举国上下向"四化"进军中,《长城》应运而生了。

刊名所以叫《长城》,不仅因为举世闻名的万里长城,东起于我省渤海之滨,蜿蜒于冀北燕山群峰;更因为这座古建筑,是勤劳、智慧的伟大中华民族的象征,也用以激励我们为实现党的新时期总任务,作出应有的贡献。　在当前,随着党的工作重点的转移,实现"四化"是全民族的根本利益所在,文艺工作应当毫不迟疑地跟上这一转变,积极热情地为实现"四化"服务。　以文艺的服务对象来说,在新的历史条件下,为工农兵服务,为社会主义服务,就是为实现"四化"而战斗的人服务,切切实实给新长征路上的建设者们,增添一点有营养的"精神食粮"。

围绕党的工作重点,反映人民群众的意志和情绪,是无产阶级文艺的革命传统。　战争年代里是这样,社会主义革命和建设时期也是这样。　文艺为"四化"服务的范围,是极其广阔的。　文学刊物希望作家、作者反映的内容也是极其丰富的。　单就实现"四化"本身,我们可以尽情地描绘沸腾的"四化"建设生活画面,塑造为"四化"忘我劳动的新人形象;也可以写新长征中的各种矛盾和斗争,其中包括继续清除林彪、"四人帮"的流毒和影响,以及一切阻碍实现"四化"的旧事物、旧思想、旧作风,简称为"歌咏新事物,鞭扫旧风流"。　历史是一面镜子,描写历史上曲折、复杂的斗争,歌颂革命老一代的丰功伟绩,也会给新长征建设者以巨大的鼓舞力量。　总之,人民群众对"精神食粮"的需要是多方面的,我们的服务工作也应该是广泛、多样的,而不是狭隘、单调或机械的。　只要作者在坚持社会主义道路、坚持党的领导、坚持无产阶级专政、坚持马列主义、毛泽东思想的基本原则下,尽可能写他所熟悉的、愿意写的、包括古今外的任何题材,而不受到限制。

要真正反映我们伟大时代的生活,适应"四化"建设者们的需要,不充分发扬艺术民主不行,不认真贯彻和执行"双百"方针不行。　在这方面,不能否认刊物起着一定的组织作用。　一个刊物,就是一块文艺园地,耕耘者园地的编辑,不仅应当善识百花、爱百花,还要勤于在芽期施肥、浇水。　芬芳宜人的香花,总是扎根在泥土之中。　我们欢迎真正从生活出发、从人物出发的作品,特别是那些敢于面对现实,冲破"框框"、"套套",深刻揭示社会生活本质的好作品。　我们提倡题材广阔、新颖,而且体裁、风格多样化。　希望作家、作者能从多方面反映丰富多采的社会生活;不同作家的表现手法,可以充分地发挥,以使不同艺术爱好的读者都能得到艺术享受。在文艺理论和文艺评论方面,我们欢迎有独到艺术见解的文章,不同见解可以自由地开展讨论,刊物将为"百家争鸣"提供园地。

我们还考虑到刊物的地方特点,乡土风味。　这当然要取决于作家、作者在刊物上发表的作品。　许

多优秀作家的创作实践证明：一部成功之作，首要的自然是它深刻地反映了社会生活面貌，塑造了"典型环境中的典型性格"；同时它还以浓郁的地方色彩、独特的生活语言，博得众多读者所喜爱。 梁斌同志享有盛名的《红旗谱》，是以他非常熟悉的冀中平原生活、人们的精神风貌、语言、民俗，赋予了作品的独特地方色彩的。 孙犁同志写白洋淀生活的许多优秀短篇，虽然也是写冀中生活的，则又以妙笔画出了水乡的异彩。 如果一部书深入地反映了一个地区的人民生活，写出她的地方特点、时代面貌、生活风习（当然不仅仅是这些），就会给读者打开一个新的生活窗孔，由此呼吸到别有风味的艺术芳香。 如果每一个作家、作者，都努力于自己的艺术追求，那么广阔的文艺园地里就一定会呈现出百花千姿、争芳斗艳的奇异景色。 刊物也将以独特的面貌，呈现给广大的读者。

当然，强调刊物的地方特色，并不排斥省外作家的作品；相反，需要省外不同风格的作家大力支持。我省是老区，在长期的革命战争和建设年代里，有不少作家曾在我省战斗、工作过，现在他们虽然身离河北，但都还与老根据地人民保持着血肉般的联系，有的至今还反映着哪里的斗争生活，并时刻关心着我省的文艺工作。《长城》是刚拱土的文艺幼芽，更需要得到老作家们的热心浇灌和扶植。

办刊物，都想办得好一些，有自己的特色。 想归想，做起来实在不易。 但是，我们试图着眼于上述几点，努力以赴。

1979 年第 1 期　刊名:《长城》
目录

编者的话

小说
赤夜（长篇选载·王怀骐插图）………………路　一
地火（长篇选载）……………………………刘绍棠
莲蓬荡（中篇）………………………………韩映山
大院琐闻（短篇·谷照恩插图）……………潮　清
月圆（短篇）…………………………………梁学政

剧本
凌雪晴（电影文学·赵贵德插图）…李英儒　李晓龙
爱情之歌（话剧）……………………………艾长绪

诗歌
长城献辞……………………………………田　间
滏水滚滚流…………………………………李中贤
昨天的歌……………………………………袁血卒
渤海三章……………………………………白鹤伶
西柏坡颂……………………………………尧山壁

散文·游记
菩萨蛮词话…………………………………陈大远
乡情集………………………………………刘　章
敦煌行………………………………………张庆田

评论
谈创作自由和批评自由……………………张树波
文艺短论
说"歪曲"……………………………………陈映实
严霜下的翅膀………………………………盈　光

文苑史话
浩大的工程·卓越的劳绩——纪念第一部《鲁迅全集》刊行四十周年……………张小鼎　叶淑穗
我的自传……………………………………孙　犁
从《小兵张嘎》谈起…………………………徐光耀
"春光"与"礼花"……………………………闻　欣
永远的纪念（油画）…………………………费　正

1979 年第 2 期　刊名:《长城》
目录

小说
男婚女嫁（长篇上卷·齐捷插图）…………浩　然
人间伏虎（长篇第一部·尹庆芳插图）
　　　　　　　　　　　　　　　　长　正　李满天
地下医院（长篇连载·辛鹤江插图）………张　朴
日月流逝录（短篇）…………………………赵沫英

诗歌
花海…………………………………………严　阵
中日友谊树…………………………………韦　野
反正篇………………………………………张从海
述志…………………………………………村　野
竹根……………………[日]杉田光二作　沙　立译

评论
歌颂于暴露的基石——社会现实
——兼评《"歌德"与"缺德"》…………孟　卓
历史的教训——也谈歌颂与暴露……………鲍文廉
一个值得重视的创作课题——试谈文艺为加强社会主义法制服务……………………………何火任
白洋淀里荷花香
——谈孙犁创作的艺术特色………周申明　邢怀鹏

随笔

耕堂书衣文录 ···················· 孙 犁

文苑史话

深州城郊秋月惊 ················ 林 呐
我的自传 ························ 梁 斌

青年作者之友

生活土壤出新苗 ················ 刘 章
枣乡山泉（长诗选载　张庚插图） ···· 马金牛

美术

关山雄姿（国画） ·············· 钟长生
熊猫（国画） ·················· 吴作人

1979 年第 3 期　刊名:《长城》
目录

小说

功与罪（长篇选载·康明瑶、石增秀插图） ··· 柳 溪
男婚女嫁（长篇连载·下卷　宋雅丽插图） ··· 浩 然
逃犯（中篇·鲍潮鸣插图） ·········· 常庚西
小小的铁流（中篇·王怀琪插图） ······ 克 明
津郊武工队（长篇选载·鲍潮鸣插图） ··· 张孟良
三识宋墨林（短篇） ·············· 贾大山
阿海，你在那里?（短篇） ·········· 李秉新

电影文学

大清路魂 ······················ 张 帜

诗歌

金牛怨（小叙情诗） ·············· 李震川
不锈手术刀 ···················· 旭 宇
海的远方（二首） ················ 张 廓
怀念（二首） ············· 剑 清　陈茂欣
镇寇石 ························ 鹿说之

散文·随笔

晚餐会上 ······················ 梁 斌
从北京去天涯海角 ················ 徐 刚
闪光的史碑 ···················· 何 理
热河冷艳 ······················ 郭秋粮

青年作者之友

编故事和写人物 ················ 冯健男

美术

高峡出平湖（国画） ·············· 华 拓

荷（国画） ···················· 尤宝峰

1980 年第 1 期　刊名:《长城》
目录

怒浪（传记文学） ········· 魏 巍　钱小惠
我这个笨蛋!（短篇小说） ·········· 冯骥才
小黄花的笑（诗） ················ 雁 翼
创作的丰年（作家访问记） ····· 刘 绳　刘 波
鲜花下的阴影（电影文学剧本·鲍潮鸣插图）
　　　　　　阎宗生　小 爱　村 里
题画诗词一束 ·················· 陈大远
乡魂（中篇小说·赵贵德插图） ······ 赵峻防
组诗集锦　致法制委员会（姚振函）　波涛集（王洪
涛）　心向油田（申身）　运动健儿之歌（刘昕）
苍岩山纪游歌（刘章）
树老雄风在（短篇小说·刘进安插图） ··· 李 涌
消逝了的岁月（短篇小说·辛鹤江插图） ··· 沈仁康
诚实的人（独幕话剧·鲍潮鸣插图） ··· 黄文锡
拉开夜的帷幕（叙事诗） ·········· 顾 工
他卖掉了眼睛（叙事诗） ·········· 崔合美
郊区记事（短篇小说） ············ 阿 凤
想冯志（散文） ················ 艾文会
游虎丘山（游记） ················ 有 萤
斯诺与《西行漫记》（文苑史话） ···· 张小鼎
友情突破九重天（散文） ·········· 江 山
梅红雪岭（叙事诗） ·············· 魏茂林
革命现实主义的新花（评论） ······ 周哲民
传神的性格白描和肖像刻划（评论） ··· 李希凡

创作谈

经济、含蓄、晦涩 ·············· 王 畅
严监生与老葛朗台之死 ············ 毕文波
狐狸和山羊（寓言诗） ············ 杨 啸
在底层的人（中篇小说）
　　　　[墨西哥] 马里亚诺·阿苏埃拉著
孔令森　朱景冬译

美术

西双版纳写生 ·················· 梁 岩
君子兰 ························ 李耀南

1980 年第 2 期　刊名:《长城》
目录

小说

踏莎行（中篇·鲍潮鸣插图）————————王默沨
神拳（长篇选载·安跃华、冯田中插图）———鲍　昌
劫狱（长篇选载）——————————————魏淙江
阿萨的故事（短篇·宁大明插图）—————张长弓
八路军总会回来（短篇·李秀鸣插图）———杨　沫
河灯信（短篇）—————————————远千里遗作
上访（短篇·郝新明插图）————————赵　新
围棋国手的怀念（短篇）————————高　彬

诗歌

组诗集锦
————————田　间　张学梦　沙　白　徐　刚　叶　蓬
春光曲（十九首）
————桑　原　逢　阳　肖振荣　孙桂贞　何　理等
明镜篇（七首）————————白德成　李枕海　鲁守平
太行情（十首）————浪　波　郭沫勤　张雪杉　田　真

散文随笔

燕山磊落千秋话——邓拓夫人丁一岚访问记—黄伟经
他活在人民的歌声里————————————刘　真
感人最是由衷曲——访女作家刘真————陈映实
漫漫长夜终有尽—————————————远山眉
人材、教训及其他————————————亚　芸
春风又绿园中草————————————长　正
剪刀浆糊集———————————————易　征

评论

历史剧纵横谈—————————————曲六乙
从《一盏抗旱灯下》到《挂红灯》————刘　哲
单纯些、集中些、紧凑些————————金　梅
李贺诗歌的艺术特色——————————傅经顺

美术

只有香如故（油画）——————————刘　晓　傅　磊
洁（摄影）———————————————田涌泉
水彩画—————————————————郝　华

葵花嫂外传（插图：赵贵德）——————从维熙
弧光灿烂————————————————蒋子龙
枣花姑娘历险记（插图：华敬俊）————浩　然
春露秋霜————————————————张　峻

长篇选载

五代人—————————————————辛一夫

诗歌

写在李大钊墓前————————————张志民
书籍——————————————————李　瑛
群星集——————————火　华　宋曙光　陈宗舜等
组诗之页
沙鸥：日出之前　任彦芳：心声集　尧山壁：春回集
戴砚田：故乡诗情　刘小放：乡思　莫文征：朱德在此
黄东城：茅山的怀念　胡茄、戴安常：昨天的悲歌
杨大矛：生活的启示　白鹤龄：株连篇
刘晓滨：瓷厂抒情　飞雁：运河上的脚印
燕赵杂咏————————————————杨金亭
思絮三题————————————————果瑞卿
棒锤山传奇（叙事诗节选）——————华　岱

散文游记

月是故乡明————————————————刘艺亭
山茶——————————————————陈大远
搓草绳的巴人（外二篇）————————黑　婴
遥望金沙江————————————————韦　野
花果篇—————————————————吴　城

评论随笔

扎实的人物形象　悲壮的时代战歌——张炳元　马学鸿
闲话孔夫子————————————————李屏锦

外国文学

祖玛纳————————————[法]梅里美著　郑永慧译

美术

水粉画——————————————————李维进
百花（国画）——————————庚　西　宁　安　文　桢
张　呆　朗　森　晋　元

1980 年第 3 期　刊名:《长城》
目录

中篇小说特辑

花落何处?（插图：鲍潮鸣）——————胡万春
芳年——————————————————刘绍棠

1980 年第 4 期　刊名:《长城》
目录

小说

商鼎（中篇·插图：鲍潮鸣）——————余小沅
不眠夜（中篇·题图：张文学）————陈昌本

北望关东（长篇选载·插图：冯天中）————刘大海
乌兰托亚————————————————邢凤藻
在遥远的 D 市（插图：赵贵德）————廖 琪
谢老大分家（插图：张文学）—————管建勋
交班————————————————————张 启

电影文学剧本
亲缘（插图：鲍潮鸣）—————————郭起龙
春归燕（插图：鲍潮鸣）———————赵志强 王 峰
潘 奔 王 洁

散文随笔
被发现的存在——————————————刘 若
槐花赋——————————————————王延瑛
乡情集——————————————————刘 章
书叶小集————————————————姜德明

诗歌
长歌行（《胡桃坡》续篇·插图：庚子）——王致远
组诗
雷抒雁：《带露的玫瑰》 旭宇：《思絮的沉积》
峭石：《枣花集》 葛玄：《田园诗草》
白德成：《蒲公英》 谭楷：《星河世界》
陈茂欣：《新风声声唤》 阿红：《海的恋歌》
石板下，有一颗松苗（外一首）————郑世芳
火海——————————————————刘其印
瀑布——————————————————韩嗣仪

评论·《踏莎行》笔谈
读《踏莎行》——————————————田 涛
情长意深话瑞芸————————————周哲民
有益的探索 可喜的成果————————吴庚振
像生活本身那样复杂————————————周荫曾
琴弦上的心声————————————————孙振笃
细微含蓄 真切动人—————————刘永典
绿叶的求疵————————————————汤吉夫

美术
南方写生——————————————————费 正
连环画《红旗谱》——————————王怀琪

1981 年第 1 期 刊名:《长城》
目录

长篇选载
烽烟图——————————————————梁 斌

中篇
催化剂——————————————————潮 清
阴阳错（题图：鲍潮鸣）———————赵沫英
吉祥的格桑花————————————————孙宝琦

短篇
陈家村趣事（插图：谷爱萍、谷照恩）——高晓声
忍冬草（插图：张玉良）———————晓 明
我又长了一岁————————————————张从海
院墙——————————————————刘宝池
苦心人——————————————————刘永年
隔膜——————————————————康传熹

电影文学剧本
达乌娜吉（插图：赵贵德）———————燕 迅 刘建华

诗歌
绿珠心传（插图：王怀琪）———————尔 重
信任——————————————————丁 芒
悲歌和欢歌————————————————顾 工
水泡的想象————————————————顾 城
行吟集——————————————————曲有源
华北油田诗草————————————————王燕生
小草及其他————————————————张少敏
北戴河风情————————————————郭沫勤
成长着的歌声——————王树壮 马俊海 李树新
李 钢 鹤 菁 毛剑宾 程云瑞 李佐友
片石集————————曼晴（长城行） 桑原（鄂尔多斯枪）
温慧敏（故乡的水塘） 于宗信（赤嵌楼） 金占亭
（景忠山大殿） 于沙（爱之歌） 余薇野（基石
赞）

散文随笔
登两岳随笔————————————————可 华
花朵所引起的联想—————————————彦 火

文苑纪事
寂寞身后记孔厥————————————邢菁子
清明的珞珈山————————————————乌兰汗

评论
漫谈政治讽刺诗创作—————————郭 超
时代的歌手————————————————李元洛
作家与冀中————————————————刘 绳 刘 波
人民自己的诗————————————————周金祥
略论契诃夫短篇小说的艺术特色————王维国
两篇新作浅说————————————————张庆田

全国大型文学期刊座谈会纪要

美术

鸡乐图（木刻）————————————许彦博
百合花（木刻）————————————许彦博
刘少奇同志和孩子们——————————肖　林

1981 年第 2 期　刊名:《长城》
目录

中篇小说

永远是那颗心（插图：赵贵德）——————郑启幕
饲养猴子的人（插图：鲍潮鸣）——————一　凡
风雨姻缘————————————————任庆阳

报告传记文学

一个作家的足迹————————————克　明
壮歌行————————————————马中行
愿看梅花吐香凝————————————戈　红

短篇小说

匹夫志（插图：谷照恩）————————张重光
土的身价——————————————赵　新
今夜，他是个普通人（插图：王怀琪）——汤吉夫
月到中秋（插图：张文学）——————周　渺
野菊（插图：鲍潮鸣）————————张荣珍

电影文学剧本

汉宫稗史——————————————李庆臣

诗歌

人之歌——————————————张学梦
北戴河别墅（外一首）————————王洪涛
石榴树下的沉思——————————叶文福
呵，西柏坡————————————任彦芳
我，沿着长城疾走————————徐敬亚
京华杂咏————————————倩　晴
春之声————————聂鑫森　浪　波　韩作荣
王小妮　何香久　蔡文祥　文　丙
张雪杉　白鹤龄　李占学

片石集

游子吟（厉风）
江南拾瓣（禾青）
小路（飞雁）
湖边（陈秀庭）
太阳及其他（杨延欣）
野羊岭下的小河（纪才）
我发觉……（周风阶）
南飞雁（曹凯）

风啊，请你再大些（刘向东）
皱纹（柯岚）
长城之春（张志鹏）

散文

我望见了……——————————刘　真
文竹————————————————贾平凹
记忆，并未淡漠——————————郁　葱

评论

简评一九八○年中篇小说——————张　韧
《山水情》
——浩然小说创作上的一个新发展————金　梅
别开生面————————————周哲民
略谈刘章的诗歌创作————————周申明

美术

花鸟画————————————————谭宝泉
幽谷图————————————————张　文

1981 年第 3 期　刊名:《长城》
目录

电影文学剧本

楚天风云————————————陈秉堃　华中思

中篇

山乡情笺（插图：鲍潮鸣）——————陶明国
生活的起点（插图：张玉良）—————肖正义
献身——————————赵鹏万　刘允章
马老奎醉话（题图：徐冰）——————飞　雁

长篇选载

上代人————————————————李英儒

诗歌

诗人争鸣

张志民：谈"雅俗共赏"
雁翼：诗人的信仰
雷抒雁：诗的断想
尧山壁：只言片语
晏明：把诗写的美些
崔合美：不做"弄潮儿"
萧振荣：俚言俗语雅在其中
晓蕾：灵感从沃土里生芽
黄东成：需要动情的真善美
刘晓宾：我是青年人
石英：总得给人一点积极的东西

刘章：议诗六咏
严阵：谈诗
田间：一点看法
亢慕义斋吟 ················· 罗章龙
书房小记（组诗） ············· 李学鳌
七律二首 ·················· 郭汉城
片石集 ·············· 韩成武 鹿说之等

报告文学人物传记
雄才在磨难中穿行 ············· 祁淑英
斯诺的足迹 ················· 江 山
咫尺天涯十六年（插图：王怀琪） ····· 赵 英

短篇
农民曲 ··················· 周 青
我和洁宜（插图：徐小燕） ········· 胡尔朴
兄妹仨 ··················· 周玉海

青年作品选
似梦非梦（插图：彭大立） ········· 王群永
在客厅里 ·················· 李继淑

散文·游记
武当山中结识的旧友 ············ 柳 杞
我心中的雨花 ··············· 戴砚田
后山传闻录 ················· 叶 蓬
"金牛"——神话的联想 ·········· 雷石榆

评论
生活剪影和田园牧歌
　——刘绍棠短篇小说漫评 ········ 张同吾
读长篇小说《决战之前》 ·········· 冯健男
笑着向"丑"告别 ·············· 蔡子谔
细节的逼真性与典型化 ··········· 陈景春

外国文学
鹌鸟——散文诗五篇 ····· ［俄］屠格涅夫 黄伟经译

美术
憨 ····················· 美 林
国画小品 ·················· 文 学

1981 年第 4 期　刊名:《长城》
目录

中篇小说
老将离休之后（插图：聂昌硕） ······· 张笑天
失去的，永远失去了（插图：姜吉维） ··· 杨东明
二月杏（插图：王怀庆） ··········· 贾平凹

黎雀之歌（插图　鲍潮鸣） ········· 陈映实
透明的道路 ················· 金沙水
阴影正在消失 ··············· 郑万隆

短篇小说
唧唧复唧唧（插图　谷照恩） ········ 郭湛芳
01 号病房（插图　赵贵德） ········· 乔 雨
告别猴年之前 ··············· 郑一民
千里行 ··················· 解俊山
第九场音乐会（题图　鲍潮鸣） ······ 黄建中
邦达丽芙娜 ········ ［苏］冈察尔 乌兰汗译

散文
物趣偶语录 ················· 秦 牧
攀登 ···················· 于雁军
武林行 ··················· 李 子
草原风物记 ················· 孟 敏
百寿字 ··················· 王维洲

电视剧本
山庄春梦（题图：宋丕胜） ········· 刘兰松
小巷春 ··················· 曹 钢

诗歌
彩色的山水
黄山之诗 ·················· 李霁宇
南国诗情 ·················· 沙 白
写在乌苏里河畔 ·············· 王晓廉
大海呵大海 ················· 逢 阳
绿云集 ··················· 田 歌
草原散歌 ·················· 李 钧
渔村风情 ·················· 陈秀庭
山里流歌 ·················· 董桂苓
滨海行 ··················· 甄崇德
抒情与思考 ················· 刘湛秋
淀边新曲 ·················· 申 身
古墓上的鲜花 ··············· 旭 宇
大境门轶事 ················· 韦 野
爱之歌 ··················· 黄 淮

片石集
犁 ····················· 李根红
北戴河观日出 ··············· 李盘文
月蚀 ···················· 桑恒昌
谎花 ···················· 姚焕吉
陀螺 ···················· 村 野
一只蜜蜂的悼歌 ·············· 斧 锐
向日葵 ··················· 姜强国
歌，在笛膜上跳跃 ············· 李如岭
小溪 ···················· 金占亭

报房花瓣 ································· 刘松林

评论

从昨天到今天 ················· 王惠云　苏庆昌
田间新作艺术风格谈 ··············· 山　川
真实·新美·隽永 ················· 白海珍

美术

鲁迅（木刻） ··················· 聂昌硕
摄影作品 ··················· 姜　健　张守志

1982 年第 1 期　刊名:《长城》
目录

中篇小说

红灯和绿灯（插图：李忠良） ·········· 薛　勇
蔚蓝的海洋（插图：王怀琪） ·········· 姜　滇
她，怎么办（插图：王怀庆） ·········· 张　英
深山新喜（题图：谷照恩） ··········· 常庚西
小镇旧痕（插图：秦龙） ············ 燕　平
声波浪涌 ····················· 董道相

短篇小说

张木匠上工（插图：赵贵德） ·········· 丁　茂
成旺爷 ····················· 李满天
老劳模的心事 ··················· 林音频
玉壶冰心 ····················· 邢　凯

诗歌

起飞 ······················ 黎焕颐
伊洛行吟 ····················· 张雪杉
牛角号 ····················· 刘小放
冬（外一首） ··················· 林　希
江海抒情 ····················· 曼　晴
旧体诗之页 ················· 公　木　赵宜民
春天的歌 ············ 肖　池　郁　葱　肖　川
张之涛　师日新　王清秀　田　人　桑　原
诗人赠答 ·················· 雁　翼　塞　风

散文

脯红鸟的思念 ··················· 雁　翼
光彩的日落 ··················· 杨兆祥
望淮楼 ····················· 严　阵
莲 ······················ 李继淑

电影文学剧本

沉雷 ····················· 黄进捷

评论

以美的文学教育人们
　——评中篇小说《失去的，永远失去了》 ······ 筱　文
一个沉默的国民的魂灵 ·············· 先继山

美术

版画 ······················ 许彦博
水彩画 ····················· 郝　华

1982 年第 2 期　刊名:《长城》
目录

中篇小说

白云升起的地方（赵贵德插图） ········· 宋聚丰
山民轶事（鲍潮鸣插图） ············ 陈昌本
美 ······················· 石　英
迷乱的赛璐珞球（题图温海平） ········· 刘永年
怕水的鸭子（彭大立题图） ··········· 杨　啸

纪念毛主席《在延安文艺座谈会上的讲话》发表四十周年

迷途与正路 ··················· 李满天
生活·思考·创作 ················· 单学鹏

短篇小说

偏方（谭晓琳插图） ··············· 赵　新
母亲 ······················ 汤吉夫
高老庄和花三角 ················· 新　学
柳嫂（阿菊题图） ················ 孟　阳

回忆录

黄昏 ······················ 刘光人

散文

雪花 ······················ 郭淑敏
寻找自然 ····················· 高红十
我与大海 ····················· 戴砚田

诗歌

河北中青年诗丛 ·········· 尧山壁　张学梦　肖振荣
石运兴　浪　波　王建旗　郑世芳　斯　平　葛　玄
韩振堂　吴长城
三颗星（叙事诗） ················ 陈茂欣
南斯拉夫游记 ··················· 邵燕祥
春笋（外一首） ·················· 峭　石
弯弯桃河水 ··················· 倩　晴

评论

我是太行石一方 ······ 周申明
韦野和他的散文 ······ 克 明
有志者的赞歌 ······ 亚 芸

作品讨论

究竟渲染了什么? ······ 龚富忠
《失去的, 永远失去了》得失谈 ······ 杨之水
失去的, 是珍贵的爱情 ······ 秦 炎

美术

汲成作品 ······ 汲 成
风景画 ······ 王 琳 季维世
新秀 ······ 滏 源

1982 年第 3 期　刊名:《长城》
目录

中篇小说

不熄的荧光（插图：王惟震） ······ 毛志成
能人楚世杰（题图：肖航） ······ 浩 然
李玉婵（题图：彭大立） ······ 康传熹
丁字路口 ······ 肖 场
房管局长老焦头（插图：姜吉维） ······ 张凤洪
门风（插图：聂昌硕） ······ 张荣珍
向前（插图：连磊） ······ 何建平 张稚枫

短篇小说

"○"（插图：李重新） ······ 辛一夫
早晨, 在公社大院（题图：寇锦） ······ 孙柏昌
冲出樊笼（作家回忆录） ······ 袁 静

诗歌

中年诗人争鸣
关于诗 ······ 刘湛秋
我的追求 ······ 王洪涛
诗——我的追求 ······ 张雪彬
春风 ······ 王 也
兼收与创新 ······ 戴砚田
生活与诗 ······ 孙友田
生命和诗 ······ 任彦芳
关于诗的话 ······ 白 航
吸收营养注意风格 ······ 何 理
诗宜多采花宜繁 ······ 叶 蓬
河北诗丛
早晨, 我醒来 ······ 王树壮
家乡的山 ······ 李树新
白洋淀的春天 ······ 韩成武

诚实的土地 ······ 金占亭
山核桃 ······ 刘 章
花甲抒怀 ······ 倪子文

散文

鲜红的蝴蝶结 ······ 郭淑敏
蒲柳人家出英才（作家访问记） ······ 余炳年
少林寺行 ······ 江 山

评论

河北新作评价
滹沱河畔的柳笛——读郭淑敏的散文 ······ 路 拾
读张孟良的小说创作 ······ 王永生
读《曼晴诗选》 ······ 冯健男
"马鞍形"的启示 ······ 周哲民
解剖人的灵魂 ······ 刘 哲
《大青山抒情曲》序 ······ 田 间
尺纸之间　运乎匠心 ······ 刘欣中
关于《失去的, 永远失去了》的来信来稿综述
失误和教训 ······ 杨东明
对《二月杏》的批评意见 ······ 文 闻

美术

风景画（油画） ······ 林日雄 罗尔纯
工笔人物画 ······ 刘 岱

1982 年第 4 期　刊名:《长城》
目录

中篇小说

吃青杏的时节（插图：王怀琪） ······ 刘绍棠
李家院风波（插图：赵贵德） ······ 文 放
丁家寨的文明和愚昧 ······ 熊志尚
唐河滩恩怨 ······ 马金牛
美人罗敷（题图：鲍潮鸣） ······ 任文祥

短篇小说

年轻的中国商人（插图：商杰） ······ 继 迅
啊！青春（插图：彭大立） ······ 韩 冬
大海涨潮的时候 ······ 姜 滇
无色花青素（插图：刘明义） ······ 晓 蕾
左邻 ······ 单学鹏
微型小说（三篇） ······ 郝立轩 丁 岚

电影文学剧本

霹雳一剑 ······ 刘良计

诗歌

青年诗人争鸣

大漠，吱扭着诗的水车……………………李老乡
诗在外，酿造在内………………………张学梦
以阳刚之气，吹拂我的民族……………徐敬亚
诗，必须从自我开始……………………北 岛
感受——生命之树常青的花叶…………孙桂贞
不是主张的主张…………………………边国政
诗的创造…………………………………顾 城
歌从山里来………………………………董桂芩
自然的美·美得自然……………………何香久
最现实的山路……………………………文武斌

山野集

听雨………………………………………靳文章
淀上人家…………………………………张文波
我唱芦苇…………………………………白德成
避暑山庄抒情……………………………刘兰松
秋天，拾到诗的碎片……………………师学军
泰山抒情…………………………………田 歌
鄂温克族风情……………………………李如岭
峡江行……………………………………黄东成
山关………………………………………刁永泉
一首小诗，熟了……………………………张瑞君
重返延安…………………………………田 间

散文

晋祠听泉…………………………………张志军
泰山随笔…………………………………可 华
西陵断想…………………………………阎 涛

评论

河北中年诗人笔会

苦恼与创新………………………………肖 驰
创新·继承·借鉴………………………旭 宇
也谈出新…………………………………王洪涛
激情和诗…………………………………任彦芳
敦煌艺术的启示…………………………尧山壁
诗会杂说…………………………………韦 野
诗人还要认识自己………………………刘绍本
我对诗的浅见……………………………刘 章
诗歌创作难度……………………………苗雨时
跨越的难度………………………………刘 真
天南海北话《长城》……………………世 芳

美术

国画小品……………………………胡 凌 赵凤迁
《红楼梦》人物戏画……………………韩 羽

1983 年第 1 期　刊名:《长城》

目录

中篇小说

海难（插图：王惟震）…………………庭 竹
三春晖（插图：谷照恩）………………李惠薪
失踪者的妻子……………………………陈 新
怪菩萨（插图：赵贵德）………………丛维宪
小镇新闻（插图：彭大立）……………李光南
门市部的瓜葛……………………………周玉海

短篇小说

庄稼女人（题图：张文学）……………高近远
朱老老开店………………………………尹 平
闺女大了……………………………………李兴桥
星新一短篇小说两篇………[日]星新一作 申英民译

诗歌

前进，我向着太阳………………………王树壮
落榜者的春天……………………………王俭庭
我的诗写在脚手架上……………………建国政
青春的浮雕………………………………白德成
强悍的人生………………………………刘小放
开采我吧，祖国…………………………刘晓滨
诗四首……………………………………张学梦
黎明的主题………………………………邵 惠
我和土地…………………………………姚振函
丁香花开了………………………………姜强国
海之恋……………………………………逢 阳

散文

故乡素描…………………………………雁 翼
乡恋………………………………………张雪杉
奶奶的手…………………………………戴高山
碧血化杜鹃………………………………何 辛

评论

性格漫笔…………………………………郭 超
漫谈艺术的朴素美………………………宋木林
谈《风云初记》三个妇女形象的塑造…顾传菁
从对仗看郭小川诗作对古典诗歌的继承…孔宪科
一丛带露的鲜花…………………………苗雨时

随笔

"文章宁复见为人"………………………李壮鹰
宝海初探骊龙珠…………………………郑秉谦

美术

蒙族姑娘（油画）——————————————胡振宇
老农（油画）——————————————罗尔纯
古炮台的旋律（套色木刻）——————高荣贵

1983 年第 2 期　刊名:《长城》
目录

中篇小说

高高的围墙后面（插图　王惟震）——————陈　冲
移画接墨（插图　杜凤宝）——————————潮　清
奖——————————————————————张学梦
闪光的朝露——————————————————马　常
在云蒙山里……——————————————郭登科
师傅、师兄、师弟和我——————————聂鑫森
二里店的土地问题——————————————石　峰

短篇小说

不安的失主（插图　景秀英）——————杨润身
镁光灯一闪（插图　连磊）——————————奚　青
向明天微笑——————————————————蔡　华
拜年——————————————————————贾大山
一组衔接凌乱的短镜头——————————无　能

诗歌

北国踏雪——————————————————康　平
春鼓——————————————————————旭　宇
高山流水——————————————————申　身
片石集——————————————徐守春　葛　玄
李发模　郭　廓等

散文

没写完的诗——————————————————陈大远
少林风骨——————————————————韦　野
秋萤——————————————————————岑献青
枣娘——————————————————————田松林
黄昏小景——————————————————孙柏昌
锤峰落照——————————————————刘　芳

评论

为中篇小说的新精深美而努力——————寒　雪
"单纯美"的追求者——————————————赵　园
漫漫长夜擎红旗——————————————华　岱
《海难》随感录——————————陈　默　肖　雷
莫论交情莫念私——————————————草　云

中国画——————————————————梁　岩
仕女图——————————————————贝　希

1983 年第 3 期　刊名:《长城》
目录

中篇小说

晚恋——————————————————————汤吉夫
虎头牌坊——————————————————刘绍棠
啊，"美人鱼"号——————————————单学鹏
桥在河面上延伸——————————————何亚京
路，这样走过——————————————————冯敬兰

短篇小说

东山下的风景——————————————————铁　凝
小斜街轶闻——————————————————韩　冬
遗产——————————————————————马未都
天蓝色尼龙滑雪服——————————————宋蕴卿
叶落知秋——————————————————赵北望

散文

夕阳与朝霞（报告文学）——————————任彦芳
小巷——————————————————————贾平凹
巍巍荆轲塔——————————————————任文祥
孤寂——————————————————————王维洲
蝉声——————————————————————左　森

电影文学剧本

决胜千里——————————————————李丰祝

诗歌

劳动——————————————————————邵燕祥
幻华室旧体诗习作——————————————孙　犁
中华之歌——————————————————浪　波
蒋筑英，先给你超重的虔敬——————————丁　芒
组诗集锦——————————————何　理　靳亚利
徐国强　房泽田
写在田间——————————————————莫西芬
诗五首——————————————————刘光裕

评论

迟开花朵分外香——————————————杨志杰
创作与生活断想——————————————陈　冲
刘绍棠中篇小说的艺术特色——————周恩珍　杨九俊
田间的诗论——————————————————古远清
他，"呼吸着春天的风"——————————苗雨时
"色"与"味"——————————————————李壮鹰

美术

版画——————————————————————彦　涵
彩墨画——————————————————————易　扬

水乡 ⸱⸱⸱⸱⸱⸱⸱⸱⸱⸱⸱⸱⸱⸱⸱⸱⸱⸱⸱⸱⸱⸱⸱⸱⸱⸱⸱⸱⸱⸱ 铁 扬

1983 年第 4 期　刊名：《长城》
目录

中篇小说
汤泉风情 ⸱⸱⸱⸱⸱⸱⸱⸱⸱⸱⸱⸱⸱⸱⸱⸱⸱⸱⸱⸱⸱⸱⸱⸱⸱ 宋聚丰
蟹灯 ⸱⸱⸱⸱⸱⸱⸱⸱⸱⸱⸱⸱⸱⸱⸱⸱⸱⸱⸱⸱⸱⸱⸱⸱⸱⸱⸱⸱⸱ 陶明国
青春三重唱 ⸱⸱⸱⸱⸱⸱⸱⸱⸱⸱⸱⸱⸱⸱⸱⸱⸱⸱⸱⸱⸱⸱⸱ 杨东明
卷丽花 ⸱⸱⸱⸱⸱⸱⸱⸱⸱⸱⸱⸱⸱⸱⸱⸱⸱⸱⸱⸱⸱⸱⸱⸱⸱⸱ 解俊山
缰绳 ⸱⸱⸱⸱⸱⸱⸱⸱⸱⸱⸱⸱⸱⸱⸱⸱⸱⸱⸱⸱⸱⸱⸱⸱⸱⸱⸱⸱⸱ 张学梦

短篇小说
雪山泪 ⸱⸱⸱⸱⸱⸱⸱⸱⸱⸱⸱⸱⸱⸱⸱⸱⸱⸱⸱⸱⸱⸱⸱⸱⸱⸱ 刘 真
为了那丢失的梦 ⸱⸱⸱⸱⸱⸱⸱⸱⸱⸱⸱⸱⸱⸱⸱⸱ 冯敬兰
三月十八潮 ⸱⸱⸱⸱⸱⸱⸱⸱⸱⸱⸱⸱⸱⸱⸱⸱⸱⸱⸱⸱⸱⸱⸱ 杨显惠
她从"天堂"来 ⸱⸱⸱⸱⸱⸱⸱⸱⸱⸱⸱⸱⸱⸱⸱⸱⸱⸱ 陈 新
观音与维纳斯 ⸱⸱⸱⸱⸱⸱⸱⸱⸱⸱⸱⸱⸱⸱⸱⸱⸱⸱⸱ 谷 乾
第 35 本作业 ⸱⸱⸱⸱⸱⸱⸱⸱⸱⸱⸱⸱⸱⸱⸱⸱⸱⸱⸱⸱ 改敬义

散文
希望在人间（报告文学）⸱⸱⸱⸱⸱⸱⸱⸱⸱ 戈 红
与世纪同龄（报告文学）⸱⸱⸱⸱⸱⸱⸱⸱⸱ 胡 苏
长沙抒情 ⸱⸱⸱⸱⸱⸱⸱⸱⸱⸱⸱⸱⸱⸱⸱⸱⸱⸱⸱⸱⸱⸱⸱⸱ 冯健男
单音节的歌 ⸱⸱⸱⸱⸱⸱⸱⸱⸱⸱⸱⸱⸱⸱⸱⸱⸱⸱⸱⸱⸱⸱ 孙秀霞
雾灵山上的灯光 ⸱⸱⸱⸱⸱⸱⸱⸱⸱⸱⸱⸱⸱⸱⸱⸱ 戴砚田

诗歌
箱中稿 ⸱⸱⸱⸱⸱⸱⸱⸱⸱⸱⸱⸱⸱⸱⸱⸱⸱⸱⸱⸱⸱⸱⸱⸱⸱⸱ 流沙河
蹒跚集 ⸱⸱⸱⸱⸱⸱⸱⸱⸱⸱⸱⸱⸱⸱⸱⸱⸱⸱⸱⸱⸱⸱⸱⸱⸱⸱ 张新果
在圆明园，温暖人的 ⸱⸱⸱⸱⸱⸱⸱⸱⸱⸱⸱ 刘湛秋
生活的浪花 ⸱⸱⸱⸱⸱⸱⸱⸱⸱⸱⸱⸱⸱ 刘 章 尧山壁等
新芽集 ⸱⸱⸱⸱⸱⸱⸱⸱⸱⸱⸱⸱⸱⸱⸱ 程云瑞 安立威等

评论
用马克思主义世界观指导创作 ⸱⸱⸱⸱ 丁振海 李 准
真诚地去寻找真诚（作家谈创作）⸱⸱⸱⸱ 铁 凝
现实主义创作需要相应的现实主义评论 ⸱⸱⸱⸱ 金 梅
《烽烟图》艺术成就初探 ⸱⸱⸱⸱⸱⸱⸱⸱⸱⸱ 王玉章

美术
翠谷（油画）⸱⸱⸱⸱⸱⸱⸱⸱⸱⸱⸱⸱⸱⸱⸱⸱⸱⸱⸱⸱⸱ 王怀庆
闪光的青春（油画）⸱⸱⸱⸱⸱⸱⸱⸱⸱⸱⸱⸱⸱⸱ 陆国英
热炕头（木刻）⸱⸱⸱⸱⸱⸱⸱⸱⸱⸱⸱⸱⸱⸱⸱⸱⸱⸱ 王天任

1984 年第 1 期　刊名：《长城》
目录

精诚·振作·繁荣——致读者 ⸱⸱⸱⸱⸱⸱ 本刊编辑部

中篇小说
无言的群山 ⸱⸱⸱⸱⸱⸱⸱⸱⸱⸱⸱⸱⸱⸱⸱⸱⸱⸱⸱⸱⸱ 陈 冲
展开的翅膀 ⸱⸱⸱⸱⸱⸱⸱⸱⸱⸱⸱⸱⸱⸱⸱⸱⸱⸱⸱⸱⸱ 傅志明
天涯孤旅 ⸱⸱⸱⸱⸱⸱⸱⸱⸱⸱⸱⸱⸱⸱⸱⸱⸱⸱⸱⸱⸱⸱⸱⸱⸱ 奚 青
遥遥万里情 ⸱⸱⸱⸱⸱⸱⸱⸱⸱⸱⸱⸱⸱⸱⸱⸱⸱⸱⸱⸱⸱ 冯萌献
蜀道行 ⸱⸱⸱⸱⸱⸱⸱⸱⸱⸱⸱⸱⸱⸱⸱⸱⸱⸱⸱⸱⸱⸱⸱⸱⸱⸱⸱ 何亚京

短篇小说
失望 ⸱⸱⸱⸱⸱⸱⸱⸱⸱⸱⸱⸱⸱⸱⸱⸱⸱⸱⸱⸱⸱⸱⸱⸱⸱⸱⸱⸱⸱ 贾大山
卤水点豆腐 ⸱⸱⸱⸱⸱⸱⸱⸱⸱⸱⸱⸱⸱⸱⸱⸱⸱⸱⸱⸱⸱ 丁 茂
喜泪 ⸱⸱⸱⸱⸱⸱⸱⸱⸱⸱⸱⸱⸱⸱⸱⸱⸱⸱⸱⸱⸱⸱⸱⸱⸱⸱⸱⸱⸱ 盖祝国
规矩 ⸱⸱⸱⸱⸱⸱⸱⸱⸱⸱⸱⸱⸱⸱⸱⸱⸱⸱⸱⸱⸱⸱⸱⸱⸱⸱⸱⸱⸱ 赵德明

散文
美的召唤（报告文学）⸱⸱⸱⸱⸱⸱⸱⸱⸱⸱⸱ 尧山壁
无名山 ⸱⸱⸱⸱⸱⸱⸱⸱⸱⸱⸱⸱⸱⸱⸱⸱⸱⸱⸱⸱⸱⸱⸱⸱⸱ 张志军
秋的散文诗（三章）⸱⸱⸱⸱⸱⸱⸱⸱⸱⸱⸱⸱⸱⸱ 雁 翼
冀州风物 ⸱⸱⸱⸱⸱⸱⸱⸱⸱⸱⸱⸱⸱⸱⸱⸱⸱⸱⸱⸱⸱⸱⸱⸱ 李大振
海滨的朝阳 ⸱⸱⸱⸱⸱⸱⸱⸱⸱⸱⸱⸱⸱⸱⸱⸱⸱⸱⸱⸱⸱ 旭 宇
木兰围场纪行 ⸱⸱⸱⸱⸱⸱⸱⸱⸱⸱⸱⸱⸱⸱⸱⸱⸱⸱⸱ 郭秋粮

诗歌
振兴之歌 ⸱⸱⸱⸱⸱⸱⸱⸱⸱⸱⸱⸱⸱⸱⸱⸱ 叶 蓬 申 身等
离官及其他 ⸱⸱⸱⸱⸱⸱⸱⸱⸱⸱⸱⸱⸱⸱⸱⸱⸱⸱⸱⸱⸱ 田 间
北疆抒怀 ⸱⸱⸱⸱⸱⸱⸱⸱⸱⸱⸱⸱⸱⸱⸱⸱⸱⸱⸱⸱⸱⸱⸱⸱ 张志民

评论
谈现代主义和现代科学 ⸱⸱⸱⸱⸱⸱⸱⸱⸱⸱ 陈 慧
善良的歌 ⸱⸱⸱⸱⸱⸱⸱⸱⸱⸱⸱⸱⸱⸱⸱⸱⸱⸱⸱⸱⸱⸱⸱⸱ 蒋子龙
关于"H 县城名人"的回顾（作家谈创作）⸱⸱⸱ 汤吉夫
通向艺术王国的天地（作家专访）⸱⸱⸱⸱ 陈映实
多点什么？ 少点什么？ ⸱⸱⸱⸱⸱⸱⸱⸱⸱⸱ 刘 哲

美术
水彩画 ⸱⸱⸱⸱⸱⸱⸱⸱⸱⸱⸱⸱⸱⸱⸱⸱⸱⸱⸱⸱⸱⸱⸱⸱⸱⸱ 杜之遥
春光（木刻）⸱⸱⸱⸱⸱⸱⸱⸱⸱⸱⸱⸱⸱⸱⸱⸱⸱⸱⸱⸱ 董建生
翠峦鸣流（中国画）⸱⸱⸱⸱⸱⸱⸱⸱⸱⸱⸱⸱⸱⸱ 陆 延

1984 年第 2 期　刊名:《长城》
目录

中篇小说

忆江南 ······················汤吉夫
洗冤人 ······················王宏甲
我们 ························肖复兴
打赌 ························申跃中
明天，她仍要跨进厂门 ···········康传熹

短篇小说

岛上的风 ····················莫　言
门板 ························沈　毅
葫芦花 ······················韩映山
心照 ························高恩才

散文

挚情（报告文学）··············孙秀霞
板门店见闻 ··················刘　真
遗嘱 ························陈大远
铜雀春深序 ··················韦　野

诗歌

威尼斯（组诗）················阮章竞
中国，在世界运动场上 ···········边国政
神州风情··········姜金城　张雪杉　姚振函　徐淙泉
魏茂林　郁　葱　庆　番　左建协　桑　原　杜洪波

评论

是生活给她的馈赠——略谈铁凝的小说创作···顾传菁
生活·激情·主人公态度（作家谈创作）·······任彦芳
山色不厌远，我行随处深 ···········黄绮丽
短篇小说，要注意截取 ···········罗守让

美术

祝福（年画）···········陈广志　南运生
农家乐（年画）················刘惠君
欢欢喜喜过个年 ··············全祝明

1984 年第 3 期　刊名:《长城》
目录

中篇小说

当我拉紧闸杆 ·················邓　刚
昴星团之歌 ··················鲍　昌
我的家在京东北运河上 ···········刘绍棠
村路带我回家 ················铁　凝

万狗庄 ······················刘　真
芳草抽芽时节 ················毛志成
雨，终于浇落下来 ··············李　泗
假如我不是有意识的 ············林　桦

评论

探索·锐气·深度
——陈冲近作简评 ·············周申明
群山·星河·展开的翅膀
——谈 1983 年以来我省的中篇小说创作·······张庆田
开掘了人们的美好心灵 ···········陈少禹

美术

仙人掌（油画）················陈志华
燕子重飞旧画堂（国画）···········田辛甫
中国画 ···············李　远　罗尔纯

1984 年第 4 期　刊名:《长城》
目录

中篇小说

幸福村的除夕 ················沈仁康
太阳风 ······················邓建永
深秋，柿叶红于二月花 ···········李克仁
人与土 ······················曹玉林
钥匙 ························张荣珍

短篇小说

街路一里长 ··················周大新
在春天的日子里 ···············刘平平
依赖主 ···········[日]星新一著　李有宽译
华丽的房间 ·········[日]星新一著　李有宽译

散文

人民，文学的母亲（报告文学）
——记蒋子龙 ···············祁淑英
大自然的和声 ················陈所巨
承德二题 ····················刘　章

诗歌

朝花诗会 ····················余守春等
春的雕像·········边国政　肖振荣　尧山壁　刘小放
生活的旋律 ···········张新泉　任彦芳
刘向东　白　航　曹葆华

评论

邓刚的豪气，力度与薄弱点 ·········雷　达
八仙过海，各显其能

——读《长城》中篇小说专号—————冯健男
烟村绿野尽耕耘（作家谈创作）—————张　峻
顶露的朝花—————王洪涛

美术
晨（油画）—————贡振宝
读（中国画）—————张文学

1984 年第 5 期　刊名:《长城》
目录

千方百计地把文艺活跃和繁荣起来—————高占祥

报告文学
美从东方来—————铁　凝
四姑娘出征—————刘　真

中篇小说
朋友—————汤吉夫
雨中的河—————莫　言
为了明天—————刘玉顺
贼鸽之谜（侦破小说）—————宗　岱
融雪—————江　滇

短篇小说
往事散记（两篇）—————秦兆阳
捐，不能念损—————赵　新
秀儿，你错了—————郑　力
绿叶织成的故事—————靳文章

散文
唐官屯—————孙　犁
大自然·社会·人—————姜强国等
你，"卖地瓜的老头"
——寄老诗人丁耶—————杨世运

诗歌
献给祖国的歌
——————张学梦　何香久　幽兰　秦岭　胡筘
诗体地方志—————公　刘
写在生命未尽的时刻—————胡　苏

评论
在新生活面前
——汤吉夫近年来小说创作漫评—————王惠云
信心·敏锐·追求（作家谈创作）—————单学鹏

1984 年第 6 期　刊名:《长城》
目录

中篇小说
前奏—————张健行
小县风流—————陶明国
从春天到春天—————王旭烽
虎骨—————韩静霆
儿大不由爷—————可　华

短篇小说
红桃、绿果、彩色的风—————徐顺才
商品书记—————谷　峪
这就是地下的人—————阎国瑞
第一个音节—————邹尚庸

散文
彩烛虹光（报告文学）—————申跃中
陈与李（报告文学）—————戈　红
人与星—————戴砚田
读《梦谈随录》引出的梦谈—————忆明珠

诗歌
昨天·今天·明天—————申　身
多彩的生活—————刘　章　刘湛秋　杨金亭
张从海　张志鹏
城市的绿荫—————龚树河　曹增书　江　明
靳亚利　李子光
登娲媓宫—————辛　晨

评论
诗品与人品（作家谈创作）—————公　刘
扑向火热的改革洪流
——读《长城》的两篇报告文学—————木　林
《昂星团之歌》读后印象—————金　梅

1985 年第 1 期　刊名:《长城》
目录

评论夜谈—————高占祥　阎　纲　刘　真　苑纪久
十八岁的哥哥（中篇小说）—————陈忠实
军界谋事（中篇小说）—————周大新
宛在水中央（中篇小说）—————解俊山
白色的风帆（中篇小说）—————宗健梅
小村（中篇小说）—————何亚京
303 号"凶宅"（中篇侦破小说）—————王　静
那面沙坡（小说）—————程怀灵

秋水微皱（小说）————————荆淑英
清亮的溪水（小说）———————南虎员
飞机即将起飞（小说）——————谷树明
脱颖而出的蒋宝英（报告文学）——潮　清
青春之歌（诗）————张洪波　宋克力
秋（版画）——————————贾忠合
中国画—————————————陈士奎

1985 年第 2 期　刊名:《长城》
目录

文学的新课题————————————王　蒙

笔谈报告文学
要勇于发现————————————刘宾雁
河北，那包围着北京的地方—————刘亚洲
报告文学和信息————————————陈祖芬
我与报告文学————————————刘　真

一匹马的冤案（报告文学）—————刘　真
眼光（小说）————————————贾大山
黑洞（中篇小说）———————————冯敬兰
考卷与厂长（中篇小说）——————张学梦
失踪者归来（中篇小说）——————陈　新
密林奇闻（中篇传奇小说）—————黄　白
破戒（中篇小说）———————————傅志明
难得糊涂（中篇小说）————————张重光
攀（小说）—————————————奚　青
找……（小说）———————————肖　驰
诗五首————邹荻帆　张雪杉　韩　放
丁香（水粉）————————————阿　菊
中国画二幅————————————魏力群

1985 年第 3 期　刊名:《长城》
目录

窨花岭（中篇小说）———————潮　清
蒿村有个柴家院（中篇小说）———张　峻
龙脊（中篇小说）————————宏　甲
升起的桥（中篇小说）——————彭见明
吹鼓吹，一吹到草堆（中篇小说）
—————————（中国台湾）汪笨湖
私情（短篇小说）————————魏润身
海上恩仇（短篇小说）——————李　涌
父亲和他的独生儿子（科幻小说）—焦国力

访美散记
为自己，也靠自己———————刘宾雁
浮光掠影迪斯尼———————安耀光

诗海明珠（评论）———————高占祥
刘真论（评论）————————鲍　昌

笔谈报告文学
报告文学的思索————————肖复兴
戴着镣铐跳舞的艺术——————袁厚春
报告文学随想—————————杨　镰

静（散文）——————————理　由
小城，升起一颗明亮的星（报告文学）
—————————赵沫英　李延青
写于改革中（诗）———————田　间
邯郸行（诗）—————————雁　翼
童心里飞出来的歌（诗）————吴　城
涿城咏（诗）—————————甄崇德
奔流（中国画）————————赵贵德

1985 年第 4 期　刊名:《长城》
目录

旋转的世界（报告文学）————王立新
重要的是发现
——《旋转的世界》读后—————袁厚春
柴达木人（报告文学）—————肖复兴
我看创作自由（作家论坛）———刘宾雁
将军的泪（传记小说）—————刘亚洲
郁蓉百惠（中篇小说）—————奚　青
秋天（中篇小说）———————李　泗
天使（中篇小说）———————边小燕
她们正年轻
——《天使》读后————————巫　岩
月亮对着太阳笑（中篇小说）——邢　卓
乔厂长卸任记（中篇小说）———薛　勇
明天依旧要远行（短篇小说）——南虎员
心灵的噪音（短篇小说）————王　江
要做真人，说真话（散文）———刘宾雁
夜晚，茭茭滩上的笑声（散文）——杨显惠
草原纪行（散文）———————赵玉彬

美术
千里堤上（扉页画）——————南洪申
我们班的小伙伴（版画）————杨忠义

1985 年第 5 期　刊名:《长城》
目录

疏勒河静静地流（中篇小说）⋯⋯⋯⋯⋯⋯⋯⋯杨显惠
百灵鸟（中篇小说）⋯⋯⋯⋯⋯⋯⋯⋯⋯⋯⋯⋯段荃法
一个不能小视的人（中篇小说）⋯⋯⋯⋯⋯⋯单学鹏
前夫（中篇小说）⋯⋯⋯⋯⋯⋯⋯⋯⋯⋯⋯⋯⋯毛志成
圩场风情（中篇小说）⋯⋯⋯⋯⋯⋯⋯⋯⋯⋯⋯孟国楚
有花自然香（中篇小说）⋯⋯⋯⋯⋯⋯⋯⋯⋯⋯解俊山
夜归（短篇小说）⋯⋯⋯⋯⋯⋯⋯⋯⋯⋯⋯⋯⋯汤吉夫
信之谜（短篇小说）⋯⋯⋯⋯⋯⋯⋯⋯⋯⋯⋯⋯铁　凝
熬鹰（短篇小说）⋯⋯⋯⋯⋯⋯⋯⋯⋯⋯⋯⋯⋯何香久
夏夜，在绿色的草地上（短篇小说）⋯⋯⋯⋯村　桦
离魂记（短篇小说）⋯⋯⋯⋯⋯⋯⋯⋯⋯⋯⋯⋯钟恪民
野店（短篇小说）⋯⋯⋯⋯⋯⋯⋯⋯⋯⋯⋯⋯⋯孙柏昌
花是红的（翻译小说）
⋯⋯⋯⋯⋯⋯⋯⋯⋯⋯克里辛·旆德尔　彭正笃译
冯牧谈中美文化（文学）交流⋯⋯⋯⋯⋯⋯⋯刘亚洲
大山的眷恋（报告文学）⋯⋯⋯⋯⋯⋯⋯⋯⋯孟晓云
碣石遗响（散文）⋯⋯⋯⋯⋯⋯⋯⋯⋯⋯⋯⋯⋯于　山
桂林游踪（诗）⋯⋯⋯⋯⋯⋯⋯⋯⋯⋯⋯⋯⋯⋯刘艺亭
开拓的岁月（油画）⋯⋯⋯⋯⋯⋯⋯⋯⋯⋯⋯⋯张义春

1985 年第 6 期　刊名:《长城》
目录

她们（中篇小说）⋯⋯⋯⋯⋯⋯⋯⋯⋯⋯⋯⋯⋯肖复兴
人间（中篇小说）⋯⋯⋯⋯⋯⋯⋯⋯⋯⋯⋯⋯⋯周大新
没有水的河流（中篇小说）⋯⋯⋯⋯⋯⋯⋯⋯郭湛芳
就因为是女人（中篇小说）⋯⋯⋯⋯⋯⋯⋯⋯盖祝国
燕赵英侠传（中篇传奇小说）⋯⋯⋯⋯⋯⋯⋯董贵龄
这一片大海滩（短篇小说）⋯⋯⋯⋯⋯⋯⋯⋯杨显惠
晚餐上的老玉米（短篇小说）⋯⋯⋯⋯⋯⋯⋯李　伟
《金瓶梅》一案（微型小说）⋯⋯⋯⋯⋯⋯⋯陈　新
致申跃中同志（作家谈作家）⋯⋯⋯⋯⋯⋯⋯康　濯
改革大潮的追踪人和探求者（评论）⋯⋯⋯张　韧
跋涉者的足迹（散文）⋯⋯⋯⋯⋯⋯⋯⋯⋯⋯张永健
真有点遗憾（散文）⋯⋯⋯⋯⋯⋯⋯⋯⋯⋯⋯吴泰昌
村之魂（组诗）⋯⋯⋯⋯⋯⋯⋯⋯⋯⋯⋯⋯⋯⋯刘小放
为了孩子们（报告文学）⋯⋯⋯⋯⋯⋯⋯⋯⋯于　然
这里，矗立起一座丰碑（报告文学）
⋯⋯⋯⋯⋯⋯⋯⋯⋯⋯⋯⋯⋯⋯刘志勇　栗学海
雪漫太行（水彩画）⋯⋯⋯⋯⋯⋯⋯⋯⋯⋯⋯杜之遒

1986 年第 1 期　刊名:《长城》
目录

从春天到秋天⋯⋯⋯⋯⋯⋯⋯⋯⋯⋯⋯⋯⋯⋯王旭烽
不可说，不可说⋯⋯⋯⋯⋯⋯⋯⋯⋯⋯⋯⋯⋯奚　青
过河卒子⋯⋯⋯⋯⋯⋯⋯⋯⋯⋯⋯⋯⋯⋯⋯⋯⋯汤吉夫
大瓜二瓜和三寡妇⋯⋯⋯⋯⋯⋯⋯⋯⋯⋯⋯⋯常庚西

短篇小说
夏天的眼睛⋯⋯⋯⋯⋯⋯⋯⋯⋯⋯⋯⋯⋯⋯⋯钟恪民
九月的故事⋯⋯⋯⋯⋯⋯⋯⋯⋯⋯⋯⋯⋯⋯⋯刘　朋

报告文学·散文
性格化与现代化——《挑战与机会》系列报告文学之
六⋯⋯⋯⋯⋯⋯⋯⋯⋯⋯⋯⋯⋯⋯⋯⋯⋯⋯⋯陈祖芬
祖山游记⋯⋯⋯⋯⋯⋯⋯⋯⋯⋯⋯⋯⋯⋯⋯⋯刘　章

评论
健康·结实·战斗
——略论田间建国前的诗歌创作⋯⋯⋯⋯⋯周申明
时代和社会的思考
——王立新报告文学创作漫评⋯⋯⋯⋯⋯⋯尧山壁

苍岩山⋯⋯⋯⋯⋯⋯⋯⋯⋯⋯⋯⋯⋯⋯⋯⋯⋯于金才

1986 年第 2 期　刊名:《长城》
目录

"《长城》文学奖"一九八五年获奖作品篇目

中篇小说
紧急排档⋯⋯⋯⋯⋯⋯⋯⋯⋯⋯⋯⋯⋯⋯⋯⋯尹　平
走进秋天⋯⋯⋯⋯⋯⋯⋯⋯⋯⋯⋯⋯⋯⋯⋯⋯冯敬兰
里湖小楼⋯⋯⋯⋯⋯⋯⋯⋯⋯⋯⋯⋯⋯⋯⋯⋯潮　清
希波克拉底誓言⋯⋯⋯⋯⋯⋯⋯⋯⋯⋯⋯⋯⋯蓝天旭

短篇小说
白鹰谷⋯⋯⋯⋯⋯⋯⋯⋯⋯⋯⋯⋯⋯⋯⋯⋯⋯许和平
两涉蓝河⋯⋯⋯⋯⋯⋯⋯⋯⋯⋯⋯⋯⋯⋯⋯⋯邓建永
"星期五"⋯⋯⋯⋯⋯⋯⋯⋯⋯⋯⋯[苏]鲍里斯·瓦西里耶夫
汪　浩　汪　帆译

报告文学·散文
一个中国式的现代人⋯⋯⋯⋯⋯⋯⋯⋯⋯⋯肖　驰
"海"的浪花⋯⋯⋯⋯⋯⋯⋯⋯⋯⋯⋯⋯⋯⋯⋯吴宗蕙
梨花小镇⋯⋯⋯⋯⋯⋯⋯⋯⋯⋯⋯⋯⋯⋯⋯⋯周长青

评论

简评《长城》一九八五年获奖小说————张从海

海滨的黎明————[美国] F.E.丘奇

1986 年第 3 期　刊名:《长城》
目录

中篇小说

芳菲之歌（长篇选载）————杨　沫
何处是港湾————张　欣
四百生灵————徐光耀
北疆怨————魏润身
夜魂————刘　勇　熊正良
长安之梦————肖文苑
西山八百————王默泗

短篇小说

魂恋大地————佟德凯
小村七月————唐　禾
高老庄和华尔兹————新　学

诗歌

平原与人————姚振函
七彩的风————任　寰　龚　昕

散文

香布袋————杨子敏
海眼————申文钟

评论

潮清的艺术世界————刘锡诚

美术

回望（油画）————詹建俊
瑞雪（中国画）————李明久
今奇造咪————曹今奇
承德风景——布达拉宫（水彩画）————王　信

1986 年第 4 期　刊名:《长城》
目录

中篇小说

没有窗帘的家————刘　真
初恋无惆怅————陈　冲
凌花镜————李　泗
神奇的一幕————顾　工

迁徙————陶明国
人们说你就要离开工厂————韩　冬
同林鸟儿————徐顺才

短篇小说

梦·非梦————张庆田
贺富————贾大山

散文

海河东流————翟向东
老连长呀老连长————李丰祝

评论

不平庸的心态——读冯敬兰的中篇小说————冯健男
深沉的思考
——读中篇小说《不可说，不可说》————黄绮丽
年轻的一代在选择——《从春天到春天》《从春天到秋天》读后————刘润为

美术

盛夏（油画）————铁　扬
包饺子（油画）————费　正
连环画选登————王怀骐
江城（中国画）————钟长生

1986 年第 5 期　刊名:《长城》
目录

中篇小说

旧庄院的废墟上————梁晓声
回归雁————谭　谈
黑河————杨显惠
风云情场上：竞争————单学鹏
铁的色泽————玉　湖
喧嚣的灰楼————钟恪民

短篇小说

江上女相士————汤吉夫
独院儿————张从海
一个汽车司机的珍藏————王　江
鬼树————王　宏

诗歌·报告文学

白蔷薇（组诗）————张学梦
一个历经磨难的女人————李国庆　龙全忠

评论

骚动的节奏，淳厚的乡情
——唐山文学创作掠影 ·············· 马 嘶

美术

秋（水彩画） ···················· 杜之遽

1986 年第 6 期　刊名:《长城》
目录

中篇小说

绿（新人新作） ·················· 何玉茹
回旋流动的河（新人新作） ·········· 寇建斌
亚韵 ···················· 殷慧芬　楼耀福
睡屋 ······················ 张 峻
地角烽烟 ···················· 彭见明
巴骨力世家 ·················· 郑九蝉

短篇小说

驻煤大使 ···················· 李兴桥
乡情 ······················ 窦卫华

报告文学

舞台女杰——裴艳玲 ··········· 华 岱 山 春
平原的性格（人物速写） ·········· 王辛民

评论

春天的系列——评王旭烽《从春天到春天》、《从春天
到秋天》 ···················· 高 光
发自肺腑的忧愤之作
——读刘真的《没有窗帘的家》 ········ 赵秀忠

美术

霁（油画） ···················· 罗尔纯
秋牧图（中国画） ················ 应洪声
神童伏虎图（中国画） ·········· 范 曾 袁熙坤

1987 年第 1 期　刊名:《长城》
目录

中篇小说

木樨地 ······················ 铁 凝
小城旧梦 ···················· 汤吉夫
分忧行动 ···················· 奚 青
选择生活 ···················· 张学梦
魔王岭（新人新作） ·············· 张志军

短篇小说

喜丧 ······················ 贾大山
汉斯夫妇 ···················· 陈 新
孤夜 ······················ 何香久
古老的河（新人新作） ············ 丁秀峰

报告文学

石与刀 ······················ 赵义和
历史的潮流 ·············· 李玉奎 薛明坤

诗歌

中国黑色浪漫曲（组诗） ·········· 宋克力
钻工青春期（组诗） ·············· 张洪波

评论

谈河北小说创作的现状和前景 ·········· 马 嘶

1987 年第 2 期　刊名:《长城》
目录

中篇小说

单家桥的奇风异俗 ················ 潮 清
荒漠的子孙 ···················· 温建帮
滩师世家 ···················· 刘 勇
寻他千百度（新人新作） ············ 兰小宁
病态青春期 ···················· 权延赤
家庭内调节 ···················· 聂鑫森

短篇小说

杂症 ······················ 张 欣
那一片茂密的狗尾巴草 ············ 李 伟
金石为开 ···················· 常庚西

散文

捅燕窝 ······················ 刘 芳
一个淳朴无华的战士 ·············· 黎 白
两袖清风二十年 ·············· 龙全忠 李国庆

诗歌

黄皮肤的月亮（组诗） ············ 边国政

评论

从灶火到老万——评《木樨地》兼谈铁凝艺术才能特
质的另一面 ···················· 曾镇南
人生，怪有意思——《绿》的启示 ········ 冯健男

美术

白桦林（油画）————————————胡振宇
黄山桃花溪（中国画）————————江 枫
群峰竞秀（油画）—————————毕颐生

1987 年第 3 期　刊名:《长城》
目录

中篇小说

救生圈（新人新作）————————张洪年
交错的轨迹————————————绍 六
滨河地——————————————周大新
孔家巷闲话————————————何 申
清水从这里流出——————————毛志成
不一定……————————————董炳新

短篇小说

梦庄记事（三题）—————————贾大山
纸花王——————————————王树田

诗歌

河北青年诗人近作展————徐畅 杨松霖 醉 舟
冯 锐 曹增书 杨如雪 徐国强
来自李雅科的报告（速写）————李玉奎

评论

幽默贾大山————————————徐光耀
《睡屋》的突破及其他————————陈 冲

美术

船港（油画）———————————胡振宇
洪湖秋深（中国画）————————李智纲
织（中国画）———————————金太安
骏马图（中国画）—————————赵贵德

1987 年第 4 期　刊名:《长城》
目录

中篇小说

荒滩——————————————宋聚丰
夏天，是我们的——————————韩 冬
寻————————————————何玉茹
寂静雪原————————————张志军
青春期——————————————宗健梅
红鱼——————————————何香久
"小山大世界"闲话（新人新作）———珂 宁

短篇小说

绿梦（五题）———————————关汝松
湮灭——————————————冯敬兰
坚膜——————————————郑 力
大河故事（三题）—————————唐 禾
火车上—————————————李 泗
芳邻·他—————————————边小燕
山的眼—————————————卫 舸
鸟鸣——————————————东 方
爹从乡村来————————————莳 言
扬起的手掌————————————南虎员
蜻蜓——————————————安 宇
无标题圆舞曲（二篇）———————陈 静
平面（新人新作）—————————杨蕴霞

评论

这里是一片文学的绿洲———————白海珍
社会心态的散点透视————————赵秀忠

美术

瞬间（油画）———————————费 正
太行落墨（国画）—————————于金才
水仙（国画）———————————郝荣国

1987 年第 5 期　刊名:《长城》
目录

中篇小说

宴席上下————————————申跃中
洞岙拢洋————————————潮 清
浑然一体————————————陈 冲
更年期咏叹调———————————汤吉夫
星星石—————————————张 峻
撒切尔·蓝————————————奚 青
华夏魂—————————————路 一

短篇小说

死刑——————————————铁 凝
定婚·离婚————————————贾大山
往日的云烟还在弥漫————————徐光耀
晚雨——————————————张庆田
防护眼镜————————————张学梦

美术

秋心似火（油画）—————————李天祥
满山红叶（油画）—————————杜笑君
夏风（国画）———————————郭玫琮

1987 年第 6 期　刊名:《长城》
目录

中篇小说

山东响马 ———————————————— 鲁　南
风流港 —————————————————— 胡燕怀
闲月 ——————————————————— 丁　茂
骚 ———————————————————— 滕锦平
文瀛湖之泪 ————————————————— 云　青
小叶儿（新人新作）——————————————— 贾正南
窑祭（新人新作）———————————————— 吴顺勇

短篇小说

团圆 ——————————————————— 赵　新
短篇二题 —————————————————— 盖祝国
旧魂（三题）————————————————— 闻　章
城市夜晚之贼（新人新作）————————————— 知　人

报告文学

嫣红 ——————————————————— 李　泗
闪光的脚印 —————————————— 李国庆　龙全忠

诗歌

诗七首 —————————————————— 旭　宇
回太行 —————————————————— 王洪涛
南普陀寺三题 ———————————————— 叶　蓬
故乡　故人　故情 ——————————————— 申　身
生活的赐予 ————————————————— 相金科

评论

寻觅在青春王国的群体 —————————————— 杨振喜

美术

冬（油画）————————————————— 胡振宇
飞向南疆（宣传画）——————————————— 马振全
向前！向前！向前！（版画）
——————————————— 章锦荣　林　鸽　叶洪峰

1988 年第 1 期　刊名:《长城》
目录

中篇小说

含笑向你告别 ————————————————— 韩　冬
风暴潮 —————————————————— 阎明国
黑峡谷 —————————————————— 宋聚丰
王中日野 —————————————————— 陈　新

短篇小说

故乡沉没 —————————————————— 杨显惠
感恩 ——————————————————— 杨显惠
俊姑娘 —————————————————— 贾大山
丑大嫂 —————————————————— 贾大山
别样亲情 —————————————————— 陈　静
凸凹 ——————————————————— 陈　静
仕途 ——————————————————— 何　申
人不是棋子 ————————————————— 张彦琪
沉重的秋天（新人新作）————————————— 杨　友

报告文学

许观路和他的实业公司 ———————————— 莽野　玉奎

评论

酷厉生存中的生命美感 —————————————— 雷　达
在探索中突破 ————————————————— 陈　冲
港湾，一个角斗的竞技场 ————————————— 汤吉夫
随感与断想 ————————————————— 张学梦

高原情（油画）———————————————— 詹建俊
夕阳（摄影）————————————————— 祝天华
太行丰碑（摄影）———————————————— 周淑亭

1988 年第 2 期　刊名:《长城》
目录

报告文学

大血脉之忧思（"中国潮"征文）————————— 梅　洁
诱惑（"中国潮"征文）—————————————— 牧　川
"马承包"新传（"中国潮"征文）———————— 戈　红

中篇小说

第十九个太阳年 ———————————————— 陈　静
天边有一片云 ————————————————— 贠淑华
秋歌 ——————————————————— 冯敬兰
瞬间 ——————————————————— 何玉茹
老屋 ——————————————————— 边小燕

短篇小说

浮动 ——————————————————— 铁　凝
路口 ——————————————————— 杨蕴霞

新人新作

那个夏天　红枫叶 ——————————————— 王亚萍
乡唱 ——————————————————— 李　婍
我想做别人 ————————————————— 冯　锐
漏勺 ——————————————————— 萧　萧

头上的花盆 ················· 陈胜民

评论
开拓我们的心灵 ················· 铁　凝
我选择了文学 ················· 陈　静

主编絮语　责编琐记
原野（油画） ················· 詹建俊
太行的生命（国画） ················· 李耀华

1988 年第 3 期　刊名:《长城》
目录

中篇小说
笑话 ················· 浩　然
国粹 ················· 何　申
子丑寅卯（新人新作） ················· 尤培成
遥远的地平线 ················· 魏秋星
错位 ················· 张学梦
两家店 ················· 张绍良

报告文学
东方之星 ················· 王晓红

短篇文学
沙地 ················· 贾大山
养猫记 ················· 汤吉夫
水产局长的鱼宴 ················· 安耀光
冷 ················· 李延青

评论
有所超越不失本色 ················· 周申明
岁末 ················· 张承志
外枯中膏　似淡实美 ················· 黄彩文

1988 年第 4 期　刊名:《长城》
目录

中篇小说
绿苇滩 ················· 冯苓植
海岛草台班 ················· 潮　清
春潮带雨 ················· 谷办华
风流庵 ················· 常庚西

报告文学
战争在悄悄进行（“中国潮”报告文学征文）
················· 宋　晶　周文华

银河咏叹调（“中国潮”报告文学征文）······ 余炳年
撒向大地的深情（“中国潮”报告文学征文）
················· 绍　良　古　雪

短篇小说
只是希望看到他（短篇二题） ················· 邓九刚
山里红（新人新作） ················· 阿　宁
骷髅 ················· 贾永辉

评论
冯敬兰小说创作初论 ················· 何镇邦
寻找人性和社会性的结合部 ················· 陈　冲
忧思：当神圣面临着挑战 ················· 小　章　大　海

消息 ················· 李克灵
大青树（油画） ················· 詹建俊

1989 年第 1 期　刊名:《长城》
目录

短篇小说
遭遇礼拜八 ················· 铁　凝
故乡经历 ················· 余　华
杏花 ················· 贾大山
坏分子 ················· 贾大山
一只蝴蝶飞进我的窗口 ················· 洪　峰
减肥 ················· 刘喜立
朽木不朽 ················· 碣　石
童话二题 ················· 陈　静
黑虎（新人新作） ················· 张春景

中篇小说
粉红色的火焰 ················· 申跃中
小城 ················· 薛　勇
灰眼珠 ················· 路　远
橙马 ················· 张　峻
因为，所以 ················· 赵　新

报告文学
共和国的未来在流失 ················· 张志军
春在人间 ················· 牧　川

笔谈录
今日文学之命运 ················· 吴　亮
且将文场比市场 ················· 冯健男
88 文坛：生存的困惑 ················· 潘凯雄　贺绍俊
作家的危机与自我选择 ················· 蒋原伦
不可轻视通俗文学 ················· 温金海

评论

余华格非叶兆言为何在 1988 年引人瞩目········木　弓
龙年《长城》小说景观·················张东焱

美术

无题（版画）······················刘　泳

1989 年第 2 期　刊名:《长城》
目录

中篇小说

人约离婚时·····················奚　青
危船·························林　深
失却的伊甸园····················冯敬兰
云的衣裳······················刘　真
田家兄妹······················宋聚丰

短篇小说

小小说四题····················· 鲍　昌
讨厌························甄士甲
草民························关汝松
小河崖上的童话···················知　己
老古这个人（新人新作）···············贾　芳
柳林路（新人新作）·················王金全
别总跟着我·····················子　文
荒碾························郑　云

报告文学(建国四十周年征文)

又一条黄河·····················许　榕
太阳神雕像·····················刘天琴

评论

《玫瑰门》恳谈录··········周申明　铁　凝　艾　东
花开晋藏本一枝···················冯健男
奚青小说的艺术品格·················周政保

笔谈录

文学的自失与自寻··················滕　云
小说的先锋性····················赵　玫
关于文革文学的两点思考···············李　晶
迎着时代的潮头···················浪　波

美术

冬至（水粉画）···················铁　扬

1989 年第 3 期　刊名:《长城》
目录

中篇小说

冷暖灾星······················徐光耀
四郎翁堆和他的"影子"················李文珊

短篇小说

莫与死人竞争····················李宽定
斜渡························蒋亶文

河北青年作家小说特辑

红鬃马（中篇）···················老　城
结伴同行（中篇）··················韩　冬
面无表情（中篇）··················阎明国
因为我还年轻（中篇）················王亚萍
孤点（短篇）····················何玉茹
夏天（新人新作　短篇）···············康志刚
七色花（新人新作　短篇）·········枫　霞　郝　瑞

报告文学(建国四十周年征文)

权钱交易录·····················石　平
白色的骚动···············李萌山　王德英

评论

当代小说的语言流向············汤吉夫　李大鹏

美术

温柔的阳光（油画）·················祁海峰

1989 年第 4 期　刊名:《长城》
目录

中篇小说

乡镇干部······················何　申
最后还辉煌·····················肖亦农
山里的世界·····················陈映实
浑天荒·······················郭碧良
少年行·······················肖　驰
虫虫牛牛······················丁　茂

短篇小说

梢林黑户······················柏　原
老海························卢万成
落差························新　学

新人新作

鬼娃（短篇）————————————海 平
神岗（中篇）————————————门文奇

报告文学（建国四十周年征文）

矿山情—————————————————牧 川

美术

升腾———————————————————马洪彦

《长城文艺》

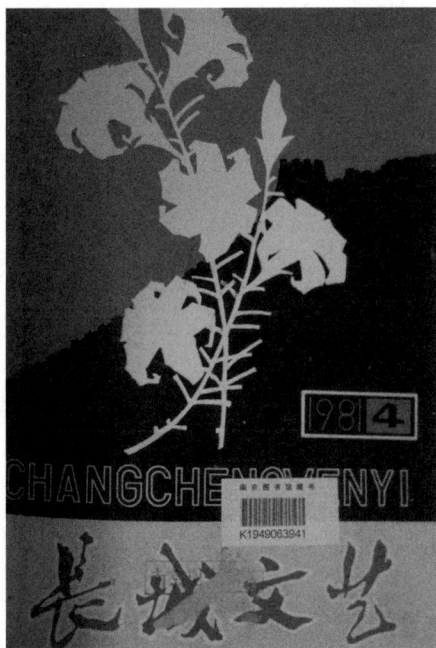

【简 介】

　　综合性文学双月刊。河北省张家口市文学艺术界联合会主办。创刊于1960年。其常年开设"民间文学"、"曲艺"、"群艺"专栏，为地区民间文学艺术的发展作出较大贡献。

期刊号：1980年第1期—1989年第6期

1980年第1期　刊名：《长城文艺》
目录

小说

致读者
张骡子与"老革命"————————————冯宝铭
出嫁———————————————————何 卓

我愿意等待————————————————祝风潮
月照虎帐————————————————井绍云

散文

迎接又一个文艺的春天————————张惠生
到锡林淖儿去—————————————拉希扎木索
我爱大南山————————————————崔永合
荷花的记忆————————————————魏 麟

诗歌

他本来属于大海（二首）————————苏云海
唱给故乡的河（四首）————————桑 原
谁说———————————————————崔梦卿
红石山的歌（三首）—————————宋天魁
烟火深处（二首）——————————刘明堂
生活呵，我的诗（三首）——————杨松霖
沉默———————————————————孙长江
草原行—————————————————李宝柱
田野抒情诗————————————————孙殿武
深思集（三首）——————————贾兆勋
咏物二题（二首）——————————吴士英
启示（二首）————————————张春海
面影———————————————————安栋梁
集市小景————————————————陈建明
雪花飞—————————————————杨印飙
民主选举————————————————万志功
词二首—————————————————杨 青

朝阳亭

从曹操说起（杂文）————————王继兴
"拿来"和"拣来"（杂文）————————刘冰之

大好河山

大境门情思————————————————常 成
游北山记—————————————德 源 瑞 新

文友

田老五赶集————————————————孙万喜
在列车上————————————————关奎林
悬崖———————————————————朱 灿
月夜———————————————————何凤山
尽量写得短小些（评论）——————郭占愚

文艺随笔

文学贵有乡土气——————————阎小千
笔·泪·泉及其他————————————梅大生

欣赏与借鉴

对话描写的艺术——————王惠云　苏庆昌

风物篇

莜面趣话 ————————————— 贺宝贵

草原骏马 ————————————— 王常顺

塞上艺林

蔚县"窗花"和王老赏 ————————— 佟坡

山西梆子在张家口 ————————— 翟西林

民间文学

"槐抱榆"的故事（民间传说）———— 孙向东搜集

中秋月夜举义兵（民间传说）———— 李志强搜集

寓言三则 ————————————— 马秀玲

离群的小雁（童话）——————— 唐占全

赛歌台（民歌廿六首）—————— 倪常有等

刺梅

笑话五则 ————————————— 任佳才等

如此群众观点（漫画）——————— 卢献锦

曲艺

新打樱桃（二人台）——————— 杨畅

赛孔明寻羊（快书小段）——— 梁廷爱 张德忠

武大郎开店（快书小段）————— 曲直

补白

抄《汉书》 警枕 "水帘洞"在那里 坐山看老虎

名作家论想象 ————————— 刘冰之

美术

驴（封二）————————————— 李恩云

柿（封三）————————————— 胡光

大好河山（封三）————————— 郭重光

封面设计 ————————————— 郭重光

1981 年第 1 期 刊名:《长城文艺》

目录

小说

青山常在 ————————————— 辛正

狱中 ——————————————— 林卉

忘忧花 ——————————————— 夏风

书记和鸡 ————————————— 谷树明

散文

大青山下草青青 ————————— 孙眠

海天万里情 ————————————— 孙新民

星光随想 ————————————— 舒心

草原情思 ————————————— 赵正林

坝上景物记 ————————————— 郭富

养花 ——————————————— 溪深

诗歌

感事杂咏（九首）————————— 刘谦

黎明（外一首）————————— 杨荣

锄头 ——————————————— 田长海

北疆边塞曲（二首）——————— 李占学

早晨，小鸟在歌唱（二首）———— 韩杰

不能忘却的爱 ————————— 柯岚

果乡风采（三首）————————— 刘戎声

在普希金像前（外一首）————— 朱述新

二扁女回娘家（小叙事诗）———— 曲辰

欢腾的塞罕坝（三首）—————— 孟阳

海滨拾贝（三首）————————— 边国政

俯拾录（三首）————————— 张荫耕

长城诗笺

长城放歌 ————————————— 黄淮

秋声（外一首）————————— 何香久

枯井（外一首）————————— 云峰

砂粒集（二首）————————— 陈所巨

星星 ——————————————— 叶卉

校园诗笺（四首）————————— 董茂棠

小河 ——————————————— 田真

水滴——小河——大海 —————— 郭玉洲

田园诗草（二首）————————— 葛玄

文友

劲在心里头（小说）——————— 李树廷

由胡诌乱编到从生活出发 ————— 李树廷

一块风波（小说）————————— 高春

我走过的弯路 ————————— 高春

两朵质朴的山花（评论）————— 梅大生

文艺随笔

寻求具有特征的事实 ——————— 孔俊安

贵有新意 ————————————— 吴雪涛

欣赏与借鉴

摹声 ——————————————— 东君

诗情画意融笔端 ————————— 谢江

大好河山

张家口的长城 ————————— 刘蔚

古迹词（二首）————————— 董汝河

朝阳亭

从举一反三到开动机器（杂文）—— 李孟贤

秦桧斥徒（小品文）⋯⋯⋯⋯⋯⋯⋯⋯⋯李万军
拔"尖"⋯⋯⋯⋯⋯⋯⋯⋯⋯⋯⋯⋯⋯⋯杜玉发

风物篇

王喜洞⋯⋯⋯⋯⋯⋯⋯⋯⋯永 翔 茂 林
百灵鸟⋯⋯⋯⋯⋯⋯⋯⋯⋯⋯⋯⋯⋯⋯刘润德
舍身崖⋯⋯⋯⋯⋯⋯⋯⋯⋯⋯⋯⋯⋯⋯照 翔

塞上艺林

醒木轻拍惊四筵⋯⋯⋯⋯⋯⋯⋯⋯⋯大 一
忆张家口的评书艺人⋯⋯⋯⋯⋯⋯⋯崔正侠

曲艺

局长尝梨（山东快书）⋯⋯⋯⋯⋯⋯倪昌有
相亲记（唱词）⋯⋯⋯⋯⋯⋯⋯⋯⋯郭有山
新风赞（鼓词）⋯⋯⋯⋯⋯⋯⋯⋯⋯焦玉峰

民间文学

赛歌台（二十七首）⋯⋯⋯⋯⋯⋯⋯刘明堂等
驴蹄丫子（民间传说）⋯⋯⋯⋯⋯⋯柳玉山搜集
蜜蜂与屎克螂（寓言）⋯⋯⋯⋯⋯⋯徐守常
车轮兄弟（童话）⋯⋯⋯⋯⋯⋯⋯⋯杨大邦

刺梅

笑话两则⋯⋯⋯⋯⋯⋯⋯⋯⋯⋯⋯⋯邢金良等
知心话（幽默）⋯⋯⋯⋯⋯⋯⋯⋯⋯孙培和
两面人（漫画）⋯⋯⋯⋯⋯⋯⋯⋯⋯闪威电
游佛寺杂咏⋯⋯⋯⋯⋯⋯⋯曲 直 曦 旺

写作故事

人家契诃夫是怎么写的⋯⋯⋯⋯⋯任玉福辑
幻觉⋯⋯⋯⋯⋯⋯⋯⋯⋯⋯⋯⋯⋯⋯任玉福辑
隐藏着的魔术⋯⋯⋯⋯⋯⋯⋯⋯⋯⋯任玉福辑

美术

牧读（中国画）（封二）⋯⋯⋯⋯⋯刘生展
鹰（中国画）（封二）⋯⋯⋯⋯⋯⋯沈 诚
草原红花（木刻）（封三）⋯⋯⋯⋯王汉科
舞蹈（剪纸）（封三）⋯⋯⋯⋯⋯⋯刘京建
封面设计⋯⋯⋯⋯⋯⋯⋯⋯⋯⋯⋯⋯郭重光

1981 年第 2 期　刊名:《长城文艺》

目录

小说

夕照⋯⋯⋯⋯⋯⋯⋯⋯⋯⋯⋯⋯⋯⋯宫克一
彩蝶儿⋯⋯⋯⋯⋯⋯⋯⋯⋯⋯⋯⋯⋯飞 雁
我就要嫁给你⋯⋯⋯⋯⋯⋯⋯⋯⋯⋯樊殿武

魔影⋯⋯⋯⋯⋯⋯⋯呼格吉勒图 乌力吉

散文

兰⋯⋯⋯⋯⋯⋯⋯⋯⋯⋯⋯⋯⋯⋯⋯鸿 夫
家宴⋯⋯⋯⋯⋯⋯⋯⋯⋯⋯⋯⋯⋯⋯孟 敏
迎春花⋯⋯⋯⋯⋯⋯⋯⋯⋯⋯⋯⋯⋯张 杰
花王⋯⋯⋯⋯⋯⋯⋯⋯⋯⋯⋯⋯⋯⋯松 林
访邓世昌的后代⋯⋯⋯⋯⋯⋯万 龙 雪 歌
三访毛人⋯⋯⋯⋯⋯⋯⋯⋯⋯⋯⋯⋯朱 美

诗歌

春来了（外二首）⋯⋯⋯⋯⋯⋯⋯⋯宋天魁
寻求（外一首）⋯⋯⋯⋯⋯⋯⋯⋯⋯杨松霖
暗室生活（四首）⋯⋯⋯⋯⋯⋯⋯⋯孙新民
秋⋯⋯⋯⋯⋯⋯⋯⋯⋯⋯⋯⋯⋯⋯⋯周晓明
哨所，诗的摇兰⋯⋯⋯⋯⋯⋯⋯⋯⋯姜强国
心（外一首）⋯⋯⋯⋯⋯⋯⋯⋯⋯⋯杨印叔
田园小曲（三首）⋯⋯⋯⋯⋯⋯⋯⋯杨 荣
唱给家乡⋯⋯⋯⋯⋯⋯⋯⋯⋯⋯⋯⋯彭光华
商店花絮⋯⋯⋯⋯⋯⋯⋯⋯⋯⋯⋯⋯吴士英
路上的歌（散文诗）⋯⋯⋯⋯⋯⋯⋯唐占全
诗⋯⋯⋯⋯⋯⋯⋯⋯⋯⋯⋯⋯⋯⋯⋯冉永平
瓷厂抒情⋯⋯⋯⋯⋯⋯⋯⋯⋯⋯⋯⋯刘晓滨
希望（外一首）⋯⋯⋯⋯⋯⋯⋯⋯⋯杨淑梅

文艺随笔

看漫画有感⋯⋯⋯⋯⋯⋯⋯⋯⋯⋯⋯微 澜
功夫在诗外⋯⋯⋯⋯⋯⋯⋯⋯⋯⋯⋯克 之

欣赏与借鉴

画马——谈诗中有画⋯⋯⋯⋯⋯⋯⋯华 崴
注重生活情趣的描绘⋯⋯⋯⋯王惠云 苏庆昌

朝阳亭

天龙和地龙⋯⋯⋯⋯⋯⋯⋯⋯⋯⋯⋯言 愚
个性与才能⋯⋯⋯⋯⋯⋯⋯⋯⋯⋯⋯吴德元
自己打自己的咀巴⋯⋯⋯⋯⋯⋯⋯⋯罗应仓

文友

他用形象说话
——读杨松霖的诗⋯⋯⋯⋯⋯⋯⋯黄 毅

大好河山

一个既古老又年青的城市——趣话张家口⋯⋯继 兴
大草原晶莹的眼睛⋯⋯⋯⋯⋯⋯⋯⋯姚再兴
漫笔桑干话古今⋯⋯⋯⋯⋯⋯⋯⋯⋯曲 辰

风物篇

敕勒川上的一支歌⋯⋯⋯⋯⋯⋯⋯⋯冰 之

红兰、芨芨草和金莲花⋯⋯⋯⋯⋯⋯⋯金　子

塞上艺林

百花丛中一点红——蔚县秧歌探源⋯⋯⋯田永翔
张家口的民间舞蹈⋯⋯⋯⋯⋯⋯⋯⋯⋯梨　园

曲艺

"毛吉普"送亲（山东快书）⋯⋯⋯⋯⋯程　喜

民间文学

月夜闹油坊（革命斗争故事）⋯⋯⋯⋯⋯任佳才
常玉春大战柳河川（民间传说）⋯⋯⋯⋯顾建中
会变的银子⋯⋯⋯⋯⋯⋯⋯⋯⋯⋯⋯刘世美
斧子和磨石（寓言）⋯⋯⋯⋯⋯⋯⋯⋯甘　泉
萤火虫和路灯（外一则）⋯⋯⋯⋯⋯⋯徐跃勇
赛歌台（民歌十二首）⋯⋯⋯⋯⋯⋯⋯孟炜烨等

刺梅

一清二白（讽刺故事）⋯⋯⋯⋯⋯⋯⋯张德忠
摆阔（小笑话）⋯⋯⋯⋯⋯⋯⋯⋯⋯村　野
"万宝囊"（小笑话）⋯⋯⋯⋯⋯⋯⋯⋯柯　苑

花木篇

文竹⋯⋯⋯⋯⋯⋯⋯⋯⋯⋯⋯⋯⋯郝万富
一品红⋯⋯⋯⋯⋯⋯⋯⋯⋯⋯⋯⋯王月娥
君子兰⋯⋯⋯⋯⋯⋯⋯⋯⋯⋯⋯⋯张　德

摭拾集

"鸿鹄"⋯⋯⋯⋯⋯⋯⋯⋯⋯⋯⋯⋯李　波
"花黄"⋯⋯⋯⋯⋯⋯⋯⋯⋯⋯⋯⋯李　波

美术

憧憬（摄影）（封二）⋯⋯⋯⋯⋯⋯⋯贾治国
冰上舞姿（摄影）（封二）⋯⋯⋯⋯⋯张金发
沽源青年湖（摄影）（封二）⋯⋯⋯⋯赵源文
公里里的哈哈镜（摄影）（封三）⋯⋯⋯张金发
封面设计⋯⋯⋯⋯⋯⋯⋯⋯⋯⋯⋯⋯慈　旭

1981 年第 3 期　刊名：《长城文艺》
目录

小说

岁月带不走的记忆⋯⋯⋯⋯⋯⋯⋯⋯⋯江　音
国际列车过去之后⋯⋯⋯⋯⋯⋯⋯⋯⋯冉建平
买卖兴隆⋯⋯⋯⋯⋯⋯⋯⋯⋯⋯⋯陈国华
沉重的提包⋯⋯⋯⋯⋯⋯⋯⋯⋯⋯⋯张　珠
我们住隔壁⋯⋯⋯⋯⋯⋯⋯⋯⋯⋯⋯刘　佳
魔影（续完）⋯⋯⋯⋯⋯⋯呼格吉勒图　乌力吉

散文

啊，大清河⋯⋯⋯⋯⋯⋯⋯⋯⋯⋯⋯涟　漪
卖画⋯⋯⋯⋯⋯⋯⋯⋯⋯⋯⋯⋯⋯崔永仑
绣织生活的姑娘⋯⋯⋯⋯⋯⋯⋯⋯⋯施永茂
操心⋯⋯⋯⋯⋯⋯⋯⋯⋯⋯⋯⋯⋯敬　之
朝阳亭思怀⋯⋯⋯⋯⋯⋯⋯⋯⋯⋯⋯杨建基
137 只豹⋯⋯⋯⋯⋯⋯⋯⋯⋯⋯⋯⋯柴建国

诗歌

观影剧有感（四首）⋯⋯⋯⋯⋯⋯⋯⋯黎　寒
晨窗絮语⋯⋯⋯⋯⋯⋯⋯王慧骐　王慧骏
果乡风采（三首）⋯⋯⋯⋯⋯⋯⋯⋯刘茂声
长江情思⋯⋯⋯⋯⋯⋯⋯⋯⋯⋯⋯钱锦方
海的浪花⋯⋯⋯⋯⋯⋯⋯⋯⋯⋯⋯韩作荣
春满泥泞路⋯⋯⋯⋯⋯⋯⋯⋯⋯⋯⋯李洪程
寄自北疆机场（三首）⋯⋯⋯⋯⋯⋯⋯李松涛
燕山行（四首）⋯⋯⋯⋯⋯⋯⋯⋯⋯顾　工
醉人的水乡（外二首）⋯⋯⋯⋯⋯⋯⋯陈所巨
柿子熟了⋯⋯⋯⋯⋯⋯⋯⋯⋯⋯⋯刘益善
我看见了你⋯⋯⋯⋯⋯⋯⋯⋯⋯⋯⋯周鸿书
绿的遐思⋯⋯⋯⋯⋯⋯⋯⋯⋯⋯⋯尹　涵
春雪⋯⋯⋯⋯⋯⋯⋯⋯⋯⋯⋯⋯⋯伊　笑
道路的联想⋯⋯⋯⋯⋯⋯⋯⋯⋯⋯⋯晨　曦

大好河山

上谷春浓⋯⋯⋯⋯⋯⋯⋯⋯⋯⋯⋯风　潮
象光洞记⋯⋯⋯⋯⋯⋯⋯⋯⋯⋯⋯松　照
柏林寺石窟⋯⋯⋯⋯⋯⋯⋯⋯⋯⋯⋯袁　松

文友

诗，生活的歌——我是怎样开始写诗的⋯⋯⋯宋天魁

文艺随笔

情真才能辞切⋯⋯⋯⋯⋯⋯⋯⋯⋯⋯朱　珠
要寻求普罗泰斯⋯⋯⋯⋯⋯⋯⋯⋯⋯春　耕

欣赏与借鉴

情节是人物性格发展史⋯⋯⋯⋯⋯⋯⋯京　忆
谈"通感"⋯⋯⋯⋯⋯⋯⋯⋯⋯⋯⋯于风瑞

朝阳亭

"偷牛"与"拔撅"⋯⋯⋯⋯⋯⋯⋯⋯石兰竹
母爱⋯⋯⋯⋯⋯⋯⋯⋯⋯⋯⋯⋯⋯张　冰

风物篇

张家口报纸史话⋯⋯⋯⋯⋯⋯⋯⋯⋯李沛泽
詹天佑⋯⋯⋯⋯⋯⋯⋯⋯⋯⋯⋯⋯范　志
采蘑菇⋯⋯⋯⋯⋯⋯⋯⋯⋯⋯⋯⋯王常顺
口蘑⋯⋯⋯⋯⋯⋯⋯⋯⋯⋯�　安　瑞　亭

塞上艺林

著名晋剧表演艺术家筱桂桃····················达　生

访晋剧名花脸蔡有山····················赵松鹤

一代优伶——侯俊山····················刘　蔚

花木篇

塞外的牡丹····················郝万富

倒挂金钟····················郝万富

曲艺

送礼（山东快书）············倪长有　张鸿敬

婚姻介绍所的早晨（鼓词）············董汝河

民间文学

森林里的表演会（科学童话）··········闻　峰

百灵鸟和乌鸦（童话）··········李二虎　梁海平

儿歌十四首····················安栋梁等

刺梅

笑话四则····················补　白

小幽默四则····················张荫耕等

美术

詹天佑铜像（木刻）····················丁　香

练好本领，为国争光（水粉画）············刘京建

坝上马群（摄影）····················孙　瑞

思（油画）（封二）····················田建通

牡丹（摄影）（封三）····················丁长录

令箭荷花（摄影）（封三）················贾治国

蝴蝶梅（摄影）（封三）··················贾治国

封面设计····················苍连生

1981 年第 4 期　刊名：《长城文艺》

目录

唱支山歌给党听（民歌二十九首）············杜忠等

小说

勐梅雾····················罗应仓

马莲花开了····················丁振山

雨中····················孙建永

门前一株马缨花····················王保春

绿色的尸体（侦破小说连载之一）·······刘铸久　颜　煜

散文

狼山玉雕····················孙向东

"马奶"飘香····················鄞　安

放鹰····················孟　敏

采蘑····················郭　富

诗歌

烟火深处····················刘明堂

台湾诗情（三首）····················于宗信

醉香的美酒（二首）····················苏云海

山海情（三首）····················铁　璀

长城诗笺

土地····················张　翼

街头····················张　讴

跳高者····················杨大矛

惬意的农村····················村　野

铁山····················刘作义

小鸟····················李兴华

担水的姑娘····················孟昭廷

自励诗····················谢长江

大好河山

万松凉影····················北　海

丹崖滴水····················于化元

风物篇

书法艺术的瑰宝

——赵孟頫与《芋洲杨氏先茔碑铭》··········高　翔

涿鹿怀古····················槐　泉

方言土语觅旧踪····················言　愚

朝阳事

从咏烛以论人····················黄绍雄

民主与民王····················心　声

塞上艺林

艺苑风流　乐声乾坤——访歌剧表演艺术家郭兰英同

志····················杨　畅　田永翔

丑而不陋　谐而不谑

——忆著名丑角金金奎先生··········申德华

梨园世家（晋剧史话连载之一）··········铃　子

文艺随笔

"蛇"的美学····················许可新

欣赏与借鉴

画竹的启示····················黎　君

曲艺

春秋奇案（中篇评书连载之一）·······艺　林　梨　园

撷拾集

鼓····················冰　之

315

重阳和茱萸 ………………………………… 冰　之

花木篇

无声的诗　立体的画——浅谈盆景 ………… 王月娥
月季 ………………………………………… 郝万富

书法摄影

书法（八幅）（封二）……………………… 郝治等
盆景摄影（封三）………………………… 丁长录

歌曲

年轻的朋友来相会（封三）……… 张枚同词谷建芬曲
封面设计 ………………………………… 牛毓堃

1981 年第 5 期　刊名：《长城文艺》
目录

《长城文艺》刊授文艺创作讲习所
招收学员启事 …………………………… 本刊编辑部
希望、要求、鞭策、支持
——学员来信摘登 ……………………… 张仲可等

小说

交交黄鸟 …………………………………… 孔俊安
半个月亮爬上来 ………………… 朱丽琴　刘　凡
眼，辣子 …………………………………… 卢亦农
白面书生 …………………………………… 李茂英
绿色的尸体（侦破小说连载之二）……… 刘铸久　颜　煜
春秋奇案（中篇评书连载之二）………… 艺　林　梨　园

散文

难忘的塞外古城 …………………………… 田　华
侯宝林和他的海外弟子 …………………… 朱述新
小文 ………………………………………… 立　勤
树叶颂 ……………………………………… 潘凤巢
帮忙 ………………………………………… 韩　林
秋菊 ………………………………………… 谢　江

诗歌

童年的足迹（散文诗）…………………… 唐占全
妈妈的寄托（外二首）…………………… 梅　洁
父亲的印象 ………………………………… 秦发艺
绿绿的海边（三首）……………………… 旭　宇
长城遐思（外一首）……………………… 文　丙
花瓣集 ……………………………………… 郭宝臣
夏天，在北方（五首）…………………… 吴复来
旅途即兴（三首）………………………… 张春海
羽 …………………………………………… 姚焕吉

欢乐的河（外一首）……………………… 姚　莹
丰收的启迪 ………………………………… 姜俐敏
阳光下 ……………………………………… 曲　直
心曲 ………………………………………… 张美华
牧区剪影 …………………………………… 琢　人
路语 ………………………………………… 侯永成
党和农民心连心 …………………………… 韩跃宗

风物篇

抢才书院记 ………………………………… 杨建基
小楼残月话梳妆 …………………………… 毛士杰
游赤城温泉 ………………………………… 刘建国
虎窝寺游记 ………………………………… 安密之
塞外古镇蕉肉香 …………………………… 张　卫

塞上艺林

试谈"二人台"的发展与特色 …………… 塞　人
晋剧名旦刘玉婵的唱腔艺术 ……………… 升　华
梨园世家　（晋剧史话连载之二）……… 铃　子

欣赏与借鉴

康熙《阅马牛羊群》赏析 …… 尹自先　王守卫　高万云

文艺随笔

谈"灵感" …………………………………… 万　鹰

朝阳亭

留一部文化遗产 …………………………… 银　鹰
"五车"与"八斗" ………………………… 烟　雨

民间文学

民歌十四首 ………………………………… 王士祯等
宝盆（民间故事）………………………… 会勤搜集整理
见面礼（山东快书）……………………… 王凤翔

美术

过雪山草地（歌曲）（封二）
　　……………………………… 肖　华词　生　茂等曲
弯变的小路（歌曲）（封三）…………… 唐与中等词曲
封面设计 …………………………………… 王跃宸

1981 年第 6 期　刊名：《长城文艺》
目录

小说

星星，闪烁在天幕上 ……………………… 继　迅
她递给我一朵蔷薇花 ……………………… 扈文堂

小桥流水·····················党巨金　隋长江
渔友·····································张大民
一夜没睡好觉·························宋　晨
惆怅·································刘松启
旅途的喜剧·························松　光
绿色的尸体（侦破小说连载之三）·····刘铸久　颜　煜
春秋奇案（中篇评书连载之三）·····艺　林　梨　园

散文

访邓拓夫人丁一岚·················柴　扉　李敬民
千里姻缘报为媒（报告文学）·········曲　辰
你好，野鸽子·······················松　霖
黄色的小山花·······················郭有志
竹·································杨大邦
水晶宫里龙戏珠·····················李兆生
雪·································张海泉

诗歌

母亲（外一首）·····················刘小放
葡萄园里（二首）···················晋　军
老牛筋·································王　墨
早晨（二首）·······················桑　原
秋之歌（外一首）···················葛　玄
瓜棚夜话·······························张常信
地头小憩·······························杨培忠
拣自乡村的诗（二首）···············金占亭
晒柿场上（外一首）·················王中华
农家小院（外一首）·················柯　岚
山水情深（三首）···················伊　豪
写在石油勘探队里···················檀秀凯
塞上风情（二首）···················邹万龙
长城的云烟·······························梦　白
草原掠影·······························任佳才
开塔吊的姑娘·······················边国政

风物篇

登鸡鸣山·······························梅迎春
穹庐林立　贾店栉比
——张家口明代蒙汉贸易鸟瞰·······杨寄林
冯玉祥将军在张家口·················蔡　方
张家口的茶馆·······················崔正侠

塞上艺林

梨园世家（晋剧史话连载之三）·······铃　子
植根于塞外艺苑沃土中——晋剧名花脸杨胜鹏的艺术
生涯·································士　敏

民间文学

新民歌（二十六首）·················蒲游江等

二锣拾金（民间故事）···············万志功搜集整理
书记媒（唱词）·····················戴　月

鲁迅先生（木刻）（封三）·······闵仲勋　祁万利
故乡行（套色木刻）（封三）·········樊绍珍
封面设计·······························马瑞喜

1982年第1期　刊名:《长城文艺》

目录

梅·································田　间
开学的话·······························本刊编辑部
学员来信·······························扈文堂等

小说

任家小院·······························陈国华
山风吹不断·························李敬民　柴建国
邂逅·································关奎林
除夕夜·································何　晶
"心香楼"上·························路金月
雨·································何　榛
"酒局长"并不喝酒···················周　熠
莲花·································江　峰
喜鹊喳喳·······························蒋广慧
在一个小小的邮电所里···············张　波　柳　苹
阳春三月·······························郭吉连
从短入手（编后）···················李发展
一颗金头颅（侦破小说连载之一）·····范　海

散文

观涛·································潘国华
山村喜事·······························刘　朴
竹·································梅　洁
小院·································雪　洁
家乡的秋天·······························安祯俊

诗歌

故乡诗草（三首）···················杨大矛
绿色的海，绿色的港湾（外一首）·····潞　潞
春之曲（三首）·····················肖　川
大伯邀客·······························李洪程
大山里的孩子（外一首）···············张洪波
我们村里的年轻人（二首）···········张从海
乡音·································张志玉
田野风景线·······························沈　晓

学员诗丛

黎明小景·······························程洪飞

放怀泰山 ……………………………………… 赵慧韬
啊，父亲 ……………………………………… 刘世勤
雪花 …………………………………………… 梁 波
绿色的情歌 …………………………………… 熊中桂
秋晨 …………………………………………… 彭武胜
诗二首 ………………………………………… 石穴屈
雾夜还乡 ……………………………………… 郑友群
追求 …………………………………………… 李建荣
血与汗（外一首）…………………………… 朱坤宇
售货车 ………………………………………… 李 福
这一片鲜蓝 …………………………………… 李方平

文友
运河的儿子
——记作家刘绍棠 …………………………… 朱述新
诗的细胞——语言
——西窗诗话 ………………………………… 阿 红
生活中美的折光
——读《观涛》………………………………… 舒 新
为农村的好生活喝采
——我写《山村喜事》………………………… 刘 朴
生活·感受
——谈《竹》…………………………………… 林 卉

天南地北
西湖月色 ……………………………………… 谭英凯
庐山春 ………………………………………… 陈德柱
天禄 …………………………………………… 发 荣

风物篇
小五台的姿容 ………………………………… 张怀远
四十里长嵯记 ………………………………… 浦游江

塞上艺林
一支横笛吹破天
——访著名笛子演奏家冯子存先生 ………… 万 鹰
牛学祯与她的恩师 …………………………… 杜 忠
梨园世家（晋剧史话连载之四）…………… 铃 子

民间文学
过三关（唱词）……………………………… 许 可
神奇的种子（民间故事）…………………… 梁建国
唐伯虎当画（民间故事）…………………… 程树芳
学员赛歌台（二十九首）………………… 拉希扎木索等
迎春晚会 …………………………………… 邓立志等

美术
老作家的祝愿 ………………………………… 梁 斌
更上一层楼（国画）………………………… 梁 斌

学院画廊
迎春（木刻）……………………… 王跃成 祁万利
新疆风采（速写）…………………………… 杨丽莎
赶集（木刻）………………………………… 赵合德

1982 年第 2 期　刊名:《长城文艺》
目录

小说
秋去春来 ……………………………… 塞 蓬、刘 忠
夜歌 …………………………………………… 董 柳
香港小姐 …………………………… 陈鸿光 陈 貌
船儿驶出了港湾 ……………………………… 陈乐艺
大胆举动 ……………………………………… 绍 森
赏月 …………………………………………… 丁新发
歌声嘹亮 ……………………………………… 师肖林
布告牌上的招领启事 ………………………… 刘嘉平
一包瓜子皮 …………………………………… 韩绍祖
小草，鲜花 …………………………………… 李平春
最后一个破碗 ………………………………… 侯春生
家信 …………………………………………… 宝 潭
一颗金头颅（侦破小说连载之二）………… 范 海

散文
长城的叮咛 …………………………………… 耿林莽
花溪行 ………………………………………… 吴 啸
雪竹图 ………………………………………… 刘增山
五彩路 ………………………………………… 罗井青
草滩新绿 ……………………………………… 孟 敏
我的老师 ……………………………………… 白 燕
黄昏 …………………………………………… 陈岳资
访春 …………………………………………… 郭 郛
沙枣 …………………………………………… 郎业成
湖水情 ………………………………………… 刘建平

诗歌
在开花的土地上（三首）…………………… 陈所巨
我寻找绿色 …………………………………… 苏云海
勘探诗笺（二首）…………………………… 钱锦方
燕北诗笺（三首）…………………………… 戴砚田
雨中马铃 ……………………………………… 丰树森
珠贝吟 ………………………………………… 辛 颢
青春交响乐（二首）………………………… 郁 葱
夏草冬虫 ……………………………………… 松 霖

学员诗丛
致讲习所（江练）我是犁铧（玉琢）我的鸣奏曲（张敦孟）渔歌（母深）小草（张德振）亮晶晶的希冀

（宇秀）走向深山（魏中先）思念你，树林（刘金平）清晨，我爱听（沈金池）柞蚕吐丝了（张永德）夜耕曲（成玉萍）唱一支新歌吧（袁刚）汗水与祖国（申昆）山村（庞家俊）桃核（温晓鸣）

文友
写工业诗随感·························孙友田
我是怎样读书的·························李保林
辛勤不负苦读人·························刘叶杨

天地南北
"带"字情思·························刘敏修
大佛纪行·························赵永佳
古尔邦节赴欢记·························尚拥军

风物篇
登野狐岭·························尹自先
清真寺漫笔·························杨建基
张家口铁路史话·························刘蔚
十八堂松林的传说···············田永翔　赵天翔

塞上艺林
"玉不琢，不成器"
——忆我的师傅刘尔祥先生·············刘玉山
在张家口长大的曲艺家常宝堃······刘蔚　申德华
万全软秧歌·························李志强
梨园世家（晋剧史话连载之五）·············铃子

民间文学
接大娘（鼓词）·························刘树强
学员赛歌台（民歌廿六首）·············张叔经等
偷炭煮瓜（民间故事）·················王向东
吴承恩与孙悟空（民间故事）·············陈民中
偷锅（笑话）·························康有利
目不识丁（笑话）·························史桂兰
橡胶树与美人蕉（寓言）
"龙凤头"生角（民间故事）·············张林怀
纸灯笼与萤火虫（寓言）·················王幼玲

摄影
舒慎摄影艺术
周总理与张家口市京剧团演员在一起
坝上风光
长城、官厅湖、老矿新貌

1982 年第 3 期　刊名:《长城文艺》

目录

小说
大桥啊，大桥·················解放军　王凤祥
"我们"的·························（河北）邢　卓
二寡妇和三光棍·················（陕西）杨根成
在地层的深处·················（河北）安毓录
归来·························（河北）夏　风
五婆坐席·························（广东）李伯棠
摔碎了的镜框·················（内蒙古）黎明星
"我去！"·························（浙江）姚　平
山径上·························（贵州）周小刚
"好媳妇"·························（黑龙江）秦　易
大春和杏花·························解放军　黎明
槽头夜曲·························（天津）王长太
食堂窗口边的对话·················（江西）兰　筝
一颗金头颅（侦破小说连载之三）·············范　海

散文
"我要为你们做些事！"
——作家孙犁访问记·················李宝柱
小战士和老教授（报告文学）
　　　　　　　（河北）锁　链　陈先柏
古杉·························（福建）甘景山
带叶的荷花·························（四川）徐天喜
蝌蚪赋·························（江苏）施建石
蔡锷故乡访问记·························毅　志
天鹅情·························（河北）于文龙
七月七·························（河南）刘锡元
花下情思·························（西藏）雪　原
雪怀·························（河北）海　霞
海上日出·························（江苏）徐　泽
矿山初雪·························（陕西）刘俊华
野草赞·························（河北）郑　军

诗歌
浪花集（三首）·························黄　淮
"镇海候"大炮（外一首）·················柴德森
湖上素描（二首）·························刘戎声
秋歌·························晋元靠
爱的旅程（三首）·························陈咏华
梅菊赋（二首）·························梅　洁
宣化的葡萄熟了（外一首）·················董茂堂

学员诗丛
蒲公英·························翟永明
星·························张晶晶

啊，花 ………………………………… 周晓明
集市速写 ……………………………… 杨素梅
起锚（外一首）……………………… 卫世平

诗歌
学员诗丛
我歌唱绿色的布谷鸟 ………………… 沈铭华
早晨，乐队在演奏 …………………… 陆文宪
春风短歌
赠友三章 ……………………………… 刘　征
童年的梦 ……………………………… 邓全赋
春天的旋律 …………………………… 唐占全
光和热的礼赞 ………………………… 李松涛

文友
长城长——谈长远 …………………… 刘　真
写工业诗随感 ………………………… 孙友田

天南地北
恒山秋色 …………………… （北京）孙祥祯
洪湖莲藕 …………………… （四川）吴遵发
喜登南岳观日出 …………… （湖南）彭　克
北方名城大同 ………………………… 曲　辰

风物篇
张家口剧场变迁 ……………………… 李沛泽
桥山 ………………………… （河北）槐　泉

塞上艺林
金铃之声，不绝于耳
　——郭寿山的戏曲生活轶事 ……… 翟西林
梨园世家（晋剧史话连载之六）…… 铃　子

曲艺
花恋蝶（二人转）…………………… 于廷仕
缝扣子（鼓词）……………………… 常　磊
丁字路口（故事）…………………… 王奎申

民间文学
纪念《在延安文艺座谈会上的讲话》发表四十周年民
歌 …………………………………… 洪　波等
儿歌 ………………………………… 徐家春等
知识寓言　二则 ……………………… 杨大邦
花种姐妹（童话）…………………… 亚　丹

美术
胡光国画选
绣球、松、田家味
学员画廊

女词人李清照（国画）……………… 秦百兰
编（木刻）………………… 凯　庆　荣　田
增产（速写）………………………… 陈立新
繁星闪闪（木刻）…………………… 全　笑
母与子（木刻）……………………… 汤　雪
不贪为宝（小连环画）……………… 高家骏

1982 年第 4 期　刊名:《长城文艺》
目录

坚持毛泽东文艺思想的科学原则，发展社会主义文艺
…………………………………………… 张清亮

小说
滨江大道上 ………………… 韩德贵　方振邦
候机大厅里的壁画 …………………… 马晓光
小蓬船 ………………………………… 陈民牛
界碑 ………………………… 李景荣　何云春
叶辛辛 ………………………………… 蔡海军
工钱 …………………………………… 钟伯钧
邮亭里拍下的照片 …………………… 沈惠忠
啊，我的太阳 ………………………… 周建华
香港老客的提包 ……………………… 国　兴
"您知道布莱希特吗？"……………… 鲍　琳
试新衣 ………………………………… 郑建文
酒争 …………………………………… 汪生德
重赏之下 ……………………………… 华　南
优越性 ………………………………… 张敏仁
豹花马（章会连载之一）…………… 继　兴

散文
双犊花乳牛 ………………………… 拉希扎木索
她，多么像那盆夜来香 ……………… 立　勤
长城三唱 ……………………………… 张怀远
长江夜行 ……………………………… 喻耀辉
啊，三月 ……………………………… 刘国英
迷 ……………………………………… 樊庆荣
大年 …………………………………… 张洪福
根 ……………………………………… 刘定杰
丁玲在张家口 ………………………… 王广地

诗歌
北斗 …………………………………… 尧山壁
山海情思 ……………………………… 苗　木
烟火深处 ……………………………… 刘明堂
黎明的铜号 …………………………… 桑　原
桑园散歌 ……………………………… 雁　翎
鱼塘里，月儿睡了（外一首）……… 何香久

金山长城行 ……………………………… 白德成
塞上行 …………………………………… 溪　流

学员诗丛
呵，我的中华 …………………………… 胡明文
致自学成才者 …………………………… 柯　岚
绿 ………………………………………… 彭　哲

诗歌
学员诗丛
过隧道 …………………………………… 丁必榜
我有 ……………………………………… 李　瑶
银色的花束 ……………………………… 刘玉河
播种者和土地 …………………………… 李国民
长城来的鸽子 …………………………… 公孙不及
希望（外一首）………………………… 郭小婵
拾棉花 …………………………………… 赵树岭

天南地北
古城崖洲 ………………………………… 王慧敏
慈济宫散记 ……………………………… 严国梁

风物篇
行兵古道，京师锁钥
　——张家口明代军防琐谈 …………… 杨寄林
历史上的广宁线 ………………………… 刘　蔚
仙境游 …………………………………… 孟炜烨
张家口旧戏园拾遗 ……………………… 李沛泽

塞上艺林
塞上一怪
　——记太平鼓艺人声鼓子张 ………… 李志强
醉心于艺术的创新者
　——记著名晋剧老艺人崔德旺 ……… 申德华
梨园世家——记著名晋剧史话连载之七 … 铃　子
曲艺　民间文学
拦车（山东快书）……………………… 曲　直
桑干河的传说（民间故事）…………… 丁亚如
镇龙口庙云长显圣（民间传说）……… 王　鉴　老　温
骨灰盒的喜剧（讽刺小说）…………… 杨贵才
请医生 …………………………………… 马秀玲
学员赛歌台 ……………………………… 孙培和等

美术
李朴红国画习作选　争分夺秒、武打人物、虎
学院画廊
孔雀（装饰画）………………………… 李西玲
我自己洗（木刻）……………………… 万　明
小蕾（木刻）…………………………… 武　龙
水上人家（速写）……………………… 武　龙

书法 ……………………………………… 罗应仓

1982 年第 5 期　刊名:《长城文艺》
目录

《长城文艺》刊授文艺创作讲习所招收第二期学员启事

小说
风雪半山庙 ………………… 内蒙古　勒　川
一棵小白桦树 ……………… 浙江　李晓敏
石磨 ………………………… 湖北　胡　雷
亮亮的眼睛 ………………… 甘肃　赵根荣
钩 …………………………… 江苏　李培国
雪白的棉花 ………………… 陕西　韩思义
枣树下 ……………………… 贵州　徐西金
在肝炎流行的时候 ………… 河北　李福义
集上 ………………………… 河南　王　伟
镜子里的形象 ………………………… 旭　光
奥赛罗教训奥赛罗 ………… 新疆　张士高
锅 …………………………… 湖北　丁进朝
豹花马（章回连载之二）…………… 继　兴

散文
县长骑马跌到处 ………………………… 魏鹏华
竹乡情 …………………………………… 李忠建
燕子，我心中的春鸟 …………………… 梅　洁
鸡雏小照 ………………………………… 颍　川
风筝情 …………………………………… 袁建平
大山里的小镇 …………………………… 谭仲池
井冈杜鹃情 ……………………………… 罗　山
春游桃花庄 ……………………………… 曹干石
秦岭新家 ………………………………… 任　皓
榆线飘飘 ………………………………… 孟祥棣
美人蕉 …………………………………… 喻耀辉
砂轮机 …………………………………… 晓　明
我的女儿 ………………………………… 王　雪
黄帝故乡美酒多 ………………………… 安国盛

诗歌
坝上草 …………………………………… 刘小放
枫叶 ……………………………………… 艺　辛
哦，我的帆 ……………………………… 刘　群
绿的信号 ………………………………… 张成龙
现在，是午夜十二点 …………………… 何德新
请江水捎去我的心 ……………………… 孙一国
深山里的孩子 …………………………… 江　日
南疆情 …………………………………… 李甜芬

诗歌

河边的黎明……………………崔 靖
希望…………………………吴志强
小镇风情……………………毛定宝
渔村的早晨…………………陈应松
拉车的老汉…………………周慰余
不，我不……………………苑新江
夜行者………………………潘建成
北方，遥远的思念…………左一兵
故乡啊，故乡………………刘世勋
拉人力车的年轻人…………姚振涵
森林诗笺……………………姚焕吉

天南地北

春游龙门峡…………………梅 云
青海湖鸟岛…………………乔晓庆
荡舟西湖……………………孟 泓

塞上艺林

丰富多彩的坝上民歌
——《烂席片》……………方 芳
张垣鼓班……………………李志强
流水今日，明月前身
——记话剧演员许凤琴………魏 麟
梨园世家《晋剧史话连载之八》……铃 子

民间文学

学员赛歌台…………………黄 蓉等
寓言九则……………………殷 玲等
樊梨花大破锁阳关（民间传说）……赵相如
茶叶的传说……………杨 蕾 飞 蓉
五台山认父…………………顾建中

曲艺

挪窝儿（山东琴书）………许村姑
换岗归来（山东快书）……王凤祥
志同道合（山东快书）……王贺军 赵希军
河北省楷书展览作品选

1982 年第 6 期　刊名:《长城文艺》

目录

《长城文艺》刊授文艺创作讲习所招收第二期学员启事
《长城文艺》第一期刊授文艺创作讲习所举行结业典礼
办好刊授，为建设社会主义高度精神文明贡献力量
………………《长城文艺》刊授文艺创作讲习所
不忘长城文艺培育之恩………………马继迅
望刊授讲习所越办越好………………郭玉明

我们的愿望…………………杨树薪
培养业余作者的好形式……公中午
诗人论（五题）……………徐 刚

小说

小院春风……………………吴 洗
裙子…………………………樊蜀云
心灵上的足迹………………金晓武
哎呀呀，我的丈母娘………李正维
咪咪的秘密…………………吉 梅
骡子十二天…………………崔树林
婚事…………………………林 木
琴音…………………………唐 亮
钱包…………………………梁 锋
枣花簌簌……………………贾 乙
爱情的份量…………………贺云龙
一尺布………………………昆 林
豹花马（章回长篇连载之三）……继 兴

散文

希望，充满这块大地………杨建基
光辉的里程…………………吴德源
马吉普………………………于文龙
散文两章……………………张春文
火烧天罡庙，活捉王育仁（革命回忆录）……江 涛

诗歌

赤城行（三首）……………刘力生
祖国，我是犁………………宛 凝
告诉我………………………吴 梦
黄河呵，我爱你……………王劲松
他，向大漠深处走去………吴复来
父亲…………………………徐国志
别了，小村…………………姜强国
一个夏夜——给小 T………赵 倩
春树下的声音（二首）……常 荣
森林呵，森林………………刁永泉
儿时，我种过一棵树………梅 洁
乡恋…………………………白 龙
我见过一位农村大嫂………宇 之
雨花石………………………马玉堂
锡林郭勒草原，在收获……高 音
小巷…………………………高立林
成熟的山坳…………………边国政
一个老农的话………………张常信
培育…………………………李占学
坝上秋容……………………晨 枫
雪花的演说…………………彭子强
雪地上的思念………………叶 卉

静静的海湾⋯⋯⋯⋯⋯⋯⋯⋯⋯⋯⋯⋯⋯伊　豪
致《刊授创作讲习所》⋯⋯⋯⋯⋯⋯⋯任惠敏

风物篇

泰山将军与张垣市民⋯⋯⋯⋯⋯⋯⋯李沛泽
义和团树纛张家口⋯⋯⋯⋯⋯⋯⋯⋯杨寄林
玉泉寺游记⋯⋯⋯⋯⋯⋯⋯张　怀　张新政
闪电河访古⋯⋯⋯⋯⋯⋯⋯⋯⋯⋯⋯尹自先
宣化辽代壁画墓⋯⋯⋯⋯⋯⋯⋯⋯⋯吴树宝
锁阳关抒怀⋯⋯⋯⋯⋯⋯⋯⋯⋯⋯⋯国　义

塞上艺林

桑榆虽晚景，为霞尚满天
——记晋剧著名艺术老前辈刘明山先生⋯申德华
略谈蔚剧音乐改革⋯⋯⋯⋯⋯⋯⋯⋯张启维
一根扁担游四方，偶人小戏转城乡——记老艺人杨大
侉⋯⋯⋯⋯⋯⋯⋯⋯⋯⋯⋯⋯⋯⋯李志强
梨园世家（山西梆子史话连载之久）⋯铃　子

民间文学·曲艺

老王赔蛋（鼓词）⋯⋯⋯⋯⋯⋯⋯⋯董汝流
漏米洞（民间故事）⋯⋯⋯⋯⋯⋯⋯严淑琼
茉莉花·牵牛花（寓言）⋯⋯⋯⋯⋯成玉萍
悬崖上的玫瑰（寓言）⋯⋯⋯⋯⋯⋯张炳辉
龙泉水（民间传说）⋯⋯⋯⋯⋯⋯⋯赵云雁
欢庆胜利歌唱党（晋剧清唱）⋯春　阳　唐　玲
赞歌⋯⋯⋯⋯⋯⋯⋯⋯⋯⋯⋯⋯⋯杨　畅
各族学员歌颂党⋯⋯⋯⋯⋯⋯拉希扎木索等
弄巧成拙（山东快书）⋯⋯⋯⋯⋯⋯田凤莲
《长城文艺》第一期刊授文艺创作讲习所结业典礼剪影

1983 年第 1 期　刊名：《长城文艺》

目录

小说

故土⋯⋯⋯⋯⋯⋯⋯⋯⋯⋯⋯⋯⋯⋯夏　风
盼望⋯⋯⋯⋯⋯⋯⋯⋯⋯⋯⋯⋯⋯⋯郎　云
四马经商记⋯⋯⋯⋯⋯⋯⋯⋯⋯⋯⋯祝凤潮
老虎病⋯⋯⋯⋯⋯⋯⋯⋯⋯⋯⋯⋯⋯贾　荣
责任⋯⋯⋯⋯⋯⋯⋯⋯⋯⋯⋯⋯⋯⋯王群永
夫妻之间⋯⋯⋯⋯⋯⋯⋯⋯⋯⋯⋯⋯柳贵顺
豹花马（章回连载之四）⋯⋯⋯⋯⋯继　兴

散文

光辉的里程碑⋯⋯⋯⋯⋯⋯⋯⋯拉希扎木索
最初的红叶（外一篇）⋯⋯⋯⋯⋯⋯杨松霖
卖茶水的小女儿⋯⋯⋯⋯⋯⋯⋯⋯⋯苗　木
桂子⋯⋯⋯⋯⋯⋯⋯⋯⋯⋯⋯⋯⋯⋯张立勤

元宵灯影长相思⋯⋯⋯⋯⋯⋯⋯⋯⋯孟翔聚

诗歌

我要建造一座桥⋯⋯⋯⋯⋯⋯⋯⋯⋯苏云海
思念中的故乡⋯⋯⋯⋯⋯⋯⋯⋯⋯⋯晋元靠
绿色的桅杆（外一首）⋯⋯⋯⋯⋯⋯冯万成
瀑布，我的诗笺（外二首）⋯⋯⋯⋯刘玉河
不肯凋谢的花（外一首）⋯⋯⋯⋯⋯周晓明
山丹花（外一首）⋯⋯⋯⋯⋯⋯⋯⋯杨素梅
第一封信⋯⋯⋯⋯⋯⋯⋯⋯⋯⋯⋯⋯期　平
春的诗笺（五首）⋯⋯⋯⋯⋯⋯⋯⋯董茂棠
驼铃⋯⋯⋯⋯⋯⋯⋯⋯⋯⋯⋯⋯⋯⋯刘辉考
小草⋯⋯⋯⋯⋯⋯⋯⋯⋯⋯⋯⋯⋯⋯张先宁
干枝梅⋯⋯⋯⋯⋯⋯⋯⋯⋯⋯⋯⋯⋯杨兆祥
爱之歌（散文诗）⋯⋯⋯⋯⋯⋯⋯⋯唐占全

塞北革命史话

想起那两辆红色的卡车⋯⋯⋯⋯⋯⋯胡　可
里应外合解放龙关城⋯⋯⋯⋯⋯⋯⋯赵继仁

风物篇

古城春晓⋯⋯⋯⋯⋯⋯⋯⋯⋯⋯⋯⋯国　义
古关新貌⋯⋯⋯⋯⋯⋯⋯⋯⋯⋯⋯⋯陈建明
游神泉⋯⋯⋯⋯⋯⋯⋯⋯⋯⋯⋯⋯⋯蒲游红

塞上艺林

张家口观戏杂谈⋯⋯⋯⋯⋯⋯⋯⋯⋯李沛泽
十三旦的童年⋯⋯⋯⋯⋯⋯⋯⋯⋯⋯李志强
梨园世家（山西梆子史话连载之十）⋯铃　子

曲艺·民间文学

车上风波（山东快书）⋯⋯⋯⋯⋯⋯王成训
县长送鸡（快书小段）⋯⋯⋯⋯⋯⋯任永清
锯桌腿（快书小段）⋯⋯⋯⋯⋯⋯⋯徐重庆
卖竹篮的秀才（民间故事）⋯鄞　安　瑗　玲
李时珍进磨房（民间传说）⋯⋯⋯⋯光　之
猎人的收获（寓言二则）⋯⋯⋯⋯⋯杨贵才
到底谁美（寓言）⋯⋯⋯⋯⋯⋯⋯⋯贾硕坤
狗熊照镜子⋯⋯⋯⋯⋯⋯⋯⋯⋯⋯⋯宫文科
赠君七绝（民间故事）⋯⋯⋯⋯⋯⋯申文秀
"怕连我也丢了"（小笑话）⋯⋯⋯⋯杨小平
学士难皇帝⋯⋯⋯⋯⋯⋯⋯⋯⋯⋯⋯荫　耕
他俩啥关系（动脑经）⋯⋯⋯⋯⋯⋯杨　柳
致富靠勤劳⋯⋯⋯⋯⋯⋯⋯⋯⋯⋯⋯杨碧霞
学员赛歌台⋯⋯⋯⋯⋯⋯⋯⋯⋯⋯张　强等

摄影

钢铁长城⋯⋯⋯⋯⋯⋯⋯⋯⋯⋯⋯⋯丁振葆
湖光亭影⋯⋯⋯⋯⋯⋯⋯⋯⋯⋯⋯⋯索　链

蝈蝈吃瓜花⋯⋯⋯⋯⋯⋯⋯⋯⋯⋯⋯⋯⋯赵源文
奔驰⋯⋯⋯⋯⋯⋯⋯⋯⋯⋯⋯⋯⋯⋯⋯⋯张金发

蓓蕾初绽
张家口地区戏曲学校学员实习演出晋剧《三关点帅》
舞台剪影

1983 年第 2 期　刊名:《长城文艺》
目录

小说·报告文学
塞外的春天⋯⋯⋯⋯⋯⋯⋯⋯⋯⋯⋯⋯⋯张　文
花儿为啥这样红⋯⋯⋯⋯⋯⋯⋯⋯⋯⋯⋯铁　璀
家，徐徐消散了⋯⋯⋯⋯⋯⋯⋯⋯⋯⋯⋯江　音
山丹丹红呦⋯⋯⋯⋯⋯⋯⋯拉希扎木索　马　逮
旋风⋯⋯⋯⋯⋯⋯⋯⋯⋯⋯⋯⋯⋯⋯⋯⋯秦仲宏
豹花马（章回长篇连载之五）⋯⋯⋯⋯⋯继　兴

散文
双腿蹬着对峙的悬崖⋯⋯⋯⋯⋯⋯⋯⋯⋯柴德森
我的第一个导演⋯⋯⋯⋯⋯⋯⋯⋯⋯⋯⋯晓　东
挂红灯——坝上草原纪事⋯⋯⋯⋯⋯⋯⋯李宝柱

诗歌
建设者的旋律（三首）⋯⋯⋯⋯⋯⋯⋯⋯柯　岚
思想者⋯⋯⋯⋯⋯⋯⋯⋯⋯⋯⋯⋯⋯⋯⋯林永斌
他（外一首）——为一位待业青年写照⋯宋天魁
一座雕像（外二首）⋯⋯⋯⋯⋯⋯⋯⋯⋯孙殿武
雪，消融了（外一首）⋯⋯⋯⋯⋯⋯⋯⋯李　福
故乡的土地⋯⋯⋯⋯⋯⋯⋯⋯⋯⋯⋯⋯⋯一　文
父亲的额头⋯⋯⋯⋯⋯⋯⋯⋯⋯⋯⋯⋯⋯高　林
我忆念的山村（三首）⋯⋯⋯⋯⋯⋯⋯⋯刘益善
谱写欢乐曲的人们⋯⋯⋯⋯⋯⋯⋯⋯⋯⋯杨　荣

风物篇
张家口发行的邮桌⋯⋯⋯⋯⋯⋯刘　蔚　乐　颖
"皮都"史话⋯⋯⋯⋯⋯⋯⋯⋯⋯⋯⋯⋯⋯申德华

天南地北
塞上明珠——忆张家口人民剧院⋯⋯胡　旭　陈　晨

塞北革命史话
珍贵的回忆——原《察哈尔日报》老报人在北京的一
次集谈⋯⋯⋯⋯⋯⋯⋯孟　贤　小　薇　虹　生
奇袭小河子⋯⋯⋯⋯⋯⋯⋯⋯⋯⋯⋯⋯⋯杨　森
忆独石口歼灭战⋯⋯⋯⋯⋯⋯⋯⋯⋯⋯⋯刘义荣

塞上艺林
曲谈风流五十年

——悼念著名评书艺术家崔正侠先生⋯⋯赵维元
满眼生机转化钩，天工人巧日争新
——记京剧艺术家关玉峰⋯⋯⋯⋯⋯⋯李志强
梨园世家（山西梆子史话连载之十一）⋯铃　子

民间文学
孟姜女
——节选自长诗《孟姜女》第八章及尾声⋯巴　山
结索自缚（小故事）⋯⋯⋯⋯⋯⋯⋯⋯⋯孙惠裕
学员赛歌台（22首）⋯⋯⋯⋯⋯⋯⋯⋯常秀琴等
补课（山东快书）⋯⋯⋯⋯⋯⋯⋯⋯⋯⋯王贺年
瓶梅与野梅⋯⋯⋯⋯⋯⋯⋯⋯⋯⋯⋯⋯⋯王君玲
巧断鸭子案（二人转）⋯⋯⋯⋯⋯⋯⋯⋯杨鹤年

美术作品
心花（素描）（封二）⋯⋯⋯⋯⋯⋯⋯⋯李世平作
木刻二幅（封二）⋯⋯⋯⋯⋯⋯⋯⋯⋯⋯蔡　荣作
年画（封三）⋯⋯⋯⋯⋯⋯⋯⋯⋯⋯⋯⋯闪威电作
国画（封三）⋯⋯⋯⋯⋯⋯⋯⋯⋯⋯⋯⋯杨启英作
剪纸（封三）⋯⋯⋯⋯⋯⋯⋯⋯⋯⋯⋯⋯郭小玲作
刊名题字⋯⋯⋯⋯⋯⋯⋯⋯⋯⋯⋯⋯⋯⋯郭沫若

1983 年第 3 期　刊名:《长城文艺》
目录

小说
迎春酒⋯⋯⋯⋯⋯⋯⋯⋯⋯⋯⋯⋯⋯⋯⋯奠　邑
雪，是洁白的⋯⋯⋯⋯⋯⋯⋯⋯⋯⋯⋯⋯景　宜
海岛新来的女军医⋯⋯⋯⋯⋯⋯⋯⋯⋯⋯李景荣
圆月留不住心上人⋯⋯⋯⋯⋯⋯⋯⋯⋯⋯梅　洁
拥军水⋯⋯⋯⋯⋯⋯⋯⋯⋯⋯⋯⋯⋯⋯⋯赵　俊
心愿⋯⋯⋯⋯⋯⋯⋯⋯⋯⋯⋯⋯⋯⋯⋯⋯丁亚如
我是中国人⋯⋯⋯⋯⋯⋯⋯⋯⋯⋯⋯⋯⋯贾福智
表示⋯⋯⋯⋯⋯⋯⋯⋯⋯⋯⋯⋯⋯⋯⋯⋯刘莉娅
豹花马（章回长篇连载之六）⋯⋯⋯⋯⋯继　兴

散文
日出草原⋯⋯⋯⋯⋯⋯⋯⋯⋯⋯⋯⋯⋯⋯曹世钦
彩虹⋯⋯⋯⋯⋯⋯⋯⋯⋯⋯⋯⋯⋯⋯⋯⋯甘景山
故乡的水⋯⋯⋯⋯⋯⋯⋯⋯⋯⋯⋯⋯⋯⋯咏　泉
母亲颂⋯⋯⋯⋯⋯⋯⋯⋯⋯⋯⋯⋯⋯⋯⋯薛阿春

诗歌
乡村素描⋯⋯⋯⋯⋯⋯⋯⋯⋯⋯⋯⋯⋯⋯刘戎声
黎明，我回忆昨天的爱——给在远方的妻子⋯吴复来
绚丽的草原（三首）⋯⋯⋯⋯⋯⋯⋯⋯⋯桑　原
诗二首⋯⋯⋯⋯⋯⋯⋯⋯⋯⋯⋯⋯⋯⋯⋯李经艺
坝上的早晨（外一首）⋯⋯⋯⋯⋯⋯⋯⋯吴德元

春，苏醒了 ————————————— 高恩才
太阳·月亮（外一首）————————— 陈　文
怀念（外一首）————————————— 玫　婕
给你（外一首）————————————— 李晓平

风物篇
上谷育英才　桃李遍神州 ————————— 谢　江
潘城史话 ——————————————— 曲　辰
古老的代王城 ————————————— 田永祥

塞北革命史话
第一次看电影 ————————————— 陈恒新

塞上艺林
土沃根深　花红叶茂
——万全县洗马林大对业余晋剧团承包两年记实
————————————————— 晓　兰
陈利华的艺术生涯 ———————————— 于文龙
梨园世家（山西梆子史话连载之十二）———— 铃　子

曲艺·民间文学
周恩来童年的故事 ———————————— 陈民牛
儿歌选（十六首）——————————— 常　磊等
两邻居（唱词）————————————— 马宝山
一捆棉布（快板书）——————————— 凌　云
秃尾巴的小猫（童话）—————————— 亚　丹
放风筝（儿歌）————————————— 赵日新
主人和绵羊（童话）——————————— 殷　玲
飞碟（外一首）————————————— 王君玲
田鼠和青蛙（寓言）——————————— 林贞元
擅离职守的浮标 ———————————— 吴树敬
鱼与网（寓言）————————————— 杨慧娣
张家口风光
洗马林剧团剪影
刊名题字 ——————————————— 郭沫若

1983 年第 4 期　刊名:《长城文艺》
目录

小说·报告文学
酒祭（小说）————————————— 谷树明
秋末，在旅途（小说）—————————— 邓建永
"二秀才"写对联（小说）————————— 李建华
裙子（小说）————————————— 武艳红
有人敲门（小说）——————————— 韩春旭
老兵新歌（报告文学）
得失（超短篇小说）——————————— 刘玉宝
程序颠倒——一位儿媳妇的狂想曲（超短篇小说）

爷儿俩（超短篇小说）—————————— 茂　英
深深的小巷（超短篇小说）———————— 薛建新
小说这一期（编后）

散文
车轮声声 ——————————————— 孟　敏
雪貂 ———————————————— 张立勤
他和他的土地 ————————————— 柳　浩

风物篇
巴彦吐骨尔行 ————————————— 尹自先
李自成过宣化府 ——————— 刘　蔚　王　林

塞上艺林
任玉德与蔚县剪纸 ——————————— 张怀远
张家口的野台子戏 ——————————— 马龙文
三十年代初蔚县秧歌在张家口 —————— 刘文峰
艺术贵在创新
——赞郭兰英演出的《金水桥》 ————— 杨　畅
梨园世家（山西梆子史话连载之十三）———— 铃　子

史话·塞上革命
赞猴山战斗（组诗）——————————— 刘力生
挫折（革命回忆）——————— 肖　三忆述　书　良整理

诗歌
我站在中国地图前 ——————————— 谢玉久
给 H 小婴儿（外一首）————————— 海　燕
在故乡的田野上 ———————————— 高慧卿
海的传说（外一首）——————————— 程洪飞
我，向着光明走 ———————————— 邓海龙
星星（外二首）————————————— 潘上九
磨坊里的小路 ————————————— 阔振中
卖冰糕的小姑娘（外一首）———————— 孟胜国
小草 ———————————————— 咏　生
芒果树（外一首）——————————— 刘国良
花瓣集（四首）————————————— 姜雨清
榆钱儿 ——————————————— 艺　辛
天边，有朵绿色的云 —————————— 韩　郁

群艺
相亲路上（山东快书）—————————— 尹春林
歌词选登（十三首）——————————— 李志信等
清凉寺的聚宝盆（民间传说）———————— 马秀玲
王羲之父子轶事 ———————————— 闻　毅

美术·摄影
郭兰英在张家口（封二）————————— 丁长录摄影

任玉德的蔚县剪纸（封三）————————————任玉德

1983年第5期　刊名:《长城文艺》
目录

小说
俺们家的那口子————————————————陈国华
"你笑什么？"——————————————————滋　民
燕赐路301号案件————王　宾　李　发　董天成
孵喜鹊—————————————————————绍　明
可怕的"创作"————————————————————喜　勤
脸上长黑痦子的老汉————————马宝山　陈　中
"龙虎斗"———————————————————韩德贵
跟踪——————————————————————铁经建
三娘子（长篇章回小说连载之一）——井绍云　耿正中

散文
田间在南水泉————————————————马秉书

诗歌
走向大山—————————————————————杨　荣
大山，思想者的裸像————————————————柯　岚
大山，记下了一个女儿的姓名（外一首）——梅　洁
在大山的起伏里（外一首）———————————刘玉河
蒲公英，飞（外一首）————————————杨松霖
啊，野丁香（外一首）————————————黄　莺
山顶上，淡蓝色的勿忘我（外一首）——周晓明
大山里，那个夜晚——————————————杨兵海
大山，你变的这么严峻——写在登山途中——张占军
幽谷的回声（二首）————————————辛　颢
乡音（二首）————————————————晋元靠
大山啊，我真爱你——————————————田桂芳
野玫瑰—————————————————————王军强
霏霏的雨—————————————————————李　福

诗歌
凝固的波涛—————————————————吴复来
大山，我来了————————————————冯万成
绿叶——————————————————————陈建明
山路边的芍药（散文诗）————————唐占全

塞外风物
岭南珍禽————————————张　怀　张新政
官厅水秀—————————————————————建　国
轩辕之丘—————————————————————曲　辰
张家口钱庄银号始末————————————申德华
古塔之魂—————————————————————张怀远
张家口公园史话————————————————郭　沁

塞上艺林
坎坷的道路，旺盛的精力
——记张家口地区青年晋剧照团演员史全武——庆　子
曲折翻腾，妙趣横生——谈小戏曲《张二喜断案》
————————————————————————魏　麟
梨园世家（山西梆子史话连载之十四）——铃　子

塞外革命史话
回忆晋察冀边区中学生活————————柳善裕
怀念人民英雄杨克南————————————赵继仁

群艺
元宵夜（鼓词）————————————————董汝河
张飞攻"关"（快书小段）———————————张淑芳
懒汉（民间故事）————————————————王云霞
民歌选登（二十首）————————————李怀宇等
雷锋精神闪光华（湖北小曲）————————赵晋萍
慈禧路过新保安————————————————周全新
蔚县风物（封二）
河北民间美术作品选（封三）

1984年第1期　刊名:《长城文艺》
目录

贯彻二中会精神，抵制精神污染，克制资产阶级自由
化倾向
风情画　在桑根达来作客————————晓　岚
寄给塞上人　尹比利亚半岛上的风情————尚京堂
坝上行　蒙古营纪行————————————樊蜀云
忆山城　张家口我的第二故乡
——访作家秦兆阳——————胡　泊　忆　山
鬼斧神工　悬空寺游记————————————曲　辰
琳琅满目　华严寺里看菩萨————————朱　英
七十二行　巧手雕奇葩，神韵放光彩——记巧木匠刘
富——————————————————————于文龙
穹庐集　从穹庐、百子帐到婚帐——————叶　子
北国风情　口北风情录————————————尹自先
烽火狼烟　历史留在这片土地上的耻辱——慈禧西逃
过怀来县、宣化府——————————————张　方
访古觅踪　茶道漫漫，茶商佼佼
——昔日张垣茶商—————————————李志强
曲坛春秋　风雨话子规————————————方　静
梨园旧事　富连成在张家口————————刘文峰
戏曲史话　梨园世家
——山西梆子史话连载之十六————————铃　子
土香土色　蔚县窗花的美————————田永翔
桃李天下　柳川书院—————————————谢　江
民俗杂谈　塞北婚礼习俗————————杨　畅

诗歌　十月，在坝上草原（八首）……宗　鄂等
诗话　小路，通向山巅
——读《南山诗会》专页……黄　毅
笑话　县官和郎中……白　泉　熊玉峰
快书小段　外行话……宋国兴
革命故事　中秋月下……李　理口述　徐守常记
讽刺唱段　新刘巧儿、菩萨诉苦……杨　畅
评书　凤冠梦……井绍云　耿正中
电影剧本　钉在城墙上的人……继　兴
摄影小说　山乡情……索　链

1984 年第 2 期　刊名:《长城文艺》
目录

今日塞北
灾荒人不慌……万　鹰等
口外履痕
我骑着马儿过草原——押运员笔记……景　一
生活之歌
乡邻……侯永成
坝上行
蒙古营纪行……樊蜀云
风情画
那达幕盛典……曲　辰
穹庐集
谈炕……马震九
鬼斧神工
弥勒寺与五龙壁……古　杨
长城垛口
边墙情思……杨建基
边关漫步
登居庸关……方　晓
文物古迹
塞上古塔一瞥……刘建忠
北国风情
口北风情录……尹自先
七十二行
张家口的当铺……申德华
风物篇
坝上三"怪"……李宝柱
人物志
张砺生……祝占宗

曲坛春秋
风雨话子规……方　静

画苑
沈诚和他的画……梅　洁

清河茶馆
评书
凤冠梦……甄陆梨园

民俗杂谈
塞北婚礼习俗……杨　畅

茶馆闲谈
漫话通桥惨案……李沛泽

快书
第一有奖……常祥霖

趣联
斥伪医小童巧题联……赵相如

戏曲史话
梨园世家……铃　子

烽火狼烟
花落瓣碎记——阿部规秀之死……罗志宽

诗歌
塞北诗笺（四首）……刘益善等
女作者专页（八首）……黄　莺等

电影剧本
钉在城墙上的人……继　兴

章回小说
三娘子……井相云
封面题字……郭沫若
封面设计……李亚国

1984 年第 3 期　刊名:《长城文艺》
目录

小说
冬暖……宫克一
晚饭由谁来做……王金年

报告文学
在希望的田野上……晨　溪
啊，张家口号……赵治公
将军的热血……梅　洁

散文
长城外面是故乡……赵　卜
我骑着马儿过草原……景　一
我爱故乡的葡萄……贾德顺
嘉峪关记……尧山壁

草原和马 ⋯⋯⋯⋯⋯⋯⋯⋯⋯⋯⋯⋯ 拉希・扎木索
白龙洞游记 ⋯⋯⋯⋯⋯⋯⋯⋯⋯⋯⋯⋯ 孟尚智
那达慕看摔跤 ⋯⋯⋯⋯⋯⋯⋯⋯⋯⋯⋯ 曲 辰
伊比利亚半岛上的风情 ⋯⋯⋯⋯⋯⋯ 尚京堂
攀登的志趣 ⋯⋯⋯⋯⋯⋯⋯⋯⋯⋯⋯⋯ 赖玉英

诗歌
北方孩子 ⋯⋯⋯⋯⋯⋯⋯⋯⋯⋯⋯⋯⋯ 刘玉河
乡村，又长了一岁 ⋯⋯⋯⋯⋯⋯⋯⋯ 柯 岚
女工（一首） ⋯⋯⋯⋯⋯⋯⋯⋯⋯⋯ 张渐娉
初春 ⋯⋯⋯⋯⋯⋯⋯⋯⋯⋯⋯⋯⋯⋯⋯ 萧振荣
以农民的名义 ⋯⋯⋯⋯⋯⋯⋯⋯⋯⋯ 张常信
机场 ⋯⋯⋯⋯⋯⋯⋯⋯⋯⋯⋯⋯⋯⋯⋯ 高文国
在我的家乡（二首） ⋯⋯⋯⋯⋯⋯⋯ 李占学
写在土地上的诗 ⋯⋯⋯⋯⋯⋯⋯⋯⋯ 傅学乾

塞上艺林
勤于探索 勇于创新 ⋯⋯⋯⋯⋯⋯⋯ 塞 人
博撷众英 不断进取 ⋯⋯⋯⋯⋯⋯⋯ 于文龙
风雨话子规 ⋯⋯⋯⋯⋯⋯⋯⋯⋯⋯⋯ 方 静
今朝更好看 ⋯⋯⋯⋯⋯⋯⋯⋯⋯⋯⋯ 魏 麟

革命回忆录
雷惊天地壮山河 ⋯⋯⋯⋯⋯⋯⋯⋯⋯ 赵继仁

群艺
赛歌台 ⋯⋯⋯⋯⋯⋯⋯⋯⋯⋯⋯⋯⋯ 郭有山等
分"先进"（快书小段） ⋯⋯⋯⋯⋯ 孙 苏
小幽默（三则） ⋯⋯⋯⋯⋯⋯⋯⋯ 张玉景等
塞北婚礼习俗 ⋯⋯⋯⋯⋯⋯⋯⋯⋯⋯ 杨 畅
画眉（童话） ⋯⋯⋯⋯⋯⋯⋯⋯⋯⋯ 丹 亚
四个"鬼子"的覆灭 ⋯⋯⋯⋯⋯⋯⋯ 李成栋

连载
三娘子（长篇章回小说连载之五）⋯井绍云 耿正中
钉在城墙上的人（电影文学剧本连载之三）⋯继 兴
"花落瓣碎"记——阿部规秀之死纪实之二⋯罗志宽
凤冠梦（评书连载之三） ⋯⋯⋯⋯ 甄 陆 梨 园

1984 年第 4 期 刊名:《长城文艺》

目录

报告文学
乌金在燃烧 ⋯⋯⋯⋯⋯⋯⋯⋯⋯⋯⋯ 寻 子 鄂 子

小说
人格 ⋯⋯⋯⋯⋯⋯⋯⋯⋯⋯⋯⋯⋯⋯⋯ 夏 风
乡村女儿 ⋯⋯⋯⋯⋯⋯⋯⋯⋯⋯⋯⋯ 杨秀云

明天再相见 ⋯⋯⋯⋯⋯⋯⋯⋯⋯⋯⋯ 谷树明
换地 ⋯⋯⋯⋯⋯⋯⋯⋯⋯⋯⋯⋯⋯⋯⋯ 茂 英
虎皮鹦鹉 ⋯⋯⋯⋯⋯⋯⋯⋯⋯⋯⋯⋯ 刘大海
电话会议 ⋯⋯⋯⋯⋯⋯⋯⋯⋯⋯⋯⋯ 吴伯衡

散文
山桃花 ⋯⋯⋯⋯⋯⋯⋯⋯⋯⋯⋯⋯⋯ 张立勤
醇美的甘露 ⋯⋯⋯⋯⋯⋯⋯⋯⋯⋯⋯ 张景祥
春雪 ⋯⋯⋯⋯⋯⋯⋯⋯⋯⋯⋯⋯⋯⋯⋯ 张献青
再不飞去的鸟儿 ⋯⋯⋯⋯⋯⋯⋯⋯⋯ 阿 宁
山城的春夜 ⋯⋯⋯⋯⋯⋯⋯⋯⋯⋯⋯ 赵 成

诗歌
给我的小城 ⋯⋯⋯⋯⋯⋯⋯⋯⋯⋯⋯ 周晓明
山寨风情 ⋯⋯⋯⋯⋯⋯⋯⋯⋯⋯⋯⋯ 刘戎声
春天，秋实对我这样说 ⋯⋯⋯⋯⋯ 苏云海
上梁 ⋯⋯⋯⋯⋯⋯⋯⋯⋯⋯⋯⋯⋯⋯⋯ 杨素梅
灵魂的雕塑 ⋯⋯⋯⋯⋯⋯⋯⋯⋯⋯⋯ 咏 生
父亲和土地 ⋯⋯⋯⋯⋯⋯⋯⋯⋯⋯⋯ 宛 凝
开拓者 ⋯⋯⋯⋯⋯⋯⋯⋯⋯⋯⋯⋯⋯ 晓 滨
昨夜里下了一场雪 ⋯⋯⋯⋯⋯⋯⋯⋯ 郑世芳
三月的春雨 ⋯⋯⋯⋯⋯⋯⋯⋯⋯⋯⋯ 李 华

诗论
短篇怎样才能写好些 ⋯⋯⋯⋯⋯⋯⋯ 西门博

塞上艺林
美丽的蔚县苗花 ⋯⋯⋯⋯⋯⋯⋯⋯⋯ 田永翔
万全秧歌浅谈 ⋯⋯⋯⋯⋯⋯⋯⋯⋯⋯ 倪昌有

塞外风情
我骑着马儿过草原 ⋯⋯⋯⋯⋯⋯⋯⋯ 素 一
塞北婚礼习俗 ⋯⋯⋯⋯⋯⋯⋯⋯⋯⋯ 杨 畅

连载
钉在城墙上的人 ⋯⋯⋯⋯⋯⋯⋯⋯⋯ 继 兴
三娘子 ⋯⋯⋯⋯⋯⋯⋯⋯⋯⋯⋯ 诗少云 耿正中
凤冠梦 ⋯⋯⋯⋯⋯⋯⋯⋯⋯⋯⋯ 甄 陆 梨 园
"花落辩碎"记 ⋯⋯⋯⋯⋯⋯⋯⋯⋯ 罗志宽

曲艺
四喜临门 ⋯⋯⋯⋯⋯⋯⋯⋯⋯⋯⋯⋯ 陈建明
补嫁妆 ⋯⋯⋯⋯⋯⋯⋯⋯⋯⋯⋯⋯⋯ 马宝山

群艺
赛歌台 ⋯⋯⋯⋯⋯⋯⋯⋯⋯⋯⋯⋯ 张蓓耕等
蔚州梆子演员照

1984 年第 5 期　刊名:《长城文艺》
目录

报告文学

彩色的生命·····································康焕龙

小说

沉重的爱·····································宫克一
回声·····································阿　宁
"悄猫"出家·····················拉希扎木索　马　邋
我们很熟悉·····································杨秀云
重返·····································王莉莉
三娘子——长篇章回小说连载之七···井绍云　耿正中
钉在城墙上的人·····························继　兴

诗歌

中国,从天安门正步通过···················谢玉久
清晨,他赶着大车上路·····················陈启才
钻天杨(外一首)·····················赵春霞
我的朋友在燕山深处(三首)···············杨松霖
写在挡屑板上的诗(四首)···················肖　川
我爱你,中国——一位临时工的话···········少　志
陕北老汉(外二首)·····················姜宇清
晚归的男子汉(外一首)·····················良　原
写在丝绸之路上·····························张　讴

散文

屋边月色·····································李兆才
风雨话子规·····································方　静
童年的足迹·····································广　地
红杏情·····································闻　毅
红豆生南国·····································徐守常
"无字碑"遐思——泰山游记···············李宝柱

评论

游西太平山·····································武凤锦
欲求"粹",必先求"真"·····················庞安福

烽火狼烟

"花落瓣碎记"——阿布规秀之死记实之四···罗志宽

群艺

喜看塞北展新图(数来宝)·····················王贺军
欢庆建国三十五周年(民歌九首)···············董桂芩等
大境门史话·····································杨寄林
六支箭与半拉山·····························顾建中
建舞台·····································梁挺爱
凤冠梦(评书)·····················甄　陆　梨　园
多嘴鹅的命运(寓言)·····················芦香蕊

美术作品选·····························田建夫等作

1984 年第 6 期　刊名:《长城文艺》
目录

改版告读者·····························本刊编辑部

第一台阶

泥儿湾(小说)·····························南谏君
来有儿的本事(小说)·····················李占陆
使命,神圣的(小说)·····················施金常
我们毕竟还年轻(小说)·····················杨　靖
甜歌(诗歌)·····························刘晨太
海眼(散文)·····························刘亚斌

跋涉的足迹

隔壁那隆隆声(小说)·····················党巨金
文学月刊『大作家』(小说)···············陈金堂
狩猎(小说)·····························张景一
明天是国庆节(小说)·····················陈树华
命运的储备(报告文学)·····················杨　捷
嘉陵飞驰在山道(诗歌)·····················凡　中
今天我受聘(诗歌)·····················杨秉元
秋(诗歌)·····························吴　梦
牧归(诗歌)·····························陈建明
乡村路上·····································陈建明
雕塑(诗歌)·····························王超英
乡村在集市上(诗歌)·····················野　玫
我要走向远方(歌诗)·····················孙殿武
夏天的故事(诗歌)·····················黄　莺
水啊,桑干河的水(散文)·····················桑　原
第三个布娃娃(散文)·····················唐艳秋
洁白的爱(散文)·····················咏　生
我的小星星(散文)·····················蔡秀文

文艺百家

小俩口亲热
拉家常(信天游)·····················杨　畅
五湖奇迹四海交游·····················谢　江
我国伟大的书法家王次仲·····················郝　治
"花落瓣碎"记·····························罗志宽
康熙狩猎古北口·····························程　虎
洋河广惠桥·····························顾建中
访元代中都遗址·····························尹自先

文学引路
文学与我

我走过的路·····························刘大海
文学信箱·····················柯　岚　刘玉河

书林拾翠

《中华活页选》《谈诗》《三毛作品选》《第三次浪潮》等

长城文艺之友

希望 ·· 迎　迎
文学语丝 ······································ 梅　洁辑

佳作欣赏

○○戈比整（小说）······················· ［苏］舒克申
车轮之歌（散文）·························· 刘增山

服务台

为您介绍全国文艺期刊及地址

画廊

木刻（国画）······························· 闵忠勋
年画（国画）······························· 闵忠勋

1985 年第 1 期　刊名:《长城文艺》
目录

第一级台阶

今晚一定去（小说）······················· 武艳红
妈妈（散文）······························· 林　姗
路（散文）································· 安锦彪
脚手架上的铜像（诗歌）··················· 李　林

跋涉的足迹

雪线下（小说）····························· 邓建永
秋风吹过小白楼（小说）··················· 傅新民
不该失去的夏天（小说）··················· 孟广顺
《播种》编辑部铁事（小说）··············· 紫青山
贾书记发脾气（小说）····················· 张记书
尺子（小说）·························· 仲　宏、日　月
小草之歌（报告文学）····················· 王常顺
小路，弯弯曲曲（散文）··················· 李保林
我爱沙漠中的骆驼（散文诗）··············· 谢一鸣
寄自大山深处（诗歌）····················· 杨素梅
大山的形象（诗歌）······················· 凌　珊
大秦工地情思（诗歌）····················· 张美华
老虎团又进入新的起跑线（诗歌）··········· 杨秉元
赠（诗歌）································· 崔　靖
太阳的路（诗歌）·························· 赵春霞
再明亮些，我们这块土地（诗歌）··········· 张洪敏
假日（诗歌）······························· 王军强
重逢，在初春（诗歌）····················· 余守春
心，渴望着远航（诗歌）··················· 姜　桦

文艺百家

曲艺
（快板书）······························· 田轻莲
大好河山
固若金汤的马水城·························· 杨　云
关门开　千万古···························· 湖　涌
风物篇
锦锈草原巧梳妆···························· 孙守平
古今名人
郦道元 ··································· 李怀全
烽火狼烟
土木之变（历史故事）····················· 王凤歧

文学引路

文学信箱
关于《乡村女儿》的通信············· 江　音　杨秀云
书林拾翠
《世界小说 100 篇》、《移居北方的时期》
《凯旋门》、《白先勇短篇小说选》等········· 又　耳
文学语丝
别林斯基·································· 又　耳辑
海明威···································· 又　耳辑
佳作欣赏
礼拜二午睡时刻（哥伦比亚）········ 加西亚·马尔克斯
服务台
为您介绍全国文艺期刊及地址

文艺信息

《小主人报》创刊

画廊 ···················· 刘生展　郭宇新　祁万利　兰瑞山
封面设计 ································· 李重新

1985 年第 2 期　刊名:《长城文艺》
目录

第一台阶

山地（小说）　孙中山写给儿子孙科的信······· 李占陆
美国皮鞋（小说）·························· 宋　云
他和她（小说）····························· 毕　俊
山之歌（诗歌）····························· 欧阳倩
礼物（散文）······························· 高桂珍

跋涉的足迹

激动人心的时刻（散文）··················· 任　富
行动前五分钟（小说）····················· 谷树明
上源驿（历史小说）······················· 侯　会
夏日（小说）······························· 顾　城

好消息（小说）————————————— 阿　宁
绣花女（小说）————————————— 玉　良
路，窄窄的（小说）—————————— 杨秀云
童年（诗歌）————————————— 王乃飞
故乡春早（诗歌）———————————— 桑　原
乡村，正在描绘的画卷（诗歌）———— 刘戒声
铺上一片春天（诗歌）————————— 马秀珍
雪的语言（诗歌）———————————— 李淑洁
我的希望在小城（诗歌）———————— 柳　浩
白雪曲（诗歌）————————————— 康焕龙
喜满山村（诗歌）———————————— 曲　直
鸡鸣（诗歌）————————————— 李佩伦
瀑布（诗歌）————————————— 宋秀芹
初冬的雪（诗歌）———————————— 徐继红
恒山，不喜欢朦胧（诗歌）——————— 李宝柱
我调动着车辆（诗歌）————————— 张春海
杭州三日（散文）———————————— 逢　阳
天安门风姿（散文）——————————— 碧　森
我凝望着祖国的版图（散文）————— 刘增山
枣儿红了（散文）———————————— 肖孟奎
在那一片叶子上（散文）———————— 肖　筠
夜游黄河九曲灯（散文）———————— 于文龙
你的心哟，是金子
　——献给我的老师（散文诗）———— 蔡秀文

文艺百家
解放张家口纪实———————————— 孟炜烨
"罐银寺"的来历———————————— 杜立斌
党给咱指出幸福道——————————— 王成训
独石记———————————— 尹自先　蒲润洲
灶君是如何上天的————————— 洋　流　赵梅花
张垣下堡明代边防剪影————————— 杨寄林
猫狗结仇——————————————— 安国盛
游紫荆关——————————————— 孟　敏

文学引路
文学与我
在艰难曲折中登攀——————————— 宫克一
佳作欣赏
果园里————————[英]弗吉尼亚·沃尔夫
听泉—————————————[日本]东山魁夷
时钟—————————————[法]波特莱尔
往事如梦————————[英]约·高尔斯华绥
相见恨晚——————————————— 王力华
长城文艺之友————————————— 杨立群等
文学语丝
别林斯基——————————————— 雪　歌辑
鲁迅————————————————— 雪　歌辑
书林拾翠

聊斋志异
《巴乌斯托夫斯基选集》（共2册）———— 雪　歌辑

服务台
为您介绍全国期刊及地址

画廊
穆品章　李世平　吴国霖　郭重光　王桂卿　连　磊
封面设计——————————————— 李重新

1985年第3期　刊名:《长城文艺》
目录

第一台阶
郝五和秦海（小说）——————————— 梁挺爱
期求（诗歌）———————— 白　立　解　川　季秀丽
赵春花　张　清
山村，那所小学（散文）———————— 建　明

跋涉的足迹
开吊车的小姑娘（小说）———————— 石安堂
山林里的故事（小说）————————— 李乔亚
小白楼的新门房（小说）———————— 刘　阳
练气功（小说）————————————— 金阿根
欢欢乐乐（小说）———————————— 张昌华
难以忘却的记忆（小说）———————— 王唯唯
闹寿（小说）————————————— 李文生
大旺老汉和他的马褂儿（小说）———— 党巨金
年轻的中国潮（诗歌）——— 姚振涵　董茂棠　吴裕成
吴复来　家　声　言　愚　黄殿琴　杨秉元　安锦彪
李恒瑞　姜宇清　任宝常　王玉民　李凤坡　甘涓涓
柯　苑　任永清　安清连
坝上的孩子（散文诗）————————— 李　钧
水乡之夜（散文）———————————— 金晓武
绿荫三道边（散文）——————————— 顾建中
母校门前的土路（散文）———————— 刘又锋
悠悠缕缕大连情（散文）———————— 江　音
故乡的井（散文）———————————— 桑　原
黄昙花树下（散文诗）————————— 吕纯晖
故乡的翠竹（散文诗）————————— 陈启才
匠心独运新意出
　——谈获奖小戏《草原春风》————— 任玉福

文艺百家
跟踪追夫（山东快书）————————— 广　木
一曲情真意切的"甜歌"———————— 张　彪
一件出土的珍贵古代青铜器——孟姬匜—— 刘建忠
十三太保李存勖的故事————————— 顾建中
长遮绝漠　诸美攸凑——话说宣大长城—— 杨寄林

张北，这片土地································尹自先

文学引路
斯君堪称伯乐——记刘流引我走文学之路·····李宝柱
文学信箱····································武世杰
阿维·阿斯平纳尔的闹钟（佳作欣赏）
····································[澳]劳　森
世间最美的坟墓——记1928年的一次俄国旅行（佳作欣赏）································[奥地利]斯·茨威格
为您介绍全国文艺期刊及地址

1985 年第 4 期　刊名:《长城文艺》
目录

通俗文学
怪蘑菇（中篇侦破小说）···················张百川
九死一生（外国惊险小说）··········李　发　赵治平译
康熙私访（章回小说连载之一）
····················刘冰之　洪九公整理　柴瑞峰口述

小说
贾县长巧断牛头案·······················马宝山
这一家子人······························得　桂

评论
时代精神的写照，典型境界的开拓——评潮清的中篇
小说《单家桥的闲言碎语》···············韦小军

散文
白蜡烛，我心中的碑·····················王乃飞
苏生································德　夫
益母草································刘增山
打柴油································张立勤

诗歌
爱从这里升起····高　霞　谢　川　荣　森　任永清
杨春华　谢玉久　田桂芳　杨　云　周晓明　欧阳倩
吴志达　张秀转　崔　靖

文艺百家
地主和长工（民间故事）··········史桂兰　康有利
颜回和子路（民间故事）·················王彩晨
抢秀才（快板书）·······················小　梁
郑板桥的故事···························陈金龙
寓言三则·······························史发田
才女金殿挫北使·························赵相如
匦·····································刘建忠

1985 年第 5 期　刊名:《长城文艺》
目录

通俗
大侠神威································冯育楠
古刹飞刀································赵云雁
康熙私访（章回小说连载之二）
····················柴瑞峰口述　刘冰之　洪九公整理

小说
板人小史································宫克一

评论
清泉赴壑　朴笔真情
——品评长城文艺改版以来的散文特色·······曹　森

散文
坝墙夜话································刘亚斌
油菜花开时······························王率君
沙梁································徐重庆
雪野································小　桑
初探大海的孩子·························犁　铧
讲台，我的脚手架·······················李如宏
牛颂································谢　江

诗歌
五月的情思·······王彦军　郭炳庆　刘定杰　肖振有
康焕龙　欧阳倩　拓荒犁　李淑清　张伦先　赵春花
王桂春　王志强　窦汝珍　春　涅　林长青

文艺百家
千里有缘来相会·····················杨景龙搜集整理
吃东西噎住揪耳朵的传说···················崔凤英
神鞭吸水································牛继红
"白马神"的传说，"莲花池"的来历···········何站起
猪是怎样变蠢的·························吴百兰

1985 年第 6 期　刊名:《长城文艺》
目录

通俗文学
荣华怨································老　七
康熙私访··········柴瑞峰口述　刘冰之　洪九公整理

散文
松山拾惠································阿　宁
黄土地································咏　生

三进山沟 ·························· 马汉洪
岁九莲更香 ························ 戴砚田

评论
在时代的潮流中汲取激情
——评短篇小说《沉重的爱》 ········· 任玉福
情思绵邈 诗意浓郁
——戴砚田《岁九莲更香》析赏 ······ 晓 薇

诗歌
零珠碎玉 ·········· 拓荒犁 陈建生 高志国 贾凤玲
杨素梅 徐勤本 黄家玲 冯万成 谢玉久 沈廷才
石东升 郭炳庆 胡 香 孙继伟 晨 梅 巨 河
刘戎声 解 川

群艺
诸葛亮牢记母训立志成才 ········· 阎从舜搜集整理
鸟和毒蛇 ·························· 春 秋
辣椒和大蒜的由来（植物传说故事）
··························· 张云明 于 永搜集整理
杨先生写联对斥敌人 ·············· 赵相如整理
九花娘大闹朝阳楼（民间故事） ······ 顾建中整理
想入非非（山东快书） ················ 孙桂芳
封二 迂夫子打鬼 ··········· 原 海编 重 新画
封三 混饭吃的狐狸精 ········· 原 海编 重 新画

1988 年第 1 期 刊名:《长城文艺》
目录

死刑前的一分钟权利 ················ 赵继仁
女贼 ··························· 张自沙
三个冒险家 ······················ 汪佩琴
奇怪的"皇军" ···················· 李名英
改革与通俗文学 ··················· 张庆田
娄子匡 ························· 谭达先
逾越 ··························· 韩 敏
一封未成遗书的遗书 ················ 张宝树
一幅油画 ························ 藤爱丽

1988 年第 2 期 刊名:《长城文艺》
目录

微笑的维纳斯 ····················· 石渝生
失眠在相思湖 ····················· 汤子文
血染香罗帐 ················· 青 山 白 泉
雪花 ·························· 邓晓亮
探望胡风夫人 ····················· 汤小薇

梦的衣裳 ························ 于德北
第一缕白云 ······················ 姜宇清
怀念李又然同志 ··················· 刘戎声
北方痕 ························· 田 子
把心交给太阳 ····················· 高桂珍
我该向她忏悔 ····················· 李宝柱
塑 ··························· 钟 灵
宏子之死 ··········· ［日本］结诚昌治著 孔宪科译
"财神"破财记 ················ 张良术 杨 畅
叶天士拜师学医 ···················· 任 凭
驾长威镇众和尚 ···················· 史 吏

1988 年第 3 期 刊名:《长城文艺》
目录

艾滋病国际间谍（惊险小说） ············ 公 德
覆盖在死人脸上的花手绢（侦破小说） ······ 张永昌
财政总长外甥女私奔记（纪实文学）
··························· 张云溪 邝富荣
粉红色"三角"的背后（侦破小说）
··························· 吴正德 华伟章
天下第一剑（武林小说） ··············· 罗公亭
序言琐记 ························ 韦 野
那一个多雪的冬天 ·················· 武 华
傣族关门节掠影 ··················· 曹建玲
相遇在秋风秋雨之中 ················· 迎 晨
封面设计 ···················· 李重新 李世平

1988 年第 4 期 刊名:《长城文艺》
目录

"蓝魂"接近目标 ··················· 焦国力
埋在娘娘墓中的爱 ·················· 尹万发
怀疑自己不是男人的男人 ·············· 郭有献
封面设计 ························ 李世平

1988 年第 5 期 刊名:《长城文艺》
目录

黑蝴蝶
A 字案件
复仇的女人
埋在地下八十三小时

1988 年第 6 期　刊名:《长城文艺》
目录

十二时辰镖 ················· 汪佩琴
黄色塬 ··················· 梅　洁

1989 年第 1 期　刊名:《长城文艺》
目录

性医学专家外传 ············· 德　夫
黑恋 ···················· 高玉琮
九龙剑下的冤魂 ············· 师东兵
绿林城堡女主人 ············· 焦国力
鬼屋 ···················· 李名英
神眼 ···················· 唐秉月
疑惑 ·········· [美]约翰·卢茨著　杨汝钧译

1989 年第 2 期　刊名:《长城文艺》
目录

鬼谷神拳

1989 年第 3 期　刊名:《长城文艺》
目录

菲菲咖啡厅 ················ 马　镇
早恋的漩涡 ················ 姚自豪
暗娼旅社历险记 ············· 金　兆
小姐卷入懒猫计划 ··········· 张　帆
偷渡女落难"温柔乡" ····· 吴正德　华伟章
总是死医生的医院 ··········· 石渝生

1989 年第 4 期　刊名:《长城文艺》
目录

孤楼怪客 ················· 宗　岱

1989 年第 5 期　刊名:《长城文艺》
目录

试管婴儿世界奇案
穿红泳装的少女
柳败花残

1989 年第 6 期　刊名:《长城文艺》
目录

游侠江湖
毛泽东主持的中央政治局会议秘闻
赫鲁晓夫秘密来华
肖斌落网始末
黄色沼泽
侵蚀共和国肌体的病毒
中国末代皇帝之死

《丑小鸭》

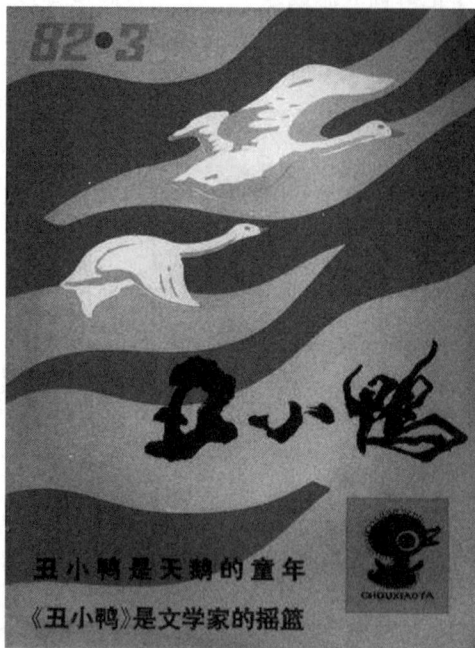

丑小鸭是天鹅的童年
《丑小鸭》是文学家的摇篮

【简　介】

　　青年文学月刊。人才杂志社主办,隶属中华全国总工会。创刊于 1982 年,1986 年停刊。其旨在培养青年作家,设专栏"处女地"专选普通青年来稿。1982 年 1 月的《发刊词》由叶君健主笔,介绍杂志取名缘由和创刊宗旨,鼓励年轻作家实现梦想。其面向工农大众,主要向各省市工会及厂矿企业征集工人文艺作品。

期刊号:1982 年第 1 期—1986 年第 12 期

"丑小鸭"和安徒生——代发刊词
叶君健

　　"人各有志",这是过去一些旧小说之类文章中常见到的一句话,最初它大概是出自旧小说中某些英

雄人物之口。它曾被广泛引用，因而流传甚广。到了二十年代末和三十年代，这句话不再在一般文字中出现了。可能人们觉得它多少带点"封建"或"个人英雄主义"的味道，而与当时被革命浪潮所激起的时代精神不相称，于是把它舍弃了。事实上，如果把"志"这个字作广义的理解，它倒不一定为时代的精神所"局限"，也不一定具有想要"出人头地"的意思。个人的兴趣和对某种理想的追求，也可以说是"志"。根据这个意义，它具有超越时代的普遍意义了。人所以不同其他动物，就是因为他活着并非单是为了吃饭、维持生命和享受人生，他还有理想——这也可以解释为广义的"志"。

这样解释"志"就联系到本文的主题了。"丑小鸭"原是丹麦世界知名的童话作家安徒生写的一篇同名童话中的主人公，这位作为主人公的小鸭子被其他动物视为丑得出奇，因而处处受到歧视。安徒生用同情的笔触和诗一般的语言，把他早年的遭遇写得生动感人，因而成为闻名世界的一个名篇，为广大读者所喜爱。事实上，这篇故事就是"言志"的作品。安徒生通过它象征性地描绘了他自己少年时代所经历的坎坷和难以想象的困难，以及他如何在这种逆境中奋斗不懈去实现他的"志"。因而这篇作品也就一直被认为是安徒生的自我写照——一篇自传。

安徒生是一个穷苦鞋匠的儿子，母亲也是一个濒于讨饭境地的、靠为人洗衣过活的寡妇。安徒生小时不仅经常和饥饿打交道，同时还处处遭到人们的鄙视，但他却有一个在当时被认为是与他出身不相称的、"异想天开"的"志"他想当一个艺术家，一个芭蕾舞演员，一个歌唱家，一个在舞台上表演人生，创造"美"的艺术家。为此，他在一般庸俗人的眼中就成了一个天大的笑柄。但他却一点不感到气馁。

安徒生十四岁就离开了家乡奥登塞市，带着祖母和母亲所积蓄下来的几十个铜子，只身去那举目无亲的京城，当时的文化中心哥本哈根，去追求他的理想。不难想象，在当时那个世态炎凉的社会里，等待他的是一种什么命运，饥饿和精神上的打击与他结了不解之缘。但他以顽强的毅力，克服了种种困难。虽然由于贫困和由此而带来的疾病折磨了他的身体，毁坏了他的体形和声音，使他不能成为一个舞台艺术家，但他以坚强的意志最后还是达到了他的目的：他成为全世界亿万儿童所喜爱的童话作家。他在童话作品中所创造出的美和诗，成为人类永远享受不尽的精神财富和艺术宝藏。

"丑小鸭"的遭遇和安徒生有类似之处，他原是一个不知来历的、被遗放在牛蒡丛中的天鹅蛋。一只野鸭把它当作一只鸭蛋孵了出来。由于这个"小鸭"的体积太庞大，太特别，一般野鸭就对他说："你真是丑得厉害！不过你只要不跟我们族里任何人结婚，这对我们倒也没有什么大的关系。"世俗的偏见

已经把他推到社会之外，使他成为化外之民。"呸！瞧那只小鸭的一副样儿！我们看不惯他！于是马上就有一只鸭子飞过去，在他的颈上啄了一下。"虽然他随时都受到歧视和凌辱，他却怀有一个理想：他热爱"美"，他要飞。

他正视生活。在四面八方的压力纷至沓来的时候，他没有寻短见，他既不自暴自弃，也不愤世嫉俗，他挣扎着活下去。甚至当死亡在威胁着他的时候，他也没有放弃生的意愿和对美的追求。

"一天晚上，正当美丽的太阳下落的时候，有一群漂亮的巨鸟从灌木林里飞出来。小鸭从来没有看到这样美丽的东西。它们白得发亮，它们的颈又长又软，这是一群天鹅。它们发出奇异的叫声。它们展着美丽的长翅膀，从寒冷的地带向温暖的国度，向不结冰的湖泊飞去。它们飞得很高——非常高，丑陋的小鸭不禁感到一种说不出的高兴。他在水上像车轮那样不停的旋转着，同时把自己的颈高高地向它们伸着，发出一种那么奇异、那么响亮的叫声，连他自己也害怕起来……啊！他再也忘记不了这些美丽的鸟儿，这些幸福的鸟儿！"

他向往这些美丽的生物，世俗的偏见和习惯势力在他心灵上所造成的压抑和忧郁，却不能摧毁他对美的追求和向往。

"我要飞向他们，飞向这些高贵的鸟儿！它们会把我弄死的。因为我是这样丑陋，还居然敢接近它们！不过这没有什么关系！被它们弄死总比被鸭子咬，被鸡群啄，被看管养鸭场的那个女佣人踢和在严冬受苦要好得多！于是他就飞到水里，向美丽的天鹅游去：这些动物看到他，马上就竖起它们的羽毛向他游来。请你们弄死我吧！可怜的小鸭说。他低低地把头垂到水上，只等着一死。但是他在这清彻的水上看到了什么呢？他看到了自己的倒影。那不再是一只粗笨的、深灰色的、又丑又令人讨厌的鸭子了，他是一只天鹅！"

他进入了"美丽的行列，美的境界"，他攀上了他所向往的美的高峰，他感到幸福，感到生命的真实的意义。这就是这篇故事的主题。这篇故事不仅概括地描绘出安徒生青少年时代的苦难和斗争，也表达出了他在面临困境的时候所坚持的信念。

"只要你是天鹅蛋，就是生在养鸭场里也没有什么关系。"换一句话说，只要你本来就具有高尚的品质和一心向上的意志，那些庸俗人的讪笑和奚落，不管是多么厉害，也不能阻止你前进和攀上你所向往的高峰。

"过去他遭受过那么多的不幸和苦难，可是现在他感到非常高兴了。他现在清楚地认识到，幸福和美正在向他招手——许多大天鹅在他周围游泳，用嘴来亲他。"

"丑小鸭"终于实现了他所追求的理想。安徒生

也是一样，他终于成了一个伟大的童话艺术家，创作出了那么多充满了爱和鼓舞人们向真、善、美追求的美丽的故事，给人们带来快乐、希望和幸福。在他老年的时候，他的故乡奥登塞市的居民赠他以"奥登塞市荣誉公民"的称号。在授于他这个光荣称号的那天晚上，他们举行了火炬游行，庆祝他们饱经沧桑的儿子安徒生归来。面对这些人群，安徒生这样描述他当时的感情：

"我觉得我自己很卑微、无力和渺小。我好像是站在我的上帝面前一样。我在思想、语言和行为各方面的弱点，现在都在我面前展开。这一切都在我的灵魂里突出地直立着，好像这个纪念日就是我的审判日似的。当人们这样称赞和尊重我的时候，上帝一定会知道我是感到多么卑微。"（安徒生《我的一生的童话》）

这就是具有"大志"的安徒生的本色，也是"丑小鸭"的本色。他虽然通过一生的努力在工作中取得了巨大的成就，得到世人的尊敬，但"在上帝面前"他却感到非常卑微。这里的"上帝"对安徒生说来就是人民，对丑小鸭说来，就是那些美丽的天鹅。只有在这个"上帝"面前，只有得到这个"上帝"的承认，我们的成就才能表现出它所具有的真正的价值和意义。《丑小鸭》这个故事，虽然是写在一百三十多年前（公元一八四四年），看来今天仍然能带给我们新的启示。

1982 年第 1 期　刊名:《丑小鸭》
目录

"丑小鸭"和安徒生（代发刊词）————叶君健
我的祝贺————荒 煤
一点祝愿————公 刘

处女地
昨天已过去（小说）————王旭峰
评"昨天已过去"————田 芬
跑堂的姑娘（小说）————曹振强
评"跑堂的姑娘"————母国政
涅槃（小说）————洛 恪
评"涅槃"————杨志杰
吉尔特，走进世界（小说）————谭甫成

小说
西闸 99 号————徐大鹏
寻觅————檀 溪
山村夏日————刘宝营
两个世界————韩春旭
秦老虎————晓 村

奇异的上衣（译文）————庄继禹

散文·报告文学
采掘黄河之珠的人——访李准————吴光华
蟹肥时节————丁鸿慈
奇鸟求爱————李绪萱

诗歌
希求————乔 良
我奔跑在青青的小树林————宋爱咏
柔雨————黄兰英
壮美、清新与轻柔（诗评）————雷抒雁
水乡————顾 城
绿柳依依————程步涛

诺贝尔文学奖及其作品
诗三首（附简介）————苏利·普吕多姆

我的处女作
《我吃了一串葡萄》 过去生活里一个涟漪————严文井

作家百人谈
为李又然同志的散文集说几句话————丁 玲
性格心理调查表————孟伟哉 理 由

中外文学青年通信录
丹梅、柯赫·白荻（西德）

1982 年第 2 期　刊名:《丑小鸭》
目录

处女地
六甲——电影剧本————王力雄 柳 青
元宵月下————赵锐勇
终身事————杜嗣琨
崩玉米花的青年人————邱国强
评点————白景晟 理 由 幼 农

小说
今晚看见的星————王旭烽
啊，春夜————严 平
方舟————洛 恪

散文·报告文学
带索的天鹅（童话）————李学中
鸟声————朱春雨
小个子和他的篮球————张 挺

我的处女作

往日的起点⋯⋯⋯⋯⋯⋯⋯⋯⋯⋯⋯刘绍棠
蔡桂枝⋯⋯⋯⋯⋯⋯⋯⋯⋯⋯⋯⋯⋯刘绍棠

诗歌

黄山归来石上观日落⋯⋯⋯⋯⋯⋯⋯小 麦
自由之鸟⋯⋯⋯⋯⋯⋯⋯⋯⋯⋯⋯⋯艾 丹
我的歌⋯⋯⋯⋯⋯⋯⋯⋯⋯⋯⋯⋯⋯周贵祥
爱之花⋯⋯⋯⋯⋯⋯⋯⋯⋯⋯⋯⋯⋯文世杰
湖（二首）⋯⋯⋯⋯⋯⋯⋯⋯⋯⋯⋯于晓阳
走进广阔的世界⋯⋯⋯⋯⋯⋯⋯⋯⋯国 华
路上的童年⋯⋯⋯⋯⋯⋯⋯⋯⋯⋯⋯杨宗杰
（美）马杜不蒂诗三首⋯⋯⋯⋯⋯⋯江 枫

大学生之页

求凰记⋯⋯⋯⋯⋯⋯⋯⋯⋯⋯⋯⋯⋯王大绩
万事开头难（萤火虫）⋯⋯⋯⋯⋯⋯龚雁梓
秘诀⋯⋯⋯⋯⋯⋯⋯⋯⋯⋯⋯⋯⋯⋯王冠文
分房⋯⋯⋯⋯⋯⋯⋯⋯⋯⋯⋯⋯⋯⋯赖伟明

作家百人谈

激流里的石头——谢胡风同志帮我改稿⋯雷抒雁
读诗随感 附胡风同志改雷抒雁的诗⋯⋯⋯胡 风
作家书简⋯⋯⋯⋯⋯⋯⋯严文井 谢 璞
作家心理性格调查表⋯⋯⋯沙叶新 贾平凹
诺贝尔文学奖金获得者——丽莲（小说）
⋯⋯⋯⋯⋯⋯⋯⋯⋯［冰岛］哈·拉司内斯
中外文学青年通讯录⋯⋯⋯丹 梅（法）葆 罗

散文

炉旁⋯⋯⋯⋯⋯⋯⋯⋯⋯⋯⋯⋯⋯⋯晓 山
旅途杂拾⋯⋯⋯⋯⋯⋯⋯⋯⋯⋯⋯⋯流 沙

诗歌

纤歌⋯⋯⋯⋯⋯⋯⋯⋯⋯⋯⋯⋯⋯⋯程 新
街上，走来一位姑娘⋯⋯⋯⋯⋯⋯⋯陈晓光
擦拭⋯⋯⋯⋯⋯⋯⋯⋯⋯⋯⋯⋯⋯⋯沙永跃
贝⋯⋯⋯⋯⋯⋯⋯⋯⋯⋯⋯⋯⋯⋯⋯韩 晓
回乡诗抄⋯⋯⋯⋯⋯⋯⋯⋯⋯⋯⋯⋯和 谷
露⋯⋯⋯⋯⋯⋯⋯⋯⋯⋯⋯⋯⋯⋯⋯李蔚红

萤火虫

丢脸⋯⋯⋯⋯⋯⋯⋯⋯⋯⋯⋯⋯⋯⋯相南翔
曹雪芹与《红楼梦》⋯⋯⋯⋯莫 名 章 苑
低音贝司⋯⋯⋯⋯⋯⋯⋯⋯⋯⋯⋯⋯紫 萍

我的处女作

关于《老牛》（附:《老牛》）⋯⋯⋯周良沛

作家百人谈

忆念三春晖⋯⋯⋯⋯⋯⋯⋯⋯⋯⋯⋯白 桦
怎样办好青年文学刊物（座谈）
刘亚洲性格心理调查表
诺贝尔奖金获得者及其作品
温泉宿⋯⋯⋯⋯⋯⋯⋯⋯⋯［日］川端康成

1982 年第 3 期　刊名:《丑小鸭》
目录

处女地

邻居⋯⋯⋯⋯⋯⋯⋯⋯⋯⋯⋯⋯⋯⋯张卫东
评点⋯⋯⋯⋯⋯⋯⋯⋯⋯⋯⋯⋯⋯⋯越 子
一颗没有退休的心⋯⋯⋯⋯⋯⋯⋯⋯张 棣
评点⋯⋯⋯⋯⋯⋯⋯⋯⋯⋯⋯⋯⋯⋯刘绍棠
春潮⋯⋯⋯⋯⋯⋯⋯⋯殷慧芬 楼耀福
郎才女貌⋯⋯⋯⋯⋯⋯⋯⋯⋯⋯⋯⋯张 旗
评点⋯⋯⋯⋯⋯⋯⋯⋯⋯⋯⋯⋯⋯⋯郑万隆

小说

影子⋯⋯⋯⋯⋯⋯⋯⋯⋯⋯⋯⋯⋯⋯小 流
乌鸦⋯⋯⋯⋯⋯⋯⋯⋯⋯陶 正 田增翔
让台⋯⋯⋯⋯⋯⋯⋯⋯⋯⋯⋯⋯⋯⋯安兴本
远方佇女婿⋯⋯⋯⋯⋯⋯⋯⋯⋯⋯⋯卡 那
严肃处理⋯⋯⋯⋯⋯⋯⋯⋯⋯⋯⋯⋯张大维

1982 年第 4 期　刊名:《丑小鸭》
目录

处女作

四等舱⋯⋯⋯⋯⋯⋯⋯⋯⋯⋯⋯⋯⋯西 西
评点⋯⋯⋯⋯⋯⋯⋯⋯⋯⋯⋯⋯⋯⋯苗培时
我的叔叔是画家⋯⋯⋯⋯⋯⋯⋯⋯⋯胡太玉
评点⋯⋯⋯⋯⋯⋯⋯⋯⋯⋯⋯⋯⋯⋯刘心武
离开绿地⋯⋯⋯⋯⋯⋯⋯⋯⋯⋯⋯⋯石 涛
评点⋯⋯⋯⋯⋯⋯⋯⋯⋯⋯⋯⋯⋯⋯高行健
星空应有我们的位置⋯⋯⋯⋯⋯⋯⋯杨 菁
评点⋯⋯⋯⋯⋯⋯⋯⋯⋯⋯⋯⋯⋯⋯甘铁生

小说

关于狼和北方和秋天⋯⋯⋯⋯⋯⋯⋯谭甫成
小鸟飞向蓝天⋯⋯⋯⋯⋯⋯⋯⋯⋯⋯李 泗
当当叩门声⋯⋯⋯⋯⋯⋯⋯⋯⋯⋯⋯邱国强

影视文学

我们都是警卫员⋯谭建东 陈国栋 蔡春海 刘寒乔

散文

天涯归来访"美人" ……………………………… 程树臻
旅伴 …………………………………………………… 李 前

诗歌

中国，我走出伤痕 …………………………………… 姜维平
四月的风 ……………………………………………… 于 淼
寻觅 …………………………………………………… 金云富
雨后 …………………………………………………… 翁景贵
春姑娘来了（两首） ………………………………… 田晓菲
雁阵 …………………………………………………… 卫世平
无题 …………………………………………………… 苏 敏
心声 …………………………………………………… 贾俊强
祝愿 …………………………………………………… 宁 莲

萤火虫

寓言三则 ……………………………………………… 虞 冰
关于寓言的通信 ………………………………… 严文井 周冰冰
我的处女作
起步（附：《眼镜》） ……………………………… 母国政

作家百人谈

我是你们的姐妹 ……………………………………… 张 洁
回顾与展望 …………………………………………… 李惠薪
苏叔阳心理性格调查表

诺贝尔奖金获得者及其作品介绍

客栈里的风波 …………………………… ［南］伊沃·安德里奇

1982 年第 5 期　刊名:《丑小鸭》
目录

处女地

骑士 …………………………………………………… 聂大齐
牛 ……………………………………………………… 陆耀文
一纸之隔 ……………………………………………… 管新生
生活充满了爱 ………………………………………… 曹 劼
弟弟 …………………………………………………… 刘福生
评点 ……………………………… 中杰英　岩 冰　张成德

小说

老人纠察线 …………………………………………… 刘心武
夜，祝你幸福 ………………………………………… 王小妮
评点 …………………………………………………… 李 兢
中锋 11 号和他最后一场球 ………………………… 汪海涛
冲击波 ………………………………………………… 尤小刚
价（微型小说） ……………………………………… 王进旭
姑姑从美国来（微型小说） ………………………… 庄之明

快嘴利舌人（微型小说） …………………………… 荆其柱

散文·诗歌

大山素描（散文） …………………………………… 徐 刚
梦桑莲（散文） ……………………………………… 陈文琪
季教授和他的第二故乡（散文） …………………… 段 晴
月航给月 ……………………………………………… 贾平凹
沙海交响曲 …………………………………………… 频 歌
海、月亮和我（两首） ……………………………… 王红玫
海望 …………………………………………………… 凌 青
我是诚实（外二首） ………………………………… 周贵祥
夜雨 …………………………………………………… 吴 源
大海的水 ……………………………………………… 张之静
行列 …………………………………………………… 麦 恩
渔女 …………………………………………………… 剑 华
脚印 …………………………………………………… 李晓梅

萤火虫

自我批评 ……………………………………………… 肖 戈
杀猪的喜剧 …………………………………………… 所明心

作家的处女作

张天翼的"第一篇"小说　附：《三天半的梦》
…………………………………………………………… 沈 澄

作家百人谈

从电视剧《安娜》引起的感想 ……………………… 罗 荪
致文学青年 …………………………………………… 肖 军
性格心理调查表 ……………………………………… 焦祖尧

诺贝尔文学奖获得者作品介绍

月亮（三首） ………………………………… 聂鲁达（秘鲁）
中外文学青年通讯录 ………………………… 谷野典之（日本）
艳阳时节（雕塑） …………………………………… 程亚南

1982 年第 6 期　刊名:《丑小鸭》
目录

处女地

老姑娘 ………………………………………………… 李 辰
捧一掬山乡的溪水 …………………………………… 国 庠
神秘的眼睛 …………………………………………… 赵 毅
路灯下 ………………………………………………… 虞宝竹
工读风波 ……………………………………………… 刘 杰

评点

袖手于前始能疾书于后 ……………………………… 林 春
真情的魅力 …………………………………………… 贺新创

更重要的是┈┈┈┈┈┈┈┈┈牛志强

小说
丑女┈┈┈┈┈┈┈┈┈┈┈┈┈王吉呈
《刺头》记者┈┈┈┈┈┈┈┈盛祖宏
约会┈┈┈┈┈┈┈┈┈┈┈┈┈吴　晴
生活的旋律┈┈┈┈┈┈┈┈┈松　柏

报告文学
爱┈┈┈┈┈┈┈┈┈┈┈┈张　挺　晓民

袖珍散文
记忆┈┈┈┈┈┈┈┈┈┈┈┈┈韩少华
我这《丑小鸭》┈┈┈┈┈┈韩静霆
桂海一秀┈┈┈┈┈┈┈┈┈┈王文平
晴川芳草┈┈┈┈┈┈┈┈┈┈朱述新
车前草┈┈┈┈┈┈┈┈┈┈┈曹国瑞

影视文学
春兰秋菊┈┈┈┈┈┈┈┈计红绪　郭宝昌

诗歌
林区小路（外一首）┈┈┈┈顾绍康
哦，水仙┈┈┈┈┈┈┈┈┈┈晨　梅
舞台┈┈┈┈┈┈┈┈┈┈┈┈┈张宝申
模特儿┈┈┈┈┈┈┈┈┈┈┈苗　木
在那偏僻的小镇┈┈┈┈┈┈张　丹
鸿雁絮语┈┈┈┈┈┈┈┈┈┈王帆影
寄远┈┈┈┈┈┈┈┈┈┈┈┈┈姜诗元
向日葵┈┈┈┈┈┈┈┈┈┈┈纪红民
玉兰花开┈┈┈┈┈┈┈┈┈┈彭　龄

微型小说
拜谢无门┈┈┈┈┈┈┈┈┈┈牧　之
瓜熟蒂落┈┈┈┈┈┈┈┈┈┈赵大年
保证┈┈┈┈┈┈┈┈┈┈┈┈┈李蕙薪
我的朋友在"海司"┈┈┈┈王　矢
衣服的毛病┈┈┈┈┈┈┈┈┈吴国兴
拜厂长┈┈┈┈┈┈┈┈┈┈┈姚意克

作家侧影
充满风趣的天真诗人┈┈┈┈何养明

我的处女作
我的第一篇文章（附：《故乡的雨》）┈┈┈唐　弢

作家百人谈
生活的节奏┈┈┈┈┈┈┈┈┈苏　晨
徐刚性格心理调查表

诺贝尔奖金获得者及其作品
（西德）亨利希·伯尔作品两篇┈┈┈刘小田译
以笑为职业的人
在桥边

1982 年第 7 期　刊名:《丑小鸭》

目录

处女地
地久天长┈┈┈┈┈┈┈┈┈┈王小波
十字架下的随想┈┈┈┈┈┈张茜蕤
买电视的日子┈┈┈┈┈┈┈方　旭
雁的故事┈┈┈┈┈┈┈┈┈┈所国心
评点┈┈┈┈陈　静　李　兢　苏辛群　黎　白

小说
雨、雪及其他┈┈┈┈┈┈┈高行建
《雨、雪及其他》评点┈┈严文井
死神在夜草原上游荡┈┈┈宋学孟
最后一枪┈┈┈┈┈┈┈┈┈┈傅晓明
隆冬夜┈┈┈┈┈┈┈┈┈┈┈高　颖
我们都是神枪手┈┈┈┈┈┈梁　毅

影视文学
再走一步，再走一步┈┈┈张辛欣

散文·诗歌
比翼鸟儿情依依（散文）┈李绪萱
来年开春时（散文）┈┈┈刘华强
为了使燕子有一个春天┈┈张　毅
月梦┈┈┈┈┈┈┈┈┈┈┈┈肖　亚
无法投递的信件┈┈┈┈┈┈高伐林
恋歌┈┈┈┈┈┈┈┈┈┈┈┈凌　蓉
悄悄地，我走进┈┈┈┈┈┈查　干
我的诗正站在阳光下┈┈┈杨　毅
印象┈┈┈┈┈┈┈┈┈┈┈┈一　民
无题（外一首）┈┈┈┈┈┈严　力
太阳花（外一首）┈┈┈┈张　珉
启航┈┈┈┈┈┈┈┈┈┈┈┈项　荣
飞升吧，我的风筝┈┈┈┈程　新

作家处女作
秦兆阳是怎样走上文学道路的┈┈┈左　天
桌子和筷子的故事┈┈┈┈┈秦兆阳

作家百人谈
议"竹喧归浣女"┈┈┈┈┈袁水拍
李瑛性格心理调查表

关于气质、性格简释
诺贝尔文学奖获得者及其作品
轻微的呼吸·············[俄]伊·阿·蒲宁　苗淳然译

1982 年第 8 期　刊名:《丑小鸭》
目录

处女地
那闪光的……·······················李甲辰
第二个孩子满月·······················郭金玉
鞭炮声声·······················李青山
公园的长椅旁·······················张小川
绿翅鸟（诗）·······················一　平
牛皮山鼓舞（诗）·······················朱小羊

评点
要善于运用文学技巧·······················南乐因
千里之行始于足下·······················从　零
可喜的第一步·······················乐　牛
他找到了自己·······················吴思敬
我为这激情而激动·······················师　羌

小说
小城轶事·······················陈爱民
鱼头鱼尾羹·······················郭　晨
清晨的诗·······················尚绍华
哦，毛毛雨·······················刘连枢
松动的旋纽·······················颜文博
黄昏·······················洛　恪
惜别·······················万克玉

报告文学·散文
为了祖国的明天·······················解　波
养蜂少女·······················王亚平
东海涛声·······················侯学志
珍珠吟·······················王晓廉

诗歌
小赋三章·······················何　新
太阳和向往·······················莹　莹
希望（两首）·······················李　耕
荣誉（外一首）·······················谷福海
我爱我的生活（两首）·······················雷恩奇
愉快的丢失·······················谢　烨
爱呵·······················苏　敏
回忆·······················麦　恩
小河·······················崔墨卿
海伴·······················王　也

微型小说
交叉·······················许国泰
证婚人·······················莫依安

大学生之页
砍竹记·······················魏亚平
风儿，摇曳着玫瑰·······················春　歌

青年文学之窗
奋斗者之歌·······················刘绍瑾

作家百人谈
我唱的是我心中的歌·······················程树臻
艾青性格心理调查表

我的处女作
一条艰苦跋涉的路·······················俞天白
附:《路》·······················俞天白

诺贝尔文学奖金获得者及其作品
幸福·············[波]伏拉迪斯拉夫·莱蒙特　杨德友译

1982 年第 9 期　刊名:《丑小鸭》
目录

处女作专号
小说处女地
归来的流浪汉·······················于为民
交响乐《爱魂·大海》·······················王海轩
金贵·······················上官敬东
和弦·······················蝌　蚪
浅浅的激动·······················王　晓
面对大道的小巷·······················朱　伟
"参谋部"轶闻·······················徐东平
借牛记·······················陆　毅
愿你听到这支歌·······················晓　凌
孩子的亲人没有来·······················黄文兴
鲜花，千万别折枝插瓶·······················李　辉
寒梅·······················雍启昌
渴·······················佟占德
盖房的风波·······················卢　策

评点
深挖获莲藕　浅捞得浮萍·······················尚　弓
爱的憧憬　美的追求·······················章仲锷
一篇可以当诗读的小说·······················高行健
生活的正信号和负信号·······················李　兢
嫩荷才露尖尖角·······················王　颖

精心截流　深入挖掘 ················ 路知音

诗歌处女地
我的诗篇（外二首） ················ 何铁生
故乡的山（外一首） ················ 秋　容
嘉茵河（外二首） ················ 徐　漪
梦（外一首） ················ 多　多
拓荒者 ················ 范　宁
北方弧形的黄昏（外一首） ················ 华　蔚
情绪（外一首） ················ 杜少牧
诗三首 ················ 刘玉河
秋夜情 ················ 邢植生
旅行，或者记忆中深刻的印象 ················ 黄贝岭
云头寄情 ················ 胡　兰
时间还早 ················ 顾长卫

我的处女作
窑工 ················ 碧　野

作家百人谈
张庆田性格心理调查表

青年文学之窗
新苗出土　生机勃勃 ················ 朱　洪
假如每个编辑都像他 ················ 周德钿

1982 年第 10 期　刊名:《丑小鸭》

目录

处女地
佩兰的婚事 ················ 沈庆均
还来得及 ················ 任余红
山丹花（外一章） ················ 王铁红
伞 ················ 韩晓征
邻里之间 ················ 汪爱珠
瞬间 ················ 刘索拉

评点
酌奇而不失其真 ················ 赵尊党
简评《还来得及》 ················ 南　光
评小说《伞》 ················ 张　镒
主题是小说的灵魂 ················ 林　春
不能不正视的情绪 ················ 王　建

小说
成功吗？病例 ················ 小　舟

在一个冬天的晚上 ················ 史铁生
打结 ················ 梁秉堃
亚当角轶事 ················ 丁　希
重走牛岭山 ················ 刘颖南
金黄色的野菊花 ················ 几　石
咪咪（微型小说） ················ 李培禹
考 ················ 汪泾洋

报告文学
炎黄子孙 ················ 张胜友　胡　平

袖珍散文
山林组曲 ················ 韩作荣
当阳三胜 ················ 曹世钦
祭诗魂 ················ 陈淀国
春雪 ················ 张继缅
摇篮曲 ················ 韩春旭

诗歌(青年诗人专辑)
沉思 ················ 江　河
家乡的草堆（两首） ················ 梁小斌
三危山 ················ 杨　炼
吊圆明园 ················ 骆耕野
永别了，墓地 ················ 顾　城
我的进行曲 ················ 叶延滨
微笑 ················ 徐敬亚

讨论电影剧本《再走一步，再走一步》
这样的呼唤能沟通人的心吗？ ················ 陈　静
他宣扬了什么？ ················ 笑　喻
年轻奋斗者的进取与自省 ················ 金　都
不能因严达否定整部作品 ················ 幼　楠

我的处女作
重读《边陲线上》有感 ················ 骆宾基

作家百人谈
海笑性格·心理调查表

青年文学之窗
在探索的路上 ················ 曹菲亚

诺贝尔奖获得者及作品
（瑞士）赫尔曼·黑塞及其作品 ················ 羽　军译

1982 年第 11 期　刊名:《丑小鸭》
目录

散文
故乡的樟树林 ———————————— 聂成根

处女地
夏天的凉风 ———————————— 张岳明
在我们年轻的那一天 ———————————— 童之琦
棉花白又白（电影文学剧本） ———— 田　园　古　明
邮票 ———————————— 谢午元

评点
推开心灵的窗扉 ———————————— 陈建功
沁人心腑 ———————————— 尚　弓
以小见大，感人以情 ———————————— 章仲锷
黯淡中的闪光 ———————————— 吴　其
可喜的农民作品 ———————————— 陕　川

小说
九曲桥 ———————————— 邱恒聪
崎岖的小路 ———————————— 刘　杰
稀奇古怪的大人 ———————————— 贺晓彤
苦酒 ———————————— 李树喜
麻雀与乌鸦 ———————————— 西　涧
路边草 ———————————— 卢振国
旅途 ———————————— 秦燕子
页码（散文） ———————————— 袁志勇

争鸣
非典型的典型 ———————————— 林小月
对当代青年心灵一隅的剖示 ———————————— 高松年
剧本留给读者的思考 ———————————— 安　定

诗歌
我歌唱年青（外一首） ———————————— 霜　枫
沿着太阳的轨迹 ———————————— 辛　磊
秋分 ———————————— 苇　岸
几何与爱情 ———————————— 陈松叶
交响序曲：春 ———————————— 牛志强
小道上，有一支绿色的歌谣（外一首） ———— 汪海涛
断章 ———————————— 张建中
飘逝的云 ———————————— 洪　三
致双桅船 ———————————— 岛　子
憩（二首） ———————————— 吴印中
我是在寒冬里孕育 ———————————— 李树声
楼顶花园 ———————————— 宗　鄂
告别 ———————————— 麦　浪

作家百人谈
黄宗英性格心理调查
秋窗手札 ———————————— 柳　漪

我的处女作
回忆我怎样发表第一篇作品附：关于《热南山地居民生活素描》 ———————————— 杨　沫

诺贝尔文学奖得者及作品
当我弥留之际 ———— ［美］威廉·福克纳　孟宪珍译

1982 年第 12 期　刊名:《丑小鸭》
目录

处女地
风，轻轻吹过竹林 ———————————— 张仁胜
青青的花蕾 ———————————— 杜志国
来去的不是云 ———————————— 小旻苑
评选 ———————————— 马富祥
短散文一束
旅途拾絮 ———————————— 杨　东
故乡情 ———————————— 胡泽茂
雨夜 ———————————— 童安齐

评点
把笔触到人物心灵深处 ———————————— 田　芬
写心惟难 ———————————— 牛志强
评小说《来去的不是云》 ———————————— 王　建
立意：散文的魂灵 ———————————— 韩少华

小说
我们车间的年轻人 ———————— 杜长义　陈崇福
大杂院里的姑娘 ———————————— 晓　剑
悒墨 ———————————— 魏　军
瓜价 ———————————— 大　可
遗忘了的结婚礼 ———————————— 张　楠
偷偷生长的灵芝 ———————————— 毛志成
野菊花 ———————————— 李淑敏
山中小店一夜雨 ———————————— 张会镒
日落日出 ———————————— 陶泰忠
记者与司机 ———————————— 盛祖宏
眼睛里的世界 ———————————— 顾　乡

诗歌
秋风万里歌 ———————————— 徐　刚
白杨 ———————————— 张静波
人生春秋歌 ———————————— 时永福
爱情奏鸣曲 ———————————— 文　雄

呵，我的钢城（外一首）——————————王　雁
擦玻璃——————————————————刘清正
探索与追求（二首）—————————苏殿远
捉太阳（外一首）——————————————小　鹂
思丝—————————————————————茅　地

报告文学·散文
驯驭江河的人—————————————赵云声
西双版纳素描————————————————张守仁
秋宵萤火——————————————————马尚瑞
生活小品——————————————————刘梦岚

中外文学青年通讯
丹梅——————————[丹麦]克姆·安德森　晓　熊译

作家百人谈
刘厚明性格心理调查表

文艺家侧影
皎皎昙花无限情———————————————彭　龄
我认识的孙犁————————————————马津海
在时代的起跑线上—————————————郑盛丰

致读者
卷首语
本刊 1982 年总目录

1983 年第 1 期　刊名:《丑小鸭》
目录

处女地
茫茫雪线上——————————————————卢小飞
生命的赞歌—————————————————朱淑琴
这些马镇人—————————————————孙永超
评点————————————辛　夫　戈　尘　南乐因

小说
无名烈士墓下的足迹———————————谭元亨
呼啸的山谷—————————————————张晓东
两片云—————————————————————周孜仁
公主池传奇—————————————————夏坚勇
鼓帆的时刻—————————————————国　庠
得月楼—————————————————————李廷华
"荧屏新秀"—————————————————沈伟民

报告文学·散文
射门！迟尚斌————————————————刘进元
工厂纪事——————————————————张　镒
放风筝—————————————————————韩静霆
散文诗一束—————————————————李小诚
写给家乡的芦苇——————————————倪忠才

诗歌
向上的希望—————————————————王　辉
生活的色彩（二首）————————————陶嘉善
绿色的"羊角辫"（外一首）————————谢　烨
给诗人—————————————————————封筱梅
未来的大名—————————————————施建石
送别（外一首）——————————————李　静
珍珠—————————————————————海　燕

作家百人谈
写时代的强音，作生活的强者———————张　锲
文学，你的名字叫强者——————————雷抒雁
关于我的处女作《故乡来客谈》—————王亚平
附:《故乡来客谈》

1983 年第 2 期　刊名:《丑小鸭》
目录

处女地
逆行—————————————————————周学智
走过独木桥—————————————————木　子
那边是群山—————————————————张小川
非正式记录—————————————————王　冠
白色世界——————————————————王忆红
瘫大爷—————————————————————刘少博
北京，这是最亮的一颗星（散文）————章小东
绿（散文）—————————————————王　珂
评点————————孟伟哉　沙　沫　陕　川　所明心

小说
机遇—————————————————————翁树杰
"我是青年报"——————————————牟子宁
老阿姨—————————————————————刘索拉
今年的高跷灯————————————————韩钟亮

报告文学·散文
心窗里的阳光（报告文学）————————杜卫东
银梭赋（报告文学）———————————寿杨宾
木桩子上的精灵——————————————纪　宇

诗歌

铸造工之歌⸺⸺⸺⸺⸺⸺⸺⸺⸺孙永斌
4000000⸺⸺⸺⸺⸺⸺⸺⸺⸺⸺阵　容
我走在铺满煤矸石的路上⸺⸺⸺⸺胡建平
我的诗⸺⸺⸺⸺⸺⸺⸺⸺⸺⸺吴瑞民
枯叶上的梦⸺⸺⸺⸺⸺⸺⸺⸺⸺陈文泽

作家百人谈

文学专业的特殊性与创作准备⸺⸺⸺中杰英
一管之见⸺⸺⸺⸺⸺⸺⸺⸺⸺⸺梁秉堃

我的处女作

文学翻译是文学的再创造⸺⸺⸺⸺胡玉萍
一件事情⸺⸺⸺⸺［俄］契诃夫　张友松译

诺贝尔奖金获得者及其作品

宿命论者⸺⸺⸺［美］艾·巴·辛格　吴小新译
编读交流
配诗⸺⸺⸺⸺⸺⸺⸺⸺⸺⸺⸺雷抒雁

1983 年第 3 期　刊名:《丑小鸭》
目录

处女地

子英⸺⸺⸺⸺⸺⸺⸺⸺⸺⸺⸺伊　效
绿色的太阳⸺⸺⸺⸺⸺⸺⸺⸺⸺桑　晔
哦，海⸺⸺⸺⸺⸺⸺⸺⸺⸺⸺⸺王　军
是花，总要开放⸺⸺⸺⸺⸺⸺⸺邱淑彦
评点⸺⸺⸺⸺罗　琳　吴礼殿　龙　共　林文山

小说

芜湖⸺⸺⸺⸺⸺⸺⸺⸺⸺⸺⸺甘铁生
夏天的玫瑰⸺⸺⸺⸺⸺⸺⸺⸺⸺史铁生
无赖传⸺⸺⸺⸺⸺⸺⸺⸺⸺⸺赵锐勇
为了天空飞翔的小鸟⸺⸺⸺⸺⸺彭少怀
星期六的晚餐⸺⸺⸺⸺⸺⸺⸺⸺陈传珂
小小勤杂工⸺⸺⸺⸺⸺⸺⸺⸺⸺孙乐文

报告文学·散文

崛起在世界棋坛⸺⸺⸺⸺⸺⸺⸺吕会民
征服⸺⸺⸺⸺⸺⸺⸺⸺⸺⸺⸺张春熙
蓝天、骆驼及其他⸺⸺⸺⸺⸺⸺张守仁
雪夜⸺⸺⸺⸺⸺⸺⸺⸺⸺⸺⸺杨　琳
公社墙与凡尔赛宫⸺⸺⸺⸺⸺⸺计红绪

诗歌处女作

塞上火龙⸺⸺⸺⸺⸺⸺⸺⸺⸺⸺饶江龙
一个时代的群雕（外一首）⸺⸺⸺王　彪

拉纤（外一首）⸺⸺⸺⸺⸺⸺⸺李泽华
期冀⸺⸺⸺⸺⸺⸺⸺⸺⸺⸺⸺黄　强
我有了一个烧鹅摊⸺⸺⸺⸺⸺⸺张　皓
啊，太阳（外一首）⸺⸺⸺⸺⸺朱晓鹋
散步⸺⸺⸺⸺⸺⸺⸺⸺⸺⸺⸺王苏北
我收到⸺⸺⸺⸺⸺⸺⸺⸺⸺⸺晏　宁
信念⸺⸺⸺⸺⸺⸺⸺⸺⸺⸺⸺赵顺斌

集萃

"老摸儿"⸺⸺⸺⸺⸺⸺⸺⸺⸺高剑威
岁月啊，你真会捉弄人⸺⸺⸺⸺周　伟
除夕夜⸺⸺⸺⸺⸺⸺⸺⸺⸺⸺冬　华

强者文学笔谈

文学的气质⸺⸺⸺⸺⸺⸺⸺⸺⸺张小川
写强者，不是一个框框⸺⸺⸺⸺陈达专

作家百人谈

关于散文的二、三浅见⸺⸺⸺⸺韩少华
没有苦闷就没有创作⸺⸺⸺⸺⸺郑万隆

作家侧影

起点，从写黑板报开始（访蒋子龙）⸺季阳林

1983 年第 4 期　刊名:《丑小鸭》
目录

处女地

窗口⸺⸺⸺⸺⸺⸺⸺⸺⸺⸺⸺种连进
在这片杨树林子里⸺⸺⸺⸺⸺⸺默　然
鸡⸺⸺⸺⸺⸺⸺⸺⸺⸺⸺⸺⸺长　安
燕燕和她的朋友⸺⸺⸺⸺⸺⸺⸺祝大彤

评点

从窗口看社会⸺⸺⸺⸺⸺⸺⸺⸺谆　明
这篇小说有味道⸺⸺⸺⸺⸺⸺⸺浩　然
手法、结尾及其他⸺⸺⸺⸺⸺⸺刘孝存

小说

从路边拣一粒石子⸺⸺⸺⸺⸺⸺舒　升
那里通向春天（中篇小说）⸺⸺⸺张　玲
今晚头痛⸺⸺⸺⸺⸺⸺⸺⸺⸺刘心武
紫桔山⸺⸺⸺⸺⸺⸺⸺⸺⸺⸺姜肖军
异乡客⸺⸺⸺⸺⸺⸺⸺⸺⸺⸺陈传瑜
早该走的路⸺⸺⸺⸺⸺⸺⸺⸺何　音
被撕碎的《白净草原》⸺⸺⸺⸺金　平
从明天开始⸺⸺⸺⸺⸺⸺⸺⸺⸺孙　杰

报告文学·散文

我的名字叫"星海" —————————— 王传珍
岚山寻踪 ———————————————— 海 笑
创造春天的人 ————————————— 王铁红
信念 ——————————————————— 苗 木

诗歌

我骄傲——我的爱 —————————— 任卫新
钢铁奏鸣曲 —————————————— 晓 晴
路 ————————————————————— 李瑞明
海韵（组诗） ————————————— 罗 星
黄昏 ——————————————————— 梅 佳
他的信没有写完 ———————————— 董光辉
春雨行 ————————————————— 宁 静
勘探者的爱情（组诗） ———————— 董宇峰
开拓 ——————————————————— 艾 雄

集萃

不知为什么 —————————————— 晓 晖
门 ————————————————————— 李清民

文学笔谈

我为"阳刚"鼓与呼 ————————— 赵壮汉
我所理解的强者文学 ————————— 李小若

作家百人谈

桃花、榆叶梅与诗歌 ————————— 徐 刚

1983 年第 5 期　刊名:《丑小鸭》

目录

处女地

寻找被遗忘的世界 ———————————— 何 新
从这里开始（电影小说） ——————— 常 士
球场上的风波 ————————————— 童章荣
瀚海情思（散文诗） ————————— 纪 红
评点 ———————————————— 辛 夫 王 矢

小说

木牌儿 ————————————————— 肖复兴
桑葚子又熟了 ————————————— 李惠新
将相之间 ————————————————— 朱 兵

诗歌

天安门广场随想曲 ——————————— 早 安
呵，妈妈 ————————————————— 张 毅
矿车 ——————————————————— 李建华
兖州煤田行 —————————————— 李安林

田野素描 ————————————————— 张静波
无花果 ————————————————— 景 敏
我骄傲 ————————————————— 高 昆

散文·报告文学

烟雨漓江客舟轻 ———————————— 岳 凌
夜半 ——————————————————— 吴海民
山林短歌（散文诗） ————————— 韩作荣
童话的故事（散文诗） ———————— 梁彬艳
厂长去复来 —————————————— 刘成才

集萃

篝火 ——————————————————— 常 江

国外优秀作品选介

女人的刚毅 ————————— ［美］杰克·伦敦
　　　　万 紫 雨 宁译 阿 藻文

评论·笔谈

漫评《丑小鸭》今年的几篇小说 ————— 华 铭
生活的主张 —————————————— 杨绰斯
谈"亮色" ————————————————— 贺新创

1983 年第 6 期　刊名:《丑小鸭》

目录

处女地

窗上的月亮（三首） ————————— 傅阅川
我的希望（外一首） ————————— 阎 妮
净土 ——————————————————— 苗长水
青春远去了 —————————————— 李增宪
评点　孩子们的诗 ——————————— 柯 岩
　　　写人，注重写情 ———————— 艾 兰

小说

扑克牌传奇 —————————————— 有令峻
新手 ——————————————————— 乌兰其日格
海上 ——————————————————— 高行健
一个装卸工的"俊妻" ————————— 许谋清

报告文学·散文

功臣在深山 —————————————— 廖颂真
明天，我会见到他 ——————————— 焦 述
垂钓柳树湾 —————————————— 李 前

诗歌

水壶和小锅 ————————— ［英］罗德尼·班纳特
蓝天 ——————————————— ［日］片冈惠理
紧要问题 ————————————— ［英］佚名诗人

我要把自己寄给你┈┈┈┈┈┈┈┈┈[美国]伍迪·格思里
铅笔和橡皮┈┈┈┈┈┈┈┈┈┈┈┈[日本]桥本只子
夜晚┈┈┈┈┈┈┈┈┈┈┈┈┈┈┈┈┈┈┈┈林　飞
我属于今天┈┈┈┈┈┈┈┈┈┈┈┈┈┈┈┈周志强
人生之旅┈┈┈┈┈┈┈┈┈┈┈┈┈┈┈┈┈叶延滨
海鸥衔来的梦┈┈┈┈┈┈┈┈┈┈┈┈┈┈湘　女
我耕耘黎明┈┈┈┈┈┈┈┈┈┈┈┈┈┈┈┈林　染
金谷堆┈┈┈┈┈┈┈┈┈┈┈┈┈┈┈┈┈┈张友良

集萃
"丝苗米"的故事┈┈┈┈┈┈┈┈┈┈┈┈梁志雄

评论
我的处女作：从《岁暮》开始的创作道路附：岁暮
┈┈┈┈┈┈┈┈┈┈┈┈┈┈┈┈┈┈┈┈┈┈┈叶君健
文学笔谈：强者——一首伟大的诗篇┈┈甘铁生
评本刊作品：朋友！我愿与你促膝深谈┈柳　岗
性格心理调查：程树臻性格心理调查表

1983 年第 7 期　刊名:《丑小鸭》
目录

评论
探讨开创工人题材创作新局面┈┈┈┈本刊评论员
出人、出情、出味、出新——工人题材创作座谈会发言摘登
做生活的强者　发挥人的价值┈┈┈┈┈缪俊杰

处女作
石窟木屋之梦（报告文学）┈┈┈┈┈┈江柘舟
我们这伙"补锅匠"┈┈┈┈┈┈┈┈┈┈┈雷飞志
拓┈┈┈┈┈┈┈┈┈┈┈┈┈┈┈┈┈┈┈┈杨青涛
评点　一点想法┈┈┈┈┈┈┈┈┈┈┈┈┈龙　共
　　　选材、处理与功力┈┈┈┈┈┈┈┈沈　琪

小说
市场角落的"皇帝"┈┈┈┈┈┈┈┈┈┈韩静霆
醉西施┈┈┈┈┈┈┈┈┈┈┈┈┈┈┈┈┈┈邱恒聪

诗歌
风、风、风┈┈┈┈┈┈┈┈┈┈┈┈┈┈┈麦　浪
致黄河┈┈┈┈┈┈┈┈┈┈┈┈┈┈┈┈┈┈黄　强
收藏家（外一首）┈┈┈┈┈┈┈┈┈┈┈文智奇

1983 年第 8 期　刊名:《丑小鸭》
目录

"我们来自北大荒"小说专号
处女地
井┈┈┈┈┈┈┈┈┈┈┈┈┈┈┈┈┈┈┈┈┈杨　健
远方的海┈┈┈┈┈┈┈┈┈┈┈┈┈┈┈┈┈何志云
永恒的一瞬间┈┈┈┈┈┈┈┈┈┈┈┈┈┈允　文

短篇小说
荒原作证┈┈┈┈┈┈┈┈┈┈┈┈┈┈┈┈┈梁晓声
北大荒酒┈┈┈┈┈┈┈┈┈┈┈┈┈┈┈┈┈肖复兴
短篇二题┈┈┈┈┈┈┈┈┈┈┈┈┈┈┈┈┈何　新
当了父亲的儿子┈┈┈┈┈┈┈┈┈┈┈┈张辛欣
北大荒轶事┈┈┈┈┈┈┈┈┈┈┈┈┈┈┈曹鸿翔
一条讣闻┈┈┈┈┈┈┈┈┈┈┈┈┈┈┈┈┈陈可雄
碑┈┈┈┈┈┈┈┈┈┈┈┈┈┈┈┈┈┈┈┈┈陆星儿
她说，她要来┈┈┈┈┈┈┈┈┈┈┈┈┈┈沈祖培
若到江南赶上春┈┈┈┈┈┈┈┈┈┈┈┈陈爱民
押车┈┈┈┈┈┈┈┈┈┈┈┈┈┈┈┈┈┈┈┈朱　伟
深山里，有一群男子汉┈┈┈┈┈┈┈┈刘进元

评点
同属青年各不同┈┈┈┈┈┈┈┈┈┈┈┈赵大年
生活和感情积累的反刍┈┈┈┈┈┈┈┈牛志强
人生的终极┈┈┈┈┈┈┈┈┈┈┈┈┈┈┈晓　剑

"工业题材"这个提法不好
致读者┈┈┈┈┈┈┈┈┈┈┈┈┈┈┈┈┈本刊评论员

1983 年第 9 期　刊名:《丑小鸭》
目录

处女地
小爱神┈┈┈┈┈┈┈┈┈┈┈┈┈┈┈┈┈┈弓　克
郿县轶事┈┈┈┈┈┈┈┈┈┈┈┈┈┈┈┈┈王　海
有人叩响了我的门┈┈┈┈┈┈┈┈┈┈王小童
"陪衬人"┈┈┈┈┈┈┈┈┈┈┈┈┈┈┈┈孙月沐
字条┈┈┈┈┈┈┈┈┈┈┈┈┈┈┈┈┈┈┈┈刘自立
那边是蓝天┈┈┈┈┈┈┈┈┈┈┈┈┈┈┈苏建华
槐花情思（散文）┈┈┈┈┈┈┈┈┈┈┈敬　远
评点┈┈┈┈┈┈┈┈┈┈┈┈┈┈牛志强　陈剑雨
　　庄　玲　汪兆骞　周　铜　严亭亭

小说
小虎┈┈┈┈┈┈┈┈┈┈┈┈┈┈┈┈┈┈┈┈陈　冲
渭河梦┈┈┈┈┈┈┈┈┈┈┈┈┈┈┈┈┈┈王宝成

小站情丝……………………………小 流
默默的歌……………………………彭见明
短篇二则……………………………许谋清
重逢二题……………………………李功达
漂浮的小岛…………………………吴 滨
花猫…………………………………张晓东
伯乐不乐……………………………顾 城
鸽子飞了……………………………李春荣

散文
大海的脊背…………………………石 英
山月（二则）………………………何 帆

诗歌（女作者专栏）
我的故事（组诗辑）………郭红林 陆 萍 塔 娜
白 薇 卢洁明 李蔚红
我寻找一个人………………………王小妮
渴……………………………………韦晓吟
白石竹花的歌………………………李 静
小溪流………………………………吴力军
雪的童话……………………………王 琰
春山行（外一首）…………………苗晓霞
离别…………………………………雪 影
当我们开始的时候…………………姜 林

评论
敢有歌吟动中华……………………龙化龙
为《丑小鸭》正名…………………绍 先
需要点豪放与锋利…………………章仲愕
得水能仙之前………………………丁宏新
读者来信…………………………路 石 姚 光

我的处女作
《命令》的写作与发表 附：命令………孟伟哉

外国得奖作品评介
若那斯——画家在工作
……………[法]阿尔培·加缪 晓 月译

1983 年第 10 期　刊名：《丑小鸭》
目录

处女作专号
小说
兴安岭里的迷途者…………………胡建新
北风…………………………………阿 勇
"妇女会"的故事……………………席 鸽
菊花井………………………………祁 阳

天帆星座……………………………孙仲谋
海的呼唤……………………………马莲生
帽子…………………………………张剑虹
窗外，冷雨霏霏……………………张 弛
胡同口拐弯的地方…………………李海滨
甲院…………………………………陆 涛
浑然天成之璞………………………岳 凌
雪是雨的精魂………………………程丹梅
月上柳梢头…………………………蔺占国
评点……………汪兆骞 辉 宣 礼 平 史铁生
王梓夫 舒 升 张丽妩 锦 云

诗歌
我之爱的大沙河……………………吕 君
大青山恋（外一首）………………郭力家
海边（三首）………………………俞 郁
我和昨天的小巷（外一首）………欧招生
心草（四首）………………………舒可文
草原上的女人（三首）……………张 锋
落霞、飘逝的手绢（三首）………赵 跃
山的印象（外一首）………………高 岩
夜雨…………………………………信宝田
大山…………………………………于曰萍
我的摇篮（外一首）………………柳 笛
致大雁………………………………卢 端

评论
农村题材文学创作座谈会纪要…………本刊编辑部
写变革中的生活——评中篇小说《市场角落的"皇
帝"》…………………………………马绍娴
强者，强者文学和"丑小鸭"………任公伟 苏 雯
自强者的足迹——读小说《寻找被遗忘的世界》
……………………………石发亮 郭琛瑜

1983 年第 11 期　刊名：《丑小鸭》
目录

处女地
追求（小说）………………………戴嘉枋
调令（小说）………………………倪景翔
甜蜜的烦恼（小说）………………冯惠明

评点
灵魂的对比…………………………赵尊党
写改革中的人………………………刘贵贤
满怀善意的讥评……………………辉 宣

小说

壮士之歌 ………………………………… 王梓夫
上到第一百层 ……………………………… 晓 剑
牛的传奇 …………………………………… 廖国松
水乡船家 …………………… 范小天　殷小唯
一份证明材料 ……………………………… 顾笑言
画猫记 ……………………………………… 飞 雁
我是浪花 …………………………………… 王传珍
金色的沙滩 ………………………………… 张 玲
秋声 ………………………………………… 吴翼民
有家可归 …………………………………… 司马小萌

诗歌

查干诺尔的人们 …………………………… 张小川
长城（外二首） …………………………… 阿 坚
我依稀记得你的塆子（二首） …………… 熊召政
野杜鹃（外二首） ………………………… 杨川庆
哨兵 ………………………………………… 赵 荣
帆 …………………………………………… 洪 海
点点滴滴 …………………………………… 达 黄
明陵 ………………………………………… 斯 人

散文·报告文学

为了一颗心的收获（报告文学） …… 孙明霞　谭亚新
翠竹引 ……………………………………… 曹国瑞
远眺 ………………………………………… 曹世钦
云锦 ………………………………………… 章永顺
九月的秋风 ………………………………… 耿林莽

辅导讲座

谈文学构思的突破 ………………………… 刘树生

读者·作者·编者

行业、题材与文学 ………………………… 郭 晨
关于《画猫记》的一封信 ………………… 柳 漪
编后
本刊评奖启事（附表）

1983 年第 12 期　刊名:《丑小鸭》

目录

处女作

亭亭山上松 ………………………………… 王延辉
脚光 ………………………………………… 祝大同
"大黑"小传 ………………………………… 郭 刚
临时"总统" ………………………………… 刘桂君
谷剩 ………………………………………… 伊 效
评点 ………………… 张丽妧　瞿祖庚　盛祖宏　豫 甦

小说

早晨、八九点钟 …………………………… 田 毅
韧 …………………………………………… 梁秉堃
李老万办"公事" ………………………… 宋本善
父亲给我留下的 …………………………… 陈为人
宿命 ………………………………………… 曹 健
一篇奇巧的小说 …………………………… 郭建华
上台面 ……………………………………… 张廷竹
今夜星辰今夜风 …………………………… 赵和琪

报告文学·散文

建宁甜水育白莲 …………………………… 汪 澎
芳草滴翠 …………………………………… 荣 洁
花 …………………………………………… 薛宝新
竹楼风情 …………………………………… 薛尔康

诗歌

伐木女工的录像 …………………………… 岛 子
雁群飞向北方 ……………………………… 庄永春
母爱（外一首） …………………………… 崔墨卿
野葡萄 ……………………………………… 王 威
那座城 ……………………………………… 张静波
春天就在这里 ……………………………… 晨 梅
给我的学生 ………………………………… 冯荣华
峭壁 ………………………………………… 石成仁

评论

愿你把美的火炬点燃得更亮——致青年作者翁树杰同志 ………………………………… 周 铜
漫谈小说的完整美 ………………………… 何火任
致读者

我的处女作

第一步——谈我的处女作《电报杆》 …… 吴 强
附：电报杆

1984 年第 1 期　刊名:《丑小鸭》

目录

卷首语

今年《丑小鸭》要呱呱叫 ………………… 胡石英

处女地

失败者 ……………………………… （贵州）王尺修
评点：虽败犹强 …………………………… 辉 宣
情怀不似旧家时 …………………… （北京）曹左雅
评点：寻找自己的"根" …………………… 林 晔
夜，深黑碧绿 ……………………… （吉林）王春梅

评点：夜的断想 ·····················邱 飒
小白花 ·····················（云南）张稼闻

报告文学
深圳特区三姑娘 ·····················（上海）关 鸿

小说
乌兰娜和她的伙伴们 ·····················（内蒙古）尚静波
大山的儿子 ·····················（广西）潘大林
崇拜名人狂 ·····················（北京）吴 欢
落雨的晚上 ·····················（北京）马 悦
享有阳光的权力 ·····················（北京）颖 颖

电影文学剧本
第三种选择 ·····················（北京）冯阳光

评论
他还没有上到"第一百层" ·····················容 安

文学讲座
我的"处女作"诞生经过 ·····················浩 然
附：喜鹊登枝
积累、思索、表现短篇小说创作漫谈（一）···王愿坚

古典诗文赏析
简析《伐檀》、《硕鼠》的艺术手法·····················周 铜

1984 年第 2 期　刊名：《丑小鸭》
目录

处女作专号
小说
"白凤汤"食客 ·····················王万树
评点：《"白凤汤"食客》读后 ·····················王梓夫
垂笑君子兰 ·····················燕 子
评点：文思贵巧，妙在尾巴 ·····················若 一
狼孩 ·····················王 晶
评点：趣味与格调 ·····················杨志杰
变色的白塔 ·····················董宇峰
评点：淤水浊，流水清 ·····················刘心武
理由不足 ·····················谢子盛
评点：寓庄于谐的尝试 ·····················陈建功
一误再误 ·····················王戈洪
重归 ·····················王荣起
评点：生的呼唤 ·····················张丽妫
猎物 ·····················刘 闯
评点：鲜明生动，清新可喜 ·····················刘士杰
水钻发卡 ·····················淑 明

评点：别放弃追求 ·····················甘铁生
王老太太和她家的燕子 ·····················李世成
评点：淡而有味 ·····················刘贵贤

散文
梵婀玲上漏下的音符 ·····················艾 宁
含羞草 ·····················王 龙

报告文学
路，在自己脚下 ·····················袁尽信
花乡人 ·····················赵秀云
评点：美化生活是人民的愿望 ·····················中杰英

诗
建设者之歌（三首）·····················李立君
赤水河，我的故乡 ·····················姜大才
我骄傲，我强壮的手臂 ·····················张玉山
回草原 ·····················温 源
送别 ·····················叶 静
西北高原 ·····················李剑虹
格言 ·····················王宇江
涪江恋 ·····················袁能先
悼念 ·····················陈永俊
我走了，妈妈 ·····················梁 儿

作家创作谈
积累、思索、表现（二）·····················王愿坚

编后记

1984 年第 3 期　刊名：《丑小鸭》
目录

中南专号
处女地
遥远的沙漠骑骆驼的人 ·····················陈铁军
评点：投身于人民事业的绿洲 ·····················华 铭
容纳我的空间 ·····················傅建煌
评点：写神 ·····················贺新创
云 ·····················耿毅军
随文学 ·····················吴海民
评点：痴迷不等于理想 ·····················邢 可
圆满 ·····················郭 辉
评点：文须有益 ·····················魏幸之
街头的维纳斯（散文诗）·····················莫莉茵

小说
虎落平阳 ·····················陈朝行

1984 年第 4 期 刊名:《丑小鸭》
目录

《丑小鸭》文学奖一九八三年获奖作品

1984 年第 5 期　刊名:《丑小鸭》
目录

西南专号
处女地
如果你还爱我 ………………………………… 孙　苹
大怒江之夜 …………………………………… 陈　卡
苗岭之花 …………………………（苗族）刘　霞
花活佛 …………………………（藏族）洛松旺堆
对面是钟楼 …………………………………… 罗　星
樱桃熟了的时候 ……………………………… 刘式武
外婆 …………………………………………… 熊安伟
大山情 ………………………………………… 申学能
热岛 …………………………………………… 黄亚屏
汪二娃订婚 …………………………………… 刘翠华
评点 ………………… 牛志强　苏　予　陈　放
田珍颖　仇　前　丁道希

小说
落花时节 ……………………………………… 林文询
听歌人传奇 …………………………………… 许大立
丑男 …………………………………（白族）凝　溪
呵，父亲 ……………………………………… 黎　泉
牛医生外传 …………………………………… 杨振昆
涓涓细流 ……………………………………… 木　木

诗歌
高原之虹（组诗）……………………………… 叶延滨
高原上的篝火（外一首）……………………… 彭国梁
春诗 …………………………………………… 黄　强
八月，走向成熟 …………………（侗族）龙超云
热血 …………………………………………… 周贵祥
洱海月（外一首）………………（白族）袁冬苇
在山中 ………………………………………… 李　静
骑手 …………………………………（藏族）蒋永志
给逝去的外婆 ………………………………… 叶　红

天鹅初飞
谈我发表的第一篇作品 ……………………… 艾　芜

指点文章
一首优美的深谷恋歌——读席鸽的处女作《"妇女会"的故事》
……………………………………………… 林为进

博古通今
一步一回首，一步一咏叹——浅谈屈原与《哀郢》
……………………………………………… 任公伟

四海文荟
教堂杂役 ………………… ［英］萨·毛姆　林大辉译

编读交流
揭发抄袭者

1984 年第 6 期　刊名:《丑小鸭》
目录

华东专号
处女作
石库门一号的故事 …………………………… 俞　聪
点评：开阔而深远的内涵 …………………… 刘北汜
长江从这里流过 ……………………………… 耿建华
评点：诗的激情与情感结构 ………………… 程　伟
乡下阿叔 ……………………………………… 陈　柯
评点：抽象的要素与形象的烘托 …………… 高　原
探病引起的风波 ……………………………… 何章亮
评点：一篇发人深思的作品 ………………… 刘孟洪
秋分正适宜 …………………………………… 李秀娟
评点：散发着时代的气息 …………………… 赵长安
自由选择 ……………………………………… 陶泽时
评点：别开生面，独具匠心 ………………… 钟焕懈

小说
浣纱河闲话 …………………………………… 谢鲁渤
寻找 …………………………………………… 王延辉
乌柏林中的倾吐 ……………………………… 贺传圣
邂逅 …………………………………………… 彭江红
孙二娘当官 …………………………………… 有令峻

散文·报告文学
春潮到来之前 ………………………………… 吕骏之
秋夜 …………………………………………… 罗　岗
侠魂长存和畅堂 ……………………………… 顾行伟
三月，来到西湖的人们 ……………………… 李晓敏
山村晨韵（外二章）………………………… 李　卉

诗歌
江南曲（外一首）…………………………… 文　丙
日光岩（外一首）…………………………… 丁其明
清晨，我在厂区大道（外一首）…………… 左一兵
搁浅 …………………………………………… 鲁　平
拣贝 …………………………………………… 洪　泓
清晨，我拧紧发条 …………………………… 王劲松
翻修 …………………………………………… 陈忠义
游春（外一首）……………………………… 魏世斌

天鹅初飞
写在"百合花"重开时 ························ 茹志鹃
附：百合花

指点文章
《北方的河》：写实与象征的崇高流体 ········ 周政保

笔谈
"龙"当有这样的"传人" ···················· 张丽�

编读往来
关于抄袭的讨论

博古通今
千古绝唱真挚情 ···························· 侯国智

美术
星星的故事（版画） ······················· 刘志膺作
在爸爸的船上（版画） ····················· 孙世亮作
渔村小景（油画） ························· 张小勇作

1984 年第 7 期　刊名:《丑小鸭》
目录

处女地
海潮淹没的足迹 ····················· 文　猛　北　原
评点：从生活的强者那里获取力量 ··········· 童庆炳
淡淡的月色 ······························· 聂成根
品评点：敢遣浓情上笔端 ··················· 苗　木
海鸥（初稿、完成稿、对照发表） ··········· 刘少华
评点：精炼是才华的姐妹　凝炼是成熟的标志
······································· 刘树生
乳名 ··································· 章荣方
评点：含蓄出情趣 ························· 幼　楠

处女作之作
山魂 ··································· 雷飞志
作者自述：面对着这块土地 ················· 雷飞志
评点：为大于其细 ························· 汪兆骞

小说
拉娜 ··································· 徐万明
早春 ··································· 马未都
介绍人 ································· 王小平
春夜，高处不觉寒 ························· 小　流
天蓝色的头巾 ··························· 周　翔

散文
捕龟之夜 ······························· 顾　文
春天的追想（散文诗） ····················· 张　慈
妈妈的红木梳 ··························· 黄安琇

趣游"天下第一洞" ························ 刘传政

诗歌
我的故乡在云南（组诗） ··················· 于　坚
微山湖唱晚（三首） ······················· 苏文河
我的心（外一首） ························· 晓　晴
妈妈，还记得吗 ··························· 周文剑
我，属于长城上的一块砖石（外一首） ········· 傅燕新
彩色的街衢 ······························· 胡学群
呵，我的北方 ··························· 凌　冰
我拾回我的思想 ··························· 文智奇
三只小船 ······························· 杨玉玲

文学讲习
指点文章
一个令人注目的文学现象——赞《绿化树》···张守仁

天鹅初飞
我心中的基石 ··························· 苏叔阳
附:《刚刚的眼睛》

强者笔谈
我喜欢一个"力"字 ······················· 邓　刚

摇篮曲
心欲小而志欲大　智欲圆而行欲方 ············· 岳　凌

四海文萃
两个地质学家 ············ ［苏］B.利帕托夫　周兴泉译

1984 年第 8 期　刊名:《丑小鸭》
目录

处女作
天真汉 ····················· 邹国义　余绍成
评点：写出人物的层次来 ··················· 赵尊党
金井湾纪事 ······························· 李秋华
评点：漫遣乡愁凝笔端 ····················· 罗强烈
山后面有花 ······························· 王　悦
评点：越过这座山头 ······················· 张丽妣
第一印象 ····················· 陈喜保　廖士材
评点：散金碎玉　返神收魂 ················· 丁　苧
童年趣事 ······························· 刘　筠

处女作之后
她寻找着一颗星 ··························· 冯惠明

小说
宇宙无穷 ······························· 陶建军
两个漂亮的女兵 ················· 傅汉清　万剑平

熊兰的秘密 .... 曹 恬

散文·报告文学
青铜少女 .... 乔 迈
流向大漠的河 .... 伊 萍

诗歌
前面是岸（外一首） .... 梅 翕
老场长 .... 黄景林

文学讲习
指点文章
走向成功的借鉴——由一九八三年《丑小鸭》文学奖
获奖作品所想到的几个创作问题 .... 容 安

天鹅初飞
关于我的第一篇作品 .... 郭 风
附：失掉了家的

美学园地
他是一个工匠（小说） .... 大 可
读《他是一个"工匠"》的感受 .... 刘贵贤

创作笔谈
要用变化的手法来适应变化的题材——也谈创作《那
山那人那狗》的所想 .... 彭见明

1984 年第 9 期　刊名:《丑小鸭》
目录

华北专号
小说
灰雪 .... 季恩寿
死界 .... 吴若增
草地上的绒毛狗 .... 李 逊
小巷三老 .... 王树田
幸福小区北面 .... 李海滨

处女地
末班车驶过的时候 .... 牛晓谦
评点：从泥淖中跳起 .... 甘铁生
红红的羽绒服…… .... 姚晓舟
评点：歌唱纯洁的爱情 .... 立 康
失…… .... 梦 月
评点：说点儿好，说点不足 .... 胡 健
牧羊女 .... 湛 江
评点：重要的是发现美 .... 石 千
盐工的后代 .... 高晋河
评点：虚实相生成妙境 .... 周 铜

散文
跨过奔腾的黄河长江（报告文学） .... 维 伟
杏花一支春带雨 .... 李光斗
含香体素欲倾城 .... 清 远
龚滩一夜 .... 席 鸽
在一个风雪夜里 .... 刘怀章

诗歌
一棵阔叶树的自序 .... 吴宝三
大海的思念 .... 逢 阳
给…… .... 刘立河
希望的天空 .... 冯荣华
飘着希望的白衣 .... 甄玉金
永恒的记忆 .... 刘 杰
遥望 .... 孟 越
公园的瀑布（外二首） .... 李艳荣
骆驼刺 .... 张水舟
海浴（外一首） .... 信宝田
星（三首） .... 贾 红
那一个夜晚 .... 陈 瑛
无题 .... 丽 华
等 .... 若 冰

摇篮曲
我与小说——答《丑小鸭》编辑部 .... 何 新

四海文萃
朦胧月色 .... ［日］藤泽周平　郑欢力译
电视剧创作刊授班招生启事

1984 年第 10 期　刊名:《丑小鸭》
目录

处女作专号
小说
喜庆调 .... 杨宗兰
明月清风渡 .... 王石中
哥特式洋楼里的阿婆 .... 张 萍
蜗牛背着重重的壳 .... 黄纪宇
湖猎 .... 汪辉文
武三磅猪 .... 朱其清
弯弯的流水 .... 任庆达
山里梨花山里风 .... 高廷敏
棺木 .... 崔国政
留在异乡土地上的脚印 .... 金贯成
郑家女子 .... 琴 夫
山楂糕 .... 于鹤翔
傍晚，在校园一角 .... 张 猛

秀水悠悠 ················· 梓　农
鹊桥 ················· 孙柏昌
在帷幕旁边 ················· 杨晓苇

散文
写在冬天的山野（三章） ················· 郝子奇
开山者 ················· 任巧梅

诗歌
句号，号惊叹号 ················· 丁小一
高楼，升起在乡村（外三首） ················· 晓　鸿
窑匠与烟囱 ················· 胡少泉
自我调解 ················· 刘　楠
红色的群山（外三首） ················· 张建平
命运与英雄 ················· 殷龙龙
简洁的蓝线条（组诗） ················· 阿沙子
在生活中 ················· 师屠龙
霞珠（外一首） ················· 胡胜利
秋天的遐想（外一首） ················· 新　桥
夏季的河流 ················· 罗　虹
海与风 ················· 牧　鹅
戴梅花巾的女孩 ················· 徐建喜

初飞天鹅
我从这里起步
——关于我的第一个作品《路》 ················· 何　为
附:《路》

海外文萃
鹰 ················· ［澳］杰弗里·迪安　刘　岭译

笔谈
时代需要有胆识的作家 ················· 刘舰平
采摘生活的芬芳 ················· 阿　勇
致读者

1984 年第 11 期　刊名:《丑小鸭》
目录

小说
激流 ················· 陶建军
巴黎长生不老药 ················· 刘心武
水祭 ················· 孙　波
列车飞快地飞奔 ················· 王左泓
七月的垂柳整天懒洋洋地轻缓摇曳 ················· 巴　威

报告文学
来自湘潭的报告 ················· 苏　吟

传记文学
苏东坡传（求是　改写） ················· 林语堂

处女地
秋女 ················· 何清亮
飞行员的素质 ················· 于海涛
请理解我 ················· 毛丹青

诗苑新葩
帆与帆　论诗绝句三首 ················· 聂绀弩
遥远而永久的爱 ················· 陈幼京
啊，北方的白桦林 ················· 赵大昕
我和病魔的对话 ················· 宗　璞
石匠的锤 ················· 赵　荣
请理解我 ················· 毛丹青

散文诗
我问候每一朵小花和每一颗小草 ················· 刘再复
眼睛（二章） ················· 李小诚

美的修养
美感杂谈 ················· 李泽厚

作家聊斋
说雾 ················· 林斤澜
乱谈影界"剽窃案" ················· 晓　杰

文坛博览
大坂及其他 ················· 王　彬

海外文萃
培根随笔三篇 ················· 何　新

1984 年第 12 期　刊名:《丑小鸭》
目录

小说
灭字灵 ················· 何　群
雪山魂 ················· 才　旦
扶梁 ················· 刘少文
挖冬虫草去 ················· 轩锡明
人过八十寿 ················· 张永哲

传记文学
苏东坡传（二）（求是　改写） ················· 林语堂

处女地
东北虎在呻吟 ················· 沈雪军

向彼岸································黎射萍
走西口································裴诗唐
稿件的风波··························王　宽
大山深处的孩子······················王恒才

诗苑新葩
夜歌·风之恋·相思伞··················白　帆
诗二首································丁小一
西部的中国山（组诗）················晓　桦
八月的梦游者（外三首）··············北　岛
奔驰的灵魂··························东　虹
泰山挑夫····························孙霄兵
穿过纷纷江南雨······················秦安江
在大戈壁的胸襟上（外一首）··········王小未
男孩的故事··························吕贵品
老农夫································杨松霖
石龟································骆耕野
诗二首································王小童
我终于转过身去······················谢　烨

散文
万花谷记胜··························邱保华
雄风赋································李　前
星星草································冯　俐
雪呦，一个迷人的传说················斯　非

美的修养
美学杂谈····························李泽厚

文学评论
边塞的气质与强者的诗情··············周政保
关于"人物性格二重组合原理"的座谈纪要
··································本刊编辑部

诗苑新葩
石灯幢································杨　炼
在大瑶山里··························王小妮
我告诉儿子··························徐敬亚
黑甜甜（组诗）······················林　染
随想································北　岛
倾听时间（外二首）··················顾　城
写在梦乡的小站（四首）··············陆　萍
毛嗅································马　悦
旧梦································芒　克

传记文学
苏东坡传（三）（求是　改写）········林语堂

散文
进入北方之前························谭甫成
天山雪莲····························王民益
雪原落日····························蒋耀波
爱之歌································韦晓呤
石景山冰箱厂巡礼····················王　煜

科幻小说
科幻小小说三则······················林大华

美的修养
论短篇小说··················〔美〕玛丽·罗伯格
温馨婉约的旧梦······················丁道希
富有成效的创新

1985 年第 1 期　刊名:《丑小鸭》
目录

小说
花豆（电影诗·一）··················高行健
沼泽地································汤吉夫
祝您幸福····························何志云
摘帽儿知识分子······················魏　军

处女地
啊，朋友——再见····················木　禾
小园风波····························李维国
"福尔摩斯"笔记······················冷冶夫
会迷································秦树业

1985 年第 2 期　刊名:《丑小鸭》
目录

小说
红雪花································顾晓阳
这里也有威纳斯······················胡大楚
净禁卫军····························王德恒
时间在行走··························彭小连
自由神································聂淑芝

电影文学
花豆（电影诗·续完）················高行健

传纪文学
苏东坡传（四）（求是　改写）········林语堂

处女地
秋天的故事··························王书平
邻居································贾克刚

雪夜 ································ 徐全义
传世之宝 ···························· 冯　碛

诗苑猎野
山峰，我的骨骼 ················ 阿坚（六人）
诗六首 ···················· 何铁生（六人）

作家聊斋
一块待琢的璞玉 ·················· 浩　然
对生命的洞察 ···················· 甘铁生

美的修养
关于《花豆》的说明 ·············· 高行健
文学创作要注重艺术的感染力 ······ 宇　侃

四海文萃
那是一场梦吗? ··········· [法]莫泊桑　岛　子译

百科文学
破碎的世界 ······················ 陆　野

东方朔
本厂出售"文凭" ················ 张元棣
该不该罚? ······················ 刘爱龙

北方孩子 ························ 刘玉河
大青树（外二首） ················ 刘　扬
黄昏的童话（外一首） ············ 黄晓华
爱的潮汐（组诗） ················ 周国平
默默无语的是另一首歌 ············ 廖一鸣
彩色的信（外一首） ·············· 斯　平
从小的纪念 ······················ 廖静人
北京五题 ························ 水　舟
夕阳，最后的乐章（外二首） ······ 山　池
这么一种温情（组诗） ············ 产　刀

散文
人与海 ·························· 雪　迪

美的修养
美的笔记 ························ 克　岩
山乡蓓蕾自芳菲 ·················· 高　原

东方塑
李纬封官 ························ 胡　岑

海外文萃
小说二则 ·············· [美]凯特·肖邦　李　辉译

1985 年第 3 期　刊名:《丑小鸭》
目录

小说
酒畔 ···························· 鄡远征
晕船 ···························· 张小川
天上的云 ························ 尚　流
滇西旧事 ························ 陈　卡
孤独的遗愿 ······················ 张聂尔
逛省城 ·························· 高耀山

传记文学
苏东坡传（求是　改写） ·········· 林语堂

处女地
狼人的传说 ······················ 李胜利
土地·游子·落日 ················ 石　冰
太阳洼的亲娘 ···················· 常胜国
第一次进教堂（散文） ············ 金　丽
浪里铜锣 ························ 余一卒

诗苑新葩
她是一片蓝色的山脉（组诗） ······ 麦　浪

1985 年第 4 期　刊名:《丑小鸭》
目录

小楼一夜听风雨 ·················· 林文询
雨夜 ···························· 李　勃
雷火照亮的一瞬 ·················· 宿聚生
我们走出雾 ······················ 王小童
垃子沟的故事 ···················· 王小妮
再见，旧车站 ···················· 张庆国
前面，急转弯 ···················· 曾　平
禾嫂和她的三个女儿 ·············· 汤学春

处女地
凶手（电影文学剧本） ············ 施惠平
远一点 ·························· 张冬彧
清明 ···························· 王松波

诗苑新葩
山里（外二首） ·················· 陈应松
峡谷风情录（外一首） ········ （彝族）王红彬
给天上的星星写信（外一首） ······ 蓝　马
世界流行色 ············ 菲　可　胡润保　简　宁
张稼闻　郭力家　张小波　金　迅
长茧的双手 ········ 张华中　毛岳红　俞力佳　顾利民

文坛博览

更新颖、更深沉、更丰富些 ————————————何启治

散文

校园的梦（四则）————————————————西 篱

海外文萃

被追踪的人 ———————[日本]阿刀田高 易 堃译

1985 年第 5 期　刊名:《丑小鸭》
目录

小说

爱情，无法解释的主题————————————邓加荣

玉阿婆————————————————————刘春来

西玉林之夜————————————————————邹海岗

湖畔小夜曲————————————————————朱 伟

林游山道————————————————晓 平 陈德军

处女地

不安的灵魂————————————————————杨志广

木刻童子————————————————————杜诗筠

似是而非的爱————————————————————赵 沁

散文天地

四季————————————————————————杨子敏

碧湖晨思————————————————————谷一海

作家聊斋

梆子二簧两下锅————————————————刘绍棠

美的修养

意境与"我"————————————————————王朝闻

诗苑新葩

鹰————————————————————————任卫新

至天涯海角（外二首）————————————白 薇

浅色的影子（外三首）————————————顾 城

都市的罗曼史（组诗）————————————叶延滨

位置（外一首）————————————————庄永春

猎人和妻子的传奇————————————————孙伟鹏

致远方（外二首）————————————————和小江

文学评论

谈谈南珊————————————————————礼 平

四海文萃

瀑布————[墨西哥]布鲁诺·施威伯尔 田惠刚译

石榴树————————[美国]威廉·萨罗扬 刘忠东译

1985 年第 6 期　刊名:《丑小鸭》
目录

小说

圣诞夜————————————————————黎 泉

塘柳依依————————————————————雷光春

那一段日子————————————————————贺星寒

生命的尾声————————————————齐铁民 鞠显友

偷狗————————————————————————尹火发

够味儿————————————————————————丑 牛

燧石————————————————————————改敬义

处女地

绣着凤尾的衣袖————————————（壮族）廖润柏

第一次————————————————————————淑 子

静室诗人和青纱帐的诗————————————高 勤

闲云馆闲话————————————————————夕 淋

球门————————————————————————高 庆

贵在情深（评点）————————————————辉 宣

几朵异彩的小花（评点）————————————晓 东

诗苑新葩

二月的湖————————————————————唐亚平

长江船歌————————————————————罗 星

夜、寺庙和头法————————————————周 涛

乡情————————————————————————张 毅

西北的太阳————————————————————鄢家发

内流河————————————————————————王军强

情歌————————————————————————亮 月

那一天，我跟妈妈去了山里————————谷多多

回忆秋天————————————————————荀红军

如果都不是————————————————————山 池

无题（外二首）————————————————洪东妮

散文

在高黎贡山之西————————————————于 坚

海之梦————————————————————王家新

美的修养

意境与"我"————————————————————王朝闻

小说艺术谈————————————————————蒋 力

四海文萃

打扫烟囱的亚史————————[美]艾巴·辛格 王秋峰译

1985 年第 7 期　刊名:《丑小鸭》

目录

小说
雨·······························王　海
陶罐自述························张　弓
断层····························叶曙明
傻狐狸··························杨　松
囚徒····························陈　村

处女地
这话本想婚后说················高力生
最宝贵的························葛瑞原
美的寻求（评点）··············晓　意
说也说不清······················蝌　蚪
那一刻白杨树····················鲁　玮
南方故乡吹来的风··············华　夫

诗苑新葩
和平的阅兵式····················周　涛
岸上的对峙　喇叭花　赶车人····杨钺钧
我是秋··························杨　散
母亲····························赵春迎
南方····························储皖沪
古老的船歌······················白云飞
给北方··························张冬青

散文
走过这片草地····················草离离
伙伴····························刘　利

诗词鉴赏
忆江南等七首····················钟家轮

电影剧本
冬天的童话······················遇罗锦

评论
再谈南姗的哲学··················若　水

四海文萃
高贵的名字············〔苏〕列·佐林　刘爱琴译

1985 年第 8 期　刊名:《丑小鸭》

目录

小说
前面是血红的灯……··············董葆存

岛······························任卫新
童心里的飞云峰··················王松波
零公里处························马　原
怀才不遇························陶泽时
晚安，古城西里··················陆　涛
雨中····························李　悦
春之过··························李红祥

处女地
月牙儿慢慢升起··················马　丁
吕老疙瘩轶事····················木　寒
（评点）拙中见巧················晓　东
特大奇案························吕　斌
朋友····························李艳红
晨耕图··························黄俊安
不是心愿的心愿··················韦　兵

评论
浅谈抑郁型性格人物的塑造········朱　波

散文
生机····························汪曾祺
五月槐花························阎　崑
波士顿之郊······················王　双
"卡西诺"印象····················李硕儒

海外文萃
逃亡途中············〔西德〕W.史努勒　刘卡苏译

1985 年第 9 期　刊名:《丑小鸭》

目录

小说林
古道牛车进行曲············（蒙古族）甫澜涛
不平静的紫禁城··················郭秋良
那米兰已经开花··················潘　军
核儿····························多　多
主任的烦恼······················何璋亮
苦寒居闲笔（小小说两题）········李　悦

处女地
响响坪里的响响姐················山　妹
忧郁温馨轻快深长（评点）········王朝垠
梦······························何　君
并非是"梦"（评点）··············邱　飒
爱的归宿························李世瑛
《爱的归宿》读后（评点）········关永礼

诗苑

有雨的日子⋯⋯⋯⋯⋯⋯⋯⋯⋯⋯⋯⋯⋯⋯毅 伟
毕业分配⋯⋯⋯⋯⋯⋯⋯⋯⋯⋯⋯⋯⋯⋯⋯李亚伟
林荫大道（外一首）⋯⋯⋯⋯⋯⋯⋯⋯⋯杨 炼
为了面包（组诗）⋯⋯⋯⋯⋯⋯⋯⋯⋯⋯蓝 马
今夜，我们合作了一首诗（外一首）⋯夏征宇
诗海浪花⋯⋯⋯⋯⋯⋯⋯⋯⋯⋯⋯⋯⋯⋯⋯何 群

散文天地

一个黑人舞女的命运⋯⋯⋯⋯⋯⋯⋯⋯李硕儒
玉佛寺印象⋯⋯⋯⋯⋯⋯⋯⋯⋯⋯⋯⋯⋯秀 姗
在四季里⋯⋯⋯⋯⋯⋯⋯⋯⋯刘新宇 戴天孚
弟弟的小泥鳅⋯⋯⋯⋯⋯⋯⋯⋯⋯⋯⋯杨林勃
香山寻静⋯⋯⋯⋯⋯⋯⋯⋯⋯⋯⋯⋯⋯⋯思 玉

文坛博览

从卢米埃尔到格里菲斯⋯⋯⋯⋯⋯⋯⋯王 彬

四海文萃

我是如何办报的⋯⋯⋯⋯［美］马克·吐温 胡晓伟译
一件小的好事⋯⋯［美］雷蒙德·卡弗 黄 涛译

1985 年第 10 期　刊名:《丑小鸭》
目录

小说林

老康回来⋯⋯⋯⋯⋯⋯⋯⋯⋯⋯⋯⋯⋯⋯王安忆
名医⋯⋯⋯⋯⋯⋯⋯⋯⋯⋯⋯⋯⋯⋯⋯⋯李 悦
夏日的风⋯⋯⋯⋯⋯⋯⋯⋯⋯⋯⋯⋯⋯⋯杨志广
城根来的新媳妇⋯⋯⋯⋯⋯⋯⋯⋯⋯⋯季恩寿
在那遥远的地方⋯⋯⋯⋯⋯⋯⋯⋯⋯⋯刘绍振

处女地

生命的周期⋯⋯⋯⋯⋯⋯⋯⋯⋯⋯⋯⋯⋯田 韬
我又来到这座小院⋯⋯⋯⋯⋯⋯⋯⋯⋯宋继忠
流星⋯⋯不是星⋯⋯⋯⋯⋯⋯⋯⋯⋯⋯韩力群
村口那家小店⋯⋯⋯⋯⋯⋯⋯⋯⋯⋯⋯陈宝洪
何当共剪西窗烛（评点）⋯⋯⋯⋯⋯⋯艺 衡

诗苑

乡思（外一首）⋯⋯⋯⋯⋯⋯⋯⋯⋯⋯邹荻帆
聚⋯⋯⋯⋯⋯⋯⋯⋯⋯⋯⋯⋯⋯⋯⋯⋯⋯林 祁
窗（外一首）⋯⋯⋯⋯⋯⋯⋯⋯⋯⋯⋯贾垒垒
触摸⋯⋯⋯⋯⋯⋯⋯⋯⋯⋯⋯⋯⋯⋯⋯⋯江 河
雷击木⋯⋯⋯⋯⋯⋯⋯⋯⋯⋯⋯⋯⋯⋯⋯李清晨
无题（二首）⋯⋯⋯⋯⋯⋯⋯⋯⋯⋯⋯田 力
离别⋯⋯⋯⋯⋯⋯⋯⋯⋯⋯⋯⋯⋯⋯⋯⋯刘春玲
我出示月票⋯⋯⋯⋯⋯⋯⋯⋯⋯⋯⋯⋯张骥良

在孩子们中间⋯⋯⋯⋯⋯⋯⋯⋯⋯⋯⋯徐丹夫

传记文学

粥场风波（《康熙皇帝》选载）⋯⋯⋯郭秋良

散文天地

玉洱银苍⋯⋯⋯⋯⋯⋯⋯⋯⋯⋯⋯⋯⋯⋯沛 文

文学评论

季恩寿"京味"小说印象⋯⋯⋯⋯⋯⋯陈建功

文坛博览

庸窗漫识⋯⋯⋯⋯⋯⋯⋯⋯⋯⋯⋯⋯⋯⋯八平居

1985 年第 11 期　刊名:《丑小鸭》
目录

小说

冷面西施⋯⋯⋯⋯⋯⋯⋯⋯⋯⋯⋯⋯⋯⋯张笑天
苦沙⋯⋯⋯⋯⋯⋯⋯⋯⋯⋯⋯⋯⋯⋯⋯⋯郭雪波
震魂锣⋯⋯⋯⋯⋯⋯⋯⋯⋯⋯⋯⋯⋯⋯⋯钟铁夫

处女地

忘河水晶莹⋯⋯⋯⋯⋯⋯⋯⋯⋯⋯⋯⋯纪小黑
鸽弟⋯⋯⋯⋯⋯⋯⋯⋯⋯⋯⋯⋯⋯⋯⋯⋯袁 征
分配之前⋯⋯⋯⋯⋯⋯⋯⋯⋯⋯⋯⋯⋯⋯孙 乐
雪花的瀑布⋯⋯⋯⋯⋯⋯⋯⋯⋯⋯⋯⋯孙向军

散文

他为孩子们点燃了篝火——袁鹰印象⋯⋯胡世宗

电影剧本

荒岛⋯⋯⋯⋯⋯⋯⋯⋯⋯⋯⋯⋯⋯⋯⋯⋯肖尹宪

传记文学

微服出访前后⋯⋯⋯⋯⋯⋯⋯⋯⋯⋯⋯郭秋良

四海文萃

舞会⋯⋯⋯⋯⋯⋯⋯⋯［日］芥川龙之介 祝子平译

1985 年第 12 期　刊名:《丑小鸭》
目录

处女地

紫红领带的西装⋯⋯⋯⋯⋯⋯⋯杨运国 杨运教
泉歌⋯⋯⋯⋯⋯⋯⋯⋯⋯⋯⋯⋯（壮族）黄 莺
依涛笑了⋯⋯⋯⋯⋯⋯⋯⋯⋯⋯⋯⋯⋯王 烨

风雨巴士 ⸺⸺⸺⸺⸺⸺⸺ 谢君文

小说林

红鲤鱼 ⸺⸺⸺⸺⸺⸺⸺⸺⸺ 黄复彩
七月 ⸺⸺⸺⸺⸺⸺⸺⸺⸺⸺ 马未都
铁大门 ⸺⸺⸺⸺⸺⸺⸺⸺⸺ 王曦昌
水晶兰 ⸺⸺⸺⸺⸺⸺⸺⸺⸺ 刘伯军
样板 ⸺⸺⸺⸺⸺⸺⸺⸺⸺⸺ 雷齐明
水中君子兰 ⸺⸺⸺⸺⸺⸺⸺ 戚小彬
冬季美展 ⸺⸺⸺⸺⸺⸺⸺⸺ 宇 峰
新邻居 ⸺⸺⸺⸺⸺⸺⸺⸺⸺ 王霆钧
搬迁 ⸺⸺⸺⸺⸺⸺ 张 萍 苏醒世

诗苑

蠡县小诗（二首）⸺⸺⸺⸺⸺ 邹荻帆
蓝色的疑问 ⸺⸺⸺⸺⸺⸺⸺ 何铁生
掠影（三首）⸺⸺⸺⸺⸺⸺⸺ 郭家力
诗人的名字 ⸺⸺⸺⸺⸺⸺⸺ 子 弦
紫禁城随想 ⸺⸺⸺⸺⸺⸺⸺ 莫 非
郊外 ⸺⸺⸺⸺⸺⸺⸺⸺⸺⸺ 徐华南
哦，北方（外一首）⸺⸺⸺⸺ 晓 宇
团圆 ⸺⸺⸺⸺⸺⸺⸺⸺⸺⸺ 多 多
白杨林 ⸺⸺⸺⸺⸺⸺⸺⸺⸺ 朱力平
富有者之慰 ⸺⸺⸺⸺⸺⸺⸺ 一 海
我们是蜀地古钻工们的后裔 ⸺ 张洪波

散文·杂文

他用心血浇灌蔷薇花 ⸺⸺⸺⸺ 胡世宗
百家与两家 ⸺⸺⸺⸺⸺⸺⸺ 郭 因

作家与处女作

处女作与职责 ⸺⸺⸺⸺⸺⸺ 王俊英

四海文萃

拐逃 ⸺⸺⸺⸺ ［日］松本清张 易 堃译
绿玉佛 红桥梁 爱之果 ⸺ ［美］爱伦·吉彻斯特
方 芳译

1986 年第 1 期　刊名：《丑小鸭》
目录

致读者

说点老老实实的大话 ⸺⸺⸺⸺ 胡石英

作家聊斋

时代的困惑 ⸺⸺⸺⸺⸺⸺⸺ 郑万隆
我的文学观 ⸺⸺⸺⸺⸺⸺⸺ 戴 晴
与苏珊·贝尔纳的谈话 ⸺⸺⸺ 刘绍棠

扩展自己周围的世界 ⸺⸺⸺⸺ 肖复兴

处女地

木屋 ⸺⸺⸺⸺⸺⸺⸺⸺⸺⸺ 黄 俭
挽歌乎？颂歌乎？⸺⸺⸺⸺⸺ 华 灿
检讨 ⸺⸺⸺⸺⸺⸺⸺⸺⸺⸺ 许剑华
小议《检讨》⸺⸺⸺⸺⸺⸺⸺ 启 治
老人的黄昏 ⸺⸺⸺⸺⸺⸺⸺ 王继兰
一篇向封建伦理宣战的檄文 ⸺ 毛宪文
寻找作家 ⸺⸺⸺⸺⸺⸺⸺⸺ 李 军
情绪：意蕴与诗情的聚合 ⸺⸺ 金 都
明天再来 ⸺⸺⸺⸺⸺⸺⸺⸺ 晓 望
写出心灵的旋律 ⸺⸺⸺⸺⸺ 付 活
小村故事 ⸺⸺⸺⸺⸺⸺⸺⸺ 张新建
崇实——《小村故事》读后 ⸺ 新 闻

小说

海狗 ⸺⸺⸺⸺⸺⸺⸺⸺⸺⸺ 任一舟
一个画家的札记 ⸺⸺⸺⸺⸺ 詹 凯
妈妈，你听我说 ⸺⸺⸺⸺⸺ 陆星儿
《鸽子的葬礼》及其他 ⸺⸺⸺ 万 之
眼睛 ⸺⸺⸺⸺⸺⸺⸺⸺⸺⸺ 赵剑雄

诗苑新葩

遥远的爱情（二首）⸺⸺⸺⸺ 米思及
醒醒吧，老爹 ⸺⸺⸺⸺⸺ 拉木·嘎图萨
三尖山，我回来了（外一首）⸺ 刘 扬
高山（三首）⸺⸺⸺⸺⸺⸺⸺ 于 坚
鹰之歌 ⸺⸺⸺⸺⸺⸺⸺⸺⸺ 费 嘉
火·火把·红土高原 ⸺⸺⸺⸺ 沈骏康
高原，我们的（组诗）⸺⸺⸺ 彭国梁
高原与男人 ⸺⸺⸺⸺⸺⸺⸺ 王文新
山风印象 ⸺⸺张稼闻 洛篾挪着 李 春 邹昆凌
美 朵 亚 楠

文学笔谈

高原的风 ⸺⸺⸺⸺⸺⸺⸺⸺ 晓 雪

天鹅初飞

拿破仑的石像 ⸺⸺⸺⸺⸺⸺ 秦 牧

四海文萃

短篇小说两篇 ⸺⸺⸺⸺ 嘉勃莉蕾·沃曼 韩耀成译

1986 年第 2 期　刊名：《丑小鸭》
目录

作家聊斋

地球是圆的 ⸺⸺⸺⸺⸺⸺⸺ 邓 刚

人人都是一个世界 ⋯⋯⋯⋯⋯⋯ 陆星儿
没有成诗的札记 ⋯⋯⋯⋯⋯⋯ 牛 汉

处女地

憨伯 ⋯⋯⋯⋯⋯⋯⋯⋯⋯⋯⋯ 童丽萍
没有航标的河流（评点）⋯⋯ 王朝垠
自由人 ⋯⋯⋯⋯⋯⋯⋯⋯⋯⋯ 黄 帆
也谈《自由人》及其他（评点）⋯ 滇 仁
夏天的代价 ⋯⋯⋯⋯⋯⋯⋯⋯ 陈 真
捕捉与开掘的辩证法（评点）⋯ 华 灿
又是面条儿 ⋯⋯⋯⋯⋯⋯⋯⋯ 尹宁安
从"无事"中写有事（评点）⋯ 张小云
阴晦的日子 ⋯⋯⋯⋯⋯⋯⋯⋯ 向一民
读《阴晦的日子》（评点）⋯⋯ 黎 松

报告文学

三叶树，愿你绿荫满地 ⋯⋯⋯ 薛尔康

小说林

沉重的扳机 ⋯⋯⋯⋯⋯⋯⋯⋯ 徐定国
情深似海 ⋯⋯⋯⋯⋯⋯⋯⋯⋯ 胡 健
闲情逸致 ⋯⋯⋯⋯⋯⋯⋯⋯⋯ 季恩寿
两个吃鸡汁面的人 ⋯⋯⋯⋯⋯ 赵大昕
蔚蓝的天空 ⋯⋯⋯⋯⋯⋯⋯⋯ 吴广宏

散文

童年的回忆 ⋯⋯⋯⋯⋯⋯⋯⋯ 刘再复
沙，从我脚下延伸 ⋯⋯⋯⋯⋯ 李 勃
弯弯的老楼梯 ⋯⋯⋯⋯⋯⋯⋯ 张 丹
我的海（散文诗）⋯⋯⋯⋯⋯⋯ 李 原

诗苑

九行抒情诗十首 ⋯⋯⋯⋯⋯⋯ 徐 刚
失眠，错乱的回忆 ⋯⋯⋯⋯⋯ 李发模
夏日，北国之恋（组诗）⋯⋯⋯ 林 染
大都市 ⋯⋯⋯⋯⋯⋯⋯⋯⋯⋯ 叶延滨
请与我同行 ⋯⋯⋯⋯⋯⋯⋯⋯ 水 舟
牺牲者（外一首）⋯⋯⋯⋯⋯⋯ 苏历铭
熟透的橄榄 ⋯⋯⋯⋯⋯⋯⋯⋯ 赵 飞
倒流的时光 ⋯⋯⋯⋯⋯⋯⋯⋯ 天目瞳
夜之咏叹调 ⋯⋯⋯⋯⋯⋯⋯⋯ 潘洗尘
我们的阿Q（外一首）⋯⋯⋯⋯ 述 平
人与花朵（外一首）⋯⋯⋯⋯⋯ 马高明
山里的往事 ⋯⋯⋯⋯⋯⋯⋯⋯ 杨川庆
诗四首 ⋯⋯⋯⋯⋯⋯⋯⋯⋯⋯ 毅 伟

处女作之后

远离了太阳岛的姑娘 ⋯⋯⋯⋯ 弓 克
结局还远得很 ⋯⋯⋯⋯⋯⋯⋯ 弓 克

四海文萃

威廉·巴康的雇工 ⋯⋯⋯⋯ ［美］汉姆林·加兰

1986 年第 3 期　刊名:《丑小鸭》

目录

作家聊斋

大雅若俗 ⋯⋯⋯⋯⋯⋯⋯⋯⋯ 霍 达
一点随想 ⋯⋯⋯⋯⋯⋯⋯⋯⋯ 母国政

处女地

河街人（系列小说之一之二）⋯ 明 德
绘其壮貌，得其神韵（评点）⋯ 缪俊杰
启明星升起的时候 ⋯⋯⋯⋯⋯ 吕永辉
生活中的落点和起点（评点）⋯ 晓 东
寒冷世界 ⋯⋯⋯⋯⋯⋯⋯⋯⋯ 梁永琳
于细微处见大天地（评点）⋯⋯ 华 铭
方圆先生 ⋯⋯⋯⋯⋯⋯⋯⋯⋯ 姜福成
方圆之外有余音（评点）⋯⋯⋯ 艾 月
你曾倚在我的肩上 ⋯⋯⋯⋯⋯ 刘皓明
证明并非是"乌有"（评点）⋯⋯ 余 灿
玉兰飘香 ⋯⋯⋯⋯⋯⋯⋯⋯⋯ 梁 乍
掸掉花香探幽处（评点）⋯⋯⋯ 戈 凡

小说

阳差 ⋯⋯⋯⋯⋯⋯⋯⋯⋯⋯⋯ 张连波
十七岁的夏天 ⋯⋯⋯⋯⋯⋯⋯ 赵 茜
格尔冈波的风 ⋯⋯⋯⋯⋯⋯⋯ 张世明
父亲，母亲，我 ⋯⋯⋯⋯⋯⋯ 李鞍明
古巷 ⋯⋯⋯⋯⋯⋯⋯⋯⋯⋯⋯ 梁 晴

诗苑

铺路者群雕（组诗）⋯⋯⋯⋯⋯ 张 毅
老张和遮天蔽日的爱情（外三首）⋯ 李亚伟
读你的微笑（外一首）⋯⋯⋯⋯ 应忆航
五月的湖 ⋯⋯⋯⋯⋯⋯⋯⋯⋯ 唐亚平
礼物（外一首）⋯⋯⋯⋯⋯⋯⋯ 李 锋
光荣的夏天（外一首）⋯⋯⋯⋯ 柏 桦
他们（外一首）⋯⋯⋯⋯⋯⋯⋯ 陈燕妮

散文

如琴湖之夜 ⋯⋯⋯⋯⋯⋯⋯⋯ 胡世全
童年的小雨 ⋯⋯⋯⋯⋯⋯⋯⋯ 许 净

处女作之后

孤魂（附致编辑的一封信）⋯⋯ 殷惠芬

四海文萃
从南方来的人 ……………… ［英］罗纳德·达尔 庄嘉宁译
凶手 ……………………… ［美］雷·布雷德布雷 郑启温译

1986 年第 4 期 刊名：《丑小鸭》
目录

作家聊斋
地火及文学的断想 …………………………… 陆天明
从草创到成熟 ………………………………… 甘铁生
我的文学观 …………………………………… 李 勃

处女地
这回不是梦 …………………………… 郝康宁 胡 萍
军人·妻子·梦（评点） …………………… 衡 川
小小说三则 …………………………………… 赵 鹏
小荷才露尖尖角（评点） …………………… 李 芳
地久天长 ……………………………………… 张 朴
那令人珍惜而又永不泯灭的……（评点） …… 金 氓
夜空，殷红的礼花 …………………………… 李水乡
谈谈木生老汉（评点） ……………………… 戈 凡
天女木兰花 …………………………………… 石松茂
善良与愚昧的冲突（评点） ………………… 肖 进
脚后跟般的车站 ……………………………… 斯 夫
印象与感觉的世界（评点） ………………… 筱 悠

小说
山山风流 ……………………………………… 郭传义
和陌生人谈心 ………………………………… 李叔德
还愿 …………………………………………… 肖尹宪
蒙尘 …………………………………………… 鄞远征
我在山东老家的那一天 ……………………… 田 诵
大深山 ………………………………………… 彭志明
破灭 …………………………………………… 季 宇

首都高校学生诗会
鸣沙山随想（外一首） ……………………… 关克宇
街灯 …………………………………………… 诗 迪
回忆中的小村子 ……………………………… 史 声
土地啊，母性的土地 ………………………… 程宝林
船，与南方河 ………………………………… 王 念
钟情的人 ……………………………………… 丁 榕
男人的土地 …………………………………… 王 玮
你的画像 ……………………………………… 田晓风
当我们走向"星星"诗会 …………………… 共田柳子
无题 …………………………………………… 杨光平
诗四首 ………………………………………… 于 水
我们没赶上末班车 …………………………… 叶 东

诗夜（外二首） ……………………………… 贾 雷
冬天不会忘记 ………………………………… 刘俊峰

天鹅初飞
要脸红，又要珍惜 …………………………… 沈虎根
一枝钢笔 ……………………………………… 沈虎根

四海文萃
加斯东 ……………………… ［美］威廉·萨罗扬 倪闯译
在邮局 ……………………… ［美］托·罗·蔡斯 徐展译
编读交流

1986 年第 5 期 刊名：《丑小鸭》
目录

作家聊斋
甩模子 ………………………………………… 薛尔康
过去的梦 ……………………………………… 韩蔼丽
文学与法律微观 ……………………………… 孙桂贞

处女地
我对自己说 …………………………………… 徐志修
赤足探新径（评点） ………………………… 郁 洁
WHOAMI—我是谁 …………………………… 刘新平
夸张和变形中的真实（评点） ……………… 李运声
织梦色 ………………………………………… 隐 慧
读《织梦色》（评点） ……………………… 悠 悠
误会 …………………………………………… 王长林
桥头街轶事 …………………………………… 江清明
豆腐坊里的改革（评点） …………………… 钟 京
驳波 …………………………………………… 刘正华
这又苦又甜的滋味（评点） ………………… 王秀荣

小说
到大海去 ……………………………………… 曹征路
一个复员大兵说 ……………………………… 李文岭
周末 …………………………………………… 张郁民
江南可采莲 …………………………………… 沈天鸿
小灰楼的记忆 ………………………………… 电 弧
分家 …………………………………………… 黄 岩

诗苑新葩
同时代——于 坚 石玉坤 黄孟庠 方 芳 唐 希
地平线上（组诗） …………………………… 胡昌文
象棋（外四首） ……………………………… 张广舟
B 小调组曲 …………………………………… 叶文福
牡丹 …………………………………………… 马承钧
小巷（外一首） ……………………………… 朱晓风

严冬，我们走来⋯⋯⋯⋯⋯⋯⋯⋯邹玉鉴
哑巴艄工⋯⋯⋯⋯⋯⋯⋯⋯⋯⋯李春福
书生⋯⋯⋯⋯⋯⋯⋯⋯⋯⋯⋯⋯郭文平

天鹅初飞
文工团员在淮海前线　附：后记⋯⋯⋯邓友梅

四海文萃
法布里的录音带

⋯⋯⋯⋯⋯〔美〕路·奥金克洛斯　陈文娟译

1986 年第 6 期　刊名:《丑小鸭》
目录

作家聊斋
是那样的感觉⋯⋯⋯⋯⋯⋯⋯⋯⋯刘湛秋
太阳从东边出来⋯⋯⋯⋯⋯⋯⋯⋯肖尹宪

处女地
天街小雨⋯⋯⋯⋯⋯⋯⋯⋯⋯⋯戴文飞
《天街小雨》的纯真（评点）⋯⋯⋯⋯谷英
绿色的歌⋯⋯⋯⋯⋯⋯⋯⋯⋯⋯祖克慰
满月绿色未成歌（评点）⋯⋯⋯⋯⋯严柯
编辑夫人的窗口⋯⋯⋯⋯⋯⋯⋯⋯陈星
灵魂的窗口（评点）⋯⋯⋯⋯⋯⋯⋯苏卡
信用卡⋯⋯⋯⋯⋯⋯⋯⋯⋯⋯⋯郭文超
警惕啊，警惕!（评点）⋯⋯⋯⋯⋯⋯金月
姐姐的秘密⋯⋯⋯⋯⋯⋯⋯⋯⋯张红霞
人生：包孕着无数秘密（评点）⋯⋯⋯蒋力

小说
摩托社会（中篇）⋯⋯⋯⋯⋯⋯⋯陈卡
她们都从乡下来⋯⋯⋯⋯⋯⋯⋯⋯李信一
积雪的大地⋯⋯⋯⋯⋯⋯⋯⋯⋯大水
炮车上的婚礼⋯⋯⋯⋯⋯⋯⋯⋯凝溪
工棚之夜⋯⋯⋯⋯⋯⋯⋯⋯⋯⋯王小克
墙洞⋯⋯⋯⋯⋯⋯⋯⋯⋯⋯⋯⋯朱小羊
现代苦恼系列篇（之一、之二、之三、之四）
⋯⋯⋯⋯⋯⋯⋯⋯⋯⋯⋯⋯⋯牛小谦
风与影（组诗）⋯⋯⋯⋯⋯⋯⋯⋯王珏
童心集（组诗）⋯⋯⋯⋯⋯⋯⋯⋯李富祺
一个女师范生的日记（组诗）⋯⋯⋯黄晓峰
阿婆的手杖（外一首）⋯⋯⋯⋯⋯盘妙彬
西德版画观感（两首）⋯⋯⋯⋯⋯朱凌波
风灯（外一首）⋯⋯⋯⋯⋯⋯⋯⋯晨龙

处女作之后
"丑小鸭"以后仍是丑小鸭⋯⋯⋯⋯朱小羊

我的一点杂想⋯⋯⋯⋯⋯⋯⋯⋯⋯牛小谦

四海文萃
绝对特权⋯⋯⋯〔英〕弗莱德里克·弗塞　北芒译
上帝的旨意⋯⋯⋯〔英〕斯图瓦特·克劳特　北芒译

1986 年第 7 期　刊名:《丑小鸭》
目录

作家聊斋
从真假说开去⋯⋯⋯⋯⋯⋯⋯⋯⋯刘进元
老调重谈⋯⋯⋯⋯⋯⋯⋯⋯⋯⋯田增翔

处女地
咳!⋯⋯⋯⋯⋯⋯⋯⋯⋯⋯⋯⋯梁宏绥
新鲜的太阳⋯⋯⋯⋯⋯⋯⋯⋯⋯蒋渝
走进太阳国的女性（评点）⋯⋯⋯⋯戈凡
老许头⋯⋯⋯⋯⋯⋯⋯⋯⋯⋯⋯李晓光
于细微处见人情事态（评点）⋯⋯⋯余疆
晚秋菊花香⋯⋯⋯⋯⋯⋯⋯⋯⋯瑞云
跌倒过怕什么（评点）⋯⋯⋯⋯⋯笑捷
四月里的小雨⋯⋯⋯⋯⋯⋯⋯⋯刘京山
幸运儿与弄潮儿（评点）⋯⋯⋯⋯⋯肖杰
他不是⋯⋯⋯⋯⋯⋯⋯⋯⋯晓祺晓宁
美丽的眼睛也会骗人（评点）⋯⋯⋯肖晴

小说
红心 Q⋯⋯⋯⋯⋯⋯⋯⋯⋯⋯⋯张晓春
白痴⋯⋯⋯⋯⋯⋯⋯⋯⋯⋯⋯⋯张庆国
跛老头和他的妻⋯⋯⋯⋯⋯⋯⋯⋯郑海
六百分的大玉兔⋯⋯⋯⋯⋯学新　袁志勇
飘落的叶⋯⋯⋯⋯⋯⋯⋯⋯⋯⋯王晓晴
洁白的栀子花⋯⋯⋯⋯⋯⋯⋯⋯栈桥
让我再想想⋯⋯⋯⋯⋯⋯⋯⋯⋯王书平

诗苑新葩
真的人（组诗）⋯⋯⋯⋯⋯⋯⋯⋯赵世坚
峨眉，今夜的月亮（外二首）⋯⋯⋯林染
黛色的涟漪（组诗）⋯⋯⋯⋯⋯⋯水舟
告诉我呗⋯⋯⋯⋯⋯⋯⋯⋯⋯⋯郭力家
我走过木棉树下⋯⋯⋯⋯⋯⋯⋯王小妮
寻找（外二首）⋯⋯⋯⋯⋯⋯⋯⋯中流
北方兽⋯⋯⋯⋯⋯⋯⋯⋯⋯⋯⋯徐晓阳
惑星（散文诗）⋯⋯⋯⋯⋯⋯⋯⋯莘晓吟

天鹅初飞
我十五岁时写的小说《醉妇》⋯⋯⋯关沫南
醉妇⋯⋯⋯⋯⋯⋯⋯⋯⋯⋯⋯⋯关沫南

四海文萃

沃什 ⋯⋯⋯⋯⋯⋯⋯⋯ [美]威廉·福克纳 黄宁宁译

1986 年第 8 期 刊名:《丑小鸭》
目录

处女地

秋风 ⋯⋯⋯⋯⋯⋯⋯⋯⋯⋯⋯⋯⋯⋯⋯⋯ 王家荣
世事多艰（评点）⋯⋯⋯⋯⋯⋯⋯⋯⋯⋯⋯ 秋 人
带问号的遗嘱 ⋯⋯⋯⋯⋯⋯⋯⋯⋯⋯⋯⋯ 乔 玢
严谨的生活课题（评点）⋯⋯⋯⋯⋯⋯⋯ 郁 洁
情与仇 ⋯⋯⋯⋯⋯⋯⋯⋯⋯⋯⋯⋯⋯⋯ 庐 弓
愚昧与凶残（评点）⋯⋯⋯⋯⋯⋯⋯⋯⋯ 伊 水
强子的这天晚上 ⋯⋯⋯⋯⋯⋯⋯⋯⋯⋯⋯ 王 育
一个有特色的人物（评点）⋯⋯⋯⋯⋯⋯ 艾 桦
招呼站旁的小摊 ⋯⋯⋯⋯⋯⋯⋯⋯⋯⋯ 刘建文
挚着的母爱（评点）⋯⋯⋯⋯⋯⋯⋯⋯⋯ 衡 川

小说林

那是一片绿色的山坳 ⋯⋯⋯⋯⋯⋯⋯⋯ 黄河清
今年没有秋天 ⋯⋯⋯⋯⋯⋯⋯⋯⋯⋯⋯ 董月玲
新大陆的旋律 ⋯⋯⋯⋯⋯⋯⋯⋯⋯⋯⋯ 刘乃康
表哥和王亚亚 ⋯⋯⋯⋯⋯⋯⋯⋯⋯⋯⋯ 余 华
无声的遗言 ⋯⋯⋯⋯⋯⋯⋯⋯⋯⋯⋯⋯ 李今朝
蓝、黄的旋 ⋯⋯⋯⋯⋯⋯⋯⋯⋯⋯⋯⋯ 启 耀
彩色的墓志铭 ⋯⋯⋯⋯⋯⋯⋯⋯⋯⋯⋯ 程新国
他微笑着退出考场 ⋯⋯⋯⋯⋯⋯⋯⋯⋯ 金惠福
伤风败俗的事情 ⋯⋯⋯⋯⋯⋯⋯⋯⋯⋯ 王子硕

散文

俺们河南人 ⋯⋯⋯⋯⋯⋯⋯⋯⋯⋯⋯⋯ 冯卫平
渗血的枫叶 ⋯⋯⋯⋯⋯⋯⋯⋯⋯⋯⋯⋯ 丁 凡
生活散曲 ⋯⋯⋯⋯⋯⋯⋯⋯⋯⋯⋯⋯⋯ 孙明霞
散文两章 ⋯⋯⋯⋯⋯⋯⋯⋯⋯⋯⋯⋯⋯ 傅文清
这里有一条小河 ⋯⋯⋯⋯⋯⋯⋯⋯⋯⋯ 李淑超

四海文萃

春 ⋯⋯⋯ [苏]叶·卡捷琳娜·苏达科娃 孙琪璋译

作家聊斋

我的"文学观"？ ⋯⋯⋯⋯⋯⋯⋯⋯⋯⋯ 何志云

1986 年第 9 期 刊名:《丑小鸭》
目录

处女地

阿 Q 后传 ⋯⋯⋯⋯⋯⋯⋯⋯⋯⋯⋯⋯⋯ 徐兴堂

《阿 Q 后传》四印象（评点）⋯⋯⋯⋯⋯ 未 明
青青的山中 ⋯⋯⋯⋯⋯⋯⋯⋯⋯⋯⋯⋯ 熊耀冬
天然野趣，意蕴隽永（评点）⋯⋯⋯⋯⋯ 刘士杰
白色的梦 ⋯⋯⋯⋯⋯⋯⋯⋯⋯⋯⋯⋯⋯ 王国平
在言与不言之中（评点）⋯⋯⋯⋯⋯⋯⋯ 崔 阳
老猎江，老猎成 ⋯⋯⋯⋯⋯⋯⋯⋯⋯⋯ 夏文斌
写小说的点（评点）⋯⋯⋯⋯⋯⋯⋯⋯⋯ 王斯基
小小说三则 ⋯⋯⋯⋯⋯⋯⋯⋯⋯⋯⋯⋯ 张 新
一点看法，两点建议（评点）⋯⋯⋯⋯⋯ 晓 阳
"癫子"队长 ⋯⋯⋯⋯⋯⋯⋯⋯⋯⋯⋯⋯ 蒋柳青
顽强的生活（评点）⋯⋯⋯⋯⋯⋯⋯⋯⋯ 文 林
福星 ⋯⋯⋯⋯⋯⋯⋯⋯⋯⋯⋯⋯⋯⋯⋯ 郭忠亮

小说

荒岛，生起一堆篝火 ⋯⋯⋯⋯⋯⋯⋯⋯ 陈国安
大漠风 ⋯⋯⋯⋯⋯⋯⋯⋯⋯⋯⋯⋯⋯⋯ 桑 苗
红公牛 ⋯⋯⋯⋯⋯⋯⋯⋯⋯⋯⋯⋯⋯⋯ 黎 泉
黄水流 ⋯⋯⋯⋯⋯⋯⋯⋯⋯⋯⋯⋯⋯⋯ 王 聪
狼狗"嗨咿" ⋯⋯⋯⋯⋯⋯⋯⋯⋯⋯⋯⋯ 文 猛
抓贼 ⋯⋯⋯⋯⋯⋯⋯⋯⋯⋯⋯⋯⋯⋯⋯ 许广跃
小说二题 ⋯⋯⋯⋯⋯⋯⋯⋯⋯⋯⋯⋯⋯ 陆 涛
不和谐乐章 ⋯⋯⋯⋯⋯⋯⋯⋯⋯⋯⋯⋯ 曹怀新
现代苦恼系列篇之十三 ⋯⋯⋯⋯⋯⋯⋯ 牛晓谦

四海文萃

祝福我，不然我不让你走
⋯⋯⋯⋯⋯⋯⋯⋯ [美]约翰·厄普代克 南 沙译

我的文学观

不必将自己看得过重 ⋯⋯⋯⋯⋯⋯⋯⋯ 舒 升
文学——追求时代美学精神 ⋯⋯⋯⋯⋯ 李 琨
编后寄语

1986 年第 10 期 刊名:《丑小鸭》
目录

报告文学

黄河沉船 ⋯⋯⋯⋯⋯⋯⋯⋯⋯⋯⋯⋯⋯ 常 扬

处女地

高街门 ⋯⋯⋯⋯⋯⋯⋯⋯⋯⋯⋯⋯⋯⋯ 涤 心
《高街门》的断想（评点）⋯⋯⋯⋯⋯⋯⋯ 漫 波
老人与小东西 ⋯⋯⋯⋯⋯⋯⋯⋯⋯⋯⋯ 陈立新
比较·平衡（评点）⋯⋯⋯⋯⋯⋯⋯⋯⋯ 莎 薇
冷暖 ⋯⋯⋯⋯⋯⋯⋯⋯⋯⋯⋯⋯⋯⋯⋯ 萧立忠
在感情流向中把握生活（评点）⋯⋯⋯⋯ 金 珉
父亲与老屋 ⋯⋯⋯⋯⋯⋯⋯⋯⋯⋯⋯⋯ 刘广军
艺术的凝聚力与空间展拓（评点）⋯⋯⋯ 筱 悠

小说

大汤池记事 ························· 杨新民
破裂 ······························· 何 军
滇北故人重录 ····················· 姚 霏
槐树院风波 ························· 伊 水
发财秘史 ··························· 安宏林
太阳里的蝴蝶 ····················· 王左泓

我的文学观

文学的新话题——揭示现代文明美 ····· 张奥列
关于生态文学的一点儿思考 ········· 沙 青

处女地之后

陈卡的命 ··························· 陈 卡
内湖 ······························· 陈 卡
编后絮语

1986 年第 11 期　刊名:《丑小鸭》
目录

报告文学

大风暴之后 ························· 胡 平

处女作

山深山青 ··························· 张文兵
（评点）自省、自审的可贵 ········· 莎 薇
人生两棵树 ························· 王金明
（评点）优美的叙述 ··············· 高 进
发生在十字街头的故事 ············· 刘 林
（评点）走向生活深处 ············· 白 烟
第一次出车 ························· 齐彦明
（评点）"我"与"轮胎" ············· 艾 桦

小说

忘年交琐闻 ························· 李英明
摆扫三 ····························· 罗建琳
红火苗绿火苗 ····················· 王立纯
葛大姐 ····························· 徐圣铭
紫色的月亮 ························· 周 伟
吃面条 ····························· 李胜利
祖传秘方 ··························· 马均海
泡沫 ······························· 平海南

散文

哦，这一片生命的奇观 ············· 苗 木

诗歌

我属于北方 ························· 陈 平

渴望（外一首） ··················· 朱宁清
秋（外一首） ····················· 韩秋妹
爱情的神奇 ························· 王 冰
江南女子 ··························· 苏超争

我的文学观

为何不用标点符号 ················· 赵大年
"幽默"与"认真" ················· 陈圣生

1986 年第 12 期　刊名:《丑小鸭》
目录

报告文学

我们希望风调雨顺 ················· 王传琮

处女地

今宵难眠 ··························· 王 玲
（评点）读《今宵难眠》 ··········· 骆一禾
明天回赠你 ························· 延立民
老姑娘 ····························· 冷 松
（评点）揭示人物的心理特征 ······· 金 珉
兰英 ······························· 李小虹
（评点）地平线上的人生 ··········· 丁道希
亲爱的牛仔裤，你是怎么啦? ······· 唐远鹏
无聊 ······························· 唐建平
古镇的龙泉铺 ····················· 雷桂平
荒漠 ······························· 王永琴
出国之前 ··························· 刘 志
尘世一隅 ··························· 刘 伟
男子汉 ····························· 侯隐赋
（评点）对生活的真实感受与认识 ··· 筱 悠

小说

断层 ······························· 韩春旭
火运 ······························· 郭雪波
刺儿梅和麻果儿 ··················· 徐桂林
阳光普照下的 ····················· 姚 秉

散文

野笛 ······························· 秦新和
车辙（散文诗·外一章） ··········· 柴 勇

诗歌

再生（长诗节选） ················· 骆耕野
醒来 ······························· 多 多
十二月（外一首） ················· 千 里
青春的浪潮（组诗） ··············· 汪国真

我的文学观

何谓出息？·····················马立诚

骚动与不安·····················马未都

海外文萃

夏天的鞋子·············〔日〕川端康成　李家平译

十一月：沉默的时节

·····················南希·M.彼特森　晓　风译

冬天的橡树

·············〔美〕尤里·纳吉宾　黄嘉琬　黄后楼译

《创作》

【简　介】

综合性文学丛刊。贵州人民出版社主办。创作于1981年，1985年由《创作》更名为《新时代人》。其以培养文学青年为己任，努力做当代文学爱好者的知音。

期刊号：1981年第1期—1983年第3期

编者的话

东风浩荡，春色满园。我们这个大型文学丛刊《创作》，像一枝嫩绿的幼芽，在新老作家们的精心浇灌下，从"百花齐放"的文苑里破土而出了。

我们伟大的祖国，正处在向四个现代化迈进的新时期。我们的文艺创作，只有在党的领导下，坚持为社会主义服务，首先是为工农兵服务，正确贯彻"双百"方针，才能肩负新时期赋予的重任。我们的作家，只要忠于生活，忠于人民，那五彩缤纷的现实生活，那纷纭繁杂的现实矛盾，将为他们提供创作的广阔天地。

创作需要园地，园地需要耕耘。《创作》丛刊就是专为广大专业作家和业余作者提供的一个园地。我们希望文艺战线上的同志们共同来耕耘好这块园地，让生长在这块园地里的鲜花，美可以赏心悦目，香可以沁人肺腑！

既然是一块园地，培育的花朵总得要有所选择。那些反映四化建设，歌颂四化创业者和社会主义新人的作品；那些真正从生活出发，散发出浓郁的生活气息的作品；那些勇于冲破传统的偏见，敢于直面现实生活，敢于正视现实矛盾的作品；都将在我们这个园地里受到欢迎。同时，我们还欢迎在艺术上勇于探索、不断创新的不同流派、不同风格的作品。我们的刊物将尽可能多开辟一些栏目，除发表小说、散文、诗歌、剧本、电影文学剧本、美术等作品外，还将刊载游记、杂文、随笔、小品、评论、革命回忆录、民间故事等等。此外，还将用一定的篇幅，介绍外国文学作品。

当然，《创作》丛刊既是一株刚刚拱土而出的嫩芽，就需要得到精心培育才能健康成长。因此，我们热切地希望继续得到新老作家和广大文艺爱好者对她的热心浇灌和扶植。

一九八一年二月

1981 年第 1 期　刊名：《创作》
目录

编者的话

长篇小说

沧桑曲（选载）·····················石　果

中篇小说

噩梦·····················黄　放

短篇小说

伙伴·····················韦　翰

不仅是爱的复仇·····················何筑光

啊，侗乡的芭蕉花·····················刘　毅

望子成龙·····················陶文正

新的考验·····················张中明

散文

蚕丝茧绪·····················戴明贤

使者之歌·····················（苗族）潘俊龄

诗歌

南北诗窗············崔合美 倩 晴 张雪杉 方立平
春华诗辑·······田 兵 钟 华 张 克 李发模等
新人新作·······宣 赞 程建强 宋 健 简祖海

评论

谈创作中的暴露问题·············林钟美

革命回忆录

护送朱总司令去洛阳·······黎武忠口述 罗绍书整理

翻译小说

夜莺别墅·············〔英〕阿克莎·克里斯蒂著
黄 峻 刘志钢译 肖沉冈校订

1981 年第 2 期　刊名:《创作》
目录

报告文学

忠诚·····················陶文正

中长篇小说

沧桑曲（长篇选载）·············石 果
托尔斯泰爷爷··········〔日本〕草野唯雄著 黄豫武译

短篇小说·散文

梨花屯客店一夜··············何士光
三会约翰·················梁文星
璀璨夺目的明珠···············张世珠
学习鲁迅，战斗不已·············王志之

电影文学

泥人常传记················陈爱民

评论

文学真实性断想——兼谈我省 1980 年短篇小说创作
中存在的问题···············奔 众

诗歌

党颂···················漆春生

翠花集

山野短笛（组诗）··············梅 蕺
轻轻道声安详（外一首）···········廖公弦
象鼻山（外一首）··············丹 军
山城恋（外一首）··············杜永红
致醒来的中国················邢 汉
乌江，一部折叠的书·············程显谟
邮个公园给北京··········（布依族）弋良俊

爱和恨的教科书（外一首）··········蔚 桦
丢包节···················王贤良
祖国，在你这样的黎明（叙事诗）···李发模 杜永红

美国短篇小说二题

美女与老虎····〔美〕弗兰克·斯托克通著 陈 铭译
劝君莫犹豫····〔美〕弗兰克·斯托克通著 路 倍译

革命回忆录

漳河边的故事···········朱秀帮口述 马文骏整理

美术作品

赶秋市（木刻）···············董克俊
晚年（木刻）················高先贵
目录木刻··················石俊生

1982 年第 1 期　刊名:《创作》
目录

长篇小说

隔江恋（选载）···············叶 辛
密林（选载）················刘祖培

中篇小说

海浪皱褶里的轶事··············郑秉谦

短篇小说·诗歌

记忆中的梆声················梁晓声
浴····················曹玉模
月下情（诗二首）············莫贵阳 江 农

六场话剧

鲁迅与瞿秋白···········林钟美 王 呐

文学评论

试论何士光小说的艺术风格········王鸿儒 何永刚
是谁带来了这场噩梦·············之 侠
这符合生活的真实吗·············惠 人

翻译文学

没落············〔俄〕屠格涅夫著 黄伟经译

作家书简

关于"杂文"文体的通信········刘雪苇 聂绀弩

美术作品

阿 Q（国画）················廖志惠
鱼鹰（国画）················谭涤非
山城更新（版画）··············吴家华

山谷锦绣（版画）——————————吴家华
妞妞和牛牛（版画）——————————蒲国昌

1982 年第 2 期　刊名:《创作》
目录

中长篇小说
似水流年（长篇）——————————何士光
爱的价值（中篇）——————————李宽定
UFO 传奇（中篇科幻）——董国新　赵建华

短篇小说·散文
脚印———————————————丁　芒
深深的根须————————————白　槐
石果《喜风集》序言————————蹇先艾

评论·随笔
深入生活的一点体会————————何士光
从"回字有四样写法"说起————晓　江
《鲁迅与瞿秋白》随想————————阮迅生

诗歌
云贵高原的山鹰（长诗拔萃）————宁汉戈

《创作》诗荟
爱———————————————梅　翁
细雨淋漓（外一首）————————寒　星
抒情诗二首————————————李发模
湍急的河流————————————陈佩芸
瓦窑新烟————————————黄邦君
石头———————————————漆春生
果林诗笺（二首）————————汪　毅
感奋———————————————罗绍书
青春的旋律（二首）————————阮居平
蓝与白（外一首）————————叶　笛

《学稼轩词稿》————————————钱　革

电影文学
离亭燕——————————戴明贤　廖公弦

美术作品
水族之乡·在供销社（木刻）————吴家华
清江归牧（木刻）————————林　军
生活的旋律（木刻）————————高先贵

1982 年第 3 期　刊名:《创作》
目录

中篇小说
乡土恋——————————————雨　煤
哦，松花江之波——————————梁晓声
当年的友谊————————————叶　辛
巍峨的情感————————————路　翎
原上草——————————————王　海
野猫冲一夜————————————王亚光

微型小说
岁月钩沉（二章）————————马　迅
宴———————————————江　农
听课———————————————陈祥荣
好猫———————————————陈学书

理论
进入创作前————————————叶　辛
评李发模的诗歌创作————————黄邦君
试论《包法利夫人》中的异化问题——秘燕生

短篇小说·散文
分家———————————————郑永德
××单位带有普遍性的多角关系————丰　光
大战禹王陵————————————戴明贤

《创作》诗荟————————廖国松　邢　汉　罗　马
程显谟　胥忠国　张显华　赵大昕　洋　滔　汪　毅
简祖海　刘福林　王建平　乔大学

作家书简
蹇先艾、高晓声致何士光

诺贝尔文学奖作品选
特雷皮姑娘——————[德]保尔·海泽著　刁承俊译
炮灰————————[英]乔治·萧伯纳著　胡学文译

美术作品
山寨（封面·油画）————————吴冠中
初晴（封底·木刻）————————吴　凡
女民兵（扉页木刻）————————其加达瓦

1983 年第 1 期 刊名:《创作》

目录

中篇小说

火与冰⋯⋯⋯⋯⋯⋯⋯⋯⋯叶 辛 钦 武
同名人⋯⋯⋯⋯⋯⋯⋯⋯⋯⋯⋯⋯茫 茫
职业道德⋯⋯⋯⋯⋯⋯⋯⋯⋯⋯⋯曹玉模
老把式和"干晃晃"⋯⋯⋯⋯⋯⋯吴耿介
月光⋯⋯⋯⋯⋯⋯⋯⋯⋯⋯⋯⋯⋯袁政谦
今夜多美好⋯⋯⋯⋯⋯⋯⋯⋯⋯⋯沉 默

长篇小说

首站新六军(连载)⋯⋯⋯⋯⋯⋯陈 沂

报告文学

水族女县长⋯⋯⋯⋯⋯⋯⋯⋯⋯⋯何光渝

短篇小说

逝水滔滔⋯⋯⋯⋯⋯⋯⋯⋯⋯⋯⋯包 川
不是梦⋯⋯⋯⋯⋯⋯⋯⋯⋯⋯⋯⋯萧蔓若
吹起木叶的时候⋯⋯⋯⋯⋯⋯⋯⋯余未人

散文诗

寻寻觅觅⋯⋯⋯⋯⋯⋯⋯⋯⋯⋯⋯徐 刚
三月的风⋯⋯⋯⋯⋯⋯⋯⋯⋯⋯⋯罗文亮

评论

为了明天⋯⋯⋯⋯⋯⋯⋯⋯⋯⋯⋯伊 星

诗歌

雁 冀 黎焕颐 冯 霞 余薇野 陈春琼 陈 犀
陈森智 杜永红 钟 华 张斯侠 刘福林 陈佩芸
唐大同 白 槐 贾长厚 寒 星

名诗选译

忠诚的燕子(外一首)
⋯⋯⋯⋯⋯〔英〕托马斯·哈 代著 杨通荣 丁延森译

翻译小说

道口看守工蒂尔⋯⋯⋯〔德〕霍普特曼著 孙坤荣译
北极圈⋯⋯⋯⋯〔苏〕瓦·柯热夫尼科夫著 仇振声译
特丽莎和她的情人⋯⋯⋯⋯〔苏〕高尔基著 杨国栋译

美术作品

黄山雨霁(版画)⋯⋯⋯⋯⋯⋯⋯王树艺
乌江口(版画)⋯⋯⋯⋯⋯⋯⋯⋯潘中亮
扉页木刻⋯⋯⋯⋯⋯⋯⋯⋯⋯⋯⋯石俊生

1983 年第 2 期 刊名:《创作》

目录

长篇小说

大渡魂⋯⋯⋯⋯⋯⋯⋯⋯⋯⋯⋯⋯顾汶光

中篇小说

轨迹⋯⋯⋯⋯⋯⋯⋯⋯⋯⋯⋯⋯⋯余未人
夕阳红⋯⋯⋯⋯⋯⋯⋯⋯⋯⋯⋯⋯雨 煤
H·D⋯⋯⋯⋯⋯⋯⋯⋯⋯⋯⋯⋯⋯王 剑

散文

巴金和贵州⋯⋯⋯⋯⋯⋯⋯⋯⋯⋯张世珠
我的木刻生涯⋯⋯⋯⋯⋯⋯⋯⋯⋯王树艺
不是为了忘却⋯⋯⋯⋯⋯⋯⋯⋯⋯丁 芒
都江堰记游⋯⋯⋯⋯⋯⋯⋯⋯⋯⋯艾 莎

诗歌

天池⋯⋯⋯⋯⋯⋯⋯⋯⋯⋯⋯⋯⋯周 林
思桂(外一首)⋯⋯⋯⋯⋯⋯⋯⋯陈越常
访鲁迅故居(外一首)⋯⋯⋯⋯⋯黎焕颐
草籽⋯⋯⋯⋯⋯⋯⋯⋯⋯⋯⋯⋯⋯汪 毅
护花栅(外一首)⋯⋯⋯⋯⋯⋯⋯陆 萍
背影(叙事诗)⋯⋯⋯⋯⋯⋯⋯⋯杜永红

文学评论

一个悲剧形象所蕴藏的人生哲理——读叶辛的中篇小说《当年的友谊》⋯⋯⋯⋯⋯⋯⋯⋯⋯⋯⋯蒋守谦
江流婉转意 水波别样情
——评《哦,松花江之波》⋯⋯⋯王 梧

翻译文学

道口看守工蒂尔(续上期)
⋯⋯⋯⋯⋯⋯⋯⋯⋯〔德〕霍普特曼著 孙坤荣译

美术作品

雨霖⋯⋯⋯⋯⋯⋯⋯⋯⋯⋯⋯⋯⋯夏文俊
春雨⋯⋯⋯⋯⋯⋯⋯⋯⋯⋯⋯⋯⋯林发荣
王树艺版画选⋯⋯⋯⋯⋯⋯⋯⋯⋯王树艺
扉页·目录画⋯⋯⋯⋯⋯⋯⋯⋯⋯石俊生

1983 年第 3 期　刊名:《创作》
目录

中国诗人

写在《中国诗人》前面⋯⋯⋯⋯⋯⋯⋯雁　翼
艾青创作编年史（附艾青书简）⋯⋯⋯周红兴
我的自传（附诗作）⋯⋯⋯⋯⋯⋯⋯⋯张志民
自传（附诗作）⋯⋯⋯⋯⋯⋯⋯⋯⋯⋯周良沛
一粒复活的诗的种子（附诗作）⋯⋯⋯黎焕颐
我写诗的道路（附诗作）⋯⋯⋯⋯⋯⋯雷　霆
青年诗人王也新作

诗野

孙霄兵　杨　牧　叶延滨　旭　宇　陈继光　杜志意
杨　树　张　克　黄东成　李根红

美术作品

蕉荫雄鸡（国画）⋯⋯⋯⋯⋯⋯⋯⋯⋯谭涤非
芭蕉喜鹊（国画）⋯⋯⋯⋯⋯⋯⋯⋯⋯谭涤非
山居图（国画）⋯⋯⋯⋯⋯⋯⋯⋯⋯⋯张润生
洪水过后（木刻）⋯⋯⋯⋯⋯⋯⋯⋯⋯吴家华
别有洞天（木刻）⋯⋯⋯⋯⋯⋯⋯⋯⋯吴家贵
巡医路上（木刻）⋯⋯⋯⋯⋯⋯⋯⋯⋯其加达瓦

中篇小说

白天鹅⋯⋯⋯⋯⋯⋯⋯⋯⋯⋯⋯⋯⋯⋯袁　敏
红衣女⋯⋯⋯⋯⋯⋯⋯⋯⋯⋯（苗族）李必雨
白日鼠相亲始末⋯⋯⋯⋯⋯⋯⋯⋯⋯⋯周尝棕
春夜，在金竹湾⋯⋯⋯⋯⋯⋯⋯安文新　和国正

短篇小说

四十年河东⋯⋯⋯⋯⋯⋯⋯⋯⋯⋯⋯⋯庄雅莉
爱，从甘汁来⋯⋯⋯⋯⋯⋯⋯⋯⋯⋯⋯陆中富

翻译小说

渡船⋯⋯⋯⋯⋯⋯⋯⋯［法］A.都德著　陈学昭译

文学评论

风云际会谱壮歌⋯⋯⋯⋯⋯⋯⋯⋯⋯⋯王鸿儒

《春风》（长春）

【简　介】

小说月刊。吉林省长春市文学艺术界联合会主办。创刊于 1979 年。2003 年起改版为文摘类期刊《意林》。创刊初期为综合性文学月刊，1983 年起改为小说月刊，集中刊发中短篇小说、报告文学、评论等。

期刊号:1980 年第 1 期—1989 年第 12 期

1980 年第 1 期　刊名:《春风》
目录

特写

新春寄语⋯⋯⋯⋯⋯⋯⋯⋯⋯⋯⋯⋯本刊编辑部
李宗仁归来（连载之一）⋯顾笑言　王士美　汪东林
栾"衙内"就擒记⋯⋯⋯⋯⋯⋯⋯乔　迈　万　捷

散文

寒江雪⋯⋯⋯⋯⋯⋯⋯⋯⋯⋯⋯⋯⋯⋯李健君
西行草⋯⋯⋯⋯⋯⋯⋯⋯⋯⋯⋯黑龙江　林　青
水⋯⋯⋯⋯⋯⋯⋯⋯⋯⋯⋯⋯⋯⋯⋯杨光照
板栗树下⋯⋯⋯⋯⋯⋯⋯⋯⋯⋯北京　陈淀国

小说

枪响以后⋯⋯⋯⋯⋯⋯⋯⋯⋯⋯⋯⋯⋯韩汝诚
醉酒⋯⋯⋯⋯⋯⋯⋯⋯⋯⋯⋯⋯延边　郭铁城
纽带⋯⋯⋯⋯⋯⋯⋯⋯⋯⋯⋯⋯辽宁　熙　高

莫泊桑短篇小说两篇------（北京）陈积盛 李忆民译

春雨新花
舅舅与外甥（小说）------赵国华
三编《舅舅与外甥》------公羊角
班后（诗）------梁青岭
窗口（诗）------徐国静
写在硝烟弥漫中------曲有源
先辈的赞歌------陈宝源
跟上来吧，朋友------何 鹰
在花园中------（北京）方 晴
晨耕曲------（北京）叶晓山
献蜜谣------（通化）朱 雷

评论
《氓》的译释（古典文学欣赏）------公 木
文以意为主（写作知识杂谈）------阳映红

无花的蔷薇
小品文与横祸（杂文）------温 杰
铁打的乌纱帽（诗）------谷长春
啄木鸟的故事（诗画配）------郭大光画 亦 闻诗
日本文坛近况（国外文讯）

1980 年第 2 期　刊名：《春风》
目录

特写
李宗仁归来（连载之二）------顾笑言 王士美 汪东林

小说
喧闹的田野------王小克
苦乐------（四川）邹仲平
辛辣的木头------万 寒

春雨新花
寄托------孙友念
情真才能意切------阿 民

散文
"罢官"------丁 耶
苍山洱海情------李占学

诗歌
人生的旅途（组诗）------芦 萍
游踪（二首）------（上海）宫 玺
海上（二首）------（黑龙江）满 锐
江柳依依（二章）------文 牧

西湖岳坟抒怀（二首）------（北京）赵金九
写给我自己（二首）------中 申
刨刀------谷宝奎
钢筋------李树凯
咏物诗（三首）------王 野
花下土------孔庆仁
短笛（若干首）------步 夫等

民间故事
棒槌姑娘------刘殿祥

无花的蔷薇
为君画像（诗四首）------家 坪

评论
爱情之花怎样吐出了芬芳（文学评论）------金恩辉
选材要严开掘要深（写作知识杂谈）------山 农
更改姓氏的联想（文艺随笔）------孙 里
漫谈写熟悉的生活------于天文

1980 年第 3 期　刊名：《春风》
目录

特写
李宗仁归来（连载之三）------顾笑言 王士美 汪东林

小说
情书的真情------王浙滨
爱神的悲哀------杜保平
当你重新掌权的时候------达 理

春雨新花
姑娘的心------郑家学
《姑娘的心》编后------刘克治
买立柜------赵振华

散文
漓江烟雨------万忆萱
冰峰雪岭杜鹃红------盛曼姝
洁白的雨花石------吴 菲

诗歌
献给春风的赞歌------梁谢成
故乡的山------罗继仁
写在崭新的土地上（三首）------张满隆
英雄岗哨------陆伟然
受奖（外一章）------高 云
咏物三题------梁青岭

致诗人 ························王维君
对诗的理解 ····················孙文涛
咏物篇 ·······················煜　升

寓言
眼镜旅行记 ····················刘占武

评论
为新长征抒情写意（散文笔谈会）········马　犁
漫谈散文的抒情（散文笔谈会）·········李健君
咏风叹物唱凌云（散文笔谈会）·········于笑然
一个独特的艺术形象（戏剧评论）········拾　丁
典型的力量（戏剧评论）·············高　峰

1980 年第 4 期　刊名：《春风》
目录

小说
无冕王 ·······················张笑天
明天我要上工 ···················赵惠中
其实，她也需要 ··················毛四维
妈妈，你住口 ···················尹　平

春雨新花
小河边上 ······················李克笑
编完的话 ······················亦　闻

特写
李宗仁归来（连载之四）···顾笑言　王士美　汪东林

诗歌
清明时节忆英魂（五篇）·············万忆萱等
刘胡兰之歌 ·····················秋　原
整经工 ·······················蔡春山
初会大海（外一首）················周　蒙
真理与权利 ·····················李方元
宝岛的怀念（二首）················于宗信
眼镜蛇（外一首）·················王维君
约会 ·························张红雨
海之歌（二首）··················张红生
咏物篇（三首）··················海　漩
短笛（若干首）············洪　帆　张　伟等

散文
旅顺口断想 ·····················谷长春
夜曲 ·························张　平
幽谷弦音 ······················肖　风

童话
燕子与王子··········有岛武郎著　李万春　杨德润译

寓言
青蛙与蜗牛 ·····················云　白

评论
百花园里春意闹 ···················本刊编辑部
作家的责任（作家谈创作）············鄂　华
情亲意苦　生死不渝（古典文学欣赏）······郭石山
画眼睛（写作知识杂谈）··········山　农　阳映红
汤显祖柴房洒泪与福楼拜伏杆哭泣（文苑拾英）
···························李凤吾
长春市第三次文化会胜利召开（文讯）

1980 年第 5 期　刊名：《春风》
目录

小说
雨后晨风 ······················王小克
温柔的小路 ·····················冬　林
一张照片 ······················阎　水
职业忆苦家 ·····················王福岐
明石海峡 ···············田宫虎彦著　刘光宇译

春雨新花
树根之歌（散文）·················张秀枫
月月红（散文）··················乔延凤
校园短歌（诗二首）················华　茹
绿色的车厢（诗二首）··············王铁军

特写
李宗仁归来（连载之五）···顾笑言　王士美　汪东林

散文
芦花渡 ·······················李　犁
花开知多少 ·····················赵　赴

诗歌
少奇同志，我们深深地怀念您（五篇）······陈　钟等
碧血浇开迎春花（三篇）
关于诚实的歌 ···················许　行
草原诗抄（三首）·················李占学
北方的白杨（组诗）················程质彬
短笛（若干首）···················谢文利等

无花的蔷薇
悟空查妖记（西游记新编）············高成文

寓言

两只画眉 ……………………………………………… 吴广孝

评论

克服在塑造人物上的"左"的倾向 ……………… 刘淑明
路正长……（作家谈）……………………………… 胡　昭
辛词《菩萨蛮·书江西造口壁》浅析（古典文学欣
赏）…………………………………………………… 喻朝刚
西子湖畔春意浓（文讯）

1980 年第 6 期　刊名:《春风》
目录

小说

迷途的巴桑 ……………………………………………… 刘　博
春兰 ……………………………………………………… 胡清和
旁观者 …………………………………………………… 黎　峰
"被告" ………………………………………………… 林　坊
顶门杠 …………………………………………………… 李翔之
不愿长大的孩子 ……………………………………… 梅新生
一串葡萄（儿童文学）
…………………………… [日本] 有岛武郎著　陈甦新译

特写

李宗仁归来（连载之六）… 顾笑言　王士美　汪东林

春雨新花

洋娃娃的命运（小说）……………………………… 何红枫
读《洋娃娃的命运》………………………………… 禾　群
插曲（小说）……………………………… 张　樱　侯明祥
根深才能叶茂 ……………………………………………… 章　欣
嫩苗刚出土（散文）………………………………… 李满园
咏物篇（诗二首）…………………………………… 王铁钢
春歌（诗二首）……………………………………… 吴小冶
蜘蛛（诗）…………………………………………… 路克盛

散文

尼罗河的钥匙 ………………………………………… 白　水
木犁祭 ………………………………………………… 李云章
青山落叶 ……………………………………………… 刘启林

诗歌

长白诗情（二首）…………………………………… 钱　璞
青春的旋律（组诗）………………………………… 万忆萱
小河的告别（外一首）……………………………… 李希英
山乡新貌（二首）…………………………………… 陆景林
思想的花絮（三首）………………………………… 王　玎
短笛（若干首）…………………………… 刘镇欧　谭文波等

民间故事

对忘恩负义的惩罚（塞内加尔）…………………… 王　烈译
群星在夜空闪烁（文学评论）……………………… 孙钧政
"乌鸦的黑点"的启示（文艺随笔）……………… 关德富

1980 年第 7 期　刊名:《春风》
目录

小说

月照桦林 ……………………………………………… 赵　赴
老牛公 ………………………………………………… 郝占军
一包年糕 ……………………………………………… 刘正新
在小吃店里 …………………………………………… 乔　迈
拳拳慈父心 …………………………………………… 李树权
危险的斜面（推理小说）
…………………………… [日本] 松本清张著　朱梅梅译

散文

火 ……………………………………………………… 杨光照
静静的江滩 …………………………………………… 李健君
基石颂 ………………………………………………… 周　岩
绿色的边境（二题）………………………………… 文　牧

诗歌

北海公园即景抒怀四韵 ……………………………… 萧　军
寄故乡（组诗）……………………………………… 沙　鸥
浪花集（组诗）……………………………………… 赵灿群
架线工情歌 …………………………………………… 王庆学
丰满大坝（外一首）………………………………… 乔郭凡
绿灯亮了 ……………………………………………… 黄东成
太阳下 ………………………………………………… 李发模
水源来自中南海 ……………………………………… 李汝忠
献给少奇同志的歌 …………………………………… 袁世兴
短笛 …………………………………………………… 隋世英等

春雨新花

白亮亮的月亮泡 ……………………………………… 陈奉明
牧笛 …………………………………………………… 王洪清
山村剪影（二首）…………………………………… 徐国静
手 ……………………………………………………… 房秀英
春 ……………………………………………………… 程　捷
树苗 …………………………………………………… 李凤英

评论

漫话诗歌形象的构成与想象 ………………………… 阿　红
试谈文艺的真实性与倾向性 ………………………… 海　风
也谈文艺的真实性与倾向性 ………………………… 愚　氓
漫谈创作冲动 ………………………………………… 朱先树

春风万里
——参加全国文学期刊编辑工作会议有感·······张　智
省少儿文艺创作评奖揭晓·······童　言
日本儿童文学动态（国外文讯）·······刘　青

1980 年第 8 期　刊名:《春风》
目录

小说

风雪水仙·······李春光
磁带上的心·······杜保平
"刀笔邪神"·······侯树槐
饭间·······贾平凹
市委书记的女儿·······徐振清
危险的斜面·······[日]松本清张著　朱梅梅译

诗歌

心中的歌——悼少奇同志·······晓　钢
游太湖即兴·······李承锟
牧民的旗（外一首）·······巴彦布
当我走进森林的禁区·······蓝　雨
军号声声（五首）·······于　波　常　安　何友彬
爱情的诗笺（组诗）·······王　野
献给长春的歌·······徐敬亚

散文

南行记事·······蔡行远
虎啸山林·······林子双
枣花香·······于笑然

春雨新花

两代人（小说）·······张喜武
飞（散文）·······赵云鹤
咏物诗三题（诗歌）·······程　刚
露珠集（诗歌）·······柳　江
当患者睡熟的时候（诗歌）·······姜　伟
架线（诗歌）·······韩先杰
野草（诗歌）·······刘　峥

评论

经霜叶更红
——谈韩汝诚的短篇小说·······刘克治
精心抒写人民的心灵美
——读小说《迟开的稚菊花》及其随想·······孙　里
诗忌随人后·······高　云
一次有益的聚会（文讯）·······刘克治

1980 年第 9 期　刊名:《春风》
目录

小说

大海飘来的爱情·······万　寒
卖冰棍的姑娘·······晓　剑
雾晨·······徐西征
美神·······李　犁
闻风起舞·······赵鹏万　刘允章
破裂·······[西班牙]赫·吉森塔　袁　杰译

报告文学

慧眼·······张　恺

散文

青山不老　友谊不凋·······阎纯德
鹿岛纪行·······铁　岩
在春天的山路上·······李占学
啄木鸟与知了·······云　白

春雨新花

啊，我的辫子（小说）·······张　利
鹅（散文）·······陈连根
大学生诗页（八首）·······王小妮
薛卫民　徐敬亚　邓万鹏　施立学

诗歌

四化的鼓点（十首）·······杨子忱　谭文波　张常信
程锡级　赵功义　樊发稼　谷福海
短笛（六首）·······陈玉坤　岳　亭　李冰牧
春之歌（八家）·······门　生　林　枚　李守智　党国栋
万义德　宋九才　王慧骐　王慧骏

评论

创作杂谈（作家谈创作）·······王　汪
童心的溪流在闪光
——评张少武儿童题材的小说·······曹积三
模仿、借鉴和创新（文艺随笔）·······赵云龙
公木（作家笔名考释）·······丛　杨
国外文讯·······刘公辅
关于意识流（文学知识）·······可　知

1980 年第 10 期　刊名:《春风》
目录

报告文学

"古兰丹姆"爱上了"乌斯满"·······乔　迈

小说

双声部小夜曲 ……………………………………… 毛四维
小酒馆里的姑娘 …………………………………… 晓　剑
一双忧郁的眼睛 …………………………………… 李不空
蜻蜓点水 …………………………………………… 朱光雪
故土情 ……………………………………………… 何　东
青春小夜曲 ………………………………………… 夏　冰
女人、金钱与美 ………… [日]星新一著　星　宇译

散文

滴翠集（四题）…………………………………… 程质彬
林溪夜曲 …………………………………………… 凌　渡
枫叶 ………………………………………………… 张秀枫

春雨新花

"强者"（小说）…………………………………… 温玉杰
没有结束的小故事（小说）……………………… 梅子涵
库里风光（散文）………………………………… 刘志杰

诗歌

旅途诗抄 …………………………………………… 曲有源
南疆诗草（组诗）………………………………… 秋　原
寄往北方的森林 …………………………………… 韩作荣
勘探队进山来（二首）…………………………… 卓　昕
短笛（九首）……………………………………… 李武兵等
青年工人诗页（九首）…………………………… 于　克等
彩车开过来了——长白筑路歌 ………………… 叶晓山
延边短歌（二首）………………………………… 戚积广
初雪 ………………………………………………… 王　岩

评论

《东皇太一》的节奏和韵律·古典名著欣赏 … 锡　金
凝炼含蓄　以短胜长
——浅谈何鹰的短诗创作 ……………………… 丁国成
不薄名人重新人·文艺随笔· ………………… 王忠志
阿Q怎样押牌宝·文苑拾英· ………………… 凤　吾

美术

青春（木刻）……………………………… 戈　沙　谷　风
人物速写（油画）………………………………… 金隆贵
信儿捎到大陆去（木刻）………………………… 于占湖

搏斗 ………………………………………………… 朱玉琪
深沉的夜 …………………………………………… 大　风
郁金香 ……………………………………………… 曹冠龙
但愿人长久 ………………………………………… 疏　野
葡萄熟了 ………………………………… 齐铁民　鞠显友

散文

奈雷特瓦河上的奇迹 ……………………………… 陈　模
黄山浮想 …………………………………………… 张笑天
火红的石榴树 ……………………………………… 禾　之
中秋月 ……………………………………………… 赵灿群

春雨新花

迷人的舞会（小说）……………………………… 巴　威
诗歌（十一首）
………… 王铁军　王贺锦　未　凡　华　茹　龚林平

诗歌

写在边防线上（组诗）…………………………… 何　鹰
赫哲渔歌（二首）………………………………… 张常信
北疆山水（三首）………………………………… 罗继仁
初访赫哲（二首）………………………………… 李占学
县官和月亮——朝鲜族传说 …………………… 胡　昭
长白山短歌（二首）……………………………… 马兴华
孩子的经历（小叙事诗）
——一个母亲的自述 …………………… 赵鹏万　刘允章
生命及其他（二首）……………………………… 梁青岭

评论

人的生命之火——读《情书的真情》…………… 朱　晶

文艺随笔

漫议清客、贾政和贾宝玉的批评作风 ………… 葛　琼
篇短才不短 ………………………………………… 梁谢成
从《诗》说起——略谈诗歌的社会功能问题 … 许　行
肖军（作家笔名考释）…………………………… 丛　杨

美术

晨光（木刻）……………………………………… 谷　风
密林深处（木刻）………………………………… 谷　风　戈　沙
晨（石版画）……………………………………… 祝　石
长白山写生（四幅）……………………………… 裴友昌

1980 年第 11 期　刊名:《春风》

目录

小说

松花江纪事 ………………………………………… 马　寻
本市新闻 …………………………………………… 原　初

1980 年第 12 期 刊名:《春风》
目录

小说

幽草歌······韩耀旗
三朵白莲花······郭翠筠
凶手的补充材料······王文锦
制动失灵······刘 思
归来······张廷竹
雨中······[日]大西赤人著 佐 平译

散文

珍贵的记忆——沂蒙山二题······温 杰
墨海波澜······赵 赴
露珠集······党国栋
生命的花朵······家 坪

春雨新花

信任（小说）······张廷印
为有源头活水来——致《信任》作者······邵 伍
仲夏夜（小说）······王永兴
妻子（散文）······胡兆龙
诗歌十五首······吴小冶 逯庚福 路克盛 张 伟
刘雅民 刘闯义 方 菲 程 捷

诗歌

果园飘香（二首）······中 流
赤铁的王国——铁山短歌······孙友田
长白山中的小路······张红生
架线工地抒怀（二首）······王庆学
长白瀑布······海 南
思索篇（三首）······梁谢成
无花的蔷薇（二首）······黄 淮
短笛九首······丁希泉 孙文涛 高连竣
井 林 刘镇欧 王维君
搅拌机旁······崔 嵩
晚霞（二题）······沈庆银
春晨······余世夫

评论

抒情诗的个性解放（作家谈创作）······芦 萍

新作短评

读小说《饭间》随想······王正宇
郦艳芳值得歌颂吗?······程 刚

文艺随笔

关于讽刺诗的通信······吴 山

诗艺漫笔······陆景林
从王维评画谈起······高 峰

美术

农家傍晚（木刻）······曹文汉
舞蹈（国画四幅）······戴成有
篆刻······王以忱
牛（木刻）······于敦厚

1981 年第 1 期 刊名:《春风》
目录

小说

"落帽风"······张笑天
滤色······韩汝诚
影坛情仇······万 捷
修鞋的姑娘······肖又予
父亲的材料······储福金

散文

大清河的怀念······张少武
望海······陈 键
长城行······曹怀濰
玉莲池（民间故事）······金 鑫搜集整理

春雨新花

王乐买肉（小说）······王德忱
名字随想（散文）······张彬彬

诗歌

长春纪行（四首）······沙 鸥
星星恋（外二首）······芦 萍
草原猎手（外一首）······罗 洛
北疆四题······秋 原
短笛（二十首）······佟 畴 蒋金镛 刘辉考
文 丙 王荆岩 刘 章 袁世兴 陆 基 肖 飞
岳 亭 李凤英 左 正 王 玎
无花的蔷薇（二首）······郭绍光 王 锐
海淀归来（二首）······徐国静

评论

创作漫谈剪辑（作家谈创作）······刘绍棠
"几处早莺争暖树，谁家新燕啄春泥"
——读《春雨新花》中的十篇小说······金恩晖
批评·激励·希望——读者来信摘登······黄建国等
清水出芙蓉 天然去雕饰
——读油画《小提琴手》······曹文汉

美术

小提琴手（油画）————————————————靳尚谊
木刻小品————————————————————曹文汉
花卉三幅————————————————————王书林
山水二幅————————————————————王化中
孔雀公主（油画）————————————————张洪赞

1981 年第 2 期　刊名:《春风》
目录

小说·散文

残冬化雪时（题图　插图　龙震海）——————丁仁堂
深夜来访者————————————————————严振国
采桑叶（题图　插图　绪　祁）————————浩　然
修女的遗产（题图　插图　陈曦光）——————万　寒
孤独（题图　插图　鲍泰祥）——————————吴若增
扫大街的姑娘——————————————————晓　剑
劣兵————————————[法]都　德著　马德菊译
信念————————————[日]星新一著　常　林译
成分——————————————————————赵灿群
汤河觅奇————————————————————曾昭远
杂文二篇（无花的蔷薇）————————————云　白
晨曲——————————————————————雅　欣

春雨新花

痛心的笑声————————————————————顾　客

诗歌

写在海轮上（四首）——————————————阿　红
故乡情（二首）————————————————罗继仁
爱的歌——————————————————————宫　玺
庄严的审判————————————————————桑成荫
瑞雪——————————————————————佟明光
短笛（十三首）——————————毕　林　洪　帆　齐　霁
顾联弟　孙　明　李汝忠　王绍德　马兴华
诗苑新蕾——青年女作者诗页————————张　丹
潘晓龙　房秀英　程　捷　张晓华　程月华
呵，太阳（散文诗）——————————————张彬彬
无花的蔷薇（三首）——————蔚　波　乔延凤　张篷云

评论

灵感的火花（作家谈创作）——————————张笑天
生活的脚印　时代的心声
——读《春风》一九八〇年小说——————孙　里
杜鹏程（作家笔名考释）——丛　杨国成　于　胜
青春美的颂歌（美术欣赏）——————————李云章

美术

阿拉伯少女（油画）——————[印尼]巴苏基·阿卜杜拉
江边（油画）————————————————金隆贵
木刻（三幅）——————————吴海寿　谷　风　李秀山

1981 年第 3 期　刊名:《春风》
目录

小说·散文

在厚厚的土层下————————————————王梓夫
蝴蝶沟纪实————————————————————丁　耶
提前退场的观众————————————————孙英民
赴约——————————————————————闻　水
蜜蜂与绣球——————————[日]日下圭介著　徐一平译
素馨花串————————————————————余德庄
啊，爷爷————————————————————吴贵信
眼泪湖（民间故事）——————————————曹保明

春雨新花

探望（小说）——————————————————杨明辉
葵花赋（散文）————————————————王树祥

诗歌

高原短歌（三首）——————————————魏志远
写在庄严的审判中——兼怀念刘少奇同志————姚　莹
套马杆（外一首）——————————————姚业涌
南行诗笺（组诗）——————————————李守智
致英雄的小兴安岭——————————————庄　凤
万年松——————————————————————高继恒
短笛（十四首）——————李占学　孙　承　梁青岭
丁希泉　谭文波　刘　峥　刘镇欧
无花的蔷薇（三首）————————路克盛　雁　翎
诗苑新蕾（十八首）——————何　伟　李凤英　王雨田
吕贵品　扬　帆　曹利君　白　光　王铁钢　王忠范

评论

读元散曲《高祖还乡》（古典名著欣赏）————王万庄

文艺随笔

诗情画意从描写中来——————————————仲　群
为时代谱写英雄之歌——————————————张　智
冗繁削尽留清瘦————————————————王忠志
烂熟于心方能"现"——————————————杨荫隆
精湛的艺术　难忘的年代————————————绪　祁

美术

培育（木刻）————————————————古　元
艰苦岁月（雕塑）————————————————潘　鹤

月下少女（油画）⋯⋯⋯⋯⋯⋯⋯⋯王锡珏
农家（石版画）⋯⋯⋯⋯⋯⋯⋯⋯曹文汉
长白山（中国画）⋯⋯⋯⋯⋯⋯⋯黄秋实
道具师（白描）⋯⋯⋯⋯⋯⋯⋯⋯刘根生
篆刻⋯⋯⋯⋯⋯⋯⋯⋯⋯⋯⋯⋯⋯王以忱

1981 年第 4 期　刊名：《春风》
目录

春雨新花

电子闹钟的风波⋯⋯⋯⋯⋯⋯⋯⋯崔广鉴
心潮⋯⋯⋯⋯⋯⋯⋯⋯⋯⋯⋯⋯⋯邴　正
巧儿嫂看戏⋯⋯⋯⋯⋯⋯⋯⋯⋯⋯王星如
绿色的梦⋯⋯⋯⋯⋯⋯⋯⋯⋯⋯⋯徐少华

小说·散文

女儿的心愿⋯⋯⋯⋯⋯⋯⋯⋯⋯⋯慕　贤
小巷蓓蕾⋯⋯⋯⋯⋯⋯⋯⋯⋯⋯⋯刘树华
重任⋯⋯⋯⋯⋯⋯⋯⋯⋯⋯⋯⋯⋯蔡行远
一个女气象员的信⋯⋯⋯⋯⋯⋯⋯赵云鹤
赫哲情思⋯⋯⋯⋯⋯⋯⋯⋯⋯⋯⋯李占学
归宿⋯⋯⋯⋯⋯⋯⋯⋯⋯⋯⋯⋯⋯何　东
蜜蜂与绣球⋯⋯⋯⋯［日］日下圭介著　徐一平译

诗歌

新长征鼓角
唱在汽笛声中的歌（组诗）⋯⋯⋯何　鹰
进击在春光里⋯⋯⋯⋯⋯⋯⋯⋯⋯张红生
山中新开的路（外一首）⋯⋯⋯⋯刘晓滨
我们的春天⋯⋯⋯⋯⋯⋯⋯⋯⋯⋯常　安
在北方（组诗）⋯⋯⋯⋯⋯⋯⋯⋯徐　刚
回答——一个架线工给妻子的信⋯姜琍敏
鸭绿江水曲曲湾湾（组诗）⋯⋯⋯王庆学
诗苑新蕾（九首）⋯⋯⋯楚嘉东　王学谦　潘有山
吴联晶　柳旭东　张　铁
短笛（九首）⋯⋯⋯⋯⋯刘　博　蔡文祥　张树方
刘兰克　张常信　再　耕

评论

严峻而曲折的历程⋯⋯⋯⋯⋯⋯⋯锡　金
壮丽湖山的赞歌（古典外著欣赏）⋯喻朝刚
草明（作家笔名考释）⋯⋯国　成　丛　杨　于　胜
生活和艺术的一角（美术欣赏）⋯胡悌林

美术

饮马（木刻）⋯⋯⋯⋯⋯⋯⋯⋯⋯力　群
长白岳桦林（水粉）⋯⋯⋯⋯⋯⋯刘根生
木刻四幅⋯⋯⋯⋯⋯⋯⋯⋯⋯⋯⋯吴海寿

对话（木刻）⋯⋯⋯⋯⋯⋯⋯⋯⋯于敦厚
朗格多克葡萄园一角（油画）⋯⋯爱德华·德巴——蓬桑

1981 年第 5 期　刊名：《春风》
目录

小说·散文

菜苗儿青青⋯⋯⋯⋯⋯⋯⋯⋯⋯⋯王治花
玫瑰之魂⋯⋯⋯⋯⋯⋯⋯⋯⋯⋯⋯刘　博
牛小二戒烟⋯⋯⋯⋯⋯⋯⋯⋯⋯⋯徐大隆
为了绿色的生命⋯⋯⋯⋯⋯⋯⋯⋯张　樱
黎明响起敲门声⋯⋯⋯⋯⋯⋯⋯⋯刘树生
悬崖上传来的叫声⋯⋯［日］夏树静子　李　原译
博湖行⋯⋯⋯⋯⋯⋯⋯⋯⋯⋯⋯⋯迟松年
云彩赋⋯⋯⋯⋯⋯⋯⋯⋯⋯⋯⋯⋯陈景和
水之歌⋯⋯⋯⋯⋯⋯⋯⋯⋯⋯⋯⋯林　子
十里香⋯⋯⋯⋯⋯⋯⋯⋯⋯⋯⋯⋯刘晶磊

春雨新花

明天就是小暑⋯⋯⋯⋯⋯⋯⋯⋯⋯朱庚岩
要把握人物的性格⋯⋯⋯⋯⋯⋯⋯晓　小

诗歌

街头漫步（组诗）⋯⋯⋯⋯⋯⋯⋯王燕生
海边游踪（二首）⋯⋯⋯⋯⋯⋯⋯周　蒙
旁听写生⋯⋯⋯⋯⋯⋯⋯⋯⋯⋯⋯张开荆
边城风光（二首）⋯⋯⋯⋯⋯⋯⋯张永权
江堤与浪花（散文诗）⋯⋯⋯⋯⋯孔令保

新长征鼓角

攀登曲（四首）⋯⋯⋯⋯⋯⋯⋯⋯李凤英
放歌在茫茫的草原上⋯⋯⋯⋯⋯⋯巴彦布
旅途吟⋯⋯⋯⋯⋯⋯⋯⋯⋯⋯⋯⋯胡丰传
大山睡了⋯⋯⋯⋯⋯⋯⋯⋯⋯⋯⋯赵虎城
诗苑新蕾（十一首）⋯⋯⋯⋯王维君　崔　嵩
刘鹤林　卢继平　冯　堤　闻　耀　逯庚福　古　阳
短笛（十五首）⋯⋯⋯⋯黄　淮　赵鹏万　刘允章
绿　林　钱立匡　侯金榜　王中朝　赵长占

评论

写出时代的风采（文学青年信箱）⋯拾　丁
在塑造典型上下功夫⋯⋯⋯⋯⋯⋯栾昌大
人物与情节之间（文艺随笔）⋯⋯李炳银
不只是图解——插图浅介（美术欣赏）⋯俞永康

美术

思（油画）⋯⋯⋯⋯⋯⋯⋯⋯⋯⋯祝福新
春（国画）⋯⋯⋯⋯⋯⋯⋯⋯⋯⋯金捷中

文学作品插图选⋯⋯⋯⋯⋯⋯⋯⋯陈洪绶等
篆刻四方⋯⋯⋯⋯⋯⋯⋯⋯⋯⋯⋯山 谷
晚钟（油画）⋯⋯⋯⋯⋯⋯⋯［俄］列维坦

美术
海滨（油画）⋯⋯⋯⋯⋯⋯⋯［法］雷诺阿
人物写生（油画·六幅）⋯⋯⋯⋯任梦璋等
庐山含鄱口（水粉）⋯⋯⋯⋯⋯⋯胡悌林

1981 年第 6 期　刊名:《春风》
目录

报告文学
三门李轶闻⋯⋯⋯⋯⋯⋯⋯⋯⋯⋯乔 迈

小说·散文
花儿成对人成双⋯⋯⋯⋯⋯⋯⋯⋯杜保平
张广林的故事⋯⋯⋯⋯⋯⋯⋯⋯⋯肖光宇
童心⋯⋯⋯⋯⋯⋯⋯⋯⋯⋯⋯⋯⋯陈 璇
第一天⋯⋯⋯⋯⋯⋯⋯⋯⋯⋯⋯⋯高中艺
悬崖上传来的叫声⋯⋯［日］夏树静子著 李 原译
报春知⋯⋯⋯⋯⋯⋯⋯⋯⋯⋯⋯⋯赵 赴
笼中鸟（外六章）⋯⋯⋯⋯⋯⋯⋯魏久环
弯弯的黄金河⋯⋯⋯⋯⋯⋯⋯⋯⋯李 犁
布谷鸟⋯⋯⋯⋯⋯⋯⋯⋯⋯⋯⋯⋯杨 孜

春雨新花
世道清明（小说）⋯⋯⋯⋯⋯⋯⋯肖 明
炊烟（小说）⋯⋯⋯⋯⋯⋯⋯⋯⋯祝连思
老搭当之间（小说）⋯⋯⋯⋯⋯⋯赵松泉

诗歌
新长征鼓角
青海恋⋯⋯⋯⋯⋯⋯⋯⋯⋯⋯⋯⋯侯树槐
夜，我在瞭望⋯⋯⋯⋯⋯⋯⋯⋯⋯王鸣久
田野新歌（二首）⋯⋯⋯⋯⋯⋯⋯宋 歌
夜航⋯⋯⋯⋯⋯⋯⋯⋯⋯⋯⋯⋯⋯黄东城
养猪王⋯⋯⋯⋯⋯⋯⋯⋯⋯⋯⋯⋯姚绿野
队旗飘飘（三首）⋯⋯⋯⋯⋯⋯⋯姚业涌
旅途吟（三首）⋯⋯⋯⋯⋯⋯⋯⋯王 野
乡村黄昏（散文诗）⋯⋯⋯⋯⋯⋯管用和
雨中⋯⋯⋯⋯⋯⋯⋯⋯⋯⋯⋯⋯⋯杨强国
新采的花岗石⋯⋯⋯⋯⋯⋯⋯⋯⋯梁文凯
短笛（十六首）⋯⋯⋯⋯⋯⋯⋯⋯梁谢成等
诗苑新蕾（十三首）⋯⋯⋯⋯⋯⋯郭忠江等

评论
三个开头和三个结尾（作家谈创作）⋯⋯⋯叶 辛
有感于咸亨酒店笑声多（文艺随笔）⋯⋯⋯刘 琦
鄂华（作家笔名考释）⋯⋯国 成丛 杨 于 胜
曹禺三下"鸡毛店"（文苑拾英）⋯⋯⋯⋯林 驿
雷诺阿和《海滨》（美术欣赏）
⋯⋯⋯⋯⋯⋯⋯⋯⋯刘 青 柳 杨编译

1981 年第 7 期　刊名:《春风》
目录

回应时代的召唤
——纪念中国共产党成立六十周年⋯⋯本刊评论员
心中的歌儿唱给党（诗歌）
心中的歌⋯⋯⋯⋯⋯⋯⋯⋯⋯⋯⋯梁谢成
信仰之歌⋯⋯⋯⋯⋯⋯⋯⋯⋯⋯⋯张红生
让我们共勉⋯⋯⋯⋯⋯⋯⋯⋯⋯⋯白煤国
党啊，我的妈妈（歌词）⋯⋯⋯⋯刘士贤

报告文学
布鲁日奏起中国国歌⋯⋯⋯⋯海 南 洪 民

小说·散文
春风化雨时⋯⋯⋯⋯⋯⋯⋯⋯⋯⋯余未人
茶馆新闻⋯⋯⋯⋯⋯⋯⋯⋯齐铁民 鞠显友
妈妈，不能怪你⋯⋯⋯⋯⋯⋯⋯⋯梅子涵
微波轻泛⋯⋯⋯⋯⋯⋯⋯⋯⋯⋯⋯刘以琳
送信的姑娘⋯⋯⋯⋯⋯⋯⋯⋯⋯⋯晓 剑
风雪长白路⋯⋯⋯⋯⋯⋯⋯⋯⋯⋯邵 晨
露珠集⋯⋯⋯⋯⋯⋯⋯⋯⋯⋯⋯⋯党国栋
半日游罗通⋯⋯⋯⋯⋯⋯⋯⋯⋯⋯徐志达

春雨新花
和谐的二重奏（小说）⋯⋯⋯⋯⋯刘 锴
火（小说）⋯⋯⋯⋯⋯⋯⋯⋯⋯⋯李大钧

诗歌
新长征鼓角
塞外牧场（外一首）⋯⋯⋯⋯⋯⋯郭维东
筑路⋯⋯⋯⋯⋯⋯⋯⋯⋯⋯⋯⋯⋯海 南
春织图⋯⋯⋯⋯⋯⋯⋯⋯⋯⋯⋯⋯赵贵忠
公社书记（外一首）⋯⋯⋯⋯⋯⋯程锡级
小秋收⋯⋯⋯⋯⋯⋯⋯⋯⋯⋯⋯⋯郝 炜
短笛（十五首）⋯⋯⋯⋯⋯⋯⋯⋯李志清等
朝霞小集⋯⋯⋯⋯⋯⋯⋯⋯⋯⋯⋯于宗信

评论
漫谈文学的真实性问题⋯⋯⋯⋯⋯王 我
文赋（古典文论简介）⋯⋯⋯⋯⋯张连第
江山之助（文艺随笔）⋯⋯⋯⋯⋯肖文苑
浓笔重彩颂延安（美术欣赏）⋯⋯方 林

美术

延安火炬（油画·局部）·······················蔡　亮
黑白木刻（八幅）·························戈　沙等

1981 年第 8 期　刊名:《春风》
目录

小说·散文

生命·························杨乃运　彭哲愚
肖丽娜·······························丁　耶
金丝绒幕外的掌声·······················顾笑言
酒后·······························高尔品
村姑渡·····························于成志
假日·······························吴　洋
萧红的最后四十四天·················戢克非　赵恒珊
死不了的是野草·························张常信
驱赶春寒的人··························吴　菲

春雨新花

猪场风波（小说）·······················赵国光
56 次列车上的常客（小说）·················朱慧玲

诗歌

新长征鼓角
白发吟——给一位老战友···················许　行
牧场的早晨····························丁希泉
铁道兵的歌（二首）······················叶晓山
边防线短歌（二首）······················王中林
短笛（十三首）·······················吴　辛等
诗苑新蕾（十四首）·····················王贺锦等
松花江组曲·····························秋　原
森林呵，这般绿·························李武兵
重访伊春·····················抗联老战士　刘铁石
马蔺草·······························周所同

评论

春风遍大地　诗苑绽新蕾（新作短评）···········高　峰
凝真意于百炼（文艺随笔）···················王忠志
浩然（作家笔名考释）···········于　胜　丛　杨　国　成
雷诺阿和油画《在音乐会上》（美术欣赏）·········樊振声

美术

在音乐会上（油画）·················[法]雷诺阿
山泉（木刻）··························赵志方
晨（摄影）····························侯永泉

1981 年第 9 期　刊名:《春风》
目录

小说·散文

光棍部队的兴衰··························唐秉月
帆·································马秋芬
自留人·······························侯树槐
憾事·······························王晓林
一个"大"学生的日记······················尹　平
豪华的保险箱·············[日]星新一著　李有宽译
喂——出来！·············[日]星新一著　李有宽译
梦的启示·····························李云章
桥·································赵云鹤

春雨新花

脚窝·······························竹　叶

诗歌

迎春组曲·····················（中国香港）何　达
金子的歌（二首）························胡　昭
江上抒情（二首）························黄东成
海吟（二首）··························高　云
田野的歌（三首）·······················何　伟
山乡新貌（二首）························李占学
岩松（外一首）·························程显谟
山风（外一首）·························文　牧
海姑娘（外三章）·······················李希英
开道·······························杨子忱
短笛··················马晋乾　徐少华　孙　奇
诗苑新蕾··········任凤和　吴联晶　朱英杰　崔立兴

评论

纪念鲁迅诞辰一百周年
要有茂林嘉卉，非先有这萌芽不可···············钟　明
重温鲁迅创作··························刘中树
《绣花床单》的酝酿和创作（文学青年信箱）
·································杜保平
善于开掘生活美的艺术家（美术欣赏）···········亦　闻

美术

期待（油画）·················[罗]格里高莱斯库
边疆（套色木刻）·······················王俊业
山泉（水印木刻）························袁惠民
春归、北方（套色木刻）····················赵纪元
秋（水粉）····························祝　平

1981 年第 10 期　刊名:《春风》
目录

小说·散文

生活的湍流⋯⋯⋯⋯⋯⋯⋯⋯⋯⋯蒋　巍
遗嘱⋯⋯⋯⋯⋯⋯⋯⋯⋯⋯⋯⋯汤吉夫
男人偏长女人心肠⋯⋯⋯⋯⋯⋯张笑天
得与失⋯⋯⋯⋯⋯⋯⋯⋯⋯⋯⋯家　坪
爱的回波⋯⋯⋯⋯⋯⋯⋯⋯⋯⋯李培禹
雪花飞⋯⋯⋯⋯⋯⋯⋯⋯⋯⋯⋯蓝春荣
京华访古情⋯⋯⋯⋯⋯⋯⋯⋯⋯耶林莽
好一个五大连池⋯⋯⋯⋯⋯⋯⋯王　扶

春雨新花

素不相识的姑娘⋯⋯⋯⋯⋯⋯⋯成曾樾
紧紧盯住自己的人物⋯⋯⋯⋯⋯常　欣

诗歌

江山十月倍妖娆
港口，灯火通明（外一首）⋯⋯李冰牧
长白山的小路（外一首）⋯⋯⋯李守智
采在北方的歌（三首）⋯⋯⋯⋯张永赤
夜宿长山岛⋯⋯⋯⋯⋯⋯⋯⋯⋯吴　剑
我爱鄂伦春（二首）⋯⋯⋯⋯⋯中　流
吉祥的彩云（外一首）⋯⋯⋯⋯姚业涌
诗苑新蕾（十一首）⋯⋯⋯⋯⋯徐国静等
春燕回归（外二首）⋯⋯⋯⋯⋯张常信
放蜂（外一首）⋯⋯⋯⋯⋯⋯⋯景　林
青春，已经离我远去⋯⋯⋯⋯⋯赵新禄
旅途短曲（二首）⋯⋯⋯⋯⋯⋯马绪英
秋天来了（外二首）⋯⋯⋯⋯⋯姚　莹
南行短歌（二首）⋯⋯⋯⋯⋯⋯雁　翎
短笛（六首）⋯⋯⋯⋯⋯⋯⋯⋯未　凡等

评论

为幼苗萌生的艰难而呐喊⋯⋯⋯赵宝康
努力开掘生活中的美⋯⋯⋯⋯⋯石　冕
疏可驰马，密不透风（文艺随笔）⋯易洪斌
吉学沛（作家笔名考释）⋯⋯国　成　丛　杨　于　胜
意境深邃　引人入胜（美术欣赏）⋯子　木

美术

小画家（油画）⋯⋯⋯⋯⋯⋯⋯赵友萍
秋心似火（油画）⋯⋯⋯⋯⋯⋯李天祥
僮族少女、苗家姑娘（油画）⋯侯一民
篆刻（鲁迅著作）⋯⋯⋯⋯⋯⋯葛文德
书法⋯⋯⋯⋯⋯⋯⋯⋯⋯⋯⋯张潜超
月夜（油画）⋯⋯⋯⋯⋯［俄］克拉姆斯柯依

1981 年第 11 期　刊名:《春风》
目录

写在本期前面
双井屯⋯⋯⋯⋯⋯⋯⋯⋯⋯⋯⋯王　祁
花秀的梦⋯⋯⋯⋯⋯⋯⋯⋯⋯⋯杜保平
期待⋯⋯⋯⋯⋯⋯⋯⋯⋯⋯⋯⋯吴若增
马锣手⋯⋯⋯⋯⋯⋯⋯⋯⋯⋯⋯陈世旭
旦巴老汉的"新尾巴"⋯⋯⋯⋯里塞夫
一只金镯子⋯⋯⋯⋯⋯⋯⋯⋯⋯叶　芈
写给公安分局长的感谢信⋯⋯⋯张天民
寻找⋯⋯⋯⋯⋯⋯⋯⋯⋯⋯⋯⋯赵云鹤
大地的母亲（童话）⋯⋯⋯⋯⋯郭大森
警笛⋯⋯⋯⋯⋯［法］皮埃尔·贝勒马尔雅克·安托尼著
　　　　　　　汪宗虎　陈积盛译
李春林进城记（春雨新花）⋯⋯杨明森
从自己的基地上起飞⋯⋯⋯⋯⋯旻　言

评论

遥寄浑江（知音篇）⋯⋯⋯⋯⋯王　汪
晏殊和他的《山亭柳》（古典名著欣赏）⋯喻朝刚
诗歌怎样"议论"（文艺随笔）⋯迟乃义
耐人寻味的《春天》（美术欣赏）⋯俞永康

美术

春天（油画）⋯⋯⋯⋯⋯［英］阿尔马—达得马
篆刻（鲁迅诗）《自题小象》⋯⋯王以忱
丁香（油画）⋯⋯⋯⋯⋯⋯⋯⋯赵友萍
曲城写生（水彩·二幅）⋯⋯⋯高俊柏
张骞通西域（油画）⋯⋯⋯⋯⋯张洪赞
雁荡山（油画）⋯⋯⋯⋯⋯⋯⋯潘世勋

1981 年第 12 期　刊名:《春风》
目录

小说·散文

赵老三会亲家⋯⋯⋯⋯⋯⋯⋯⋯王正宇
她刚十八岁⋯⋯⋯⋯⋯⋯⋯⋯⋯雁　宁
洪姐⋯⋯⋯⋯⋯⋯⋯⋯⋯⋯⋯⋯陈　璇
玫瑰花园⋯⋯⋯⋯⋯⋯⋯⋯⋯⋯郑家学
雨点，悄悄地洒⋯⋯⋯⋯⋯⋯⋯赫　历
苔原奇观⋯⋯⋯⋯⋯⋯⋯⋯⋯⋯陈景河

报告文学

大地总是热的⋯⋯⋯⋯⋯⋯⋯⋯乔　迈

春雨新花

烛泪（小说）……………………………………刘乃康
生命的烛光——读《烛泪》………………………辛　羽
炮台山啊炮台山（散文）…………………………贾澜波

诗歌

我们的生活充满阳光（组诗）……………………何　鹰

北疆诗页

北疆诗情…………………………………………中　流
小溪（外一首）…………………………………邢世健
北疆诗笺（组诗）………………………………罗继仁
达斡尔短歌（二首）……………………………梁文凯
关于数字的诗……………………………………梁谢成
短笛（二十三首）………………………………张洪生等

评论

文学应该成为"真理的火炬"……………………杨荫隆
开掘平凡生活的诗意美…………………………孙　里
作家的创作倾向与灵感（文学青年信箱）………侯树槐
借鉴、创造及其他（文艺随笔）…………………蒋运荣
受心灵指导的画家（美术欣赏）…………………晓　临

《春风》文学月刊八一年总目录

美术

天使（油画）……………………………………于　牧
冰凌花（油画）…………………………………李树田
家（油画）………………………………………胡悌林
正月里（中国画）………………………………刘根生
岸边读书的女孩（油画）……………………[法]柯罗

1982 年第 1 期　刊名:《春风》
目录

小说·散文

米贵老汉在骡马市上………………………………张运林
这才是我的妻子…………………………………张　樱
选民赵老栓……………………………………孙宝琦
暮春…………………………………齐铁民　鞠显友
春天，燕子衔来一颗种子…………………………刘树生
他从沉睡中醒来…………………………………吴贵信
谁杀害了鲍勃·蒂尔?
………………[美]达·哈米特著　汪宗虎　陈积盛译
棒槌鸟的呼唤……………………………………赵　赴
啊，葡萄园………………………………………吕　虹

春雨新花

有一个黄昏（小说）………………………………张重远
夜来香（散文）…………………………………张廷印

诗歌

喜迎神州又一春
啊，春天（外一首）……………………………王贺锦
春风浩荡（外三首）……………………………梁谢成
新春放歌………………………………………张红生
大海之晨（外二首）……………………………沙　鸥
旅美诗笺（二首）………………………………屠　岸
短笛（八首）………黄　淮　钱锦方　金占亭　李凤清
渔鼓（外一首）…………………………………陈秀庭
山乡新貌（二首）………………………………王庆学
老花镜后（外一首）……………………………木　桦
南行诗笺（二首）………………………………周所同
诗苑新蕾（十首）…………李凤英　逯庚福　王维君
王铁军　李国安　刘　跃　侯明祥

评论

要铺好诗绪的高速公路（知音篇）………………芦　萍
重要的课题　可贵的探索（新作短评）…………林克胜
塑造新人是时代的要求（文艺随笔）……………陆景林
剪除恶草　灌溉佳花（文艺随笔）………………王忠志

美术

鸽子（油画）……………………………………华剑坤
铜版《长白山组画》二幅…………………………英若识
延边写生（中国画）……………………………戴成有

1982 年第 2 期　刊名:《春风》
目录

小说·散文

回暖的大地（报告文学）
………………董辅文　傅子奎　韩汝诚　张　恺
市长的秋天（中篇小说）…………………………万　寒
晚霞的燃烧……………………………………朱光雪
待到秋来九月八…………………………………刘乃康
周二林请客……………………………………楚学晶
渔歌……………………………………………赵灿群
无聊……………………………[日]星新一著　万　强译

诗歌

登长白（三首）…………………………………张开荆
镜泊湖（外一首）………………………………侯金榜
为傣族姑娘画像…………………………………张永权

吐鲁番诗情（三首）⋯⋯⋯⋯⋯⋯⋯⋯郭维东
牧村的黄昏⋯⋯⋯⋯⋯⋯⋯⋯⋯⋯丁希泉
青春之曲⋯⋯⋯⋯⋯⋯⋯⋯⋯⋯⋯韩作荣
边陲诗草（组诗）⋯⋯⋯⋯⋯⋯⋯⋯芦　萍
小路通向密林深处⋯⋯⋯⋯⋯⋯⋯⋯海　南
送粮（外一首）⋯⋯⋯⋯⋯⋯⋯⋯⋯陈玉坤
桃源洞⋯⋯⋯⋯⋯⋯⋯⋯⋯⋯⋯⋯魏久环
猎人的家（外一首）⋯⋯⋯⋯⋯⋯⋯程锡级
工业短笛（三首）⋯⋯⋯⋯⋯⋯⋯⋯龚林平
诗苑新蕾⋯⋯⋯⋯⋯⋯⋯⋯⋯⋯⋯马玉堂
张吉民　朱英杰　刘亚彬　明　哲　秋　红

评论
祝你安居山村（作家谈创作）⋯⋯⋯⋯菡　子
管仲论诗（文艺随笔）⋯⋯⋯⋯⋯⋯关文修
细节琐谈（文学青年信箱）⋯⋯⋯⋯⋯孟　海
文学新人的新探索⋯⋯⋯⋯⋯⋯⋯⋯思　久

美术
晨光（油画）⋯⋯⋯⋯⋯⋯⋯⋯⋯⋯姜纯朴
迎春花卉⋯⋯⋯⋯⋯⋯王书林　戴春起　侯芙蓉
王化中　徐华峰
繁花朵朵迎新春（中国画）⋯⋯⋯⋯⋯许占忠

1982 年第 3 期　刊名：《春风》
目录

小说·散文
不能忘却的昨天⋯⋯⋯⋯⋯⋯⋯⋯⋯戴　捷
花葬⋯⋯⋯⋯⋯⋯⋯⋯⋯⋯⋯⋯⋯李　犁
爱管"闲事"的女人⋯⋯⋯⋯⋯⋯⋯⋯王德忱
嫂子⋯⋯⋯⋯⋯⋯⋯⋯⋯⋯⋯⋯⋯王梓夫
想蓝印花布的姑娘⋯⋯⋯⋯⋯⋯⋯⋯晓　剑
记忆里的星⋯⋯⋯⋯⋯⋯⋯⋯⋯⋯⋯竹　子
苦酒⋯⋯⋯⋯⋯⋯⋯⋯⋯⋯⋯⋯⋯王秋山
彩票⋯⋯⋯⋯⋯⋯⋯⋯⋯⋯⋯⋯⋯陈　放
傻大姐⋯⋯⋯⋯⋯⋯⋯⋯⋯⋯⋯⋯白　明
满归行⋯⋯⋯⋯⋯⋯⋯⋯⋯⋯⋯⋯周　航

春雨新花
应该感谢她（小说）⋯⋯⋯⋯⋯⋯⋯张桂荣
美的追求——读小说《应该感谢她》⋯⋯无　华

诗歌
新生活的赞歌
乡村新貌（组诗）⋯⋯⋯⋯⋯⋯⋯⋯李占学
汽车城短歌（三首）⋯⋯⋯⋯赵鹏万　刘允章
城市新风（组诗）⋯⋯⋯⋯⋯⋯⋯⋯肖　川

草原牧歌（外一首）⋯⋯⋯⋯⋯⋯⋯王忠范
台湾诗情（二首）⋯⋯⋯⋯⋯⋯⋯⋯于宗信
故乡的江河⋯⋯⋯⋯⋯⋯⋯⋯⋯⋯秋　原
高原道班（外一首）⋯⋯⋯⋯⋯⋯⋯高　帆
青松的自白⋯⋯⋯⋯⋯⋯⋯⋯⋯⋯袁世兴
短笛⋯⋯⋯⋯⋯曹怀潍　吴联晶　彭其芳　张　伟
鲍继昌　乔延凤　孟昕伯　岳　亭　于耀江　何　宏
赵圣铁　崔　嵩　路克盛

评论
人们不喜欢的事情（作家谈创作）⋯⋯孟伟哉
感情，这鬼东西（文艺随笔）⋯⋯⋯⋯阿　红
文艺批评和论争不应再炒冷饭⋯⋯⋯毕及文
要坚持文学的党性原则⋯⋯⋯⋯⋯⋯高　峰
《春风》一九八一年短篇小说评奖揭晓
本刊一九八二年短篇小说继续开展评奖活动启事

美术
海燕（油画·局部）⋯⋯⋯⋯⋯⋯⋯张英伟
村头（木刻）⋯⋯⋯⋯⋯⋯⋯⋯⋯李秀山
争春（木刻）⋯⋯⋯⋯⋯⋯⋯⋯⋯于敦厚
冬日的恬静（木刻）⋯⋯⋯⋯⋯⋯⋯谷　风
晨光（木刻）⋯⋯⋯⋯⋯⋯⋯⋯⋯杜卓跃
盼（油画）⋯⋯⋯⋯⋯⋯⋯⋯⋯⋯李树基

1982 年第 4 期　刊名：《春风》
目录

本刊重要启事：《春风》函授青年文学讲习所招收学员

小说·散文
两条黑丝绳⋯⋯⋯⋯⋯⋯⋯⋯⋯⋯韩石山
有心人卖无根菜⋯⋯⋯⋯⋯⋯⋯⋯张冰之
老根水轶事⋯⋯⋯⋯⋯⋯⋯⋯⋯⋯李　靖
忘不了那条小路⋯⋯⋯⋯⋯⋯⋯⋯刘正新
在莲塘边⋯⋯⋯⋯⋯⋯⋯⋯⋯⋯⋯管建勋
魔鬼热布（中篇小说）⋯⋯⋯⋯⋯⋯孙宝琦
九月里看荷花⋯⋯⋯⋯⋯⋯⋯⋯⋯李占学
山河恋⋯⋯⋯⋯⋯⋯⋯⋯⋯⋯⋯⋯王万金

春雨新花
晚晴（小说）⋯⋯⋯⋯⋯⋯⋯⋯⋯华　骏
云霞成绮一天明⋯⋯⋯⋯⋯⋯⋯⋯常　欣

诗歌
啊，沸腾的乡村（组诗）⋯⋯⋯⋯⋯何　鹰
春的田野（外三首）⋯⋯⋯⋯⋯⋯⋯梁谢成
假如我也倒在这里⋯⋯⋯⋯⋯⋯⋯黄东成

沙漠的旺族（组诗）⋯⋯⋯⋯⋯⋯⋯钱　璞
会流动的花朵⋯⋯⋯⋯⋯⋯⋯⋯张建华
风儿荡下山坡⋯⋯⋯⋯⋯⋯⋯⋯朱　雷
路（三首）⋯⋯⋯⋯⋯⋯⋯⋯⋯路　地
脚印（外一首）⋯⋯⋯⋯⋯⋯⋯尧山壁
北疆春歌（二首）⋯⋯⋯⋯⋯⋯徐川鹤
海鸥⋯⋯⋯⋯⋯⋯⋯⋯⋯⋯⋯马　翼
诗苑新蕾（九首）⋯⋯徐国静　刘湘平　叶洪顺
吴小冶　龚林平

评论
爱情描写中存在的一个问题⋯⋯⋯栾昌大
从作品的实际出发（文艺随笔）⋯郑荣来
发人深省的报告（知音篇）⋯⋯⋯吴英俊
热情的鼓励　殷切的期望（文讯）

美术
红衣男孩（油画）⋯⋯⋯[英]托马斯·劳伦士
小路（木刻）⋯⋯⋯⋯⋯⋯⋯⋯戈　沙
好球（木刻）⋯⋯⋯⋯⋯⋯⋯⋯曹文汉
红叶（水印木刻）⋯⋯⋯⋯⋯⋯袁惠民
长白山写生（水粉·二幅）⋯⋯⋯杨宝诚
试剑石（摄影）⋯⋯⋯⋯⋯王家林　李有维

1982 年第 5 期　刊名:《春风》
目录

评论
纪念《在延安文艺座谈会上的讲话》发表四十周年
重温《讲话》精神　促进文艺发展⋯温　杰
面向生活⋯⋯⋯⋯⋯⋯⋯⋯⋯⋯胡　昭
三点启示⋯⋯⋯⋯⋯⋯⋯⋯⋯⋯孙　超
积累在平日　得之于一时（一篇小说的诞生）
⋯⋯⋯⋯⋯⋯⋯⋯⋯⋯⋯⋯⋯汤吉夫

小说·散文
豆腐西施的家事⋯⋯⋯⋯⋯⋯⋯韩耀旗
醒⋯⋯⋯⋯⋯⋯⋯⋯⋯⋯⋯⋯蒋　巍
幽香的白兰花⋯⋯⋯⋯⋯⋯⋯⋯罗建琳
考验⋯⋯⋯⋯⋯⋯⋯⋯⋯⋯⋯张石山
笑⋯⋯⋯⋯⋯⋯⋯⋯⋯⋯⋯⋯高　光
弄潮曲⋯⋯⋯⋯⋯⋯⋯⋯⋯⋯赵　赴
一个小时里的故事
⋯⋯⋯⋯⋯[美]凯特·萧邦著　仁　仁译
乌苏里江散记⋯⋯⋯⋯⋯⋯⋯⋯平　青
田嫂⋯⋯⋯⋯⋯⋯⋯⋯⋯⋯⋯雅　欣

春雨新花

小巷人家⋯⋯⋯⋯⋯⋯⋯⋯⋯⋯夏　萍
小花自有幽香在⋯⋯⋯⋯⋯⋯⋯草　央

诗歌
甘露润得百花艳
雨露集（组诗）⋯⋯⋯⋯⋯⋯⋯梁谢成
每当我把《讲话》捧起⋯⋯⋯⋯刘　峥
枪杆·笔杆·钢钎⋯⋯⋯⋯⋯⋯龚林平
写在柜台上的诗⋯⋯⋯⋯⋯⋯⋯李凤英
短诗一束（三十九首）⋯⋯姚业涌　白煤国　李守智
艺　辛　陈良运　李文斌　赵新禄　崔立兴　王　野
金克义　成莫愁　许　行　刘镇欧　何昌正　张永善
诗苑新蕾（九首）⋯⋯⋯⋯⋯⋯⋯曹利君等

美术
青年一代（油画）⋯⋯⋯⋯⋯⋯吴永义
长白山风光写生（六幅）⋯⋯许占志　王书林　王　淮
孔敬国　祁　山　戴春起

1982 年第 6 期　刊名:《春风》
目录

小说·散文
摸着天⋯⋯⋯⋯⋯⋯⋯⋯⋯⋯江　流
柔情⋯⋯⋯⋯⋯⋯⋯⋯⋯⋯⋯雁　宁
解围⋯⋯⋯⋯⋯⋯⋯⋯⋯⋯⋯邹志安
跋涉者的梦⋯⋯⋯⋯⋯⋯⋯⋯杨乃运
乡恋⋯⋯⋯⋯⋯⋯⋯⋯⋯⋯⋯傅子奎
夜啊，静悄悄⋯⋯⋯⋯⋯⋯⋯王家男
大黑猫的厄运⋯⋯⋯⋯⋯⋯⋯李乔亚
海神赋⋯⋯⋯⋯⋯⋯⋯⋯高作智　辛　夷
燕巢⋯⋯⋯⋯⋯⋯⋯⋯⋯⋯⋯张彬彬

献给孩子们的礼物
不准拆封的信⋯⋯⋯⋯⋯⋯⋯吴　菲
静悄悄的黎明⋯⋯⋯⋯⋯⋯⋯郭大森

春雨新花
邹铁黑要帐⋯⋯⋯⋯⋯⋯⋯⋯张重阳
编辑手记⋯⋯⋯⋯⋯⋯⋯⋯⋯晓　小

诗歌
新生活的赞歌
题葛州坝规划图⋯⋯⋯⋯⋯⋯刘益善
献给桥墩的诗（外二首）⋯⋯⋯高　云
冬集路上⋯⋯⋯⋯⋯⋯⋯⋯⋯王晓廉
农村生活剪影（二首）⋯⋯⋯莫西芬
公仆的赞歌⋯⋯⋯⋯⋯⋯⋯⋯李志清

加油⋯⋯⋯⋯⋯⋯⋯⋯⋯⋯⋯⋯⋯⋯⋯⋯⋯⋯杨子忱
草原之晨⋯⋯⋯⋯⋯⋯⋯⋯⋯⋯⋯⋯⋯⋯⋯谷福海
上班的路⋯⋯⋯⋯⋯⋯⋯⋯⋯⋯⋯⋯⋯⋯⋯李冰牧
儿童诗之页（十一首）⋯⋯⋯⋯⋯文 牧 姚业涌
李凤英 齐霁 王玎
短诗一束（十二首）⋯⋯⋯⋯王建国 马晋乾 蒋士枚
安阳 金正浩 邢玉卓 姜维青 齐兆麟 王闻拾

评论
争鸣
浅谈热布的性格特色⋯⋯⋯⋯⋯⋯⋯⋯⋯⋯晓 临
一个虚假的形象⋯⋯⋯⋯⋯⋯⋯⋯⋯⋯⋯姚远屏
人性的苏醒 奴隶哲学的破产⋯⋯⋯⋯⋯⋯林 驿
魔鬼的人性是复兴不了的⋯⋯⋯⋯⋯⋯⋯辛 文

一篇小说的诞生
生活、信念和唱给故乡的歌⋯⋯⋯⋯⋯⋯⋯王 祁

美术
新居（油画）⋯⋯⋯⋯⋯⋯⋯⋯⋯⋯⋯⋯张玉竹
春暖花开的时候（木刻）⋯⋯⋯⋯⋯⋯⋯张良武
课余（木刻）⋯⋯⋯⋯⋯⋯⋯⋯⋯⋯⋯⋯于敦厚
坝修忙、山村（木刻）⋯⋯⋯⋯⋯⋯⋯⋯刘祥成
风雨千秋（油画）⋯⋯⋯⋯⋯⋯⋯⋯⋯⋯张希华

1982 年第 7 期　刊名:《春风》
目录

小说·散文
诚实⋯⋯⋯⋯⋯⋯⋯⋯⋯⋯⋯⋯⋯⋯⋯⋯金 河
三星高照⋯⋯⋯⋯⋯⋯⋯⋯⋯⋯⋯⋯⋯⋯侯树槐
陡峭的河岸⋯⋯⋯⋯⋯⋯⋯⋯⋯⋯⋯⋯⋯凌喻非
惩罚·蜜月（小小说·二题）⋯⋯⋯⋯⋯⋯阿 过
日当午⋯⋯⋯⋯⋯⋯⋯⋯⋯⋯⋯⋯⋯⋯⋯马 嘶
采茶女⋯⋯⋯⋯⋯⋯⋯⋯⋯⋯⋯⋯⋯⋯⋯储福金
水表⋯⋯⋯⋯⋯⋯⋯⋯⋯⋯⋯⋯⋯⋯⋯⋯王德忱
普赛和我⋯⋯⋯⋯［英］迈克尔·基·科尼著 王 铜译

春雨新花
启示（小说）⋯⋯⋯⋯⋯⋯⋯⋯⋯⋯⋯⋯夏强国
要有所追求——读《启示》小记⋯⋯⋯⋯辛 羽
落英，飘啊飘（散文）⋯⋯⋯⋯⋯⋯⋯⋯林 震

诗歌
冰上抒情诗（组诗）⋯⋯⋯⋯⋯⋯⋯⋯⋯徐 刚
写在江河大地上（组诗）⋯⋯⋯⋯⋯⋯⋯未 凡
桑园散歌（组诗）⋯⋯⋯⋯⋯⋯⋯⋯⋯⋯雁 翎
海遇⋯⋯⋯⋯⋯⋯⋯⋯⋯⋯⋯⋯⋯⋯⋯李清联

短诗一束⋯⋯⋯⋯⋯蔡文祥 钱锦方 张红生 井 林
陆 基 宋 歌 吕贵品 李树方
学员诗页⋯⋯⋯⋯⋯⋯⋯王 敏 张彬彬 刘 跃
房秀英 韩先杰 赵首先
编后小议⋯⋯⋯⋯⋯⋯⋯⋯⋯⋯⋯⋯⋯⋯小 鹰

评论
抒写新旧交替时期农民的心曲（知音篇）⋯⋯⋯孙 里
想起了郑板桥的一副楹联（文艺随笔）⋯⋯草 云
寻找一个好的形式（一篇小说的诞生）⋯⋯张石山

美术
没有共产党就没有新中国（油画）⋯⋯张京生 王元珍
篆刻·八方⋯⋯⋯⋯⋯⋯⋯⋯⋯⋯⋯⋯⋯王以忱
篆刻·六方⋯⋯⋯⋯⋯⋯⋯⋯⋯⋯⋯⋯⋯山 谷
长白山风光（中国画·三幅）
⋯⋯⋯⋯⋯⋯⋯吴景同 董平实 乔广洋
浓荫（摄影）⋯⋯⋯⋯⋯⋯⋯⋯⋯⋯⋯⋯曹世玺

1982 年第 8 期　刊名:《春风》
目录

小说专号
蟹价的涨落⋯⋯⋯⋯⋯⋯⋯⋯⋯⋯⋯⋯⋯孙 吴
超龄者⋯⋯⋯⋯⋯⋯⋯⋯⋯⋯⋯⋯⋯⋯⋯严振国
"杏花村"酒家⋯⋯⋯⋯⋯⋯⋯⋯⋯⋯⋯朱光雪
清白⋯⋯⋯⋯⋯⋯⋯⋯⋯⋯⋯⋯⋯⋯⋯⋯甘铁生
不称心的丈夫⋯⋯⋯⋯⋯⋯⋯⋯⋯⋯⋯⋯赵灿群
我们还年轻⋯⋯⋯⋯⋯⋯⋯⋯⋯⋯⋯⋯⋯黄献国
不了情⋯⋯⋯⋯⋯⋯⋯⋯⋯⋯⋯⋯⋯⋯⋯赫 历
主人⋯⋯⋯⋯⋯⋯⋯⋯⋯⋯⋯⋯赵鹏万 刘允章
幸福⋯⋯⋯⋯⋯⋯⋯［法］莫泊桑著 李亿民译
跑好人生最后一圈（作家专访）⋯⋯⋯⋯阎纯德

春雨新花
富贵老汉的"计划"（小说）
⋯⋯⋯⋯⋯⋯《春风》函授青年文学讲习所学员徐 焕
平朴中寄深意（作品浅析）⋯⋯⋯⋯⋯⋯亦 闻

评论
《魔鬼热布》的得与失（争鸣）⋯⋯⋯⋯杨荫隆
一束献给英雄们的花⋯⋯⋯⋯⋯⋯⋯⋯⋯李景峰
也谈《"细胞"闲传》（一篇小说的诞生）⋯⋯高尔品

美术
夏（油画）⋯⋯⋯⋯⋯⋯⋯⋯⋯⋯⋯⋯⋯王莉华
啊，东北——油画风景画展选登

1982 年第 9 期　刊名：《春风》
目录

小说·散文

没有想到的事情……………………………王路遥
车队，正通过积雪的荒原…………………江　浩
终于寻到的构思……………………………孙玉良
夜客…………………………………………万　寒
傻子娶亲……………………………………刘伯英
缝……………………………………………于涤心
飞吧！小鸟儿………………………………赵云鹤
植根在生活的大地上
——记著名作家丁仁堂同志（作家专访）……吴英俊

春雨新花

端浇包的小伙子们………………讲习所学员　吕铁人
一群可爱的年轻人——浅析《端浇包的小伙子们》

诗歌

新生活的赞歌
北疆山水（二首）…………………………叶晓山
新居…………………………………………高立林
田野（外一首）……………………………袁永庆
老槐颂（外一首）…………………………吴长城
草原小景（三首）………………（蒙古族）青格里
星（外二章）………………………………李希英
短诗一束………………党国栋　刘镇欧　蔡春山
蔡国瑞　王荆岩　周　蒙　张常信　戚积广　谭德生
谭文波　毕　林　庞壮国　赵长占

诗苑新蕾………………路克盛　秋　收　庞颖洁
顾联第　叶曙光　黄云鹤　王庆德　白雪曼　王建义
郭绍光

评论

被灌得眼睛发白以后——我怎样写起《生活的湍流》
（一篇小说的诞生）………………………蒋　巍
每从气韵见文章
——读《诗苑新蕾》（知音篇）……………张万晨
开在现实土壤上的理想之花——小议《市长的秋天》
（知音篇）…………………………………卉　笑

美术

泉（油画）…………………………………黄智根
黑龙江版画选登

1982 年第 10 期　刊名：《春风》
目录

小说·散文

响鼓也要重锤敲……………………………李　栋
祖国，在你胸前……………………………薛家柱
清清的山泉…………………………………王万金
浅指纹（中篇侦破小说·连载之一）………万　寒
城关梦断芳草路……………………………郭雨庭
在时装柜台前………………………………梁建生
每年一次的来访者………………[日]夏树静子著
林少华　胡福印译
六榕寺记……………………………………白　水
在乡土文学创作的道路上（作家专访）……孙启江

诗歌

喜赞神州正中兴——献给党的第十二次代表大会
…………张开荆　李一平　池精武　梁谢成　李守智
章　直　谷长春　赵　茵　李凤英
诗（八家）……………罗继仁　李守智　侯金榜
刘晓滨　鲍雨冰　程步涛　李光云　曹怀潍
雨花台（外三章）…………………………秋　原
选择（外三首·长春诗坛新星）……………王维君
读王维君的诗………………………………何　鹰
在电车上（外一首·诗歌信箱）……………明　哲
写给作者的信………………………………小　鹰

春雨新花

私访（小说）………………………………赵侠以
编《私访》琐谈……………………………褚　雯
雨（散文）………………………讲习所学员　王若夫
让读者云体味………………………………赵　赴

评论

新主题　新人物（文艺随笔）
——对一部长篇小说原稿的意见……………黎　之
生活和感受　想象与推测（一篇小说的诞生）
——我怎样写《人不是含羞草》的？…………甘铁生

美术

青春（油画）………………………………王　琪
长春水彩画学会作品选……………………倪绍朱等
扬波劈浪出林海（中国画）…………………孙文铎

1982 年第 11 期　刊名:《春风》

目录

小说·散文

十面埋伏··肖　元
心中的墙··叶永烈
一撒谎脸就绯红··谢　璞
远方来的乌篷船··肖楚奇
一盒橡皮泥··钱　璞
浅指纹（中篇侦破小说·连载之二）···············万　寒
等待···················[法]莫泊桑著　淙　淙　禾　成译
紫丁香花下的握别··左　森

春雨新花

庆运嫂··张　棣
形象鲜明在于个性——读《庆运嫂》···············常　欣

诗歌

天池曲··温　杰
北方诗笺（组诗）·······································何　鹰
林场短笛（三首）·······································佟　畴
伊犁行··郭维东
纺织女工的歌（二首）·································吕乃国
苔藓··原　林
诗（七家）·················陈玉坤　吴　剑　李占学
陈景文　葛佳映　张友田　郭文琛
还乡（外二首·长春诗坛新星）····················逯庚福
读逯庚福同志的诗·······································贵　成
学员的诗·······························古　阳　宛　秋

评论

小说的新鲜感及其他（知音篇）····················朱　晶
文艺民族化琐议（文艺随笔）·······················张　智
美学原则与创作（文艺随笔）·······················庐　湘
并不是同情和怜悯（一篇小说的诞生）············晓　剑
一曲悠扬的歌（美术欣赏）··························李　巍

美术

捻线女（油画）··················[罗]格里高莱斯库
雪夜（套色木刻）·······································李　梅
麦乡春雪（套色木刻）·································陈玉平
春溶（水印木刻）·······································李秀山
骄阳（套色木刻）·······································周庆国

1982 年第 12 期　刊名:《春风》

目录

小说·散文

双龙湖水清又清··························韩耀旗　王曦昌
第十双女鞋··魏湘涛
房前屋后··刘国文
浅指纹（中篇侦破小说·连载之三）···············万　寒
"我是一个土著作家"——记刘绍棠（作家专访）
···························刘少博　朱振军　梁庚荧

春雨新花

心灵的护士（小说）····································张青野
立体的生活·立体的艺术·······························孙　里

诗歌

新生活的赞歌（九首）··················黄秉荣　溪　流
刘逢春　杜保平　赵圣铁
银河集（十八首）·············雷　雯　邢世健　张永赤
钱锦方　林　染　崔　嵩　韩玉洁　郑祖荣　冯堤
张吉民
短诗一束（十二首）·············梁　南　胡　昭　高继恒
姚　莹　杨　阳
黄海剪影（二章）·······································徐宏智

评论

再创造（文艺随笔）·····································袁庆望
努力探索
当代大学生的心灵（一篇小说的诞生）············雁　宁
新课题　新一代　新角度
——读小说《摸着天》（知音篇）··················毕馥华
《春风》一九八二年总目录

美术

走向生活（油画）·······································金晶石
秋色、长白激流（油画）·······························楚丽人
速写三幅··于敦厚

1983 年第 1 期　刊名:《春风》

目录

小说·散文

九月菊··迟松年
雪白的连衣裙··秀　枫
飞来的灰喜鹊··王立纯
重访解放村··周健行
八妹··杨兴成

乡间事 ———————————————— 李不空
愁女难嫁 ————————————————— 高 潜
上流阶级 ——————— [日]新星一著 李有宽译

春雨新花
程阳桥漫步（散文）———————————— 田中光
艳说林溪风雨桥（评点）————————————— 孙 里
哪的，这群姑娘（小说）————————————— 禾口生
简炼·含蓄·吸引人（评点）———————————— 赵 茵
田野上的热风（小说）———————————— 刘尚宽
热风，把心儿吹透（评点）————————————— 辛 羽

诗歌
在宝钢工地上（外一首）———————————— 黎焕颐
赫哲渔女（组诗）————————————————— 中 流
长春诗坛新星
北方呵，北方（组诗）—————————————— 张 伟
关东乡土蕴诗珠（评点）———————————— 梁谢成
诗苑新蕾 —————————— 徐国静 赵培光 彭国梁
李 朕 韩国辉 王亚男 李晓峰
短诗一束 —————————— 佟佳凡 周所同 龚林平
郭 廓 崔立兴 齐 雯 丁希泉 程锡级

评论
情致·现实·理想 ————————————————— 拾 丁
说说《诚实》（一篇小说的诞生）————————— 金 河
眼光，就是一种技巧（文艺随笔）———————— 关德富
骑驴觅句与跨马吟诗（文艺随笔）———————— 丁国成

美术
长征路上（油画）————————————————— 沈尧伊
黄山速写 ———————————————————— 戴成有
牧歌（油画）——————————————————— 王 路
工人像（国画）————————————————— 赵华胜
女教师（油画）————————————————— 边秉贵
渔港（国画）——————————————————— 李荣升

路遇（小小说）————————————————— 王贺军
通向延安的路 ————————————————— 孙凯宇
天山深处有人家 ———————————————— 韩汝诚
花儿，开在悬崖上 ———————————————— 平 青
骊山行 ————————————————————— 王维民
两岸都是金色的秋天 ——————————————— 郑万鹏

春雨新花
归途奇遇（小说）————————— 本刊讲习所学员 刘臻理
语言鲜活 形象鲜明（评点）—————————— 亦 闻
跳蛙（小说）———————————— 本刊讲习所学员 廖时香
璞玉正须雕琢（评点）—————————————— 草 央
夜来风雨声（小说）———————— 本刊讲习所学员 鲁 明
可喜的尝试（评点）——————————————— 一 群

诗歌
铺路石赞——献给蒋筑英的歌 ———— 张红生 赵鹏万
刘允章 王维君 逯庚福 余世夫 龚林平
沸腾的城市（组诗）——————————————— 梁谢成
短诗一束 ————————————— 月 华 倪 鹰 王中朝
房秀英 王贺锦 朱光天 陆 基 孙沐寒 朱英杰
诗苑新蕾 ————————————— 赵首先 赵铁民 黄云鹤
贾宝生 舸 舟 周绍庭 王铁钢

评论
评《春风》一九八二年的几篇头题小说（知音篇）
———————————————————————— 李玉铭
关于《蟹价的涨落》的一些思索（一篇小说的诞生）
—————————————————————————— 孙 吴
作品结尾小议（创作百题）——————————— 吴 山

美术
草编姑娘（油画）————————————— 王遵义 李向阳
木刻二幅 ———————————————————— 姜维常
水粉二幅 ———————————————————— 王钰珉
春风（中国画）————————————————— 许占志

1983 年第 2 期 刊名：《春风》	1983 年第 3 期 刊名：《春风》
目录	目录

小说·散文
槌石 ————————————————————————— 王德忱
在客轮上 ———————————————————— 中 申
春天的故事 —————————————————— 赵云鹤
阿香 —————————————————————— 杨建新
绮灿的晚霞 ——————————————— 刘 彦 彭贵华
相逢（小小说）————————————————— 姜胜群
征婚启事（小小说）——————————————— 贺京沙

女作者作品特辑
小巷，路灯在闪亮（小说）——————————— 范小青
乐土（小说）—————————————————— 余未人
祈灵（小说）—————————————————— 罗建琳
尊严（小说）—————————————————— 阿 过
公路边有两排钻天杨（小说）————————— 张桂莹
花泪（散文）—————————————————— 张彬彬
糖（春雨新花·小说）—————————————— 彧 光

回家（春雨新花·小说）———————————艾 真
拜访（春雨新花·散文）———————————张 蓓

散文小辑

邙岭云深———————————————马 昭 郭 锋
金沙滩的树—————————————————许 评
彩贝集（三章）——————————————程质彬
鸟鸣山更幽—————————————————赵 赴
叶赫组曲—————————————————李占学
龙牙观瀑———————本刊讲习所学员 黄培锦

诗歌

关东诗页———————何 鹰 秋 原 鲍雨冰
汽车城的歌（组诗）——————赵鹏万 刘允章

长春诗坛新星

我爱这崭新的生活（组诗）———————李凤英
一组有新意的小诗（评点）————————胡 昭
短诗一束—————董向晨 魏志远 梁青岭
崔立兴 张树方 张忠军 宋志超 叶 簇 于 冰
李守智 子 页 路克盛 李亚先

评论

纪念国际无产阶级伟大导师马克思逝世一百周年

要融汇贯通 不要寻章摘句———————金钟鸣
一个重要的美学原则————————————董辅文
诗歌含蓄例谈（文艺随笔）———————迟乃义

美术

浣参女—————————————————鄂俊大
木刻小品—————————————————曹文汉
摄影作品二幅———————————————杨晓伦
梅花（中国画）——————————————任广武

1983 年第 4 期　刊名:《春风》

目录

小说·散文

"野牛角"—————————————————疏 野
"神瞎子"小传———————————————王 祁
价值———————————————————侯树槐
她从乡下来—————————————————赫 历
月照瓜棚—————————————————冬 星
梳大辫子的售票员—————————————傅百龄
月亮门—————————————————雷恩路
今晚，一定跟他说—————————————解厚春
天涯呀，海角———————————————傅子奎
鸡老抱儿—————————————————孔令保

春雨新花

心灵在铃声中颤动（小说）———————蓝晓强
高高的苗岭（散文）—————（哈尼族）李永万
怒（小说）————————————————丁志刚
艺术概括及其艺术表现（评点）—————石 光

诗歌

新生活的赞歌———————————李凤清 肖 川
赵新禄 王忠范 莫西芬 原 林 刘镇欧

长春诗坛新星

明天（外二首）———————————————张红生
挺好个果儿，就是有点青（评点）————阿 红
诗苑新蕾———————————邢玉卓 王晨光 王 勤
郁 斌 佟 伟 文 芳 戴东仁 王义明
短诗一束———————钱 璞 乔延凤 和 谷
黄东成 聂鑫森 王铁军 石 飞 艺 辛

评论

"根之茂者其实遂"（知音篇）——————易洪斌
试谈短篇小说的开头（创作百题）————韩汝诚
"画像"的启示（文艺随笔）———————杉 沐
诗旨未能忘救物（文艺随笔）——————肖文苑
米莱斯和《苏格兰少女海伦》（美术欣赏）——李 巍

美术

长白牧歌（水粉）—————————————邱小岩
木刻二幅———————————————戈 沙 谷 风
老猎手（油画）——————————————矫振明
苏格兰少女海伦（油画）————————［英］米莱斯

1983 年第 5 期　刊名:《春风》

目录

小说·散文

少帅传奇（中篇连载）————————赵云声 李 政
岔路口，有棵老松树————————————高 光
对面山上的人家——————————————万 捷
无名女自述—————————————————徐亚力
老代表轶事—————————————————韩石山
雪皑皑———————————————————戚积广
真正的朋友——————［匈］克·比哈利 徐长瑞译
谒岳墓记—————————————————谷长春
鹰角亭遐想—————————————————田 增

春雨新花

松花湖之歌—————————————————张庆余
简评《松花湖之歌》（评点）——————唐有骧
淡淡的清香—————————————————任淑滟

难得香如许（评点）⸺⸺⸺⸺⸺⸺辛 羽

诗歌

雨花石（散文诗）⸺⸺⸺⸺⸺⸺徐 刚
关东诗页⸺⸺⸺⸺余世夫 浪 波 赵中森
长春诗坛新星
新开掘的矿石（外三首）⸺⸺⸺⸺王铁军
坚实闪光的足迹（评点）⸺⸺⸺⸺芦 萍
短诗一束⸺⸺⸺⸺李守智 吴长城 胡西淳
谭文波 谷宝奎 袁冬苇 雷天放

评论

再谈短篇小说的开头（创作百题）⸺⸺韩汝诚
有感于《十面埋伏》（知音篇）⸺⸺张生云
呵，它竟是这么纯朴而平易（知音篇）⸺武亦文
小议文学作品的多主题⸺⸺⸺⸺刘 坚

美术

丝路舞女（油画）⸺⸺⸺⸺⸺⸺潘世勋
《关东风情》组画选登⸺⸺⸺⸺⸺吴海寿
《花》等四幅⸺⸺刘润民 许孝诗 林百石 王廷家
令箭荷花（摄影）⸺⸺⸺⸺⸺⸺刘 忠

1983 年第 6 期　刊名:《春风》
目录

小说

山脊上，走着一个追熊的人⸺⸺⸺⸺孙旭光
舞台青春⸺⸺⸺⸺⸺⸺⸺⸺⸺储福金
瓜熟蒂落⸺⸺⸺⸺⸺⸺⸺⸺⸺于涤心
鸽哨（儿童文学）⸺⸺⸺⸺⸺⸺李大钧
小雄和小熊（儿童文学）⸺⸺⸺⸺吴 菲
少帅传奇（中篇连载之二）⸺⸺赵云声 李 政

散文小辑

水乡夜渔⸺⸺⸺⸺⸺⸺⸺⸺⸺杨庆祥
五花山⸺⸺⸺⸺⸺⸺⸺⸺⸺⸺蔡行远
梨院风情⸺⸺⸺⸺⸺⸺⸺⸺⸺刘玉亭
划桨人⸺⸺⸺⸺⸺⸺⸺⸺⸺⸺邵 晨
蕨菜⸺⸺⸺⸺⸺⸺⸺⸺⸺⸺⸺沙仁昌
天葬奇观⸺⸺⸺⸺⸺⸺⸺⸺⸺徐天德

春雨新花

约会之前⸺⸺⸺⸺⸺⸺⸺⸺⸺刘向群
看《约会之前》想到的（评点）⸺⸺褚 雯

诗歌

儿童诗之页⸺⸺⸺⸺文 牧 何 鹰 高 帆

喻德荣 李凤英 丁希泉 文 丙 王 珂 路克盛
短诗一束⸺⸺⸺⸺⸺陆 基 李 联 海 南
林克胜 程锡级 张生云 王庆学 王 磊 路敦甫
白 汀 周玉喜 马晋乾 刘士贤 田永昌 桂兴华
揣家诚 芦 萍 晓 野 白晓东

评论

写《没有想到的事情》所想到的（一篇小说的诞生）
⸺⸺⸺⸺⸺⸺⸺⸺⸺⸺⸺王路遥
重视"重复"的运用（创作百题）⸺⸺李玉铭
美的执著追求（知音篇）⸺⸺⸺⸺章 直

美术

新书⸺⸺⸺⸺⸺⸺⸺⸺⸺⸺⸺李志国
木刻小品⸺⸺⸺⸺⸺⸺⸺⸺⸺袁惠民
儿童生活组画选⸺⸺⸺⸺⸺⸺⸺王 康

1983 年第 7 期　刊名:《春风小说月刊》
目录

改刊的话⸺⸺⸺⸺⸺⸺⸺⸺⸺本刊编辑部

短篇

万花川⸺⸺⸺⸺⸺⸺⸺⸺⸺⸺赵 赴
司机"阿里巴巴"⸺⸺⸺⸺⸺⸺⸺吴广宏
痴人日记⸺⸺⸺⸺⸺⸺⸺⸺⸺刘臻理
飞吧，飞飞⸺⸺⸺⸺⸺⸺⸺⸺贺抒玉
我在美国的奇遇⸺⸺⸺⸺⸺⸺⸺李 犁
宣传的时代⸺⸺⸺⸺［日］星新一著 李有宽译

报告文学

"乌斯满"新传⸺⸺⸺⸺⸺⸺⸺乔 迈
附：春天的微笑⸺⸺写在获奖之后⸺⸺乔 迈

小小说

可怜的人⸺⸺⸺⸺⸺⸺⸺⸺⸺张 樱
钱包⸺⸺⸺⸺⸺⸺⸺⸺⸺⸺祝承玉

中篇

少帅传奇（连载之三）⸺⸺⸺⸺赵云声 李 政

春雨新花

老面⸺⸺⸺⸺⸺⸺⸺⸺⸺夏强国 丁福生

评论

乔迈的报告文学创作⸺⸺⸺⸺⸺⸺方 晴
莫云作者"痴"，请解其中味⸺⸺⸺常 欣
选取事件不应视点分散⸺⸺谈《老面》⸺克 治

美术

小说《飞吧，飞飞》插图 ···············杨宝诚
天池仙女（一）——长白山的传说

　　　　　　　　　　黄金城画　草央文
君子兰（摄影）·······················原　苏
篆刻·····················山　谷　高晓虎

1983 年第 8 期　刊名:《春风小说月刊》
目录

短篇

他喜欢谁？·························周　熠
链环·····························吕铁人
在"又副册"上的人···············聂圣国
灰鸽·····························汤吉夫
回旋·····························朱普乐

中篇

慈禧墓珍宝失窃案（连载之一）·······苏金星
人海中的"女儿"···················中　申

小小说

路，在霞光中··············王永深
隐情·····························冯　涛

春雨新花

迷途在原始森林···················何应扬

读稿漫评

生活的诗意与文情——小说《回旋》的启迪···林克胜
向灵魂深处开掘——浅析《迷途在原始森林》

　　　　　　　　　　　　　　　　辛　羽
以小见大——简评《路，在霞光中……》···傅子奎

美术

小说《连环》插图···················白铭洲
来稿选登·························李德荣
木刻二幅·························谷　风
天池仙女
——长白山的传说之二　黄金城画　草央文

1983 年第 9 期　刊名:《春风小说月刊》
目录

短篇

抉择·····························张蒂远
蒲公英与茉莉花···················华　戊

望江楼酒家·······················王梓夫
多福巷志················齐铁民　鞠显友
黑嫂·····························戚积广
人民代表·························刘伯英

中篇

峨山柳绿（历史小说）···············马　昭
慈禧墓珍宝失窃案（连载之二）·······苏金星

小小说

小小的故事·······················刘尚宽
最后一课··········阿·拉·萨拉迈著　朱立才译

春雨新花

婆媳之间·························史效忠

评论

遵循生活实际　塑造特定性格——浅谈《望江楼酒
家》·····························昆　龙
白描·动静·情绪——读《小小的故事》···晓　小
贵在精巧——由《婆媳之间》想到的···可　之
从熟识的生活中捕捉创作题材·········闻　生
编后小记·························本　刊

美术

小说《望江楼酒家》插图·············金隆贵
铜版画二幅·······················裴友昌
木刻二幅·························孙银生
天池仙女——长白山的传说之三

　　　　　　　　　　黄金城画　草央文

1983 年第 10 期　刊名:《春风小说月刊》
目录

中篇

他曾播种幸福·····················顾笑言
慈禧墓珍宝失窃案（中篇连载之三）···苏金星

短篇

村祭·····························陈天泽
芬芳的大草甸·····················朱光雪
家风·····························郭建华
梦，飘走了·······················赵云鹤

小小说

金钥匙·····························王炳顺
你别撂电话·······················刘爱民
就从这儿开始·····················陈立风

春雨新花

绝境......佟占德

报告文学

如沐春风　如坐春风
——记 159/160 次列车"三八"包车组......王小克

评论

我和《春风》......顾笑言
艺术的生命在于真实——《村祭》读后短议......梦岭
塑造更多性格别具的青年形象
——《梦，飘走了》编余琐谈......灿群
面对《绝境》的思索......孙里

春风信箱（读者来信四则）......杨道聪等
编后记......本刊编辑部

美术

小说《梦，飘走了》插图......胡悌林
奔向四方（木刻）......刘祥成
外国插图选......[苏]维列斯基等
天池仙女——长白山的传说之四
......黄金城画　草央文

1983 年第 11 期　刊名:《春风小说月刊》
目录

学习建国大纲　提高认识生活能力......谷长春

短篇

他和她，年经轻轻......王德忱
快乐的劫持......周健行
厂长和他的女婿......李不空
老街旧邻......张棣
骨灰花瓶......涂平
秀秀......慕贤

中篇

一品妃......毛志成

小小说

绵绵的春雨......徐小哲
悔......张晓伟
月色融融（外一篇）......高作智

春雨新花

横飘来的云......肖景然
烧水姑娘......刘谐
发生在蜜月里的事......本刊讲习所学员　秦艳春

评论

让清风吹散浮云——读《横飘来的云》......常其
巧设悬念　引人入胜——读小说《发生在蜜月里的事》......瑞勤
平凡的岗位　闪光的心灵
——浅析《烧水姑娘》......晓临
读《月色融融》......灿群

美术

小说《烧水姑娘》插图......陈曦光
访日木刻组画......戈沙
书法、篆刻......王日诚　高晓虎　徐子辉
天池仙女——长白山的传说之五
......黄金城画　草央文

1983 年第 12 期　刊名:《春风小说月刊》
目录

一个不容忽视的文艺理论问题
——学习毛泽东同志关于文艺和生活的论述......范业本

中篇

第七声枪响......赵赴
农乃喇嘛和丁香大嫂......王士美

短篇

太阳河......李乔亚
丘鞋匠......孙旭光
精采遗作......姜胜群
耳机里的杂音......蓝春荣

小小说

吴老汉买毛衣......许行
月夜......明祥

春雨新花

"龙头拐杖"落了地......本刊讲习所学员　王春香
生动活泼的口语（评点）......梁若冰

春风信箱

在生活的浅流中发掘美......刘坚
本刊一九八三年总目录

美术

小说《太阳河》插图......傅侃
塞北初雪（中国画）......兰铁成
光明村（木刻）、在希望的田野（木刻）
......杜卓跃　姜维常

天池仙女——长白山的传说之六
································黄金城画 草央文

1984 年第 1 期 刊名:《春风小说月刊》
目录

短篇
月照山村路································肖楚奇
五月的风································徐 扬
往返风景区································张秀枫
难得糊涂································叶永烈
冰山情侣································赫 历

中篇
大地的留恋································侯树槐
今夜月亮格外圆································胡 人

小小说
让人心醉的，那楼清香································郭文琛
盗宝································原 初

春雨新花
夜里································郝 炜

翻译小说
母女之间································[英]卡·毕托著 游南琪译

评论
高举社会主义文艺旗帜
站在清除精神污染斗争的前列································本刊编辑部
多样的题材 感人的形象
——评《春风》改刊以来的中篇小说································高 峰
《夜里》小议································海 一

美术
静物（油画）································杨乃美
木刻二幅································姜 旗

1984 年第 2 期 刊名:《春风小说月刊》
目录

短篇
柳魂································万国儒
送往迎来································枫 亚
招牌································李克定
乌云，从她心头掠过································袁 浪
征婚趣闻································李 蔚

一个女作家的厄运································[日]松本清张著 丛 林译

中篇
破晓的江湾································刘凤仪

小小说
天高云淡································刘尚宽
大胡子和小毛································陈东明

春雨新花
丁琴响叮咚································本刊讲习所学员 王 烨
春雨，悄悄洒在心头································刘耀杰

评论
浓墨重彩写英雄
——简评长篇小说《神秘的索南才旦》································王忠志
小说与诗境的创造
——读《丁琴响叮咚》································孙 里
说说"盖龄童"································肖 晓
编后记································本刊编辑部

美术
元宵灯会（油画）································张宏宾
木刻二幅································彭 砾
插图选登································杨宝诚
春光（中国画）································任广武

1984 年第 3 期 刊名:《春风小说月刊》
目录

小说月刊
短篇专辑
移花接木（春雨新花）································本刊讲习所学员 廖新中
月有圆缺（春雨新花）································于雁宾
小街那片绿荫下································夏 萍
大幕重新拉开································丁悦民
风雪应有情································云晓璎
路弯弯································汪爱珠
正月走花会································楚学晶
赁屋记································何子铨
夜曲································杨林山 曾少祥
龙的眼泪（童话）································[日]浜田广介著 崔红叶译
不速之客（小小说）································若 痴
风（小小说）································汪 骥
性本爱丘山（小小说）································王国松
爷爷和孙子（小小说）································瞿 琮

评论

塑造更多的当代新人形象 ························ 杨荫隆

反映时代精神，讴歌普通人品质（知音篇）

——读《春风小说月刊》八三年七到十二期的头题小说 ························ 陆景林

献给战士的歌（一篇小说的诞生）

——谈《乌兰察布眷情》的写作 ············· 韩汝诚

乡土气息与民族风格

——《移花接木》题外 ······················· 亦 闻

简讯：本刊召开迎新春座谈会 ·············· 本刊记者

本期编余赘语 ································ 编 者

美术

船台之春（油画） ····························· 王 琪

版画三幅 ···································· 孙银生

秉谦画戏（国画写意） ········ 蒋兆和题 王秉谦画

渔村写生之一（水粉） ······················· 张伯仁

1984 年第 4 期　刊名:《春风小说月刊》
目录

短篇

空白 ··· 范小青

鸳鸯沟情话 ·································· 韩汝诚

宽容 ··· 褚建民

她到了不惑之年 ····························· 袁世兴

两个同龄女性 ······················ 殷慧芬 楼耀福

误会 ··· 钱 璞

李嫂 ··· 张国禄

春雨新花

梦？（小小说） ····························· 孙默然

脚印儿（小小说） ··························· 刘爱民

中篇

残臂 ···················· ［英］托马斯·哈代著 瑞 环译

评论

读《大地的留恋》的一些感受（知音篇）

——给侯树槐同志的一封信 ················· 王昌定

对人物性格复杂的几点看法 ················· 李玉铭

封面设计的形式美（美术欣赏） ············· 章桂征

美术

华夏之春（油画） ··························· 靳尚谊

版画选登 ···························· 李一凡 窦 峰

封面设计选登 ······················· 蒋 明 李勤学

1984 年第 5 期　刊名:《春风小说月刊》
目录

短篇小说

没有碑坊的山村 ····························· 叶明山

附：作品小析 ································ 晓 临

出租枣红马的小伙子 ························· 吴若增

附：作品小析 ································ 无 华

栅栏 ··· 方 方

回头草 ······································ 柯尊解

胡同，曲曲弯弯 ····························· 徐振清

翻译小说

粮食委员 ············· ［苏］萧洛霍夫著 刘 野译

私人侦探麦纽 ······· ［美］詹姆斯·荷丁著 张正正译

中篇小说

鲜花静静地吐着芬芳 ························· 赵 赴

春雨新花

老人的心（小小说） ························· 王永深

附：作品评点 ································ 一 木

评论

人民需要艺术　艺术更需要人民

——纪念《在延安文艺座谈会上的讲话》发表 42 周年 ································ 金恩晖

我和《九月菊》（一篇小说的诞生） ········· 迟松年

萧萧数叶，风雨满堂（知音篇）

——《春风》小小说谈片 ··················· 亦 鸣

温情　细腻　刚毅（知音篇）

——浅谈《送往迎来》中的寒菊形象 ········· 刘建新

美术

青春（油画） ······························· 谷 钢

油画写生 ···································· 边秉贵

三个金像（连环画） ············ 于筱平改编 龙震海绘画

国画二幅 ···································· 吴东魁

1984 年第 6 期　刊名:《春风小说月刊》
目录

短篇

小河湾湾小河长 ····························· 彭见明

初衷 ··· 王 祁

明日头版新闻 ······························· 聂鑫森

一个编辑的日记 ····························· 马其德

闪光的彩贝⋯⋯⋯⋯⋯⋯⋯⋯⋯⋯傅子奎
民政助理⋯⋯⋯⋯⋯⋯⋯⋯⋯⋯杨守松
我们并不陌生⋯⋯⋯⋯⋯⋯⋯⋯赵云鹤
窗花城（儿童文学）⋯⋯⋯⋯⋯郭大森
第 5 节车厢（儿童文学）⋯⋯⋯杨植材
柔软的手（翻译小说）

⋯⋯⋯⋯⋯⋯［日］星新一著　李有宽译

春雨新花
一朵纤细的小花（小小说）
⋯⋯⋯⋯⋯⋯⋯本刊讲习所学员　李胜发
雪，晶莹的白雪（小小说）
⋯⋯⋯⋯⋯⋯⋯本刊讲习所学员　孙忠波

评论
试解小说的"曲"与"浮沉"（作家谈创作）王士美
枪声，道出了情韵（知音篇）
——读中篇小说《第七声枪响》⋯⋯赵瑞勤
众里寻他千百度（一篇小说的诞生）
——《第七声枪响》创作谈⋯⋯赵　赴
感情的凝聚和感情的爆发（评点）⋯常　其
本刊召见纪念《春风》创刊五周年暨"佳作奖"发奖
大会

美术
槐乡（油画）⋯⋯⋯⋯⋯⋯⋯⋯杨相虎
《春风》创刊五周年纪念会⋯⋯曹世玺摄影
松花江之春（套色木刻）⋯⋯⋯孙银生

1984 年第 7 期　刊名:《春风小说月刊》
目录

短篇
签着姓名的红旗⋯⋯⋯⋯⋯⋯⋯孙　吴
友与爱⋯⋯⋯⋯⋯⋯⋯⋯⋯⋯程树榛
苦果，也能酿出甜酒⋯⋯⋯⋯⋯王立忱
汽车飞驰向前⋯⋯⋯⋯⋯⋯⋯⋯朱永祥
佛门忠魂⋯⋯⋯⋯⋯⋯⋯⋯⋯⋯徐天德
爸爸明天要结婚⋯⋯⋯⋯⋯⋯⋯刘伯英
亮亮和林林（儿童文学）⋯⋯⋯张彬彬

小小说
反比?　正比?（外一篇）⋯⋯⋯绍　六
秃老亮⋯⋯⋯⋯⋯本刊讲习所学员　于维范

春雨新花
暴风雨⋯⋯⋯⋯⋯⋯⋯⋯⋯⋯⋯冯传德

翻译小说
真真假假
⋯⋯⋯⋯［英］威·萨·毛姆著　刘宪之　孙寅富译

评论
时代印记·思想深度·艺术特色（知音篇）
——漫评《春风小说月刊》第三期"短篇专辑"
⋯⋯⋯⋯⋯⋯⋯⋯⋯⋯⋯⋯⋯金钟鸣
文艺是离不开政治的
——学习《邓小平文选》的体会⋯范业本
为了更动听的山歌（一篇小说的诞生）
——《没有碑坊的山村》创作回顾⋯叶明山
从生活中撷取来的一朵浪花（知音篇）
——小议《春风小说月刊》第三期的四篇小小说
⋯⋯⋯⋯⋯⋯⋯⋯⋯⋯⋯⋯⋯述　华
谈谈《暴风雨》（评点）⋯⋯⋯⋯奕　兵

美术
望海（油画）⋯⋯⋯⋯⋯⋯⋯⋯于占湖
篆刻四方⋯⋯⋯⋯⋯⋯⋯⋯⋯⋯山　谷
书法二帧⋯⋯⋯⋯⋯⋯⋯⋯⋯⋯杨广庆
插图选登⋯⋯⋯⋯⋯⋯⋯⋯⋯⋯金隆贵
开满鲜花的土地（油画）⋯⋯⋯朱大海

1984 年第 8 期　刊名:《春风小说月刊》
目录

短篇
两个孩子的男人和没有孩子的女人⋯⋯肖复兴
一切都会从新开始⋯⋯⋯⋯⋯⋯吕铁人
"女理发师"轶事⋯⋯⋯⋯⋯⋯⋯赵书伶
巴新生进城⋯⋯⋯⋯⋯⋯⋯⋯⋯张石山
觅⋯⋯⋯⋯⋯⋯⋯⋯⋯⋯⋯⋯⋯肖楚奇
花烛夜⋯⋯⋯⋯⋯⋯⋯⋯⋯⋯⋯马　嘶

春雨新花
下罗场书圣⋯⋯⋯⋯本刊讲习所学员　黄培勋
评点：坚实的脚步　动人的歌吟⋯瑞　勤
早晨的故事⋯⋯⋯⋯⋯⋯⋯⋯⋯郑增庆
评点：认准了路，照真走⋯⋯⋯褚　雯

中篇
云雀⋯⋯⋯⋯⋯⋯⋯⋯⋯⋯⋯⋯程质彬

评论
【小说技巧谈】素描的基本功
——小说创作漫谈⋯⋯⋯⋯⋯⋯王昌宾
【一篇小说的诞生】小河和人（创作手记）⋯彭见明

【文艺随笔】小说语言的着色艺术……………草 云
【春风信箱】来自读者的评论、意见、批评
…………………………………………丁铁军等

美术
期望（油画）……………………………靳尚谊
黑白艺术……………………杜鸿年 姜 旗
窗外（ 画）………………………………吴东魁

1984 年第 9 期　刊名:《春风小说月刊》
目录

短篇
徒弟今天有难…………………………………张笑天
丁教授教子篇…………………………………钟道新
表姐，你好好想一想…………………………毛 毛

小小说特辑
报告与批示……………………………………韩石山
略谈"短而有味"……………………………可 知
八字……………………………………………绍 六
《八字》小议…………………………………晓 临
强者……………………………………………甄源森
无私无畏　美而有力…………………………常 其
山那面风景……………………………………竹 子
扑捉"闪光点"………………………………石 磊
"莽豹子"和"百灵鸟"……………………贾 剑
审戏……………………………………………张秀枫
捕捉美的人……………………………………杨海国
故人情…………………………………………吴金良
病榻旁…………………………………………杜嗣琨
跟踪……………………………………………黔 蒲
抛锚……………………………………………吴广学
故乡人…………………………………………江 雪
妈妈，我不上托儿所…………………………唐 克
路边发生的事…………………………………李永山
四人语…………………………………………刘臻理
秋夜……………………………………………洪永泰
拉一刀…………………………………………严 平
一封致大作家王蒙的信………………………陈建江

中篇
"夫妻系统"与"老婆工程"………杨乃运 陈晓轩

春雨新花
抢救（小小说）………………………………黄培锦
该"抢救"谁?………………………………邵 伍
新政策…………………………………………金相南

评论
到改革的激流中去探索………………………杨 凡
沉淀与沉思（一篇小说的诞生）……………肖复兴
小小说艺术构思纵横谈（小说技巧）………金恩晖

美术
金色的梦（油画）……………………………高志华
版画选登……………………吴海寿 邵明江
白桦悠情（彩色摄影）………………………曹世玺

1984 年第 10 期　刊名:《春风小说月刊》
目录

短篇
相逢在阳光下…………………………………迟松年
桥………………………………………………李乔亚
草原新曲………………………………………壮国威
八小时以内……………………………………曾 樾
红与绿…………………………………………简 嘉
疑心的妻子……………………………………熊建成
丑女……………………………………………余小惠

中篇
古老城市的新思路……………………………毛志成

春雨新花

十字街口………………………………………宋雅贞
（评点）小议《十字街口》…………………一 木
命运的魔纸………………本刊讲习所学员 维 范
（评点）寻找最恰当的表现角度……………公 长
失望……………………………………………刘白玉
（评点）蓄势与突转…………………………晓 临
平衡……………………………………………杨旭辰

评论
漫议写改革……………………………………谷长春
真实可信，栩栩如生（知音篇）……………高 云
题材的选择、提炼、加工（小说技巧谈）……于成鲲

美术
轻歌曼舞迎国庆………………………………祝 平
治印、木刻……………………贺汝新 刘祥成
延边风情（木刻组画）………………………李秀山

1984 年第 11 期　刊名:《春风小说月刊》
目录

短篇

卜氏"辩证法"⋯⋯⋯⋯⋯⋯⋯⋯⋯⋯⋯⋯王昌定
芳邻⋯⋯⋯⋯⋯⋯⋯⋯⋯⋯⋯⋯⋯⋯于涤心
小贼⋯⋯⋯⋯⋯⋯⋯⋯⋯⋯⋯⋯⋯⋯徐朝夫
红晕⋯⋯⋯⋯⋯⋯⋯⋯⋯⋯⋯⋯⋯⋯冷　凝
琴韵⋯⋯⋯⋯⋯⋯⋯⋯⋯⋯⋯⋯⋯⋯赵云鹤
册外地⋯⋯⋯⋯⋯⋯⋯⋯⋯⋯⋯⋯⋯朱光雪
乡女大枝⋯⋯⋯⋯⋯⋯⋯⋯⋯⋯⋯⋯王英琦
傻柱子的桃花运⋯⋯⋯⋯⋯⋯⋯⋯⋯孙宝琦

春雨新花

早晨,跳跃的阳光⋯⋯⋯⋯⋯⋯⋯⋯凌　绮
(评点)要有线条,更要有色彩⋯⋯⋯草　央

报告文学

旋转木马　拔地而起⋯⋯⋯⋯⋯⋯⋯寒冬雪

评论

乡土的赞歌(知音篇)⋯⋯⋯⋯⋯⋯⋯陆景林
科学地认识和反映知青生活(小说创作谈)⋯⋯李健民
一瞬亮相　精神全出(知音篇)⋯⋯⋯刘志武

美术

青春的年华(油画)⋯⋯⋯⋯⋯⋯⋯⋯杨文敏
乡情(组画)⋯⋯⋯⋯⋯⋯⋯⋯⋯⋯赵镇宇
冬去春来(中国画)⋯⋯⋯⋯⋯⋯⋯⋯吴东魁

1984 年第 12 期　刊名:《春风小说月刊》
目录

短篇

妈妈穿上马甲⋯⋯⋯⋯⋯⋯⋯⋯⋯⋯金　河
甘露沟的脚步⋯⋯⋯⋯⋯⋯⋯⋯⋯⋯安兴本
今日立春⋯⋯⋯⋯⋯⋯⋯⋯⋯⋯⋯⋯刘　杰
飘散吧,那几片浮云⋯⋯⋯⋯⋯⋯⋯赵淑芳
瓶茎地段⋯⋯⋯⋯⋯⋯⋯⋯⋯⋯⋯⋯洪　波

中篇

二妹子⋯⋯⋯⋯⋯⋯⋯⋯⋯⋯⋯⋯⋯张廷竹

翻译小说

在卧室里⋯⋯⋯⋯[法]莫泊桑著　龚　放　龚　明译

春雨新花

重排了⋯⋯⋯⋯⋯⋯⋯⋯⋯⋯⋯⋯⋯胡雨淳

评论

变革的生活与作家的审美思辨⋯⋯⋯方　晴

美术

集市归来(油画)⋯⋯⋯⋯⋯⋯⋯⋯⋯王锡珏
油画人物⋯⋯⋯⋯⋯⋯⋯⋯⋯⋯⋯⋯谷　钢
水粉写生⋯⋯⋯⋯⋯⋯⋯⋯⋯⋯⋯⋯张希传

暂无 1985 年第 1 期

1985 年第 2 期　刊名:《春风小说月刊》
目录

报告文学

面对挑战⋯⋯⋯⋯⋯⋯⋯⋯⋯⋯⋯⋯乔　迈

短篇

华北第一呼噜客⋯⋯⋯⋯⋯⋯⋯⋯⋯汤吉夫
回忆之页在静悄悄的风下翻过⋯⋯⋯赵　赴
栀子花,雪白的栀子花⋯⋯⋯⋯⋯⋯贾　剑

小小说

那间夹道小屋⋯⋯⋯⋯⋯⋯⋯⋯⋯⋯牛振芳
生意⋯⋯⋯⋯⋯⋯⋯⋯⋯⋯⋯⋯⋯⋯赵团欣

翻译小说

摩登女郎(外一篇)
⋯⋯⋯⋯⋯⋯⋯[日]星新一著　丛　林　冬　木译

中篇小说

在美利坚的土地上⋯⋯⋯⋯⋯⋯⋯⋯李　犁

春雨新花

野菊花(小小说)⋯⋯⋯⋯⋯本刊讲习所学员　袁　人
冰岸,拉琴的女孩⋯⋯⋯⋯⋯⋯⋯⋯王鸣久

评论

生活·时代·人物(知音篇)
——《春风小说月刊》84 年 6—11 期头题小说漫评
⋯⋯⋯⋯⋯⋯⋯⋯⋯⋯⋯⋯⋯⋯⋯高　峰
野芳发而幽香(知音篇)
——《春风小说月刊》小小说特辑漫议⋯韩　夫
艺术往往从具体而细微之处开始
——读《野菊花》⋯⋯⋯⋯⋯⋯⋯⋯孙　玉

美术

特区正午（油画） ································ 何克敌
絮语（木刻） ···································· 姜维常
篆刻 ································ 陈有琦　林允振
收网、晚炊（木刻） ···························· 张大光
曹雪芹（油画） ·································· 宋惠民

1985 年第 3 期　刊名:《春风小说月刊》
目录

短篇

黎明，悄悄向他走来 ···························· 王立忱
要的就是这个劲 ·································· 赵　新
同赴京华 ·· 毛志成
汽车爬上了山岭 ·································· 刘伯英
长长的黎明 ······································ 刘尚宽
晚照 ·· 薛家柱
风雪雁门关 ······································ 肖　元

报告文学

苏州姑娘 ·· 祁淑英

翻译小说

迈克大哥

············· ［美］欧·亨利著　李东平译　刘宪之校

春雨新花

乡路上 ·· 孙晓玮

评论

"三种人"的一面镜子
——浅评"卜氏'辩证法'" ···················· 伯　乐
父母心和子女心（一篇小说的诞生） ·············· 金　河
我们的李二柱哟——《乡路上》读后随想 ·········· 晓　小

美术

家住井冈白云山（油画） ························ 倪芳华
南国风光（水粉二幅） ·························· 蚁美楷
插图选 ·· 陈文光
摇篮（油画） ··························· 毛岱宗　史国强

1985 年第 4 期　刊名:《春风小说月刊》
目录

短篇

无声的旋律 ······························ 章伟文　章　轲
脾气 ·· 韩石山
女性的禁地 ······································ 熊　良

斗狗 ·· 闻　波
雪满古城郊 ······································ 聂鑫森
没上过光荣榜的人 ································ 司马维
哦，这两个三十岁的女人 ························ 刘　策
走出山谷 ·· 沙仁昌

翻译小说

橙色口红 ························· ［日］平岩弓枝著　李有宽译

春雨新花

小河流水 ·· 姜振山

评论

《相逢在阳光下》琐记（一篇小说的诞生） ········ 迟松年
沃土春风绿满枝 ·································· 杨继笑
平凡生活　蕴含真美（评点） ···················· 邵　伍
八四年《春风文学奖》评奖揭晓 ·················· 本刊记者
业精于勤（美术欣赏） ·························· 白光远

美术

春之声（油画） ·································· 马常利
插图选 ·· 张亚力
未来世界（油画） ································ 王晓明
肖像（油画） ·························· ［法］安格尔

1985 年第 5 期　刊名:《春风小说月刊》
目录

短篇

蓝天，多么深远 ·································· 彭见明
风雪天 ·· 肖复兴
知我者 ·· 赵德明
三月的小雨 ······································ 邓建楚
乍暖还寒时 ······································ 陈　垦
长安路上的新闻 ·································· 谢盖国

中篇

遗产 ·· 马福林

翻译小说

发生在大街上的罪行

············· ［西班牙］巴·伐尔特斯著　金国嘉译

评论

以神遇而不以目视——读《妈妈穿上马甲》致金河

·· 彭　放
生活·理想·人 ·································· 彭见明
小酒馆里的诗情 ·································· 肖复兴

美术

棉花（油画）————————————张世范
篆刻八方————————————王以忱
山泉（中国画）————————————刘相训

1985 年第 6 期　刊名:《春风小说月刊》
目录

夜色里的眼睛————————————胡廷楣
烟纸店————————————王小鹰
庄严的舞台————————————孙颙
拾来的磁带————————————缪士
一位国民党将军的女儿————————彭瑞高
流泪的候鸟————————————凌耀忠
第三边的咏叹调————————————刘观德
在郊外的晚上————————————王宏光
水门汀和泥土的交界处（中篇）————蒋丽萍

我爱白桦（油画）————————————王璐
本期作者近影
北方、白桦（版画）————————————李秀山
巨人————————————[美]恩·书思

1985 年第 7 期　刊名:《春风小说月刊》
目录

短篇

梳蟠桃髻的姑娘————————————冷凝
赵大大住店————————————叶大春
我和她俩————————————于涤心
那一双难忘的眼睛————————————刘冬冠
若问我的妻————————————马秉义
写封信试试————————————梅子涵
斜坡————————————孙文昌
山高月黑夜————————————李渔村

中篇

履————————————侯树槐
一个死而复生的女明星的故事
　　　　　　　[美]罗·布洛奇著　应世昌译

评论

改革家的战略眼光————————————陆景林
他们打动了我的心————————————张廷竹

美术

少女（油画）————————[印尼]巴·阿卜杜拉

松鸣（中国画）————————————吴东魁
人类的朋友————————景文绘画　永庵治印

1985 年第 8 期　刊名:《春风小说月刊》
目录

短篇

躁动的群山————————————母国政
晚钟————————————傅星
晚霞————————————储福金
女兵"伊佐拉"————————————张廷竹
当他告别姑娘的时候————————————王士美
月有阴晴圆缺————————————李乔亚
杜斯特姆拉德伯伯————[苏]努·喀布尔　韩淑芳译
孤岛艳遇————————————杨惕

春雨新花

我是一朵云————————————胡广香

中篇

场外指导————————————邹志安

美术

泰山行（速写）————————————陆本瑞
竞放（中国画）————————————任广武

1985 年第 9 期　刊名:《春风小说月刊》
目录

吉林青年作家专辑

山雨欲来————————————司马维
前面是火焰山————————————王祁
杨杏儿————————————杜保平
"文学托辣司"的叛逆————————————谢燕南
不平静的月牙湾————————————夏萍
夜窃————————————朱光雪
这里有一片古老的森林————————————赵韫颖
清明时节雨纷纷————————张樱　侯明祥

中篇传记小说

少帅春秋————————————李政　徐陆英

1985 年第 10 期　刊名:《春风小说月刊》
目录

短篇

严重事故————————————陈冲

罂粟花 ————————————— 张秀枫
龙马吟 ————————————— 杨荫林
无法发出的信 ————————— 黄果心
焦距 ————————————————— 李 蔚
男子汉第一次的爱 ———— 李 喆 焕 之

小小说
错得对 ————————————— 纪慎言

中篇传记小说
少帅春秋 ————————— 李 政 徐陆英

美术
村姑（油画）———————— [法]柯 罗
篆刻选登 ——————— 乐石印社供稿
装饰画二帧 ————————— 吴景文

1985 年第 11 期　刊名:《春风小说月刊》
目录

短篇
青山伐不去 ————————————— 楚 良
火狐狸白脑门 ————————————— 王立纯
路，没有尽头 ———— 楼耀福 殷慧芬
又是一个多雾的早晨 ————————— 王家男
夏季的选择 ————————————— 胡西淳
女儿的心 ——————————————— 钱 璞
重返青山 ————————————— 邓建楚
沐浴 ————————————————— 陈纪钦
从头发胡同到小西天 ————————— 向 愚

中篇传记小说连载
少帅春秋 ————————— 李 政 徐陆英

美术
晴朗的天（油画）——— [苏]加伏里洛夫
花卉二幅 ——————————————— 杨春生
长白秋色（套色木刻）——————— 孙银生

1985 年第 12 期　刊名:《春风小说月刊》
目录

短篇
浪漫的旅程 ————————————— 马秋芬
这只泼猴 ————————————— 黄献国
车轮，滚动在石板街 ————————— 杨海国

小小说
隐私 ————————————————— 祝兴义
选择 ————————————————— 翁树杰
你怎么不早说 ————————————— 曹怀玉

报告文学
赤子深情 ——————————————— 吴 容

中篇
敌后硝烟 ——————————————— 董 速
中篇传记小说连载
少帅春秋 ————————— 李 政 徐陆英

评论
变革的旋律 ————————————— 朱 晶
一双忠诚于教育事业的眼睛 ————— 陆景林

1986 年第 1 期　刊名:《春风小说月刊》
目录

短篇
鹦鹉嘴有个天下乐 ————————— 金 河
梁老师外传 ————————————— 毛志成
微澜 ————————————————— 肖 元
诗人的启迪 ————————————— 韩汝诚
旅途二题 ——————————————— 王立忱

小小说
雾 ————————————————— 武志刚

探索篇
罗丹的两尊雕像 ——————————— 冯有源

翻译小说
保护天使 ———— [法]安·莫洛亚著　金国嘉译

中篇传记小说
少帅春秋 ————————— 李 政 徐陆英

评论
点燃心灵的火焰 ——————————— 金钟鸣
成熟的美学思考 ——————————— 李玉铭

美术
封面画（小说《罗丹的两尊雕像》插图）— 矫振明
聪明的法官（小连环画）——— 春 耕改编 震 海绘图
月月生辉（中国画）————————— 田仲梅

1986 年第 2 期　刊名:《春风小说月刊》
目录

短篇

两角菱⋯⋯⋯⋯⋯⋯⋯⋯⋯⋯⋯王　祁
藕荷色的星期天⋯⋯⋯⋯⋯⋯⋯刘舰平
记住这辉煌的时刻⋯⋯⋯⋯⋯⋯王小克
无字的书页⋯⋯⋯⋯⋯⋯⋯⋯⋯赵　赴
破灭⋯⋯⋯⋯⋯⋯⋯⋯⋯⋯⋯⋯白雪林

春雨新花

苦衷⋯⋯⋯⋯⋯⋯⋯⋯⋯⋯⋯⋯饶　力

小小说

买幸福的小女孩⋯⋯⋯⋯⋯⋯⋯杨　进

翻译小说

寡妇征婚记⋯⋯⋯⋯［美］欧·亨利　韩红岩译

中篇传记小说连载

少帅春秋⋯⋯⋯⋯⋯⋯李　政　徐陆英

评论

观念与生活⋯⋯⋯⋯⋯⋯⋯⋯⋯高　峰
法制文学何以无法⋯⋯⋯⋯⋯⋯王忠志
引人遐思的力量何在⋯⋯⋯⋯⋯亦　闻

美术

封面画（小说《藕荷色的星期天》）插图⋯⋯⋯杨宝诚
甜酒（油画）⋯⋯⋯⋯⋯⋯⋯⋯洪明哲
晚秋（套色木刻）⋯⋯⋯⋯⋯⋯孙银生

1986 年第 3 期　刊名:《春风小说月刊》
目录

报告文学

灿烂的银河星系⋯⋯⋯⋯顾笑言　张新民

短篇

雪谷⋯⋯⋯⋯⋯⋯⋯⋯⋯⋯⋯⋯王左泓
儿子讲的故事⋯⋯⋯⋯⋯⋯⋯⋯肖复兴
禾草老倌⋯⋯⋯⋯⋯⋯⋯⋯⋯⋯胡　辛
希望⋯⋯⋯⋯⋯⋯⋯⋯⋯⋯⋯⋯赫　历
遗恨⋯⋯⋯⋯⋯⋯⋯⋯⋯⋯⋯⋯岳治成

春雨新花

塘畔笛声⋯⋯⋯⋯⋯⋯⋯⋯⋯⋯白金科

要注意对人物心理的描写（评点）⋯⋯⋯一　木

小小说

机遇⋯⋯⋯⋯⋯⋯⋯⋯⋯⋯⋯⋯陈美卿

中篇

古朴村风情⋯⋯⋯⋯⋯⋯⋯⋯⋯侯树槐

评论

主题的朦胧美⋯⋯⋯⋯⋯⋯⋯⋯章　直
文学的"解"（一篇小说的诞生）⋯⋯⋯肖复兴
编后话

美术

封面画（小说《雪谷》插图）⋯⋯⋯英若识
木刻三帧⋯⋯⋯⋯⋯⋯⋯⋯⋯⋯戈　沙
梅（中国画）⋯⋯⋯⋯⋯⋯⋯⋯陈晓敏

1986 年第 4 期　刊名:《春风小说月刊》
目录

短篇

砝码⋯⋯⋯⋯⋯⋯⋯⋯⋯⋯⋯⋯吕铁人
脱俗⋯⋯⋯⋯⋯⋯⋯⋯⋯⋯⋯⋯邱宪然
家乡的小河静静地流⋯⋯⋯⋯⋯于涤心
一位丈夫的烦恼⋯⋯⋯⋯⋯⋯⋯梁建生
山地里，那个风雪之夜⋯⋯⋯⋯荒　原

春雨新花

隐私⋯⋯⋯⋯⋯⋯⋯⋯⋯⋯⋯⋯宋长声
夸而有节饰而不诬（评点）⋯⋯⋯建　新

小小说

干私话⋯⋯⋯⋯⋯⋯⋯⋯⋯⋯⋯韩广荣

翻译小说

夫妻的意外⋯⋯⋯⋯［日］结城昌治　张泽人译

中篇

古朴村风情⋯⋯⋯⋯⋯⋯⋯⋯⋯侯树槐

1986 年第 5 期　刊名:《春风小说月刊》
目录

中篇连载

哈罗！自由女神们⋯⋯⋯⋯⋯⋯李　犁

短篇

从希望滩出发 ·························· 谷鸿微
三剑客 ······························ 易洪斌
奇异的烟友 ··························· 张 棣
蓝天·白云·女人·小屋 ················ 张 芹

探索篇

爱的惯性 ····························· 曲卫国

春雨新花

乡下阿奶 ····························· 赵正文

翻译小说

没遇到的男子 ·········· 〔日〕夏树静子著 李有宽译
失去记忆的女郎 ········· 〔日〕星新一著 丛 林译

评论

失掉理性的悲剧（争鸣篇） ·············· 丛 九
在悲剧后面（争鸣篇） ················· 宫 思
在刻画人物上下功夫 ··················· 克 治
编后记

美术

封面画（小说《哈罗！自由女神们》插图） ···矫振明
古钢琴家（油画） ····················· 德 温

1986 年第 6 期 刊名:《春风小说月刊》
目录

短篇

短命的答记者问 ······················ 梅子涵
褐色的黄昏 ·················· 路 远 季 华
红窗帘·黑窗帘 ······················ 张永琛
一颗苏醒的心 ························· 李不空
飞走了的白鸽子 ······················ 刘佑平
夏书记"办公" ······················· 赵 文

中篇连载

哈罗！自由女神们 ····················· 李 犁

小小说

雨夜 ································· 冷 冰
仇人 ································· 陈治国

春雨新花

没有署名的来信 ······················ 陈智聪

翻译小说

鸟笼 ·············· 〔马来西亚〕李国良著 应世昌译
返老还童 ··············· 〔日〕星新一著 丛 林译

评论

简议《两角菱》（知音篇） ··············· 于艾浙
一个老党员的情操（知音篇） ············· 陆景林

美术

封面画（小说《哈罗！自由女神们》插图） ···杨宝诚
批评家（油画） ············· 〔美〕诺尔曼·罗克威尔
维也纳森林的早晨（油画） ········· 〔德〕瓦尔特缪勒

1986 年第 7 期 刊名:《春风小说月刊》
目录

中篇

金丝猫 ······························ 蒋 巍

短篇

鸡鸣早看天 ··························· 绍 六
小城棋事 ····························· 张 涛
别 ································· 邓宗良
黑天鹅 ······························ 孙玉良

小小说

新闻人物 ····························· 徐小秋
欢宴 ································· 纪慎言
送客 ································· 吴兴林

春雨新花

小夜曲 ······························ 杨 进
向平凡开掘（评点） ··················· 吴 旺

中篇连载

哈罗！自由女神们 ····················· 李 犁

翻译小说

人质 ·············· 〔美〕福雷斯特著 金国嘉译

评论

在生活的激流中获得创作自由 ············· 谷长春
钻研和寻找"新的棋局"（知音篇） ········· 张秀枫

1986 年第 8 期　刊名:《春风小说月刊》

目录

短篇

它日相呼—————————————————毛志成
报纸文艺版—————————————————陈金堂
假如，假如—————————————————陆星儿
双龙湖闲话—————————————————韩耀旗
不息的黄昏潮———————————常辅棠　刘建

探索篇

秃鹰————————————————————赵伯涛

小小说

哦，一只断线的风筝—————————————姜贻斌

中篇小说连载

哈罗！自由女神们———————————————李　犁

春雨新花

想逃学的金贵————————————————高俊明

翻译小说

百万富翁模特儿

—————————[英] 奥斯卡·王尔德著　金国嘉译
树下修行————————[日] 星新一著　李琦玮译

评论

文艺思考二题————————————————斯　民
《金丝猫》的失而复得（一篇小说的诞生）———蒋　巍
美的发现和美的表现（知音篇）————————姚　远

1986 年第 9 期　刊名:《春风小说月刊》

目录

短篇

阿四伯和他的小屋——————————————张廷竹
偶然碰到的故事———————————————张长弓
小佛手————————————————————王　祁
公狼头羊特奴勒庆——————————————冷　凝
六月雨淋过的草地——————————————答　风
盘龙塘———————————————牟永臣　沙仁昌
新娘脸上的泪痕———————————————惠万安

小小说

短会————————————————————廖时香

春雨新花

瞬间————————————————————李兰芝

中篇连载

哈罗！自由女神们———————————————李　犁

翻译小说

白鸽————————[苏] 努·喀尔布著　韩淑芳译

评论

传统写法与"小说革命"————————————洪　斌
不可孤立地描写偶然事件———————————张少武
绿树成荫子满枝（知音篇）——————————韩　夫

1986 年第 10 期　刊名:《春风小说月刊》

目录

中篇

蓝领哥们—————————————————叶明山

短篇

我有两个丈夫———————————————韩石山
神经病——————————————————孙少山
浮雕———————————————————洪　峰
离异——————————————杨小明　谢燕南
女明星的"风流"事————————————刘伯军
观音阁上的火苗————————————去　非　怀潍

小小说

串门———————————————————梁贵灵
作协·足协·做鞋—————————————绍　六
宴会上的笑声———————————————邢　可

报告文学

架在长空的多弦琴—————————————程质彬

春雨新花

无名星—————————————————孙卫莉

评论

时代　改革　乡情（知音篇）————————井　林

1986 年第 11 期　刊名:《春风小说月刊》
目录

短篇

南方北方 ·············· 汤吉夫
茶鬼 ·············· 唐　栋
他回到人间 ·············· 王鲁夫
小村人家 ·············· 赵云鹤
大作将要发表 ·············· 朱光雪
我的追求 ·············· 朱　奎

小小说

大歌唱家光临小城 ·············· 王不夭

翻译小说

死者的谎言 ·············· [日本] 夏树静子著　李有宽译

中篇

迷路的云 ·············· 王维民

评论

小说创作中的"现代意识"问题 ·············· 李玉铭
小议《金丝猫》 ·············· 隐　喻
编辑聚会　交流经验 ·············· 草　央

1986 年第 12 期　刊名:《春风小说月刊》
目录

短篇

鼠牛虎兔龙蛇 ·············· 许谋清
三求计 ·············· 王　毅
画家 ·············· 陈炳熙
森林之夜 ·············· 何应扬
重逢在中年 ·············· 颜庆堂
过河 ·············· 壮国威
雪夜游魂 ·············· 于雁宾

中篇

掠过四达别墅的影子——上海人的故事之二 ·············· 蒋丽萍

翻译小说

恭喜您，萨夫拉索夫
·············· [苏] 叶甫盖尼·明著　林素仁译
打火机的罪过
·············· [埃及] 依哈桑·阿卜杜·古都斯著　王瑞琴译

1987 年第 1 期　刊名:《春风小说月刊》
目录

长篇报告文学连载

起点就在你的脚下 ·············· 顾笑言

短篇

音差 ·············· 毛志成
蓝窗 ·············· 李云良

讽刺小说

TAXI 与表扬信 ·············· 曾　樾

小小说

冬风，吹起了一片黄尘 ·············· 杨　进
邂逅 ·············· 胡广香
天鹅 ·············· 朱谷忠

中篇

关东烟 ·············· 侯树槐

翻译小说

人鬼之恋
·············· [美] 艾·巴·辛格著　东　平　丁周泽

评论

作家醒悟点 ·············· 李玉铭

1987 年第 2 期　刊名:《春风小说月刊》
目录

报告文学

跳水教练的内宇宙 ·············· 李玲修

短篇

不锈钢拐杖 ·············· 楚　良　越　隽
下游不远是矶头 ·············· 雪　垄
夕阳晚风新月 ·············· 赵　赴
两地书 ·············· 南　翔　严丽霞

长篇报告文学连载

起点就在你的脚下 ·············· 顾笑言

小小说

路边，清晨 ·············· 曾　平
岔路口上 ·············· 梁　钧
悟 ·············· 于年峰

如此关心························李 明

春雨新花
香椿························孙名初

翻译小说
梅尔迪卡女郎
·······[菲律宾]何塞·基里诺著 应世昌译

评论
巧思与匠心的成果················章仲锷
关于当代现实主义文学自信力的通信
························朱 晶 王 祁

1987 年第 3 期 刊名:《春风小说月刊》
目录

报告文学
关于牛玉霞的思索················乔 迈

短篇
老婆村························王德忱
鸭来桥闲话······················范小青
死神························王立忱
卓玛························周新德
雾茫茫························聂鑫森

长篇报告文学连载
起点就在你的脚下················顾笑言

小小说
需要························翁树杰
小小说二题······················孙默然
乡村的思念············田中生 韩伟冬

春雨新花
爸爸和弯把子锯··················李卫东

翻译小说
多疑的丈夫·········夏树静子著 李琦伟译

评论
驱散阴云 拥抱春天················本刊编辑部
地域性文学的哲学思考············斯 民

1987 年第 4 期 刊名:《春风小说月刊》
目录

短篇
白月的血祭······················路 远
绿色的倾诉······················贺京沙
错觉························刁 斗
来访者趣事······················司马维
前事不忘······················原 昌
初潮························赵 镝

小小说
邻居························姜胜群
个体饮食店的小伙子··············许仰东
听说························张 维

中篇
桃花林变奏曲····················戚积广

翻译小说
抢劫银行的第三条妙计
·······[美]哈罗里达·丹尼尔斯著 应世昌译

评论
从文学的"苦闷"谈起··············曲 汶

1987 年第 5 期 刊名:《春风小说月刊》
目录

探索篇
爱的不等式(长篇选载)··········邹志安

短篇
三片绿叶······················许谋清
红尘························石 定
沉重的背影······················李不空
老墙························朱光雪
明秋再见······················赵云鹤
十九棵冬果树····················马德菊
局部有霜冻······················毛 毛
小楼昨夜又东风··················解厚春

小小说
那边,第十一病区················祝兴义
我穿上了呢子大衣················邵金亮
铺路························王贺军

春雨新花

葬礼 ·· 于浩雄

评论

读《三求计》的思考 ··························· 路　文

1987 年第 6 期　刊名:《春风小说月刊》
目录

短篇

冬去春来 ···································· 赵　熙
白笛 ······································· 储福金
桔红色的路灯 ································· 于涤心
泥娃娃布娃娃绒娃娃 ··························· 张　为
梨花岛 ····································· 龙　潜
啊，迪斯科 ·································· 赵灿群
绝梦 ······································· 凌　云
恋情 ······································· 原　野

小小说

胖子和瘦子 ·································· 陈立风
儿子 ······································· 毕见文
惊梦 ······································· 钱　璞
岳父 ······································· 激　泉

春雨新花

明月初照人 ·································· 莫　杨

报告文学

敖东之光 ·································· 恂　恂

翻译小说

冰凉的雨点打在身上

　　　　　　　　　　［日］赤川次郎著　李有宽译

评论

文学：迷惘与超越 ····························· 张秀枫

1987 年第 7 期　刊名:《春风小说月刊》
目录

短篇

山那边有个鬼眼泡 ····························· 吕铁人
沉重的背篓 ·································· 张士敏
矬子老魁 ·································· 李　蔚
那幽灵般的一拳 ······························· 梅子涵
再见，小荷 ·································· 李大刚

迷濛的竹林 ·································· 杜丽蓉
总会有一天 ·································· 孙旭光
这里是一片沃土 ······························· 高艳茹
小巷黄昏后 ·································· 杨　杏
夏天的幻觉 ·································· 荒　原

小小说

过渡 ······································· 张顺富
希望的转移 ·································· 胡广香
邂逅 ······································· 李　之
拆墙 ······································· 杜今学
爱 ··· 高洪涛

翻译小说

反射 ·········· ［日］松本清张著　张泽人　郑谭毅译

评论

模拟家的"突破" ····························· 毛志成

1987 年第 8 期　刊名:《春风小说月刊》
目录

短篇

广泛的会议 ·································· 杨绍维
旷野的光环 ·························· 相南翔　严丽霞
摊儿街上的"警长" ··························· 池如镜
陈玉娘 ····································· 焕　喆
雪谷 ······································· 杨文环
花开花落 ·································· 刘元举
橡胶句号 ·································· 刘舰平
流云 ······································· 赫　历
魂归 ······································· 赵小柯

小小说

买鸡 ······································· 廖新中
夫妇的忏悔 ·································· 龙爱喜
公民 ······································· 丁福生
人哪…… ·································· 邓京平
朦胧 ······································· 刘　振

春雨新花

约会 ······································· 马　莎

翻译小说

墙·······［伊拉克］加齐·阿里·伊巴第著　应世昌译

评论

艺术更需要人民 ······························· 李建民

1987 年第 9 期　刊名:《春风小说月刊》
目录

短篇

一个自杀女子的解析 ·························· 毛志成
明年没有雁南飞 ···························· 叶明山
一次恼人的经历 ···························· 母国政
腊月草根甜 ································ 陈景河
走五道 ·································· 张　颖
骨血 ·························· 韩耀旗　谷　桑
人间冷暖 ································ 易和声
泥泞 ··································· 雪　村

小小说

妙药 ··································· 于伯生
集市上 ·································· 张耀良
哎，那匆匆的脚步 ···························· 李新发

春雨新花

相亲 ··································· 杨　宇
珍品 ··································· 紫　洁

翻译小说

凶犯在逃 ········· [美]约翰和华特·霍金斯著　金国嘉译

评论

模糊性：一种把握生活的方式 ···················· 李玉铭
可喜的新意（知音篇） ························· 封宇一

1987 年第 10 期　刊名:《春风小说月刊》
目录

百期纪念

著名作家为本刊题词

冯牧　严文井　唐达成　从维熙　刘绍棠　浩　然
鲍　昌　汪增祺　林斤澜　李国文　鲁彦周　肖德生
章仲锷　周　明　韩石山　韩静霆　张廷竹
《青春》编辑部　封　二　封　三

回顾与前瞻 ······························· 张少武

短篇小说

情歌王子 ································ 韩静霆
僻地风流 ································ 彭见明
消逝的名画 ······························· 许谋清
杆二爷 ·································· 张廷竹
雨后无彩虹 ······························· 马秋芬

花斑鱼 ·································· 刘成思
霹雳 ··································· 王　祁
鲟 ···································· 李乔亚

小小说

幽会 ··································· 韩石山
心的震颤 ································ 沈晨光
猎猪记 ·································· 郭文琛

翻译小说

火山爆发前的选举
··················· [法]皮埃尔·贝勒马尔雅克·安托尼
淙　淙　禾　成译

1987 年第 11 期　刊名:《春风小说月刊》
目录

短篇

青豆 ··································· 姜　滇
野洼 ··································· 竹　子
冷雪 ··································· 王德忱
老绵羊和陈烧锅 ···························· 银　沧
转鼠 ··································· 杨宝成
海色 ··································· 张天平
婚宴 ··································· 武　柳
重逢 ··································· 杨　波

小小说

再次曝光 ································ 严夏松
母亲 ·························· 陈大超　吕　丽
阳光心态 ································ 黄莱笙

报告文学

草叶上的爱 ······························· 侯树槐

春雨新花

无名曲之谜 ······························· 宋安莉
惊蛰 ··································· 张晓明

1987 年第 12 期　刊名:《春风小说月刊》
目录

短篇

泊在舷边的梦 ······························ 李云良
迷魂砬子 ································ 韩汝诚
空山 ··································· 祖　阔
螃蟹 ··································· 宋长声

一念之间 ————————————— 刘益善
雾乡 ——————————————— 阎作义
美尔美美客厅 ——————————— 刘伯英
雪 ———————————————— 江 雪

小小说
不白之冤 ————————————— 李凌辉
隐私 ——————————————— 陈立风
失窃记 ———————————— 周冰冰 虞 生
心的影 —————————————— 徐振清
香水梨 ——————————————— 俞 茎
名字 ——————————————— 张 维

春雨新花
山月总有情（本刊函授学员作品选）——— 钟 诚

翻译小说
看不见的情事 ——————— ［日］小池真理子著
金铁明 东 流译

评论
读《沉重的背影》————————— 陆景林

1988 年第 1 期　刊名:《春风》
目录

短篇小说
旅伴 ——————————————— 汤吉夫

改革剪影
香藤姑娘 —————————————— 谢 璞

关东风情
城市迪斯科 ————————————— 高 光
不见经传的人物 ————————————— 莫 伸
仁慈的谎言 ————————————— 陆 棣
矿井红灯亮了的时候 ————————— 王 敏

探索篇
回归 ——————————————— 小 陀

小小说
愧疚 ——————————————— 张邦宁
命 ———————————————— 伟 巴
故友新交 ————————————— 李秀芬
条子 ——————————————— 白 薇
剃光头的校长 ————————————— 范民强

春雨新花
主任和他的闺女 ————————————— 流 春
本刊学员
枫叶红了的时候 ————————————— 郭小平
作品之页
赶死神 ——————————————— 张安民

翻译小说
冰山上的杀手 ——— ［美］约翰·万尼亚著 张正正译
慷慨的人 —————— ［日］星新一著 年 林译

评论
拓展艺术视角　努力反映改革 ————— 杨继笑

美术
《绘画》（封画）——————— ［西班牙］米 罗
《织》（水彩画）（封二）——————— 李燕翔
版画两幅（封三）———————————— 赵晓沫
风景两幅（水粉）（封底）——————— 蚁美楷

1988 年第 2 期　刊名:《春风》
目录

短篇小说
借光 ——————————————— 金 河
长江边的独语（改革剪影）——————— 雪 垅
吉雅其 ——————————————— 路 远
财伯之忧（关东风情）———————————— 赵 赴
空坟 ——————————————— 张永琛
闲事 ——————————————— 刘伯军
曲解 ——————————————— 季 宇

小小说
一片树叶 ————————————— 王不天
呇兄村轶事 ————————————— 杜今学
破烂 ——————————————— 袁成树
山杏（本刊学员作品之页）——————— 于清闲

翻译小说
沉默的河 —————— ［日］鸟井加南子著 秋 实译

评论
不肯屈服的灵魂　与灵魂自身的战栗 ——— 应沙石

美术
《哈里昆的狂欢》油画
《丝路之梦》二幅油画
壁饰、皮影戏

风景二幅

1988 年第 3 期　刊名：《春风》
目录

短篇小说

小镇上的美国女神 ················ 李云良
蛇欢 ·························· 毛志成
"双镖"和"老二哥" ············· 曹保明
伞的折叠 ······················ 王　毅
告别 ·························· 于涤心
沙滩，走来一个女人和男人 ········· 巴　威

小小说

价值 ·························· 李　芝

春雨新花

棍王 ························· 赵天鹤
五杯酒（本刊学员作品之页） ······· 夏元洪

翻译小说

名作家的秘密 ········· ［日］山村美纱著　范　苓译

美术

《曼陀林和吉他》 ················ 毕加索作
《鱼归》 ······················ 梁　伟作
《文艺复兴时代》 ·········· ［日］金　泽　李　文作
《甲斐驹个岳》 ············ ［日］清　水　炼　德作

1988 年第 4 期　刊名：《春风》
目录

短篇小说

月光下的绿叶 ·················· 许谋清
丑恶 ························· 吴若增
碰上的第一个熟人 ··············· 邹志安
一个冬天的故事 ················ 李伟光
老家 ························· 李占学
海猫子 ······················ 疎　野
龙灯王 ······················ 叶大春
新闻界的新闻 ·················· 侯明祥

中篇连载

怪侣奇踪 ······················ 常　莎

春雨新花

黑眼睛 ······················ 季　春

翻译小说

作家的妻子 ········· ［意大利］伊·斯特勒　应世昌译

美术

《生之欢乐》
《小憩》 ······················ 梁　伟
《迎鱼汛》 ····················· 梁　伟

1988 年第 5 期　刊名：《春风》
目录

短篇小说

古镇，扯不断的丝 ··············· 赵　熙
缺乏勇气的人 ·················· 王安林
树挂 ························· 侯树槐
玩笑·微笑·大笑 ··············· 姜贻斌
黄昏 ························· 马　力

中篇连载

怪侣奇踪 ······················ 常　莎

小小说

爱情浪漫曲 ················ 周冰冰　虞　生
普通人家 ····················· 胡良骅

翻译小说

肖特佛庄园的贵妇人
················ ［美］维克多·卡宁著　冯公达译

学员作品之页

酒运 ························· 饶　力

美术

十字架 ······················ 毕加索
皖南小景（木刻） ··············· 谷　风
藏书票六帧 ···················· 林百石等
封底画 ······················ 杨宝诚

1988 年第 6 期　刊名：《春风》
目录

短篇小说

永远的河滩 ····················· 林和平

墓 ································ 詹政伟
春天的落叶和秋天的风 ·············· 王小克
雨中纪事 ························· 王曦昌

纪实文学
银海沉浮六十年——记著名电影导演孙瑜与他的《武
训传》 ······················· 谢荣 张弓

小小说
弃屋 ··························· 孙少山
水流无声 ······················· 李俊芬
让座 ··························· 孙晓玮
甜酸苦辣味 ····················· 许仰东
倾斜的等式 ····················· 文崇礼

春雨新花
考场 ··························· 曾红雨

翻译小说
老师的婚礼 ··········· [日] 宫川比吕 崔红叶译

评论
《旅伴》读后 ····················· 高 峰
透明、润泽、轻快之美
——赏读水彩画《延边之秋》 ··········· 李秀山

美术
《闯入平静》(摄影) ····· [罗] 考维斯蒂·拉兹罗摄
《延边之秋》(水彩画) ·············· 杨宝诚作

1988 年第 7 期　刊名:《春风》
目录

短篇小说
穆牧以及其他 ····················· 方 方
覆辙 ··························· 李不空
大大咧咧的女犯 ··················· 毛志成
贼友 ··························· 程质彬
名画 ··························· 陈元冲
穿过茫茫的查干塔拉 ················· 朱光雪
潜影 ··························· 凌耀忠
夜雾 ··························· 邓宗良
沉淀 ··························· 高明晨

小小说
千椅公园 ······················· 卢肖慧

召唤 ··························· 于伯生
雾里花 ························· 许 行

春雨新花
雨夜 ··························· 王晓炜

评论
色彩缤纷的乡俗与乡情 ··············· 胡德培

美术
中国画——写意人物 ················· 戴成有

1988 年第 8 期　刊名:《春风》
目录

短篇小说
空地 ··························· 凌 云
碧泪 ··························· 储福金
松泪 ··························· 吕铁人
黑塔 ··························· 李立宪
与世隔绝的时候 ··················· 陈金堂
夜雨 ··························· 王鲁夫
大蒜子 ························· 卢建中
渔镇风波 ······················· 张 力

春雨新花
悯 ··························· 张 丽

小小说
手中手 ························· 曹怀玉
继承人 ························· 祝兴义
住院 ··························· 东 方
假如没有哪场演出 ················· 魏新民
张鞋匠拍马 ····················· 于伯生

1988 年第 9 期　刊名:《春风》
目录

短篇小说
无门城 ························· 赵本夫
腊月雪 ························· 王凤麟
孤独的牧鸭人 ····················· 谭元亨
无国籍人的苦与乐 ················· 石 磊
何日君再来 ····················· 李春鹃
感动我 ························· 王丽萍

春雨新花
竹筒屋……………………………………刘剑雄

小小说
夜深沉……………………………………王　莉
往事诗情…………………………………王　玎
扬扬的初恋………………………………向幼姝
两瓶酸奶…………………………………莎　菲
补写的悼词………………………………王明生

翻译小说
视线………………[日]石泽英太郎著　李有宽译

评论
对当前文艺界若干流行话题的思考………李玉铭

1988 年第 10 期　刊名:《春风》
目录

短篇小说
局势尚未明朗……………………………陈　冲
恼人的夏天………………………………谢燕南
窥视孔里的游戏…………………………甘铁生
荒唐之旅…………………………………韩耀旗
第一首诗…………………………………寄　丹

翻译小说
按钮　按钮…………[美]理查德·马瑟森　鹏　程译

回忆录
在围困长春的日子里
　　——抢救难民纪实…………………孙邦达

小小说
传呼电话…………………………………章　轲
星期日无故事……………………………西　篱
年轻人的事………………………………马　晶
哭仙………………………………………刘昌璞

1988 年第 11 期　刊名:《春风》
目录

短篇小说
长春青年作家小辑
曝光………………………………………吕铁人

我也不说…………………………………李不空
今天不是星期日…………………………司马维
灰楼………………………………………王　祁
流产………………………………………祖　阔
一票之差…………………………………张　樱
蓦然回首…………………………………于德北
绿色湖……………………………………胡冬林
悬棺………………………………………宋长声

翻译小说
无所不晓的旅客
………………[英]萨默赛特·毛姆著　刘　蔚译
芦花斗鸡
………[墨西哥]唐何塞·巴斯孔赛洛斯著　何　洪译

小小说
真情………………………………………王景泰
死人的飨宴………………………………方成子
归来………………………………………张　维
阴差阳错…………………………………江汉力

1988 年第 12 期　刊名:《春风》
目录

短篇小说
诱惑………………………………………南　翔
苦涩的猜想………………………………吴兴林
北大荒的呼唤……………………………李兴文
天平………………………………………嵇　伟
画像………………………………………张宗栻
你死得美…………………………………王树田
男人·女人………………………………王　立
盘山道……………………………………曾广贤
狗尾巴草…………………………………卜广胜

小小说
水中的月亮………………………………何晓琪
两位大师………………………周冰冰　虞　生
倒鳞鱼……………………………………刘昌璞
愧疚………………………………………张桂荣
手心………………………………………陈立风

报告文学
悠悠的琴声………………………………陈岐山

评论

关东风情与时代色彩 ———————— 路 放

1989 年第 1 期 刊名:《春风》
目录

短篇小说

规矩 ———————————————— 陈世旭
元宝 ———————————————— 赵大年
一张神秘的纸条 ————————— 张长弓
襄河雨妹子 ————————————— 刘 恪
死谜 ———————————————— 于浩雄

探索与争鸣

黑蚁（小说） ———————————— 谈一学
无序的外在形态朦胧的生命指向（评论）— 张晓春
我读《黑蚁》（评论） ———————— 张末民

纪实文学

田园启示录 ————————————— 侯树槐

春雨新花

月祭 ———————————————— 樵 仙

翻译小说

悄然逝去的裸女

[美]埃特蒙·罗伯特著 应世昌译

散文

细雨不如雾 ————————————— 石 英

诗歌

滚圆的诱惑 ————————————— 中 流
多雨季节 —————————————— 李占学
荒原之夜 —————————————— 刘家魁

评论

文坛"战事"及其他 ———————— 纪众北川

1989 年第 2 期 刊名:《春风》
目录

短篇小说

黑牙村的读书人 —————————— 王梓夫
七月流火 —————————————— 毛志成
表姐 ———————————————— 丁 茂

瘠地 ———————————————— 刘景乔
生日礼物 —————————————— 隋洪润
冬的挽歌 —————————————— 杨 泥
黄龙府风情 ————————————— 杜今学

纪实文学

醇酒酿自心泉 ———————————— 张少武

春雨新花

甜夜的撩拨 ————————————— 宋安莉

翻译小说

两位女秘书 ———— [日]黑岩重吾著 张秀生译

散文

中年的独白 ————————————— 许 淇

诗歌

岁月 ———————————————— 姚业涌
给你 ———————————————— 陈丹婉

一篇小说的诞生

还是想得深些好 ——————————— 汤吉夫

艺术赏析

小花的芳香 ————————————— 李秀山

1989 年第 3 期 刊名:《春风》
目录

短篇小说

猫眼里的世界 ———————————— 汤吉夫
火鼠 ———————————————— 武志刚
冥火 ———————————————— 潘大林
静静的峡村 ————————————— 赵 熙
魔琴 ———————————————— 廖时香
不要问他是谁 ———————————— 康洪伟
寻梦 ———————————————— 张乐依
心中的绿洲 ————————————— 刘华礼

春雨新花

"结巴"石磙 ———————————— 任庆达

翻译小说

妻子 ——————— [日]简泽左保著 郭小兵译

散文

我看大佛......王霆钧

想去看海......陈飞虹

诗歌

猎人的故土......文 牧

不息的内流河......赵培光

那个雨天......王铁军

再生的季节......陈国梁

夏天树......董 燃

土地的奏鸣......于二辉

评论

独立于人生与艺术的潮流中......朱 晶

1989 年第 4 期　刊名:《春风》
目录

短篇小说

正爷......何玉茹

古老的小虫子......方英文

黄金冠......凌 云

哀乐变奏曲......钱介平

大洋浪漫曲......王玉臣

写戏 演戏......沈 刚

黑蝴蝶 白蝴蝶......季 春

春雨新花

士别三日......徐冶成

翻译小说

夜之声......[日]星新一著 谢燕南译

小小说

陌生的朋友......曹怀玉

苦恼......于伯生

反差......王晓炜

直觉......詹政伟

散文

从皇宫到摄影棚......胡 虏

诗歌

假如......公 木

乡镇大篷车......芦 萍

黄淮九言抒情诗......黄 淮

水下花园（外一首）......龙彼德

评论

深层次反映改革大潮中人物命运的流向......斯 民

1989 年第 5 期　刊名:《春风》
目录

短篇小说

神窃......邹志安

火球......唐 栋

灰色风度......魏 人

进香文昌寺......翁树杰

第一把火......高维晞

烟囱碴子......高 光

视而不见......李功达

"倒楣鬼"的喜事......杨润身

共同语言......赵 吾

春雨新花

乡土......张晓明

翻译

英国玫瑰......[美]保罗·塞鲁著 刘 杨译

散文

我的日记......阿 红

那片蓊郁的栲林......郭 风

诗歌

生命奏鸣曲......尤 乡

一篇小说的诞生

《潜影》所思所想......凌耀忠

1989 年第 6 期　刊名:《春风》
目录

短篇小说

色彩斑驳的墙......许谋清 石 晶

孤独旅程......陈 染

闲情三题......吴兴林

鱼鹰......毕四海

河边上发生的故事......路 放

报告文学

风险：胜利的使者

——女企业家刘英掠影······枫 亚

春雨新花
靠山屯的女人······王怀宇

翻译小说
占卦师的奇遇······阿刀田高著 陈 曦译

散文
一个寻觅的灵魂······孙英民

诗歌
香港······黎焕颐
爱神与诗神······梁谢成
包拯墓前断想······赵首先

1989 年第 7 期 刊名:《春风》
目录

报告文学
火在燃烧
——张桂友事件始末······刘占武

小说
大周天······蒋子龙
阴阳赋······侯树槐
第四个女婿······章 轲
雾······周 祥
灯下小说······陈炳熙
墓志铭······郝幼权

春雨新花
不说话不写情书的恋爱······张艺龙

翻译小说
带斑点带子的复旧
爱德华·D.霍奇著 张 平译

散文
艺术王国——海的雕塑······张 岐
给龙儿······施晓宇

诗歌
在人的地平线上······梁 南
不老的白纱巾（外一首）······钱 璞

1989 年第 8 期 刊名:《春风》
目录

小说
我等你不来······额尔敦·琪琪格
四女同室······银 沧
最后一年龙年······张 颖
阴阳赋······侯树槐

报告文学
艰难的路辉煌的歌······傅子奎

翻译小说
冒险······[美]席伍德·安德逊著 张 园译

春雨新花
嬗变······梅显平

散文
绝妙的阴沉木······门瑞瑜

诗歌
边防战士的呼唤······邹少华
红陶罐······王川平
过去的事情······王维君
墨······毛德玉
远涉······陈广德

1989 年第 9 期 刊名:《春风》
目录

评论
现实主义仍然有强大的生命力······彭嘉锡

短篇小说
人和熊······赵 熙
草原怪客······张长弓
狐疑······张 洋
爱琴重奏······牛维佳
窖冰······闻树国
三叹······傅晓红

报告文学
花谢果必成······乔 迈

春雨新花

奶奶的火绳 ························· 王尚锋

翻译小说

走向未来 ······· ［美］查尔斯·特纳著　王友涛译

小小说

空着的五室一厅 ····················· 范民强
乞丐 ····························· 孙富荣
走出胡同 ·························· 正　印
悟 ····························· 李　之

散文

马德里沉思 ························· 丁　宁

诗歌

花·鸟·人 ························· 胡　昭
访苏诗笺 ·························· 崔立兴
断桥 ····························· 陆　健
某种现象 ·························· 杨　雪

1989 年第 10 期　刊名:《春风》
目录

短篇小说

白石敖包 ·························· 路　远
黄花无语 ·························· 程乃珊
活着，该! ························· 谢燕南
麦道 ····························· 刘春绘
入营 ····························· 储福金
天使之泪或某女的两次恋爱 ············· 林　宕
夏日的困惑 ························· 吕　燃

探索与争鸣

屈辱（小说） ······················ 黄　梁

报告文学

流韵壮东风 ························· 海　南

春雨新花

喊学 ····························· 杨　帆

翻译小说

巴黎郊外的别墅 ········· 莫里斯·罗兰著　刘玉宝译

小小说

猜疑 ····························· 韦　聿

不准停车 ·························· 绍　六
卖"黄袍"的老人 ···················· 徐兴富

散文

鸣沙山之夜 ························· 周佩红

诗歌

岁月拾遗 ·························· 张雪杉
祖国情思 ·························· 张红生
白色幽巷（外二首） ·················· 何首乌
我属于一部关东传奇 ·················· 杨子忱

读者之窗

我看《春风》（四则）

评论

散文六辩 ·························· 碧　野
深层失落与忧患意识的对象化 ············· 洪　斌
我们那时候 ························· 艰　辛

1989 年第 11 期　刊名:《春风》
目录

小说

古柞翘首摇风 ······················ 程质彬
陈异开成名记 ······················ 李延祐
浮在水面的头颅 ····················· 刘益善
小说二题 ·························· 徐小秋
祖传戒指 ·························· 盛学永
沙枣果 ···························· 周明清
乏味的故事 ························· 赵国光
和平捍卫者 ························· 周京东

纪实文学

大陆恋情 ·························· 胡廷楣

春雨新花

安若 ····························· 星　天

散文

第勒尼安海滨情 ····················· 芳　草
哪个更圆哪个更亮 ···················· 张彬彬

散文诗小辑

山中夜行（外二章） ·················· 秋　原
苦恋的沙滩 ························· 高杰贤
谷雨小集 ·························· 蓝春雨

采蘑菇的小姑娘 ································ 刘文明

诗歌

心路（组诗）································ 李云鹏
如歌的行板（组诗）····················· 鲁　萍
花期流成一条河（外一首）·············· 谢先云

读者之窗

留得正气在人间 ····················· 李德普
寻找失落的梦 ······················· 文　韦
浓郁的生活气息 ····················· 欧阳帆

评论

三年后的微笑（一篇小说的诞生）·········· 方英文
在人生开阔地带进行诗的冲击············· 芦　萍
人格的力量 ························· 玉　良

1989 年第 12 期　刊名：《春风》
目录

《春风》创刊十周年新人新作大奖赛获奖作品专辑

来自生活的清馨之风 ··················· 张少武
获奖名单
走向地下（小说）····················· 胡敦贤
残废（小说）························· 张　明
山凹凹里的故事（小说）················· 姜　新
胜诉之后（小说）····················· 罗唐峰
黄昏（小说）························· 马和平
尴尬的新婚（小说）··················· 矫　柱
美的错位（小说）····················· 正　印
五月的祝福（小说）··················· 蒋兴华
凝重的土地（小说）··················· 康洪伟
天机（小说）························· 蒋友亮
梦中的回忆（小说）··················· 王春梅
远方的歌（散文）····················· 朗　宁
系一个草结（散文）··················· 莎　金
今天赋（散文）······················· 吴修义
儿子明天上学（散文）·················· 王桂枝
当雾浮起时（散文）··················· 郑定华
山区古镇（诗歌）····················· 张　林
黄河纤夫（诗歌）外一首················· 李　龙
斜钓流年（诗歌）····················· 张　羽
丁香何时归（诗歌）外一首··············· 陈国梁
海的序言（诗歌）外一首················· 西　岸
我是一棵树（散文诗）外二章············· 罗道刚
获奖者的话（五则）

翻译小说

赔本买卖
············ 罗德里克·威尔金森著　黄嘉琬　黄后楼译

《春风》（鹤岗）

【简　介】

　　综合性文学季刊。黑龙江省鹤岗市文学艺术界联合会主办。1982 年对外公开发行。1988 年停止公开发行。其办刊宗旨是"为业余作者开辟园地，扶植奖掖文学新人"。

期刊号：1982 年第 1 期—1987 年第 4 期

1982 年第 1 期　刊名：《春风》
目录

小说

归心 ······························· 边安果
江寡妇挑女婿 ······················· 刘迪华
丁监理 ····························· 董　羽
爱情与阴谋 ························· 张万林

新长征号角

"张飞"和老莺 ······················· 李连奎
鸽子 ······························· 桑俊杰

散文

对月⋯⋯⋯⋯⋯⋯⋯⋯⋯⋯⋯⋯⋯⋯⋯贾平凹
山青竹翠⋯⋯⋯⋯⋯⋯⋯⋯⋯⋯⋯⋯⋯吴致真
沼泽禁区纪行⋯⋯⋯⋯⋯⋯⋯⋯⋯⋯⋯贺　武
西瓜岛⋯⋯⋯⋯⋯⋯⋯⋯⋯⋯⋯⋯⋯⋯于宪东

矿苗

老严头（小说）⋯⋯⋯⋯⋯⋯⋯⋯⋯⋯李文忠
溪水河畔（散文）⋯⋯⋯⋯⋯⋯⋯⋯⋯周建阁
煤域行（散文）⋯⋯⋯⋯⋯⋯⋯⋯⋯⋯张胜利
旗手颂（五章）⋯⋯⋯⋯⋯⋯⋯⋯⋯⋯王德全
书记啊，老魏（诗歌）⋯⋯⋯⋯⋯⋯⋯王庆云
绞车（外一首）⋯⋯⋯⋯⋯⋯⋯⋯⋯⋯邱宝福

评论

诗人·作家·艺术家·革命家⋯⋯⋯⋯也　奔
要独具慧眼⋯⋯⋯⋯⋯⋯⋯⋯⋯⋯⋯⋯艾　涛

诗歌
矿井新歌

老区长（外二首）⋯⋯⋯⋯⋯⋯⋯⋯⋯赵连贯
一条乌金河⋯⋯⋯⋯⋯⋯⋯⋯⋯⋯⋯⋯张　玮
矿区抒情（二首）⋯⋯⋯⋯⋯⋯⋯⋯⋯穆道明
送对联⋯⋯⋯⋯⋯⋯⋯⋯⋯⋯⋯⋯⋯⋯史佐仁
青春赞礼（叙事诗）⋯⋯⋯⋯⋯⋯⋯⋯中　流
北行曲（组诗）⋯⋯⋯⋯⋯⋯⋯⋯⋯⋯王　野
山乡春曲（组诗）⋯⋯⋯⋯⋯⋯⋯⋯⋯何　鹰

诗友笔会⋯⋯⋯⋯⋯叶文彬　马　杰　雨后苗　沈良意
陈玉坤　洋滔　于二辉　雁翎　聂鑫森　张立国
梅花鹿（外一首）⋯⋯⋯⋯⋯⋯⋯⋯⋯孙井文
脚步⋯⋯⋯⋯⋯⋯⋯⋯⋯⋯⋯⋯⋯⋯⋯孙克辛
排律一首为祝贺中国女排荣获世界冠军而作⋯王金融
女主任（外一首）⋯⋯⋯⋯⋯⋯⋯⋯⋯佟瑞江
土豆⋯⋯⋯⋯⋯⋯⋯⋯⋯⋯⋯⋯⋯⋯⋯苏开省
买电视⋯⋯⋯⋯⋯⋯⋯⋯⋯⋯⋯⋯⋯⋯苗　富

曲艺

看西厢（山东快书）⋯⋯⋯⋯⋯⋯⋯⋯张　健
买衬衣（书帽）⋯⋯⋯⋯⋯⋯⋯⋯⋯⋯胡兆圣
寓言二则⋯⋯⋯⋯⋯⋯⋯⋯⋯⋯⋯⋯⋯绍　禹

歌曲

有个小伙爱唱歌⋯⋯⋯⋯陆　原　周　彦词　李　原曲
今年又是春来早⋯⋯⋯⋯关佳平词　曹雪枫　朱　勇曲

1982 年第 2 期　刊名:《春风》

目录

小说

婚事⋯⋯⋯⋯⋯⋯⋯⋯⋯⋯⋯⋯⋯⋯⋯阎书亭
关成大刻印⋯⋯⋯⋯⋯⋯⋯⋯⋯⋯⋯⋯董殿惠
请假⋯⋯⋯⋯⋯⋯⋯⋯⋯⋯徐　凤　沈振明
屋外有星光⋯⋯⋯⋯⋯⋯⋯⋯⋯⋯⋯⋯宋学孟
含笑女⋯⋯⋯⋯⋯⋯⋯⋯⋯⋯⋯⋯⋯⋯王继刚
被关"禁闭"以后⋯⋯⋯⋯⋯⋯⋯⋯⋯廖励平
"儿子"⋯⋯⋯⋯⋯⋯⋯⋯⋯⋯⋯⋯⋯傅玺玫
胡家院的笑声⋯⋯⋯⋯⋯⋯⋯⋯⋯⋯⋯王明昭

诗歌

野外生活剪影（三首）⋯⋯⋯⋯⋯⋯⋯春　晓
他睡了（外二首）⋯⋯⋯⋯⋯⋯⋯⋯⋯张永赤
杭州吟（三首）⋯⋯⋯⋯⋯⋯⋯⋯⋯⋯桑　木
大队阅报室⋯⋯⋯⋯⋯⋯⋯⋯⋯⋯⋯⋯蔡文祥
目光（外一首）⋯⋯⋯⋯⋯⋯⋯⋯⋯⋯孙井文
心上铺轨⋯⋯⋯⋯⋯⋯⋯⋯⋯⋯⋯⋯⋯潘　藩
锚喷⋯⋯⋯⋯⋯⋯⋯⋯⋯⋯⋯⋯⋯⋯⋯王晓廉
晨摘⋯⋯⋯⋯⋯⋯⋯⋯⋯⋯⋯⋯⋯⋯⋯项　臣

诗友笔会⋯⋯⋯⋯⋯李凤清　韩　杰　文　丙
铁堆　程锡级　桑源　于会元　马君伟　马洪
黄云鹤　吕静茹　牛崇辉　靖羽

散文

果木儿⋯⋯⋯⋯⋯⋯⋯⋯⋯⋯⋯⋯⋯⋯俞白诺
故乡路⋯⋯⋯⋯⋯⋯⋯⋯⋯⋯⋯⋯⋯⋯高若天
美丽的小天鹅（寓言）⋯⋯⋯⋯⋯⋯⋯昭　禹

评论

社会主义文艺发展的纲领和方向
——纪念《在延安文艺座谈会上的讲话》发表四十
周年⋯⋯⋯⋯⋯⋯⋯⋯⋯⋯⋯⋯⋯⋯阎宝宏
努力发掘矿山儿女的美好心灵
——读《婚事》⋯⋯⋯⋯⋯⋯⋯⋯⋯咏　真
题材选得新，语言用得好
——小说《关成大刻印》一瞥⋯⋯⋯敬　兰
谈诗的感染力⋯⋯⋯⋯⋯⋯⋯⋯⋯⋯⋯雁　翎

曲艺

王二嫂说媒（山东快书）⋯⋯⋯⋯⋯⋯韩　曲
赔母鸡（书帽）⋯⋯⋯⋯⋯⋯⋯⋯⋯⋯彭永生
底漏（单口相声）⋯⋯⋯⋯⋯⋯刘宝瑞　殷文硕

戏剧

护砖（儿童广播剧）⸺⸺⸺⸺⸺⸺⸺⸺ 紫 叶

美术

卷巨澜（国画）⸺⸺⸺⸺⸺⸺⸺⸺⸺ 曲新元
千层岩下流飞瀑（国画）⸺⸺⸺⸺⸺ 袁 惠
喳欢（木刻）⸺⸺⸺⸺⸺⸺⸺⸺⸺ 蒙析平
爽风（木刻）⸺⸺⸺⸺⸺⸺⸺⸺⸺ 于广富
书法 ⸺⸺⸺⸺⸺⸺⸺⸺⸺⸺⸺⸺ 王保平
篆刻 ⸺⸺⸺⸺⸺⸺⸺⸺⸺ 哈普都·隽明
刺猬猴头 ⸺⸺⸺⸺⸺⸺⸺⸺⸺⸺⸺ 李 健

1982 年第 3 期　刊名:《春风》
目录

小说

盖房记 ⸺⸺⸺⸺⸺⸺⸺⸺⸺⸺⸺⸺ 巴 波
让房 ⸺⸺⸺⸺⸺⸺⸺⸺⸺⸺⸺⸺⸺ 韩英杰
嗬，"灯笼红"萝卜 ⸺⸺⸺⸺⸺⸺⸺ 张正新
七月的乡村 ⸺⸺⸺⸺⸺⸺⸺⸺⸺⸺ 魏继新
不堪回首月明中 ⸺⸺⸺⸺⸺⸺⸺⸺ 陈心培

超短篇

狗 ⸺⸺⸺⸺⸺⸺⸺⸺⸺⸺⸺⸺⸺⸺ 苏开省
诱人的酒菜香 ⸺⸺⸺⸺⸺⸺⸺⸺⸺ 孙宏伟
转变 ⸺⸺⸺⸺⸺⸺⸺⸺⸺⸺⸺⸺⸺ 王德全
选举会上的陌生人 ⸺⸺⸺⸺⸺⸺⸺ 王霆钧
吵架 ⸺⸺⸺⸺⸺⸺⸺⸺⸺⸺⸺⸺⸺ 赵学礼
浇花 ⸺⸺⸺⸺⸺⸺⸺⸺⸺⸺⸺⸺⸺ 唐静凯
两个老头儿（日本民间故事）⸺ [日本] 坪田让治著
刘向群　樊庆荣译

散文

梦树 ⸺⸺⸺⸺⸺⸺⸺⸺⸺⸺⸺⸺⸺ 王保平
鹿林晨曲 ⸺⸺⸺⸺⸺⸺⸺⸺⸺⸺⸺ 周国泰
太平沟的一夜 ⸺⸺⸺⸺⸺⸺⸺⸺⸺ 王天晨

诗歌

献给校园的恋歌（组诗）⸺⸺⸺⸺⸺ 董殿惠
先生，你在望什么（外一首）⸺⸺⸺ 桑 木
我的心 ⸺⸺⸺⸺⸺⸺⸺⸺⸺⸺⸺⸺ 张 引
未知世界（外一首）⸺⸺⸺⸺⸺⸺⸺ 孙克辛
给清洁工 ⸺⸺⸺⸺⸺⸺⸺⸺⸺⸺⸺ 王维争
儿歌三首 ⸺⸺⸺⸺⸺⸺⸺⸺⸺⸺⸺ 孙井文
闪跃的星（外一首）⸺⸺⸺⸺⸺⸺⸺ 姜黎明
清明雨 ⸺⸺⸺⸺⸺⸺⸺⸺⸺⸺⸺⸺ 青 山
山乡短笛 ⸺⸺⸺⸺⸺⸺⸺⸺⸺⸺⸺ 徐川鹤
赛跑 ⸺⸺⸺⸺⸺⸺⸺⸺⸺⸺⸺⸺⸺ 王国志

贺喜 ⸺⸺⸺⸺⸺⸺⸺⸺⸺⸺⸺⸺⸺ 吕良才

矿山歌台

我和风镐（外一首）⸺⸺⸺⸺⸺⸺⸺ 严 俨
啊，午夜，我们走循环 ⸺⸺⸺⸺⸺ 桑俊杰
餐车甩到大掌头 ⸺⸺⸺⸺⸺⸺⸺⸺ 赵连贵
足迹 ⸺⸺⸺⸺⸺⸺⸺⸺⸺⸺⸺⸺⸺ 王少连
矿山晨曲 ⸺⸺⸺⸺⸺⸺⸺⸺⸺⸺⸺ 张 玮

诗友笔会 ⸺⸺⸺⸺⸺⸺⸺ 赵家瑶　谷福海　澍 雨
夏禾　洋滔　张波　张永泰　钱万成　于金廷
夏同宪　蔡焜　赵怀庆　邓万鹏　高雪　唐元峰
宋虹　王兆琪　李学朴

评论

谈丑 ⸺⸺⸺⸺⸺⸺⸺⸺⸺⸺⸺⸺⸺ 兰 陵
细中见真
⸺谈《归心》中的细节描写⸺⸺⸺⸺ 罗均友
展开想象的翅膀
⸺兼谈"诗友笔会"的两首诗⸺⸺⸺ 李贵良
从一桩公案谈起
⸺兼议文艺批评⸺⸺⸺⸺⸺⸺⸺⸺ 壬 午
《不堪回首月明中》一瞥 ⸺⸺⸺⸺ 望 砚
短而蕴藉
⸺读本期的三个"超短篇"小说⸺⸺ 彰 旭

读者来信两则

歌曲

跟党前进不回头 ⸺⸺⸺⸺ 周　彦词　书　村曲

美术

采集（版画）⸺⸺⸺⸺⸺⸺⸺⸺⸺⸺ 周胜华
渔笛（版画）⸺⸺⸺⸺⸺⸺⸺⸺⸺⸺ 张喜良
篆刻 ⸺⸺⸺⸺⸺⸺⸺⸺⸺⸺⸺ 哈普都·隽明
融暖（版画）⸺⸺⸺⸺⸺⸺⸺⸺⸺⸺ 蒙希平

1982 年第 4 期　刊名:《春风》
目录

小说

高枝 ⸺⸺⸺⸺⸺⸺⸺⸺⸺⸺⸺⸺⸺ 郑九婵
一张批条引起的风波 ⸺⸺⸺⸺⸺⸺ 夏 里
瓜熟蒂落 ⸺⸺⸺⸺⸺⸺⸺⸺⸺⸺⸺ 柳洪声
断电之后 ⸺⸺⸺⸺⸺⸺⸺⸺⸺⸺⸺ 孙忠良
挂牌子 ⸺⸺⸺⸺⸺⸺⸺⸺⸺⸺⸺⸺ 雷收麦
阳台上的茑萝花 ⸺⸺⸺⸺⸺⸺⸺⸺ 赵冰瑞

散文

血光引路 ················· 柳崇献
葡萄架下 ················· 韩学敏
祖国啊母亲 ················· 梦 午
冬猎 ················· 苏连科

评论

加强党对文艺工作领导的思想纲领 ········· 姜 富
清新潇洒 不落窠臼
——读稿札记 ················· 何 书
喜读书帽（买衬衣） ················· 徐本礼

访问记

同丁玲同志见面 ········· 刘光裕 申安庆
作生活的骄子
——访青年作家郑九蝉 ········· 丛丰兆

诗歌

矿山歌台 ········· 赵连贵 穆道明 佟瑞江 溪 流
华 卓 胡代付 王德进 耿 光 梁江平 桑晓杰
张桂铭 汤德华
小巷偶得（二首） ················· 张永赤
霞姑（散文诗） ················· 孙冬寒
南京二题 ················· 王同兴
黄浦江夜眺（外一首） ················· 叶 榆
诗友笔会 ········· 陈景文 翁景贵 黄 淮 王学武
马 洪 北 月 书 玉 老 柯 晨 枫 野 天
赵太雪 谢荣卿 赖剑刃 王满夷 朱英杰 王荣贵
董恒波 龙彼得 刘明堂 李松涛 孙景文 程锡级

曲艺

智闯虎穴
——中篇评书《古都夜魔》节选 ········· 王天君 田 辛

美术

鸣春（题画） ················· 张洪驯
山深林不静（版画） ················· 周胜华
春归雁（组画） ················· 刘荣颜
江畔鸟语（版画） ················· 周胜华
初冬（组画） ················· 杨 勇

1983 年第 1 期 刊名:《春风》
目录

小说

一帖老膏药 ················· 董殿惠
麻嫂子 ················· 张永赤

我偏不往市区嫁 ················· 林 风
事到临头 ················· 梦 午
五彩燕 ················· 刘孝存
小夜曲 ················· 刘立山
爷俩与娘俩 ················· 王明昭
淡淡的血迹 ················· 吴庆生

小小说

新来的区长 ················· 赵学策
呀…… ················· 孙 莉
冰镜 ················· 王 岩

散文

猎 ················· 董义征
虾汛 ················· 王晓廉
马尔套纪事 ········· 徐宏智 邵子贤
金色的年轮 ················· 韩乃寅
登泰山十八盘 ················· 凌云尚
棒锤声声 ················· 胡新化
忆蒙师 ················· 俞白诺
寓言二则 ················· 苏开省
随感录 ················· 王冬严

诗歌

副业三章 ················· 冯荣第
都市卖花女 ················· 王兆琪
乡间的孩子 ················· 陈应松
母树 ················· 黄 淮
坑木赞（散文诗） ················· 司燕仁
洗衣板（散文诗） ················· 孙冬寒

诗友笔会 ········· 黎 耘 陈景文 王 敏 李晓达
杨大茅 翼 华 赖剑刃 孙 奇 秦 静 王文生
唐景奉 黄建春 原 林 苗 苗 钱启贤 陈运和

矿山歌台 ········· 静 羽 刘世放 韩长绵
徐 徐 姜黎明 杨子枕

美的音符 ········· 梁 虹 良 子 薛亦然
扶 桑 孙景文

中学生作文

偏方（小说） ················· 陈炜敏
心曲 ················· 张 莉
小湖，静静的小湖 ················· 张 丹

评论

"找"与"显"
——读《一帖老膏药》随想 ················· 杜庆元

鲜笋姣荷　贵在清新
——读三篇中学生习作·········王国栋
浅谈曲艺形式·················孙士学
编者的话

歌曲

矿山的青春·········毛　撬词　张　呈书　村曲

美术

小院"公"大爷（国画）·····季则夫　张思亮
处处美（国画）···············刘万隆
矿山之夜（国画）·············曲新元
小站（国画）　解冻图（国画）·····王　剑
江心雪霁（套色木刻）···········孙兆路
封面设计····················杜兴顺

1983 年第 2 期　刊名:《春风》
目录

小说

西瓜王和金凤凰···············杨更新
有一只猴子进了课堂············王继刚
姑娘生来爱唱歌···············陈心培
最后一次党费················赞　春
胡运山轶事··················方　葳
伞·······················虢　洞
S 线上·····················关佳平

散文

散文三章···················文以思
果乡行····················傅玺政
狐狸、猴子及其他（寓言）········王满夷
大桥与虹（寓言·外一则）········马君伟

诗歌

煤海浪花（组诗）··············中　流
毛撬歌词近作选
思想（外一首）···············孙克辛
矿灯房抒情··················佟瑞江
溪流集····················苗素芳
接灯·····················孙冬寒

诗友笔会··········吕静茹　王　璞　董恒波　蔡　虹
赵家瑶　曹念祥　王贵荣　宋　虹　聂焱如　陈玉坤
刘建平　张洪波　陈运和　黄云鹏　何　熊　晨　风
编后琐议···················绿　雪

矿山歌台·········邓亨禄　张宝忠　桑　原　雨后苗

中学生作文

烛光犹亮（散文）··············金　虹
诚实（小说）·················袁　辉
醉人的欢笑（散文）·············陈　娟
评点·····················宋体乾

评论

新荷出水　芳角脱颖
——评《春风》第一期两篇中学生作文·····桑俊杰
创作与世界观················壬　午
横断面·焦点·画眼睛
——浅谈短篇小说的"短"··········张　克
读者·作者·编者

美术

马克思会见工人哲学家狄慈根
·······················郝伯义
雁归来·············仁　钦　中　乃
百合花····················江　雪
比·······················杜庆元

1983 年第 3 期　刊名:《春风》
目录

小说

市长的眼泪··················木　桦
江风轻轻地吹·········叶小红　叶曙光
悔·······················李玉华
妯娌俩····················黄建民

小小说

苹果·妹妹·旅行袋·············赵明义
嫁妆·····················李继华
童心·····················王　岩
变·······················黄树元
二毛怎么不来················柳　陌
不单是为了爱················孙忠良
脉搏（电视小品）··············杨　畅
温暖（报告文学）··············冬　青
结亲·····················李执东
春雨绵绵···················汪书春

散文

晚霞·····················鲁　鹤
起步·····················冬　寒
涟漪（外二章）···············王鹤锦
矿山的路（外二章）·············于耀生
啊，小草···················刘立山

鲁迅笔下的绍兴帽和绍兴酒⋯⋯⋯⋯⋯白玉琢

中学生作文

刘亚菊⋯⋯⋯⋯⋯⋯⋯⋯⋯⋯⋯⋯⋯⋯⋯⋯⋯曹丽君
《舍生取义》小义⋯⋯⋯⋯⋯⋯⋯⋯⋯⋯⋯仲维明
黑板擦⋯⋯⋯⋯⋯⋯⋯⋯⋯⋯⋯⋯⋯⋯⋯⋯⋯朱腾明

诗歌

水的故事⋯⋯⋯⋯⋯⋯⋯⋯⋯⋯⋯⋯⋯⋯⋯苟泽邦
草原夜色⋯⋯⋯⋯⋯⋯⋯⋯⋯⋯⋯⋯⋯⋯⋯润　成
萤虫⋯⋯⋯⋯⋯⋯⋯⋯⋯⋯⋯⋯⋯⋯⋯⋯⋯熊明泽
路遇（外一首）⋯⋯⋯⋯⋯⋯⋯⋯⋯⋯⋯⋯杨大矛
美丽的星期日哟⋯⋯⋯⋯⋯⋯⋯⋯⋯⋯⋯⋯李松涛
鸽子⋯⋯⋯⋯⋯⋯⋯⋯⋯⋯⋯⋯⋯⋯⋯⋯⋯卫世平
开电瓶车的姑娘⋯⋯⋯⋯⋯⋯⋯⋯⋯⋯⋯⋯潘　烽
睡吧，小鸟（外一首）⋯⋯⋯⋯⋯⋯⋯⋯⋯岛　子
星星⋯⋯⋯⋯⋯⋯⋯⋯⋯⋯⋯⋯⋯⋯⋯⋯⋯李富琪
绿叶（外一首）⋯⋯⋯⋯⋯⋯⋯⋯⋯⋯⋯⋯苏　冬
一支歌⋯⋯⋯⋯⋯⋯⋯⋯⋯⋯⋯⋯⋯⋯⋯⋯翁景贵
我是一片叶⋯⋯⋯⋯⋯⋯⋯⋯⋯⋯⋯⋯⋯⋯周　析
机车，我的铁翅膀（外一首）⋯⋯⋯⋯⋯韩长绵

诗友笔会

集邮⋯⋯⋯⋯⋯⋯⋯⋯⋯⋯⋯⋯⋯⋯⋯⋯⋯门志坤
印刷⋯⋯⋯⋯⋯⋯⋯⋯⋯⋯⋯⋯⋯⋯⋯⋯⋯王　阵
钓⋯⋯⋯⋯⋯⋯⋯⋯⋯⋯⋯⋯⋯⋯⋯⋯⋯⋯唐文峰
小草的歌声（外一首）⋯⋯⋯⋯⋯⋯⋯⋯裴玉林
炊烟⋯⋯⋯⋯⋯⋯⋯⋯⋯⋯⋯⋯⋯⋯⋯⋯⋯陈　敏
渔家女⋯⋯⋯⋯⋯⋯⋯⋯⋯⋯⋯⋯⋯⋯⋯⋯宋海泉
守夜人（外一首）⋯⋯⋯⋯⋯⋯⋯⋯⋯⋯陈玉坤
山村来了自来水⋯⋯⋯⋯⋯⋯⋯⋯⋯⋯⋯程锡级
思想与信仰⋯⋯⋯⋯⋯⋯⋯⋯⋯⋯⋯⋯⋯王立宪
瞬⋯⋯⋯⋯⋯⋯⋯⋯⋯⋯⋯⋯⋯⋯⋯⋯⋯⋯王　野
飘吧，炊烟⋯⋯⋯⋯⋯⋯⋯⋯⋯⋯⋯⋯⋯徐　徐
致故乡⋯⋯⋯⋯⋯⋯⋯⋯⋯⋯⋯⋯⋯⋯⋯黄建春
赠人二首⋯⋯⋯⋯⋯⋯⋯⋯⋯⋯⋯⋯⋯⋯彤　星
渔乡集市⋯⋯⋯⋯⋯⋯⋯⋯⋯⋯⋯⋯⋯⋯蔡文祥
校园短诗⋯⋯⋯⋯⋯⋯⋯⋯⋯⋯⋯⋯⋯⋯焦　发
窗口⋯⋯⋯⋯⋯⋯⋯⋯⋯⋯⋯⋯⋯⋯⋯⋯⋯董恒波
晨曦⋯⋯⋯⋯⋯⋯⋯⋯⋯⋯⋯⋯⋯⋯⋯⋯⋯韩　晖
社员笑不言⋯⋯⋯⋯⋯⋯⋯⋯⋯⋯⋯⋯⋯杨瑞琪
编后琐议⋯⋯⋯⋯⋯⋯⋯⋯⋯⋯⋯⋯⋯⋯⋯绿　雪

评论

中流、毛撬诗歌读后漫议⋯⋯⋯⋯⋯⋯⋯李巴嫩
浅谈现代新诗中的象征⋯⋯⋯⋯⋯⋯⋯⋯岛　子
信念的闪光⋯⋯⋯⋯⋯⋯⋯⋯⋯⋯⋯⋯⋯马广超
改诗小议⋯⋯⋯⋯⋯⋯⋯⋯⋯⋯⋯⋯⋯⋯⋯王彼德

读者·作者·编者

我喜欢⋯⋯⋯⋯⋯⋯⋯⋯⋯⋯⋯⋯⋯⋯⋯⋯陈玉坤
甜在其中⋯⋯⋯⋯⋯⋯⋯⋯⋯⋯⋯⋯⋯⋯⋯段祥兴
改头换面的禁锢⋯⋯⋯⋯⋯⋯⋯⋯⋯⋯⋯陈福全
编后致读者作者⋯⋯⋯⋯⋯⋯⋯⋯⋯⋯⋯编辑部

美术·摄影

封面设计⋯⋯⋯⋯⋯⋯⋯⋯⋯⋯⋯⋯⋯⋯⋯杜兴顺
歌在青山绿水中（木刻）⋯⋯⋯⋯⋯⋯⋯江　雪
奶奶，像不像⋯⋯⋯⋯⋯⋯⋯⋯⋯⋯⋯⋯黄永春摄
探亲⋯⋯⋯⋯⋯⋯⋯⋯⋯⋯⋯⋯景　峰　晨钟摄
松鹤公园泛舟⋯⋯⋯⋯⋯⋯⋯⋯⋯⋯⋯⋯田　野摄
煤城秀色⋯⋯⋯⋯⋯⋯⋯⋯⋯⋯⋯⋯⋯⋯赤　明摄
假日⋯⋯⋯⋯⋯⋯⋯⋯⋯⋯⋯⋯⋯⋯⋯⋯⋯马　强摄
晨光曲⋯⋯⋯⋯⋯⋯⋯⋯⋯⋯⋯⋯⋯⋯⋯曲　直摄

1983 年第 4 期　刊名:《春风》

目录

小说

湖，深深的⋯⋯⋯⋯⋯⋯⋯⋯⋯⋯⋯⋯⋯王玉先
来，快敬个礼⋯⋯⋯⋯⋯⋯⋯⋯⋯⋯⋯钟　山
保证⋯⋯⋯⋯⋯⋯⋯［日本］星新一　李有宽译
时钟刚好敲响十八点⋯⋯⋯⋯⋯⋯⋯⋯赵清源
道儿⋯⋯⋯⋯⋯⋯⋯⋯⋯⋯⋯⋯⋯⋯⋯景　宽
戒心⋯⋯⋯⋯⋯⋯⋯⋯⋯⋯⋯⋯⋯⋯⋯径　峡
一束剪辑的信⋯⋯⋯⋯⋯⋯⋯⋯⋯⋯⋯隋乐勤
路遇⋯⋯⋯⋯⋯⋯⋯⋯⋯⋯⋯⋯⋯⋯⋯王冬严
理发店里静悄悄⋯⋯⋯⋯⋯⋯⋯⋯⋯⋯吕良才
怪谁⋯⋯⋯⋯⋯⋯⋯⋯⋯⋯⋯⋯⋯⋯⋯严春生

散文

牯岭徜徉⋯⋯⋯⋯⋯⋯⋯⋯⋯⋯⋯⋯⋯勇　进
蜡烛的风格⋯⋯⋯⋯⋯⋯⋯⋯⋯⋯⋯⋯赵伯平
拉日⋯⋯⋯⋯⋯⋯⋯⋯⋯⋯⋯⋯⋯⋯⋯王立道

评论

清除精神污染
坚持"二为"方向⋯⋯⋯⋯⋯⋯⋯⋯⋯⋯李　勤
创作琐议⋯⋯⋯⋯⋯⋯⋯⋯⋯⋯⋯⋯⋯肖　维
深刻鲜明的对比
——《江风轻轻地吹》艺术谈⋯⋯⋯⋯陈永强

简讯

认真学习贯彻二中全会精神
坚决抵制和清除精神污染——市文联召开部分戏剧、
曲艺文学会员座谈会⋯⋯⋯⋯⋯⋯⋯⋯永　赤

诗歌

北国诗絮（组诗）———————————— 中 流
诗的素描（两首）———————————— 绿 雪
印刷厂剪影（组诗）———————————— 秋 枫
是的，我不相信 ——————————————— 曾毓琳
农家剪影（外一章）———————————— 孙冬寒

矿山歌台

欢乐，从接班者的肩上滚落 ————————— 王德进
晚归（外一首）———————————————— 韩长绵
煤海恋歌（三首）———————————————— 徐 徐
摄 ——————————————————————————— 田万宽
洗 ——————————————————————————— 孙向军

诗友笔会

繁星 ————————————————————————— 梁谢成
长安街 ———————————————————————— 王 溢
江上 ————————————————————————— 唐元峰
寿面 ————————————————————————— 苏 冬
晒粮 ————————————————————————— 冯 杰
绿色的音符（组诗）———————————— 静 羽
大雁，在长城上空飞翔 ———————————— 王亚明
石乳（外一首）———————————————— 张少波
蜡烛（外一首）———————————————— 赵圣铁
自行车修理店的夜晚 ————————————— 聂鑫森
平衡 ————————————————————————— 陈秀文
母亲 ————————————————————————— 卜凡中
明天的请柬 —————————————————— 云 鹏
飘落的花 ———————————————————— 徐晓光
黎明，铜铃声声 ——————————————— 林 茂
他，不仅补好了鞋（外一首）———————— 倪峻宇
拉网 ————————————————————————— 张 波
时间，我对吗 ——————————————— 陈运和
笑 ——————————————————————————— 柯愈勋
葡萄园的姑娘 —————————————————— 毕庆平
看车老人 ———————————————————— 王兆新
冰雕 ————————————————————————— 马 杰
我来了，城市 ——————————————— 张大铸
农民——诗人 ——————————————— 吴馥荣
我走进机仓（外一首）———————————— 钱英球
雨后草 ———————————————————————— 顾联第
商场拾零（四首）———————————————— 李启明
工厂生活短歌（三首）———————————— 潘 烽
星星和矿灯（散文诗）———————————— 司燕仁
编后琐议 ———————————————————— 张永赤

戏剧

微型剧一束 —————————————————— 张永赤

曲艺

搭配（相声小段）———————————————— 傅晓平

读者·作者·编者

读《悔》随想 ——————————————— 马广超
读《不单是为了爱》———————————— 魏得时
对《改诗小议》的小议 ———————————— 董家成

美术

山水芙蓉与水牛（国画）———————————— 王 剑
春阳浴雀（国画）———————————————— 刑耀利
上学（国画）——————————————————— 季则夫
少女（国画）——————————————————— 季则夫
镜泊瀑布（国画）———————————————— 王 剑

1984 年第 1 期　刊名:《春风》

目录

小说

新队长的"头三脚" ——————————— 李茂鸿
你说，当时我怎么那么糊涂?————————— 程树榛
买马 ————————————————————————— 汪衍振

小小说

答卷 ————————————————————————— 秦新民
认亲 ————————————————————————— 苏开省
猎 ——————————————————————————— 黄树元
吃丸子 ———————————————————————— 孙忠良
节目 ————————————————————————— 赵明义
取房证 ———————————————————————— 梦 午

现代的美谈 ———————— [日]星新一　李有宽译
雾中行 ———————————————————————— 吴逸民
流 ——————————————————————————— 孙 莉
山泉汩汩心上流 ——————————————— 杜正志

散文

荷塘说美 ———————————————————— 许国泰
本溪水洞游记 —————————————————— 房果大

评论

坚持"双百"方针　反对精神污染 ———————— 阎宝宏
错了格的座标点 ——————————————— 方培安

诗歌

诗词四首 ———————————————————— 彤 星
故乡的小路 ———————————————————— 邱 风
伴侣（散文诗）———————————————————— 纯 人

枕木（散文诗）································张永忠
野果子（散文诗）····························江　健
我在雪地上放牧（散文诗）··············孙冬寒

矿山歌台
勘探工人爱情短曲（三首）··············戴立然
敬礼！伟大的矿工··························文　英
放炮时刻··································桑　木
八小时之外································韩长绵
飞泻的煤瀑································左连生

诗友笔会
早晨，我的诗醒了··························草　笛
绿叶的书笺································王盛平
车窗，时代的画廊··························吴宝吉
农家的奖状································杨子忱
个体商店··································舒　翼
夫妻餐馆（外一首）························王栩源
望月····································李凤岐
谷雨····································唐元峰
春河····································庞壮国
春雨····································杨川庆
秋叶（外一首）······························周寄忱
捧给父母的诗花··························孙克辛
山村茶馆（外一首）························张　波
山路晨景··································谢学卿
村路····································李学朴
疏果····································赵长生
幼芽····································李光武
北方，乡村的冬天························王立宪
种子····································张忠军
启明星（外一首）··························王贵荣
摊煎饼··································刘树臣
湖边，一个早晨····························钱万成

诗友笔会评点
羊倌的春曲································云　鹏
星期天····································潘　烽
夜······································田玉川
石拱桥····································蒋　凯
呵，弯弯的································徐忠武
编后评点··································张永赤

曲艺
月下灌粮（唱词）··························程锡级

美术
林区小站（油画）··························田书翰

太阳岛的一角（油画）····················田书翰

摄影
矿山之夜································张全仲
耸入云端································张全仲
美的塑造································张全仲
群鹿····································张全仲

1984 年第 2 期　刊名：《春风》
目录

报告文学
在贫瘠的土地上耕耘······················王国勋

小说
生活奏鸣曲（长篇选载）··················程树榛
杀鸡驯猴··································刘迪华
云香卖瓜··································柳洪生
爱恋二题··································聂德伟
故障····································彭学坤
不仅仅是依恋······························钱应龙
天轮飞转··································刘德范
他想····································陈炜敏
静静的夜路································方　葳
巧画家何虑画纸长（小小说）············国荣洲
绝招（小小说）····························何天谷
巧合（小小说）····························焦　发
迟到了，明明（小小说）··················柳　陌

散文
烛光呵，心中的桑提亚戈··················常秀娟
丁香花廊··································陈烈鸥
寓言二则··································刘振荣

诗歌
北国诗絮（组诗）··························中　流

诗友笔会··················吴宝吉　李　春　王　平
朱景娜　顾介忠　姜　晋　徐永田　宋效华　于金廷

矿山歌台
江　平　韩长绵　桑俊杰　陈　敏　孙井文

献给孩子的歌······孔德仁　王　阵　吴子怡　宋海泉

小星星··························邱　枫　李启明　静　羽

评论

由《吃丸子》所想到的 ⸺ 任 福
铿锵、鲜明、深情 ⸺ 田志伟
细腻、清丽、感人 ⸺ 陈永强
学诗浅谈 ⸺ 温玉斌
诗歌⸺《春风》的眼睛 ⸺ 王 位
编后语丝

美术

贴窗花（年画） ⸺ 姜风云
公园一角（腊笔画） ⸺ 于泉林
版画三幅 ⸺ 孙兆路

1984 年第 3 期 刊名:《春风》
目录

国庆专页

中国煤矿工人之歌 ⸺ 毛 撬词 焕 之曲
欢聚在天安门广场 ⸺ 毛 撬词 温国栋曲
十月，中国的天轮在飞转 ⸺ 桑俊杰
我是煤，我为祖国燃烧 ⸺ 董殿惠
老松矫健 新竹清嘉 ⸺ 勇 进

小说

苏粉匠和金寡妇 ⸺ 柳洪生
妈妈和土地 ⸺ 王虓洞
妻子 ⸺ 黄健民
蓝天 ⸺ 王树友
阳光下的投影○○（小小说） ⸺ 董殿惠
"不吃亏"（小小说） ⸺ 董殿惠
开张以后（小小说） ⸺ 田藏英
批房场（小小说） ⸺ 李执东
优伶与县令（小小说） ⸺ 国荣洲
雁奴（小小说） ⸺ 杨春国
献迟了的花环 ⸺ 焦 发
送"闲"万里 ⸺ 韩英杰
红辣椒 ⸺ 吕世洋
小路 ⸺ 张正新
卖牛 ⸺ 汪衍振

散文

花草篇 ⸺ 王 野
浪花集 ⸺ 苗素芳
丹顶鹤之乡探胜 ⸺ 王同力
效率就是生命⸺记鹤岗矿务局锐意改革的企业家们
⸺ 安 庆 玉 喜
寓言 ⸺ 王满夷

诗友笔会 ⸺ 翁景贵 贺振扬 薛亦然 姜茂森
施建忠 许祖兆 张 波 董恒波 王 瑾 戈 笑
丁密川 李世诚 陈运和 杨姬妹 魏修如 胡学群
李富琪 匡克君 鲁风奎 田玉川 朱智启 编后评
点：张永赤

小星星 ⸺ 吕静茹 佟瑞江 孙冬寒

评论

思考与前进 ⸺ 陈永强
小小说的"小" ⸺ 温玉斌
自己的芝麻也比别人的西瓜好（随想二篇）⸺ 林为进
谈谈《静静的夜路》（读者来信） ⸺ 陈玉琢

美术

北戴河海滨（油画） ⸺ 张玉峰
盼（油画） ⸺ 于广胜

1984 年第 4 期 刊名:《春风》
目录

报告文学

阳光、沃土、歌声
⸺记郭颂 ⸺ 董伟达

小说

一倔到底 ⸺ 夏 里
整党正在进行 ⸺ 聂德伟
金鲤渡 ⸺ 赵冰瑞
小说发表以后 ⸺ 何天谷
重要更正 ⸺ 王虓洞
心事 ⸺ 张永赤
小鸟归巢的时候 ⸺ 董天柚

小小说

对不起 ⸺ 高 翔
遇 ⸺ 张雷雷
二狗家的新鲜事 ⸺ 佳 明
父与子 ⸺ 张海利
末班车 ⸺ 李 玉

评论

"豆腐"也有营养
⸺也谈《静静的夜路》 ⸺ 理 智
漫谈《燕赵悲歌》中的武耕新形象 ⸺ 谷 雨

戏剧

胖女人、瘦女人和高女人（独幕话剧） ⸺ 许长军

诗歌

冰雪情----王静羽　陈玉坤　华　卓　秋　枫　舒　翼

诗友笔会----------叶　簇　王兆琪　张大铸
王国志　刘　渊　潘　烽　李金绵　李启明　高继恒
周维新　曹　剑　贾志坚　宋效华　梁剑平　海　蒂
宋　虹　李凤岐　卜凡中

旧体诗四首——赠Ｓ君----------彤　星

寓言

乌鸦与喜鹊----------高　翔

美术

曲新元黄山写生作品选
孙兆路版画二幅

1985 年第 1 期　刊名:《春风》
目录

小说

空山鸟音----------杨林山　曾少祥
不被人知的墨香----------李翔云
深夜，一个鳏夫在咖啡馆----------［秘鲁］胡·拉·里
贝罗作　吴作桥译

小小说

有会说话的鱼吗?（外一篇）----------杨　进
微笑----------顾元林
零分----------达　意
噢，那卖菜的三朵花----------陈　燕
姑娘，你要出庭作证----------王传飞
教----------孙中良
除夕夜的旋律----------川　子
"眼镜蛇"案侦破记----------绍　禹

散文

长在心上的枣树----------张春武

诗歌

春天的小诗----------安　文　李龙年　林　雁
矿山歌台----------徐　徐　卜凡中　关劲潮
断桥（散文诗）----------孙冬寒

诗友笔会----------潘　烽　于金廷　黄维奇　谢午恒
李长春　刘竹坚　王子亮　张大铸　刘世放

1985 年第 2 期　刊名:《春风》
目录

诗歌

诗友笔会----------茅云祖　姜黎明　宋效华　赵　也
张大铸　宋　海　郭德力　朱炳申　王立宪　杨川庆

小星星----------春　子　晓　午　秋　风　静　羽

天地情（散文诗）----------苗素芳
月光曲（散文诗）----------张　引
云雀·窗口·希望（散文诗）----------胡学群

小说

走自己的路----------杜金岭
大姨----------张　健
雨夜----------鉴一帆

小小说

幔，拉开了----------余志刚
救----------马立军　陈立娇
逆光----------张永赤
难产的报告文学----------陈心培
落霞----------陈福玉　秦玉芬
山村酒家轶事----------田雄斌
红杏熟了----------王天君　田　辛

歌曲

祖国在改革中前进----------杨子忱词　书　村曲

1985 年第 3 期　刊名:《春风》
目录

小说

补考之道----------朱　亮
女大不由娘----------柳洪声
星，闪光的星----------卜凡中
为了将来----------飞　升
宿命----------曹　剑

小小说

人证----------孙中良
太阳、月亮、星星----------严春声
他和她----------王兆新
骗----------王英华
唉----------尹艳秋
"恶人"薛绿----------陈欣明

偏见 .... 李向晨
跌跤 .... 徐本礼

散文
小憩 .... 蔡国屏
不要了小屋 .... 小 荷
野艾染绿的温馨 .... 张 丹
土色与肤色（外一章） .... 屈兴岐

诗歌
小星星 .... 雪 女 武安岭 曾凡志 景 伦

诗友笔会 .... 白雪婷 飞 廉 谢佳泉 文以思
郑雅超 杨子忱 于金廷 杨益生 周 颖 吴国璋
钱万成 王汉中

美术
晨
矿山深处（版画） .... 王子荣
腊月天（版画） .... 张良武
夜雪（木刻） .... 赖寅秋
海（油画） .... 原绍温
幻与实（摄影） .... 田 野

1985 年第 4 期　刊名：《春风》
目录

小说
山怪 .... 王兆琪
啊，在那棵大树下 .... 径 峡
等待 .... 黄启兴
挂满泪花的笑脸 .... 杨 畅
拥抱 .... 谭兴烈
良久的沉默 .... 傅桂兰
蓝眼睛前的色彩 .... 陈烈鸥
姐姐 .... 黄健民
文竹的清香 .... 任 福
雅号该声明作废 .... 谭瑞光
幽静的夜 .... 吴庆生
桃园认亲 .... 黄树元
卷发，是天生的 .... 陆景林

散文
为了永远的怀念 .... 程树榛
京城之旅 .... 孙景伦
秋色三题（散文诗） .... 桑 木
矿长 .... 柳 陌

诗歌
诗友笔会 .... 恒 华 张立国 郑妙咏 袁晓燕
汪华民 杨瑞琪 林 雨 刘树模 陈 科 魏得时

诗词三首 .... 陈 雷
怀旧（二首） .... 周 岭
满江红 .... 彤 星

美术
松鹤公园（速写） .... 胡 显
鹤岗电视台（速写） .... 王子荣
解放路之最（写生） .... 杨 帆
鹰（摄影） .... 曲乃文
夜（国画） .... 王 剑

1986 年第 3 期　刊名：《春风》
目录

短篇小说
勋章·救心丸·兴凯湖 .... 谷鸿微
第一〇八篇诗稿 .... 谭英凯
爱，爆炸吧（记实小说） .... 高远友
中秋节 .... 孟久成
死 .... 王玉才
两盒饭 .... 谷秀艳
至今想起还是泪 .... 孙占森
第二十四个 .... 谭振杰
真不想还给她 .... 齐治国 胡小元

小说
冰塔 .... 阿童木
印记 .... 黄健民
爷爷（外一篇） .... 姜胜群
高处不胜寒 .... 谭兴烈
借伞 .... 刘锡海
这并不离奇 .... 李柏椴

诗歌
笔（外一章） .... 应丹红
煤城，采矿者人生的地平线 .... 桑俊杰
都市情诗 .... 景 伦
音乐抒情诗 .... 鲁 萍

散文
纵横说荷 .... 单 辉

评论

秃笔涂鸦⋯⋯⋯⋯⋯⋯⋯⋯⋯⋯⋯⋯⋯景 伦

书法

松鹤笔会作品选载

⋯⋯⋯⋯高贵宝 温 刚 王延平 邢耀利 王保平

摄影

鸟语花香⋯⋯⋯⋯⋯⋯⋯⋯⋯⋯⋯⋯⋯宁鸿临

1986 年第 4 期　刊名:《春风》
目录

短篇小说

进口冷藏罐的风波（插图　杨正刚）

⋯⋯⋯⋯⋯⋯⋯⋯⋯⋯⋯⋯剑 心 海 民

太阳（插图　胡　琨）⋯⋯⋯⋯⋯⋯⋯⋯余志刚

希望是彩虹么（插图　邢耀利）⋯⋯⋯⋯刘忠志

她错了吗?⋯⋯⋯⋯⋯⋯⋯⋯⋯⋯⋯⋯魏得胜

一支没有装饰音符的心曲（插图　王子荣）清 泉

爱难强求⋯⋯⋯⋯⋯⋯⋯⋯⋯⋯⋯⋯⋯孙 莉

伙食团长人选⋯⋯⋯⋯⋯⋯⋯⋯⋯⋯⋯邓旭恒

小小说

○（外一篇）⋯⋯⋯⋯⋯⋯⋯⋯⋯⋯⋯于洪达

电视短剧

第一个目击者⋯⋯⋯⋯⋯⋯⋯⋯⋯⋯⋯冷 冰

散文

青灯映白发　沥血拟新词⋯⋯⋯⋯⋯⋯⋯李

诗歌

爱的露滴⋯⋯⋯⋯⋯⋯⋯⋯⋯⋯⋯⋯⋯王新希

乌云（外二首）⋯⋯⋯⋯⋯⋯⋯⋯⋯⋯李建华

歌词十四首⋯⋯⋯⋯⋯⋯⋯⋯⋯⋯⋯⋯毛 撬

矿区选煤厂（速写）⋯⋯⋯⋯⋯⋯⋯⋯⋯王子荣

山谷（国画）⋯⋯⋯⋯⋯⋯⋯⋯⋯⋯⋯周文涛

矿山日出（布贴画）⋯⋯⋯⋯⋯⋯⋯⋯⋯

大煤仓（油画）⋯⋯⋯⋯⋯⋯⋯⋯⋯⋯⋯马金柱

煤气厂（速写）⋯⋯⋯⋯⋯⋯⋯⋯⋯⋯⋯胡 琨

建设中的矿区（油画）⋯⋯⋯⋯⋯⋯⋯⋯王文昆

森林小路⋯⋯⋯⋯⋯⋯⋯⋯⋯⋯⋯⋯⋯高学广

1987 年第 1 期　刊名:《春风》
目录

小说

小坠儿（插图　王子荣）⋯⋯⋯⋯⋯⋯⋯刘庆洋

五世搅缠记（曲新元　插图）⋯⋯⋯⋯⋯孙占森

深夜，空中飘着雨丝（周文涛　插图）⋯李连奎

一枚绿宝石戒指（邢耀利　插图）⋯⋯⋯小 可

你在想什么?⋯⋯⋯⋯⋯⋯⋯⋯⋯⋯⋯郭向阳

病原虫（翻译小说）⋯⋯［日］森村城一著　刘萍萍译

他在尺方园地耕耘（报告文学）⋯⋯⋯⋯木 桦

矿区养花人（散文）⋯⋯⋯⋯⋯⋯⋯⋯⋯吴致真

海浴（散文诗）⋯⋯⋯⋯⋯⋯⋯⋯⋯⋯⋯张 引

婚姻是块糖吗?（散文诗）⋯⋯⋯⋯⋯⋯桑 枣

诗·九首⋯⋯景 伦 潘洗尘 刘惠生 嘉 佳 张正新

封面设计⋯⋯⋯⋯⋯⋯⋯⋯⋯⋯⋯⋯⋯孙兆路

1987 年第 2 期　刊名:《春风》
目录

小说

欢送会即将开始（插图　曲新元）⋯⋯⋯孟久成

不平静的远山（插图　赵兴亮）⋯⋯⋯⋯李尊秀

憋气，只为那个姑娘?⋯⋯⋯⋯⋯⋯⋯⋯李可欣

种瓜人（插图　周文涛）⋯⋯⋯⋯⋯⋯⋯李惠新

一个改革者的心声（报告文学）⋯⋯⋯⋯陈 晖

笃——笃，他在走⋯⋯⋯⋯⋯⋯⋯⋯⋯李育生

潜流⋯⋯⋯⋯⋯⋯⋯⋯⋯⋯⋯⋯⋯⋯⋯李树来

迷路的罪人⋯⋯⋯⋯⋯⋯⋯⋯⋯⋯⋯⋯谭瑞光

小小说

金戒指⋯⋯⋯⋯⋯⋯⋯⋯⋯⋯⋯⋯⋯⋯彭 杰

新婚之夜⋯⋯⋯⋯⋯⋯⋯⋯⋯⋯⋯⋯⋯柳 陌

散文

界河掠影⋯⋯⋯⋯⋯⋯⋯⋯⋯⋯⋯⋯⋯王晓廉

散文诗

情感的雨滴⋯⋯⋯⋯⋯⋯⋯⋯⋯⋯⋯⋯森 森

我是树，你是树⋯⋯⋯⋯⋯⋯⋯⋯⋯⋯杨雁鹰

地平线（外一篇）⋯⋯⋯⋯⋯⋯⋯⋯⋯⋯王黎明

诗六首 ————————————桑俊杰 雪 女 杨川庆
曹 剑 陈瑞玖 拱向文

歌曲
可爱的家乡黑龙江——胡天麟词 书 村 守 山曲

1987 年第 3 期　刊名:《春风》
目录

小说
一天（曲新元　插图）————————谭英凯
春夜————————————————刘庆邦
黑色雪（王子荣　插图）——————谷鸿微
可怜天下父母心——————————孙占森
三女友（赖仁秋　插图）——————陈心培
并非怕媳妇（邢耀利　插图）———李连奎
孩子打架之后——————————黄健民

评论
北大荒的知音鸟——————————彭 放

散文诗
猫耳洞驻扎着忠诚————————中 流
爱的花瓣————————————慧 筠

诗·六首——杨 枫 曹淑华 王雨峰 鲁 萍 郑雅超

1987 年第 4 期　刊名:《春风》
目录

小说
小姐楼的黄昏（赖仁秋　插图）———柳洪声
我写《小姐楼的黄昏》
老梁的故事（王子荣　插图）————苏 子
梦游人（邢耀利　插图）———剑 心 海 民
湖州春夜静悄悄——————————郭荫生
水仙子（邢耀利　插图）——————李 桦
业余三好（外一篇）————————王虢洞
孕夫————————————————景 伦
"编外"产房——————————————陈 杰
桔子————————————————晓 宇

散文诗
匆匆————————————————庄伟宏

散文
烟雾————————————————杨文学

诗七首————阿 三 魏秀英 郝铁耕 孙井文

《春风》（沈阳）
（《中外文学》）

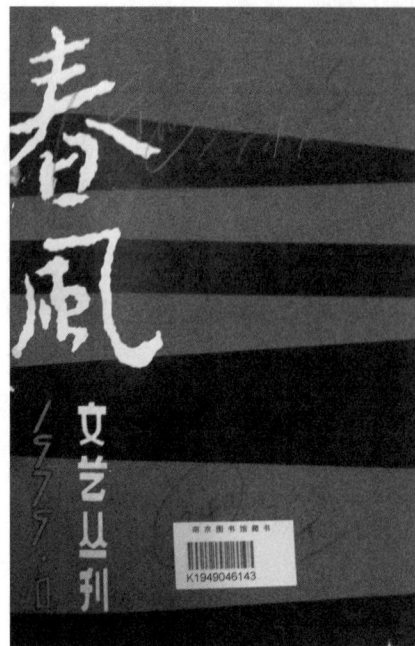

【简　介】

综合性文艺丛刊。春风文艺出版社主办。创刊于
1979 年。1987 年起与《春风译丛》合并，分别出版《中外文
学》、《纪实文学》。创刊初期为文学季刊，1984 年起改为
小说双月刊。其主要以发表中短篇小说为主，间或有文学
评论以及报告文学等。

期刊号:1979 年第 1 期—1989 年第 6 期

编者的话

"野火烧不尽，春风吹又生。"

林彪、"四人帮"、十年横行，像一股洪水，像一
场大火，几乎荡尽了、烧光了我们所珍爱的一切。

所幸，有史以来罕见的、被全国人民深恶痛绝的
噩梦一般的生活已经结束了。 历史已经惩罚了那群
魔鬼。

冰封的大地，在"十月"的春风中解冻了!

作家们的嘴上揭去了封条，手上、脚上砸掉了铐
镣，百花园里，万紫千红，鲜花和芳草，在"十月"
的春风中，"吹又生"了!

我们的国家，受那帮蟊贼极左思潮的干扰破坏，

曾经走过一段曲折的路，文艺受害尤深。痛定思痛，我们深感党的十一届三中全会决定把全党工作的重点转移到社会主义现代化建设上来的正确和必要。转移，就是革命；转移，就是前进。文艺也必须从林彪、"四人帮"的极左的死胡同中转移出来，才能适应新时期总任务的需要。

马列主义文艺理论和毛泽东文艺思想，是我们的光辉旗帜。周恩来同志《在文艺工作座谈会和故事片创作会议上的讲话》，是毛主席《在延安文艺座谈会上的讲话》的一个发展，是拨乱反正，促进社会主义文艺事业繁荣兴旺的强大武器。他提出的"为工农兵服务，为劳动人民服务，为无产阶级专政制度下的人民大众服务"和艺术民主问题，正在指导着革命文艺创作的实践。

实践是检验真理的唯一标准。思想冲破了牢笼，创作突破了禁区；尊重文艺创作规律，作家勇于为艺术而探索；面向生活，忠于生活。文艺既要再现历史，又要敢于面对现实，回答现实生活中存在的问题，并且要有远大的理想，为实现共产主义而斗争。

近二年来，读者欣慰地看到，许多老年的、中年的、青年的作家们，正在革命现实主义的广阔道路上大步前进。

我国的真正的文艺复兴开始了！

创作，需要园地。为社会主义文艺百花齐放，开辟一块土壤，这是我们出版《春风》文艺丛刊的出发点和目的。

在百花园里，有的花既香且美，有的花香而不美，有的花美而无味……把文艺比作花，读者当然喜欢这样的作品：既美能够赏心悦目；又香可以沁人心肺。如果哪个作家既努力于思想内容的锤炼，又着眼于艺术形式的雕琢，这理应受到优先的欢迎。

前些年，闭关锁国的愚蠢做法，使我们吃够了苦头。文艺像其他科学一样，不能甘于落后；更不能抱残守缺；创作需要借鉴，文艺需要交流，目的是为了丰富自己，更好地为人民服务。不应该害怕接触外国的东西。《春风》愿为作者和读者充当这个媒介。

园地，需要耕耘，播种，浇灌。专业和业余作者同志们都是这块园地的园丁。让我们共同珍爱她吧：我们好不容易盼来的——春天！

1979 年第 1 期　刊名：《春风》

目录

编者的话
还我山河（长篇选载）——————陈　玙
血写的遗书（短篇小说）——————蔡天心
来自西半球的客人（短篇小说）——————胡清和
生日（短篇小说）——————傅德生

秦队长的家务事（短篇小说）——————陈计中
闭不上的眼睛（短篇小说）——————刘　燧
白描（短篇小说）——————张笑天
我的老伴（短篇小说）——————孙淑敏
疯姑娘（短篇小说）——————熙　高
草鞋（散文）——————鲁　坎
寓言五则——————韶　华

端阳梦（长诗选章）——————徐　刚
抒情诗二首——————方　冰
呢喃歌（诗）——————孙旭辉
讽刺诗二首——————邵燕祥
望江鸥（诗）——————路　地
诗评《东方》（诗）——————胡世宗
通红的火焰（诗）——————叶晓山
暴风雪（长诗选章）——————胡　昭

不为人知的杰作（短篇小说）——————［法］巴尔扎克
中国的文艺复兴（散文）——————［日］井上靖

南园悲歌（五幕话剧）——————房纯如　杨舒慧
如此新婚（相声）——————冀世伟　张天佑
忆真妃（鼓词）——————［清］韩小窗

宋之的传略——————曲六乙

谈悲剧（文艺理论）——————赖应棠
气氛的渲染与艺术的魅力（书评）——————胡德培
文艺短论三题——————单　复

1979 年第 2 期　刊名：《春风》

目录

面对张志新同志的悲剧（杂文）——————韶　华
真颂（杂文）——————于　铁
我看见她了，她对我说……（散文）——————谢挺宇
刑场上的野花（诗）——————方　冰
燃烧的火炬（诗）——————晓　凡
谁之罪（五幕话剧）——————刘思鹏
于广达　于成全　李作祥

在乎山水之间（散文）——————郑万隆
不知名的向导（散文）——————莫少云
头巾的歌（散文）——————石　海
庆功会上访英雄（散文）——————祝乃杰
赤诚的火焰（报告文学）——————袁厚春

阿玛蒂的故事（中篇小说）——————胡小胡

生产队长范子明（短篇小说）——————张 琳
辞职（短篇小说）——————木 青
她不原谅自己（短篇小说）——————杨道立
素不相识的人（短篇小说）——————宋庆丰
破镜难圆（短篇小说）——————李云德
约法三章（短篇小说）——————金 河
延安的后代（短篇小说）——————晓 芳
小狸猫告状（童话）——————李述宽 岳长贵
嘿，这个狠心的……（短篇小说）
——————［匈］米克沙特·卡尔曼 海 岑译
国王的衣服（短篇小说）
——————［匈］米克沙特·卡尔曼 冯植生译
蟋蟀葫芦（散文）——————［日］水上勉 文洁若译

友谊之歌（歌词）——————郭小川
散诗编组——————刘 镇 村 人 关 键
李代生 李凤坡
游莫高窟感怀（诗）——————李松涛
缅怀（诗）——————肖 驰

诗苑漫步（诗论）——————李剑国
花草辨（随笔）——————刘 镇
把历史的内容还给历史（评论）——————武 戈
抗俄御侮的悲壮史诗（书评）——————邓荫柯
沿着父辈的足迹（书评）——————唐跃华 鲁 钝

1979 年第 3 期　刊名:《春风》
目录

外国文学专号

康素爱萝（长篇选译）
——————［法国］乔治桑作 郑克鲁 金志平译
泡影（小说）——————［印度］泰戈尔作 倪培耕译
旧德里的最后一支蜡烛（小说）
——————［印度］苏德尔森作 周志宽译
阿蒂柯尔国游记（小说）
——————［法国］安德列·莫洛亚作 关 谷译
一只黑手套（小说）——————［阿根廷］胡安娜·
曼努埃拉·戈里蒂作 朱景冬译
印地安人和他的幽灵（小说）——————［哥伦比亚］何塞·
弗朗西斯科·索卡拉斯作 朱景冬译
脸上的红月亮（小说）————［日本］野间宏作 于 雷译
青梅雨（小说）——————［日本］永井龙男作 沈国威译
回家（小说）——————［美国］威廉·赛乐扬作
沈秋安译
泰贝利和魔鬼（小说）——————［美国］艾·巴·辛格作
文美惠译

怨天尤人者的日记（小说）——————［德国］维尔特作
宁 瑛译
一次握手（小说）——————［罗马尼亚］利维乌·
列布里亚努作 王敏生译
橡树（小说）——————［意大利］萨维里奥·
斯特拉蒂作 郑恩波译
来自悬崖的呼救声（小说）——————［日本］夏树静子作
周秀丽译

晨（散文）——————［苏联］高尔基作 齐广春译
叶赛宁抒情诗——————刘湛秋 茹香雪 王守仁译
诗四首——————［保加利亚］伊凡·伐佐夫作 樊 石译
美国农民歌谣选——————袁可嘉译

《鲍利斯·戈都诺夫》——————［俄国］别林斯基作
景勤荪 臧乐安 范信龙译
海明威谈创作（三题）——————董衡巽译
屠格涅夫论诗（二题）——————伊凡·屠格涅夫作
海 岑译
回忆列夫·托尔斯泰（二篇）——————［俄国］列宾作
王守仁译
《基度山伯爵》艺术琐谈——————郑克鲁
一个坚强、刚毅的英雄形象
——读《牛虻》——————冯植生
评《旅顺口》——————王 堃

剧场门口（讽刺喜剧）——————［俄国］尼·果戈理作
郭家申译
附：关于果戈理的《剧场门口》——————郭家申
演员莎玛莉（油画）——————［法国］雷诺阿
晚钟（油画）——————［俄罗斯］列维坦

1980 年第 1 期　刊名:《春风》
目录

长篇小说

还我山河（选载·续）——————陈 玙

中篇小说

沧海恨（李勤学插图）——————徐国良 张功升
荒谬的故事（李钟禄插图）——————徐少伯

短篇小说

迟来的春天（李勤学插图）——————胡小胡
三个秘书——————刘 瑜
旋转的舞步（金隆贵插图）——————木 青
小厉害（吴玉朴插图）——————张景魁

诗歌

小花寸草集（短诗辑）················徐　刚
抒情与思考（组诗五首）··············刘湛秋
山野的恋歌（组诗五首）··············韩作荣
五色花（外一首）··················北　岛
真的······························芒　克

寓言

老鼠报震······················盖　壤

电影·戏剧

三原色（电影文学剧本·杜凤宝插图）
　　　　　　　　　　　张笑天　李前宽
六月的离别（三幕喜剧）···作者［苏］亚·万比洛夫
译者　童道明

理论·书评

北京书简
——关于诗的韵律···············谢　冕
肖像描写（三题）················金　陵
一篇有才气的小说
——读胡小胡的《"阿玛蒂"的故事》·····李作祥
题材·时代·人物
——读韶华的长篇小说《沧海横流》琐谈·······刘明德

文学回忆录

我所认识的萧军················陈　隄
三十年风雨记萧军··············庐　湘
万里山花红
——萧军东北之行散记············梁山丁

美术·设计

春风（封二）··················郭西河
长白山天池飞瀑（封三）············季观之

1980 年第 2 期　刊名:《春风》
目录

剧本

少年周恩来（七场话剧）（题字郭子绪）·······柯　夫

中篇小说

鸳鸯河（题图勤　学）··············李惠文
深　秋（题画赵多象）··············韶　华
白荷花（题图宋惠民）··············胡清和

短篇小说

重归第厄著（题图勤　学）············鄂　华

渴望（题图孙文起）················吕红文
露（题图、插图勤　学）·············夏　杨
奇葩（插图柏芳井）················马　寻
蚕儿下山（插图吴秀楣）·············吴梦起
三喜临门（题图赵多良　插图孙文起）·······左建明
寂静的小松林··················项　冶

散文

灯····························胡　昭
蛇····························汪　惟
白银花漫步····················文　牧
千山揽胜·····················张希征
香山红叶·····················马锡涛

诗歌

我的歌·······················方　冰
戈壁情思（散文诗）················中　才
海边抒情（组诗）·················高　云
春风诗叶········陈秀庭　王荆岩　巩其庄　高东昶

外国文学

阿富汗民歌选···················刘光杰译
春鸟···········［日本］国木田独步作　吴树文译

寓言

人才和奴才（外一则）··············盖　壤

理论·评论

建设现代化的文艺理论体系············冉欲达
作家的责任与"干预生活"············鲁　坎
从真善美谈起···················邓友梅
从现实主义的广阔道路上·········宝　藏　成　荃
怀念我的儿子于波克
——《沧海恨》读后···············于谷莺

美术

油画习作　女大学生···············刘　力
晨··························周玉玮
鸟岛··························严　坚
男人体·······················徐加昌

1980 年第 3 期　刊名:《春风》
目录

中篇小说

追求（木　力插图　郭子绪题字）·········金　河
蛇舞者（李福来插图　肖祖臻题字）········峻　骧
故乡明月在（李勤学题图）············张笑天

天蓝色的车厢（杜凤宝插图）·············崔亚斌

长篇小说
危难之间（选章）（木　力题图　郭子绪题字）

·····························陈　淼

短篇小说
在旅社里·······························蓝素明
一副金耳环（李勤学插图）···············韩庆雨
赵二憨（吴玉朴插图）·····················张　琳
参谋长的婚事·························李占恒

散文
赏荷记·······························郑志远
绿色的丝瓜···························汤作铭

诗歌
落叶集（四首）·······················艾　青
绿色的交响乐·························雷抒雁
我，我的诗（七首）···················叶文福
无名的小花（八首）···················顾　城
春天的断想·····························晓　凡
春风诗叶（张怡庄、耿志远插图）·····李发模　晓　钢
陈进化　安造计　邓荫柯　任彦芳　村　人　关　键

理论·讨论
关于发展马克思主义文艺理论的设想·······彭定安
祈望讨论的几个问题···················韶　华
一个重要的前提·····················单　复
打破"章句之学"的框框···············钟林斌

美术·设计
水粉写生（封二）高原雪山···············杨为铭
秋·································王玉岷
茂林曲径···························宋惠民
海港·································赵多良

1980 年第 4 期　刊名:《春风》
目录

报告文学
她在崎岖的路上·······················李光伟
激流勇进···························吴文泮

中篇小说
春迟·································郭晓岚
幸福何姗姗···························张　熙

短篇小说
夕阳·································张天民
马尼拉之恋···························白　刃
必然的惩罚···························吕　樵

长篇选章
关东演义···························杨大群

散文
夕阳无限好···························张笑天
孟加拉二题
帐篷风情
一个戴黑边眼镜的人···················姜德明
神草漫话···························唐　纪

诗歌
妻颂·································流沙河
死的挑战···························梁　南
沉思集（组诗）·······················杨大矛
我对贞女说——游孟姜女庙（组诗）·······李松涛
鸟儿们的歌（组诗·之二）···············胡世宗
带露的玫瑰（组诗）···················刘湛秋
水滨抒怀（组诗）·····················芦　萍
桂林——阳朔诗印（组诗）···············阿　红

外国文学
环境的威力···············〔英〕S.毛姆作　朱　雍译

作家研究
巴金的童年、少年时代···················陈丹晨

理论·讨论
"共鸣共赏"和"典型环境"
——关于"建设现代化文艺理论体系"的通信

·····························杨公骥
崛起与探索——读中篇小说札记之一·······张　韧
新诗与新人···························徐　刚
批评的标准与文学的命运···············张啸虎

文坛动态
友谊·交流·探索
——记东北地区诗歌座谈会···············本刊记者

美术
顶狂风（木刻）·······················朱纯一
远帆（木刻）·························张家瑞
爱（木刻）···················刘英华　周义柱
晓炊（木刻）·························张家瑞

1981 年第 1 期　刊名:《春风》
目录

中篇小说

儿子长大以后（插图　柏芳景）⋯⋯⋯祝兴义
神秘的事件（科学幻想小说）⋯⋯⋯⋯王亚平
白云悠悠（题字　赵多良）⋯⋯⋯⋯⋯芝　茗

短篇小说

灯火阑珊处（插图　李韩祥）⋯⋯⋯⋯唐汉周
乡思（题字　郭子绪）⋯⋯⋯⋯⋯⋯⋯舒　群
命运的翅膀（题字　赵多良）⋯⋯⋯⋯辛晓征
烦恼（插图　石庆寅）⋯⋯⋯⋯⋯⋯⋯边玲玲

长篇选载

单刀司令邓铁梅（题字　勤　学）⋯⋯王春发

散文

落红时节寻诗来（插图　尚士永）⋯⋯万忆萱
烟（题字　赵多良）⋯⋯⋯⋯⋯⋯⋯⋯胡小胡
悠悠香溪情⋯⋯⋯⋯⋯⋯⋯⋯⋯⋯⋯⋯吕红文

诗歌

内心抒情诗（组诗）⋯⋯⋯⋯⋯⋯⋯⋯雷抒雁
啊，我的乡村（组诗）⋯⋯⋯⋯⋯⋯⋯白雪林
辽南新秋（九首）⋯⋯⋯⋯⋯⋯⋯⋯⋯沙　鸥
夜，在虎滩公园……（组诗）⋯⋯⋯⋯韦　丘
丹江的记忆（组诗）⋯⋯⋯⋯⋯⋯⋯⋯刘畅园
我爱……（二首）⋯⋯⋯⋯⋯⋯⋯⋯⋯许　行
沉思——历史的收获（二首）⋯⋯⋯⋯刘登翰
游思集（组诗）⋯⋯⋯⋯⋯⋯⋯⋯⋯⋯李武兵
春风诗叶⋯⋯⋯⋯⋯⋯于宗信　佟明光等

理论·评论

关于象征派诗歌⋯⋯⋯⋯⋯⋯谢文利　曹长青
《荒谬的故事》里的真实人物⋯⋯⋯⋯郭　锋
读《沧海恨》断想⋯⋯⋯⋯⋯⋯⋯⋯⋯庐　湘
全国大型文学期刊座谈会纪要

美术

孔雀公主（油画）⋯⋯⋯⋯⋯⋯⋯⋯⋯张洪赞
奔月（油画）⋯⋯⋯⋯⋯⋯⋯⋯⋯⋯⋯周　卫

1981 年第 2 期　刊名:《春风》
目录

短篇小说

护身的灵光⋯⋯⋯⋯⋯⋯⋯⋯⋯⋯⋯⋯木　青
迎春花开⋯⋯⋯⋯⋯⋯⋯⋯⋯⋯⋯⋯⋯阮　朗
厂长难当⋯⋯⋯⋯⋯⋯⋯⋯⋯⋯⋯⋯⋯关　鸿
但愿，一切重新开始⋯⋯⋯⋯⋯⋯⋯⋯杨道立
寡情⋯⋯⋯⋯⋯⋯［日本］舟桥圣一　于　雷译

中篇小说

盼望⋯⋯⋯⋯⋯⋯⋯⋯⋯⋯⋯⋯⋯⋯⋯周新德
江茅计划的破产⋯⋯⋯⋯⋯⋯徐宏智　邵子贤
地震岛的决战⋯⋯⋯⋯⋯⋯⋯⋯⋯⋯⋯谢友鄞

散文

未名湖情思⋯⋯⋯⋯⋯⋯⋯⋯⋯⋯⋯⋯邓荫柯
玉镯岛之夜⋯⋯⋯⋯⋯⋯⋯⋯⋯李世成　张正隆
克拉拉⋯⋯⋯⋯⋯［苏］尤·邦达列夫　齐广春译

诗歌

献给风尘仆仆的党⋯⋯⋯⋯⋯⋯⋯⋯⋯晓　凡
人生之旅（组诗）⋯⋯⋯⋯⋯⋯⋯⋯⋯胡　昭
公园断想（组诗）⋯⋯⋯⋯⋯⋯⋯⋯⋯王中和
钻工的情书（组诗）⋯⋯⋯⋯⋯⋯⋯⋯赵天山
我是阳春里一扇小窗⋯⋯⋯⋯⋯⋯⋯⋯徐敬亚
七月草（外二首）⋯⋯⋯⋯⋯⋯⋯⋯⋯刘　章
春风诗叶⋯⋯⋯⋯⋯丁　芒　郑秉谦　雷　雯　于宗信
陈进化　陈庆斌　高东昶　望江月　陈秀庭　姚　莹
胡世宗　林　朗　李晓华　王荆岩

理论·评论

文学札记与随想⋯⋯⋯⋯⋯⋯⋯⋯⋯⋯孟伟哉
从发展获得生命⋯⋯⋯⋯⋯⋯⋯⋯⋯⋯谢　冕
"千秋功罪知无舛"
——重评萧军的《五月的矿山》⋯⋯⋯张毓茂
艺术园地的辛勤开拓者
——读《蛇舞者》⋯⋯⋯⋯⋯⋯⋯⋯⋯刘烈恒

美术·设计

北国风光⋯⋯⋯⋯⋯⋯⋯⋯⋯⋯⋯⋯⋯成祖德
美味长在

1981 年第 3 期　刊名:《春风》
目录

电影文学剧本

鲁迅和日本朋友⋯⋯⋯⋯⋯彭定安　胡海珠　李宏林

中篇小说

蒹葭苍苍⋯⋯⋯⋯⋯⋯⋯⋯⋯⋯⋯⋯⋯祝兴义
一次不平常的外调⋯⋯⋯⋯⋯⋯⋯⋯⋯吴梦起
信念⋯⋯⋯⋯⋯⋯⋯⋯⋯⋯⋯⋯⋯⋯⋯许凤仪

短篇小说

业余裁缝 —————————————— 盛祖宏
冰雹 ———————————————— 金　河
美酒 ———————————————— 杨　麦
丝丝缕缕 —————————————— 铁　岩
月，失眠者的朋友 ————————— 张　涛

散文·寓言

大地的歌 —————————————— 徐　刚
童影 ———————————————— 贾非贤
静静的岳桦林 ———————————— 文　牧
寓言四则 —————————————— 晓　凡

诗歌

诗窗小集（组诗）——————————— 毛　倚
往事·友谊（组诗）—————————— 王小妮
给他（组诗）————————————— 林　子
历史的窗口（外一首）————————— 路　地
啊，泥土 —————————————— 任彦芳
春风诗叶

理论·评论

塑造具有鲜明个性的新人形象 ————— 谢俊华
漫谈金河和他的创作 ————————— 梁山丁
意识流与小说创作的新尝试 —————— 刘明德
生活的变奏 ————————————— 寒　溪
爱国激情和艺术理想的颂歌 —————— 宁殿弼

美术作品

求索（中国画）———————————— 阎丁尼
草原的乳汁（版画）—————————— 魏钧泉

1981 年第 4 期　刊名:《春风》
目录

小说专号
中篇小说

好一朵茉莉花 ———————————— 王宗汉
长歌行 ———————————————— 李　犁
星星消逝在晨曦 ——————————— 吴启秦
乔迁之喜 —————————————— 张笑天
云官传 ———————————————— 陈　玛

短篇小说

雨过天晴 —————————————— 思　基
红叶 ———————————————— 刘湛秋
涟漪 ———————————————— 马秋芬
舞会 ———————————————— 小　米

美术设计

向天歌 ———————————————— 马书林
海带丰收 —————————————— 张燮田

1982 年第 1 期　刊名:《春风》
目录

"黄海笔会"特辑

编者的话
姑娘大了要出嫁（中篇小说）————— 浩　然
守墓人的梦（中篇小说）——————— 峻　骧
龙凤砚（中篇小说）—————————— 王中才

短篇小说

安魂曲 ———————————————— 刘鹏越
四走翠谷 —————————————— 万忆萱
白云 ———————————————— 孙淑敏

散文

六米斋 ———————————————— 苏　晨
大江东去 —————————————— 邵默夏
桥的梦 ———————————————— 范若丁

诗歌

不要废墟（长诗）——————————— 邵燕祥
我的歌（组诗）———————————— 李松涛
春歌（组诗）————————————— 刘　镇
红豆集（组诗）———————————— 陈进化
春风诗叶————— 沈仁康　张雪杉　王鸣久　郎恩才
赵树岭　未　凡　柳　沄　刘宝祥　高　颖　孙维嫦

评论·理论

论马加的创作 ———————————— 张福高
关于文学批评的几个问题
——《批评的标准与文学的命运》读后 ——— 向立群
谈小说描写的视觉形象性 ——————— 彭定安

美术

猴子观海（油画）——————————— 李泽浩
晨（木雕）—————————————— 刘　毅

1982 年第 2 期　刊名:《春风》
目录

幸福的回忆　难忘的教诲
——访延安文艺座谈会参加者马加同志 —— 本刊记者
愿望（诗）—————————————— 刘异云

报告文学
烈马驾辕
——记生产队长刘老四 ················ 张　琳

"黄海笔会"特辑
生活的搏斗（中篇小说） ·············· 张长弓
文笔峰（中篇小说） ·················· 祝兴义
妈妈球队（中篇小说） ················ 胡小胡

长篇选载
北国风云录 ·························· 马　加

散文
雪与明镜 ···························· 胡　昭
侗乡采风记 ·························· 木　青

诗歌
钻塔上的诗笺（组诗） ················ 赵天山
写给南海的生命（组诗） ·············· 胡世宗
友谊，最美丽的花（三首） ············ 王荆岩
爱的花环（组诗） ···················· 韩作荣
春风诗叶 ·········· 许　行　俞　晓　孙友田　范若丁
刘秋烈　陈秀庭　徐永之　姚　莹

评论·理论
归来的歌
——《艾青传论》选章 ·········· 杨匡汉　杨匡满
作家与性格及其他
——谈熙高的小说创作 ················ 鲁　野
社会主义新人个性描写初探 ············ 范垂功
心弦上的歌
——读《春风》一九八一年第四期"小说专号"
····························· 谢俊华

美术
荷塘清夏 ···························· 王盛烈

1982 年第 3 期　刊名:《春风》
目录

报告文学
国球，国魂 ················· 黄伟康　关　鸿

中篇小说
岳父和女婿 ·························· 李云德
女战俘 ······························ 胡清和
心中的绿草 ·························· 马　寻
传教士的秘密 ························ 沈　湜

短篇小说
山沟的呼唤 ·························· 高节操
襟怀 ································ 赵　赴
"滚刀肉"打官司 ···················· 张桂芝
老江头忌烟 ·························· 崔春昌

散文
蓝色的牵牛花 ························ 黄蓓佳
"狗年"说狗 ·························· 汪　惟
春水中的小桥 ························ 吕红文

诗歌
祖国，我为您淘金（组诗） ············ 王鸣久
雕像 ································ 胡世宗
一份电话记录稿 ······················ 刘镇欧
春风诗叶 ·········· 林贤治　顾　芳　高　岩　寇骁伟
姜维平　罗继仁　尹作礼　刁　斗　王兆琪　吕乃国
赵春梅　栾国康　轩　韵
啊，舰长！我的舰长哟！ ···· 沃特·惠特曼　公　木译

理论·评论
文学形象的构成 ······················ 孙绍振
宝海初探骊龙珠 ······················ 郑秉谦
诗的脚印与翅膀
——论李松涛的创作 ·················· 谢　冕
开掘心灵美的蕴藏
——读祝兴义中篇小说漫笔 ······ 寒　溪　许振强

美术
沈鹏书法作品选
终南山麓（水彩） ···················· 张克让

1982 年第 4 期　刊名:《春风》
目录

小说专号
中篇小说
刘关张 ······························ 海碰子
风雨夜酒话 ·························· 王中才
生活的扉页 ·························· 边玲玲
守林人的女儿 ························ 翟　猛
玩具狗西游记（童话） ················ 吴梦起
蜀道难 ······························ 马　昭

短篇小说
"小画家"——矿山新人传奇 ············ 谢友鄞
机遇 ································ 梅宝恒
家 ······················· 徐宏智　邵子贤

凌河悠悠 ………………………… 王太吉
韩金石击钟 ……………………… 孙春平

评论
探求者的得与失
——张笑天创作刍议 …………… 张毓茂
和陈玙同志谈《夜幕下的哈尔滨》 … 庐湘

美术
长白山天池瀑布 ………………… 孙恩同
冰洛峪 …………………………… 陈艺

1982 年增刊 刊名:《春风》
目录

中篇小说
山雾 ……………………………… 彭荆风
天涯情思 ………………………… 单超
梅花鹿 …………………………… 王栋

短篇小说
长汽 ……………………………… 林斤澜
业老二佚闻 ……………………… 邓友梅

文学之路
固执地走现实主义的道路 ……… 林斤澜
扎根农村写农民 ………………… 浩然
忠实生活 忠实人民 忠实艺术 … 从维熙
我的几点体会 …………………… 邓友梅
经验了人生做小说 ……………… 彭荆风
杂谈文学创作 …………………… 张长弓
我与文学 ………………………… 程树榛
我的艺术追求 …………………… 王栋
"从历史的夹缝中钻出来" ……… 张笑天
要有生活和感情 ………………… 单超
多写 多读 多思 ……………… 金河
写自己熟悉的生活 ……………… 叶辛

理论·评论
文学需要技巧
——读《文学的艺术技巧》 …… 苏真
诗情雅趣 独具风格
——评长篇历史小说《醉卧长安》 … 郭锋
评《杜鹃的性格》 ……………… 王向峰

美术
迎考 ……………………………… 虞健
早醒的山谷 ……………………… 李忠兴

1983 年第 1 期 刊名:《春风》
目录

中篇小说
四十而立 ………………………… 张森
三个女红军的命运 ……………… 刘学江
在密密的森林里 ………………… 高其昌

长篇小说选载
旅顺口人 ………………………… 闵国库

短篇小说
"白娘子"与"黑旋风" ………… 赵锡顺
新官上任 ………………………… 高汉铭
老鞋匠和阔少妇的故事 ………… 中夙
心灵的对比与揭示
——读《老鞋匠与阔少妇的故事》 … 花雨

春风论坛
历史性的转变与文学的新潮头 … 张韧

新作评析
浓烈的时代气息 感人的艺术形象
——读中篇小说《刘关张》琐谈 … 周兴华
鲜明的民族特色
——长篇小说《白衣侠女》读后 … 伊贵诚

技巧漫笔
作家头脑中的艺术世界
——浅论艺术构思 ……………… 王敬文

文学之路
从我是怎样想起写小说谈起 …… 陈玙

名著欣赏
鸶鹭湖的忧郁 …………………… 端木蕻良

含蓄蕴藉 不迫不露
——谈《鸶鹭湖的忧郁》的风格 … 宇峰

小说史话
神来之笔 发自初民
——漫谈中国小说的起源 ……… 黄岩柏

美术作品
鲁迅与肖红 ……………………… 孙凡平
海风 ……………………………… 章德甫

1983 年第 2 期　刊名:《春风》
目录

中篇小说

白鹤浦 ···朱春雨
"编辑夫人" ···王金屏
岩画探奇 ···杨　啸
我的守护神 ···陶　正　田增翔
离去吧，幽梦！ ···刘　佳

短篇小说

刻在心灵上的芭蕾 ···关　鸿
心灵 ···丁振阳
丝丝入扣 ···姜　磊
小神仙 ···刘少博
狱婴 ···铁　汉

春风论坛

努力反映当代社会生活中的重大矛盾冲突 ···········殷晋培

作品评析

真实历史的艺术再现
——评长篇小说《黑色的土地》 ·················刘烈恒
李惠文小说的艺术特色 ···································戴　言
难得的勇气
——评长篇小说《叛女》 ·························洪　钧
人格和灵魂的价值
——读《刻在心灵上的芭蕾》 ···················花　雨

技巧漫笔

试论人物性格的丰富性 ···································胡宗健

文学之路

长篇小说创作的回顾与探索 ·····························韶　华

名著欣赏

射击 ·····························[俄]普希金　戈宝权译
《射击》的艺术特色 ·····································谢挺飞

小说史话

雨后春笋般的文学新芽
——漫话魏晋南北朝小说 ·························董文成

美术作品

《伟大的马克思》组画之一 ·····························李福来
今日农家 ···陈尊三
绍兴水巷 ···路　坦
希望 ···全显光

1983 年第 3 期　刊名:《春风》
目录

中篇小说

阿西从军记 ···张廷竹
岩画探奇（续完） ···杨　啸
两朵梅 ···徐　慎
短短二十年 ···苏曼华

短篇小说

君子兰 ···郭建华
古镇风情 ···赵　自
巧扮"红娘" ···谢友鄞
表姐 ···肖祖石
白玉手镯 ···陈计中
除夕雪 ···白　果　徐宏智
还是一支蜡烛 ···周昌彪
劳六九之谜 ···姜琍敏

春风论坛

中篇小说的结构美 ···张　韧
日本作家在想些什么 ·····································茹志鹃

新作评析

历史风云的真实写照
——评马加新著长篇小说《北国风云录》 ·········宝　藏
塑造反面人物的新尝试
——评长篇小说《孤城残夜》 ·····················吴甸起
纯朴的妇女形象　农民命运的缩影
——读《表姐》随笔 ·····························花　雨

技巧漫笔

平与奇·此与彼·热与冷
——艺术辩证法随笔 ·····························周　斌

文学之路

水流激荡起浪花 ···碧　野

名著欣赏

雨中的猫 ···[美]海明威
《雨中的猫》和海明威的风格 ·························殷晋培

小说史话

古典小说发展的新阶段
——谈谈唐代话本 ·····························李　骞

美术作品

敦煌宝窟 ···宋惠民

秋山晨雾 ················· 李夙英

1984 年第 1 期　刊名:《春风》
目录

高举社会主义文艺旗帜，建设社会主义精神文明
················· 本刊评论员

中篇小说
春蚕赋 ················· 养　和
红宝石 ················· 达　理
雁群汉关飞 ················· 张风洪
舅舅从香港来 ················· 单学鹏
边远的小城 ················· 杨　麦

短篇小说
"山谷王子" ················· 郑吉民
京师春夜 ················· 阮振铭
关东烟 ················· 刘振海
秋场月 ················· 刘德珠
未经整理的小说素材 ················· 黄世明

春风论坛
发展和繁荣新时期文艺的指导方针
——学习《邓小平文选》有关文艺问题的论述
················· 李树谦
现实主义创作原则的审美功能 ······· 马玉峰　王向峰

新作评析
人物形象和景物描绘的魅力
——浅评《古刹潜影》 ················· 张希征
心灵世界的矿灯
——煤矿工人作者谢友鄞小说漫评 ········· 凤　云
一朵风韵别致的新葩
——读短篇小说《"山谷王子"》 ········· 花　雨
新颖别致　饶有趣味
——《未经整理的小说素材》读后 ········· 宋加哲

技巧漫笔
富有特点的景物描写和环境描写
——学习鲁迅小说的写作技巧 ········· 杜一白

文学之路
燃烧着的复仇的火焰
——记东北籍的居港作家李辉英 ········· 马蹄疾

名著欣赏
春桃 ················· 许地山

《春桃》的艺术特色 ················· 上官玉

小说史话
中国古代小说发展的飞跃——谈谈唐代传奇 ····· 李　骞

美术作品
彝舞 ················· 于明
天上人间 ········· 陈绳正　张秉田　高秀兰

1984 年第 2 期　刊名:《春风》
目录

中篇小说
市长的夏天 ················· 万　寒
花 ················· 潘吉光
一往情深 ········· 赵鹏万　刘允章
西川烟雨 ················· 马　昭

长篇选载
保安司令 ················· 王占君

短篇小说
天之骄子 ················· 储福金
盆景 ················· 王兆军
清丽甜美的声音 ················· 晓　凡
曲径通幽处 ················· 贾平凹
捉摸不透的笑 ················· 秦圣非
钥匙 ················· 赵　颖
列车在飞驰 ················· 那木汗
朝天椒（作品选登） ················· 刘凤伟

春风论坛
革命现实主义潮流和当前创作的新态势 ····· 蒋守谦
《共和国的星光》中的"崛起"论 ········· 黄国柱

新作评析
一座庄严的守护神的雕像
——评《我的守护神》 ················· 邓荫柯
掌握开启年轻人心灵的金钥匙
——短篇小说《钥匙》漫谈 ················· 花　雨
喜读《朝天椒》 ················· 左　松

技巧漫笔
从眼睛走向心灵
——读《安娜·卡列尼娜》札记 ········· 佟可竟

文学之路
我在文学海洋里游泳 ················· 王占君

名著欣赏

二十年后⋯⋯⋯⋯⋯⋯⋯⋯⋯⋯［美］奥·亨利　王仲年译
了结处真相始白
——读奥·亨利短篇杰作《二十年后》⋯⋯⋯文启明

小说史话

瓦舍光华　永照千古
——谈谈宋元话本在中国小说史上的地位⋯⋯⋯黄岩柏

美术作品

乌苏里江⋯⋯⋯⋯⋯⋯⋯⋯⋯⋯⋯⋯⋯⋯⋯李勤学
水碧山清⋯⋯⋯⋯⋯⋯⋯⋯⋯⋯⋯⋯⋯⋯⋯于海寰

1984 年第 3 期　刊名:《春风》
目录

中篇小说

寡妇门前（乡俗三部曲之一）⋯⋯⋯⋯⋯⋯⋯浩　然
谁坐一把金交椅⋯⋯⋯⋯⋯⋯⋯⋯⋯⋯⋯⋯哲　夫
椴树开花的时候⋯⋯⋯⋯⋯⋯⋯⋯⋯⋯⋯⋯王霆钧

长篇连载

晚情⋯⋯⋯⋯⋯⋯⋯⋯⋯⋯⋯⋯⋯⋯⋯⋯⋯于广恩

短篇小说

心隙⋯⋯⋯⋯⋯⋯⋯⋯⋯⋯⋯⋯⋯⋯⋯⋯⋯王小鹰
三请叔公⋯⋯⋯⋯⋯⋯⋯⋯⋯⋯⋯⋯⋯⋯⋯杨铁光
刘老拐看梨园⋯⋯⋯⋯⋯⋯⋯⋯⋯⋯⋯⋯⋯李振德
买酒⋯⋯⋯⋯⋯⋯⋯⋯⋯⋯⋯⋯⋯⋯⋯⋯⋯赵　越

春风论坛

弹洞前村壁　今朝更好看
——近年来军事题材中、短篇小说创作散论⋯⋯胡世宗

新作评析

文学激流中的弄潮儿
——评753理近期小说的艺术探索⋯⋯毕馥华　陈悦青
探索革命战争历史题材小说的新格局
——读中篇小说《白鹤浦》⋯⋯⋯⋯⋯⋯⋯西　南

新作评析

复杂而又纯洁的内心世界
——读短篇小说《心隙》⋯⋯⋯⋯⋯⋯⋯⋯花　雨

技巧漫笔

意料之外与情理之中
——读古典小说的"反常描写"⋯⋯⋯⋯⋯⋯高守德

文学之路

学习，实践，探索⋯⋯⋯⋯⋯⋯⋯⋯⋯⋯⋯李云德

名著欣赏

牛车上⋯⋯⋯⋯⋯⋯⋯⋯⋯⋯⋯⋯⋯⋯⋯⋯萧　红
明丽、细致、粗犷、沉郁
——《牛车上》赏析⋯⋯⋯⋯⋯⋯⋯⋯⋯⋯陆文采

小说史话

时代的史诗　英雄的颂歌
——《水浒传》和英雄传奇小说⋯⋯⋯⋯⋯李　骞

美术作品

书法⋯⋯⋯⋯⋯⋯⋯⋯⋯⋯⋯⋯⋯⋯⋯⋯⋯郭子绪
书法⋯⋯⋯⋯⋯⋯⋯⋯⋯⋯⋯⋯⋯⋯⋯⋯⋯徐　炽

1984 年第 4 期　刊名:《春风》
目录

中篇小说

生命的火焰⋯⋯⋯⋯⋯⋯⋯⋯⋯⋯⋯⋯⋯⋯王　剑
鸟语楼轶事⋯⋯⋯⋯⋯⋯⋯⋯⋯⋯⋯⋯⋯⋯胡正言
野宴⋯⋯⋯⋯⋯⋯⋯⋯⋯⋯⋯⋯⋯⋯⋯⋯⋯翟　猛
牛脚迹村闲话⋯⋯⋯⋯⋯⋯⋯⋯⋯⋯⋯⋯⋯张　翅

长篇连载

晚情⋯⋯⋯⋯⋯⋯⋯⋯⋯⋯⋯⋯⋯⋯⋯⋯⋯于广恩

短篇小说

瓜子缘⋯⋯⋯⋯⋯⋯⋯⋯⋯⋯⋯⋯⋯⋯⋯⋯徐子芳
生活圆舞曲⋯⋯⋯⋯⋯⋯⋯⋯⋯⋯⋯⋯⋯⋯高维晞
人情⋯⋯⋯⋯⋯⋯⋯⋯⋯⋯⋯⋯⋯⋯⋯⋯⋯刘元举
杏花镇上的三阵春雨⋯⋯⋯⋯⋯⋯⋯⋯⋯⋯刘文玉

春风论坛

要勇于揭示社会主义新人丰富复杂的心灵世界
⋯⋯⋯⋯⋯⋯⋯⋯⋯⋯⋯⋯⋯⋯⋯⋯⋯⋯范垂功

新作评析

开拓者的罗曼史
——读《瓜子缘》随笔⋯⋯⋯⋯⋯⋯⋯⋯⋯花　雨

文学之路

找自己的位置　走自己的路
——介绍文学新秀刘兆林⋯⋯⋯⋯⋯⋯⋯⋯胡世宗

小说信息

日本著名小说家山崎丰子谈《华丽的家族》

美术作品

荷塘烟雨 ———————————————— 锺质夫

雨后远筏 ———————————————— 孙恩同

1984 年第 5 期　刊名:《春风》
目录

中篇小说

跨过命运的废墟 ———————————— 新　土

太阳，每天都是新的 ———————————— 新　土

无花果 ———————————————— 张笑天

海的儿子 ———————————————— 姜　磊

长篇连载

晚情 —————————————————— 于广恩

报告小说

奋飞吧，企业家 —————————————— 李继伦

短篇小说

高山流水的地方 —————————————— 叶明山

漾漾的湖水 ———————————————— 田增翔

邻里短歌 ———————————————— 王　扶

警车把他带走之后 ————————————— 邱长发

"疯丫头"的故事 —————————————— 刘贵友

春风论坛

伟大的变革召唤着伟大的文学 —————————— 谢俊华

在大路上迅跑

　——对于新时期辽宁小说创作的简略回顾 ——— 卓　宇

正义与邪恶的交锋

　——评《跨过命运的废墟》 ———————— 花　雨

心灵博斗的诗篇

　——读《绿化树》随想 ———————— 张毓茂

一支探求人生意义的歌

　——读长篇小说《同龄人》 ——————— 原中山

技巧漫笔

对比的艺术力量

　——艺术辩证法札记 ————————— 关　鸿

小说史话

简话"讲史"　细说"三分" ——————— 高越逢

美术作品

国庆 —————————————————— 于　明

伟大的祖国 ———————————————— 史春光

1984 年第 6 期　刊名:《春风》
目录

中篇小说

市长的冬天 ———————————————— 万　寒

终身大事（乡俗三部曲之二） ——————— 浩　然

砥志柳 —————————————————— 冰　昆

湍急的风定河 ——————————————— 里　扬

长篇选载

莫测姻缘 ———————————————— 李惠文

短篇小说

典型形象 ———————————————— 金　河

秋雨淅淅沥沥 ——————————— 陈福廷　李秉愫

织女在人间 ———————————————— 谢友鄞

喜中愁 —————————————————— 姜琍敏

天门开 —————————————————— 于德才

毕业前夕 ———————————————— 王冬梅

春风论坛

发现和表现美的文学 ————————————— 殷晋培

作品评析

带伤奋斗的普遍劳动者

　——读中篇小说《"亚细亚"的故事》——— 马石利

阿西和阿西精神

　——张廷竹小说漫评 ————————— 郭银星

技巧漫笔

心理形象的审美特征 ————————————— 吴士余

名著欣赏

星期三的紫罗兰

　　　　　[法]安德烈·莫洛亚　罗新璋译

牵情动魄的一束小花

　——赏评莫洛亚的《星期三的紫罗兰》——— 王向峰

美术作品

朝阳（摄影） ——————————————— 金　铎

秋实 —————————————————— 宋源文

风 ——————————————————— 王铁牛

1985 年第 1 期　刊名:《春风》
目录

中篇小说

女活佛历险记 ……………………………… 单　超
外乡人 ……………………………………… 张　峻
野种 ………………………………………… 王宗汉
紫罗兰 ……………………………………… 童玉云
月圆中秋 …………………………………… 戈　毅
走向阳光 …………………………………… 王生田
支柱 ………………………………………… 姜希强

报告小说

万元户与"三腿牛" ………………………… 吴文泮

春风论坛

东北作家群
——关东纪行之二 ………………………… 峻　青

作品评析

略析构成杨月月命运悲剧的因素 …………… 蒋　红

小说史话

《西游记》和神魔小说 ……………………… 邓　伟

作家放谈

东北的新老两代作家群 ……………………… 峻　青
头脑里要有新的信息储存 …………………… 胡万春
雅俗共赏　喜闻乐见 ………………………… 陈　玙
"骑马压骒"记 ……………………………… 迟松年
时代在激变　文道亦当变 …………………… 梁晓声
敢于成为弄潮儿 ……………………………… 王　剑
跟上时代前进的脚步 ………………………… 程乃珊
生活向作家挑战 ……………………………… 万　寒
应该感受生活的脉搏 ………………………… 胡小胡
在大浪的拍击下 ……………………………… 马秋芬
烹饪与文学 …………………………………… 吴正格

小说信息

文友相聚　各具风骚
——"渤海笔会随记" ……………………… 胡清和

美术作品

渤海笔会剪影 ………………………………… 本刊编辑部
渤海笔会合影 ………………………………… 本刊编辑部

1985 年第 2 期　刊名:《春风》
目录

中篇小说

白岩 ………………………………………… 魏继新
山里山外 …………………………………… 马秋芬
天桂吹喜 …………………………………… 李云德
佳佳呀　佳佳 ……………………………… 阎　真

报告小说

远见卓识 …………………………… 文　畅　沈　想

短篇小说

龙潮 ………………………………………… 徐　铎
盘山路 ……………………………………… 林　希
雪花呢大衣 ………………………………… 木　青
曹老蔫哟 ………………………… 赵宝常　李含冰
择偶者手记 ……………………… 洪双烨　林　坡

春风论坛

文学面向经济生活刍议 ……………………… 竹潜民

作品评析

她呼唤着改革——读金河新作《典型形象》 …… 张松魁
不仅仅是 A 或 B
——金河小说《典型形象》随想 …………… 刘　齐

技巧漫笔

论思维与技巧 ………………………………… 胡万春

文学之路

文三人——文学回忆录之一 ………………… 马　寻

小说信息

来自老山前线的报告 ………………………… 林茂前
本刊召开《金典型形象》讨论会 …………… 本刊记者

美术作品

哈定水彩作品选

1985 年第 3 期　刊名:《春风》
目录

中篇小说

生活的法典 …………………………………… 王　剑
"食为天"酒楼 ……………………………… 吴正格
半路夫妻（乡俗三部曲之三） ……………… 浩　然

这样的女人 ································ 宗树森　于海臣
眉姑 ·· 海　波

报告小说
北方银耳大王传 ························ 贾恩禾　王愫筠

美术作品
小溪 ··· 王铁牛
东陵石雕 ··· 宋惠民

1985 年第 4 期　刊名:《春风》
目录

中篇小说
旋风 ··· 孙　颙
栀子花是白色的 ····························· 姚克明
天地之间 ··· 张斤夫
灵魂的天平
──并非一个故事 ························· 缪　士
亲戚
──三新六戚之一 ························· 王小鹰
月黑香港夜（偷渡者之一） ············· 朱　伦

短篇小说
窗前有棵红枫树 ····························· 关　鸿
不足挂齿的故事 ····························· 程乃珊
冬天的光晕 ····················· 张　洪　陈　村
卖画 ··· 杨　觉
扯远了，但没离题 ························· 鲁　坎

报告小说
跨过屠格涅夫的"门槛" ················· 隋　彬

春风论坛
浅释文学作者的自我封闭
──小说创作思考之一 ················· 古　华
落实知识分子政策和作家的权益
──在中国作协第四次代表大会上的发言摘要
·· 韶　华

小说史话
"三言"的体式特点 ························· 马玉峰

作家介绍
她们和他们 ······································· 丘　峰

美术作品
鹅鹅鹅 ··· 马书林
改革中的辽宁金州酒厂

1985 年第 5 期　刊名:《春风》
目录

中篇小说
大千世界 ····························· 王　坡　梁　人
没有热量的萤光 ····························· 竹　林
魑魅魍魉浅水湾
──偷渡者之二 ····························· 朱　伦
别有一番滋味儿在心头 ················· 中　夙
谈笑静胡沙 ····································· 刘征泰

作品评析
《张作霖演义》艺术谈 ················· 庐　湘
拼搏在改革的洪流中 ····················· 王建中

美术作品
天山白云 ··· 赵多良
天山俯瞰 ··· 李国盛
静与动 ··· 陈　艺

1985 年第 6 期　刊名:《春风》
目录

中篇小说
小气候 ··· 金　河
父子 ··· 新　土
英雄魂 ··· 徐　铎
癌原素 ··· 哲　夫
二重奏 ··· 张　森
债 ··· 张伦基

短篇小说
火把果 ··· 胡世宗
蕙风 ··· 祝兴义
中间阶层 ··· 高其昌

作家谈创作
现代小说中的人 ····························· 郑万隆

作品评析
论金河小说的心理描写 ················· 李忠昌

美术作品

长城 ································· 苏彦斌
秋潮 ································· 吴清江

1986 年第 1 期　刊名:《春风》
目录

中篇小说

北方的海 ······························· 徐　铎
迷谷 ································· 刘健安
蛇医风流 ······························· 谢　璞
一直横在他们之间的"威胁" ··········· 陈先法　周　矢
喷香的松林 ····························· 未　央
欧阳丙辰的烦恼 ························· 肖　甦
泉边少年 ······················· 王汝贵　王骏林

技巧漫笔

论小说的叙述语言 ······················· 魏家骏
文学的当代性如是观 ····················· 芸　德

美术作品

草原之夜（油画） ······················· 宋惠民
造船女工（油画） ······················· 李泽浩
林区（油画） ··························· 严　坚
走向世界（雕塑） ······················· 田金铎

1986 年第 2 期　刊名:《春风》
目录

中篇小说

沉 Xiang ······························ 刘学江
秋水绵绵 ······························· 姜天民
四栋一号 ······························· 林　希
埋葬青春的土地——偷渡者之三 ············ 朱　伦
正是战舰起锚时 ···················· 王世昌　赵锡顺

短篇小说

"女牙行"与"小生意" ···················· 古　华
浪 ·································· 吕永岩
古城的沉思 ····························· 陈秋声

春风论坛

创作自由与社会效益 ····················· 张松魁
后顾为了前瞻——文学"寻根"纵横谈 ·········· 芸　德

作品评析

《生活的法典》漫评 ·················· 王永生　任一鸣

1986 年第 3 期　刊名:《春风》
目录

中篇小说

盲圣 ································· 晨　哥
云横雪岭 ······························· 陈清宇
压寨姐 ································· 熊尚志
她想雕塑一个城市 ······················· 海　风
黑兵 ································· 宋学武
马寡妇客店 ····························· 胡清和

短篇小说

香港歌星来到之后 ······················· 胡正言
父亲 ································· 邵振国
豹子江之声 ····························· 卢万成
挤高峰车的姑娘 ························· 王戈洪

春风论坛

民族风格与开放性趋势 ··················· 胡宗健

作品评析

在新的高度面前 ························· 栾俊林
既古老又新鲜的命题 ····················· 伊贵诚

技巧漫笔

模特儿与作品中的人物形象 ················· 金　陵

美术作品

雪（油画） ····························· 祝福斯
原始森林（水粉画） ····················· 李勤学

1986 年第 4 期　刊名:《春风》
目录

卷首语 ································· 编　者

中篇小说

希里兔克的川水——（蛮荒）之一
　——附（冻土的召唤） ··················· 王中才
滑雪板的辙印——附（冻土给我厚爱） ·········· 李占恒
风流倜傥——《拉萨的小男人》群像之一 ········· 马　原
冰层下的奔突 ··························· 徐振清
落花有意 ······························· 章世添
带孩子的男人 ··························· 胡万春
归宿 ································· 陈泽顺
猎枪——附《译后记》 ·········· ［日］井上靖　于　雷译

短篇小说

摇篮让鸟儿睡死 ⋯⋯⋯⋯⋯⋯⋯⋯⋯⋯ 金 澄

题字 ⋯⋯⋯⋯⋯⋯⋯⋯⋯⋯⋯⋯⋯⋯ 林正义

岗子上正下来一群羊 ⋯⋯⋯⋯⋯⋯⋯ 谈易学

作品评析

《压寨姐》中人物的心理障碍 ⋯⋯⋯ 安波舜

技巧漫笔

古典长篇小说结构概说 ⋯⋯⋯⋯⋯⋯ 刘嘉陵

美术作品

封面设计 ⋯⋯⋯⋯⋯⋯⋯⋯⋯⋯⋯⋯ 杜凤宝

作品选（封二插图）⋯⋯⋯⋯⋯⋯⋯⋯ 王怀庆

作品选（封三插图）⋯⋯⋯⋯⋯⋯⋯⋯ 黄冠余

群山起舞（国画）⋯⋯⋯⋯⋯⋯⋯⋯⋯ 吴清江

1986 年第 5 期　刊名:《春风》
目录

中篇小说

那悠扬的唢呐声 ⋯⋯⋯⋯⋯⋯⋯⋯⋯ 水运宪

一个灵魂在寻找自己的躯壳

——当代大学校园生活录 ⋯⋯⋯⋯⋯ 晓 剑

一零八公里处 ⋯⋯⋯⋯⋯⋯⋯ 康 青　孝 慎

知识女性 ⋯⋯⋯⋯⋯⋯⋯⋯⋯⋯⋯⋯ 吴 江

组织部走了个年轻人 ⋯⋯⋯⋯⋯⋯⋯ 新 土

机翼下的婚礼 ⋯⋯⋯⋯⋯⋯⋯⋯⋯⋯ 白 果

啊，站房 ⋯⋯⋯⋯⋯⋯⋯⋯⋯⋯⋯⋯ 崔亚斌

瘠土 ⋯⋯⋯⋯⋯⋯⋯⋯⋯⋯⋯⋯⋯⋯ 孙星革

短篇小说

雾里一团烟——战地组曲之三 ⋯⋯⋯ 刘兆林

梅林辨声 ⋯⋯⋯⋯⋯⋯⋯⋯⋯⋯⋯⋯ 石 英

世情小说二篇（家珍、口味）⋯⋯⋯⋯ 王金屏

作品评析

写在天地之间

——评王中才中篇小说《希里兔克的传说》⋯⋯ 王延才

炼狱中的魅魁与新生

——读《大千世界》⋯⋯⋯⋯⋯⋯⋯⋯ 李希凡

人·海·神

——《北方的海》散论 ⋯⋯⋯⋯⋯⋯ 马 昭

部分文学期刊维护版权第二次会议纪要

风景写生（水粉画）⋯⋯⋯⋯⋯⋯⋯⋯ 陈初电

边陲红柳（木刻）⋯⋯⋯⋯⋯⋯⋯⋯⋯ 于圣安

荷塘翠鸟（国画）⋯⋯⋯⋯⋯⋯⋯⋯⋯ 万 岭

1987 年第 1 期　刊名:《中外文学》
目录

致读者 ⋯⋯⋯⋯⋯⋯⋯⋯⋯⋯⋯⋯ 本刊编辑部

"各民族的声音合奏所组成的伟大乐章"

——文学家谈"中外文学" ⋯⋯⋯⋯ 从维熙　叶君健

李 陀　杨宪益　吴泰昌　阿 城　陈冰夷　陈建功

郑万隆　草 婴　柳鸣九　唐达成　谌 容　萧 乾

小说

弃婴 ⋯⋯⋯⋯⋯⋯⋯⋯⋯⋯⋯⋯⋯⋯ 莫 言

数学系的大学生们 ⋯⋯⋯⋯⋯⋯⋯⋯ 王 松

莫斯科人 ⋯⋯⋯⋯⋯⋯⋯ ［法］亨利·特洛亚

钱林森　许 钧译

三十五岁的女人 ⋯⋯⋯⋯⋯⋯⋯⋯⋯ 陆星儿

瓦罐阿廖沙 ⋯⋯⋯ ［俄］列夫·托尔斯泰　草 婴译

弓浦市 ⋯⋯⋯⋯⋯⋯ ［日］川端康成　于 雷译

理论

文学研究中的文化视角

——答《中外文学》编辑部问 ⋯⋯⋯ 刘再复

实证·美文·本文 ⋯⋯⋯⋯⋯⋯ 李洁非　张 陵

现代派文学与中国

⋯⋯⋯ ［美］罗伯特·凯利　张柏然　葛良彦译

这里有他的灵魂

——亨利·特洛亚的《莫斯科人》⋯⋯ 柳鸣九

散文

玩物铭 ⋯⋯⋯⋯⋯⋯⋯⋯⋯⋯⋯⋯⋯ 贾平凹

新猫 ⋯⋯⋯⋯⋯⋯ ［英］罗伯特·林德　葛传椝译

诗歌

爱情的系列独白——为X.Y. ⋯⋯⋯⋯ 孙晓刚

闪电消息 ⋯⋯⋯⋯⋯⋯⋯⋯⋯⋯⋯⋯ 张小波

裸舞 ⋯⋯⋯⋯⋯⋯⋯⋯⋯⋯⋯⋯⋯⋯ 黄 翔

夏晨初醒 ⋯⋯⋯⋯⋯⋯ ［法］雨 果　闻家驷译

拉美文学小辑

在那张面孔后面（小说）

⋯⋯⋯ ［哥伦比亚］曼·萨·奥利维雅　段若川译

实现了的梦想（小说）

⋯⋯⋯ ［乌拉圭］胡·卡·奥内蒂　樊瑞华译

最后一场雾（小说）

⋯⋯⋯ ［智利］玛·路·邦巴尔　朱景冬译

一双眼睛的歌（诗）

⋯⋯⋯ ［尼加拉瓜］卢文·达里奥　赵振江译

海淀之花的颂歌（诗）
　　————［智利］巴勃罗·聂鲁达　川　江译
走向世界的拉美文学（理论）————赵德明

西方当代批评术语　absurd historicism obscurity paradox

1987 年第 2 期　刊名:《中外文学》
目录

中篇小说
水灾————贾平凹
玫瑰谷————徐　虹
追求者————［阿根廷］德尔·卡萨尔　吴守琳译

前方后方
——感遇三章之二————宋学武
屠夫————熊尚志
突兀的树————［美］H.E.弗兰西丝　砾　坚译

短篇小说
您先请————［日］井上靖　于　雷译
生活——《没意思的故事》之七————李国文
时令鲜花————［法］安德烈·莫洛亚　罗新璋译
如泣如诉的风声————姜　滇
门缝————姚育明
姐姐————［巴基斯坦］蒙太兹·穆夫蒂　李瑞华译

长篇小说
灾难的标志————［苏］B.B.贝科夫　志　力　迟　误译

作家创作谈
B.B.贝科夫：《站在良心的高度》
　　————［苏］伊琳娜·里申娜　白　果译

1987 年第 3 期　刊名:《中外文学》
目录

小说
男性王（中篇）————肖建国
突围（中篇）————水运宪
疯狂的湖（中篇）————高　峰
在那年秋天里（中篇）————［美］乔·奥茨
刘建华译　史志康校
希腊别墅（中篇）
　　————［法］弗·玛莱—若莉丝　罗嘉美译
马拉默德（美）短篇小说三篇————随　武译

白痴第一
活着就比死了强
职业的选择
垃圾人（短篇）————范小天
烈日（短篇）————长　江

诗歌
老城————阎月君
那天（组诗）————陈燕妮
五味草（组诗）————白　桦
自画像——第二组·山里红·七首————徐　刚
散落的思絮（组诗）————邓荫柯
给萨玛依（外一首）————［西德］伯　尔　舒　柱译
地球上的人们（外三首）
　　————［苏］尤里·库兹涅佐夫　庞　旎译
我拥有着你还是没有
　　————［苏］列夫·奥沙宁　庞　旎译
海登斯坦姆（瑞典）诗钞————李　笠译

理论
二十世纪文学批评主潮
　　————［美］雷纳·韦勒克　张　锦译
"你中有我，我中有你"
——当代西方文学的基本走向————叶廷芳
艺术观察中作家的知觉功能及其超常意识————杨建民
西方小说的视角
——结构主义叙述学比较研究————陈力川
文学的审美表现技巧————王向峰
情节构思中的相反相成————路　侃

春风文艺出版社编务室声明

1987 年第 4 期　刊名:《中外文学》
目录

剧本
杰罗教士的考验————［尼日利亚］沃莱·索英卡
（非洲第一名诺贝尔文学奖获得者）　慕临祥译

小说
龟（中篇）————常　青
伊甸园之梦（中篇）————映　泉
骨瘤（中篇）————张健行
无雨的空地（短篇）————吴　潇

儿童文学
脚尖上的苏珊（中篇）
　　————［美］李·温德姆著　汪金蕊译

白猪黑狗（中篇）⋯⋯⋯⋯⋯朱向前　张聚宁

散文
诗和人⋯⋯⋯⋯⋯⋯⋯⋯⋯⋯⋯⋯赵丽宏
长白行⋯⋯⋯⋯⋯⋯⋯⋯⋯⋯⋯⋯单　复

东欧文学小辑
米兰·肯德拉（捷克）小说三篇
搭车游戏⋯⋯⋯⋯⋯⋯赵长江　赵　锋译
先死者得给后死者腾地方⋯⋯⋯赵　岑　樊　凌译
爱德华与上帝⋯⋯⋯⋯⋯赵长江　赵　锋译
纯洁的爱⋯⋯⋯⋯⋯⋯⋯［波兰］伊雷内乌什·
伊雷肇斯基　易丽君译
斜眼的姑娘们⋯⋯⋯［波兰］马利安·皮洛特　易丽君译

1987 年第 5 期　刊名:《中外文学》
目录

林斤澜短篇小说三篇
古堡
二分
五分
没有人的房子总归要住人（中篇）⋯⋯⋯马　原
礼拜日（中篇）⋯⋯⋯⋯⋯⋯⋯⋯史铁生
忘川（中篇）⋯⋯⋯⋯⋯⋯⋯⋯李功达
黄尘绿野（中篇）⋯⋯⋯⋯⋯⋯厉　风
悬崖下（短篇）
⋯⋯⋯⋯⋯［秘鲁］胡·拉·利贝伊罗　蒋　东译
第十交响乐（短篇）
⋯⋯⋯⋯⋯⋯［墨西哥］拉·索拉纳　尹承东译

苏联短篇小说三篇
更不愉快⋯⋯⋯⋯⋯谢·沃罗宁　陈士林译
冲突⋯⋯⋯⋯⋯维·格列奇涅夫　陈　莉译
被遗忘的情书⋯⋯⋯利·阿列菲耶娃　刘欣欣译

长篇小说
远程⋯⋯⋯⋯⋯⋯⋯⋯⋯⋯⋯⋯叶君健

诗歌
里尔克［奥地利］诗四首⋯⋯⋯⋯杨武能译
情舞⋯⋯⋯⋯⋯⋯⋯⋯⋯⋯⋯⋯伊　蕾
诺布曲珍三首⋯⋯⋯⋯⋯⋯⋯⋯李勤璞
散文诗一束
⋯⋯⋯林歌尔　陈玉坤　梁谢成　徐天喜　冉　冉

版式设计⋯⋯⋯⋯⋯⋯⋯⋯⋯⋯庆　昌
封面设计⋯⋯⋯⋯⋯⋯⋯⋯⋯⋯勤　学

美术编辑⋯⋯⋯⋯⋯⋯⋯⋯⋯⋯⋯勤　学

1987 年第 6 期　刊名:《中外文学》
目录

中短篇小说
讲几个关于生命创造者的故事（中篇）⋯⋯⋯洪　峰
狐领（中篇）⋯⋯⋯⋯⋯⋯⋯⋯肖建国
弗兰妮（中篇）⋯⋯［美］杰·戴·塞林格　张允强译
没人会笑（中篇）⋯⋯⋯⋯［捷克］米兰·肯德拉　赵　锋译
百寿扇（短篇）⋯⋯⋯⋯⋯⋯⋯聂鑫森

杨争光短篇小说两篇
伙伴
打糜子的

徐晓鹤短篇小说两篇
那天晚上发生的事
他要我把胳臂弯起来
逃脱（短篇）⋯⋯⋯⋯［英］W.沙·毛姆　康　明译
"交换"（短篇）⋯⋯⋯⋯［法］弗朗索瓦兹·萨冈　何楚曦译
今天将是平静的一天（短篇）⋯⋯［美］爱米·汉普尔　王建平译

长篇小说
远程⋯⋯⋯⋯⋯⋯⋯⋯⋯⋯⋯⋯叶君健

理论
新时期先锋文艺创作论
——兼与西方现代主义比较⋯⋯⋯陈　晋
生命情调与美感
——关于中国传统文化心态与新时期文学艺术的札记之三⋯⋯⋯⋯⋯⋯⋯潘知常　无　影
论台湾女作家李昂的创作
——兼评文学作品中的性描写⋯⋯⋯古继堂
价值批评与非价值批评⋯⋯⋯［英］W.W.罗伯逊　林建法　张晓东译
城市神话及其游戏规则⋯⋯⋯⋯⋯朱大可

1988 年第 1 期　刊名:《中外文学》
目录

小说
品钦（美国）中短篇小说三篇
玫瑰花下（中篇）⋯⋯⋯⋯⋯⋯史国强　王　祥译

濛濛细雨（短篇）————————范革新 臧永清译
低洼地（短篇）————————————————陶 丽译
到处都在下雪（中篇）————————————程永新
仿佛（中篇）————————————————————孙甘露
残雪短篇小说两篇
关于黄菊花的遐想（一）
关于黄菊花的遐想（二）
踏烂的小路（短篇）—————[美]尤·威尔蒂
郭 强 吴戈军译
外景（短篇）————————————————————皮 皮
五角与四边形（短篇）——————————辛晓征
野兽（短篇）——————[英]约·康拉德 雷立美译
不沉的海（短篇）——————————————宿聚生
欧杰里（叙利亚）中短篇小说三篇
苦涩的爱（中篇）————————————蔡伟良译
死尸复活（短篇）————————————徐凡席译
奇迹（短篇）————————————————郭 黎译

诗歌
旅程————————————————————————李勤璞
红高原（外一首）——————————————章德益
给阿雪（六首）————————————————丁宗浩
维尔伯（美）诗五首———————————戈 辛等译
陨星雨季—————[苏]弗·伊·菲尔诺夫 庞 旎译
河流—————[美]加里·卡塔拉罗 欧阳昱译

理论
当你面对自己的时候
——文学是人学思考之六————————李 劼
上帝的后悔
——人本的思索之一—————————————吴洪森
现代派：创新的困境与前景————————康正果
"现代主义"与审美理想—————————洪安南
重建中国人的梦想
——关于中国美感心态在当代的历史建构————潘知常

1988 年第 2 期　刊名:《中外文学》
目录

长篇小说
上帝知道————————————[美]约瑟夫·海勒普
史国强 王 祥译

中短篇小说
石膏绷带——关于一个年轻女局长在一次车祸后的传
说————————————————————————朱向前
优种民族————————[美]·乔·卡·奥茨 员荣亮译
歌魂——《东西南北》之六————————郑万隆

九歌（上）————————————————————雷 铎

诗歌
从两个世界爱一个女人————[美]罗伯特·勃莱
董继平译
帕斯捷尔纳克（苏）诗四首————————吴 笛译
布罗茨基（美）诗选————————————吴 笛译

辽宁青年作家专辑
鬼集（中篇）————————————————————晨 哥
白色别离（中篇）————————————————刘 虹
黑蝙蝠（中篇）————————————————谈一学
光之路（中篇）————————————————洪兆惠
黄土谣（中篇）————————————————————张 涛
最后一只松鼠（短篇）————————————史卫国
白小易微型小说三篇

1988 年第 3 期　刊名:《中外文学》
目录

长篇小说
硬汉不跳舞———[美]诺·梅勒 范革新 臧永清译

中篇小说
烦事————————————————————————彭见明
城市独白：关于气功的最新消息——————吴 滨
猎经————————————————————————北 村
鸽子
——[联邦德国]帕·聚斯金德 蔡鸿君 张建国译

电影小说
一个少女的手记————————————————吕 梁

短篇小说
老鼠和我的冷斋一梦——《城疫》之四————姚 霏

苏童短篇小说两篇
水神诞生
死无葬身之地
大家知道————————————————————启 达
喜剧演员——————[美]约翰·勒赫 王建平译
亲属——————[美]爱丽丝·沃克 唐子恒译

诗歌
塞弗尔特（捷克斯洛伐克）抒情诗四首
————————————————琳 达 欧阳江河译

文学观察家

余华史铁生格非林斤澜几篇新作印象············朱　伟

1988 年第 4 期　刊名:《中外文学》
目录

小说

扭··杨争光
罅隙··杨志军
太阳里的蛇··陈　洁
纸船··黄献国
多丽丝·莱辛[美]小说三篇
女人··赵慧平译
我怎样最终丢掉我的心············申梅梅　单永祥译
房子··陆　南译
永恒欲望的金苹果
··························[捷克]米兰·肯德拉　赵　拓译
一个没出太阳的晌午································黄建国
落日，依旧一派辉煌································熊尚志
《九歌》两章······································雷　铎
孟妇
虎妞
医治··············[美]玛丽·沃德·布朗　陈　平译

诗歌

诗人柯平的日常生活（八首）························柯　平
孕··梅绍静
关东大森林（组诗）································王鸣久
沼泽上的四月（外一首）····························周宏坤
散文诗小辑····························耿林莽　谢明洲
森　森　水禾田　戴砚田　雪　彬
勃洛克抒情诗十首··································刘湛秋译
哈代戏剧诗三首····································飞　白译
艾米莉·狄金森诗五首······························高　彬译

散文

心迹··王充闾

理论

生命和死亡：现当代文学中的主题原型······罗强烈
罪恶与崇高··赵　玫
小说的虚构··程德培
文学本体的时间结构及变化形式
··························[美]克劳斯·尤利克　柯小丽译

文学观察家

刘震云、屈国新、叶兆言、刘恒新作简介········朱　伟

1988 年第 5 期　刊名:《中外文学》
目录

小说

塔吉尼亚的小马（长篇小说）
··················[法]玛格丽特·杜拉斯　黄希云译

陈应松中篇小说

九月的故事
垃圾
左面是篱笆　右面是玫瑰（中篇小说）··········迟子建
父亲的草帽··林和平
祭奠红马（短篇小说）······························苏　童
星（短篇小说）····································简　嘉
皇后们（短篇小说）
··············[阿根廷]乔恩·乔塞·荷南戴斯　赵　拓译

范小天短篇小说

枇杷树
乌鸦人语
西班牙女郎（短篇小说）
··················[美]小罗伯特·泰勒　范　蕾译
果王沟（短篇小说）································庞泽云

诗歌

《四月的素描》及其他（组诗）····················欧阳江河
人生在世（组诗）··································翟永明
夜之旅··阎月君
远山近水··邵　璞
致情人（外一首）··································朱　旭
偶遇世界（四首）··································雷　格
星之恋（外二首）··································梁谢成
最后的童话（散文诗）······························鲁　萍

文学观察家

李　锐、周梅森、冯骥才、李建英新作··········朱　伟

1988 年第 6 期　刊名:《中外文学》
目录

超纪实文学

青春的墓标（选载）
《在"绸幕"背后——四十七位日本人的独白》
··夏　刚　田　星

中篇小说

发大水啊西河································刘醒龙

地球迪斯科··········王 松

短篇小说
死情··········于晓丹
猫蛋和他爹
——补《火神庙》·人物之一··········林 谦
走廊··········何立伟
姓氏··········李克定
秋天的试验··········崔京生
盗墓贼··········聂鑫森

电影小说
少女连连··········吕 梁

张晓然实验小说
状态
悬空

二十世纪德语国家小说专辑
皮波·斯巴诺········[西德]海因里希·曼 冯亚琳译
女头目········[民主德国]斯特凡·赫姆林 马君玉译
苏茜········[民主德国]安娜·西格斯 孙 瑾译
通向公墓的道路········[西德]托马斯·曼 魏家国译
爱尔兰日记（选译）
········[西德]海因里希·伯尔 舒 柱译
二十世纪德语文学述要··········杨武能

诗歌
启示：女性的河流··········舒 洁
厉风诗十首··········厉 风

文学观察家
格 非、曹乃谦、梅帅元、吕梁新作印象·······朱 伟

1989 年第 1 期　刊名:《中外文学》
目录

中篇小说
剩下的都属于你··········徐 星
我对青春无悔··········于晓丹
性的喜剧两篇········[捷]米兰·昆德拉
讨论会
哈维尔大夫十年后··········赵 拓译
光环··········吕永岩
那被攥着的方口的五四手枪（实验小说）···杜培华

短篇小说
我家乡的秋子··········黑 孩

敏感的人··········[奥]阿图尔·施尼茨勒
少鸿短篇二题··········侯 寰译
鱼孩
蓝眸

长篇小说
个体部落纪事（选载）··········范小青

寓言主义作品小辑··········舒 源译
与俄耳甫斯头颅的对话········[英]罗素·霍本
白狗的喜剧········[英]阿勒斯德尔·格雷
狼人········[英]安吉娜·卡特

文学观察家
查建英、余 华、叶兆言、吕 新新作印象····朱 伟

1989 年第 2 期　刊名:《中外文学》
目录

长篇小说
苏菲的选择（选载）
··········[美]威廉·史泰隆 史国强译

超纪实文学
温柔的光——《日本人：在"绸幕"背后》（选载）
··········夏 刚 田 星
老红卫兵风云梦呓录··········马 利
头顶上的"圣坛"（之一）
上帝的宠儿们（之二）

中篇小说
怨碑··········马 建
堡垒··········徐 铎

短篇小说
怪胎··········晓 白
妇女病··········常 青
刘元举小说二题··········刘元举
鬼井
死鱼
纳吉布·马哈福兹短篇小说
··········[埃及]纳吉布·马哈福兹
苏踪追寻记
特命全权代表
杀手

诗歌
凶手（长诗）··········岛 子

1989 年第 3 期　刊名:《中外文学》
目录

中篇小说

旧歌的骸骨 ································· 陈应松
中午的细节 ································· 魏　艳
往事侵入喉咙 ······························ 黄　石
执行火祭 ································· 舒可文
祸鸟 ·································· 少　鸿
母子河 ································· 黑　孩

短篇小说

近期美国最佳短篇小说专辑
围攻下的原则
——《1988 年美国最佳短篇小说集》序言
········· ［美］马克·海尔普林著　何鲁艺译
使命 ········· ［美］雷蒙德·卡弗著　葛志宏译
警察梦 ········· ［美］理查德·鲍希著　葛志宏译
采自她花园里的零陵香
········· ［美］唐纳德·巴塞梅著　赵　越译
两面神雅努斯 ······ ［美］安·比蒂著　范　蕾译
黑色走廊 ································· 于　劲
在校园的草坪上安放一枚钻石戒指的试验报告
··································· 向　背
两个钓鱼人
······ ［加拿大］莫利·卡拉汉著　张纯青　杨俊峰译
红印花楼主 ································ 聂鑫森

理论

叙述观点作为小说的多面镜
——探索中的小说叙述艺术 ············· 何　龙
语言与它的梦 ······························ 无　影

1989 年第 4 期　刊名:《中外文学》
目录

中篇小说

猜想长安 ································· 马　原
桑青与桃红——第四部 ······················ 聂华苓
展厅——一个可以六面打开的盒子 ················ 赵　玫

短篇小说
探索之窗

主持人语 ································· 朱　伟
流放中的少爷 ······························ 扎西达娃
疯人院 ································· 叶曙明
论割包皮与自我完善 ······················ 徐晓鹤

去上海 ································· 倪蓉棣
清心寡欲之灾 ······························ 黄小初
歌地 ·································· 李　逊
蒋霻文短篇小说 ···························· 蒋霻文
终始之旅
小说 ·································· 蒋霻文

现代北美中性美小说

堕胎 ········· ［美］艾丽思·沃克著　于晓丹译
出发点 ········ ［美］霍顿斯·卡利舍尔著　朱　安译
办公室 ········· ［加］艾丽丝·梦罗著　艾　非译
鸟女俪玛 ········ ［美］罗娜·贾菲著　朱　安译
在码头 ········ ［美］尤朵拉·韦尔蒂著　朱　安译
起飞时刻 ······ ［苏］伊万·叶夫谢延科著　何行恕译

报告文学

剖开自然的心灵 ···························· 徐　铎

1989 年第 5 期　刊名:《中外文学》
目录

长篇小说

洛莉塔 ······· ［美］弗拉基米尔·纳博科夫　高雁魁等译

中篇小说

太阳的儿女——一次不规则的赋格练习 ·········· 王　刚
瞬息年华 ····························· ［英国］叶念伦

探索之窗

等待蓝湖 ································· 子　文
蓝天白云 ································· 赵西学
星期天的黑蝴蝶 ···························· 海　男
格窗 ·································· 姚　渡
没穿鞋的阿彪 ······························ 陈　飙
伤残的爱 ································· 樊　迅

美国短篇小说

《纽约客》1989 年新作三篇
阳光怎样进入生活
········· ［美］珍妮特·考夫曼著　祝怀新译
可怜的游子 ······ ［美］牙买加·金凯德著　祝怀新译
千差万别 ········ ［美］艾丽斯·芒罗著　祝怀新译
黄女人 ······ ［美］莱斯利·玛门·西尔克著　王建平译

诗歌

为猫而作的六首诙谐曲（组诗） ············· 杨小滨

1989 年第 6 期　刊名:《中外文学》

目录

中篇小说

国际女郎----［苏联］符拉基米尔·康宁著　刘宪平译

消逝的农具························吕　新

白风峪························吕永岩

黑披巾----［意大利］路易吉·皮蓝德娄著　郑恩波译

伤恋························［加拿大］小　攸

探索之窗

让我销声匿迹························刘　霞

归乡者说························北　村

大河滩猎场························蔡椿芳

崇拜英雄························张　旻

救主························魏　艳

诗歌

深渊的魅力························周宏坤

玩扑克························鲁一玮

理论

阿多尔诺论大众文化：欺骗、物化和施虐········杨小滨

《当代》

【简　介】

综合性文学双月刊。人民文学出版社主办。创刊于1979年。创刊初期为季刊,1981年第1期起改为双月刊。办刊主旨是为广大作家开辟发表作品的新园地,选刊标准是"打破条条框框",实现题材、主题思想多样化。被誉为文学期刊"四大名旦"(《收获》、《十月》、《当代》、《花城》)中的"正旦"。作品体裁众多,小说、诗歌、戏剧、散文、小品、评论等,尤其注重报告文学和中、长篇小说。

期刊号:1979 年第 1 期—1989 年第 6 期

发刊的几句话

春光明媚,百花吐艳,在一年中最好的这个季节,我们开始创办文学杂志《当代》。

粉碎"四人帮"后的文苑,犹如严冬过后的春天,一派勃勃生机。但愿从今以后,在文艺的百花园中,永远不再重现北风凛冽的寒冬。

两年半以来,全国的文艺刊物有如雨后春笋,复刊和新创者已达百余种。我们现在创办这个刊物,如果能做到锦上添花,那就如愿以偿了。

我们是文学书籍出版社,收到的稿件越来越多,其中够水平的好作品可谓不少。但由于印装条件差,周期长,出书慢,远不能满足读者要求。哪个作家不愿自己的辛勤劳作早日问世? 哪个读者不希望多读到一些新作品? 因此,为了满足广大读者的愿望,繁荣我国社会主义文学,我们想办个刊物,把一些亟应出来而不能很快出来的好作品发表,为广大的作家开辟发表作品的新园地。 这就是我们想办刊物的最初一个动机。

我们的国家这么大,人口这么多,文艺刊物再增加几种也不嫌多。 读者的兴趣是广泛的,应当让大家有个选择余地。 也许,人们关心我们这刊物究竟有什么特点,这是需要作出交代的。 我们可以这么回答:

第一,我们的刊物是大型的,每期有五十万字左右。 篇幅大一点,好处是可以容纳中型以上的作品。

第二,是综合的,举凡文学作品的各门类——小说、诗歌、戏剧、散文、小品、评论兼收并蓄,无所不容。 但是我们将着重发表长篇小说,中篇小说和一部分戏剧文学。 创作要发表,翻译作品也刊登,特别是当代国外的著名作品更要努力介绍,要让我们的读者通过艺术形象了解今日之世界。 搞四个现代化,科学技术要积极引进,文学艺术也一样,外国的好东西应当借鉴。

第三,我们希望多发表新作家的新作品。 还在三十年代,鲁迅就大力提倡办文艺刊物要着重培养新作家,每期都要有新作家的名字出现,这才是文艺兴旺的现象。 在我国实行四个现代化的这个伟大时代,文艺上执行百花齐放,培养新作家,扶植新作家,意义更加重大。 不言而喻,培养新作家,扶植新作家,一点也不排斥老作家,我们同样非常欢迎老作家给我们撰稿。

我们这个刊物选稿的标准从宽不从严,特别要打破条条框框,如"四人帮"的什么"三突出"那一套,我们毫不讳言就是要与之针锋相对。 希望题材多样化,主题思想也多样化。 凡有积极意义,艺术技艺又有一定成就,各种风格的作品我们都采纳。文艺作品第一要求思想性,这是毫无疑义的,但决不能忽视艺术性,艺术作品总要求有艺术,标语口号式的作品,即使思想上站得住,而艺术上很差,那样的作品,我们一定不取。

文学事业是党的事业,是人民的事业。 当这个刊物同读者见面之时,春雷已经响过,盛夏已经到来。 我们最诚恳地希望得到广大作者和读者的支持,并热烈欢迎大家批评指导。

1979 年第 1 期　刊名:《当代》

目录

发刊的几句话
文学, 应该像生活那样丰富多彩······严文井

剧本
未来在召唤（话剧）······赵梓雄

短篇小说
残雪······秦　牧
路······周自生

报告文学
她有多少孩子
——记著名妇产科专家林巧稚······理　由

长篇小说选载
破城记······马识途
山湾屯人物记······刘亚舟
伞······杨纤如
猛士······盛　农

诗歌
写给赵树理······张志民
诗六首······邓　拓
大路之歌······周良沛
攀枝花三首······屠　岸
高尚的爱情（外二首）······纪　宇

散文·回忆录
未带地图的旅人······萧　乾

台湾省文学作品选载
永远的尹雪艳······白先勇

外国文学作品
权力与真理（话剧）
　　　　　　[罗]蒂图斯·波波维奇　冯志臣译
乡下丈夫（短篇小说）····[美]约翰·契佛　施咸荣译

杂文·小品
从陈老总一段话引起的联想······陈允豪
阿Q与现实主义······陈子伶
苏联及东欧政治笑话四则······余　行辑

文艺论坛
艺廊思絮······郭　因

美术
屈原······黄永玉
怀安诗社诗集插图选······聂昌硕

1979 年第 2 期　刊名:《当代》

目录

报告文学
命运······杨匡满　郭宝臣

小说
妻子——战士······郑万隆
法学教授及其夫人······史铁生
雕花烟斗······冯骥才
泰娘歌······黎　之
最早的潮汛······任光椿
请你猜一猜······黄秉德

散文·小品
生命的歌······点　点
向巴黎公社墙致敬······罗　荪
巴金在巴黎······高行健
战士的胸襟······黄浪华
国色天香花欲语　妙手丹青画似真
——记丁云青同志和她的画······程代熙
寓言五则······龙世辉

回忆录
为了人民······张仙朋
四访柳青······阎　纲

诗歌
为了祖国······李　瑛
时事杂咏······仲　父
春天的云······沙　鸥
诗词六首······田　汉
父亲的诗······田海男
踏浪者及其他（散文诗）······胡　昭
喉······叔　牟
县太爷请客（外二首）······火　华

剧本
山是青青花是红······李　恍

台湾省文学作品选载
低等人······杨青矗

文艺论坛

漫谈"写作家熟悉的"和百花齐放 ················· 陈荒煤

《贺敬之诗选》自序 ······························· 贺敬之

艺廊思絮 ·· 郭　因

创作杂谈

略谈"出乎意外" ·································· 秦兆阳

由拉磨的驴子想及的 ····························· 姚　莽

由"草船借箭"谈起 ······························ 罗君策

才华、奇想和气候 ······························· 方　亮

外国文学作品

惩罚（中篇小说）·····［苏］田德里亚柯夫　戚　仁译

美术

周恩来同志 ······································· 颜　仲

真假皇帝插图选 ·························· 黄冠余　王　怀

1979 年第 3 期　刊名:《当代》
目录

中长篇小说

布礼 ··· 王　蒙

将军吟（第一卷）································· 莫应丰

短篇小说

荷花女 ··· 孔　厥

别 ··· 舒　群

雪山之巅 ··· 古立高

隔膜 ··· 劳　洪

电影文学

红烛 ··· 黄宗英

附:《红烛》之由来

剧本

哦！大森林······································· 都　都

散文·回忆录

非常的考验

——怀念刘仁同志 ····························· 甘　英

天涯若比邻 ······································· 姚雪垠

一对出租汽车司机 ······························· 叶君健

夜渡多瑙河 ······································· 刘心武

旅伴 ··· 姜德明

诗歌

旧体诗十首··· 杨　朔

公园门票考察团（外一首）························· 易和元

海的特点（外一首）······························· 苗得雨

序与跋

两本书的序 ······································· 茅　盾

《燔火集》后记 ·································· 巴　金

《丁玲短篇小说选》后记 ························· 丁　玲

文艺论坛

有感于杂文的兴废（了了录）····················· 蓝　翎

"歌德"与"缺德"的功过 ························· 廖沫沙

港台文学作品选

珊珊，你在哪儿? ································· 聂华苓

玛丽亚最后一次旅行 ····························· 阮　朗

诗七首 ··· 何　达

西德短篇小说选

雾中列车 ··················· 冈特·艾希著　黄文华译

齐姆普伦火车站·········· 海因里希·伯尔著　潘子立译

偷窃案 ··················· 海因茨·里塞著　赵鑫珊译

他不仅是诗人

················· 马塞尔·赖希拉尼茨基著　杨业治译

美术

牡丹（国画）····································· 丁云青

《贾雅·普拉纳之歌》插图 ······················· 古　干

1980 年第 1 期　刊名:《当代》
目录

中篇小说

代价 ··· 陈国凯

复活 ··· 朱文华

短篇小说

积极叔 ··· 刘小兵

大青山恩仇记 ····································· 赵　成

远方的邻居 ······································· 马　寻

如果雨下个不停······································ 岑　桑

小柳 ··· 龙世辉

剧本

汉江浪 ··· 雁　翼

散文

访法散记 ··· 巴　金

在周立波同志的家里 ····························· 袁榴庄

寓言三则 ……………………………… 黄瑞云

诗歌
"余烬"诗选 …………………………… 廖沫沙
旗鼓塅 ………………………………… 叶文福
写在中国作家协会会员登记表里的话……… 黄宗英
哀金镜 ………………………………… 丁　力
我的歌（五首） ……………………… 刘畅园

外国文学
皮夹克（两幕讽刺喜剧）
……………………… ［保加利亚］斯·斯特拉基耶夫
冯明霞　马肇元译
需要乃创造之母（短篇小说）
……………………… ［加拿大］克莱·马丁著　张裕禾译
两位日本作家访华后的观感（外国文学书讯）……文洁若

文艺论坛
艺廊思絮（续完） …………………… 郭　因

美术
船台之春（封二） …………………… 王　琦
《西游记》插图（封三） ……………… 古　干
封面设计 ……………………………… 柳成荫
致作者

1980 年第 2 期　刊名:《当代》
目录

报告文学
励精图治 ……………………………… 程树榛
战马的风骨 …………………………… 杨　旭
记人口学家马寅初 …………………… 邓加荣

中短篇小说
洁白的山茶花（中篇） ……………… 何鸣雁
工程师的一段恋爱史（中篇） ……… 洪　洋
北京来的检察官 ……… 苏德祯　李延柱　蓝阳春
奥依曲爱克 …………………………… 哲　中
心香 …………………………………… 叶文玲
金焕文病史 …………………………… 艾明之
还是那匹马 …………………………… 张时鲁
二十对绣花枕套 ……………… 李海强　王育英
史前世界 ……………………………… 郑文光
孤寂 …………………………………… 何子铨
深蓝色的领带 ………………………… 叶雨蒙

散文·回忆录·访问记
花明楼之行 …………………………… 韦君宜
将军妙语绝人间 ……………………… 许幸之
访问郭老的故乡 ……………………… 适　夷
访问贺子珍 ……………………… 郭　晨　裘之倬
大佛寺记游 …………………………… 点　点

寓言
松树的种子 …………………………… 吴广孝
大黑猪求婚 …………………………… 沉　冰
寓言二则 ……………………………… 姚　莽
风筝和老鹰 …………………………… 纪双鼎

诗
大地的怀念 …………………………… 元　辉
一位诗人在古尔班通古特 …………… 李　瑜
击鼓 …………………………………… 周良沛

散文诗
致探海者 ……………………………… 张　岐
旅途抒情 ……………………………… 柯　蓝
拾贝小札 ……………………………… 王中才
人与虎 ………………………………… 胡　昭

短诗一束
在泰山碧霞祠前 ……………………… 宋家铃
北京抒情 ……………………………… 金　谷
鞍钢，一座巨大的音乐厅 …………… 包玉堂
化 ……………………………………… 陈瑞统

创作谈
四五人民革命运动的忠实记录 ……… 张　炯
读者来信评《命运》
略谈祥林嫂之死 ……………………… 裘　沙

港台文学作品
雪地上的星星 ………………………… 於梨华
故乡的榕树 …………………………… 黄河浪

法国短篇小说
孔雀翎毛
………………… ［法］安东·勃隆丹著　金德全　施康强译
如花将谢的金发女人
………………… ［法］罗歇·格勒尼埃　郭宏安译
未见过大海的人
………………… ［法］勒·克列齐奥著　张冠尧译

美术
刘少奇同志（木刻·封二） ………… 李　琦

《雁归行》插图（封三）————————————高 燕
《野葡萄》插图（封三）————————————胡永凯

1980 年第 3 期　刊名:《当代》
目录

话剧剧本
祖国之恋————————————————张 锲

报告文学
一个冬天的童话————————————————遇罗锦
第三十次突进————————————屈兴岐 吕中山
爱的奇迹————————————————从维熙

中长篇小说
惊心动魄的一幕————————————————路 遥
秦时月（第一卷）————————————————刘亚洲

短篇小说
你是共产党员吗?————————————————张 林
保险系数————————————————赵志悌
乌龙湖边————————————————周翼南

电影文学
大火————————————————黄宗英

散文·诗
冰雪之歌————————————————丁 宁
《画山绣水》序————————————————秦 牧
才溪————————————————蔡其矫
木柳————————————————杨 苡
喜马拉雅海（外一首）————————————匡 满
一枝红杏到台湾————————————————杨献瑶
友谊————————————————郑晓钢

散文诗·寓言
断想篇————————————————澄 泉
桥（外一章）————————————————许 淇
老树————————————————张 廓
鸵鸟————————————————潘宪立

台湾省文学作品
闹营————————————————方 方

外国文学
从前，某时某地（短篇小说）————[美]山姆·奥克兰
施咸荣译
编后小记

美术
伴羊归（木刻）————————————————董克俊
《荒原上的牛蒡》插图————————————————黄冠余
银花满树（木刻）————————————————卜维勤

1980 年第 4 期　刊名:《当代》
目录

报告文学
热流————————————————张 锲
幸福之路————————————————梅汝凯

中短篇小说
治————————————————胡 思
情如山水————————————————顾 工
一〇三室内外————————————————胡廷楣
红黄蓝————————————————南 冈
稀有作家庄重别传————————————————陈 淼

话剧剧本
航海者————————————————雁 翼

游记·散文
当代人的悲剧————————————————韦君宜
一个神秘世界的见闻（上）————————————哲 中
黄昏————————————————维 录
梨花情思————————————————李养玉
一本褪色的相册————————————————萧 乾
磨坊里的寓言————————————————金 马

诗
饮酒亭寄语————————————————张志民
九江怀乐天————————————————吕 剑
故乡素描————————————————张寿彭

短诗一束
火柴————————————————王鸣久
海峡两岸————————————————巴 山
大树————————————————药 汀
年轮寄语————————————————莫文征
秋瑾遗照————————————————丁 芒

创作谈
《白杨林风情》序————————————————艾 青

外国文学
千方百计（中篇小说）————[意]莱奥纳多·夏侠著
李国庆译

编后小记·本刊启事

美术

彭德怀司令员来了 ································· 徐加昌

《想象国》插图二幅 ································· 秦 龙

1981 年第 1 期 刊名:《当代》
目录

迎春曲 ································· 本刊编者

长篇小说

疯狂的节日 ························· 胡月伟 杨鑫基

中篇小说

芙蓉镇 ································· 古 华

短篇小说

复苏 ································· 焦祖尧

鸡肋 ································· 徐懋庸

老人 ································· 贾平凹

心灵在倾听 ························· 李尔钢

游记·散文

一个神秘世界的见闻（中）··········· 哲 中

墙、心和春天 ····················· 张 长

浮光掠影记西德 ··················· 王 蒙

季节之思 ························· 黄东平

寓意草 ··························· 姚 莽

诗歌

爱情诗 ··························· 晓 雪

我真的…… ······················· 和穆熙

短诗两首

绿叶 ····························· 林效成

给壮族歌手 ······················· 高洪波

台湾省作品

华西街上 ························· 锺延豪

外国文学

我们家的新产业 ·······[澳]詹·哈克斯顿 石永礼译

弗朗西斯·西尔弗 ·······[澳]哈·波特 黄雨石译

读者之页：评《一个冬天的童话》

全国大型文学期刊召开座谈会

编后小记·本刊启事

美术

秋（木刻）························· 董其中

《雪峰寓言编外集》插图选 ············· 董克俊

1981 年第 2 期 刊名:《当代》
目录

诗歌

游美组诗 ························· 艾 青

卷葹 ····························· 严 阵

香港书怀 ························· 中 申

中篇小说

年轻的朋友们 ····················· 郑万隆

在人海里 ························· 朱春雨

短篇小说

老胖太太沉浮记 ··················· 刘亚舟

能媳妇 ··························· 郑九蝉

舌尖上的风暴 ····················· 单学鹏

长篇小说

疯狂的节日（续完）··········· 胡月伟 杨鑫基

报告文学

一个失踪者的命运 ················· 王振民

散文·游记

它，是一条小河 ··················· 褚水敖

一个神秘世界的见闻（下）··········· 哲 中

评论

简评《疯狂的节日》················· 李景峰

《望云海》跋 ····················· 峻 青

读者之页

一曲改革者的赞歌——报告文学《热流》引起强烈反应

评《心香》························· 何磷村

读《惊心动魄的一幕》··············· 樊高林

编后小记

美术

女娲补天 ························· 古 干

《大洋深处》插图选 ················· 王晓明

封面设计

1981 年第 3 期　刊名:《当代》

目录

中篇小说

瓜棚柳巷⋯⋯⋯⋯⋯⋯⋯⋯⋯⋯⋯⋯⋯刘绍棠
茶花艳⋯⋯⋯⋯⋯⋯⋯⋯⋯⋯⋯⋯⋯⋯和谷岩
职责⋯⋯⋯⋯⋯⋯⋯⋯⋯⋯⋯⋯⋯⋯⋯陈中冀
白莲湖⋯⋯⋯⋯⋯⋯⋯⋯⋯⋯⋯⋯⋯⋯刘建安

电影文学

廖仲恺⋯⋯⋯⋯⋯⋯⋯⋯⋯⋯⋯⋯⋯⋯鲁彦周

短篇小说

足迹所到的地方⋯⋯⋯⋯⋯⋯⋯⋯⋯⋯雷　加
回答⋯⋯⋯⋯⋯⋯⋯⋯⋯⋯⋯⋯⋯⋯⋯秦兆阳
火的精灵⋯⋯⋯⋯⋯⋯⋯⋯⋯⋯⋯⋯⋯张抗抗
回声⋯⋯⋯⋯⋯⋯⋯⋯⋯⋯⋯⋯⋯⋯⋯杨东明

散文特写

山泉水暖⋯⋯⋯⋯⋯⋯⋯⋯⋯⋯⋯⋯⋯碧　野
奥赫里德湖边的诗⋯⋯⋯⋯⋯⋯⋯⋯⋯邹荻帆
"大力神"的保姆⋯⋯⋯⋯⋯⋯李延柱　邓达平

诗歌

南海四章⋯⋯⋯⋯⋯⋯⋯⋯⋯⋯⋯⋯⋯李　瑛
飞啊，地球人⋯⋯⋯⋯⋯⋯⋯⋯⋯⋯⋯任洪渊
当代⋯⋯⋯⋯⋯⋯⋯⋯⋯⋯⋯⋯⋯⋯⋯杨　牧

评论

给孔捷生的信⋯⋯⋯⋯⋯⋯⋯⋯⋯⋯⋯严文井
附：孔捷生给严文井的两封信
一卷当代农村的社会风俗画
——略评《芙蓉镇》⋯⋯⋯⋯⋯⋯⋯雷　达
《白色花》序⋯⋯⋯⋯⋯⋯⋯⋯⋯⋯⋯绿　原

外国文学

嫉妒（短篇小说）⋯⋯[南]亚·蒂什马　石继成译
寓言：小花匠⋯⋯⋯⋯⋯⋯⋯⋯⋯⋯⋯阎广武
编后小记

美术

高尔基（木刻）⋯⋯⋯⋯⋯⋯⋯⋯⋯⋯李泉森
《正红旗下》插图选⋯⋯⋯⋯⋯⋯⋯⋯夏葆元

1981 年第 4 期　刊名:《当代》

目录

中篇小说

赤橙黄绿青蓝紫⋯⋯⋯⋯⋯⋯⋯⋯⋯⋯蒋子龙
人质⋯⋯⋯⋯⋯⋯⋯⋯⋯⋯⋯⋯⋯⋯⋯李惠薪
麂山之谜⋯⋯⋯⋯⋯⋯⋯⋯⋯⋯⋯⋯⋯莫应丰
莺歌石之雾⋯⋯⋯⋯⋯⋯⋯⋯⋯⋯⋯⋯周　青

短篇小说

关于仔猪过冬问题⋯⋯⋯⋯⋯⋯⋯⋯⋯谌　容
意大利小提琴⋯⋯⋯⋯⋯⋯⋯⋯⋯⋯⋯冯骥才
第九盏红灯⋯⋯⋯⋯⋯⋯⋯⋯⋯⋯⋯⋯罗　烽
贝叶⋯⋯⋯⋯⋯⋯⋯⋯⋯⋯⋯⋯⋯⋯⋯宗　璞
夕照⋯⋯⋯⋯⋯⋯⋯⋯叶至善　叶三午　叶小沫
近乡⋯⋯⋯⋯⋯⋯⋯⋯⋯⋯⋯⋯⋯⋯⋯李　黎

散文

我们是他的儿女⋯⋯⋯⋯⋯⋯⋯⋯⋯⋯刘绍棠
泉州日记⋯⋯⋯⋯⋯⋯⋯⋯⋯⋯⋯⋯⋯郭　风

诗歌

母亲⋯⋯⋯⋯⋯⋯⋯⋯⋯⋯⋯⋯⋯⋯⋯陈松叶
燧石⋯⋯⋯⋯⋯⋯⋯⋯⋯⋯⋯⋯⋯⋯⋯高伐林
献给我的祖国⋯⋯⋯⋯⋯⋯⋯⋯⋯⋯⋯吕贵品
我热爱他火热的诗⋯⋯⋯⋯⋯⋯⋯⋯⋯李佳平

台湾省作品

荣木⋯⋯⋯⋯⋯⋯⋯⋯⋯⋯⋯⋯⋯⋯⋯庄　因

评论

文学创作的准备⋯⋯⋯⋯⋯⋯⋯⋯⋯⋯丁　玲
漫谈"格调"（答蒋子龙同志）⋯⋯⋯⋯秦兆阳
形象·色彩·声音
——漫话《野草》的语言艺术⋯⋯⋯李希凡
搏动着赤子之心的诗篇
——读巴金《随想录》一、二集⋯⋯楼肇明
《雕塑家传奇》序⋯⋯⋯⋯⋯⋯⋯⋯⋯柯　灵
表现新时期和新人物
——评《当代》的报告文学⋯⋯⋯⋯洁　泯
乡土风俗画　田园抒情诗
——读刘绍棠的《瓜棚柳巷》⋯⋯⋯张同吾
新一代心灵的探索
——读《年轻的朋友们》⋯⋯⋯⋯⋯章仲锷
补白：偶拾录⋯⋯⋯⋯⋯⋯⋯⋯⋯⋯⋯蓟　桦
编后小记

美术

鲁迅 ························· 裴　沙
《生死场》插图 ················· 于绍文

1981 年第 5 期　刊名:《当代》
目录

中篇小说

龙种 ··························· 张贤亮
耿耿难眠 ··············· 柯云路　雪　珂
坎坷生平 ····················· 李兴华
华彩 ························· 高尔品

短篇小说

生命 ··············· 陈剑君　徐孝鱼
娘 ··························· 京　夫
相见 ························· 包　川

报告文学

中国姑娘 ····················· 鲁　光
播鲁迅精神之火 ··········· 何启治　刘　茵

电视文学剧本

大业弥艰 ··············· 李连庆　李宏林

诗歌

莎士比亚在秋光里 ··············· 屠　岸
海外诗情 ····················· 云　鹤

评论

老舍语言艺术初探 ··············· 王行之
编后小记

美术

鲁迅《野草》插图 ················· 陈尊三

1981 年第 6 期　刊名:《当代》
目录

中篇小说

这里通向世界 ····················· 单学鹏
湖光 ························· 王　蒙
幸存者的奇遇 ····················· 孙　吴

短篇小说

牙科大夫 ····················· 陆　地
美丽的心灵（四题） ··············· 张　林

转水潭 ························· 曾毓秋
叶落归根 ····················· 邹志安
"贴树皮" ····················· 郑九婵
失踪的伯乐 ····················· 苏叔阳
夜歌 ························· 陈炳熙

报告文学·散文

黄植诚少校 ····················· 刘亚洲
活力 ························· 陈祖芬
奇葩 ························· 王家达
崛起 ··········· 苗得雨　王光明　行　之　阮大华
青山白铁之间 ····················· 袁　鹰

新诗一束

沙　鸥　叶延滨　李　瑜　李发模　赵　恺　顾　城
刘毅然　宋家玲　罗　英　王维洲　黄　淮　巴　山

评论

评京夫的《娘》 ··············· 阎　纲
东风绽开的一朵新花 ··············· 沙　均
新人唱了一曲志气歌 ··············· 杨桂欣
描画心灵的色调 ··············· 马畏安
军事题材的新探索 ··············· 王　颖
编后小记

美术

晨 ························· 陈晋容
苏联小说《住房》插图 ············· 孙景波

1982 年第 1 期　刊名:《当代》
目录

中篇小说

洗礼 ························· 韦君宜
几度元宵 ····················· 胡　正
公开的"内参" ··············· 张笑天
勐西坝的黎明 ··············· 季　康
青山作证 ····················· 洪　洋

电影文学剧本

举头望明月 ····················· 胡　杨

短篇小说

"花脚王"开棺 ··············· 陈昌本
大黑 ························· 吴　欢
灵犀 ························· 王不天
草原的旋律 ····················· 佳　峻
聋子锁 ························· 罗先明

传记·报告文学

艾青旅法的三年 …………………… 杨匡汉 杨匡满

艺术的女儿 ……………………………………… 点 点

散文·诗歌

在北大公寓 ………………………………………… 姜德明

天涯月 ……………………………… 王晓廉 许国泰

大漠的歌 …………………………………………… 哲 中

平凡的秋天 ………………… [南]斯·亚乃夫斯基

初春 ………………………………………………… 李 耕

我对星星说 ………………………………………… 姜文岩

大海日出 …………………………………………… 金珠玉

春天（外一首） …………………………………… 林 希

答友人 ……………………………………………… 黎焕颐

寓言 汗血马 ……………………………………… 姚 莽

评论

暴雨飙风总不够

——序《田汉诗选》出版 ………………… 廖沫沙

党委书记的生动形象

——谈《耿耿难眠》中的杨林 …………… 罗君策

重要启事 来信照登 读者之页

编者的话

1982 年第 2 期 刊名:《当代》
目录

长篇小说

大地（第一卷） …………………………………… 秦兆阳

中短篇小说

宿愿 ………………………………………………… 鲍咏石

浮屠岭 ……………………………………………… 古 华

永远的赞歌 ………………………………………… 竹 林

命运交响曲 ………………………………………… 王安忆

心祭 ………………………………………………… 问 彬

第二次置换 ………………………………………… 毛志成

报告文学

国土·民族·士兵

——访基建工程兵散记 ………… 冯夏熊 罗来勇

励精图治续记 ……………………………………… 程树榛

诗歌

大上海 ……………………………………………… 公 刘

航海人（外一首） ………………………………… 雁 翼

红星·绿衣 ………………………………………… 纪 鹏

戈壁路 ……………………………………………… 莫文征

新楼和废墟 ………………………………………… 刘湛秋

小溪的歌 …………………………………………… 姜澍川

评论

答陈祖德同志 ……………………………………… 严文井

清醒严峻的现实主义

——评《龙种》兼谈塑造改革者形象的社会意义和文

学意义 ……………………………………………… 曾镇南

炎黄子孙的心声

——评报告文学《黄植诚少校》 ………… 章仲锷

一簇别致的小花

——评《美丽的心灵》 …………………… 周厚晴

美术

黎明（国画） ……………………………………… 张仁芝

1982 年第 3 期 刊名:《当代》
目录

《当代》文学奖获奖作品名单（一九七九——一九八一年）

获奖作者的话

当代人的评判——广大读者积极参加"《当代》文学奖"的评选 ……………………………………… 本刊记者

中篇小说

红灯 黄灯 绿灯

——《年轻的朋友们》续篇 ……………… 郑万隆

春夜，凝神的眼睛 ………………… 汪浙成 温小钰

百家奶 ……………………………………………… 廖西岚

春儿姑娘 …………………………………………… 王笠耘

有一个美丽的地方 ………………………………… 张曼菱

祠堂里的学校 ……………………………………… 曹玉林

花鸟鱼市 …………………………………………… 郑效农

报告文学

啊，龙! ……………………………………………… 李君旭

弄蛇人 ……………………………………………… 杨 旭

评论

我读《洗礼》 ……………………………………… 丁 玲

致友人书

——略谈京夫的小说 ……………………… 杜鹏程

面对生活的矛盾

——读《职责》札记 ……………………… 刘锡诚

短篇小说

姐姐......刘文忠

年轻的心......郭从远

诗歌·散文

狱中诗五首......艾 青

少小离家老大回......邓友梅

流星......杨子敏

梦魂深处是春城

——怀念西南联大和我的老师......闻 山

成熟的季节......姜强国

青石与泥土......倩 晴

母校的操场......孙友田

生活的色彩......陶嘉善

树......孟昭德

寓言

小丘·高山·大地......楚 人

1982 年第 4 期　刊名:《当代》
目录

中长篇小说

莽秀才造反记（长篇选载）......巴 人

太子村的秘密......谌 容

马班长闲话......李民发

巧哥儿......单学鹏

一曲遥寄......向 明

话剧剧本

风急天高......顾 威

短篇小说

鹊桥仙......尹 平

柳庄之最......恬 晓

别离......大 可

奋斗者的短歌（二题）......许谋清

种瓜......孟伟哉

报告文学·散文

"季公火佛"......高汉铭

访澳见闻......陈登科

我的爸爸巴人......王克平

怀念巴人......浩 然

诗歌

草木歌......魏 巍

一分......高伐林

泉水曲......之 子

欧游小诗......范 康

梦......林 子

评论·杂文

思絮偶拾......曾健为

从"非学者化"说起......唐 挚

序的感言......白 烨

短文短说......蓝 翎

就《公开的"内参"》答读者......张笑天

部分读者对《公开的"内参"》的反应

本期新作者简介

干旱的七月......孙新川

小街......吕小满

1982 年第 5 期　刊名:《当代》
目录

长篇小说

改革者......张 锲

报告文学

应是龙腾虎跃时......刘宾雁

心儿向着明天......焦祖尧

中篇小说

嘉陵江流进血管......刘心武

屏......俞天白

在困难的日子里......路 遥

短篇小说

父亲的脚印......罗欣荣

一只汽油桶......陈国凯

一等奖......李顺兴

童年的伙伴......杨先让

话剧剧本

春天的后面不是秋......罗 辑

诗歌

壮丽的凋谢......白 桦

生日祝福......邵燕祥

我在绿洲沙海间......杨 牧

生命......章德益

河岸上的暮色......周 涛

游牧者之歌（散文诗）......柯 蓝

击水者（散文诗）......胡 昭

461

评论

《冰心散文选》自序⋯⋯⋯⋯⋯⋯⋯⋯冰 心
质朴颂（序《荒煤散文选》）⋯⋯⋯⋯严文井
喜看《心祭》新意浓⋯⋯⋯⋯⋯⋯⋯杨佳欣
并非命运的悲剧
——王安忆《命运交响曲》读后有感⋯于 晴

我读《春夜，凝神的眼睛》⋯⋯⋯⋯丹 晨
新的"中国的脊梁"
——兼谈报告文学创作中的几个问题⋯陈 辽
一篇难得的佳作
——评短篇小说《姐姐》⋯⋯⋯⋯⋯李基凯
编者的话

本期新作者简介

美术
贴心人⋯⋯⋯⋯⋯⋯⋯⋯⋯⋯⋯⋯杨先让

1982 年第 6 期　刊名:《当代》
目录

中篇小说
厂长今年二十六⋯⋯⋯⋯⋯⋯⋯⋯⋯陈 冲
走向地平线⋯⋯⋯⋯⋯⋯⋯⋯⋯⋯⋯杨 镰
老人和树⋯⋯⋯⋯⋯⋯⋯⋯⋯⋯⋯⋯浩 然
1001 公里⋯⋯⋯⋯⋯⋯⋯⋯⋯⋯⋯陈继光

报告文学
继母⋯⋯⋯⋯⋯⋯⋯⋯⋯⋯⋯⋯⋯⋯韩少华
东方的爱⋯⋯⋯⋯⋯⋯⋯⋯⋯⋯⋯⋯鲁 光

短篇小说
街坊⋯⋯⋯⋯⋯⋯⋯⋯⋯⋯⋯⋯⋯⋯周宜地
夏夜话儿多⋯⋯⋯⋯⋯⋯⋯⋯⋯⋯⋯罗秋敏

电影文学剧本
幸福狂想曲⋯⋯⋯⋯⋯⋯⋯⋯⋯⋯⋯陈白尘

散文·诗歌
一个乐观主义者的独白⋯⋯⋯⋯⋯⋯萧 乾
嫩江风雪伴君眠⋯⋯⋯⋯⋯⋯⋯⋯⋯刘林春
致唐山的树⋯⋯⋯⋯⋯⋯⋯⋯⋯⋯⋯王家新
地平线（外二章）⋯⋯⋯⋯⋯⋯⋯⋯宫 玺
为世界增添一分欢乐⋯⋯⋯⋯⋯⋯⋯查 干

评论·杂文
《人之诗》自序⋯⋯⋯⋯⋯⋯⋯⋯⋯绿 原

履行一条不糊弄读者的原则
——就《太子村的秘密》致谌容⋯⋯周良沛
探索军人感情世界的隐秘
——读《百家奶》⋯⋯⋯⋯⋯⋯⋯⋯韩瑞亭
思絮偶拾（之二）⋯⋯⋯⋯⋯⋯⋯⋯曾健为
套子·模子·路子⋯⋯⋯⋯⋯⋯⋯⋯红 耘

读者·作者·编者
本期新作者简介

1983 年第 1 期　刊名:《当代》
目录

中篇小说
有意无意之间⋯⋯⋯⋯⋯⋯曾德厚　木 杉
河的子孙⋯⋯⋯⋯⋯⋯⋯⋯⋯⋯⋯⋯张贤亮
威风乡人⋯⋯⋯⋯⋯⋯⋯⋯⋯⋯⋯⋯刘同兴
瓦楞上的草⋯⋯⋯⋯⋯⋯⋯⋯⋯⋯⋯姜 滇

报告文学
塞外传奇⋯⋯⋯⋯⋯⋯⋯⋯⋯孟驰北　张 列
最后一名选手⋯⋯⋯⋯⋯⋯⋯⋯⋯⋯李玲修
星，在天琴座中微笑⋯⋯⋯⋯⋯⋯⋯张正隆

短篇小说
南飞的燕子⋯⋯⋯⋯⋯⋯⋯⋯⋯⋯⋯甘永柏
春晨⋯⋯⋯⋯⋯⋯⋯⋯⋯⋯⋯⋯⋯⋯李尔钢
搬家⋯⋯⋯⋯⋯⋯⋯⋯⋯⋯⋯⋯⋯⋯苏 雷
羊群和波浪⋯⋯⋯⋯⋯⋯⋯⋯⋯⋯⋯陈敬容
加德满都诗柬⋯⋯⋯⋯⋯⋯⋯⋯⋯⋯邹荻帆
访罗诗简⋯⋯⋯⋯⋯⋯⋯⋯⋯⋯⋯⋯张志民
绿叶集⋯⋯⋯⋯⋯⋯⋯⋯⋯⋯⋯⋯⋯陈松叶
归来的小帆⋯⋯⋯⋯⋯⋯⋯⋯⋯⋯⋯刘畅园
龙飞凤舞⋯⋯⋯⋯⋯⋯⋯⋯⋯⋯⋯⋯叶延滨

评论·文论
一本非常及时的书
——评长篇小说《改革者》⋯⋯⋯⋯何孔周
"不可思议的魔术"
——艺术提炼的威力⋯⋯⋯⋯⋯⋯⋯马畏安
长篇小说《改革者》座谈会在京举行

本期新作者简介
重要启事

美术
山水写生（国画）⋯⋯⋯⋯⋯⋯⋯⋯苏彦斌
野渡⋯⋯⋯⋯⋯⋯⋯⋯⋯⋯⋯⋯⋯⋯吕小满

1983 年第 2 期 刊名:《当代》

目录

中长篇小说

跋涉者……焦祖尧

无名小卒……杨蛮仪

赝品……潮 清

短篇小说

当酸枣红了的时候……露 菲

最后一个渔佬儿……李杭育

矿东村 0 号……蒋法武

候车室外……梁秉堃

报告文学

事业催促着他

——记新型企业家陆东明……张佳邻 单 复

黄河的儿子

——记杨联康徒步考察黄河……张天来

散文·诗歌

花缘……岑 桑

暖帘……郑万鹏

断想……高伐林

月亮的思索（外三章）……雁 翼

在荒野上，在播种绿荫的追求里……刘 虔

致拓路者……张 岐

泥土（外二首）……陈丽霞

界碑之歌……王树田

瀑布（外一首）……边国政

透明的心……鲍雨冰

评论·杂文

向耕耘者和劳动者们致敬

——读《当代》两年来发表的报告文学有感……郭志刚

进击者的性格

——评《厂长今年二十六》……张同吾

小摆设和茶余饭后之谈……王 愚

读者之页

本期新作者简介

美术

村夜（木刻）……杜卓跃

1983 年第 3 期 刊名:《当代》

目录

一九八二年"《当代》文学奖"获奖作品篇目

报告文学

因为我爱……刘宾雁

选拔……杨志杰

中篇小说

惊心动魄……女人的名字是"弱者"吗?……刘亚洲

钢锉将军……肖 马

危险的脑疬……宋家玲

人约黄昏后……程树榛

小镇风情……毛志成

臭棋……苏 策

散文·诗歌

阿梅……阎纯德

知识，请让我的孩子……（外一首）……郑 敏

雨中……陈 犀

盐·邛海·西昌的月亮……周 纲

葡萄园情歌……郭维东

将军庙（外二首）……张朴夫

苹果树下……魏礼江

评论

重读《心祭》……阎 纲

本期新作者简介

马克思在柏林（木刻）……彭世强

1983 年第 4 期 刊名:《当代》

目录

中篇小说

将军离位之后……张锦江

女子们——《田园交响诗》之一……陶 正

远村……郑 义

六层楼上人家……高尔品

新月……金 速

她……沈小兰

短篇小说

怀念——《娘》续篇……京 夫

月亮走，我也走……田中禾

香港屋檐下（二题）……尚 政

报告文学

征服死神之路 ································ 曹 复

父亲啊父亲 ··················· 杨学泉 王文杰

散文·诗歌

巴黎街头（外一篇） ···················· 计红绪

啊，母亲！ ···························· 文武斌

我们做了父母 ························· 刘舰平

昨天的雨 ····························· 李 耕

北京印象 ···························· 张天明

寻找 ································ 郭宝臣

潭和云 ····························· 商子秦

冬播者 ····························· 吴 晓

评论

"从血管里出来的都是血"

——艺术提炼和作家的思想 ·········· 马畏安

古老黄河的灵魂

——评张贤亮的近作《河的子孙》 ········ 季红真

读者之页

重要启事

来信照登

本期新作者简介

青山隐隐水迢迢（塑料版刻） ············· 莫 测

1983 年第 5 期　刊名：《当代》
目录

中篇小说

啊，故土 ····························· 李小巴

在沿河村里 ·························· 蒋振邦

旅途 ································ 苏叔阳

我们是同行 ·························· 崔亚斌

祝你们幸福 ··················（蒙古族）乌雅泰

传记文学

傲骨——《笔下千骑——绘画大师徐悲鸿》（第一部）

··································· 郑 理

短篇小说

新客规今天生效 ······················ 姜 汤

把他赶走 ···························· 木 青

散文·诗歌

回忆我的父亲（上） ··················· 杨 绛

他的思想像星体在空中运行

——爱因斯坦礼赞 ················· 刘再复

青云谱 ····························· 峻 青

襄樊道上 ···························· 白舒荣

奇遇 ································ 田 间

妈妈的笑容（外一首） ·················· 金 哲

风 ································· 金 波

芭蕉 ································ 倪 林

踩高跷 ··················（蒙古族）阿拉坦托娅

评论

从小溪流到大海洋——读严文井的童话 ········ 陆贵山

石骆驼笔会（一） ············· 林斤澜 邓友梅

刘绍棠 张 锲等

为《朝花》停刊敬告作者读者

读者之页

本期新作者简介

黄河渡 ····························· 叶 欣

1983 年第 6 期　刊名：《当代》
目录

中篇小说

唐开五家事 ·························· 叶宗轼

冰河 ································ 郑 义

神秘的黑喇嘛山 ······················ 徐仁骥

报告文学

奋进之路 ··················· 褚水敖 费良琼

短篇小说

保姆 ································ 霍 达

双雷记 ····························· 裴 斐

望儿 ································ 刘文忠

鱼，还是自己钓的鲜 ··················· 刘贵贤

四月的夜 ···························· 高停云

散文·诗歌

《道路》小序 ························· 黄 华

道路 ································ 赵志萱

赤子情 ····························· 田珍颖

回忆我的父亲（下） ··················· 杨 绛

美国之旅 ···························· 李 瑛

石拱桥（外一首） ····················· 李发模

评论

评《钢挫将军》 ······················ 何孔周

现实感与历史感的沟通

——关于《在困难的日子里》和《有意无意之间》的

联想····································雷　达
真实、力量和美
——读《最后一个渔佬儿》·····················李福亮
石骆驼笔会（二）···王　蒙　刘宾雁　谌　容　苏叔阳等

本期新作者简介
一代天骄···································李亚军

中篇小说
骚动的节奏·································玉　湖
星·······································张曼菱
半山幺店··································李　静
山色··························晓　剑　严亭亭
恰同学少年······················杨　飞　杨　遐
子规啼····································大　可
生活之树常绿······························贺绪林
泥鳅塘纪事······················朱若松　胡晓春

短篇小说
囚情····································哲　中
路边轶事··································石山浩
空中飞人··································吕中山
有那样一排白杨······························吴季康
生活的启示································孟庆华
本期新作者简介

美术
封面设计··································何燕明
扉页画····································叶　欣
封三·····································姜　旗

散文·诗歌
神圣壮美的边疆——帕米尔纪行·······何启治　高小刚
过三苏祠··································李希凡
谁谓荼苦··································王善民
南方诗旅··································邹荻帆
冷月下的热土（组诗）·························周　涛
海鸥·····································匡　满
妻子·····································韩作荣
一首永恒的诗······························辛　笛
太阳花（外一首）····························哲　中
岷江·····································唐大同

评论
答读者问··································刘白羽
这才真正是大写的"人"——读郑义、刘亚洲两篇报
告小说有感································杨志杰

本期新作者简介
编者的话
山水（国画）·······························申定华

1984 年第 1 期　刊名:《当代》
目录

晨曲···································本刊编者

报告文学
绿染塞罕坝································潮　清

长篇小说
故土·····································苏叔阳

中短篇小说
明天，再见！······························郑万隆
张驴儿和他的驴······························喻清新
我不求人……·····························吴继忠
一个人的名字·······························许谋清
老牛筋···································张长维

1984 年第 2 期　刊名:《当代》
目录

中篇小说
雷暴·····································水运宪
普通党员··································王不天
父亲的叛逆································母国政
空中小姐··································王　朔
清凌凌的黄河水······························王家达

电影文学剧本
"中英街"这边的"司令"······················王国才

报告文学
女博士·························王林磊　秦增约
生命之钟··································谭　楷

散文·诗歌
旅港见闻录································陈祖德
"唐一万"和"张五千"·······················贾梦雷
她，这样对我说··················（蒙古族）查　干
航行了半个世纪（外一首）·····················顾　工
雪花，荒原的雪花···························郭小林

评论
讴歌我们的时代和人民·························穆　青
一个散文家所走过的道路·······················林　非

她在不断地追求——读竹林中篇小说集············峻 青
编者的话
本刊说明
晚风（木刻）·····································王 旭

本期新作者简介
说明与更正
雨··卜维勤

1984 年第 3 期　刊名:《当代》
目录

一九八三年"《当代》文学奖"获奖作品篇目

报告文学
主人——来自工业改革第一线的报告
······································张 锴 陈桂棣
希望在燃烧·································乔 迈
天山瀑·····································苏 予
西关明珠　光彩诱人
——记农民企业家李德海·················林 晚
并非海外奇谈
——在摩梭人母系大家庭作客···············李世义

中篇小说
动摇·······································胡尹强
雪，白色的，红色的……·····················吴 欢

短篇小说
麦客·······································邵振国
凳子上的实验心理学·························祖 慰
女大学生来到小美容店·······················林大华
兄妹之间···································一 玫
空空如也···································游铁民
我的亡友们·································雷 铎

散文·诗歌
踏青时节···································柯 蓝
写给拉萨的诗（组诗）·························黎焕颐
士兵的爱情（五首）·························峭 岩
讽刺诗两首·································易和元
海啊，迷人的热土···························刘 虔
美丽的厦门·································斯 婷
我愿做一株白莲···························孟 倩

评论
一幅当代生活的斑斓画卷——长篇小说《故土》座谈
会发言摘要
当代知识分子的心灵造影
——评长篇小说《故土》·····················冯立三
编者的话
读者之页

1984 年第 4 期　刊名:《当代》
目录

中篇小说
初夏·······································陈忠实
海水下面是泥土（报告小说）
——李大维讲的故事·······················刘亚洲
嘉陵江边一条街·····························曾宪国
见面·······································彭瑞高
一个女性的遭遇·····························贝 奇

报告文学
张旋风·······················李德复 郭 晨
并非海外奇谈（续完）
——在摩梭人母系大家庭作客···············李世义

短篇小说
紧闭的黑街门敞开了···························东 黎
西边的小树林·······························陈炳熙

散文·诗歌
玉华洞·····································郭 风
昆明一条路·································张志民
大理石·····································晓 雪
树种·······································孙友田
秋山霜叶及其他·····························高伐林
石榴·······································张德强
致河西走廊·································万家斌
牧人与马···································晓 桦
花粉囊·····································章德益

评论
《有一个美丽的地方》及其他···················曾镇南
感谢四面送来的温暖···························苏叔阳
本刊创刊五周年茶话会在京举行
编者的话

本期新作者简介
希望的风帆（木刻）···························卜维勤

1984 年第 5 期　刊名:《当代》
目录

电视连续剧剧本
千里跃进大别山⋯⋯⋯⋯何健生　鲁文浩　何　云

长篇小说
钟鼓楼（上）⋯⋯⋯⋯⋯⋯⋯⋯⋯⋯⋯⋯刘心武

中短篇小说
追日者⋯⋯⋯⋯⋯⋯⋯⋯⋯⋯⋯⋯⋯⋯霍　达
东平之死⋯⋯⋯⋯⋯⋯⋯⋯⋯⋯⋯⋯⋯庞瑞垠
碑⋯⋯⋯⋯⋯⋯⋯⋯⋯⋯⋯⋯⋯⋯⋯⋯蔚　春
木槿花⋯⋯⋯⋯⋯⋯⋯⋯⋯⋯⋯⋯⋯⋯农　弟

散文
访龙的故乡⋯⋯⋯⋯⋯⋯⋯⋯⋯⋯⋯⋯秦　牧
花儿为什么这样红⋯⋯⋯⋯⋯⋯⋯⋯张曼菱

诗歌
两代人⋯⋯⋯⋯⋯⋯⋯⋯⋯⋯⋯⋯⋯⋯罗　飞
敦煌二题（散文诗）⋯⋯⋯⋯⋯⋯⋯⋯嘉　昌
蒙古族牧人唱起古歌⋯⋯⋯⋯⋯⋯⋯周　涛
处女地⋯⋯⋯⋯⋯⋯⋯⋯⋯⋯⋯⋯⋯⋯杨　牧
需要一场透雨⋯⋯⋯⋯⋯⋯⋯⋯⋯⋯苏金伞
小小集⋯⋯⋯⋯⋯⋯⋯⋯⋯⋯⋯⋯⋯⋯黄明山
你这青葱的黄土地⋯⋯⋯⋯⋯⋯⋯⋯梅绍静
生命的鲜花⋯⋯⋯⋯⋯⋯⋯⋯⋯⋯⋯申力雯
岂止于希望⋯⋯⋯⋯⋯⋯⋯⋯⋯⋯⋯余薇野

评论
他和他的青年世界
——评《当代青年三部曲》兼及有关创作问题
⋯⋯⋯⋯⋯⋯⋯⋯⋯⋯⋯⋯⋯⋯⋯⋯雷　达
关于《海水下面是泥土》的一点说明⋯⋯刘亚洲
编者的话

本期新作者简介
天山脚下（木刻）⋯⋯⋯⋯⋯⋯⋯⋯⋯卜维勤

万元户主和猫⋯⋯⋯⋯⋯⋯⋯⋯彭东明　彭见明

长篇小说
钟鼓楼（下）⋯⋯⋯⋯⋯⋯⋯⋯⋯⋯⋯刘心武

话剧剧本
欧洲纪事⋯⋯⋯⋯⋯⋯⋯⋯⋯⋯⋯⋯⋯杜　宣

散文·诗歌
访龙的故乡（续完）⋯⋯⋯⋯⋯⋯⋯⋯秦　牧
江汉平原⋯⋯⋯⋯⋯⋯⋯⋯⋯⋯⋯⋯陈松叶
白鸽子·蓝星星⋯⋯⋯⋯⋯⋯⋯⋯⋯晓　桦
去格尔木之路⋯⋯⋯⋯⋯⋯⋯⋯⋯⋯昌　耀
呵，茉莉花——访问巴基斯坦诗笺⋯⋯纪　鹏
夏天⋯⋯⋯⋯⋯⋯⋯⋯⋯⋯⋯⋯⋯⋯刘少安
山道⋯⋯⋯⋯⋯⋯⋯⋯⋯⋯⋯⋯⋯⋯米思及

评论
交流与探索——烟台长篇小说笔会综述⋯⋯杨　柳
烟台长篇小说笔会部分发言⋯⋯⋯⋯杨佩瑾等
改革的时代呼唤改革的文学
——评《当代》的一组报告文学⋯⋯⋯张同吾
一个"浑小子"的真实自白
——读《雪，白色的，红色的⋯⋯》⋯⋯华　铭
编者的话
读者之页

本期新作者简介
北海冬景（木刻）⋯⋯⋯⋯⋯⋯⋯⋯⋯徐　冰

长篇小说专号
新星⋯⋯⋯⋯⋯⋯⋯⋯⋯⋯⋯⋯⋯⋯柯云路
夜深沉⋯⋯⋯⋯⋯⋯⋯⋯⋯⋯⋯⋯⋯马泉来
作者介绍

美术
封面设计⋯⋯⋯⋯⋯⋯⋯⋯⋯⋯⋯⋯⋯何燕明
扉页画⋯⋯⋯⋯⋯⋯⋯⋯⋯⋯⋯⋯⋯史济鸿
木刻（封二）⋯⋯⋯⋯⋯⋯⋯⋯⋯⋯王智远
石版画（封三）⋯⋯⋯⋯⋯⋯⋯⋯⋯吴长江

1984 年第 6 期　刊名:《当代》
目录

中短篇小说
大潮⋯⋯⋯⋯⋯⋯⋯⋯⋯⋯⋯⋯⋯⋯姜　滇
遥远的故乡⋯⋯⋯⋯⋯⋯⋯⋯⋯⋯⋯白　桦
儿子⋯⋯⋯⋯⋯⋯⋯⋯⋯⋯⋯⋯⋯⋯俞天白

1985 年第 1 期　刊名:《当代》
目录

长篇小说
啊，昆仑山⋯⋯⋯⋯⋯⋯⋯⋯⋯⋯⋯李斌奎

中篇小说

月到中秋·······················苏辛群
关山不绝云千叠···················谭　力
果园·························肖　陈

短篇小说

红麻·························张　炜
章范和章小范····················林斤澜
红发卡························马　悦
徐富养牛·······················张天蔚

谈艺录

略谈"就事论事的创作思路"············谭　云
读《远村》······················顾　言
大西北和西北文学··················高小刚
说短道长·······················余之鉴

诗歌·散文

雨后（叙事诗）····················郭小川
我跋涉过·······················严文井
大坝巍巍·······················碧　野
龙潭碧波育银鱼···················程树榛
良宵·························陈慧瑛
传感机器人······················周冰冰
寓言二则·······················黄瑞云

新诗一束

布依寨小景······················弋良俊
荆花·························阵　容
九月的吐鲁番····················晏　明
山沟·························金　哲

评论

葛川江的魅力····················王　蒙
一幅当代社会的全息摄影
——《新星》座谈会纪要···············本刊记者
在生活的激流中——评《新星》···········卫建林
与时代生活同步的《新星》·············孙武臣
致力于典型形象的塑造——评《跋涉者》·····郑波光
编者的话

本期新作者简介

1985 年第 2 期　刊名：《当代》
目录

中篇小说

老井·························郑　义
云中河························成　一
女人的力量······················雪　珂
红房子························李　锐

谈艺录

写作随谈两篇····················秦兆阳
"自我"与客观····················涂光群
写出同一类型人物的不同个性············傅铁铮

报告文学

寻找通向未来的路··················杨鑫基
把灵魂抵押给魔鬼的人·······佘开国　卢晓渤

短篇小说

《易经》专家····················曾毓秋
枯叶·························岳　瑟

台港作品

家（短篇小说）···········（中国台湾）莘　歌
崛起，龙的民族（诗歌）·······（中国香港）黄河浪

评论

变革与反思——评《钟鼓楼》············林大中
宏阔博大的历史感
——读刘心武长篇小说新作《钟鼓楼》·······张志忠
联合启事
编者的话
本期新作者简介

1985 年第 3 期　刊名：《当代》
目录

一九八四年"《当代》文学奖"获奖作品篇目

中篇小说

铁马冰河入梦来···················陈　冲
渭河五女················吴克敬　马友庄
北国之春·······················张曼菱
带伤的"黑豹"····················彭瑞高

传记文学

超越自我（一）····················陈祖德

短篇小说

云里雾里走马帮 ·········· 聂震宇
心是热的 ················ 山 海
灵魂的接触 ······ 康启昌 鲁 野
啊，那片红旗！ ·········· 张之路
淡蓝色的梦 ·············· 金彦君

台港作品

告密者 ············ （中国台湾）李 乔
堕胎记 ··········· （中国香港）温绍贤

散文·诗歌

滚滚金沙江 ·············· 唐大同
帕米尔情歌 ·············· 哲 中
大海拾零 ················ 李天芳
文化井 ·················· 姚 明
诗二首 ·················· 郭 蕊
今天 ···················· 莫文征
北方 ···················· 石太瑞

谈艺录

改革者形象杂谈 ·········· 闻 山
文学笔记（五则） ········ 张志民
欢呼文学新品种的诞生 ···· 胡德培
信息——作品 ············ 陈 辽

评论

探索人生真谛（《超越自我》序）···· 严文井
《远村》的历史意识和审美价值·········· 雷 达
"每一页都保持着高潮"的写手——读刘亚洲三篇作
品 ···················· 范咏戈
新的高度
——《钟鼓楼》座谈会纪要 ···· 本刊记者
编者的话
本期新作者简介

1985 年第 4 期　刊名:《当代》
目录

中篇小说

秋天的愤怒 ·············· 张 炜
闯坡 ···················· 姜 汤
生活的笑容 ·············· 薛宝新

长篇小说连载

南京的陷落（上） ········ 周而复

短篇小说

神马 ···················· 高 锋
再上青石坡 ·············· 郭登科
窗口 ···················· 陈 韧

传记文学

超越自我（二） ·········· 陈祖德
第 X 大发明
——目睹人工诱发根瘤"法术"散记 ···· 闻 山
搁浅 ···················· 马丽华

散文·诗歌

恩犬 ···················· 新凤霞
金丝燕，你在哪里？ ········ 刘先平
河水（散文诗） ·········· 谢先云
文学期刊版权保护工作座谈会纪要

1985 年第 5 期　刊名:《当代》
目录

中短篇小说

纸铐 ···················· 萧 马
将军的世界 ·············· 张聂尔
三线不配套工程 ·········· 晓 宫
荒沟边的火光 ············ 毛守仁

台港作品

幺哥的婚事（小说） ···· （中国香港）叶尾娜
春雷（散文） ········ （中国台湾）张我军

传记文学

超越自我（三） ·········· 陈祖德

长篇小说选载

南京的陷落（下） ········ 周而复

散文·诗歌

托福 ···················· 杨子敏
无边的草原上（外三首） ···· 孟伟哉
走到灯下 ················ 叶延滨
瀑布云 ·················· 程显谟
石子 ···················· 祖淑英

谈艺录

从"假托性"构思法谈开去（答某同志）···· 顾 言
树的联想 ················ 费良琼
创造自己的批评世界········ 罗强烈

评论
《啊，昆仑山！》读后感……………秦兆阳
蓄满生活之水的深井
——读中篇小说《老井》……………李　昕
编者的话
本期新作者简介
本刊和宜昌雪茄烟厂联合邀请作家举办文学讲座

1985 年第 6 期　刊名:《当代》
目录

报告文学
铸造神剑的人们……………李荣德　王学彦
自强不息的弄潮儿………………………叶　辛

中篇小说
战争让女人走开……………………韩静霆
古墙……………………………………李　锐
西北口…………………………………贾平凹
黑夜·森林·傻青………………………吴　欢
浮出海面…………………王　朔　沈旭佳

短篇小说
头条新闻………………………………崔　桦
魂兮归来………………………………王济民
骊歌……………………………………金光中

诗歌·散文
西沱镇即景……………………………邹荻帆
香港纪实（两篇）……………………丹　晨
沉思者（散文诗）……………………卢祖品

评论
太行儿女的旧歌与新歌——读《老井》……冯立三
诗化和深化了的愤怒——评《秋天的愤怒》……宋遂良
本期新作者简介
读者之页
一九八五年总目录

1986 年第 1 期　刊名:《当代》
目录

谈艺录
看哪，这棵智慧之树!……………………鲍　昌
艺术规律的童话………………………鲁　平

长篇小说
夜与昼（上卷）

——长篇小说《京都》第一部…………柯云路

中篇小说
野马……………………………………田东照
妯娌……………………………………韦君宜
永远的木垛……………………………叶　牟

报告文学
"世界第一商品"………………………理　由

短篇小说
四月……………………………………马未都
清明……………………………………白晓冬
外婆祭…………………………………许谋清
初三女生杨小妮的烦恼………………刘岩松
黄河之歌………………………………侯　波
当代舞会…………………（白族）那家伦

散文·诗歌
森林与森林老人………………………徐开垒
檐燕……………………………………李景田
潮思……………………………………张　岐
我是一块大理石………………………田　地
幻………………………………………张新泉

评论
关于《跋涉者》致焦祖尧…………………王汶石
反映抗日战争的全景性作品
——读《南京的陷落》……………………陈　辽

1986 年第 2 期　刊名:《当代》
目录

长篇小说
蛇神……………………………………蒋子龙
夜与昼（下卷）
——长篇小说《京都》第一部…………柯云路

谈艺录
文坛四忌………………………………郁林青
"文化意识"和文学"寻根"……………缪俊杰
这一瞬间凝结了永恒——读《古墙》漫想………郑　义

诗歌
目的（外二首）………………………屠　岸

散文
过阴……………………………………范若丁
水神之梦………………………………黄懿芬

1986 年第 3 期　刊名:《当代》

目录

中篇小说

古宅 ································ 俞天白

将军从巴黎归来 ···················· 张廷竹

孤独 ···························· 王海鸰

一个美男子的浮沉 ·········· 杨匡满　郭宝臣

长篇小说

夜与昼（补遗四章） ··············· 柯云路

报告文学

犁 ····························· 焦祖尧

短篇小说

铁匠沙亨中 ······················ 叶文玲

不夜 ···························· 叶明山

被拒绝的吻 ·············· （蒙古族）察森敖拉

巴岛桂荣 ························ 姚　锐

晚照 ···························· 王从学

台港文学

遇见玛丽的清晨 ·········· （中国台湾）王定国

礼物 ·················· （中国台湾）郭良蕙

散文・诗歌

两封信引起的故事 ················· 秦兆阳

太阳鱼 ·························· 赵丽宏

新诗一束

叶文福一首

晨梅一首

黄琼柳一首

黄成东一首

小诗人的诗

晓菲四首

刘梦琳二首

谈艺录

抠门儿哲学——文学随想录之一 ········ 顾　言

略谈"空灵"——文学随想录之二 ······· 顾　言

评论

人民文学出版社三十五年长篇小说创作漫评 · 胡德培

评《将军的世界》 ·················· 张　韧

《新星》引起的思考——北大团委《新星》座谈会纪

实 ···························· 江　毅

1986 年第 4 期　刊名:《当代》

目录

长篇小说

桑那高地的太阳 ··················· 陆天明

中篇小说

老师呵，老师 ····················· 木　杉

戒指葬礼 ························ 周　矢

报告文学

失去了，永不再有 ················· 乔　迈

散文・诗歌

遥远的思念 ······················ 王兆军

给妻子 ·························· 曲有源

大自然速写 ······················ 张守仁

地狱的大门像什么（外一首） ·········· 刘湛秋

故乡的山 ························ 莫文征

谈艺录

经济改革和文化艺术的撞击与反馈

——谈《新星》 ················· 童大林

地球村・审父・自剖 ··············· 刘心武

马奈的启示 ······················ 费良琼

评论

勇敢的探索　可喜的势头

——《夜与昼》座谈会纪要 ·········· 本刊记者

现代现实主义——从《夜与昼》谈我的艺术追求 ·· 柯云路

历史的报应与人的悲剧

——谈《活动变人形》及其他 ········ 曾镇南

《当代》七年 ····················· 朱盛昌

1986 年第 5 期　刊名:《当代》

目录

长篇小说

古船 ···························· 张　炜

中篇小说

隐秘的角 ························ 张聂尔

芸芸众生 ························ 霍　达

散文・报告文学

另一种生活 ······················ 孟晓云

爱在北大荒 ······················ 钱　怡

都市随想录⋯⋯⋯⋯⋯⋯⋯⋯⋯⋯⋯吴民民

短篇小说

远山里的帆⋯⋯⋯⋯⋯⋯⋯⋯⋯⋯张冀雪
朦朦胧胧六月天⋯⋯⋯⋯⋯⋯⋯廖西岚
麻三婶⋯⋯⋯⋯⋯⋯⋯⋯⋯⋯⋯⋯吕桂林

诗歌

应该烧掉的诗稿⋯⋯⋯⋯⋯⋯⋯张志民
一块未被开垦的处女地（外两首）⋯⋯刘纪胜

短诗一束

阿沁一首
杨克一首
刘晓霞二首
卞国福一首

评论

喜读《超越自我》⋯⋯⋯⋯⋯⋯⋯冰　心
读《跋涉者》⋯⋯⋯⋯⋯⋯⋯⋯⋯韦君宜
追求⋯⋯⋯⋯⋯⋯⋯⋯⋯⋯本刊评论员
《新星》及《夜与昼》的政治社会学分析⋯⋯何　新
关于《东平之死》⋯⋯⋯⋯⋯⋯⋯黄　源
事实·体裁·文学观念⋯⋯⋯⋯庞瑞垠
一部富有艺术探索精神的长篇小说
——《蛇神》座谈纪要⋯⋯⋯本刊记者
对中国传统文化的深刻反思——长篇小说《活动变人形》座谈纪要⋯⋯⋯⋯⋯⋯⋯⋯王小平

1986 年第 6 期　刊名:《当代》
目录

报告文学

万家忧乐⋯⋯⋯⋯⋯⋯⋯⋯⋯⋯⋯霍　达

中篇小说

孽障们的歌⋯⋯⋯⋯⋯⋯⋯⋯⋯⋯乔　瑜
大河上⋯⋯⋯⋯⋯⋯⋯⋯⋯⋯⋯罗学蓬
辣椒协会记事⋯⋯⋯⋯⋯⋯⋯⋯李　贵
夜的影⋯⋯⋯⋯⋯⋯⋯⋯⋯⋯⋯李贯通
青龙水库⋯⋯⋯⋯⋯⋯⋯⋯⋯⋯彭见明
带轮盘的打彩者⋯⋯⋯⋯⋯⋯⋯王兆军
沙蓬⋯⋯⋯⋯⋯⋯⋯⋯⋯⋯⋯⋯张作寒
老人湖⋯⋯⋯⋯⋯⋯⋯⋯⋯⋯⋯叶雨蒙

短篇小说

我之舞⋯⋯⋯⋯⋯⋯⋯⋯⋯⋯⋯史铁生

诗歌

唱歌的马——布痕瓦尔德所见所闻⋯⋯绿　原
无声的呼喊⋯⋯⋯⋯⋯⋯⋯⋯⋯陈志昂
潮⋯⋯⋯⋯⋯⋯⋯⋯⋯⋯⋯⋯⋯徐启华
无字碑（外一首）⋯⋯⋯⋯⋯⋯刘德庆

评论

当代历史的一个断面
——评《桑那高地的太阳》⋯⋯林大中

1987 年第 1 期　刊名:《当代》
目录

中篇小说

环湖崩溃⋯⋯⋯⋯⋯⋯⋯⋯⋯⋯杨志军
雪山作证⋯⋯⋯⋯⋯⋯⋯⋯⋯⋯金光中
藏蓝色的牧场⋯⋯⋯⋯⋯⋯（藏族）多杰才旦
唱着来唱着去——献给我永恒的情人⋯⋯张曼菱
蒿里行⋯⋯⋯⋯⋯⋯⋯⋯⋯⋯⋯何士光
雅堂⋯⋯⋯⋯⋯⋯⋯⋯⋯⋯⋯⋯京　夫
士兵正年轻⋯⋯⋯⋯⋯⋯⋯⋯⋯杨大镇

报告文学

明月几时有（征文）⋯⋯⋯⋯⋯贾宏图
流动的热土（征文）⋯⋯⋯⋯⋯杨匡满
"瓜匠"的墓志铭⋯⋯⋯⋯⋯⋯⋯郭慎娟

短篇小说

牛毛绳上的精灵⋯⋯⋯⋯⋯⋯⋯马洁身
缺点优选法和优点淘汰症⋯⋯⋯孟伟哉
阳台与海⋯⋯⋯⋯⋯⋯⋯⋯⋯⋯聂鑫森
今人都不吹⋯⋯⋯⋯⋯⋯⋯⋯⋯许　淇
公共厕所设计师⋯⋯⋯⋯⋯⋯⋯方英文

诗歌·散文

长江魂——一组献给长江漂流探险队员的颂歌和挽歌
⋯⋯⋯⋯⋯⋯⋯⋯⋯⋯⋯⋯⋯李　瑛
儿童书和我的家族⋯⋯⋯⋯⋯⋯严文井
登壶公山⋯⋯⋯⋯⋯⋯⋯⋯⋯⋯郭　风
驼背鲸的歌声⋯⋯⋯⋯⋯⋯⋯⋯张黎明
田塍⋯⋯⋯⋯⋯⋯⋯⋯⋯⋯⋯陈所巨
两头公鹿（寓言）⋯⋯⋯⋯⋯⋯黄瑞云

谈艺录

文学随想录⋯⋯⋯⋯⋯⋯⋯⋯⋯顾　言
我们的自信⋯⋯⋯⋯⋯⋯⋯⋯⋯白　桦
文学三块说⋯⋯⋯⋯⋯⋯⋯⋯⋯舟　仓

评论

论《新星》《夜与昼》的政治、文化价值-------徐明旭
多研究些问题，少标榜些"主义"-------陈 冲
对知青运动的再认识——长篇小说《桑那高地的太阳》座谈会-------本刊记者

1987 年第 2 期　刊名:《当代》
目录

长篇小说
白海参-------邓 刚

报告文学
公仆-------邢军纪
君子兰之谜-------邓加荣
心蚀——对何雪山、袁宝琳两起泄密案的综合反思
　　　　-------张卫华　张 策
先人该是欢欣还是哭泣?（征文）-------焦祖尧
周原奇葩（征文）-------南来苏

中篇小说
南温河波涛-------陈道阔
运河风-------李 锐

短篇小说
刀石-------姜 滇
散香-------韩钟亮
军法在战前执行-------陆颖墨
吸力-------胡 健

散文·诗歌
博斯腾湖的回忆-------杨羽仪
老马湾，妈妈的老马湾-------马小弥
早晨和孩子-------苏金伞
断想两题　　　（维吾尔族）克里木·霍加
自省-------苏 敏
济南、北京举行座谈会讨论长篇小说《古船》
　　　　-------本刊记者

1987 年第 3 期　刊名:《当代》
目录

长篇小说
第二个太阳-------刘白羽

中篇小说
寂寞的山谷-------崔金生

告别十九岁-------马 悦
对照检查五重奏-------王 毅

报告文学
东方之谜-------蒋 巍
柴达木情思-------冯君莉

短篇小说
药鱼塘的钓鱼风波-------周 天
幽深的古井-------刘连枢
假如你是凤凰-------曾 璞
太阳的滋味-------刘岩松
小镇的一段传说-------陈 染

诗歌·散文
人啊生命啊（外一首）
　　——读《海伦·凯勒自传》-------牛 汉
赞美（外一首）-------钱叶用
塞上的歌（外一章）-------哲 中
海的光谱（外一首）-------向 明
绿草地（外一章）-------祖淑英
年轻的果树-------卢晓渤
礼花-------周之德
星-------王为政
小镇早晨-------陈振藩
深山杜鹃红-------阎豫昌
也算情诗（外一首）-------杜 红
流星-------尹 璞

1987 年第 4 期　刊名:《当代》
目录

报告文学
到大兴安岭火区去
　　——报告文学《大兴安岭森林大火灾》绪篇---乔 迈
大爆炸——献给哈尔滨亚麻厂的英雄儿女-------贾宏图

中篇小说
祁连人-------邵振国
下辈子变只鸟-------苏 雷
女儿湖-------刘健安
惶惑-------王小平
副导演日记-------罗 辛

短篇小说
太阳升起的时候-------赵锐勇
棋逢对手-------古光亮

散文·诗歌

夜行拾悬峡 ———————————————— 彭　慧
草原神韵 —————————————————— 高维晞
白夜，在漠河 ————————————————— 王晓廉
无名河（外一首）———————————————— 钟代华
山野的夕光 ————————————————— 宋家玲
空白（外一首）———————————————— 姜强国
凝眸 ——————————————————— 斯　妤
俄罗斯的黑荞麦 ———————————————— 刘德亮

1987 年第 5 期　刊名:《当代》
目录

报告文学

漠河大火记
——大兴安岭森林大火灾（正篇）————————— 乔　迈
白天鹅之死
——关于人、社会、生物圈的思考 ——— 刘大伟　黄朝晖

中篇小说

少将 ——————————————————— 乔　瑜
热血 ——————————————————— 海　岩
胭脂碧 —————————————————— 陆昭环
虎年车祸 —————————————————— 申力雯
陋巷 ——————————————————— 马　铭
冰凉的阳光 ————————————————— 王　刚

短篇小说

第五个电话 ————————————————— 杨林林
极地 ————————————————（藏族）意西泽仁
莫名其妙 —————————————————— 莫怀戚

诗歌·散文

黑犍牛 —————————————————— 钱叶用
河中水手 —————————————————— 周志强
巴山和巴山的舞 ———————————————— 关　华
郊外人家 —————————————————— 李兰妮
梦 ———————————————————— 刘祖春

评论

民族心史的一块厚重碑石——论《古船》————— 雷　达

谈艺录

由"狂泉"想到的 ———————————————— 刘　征
生活的原色和喜剧性的表现 —————————— 何开四
探索新的人生价值和小说美感 ———————— 花　建

1987 年第 6 期　刊名:《当代》
目录

长篇小说

衰与荣（《京都》第二部上卷）———————— 柯云路

报告文学

和当代中学生对话 ———————————— 肖复兴

短篇小说

循环 ——————————————————— 王海鸰
谎祸 ——————————————————— 少　鸿
天堂门窄窄的 ————————————————— 曹硕龙

散文

岁寒心——我心目中的父亲黄克诚 ————— 妹　子
编辑的忏悔 —————————————————— 韦君宜

诗歌

龙啊，我在找你（外一首）—————————— 朱增泉
古老的启示 ————————————————— 苗得雨
哦，银杉 —————————————————— 晨　梅
《改革大潮中的年轻人》"火凤凰"杯报告文学征文
获奖作品揭晓
《当代》一九八七年总目录

1988 年第 1 期　刊名:《当代》
目录

长篇小说

衰与荣（《京都》第二部下卷）———————— 柯云路

报告文学

世界大串连（"中国潮"征文）————— 胡　平　张胜友
州官刨地球（"中国潮"征文）————————— 李延国

中篇小说

等待起飞 —————————————————— 薛尔康
我川北的忘年交 ———————————————— 庞泽云

诗歌·散文

我喜欢灯，喜欢灯光 —————————————— 顾　工
旅情 ——————————————————— 洁　泯
横与竖的哲学构想 ———————————————— 凌代坤
忆草地——谨以此诗献给老战士路易·艾黎
　　　　　　　　　　　　　　　　　　[新西兰] 周　林
中午（外一首）———————————————— 嵇亦工

寓言………………………………………龙世辉

评论
我所看到的《古船》…………………………陈 涌
沉重的回顾与欣悦的展望
——再论《古船》……………………………冯立三

1988 年第 2 期　刊名:《当代》
目录

中篇小说
星期天的寻觅………………………………王海鸰
爱的超越……………………………………张同吾
东北角………………………………………刘国民
食客天子………………………………………林 深
大鸟…………………………………………张宗杙

报告文学
极地丰碑………………………………秦文玉　马丽华
强国梦——当代中国体育的误区……………赵 瑜
无名小卒之歌——来自成都群众艺术馆的报告
……………………………………李林海　蒋 力

短篇小说
绝唱…………………………………………姜云生
绿度母………………………………………艾 蓓
月亮…………………………………………左 泓

散文·诗歌
拥抱生活的古华……………………………施叔青
山林里的童话（三章）……………………严春生
高原沉思（三首）……………………………哲 中
乌篷船………………………………………周志强
龙和凤凰……………………………………黄 堃
柏树与我（外一首）…………………………胡 鹏
古塔…………………………………………刘向东

评论
历史的新声——《第二个太阳》简评…………张志忠
本刊组织部分作家赴海南参观访问
编者的话
本期新作者简介

1988 年第 3 期　刊名:《当代》
目录

长篇小说
商界（上）………………………钱石昌　欧伟雄
改革题材的新开拓（责编谈作品）……………常振家

报告文学
国殇（"中国潮"报告文学征文）………………霍 达
一九八七年中国第五号新闻人物——关广梅纪实
（"中国潮"报告文学征文）…………………李宏林

中短篇小说
玛瑙江纪实…………………………………范若丁
山鉴…………………………………………志 鹏
一百名死者的最后时刻……………………孟伟哉
耽妄…………………………………………脚 印
达子香………………………………………王国才
年当三十……………………………………罗唐峰
丑八…………………………………………吴海元

散文·诗歌
巴金回家记…………………………………马识途
小草，凋谢在岳麓山下………………………缪俊杰
情系蓝天……………………………………杨 觉
访美散文诗（外三章）………………………杨 彦
无歌的金钟花………………………………祖淑英

谈艺录
和联邦德国朋友谈《古船》……………………公 刘
下雪别忘穿棉袄………………………………蓝 翎
长篇小说艺术琐谈……………………………何镇邦
批评漫议……………………………………王必胜
时代大潮的鸣响——报告文学《世界大串连》座谈纪
要…………………………………………本刊记者

1988 年第 4 期　刊名:《当代》
目录

报告文学
前门外的新大亨…………………罗来勇　陈志斌
恼人的物价怪圈………………………………邓加荣

长篇小说
商界（下）………………………钱石昌　欧伟雄

中短篇小说

为什么流浪？ ———————————— 张曼菱
雅蜜 ———————————————— 许　淇
芦苇深深 ————————————— 刘　淮
云中城 ————————————— 常　罡
门口 ———————————————— 许　榕
姜太公在此 ———————————— 巴　波

诗歌·散文

流浪的恒星 ———————————— 伊　蕾
裸露的田野 ———————————— 郭宝臣
太阳（外二首） ———————————— 周之德
旅台诗草 ————————————— 黄河浪
只问你的姓名（外一首） —————— 杜　红
哦，新篁 ————————————— 王承典
神女峰 ————————————— 吴宝三
对话 ———————————————— 史晓京
阳光 ———————————————— 席君秋

评论

既是荒唐的，又是实在的——读中篇小说《等待起
飞》 ———————————— 杜文园　庄来来
《古船》的两种历史观 —————————— 汪　晖
人物的审美化与不可解的奥秘 ————— 靳大成

1988 年第 5 期　刊名:《当代》
目录

长篇小说

大上海沉没（《纵横大上海》之一，上）——— 俞天白
改革关键时刻的警世之作（责编谈作品）
　　　　　　　　　　　　　　　　　　何启治

中短篇小说

补天石 ————————————— 毕淑敏
小说五题 ————————————— 鲍　昌
　吴伦
　方便面
　龙年大吉
　胡天儿
　"瘗旅文"
绿玻璃 ————————————— 魏心宏
生活之旅 ————————————— 洪　峰

报告文学

就业迪斯科（"中国潮"报告文学征文）——— 张　波
中国小镇（"中国潮"报告文学征文）
　　　　　　　　　　　　金敬迈　何继新

散文

表舅母 ————————————— 斯　妤
半道上来个天津客 ———————— 马小弥

评论

更广阔、更深入地表现改革时代的人生——长篇小说
《衰与荣》座谈纪要 ———————— 本刊记者
深沉的反思，理性的评判——报告文学《强国梦》座
谈纪要 ————————————— 本刊记者

1988 年第 6 期　刊名:《当代》
目录

报告文学

权柄魔术师 ———————— 戴　煌　宋　禾
（附记：再加点透明度）
白头吟——写给一亿中国老年人 ———— 田　天
撬动杠杆的人 ———————————— 尹强儒

长篇小说

大上海沉没（下） ———————————— 俞天白

短篇小说

老谎 ———————————————— 万克玉
一百名死者的最后时刻（六题） ———— 孟伟哉

诗歌·散文

日本之旅 ————————————— 李　瑛
我的春天 ————————————— 晓　雪
唐山地震废墟前的沉思 ———————— 何启治
六盘山（外一首） ———————————— 姚学礼
月下 ———————————————— 阿　丁
四月的兰香 ———————————— 卞国福
故乡月 ————————————— 郭光豹
出路 ———————————————— 高　放
雪雨 ———————————————— 陈　渌
那个时刻 ————————————— 周佩红

谈艺录

简单的结论和复杂的展开
　——谈一种文学现象 ——————— 王　愚
漫说现实主义四题 ———————— 洁　泯
国殇与国运
　——报告文学《国殇》讨论会纪要 ——— 本刊记者
《国殇》作者致读者的信 ———————— 霍　达

函授学员作品选登

恐惧 ———————————————— 罗唐峰

旅途⋯⋯⋯⋯⋯⋯⋯⋯⋯⋯冷慰怀
给助产员⋯⋯⋯⋯⋯⋯⋯⋯张文泉
赠⋯⋯⋯⋯⋯⋯⋯⋯⋯⋯⋯倪 莉
致友⋯⋯⋯⋯⋯⋯⋯⋯⋯⋯郝艳茹
《当代》一九八八年总目录

1989 年第 1 期　刊名:《当代》
目录

纪实文学
一百个人的十年⋯⋯⋯⋯⋯⋯冯骥才
阿拉斯加,阿拉斯加!⋯⋯⋯⋯高小刚

中篇小说
研究生院的爱情故事⋯⋯⋯⋯陈世旭
国际走廊⋯⋯⋯⋯⋯⋯⋯⋯艾 蓓
恬淡⋯⋯⋯⋯⋯⋯⋯⋯⋯⋯乔 瑜
南风⋯⋯⋯⋯⋯⋯⋯⋯⋯⋯田中禾
孽缘⋯⋯⋯⋯⋯⋯⋯⋯⋯⋯王小平

报告文学
世界第 X 特区——深圳(征文)⋯⋯雷 铎
逃港者(征文)⋯⋯⋯⋯⋯⋯陈安先

诗歌
牛河梁遗址⋯⋯⋯⋯⋯⋯⋯陈松叶
老人与江⋯⋯⋯⋯⋯⋯⋯⋯杨 彦
电话⋯⋯⋯⋯⋯⋯⋯⋯⋯⋯申力雯
满天星⋯⋯⋯⋯⋯⋯⋯⋯⋯张丽萍
成功⋯⋯⋯⋯⋯⋯⋯⋯⋯⋯孙晓君
长篇小说《商界》讨论会在广州举行⋯⋯本刊记者
梧州市文联、文化局与本刊联合举办"鸳鸯"江组稿
会⋯⋯⋯⋯⋯⋯⋯⋯⋯⋯⋯本刊记者

函授学员作品选登
龙骨⋯⋯⋯⋯⋯⋯⋯⋯⋯⋯鞠庆华
野物⋯⋯⋯⋯⋯⋯⋯⋯⋯⋯杜家荣
十七岁是多梦的季节⋯⋯⋯⋯魏义芳
回眸⋯⋯⋯⋯⋯⋯⋯⋯⋯⋯熊 伟

1989 年第 2 期　刊名:《当代》
目录

中篇小说
甲光⋯⋯⋯⋯⋯⋯⋯⋯⋯⋯张 弛
编后小议(责编谈作品)⋯⋯⋯周昌义
堡垒沉没⋯⋯⋯⋯⋯⋯⋯⋯阎明国
幺姑镇⋯⋯⋯⋯⋯⋯⋯⋯⋯傅 恒

女性三原色⋯⋯⋯⋯⋯⋯⋯申力雯
生命在高原⋯⋯⋯⋯⋯⋯⋯赵伯涛

报告文学
塑像(征文)⋯⋯⋯⋯⋯吴 剑 董国军
迷人的光环(征文)
——公关热大扫瞄⋯⋯杨林林 柳明淑
汉城留下的记忆⋯⋯⋯⋯⋯鲁 光

短篇小说
头骡,骡头⋯⋯⋯⋯⋯⋯⋯岑隆业
老人和红飘带⋯⋯⋯⋯⋯⋯李汉平
小楼风波⋯⋯⋯⋯⋯⋯⋯⋯陆涛声

诗歌·散文
美丽地生活着吧⋯⋯⋯⋯⋯王英琦
风动石⋯⋯⋯⋯⋯⋯⋯⋯⋯陈文和
红土地⋯⋯⋯⋯⋯⋯⋯⋯⋯陈志泽
橄榄绿的离别⋯⋯⋯⋯⋯⋯何 毓
年龄⋯⋯⋯⋯⋯⋯⋯⋯⋯⋯金 重
不想知道⋯⋯⋯⋯⋯⋯⋯⋯雨 田

谈艺录
"失去了"引起的思索⋯⋯⋯许 可
《古船》之谜和我的思考⋯⋯刘再复
报告文学,伸出你的两翼⋯⋯胡 平

评论
文学的"当代"风采⋯⋯⋯⋯李炳银
《大上海沉没》引起热烈反响⋯⋯雨 露

函授学员作品选登
回到月亮湾⋯⋯⋯⋯⋯⋯⋯阎长春
人生的支点⋯⋯⋯⋯⋯⋯⋯周 遐
等着你⋯⋯⋯⋯⋯⋯⋯⋯⋯陆玉红
潭⋯⋯⋯⋯⋯⋯⋯⋯⋯⋯⋯荒 林

1989 年第 3 期　刊名:《当代》
目录

创刊十周年的一点表白⋯⋯⋯本刊编辑部

探索性作品
大气功师(长篇小说·上卷)⋯⋯柯云路

报告文学
中国的眸子⋯⋯⋯⋯⋯⋯⋯胡 平
中世纪的童话(责编谈作品)⋯⋯刘 茵

中篇小说

遥远的阳光⋯⋯⋯⋯⋯⋯⋯⋯⋯⋯⋯⋯王 刚

似曾相识的陌生⋯⋯⋯⋯⋯⋯⋯⋯⋯毛志成

T 城怪杰⋯⋯⋯⋯⋯⋯⋯⋯⋯⋯⋯⋯玉 湖

短篇小说

O 舍纪事⋯⋯⋯⋯⋯⋯⋯⋯⋯⋯⋯⋯易 丹

十六岁少女的漫长夏天⋯⋯⋯⋯⋯⋯林 白

征集⋯⋯⋯⋯⋯⋯⋯⋯⋯⋯⋯⋯⋯⋯吴碧莲

诗歌·散文

风暴摧折的森林⋯⋯⋯⋯⋯⋯⋯⋯⋯匡 满

漓江，永恒的恋人（外一章）⋯⋯⋯曾有云

雨浴⋯⋯⋯⋯⋯⋯⋯⋯⋯⋯⋯⋯⋯⋯孔祥雨

她们⋯⋯⋯⋯⋯⋯⋯⋯⋯⋯⋯⋯⋯⋯王为政

黑眼睛女人⋯⋯⋯⋯⋯⋯⋯⋯⋯⋯⋯张黎明

西湖的小巴⋯⋯⋯⋯⋯⋯⋯⋯⋯⋯⋯王 彬

评论

痛楚而不由自主地燃烧着的灵魂——评申力雯的《女

性三原色》兼及中短篇创作的特色⋯⋯⋯⋯⋯缪俊杰

函授学员作品选登

送别⋯⋯⋯⋯⋯⋯⋯⋯⋯⋯⋯⋯⋯⋯刘雪珍

师训⋯⋯⋯⋯⋯⋯⋯⋯⋯⋯⋯⋯⋯⋯王丽丽

来文照登：中共凉山州委对报告文学《权柄魔术师》

发表异议

白毛驴⋯⋯⋯⋯⋯⋯⋯⋯⋯⋯⋯⋯⋯曾 平

罢棺⋯⋯⋯⋯⋯⋯⋯⋯⋯⋯⋯⋯⋯⋯杜文和

散文·诗歌

同在一幅天空下⋯⋯⋯⋯⋯⋯⋯⋯⋯周佩红

旅痕⋯⋯⋯⋯⋯⋯⋯⋯⋯⋯⋯⋯⋯⋯奚学瑶

老人湖⋯⋯⋯⋯⋯⋯⋯⋯⋯⋯⋯⋯⋯欧阳斌

父亲⋯⋯⋯⋯⋯⋯⋯⋯⋯⋯⋯⋯⋯⋯姜云生

短诗一组

杜 离　张昆华　苏 婷　周之德　道宇鸣山　刘

恒志

谈艺录

《大上海沉没》与城市文学勃兴⋯⋯⋯⋯⋯⋯⋯张 炯

评论

作家的眼光勇气和魄力

——致《大上海沉没》的作者⋯⋯⋯⋯⋯⋯荒 煤

大上海的新史诗——谈俞天白的长篇新作《大上海沉

没》⋯⋯⋯⋯⋯⋯⋯⋯⋯⋯⋯⋯⋯⋯⋯⋯何镇邦

文化小说与现实生活相沟通的巨制——首都文学界举

行《大上海沉没》得失研讨会⋯⋯⋯⋯⋯⋯江 河

且化浓墨写港湾⋯⋯⋯⋯⋯⋯⋯⋯⋯⋯⋯张东焱

函授学员作品选登

蓝伞⋯⋯⋯⋯⋯⋯⋯⋯⋯⋯⋯⋯⋯⋯黄宗广

1989 年第 4 期　刊名:《当代》
目录

中篇小说

青纱帐，母亲⋯⋯⋯⋯⋯⋯⋯⋯⋯⋯刘子成

争议人物⋯⋯⋯⋯⋯⋯⋯⋯⋯⋯⋯⋯胡 健

洁白的风帆⋯⋯⋯⋯⋯⋯⋯⋯⋯⋯⋯秦兆阳

告别维丽⋯⋯⋯⋯⋯⋯⋯⋯⋯⋯⋯⋯陈吉蓉

女特警⋯⋯⋯⋯⋯⋯⋯⋯⋯⋯⋯⋯⋯盛 李

探索性作品

大气功师（长篇小说·中卷）⋯⋯⋯柯云路

报告文学

火热与冰冷的回旋（征文）⋯⋯⋯⋯杨 菁

短篇小说

该是透明夜⋯⋯⋯⋯⋯⋯⋯邓 斌　冯 森

湖心⋯⋯⋯⋯⋯⋯⋯⋯⋯⋯⋯⋯⋯⋯陆颖墨

拜佛的老人⋯⋯⋯⋯⋯⋯⋯⋯⋯⋯⋯木 杉

1989 年第 5 期　刊名:《当代》
目录

报告文学

希望之海（征文）⋯⋯⋯⋯⋯⋯⋯⋯孟 可

解冻（征文）⋯⋯⋯⋯⋯⋯⋯⋯⋯⋯贾宏图

沿着历史的河道开拓（征文）⋯⋯⋯毕国昌

中篇小说

美人泉华⋯⋯⋯⋯⋯⋯⋯⋯⋯⋯⋯⋯莫怀戚

皇天后土⋯⋯⋯⋯⋯⋯⋯⋯啸 客　马慧娟

男人有脑，女人有心⋯⋯⋯⋯⋯⋯⋯郭 彦

短篇小说

钓蟹⋯⋯⋯⋯⋯⋯⋯⋯⋯⋯⋯⋯⋯⋯墨 瑶

远方⋯⋯⋯⋯⋯⋯⋯⋯⋯⋯⋯⋯⋯⋯方 了

探索性作品

大气功师（长篇小说·下卷）⋯⋯⋯柯云路

诗歌·散文

戈壁海 ·································· 李 瑛
女性二章 ························· 若 子
四季 ·································· 马畏安
生命的迷茫（外一首） ········· 申爱萍

1989 年第 6 期 刊名:《当代》

目录

报告文学

吴冠中 ·················· 王为政 霍 达
魔水里有一片天 ········ 冯颖平 袁亚平
中国公安的脊梁 ················· 吕永岩

中篇小说

界碑下，有一座孤坟 ············· 祝风潮
父亲与河 ························· 刘毅然
永失我爱 ························· 王 朔
马背硬，驴背软 ················· 万克玉

短篇小说

迷路 ·································· 燕 燕
失落的球 ························· 苏叔阳
新居夜话 ························· 陈炳熙
土地纪事 ························· 厚 夫

散文·诗歌

慈母心，故乡情 ················· 程树臻
白菜花 ···························· 木 青
寄远友 ···························· 苏小玲
海之梦 ···························· 郭宝臣
采风短波 ························· 尹世霖
老屋（外一首） ················· 莫文征
无奈 ······························ 许 力
《当代》一九八九年总目录
就《大气功师致读者》

《当代外国文学》

【简 介】

　　综合性文学季刊。南京大学外国文学研究所主办。创刊于 1980 年。其奉行"拿来主义"原则，积极译介外国文学作品，促进中国文学的发展。设有当代外国文学专论、长篇小说节译、中篇小说、短篇小说、诗歌、散文、外国作家访谈、中国作家与外国文学、文坛动态和学术信息等栏目，并经常推出"主题研究专辑"和"国别文学专辑"等。其还不定期推出青年园地、博士论坛和当代译林文学书评等专栏。

期刊号:1980 年第 1 期—1989 年第 4 期

致读者

　　在党的十一届五中全会精神的鼓舞下，《当代外国文学》创刊了。

　　《当代外国文学》是南京大学外国文学研究所主办的学术性文学季刊，是交流科学研究成果，开展学术讨论，介绍外国文学的园地。它主要刊载当代美国、苏联、英国、法国、日本以及德语、西班牙语国家文学的评论和作品，为系统评介当代外国文学，为高等学校外国文学的教学，为提高全民族的科学文化水平，实现新时期的总任务服务。

　　林彪、"四人帮"否定中外文化遗产，反对继承借鉴，反对洋为中用，禁止阅读、研究外国文学。他们横行十年，造成了我们对当代外国文学的无知或知之甚少。为了尽快地改变这种状况，我们认为鲁迅先生在三十年代倡导的"拿来主义"，在一定程度

上依然适用于今天。 因此，我们要在认真地实事求是地研究、评论的基础上，以较多的篇幅译载当代外国反映社会生活、具有一定进步倾向和较高艺术水平、而又有代表性的文学作品。 我们要以当代为主，兼及近代较为优秀的文学作品。 这将有助于我们了解外国文学的概貌，有助于我们了解外国人民的社会生活、文化传统、风俗习惯和思想情操。

当代外国文坛上，作家众多，流派纷繁。 作品题材广泛，体裁多样，风格互异，优劣不等。 同时当代外国文学发展迅速，作品层出不穷，许多新作家和新作品在我国尚待评介。 我们要肃清极左路线的流毒，解放思想，实事求是，克服困难，做好这一工作。 在外国文学的研究和翻译工作中。 我们将努力坚持马列主义、毛泽东思想，坚持百花齐放、百家争鸣、洋为中用的方针。 我们希望，这个刊物不但能够促进当代外国文学的研究工作，还有助于培养锻炼更多优秀的外国文学评论和翻译人才。

《当代外国文学》诞生于我国向四个现代化进军的长征途中，我们决心紧跟全国人民向四化进军的脚步，在外国文学工作中继往开来，为我国的社会主义文化建设作一点贡献。 由于缺乏经验，水平有限，我们的编辑工作中缺点和错误一定不少。 我们热诚期待广大读者提出宝贵的批评和建议。 本刊创办伊始，承蒙各方面热情支持，谨表示衷心的感谢。

1980 年第 1 期　刊名:《当代外国文学》
目录

致读者
报复（小说）——————[苏联]高尔基　叶水夫译
萨特和存在主义——————————冯汉津
禁闭（剧本）——————[法国]让-保尔·萨特
张月楠译　谷　冰校
墙（小说）————[法国]让-保尔·萨特　远　岫译
可尊敬的妓女（剧本）——————[法国]让-保尔·萨特
杨　剑译
西德工人文学——————————胡宗健
打烊了（小说）————[西德]马克斯·封·德·格昌恩
钟　民译
铁门（小说）——————[西德]彼得·绍尔恩海默
李清华译

中短篇小说
海明威短篇小说三篇——————————杨仁敬译
明亮的晨星——————[美国]理查·赖特　任　托译
绿叶丛中惊雷鸣
——————[巴拉圭]奥古斯托·罗亚·巴斯托斯
宁　西译

蛇迹——————————[日本]佐野洋　陈德文译

剧本
我们在下面签字——————[苏联]亚·盖利曼　李忠清译

1980 年第 2 期　刊名:《当代外国文学》
目录

反映当代美国社会的一面哈哈镜
——试评冯尼古特及其小说的思想性和艺术性
————————————————张子清
五号屠场（小说）——————[美国]库尔特·冯尼古特
代　姑译
漫谈维尔高尔及其《黑夜的武器》——————汪文漪
《黑夜的武器》（小说）——————[法国]维尔高尔
肖　夷译
在轮下（中篇连载）——————[德国]赫尔曼·黑塞
张佑中译　叶逢植　校
露水姻缘（小说）——————[英国]威廉·骚墨赛·毛姆
俞凤娣译
埃奈斯特叔叔（小说）——————[英国]阿兰·西利托
奇　青译
不比人差（小说）——————[苏联]弗·亚·卡尔波夫
张　敏译
每星期天早晨见一面（小说）
——————[苏联]瓦·伊·别洛夫　石　霖译
日本的俳句——————————————陈德文译
等待勒夫梯（剧本）——————[美国]克利福德·奥德茨
任　俊译
（资料述评）苏联文学研究在西方——————薛君智

1981 年第 1 期　刊名:《当代外国文学》
目录

略论苏联"前线一代"作家的三部中篇小说
————————————————陈敬咏译
萨什卡（中篇小说）——————[苏联]维·康德拉季耶夫
杨岱勤、宋东方、袁玉德译
谈谈赫尔曼·黑塞的小说《在轮下》——————楚　旭
在轮下（续集）——————[德国]赫尔曼·黑塞
张佑中译　叶逢植校
陶工的爱情（小说）——————[法国]皮埃尔·加玛拉
宋维洲译
遗嘱（小说）——————[法国]安德烈·莫鲁瓦
王士元译
崇山峻岭（小说）——————[美国]约翰·斯坦倍克
王汉梁译

家庭会议（小说）················[苏联]阿·阿列克辛

陆桂荣、蒋望明译

1981 年第 2 期　刊名:《当代外国文学》
目录

法国荒诞派戏剧评介
贝凯特及其剧作················蒋庆美

　　啊，美好的日子!　　夏 莲 江 帆译

　　剧终··················冯汉津译

约内斯库和《秃头歌女》············高 强

　　秃头歌女·················史 亦译

中短篇小说
肖像······[英国]奥尔德斯·赫胥黎　方 非译

考德威尔短篇小说两篇············田 力译

逃走

切玉米面包的刀

斯图雅特短篇小说两篇

风暴···················奇 青译

感恩节的猎手················王汉梁译

西德短篇小说两篇

在桥头···················吴 姝译

政府的朋友·················望 宁译

利金短篇小说三篇··············陆肇明译

古代纪事

玻璃珠钱包

雨声

海鸥在呼叫···········[苏联]阿利菲·卡苏莫夫

刘璧予 曹缦西译

诗歌
法国博里斯·维昂诗三首···········张月楠译

红色手推车（外一首）

···········[美国]威廉·卡洛斯·威廉斯

老 安 子 清译

作家谈创作
辛格谈创作·········[美国]凯瑟·波利特　徐 新译

评论
无"巧"成书的秘密

——利金短篇小说艺术特色初探·······陆肇明

《呼啸山庄》·······[英国]威廉·骚姆赛·毛姆

杨 苡译

简讯一则

封面为萨缪尔·贝凯特的速写像

1981 年第 3 期　刊名:《当代外国文学》
目录

纪念高尔基逝世四十周年
高尔基短篇小说的思想艺术特色·······李辉凡

高尔基与儿童文学·············谭得伶

高尔基儿童文学作品五篇

挨饿的孩子们（速写）···········孙静云译

孤儿··················张佩文译

吊刑··················陆 琰译

雅什卡（童话）··············仲 文译

爱的故事················周 圣译

"垮掉的一代"述评············赵一凡

附:《嚎叫》（选译）

··········[美国]阿伦·金斯伯格　赵一凡译

"垮掉的一代"短诗选

·······[美国]阿伦·金斯伯格等　赵毅衡译

中短篇小说
普鲁士军官·······[美国]戴·赫·劳伦斯　朱 雍译

白痴优先·······[美国]伯纳德·马拉默德　奇 青译

昂代斯玛先生的午后

·········[法国]玛格丽特·杜拉　王道乾译

安东妮特小姐的钻石

·········[法国]菲利西安·马尔索　谷 冰译

西德短篇小说三篇

黑夜三圣人··········沃尔夫冈·波舍尔特　吴 姝译

两兄弟············海因茨·皮昂特克　贺艳玲译

费利克斯偷表记·········瓦尔特·鲍尔　殷克琪译

苏联短篇小说两篇

在浴室里············米·左琴科　徐记忠译

神秘国的使者··········尤·纳吉宾　杨岱勤译

作家谈创作
趁我们还活着的时候

·········[苏联]维·康德拉季耶夫，袁玉德译

评论
美国文学中的高雅艺术和通俗艺术

··········道格拉斯·弗里克　老 安 子 清译

1981 年第 4 期　刊名:《当代外国文学》
目录

中篇小说
给麻疯病人的吻

·········[法国]弗朗索瓦·莫里亚克　石横山译

库卡拉恰··········[苏联]诺·顿巴泽　近 远译

金饭碗⋯⋯⋯⋯⋯⋯⋯[美国]约翰·契佛　张柏然译
早来的黄昏
⋯⋯⋯⋯⋯⋯[苏联]彼·鲁·普罗斯库林　应天士译

短篇小说
被罚出场
⋯⋯⋯⋯⋯⋯[奥地利]赫伯特·艾森莱希　倪仁福译
父与子⋯⋯⋯⋯⋯⋯[苏联]伊凡·沙米亚金　石国雄译
一个伟大的公社社员的故事
⋯⋯⋯⋯⋯⋯⋯[苏联]费·阿勃拉莫夫　张家霖译

剧本
玻璃动物园⋯⋯⋯[美国]田纳西·威廉斯　东　秀译

诗歌
加姆扎托夫诗四首⋯⋯⋯⋯⋯⋯⋯⋯⋯王乃倬译

评论
鲁迅关于当代外国文学的论述（摘录）
当代西德文学述要⋯⋯⋯⋯⋯⋯⋯⋯⋯张　黎
莫里亚克及其成名作《给麻疯病人的吻》⋯杨　剑
田纳西·威廉斯的早期作品⋯⋯⋯⋯⋯⋯左　宜
迷惘与探索
——浅析《教授的女儿》的主人公路易莎的形象
⋯⋯⋯⋯⋯⋯⋯⋯⋯⋯⋯⋯⋯⋯遐　思
封面为美国当代作家田纳西·威廉斯像

1982 年第 1 期　刊名:《当代外国文学》
目录

中篇小说
茜朵⋯⋯⋯⋯⋯⋯⋯⋯[法国]柯莱特　邱海婴译
卡尔普欣⋯⋯⋯⋯[苏联]格·巴克兰诺夫　李忠清译

短篇小说
加拿大莫利·卡拉汉短篇小说两篇
两个钓鱼人⋯⋯⋯⋯⋯⋯⋯⋯⋯⋯⋯易晨枫译
小小务实家⋯⋯⋯⋯⋯⋯⋯⋯⋯⋯⋯刘池子译
秘鲁胡利奥短篇小说五篇
地下室里的泡沫⋯⋯⋯⋯⋯⋯⋯⋯⋯徐鹤林译
授予维吉尼娅的奖章⋯⋯⋯⋯⋯⋯⋯徐尚志译
法维奥拉小姐⋯⋯⋯⋯⋯⋯⋯⋯⋯⋯倪华迪译
发生在老宅中的不幸争吵⋯⋯⋯⋯⋯赵飞飞译
夜遇⋯⋯⋯⋯⋯⋯⋯⋯⋯⋯⋯⋯⋯⋯魏　民译
情侣⋯⋯⋯[奥地利]海尔塔·克雷夫特纳　戴奎生译
那边随风自由吹动
⋯⋯⋯⋯⋯⋯⋯⋯[美国]比尔·古里克　王桂岚译

剧本
秋天的马拉松
⋯⋯⋯⋯⋯⋯[苏联]亚历山大·沃洛金　鼎　真译

评论
世界语文学⋯⋯⋯⋯⋯⋯⋯⋯⋯⋯⋯⋯叶君健
引起争议的当代苏联剧作家沃洛金⋯⋯鼎　真
《莫利·卡拉汉短篇小说集》评介⋯⋯黄仲文
论欧·享利的短篇小说⋯⋯⋯⋯⋯⋯⋯易　平
封面为法国当代作家柯莱特像

1982 年第 2 期　刊名:《当代外国文学》
目录

长篇小说
喧嚣与愤怒（选译）
⋯⋯⋯⋯⋯⋯⋯[美国]威廉·福克纳　尚　希译
浪女回归（连载）
⋯⋯⋯⋯⋯⋯⋯[巴西]若热·亚马多　陈敬咏译

短篇小说
福克纳短篇小说两篇
钢铸的半人半马怪⋯⋯⋯⋯⋯⋯⋯⋯张子清译
跑进院内的骡子⋯⋯⋯⋯⋯⋯⋯⋯⋯张俊焕译
茨威格历史小说两篇⋯⋯⋯⋯⋯⋯⋯水　石译
滑铁卢具有世界意义的一分钟
"贴上封条的"列车
索洛乌欣短篇小说三篇
面包上的蜜⋯⋯⋯⋯⋯⋯⋯⋯⋯⋯⋯东　方译
晴雨表⋯⋯⋯⋯⋯⋯⋯⋯⋯⋯⋯⋯⋯东　方译
重逢⋯⋯⋯⋯⋯⋯⋯⋯⋯⋯⋯⋯⋯⋯沈　治译
一个像马一样的人
⋯⋯⋯[危地马拉]阿雷瓦洛·马尔蒂内斯　王央乐译
玛特莫尔的雨
⋯⋯⋯⋯⋯⋯[法国]吉尔贝·塞斯布隆　刘自强译
过桥⋯⋯⋯⋯⋯⋯[英国]格雷厄姆·格林　姚锦清译
狼回来了⋯⋯⋯⋯[西德]汉斯·本德尔　张佳钰译

评论
威廉·福克纳几部小说简介⋯⋯⋯⋯⋯丁　三
一部有世界影响的作品
——法捷耶夫的《毁灭》在中国⋯⋯⋯薛君智
斯蒂芬·茨威格及其创作⋯⋯⋯⋯⋯⋯李清华
浅析索洛乌欣散文作品的艺术特色⋯⋯宋东方
封面为美国当代作家威廉·福克纳像

1982 年第 3 期　刊名:《当代外国文学》
目录

长篇小说

浪女回归（续完）
　　——————[巴西]若热·亚马多　陈敬咏译

中篇小说

若卡斯特——————[法国]安纳托尔·法朗士　张月楠译
秘密——————[苏联]鲍里斯·罗欣　沈治译

短篇小说

殉道者的鲜血——————[美国]斯梯芬·贝纳特
金国嘉译　杨正润　校
美国詹姆斯·法雷尔短篇小说三篇
美国生活的好处——————奇　青译
白人专用——————孔德芳译
肥皂——————鲁　宁译
蚀刻画——————[英国]休·西摩·沃尔波　吴克明译

评论

论法朗士——————徐知免
亚马多《浪女回归》的人物形象与情节结构———陈敬咏
封面为法国作家法朗士像

1982 年第 4 期　刊名:《当代外国文学》
目录

长篇小说

美国（长篇选译）
　　——————[奥地利]弗朗兹·卡夫卡　夏长乐译
看不见的人（长篇选译）
　　——————[美国]拉尔夫·艾里森　怡　薇　蔓　紫译

短篇小说

分身女人——————[法国]马塞尔·埃梅　高　强译
青鬃马——————[苏联]谢罗·汉札江　张家霖译

诗歌

瓦·费奥多罗夫诗选译——————王乃倬译
毕业宴会——————[加拿大]肯·密切尔　吴翔林译

剧本

五个夜晚——————[苏联]亚·沃洛金　白嗣宏译

评论

当代美国小说概论（一）——————施咸荣

《看不见的人》浅析——————梁　羽
费奥多夫的诗及其他——————王乃倬
简论卡夫卡的长篇小说《美国》——————洪天富
封面为奥地利作家卡夫卡像

1983 年第 1 期　刊名:《当代外国文学》
目录

长篇小说

花边女工——————[法国]帕斯卡尔·莱内
何敬业　张寅德译　安　扬校
阴雨天——————[苏联]弗·田德里亚科夫　路　石译

短篇小说

阿兰·罗布－格里耶短篇小说选译
反射景象三题——————谷　冰译
海滨——————宋维洲译
舞台——————宋维洲译
约翰·契佛短篇小说两篇
五点四十八分的慢车——————夏　日译
爱情的几何学——————徐　新译
博尔赫短篇小说三篇——————陈凯先译
女海盗
代表大会
那一位
一个早晨的故事——————[苏联]康·费定　靳　戈译
七月——————[苏联]米哈伊乐·罗欣　过继高译
夜的秘密——————[法国]米歇尔·图尼埃　王钟华译
当家人——————[爱尔兰]弗·奥康纳　朱　雍译
猎人格拉库司
　　——————[奥地利]弗朗茨·卡夫卡　董祖祺译

评论

马克思、思格斯的作家论——————陈　辽
试论二十世纪法国文学——————罗大冈
当代美国小说概论（二）——————施咸荣
"新小说"漫步——————冯汉津
"描绘正面事物与反面事物之间的斗争"——石国雄
博尔赫斯和他的短篇小说——————陈凯先
亨利·古龙热的《永别了，疯妈妈》——————钱林森
未来小说之路
　　——————[法国]阿兰·罗布-格里耶　谷　冰译
现代小说中的"人物"
　　——————[法国]阿兰·罗布-格里耶　郑振华译
封面为法国作家阿兰·罗布－格里耶像

1983 年第 2 期　刊名:《当代外国文学》
目录

中篇小说

桑给巴尔————————[西德] 阿尔弗莱德·安德施
戴奎生译　舒昌善校
欢乐————————[苏联] 鲍·祖巴文　聂刚正　王志棣译

短篇小说

云影·古堡·湖光
　　　　————[美国] 弗拉基米尔·纳博科夫　王汉梁译
真正的朋友
　　　　————[英国] 威廉·骚姆赛·毛姆　杨绍北译

评论

当代欧美悲剧理论述评————————陈瘦竹
当代美国小说概论（三）————————施咸荣
《桑给巴尔》浅论————————张佑中
欢乐从何而来
——祖巴文的中篇小说《欢乐》评介
　　　　————————王志棣　聂别正
西方的一种新诗体——具体诗————陈光孚　汪建
封面为当代西德作家阿尔弗莱德·安德施像

1983 年第 3 期　刊名:《当代外国文学》
目录

中篇小说

温泉旅馆————————[日本] 川端康成　叶渭渠译
致命的一击————————[法国] 玛格丽特·尤瑟娜尔
周光怡　刘国政译
在那里————————[美国] 杰齐·柯辛斯基　缪华伦译

短篇小说

日本横光利一短篇小说两篇
　　蝇————————陈德文译
　　春天的马车曲————————唐月梅译
美国托马斯·沃尔夫敌小说两篇
　　幽暗的森林————————羲　苏译　珠　涧校
　　远与近————————砾坚译　羲　苏译
阿尔卡的歌————————[苏联] 阿·伊凡诺夫　吴俊忠译
遗物————————[美国] 弗吉尼亚·沃尔夫　李　萍译
教师的一课
　　————[西德] 汉斯·威尔纳·里希特　屈国华译
两幕短剧————————[美国] 珍妮·波莱斯　吴令瑜译

诗歌

与谢野晶子诗三首————————林　璋译
未来————————[比利时] 爱米尔·凡尔哈伦　杨松河译

散文

普里什文散文选译————————李忠清译

评论

最后一代贵族的自由
——致命的一击评析————————应天士
试谈新感觉派的特征————————叶渭渠
简议萨特的小说《恶心》————————杨　剑
托马斯·沃尔夫长篇小说浅析————————羲　苏译
再次小议文学与现实（作家谈创作）
　　————————[哥伦比亚] 加·加·马尔克斯
仇新年译　屠孟超校
封面为法国当代作家玛格丽特·尤瑟娜尔蒙

1983 年第 4 期　刊名:《当代外国文学》
目录

中篇小说

帕斯库亚尔·杜阿尔特一家
　　————————[西班牙] 卡米洛·何塞·塞拉
屠孟超　徐尚志　魏　民译
伊万————————[苏联] 弗拉基米尔·鲍戈莫洛夫
袁玉德译
空中之鹫————[西德] 西格弗里德·伦茨　婕　缇译

短篇小说

退休————————[法国] 达尼埃尔·布朗瑞　孙　源译

诗歌

法国阿波利奈尔诗三首————————徐知免译
蒙纳德诺克山上观花有感
　　————————[美国] 盖尔威·金内尔　张子清译

评论

外国文学的译介与我国小说在“五四”前后的发展
　　————————柳　鸿
试论苏联二十年代的文学团体——拉普————沈　治
追踪时代的艺术探索
——格拉宁长篇小说《一幅画》试析————杨岱勤
塞拉及其代表作《帕斯库亚尔·杜阿尔特一家》
　　————————屠孟超
少年英雄“伊万”的形象————————袁玉德
冷静的反抗文献——《空中之鹫》主题简释————张佑中
封面为西班牙当代作家玛卡米洛·何塞·塞拉像

1984 年第 1 期　刊名:《当代外国文学》
目录

中篇小说
空中之鹫 ········· ［西德］西格弗里德·伦茨　婕　缇译
农庄 ········· ［美国］约翰·厄普代克　盛　宁译

短篇小说
不安的价值
　　········· ［墨西哥］阿马多·内尔沃　倪华迪译
特殊使命 ········· ［匈牙利］拜塔尔·布尔　顾宗英译
八封谈 ········· ［日本］阿刀田高　吴之桐译
此人是谁 ········· ［西德］库特·库森贝格　董祖祺译

报告文学
广岛浩劫 ········· ［美国］约翰·赫西　郑　达译

诗歌
雅克·普雷韦尔诗歌选译 ········· 冯汉津译

散文
让·齐奥诺散文三篇 ········· 罗国林译
　　朱尔先生的故事
　　特利埃夫之秋
　　冬

评论
谈谈荒诞派剧本《等待戈多》 ········· 陈　嘉
"冲浪人"厄普代克简论 ········· 盛　宁
让·齐奥诺的创作道路 ········· 罗国林
当代法国诗人雅克·普雷韦尔 ········· 冯汉津
封面为美国当代作家约翰·厄普代克像

1984 年第 2 期　刊名:《当代外国文学》
目录

中长篇小说
黑色方尖碑（长篇连载）
　　········· ［德国］雷马克　水　石译
秘密伙伴 ········· ［英国］约瑟夫·康拉德
子　明译　遐　思校

短篇小说
暂停 ········· ［法国］克洛德·阿维林　益　之译
苡葳特——一九四三年的故事
　　········· ［法国］艾尔莎·特丽奥莱　孙　原译
大雨茫茫 ········· ［苏联］钦基兹·艾特玛托夫　莫　琮译

在刽子手和狂人中间 ········· ［奥地利］巴赫曼
郭鸣琴译

诗歌
苏联名家诗选 ········· 王乃倬译

散文
日本散文八篇
闲话柿子 ········· 水上勉　刘光宇译
松江印象记 ········· 芥川龙之介　仰文渊译
奇怪的声音 ········· 夏目漱石　林怀秋译
杭州花信 ········· 青木正儿　英　渡译
红叶之海 ········· 永井路子　梁传宝译
文明的旅行 ········· 森木哲郎　朱美珍译
山百合 ········· 德富芦花　陈德文译
情书的回报 ········· 金田一春彦　谭晶华译

戏剧
残酷的游戏 ········· ［苏联］阿·阿尔布卓夫　沈渝来译

评论
简介列宁和高尔基的文学交往 ········· 陈　辽
康拉德的中篇小说《秘密伙伴》简析 ········· 刘海平
浅析阿尔布卓夫剧作《残酷的游戏》 ········· 沈渝来
封面为德国当代作家雷马克像

1984 年第 3 期　刊名:《当代外国文学》
目录

长篇小说
黑色方尖碑 ········· ［德国］雷马克　水　石译

中篇小说
寡妇船
　　········· ［苏联］伊·格列科娃　程　文　王俊义译

短篇小说
澳大利亚享利·劳森短篇小说两篇 ········· 蒋虹丁译
　　两童工
　　鬼工
投水救肋业 ········· ［日本］菊池宽　乔　山　柳　桑译
暗夜中的灯塔 ········· ［澳大利亚］莫里斯·卢里
黄源深译
米书 ········· ［法国］布拉·德·罗布莱斯　郑若麟译
钥匙放在鞋垫下面 ········· ［法国］马塞尔·埃梅　范　荣译

诗歌
法国艾吕雅诗六首 ········· 周海珍译
英国德拉玛尔诗五首 ········· 张英进译

评论

哀歌、壮歌和颂歌——格列科娃:《寡妇船》评析
————————————————————应天士
雷马克及其《黑色方尖碑》————————李清华
封面为澳大利亚当代作家享利·劳森像

1984 年第 4 期　刊名:《当代外国文学》
目录

中篇小说

瓦西蓬戈————————[厄瓜多尔]豪尔赫·伊卡萨
屠孟超　徐尚志译
埃马纽埃尔生命中的一季
————[加拿大]玛丽—克莱尔·布莱　程曾厚译
再见,奇普斯先生————[英国]詹姆斯·希尔顿
朱　雍译

短篇小说

井上靖短篇小说
少年————————————————————陈德文译
帽子————————————————————吴之桐译
撒网————————————俞　琦译　望　宁校
赛马————————————————————周国龙译

评论

泰戈尔和中国新诗————————————柳　鸿
印第安人的揭露与控诉
——《瓦西蓬戈》浅析————————徐尚志
加拿大法语文学和布莱的小说《埃马纽埃尔生命中的
一季》————————————————————程曾厚
试评奥德茨的剧作《等待勒夫梯》————徐　新
封面为加拿大当代作家玛丽—克莱尔·布莱像

1985 年第 1 期　刊名:《当代外国文学》
目录

长篇小说

尤扎斯(附评析)
————[苏联]尤奥扎斯·巴尔图希斯　张　敏译

中篇小说

蜥蜴————[法国]让—路易·居尔蒂斯　张月楠译
大孩子离家————[美国]理查·赖特　田　静译
火与云————————[美国]理查·赖特　微　秀译

短篇小说

蒙蒙秋雨(两篇)————[苏联]弗·利金　陆　琰译

旅程
结冰的小路
竹编与鲜花————————[日本]水上勉　吴之桐译

散文诗

爱人的礼物————————[印度]泰戈尔　施蛰存译

中国当代作家谈外国文学

共同的财富————————————————陆文夫

国外对中国当代作家的评论

高晓声创作简评————————[美国]约翰·契纳雷
柯　力译

外国当代著名作家专访

访问法国“新小说”作家
阿兰·罗布—格里耶————————————徐知免

评论

王尔德的唯美主义理论和他的喜剧————陈瘦竹
柯切托夫的几部长篇小说析论————————宋东方

1985 年第 2 期　刊名:《当代外国文学》
目录

中篇小说

蝗虫之日(附评析)————[美国]纳撒尼尔·韦斯特
杨仁敬译
军阀的影子————[墨西哥]马丁·路易斯·古斯曼
陈凯光译
阿丽娜————————[瑞士]夏尔·裴迪南·拉穆
周宗武　邓丽丹译

短篇小说

真理何在————————[奥地利]英格博格·巴赫曼
方维贵译
艾莉娅————————[法国]勒克莱齐奥　王钟华译
樱桃————————————[日本]太宰治　范满怡译
英国苏珊·希尔短篇小说两篇
　　监护人————————————————李　俭译
　　哈洛伦的孩子————————————吴燕泉译

中国当代作家谈外国文学

就教于世界文学研究者————————————高晓声

外国当代著名作家专访

英国作家安东尼亚·伯特夫人访问记————王希苏
民主德国作家约阿希姆·诺沃特尼专访
————————————————婕　缇　润　峰

评论

论苏联战争题材的三部"全景小说"…………陈敬咏
西班牙内战后的小说概述………………屠孟超

1985 年第 3 期　刊名:《当代外国文学》
目录

中篇小说
阿信………………[日本]桥田寿贺子　凌大波译
暮年之恋………[联邦德国]马克斯·封·德·格律恩
钟　健译
物(附评析)………[法国]乔治·佩雷克　高　强译
最美好的岁月………………[美国]薇拉·凯瑟
毛华奋　孙淦钊译

短篇小说
梦话……………[斯洛伐克]约·普什卡什　耿龙明译
一个哀伤的邮差的故事
…………………[南斯拉夫]米什科·克南耶克　张咏白译
法国儒勒·絮佩维埃尔短篇小说三篇
大海的女儿　赛马续篇　小路和池塘………徐家顺译
阴暗的饭厅……[乌拉圭]费利斯贝尔托·埃尔南德斯
杨志源译　屠孟超　校
施密特先生办案………………[联邦德国]沃尔夫
迪特里希·施努雷　钱　杰译
纪多最后一次扮演行吟诗人
…………………[联邦德国]赫伯特·罗森多尔夫　屈国华译

诗歌
比利时范德尔加门诗六首………………杨松河译
死亡赋格曲………[奥地利]保尔·采兰　徐晓蓉译

报告文学
米尔登霍尔珍宝………………[英国]罗尔德·达尔
徐　新译

科学文艺
机器人迷途记………………[美国]艾萨克·阿西莫夫
顾明栋译　素　聪校

外国当代著名作家专访
乔伊斯·卡洛尔·欧茨访问记
…………………[美国]桑福德·平斯格　章祖德译
评论
死亡赋格曲浅谈………………………徐晓蓉
外国文艺与中国话剧的兴起………………柳　鸿
封面为日本当代作家桥田寿贺子像

1985 年第 4 期　刊名:《当代外国文学》
目录

中篇小说
爬藤………………[委内瑞拉]罗慕洛·加列戈斯
魏　民译　宁　希校
埃尔泽小姐………………[奥地利]阿图尔·施尼茨勒
吴麟绶译　李清华校
情人………………[法国]玛格丽特·杜拉丝
蒋庆美译　理　达校

短篇小说
旅居者………………[美国]卡森·麦卡勒斯
付灿邦　卓新贤译

诗歌
英国莫莉·霍尔登诗三首…………袁绍奎　何　名校

外国当代著名作家专访
日本女作家仁木悦子访问记………………陈德文

评论
玛格丽特·杜拉丝和她小说《情人》………刘自强
人性黑暗的悲剧
——简析戈尔丁小说《蝇王》………………鲁承毅
封面为法国当代作家玛格丽特·杜拉丝

1986 年第 1 期　刊名:《当代外国文学》
目录

中篇小说
蜘蛛………………[法国]亨利·特鲁瓦亚　秋　实译
斯列坚卡大街上的会晤
………………[苏联]维·康德拉季耶夫　袁玉德译

诗歌
秋………………[苏联]叶·叶甫图申科　杜骏遥译

中国当代作家谈外国文学
广泛的借鉴有利于更快地提高………………艾　煊

外国当代著名作家专访
艾德林漫谈中国当代文学………………应天士

评论
瓦普察洛夫和他的诗歌………………赵瑞蕻

封面为苏联作家维·康德拉季耶夫像

1986 年第 2 期　刊名:《当代外国文学》
目录

中篇小说

扭转乾坤·······[日本]大西信行　龚志明　刘宗和译
情侣·····················[德国]汉斯·法拉达
楚　润　裴胜利译　水　石校

短篇小说

流浪孩子·······················[美国]乔·卡·欧茨
林　霏　钟　逊译
旅行推销员·················[美国]华莱士·斯特洛纳
郭凤高译
克诺尔格博士的结局···········[德国]赫尔曼·黑塞
朱雁冰译
巴拉圭罗亚·巴斯托斯短篇小说两篇·······李修民译
苏联尤里·特里丰诺夫短篇小说两篇·······石国雄译

诗歌

法国保尔·瓦莱里诗三首················徐知免译
附：评析　我的诗为什么难懂············杜青钢译
室生犀星诗歌五首····················孙久富译

中国当代作家谈外国文学

外国文学管见录························梅汝恺

评论

芝加哥文艺复兴时期美国中西部草原诗人·······张子清
封面为德国当代作家汉斯·法拉达像

1986 年第 3 期　刊名:《当代外国文学》
目录

中篇小说

上帝的小土地（附评析）
······[美国]厄斯金·考德维尔　王希苏　赵砾坚译
法兰西风情·············[法国]罗歇·马丹·杜加尔
周克希译

短篇小说

晚年·······[美国]艾萨克·巴施维茨·辛格尔
黄桂珊译
赌博和烤鸭·········[奥地利]汉斯·卡尔·阿尔特曼
朱校廷译
优待价格·············[联邦德国]西格费里德·伦茨

屈国华译
钟·····················[英国]穆丽尔·斯帕克　王治奎译
散文两题·············[西班牙]安娜·玛丽亚·马图特
晓　明译

诗歌

美国当代诗歌四首······················赵毅衡译

中国当代作家谈外国文学

江苏作家和美国学者座谈海明威小说追记·······杨仁敬

外国当代著名作家专访

和野间宏的一席谈······················陈德文

评论

六十年代美国的探索性小说··················钱　青
封面为法国当代作家罗歇·马丹·杜加尔像

1986 年第 4 期　刊名:《当代外国文学》
目录

中篇小说

绞架上的光芒（附评析）
·········[民主德国]安娜·西格斯　叶逢植译
索菲娅·列昂尼多夫娜
·········[苏联]康·西蒙诺夫　张秋瑾译

短篇小说

一位作家的遗书
·········[奥地利]阿尔图尔·施尼茨勒　张玉书译
假黑人·········[美国]弗兰纳利·奥康纳　余　墨译
男人们的事情
·········[秘鲁]胡利奥·拉蒙·里贝伊洛　杨志源译

散文

自然记事·············[法国]儒勒·列那尔　徐知免译

国外对中国当代作家的评价

简评中国女作家张洁的两部长篇小说
·········[联邦德国]蒂尔曼·施彭勒　李清华译

外国当代著名作家专访

访克洛德·西蒙························高　强

评论

重视评介国外科学的文艺理论················柳　鸿
西蒙诺夫的名篇《索菲娅·列昂尼多夫娜》评介
·······································郑泽生

封面为民主德国作家安娜·西格斯像

1987 年第 1 期　刊名:《当代外国文学》
目录

中篇小说

灭亡————（附评析）[法国]埃尔维·巴赞　钱林森译
良好的愿望（附评析）
　　　　　[西班牙]马克斯·奥夫　屠孟超译

短篇小说

奸恶————[日本]源氏鸡太　周国龙译

评论

心理分析学派悲剧理论述评————陈瘦竹
封面为法国作家埃尔维·巴赞像

1987 年第 2 期　刊名:《当代外国文学》
目录

中篇小说

再会，明儿见————[美国]威廉·马克斯威尔
刘锡珍　吉海玲译
七重天————[苏联]古·伊·潘吉基泽　耿龙明译

短篇小说

书痴————[联邦德国]西格费里德·伦茨　董祖祺译
门房难当————[联邦德国]马丁·瓦尔泽　徐纪贵译
鬼魅————[奥地利]玛丽·路易斯·卡施尼茨
高剑秋译
夜里老鼠是睡觉的
　　　[联邦德国]沃尔夫冈·博尔歇特　周　芸译
一个黑夜————[爱尔兰]萨缪尔·贝凯特　裴志康译

诗歌

日本当代女诗人爱情诗三首————罗兴典译
苏联抒情五首————王乃倬译

戏剧

休伊————[美国]尤金·奥尼尔　刘海平译

中国当代作家谈外国文学

我与外国文学————海　笑

国外对中国当代文学的评述

现代派文学在中国
　　　[美国]罗伯特·凯利　张柏然　葛良彦译

外国当代著名作家专访

关于《福楼拜》的谈话
　　　　[法国]让—保尔·萨特　杨　剑译
在东山魁夷家里做客————陈德文

评论

奥尼尔和他的独幕剧创作————刘海平
"无论歌，无论诗……"
——伊萨科夫斯基《卡秋莎》的启示————王乃倬
苏联战争题材的纪实文学————陈敬咏

1987 年第 3 期　刊名:《当代外国文学》
目录

中篇小说

残酷的金钱
　　　[法国]乔治·阿尔诺　王允道　谢章涛译
鲜花献给阿利斯夫人
　　　　[美国]保罗·加利科　海曙红译
号手————[洪都拉斯]罗伯托·卡斯蒂略　月　余译

短篇小说

儿童的心————[德国]赫尔曼·黑塞　朱雁冰译

诗歌

图莱诗四首————[法国]图莱　张英进　苏静波译
国外对中国当代文学的评论
中国文艺发展的重要里程碑
　　　　[苏联]谢·托罗普采夫　张家霖译

评论

普鲁斯特的寻觅————刘自强
《残酷的金钱》琐谈————王允道
奥地利当代文学概况
　　　　[奥利地]米森伯克　华宗德　徐晓蓉译

纪念陈嘉先生逝世一周年

一代宗师————姚永彩等
我的父亲陈嘉教授————陈凯先
年老的教授，年轻的心————张子清
封面为法国作家普鲁斯特像

1987 年第 4 期　刊名:《当代外国文学》
目录

中篇小说

最后胡同（附评析）

·················[苏联]拉扎尔·卡列林　余一中译

长途行军·················[美国]威廉·斯泰伦

张俊焕译　奇　青校

短篇小说

走廊·················[日本]壶井荣　帅松生译

火云·················[日本]　井上靖　乐　水译

与德林的重逢

·················[联邦德国]海因里希·伯尔　梁家珍译

乌尔蒂打来电话的那一天

·················[联邦德国]埃斯特尔·克诺尔·安德斯

屈国华译

公墓上的新鲜事

·················[民主德国]沃尔夫冈·科尔哈泽　江燮松译

前人·······[新西兰]莫里斯·沙德博尔特　杜瑞清译

散文

费朗索瓦兹·萨冈散文三篇·······林　浙译　陆秉慧校

中国当代作家谈外国外文学

走一步，说一声"再见"·················黄蓓佳

文论

加拿大英语文学的特征和发展·······黄仲文　张锡麟

论当代外国文学的宏观研究·················应天士

封面作家威廉·斯泰伦像

1988 年第 1 期　刊名:《当代外国文学》
目录

剧本

石棺·················[苏联]弗·古巴廖夫　崔永昌译

中篇小说

金蛇·················[秘鲁]西罗·阿莱格里亚

徐尚志译　屠孟超校

短篇小说

浪子还乡·················[法国]安德烈·纪德

刘锡珍　吉海玲译

催命的钉子·················[民主德国]沃尔夫冈·科尔哈泽

董祖祺译

耕牛·················[加拿大]西尔瓦·克拉潘　张月楠译

失望·················[德国]托马斯·曼　陶淑荣译

稼穑云端·················[美国]杰西·斯图雅特　余　墨译

山茶花·················[日本]三浦哲郎　朱新华译

诗歌

奥地利恩斯特·施华茨诗六首·················叶逢植译

文论

从《基金会》看布埃罗的净化观·················陈凯先

青年园地

幽默艺术无国界

——老舍和利科克早期小说类作品之比较·······郭同庆

1988 年第 2 期　刊名:《当代外国文学》
目录

中篇小说

费米娜·马盖·················[法国]瓦勒里·拉尔波

葛雷　王昭钰译

疯狂的玩笑（附评析）

·················[阿根廷]罗伯托·阿尔特　李修民译

剧本

马可百万·················[美国]尤金·奥尼尔

刘海平　漆　园译

诗歌

奥地利里尔克诗八首·················杨武能译

文论

中美当代文学比较·················陈　辽

奥尼尔剧评三篇

论奥尼尔剧作中的大海形象及其作用···········张　冲

恶棍耶？悲剧人物耶？奥尼尔"古典型"悲剧人物

初探·················赵　宇

《奇异的插曲》的戏剧特色与无题意义·················杨永丽

青年园地

寻找意义的漫长旅程

——略论对《长日入夜行》的评论·················庄国欧

封面为尤金·奥尼尔画像

1988 年第 3 期　刊名:《当代外国文学》
目录

中篇小说

相逢在莫斯科⋯⋯⋯⋯⋯⋯[民主德国]克里斯塔·沃尔夫
华宗德　徐晓英译
哈罗兰和他的妻子⋯⋯⋯⋯[澳大利亚]托马斯·肯尼利
叶胜年　李宏军译　奇　青校

短篇小说

一个女人之死⋯⋯⋯⋯⋯⋯⋯[日本]井上　靖　孙瑞华译

诗歌

圣劳伦斯河之歌
⋯⋯⋯⋯⋯⋯[加拿大]加蒂昂·拉布安特　陈宗宝译

文论

加拿大英语文学背景初探⋯⋯⋯⋯⋯黄仲文　张锡麟
西方的英雄主义颂歌
——论圣太克絮贝里的几部作品⋯⋯⋯汪文漪
《香水》的成功与传统的现实手法漫谈⋯⋯李清华
评阿·托尔斯泰的《蝮蛇》⋯⋯⋯⋯⋯⋯李忠清

外国文学动态

雷马克在联邦德国受到重视
日本当代推理小说家赤川茨郎简介

1988 年第 4 期　刊名:《当代外国文学》
目录

长篇小说

不眠之夜（选载）⋯⋯⋯⋯⋯⋯⋯⋯[苏联]亚·克隆
王志棣　范　彬译

短篇小说

法国勒克莱齐奥短篇小说两篇⋯⋯⋯⋯⋯郭太初译
卡尔洛·佩德里尼案件
⋯⋯⋯⋯⋯[联邦德国]瓦尔特·严斯　蔡鸿君译
忠实的安提戈涅
⋯⋯⋯⋯[联邦德国]伊丽莎白·朗格瑟　蔡鸿君译
她的生平逆叙
⋯⋯⋯⋯⋯[奥地利]伊尔莎·艾兴格　夏长乐译
纸碑⋯⋯⋯⋯⋯⋯⋯⋯⋯[日本]松本清张　刘　洪译

诗歌

圣那喀索斯之死
⋯⋯⋯⋯⋯⋯⋯⋯[英国]T.S.艾略特　张子清译

文论

重新评价苏联文学⋯⋯⋯⋯⋯⋯⋯⋯⋯应天士
把握时代精神，开辟现代派诗歌道路
——纪念 T.S.艾略特诞辰一百周年⋯⋯张子清
文学变革时期的小说家莫里亚克⋯⋯⋯杨　剑
关于"陌生化"理论⋯⋯⋯⋯⋯⋯⋯⋯杨岱勤

1989 年第 1 期　刊名:《当代外国文学》
目录

中篇小说

厨房里的阳光（附评析）
⋯⋯⋯[波兰]雅·伊瓦什凯维奇　杨德友　高　杰译
贝拉⋯⋯⋯⋯⋯[法国]让·吉罗杜　徐根祥译　王学文校

短篇小说

犬吠⋯⋯⋯⋯[奥地利]英格博格·巴赫曼　李友文译
鼻笛⋯⋯⋯⋯[民主德国]玛丽亚·赛德曼　紫　菀译
佩带假肩章的希特勒青年团员
⋯⋯⋯⋯[联邦德国]路德维奇·哈里希　屈国华译
罪过⋯⋯⋯⋯⋯⋯[苏联]阿·拉比耶夫　赵爱国译

青年译作

我的证人是唐·卡斯帕罗
⋯⋯⋯⋯[德国]西吉斯蒙特·封·拉德茨基　冯小虎译

诗歌

战后英国诗歌集锦⋯⋯⋯⋯⋯⋯王希苏　徐青根译

外国当代著名作家专访

苏联作家卡列林专访⋯⋯⋯⋯⋯⋯⋯⋯余一中

文论

论法国的短篇小说⋯⋯⋯⋯⋯⋯⋯⋯郑克鲁
小民族，大诗人⋯⋯⋯⋯⋯⋯⋯⋯⋯王乃倬
魔幻现实主义析论⋯⋯⋯⋯⋯⋯⋯⋯李修民
战后英国诗歌漫谈⋯⋯⋯⋯⋯⋯⋯⋯王希苏

中外文化交流动态

民主德国戏剧理论家恩斯特·舒马赫教授
访问南京大学
⋯⋯⋯⋯[民主德国]霍尔斯特·基泽尔　李清华译
封面为波兰作家雅·伊瓦什凯维奇像

1989 年第 2 期　刊名:《当代外国文学》
目录

中篇小说

新的早晨─────────────［奥地利］格哈德·罗特
倪仁福　吴　姝译　李清华校
少女情思─────────────［日本］室生犀星　顾盘明译
贵夫人的奇遇──────────［苏联］玛·莎吉娘　陈淑贤译
瀑布营地──────────────────［美国］简·鲍尔斯
徐人望译　朱炯强　黄绮静校

当代外国著名作家专访

辛格谈文学创作──────────────────────徐　新译

文论

从康德拉季耶夫的来信看苏联文坛的改革───袁玉德
中国革命与马尔罗哲理
──对《人的状况》基本内容的说明─────────柳鸣九

西蒙娜·德·博瓦尔的妇女文学
─────────────［法国］热纳维埃芙·热纳里
安　利译　刘自强校
封面为奥地利作家格哈德·罗特像

1989 年第 3 期　刊名:《当代外国文学》
目录

长篇小说

三五年及其后岁月─────────────［苏联］阿·雷巴科夫
曹缦西　张　敏译

中篇小说

黄粱一梦─────────［智利］何塞·多诺索　宁　西译
丽人牌香水─────────［智利］何塞·多诺索　韩水军译

短篇小说

海军上将之死
─────────［民主德国］赫伯特·纳赫巴尔　蔡幼生译
心理顾问
─────────［联邦德国］西格费里德·伦茨　李忠民译
揭发─────────────［挪威］戴维·托约森　朱荣洁译
香火钱窃贼───────────［日本］结诚昌治　吴之桐译

散文

经历与感受
──我的旅华日记
─────────────［美国］詹姆斯·弗兰德　孔德芳译

诗歌

让·塔尔迪厄诗三首（附评析）
─────────────［法国］让·塔尔迪厄　杜青钢译

外国作家书简

劳伦斯书信选译
─────────────［美国］戴·赫·劳伦斯　金筑云译

文论

论贝科夫的三部中篇小说─────────────陈敬咏

青年园地

用强光照亮人物内心的各个角落
──茨威格小说特色管窥─────────────刘伯奎
对乔伊斯的误解───────────────────江宁康

外国文学动态

尤里·邦达列夫答外国记者问────────────石国雄
封面为苏联作家阿·雷巴科夫像

1989 年第 4 期　刊名:《当代外国文学》
目录

中篇小说

忒修斯───────────［法国］安德烈·纪德　张曼玲译
失误────────［民主德国］维尔纳·海杜切克　屈国华译
第二次机会─────────────［英国］艾伦·西利托
王治奎　孙福增译
爱的迷惘──────────────［美国］罗伯特·鲍斯威
若　水　秋　枫译

短篇小说

古斯特少尉
─────────［奥地利］阿图尔·施尼茨勒　蔡鸿君译
春怨────────────［日本］渡边淳一　刘　洪译
乡村乐队
─────────［厄瓜多尔］何塞·德·拉瓜德拉　魏　民译

散文

醉心者─────────［奥地利］埃杜阿斯·卡内蒂　易文译

文论

维尔纳·海杜切克及其作品─────────────李清华
论《追忆流水年华》────────────────徐知免
现实的神话，神话的现实
──评安德烈·纪德传世之作《忒修斯》───张　放

青年园地

浅谈卡夫卡小说作品的形象、情节和语言……叶　卉

简析意象派诗歌………………………………李伟民

封面为法国作家安德烈·纪德像

《滇池》

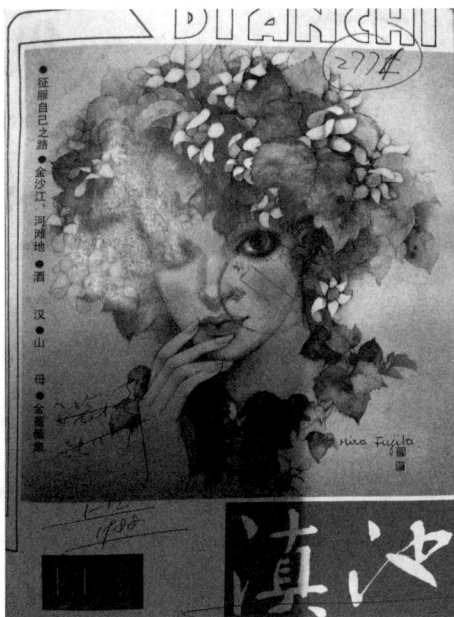

【简　介】

　　综合性文学月刊。云南省昆明市文学艺术界联合会主办。创刊于 1979 年。创刊初期为双月刊，1981 年第 1 期起改为月刊。创刊以来坚持"青年性、时代性、探索性"的办刊宗旨。20 世纪 80 至 90 年代，其被誉为中国青年文学杂志"八大家"之一，主要刊发小说、诗歌、文学评论等，风格新锐。

期刊号：1979 年第 1 期—1989 年第 12 期

1979 年第 1 期　刊名：《滇池》

目录

幸福梯（长篇小说选载·江一波标题字）……刘澎德

万号齐鸣太行山（小说·李铁生插图）………樊　斌

分鱼（小说·劳呈插图）………………………王　松

竞赛（小说）……………………………………杜衡然

迎春曲（"昆明一日"征文·殷宗祥标题字）

　………………………………………………江一波

捕猴记（散文·蒋高义插图）………（苗族）杨　明

猎人的故事（散文）……………………………张昆华

诗的女儿（小说）………………………………彭荆风

金灿灿的小阳台（"昆明一日"征文·王克思摄影）

　………………………………………………卢　璐

万世师表（木刻）………………………………李忠翔

闪光的石阶（"昆明一日"征文）……………罗大云

澜沧江的深情（磨漆画）……蒋铁峰　陈之川　马嘉珉

磨漆画《澜沧江的深情》（简介）……………陈蜀尧

洁白的花束（诗）………………………………王雨谷

龙门的传说（昆明民间故事·万强麟插图）……胡昆杨

大观楼长联今译………………………………佚　名

词三首……………………………………………王沂暖

滇池日出（散文）………………………………吴慧泉

大观楼晨步（"昆明一日"征文）……………余德庄

东风广场诗抄

满江红………………………《思想战线》编辑部

水调歌头………………………………………周泳先

功勋永垂不灭…………………………昆明市水果公司

恶风吹折帅字旗……………………………（工人）段　铤

挽歌（三首）………………………徐志英　陈戈华

安息吧，好总理………………………………佚　名

启明的晨星……………………………………佚　名

假如……………………………云南省邮车总站工人

昆明人民悼念周总理　摄影选辑　插页

长安杂咏（四首）……………………………荒　芜

失踪的山（诗·甘家伟插图）………（藏族）饶介巴桑

深夜，静悄悄（诗）…………………………周良沛

难忘陈赓司令员（五首）……………………陈戈华

花朵·生命及其他（组诗）…………………米思及

我的山歌坐火箭（歌词）……………………张　苛

笑声（小说）

　………………………[美国]艾伯特·马尔兹作　刘邦琛译

关于马尔兹（作家介绍）……………………叶　芒

莎士比亚的一首抒情诗………………………许　铮

文学之窗

高尔基的创作生活安排

高尔基和青年作家的谈话

小心，你慢走

春满人间（中国画）…………………………江一波

1979 年第 2 期　刊名:《滇池》
目录

自卫还击英雄谱

战士自有战士的爱情（报告文学）————张昆华
保卫祖国的战士们（报告文学）
　　　　————张　明　李敦伟　刘祖培
蔗林曲（外二首诗）————王永门
驱虎方消养虎灾（外二首诗）————霍松林
筒裙之歌（速写）————周金城　李石元
山高海深（速写）————冯永祺
为国争辉（速写一幅）————梅肖青
畅通无阻（速写一幅）————王天任
人民军队所向无敌（篆刻二方）————王白纯

无言的界碑（小说）————余德庄
吆牛妹（小说）————罗建琳
战斗在敌人的心脏里（小说）————赵德亮
鲨颚（小说）————［美］彼得·班得雷作　林　昭译
金马和碧鸡（昆明民间传说）————何光中
慈善夫人（白族民间传说）————马子华
石林，天下第一林（散文）————（壮族）黄勇刹
起重机（外一章散文诗）————王宗仁

李广田（作家小传）————王兰馨
筇竹寺罗汉（云南艺林）————赵浩如
杨升庵和民间文学（云南艺林）————于　光
茶花赋（作家欣赏）————杨　朔
浅谈《茶花赋》————东方既晓
春域诗笔————吴培德

诗歌

时代的黎明————（白族）晓　雪
在聂耳故乡————黎　泉
昆明莲花池吊李广田————王沂曦
吊广田————吕　剑
滇游杂诗————周振甫
游金殿黑龙潭————王达津
呵，想听我唱歌的小伙————汤世杰
有人习惯于……————李霁宇
龙门路————里　沙
石林爱————吴　超
露水————张建功

文学之窗

老舍的创作态度
海明威的写作习惯
生命的最后时刻
最珍贵的礼物
巴尔扎克的一天
荷马史诗的不是完美无瑕的
果戈理的《外套》

奋勇前进（中国画）————袁晓岑
苏三起解（京剧人物画）————韩　羽
围篱（本刊）————［英］克雷尔·雷顿
欢迎长脚鹤（绢本木刻）
　　　　————［英］布雷尔·休兹-斯坦顿

1979 年第 3 期　刊名:《滇池》
目录

同龄人（中篇小说连载）————王　晶
人面桃花（小说）————樊　斌
鲁迅先生和我的《神经病》（大学回忆录）————许钦文
哭田汉　忆良师（大学回忆录）————金素秋　吴　枫
幼儿篇（儿童文学）————陈伯吹
苏老师的眼镜（小说）————褚嘉骅
黑龙潭（昆明民间传说）————何光中
石骡的赞歌（散文诗）————（白族）赵　橹

周霖和他的艺术生涯（云南艺林）————李伟卿
追忆郭老给云大《附中报》题词————王郙生
刘澎德（作家小传）————常明凝
圆通山（江山多娇）
翠湖（江山多娇）
西山景色四时宜（春城诗步）————吴培德

昆明祭烈士（七律·二题）————田　汉
时间（诗）————艾　青
越女（七绝）————俞平伯
滇池三章————公　刘
怀闻一多、袁勃（二首）————李华飞
木棉的倾诉（诗）————孙昌义
石林情思二首————车　凯
红军识字课本（诗）————骆　骁
火把果（诗）————高　峰
望昆明（诗）————罗铁鹰
大山的梦（诗）————凝　溪
海贝·牵牛花（寓言诗）————乔大学
鸭子的脚（寓言诗）————许润泉
农村采风（新谚语四则）————杨　征
摘蜜桃（诗）————辛　勤
金沙水暖（诗）————杨盛芳
焊花（外一首）————地　彤

现代美国诗歌一束（作品欣赏）⋯⋯⋯⋯袁可嘉译
译《草叶集》小议（世界名著介绍）⋯⋯⋯荒 芜

文学之窗
创作需要独创性
助人为乐的屠格涅夫
杰克·伦敦的小纸片
作家必须重视生活中发生的事情
塔吉雅娜的名字
心中的歌（木刻）⋯⋯⋯⋯⋯⋯⋯⋯⋯⋯李忠翔
花鸟·梅花（中国画·扇面）⋯⋯（纳西族）周 霖

1979 年第 4 期　刊名:《滇池》
目录

好丑你们说（小说）⋯⋯⋯⋯⋯⋯⋯⋯⋯⋯公 浦
老石宝和依亮囡（小说）⋯⋯⋯⋯⋯⋯⋯⋯公 浦
同龄人（中篇小说连载·续完）⋯⋯⋯⋯⋯王 晶
大三弦响起来了（散文）⋯⋯⋯⋯⋯⋯⋯赵自庄
钟情鸟（散文）⋯⋯⋯⋯⋯⋯⋯⋯⋯⋯⋯杨明渊
背影（作品欣赏）⋯⋯⋯⋯⋯⋯⋯⋯⋯⋯朱自清
读《背影》⋯⋯⋯⋯⋯⋯⋯⋯⋯⋯⋯⋯⋯史宗龙

张天虚墓志铭⋯⋯⋯⋯⋯⋯⋯⋯⋯⋯⋯⋯郭沫若
记左翼作家张天虚（文学回忆录）⋯⋯⋯马子华
忆聂耳（文学回忆录）⋯⋯⋯⋯⋯⋯⋯⋯雷溅波
昙华寺朱德同志题词碑（云南艺林）
⋯⋯⋯⋯⋯⋯⋯⋯⋯⋯⋯⋯李 瑞 赵正能
大观楼楹联辑逸（云南艺林）⋯⋯⋯⋯⋯李孝友
睡美人（昆明民间传说）⋯⋯⋯⋯⋯⋯⋯何光中
偷新娘（边寨记事）⋯⋯⋯⋯⋯⋯⋯⋯⋯吴慧泉

鲁迅先生的勤奋（文学之窗）⋯⋯⋯⋯⋯⋯⋯君
两个水心先生（文学之窗）⋯⋯⋯⋯⋯⋯魏雨坤
高尔基给青年作者的忠告（文学之窗）⋯许 铮
小品二则⋯⋯⋯⋯⋯⋯⋯⋯⋯⋯⋯⋯⋯⋯王 涧

让思想飞出打开的牢笼（朗诵诗）⋯⋯⋯米思及
词二首⋯⋯⋯⋯⋯⋯⋯⋯⋯⋯⋯⋯⋯⋯⋯王兰馨
无题的短歌（诗）⋯⋯⋯⋯⋯⋯⋯⋯⋯⋯杨伊达
看着你的镣铐（诗）⋯⋯⋯⋯⋯⋯⋯⋯⋯毛诗奇
温泉春至（二首）⋯⋯⋯⋯⋯⋯⋯⋯⋯⋯季 征
爱的花絮（爱情诗一束）
我的⋯⋯⋯⋯⋯⋯⋯⋯⋯⋯⋯⋯⋯⋯⋯⋯汤世杰
雨⋯⋯⋯⋯⋯⋯⋯⋯⋯⋯⋯⋯⋯⋯⋯⋯⋯王雨谷
心上的花⋯⋯⋯⋯⋯⋯⋯⋯⋯⋯⋯⋯⋯⋯倪金奎
鸟啼声声⋯⋯⋯⋯⋯⋯⋯⋯⋯⋯⋯⋯⋯⋯郑德明
甘蔗成熟了⋯⋯⋯⋯⋯⋯⋯⋯⋯⋯⋯⋯⋯张新泉
检验⋯⋯⋯⋯⋯⋯⋯⋯⋯⋯⋯⋯⋯⋯⋯⋯李松波

旱荷花（木刻）⋯⋯⋯⋯⋯⋯⋯⋯⋯⋯⋯荒 烟
祖国啊，母亲（木刻）⋯⋯⋯⋯⋯⋯⋯⋯杨长荣

1979 年第 5 期　刊名:《滇池》
目录

我可爱的白色牵牛花（小说）⋯⋯⋯⋯⋯陈明志
花自飘零水自流（小说）⋯⋯⋯⋯⋯⋯⋯王雨谷
太阳花和含羞草（小说）⋯⋯⋯杨 昭 柏鸿鹄
他所留下的……（散文）⋯⋯⋯⋯⋯⋯⋯字 心
滇池的风（散文）⋯⋯⋯⋯⋯⋯⋯⋯⋯⋯文 叔
山寨月色（散文）⋯⋯⋯⋯⋯⋯⋯⋯⋯⋯李钧龙
我们的父亲刘澎德（文学回忆录）⋯⋯刘景行 刘 文
蜜蜂的社会（科学小品选载）⋯⋯⋯⋯⋯匡邦郁
小品两篇⋯⋯⋯⋯⋯⋯⋯⋯⋯⋯陈玉蜀 计用辑

春节唱和⋯⋯⋯⋯⋯⋯⋯茅 盾 姚雪垠 荒 芜
诗六首⋯⋯⋯⋯⋯⋯⋯⋯⋯⋯⋯⋯⋯⋯⋯老 舍
忆昆明⋯⋯⋯⋯⋯⋯⋯⋯⋯⋯⋯⋯⋯⋯⋯吕 剑
昆明纪行六首⋯⋯⋯⋯⋯⋯⋯⋯⋯⋯⋯⋯李熏风
给希望者⋯⋯⋯⋯⋯⋯⋯⋯⋯⋯⋯⋯⋯⋯李 勃
"？"⋯⋯⋯⋯⋯⋯⋯⋯⋯⋯⋯⋯⋯⋯⋯⋯李发模
望夫云（外一首）⋯⋯⋯⋯⋯⋯⋯⋯⋯⋯张 苛
汲⋯⋯⋯⋯⋯⋯⋯⋯⋯⋯⋯⋯（白族）张 长
乌云（外一首）⋯⋯⋯⋯⋯⋯⋯⋯⋯⋯⋯李霁宇
瀑布（外一首）⋯⋯⋯⋯⋯⋯⋯⋯⋯⋯⋯康 平
九都之夏（外一首）⋯⋯⋯⋯⋯⋯⋯⋯⋯陈 犀
人心果（外一首）⋯⋯⋯⋯⋯⋯⋯⋯⋯⋯梁上泉
爱的力量⋯⋯⋯⋯⋯⋯⋯⋯⋯⋯⋯⋯⋯⋯石 英
莫当一个赖书记（外一首）⋯⋯⋯⋯⋯⋯胡天生
唾沫能浇地（外一首）⋯⋯⋯⋯⋯⋯⋯⋯潘仲龄
我们的人民（外一首）⋯⋯⋯⋯⋯⋯⋯⋯申维升

一二·一始末记⋯⋯⋯⋯⋯⋯⋯⋯⋯⋯⋯闻一多
招魂⋯⋯⋯⋯⋯⋯⋯⋯⋯⋯⋯⋯⋯⋯⋯⋯冯 至
献给生者和死者⋯⋯⋯⋯⋯⋯⋯⋯⋯⋯⋯沈钧儒
谒闻一多及四烈士墓（外三首）⋯⋯⋯⋯霍松林
《荣哀录》简介⋯⋯⋯⋯⋯⋯⋯⋯⋯⋯⋯张 文
请停下你的脚步（外一首）⋯⋯⋯⋯⋯⋯杨 浪
闻一多先生⋯⋯⋯⋯⋯⋯⋯⋯⋯⋯⋯⋯⋯南 生

艾思奇在云南⋯⋯⋯⋯⋯⋯⋯⋯⋯⋯⋯⋯杨南生
花灯沧桑一夕谈（云南艺林）⋯⋯⋯⋯⋯戴 旦
清代书画家钱南园（作家小说）⋯⋯⋯⋯顾 峰
徐嘉瑞与担当诗集（云南艺林）⋯⋯（白族）菡 芳
杨慎与黄峨（云南艺林）⋯⋯⋯⋯⋯⋯⋯吴培德
大理石的传说（白族民间故事）⋯⋯⋯傅光宇整理
十大姐⋯⋯⋯⋯⋯⋯⋯⋯⋯⋯云南省花灯剧团创作组

霸王鞭 —————————— 澄江县杨应康
鸣凤山金殿（江山多娇）—————— 赵浩如
也谈创作的"一阵风"（文艺短论"）—— 陈国昌
对《昙华寺朱德同志题词碑》的一点意见（读者·作者·编者）—————————— 王晓曼
本刊编辑部与部分作者座谈新时期创作问题（文艺动态）

漫长的流放（小说）————— [俄]列夫·托尔斯泰作
许　铮译

文学之窗
都德的好助手
高尔基的忠告
报答救命之恩
纳西族诗人——木公怒

闻一多 —————————————— 王憨生
昆明黑龙潭石刻：唐梅（清代·拓片）

1980 年第 1 期　刊名:《滇池》
目录

我的长官（小说）————————— 彭荆风
难消的积雪（小说）————————— 刘祖培
爱情的泉水（中篇小说连载）———— 张昆华
青春的足印（小说）————————— 陈明杰
入夏（小说）———————————— 束春光
滇南文人逸事（笔记小说三篇）——— 马子华
蜂蜜的社会（科学小品连载）———— 匡邦郁

泪花集（诗七首）————————— 孙家祥
歌（外二首）———————————— 海　抒
正因为我们爱过 —————————— 沈骏康
捉青蛙 —————————————— 郭小林
我庆幸，我遇见了你（外一首）——— 冯夏熊
诗外二首 ——————— 王慧骐　王慧骏
诗词六首 ————————————— 施菊轩
讽刺诗一束 ——— 杨大矛　赖松廷　一　兵
过竹园县 ————————————— 张鸿鑫

辛亥革命前后滇剧艺人记略（云南艺林）—— 戴　旦
杨升庵《滇南月节词》注释 —————— 于　光
昆明大观楼长联 ——————————— 逸　名
《冼星海传》序 ——————————— 周　扬
含泪的微笑——短篇小说集《微笑》后记 — 苏　策
咫尺有万里之势（文艺短论）—— 徐应佩　周溶泉
谈诗的构思（文艺短论）——————— 艾　斐

克雷洛夫寓言诗二首 ———————— 谷　雨译

文学之窗
克雷洛夫的手稿
艾青的新航程
王国维论生活与创作
珍言录

新苗（雕塑）——————————— 朱祖德
少女与孔雀（雕塑）———————— 陈龙生
纯洁（油画）————————— [德]斯塔克
阿拉伯商女（油画）——— [印尼]巴苏基·阿卜杜拉

1980 年第 2 期　刊名:《滇池》
目录

清碧溪速写（散文）———————— 冯　牧
爱神的相似定理（电影文学剧本）—— 祖　慰
兰茂（笔记小说）————————— 马子华
爱情的泉水（中篇小说连载·续完）— 张昆华
天涯沦落（小说）————————— 彭鸽子

瑞士之旅（诗三首）———————— 李　瑛
春水东流（忆江南）———————— 白　杨
永夜哭斯人（五律）——— 路　里　陈戈华　任　克
八粒红豆（诗）—————————— 毛祖德
流星（诗）———————————— 屈庆琮

刘澎德《归家》小引（文学评论）—— 刘　金
缅怀聂耳、天虚 —————————— 徐　克
马克·李罗笔下的昆明（地方风物）— 顾　峰
云南茶花（花木篇）———————— 李孝友
"吴井"的传说（昆明民间传说）—— 村　夫
杨升庵《滇南月节词》注释 ————— 于　光
博学多能的兰茂（云南艺林）———— 张士儒

文学之窗
蛛网和蜂蜜
水罐和泉水
需要这样的诗歌
珍言录

《西双版纳白描写生集》前言 ———— 吴冠中
西双版纳白描写生（二幅）————— 丁绍光
莫瓦铁雪夫人肖像（油画）——— [法]安格尔

1980 年第 3 期　刊名:《滇池》

目录

借枪（小说）·················· 王　松
永远的告别（小说）·········· 彭荆风
责任（小说）················ 刘祖培
同心结（小说）········ （白族）杨　苏
风儿敲打着门窗（小说）······ 张昆华
纹身（小说）················ 吴慧泉
他将走向何方（小说）········ 张　蒨
无线电之谜（小说）
················[英]阿·克里斯蒂作　方　训译

诗人和园丁
——李季（文学回忆录）······ （白族）晓　雪
忆袁嘉谷先生（散文）····· （彝族）李　乔
心中的狂欢节（散文）········ 阎纯德
"同步"散文··········· （白族）张　长
赤子心（边疆记事）·········· 余德庄
芦笙的故事（散文）····· （苗族）杨明渊
《留别建水》小记（散文）······ 吕　剑
蜂蜜的社会（科学小品连载）···· 匡邦郁

聂耳墓志铭·················· 郭沫若
记聂耳在东京的一次讲演······ 魏　晋
碧海明月凯歌（金碧诗话）······ 洛　汀
日本诗僧咏昆明（云南艺林）···· 顾　峰
滇阳六景（诗六首）····[日本诗僧]机　先
袁勃在青岛·················· 鲁　海
昆明状元楼史话·············· 何开明
杨升庵《滇南月节词》注释······ 于　光

眼睛，我的眼睛（诗）·········· 邵燕祥
睡美人（诗）················ 骆耕野
海边（诗）·················· 王燕生
短诗小辑············ 晋效先　韦　苇　沈骏康
李　勃　费　嘉　金鸿为　马庆传　袁思鸣　马瑞麟
叶曙光　文　丙　艾　华

西子湖滨春意浓（通讯）······ 索峰光　易原符
为什么父兄不能以喻子弟（文艺杂谈）····· 徐中玉

清代画家笔下的昆明（中国画二幅）···· [清]张士廉
少女像（油画）·············· [法]雷诺阿

1980 年第 4 期　刊名:《滇池》

目录

活的艺术（小说）············ 彭荆风
当代英雄（小说）············ 苏　策
一个傣族姑娘的初恋（小说）···· 李钧龙
流动路卡（小说）············ 吴慧泉
相逢在玫瑰花巷（小说）········ 王雨谷
汤客（小说）················ 杜衡然
白鹤颂（小说）·············· 李　伟
林家的"公主"（小说）········ 景　中
祝愿（小小说·新人新作）······ 华　莹
爱的分歧（小小说·新人新作）···· 胡　健
杨娥恨（历史小说）·········· 何光中
神奇的玉龙山（散文）·········· 杨世光
握手（散文）················ 字　心
大理抒情（外二章）·········· 陶　阳
蜜蜂的社会（科学小品连载·续完）···· 匡邦郁

眉眼盈盈处（宋词选读）········ 徐振辉
康朗英（作家小传）·········· 王国祥
多才多艺的王旦东（云南艺林）···· 杨南生
需要艺术独创性（文艺随笔）···· 李　文
要重视细节描写（文学短论）···· 昆铁工人聂胜芳
艾芜及其《南行记续篇》······ 秦家华　史宗龙
杨升庵《滇南月节词》注释······ 于　光

十年回故乡（四首）·········· 沙　鸥
歧立的山峰（诗）············ 海　抒
年轮（诗）·················· 舒宗范
题画（三首）················ 赵毅衡
窗（外一首）················ 袁冬苇
写在故乡土地上（四首）········ 米思及
锁的启示（外二首）·········· 李霁宇
花谷（外二首）·············· 汤世杰
闪闪的露珠（诗）············ 孙家祥
琴音（四首）················ 张永权

文学之窗

巴尔扎克的创作劳动
遍地"黄金"
司汤达的谦虚
珍言录
文艺动态二则

莲花掌（版画）·············· 荒　烟
梦幻（油画）················ 付启中
但丁和比亚德里丝（油画）······ [英]霍里迪

中国古代科学家造像（石刻二幅）·············杨平康

1980 年第 5 期　刊名：《滇池》
目录

短篇小说专辑

并非游戏·····························刘祖培
大碗"羊肉泡"·····················贾平凹
花间留晚照·························李　剑
记得当时年纪小·····················严亭亭
不惑之年（新人新作）···············白晖华
铁杆法官（新人新作）···············吴学良
男婚女嫁·················钟宽洪　毕绍文
泼水节的歌声·······················刘　绮
杨慎（笔记小说）···················马子华
陈圆圆（历史小说）·················何光中
一枝梅花女表·······················文汉鼎
取经·····························王不天

亡友萧也牧（文学回忆录）···········芷　汀
艾芜在滇缅（作家逸闻）·············鲁　海

生活小品

坚决完成生育指标···················张兴勤
"不知好歹的东西"···················达　理
同等重要···························高克才
昆明八景（江山多娇）·········于乃义　杨　福
杨度的挽联（南天杂志）·············何开明
翠湖联句、圆通山聂耳亭联（云南艺林）···寇一樵

文学之论坛

刘澍德的短篇小说···················刘　金
刘澍德的人物塑造·············宋学和　姚善义
关于小说创作·······················林斤澜
短篇贵短·························徐大康

文学之窗

作家笔下的人物
姐妹兄弟父子作家
生活是作家的学校
珍言录
和文学结不解缘的发明家

美术

傲霜（国画）·······················胡絜青
昆明八景（国画二幅）···········［清］张士廉
西山龙门（水印木刻）···············李忠翔
青春之光（摄影）···················曹六一

1980 年第 6 期　刊名：《滇池》
目录

小说·散文

这样一个家·························余未人
紫色的梦·························涂　平
朝富买马记·······················陈见尧
大陆的边沿·······················张昆华
偶然发生的事情···················谷斯范
月亮和星星都在追赶·········柏鸿鹄　杨　昭
担当（笔记小说）···················马子华
愤怒疗法（中篇选载）···············吴慧泉
三七花·························文汉鼎
踏上正轨·························彭鸽子
呵，洪湖·························陈桂棣
田汉在昆明二三事（文学回忆录）·······吕　剑
眼睛·····························赵　橹
北国山茶·························鲁　海
山（散文诗三题）···················淡　墨

诗歌

昆明山水（二题）···········王沂暖　张文勋
生活短歌（十四首）·······顾　城　祖德陶　何应忠
倪金奎　孔　柔　王洪波　聂　索　沈　晓　张新泉
杨大矛
自然界随想（二十五首）···········王　春　车　凯
杨振昆　刘福林　钟　阳　高洪波　杨承浩　李鉴钊
鸡足山（云南山水）·················张　楠
徐霞客在苍山洱海间·················杨中兴
滑稽列篇（初辑）···········徐志英　亚　当
杨升庵诗墨拾遗（云南艺林）·········朱家修
阮元（滇南文人逸事）···············典　尧
滇剧名伶栗成之（云南艺林）·········杨南生
滇西民歌《行人歌》（汉诗选读）·······傅光宇
构思巧妙的《活的艺术》（文学短论）···聂胜芳
文艺动态·························邓星荣

文学之窗

鲁迅的希望
作家与生活
珍言录
郑板桥逸闻
善于发现人才敢于保护人才的雪莱

美术

申社画展选刊（四幅）
　　　　王晋元　王瑞章　姚钟华　裴文琨
孔雀的故乡（木刻）·················万强麟

边陲速写（五幅）————————谭百辛
李乔长篇小说《大地在阵痛》插图————李　秀
苍山、洱海（金石二方）————————夏　紫

1981 年第 1 期　　刊名：《滇池》
目录

小说·散文
绿色的网（中篇小说）————————彭荆风
考选部长记————————————祖　慰
新楼的风波————————————顾志成
"小"班长离仁————————————王　建
万卡（作品欣赏）——————[俄]契诃夫
重读《万卡》————————————封　齐
黄果树瀑布浪漫曲————————李起超
木鼓声声（新人新作）——（佤族）董秀英
第一声木鼓————————————彭荆风

诗歌
青年诗页————李发模　沈骏康　陈浩记　黎　泉
陈应松　志　友　亚　楠　顾　城　杨伊达　王雨谷
赠画家黄永玉——[美]保罗·安格尔作　荒　芜译
花木篇————————————施菊轩
　　袁嘉谷诗一首
　　李广平诗词三首
　　咏昆明茶花三首

文学论坛
新诗的春天————————————晓　雪
《五朵金花》给人的启示————————严　肃
小说中的抑扬（文艺随笔）——————吴树德

改刊致读者

云南艺林
昆明岁时竹枝词————————————李孝友
《白狼王歌》与云南————————傅光宇

文学之窗
《收获》为什么被砍去一章？
莫里哀的喜剧
拜伦的童年
生活·构思·下笔
珍言录

文学月历　一月————————许　铮整理

美术
盼（木刻）————————————张地茂
思（油画）————————————蔡荣华
速写（三幅）————————————林德宏

1981 年第 2 期　　刊名：《滇池》
目录

答《滇池》问————————————冯　牧

小说
女儿就要出嫁————————————余未人
活山神——————————————樊　斌
黑糯米——————————————文汉鼎
卖米线的姑娘————————————晓　剑
我师傅的女儿————————————何　群
妻子不在家的那天晚上————————杜衡然
老憨找对象（新人新作）——————敬明昌

散文
春城秋雨游————————————温田丰
青山之怨（新人新作）————————刘　粹

诗歌
大学生诗页（十八首）————李　勃　费　嘉　邓启耀
大　卫　薛常智　彭国楗　郑　海　吴文光　刘　杨
刘　流　柏　舟
旅途中拾到的抒情诗（十三首）————雁　翼
归来的短诗（七首）————————宗　璞
昆明春节竹枝词（三首）————————施菊轩
西山龙门（二首）————————王沂暖

文学论坛
也谈《香客》（文学短论）——————从维熙
杜甫《梦李白》（唐诗选读）——朱宏恢　徐荣街
喜读《汤客》（读者来信）——————李春军

云南艺林
清代昆明诗人李于阳————————傅光宇
昆明最早的记游诗————————李　瑞
大理蝴蝶泉（江山多娇）——————张　楠

文学之窗
谦逊的普希金————————————午
赌徒写《赌徒》————————————铮

文学月历　二月————————许　铮

美术

傣族少女（云南写生）························刘文西
高原之巅（油画）·······················曾晓峰
梦中（油画）·························丁群亚

1981 年第 3 期　刊名:《滇池》
目录

小说·散文

一个女人的过失（中篇连载）···············陈学书
断肠挥泪东风·······················李　剑
夫妻之间··························薛家柱

女作者之页

柳枝···························罗建琳
爷爷的客厅·························彭鸽子
为我干杯··························涂　平
娥拉（散文）························余德庄

诗歌

我是仙人掌·························骆耕野
诗友（两首）························顾　工
短诗（三首）························周继新
故乡的河··························胡延武
探索者···························郭明忠
手（外三首）························凝　溪
遗嘱（外二首）·······················李　耕
梦中的故事·························王雨宁
归来···························袁冬苇
口号···························王德芳
滇池···························施菊轩
圆通山看海棠（二首）···············李广平遗作

文学短评

一首坏诗··························吴　锐
龙睛与蛇足·················徐应佩　周溶泉
曹禺与"梁专员"······················胡绍轩
劲节迎风露·························林德宏
在丁玲同志家里·······················冯永祺
王寿祚晋宁写景诗（云南艺林）·············李　瑞
高尔基是安德列耶夫的救命恩人（文学之窗）·······言
文学月历（三月）··················许　铮整理

美术

晨曲（油画）························王国俊
人在画意中（工笔重彩）··················沙更世
春温（水彩）························李伟卿
归途（版画）························李　秀

1981 年第 4 期　刊名:《滇池》
目录

小说·散文

明天···························宗　洲
在那遥远的地方·······················湘　女
来年樱花几时开···············（苗族）伍　略
一个女人的过失（中篇连载）···············陈学书
钱南园（笔记小说）····················马子华
缅怀不屈的金英（散文）··················陈　平
西山小集（散文）····················张抗抗
在核桃之乡（散文）····················何百源

诗歌

探索者造型（外一首）···················范　方
陨石（外一首）·······················郑成义
风·花·雪·月（四首）················舒宗范
诗四首···························陈所巨
渗水（外一首）·······················刁永泉
写在春天（二首）····················骆　骕
黄果树瀑布的黄昏·····················叶　笛
石林纪游（二首）···············（白族）菡　芳
翠湖漫步··························徐　克
红杏词···························施菊轩

写出新的边疆民族特色···················彭荆风
留滞才难尽　艰危气益增（读诗札记）··········晓　雪
章回小说（文学知识）···················崔履平
赤子真情··························刘　御
《思》的联想·······················张汉清
艺术在于"似与不似之间"（文艺杂谈）·······凌　大
美与生活·························解传广译
诗人趣事··························寇一樵
武定狮子山逸闻（云南艺林）···············李孝友
郁达夫的遗书（文学之窗）·················朱　立
别林斯基的慧眼（文学之窗）···············师德军

文学月历　四月·················许　铮整理

美术

红鱼舞（摄影）·······················王克恩
春江水暖（中国画）····················袁晓岑
妇女头像（油画）··············〔法〕库尔贝

1981 年第 5 期　刊名:《滇池》

目录

小说·散文

射击·······················苏　策
我不了解他···················魏孝淳
胖嫂······················贺景文
爱的追求····················司　帆
对象·················（彝族）普　飞
房子问题····················罗　岭
巴比克···········[美]史梯芬·海姆作　方　逊译
春到乌梨冲（速写）···············吴慧泉
花市趣事（散文）················何百源
浍河出击——淮海战役手记摘录··········王　争

诗歌

士兵和将军················（藏族）饶介巴桑
山村情思（短诗六首）
········王雨谷　沈　晓　石太瑞　赖松廷　陈有才
两种人（外二首）················黄学农
春风（三首）···················孙家祥
遥念（外一首）··················车美萍
游石林遇雨····················毛　锜
词四首······················宋文熙

努力把美奉献给读者（文学短轮）········张效民
可喜的新人新作（文学短轮）··········彭荆风
鸽子起飞（文学短轮）··············苏　策
一览众山小——读诗札记··········（白族）晓　雪
白居易《春题湖上》（唐诗选评）·····朱宏恢　徐荣街
笔，用来抒发特别津贴（文学之窗）·······英　华
滇海联吟诗笺（云南艺林）············李孝友
聂耳的少年时代（云南艺林）···········林蕴珉
郭沫若给梅邵农的信（文坛忆旧）
大理三塔（江山多娇）··············张　楠
文学月历　五月···············许　铮整理

美术

海埂夕照（摄影）················王克恩
木刻的哺育者——鲁迅先生（版画）·······王憨生
友谊的蓓蕾（版画）···············李忠翔
陶（版画）····················贾国中

1981 年第 6 期　刊名:《滇池》

目录

小说·散文

但愿人长久（中篇小说）·········严亭亭　晓　剑
风前草······················刘　金
嫉妒·······················邢凤藻
情书的故事····················尹　干
我渴望幸福（新人新作）·············舒　臻
托尔斯泰童年的故事···············罗　玲
我与鲁迅··················曹聚仁 遗作
忆徐悲鸿保山画展············国　亚　李　方

诗歌

栀子花及其他（二首）··············宴　明
江南行吟（二首）················高伐林
今天（外一首）··················周伦佑
时间·······················陈　放
孔雀·······················管用和
我还是……（二首）···············米思及
祝福·······················程显谟
拜遗风　纪念茅盾大师············本刊编辑部

疏密相间（文学随笔）··············吴功正
希望之歌　待续李霁宇诗集《希望重奏》·····洛　汀
熟和巧　看梅肖青画展有感···········彭荆风
读书破万卷　下笔如有神（读诗札记）······晓　雪
司汤达与巴尔扎克（文学之窗）··········吕亦兵

昆明新十景重议（江山多娇）···········张一鸣
文学月历　六月···············许　铮整理

美术

立马（中国画）·················徐悲鸿
大观图（中国画）················梅肖青
迈步（木刻）···················梅肖青
春城之樱（摄影）················易尤龙

1981 年第 7 期　刊名:《滇池》

目录

小说·散文

钢琴梦······················涂　平
盗·························叶　辛
闷葫芦·················（白族）张　哞
面向大地的人···················刘祖培

"多余"的杜鹃花 ………………………………… 李起超
我的家在蓝色的山谷 ……………………………… 王雨谷
儿时的朋友 ………………………………………… 彭鸽子
哭忆茅盾先生（文学回忆录） …………………… 马子华
新星，从文笔峰升起 ………………（纳西族）杨世光
怀念父亲曹聚仁 …………………………………… 曹　雷

诗歌

建党六十周年颂词二首 …………………………… 施菊轩
怀朱德总司令（外二首） ………………………… 严中英
将军吟（二首） …………………………………… 戈　华
秋（外一首） ……………………………………… 刘登翰
天蓝色的墨水（外一首） ………………………… 何　锋
青春乐（外一首） ………………………………… 张诗剑
过神女峰（外一首） ……………………………… 佟明光
穿登山鞋的姑娘（外一首） ……………………… 康　平
上坟（外一首） …………………………………… 陈　静
怒江（外一首） …………………………………… 张　苛
征途 ………………………………………………… 麦　紫
序《在深山密林中》 ……………………………… 冯　牧
关于《浍河出击》通信 …………………………… 陈裴琴
巨刃与绣针（读诗札记） ………………（白族）晓　雪
阮元改大观楼长联述评 …………………………… 周善甫
文学月历　七月 ………………………………… 许　铮整理

美术

爆竹花（摄影） …………………………………… 王克恩
鲁迅（水印木刻） ………………………………… 史　一
梅园（中国画） …………………………………… 刘傅辉
花地（中国画） …………………………………… 陈学中

1981 年第 8 期　刊名：《滇池》
目录

评一篇奇文 ………………… 李　乔　王　松　晓　雪
洛　汀　张　长　王　伟　张昆华　李钧龙　杨明渊
要尊重事实 ………………………………………… 公　浦

小说·散文

悲哀者与幸福者（中篇小说连载） ……………… 余德庄
憨妹姐 ……………………………………（侗族）谭　覃
追求 ………………………………………………… 余未人
洁白的花 …………………………………（佤族）董秀英
鱼雁梦 ……………………………………（白族）景　宜
浩气贯太行 ………………………………………… 封　齐
哭忆茅盾先生（文学回忆录·续完） …………… 马子华
《背影》作者朱自清 …………………………… 曹聚仁遗作
峨眉山纪游 ………………………………（苗族）杨明渊

诗歌

咏红军（外二首） ………………………………… 施菊轩
忆钧儒沈衡山先生 ………………………………… 亚　当
聂耳纪念碑 ………………………………………… 邵琪伟
鹰（寄赠青年作者） ……………………………… 张文勋
春天的诗瓣（二首） ……………………………… 林　希
北京深秋的晚上 …………………………………… 舒　婷
山里的诗（二首） ………………………………… 李发模
边地今昔（三首） ………………………………… 周良沛
秋雨打湿的记忆 …………………………………… 郭学文
致石马（外一首） ………………………………… 圣　野
给妈妈（外二首） ………………………………… 海　燕
别（外一首） ……………………………………… 易殷选

重读《勇敢的约翰》想起的
　　——纪念鲁迅先生诞生一百周年 ………… 杜曹甬
珍言录 ……………………………………………… 茅　盾
生活与创作例窥 ………………………… 徐志英　阿　丹
情满于山　意溢于海　读诗札记 ………（白族）晓　雪
滇海联吟诗筏（云南艺林） ……………………… 李孝友
钱南园楹联 ………………………………………… 聂　索
大理清碧溪亭联 …………………………………… 杨心如
文学月历　八月 ………………………………… 许　铮整理

美术

青春（中国画） …………………………………… 陈学忠
写给妈妈的誓言（油画） ………………………… 刘邵昆
海的女人（组画之一） ………………………… 石渝翎等作
春（石膏版画） …………………………………… 滏　源
金石（三方） ……………………………………… 夏　紫

1981 年第 9 期　刊名：《滇池》
目录

小说·散文

白队长和他的"智囊"们 ………………………… 桦　林
那过去了的 ………………………………………… 顾志成
正当年轻力壮时 …………………………………… 何　群
别致的苦味 ………………………………………… 宗　洲
悲哀者与幸福者（中篇小说连载　续） ………… 余德庄
勾魂呦，灯 ………………………………………… 星　云
岩可的舞蹈（散文） ……………………………… 彭荆风
普莲（速写） ……………………………………… 敬明昌

纪念鲁迅先生诞辰一百周年

序《鲁迅画传》 …………………………………… 宋庆龄
回忆鲁迅先生给两个初中生的信 ………………… 杜草甬
漫谈鲁迅小说的细节描写 ………………………… 国　琬

鲁迅小说漫笔⋯⋯⋯⋯⋯⋯⋯⋯⋯⋯蒙树宏
关于鲁迅一篇佚稿的存疑⋯⋯⋯⋯⋯夏明曦
写自己熟悉的，熟悉自己要写的⋯⋯沈太慧
辛亥革命的一面镜子⋯⋯⋯郑 谦 孙维骐
寂寞（诗二首）⋯⋯⋯⋯⋯⋯⋯⋯⋯施菊轩
博览群书的鲁迅⋯⋯⋯⋯⋯⋯⋯⋯⋯⋯言
珍言录（四则）
书法（二帧）⋯⋯⋯⋯⋯⋯⋯⋯李白凤遗墨
金石（三方）⋯⋯⋯⋯⋯⋯⋯⋯⋯⋯谢长辛
鲁迅（木刻）⋯⋯⋯⋯⋯⋯⋯⋯⋯⋯朱维明

诗歌

云岭花束 诗页⋯⋯⋯⋯海 抒 车 凯 毛祖德
罗 毅 李松波 张 鑫 晋效先 金鸿为 费 嘉
刘 扬 邓 波 张鸿鑫 刘位循

诗歌

陕西行（二首）⋯⋯⋯⋯⋯⋯⋯⋯⋯王沂暖
峨眉来去吟（外一首）⋯⋯⋯⋯⋯⋯亚 当

忧愤深广，波澜老成（读诗札记）⋯⋯晓 雪
生活与创作例窥（续一）⋯⋯⋯徐志英 阿 丹
天地为牢夜不收（云南艺林）⋯⋯⋯雷 涛
白族歌手张明德（云南艺林）⋯⋯⋯舍 利
作家苏策走访扣林前线（文艺动态）⋯晓 万
文学月历 九月⋯⋯⋯⋯⋯⋯⋯⋯许 铮整理

美术

春晓（水分局部）⋯⋯⋯⋯⋯⋯⋯⋯刘 南
阅读间歇（油画）⋯⋯⋯⋯⋯⋯［法］柯 罗
牧歌（木刻）⋯⋯⋯⋯⋯⋯⋯⋯⋯⋯汤 平

1981 年第 10 期　刊名：《滇池》
目录

小说·散文

闪亮，闪光，小星星⋯⋯⋯⋯⋯⋯⋯王小鹰
我曾经爱过你⋯⋯⋯⋯⋯⋯⋯⋯⋯⋯黎 泉
幸福不是毛毛雨⋯⋯⋯⋯⋯⋯⋯⋯⋯陈明杰
色彩的波动⋯⋯⋯⋯⋯⋯⋯⋯⋯⋯⋯李霁宇
悲哀者与幸福者（中篇连载·续完）⋯余德庄
阵地上的战士们（战地通讯）⋯⋯⋯万元德
夹在日记本里的花瓣儿（散文）⋯⋯高 缨
瑞丽夜市（小品）⋯⋯⋯⋯⋯⋯⋯⋯冯永祺

诗歌

唱给祖国（诗页）⋯⋯⋯马绪英 郑德明 黄 宏
翟永明 梅 翁 商子秦 廖公弦 汪承栋

词二首⋯⋯⋯⋯⋯⋯⋯⋯⋯⋯⋯⋯⋯梅绍农
和丁治磐学长碧潭泛舟诗
⋯⋯⋯⋯⋯丁治磐 严中英 管长和 施菊轩
川黔走访余兴（四首）⋯⋯⋯⋯⋯⋯阜 东

鲁迅逸事二则⋯⋯⋯⋯广州市 64 中语文科辑
意识流与小说创作（文学知识讲座）⋯丁 一
"惊四筵"与"适独坐"⋯⋯⋯⋯⋯⋯徐中玉
该蔡锷《军中杂诗》⋯⋯⋯⋯⋯⋯⋯吴中孟
愚昧是犯罪的根源⋯⋯⋯⋯⋯⋯⋯⋯胡孟雄
读《滇池》的新人诗歌⋯⋯⋯⋯⋯⋯张布琼
云南艺林（两篇）⋯⋯⋯⋯⋯⋯⋯⋯李 瑞
生活与创作例窥（续二）⋯⋯⋯徐志英 阿 丹
虚怀若谷，诚求乐取（读诗札记）⋯（白族）晓 雪
李白《西上莲花山》唐诗选读⋯⋯朱宏恢 徐荣街
莎士比亚的故乡（文学之窗）⋯⋯⋯杨南生
真理高于友情（文学之窗）⋯⋯⋯⋯⋯言
珍言录
作家书简⋯⋯⋯⋯⋯⋯⋯⋯⋯⋯⋯⋯冯 牧
文学月历 十月⋯⋯⋯⋯⋯⋯⋯⋯许 铮整理

美术

秋色（中国画） 微风（中国画）⋯⋯王晋元
维纳斯的诞生（油画局部）⋯⋯［意］波提切利

1981 年第 11 期　刊名：《滇池》
目录

小说·散文

山乡纪事（中篇小说）⋯⋯⋯⋯⋯⋯叶 辛
邻厂的青年人⋯⋯⋯⋯⋯⋯⋯⋯⋯⋯吕克昌
冬日⋯⋯⋯⋯⋯⋯⋯⋯⋯⋯⋯⋯⋯⋯哲 夫
天外遗物归谁（科幻小说）⋯⋯⋯⋯陈广群
泥沼（长篇小说选载）⋯⋯⋯⋯⋯⋯刘祖培
这一天⋯⋯⋯⋯⋯⋯⋯⋯⋯⋯⋯⋯⋯陈斐琴
太阳女⋯⋯⋯⋯⋯⋯⋯⋯⋯⋯（布依族）吴 防
小店轶事⋯⋯⋯⋯⋯⋯⋯⋯⋯⋯⋯⋯吴慧泉
柚子花⋯⋯⋯⋯⋯⋯⋯⋯⋯⋯⋯⋯⋯刘 绮

诗歌

李白凤遗诗 十五首
诗页 廿三首⋯⋯⋯⋯⋯李霁宇 鄢家发 姜诗元
于耀江 梁子高 叶 簇 张雪杉 樊发稼 龙彼德
莎 蘼 毛诗琪 沙 蕾 万立书

艾芜的《南行记》——纪念艾芜创作活动五十年
⋯⋯⋯⋯⋯⋯⋯⋯⋯⋯⋯⋯⋯⋯⋯谭兴国
状物传神与形神兼似（文学短论）⋯⋯艾 裴

万人冢（云南风物）————————张　楠
一多楼（文坛忆旧）————————鲁　海
阿姑祠与妙高寺（云南艺林）————寇一樵
讽刺诗有多大力量（文学之窗）———金　争
歌德诗剧《浮士德》的素材来源（文学之窗）
　　———————————————言　午
"宫廷里的先进战士"伏尔泰（文学之窗）——吕亦兵
文学月历　十一月————————许　铮整理

美术
水（工笔重彩）—————————何　能
昆明大观楼（摄影）

1981 年第 12 期　刊名:《滇池》
目录

小说·散文
林玫的小"爱神"（中篇小说）————王小平
"仕途"————————————————吴学良
吉人巷里的悲喜事————————罗学蓬
月下小河旁—————————————蓝春荣
月儿圆——————————————————字　心
在外婆家（中篇连载）—————————郭明效
作家们在北戴河————————（彝族）李　乔
仙山佛地——————————————————洛　汀

诗歌
女作者诗页—————陈　慧　曹小嘉　李　静
雪　影　刘　苹　车美萍　陈春琼　李　洁
孔雀翎（短诗六首）汤世杰　章　勇　杜　若
杜永红　黄　淮　刘雪棋
游鸡足山祝圣寺（外一首）————严中英

中越边界的"三岔口"（文学评论）———纪　学
近华浦竹枝词（云南艺林）————李孝友
咏石牛的诗（读者、作者、编者）———施立卓
文学之窗　三则
珍言录
文学动态一则
文学月历　十二月————————许　铮整理

美术
读（油画）—————————————王良武
版纳风情（中国画）————————王澍华
擦鞋小童（油画）————[美]约翰·乔治·布朗
山村（木刻）————————————黄覆志
漫画——————————————————徐　进

1982 年第 1 期　刊名:《滇池》
目录

小说·散文
巫山一段云————————————彭荆风
我们也是父亲——————————————余　纪
手巾链与烟盒花———————（彝族）普　飞
小炉匠与缅桂花—————————文汉鼎
洁白的槐花————————————陈学书
小河淌水——————————————钟宽洪
半张小纸片（翻译小说）
　　————————[瑞典]斯特林堡作　许　铮译

滇池遐想——————————————张笑天
鸡足山二日游—————————————公　浦
悲惨的结局　沉痛的控诉　中学生作品逸
　　————————————昆二中　王　俊

诗歌
宋庆龄赞词————————————王沂暖
林中遐想——————————————白　桦
诗页（十一首）
————沈骏康　蓝　疆　郭　欣　刘　扬　孙家祥
孔雀翎（短诗九首）———王小妮　刘汝林　乔若鹏
钟　明　曹汝俊　何昌正　陈建群　马瑞麟　石永言

文艺短论
喜读艾青的人物诗————————瞿大炳
袁晓岑画笔下的孔雀————（侗族）张作为
张长散文的抒情美————（蒙古族）邢　力
读小说《房子问题》————————辛　仁
杜甫的《登高》（唐诗选读）—徐应佩　周溶泉
"画手"随笔—————————————丁　一
画出一个人的特点来　随笔————吴德辉

轶诗二首（云南艺林）
白族民谣《河赕贾客谣》云南艺林———叶　余
文学之窗　珍言录
文学月历　一月————————许　铮整理

美术
烤鱼（傣族风俗画）—————（傣族）李惠明
密林深处（中国画）————————袁晓岑
孔雀之乡（中国画）————————袁晓岑
伞（油画）—————————————[法]雷诺阿
贺新年（金石）——————————夏　紫

1982 年第 2 期　刊名：《滇池》

目录

小说·散文

红尘（南行记新篇之一）⋯⋯⋯⋯⋯⋯⋯艾　芜
洁白的希望⋯⋯⋯⋯⋯⋯⋯⋯⋯⋯⋯⋯周孜仁
石淳叔与巧克力⋯⋯⋯⋯⋯⋯（白族）张　哮
流水落花（中篇小说）⋯⋯⋯⋯⋯⋯⋯张昆华

文学翻译家罗稷南二三事⋯⋯⋯⋯⋯⋯艾　以
友谊⋯⋯⋯⋯⋯⋯⋯⋯⋯⋯⋯⋯⋯⋯柳　嘉
鲁迅，每当我想起您（中学生作品选）
⋯⋯⋯⋯⋯⋯⋯⋯⋯⋯⋯⋯（昆三中）阮　昕

诗歌

短意（四首）⋯⋯⋯⋯⋯⋯⋯⋯⋯⋯⋯范　方
版纳晨雾（外一首）⋯⋯⋯⋯⋯⋯⋯⋯彭国梁
小巷之恋（叙事组诗）⋯⋯⋯⋯⋯⋯⋯米思及
孔雀翎⋯⋯⋯⋯鲁萍　叶延滨　亚楠　阿声
潘伯荣　马季　童嘉通　沈晓　胡天麟　杨大矛
杨南生　沈天鸿

文学评论

艺术技巧⋯⋯⋯康·巴乌斯托夫斯基作　汪文智译
短篇小说的结构（小说讲座）⋯⋯⋯⋯彭荆风
王维《终南山》唐诗选集⋯⋯朱宏恢　徐荣街
中国诗论的开山之纲　中国历代文艺理论介绍
⋯⋯⋯⋯⋯⋯⋯⋯⋯⋯⋯⋯⋯⋯⋯蔡育曙

万本龄的诗和书法（云南艺林）⋯⋯⋯林　冲
大理白族民间卖雪趣谈（云南风物）⋯杨应康
晶莹的爱情读《闪亮、闪亮、小星星》⋯朱天红
文学之窗　二则
聂耳简记
文学月历　二月⋯⋯⋯⋯⋯⋯⋯⋯许　铮整理

美术

崛起（油画）⋯⋯⋯⋯⋯⋯⋯⋯⋯⋯张永新
人民音乐家聂耳（油画）⋯⋯⋯⋯⋯⋯张建中
人民音乐家聂耳之墓（版画）⋯⋯⋯⋯杨成忠
西山（中国画）⋯⋯⋯⋯⋯⋯⋯⋯⋯高安原
池上人家（中国画）⋯⋯⋯⋯⋯⋯⋯梅肖青

1982 年第 3 期　刊名：《滇池》

目录

小说·散文

玉石项链⋯⋯⋯⋯⋯⋯⋯⋯⋯甘绍佩　鲁凝
恶鸡婆⋯⋯⋯⋯⋯⋯⋯⋯⋯⋯⋯⋯⋯王黔生
河边少年⋯⋯⋯⋯⋯⋯⋯⋯⋯⋯⋯⋯潘文伟
暖暖的雪花⋯⋯⋯⋯⋯⋯⋯⋯⋯⋯⋯何秀琴
勇气⋯⋯⋯⋯[美]D.C.狄斯妮作　陈世伊译
流水落花（中篇小说）⋯⋯⋯⋯⋯⋯⋯张昆华
菊花颂⋯⋯⋯⋯⋯⋯⋯⋯⋯⋯⋯⋯⋯端木蕻良
三月的樱花⋯⋯⋯⋯⋯⋯⋯⋯⋯⋯⋯淡　墨
月球女排赛（中学生作品选）⋯⋯安宁一中梁沁

诗歌

我从昨天向你走来⋯⋯⋯⋯⋯⋯⋯⋯辛　磊
长城（外二首）⋯⋯⋯⋯⋯⋯⋯⋯⋯裘小龙
黄昏（外二首）⋯⋯⋯⋯⋯⋯⋯⋯⋯武　隽
孔雀翎（短诗一束）⋯⋯⋯白蕙　曹阅　汪涛
赵丽宏　郑成义　马迅　柳朗　朱光天　卫世平
乔大学　夏天　朱德友
关系学（讽刺诗二首）⋯⋯⋯⋯⋯⋯⋯刘　御

文学评论

短篇小说的取材（小说讲座）⋯⋯⋯⋯彭荆风
反映时代本质的短篇⋯⋯⋯⋯⋯⋯⋯胡孟雄
谈诗的绘画美（唐诗选读）⋯⋯⋯⋯⋯古远清
兴·观·群·怨（唐代文艺理论介绍）⋯蔡育曙
读唐宋散文名作（文艺随笔）⋯⋯⋯⋯雨　田
欲上青天揽明月（读诗札记）⋯（白族）晓　雪
严廷中的春草诗（云南艺林）⋯⋯⋯⋯李　瑞
昆明何处是石城（读者·作者·编者）⋯徐振明
不夜的吟梅诗（文坛忆旧）⋯⋯⋯⋯⋯枉
文学之窗　三则
文学月历　三月⋯⋯⋯⋯⋯⋯⋯⋯许　铮整理

美术

晨曲（中国画）⋯⋯⋯⋯⋯⋯⋯⋯⋯张建中
春来到（油画）⋯⋯⋯⋯⋯⋯⋯⋯⋯姚钟华
啊，马帮（组画选）⋯⋯⋯⋯⋯（彝族）李　秀
初晴（油画）⋯⋯⋯⋯⋯⋯⋯⋯⋯⋯杨继林
金石（四枚）⋯⋯⋯⋯⋯⋯⋯⋯⋯⋯单孝天

1982 年第 4 期　刊名:《滇池》

目录

小说·散文

神拳奇掌（中篇小说）····················李　栋　许宗强
嫁不出去的姑娘····························曹志明
沈石头还表································杨辅丛
1+1≒2··································刘业雄　王意如
气节····································石　英
残废者···················〔法〕莫泊桑作　雨　虹译

春城揽胜································陈　键
在"太空医院"里（中学生作品选）
····························昆十五中　陈丹晖

诗歌

城市的旋律（三首）························汤世杰
飞向故乡（外一首）························邹昆凌
小橹，向南方摇去（三首）··················鄢家发
孔雀翎（短诗一束）··············周嘉堤　张显华
黄　昏　吴礼奎　白　鹭　舒宗范

文学评论

鲁迅、孙用与裴多菲······················杜草甬
短篇小说的色彩（小说讲座）················彭荆风

中国当代文学研究会云南分会成立　文艺动态
····································金　间
珍言录　十则
昆明西华洞纪游··························寇一樵
文学月历　四月··························许　铮整理

美术

星期天（重彩）··························陈学忠
欢腾的圭山（油画）······················沙　璘
黄继龄金石书画作品选····················黄继龄
昆明风光（金石）························李文馥

1982 年第 5 期　刊名:《滇池》

目录

小说·散文

神拳奇掌（中篇小说）····················李　栋　许宗强
存折上的五线谱··························张勤学
夜色朦胧的山路··························曹克胜
微弱的星光····························井　瑞
刘大绅（笔记小说）······················马子华

诉讼的证人（翻译小说）
···············〔英〕阿加莎·克里斯蒂作　方　逊译
石宝山探胜（游记文学）··················刘庭华
旅途杂咏································李发模
金沙江，我心头的江······················淡　墨
我目睹的太空城（中学生作品选）
····························昆盘龙二中　马国辉

诗歌

存款的老农民（外一首）··················陈　放
滇池抒情诗（三首）······················杨伊达
索桥赋（外一首）························刘　滨
你，真正的乡村少女（外一首）··············李　静
孔雀翎（短诗集）··········李霁宇　何吉明　张　红
费　嘉　晋效先　谢本良　陈仲义　曹高德　温　斌
丁小平　黎正光　蓝　幽

文学评论

创作与生活
纪念《在延安文艺座谈会上的讲话》发表四十周年
生活在召唤····························吴慧泉
要熟悉新的生活··························公　浦
文学之树································刘祖培
根深叶茂花繁··························林德宏
艾芜谈生活思想与创作　本刊特稿
读《吉人巷里的悲喜事》··················刘明智
《滇池》的小说插图（读者·作者·编者）····董　平
郭沫若题鲁迅像联　文坛轶事
文学月历　五月··························许　铮整理

美术

五月花（国画局部）······················王晋元
大干四化争当模范························李志国
晚归（油画）····························张建荣
雨露（国画）····························谢长辛
在祖国的边卡（木刻）····················谭百辛
竹乡路（封底衬画）······················易　强

1982 年第 6 期　刊名:《滇池》

目录

小说·散文

华顺居之乡······························刘　林
在石桥饭馆里····························贺景文
飘走了，撕碎的合同······················周孜仁
细雨濛濛································丁光洪
苦地····································曾建文
鱼神····························（纳西族）杨世光

涅克拉索夫的少年时代 ················ 罗 岭
滑稽列篇 ············· 徐志英 亚 当
石碑风波录 ·························· 樊 斌

诗歌
理解（外一首） ············ （白族）张 长
他睡了（外一首） ···················· 陈所巨
采撷着星星（外一首） ················ 顾 工
旅游昆明九绝句 ···················· 叶嘉莹
和诗三首 ················· 张文勋 赵仲牧

少年儿童诗选
乡村的夜（外二首） ·················· 杨 波
夜与午（四首） ······················ 刘 瑛
孔雀翎 ·········· 胡 笳 王白石 李华飞
陈小龙 刘茂胜 金鸿为 山 风 朱谷忠 毛诗奇

文学评论
生活的诗意 ·························· 蓝华增
追求美好的事物
——浅谈艾芜新作《红尘》 ·········· 张效民
读荒芜《纸壁斋集》 ·················· 润 荃
短篇小说的意境（小说讲座） ·········· 彭荆风
清人心神，惊人魂魄（读诗札记） ··（白族）晓 雪
文艺动态 两则

星回节叙事诗笺（云南艺林） ·········· 李孝友
珍言录 三则
文学月历 六月 ················ 许 铮整理

美术
勐罕姐妹（油画局部） ················ 高临安
红了樱桃 绿了芭蕉（国画） ·········· 江一波
小鹿（国画） ························ 江芷庵
彝族阿图（版面） ···················· 李铁生

1982 年第 7 期 刊名:《滇池》
目录

小说·散文
自然大侠（中篇小说） ················ 宋梧刚
苦寒 ······························ 乔 旻
那时我们还年青 ···················· 肖 周
邻居的故事 ························ 宋文海
难以明白 ·························· 彭鸽子
陈毅出山之前（回忆录） ·············· 丁上淮
故乡的灯 ·························· 李 纳
菲律宾散记 ················ （白族）晓 雪

刀杆节奇趣 ·························· 王立力
滑稽列篇 ············· 徐志英 亚 当
樱花呵，樱花（中学生作品选）
·················· 昆明师院附中 王 佳

诗歌
木鼓套曲（三首） ···················· 王洪波
昨夜的碓声（外一首） ················ 崔笛扬
新春，你从原野走过 ·················· 刁永泉
诗人艾青的铜像 ···················· 聂 索
孔雀翎（短诗集） ······ 康 平 辛 磊 谢绍春
翟永明 朱晓东 黄 宏 黎 虹 雷石榆
谒赛典赤·瞻思丁陵墓（二首） ··（回族）李士厚

文学评论
与文学青年谈闻一多诗作 ········ 罗 迦 羊 休
"诗眼"（文艺随笔） ······ 徐应佩 周溶泉
用形象说话（文艺随笔） ·············· 丁 一
"哭"的艺术魅力（文艺随笔） ·········· 徐志福
司马迁发愤著书 中国历代文艺理论介绍 ···· 蔡育曙

大理咏史诗笺（云南艺林） ············ 李孝友
托尔斯泰的故事读后（读者·作者·编者）···· 王晓光
文学之窗 两则
文学月历 七月 ·············· 许 铮整理

美术
春的旋律（油画） ···················· 王国俊
阳光下（版面） ···················· 万强麟
春城（国画） ························ 刘宗琪
温泉（国画） ························ 黄片石
鸟语（版画） ························ 李忠翔

1982 年第 8 期 刊名:《滇池》
目录

小说·散文
告急 ······························ 彭吉中
"非洲人" ·························· 涛 玉
重逢 ···················· （景颇族）岳 丁
老张卖肉 ·························· 许 明
画像 ······························ 李 勃
"水葫芦"和山猴子 ·················· 杨大镇
自然大侠（中篇小说） ················ 宋梧刚
钻进睡袋里的蛇
········ ［美］维尔·斯密特作 黄嘉琬 黄后楼译
在何香凝身边（回忆录）··············陆晶清

火种（回忆录）·········解放军某部军长　王　争
瑞丽江诗魂·····································建　丰
欢乐的三月街·································公　浦
风筝···赵丁丁
三看樱花（中学生作品选）········昆铁三中　和　石

诗歌

诗六首·············饶阶巴桑　骆耕野　胡廷武
孔雀翎（短诗篇）···············裴小龙　扬大矛等
大海的音乐（散文篇）···························高伐林
血液（散文诗）·································郭同旭
桃柳双燕图（四首）·····························施莉侠

文学短论

五朵诗花·······································高　平
评张昆华散文集《洱海花》······················金荣光
岑参《走马川行奉送出师西征》（唐诗选读）
···································朱宏恢　徐荣街
横波目与流泪泉（读诗札记）···········（白族）晓　雪
王充的创新精神　中国历史文艺理论介绍···蔡育曙

漫画昆明"调子会"云南风情······················纪　星
乾、嘉时期昆明两画家···························林　冲
顾炎武赠郝太极诗（云南艺林）··················李　瑞
记《榴花馆诗钞》（文坛忆旧）····················寇一樵
杨贵妃诗（艺海拾贝）···························严则聪
文学之窗　一则
文学月历　八月·····························许　铮整理

美术

春色（国画）···································张建中
祖国大地春常在（国画）·························李印启
元阳梯田（水粉）·······························蒋敏学
藤篱（水粉）···································严　潘
重逢在明天（油画）·····················夏　维　李向阳

1982 年第 9 期　刊名:《滇池》
目录

小说·散文

竹楼前，一片胶林·······························李钧龙
痴情女·····························（哈尼族）朗　确
富裕的烦恼·························（苗族）石太瑞
归去来记·······································杨　征
世态炎凉····[美]司各特·菲茨杰拉德著　朱光华译
在遥远的边地（中篇小说）·······················涂　平
在何香凝身边（回忆录）·························陆晶清
赵银棠和《王尤旧话》···························彭荆风

白丫···刘英奇
发扬"五四"精神　中学生作品选
···························（昆三中）段丽萍

诗歌

故乡行（四首）·································林　子
我要走啦（外一首）·····························顾　城
午夜，我目光掠过丛林（外一首）··················丁小平
华表···李加建
孔雀翎（短诗篇）···········郑蜀炎　徐　勇　杨蜀华
马绪英　刘益善　胡天麟　袁永庆　刘允嘉　再　耕
孙家林　潘上九　刘　剑　于耀江　胡　笛　张新泉
胡丰传

文学评论

《滇池》作品辑评
《夜色朦胧的山路》·················（贵州）胡孟雄
也谈《夜色蒙胧的山路》···············（云南）戴永基
《嫁不出去的姑娘》·················（四川）刘明智
《存折上的五线谱》·················（贵州）徐本礼
《洱海月》·························（云南）杨荣昌
涂抹高山见妙笔（文艺随笔）·····················草　云
漫谈《封神演义》（文艺随笔）····················罗秋水
李白《咏石牛》（读者·作者·编者）················陈广福

文学之窗

文学月历　九月·····························许　铮整理

美术

江音（重彩）···································杨德树
暮秋（摄影）·····················杨干才　叶　霖
扣林山九勇士（国画）···························钟开天

1982 年第 10 期　刊名:《滇池》
目录

小说·散文

生活从这里开始（中篇小说）·····················王治林
易断的翅膀·····································袁大举
"显然"队长·····································王　平
一个统计员的爱情·····························陈显满
"正统"局长轶事·································潘　涛
哦，万花筒·····································汤世杰
海狸之战····················[美]詹姆士·波林作
黄嘉琬　黄后楼译

麻雀···冯骥才
童年趣事（中学生作品选）···············昆一中　曾文蕊
乌鸦学唱（寓言）·······························蔡平生

诗歌

滇池新帆 昆明地区诗作者新人专业

路微（三首）————————————万立书
我和雪花一起来（二首）——————彭国梁
我是属牛的（二首）————————沈骏康
我的大学（三首）————————刘 扬
玛瑙（二首）——————————陈 慧
汽笛声（三首）————————邹昆凌
心事——————————————王坤红
山道上（二首）————————李光云

文学评论

鲁迅与云南作家————————马旷源
《伪自由书》的"备考"——————杜草甬
鲁迅与美术（文坛忆旧）————陈 英
短篇小说的语言（小说讲座）——彭荆风
文艺动态 一则
文学之窗 一则

杨升庵的《游点苍山记》云南艺林——叶 余
邓子龙与清平洞（云南山水）——谢志强
昆明街道诗（滇池联吟）————李孝友
文学月历（十月）————————许 铮整理

美术

南国荔枝红（国画）————————杜滋龄
边塞（版面）——————————陈永兵
密友（国画）——————————苗延荣
淀边（国画）——————————品云所

1982 年第 11 期 刊名:《滇池》
目录

小说专号

我是一个小小的回声————————严文井
在心灵的天平上————————王意如
去————————————————刘心武
被扭曲的灵魂——————————王黔生
黑黑——————————————史铁生
一片冰心——————————彭荆风
人约黄昏后——————————苏 策
创作假——————————————仇学宝
春鸟儿————————（纳西族）戈阿干
醉杏楼下山河泪（中篇小说）——殷去疾

文学月历 十一月————————许 铮整理
雏（国画）——————————何宝森
黑白木刻（二幅）————————翟安钧

1982 年第 12 期 刊名:《滇池》
目录

小说·散文

眼泪滴落在《世界伟人传》上————赵 践
悔————————————————叶 辛
废墟——————————————辛 勤
敬上一筒泡酒————————（佤族）董秀英
"希望号"在"远航"——————王 晶
并蒂莲——————————周庆荣
醉杏楼下山河泪（中篇小说）——殷去疾

春城忆——————————柳 嘉
独木桥与茅草丛————————覃信刚
唐山寄来的照片————————郭明效
天冬草（中学生作品选）——昆明十五中李 英

诗歌

冬天的歌（三首）————（上海）雁 翼
为儿子们鼓掌吧（外二首）——（重庆）傅天琳
洱海泛舟（外一首）————（贵州）寒 星
南游（四首）——————（成都）陈 犀
云南的回声（三首）————（成都）嘉 嘉
天文台的夜思（四首）——（天津）张雪杉
街头歌唱家（外一首）——（北京）李野光
一个细雨濛濛的清晨————（上海）缪国庆
海诗（二首）——————（蒙古族）查 干
红粉笔（外一首）——（湖北）钟 星 华 姿
换班（散文诗）————————魏久环

喜看"昆明十四人书法展览"————郑 谦
李广田的童年（作家小记）————张 维
杨升庵在澄江（云南艺林）————杨应康
来自生活的诗情（短评）————冯永祺
文艺简讯 一则
文学之窗 一则
文学月历 十二月————————许 铮整理

美术

江之歌（木刻）《云南省群众美术展览》作品选
————————————————荒 烟
编（重彩）——————————李公伟
山丁子（油画）————————杨德华
剥包谷（油画）————————胡晓刚

1983 年第 1 期　刊名:《滇池》
目录

小说·散文

书记歇店 ································· 谭留根
早晨下雨 ································· 钱建群
奥秘何在 ·························· 谭　力　杨　扬
从前，有一个故事 ······················· 梁　晴
泪水第五针（蓓蕾）····················· 李岳洪
大叔（蓓蕾）··························· 鲁元斗
海峡恩仇（中篇小说）············· 汪卫兴　薛家柱
高空中的死刑缆车（中篇小说连载）
·················· ［日］夏树静子作　光　西译
淌来儿 ································· 张庆国
山寨路口 ······························· 湘　女

诗歌

中国，走出了设计室 ···················· 汤世杰
春 ··································· 易殿选
家 ··································· 林贤治
警棍（外一首）·························· 熊明泽
扫 ··································· 王长富
孔雀翎 ·················· 沈骏康　芳　原　黄　整
廖建军　凌文远　夏子全　贾长厚　王道荣　刘国萍
春城词草 ······························· 武克仁
深深的山谷（散文诗二章）················· 淡　墨
雾及其他（散文诗）····················· 石鹏飞
星光（散文诗）·························· 李　兵

文学评论

留得青山在（创作谈）···················· 林斤澜
小说创作中的几个内部规律问题（创作谈）···· 刘心武
为时代的履历表填写一行注脚（创作谈）····· 周孜仁
文艺简讯　一则

美术

年华（油画）··························· 郝维平
三月（版画）··························· 李　秀
高原梯田（石林月色摄影）············ 李　涛　毛雪松
版纳林（木刻）·························· 周运贤

1983 年第 2 期　刊名:《滇池》
目录

小说·散文

买卖 ································· 高晓声
新年的喜剧 ····························· 周孜仁
七月七之夜 ····························· 石玉录
生活这个舞台（短评）···················· 田　心
补偿 ································· 杜衡然
桥儿弯弯 ······················· （白族）丁光洪
芳草青青 ······················ 吴正德　吴久德
高空中的死刑缆车（中篇小说·续完）
·················· ［日］夏树静子作　光　西译
"自由世界"剪影 ························· 蒋子龙
爬山 ································· 樊　斌

诗歌

欢歌（七律）··························· 王沂暖
避暑山庄巡观（外一首）·················· 雷石榆
题樱花茶花图（二首）···················· 施莉侠
长安杂咏 ······························· 荒　芜
诗十三首 ········ 范　方　熊召政　蓝　疆　孙静轩
孔雀翎（短诗集）········ 杨永年　张凤南　黄婉碧等

文学评论

小说创作中的几个内部规律问题（创作谈·二）
··································· 刘心武
《富裕的烦恼》断想 ······················ 邓启清
喜读育人篇 ····························· 陈志聪
诗贵创新（文艺随笔）···················· 翁新辉
笔名"艾芜"小议（文学之窗）·············· 陈茂君
昆明市中学生作文竞赛揭晓（文化消息）····· 尹正瑞

美术

初春（油画）··························· 张方震
版纳绿歌（装饰画）····················· 林维东
木雕、画盘艺术作品选 ··················· 林德彬
春意图 ································· 肖　溶

1983 年第 3 期　刊名:《滇池》
目录

小说
青年女作者作品小辑

翅膀 ································· 王小平
融 ··································· 王意如
另一种色彩 ····························· 余未人
那只邮箱，绿色的 ······················ 何秀琴
大雁南飞时（中篇小说）·················· 周永年
南国少女 ······························· 曹玉模
婚后三年间 ····················· （景颇族）石　锐
竹儿青青翠 ····························· 杨　波
金雀珊瑚（散文）························ 蓝　芒

诗歌

诗（十五首）—————————李 红 刁永泉 林 子等
孔雀翎（短诗集）—————杨国超 叶廷滨 刘云海等

文学评论

美将胜利（作家书简）———————————严文井
小说创作中的几个内部规律问题 创作谈———刘心武
平凡人的那一面（短评）——————————邓启耀
一九八二年《滇池》（诗歌巡礼）——————郭 建
天才三姐妹（文学之窗）—————————陈舜庄
唐宫闱女子诗掇拾（艺海拾贝）——————陈国祺
文艺动态、世界文坛（各一则）

美术

吉祥图（装饰画）————————雷 洪 卢 军
船儿轻轻摇（水印水刻）——————————李忠翔
叶永青油画作品
渔村（国画）———————————————周 俊

1983 年第 4 期 刊名:《滇池》
目录

小说·散文

本分人（报告文学）————————————理 由
绝密行动（中篇小说）——————————王朝柱
哟，星星又亮了————————————————高 光
患癌症的姑娘——————————————————晓 剑
仙人掌刺————————————————————张和利
舅舅————————————————————孙道雄
价值————————————————————张 蒨

永恒的记忆——————归侨 徐志英 陈戈华
屈原故里的端午节————————————————晓 雪

诗歌

滇池新帆 昆明地区诗坛新人专页之二———张锦堂
李建华 杨瑾屏 薛晓跃 晓 丁 雪 影 瑞 秋
李 洁 亚 楠

文学论坛

时间和空间的意象桥梁————————————蓝华增
且说"荒唐"————————————————何 耶
我读《黑黑》————————————————朱小羊
喜看新苗茁壮————————————————尹相如
答高真（作家书简）————————————吕 剑
剑川灵宝塔（云南风物）——————————苏 民
巍山古城、唐标铁柱（云南风物）—————张 楠

读者·作者·编者 二篇

美术

花（重彩面）———————————————刘绍荟
傣家女（油画）——————————————崔庆生
雨（水印木刻）——————————————任千红
高原明珠（油画）—————————————王瑞明

1983 年第 5 期 刊名:《滇池》
目录

小说·散文

家风————————————————————王小鹰
我和"阿诗玛"的悲欢 传记文学
——记杨丽坤的爱恋、家庭和希望——————唐凤楼
哑妞————————————————————赵根荣
渴望————————————————————吴慧泉
人非草木————————————————————孙 颙
绝密行动（中篇小说·续完）——————王朝柱
拳王（美国纪游）————————————王亚平
彝家生活赛甜蜜（中学生作品选）
                              昆二十中初二查正东

诗歌

唱给云南的歌（六首）———吴 野 赵 恺 洪三泰
大学生诗页———————刘 扬 骆一禾 彭国梁
张 红 江文波 向 东 麦 浪 晨 宏 曹汉俊

文学评论

小说创作中的"硬件""软件"及其他
——读《滇池》八二年短篇小说——————田 心
雪山的怀念
长篇小说《远山在落雪》后记———————苏 策
文艺沙龙（三则）—————————许 铮整理

美术

江边（油画）———————————————高临安
春（国画）———————————————张建中
春天的信息（油画）————————————苏江华
空山新雨后（油画）————————————王仲德
岁寒图（中国画）—————————————张苇研

1983 年第 6 期 刊名:《滇池》
目录

小说

高高的石阶———————————————何 真
我和"阿诗玛"的悲欢 传记文学

——记杨丽坤的爱恋、家庭和希望（下）············唐凤楼
黑蜂谷··黄　尧
我有票··陈　杰
家丑··廖公弦
躺椅··程　远
她们是外国旅客··彭吉中

散文

《自白——我的日记》··································杨　沫
唐凤楼小记··陈　茹
忘了大海的海豹······························（回族）马瑞麟

诗歌

溪流··白　桦
感情的河流（组诗）··································戴安常
赠友（外一首）································宋　渠　宋　炜
诗五首··········罗　毅　商子秦　郭本华　林　莽　彭国梁
孔雀翎··············柯　平　李希容　阿　声　朱晓东
　　　何小竹　李松波　吴　天　邱家祥　左一兵　谷未黄
　　　裘小龙　缪国庆

文学评论

非法之法··祖　慰
从克钦山吹来的泥土芳香
——评李雨必的《野玫瑰与黑郡主》············杨嘉谷
可贵的探索··徐维良

美术

持花束的小姑娘（油画）························[法]雷诺阿
撒尼风情（国画）····································刘熙强
远山（重彩画）··武　斌
童趣（国画）··何宝森

1983 年第 7 期　刊名:《滇池》
目录

小说

海（小说三题）··孙春平
走向群山··李　潮
北极星··杨小波
最后的晚餐··汤世杰
细妹子··任芙康　刘晓梅
火车站··于　坚
相遇····················[法]　莫泊桑著　王小凤译

散文

献给护花者的花环　报告文学························公　浦
深夜的布机声··徐中玉

星空夜雨··周京宁
小牯子牛··林　之
幸福（外一章）··王敦贤
送戏下乡　中学生作文选······························韩雪梅

诗歌

滇云——红土高原诗抄······················费　嘉　邹昆凌
　　高　波　（彝族）李音朗
孔雀翎··············戴达奎　李根红　黄亚洲　李霁宇
　　张振华　曾卫红　刘旭光　姜树海　马　瑛　薛卫民
　　顾晓军　任海鹰　紫　其　阿拉坦托娅　刘国萍

文学评论

也谈王安忆··茹志鹃
老作家的新贡献··芸　扬
友谊和了解··彭荆风
短篇小说的叙述角度与人称····························谢明德
读者之页··················朱小羊　管升才　刘明智
模糊逻辑和朦胧美（文艺随笔）······················陈定謇

美术

放鸽子（装饰画）····································刘熙强
七月（木刻）··邓启耀
花卉册页（国画）····································何一夫
大观楼日出（摄影）··································张金明

1983 年第 8 期　刊名:《滇池》
目录

小说

神医圣手　中篇小说··························李　栋　周毅如
将军与海······································蔡燊安　余国振
眼泪，落在蜜月的照片上······························窦志先
京剧席位··刘　林
弥留之际··陈朝璐
月光下的小巷··彭鸽子
阿那的歌声··石　贺

散文

无尽的怀念　回忆录····································谢振华
访"海外奇踪"··陈世旭
月迷津渡··柳　嘉
灯光··修晓林
秋雨··周　导

诗歌

给一个农妇，在灶边（外二首）······················车前子
模特儿（外一首）····································姜强国

建筑工地写生（二首）⋯⋯⋯⋯⋯聂鑫森
春草篇⋯⋯⋯⋯⋯⋯⋯⋯⋯⋯⋯林　希
海中日蚀⋯⋯⋯⋯⋯⋯⋯⋯⋯⋯顾　城
呵，马铃（外一首）⋯⋯⋯⋯⋯李光云
乡村和二十二岁的诗⋯⋯⋯⋯⋯林　雪
孔雀翎⋯许　靖　于　坚　王开良　何培贵　李加建
李霁宇　张　扬　周　民　高厘原　何昌正　王　野

文学评论

谈构思⋯⋯⋯⋯⋯⋯⋯⋯⋯⋯⋯谷斯范
新文学波涛中一朵被遗忘的浪花
——云南《云波》文学社述略⋯张效民
"我忠实于现实主义"昆明作家
——访苗族作家李必雨⋯⋯⋯楷　模　寸　木
昆明市文协召开长篇小说《野玫瑰与黑郡主》座谈会
⋯⋯⋯⋯⋯⋯⋯⋯⋯⋯⋯⋯紫　其
散文断想⋯⋯⋯⋯⋯⋯⋯⋯⋯⋯周冠群

美术

冰清玉洁（油画）⋯⋯⋯⋯⋯⋯王仲德
战地组画二幅（木刻）⋯⋯⋯⋯陈永兵
出击归来（国画）⋯⋯⋯⋯⋯⋯吴剑超
集市（色粉画）⋯⋯⋯⋯⋯⋯⋯熊惠明

1983 年第 9 期　刊名:《滇池》
目录

小说

钢轨，笔直地伸向远方⋯⋯⋯⋯林文询
山与水⋯⋯⋯⋯⋯⋯⋯⋯⋯⋯⋯贺星寒
我借雁路认青山⋯⋯⋯⋯⋯⋯⋯赵云鹤
让道⋯⋯⋯⋯⋯⋯⋯⋯⋯⋯⋯⋯刘　策
夏装姑娘（翻译小说）
⋯⋯⋯⋯⋯[美]欧文·肖著　何风友译
掌握自己命运的人（报告文学）⋯刘云海　郭小军
神医圣手（中篇小说）⋯⋯⋯⋯李　栋　周毅如

散文

清凉世界⋯⋯⋯⋯⋯⋯⋯⋯⋯⋯洛　汀
歌节拾趣⋯⋯⋯⋯⋯⋯（纳西族）杨世光
夜郎永竹⋯⋯⋯⋯⋯⋯⋯⋯⋯⋯本　芸
鲜花与蝴蝶⋯⋯⋯⋯⋯⋯⋯⋯⋯覃信刚
文松打虎（寓言）⋯⋯⋯⋯⋯⋯马瑞麟
没用的刨子（寓言）⋯⋯⋯⋯⋯李国胜

诗歌

望乡人（六首）⋯⋯⋯⋯⋯⋯⋯范　方
黄昏·都市⋯⋯⋯⋯⋯⋯⋯⋯⋯张　红
感情⋯⋯⋯⋯⋯⋯⋯⋯⋯⋯⋯⋯张雪杉

我眷恋这片土地（外二首）⋯⋯毛诗奇
单臂少年⋯⋯⋯⋯⋯⋯⋯⋯⋯⋯于耀江
孔雀翎⋯舒雷鸣　黄　堃　江世渝　阿　声　陈　静
廖亦武　吴克明　黎　虹　王云龙　陈　犀　石永言
叶曙光　顾绍康　叶庆瑞　梅　翁　沈天鸿　杨南生

评论

耕耘在南疆　昆明作家
——记刘祖培⋯⋯⋯⋯⋯⋯冉隆中
云，和那遥远的群山⋯⋯⋯⋯⋯田　心
《滇池》改刊启事
读者之页⋯⋯⋯⋯苏涤明　李德祥　胡孟雄
简讯　一则

美术

鸥之歌（油画）⋯⋯⋯⋯⋯⋯⋯傅启中
晨（版画）⋯⋯⋯⋯⋯⋯⋯⋯⋯李　秀
动物世界（重彩画）⋯⋯⋯⋯⋯刘绍荟
滇池夕照（摄影）⋯⋯⋯⋯⋯⋯林宝源

1983 年第 10 期　刊名:《滇池》
目录

思念的野白露花（云南风情小说）⋯李钧龙
仲夏之夜⋯⋯⋯⋯⋯⋯⋯⋯⋯⋯何　群
请你理解我（中篇小说）⋯⋯⋯姜天民
马郎坡上（长篇选载）⋯⋯⋯⋯彭荆风
炊烟⋯⋯⋯⋯⋯⋯⋯⋯⋯⋯⋯⋯戴明贤
武术，登上世界银幕　报告文学
——记《少林寺》导演张鑫炎⋯吴　述
棋王轶事⋯⋯⋯⋯⋯⋯⋯⋯⋯⋯栈　桥
夜客⋯⋯⋯⋯⋯⋯⋯⋯⋯⋯⋯⋯雨　寒
炎热的蛊惑（翻译小说）
⋯⋯⋯⋯[美]约翰·L.海沃德著　黄嘉琬　黄后楼译
桔红色的安慰（滇池新帆）⋯⋯张　蠡
对生活和创作，她都是真诚的　昆明作家
——访严亭亭⋯⋯⋯⋯⋯⋯郑　海
爱的追求与美的思索　简评
——《请你理解我》琐议⋯⋯艾　禾
文学梦　我与文学⋯⋯⋯⋯⋯⋯朱小羊
读《买卖》《易断的翅膀》　热心读者
⋯⋯⋯⋯⋯⋯⋯⋯于　坚　志　远　成　敏

娇阳（摄影）⋯⋯⋯⋯⋯⋯⋯⋯杨明富
石林（木刻）⋯⋯⋯⋯⋯⋯⋯⋯荒　烟
晚霞映小河（摄影）⋯⋯⋯⋯⋯周洁荣
边陲风情（水粉）⋯⋯⋯⋯⋯⋯李德全

1983 年第 11 期　刊名:《滇池》
目录

夜来南风起 ························ 姜　滇
有权厌恶鼾声 ······················ 毛志成
冬青树迷林 ························ 汤世杰
厂长从部里归来 ····················· 晋其炎
童声 ····················· (白族)张　长
猫猫箐纪事 ························ 张庆国
神秘果（云南风情小说）··········· 柏鸿鹄　杨　昭
山野的碓声（云南风情小说）········· (景颇族)岳　丁
道听途说（小说四题）·················· 榴　红
雪花儿，飘呀飘（小小说两篇）············· 李　琳
我和小伊（图画小说）········· 杨慧娟文　章　章图
看得细、想得深、写得严（小说讲座）········ 陆文夫
不灭的童心　昆明作家
——钟宽洪印象记 ··················· 王　昕
关于《黑蜂谷》的对话（滇池论坛）········· 何　耶
简讯　一则

樱花情（重彩画）····················· 何　能
花鸟册叶（国画二幅）·················· 谢长辛
春夜（版画）······················ 陈永乐
玉洱晨歌（国画）···················· 李印启
荫（版画）················· 陈绕光　李　秀

1983 年第 12 期　刊名:《滇池》
目录

幸福之光（小说）···················· 汪　雷
杏花春雨江南（小说）·················· 张昆华
乡村公共汽车（小说）·················· 赵　践
《乡村公共汽车》读后 ·················· 崛　青
眼睛里的星星（小说）·················· 文同懿
橄榄洼纪事（小说）··················· 张　庆
像橄榄一样回甜 ····················· 老　沐
鹿儿岭（小说）····················· 蔡伯文
山里人（小说）····················· 李　勃
紫杜鹃（中篇小说）··················· 李钧龙
滇云试卷
为新生活奏起壮丽的乐章 ················ 杨嘉谷
生活·思考·写作（小说讲座）············· 张　弦
让我们一起真诚地生活（文艺随笔）··········· 蔡应律
"热心读者" ····· 白少山　郝作永　苏涤明　张效民
雏（油画）······················· 高临安
花神（油画）···················· [意]提　香
面塑作品（三幅）···················· 郭建苹

秋（版画）······················· 汤　平

1984 年第 1 期　刊名:《滇池》
目录

新春寄语 ························· 晓　雪
别让我变成一条金鱼（中篇小说）··········· 周孜仁
竹山的歌（小说"滇池新帆"）············· 春　武
我听竹山唱支歌（评点）················· 白　水
绛紫色的无花果（小说"滇池新帆"）·········· 范逸明
淡淡的果香（评点）··················· 任　草
九张荐贤票（小说）··················· 彭吉中
乳汁（小说）······················ 张小川
万寿山峡谷（小说）··················· 李长廷
清水河边的笑声（小小说）··············· 石玉录
见报之后（小小说）··············· (回族)马宝康
幺舅（小小说）····················· 敬明昌
邓九没有回来（小说）·················· 何光中

《仲夏之夜》的"探索" ················· 聂德胜
谈小说《山里人》···················· 郑　凡
龙百野的悲剧 ······················ 蔡应律
眼力、心力和笔力 ···················· 时　明
艺术借鉴的得失辨析 ··················· 一　言
豪情未随华发减　昆明作家
——访公浦 ······················ 蔡　毅
灵感的培养与捕捉（小说讲座）············· 李必雨
他山之石，可以攻玉（美学漫步）············ 赵仲牧
"热心读者" ····················· 刘增祥等
文艺简讯

摩梭人女队长（国画）·················· 张建中
晒台（版画）······················ 彭鸥嘉
德里斯顿附近的大猎场 ·········· [德]佛里德里希

1984 年第 2 期　刊名:《滇池》
目录

生活是创作的唯一源泉 ·················· 洛　汀

饲虎图（中篇小说）··················· 王朝柱
山寨序曲（小说）···················· 袁佑学
《山寨序曲》小议 ···················· 季　力
小聚（小说）······················ 孙　颙
卖嘴（小说）······················ 汤志明
野熊沟（云南风情小说）············· (满族)陈宏光
所向披靡的"高氏定理"小说··············· 陈海龙

人，最优秀的人（小说）————————张小玲
小小礼品（小说）———————————雨　寒
乘势（小小说两题）————————————马　迅
交猪（小说）————————————————杜衡然
清除污染与百花齐放———————————方　勃
技巧、主题、风格及其他（小说讲座）——陆文夫
他眷恋乡土　昆明作家
——杨明渊访问记——————————朱文华
浅谈《有权厌恶鼾声》的结构和人物——郑祖荣
小池春暖（国画）———————————沈济霖
梅肖青作品（二幅）国画
弦（版画）—————————————————李忠翔
窗（水粉）—————————————————施邦鹤

无价之宝（小说）———————————赵德明
放筏（小说）————————————————杨建平
炎热的正午（小说）——————————曾建文

单纯，美的元素（小说讲座）————谢明德
"创作，总根于爱"（昆明作家）
——访柏鸿鹄—————————————谢　虹
从"推敲"说开去（文艺随笔）————林为进
《爱情的泉水》再版后记———————张昆华
顾此失彼（作品讨论）————————莫　凯
读《竹山的歌》热心读者———————王兴隆

渔家（摄影）
俩姐妹（国画）———————————泰国良
罗宾逊夫人像（油画）————[英]乔治·罗姆尼
葫芦图（国画）———————————王森祥

1984 年第 3 期　刊名：《滇池》
目录

我们的小四合院（中篇小说）————郝铁红
共鸣（小说）————————————————傅　星
夕阳（小说）————————————————革　非
打光脚片的娃儿（小说）———————罗学蓬
沙老大（小说）——————————高星辰化
杏儿（小说）————————————————马　瑛
湖（小说）——————————————————廖国松
姆苗（小说）————————————————岳　丁
怀念万美——————————————————端木蕻良
漫谈小说的细节描写（小说讲座）——周莘榆
执着的深情　昆明作家
——致吴慧泉——————————————辛　勤
漫评何群的短篇小说——————————王　莉
滇云诗卷

望春（版画）————————————————林德宏
寿色（国画）————————————————陈大羽
万绿新（丙烯画）———————[日]东山魁夷

1984 年第 4 期　刊名：《滇池》
目录

爸爸在遥远的扣林（小说）—————王云龙
英雄主义和观察角度（点评）————文　正
阿努咪哑（云南风情小说）—————湘　女
代表（小说）————————————————陈　明
高路查癌（小说）———————（彝族）普　飞
初雪（小说）————————————————雨　寒
天神烟沙的儿子（云南风情小说）——陈见尧
冤家路窄（小说）———————————黄三畅

1984 年第 5 期　刊名：《滇池》
目录

他寻找一支七彩的歌（报告文学）——何　真
葫芦王地的烽烟"班洪事件"记———李必雨
忆云南（回忆录）——————————新凤霞
"阿波罗"队长去上班（小说）————何　群
独耳狗剩剩（小说）——————————王树田
永久的"花"（滇池新帆·小说）——严谷泉
人心隔肚皮（小说）——————————窦志先
叫好（小说）————————————————蔡　立
不完全是误会（小说）————————尹祝生
《爱，在密林中》序——————————晓　雪
激情似火常高吟
——访聂索———————————赵翼荣　平风

山花（国画）————————————————秦国良
涛声（油画）————————————————王瑞明
江山一览（国画）——————————周　凯
卷发的妇女（油画）————[比利时]鲁本斯

1984 年第 6 期　刊名：《滇池》
目录

黑海啸（中篇小说）——————————陈天泽
山寨无传奇（云南风情小说）————袁佑学
"老石臼"和他的儿子（小说）———陈　峻
岸（伦理小说）———————————————晓　剑
七色的彩盘　我们这一代·小说———于涤心
凶手?（侦破小说）——————————王永建

小竹香的心愿（小说）——————————董祥云
闯路（旅美通讯）——————————陈明杰
年饭（中学生作品选）——————昆八中 （彝族）晓 虹

情融于景 意寓于象（文艺随笔）——————孙静轩
袅袅《炊烟》（新作短评）————————闽 豪
民族传统与外来影响（文苑笔谈）——————刘正强
刘绮和儿童文学（文坛漫步）——————吴 然
滴水生辉 读《我们的小四合院》——————莫 凯
访马瑞麟（昆明作家）————赵翼荣 平 凡
简讯
滇云诗卷

窗（水粉画）——————————施邦鹤
西蒙娜（色粉画）——————[美]卡萨特
昆明书法作评选——————————尚 文等
山亭观瀑（国画）——————————林泉旭

1984 年第 7 期 刊名：《滇池》
目录

刘家院里的风波（滇池新帆·小说）——————王万云
残梦（小说·我们这一代）——————胡昆明
镜（历史小说）——————————谷斯范
黄金姑娘（云南风情小说）——————柏鸿鹄
雪（小说）——————————罗建琳
姗姑（伦理小说）——————————王安林
没有角度的发言（讽刺小说）——————�远征
叶绿花红的夏天（中篇小说）——————晓 明

在美国过春节（旅美通讯）——————陈明杰

需要坦率的文艺批评（滇池论坛）——————陈剑晖
群山之恋 昆明作家
——米思及和他的诗——————————小 铁
从倒插到反插（小说讲座）——————林文山
小析《刘家院里的风波》——————蕨 蕨

我默默地祝福你 摄影
——李大维在滇池——————————克 恩
练（摄影）——————————芦 笛
爱·记忆·母亲（石版组画二幅）——————李智勇
文彩斑斓皎洁如玉（国画）——————袁晓岑

1984 年第 8 期 刊名：《滇池》
目录

帆，飘向何处（中篇小说）——————海 梦 吴谦谅
我们大院的四位"天王"
（小说·我们这一代）——————孙春平
小巷口（小说）——————————晓 寒
细腻深沉（以情动人·点评）——————季 力
见妈妈去（小说）——————————李克定
迷路的接生汉（云南风情小说）——————阿 城
我的进才叔（滇池新帆·小说）——————康旭阳
闻香老爹（小说）——————————敬明昌
嘉嘉（小说）——————————于 勇
家长会（小小说）——————————姚忠礼

殷红的血路（报告文学）——————杨大镇
翠湖心影——昆明忆旧之一——————汪曾祺
吻的故事（旅美通讯）——————陈明杰

人物性格的对比（小说讲座）——————钟本康
滇池论坛（四篇）
——————————冉隆中 启 耀 莫 凯 宗 原
还是从短篇写起（文艺随笔）——————林草思
读者之页
读者·作者·编者
露（国画）——————————周思聪
山情（南疆前哨组画·木刻）——————吴剑超
山水画（二幅）——————————刘 勇
起风（磨漆画）——————————甫立亚

1984 年第 9 期 刊名：《滇池》
目录

关于鞋后跟的问题（小说）——————蒋子龙
反光（小说）——————————郑万隆
霍元甲（长篇历史小说选载）——————晨 曲
踏着夕阳归去（小说·我们这一代）——————李其纲
几则新闻组成的故事（云南风情小说）——————张祖榘

行路难（小说）——————————张宝霆
慧觉奶奶（小说）——————————敬明昌
老富德和他的儿子（小说）——————杨壮谋

泡茶馆（昆明忆旧之二）——————汪曾祺
莲花白更新换代记（报告文学）——————公 浦
故乡情（民族风情）——————杨明渊
猫耳洞里的吉他声（战地特写）——————戴兆成

冲破常规的思考——读《反光》有感 ……………… 王超英
艺术的"空白"与"一无所有"的艺术（滇池论坛）

……………………………………………………… 李祖林

闲话云南的文学创作 ………………………………… 郑　凡

滇池轻舟（摄影）……………………………………… 伍跃明
踏雷英雄（中国画）…………………………………… 钟开天
少女与桃（油画）…………………………… ［俄］谢罗夫
丰收时节　西双版纳的回忆（木刻）………………… 彭　晓

吃嗦江（油画）………………………………………… 杨一江
欢腾的插花节（油画）………………………… 常戈杨　熊传政
晚风（油画）…………………………………………… 张晓刚
秋韵（油画）…………………………………………… 陈群杰
三妯娌（油画）………………………………………… 张志平
同路人（国画）………………………………………… 胡晓辛
新的一天开始了（版画）……………………………… 金　琳

中华腾飞（金石一方）………………………………… 蒙进超

1984 年第 10 期　刊名:《滇池》
目录

乡里的街市（中篇小说）……………………………… 伍本芸
道路撒满月光（小说·我们这一代）………………… 周孜仁
界碑前的土地（云南风情小说）……………………… 凝　溪
婚礼如期举行（云南风情小说）……………………… 柏鸿鹄
那一夜（小说）………………………………………… 朱中平
五彩湖奇闻（小说）…………………………………… 钱道远
骨肉情（云南风情小说）……………………………… 吴慧泉
信（小小说）…………………………………………… 郑蜀炎

昆明的雨　昆明忆旧之三 …………………………… 汪曾祺

我的红土高原　诗页
回甜的日子 …………………………………………… 海　南
欢乐的山寨 …………………………………………… 陈中文
大理风情 ……………………………………………… 袁冬苇
夜巡 …………………………………………………… 魏　可
傈僳婚礼 ……………………………………………… 廖建军
山沟里的笑声 ………………………………………… 武　隽
乡情 …………………………………………………… 张　旗
观舞 …………………………………………………… 张承源
民族新花（诗12首）………………………… 李　春　晨宏
拉木·嘎吐萨　陈国鸿　彭建华　张建平　门　图
密英文　李德静　赵建军　王红彬　魏向阳

困惑与思考（我与文学）……………………………… 周孜仁
"化丑为美"（文艺随笔）…………………………… 张赞昆
说白描（文艺随笔）…………………………………… 傅子玖

云南省美展作品选
乐途（中国画·局部）………………………………… 赵宋生
盖房子（油画）………………………………………… 曾晓峰
山里人（油画）………………………………………… 马云萍
庄硚入滇（油画）……………………………………… 赵力中
崛起（油画）…………………………………………… 陈一云
集市（水彩）…………………………………………… 陈崇平

1981 年第 11 期　刊名:《滇池》
目录

丑丑（小说）…………………………………………… 罗学蓬
搭班（小说）…………………………………………… 熊望平
远亲不如近邻（小说）………………………………… 窦志先
暮色苍茫中的小屋（小说）…………………………… 王意如
扑满（小说）…………………………………………… 张　慈
爱（小小说）…………………………………………… 杨　浩
云中喜筵（云南风情小说）…………………………… 钟宽洪
大伟人古今多（讽刺小说）………………… 范小天　殷小唯
山湖（中篇小说）……………………………………… 吴慧泉
生命之光

…………………… ［美］L.M.米勒作　黄嘉琬　黄后楼译

勇敢坚毅跨越危难　忆周保中同志二三事 ………… 王一知

乌江的太阳（二首）…………………………………… 何小竹
献给我的第二故乡（诗）……………………………… 李　静
"天鹅之死"（诗）…………………………………… 李　娟
村姑（外一首）………………………………………… 李发模
种子（外一首）………………………………………… 朱百勋
孔雀翎（诗页）………………………… 李霁宇　朱洪东　周继才
骆　骢　杨兴仁　高云波　舒宗范　章勇　何　益
余以建　车前子

评《雪落黄河静无声》的爱国主义 ………………… 逸　风
采云南风抒时代情 …………………………………… 何　耶
各人需要"自扫门前雪"（访美杂感）……………… 徐中玉
小议"光明尾巴" …………………………………… 蔡　毅
"云南艺林"二则 …………………………… 傅光宇　寇一樵

孔雀之歌（版画）……………………………………… 陈永乐
边地风情（壁画）……………………………………… 陈龙生
哀牢春早（水印木刻）………………………………… 瞿安钧
凉山风情（国画）……………………………………… 夭永茂
生命（油画）…………………………………………… 罗建华
阵雨（水彩）…………………………………………… 蒋高仪

1984 年第 12 期　刊名:《滇池》
目录

对酒当歌（小说）·····················刘祖培
枪毙苏策（小说）·····················苏　策
岁寒（小说）·······················林文洵
不和谐的音程（小说·我们这一代）··········杨爱伦
父爱（小说·我们这一代）···············鲍柯杨
属于你的星辰（小说·我们这一代）
·····················张晓光　朱淑琴
在开始当爸爸的时候（小说·我们这一代）
·····················洪双烨　林　坡
滹沱河纪事（中篇小说）·················李　勃
水壶漂游记（讽刺小说）·················王　军
争吵（外国童趣）·····················徐志英译
纪念柯仲平诗翁（二首）·················戈　华
滇云诗卷（诗页）········何培贵　鄢家发　刘扬
渠炜　于坚　万绍轩　黎焕颐　灰娃　刘益善
黄东成
跋涉之后，还是跋涉（我与文学）···········汤世杰
漫话《世界》滇池论坛··················魏　威
评《叶绿花红的夏天》（滇池论谈）··········杨嘉谷
爱便是美（美学杂谈）··················杨修品
维纳斯塑像及社会效果（文艺随笔）··········张立新
元代王昇的《滇池赋》（云南艺林）··········傅光宇
对《家长会》的两种不同意见　读者之页

思（油画）·······················郑　曦
摄影作品选················李未名　段　纠
版画（三帧）·······················林德宏
母与女（油画）··············[法]维瑞·勒布伦

1985 年第 1 期　刊名:《滇池》
目录

三回将军庙（小说）····················彦　卿
碎石铺路（小说）·····················贺景文
荒滩（伦理小说）·····················黄佳星
在美术学院门前（小说·我们这一代）
·····················张晓光　朱淑琴
雪冬（小说）·······················张　征
清歌（中篇小说）·····················罗学蓬
海岛（翻译小说连载）
·············[美]彼特·本奇利作　方　逊译
自爱（小小说）······················易　南
原谅我，宝贝！散文···················频　莉

石林礼赞（散文诗）····················李华飞
滇云诗卷（六首）··········骆耕野　叶延滨　章　勇
探索之页（三首）·············王坤红　江世渝
孔雀翎（诗页）·····江文波　黄晓华　王文新　陈运和
张稼闻　吴力军　石玉坤　查海生　姜言博　聂索
红烛生辉　访著名作家冯牧···············顾志成
读袁佑学作品散记·····················马旷源
评中篇小说《高原的太阳》···············冉隆中
汤世杰作品讨论会侧记（文艺动态）··········傅　杰

初晴（国画）·······················何　能
江畔（雕塑）·······················李之红
春之歌（雕塑）······················张元真
大理石（版画）······················杨郁生
丰收之后（版画）·····················陈永乐

1985 年第 2 期　刊名:《滇池》
目录

蒋万生发财（小说）····················王仲明
太阳帽下的大海（小说）·················汤世杰
我们厂里的"阿凡提"（滇池新帆）··········朱净容
六月（小说）·······················骆一禾
守林人的眼睛（云南风情小说）····（藏族）查拉独几
流霞（中篇小说）·····················张昆华
海岛（翻译小说连载·续一）
·············[美]彼特·本奇利作　方　逊译
童年的歌（散文）·····················雷　厉

滇云诗卷···········海　南　林　染　费　嘉　曾静平
橙　子　亚　楠　徐　刘

心理描写与现实主义（滇池论坛）···········胡廷武
自然主义与现实主义的区别···············刘云海
历史的惰性和人物的性格·················钟本康
时代精神与诗·······················詹锡隆

丹叶情思（摄影）·····················岳鹏飞
外国幽默（五则）·······黄嘉琬　黄后楼译　张志平绘
月初升（油画）······················蒋高仪

1985 年第 3 期　刊名:《滇池》
目录

妮诺和她的温泉（云南风情小说）···········袁佑学
核桃洼的较量（云南风情小说）············吴树乔
芦荻秋（小说）······················曹文轩

啼归杜鹃（小说）⋯⋯⋯⋯⋯⋯⋯⋯ 马　瑛
跑警报（昆明忆旧之四）⋯⋯⋯⋯⋯ 汪曾祺
玉溪神驰（散文）⋯⋯⋯⋯⋯⋯⋯⋯ 柳　嘉
粉红色的报表（小小说）⋯⋯⋯⋯⋯ 陈海龙
海岛（翻译小说连载续三）
⋯⋯⋯⋯⋯⋯ ［美］彼特·本奇利著　方　逊译
流霞（中篇小说）⋯⋯⋯⋯⋯⋯⋯⋯ 张昆华

孔雀翎　诗页⋯⋯⋯⋯⋯⋯ 陆　萍　成　林　杨永萍
李晓松　杜显斌　熊明生　杨振昆　严　谅　刘世勤
郭文平　徐德华　雷恩奇　马及时　陈义海　张洪波
郑江涛　小　鸣　马　瑛　孔令更　颜广明　王建平
林晓燕　蔡国瑞　马文青　黄建安　陆皖玲　夏永康
梁晓刚　梁晶晔
大地　探索之页⋯⋯⋯⋯⋯⋯⋯⋯⋯ 骆一禾

读《初雪》⋯⋯⋯⋯⋯⋯⋯⋯⋯⋯⋯ 张世平
梅绍农诗集读后⋯⋯⋯⋯⋯⋯⋯⋯⋯ 马旷源

摘苹果（油画）⋯⋯⋯⋯⋯⋯ 腓特烈·摩尔根
河谷新春（国画）⋯⋯⋯⋯⋯⋯⋯⋯ 邓履萍
牧童（纸版画）⋯⋯⋯⋯⋯⋯⋯⋯⋯ 何永坤
龙（油画）⋯⋯⋯⋯⋯⋯⋯⋯⋯⋯⋯ 李惠敏
喜盈门（国画）⋯⋯⋯⋯⋯⋯⋯⋯⋯ 邬德辉
昆明藏书票选

1985 年第 4 期　刊名:《滇池》
目录

离任之前（中篇小说）⋯⋯⋯⋯⋯⋯ 刘厚荣
记忆，像河底的石头（伦理小说）⋯⋯（回族）马宝康
星星作证（小说·我们这一代）⋯⋯ 刘晓波
黑观音（云南风情小说）⋯⋯⋯⋯⋯ 杨忠实
八月十五月儿圆（小说）⋯⋯⋯⋯（白族）丁光洪
雨夜，站牌下（滇池新帆）⋯⋯⋯⋯ 葛耀辉
医生与神童（讽刺小说）⋯⋯⋯⋯⋯ 陈建群
海岛（翻译小说连载·续四）
⋯⋯⋯⋯⋯⋯ ［美］彼特·本奇利作　方　逊译

昆明的果品（昆明忆旧之五）⋯⋯⋯ 汪曾祺

作协大会花絮（麻花堂杂诗·六首）⋯ 荒　芜
我的红土高原（诗页）
⋯⋯⋯⋯ 高云波　邹昆凌　密英文　万绍轩　石光华
刺字仙人掌（组诗·探索之页）⋯⋯（藏族）饶阶巴桑

滇池的孔雀翎　读一九八四年《滇云诗卷》⋯⋯ 谢　冕
谈艺术的形象性和感染力⋯⋯⋯⋯⋯ 刘正强

读中篇小说《帆，飘向何处》⋯⋯⋯ 宜　真
绿荫深处（装饰画）⋯⋯⋯⋯⋯⋯⋯ 吴井文
根（油画）⋯⋯⋯⋯⋯⋯⋯⋯ 李志昆　胡晓钢
凉（油画）⋯⋯⋯⋯⋯⋯⋯⋯⋯⋯⋯ 李鸿昌
日本影星——山口百惠

1985 年第 5 期　刊名:《滇池》
目录

“公豹子”的美好岁月　云南风情小说⋯⋯ 吕　乐
相见恨晚（小说）⋯⋯⋯⋯⋯⋯⋯⋯ 彭吉中
剽牛女人（中篇·云南风情小说）⋯⋯ 李钧龙
画中人历险记（小说）⋯⋯⋯⋯⋯⋯ 尹　平
郑和，滇池的儿子（散文）⋯⋯⋯⋯ 李华飞
海岛（翻译小说连载·续五）
⋯⋯⋯⋯⋯⋯ ［美］彼特·本奇利作　方　逊译
“政治案件”讽刺小说⋯⋯⋯⋯⋯⋯ 杨翰瑞
老山，留下片片绿叶（小小说）⋯⋯ 费　克
没有人迹的山道（长篇小说选载）⋯⋯（彝族）李　乔
“自动打铃”装置（小小说）⋯⋯⋯ 王国麟
壮哉，黄果树瀑布（散文）⋯⋯⋯（纳西族）杨世光

青春潮（诗页）⋯⋯⋯⋯⋯ 亚　楠　蔡　翼　彭国梁
张子选　王开良　阎　坤　段瑞秋　敬晓冬　刘　克
曾　波　田应时
格尔尼卡（诗·探索之页）⋯⋯⋯⋯ 邹静之

说灵感⋯⋯⋯⋯⋯⋯⋯⋯⋯⋯⋯⋯⋯ 蔡　毅
她们带着清新气息走进文坛
　——序《世界》⋯⋯⋯⋯⋯⋯⋯⋯ 彭荆风
“发人间之幽微”的大手笔（文学之窗）⋯⋯ 阜　东
评《扑满》⋯⋯⋯⋯⋯⋯⋯⋯⋯⋯⋯ 于　坚
远航鼻祖——郑和　小资料

池上风光　摄影
假日（油画）⋯⋯⋯⋯⋯⋯⋯⋯⋯⋯ 马云萍（女）
南天一柱（油画）⋯⋯⋯⋯⋯⋯⋯⋯ 马祥生
霞光滇池上（摄影）⋯⋯⋯⋯⋯⋯⋯ 张金明

1985 年第 6 期　刊名:《滇池》
目录

抽象“人”（小说）⋯⋯⋯⋯⋯⋯⋯ 祖　慰
遥远的山林（云南风情小说）⋯⋯⋯ 王万云
时来运转（小说）⋯⋯⋯⋯⋯⋯⋯⋯ 刘继安
打渔船儿往上撑（小说·我们这一代）⋯⋯ 耕　夫

老王头（小说）————————白晓冬
我的大青牤哟（小说）————————王胜华
春雨绿蒙蒙（小说·我们这一代）————————吴慧泉
海岛（翻译小说连载·续六）
————————［美］彼特·本奇利作　方　逊译

小信天翁的梦（童话）————————洪汛涛
血染的信（散文）————————苏　策
苗家的新歌秀（散文）————————杨明渊

滇云诗卷
————————童电球　沈骏康　黎焕颐　吴　霖　海　明
孔雀翎————————伊　甸　柯　平　张　旗
张家祥　黄　堃　兆兴奎　陈　沂
探索之页————————查海生　邹玉鉴

说"新鲜感"（小说）讲座————————林草思
关于改革文学的思索（滇池论坛）————————杨振昆
《滹沱河记事》读后随感（作品短评）————————郑　海
"反映生活"和"表现自我"————————陈定謇
偶感随录（文艺随笔）————————草　人

肖像（油画）————————靳尚谊
娃娃乐（水墨画）————————柯　明
密林深处（油画）————————王瑞明

1985 年第 7 期　刊名:《滇池》
目录

乘坐公共汽车的年代（小说）————————晓　剑
盈盈一水间（中篇小说·我这一代）————————余未人
转业问题（小说）————————朱光天
小脚阿凤（云南风情小说）————————湘　女
山妹赶山街（云南风情小说）————————袁佑学
长江无语（小说·我们这一代）————————雪　垅
海岛（翻译小说连载·续完）
————————［美］彼特·本奇利作　方　逊译

眷念（散文）————————秦水金

雪雕（外一首）————————俞　郁
发涩的蜜————————陈　放
夏夜（外一首）————————陈所巨
孔雀翎（诗页）————————兰　芳
刘　昕　张　锋　李　娟　林　珂　何小竹　袁冬苇
黄建安　唐元峰　杨培勇

漫评汤世杰的高原小说————————邓　贤

荒谬中的真实————————崔建兵

奔飞（摄影）
佤山老寨（油画）————————姚仲华
黎明前·送别（边纵纪事·油画）————————杨　鹏
花卉（国画）————————郎　森

1985 年第 8 期　刊名:《滇池》
目录

青年作家小说专辑
江心岛————————黄　尧
别了·温泉————————何　群
虎威————————晓　剑
远山的童话————————（景颇族）岳　丁
画意————————汤世杰
钟声已渡彩云南————————李霁宇
密林中的宝石宫殿————————周孜仁
竹楼————————黎　泉
雪线————————邓　贤
人·猫·鱼————————（回族）马宝康
在大轰炸的瞬间————————王洪波
梦里传说————————李　勃

竹满井冈————————石永言
在军民共庆的观礼台上————————公　浦
滇云诗卷（十一首）————————拉木·嘎吐萨　李春福
彭国梁　刘　扬　于　坚
淡妆　摄影
小鸽子（纸版画）————————郝　平
篆刻五方————————郭　伟
十五的月亮（国画）————————吴剑超

1985 年第 9 期　刊名:《滇池》
目录

论边地小说新潮及其前景
——从"云南青年作家小说专辑"谈起————————刘锡诚

神秘的海底宝座（翻译小说连载之一）
————————［美］韦尔伯·史密斯著　方　逊译
沙经理出差————————汪　雷
闯山人————————刘超民
无题（我们这一代）————————哲　夫
远山（云南风情小说）————————郑　海
夜的旋律（伦理小说）————————李长廷
青龙河畔古檬树（民族风情小说）————（土家族）田永红
旧日的梦魇————————商晓白

人有时候就是这只船（小说·我们这一代）————孙文昌
河边，有两个老头————————————————钱　军

昆华烟云（滇池岁月）————————————柳　嘉
滇池畔的磷业王国（滇池岁月）——————骆　虢
我的小弟————————————————————王淑珍
分苹果————————————————————王　航
由"普朗克定律"说开去——————————陈定謇

滇云诗卷————————姚永标　子　页　梁　南
孔雀翎（诗页）————陈锡民　沈天鸿　白　桦
汪承栋　王正秋　张锦堂　高烈明　张新泉　刘益善
探索之页（诗）————————————————王坤红

读书的练习（油画）————————奥古斯特·图摩兹
三月三（水印木刻）————————————郝　平
寒士图（国画）——————————————张建中
小溪边（摄影）——————————————林宝源

1985 年第 10 期　刊名:《滇池》
目录

信义之战（小说）————————————毛志成
麝香（风情小说）————————————李乔亚
神秘的海底宝座（翻译小说连载之二）
——————[美]韦尔伯·史密斯作　方　逊译
鸟印（小说）——————————————张　慈
钢蓝色的海水（小说）——————————任一舟
月色·小路·香蕉（小说·我们这一代）——青　禾
山那边，有一间小屋（小说）——————孙道雄
紫石（小说）——————————————尹相如
小小说六篇————顾　颢　何百源　罗建琳
韩迅晨　流　星　田　雨

青春潮（诗页）————缪国庆　易殿选　戴达奎
橙　子　谢　虎　张稼文　张　鹏　黄　宏　王德明
舒宗范　史　欣

云岭之南，"红土诗"派的诞生——————奔　哥
带乡音的青春——————————————朱小羊
我读《昆明忆旧》————————————郑　海

暮色静夜（摄影）————————————叶　霖
焦丛（国画）——————————————杨　青
风情摄影（二幅）————————————柳　嘉
湖畔（套色木刻）————————————李　秀

1985 年第 11 期　刊名:《滇池》
目录

超载（小说）——————————————樊晓光
香包（小说）——————————————晓　寒
神秘的海底宝座（翻译小说连载之三）
——————[美]韦尔伯·史密斯著　方　逊译
李干事传奇（小说）——————————熊望平
秘书春秋（小说）————————————曾渊如
冬天的故事（小说·我们这一代）————郑　海
这是一个深秋的夜晚（小说·我们这一代）—莫　凯
水泵房的主人（滇池新帆·小说）————解录一
兰表姐（小说）————————————明　勇
神奇的葫芦绦（报告文学）——————张承源
狂欢之夜（滇池岁月·散文）—————赵　橹
滇云诗卷（诗歌）
————————石　贺　车前子　林　染　李发模
孔雀翎（诗歌）————杨　然　李燕丽　聂　索
侯建辉　朱　平　敬晓东　宋　渠　宋　炜　赵春迎
董祥云

晨之歌（摄影）————————————边　疆
萤火虫（国画）————————————陈学忠
篆刻一方————————————————蒙进超
青年的画————————————————张晓刚等
边塞斜阳（油画）——————————刘　南

1985 年第 12 期　刊名:《滇池》
目录

断肠崖（云南风情小说）——————————白　山
死之惑（小说）————————————周永年
神秘的海底宝座（翻译小说连载之四）
——————[美]韦尔伯·史密斯作　方　逊译
山谷中声（中篇·云南风情小说）————刘祖培
她是一个丑姑娘（小说·我们这一代）——吕克昌
春雨（云南风情小说）————————周庆荣
古道趣事（云南风情小说）——————曾建文
维纳斯像前的许愿（小说·我们这一代）
————————————————叶是波　郭婉华
清泪般的葡萄糖溶液（小小说）————丁大林
零钱（小小说）————————————飞再明

高楼背后的小屋（报告文学）————吴慧泉
不会枯萎的信念（诗歌）——————冬　青
我们不再绕道行走（外二首）————张加百
石林拾诗（诗歌）—————————叶延滨

孔雀翎（诗页）————————谷子 周迎红 田应时 等

对当前武侠作品热的思考（评论）————陈定謇
褒耶，贬？喜乎，忧？（评论）————蔡 毅
沉重的土地 沉重的思索（评论）
————————————郑 凡 郑 海 启 耀

滇池之夜（布贴画）—————————王 可
傣家（国画）———————————王冬明
夭永茂（中国画二幅）
篆刻一方—————————————臧跃军

1986 年第 1 期 刊名:《滇池》
目录

倔老右和犟伙子（边地小说）—————周孜仁
我给姑姑看手相（小说）—————————青 禾
小沙河，愤怒的河（小说）—————————乔 瑜
神秘的海底宝座（翻译小说连载之五）
————————[美]韦尔伯·史密斯作 方 逊译
风雨夜行人（边地小说）————————邓 贤
白兰鸽（小说·我们这一代）————————杨雪萍
只要门窗敞开着（边地小说）————（哈尼族）存文学
理解万岁（纪实文学）—————————罗建琳
路南记（散文）————————————于 坚
阿诗玛故乡的女经理（纪实文学）—————朱 原

我的红土高原（诗歌）————费 嘉 王建平 高云波
邹静之 晨 宏 岳 丁 马霁鸿
探索之页（诗歌）————————————徐德华

云南文学与红土高原的文化土壤（评论）——区汉宗
感知方式的探寻————————————邓启耀
黎泉作品讨论会侧记—————————林 木

1986 年第 2 期 刊名:《滇池》
目录

美丽的野鸡坪
——菇母山故事之十（小说）—————叶蔚林
虎啸岭（中篇边地小说）————————李必雨
神秘的海底宝座（翻译小说连载之六）
————————[美]韦尔伯·史密斯著 方 逊译
叛逆（边地小说）———————————杨增适
苍龙，渴望飞腾
——记昆明市墨水厂厂长 钟美玲（报告文学）
————————————————柏鸿鹄

惑……（小说·我们这一代）—————王安林
妈妈难做人（小说·滇池新帆）—————焦家良
四月有蜻蜓（小说）——————————赵 坤
战地速写（三篇）——————朱平富 戴兆成
古龙泉寻梦（散文）—————————柳 嘉
石的随想（散文·滇池新帆）————昆一中 杨志松

青春潮（大学生诗页）————何 松 张稼文 潘 灵
党 英 李 军 彭 彬等

滇池论坛

穿透现实生活的艺术折光
——评黎泉的小说创作————————邓 贤
那山，是极远的
——《远山》浅评（滇池论坛）—————姚社成
模糊数学与文学批评（文艺小资料）————白 云

1986 年第 3 期 刊名:《滇池》
目录

爱的诞生（中篇边地小说）————————王定明
相似的痛苦，不相似的家庭（伦理小说）——相 国
女歌星的奇遇（小说）—————————朱光天
三十岁的男子汉（小说·我们这一代）———王意如
山中野趣（小说二篇）————————聂鑫森
浪子归来（边地小说·滇池新帆）————杜 欢
神秘的海底宝座（翻译小说连载·之七）
————————[美]韦尔伯·史密斯著 方 逊译

昆明的花

——昆明忆旧之六——————————汪曾祺
望明月（散文）———————[菲律宾]黄春安
兰花·战士（散文）——————————沈红光
夜天漫语（散文诗）—————————李恒瑞

滇云诗卷（十七首）————范 文 柯 平 杨伊达
晓 龄 胡廷武 何 鹰
人（探索之页）————————————牛 波

认清形势，加强团结，繁荣创作
——市委书记王信田在昆明作协理事扩大会上的讲话
我和短篇小说（滇池论坛）
——《红指甲》后记—————————彭荆风
接受美学之文学研究方法（文学资料）———白 云

海鸥————————————韩东林摄、米思及诗

1986 年第 4 期　刊名:《滇池》
目录

男裸 ———————————————— 陈世旭

小桥 ———————————————— 熊召致
总经理 Ｍ Ｓ司马 ———————（苗族）吴雪恼
白校徽，白校徽 —————————— 晓　宫
Ｗ病 ———————————————— 郑彦英
一个日本女人的命运（中篇纪实小说）—— 陈觅尧
老万·妻子·女儿（边地小说）———— 李光琦
酸甜萝卜（边地小说）———————— 辛　勤
一个初春的黄昏（小说）—————— 谭合成
都市奏鸣曲（小说两篇·我们这一代）— 韩　星
石林畅想（散文）————————— 柳　嘉

滇云诗卷 —————— 杨　黎　余以建　孙昕晨
姚学礼　陈寿星
当代农民诗 —— 振　兴　高珍华　邓祖兴　莱　笙等

他进行在红土高原的山道上
　——论米思及的诗 ———————— 晓　雪
流萤在闪烁
　——读当代农民诗 ——————— 怡　雯

春（国画）———————————— 齐熙耀
渔家（木刻）———————————— 郝　平
鞠洪深作品选（白描）
生命之绿（重彩）————————— 何　能

1986 年第 5 期　刊名:《滇池》
目录

边地小说
山里的女人 —————————（彝族）吉霍旺甲
点评 ———————————————— 蕨
远方飞来的小白鸽 ————————— 袁佑学
点评 ———————————————— 季　力
老杆儿 ——————————————— 王德明

北方汉子南方妹（小说）—————— 季斌奎
乡下妻子（小说）————————— 朱秀海
南辕北辙（小说）————————— 谢鲁渤
修不起围墙的地方（小说）————— 谭元亨
每周相逢一次（小说）——————— 王梓夫
高升之后（小说）————————— 罗辰生
祸（小说）———————————— 晓　剑

雪莲（散文）———————————— 淡　墨
当代战士诗 ——————— 史光柱　唐武斌等
滇池诗卷 ——— 谢　轮　刁永泉　陈所巨　郭力家
造山年代
　——横断风景之一（评论）———— 黄　尧
与海明威相见（评论）
···[哥伦比亚]加勃列·加西亚·马尔克斯　王　宇译
多色的梦
　——读长篇小说《青春梦幻曲》（评论）—— 胡廷武

五百里滇池（国画）———————— 夭永茂

1986 年第 6 期　刊名:《滇池》
目录

荷塘暮色（小说）————————— 王仲明
心声（边地小说）————————— 魏鹏华
多事之春（边地小说）——————— 孙道雄
山魂（边地小说）——————（哈尼族）存文学
小伙子和他的猴子"老婆"（边地小说）—— 周孜仁
真人出世（小说）————————— 毛志成
连长留下的歌（小说）——————— 许　诺
平安无事（中篇小说·我们这一代）—— 贺星寒
山洞（散文）———————————— 于　坚
哀丁玲（散文）——————————— 洛　汀

孔雀翎（诗歌）———— 苏历铭　张洪波　冯所耿
潘洗尘等
探索之页（诗歌）—————— 水　舟　刘太亨等

万物聚在一起的时候（评论）———— 骆一禾

关于民族题材作品的美学思索
　——袁佑学彝族题材小说读后（评论）—— 杨振昆

春光艳（摄影）—————————— 李建坤
母子之间（油画）———————[美]卡萨特
走在小路上（丝网版画）—————— 金　琳
歌儿（水粉画）—————————— 陈之川

1986 年第 7 期　刊名:《滇池》
目录

深深的奈何巷（中篇小说）————— 王胜华
九九八十一（小说·滇池新帆）———— 周自琼
迷津（边地小说）————————— 何　穷
昆明一夜（纪实小说）——————— 肖复兴

星期三下午（小说·我们这一代）————————尹　平

昆明青年作者作品小辑（上）
惑（小说）——————————————————邓　贤
错婴（小说）————————————————张　慈
告状的故事（小说）————————————朱小羊
冰疙瘩（小说）——————————————郑　海
远方（小说）——————————————吴文光
遭遇（小说）——————————————万立书
揽胜宁河小三峡（散文）——————————张永权
狮山记雪（散文）—————————————冉隆中
滇云诗卷（诗歌）————梁晓明　鄢家发　杨振昆等
探索之页（诗歌）————————————骆一禾

艺术思维方式的思考
——云南青年文学漫评（评论）—————区汉宗
立体景观
——横断风景之二（评论）———————黄　尧
边地文学之路：作家对自身文化背景的超越——王　锐
读《爱的诞生》（评论）————————陈志聪

碧波轻舟（摄影）————————————建　昆

1986 年第 8 期　刊名:《滇池》
目录

两代忠烈（报告文学）————————靳津平　郝铁红
今晚有录像（小说·我们这一代）——————何　群
儿子长大了（小说）————————————蒋晓东
舞厅里的老号手（小说）——————————蔡　立
月亮出来亮汪汪（边地小说）————————赖俊熙

昆明青年作者作品小辑（下）
冰川（边地小说）—————————————张庆国
马锅头和黑草驴的故事（边地小说）—————张　蠡
日子（小说）——————————————陈　卡
静穆的三叶白花草（小说）—————————徐　刘

异龙灵秀（散文）—————————————张　倩
乡思（散文）——————————————王淑珍
我的红土高原（诗）————陈衍强　武　隽　甘霞东
哥　布　雷平阳　王洪波

对边地小说写作的思索
——兼评刘锡诚《论边地小说新潮及其前景》
——————————————————彭荆风
荆棘入画
——横断风景之三—————————————黄　尧

结构主义的文学批评方法——————————白　云

消息一则
本刊启事
搏击（摄影）——————————————晓　诚

1986 年第 9 期　刊名:《滇池》
目录

忧郁的雾（小说）—————————————王旭鸣
青苔寨传奇（中篇边地小说）————————吴　军
静静的卡多山林（边地小说）————（哈尼族）艾　扎
魔幻（小说）——————————（白族）张　长
久违的话梅糖（小说）——————（满族）孙春平
系在篾条上的梦（边地小说）————（哈尼族）诺　晗
绣红字的白手帕（小小说）—————————吴海峰

英年一去不复返
——悼念饶华同志——————————白　桦
云南第二奇观（散文）——————（白族）杨家齐
不徇私情的虎狼（准童话）—————————杨翰端
红棉（散文诗）——————————————吴　然

滇云诗卷—————张　锋　杨伊达　晋效先
何鑫业　张　颠
孔雀翎————————（蒙古族）哈斯乌拉等

读《一个日本女人的命运》的典型性—————刘云海
两点有益的启示和教训
——评短篇小说《断肠崖》————————邓　贤
我读《断肠崖》——————————————陈本仁

日光曲（摄影）

1986 年第 10 期　刊名:《滇池》
目录

朋友，你没说错（小说·我们这一代）
——————————————————（回族）马宝康
彩霞谷（边地小说）————————————刘祖培
柳絮池塘（小说）—————————————榴　红
哈尼咪里王（中篇纪实小说）————————陈见尧

散文十家
香溪——————————————————和　谷
彩色的西双版纳—————————————柳　嘉
落叶——————————————————苏　叶

归来的金铃子……………………戴明贤
夜声……………………杨羽仪
"蛊女"之冤……………………（苗族）杨明渊
森林的呼唤……………………邓莺莺
山街……………………黄晓萍
生日……………………奕林
雪夜静悄悄……………………戴钰

滇云诗卷（人物篇）………渭水 曾有情 涂拥
蒋文龙 密英文
孔雀翎……………………林净 尹剑锋 张锦堂
朱光甫 卢俊 吴延松
探索之页……………………少杰 杨榴红

"横断意识"
——当代云南文学的内驱力……………………于坚
寻根与云南文学……………………吴德辉
远眺（摄影）……………………喻学勤

回眸（摄影）

1986 年第 12 期　刊名：《滇池》
目录

地火（中篇边地小说）……………………何群
卓玛湖（边地小说）……………………杨增适
酒筒的秘密（边地小说）……………………吴慧泉
薅包谷的季节（边地小说）……………………王德明
风暴（小说·我们这一代）……………………中跃
一只漂亮的花瓶（小说）……………………全学玲
大柿树（小说·滇池新帆）……………………靳柯
玉练（小说）……………………晓寒
蓝风（小说）……………………曹云
滇云诗卷（诗歌）……………………培费 黄邦君
盘妙彬 谭忠兴
孔雀翎（诗歌）……张锦堂 郭斌 倪国强 伍林伟
刘荣 熊俊桥 曾波 舒瑾 李晓松
军营绿风（诗歌）……………姜代银 罗际明 王耀军
瑞秋 高美清
文学观念与文学创作（评论）……………………杨振昆
杂花生树 群莺乱飞
——一九八五年全国中篇小说述评（评论）……王屏
录相后面的意义（评论）……………………张庆国
浪漫曲（摄影）

1987 年第 1 期　刊名：《滇池》
目录

边地小说
蓝光……………………马铭
下花山的羊老板……………………孙道雄
雾，打湿了芭蕉……………………谭亲荣

滇池新帆
卡玛城……………………潘燕
城里的风……………………文家成
我们还年轻……………………卢云涛
猫的叛逆……………………齐庚林

我们这一代
黄昏的来访客……………………丁当
秋末的旅行……………………郑海

故乡的土地
昆明菜——《昆明忆旧》之六……………………汪曾祺
秋天我在泸沽湖……………………于坚

雨季的话题 ·· 田　心

小小说
熬 ·· 刘康昌
枪声 ·· 杜鸿雁
纪念碑 ·· 钱道远

女性的天空
女性的天空 ······································ 晓　龄
自述 ·· 王坤红
足迹 ·· 海　男
音乐抒情诗 ······································ 鲁　萍
活下去 ·· 方　子
酒 ·· 杨瑾屏
悲伤的舞蹈 ······································ 田丽萍
伞下 ·· 黄婉碧
为着我爱你 ······································ 倪秀华

滇池论坛
审美情感的成功传递 ······························ 杨振昆
中篇小说《地火》讨论会部分发言纪要
我感到笔很沉重
——权充《地火》创作谈 ·························· 何　群
作家通信 ·· 彭荆风

舞东风（摄影） ·································· 段　纠
帆影（摄影） ···································· 刘　勇

1987 年第 2 期　刊名:《滇池》
目录

边地小说
风流镇的钟声 ···································· 魏鹏华

我们这一代
摄影棚旁的小木屋（小说） ························ 毛　健
天真汉启示录（小说） ···························· 陈应松
审判今天进行（小说） ···························· 莫大祥

纪实文学
痴恋
——一个母亲的自述 ······························ 余德庄
碧水风流 ·· 湘　女

故乡的土地
溜索（散文） ···································· 张　笠
金沙英雄魂（散文） ······························ 张永权
回乡曲（散文） ·································· 黄德佃

我的父亲（散文） ································ 陈正才

滇池新帆
小镇上来的大学生（小说） ························ 官　廉
市长祝酒（讽刺小说） ···························· 陈志聪

我们播种爱情
短诗 24 首 ·················· 汤世杰　田应时　李春福等

滇池论坛
云南文学审美流向寻踪 ···························· 区汉宗
谈比较文学的研究方法 ···························· 白　云
春曲 ·· 齐熙耀

1987 年第 3 期　刊名:《滇池》
目录

边地小说
天魔女（中篇） ·································· 李必雨
佤山迷雾（小说二题） ···························· 李钧龙
布克 ·· 何应杨

我们这一代
生活变奏曲（小说） ······························ 肖建国
忍顾鹊桥归路（小说） ···························· 文　锋

纪事文学
爱从这里开始 ···································· 张　倩

滇池新帆
十五的月亮（小小说） ···························· 臧　瑾
三幅画（散文） ·································· 和　谷
姥姥亲（散文） ·································· 王淑珍

我的红土高原（诗歌） ···················· 晓　剑　张承源等
探索之页（诗歌） ······················ 立　人　杨绍武

文学之窗　三则
市文联召开文联委员扩大会议（短讯）

1987 年第 4 期　刊名:《滇池》
目录

我们这一代
弧线球（中篇小说） ······························ 王万云
天使（小说） ···································· 袁和平
我是怎么长大的（小说） ·························· 刘舰平
走进日光中（小说） ······························ 修晓林

边地小说

边地三题—————————何 穷

鸟韵（小说）—————————聂鑫森

雪夜，有人敲门（小说）————郑 海

滇池新帆

迷人（小说）—————————雪海梅

纪实文学

心灵的呼应————————余 春 黄传会

小小说

小说发表后—————————（白族）赵 勤

雨和雨伞——————————由 子

故乡的土地

竹山小路 外一章（散文）———唐大同

夜宿竹楼（散文）——————刘 芳

砂谣曲（散文）————（哈尼族）诺 晗

爱的往事（散文诗）—————徐 康

滇云诗卷——————何鑫业 胡 笳

孔雀翎——————曾有情 鄢元平

滇池论坛

爱与被爱，才是完整的人生

——读一组女性诗作的联想———杨伊达

边地小说门外谈————————刘云海

创作通信——————————吴 然

1987 年第 5 期 刊名:《滇池》

目录

边地小说

金沙小镇传奇（二题）————邹长铭

我们这一代

明菊（小说）—————（满族）孙春平

希望的战场（小说）—————朱世辉

彩色的世界

奇人怪事（中篇小说）————王群生

世态四题（小说）——————母国政

名人之累（小说）——————叶之蓁

狗伢子打酒（小小说）————李建军

招聘（小小说）——————熊 熊

兰湖（小小说）——————潘可明

故乡的土地

天下第一汤—————（纳西族）杨世光

说不尽的横断山————————王淑珍

鱼洞美，洞鱼香————————顾昱东

滇云诗卷

访缅诗叶（五首）——————晓 雪

小提琴独奏（外二首）————达 黄

芭蕉林（外二首）——————温相强

孔雀翎

胡杨树————易殿选 黄宏 华海庆等

给前线战士的歌（散文诗）———杨 怀

滇池论坛

沉思——————————周良沛

文讯

1987 年第 6 期 刊名:《滇池》

目录

边地小说

魔道———————————何 穷

冬茅岭——————————杨新民

孤岛牧人—————————陈 河

我们这一代

嗨，西狄（小说）——————张 蠡

都市一瞥（小说二遍）————王小平

紫色（小说）————————邓 贤

彩色的世界

静静的驴子溪（中篇小说）———罗学蓬

小说二题—————————杜衡然

死因调查报告（讽刺小说）———张良玉

滇池新帆

穿蓝 T 桖的西戈维亚————傅小渝

滇池岁月

观音寺

——《昆明忆旧》之七————汪曾祺

滇池泛鸥（散文）——————巴 邑

金汁河旧忆（散文）—————于 坚

高原情愫四章（散文诗）————淡 墨

滇云诗卷——————川 海 徐 泽等

孔雀翎（诗）————于宗信 丛小桦等

1987 年第 7 期　刊名:《滇池》
目录

边地小说
山国女子（中篇小说）—————————— 陈学书
换魂 —————————————————— 辛　勤
风水 —————————————————— 孙道雄

纪实文学
杨梅大王酸与甜 ——————————— 刘祖培

彩色的世界
城市的组合（小说二题）—————— 葛耀辉
骑驴（小小说）—————————— 潘　灵
雨夜（小说）——————————— 何根松

滇池新帆
海歌（小说）——————————— 张乃辉
钥匙（小说）———————— （白族）莫　然
嘘！电冰箱会听见我们的……（幽默小品）
———— [美]约翰·C.沃著　杨　克译
贰分角子悲喜剧（小小说）———— 吴琪捷

故乡的土地
下关风（散文）—————————— 柳　嘉
太阳的狡狯（散文）———————— 公　浦

我的红土高原
槟榔江（外二首）—————（景颇族）晨　宏
年少心事（三首）—————（哈尼族）哥　布
孔雀翎 ————————— 桂兴华　裘小龙等

我需要崭新的生活
——李必雨答本刊编辑问
文讯

妈妈啊，妈妈 —————————— 齐熙耀
河山 —————————————— 王瑞明

1987 年第 8 期　刊名:《滇池》
目录

战地流云
严惩（小说）——————————— 苏　策
那条通往远方的路（小说）————— 常　生
夜雾迷濛（小说）————————— 谭忠兴
过去的事情不再想（小说）———（白族）魏向阳

带血的苹果（小说）———————— 李科卫
雕（小小说）——————————— 郑剑锋
柳叶儿绿了（散文）———————— 云　虹

纪实文学
脱贫的炮声 ——— 黎　泉　熊望平　袁佑学
姐弟参军（西南服务团纪事）———— 杨美清

边地小说
死屋 —————————————— 赵　阔
洱海"鱼司令" ————————（白族）赵之星

滇池新帆
怪梦（小说）——————————— 铁　栗
黑皮（小说）——————————— 伍米斋
猪槽（小小说）—————————— 刘文学

故乡的土地
滇游新记　三篇（散文）—————— 汪曾祺
云山迢迢 ———————————— 傅天琳

中学生之页 ——————— 杨　波　尹凤琼

边关情（诗）——————— 郭福生　魏　可等
滇云诗卷 ——————— 林　染　殷　红等

滇池论坛
文学如逃避时代是没有出路的 ————— 王鉴骅
灵与肉的调适 —————————— 区汉宗
小谈"层次" —————————— 毛志成

1987 年第 9 期　刊名:《滇池》
目录

边地小说
彩云南（小说二题）———————— 汤世杰
白沙神井　中篇小说 ——————— 熊望平
远村萧声 ———————————— 刘超民

小小说小辑
机关轶事（四题）————————— 苗　林
导演 —————————————— 徐　刘
大山儿女（二题）—————（彝族）南　帆
苍蝇的故事 ——————————— 刘书平
桥头 —————————————— 耕　夫
吃亏 —————————————— 赵功清
井 ——————————————— 石向前
暗房技术 ———————————— 阮　镇

老屋 ————————————————————刘满元
家访 —————————————————洪双烨 林 波

我们这一代
晴朗的日子（小说）————————————潘 燕
温老（小说）————————————————罗学蓬

彩色的世界
一千棵苹果（纪实小说）————————柏鸿鹄
土林夜行（散文）————————————冉隆中
天涯（散文诗四章）————————————陈 犀
今古童趣（随感录）————————————邵燕祥

滇云诗卷 ——————陈所巨 鄢家发 桂兴华
孔雀翎 ——————周继才 姜代银 晓 弦等

滇池论坛
现代抒情诗的视角选择————————戴达奎
边地的长河————————————————陈本仁
请尊敬读者————————————————秦家华

1987 年第 10 期　刊名:《滇池》
目录

散文十家
灵渠谱 ——————————————————柳 嘉
江风吹过八月的夜空 ——————————苏 叶
二月意绪 ——————————————————和 谷
神秘的高山森林 ————————（苗族）杨明渊
岱顶三叹 ——————————————————杨炳彦
五杯金黄的蜜汁 ————————————王志杰
碧塔海和梦 ————————————————李 勃
山棘 ————————————————————王 哲
泸沽湖啊，我的故乡——————[摩梭人] 拉木·嘎吐萨
麂子塘 ——————————————（哈尼族）诺 晗

滇云诗卷
诗九家 ——————————商子秦 叶延滨 赖大安
张雪梅 孙昕晨 邹昆凌 雪 村 力 虹 陈 泯

边地小说
人间（三题）————————————（回族）马宝康
来一碗甜白酒————————————————辛 勤
心碑（纪实小说）————————————陈见尧

我们这一代
奇迹（中篇小说）————————————陈 河

彩色的世界
一夜之水（小说）————————————王安林
信任的力量（小小说）————————余四海

滇池论坛
鲁迅、现实主义及现代主义————————刘正强
人生和艺术的超越————————————汤世杰
"开拓者"纪实文学征文启事
年轮（水印木刻）————————————李忠翔

1987 年第 11 期　刊名:《滇池》
目录

边地小说
唢呐余韵————————————————邹长铭
无言的大山（小说三题）————————袁佑学
藤索渡————————————————————高旭帆
走出白骨峡————————————————祁加福

我们这一代
野山恋情（中篇小说）————————————强 儒
男人是云（女人是山）————————————胡燕怀

小小说小辑
羁 ————————————————————秦巴子
放生 ————————————————————张 征
民意测验 ——————————————————习 成
梦 ————————————————————刘永康

故乡的土地
散落的珍珠
——昆明记游————————————————赵自庄
月朦胧 雾朦胧————————————————朱传雄

滇云诗卷
橄榄小集——————（甘肃）小 兑 （四川）侗 肄
（江西）纪辉剑 [美国]李 静 （云南）刘 扬
（福建）范 方 （陕西）子 页 （中国香港）傅 天虹
（北京）张艳齐

作家剪影
谙熟人生 却留一片明净
——汪曾祺印象记————————————郑 海
征文启事
姐妹们（封面画）————————————王冬明

1987 年第 12 期　刊名:《滇池》
目录

边地小说

夏娃出世（中篇小说）————————何　群
洪水谣————————————————聂鑫森
毡帽————————————（白族）杨利先
愿你留下一颗心—————————————杨大镇

纪实小说

斗室春秋
——记装裱大师张宝善先生————————杨　焰

滇池新帆

箫声（小说）————————————————林　刚

彩色的世界

幻灭（小小说）———————————————谢　红
会议与天气（小小说）————————————魏　宁
伞尖（小小说）———————————————汤祥龙
村口（小小说）———————————————李拯平

故乡的土地

花山湖风格————————————————苏　策

滇池岁月

唱出一个春天来
——昆明"一二·一"合唱团记事————————李光琦
滇云诗卷————————罗际明　张稼文　陈太顺等
孔雀翎————————邓琼芳　余以建　谢午恒等

作家剪影

少年游————————————————————戴明贤

滇池论坛

文学语言杂谈————————————————汪曾祺
"中国潮"报告文学征文
百家期刊联名启事
新的飞跃书画选

1988 年第 1 期　刊名:《滇池》
目录

边地小说

金沙江，河滩地（小说二题）————————邹长铭
酒汉————————————————————马宝康
山母（中篇小说）——————————————辛　勤

开拓者

征服自己之路
——二百万巨款失误以后"中国潮"征文————黎　泉
希望的嫩绿————————————————蔡　青

我们这一代

三个人和一个夜晚————————————朱中平
风尘女人————————————————魏继新

彩色的世界

暴风雨（翻译小说）
————————[美]凯特·乔宾著　袁　义译
红楼怪梦（故事新编）————————————殷国安
美国老孟在昆明（纪实文学）————————莫　凯
小老倌儿（小小说）————————————杨忠实
沉默（小小说）———————————————李翔荣
鸟语专家（小小说）————————————文　文
孩子与房子（小小说）———————————马　琳
小城的故事（散文）————————————尹祝生

滇云诗卷

金蔷薇集———————（哈尼族）哥　布　郭留红
姜诗元　杨　丽　周茂树　虹　影　缪国庆　陈　放

滇云论坛

投身改革大潮，加强时代使命感
——市文联召开学习十三大报告座谈会
从生活到艺术————————————————蔡　毅
山国，呼唤着现代文明————————————夏　雨

1988 年第 2 期　刊名:《滇池》
目录

边地小说

九颗牛头————————————（佤族）董秀英
有个纳西姑娘叫粗妹（中篇）———（纳西族）沙　蠡

纪实文学

李保和他的儿子们—————————————黄　尧
诱惑————————————————————李霁宇
甜的·苦的·酸的——————————————徐　刘

我们这一代

雪白的羊毛衫（小说）———————————张曼菱
那年出的那件事（小说）——————————徐甡民

彩色的世界

都市交响（小说二题）———————————王慧芹

短篇三题⋯⋯⋯⋯⋯⋯⋯⋯⋯⋯刘祖培
小歌手成名之秘诀（小小说）⋯⋯（彝族）证　明
摩托车（小小说）⋯⋯⋯⋯⋯⋯⋯黄濂清
经理的光头（小小说）⋯⋯⋯⋯⋯黄建安

翻译小说
昆明·圆通寺街⋯⋯⋯⋯[日]宫本辉著　毛白鸽译
同父亲跳舞
⋯⋯⋯⋯[美]琼·杰费里·吉特曾著　文　莲译

故乡的土地
天涯海角的幽默⋯⋯⋯⋯⋯⋯⋯杨羽仪
乡村二胡声⋯⋯⋯⋯⋯⋯⋯⋯⋯王淑珍

滇云诗卷
渴望小集⋯⋯⋯思　空　张雪梅　（傣族）刀　荣等

滇池论坛
我的梦很长很长
——访杨振昆同志⋯⋯⋯⋯⋯⋯张庆国
熊望平小说创作漫谈⋯⋯⋯⋯⋯沙　平
《彩云南》小议崔建兵⋯⋯⋯⋯⋯崔建兵
欧之歌（摄影）

1988 年第 3 期　刊名:《滇池》
目录

边地小说
驿道上的最后一颗太阳（中篇）⋯⋯（彝族）瞿文早
撵山人⋯⋯⋯⋯⋯⋯⋯⋯⋯⋯⋯孙道雄

纪实小说
运载：艰难与希望⋯⋯⋯⋯⋯⋯马宝康
康桥作证⋯⋯⋯⋯⋯⋯⋯⋯⋯⋯曲　新

翻译小说
被埋葬的女演员（中篇推理小说）
⋯⋯⋯⋯⋯⋯[日本]小林久三著　梁友璋译

彩色的世界
石复清的悲欢（小说）⋯⋯⋯⋯⋯翁树杰
古井镇（小说）⋯⋯⋯⋯⋯⋯⋯李景田
绿棚组曲（小小说）二遍⋯⋯⋯⋯龚泽华
苏瑶女士（讽刺小说）⋯⋯⋯⋯⋯马　力

故乡的土地
云岭之巅⋯⋯⋯⋯⋯⋯⋯⋯⋯⋯杨明渊
月思⋯⋯⋯⋯⋯⋯⋯⋯⋯⋯⋯⋯一　凡

滇行三章⋯⋯⋯⋯⋯⋯⋯⋯⋯⋯邓开鹏

旅游文学
山光水色九芙蓉⋯⋯⋯⋯⋯⋯⋯杨启云

孔雀翎
短歌集⋯⋯⋯⋯⋯⋯朱晓桦　陈惠芳等

滇池论坛
真实的阐发与结构⋯⋯⋯⋯⋯⋯伍林伟
改革文学的历史使命⋯⋯⋯⋯⋯冉隆中
文讯
小说《你留在雪地上的血迹》插图⋯⋯梅尔·奥多姆

1988 年第 4 期　刊名:《滇池》
目录

彩色的世界
盆景（小说）⋯⋯⋯⋯⋯⋯⋯⋯聂鑫森
绿月（小说）⋯⋯⋯⋯⋯⋯⋯⋯曹　云
生活辩证法的启示（小说）⋯⋯⋯齐庚林

边地小说
果园风波⋯⋯⋯⋯⋯⋯⋯⋯⋯⋯王　松
悸动的山林⋯⋯⋯⋯⋯⋯⋯⋯⋯谭忠兴

通俗小说
罂粟女（长篇传奇小说连载）⋯⋯李必雨
凶手在你身边⋯⋯⋯⋯⋯⋯⋯⋯张　征

滇池新帆
大山，沉默的大山⋯⋯⋯⋯⋯⋯修祥明

旅游文学
旅泰随笔⋯⋯⋯⋯⋯⋯⋯⋯⋯⋯王国祥

故乡的土地
异龙湖上的梦⋯⋯⋯⋯⋯⋯⋯⋯公　浦

滇云诗卷
情感小集⋯⋯⋯⋯⋯老　木　彭国梁　何　松
季　冬　刘世新　橙　子　顾　工

滇池论坛
理性和激情的颤动
——评张建中的绘画创作⋯⋯⋯朱运宽
"借给读者一双眼睛"
——读《红高粱》的艺术"视角"⋯⋯李庆信

改革新潮与思维惰性

——关于改革文学的非文学思考————————杨振昆

池畔歌声（摄影）————————————罗锦辉

1988 年第 5 期　刊名:《滇池》
目录

作家题辞

楚图南　王　蒙　荒　煤　严文井　唐达成　冯　牧
葛　洛　陆文夫　汪曾祺　陈伯吹　塞先艾　白　桦
刘心武　蒋子龙　冯骥才　李　乔　徐怀中　李　纳
李　陀　张　弦　郑万隆　苏　策　王　松　晓　雪
姜　滇　王小鹰

彩色的世界

意外来信　《没意思的故事》之二十五————李国文
陆判（聊斋新文）————————————汪曾祺
男人的世界——————————————何　群
春夜·冬日————————————————葛耀辉

边地小说

东方印第安轶事————————————张龙明
母鹿————————————————————沈石溪
牛魂—————————————————————吕克昌

旅游文学

旅德散记——————————————————王安忆
苦雨凄风火鸡宴—————————————邵燕祥

故乡的土地

延河边上的黄昏—————————————冯　牧
回转的漩涡————————————————苏　策
苍洱流韵—————————————————冯永祺
薄醉————————————————————柳　嘉

纪实文学

扼运命运的咽喉—————————————何秀琴

通俗小说

罂粟女——————————————————李必雨

滇池新帆

巴士尔河床————————————————何　健
林莽————————————————————王锡生

滇云诗卷

八方小集————————费　嘉　骆耕野　高一飞
车前子　李发模　慧　子　刘自立　张锦堂

滇池论坛

沿着正确的方向，走自己的路—————————晓　雪

傣族歌手（摄影）—————————————吴　昆

1988 年第 6 期　刊名:《滇池》
目录

通俗小说

龙虎坊——————————————————马　铭
罂粟女——————————————————李必雨

边地小说

娥贝————————————————————陈见尧
双眼井之念————————————————张昆华

彩色的世界

命运车站（小说）————————————马宝康
大风（小说）——————————————费　克

滇池新帆

雪眼（小说）——————————————曹卫华

纪实文学

他有一双点铁成金的手——————————董　绿
战火中的情和爱————————————吴慧泉

小小说

信则灵——————————————————荒　原

旅游文学

岚山·诗碑——旅日见闻录之八—————李耀国

故乡的土地

我的节日—————————————————吴　然

作家剪影

美丽的中年————————————————顾传青

滇云诗卷

第三只眼——————杨　敏　高文翔　徐　刘等

滇池论坛

有味的两极————————————————启　耀
读童话集《水晶楼》————————————王雄建
从《滇池》起航——————————————阿　力
文讯
问刊启事

1988 年第 7 期　刊名:《滇池》
目录

彩色的世界

走出瓦砾滩（小说）⋯⋯⋯⋯⋯⋯高天兴

高先生外传（小说）⋯⋯⋯⋯⋯⋯黄建安

通俗小说

舞厅风情录⋯⋯⋯⋯⋯⋯⋯⋯⋯⋯徐　刘

罂粟女　长篇传奇小说连载⋯⋯⋯李必雨

小小说小辑

"美人汤"奇遇　（二题）⋯⋯⋯⋯李顺兴

街头，轮椅车⋯⋯⋯⋯⋯⋯⋯⋯⋯李翔荣

小巷人言⋯⋯⋯⋯⋯⋯⋯⋯⋯⋯⋯李永忠

人间事（二题）⋯⋯⋯⋯⋯⋯⋯⋯辛开纯

拍电影⋯⋯⋯⋯⋯⋯⋯⋯⋯⋯⋯⋯张发展

陈妈⋯⋯⋯⋯⋯⋯⋯⋯⋯⋯⋯⋯⋯喻耀辉

她和他们⋯⋯⋯⋯⋯⋯⋯⋯⋯⋯⋯张世平

别情⋯⋯⋯⋯⋯⋯⋯⋯⋯⋯⋯⋯⋯冉隆中

酒的世界⋯⋯⋯⋯⋯⋯⋯⋯⋯⋯⋯朱小羊

把把老碗的好运⋯⋯⋯⋯⋯⋯⋯⋯韩　涛

县长有请⋯⋯⋯⋯⋯⋯⋯⋯⋯⋯⋯苗　林

二月⋯⋯⋯⋯⋯⋯⋯⋯⋯⋯⋯⋯⋯李　曙

叠⋯⋯⋯⋯⋯⋯⋯⋯⋯⋯⋯⋯⋯⋯曾　山

新鲜货⋯⋯⋯⋯⋯⋯⋯⋯⋯⋯⋯⋯田永元

滇云诗卷

我的红土高原⋯⋯⋯⋯⋯王保友　密英文等

心灵的呼唤⋯⋯⋯⋯⋯⋯杨志刚　谢许恒等

父与子（散文诗）⋯⋯⋯⋯⋯⋯⋯杨文广

滇池论坛

冷静下来的思考⋯⋯⋯⋯⋯⋯⋯⋯马旷源

大峡谷的依恋与跨越⋯⋯⋯⋯⋯⋯杨荣昌

小析《毡帽》结尾⋯⋯⋯⋯⋯⋯⋯崔建兵

1988 年第 8 期　刊名:《滇池》
目录

边地小说

天火⋯⋯⋯⋯⋯⋯⋯⋯⋯⋯⋯⋯⋯黄　雁

雪谜⋯⋯⋯⋯⋯⋯⋯⋯⋯⋯⋯⋯⋯吴　天

空山⋯⋯⋯⋯⋯⋯⋯⋯⋯⋯⋯⋯⋯高旭帆

彩色的世界

居家拾零⋯⋯⋯⋯⋯⋯⋯⋯⋯⋯⋯杨茂金

老法院⋯⋯⋯⋯⋯⋯⋯⋯⋯⋯⋯⋯吉　成

老妪之死⋯⋯⋯⋯⋯⋯⋯⋯⋯⋯⋯谭合成

翻译小说

真正的情人⋯⋯⋯［美]艾萨克·阿西莫著　杨　克译

我们这一代

眼睛⋯⋯⋯⋯⋯⋯⋯⋯⋯⋯⋯⋯⋯李长廷

我们这群"狂人"⋯⋯⋯⋯⋯⋯⋯王学义

不该走出崖画⋯⋯⋯⋯⋯⋯⋯⋯⋯淡　墨

通俗小说

罂粟女⋯⋯⋯⋯⋯⋯⋯⋯⋯⋯⋯⋯李必雨

作家剪影

高原上强劲的风⋯⋯⋯⋯⋯⋯⋯⋯修晓林

故乡的土地

助教班记事⋯⋯⋯⋯⋯⋯⋯⋯⋯⋯冉隆中

小小说

烟趣⋯⋯⋯⋯⋯⋯⋯⋯⋯⋯⋯⋯⋯邢　可

幸运的雄鸡⋯⋯⋯⋯⋯⋯⋯⋯⋯⋯杨翰瑞

滇云论坛

短歌集⋯⋯⋯⋯⋯⋯⋯⋯⋯田　禾　孙家林等

滇池论坛

一代人和他们的影子⋯⋯⋯⋯⋯⋯区汉宗

悲壮之美，民族之歌⋯⋯⋯⋯⋯⋯王宁静

文讯

1988 年第 9 期　刊名:《滇池》
目录

边地小说

赌村⋯⋯⋯⋯⋯⋯⋯⋯⋯⋯⋯⋯⋯杨晓升

魔障⋯⋯⋯⋯⋯⋯⋯⋯⋯⋯⋯⋯⋯雪　垅

残阳酒⋯⋯⋯⋯⋯⋯⋯⋯⋯⋯⋯⋯孙功兵

最哀伤的思绪⋯⋯⋯⋯⋯⋯⋯⋯⋯柏鸿鹄

通俗小说

罂粟女⋯⋯⋯⋯⋯⋯⋯⋯⋯⋯⋯⋯李必雨

滇池新帆

古道奇闻（小说）⋯⋯⋯⋯⋯⋯⋯韩毓昆

秋月赋（散文）⋯⋯⋯⋯⋯⋯⋯⋯王　菁

彩色的世界

好汉 ···················· 余未人

牌坊街轶事 ·············· 周百义

纪实文学

物价大魔方 ·············· 杨 焰

旅游文学

东方岛国启示录 ·········· 高伐林

故乡的土地

一群跳土风舞的男女 ········ （摩梭人）拉木·嘎吐萨

悔 ···················· 程肇琳

小小说

檐沟 ·················· 古 讷

惯偷 ·················· 孙 勇

滇云诗卷 ·········· 柏铭久 朱兆麒等

公园·河滩·美（散文诗） ······ 徐 康

滇池论坛

"情节淡化"与文学的真实性 ······ 陈九彬

"路"与"铺路石"

——谈《林德宏探索书法展》 ······ 田 心

几句希望的话 ·············· 王 甸

招生启事

1988 年第 10 期　刊名:《滇池》
目录

彩色的世界

黑衣女郎 ················ 强 儒

跑滩女子 ················ 罗学蓬

天地间 ·················· 邓仕明

边地小说

嗜罪 ·················· （藏族）才 旦

孔雀石 ················ 紫 夫

通俗小说

罂粟女 ················ 李必雨

纪实小说

广厦千万间 ·············· 徐 刘

小小说

月夜 ·················· 王淑珍

兰草幽幽 ················ 方 言

冷惊 ·················· 廖 岷

人心隔肚 ················ 崔永刚

门框 ·················· 计用辐

圣诞节前的告别（翻译小小说） ······ 张玉莲译

旅游文学

隔田川畔的"乞丐王国" ········ 李顺兴

好人——阿拉巴斯 ·········· 袁 鹰

滇池论坛

现代诗"原型意象"初探 ········ 戴达奎

一支爱情的变奏曲 ·········· 上官玉

一桌丰盛的小锅小炒 ········ 张承源

美术

"88"新潮（摄影） ·········· 袁斯鹏

晴沙（摄影） ·············· 李建坤

早春（国画） ·············· 李云德

1988 年第 11 期　刊名:《滇池》
目录

边地小说

船漂漂（中篇） ·········· （苗族）刘 菁

生日 ·················· 邹长铭

野椒地 ················ （哈尼族）存文学

恨天高 ················ （白族）杨利先

通俗小说

罂粟女 ················ 李必雨

翻译小说

月台艳遇

　　［爱尔兰］佛里曼·威尔斯·克罗夫次著

陈俊群译

彩色的世界

春夜风 ················ （满族）孙春平

苦吻 ·················· 魏得胜

肖然的故事 ·············· 冉隆中

小小说小辑

阿弥陀佛 ················ 郭 斌

千手千眼 ················ 李 然

罘 ·················· 喻耀辉

沉思 ·················· 江 野

小偷 ·················· 刘文兴

小偷发奖 ················ 塞 云

生命 .... 李振民

故乡的土地

净水 .... 于　坚
解不开的情结 .... 康　平

滇池论坛

来自生活的声音 .... 芮增瑞
一个暴力崇拜狂的忏悔 .... 周天忠
文学之窗

倾斜而美丽的世界（四首）........................ 张雪梅
给孩子们（外三首）.............（哈尼族）哥　布
山村情话（四首）................................... 杨志刚
山和父亲（组诗）.................（傣族）刀　荣

1988 年第 12 期　刊名:《滇池》

目录

小小的世界

旧金山·早安!（三首）............（北京）刘湛秋
北山石刻（三首）.................（重庆）傅天琳
半掩之窗（组诗）.................（成都）叶延滨
诗四首 ....（中国香港）张诗剑
年画（外二首）.................（中国香港）梁秉钧
云游之歌（四首）.................（中国香港）傅天虹
生活常规（二首）.................（安徽）陈所巨
动物世界（三首）.................（浙江）柯　平
雪山（三首）.................（北京）骆一禾
在夏天（外一首）.................（贵阳）黄邦君
广场上的夜游（外一首）.................（北京）老　木
小城故事（外一首）.................（昆明）彭国梁
人字瀑（外一首）.................（四川）张晓健
古峡 ....（四川）王江滨

女性的天空

沙漠之恋 ....（上海）张　烨
作为母亲（外二首）.................（江西）殷　红
关于母亲（外一首）.................（成都）翟永明
生命（三首）.................（重庆）虹　影
再度错位 ....（哈尔滨）冯　晏
果绿色 ....（深圳）方　子
我的心开始贫血 ....（上海）慧　子
母亲（外一首）.................（昆明）杨瑾屏
少女树（外一首）.................（甘肃）沙　戈
城市（外一首）.................（贵州）陈　乔
方向 ....（昆明）橙　子

从滇池起航

门里门外（四首）....................... 费　嘉
女人（三首）....................... 海　男
吉它和生存意识（外三首）....................... 邹昆凌
深处 .... 王坤红
凤凰花（外一首）.................（景颇族）晨　宏

中国的玫瑰

爱情帖（三首）.................（重庆）培　贵
写给波波（四首）.................（甘肃）林　染
我们（外一首）.................（内蒙）赵健雄
又是中秋 ....（山东）桑恒昌
无法逃遁（外一首）.................（浙江）伊　甸
失重（外一首）.................（昆明）李霁宇
挂历（三首）.................（湖南）陈惠芳
致 C·Y ....（昆明）王浦安
忧郁的日子（三首）.................（四川）李兴强
你的灯光又亮 ....（河南）朱小葵
想你的时候 ....（江苏）万　川
一盏迷茫的灯（组诗）.........（湖南）李叶文　米晓春
偶尔 ....（广州）莫少云
表白 ....（北京）晓　晴

第三只眼

等待（三首）.................（新疆）杨　牧
猫眼（三首）.................（江苏）车前子
金·水·火（三首）.................（福建）詹昌政
拆字（五首）.................（北京）邹静之
纪念碑（外二首）.................（昆明）于　坚
母亲（外一首）.................（杭州）何鑫业
古装摄影（外一首）.................（南京）韩　东
水之湄 ....（成都）程宝林
西氏春秋（六首）.................（北京）西　川
艺术 ....（北京）松　夏

我们的心事

南曲（四首）.................（福建）范　方
我是鹿 ....（上海）黎焕颐
昔日的狂草（二首）.................（西安）子　页
忍受高原（外一首）.................（甘肃）张子选
怀念远村（外二首）.................（江苏）姜　桦
老人和钟（外二首）.................（上海）戴　达
寄山那边（二首）.................（河北）刘　章
钟楼（外二首）.................（成都）兰　疆
强者之路（外一首）.................（北京）姜国强
历史画（三首）.................（南昌）谢　轮
想想南方（三首）.................（四川）夏新辉
在温暖的土坎上（三首）.................（四川）郭留红
丈量岁月（外一首）.................（四川）谭清友
秋天的空白（二首）.................（黑龙江）马永波
在路上 ....（北京）万缘了子

我的红土高原

在滇东北（二首）……………………………………陈衍强
接新娘（外一首）……………（摩梭人）拉木·嘎吐萨
那时我们住在山里………………………………………张稼文
大峡谷（外一首）………………………………………郭　斌
鹰……………………………………（傈僳族）密英文
山道……………………………………………………徐　刈
思念高原………………………………………………张广生
错觉……………………………………………………傅泽刚
部落史…………………………………………………王　子
女店主…………………………………………………高一飞
山………………………………………………………张仲全
山魂……………………………………………………李光星

地上的太阳

周恩来写真……………………………（南昌）程　维
地层的记忆（三首）…………………（重庆）柯愈勋
市长的疑思……………………………（南京）黄东成
呼唤（外一首）………………………（深圳）史光柱
军营（二首）…………………………（昆明）潘上九
夜班路上………………………………（昆明）田应时
轮椅……………………………………（浙江）茹　菇
矿山床…………………………………（个旧）倪秀华
雪夜……………………………………（江苏）王学芯

绚丽的云雾——散文诗页

往事：蛾的选择及其他（三章）………（南昌）李　耕
遥远的昨天（二章）……………………（昆明）淡　墨
远山·那一片故地（四章）……………（江西）川　梅
择（外一章）……………………………（黑龙江）雪　村
爱的箴言（五章）………………………（昆明）亚　楠
情怀（二章）……………………………（昆明）郝铁红
唱给十八岁的歌（二章）………………（昆明）湘　女

孔雀翎

（北京）刘自立　（湖北）项俊平　（贵州）沈前祥
（江西）肖立群　（湖北）周忠良　（四川）周继才
（北京）石　仔　（北京）紫　地　（北京）西　渡
（昆明）朱　平　（楚雄）艾　梅
评论
诗美断想………………………………………………晓　雪
滇池连接大海…………………………………………区汉宗

美术

停（摄影）……………………………………………段　纠
傣乡情（国画）………………………………………刘福海
大山情（摄影）………………………………………许大鲲
澜沧江畔（重彩）……………………………………林维东

1989 年第 1 期　刊名:《滇池》
目录

边地小说

黑浪死船……………………………………………杨　鹏
高原大江（小说二题）……………（藏族）查拉独几
乱世恩仇录（中篇）………………………………吕克昌
民工头蓝飞………………………………………陶师舜

彩色的世界

斯文轶事……………………………………………齐庚林
矮人湾………………………………………………晓　苏
毒日头………………………………………………费　克
奖（小小说）………………………………………蔡良基
死与生（小小说）…………………………………彭　莱
似是而非（小小说）………………………………于学康
达·芬奇寓言故事选择……………张　浩　乔传藻译

传奇小说

罂粟女《金三角纪事》之九………………………李必雨

滇云诗卷

感情经历…………………………………………胡昌文等
孔雀翎……………………………………………王苑青等
文讯

1989 年第 2 期　刊名:《滇池》
目录

边地小说

小镇风流……………………………………………邹长铭
黑妞…………………………………………………杜鸿雁
山寨鬼影……………………………………………孙道雄
祭猴·折刀…………………………………………范　稳
黑熊岭………………………………………………林　刚

彩色的世界

火葬场………………………………………………蔡振兴
冤家…………………………………………………郭　明
秀秀…………………………………………………苗　林
订货会………………………………………………黄建安
新闻启示录…………………………………………李永忠
座谈会通知…………………………………………艾万明
悬挂…………………………………………………丁　当

传奇小说

罂粟女………………………………………………李必雨

纪实文学

柴石滩向你呼唤··刘祖培
从高原奔向大海··杨　焰
滇云诗卷··································潘　灵　杨　莉等

滇池论坛

费嘉的诗··于　坚
从附庸美走向自由美······································区汉宗

1989 年第 3、4 期　刊名:《滇池》
目录

翻译小说精选

地层身处的浴火·······　[日]西村寿行原著　白　鸽译
死神与天国··················[英]安德鲁·加夫原著
一　兵　张　健译
风流女记者与冷面大亨
························玛丽·威伯利原著　白　石译
锁闭的房间里的血案
··············[美]爱德华·D.霍克原著　陈俊群译

1989 年第 5 期　刊名:《滇池》
目录

HLY 麻醉之谜（中篇警探小说）·······海　民　剑　心
恶魔的怪圈（中篇间谍小说）··············杨利先
《龙腾珠宝惊案》（传奇小说）··············徐　珣

1989 年第 6 期　刊名:《滇池》
目录

边地小说

舞台春秋··邹长铭
匪情··吉　成
乞丐节··（彝族）万永林

滇池新帆

女婴··余　友

我们这一代

月色这边独好··孔祥书

彩色的世界

螳螂王······································（中国台湾）思　渝
乱世烟云三章··辛　勤
棺··紫　夫

吵架专业户··龚泽华
马牙石··刘　绮
九碗君子··杨文广
采访··江海瑶

故乡的土地

嘉峪关远眺··杨羽仪
晚窗杞记··郭　风
纯真··柳　嘉
画墨··忆明珠
一样的月亮··冯永祺
横断山外··王淑珍
山韵··焦家良
债的负重··张　静
滇云诗卷····························杨和平　钱叶用等
滇池岁月　叛逆之师····································王子近

滇池论坛

诗歌精神的重建··于　坚
民主　滇池高扬的诗帆··································刘云海
感性的失落与理性的迷惘
——新时期云南小说创作散点透视····王　乙　李明生

1989 年第 7 期　刊名:《滇池》
目录

龙云南京出逃记··王朝柱
乌蒙情仇··潘　灵
文盲看布告··丰　仁
官梦··黄建安
本刊招生启事

1989 年第 8 期　刊名:《滇池》
目录

边地小说

蛮蛮坝人物··张　鑫
老神··陈建华
蓝眼··嘎　子

纪实文学

千淘万漉见真金································（哈尼族）存文学
为没有石油的高原供血的人······························张　倩
中国的"白眉"··唐贤可
经理的深情··徐　刘

彩色的世界

大青粱子························姜力挺

怪物····························江　沙

老枪····························丁光洪

着魔····························刘超民

善逝····························路轲瑜

血色斜阳························费　克

滇池新帆

圣火····························陈岳军

萍姐····························李开杰

故乡的土地

象皮····························杨世龙

听沙记··························韩　涛

绝活····························靳　柯

滇池诗卷··············繆国庆　闻　弓等

滇池论坛

诗人于坚的作品··················李　森

文艺的"筑基功"················李明泉

1989 年第 9 期　刊名:《滇池》
目录

边地小说

江滩····························张忠伟

中国的事情······················孙功兵

狼妖····························存文学

纪实文学

斑驳的色彩（中篇小说）············周文林

血碑（纪实小说）················倪金奎

旅游文学

又聋又哑看巴黎··················莫　凯

东京的"埃菲尔铁塔"（外三章）······李顺兴

我们这一代

洒脱男儿（小说）················李廷华

寻觅（小说）····················毛　玥

世家（小说）····················姚　扉

多彩的世界

雪中逛巴扎······················庐　野

奉献····························施　星

滇云诗卷（诗十九首）······张学康　王辉军等

滇池新帆　刊授之页

"谎"的故事（小说）··············冯扎福

潇洒（小小说）··················纳　伟

车祸（小小说）··················汪海堰

倾斜（小说）····················唐　明

十二级台阶（散文）··············苏　华

十七人集（诗）········李松武　李毓东　杨洪春

何鸿翔　何晓坤　谢玉平　赵晓梅　王润玉　张　玲

曾　彦　周家鸿　姜红梅　傅军涛　乃　余　郑千山

吴　旭　毛少莹

滇池新帆

边地人生的多彩画卷················王宇钟

1989 年第 10 期　刊名:《滇池》
目录

昆明作家徒步金沙江作品小镇

驿道（中篇小说）················邹长铭

金王（边地小说）················徐　刘

彩色的世界

庭院深深深几许（小说）············聂鑫森

祖传秘方（小说）················于恒荣

最后的晚餐（小说）··············冉隆中

根（小说）······················晓　剑

故乡的土地

丹顶鹤冬都······················艾　煊

戈壁花城························刘　芳

元谋土林························于　坚

南高原··························雷平阳

雾月····························张永权

啊! 迷人的鼓浪屿················刘雪琪

小小说小辑

幽灵电话························傅小渝

打赌····························马　迅

发财····························杨家齐

不愿多事························刘国芳

通道····························沈　宏

滇云诗卷　14 人诗··········毛诗奇　张晓健

郑继文　费嘉　王长军等

滇池论坛

描述语言的视觉效应与语感效应········刘　火

诗美断想························晓　雪

1989 年第 11 期　刊名:《滇池》
目录

昆明作家徒步金沙江作品小辑

裸山风景线（短篇五题）⋯⋯⋯⋯⋯⋯黎　泉
冲天槽龙树（小说）⋯⋯⋯⋯⋯⋯⋯袁佑学

边地小说

嘎朵镇纪事⋯⋯⋯⋯⋯⋯⋯⋯⋯⋯曹卫华
麻疯之家⋯⋯⋯⋯⋯⋯⋯⋯⋯⋯⋯赵　阔

彩色的世界

畸形（小说）⋯⋯⋯⋯⋯⋯⋯⋯⋯李长廷
瘸子与玫瑰（小说）⋯⋯⋯⋯⋯⋯⋯杨　苏
家事（小说二题）⋯⋯⋯⋯⋯⋯⋯⋯黄跃华
荒山恋（报告文学）⋯⋯⋯⋯⋯⋯⋯李　冲

小小说小辑

四月青青果⋯⋯⋯⋯⋯⋯⋯⋯⋯⋯冯雪楠
螺帽⋯⋯⋯⋯⋯⋯⋯⋯⋯⋯⋯⋯⋯唐　明
草姆坡记事⋯⋯⋯⋯⋯⋯⋯⋯⋯⋯和金林
会标⋯⋯⋯⋯⋯⋯⋯⋯⋯⋯⋯⋯⋯孙　伟
独酌⋯⋯⋯⋯⋯⋯⋯⋯⋯⋯⋯⋯⋯张世平

故乡的土地

牙齿⋯⋯⋯⋯⋯⋯⋯⋯⋯⋯⋯⋯⋯冉隆中
萧萧青家风⋯⋯⋯⋯⋯⋯⋯⋯⋯⋯王维洲
钟声⋯⋯⋯⋯⋯⋯⋯⋯⋯⋯⋯⋯⋯原　因
黄河岸上捉蝎人⋯⋯⋯⋯⋯⋯⋯⋯杨葆铭

滇云诗卷⋯⋯⋯⋯⋯陈　涛　柯愈勋　林　染
金　山　艾　梅等

滇云论坛

也谈"情节谈化"与文学的真实性⋯⋯⋯崔建兵
文学杂感⋯⋯⋯⋯⋯⋯⋯⋯⋯⋯⋯杨荣昌
本刊启事

1989 年第 12 期　刊名:《滇池》
目录

昆明作家徒步金沙江作品小辑

鬼楼墙眼⋯⋯⋯⋯⋯⋯⋯⋯（回族）马宝康
无言的大山⋯⋯⋯⋯⋯⋯⋯⋯⋯⋯袁佑学

边地小说

口碑（中篇）⋯⋯⋯⋯⋯⋯（藏族）查拉独儿

荒草坝⋯⋯⋯⋯⋯⋯⋯⋯⋯⋯⋯⋯紫　夫
大鱼⋯⋯⋯⋯⋯⋯⋯⋯⋯⋯⋯⋯⋯王万云

彩色的世界

故里旧事（二题）⋯⋯⋯⋯⋯⋯⋯侯黎风
带伤的鸟⋯⋯⋯⋯⋯⋯⋯⋯⋯⋯⋯杜鸿雁
铁算盘春秋⋯⋯⋯⋯⋯⋯⋯⋯⋯⋯李　楠
浮萍⋯⋯⋯⋯⋯⋯⋯⋯⋯⋯⋯⋯⋯毛志成
会·丧⋯⋯⋯⋯⋯⋯⋯⋯⋯⋯⋯⋯蒋玉龙
流水人家（二题）⋯⋯⋯⋯齐庚林　刘佐民
流星⋯⋯⋯⋯⋯⋯⋯⋯⋯⋯⋯⋯⋯杨远明
老万福⋯⋯⋯⋯⋯⋯⋯⋯⋯⋯⋯⋯曹卫华
秋雨⋯⋯⋯⋯⋯⋯⋯⋯⋯⋯⋯⋯⋯黄晓河

故乡的土地

昼与夜⋯⋯⋯⋯⋯⋯⋯⋯⋯⋯⋯⋯潘　燕
别⋯⋯⋯⋯⋯⋯⋯⋯⋯⋯⋯⋯⋯⋯孟扑丽
爹六⋯⋯⋯⋯⋯⋯⋯⋯⋯⋯⋯⋯⋯潘心团
旧湖⋯⋯⋯⋯⋯⋯⋯⋯⋯⋯⋯⋯⋯张稼文
滇云诗卷⋯⋯⋯⋯程　维　纤　鸣　王建平等

《电影创作》

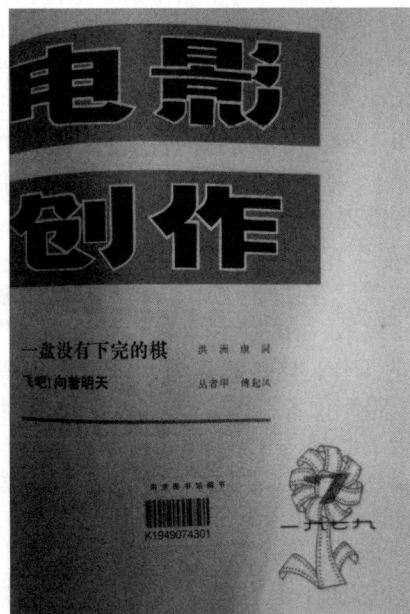

【简　介】

电影文学月刊。北京电影制片厂主办。创刊于 1958 年,1979 年复刊。主要刊发中西方优秀电影文学剧本、电影故事。开设"电影剧作讲座"专栏,同时以多种方式普及电影文学。读者对象主要为电影工作者和电影文学爱好者。其为我国电影事业的繁荣作出了重要贡献。

期刊号:1979 年第 1 期—1989 年第 12 期

复刊致读者

本刊编辑部

古诗有云:"十年沧海成桑田"。 今天,当《电影创作》同阔别了十数年的读者重逢的时候,抚今追昔,确有不尽沧桑之感!

我们忘不了"四害"横行那些艰厄的岁月,在冰雪压顶的文艺园地里,百花摧折,满目怆凉。 劫难深重,真不知如何收拾? 但是使我们更不能忘情的是,多残暴的专制势力,也扼杀不了文艺创作的生命;坚强不屈的蓓蕾,在风雪凌虐下无声地萌发、成长着,终于冲破了冰雪严寒,迎来一个生机勃勃的文艺春天!

现在,正是这些从"四人帮"文化专制下冲杀出来的无数新老文艺战士们,集结在"抓纲治国"的旗帜之下,站在历史新长征的起跑线上,满怀激情地为祖国四个现代化而高歌猛进。 同样地,在我们电影艺术战线上,两年来也出现了新的形势。 从文艺理论、创作思想上揭批"四人帮"正逐步深入;毛主席的文艺路线、党的文艺传统正逐步恢复;同时在华主席"多出好影片"的号召下,也开始创作出一批反映我们当前的时代特征、富有现实意义的文学剧本。这些作品,不仅出自老的专业作家手笔,有不少是群众业余作者的初次尝试。 在思想内容和艺术表现方面都有所出新。 一枝花预报满园春色! 虽然目前作品数量还不多,艺术上也有待于磨炼成熟,但这却是从严酷斗争中孕育出来的新一代文艺,有着广阔灿烂的发展前景。 可以相信在不久的将来,我们的电影创作,必将展现一个百花争艳的繁荣局面。

《电影创作》就是在这样形势下复刊的。 我们以激奋的心情和记者见面,能为电影创作的发展繁荣提供一个小小园地,给广大读者、专业和业余作者做一点服务性的工作,这是我们的光荣职责。 因此,我们不仅盼望得到读者和作者的大力支持,更要求对我们的工作给予监督、指导,使刊物办得具有广泛的社会性和群众性。 为了达到这个目的,有必要把我们的编辑意图和刊物内容,就主要之点,公之于众,以便于大家对我们的工作进行检查、批评。

——《电影创作》是群众性的电影文学读物。 每月出版一期。 以发表文学剧本为主,也发表一些有关电影创作方面的评论和写作经验等文章。

——刊物所发表的文学剧本,以反映当代生活的题材为主,历史的及其他题材为次。 对作品的思想内容和艺术形式,都提倡破除"四人帮"在创作上的禁锢政策所形成的种种精神枷锁,敢于揭示生活真理、敢于刻划人物的独特性格,以及善于探索戏剧冲突和电影表现手法性等创新之作。 在反映生活上,特别着重于要求广泛性和真实性,反对公式化、简单化。 同时,主张题材、风格、样式的多样化,即重视重大题材的著作,也不忽视一般生活题材的作品;既发表长故事剧本,也不排斥短小剧作或电影故事;既需要主题严肃的正剧,也需要从各个侧面去表现丰富多采的生活,发人深省或饶有情趣的喜剧、讽刺剧乃至寓有深刻社会意义的悲剧。 把范围再扩大些,也还需要在我们电影艺术的花园里,看到科学、美术、神话、童话……各样花色品种的剧作。 此外,适当地译载一些外国电影文学作品,作为借鉴。 评论文章,则着重于在创作实践中有独自见解而不是泛泛之谈,探索新的问题而不囿于迂腐之见。 要求内容言之有物,形式短小精干,文字清新活泼。

——发扬艺术民主,开展创作上的自由讨论。使《电影创作》既是电影剧作的发表园地,同时又是一个各方面加强联系的桥梁。 经常在新老作者之间,读者和作者之间,导演、演员和剧作者之间,以及文艺领导和群众之间相互交流创作思想,提高艺术表现能力,丰富实践经验等等,起一点促进团结的作用,共同发展繁荣我们的电影创作。

1979 年第 1 期 刊名:《电影创作》

目录

周恩来同志谈艺术民主
一九六一年六月十九日在文艺工作座谈会和故事片创作会议上的讲话
妻子(电影文学剧本)……林小玎 陈敦德 黄安国
一支优美、深沉的抒情之歌(关于《妻子》的通信)
……………………顾 工
《妻子》作者给顾工同志的信
婚礼(电影文学剧本)……………刘航鹰 段吉顺
一定要提高电影艺术的质量……………………夏 衍

电影随笔
揭"理论家"的"批修"阴谋——从《早春二月》事件汲取教训……………………林涵表
"人物命运"小议……………………王云缦
要真实,不要虚假——捏造情节数例……………曹尔泗
漫谈电影中的视听关系(艺术札记)……………白景晟
情思酣畅 大气磅礴——从《大河奔流》的艺术特色谈开去……………………徐 庄
电影题材的重点也应当转变……………………仇伟斌

读者之窗
爱情和眼泪……………………小 生
对电影的一些希望……………………岳洪治

复刊致读者⋯⋯⋯⋯⋯⋯⋯⋯本刊编辑部

1979 年第 2 期　刊名:《电影创作》
目录

爸爸妈妈和我们（电影文学剧本）⋯⋯⋯⋯林　力
骆驼祥子（电影文学剧本）
⋯⋯⋯⋯⋯⋯⋯⋯原著老　舍　改编宝　元
救救电影⋯⋯⋯⋯⋯⋯⋯⋯⋯⋯⋯老　舍
星球大战（美国科学幻想电影小说）
⋯⋯⋯⋯⋯[美]乔治·卢卡斯著　肖　模译
真实性：当前电影创作的首要问题——电影导演谢铁
骊答本刊记者问

读者之窗
"绿叶"赞——《妻子》读后⋯⋯⋯⋯冯抗生
深浅一例⋯⋯⋯⋯⋯⋯⋯⋯⋯⋯汉　原
由《早春二月》的片头字幕想到的⋯⋯⋯杨冬玉
编后

1979 年第 3 期　刊名:《电影创作》
目录

火一样的文艺战士——悼无产阶级艺术家崔嵬同志
⋯⋯⋯⋯⋯⋯⋯⋯⋯⋯⋯⋯⋯汪　洋
深切怀念崔嵬同志⋯⋯⋯⋯⋯⋯陈怀皑
悼念崔嵬同志诗二首
日本、香港朋友发来唁电　对崔嵬同志逝世表示沉痛
哀悼
崔嵬同志追悼会在北京举行⋯⋯⋯⋯本刊记者

激流余波
寓理于情　以情动人——漫谈《激流余波》的特色
⋯⋯⋯⋯⋯⋯⋯⋯⋯⋯⋯⋯⋯王云缦
风雪中的黎明（电影文学剧本）⋯⋯⋯张瑶均
沉冤得昭雪　倾吐母女心⋯⋯⋯⋯于　兰、陶　承
星球大战（美国科学幻想电影小说·连载二）
⋯⋯⋯⋯⋯[美]乔治·卢卡斯著　肖　模译
从卓别林影片的重映谈喜剧的真实性
——喜剧电影导演兼演员谢添答本刊记者问
江青扼杀我国影片的"四把屠刀"（电影随笔）
⋯⋯⋯⋯⋯⋯⋯⋯⋯⋯⋯⋯⋯杨天喜

读者之窗
欢迎隽美动人的尾声⋯⋯⋯⋯⋯姜　明
电影中的光为啥不真实?⋯⋯⋯⋯柏嘉山
编后

1979 年第 4 期　刊名:《电影创作》
目录

寻求（电影文学剧本）⋯⋯⋯⋯⋯⋯张　洁
盛开的月季花（电影文学剧本）⋯⋯⋯苏叔阳
脑科专家的烦恼（电影故事）⋯⋯⋯⋯舜　吉
银幕上的徘徊者——重评《早春二月》⋯⋯⋯马德波
为迈向"四化"的人们歌唱——座谈《爸爸妈妈和我
们》⋯⋯⋯⋯⋯⋯⋯⋯⋯⋯⋯本刊记者
爱情·悲剧·英雄人物——漫谈《婚礼》的特色和弱
点⋯⋯⋯⋯⋯⋯⋯⋯⋯⋯⋯⋯天　刃
星球大战（美国科学幻想电影小说·连载三）
⋯⋯⋯⋯⋯[美]乔治·卢卡斯著　肖　模译

电影随笔
写人，写完整的人⋯⋯⋯⋯⋯⋯谢逢松
新——艺术生命的要素⋯⋯⋯⋯⋯都　郁
发挥特技摄影在电影创作中的作用
——电影特技工作者祖绍先答本刊记者问

读者之窗
观众对影片《大河奔流》的反映
片名小议⋯⋯⋯⋯⋯⋯⋯⋯⋯⋯肖　矛
编后

1979 年第 5 期　刊名:《电影创作》
目录

宝贝儿（电影文学剧本）⋯⋯⋯⋯李振家　梁　燕
张飞审瓜（美术片文学剧本）⋯⋯⋯⋯马　翔改编

电影《蔡文姬》笔谈
祝郭老名剧《蔡文姬》上银幕⋯⋯⋯⋯金紫光
诗·戏剧·电影——谈谈影片《蔡文姬》⋯⋯⋯颜振奋
我爱"这一个"蔡文姬⋯⋯⋯⋯⋯⋯简　慧
摄影机前的《蔡文姬》及其他
——电影导演兼摄影师朱今明答本刊记者问
鬼畜（日本电影文学剧本）⋯⋯⋯[日]松本清张原作
[日]井手雅人改编　胡伟立　帅元纪译
多创作一些好的电影歌曲（电影随笔）⋯⋯⋯马　捷

读者之窗
多些生活气息，少些"戏剧"味道——向电影演员进
一言⋯⋯⋯⋯⋯⋯⋯⋯⋯⋯⋯王复东
应该有反映新型家庭的故事影片⋯⋯⋯车顺英
编后

1979 年第 6 期　刊名:《电影创作》

目录

他们在相爱（电影文学剧本）············杨令燕　王　琦
小灵通漫游未来市（儿童科学幻想电影剧本）
············叶永烈　梁晓声　王云缦

儿童电影创作漫谈
为两亿小观众说几句话············袁　鹰
迫切需要儿童故事片············金　近
希望多拍点童话片············葛翠林
空城（漫画）············华君武

"天下何人不识君"——悼念田汉同志············吴祖光
田汉与电影············沈基宇
星球大战（美国科学幻想电影小说·连载四）
············［美］乔治·卢卡斯著　肖　模译
读者之窗：电影观众的调查表············刘思平整理
编后

1979 年第 7 期　刊名:《电影创作》

目录

一盘没有下完的棋（电影文学剧本）
············洪　洲　康　同
飞吧！向着明天（儿童电影文学剧本）
············丛者甲　傅起凤
星球大战（美国科学幻想电影小说·连载五）
············［美］乔治·卢卡斯著　肖　模译

剧评
棋中自有高风亮节············老　军

电影创作问题讨论——情与理
电影要写情，敢于写人的情感············韦　草
青鸟传笺——就《此恨绵绵》漫谈创作
············庆无波　段成平
先有故事？　先有人物？（创作短简·一）············白　桦

读者之窗
也谈电影题材的问题············阮文涛
希望把自卫反击战中的英雄事迹再现于银幕············杨耀泉
编后
封面及装帧设计············陈　澈

1979 年第 8 期　刊名:《电影创作》

目录

我们还年轻（电影文学剧本）············张　洁
MiKAi（迷开）（讽刺短片文学剧本）
············田　芬　泽群
星球大战（美国科学幻想电影小说·连载完）
············［美］乔治·卢卡斯著　肖　模译

电影剧作问题座谈
电影要上去　基础要打好············陈荒煤等

思想多了吗?（创作短简·二）············白　桦

电影随笔
"人物命运"再议············伍　伦

读者之窗
不要轻易"触电"············胡　彦
也谈片名············艾　菲
编后

1979 年第 9 期　刊名:《电影创作》

目录

江南雪（电影文学剧本）····鲁彦周　肖　马　江　深
带手铐的"旅客"（电影文学剧本）············纪　明

关于当前文艺问题的讨论
《纪要》还魂记············郭　亮
不要忘记了痛苦和教训············苏叔阳
我所熟悉的············洪　洲
目中有人——对电影怎样为"四化"服务的一点浅见
············汪　洋
重评《林家铺子》············周忠厚　刘燕光　杨　力
夏衍同志与《柳暗花明》作者的通信
配合中心任务和形势及其他（创作短简·三）
············白　桦
追念田方同志············颜一烟
重吊田方同志（七律）············谢逢松
故事片的演员表要有变化（读者之窗）············钱世梁
编后

1979 年第 10 期　刊名:《电影创作》
目录

新花竞放迎国庆·······················本刊记者
关于当前文艺问题的讨论（座谈）·····本刊编辑部
在社会的档案里（电影文学剧本）···········王　靖
苏小三成龙（电影文学剧本）···············胡正言
没想到（喜剧短片文学剧本）···············老　新
文艺作品应该通情达理——本刊举行"情与理"问题
的讨论·····························本刊记者
我的心情久久不能平静（影坛语丝）·········严寄洲
漫谈对待电影特性的态度（创作短简·四）···白　桦

读者之窗
要写作者熟悉的题材——记《一盘没有下完的棋》的
讨论
《飞吧！向着明天》得失小议···············冀　蜀
北影举办"电影知识讲座"、北影将拍摄《女贼》
（简讯）
编后

1979 年第 11 期　刊名:《电影创作》
目录

解放思想，坚持"双百"方针，为繁荣人民电影事业
作出新贡献！
——北京电影制片厂建厂三十周年的回顾和展望
·····································汪　洋
孔雀公主（神话故事片剧本）···············白　桦
女贼（电影文学剧本）·····················李克威
电影和公式（相声）········郝爱民　赵小林　赵　炎
在"冷风"袭来的时候——致《婚礼》观众的信
·····································段吉顺
肖涧秋的归宿及其他·······················陈俊涛
从美术的角度谈电影剧作问题
——上影总美术师韩尚义答本刊记者问
略谈电影文学剧本（创作短简·五）·········白　桦
和业余作者谈心······北影编导室外稿组　肖　矛执笔

读者之窗
电影题材问题我见·························岳洪治
提倡短片剧本·····························易　仪
编后

1979 年第 12 期　刊名:《电影创作》
目录

总结经验，继续前进——第四次文代会、第二次影代
会侧记·····························本刊记者
第二次握手（电影文学剧本·根据张扬同名小说改
编）·······················曹硕龙　董克娜
警察分局长的自白（意大利电影文学剧本）
　　　[意]达米阿诺·达米阿尼
萨尔瓦托里·罗拉尼编剧　何振淦译
悼念蔡楚生同志·························袁文殊
不知辛劳地创作和斗争——记著名电影艺术家蔡楚生
·····································蔡洪声
兄弟刊物相伴前行——《电影文学》百期致意
·····································本刊编辑部
敢于冲破传统的束缚而大胆创新——关于《小花》的
一封短信·····························冯亦代
色鲜香浓　耳目一新——评《小花》兼谈电影再创作
·····································孙志强
影片的容量（创作短简·六）···············白　桦

读者之窗
提倡写电影故事·························黄文锡
关于电影特技问题的通信·············朋　文　金燕茜
编后
《电影创作》一九七九年总目录

1980 年第 1 期　刊名:《电影创作》
目录

电影文学剧本
高楼在他们手中（祖绍先插图）·······凌　晓　晨　原
法庭内外（邵瑞刚插图）·············宋日勋　陈敦德

创作评论
希望能有一个美丽的神话故事片
——关于《孔雀公主》的通信·········白　桦　毛莉莲
淡妆浓抹总相宜
——与张扬同志谈《第二次握手》电影文学剧本
·····································李硕儒
影片《小花》怎样成为"花"？（编辑手记）···张翠兰
是大胆创新，还是形式主义？
——《小花》影评摘述·····················本刊记者
创新要创思想内容之新（艺术札记）·········叶家铮
特写——揭示人物心灵的特殊手段（艺术札记）
·····································朱　玛
电影术语的"正名"（电影随笔）·············陈藻华

痛悼优秀的电影艺术家瞿白音·········汪 洋
蒙太奇在电影表现风格中的演变（世界电影一瞥）
·········[意大利]巴·阿曼古阿尔等
振 淦 艾 敏摘译

读者之窗
读者对《在社会的档案里》的反映

1980 年第 2 期 刊名：《电影创作》
目录

电影文学剧本
乔厂长上任记（根据同名小说改编·邵瑞刚插图）
·········张瑶均 蒋子龙
雾（诗的电影·曲磊磊插图）·········林炳树 黄文酪
《十万个为什么？》历险记（美术片剧本·颜广仁插图）·········孔 良

创作评论
谈谈《乔厂长上任记》的改编（编辑手记）···高时英
我支持这种尝试——为电影剧本《雾》说几句话
·········白景晟
怀念崔嵬同志·········姚雪垠
观众喜欢看喜剧影片——《瞧这一家子》座谈情况
·········北影宣传发行科

读者之窗
应当尊重文艺工作者的权利·········王东复
一次比较成功的改编
——读电影文学剧本《第二次握手》·········王秋和
对喜剧片的一点希望·········王日初

外国电影剧本
凶手——以制度的名义（徐 新插图）
·········[法]保尔·安德烈奥塔 马尔赛
尔·卡尔乃 戴光晰译

1980 年第 3 期 刊名：《电影创作》
目录

电影文学剧本
厨房交响曲（高 莽插图）
·········马 林 达江复 朱 枚
残雪（曲磊磊插图）·········霍 庄 黄健中 徐晓星

创作评论
现实主义·理想·美

——当前文艺创作问题断想·········林涵表
一部干预生活的好影片
——看《泪痕》的随想·········曲六乙

读者之窗
对《法庭内外》的一点看法·········董 力
一针见血，直言不讳·········汪福成
如何在作品中体现党的领导和关怀·········陈宝岩
脱离实际生活的作品·········曲卫兵

外国电影剧本
凶手——以制度的名义（续完·徐 新插图）
·········[法]保尔·安德烈奥塔 马尔赛
尔·卡尔乃 戴光晰译

1980 年第 4 期 刊名：《电影创作》
目录

电影文学剧本
神秘的大佛（刘 宜插图）
·········谢 洪 张华勋 祝鸿生 陆寿钧
新兵马强（陈玉先插图）·········徐光耀
茶女红（王 一插图）·········柏 松

创作评论
新的课题 新的尝试
——影片《泪痕》的创作体会·········李文化 张翠兰
"寻寻觅觅"一得（电影随笔）·········谢逢松
日本和香港报纸对《小花》的评论

读者之窗
我们欣赏含蓄而达意的对话·········柏寰溪
科学、事业与人物形象·········刘建军
历史故事片有可为·········牛杏彬
北影举行本厂影片评奖·········杨百贵 闻 鸣

世界电影一瞥
漫谈西方电影中的意识流·········周传基

1980 年第 5 期 刊名：《电影创作》
目录

电影文学剧本
杨靖宇（董辰生插图）·········李克异
达赖六世的传说（何韵兰插图）·········刘 克

创作评论

"花开堪折直须折"——为《杨靖宇》发表而写
——————————————————————姚　锦

主题·人物·戏剧冲突——浅谈《达赖六世的传说》
——————————————————————韦　草

论艺术典型的共性和个性（之一）————李传龙

写情方能真感人（电影随笔）——————王云缦

小议隐喻（艺术札记）————————————任　远

漫谈含蓄（艺术札记）——————梦　学　正　铎

读者之窗

浅释蒙太奇（答读者问）————————————雨　川

谈"咔咔咔咔"声的音响效果——————哈晓斯

从地名相同引起的想法————————————薛苑冬

金鹿（美术片剧本·颜广仁插图）———陈瑞晴

七十年代美国电影纵横谈（世界电影一瞥）—亦　河

1980 年第 6 期　刊名:《电影创作》
目录

电影文学剧本

苗苗（何韵兰插图）——————严亭亭　康丽雯

塞虎（杨兴占插图）——————————————毕必成

晚霞（颜广仁插图）——————————梁　信　殷淑敏

创作评论

多给孩子们拍点"有劲"的电影——————叶永烈

透明的心————————————————————赵梓雄

从《归心似箭》到《杨靖宇》——————萧　军

妙笔与深情写下的讴歌——读电影剧本《杨靖宇》随
感——————————————德勒格尔玛　于中义

论艺术典型的共性和个性（之二）————李传龙

让电影从舞台框框里解放出来（艺术札记）—陆建华

浅谈爱情题材的电影创作（电影随笔）——任　殷

读者之窗

美感中得到的启示————————————————晓　燕

小议自然景物描写————————————————洪　治

冰鹤（美术片剧本·曲磊磊插图）————车　慧

日本电影难关重重的十年（世界电影一瞥）—李正伦

1980 年第 7 期　刊名:《电影创作》
目录

电影文学剧本

雷声（张祖英插图）——————任彦芳　张　炯

雾江帆影（董辰生插图）————杨佩瑾　刘仁德

创作评论

论艺术典型的共性和个性（之三）————李传龙

电影剧作蒙太奇
——电影的时、空结构浅探（上）————谢　飞

他带着这点欣慰走了
——悼北影编辑田庄同志————————————张　锲

读者之窗

尊重生活，锤炼文字——————————————尘　坡

对话还必须性格化————————————————姜　明

神奇的谷种（红军传说之三）（美术片剧本·肖星插
图）————————————————————————林　蓝

从新现实主义到生活流（世界电影一瞥）——亦　河

1980 年第 8 期　刊名:《电影创作》
目录

电影文学剧本

西安事变（张祖英插图）——————郑　重　成　荫

饥饿海峡（日本电影剧本·徐　新插图）
————————————[日]水上勉原作　[日]铃木尚之改编

创作评论

一点粗浅的体会
——在《西安事变》文学剧本创作中的学习心得
——————————————————————戴宗安

文艺作品的思想（艺术札记）——————吴荫循

环境描写三题————————————————汪岁寒

电影剧作蒙太奇
——电影的时、空结构浅探（下）————谢　飞

影思琐记（电影随笔）——————————秦裕权

读者之窗

观众对北影新片的反映——————北影宣传发行科

浅谈《杨靖宇》的细节描写——————————姜　明

《中国电影发展史》重新问世————————李梦学

今年戛纳电影节印象记（世界电影一瞥）
——————————————————胡　健　曾宪瑞

1980 年第 9 期　刊名:《电影创作》
目录

电影文学剧本

金锚飘带（陈玉先插图）——————————叶　楠

最后的时光（倪　震题图、肖　星插图）———梁　信

创作评论

电影剧本的文学性与银幕感续谈·················胡惠玲

从电影的艺术容量想起——谈视觉元素（外国影片学习点滴·上）·················黄健中

从艺术上的创新谈《今夜星光灿烂》的特色···高 兰

北京教育工作者座谈《苗苗》·················本刊记者

一部受到群众欢迎的农村故事片

——观众对《柳暗花明》的反映···北影宣传发行科

读者之窗

关于"推出片名"及"画外音"（答读者问）···顾望颜

给农民拍几部电影·················孙克龙

饥饿海峡（日本电影剧本·徐 新插图·续完）

[日] 水上勉原作 [日] 铃木尚之改编
李正伦译

一九七八年以来的外国电影（世界电影一瞥）

·················邵牧君

1980 年第 10 期 刊名:《电影创作》
目录

电影文学剧本

战斗年华（李忠良插图）·················谢逢松 梁 信

四个小伙伴（尹国光插图）·················姚 云 唐俊华

创作评论

剧本成功和引人的奥秘

——《战斗年华》读后札记·················顾 工

疑问的启示（艺术札记）·················艺 军

从电影的艺术容量想起

——谈视觉元素（外国影片学习点滴·下）···黄健中

影思琐记（之二）（电影随笔）·················秦裕权

读者之窗

为"半边天"说几句话·················王怀斌

意蕴深长 清新俊逸

——读《雾江帆影》随想·················渊 耀

对电影插曲的看法·················吴 铭

还是放在前面好——影片职演员表小议·················史久浩

欢欢笑笑（立体电影剧本·钟 灵题图）

·················林 骥 刘秋霖

西德"新德国电影"的兴起（世界电影一瞥）

·················张学之

1980 年第 11 期 刊名:《电影创作》
目录

电影文学剧本

翠辣子（邵瑞刚插图）·················凌 晓

青春作伴（刘 宜插图）·················曹硕龙

月牙儿（根据老舍同名小说改编·丁 聪插图）

·················张 帆 王志安 霍 庄

创作评论

电影文学中的一朵新花

——喜读剧本《四个小伙伴》·················胡海珠

也谈电影与戏剧的"离婚"·················青 竺

在人物关系上挖戏（艺术札记·上）

·················王霆钧 张万晨

电影剧作中的人物语言漫笔·················孟 尧

读者之窗

关于恋的一封信·················祁爱丽

小议"影评"·················曾明秋

与《雷声》作者商榷·················王秋和

观众座谈北影新片《他们在相爱》侧记

·················北影宣传发行科

南斯拉夫电影在前进（世界电影一瞥）·················顾 坚

1980 年第 12 期 刊名:《电影创作》
目录

电影文学剧本

猜想的猜想（曲磊磊插图）·················黄健中 檀文兴

奇异的婚配（何韵兰插图）·················徐光东

休克疗法（法国电影剧本·徐 新插图）

[法]阿兰·热苏亚作 胡 滨 罗 芃译

星光不灭，阿丹永生！

悼阿丹（篆刻）·················刘志耘

创作评论

把焦点对准人·················陈剑雨

贵剪裁·················李少白

在人物关系上挖戏（艺术札记·下）

·················王霆钧 张万晨

幕外乱弹（电影随笔）·················姜德明

读者之窗

"情"是立体之本·················叶建新

电影主题歌质疑·················姜 明

《他们在相爱》浅析·················庞 淳

朝鲜电影的成长和繁荣（世界电影一瞥）————沈基宇
北影筹拍《许茂和他的女儿们》（简讯）————巴　山
北影开拍新片《乡魂》（简讯）————记　者

1981 年第 1 期　刊名:《电影创作》
目录

电影文学剧本
闯王进京（何　宁插图）————高　汉　马　林
如意（刘　宜插图）————原著刘心武　编剧戴宗安
无名英雄（朝鲜惊险系列故事片·电影故事连载一）
————韩昌熙　吉文涛缩写

创作评论
论电影艺术的视觉性（上）————张　客
银幕与诗————张瑶均
"长镜头"短议（电影随笔）————朱　玛
对于爱情题材影片创作的看法（转载）————方　闻
业余作者来稿浅析··北影编导室外稿组　江怀延整理

读者之窗
"临去秋波那一转"——谈电影中化实为虚的手法
————李冰岛
浅谈鲁寒风的形象————鲁鸿燊
也谈"啦啦啦"————马　捷
窗边拾零（三则）————龙　飞等
一个纯真见性的人——悼赵丹同志————李　准
北影创作生产动态专访————本刊记者
前进中的罗马尼亚电影概貌（世界电影一瞥）
————程一虹

1981 年第 2 期　刊名:《电影创作》
目录

电影文学剧本
呼唤（邵瑞刚插图）————鲁彦周
飞车（颜广仁插图）————何瑞琪　刘国志
无名英雄（朝鲜惊险系列故事片·电影故事连载二）
————韩昌熙　吉文涛缩写

创作评论
论电影艺术的视觉性（下）————张　客
试谈银幕艺术形象的"理想化"（艺术札记）
————原　野
影思琐记（之三）（电影随笔）————秦裕权

读者之窗
猜想的答案————维　辛
如何对待艺术作品中的人物和情节————张贺春
《青春作伴》读后漫笔————孙一文
用诗写评论——略议《青春作伴》————谷　香
窗边拾零（四则）————白先才等

电影导演的一次盛会——创作人员观摩学习会议侧记
————本刊记者
中国世界电影学会、电影美术学会先后在北京成立
（简讯）
绿色的风（世界电影一瞥）
————［意］安东尼奥尼作　戴光晰译

1981 年第 3 期　刊名:《电影创作》
目录

电影文学剧本
笨人王老大（根据锦云、王毅同名短篇小说改编·董
辰生插图）————郭　维
知音（徐　新插图）————华而实

创作评论
更好地为八亿农民服务——本刊与《中国农民报》联
合举行
农村题材电影创作座谈————本刊记者
建立乡土电影（农村题材电影创作问题笔谈）
————刘绍棠
漫谈艺术构思的真实性与独创性（艺术札记）
————叶家铮
银幕的魅力（电影随笔）————王心语
漓江聚会小记————苏叔阳

读者之窗
什么是"遮幅式影片"？（答读者问）————谷守利
必须停止这种浪费————李　穗
似曾相识的故事——读《奇异的婚配》有感···肖　玲
电影主题歌也是一朵花————陈柳德
过早的一课（电影漫画）————缪印堂
窗边拾零（三则）

创造力·魄力·毅力——介绍美国著名电影导演弗·
科布拉（世界电影一瞥）————亦　河
中国电影评论学会在北京成立（简讯）————记　者
《长春电影画报》更名《电影世界》下月复刊（简
讯）————梅　露

1981 年第 4 期　刊名:《电影创作》
目录

电影文学剧本
潜网（肖星插图）————————姚 云　武 珍
陆游（何宁插图）————于 力　纪 明　李 新

创作评论
农民盼望看到"连心电影"（农村题材电影创作问题
笔谈）————————————————杨润身
满足农村观众的要求————————鲁鸿燊
农村姑娘的心愿————————————小 宋
真实性、现实主义及其他————————谢 飞
英雄·敌手·艺术辩证（艺术札记）————郑荣来
关于《神秘的大佛》的杂感————————唐 挚
探索与思考（创作手记）————————张华勋
试谈爱情的环境描写（电影随笔）————毛莉莲

读者之窗
多拍反映普通人的影片————————刘 刚
小人物的心灵美————————————姜 明
以古为镜知兴替——历史故事片剧本《闯王进京》读
后————————————————宋凡君
从导演作画想到的————————————颜吾纪
电影导演必读（电影漫画）——穆琦森编　缪印堂画
窗边拾零（四则）

漫谈美国西部片（世界电影一瞥）————肖 模
北影调整创作机构　争取提高影片质量（简讯）
————————————————本刊记者
《电影新时代》杂志创作（简讯）————席 颖
文化艺术出版社出版《外国电影故事》（简讯）
————————————————记 者

1981 年第 5 期　刊名:《电影创作》
目录

电影文学剧本
海囚（文国璋插图）————洪永宏　高振河　李文化
维里吉安娜（西班牙电影文学剧本·李忠良插图）
　　　　[西班牙] 路易斯·布努艾尔　严 敏译
他的心向着党——悼念沈雁冰（茅盾）同志——于 蓝
痛悼茅公————————————————谢 添
竟是永别的一次会见————————————李仁堂
茅盾遗墨、茅盾同志的一封信
沈雁冰（茅盾）同志画像————————丁 聪作
茅盾在影坛上的二三事————————本刊资料

创作评论
电影美学探索之一（艺术札记）————王世德
"其人宛在"——老舍夫人胡絜青谈《骆驼祥子》和
《月牙儿》————————————————陈文静
幕外乱弹（电影随笔）————————姜德明
且说夏欢——关于《法庭内外》（创作手记）——陈敦德

读者之窗
情景交融写知音——喜读电影文学剧本《知音》
————————————————碧 山
读《闯王进京》有感————————朱富昌
电影创作要弃假写真——对剧本《飞车》的意见
————————————————王保春
窗边拾零（四则）

西班牙电影与布努艾尔（世界电影一瞥）————傅郁辰

1981 年第 6 期　刊名:《电影创作》
目录

电影文学剧本
为了孩子（纪实性短片剧本·尹国光插图）——王秉林
窃国大盗（历史故事片剧本·徐 新插图）
————————胡月伟　杨鑫基　阙 文
种梨（美术电影剧本）————————顾汉昌　方润南

永不陨落的巨星——悼念茅盾同志————荒 煤
沈雁冰同志关于影片《早春二月》致夏衍同志的信
悼沈雁老（篆刻）————————————刘志耘

创作评论
来自农村的反映（农村题材电影创作问题笔谈）
————————————————董洪千
独特与准确——漫谈形象塑造————兴 叶
漫谈不出场的人物（艺术札记）————张万晨
民族风格门外谈————————————毛莉莲
电影镜头琐议（电影随笔）————————高歌今
从国家女排想到的（电影随笔）————孟 尧

读者之窗
坚定的信念——读《笨人王老大》随想————锦 敏
喜剧要喜————————————————马 捷
也谈电影插曲————————————严 肃
海外飞鸿————————————————麦显名
关于影片中的武打——观众给于洋的一封信
————————————————熊国森等
影视所见（电影漫画）————————王乐天作
窗边拾零（三则）

两访冰心⋯⋯⋯⋯⋯⋯⋯⋯⋯⋯⋯本刊记者
我刚站在起点——《苗苗》导演给北影厂领导和全厂
同志的信⋯⋯⋯⋯⋯⋯⋯⋯⋯⋯⋯王君正
教师们对影片《苗苗》的观感⋯⋯北影宣传发行科
报道三则
"意识流"电影及其技巧的运用（世界电影一瞥）
⋯⋯⋯⋯⋯⋯⋯⋯⋯⋯⋯⋯⋯⋯何　正

1981 年第 7 期　刊名:《电影创作》
目录

电影文学剧本
蓝色的花（邵瑞刚插图）⋯李国文　冯毅夫　黄宝善
陌生的朋友（丁　聪插图）
⋯⋯⋯⋯⋯⋯李宝元　许　雷　徐天侠
全世界的黄金（法国故事片剧本·刘　宜插图）
⋯⋯⋯⋯[法]雷纳·克莱尔　亦　正译

电影工作者的良师益友
——夏衍同志看片随记⋯⋯⋯⋯⋯⋯超　海
北京儿童电影制片厂成立记盛⋯⋯⋯⋯本刊记者

创作评论
忆昨非而觉今是——读《蓝色的花》有感⋯⋯阮振铭
善和美寓于真——漫评《为了孩子》⋯⋯王　正
赞对新社会怀着痴情的王老大
——读电影文学剧本《笨人王老大》有感⋯胡海珠
电影美学在文学剧本中的体现⋯⋯⋯⋯胡惠玲
电影中的暗场（艺术札记）⋯⋯⋯⋯⋯陆建华

读者之窗
对《潜网》的一些看法⋯⋯⋯⋯⋯⋯王秋芳
冲破旧势力的罗网——读剧本《潜网》⋯⋯郭玉林
主要事件要符合历史⋯⋯⋯⋯⋯⋯戴毅聂
对"秘书"形象的一点议论⋯⋯⋯通　芳　宏　奇
窗边拾零（四则）

费雯丽（世界电影一瞥）⋯⋯⋯⋯⋯⋯梅　先

1981 年第 8 期　刊名:《电影创作》
目录

电影文学剧本
全家福（根据老舍同名话剧改编·丁　聪插图）
⋯⋯⋯⋯⋯⋯⋯⋯⋯⋯⋯⋯⋯⋯韦　前
阿力玛斯之歌（根据同名小说改编·屠居华插图）
⋯⋯⋯⋯⋯⋯⋯⋯⋯⋯⋯⋯⋯⋯敖德斯尔

全世界的黄金（法国故事片剧本·刘　宜插图——续
完）⋯⋯⋯⋯⋯[法]雷纳·克莱尔　亦　正译

一颗童心永远活在我们心里
——哭悼老塞同志⋯⋯⋯⋯⋯⋯⋯⋯于　蓝

创作评论
质朴·含蓄·耐人寻味——影片《许茂和他的女儿
们》观后⋯⋯⋯⋯⋯⋯⋯⋯⋯⋯⋯颜振奋
北影新片《许茂和他的女儿们》座谈侧记⋯本刊记者
罗婕的爱神及其社会命运
——关于《潜网》的思考⋯⋯⋯⋯⋯富　澜
漫谈电影的含蓄美（电影随笔）⋯⋯⋯赵绍义
电影的"意境"（电影随笔）⋯⋯⋯⋯⋯王　凡
青年与电影（观众中来）⋯⋯⋯⋯⋯李汝保

读者之窗
评论文艺作品要从生活与作品的实际出发⋯黎　辉
历史的车轮——感话《窃国大盗》⋯⋯⋯朱　宇
凑戏《电影漫画》⋯⋯⋯王乐天作画　邹吾征配诗
窗边拾零（四则）

英格丽·褒曼（世界电影一瞥）⋯⋯⋯戴光晰
熊塞声同志逝世（报道）⋯⋯⋯⋯⋯本刊记者

1981 年第 9 期　刊名:《电影创作》
目录

电影文学剧本
夕照街（邵瑞刚插图）⋯⋯⋯⋯⋯⋯苏叔阳
道路就在你脚下（曲磊磊插图）⋯⋯⋯袁其励
无名英雄（朝鲜惊险系列故事片·电影故事连载
三——续完）⋯⋯⋯⋯⋯⋯⋯⋯何鸣雁缩写

小学生和北京儿影叔叔、阿姨谈心⋯李　星　优　爽
北京儿影给小朋友们的复信

创作评论
电影从文学中学到什么⋯⋯⋯⋯⋯⋯汪　流
银幕上戏剧性的内涵及其表现形态⋯⋯黄式宪
票房价值与艺术价值（电影随笔）⋯⋯⋯洪　明

读者之窗
略述历史剧的虚构——学写历史剧的一点体会
（读者·作者·编者）⋯⋯⋯⋯⋯⋯于　力
真实·细腻·含蓄——读《陌生的朋友》⋯孙达佑
也谈"秘书"形象——与通芳、宏奇同志商榷
⋯⋯⋯⋯⋯⋯⋯⋯⋯⋯⋯⋯⋯⋯肖　宏

一种新技术的立体电影（答读者问）·······谷守利

罗马去来（世界电影一瞥）··············何振淦

1981 年第 10 期　刊名:《电影创作》
目录

电影文学剧本

青年公民（屠居华插图）··············徐子衡
伤逝（导演摄制本）
又一村（颜广仁插图）······张国维　高时英　吕中山

北影、儿影两厂领导及创作人员学习六中全会文件和
中央领导同志的讲话··················闻　鸣
赵子岳捐款一万元作为北影"青年演员进步奖"基金
····································记　者

创作评论

电影应为建设社会主义精神文明作出贡献（电影剧作
讲座·一）························荒　煤
鲁迅作品电影改编座谈··············本刊记者
悬念（艺术札记）··················汪岁寒

读者之窗

对剧本改编的意见··················李　桦
电影也要努力实现语音规范化··········杨稳定
生活的海洋永远美好··················夏　雨
窗边拾零（四则）

戛纳去来（世界电影一瞥）············曾宪瑞
本刊稿约

1981 年第 11 期　刊名:《电影创作》
目录

电影文学剧本

大海在呼唤（徐　新插图）············陆俊超
会唱歌的小河（肖　星插图）·······李云良　王　炼
青年公民（屠居华插图）··············徐子衡

北京电影制片厂职工致函祝贺长影建厂三十五周年

创作评论

电影剧本的结构形式（电影剧作讲座·二）···汪　流
浅析电影结构一种（电影随笔）··········张子帆
细节琐语（艺术札记）················任　殷

读者之窗

妙在北京风味——浅谈《夕照街》的艺术特色
····························满运来　王保春
严峻的主题··························刘国瑞
中秋节读鲁迅《中秋二愿》············方　策
身临其境的"环幕电影"··············谷守利
窗边拾零（二则）

塑造马可·波罗形象的人——记影片《马可·波罗》
的编导（世界电影一瞥）··············陈有为
本刊稿约

1981 年第 12 期　刊名:《电影创作》
目录

电影文学剧本

峡岭的风（邵瑞刚插图）···伍　铭　贾　石　夏　虹
镜泊湖畔（刘　宜插图）··············骆宾基
东风吹梦（祖绍先插图）··············陈孔屏

《银幕剧作》创刊
《电影剧作》复刊····················滔

创作评论

关于电影文学剧本的几个问题（电影剧作讲座·三）
····································苏叔阳
欢迎《电影剧作讲座》开场············马　戎

读者之窗

一首关心待业青年的乐曲——读电影剧本《又一村》
····························王鸿宾　张耀辉
开掘生活要注意细节的真实············李　桦
有感于普希金让素材··················再　顺
对"创作评论"的一点建议············周琪华
窗边拾零（三则）

俞林、顺姬和花妮（世界电影一瞥）······吉文涛
《电影创作》1981 年总目录

1982 年第 1 期　刊名:《电影创作》
目录

电影文学剧本

血总是热的··················宗福先　贺国甫
金鹿儿（刘　宜插图）······航　鹰　董克娜　张世澂
马可·波罗（意大利电视、电影系列故事片）
····································艾　敏摘译

提高质量，更加健康地发展电影艺术
——1981年11月26日对在京电影创作人员会上的讲
话（摘要）·······················荒 煤
电影剧作讲座（四）：电影的艺术形式·······谢 飞
电影文学刊物呈现繁荣景象·············本刊记者

创作评论
直白与含蓄（艺术札记）··············李少白
电影"关系学"小议（转载）············小 言
渔利（漫画）·····················华君武

读者之窗
小河呵，我倾听着你的悲诉··············李 桦
浅谈《夕照街》的对话················贺 庆
小议电影的民族风格·················罗天鹏
更名的得失······················晓 梦
如此吸收（电影漫画）················谢小兵
窗边拾零（三则）

世界电影一瞥：大卫·W.格里菲斯·········周传基

1982年第2期　刊名:《电影创作》
目录

电影文学剧本
轻舟已过万重山（邵瑞刚插图）···········伊 明
马头琴的传奇··············金正平　晓 鹿
小锁画传（尹国光插图）·········张翠兰　胡海珠

坚持两分法　更上一层楼（据新华社消息）
《中国电影年鉴》发刊词（转载）··········袁文殊
开拍寄语——写在《一盘没有下完的棋》开拍之际
（本刊专稿）··············佐藤纯弥　段吉顺
电影剧作讲座（五）：电影眼睛和电影剧作····张暖忻
消息报道（七则）

创作评论
谈谈艺术中的"突出"（艺术札记）··········刘树生
漫谈回忆镜头的艺术处理（艺术札记）········赵绍义

读者之窗
一个及时的提醒···················李建华
失真不能感人····················任 锐
希望再真实一些···················李先红
反映了青年的主流··················方 方
电影漫画（二则）············谢小兵　张希峰
关于《孔雀公主》的美工创作（答读者问）····王继贤
窗边拾零（三则）

世界电影一瞥：西方银幕上的007··········肖 模

1982年第3期　刊名:《电影创作》
目录

电影文学剧本
哑姑（何韵兰插图）·················丁正泉
幕后冠军（徐 新插图）········张国维　李全胜
春果青青（祖绍先插图）···············流 华

电影剧作讲座（六）：电影结构的突破与创新
·····························林洪桐
悼念著名摄影师高洪涛················成 荫
《一盘没有下完的棋》在日本开拍
《八一电影》创刊···················君 缨

创作评论
略谈《夕照街》的人物语言（艺术札记）·······沈瑞勇

读者之窗
东风吹颂新一代···················夏 雨
从"我们结婚吧！"谈起···············杨健清
把思考留给读者···················孙继才
质朴的民族风格···················冯大伟
电影漫画（二则）············谢小兵　张希峰
录像用到影片拍摄中（技术窗口）··········谷守利
窗边拾零（三则）

世界电影一瞥：电影写作的语言
··········〔英〕罗纳德·哈伍德　孙万彪译　虞小梅校

1982年第4期　刊名:《电影创作》
目录

电影文学剧本
啊，故乡（刘 怿插图）····张小怿　齐锡宝　戴 浩
一盘没有下完的棋（中日联合摄制故事片·拍摄实用
本）··················编剧　洪　洲　康　同
大野靖子　安倍彻郎　神波史男　导演　佐藤纯弥
段吉顺

电影剧作讲座（七）：电影剧作与电影造型艺术
·····························沈嵩生
北影厂评选1981年度先进集体和先进工作者
北影举办电影剧本讲习会···············邵 益

551

创作评论

一点愿望——写在《一盘没有下完的棋》拍摄实用本发表之际……………………………段吉顺

漫谈《哑姑》修改中的几个问题（编辑手记）
………………………………………………赵绍义

谈谈欣赏和借鉴外国影片……………王世德

关于银幕上变格技巧的艺术表现力（艺术札记）
………………………………………………任 远

读者之窗

在错综复杂的关系网中塑造新人——读《血总是热的》……………………………………孙达佑

崇高的体现………………………………郎朝正

概念不能代替生活………………………晓 鸣

窗边拾零（四则）

世界电影一瞥：美国电影界所见………陈怀皑

1982 年第 5 期　刊名:《电影创作》
目录

电影文学剧本

鸡场的冬天（邵瑞刚插图）……………赵 元 柏 生

多雪的春天（倪 震插图）
……………………阙 文 林洪桐 向 明

应声阿哥（颜广仁插图）………严亭亭 王君正

纪念毛主席《在延安文艺座谈会上的讲话》发表四十周年

和新的群众的时代结合…………………马 林

电影剧作讲座（八）：谈诗意……………谢逢松

"莹莹银海浪　悠悠万古心"——《一盘没有下完的棋》

中国部分开拍盛会………………………本刊记者

不平则鸣（漫画转载）…………………王荫华

读者之窗

要在"本"上下功夫………………………姜文析

一曲心灵美的颂歌………………………张峦耀

《哑姑》中的微瑕………………………刘汉文

电影剧本《金鹿儿》的得失………………赵智宏

一封读者的来信…………………………陈润霖

电影的"魅力"（电影漫画）………………谢小兵

窗边拾零（三则）

世界电影一瞥："中国电影回顾展"在意大利
………………………………………………何振淦

编余漫笔

1982 年第 6 期　刊名:《电影创作》
目录

电影文学剧本

扶我上战马的人（董辰生插图）…………张映文

小刺猬奏鸣曲（尹国光插图）……………姚 云

灯花姑娘（杨永青插图）…………………洪汛涛

摘星星的孩子……………………………葛翠林

捉迷藏的故事（祖绍先插图）……………余 谷

文化部电影局在北京举行全国故事片厂电影文学编辑工作会议………………………………本刊记者

学习与探讨………………………………于 蓝

电影剧作讲座（九）：从文学剧本到银幕形象
………………………………………………阙 文

创作评论

略谈表演"技术"（艺术札记）……………谢 添

幕外乱弹（电影随笔）……………………姜德明

关于评论《知音》的评论…………………杜晓庄

也谈《知音》………………………………周 謇

小凤仙的风波……………………………丁 冰

扼杀与捧杀（漫画）………………………缪印堂

读者之窗

电影艺术不是"遗憾的艺术"………………宫 霖

春果青青扑鼻香…………………………罗天鹏

细针密线绣心灵——读《春果青青》………乔文琦

看片偶感（幽默画）………………………李仲鹤

窗边拾零（四则）

世界电影一瞥

今年的"奥斯卡"金像奖……………………李庄藩

编余漫笔

1982 年第 7 期　刊名:《电影创作》
目录

电影文学剧本

一叶小舟（丁 聪插图）…………宋 词 苏叔阳

非常岁月（董辰生插图）…………………杨佩瑾

生活也向你微笑（肖 星插图）……罗达成 张福荣

电影剧作讲座（十）：立意与表达 ················· 张华勋

创作评论
《知音》导演艺术构思 ·········· 谢铁骊 陈怀皑 巴 鸿

读者之窗
要认真对待配角 ··························· 孙达佑
大写的"人"——读《啊，故乡》 ············· 曾明秋
人，要爱自己的热乡热土 ···················· 李 桦
有待雕琢的璞玉——简评《啊，故乡》 ········· 文琦峤
银幕"梦幻"三病 ························· 宋一臣
力不能支（电影漫画） ···················· 谢小兵
窗边拾零（三则）

世界电影一瞥
用光和影吟诗作画的黄宗霑 ················· 沈 善

编余漫笔

1982 年第 8 期　刊名:《电影创作》
目录

电影文学剧本
木　屋（邵瑞刚插图） ··········· 张天民 张笑天
孤　岛（刘宜插图） ······················ 洪 洲

电影剧作讲座（十一）：
谈谈西方电影中的剧作问题 ················· 邵牧君

创作评论
我和演员——在一次表演座谈会上的发言 ······· 成 荫
细节，也应当是"这一个"（艺术札记） ······· 郑荣来
影思琐记（电影随笔） ···················· 秦裕权
克雷洛夫寓言新编（电影随笔） ············· 毛莉莲
电影剧作者的苦恼——给老朋友的一封信 ······· 王 迪
关于《镜泊湖畔》的通信（读者与作者）
·························· 王剑华等 骆宾基

读者之窗
迸发冲决"关系网"的勇气——读《鸡场的冬天》
································ 夏 雨
应该给作品以亮色 ························ 杨健清
被描得一团黑的鸡场 ······················ 王秋和
现实生活的一面镜子 ······················ 秦树良
要重视整体真实 ·························· 金健人
二泉映月（幽默画） ······················ 张立康
窗边拾零（四则）

世界电影一瞥
海明威与电影 ··························· 戴光晰

编余漫笔

1982 年第 9 期　刊名:《电影创作》
目录

北影电影制片厂主办
电影文学剧本
生活就这样开始（徐 新插图） ············· 王松生
明姑娘（祖绍先插图） ···················· 航 鹰
小鹿，小鹿（颜广仁插图） ················· 沙 丹

专辑——各界知名人士谈影片《一盘没有下完的
棋》：尊重历史 珍惜友谊 ················· 王炳南
写在《一盘没有下完的棋》上映之前 ········· 孙平化
看《一盘没有下完的棋》（七言诗五首·并叙）
································ 肖 军
漫评《一盘没有下完的棋》 ················· 罗 荪
"度尽劫波兄弟在" ······················ 刘厚生

电影要更多、更正确地反映当代青年生活
——记本刊举行的青年读者、观众座谈会···· 本刊记者
北影厂全体职工给八一电影制片厂庆祝建厂三十周年
的贺信

创作评论
小说到电影——艰苦的艺术创作之路 ·········· 周培龙
电影动作性漫谈 ························· 张凤铸

读者之窗
闻卓别林的"废品""出土"有感 ············· 姜 明
对《电影艺术不是"遗憾的艺术"》的异议 ····· 肖 宏
曲短韵长 ······························ 姬盛羽
诗情画意写童心——读《应声阿哥》 ·········· 黎 民
给《扶我上战马的人》提些意见 ············· 卢英宏
也来说说《鸡场的冬天》 ··················· 曾益明
俺们欣赏不了！（电影漫画） ··············· 谢小兵
窗边拾零（四则）

世界电影一瞥
产量居世界首位的印度电影 ················· 沈 通

编余漫笔

1982 年第 10 期　刊名:《电影创作》
目录

电影文学剧本

包氏父子（丁　聪插图）·····原著张天翼　改编谢铁骊
沃　土（刘　宜插图）·····宋日勋　杜煜庄　苏　菲
小丫踢球记（尹国光插图）
　　　　　　　·········庄之明　陈　童　白　铭

中日举行《一盘没有下完的棋》首映式
日中友协会长宇都宫德马在北京首映式上的讲话
历史是不能涂改的——群众座谈《一盘没有下完的
棋》·············本刊记者

报刊文章转载:
提高电影质量的关键在领导·············夏　衍
千家驹致函夏衍呼吁尽快提高影片质量
为什么哄堂大笑——在美国看影片《第二次握手》

创作评论

从表现、表演到体现——欧美电影表演的演变浅说
·············何振淦

读者之窗

两个成功的新人形象·············贺　庆
情感细腻的《一叶小舟》·············张峦耀
愿剧本再精一些——读《一叶小舟》·········张学文
如何对待失足青年·············李山庭
几句题外话·············潘传孝
尊重历史，不要"今为古用"·············寅　生
要慎重地选用演员·············海　南
催眠曲（电影漫画）·············谢小兵
窗边拾零（三则）

世界电影一瞥

佐藤纯弥与三国连太郎·········李正伦　沈基宇

编余漫笔

1982 年第 11 期　刊名:《电影创作》
目录

电影文学剧本

几度风雪几度春（董辰生插图）·····马　烽　孙　谦
双雄会（根据姚雪垠长篇小说《李自成》片断改编·
何宁插图）·············李　准

在十二大精神指引下更上一层楼（专辑）:
努力开创电影艺术的新局面·············汪　洋
十二大赋予的使命·············陈　强
要勇担时代的重任·············王好为

创作评论

试谈故事影片与电视剧的异同·············叶家静
银幕上的老舍名作给我们的启示·············王云缦
"发现少了一只……"（艺术札记）·········蔡师勇
交际＋绝技＝胜利?（电影随笔）·········邹士明

北影演员剧团评选、颁发 1981 年度"青年演员进
步奖"

读者之窗

历史是一部教科书——漫评《木屋》·········乔崎文
《木屋》的细节和语言随感·············鲁鸿燊
《木屋》种种·············江　鸣
真实生动的细节描写·············峻　山
"甜蜜的事业"（电影漫画）·············郑寯生
窗边拾零（四则）

世界电影一瞥

从"罗歇尔电影节"归来·············谢　添

编余漫笔

1982 年第 12 期　刊名:《电影创作》
目录

电影文学剧本

驼峰上的爱（根据同名中篇小说改编·肖　星插图）
·············冯苓植
几度风雪几度春（下集·董辰生插图）
·············马　烽　孙　谦

1982 年的来稿综述
·········北影剧本创作室外稿组　肖　矛执笔
来自祖国南疆读者的一封信

创作评论

电影创作如何适应观众的审美要求·············王世德
屏幕和银幕的"撞车"·············尹士冠
银幕上下立起"这一个"——人!（转载）·········吴东炬
景色·情感·寓意（电影随笔）·············刘　林
文学比喻与电影比喻（艺术札记）·············王心语
感人赖情真——评《陌生的朋友》·············任　远
读《木屋》·············彭加瑾

座谈：北影新片《陌生的朋友》座谈侧记----本刊记者
资料：今年在意大利举行的《中国电影回顾展》片目
（答读者问）----------------------江 南 编 者

读者之窗
注意求"新"--------------------------王保春
主题不鲜明 人物多苍白------------------范 龙
要细致地分析人物----------------------张冀平
应砍掉钟奇这一枝蔓--------------------冯 冰
《生活就这样开始》的失真----------------立 峰
窗边拾零（三则）

世界电影一瞥
在好莱坞谁的势力最大------------------李庄藩

编余漫笔

1983 年第 1 期　刊名:《电影创作》
目录

电影文学剧本
偷越巴黎（［法］让·奥朗舍　比·波斯特）
----------------------------一　新译
寒　夜（根据巴金同名小说改编　傅　红插图）
----------------------阙　文　林洪桐
尊　严（刘　宜插图）------------------梁 燕

参加"茅盾文学奖"授奖大会作家在北影
参加首届"茅盾文学奖"授奖大会作家来北影座谈参观
作家的历史责任
——谈文学与电影--------------------陈荒煤
欢迎作家与我们合作--------------------汪 洋
长篇小说与电影------------------------朱子奇
自己动手　改编电影--------------------杨 沫
文学与电影是亲密的姊妹----------------魏 巍

到生活中去开阔视野
——北影厂长汪洋和部分创作人员到江苏参观访问
北影、儿影 1983 年拍摄影片题材巡礼----------高时英

电影剧作讲座
电影文学之我见------------------------袁文殊

创作评论
从"电影的美感"评《猜想的猜想》----------沈 沉

读者之窗
浅谈《沃土》--------------------------崔仲元

电影要力求真实------------------------连 文
莲台太高佛难请（漫画）----------------谢小兵

编余漫笔

1983 年第 2 期　刊名:《电影创作》
目录

电影文学剧本
偷越巴黎（［法］让·奥朗舍　比·波斯特）
----------------------------一　新译
泥人常传奇（童介眉插图）------陈爱民　李文化
沙　砾（秦　龙插图）----------夏志新　许特生

巴金、陈荒谋谈小说《寒夜》的改编
北影剧本创作室及本刊编辑部邀请部分在京作家来厂
并举行新年茶话会
为孩子们拍出更多更好的电影

电影剧作讲座
从舞台到银幕
——影片《茶馆》小结------------------谢 添

创作评论
作为视听艺术的电影与电视剧--------------徐 庄

读者之窗
要了解观众的心理----------------------孙达佑
读驼峰上的"爱"------------------------张峦耀
颠倒了人和动物的感情------------------肖 洪
从光明跌入黑暗的人有这样的能力吗--------郝稳定
"救命……"（电影漫画）----------------徐培德
影讯

编余漫笔

1983 年第 3 期　刊名:《电影创作》
目录

电影文学剧本
偷越巴黎（［法］让·奥朗舍　比·波斯特）
----------------------------一　新译
出门挣钱的人（钟阿城题图）--------------陈士濂
康熙皇帝（杨永青插图）---郭秋良　李国梁　尤素甫

春消息------------------------------钟惦棐
新的一年　新的起飞

勇于改革　阔步前进

电影剧作讲座
电影的流派与基本特性⋯⋯⋯⋯⋯⋯⋯⋯⋯陈怀皑

创作评论
作意好奇有新篇
——电影文学剧本《泥人常传奇》读后感⋯⋯⋯明　言

读者之窗
熔诗乐画于一炉⋯⋯⋯⋯⋯⋯⋯⋯⋯⋯⋯叶　枫
要注意语言美⋯⋯⋯⋯⋯⋯⋯⋯⋯⋯⋯沈　阳
也谈当前电影质量问题⋯⋯⋯⋯⋯⋯⋯⋯阳　晴

世界电影一瞥
香港国际电影节二三事⋯⋯⋯⋯⋯⋯⋯⋯朱　玛

编余漫笔
消息报道（一则）

1983 年第 4 期　刊名:《电影创作》
目录

电影文学剧本
坏蛋睡得最香⋯⋯⋯⋯⋯⋯⋯⋯［日］菊岛隆兰　桥本忍
小国英雄　久板荣二郎　黑泽明（李喆生插图）　李正伦译
大匠之门（王明明插图）⋯⋯⋯⋯⋯施文心　田　冰
经理室里的空座位（阎振铎插图）⋯⋯朱敏慎　赵志强

北影厂新片《陌生的朋友》
获第 33 届西柏林国际电影节"特别提名奖"

电影剧作讲座
编剧"四德"及其他⋯⋯⋯⋯⋯⋯⋯⋯⋯陆柱国

读者之窗
《几度风雪几度春》读后⋯⋯⋯⋯⋯⋯⋯王维平
缺情少理的"大事记"⋯⋯⋯⋯⋯⋯⋯⋯包　纯
重要的是"人"的塑造⋯⋯⋯⋯⋯⋯⋯⋯范　龙

世界电影一瞥
我们在"马可·波罗"的故乡⋯⋯⋯⋯⋯林　杨

编余漫笔

来函照登
电影文学剧本《尊严》的责任编辑来信

1983 年第 5 期　刊名:《电影创作》
目录

电影文学剧本
坏蛋睡得最香⋯⋯［日］菊岛隆兰　桥本忍　小国英雄
久板荣二郎　黑泽明（李喆生插图）　李正伦译
盛夏（邵瑞刚插图）⋯⋯⋯⋯⋯⋯⋯霍　庄　徐晓星
莱茵波涛（王惟震插图）⋯⋯⋯⋯⋯⋯⋯⋯何　山

电影创作讲座
让生活的"天足"迈进银幕⋯⋯⋯⋯⋯⋯⋯张天民

世界电影一瞥
从西柏林国际电影节归来⋯⋯⋯⋯⋯⋯⋯郭　维

读者之窗
一首时代的抒情诗⋯⋯⋯⋯⋯⋯⋯⋯⋯张峦耀
一部成功的作品⋯⋯⋯⋯⋯⋯⋯⋯⋯张柏元
《尊严》中的细节描写⋯⋯⋯⋯⋯⋯⋯胡朝华
但说《尊严》犯三忌⋯⋯⋯⋯⋯⋯⋯⋯章天逊
"患者"应与"医生"主动配合⋯⋯⋯⋯⋯姜文析
坏蛋的结局（漫画）
有感于创作上的雷同⋯⋯⋯⋯⋯⋯⋯⋯张立康

编余漫笔

1983 年第 6 期　刊名:《电影创作》
目录

电影文学剧本
高中锋和他的矮教练（王海涛插图）
⋯⋯⋯⋯⋯⋯⋯⋯⋯⋯⋯李延国　李延安
山林中的头一个女人（李晓军插图）⋯⋯⋯乔雪竹
小溪（王惟震插图）⋯⋯⋯⋯⋯⋯⋯⋯张源忠

中共中央顾问委员会王首道等同志参观北影和儿影
邓大姐为北京儿童电影制片厂厂名题字
康大姐视察北京儿童电影制片厂
高士其、张骏祥、汪洋题字祝儿影成立两周年

电影剧作讲座
为儿童而拍摄的影片⋯⋯⋯⋯⋯⋯⋯⋯秦裕权

创作漫谈
电影剧本怎样才算好⋯⋯⋯⋯⋯⋯⋯⋯苏叔阳
写好表现人物的细节⋯⋯⋯⋯⋯⋯⋯⋯李秀明
我喜欢有性格的语言⋯⋯⋯⋯⋯⋯⋯⋯刘晓庆

剧本评论

小溪从这里流出 ················ 武春霖

读者之窗

民为贵　国为重 ················ 卢宏英
一位读者的建议 ················ 党　群
简评《出门挣钱的人》 ············ 孙达佑
《出门挣钱的人》失真之处 ·········· 李　繁
对儿童影片的几点意见 ············ 刘锦校

电影摄影艺术的探索——北影召开本厂
"电影摄影创作经验交流座谈会" ······· 执笔　张中平
《儿童电影报》创刊了

编余漫笔

1983 年第 7 期　刊名:《电影创作》
目录

电影文学剧本

黑水帮（王国栋插图）
················ 王浩然　周良材　卢　萍　章尔冬
悠悠故人情（陈玉先插图）·········· 王　炎　丁隆炎

创作评论

关于塑造青年共产主义者形象的思考 ········ 马　林
论虚假对银幕形象的损害 ············ 林涵表
漫话隐喻与美 ················ 张万晨

继续探索与思考——《武林志》的创作体会 ··· 张华勋

电影剧作讲座

初学电影创作的得失 ·············· 毕必成

创作漫谈

从题材雷同化想起 ··············· 朱　枚
浅谈电影与文学 ················ 梁晓声
要写出人物的行为、感情与性格 ········· 方　舒
关于历史题材的一点建议 ············ 刘重日

读者之窗

选材虽严　开掘欠深 ·············· 柳菊兴
增强时代感　开掘新境界 ············ 邱胜威
让情节展现思想,让人物更加鲜明 ········ 黎　辉

北影采风景

影片《夕照街》座谈摘要

世界电影一瞥

舒克申——作家、编剧、导演和演员 ········ 戴光晰

编余漫笔

1983 年第 8 期　刊名:《电影创作》
目录

电影文学剧本

终生枷锁（墨西哥故事片·尹国光插图）
················ [墨西哥]路易斯·斯波塔
阿图罗·里普斯坦　甘丽嫚译
边城（童介眉插图）·············· 姚　云　李隽培

创作评论

《边城》改编漫谈 ················ 陈荒煤
老干扶持新竹青——关于《边城》的改编及其他
················ 赵绍义
略论影片《血,总是热的》中罗心刚的银幕形象特征
················ 高　云

电影剧作讲座

美术在电影中 ················ 韩尚义

创作漫谈

编外偶拾 ···················· 冯芝霞
勿忘"性格美" ················· 黄小雷
为"老太太"说几句 ·············· 白　玉

读者之窗

致读者 ···················· 霍　庄
历史的交响乐在回荡 ·············· 张峦耀
小议《山林中的头一个女人》 ·········· 张作人

北影采风录

《拓荒者的足迹》拍摄散记 ··········· 王学新
北影厂提前半年完成 1983 年影片生产任务

世界电影一瞥

从半部影片起家的收藏家——记荷兰电影资料馆馆长
杨·德瓦尔 ··················· 何振淦

编余漫笔

1983 年第 9 期　刊名:《电影创作》
目录

电影文学剧本
山外山（傅　红插图）—————————陈宏光　何　欣
明月松间照（董辰生插图）——————————杨佩瑾

创作评论
努力提高我们的思想艺术素质——————————谢铁骊
永久的"望子成龙"的悲喜剧
——评电影《包氏父子》——————————吴福辉
追求艺术中的真实
——漫谈在《包氏父子》中扮演老包的体会———管宗祥
大学生看影片《包氏父子》———————————李　力
絮语《山林中的头一个女人》—————————乔雪竹

电影剧作讲座
庖丁解牛——谈导演对文学剧本的剖析————阙　文

创作漫谈
"思想深度"片议———————————————王云缦
电影剧本要做到情景交融———————————杜煜庄
电影是形象化的艺术————————————金燕茜

读者之窗
迈开脚步　深入生活————————————岳邦义
喜读伯乐新篇———————————————朱正福
要留点空白———————————————王荣列

中国电影文学学会开展活动—————————殷　闻

北影采风录
为了更上一层楼——北影剧本创作室进行本厂今年新
片艺术总结侧记——————————————明　言

编余漫笔

1983 年第 10 期　刊名:《电影创作》
目录

电影文学剧本
市场角落的"皇帝"（刘　宜插图）——————韩静霆
北国红豆（刘德臣插图）——————————乔雪竹

认真学习《邓小平文选》促进电影的繁荣
在北影厂剧本创作室今年新片艺术总结会上发言
——————————————————汪　洋

总结经验提高影片质量———————————马　林
目中有集体　心中有人民——————————赵子岳

创作评论
影片《血，总是热的》笔谈（六篇）—————孟伟哉等
艺术辩证法三题（艺术札记）————————高歌今

电影剧作讲座
略谈电影剧本的情节构思——————————王　迪

创作漫谈
羞愧的艺术——当今的电影文学———————洪　洲
"以斑见豹"——小议"配角"————————李孟尧
读剧杂记————————————————藻　华

读者之窗
《悠悠故人情》之我见———————————李正祥
急需学点辩证法—————————————姜文析
众矢之的
——赠某些电影创作者（电影漫画）————张　涛
窗边拾零（四则）

北影采风录
拍《泥人常传奇》访泥人故乡————————孙庆吉
北影生产线

世界电影一瞥
西方电影中若干常见的类型—————————肖　模

本刊从 1984 年第 1 期开始连载美国电影剧作家编写
的《电影剧作基础》一书——————————肖　玲
银海信息（三则）

编余漫笔

1983 年第 11 期　刊名:《电影创作》
目录

电影文学剧本
俩人的火车站（苏联故事片文学剧本·尹国光插图）
——————[苏]埃米利·勃拉金斯基　埃利达尔·里
亚赞诺夫　王　澍　童　欣译
盐丁儿（童介眉插图）——————————颜一烟

北京电影演员剧团庆祝建团三十周年
北京电影演员剧团三十年的简略回顾
——————————————北影演员剧团供稿

电影剧作讲座
结构、手段和风格的多样化·····················林洪桐

创作漫谈
关于现实题材的思索·····························谢逢松
细节小议·······································方　也
登山·写电影及其他·····························陈宏光

读者·编者·作者
事信言文　刻意求工——致姚云的一封信···赵绍义

读者之窗
《边城》的含蓄美·····························肖　宏
情节戏也应该注意塑造人物·····················陆继文
要善于把握角色的年龄跨度·····················冯上延
窗边拾零（三则）

北影采风录
张国民扮演盲人·······························周希娅
首钢职工眼中的影片《血，总是热的》···········柏荫萱

编余漫笔

1983 年第 12 期　刊名:《电影创作》
目录

电影文学剧本
乡间婚事（陈玉先插图）·························董声涛
干杯，女兵们（董辰生插图）···········成　平　龙泰岭

北影厂党委召开座谈会
贯彻邓小平、陈云同志重要讲话精神·············杨文明

电影剧作讲座
时空交错手法的运用·····························汪　流

创作评论
从镜头的视角看电影的"文学性"···············王心语

创作漫谈
扬长补短，开拓题材新领域···············涛　锐
《哪吒》摄影中的一些艺术处理·················徐　春

剧评
来自乡间的喜人信息——《乡间婚事》读后记
··高　晰
谈《康熙皇帝》·······························吴廷嘉

读者之窗
镜头扫到了山外山·················常　江　李超中
别具一格的妙笔·······························刘　伟
电影宣传要实事求是·····························柳菊兴

北影采风录
老演员赵子岳的心愿·····························王秉林

报道·专访
电影文学工作者的盛会·························本刊记者
写历史题材要下硬功夫
——电影剧作家梁信答本刊记者问···············陈　澈

编余漫笔

1984 年第 1 期　刊名:《电影创作》
目录

电影文学剧本
槐花飘香的时节（童介眉插图）·······胡海珠　董红千
失踪的骆驼队（邵瑞刚插图）···················王泽群

北影厂党委邀请本厂民主党派同志座谈·······杨文明

建设精神文明　清除精神污染
塑造新人形象　抵制精神污染···················谢铁骊
加强责任感，跟上时代的步伐···················项　堃

电影剧作讲座
学点哲学，克服创作中的"虚假症"·············周民震
电影文学和电影的文学性·······················叶　楠

创作漫谈
由"小生这厢有礼"谈起·······················贾　霁
眼泪何其多也?!·······························汪岁寒
电影——要有自己的作家·······················李约拿
自觉地追求·····································迪　沙

读者之窗
谈《市场角落的"皇帝"》的改编···············梁天明
略谈《北国红豆》的一些细节···················程昌铎
来自农村读者的反映·····························孙召国
小议"客套"·································王世明
银幕上的"信物"·····························王志超
露马脚（电影漫画）·····························郑窨生

北影采风录
哦！大兴安岭——《北国红豆》外景随笔·······刘　丰

北影生产线、银海信息

世界电影一瞥
罗马电影实验中心掠影·················林　杨

电影剧本写作基础（连载一）
··········〔美〕萨伊德·菲尔德著　鲍玉珩
钟大丰译　周传基校
第一章：电影剧本是什么？
第二章：主题
来信照登：抄袭是可耻的！
编余漫笔

1984 年第 2 期　刊名:《电影创作》
目录

电影文学剧本
星星离我们并不遥远（肖　星插图）······万　方
巨人与玩具（日本故事片·尹国光插图）
··········〔日〕开高健原作　白坂依志夫改编
鲍显阳译　严安生校

电影剧作讲座
银幕形象的时代感和时代精神·········叶家铮

剧评
给《山林中的头一个女人》的作者的信······朝　柱
关于《市场角落的"皇帝"》的意见·······方　冶

创作漫谈
写熟悉的人···················王一民
精诚所至，金石为开·············阎　阁
应该讲究影片的和谐美············诸善子

读者之窗
添几颗"盐丁儿"···············黄伯诚
谈谈银幕上的公安人员形象··········郑　浩
历史人物的语言················石　岛
窗边拾零（二则）

北影采风录
《出门挣钱的人》青海高原外景剪影······雪　云
海外来鸿：加拿大华侨看祖国的影片······孙咏霄
银海信息：日本《空海》摄制组在中国拍摄外景侧记
·······················骆航民

电影剧本写作基础（连载二）
·······〔美〕萨伊德·菲尔德著　鲍玉珩　钟大丰译

周传基校
第三章：人物
第四章：构成人物
编余漫笔

1984 年第 3 期　刊名:《电影创作》
目录

电影文学剧本
清水湾，淡水湾（聂昌硕插图）
·················姜　滇原著　谢铁骊改编
我们叫它希望谷（刘　宜插图）
·················陈凯歌　刘　青　彭新儿
红杏树下（邵瑞刚插图）
·········王兆军原著　苏　菲　如　锦改编

本刊创刊百期纪念
百期寄语····················丁　峤

电影剧作讲座
努力塑造新的银幕典型············毕必成

创作漫谈
风闻有感····················罗艺军
不要忘记观众··················谢　飞

读者之窗
希望多反映农村青年的生活··········李丕斋
农村青年的愿望················赵全章
让银幕上的教师形象丰富多彩些········陈雅青
为某些体育片拟通用宣传画（幽默画）·····张立康
窗边拾零（五则）

北影采风录
我们也给千家万户送上一朵荧屏小花
——北影电视部负责人答本刊记者问·······陈　澈
北影全厂职工评选出本厂 1983 年三部优秀影片

世界电影一瞥
美国影界见闻··················任　远
电影剧本写作基础（连载三）
第五章：创造人物·······〔美〕萨伊德·菲尔德著
鲍玉珩　钟大丰译　周传基校
编余漫笔

1984 年第 4 期　刊名:《电影创作》
目录

电影电视文学剧本
史沫特莱（董辰生插图）----------------李　桦
小河向东流（邵瑞刚插图）----------------高晓声
县委大楼的主人（电视剧·王惟震插图）
----------------王秉林　谢添

电影剧作讲座
电影编剧的视野和历史感----------------李　准

创作手记
我和《盐丁儿》——和青年作者谈心----------------颜一烟

剧评
撼动人心的驼铃
——读《失踪的骆驼队》断想----------------韩志君

创作漫谈
绚烂之后归于平淡----------------方　也
于含蓄中见深情----------------顾海音

读者之窗
一首动人的强者之歌
——读《干杯，女兵们……》----------------梁学高
耳边如闻驼岭声----------------卢英宏
谈《乡间婚事》的得失----------------李正祥
一封读者来信----------------吴伟彰
致《电影创作》----------------任　堂
电影中的"流行病"（电影漫画）----------------缪印堂

北影采风录
烈马奔腾——《骑士的荣誉》拍摄散记----------------舍　旺
电影剧本写作基础（连载四）
第六章：结尾与开端----------[美]萨伊德·菲尔德著
鲍玉珩　钟大丰译　周传基校
编余漫笔

1984 年第 5 期　刊名:《电影创作》
目录

电影文学剧本
芙蓉镇（童介眉插图）
----------------古　华原著　陈敦德　古　华改编
爱之上（何韵兰插图）----------------冯骥才

电影剧作讲座
生活在召唤
——关于在银幕上塑造社会主义新人问题----------------林　杉

学习札记
电影表现社会主义人道主义的初探----------------王世德

剧评
新的生活　新的人物
——读《槐花飘香的时节》----------------彭加瑾

编辑手记
关于《芙蓉镇》----------------陈瑞晴

创作漫谈
水不在深　有龙则灵
——电影《血，总是热的》彼此谈----------------钟惦棐
谈谈儿童电影中的成年人形象——《扶我上战马的人》中的彭总形象简析----------------秦裕权
漫画----------------张立康

北影采风录
导演陈怀皑谈《双雄会》----------------陈　澈
北影生产线
银海信息

电影剧本写作基础（连载五）
第七章：建置----------[美]萨伊德·菲尔德著
鲍玉珩　钟大丰译　周传基校

编余漫笔

1984 年第 6 期　刊名:《电影创作》
目录

电影文学剧本
童年泪（尹国光插图）----------------林　蓝
小兵和大兵（颜广仁插图）----------------张震钦
关键年龄（邵瑞刚插图）----------------马光复

儿影即景
童话故事片《"下次开船"港游记》新安江外景散记
----------------秦志钰

电影剧本写作基础（连载六）
第八章：段落----------[美]萨伊德·菲尔德著
鲍玉珩　钟大丰译　周传基校

1984 年第 7 期　刊名:《电影创作》
目录

电影文学剧本

良家妇女（邵瑞刚插图）······················李宽定
唐人街（美国故事片·刘　宜插图）
··············罗伯特·汤纳编剧　王守成译　周传基校

悼念电影艺术家成荫同志

悼念我的老指导员成荫···························王　炎
他一生在战斗，在探索——纪念成荫同志······曹硕龙
成荫同志电影作品年表

电影剧作讲座

创作个性小议·································张天民

创作漫谈

切忌故弄玄虚·································章柏青
漫谈"好莱坞"编剧——读《电影剧本写作基础》有
感···陈犀禾

剧评

无爱的"爱之上"·····························瑞　虹
分歧在哪里?·································吴　民
有所作为是生活中的最高境界···············高时英
寓哲理在平凡小事中——浅析《星星离我们并不遥
远》的两个人物·····························成　健
必须在社会矛盾中塑造人物···················白　水

编辑手记

关于《良家妇女》·····························皇甫可人

读者之窗

真实生动　别有新意——《星星离我们并不遥远》读
后···梁学高
有才气的作者　不成功的作品——对《星星离我们并
不遥远》的浅见·····························云　菊
有感于赵导演不肯挂名···················彭连芬
银海信息

世界电影一瞥

"好莱坞"电影编剧概况·······················鲍小弟

电影剧本写作基础（连载七）
第九章：情节点·················[美]萨伊德·菲尔德著
鲍玉珩　钟大丰译　周传基校
美国电影剧本《唐人街》校后小记···········周传基
编余漫笔

1984 年第 8 期　刊名:《电影创作》
目录

电影文学剧本

啊，士兵（肖　星插图）·············李延国　张郁强
二十六个姑娘（导演工作本）···················黄健中
唐人街（美国故事片·刘　宜插图·续完）
··············罗伯特·汤纳编剧　王守成译　周传基校

北影新片《清水湾，淡水湾》漫谈

读剧本《清水湾，淡水湾》后的一封信···········荒　煤
小巷无尘玉兰白——记在苏州召开的两次《清水湾，
淡水湾》剧本座谈会·····················本刊记者
《清水湾，淡水湾》拍摄散记（北影采风录）
···邱景衡

电影剧作讲座

电影民族化随感·····························韩尚义

剧评

向心灵深处探索——《北国红豆》人物简析····封　邑

读者之窗

清泉涌出，奔流归海——赞电影剧本《清水湾，淡水
湾》·······································林涵若
时代脉搏在角色言行中的反映···············朱正福
希望剧本短些，精炼些·······················阮　旺

世界电影一瞥

《马可·波罗》导演蒙塔尔多的导演艺术·······艾　敏

电影剧本写作基础（连载八）
第十章：场面·················[美]萨伊德·菲尔德著
鲍玉珩　钟大丰译　周传基校
编余漫笔

1984 年第 9 期　刊名:《电影创作》
目录

电影文学剧本

两个香港人在深圳（石建都、颜广仁插图）
·································曹鸿翔　牟　睦
蛮人小传（刘　宜插图）···········李惠文　方　辉　刘秋霖

电影剧本讲座

电影剧作中的"空镜头"·······················赵绍义

专论

论镜头的连续性 ·········· 伊 明

电影文学研究中存在的几个问题 ·········· 翁睦瑞

电影剧本要塑造生动的银幕典型 ·········· 陈玉通

创作手记

玉不琢，不成器——兼答业余作者同行们 ······ 董声涛

剧评

一部充满生活气息的作品——《乡间婚事》座谈记要

·········· 沙 石整理

创作漫谈

从《武林志》得奖谈起 ·········· 陆寿钧

漫话电影场景 ·········· 陈晓霞

儿童片剧本四议 ·········· 宋曰勋

读者之窗

海外读者来信 ·········· 周蔻龄

读《芙蓉镇》有感 ·········· 高文学

有感而发 ·········· 谷 化

改编小议 ·········· 王宝珊

盼望北影厂也办一个画报 ·········· 辽宁观众

北影采风录

《干杯，女兵们》在部队生活二景 ·········· 黄兆义

世界电影一瞥

八十年代新兴的"现实"电影 ·········· 悦 竹编译

电影剧本写作基础（连载九）

第十一章：改编

第十二章：剧本的形式 ······ ［美］萨伊德·菲尔德著

鲍玉珩 钟大丰译 周传基校

编余漫笔

认清新形势 作出新贡献 ·········· 胡其明

电影要繁荣，技术要发展 ·········· 朱今明

学无止境 精益求精 ·········· 颜一烟

跟上时代前进的步伐 ·········· 李文化

幸福的回忆 ·········· 赵子岳

欢庆的日子 ·········· 张金玲

北京电影制片厂建厂以来国内、国际获奖影片及个人（资料）

电影剧作讲座

人物的剧作处理 ·········· 王 迪

创作手记

《明姑娘》——从小说到电影 ·········· 董克娜

创作漫谈

电影"歌手"的使命 ·········· 朱 玛

絮语三题 ·········· 沈耀庭

影评

战士喜爱影片《武林志》 ······ 杜恩湖 刘从礼

读者之窗

用青春谱写的作品 ·········· 赵 理

宋主任为什么反对开发罂粟谷？ ·········· 冯宪开

对"秘书"也要讲点辩证法 ·········· 孙通生

巧，是理直气壮的 ·········· 李 锋

北影采风录

海峡隔不断骨肉情——访台湾归来的电影导演谢雨辰

·········· 杨文明

电影剧本写作基础（连载十）

第十三章：构筑剧本 ······ ［美］萨伊德·菲尔德著

鲍玉珩 钟大丰译 周传基校

编余漫笔

1984 年第 10 期 刊名:《电影创作》
目录

电影文学剧本

女子客家（根据古华原著改编·童介眉插图）

·········· 叶 丹

在美丽的草原上（邵瑞刚插图） ·········· 徐子衡

庆祝建国三十五周年

在新的起跑线上——庆祝北影建厂三十五周年

·········· 丁 峤

愿和新中国同步前进 ·········· 汪 洋

1984 年第 11 期 刊名:《电影创作》
目录

电影文学剧本

幸运的人（邵瑞刚插图） ·········· 丛 深

月月（根据贾平凹小说改编·刘 宜题图）···· 阿 城

电影剧作讲座

艺术创作不能回避的难题——人是什么？ ······ 张翠兰

专论

以情动人，以情传神 ·········· 鲁 勒

编辑手记

幸运的时代，幸运的人——关于丛深的新作《幸运的人》………………………高时英

创作漫谈

艺术上的分寸………………………边善基

贵在单纯………………………黄世华

电影艺术的角度………………………李少白

剧评

《芙蓉镇》人物塑造三题………………………吴振邦

读者之窗

情深意切，余味丰盈——谈《良家妇女》………张峦耀

对于电影界还是要讲两句话………………………肖　宏

庆祝北影建厂三十五周年

北京电影制片厂隆重举行建厂三十五周年庆祝大会………………………本刊记者

我的摇篮………………………谢逢松

深入生活　阔步前进………………………于绍康

北影采风录

电影《寒夜》导演答本刊记者问

报道

北影集会庆祝老演员赵子岳从事革命艺术工作五十周年………………………旻　轩

日本青年伙伴到北影作客………………………白　翎

电影剧本写作基础（连载十一）

第十四章：写电影剧本………[美]萨伊德·菲尔德著

鲍玉珩　钟大丰译　周传基校

编余漫笔

1984 年第 12 期　刊名：《电影创作》
目录

电影文学剧本

女活佛（何韵兰插图）………………………秦文玉

这条河还要流下去……（邵瑞刚插图）………尤凤伟

电影剧作讲座

文学与电影——和为贵………………………陆柱国

创作漫谈

有感于"了解你的人物"——谈《电影剧本写作基础》………………………王桂华

电影隐喻小议………………………张子帆

编辑手记

关于《这条河还要流下去……》………………………心　水

报道

促膝谈创作　红叶映友情——记中日第一届电影剧作研讨会………………………陈　澈

北影采风录

东邻佳宾到北影………………………沈　瑜

电影剧本写作基础（连载十二·全书结束）

第十五章：论合作

第十六章：剧本写完之后

第十七章：作者札记………[美]萨伊德·菲尔德著

鲍玉珩　钟大丰译　周传基校

1985 年第 1 期　刊名：《电影创作》
目录

电影文学剧本

李知凡太太（张祖英图）………高　瑜　赵元康

我是台湾郎（石建都图）………郑锡同　之　桦

创作评论

扩大艺术视野　解放艺术生产力………唐　挚

心目中要有观众………………………毕必成

为电影大繁荣打好基础………………………翁睦瑞

惊险片漫谈………………………聂凤伦　王霆钧

影评

温故而知新——看《悠悠故人情》有感………钟　枚

创作漫谈

片头字幕琐议………………………陈国雄

专访

从"小萝卜头"到"电影学士"………………………陈　澈

书评

简评《电影剧本写作基础》………………………周传基

《电影剧本写作基础》译者后记………………………译　者

世界电影一瞥

风格、笔调和现代社会——谈安东尼奥尼和费里尼的创作特色………………………程　骊

读者之窗

放映员的希望 ————————————————— 王国珩

漫话剧本《啊，士兵》 ——————————— 刘晓升

真实可信的当代士兵形象——读电影文学剧本《啊，
士兵》 —————————————————————— 刘木林

全国故事片厂文学部公约

编余漫笔

1985 年第 2 期　刊名:《电影创作》
目录

电影文学剧本

玄奘（刘　宜图）————— 范克翔　高树茂　林　茂

侠女十三妹（祖绍先图）—— 孟　烈　杨启天　张祖诚

专稿

北影导演傅杰同志逝世

别了，老同学！——悼念博杰同志 ————— 马尔路

创作评论

影片命运的决定者 ———————————————— 汪　流

电影选材与电影观众学 ————————————— 原　野

漫谈意大利电影与文学的关系 ————————— 吕同六

电影随笔

如歌的旋律 ————————————————————— 石永森

北影采风录

以情感人——《人间烟火》拍摄日记 ————— 邵万林

世界电影一瞥

六十年代的意大利电影 ————————————— 艾　敏

读者之窗

略谈《电影"歌手"的使命》 —————————— 司志兰

反映改革应出新意——评电影剧本《女子客家》
————————————————————————————— 白黎海

《女子客家》小议 ——————————————— 肖道全

略谈电影插曲 ————————————————————— 卢英宏

报道

北影剧本创作室改为文学部 ——————— 本刊记者

1985 年第 3 期　刊名:《电影创作》
目录

电影文学剧本

芭蕾芙蓉（李克喻、朱小冈图）——————— 陈敏凡

决策（修订稿·刘　宜图）——————————— 计红绪

创作评论

银幕的渴望 ————————————————————— 白　桦

迎接电影艺术的新时期！ ———————————— 梁晓声

更新生活　了解观众 ——————————————— 陆寿钧

北影采风录

在大西北沙漠中拍摄《失踪的骆驼队》———— 张世纯

世界电影一瞥

约里斯·伊文思与《风》 ———————————— 胡　滨

读者之窗

赞电影文学剧本《良家妇女》 ————————— 林涵若

从摸鱼说起 ————————————————————— 卢英宏

报道

影视文学界的一次大聚会 ———————————— 本刊记者

北影成立"影视表演艺术人才开发中心"　面向全国
服务 ——————————————————————————— 本刊记者

1985 年第 4 期　刊名:《电影创作》
目录

电影文学剧本

姑娘，望着我（邵瑞刚图）——————————— 达　理

净土（刘　宜图）—————————————————— 皇甫可人

专稿

深切怀念成荫同志——回忆影片《浪涛滚滚》的浮沉
————————————————————————————— 韶　华

创作评论

电影理论与电影创作 ——————————————— 王心语

应该追求雅俗共赏 ——————————————— 章柏青

创作漫谈

从连环画想起的 ————————————————— 唐家仁

报道

北影召开创作座谈会

专访
不声不响的张力维 ························· 陈 澈

北影采风录
《盛夏和她的未婚夫》拍摄轶闻 ········· 琴 黛

世界电影一瞥
从"法国电影回顾展"谈起 ············· 何振淦

读者之窗
对剧本《我是台湾郎》的一点看法 ······· 刘晓升
多余的"画外音" ····················· 丁 冬
掌握辩证法 影评更上一层楼 ··········· 肖 宏
篆刻 ··························· 潘云广 陈学植

电影书讯
本刊《电影剧作讲座》、《电影剧本写作基础》编成文集出版

北影成立"影视表演艺术人才开发中心"答记者问
影视表演艺术人才开发中心报名表

1985 年第 5 期　刊名：《电影创作》
目录

电影文学剧本
斯诺与马海德上集西行漫记（张祖英图）
··························· 万 关 苏 菲
哦！香雪（邵瑞刚图）
··············· 铁 凝（执笔） 谢小晶 汪 流

创作评论
把电影剧本写得短些吧！ ··············· 赵绍义
让妇女题材进入新的意境——本刊与《中国妇女》杂志联合举行座谈会 ················· 本刊记者

创作漫谈
电影剧本描写琐谈 ····················· 澍 笙
还要"偷听"到几时 ··················· 汪岁寒

北影采风录
高中锋寻觅记 ························· 韩 溪
北影电影制片厂职工评选本厂 1984 年优秀影片

读者之窗
我对《电影创作》的意见 ··············· 刘锦校
浅评《玄奘》 ························· 峥 崎
答读者问——关于"北影影视表演艺术人才开发中

心"报名的问题

外论译载
电影的叙事手法
··············· ［美］伯纳多·迪克著 严 敏摘译

世界电影一瞥
第五十七届奥斯卡金像奖述评 ··········· 李庄藩
北影"影视表演艺术人才开发中心"负责人答记者问
北京电影制片厂影视表演艺术人才开发中心报名表

1985 年第 6 期　刊名：《电影创作》
目录

电影文学剧本
白房子（缪印堂图） ············· 严亭亭 晓 剑
深圳城的女强人（刘 宜图） ··········· 刘学强

儿童电影专栏
评选首届儿童少年电影"童牛奖"（报道）
································· 本刊记者
关心孩子们！——幼儿园小朋友和儿影厂长于奶奶的通信
别开生面的尝试——《小兵和大兵》读后 ····· 秦裕权
一群娃娃兵——记儿影故事片《小兵和大兵》的小演员 ····························· 钟 丹

创作评论
思想与形象的银幕思考 ················· 王 迪
银幕形象的个性化 ····················· 陈玉通

创作漫谈
没有娱乐，哪来艺术？ ················· 羽 山

专稿
北影导演陈方千同志逝世
悼念陈方千同志 ····················· 祖绍先

读者之窗
生活的真实与理想的光辉 ··············· 柳菊兴
一个过于直露的形象 ··················· 朱正福
希望更巧妙地争奇斗"巧" ············· 周印全
答读者问——关于影视表演艺术人才开发中心报名的疑问

北影成立"影视表演艺术人才开发中心"答记者问
影视表演艺术人才开发中心报名表

1985 年第 7 期　刊名:《电影创作》
目录

电影文学剧本

今日黄花（刘　宜图）················王　靖
人生的突围（祖绍先图）··············史铁生
我们寄希望于读者··················本刊编辑部

剧评

生活的回音——谈《今日黄花》的人物描写····林涵表
《人生的突围》和它的作者史铁生·········肖　矛
本刊在天津座谈以引滦入津为题材的两个剧本
·····························本刊记者
让饮水者思源——读电影文学剧本《决策》和《啊，
士兵》想到的···················阎同茂

剧作专论

电影剧作与电影观念················谭霈生

希望之页

历史·人·土地——北影青年导演陈凯歌和《黄土
地》·························李兴叶
这是新世界——《黄土地》之我见········陈迈平
探索·追求·升华——北影青年导演田壮壮和《猎场
扎撒》·······················刘树生

表演艺术人才开发中心课堂

影视表演拾零····················谢　芳

影人之路

脱下舞鞋　走上银幕——记北影青年女演员张伟欣
·····························陈　澈

读者之窗

舍身求法的翟和尚——《玄奘》读后·······张学易
《姑娘，望着我》的个别情节悖于主题·······周印全

1985 年第 8 期　刊名:《电影创作》
目录

电影文学剧本

迷人的乐队（童介眉图）·······房纯如　杨舒慧
红军之花（邵瑞刚图）···············王　迪

创作专论

电影与真实——论成荫的电影理论与创作实践
·····························马德波

希望之页

《盛夏和她的未婚夫》主题琐议··········霍　庄

新片座谈

座谈北影新片《代理市长》·············本刊记者

影视表演艺术人才开发中心课堂

对学习影视表演的思考···············李孟尧

影人之路

丛珊印象初记····················王焰珍

北影采风录

"女子客店"杜鹃红·················白　石

报道

喜讯:《北影画报》问世···············本刊记者

读者之窗

具有开拓精神的人物——读文学剧本《哦！香雪》
·····························尤艺文
切莫简单地美化生活——《哦！香雪》的艺术表现之
不足·························峥　崎
哭的艺术······················张世炉

1985 年第 9 期　刊名:《电影创作》
目录

电影文学剧本

力领风骚（张祖英图）···············岳　野
潮汐变奏曲（林潮翔图）··········徐子衡　李　新

创作专论

电影与真实——论成荫的电影理论与创作实践
·····························马德波

创作漫谈

电影艺术要表现时代精神··············成志伟

影视表演艺术人才开发中心课堂

我和"张军长"、"李国卿"、"徐鹏飞"·······项　堃

影人之路

她第二次上银幕——青年女演员周洁散记······王焰珍

北影采风录

孰知幕下多苦辛——记《奇迹的再现》两件事
·····························邱丽莉

读者之窗
对本刊革新的回音 ············· 秦树良等
切忌庸俗低级 ··················· 张世炉
电影文学杂志关于版权的联合启事

1985 年第 10 期　刊名：《电影创作》
目录

电影文学剧本
代理市长（导演工作本·刘　宜图）········· 杨在葆
血案疑踪（刘　宜图）········ 张翠兰　邱丽莉

影事笔谈
电影的广阔道路 ··················· 顾象贤

创作漫谈
应有更多的壮美之作 ··············· 叶家铮

新片座谈会
富有时代精神的《代理市长》——《文艺报》与北影
联合举行座谈的发言摘要

影视表演艺术人才开发中心课堂
漫谈影视配角的表演 ··············· 高　放

影人之路
这颗星将更加璀璨——记肖雄 ········· 秦　黛

世界电影一瞥
东京七日
——日本举行"中国电影回顾展"活动见闻 ··· 郦苏元

读者之窗
读者继续来信欢迎本刊改革
"儿童片"絮语 ··················· 肖　宏
愿儿童影坛升起这轮明月——读《白房子》··· 张峦耀
对"迎合观众趣味"的质疑 ··········· 马宗雄
第二届全国故事片厂文学部主任联席会议关于文学作
品改编的电影剧本稿酬支付问题的联合启事
电影创作杂志社更换记者证启事

1985 年第 11 期　刊名：《电影创作》
目录

电影文学剧本
乱（日本故事片·王可伟图）········· ［日］黑泽明
小国英雄　井手雅人编剧　李正伦译

嫌疑犯（邵瑞刚图）··········· 王培公　冯　刚

创作评论
《代理市长》慷慨多气 ··············· 阎　纲
"相思"何罪？ ——影片《相思女子客店》观后
··························· 小　鸥

新片消息
中国电影发行公司座谈北影新片《相思女子客店》

希望之页
可歌可敬的瀚海精神——北影新片《瀚海潮》座谈纪
要 ··························· 本刊记者

读者之窗
看《瀚海潮》杂感 ··············· 左右中
对《深圳城的女强人》的看法
··········· 李正祥　周印全　杨志明

影视表演艺术人才开发中心课堂
谈喜剧表演 ····················· 谢　添

1985 年第 12 期　刊名：《电影创作》
目录

电影文学剧本
无冕女王（董辰生图）
··········· 李克威　严歌苓　曲维甲　王　影　费林军
夜行货车（肖　星图）
··········· 汪海涛　谢雨辰　崔京生　米家山

希望之页
妇女历史生活的珍贵"化石"
——看影片《良家妇女》··············· 彭加瑾
从古老的画卷中翻出新意
——看《良家妇女》··················· 晋　生

影事回忆录
圣地足迹 ························· 伊　明

世界电影一瞥
国际儿童少年影视会议见闻 ············· 于　蓝

来函照登
关于电影剧本《净土》的抄袭问题 ········· 郭　林

读者之窗
读《人生的突围》的艺术特色 ··········· 周印全

谢谢你，史铁生同志 ———————————— 杨志明
漫笔《迷人的乐队》 ———————————— 高学文
岁末寄语 ———————————————————— 编　者

1986 年第 1 期　刊名:《电影创作》
目录

电影文学剧本
模特儿的风波（聂昌硕图） ——— 姜　滇　姜　川
春之声（实验剧本·颜广仁图） ————— 于晓阳
车祸余波（苏联新片·刘　宜图）
——————— ［苏］亚·阿·闵达泽编剧　杨　振译
北影厂长胡其明答本刊记者问

创作论坛
电影的意境美 —————————————— 郭　踪

希望之页
自然·人·艺术——看影片《瀚海潮》 ——— 孟伟哉

编辑手记
美哉，模特儿
——《模特儿的风波》组稿刍议 ————— 赵绍义

创作手记
从罗心刚到肖子云 ———————————— 杨在葆

创作漫谈
有感于"叫好不叫座" —————— 贾　霁遗作

影人之路
秀明，你在想什么? —————————— 邹建文

银海穿梭
再见，马尼拉 —————————————— 苏叔阳

北影采风录
《幸运的人》哈尔滨外景漫笔 ————— 程　彤
苏联国家电影代表团在北影 ————— 阳　璞

关于电影剧本《净土》抄袭问题的讨论
《净土》抄袭《病例》的段落摘录
这就是抄袭!（读者来信） ——————— 郑　枫

读者之窗
雷电穿破云雾——读《力领风骚》 ——— 谢　荣
我国最初的电影放映（资料） ————— 小　溪
窗边拾零（五则） ————————— 刘晓升等

电影文摘
我怎样写影评
脚·鞋子·眼睛
谢添的一件小事
中日电影文学学术交流
北影第四次颁"青年演员进步奖"
迟志强主演《迟志强》
台湾喜剧演员的悲剧
美国华人抗议辱华影片《龙年》

1986 年第 2 期　刊名:《电影创作》
目录

电影文学剧本
红姑寨恩仇记（童介眉图） ——————— 梁　信
灯火楼台（刘　宜图） ————————— 何冀平
潜水女（日本故事片·马新儒图）
——————— ［日］佐佐木史郎　宫坂进编剧
侯红月　钱　玮译　何慈毅校

希望之页
我看见你的微笑——致导演王好为 ——— 任　殷
领风气之先——看影片《迷人的乐队》 ——— 彭加瑾

影人之路
小白灵 ————————————————— 余家邺

银海穿梭
日本纪行——记中日电影剧作家盛会 ——— 张天民

读者之窗
两条花短裤 —————————————— 映　红
电影，呼唤着评论家 —————————— 李　敏
我国最初拍摄的影片（资料） ————— 小　溪
窗边拾零（二则） ————————— 郭泗军　小　路

电影文摘
一个电影厂长的思考
立此存照
两个青年女演员的"格言"
《第一滴血》在牛津引起风波
黑泽明的《乱》
《乱世佳人》中的楼梯
英国发行影星纪念邮票

1986 年第 3 期　刊名:《电影创作》
目录

电影文学剧本
浪子谣（邵瑞刚图）·················洪　洲
1900 年（上集·外国故事片·刘　宜图）
·················[意]弗郎哥·阿尔卡里
朱塞佩·贝鲁多尔齐　贝尔纳多·贝尔多鲁奇编剧
严　敏　韩纪扬译
《迷人的乐队》令人耳目一新（据新华社讯）
·····························李德润

创作论坛
评 1985 年《电影创作》发表的剧本·········陈玉通

创作通信
没有英雄　只有奴隶——关于剧本《红姑寨恩仇记》
给导演的信·······················梁　信

创作漫谈
民族性的新的美学探求在深化············赵喜迎

希望之页
迷人的《迷人的乐队》···············本刊记者
《迷人的乐队》的创作回顾·······房纯如　杨舒慧

影视表演艺术开发中心课堂
反而人物形象塑造的点滴体会············葛存壮

影人之路
幸运的"侠女"丁岚·················程　彤

北影采风录
山区的思绪——《月月》拍摄散记··········霍　庄

关于《净土》抄袭问题的讨论（二）
《净土》剧本打印稿与小说《病例》的文字对照摘录
读者来信摘登
为干电影者呐喊（转载）···············吴雅山

读者之窗
小议《夜行货车》的性格塑造············高　军
《无冕女王》的成就和不足·············李正祥
观众是上帝吗?···················张世炉
窗边拾零（二则）·················金兰芬等

电影文摘
电影《少年犯》获得成绩

刘晓庆的抗议
上海工人谈电影表演
谢晋要求演员表演几种"死法"
1985 年的台湾电影"金马奖"
日本兴办超小型电影院
偷鹰蛋图利拍电影抵罪
拍摄电影《迟志强》是谣传

1986 年第 4 期　刊名:《电影创作》
目录

电影文学剧本
你的微笑（蒋　明图）···············张天民
我的守护神（邵瑞刚图）·········陶　正　田增翔
1900 年（下集·外国电影剧本·刘　宜图）
·······[意]弗朗哥·阿尔卡里　朱塞佩·贝尔多鲁齐
多尔齐　贝尔纳多·贝尔多鲁奇编剧　严　敏　韩纪
扬译

创作论坛
人物关系中的"发现"和"突变"····孟森辉　陆寿钧
当代电影呼唤风格···················华　克

影人之路
硬汉子杨在葆·····················陈　澈

读者之窗
但愿这个剧本不被拍成电影片——谈《模特儿的风
波》·························卢荣宏
洗澡镜头何其多?··················张兴炉
窗外人语·······················甘　铠
窗边拾零（二则）··················高文学等

电影文摘
朱厚泽要求写现实改革
夏衍同志这样帮助初学者
一个农村夫妻电影队
加拿大电视台播出表彰华人影片
旧金山华裔抗议美辱华影片
谢晋与前线战士互赠奖章
西方电影剧作的三种倾向

近年来欧美电影的重要题材

1986 年第 5 期　刊名:《电影创作》
目录

电影文学剧本

一个死者对生者的访问（石建都图）⋯⋯⋯⋯刘树纲

清明，又逢清阴（韩　刚图）⋯⋯⋯⋯⋯⋯陈宏光

我嫁了一个影子（法国电影剧本·刘　宜图）

⋯⋯⋯⋯[法]派·罗朗　罗宾·台维编剧　新　沅译

希望之页

透过三棱镜剖析人性——评电影文学剧本《一个死者对生者的访问》⋯⋯⋯⋯⋯⋯⋯⋯⋯⋯⋯马德波

创作论坛

电影剧作的造形观念⋯⋯⋯⋯⋯⋯⋯⋯⋯王心语

电影的矛盾——电影美学随想⋯⋯⋯⋯⋯李少白

影视表演艺术人才开发中心课堂

演员·生活·角色⋯⋯⋯⋯⋯⋯⋯⋯⋯⋯于　蓝

影人之路

张平的艺术道路⋯⋯⋯⋯⋯⋯⋯⋯⋯⋯⋯袁　玫

读者之窗

读者的反馈⋯⋯⋯⋯⋯⋯⋯⋯⋯⋯⋯⋯余双仁

注意舞风的蔓延⋯⋯⋯⋯⋯⋯⋯⋯⋯⋯杨志明

为什么必须趴在床上哭⋯⋯⋯⋯⋯⋯⋯金颂仁

答读者问

——布鲁克·希尔兹与波姬·小丝⋯⋯⋯章柏青

窗边拾零（二则）⋯⋯⋯⋯⋯周印金　王立杰

电影文摘

党史题材作品必须尊重历史

中野良子主演中国电影剧

美日争拍海曼的电视剧

少年犯人当演员不足取

台湾电影失去香港市场

故事片《血战台儿庄》开拍

第一部太空电影

苏联近年拍摄宇宙影片

1986 年第 6 期　刊名:《电影创作》
目录

电影文学剧本

鸽子迷的传奇（周小筠图）⋯⋯王兴东　王浙滨

太阳·星星·月亮（云海东图）⋯⋯王端阳　孔继华

欲念的隐晦目的（西班牙电影·刘　宜图）

⋯⋯⋯⋯⋯⋯⋯⋯⋯⋯[西]路易斯·布努艾尔编剧

詹桂荣　鲍玉珩译　亦　河校

创作论坛

人物·场面·情节

——读儿童片剧本《白房子》⋯⋯⋯⋯⋯秦裕权

创作漫谈

苏联儿童电影的启发⋯⋯⋯⋯⋯⋯⋯⋯⋯王　澍

报道

电影剧作家杜谈同志逝世

北影总摄影师聂晶同志逝世

世界电影一瞥

第五十八届"奥斯卡"奖述评⋯⋯⋯⋯⋯李庄藩

读者之窗

穿针引线巧"对牌"

——《红姑寨恩仇记》中道具的作用⋯⋯刘晓升

改编名著要注意服饰、道具、场景的时代特点

⋯⋯⋯⋯⋯⋯⋯⋯⋯⋯⋯⋯⋯⋯⋯⋯汤振海

在片名上要下点功夫⋯⋯⋯⋯⋯⋯⋯⋯刘大勇

电影文摘

影视剧本的改编问题

刘晓庆访美

韩素音谈电影

中国的电影进出口

斯泰隆被评为最不出色影星

高仓健名列第二十

美新闻机构抗议航天局收缴胶片

英国"电影年"使电影业复苏

日本女演员粗眉毛的影响

1986 年第 7 期　刊名:《电影创作》
目录

电影文学剧本

背信的村庄（于绍文图）⋯⋯⋯⋯⋯⋯⋯李　澈

摩梭女人（刘　宜图）⋯⋯⋯⋯⋯⋯⋯而钦拉姆

明月初升（苏联故事片·刘　宜图）

⋯⋯⋯⋯[苏]叶·格布里罗维奇　阿·格布里罗

维奇编剧　郭锡爵译

创作论坛

电影剧作四题⋯⋯⋯⋯⋯⋯⋯⋯⋯⋯⋯韩志君

喜剧电影创作三议⋯⋯⋯⋯⋯⋯⋯⋯王云缦

关于《净土》剧本抄袭问题的讨论（三）
"入佛界易，进魔界难"
⋯⋯《净土》创作笔谈⋯⋯⋯⋯⋯皇甫可人
读《净土》和格林的一部小说⋯⋯乌热尔图
我看《净土》⋯⋯⋯⋯⋯⋯⋯⋯⋯白　烨
这不是抄袭⋯⋯⋯⋯⋯⋯⋯⋯⋯⋯王　力

读者之窗
魂兮归来——读电影文学剧本《浪子谣》⋯⋯田爱群
满纸恩仇的《浪子谣》⋯⋯⋯⋯⋯朱正福
琐议慢镜头的得失⋯⋯⋯⋯⋯⋯⋯张世炉
答读者问——关于抄袭的问题⋯⋯本刊通联组

电影文摘
影视评论莫划框框定调子
"我们生活好了，电影队跑了！"
清除电影中的陈旧审美情趣
香港武打片刮"怪风"
中野良子的经历
上影拍摄孙中山故事片
八一厂将开拍《二月大博斗》
中加将合拍白求恩故事片
一家美术电影企业开业
三十年代第一任影后

1986 年第 8 期　刊名:《电影创作》
目录

电影文学剧本
禁区内的搏杀（董辰生图）⋯⋯⋯任红举　宋崇
鲁冰花（段震中图）⋯⋯⋯⋯⋯⋯辛　纯治纯
害怕夜间出门［上］（西班牙电影·刘　宜图）
⋯⋯［西班牙］罗伯托·博德卡斯　何塞·马利亚·
帕拉西斯　埃洛伊·德拉·伊格莱西奥亚编剧　傅郁
辰译

创作论坛
开拍前的探讨——电影剧本《一个死者对生者的访问》座谈纪要⋯⋯⋯⋯⋯⋯⋯⋯本刊记者

创作手记
艺术的觉醒　灵魂的觉醒
——关于《模特儿的风波》⋯⋯⋯姜　川

影人之路
七彩虹升起在扶桑艺林——记日本著名演员田中裕子

⋯⋯⋯⋯⋯⋯⋯⋯⋯⋯张建林　高建彪

影视表演艺术人才开发中心课堂
脸丑又何妨?
——致热爱表演艺术的青年朋友们⋯⋯袁　苑

读者之窗
来自生活的歌——读《你的微笑》⋯⋯李正祥
写活了苏州城⋯⋯⋯⋯⋯⋯⋯⋯⋯张峦耀
一个真实细腻的情节⋯⋯⋯⋯⋯⋯朱正福

电影文摘
《花环》摄制组牵制越军一个师
康克清等同志看《驼峰上的爱》
第一个扮演列宁的演员
十三部台湾影片赴英展出
美电影导演公会成立五十周年
戒烟、戒赌、戒酒的电影
法国的一部"看不见"的电影
没有影剧院的国家
电影海报宣传不可忽视

1986 年第 9 期　刊名:《电影创作》
目录

电影文学剧本
黄河纤夫曲（傅　红图）⋯⋯⋯⋯罗　珠　高凤胜
不完全相信命运的人（刘　宜图）⋯⋯蒋德夫
害怕夜间出门（下）（西班牙影片·刘　宜图）
⋯⋯［西班牙］罗伯托·博德卡斯　何塞·马利亚·
帕拉西斯　埃洛伊·德拉·伊格莱西奥亚编剧　傅郁
辰译

电影论坛
论我国电影创新进入纵深层次⋯⋯⋯翁睦瑞
语言的艺术——谈电影文学语言⋯⋯赵大年

青年评论
民族新美学探寻的再深化
——《黑炮事件》启示录⋯⋯⋯⋯路　漫
意象的引伸与断裂
——试谈《黑炮事件》的叙述性结构⋯⋯胡伟跃

台港电影之页
一位残疾者的奋斗与爱情——介绍台湾故事片《汪洋中的一条船》⋯⋯⋯⋯⋯⋯⋯⋯⋯⋯少　舟

银海穿梭
巴黎之行杂记⋯⋯⋯⋯⋯⋯⋯⋯⋯田壮壮

报道
广播电影电视部任命北京制片厂新的领导班子
北影故事片《良家妇女》在卡罗维发利国际电影节
获奖

读者之窗
人性的升华——《鸽子迷的奇遇》拾萃·············高 军
凝重的沉思·············马 戈
"重复改编"应该控制·············刘大勇

电影文摘
赵子岳的"先锋谱"
大陆风光录影带在台湾上市
历史片作者叶元谈历史片
在阿信的故乡
国外电影的分级观看制度
普希金临终情景搬上银幕
法国成立电影资料库
法国电影业的现状

1986 年第 10 期　刊名:《电影创作》
目录

电影文学剧本
小得意和刘局长（童介眉图）·············马 林
村路带我回家（林潮翔图）·············铁 凝
证人（美国影片·刘　宜图）
　　　　　编剧：[美]威廉·凯利　翻译：爱 华

创作论坛
苏叔阳剧作散论·············于 勤
论谢芳——为谢芳《银幕内外》作序·············钟惦棐
从观众心里寻找方向·············葛 佳

关于《净土》抄袭问题的讨论（四）
事实是严峻的·············本刊评论员
读者来稿摘登
明辨是非，汲取教训·············任 流
"抄袭"二字未必过分·············金兰芬　钱 金
《〈净土〉创作笔记》读后感·············雷志勇

银海穿梭
温哥华国际电影一瞥·············董克娜

读者之窗
《背信的村庄》改编琐议·············李正祥
"鸽子"的得失·············刘晓升
"团圆戏"的魅力·············张世炉

电影文摘
艺术贵真，评论亦贵真
个人文章不要用"我们"
南非反种族主义的电影
为军国主义招魂的影片不受欢迎
人情影片在美国受重视
美国研制"兽语电影"
美国将利用卫星发行影片
日本电影业走向衰退
印度电影业今不如昔
印度露天电影院广告

1986 年第 11 期　刊名:《电影创作》
目录

电影文学剧本
挂冠归来（肖　星图）·············张笑天
绿林奇闻（邵瑞刚图）·············赵 联　水 清
瑞德尔上校（匈牙利影片·刘　宜图）
　　·············编剧：[匈牙利]伊斯特万·斯扎博　彼得·
雷伊茨　翻译：胡祥文　鲍玉珩

创作论坛
克服对电影剧作的一种偏见·············高 安

北影采风录
古城西安之夏
——《一个死者对生者的访问》拍摄散记·············彭鸣宇

银海穿梭
塔什干随笔·············吴荫循

影人之路
日本新星药师丸博子·············翟 树

读者之窗
一曲天才陨落的悲歌
——读《鲁冰花》·············范汉云　刘今秀
泸沽湖的潜流·············田爱群
评论"呼声"与逆反心理·············肖 宏

电影文摘
名词滥用与名实颠倒
影评要有"提前量"
电影必须向平庸宣战
台湾人士认为大陆影片真实
海峡两岸首部合拍片
苏着力塑造新的青年银幕形象

今年的世界电影业
"好莱坞"崛起女导演
五层楼高的银幕
小演员作画
《电影创作》读者意见征询表

电影表演教师谈表演
郑洞天淡演员留学美国
影评是"三分电影，七分文化"
香港的影评
斯塔隆夫妇连获"最次"奖
用"好莱坞"劝降
印度人看电影有瘾

岁尾寄语⋯⋯⋯⋯⋯⋯⋯⋯⋯⋯⋯⋯⋯⋯编　者

1986 年第 12 期　刊名:《电影创作》
目录

电影文学剧本
命运瓦砾场（赵晓沫图）⋯⋯⋯⋯⋯曹硕龙
毕业生轶事（石建都图）⋯⋯⋯⋯吴　谷　王军莉
瑞德尔上校（下）（匈牙利影片·刘　宜图）
⋯⋯⋯⋯编剧：[匈牙利] 伊斯特万·斯扎博　彼得·
雷伊茨　翻译：胡祥文　鲍玉珩

创作论坛
水华的早期艺术创作活动⋯⋯⋯⋯⋯舒晓鸣
中国的女导演⋯⋯⋯⋯⋯⋯⋯⋯⋯⋯袁文殊
电影要重视民族学的科学性⋯⋯⋯⋯云　梦

创作手记
心愿与遗憾⋯⋯⋯⋯⋯⋯⋯⋯⋯⋯⋯李　伟

影视表演艺术人才开发中心课堂
论近特镜头表演中的双重联想律⋯⋯丁　牧

剧评
评《鲁冰冻花》⋯⋯⋯⋯⋯⋯⋯⋯⋯田　野

专访
他更像是一位学者——访著名导演谢铁骊⋯⋯程　彤

北影采风录
系列影片《红楼梦》掀开序幕——《红楼梦》编剧答
本刊记者问
影场巧事⋯⋯⋯⋯⋯⋯⋯⋯⋯⋯⋯⋯寒　卤

读者之窗
《黄河纤夫曲》写意管窥⋯⋯⋯⋯⋯卢英宏
平庸的《黄河纤夫曲》⋯⋯⋯⋯⋯⋯马宗雄
惊险片创作之我见⋯⋯⋯⋯⋯⋯⋯⋯杨志明

电影文摘
西方"电影视野"中的谢晋
谢晋笑谈"谢晋电影模式"
北京市民影视欣赏的一次调查
钟惦棐谈《少年犯》

1987 年第 1 期　刊名:《电影创作》
目录

故事片文学剧本
贞女（刘　宜图）⋯⋯⋯⋯⋯⋯⋯⋯古　华
特别攻击队（傅　红图）⋯⋯⋯刘亚洲　刘伟宏
秃鹰（邵瑞刚图）⋯⋯⋯⋯编剧：洛伦索·米尼尔
戴维·雷菲尔　翻译：严　敏　韩纪扬

最新动态与争鸣
中国电影的危机在哪里？　出路在哪里？——专题座
谈纪要（上）

影人报告文学
文章大块落人寰——记作家、电影剧作家李準先生
（上篇）⋯⋯⋯⋯⋯⋯⋯⋯⋯⋯⋯⋯吴　欢

"过来人"系列讲座
开篇：看得见与看不见⋯⋯⋯⋯⋯苏叔阳

本刊特稿
扶桑来客——采访新藤兼人先生⋯⋯本刊记者

隔山影谭
裁缝师评电影匠⋯⋯⋯⋯⋯⋯⋯⋯麦晓闻

读者之窗
我喜爱杨扬⋯⋯⋯⋯⋯⋯⋯⋯⋯⋯卢英宏
《月月》放映后引起的争论⋯⋯⋯⋯施俊华
《月月》争论之我见⋯⋯⋯⋯⋯⋯栾　岩

电影文摘
艾知生提出：迫切任务是提高质量　台湾学者谈谢晋
与陈凯歌
研究生们喜欢的男女性形象
青年电影演员谈"影星出国"
我国影星去国外也有苦衷
"好莱坞"华裔影星到上影拍片

苏联摄制揭露贿赂的影片
苏联的"道德电影"
纽约播放《电影在中国》

1987 年第 2 期　刊名:《电影创作》
目录

故事片文学剧本
船歌（刘　宜图）————————梁晓声　萧立军　王啸文
第一片落叶（邵瑞刚图）————————苏叔阳　王小平
官方说法（阿根廷电影剧本·上）
————————编剧：阿依达·波特尼克　路易斯·普恩索
翻译：胡祥文　詹桂荣

最新动态与争鸣
中国电影的危机在哪里?　出路在哪里?
——专题座谈纪要（下）
中国电影的本体错位————————王一川

影人报告文学
文章大块落人寰
——记作家、电影剧作家李凖先生（下篇）————吴　欢

"过来人"系列讲座（第二篇）
电影编剧与"文学价值"————————洪　洲

本刊特稿
访法散记————————梁晓声

读者之窗
干部队伍建设的一记警钟
——读《挂冠归来》————————李正祥
感人的强者之歌————————柳菊兴
过去、现在、未来的思索
——浅析《村路带我回家》————————杨志明

电影文摘
海外对美国影片《大班》的反响
外报评陈冲在《大班》中的表演
谢雨辰选童非拍片
"好莱坞"华裔女影星赵家玲的态度
女"少年犯"重又收审的思考
台湾的"乡土电影"与"情欲电影"
香港观众冷落台片《金门炮战》
美国出现批评政策的电影广告
一部吓跑观众的科幻影片

1987 年第 3 期　刊名:《电影创作》
目录

电影文学剧本
无题（于绍文图）————————钱公乐　叶式生
翡翠麻将（尹国光图）————————钟　源
官方说法（阿根廷电影剧本·下）
————编剧：阿依达·波特尼克　路易斯·普恩索
翻译：胡祥文　詹桂荣

最新动态与争鸣
试论新时期电影中的性问题————————杨海波

影人报告文学
人杰鬼雄——忆海默（上篇）————————岳　野

"过来人"系列讲座（第三篇）
题材问题————————张天民

读者之窗
读者的反馈————————徐文刚　尉迟东
返朴归真的选择
——《村路带我回家》读后————————高　军
冷静后的思索与回答————————杨志明

电影文摘
评论肯定北影片新片《金陵之夜》
贝热龙谈中国电影
当前电影观众的"三喜"
电影宣传的逆反效应
电影书店开办"读者沙龙"
中野良子谈拍《今年在这里》
加拿大电影的"美国化"
芬兰政府建议颁检查录像影片法令
美将拍英格丽·褒曼生平的影片

1987 年第 4 期　刊名:《电影创作》
目录

电影文学剧本
秋思（许彦哲图）————————洪　洲
画圣情痴（英国电影剧本）——编剧：拉乔斯·伯罗
琼·黑德　卡尔·朱克梅耶　翻译：袁懋梓

电影小剧本
山雨（刘　宜图）————————彭鸣宇

最新动态与争鸣
电影艺术与观众的异化⋯⋯⋯⋯⋯⋯张　强

创作论坛
艺术感觉的"错位"
——影片《最后一个冬日》观后联想⋯⋯王　迪

影人报告文学
人杰鬼雄——忆海默（下篇）⋯⋯⋯⋯岳　野

"过来人"系列讲座（第四篇）
情节杂说（一）⋯⋯⋯⋯⋯⋯⋯⋯苏叔阳

创作手纪
电影导演的一天⋯⋯⋯⋯⋯⋯⋯⋯黄健中

本刊特稿
访日有感⋯⋯⋯⋯⋯⋯⋯⋯⋯⋯杜煜庄

读者之窗
《贞女》品评⋯⋯⋯⋯⋯⋯⋯⋯卢英宏
生活，呼唤着电影工作者⋯⋯⋯⋯李正祥
"申诉"与"上诉"的不同⋯⋯⋯⋯碧　轩

电影文摘
演员朱时茂亲身漂长江
《高山下的花环》在金边秘密放映
石方禹谈《大班》合拍经过
关于"影星传记"的写作
钟惦
批评故作高深的影评
台湾影业退入低谷
苏撤换电影指导人
埃及的电影业

影坛信息
"儿影"改名为中国儿童电影制片厂
中国儿童少年电影第二届"童牛奖"开始评选
谢晋被邀担任美国电影艺术与科学学院会员

1987 年第 5 期　刊名:《电影创作》
目录

电影文学剧本
艰难婚事（李曙光图）⋯⋯⋯⋯张　弦　秦志钰
惠安女（刘　宜图）⋯⋯⋯⋯⋯⋯陆昭环
冒牌官（刘　宜图）⋯⋯⋯⋯杜煜庄　吴慧明

最新动态与争鸣
试论当前电影界的"创新意识"⋯⋯⋯张　先

影人报告文学
"盐丁儿"从影记（上篇）⋯⋯⋯⋯颜一烟

创作手记
陈若曦和耿尔——关于《艰难婚事》的改编
⋯⋯⋯⋯⋯⋯⋯⋯张　弦　秦志钰

"过来人"系列讲座（第五篇）
情节杂说（二）⋯⋯⋯⋯⋯⋯⋯⋯苏叔阳

本刊特稿
初访新加坡印象⋯⋯⋯⋯⋯⋯⋯⋯叶式生

读者之窗
漫议电影节奏的观念变化⋯⋯⋯⋯梁德全
《命运瓦砾场》欣赏漫笔⋯⋯⋯⋯杨志明
对话何须这般长⋯⋯⋯⋯⋯⋯⋯朱正福

电影文摘
对新时期十年电影的回顾
开发农村电影市场
中国电影创作三大难题
何以国产片配音风难刹？
台湾电影界对封锁大陆电影不满
无时间无座号的影院
明星诞生的观众心理
一部影片拍了二十一年
"新时期十年电影奖"

影坛信息
第二届中国儿童电影"童牛奖"及"油娃奖"揭晓

1987 年第 6 期　刊名:《电影创作》
目录

电影文学剧本
战争插曲（韩亚洲图）⋯⋯⋯⋯⋯⋯徐子衡
故园风雨（童介眉图）⋯⋯⋯陈　述　王春灿　王云根
从工资到工资（苏联电影剧本）⋯⋯编剧：维·白尔金
维·依凡泰尔　阿·索斯宁　翻译：孟广钧

最新动态与争鸣
电影作为叙事艺术
——兼论新潮电影的歧路⋯⋯⋯⋯马军骧

影人报告文学
"盐丁儿"从影记（下篇）·············颜一烟

"过来人"系列讲座（第六篇）
情节杂说（三）·················苏叔阳

本刊特稿
第59届奥斯卡奖述评···············李庄藩

读者之窗
论中国电影的"短缺"——"电影经济学"的一个内容·······················何玉麟
我喜欢"苏叔阳味"················柳云菊
简评《无题》的深度···············卢英宏

电影文摘
谢雨辰谈回大陆后拍片感受
"传统"是什么？
《巧配鸳鸯》未公映，六位农民已破产
菲政府认为对色情片应采取措施
墨西哥对质差影片征重税
美国的聋哑人电影院
波兰的家庭电影院
苏联用电影宣传戒酒
斤斤计较的明星
视钱如命的明星
以事业为重的明星
阿根廷被禁四十年的影片《浪荡女》

创作手记
以现代意识反思战争——《天音》导演阐述····张华勋

"过来人"系列讲座（第七篇）
零言碎语话素材·················洪　洲

阅读与观赏
多重时空的肯定与否定··············赵海城

本刊特稿
安息吧，钟老！·················霍　庄
电影需要向导··················李保元

读者之窗
从谴责小说到《冒牌官》·······杜煜庄　吴慧明
出乎所料和情理之中
——读《翡翠麻将》所想··········韦德锐
篆刻（三方）··················王兴森

电影文摘
"好莱坞"导演首位与我合作拍片
香港武星成龙拒演贬低中国人的影片
台湾女星拒绝裸露上体演出
高仓健拒演床上戏
民主德国设"儿童电影天地馆"
"奥斯卡"金像的具体形象
逝世后获"奥斯卡"奖的演员
"奥斯卡奖"华裔获得者
《希茜公主》三部曲的史实
美一特技替身演员之死
用电影歌曲作停车指南

1987年第7期　刊名：《电影创作》
目录

电影文学剧本
孤魂（蒋　明图）················彭名燕
天音（剧照摄影：赵　鹏）·······张华勋　李光良
杨从洁　冯育川
正义的代价（又名：《吕西安·布罗依阿》加拿大影片·上）·······编剧：约克·雅可布　翻译：新　源

最新动态与争鸣
惊险样式电影内容创新与艺术创新·······陈玉通

影人报告文学
红尘多情（上篇）——记电影剧作家张天民···吴　欢

创作论坛
浅谈电影的"哲理性"··············张　先

1987年第8期　刊名：《电影创作》
目录

电影文学剧本
红楼梦（第一部·谢志高图）
··········谢铁骊　谢逢松改编　胡文彬评点
没有代号的行动（刘　宜图）··········徐　翔
正义的代价（又名：《吕西安·布罗依阿》加拿大影片·下）·······编剧：约克·雅可布　翻译：新　沅

最新动态与争鸣
喜剧片问题随笔················邵牧君

阅读与观赏
忠实与再创造——电影文学剧本《红楼梦》第一、二部读后·····················李希凡

影人报告文学

红尘多情（下篇）——记电影剧作家张天民····吴　欢

"过来人"系列讲座（第八篇）

细节漫议·················张天民

读者之窗

《秋思》刍议·················李正祥
悲剧里蕴藏着巨大的社会容量

——读电影文学剧本《艰难婚事》·········张峦耀
电影创新当与社会发展同步

——对"改造和提高观众"的异议·········陈维献
解放军篆刻作品（三方）············叶淦林

电影文摘

夏衍说：电影全盘西化总是不行的
一位导演说：要耕种自己的公园
"奥斯卡"授奖仪式上的致词
电影艺术家与大学生的对话

新加坡报纸对我国电影的评论
新加坡拍摄华人发展史
不能放弃对"三星级"影片的评论
苏联电影业存在的问题
英国对影剧巨星奥立佛庆祝八十寿辰
美国评出有史以来最佳影片
美国新建一座电脑影院
英国的垃圾电影院
震动电影院
"鬼"影院

"过来人"系列讲座（第九篇）

朦胧的感觉

——与一位影视文学爱好者的对话·········洪　洲

读者之窗

希望看到鲁迅

——试说人物传记片之不足··········卢英宏
情节生动　寓意深刻············柳菊兴
进步与遗憾

——谈军事题材影片的歌曲创作·········张世炉

电影文摘

女明星与爱因斯坦同登银幕
唐老鸭的配音者"鸭子纳什先生"

平庸影片及其批评
也说电影的"平庸"
去年平庸的故事片
光是娱乐性能挽救电影危机吗？
香港商业片的"抄风"
苏联上映一部使观众吃惊的影片
日本拍了一部令人瞩目的黑白片
法国男影星的新形象
观众统治的电影节
"鲜血换门票"的奇闻
美国的动物明星

1987 年第 9 期　刊名：《电影创作》
目录

电影文学剧本

红楼梦（第二部·谢志高图）

··········谢铁骊　谢逢松改编　胡文彬评点
旧庄院的废墟上（蒋　明图）·····梁晓声　梁　燕
忠诚（加拿大影片）········编剧：谢伦·里斯
翻译：汪春蕾

最新动态与争鸣

电影流派漫议·················翁睦瑞

影人报告文学

拟古而化　师古而华——古华印象·········君曰天

1987 年第 10 期　刊名：《电影创作》
目录

电影文学剧本

死去活来（于绍文图）·······徐子衡　李　新
思根曲（刘　宜图）·············洪　洲
传教团（又译：《使命》·英国影片）

·····编剧：［英］罗伯特·鲍特　翻译：祖秉和

最新动态与争鸣

电影创作的美学追求是雅俗共赏·········王世德

影片评论

具有雄浑构思，立足历史反省的力作

——评英国影片《传教团》········［日］佐藤忠勇作
祖秉和译

创作论坛

也谈电影剧本的语言艺术

——与赵大年同志商榷············孙锡荣

"过来人"系列讲座（第十篇）
电影中的"人"································苏叔阳

本刊特稿
新片《同在蓝天下》座谈会纪要·········方　毅

读者之窗
瞒和骗的魅力——浅析《十五的月亮》
······························王　岚　秦　生
话说"文革电影文化现象"··············何玉麟
《孤魂》面面观··························李正祥

台湾流影之页
台湾导演谈台湾新电影
港刊分析台湾电影衰退原因
台湾影视观众以青少年为主
台湾中学校男生比女生爱看电影
台湾电影的"金马奖"
台北掀起"周璇热"
台湾电影业开始复苏

电影文摘
江苏、河北相继成立电视剧制作中心
"电影是沟通海峡两岸的最佳媒介"
农民希望见识"洋乡巴佬"
溥杰谈关于清宫生活的影视片
她们从哪里走上银幕？
《北京故事》在美国受欢迎
最先来华拍摄纪录片的美国人
高仓健寻找一位不相识的中国女友
印度净化广告片
美国中学生的"军校热"
影星阿兰·德龙改行

封面：珠影青年演员周雯琼（孔孟健、王棠华摄）
封底：美国影星贾拉·约西特
封二：童星新片《我只流三次泪》
封三：外国最新名片《欢迎到维也纳来》（奥地利）
插页：电影《红楼梦》人物照（李建新摄）
篆刻：影人印谱（李准、凌子风、苏叔阳）····刘志耘

1987 年第 11 期　刊名：《电影创作》
目录

电影文学剧本
弘一法师（傅　红图）·····赵大民　李　颖　李郁文
强者的迪斯科（童介眉图）··············刘伯军
悔悟（苏联影片·上）·······编剧：纳娜·热阿涅莉兹艾

钦吉斯·阿布拉泽　列瓦兹·克维谢拉瓦　翻译：戴光晰
最新动态与争鸣
在电视上看电影·························邵牧君

新片评论
《天音》三题····························仲呈祥

编辑手记
是大法师，也是文艺大师
——浅谈电影文学剧本《弘一法师》·······高时英

本刊特稿
友谊是不会消失的························于　蓝

读者之窗
为电影剧本《红楼梦》第一部提两点意见·······孟庆丽
美好人生的毁灭
——读电影文学剧本《孤魂》···········韦德锐
为影视《红楼梦》竞争鼓与呼
——兼议对"影视合一"的新认识··········何玉麟

电影文摘
影视剧配音成风的原因
军事题材影片的新模式
我国第一家双厅电影院
名著影片《战争与和平》译制完成
苏联上映"中苏关系"影片
苏联将举办"奥斯卡"式大奖
淫秽影视片危害苏联
苏联严禁影视拍黄色镜头
对付演员拍戏迟到的办法

封面：美国新星詹妮弗·比尔斯
封底：电影《红楼梦》探春扮演者杨世华（李建新摄）
封二：北影新片窗口——《失恋者》
封三：外国最新名片——《在撒旦的阳光下》（法国）
篆刻：影人印谱（水华、谢铁骊、汤晓丹）·刘志耘

1987 年第 12 期　刊名：《电影创作》
目录

电影文学剧本
正西风下（刘　宜图）···················林　健
塌陷的荒原（马　程图）·················江　浩
悔悟（苏联影片·下）·······编剧：纳娜·热阿涅莉
兹艾　钦吉斯·阿布拉泽　列瓦兹·克维谢拉瓦　翻
译：戴光晰

最新动态与争鸣

电影"层次说"质疑⋯⋯⋯⋯⋯⋯⋯⋯⋯⋯李约拿

影人报告文学

一身傲骨入黄泉

——我所认识的诗人、编剧杜谈⋯⋯⋯⋯赵绍义

"过来人"系列讲座（第十一篇）

拾阙补遗谈灵气⋯⋯⋯⋯⋯⋯⋯⋯⋯⋯苏叔阳

读者之窗

讽刺喜剧片和社会接受心理的失衡⋯⋯⋯⋯何玉麟

喜剧片的"反差效果"⋯⋯⋯⋯⋯⋯⋯⋯左孝本

篆刻（一方）⋯⋯⋯⋯⋯⋯⋯⋯⋯⋯⋯王兴森

台港电影之页

关于海峡两岸电影交流问题

台湾编导谈论大陆电影

台湾女影星要求来大陆拍片

台北一电影公司拟邀请刘晓庆访台

台湾女影星陆小芬扎小脚演村女

大陆电影在香港

改变了的焦点

香港影院趋向小型化

鬼怪僵尸影片在香港淡季出笼

香港电影发展畸形

电影文摘

中小城市居民对影视的选择

什么是军事题材影片的主旋律？

传奇型影视与都市人的心态

我国将建成第一座电影城

北京一位中学生写出电影剧作

苏"克格勃"力图改善其形象

"好莱坞"战争片宣扬和平主义

会走的电影院

世界各国的电影奖

第四届全国电影期刊主编会在西安召开（报道）

电影界人士到鲁迅故乡参加首届文化节（报道）

封面：脱颖而出的高建华（段震中摄）

封底：美国女演员莉·汤普森

封二：北影新片窗口——《翡翠麻将》

封三：外国最新名片《群魔》（波兰）

篆刻：影人印谱（谢添、于洋、孙道临）⋯⋯刘志耘

《电影创作》1987年总目录（总第134—145期）

1988 年第 1 期　刊名：《电影创作》

目录

电影文学剧本

叔伯兄弟（韩亚洲图）⋯⋯⋯⋯⋯西　戎　义　夫

外国电影剧本

［美］列车上的陌生人⋯⋯⋯⋯⋯导演：希区柯克

电影脚本：雷·钱德勒　钱·奥蒙迪　原著：帕·海

斯密斯　改编：威·库克　翻译：张学采

最新动态与争鸣

历史的刻痕：中国电影的锐进、偏执与困惑

——与吴贻弓同志商榷⋯⋯⋯⋯⋯⋯⋯黄式宪

创作论坛

我国十七年的电影文学概说⋯⋯⋯⋯⋯⋯罗艺军

长焦镜

导演与电影⋯⋯⋯⋯［美］泰德·森尼特　孙　苏编译

从书到银幕⋯⋯⋯［苏］尤里·切日贝诺夫　乌　兰译

"过来人"系列讲座（第十二篇）

写人物的半槛外谈⋯⋯⋯⋯⋯⋯⋯⋯⋯老　军

本刊特稿

一片冰心在玉壶——采访《女人国的污染报告》摄制

组⋯⋯⋯⋯⋯⋯⋯⋯⋯⋯⋯⋯⋯⋯⋯方　毅

读者之窗

半截子影评⋯⋯⋯⋯⋯⋯⋯⋯⋯⋯⋯⋯牧　惠

不哭比哭好——《芙蓉镇》一论⋯⋯⋯⋯⋯卢英宏

电影文摘

赵子岳谈学习十三大精神

中外电影"印象"的不可比性

电影批评不要错位

影评与电影"离婚"

以鱼代票的影院

靠接待拍摄电影为经济来源的小城

海曼生前拍电影

球王贝利再上影坛

《草原小屋》三姐妹扮演者

美国一聋哑女获电影奖

由孩子们评奖的电影节

西方影星的官司

篆刻
祝贺新年（二方）·································王兴森　斋　之
影人印谱（赵子岳　方　舒　王心刚）··············刘志耘

1988 年第 2 期　刊名:《电影创作》

目录

电影文学剧本
毛泽东、尼克松在一九七二（庞邦本图）·······陈敦德
寻找魔鬼（马新儒图）·················刘亚洲　刘伟宏

外国电影剧本
［澳大利亚］雪河来的男子汉···编剧：约翰·狄克逊
佛莱德·寇尔·寇尔伦　翻译：沈　善

最新动态与争鸣
理论之树和创作园地
——从电影界的争论谈创作与理论的关系·······郝　建

创作论坛
让观众喜闻而来乐见而去·················赵绍义

影人报告文学
神龙见首不见尾
——记电影剧作家黄宗江（上篇）·············吴　欢

长焦镜
威廉姆·维勒·······［美］泰德·森尼特　孙　荪编译

读者之窗
巧妙的结局································刘　晓
含泪的笑································田爱群
勿离时代　勿忘观众·····················韦德锐

电影文摘
广播电影电视部对去年电影生产情况的回顾
中国电影靠什么"走向世界"？
进口影片比例要适当
为什么某些影片没意思?
电影应慎写"生活问题"
上影剧本征稿活动反响强烈
又有二位体坛名将上银幕
苏联首映纪录片《看看中国》
华裔女星赵家玲
山口百惠成为被告
一部表现"电影迷"生活的电影
治病电影院
外国影星的恐惧症

篆刻
龙年贺新春（二方）····························斋　之
影人印谱（郭维、张力维、吴贻弓）··············刘志耘

1988 年第 3 期　刊名:《电影创作》

目录

电影文学剧本
谁是第三者（剧照：张　江　袁小满）··········姚　云

外国电影剧本
［澳大利亚］雪河来的男子汉（续完）
·······················编剧：约翰·
狄克逊　佛莱德·寇尔·寇尔伦　翻译：沈　善

创作论坛
五彩缤纷又一年
——北影一九八七年创作生产回顾·············赵绍义

影人报告文学
神龙见首不见尾
——记电影剧作家黄宗江（下篇）·············吴　欢

"过来人"系列讲座（第十三篇）
最得意与最懊恼的——人物·················张天民

长焦镜
阿尔弗莱德·希区柯克
······················［美］泰德·森尼特　孙　荪编译

本刊特稿
苦乐惊思过"天堂"
——观《烟花泪》拍摄漫笔·················力　巴

读者之窗
读者反馈································徐文刚
曲扭的强者
——读电影剧本《强者的迪斯科》·············田爱群
靠"娱乐片"未必能救电影··················陈维献
为何结尾出"败笔"·····················张世炉

电影文摘
从"当代城市青年文化"特征谈影视
中国电影的动荡态势
苏联播出《代理市长》
谢晋谈电影体制改革
百花姗姗来迟，金鸡频频卡壳
谢飞访美归来谈青年影星出国之得失
台湾记者访问刘晓庆

台湾影星林青霞父母回家乡探亲
歌曲《阿里山的姑娘》与台湾导演张彻
慈禧视电影为不祥之物
莫斯科的电影院
波兰电影的开放政策

篆刻
妇女半边天（三方） ································ 王华东
影人印谱（刘晓庆、李秀明、潘虹） ··········· 刘志耘

1988 年第 4 期　刊名:《电影创作》
目录

电影文学剧本
十八岁的诺亚方舟（刘　宜图） ················ 程　青
魂系中华（邵瑞刚图）
 ·············· 赵　军　邱丽莉　张翠兰　富　强

中外合拍电影剧本
末代皇帝（上） ········· 编剧［英］马克·贝皮罗
［意］贝尔纳多·贝尔托鲁齐　导演［意］贝尔纳
多·贝尔托鲁齐　杜　民根据完成影片整理

阅读与观赏
一首动人的诗
——电影剧本《弘一法师》读后 ············ 张春生

长焦镜
好莱坞与文学 ························· 李庄藩编译
意大利女导演琳娜 ······················· 邓　烨

影人报告文学
凌子风写意（上篇） ····················· 岛　太

"过来人"系列讲座（第十四篇）
视角随想 ···························· 洪　洲

读者之窗
生活真实和艺术真实——读《弘一法师》 ······ 李正祥
关于《弘一法师》剧本中一些事实的来函 ······ 李正伦
为何如此青睐慈禧 ···················· 卢英宏

简讯
第七届全国人大代表和全国政协委员中的电影人士
演员彭名燕正式担任北影专业编剧

台港电影之页
海峡两岸影片同在国际青年影展获奖

台影视界对暂缓开放大陆影视作品不满
台当局对出现大陆画面的影片审查尺度有放宽
台湾两家电影公司拍摄海峡两岸探亲影片
林青霞等影视明星义演资助老兵返乡
台湾当局欲购《血战台儿庄》版权
台湾将开禁大陆电影
台湾杂志介绍大陆影星
台湾女影星在港竞争激烈
台港"学生电影"再度看俏
香港拍成首部战争片《闪电战士》
港星李赛凤最开心的一件事
周润发乐于回内地拍片

电影文摘
欧洲电影界人士谈《红高粱》
《末代皇帝》获"金球奖"、"凯撒奖"
陈冲在《末代皇帝》中拒演裸戏
日报评《末代皇帝》
胡启立同志关于文艺工作的讲话
陈昊苏说：电影艺术要表现国家形象
台、美报刊对北影二片的评述
应对娱乐片重新认识
一个农民看外国片的想法
"深影"副总经理郑会立犯法
"杨在葆肖像案"审理终结
梁艳否认要当演员
影坛奇闻
我国的电影票价最低
张学良看到《西安事变》
山口百惠儿子入托难
"好莱坞"影星卖花生酱
法国电影业面临危机

篆刻
繁荣电影创作（三方） ··················· 王兴森
影人印谱（汪洋、谢芳、朱时茂） ············ 刘志耘

1988 年第 5 期　刊名:《电影创作》
目录

电影文学剧本
几多风流几多愁（石建都图） ················ 肖增健
春天变奏曲（刘　宜图） ··················· 张　略

中外合作电影剧本
末代皇帝（下） ········· 编剧　［英］马克·贝皮罗
［意］贝尔纳多·贝尔托鲁齐　导演　［意］贝尔
纳多·贝尔托鲁齐　杜　民根据完成影片整理

最新动态与争鸣
感官愉悦与精神愉悦
——兼谈故事片创作对观众心理的把握和呼应
....张 卫

对流层
博爱岛致富记（梦幻现实主义电影小说）......叶式生

创作论坛
往事知多少
——一个卸职编辑的感想....................老 军

长焦镜
乔治·库柯尔..........................孙 苏编译

读者之窗
惊险作品的文学品格
——兼谈《塌陷的荒原》..................韦德锐
世界能这么"爱"吗
——谈银幕上滥施爱情的倾向..............张世炉
偏爱与格式
——剧本《谁是第三者》小标题妄议..........费 霓

电影文摘
溥杰谈《末代皇帝》
《末代皇帝》获奥斯卡大奖
秀兰·邓波儿的往事与近事
广播影视部决定重大题材可获资助
山东出现首家承包电影发行公司
中国无锡国际旅游电影节今年 11 月举行
《诗魂》选角记
我国选购一批外国新影片
影评对电影观众能产生多大影响
视钱为粪土的影星
崇高迷信的大影星
用生果奏乐的影星
与猛虎为伍的影星
离奇的审片"专家"奇异的部落
国外电影广告标记
本期付印前消息：谢铁丽当选全国人大常委、陈荒煤
柯灵为全国政协常委
香港"青春电影"受到港教育、宗教界非议

篆刻
双百方针、五四精神（三方）.........王兴森 张友华
影人印谱（王炎、陈强、韩尚义）..........刘志耘

目录

电影文学剧本
老 树（童介眉图）.....................原 非
SOS 村（邵瑞刚图）..............安小川/汪宜婉

外国电影剧本
七美人（意大利电影）
..........[意]琳娜·沃特缪勒 邓 烨/张 璐译

创作论坛
讽刺喜剧影片的新探索
——北影新片《死去活来》座谈纪要
....本刊记者

编辑手记
SOS 儿童村——孤儿的家................高时英

影人报告文学
凌子风写意（下篇）.....................岛 太

"过来人"系列讲座（第十五篇）
关于"改编"的闲话.....................苏叔阳

本刊特稿
奥斯卡奖六十周年述评....................李庄藩

长焦镜
1988 年奥斯卡大奖的演员桂冠获得者......孙 苏编译

读者之窗
对世俗观念的反叛——浅析《谁是第三者》的思想内
涵......................................石发明
对《谁是第三者》的几点异议.............李正祥
请给军事片注入点战斗力.................皮发万

电影文摘
给孩子们拍什么样的片子?
儿童片《姣姣小姐》在美国儿童中受到欢迎
我国最小的配音演员
台湾推出新儿童片
美国一女影星出资办"儿童保健讲座"
埃及儿童影片奇缺引起社会不满
意大利限制儿童参与影视及广告的摄制
农民喜爱看"配胃口"的国产影产
奥斯卡领奖台上的演说
影星卖吻筹款救少女

法影星卡·德纳胜诉
关于本刊"电影文摘"栏目的话

篆刻

为庆祝儿童节而作（三方）·····················王华东
影人印谱（王君正、琪琴高娃、小方超）·······刘志耘

1988 年第 7 期　刊名:《电影创作》
目录

电影文学剧本
只为东方未易明（刘　宜图）
·······················岳　野（执笔）/丁　波/程季华/林　岚
枪口下的经历（上集·傅　红图）·············杜煜庄

外国电影剧本
七美人（下·意大利电影）
·············[意]琳娜·沃特缪勒　邓　烨/张　璐译

最新动态与争鸣
作为"运动"已然过去
——关于"第五代"的问答·····················刘树生

对流层
峰与谷····································张世澂

阅读与观赏
不必效法"桃色故事"
——浅析电影文学剧本《谁是第三者》···········韩　儒

影人报告文学
心如明镜台　莫使有尘埃
——记黄健中·······························何有斋

"过来人"系列讲座（第十六篇）
氛围妄谈·································洪　洲

读者之窗
今日欢呼郑兴明——读《魂系中华》随想·······卢英宏
试谈推理片的理·························张世炉
厚此薄彼形成的脸谱·····················杨志明

电影文摘　[本栏编辑：陈　澈]
实现电影社会效益/重视电影商品属性
电影局长说今年要对平庸影片亮红灯
匈导演谈中国电影如何走向世界
观众对中外影片的心理比较
美国电影"悬疑片"再领风骚

美摄制反录像走私影片
木下惠介推出揭露日本侵华战争剧本
波兰看电影的规定
联邦德国电影等级
"女人"商标下的南朝鲜色情影片

篆刻

先天下之忧而忧　后天下之乐而乐（二方）···潘云广
影人印谱（陈怀皑/黄健中/吴天明）··········刘志耘

1988 年第 8 期　刊名:《电影创作》
目录

电影文学剧本
陈嘉庚（庞邦本图）·······················曹硕龙
枪口下的经历（下集·傅　红图）·············杜煜庄

外国电影剧本
致命的诱惑（美国电影）·············编剧：[美]詹姆士·迪尔登　导演：[英]艾德巴安·赖恩　翻译：严　敏

创作论坛
《村路带我回家》引起争议·················本刊记者

影人报告文学
李俊素描·································老　狄

"过来人"系列讲座（第十七篇）
电影结构的旁白三题·····················老　军

对流层
银幕下的感觉···························辛　颜

读者之窗
小人物　大人生
——兼谈《几多风流几多愁》···············田爱群
并非为"青睐慈禧"辩护···················丁临一
冗长是无能的藻饰·······················张世炉
小议影坛的偏颇·························筱坂乔

电影文摘
陈昊苏谈电影问题
陈昊苏谈得奖影片
于蓝、宋崇撰文谈对儿童电影的沉思
大学生活影坛
电影应反映部队的改革
杨延晋主张不要瞎捧"探索片"

鼓励青年导演提倡创新允许失误

我国有多少个民族登上过故事片银幕

正在悄悄兴起的替身演员

电影发行何须良辰吉日

"好莱坞"影星有"十怕"

拉兹的扮演者逝世

美籍学者陈鼓应谈中国电影

苏联专家评中国电影

篆刻

为庆祝建军节而作（二方）…………张连龙　潘永昌

影人印谱（武兆堤/董克娜/陆柱国）…………刘志耘

1988 年第 9 期　刊名:《电影创作》
目录

电影文学剧本

特异人的遭遇（谢志高图）…………黄世英

真　诚（刘　宜图）…………孙　力/余小点

外国电影剧本

犬神家族（日本电影·上）…………原作：横沟正史

改编：长田纪生/日高真也/市川昆　翻译：鲍显阳

最新动态与争鸣

选择：贵族化还是民主化？（上）…………杨海波执笔

阅读与观赏

电影理论家的良知

——序马德波《电影艺术纵横论》…………李贵仁

编辑手记

《特异人的遭遇》编后…………陈瑞晴

本刊特稿

访特异人王友成…………陈瑞晴

影坛信息

电影局长滕进贤致函北影厂祝贺拍出一部"主旋律"
影片《山魂霹雳》

读者之窗

儿童片的"教"与"乐"…………韦德锐

对世俗观念的沉痛控诉——读《老树》…………李正祥

观众对电影的希望…………皮发万/汪德义

电影文摘

谢飞谈中美电影比较及启示

美国著名影评家卡尔伊谈好莱坞电影

美国电影中的"自大狂想片"

1—10 届电影百花奖最佳女演员奖获得者

"百花奖"评选的缺陷

印度影片《流浪者》拍续集

恐怖电影吓死观众

篆刻

笔底风云/情满银海（二方）…………贺艺民/杨积顺

影人印谱（朱今明/张天民/鲁彦周）…………刘志耘

1988 年第 10 期　刊名:《电影创作》
目录

电影文学剧本

血荐阿尔泰（童介眉图）…………段吉顺/老　军

银蛇谋杀案（段震中图）…………胡　冰

外国电影剧本

犬神家族（日本电影·下）…………原作：横沟正史

改编：长田纪生/日高真也/市川崑　翻译：鲍显阳

最新动态与争鸣

选择：贵族化还是民主化？（下）…………杨海波执笔

"过来人"系列讲座（第十八篇）

开头的艺术…………苏叔阳

影人报告文学

无须扬鞭自奋蹄——记赵子岳（上）…………艺　乐

阅读与观赏

电影与金石同寿

——刘志耘《影人印谱》漫议…………唐家仁

影坛信息

广播电影电视部任命宋崇为北京电影制片厂厂长

读者之窗

侦破片随想——再谈侦破片之流弊…………汤景祥

一个跛足的命题——电影"纪实性"辨析…………韦德锐

一切"为了儿童"…………杨志明

电影文摘

周总理写的一句话电影说明书

新影将摄制刘少奇传记片

童影致函本届"金鸡奖"评委，对轻视儿童电影深表
遗憾

台湾著名学者陈鼓应谈大陆和台湾电影

谢晋与上钢二厂工人座谈
湘西剿匪的影视播映后，"女匪首"原型投人身保险
好莱坞的火灾摄影大楼
电视里看到的影片为何比电影院的短
土耳其一著名导演在狱中制作电影

篆刻

为庆祝建国三十九周年而作（三方）
······王兴森/王华东
影人印谱（钱江/张伟欣/谢 晋）······刘志耘

1988 年第 11 期 刊名:《电影创作》
目录

电影文学剧本
OK! 大肚罗汉（韩亚洲图）······赵 彬
崔哈哈外传（邵瑞刚图）······陈玉通

外国电影剧本
幸存者的复活（苏联·上·刘 宜图）
······编剧：［苏］尤里·博列夫 翻译：郭锡爵

最新动态与争鸣
金钱崇拜——当代中国电影的危机······贾磊磊

创作论坛
"解闷儿"的艺术——喜剧电影杂谈······徐子衡

"过来人"系列讲座（第十九篇）
"猪肚子"对"侃"记······老 军

影人报告文学
无须扬鞭自奋蹄——记赵子岳（下）······艺 乐

长焦镜
斯蒂文·斯皮尔伯格······孙 苏编译

影坛信息
穷则思变，北影新片厂长立志改革······本刊记者
全国儿童故事片剧本征稿评奖揭晓······本刊记者

读者之窗
人是传记片的重心——评《陈嘉庚》兼议银幕知识分
子形象······卢英宏
从秦书田说到模式······韦德锐

电影文摘
我国电影如何走出困境

电影发展要实事实办
我国将规定"儿童不宜"影片级别
曾有争议的《女贼》开拍
周璇曾拒受"影后"桂冠
一个演员的长久魅力
苏联电影界的改革步伐
苏上映填补历史空白的纪录片《真相更加明朗》
苏联上映反映改革的影片

篆刻

精极八鸯/心游万仞/梅花香自苦寒来
······邓桂兰/叶淦林
影人印谱（项 堃/李仁堂/于彦夫）······刘志耘

1988 年第 12 期 刊名:《电影创作》
目录

电影文学剧本
一半是火焰 一半是海水（刘 宜图）
······王 朔 叶大鹰
特混舰队（邵瑞刚图）······李云良

外国电影剧本
幸存者的复活（苏联·下·刘 宜图）
······编剧：［苏］尤里·博列夫 翻译：郭锡爵

本刊特稿
转型期电影文学创作的特点和趋向······王陶瑞

创作文坛
银幕形象的生命之流——情感······张翠兰
求同存异······杜煜庄

对流层
电影你大胆地往前走······扬 子

"过来人"系列讲座（第二十篇）
"再见"之前
——与一位影视文学爱好者的对话······洪 洲

影人报告文学
"廉颇老矣，尚能饭否"
——记北影老导演武兆堤······何有哉

读者之窗
《真诚》：一曲理解的颂歌······石 飞
为何重排鸳鸯谱······韦德锐
略谈《特异人的遭遇》之不足······李正祥

读者张友华题字寄赠本刊————————————张友华

电影文摘
陈荒煤认为：否定电影教育作用的倾向是不合适的
娱乐，但要正确引导撩开影视名星们的面纱
陈烨谈赴美留学近况
张瑜的美国学习生活
世界电影史上最大的悲剧
电视连续剧《神探亨特》被认为是暴力片
动物看电影

海外影人轶事——总统下台，影星复职
"败家子"导演
深入惯偷生活的编剧
希腊影星当了文化部长
保利娜·拉芳生活中国化
"真由美"勇斗歹徒
阿兰德龙父子打官司
奥斯卡女星与美酒
"苔丝姑娘"触犯法律
金斯基演吸毒少女有生活
世界明星的最后时刻
影星与死人广告
好莱坞收集梦露遗物

篆刻
为本刊创刊三十周年作（三方）————————李秀山
影人印谱（张金玲/徐　敏/王丹凤）——————刘志耘

1989 年第 1 期　刊名:《电影创作》
目录

电影文学剧本
普莱维梯彻公司（郑叔方图）————————夏有志
小姨（刘　宜图）——————————贺捷生　顾　工

外国电影剧本
[日本]仪式————编剧：田村孟　佐佐木守　大岛渚
导演：大岛渚　翻译：王秀媛

本刊特稿
纪念本刊创刊三十周年、复刊十周年题词————陈荒煤
袁文殊　陈昊苏　滕进贤　石方禹　沈嵩生
良辰赘语————————————————本刊编辑部
永远铭记周总理的关怀————————————颜一烟

创作手记
对一次海市蜃楼的回顾————————————夏有志

影坛珍佚钩沉
观念、方法与文化积累——读郑君里先生佚著《现代
中国电影史略》——————————余　纪　杨坤绪

影片评论
评"影评"————————————————汪　流
作为恶典型的李国香和王秋赦
——兼论道德批判与历史批判的和谐——————卢英宏
读者之窗
悲剧意识的对位与强化
——从《良家妇女》到《贞女》看黄健中的创作
————————————————————石发明
浅谈建立明星制的必然性——————————张世炉
但愿不是"小题大作"————————————张仲秋
昔年作品回顾————————————————左右中
万象新（篆刻）——————————————王兴森

庆祝建国四十周年电影文学剧本征集启事
我们的检讨————————————《电影创作》编辑部

电影文摘
如何评价引进影视片的得失
南非黑人领袖曼德拉如愿看到电影《末代皇帝》
我国一批珍贵纪录片底片曾被日本侵略军烧毁和掠走
杨在葆谈电影形象
"梁大娘"的困惑
武打片丧失了许多观众
广东成立一家私营电影文化企业
当年"沙鸥"今何在？
男篮巨人穆铁柱上银幕
徐小明眼里的潘虹与刘晓庆
苏电影界对斯大林银幕形象的意见
海外影人轶事——电影收藏家巴鲁斯
好莱坞幕后人物到幕前示威
好莱坞动画片配音演员罢工
小里根在电影里指责大里根
赫本遇险
赫本为难童募款
赫本担任嘉宝的"保姆"
银幕佳人阻止了纳粹核爆炸
美国女星伴侣无久长

篆刻
为本刊复刊十周年作（二方）————————李秀山
影人印谱（马德波/许　雷/石维坚）—————刘志耘

1989 年第 2 期　刊名：《电影创作》

目录

电影文学剧本

铁梨花（邵瑞刚图）————————肖　马
也是月明时（段震中图）———————汪　流

外国电影剧本

[法国] 快来吧，礼拜天（上）——改编：弗朗索瓦·
特吕弗　苏珊·希夫曼　翻译：胡祥文

最新动态与争鸣

关于《血荐阿尔泰》的一些问题···欧汗·阿布都拉克

创作论坛

电影剧作谈艺录————————————陈玉通

影片评论

《死去活来》观影三叹————————老　军
多了一种艺术本领
——田壮壮和《摇滚青年》——————王云缦

对流层

略论"东方色彩"——————————邵牧君

影人报告文学

话说老严头————————————————老　狄

影坛珍佚钩沉

现代中国电影史略（连载一）—————郑君里佚著

读者之窗

说说滑稽————————————————卢英宏
人是喜剧之魂——兼评《OK！大肚罗汉》——田爱群

庆祝建国四十周年电影文学剧本征集启事
庆祝建国四十周年电影文学剧本征集活动组织委员
会、评选委员会名单
第三届儿童电影"童牛奖"揭开序幕

电影文摘

对中国当代娱乐片的研讨
观众不要"痞子电影"
对"一流导演"拍娱乐片的不同意见
第三届儿童影片"童牛奖"奖在江苏省评奖
苏联的少年儿童影片改革
林青霞加入美国籍
上影演员实行承包

广西电影制片厂厂长高所鹄"为艺术保留一块绿洲"
世界电影史上的重要发现
南非查禁反种族主义影片
一部描写基督的电影在美法引起强烈反响
好莱坞人谈好莱坞
法国著名影星拉芳遇难

世界上的电影院——全世界电影院受冷遇
美国影院的新趋向
美国的汽车电影院
多银幕的电影院
餐厅式电影院
英国的多种服务电影院
法国的吃吃喝喝电影院
世界最大的电影宫
神奇的 21 世纪电影院
苏联电影院拾趣
意大利的教堂电影院
肯尼亚的露天电影院
滑铁卢镇的特殊电影院
以鱼换票的电影院
广州影剧院锐意改善形象

篆刻

恭贺新禧/万象更新/银苑春浓————胡立庚/王兴森
影人印谱（宋　崇/李文化/黄宗英）——————刘志耘

1989 年第 3 期　刊名：《电影创作》

目录

电影文学剧本

命运喜欢恶作剧（刘　宜图）————汪遵熹
围棋的传说（邵瑞刚图）——————洪　洲
鸬鹚王（美术片）————————————陈瑞晴

外国电影剧本

[法国] 快来吧，礼拜天（下）——改编：弗朗索瓦·
特吕弗　苏珊·希夫曼　翻译：胡祥文

最新动态与争鸣

要尊重民族的历史真实——评电影剧本《血荐阿尔
泰》————————————————（哈萨克族）赛木赛尔·S/
木哈塔尔·A/斯德克·S

创作论坛/外论译载

电影剧作谈艺录————————————陈玉通
类型电影与西方现代电影理论
————————————[英] 保罗·威尔门　邓　烨译

对流层
哥们义气与"中国电影行会"……………………丽　纹

影片评论
充满母爱和童心的世界——看《SOS村》抒怀……王云缦
观片及读评论的随想…………………………韦德锐

影坛珍佚钩沉
现代中国电影史略（连载二）………………郑君里佚著

读者之窗
灵魂在拷打中涅槃　略评电影文学剧本《一半是火
焰，一半是海水》……………………………石发明
读者对本刊的反馈……………………………徐文刚

希望有大量的优秀电影剧作涌现
——"庆祝建国四十周年电影文学剧本有奖征集"活
动组委会答本刊记者问
儿童影圃讯息——著名作家梁晓声出任童影厂艺术负
责人/小铃铛儿童影视公司成立/童影创作人员创建
"童心电影沙龙"

电影文摘
广播影视艾知生部长提出今年影视创作重点是提高
质量
中国电影体制十大弊病
某些影片受欢迎或被冷落的原因
实施"儿童不宜"规定好
应当高度重视儿童片创作
电影的横向干扰
谢晋组建巨星影业公司
于蓝谈当前影视圈
日影片《以牙还牙》引起影坛血案
日本将我国古典文学名著拍成黄色片
影城奇闻："影星坟墓旅行"
影事论述——陈昊苏谈娱乐片
梅朵说：不宜提倡多拍娱乐片
"第三片种"质疑
娱乐片不是拯救影业的救生圈
大学生对中国电影的期望
改革的题材面临挑战
电影改革的难题

篆刻
开拓新视野/发展新观念/进入新境界…………陈学植
影人印谱（于蓝/彭名燕/张瑞芳）……………刘志耘

画页
电影连环画:《华尔街》………………………麦晓文编译

1989 年第 4 期　　刊名:《电影创作》

目录

电影文学剧本
浮躁（上下集·童介眉图）……………徐子衡　李　新

外国电影剧本
[美国]华尔街………编剧：斯坦利·魏泽　奥立佛·
斯通　翻译：严　敏

最新动态与争鸣
"娱乐片"问题答客问…………………………王云缦

影片评论
犯罪、侦破与电影
——看《银蛇谋杀案》所想到的…………………愚　安
《金镖黄天霸》如是说…………………………卢英宏

本刊特稿
在印度国际电影节……………………………李文化

影坛珍佚钩沉
现代中国电影史略（连载三）………………郑君里佚著

读者之窗
喜剧作品与喜剧观念…………………………韦德锐
也谈"性爱"的艺术表现………………………张世炉
手表·指甲剪·永久车
——谈影片《失恋者》的道具运用………………马建光

庆祝建国四十周年电影文学剧本征集活动启事

电影文摘
"最佳"的贬值
"金鸡"、"百花"将改变颁奖方式
1—11 届"百花奖"最佳男演员获得者
莫斯科影迷的好恶
喜剧"福尔摩斯"上银幕
好莱坞"最差导演史密希"
电影院现场配音的"百音怪人"
电影生产大国——印度的电影

影事论述——中国电影评论与电影理论向何处去
新时期电影论争的五个特征
电影论争需要深化和发展
提高娱乐片的文化品位和艺术格调

报刊文摘——国家新闻出版署颁布《关于认定淫秽及

色情出版物的暂行规定》
宋崇提出北影应有的文化品格
娱乐片面临重大挑战

篆刻
为北影建厂四十周年作（三方）………孟　珂/孟庆功
影人印谱（王好为/李晨声/张笑天）…………刘志耘

1989 年第 5 期　刊名:《电影创作》
目录

电影文学剧本
红楼梦（第三部·谢志高图）
　　　　　　　　　　　　　改编：谢铁骊/谢逢松
燃烧的爵士鼓（颜广仁图）…………刘毅然/吴　滨

外国电影剧本
［瑞典］屋顶上的人（下期续完）
　　　　　　编导：波·维德伯格　翻译：宋　琨

创作论坛
八八年北影创作求实录………………………黄世华

影片评论
悲壮的滑稽………………………………李　昶
我看《寡妇村》…………………………剑　心

影人专访
给个长儿也不换——记导演李新…………古　厢

本刊特稿
斯米尔诺娃回忆录片段…………………孟广钧

影片珍佚钩沉
现代中国电影史略（连载四）…………郑君里

读者之窗
在警官的世界里…………………………韦德锐
青年观众对娱乐片的希望………………皮发万
"片名"杂谈……………………………扬志明

北影召开剧本创作会议　全国 37 名作家献计献策

电影文摘
陈昊苏展望今年电影
如何拍好"主旋律"影片/如何使娱乐摆脱平庸
通宵电影探秘
A 影院通宵场秩序实录

陈映真谈大陆电影
田壮壮说他糊涂了
谢晋谈"出国潮"
黄宗英当服装模特
好莱坞的"万国部队"
报刊文摘——中共中央关于繁荣文艺的若干意见

篆刻
爱国/改革/创业/奋进…………………………王华东
劳动创造艺术……………………………………王兴森
影人印谱（陈凯歌/田壮壮/梁晓声）…………刘志耘

1989 年第 6 期　刊名:《电影创作》
目录

电影文学剧本
红楼梦（第四部·谢志高/小　林图）
　　　　　　　　　　　　　改编：谢铁骊/谢逢松
少年战俘（导演拍摄实用剧本）……………杜煜庄

外国电影剧本
［瑞典］屋顶上的人（续完）
　　　　　　编导：波·维德伯格　翻译　宋　琨

创作论坛
娱乐片三思……………………………………彭名燕
先天下之乐而乐
——也谈"娱乐片热"兼与某些评论商榷………王春灿

影片评论
娱乐的"框架"和社会的"内涵"
——议《爱滋病患者》…………………………王云缦
跳舞·跳槽·跳不出的困境
——评《摇滚青年》………………………………高伟杰

影人专访
电影多面手——记北影导演钱江…………………何有哉

影坛珍佚钩沉
现代中国电影史略（连载五）…………郑君里佚著

本刊特稿
奥斯卡奖第六十一届评述……………………李庄藩

长焦镜
1939 年：美国电影充满奇迹的十二个月………孙　苏译

读者之窗

荒诞中见深刻——谈电影剧本《命运喜欢恶作剧》
································· 杨志明

雅俗共赏的《恶作剧》················ 石发明

谈观众少的原因及建议··············· 汪前富

影讯

第三届儿童电影"童牛奖"揭晓········ 本刊记者

电影文摘

广播电影电视部明确规定"少儿不宜"影片范围

首都儿童投票选优片

小演员的摇篮

中国儿童影片在法国的反响

电影界人大代表政协委员对电影的意见

汪明荃谈她演"最难"的角色

"青春片"的"未老先衰"

日本儿童仿效电影大做僵尸操

美调查影片中抽烟镜头殃及儿童

导演求逼真，演员死剑下

影事论述——88 中国电影"四人谈"

呼唤电影要有"真实的社会"，大写的人

电影创作中的三种毛病

国外影摘——加拿大拍摄家庭虐待问题教育片

篆刻

祝贺第三届童牛奖揭晓（二方）········· 李秀山

影人印谱（马秉煜/汪宜婉/陈　俶）····· 刘志耘

影片评论

《红高粱》：模仿·断裂·演戏·野展········· 卢英宏

影坛珍佚钩沉

现代中国电影史略（连载六）········ 郑君里佚著

读者之窗

困惑中求答案··················· 韦德锐

雅俗奇美"梨花"开··············· 田爱群

历史和现实缠在黑白之间

——读电影文学剧本《围棋的传说》········ 石　勇

电影文摘

艾知生提出"三种电影并举"的创作原则

不允许污言秽语充斥银幕

电影《红楼梦》不负众望

北京市有四家影院定时定点放映艺术影片

上海电影界建议重映一批早年遭禁的影片

今年，兴盛的电影周

"台视"播裸镜被罚款

莫斯科成立首家电影合作社

百万美元改一结尾

由电影道具闹出的笑话

篆刻

天地阅览室/万物皆书卷············· 潘云广

影人印谱（管宗祥/向隽殊/白　杨）····· 刘　耘

1989 年第 7 期　刊名:《电影创作》

目录

电影文学剧作

闷热的星空（邵瑞刚图）··············· 成　雄

冰坝（颜广仁图）··················· 梁　燕

电影文学剧本

高加索的中国姑娘（上集）············· 王　迪

本刊特稿

中国之行——电影导演回忆片断

················· ［苏］B.A.茹拉甫廖夫　蒋学会译

创作论坛

漫谈老舍的电影批评

——纪念老舍先生诞生九十周年········ 周　斌

1989 年第 8 期　刊名:《电影创作》

目录

电影文学剧本

超级女谍（系列影片之一：妖花女谍出世·剧照摄影
陈忠）··················· 柳　溪

粉　碎（暂名·颜广仁图）

················· 王秦川　何有哉　弓　弦

电影文学剧本

高加索的中国姑娘（下集）············· 王　迪

本刊特稿

中国之行——电影导演回忆片断（下）

··············· ［苏］瓦西里·茹拉甫廖夫　蒋学会译

纪念北影建厂四十周年

艺术家的浩然之气——崔嵬的"气质"和他所处的时
代····················· 马德波

著名电影艺术家朱今明同志逝世

悼人民电影艺术大师朱今明……………………汪 洋
悼朱今明老师…………………………………陈 澈

影片评论

笑声之余的苦味
——观讽刺喜剧《OK！大肚罗汉》
…………………………………………………王云缦
他为什么选择谋杀？——从影片《他选择谋杀》谈惊
险片的情与理………………………………张世炉

影坛珍佚钩沉

现代中国电影史略（连载七）……………郑君里佚著

读者之窗

燃烧歌舞几时休………………………………田爱群
燃烧、骚动的青春世界
——读剧本《燃烧的爵士鼓》………………杨志明
现代主义与电影——兼议《燃烧的爵士鼓》…李正祥

电影文摘

中影公司与中央电视台达成供片新协议
北影故事片《同在蓝天下》获国际体育电影节大奖
我国首部"少儿不宜"的惊险片
"悟得情与理，是戏又是艺"
农民爱看什么影片？
天津市兴办农村简易影院
邵牧君谈"脱风"
"性电影"在美国已遭冷遇
南朝鲜电影界警告美电影商
奥斯卡奖授奖轶闻
报刊文摘——演员演出收入要依法纳税
影视中的"高消费"现象

篆刻

笔墨作伴/艺无止境……………………贺艺民/王兴森
影人印谱（史超/杨在葆/浦克）………………刘志耘

1989 年第 9 期　刊名:《电影创作》
目录

电影文学剧本

安丽小姐和她的情人们（邵瑞刚图）
…………………………………………张 弦/秦志钰
山风（颜广仁图）………………………………先子良

外国电影剧本

［法国］一夜狂热……………导演：贝尔纳·诺埃

编剧：若西亚纳·巴拉　斯 科　蒂埃里·莱尔米特
编译：海 珍/苏 宁

本刊特稿·纪念北影建厂四十周年

缅怀第一任厂长田方同志………………………颜一烟

影片评论

中国女性的时代奉献——略评董克娜和她的两部改革
题材影片………………………………………石发明
欲哭无泪:《摇滚青年》注释…………………王辽南

创作论坛

偏激观点可以休矣……………………………李 斌

长焦镜

电影摄影大师黄宗霑在拍摄中
……………………［美］托德·雷斯堡格尔　沈 善译

影坛珍佚钩沉

现代中国电影史略（连载八）……………郑君里佚著

读者之窗

突破改革片的窠臼——兼评《浮躁》…………田爱群
"男子汉"形象的思考…………………………陈上易

第三届"童牛奖"9 月下旬发奖（本刊记者报道）

电影文摘

石方禹谈中国电影的滑坡
今年各厂选题为何无农村片
八亿农民将从银幕消失
香港电影大滑坡的教训
苏拍摄青少年吸毒和卖淫题材影片
张学良与电影皇后胡蝶被讹传的轶事
影星胡蝶病逝温哥华
"佐罗"演员威廉斯去世
斯泰隆再获最糟男演员称号
《出水芙蓉》在中国重映，女主角说是她晚年欣慰

篆刻

广闻/博览………………………………………王兴森
影人印谱（凌元/于绍康/秦怡）………………刘志耘

1989 年第 10 期　刊名:《电影创作》
目录

电影文学剧本

民国第一案——刺杀宋教仁（杨　英、刘　京图）
....陈玉通

柠檬桉（颜广仁图）.............................曹硕龙

外国电影剧本

［法国］一夜狂热（续完）.........导演：贝尔纳·诺埃
编剧：若西亚纳·巴拉斯科　蒂埃里·莱尔米特　编
译：海　珍/苏　宁

本刊特稿

回首北影四十年.............................赵绍义
钟惦棐的困惑与当代电影美学的使命
——关于电影观众学暨票房价值的思考
.....................................汪济生　袁建光

影片评论

无言的孤独——从《银蛇谋杀案》说起.........王　迪
于尴尬处见美丑——评《春桃》.............卢英宏

阅读与观赏

女性：关于国家爱情的记忆
——电影文学剧本《高加索的中国姑娘》读后
....子　虎

创作论坛

伦理本位主义——当代电影中的"普罗克路斯忒斯之
床"...贾磊磊

影坛珍佚钩沉

现代中国电影史略（连载九·全文完）.....郑君里佚著

读者之窗

电影的悲哀：打一枪换一个地方.............何宝康
《闷热的星空》：寻找希望.................金明亮
"电影迷"之见.............................董劲聪

电影文摘

石维坚参加国际电影节见闻，谈"中国电影是热门
话题"
袁文殊谈评价影片好坏的标准
观众对艺术影片的选择趋向
台湾民间流传的大陆影片
台湾影圈热点——"到大陆拍片去！"
台公布赴大陆拍片规定

一批获奖外国影片将与我国观众见面
观众心目中的"明星美"

影事论述——观众的要求调查综述
荒煤谈"娱乐功能"及其他
银幕上"裸戏"增多，艺术家务请慎重
如何看待电影中的裸体镜头
谢晋谈性爱

海外影人轶事——卓别林与教师勋章
影星西伯格抗议诽谤而死
怕玫瑰花的影星
怕硬币的影星
十分怕死的影星
从不刷牙的女影星
美国影星生活点滴
有生理缺陷的西方影星
里根拍片留下耳疾
聋哑影后麦特琳开口说话震惊影坛
演电影演疯的费雯丽

篆刻

精诚所至/金石为开.........................孟庆功
影人印谱（秦威/傅正义/岑范）.............刘志耘

1989 年第 11 期　刊名:《电影创作》
目录

电影文学剧本

武汉大空战（邵瑞刚图）.............马　林　叶东成
太监秘史（杨　英图）.........寿　山/徐　翔/安　平

外国电影剧本

［西班牙］洛拉.............................编剧：比加斯·
卢纳　路易斯·埃尔塞　恩里克·比西亚诺　导演：
比加斯·卢纳　编译：傅郁辰

本刊特稿·纪念北影建厂四十周年

但愿不是多余的祝贺与期望.....................荒　煤

最新动态与争鸣

一尘不染的热身舞
——试谈好莱坞类型片在意识形式上的演变.....沈　芸

影片评论

让我们时常想起死亡.........................杨　子
现实主义电影的魅力
——兼评《最后的贵族》.....................许定亚

影人专访

陈怀皑素描 ························何有哉

读者之窗

危险的探索——读《粉碎》 ·······李正祥
《粉碎》想告诉人们什么？ ·······万荃贞
一部敲响社会警钟的作品
——读剧本《粉碎》 ···········张春生

《高加索的中国姑娘》将由中苏合作摄制影片
···································铁 子
电影家、红学家谈北影新片《红楼梦》（资料）

电影文摘

为孩子们提供健康高尚的娱乐佳品
我国儿童电影的现状
科教电影步履艰难
改革中的苏联电影事业
苏联首创国际合资电影制片厂
影视对白的缺陷
里根想得奥斯卡奖
菲两位议员免酬主演影片
非洲电影现状
"兰博"以色列遇险记

篆刻

雅俗共赏/心旷神怡 ···············王兴森
影人印谱（苏 菲/黄小雷/梁 信）······刘志耘

影片评论

把历史的丰富性还给历史——评影片《欢乐英雄》、
《阴阳界》 ·······················徐家康
"反类型"影片创作得失刍议 ········王春灿

影人专访

多栖作家苏叔阳——姑作开篇 ·····吴欢文并图

读者之窗

《红楼梦》悖论——兼说改编 ·······卢英宏
巧合要合逻辑 ·····················田爱群
浴室镜头非议 ·····················剑 心

电影文摘

两三年来儿童电影创作的进步
梅丽尔双喜临门
高仓健谈银幕上应留下他的欢声和笑脸
伊丽莎白·泰勒改写遗嘱
要正确估价电影事业的成绩
把儿童电影列入教育计划
导演队伍需提纯
被搬上银幕最多的文学作品
司机眼中的名演员
秀兰·邓波儿再度出任美驻外大使
秀兰·邓波儿著书回忆童星的苦楚
奥立佛复出主演电影
清宫中的电影失火
深海题材的科幻电影复出
我国体育故事片之第一部

篆刻

推陈出新/影坛生辉 ···············王兴森
影人印谱（李新/黄蜀芹/李云良）·····刘志耘

1989 年第 12 期　刊名:《电影创作》
目录

电影文学剧本

警探沙飞（邵瑞刚图） ·············尤 之
喜人天降（颜广仁图） ·········宋晓涛 何 蜀

外国电影剧本

［美国］不死的硬汉 ·········编剧：罗德里克·索普
翻译：祖秉和

本刊特稿·纪念北影建厂四十周年

北影艰苦奋斗的四十年 ·············汪 洋

最新动态与争鸣

从女性形象说开去
——谈新时期电影女性形象及传统文化的影响
···································张立新

《电影新作》

【简 介】

电影文学双月刊。中国电影家协会主办。创刊于1979年。其重在研究国内外最新理论热点，旨在鼓励与当下电影产业、电影理论有关的学术探讨。关注国内电影艺术最新发展趋势，普及电影文化，且着重培养影视新人新作，为繁荣我国电影事业做出贡献。

期刊号：1979 年第 1 期—1989 年第 6 期

春来了——致读者

春来了。 七十年代的最后一个春天来到了。

在这个充满阳光、处处生气蓬勃的初春，我国人民在揭批林彪、"四人帮"的政治大革命取得了伟大胜利以后，正坚定地迈开大步，紧随以华国锋为首的党中央，为把我国建设成社会主义现代化强国，进行新的长征。 这是一个伟大的春天，我国社会主义革命和社会主义建设转入了一个新的历史阶段。 就在这个光明灿烂的春天，《电影新作》创刊了。

《电影新作》从创刊的这一天起，我们伟大的时代就赋予了她这样光荣的使命：繁荣电影文学创作，为贯彻十一届三中全会精神，实现新时期总任务服务；为加速实现把我国建设成这社会主义现代化的强国服务。 为了负担起这个光荣使命，我们决心高举毛泽东思想的旗帜，始终不渝地坚持党的文艺为无产阶级政治服务的方向，发扬全心全意为人民服务的革命精神，努力奋斗。

我们的刊物，坚决执行党的"百花齐放、百家争鸣"的方针。"百花齐放、百家争鸣"的方针，是迅速发展和繁荣社会主义文艺事业，使之适应于革命形势发展的需要、和满足人民文化生活需要的根本保证。我们欢迎并支持作家和广大业余作者，在艺术上运用各自不同的风格和形式，勇于探索，勇于创新，创作出形式生动，思想新颖，为广大群众所喜闻乐见的作品，真实地反映生活，反映出人民的意愿，反映出我们伟大的时代。 只有坚持"放"，电影文学作品才能反映出波澜壮阔、绚丽多彩的时代生活。 只有坚持"放"，才能创作出许多好的电影文学作品，供广大读者阅读，供电影制片厂摄制成影片。 只有坚持"放"，才能充分发挥和群众有着广泛联系的电影艺术的战斗作用。

我们的刊物，主要发表电影文学作品，其中包括电影文学剧本、电影小说、故事梗概，也发表一些美术和科教片的剧本。 我们发表的作品，力求题材多样化，以现代革命题材为主，也重视历史题材和其他题材。 我们选载的作品，希望能努力反映出这个伟大的历史转折时期，战斗在各条战线上的广大工农兵、知识分子、干部的斗争生活和他们的精神面貌。我们将刊载塑造毛主席、周总理、朱委员长和其他老一辈无产阶级革命家的光辉形象，歌颂他们的丰功伟绩的作品。 我们还将刊载从各个侧面反映我们伟大人民在各个不同历史时期斗争生活的作品，和其他题材的作品。 我们希望这个刊物选载的作品，能在新的长征途中发挥"团结人民、教育人民、打击敌人、消灭敌人"的战斗作用；能激发人民的斗争热情，丰富人民的文化生活，鼓励人们在新长征中奋勇前进。

我们坚持"古为今用，洋为中用"的方针，适当选载一些外国电影文学剧本，作为发展我们电影文学剧本，作为发展我们电影文学创作的借鉴。

为了繁荣电影文学创作，不断提高作品的质量，我们的刊物欢迎对电影文学创作中的各种不同见解，展开讨论和争论。 在讨论中坚决实行艺术民主，发扬实事求是，一切从实际出发，理论联系实际的原则，解放思想，各抒己见，畅所欲言。 我们坚决反对讨论中的那种抓辫子、扣帽子、打棍子的恶劣风气。

上海的电影事业，曾受到林彪、"四人帮"的严重摧残和破坏，所造成的后果和影响绝不能低估。我们深深懂得，要繁荣电影文学创作，必须继续肃清他们的流毒和影响，把它们颠倒了的路线是非、思想是非、理论是非重新颠倒过来。 同时，我们还要认真总结和汲取二十九年来的电影文学创作中正、反两方面的经验，使党的文艺路线、方针和政策能得到正确的贯彻和执行。

华国锋同志号召我们："要下大的力量，多出好的影片"。 为了有更多、更好的电影文学作品问世，

我们一定和广大的老、中、青作家团结在一起，并依靠大家大力培养年青的业余作者，使我们的队伍日益壮大，使我们的作品永远充满朝气。

由于我们的水平和能力所限，工作中难免会产生许多缺点和错误。我们不怕在工作中有缺点、犯错误，关键是怎样及早地发现和纠正那些缺点和错误，从而不断改进工作，把刊物办好。我们诚恳地希望各地作家和广大读者，经常给予我们批评与帮助，这就是对我们这个刊物的最大的爱护和支持。

春来了，在这个明媚的春天里，浩浩荡荡的革命大军开始了伟大的新长征，我们将竭尽全力为向四个现代化进军的人们，在文艺领域里做好这分服务工作，为在我国加速实现四个现代化作出我们应有的贡献，以我们的实际行动，迎接伟大祖国建国三十周年。

1979 年第 1 期　刊名:《电影新作》
目录

春来了——致读者
绿海天涯（电影文学剧本）……………………叶　楠
琴童（电影文学剧本）……………………赵大年
哪吒闹海（美术电影文学剧本）……………王　往
努力完成时代赋予的使命……………………袁文殊
为实现伟大的转变而奋斗……………………春　江
从生活中找电影……………………………李　准
生活·创作·自由……………………………叶　丹
"只要写的是真事"……………………………王朝闻
编与骗和忌讳之类……………………………梁　信
观众的眼睛……………………………………金　陵
好莱坞电影编剧杂谈
　　………………[美]理查德·科利斯作　陈叙一摘译
傲蕾·一兰剧照（张玉红饰傲蕾·一兰）
《风浪》中的萧玉华（秦怡饰）
彩色影片《从奴隶到将军》中的罗霄（杨在葆饰）

1979 年第 2 期　刊名:《电影新作》
目录

学习周总理讲话　把电影创作搞上去
"第一，要负责任；第二，要干涉少些"………瞿白音
"艺术是要人民批准的"………………………孙　瑜
"服务是用文艺去服务"………………………艾明之
马背摇篮（电影文学剧本）………徐庆东　刘　青
恶梦醒来是早晨（电影文学剧本）…………王　蓓
简·爱（英国电影剧本）
　　　　　　原著：[英]夏洛特·布朗蒂
改编：[英]杰克·普尔门　导演：[英]戴巴特·

曼　翻译：陈叙一
石碑、少女、稷子米及其他
——《傲蕾·一兰》创作札记……………叶　楠
演员与剧本
——参加影片《大河奔流》创作中的体会……张瑞芳
影片《大河奔流》的成就与不足………………艺　军
写神，还是写人…………………严　励　成谷
认清"彻底"论者的真面目
——从《北国江南》等影片的遭遇谈起………边善基
漫谈美术电影剧本的特点……………………松　林
卓别麟与夏尔洛……………………………丛硕文

读者来信、读者评议

影片《大河奔流》中的周总理（王铁成饰）
　　　　　　　　　　　　　　　　　……汝水仁摄
《儿子、孙子和种子》中的张秀英（王丹凤饰）
　　　　　　　　　　　　　　　　　……张泽英摄
《大河奔流》中的李麦（张瑞芳饰）………汝水仁摄

1979 年第 3 期　刊名:《电影新作》
目录

春雨潇潇（电影文学剧本）……………………苏叔阳
异国重逢（电影文学剧本）……………………叶　丹
樱花时节（电影故事）………………………邹　霆
见面礼（短故事片剧本）
　　………………赵福健　李天济　张惠钧　陈　蝉
我的朋友小海豚（美术电影文学剧本）………刘兴诗
花（科教片剧本）……………曾兆惠　刘血花
电影创作要适应全党工作重点的转移
——本刊编辑部邀集部分电影工作者举行座谈
正确塑造银幕上的英雄形象
——怀念陈毅同志谈电影创作的片断…………沈默君
关于生活与创作的浅见………………………周介人
应当重视电影美学的研究……………………王心语
试论惊险样式影片的人物塑造………………羽　山
李准电影剧作的语言特色……………………刘景清
谈《马背摇篮》中的人物描写…………………陈晓珊
细节漫谈……………………………………余　之
从小说到剧本——谈《简·爱》的改编技巧……沈　寂
影片《从奴隶到将军》中的陈毅（冯淳超饰）
影片《丫丫》中的丫丫（宋晓英饰）
《甜蜜的事业》、《亲人》、《从奴隶到将军》等剧照

1979 年第 4 期　刊名:《电影新作》
目录

在这块土地上（电影文学剧本）
————————————————石　勇　孟森辉　斯民三
玉色蝴蝶（电影文学剧本）————————赵大年　范季华
江南月（电影文学剧本）
————————周再生　张音阶（执笔）　刘伟鹏　夏　天
幸福罐（美术电影文学剧本）————————————李绍然
关于题材的多样化——————————————————石　骥
略谈雷同————————————————————————王　镇
情真意切　简繁得体——读《春雨潇潇》————邱明正

读者评议
喜剧片三议——————————————————————丁鸿元
主题要深，感情要真
——《恶梦醒来是早晨》读后————汪粉林　张跃中
"好看"的标准————————————————————金　陵
作家与电影————————[美]达德利·尼科尔斯作
吴　明　摘译　陈叙一校
影片《曙光》中的贺龙（王天鹏饰）
影片《亲人》中的盛爱萍（叶　敏饰）
影片《李四光》《她俩和他俩》剧照

1979 年第 5 期　刊名:《电影新作》
目录

给一位青年作者的信————————————————夏　衍
风雨杜鹃红（电影文学剧本）————————————鲁彦周
路（电影文学剧本）————————————————毕必成
乱世风光（电影文学剧本）————————————柯　灵
更上一层楼——为献礼影片鼓劲————————瞿白音
电影争鸣三题————————————王云缦　陈敦德
笔下常有观众————————————————————成　谷
新题材　新人物　新思想
——《在这块土地上》读后————吴本务　徐世华
攀登历史云梯的无畏战士——评影片《从奴隶到将
军》————————————————————————王纪人
以小见大　寓理于情
——《乱世风光》读后记————————————沈　寂
谈电影中"重复"手法的运用——————————李亦中
电影剧本的"可见性"————————任向阳　梁小侠
一次有益的尝试————————————————————柏宁湘
编后
影片《瞧这一家子》中的嘉英（张金铃饰）
影片《苦恼人的笑》中的妻子（潘虹饰）
部分新片剧照

1979 年第 6 期　刊名:《电影新作》
目录

在中国文学艺术工作者第四次代表大会上邓小平同志
的祝辞
中国文学艺术工作者第四次代表大会开幕词———茅　盾
大墙下的红玉兰（电影文学剧本）————从维熙　梁剑华
执法者（电影文学剧本）————罗华俊（执笔）　李在中
巴士德传（美国电影文学剧本）
————————————————[美]谢勒丹·吉布尼
皮埃里·柯林斯（合著）　李健译

新的收获新的探索——国庆献礼故事片漫评————春　江
《天云山传奇》、《风雨杜鹃红》读后
——致鲁彦周同志——————————————————晓　立
真实些　深刻些　丰富些————————————翁世荣
巴士德生平简介————————————————————黄天民
编后
影片《啊，摇篮》中的李楠（祝希娟饰）————陈震祥摄
影片《春雨潇潇》中的顾秀明（张力维饰）和冯春海
（章　杰饰）————————————————————白云深摄
《啊，摇篮》《绿色航道》等影片剧照

1980 年第 1 期　刊名:《电影新作》
目录

爱情啊，你姓什么（电影文学剧本）————————李天济
好事多磨（电影文学剧本）————————叶　丹　黄进捷
袜子的故事（电影文学剧本）————————————黄振波
我们的小花猫（短故事片剧本）
————————汪天云　王润生　张郁强　吴贻弓
庄严的人生的完成————————————————柯　灵
悼念瞿白音同志
望海潮——哭白音————————————————田念萱
"说真话"与现实主义————————————————徐　庄
谈谈细节的重要性————————————————苏叔阳
浅谈电影的细节运用————————陈清泉　杨公敏
漫谈人物和情节的关系————————————林草思
学习与探索
——《苦恼人的笑》创作后记————杨延晋　薛　靖
新意与深度——从影片《苦恼人的笑》谈起———陈同艺
《大墙下的红玉兰》改编漫评————————————谢友纯
美术电影创作初探————————————————松　林
要注意影片的结尾（读者评议）————————傅珏英
影片《琴童的命运》中的琴童（丁一饰）
影片《庐山恋》中的周筠（张瑜饰）
《向导》中幼年的巴吾东（秀赫拉提饰）

与爷爷依卜拉应（阿不里米提饰）
影片《庐山恋》、《珊瑚岛上的死光》等剧照

1980 年第 2 期　刊名:《电影新作》
目录

车水马龙（电影文学剧本）————————————赵大年
荆轲传（电影文学剧本）—————————————李　准
雪夜（电影文学剧本）——————————————陈残云
在现实主义道路上前进—————————————王纪人
逼真·艺术美·意境
————电影艺术札记——————王云缦　陈敦德
深入开拓和表现人物的精神美——从《马背摇篮》到
《啊，摇篮》的艺术成就————————————边善基
亦谈亦谐　寓教于喜——读《袜子的故事》———费礼文
生活，《小字辈》的母亲
——————斯民三　周　泱　吴本务　孙雄飞
惊险片也要努力塑造人物——创作和拍摄《405 谋杀
案》的一点体会————————————————沈耀庭
想到了影片中的"无名氏"————————————潘祖奇

读者评议
《执法者》的人物感情描写————————————屠传德
生活的笑声———————————汪粉林　张跃中
编后
影片《珊瑚岛上的死光》中的梦娜（马军勤饰）
影片《等到满山红叶时》中的杨英（吴海燕饰）和
《玉色蝴蝶》中的慕容秋桐（项堃饰）竹内君代（王
丹凤饰）
影片《珊瑚岛上的死光》、《排球之花》、《他们在相
爱》、《北斗》等剧照

1980 年第 3 期　刊名:《电影新作》
目录

淝水大战（电影文学剧本）
————————陈登科　肖　马　吴启泰
最后一幅肖像（电影文学剧本）————严　励　陈　放
啊！野麦峰（日本电影文学剧本）
——————编剧：[日]服部佳　翻译：单晓东
陈奕华　胡志昂
傲雪的鲜花
——祝影片《燎原》重新上映———————陈　青
现实主义与理想美————————————陈东冠
浪淘尽、千古风流人物
——评电影文学剧本《淝水大战》的人物塑造
——————————————————姜思慎

用电影语言传情————————————————张暖忻
谈谈《归心似箭》的爱情描写———————————傅珏英
我国古典文学中的蒙太奇————————————柳正午
退稿信随想录
————致业余电影文学创作爱好者——————陆寿钧
《啊！野麦峰》与山本萨夫—————————严　敏
编后

影片《伤逝》中的涓生（王心刚饰）
影片《海之恋》中的立秋（赵静饰）和《半张订婚
照》中的兰兰（陈烨饰）
影片《归心似箭》、《樱》、《海之恋》等剧照

1980 年第 4 期　刊名:《电影新作》
目录

对电影的基本看法
——在上海业余电影创作评论学习班上的发言
————————————————————张骏祥

月亮湾的笑声（电影文学剧本）———金海涛　方义华
七月流火（电影文学剧本）
——————————于　伶原著　林　谷编剧
临江仙
——读《水横枝》（即《七月流火》剧本）有作
————————————————————赵朴初
小街（电影文学剧本）—————————————徐银华

努力开拓新的题材————————————————石方禹
疏密得体　精工细作
——浅谈电影的容量及结构——————————翁世荣
浅谈人物关系————————杨公敏　陈清泉
时代的速写　生活的喜剧
——评电影文学剧本《月亮湾的笑声》————丽　人
电影和"意识流"—————————————宋　崇
从生活里酿造的醇酒（读者评议）
——————————复旦大学中文系　周　斌
编后

影片《天云山传奇》中的罗群（石维坚饰）
影片《第二次握手》中的丁洁琼（谢芳饰）和《飞
吧，足球》中的刘刚（马冠英饰）、罗芳（赵静饰）、
妈妈（赵抒音饰）
影片《天云山传奇》、《蓝色档案》、《伤逝》、《一个
美国飞行员》等剧照

1980 年第 5 期　刊名:《电影新作》

目录

对当前电影创作的一些看法
——在上影厂文学部座谈会上的发言 ············ 张骏祥

喜盈门（电影文学剧本） ············· 辛显令
玉香笼（电影文学剧本） ··· 吕　文　顾泽民　陆寿钧
花影人姿（电影文学剧本） ············· 朱家桢

火花灼灼照传奇
——电影文学剧本《七月流火》读后随记 ······· 徐世华
真实性断想 ·················· 刘景清
谈谈惊险式影片的悬念 ············· 孟森辉
要给观众想象的余地 ·············· 张成珊
探求永无止境
——对美术片样式、风格问题抒见 ········· 李绍然

读者评议
度尽劫波兄弟在 ······· 闸北区影评组　汪粉林　张跃中
《人证》与《最后一幅肖像》
·············· 海燕中学语文组　蔡维扬

编后
影片《天云山传奇》中的宋薇（王馥荔饰）
影片《路》中的肖英（车秀清饰）和《白莲花》中的
白莲花（吴海燕饰）、肖烈（宫喜斌饰）
影片《苗苗》、《巴山夜雨》、《与魔鬼打交道的人》等

1980 年第 6 期　刊名:《电影新作》

目录

重读《创作独白》
——悼念瞿白音同志逝世一周年 ·········· 夏　衍
阿丹是属于人民的
——悼念老友赵丹同志 ············· 孙　瑜

不沉的琴声（电影文学剧本）
·········· 韩小磊　陈晓珊　黄聿杰　周加林
漫长的七公里（电影文学剧本） ·········· 曲维甲
东海人鱼（电影文学剧本） ············ 黄宗江

可喜的尝试
——评电影文学剧本《不沉的琴声》 ········ 石　榛
不让折腾农民的历史重现
——学写电影剧本《月亮湾的笑声》的体会 ··· 金海涛

关于《啊！野麦峰》制作过程及其反响
·············· [日本] 山本萨夫　瞿　麦翻译
东邻寄怀 ··················· 郑　荃
物件·艺术形象·美
——银幕美学探索札记 ············· 王心语
别具一格的《小街》（读者评议）
·············· 奉贤县图书馆　任向阳
编后
影片《爱情啊，你姓什么？》中的叶红英（洪学敏
饰）
影片《竹》中的竹花（李岚饰）和《燕归来》中的路
燕（高英饰）、林汉华（达式常饰）
影片《燕归来》、《好事多磨》、《爱情啊，你姓什
么？》

1981 年第 1 期　刊名:《电影新作》

目录

从当前中国电影想到的 ············· 赵　丹
人与风格
——漫谈赵丹的表演及其他 ············ 白　杨
和阿丹在一起的日子里 ············· 舒　适

电影文学剧本
许茂和他的女儿们 ·········· 周克芹　肖　穆
他、她、它 ········ 王兴东　刘明生　王浙滨
灭亡 ······ 原著：巴　金　编剧：孙道临　叶　丹

深谷里的幽兰
——写在《许茂和他的女儿们》改编本发表的时候
·················· 王　影　雨　蒙

影片《天云山传奇》笔谈
在"天云山"中开发哲理 ············ 周介人
塑造人物的灵魂 ················ 王纪人
"通天下之语" ················· 金　陵

却话巴山夜雨时
——影片《巴山夜雨》漫评 ············ 山　骥
《喜盈门》中的一对妯娌（读者评议） ······· 张嘉玲
编后

影片《孔雀公主》中的公主喃·穆鲁娜（李秀明饰）
影片《车水马龙》中艾京华（赵静饰）
影片《恶梦醒来是早晨》、《绝代名姬》、《孔雀公
主》、《七月流火》、《马前卒》

1981 年第 2 期　刊名:《电影新作》
目录

专论
从当前中国电影想到的（续完）·············· 赵　丹

电影文学剧本
海韵··························· 廖致楷
子夜············· 原著: 茅盾　编剧: 桑弧
瞎子波亚（美术片剧本）············· 聂欣如

电影论坛
杂音····························· 于　敏

多给青年一些好影片
——"上海电影新秀创作展览"青年观众座谈侧记

创作谈
我的探索和追求
——导演《巴山夜雨》的一些体会······· 吴永刚
《天云山传奇》的"现场创作"·········· 陶玲芬
生活、实践——创作的摇篮·········· 村　里

剧作评论
旧中国民族资产阶级的艺术典型
——漫谈电影文学剧本《子夜》中吴荪甫的塑造
······························· 华　民
关于"多头"和"空头"（资料介绍）······· 戴锡佩

国外影坛
波兰导演安杰·瓦依达答记者问: 给电影艺术以技术
······························· 蒙太奇译

学影札记
诗词与电影
——诗词的剧作意义初探·········· 张万晨

读者评议
简评《漫长的七公里》········· （河北）孙一文
军事题材的新突破········· （57394 部队）谭宝全
要写出灵魂的搏斗
——漫谈卢丹枫和刘文英····（上海）汪粉林　张跃中

编后

影片剧照
影片《小街》中的俞（张瑜饰）

影片《女兵》中的周忆严（倪萍饰）
影片《月亮湾的笑声》、《喜盈门》

1981 年第 3 期　刊名:《电影新作》
目录

电影文学剧本
天赐····························· 戴　江
石榴花···························· 高　型
战火中的童年········· 顾笑言　赵晓亚　贺兴桐
春之歌（美术电影文学剧本）······· 康　戎　方润南

电影论坛
现实主义传统是可以抛弃的吗?
——兼谈"随意性"的历史渊源·········· 成　谷
票房价值和艺术价值··············· 林草思
美术片题材要勇于创新············· 松　林

剧作评论
栩栩如生的艺术典型——《天赐》读后····· 傅珏英

创作谈
八亿农民的心声
——《月亮湾的笑声》导演杂记········· 徐苏灵
把文学形象化为银幕形象
——编辑和导演《喜盈门》创作随感
······················· 赵焕章　刘福年

影片评论
努力反映农村的新变化
——看影片《月亮湾的笑声》、《喜盈门》、《车水马龙》札记·························· 边善基
思想·人物·生活
——漫谈青年爱情片··············· 张成珊

电影史话
西方电影艺术发展的源流
——电影史学习札记··············· 邵牧君

读者评议
浅谈《灭亡》的改编····上海师范学院中文系　王乐昌

编后

影片剧照
影片《南昌起义》中的周恩来（孔祥玉饰）
影片《南昌起义》中的黑姑（张晓磊饰）和《金钱梦》中的父亲（韩非饰）姑妈（张莺饰）

影片《南昌起义》、《御马外传》、《漩涡里的歌》、
《皆大欢喜》

1981 年第 4 期　刊名:《电影新作》
目录

电影文学剧本
阿 Q 正传·················原著：鲁　迅　编剧：陈白尘
蓝天告诉我们……·····卢　伟　林杭生　李平分
东京的故事
·······小津安二郎、野田高梧作　唐凤楼译　陈叙一校

创作谈
《南昌起义》导演设想·················汤晓丹
生活的大门是敞开的
——从《海韵》的创作想到的·············廖致楷

影片评论
一部忠于历史的文献片
——评《南昌起义》·················王纪人

剧作评论
一个令人难忘的形象
——电影文学剧本《蓝天告诉我们……》读后····陈晓珊
我们离得太远
——评日本电影剧本《东京的故事》··········宋　崇

作者的话
电影批评应实事求是
——对于敏同志的《杂音》的一点回音·········毕必成

影坛通信
关于真实性问题的一封信···············苏叔阳

电影史话
西方电影艺术发展的源流（续）
——电影史学习札记·················邵牧君

编后

影片剧照
影片《沙鸥》中的沙鸥（常姗姗饰）
影片《小街深处》中的俞（张瑜饰）和夏（郭凯敏饰）
影片《陈毅市长》、《小街深处》、《沙鸥》

1981 年第 5 期　刊名:《电影新作》
目录

学习《决议》乘胜前进
坚持毛泽东思想　提高电影创作质量
——学习《关于建国以来若干历史问题的决议》的一
些体会························任　干

电影文学剧本
飞向太平洋·················叶　丹　高　型
牧马人（根据张贤亮短篇小说《灵与肉》改编）
··························李　准
初春（根据王蒙长篇小说《青春万岁》改编）
··························张　弦

纪念鲁迅诞辰一百周年
鲁迅论借鉴与创新·················于　敏
鲁迅关怀中国电影事业的发展············倪墨炎

影片评论
新人、新作、新收获
——谈影片《沙鸥》的艺术成就及其他········赵　明

创作谈
探索银幕形象的真实感
——参加拍摄《月亮湾的笑声》的体会········张　雁

学影札记
要重视电影剧本的总体构思·············孟森辉

读者评议
带泪的笑···············张跃中　汪粉林
《石榴花》欣赏三题·············（济南）菱　子
一曲"心灵美"的颂歌·······共青团安徽省委　杨忠根

编后

影片剧照
影片《楚天风云》中的董必武（郑榕饰）和唐楚梅
（龚雪饰）
影片《许茂和他的女儿们》中的四姑娘许秀云（李秀
明、王馥荔饰）
影片《阿 Q 正传》、《子夜》的人物造型和《知音》、
《花开花落》、《苏小三》等

1981 年第 6 期　刊名:《电影新作》
目录

学习《决议》乘胜前进
有感之言
——学习《决议》以后……………………沈　浮
坚持"双百"方针　加强电影评论……………石　榛

电影文学剧本
大泽龙蛇………………………李洪辛　彭永辉
这不是误会……………赵志强　赵清锐　达式彪
泉水叮咚………………………………吴建新

剧本评论
不真实就没有力量
——评电影文学剧本《最后一幅肖像》………邱明正
努力塑造朝气蓬勃的青年形象
——从小说《青春万岁》到电影剧本《初春》
…………………………………………刘果生

工业题材影片创作笔谈
准确、生动地反映工人生活………………费礼文
工业题材影片的难度与探索………………孟森辉
不能脱离生活　也不能太象生活…………胡万春
当前正是开掘工业题材的大好时光………仇学宝
也谈工业题材的电影创作…………………于炳坤

学影札记
写好"发展中的性格"………………唐金海　张　耀

国外影坛
漫谈希区柯克的导演艺术和技巧……………方　洋

读者评议
浅谈欧阳光的形象塑造………………………屠传德
文艺作品不能违背生活逻辑…………………杨仁康
读《蓝天告诉我们……》有感………………赵　庭
关于《蓝天告诉我们……》的来信摘编
也谈"政治说教"……………………………袁炳龙

编后

影片剧照
影片《子夜》中的吴荪甫（李仁堂饰）和吴少奶奶
（程晓英饰）
影片《乡情》中的翠翠（任冶湘饰）、田桂（黄小雷
饰）和影片《回头一笑》中的花妹子（殷士琴饰）
影片《子夜》、《李清照》等

1982 年第 1 期　刊名:《电影新作》
目录

电影文学剧本
小字辈（续集）……斯民三　周　泱　吴本务　孙雄飞
张衡（修订稿）………………………………于　力
活下去（日本电影文学剧本）
………黑泽明编剧　桥本忍　小国英雄　黄天民翻译
石屏姑娘（美术电影剧本）…………………刘　润
母亲与魔鬼（美术片童话故事）……………鲁　兵

电影论坛
关于提高电影质量的思考……………………王纪人

创作谈
可贵者胆　所要者魂…………………………张暖忻

生活与创作
凤阳纪行
责任…………………………………………杨时文
巨变…………………………………………刘　泉
转折…………………………………………杨兰如

专访
桑弧谈《子夜》………………………………丽　人

探讨与争鸣
关于影片《小街》结尾的讨论
《小街》结尾小议……………………………陈恭敏
寻找银幕与观众之间的新联系
——评《小街》的结尾………………………薛耀先

剧本评论
把人放在"试管"中研究的导演
——读日本电影《活下去》剧作札记…………宋　崇

读者评议
这里有我生命的根
——读《牧马人》随感……………复旦大学　周　斌
恰如其分的父子情
——读《牧马人》…………………北京　曹天成
愿青春永驻人们的心灵
——电影文学剧本《初春》读后感……湖北　沈宗略
从《庐山恋》到《智截玉香笼》………………丁鸿元

编后

影片剧照

影片《阿Q正传》中的阿Q（严顺开饰）和小尼姑
（张幼云饰）

影片《路漫漫》中的胡湘玉（黄梅莹饰）和影片《笔
中情》中的齐文娟（赵静饰）

影片《阿Q正传》、《笨人王老大》、《潜网》、《鹿鸣
翠谷》等

1982 年第 2 期　刊名:《电影新作》

目录

电影文学剧本

点亮心中的灯⋯⋯⋯⋯⋯⋯⋯⋯⋯⋯⋯艾明之
野外的红牵牛⋯⋯⋯⋯⋯⋯⋯⋯⋯⋯⋯于炳坤
城南旧事（根据台湾作家林海音同名小说改编）
⋯⋯⋯⋯⋯⋯⋯⋯⋯⋯⋯⋯⋯⋯伊　明
车站（日本电影故事）⋯⋯⋯⋯⋯⋯⋯瞿　麦

电影论坛

努力塑造我们时代的新人形象⋯⋯⋯⋯石　榛
对电影美学观的几点探讨⋯⋯⋯⋯⋯⋯王云缦

探讨与争鸣

关于两部《许茂》的笔谈
各有千秋，互有长短⋯⋯⋯⋯⋯⋯⋯晓　江
从《许茂和他的女儿们》谈改编⋯⋯⋯翁世荣
历史融于心灵之中⋯⋯⋯⋯⋯⋯⋯⋯周介人
农村片的新探索⋯⋯⋯⋯⋯⋯⋯⋯⋯山　骥

影片评论

历史的明镜
——评影片《子夜》⋯⋯⋯陆士清　张德明

读者评议

沙滩和废墟⋯⋯⋯⋯⋯⋯⋯⋯⋯⋯⋯潘祖奇
有感于《乡情》的不足⋯⋯⋯⋯⋯⋯⋯史素瑛

编后

影片剧照

影片《牧马人》中的许灵均（朱时茂饰）

影片《魂系蓝天》中的方洁（俞平饰）、高扬（钱勇
夫饰）；《飞向太平洋》中朱兰（向梅饰）和欧阳光
（夏宗学饰）

影片《牧马人》、《山菊花》、《如意》等

1982 年第 3 期　刊名:《电影新作》

目录

电影文学剧本

祸起萧墙（根据水运宪同名小说改编）
⋯⋯⋯⋯⋯⋯⋯⋯⋯⋯⋯叶　丹　祝鸿生
天职⋯⋯⋯⋯⋯⋯⋯⋯⋯⋯胡惠英　江　波
犟眼子（根据孙春平小说《一夫当关》改编）
⋯⋯⋯⋯⋯⋯⋯⋯⋯⋯⋯肖　温　孙永平

专论

坚持方向　多出好片⋯⋯⋯⋯⋯⋯⋯⋯陈　沂

学习体会

阳光下的思索⋯⋯⋯⋯⋯⋯⋯⋯⋯⋯⋯林　谷
要爱人民⋯⋯⋯⋯⋯⋯⋯⋯⋯⋯⋯⋯李天济
熟悉与了解⋯⋯⋯⋯⋯⋯⋯⋯⋯⋯⋯高　型

影片评论

一部革命现实主义的力作
——评影片《被爱情遗忘的角落》⋯⋯梅　朵
剧本评论
试论张衡形象及其他——读电影文学剧本《张衡》
⋯⋯⋯⋯⋯⋯⋯⋯⋯⋯⋯⋯⋯⋯吕　宕

探讨与争鸣

《小街》的启示⋯⋯⋯⋯⋯⋯⋯⋯⋯汪岁寒
在艺术美的路口踯躅
——对《小街》探索的探索⋯⋯⋯⋯黄式宪
对影片《子夜》的几点管见⋯⋯⋯⋯⋯翁世荣

读者评议

他们在前进⋯⋯⋯⋯⋯⋯⋯⋯汪粉林　张跃中
我的一些看法⋯⋯⋯⋯⋯⋯⋯⋯⋯⋯李江洪

编后

影片剧照

影片《石榴花》中的石榴花（龚雪饰）和陈湘（戴兆
安饰）

影片《晨曲》中的方蕾（娜仁花饰）；《在这块土地
上》中的汤宇达（章杰饰）和万天虹（白莉饰）

影片《三家巷》、《石榴花》、《战斗年华》、《R4 之
谜》等

1982 年第 4 期　刊名:《电影新作》
目录

电影文学剧本
雨中人⋯⋯⋯⋯⋯⋯⋯⋯⋯⋯⋯⋯王　迪　段承滨
华佗与曹操⋯⋯⋯⋯⋯⋯⋯⋯⋯⋯陶原　郁方
森林历险记（根据李迪小说《这里是恐怖的森林》改编）⋯⋯⋯⋯⋯⋯⋯⋯⋯⋯⋯⋯⋯⋯沈　寂

专论
进一步提高影片的质量
——在上影厂创作会议上的发言⋯⋯⋯⋯袁文殊

电影论坛
"语"不惊人死不休
——观电影有感⋯⋯⋯⋯⋯⋯⋯⋯⋯李子云

影片评论
耳目一新，新在哪里?
——漫谈《邻居》新意⋯⋯⋯⋯⋯⋯⋯赵　明
深入开掘　刻意求工
——评影片《牧马人》的改编和艺术特色⋯⋯边善基
影片《阿Q正传》漫评⋯⋯⋯⋯⋯⋯⋯东进生

剧本评论
历史题材的新探索
——评电影剧本《华佗与曹操》的人物塑造⋯⋯叶小楠

探讨与争鸣
历史故事片也要生活化⋯⋯⋯⋯⋯⋯⋯吕　宕

学影札记
漫谈电影中的"回忆"⋯⋯⋯⋯⋯⋯⋯张成珊

电影知识讲座
画内与画外⋯⋯⋯⋯⋯⋯⋯⋯⋯⋯⋯李少白

读者评议
《牧马人》和我⋯⋯⋯⋯⋯⋯⋯⋯⋯谢基立
有关《牧马人》的来稿摘编

编后

影片剧照
影片《闪光的彩球》中的方老师（赵静饰）
影片《泉水叮冬》中的陶奶奶（张瑞芳饰）和《小金鱼》中的胡森（卢青饰）、谢小英（张瑜饰）
影片《一盘没有下完的棋》、《骆驼祥子》、《勿忘我》、《白鸽》等

1982 年第 5 期　刊名:《电影新作》
目录

电影文学剧本（青年题材专辑）
我们的田野⋯⋯⋯⋯⋯⋯⋯⋯⋯⋯潘渊亮　谢　飞
快乐的单身汉（根据同名话剧改编）
⋯⋯⋯⋯⋯⋯⋯⋯⋯⋯⋯⋯⋯梁星明　杨时文
长相知⋯⋯⋯⋯⋯⋯⋯⋯⋯⋯⋯⋯⋯周维先

专论
谱写我们时代的青春之歌
——兼评电影文学剧本《我们的田野》、《快乐的单身汉》和《长相知》⋯⋯⋯⋯⋯⋯⋯⋯⋯王世桢

电影论坛
漫话"直奔"⋯⋯⋯⋯⋯⋯⋯⋯⋯⋯⋯成　谷

探讨与争鸣
电影文学与电影特性问题
——兼与张骏祥同志商榷⋯⋯⋯⋯⋯⋯郑雪来

影片评论
矛盾中见性格
——《西安事变》观后札记⋯⋯⋯⋯⋯陈剑雨
题材认识和构思角度
——评影片《魂系蓝天》的不足⋯⋯⋯江俊绪
一部新颖、感人的新作
——赞影片《魂系蓝天》⋯⋯⋯⋯⋯⋯黄矛彤

编辑漫笔
谈谈编辑工作中的几个问题⋯⋯⋯⋯⋯陈玮若
编故事与写人物⋯⋯⋯⋯⋯⋯⋯⋯⋯陆寿钧

学影札记
谈电影对话的含蓄⋯⋯⋯⋯⋯⋯⋯⋯徐伟敏

读者评议
浅谈《祸起萧墙》改编的得失⋯⋯⋯⋯蒋柏连
关于《祸起萧墙》的读者来信摘编

编后

影片剧照
影片《这不是误会》中的李晓青（陈烨饰）
影片《白鸽》中的吴白鸽（洪学敏饰）、《女大当婚》中的二梅（宋忆宁饰）和小铁（周国宾饰）
影片《大泽龙蛇》、《茶馆》、《一盘没有下完的棋》等

1982 年第 6 期　刊名:《电影新作》
目录

电影文学剧本
喜队长──────────────马 林 高 耘 朱 枚
还乡（根据叶文玲短篇小说《屏幕》改编）────叶 丹
白色的浪花──────────────────贺宝贤

学习体会
新时期赋予的新使命────────────────马林发
探求新的思想境界────────────────陈 青

座谈纪实
为建设精神文明多作贡献
──本刊编辑部召开电影创作理论座谈会纪实

影片评论
"前事不忘，后事之师"
──中日合拍片《一盘没有下完的棋》观后───馥 泉
得其神，也得其味
──评影片《骆驼祥子》────────────王纪人

剧本评论
赞时代的新人
──《还乡》读后──────────────陈 啸

探讨与争鸣
电影性，综合性──────────────孟森辉
关于电影文学的浅见────────────翁世荣

电影论坛
不可无"理"──────────────────晓 江
还是独立创作好────────────────自 勉

电影史话
漫谈电影剧作的发展过程────────────郑雪来

读者评议
短片琐议──────────────张跃中　汪粉林
评《雨中人》中杜剑的艺术形象────────崔仲元
谈《雨中人》的形象塑造──────────刘永贵
冲突与形象的典型化──────────────乔琦文
《第三女神》真"神"──────────────王泽义
《石榴花》欣赏拾零──────────────章邦鼎

影片剧照
影片《秋瑾》中的秋瑾和徐寄尘（李秀明和黄梅
莹饰）

影片《张衡》中的张衡（许还山饰）;《城南旧事》中
的英子（沈洁饰）妞儿（袁佳奕饰）
影片《大泽龙蛇》、《飞来的女婿》、《逆光》等

1983 年第 1 期　刊名:《电影新作》
目录

电影文学剧本
一封不用邮寄的信──────────────鲁彦周
秋瑾──────夏 衍原著 柯 灵 黄宗江 谢 晋改编

专论
开辟新领域　塑造新形象
──在上影厂创作人员读书班上的部分发言───荒 煤
走向新时期观众的心灵────────────徐 庄

创作谈
关于《青春万岁》改编的一封信──────────张 弦
恢复江山劳素手
──《秋瑾》改编后记────────────黄宗江

青年题材笔谈
青年渴望从银幕上看到什么?──────────吴 亮
把镜头对准当代青年的心灵──────────洪伟成
反映时代的风貌和性格──────────────郦国义

探讨与争鸣
电影文学要改弦更张──────────────钟惦棐
电影文学性漫谈──────────────邱明正
谈"电影的文学性"──────────────张成珊

剧本评论
想象之外　情理之中
──评《喜队长》形象塑造的艺术特色────────张振华
专访
在生活中，应该追求什么?
──访作家鲁彦周──────────────迟 云

电影论坛
重视观众的审美心理──────────────钱国民

国外影坛
漫谈西方"生活流"电影────────────郑雪来

影片剧照
《城南旧事》（黑白）、《快乐的单身汉》（彩色）
《奇迹会发生吗》（彩色）

1983 年第 2 期　刊名:《电影新作》
目录

电影文学剧本

一路顺风·····························彭永水

杜鹃的洗礼

·······编剧:〔苏〕维克托·米列日柯　翻译:孟广钧

电影论坛

少开药方　多开门路·····················于　敏

在勤奋探索中前进

——1983 年全国故事片创作会议侧记·······本刊记者

刚正不阿　肝胆照人

——悼念老友吴永刚同志·················孙　瑜

探讨与争鸣

电影的文学性和文学的电影性···············余　倩

影片评论

谈谈影片《城南旧事》的改编···············陆士清

朴素的宁静

——《人到中年》风骨赞·················周介人

儿童题材影片漫议

——有感于《闪光的彩球》和《泉水叮咚》·····江俊绪

剧本评论

"一支笔并写两面"——喜读《喜队长》·······乔琦文

创作谈

谈谈感情戏处理的一些体会···············石晓华

到生活中去求宝

——回顾影片《这不是误会》的拍摄·········达式彪

新人介绍

他为什么能够"一路顺风"?

——记《一路顺风》作者彭永水···········米　丹

学影札记

漫谈电影里的"静默"···················周　斌

副线小议·····························王志超

国外影坛

日本电影剧作家谈日本电影···············范晓平

影片剧照

《青春万岁》(黑白)、《祸起萧墙》、《城南旧事》、
《人到中年》(彩色)

《赤橙黄绿青蓝紫》(彩色)

1983 年第 3 期　刊名:《电影新作》
目录

电影文学剧本

三个女记者·····························陈　彬

上海风情·····························齐闻韶

矿山奏鸣曲·····························罗子军

电影论坛

电影剧作与观众························王　迪

怀蔡贲同志·····························张骏祥

创作谈

我们怎样拍《城南旧事》················吴贻弓

凌老师形象塑造漫笔···················吴荫循

《赤橙黄绿青蓝紫》笔谈

刘思佳——一个难忘的艺术形象···········卢新华

刘思佳的塑造有得有失·················东进生

改编也要有所创造·····················桑　双

现实主义的性格描写···················山　骥

剧本评论

质朴的风格　生动的形象

——电影文学剧本《一路顺风》读后···········傅珏英

电影随笔

不可无诗·····························马　锐

编后

影片剧照

《快乐的单身汉》(黑白)、(彩色)

《张铁匠罗曼史》、《飞来的仙鹤》(彩色)

1983 年第 4 期　刊名:《电影新作》
目录

电影文学剧本

脚步·······························袁学强

省委书记·····················张　锲　顾笑言

神犬(动画电影剧本)·················陈大可

电影论坛
再谈电影文学与电影的文学价值-------------------张骏祥

工业题材影片笔谈
把握它，超越它-------------------------------周介人
可喜的进展与不足-----------------------------费礼文
一个薄弱的环节-------------------------------张成珊
胆识·生活·表现-------------------------------包　放

电影随笔
谈谈"儿童情趣"-------------------------------秦裕权
当代军人形象初探-----------------------------李平分

剧本评论
《三个女记者》读后---------------------------李子云
漫谈《脚步》的思想与艺术---------------------边善基

影片评论
我们收到的信息
——简评《城南旧事》的导演艺术---------------李兴叶

新人介绍
生活的原色
——记《三个女记者》的作者陈彬---------------迟　云

短评集
耐人寻味的风俗人情画——电影文学剧本《上海风
情》读后---------------------丁鸿元　李光一
《一路顺风》变新人---------------------------于　雷
空镜头的魅力---------------------------------徐约维
陈奂生的帽子-------------------姜善坤　朱煜善
银海初识"散板群"-----------------------------毛学用

编后

影片剧照
《大桥下面》、《雨中人》（彩人）
《还乡》、《廖仲凯》（彩色）

1983 年第 5 期　刊名:《电影新作》
目录

电影文学剧本
四等小站-------------------吴宏理　杨时文　斯民三
小小得月楼（根据同名滑稽戏改编）
-------------------------------叶　明　徐昌霖
一个没有问题的区-----------编剧：［苏］尼·瓦·
罗日阔夫　乌·拉·乌马尔别阔夫　翻译：蒲公英

专论
谈谈电影评论---------------------------------梅　朵

电影论坛
关于《省委书记》的改编及其他-----------------荒　煤
科教片的艺术性浅议---------------------------洪　林
寻求影片的哲理性-----------------------------任　殷

一炉心香
——悼念陈西禾同志---------------------------叶　明

《青春万岁》座谈
历史的回顾　青春的赞歌
——上海市中学生座谈影片《青春万岁》的发言摘编

青年题材影片笔谈
"多棱镜"与"显微镜"---------------------------翁世荣
从思辨回到现实-------------------------------纪　人
几个印象和感想-------------------------------吴　亮

电影随笔
电影学也是"人学"
——观影六记---------------------------------晓　江

短评集
《脚步》声中话新人---------------------------任向阳
栩栩如生的记者形象---------------------------葆　雨

编后

影片剧照
《雷雨》、《浪花细沙》（彩色）
《甜女》（彩色）

1983 年第 6 期　刊名:《电影新作》
目录

电影文学剧本
雪山上耀眼的晨星---------------------------叶　楠
邮缘-----------------王　炼　桑　弧　李亦中
在同一条船上---------沈　寂　李耀国　祝云清

学习体会
社会责任和社会效果
——学习《邓小平文选》的体会-----------------春　江

电影论坛
用电影思维发现生活---------------------------余　倩

创作谈
真挚的生活　真诚地反映
——我拍影片《青春万岁》⋯⋯⋯⋯⋯黄蜀芹

影片评论
形象·性格·时代感
——影片《青春万岁》观后⋯⋯⋯⋯叶小楠

新人介绍
撒向沃土的良种
——访《脚步》的作者、青年农民袁学强⋯⋯⋯纪　珉

国外影坛
合掌默哀
——悼念山本萨夫导演⋯⋯[日]山田信夫　范晓平译
法国的"作家电影"⋯⋯⋯⋯⋯⋯⋯顾凌远

短评集
《血，总是热的》结尾赏析⋯⋯⋯⋯程梅笑
对《血，总是热的》结尾的异议⋯⋯⋯陈　彤
试评杨在葆在《血，总是热的》中的表演⋯⋯⋯钱红林
浅谈《省委书记》的"网"和"纲"⋯⋯⋯朱小如
一部具有思想深度的喜剧⋯⋯汪粉林　臧礼淦

编后
电影新作1983年总目录

影片剧照
《女大学生宿舍》、《脚步》(彩色)
《飘泊奇遇》(彩色)

——关于电影思维⋯⋯⋯⋯⋯⋯⋯于　敏

影片评论
影片《咱们的牛百岁》赏析三题⋯⋯⋯王世桢

《女大学生宿舍》笔谈
阳光照耀着大学校园⋯⋯⋯⋯⋯⋯王　炼
新的探索，美的创造⋯⋯⋯⋯⋯⋯叶　明
选材与开掘⋯⋯⋯⋯⋯⋯⋯⋯⋯翁世荣
奋进的一代⋯⋯⋯⋯⋯⋯⋯⋯⋯陈东冠
一首动人的校园抒情诗⋯⋯⋯⋯⋯汪天云

忆吴老，赞英雄
——写在《雪山上耀眼的晨星》发表之时⋯⋯⋯孟　昭

剧本评论
读几个喜剧剧本所想到的⋯⋯⋯⋯⋯叶　舟

探讨与争鸣
"电影观众学"的辩证法
——《电影剧作与观众》读后⋯⋯⋯⋯王纪人

电影剧作知识讲座
电影剧作中首要的⋯⋯
——谈谈"主题思想"⋯⋯⋯⋯⋯⋯王　迪

编后

影片剧照
咱们的牛百岁(彩色)
我们的田野、寒夜(彩色)

1984 年第 1 期　刊名:《电影新作》
目录

电影文学剧本
妻儿老小⋯⋯⋯⋯⋯⋯⋯⋯⋯⋯邹安和
肖尔布拉克⋯⋯⋯⋯⋯张贤亮原著　杨仁山改编
醉倒茶乡⋯⋯⋯⋯郭松元　阳吉元　林美君

迎新笔会
新岁寄语⋯⋯⋯⋯⋯⋯⋯⋯⋯⋯艾明之
为电影"更上一层楼"而努力⋯⋯⋯孟森辉
新年断想⋯⋯⋯⋯⋯⋯⋯⋯⋯⋯李天济
有所为，有所不为⋯⋯⋯⋯⋯⋯⋯叶　丹
我们的责任⋯⋯⋯⋯⋯⋯⋯⋯⋯赵志强

电影论坛
未完成的作业

1984 年第 2 期　刊名:《电影新作》
目录

电影文学剧本
二十年后再相会⋯⋯⋯⋯⋯梁星明　杨时文
小萝卜头幻想诗⋯⋯⋯⋯⋯周　密　傅晓民
诺玛·蕾⋯⋯⋯⋯⋯⋯作者：[美]欧文·雷维奇
小哈里特·弗兰克　译者：陈叙一

准确、深刻地反映当代生活
——学习胡乔木《关于人道主义和异化问题》札记
⋯⋯⋯⋯⋯⋯⋯⋯⋯⋯⋯⋯⋯春　江

电影论坛
艺术要有节制
——观影散记⋯⋯⋯⋯⋯⋯⋯⋯江曾培
谈谈电影的民族特色⋯⋯⋯⋯⋯⋯王云缦

晶莹的浪花
——悼念杨仁声同志……………………李天济

探讨与争鸣
余音绕耳话《乡音》………………………徐昌霖
淡泊明志　不同流俗………………………沈耀庭

影片评论
朴素就是美
——影片《青春万岁》导演艺术漫谈………蔡师勇

剧本评论
心灵的颂歌——浅谈《肖尔布拉克》的改编……李伟梁

电影剧作知识讲座
电影剧作中的情节与情理…………………王　迪

读者评议
笑过之后………………………………………刘　钢
在大自然——祖国的怀抱里………………舒光浩
笑赠《邮缘》一份"礼"……………………毛学用
《醉倒茶乡》的成就与不足………………金沪星

资料介绍
关于《诺玛·蕾》和导演马丁·里特………黄辉兰

影片剧照
《漂泊奇遇》（彩色）
《16号病房》（彩色）
《最后的选择》（彩色）

1984年第3期　刊名:《电影新作》
目录

电影文学剧本
穿红衬衫的少女……………铁　凝原著　陆小雅改编
达紫香悄悄地开了……………陆星儿　陈可雄
证人的椅子………[日]井手雅人编剧　范晓平翻译

电影论坛
电影艺术应该有更大的繁荣
——在《文学创作》讲座上的讲话…………成　谷

悼念鲁思同志…………………石凌鹤　毛羽

创作谈
谈谈对《妻儿老小》的意见…………………荒　煤
"角度"与作品特点
——创作《妻儿老小》的体会……………邹安和

《咱们的牛百岁》创作经过………………袁学强

影片评论
大桥下面的魅力……………………叶　舟　小　谈

学影札记
浅谈"回忆"…………………………………吕晓民

探讨与争鸣
现代革命历史片创作初探…………李洁非　张　陵

电影剧作知识讲座
电影剧本的开头…………………孟森辉　陆寿钧

资料介绍
关于《证人的椅子》………………………南　沙

读者评议
画面·诗意·情感…………………………钱建平
从罗丹雕塑《雨果》想起的………………曾建国
青春，在苦难中闪光………………张跃中　汪粉林
"迂回"的魅力……………………………徐约维
可贵的探索…………………………………张　涵
失真的艺术…………………………………迅　迁

影片剧照
《滴水观音》（彩色）
《一路顺风》（彩色）
《妻儿老小》（彩色）

1984年第4期　刊名:《电影新作》
目录

电影文学剧本
姑娘今年二十八………………………………李天济
新来的户籍警……………李晓东（执笔）　顾　成
列夫·托尔斯泰
　　　[苏]谢·格拉西莫夫编剧　赵莹琳翻译

谈当前电影的若干问题
——答《电影新作》记者问…………………夏　衍

电影论坛
艺术的生活化
——由《穿红衬衫的少女》引起的议论………周介人
"改革"题材杂感……………………………黄蜀芹

创作谈

生活的赐予························梁星明 杨时文

谈《最后的选择》中的"选择"···········宋 崇

影片评论

质朴无华大手笔

——谈汤晓丹导演的影片《廖仲恺》······汪岁寒

探讨与争鸣

略论电影欣赏中的逆反心理············邱明正

电影剧作知识讲座

电影剧作中的人物关系··········孟森辉 陆寿钧

读者评议

漫评剧本《二十年后再相会》··········张晓涛

《小萝卜头幻想诗》的艺术观··········刘晓新

观众的口味与电影的情味············梁 昭

绿叶映花花更红················阮洁华

有感于《大桥下面》的"冷处理"·········任 凭

影片剧照

《穿红衬衫的少女》中的安静（罗燕饰）

《高山下的花环》（彩色）

《邮缘》（彩色）

1984 年第 5 期　刊名：《电影新作》
目录

电影文学剧本

冰河······················郑 义

老姑娘纪事··················艾明之

三兄弟············编剧：（意）托尼奥·

古埃拉 弗朗契斯科·罗西 翻译：亦 河

节日里的话

——迎国庆三十五周年············春 江

电影论坛

对电影的一些思考···············梅 朵

关于改编的探索················吴贻弓

专访

力求使艺术更接近生活

——访著名电影导演谢晋··········叶新跃

影片评论

从《四等小站》谈喜剧电影··········陈同艺

影片《四等小站》给我的启示··········东进生

创作谈

银幕上崭新的繁漪···············李 明

学影札记

浅探电影中象征手法的运用···········李亦中

国外影坛

关于《列夫·托尔斯泰》的创作意图

···········〔苏〕谢·格拉西莫夫作者 朱锡琳翻译

希区柯克掌握观众情绪的艺术··········汪春蕾

电影剧作知识讲座

谈谈"结构"··················汪岁寒

读者评议

关于《雷雨》银幕化问题初探··········杨 颖

联想的丧失··················刘功成

从扮演普希金的比赛中想到的··········张世炉

管窥之见···················马宗雄

寓情于景的空镜头···············石永信

影片剧照

青年演员张伟欣··············周俊彦摄

《花园街五号》中的吕莎（方舒饰）·····刘健魁摄

《穿红衬衫的少女》中的安静（罗燕饰）安然（邹倚

天饰）

1984 年第 6 期　刊名：《电影新作》
目录

电影文学剧本

银杏树····················张 弦

莺燕桃李·············曾昭弘 张蓉桦

八仙的传说··················肖 温

坚持党的文艺方针　发扬"上影"的光荣传统

·······················袁文殊

祝上影建厂三十五周年·············于 伶

电影论坛

论"发现"

——对于电影质量问题的思考·········李兴叶

让改革者形象在银幕上生辉···········许南明

银海飞鸿

南行有感···················钟惦棐

演剧史上　永记应云卫
——"应云卫同志诞生八十周年纪念会"侧记
　　　　　　　　　　　　　　　　　　　迟　云

影片评论
她震撼了当代大学生的心灵
——记上海部分大学生座谈影片《高山下的花环》
入木三分的心理刻划……………………邱明正
《人生》的启示………………………………吴　亮
生命的运动…………………………………韩尚义
喜剧要"喜"…………………………………张跃中

剧本评论
家庭：一种稳态的模式结构?
——读电影文学剧本《银杏树》……………蔡　翔

探讨与争鸣
试论散文式电影………………………………张成珊

学影札记
关于题材特色的对话…………………………吕晓明

国外影坛
中美电影文化交流的新篇章
——美国电影教授在沪讲学访问侧记……卢晓康
从卡罗维发利电影节归来……………………丁小逊

电影剧作知识讲座
节奏…………………………………………汪岁寒

读者评议
一个可爱的陪衬人物…………………………宋　燕
评剧本《新来的户籍警》……………………刘晓升
一台老式木壳收音机…………………………张圣平
音响的感染力………………………………陈振兴
比较《十字小溪》与《漂泊奇遇》…………顾云卿

影片剧照
《莺燕桃李》中的白桃（何晴饰）…………周俊彦摄
青年演员刘信义……………………………夏　静摄
《代号"213"》中的肖剑锋（马晓伟饰）夏雪兰（陈
肖依饰）

1985 年第 1 期　刊名:《电影新作》

目录

电影文学剧本
太阳…………………………………………郑彦英

母女情深（美国电影剧本）
……编导：（美）詹姆士·布鲁克斯　翻译：芮靖北

电影小说
幽香暗兰……………………………邱恒聪　纪　珉
脚手架上的奇遇……………………………陈晓珊

电影故事
上海浮生记（日本电影故事）
　　　　　　　　　　　渡边实整理　范晓平翻译

专论
对新时期电影的展望
——答《电影新作》记者问…………………荒　煤

电影论坛
导演们的思索
——中国电影怎样走向未来…………………叶　舟

信息之窗
对八四年银幕的反馈
——上海沪西工人专题民意调查综述……楼为华执笔

剧本评论
关于《太阳》从小说到电影…………………魏　威
创作谈
影片《雅马哈鱼档》导演阐述………………张　良

学术动态
笑着向明天进发
——"喜剧电影讨论会"综述…………………小　谈

影人剪影
星光，在银幕上闪烁
——记龚雪…………………………………方　波

国际影坛
《上海浮生记》评介…………………………南沙编写

短评集
既"叫好"，又"遗憾"………………黎　生　会　翔
《人生》：美的发现…………………………任　晓
光影的交响…………………………………刘伟青

哈哈镜
三毛今昔……………………………………张乐平
阿编杂记……………………………赵树云　潘顺祺
《电影疗法》………………………………麦荣邦
无题…………………………………………阿　苟

影片剧照

《雅马哈鱼档》中的蔡妹（许瑞萍饰）⋯⋯⋯李康生摄
《童年的朋友》中的大学生（王雁饰）、《姑娘今年二十八》中的方秀英（李岚饰）、曾强（何麟饰）
《谭嗣同》中的谭嗣同（达式常饰）

1985 年第 2 期　刊名:《电影新作》
目录

电影文学剧本

桔红色的校徽⋯⋯⋯⋯⋯⋯⋯⋯⋯⋯⋯⋯⋯黄虹坚
屋顶鸳鸯⋯⋯⋯⋯⋯⋯⋯⋯⋯⋯高　型　傅敬恭

电影小说

"迪斯王"和她的同学们⋯⋯⋯⋯⋯⋯⋯⋯谢友纯

电影故事

天堂之路（法）⋯⋯⋯⋯导演：[法]威尔海姆·
梯也尔　翻译：姚国强　李　洁

电影论坛

不要束缚电影的手脚⋯⋯⋯⋯⋯⋯⋯⋯⋯⋯余　倩
现代电影中的戏剧性问题⋯⋯⋯⋯⋯⋯⋯钟大丰

剧本评论

它发现了什么
——读 1984 年《电影新作》剧本随想⋯⋯⋯任　殷

影片评论

一片丹心　无限忠诚
——看彩色故事片《一往情深》⋯⋯⋯⋯边善基

探讨与争鸣

《黄土地》的情绪结构⋯⋯⋯⋯⋯⋯⋯⋯⋯韩小磊
黄土下面是清泉⋯⋯⋯⋯⋯⋯⋯⋯⋯⋯⋯叶言材

信息之窗

上海大学生电影素质一瞥
——上海高校影联电影心理调查报告⋯⋯⋯翁　慕
复旦大学生看"双奖"⋯⋯⋯⋯⋯⋯⋯⋯⋯孙自强

影人剪影

喜剧明星的喜剧⋯⋯⋯⋯⋯⋯⋯⋯⋯⋯⋯唐　宁

影迷茶座

九曲桥上的对话⋯⋯⋯⋯⋯⋯⋯⋯⋯⋯⋯望　之

短评集

电影小说散议⋯⋯⋯⋯⋯⋯⋯⋯⋯⋯⋯⋯怡　琴
哭、笑浅谈⋯⋯⋯⋯⋯⋯⋯⋯⋯⋯⋯⋯王富荣

昔日影话

阮玲玉自杀纪实⋯⋯⋯⋯⋯⋯⋯⋯⋯⋯⋯赵士荟

国际影坛

《母女情深》的编、导、演⋯⋯⋯⋯⋯⋯芮靖北编译

哈哈镜

《西施从影记》⋯⋯⋯⋯⋯⋯⋯⋯⋯⋯⋯李绍然
阿编杂记（二）⋯⋯⋯⋯⋯⋯赵树云　潘顺祺
无题⋯⋯⋯⋯⋯⋯⋯⋯⋯⋯⋯⋯⋯⋯⋯阿　荀
求医⋯⋯⋯⋯⋯⋯⋯⋯⋯⋯⋯⋯⋯⋯⋯钱宗顺
欺上瞒下⋯⋯⋯⋯⋯⋯⋯⋯⋯⋯⋯⋯⋯天　呈

影坛剧照

青年演员张天喜
《姑娘今年二十八》、《八仙的传说》、《童年的朋友》

1985 年第 3 期　刊名:《电影新作》
目录

电影文学剧本

留学生楼⋯⋯⋯⋯⋯⋯⋯⋯⋯⋯⋯⋯⋯⋯孙　进
茅屋情（根据肖容小说《姐姐》改编）
⋯⋯⋯⋯⋯⋯⋯⋯⋯⋯陶玲芬　黄蜀芹

电影小说

台风之夜（推理电影小说）⋯⋯⋯⋯⋯⋯师　征
爱情之歌（美国电影小说）⋯⋯⋯⋯⋯⋯沈　寂

电影论坛

现代电影探索与戏剧性表现手段⋯⋯⋯⋯钟大丰
不可"破碎"地看待电影功能⋯⋯⋯⋯⋯江曾培
要重视信息和预测
——漫谈电影创作中的一个问题⋯⋯⋯⋯陈　诏

影片评论

少女的心灵　时代的骄傲
——评影片《红衣少女》⋯⋯⋯⋯⋯⋯⋯王世桢
论《红衣少女》的双重结构⋯⋯⋯⋯⋯⋯金　颖
《人生没有单行道》漫评⋯⋯⋯⋯⋯⋯⋯小　路

创作谈

财富就在心中⋯⋯⋯⋯⋯⋯⋯⋯⋯⋯⋯⋯陆小雅

新片短评
评《雅马哈鱼档》的美术设计…………韩尚义
战争无情人有情
——试谈《童年的朋友》的导演艺术………许朋乐
《海滩》印象………………………纪　人
吹雄健之风　扬阳刚之美
——谈《双雄会》的人物塑造………方　步
反面人物正面写
——看《默默的小理河》………向　伶

剧本评论
《留学生楼》向我们提供了什么?………叶小楠

信息之窗
大学生对电影改编和电影未来的思考………翁　慕执笔

学影札记
声音——电影中的一个积极的剧作元素………朱小如

影人剪影
青春三部曲和她的女主人
——导演黄蜀芹纪事………………春　发
阿编杂记（三）：孤芳自赏………赵树云　潘顺芝

影片剧照
青年演员方舒
《流亡大学》、《干杯，女兵们》
青年演员李羚

1985 年第 4 期　刊名:《电影新作》
目录

电影文学剧本
张家少奶奶（根据王安忆中篇小说《流逝》改编）
…………………………………………叶　明
绞索下的交易………………王胜荣　宋　崇

电影小说
未完的对话………………………叶　舟
"吉卜赛"女郎……………………雨　来

电影论坛
电影艺术与模糊思维………………韩尚义

新片短评
《喋血黑谷》观后…………………米　丹
"主导动机"的偏差——浅评影片《代号 213》
…………………………袁放荣　翁志成

对《林中迷案》说长论短…………唐乃祥
别了，古老的磨房
——评新片《老板哥和电妹子》………汪天云
关于影片《神奇的土地》的断想………薛耀先

剧本评论
有意味的"定格"
——读电影文学剧本《张家少奶奶》………程德培

创作体会
从镜头的"描绘"功能谈起
——拍摄《童年的朋友》有感………黄蜀芹

探讨与争鸣
观众审美心理初探………………钱国民

昔日影话
缅怀先辈、督励后者
——悼念郑正秋先生逝世五十周年………董立甫

读者评议
美在"真与不真之间"…………………周莉莎
喋血——反思…………………钱建平
引人入胜的情感空间………………陈晓光
性格化的爱情描写………………张世炉
阿编杂记（四）：此路不通………赵树云　潘顺祺
编后

影片剧照
青年演员麦文燕
《青春祭》

1985 年第 5 期　刊名:《电影新作》
目录

电影文学剧本
失踪的女中学生…………………史蜀君
性命交关………缪依杭　徐维新　申屠丽生

电影小说
宋祠林园…………………………于炳坤
黄宗霑的前半生……………………沈　寂

专论
上海电影创作三十五周年………………张骏祥

电影论坛
树立电影样式观念………………罗慧生

探讨与争鸣
青年影视观众欣赏心理初探························翁志成

专访
新《夜半歌声》的序曲························叶新跃
孙道临谈星洲之行························迟　云

新片短评
他不是月亮，不是太阳························梅子涵
严重失真的《峨眉飞盗》························方　步

青年笔谈
纯影像与自然音响——看电影《黄土地》···········彭世柱
意存笔先　画尽意在
——《黄土地》写意得失谈···········孟红梅
《海滩》——一首朦胧诗························周名颖
值得玩味的审美情趣························宋永亭
《海滩》拣沙························陈　宁

报导
上海摄影师座谈《黄土地》···········胡凯明整理

影坛新人
宋崇和他的影片························陆寿钧

影人剪影
对一个演员的注释——记李羚···········汤　娟

读者信箱
"娱乐片"与娱乐性························肖　慢

影片剧照
青年演员林芳兵
《日出》中的陈白露（方舒饰）　《张家少奶奶》中
的欧阳瑞丽（李岚饰）　《淘金王》中的小露珠（宋
佳饰）　王保子（牛犇饰）

1985 年第 6 期　刊名:《电影新作》
目录

电影文学剧本
迟到的桂冠························海　青
个人问题························林明敏　王志敏

电影小说
毕业演出························叶小楠

电影论坛
一部影片的诞生························吴贻弓
从《红衣少女》谈到中国女导演群的崛起·······桑　弧
值得注意的变化——银幕造型参与剧作结构····韩尚义

专访
谈谈中青年导演的探索——访著名影评家钟惦棐·叶新跃

探讨与争鸣
为银幕写作························汪　流

影片评论
回归线上的探索——影片《流亡大学》观后····王纪人
理解和创造——影片《张家少奶奶》观后感····唐　宁
评《良家妇女》的出新························丽　人

剧本评论
王佳和她的梦
——谈电影文学剧本《失踪的女中学生》·······蔡　翔

影坛新人
"机遇"只偏爱有准备的头脑！
——电影女导演史蜀君纪事························薛　步

影人剪影
"小赵五婶"的成长——记著名演员王玉梅···佳　明

读者评议
从台词说到形象的真实························阿　道
可贵的探索························沈天水
切莫堵死"探索"的路························韦德锐

编后
1985 年总目录
征求读者意见表

影片剧照
青年演员宋佳
《日出》、《末代皇后和皇妃》、《夜行货车》、《夜半
歌声》

1986 年第 1 期　刊名:《电影新作》
目录

电影文学剧本
潮汐里的月亮························吴建新
我请求发言
········编导：[苏]格列布·潘菲洛夫　翻译：叶　琼

电影小说

黑泥洼的姑奶奶 ————————————谢友纯
河水缓缓流 ——————————————王松坤

纪念夏衍从影五十五周年

为我从影五十五周年事复于伶 —————夏　衍
智者的博识　仁者的品格——为"夏衍从影五十五周
年纪念"访陈鲤庭 ——————————叶新跃
往事难忘　心向往之——写在"夏衍从影五十五周年
纪念"的日子里 ——————————————王世桢

迎新笔会

"探索"与"创新" ——————————晓　江
漫谈改革题材 ——————————————叶　丹
电影应该回到实际生活中来 ——————翁世荣
深刻感受当代人心灵的跃动 ——————江俊绪

影片评论

我看《青春祭》 ——————————————韩尚义
透过朦胧的雾纱
——电影《青春祭》得失谈 ————陈朝玉　陈　迁
人性美和人情美的深层揭示
——影片《秦川情》漫评 ————————山　骥
真实才有力量
——影片《少年犯》观后 ————————邱明正

创作谈

一席糖醋带辣的丰宴
——《美食家》导演阐述 ————————徐昌霖
关于《淘金王》 ——————————————沈耀庭

电影随笔

银海纵横谈艺录（二题） ——————陈玉通

影人剪影

他向自己提出挑战
——《日出》导演于本正小记 ————迟　云

国外影坛

日本电影的继承、吸收及与文学的关系
————————[日] 佐藤忠男　翻译：范晓平

读者评议

《交易》之成在于"新" ——————————毛学用
电影中的省略法 ——————————————王春灿
电影艺术与摄影艺术 ——————————徐　岱

影片剧照

青年演员李勇勇 ————————————周俊彦摄

《流浪汉与天鹅》《咱们的退伍兵》《秋天里的春天》
《美食家》
封面设计 ——————————————————陈达林

1986 年第 2 期　刊名:《电影新作》

目录

电影文学剧本

月儿高 ————————朱福泉　蓝　星　吴　维
玻璃城 ——————————————————大　为

电影小说

天马飞索女 ——————————————沈　凯

电影放谈

多干实事，电影才能上去! ——————宋　崇
影视合流　时代必由 ——————————沈耀庭
从影随想 ——————————————————江海洋

影片评论

在现实主义的道路上
——看《秋天里的春天》 ————————边善基
时代的旋律　生活的节奏
——评影片《咱们的退伍兵》 ————王富荣
评《野山》 ————————————————叶之素
《黑炮事件》漫评 ——————————望　之
又闻夜半歌声 ——————————————纪　人

信息之窗

电影表演"门外探"
——电影表演艺术专题民意调查 ——袁放荣　施庆忠

评影评

视野宏阔　笔力纵横
——读钟惦棐电影评论近作 ————————任仲伦

剧本评论

清新·独特·电影化
——漫评剧本《迟到的桂冠》 ————张振华

影人剪影

在"希望的田野"上耕耘
——记电影导演艺术家赵焕章 ——————陈同艺

电影漫笔

从杨在葆"演讲"谈起 ——————————陈柏健
从好影片说到改编 ——————————韦德锐

读者评议

巧妙的构思　深沉的感情────────周莉莎
评电影文学剧本《个人问题》─────杨志明
《日出》改编琐议────────────周安华
色彩纷呈意蕴深────────────何万敏
侦探片的出新之路───────────沈天水

影片剧照

《失踪的女中学生》中的王佳（刘禹饰）
《咱们的退伍兵》、《蓝色的诱惑》、《取长补短》

1986 年第 3 期　刊名:《电影新作》
目录

电影文学剧本

女儿经─────────────────叶　丹
寻找证明的人───────────────高　林
我的、你的、她的──────────李梦学

美国电视小说

带刺鸟───────────────王美娣编译

电影论坛

对传统审美意识的思考──────────韩尚义

创作谈

《秦川情》导演阐述（主要部份）────黄祖模

影片评论

人生贵相知，何必金与钱
　　──看《淘金王》断想────────汪天云
审美空间的拓展──《绝响》漫评────王哲东
酸楚的幽默──我看《小巷名流》────钱建平

剧本评论

艺术地为民族脊梁立传
　　──读《迟到的桂冠》─────彭加瑾
海外学子的思乡曲
　　──电影文学剧本《月儿高》读后─方　正

影人剪影

遥远的歌声──刘晓庆剪影───────余　之

读者评议

既新鲜，又失望
　　──同龄人看《失踪的女中学生》──王培丽　荣紫筠
"桥"的魅力────────────张世炉
鸡鸣与鼾声─────────────张群芝

电影小说《河水缓缓流》是一篇抄袭之作────杨叔化等

影片剧照

《漂流瓶》中的丹丹（徐励俐饰）
《漂流瓶》、《超国界行动》

1986 年第 4 期　刊名:《电影新作》
目录

电影文学剧本

芙蓉镇（根据古华同名小说改编）───阿　城　谢　晋
女局长的男朋友──────王　炼　桑　弧　李亦中

苏联电影小说

湖畔奏鸣曲─────────────叶　琼编写

创作谈

影片《芙蓉镇》导演阐述（上）────谢　晋
有关《失踪的女中学生》的一些想法──史蜀君

探讨与争鸣

我看"电影新观念"───────────汪岁寒
一种新趋向──近年国内银幕形象观念变化──梁德全

专访

夜话《非常大总统》
　　──访著名电影艺术家孙道临──────任仲伦

我从这里开始

七年一回头────────────────赵大年

信息之窗

年少亦有惊人语
　　──对部分南模学生的影视调查────高　梁　张　珏

影人剪影

金鸡飞上柳林梢──记刘子枫───────汤　娟

关于《黑炮事件》的读者评议

"符号"的深刻内涵─────────周佩芳
令人欣喜的迈进──────────王稼钧
间离效果：敦促反思────────徐　竞
不充分的现实主义───────────韦德锐

影片剧照

《芙蓉镇》中的胡玉音（刘晓庆饰）
《非常大总统》中的宋庆龄（张小敏饰）
《拦灵车的人》
《美丽的囚徒》、《通天塔》

1986 年第 5 期　刊名:《电影新作》

目录

电影文学剧本

战争，让女人走开!·····················韩静霆

高原的风（根据王蒙的同名小说改编）·········赵大年

电影小说

0 的动力···························赵新世

千岛湖畔话创新——本刊编辑部召开电影创作、理论

座谈会纪实·······················本刊记者

电影论坛

银海紫潮——探索性艺术电影的缘起及前景·····刘　牛

创作谈

影片《芙蓉镇》导演阐述（下）···········谢　晋

影片《芙蓉镇》的美术构思·············金绮芬

影人剪影

绍兴人、中国人、过渡人——记谢晋·········唐　宁

影片评论

《失踪的女中学生》：从结构形式到创作心理

······························钱海毅

电影《美食家》观后随想···············孙自强

剧本评论

关于《我的、你的、她的》的通信··········周传基

评影评

论群众影评理论化的发展方向············叶觉林

专访

朴实、求真、自然

——访《血战台儿庄》总导演杨光远·········杨　明

我从这里开始

六年的酸甜苦辣····················毕必成

电影随笔

层出不穷的电影重复法·················王春灿

增强节制意识·······················赵　捷

读者评议

对《黄土地》褒贬的思考···············竺柏岳

巧在似与不似之间····················刘晓升

维纳斯塑像与模糊表演·················张世炉

影片剧照

青年演员麦文燕····················屈正一摄

青年演员廖学秋····················徐大丽摄

1986 年第 6 期　刊名:《电影新作》

目录

电影文学剧本

车队从城市经过················熊　郁　罗　星

少爷的磨难（根据法国作家凡尔纳小说改编）

···········艾明之　斯民三　[德]汉斯·肖格特

电影小说

云层··························余　曦

庆贺万氏兄弟从事动画艺术活动六十周年!

··························夏　衍　于　伶

感谢三万老······················张骏祥

探讨与争鸣

关于谢晋电影的讨论

对"谢晋电影讨论"的社会学思索··········顾晓鸣

也谈模式························纪　人

审视电影与文化的符号···············黄万盛

略论谢晋电影中的新女性形象···········陈同艺

讨论的背景······················周介人

纪念鲁迅逝世五十周年

毛鲁"会见"的奇闻，引人深思···········陈漱渝

电影论坛

进入自觉期——电影创新片谈···········彭加瑾

创作谈

《湘女萧萧》创作随想··············谢　飞　乌　兰

影片评论

《人性的哀歌》——看《湘女萧萧》札记·······山　骥

电影札记

情节启示录······················王心语

编后

1896 年总目录

影片剧照

青年演员李勇勇····················屈正一摄

菲律宾电影新秀坦妮亚·葛密斯——在北影新片《国

王与皇帝》中饰复仇公主阿茜 ······················周俊彦摄
《女局长的男朋友》
《不是冤家不碰头》、《我和我的同学们》

1987 年第 1 期　刊名:《电影新作》
目录

电影文学剧本
阿珍の发屋 ······························夏　蓝
荒雪 ································徐亚力

苏联电影小说
红叶 ·································叶　琼

中国电影的传统与创新——本刊编辑部召开传统与创
新座谈会 ···························本刊记者
电影论坛
再谈电影艺术与模糊思维 ···············韩尚义

探讨与争鸣
初探：电影特质的三元组合 ················韦　菁

专访
《T 省的八四、八五年》采访录 ···········王稼均

影片评论
一个发人深思的银幕形象——浅析《T 省的八四、八
五年》中的马玉 ·······················艺　生

电影随笔
心绪化的画面 ························关宝龙

读者评议
情真意切独具风采 ·····················崇　瑜
共存·理解·宽容 ·····················何万敏

电影讲座
电影基本观念与电影剧本——日本田坂启电影讲座之
一 ·································[日] 田坂启

封底人物介绍
好莱坞明星丽塔·海沃思

影片剧照
封面：影坛新秀余娅 ···················屈正一摄
中心彩页：珠影新秀路捷 ···············周俊彦摄
黑白图片：《T 省的八四、八五年》、《女儿经》、《最
后的太阳》

1987 年第 2 期　刊名:《电影新作》
目录

电影文学剧本
疯狂的小镇 ··························钱道远
混血儿 ·······························王小龙

电影小说
鬼礁 ·································汪　远

新时期十年电影
用感觉去发现去构造——与吴贻弓对话 ·······钱建平

电影论坛
电影创新意识与电影思维结构重组 ··········邹　平

探讨与争鸣
传统：选择与超越 ·····················任仲伦
电影创新看"传统" ···················江俊绪

影片评论
独立的心理体验和新的视觉经验——评青年导演江海
洋、彭小莲、张建亚执导的三部新片 ·········花　建

海外文摘
类型影片：神话、仪式、社会戏剧
···············[美] 维维安·索布切克著　林骧华译

外国新片欣赏
性格的、生活的、间离的——西班牙影片《钻石广
场》观感 ·····························朱小如

影人剪影
剧作之外——徐银华的"生活流" ···········唐　宁
坚持方向乘胜前进

读者评议
情节的逆转与衍变 ·····················刘晓升

电影讲座
关于原作与改编、以及电影基本观念的内容——日本
电影剧作家田坂启讲座之二 ···············[日] 田坂启

影片剧照
封面：娜仁花　冯若石　曹伯华摄
封底　美国影星拉娜·特纳
中心页彩色版　电影新秀张小敏、姜　文、于　莉、

胡尔依德、叶尔肯

1987 年第 3 期　刊名:《电影新作》
目录

电影文学剧本
热风·······························武　夫　玉　兰

电影小说
金牌·····························鲁　韧　王信敏
女工会主席·······························王同仁
小猩猩的奇遇·······························陈同艺

苏联电影小说
幸福迷人的星辰·······························肖　章

电影论坛
要做一个真诚的、热爱人民的电影艺术家——在上影
故事片创作人员会议上的讲话·······················吴贻弓

新时期十年电影
探索，还只是开始——与张暖忻对话·············叶　舟

探讨与争鸣
关于电影创新的对话·······················刘果生

海外文摘
类型影片：神话、仪式、社会戏剧
　　　　［美］维维安·索布切克著　林骧华译

外国新片欣赏
使人信服的艺术
——谈《斯巴达克斯》的演员表演·····邱士绶、蒋维国

影人剪影
彭小莲素描·······························朱　婷

电影随笔
时代、形象、社会价值
——有感于电影服装的设计和选用·············何智明

读者评议
画面背离了艺术传统精神
——简议日本影片《姊妹坡》·················李　冰
《追车》中的新奇感·······················叶　康
《女儿经》的"经"念得妙·················李　刚

影片剧照
封面：麦文燕·······························何文蓥摄
封底：詹妮弗·康奈莉
中心彩页：张　闽、娜仁花、吴　丹、吴　颖
黑白图片：《珍珍的发屋》、《外国艺术家在上海拍片》等

1987 年第 4 期　刊名:《电影新作》
目录

电影文学剧本
单刀赴会·····················黄进捷　沈耀庭
上海黑幕，1946·················叶　丹　秦瘦鸥

电影小说
窗外在下雪·······························张　耀
燕特尔（法）·······················孙建平编译

新时期十年电影
对历史和现实的回答——访导演黄健中，谈新时期十
年电影·······························简　波
用热情拥抱沸腾的生活——与赵焕章对话·······任仲伦

电影论坛
十年功过犹可训
——关于《创新与上影》的断想·················吕晓民

影片评论
城市电影初探——看片笔记·················边善基

海外文摘
类型影片：神话，仪式，社会戏剧
　　　　［美］维维安·索布切克　林骧华译
合作·友情·理解
——《太阳帝国》拍摄散记·················陈伟奇

电影讲座
电影基本观念的组成要素
——日本电影剧作家田坂启讲座之三····［日］田坂启

读者评议
主题音乐与画面色彩——观《爱情故事》·········沈一飞
哲理和荒诞·······························韦德锐
台词——电影"生命的血液"·················应　卫

影片剧照
封面：李克纯·······························周俊彦摄
封底：美国影星波姬·小斯
中心页彩色版：吴　丹·······················屈正一摄

1987 年第 5 期　刊名:《电影新作》
目录

电影文学剧本
人·鬼·情 ⋯⋯⋯⋯⋯⋯⋯⋯⋯⋯⋯⋯⋯ 黄蜀芹
凶手与懦夫 ⋯⋯⋯⋯⋯⋯ 杨时文　梁星明

电影小说
天堂盛宴 ⋯⋯⋯⋯⋯⋯⋯⋯ 曾昭弘　张蓉桦

电影报告文学
银燕腾飞云天外 ⋯⋯⋯⋯⋯⋯⋯⋯⋯⋯ 自　强
关于电影艺术的大众化——本刊召开电影创作座谈会

新时期十年电影
三"乡"对话录——采访胡柄榴 ⋯⋯⋯⋯ 苏　生

电影论坛
军事影片断想 ⋯⋯⋯⋯⋯⋯⋯⋯⋯⋯⋯ 钱国民

专访
我什么都演——叶志康访问录 ⋯⋯⋯⋯ 王稼均

剧本评论
《热风》漫评 ⋯⋯⋯⋯⋯⋯⋯⋯⋯⋯⋯⋯ 崇　瑜

影人剪影
"我还不是一颗新星"——记姜文 ⋯⋯⋯ 寒于水

电影剧作知识讲座
电影和电视的异同——日本电影剧作家田坂启讲座之四

影片剧照
封面: 青年演员李勇勇 ⋯⋯⋯⋯⋯⋯⋯ 屈正一摄
封三:《女人的故事》
《紫色的皇冠》

1987 年第 6 期　刊名:《电影新作》
目录

电影文学剧本
珠海情思 ⋯⋯⋯⋯⋯⋯⋯⋯⋯⋯⋯⋯⋯ 毕必成
三个疯女人 ⋯⋯⋯⋯⋯⋯⋯ 赵志强　胡惠英
林栖者 ⋯⋯⋯⋯⋯⋯⋯⋯⋯⋯ 王柏华　吴炯明
企业家谈电影

影片评论
现实主义的力作——《老井》漫评 ⋯⋯⋯ 边善基

现代明信片喜剧
——《少爷的磨难》第一印象记 ⋯⋯⋯⋯ 钱海毅

军旗颂影评征文
瑕不掩瑜互为鉴——《高山下的花环》与《战争让女
人走开》的漫比 ⋯⋯⋯⋯⋯⋯⋯⋯⋯⋯ 吕　律

电影随笔
"类别·品级·层次"小议 ⋯⋯⋯⋯⋯⋯ 刘果生

电影剧作知识讲座
希区柯克和特吕弗电影艺术思想概述——日本电影剧
作家田坂启讲座之五 ⋯⋯⋯⋯⋯⋯ [日]田坂启
《电影新作》一九八七年总目录

影片剧照
封面: 青年演员罗英 ⋯⋯⋯⋯⋯⋯⋯⋯ 何文蕈摄

1988 年第 1 期　刊名:《电影新作》
目录

电影文学剧本
古币风波 ⋯⋯⋯⋯⋯⋯⋯⋯⋯⋯⋯⋯⋯ 梁星明
徐文长传奇 ⋯⋯⋯⋯⋯⋯⋯⋯ 陈正国　顾颂恩
交叉线 ⋯⋯⋯⋯⋯⋯⋯⋯⋯⋯ 庄艺岭　张振华

电影论坛
方向的贯彻需要政策保证
——漫谈中国电影的改革 ⋯⋯⋯⋯⋯⋯ 成　谷

专访
"有志者宜终生以之"
——访著名电影表演艺术家白杨 ⋯⋯⋯ 张　煜
联姻: 小说与银幕——与张弦对话 ⋯⋯⋯ 钱建平

影片评论
我看《鸳鸯楼》 ⋯⋯⋯⋯⋯⋯⋯⋯⋯⋯⋯ 山　骥

学影札记
让城市文化在银幕上曝光
——对城市电影的思考 ⋯⋯⋯⋯⋯⋯⋯ 周　斌
意识流电影和电影意识流 ⋯⋯⋯⋯⋯⋯⋯ 林　巍

国际影坛
当代西方电影面面观 ⋯⋯⋯⋯⋯⋯⋯⋯⋯ 黄祖模

外国新片简介
疯狂的家属

汽车风波
普里泽家族的荣誉
归来
编后

封面剧照
张伟欣······何文蔚摄

1988 年第 2 期　刊名:《电影新作》
目录

电影文学剧本
斑斓的十字······王玉彬　王苏红
秋之白华······冒　炘
文献纪录片
蔡元培生平······桑　弧
执着的艺术追求
——上影新片《人·鬼·情》座谈

专访
访黄蜀芹　谈《人·鬼·情》······顾征南

影片评论
中国电影的新突破
——《红高粱》断想急就章······钱海毅

剧本评论
一份厚重的礼物
——评电影文学剧本《珠海情思》······肖　峰
一页难忘的历史······李　刚

电影论坛
无噱不成片——从动画片《米老鼠和唐老鸭》中的噱
头谈起······李绍然
阿达最后两部遗作的启迪······金柏松

读者评议
要塑造具有民族特色的人物形象······王春灿
电影理论的失重······韦德锐
提倡为演员写戏······张世炉

国外影坛
对一张名单的思索
——从美国电影的"十佳"说起······吕晓明

外国新片简介
虎口胭脂
纹身

来稿摘编
编后

封面人物
刘旭凌······周俊彦摄

1988 年第 3 期　刊名:《电影新作》
目录

电影文学剧本
霓裳羽衣歌······白　桦
不能没有爱······胡惠英
深化改革　繁荣创作——本刊编辑部召开电影体制改
革研讨会

剧本评论
匠心独运谱新歌——读白桦《霓裳羽衣歌》····唐葆祥

影片评论
《紫红色的皇冠》笔谈
爱的呼唤······汤　娟
随感两则······陆寿钧
喜见《阿诗玛》重放异彩······丽　人

电影论坛
文化比较：中西方惊险片······张成珊
编后

读者评议
深刻的寓意，执著的追求······杨中正

1988 年第 4 期　刊名:《电影新作》
目录

电影文学剧本
一夜歌星（根据韩静霆小说《情歌王子》改编）
······韩静霆
美神泪······黄　珂

西方情节片研讨专辑
那也是有规律可循的
——开展对西方情节片的研究······成　谷
情节放谈······艾明之
不应该轻视情节片······叶　丹
导演：悬念的设置······叶　明
关于情节片的断想······姚国华
情节片应当受到重视······王世桢
话说"娱乐"······江海洋

情节片与创作观念⋯⋯⋯⋯⋯⋯纪 人 兆 莲
情节性·艺术性·娱乐性⋯⋯⋯⋯⋯⋯边善基
样式·品味·生命力⋯⋯⋯⋯⋯⋯⋯钱国民
补偿，情节电影的首席功能⋯⋯⋯⋯汪天云
好莱坞：情节片的内在心理张力⋯⋯江俊绪
谈谈侦探片⋯⋯⋯⋯⋯⋯⋯⋯⋯⋯李亦中
悬念·动作·节奏⋯⋯⋯⋯⋯⋯⋯⋯陈同艺
多讲究些"新奇巧趣"⋯⋯⋯⋯⋯⋯毛学用
现实一些，实际一些⋯⋯⋯⋯⋯⋯吕晓明
加强对情节剧电影的理论研究⋯⋯⋯周 斌

"西方影片为何能吸引观众"研讨会综述
中国当代电影之我见
我们为什么要看电影⋯⋯⋯⋯⋯⋯王光利
面对当代生活的窘困⋯⋯⋯⋯⋯⋯陆小伟

读者评议
执着的追求⋯⋯⋯⋯⋯⋯⋯⋯⋯⋯郭 立
人性与兽性的交织⋯⋯⋯⋯⋯⋯⋯成 斌
野性与人性上的困惑⋯⋯⋯⋯⋯⋯赵德兴
豺狼性·奴性·反抗性⋯⋯⋯凌金凤 周根发
在心灵之间架起理解的桥梁⋯⋯⋯章邦鼎
编后
封面
林芳兵⋯⋯⋯⋯⋯⋯⋯⋯⋯⋯⋯屈正一摄

1988 年第 5 期　刊名:《电影新作》
目录

电影文学剧本
初会（根据侯钰鑫小说《冒险家的碑记》改编）
⋯⋯⋯⋯⋯⋯⋯⋯⋯⋯于 力 殷敦煌
一个冒险的美国女人⋯⋯⋯⋯⋯⋯毕必成
罪恶的阴影⋯⋯⋯⋯⋯⋯⋯⋯⋯⋯蔡再生
开卷有益——序韩尚义《电影艺术美漫谈》⋯王朝闻

剧本评论
富于个性的艺术再创造
——谈谈《初会》的改编⋯⋯⋯⋯⋯边善基
文莫贵于深邃自得
——电影剧本《罪恶的阴影》读后⋯⋯石复生

探讨与争鸣
青年：从历史的阴影下走出——对新时期青年题材影
片的一些思考⋯⋯⋯⋯⋯⋯⋯⋯江俊绪
试论吴贻弓的价值取向⋯⋯⋯⋯⋯张成珊

电影论坛
类型电影：用游戏方式实现艺术⋯⋯汪天云 蔡 耀
"雅文化"与"俗电影"⋯⋯⋯⋯⋯张振华

国外影坛

也算纪念——写于"爱森斯坦年"⋯⋯⋯吕 律
编后

封面
青年演员谭小燕⋯⋯⋯⋯⋯⋯⋯⋯周俊彦摄

1988 年第 6 期　刊名:《电影新作》
目录

电影文学剧本
小城之春⋯⋯⋯⋯⋯⋯⋯⋯⋯⋯⋯李天济
雨后荷花村⋯⋯⋯⋯⋯⋯⋯⋯⋯⋯陆永兴
问泄密者⋯⋯⋯⋯⋯⋯⋯⋯⋯⋯⋯黄应国
"城市电影"大有可为——本刊编辑部召开"城市电
影"研讨会⋯⋯⋯⋯⋯汤晓丹 桑 弧 沈 寂
姚国华 唐乃祥 边震遐 周斌 钱晓茹 边善基
对"城市电影"的一点回顾与遐想⋯⋯⋯徐昌霖
"城市电影"是个特殊的范畴⋯⋯⋯⋯邱明正
"城市电影"应有城市气派⋯⋯⋯⋯翁世荣

电影论坛
山到成名毕竟高
——也论《老井》、《红高粱》现象⋯⋯王富荣

影片评论
抒情写意韵悠悠
——评四十年代电影《小城之春》⋯⋯江俊绪

剧本评论
紧扣时代的主旋律
——读电影文学剧本《雨后荷花村》⋯⋯晓 星

影人剪影
上海的惊奇——女演员陈冲⋯⋯⋯黄映红节译

读者评议
勇于开拓　不拘一格
——电影文学剧本《一夜歌星》读后⋯⋯肖 峰

编后
封面
青年演员单星梅⋯⋯⋯⋯⋯⋯⋯⋯何文蓴摄

1989 年第 1 期　刊名:《电影新作》
目录

电影文学剧本

野樱桃 ·······························陈光登　斯民三
新闻官司 ·······························张柱国　贝自强
对台湾电影艺术的探讨

信息之窗

台湾电影掠影 ·······························钱晓茹
繁花似锦的现代动画艺术 ·······················金柏松

影片评论

可贵的探索——《第三个男人》观后 ·············刘果生

读者评议

漫谈不够喜剧的喜剧片 ·······················范华群

日本电影故事

犬神家族
水写成的故事

编后
封面
青年演员余娅

1989 年第 2 期　刊名:《电影新作》
目录

电影文学剧本

神秘的女经理 ·······························陈　彬
萌萌和芽芽 ·······························陈政安　李新銮
莫愁! 莫愁! ·······························李振家
认真总结四十年 ·······························张骏祥
关于《第三个男人》的笔谈
入情入理的悬念片 ·······························李振潼
预料之外，情理之中 ·······················陈朝玉
呼唤健全的人 ·······························钱建平
成功与不足 ·······························纪　人

电影史话

"电影负着时代前驱的责任"——纪念郑正秋先生诞
辰一百周年 ·······························李伟梁

国外影坛

卓别林辨正数题——写于他的一百周年诞辰 ·····吕　律

读者评议

悬念意识与性格意识 ·······················韦德锐
编导的欲望和观众的欲望 ·····················谢文钦

编后
封面
青年演员林芳兵

1989 年第 3 期　刊名:《电影新作》
目录

电影文学剧本

烛之光 ·······························陈丹路
魔掌下的红舞女（根据阿章、黄志远小说《货腰女
郎》改编） ·······························叶　丹
SOS 海洛因 ·······················汪天云（笔执）　严伟男

上影新时期十年

论谢晋电影 ·······························任仲伦
略论吴贻弓系列及其审美理想 ·················钱海毅

编后
封面
青年演员金梦 ·······························屈正一摄

1989 年第 4 期　刊名:《电影新作》
目录

电视、电影文学剧本

奔马魂 ·······························郑世隆　骆家清
窦小妹 ·······························李建新

上影新时期十年

不拘传统　自出新意——论新时期上影部分影片电影
语言的新探索 ·······························周　斌
现实主义的新探索
——评上影新时期的革命历史题材创作 ·········边善基

剧本评论

奔马精神的礼赞——评《奔马魂》 ·············李幼苏
读者评议

雅俗共赏之我见 ·······························东　阳
探索片的衰落 ·······························胡建国

编后
封面
青年演员李克纯 ·······························屈正一摄

1989 年第 5 期　刊名:《电影新作》
目录

电影文学剧本

球星·····················蔡小钢　索日托拉图

军魂·····················蔡再生　马安定

爱俪园传奇·················汪　培　周　牧

上影新时期十年

江山留胜景　层楼宜更上——上影新时期电影的回顾
和思考·····················王纪人　吕晓明

对电影改编的若干思考·············金天逸

编后

封面

青年演员刘赫男·················何文尊摄

1989 年第 6 期　刊名:《电影新作》
目录

电影文学剧本

水森娘·······················元　丹

唐伯虎传······················金伯弢

女刑警·······················陈宏强

关于《最后的贵族》的表演艺术探讨··········姚国华

张仲年　胡　导　李天济　孙道临　陈同艺　吕晓明
汤　娟　杨岱藩　边善基　武珍年

剧本评论

向人物性格的深层开掘——谈电影剧本《军魂》人物
塑造·······················石复生

编后

封面

青年演员郑晖·················天　长摄

非非

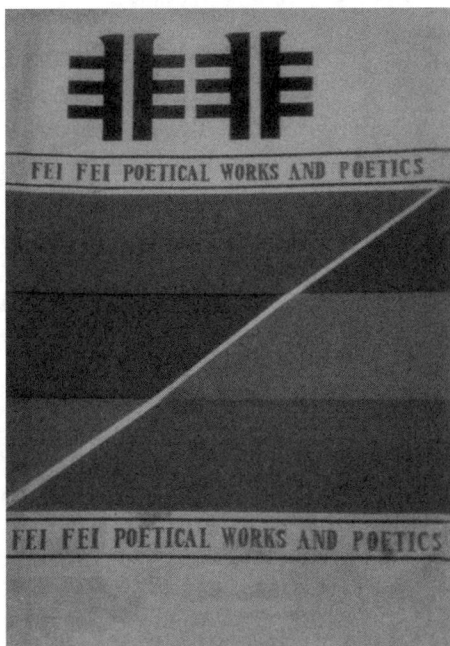

【简　介】

　　创刊于 1986 年 7 月，由周伦佑主编。从 1986 年到 2009 年，一共发行了 12 卷。其主要发表诗歌，间或有评论等。二十世纪八十年代中后期，围绕在《非非》周围的诗人形成一个流派称之为"非非主义"，其倡导的"非崇高"与"非文化"引起诗坛大的震动。

1986 年第 7 期—1989 年

1986 年第 7 期　刊名:《非非》
目录

非非主义宣言
非非风度

冷风景····················杨　黎
鬼城·····················何小竹
台阶与假门·················周伦佑
水银张口的夜晚···············蓝　马

八种感觉

尚仲敏诗选·················尚仲敏
名人各人女孩子···············梁晓明

仁川登陆···················宁　可
诗五首····················丁　当
侧面·····················吉木狼格
枭王·····················万　夏
三个证明···················邵春光
一种有关此时此地的闲话··········敬晓东

玻璃午餐

情感样式···················刘　涛
纯情杂种···················李　瑶
白色影子···················小　安

微型风暴

高尔基经过吉依别克镇···········李亚伟
现代战争的经验公式············孟　浪
头脑怒火和二个主义············余　刚
国际主义观点················郁　郁

非非第一步

诗人咖啡厅·················姚　成
羊羽·····················彭先春
那条街····················唐继强
雨夜·····················徐　冬

非非主义理论

变构:当代艺术启示录···········周伦佑
前文化导言·················蓝　马

非非主义资料

非非主义诗歌方法············周伦佑　蓝　马
非非主义小辞典·············周伦佑　蓝　马

青年诗人论坛

突破白天进入黑夜·············敬晓东

编后五人谈

1987 年第 6 期　刊名:《非非》
目录

自由方块···················周伦佑
高处·····················杨　黎
六八四十八·················蓝　马

非非风度

吉木狼格诗选····················吉木狼格
尚仲敏诗选·······················尚仲敏
李亚伟诗选·······················李亚伟
何小竹诗选·······················何小竹
余刚诗选··························余　刚
梁晓明诗选·······················梁晓明
敬晓东诗选·······················敬晓东

非非女诗人七家

阿维尼翁··························刘　涛
橡皮猎人··························陈小繁
种烟叶的女人·····················小　安
西部花毯··························海　男
水景系列··························程小蓓
门弟之想··························杨　萍
流行的女孩子······················朱　卓

青铜骑士

那时一个瘦男人的随笔··············喻　强
自言自语··························二　毛
浅水上的问题······················朱　篱
减少创伤··························杜　乔
眨七次半眼睛看到的················杨文康
形而上表情························泓　叶
平衡技巧··························谢崇明
三种雨····························李　石

你们·我们·他们

一种生活··························沈天鸿
手势体验··························朱凌波
诗五首····························郁　郁
京不特种种说······················京不特
观物······························乃　生
诗四首····························叶　舟

进入非非

画布上的图案······················李自国
自画像····························陈亚平
初夏自白··························张梦丽
征婚广告··························自　然
红雨伞····························海　灵

非非主义理论

语言作品中的语言事件及其集合·······蓝　马

中国诗界 1986 年十大新闻

编后五人再谈

1988 年第 11 期　刊名:《非非》
目录

非非主义第二号宣言················蓝马执笔

文化与价值

反价值····························周伦佑
人与世界的语言还原················蓝　马

诗哲理

杨黎文论选·······················杨　黎
内心的言辞·······················尚仲敏
诗的音乐精神······················李　震

理论探索

潜思维论··························田晋川
语言书····························毛喻原

非非与当代文化

当代文化运动与第三文化············周伦佑
非非主义与造天运动················龚盖雄

非非资料室

非非主义小辞典···········周伦佑　蓝　马　杨　黎

1989 年　刊名:《非非》
目录

世的界····························蓝　马
组诗······························何小竹
歌唱十五首························尚仲敏

非非风度

刘涛诗选
小安诗选
南野诗选
海南诗选
谢崇明诗选
文康诗选
喻强诗选
京不特诗选
郎毛诗选
叶舟诗选
朱鹰诗选
山杉诗选

非非诗人自选诗
吉木狼格自选诗
梁晓明自选诗
余刚自选诗
杨萍自选诗

非非实验室
短诗与长诗⋯⋯⋯⋯⋯⋯⋯⋯⋯⋯⋯⋯⋯杨　黎
头像⋯⋯⋯⋯⋯⋯⋯⋯⋯⋯⋯⋯⋯⋯⋯⋯周伦佑

非非之想
永远瞄准玫瑰红的枪口⋯⋯⋯⋯⋯⋯⋯刘　翔
看看那个高度⋯⋯⋯⋯⋯⋯⋯⋯⋯⋯⋯金　耕
雨后在树荫里穿行⋯⋯⋯⋯⋯⋯⋯⋯⋯韵　钟
风声在后⋯⋯⋯⋯⋯⋯⋯⋯⋯⋯⋯⋯⋯张义先
预兆前预兆⋯⋯⋯⋯⋯⋯⋯⋯⋯⋯⋯⋯任　阔
晚上与桥上⋯⋯⋯⋯⋯⋯⋯⋯⋯⋯⋯⋯海　灵
有人敲门⋯⋯⋯⋯⋯⋯⋯⋯⋯⋯⋯⋯⋯维　色
红色与猫⋯⋯⋯⋯⋯⋯⋯⋯⋯⋯⋯⋯⋯郭　毅
女人的伤口⋯⋯⋯⋯⋯⋯⋯⋯⋯⋯⋯⋯周凤鸣

他山之石
无主体变奏⋯⋯⋯⋯⋯⋯⋯⋯⋯⋯⋯⋯戈　尔
成名以后⋯⋯⋯⋯⋯⋯⋯⋯⋯⋯⋯⋯⋯谢云途
无味的男人⋯⋯⋯⋯⋯⋯⋯⋯⋯⋯⋯⋯胡兴薇
又是门⋯⋯⋯⋯⋯⋯⋯⋯⋯⋯⋯⋯⋯⋯马岸南
题之外⋯⋯⋯⋯⋯⋯⋯⋯⋯⋯⋯⋯⋯⋯胡亚南
黄玫瑰舞厅⋯⋯⋯⋯⋯⋯⋯⋯⋯⋯⋯⋯南　戈
初识情人⋯⋯⋯⋯⋯⋯⋯⋯⋯⋯⋯⋯⋯亚　尔
达无诗歌简介⋯⋯⋯⋯⋯⋯⋯⋯⋯⋯⋯戈

中国诗界 1987—1988 年十大新闻⋯⋯⋯⋯扉　页
编后三题

《汾水》
（《山西文学》）

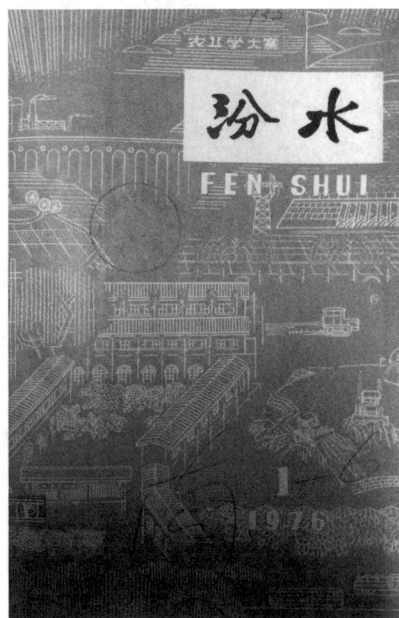

【简　介】

　　综合性文学月刊。山西省作家协会主办。创刊于1956 年,1982 年 1 月由《汾水》更名为《山西文学》。创刊初期为双月刊,1978 年 1 月起改为月刊。其曾因作为我国当代文学著名现实主义流派——"山药蛋派"的主创阵地而饮誉文坛,培养了大量的山西作家。其主要的栏目有小说、散文、诗歌、报告文学以及评论等。

期刊号：1976 年第 1 期—1989 年第 12 期

1976 年第 1 期　刊名:《汾水》

目录

散文·报告文学
插上金翅膀飞翔
——大寨纪事⋯⋯⋯⋯⋯⋯⋯⋯⋯⋯⋯孔令贤
大寨花开满昔阳
"战地"巡礼⋯⋯⋯⋯⋯⋯⋯⋯⋯⋯⋯⋯莎　荫
英雄劈开寨岭山⋯⋯⋯⋯⋯⋯⋯⋯宋贵生　宋淑文
焦娥妮⋯⋯⋯⋯⋯⋯⋯⋯⋯⋯⋯⋯彦　颖　道　恕
金色的桥⋯⋯⋯⋯⋯⋯⋯⋯⋯⋯⋯马　骏　雁　翔

电影文学剧本
山花⋯⋯⋯⋯⋯⋯⋯⋯编剧:孙　谦　马　烽（执笔）
郭恩德　杨茂林　谢俊杰

小说

摇耧记⋯⋯⋯⋯⋯⋯⋯⋯⋯⋯⋯⋯胡 帆
伏虎岭下⋯⋯⋯⋯⋯⋯⋯⋯⋯⋯田东照
我当支书以后⋯⋯⋯⋯⋯⋯⋯⋯侯凤翔
新上任的检验员⋯⋯陈为人 沈 豪 胡经伦

诗

学大寨新民歌十一首⋯⋯⋯⋯⋯李居鹏等
全国普及大寨县⋯⋯⋯⋯⋯⋯⋯杨进升
爆破手⋯⋯⋯⋯⋯⋯⋯⋯⋯⋯⋯董耀章
北京钻天杨礼赞⋯⋯⋯⋯⋯⋯⋯王文绪
新炮手⋯⋯⋯⋯⋯⋯⋯⋯⋯⋯⋯何春晓
迎着朝阳向前方⋯⋯⋯⋯⋯刘柏生 陈 瑞
教材⋯⋯⋯⋯⋯⋯⋯⋯⋯⋯⋯⋯白锡喜
矿山春早⋯⋯⋯⋯⋯⋯⋯⋯⋯于 瑛 华 丹
泉⋯⋯⋯⋯⋯⋯⋯⋯⋯⋯⋯⋯⋯孔祥德
占领⋯⋯⋯⋯⋯⋯⋯⋯⋯⋯⋯⋯孙海生
校园晨歌⋯⋯⋯⋯⋯⋯⋯⋯⋯⋯马晋乾
回母校⋯⋯⋯⋯⋯⋯⋯⋯⋯⋯⋯吕世豪

评论

努力反映农业学大寨运动⋯⋯⋯⋯戈 松
文学创作要热情歌颂新生事物⋯⋯蔡润田
学习鲁迅对《水浒》的评论⋯⋯曲润海 韩玉峰
农业学大寨的赞歌
　——读《昔阳新故事》⋯⋯⋯⋯侯桂柱
大干战歌⋯⋯⋯⋯⋯王道诚词 史掌元曲

1976 年第 2 期　刊名：《汾水》
目录

理论

坚持文艺革命，反击右倾翻案风⋯⋯初 澜
永攀高峰　永远革命
　——学习《水调歌头·重上井冈山》⋯董大中
试看天地翻覆
　——喜读《念奴娇·鸟儿问答》⋯亚 洲 武陆其
评宋江其人⋯⋯⋯⋯⋯⋯张秉谦 郭振有
歌颂"文化大革命"　回击右倾翻案风⋯风 驰

小说

在前进中学⋯⋯⋯⋯⋯⋯⋯⋯崇 轩 纯 志
老学员⋯⋯⋯⋯⋯⋯⋯⋯⋯⋯⋯王兆永
打狼⋯⋯⋯⋯⋯⋯⋯⋯⋯⋯⋯⋯王中干
改英⋯⋯⋯⋯⋯⋯⋯⋯⋯⋯⋯⋯师 耘

报告文学·散文

高峰在前⋯⋯⋯⋯⋯⋯⋯⋯杨茂林 王道诚

寿阳纪行⋯⋯⋯⋯⋯⋯⋯⋯武子海 齐章锁
报春花⋯⋯⋯⋯⋯⋯⋯⋯⋯⋯⋯张 恒
风雪夜⋯⋯⋯⋯⋯⋯⋯⋯⋯⋯⋯李汉明

诗

坚决回击右倾翻案风
新的战斗⋯⋯⋯⋯⋯⋯⋯⋯⋯⋯钮宇大
大辩论赞歌⋯⋯⋯⋯⋯⋯⋯⋯⋯张承信
金钟长鸣⋯⋯⋯⋯⋯⋯⋯⋯⋯⋯梁志宏
一花引来万朵花⋯⋯⋯⋯⋯⋯⋯旭 林
大寨新民歌十首

工农兵赛诗会
　——新生事物赞

赛诗会（二首）⋯⋯⋯⋯⋯⋯⋯刘建义
迎新曲——记一位年轻书记⋯⋯⋯徐若琦
新政委⋯⋯⋯⋯⋯⋯⋯⋯⋯⋯⋯魏红前
千秋功罪我们评说——赞工人登上大学讲台⋯李文如
育苗——农民兼职教师赞⋯⋯⋯⋯程 鹏
答卷⋯⋯⋯⋯⋯⋯⋯⋯⋯⋯⋯⋯张登城
欢送会⋯⋯⋯⋯⋯⋯⋯⋯⋯⋯⋯史超典
巡逻剪影⋯⋯⋯⋯⋯⋯⋯⋯⋯⋯赵国增
归队⋯⋯⋯⋯⋯⋯⋯⋯⋯⋯⋯⋯王正选
沙海清泉⋯⋯⋯⋯⋯⋯⋯⋯⋯⋯董保存
一条大道金光闪⋯⋯⋯⋯⋯⋯⋯鲁 薇
巡诊⋯⋯⋯⋯⋯⋯⋯⋯⋯⋯⋯⋯崔润琐
农民爱走大寨路⋯⋯⋯⋯⋯⋯⋯焦天来
大寨红花处处开⋯⋯⋯⋯⋯⋯⋯袁南芳
党委书记下坑道⋯⋯⋯⋯⋯⋯⋯张彦明
师徒并肩上大学⋯⋯⋯⋯⋯⋯⋯石秀英
他们是俺队的好青年⋯⋯⋯⋯⋯刘建义
　徐若琦　魏红前　李文如　程 鹏　张登城　史超典
　赵国增　王正逸　鲁 薇　董保存　崔润锁　袁南芳
　焦天来　张彦明　石秀英　莲 葆

随笔

沉滓的"泛"与"沉"⋯⋯⋯⋯⋯⋯王 倜
由"生姜还是老的辣"想起⋯⋯⋯肖 栋

1976 年第 3 期　刊名：《汾水》
目录

坚决拥护党中央两项决议
愤怒声讨邓小平反动罪行
中共中央关于华国锋同志任中共中央第一副主席、国
务院总理的决议
中共中央关于撤销邓小平党内外一切职务的决议
热烈欢呼毛主席革命路线的伟大胜利

——山西省短篇小说创作会议工农兵作者坚决拥护党中央的两项决议

英明的决策（诗）……………………………………王东满
反击战（诗）………………………………………张天定
愤怒的声讨（诗）…………………………………张不代
誓将革命干到底（诗）………………邓守义　吴晓东

小说
白云沟…………………………………………………杨兆平
演戏的故事…………………………………………马　力
争夺…………………………………………………贺小虎
炉火熊熊……………………………………………解义勇
智明和他的小伙伴………………………………彭剑澄

散文·报告文学
新来的书记…………………………………………莎　荫
上任……………………………………………莎　荫　书　文
降"龙"记……………………………蓝光斗　张志安

诗
"文化大革命"好
"文化大革命"就是好………………………………郑宝生
战鼓催征……………………………………………刘棠哲
日记…………………………………………………李建华
谒庐山………………………………………………马生海
永走《讲话》指引的路………………………………田福林
芦花淀来了电影船…………………………………韩静霆
幸福站………………………………………………赵金荣
进深山………………………………………………周所同
给一个知识青年……………………………………李再新
新农大………………………………………………周　颖
干校新歌……………………………………………刘瑞祥

理论
团结人民　打击敌人
——学习《在延安文艺座谈会上的讲话》的一点体会
…………………………………………………………艾治国
沿着毛主席指引的方向前进
——学习毛主席关于诗歌创作指示的体会……杜书瀛
"不克厥敌，战则不止"——学习鲁迅反对复辟倒退
的彻底革命精神……………………………………艾　斐
大寨之夜……………………………………………张明真

1976 年第 4 期　刊名:《汾水》

目录

小说
并肩战斗……………………………………………赵之同
党委书记……………………………………………孙　越
毕业答卷……………………………………………马阳虎
战鼓刚刚擂响………………………………………赵士元
我的组长……………………………………………董保存

诗
激流之歌……………………………………………吴长生
火红日历心头挂……………………………………王庆华
红卫兵袖章颂………………………………………赵展舒
进军号角……………………………………………周崇义
书记的袖标…………………………………………徐若琦
夜间巡逻……………………………………………乔中兴
幸福的回忆…………………………………………黄润勇
灯的嘱托……………………………………………梁申威
时代战歌卷惊涛（二首）…………………………刘国柱
舞台（二首）………………………………………申修福
啊！党旗……………………………………………吕海潮
汾河红柳……………………………………………程　鹏
"八一"前夕的通信…………………………………霍冰山
鱼水歌………………………………………………徐明德

报告文学·散文
大庆的早晨…………………………………………新　辉
战旗…………………………………………………平　湖
"春苗"新曲…………………………………宋贵生、宋笃忠
闪闪的灯光…………………………………贾文勤、郭石勇
山村炮声……………………………………………温述光
奔腾吧！革命的狂澜………………………………周　涛

理论
惊涛骇浪　坚如磐石
——学习革命现代京剧《磐石湾》札记………博　野
为革命创作更多更好的诗歌
——学习鲁迅关于诗歌的论述………………朱　捷
"文化大革命"永放光芒《歌曲》
　　　　　　董耀章词　栾世彪　张一非曲

1976 年第 5 期　刊名:《汾水》
目录

极其沉痛地哀悼伟大的领袖和导师毛泽东主席逝世
中国共产党中央委员会
中华人民共和国全国人民代表大会常务委员会
中华人民共和国国务院
中国共产党中央军事委员会
告全党全军全国各族人民书

在伟大的领袖和导师毛泽东主席追悼大会上中国共产
党中央委员会第一副主席、国务院总理华国锋同志致
悼词
毛主席啊,您永远活在大寨人的心中
 ·······本刊驻昔阳县记者
大寨人怀念毛主席(诗)·········大寨　向　阳
眼望大寨红旗(诗)······大寨学校学生　贾素平
宣誓(诗)·············大寨展览馆　梁拉成
继承毛主席遗志,将文艺革命进行到底
 ·················工人　胡经伦
沉痛悼念毛主席,永远革命志不移····社员　胡　帆
毛主席啊,我们永远怀念您·········战士　权延赤
毛主席啊,蔡家崖人民怀念您(诗)···吕世豪　罗贤保
毛主席永远和我们在一起(诗)·········王东满

报告文学·散文
永不脱落的茧花·········宋希祥　景捷升　黄道恕
麻莴花·····················孟海生
两姐妹·····················宋书文

小说
新大学生····················权延赤
扎根······················李　锐
第一天·····················范大鹏
兽医小组····················刘桂权

理论
鲁迅小说中的复辟派典型·············侯文正
你们要关心国家大事(木刻)·······杨力舟　王迎春

1976 年第 6 期　刊名:《汾水》
目录

华国锋主席像

彻底批判王张江姚反党集团的滔天罪行
要痛打落水狗
 ——批判"四人帮"在文艺战线的罪行····本刊评论员
毛主席对《创业》的批示不容歪曲··········冯　池
用心险恶　手段卑劣
 ——从对《山花》的刁难看"四人帮"反大寨的罪行
 ·····················谭　真
评"四人帮"的文艺标准··············王子硕
揭穿假面　清除蛀虫·········尹世明　林清奇
"撕掉他的鬼脸"
 ——读鲁迅《三月的租界》············朱　力
反骨必露
 ——评江青的一首黑诗······傅如一　庞志雄　延　敏

散文·报告文学
飘扬吧,英雄的大寨红旗
 ——大寨大队批判"四人帮"反党分子江青大会纪实
 ·················本刊驻昔阳县记者
红太阳光辉照西沟················青　稞
心中的太阳永不落
 ——蔡家崖记事···········牛贵怀　罗贤保
跟着爸爸去战斗·················张贵桃
写在烈士洒下鲜血的日子
 ——纪念刘胡兰就义三十周年···········由　岑

诗
毛泽东思想照航程················罗继长
导师颂·····················蔡润田
心中的颂歌···················武建中
渡口·················杨金台　刘世友
盛大的节日···················周　涛
华主席和人民心连心···············石受文
华主席登上虎头山················陈广斌
干校墙报····················梁　衡
十月的日历···················鲁　薇
回太行·····················尧山壁
煤城新曲····················力　耕
阳泉新景····················马作楫
前辈的心愿···················张含保
江南风光斗中来·················王　笑
党中央为民除四害···········繁　元　王　颂

小说

征途上⋯⋯⋯⋯⋯⋯⋯⋯⋯⋯⋯⋯⋯⋯焦祖尧

草原神鹰⋯⋯⋯⋯⋯⋯⋯⋯⋯⋯⋯⋯⋯李再新

决战前夜（长篇小说《漳河春》选载）⋯⋯王东满

颂歌（歌曲）⋯⋯⋯⋯⋯⋯⋯洪　源词　张　沛曲

1977 年第 1 期　刊名：《汾水》
目录

中国共产党中央委员会主席华国锋同志
在第二次全国农业学大寨会议上的讲话

纪念敬爱的周恩来总理逝世一周年

幸福的时刻（散文）⋯⋯⋯⋯⋯⋯⋯⋯⋯李　锐

敬爱的周总理看我们演出（散文）⋯⋯⋯杨　威

一张珍贵的照片（散文）⋯⋯⋯吴彦姝　郭玉香

一月的怀念（诗）⋯⋯临汾地区文艺工作室集体创作

周总理来大寨（诗）⋯⋯⋯⋯⋯⋯⋯⋯⋯张承信

诗

颂歌一曲献领袖⋯⋯⋯⋯⋯⋯⋯⋯⋯⋯梁志宏

华主席来到咱大寨⋯⋯⋯⋯⋯⋯⋯⋯⋯乔中兴

迎接更大的胜利⋯⋯⋯⋯⋯⋯⋯⋯⋯⋯田　林

专业队之歌⋯⋯⋯⋯⋯⋯⋯⋯⋯⋯⋯⋯王长发

小说

搬家⋯⋯⋯⋯⋯⋯⋯⋯⋯⋯⋯⋯⋯⋯⋯周宗奇

妇女主任⋯⋯⋯⋯⋯⋯⋯⋯⋯⋯⋯⋯⋯胡　帆

散文·报告文学

花儿越开越鲜艳
——昔阳赵庄学大寨十年⋯⋯⋯⋯⋯⋯王子硕

"我们村前头⋯⋯"
——昔阳武家坪学大寨散记⋯⋯⋯⋯⋯雁　翔

春雷⋯⋯⋯⋯⋯⋯杜书瀛　张　炯　朱　兵

漳南渠赞歌⋯⋯⋯⋯⋯⋯⋯⋯⋯⋯⋯⋯张国泰

评论

毛主席的文艺方向不容篡改
⋯⋯⋯⋯⋯⋯⋯贺新辉　曲润海　韩玉峰

到工农兵群众中去
——批判"四人帮"反对深入生活的谬论
⋯⋯⋯⋯⋯⋯⋯郑怀礼　谢俊杰　侯桂柱

绣金匾（歌曲）

挖水池（木刻）⋯⋯⋯⋯⋯⋯⋯⋯⋯⋯力　群

1977 年第 2 期　刊名：《汾水》
目录

华主席在山西
北京的来信（散文）⋯⋯⋯⋯⋯⋯⋯⋯⋯李　锐

循着华主席的足迹（组诗四首）
⋯⋯⋯⋯⋯⋯⋯王国军　董保存　徐太国

松柴灯

苦苦菜

葡萄园

锄头颂

剧本

刘胡兰（八场话剧）
⋯⋯⋯⋯杨　威　郭　健（执笔）　孙　伟　方　彦

散文

青色的山岩⋯⋯⋯⋯⋯⋯⋯⋯⋯⋯⋯⋯李再新

界都河畔不老松⋯⋯⋯⋯⋯⋯⋯⋯⋯⋯刘思奇

诗

一张照片⋯⋯⋯⋯⋯⋯⋯⋯⋯⋯⋯⋯⋯张纯志

华主席给钢城带来了春天⋯⋯⋯⋯⋯⋯杨金台

铁路工人学大庆⋯⋯⋯⋯⋯⋯⋯⋯⋯⋯李　让

剪窗花⋯⋯⋯⋯⋯⋯⋯⋯⋯⋯⋯⋯⋯⋯张茂华

深山春早⋯⋯⋯⋯⋯⋯⋯⋯⋯⋯⋯⋯⋯赵政民

开山炮声⋯⋯⋯⋯⋯⋯⋯⋯⋯⋯⋯⋯⋯任海成

支农路上⋯⋯⋯⋯⋯⋯⋯⋯⋯⋯⋯⋯⋯王清秀

吕梁儿女庆胜利⋯⋯⋯⋯⋯⋯更　新　岩　石

女推土机手⋯⋯⋯⋯⋯⋯⋯⋯⋯⋯⋯⋯魏红前

评论

极右派的又一铁证
——批判张春桥的反党黑文《把根扎深一些》⋯侯文正

一条扼杀文艺创作的大棒⋯⋯⋯⋯⋯⋯张仁健

江青的"听觉、视觉的功能"⋯⋯⋯⋯⋯赵　荆

交城山（山西民歌）⋯⋯⋯山西民歌征集小组填词

巡医（木刻）⋯⋯⋯⋯⋯⋯⋯⋯⋯⋯⋯董其中

1977 年第 3 期　刊名：《汾水》
目录

热烈欢呼《毛泽东选集》第五卷出版
高举毛主席的伟大旗帜胜利前进
——欢呼《毛泽东选集》第五卷出版⋯⋯本刊编辑部

万里神州春色添（诗）
——喜读《毛泽东选集》第五卷⋯⋯⋯张承信

战士爱读毛主席的书（诗）⋯⋯⋯⋯⋯石顺义

昂首阔步向未来 ———————— 石　刚

理论

坚持文艺为工农兵服务的方向

——纪念《在延安文艺座谈会上的讲话》发表三十五

周年 —————————————— 谭　真

文艺战士的指路明灯 ————————— 力　群

短篇小说特辑

戴上火红的袖标 ———————— 周宗奇

大车王忠 —————————— 张石山

柿树林中 —————————— 师　耘

评工会上 —————————— 王子硕

标准 ———————————— 张庭秀

老松与新瓜 ————————— 韩文洲

脉搏 ———————————— 李　锐

竞赛 ———————————— 孙　越

矿山的主人 ————————— 高有为

夜巡 ———————————— 李汉明

八亿颗红心向着党中央（歌曲）—— 刘金忠词　孙　毅曲

滴水归田（木刻）——————— 力　群

1977 年第 4 期　刊名：《汾水》

目录

散文·小说

朱总司令在王家峪 ——————— 李志宽

缅怀朱总司令 ————————— 刘　琪

铁人的足迹 ————————— 向　群

哨所 ———————————— 王戈洪

冰坡 ———————————— 王建国

电影文学剧本

高山流水 —————— 马　烽　孙　谦　卢石华　张文德

评论

从《吕梁英雄传》重新出版所想到的 —— 郑　笃

《吕梁英雄传》再版后记 ——— 马　烽　西　戎

让更多更好的报告文学创作出来

——谈《汾水》的几篇报告文学 ——— 张利群

一个良好的开端

——谈《汾水》第三期短篇小说特辑 —— 砚　田　文　才

诗歌

朱总司令在太行（组诗）————— 张承信

好呵，虎头山上的青松（二首）—— 文武斌

铁人的战友 ————————— 韩静霆

我们在太行山上 ———————— 钮宇大

矿山即景 —————————— 徐若琦

闪光的长河 ————————— 赵展舒

龙门行 ———————————— 张不代

追风化雨 —————————— 王清秀

知识青年学大寨（歌词）———— 吉晓清

致青年创业队员 ———————— 任海成

姚文元的笔（讽刺诗）————— 郑渊洁

太行浩气传千古（素描）——— 杨力舟　王迎春

争分夺秒（木刻）——————— 张泽民

1977 年第 5 期　刊名：《汾水》

目录

高举毛主席的伟大旗帜　紧跟华主席胜利前进

——热烈欢呼党的"十一大"胜利召开 —— 本刊编辑部

金秋传佳音

——欢呼党的第十一次代表大会的胜利召开 —— 西　戎

热烈欢呼　热烈庆贺 —————— 郑　笃

东风吹来百花开

——欢呼党的"十一大"胜利召开 —— 李　锐　王子硕

奔腾吧，欢乐的大河

——献给党的"十一大" ————— 武建中

"十一大"喜讯震长空 ——— 农民　吕金枝

织出一个新时代 ————— 工人　李建华

矿山敞开井口笑 ————— 工人　韩长绵

庆贺党的"十一大"胜利召开 ——— 阎秉权

纪念伟大的领袖和导师毛主席逝世一周年

亲切的怀念 —————————— 郑　林

春到吕梁山 ————————— 胡　正

一路春风

春雷滚滚（四月四日至五日路居岢岚）—— 王振华

心头明灯（四月五日至六日路居神池）—— 王中干

雁门春风（四月六日至七日路居代县）—— 韩贵斌

春满伯强（四月七日至九日路居繁峙伯强村）

———————————————— 赵廷銮

春到五台（四月九日至十日路居五台）—— 杨玉潭

矿工怀念毛主席 ———————— 马六孩

红日永照大泉山 ———————— 雁　阳

金色的蔚汾河（散文诗）———— 张小苏

春风吹暖屯兰川 ———————— 田　野

啊，军火社（外一首）————— 谢鲁渤

山梨树下（诗）———— 王国军　徐太国　董保存

当年，总司令住过的村庄（诗）—— 张　廓

回忆贺龙同志 —————— 齐玉墀　李志明

吕梁苍苍念忠魂（诗）————— 温述光

歌唱毛泽东思想（歌词）———— 丁　纳

小说

水泉庄闹水 ·· 王红罗
风雨蛤蟆峪 ·· 杨兆平
一把铁锹 ··· 段协平
小游击队员 ·· 崔　巍
在坦克靶场上 ·· 郭　平

评论

托洛茨基二元论的变种 ···································· 成　立
成长中的英雄不能写吗? ·································· 艾　斐
批"帮"篇
坚持无产阶级的文艺批评 ·································· 李国正
奇文共欣赏 ·· 鲁克义
生活与模式 ·································· 武毓璋　左贵周
英雄与群众 ·· 翟纲绪

歌唱英明领袖华主席（歌曲）···········高　峻词　彦　克曲
在晋西北抗日根据地的贺龙司令员（木刻）·····力　群
平地又有高炉起（木刻）·················全献普　李彦平

1977 年第 6 期　刊名:《汾水》
目录

小说

两闯苍鹰峰 ···································· 张石山　李　锐
争分夺秒 ··· 赵文台
金谷飘香 ··· 张庭秀
传经 ··· 金志勤
智擒逃敌 ··· 南志中

诗歌

五台杂咏
——调寄忆江南 ··· 赵朴初
山庄来信（外一首） ····································· 马晋乾
芙蓉朝晖 ··· 陈广斌
炒面歌 ··· 梁志宏
常委会 ··· 钮宇大
老将攻关（散文诗） ····································· 卢　渝
秋色赋 ··· 郑成义
华主席是我们的好领袖 ·································· 郭振山
俺们工地有三多 ··· 王振佳

散文·报告文学

风景这边独好 ·· 莎　荫
喝令潇河水倒流 ······························ 常士功　草　章
重任在肩
——记全国劳动模范吴吉昌 ···············冯贵生　王树恒

聪明的人
——记农民科学家赵月亮 ···············王树恒　冯贵生

评论

《水泉庄闹水》的语言特色 ······························ 郭文才

批"帮"篇

"四人帮"与反面典型 ···································· 程继田
斥"文艺创作从路线出发" ································ 冯时进
高起点与"篡权术" ······································ 周吉生

"用更加对立的方式"刻画人物性格 ······················ 红　石
万里黄河添锦绣（木刻）·································· 王　奂
大战淤泥河（木刻）···························· 新荣文　朱德富

1978 年第 1 期　刊名:《汾水》
目录

短篇小说特辑

顶凌下种 ··· 成　一
风雨天 ··· 郑惠泉
到盘顶山去 ·· 崔伏元
火红的晚霞 ·· 权延赤
两个队长 ··· 韩石山
师傅 ··· 孙　越
新媳妇巧凤 ·· 义　夫
失去的分数 ·· 王一善

评论

斥"四人帮"的所谓反"题材决定"论 ······················ 刘金笙
货真价实的阴谋文艺 ····································· 朱　洪
深刻反映同"四人帮"的斗争
——兼评《顶凌下种》等三篇小说 ······················ 武毓璋

封面设计 ··· 姚敏奇
在火热的第一线（木刻）·································· 贾好札

1978 年第 2 期　刊名:《汾水》
目录

毛主席给陈毅同志谈诗的一封信

小说

三进城 ··· 苗　挺
对手 ··· 郭效忠
李刚和他的媳妇 ··· 王铁牛
桌椅的对话 ·· 苏永智

散文·报告文学

高举红旗永向前
——大寨纪事·······································孔令贤
勇攀高峰的人
——记青年技术员赵修民·················刘集贤
花开向阳
——访彭存花同志·····························赵新生
井冈山随笔···吉学霈
三湾印象
茨坪巡礼
六柳亭下的思念·································罗贤保

诗歌

干校之歌···雷抒雁
挑粮曲···于 沙
报春山花···梁拉成
静静的夜校···赵政民
课堂（外一首）·································马作楫
实验室的灯光·····································白添中
访大庆（三首）·································刘祖武
两寨···张承信
山村图书员···董耀章
油灯·····································崔 浩 张 毅
车厢即景···张福玉
冬天的早晨···康 平

评论

学习《毛主席给陈毅同志谈诗的一封信》
·····················韩钟昆 马作楫 董耀章
李 让 于 瑛 王连葆
形象思维不容否定·····························侯文正
略谈《三进城》的构思过程···············苗 挺
汾河，你是深情的河···唐正明 谷望丽词 冯德新曲

1978 年第 3 期 刊名:《汾水》
目录

献给第五届全国人民代表大会

歌唱春天···牛桂英
红心向党 高歌猛进·····························王秀兰
历史性会议···韩钟昆
街头诗传单
——热烈欢呼五届"人大"胜利召开·····徐明德
满江红
——欢庆五届"人大"胜利召开···········马 莉

纪念敬爱的周总理八十诞辰

四月一日···何迎喜

回忆周总理···力 群
虎头山上望总理
——纪念周恩来总理八十诞辰·············张承信
吕梁山的幸福回忆·····························杨文彬

小说·散文·报告文学

没有准备的发言·································马 力
年轻人的故事·····································赵惠先
一次独特的采访·································焦祖尧
喜日子···毛守仁
铜锣儿···郑文海
为了祖国·····························燕治国 沈玉琨
赞潺潺流水···王双定

诗歌

新民歌（十首）·················薛 亚 力 迅等
呵，桦树皮本子（外一首）···············王晋军
深山创业（组诗）·····························李松涛
空军诗情（二首）·····························韩静霆
当我答完考卷·····································张旭林
地窝子···郭宝臣
手茧与伤疤（外一首）·······················石 英
灯光曲···徐若琦
山乡的新衣（外一首）·······················钮宇大
老杠看瓜···星 桥
牧场上的春天·····································李再新

评论

努力塑造领袖形象
——从王愿坚同志最近的短篇小说谈起
···何西来 田中木
读短篇小说集《我的第一个上级》···张利群 王凌云
一幅农业学大寨运动的画卷
——读长篇小说《长虹》···贺新辉 韩玉峰 曲润海
生活问题漫谈（创作通信）···············肖 铃
五届"人大"喜讯传···········张承信词 一 非曲
人民的好总理（木刻）·························叶 欣

1978 年第 4 期 刊名:《汾水》
目录

小说

团圆记···苗 挺
老调度员赵海·····································靳植柄
"主二台"···雷 加
"碰一碰"的故事·····················张枚同 程 琪
老支书的笔记本·································杨明之
觉悟···寇贵成

散文

贺龙同志在兴县 ················· 白 蔚 齐玉墀
灰色的军衣 ······················ 郑克一
灯的"花园" ······················ 冯 池

评论

人民战争的颂歌
——重读《吕梁英雄传》 ····· 王宗礽 屈玉秀
读诗琐记
——谈《汾水》第三期的诗歌 ········· 梁 君
写自己熟悉的生活（创作通信） ········ 锻 炼

诗歌

朱总人过不留名（长诗《朱德颂》选载）····· 时永福
忆贺龙同志
——为纪念贺龙中学、西北军大而作 ··· 李长路
新的长征
——记老红军访大寨 ················· 曲润海
闹红火 ····························· 宗 鄂
七彩星河
——赞昔阳春节灯火游行 ············· 傅 活
公社晒粮台 ························· 贾宣生
镜子 ······························· 刘国柱
积雪 ······························· 丰昌隆
去科技图书馆的路 ··················· 于 瑛
扁担商店 ··························· 尧山壁

中化人民共和国国歌 ······· 聂 耳曲 集体填词
再攀高峰（木刻）··················· 董其中

1978 年第 5 期　刊名:《汾水》
目录

到火热的斗争中去，歌颂建设两个基地的英雄们（社论）
——纪念《在延安文艺座谈会上的讲话》发表三十六周年
在毛主席文艺思想光辉照耀下（笔谈）
——纪念《在延安文艺座谈会上的讲话》发表三十六周年
到唯一的源泉中去 ··················· 成 一
要真正了解工农兵 ··················· 马 力
从生活中发现题材 ··················· 赵惠先
生活与创作 ························· 靳植柄
生活真实与艺术真实 ················· 王子硕

小说

学习委员 ··························· 李德文
大年初一 ··························· 马 力
"实打实"小传 ····················· 王东满
电工茂茂 ··························· 义 夫

散文

交城山中 ··························· 砚 田
老师 ······························· 卢金声
教师的祝愿 ························· 孙义厚

诗歌

写在火热的春天 ····················· 赵 越
韶山路上的脚印 ····················· 于 沙
祝酒歌（歌词）····················· 左 林
荷花和浮萍 ························· 刘福林
山村的早晨（外一首）··············· 王清秀
哨所的路（外二首）················· 王晓岭
瞻仰 ······························· 芦 焰
杂咏（二首）······················· 荒 芜
渴 ································· 樊永生
图书室（散文诗）··················· 魏红前
篱巴院 ····························· 李震川

评论

从列宁对待高尔基谈起 ··············· 程继田
情节与人物性格（创作通讯）········· 红 石
国画《伟大的榜样》观后 ············· 贾明生

伟大的榜样（国画）
——选自《华主席领导我们学大寨》美术作品展览
··································· 力 舟 迎 春

1978 年第 6 期　刊名:《汾水》
目录

举高毛主席的伟大旗帜　繁荣文艺创作
为宣传新时期的总任务而奋斗
——记省文联第三届第二次全体委员（扩大）会议
组织文艺大军　繁荣文艺创作
——祝贺山西省文联和所属各协会恢复活动
······························· 本刊编辑部

小说

两个老工人 ························· 李文章
支柱 ······························· 李鸿信
一把胡子的变迁 ····················· 杜 斌
雪花（儿童文学）··················· 安凤和
强强看瓜（儿童文学）··············· 解义勇

散文

真正的战士

——怀念郭小川同志 ························· 吉学沛

龙门春色 ····················· 杏绵 郁波

黄芪之乡 ························· 王中干

春颂 ··························· 力群

诗歌

相思树（叙事诗） ···················· 何畏

新儿歌

送给爸爸做夜餐 ····················· 谷振彦

起跑线 ························· 邓元杰

土坷垃 ························· 赵桂娜

接力赛 ························· 于秀芳

催雨 ·························· 青稞

绿（外一首） ······················ 李小雨

队长的"感情" ······················ 旭林

炉口——井口 ······················ 陈为人

胜天曲 ························· 宋达恩

评论

短篇小说的新收获

——谈一年来反映同"四人帮"斗争的短篇小说

····························· 李国涛

学习高尔基论短篇小说札记 ··············· 刘锡成

关于韩愈"以文为诗" ·················· 王志华

略谈诗与生活 ······················ 茹辛

伟大的进军（油画） ············· 谢述先 刘剑青

1978 年第 7 期　刊名:《汾水》

目录

沉痛悼念郭沫若同志

郭沫若同志遗作三首

颂大寨

刘胡兰赞

颂太原

悼念大师郭老 ····················· 高沐鸿

小说

于如波 ························· 权延赤

"麻缠"主任 ······················ 韩石山

伏雨春用 ························· 刘桂权

送嫁 ····················· （白族）张焰铎

报告文学·散文

理想之花盛开 ······················ 平湖

捕鼠记 ························· 刘琦

夜宿阳高滩 ······················ 草樵

办《抗日战报》的时候 ················· 郑克一

诗歌

放声高唱总任务

新长征挺进曲 ······················ 张承信

歌唱总任务 ······················ 杨文彬

兰图 ·························· 梁衡

总任务迎来好景象 ··················· 李芳温

向科技高峰登攀 ····················· 白添中

中国对科学的盟誓 ··················· 蔡毅

访大寨 ························· 董耀章

山乡诗稿（四首） ··················· 张庆明

雾里采石（外一首） ·················· 李武兵

办墙报 ························· 王明璞

水调歌头

——贺省文联扩大会议召开 ··············· 柳淮南

光荣献身（长诗《石兰峰之歌》选载） ········· 陈其安

评论

谈赵树理小说的艺术特色 ················ 桑逢康

李贺诗确实很值得一读 ················· 林凡

关于文学语言（创作通信） ··············· 章励

华主席来到俺养猪场（年画） ············· 孟养玉

歌唱总任务（独唱歌曲） ········ 王东满词　一非曲

1978 年第 8 期　刊名:《汾水》

目录

小说

下乡日记 ························· 谢俊杰

小老头 ························· 银峰

怕老婆的故事 ······················ 张茂田

誓师大会上 ······················ 汝丹

在一个小理发店里 ··················· 朴康平

回村第一天 ······················ 田昌安

散文·报告文学

照在心中的像 ······················ 贺新辉

太行小记 ························· 王耀成

飞奔吧，南河堡 ····················· 刘琦

勇敢的攀登者 ······················ 李悦

明灯照征途（国画） ·················· 刘勇

工地好后勤（年画） ·················· 李江鸿

诗歌

总任务抒怀
——社会主义强国的情思························蔡润田
旗飘晋西北（二首）
——"硬骨头六连"在抗日时期·················王晋军
抬起吕梁进大寨（二首）
——抬石号子····························梁志宏
昔阳诗抄（二首）·························柴德森
拓荒者的歌声（三首）······················赵政民
参观大庆诗抄····························房锦成
车间抒情·····························文武斌
欢乐的浪花····························李建华
在我们工厂里（二首）·····················郑渊洁
医马记······························龙彼得

评论

创作要上去　作者要下去····················宗大可
朴实亲切　真实感人
——读《汾水》四篇报告文学有感·······何　春　施　平
漫谈细节（创作通信）·······················岳　习

1978 年第 9 期　刊名:《汾水》
目录

报告文学·散文

新枝蓓蕾开
——记王化军同学·······················张景星
要干就干到底
——记黑土湾大队前任党支部书记王万福·······郑文海
纽扣······························张殿禄

小说

拜师······························陈为人
两张电影票····························李德文
吴兴和他三舅····························张崇善
爱挑刺的"老伙计"·························浪　白

评论

评长篇传记小说《刘胡兰传》··················红　石
要精心锤炼人物的语言
——学习鲁迅创作思想札记··················郎保东
略谈生活真实与艺术虚构（创作通讯）·············张石山

诗歌

周总理和老棉农·························胡　昭
月牙湖·······················王晓廉　许国太
神女山小传····························张雪杉
筑路歌（二首）·························谢克强

问号变成了感叹号（二首）
——致一位老教师························刘棠哲
雨中泅渡·····························牛雅杰
护秋······························周所同
一户村······························韩成武
化妆台前·····························王　泽
民歌五首·····························薛为民
云中渠······························钟祖基

杏花美酒献给华主席（独唱歌曲）
·······················左　林词　齐家全曲
成果喜人（油画）·························武尚功

1978 年第 10 期　刊名:《汾水》
目录

为《三上桃峰》平反
控诉"四人帮"制造《三上桃峰》事件的罪行·········贾　克
《三上桃峰》与"四人帮"的棍子·········张福玉　顾全芳

短篇小说特辑

短篇二则·····························马　烽
争·······························韩实山
这两个人·····························郑惠泉
书························铁建晓　朗眉存
岔路口······························韩文洲
雪下松枝·····························赵峻防
穿黑色体操服的人·························刘永年
二分钱······························马康明

纪念作家赵树理同志
全心全意为群众服务
——回忆作家赵树理·····················王中青
思念赵树理同志·························孙　谦
继续向赵树理同志学习······················韩文洲

读书与创作····························钟尚钧
把短篇小说写短些（创作通信）················王　为
科研鲜花日日新（年画）·····················李夜冰
晋阳山河（速写）·························朝　瑞

1978 年第 11 期　刊名:《汾水》
目录

小说

三个安全员····························陈为人
定盘星······························晋　平

不做聪明的傻瓜

——长篇小说《总工程师和他的女儿》中的一章

··焦祖尧

散文·报告文学

可贵的探索

——记沙洛大夫·············丁　纳　邹　燕

笔···王双定

温暖···王国军

纪念作家赵树理同志

回忆赵树理同志·······················史纪言

怀念作家赵树理·······················西　戎

诗歌

川口渡（组诗）·······················张承信

飞天曲···孟伟哉

鲜花丛中（外一首）···············马作楫

评论

浅谈赵树理小说的语言艺术·····韩玉峰　杨　宗

看似反常却正常·······················郭文才

要留有余味···梁　衡

略谈小说的开头（创作通信）·····弓　岩

巍巍吕梁（摄影）·····················顾　棣

1978 年第 12 期　刊名:《汾水》

目录

太原五一广场革命诗抄（二十四首）

小说

李德顺和他的女儿·······················马　烽

七月二十二···成　一

高火山···靳植柄

雪兆丰年···义　夫

争取高速度的人们（报告文学）·····张石山

评论

《赖大嫂》何赖之有？···············张仁健

谈谈"风俗画"的描绘

——学习鲁迅小说札记···············古远清

散文诗意谈···魏丕一

谈人物的性格逻辑（创作通信）·····任玉福

诗歌

石桥歌···郭宝臣

清水塘···牛雅杰

毛主席纪念堂·······················宋家玲

新时期浪花（新民歌十六首）·····王振佳　梁拉成等

太行情···赵　越

远航的时刻···鲁　薇

情歌一束（六首）···············张荣科　李有根等

寓言二则···赵元三

毛主席听过我的歌（独唱歌曲）

······························李幼容词　张　沛曲

穷人要翻身（年画）···············杜浴曦

1979 年第 1 期　刊名:《汾水》

目录

新来的县委书记（电影文学剧本）·····孙　谦　马　烽

小说

高高的烟囱下·······················禾　呈

春天来了···赵宇共

新婚之后···孟　钊

分家···李克定

报告文学·散文

○○一号案件·······················李　锐

1、B、C···如　晶

往事···卢元镇

诗歌

湘江行（十四首）···············冈　夫　韩钟昆　曲润海

　　　　　　　　　　　王东满　张福玉

觉悟社歌（外二首）···············柴德森

交城行（三首）·······················张雪杉

地下"种田"···王燕生

石匾···张　毅

评论

文艺创作的试金石·······················陈丹晨

姚文元是怎样批判"写中间人物"的·····赵廷鹏

使人物多样化的主张

——谈"写中间人物"···············朱宝真

关于工农兵方向（创作通信）·····茹　辛

周总理在云冈（木刻）···············董其中

腊梅雄鸡（国画）···············朱　焰

1979 年第 2 期　刊名:《汾水》
目录

贯彻"双百"方针　促进"四化"建设⋯⋯⋯本刊记者
新来的县委书记（电影文学剧本）⋯⋯孙　谦　马　烽

小说
黑牡丹⋯⋯⋯⋯⋯⋯⋯⋯⋯⋯⋯⋯⋯⋯马　力
父与兄⋯⋯⋯⋯⋯⋯⋯⋯⋯⋯⋯⋯⋯⋯河　水
没有压力的人⋯⋯⋯⋯⋯⋯⋯⋯⋯⋯⋯石　瑛
喇叭花⋯⋯⋯⋯⋯⋯⋯⋯⋯⋯⋯⋯⋯杨文彬
半吨货⋯⋯⋯⋯⋯⋯⋯⋯⋯⋯⋯⋯⋯王龙君

散文
社会自有公论
　——谈赵树理同志的一篇遗稿想到的
⋯⋯⋯⋯⋯⋯⋯⋯⋯⋯田培植　贾福和
病骨支离晤赵公
　——忆念我敬爱的作家赵树理同志⋯⋯奋　飞
柴达木人
　——记一个转业军人⋯⋯⋯⋯⋯⋯⋯张庆田
小牧童吃核桃（寓言）⋯⋯⋯⋯⋯⋯⋯方　彦

诗歌
用符号写成的诗（三首）⋯⋯⋯⋯⋯陈广斌
颂歌三题⋯⋯⋯⋯⋯⋯⋯⋯⋯⋯⋯陈绍武
扁担儿吱呕⋯⋯⋯⋯⋯⋯⋯⋯⋯⋯高若虹
春夜⋯⋯⋯⋯⋯⋯⋯⋯⋯⋯⋯⋯⋯岩　冰
火炬⋯⋯⋯⋯⋯⋯⋯⋯⋯⋯⋯⋯⋯张志安
满山遍布聚宝盆⋯⋯⋯⋯⋯⋯⋯⋯陈其安
水笔的表演（寓言诗）⋯⋯⋯⋯⋯⋯韩　永
田边巧把宏图绘⋯⋯⋯⋯⋯⋯⋯⋯杨进升

评论
文艺需要充分发扬民主⋯⋯⋯⋯⋯⋯王政明
真实是艺术的生命⋯⋯⋯⋯⋯⋯⋯董静如
文章结尾有文章⋯⋯⋯⋯⋯⋯⋯⋯刘彦钊

芍药花（水粉画）⋯⋯⋯⋯⋯⋯⋯⋯朱　同

1979 年第 3 期　刊名:《汾水》
目录

小说
有福老汉⋯⋯⋯⋯⋯⋯⋯⋯⋯张　发　秦　溱
王老五请女婿⋯⋯⋯⋯⋯⋯⋯⋯⋯⋯李全洲
老宋这个人⋯⋯⋯⋯⋯⋯⋯⋯⋯⋯⋯谢俊杰

"牛队长"三件事⋯⋯⋯⋯⋯田松林　何香久
一辆汽车的诉苦⋯⋯⋯⋯⋯⋯⋯⋯⋯孟　钊
学大寨上了"路"⋯⋯⋯⋯⋯⋯⋯⋯智世才

报告文学·散文
一个青年矿工的脚步⋯⋯⋯⋯⋯⋯黄树芳
会说话的眼睛⋯⋯⋯⋯⋯⋯⋯⋯⋯张石山
"我们的队伍向太阳"
　——天桥水电站一瞥⋯⋯⋯⋯⋯⋯侯湘楚

诗歌
天安门颂⋯⋯⋯⋯⋯⋯⋯⋯⋯⋯⋯白崇义
浮桥——周副主席在转占陕北途中⋯⋯刘成章
访八宝山⋯⋯⋯⋯⋯⋯⋯⋯⋯⋯⋯赵国增
筑路歌（三首）⋯⋯⋯⋯⋯⋯⋯⋯谢克强
写杆号⋯⋯⋯⋯⋯⋯⋯⋯⋯⋯⋯⋯崔润锁
沸腾的锅炉房⋯⋯⋯⋯⋯⋯⋯⋯龚　融遗作

评论
致一位青年业余作者的信（创作通信）⋯⋯丁　玲
推倒"黑八论"　文艺大解放⋯⋯⋯⋯方绪源
谈三篇农村题材的小说⋯⋯⋯⋯⋯徐漫之

诗艺录
挪移不得
　——写山的启示⋯⋯⋯⋯⋯⋯⋯⋯丁国成
首先要准确
　——诗歌语言漫谈⋯⋯⋯⋯⋯⋯⋯梁　衡
比兴刍议二则⋯⋯⋯⋯⋯⋯⋯⋯⋯徐振辉
抄袭是可耻的行为⋯⋯⋯⋯⋯⋯⋯编　者
山葡萄（木刻）⋯⋯⋯⋯⋯⋯⋯⋯力　群

1979 年第 4 期　刊名:《汾水》
目录

小说
十年⋯⋯⋯⋯⋯⋯⋯⋯⋯⋯⋯⋯⋯越　欣
三步错⋯⋯⋯⋯⋯⋯⋯⋯⋯⋯⋯⋯赵　新
失约⋯⋯⋯⋯⋯⋯⋯⋯⋯⋯⋯⋯⋯高培民
一个没有肩膀的人⋯⋯⋯⋯⋯⋯⋯泽　慧

散文
花圈之"最"
　——"四、五"运动在太原⋯⋯⋯⋯石　页
青春⋯⋯⋯⋯⋯⋯⋯⋯⋯⋯⋯⋯⋯王西兰
西湖漫记⋯⋯⋯⋯⋯⋯⋯⋯⋯⋯⋯黎　军

诗歌

献给"四·五"的花束（诗辑）

·············莫文征　于瑛　丰昌隆　郑渊洁

前线诗草（二首）·············丁云鹏　孙映

报答（讽刺诗）·····································郑奋

连队的心声（三首）·····························徐明德

炉台春光···马晋乾

三岔···李再新

炕桌与灯盏·············李庆成　王正春　丁海鹏

访云岗石窟（外一首）···························铁牛

评论

给作家以民主·····································曲润海

改善党对文艺事业的领导

——学习周恩来同志《在文艺工作座谈会和故事片创

作会议上的讲话》的体会···阎风梧　高仲璋　郭振有

谈鲁迅小说中的景物描写···························高捷

关于爱情描写（创作通信）·····················陈国亮

丝瓜（国画）·····································赵梅生

1979 年第 5 期　刊名:《汾水》

目录

小说

春牛妈···西戎

从前线回来的坦克兵·····························张俊南

实习医生···齐陶

选择···常试

单车比赛···张鸿飞

散文

早春季节···杏绵

蚕乡行

——太行山散记·····································沈琨

诗歌

诗花竞为"四化"开

——省诗歌座谈会诗抄

诗六首···冈夫

青山处处耸丰碑（诗辑）·············梁衡　张承信

"四化"宏图展新姿（诗辑）

·············曲润海　孔祥德　张志安　王振佳　周所同

江山多娇春意浓（诗辑）

·············陈绍武　杨文彬　武建中　王泽　王颂

老不改（讽刺诗）·····························丰昌隆

半截墓前

——前线诗草·························丁云鹏　孙映

看青棚——钻台·····································敏歧

评论

试论"写中间人物"·····················陈新　茹辛

围绕"写中间人物"的一场斗争·············韩玉峰

解放思想　繁荣我省诗歌创作

·····················武建中　张承信　刘琦

负起责任来

——参加全国短篇小说评奖归来·············成一

"春兰秋菊不同时"（创作通信）·············梅叶

秋艳（国画）·····································祝焘

1979 年第 6 期　刊名:《汾水》

目录

散文·报告文学

贺龙在长征中·····································纪希晨

沉痛的悼念···沙汀

热情满腔唱《蓓蕾》

——纪念郭老逝世一周年·····················尹世明

归侨的心···冯贵生

小说

一日三餐···赵新

小柳树的故事（儿童文学）·····················安凤和

大男和二男（儿童文学）·························傅平

一份批判稿···郁波

老崔蹲点·····························马旭　李努生

诗歌

梅园诗草（二首）·································青勃

长夜，响起了马蹄声（外一首）·············高若虹

献给孩子们的诗

小白鸽···刘崇善

星星的歌···宋达恩

孩子们的诗（二首）·····························郑渊洁

种植会···张从海

春播···王宇

酒歌···于宗信

春天的歌···刘大勇

评论

深刻的主题　鲜明的形象

——《有福老汉》读后·························赵建功

《黑牡丹》的形象和语言·························孙钊

谈《新婚之后》————————————奋 飞
热情的关怀和支持
——本稿综述
谈抒情短诗的情节（创作通信）————徐荣街

苗苗（国画）————————————汪伊虹

1979 年第 7 期　刊名:《汾水》
目录

小说
第三次会面————————————张石山
啊，妈妈—————————————谢俊杰
我为什么嫁给他——————————焦垣生
犟队长的故事———————————卫东生
杨柳洼之行——————————姚东纯　焦保红

散文·报告文学
国际悲歌歌一曲———————————青 稞
黄山游——————————————赵海洲

诗歌
新民歌（九首）———贺晋平　吕金枝　王振佳等
我捕捉春光————————————文武斌
访友——————————————梁鼎成
咏物篇（三首）———————于 瑛　赵青槐等
风波——————————————杨进升

评论
解放了的笔
——致《总工程师和他的女儿》的作者———钟 源
形散神聚　生动优美
——读散文《早春季节》和《蚕乡行》———宗大可
格调高亢　情趣盎然
——读《从前线回来的坦克兵》————茹 辛
细致入"眉"（文艺随笔）————舒 英　张成觉
要写得"经济"（创作通信）—————王 畅

春风（国画）————————夜 冰　秉 有　志 光

1979 年第 8 期　刊名:《汾水》
目录

小说
小小——————————————李 锐
选电工—————————————张廷秀
黑光灯下—————————————李海清

洋相篇————————————义 夫
鱼———————————————王纯人
爆竹声中————————————刘庆临　孙 越

散文
铁窗里的战斗
——陈赓同志的一段经历——————穆 欣
友谊的花朵
——一九七八年访问泰国札记————华 嘉

诗歌
献给张志新烈士
血染的花束————————————王 颂
课题——————————————王 宇
镜子——————————————高若虹
漳河边的故事———————————余照望
词三首—————————————蔡天心
火花集（三首）——————————马晋乾
美酒敬英雄————————————王东满
北国行（四首）——————————刘祖慈
速度篇—————————————赵国增
浪花篇（二首）——————————王化清
鲜花一束（五首）—————————应化雨

评论
农村新人形象的探索
——谈韩石山的短篇小说—————雷 达
文艺随笔
多为农民写点作品—————————郭灵声
说"文采"————————————徐漫之
要神话不要"神化"————————陈国亮
文学语言琐谈（创作通信）————红 石
红叶色正浓（国画）————————赵 球

1979 年第 9 期　刊名:《汾水》
目录

纪念建国三十周年笔谈
三十年创作小结———————————马 烽
回忆·感想·祝愿—————————冈 夫
漫谈文艺刊物与编辑————————郑 笃
学诗点滴—————————————马作楫
尽情描绘　放声歌唱————————李逸民

小说
双欢喜—————————————段培武
一块料子—————————————景铁柱
"爸揎掇"（民间故事）—————云 飞

十六条小河的故事（民间故事）⋯⋯⋯⋯殷　白
黄河入海流（长篇小说《海啸》选载）⋯⋯峻　青

散文

老顶山上访丁玲⋯⋯⋯⋯⋯⋯⋯⋯⋯⋯甘茂华
恒山行⋯⋯⋯⋯⋯⋯⋯⋯⋯⋯⋯⋯⋯⋯郭建英
故乡梅⋯⋯⋯⋯⋯⋯⋯⋯⋯⋯⋯⋯⋯⋯胡　帆

诗歌

新长征的鼓点
曼陀罗⋯⋯⋯⋯⋯⋯⋯⋯⋯⋯⋯⋯⋯⋯李兰生
山乡的笑声⋯⋯⋯⋯⋯⋯⋯⋯⋯⋯⋯⋯杨文彬
山区公路赞⋯⋯⋯⋯⋯⋯⋯⋯⋯⋯⋯⋯刘　星
抢收⋯⋯⋯⋯⋯⋯⋯⋯⋯⋯⋯⋯⋯⋯⋯张平凡
沁园春——游安汾⋯⋯⋯⋯⋯⋯⋯⋯⋯陈　丹
排字工人之歌⋯⋯⋯⋯⋯⋯⋯⋯⋯⋯⋯武建中
心迹⋯⋯⋯⋯⋯⋯⋯⋯⋯⋯⋯⋯⋯⋯⋯柯愈勋
贺龙的菜刀⋯⋯⋯⋯⋯⋯⋯⋯⋯⋯⋯⋯于　沙
春华秋实（二首）⋯⋯⋯⋯⋯⋯⋯⋯⋯梁志宏
这么两口子⋯⋯⋯⋯⋯⋯⋯⋯⋯⋯⋯⋯晓　蕾
故乡的怀念⋯⋯⋯⋯⋯⋯⋯⋯⋯⋯⋯⋯韩静萍
八声甘州
——喜庆国庆三十周年⋯⋯⋯⋯⋯⋯⋯马　莉
西窗诗话⋯⋯⋯⋯⋯⋯⋯⋯⋯⋯⋯⋯⋯阿　红
瓶花（水彩画）⋯⋯⋯⋯⋯⋯⋯⋯⋯⋯谢述先

1979 年第 10 期　刊名:《汾水》
目录

总结经验　深批《纪要》
——为我省三十年来的文学作品落实政策
　　　　　　　《汾水》编辑部　《交城山》副刊

短篇小说专号

连襟（插图：王秦生）⋯⋯⋯⋯⋯⋯⋯⋯成　一
新麦⋯⋯⋯⋯⋯⋯⋯⋯⋯⋯⋯⋯⋯⋯⋯周宗奇
老二黑离婚（插图：李江鸿）⋯⋯⋯⋯⋯潘保安
在 48 号汽车上⋯⋯⋯⋯⋯⋯⋯⋯⋯⋯黄树芳
奇婚记（插图：郭守祥）⋯⋯⋯⋯⋯⋯⋯胡　正
三牛戏（插图：李诗唐）⋯⋯⋯⋯⋯⋯⋯林　娃
驮炭记（插图：杜玉曦）⋯⋯⋯⋯⋯⋯⋯韩石山
花儿为什么这样红⋯⋯⋯⋯⋯⋯⋯⋯⋯权延赤
请客⋯⋯⋯⋯⋯⋯⋯⋯⋯⋯⋯⋯⋯⋯⋯刘福林
豆豆⋯⋯⋯⋯⋯⋯⋯⋯⋯⋯⋯⋯⋯⋯⋯郭振齐
伍二四十五纪要⋯⋯⋯⋯⋯⋯⋯⋯⋯⋯马　烽

美术

农家乐（国画）⋯⋯⋯⋯⋯⋯⋯⋯⋯⋯杨力舟

小憩（木刻）⋯⋯⋯⋯⋯⋯⋯⋯⋯⋯⋯贾好礼
人物写生选⋯⋯⋯⋯王迎春　李玉滋　王建华
农民科学家（国画）⋯⋯⋯⋯⋯李玉滋　张德禄

1979 年第 11 期　刊名:《汾水》
目录

小说

屯留之战
——太平军林凤祥北征故事（插图：杨力舟）
　　　　　　　　　　　　　　　　　　张叶舟
精简机构（插图：杨益平）⋯⋯⋯⋯⋯⋯徐　捷
朱老大割肉⋯⋯⋯⋯⋯⋯⋯⋯傅　平　马　骏
牛二锁当八路（插图：李济远）⋯⋯⋯⋯丁　乙
伍二四十五纪要⋯⋯⋯⋯⋯⋯⋯⋯⋯⋯马　烽
民主书记⋯⋯⋯⋯⋯⋯⋯⋯⋯⋯⋯⋯⋯王西兰
乡村（长篇小说《群山》选载）⋯⋯⋯⋯阮章竞

散文

写在《到前线去》的前面⋯⋯⋯⋯⋯⋯⋯丁　玲
七峰烟雨⋯⋯⋯⋯⋯⋯⋯⋯⋯⋯⋯⋯⋯邓海生

诗歌

新长征的鼓点
筑路者之歌（二首）（插图：秦生、明堂）⋯叶晓山
小黄花⋯⋯⋯⋯⋯⋯⋯⋯⋯⋯⋯⋯⋯⋯张含保
羞愧⋯⋯⋯⋯⋯⋯⋯⋯⋯⋯⋯⋯⋯⋯⋯丰昌隆
访房东（插图：王秦生）⋯⋯⋯⋯⋯⋯⋯刘建政
刘秀，你如果活到今天（外一首）⋯⋯⋯王　也
进山⋯⋯⋯⋯⋯⋯⋯⋯⋯⋯⋯⋯⋯⋯⋯李武兵
只因两人爱得深（插图：益超　明堂）⋯⋯杨金台
致友人⋯⋯⋯⋯⋯⋯⋯⋯⋯⋯⋯⋯⋯⋯胡晓琴
送农机⋯⋯⋯⋯⋯⋯⋯⋯⋯⋯⋯⋯⋯⋯石　英
翎羽集⋯⋯⋯⋯⋯⋯⋯⋯⋯⋯⋯⋯⋯⋯王燕生

评论

再谈文艺为政治服务⋯⋯⋯⋯⋯⋯⋯⋯黎　声
《一日三餐》浅析⋯⋯⋯⋯⋯⋯⋯⋯⋯汪远平
写得短些⋯⋯⋯⋯⋯⋯⋯⋯⋯⋯⋯⋯⋯文　丁
要注意作品的质量（创作通信）⋯⋯⋯⋯王威宣

盛夏（水彩）⋯⋯⋯⋯⋯⋯⋯⋯⋯⋯⋯刘长有
沉思（国画）⋯⋯⋯⋯⋯⋯⋯⋯⋯⋯⋯张为之

1979 年第 12 期　刊名:《汾水》
目录

小说

吴小梅（插图：泽民）····················· 郑　义
从队长到参谋和顾问（插图：玉泉）····· 李逸民
老劳模的牙疼病························· 焦祖尧
最美丽的（插图：国兵）··············· 甘茂华
晚来的爱情（插图：富平）············· 赵修身

散文

一位烈士的心声
——一九四一年的日记（插图：谷渠）······磊生遗作
脚步的赞歌··························· 杨玉谭
荷塘春····························· 刘春光

诗歌

散落的花瓣（三首）··················· 晓　钢
塞上新歌（二首）（插图：行吉）······· 溪　流
农场场长····························· 郭宝臣
马踏飞燕（外一首）··················· 宗　鄂
庐　山（外一首）····················· 王　宇
访蔡家崖····························· 曲润海
"量体裁衣"（外一首）（插图：王健）··· 刘棠哲
豆穗和莠子··························· 张元绪

评论

文学要大胆地看取人生
——读《山西短篇小说选》············· 林友光
评《新麦》··························· 刘金笙
漫谈《老二黑离婚》··················· 陈　新

杂谈

从鲁迅的《在现代中国的孔夫子》谈起··· 力　群
要勇于自医或求医····················· 高沐鸿

诗艺录

醇醪与白水···················· 李文田　郭秋池
霹雳、钢花及其他····················· 邓小秋
诗人的"傻气"························· 肖文苑

文艺创作要说真话（创作通信）········· 陈景祥

晨曲（国画）························· 徐　霞
桔子洲头（国画）····················· 赵　球

1980 年第 1 期　刊名:《汾水》
目录

臭臭外传（小说）（靳冠山插图）······· 权文学
滴滴清明雨（小说）（杨力舟插图）····· 成　一
满瓮嫂请客（小说）（武尚功插图）····· 侯桂柱
棺　板（小说）······················· 焦垣生
大拇指（小说）（王莹插图）··········· 张石山
新房（小说）························· 金光泽
"认呀！……"（小说）················· 黄亚洲

红杏出墙（散文）·············· 贺景文　张昌华
柿树赋（散文）······················· 魁　香
我赞美枣树（散文）··················· 姚呈虹

我，不敢……（诗）··················· 于　瑛
诗词二首（诗）······················· 冈　夫
腊梅（外一首）······················· 沙　鸥
春天（诗）（段改芳插图）············· 马作楫
太原（诗）··························· 张志安
起飞（诗）··························· 梁志宏
啊，花仙山（诗）····················· 程　鹏
希望（诗）··························· 王　颂
花刺小集（诗）······················· 高若虹
铅笔和橡皮（寓言诗）················· 王振佳
队长的佳话长了脚（诗）（段改芳插图）··· 王东满

赵树理研究

赵树理同志生平纪略··················· 史纪言
赵树理的一副贺喜对联················· 邢晓寿

从果戈理"借"题材说起··············· 董大中
《老二黑离婚》引起热烈反响··········· 本刊记者

艺林折枝

"霜林醉"··························· 赵廷鹏
诗话二则····························· 沈　豪
杰作（小品文）······················· 赵　正
浅谈学习民歌（创作通信）············· 骝　骑

吊金钟（木刻）······················· 蔺永茂
月夜（木刻）·················· 宁积贤　李文龙
云冈九月（国画）····················· 郭　直
卦山书院（国画）····················· 王朝瑞

1980 年第 2 期　刊名:《汾水》
目录

焦裕禄（剧本）————————————————赵树理　遗作
闸门（小说）————————————————————王西兰
书（小说）（玉滋插图）——————————————李　锐
搭伙儿（小说）（玉峰插图）————————————韩石山
羊沟行（小说）（森林插图）————————————李培根
赶集（小说）（富盛插图）—————————————刘维颖
油（小说）——————————————————————郑惠泉
《泪痕》摄制札记（散文）—————————————都　郁

新长征路上
油海诗笺（诗二首）————————————————莫文征
写在云雾山中（诗四首）（杰生插图）————————李松涛
农村纪行（诗二首）————————————————梁　冬
小石磨儿，转得多欢（诗）（木兰插图）——————谢克强
冬晨，写在未名湖畔（诗三首）——————————丁　玫
"钢铁"呵，你在叮咛（诗）————————————张承信
翎羽集（诗）————————————————————王燕生
关于菩萨的脑袋（诗）———————————————丰昌隆
考验（外一首）（诗）———————————————华　丹

花刺一束
一阵风和一窝蜂（诗二首）————————————黄　彦
车间和库房（诗）—————————————————顾　城
我们这个局（诗）—————————————————孙　映
《人间喜剧》的启示————————————————吕智敏
要注意作品的社会效果———————————————洪　亮
要写好反面人物——————————————————赵　捷

艺林折枝
简炼一例——————————————————————武毓璋
成如容易却艰辛——————————————————杨　子

赵树理研究
赵树理写《焦裕禄》的时候—————————————李近义
北海公园一席谈——————————————————侯文正
创作，需要感情（创作通信）———————————王峻峰
花（水彩）————————————————————袁　珑
重返舞台（年画）—————————————————孟彬亨
晋南木版年画
贺老总说戏————————————————————王　滋等

1980 年第 3 期　刊名:《汾水》
目录

铃声叮咣（小说）（插图：赵球）—————————李禄明
百鸡盆（小说）（插图：希光　曹雯）———————魏润身
亚芳（小说）（题图：赵改良）——————————师百韧
山村风雪夜（小说）————————————————郁　波
爱情的秘诀（小说）————————————————樊　敦
风雪五里店（小说）————————————————张金锁
一字之差（小说）—————————————————刘裕耀
你每天想什么?（散文）——————————————马金声

勘探诗抄（诗六首）（插图：冯林森）———————梅　翁
病中有感兼柬公木应镠斧正（诗）—————————天　兰
考验（诗）—————————————————————韩嗣仪
我愿（诗）—————————————————————李建华
开犁（诗）—————————————————————赵政民
作诗苦（诗）————————————————————刘　琦
无题（诗）—————————————————————蔡　毅

蓓蕾初开透嫩香——本刊一九七九年小说评奖活动概
述——————————————————————————本刊记者

赵树理研究
创作离不开生活基础————————————————赵树理
赵树理作品中的地方色彩——————————————方浴晓

文贵独创—————————————————————周　驻
贵在短而精————————————————————竹　冰

诗艺录
"写诗"与"做诗"————————————————承继添
爱情诗小议————————————————————曲润海
入乎情理是出乎意料的基础（创作通信）——————孙　钊

碧荷翩翩（国画）—————————————————李炳璜
梨园春色（摄影）—————————————————杨德山
永乐宫壁画—————————杨力舟　王迎春　张永泰　临摹
玉女（永乐宫壁画）————————————杨力舟　临摹

1980 年第 4 期　刊名:《汾水》
目录

我和太原——————————————————[日本]伊藤克
我的收获——————————————[日本]上野惠司　叶　子译
作家马烽的印象—————————[日本]铃木健之　叶　子译
诗三首（插图：志曼）——————[日本]松浦正雄　叶　子译

房科长其人（小说）（插图：浴曦）-------- 黄树芳
小风波（小说）（插图：诗唐）-------- 李跃华
老古学歪记（小说）-------- 义　夫
天职（小说）（插图：国兵）-------- 范　彪
荣誉（小说）-------- 禾　呈
立春之后（小说）-------- 裴继钊
冬夜遐想（散文）-------- 行　人

献给刘少奇同志的歌（诗）-------- 冈　夫　陈其安等
桃花汛（诗）-------- 王　宇
新春抒怀（诗）-------- 文武斌
相思草（诗）-------- 马作楫
写在新长征路上的传单（诗三首）-------- 孔祥德
李家庄的喜事（诗二首）-------- 刘建政
呵，太原（诗）-------- 赵国增
政策花开万里香（诗）-------- 张福玉
致园丁（诗四首）-------- 王振佳
咏物诗（二首）-------- 张含保
行吟篇（诗二首）-------- 王东满
"天花"一簇（诗）-------- 李有根
花蕾（诗）-------- 郑金水
原上草（诗）-------- 焦　阳
信号工的语言（诗）-------- 刘益善
两只小鹰的故事（童话诗）-------- 马晋乾

赵树理研究
怀念赵树理同志-------- 张万一
重读《邪不压正》-------- 李国涛

灵魂的伟大审问者
　　——读鲁迅小说《弟兄》札记-------- 曹玉梅
关于标点-------- 梁　衡
李商隐的《夜雨寄北》（艺林析枝）-------- 胡冰遗作

新作短评
读《新房》-------- 薄子涛
《新房》门上的钥匙-------- 谢志仁　岳效昭

漫谈环境描写（创作通信）-------- 南郭生
盛开（木刻）-------- 李万茂
心中的花（国画）-------- 王　鐰
木刻二幅-------- （塞北）王　健
月色（国画）-------- 张乃栋

1980 年第 5 期　刊名：《汾水》
目录

继续解放思想　繁荣文艺创作　为四个现代化服务
　　——在山西省文学艺术工作者第四次代表大会上的报
　　告（摘要）-------- 马　烽
区委书记白清水（小说·骥俊插图）-------- 王纯人
卸了装才美（小说·浴曦插图）-------- 成　一
钟编辑的五十三个小时（小说）-------- 王　扶
父子赶集（小说）-------- 马　路
漂逝（小说）-------- 郑　义
马技师和王燕（小说·永太插图）-------- 何力力
蛇的故事（民间故事·作荣插图）-------- 吉　星搜集整理
怀念少奇同志（诗三首）-------- 刘　章等
日月潭的传说（叙事诗·林森插图）-------- 何　畏
京居二题（诗）-------- 张志民
母亲的心（诗）-------- 刘　星
文学遐想录-------- 郭灵声
评《臭臭外传》-------- 喻大翔

文艺随笔
物尽其态　诗尽其情
　　——读诗偶得-------- 伍夫楹
创造优美的意境
　　——读孙犁小说札记-------- 李丽中

艺林折枝
说含蓄-------- 黄新根
《红楼梦》的一幅群笑图-------- 张　挺
让人物说自己的话（创作通信）-------- 雏　燕
春（木刻）-------- 董其中
水彩二幅-------- 焦国辉　康富平
山西地方戏-------- 高礼双等
秋（水彩）-------- 铸　仁

1980 年第 6 期　刊名：《汾水》
目录

三凤告状（小说）-------- 田澍中
"尖"老头冒尖（小说）-------- 齐凤舞　齐凤翔
鸡的故事（儿童文学·连瑞插图）-------- 东　黎
难忘的一件事（儿童文学·松年插图）-------- 郭景山
北斗与茫茫的迷雾（小说·富盛插图）-------- 张俊南
我家的饭桌（小说·夜冰插图）-------- 曲　翔
牛凤英趣闻（小说·江鸿插图）-------- 张旺模
怀念贺老总（散文）-------- 力　群
献上心里的花（散文）-------- 高建琨

永远站在人民一边（散文）————周启慧
啊，燃烧的晚霞（组诗）——蒋士枚　王建国
春华秋实（诗二首）————梁志宏
写在春天的节日里（诗三首）————李再新
山乡诗情（诗）————王　也
交通警之歌（诗）————陈绍武
选举（诗）————王长发
图书馆里的"一号"座位（诗）————燕　园
加强文艺评论　繁荣文艺创作————尹世明
广阔天地　大有文章
——读《三凤告状》和《"尖"老头冒尖》有感
————持　重
忆赵树理艺术生活片断（赵树理研究）——杨　森
"逸马杀犬于道"异议————谭　力
真情实感是诗的灵魂（创作通信）————遐　山
生活　感情　风格
——力群版画展览观后————董其中

春风（木刻）————力　群
《力群版画展》选刊
五台山古建筑（速写）————张启明
松鼠葡萄（国画）————王　瀛

1980 年第 7 期　刊名:《汾水》
目录

小说
选择（插图：汪伊虹）————贾　毅
二性骨头（插图：吴善言）————王红罗
石榴花（插图：王　莹）————景　平
婚礼（插图：刘淑英）————彭　图
会后————王中干

散文·报告文学
回忆李季————马　烽

灯————王双定
我们夫妻之间————高芸香

民间故事
歇龙石————田昌安搜集整理

诗歌
"割尾巴"歌（小叙事诗）————宋达恩
我要高唱赞美诗————高沐鸿
彭总，我问你……————钮宇大
春风来了————溪　流
花木四题————刘国良

五台山风物咏（三首）（插图：张秋）——国；边新文
鸡（二首）————苗得雨
失眠————丰昌隆
信————姜金城

评论
读马烽《结婚现场会》三题————孙　钊
关于赵树理研究的通信————康　濯
文艺随笔
说"偶然"————王一善
"字立纸上"————马　威
谈作家的创造性劳动（创作通信）————王威宣

美术
刘少奇同志（木刻）————李诗唐
荷香（国画）————史秉有
葡萄（国画）————吴德文

1980 年第 8 期　刊名:《汾水》
目录

小说
结构美学（插图：汪伊虹）————贺小虎
镢柄韩宝山（插图：王　錞）————张石山
锣鼓声声（插图：武尚功）————刘德怀
一万和万一（插图：赵玉泉）————赵　新
一只耳朵的孩子————王不天
三月槐花香————王西兰

报告文学·散文
春天在大王村————王子硕
苇————郑振杰

诗歌
部队生活诗草——田永昌　李　钧　王晋军
夏歌————李有根
夏收短歌（二首）————李　峰
笑吧，释迦牟尼————王　颂
故乡行（四首）————周所同
誓言————周　正
光————黄河舟
短诗一束——莫文征　崔润锁　赵展舒
赵健雄　曲润海　申修福

评论
浅谈典型化和倾向性————艾　斐
柳青的教训————王慧骐　王东明
眼界要宽　开掘要深

——读《汾水》近期农村题材小说有感⋯⋯⋯吕文幸
读者中来
文学战线的无名英雄⋯⋯⋯⋯⋯⋯⋯⋯⋯查少良
"爱情的秘诀"是什么?⋯⋯⋯⋯⋯⋯⋯⋯邓志诚
是美,还是丑?⋯⋯⋯⋯⋯⋯⋯⋯⋯⋯⋯张伟民

美术

驻晋部队美术作品选⋯⋯⋯⋯⋯⋯⋯⋯张永太等
双鸟（国画）⋯⋯⋯⋯⋯⋯⋯⋯⋯⋯⋯⋯焦国辉

1980 年第 9 期　刊名:《汾水》
目录

诗歌特辑
新人新作小集
短诗三题⋯⋯⋯⋯⋯⋯⋯⋯⋯⋯⋯⋯⋯陈所巨
一只正在歌唱的小鸟（外一首）⋯⋯⋯⋯于建军
采访日记（三首）⋯⋯⋯⋯⋯⋯⋯⋯⋯⋯潞　潞
美之歌（三首）⋯⋯⋯⋯⋯⋯⋯⋯⋯⋯⋯贺　涛
江南情（二首）⋯⋯⋯⋯⋯⋯⋯⋯⋯⋯⋯刘亚瑜
丰收⋯⋯⋯⋯⋯⋯⋯⋯⋯⋯⋯⋯⋯⋯⋯⋯裴西平
深思⋯⋯⋯⋯⋯⋯⋯⋯⋯⋯⋯⋯⋯⋯⋯⋯聂鑫森
开封（外一首）⋯⋯⋯⋯⋯⋯⋯⋯⋯⋯⋯于　瑛
老队长的脊背（外一首）⋯⋯⋯⋯⋯⋯⋯旭　林
拆掉吧! 牛棚⋯⋯⋯⋯⋯⋯⋯⋯⋯⋯⋯⋯顾　工
土窑洞（外一首）⋯⋯⋯⋯⋯⋯⋯⋯⋯⋯杨文彬
采桑曲⋯⋯⋯⋯⋯⋯⋯⋯⋯⋯⋯⋯⋯⋯⋯何　理
安家⋯⋯⋯⋯⋯⋯⋯⋯⋯⋯⋯⋯⋯⋯⋯⋯谢克强
啊,关系⋯⋯⋯⋯⋯⋯⋯⋯⋯⋯⋯⋯⋯⋯钮宇大
橄榄（外一首）⋯⋯⋯⋯⋯⋯⋯⋯⋯⋯⋯赵　越
炊烟袅袅⋯⋯⋯⋯⋯⋯⋯⋯⋯⋯⋯⋯⋯⋯董耀章
假如我是一个法官⋯⋯⋯⋯⋯⋯⋯⋯⋯⋯梁志宏
长征⋯⋯⋯⋯⋯⋯⋯⋯⋯⋯⋯⋯⋯⋯⋯⋯孔祥德
给卖杏儿的孩子⋯⋯⋯⋯⋯⋯⋯⋯⋯⋯⋯李武兵
从心里,投你一票⋯⋯⋯⋯⋯⋯⋯⋯⋯⋯秦　岭
古塘星光⋯⋯⋯⋯⋯⋯⋯⋯⋯⋯⋯⋯⋯⋯陈　亨
良心⋯⋯⋯⋯⋯⋯⋯⋯⋯⋯⋯⋯⋯⋯⋯⋯寒　星
戒指魂（叙事诗）⋯⋯⋯⋯⋯⋯⋯⋯⋯⋯徐太国
杂志变成"飞机"以后⋯⋯⋯⋯⋯⋯⋯⋯郑渊洁
古体诗
西安访胜（三首）⋯⋯⋯⋯⋯⋯⋯⋯⋯⋯刘秀峰
杂咏五首⋯⋯⋯⋯⋯⋯⋯⋯⋯⋯⋯⋯⋯⋯冈　夫
悼念安子文同志⋯⋯⋯⋯⋯⋯⋯⋯⋯⋯⋯胡晓琴
南行诗草（三首）⋯⋯⋯⋯⋯⋯⋯⋯⋯⋯黎　军

诗歌特辑
短诗一束
老矿工⋯⋯⋯⋯⋯⋯⋯⋯⋯⋯⋯⋯⋯⋯⋯张志安

留影⋯⋯⋯⋯⋯⋯⋯⋯⋯⋯⋯⋯⋯⋯⋯⋯赵国增
买烟⋯⋯⋯⋯⋯⋯⋯⋯⋯⋯⋯⋯⋯⋯⋯⋯郭宝臣
像他一样活着⋯⋯⋯⋯⋯⋯⋯⋯⋯⋯⋯⋯谭彦如
残冬的广告⋯⋯⋯⋯⋯⋯⋯⋯⋯⋯⋯⋯⋯王　宇
死亡（外一首）⋯⋯⋯⋯⋯⋯⋯⋯⋯⋯⋯李克尧
灵石⋯⋯⋯⋯⋯⋯⋯⋯⋯⋯⋯⋯⋯⋯⋯⋯温　暖
鼓浪屿⋯⋯⋯⋯⋯⋯⋯⋯⋯⋯⋯⋯⋯⋯⋯白崇义

小说
老干事吴诚⋯⋯⋯⋯⋯⋯⋯⋯⋯⋯⋯⋯⋯周宗奇
赵三勤⋯⋯⋯⋯⋯⋯⋯⋯⋯⋯⋯⋯⋯⋯⋯贾大山
刁富贵草案⋯⋯⋯⋯⋯⋯⋯⋯⋯⋯⋯⋯⋯韩石山
在新开的小吃部里⋯⋯⋯⋯⋯⋯⋯⋯⋯⋯谢俊杰

散文
同外国专家一起讨论中国文学
——参加巴黎"中国抗战时期文学讨论会"散记
⋯⋯⋯⋯⋯⋯⋯⋯⋯⋯⋯⋯⋯⋯⋯⋯⋯⋯马　烽
纪念新木刻的开拓者鲁迅
——版画家力群访问散记⋯⋯⋯⋯⋯⋯⋯屈毓秀

评论
赵树理研究
谈学习语言
——在中华函授学校"讲座"第四学期开学式上的讲
话⋯⋯⋯⋯⋯⋯⋯⋯⋯⋯⋯⋯⋯⋯⋯⋯⋯赵树理
谈谈赵树理小说的人物塑造⋯⋯⋯⋯⋯⋯韩玉峰
赵树理的小说在日本⋯⋯⋯⋯⋯⋯⋯⋯⋯陈嘉冠
在艰难中行进
——当前创作问题上的一点陋见⋯⋯⋯⋯焦祖尧

美术
山村小学（木刻）⋯⋯⋯⋯⋯⋯⋯⋯⋯⋯张泽民
天龙山盘龙松（国画）⋯⋯⋯⋯⋯⋯⋯⋯李夜冰
洪洞大槐树（水彩）⋯⋯⋯⋯⋯⋯⋯⋯⋯王　伟
湘江北去（国画）⋯⋯⋯⋯⋯⋯⋯⋯⋯⋯赵　球

1980 年第 10 期　刊名:《汾水》
目录

小说
秋雨漫漫（杜浴曦插图）⋯⋯⋯⋯⋯⋯⋯郑　义
酒醉方醒（李诗唐插图）⋯⋯⋯⋯⋯⋯⋯杨茂林
人样儿（刘勇插图）⋯⋯⋯⋯⋯⋯⋯⋯⋯成　一
晚来的摔跤手（王莹插图）⋯⋯⋯⋯⋯⋯张石山
归来⋯⋯⋯⋯⋯⋯⋯⋯⋯⋯⋯⋯⋯⋯⋯⋯焦祖尧
彩色的梦⋯⋯⋯⋯⋯⋯⋯⋯⋯⋯⋯⋯⋯⋯东　黎
补课⋯⋯⋯⋯⋯⋯⋯⋯⋯⋯⋯⋯⋯马　骏　傅　平

一碗面......薛　勇
伤口......南守吉

评论
想民所想　急党所急
——读《汾水》反映干部生活的几个短篇......蔡　毅
艺林折枝
单纯而不单调......杨文明
一语破的......钟尚钧
正确运用方言土语......王峻峰
编稿手记四则......祝文茂等

诗歌
自悼......高沐鸿

美术
葵花（水粉画）......袁　龙
怒放（国画）......王　彤
山西古代雕塑（摄影）......王大斌　高礼双
霜林醉（彩墨画）......宋长泰

河津怀古（三首）......冯　锋
断想集......刘　镇
思海拾贝......郭庆平
火花小辑......应化雨　吕世豪　张不代
文时夏　徐明德　王春声

评论
社会主义文艺的正确方向
——学习"两为"的体会......潘仁山
为诗争气　为诗开路
——评《汾水》"诗歌特辑"......陈其安
谈谈韩宝山的形象塑造......蔡润田
美的形象　美的意境
——评《结构美学》......汪远平
编稿手记......宗大可等

美术
牡丹花（水彩）......陆贤能
扶桑（国画）......王暗晓
迎春（国画）......张启明

1980 年第 11 期　刊名:《汾水》
目录

小说
第 28 号人物（王錞插图）......田东照
开戒（赵志光插图）......苗　挺
新官铁拐李（张泽民插图）......珊　泉
秋收时节（李松年插图）......韩文洲
甜的故事（汪伊虹插图）......张枚同　程　琪

报告文学·散文
心（孔凡瑞插图）......雏　燕　石　采
永难忘却的记忆
——回忆我所见过的赵树理同志......贺新辉
蒺藜花......勤　学　天　定
我所记得的吴老师......[日本]南条修

诗歌
还我双臂......王东满
返山村（外一首）......梁　石
立冬......秦培昌
深山小镇（三首）......赖松廷
薯炕春光（外一首）......石　湾
路遇......赵政民
火红火红的高粱......高若虹
风云录（四首）......马晋乾

1980 年第 12 期　刊名:《汾水》
目录

小说
硬汉宫老存（王錞插图）......张　发
大同世界（汪伊虹插图）......赵　新
于小菊（张国兵插图）......王红罗
胡连才其人（赵玉泉插图）......侯桂柱
柜台生涯
——一位售货员的自述（宋虎立插图）......薛百管
老柳新枝......李峻田

散文
狂飙社及其他
——访老作家高沐鸿同志......曹平安
怀念......崔元荣

诗歌
信念之歌......王志星
我是一只布谷鸟（张乃栋插图）......王　也
重访五台山......周所同
野人（外三首）......张石山
端起饭碗的时候......姚振函
露珠集......管用和
砖、瓦及其他......李观鼎

评论

文学新人

剖析人物的灵魂

——成一小说的艺术特色⋯⋯⋯⋯李国涛

顶凌下种勤耕耘⋯⋯⋯⋯⋯⋯⋯⋯王子硕

文情并茂　胆识俱佳

——读长篇小说《爱与恨》⋯⋯⋯张成德

写好新时期的农村生活

——本刊召开农村题材短篇小说座谈会

⋯⋯⋯⋯⋯⋯⋯⋯⋯⋯本刊记者　闰田

艺林折枝

标题的艺术⋯⋯⋯⋯⋯⋯⋯⋯⋯⋯古远清

王熙凤与夏金桂⋯⋯⋯⋯⋯三　义　汪政

编稿手记四则⋯⋯⋯⋯⋯⋯⋯⋯宗大可等

美术

绣球花（水粉画）⋯⋯⋯⋯⋯⋯⋯谭星渠

茫茫大河（水粉画）⋯⋯⋯⋯⋯⋯穆　巍

1981 年第 1 期　刊名:《汾水》
目录

小说

江湖牙医⋯⋯⋯⋯⋯⋯⋯⋯⋯⋯⋯柏　韧

东望高邻⋯⋯⋯⋯⋯⋯⋯⋯⋯⋯⋯徐顺才

人过兴旺峪⋯⋯⋯⋯⋯⋯⋯⋯⋯⋯赵二湖

补充材料⋯⋯⋯⋯⋯⋯⋯⋯⋯⋯⋯韩石山

苏天宝的隐痛⋯⋯⋯⋯⋯⋯⋯⋯⋯李逸民

三个嫂嫂⋯⋯⋯⋯⋯⋯⋯⋯⋯⋯⋯王生宁

黎明⋯⋯⋯⋯⋯⋯⋯⋯⋯⋯⋯⋯⋯艾比西

遗诗问题⋯⋯⋯⋯⋯⋯⋯⋯⋯⋯⋯黄亚洲

鸡蛋的故事⋯⋯⋯⋯⋯⋯⋯⋯⋯⋯尹铁牛

新婚之夜⋯⋯⋯⋯⋯⋯⋯⋯⋯⋯⋯赵富科

报告文学·散文

目标·眼睛·心⋯⋯⋯⋯⋯徐雯中　王玉林

种子⋯⋯⋯⋯⋯⋯⋯⋯⋯⋯⋯⋯⋯梁　衡

酸枣⋯⋯⋯⋯⋯⋯⋯⋯⋯⋯⋯⋯⋯赵佩龙

诗歌

早晨，我急急地走向大海⋯⋯⋯⋯郭沫勤

写在"包公"牌烟盒上⋯⋯⋯⋯⋯丰昌隆

傍晚，风箱声哗嗒，哗嗒⋯⋯⋯⋯李再新

我的歌⋯⋯⋯⋯⋯⋯⋯⋯⋯⋯⋯⋯赵　越

故地新芳（六首）⋯⋯⋯⋯⋯⋯⋯段　云

余悸（外一首）⋯⋯⋯⋯⋯⋯⋯⋯李建华

迎春花⋯⋯⋯⋯⋯⋯⋯⋯⋯⋯⋯⋯文超万

遗忘——最深的海⋯⋯⋯⋯⋯⋯⋯李发模

采黄花⋯⋯⋯⋯⋯⋯⋯⋯⋯⋯⋯⋯叶晓山

给门卫战士（外一首）⋯⋯⋯⋯⋯马　德

火华集⋯⋯⋯⋯⋯常　啸　浪　波　李福虎

魏志远　魏红前　姜克昭　肖　月　郭宝臣

评论

争鸣之页

"要离政治远些"吗?

——也谈柳青的教训⋯⋯⋯⋯⋯张春宁

从流派的角度看赵树理创作的艺术特色⋯⋯⋯高　捷

"六六到底是六六"

——漫评《江湖牙医》⋯⋯⋯⋯郭振有

浅谈文艺的宣传性⋯⋯⋯⋯⋯⋯⋯刘集贤

诗艺录

"而今跳出圈圈外"⋯⋯⋯⋯⋯⋯丁国成

诗话二则⋯⋯⋯⋯⋯⋯⋯⋯⋯⋯⋯王威宣

作者·编者·读者

佳作共欣赏　妙义相与析

——有关本刊八〇年"小说特辑"的来稿摘登

⋯⋯⋯⋯⋯⋯⋯⋯⋯⋯⋯⋯⋯薄子涛等

但愿山西多好诗

——编余感言⋯⋯⋯⋯⋯⋯⋯⋯石　歌

《秋雨漫漫》写作前后

——（创作通信）⋯⋯⋯⋯⋯⋯郑　义

编稿手记三则⋯⋯⋯⋯⋯⋯⋯⋯⋯宗大可等

1981 年第 2 期　刊名:《汾水》
目录

小说

盗墓者与令狐⋯⋯⋯⋯⋯⋯⋯⋯⋯张石山

婚姻介绍所门外⋯⋯⋯⋯⋯⋯⋯⋯贺小虎

典型事例⋯⋯⋯⋯⋯⋯⋯⋯⋯⋯⋯马　烽

烧饼是圆的⋯⋯⋯⋯⋯⋯⋯⋯⋯⋯金　华

明晚重新选举⋯⋯⋯⋯⋯⋯⋯⋯⋯王西兰

扬雄投阁（历史小说）⋯⋯⋯⋯⋯崔耀奎

从何谈起⋯⋯⋯⋯⋯⋯⋯⋯⋯⋯⋯越　欣

新苗与园丁

"纸蛋"队长⋯⋯⋯⋯⋯⋯⋯⋯⋯李春荣

送别⋯⋯⋯⋯⋯⋯⋯⋯⋯⋯⋯⋯⋯华　石

重视培养文学新人（评论）⋯⋯⋯曲润海

散文

松岩口纪行⋯⋯⋯⋯⋯⋯⋯⋯⋯⋯李　芮

春雨⋯⋯⋯⋯⋯⋯⋯⋯⋯⋯⋯⋯⋯王炳武

诗歌

群言堂（三首）...................... 王燕生
临行时刻............................ 石 英
华山月.............................. 湘 霖
凝望（外二首）...................... 周 正
怀念................................ 溪 流
井口小店............................ 贺 涛
故乡行.............................. 汪 洋
写在测尺上.......................... 谢克强
粗中有细（讽刺诗）.................. 李启云
山城一夜（小叙事诗）................ 文武斌
火华集.................. 青 勃 陈绍武 刘胜旗
梁志宏 于宗信 柴德森 徐 康 刘世新

评论

"落红不是无情物 化作春泥更护花"
——读《赵树理文集》随笔............ 蒋守谦
要现实主义，也不要忘了浪漫主义
——学习高尔基作品札记.............. 尹世明

文学新人

年轻的探索者........................ 雏 燕
给郑义
——谈《秋雨漫漫》.................. 王继志
"妙语出天然"........................ 古远清
读《汾水》几幅插图随想.............. 王 萤
编稿手记三则........................ 祝文茂等

1981 年第 3 期 刊名:《汾水》
目录

小说

诱人的枣花香气...................... 成 一
芍药梦.............................. 权文学
猪八戒探亲.......................... 潘保安
梳子花开............................ 孙 越
十三级干部进北京.............. 柯云路 雪 珂
暮徐徐拉开.......................... 雏 燕
门卫老万............................ 张贵保
最后一顿烧山药...................... 王树森
我要嫁给他.................... 杜振前 陈 一

诗歌

无题................................ 邵燕祥
故地新芳（二首）.................... 段 云
秋天里的诗（三首）.................. 晋漳水
母亲——奶汁........................ 王体民
我是水.............................. 高若虹

战士的回答.......................... 赵光有
不应该消失的诗...................... 杨文彬
井冈二题............................ 张万一
渔汛（小叙事诗）.................... 白崇义

大学生诗页.............. 周同馨 李建华 秦培昌
李坚毅 张 瑛 郭俊明 王玉声 郭石军 高 雪
杨 璐 秦玉清 程 鹏

评论

人性美的探索
——读孙谦《南山的灯》.............. 侯文正
令人难忘的新人形象
——评《第 28 号人物》.......... 郭文瑞 王一民

农村题材创作笔谈会
也谈深入生活问题.................... 西 戎
写自己感受最深的.................... 杨茂林
题材与刊物风格...................... 刘金笙
风格与文采（创作通信）.............. 王汶石
衣着与性格.......................... 魏继东
编稿手记二则........................ 祝文茂等

1981 年第 4 期 刊名:《汾水》
目录

小说

失去的夏天.......................... 刘裕耀
第十二夜............................ 毛守仁
儿子................................ 殷德杰
人之常情............................ 李 锐
挑水................................ 崔 巍
禅房花木深 推理小说（上）.......... 师彤雪

新蕾与园丁

小巷风波............................ 赵润平
一个初冬的早晨...................... 冯 洁
捕捉生活的浪花（评论）.............. 张仁健

散文

乞坐................................ 赵佩龙
枣花梦.............................. 郑振杰

诗歌

多好的名字——大同（外一首）........ 秦 岭
望瀑................................ 黄东成
白发歌.............................. 钮宇大
回味（外二首）...................... 陈所巨

心啊，向远方························马作楫
阳光，抚摸着我··················王志星
乡思····························于建军
渴望····························潞　潞
严寒里飘着欢歌··················魏红前
小花枕··························卫牢娃
山乡新歌（三首）················潘　笛
扁担啊，也会吟歌（小叙事诗）····刘瑞祥
火花集············韩嗣仪　文时夏　王梦辉

评论
农村新生活的礼赞
——读一九八〇年获奖小说札记····闰　田

农村题材创作笔谈会
农村题材也应当广泛些············马　烽
要不断开拓新路··················艾　斐
《汾水》小说杂议················林友光
日译本《我的第一个上级》序言
　　　　　　　　[日]小林荣　张　谦译

配角
——学习鲁迅小说艺术札记··刘静生　黄毓璜

文学新人
评张石山的小说··················刘金笙
把根扎在生活的沃土里············冯　池
编稿手记二则····················祝文茂等

江边（三首）····················宗　鄂
山桃花（二首）··················晓　蕾
窗口速写（外一首）··············攀　山
正月乡道························李福虎
山野短笛（二首）················梅　蕴
割肉····························王明璞
春的练习曲（二首）··············培　贵
黑豆，仅有的一升················山　姑
春风姑娘的回答（儿童诗）········王宜振
夜，夕阳及其他（三首）··········及巨涛
矿山小景（二首）················郭庆平
谷地遐想························陈其安

评论
作家的神圣职责··················洪　亮
"写自己所熟悉的"小议············程继田

农村题材创作笔谈会
有感于赵树理精神················唐　挚
几点希望························王安邦
要为青年农民着想················刘文继
要坚持这个方向··················姚子麒
农民想看"新"二黑（转载）······李德民
创作需要"卓见和勇敢"
——读赵树理一九五八年后的创作··彭韵倩
《盘龙峪》（第一章）的发现······董大中
关于山水散文的两点意见··········梁　衡

艺林折枝
叠音字的巧妙运用················徐延帅
林黛玉没了锄头以后··············刘福林
编稿手记二则····················望　成等

1981 年第 5 期　刊名：《汾水》
目录

悼念中国现代文学巨匠茅盾同志
怀念茅盾同志····················马　烽
悼伟大作家茅盾同志··············冈　夫

小说
盘龙峪（第一章）················赵树理
爱听的都来听吧··················蒲　峻
散漫的姑娘······················大　莫
八音鼓儿响······················侯福明
卖车····························胡　帆
夜来香··························杨茂林
心连心··························郭书琪
禅房花木深（推理小说·下）······师彤雪

诗歌
故乡行（二首）··················左　林
雨后（外一首）··················金占亭

1981 年第 6 期　刊名：《汾水》
目录

小说
三白瓜··························韩石山
孙老先生························蒋　韵
短篇二题
农民
培养个性························徐　捷
公社行··························郑惠泉
威信····························田澍中
观榜····························钟　鸣

报告文学·散文
黑石头的歌······················刘作舟

初访章仲禹 ———————————— 王子硕
稻乡曲 ————————————————— 海 清

儿童园地
都是她……（小说）———————— 张抗抗
伞（小说）———————————————— 安凤和
大家都来关心儿童文学（评论）···· 《小学生》编辑部
谈儿童诗的写作（评论）—————— 古远清
献给孩子们的礼物（诗十首）———— 王怀让 郑渊洁
伊克昭 刘崇善 赵桂娜 李启云 王 湄 冰 峰

诗歌
煤海春潮（诗辑）———— 周世均 陈 亨 秦 岭
张志安 溪 流 李再新
战士致诗坛（外一首）——————— 李松涛
支书的家 ————————————————— 李占学
松花湖 ————————————————— 力 群
山村夜 ————————————————— 文 丙
夜归（外一首）—————————————— 董桂苓
校园柳 ————————————————— 麦天枢
咱队的养鱼池（外一首）————————— 孙 映
岚县所见（外一首）—————————— 曲润海
七律二首 ————————————————— 刘秀峰
短歌集（四首）—————————————— 清 溪
沙 蕾 梁 冬 池茂花等

评论
教育"寓于娱乐之中"
——读周总理关于文艺问题的论述札记——— 郑荣来
天意君须会 人间要好诗 ——————— 魏丕一
短篇小说的"开窗" ————————— 李永生
韩石山和他的短篇小说（文学新人）—— 郭灵声

艺林折枝
取名的艺术 ————————————————— 余 思
老作家与后来者 ——————————— 李国涛
《回乡偶书》一诗如何理解 —————— 刘伯伦

老生常谈并不老
——追忆赵树理同志的一次讲话 ———— 白修文
编稿手记二则 —————————————— 祝文茂等

拉骆驼的女人 ———————— 张枚同 程 琪
三女拜寿 ————————————————— 宋玉秀
人品 ————————————————————— 张旺模
四合院里的笑声 —————————— 王晓勇

散文
杏花酒香 —————————————— 文景明 张 军
泰山落日 ————————————————— 赵廷鹏
青岛观海潮 ———————————————— 顾自然
娘子关 ————————————————————— 李国萍

诗歌
诗坛新声
写在党旗下（组诗）—————————— 梁志宏
啊，七月的阳光 ——————————— 马 德
歌从山里来（组诗）—————————— 周所同
山中的路 ————————————————— 潞 潞
我是一捧泥土 —————————————— 王志星

献给七月的歌
你站在这里 ————————————————— 罗继长
明天（外二首）—————————————— 孔祥德
你是一颗露珠 —————————————— 赵建平
党旗下，我举起宣誓的手 —————— 申修福
党的六十诞辰感赋 —————————— 陈宇华
站在家乡田埂上 —————————————— 闻 频
我没醉 ————————————————————— 马绪英
致称药工 ————————————————— 赵国增
菜园晨（外一首）—————————————— 刘 浏
一回回找他一回回空（外一首）———— 贾 真
细流集（散文诗）—————————————— 管用和
纯净的南海啊（组诗）———————— 胡世宗
大雁 ————————————————————— 常 啸

评论
革命文艺的伟大组织者
——为党的六十诞辰而作 ——————— 郑 笃
"格调"小议 ————————————————— 朱宝真
略谈《芍药梦》的人物语言 ———— 武维璋 吴小秋

问题讨论
关于"山药蛋"派的通信 —————— 方浴晓
关于《（狂飙社及其他）》的几点补正 ——— 陈漱渝

山西作家笔名录
西虹 —————————————— 国 成 于 胜 丛 杨
编稿手记三则 —————————————— 宙 之等

1981 年第 7 期 刊名:《汾水》
目录

小说
夫妻之间（中篇连载）——————————— 张石山
蓬山有路 ————————————————— 张文德

1981 年第 8 期　刊名:《汾水》
目录

小说
报复·································潘保安
贼···································张旺模
祭妻·································张　平
恬静的心
——一个平淡的故事···················雷稳旗
算卦·································何亚京
张云素上疏记（历史小说）···············焦垣生
夫妻之间（中篇连载·续完）··············张石山

散文
荷心茶·······························王祥夫
我怎样做母亲·························李秀颖

诗歌
诗四首·······························冈　夫
井冈山，我心灵的摇篮···················王　也
踏雪行·······························陈绍武
桃李诗情·····························马作楫
糖担儿·······························冯恩昌
祝福·································徐若琦
山重水复·····························张承信
大地的笑容·········董耀章　青　勃　尧山壁
马长泰　张庆明　刘瑞祥　吕世豪　邹　劲
塞上诗笺·············丰昌隆　王　颂　赵建平
古与今
——从杜甫论诗中得到的启示·············姚奠中

随笔
谈模拟与创造
——读诗札记·························薄子涛
由说话看出人物来·····················刘　可

文学新人
蒋韵和她的小说·······················郭振有
编稿手记三则·························宗大可等

1981 年第 9 期　刊名:《汾水》
目录

纪念鲁迅诞辰一百周年
鲁迅与山西漫笔·······················王　瑶
珍贵的回忆·····························冈　夫

关于鲁迅和山西的几件事···············王俊峰
鲁迅先生与太原的文艺运动···············唐　诃

短篇小说
编者的话
山村医生·····························马　烽
走向新岗位之前·······················西　戎
本家主任·····························成　一
末品官儿·····························马　骏
穿时装的姑娘·························刘作舟
火警·································大　莫
呼苍天·······························张旺模
成精瞎汉·····························杨茂林
作难事·······························林　娃
月上东山·····························李　锐
俏寡妇·······························张凤瑞

天兰（山西作家笔名录）···············丁国成等
兰色的影子（艺林折枝）···············刘福林
编稿手记三则·························宗大可等

1981 年第 10 期　刊名:《汾水》
目录

小说
凉粉摊上·····························焦祖尧
零点·································焦垣生
牧牛图·······························王之光
白鸽，啄着乌黑的头发···················高建琨
三十五岁的庄稼汉·····················谷树明
小雨·································卓　然
雪白雪白的走廊·······················毛守仁
麦地里·······························窦嘉绪
好雨知时节·····························王东满

散文
蝼蚁壮歌·····························金　马
故乡的戏台·····························张　诚
酸甜酸甜的杏子·······················梁　衡
"生活"·······························郭正一

诗歌
为了我们的土地（三首）···············孙友田
泰戈尔在太原·························吉范五
小店春暖（小叙事诗）···················彭化高
泰山诗草（二首）·····················郭　廓
眼睛与心灵·····························叶延滨
乡间小路·····························陈　犀

曙光颂 张学明
矿工心声 韩长绵
塞上牧歌 李再新
校园的黎明多么早 张枚同
护士赞 王春声
诗海的浪花（十三首） 溪 流 伍权民 金 千
王中朝 于 瑛 旭 林 武建中 卫牢娃 姚红权
范立光 巴 伊 王俊鹏

纪念鲁迅诞生一百周年
鲁迅——农村题材小说创作的开拓者 李文儒
似与不似之间 艾 斐
鲁迅与陈独秀 张利群 顾全芳
鲁迅所钞傅山小札 李国涛
《现代咏晋诗词选》序 王 瑶
周宗奇及其短篇创作（文学新人） 武毓璋
冈 夫（山西作家笔名录） 国 成等
"艺术始于稍微发源之处" 陈连官
编稿手记二则 祝文茂等

1981 年第 11 期 刊名:《汾水》
目录

小说
老兵 权延赤
拜年 苗 挺
早市 李 泗
黑女子 胡 帆
归队小曲 张俊南

新苗与园丁
勇气 徐学波
写出人物的心灵美（评论） 门 业
突围 杨文彬
"糊糊好" 韩文洲
满分 张青化
邻居吵嘴 新 学

散文
春江水暖鸭先知 张昌华
东峪秋色 陈巨锁

诗歌
诗坛新秀
我走向处女地 孙 映
杏花雨（外一首） 赵政民
登泰山歌 秦 岭
我在深山里歌唱 马合省

扯不断的雨丝 张不代
赤子之歌 漳 柳
理想（二首） 潞 潞
回乡路上 闻 频
走，也云酒楼要个座 李志清
平原集日 姚振函
乡笛（外一首） 黄 宏
夜练 赵慧勇
祖国，我爱您 王志星
《汾水》更名感赋 常士功
诗海的浪花 莫西芬 李有根 杨进升
黄 淮 王 野 徐铁牛 边新文

评论
正确开展文学批评 茹 欹
赵树理艺术成熟的标志
——读《盘龙峪》（第一章）札记 李国涛
别开生面的《报复》 赵廷鹏
《血雨》描写艺术二题 赵尊党
试谈马烽短篇小说的结构艺术 林晓明
马烽（山西作家笔名录） 国 成等
编稿手记三则 祝文茂等

1981 年第 12 期 刊名:《汾水》
目录

小说
月到中秋 张 平
蛙鼓声声 李海清
钱老太爷 田昌安
继承 钟道新
赵套套夸雷 陆 桑
赖大嫂新事 张 野
"肚半鬼"小传 李秀峰
公路上 李录民

儿童园地
无声的鞭炮 崔 巍
蛋蛋断案 马 烮
起跑在黄土高原（报告文学） 焦祖尧
友谊情深（散文） 张福玉 赵二湖

诗歌
川江浪上歌（外一首） 罗继长
庄稼人 刘小放
时代的节奏（组诗） 丰昌隆
奔雷 旭 宇
我属于我的祖国 郭庆平

乡亲的脊梁（三首）——————————李洪程
诗海的浪花——————常　啸　高若虹　和　谷
商子秦　贾长厚　贺　涛
处女地——————雪　野　韩凤霞　温玉星
郭天才　趣　渊　曹翠则　李三处

评论
别具一格的"编稿手记"———————汪远平
致大海
——大连"高尔基学术讨论会"随想———姚青苗
艺术辩证法二题—————杨茂林　李文田
在美的旋律中迈步
——贺小虎的小说（文学新人）———郭灵声
《荷心茶》是一篇好散文———————奋　飞
读诗小札—————————————应化雨
青苗（山西作家笔名录）—于　胜　国　成丛　杨
我对《回乡偶书》一诗的理解————史文山
编稿手记二则———————————祝文茂等

1982 年第 1 期　刊名:《山西文学》
目录

卷头短语——————————————本刊编者

小说
柳大翠一家的故事————————王东满
深深的大山里——————张枚同　程　琪
我和"老布尔"——————————刘作舟
绿绣斑斑的铜锣————————韩石山
母亲，你为什么不走?
——《母亲，你为什么要走》续编——周宗奇
没有结束的采访————————毛守仁
拜师记————————————赵修身

新苗与园丁
良心————————————钟　宁
描写细腻　分寸得当（评论）————章　荣

散文
初升的圆月————————————胡　正
家乡的塔火————————————孟凡通
爆竹欢爆————————————尹考臻

诗歌
晋诗百家（诗十八首）———刘秀峰　马作楫
董耀章　马晋乾　钮宇大　李再新　李建华

新松诗笺
在现实，描绘理想（外一首）————冰　峰
伞花————————————————巴　伊
露—————————————————武建军
未来的回信————————————赵建平
秋风轻轻地吹（外一首）——————李应杰
家乡的小草————————————王一峰

评论
《远天远地》序————————————马　烽
《镢柄韩宝山》序———————————西　戎
要继续朝"新、短、通"努力————苏春生等
作家要乐于听故事（习作辅导站）———曲润海
设身处地———————————薛炎文
中国现代小说流派简介（一）（文学知识丛谈）
——————————————————李旦初
胡正（山西作家笔名录）————丁国成等
寓意深刻的一笔（艺林折枝）———薛宝生
海子边——黑暗社会的一角（山西现代文学谈片）
——————————————————董大中
编稿手记三则———————————宙　之等

1982 年第 2 期　刊名:《山西文学》
目录

小说
野庄见闻录————————————马　烽
两只羝羊————————————马　骏
夯歌（中篇小说）———————————苗　挺
大名————————————————徐学波
清粼粼的泉水————————————雏　燕
冒尖户张祥————————————李逸民
六百八————————————————郭景山

新苗与园丁
逃犯————————————————贾云辉
细致而真实地刻划人物（评论）————忻　圻

散文
野味————————————————陈广华
"病牛"图—————————————温　暖
初见留兰香————————————王祥夫

诗歌
晋诗百家
诗三首—————————————————冈　夫
故乡情（三首）———————————青　稞
鸽哨（外一首）———————————应化雨

城市巡礼（二首）⋯⋯⋯⋯⋯⋯⋯⋯梁志宏
农村短歌（三首）⋯⋯⋯⋯⋯⋯⋯⋯申修福
乡情集（三首）⋯⋯⋯⋯⋯⋯⋯⋯⋯王明璞
汾河湾（小叙事诗）⋯⋯⋯⋯⋯⋯⋯宋达恩
新松诗笺⋯⋯⋯⋯⋯⋯⋯阎安辉　刘建义

评论
赵树理与鲁迅⋯⋯⋯⋯⋯⋯⋯⋯⋯董大中
别开生面的民间文艺课
——回忆赵树理⋯⋯⋯⋯⋯⋯⋯⋯潘俊桐
读《柳大翠一家的故事》漫笔⋯⋯⋯高　捷
读《零点》的感想⋯⋯⋯⋯⋯⋯⋯⋯陈文信
中国现代小说流派简介（二）（文学知识丛谈）
⋯⋯⋯⋯⋯⋯⋯⋯⋯⋯⋯⋯⋯⋯李旦初
生活深处故事多（习作辅导站）⋯⋯于一木
发现和培养马烽、西戎的人（山西现代文学谈片）
⋯⋯⋯⋯⋯⋯⋯⋯⋯⋯⋯⋯⋯⋯牛力耕
补白二则⋯⋯⋯⋯⋯⋯⋯⋯⋯⋯文以简等
编稿手记三则⋯⋯⋯⋯⋯⋯⋯⋯祝文茂等

1982 年第 3 期　刊名:《山西文学》
目录

小说
青石沟出了真秀才（插图：王　錞）⋯张石山
高高的戏台（中篇）（题图：张行吉）⋯成　一
独眼龙（插图：张国兵）⋯⋯⋯⋯⋯童　玉
总的印象粗了点⋯⋯⋯⋯⋯⋯⋯⋯⋯黄亚洲

新苗与园丁
哭（题图：赵玉泉）⋯⋯⋯⋯⋯⋯⋯刘月凤
觉醒⋯⋯⋯⋯⋯⋯⋯⋯⋯⋯⋯⋯⋯刘月凤
矫健的起步（评论）⋯⋯⋯⋯⋯⋯⋯冯　池

散文
吕梁小夜曲⋯⋯⋯⋯⋯⋯⋯⋯⋯⋯⋯束　为

诗歌
晋诗百家
太行情（三首）⋯⋯⋯⋯⋯⋯⋯⋯⋯张志安
霞（外一首）⋯⋯⋯⋯⋯⋯⋯⋯⋯⋯杨文彬
希望，在田野上（二首）⋯⋯⋯⋯⋯溪　流
春雨颂（外一首）⋯⋯⋯⋯⋯⋯⋯⋯吕世豪
种核桃树的老人（小叙事诗）⋯⋯⋯刘瑞祥
新松诗笺⋯⋯⋯⋯⋯郭建华　祁世坤　雪　野
王氏宗亲旅游团⋯⋯⋯⋯⋯⋯香港　王心果

评论
论赵树理作品中转变人物的意义⋯⋯郭　政
"让老老少少都能看"
——记赵树理在一次"拼刺刀"会上⋯岷　垠
人生舞台上一个可悲的角色
——读《高高的戏台》⋯⋯⋯⋯⋯蔡润田
晋诗有望⋯⋯⋯⋯⋯⋯⋯⋯⋯⋯⋯曲润海
好一篇《蛙鼓声声》⋯⋯⋯⋯⋯⋯⋯张福玉
写诗，也要深入生活（习作辅导站）⋯马长泰
赵树理三十年代的两篇杂文（山西现代文学谈片）
⋯⋯⋯⋯⋯⋯⋯⋯⋯⋯⋯⋯⋯⋯董大中
中国现代小说流派简介（三）（文学知识丛谈）
⋯⋯⋯⋯⋯⋯⋯⋯⋯⋯⋯⋯⋯⋯李旦初
西戎（山西作家笔名录）⋯丁　胜　国　成　丛　杨
补白⋯⋯⋯⋯⋯⋯⋯⋯⋯⋯⋯⋯⋯牛力耕
编稿手记二则⋯⋯⋯⋯⋯⋯⋯⋯⋯望　成等

1982 年第 4 期　刊名:《山西文学》
目录

小说
星（王錞插图）⋯⋯⋯⋯⋯⋯柯云路　雪　珂
中国人的姿态（武尚功插图）⋯⋯⋯范胜利
今晚演了场什么戏（赵玉泉题图）⋯张凤瑞
饥饿⋯⋯⋯⋯⋯⋯⋯⋯⋯⋯⋯⋯⋯大　莫
钢铁厂的公民们（赵玉泉题图）⋯⋯李　锐
离婚⋯⋯⋯⋯⋯⋯⋯⋯⋯⋯⋯⋯⋯丁　乙

新苗与园丁
农妇⋯⋯⋯⋯⋯⋯⋯⋯⋯⋯⋯⋯⋯南志中
与南志中同志谈《农妇》的一封信（评论）⋯西　戎

散文
怀念茅公⋯⋯⋯⋯⋯⋯⋯⋯⋯⋯⋯力　群
吕梁小夜曲（续完）⋯⋯⋯⋯⋯⋯⋯束　为
高跷⋯⋯⋯⋯⋯⋯⋯⋯⋯⋯⋯⋯⋯黄三畅
武乡秧歌⋯⋯⋯⋯⋯⋯⋯⋯⋯⋯⋯甘茂华

诗歌
诗坛新声
朋友，快向阳光跑去（外一首）⋯⋯丰昌隆
我歌唱希望和梦想⋯⋯⋯⋯⋯⋯⋯于建军
战士的心（三首）⋯⋯⋯⋯⋯⋯⋯⋯徐明德
希望之歌（三首）⋯⋯⋯⋯⋯⋯⋯⋯温玉星
正月里来（二首）⋯⋯⋯⋯⋯⋯⋯⋯李有根
一个农民和他的平车⋯⋯⋯⋯⋯⋯姚振函
塞上，胡麻花开了⋯⋯⋯⋯⋯⋯⋯魏红前
紫竹谣⋯⋯⋯⋯⋯⋯⋯⋯⋯⋯⋯⋯丁　可

孩子⋯⋯⋯⋯⋯⋯⋯⋯⋯⋯⋯⋯⋯⋯⋯⋯⋯杜高建

评论

《汾水》一九八一年获奖短篇小说漫评⋯⋯⋯张成德
三十年代中期太原革命文学活动点滴⋯⋯⋯卢　梦
《庄稼观点》序⋯⋯⋯⋯⋯⋯⋯⋯⋯⋯⋯⋯马　烽
投入生活的"漩涡"
　——关于社会主义新人形象的塑造⋯⋯⋯艾　斐
谈作家的知识积累（习作辅导站）⋯⋯⋯⋯王威宣
中国现代小说流派简介（四）（文学知识丛谈）
　⋯⋯⋯⋯⋯⋯⋯⋯⋯⋯⋯⋯⋯⋯⋯⋯⋯李旦初
郑　笃（山西作家笔名录）⋯⋯⋯⋯⋯⋯⋯于　胜等
穿入隐微　掘理于情（随笔）⋯⋯⋯⋯⋯⋯艾　牧
编稿手记四则⋯⋯⋯⋯⋯⋯⋯⋯⋯⋯⋯⋯宗大可等

1982 年第 5 期　刊名:《山西文学》
目录

小说

野心家（插图：王　錞）⋯⋯⋯⋯⋯⋯⋯⋯徐　捷
乔公石⋯⋯⋯⋯⋯⋯⋯⋯⋯⋯⋯⋯⋯⋯⋯孟凡通
杨柳依依儿女情（插图：汪伊虹）⋯⋯⋯⋯高芸香
叩拜（插图：杜浴曦）⋯⋯⋯⋯⋯⋯⋯⋯⋯杨育基
老爷⋯⋯⋯⋯⋯⋯⋯⋯⋯⋯⋯⋯⋯⋯⋯⋯高培民
流星
地理博士⋯⋯⋯⋯⋯⋯⋯⋯⋯⋯⋯⋯⋯⋯丁鸿慈
热量的差异⋯⋯⋯⋯⋯⋯⋯⋯⋯⋯⋯⋯⋯黄树芳

新苗与园丁

牛蹄子认爹（插图：刘　勇）⋯⋯⋯⋯⋯⋯张建民
漫谈《牛蹄子认爹》（评论）⋯⋯⋯⋯⋯⋯忻　圻

诗歌

燃烧的爱（二首）⋯⋯⋯⋯⋯⋯⋯⋯⋯⋯秦　岭
平凡⋯⋯⋯⋯⋯⋯⋯⋯⋯⋯⋯⋯⋯⋯⋯⋯林　希
中条山⋯⋯⋯⋯⋯⋯⋯⋯⋯⋯⋯⋯⋯⋯⋯塞　风
打夯机，请把我砸入地基⋯⋯⋯⋯⋯⋯⋯潞　潞
土坑好⋯⋯⋯⋯⋯⋯⋯⋯⋯⋯⋯⋯⋯⋯⋯贾　真
啊，散发着漆香的站牌（外一首）⋯⋯⋯周所同
植树去⋯⋯⋯⋯⋯⋯⋯⋯⋯⋯⋯⋯⋯⋯⋯郑金水
清早⋯⋯⋯⋯⋯⋯⋯⋯⋯⋯⋯⋯⋯⋯⋯⋯韩长绵
友谊⋯⋯⋯⋯⋯⋯⋯⋯⋯⋯⋯⋯⋯⋯⋯⋯王志星
"假退休"⋯⋯⋯⋯⋯⋯⋯⋯⋯⋯⋯⋯⋯⋯张登城
军港⋯⋯⋯⋯⋯⋯⋯⋯⋯⋯⋯⋯⋯⋯⋯⋯姚焕吉

春风吹开庄稼人的笑⋯⋯⋯马绪英　张新民　进　升
　杨大矛　郭石军　杨金台　张先海　高若虹　何培贵
　王　笑

诗坛新声

春歌三章⋯⋯⋯⋯⋯⋯⋯⋯⋯⋯⋯⋯⋯⋯谢克强
我是一名新时代的大学生⋯⋯⋯⋯⋯⋯⋯周同馨
讲台上的骄傲⋯⋯⋯⋯⋯⋯⋯⋯⋯⋯⋯⋯陈建祖

评论

纪念《讲话》发表四十周年
四十年的实践⋯⋯⋯⋯⋯⋯⋯⋯⋯⋯⋯⋯力　群
《讲话》发表前后的晋绥文艺界⋯⋯⋯⋯卢　梦

青年作者谈心会

我写《祭妻》的一些体会⋯⋯⋯⋯⋯⋯⋯张　平
敏感及语言⋯⋯⋯⋯⋯⋯⋯⋯⋯⋯⋯⋯⋯郑　义
一点感受⋯⋯⋯⋯⋯⋯⋯⋯⋯⋯⋯⋯⋯⋯蒋　韵
努力捕捉生活中美的闪光⋯⋯⋯⋯⋯⋯⋯李海清

争鸣之页

高尚的情操　热情的赞颂
　——评短篇小说《深深的大山里》⋯陈其安　冯勤学
行为不美　格调不高
　——《深深的大山里》读后⋯⋯⋯⋯⋯周　伯
"五四"时期的四大副刊（一）（文学知识丛谈）
　⋯⋯⋯⋯⋯⋯⋯⋯⋯⋯⋯⋯⋯⋯⋯⋯⋯刘金笙
建议多读几本书（习作辅导站）⋯⋯⋯⋯敏　光
李逸民（山西作家笔名录）⋯⋯⋯⋯⋯⋯于　胜等
编稿手记三则⋯⋯⋯⋯⋯⋯⋯⋯⋯⋯⋯⋯宗大可等

1982 年第 6 期　刊名:《山西文学》
目录

小说

夜走祭子岭⋯⋯⋯⋯⋯⋯⋯⋯⋯⋯⋯⋯⋯王东满
闯宴⋯⋯⋯⋯⋯⋯⋯⋯⋯⋯⋯⋯张枚同　程　琪
失足⋯⋯⋯⋯⋯⋯⋯⋯⋯⋯⋯⋯⋯⋯⋯⋯张　鲁
他是谁⋯⋯⋯⋯⋯⋯⋯⋯⋯⋯⋯⋯⋯⋯⋯张　平
蜜蜂，你向往什么?⋯⋯⋯⋯⋯⋯⋯⋯⋯崔　巍
冬春之交⋯⋯⋯⋯⋯⋯⋯⋯⋯⋯⋯⋯⋯⋯李逸民
有一群野孩子⋯⋯⋯⋯⋯⋯⋯⋯⋯⋯⋯⋯龙化成
吃醋的嫂嫂⋯⋯⋯⋯⋯⋯⋯⋯⋯⋯⋯⋯⋯刘俊英
霞霞的"?"⋯⋯⋯⋯⋯⋯⋯⋯⋯⋯⋯⋯⋯银小俊
火⋯⋯⋯⋯⋯⋯⋯⋯⋯⋯⋯⋯⋯⋯⋯⋯⋯李　娜

散文

麻田度良夕⋯⋯⋯⋯⋯⋯⋯⋯⋯⋯⋯⋯⋯贺新辉
山水与明月⋯⋯⋯⋯⋯⋯⋯⋯⋯⋯⋯⋯⋯贺政民
战争插曲⋯⋯⋯⋯⋯⋯⋯⋯⋯⋯⋯⋯⋯⋯雷　加
山菊花⋯⋯⋯⋯⋯⋯⋯⋯⋯⋯⋯⋯⋯⋯⋯张　诚

诗歌

南行五题 .... 罗继长
夯歌（外一首） .... 董耀章
农家乐（三首） .... 赵政民
风雪女儿情 .... 文超万
潮 .... 陈 犀
海恋 .... 韩嗣仪
爱 .... 张雪杉
圆 .... 雪 野

评论

老赵剪影 .... 沈彭年
爱情描写和深入生活 .... 郑 里 谷 怀
郭沫若为孩子们写的诗 .... 刘崇善
力求新颖独到
——给青年文学爱好者 .... 张石山
作家应是观察家（习作辅导站） .... 草 云
"五四"时期的四大副刊（二）（文学知识丛谈）
.... 刘金笙
高沐鸿编《太原日报》文学专刊（山西现代文学谈
片） .... 董大中
编稿手记三则 .... 宗大可等

瓦刀之歌（三首） .... 王振佳
我们，守卫在深山隧道 .... 奔 雷

相思豆

晨曲（散文诗·外二章） .... 鲁 萍
淡蓝的窗帘（外一首） .... 黑太明

山乡吟

重访神池（二首） .... 张不代
乡村短笛（二首） .... 冯 杰
旧体诗之页（七绝八首） .... 刘秀峰 张仁健

评论

我的第一篇小说 .... 马 烽
闪着光芒的《星》 .... 林有光
傅青主的文学形象 .... 张文钟
山西小说在日本
鲁迅对清代几部小说的述评（一）（文学知识丛谈）
.... 侯文正
"看热闹"与"看门道"（习作辅导站） ...... 星 星
编稿手记三则 .... 宗大可等

1982 年第 7 期 刊名:《山西文学》
目录

小说

外面的世界 .... 成 一
林省长私访 .... 刘作舟
丢失了的长命锁 .... 李 锐
病 .... 马 骏 傅 平
题匾 .... 王西兰
飘浮的彩云 .... 薛 勇
菜市母女 .... 楚 天
在悬崖上 .... 田澍中
幽幽兰花香 .... 甘茂华
墙 .... 刘晓红

散文

露水闪 .... 束 为
黄河湾散曲 .... 孙 钊
六柳亭记 .... 陈巨锁
三春晖 .... 马 德
漫笔话深情 .... 黎 军

诗歌

新风赞
莜麦开花双穗穗（叙事诗） .... 左 林

1982 年第 8 期 刊名:《山西文学》
目录

小说

心，在胸中 .... 陈少雄
球场上 .... 权延赤
茅侕老五 .... 张旺模
七月会 .... 何力力
包戏 .... 李全洲
你是什么兵 .... 大 莫
姐姐 .... 宿新禾
老枫树 .... 徐太国
内里真情 .... 憨 憨

新苗与园丁

争鞭 .... 韩振远
翘首以待盼创新（评论） .... 王子硕

散文

珍藏在记忆中的照片 .... 陈洁民
望星空 .... 梁 衡
海外知音 .... 陈漱渝
源头一支曲 .... 春 塘
浪花集 .... 秦 黛

诗歌

军营拾零

绿色的剑（二首）⸺⸺⸺⸺⸺⸺⸺谢克强

是的，我土⸺⸺⸺⸺⸺⸺⸺⸺⸺魏红前

云雾山情思⸺⸺⸺⸺⸺⸺⸺⸺尹家民

爱情诗笺（二首）⸺⸺⸺⸺⸺⸺孙栋英

杏林掩映的女兵营（二首）⸺⸺⸺赵中悦

清晨，林中响着一支歌⸺⸺⸺⸺博泽军

他离休了，从今天又走回昨天（二首）⸺钮宇大

邻舍春秋（外一首）⸺⸺⸺⸺⸺张旭林

圆（散文诗二则）⸺⸺⸺⸺⸺⸺高伐林

茅屋自述⸺⸺⸺⸺⸺⸺⸺⸺⸺郭宝臣

夜班小憩（外一首）⸺⸺⸺⸺⸺温玉星

山村晨雾（外一首）⸺⸺⸺⸺⸺王一峰

金钟⸺⸺⸺⸺⸺⸺⸺⸺⸺⸺⸺王明璞

我的心⸺⸺⸺⸺⸺⸺⸺⸺⸺⸺于建军

评论

我的第一篇小说⸺⸺⸺⸺⸺⸺⸺梁　斌

读《几度元宵》⸺⸺⸺⸺王秋君　杨占平

新的尝试

⸺⸺评徐捷的《野心家》⸺⸺⸺奋　飞

问题讨论

"山药蛋派"质疑⸺⸺⸺⸺⸺⸺戴光宗

非常之情⸺⸺⸺⸺⸺⸺⸺⸺⸺伍夫楹

《关于（狂飙社及其他）》的几点补正》的补正

⸺⸺⸺⸺⸺⸺⸺⸺⸺⸺⸺武俊和

谈谈《文艺舞台》（山西现代文学谈片）⸺董大中

鲁迅对清代几部小说的述评（二）（文学知识丛谈）

⸺⸺⸺⸺⸺⸺⸺⸺⸺⸺⸺侯文正

1982 年第 9 期　刊名：《山西文学》
目录

小说

卷头语

老一辈人

⸺⸺《村人剪影》第一辑⸺⸺⸺⸺张石山

"弥勒佛"和我媳妇⸺⸺⸺⸺⸺田松林

好一个马德宝⸺⸺⸺⸺⸺⸺⸺韩石山

熬年⸺⸺⸺⸺⸺⸺⸺⸺⸺⸺⸺彤　云

八卦滩⸺⸺⸺⸺⸺⸺⸺⸺⸺⸺邓兴亮

赶春集⸺⸺⸺⸺⸺⸺⸺⸺⸺⸺蒲　峻

小说二题⸺⸺⸺⸺⸺⸺⸺⸺⸺曹喜庆

女飞行教官⸺⸺⸺⸺⸺⸺冯长宝　刘玉普

苦日月

⸺⸺《太行风云》中的一章⸺⸺⸺刘　江

揹河人⸺⸺⸺⸺⸺⸺⸺⸺⸺⸺崔　巍

球王厂长⸺⸺⸺⸺⸺⸺⸺⸺⸺阎安广

生死恋⸺⸺⸺⸺⸺⸺⸺⸺⸺⸺韩丽芳

峰峰和媛媛⸺⸺⸺⸺⸺⸺⸺⸺顾方平

心的风筝⸺⸺⸺⸺⸺⸺⸺⸺⸺东　黎

懒虫⸺⸺⸺⸺⸺⸺⸺⸺⸺⸺⸺秦振中

评论

我的第一篇小说⸺⸺⸺⸺⸺⸺⸺高晓声

做局中人

⸺⸺回忆赵树理的一次讲话⸺⸺⸺黄修己

赵树理与诗歌⸺⸺⸺⸺⸺⸺⸺张赛周

鲁迅对清代几部小说的述评（三）⸺⸺侯文正

编稿手记三则⸺⸺⸺⸺⸺⸺⸺祝文茂等

1982 年第 10 期　刊名：《山西文学》
目录

小说

清风习习⸺⸺⸺⸺⸺⸺⸺⸺⸺束　为

车辚辚⸺⸺⸺⸺⸺⸺⸺⸺⸺⸺寒　泉

河边趣事⸺⸺⸺⸺⸺⸺⸺⸺⸺侯桂柱

院长⸺⸺⸺⸺⸺⸺⸺⸺⸺⸺⸺苗　挺

静静的山洼地⸺⸺⸺⸺⸺⸺⸺张　平

花鸟情趣⸺⸺⸺⸺⸺⸺⸺⸺⸺鸟　人

"报告干部"⸺⸺⸺⸺⸺⸺⸺⸺赵　新

我的连婶⸺⸺⸺⸺⸺⸺⸺⸺⸺康玉玲

他和她以及他们和她们⸺⸺⸺⸺王志生

最后一名新工人⸺⸺⸺⸺⸺⸺范立光

散文

家在攀枝花⸺⸺⸺⸺⸺⸺⸺⸺焦祖尧

吊兰⸺⸺⸺⸺⸺⸺⸺⸺⸺⸺⸺卓　然

龙井春⸺⸺⸺⸺⸺⸺⸺⸺⸺⸺刘思奇

诗歌

山西好⸺⸺⸺⸺⸺⸺⸺⸺⸺⸺阮章竞

闪闪的西山⸺⸺⸺⸺⸺⸺⸺⸺孙友田

旅游杂句⸺⸺⸺⸺⸺⸺⸺⸺⸺冈　夫

圆明园凭吊（外一首）⸺⸺⸺⸺查　干

一个壮汉的话⸺⸺⸺⸺⸺⸺⸺苗得雨

黄河诗抄⸺⸺⸺⸺⸺⸺⸺⸺⸺陈其安

献给党的颂歌（朗诵诗）⸺⸺⸺董耀章

唱给冬天的歌⸺⸺⸺⸺⸺⸺⸺文超万

塞上绿洲诗草（二首）⸺⸺⸺⸺丁　捷

一掬浪花⸺⸺⸺⸺⸺⸺⸺⸺⸺严　厉

南游二首⸺⸺⸺⸺⸺⸺⸺⸺⸺孟宏儒

梅⸺⸺⸺⸺⸺⸺⸺⸺⸺⸺⸺⸺马晋乾

小镇，我回来了⸺⸺⸺⸺⸺⸺丰昌隆

评论

我写第一篇小说的前前后后·····················李满天

吕梁明月在 战士幽情深

——读束为散文有感·····················张成德

读新版《太行风云》·····················曲润海

焦祖尧 成一作品讨论会纪实·············本刊记者

问题讨论

对《"山药蛋派"质疑》的质疑·············艾 斐

怎样欣赏文艺作品（一）（文学知识丛谈）·····林清奇

我省现代文学研究上的一次盛会

——赵树理学术讨论会纪实·············本刊记者

小说的呼语及其运用（习作辅导站）·········薄子清

怎样欣赏文艺作品（文学知识丛谈）·········林清奇

读者中来

赵树理学术讨论会论文选登

赵树理创作思想初探·····················罗谦怡

赵树理小说的民俗描写·····················王俊峰

编稿手记三则·····························祝文茂等

1982 年第 11 期　刊名:《山西文学》
目录

小说

乡亲·································陈 创

三人爷·························吴 民 孟昭德

爷爷孙子颠倒记·····················郭书琪

刘三骂街·························王东满

人前面后·························杨文彬

偿还·····························赵佩龙

我家的燕子·························韩 斌

杏花开了·························许世礼

王培政回家·························王之元

莲莲·····························宋达理

闲话·····························赵艾晶

分娩·····························高 钟

散文

不知名的野花·······················李海清

珊瑚花灯·························谢庆荣

诗歌

钟声·····························王立成

我不反悔，我十八岁的一次选择·············潞 潞

我是山岩，我有坚实的情感·················刘毅然

照相·····························刘富云

制氧车间畅想·······················于 瑛

太阳和我·························熊远柱

见到了你啊，将军榆·····················武建中

短章集···刘国清 祁世坤 王耀宗 苏 南 王立珂

评论

初生儿（我的第一篇小说）·················束 为

略谈"山药蛋派"的现实主张和创作实践

——与戴光宗同志商榷·················程继田

1982 年第 12 期　刊名:《山西文学》
目录

小说

又是元宵（中篇）·····················胡 正

晚风·····························何亚京

马·······························刘德怀

五十五壮汉·························李 锐

漂亮的弧线，划过空中·················何力力

报告文学·散文

年轻的围棋国手·················陈 铮 沈果孙

留在沈阳的日军侵略战迹·········[日本]南条纯子

野歌·····························葛新奎

诗歌

崛起的生活（二首）·····················赵 越

泰山挑夫（二首）·····················周所同

采蘑菇·························宋达恩

英雄黄崖洞·························洪 飞

田野里的歌·························王广元

叫饭……（外一首）·····················王 颂

山中吟（二首）·····················文 丙

没有凋谢的枣花·····················溪 流

我是一个工长·······················梁志宏

浪淘沙

——喜颂十二大盛会·················范吉五

巷道短歌（二首）·····················吴奔星

评论

我的第一篇小说·····················姚青苗

我和"狂飙社"·······················张稼夫

月是唐代明·························董冰竹

这儿才见真功夫·····················王汶石

问题讨论

再说"山药蛋派"·····················李国涛

怎样欣赏文艺作品（三）（文学知识丛谈）————林清奇
赵树理作品在部队————彦　克
编稿手记三则————望　成等

笔耕偶拾（二则）————马树国
编稿手记三则————宗大可等

1983 年第 1 期　刊名:《山西文学》
目录

小说

小伙子们，奏乐————郑　义
爸爸的脾气————杜曙波
瞧这一家子————韩丽芳
小说二篇————钟道新
第一次当校长————景　花
二潮相亲————赵佩龙
腊月二十三————谢俊杰
儿子的名誉————大　莫
寸草心————陆志坚
鲫鱼（儿童文学）————王学东　韩素珍

散文

忆童年（之一）——复杂的家庭关系————马　烽
簸箕摇篮————韩　斌
火狐————卓　然

诗歌

鬼子母的传说（叙事诗）————何　畏

繁星集

俘虏（外一首）————陆　萍
墓草（外一首）————徐太国
大自然拾零（五则）————沈　豪
爆破（外一首）————廖　河

散文诗

防浪堤（三章）————管用和
北方，心灵的土地（二章）————赵政民
复苏————刘瑞祥
轻轻，轻轻————郭庆平
每当国旗徐徐升起————张福玉
药房窗口————王春生

评论

做建设社会主义精神文明的工程师————赵望进
息心下意毋躁忙（我的第一篇小说）————李英儒
也谈赵树理创作的局限性————光　群
成一的语言————郑波光
比翼高歌抒深情（文学新人）————王子硕
阅读名著与学习写作技巧（习作辅导站）————任文锁

1983 年第 2 期　刊名:《山西文学》
目录

小说

今天在春天————成　一
步履艰难————王东满
地邻————刘亚林
笨妮儿轶事————李海清
笔下有情————赵修身
怨汉的泪————李占元
火辣辣的目光————杨世昌
打电话————郭志一
告别————裴海涛

散文

忆童年（之二）——重新开始生活————马　烽
茭白滩————袁锦程

诗歌

故乡风情（三首）————田　炜
西湖之夜————马作楫
致樟树————青　稞
好，放虎归山（外一首）————张不代
悼————徐明德
爆破————韩长绵

繁星集

一只船累了————顾　城
乡路吟（二首）————李有根
枫叶（二首）————何　仃
火车思絮（三首）————白　龙

迎春集

老榆树————马晋乾
她，走在山路上————冯　云
春野————杨进升
照像————李启云
旧体诗之页————张廷鸾　王吉文

评论

我的第一篇小说————陈登科
严谨·深沉·和谐——评赵越的诗————曲润海
谈谈苗挺的小说创作（文学新人）————沈　琨　刘　彤
说话"现代派"————吕家乡
"精神在缧绁"————李壮鹰
冈夫早年的诗（山西现代文学谈片）————董大中

美术

水仙（油画）（封面）⋯⋯⋯⋯⋯⋯⋯⋯ 戴　泽

高材生（油画）（封底）⋯⋯⋯⋯⋯⋯⋯ 梁玉龙

黄金岁月（油画）⋯⋯⋯⋯⋯⋯⋯⋯⋯ 阿　菊

勿媚⋯⋯⋯⋯⋯⋯⋯⋯⋯⋯⋯⋯⋯⋯ 王　莹

谈诗序⋯⋯⋯⋯⋯⋯⋯⋯⋯⋯⋯⋯⋯ 肖文苑

这一期和后两期⋯⋯⋯⋯⋯⋯⋯⋯⋯ 编　者

编稿手记三则⋯⋯⋯⋯⋯⋯⋯⋯⋯⋯ 祝文茂等

1983 年第 3 期　刊名:《山西文学》
目录

小说

在住招待所的日子里⋯⋯⋯⋯⋯⋯⋯⋯ 西　戎

哈蟆滩上的两座新房⋯⋯⋯⋯⋯⋯⋯⋯ 王济山

罗马、北京、"130"和秦琼马⋯⋯⋯⋯ 马　力

窗外风声飒飒⋯⋯⋯⋯⋯⋯⋯⋯⋯⋯ 畅建康

"此筐他要"⋯⋯⋯⋯⋯⋯⋯⋯⋯⋯⋯ 焦垣生

新苗与园丁

山歌好唱口难开⋯⋯⋯⋯⋯⋯⋯⋯⋯ 王希良

山歌唱好也动听（评论）⋯⋯⋯⋯⋯⋯ 老　鹏

散文

忆童年（之三）——从初小到高小⋯⋯ 马　烽

第一仗⋯⋯⋯⋯⋯⋯⋯⋯⋯⋯⋯⋯⋯ 束　为

追忆石评梅师⋯⋯⋯⋯⋯⋯⋯⋯⋯⋯ 塞先艾

简记女作家石评梅⋯⋯⋯⋯⋯⋯⋯⋯ 郭汾阳

"乡音无改"情弥深

——怀念李健吾先生⋯⋯⋯⋯⋯⋯⋯ 武伯索

我是真正的"无名"作者⋯⋯⋯⋯⋯⋯ 任龚义

诗歌

我向中年报到（二首）⋯⋯⋯⋯⋯⋯⋯ 梁志宏

测旗——帆（外一首）⋯⋯⋯⋯⋯⋯⋯ 谢克强

弯弯桃河水（二首）⋯⋯⋯⋯⋯⋯⋯⋯ 倩　晴

秧姑⋯⋯⋯⋯⋯⋯⋯⋯⋯⋯⋯⋯⋯⋯ 黄东成

复苏集

放飞的爱⋯⋯⋯⋯⋯⋯⋯⋯⋯⋯⋯⋯ 丰昌隆

芒种节⋯⋯⋯⋯⋯⋯⋯⋯⋯⋯⋯⋯⋯ 姚振函

小路⋯⋯⋯⋯⋯⋯⋯⋯⋯⋯⋯⋯⋯⋯ 珍　尔

我累了⋯⋯⋯⋯⋯⋯⋯⋯⋯⋯⋯⋯⋯ 江　边

煤⋯⋯⋯⋯⋯⋯⋯⋯⋯⋯⋯⋯⋯⋯⋯ 何晴波

流线型⋯⋯⋯⋯⋯⋯⋯⋯⋯⋯⋯⋯⋯ 董启荣

从冬天到春天⋯⋯⋯⋯⋯⋯⋯⋯⋯⋯ 吴　忠

评论

我的第一篇小说⋯⋯⋯⋯⋯⋯⋯⋯⋯ 胡　正

不断向生活突进（文学新人）

——简介王东满及其小说⋯⋯⋯⋯⋯ 张成德

正确对待退稿（习作辅导站）⋯⋯⋯⋯ 张厚余

1983 年第 4 期　刊名:《山西文学》
目录

小说

收发室里的笑声（中篇）⋯⋯⋯⋯ 柯云路　雪　珂

"窗听社"消息⋯⋯⋯⋯⋯⋯⋯⋯⋯⋯ 李　锐

宣德炉⋯⋯⋯⋯⋯⋯⋯⋯⋯⋯⋯⋯⋯ 王祥夫

青青河岸草⋯⋯⋯⋯⋯⋯⋯⋯⋯⋯⋯ 王晓勇

申村爷坐街⋯⋯⋯⋯⋯⋯⋯⋯⋯⋯⋯ 向沙里

散文

忆童年（之四）——走上革命道路的经过 马　烽

养花小记⋯⋯⋯⋯⋯⋯⋯⋯⋯⋯⋯⋯ 韩石山

《生活的波澜》后记⋯⋯⋯⋯⋯⋯⋯⋯ 莫　耶

丰碑，在人民心中⋯⋯⋯⋯⋯⋯⋯⋯ 李允经

诗歌

艰难的起步（三首）⋯⋯⋯⋯⋯⋯⋯⋯ 秦　岭

矿山四题⋯⋯⋯⋯⋯⋯⋯⋯⋯⋯⋯⋯ 孙友田

雨，降落在黎明（外一首）⋯⋯⋯⋯⋯ 黄河舟

繁星集

甜甜的梦⋯⋯⋯⋯⋯⋯⋯⋯⋯⋯⋯⋯ 伍权民

彩云（三首）⋯⋯⋯⋯⋯⋯⋯⋯⋯⋯⋯ 顾晓军

战士倒下的地方⋯⋯⋯⋯⋯⋯⋯⋯⋯ 石顺义

黄金季节⋯⋯⋯⋯⋯⋯⋯⋯⋯⋯⋯⋯ 莫西芬

萌芽⋯⋯⋯⋯⋯⋯⋯⋯⋯⋯⋯⋯⋯⋯ 李坚毅

马克思颂⋯⋯⋯⋯⋯⋯⋯⋯⋯⋯⋯⋯ 岳辛研

评论

文学要积极地反映改革⋯⋯⋯⋯⋯⋯ 祝文茂

我发表的第一部小说⋯⋯⋯⋯⋯⋯⋯ 柯　蓝

时代春天的赞歌

——读韩石山的小说集《猪的喜剧》⋯ 张贺琴

开阔的艺术视野（文学新人）⋯⋯⋯⋯ 郑　义

——柯云路同志及其在艺术上的追求

怎样体验生活（一）（习作辅导站）⋯⋯ 黄伟宗

一本鲁迅答应作序的书（山西现代文学谈片）

⋯⋯⋯⋯⋯⋯⋯⋯⋯⋯⋯⋯⋯⋯⋯⋯ 董大中

编稿手记三则⋯⋯⋯⋯⋯⋯⋯⋯⋯⋯ 于一木等

1983 年第 5 期　刊名:《山西文学》
目录

小说

工业题材短篇特辑

长白毛的耗子⋯⋯⋯⋯⋯⋯⋯⋯⋯⋯⋯⋯焦祖尧

墙⋯⋯⋯⋯⋯⋯⋯⋯⋯⋯⋯⋯⋯⋯⋯⋯蔡　华

黄金心⋯⋯⋯⋯⋯⋯⋯⋯⋯⋯⋯⋯⋯⋯⋯周宗奇

哦，明月⋯⋯⋯⋯⋯⋯⋯⋯⋯张枚同　程　琪

坡⋯⋯⋯⋯⋯⋯⋯⋯⋯⋯⋯⋯⋯⋯⋯⋯马立忠

大小严总⋯⋯⋯⋯⋯⋯⋯⋯⋯⋯⋯⋯⋯⋯景　盐

周大拿和他的儿子⋯⋯⋯⋯⋯⋯⋯⋯⋯⋯陆　桑

在飞驰的列车上⋯⋯⋯⋯⋯⋯⋯⋯⋯⋯⋯黄树芳

归宿⋯⋯⋯⋯⋯⋯⋯⋯⋯⋯⋯⋯⋯⋯⋯⋯毛守仁

邱柱国⋯⋯⋯⋯⋯⋯⋯⋯⋯⋯⋯⋯⋯⋯⋯田昌安

第七个是办事员⋯⋯⋯⋯⋯⋯⋯⋯⋯⋯⋯白　柯

散文

我的奶妈和奶爹⋯⋯⋯⋯⋯⋯⋯⋯⋯⋯⋯力　群

晋城红果⋯⋯⋯⋯⋯⋯⋯⋯⋯⋯⋯⋯⋯⋯王成祖

诗歌

拓荒歌（外一首）⋯⋯⋯⋯⋯⋯⋯⋯⋯⋯文武斌

入伍（外二首）⋯⋯⋯⋯⋯⋯⋯⋯⋯⋯⋯孙　秧

繁星集

热线⋯⋯⋯⋯⋯⋯⋯⋯⋯⋯⋯⋯⋯⋯⋯⋯邓成义

蝉蜕（二首）⋯⋯⋯⋯⋯⋯⋯⋯⋯⋯⋯⋯曲如山

生活，就是一本书（二首）⋯⋯⋯⋯⋯⋯张清泉

村花集

关于维纳斯轶事⋯⋯⋯⋯⋯⋯⋯⋯⋯⋯⋯周所同

掐谷穗⋯⋯⋯⋯⋯⋯⋯⋯⋯⋯⋯⋯⋯⋯⋯吕世豪

小镇饭摊（二首）⋯⋯⋯⋯⋯⋯⋯⋯⋯⋯李三处

窗前一片蝈蝈叫（二首）⋯⋯⋯⋯⋯⋯⋯高若虹

黎雀⋯⋯⋯⋯⋯⋯⋯⋯⋯⋯⋯⋯⋯⋯⋯⋯王　笑

峡谷行车⋯⋯⋯⋯⋯⋯⋯⋯⋯⋯⋯⋯⋯⋯温　暖

第一把锄（散文诗）⋯⋯⋯⋯⋯⋯⋯⋯⋯陈志泽

评论

本刊一九八二年获奖小说评析

人物、题材、情采——一九八二年《山西文学》获奖

小说读者⋯⋯⋯⋯⋯⋯⋯⋯⋯⋯⋯⋯⋯⋯韩玉峰

农村新人柳大翠的启示⋯⋯⋯⋯⋯⋯⋯⋯张威德

《老一辈人》二题⋯⋯⋯⋯⋯⋯⋯⋯⋯⋯高　捷

清风正用此时来——谈《晚风》⋯⋯⋯⋯赵廷鹏

怎样体验生活（二）⋯⋯⋯⋯⋯⋯⋯⋯⋯黄伟宗

编稿手记二则⋯⋯⋯⋯⋯⋯⋯⋯⋯⋯⋯祝文茂等

1983 年第 6 期　刊名:《山西文学》
目录

小说

还愿⋯⋯⋯⋯⋯⋯⋯⋯⋯⋯⋯⋯⋯⋯⋯⋯韩石山

红色的松针⋯⋯⋯⋯⋯⋯⋯⋯⋯⋯⋯⋯⋯刘树德

骑毛驴的新娘⋯⋯⋯⋯⋯⋯⋯⋯⋯⋯⋯⋯李秀峰

心的声⋯⋯⋯⋯⋯⋯⋯⋯⋯⋯⋯⋯⋯⋯⋯南虎员

裙子⋯⋯⋯⋯⋯⋯⋯⋯⋯⋯⋯⋯⋯⋯⋯⋯赵松泉

乡村的钟声⋯⋯⋯⋯⋯⋯⋯⋯⋯⋯⋯⋯⋯孟凡通

元宵节⋯⋯⋯⋯⋯⋯⋯⋯⋯⋯⋯⋯⋯⋯⋯崔　巍

六儿⋯⋯⋯⋯⋯⋯⋯⋯⋯⋯⋯⋯⋯⋯⋯⋯侯桂柱

"铁算盘"新传⋯⋯⋯⋯⋯⋯⋯⋯齐凤舞　齐凤翔

芸芸众生⋯⋯⋯⋯⋯⋯⋯⋯⋯⋯⋯⋯⋯⋯王子硕

昼夜之间⋯⋯⋯⋯⋯⋯⋯⋯⋯⋯⋯⋯⋯⋯赵晋阳

散文

我的第一位老师⋯⋯⋯⋯⋯⋯⋯⋯⋯⋯⋯力　群

沸腾的临汾⋯⋯⋯⋯⋯⋯⋯⋯⋯⋯⋯⋯⋯束　为

我想念那条小河⋯⋯⋯⋯⋯⋯⋯⋯⋯⋯⋯穆田英

诗歌

生命树⋯⋯⋯⋯⋯⋯⋯⋯⋯⋯⋯⋯⋯⋯⋯赵　越

答友人⋯⋯⋯⋯⋯⋯⋯⋯⋯⋯⋯⋯⋯⋯⋯冈　夫

听贝多芬《田园交响曲》⋯⋯⋯⋯⋯⋯⋯宋　琳

唱给省城煤气管道的歌⋯⋯⋯⋯⋯⋯⋯⋯于　瑛

修路的人（外一首）⋯⋯⋯⋯⋯⋯蔡燕生　程　岩

价值⋯⋯⋯⋯⋯⋯⋯⋯⋯⋯⋯⋯⋯⋯⋯⋯温玉星

河曲鸡鸣⋯⋯⋯⋯⋯⋯⋯⋯⋯⋯⋯⋯⋯⋯李再新

书生吟（二首）⋯⋯⋯⋯⋯⋯⋯⋯⋯⋯⋯韩钟昆

六月花儿红

对狐狸来说这是个秘密（寓言诗）⋯⋯⋯宫　玺

屋檐上的小麦（寓言诗）⋯⋯⋯⋯⋯⋯⋯王振佳

早春，在雪地里⋯⋯⋯⋯⋯⋯⋯⋯⋯⋯⋯张改娟

小秧苗⋯⋯⋯⋯⋯⋯⋯⋯⋯⋯⋯⋯⋯⋯⋯刘启舒

海螺打问号⋯⋯⋯⋯⋯⋯⋯⋯⋯⋯⋯⋯⋯李富祺

评论

卑中情（我的第一篇小说）

——我的第一篇小说《林海雪原》⋯⋯⋯曲　波

努力发展我省儿童文学创作⋯⋯⋯⋯⋯⋯陈　坪

爱情描写断想（文艺随笔）⋯⋯⋯⋯王松山　东进生

诗人⋯⋯（文艺随笔）⋯⋯⋯⋯⋯⋯⋯⋯思　乙

严肃思考　锐意创新（文学新人）

——谈李锐的小说创作⋯⋯⋯⋯⋯⋯⋯⋯冯　池

怎样体验生活（三）（习作辅导站）⋯⋯⋯黄伟宗

1983 年第 7 期　刊名:《山西文学》
目录

小说

点燃朝霞的人（中篇）　　　　　　　王东满
讨债　　　　　　　　　　　　　　　戴良贵
墙这边和墙那边　　　　　　　　　　晨　里
姐姐的咳嗽病　　　　　　　　　　　任龚义
夕照　　　　　　　　　　　　　　　王连启
外地的技术员　　　　　　　　　　　李录民

散文

到吕梁山去　　　　　　　　　　　　束　为
蝉鸣　　　　　　　　　　　　　　　张贵保
生活的旋律　　　　　　　　　　　　王丽琴
仙峰寺遇猴记　　　　　　　　　　　张启明

诗歌

桥（叙事诗）　　　　　　　　　　　左　林
被铸造出的铸造者（外一首）　　　　陈所巨
南海，我把北方的风雪寄给你　　　　潞　潞
故乡的塑像　　　　　　　　　　　　易殿选
塞北印象　　　　　　　　　　　　　刘益善

繁星集

少年诗人（外一首）　　　　　　　　冯　杰
盼　　　　　　　　　　　　　　　　马毕飞
秘密　　　　　　　　　　　　　　　许　宏
我爱白天，也爱夜晚　　　　　　　　王志星
在北方　　　　　　　　　　　　　　奔　雷
影子、脚印和荒野　　　　　　　　　梁京生
黄风　　　　　　　　　　　　　　　高继恒
致白衣战士　　　　　　　　　　　　王春声

评论

我迈出的第一步（我的第一篇小说）　西　戎
《无声的细流》序　　　　　　　　　胡　正
切实的倡导　良好的开端
——《山西文学》"工业题材短篇小说特辑"漫评
　　　　　　　　　　　　　　　　　张仁健
功夫不负有心人（文学新人）
——蒲峻和他的小说　　　　　　　　侯桂柱
修改作品要到活人中间去（习作辅导站）　任文锁
编稿手记（二则）　　　　　　　　　宗大可等

1983 年第 8 期　刊名:《山西文学》
目录

小说

陈家轶事　　　　　　　　　　　　　成　一
乡邻　　　　　　　　　　　　　　　权文学
黄河一澄清　　　　　　　　　　　　杨文彬
有钱十万　　　　　　　　　　　　　钟道新
老来恋　　　　　　　　　　　　　　谢俊杰
豆叶菜奶奶　　　　　　　　　　　　卓　然
青萍之末　　　　　　　　　　　　　夏坚勇

散文

夏天的乐园　　　　　　　　　　　　力　群
桃花铺春会　　　　　　　　　　　　吕茂田

诗歌

奶奶背上的梦　　　　　　　　　　　李三处
乡村的孩子（四首）　　　　　　　　张锐锋
人们啊，睁大你的眼睛　　　　　　　秋　心
我书写绿葱葱的诗句　　　　　　　　王　颂
煤车飞出娘子关（外一首）　　　　　张志安
炊烟的怀念　　　　　　　　　　　　戴战军
人行道上　　　　　　　　　　　　　杨培忠
矿工情　　　　　　　　　　　　　　李根红

繁星集

我跨上日月的征鞍（外一首）　　　　贾　真
月台（外一首）　　　　　　　　　　鲁　萍
我往往同情弱者（散文诗）　　　　　桂兴华
游少林寺有感　　　　　　　　　　　郭新民

旧体诗之页

昔日郇瑕展新容　　　　　　　　　　董冰竹

评论

北京作家五人谈
小说的结构问题　　　　　　　　　　林斤澜
如何提高写作能力　　　　　　　　　邓友梅
作家应当做生活里的有心人　　　　　从维熙
乡土文学与民族风格　　　　　　　　刘绍棠
小说的语言问题　　　　　　　　　　刘心武
《中国农村百景》（二）卷头语、跋——[日]小林荣
勤奋探索　勇于实践（文学新人）
——简介马骏及其小说　　　　　　　于振华
编稿手记（三则）　　　　　　　　　宗大可等

1983 年第 9 期 刊名:《山西文学》
目录

短篇小说特辑
耿劳模 ·· 西　戎
在九曲十八弯的山凹里 ···················· 权文学
四个山汉 ······································ 张旺模

小小说
老马 ·· 郑录礼
腊月雪 ·· 王志生
幸福的争论 ···································· 靳文明

这些女人们 ···································· 毛守仁
风雪路上 ······································ 马　骏
为我们干杯 ···································· 许元上
吟 ·· 刘作舟
拨浪鼓儿响 ···································· 谢庆荣
淡淡的白云 ···································· 李秀峰
乡土情 ·· 杜刚虎
村男村女 ······································ 新　禾

评论
促进文艺事业健康发展的强大思想武器 ······ 曹　彭
不断提高作品的思想艺术质量 ·············· 韩玉峰
我的第一篇小说 ······························ 刘绍棠
"往者不可谏，来者犹可追"
——简评《收发室里的笑声》 ·············· 郭　政
对赵树理的几点回忆 ························ 何　微
关于赵树理三篇短文的译文 ················ 黄修己
假关公
——赵树理同志讲的故事 ·················· 侯　恺
《假关公》读后 ······························ 董大中
编稿手记四则 ································ 祝文茂等

1983 年第 10 期 刊名:《山西文学》
目录

小说
耧铃丁当的季节 ······························ 王西兰
阿四婆 ·· 冯　浩
金秀 ·· 卓　然
柏木棺材 ······································ 李长胜
怪人怪事 ······································ 张凤瑞
不速之客 ······································ 黄宗林
一个没有个性的人 ·························· 李生泉
分数的价值 ···································· 张文德

散文
悼史纪言同志 ································ 郑　笃
捞河炭 ·· 束　为
令箭荷花 ······································ 王学东
海思 ·· 梁　衡
大兴安岭散记 ································ 郑　义

诗歌
观兵马俑坑有感 ······························ 罗继长
天安门前，一个挎相机的老人 ·············· 王燕生
病中 ·· 文武斌
在这片土地上（外一首） ·················· 溪　流
枣树桩 ·· 张雪杉
我抚摸着她粗糙的手 ························ 旭　林
五月 ·· 袁永庆
分配即景 ······································ 黄东城
村边小河（外一首） ························ 陈峻峰
中秋（外一首） ······························ 冯　火
疼 ·· 莲　葆
向海遗怀（二首） ·························· 禾　波
公海上 ·· 李松波
开路 ·· 龙彼德
我是林海的公民 ······························ 刘纯人

繁星集 ··············· 何　鹰　赵瑞恩　艾　斐　郭　忠
张爱国　裴西平　吕海潮　贾月云　王祥玉　尹继东

评论
艺术更需要人民
——读《邓小平文选》笔记 ················ 李国涛
鲁迅上南京求学的那一年 ·················· 周　烨

作品讨论
山村朝霞火样红
——《点燃朝霞的人》读后 ················ 张成德
栾金彪形象塑造刍议 ························ 蔡润田
知难（我的第一篇小说） ·················· 林斤澜
虚拟的艺术效果（文艺随笔） ·············· 刘　可
编稿手记 ······································ 徐漫之

1983 年第 11 期 刊名:《山西文学》
目录

好一个狗嘎子
——读《在九曲十八弯的山凹里》 ·········· 阎　纲

小说

风烛残年……………………………………钟道新
梦…………………………………………赵　新
咱是庄稼人………………………………刘　武
姑娘们发现了瓜园………………………郭景山
歌声………………………………………贾植芳
温暖的夕阳………………………………蒋　韵
溢到嘴边的心声…………………………张　鲁
"大将"反戈………………………………田澍中

报告文学

散文

梅花香自苦寒来…………………………冯　强
文津阁前的情思…………………………新　辉
小镇集上…………………………………郭振有

诗歌

矿区建设者（二首）……………………梁志宏
农民，啤酒的欢乐（外二首）…………陈建祖
神头电厂二题……………………………董耀章
中年………………………………………马绪芙
矿山笑眯眯………………………………冈　夫
海的思念…………………………………于建军
繁星集………………孔祥葱　黄淮　黄钟　朱彤
　常啸　蔡燕三　卫牢娃　孙一萍

评论

必须十分重视文艺人才的培养
——学习《邓小平文选》的体会…………尹世明
高昂豪放　顺畅如流
——读文武斌诗管见录……………………曲润海
"烛光虽小，却照亮了一间屋子"
——谈毛守仁及其短篇小说（文学新人）…武毓璋
耕耘在生活的沃土上
——访作家西戎………………………………熊玉莲
编稿手记三则…………………………………祝文茂等

1983 年第 12 期　刊名:《山西文学》
目录

清除精神污染　建设文学队伍……………西　戎

小说

送君送到大路边…………………………谷树明
前院………………………………………成　一
选景………………………………………李克定
庄稼人啊…………………………………王东满
第三次出嫁的新娘………………………苗　挺

风雪龚人时………………………………肖　元

散文

煤窑的旅行………………………………力　群
桌面………………………………………贾平凹
愧悔………………………………………田禹宝
鲜红的栌叶………………………………王双定

诗歌

年轻的父亲和他的积蓄…………………姚振函
给太阳……………………………………文超万
致敬，在深山（外二首）………………张不代
重庆夜景…………………………………马作楫
新时期的到来……………………………郭介成
八小时……………………………………陆　萍
牛头刨……………………………………冯　云
桐叶河的十月……………………………林　染
海棠………………………………………张学明
凝固的浪…………………………………刘　浏
繁星集……………………………………常剑花
晓蕾　孔令平　温爱文　栗金马　常全中
旧体诗之页………………管平　武毓章　马斗全

评论

延安文艺座谈会和我省三大根据地文艺运动
——纪念毛主席诞生九十周年……………王峻峰
坚持民族化方向　不走"现代派"道路
——学习邓小平同志关于文艺问题的有关论述
……………………………………………贾明生
就《点燃朝霞的人》致青年作家王东满……李　准
向生活的纵深开掘
——致长篇小说《跋涉者》的作者…………钟　源
我的第一篇小说……………………………莫　耶
编稿手记……………………………………红　石

1984 年第 1 期　刊名:《山西文学》
目录

高举社会主义文学的旗帜　清除精神污染
——作协山西分会主席团扩大会议纪实……洪亮整理

小说

彭成贵老汉………………………………马　烽
胶底布鞋…………………………………郭景山
戏园奇遇记………………………………陈仁友
恼人的夏夜………………………………毛守仁
膺品………………………………………周　矢
东南坪下冷子……………………………郑惠泉

静静 ………………………………………… 张旺模
矿工的妻子 …………………………… （壮族）岑献青

报告文学·散文
胸襟（报告文学） ………………………… 焦祖尧
我在山西的伙伴 …………………………… 那守箴
幽幽枣花香 ………………………………… 谢俊杰

诗歌
散文诗
军港风情（三首） ………………………… 赵政民
菊颂 ………………………………………… 青　稞
道路，我悠长的歌（组诗） ……………… 郭志勇
生命，红烛般燃烧（二首） ……………… 武建中
思念 ………………………………………… 郭庆平
绿色的思恋 ………………………………… 笑　波
在花与沙的分界线上 ……………………… 柳　沄

评论
《我的乐园》序 …………………………… 冰　心
《青春之歌》与"我"（我的第一篇小说） … 杨　沫
编马烽《彭成贵老汉》琐记 ……………… 李国涛
真实·厚重·深沉——读中篇小说《远村》 … 李　昕
丁志农的"天平"
　——读《楼铃叮噹的季节》 …………… 林为进
从"身轻一鸟过"说过 …………………… 降大任
赵树理《打倒汉奸》的原作（山西现代文学谈片）
　………………………………………… 董大中

读者中来
寻找坚强的人生支柱
　——读《有钱十万》有感 ……………… 李小民
对《乡土情》的一点意见 ………………… 薛　敏
编稿手记三则 …………………………… 徐漫之等

报告文学·散文
她在燃烧（报告文学） …………………… 朱丽瑛
小菜园的兴衰 ……………………………… 邵江天
秋天的报告 ………………………………… 燕治国
蓝蓝的星空 ………………………………… 霍　然
呼唤 ………………………………………… 青　稞

评论
写在《赵树理文集续编》前面 …………… 康　濯
小说观念问题 ……………………………… 李国涛
浅析"表现自我" ………………………… 张成德
一首好诗
　——读《芒种节》 ……………………… 左思乙
把评论写活
　——读《好一个狗嗳子》（读者中来） … 新　学
一点比较 …………………………………… 毕星星
编稿手记二则 …………………………… 宗大可等

诗歌
在希望的田野上…田　炜　闻　频　王什维　沙　金
诗三首 ……………………………………… 西　戎
花之歌 ……………………………………… 罗继长
海螺（外一章） …………………………… 郭宝臣
蒲公英 ……………………………………… 杨文彬
振兴之歌 …………………………………… 张承信
边塞曲（二首） …………………………… 秋　心
繁星集……………高洪波　陈松叶　赵长占　雪　野
　　　　　　何　鹰　冯　瑞　侯湘楚　张祖台

1984 年第 3 期　刊名:《山西文学》

目录

小说
六病房有危重患者 ………………………… 顾方平
五人浮沉记略 ……………………………… 胡经伦
婉儿 ………………………………………… 张　平
山村月圆时 ………………………………… 杜曙波
天边儿 ……………………………………… 唐　禾
水磨的变迁 ………………………………… 田澍中
那年，我才十岁 …………………………… 原　昌
城里飞来的花瓢虫 ………………………… 李录民
瞠目语塞 …………………………………… 马贵民

散文
春天的落叶 ………………………………… 束　为
回忆我的三哥 ……………………………… 姚奠中
古长城抒怀 ………………………………… 王树森

1984 年第 2 期　刊名:《山西文学》

目录

小说
村西头有个老天保 ………………………… 权文学
追悔 ………………………………………… 李逸民
糟糠之妻 …………………………………… 张　平
爱唱歌的奶奶 ……………………………… 王济山
春心 ………………………………………… 冯　浩
兄弟情深 …………………………………… 赵修身
小礼拜 ……………………………………… 贺小虎

诗歌

海，老人和他的儿子（外二首）⋯⋯⋯⋯潞 潞
太行赋⋯⋯⋯⋯⋯⋯⋯⋯⋯⋯⋯⋯⋯⋯⋯顾笑言
寓言诗二题⋯⋯⋯⋯⋯⋯⋯⋯⋯⋯⋯⋯⋯马 达
唱给妈妈的挽歌⋯⋯⋯⋯⋯⋯⋯⋯⋯⋯⋯耿 翔
抬轿小唱（讽刺诗）⋯⋯⋯⋯⋯⋯⋯⋯⋯李启云
一只白鸽子飞走了⋯⋯⋯⋯⋯⋯⋯⋯⋯⋯纪 梅
繁星集⋯⋯⋯⋯王宝库 石太瑞 赤 桦 王建中

评论

我的第一篇小说⋯⋯⋯⋯⋯⋯⋯⋯⋯⋯端木蕻良
给侯桂柱同志的信⋯⋯⋯⋯⋯⋯⋯⋯⋯⋯孙 犁
如何表现当今的农民⋯⋯⋯⋯⋯⋯⋯⋯⋯武世统
——读《农民，啤酒的欢乐》随想
注意新时期农民土地观念的变化——读《咱是庄稼
人》寄作者刘武⋯⋯⋯⋯⋯⋯⋯⋯⋯⋯毕星星
从普通生活中发掘深意
——读崔巍和他的短篇小说⋯⋯王秋君 杨占平
真实，散文的生命——再谈杨朔的散文⋯⋯梁 衡

1984 年第 4 期　刊名:《山西文学》
目录

小说

清凉的沙水河⋯⋯⋯⋯⋯⋯⋯⋯⋯⋯⋯⋯周宗奇
石桥村的新传说⋯⋯⋯⋯⋯⋯⋯⋯⋯⋯⋯韩石山
青溪月⋯⋯⋯⋯⋯⋯⋯⋯⋯⋯⋯⋯⋯⋯⋯南虎员
春⋯⋯⋯⋯⋯⋯⋯⋯⋯⋯⋯⋯⋯⋯⋯⋯⋯谭文峰
三嫂⋯⋯⋯⋯⋯⋯⋯⋯⋯⋯⋯⋯⋯⋯⋯⋯杨星让
曲曲弯弯的路⋯⋯⋯⋯⋯⋯⋯⋯⋯⋯⋯⋯向沙里
没有遗失的爱⋯⋯⋯⋯⋯⋯⋯⋯⋯⋯⋯⋯权延赤

小小说四篇
自葬⋯⋯⋯⋯⋯⋯⋯⋯⋯⋯⋯⋯⋯⋯⋯⋯赵建文
晶晶的智力高峰⋯⋯⋯⋯⋯⋯⋯⋯⋯⋯⋯王子硕
一把伞的记事⋯⋯⋯⋯⋯⋯⋯⋯⋯⋯⋯⋯乔 桂
君归来兮⋯⋯⋯⋯⋯⋯⋯⋯⋯⋯⋯⋯⋯⋯张福玉

散文

永祚寺前吊肖逸⋯⋯⋯⋯⋯⋯⋯⋯⋯⋯⋯林 呐
月光下的狂欢⋯⋯⋯⋯⋯⋯⋯⋯⋯⋯⋯⋯束 为
万宝全驰笔⋯⋯⋯⋯⋯⋯⋯⋯⋯⋯⋯⋯⋯王双定

诗歌

敬礼，奔波者⋯⋯⋯⋯⋯⋯⋯⋯⋯⋯⋯⋯郭石军
耕耘，在小小的园地（散文诗）⋯⋯⋯⋯张厚余
四月的乡村⋯⋯⋯⋯⋯⋯⋯⋯⋯⋯⋯⋯⋯张锐锋
庄禾情（叙事诗）⋯⋯⋯⋯⋯⋯⋯⋯⋯⋯贾 真

在大街拐弯处⋯⋯⋯⋯⋯⋯⋯⋯⋯⋯⋯⋯佟 石
山，永远不老⋯⋯⋯⋯⋯⋯⋯⋯⋯⋯⋯⋯子 页
我熟悉你，矿山兄弟⋯⋯⋯⋯⋯⋯⋯⋯⋯马 德
繁星集⋯⋯⋯⋯⋯⋯⋯奔 雷 王德芳 张明宝
赵万里 杨 进 张莲花

评论

关于我的第一篇小说⋯⋯⋯⋯⋯⋯⋯⋯⋯吴 强
深刻精细　稳步向前——《山西文学》一九八三年获
奖小说概评⋯⋯⋯⋯⋯⋯⋯⋯⋯⋯⋯⋯蔡润田
他在发掘作品的灵魂——张成德评论文章读后（文学
新人）⋯⋯⋯⋯⋯⋯⋯⋯⋯⋯⋯⋯⋯⋯刘金笙
《歌声》的题材及作者⋯⋯⋯⋯⋯孙桂森 李仁和
简讯二则
编稿手记二则⋯⋯⋯⋯⋯⋯⋯⋯⋯⋯⋯宗大可等

1984 年第 5 期　刊名:《山西文学》
目录

小说

留在白龙坡的记忆（中篇）⋯⋯⋯⋯⋯⋯张文德
追的友谊⋯⋯⋯⋯⋯⋯⋯⋯⋯⋯⋯⋯⋯⋯樊 敦
草木之人常荀全⋯⋯⋯⋯⋯⋯⋯⋯⋯⋯⋯赵巾又
采山⋯⋯⋯⋯⋯⋯⋯⋯⋯⋯⋯⋯⋯⋯⋯⋯学 利
秋问⋯⋯⋯⋯⋯⋯⋯⋯⋯⋯⋯⋯⋯⋯⋯⋯南虎员
档案中的人⋯⋯⋯⋯⋯⋯⋯⋯⋯⋯⋯⋯⋯陈根喜

散文

无声的战斗⋯⋯⋯⋯⋯⋯⋯⋯⋯⋯⋯⋯⋯束 为
夜会釜屋修⋯⋯⋯⋯⋯⋯⋯⋯⋯⋯⋯⋯⋯梁继国
黛螺顶抒怀⋯⋯⋯⋯⋯⋯⋯⋯⋯⋯⋯⋯⋯赵廷鹏

诗

母亲，儿子和孙子（二首）⋯⋯⋯⋯⋯⋯梁志宏
美的旋律（三首）⋯⋯⋯⋯⋯⋯⋯⋯⋯⋯王 颂
栽上翠绿的诗行⋯⋯⋯⋯⋯⋯⋯⋯⋯⋯⋯刘国柱
夜晚，在军港（二首）⋯⋯⋯⋯⋯⋯⋯⋯晓 晴
矿石，在平台上⋯⋯⋯⋯⋯⋯⋯⋯⋯⋯⋯华 丹
钉鞋的青年与卖茶水的姑娘（外一首）⋯⋯丰昌隆
梨乡的梨树⋯⋯⋯⋯⋯⋯⋯⋯⋯⋯⋯⋯⋯李世钧
民主选举二题⋯⋯⋯⋯⋯⋯⋯⋯⋯⋯⋯⋯王振佳
桥⋯⋯⋯⋯⋯⋯⋯⋯⋯⋯⋯⋯⋯⋯⋯⋯⋯莫西芬
一个司机儿子的心（散文诗）⋯⋯⋯⋯⋯郭志勇
我们有一颗星星⋯⋯⋯⋯⋯⋯⋯⋯⋯⋯⋯王春平
繁星集⋯⋯⋯⋯孟宏儒 袁希良 田福林 何晴波

评论

中国农民与文学作品——应意大利《人与书》之约而
作⋯⋯⋯⋯⋯⋯⋯⋯⋯⋯⋯⋯⋯⋯⋯⋯马 烽

漫谈革命作家的使命感（一）——在运城地区创作座谈会上的发言⋯⋯⋯⋯⋯⋯⋯⋯⋯⋯⋯⋯王汶石
我的第一篇小说⋯⋯⋯⋯⋯⋯⋯⋯⋯⋯王 蒙
虚实相生　气象无穷
　——读青稞的两篇散文近作⋯⋯⋯⋯⋯张厚余
"冲口出常言"（随笔）⋯⋯⋯⋯⋯⋯⋯丁国成

1984 年第 6 期　刊名:《山西文学》
目录

小说

花花牛⋯⋯⋯⋯⋯⋯⋯⋯⋯⋯⋯⋯⋯义　夫
庄稼院的婚礼⋯⋯⋯⋯⋯⋯⋯⋯⋯⋯毛守仁
被遗忘的砝码⋯⋯⋯⋯⋯⋯⋯⋯⋯⋯禾　呈
这儿离矿山八公里⋯⋯⋯⋯张枚同　程　琪
乡下来了探亲人⋯⋯⋯⋯⋯⋯⋯⋯⋯许元上
白鹭汀⋯⋯⋯⋯⋯⋯⋯⋯⋯⋯⋯⋯⋯李　泗
征事⋯⋯⋯⋯⋯⋯⋯⋯⋯⋯⋯⋯⋯⋯杨　宏
路⋯⋯⋯⋯⋯⋯⋯⋯⋯⋯⋯⋯⋯⋯⋯郭维芳
到姥姥家去⋯⋯⋯⋯⋯⋯⋯⋯⋯⋯⋯王　兰

报告文学

壁立千仞⋯⋯⋯⋯⋯⋯⋯⋯⋯⋯⋯⋯焦祖尧

诗歌

矿山三题⋯⋯⋯⋯⋯⋯⋯⋯⋯⋯⋯⋯周所同
连长在站台上（二首）⋯⋯⋯⋯⋯⋯杨培忠
工地上，掷飞盘的小伙和姑娘（三首）⋯⋯温玉星
水（散文诗，外二篇）⋯⋯⋯⋯⋯⋯吴奔星
信念⋯⋯⋯⋯⋯⋯⋯⋯⋯⋯⋯⋯⋯⋯张雪杉
乡情⋯⋯⋯⋯⋯⋯⋯⋯⋯⋯⋯⋯⋯⋯旭　林
塔吊⋯⋯⋯⋯⋯⋯⋯⋯⋯⋯⋯⋯⋯⋯攀　山
繁星集⋯⋯⋯⋯⋯温　暖　沈　豪　鲁　萍　奔　雷
江　萍　蔡燕生　李作华　贺志勇

评论

袭故而弥新——读义夫新作《花花牛》⋯⋯张仁健
漫谈革命作家的使命感（二）——在运城地区创作座谈会上的发言⋯⋯⋯⋯⋯⋯⋯⋯⋯⋯王汶石
是这样开始的——我的第一篇小说⋯⋯刘　真
赵树理早期的重要作品《有个人》被发现⋯⋯肖　石
生活的探索者（文学新人）——梁志宏和他的诗歌创作⋯⋯⋯⋯⋯⋯⋯⋯⋯⋯⋯⋯⋯董耀章
文艺简讯（三则）

1984 年第 7 期　刊名:《山西文学》
目录

小说

起步⋯⋯⋯⋯⋯⋯⋯⋯⋯⋯⋯⋯⋯⋯春　塘
戏台⋯⋯⋯⋯⋯⋯⋯⋯⋯⋯⋯⋯⋯⋯成　一
失掉权力的族长⋯⋯⋯⋯⋯⋯⋯⋯⋯田东照
王春兴老汉和他的儿子⋯⋯⋯⋯⋯⋯马　旭
"二老虎"轶事⋯⋯⋯⋯⋯⋯⋯⋯⋯李先熬
买树⋯⋯⋯⋯⋯⋯⋯⋯⋯⋯⋯⋯⋯⋯侯桂柱
张所长的沉浮⋯⋯⋯⋯⋯⋯⋯⋯⋯⋯权文学
雪⋯⋯⋯⋯⋯⋯⋯⋯⋯⋯⋯⋯⋯⋯⋯唐　禾
秋风萧瑟⋯⋯⋯⋯⋯⋯⋯⋯⋯⋯⋯⋯张行健

散文

散文二题⋯⋯⋯⋯⋯⋯⋯⋯⋯⋯⋯⋯欧阳先
枣⋯⋯⋯⋯⋯⋯⋯⋯⋯⋯⋯⋯⋯⋯⋯杨一中

诗歌

三晋诗苑
春的梦⋯⋯⋯⋯⋯⋯⋯⋯⋯⋯⋯⋯⋯马作楫
怀念左权将军（外一首）⋯⋯⋯⋯⋯宋达恩
路口⋯⋯⋯⋯⋯⋯⋯⋯⋯⋯⋯⋯⋯⋯赵建平
神女吟⋯⋯⋯⋯⋯⋯⋯⋯⋯⋯⋯⋯⋯吴　忠
鸡鸣声声⋯⋯⋯⋯⋯⋯⋯⋯⋯⋯⋯⋯钮宇大
南方啊，南方⋯⋯⋯⋯⋯⋯⋯⋯⋯⋯叶延滨
飘绕在绿军衣上的情丝（小叙事诗）⋯⋯刘瑞祥
繁星集⋯⋯沈　豪　吕世豪　小　翘　李建山　张东辉

评论

道是无情却有情——审美情感断想⋯⋯林建法
山城风情入画屏
　——石评梅笔下的平定⋯⋯⋯屈毓秀　尤　敏
我的第一篇小说⋯⋯⋯⋯⋯⋯⋯⋯⋯从维熙
漫谈权文学的小说创作⋯⋯⋯⋯⋯⋯李秋桐
一幅淳朴的肖像画⋯⋯⋯⋯⋯⋯⋯⋯周　围
本刊召开订户座谈会
"写景不宜用成语"⋯⋯⋯⋯⋯⋯⋯星　星
编稿手记三则⋯⋯⋯⋯⋯⋯⋯⋯⋯⋯祝文茂等

1984 年第 8 期　刊名:《山西文学》
目录

小说

黄河的涛声⋯⋯⋯⋯⋯⋯⋯⋯⋯⋯⋯田东照
春儿⋯⋯⋯⋯⋯⋯⋯⋯⋯⋯⋯⋯⋯⋯义　夫
糊涂君子⋯⋯⋯⋯⋯⋯⋯⋯⋯⋯⋯⋯燕治国

秃林回家⋯⋯⋯⋯⋯⋯⋯⋯⋯⋯⋯⋯⋯⋯郑惠泉
呼唤⋯⋯⋯⋯⋯⋯⋯⋯⋯⋯⋯⋯⋯⋯⋯谢俊杰
情分⋯⋯⋯⋯⋯⋯⋯⋯⋯⋯⋯⋯⋯⋯⋯张　平
约会（习作辅导站）⋯⋯⋯⋯⋯⋯⋯⋯朱富根

散文
平地风浪⋯⋯⋯⋯⋯⋯⋯⋯⋯⋯⋯⋯⋯束　为
中国访问记⋯⋯⋯⋯⋯〔日〕小林荣　梁继国译
鸡趣⋯⋯⋯⋯⋯⋯⋯⋯⋯⋯⋯⋯⋯⋯⋯沈　琨

诗歌
重访武乡革命老区有感⋯⋯⋯⋯⋯⋯⋯胡晓琴
太原和我⋯⋯⋯⋯⋯⋯⋯⋯⋯⋯⋯⋯⋯公　刘
小手扶⋯⋯⋯⋯⋯⋯⋯⋯⋯⋯⋯⋯⋯⋯董耀章
纺织女工的星期天（外一首）⋯⋯⋯⋯张志安
豆腐王⋯⋯⋯⋯⋯⋯⋯⋯⋯⋯⋯⋯⋯⋯谷　威
孩子与油画《父亲》（外一首）⋯⋯⋯周同馨
我洗涤工作服（外二首）⋯⋯⋯⋯⋯⋯李应杰
致山那边的小鹿和小鸟儿（外一首）⋯关登瀛
南方，有煤城吗⋯⋯⋯⋯⋯⋯⋯⋯⋯⋯华　卓
采蘑菇的小姑娘⋯⋯⋯⋯⋯⋯⋯⋯⋯⋯靳沙夏
暮归⋯⋯⋯⋯⋯⋯⋯⋯⋯⋯⋯⋯⋯⋯⋯杨进升
厂长的家⋯⋯⋯⋯⋯⋯⋯⋯⋯⋯⋯⋯⋯姜东胜
旅吟三章⋯⋯⋯⋯⋯⋯⋯⋯⋯⋯⋯⋯⋯降大任

评论
为英雄的改革者们塑像⋯⋯⋯⋯⋯⋯⋯束　为
从时代需要出发　为读者大众着想——中国现代文学
历史经验的启示⋯⋯⋯⋯⋯⋯⋯⋯⋯⋯马良春
北京来信——我的第一篇小说⋯⋯⋯⋯孙　谦
在《山西文学》诗歌座谈会上的谈话⋯公　刘
《中国农村百景（三）》序、跋
　　　　　　　〔日〕小林荣　梁继国译
一篇婉而多讽的幽默小品⋯⋯⋯⋯⋯⋯茹　歆
作协山西分会召开二届三次理事（扩大）会议
热情的关怀　诚挚的批评
——本刊在雁北和大同矿区召开的订户座谈会纪要
编稿手记二则⋯⋯⋯⋯⋯⋯⋯⋯⋯⋯⋯洪亮等

1984 年第 9 期　刊名:《山西文学》
目录

卷头语
小说
含玉儿⋯⋯⋯⋯⋯⋯⋯⋯⋯⋯⋯⋯⋯⋯张石山
木头老汉⋯⋯⋯⋯⋯⋯⋯⋯⋯⋯⋯⋯⋯王东满
斑蹄儿⋯⋯⋯⋯⋯⋯⋯⋯⋯⋯⋯⋯⋯⋯徐　捷
陪部长下乡⋯⋯⋯⋯⋯⋯⋯⋯⋯⋯⋯⋯韩石山

柳絮儿⋯⋯⋯⋯⋯⋯⋯⋯⋯⋯⋯⋯⋯⋯蒋　韵
捞河柴⋯⋯⋯⋯⋯⋯⋯⋯⋯⋯⋯⋯⋯⋯成毓真
风从河谷来⋯⋯⋯⋯⋯⋯⋯⋯⋯⋯⋯⋯刘作舟
三妯娌（处女地）⋯⋯⋯⋯⋯⋯⋯⋯⋯魏庆林
孤坟传奇⋯⋯⋯⋯⋯⋯⋯⋯⋯⋯⋯⋯⋯秦天寿
听，表在深夜嘀嗒响（习作辅导站）⋯任东生

评论
我的第一篇小说⋯⋯⋯⋯⋯⋯⋯⋯⋯⋯康　濯
坎坷的道路　执着的追求
——作家、电影剧作家孙谦
访问记⋯⋯⋯⋯⋯⋯⋯⋯⋯⋯⋯⋯⋯⋯熊玉莲
读《含玉儿》⋯⋯⋯⋯⋯⋯⋯⋯⋯⋯⋯李国涛
给《山西文学》一位作者的信⋯⋯〔日〕萩野修二
无可奈何花落去
——读《听，表在深夜嘀嗒响》⋯⋯闰　田
他是人民的忠实儿子
——编《赵树理创作生涯》有感⋯⋯陈景春
赵树理“开茶馆”⋯⋯⋯⋯⋯⋯⋯⋯⋯乌　为
《编稿手记》要发展（订户之声）⋯⋯王兆阳
编稿手记一则⋯⋯⋯⋯⋯⋯⋯⋯⋯⋯⋯洪　亮
本刊重要启事

1984 年第 10 期　刊名:《山西文学》
目录

热烈庆祝中国人民共和国成立 35 周年
报告文学
张宝林厂长⋯⋯⋯⋯⋯⋯⋯⋯⋯⋯⋯⋯青　稞
莲花城外杨柳青⋯⋯⋯⋯⋯⋯⋯⋯⋯⋯胡　正
剧坛红梅——记蒲剧青年演员任跟心⋯纪　丁
在名医门下
——记吕景山副主任医师⋯陈建祖　张锐锋　耿长春

小说
我村有个章小宝⋯⋯⋯⋯⋯⋯⋯⋯⋯⋯马　烽
高天顺其人⋯⋯⋯⋯⋯⋯⋯⋯⋯⋯⋯⋯李逸民
贾大头奇遇记⋯⋯⋯⋯⋯⋯⋯⋯⋯⋯⋯李海清
彩云没有消逝⋯⋯⋯⋯⋯⋯⋯⋯⋯⋯⋯山　海
莫馆长偏传⋯⋯⋯⋯⋯⋯⋯⋯⋯⋯⋯⋯孙　涛

散文
赵力克其人⋯⋯⋯⋯⋯⋯⋯⋯⋯⋯⋯⋯束　为
夜渡黄河⋯⋯⋯⋯⋯⋯⋯⋯⋯⋯⋯⋯⋯刘祖武
忆纪子⋯⋯⋯⋯⋯⋯⋯⋯⋯⋯⋯⋯⋯⋯江　帆
太行，我的母亲⋯⋯⋯⋯⋯⋯⋯⋯⋯⋯苏　里

诗歌

三晋诗苑

解放 ——————————梁志宏
唱在十月一日的黎明 —————旭 林
希望 ————————————李永生
他微笑着向我走来（外二首）——卢祖品
电鸽子 ——————————崔润锁

评论

向"未开发的金山"进军 ————董冰竹
引吭驱笔诉真诚
　　——焦祖尧报告文学创作漫评 —艾 斐
记一个革命的孩子
　　——回忆我发表的第一篇小说 —张庆田
《起步》的魅力
　　——读短篇小说《起步》———张厚余
宋之的"一九三六年春在太原"（山西现代文学谈
片）—————————————董大中

1984 年第 11 期　刊名:《山西文学》
目录

小说

希望之星

石板屋的隐情 —————————杨吉玲
段七传奇 ——————————辉 锋
看不透的世事 ————————义 夫
绑架 ————————————潘保安
继父 ————————————赵佩龙
紧急调查 ——————————韩文洲
一个女人的一个白昼 —————王连启

散文

我的日本兄弟 ————————赵 瑜
他永远是桥儿沟的公民 ————屈毓秀

评论

"希望之星"说 ————————本刊评论员
也谈散文的真实和杨朔的散文 —李任中
她在深山里开拓 ————————王樟生
乐中悲与悲中乐 ————————张成德
我的第一篇小说 ————————贾植芳
编稿手记三则 ————————宗大可等

诗歌

三晋诗苑

第三棵是松树 ————————张承信
改革者的塑像（组诗）————展 舒

牧场草青青（二首）—————于 瑛
游子的记忆 ——————————华 丹
光荣榜 ——————————于秀芳
写在红薯的青藤上 —————杜宇声
访英诗抄（三首）——————李雁宏
告别小院 ——————————宗 鄂
旋风 ————————————王晋军
走进人民大会堂 ——————阿拉坦托娅
高原短笛————张志安 周 民 杨社生 董 霞

1984 年第 12 期　刊名:《山西文学》
目录

小说

晚伥 ————————————李 锐
啊，武坡川 ——————————王祥夫
弟弟 ————————————王大鹏
加减乘除 ——————————韩石山
我遇到了一群土匪 —————胡万春
搜查 ————————————贺小虎
春季凉不了几天 ————————郑惠泉
三色灯下 ——————————钟 淦

小小说

免用之后 ——————————张俊田
一个指标 ——————————刘德怀
改灶 ————————————草 章

散文

隐去的山峰 ——————————梁守撰
鸽子 ————————————郭良玉

评论

有所含蓄的含蓄
　　——西窗诗话 ————————阿 红
诗歌大众化是一个美学原则 ——吕家乡
我的第一篇小说 ————————苏 策
在熟悉的土地上耕耘
　　——雏燕及其小说（文学新人）—李文田
订户之声 ————毕贵荣 孔宪立 李智先
"文不惮改" ——————————梁向荣

诗歌

三晋诗苑

众鼠论猫（外一首）—————马晋乾
在黄土地上 ——————————李 杜
旋转的岁月（外一首）————冯 云
太阳城抒情（二首）—————溪 流

题国产液压支柱 ························· 边新文
祖国啊，我是你的主动齿轮 ············· 孙　映
明星 ······························· 孙友田
高原短笛 ·········张忠德　王一峰　张常信　韩　永
《山西文学》一九八四年总目录

1985 年第 1 期　刊名:《山西文学》

目录

小说
希望之星
冤债 ····························· 裴保国
"胜利号"车队 ······················· 靳文章
无声的发言 ·························· 黄树芳
春叶 ······························· 蒋　韵
上班 ·····················张枚同　程　琪
小女人 ····························· 谢俊杰

散文
罐子空了 ···························· 吴　嘉
清凉万佛洞——延安纪行之一 ············· 陈漱渝
那场初冬晨雾 ························· 景　平

诗歌
青年诗作小辑（一）
北方牛 ····························· 张锐锋
生命之声 ···························· 潞　潞
七月七 ····························· 陈建祖
春天，小山与童年 ····················· 郭志勇
你为什么沉默 ························· 黑太明
高原之虹（组诗） ····················· 叶延滨
山西纪行（六首） ····················· 于浩成
我的第二故乡 ····················· [日]藤井雪雄
春雷，从黄土高原滚过（外一首） ··········· 渭　水

评论
努力表现时代和民族的追求 ··············· 缪俊杰
《文明地狱》的命运——我的第一篇小说 ······· 石　英
寻找作品的调子 ······················ 关　鸿
编稿手记三则 ························· 宗大可等

我省全国重点工程和重点企业宣传专栏
万里、李鹏副总理的一段话
塞外奇珠——大同二电厂简介 ·············· 丁　纪
夜，仍紧绷着弦（报告文学） ·············· 肖　元
工地主任（外一首） ··················· 姜东胜
点火（诗） ·························· 张庆云
烟囱（诗） ·························· 子　珊

1985 年第 2 期　刊名:《山西文学》

目录

小说
炮市 ······························· 郭景山
关门大吉 ···························· 苗　挺
一串青青的芭蕉 ······················ 任东生
挖井的汉子 ·························· 冯　浩
她要对他说 ·························· 赵　新
罗贯中避官 ·························· 郑孝时

散文
回忆和李健吾先生相处岁月 ·············· 王延龄
伞河 ······························· 马　刿

诗歌
青年诗作小辑（二）
开玫瑰花的裙子 ······················ 郭新民
星 ································· 王立成
驼队（外一首） ······················ 奔　雷
纤夫（外一首） ······················ 李坚毅
生命的小河 ·························· 毕福堂
我歌唱国歌 ·························· 李建华
我和你和树和高原 ····················· 宁天心
散文诗页 ·········温　暖　王　京　刘世友　陈　文
田野上的新歌（二首） ·················· 梁谢成

评论
我的第一篇小说 ······················ 知　侠
美在新——《文艺报》副主编唐达成一夕谈
 ·····················张厚余　贾明生
散文形式的哲学思考
——兼谈杨朔散文的形式 ················ 梁　衡
从杨朔散文的影响谈散文写"实"
——在散文写"实"写"虚"的讨论中想到的
 ······························ 张旭东
《新星》所带给我们的
——记长篇小说《新星》座谈会 ············ 本刊记者
北方，牛和雁唱 ······················ 徐双喜
编稿手记三则 ························· 望成等

大同矿务局宣传专栏
春，从开拓中走来
——燕子山散记 ·········吴建国　许铁生　马东林
燕子山剪影 ·········刘云生　臧中国　胡顺德
再生之歌 ···························· 吴　梧

1985 年第 3 期　刊名:《山西文学》
目录

小说

烦躁的维纳斯⋯⋯⋯⋯⋯⋯⋯⋯⋯张文钟
小弟⋯⋯⋯⋯⋯⋯⋯⋯⋯⋯⋯⋯周　矢
棋友
——黄河故道风情之四⋯⋯⋯⋯⋯赵本夫
牛家院轶事⋯⋯⋯⋯⋯⋯⋯⋯⋯段培武
千古花圈店⋯⋯⋯⋯⋯⋯⋯⋯⋯田澍中
妈妈啊，妈妈⋯⋯⋯⋯⋯⋯⋯⋯杜曙波
在那桃花盛开的地方⋯⋯⋯⋯⋯陈维光
不死的孙悟空⋯⋯⋯⋯⋯⋯⋯⋯刘　江
肿瘤⋯⋯⋯⋯⋯⋯⋯⋯⋯⋯⋯⋯杨星让

散文

重返青岛⋯⋯⋯⋯⋯⋯⋯⋯⋯⋯丁　纳
昨天的，今天的⋯⋯⋯⋯⋯⋯⋯卞　卡
空心槐⋯⋯⋯⋯⋯⋯⋯⋯⋯⋯⋯邵江天

诗歌

青年诗作小辑（三）
爸爸退休喽⋯⋯⋯⋯⋯⋯⋯⋯⋯周同馨
我是一名车工⋯⋯⋯⋯⋯⋯⋯⋯郭家伦
我的第一职业与第二职业⋯⋯⋯李应杰
夯歌⋯⋯⋯⋯⋯⋯⋯⋯⋯⋯⋯⋯孙建军
候车⋯⋯⋯⋯⋯⋯⋯⋯⋯⋯⋯⋯余明世
土地释放了男性⋯⋯⋯⋯⋯⋯⋯谭曙方
巷道（外一首）⋯⋯⋯⋯⋯⋯⋯吕海潮
诗综⋯⋯⋯⋯⋯⋯⋯⋯马作楫　李　冰
　刘益善　华　卓　张含保　李再新

评论

成一的手法⋯⋯⋯⋯⋯⋯⋯⋯⋯郑波光
读郑义小说臆断⋯⋯⋯⋯⋯⋯⋯曲润海
学步拾零（我的第一篇小说）⋯焦祖尧

1985 年第 4 期　刊名:《山西文学》
目录

小说

佳期如梦⋯⋯⋯⋯⋯⋯⋯⋯⋯⋯王子硕
妻子明天回来⋯⋯⋯⋯⋯⋯⋯⋯薛　勇
空间⋯⋯⋯⋯⋯⋯⋯⋯⋯⋯⋯⋯孙　涛
常福元上讲台⋯⋯⋯⋯⋯⋯⋯⋯李长胜
猎人与野山羊⋯⋯⋯⋯⋯⋯⋯⋯贾军刚
第一回合⋯⋯⋯⋯⋯⋯⋯⋯⋯⋯辛　启
恶狗⋯⋯⋯⋯⋯⋯⋯⋯⋯⋯⋯⋯贺小虎
访友⋯⋯⋯⋯⋯⋯⋯⋯⋯⋯⋯⋯刘德怀
误会⋯⋯⋯⋯⋯⋯⋯⋯⋯⋯⋯⋯严　傅
咱这五尺高的汉子⋯⋯⋯⋯⋯⋯关英才

散文

红日浴海图⋯⋯⋯⋯⋯⋯⋯⋯⋯新　辉
塔⋯⋯⋯⋯⋯⋯⋯⋯⋯⋯⋯⋯⋯刘大海
访美趣闻⋯⋯⋯⋯⋯⋯⋯⋯⋯⋯张　奎

诗歌

绿叶　黄叶　红叶（三首）⋯⋯罗继长
沉思的歌（组诗）⋯⋯⋯⋯⋯⋯李永生
我在往金顶的路上走（外一首）李雁宏
青山不墨千秋画⋯⋯⋯⋯⋯⋯⋯田　炜
汉俳六首⋯⋯⋯⋯⋯⋯⋯⋯⋯⋯谷　威
舞场发现⋯⋯⋯⋯⋯⋯⋯⋯⋯⋯关登瀛
我们耕耘在田园⋯⋯⋯⋯⋯⋯⋯程　鹏
信息员⋯⋯⋯⋯⋯⋯⋯⋯⋯⋯⋯梁　冬

评论

别开生面⋯⋯⋯⋯⋯⋯⋯⋯⋯⋯毕星星
"草蛇灰线法"（习作辅导站）⋯张　恒
我的第一步（我的第一篇小说）冯德英
为小人物作传——张旺模及其小说创作简介⋯孟宏儒
"鸟鸣山更幽"（文艺随笔）⋯⋯刘彦钊
略述序跋之文⋯⋯⋯⋯⋯⋯⋯⋯葛致巍
编稿手记三则⋯⋯⋯⋯⋯⋯⋯⋯断碑等

1985 年第 5 期　刊名:《山西文学》
目录

小说

五月⋯⋯⋯⋯⋯⋯⋯⋯⋯⋯⋯⋯田中禾
她和她的旅伴⋯⋯⋯⋯⋯⋯⋯⋯王小妮
有一个夏夜⋯⋯⋯⋯⋯⋯⋯⋯⋯李仲臣
生死界⋯⋯⋯⋯⋯⋯⋯⋯⋯⋯⋯蔡　华
邮花笺笺⋯⋯⋯⋯⋯⋯⋯⋯⋯⋯李廷华
盼⋯⋯⋯⋯⋯⋯⋯⋯⋯⋯⋯⋯⋯李永平
"会议情况"⋯⋯⋯⋯⋯⋯⋯⋯⋯冰　凌

散文

槐荫小记⋯⋯⋯⋯⋯⋯⋯⋯⋯⋯马　德
沧浪屿小记⋯⋯⋯⋯⋯⋯⋯⋯⋯王祥夫

诗歌

雏鸣集
在石灰熔岩洞中（外一首）⋯⋯林　珂
呼唤⋯⋯⋯⋯⋯⋯⋯⋯⋯⋯⋯⋯赵喜迎

夜回槐树村（外一首）—————————马及时
春天—————————————————王作东
深山思绪—————————————————孙栋英
呵，北方的河————————————罗东平
开春（外一首）————————————任 琳
生活—————————————————焦志青
小镇一条巷————————————李建义
马路，一辆酒水车开过————————刘卫东
乡村的风—————————————————江 萍
在家乡小河边————————————巴 伊
旧体诗词小辑———————冈 夫 郭振山

评论
作家诗人论坛
山西诗之现状与"黄河诗派"的雏形—————张锐锋
褐灰色调的山水风俗画————————柯云路
时代孕育出来的硕果
——《山西文学》一九八四年获奖小说读后——韩玉峰
编稿手记四则————————————宗大可等

1985 年第 6 期　刊名:《山西文学》
目录

小说
幸福大街十三号————————————北 岛
祭日————————————————————黄 尧
小院沧桑录————————————杨东明
塞北猎鹰—————————————————钟道新
小店—————————————————郑惠泉
缓缓的脚步（新人新作）————————张秀梅
小风别传（儿童文学）————————徐太国

散文
堰桥人—————————————————焦祖尧
我的母亲—————————————————力 群
长河落日—————————————————葛民福

诗歌
我的中国心（粤海时调三首）————田 间
河滩上，一件军衣（外一首）————柳 沄
两京诗抄（三首）————————————黄邦君
我，一个农民的儿子————————易殿选
修船—————————————————刘 浏
赤诚在血液里腾沸————————黄东成
攀—————————————————谢克强
家乡的布谷鸟————————————林 希
旧体诗词—————赵望进 庞友益 陈大东

评论
年轻的小号——潞潞和他的诗————陈建祖
秀丽的美与宏伟的美（文艺随笔）————张雨生
编稿手记二则————————————断 碑等
我与《山西文学》————李继文 高近远 赵能服

1985 年第 7 期　刊名:《山西文学》
目录

中国作家协会山西分会颁发山西省首届赵树理文学奖
获奖名单暨评委会名单
中国作家协会山西分会颁发山西省首届优秀文学编辑
奖和文学编辑荣誉奖获奖名单暨评委会名单

小说
生命的原素（中篇小说）————————徐 捷
一个下雪的晚上————————————王小妮
喜筵—————————————————义 夫
于雯的感情生活————————————叶之蓁
影子戏—————————————————聂鑫森
大山深处的星星————————————王 蓬
戏—————————————————王家惠
柳荫里，飘着一面杏黄旗————孙柏昌

诗歌
我歌唱，中国今天的生活————周同馨
生命的抗争————————————卢祖品
广场——生活启示录————————叶延滨
呵，这幢大楼————————————龙 郁
不是没有歌声————————————阿拉坦托娅
小楼的夜晚—————————————陆 萍

评论
风驰万壑开，云卷千峰集——谈张承信关于太行山的
诗歌创作—————————————珍 尔
编稿手记四则————————————断 碑

1985 年第 8 期　刊名:《山西文学》
目录

同题小说
晨雾——————焦祖尧 成 一 燕治国 韩石山

中篇小说
日落—————————————————张俊南

同题诗歌
黄土高原—————张石山 周同馨 潞潞 孙建军

祝大同　关登瀛　华　丹　张承信

评论

《五月》的感想 ………………………… 雷　达
对《佳期如梦》的一点异议 ………………… 张厚余
我与山西文学 …………………………… 柴起群等
编稿手记四则 …………………………… 枯　棘等

1985 年第 9 期　刊名:《山西文学》
目录

小说专号
同题小说
晨雾——五彩泉的故事 ………………… 周宗奇
晨雾 …………………………………… 郑　义

纳税的第三等级（中篇） ………………… 程家政
草岚风雨（长篇节选） …………………… 冈　夫

短篇小说
姓赵的山东人 …………………………… 钟道新
饭碗 …………………………………… 常捍江
江江今年才七岁 ………………………… 王子硕
《霸烈门》 ……………………………… 何力力
远山的记忆 …………………………… 毛守仁
的士车票 ……………………………… 任东生

评论
卷头语
读同题小说《晨雾》札记 ………………… 李国涛
我与《山西文学》 ……………………… 郭春塘等
编稿手记四则 …………………………… 断　碑等

1985 年第 10 期　刊名:《山西文学》
目录

小说
血魂 …………………………………… 张　平
太平湖轶事 …………………………… 谢　尘
半拉子男子汉的故事 …………………… 祖光益
雪景 …………………………………… 南虎员
阴阳界 ………………………………… 桑　苗
傍晚，在那小河边（希望之星） ………… 陈　钰

散文·报告文学
联邦德国散记 …………………………… 西　戎
中年人的故事——在山西孟县五五铁厂 ……… 燕治国

诗歌
短诗一束
世界 …………………………………… 思　阳
拔麦子 ………………………………… 邓洪泰
我，没有举伞 …………………………… 董义晋
古庙址（外一首） ……………………… 张雪杉
新尺码 ………………………………… 旭　林
登黛螺顶 ……………………………… 张继科
蓝天花絮（三首） ……………………… 李建华
答友人（外一首） ……………………… 李发模
黄土高原 ……………………………… 罗继长
秦陵遐想 ……………………………… 李文田
白场林里，飘出一缕撩人的歌 …………… 樊占栋

评论
张平的家庭系列小说 …………………… 席　扬
灵感随想 ……………………………… 李德义
我与《山西文学》 ……………………… 牛旭廷等
编稿手记二则 …………………………… 宗大可等

1985 年第 11 期　刊名:《山西文学》
目录

小说
晨雾——野岭三章 ……………………… 李　锐
生命之曲 ……………………………… 徐　捷
野渡 …………………………………… 王萍慧
鼓佬春秋 ……………………………… 孙少山
弯不过脖子的人 ………………………… 李逸民
摽 …………………………………… 李长胜
远天有一抹淡淡的白云 ………………… 陈庆伊

诗歌
不！我是诗人 …………………………… 秦　岭
领取 …………………………………… 顾　城
一个青年诗人的无题短歌 ………………… 于建军
思索 …………………………………… 奔　雷
时代的感情（三首） …………………… 郭俊民
谒无名烈士墓 …………………………… 张祖台
旧居 …………………………………… 宋金岭
落日 …………………………………… 郗仲平
黑洞（外一首） ………………………… 孟爱君

评论
中国农民文化的兴盛与危机——对二十世纪文学一个
侧面的思考 …………………………… 张颐武
《丢失的长命锁》序 …………………… 胡　正
他超越了自己——评田东照的小说创作 ……… 韩石山

黄河文学展望——首届黄河笔会纪要·············黄 草
我与《山西文学》························白卫东等
编稿手记····························祝文茂

1985 年第 12 期　刊名:《山西文学》
目录

报告文学
把爱长留在人间——记烈士马牡丹···········焦祖尧

小说
晨雾····························张石山
饥饿者···························陈源斌
玩笑····························潘保安
只差一级台阶·························周 矢
三只栲栳（希望之星）·····················石 舟
净化····························朱丽瑛
我和她，又成了陌生人····················许元上

诗歌
神门·鬼门·人门·······················张不代
青春随想曲·························王春平
猎人的回忆·························子 页
中国，一个随意选择的夜晚···············郁 以
走过秋天···························刘 扬
您别……（外一首）·····················陆 健
黄河····························李根红
雨披与花伞·························展 舒
对于悲剧的思绪·······················于 跃
看印度人捕象·························丰昌隆

当代传奇
被俘的将军和他的士兵··················李生泉

散文
母亲的呼唤·························刘国柱
崖畔上那棵小松树·····················枭 蟒

评论
再谈振兴山西的文艺批评···········丁 东 邢小群
"功夫型选手"——钟道新及其小说··········李 毅
《柳大翠一家的故事》序·················李国涛
《编稿手记》一则······················祝文茂
我与《山西文学》·····················张建军等
文讯一则··························本刊记者

1985 年增刊第 1 期　刊名:《山西文学》
目录

写在前面··················郝在文　傅金火

报告小说
改变矿山形象的人·············王东满　陈玉则

报告文学
傅金火上山·························燕治国
安全矿长···························古 渊
硬汉····························苗 挺
石圪节有一位郝晓明····················王中干
时代青年的足迹·······················郑惠泉
浪子的路···························崔 巍

散文
伴侣之歌···························郑宫文
上坡路····························草 芥

电视剧本
花儿····················李天生　东 贝

1985 年增刊第 2 期　刊名:《山西文学》
目录

报告文学
开拓者——一个厂长的故事·················权文学
余热，点燃熊熊烈火
——总工程师武治民采访记···············田东照
路，在他们脚下·······················成毓真
"双峰"啊，是谁将你托起·················彭化高

散文
祖先耕过的土地·······················贾 名
啊，主人·················张曜进　赵克俊
青春在这里闪光·······················晨 曦
采访随笔···························田东照

诗歌
装配····························张承信
我会悄悄告诉你（外一首）···············华 皋

1985 年增刊第 3 期　刊名:《山西文学》
目录

报告文学

大夹山的脊梁——走访范晚会 …………………… 王东满
这里，有一颗明珠 …………………… 徐　捷
凤台儿女 …………………… 崔　巍

电影文学剧本

晋城行 …………………… 赵冰玉　孟　羽

中短篇小说

球迷之歌 …………………… 寒　絮
惊蛰 …………………… 赵冰玉

散文诗歌

桥 …………………… 权文学
红殷殷的思念（二首） …………………… 奔　雷

1986 年第 1 期　刊名:《山西文学》
目录

写在卷前 …………………… 本刊编辑部

小说

在东线　有一个爱情故事 …………………… 瞿　琮
雨丝——《农家闺女》之三 …………………… 燕治国
一个女人和一只公鸡的故事 …………………… 李长廷
三婶 …………………… 孟凡通
心底，开着一束花 …………………… 谭怀洲
扭曲的月亮 …………………… 黄　莘　张奥列
生与养——京货店兴隆史之一 …………………… 李国荣

短小说一束
金杏 …………………… 史明朗
雨中金莲 …………………… 张玉良
心痕 …………………… 吴承山

诗歌

大地上的黄昏 …………………… 张锐锋
伟大及其他（三首） …………………… 马合省
树林 …………………… 东　黎
爱如野马踏破栅栏而去（外一首） …………………… 伊　甸
生存（外一首） …………………… 杨培忠
父辈 …………………… 暴平方
生日 …………………… 曾静平
红豆（外一首） …………………… 刁永泉

评论

《我的第一篇小说》前言 …………………… 《山西文学》编辑部
在探索中走向新的审美境界 …………………… 艾　斐
"发愤而作"与创作心理的平衡趋势 …………………… 陈景春
平凡的生活中蕴含着诗和美 …………………… 段崇轩
我与《山西文学》 …………………… 孔宪立等
编稿手记 …………………… 祝文茂

1986 年第 2 期　刊名:《山西文学》
目录

小说

西牛界旧事 …………………… 王祥夫
真假传闻 …………………… 义　夫
夜　韵 …………………… 蒲　峻

希望之星

那是个幽幽的湖 …………………… 吕　新
仿佛是场梦 …………………… 良　元

报告文学

生命和太阳 …………………… 刘亚瑜

散文

风雨岚山 …………………… 胡　正
最后冲刺 …………………… 韩静萍
萧吟庵记 …………………… 菊　蕊

诗歌

山西青年诗人小辑之一
天籁（组诗之二） …………………… 陈建祖
小城故事（组诗） …………………… 周同馨
无标题变奏曲 …………………… 刘文青
无穷动（四首） …………………… 郭志勇
西山行（四首） …………………… 曲润海

评论

《五月》漫话 …………………… 孙　苏　黎　辉　曾　凡
我的初恋（我的第一篇小说） …………………… 张　宇
《血魂》笔谈 …………………… 席　扬　路　登　石兴泽
湖边闲话 …………………… 吕　新
编稿手记 …………………… 直　言
坚持正确办刊方针　多出优质精神产品 …………………… 晋新文

1986 年第 3 期　刊名:《山西文学》
目录

小说

罪人 ·································· 张廷秀
爱 ·································· 刘云生
损害 ·································· 郭景山
鬼愁岭上的猎人 ·················· 黄静泉
小城故事 ·························· 鲁顺明
山里有片灰云 ······················ 山　海
山坡上有一座孤坟 ·················· 张立体

散文

埼玉三日行 ·························· 胡　正
京都谈艺录 ·························· 王子硕

诗歌

诗四首 ·································· 江　河
在东方沙漠里（组诗） ·············· 林　染
山的儿子（四首） ·················· 韩作荣
乡野的风（外一首） ················ 梁志宏
高原日记（二首） ·················· 闻　频
北魏大佛 ·········· ［日］弓削绯纱子　梁继国译
我们已是成年 ······················ 郭介成

评论

《深山里的哥哥》序 ················ 马　烽
"一溜烟儿去了"（我的第一篇小说） ·· 京　夫
黄土高原与《小城故事》（文学新人）
　　——周同馨的诗 ················ 徐双喜
编稿手记二则 ······················ 宗大可等

1986 年第 4 期　刊名:《山西文学》
目录

小说

瓷器——《陌生的夏天》之七 ········ 成　一
古堆潭 ·································· 张　平
村灯（中篇） ······················ 徐　捷
试镜头 ·································· 徐学波
名声 ·································· 吴　梧
爸爸的腰带（散文） ················ 王成祖

诗歌

新人新作
白色的世纪（组诗五章） ············ 张石山
白色诗笺（三首） ·················· 吕　新

真正的冬天（组诗） ················ 周征环
诗三首 ·································· 金汝平
中国儿童海军（外一首） ············ 赵少琳
前奏 ·································· 柴　燃
我是毕加索的颜色（外一首） ········ 丁　丁
大山父亲 ·························· 王广元
我和你 ·································· 焦玉莲
我的黄土岗　我的高原 ·············· 白　天
山的儿子 ·························· 钮肖东
东方，不再属于传说 ················ 林　珂

评论

"黄河诗派"质疑 ·················· 杨士忠
"晋军崛起"后的沉思 ·············· 谢　泳
一篇取材古印度的小说（我的第一篇小说）··· 谷斯范
编稿手记三则 ······················ 枯　棘等

1986 年第 5 期　刊名:《山西文学》
目录

小说

年头岁尾——《仇犹遗风录》 ········ 张石山
心病 ·································· 王子硕
我的大哥 ·························· 刘树德
红火苗　蓝火苗（中篇） ············ 崔　巍
小小说
最后一顿夜草 ······················ 宋剑洋
疯舞 ·································· 李建纲
看档案 ·································· 李建纲

散文

忆良师丁玲 ·························· 西　戎
送别丁玲老师 ······················ 胡　正

诗歌

莱茵河之夜（二首） ················ 傅天琳
猫的喜剧 ·························· 叶延滨
列车向南（外一首） ·········· 于　瑛　华　丹
记事（外二首） ···················· 杨文彬
沙哑四季的联奏 ···················· 李津生

散文诗小辑

我的吉他的歌（五章） ·············· 李　耕
闹市的骏马 ·························· 奋　飞
种子篇（四章） ···················· 钟声扬
绿色的旋律（二章） ················ 祖淑英
飘香的酒厂 ·························· 柴　勇

评论

面对又一代人的挑战

——读《那是个幽幽的湖》断想··············段崇轩

在文学的云梯上攀登

——漫评近期的《山西文学》··············丁　东

喜事悲剧（我的第一篇小说）··············戈悟觉

1986 年第 6 期　刊名:《山西文学》
目录

小说

轿杠··聂鑫森

《古城魔幻》片断································张石山

搭车

排队

暮春··王东满

下乡三题··································赵　新　崔季辛

叔叔··辛　禾

秋天的收获··郭宇一

散文

童年与往事··赵广建

旧事二题··李国涛

陈大伯轶事··高洪波

一只野兔的悲剧····································力　群

诗歌

孩了··刘　峭

黎明的风景··李坚毅

冰（外一首）······································杨东明

黄河，历史的曲线（二首）····················高旭旺

通读大海··曲庆玮

给一位诗歌朗诵爱好者······························曹增书

野山小村··于振江

苍白的故事··陈茂欣

诗三首··蓝　冰

不是为了诅咒······································麦天枢

我的心··阎晓明

评论

《祭妻》序··胡　正

《耧玲丁当的季节》序······························西　戎

凌云健笔意纵横

——评长篇小说《草岚风雨》··············韩石山

黄河儿女的性格——老作家王汶石给李生泉的信

编稿手记三则······························断　碑等

1986 年第 7 期　刊名:《山西文学》
目录

小说

落日夏威夷——《睡狮的哈欠》之一··········何力力

入土为安——《仇犹遗风录》················张石山

松软的黄沙··徐学波

悲哀··宋知贤

吴先生的"遗嘱"··································毛宪文

弓村人物··李长廷

静静的甘泠湖······································熊正良

散文

花环缀起的记忆····································焦祖尧

小庙琐事··郑惠泉

报告文学

姑娘有颗甜美的心——访特级劳模阎玉娥··········王东满

诗歌

骚动（组诗）······································奔　雷

大峡谷（组诗）····································北　方

秋水（组诗）······································于建军

道路（外一首）····································陈　瑞

瀑布··孙建高

无题··赵　军

理论

理论的呼唤和倡导大有意义（争鸣园地）··········蒋勤国

阵痛期的心灵记录

——张石山诗歌浅议··············邢小群

《谢俊杰小说集》序································胡　正

《中国农村百景 V》序··················[日本]小林荣

我与《山西文学》··································李德才

编稿手记三则······························断　碑等

1986 年第 8 期　刊名:《山西文学》
目录

小说

采伐区里没有熊 ………………………………………… 高　光
下一个才是童话 ………………………………………… 马　原

散文

家人画像 ………………………………………………… 胡　帆

诗歌特辑

乌云哪里去了·——山西诗界巡礼
乌云哪里去了（六首） ………………………………… 潞　潞
云冈石窟（组诗） ……………………………………… 陈建祖
五月的倦意（外一首） ………………………………… 周征环
人（外一首） …………………………………………… 于建军
夜如纯金 ………………………………………………… 张锐锋
无穷动（八首） ………………………………………… 郭志勇
上帝的孩子（外一首） ………………………………… 刘文青
曲阜（组诗） …………………………………………… 张祖台
口哨音乐 ………………………………………………… 周同馨
苦艾 ……………………………………………………… 雪　野
大同姑娘 ………………………………………………… 边新文
沿着大地的长廊 ………………………………………… 柴　燃
悲剧（外二首） ………………………………………… 王　刚
单身汉的流水账（组诗） ……………………………… 叶绿素
台阶上的梦 ……………………………………………… 张承信

水上的祈祷

水上的祈祷（组诗） …………………………………… 西　川
诗三首 …………………………………………………… 骆一禾
抱着白虎走过海洋（外一首） ………………………… 海　子
诗篇（外三首） ………………………………………… 陈东东
大红袍（外一首） ……………………………………… 何小竹
睡美人 …………………………………………………… 冉　冉
长眠不醒（外一首） …………………………………… 牛　波
剧场效果 ………………………………………………… 孟　漆
猎物（外一首） ………………………………………… 马高明
白白（外一首） ………………………………………… 苟明军

一个季节的标志

陶弥新的夜晚 …………………………………………… 张　廓
徐州九行抒情诗 ………………………………………… 徐　刚
元素第七号（三首） …………………………………… 柯　平
中年之树（外一首） …………………………………… 雁　北
落日（外二首） ………………………………………… 赵健雄
我的歌曲 ………………………………………………… 李小雨
金字塔 …………………………………………………… 何　理

他死了那颗心（外一首） ……………………………… 晓　晴
纯色构图（三首） ……………………………………… 曹静平
雪落高原 ………………………………………………… 李建义

评论

"黄河诗派"之我见（争鸣园地） …………………… 郑波光
《山西儿童文学作品选》序 …………………………… 胡　正
一点读后感 ……………………………………………… 焦祖尧
起步点上（我的第一篇小说） ………………………… 任斌武
我与《山西文学》 …………………………… [日本]小林荣
编稿手记三则 ………………………………………… 断　碑等

1986 年第 9 期　刊名:《山西文学》
目录

卷头语

赵树理诞辰八十周年纪念

他，是弱者也是强者 …………………………………… 西　戎
铭记老赵同志的情谊 …………………………………… 杨润身

小说专号

第二故乡人 ……………………………………………… 钟道新
四月·人们（新人新作） ……………………………… 国　荃
迁坟 ……………………………………………………… 王子硕
村边这一家 ……………………………………………… 田东照
帽子 ……………………………………………………… 韩石山
生路 ……………………………………………………… 常捍江
角落里的忏悔 …………………………………………… 李海清
老太太们的梦 …………………………………………… 孟凡通
绿州风波 ………………………………………………… 杨吉玲
大野地人（希望之星） ………………………………… 武怀义

1986 年第 10 期　刊名:《山西文学》
目录

卷头语
小说

秋天（中篇） …………………………………………… 田中禾
石坊 ……………………………………………………… 叶之蓁
八败神 …………………………………………………… 王东满
喜糖 ……………………………………………………… 义　夫
在激流中 ………………………………………………… 韩　黎
被娶的新嫁娘 …………………………………………… 文　文
离奇古怪的正经事儿（新人新作） …………………… 元　华

诗歌

Loess——黄土 ⋯⋯⋯⋯⋯⋯⋯⋯⋯⋯⋯⋯ 祝大同

京都生死心影录（组诗）⋯⋯⋯⋯⋯⋯⋯ 张不代

男人和松塔 ⋯⋯⋯⋯⋯⋯⋯⋯⋯⋯⋯⋯⋯ 景　章

评论

文学在告别天真（争鸣园地）

　——柯云路　史铁生　张石山　近作管窥 ⋯⋯ 陈　坪

欢乐的震荡（我的第一篇小说）⋯⋯⋯⋯ 柳　杞

1986 年第 11 期　刊名:《山西文学》
目录

厚土——吕梁山印象之二（小说）⋯⋯⋯ 李　锐

选贼

眼石

看山

驴儿来，驴儿去

　——故土故人之一（小说）⋯⋯ 张枚同　程　琪

金婴（小说）⋯⋯⋯⋯⋯⋯⋯⋯⋯⋯⋯⋯ 雷　铎

黄伍德（小说）⋯⋯⋯⋯⋯⋯⋯⋯⋯⋯⋯ 於梨华

烦恼（小说）⋯⋯⋯⋯⋯⋯⋯⋯⋯⋯⋯⋯ 宋知贤

雪花（小说·希望之星）⋯⋯⋯⋯⋯⋯⋯ 赵彩芸

卖豆腐老汉（散文）⋯⋯⋯⋯⋯⋯⋯⋯⋯ 卓　然

白兰花（散文）⋯⋯⋯⋯⋯⋯⋯⋯⋯⋯⋯ 顾传菁

富士山抒情（诗）⋯⋯⋯⋯⋯⋯⋯⋯⋯⋯ 罗继长

辐射的节奏（诗）⋯⋯⋯⋯⋯⋯⋯⋯⋯⋯ 韩作荣

蓝土地（诗）⋯⋯⋯⋯⋯⋯⋯⋯⋯⋯⋯⋯ 梁志宏

中南海的燕子（诗）⋯⋯⋯⋯⋯⋯⋯⋯⋯ 张志安

青春的节奏（诗）⋯⋯⋯⋯⋯⋯⋯⋯⋯⋯ 展　舒

一个寡妇的故事（诗）⋯⋯⋯⋯⋯⋯⋯⋯ 郑惠泉

光的恋情（诗）⋯⋯⋯⋯⋯⋯⋯⋯⋯⋯⋯ 冯　云

飞过围墙的小鸟（诗）⋯⋯⋯⋯⋯⋯⋯⋯ 刘瑞祥

并州诗草（诗）⋯⋯⋯⋯⋯⋯⋯⋯⋯⋯⋯ 李雁红

炎夏记（诗）⋯⋯⋯⋯⋯⋯⋯⋯⋯⋯⋯⋯ 温述光

慈父（诗）⋯⋯⋯⋯⋯⋯⋯⋯⋯⋯⋯⋯⋯ 赵二湖

秋野（诗）⋯⋯⋯⋯⋯⋯⋯⋯⋯⋯⋯⋯⋯ 李明瑞

也许（诗）⋯⋯⋯⋯⋯⋯⋯⋯⋯⋯⋯⋯⋯ 周　棉

土族诗情（诗）⋯⋯⋯⋯⋯⋯⋯⋯⋯⋯⋯ 晏　明

外婆的瓦罐（诗）⋯⋯⋯⋯⋯⋯⋯⋯⋯⋯ 阎志勇

游子（诗）⋯⋯⋯⋯⋯⋯⋯⋯⋯⋯⋯⋯⋯ 文　雁

多侧面地展示现代军人的心灵（评论）⋯⋯ 吴思敬

"手"、"鼻子"及其他（随笔）⋯⋯⋯⋯⋯ 姚青苗

"找出自己"与"否定自己"（随笔）⋯⋯⋯ 李德义

1986 年第 12 期　刊名:《山西文学》
目录

赵树理文学院读书会学员小说特辑

秋事（小说）⋯⋯⋯⋯⋯⋯⋯⋯⋯⋯⋯⋯ 辛　禾

寡妇门前（小说）⋯⋯⋯⋯⋯⋯⋯⋯⋯⋯ 良　元

马奶湾的篝火（小说）⋯⋯⋯⋯ 张千锁　宋剑洋

一个故事（小说）⋯⋯⋯⋯⋯⋯⋯⋯⋯⋯ 吴　梧

我的两个奶奶（小说）⋯⋯⋯⋯⋯⋯⋯⋯ 封泉生

调教鹦鹉（小说）——石燕来实录 ⋯⋯⋯ 周　天

穷人（小说）⋯⋯⋯⋯⋯⋯⋯⋯⋯⋯⋯⋯ 胡　帆

荒塬（小说）⋯⋯⋯⋯⋯⋯⋯⋯⋯⋯⋯⋯ 权文学

外祖父（散文）——忆诗人天蓝二三事 ⋯⋯ 胡　劲

经验的世界和语言的世界（评论）⋯⋯⋯ 李国涛

编读往来 ⋯⋯⋯⋯⋯⋯⋯⋯⋯⋯⋯⋯⋯⋯ 吉　民

西行，路途并不遥远 ⋯⋯⋯⋯⋯（蒙古族）查　干

永远的槐香（诗）⋯⋯⋯⋯⋯⋯⋯⋯⋯⋯ 祖淑英

大草原（诗）⋯⋯⋯⋯⋯⋯⋯⋯⋯⋯⋯⋯ 薛小雷

诗一束 ⋯⋯⋯⋯⋯⋯⋯⋯⋯ 吴登瀛　晓　晴　剑　石

赵政民　王立敏　陈　瑞　梁谢成

1987 年第 1 期　刊名:《山西文学》
目录

小说

铲山的人 ⋯⋯⋯⋯⋯⋯⋯⋯⋯⋯⋯⋯⋯⋯ 王祥夫

雷公滩 ⋯⋯⋯⋯⋯⋯⋯⋯⋯⋯⋯⋯⋯⋯⋯ 张茂田

炸碛 ⋯⋯⋯⋯⋯⋯⋯⋯⋯⋯⋯⋯⋯⋯⋯⋯ 田东照

无声的叹息 ⋯⋯⋯⋯⋯⋯⋯⋯⋯⋯⋯⋯⋯ 毛守仁

马路拾零 ⋯⋯⋯⋯⋯⋯⋯⋯⋯⋯⋯⋯⋯⋯ 黄树芳

北京大学作家班学员作品小辑

野鸡 ⋯⋯⋯⋯⋯⋯⋯⋯⋯⋯⋯⋯⋯⋯⋯⋯ 肖建国

桃花癫 ⋯⋯⋯⋯⋯⋯⋯⋯⋯⋯⋯⋯⋯⋯⋯ 聂鑫森

风中花园 ⋯⋯⋯⋯⋯⋯⋯⋯⋯⋯⋯⋯⋯⋯ 张　廊

寻找 ⋯⋯⋯⋯⋯⋯⋯⋯⋯⋯⋯⋯⋯⋯⋯⋯ 赵宇共

土牢山之死 ⋯⋯⋯⋯⋯⋯⋯⋯⋯⋯⋯⋯⋯ 聂震宇

散文

怀念夜明珠 ⋯⋯⋯⋯⋯⋯⋯⋯⋯⋯⋯⋯⋯ 力　群

组诗

大地上的苹果树 ⋯⋯⋯⋯⋯⋯⋯⋯⋯⋯⋯ 北　方

诗一束 ⋯⋯⋯⋯⋯⋯⋯⋯⋯⋯⋯⋯ 贝　岭　汤　潮

张雪杉　李应杰　海　默

大学诗窗 ⋯⋯⋯⋯⋯⋯⋯⋯⋯ 刘　峭　宁天心　刘立平

施 戣 安 然 于有志 刘阶耳 宁志荣

一则传闻（文学随笔）——"鳝鱼"的故事……雷 加
断想（艺术谈）………………………………杨 京
编稿手记二则…………………………………直 言

1987 年第 2 期　刊名：《山西文学》
目录

小说

干妈……………………………………………王傅勤
姨夫……………………………………………张行健
黄土地上的童话（中篇小说）
——姐妹童年剪影……………………………崔 巍
远岸……………………………………………小 溪
出巡……………………………………………李克定
旅途……………………………………………张 颖

散文专栏

散文十年谈（评论）
——新时期山西散文浅探……………………王祥夫
枣花又开了……………………………………孙锡荣
月亮灭了………………………………………赵志刚
木塔……………………………………………和 谷
读李锐新作《厚土》七篇（评论）…………李国涛
我的第一篇小说（创作谈）…………………杨茂林

现代诗八十年代

失败的睡眠……………………………………刘文青
渡河……………………………………………西 川
流动……………………………………………韩 东
夏夜……………………………………………杨 蕾

诗一束…………………马合省 叶延滨 郭志勇 于 是
薄 言 郝小新 范 源 侯良学 白思杰
编稿手记一则…………………………………直 言

1987 年第 3 期　刊名：《山西文学》
目录

小说

啥多少（中篇小说）…………………………刘云生
荒年……………………………………………李留澜
闷热的夏夜……………………………………陈玉川
黑山掌…………………………………………王红罗
子夜（小小说）………………………………李怀基
钟道新其人其事（报告文学）………………王子硕

散文

巩乃斯河谷……………………………………阮章竞
华盛顿印象……………………………………肖 泳
心叶上的晨露…………………………………肖 晓

女作者诗页…………………………………梅绍静 舒 洁
耿仁秋 吕思凝 高彦华 任 琳 云 苓

晋诗新人

漂流的心………………………………………雨 阳
招摇过市………………………………………刘庭玉
无题的眼睛……………………………………东 林
草梦……………………………………………杨菁菁
《厚土》：民族文化心理积淀的"厚土"——李锐作
品讨论会纪要…………………………………本刊记者

1987 年第 4 期　刊名：《山西文学》
目录

卷头语

小说

山鬼二章——故土故人之四………………张枚同 程 琪
百年旗镇………………………………………嘉 男
情敌……………………………………………宋知贤
东院西院………………………………………丁 茂
海妹……………………………………………王玉田
表兄表弟………………………………………郑惠泉
淘金行
——长篇小说《怪人木罗汉》片断……袁 静 秦文虎
陶都一条河（散文）…………………………张安东
诗词一束……………………张维庆 冈 夫 陈绍武
张继科 卜林西 于振江

诗

城市，一条小巷………………………………颜廷奎
海的爱情………………………………………王泽群
新谱的牧歌……………………………………刘明达
短诗一束……………………………………于 瑛 黄东成
范胜利 梁 冬 王 袖

评论

从"五月"到"秋天"
——评田中禾的两篇小说……………………郑波光
小说形式变革散论……………………………星 星
编稿手记一则…………………………………断 碑

1987 年第 5 期　刊名:《山西文学》
目录

小说

短篇三题 ································· 田东照
小老五 ································· 王博勤
人绳 ································· 常捍江
为喝醉的矿工干杯 ····················· 黄树芳
南方来了木匠 ························· 刘　勇
桥头 ································· 李秀峰
一家三口和一辆车 ····················· 赵国荃
老人河 ······························· 小　河

散文

超人奶奶 ······························· 张小苏
评论
关于《秋事》的夜思 ····················· 焦垣生
鼎力开掘人物的深层心理（文学新人）——评廖山海
小说创作 ······························· 段崇轩
我的第一步（我的第一篇小说） ··········· 段荃法

现代诗八十年代

现代诗卷 ······························· 吕　新
中国礼拜日 ····························· 阿　吾
生命原来不是目的 ····················· 易殿选
诗人 ································· 小　海
祖母之死 ······························· 何小竹
这年头的诗 ····························· 詹小林

诗一束 ················· 子　页　孙以煜　郭石军
萧　声　李建华　刘　驰　黄克伟

1987 年第 6 期　刊名:《山西文学》
目录

小说

悠悠桃河 ······························· 谢俊杰
六月 ································· 尤　立
苦恼 ································· 李逸民
冰窖 ································· 田　毅
夜路 ································· 孙少山
山里，那遥远的纸寮边 ················· 温金海
小河流淌 ······························· 齐凤舞

散文

晋南民俗与民艺随想 ····················· 苏　光
看威风锣鼓 ····························· 张小苏

在黄陵 ································· 周　矢

评论

生活引起我要写（我的第一篇小说） ······· 金　近
生命和成长的颜色（我的第一篇小说） ····· 谢俊杰
看《炸碛》说老六（我与《山西文学》） ····· 李德才
编辑手记一则 ························· 直　言

山西大学北国诗社小辑 ················· 刘　峭
宁志荣　朦　朦　徐建宏　杜国华　雷　景　赵　琳
温建生　侯良学　伊　群　小　宇　屈建龙　任　剑

诗

弓的写意 ······························· 陈茂欣
种眼泪的孩子 ························· 高洪波
北方、铁树开花的日子 ················· 李明瑞
无惧的发光体 ························· 李发模
童年的发光体 ························· 董继平
新疆情思 ······························· 赵彭城
希望之船 ······························· 木　子
一种感觉 ······························· 魏志远
街上的故事 ····························· 杨　力

1987 年第 7 期　刊名:《山西文学》
目录

小说

抗日战争五十周年纪念
峥嵘岁月怀《鲁艺》 ····················· 冈　夫
遭遇 ································· 胡　正

在这个世界里 ························· 钱玉亮
八舅 ································· 张胜利
牙 ································· 魏心宏
深山人居处（中篇小说） ················· 张旺模
人影儿 ································· 何清泉

散文

我丢了一把伞 ························· 温　暖
永远磨不掉的记忆 ····················· 王成祖
变式的晨曲 ····························· 犁　人

诗

诗三首 ································· 柴　燃
那一片蓝色的海（散文诗） ··············· 祖淑英
诗一束 ················· 刘金山　王　琦　剑　石
王　柚　张德祥　邢　锐
旅途留影 ······························· 鲁　兮

评论

思想和艺术深化的印记

——读《黄土地上的童话》⋯⋯⋯⋯王作人

平凡生活中的人性美和人情美

——王祥夫及其小说⋯⋯⋯⋯⋯蒋勤国

与生活同在（我的第一篇小说）⋯⋯⋯雷　加

1987 年第 8 期　刊名:《山西文学》
目录

小说

弃驼⋯⋯⋯⋯⋯⋯⋯⋯⋯⋯⋯⋯⋯邓九刚

河堤⋯⋯⋯⋯⋯⋯⋯⋯⋯［日］矢内久子

小屋⋯⋯⋯⋯⋯⋯⋯⋯⋯⋯⋯⋯⋯东　黎

东邻西舍（中篇小说）⋯⋯⋯⋯⋯郑惠泉

诗歌特辑

走过冬天⋯⋯⋯⋯周所同　老　河　周同馨　韩　东

刘立云　李　杜　吕　新　祝大同　姜诗元　再生原

高彦华

奔放的阳光⋯⋯⋯⋯一　禾　西　川　海　子　张锐锋

王家新　郭志勇　郭俊明　边新文　陈燕妮　王广元

尚晓东

土地上的河⋯⋯⋯⋯马合省　李　琦　周征环　梁京生

蓝　冰　非　默　姜金城　冯　云　李老乡　张祖台

诗歌

黄崖洞之歌⋯⋯⋯⋯⋯⋯⋯⋯⋯⋯韩　丁

评论

读《悠悠桃河》漫记⋯⋯⋯⋯⋯⋯李国涛

写在"卧牛"奋起之日（文学工作通讯）⋯⋯杨茂林

编稿手记二则⋯⋯⋯⋯⋯⋯⋯⋯⋯直　言

1987 年第 9 期　刊名:《山西文学》
目录

农家（中篇）⋯⋯⋯⋯⋯⋯⋯⋯⋯田东照

古空⋯⋯⋯⋯⋯⋯⋯⋯⋯⋯⋯⋯⋯常捍江

下里巴人⋯⋯⋯⋯⋯⋯⋯⋯张枚同　程　琪

炮兵八连⋯⋯⋯⋯⋯⋯⋯⋯⋯⋯⋯王博勤

移坟⋯⋯⋯⋯⋯⋯⋯⋯⋯⋯⋯⋯⋯钮宇大

回娘家⋯⋯⋯⋯⋯⋯⋯⋯⋯⋯⋯陈玉川

人各有志⋯⋯⋯⋯⋯⋯⋯⋯⋯⋯⋯王子硕

舞台小天地⋯⋯⋯⋯⋯⋯⋯⋯⋯⋯王西兰

编稿手记三则⋯⋯⋯⋯⋯⋯⋯⋯断　碑等

1987 年第 10 期　刊名:《山西文学》
目录

竞技篇（报告文学）⋯⋯⋯⋯⋯⋯⋯成　一

泄露天机的人（报告文学）

⋯⋯⋯⋯景长远　姚建红　王安民

小说

瓮瓮无故事⋯⋯⋯⋯⋯⋯⋯⋯⋯⋯李海清

乡井——唱夜 · 响鸽⋯⋯⋯⋯⋯⋯文　平

大姐⋯⋯⋯⋯⋯⋯⋯⋯⋯⋯⋯⋯⋯杜曙波

这些人，难说⋯⋯⋯⋯⋯⋯⋯⋯⋯王建和

故乡行⋯⋯⋯⋯⋯⋯⋯⋯⋯⋯⋯⋯彭　图

九旺⋯⋯⋯⋯⋯⋯⋯⋯⋯⋯⋯⋯⋯武怀义

散文

散文小辑

土里来的字典⋯⋯⋯⋯⋯⋯⋯⋯⋯辛　禾

小院初记⋯⋯⋯⋯⋯⋯⋯⋯⋯⋯⋯枭蟒

卖车⋯⋯⋯⋯⋯⋯⋯⋯⋯⋯⋯⋯⋯薛尔康

诗

"禁果"及其观念⋯⋯⋯⋯⋯⋯⋯叶延滨

为了这片天空⋯⋯⋯⋯⋯⋯⋯⋯⋯傅天琳

天空⋯⋯⋯⋯⋯⋯⋯⋯⋯⋯⋯⋯⋯雁　北

音乐城⋯⋯⋯⋯⋯⋯⋯⋯⋯⋯⋯罗继长

短诗一束⋯⋯⋯⋯丰昌隆　黄树元　高福怀　孙喜玲

白恩杰　张泉渌　李三处　刘　虹　奔　雷　晓　晴

评论

《秋事》人物谈⋯⋯⋯⋯⋯⋯⋯⋯李文田

1987 年第 11 期　刊名:《山西文学》
目录

小说

歌舞剧院的女人们⋯⋯⋯⋯⋯⋯⋯白志强

乡趣——女人 · 鬼惑⋯⋯⋯⋯⋯⋯田昌安

手相⋯⋯⋯⋯⋯⋯⋯⋯⋯⋯⋯⋯⋯东　黎

反差⋯⋯⋯⋯⋯⋯⋯⋯⋯⋯⋯⋯⋯晨　里

妈妈走向天国⋯⋯⋯⋯⋯⋯⋯⋯⋯黎　云

死⋯⋯⋯⋯⋯⋯⋯⋯⋯⋯⋯⋯⋯⋯张庆田

骡爷⋯⋯⋯⋯⋯⋯⋯⋯⋯⋯⋯⋯⋯鲁顺明

浸汗的黄土⋯⋯⋯⋯⋯⋯⋯⋯⋯⋯韩振远

来来去去⋯⋯⋯⋯⋯⋯⋯⋯⋯⋯⋯赵　新

诗

诗三首 ————————————————————————————— 姚振函

我的同事们 ————————————————————————— 贾　真

林中拾翠 ————————————————————————— 郭新民

怪味幽默 ————————————————————————— 梁谢成

短诗一束 ——————————————————— 张桂香　龙彼德

刘小放　小　雪　小　君

评论

当代意识的弘扬与文化心理的透射 ————————— 张厚余

试论报告文学的学术化倾向 ————————————— 谢　泳

近水楼台（我的第一篇小说）————————————— 郭书琪

1987 年第 12 期　刊名:《山西文学》
目录

《山西文学》一九八六年优秀作品评奖揭晓（扉页）

小说

苏山——仇犹遗风录 ————————————————— 张石山

波调 ————————————————————————— 魏继新

市长心迹录 ————————————————————— 王东满

没看见有雁飞向南方的秋天（新人新作）——————— 房　光

小小说特辑

一个灰色的雨天 ————————————————— 杨雪萍

棋友 ————————————————————————— 周嘉华

广告 ————————————————————————— 文　文

老伙计 ——————————————————————— 原　力

诗

红土魂 ——————————————————————— 张承信

生长的过程 ————————————————————— 张天男

定时空观照 ————————————————————— 阿　红

绿之潮 ——————————————————————— 林　杉

故乡行 ——————————————————————— 高洪波

爱的呼唤 ——————————————————————— 张雪杉

父亲 ————————————————————————— 雷　霆

故乡人 ——————————————————————— 薛小雷

编 —————————————————————————— 孙海生

你要走了 ——————————————————————— 吕世豪

旧体诗词一束 ————————— 谷　威　陈绍武　赵望进

评论

王博勤的"天桥小说"（文学新人）——————————— 李国涛

在混沌的山坳里勤奋耕耘（文学新人）——————— 李大伟

开启久已关闭的后窗（我的第一篇小说）—————— 张笑天

日本女作家给《山西文学》的信 ——————————— 矢内久子

《山西文学》一九八七年总目录

一九八七年《山西文学》优秀作品评奖选票

本刊重要启事

1988 年第 1 期　刊名:《山西文学》
目录

山西文坛一定会振奋起来

——省委副书记王茂林和省作协作家座谈纪实 —— 樊丕德

小说

一个秋日的午后 ————————————————— 韩石山

毛猴——《农家闺女》之五 —————————————— 燕治国

道口春寒 ——————————————————————— 王东升

胡博士 ——————————————————————— 肖小冰

王有福——《小镇风流事之一》————————————— 曲　明

为了一辆小凤凰 ——————————————————— 郭书琪

临时工 ——————————————————————— 黄树芳

散文·报告文学

看戏 ————————————————————————— 孙宝锋

追忆白薇 ——————————————————————— 邢小群

在无路的世界 ——————————————————— 陈廷选

诗歌

偶拾篇（六首）———————————————————— 冈　夫

母亲江南（组诗）——————————————————— 周　涛

田园 ————————————————————————— 李　杜

红土高原之魂（二首）———————————————— 晓　剑

关于北京的备忘录（二首）—————————————— 杨培忠

短诗一束

苦难走向 ——————————————————————— 孙明庆

你离我好远 ————————————————————— 懿　翎

达紫香 ——————————————————————— 王长军

黄河寻 ——————————————————————— 何首乌

村头老农 ——————————————————————— 薛小雷

文学评论

花须柳眼各无赖　紫蝶黄蜂俱有情——《山西文学》

1987 年小说抽样分析 ————————————— 丁　东　邢　跃

我的第一部作品（我的第一篇小说）————————— 石　楠

编稿手记二则 ——————————————————— 何　曲等

1988 年第 2 期　刊名:《山西文学》
目录

小说

永不回归的姑母	王祥夫
书蠹·野人——《古城魔幻》片断	张石山
雨天·暖和天	张向葵
那时候爷	任秉友
山火	项俊波

散文

忆大寨之游	韦君宜
肥皂——军营散记	高洪波
老屋情	柯　青

文学评论

北路青年农民文学创作群落印象	祝大同
我的处女作（我的第一篇小说）	邓　刚
编辑手记二则	何　曲等

诗歌

散文诗小辑

心曲三章	明　煜
下雪天	赵健雄
蕃红花	钟声扬
那些年，那冬天	吕　新
梦的秋天和爱的吟唱	杨菁菁
夜色情绪	绿　岛
别了，厦门	陈维光
辘轳之歌	李津生
散文诗四章	王立敏
放飞的信鸽	柴　勇
风雨花	原　因
一瞬	默　然
白帝城	赵政民

1988 年第 3 期　刊名:《山西文学》
目录

小说

鼠审（山西作家短篇新作）	周宗奇
鱼骨	迟子建
春韵	郑惠泉

《花蕾》全国小小说大奖赛作品选载

李薇姗　仇甫全　徐东平　郝东升
杨　进　董保林　李新发　林章文　王正悦　朱　赤

短小说集萃

县长蒜苔	紫　群
晚秋	何亚京
老王——《乡趣》之一	张茂田
抹去睫上的冰凌	高芸香
巴拿马	小　河
故乡往事	牛万林

诗歌

非诗（五首）	韩作荣
古河东（外二首）	麦天枢
闹元宵（三首）	边新文
苏尼特草原的月光（外一首）	查　干
西北组曲（组诗）	郭维东
秋林印象	刘亚瑜

短诗苑	沈天鸿　王中朝　郭庆平

刘　江　田福林　杨　枫　尹树义　赵少琳　武振华

文学评论

文化积淀与结构轨迹	
——《创作主体与小说结构》之一	段崇轩
远远望见灯塔的光影（我的第一篇小说）	田东照
民歌体新诗的放逐和回归	
——读《歌漫山乡路》	张承信
编稿手记三则	何　曲等

1988 年第 4 期　刊名:《山西文学》
目录

小说

病房（山西作家短篇新作）	焦祖尧
古瓷瓶	聂鑫森
机关	武怀义
黑鱼的诱惑	胡　鹏
海狼	徐　铎
赴宴进行曲	顾　乡
八月的印象	崔太平

散文

怀念弟弟	双　飞
祭	杨晓莲

诗歌

红崖·雨·歌谣	林　杉
港澳拾零（四首）	李雁红
夜读	李守珍
马踏飞燕	李文田

题 1987.10.26————————————于 瑛
登程（外一首）————————————思 凝
露（外一首）————————————胡彦锋
晨雾————————————————史洪久
乡集的黎明————————————张玉峰
海滨情思————————————钮宇大
爱情诗小辑————————李再新 程淑贞 徐双喜
李明瑞 蔡永祁 刘伟
诗词一束————段 云 汪 洋 朱希和 守 珍

文学评论
试论报告文学主题的转移————————谢 泳
青春的足迹（我的第一篇小说）————程树榛

1988 年第 5 期　刊名:《山西文学》
目录

"中国潮"报告文学征文
南北奇婚录————————————田昌安
WK——10 之路————————————乔连峰

小说
死舞————————————————毛守仁
祥福兄弟————————————刘忠义
热闹的婚礼————————————白志强
火红的门————————————张 策
条子————————————————杜曙波
那抹夕阳————————————阿 鸣
老根和他的儿媳————————孙希彬
临终阿婆————————————郑 海

诗歌
赠（外一首）————————————冈 夫
匡庐（三首）————————————罗继长

心象诗塑（组诗）————————刘明达
短诗五首————————————谷 威
美之歌（四首）————————杨文彬
雁翎（外一首）————————黄东成
那台电话总是占线（外一首）————梁志宏
杏花村的雨（外一首）————————刘兰松
古院（外一首）————————帅 政
思————————————————一 石
爱的独白————————————朱洪东
女人河（外一首）————————白恩杰

文学评论
我对我的发现（我的第一篇小说）————金 河

作者意图与本文阐释————————阎晶明
乡土中树阳春白雪旗帜————————傅书华
编稿手记（4 则）————————石 页 红 石

1988 年第 6 期　刊名:《山西文学》
目录

"中国潮"报告文学征文
丰收不在田野————————————马 骏
全凭这颗心————————————赵中悦

小说
年味————————————————陈玉川
三个诊疗所————————————杨兆平
我们边谈边走下去————————梦 月
吃多鬼赵二————————————刘忠义
人主————————————————王建和
奇怪的红药丸————————————梁 骏
走工————————————————张玉良

文学评论
《病房》：心灵的探索与结构的更新————苏 华
彭图小说创作得失谈————————薄子涛

诗歌
少女喷泉（外一首）————————曲润海
窗外不是梦（组诗）————————阿 红
矿山诗情（三首）————————孙友田
案头闲吟（组诗）————————展 舒
黄土地沉思————————————杜宝彦
爷爷山————————————————杜鸿才
月亮和太阳————————————冯 云
短诗小辑————李国荣 王立敏 李金焕 扬 芳
编稿手记（3 则）————————红 石 石 页

1988 年第 7 期　刊名:《山西文学》
目录

农民小说特辑
莜麦谣————————————————房 光
并非远在天边————————————朱玉楼
躁动————————————————郑惠泉
黄土香————————————————赵为农
悠远的山————————————张全友
小镇一条街————————————宋剑洋
古道崖————————————————常捍江
往事（二题）————————————赵 赤

喜看文苑发新枝（评论）
——推荐本期"农民小说特辑"·········冯 池
走出旧的小说格局（评论）
——读本期农民小说杂记·········李国涛
忻州有个许亮保（中国潮报告文学征文）
·········苞谷苏鲁

1988 年第 8 期　刊名:《山西文学》
目录

小说
土地，沉默不语（中篇小说）·········张枚同　程　琪
丑嫂·········孙银章
换来的媳妇·········剑　秋

散文小辑
海南椰子树·········柯云路
木兰情·········冯贵生
洪洞男人·········卫建民
月夜黄河渡·········吕茂田
青青桔林（外一篇）·········祖淑英
心中的雕象·········张承信
看戏·········黄立会

中国潮报告文学征文
"乌托邦"磁场效应——小固庄见闻·········张小苏
陶村新貌·········马登海

文学评论
艺术即否定·········柯云路
近期报告文学发展的趋向·········谢　泳
论报告文学与小说分离的合理性·········谢　泳
编稿手记（三则）·········红 石　柴 旺

诗歌
黑色伤兵（组诗）·········杨培忠
筑路神·········孙　映
海对河说（外一首）·········谢克强
风的赋格（外一首）·········谢颐城
生活也是一场战争·········李　伟
秋霜吟·········刘志远
蝴蝶·········卢　路
无题·········周少汉

1988 年第 9 期　刊名:《山西文学》
目录

小说
找事儿·········蒋　韵
废票进程·········紫　群
吴李马·········慕　华
瑞雪（二题）·········杜曙波
仁义巷传奇·········艾　蒿
南女·········郑　震

"中国潮"报告文学征文
边关草·········冯贵生
他从薄冰走出来·········李存文　郝丛楼

散文
为《两色花》作序·········唐　挚
访德散记·········田东照

诗歌
草原梦幻（长诗）·········柯云路
白帆点点·········刘益善
长江（外一首）·········孙喜玲
大同诗人作品小辑·········秦　岭　丰昌隆　孟爱君
丁世伟　纪　梅　张　智　杨菁菁　黄中文　木　子
黄　玓　胡顺德　北　岱

文学评论
《找事儿》：诗化的小说·········李国涛
在新格局中寻找位置·········段崇轩

1988 年第 10 期　刊名:《山西文学》
目录

"中国潮"报告文学征文
无冕之王·········崔济哲

小说
大山的故事·········钮大山
真相·········墨　白
鸟誓·········邓九刚
那片米黄色的房子·········黄树芳
四只山羊·········张素兰
老张·········牛万林

散文
走西口·········雷　加

缘分 ……………………………………………………… 温　暖

文学评论

文学的双峰跨越——报告文学《强国梦》讨论纪要
……………………………………………………… 洪清波整理
黄土地上的执著——评崔巍的小说 ……………… 韩石山
起步之前 ………………………………………… 李逸民
永不忘前辈的栽培
——我的第一篇小说 …………………………… 侯桂柱

诗歌

中国谣 ……………………………………………… 柴　燃
走过黑暗 …………………………………………… 郭俊明
五岁的故事 ………………………………………… 杜　红
心灵的呼唤 ………………………………………… 冯　云

短诗苑 ……………………………………… 马作楫　源　源
王露岛　卫牢娃　郭石军

1988 年第 11 期　刊名:《山西文学》
目录

小说

缘分 ………………………………………………… 谢俊杰
"侠女" …………………………………………… 郁　波
老椿树 …………………………………………… 刘忠义
贵顺一家 ………………………………………… 常捍江
人·马·猴 ……………………………………… 王东满
冷铁 ……………………………………………… 聂鑫森

散文

乡河三记 ………………………………………… 沈　琨
乘车记 …………………………………………… 陈　一

三晋企业家

龙抬头 …………………………………………… 李良苏
时代歌手 …………………………………… 齐凤舞　齐凤翔
他从田野走来 …………………………………… 王平安
骚动 ……………………………………………… 岳　峻
明星从这里升起 ………………………………… 星　星

诗歌

晋城市青年诗人作品小辑 …………………… 柏扶疏　孙喜玲
邢　昊　桂　榕　马向何　栗金马　姜　珺　宋郁青
路 ………………………………………………… 王稚纯

文学评论

张玉良小说的审美追求 ………………………… 薄子涛

爱好的魅力（我的第一篇小说）………………… 杜曙波
苦涩的回忆（我的第一篇小说）………………… 马　骏
最初的足迹（编稿手记）………………………… 石　页

1988 年第 12 期　刊名:《山西文学》
目录

小说

缉私艇今夜出海 ………………………………… 张俊南
易 ………………………………………………… 郑惠泉
天桥 ……………………………………………… 武海芳
山村行医记 ……………………………………… 陈仁友
头疼草 …………………………………………… 哲　夫

散文

离别（三题）……………………………………… 尚贵荣
沉重的轻松 ……………………………………… 马　德
边城 ……………………………………………… 田晓清
又见梧桐 ………………………………………… 沈　晗

文学评论

1988 年《山西文学》小说笔谈（之一）
《年味》及其他 ………………………………… 李国涛
"莜麦文化"的绝唱
——读房光的《莜麦谣》………………………… 董大中
新旧交替时代的一个侧影
——读《县长蒜苔》…………………………… 丁　东
意蕴:源于对人的把握
——读郑惠泉的《春韵》………………………… 张厚余

三晋企业家

奉献者的足迹 …………………………… 苟有富　韩贵平
让人充分理解 …………………………………… 赵巾又
位置 ……………………………………………… 宋剑洋
热土上的圣者 …………………………… 余　之　修　明

诗歌

山间拾翠（组诗）………………………………… 李守珍
那便是你了（外二首）…………………………… 郭新民
寄给远方的妻 …………………………………… 张德祥
短诗一束:冯震复　雷　霆　姜东胜　陈　鹰　吕海
潮　解　军　张崇善

1989 年第 1 期　刊名：《山西文学》
目录

"中国潮"报告文学征文
挽汾河⋯⋯⋯⋯⋯⋯⋯⋯⋯⋯⋯⋯⋯麦天枢

小说
"公爵"被困⋯⋯⋯⋯⋯⋯⋯⋯⋯⋯⋯钟道新
罗马峪（地县刊物作品选载）⋯⋯⋯⋯房　光
白娥⋯⋯⋯⋯⋯⋯⋯⋯⋯⋯⋯⋯⋯⋯钮宇大
了悟⋯⋯⋯⋯⋯⋯⋯⋯⋯⋯⋯⋯⋯⋯彭　图
白主任⋯⋯⋯⋯⋯⋯⋯⋯⋯⋯⋯⋯⋯郑　震
黎明敲门声⋯⋯⋯⋯⋯⋯⋯郝发智　曹喜庆
山里人和城里人⋯⋯⋯⋯⋯⋯⋯⋯⋯景　花

三晋企业家
和谐的境界⋯⋯⋯⋯⋯⋯⋯⋯⋯⋯⋯韩石山
关厂长和他的部下⋯⋯⋯⋯⋯⋯⋯⋯杨玉川
黄土地的奉献⋯⋯⋯⋯⋯⋯⋯⋯⋯⋯冯　浩

评论
1988 年《山西文学》小说笔谈（之二）
死与生的话题⋯⋯⋯⋯⋯⋯⋯⋯⋯⋯陈　坪
传统农民悲剧人格的延续⋯⋯⋯⋯⋯吕乐平
人间有良知⋯⋯⋯⋯⋯⋯⋯⋯⋯⋯⋯段崇轩
质朴而耐人寻味的《老王》⋯⋯杨　吕　王君
《中国农村百景Ⅵ》后记⋯⋯⋯[日]小林荣
文讯：中国作协山西分会第三次会员代表大会闭幕

1989 年第 2 期　刊名：《山西文学》
目录

小说
圆寂的天⋯⋯⋯⋯⋯⋯⋯⋯⋯⋯⋯⋯吕　新
正月⋯⋯⋯⋯⋯⋯⋯⋯⋯⋯⋯⋯⋯⋯权文学
功臣（新人新作）⋯⋯⋯⋯⋯⋯⋯⋯李　智
姐妹滩⋯⋯⋯⋯⋯⋯⋯⋯⋯⋯⋯⋯⋯铁建晓
眼前是一座不老山⋯⋯⋯⋯⋯⋯⋯⋯钟　铧

散文
旅途⋯⋯⋯⋯⋯⋯⋯⋯⋯⋯⋯⋯⋯⋯马中行
打水⋯⋯⋯⋯⋯⋯⋯⋯⋯⋯⋯⋯⋯⋯包　谷
春江吟⋯⋯⋯⋯⋯⋯⋯⋯⋯⋯⋯⋯⋯倪宗豪

三晋企业家
一片并不神奇的土地⋯⋯⋯⋯⋯⋯⋯王西兰
借问酒家何处⋯⋯⋯⋯⋯⋯⋯⋯⋯⋯薛桂芬
心声⋯⋯⋯⋯⋯⋯⋯⋯⋯⋯⋯⋯⋯⋯吴自创

评论
序《下河滩的女人们》⋯⋯⋯⋯⋯⋯胡　正
从表层的感觉到深层的思辩⋯⋯杨　品　王君
美丽的背反或曰循环⋯⋯⋯⋯⋯⋯⋯杨士忠

诗歌
牡丹与贤人⋯⋯⋯⋯⋯⋯⋯⋯⋯⋯⋯冈　夫
燕赵行（三首）⋯⋯⋯⋯⋯⋯⋯⋯⋯李雁红
访日纪行（四首）⋯⋯⋯⋯⋯⋯⋯⋯罗继长
华岳二题⋯⋯⋯⋯⋯⋯⋯⋯⋯⋯⋯⋯艾　斐
蛇的标本⋯⋯⋯⋯⋯⋯⋯⋯⋯⋯⋯⋯靳　春
潮（外一首）⋯⋯⋯⋯⋯⋯⋯⋯⋯⋯曹保忠
旋流（外二首）⋯⋯⋯⋯⋯⋯⋯⋯⋯李金焕

1989 年第 3 期　刊名：《山西文学》
目录

"中国潮"报告文学征文
地为舆⋯⋯⋯⋯⋯⋯⋯⋯⋯⋯⋯⋯⋯秦　泉

小说
短篇二题
作家⋯⋯⋯⋯⋯⋯⋯⋯⋯⋯⋯⋯⋯⋯义　夫
演员⋯⋯⋯⋯⋯⋯⋯⋯⋯⋯⋯⋯⋯⋯义　夫
温家窑风景二题
天日⋯⋯⋯⋯⋯⋯⋯⋯⋯⋯⋯⋯⋯⋯曹乃谦
吃糕⋯⋯⋯⋯⋯⋯⋯⋯⋯⋯⋯⋯⋯⋯曹乃谦
对话效应⋯⋯⋯⋯⋯⋯⋯⋯⋯⋯⋯⋯杨兆平
茶壶流风⋯⋯⋯⋯⋯⋯⋯⋯⋯⋯⋯⋯何健雄
槐影⋯⋯⋯⋯⋯⋯⋯⋯⋯⋯⋯⋯⋯⋯任东生
干姊妹⋯⋯⋯⋯⋯⋯⋯⋯⋯⋯⋯⋯⋯任存弼
书情⋯⋯⋯⋯⋯⋯⋯⋯⋯⋯⋯⋯⋯⋯张茂田
淡幽幽的往事⋯⋯⋯⋯⋯⋯⋯⋯⋯⋯杨万金

散文
八月十五云遮月⋯⋯⋯⋯⋯⋯⋯⋯⋯赵志刚
堤村掇英（外两篇）⋯⋯⋯⋯⋯⋯⋯田福林

三晋企业家
遍撒春色到人间⋯⋯⋯⋯⋯⋯温　暖　邢立生
五年⋯⋯⋯⋯⋯⋯⋯⋯⋯⋯⋯⋯⋯⋯康振仁

评论
有趣的往事
——义夫短篇二题⋯⋯⋯⋯⋯⋯⋯⋯李国涛
说喜不得言喜⋯⋯⋯⋯⋯⋯⋯⋯⋯⋯王威宣
忻州地区诗人新作小辑⋯⋯李文田　贾　真等14家
爱之星（外三首）⋯⋯⋯⋯⋯⋯⋯⋯杨文彬

海隅杂拾（组诗）⋯⋯⋯⋯⋯⋯⋯⋯张仁健
十八岁⋯⋯⋯⋯⋯⋯⋯⋯⋯⋯⋯杨　芳
龙的遐思⋯⋯⋯⋯⋯⋯⋯⋯⋯⋯李秉直

1989 年第 4 期　刊名:《山西文学》
目录

小说

卖哭⋯⋯⋯⋯⋯⋯⋯⋯⋯⋯⋯毛守仁
唯一的纰漏⋯⋯⋯⋯⋯⋯⋯⋯郭景山
事过境迁⋯⋯⋯⋯⋯⋯⋯⋯⋯赵新生
黑的沉默（地县刊物作品选载）⋯吴　梧
夜眼⋯⋯⋯⋯⋯⋯⋯⋯⋯⋯⋯任东生
小说二题（新人新作）⋯⋯⋯宋三保
熬年⋯⋯⋯⋯⋯⋯⋯⋯⋯⋯⋯高爱辰
解释⋯⋯⋯⋯⋯⋯⋯⋯⋯⋯⋯郝丛楼

散文

说柳话竹⋯⋯⋯⋯⋯⋯⋯⋯⋯黎　军
陋室三叹⋯⋯⋯⋯⋯⋯⋯⋯⋯王双定

三晋企业家

神池出了位神医⋯⋯⋯⋯⋯⋯冯贵生
天时地利与人和⋯⋯⋯王子硕　陈　一
细微之处见精神⋯⋯⋯⋯⋯⋯张茂田
荒野“百灵”吴宏璧⋯⋯⋯⋯任　发
心高志洁的李振华⋯⋯⋯⋯⋯刘纯人

评论

中国文人的“慢性乡土病”（农村生活小说研究）
⋯⋯⋯⋯⋯⋯⋯⋯⋯⋯⋯⋯李　锐
黄昏的悲哀（农村生活小说研究）⋯祝大同
大同煤矿作家作品讨论会侧记⋯⋯马立忠　吴建国
《山西文学》优秀作品评奖揭晓

诗歌

火山三章⋯⋯⋯⋯⋯⋯⋯⋯⋯柴德森
运河情思（二首）⋯⋯⋯⋯⋯梁志宏
高原沉思录（二首）⋯⋯⋯⋯王立成
幕间（外一首）⋯⋯⋯⋯⋯⋯于　瑛
塑⋯⋯⋯⋯⋯⋯⋯⋯⋯⋯⋯张雪杉
木兰风景线（二首）⋯⋯⋯⋯马长岭
落叶⋯⋯⋯⋯⋯⋯⋯⋯⋯⋯⋯张泉渌

1989 年第 5 期　刊名:《山西文学》
目录

小说

乡井（三题）⋯⋯⋯⋯⋯⋯⋯文　平
哑三儿传⋯⋯⋯⋯⋯⋯⋯⋯⋯李秀峰
奶奶和烟⋯⋯⋯⋯⋯⋯⋯⋯⋯以　煜
葫芦套风情（新人新作）⋯⋯吴晓征
冬日的记忆⋯⋯⋯⋯⋯⋯⋯⋯李　黎
燕毛⋯⋯⋯⋯⋯⋯⋯⋯⋯⋯⋯武继志
福厚爷⋯⋯⋯⋯⋯⋯⋯⋯⋯⋯辛　禾

散文

夜行⋯⋯⋯⋯⋯⋯⋯⋯⋯⋯⋯杨吉玲
蟹爪兰⋯⋯⋯⋯⋯⋯⋯⋯⋯⋯阿　红
上天记⋯⋯⋯⋯⋯⋯⋯⋯⋯⋯杜宝彦

三晋企业家

超越⋯⋯⋯⋯⋯⋯⋯⋯⋯⋯⋯安宪文
芳草地⋯⋯⋯⋯⋯⋯⋯⋯⋯⋯冯贵生
摘取皇冠的人⋯⋯⋯⋯张廷秀　李宿定
壮歌行⋯⋯⋯⋯⋯⋯⋯李国荣　郭方义
蔚廉，大胆往前走!⋯⋯⋯⋯齐凤舞

农村生活小说研究

激昂而盲目的吹奏⋯⋯⋯⋯⋯张石山
在同一时空中的“意味”落差⋯⋯席　扬

诗歌

吕梁地区诗人新作小辑⋯⋯韩　永　吕世豪　李三处
贾宇红　贾利平　刘瑞祥　李应杰　赵新林　田承顺
李有亮
公路记事⋯⋯⋯⋯⋯⋯⋯⋯⋯马作楫
人生短章（组诗）⋯⋯⋯⋯⋯展　舒
河曲情歌⋯⋯⋯⋯⋯⋯⋯⋯⋯张不代
等待⋯⋯⋯⋯⋯⋯⋯⋯⋯⋯⋯朱希和
墙⋯⋯⋯⋯⋯⋯⋯⋯⋯⋯⋯⋯帅　政

1989 年第 6 期　刊名:《山西文学》
目录

“中国潮”报告文学征文

黄河骄子⋯⋯⋯⋯⋯⋯⋯⋯⋯冯贵生

小说

桃河怨⋯⋯⋯⋯⋯⋯⋯⋯⋯⋯谢俊杰
轿车司机日记⋯⋯⋯⋯⋯⋯⋯董爱平

雪夜（新人新作）⋯⋯⋯⋯⋯⋯⋯⋯⋯王作忠
宿仇⋯⋯⋯⋯⋯⋯⋯⋯⋯⋯⋯⋯⋯何香久
迷惑不解⋯⋯⋯⋯⋯⋯⋯⋯⋯⋯⋯山 冈
择邻⋯⋯⋯⋯⋯⋯⋯⋯⋯⋯⋯⋯⋯陈 一

散文
从子见南子说起⋯⋯⋯⋯⋯⋯⋯⋯力 群
艺术之外的艺术⋯⋯⋯⋯⋯⋯⋯⋯王茂田

三晋企业家
一个强人的足迹⋯⋯⋯⋯⋯⋯⋯⋯西 戎
黄河轿子⋯⋯⋯⋯⋯⋯⋯⋯⋯⋯⋯冯贵生
醋乡新篇⋯⋯⋯⋯⋯⋯⋯⋯⋯⋯⋯温 暖
南高春秋⋯⋯⋯⋯⋯⋯⋯⋯⋯安 克 赵 赤

评论
带有六个抽屉的低柜（农村生活小说研究）⋯⋯吕 新
对社会母题和美学文体的多元选择（农村生活小说研究）⋯⋯⋯⋯⋯⋯⋯⋯⋯艾 斐

诗歌
失去时间的备忘录（组诗）⋯⋯⋯⋯叶延滨
不太恬静（组诗）⋯⋯⋯⋯⋯⋯⋯周同馨
黄土高原的千山万壑⋯⋯⋯⋯⋯⋯李建义
思念（外一首）⋯⋯⋯⋯⋯⋯⋯⋯云 岑
故事（组诗）⋯⋯⋯⋯⋯⋯⋯⋯⋯张亦霆
诗词三首⋯⋯⋯⋯⋯⋯⋯⋯⋯⋯⋯陈绍武
短诗一束⋯⋯⋯⋯⋯迟 蕊 刘 耘 李小鹏
烽火小英雄（儿童叙事诗）⋯⋯⋯于秀芳

1989 年第 7 期　刊名:《山西文学》

目录

"中国潮"报告文学征文
黑色的世界⋯⋯⋯⋯⋯⋯⋯⋯⋯⋯崔济哲

小说
芒种⋯⋯⋯⋯⋯⋯⋯⋯⋯⋯⋯⋯⋯李海清
闹房⋯⋯⋯⋯⋯⋯⋯⋯⋯⋯⋯⋯⋯张 平
羊倌⋯⋯⋯⋯⋯⋯⋯⋯⋯⋯⋯⋯⋯张迎建

诗歌
诗四首⋯⋯⋯⋯⋯⋯⋯⋯⋯⋯⋯⋯韩作荣
战争与和平（三首）⋯⋯⋯⋯⋯⋯胡 鹏
父亲（外一首）⋯⋯⋯⋯⋯⋯⋯⋯刘利华
雨中寄友⋯⋯⋯⋯⋯⋯⋯⋯⋯⋯⋯鲁 萍
黑松林（外一首）⋯⋯⋯⋯⋯⋯⋯曲 近
诗（外一首）⋯⋯⋯⋯⋯⋯⋯⋯⋯非 人

季节⋯⋯⋯⋯⋯⋯⋯⋯⋯⋯⋯⋯⋯米 纳
新人新作⋯⋯⋯⋯⋯⋯⋯张乐朋 杨爱国
俗 子　周凌燕　周广学

散文
牧猪记⋯⋯⋯⋯⋯⋯⋯⋯⋯⋯⋯⋯陈仁友
军旅散记（二则）⋯⋯⋯⋯⋯⋯⋯高洪波
呼唤童年⋯⋯⋯⋯⋯⋯⋯⋯⋯⋯⋯李 远

评论
审视与体验（农村生活小说研究）
——"晋军"与青年农民作者的比较⋯⋯段崇轩
文学批评的起码道德⋯⋯⋯⋯⋯⋯陈 实

三晋企业家
分水疏流⋯⋯⋯⋯⋯⋯⋯佳 争 铁 珊
荆龙安创业初记⋯⋯⋯⋯⋯⋯⋯⋯赵铁成
奇迹在厄运中出现⋯⋯⋯⋯⋯⋯⋯王进兴

1989 年第 8 期　刊名:《山西文学》

目录

小说
圈外人⋯⋯⋯⋯⋯⋯⋯⋯⋯⋯⋯⋯梦 月
忧郁的三色堇⋯⋯⋯⋯⋯⋯⋯⋯⋯徐小兰
山地世家⋯⋯⋯⋯⋯⋯⋯⋯⋯⋯⋯浊 涛
看惯了，不丑⋯⋯⋯⋯⋯⋯⋯⋯⋯高芸香
请赐我一双翅膀⋯⋯⋯⋯⋯⋯⋯⋯菊 蕊
全是假的⋯⋯⋯⋯⋯⋯⋯⋯⋯⋯⋯王 璿
河水拍打着堤岸⋯⋯⋯⋯⋯⋯⋯⋯张雅茜
山脚下⋯⋯⋯⋯⋯⋯⋯⋯⋯⋯⋯⋯犁 膺

散文
无忧草的忧郁⋯⋯⋯⋯⋯⋯⋯⋯⋯杨小小
走出夜色⋯⋯⋯⋯⋯⋯⋯⋯⋯⋯⋯池艾君
补牙小记⋯⋯⋯⋯⋯⋯⋯⋯⋯⋯⋯陈 埃

报告文学
一个自强不息的女性⋯⋯⋯⋯⋯⋯杏 绵

短诗苑
岁月⋯⋯⋯⋯⋯⋯⋯⋯⋯⋯⋯⋯⋯宁志荣
南风⋯⋯⋯⋯⋯⋯⋯⋯⋯⋯⋯⋯⋯王 模
夏天的一个正午⋯⋯⋯⋯⋯⋯⋯⋯李 伟
心事（外一首）⋯⋯⋯⋯⋯⋯⋯⋯杨绍武
沉默（外一首）⋯⋯⋯⋯⋯⋯⋯⋯刘海潮
放风筝⋯⋯⋯⋯⋯⋯⋯⋯⋯⋯⋯⋯孙学林
老马⋯⋯⋯⋯⋯⋯⋯⋯⋯⋯⋯⋯⋯代 杰

无言的注目⋯⋯⋯⋯⋯⋯⋯⋯⋯⋯⋯刘红雷
夜中人⋯⋯⋯⋯⋯⋯⋯⋯张天春　张天红
信邮（外一首）⋯⋯⋯⋯⋯⋯⋯⋯南　岛
丹丹的诗（二首）⋯⋯⋯⋯⋯⋯⋯陈　震

三晋企业家
闪光的青春⋯⋯⋯⋯⋯⋯⋯⋯⋯⋯彭　图
张宗恭的目光⋯⋯⋯⋯⋯⋯⋯⋯⋯赵铁成
老柳新枝⋯⋯⋯⋯⋯⋯⋯⋯⋯⋯⋯榆　石

1989 年第 9 期　刊名:《山西文学》
目录

小说
郎爪子⋯⋯⋯⋯⋯⋯⋯⋯⋯⋯⋯⋯高　岸
老馋⋯⋯⋯⋯⋯⋯⋯⋯⋯⋯⋯⋯⋯安宪文
同窗故旧⋯⋯⋯⋯⋯⋯⋯⋯⋯⋯⋯李逸民
二姐⋯⋯⋯⋯⋯⋯⋯⋯⋯⋯⋯⋯⋯崔太平

散文小辑
雕像⋯⋯⋯⋯⋯⋯⋯⋯⋯⋯⋯⋯⋯卫建民
童话岁月（二篇）⋯⋯⋯⋯⋯⋯⋯乔忠延
巴金与卫惠林父女⋯⋯⋯⋯⋯⋯⋯郭汾阳
天空没有痕迹⋯⋯⋯⋯⋯⋯⋯⋯⋯石　笋
爱歌⋯⋯⋯⋯⋯⋯⋯⋯⋯⋯⋯⋯⋯可　可
嬢嬢⋯⋯⋯⋯⋯⋯⋯⋯⋯⋯⋯⋯⋯小　群
异国旅游杂记⋯⋯⋯⋯⋯⋯⋯⋯⋯王茂田
苹果树（外一章）⋯⋯⋯⋯⋯⋯⋯冉　冉

评论
我国农村小说的新走向（农村生活小说研究）
⋯⋯⋯⋯⋯⋯⋯⋯⋯⋯⋯⋯⋯⋯陈　辽
读温暖散文札记⋯⋯⋯⋯⋯⋯⋯⋯董大中

报告文学
新人风采
黄土第一乡——山西榆次市郭家堡乡乡镇企业发展纪
实⋯⋯⋯⋯⋯⋯⋯⋯⋯⋯⋯⋯⋯高　厚
他，走出了一路鲜花——记忻纺劳动服务公司经理张
亮成⋯⋯⋯⋯⋯⋯⋯⋯苏　鲁　菅俊青
路在脚下拓宽
——忻州市劳动局改革见闻　张茂田　任必毅
硕果来自于耕耘⋯⋯⋯⋯⋯⋯⋯⋯荆治云
头顶是庄严的国徽⋯⋯⋯⋯⋯⋯⋯华　浩

1989 年第 10 期　刊名:《山西文学》
目录

回顾·思考·前瞻
——写在建国四十周年前夕⋯⋯⋯本刊编辑部

小说
短篇二题⋯⋯⋯⋯⋯⋯⋯⋯⋯⋯⋯义　夫
掏獾⋯⋯⋯⋯⋯⋯⋯⋯⋯⋯⋯⋯⋯陈贵良
也算操练⋯⋯⋯⋯⋯⋯⋯⋯⋯⋯⋯耿王敏
后来的故事⋯⋯⋯⋯⋯⋯⋯⋯⋯⋯西　波
车人路⋯⋯⋯⋯⋯⋯⋯⋯⋯⋯⋯⋯路效国
鸟王⋯⋯⋯⋯⋯⋯⋯⋯⋯⋯⋯⋯⋯刘彬彬
老街⋯⋯⋯⋯⋯⋯⋯⋯⋯⋯⋯⋯⋯赵秀林

散文
素描⋯⋯⋯⋯⋯⋯⋯⋯⋯⋯⋯⋯⋯甘茂华
敖鲁古雅，撩开你神秘的面纱⋯⋯星　星

诗歌
诗三首⋯⋯⋯⋯⋯⋯⋯⋯⋯⋯⋯⋯秦　岭
静静的雪线（组诗）⋯⋯⋯⋯⋯⋯姜金城
朝鲜纪行（三首）⋯⋯⋯⋯⋯⋯⋯白　锐
青山脉脉⋯⋯⋯⋯⋯⋯⋯⋯⋯⋯⋯荣　荣
蓝色心语⋯⋯⋯⋯⋯⋯⋯⋯⋯⋯⋯史晓京
蓝色日记（外一首）⋯⋯⋯⋯⋯⋯阎其祥
找⋯⋯⋯⋯⋯⋯⋯⋯⋯⋯⋯⋯⋯⋯李雪绯

评论
论"乡土情结"（农村生活小说研究）⋯⋯张志忠
农村现实与文学使命（农村生活小说研究）⋯房　光

报告文学
新人风采
眼前一个锃亮的世界
——记运城市电镀厂⋯⋯⋯师　耘　文　娟
小小的我——记原平印刷厂厂长尚召鱼⋯⋯李　璧
"七连"冠军⋯⋯⋯⋯⋯⋯安仁和　杜新甫
扛起闸门的人们
——记保德县农产品公司经理张科⋯⋯⋯李成立

1989 年第 11 期　刊名:《山西文学》
目录

"中国潮"报告文学征文
关于失败者的报告⋯⋯⋯⋯⋯⋯⋯田昌安

小说

懒得上班⋯⋯⋯⋯⋯⋯⋯⋯⋯⋯⋯⋯巨　望
怪兽⋯⋯⋯⋯⋯⋯⋯⋯⋯⋯⋯⋯⋯郭天印
老四奶⋯⋯⋯⋯⋯⋯⋯⋯⋯⋯⋯⋯李秀峰
孝子⋯⋯⋯⋯⋯⋯⋯⋯⋯⋯⋯⋯⋯杜曙波
古樟⋯⋯⋯⋯⋯⋯⋯⋯⋯⋯⋯⋯⋯李长廷
一颗熟透的果⋯⋯⋯⋯⋯⋯⋯⋯⋯王学哲

散文

康家庵子⋯⋯⋯⋯⋯⋯⋯⋯⋯⋯⋯刘德怀
赏菊⋯⋯⋯⋯⋯⋯⋯⋯⋯⋯⋯⋯⋯董　雯

诗歌

诗三首⋯⋯⋯⋯⋯⋯⋯⋯⋯⋯⋯⋯北　方
启示——写在玉门油田⋯⋯⋯⋯⋯马合省
异乡⋯⋯⋯⋯⋯⋯⋯⋯⋯⋯⋯⋯⋯徐建宏
洪洞老槐（外一首）⋯⋯⋯⋯⋯⋯奔　雷
在爱的季节里（三首）⋯⋯⋯⋯⋯俊　力
我爱听⋯⋯⋯⋯⋯⋯⋯⋯⋯⋯⋯⋯赵　荆
远逝的爱⋯⋯⋯⋯⋯⋯⋯⋯⋯⋯⋯张治中

评论

民族化与农村生活小说（农村生活小说研究）
⋯⋯⋯⋯⋯⋯⋯⋯⋯⋯⋯⋯⋯⋯傅书华
淡淡的乡野（农村生活小说研究）⋯宋剑洋
现代观念的诱惑
——评黄树芳小说近作⋯⋯⋯⋯⋯张　高

三晋企业家

激流"三部曲"⋯⋯⋯⋯⋯⋯⋯⋯⋯沈　琨
张永珍和他的伙伴们⋯⋯⋯⋯⋯⋯赵　赤
青春，在乌金中燃烧⋯⋯⋯⋯齐凤舞　齐凤翔
青春永驻⋯⋯⋯⋯⋯⋯⋯⋯赵瞻国　张　恒
车轮滚滚⋯⋯⋯⋯⋯⋯⋯⋯⋯⋯⋯尤　宏

散文

地榴儿⋯⋯⋯⋯⋯⋯⋯⋯⋯⋯⋯⋯李海清
首阳山短章⋯⋯⋯⋯⋯⋯⋯⋯⋯⋯菊　蕊

诗歌

黄高原（组诗）⋯⋯⋯⋯⋯⋯⋯⋯梁志宏
这个世界太小了⋯⋯⋯⋯⋯⋯⋯⋯孙海生
脚手架意识（外一首）⋯⋯⋯⋯⋯孙　映
往日的故事⋯⋯⋯⋯⋯⋯⋯⋯⋯⋯潘洪科
主题，一次选择⋯⋯⋯⋯⋯⋯⋯⋯赵少琳
你不必等我⋯⋯⋯⋯⋯⋯⋯⋯⋯⋯邓宏泰
停电之后⋯⋯⋯⋯⋯⋯⋯⋯⋯⋯⋯彭　举
月亮的恣态⋯⋯⋯⋯⋯⋯⋯⋯⋯⋯杨　芳
陌生⋯⋯⋯⋯⋯⋯⋯⋯⋯⋯⋯⋯⋯雷　景

评论

时代与作家⋯⋯⋯⋯⋯⋯⋯⋯⋯⋯雷　加
《泪与呼唤》序⋯⋯⋯⋯⋯⋯⋯⋯胡　正
在历史与人性的切点上观照乡土（农村生活小说研究）⋯⋯⋯⋯⋯⋯⋯⋯⋯⋯⋯⋯田中禾

报告文学

新人风采
步履匆匆——记定襄且农机厂、定襄锻造厂厂长牛鳌元⋯⋯⋯⋯⋯⋯⋯⋯⋯⋯⋯⋯赵秀林
心底无私天地宽⋯⋯⋯⋯⋯苟有富　韩贵平
他编织五彩的理想
——忻州市编织厂厂长张成旺纪实⋯⋯刘镜园
乐与风险为伴的人
——记攻克氟骨病的土专家郭培华⋯北　兴
人生的价值在于奉献
——记临猗县木材公司经理荆增才和他的一班人
⋯⋯⋯⋯⋯⋯⋯⋯⋯⋯⋯⋯⋯⋯赵铁成

1989 年第 12 期　刊名:《山西文学》

目录

小说

冷暖世界⋯⋯⋯⋯⋯⋯⋯⋯⋯⋯⋯王西兰
谙世⋯⋯⋯⋯⋯⋯⋯⋯⋯⋯⋯⋯⋯西　波
往事三记⋯⋯⋯⋯⋯⋯⋯⋯⋯⋯⋯慕　华
血红的山岗⋯⋯⋯⋯⋯⋯⋯⋯⋯⋯济　山
祖宗⋯⋯⋯⋯⋯⋯⋯⋯⋯⋯⋯⋯⋯赵为农
镜子⋯⋯⋯⋯⋯⋯⋯⋯⋯⋯⋯⋯⋯贾文廷
死火⋯⋯⋯⋯⋯⋯⋯⋯⋯⋯⋯⋯⋯任和平
小指头⋯⋯⋯⋯⋯⋯⋯⋯⋯⋯⋯⋯樊世啸

《福建文艺》

（《福建文学》）

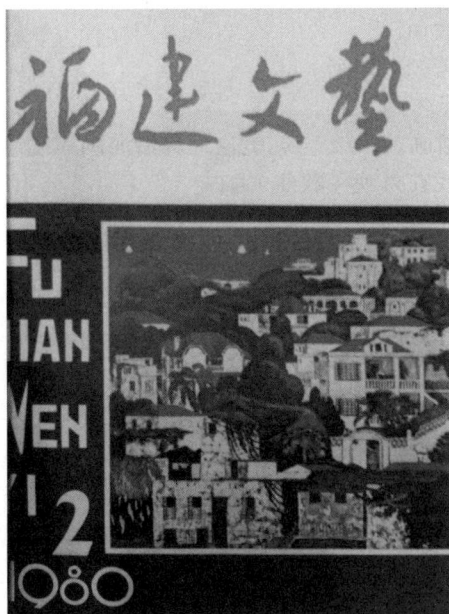

【简　介】

综合性文学月刊。福建省文学艺术界联合会主办。创刊于1951年，1981年1月由《福建文艺》更名为《福建文学》。1980年其围绕舒婷的诗歌创作开辟专栏，对新诗创作问题展开讨论，在全国诗歌和理论界引起强烈反响，对推动朦胧诗发展作出了重要的贡献。其致力于扶持文学新人，推出了许多青年作者。

期刊号：1976年第1期—1989年第12期

1976年第1期　刊名：《福建文艺》
目录

词二首 …………………………………………毛泽东
可上九天揽月，可下五洋捉鳖 ………………王金华

小说·散文
出发 ……………………………………………庄东贤
审图纸 ………………………吴哲真　梁　岗
传达之前 ………………………………………吴　捷
姐妹俩 …………………………………………陈　恬
新花红似火 ……………………………………尚　政

壮丽的画卷 ……………………………………季　仲
高高的青石崖 …………………………………张　惟

新芽集
秀苗（散文）…………………………………贾晋华
老俩口（小说）………………………………杨健民
住房分配单（小说）…………………………徐建光

诗
我们的队伍向太阳（政治抒情诗）…………贻　模
大寨春光如潮涌（民歌十五首）……………谷　青等
革命山歌永不落（歌词）……………陆和栋　许　议
沸腾的校园（散文诗四篇）…………俞兆平　吴国凤
第一线上的草棚 ………………………………刘永乐
胜天渠 …………………………………………朱谷忠
工地炉火 ………………………………………黄文忠
开路歌（四首）………………………………刘瑞光
炉前曲（二首）………………………刘登瀚　孙绍振
大干图（诗配画）……………………晓庐诗　晓正画

剧本·演唱
青石岭（芗剧）………………………杨　康　徐金镛
阵雨（北路戏）………………………………何　飞
铁岭红旗（评语）……………………吴春庭　林正让
打倒投降派（天津快板剧）
　　………………………………尤溪县城关公社业余文宣队

评论
创作要为农业学大寨服务 ……………………林棋国
"民族意识论"的要害是鼓吹投降有理
　………………………………三二二六一部队政治部学理论小组
厦门大学中文系73级文艺评论组
坚持批判投降主义的斗争 ……………………黎　舟

诗歌创作笔谈
诗歌民族化、大众化的关键 …………………黄后楼
诗要顺口 ………………………………………丁　华
多写能够"嘴唱的"诗 ………………………周天亮
歌词——能唱的诗 ……………………………王耀华
略谈古典诗歌与音乐的关系 …………………新　苗

美术·歌曲
战山垅 …………………………………………郑征泉
人定胜天（年画）……………………………黄荣勇
普及大寨县　全党齐动员（歌曲）

1976年第2期　刊名：《福建文艺》
目录

坚持文艺革命，反击右倾翻案风……………初　澜
一花引来百花开

——记福建省 1976 年群众业余文艺会演
·········厦门大学中文系工农兵学员　夏文兵
"歌颂无产阶级'文化大革命'、歌颂社会主义新生
事物"征稿启事

诗
惊雷滚滚战旗扬
——回击右倾翻案风新民歌、墙头诗选辑
·····················杨万青　张传胜等

社会主义新生事物赞
新风赞（三首）·····················雨　帆
开门办学好·····················宋　新
海花（三首）·····················陈文和
沿着红军的路（三首）·················峻　翔
海岛"半边天"·····················徐如麒
女子电工班·····················陈志铭
"海上小学"·····················孙朝成
土教材·····················杜　星
干部劳动登记簿·············李忠宝　黄少通
春光曲·····················紫　峰

剧本·演唱
红色少年（革命现代京剧）····福建省京剧团集体创作
归来（韵白剧）·····················唐　震
送钻头（小话剧）·················魏家烈执笔
支农路上（表演唱）·······三明纺织厂业余文艺创作组
歌唱社会主义新生事物（碟子歌表演）····李大荣执笔
阵地烈火（评话）·················黄宗沂
斗马猴（琵琶弹唱）·················刘以鼎

小说·散文
青山绿水间·····················叶志坚
大坝·····················黄则根
闽西春来早·····················张胜友
冬闯百浬洋·····················张亚清
重担我来挑·····················张聚宁

新芽集
新手（小说）·····················高亚龙
农民通讯员（速写）·················江贞奇
海峡情深（散文）·················艾青峰

评论
批判投降主义艺术标本的战斗檄文
——读马克思、恩格斯致拉萨尔的信·········姚春树
教育革命的赞歌·················马照南

文艺短评
更好地发挥曲艺的战斗作用·············李　晨
群众诗歌创作的可喜收获·············孙绍振
喜看新芽苗壮········厦门大学中文系 73 级文艺理论组

美术·歌曲
赛诗赛干劲（年画）·················梁桂元
接妹妹（年画）·················陈初良
初试（版画）·······苏美伦　林清海画　晓　朱配诗
火红年代在召唤（歌曲）

1976 年第 3 期　刊名:《福建文艺》
目录

中共中央关于华国锋同志任中共中央第一副主席、国
务院总理的决议
中共中央关于撤销邓小平党内外一切职务的决议

"文化大革命"永放光芒——纪念中共中央一九六六
年五月十六日《通知》十周年
······《人民日报》、《红旗》杂志、《解放军报》编辑部

诗
献给天安门的歌（四首）·············张祥康等
赛诗会上战鼓隆，反击右倾翻案风
——厦门市人民银行赛诗会诗选·········王丛超等

盛大节日（四首）·················贻　模
峥嵘岁月·················剑　端　闻　纲
冲锋不止（三首）·················柯　原
袖章的回忆·····················陈元麟
报到·····················符启文
"解放牌"·····················蓝炯熹
山村放映员·····················黄意华
"反修高地"·····················闻　禾
不锈钢·····················陈硕士

小说·报告文学
战斗的步伐（征文选载·小说）·········唐　冈
翠竹接云天（征文选载·小说）·········李启元
青春的舞步（报告文学）·············陈　宴
新仓管员的故事（小说）·············魏金养
流水欢歌（农村人物速写）·············张沧海
小兵上岗（儿童文学·小说）·········洪荔生
一担包菜（儿童文学·小说）
·············赵爱平　陈海山　钟连生

新芽集
红梅迎春（小说）—————————————————刘小敏
深山哨所（散文）—————————————————厉玉林

曲艺
又一次交锋（快板书）————李文刚　郭成荣　宋天赐
回渔乡（评话伬）———————林长忠　王东波执笔
山乡新风（座唱）———————明溪县胡坊公社业余文宣队
新花怒放（相声）—————————————————吴国豪

评论
坚持党性原则，发展文艺革命—————————李联明
写好无产阶级与走资派的斗争—————————东方晓
从"一角"到"一花"（杂文）————————赵文泽
阶级斗争与戏剧冲突—————————————马明泉
《春苗》确是好————————————陆文虎　郑松锟
两个形象，两面镜子—————————————黄春木

美术·歌曲
从实践中来（年画）—————————————陈若晖
逐条弄通（国画）——————————————陈初良
把反击右倾翻案风斗争进行到底（速写一组）
　　　　　　　　　—————————————颜敏生
反击右倾翻案风（歌曲）———————林振南　词曲

1976 年第 4 期　刊名:《福建文艺》
目录

小说·散文
风雷激荡（小说）——————————————杨国荣
小车顶风开（小说）—————————————林谋荣
榴花红似火（小说）—————————————戴冠青
码头一课（小说）——————————————王　丛
红色宣传车（散文）—————————————卢希德
清潭山水（散文）——————————————宋祝平

新芽集
正点发车（小说）——————————————张海勋
碧空彩练（散文）——————————————陈光明

诗
最幸福的时刻———————————————陈志铭
为"文化大革命"站岗（二首）————————朱向前
造反派的战报———————————————徐如麒
山的女儿回山来——————————————欣　悦
登峰勘测————————————————马卡丹
函授学员————————————————谢春池

新民歌（十首）———————江贞奇　黄荣锦等
金喇叭（儿歌）——————————————程逸汝

礁岩颂（外一首）—————————————杨德祥
水乡民兵（二首）—————————————蔡文祥
份内兵————————————————李文刚
磨刀辞————————————————龙彼德
上哨—————————————————景　瑞
畲寨新歌————————————————王耀东

剧本·曲艺
不平常的夏天（独幕话剧）—————庄东贤　徐应元
心红眼亮（莆仙十音说唱）————————林成斌
夜校钟声（竹板歌说唱）—————谢杜犀　林国良

评论
无产阶级的革命车轮不可阻挡
——驳邓小平反对批判资产阶级的一段黑话———思　忖
学习鲁迅，把文艺革命进行到底————————范碧云
必须懂得他们的策略————————————王金华
文艺创作必须坚持以阶级斗争为纲——————张春吉
努力塑造与走资派斗争的英雄形象——————余　如

美术·歌曲
"文化大革命"永放光芒（宣传画）—————陈若晖
风雷滚滚（套色木刻）———————————李荣华
前沿怒火（诗配画）————————向前诗　陈玉峰画
社来社去就是好（歌曲）————江宗元词　胡树仁曲

1976 年 9 月专刊　刊名:《福建文艺》
目录

伟大的领袖和导师毛泽东主席永垂不朽
中国共产党中央委员会　中华人民共和国全国人民代
表大会常务委员会
中华人民共和国国务院　中国共产党中央军事委员会
告全党全军全国各族人民书
在伟大的领袖和导师毛泽东主席追悼大会上中国共产党
中央委员会第一副主席、国务院总理华国锋同志致悼词

伟大领袖毛主席永远活在我们心中
毛主席，汀江儿女永远怀念您！—————————宋祝平
巨大的悲痛和钢铁的誓言——————————沈颂伯
九月九日的远航——————顾　今　王　丛　邓鲁延
最悲痛的时刻——————杨国联　周玉林　傅荣和
毛主席永远活在畲族人民的心中————————徐常波

我们在吊唁大厅宣誓 ————————— 黄平生
挥手向前 ——————————————— 贻 模
梦里又见毛主席 ————————————— 卢建端
毛主席送我上大学 ———————————— 徐如麒
献上我们红心一颗 ———————————— 柳良栋
漳州人民怀念毛主席 ——————————— 陈文和
心中永竖纪念碑 ————————————— 田德心
毛主席活在咱心中 ———————————— 刘湘如
毛主席，您永远活在我们心上 —————— 陈家生
悲痛化为千钧力 ———————— 钱叶和 李治莹
井冈山的路（散文诗）—————————— 竺常青
指路灯（外一首）———————————— 刘溪杰

1976 年第 6 期　刊名:《福建文艺》
目录

中国共产党中央委员会　中华人民共和国全国人民代
表大会常务委员会
中华人民共和国国务院　中国共产党中央军事委员会
关于建立伟大的领袖和导师毛泽东主席纪念堂的决定
中共中央关于出版《毛泽东选集》和筹备出版《毛泽东
全集》的决定
亿万人民的共同心愿
------《人民日报》、《红旗》杂志、《解放军报》社论
热烈庆祝华国锋同志任中共中央主席、中央军委主席
热烈庆祝粉碎"四人帮"篡党夺权阴谋的伟大胜利
吴德同志在首都庆祝大会上的讲话
伟大的历史性胜利
------《人民日报》、《红旗》杂志、《解放军报》社论
华国锋同志是我们党当之无愧的领袖
————————————————《解放军报》编辑部
光辉的历史文件 ————————————— 任 平
欢呼胜利　努力作战 ———————— 本刊编辑部
歌唱历史性的伟大胜利
红心永向华主席，万炮齐轰"四人帮"（民歌十五首）
————————————————— 杜怀阳 王永志等
撒向祖国的千山万水（民歌）—————— 朱谷忠
神圣的纪念堂（诗）——————————— 俞兆平
毛泽东思想光辉永远照前程（诗）—— 齐 枢 晓 宏
华主席登上天安门（诗）———————— 洪 中
忽报人间曾伏虎（诗）———————— 刘登翰 孙绍振
战鼓咚咚（诗）————————————— 林茂春
展翅巡逻彩云间（诗）————————— 凌云鹰

毛泽东思想传万代 ——————————— 谢学钦
团结起来到明天 ———————————— 杨 戈
欢呼胜利时的联想 ———————————— 李与天
假革命的反革命伎俩 ——————————— 马照南

"帽子"的妙用及其破产 ————————— 习 之
学习鲁迅，向"四人帮"猛烈进击 ———— 东方晓
胜利，永远属于人民（群口词）————— 陈乙森
扫除"四害"，人心大快（快板）———— 陈家生

散文·小说
红旗跃过汀江（散文）————————— 章 武
伟大的足迹（散文）————— 季 仲 王远廷
不熄的明灯（散文）————————— 孟国楚
金色的课堂（散文）————————— 张胜友

大路上（农村人物速写）——————— 李启元
床位（小说）————————————— 林立乐
试卷（小说）————————————— 傅荣和
雷达找牛（革命故事）———— 刘 也 韩京承

新芽集
午休时候（小说）—————————— 陈维成
医疗船（散文）——————————— 吴 地

诗
红太阳光辉照闽西
毛主席走上讲台 —————————— 杨 奇
毛主席向我们走来 ————————— 耘 达
古田路上（四首）————————— 朱向前
写在古田会议纪念馆里（七首）——— 陈志铭
金色的草鞋 ———————————— 李文刚
毛主席叫咱伸出手 ————————— 黄文忠
巍峨的文昌阁 ——————————— 刘小龙
激战前夜 ————————————— 邱滨玲
古田村的稻草 ——————————— 林有霖
新泉夜校 ————————————— 马卡丹

剧本
翠竹满山（山歌小戏）—————— 陈立衔执笔

美术·歌曲
新花朵朵咱喜爱（版画）—————— 谢瑞良
沸腾的山村（版画）———————— 陈 德
团结在党中央周围向前进（歌曲）
————————————— 陆 樯词 宝 纲曲

1977 年第 1 期　刊名:《福建文艺》
目录

乘胜前进 —————— 《人民日报》、《红旗》杂志、
《解放军报》元旦社论
跟随周恩来副主席十一年（回忆录）———— 龙飞虎

深切的怀念（散文）————————刘小敏
心灵的花圈（诗二首）————刘登翰 孙绍振
周总理永在咱心中（民歌七首）——良 正 开 元等
安息吧! 敬爱的周总理（诗）————刘湘如
周总理，正在向我们微笑点头（诗）————蔡意达

散文·小说

金色的火焰（小说）————————许 雁
工作服的故事（小说）————————方 叶

长翠村（散文）————————姚鼎生
船台的战斗（散文）————————王岗峰
春满炉前（散文）————————郑敬平
老梁师傅（散文）————————林孟新

新芽集

红军枫（散文）————————胡汉平
波峰浪谷间（散文）————————傅崧山

诗

华主席来过我们村————————陈文和
华主席彩像捧手上————————张东昇
沁园春 欢庆伟大的胜利————————宋 华
声讨"四人帮"（七律四首）————黄寿祺

春潮滚滚
——工业学大庆、农业学大寨民歌选辑（二十一首）
————————张祥康 周天亮等
斗风雪————————峻 翔
铁牛欢歌（外一首）————————陈 刚
胜天图（三首）————————李文刚
铃声满路————————崔汝先
矿山铁人————————徐如麒
电焊工赞————————陈安安
航标闪闪（三首）————————马永珂
出征————————施 韧

演唱

除"四害"（活报剧）————————王礼炳
华主席掌舵来领航（唱词）————王毓欣
东风送暖（相声）————————林国良

评论

"旗手"还是刽子手? ————省文化局大批判组
一个漏网大右派的历史罪证————谢学钦
砸烂反革命的"排炮"————————李联明
"四人帮"大搞资产阶级专政的一个铁证——练文修
两个相互辉映的艺术典型————————耘 之
卑劣的手法 险恶的用心————————王金华

杂文

江青为何大肆吹捧《浔阳楼》? ————陆文虎
扒手和恶棍————————林培堂 汪毅夫
在"磨"戏的背后————————黄春木

美术·歌曲

欢庆胜利（木刻）————福建日报社美术组
学大寨的带头人（木刻）————许金宝 朱钦文
再映一场（木刻）————————王鹏飞

1977 年第 2 期 刊名:《福建文艺》
目录

粉碎"四人帮"，文艺得解放————————习 之
"四人帮"篡党夺权的自供状
——评反动影片《反击》————————剑 雨
反革命活动的失败记录
——评五场话剧《激流勇进》————省文化局大批判组

小说·散文

桃溪激浪————————林谋荣
共产党员————————袁和平
特约稿件————————温文华
山村的笑声————————庄东贤

华主席来到汤坑大队————————章 武
山村火把————————陈明光
浪尖上的帆————————顾 今
拍浪行————————姜 磊

新芽集

港区的早晨————————王伟伟
"解放啦"————————郑启五

诗

华主席领咱学大寨（新民歌十八首）
————————孙敬东 陈锡铿等
"全晴天"————————程 楷
锤声急————————江小鹰
渔家的节日————————蓝炯熹
三到浪礁湾————————刘小龙
龙河飞舟————————邱煜民
开出新路通大寨————————朱 晓
矿长与书记（二首）————————施 韧
山村夜谈————————陈志泽
书记拉犁————————陈玉生
烈马长啸————————邹 原
迎"老兵"————————郑团官

"铁保管"……………………………董耀章
四丑图（讽刺诗四首）………………杨国荣
"限制"与争夺（讽刺诗·外一首）………雨 帆

演唱
龙江渡（芗剧小演唱）………………姚溪山
紧跟华主席，冲锋永不停（对口词）……曹子恩
接书记（南词表演唱）………………陈家生
女皇迷（对口评话）…………………林光耀

评论
创作与生活的关系不容割裂
——评"四人帮"的所谓"反真人真事"
…………………福建师范大学中文系理论组

投枪集
民歌是骂不倒打不死的………………张 煊
江青为什么扼杀《送盐》………………傅 萍
如此"深入生活"………………………杨联源

美术·歌曲
牵龙过山（版画）……………………林登雄
师生（版画）…………………………王津况
旧貌变新颜（版画）…………………张仲平
打倒"四人帮"，生产打胜仗（歌曲）
……………康模生 洪永宏词 于 坤曲

1977 年第 3 期　刊名:《福建文艺》
目录

更高地举起毛主席革命文艺路线的伟大旗帜
——纪念《在延安文艺座谈会上的讲话》发表三十五
周年…………………………《人民日报》社论
永远歌颂毛主席的伟大旗帜……………本刊编辑部
沿着毛主席的革命文艺路线胜利前进
——纪念《在延安文艺座谈会上的讲话》发表三十五
周年笔谈会…………………杨振荣 张惟等
"百花齐放，百家争鸣"方针永放光芒
…………………………神话部队空军理论组
《滨海风暴》要刮什么样的风暴？
…………………………………省歌舞团大批判组

小说·散文
幸福的回忆（散文）…………………杨国联
丰收报给华主席（散文）………………何泽沛
桔红时节想亲人（散文）………………林水土
小岛的春天（散文）…………………艾青峰
迎春开放的山花（散文）………………陈 旭

硬骨头（报告文学）…………………何 飞
生命的火花（报告文学）………陈 宴 叶志坚

"倔胡子"扛旗（小说）………………刘 霄
温暖（小说）…………………………林立乐
墟场新闻（小说）……………………王再习
"电线"风波（小说）…………………杨 甫
红军鞋（儿童文学·小说）……………陈 恬
工厂的孩子（儿童文学·小说）………李 幸

新芽集
矿车奔驰（小小说）…………………施纯田
锤声正响（小小说）…………………陈文钊

诗
毛泽东思想传万代（新民歌二十一首）
——热烈欢呼《毛泽东选集》第五卷出版发行
………………………余长飞 熊六扬等
雷锋和我们一起战斗…………………林培堂
雷锋活着……………………………郁 森
雷锋在我们中间（新民歌四首）……汇 奇 平 生等
学习"硬骨头六连"纪事（三首）………方 忠
炮车经过荔枝林………………………王者诚

大庆战歌震长空（新民歌十首）…黄少通 吕良锥等
架线工的歌（三首）…………………邱滨玲
云中铺路（外一首）……………白 煤 孙福枝
干！…………………………………卢建端
银翼下闪过江南煤田…………………宫 玺

葵花向阳（革命儿歌十九首）……王慧骐 许润泉等

剧本·演唱
翠竹颂（芗曲说唱）…………………庄展亨
彩虹（芗剧小戏）……………………魏乃聪执笔
"难不倒"（山东琴书）…………李法莱 张书廷

美术·歌曲
矿山新歌（套色木刻）………………陈初良
海上歌咏会（剪纸）…………………陈唯民
地上银河（套色木刻）………………林永权
为革命勤奋学习（歌曲）………陈胜利词 宝 纲曲

1977 年第 4 期　刊名:《福建文艺》
目录

庆祝中国人民解放军建军五十周年
华主席一九六四年一月为湘潭地区民兵、复员退伍军

人积极分子代表会议写的光辉题词

散文·报告文学
威严的军装（散文）————————花 荣
在南昌八一起义纪念馆（散文）————陈佐洱
朱德同志在长汀（散文）————————曹子恩

红色尖刀（报告文学）————艾青峰　林富高
空军英雄杜凤瑞（报告文学）——常 征　周铁人

爱民曲（散文）————————————王金陵
大夜年（散文）————————————王 丛

小说·故事
海疆拂晓（小说）————————————周红兵
痛击"响尾蛇"（革命故事）—————江守正
请"客"（革命故事）————————阎纪容

诗
梭标颂（政治抒情诗）————————王英志
燎原之火（五首）——————————陈运和
周总理的公文挎包—————————刘溪杰
难忘的行军（四首）————————李文刚
海防前线战旗红（新民歌十九首）
————————————陈文生　王慧骐等
地下长城颂————————————蒋夷牧
炮场诗笺（三首）—————————陈玉生
新兵连生活速写（三首）——————鄢光明
蓝色的海路————————————俞兆平
海岛练跑————————————傅荣和
风雨练兵————————————江 林
钢铁的闪电————————————傅崧山
飞车支前————————————王耀东

剧本·曲艺
俺们的贴心人（小歌剧）——周友生　傅振华　胡继红
狠批"四人帮"，歌唱老首长（芗曲说唱）
————————————陈学东　丁志愿
练浪桥（山东快书）————————王承前

评论
炮制歌剧《风晨红旗》是政治阴谋
————————————省文化局大批判组
打掉"三突出"的两根大棒—————李联明
驰骋吧，"文学的轻骑兵！"————杨 戈
关于长篇小说《红潮》的一封信———史振中

美术·歌曲
海路迎宝书（套色木刻）——————洪亚复

并肩战斗（剪纸）————————黄福泉
强弓待发（剪纸）————————黄福泉
畲家歌唱华主席（歌曲）—————傅崧山词
赖 蒙　祖 荣曲

1977 年第 5 期　刊名:《福建文艺》

目录

中国共产党第十一次全国代表大会新闻公报
中国共产党第十一届中央委员会第一次全体会议新闻
公报

千歌万曲献给党（新民歌二十六首）
————————————陈祖灏　胡鹏南等
欢腾的海岛（诗）——————————魏 名
喜报（诗）—————————————刘永乐
欢乐的海（诗）———————————崔 晟
登上高高的脚手架（诗）——————陈仲义
红色公报进山来（诗）————————符启文
献礼（诗）—————————————吴建华
韶山红日永不落（外一首）—————杨国荣
银河飞渡（诗）———————————孙绍振
龙江两岸颂歌飞（外一首）—————陈文和
歌颂华主席（歌词）————————黄持一

动员起来，迎接文化建设高潮————本刊编辑部
"双百"方针倍发扬————————黄寿棋
搞好文艺革命　繁荣文艺创作————郭 风
伟大文献指航向　春风化雨润心田——洪 深
伟大的号召　历史的责任—————王芸亭
立大志，鼓干劲，努力创作————祝自明
玉宇澄清万里埃————————黄迪杞
我们要纵情歌唱————————严 凤

节日书简（散文）——————————何 为
不落的太阳（报告文学）——曾毓秋　黄 河　张 旭
打石工的心啊（散文）————————朱国雄
一砖一石寄深情（散文）——王毓欣　万国智
永远的怀念（散文）—————————黄 予
红色的山城（散文）—————————陈一航
芝山红楼（散文）——————————章 武
长汀九月菊花黄（散文）——————朱启福
记辛耕别墅（散文）————陈文钊　陈先忠
红军斗笠（散文）——————————王健如

上井冈（诗五首）——————————陈运和
太阳照在苏家坡（诗三首）—————陈志铭
米袋·砚台（诗二首）————————朱向前

红军桥·红薯歌（诗二首）————————朱　晓
沿着毛主席踏出的山路（诗）————————杨　奇
临江楼（诗）——————————————林　祁
八角楼，革命的油井（诗）—————————杨学贵
第一所夜校（诗）————————————叶晓山
一壶红井水（诗）————————————曾祖标
红楼油灯（诗）—————————————黄金涛
上杭革命民歌选（四首）

枪的故事（革命故事）——————————康模生
汀江少年（小说）————————————杜若人
第一天的道路（小说）——————————唐　冈
阿华（小说）——————————————林孟新
"半边天"主任（小说）—————————陈乙森
列车上（散文）—————————————刘小敏

"你办事，我放心"（油画）————彭　彬　靳尚谊
跟着华主席奔向前方（歌曲）——蔡文田词　陈师宏曲
指路明灯（木刻）——————朱钦文　蔡干豪
红军传统代代传（剪纸）—————————张永辉

1977 年第 6 期　刊名:《福建文艺》
目录

散文·小说
毛主席在庐山的故事（散文）——熊相仔　陈发明
艰难的历程（革命回忆录）————————王　直
攀登高峰的人（报告文学）
　　　　　　黄金恳　揭衍珍　吴素先
春天的歌（散文）————————————洪　毅
珊瑚（散文）——————————————陈锦清
登腾云巅（散文）————————————周保庆

阵地战（小说）—————————————林微润
老大姐和魏小英（小说）—————————洪荔生

新芽集
战士（小说）——————————————施建平
铁道线上（小说）————————————张海勋
新养路工（小说）————————————郑致容

诗
走在毛主席身旁—————————————俞兆平
红果颂（外一首）————————————扬子江
献花词————————————————王钦之
应天长
——毛主席纪念堂落成，敬赋————蔡厚示
写在大治的年头（诗传单·五首）—————林培堂

茧花与铁臂（诗传单·二首）———————林茂春
初访小煤窑（三首）———————————邱煜民
创业队，在深山（二首）—————————梁伟铭
农场"后勤部"—————————————卢剑端
出征曲————————————————张宝申
明亮的图书馆—————————————蓝炯熹
管天曲————————————————刘永乐

古田的怀念——————————————蒋夷牧
红军墓·牺牲带（二首）—————————卓　凡
放歌汀江畔（二首）———————————谢春池
革命锣鼓——————————————刘瑞光
井冈红军被服厂志（外一首）———————赵春华

评论
坚持倾向性和真实性的统一————————包恒新
鲁迅的典型化论述不容歪曲————————吴功正
头足倒置的谬论————————————赵增锴
学诗点滴——————————————刘溪杰

美术·歌曲
毛主席的旗帜是传家宝（歌曲）
　　　　　　　　　陈金妙词　施定其曲
让太阳的光辉照耀在台湾岛上（木刻）———洪惠镇
时刻准备着（木刻）———————————朱钦文
老农献方（剪纸）——————李尧宝　吴祖赞

1978 年第 1 期　刊名:《福建文艺》
目录

毛主席给陈毅同志谈诗的一封信

小说·散文
螺号（小说）——————————————张贤华
隔海斗法（中篇小说《惩罚》选载）
　　　　　　　　　苏　进　鲁　延
球红（报告文学）————————————陈佐洱
游击战争中的红军医院（革命回忆录）———朱直光
骑马沙滩行（散文）———————————祁　莲
寿山纪行（散文）————————————洪　毅

新芽集
永不熄灭的红灯（小说）—————————殷敦平
收购员老姜（小说）———————————曾荣富

诗
向科学进军——————————————高士其
闪光的脚印（三首）———————————王一桃

"登攀"号（外一首）·····························徐如麒
沸腾的冬天（二首）·····························邱煜民
海上大寨花（二首）·····························陈文和
在我们山村里（二首）···························朱谷忠
蠔乡行（三首）·································任　棠
林海涛声（二首）·······························符启文
工地探亲·······································刘瑞光
东海情深（二首）·······························俞兆平
鼓浪屿晨眺·····································万里浪

词三首···厉海清
南国行（四首）·································刘　章
广西行（二首）·································林　麟
福建行（三首）·································吴奔星
莺啼序···黄拔荆
十六字令·······································陈　鹤

评论
彻底批判"文艺黑线专政"论
魔掌遮不住光明·································许怀中
一把血淋淋的砍刀·······························蔡明森
路线是非不容颠倒·······························薛发龙
控诉"四人帮"的残酷迫害·······················陶湘九
一支射向周总理的毒箭···························甘治国

《女神》——"五四"精神的号角·················苏景昭
《史记》人物传记给我们的启发···················桐　华

谈谈艺术辩证法
比喻的矛盾·····································孙绍振
在对比中描写人物个性···························张春吉
南曲（福建地方艺术介绍）·······················王　权

谈艺录
情节是性格的历史

美术
水仙花（国画白描）·····························刘昌华
叶剑英副主席《攻关》诗（篆刻）···················周哲文
井冈山会师（寿山石雕）···林廷良　郭功森　黄昌金
百花迎春瓶（寿山石雕）·························郭功森

1978 年第 2 期　刊名:《福建文艺》

目录

华主席给《人民文学》的光辉题词

散文·小说
印尼侨胞的怀念（散文）·························尤　隼
汀江杜鹃红（散文）·····························张　惟
油茶山的主人（散文）···························黄　瀚
梦笔山记（散文）·······························孟国楚
风浪（散文）···································宋祝平
春到百花村（散文）·····························章　武
寄语千家万户（散文）···························任凤生
水仙花散记（散文）·····························陈文和

卖报歌（小说）·································线　明
水兵（小说）···································罗同松
急流勇进（小说）·······························姚鼎生
春雷滚滚（小说）·······························陈　叙
吓兴哥（人物速写）·····························林微润

诗
热烈庆祝五届人大胜利召开！（新民歌十五首）
·······································刘湘如　韩长锦等

梅园诗笺（二首）·······························翟博胜
江水呀，江水·································唐大同
缅怀敬爱的周总理（旧体诗二首）···············陈　丰

山高海深（四首）·······························叶庆瑞
日历外的光阴·································张诗剑
写在校园里（诗传单·七首）·····················王慧骐
试卷（散文诗）·································陈家生

战海浪（二首）·································刘小龙
沸腾的海港（二首）·····························孙新凯
海上巡诊（三首）·······························崔合美
渔乡曲（八首）·································许琼琳
公社新歌（三首）·······························陈官煊
征途抒情诗（二首）·····························峭　石
艺苑花开（二首）·······························闽都燕

新沙皇丑行图（政治讽刺诗·四首）···············桂汉标
六丑图（政治讽刺诗·六首）·····················饶尚豪

评论
承认特点，研究规律·····························练文修
从民歌中吸引养料和形式··············周溶泉　徐应佩

扫荡"八股"污垢，发展文艺评论————————黄重添
阴谋文艺与"骗子列传"————————————林兴宅
"无情未必真豪杰"
————兼谈爱情描写————————————肖　盼

"在崩溃中的封建大家庭"的历史画卷————黎　舟
谈何为散文新作————黄振兴　王性初　任心宇

谈谈艺术辩证法
寓高大于平凡——————————————史振中
俚俗和隽永——————————————陆　言

高甲戏（福建地方艺术介绍）——————杨　波

谈艺录
获得独创性的方法

美术
杜鹃花（国画白描）————————————郑祖斌
坚持毛主席的革命文艺路线（篆刻）————施宝霖
杨成武等同志接见部分文艺工作者————王祖模

进军途中（二首）————————————张品成
寄自农科院（二首）————————————杨学贵
备课————————————————————薛宗碧
艺坛解放歌（二首）————————————邱滨玲
引起沉思的校名————————————李松涛
写在奔驰的列车上（二首）————————黄文忠
沁园春
————沙洲造林种桔——————————吴　健
农建工地诗抄（二首）——————————耘　达
山区车队（散文诗）————————————陈志泽
送水谣————————————陈云其　闵海文
开在田野上的花朵（五首）————————秦　黛
井和池塘（二首）————————————江智贵

评论
批改江青的诗（杂文）——————————万里云
要写自己熟悉的，熟悉自己要写的————魏　拔
漫谈诗中的"兴"——————————————郭　超
诗话（六则）————————————林培堂等
谈土地革命歌谣————————————刘锡诚
三十年代初期旧中国的镜子
————读茅盾的《子夜》————————庄钟庆
锦歌（福建地方艺术介绍）——————谢家群
这才是艺术（谈艺录）

美术
周总理诗《春日偶成》（篆刻）——————林　健
鲁迅在厦大平民学校讲话（木刻）————杨先让
木棉花（国画白描）————————————龚万善

1978 年第 3 期　刊名:《福建文艺》
目录

小说
安装工的婚礼————————————郑立信
大好时光——————————————金沙水
茵子的故事—————————————汪　平
梅老汉进城————————————徐常波
家访————————————————张　帆

散文·报告文学
陈景润的步伐————————————闻　水
璀灿的历程————————————颜剑飞
闪光的银球————————————章　武
燕城赋——————————————陈嘉明
泉州花灯————————————王毓欣

儿童文学
知识宫的故事（科学幻想小说）————刘小敏
银鹰飞翔（散文）————————————郭建尧
小杜子的故事（小说）————————刘遂生
写给孩子们的诗（儿歌二十首）——祁元杰　碧沛等

诗
攀登路上（二首）————————————谢春池
日历与稿纸（二首）——————————汤养宗

1978 年第 7 期　刊名:《福建文艺》
目录

散文
奇兵制胜（革命回忆录）——————李志民
战斗的呼声（报告文学）————洪　伟　唐　冈
不朽的"字帖"————————————何　为
兰花圃——————————————李乡浏
明珠又发光了————————————王钦之
春游九鲤湖————————————陈金添

小说
一份眼的光学图————————————林捷生
迷人的春天————————————吴瑞骋
燕姐妹（童话）————————————许　淇

诗
华主席指引金色路————————————陈文和

井冈山颂（七律四首）——————陈景汉
上杭行（七律三首）——————温仰春

为实现新时期的总任务而奋斗
宣传总任务，迈步新长征（民歌九首）——陈锡铿等
献给科学英雄（三首）——————周朝泉
惊人的力量（三首）——————王一桃
断墙的启示——————叶弦鸣
我们这一代（诗传单三首）——————林培堂
有趣的算式公式（四首）——————叶曙光
建溪歌声（三首）——————闽都燕
华侨农场诗笺（二首）——————李芳林

评论
致读者、作者——————本刊编辑部
《地下航线》必须翻案——————练文修
试论作家的思维活动——————蔡师仁
谈谈《吓兴哥》的语言艺术——————喻翔

文艺杂谈
灯彩和羽毛画——————林万春
地方色彩小议——————里斌
注意扩大知识面——————林玉芸

名著欣赏
悲壮动人、意味深长的《最后一课》——————姚春树
附：最后一课——————［法国］都德

我省举行首届《武夷之春》音乐会（简讯）
《毛主席在闽西》（新书介绍）——————子铭
芗剧（福建地方艺术介绍）——————陈照寰

美术
荷花（国画白描）——————陈清狂
周总理诗《无题》（篆刻）——————余纲
《武夷之春》音乐会速写——————刘昌华等

1978 年第 8 期　刊名：《福建文艺》

目录

周总理和朱委员长的两件墨宝

小说·散文
血染着我们的姓名——————毛小榕
土牢房的故事——————陈炎荣
青青的樟树下——————卢腾

小小说
大嫂和二嫂——————王洪立
鱼饺和青龙汤——————颖路
雨——————杨寄安

诲人不倦的良师
——悼念郭沫若同志——————胡善美
梅和煤山垅
——松坊随录——————郭风
海柳歌——————宋祝平
古田蜡梅香——————苏浩峰

诗
握手——————陈志铭
山海情深——————耘达
鼓山鼓声——————朱谷忠　孙新凯
怀念皮定均同志——————林麟
铁壁铜墙——————王耀东
流萤·露珠（二首）——————鄢光明
投石弹——————朱向前
这枪膛里装着什么——————李文刚

煤海轻骑（三首）——————邱煜民
夜海"光明城"（外一首）——————刘小龙
山鹰和鸡（寓言诗）——————许润泉

剧本
怀抱（七场话剧）——————蔡怀玉　林守武

评论
祖国的幼苗不容摧残
——批判京剧《红色少年》——————亦平
战士的歌远远没有唱完
——怀念郭小川同志——————杨匡汉　杨匡满

谈谈艺术辩证法
打开灵魂的窗子——————孙绍振
动静制宜——————吴功正

五四以来优秀作品评介
美的形象，美的文学
——读孙犁的《白洋淀纪事》——————蔡海滨

名著欣赏
清丽绵密的"美文"
——读《荷塘月色》——————任纬光
附：荷塘月色——————朱自清

福建地方艺术介绍
闽剧⸺⸺⸺⸺⸺⸺⸺⸺陈　曙

读者中来
一束逗人喜爱的"花朵"⸺⸺⸺黄孝初等

美术
桂花（国画白描）⸺⸺⸺⸺⸺郑益坤
朱委员长诗《经闽西感怀》（篆刻）⸺潘主兰
人物肖像画⸺⸺⸺秦长安　谢意佳　丁朝安

1978 年第 9 期　刊名：《福建文艺》
目录

诗词三首⸺⸺⸺⸺⸺⸺⸺⸺毛泽东

纪念红军入闽和古田会议五十周年作品选登
红军入闽第一仗（革命故事）⸺⸺康模生
毛主席在闽西的故事和传说
有病不坐竹轿子⸺⸺⸺⸺⸺⸺刘国梁
三毛钱的"驳壳"⸺⸺⸺江　斌　曹咸兴
劈柴谈心⸺⸺⸺⸺⸺孔永松　洪　群
红扁豆的传说⸺⸺⸺⸺⸺⸺林秀珍
心花（散文）⸺⸺⸺⸺⸺⸺⸺黄　瀚

血与火的洗礼（电影文学剧本·连载）
⸺⸺⸺⸺⸺⸺⸺⸺张　惟　陈　耕

小说·散文
抗逆性种子（报告文学）⸺⸺⸺何泽沛
夜宿红军洞（小说）⸺⸺⸺⸺⸺季　仲
工地一大嫂（人物速写）⸺⸺⸺许　雁
我的农民哥哥（小说·新芽集）⸺李海音
柑桔花开了（散文）⸺⸺黄钦诚　林国清
乡土情深（散文）⸺⸺⸺⸺⸺万国智
巍巍双塔（散文）⸺⸺⸺⸺⸺傅崧山

诗
恭谒毛主席纪念堂⸺⸺⸺⸺⸺虞　愚
人民公社好（新民歌十七首）⸺王永志等
金翅膀⸺⸺⸺⸺⸺⸺⸺⸺⸺尧山壁
深山劲松⸺⸺⸺⸺⸺⸺⸺⸺陈家生
擒龙人⸺⸺⸺⸺⸺⸺⸺⸺⸺马　莳
写在公社山水间（诗传单·二首）⸺于　沙
农村杂咏⸺⸺⸺⸺⸺⸺⸺⸺鲁　兵
山乡"连心坝"⸺⸺⸺⸺⸺⸺董耀章
小社员⸺⸺⸺⸺⸺⸺⸺⸺⸺伍　棠
织网女⸺⸺⸺⸺⸺⸺⸺⸺⸺李启元

会说话的老槐树⸺⸺⸺⸺⸺⸺张雪杉
接哨（新芽集）⸺⸺⸺⸺⸺⸺余任洲

评论
形象思维初探⸺⸺⸺⸺⸺⸺⸺李联明
祖国，母亲的怀抱⸺⸺⸺⸺⸺李　晨

五四以来优秀作品评介
《骆驼祥子》漫谈⸺⸺⸺⸺⸺柯文溥

名著欣赏
《李凭箜篌引》评析⸺⸺⸺⸺傅子玖

文艺杂谈
从"诗料大观"想到的⸺⸺⸺⸺刘以鼎
如何锤炼"第一环"⸺⸺⸺⸺⸺陈　炳
琐谈出人意外之笔⸺⸺⸺⸺⸺景　康

美术
毛主席词《采桑子·重阳》篆刻⸺陈　达
美人蕉（国画白描）⸺⸺⸺⸺⸺郑百重
人物肖像画选（三幅）⸺⸺⸺⸺曹三长等

1978 年第 10 期　刊名：《福建文艺》
目录

散文
毛主席在闽西的故事和传说
辣椒与银毫⸺⸺⸺⸺⸺江　斌　曹咸兴
棉絮的来历⸺⸺⸺⸺⸺⸺⸺余锡平
"应该这样"⸺⸺⸺⸺⸺⸺⸺肖　肖
让药⸺⸺⸺⸺⸺⸺⸺江　斌　曹盛兴
水操台抒情⸺⸺⸺⸺⸺⸺⸺杨肇林
春华秋实⸺⸺⸺⸺⸺⸺⸺⸺张志华
历史宣判他们无罪（报告文学）⸺宋祝平
野菊花开金灿灿⸺⸺⸺⸺⸺⸺李绪茂
含羞草⸺⸺⸺⸺⸺⸺⸺⸺⸺张冬青
淬过火的人⸺⸺⸺⸺⸺⸺⸺蔡珏村
火把节⸺⸺⸺⸺⸺⸺⸺⸺⸺魏子望

小说
一条极平常的路⸺⸺⸺⸺⸺⸺祁　莲
日出江花红胜火⸺⸺⸺⸺⸺⸺姜　磊
光荣的岗位⸺⸺⸺⸺⸺⸺⸺林正让

诗
江涛的歌（二首）⸺⸺⸺⸺⸺钟祖基
考厂长（外一首）⸺⸺⸺⸺⸺张宝申

山村素描（三首）⋯⋯⋯⋯⋯⋯⋯⋯⋯刘瑞光
小王探家⋯⋯⋯⋯⋯⋯⋯⋯⋯⋯⋯⋯陈玉生
战备弦⋯⋯⋯⋯⋯⋯⋯⋯⋯⋯⋯⋯⋯邢书第
造林曲⋯⋯⋯⋯⋯⋯⋯⋯⋯⋯⋯⋯⋯金　予
椰风阵阵（二首）⋯⋯⋯⋯⋯⋯⋯⋯⋯丁　可
青藤缠绕着明亮的窗口（二首）⋯⋯季振华　毕　铭
送秧（中学生习作之页）⋯⋯⋯⋯⋯⋯朱槐生

电影文学剧本
血与火的洗礼（连载完）⋯⋯⋯⋯张　惟　陈　耕

评论
为所谓"批判现实主义"的作品辩护⋯⋯魏　拔
文艺和民主
——从《三上桃峰》事件想起的⋯⋯⋯杨　澜
北京书简
——关于诗意⋯⋯⋯⋯⋯⋯⋯⋯⋯⋯谢　冕

文艺杂谈
浅谈"浮想联翩"
——学诗札记⋯⋯⋯⋯⋯⋯⋯⋯⋯陈志铭
"足迹"与创新⋯⋯⋯⋯⋯⋯⋯⋯⋯许更生

谈谈艺术辩证法
从"深山藏古寺"说起⋯⋯⋯⋯⋯⋯陈　纾
含泪的笑⋯⋯⋯⋯⋯⋯⋯⋯⋯⋯⋯陈钊淦

名著欣赏
民间口头创作的丰碑
——谈谈《一千零一夜》⋯⋯⋯⋯温祖荫

福建地方艺术介绍
梨园戏⋯⋯⋯⋯⋯⋯⋯⋯⋯⋯⋯⋯王爱群

美术
木芙蓉（白描）⋯⋯⋯⋯⋯⋯⋯⋯陈　健
陈毅同志诗《冬夜杂咏·青松》篆刻⋯谢义耕
朝露（中国画）⋯⋯⋯⋯贤　谋　兴　森　祖　良
新春（中国画）⋯⋯⋯⋯⋯⋯⋯⋯王和平

《人民文学》杂志社举办一九七八年全国优秀短篇小说评选启事

1978 年第 11 期　刊名：《福建文艺》
目录

争取我省文艺事业的新胜利（短论）
迅速发展我省文艺事业，为实现新时期的总任务而奋

斗⋯⋯⋯⋯⋯⋯⋯⋯⋯⋯⋯⋯⋯⋯万里云
抓纲治文的一次盛会⋯⋯⋯⋯⋯⋯本刊记者

小说
七月的山村⋯⋯⋯⋯⋯⋯⋯⋯⋯⋯林万春
想起了"狗哥哥"⋯⋯⋯⋯⋯⋯朱佩国　陈元麟
避开粟米公⋯⋯⋯⋯⋯⋯⋯⋯⋯⋯张卫乔
班长和诗⋯⋯⋯⋯⋯⋯⋯⋯⋯⋯⋯张鲁滨
月夜仙踪（科学幻想小说）⋯⋯⋯⋯周保庆
找天才的故事（童话）⋯⋯⋯⋯⋯裴慎勤
鞋⋯⋯⋯⋯⋯⋯⋯⋯⋯⋯⋯⋯⋯⋯王平平

散文·报告文学
特别航程（报告文学）⋯⋯⋯⋯金沙水　陈乙森
晚霞⋯⋯⋯⋯⋯⋯⋯⋯⋯⋯⋯⋯⋯卢新华
金溪行⋯⋯⋯⋯⋯⋯⋯⋯⋯⋯⋯⋯翙　飞
"海豆腐"⋯⋯⋯⋯⋯⋯⋯⋯⋯⋯崔宗建
花果城漫步⋯⋯⋯⋯⋯⋯⋯⋯⋯⋯许崇安
阿凡提故事新编⋯⋯⋯⋯⋯⋯⋯⋯许子明

诗
征大海⋯⋯⋯⋯⋯⋯⋯⋯⋯⋯⋯⋯刘小龙
情满青山⋯⋯⋯⋯⋯⋯⋯⋯⋯⋯⋯符启文
煤窑短笛⋯⋯⋯⋯⋯⋯⋯⋯⋯⋯⋯邱煜民
丰收场上⋯⋯⋯⋯⋯⋯⋯⋯⋯⋯⋯朱槐生
人间"海市"⋯⋯⋯⋯⋯⋯⋯⋯⋯方　忠
兄弟的心意⋯⋯⋯⋯⋯⋯⋯⋯⋯⋯蒋夷牧
放风筝⋯⋯⋯⋯⋯⋯⋯⋯⋯⋯⋯⋯刘　章
岩哥与阿螺（叙事诗）⋯⋯⋯⋯⋯叶文福
开在田野上的花朵⋯⋯⋯⋯⋯⋯⋯秦　黛
招魂碑（外一首）⋯⋯⋯⋯⋯⋯⋯樊发稼
火柴的生命（寓言诗）⋯⋯⋯王慧骐　王慧骏

评论
五四以来优秀作品评介
生活的结晶
——重读《暴风骤雨》⋯⋯⋯⋯⋯赵文泽
重读《厦门风姿》⋯⋯⋯⋯⋯⋯⋯刘登翰
银幕感
——电影剧作门外谈⋯⋯⋯⋯⋯⋯剑　雨
文学小札（二则）⋯⋯⋯⋯⋯⋯⋯沈仁康

美术
菊花（中国画白描）⋯⋯⋯⋯⋯⋯黄锦铭
叶副主席诗《绝句》篆刻⋯⋯⋯⋯陈奋武
怀抱
——营救遇难台湾骨肉同胞（木刻）⋯陈如鹏
穆桂英（水印木刻）⋯⋯⋯⋯许光洲　王继权

1978 年第 12 期　刊名:《福建文艺》

目录

纪念伟大领袖和导师毛主席诞辰八十五周年
毛主席在闽西的故事和传说
四个鸡蛋（传说）·····················杨国栋
不寻常的礼物·······················邱炳皓
毛委员会当家··············赵　惠　何志溪
"要让群众看得懂"···················张鸿祥
纪念堂颂（诗）·····················屠　岸
在韶山（诗二首）···················龙彼德
沙田恋（诗二首）···················舒　柯
革命菜（诗）·····················陈运和
长征又过武阳桥（诗）·········邹昌玉　曾祖标
幸福的回忆（散文）···········马望星　郑宗群

小说

难忘的岁月·······················苗风浦
妈妈的党费·······················王顺东
闪光的青春·······················孙得俭
当归·························罗　乔

散文·报告文学

昆虫人（报告文学）··················卓钟霖
不朽的女战士（福建革命英烈志）···········温仰春
发自中越边境的报告··················邹维之
马尾港记·······················李乡浏
踏波踩浪的人·····················张亚清
寓言二则···············颖　路　吴国凤
渔港春潮（中学生习作之页）·············庄永川

诗

天安门革命诗选

海防前线诗抄
百家米（叙事诗）···················俞兆平
练兵短曲（二首）···················邢书第
"猫耳洞"··············卢建端　陈元麟
小岛的炮阵地·····················马绪英
巴掌岛·························陈国华
犁·························郑　南
水兵短歌（二首）···················刘永铭
比武归来·······················黄睦平
前沿·························王者诚
浪花谣（民歌四首）··················冯秉瑞

评论

落实作品政策的新胜利

——赞《连升三级》《团圆之后》等优秀剧目重上舞台
·······················张　斌　周秋冬
作家的生活热情与责任感
——从《于无声处》、《班主任》等几篇作品想到的
···························海　滨
喜读《土地诗篇》···················徐　荆

谈谈艺术辩证法
犯中见避·······················埝　任

文艺杂谈
立此存照·······················熊述隆
谈小说的结尾·····················杨健民

福建地方艺术介绍
莆仙戏·························岩　清

美术

梅花（国画白描）···················陈公泉
毛主席词《如梦令·元旦》篆刻············凯　风
石刻一组·······················孙　煌

1979 年第 1 期　刊名:《福建文艺》

目录

小说

算盘歌·························郭祖兴
血染的相片·······················纪洞天
桃花村·························张永和
温暖·························潘绍丹

散文

郭滴人（福建革命英烈志）·········刘　镰　谢　榆
云骧阁夜月·······················章　武
不屈的斗士
——访在京的我省著名科学家高士其··········胡善美
黄山的启示·······················郑朝宗
桃花山记·······················任凤生
牧鹿姑娘·······················叶志坚
古船纪胜·······················万国智

诗歌

汽笛颂（十二首）···················练文修等

雪花洒满去时路（二首）················崔合美
小楼·长桥（二首）··················谢春池
特制的办公桌·····················陈文和
巨伞（散文诗）····················山　谷

大庆诗草（三首）…………………孙绍振 刘登翰
畲山行（二首）……………………………莫少云
古田春………………………………………朱向前
夯歌………………………………朱谷忠 孙新凯
公社晨曲……………………………………文 范
深山渔歌……………………………………薛宗碧
开榨…………………………………………兰炯熹
艺苑奇葩（四首）…………………………陈钊淦
元宵花灯……………………………………陈志泽
竹乡墟集……………………………………伍 棠
消防水龙头赞（散文诗·外一篇）………陆 苇

评论
人民的心声，时代的呐喊
——欢呼《天安门诗抄》编辑出版………厉海清
希望读到更多的革命回忆录
——《奇兵制胜》读后………………元 三
剧坛盛开胜利花
——一九七八年全省创作剧目汇演巡礼
……………………刘世今 郑清水
典型性格试解………………………………李联明

谈谈艺术辩证法
厚积而薄发…………………………………郁 云
要精通写作技巧（谈艺录）………………赵 捷

名著欣赏
缘物书情 借情写意
——《岳阳楼记》的艺术构思……徐应佩 周溶泉
附：岳阳楼记………………………………范仲淹

福建地方文艺介绍
提线木偶……………………………………黄锡钧

美术
敬刻毛主席诗一首（篆刻）………………张人希
飞吧，祖国（套色木刻）…………………袁福盛
前沿妇女（水印木刻）……………卢浪沙 吴茂全
迎春（水印木刻）…………………米 隆 陈满根

1979 年第 2 期　刊名：《福建文艺》

目录

小说
琵琶与玫瑰…………………………………陆昭环
托孤………………………………唐红卫 杨德安
队长老胡头的故事…………………………何绵山
“布袋旗”的兴亡…………………………黄 瀚

意外的爱情…………………………………林鼎安
我和我的丈夫………………………………郭开桂
外交手册（讽刺小说）……………………吕永春
春风吹进我的家（中学生习作之页）……李 娜
樟树和野藤（寓言）………………………刘宗涛

诗歌
矿山新花（二首）…………………………刘永乐
写在沸腾的厂区（二首）…………………张宝申
在新课题面前（二首）……………………薛宗碧
勤奋的晚年…………………………晓 庐 林莽
一部科学著作的控诉………………………陈运和
乡土（二首）………………………………蔡其矫
旧瓶装新酒（三首）………………………桂汉标
机耕路………………………………………方 忠
架空索道……………………………………莫汉乔
稻海船谣……………………………………郑德明
山水新姿（二首）…………………………别闽生

咏物诗小辑
遥远的水平线………………………………梁伟铭
短剑篇（四首）……………………王慧骐 王慧骏
浪花集（三首）……………………………樊发稼
镜子篇（三首）……………………………黄显宇
桃花、山泉及其他（三首）………………少 维
根（散文诗）………………………………秦 黛

戏剧
祝您健康（独幕话剧）……………………陆一辛
看女婿（越剧）……………………………陈立衔

评论
活的传统
——在一个座谈会上的发言………………王西彦
《于无声处》的艺术构思…………………李汉秋
共产党人的“正气歌”
——驳对《小城春秋》的诬蔑不实之词…柯文溥
血的控诉……………………………………冯秉瑞

文艺杂谈
文艺批评与“三不主义”…………………何少川
文艺批评一议………………………………李乡浏
有感于“蛙声”可见………………………王英志
诗的“眼睛”………………………………肖文苑
诗野掇拾……………………………………奇 鹃

美术
途中（水印木刻）…………………刘衡伟 陈 晋
风雨情深（水印木刻）……………………曾贤谋

篆刻二组⋯⋯⋯⋯⋯⋯⋯⋯蒋少强　方仁杰
南国水仙（水印木刻）⋯⋯⋯⋯⋯⋯陈武生

1979 年第 3 期　刊名：《福建文艺》
目录

发扬艺术民主　按照文艺规律办事——笔谈学习周总理《在文艺工作座谈会和故事片创作会议上的讲话》
⋯⋯⋯⋯马明泉　练文修　叶洪威　邹维之

纪念中国工农红军入闽五十周年专辑
光辉的榜样（小说三篇）⋯⋯⋯⋯⋯季　仲
毛主席来到我们宣传队（革命回忆录）⋯王　直
难忘的一课（散文）⋯⋯⋯⋯⋯⋯⋯邱炳皓
枣花颂（散文）⋯⋯⋯⋯⋯⋯⋯⋯祁　莲
汀城春望（散文）⋯⋯⋯⋯苏浩峰　张鸿祥
革命故事（四篇）
毛委员教识字⋯⋯⋯⋯⋯⋯⋯⋯⋯苏　剑
一张小板凳的故事⋯⋯⋯⋯⋯⋯⋯兰选贤
草鞋掉头计⋯⋯⋯⋯⋯⋯⋯⋯⋯郭成荣
朱军长理发⋯⋯⋯⋯⋯⋯⋯⋯⋯钟标龙
红日临古城（诗二首）⋯⋯⋯⋯⋯陈文和
胜利的旗帜（诗五首）⋯⋯⋯⋯⋯朱向前
闽山的怀念（诗二首）⋯⋯⋯⋯⋯闽都燕
金色的课堂（诗外一首）⋯⋯⋯⋯蒋夷牧
油印机——压路机（诗）⋯⋯⋯⋯谢春池
苦水潭（诗）⋯⋯⋯⋯⋯⋯⋯⋯邱煜民
最早的记工簿（诗）⋯⋯⋯⋯⋯⋯卓　凡
闪光的诗篇（诗）⋯⋯⋯⋯⋯⋯⋯夏　雄

小说·散文
雪夜⋯⋯⋯⋯⋯⋯⋯⋯⋯⋯⋯⋯毛小榕
滚开，我们不欢迎⋯⋯⋯⋯⋯⋯⋯沈仁康

在新长征路上
林山新曲⋯⋯⋯⋯⋯⋯⋯⋯⋯⋯方　叶
南街春色⋯⋯⋯⋯⋯⋯⋯⋯⋯⋯李绪茂
报喜⋯⋯⋯⋯⋯⋯⋯⋯⋯⋯⋯⋯陈彩琴
石蒜花（中学生习作之页）⋯⋯⋯雷　敏

诗歌
丙辰清明的歌（二首）⋯⋯⋯⋯⋯峻　翔
怀念⋯⋯⋯⋯⋯⋯⋯⋯⋯⋯⋯⋯屠　岸
血书⋯⋯⋯⋯⋯⋯⋯⋯⋯⋯⋯⋯别闽生

评论
探索的历程
——论柳青的人物塑造⋯⋯⋯⋯⋯锦　襄

漫谈闽西革命歌谣⋯⋯⋯⋯⋯⋯⋯陈炜萍

谈谈艺术辩证法
虚与实⋯⋯⋯⋯⋯⋯⋯⋯⋯⋯⋯屈　崛

名著欣赏
诗味从何而来
——谈《木兰诗》⋯⋯⋯⋯⋯⋯⋯蔡厚示
附：木兰诗
陈子奋先生谈印⋯⋯⋯⋯⋯⋯林　健解说

福建地方艺术介绍
福州评话⋯⋯⋯⋯⋯⋯⋯⋯⋯⋯竹　曦

美术
慰问演出（水印木刻）⋯⋯⋯刘衡伟　陈晋江
抢春（水印木刻）⋯⋯⋯⋯⋯⋯⋯刘以通
陈子奋先生篆刻遗作选登
采茶扑蝶（木刻）⋯⋯⋯白　昭　丁　仃　谷　水

1979 年第 4—5 期　刊名：《福建文艺》
目录

我的故乡⋯⋯⋯⋯⋯⋯⋯⋯⋯⋯冰　心
回忆在可克达农场连队里⋯⋯⋯⋯陈伯吹
阿波罗降临人世⋯⋯⋯⋯⋯⋯⋯⋯柯　灵
受伤的大地在喘息⋯⋯⋯⋯⋯⋯⋯王西彦
遥寄梅花村⋯⋯⋯⋯⋯⋯⋯⋯⋯何　为
水电城风貌⋯⋯⋯⋯⋯⋯⋯⋯⋯碧　野
上海，这就是我们的上海⋯⋯⋯⋯茹志鹃
良心⋯⋯⋯⋯⋯⋯⋯⋯⋯⋯⋯⋯谢　璞
献给红色故乡的歌⋯⋯⋯⋯⋯⋯⋯张　惟
漫话木棉⋯⋯⋯⋯⋯⋯⋯⋯⋯⋯王一桃
甘为他人作嫁衣⋯⋯⋯⋯⋯⋯⋯彭新琪
"我要把这场戏看完"⋯⋯⋯⋯⋯蒋夷牧
人民心中的丰碑⋯⋯⋯⋯张胜友　苏浩峰
郭老访问厦门大学⋯⋯⋯⋯⋯⋯李海谛
厦门随笔三篇⋯⋯⋯⋯⋯⋯⋯⋯陈　中
台湾风物三题⋯⋯⋯⋯⋯⋯⋯⋯于宗信
阿哥，该回来了⋯⋯⋯⋯⋯⋯⋯洛　水
隔海遥望⋯⋯⋯⋯⋯⋯⋯⋯⋯⋯叶恩忠
边陲纪事⋯⋯⋯⋯⋯⋯⋯⋯⋯⋯蔡珪村
椰树赞⋯⋯⋯⋯⋯⋯⋯⋯⋯⋯⋯刘文炳
花·竹子⋯⋯⋯⋯⋯⋯⋯⋯⋯⋯林万春
黄山三日⋯⋯⋯⋯⋯⋯⋯⋯⋯⋯宋　峻
友谊之树新绿⋯⋯⋯⋯⋯⋯⋯⋯胡汉平
在灿烂的阳光下（中学生习作之页）⋯魏少雄

报告文学·特写

她志在凌云⋯⋯⋯⋯⋯⋯⋯⋯哈　华
科学的仆人⋯⋯⋯⋯⋯李玉光　吴捷炳
驾舟的人⋯⋯⋯⋯⋯⋯陈　宴　费介云
摘星星的人⋯⋯⋯⋯⋯⋯⋯⋯章　武
掌上明珠放光华⋯⋯⋯⋯⋯⋯陈文和
攀山藤⋯⋯⋯⋯⋯⋯⋯⋯⋯⋯袁和平

游记

寄自刘三姐的家乡⋯⋯⋯⋯⋯姜　彬
游记二则⋯⋯⋯⋯⋯⋯⋯⋯⋯赵凤翔
莫高窟今昔⋯⋯⋯⋯⋯⋯⋯⋯王继权
武夷山架壑船考察记⋯⋯⋯⋯吴裕孙
于山风光⋯⋯⋯⋯⋯⋯⋯⋯⋯王铁藩

散文诗

早霞短笛⋯⋯⋯⋯⋯⋯⋯⋯⋯柯　蓝
山中叶笛⋯⋯⋯⋯⋯⋯⋯⋯⋯郭　风
不知名的花⋯⋯⋯⋯⋯⋯⋯⋯王中才
诗的散步⋯⋯⋯⋯⋯⋯⋯⋯⋯圣　野
摘自一个勘探队员的手记⋯⋯许　淇
溪之曲⋯⋯⋯⋯⋯⋯⋯⋯⋯⋯碧　沛
野性的花⋯⋯⋯⋯⋯⋯⋯⋯⋯青　山
海　思⋯⋯⋯⋯⋯⋯⋯⋯⋯⋯许琼琳
校园之歌⋯⋯⋯⋯⋯⋯⋯⋯⋯林融生

杂文

从"天下第一泉"说起⋯⋯⋯林兴宅
春笋⋯⋯⋯⋯⋯⋯⋯⋯⋯⋯⋯张　起
言与行之间⋯⋯⋯⋯⋯⋯⋯⋯杨际岚

评论

五四时代散文的特色与评价问题⋯⋯⋯俞元桂
我国古代散文的特色和优良传统⋯⋯陈祥耀
北京书简——关于散文诗⋯⋯谢　冕
谈冰心散文的人物描写⋯⋯⋯曾华鹏
现代散文六十家札记（五）⋯林　非
【名著欣赏】品味《荔枝蜜》（附原著）⋯⋯⋯吴启辉

美术

陈子奋遗作（中国画·三幅）

1979 年第 6 期　刊名:《福建文艺》

目录

儿童文学专辑

金丝海棠（小说）⋯⋯⋯⋯⋯任大星
后浪追前浪（小说）⋯⋯⋯⋯陈炎荣

大头钉的故事（小说）⋯⋯⋯徐常波
桥（小说）⋯⋯⋯⋯⋯⋯⋯⋯陈炜萍
母鸡怎么一次生了两个蛋（小说）⋯⋯杨寄安
竹林里（散文）⋯⋯⋯⋯⋯⋯郭　风
外婆的头巾（散文）⋯⋯⋯⋯郭建尧
福桔上市的时候（散文）⋯⋯佐　洱
新孙悟空（科学童话）⋯⋯⋯叶永烈
短尾巴的小花鹿（童话）⋯⋯林培堂
勇敢的小蛛蛛（童话）⋯⋯⋯吴天增
给孩子们的礼物（儿童诗、儿歌二十三首）
⋯⋯⋯⋯⋯⋯⋯⋯⋯⋯⋯⋯朱向前等

儿童文学小议

现实和幻想的紧密结合⋯⋯⋯何少川
孩子们的热心朋友⋯⋯⋯⋯⋯温祖荫
谈儿歌味⋯⋯⋯⋯⋯⋯⋯⋯⋯杨光中

小说

痛打阮崂山⋯⋯⋯⋯⋯⋯⋯⋯祝自明
黑姑娘⋯⋯⋯⋯⋯⋯⋯⋯⋯⋯万卷书
爱情⋯⋯⋯⋯⋯⋯⋯⋯⋯⋯⋯翁树杰
我的家乡（中学生习作之页）⋯陈初中

诗

写在未来的工地（三首）⋯⋯振　扬
孔雀岭爆破纪事⋯⋯⋯⋯⋯⋯李武兵
力的放歌⋯⋯⋯⋯⋯⋯⋯⋯⋯朱金晨
电视大学剪影（二首）⋯⋯⋯别闽生
争鸣⋯⋯⋯⋯⋯⋯⋯⋯⋯⋯⋯兰炯熹
科研新兵⋯⋯⋯⋯⋯⋯⋯⋯⋯董耀章
山寨访友⋯⋯⋯⋯⋯⋯⋯⋯⋯陈玉生
"单边条约"（讽刺诗）⋯⋯⋯桂汉标

评论

短论

艺术家要面对人民⋯⋯⋯⋯⋯曹　欣
要正确对待"票房价值"⋯⋯何　云　马明泉等
党的领导和长官意志⋯⋯⋯⋯杨知秋

随笔

吴老改诗与艺术民主⋯⋯⋯⋯啸　马
诗苑奇葩⋯⋯⋯⋯⋯⋯⋯⋯⋯朱先树

读者中来（六则）⋯⋯廖金璋　郑　健　林　安等

美术

山水（中国画）⋯⋯⋯⋯⋯⋯郑乃珖
蒜头（中国画）⋯⋯⋯⋯⋯⋯郑乃珖
航模迷（木刻）⋯⋯⋯⋯龚智煌　龚万山

1979 年第 7 期　刊名:《福建文艺》

目录

小说·散文

在患难中（小说）·················樊悟纪
铁支书小传（小说）···············金沙水
最后一个名额（讽刺小说）··········于少石
道路（报告文学）················王晓萌
留得光明照人间（福建革命英烈志）····邱炳皓
界河的怒涛（散文）·········蓝阳春　聂　波
春游武夷山（散文）···············谢长荣

诗歌

在英雄的土地上（三首）············严　阵
民族魂（三首）··················左一兵
我们和你
——献在张志新烈士灵前···········峻　翔
血的启示（二首）················怀　笙
火药的控诉····················周朝泉
刺猬篇（讽刺诗·四首）············王满夷
推土机之歌·············傅朝立　韩朗亭
瀑布歌·················游　中　郭　郛
江河与流云····················汤养淙
关于诗……····················蒋夷牧
写给未来的科学家们（二首）·········郑振飞
田野花开（二首）················陈金茂
春归·······················朱槐生

剧本

泪血樱花（八场话剧）········郑锡同　陈　建

评论

短篇小说新作漫评················魏　拔
英雄是人·····················孙绍振
莆仙戏《春草闯堂》整理改编经过······张　斌

文艺随笔

胸中富万壑····················涂吉安
为时代高唱战歌·················陈志铭

美术

朝斗岩（中国画）················陈　挺
鹰（中国画）···················黄　义
虎（中国画）···················罗晓帆

1979 年第 8 期　刊名:《福建文艺》

目录

革命回忆录

解放福州·····················孙乐洵
攻克厦门之战···················林　拓

报告文学

血染战旗红·············杨国联　乔晋明

小说（新人新作小辑）

爱情与良心····················张庄林
谁该撤职·····················傅必文
高洁·······················林其华
失去的青春····················陈美卿
"疯子"的故事··················初　晖
伙伴·······················陈孙乾
变色龙······················黄安民
我爱水仙花（中学生习作之页）········陈　永

诗歌

谁之罪······················徐敬亚
打"铁"歌····················谢春池
写在绿色金库···················丁　可
过封锁线·····················莫少云
力量·······················吴国平
雄风长存（二首）················邢书弟
连队新人（三首）················王耀东
海岛卫士（二首）················杨德祥
摸敌·······················周清西
深山哨所·····················姜金城
部队训练生活短歌（四首）···········叶晓山
五指山恋歌····················韦　丘
春色满壮乡（二首）···············包玉堂
歌词二首·····················陈侣白
旧体诗词选辑（二十八首）······公　盾　陈　丰
陈景汉　周　玉　杨采衡　郑朝宗　黄拔荆　屠　岸
谢大光　赖　丹　温祖荫

评论

面对现实，深入思考···············练文修
樱花烂漫寄深情
——略谈《泪血樱花》的艺术特色···袁荣生　陈　雷
《在患难中》读后················徐　荆

争鸣

一个束缚文艺生产力的口号···········包恒新
晚清小说理论简说················蔡景康

谈谈艺术辩证法
悲喜相照······吴功正

名著欣赏
一篇耐人寻味的讽刺小说······管　权
劳山道士······蒲松龄
"安娜进门啦！"（谈艺录）······刘佐明

福建地方艺术介绍
布袋木偶戏······龙溪地区木偶剧团

美术
封面装帧······刘昌华
花鸟画（四幅）······石　开
小鸟（中国画）······黄清琪
鹭（中国画）······林剑朴

1979 年第 9 期　刊名：《福建文艺》
目录

小说
没羽箭······傅如龙
叛徒······陆昭环
雾蒙蒙······张贤华
青蓝曲······蔡超超
二十二年之后······林捷生
百灵鸟······李燕荪

散文
海天白鸽飞······傅崧山
金洲小记······叶志坚
姑嫂塔风情······崔宗建
大岞山纪游······汪　峰
征途小颂（外二章）······那家伦
电焊火花赞······陈乙森

诗歌
呼喊（二首）······孙绍振
你完全可以不说……······蒋夷牧
特殊有理（讽刺诗）······戈　弋
渔乡曲（五首）······许琼琳
村歌集（二首）······金　矛
苹果姑娘（二首）······黄文忠
学海浪花（四首）······徐敬亚
春到林区（二首）······潘　秋
茶山行（二首）······夏　雄
油城假日······石太瑞
山泉歌······刘　章

指挥······陈志泽
古沉船······君　丰

评论
争鸣
不可忽视的错误思潮
——评《"歌德"与"缺德"》······方　汉
对当前文艺方面问题的一点浅见······鲁　蛮
可以进行民主讨论　不必"大动干戈"······傅鸣鸣

广开言路
写在鲜花重放的春天······方　璞
我们需要"时代镜子"······范　方
"问难"主客对······戈　明
真货与真话······刘　霄
敢迈第一步······马明泉

平淡无奇　发人深思
——短篇小说新作漫评······魏　拔
景为情用　寓情于景（谈谈艺术辩证法）······林　郁
"普希金是我们的老师"（文艺随笔）······颜纯钧
司马迁写鼠（谈艺录）······史　明
新颖的艺术构思（名著欣赏）······王光明
附：第二次考试······何　为

美术
春园（中国画）······徐序行
猫头鹰（中国画）······蔡展龙
不争春（中国画）······蔡展龙
鹿（中国画）······方大川
关于举办第二次全国少年儿童文艺创作评奖的公告
（摘要）

1979 年第 10 期　刊名：《福建文艺》
目录

散文·报告文学
国庆之献······何　为
木兰陂记······李　力
在水仙茶的故乡······黄文山
重访三钢······翁其华
高高的钻塔······李绪茂
山川异今昔······卓钟霖

香溪······菡　子
命运······宋祝平
月儿情······缪　华
茉莉花香······黄明定

绿⋯⋯⋯⋯⋯⋯⋯⋯⋯⋯⋯梦　周
延陵的带头人（报告文学）⋯⋯⋯庄东贤

小说
荔枝红⋯⋯⋯⋯⋯⋯⋯⋯⋯⋯⋯姚鼎生
不寻常的婚礼⋯⋯⋯⋯⋯⋯⋯⋯任大星
到底谁合适⋯⋯⋯⋯⋯⋯⋯⋯⋯青　禾
卖肉⋯⋯⋯⋯⋯⋯⋯⋯⋯⋯⋯⋯王芸亭

诗歌
为今天发言⋯⋯⋯⋯⋯⋯⋯⋯⋯蒋夷牧
八闽山水志（三首）⋯⋯⋯⋯⋯陈文和
煤字号（三首）⋯⋯⋯⋯⋯⋯⋯邱煜民
侨乡今昔（三首）⋯⋯⋯⋯⋯⋯伍　棠
波涛间（二首）⋯⋯⋯⋯⋯⋯⋯刘小龙
水电站工地二题（二首）⋯⋯马卡丹　白　煤　孙福枝
炉台遐想⋯⋯⋯⋯⋯⋯⋯⋯⋯⋯柴德森
榕城三题（散文诗三篇）⋯⋯⋯陈章翰

渔村⋯⋯⋯⋯⋯⋯⋯⋯⋯⋯⋯⋯孙友田
咏侨乡元宵⋯⋯⋯⋯⋯⋯⋯⋯⋯陈瑞统
小秋收⋯⋯⋯⋯⋯⋯⋯⋯⋯⋯⋯刘瑞光
风浪中（二首）⋯⋯⋯⋯⋯⋯⋯崔合美
相思⋯⋯⋯⋯⋯⋯⋯⋯⋯⋯⋯⋯李灿煌
半屏山⋯⋯⋯⋯⋯⋯⋯⋯⋯⋯⋯怀　笙
台湾的红豆⋯⋯⋯⋯⋯⋯⋯⋯⋯于宗信
合欢⋯⋯⋯⋯⋯⋯⋯⋯⋯⋯⋯⋯廖　群

评论
试论作家的勇气和真诚⋯⋯⋯⋯李联明

广开言路
深批《纪要》肃清流毒⋯⋯⋯⋯啸　马
读《阿金》⋯⋯⋯⋯⋯⋯⋯⋯⋯郑朝宗
为所谓“腐朽的爱情”一辩⋯⋯⋯杨　澜
如此“审人”⋯⋯⋯⋯⋯⋯⋯⋯王英志

争鸣
歌颂光明与暴露黑暗⋯⋯⋯⋯⋯闵　应
不能各打五十大板⋯⋯⋯⋯⋯⋯陈维敏
驳一种狭隘的“典型”论⋯⋯⋯⋯鲁　骚
是众人受骗　还是自己中毒⋯⋯许耀铭

福建地方艺术介绍
寿山石雕⋯⋯⋯⋯⋯⋯⋯⋯⋯⋯施宝霖

美术
凌霄花（中国画）⋯⋯⋯⋯⋯⋯沈　亮
竹（中国画）⋯⋯⋯⋯⋯⋯⋯⋯谢从荣

古田会址（寿山石雕）⋯⋯⋯⋯郭功森
花果篮（寿山石雕）⋯⋯⋯冯求和　黄淑英
求偶鸡（寿山石雕）⋯⋯⋯⋯⋯陈敬祥
金鱼（寿山石雕）⋯⋯⋯⋯⋯⋯林亨云

1979 年第 11 期　刊名:《福建文艺》
目录

小说
检查站的故事⋯⋯⋯⋯⋯⋯⋯⋯徐金湘
医生⋯⋯⋯⋯⋯⋯⋯⋯⋯⋯⋯⋯杨少衡
妇女队里男队员⋯⋯⋯⋯⋯⋯⋯林微润
心中的塔基⋯⋯⋯⋯⋯⋯⋯⋯⋯沈仁康
雨后野玫瑰⋯⋯⋯⋯⋯⋯⋯⋯⋯刘　箫
猴祸⋯⋯⋯⋯⋯⋯⋯⋯⋯⋯⋯⋯叶光炎

报告文学・散文
儿女心⋯⋯⋯⋯⋯⋯⋯⋯⋯⋯⋯闰　水
记弘一法师⋯⋯⋯⋯⋯⋯⋯⋯⋯赵家欣
文竹的遗言⋯⋯⋯⋯⋯⋯⋯⋯⋯阿　红
洛阳江抒情⋯⋯⋯⋯⋯⋯⋯⋯⋯陈瑞统
心愿⋯⋯⋯⋯⋯⋯⋯⋯⋯⋯⋯⋯李克勤

小品文
一张十元的人民币⋯⋯⋯⋯⋯⋯张希东
藤罗之类⋯⋯⋯⋯⋯⋯⋯⋯⋯⋯索　谦
“铁观音”显灵⋯⋯⋯⋯⋯⋯⋯⋯蔡荣电

诗歌
捧给父辈们的心愿（三首）⋯⋯张宝申
繁华以外（三首）⋯⋯⋯（中国香港）黄河浪
在现实中营造神话的世界⋯⋯[新加坡]周颖南
海边小札（三首）⋯⋯⋯⋯⋯⋯王慧骐

讽刺诗选辑
刺猬篇（三首）⋯⋯⋯⋯⋯⋯⋯王满夷
“我是一个老知青”⋯⋯⋯⋯⋯⋯张元锦
你的“权力”谁给的?!⋯⋯⋯⋯⋯朱谷忠
几时为民行方便（外一首）⋯⋯赖松廷

土热花香（四首）⋯⋯⋯⋯⋯⋯朱槐生
青山恋歌（二首）⋯⋯⋯⋯⋯⋯钟祖基
回营路上⋯⋯⋯⋯⋯⋯⋯⋯⋯⋯郭晓晔

咏物诗小辑
山林篇（三首）⋯⋯⋯⋯⋯⋯⋯青　山
脚印⋯⋯⋯⋯⋯⋯⋯⋯⋯⋯⋯⋯于　沙
贝壳⋯⋯⋯⋯⋯⋯⋯⋯⋯⋯⋯⋯李伯英
火花集（二首）⋯⋯⋯⋯⋯⋯⋯洪　泓

脚手架 ……………………………………… 纪　浪
雨（外一首）……………………………… 任　越
骆驼 ……………………………………… 江　城
珊瑚与贝壳 ……………………………… 陈运和

评论
破土而出的雨后春笋——读《福建文艺》今年短篇小
说新人新作 …………………………… 蔡海滨

谈谈艺术辩证法
生活的真实与艺术的真实 ……………… 孙绍振

争鸣
关于当前文艺创作问题讨论（十一篇）
………… 张　帆　羽　文　许更生　郁　云　中　琴
张春吉　罗　齐　陈　刚　杨聪凤　施　群　张玉钟
福建地方艺术介绍
脱胎漆器 ………………………………… 郑礼阔

美术
宝贝（瓷塑）……………………………… 周荷生
创业（脱胎漆器）………………………… 纪昆仑
仿古方盒（脱胎漆器）…………………… 林挺群
茶具（脱胎漆器）………………………… 郑增埙
熊猫（中国画）…………………………… 吴其昶

1979 年第 12 期　刊名:《福建文艺》

目录

小说
望女碑 …………………………………… 王芸亭
复活 ……………………………………… 林孟新
灾后 ……………………………………… 季　仲
眷恋 ……………………………………… 何　飞
爱的沉浮 ………………………………… 郭建尧
通知送到了（翻译小说）
　　　　　［英国］阿瑟·柯南道尔　龙　实译

散文·报告文学
深切怀念赖荣传同志（革命回忆录）…… 王　直
为了科学的春天 ………………………… 张元锦
笑谈茉莉吐芳香 ………………………… 协　和
苏州园林赞歌 …………………………… 王染野

诗歌
古田会址抒情 …………………………… 黄文忠
雪夜迎春 ………………………………… 谢春池

芝山赞·墨碗歌（二首）………………… 陈文和
闽西革命根据地组歌（歌词选辑·三首）…… 张　藜
汀州颂（词三首）………………………… 童家贤
汀江水流长（二首）……………………… 飞　雪
油灯·梭标（二首）……………………… 林　斌
写在"平和暴动"纪念馆（四首）………… 朱槐生

你给后代留下什么 ……………………… 陈仲义
写于某红卫兵墓地 ……………………… 陈志泽
西瓜谣（讽刺诗）………………………… 刘永乐
中草药题咏（四首）……………………… 曾　阅
书记的哲学（讽刺诗）…………………… 孙福枝
会后（讽刺诗）…………………………… 柳小篷
书记用人（讽刺诗）……………………… 戈　弋

评论
广开言路
文学与"气象学"………………………… 马明泉
"笔下流情"与"笔下留情"……………… 傅　萍
绝不要抄起棍子打起来 ………………… 饶　平
要有求实的精神 ………………………… 李绪茂
"我为人民鼓与呼"……………………… 方　璞
哈姆莱特——不朽的艺术典型 ………… 赖干坚

争鸣
民主所在与一分为二 …………………… 肖　征
也谈对当前文艺问题的一点看法 ……… 唐　突
辩证地为文艺正名 ……………… 傅子玖　黄后楼

读者中来
关于《爱情与良心》的不同意见（四则）
………………… 笔　剑　王亚平　魏　明　丹　枫
再说"诗眼"……………………………… 肖文苑

福建地方艺术介绍
龙眼木雕 ……………………… 方　石　道　伙

美术
山鬼（瓷塑）………………… 王则坚作　王松年摄
送别（龙眼木雕）………………………… 佘国平
苏武牧羊（龙眼木雕）…………………… 黄丹桂
牦牛（龙眼木雕）………………………… 李德福
永沐光辉（木刻）………………………… 兰世明

1980 年第 1 期 刊名:《福建文艺》
目录

小说
春风吹过田野 ⋯⋯⋯⋯⋯⋯⋯⋯⋯⋯⋯⋯ 张孟敏
总指挥和他的明珠 ⋯⋯⋯⋯⋯⋯⋯⋯⋯ 杨少衡
芳草湾 ⋯⋯⋯⋯⋯⋯⋯⋯⋯⋯⋯⋯⋯⋯ 吴瑞骋
香港客 ⋯⋯⋯⋯⋯⋯⋯⋯⋯⋯⋯⋯⋯⋯ 庄东贤
永远吃香的人 ⋯⋯⋯⋯⋯⋯⋯ 雷德和 姚更青

散文
红叶林·小松树 ⋯⋯⋯⋯⋯⋯⋯⋯⋯⋯⋯ 卢新华

侨乡风情
集美情思 ⋯⋯⋯⋯⋯⋯⋯⋯⋯⋯⋯⋯⋯ 章 武
魂归故里 ⋯⋯⋯⋯⋯⋯⋯⋯⋯⋯⋯⋯⋯ 黄明定
龙湖风物 ⋯⋯⋯⋯⋯⋯⋯⋯⋯⋯⋯⋯⋯ 李灿煌
英雄山礼赞（散文诗） ⋯⋯⋯⋯⋯⋯⋯⋯ 林 衷

诗歌
梅园诗抄（四首） ⋯⋯⋯⋯⋯⋯⋯⋯⋯⋯ 陈文和
贺新郎——新春抒怀（词二首） ⋯⋯⋯⋯⋯ 陈 丰
从杭州到绍兴（三首） ⋯⋯⋯⋯ 夏征农 方 尼
霓虹灯下（四首） ⋯⋯⋯⋯⋯（中国香港）黄河浪
侨乡的路与桥（二首） ⋯⋯⋯⋯⋯⋯⋯⋯ 洪三泰
"祖国啊，祖国！" ⋯⋯⋯⋯⋯⋯⋯⋯⋯⋯ 蔡荣电
返乡 ⋯⋯⋯⋯⋯⋯⋯⋯⋯⋯⋯⋯⋯⋯⋯ 陈玉生
我们呼唤了十年（四首） ⋯⋯⋯⋯⋯⋯⋯ 沙 鸥
滴水集（六首） ⋯⋯⋯⋯⋯⋯⋯⋯⋯⋯⋯ 刘 章
心歌集（五首） ⋯⋯⋯⋯⋯⋯⋯⋯⋯⋯⋯ 舒 婷
用什么对比 ⋯⋯⋯⋯⋯⋯⋯⋯⋯⋯⋯⋯ 杜 星
甘蔗林，绿色的甘蔗林 ⋯⋯⋯⋯⋯⋯⋯⋯ 吴凤章
鱼市 ⋯⋯⋯⋯⋯⋯⋯⋯⋯⋯⋯⋯⋯⋯⋯ 刘小龙
咱村又拉起"十番"队 ⋯⋯⋯⋯⋯⋯⋯⋯ 陈金茂
沙粒集 ⋯⋯⋯⋯⋯⋯⋯⋯⋯⋯⋯⋯⋯⋯ 刘湘如
飞镝集 ⋯⋯⋯⋯⋯⋯⋯⋯⋯⋯⋯⋯⋯⋯ 王慧骐

评论
我们的文艺队伍是好的 ⋯⋯⋯⋯⋯⋯⋯⋯ 郭 风
社会主义文艺复兴的前夕 ⋯⋯⋯⋯⋯⋯⋯ 郑朝宗
作家的思考 ⋯⋯⋯⋯⋯⋯⋯⋯⋯⋯⋯⋯ 张 惟
诗情长共九曲迴
——喜读《郭沫若闽游诗集》 ⋯⋯⋯⋯ 林 英
时代的画廊
——《榕树文学丛刊（散文专辑）》读后感 蔡师勇
姚一苇（中国台湾）的《艺术的奥秘》读后 卢善庆
艺术规律初探 ⋯⋯⋯⋯⋯⋯⋯⋯⋯⋯⋯ 万里云

争鸣
文艺要写真实 ⋯⋯⋯⋯⋯⋯⋯⋯⋯⋯⋯ 石文年
正确理解"以写光明为主" ⋯⋯⋯⋯⋯⋯ 吴永富
蒲风在福建（福建文学史资料） ⋯⋯⋯⋯ 黄安榕
泉州刻纸（福建地方艺术介绍） ⋯⋯⋯⋯ 庄 元

美术
舞狮（磨漆画） ⋯⋯⋯⋯⋯⋯⋯ 王继权 许光洲
英雄颂（油画） ⋯⋯⋯⋯⋯⋯⋯⋯⋯⋯⋯ 薛行彪
剪纸 ⋯⋯⋯⋯⋯⋯⋯⋯⋯⋯⋯⋯ 吴祖赞 李尧宝
本刊举办一九八〇年优秀短篇小说评选启事

1980 年第 2 期 刊名:《福建文艺》
目录

小说
第一把火 ⋯⋯⋯⋯⋯⋯⋯⋯⋯⋯⋯⋯⋯ 杨少衡
低能儿 ⋯⋯⋯⋯⋯⋯⋯⋯⋯⋯⋯⋯⋯⋯ 蔡超超
偷鸡的人 ⋯⋯⋯⋯⋯⋯⋯⋯⋯⋯⋯⋯⋯ 海 迪
我给姐姐当顾问 ⋯⋯⋯⋯⋯⋯⋯ 朱佩国 沈丹雨
灯会 ⋯⋯⋯⋯⋯⋯⋯⋯⋯⋯⋯⋯⋯⋯⋯ 陆昭环

报告文学
敢说真话的人 ⋯⋯⋯⋯⋯⋯⋯⋯⋯⋯⋯ 叶永烈

散文
回忆木偶大师杨胜先生
⋯⋯⋯⋯⋯⋯⋯ [日本]宫原大刀夫 冯 度译

散文诗小辑
生命的回音（五题） ⋯⋯⋯⋯⋯⋯⋯⋯⋯ 李 耕
渔乡素描（三题） ⋯⋯⋯⋯⋯⋯⋯⋯⋯⋯ 许琼琳
小岛拾英（三题） ⋯⋯⋯⋯⋯⋯⋯⋯⋯⋯ 张鲁滨

诗歌
会飞的壁画 ⋯⋯⋯⋯⋯⋯⋯⋯⋯⋯⋯⋯ 黄文忠
三月的杜鹃 ⋯⋯⋯⋯⋯⋯⋯⋯（中国香港）王心果
远洋情思 ⋯⋯⋯⋯⋯⋯⋯⋯⋯⋯⋯⋯⋯ 石 英
欢乐的除夕 ⋯⋯⋯⋯⋯⋯⋯⋯⋯⋯⋯⋯ 邢书第
布缆 ⋯⋯⋯⋯⋯⋯⋯⋯⋯⋯⋯⋯⋯⋯⋯ 王洪涛
团圆的月亮 ⋯⋯⋯⋯⋯⋯⋯⋯⋯⋯⋯⋯ 刘登翰
台湾情思（二首） ⋯⋯⋯⋯⋯⋯⋯⋯⋯⋯ 谢其规
"思台" ⋯⋯⋯⋯⋯⋯⋯⋯⋯⋯⋯⋯⋯⋯ 安造计
寻根 ⋯⋯⋯⋯⋯⋯⋯⋯⋯⋯⋯⋯⋯⋯⋯ 华继文
合欢 ⋯⋯⋯⋯⋯⋯⋯⋯⋯⋯⋯⋯⋯⋯⋯ 李凤山
东海情 ⋯⋯⋯⋯⋯⋯⋯⋯⋯⋯⋯⋯⋯⋯ 郑清为
寄台湾 ⋯⋯⋯⋯⋯⋯⋯⋯⋯⋯⋯⋯⋯⋯ 杨年芳
词二首 ⋯⋯⋯⋯⋯⋯⋯⋯⋯⋯⋯⋯⋯⋯ 林 英

评论

关于歌颂的断想 ························ 魏 拔

漫谈形象（作家谈创作） ················ 林 雨

关于新诗创作问题的讨论

舒婷诗歌评赏 ························· 周俊祥

为谁写诗 ··························· 王者诚

感情真挚的歌声 ······················ 范 方

广开言路

创作之外的苦恼 ······················ 习 之

杂感（两则） ························· 林培堂

巴金在闽南（福建文学史资料） ·········· 王 火

我省召开短篇小说和诗歌创作座谈会（简讯）

美术

鼓浪屿（磨漆画） ····················· 王和举

拓荒者（中国画） ····················· 刘秉贤

彩扎三幅 ·················· 厦门 泉州工艺美术厂

家书（年画） ························· 陈 年

1980 年第 3 期 刊名:《福建文艺》
目录

小说

老鼠丑的遭遇 ························· 过 路

婚后的风波 ·························· 杜成维

两兄弟 ····························· 洪 泓

萍水相逢 ···························· 西 涧

我爱玛莉（中篇连载） ··········· （中国台湾）黄春明

散文

海天深情 ···························· 叶志坚

侨乡风情

故乡灯火 ···························· 蔡海滨

露台上的歌声 ························· 梦 周

椰城桔子红 ··························· 吴永胜

笋江中秋月 ··························· 吴天增

诗歌

京华诗草（三首） ····················· 党国栋

俊鹰翔宇（二首） ····················· 石 英

伟大的叛逆 ·························· 左一兵

庐山行 ····························· 文 丙

说真话 ····························· 朱谷忠

侨乡的歌（三首） ····················· 蔡其矫

爱的梦 ······················· （中国香港）张诗剑

刺猬篇（三首） ······················· 王满夷

编辑的烦恼 ·························· 王 玉

生命的赞歌 ············· ［美国］朗费罗 洪念崖译

安息吧，同志们

·············· ［美国］朗费罗 庄燕南 林蔡冰译

时光

······· ［南斯拉夫］塔那谢·穆拉捷诺维奇 王意强译

评论

关于新诗创作问题的讨论

用自己的声音歌唱 ····················· 蒋夷牧

几点看法 ···························· 陈志铭

回顾与探索 ·························· 俞兆平

广开言路

勿为"青白眼" ······················· 王英志

有感于"一花百放" ··················· 朱先树

展开想象的翅膀

——读《山海情》札记 ················· 林 祁

忆杨潮同志（福建文学史资料） ·········· 赵家欣

怀乡念亲 情真意切

——读王维《九月九日忆山东兄弟》

··························· 徐应佩 周溶泉

为何得不到称赞（谈艺录） ·············· 顾兴义

彩扎（福建地方艺术介绍） ·········· 里 克 常 青

美术

渔汛（磨漆画） ······················· 吴加川

荷花（中国画） ······················· 孔柏基

长征战士（油画） ····················· 熊 青

苜莉花愤（油画） ····················· 郑征泉

1980 年第 4 期 刊名:《福建文艺》
目录

小说

错误的歉意 ·························· 王 火

旅店寒春 ···························· 刘 萧

叶笛恋歌 ···························· 张 力

谁是罪犯 ···························· 卢 石

细雨，轻轻地飘 ······················ 青 禾

我爱玛莉（中篇连载·续一） ····· （中国台湾）黄春明

游记

九日山小札 ·························· 万国智

石井行 ····························· 陈存诚

南朗山揽胜——香港一日 ················ 何少川

武夷山空中猎影记 ····················· 王广星

玉华洞散记 ······················ 林祥庆 李长庚

诗歌

安源山，在春风里歌唱
——缅怀刘少奇同志⋯⋯⋯⋯⋯⋯⋯⋯朱向前
榜样的力量（二首）⋯⋯⋯⋯⋯⋯⋯薛宗碧
浪花一束（四首）⋯⋯⋯⋯⋯⋯⋯⋯刘永铭
一路春风⋯⋯⋯⋯⋯⋯⋯（中国香港）黄河浪
鹭江鲤城吟稿（六首）⋯⋯⋯⋯⋯⋯黄寿祺
厦门行（三首）⋯⋯⋯⋯⋯⋯⋯⋯⋯陈文和
闽南侨乡风情（四首）⋯⋯⋯⋯⋯⋯李灿煌

游晋江（四首）⋯⋯⋯⋯⋯⋯⋯⋯⋯蔡力哲

咏物诗小辑

海淀题咏（四首）⋯⋯⋯⋯⋯⋯⋯⋯闽都燕
山花集（七首）⋯⋯⋯⋯⋯⋯⋯⋯⋯林茂春
脚手架⋯⋯⋯⋯⋯⋯⋯⋯⋯⋯⋯⋯⋯许琼琳
种子⋯⋯⋯⋯⋯⋯⋯⋯⋯⋯⋯⋯⋯⋯任　越
罂粟花⋯⋯⋯⋯⋯⋯⋯⋯⋯⋯⋯⋯⋯夏　雄
晚霞和月亮⋯⋯⋯⋯⋯⋯⋯⋯⋯⋯⋯陈运和

不是笑话的笑话（四首）
⋯⋯⋯⋯⋯⋯⋯王　玉　王性初　尧山壁
当心，干涉了我的"自由"⋯⋯⋯⋯白　虹

评论

关于新诗创作问题的讨论
恢复新诗根本的艺术传统⋯⋯⋯⋯⋯孙绍振
关于舒婷的诗及其他⋯⋯⋯⋯⋯⋯⋯朱谷忠
抑与扬（谈谈艺术辩证法）⋯⋯⋯⋯吴功正
高云览传略（福建文学史资料）⋯⋯彭一万
西方现代派文学纵横谈⋯⋯⋯⋯⋯⋯李万钧

美术

胭脂仙人掌（石刻）⋯⋯⋯⋯⋯⋯⋯孙　煌
胜似春光（中国画）⋯⋯⋯⋯⋯⋯⋯林　骢
走雨（木刻）⋯⋯⋯⋯⋯⋯⋯陈一峰　陈奋武

1980 年第 5 期　刊名:《福建文学》
目录

小说

一个理想碰了壁⋯⋯⋯⋯⋯⋯⋯⋯⋯茅　盾
江水东流⋯⋯⋯⋯⋯⋯⋯⋯⋯⋯⋯⋯莫　伸
归舟⋯⋯⋯⋯⋯⋯⋯⋯⋯⋯⋯⋯⋯⋯陆昭环
忠诚的考验⋯⋯⋯⋯⋯⋯⋯⋯⋯⋯⋯季　仲
又是一个月夜⋯⋯⋯⋯⋯⋯⋯⋯⋯⋯徐金湘
冤案平反以后⋯⋯⋯⋯⋯⋯⋯⋯⋯⋯林微润

凤凰树花开⋯⋯⋯⋯⋯⋯⋯⋯⋯⋯⋯蔡超超
小琳达⋯⋯⋯⋯⋯⋯⋯⋯（旅美作家）於梨华
我爱玛莉（中篇连载·续完）⋯（中国台湾）黄春明
爱情的抉择（翻译小说）
⋯⋯⋯⋯⋯⋯⋯⋯⋯［美］欧·亨利　王木河译

评论

从《悠悠寸草心》想到的一些问题⋯⋯魏　拔

新作漫评
党性和良心的赞歌
——读《第一把火》⋯⋯⋯⋯⋯⋯⋯余　真
一篇有特色的小说
——读《检查站的故事》⋯⋯⋯⋯⋯礁　岸
涉笔成趣，寓庄于谐
——漫读赵树理作品的幽默⋯⋯⋯⋯王惠廷
西方现代派文学纵横谈（续）⋯⋯⋯李万钧
茅盾谈短篇小说的剪裁问题

美术

黄金地（油画）⋯⋯⋯⋯⋯⋯⋯⋯⋯王柏生
金壶箱花（油画）⋯⋯⋯⋯⋯⋯⋯⋯蔡展龙
封面石刻⋯⋯⋯⋯⋯⋯⋯⋯⋯⋯⋯⋯孙　煌

1980 年第 6 期　刊名:《福建文艺》
目录

报告文学
丘比德的恶作剧⋯⋯⋯⋯⋯⋯⋯⋯⋯宋祝平

小说

慈母心⋯⋯⋯⋯⋯⋯⋯⋯⋯⋯⋯⋯⋯庄东贤
心灵和垃圾⋯⋯⋯⋯⋯⋯⋯⋯⋯⋯⋯苏　进
溪蛙⋯⋯⋯⋯⋯⋯⋯⋯⋯⋯⋯⋯⋯⋯边震遐

儿童文学

小密南塔（小说）⋯⋯⋯⋯⋯⋯⋯⋯开　锡
世上没有废物（小说）⋯⋯⋯⋯⋯⋯谢　璞
春天来了（散文）⋯⋯⋯⋯⋯⋯⋯⋯庄之明
小象顿卜的故事（小说）⋯⋯［美］华特·狄斯耐著
　　　　　　　　　　　　于　丹　左　耳译
花名册与绰号（儿童诗·二首）⋯⋯陈仲义
小豆和小牛（儿歌）⋯⋯⋯⋯⋯⋯⋯周云石

散文

拜塔记⋯⋯⋯⋯⋯⋯⋯⋯⋯⋯⋯⋯⋯周秉恒
寻祖记⋯⋯⋯⋯⋯⋯⋯⋯⋯⋯⋯⋯⋯许崇安
别（散文诗）⋯⋯⋯⋯⋯⋯⋯⋯⋯⋯许　淇

滨海城纪事（散文诗）————————傅子玖

诗歌

春到山城（二首）————————谢春池
悼念————————陈志泽
造反————————尧山壁

九曲筏歌————————黄文忠
忆闽南（二首）————————陈 犀
故乡情（二首）————————殷 勤
闽山闽海情（五首）————————莫文征
武夷胜境————————（中国香港）张思鉴
故乡的回忆（三首）————————（中国香港）王心果
侨乡墟场————————刘永乐

哲理诗小集

萤火集（十四首）————————刘溪杰
片瓦集（十一首）————————兰亚明
五官小议（五首）————————张雪杉
批评与表扬（二首）————————陈国华
管窥集（八首）————————程 楷

评论

关于新诗创作问题的讨论
发现和创造————————黄勇刹
抒情诗要抒人民之情————————郭启宗
诗歌为何不能抒发个人的感情————————友 本

福建文学史资料

郁达夫在福建————————张 均
天仙访郁达夫记————————郑子瑜
重忆————————吴秋山

美术

全心全意（套色木刻）————————陈永乐
杨淑珠 王柏生 洪我文
渔村（油画）————————林以友
新春（油画）————————薛行彪

1980 年第 7 期　刊名:《福建文艺》
目录

小说

"老睡"书记————————郭祖兴
笑话————————林 雨
淡淡的油菜花香————————傅如龙
在暴风雨中————————朱德模 唐 敏
望远镜————————黄新心

散文

故乡的蓝蓝的溪啊……————————黄文山
高洁的青松——访叶圣陶同志————————胡善美
树与风暴————————梦 周
山楂花————————胡汉平
风屿随渔记————————陈日升
台湾散文小辑————————（中国台湾）雪 韵 欧阳不修
墨 君 肖 肖 唐绍华

诗歌

五月：季节的忏情（三首）————————刘登翰
你可听到过心灵的呼啸?————————顾 工
换————————（中国香港）何 达
我怕……————————徐敬亚
风从山外来————————肖 玲
啊！大海————————蔡荣电
春天的梦（外一首）————————李武兵
错误————————杜运燮
早晨————————王小妮
爱情诗小辑（二十一首）

舒 婷 朱槐生 李发模等

评论

广开言路
和风·细雨·白花————————卓钟霖
今日风向如何?————————予 闻
允许和提倡反批评————————商子雍
关于新诗创作问题的讨论
欢欣与期望————————方顺景 何镇邦
抒情诗的"自我"及其他————————练文修
感情的新乐章
读《萍水相逢》和《细雨轻轻地飘》随笔
王 义 汪 政
关于油画《茉莉花愤》的几句话————————陈 震

美术

阿祖的故工（油画）————————秦长安
大忆（油画）————————高一呼
河滩变绿园（水印木刻）————————王世贵 庄明昆
萱草（石刻版画）————————孙 煌

1980 年第 8 期　刊名:《福建文艺》
目录

在省文学艺术工作者第二次代表大会上的祝辞

马兴元

团结起来，为繁荣我省社会主义新时期的文艺而奋斗

万里云

省文联主席、副主席、秘书长名单
省文联第二届委员会名单
省文联各协会、研究会主席、副主席名单

小说

出土·····································陈　创
姚"大使"接任记·····················卢希德
团圆·····································陈佩勤
抛弃·····································金沙水
芳子姑娘·····························雨　寒
重逢·····································肖　凤
异端者的外套（翻译小说）
　　[德]贝尔托特·布莱希特　舒　柱译

散文

山乡情·····························张冬青
桃花开了·····························刘爱民
海岛翠竹·····························王炳根
散文诗一束·······陈树民　徐常波　王慧骐　林鼎安

诗歌

握手·····················（中国香港）何　达
陈寿图之歌（四首）·················蓝　岚
迟到的挽歌·····························蒋夷牧

断想集

学步（外一首）·····················黄东成
顽石·····················韩郎亭　傅朝立
偶感（二首）·····················彭劲秀
风与防风林·····························田　蜜
断想（二首）·····················吴建新
谢友人G·F······························田　地

海防线上

我们的哨楼·····························叶晓山
石头情·····························杨德祥
哨所菜园·····························马绪英
上荡板·····························李维佳
思念·····························姜金城
宿营·····························周清西
南疆月夜·····························郭晓晔

评论

关于新诗作创作问题的讨论
抒情诗中的诗人个性·················雁　翼
新诗应向古典诗歌和民歌学习·········徐华龙
沉思的三棱镜·····························田　奇
对《几点看法》的看法·················复　生

美术

长征路上（油画）·····················朱基元
耘海姑娘（油画）·····················杨条奢
关山渡若飞（木刻）·········李　蕾　曾谏华
毛竹采育场（木刻）·················翁绍基
羊蹄甲花（石刻版画）·················孙　煌

1980 年第 9 期　刊名：《福建文艺》

目录

小说

监视下的会见·····························士　敏
雾散了·····························光　明
第三十一封信·····························何　飞
甄老师，你在哪里?·················万卷书
春联·····························罗　洪
蚂蟥·····························郑长基
晨之歌·····························张　力

散文

柳信·····························宗　璞
象园李花香·····························洪　毅
南山寺纪胜·················陈文和　王雄铮
鼓浪屿花情（散文诗）·················王中才
绿盘（散文诗）·····················王宗仁

诗歌

迷幻的梦（四首）·········（中国香港）黄河浪
往事及其他（四首）·················舒　婷
家庭杂诗（二首）·····················任彦芳
劝谕篇（二首）·····················洪　泓
写在杂技节目单上（三首）·············高伐林
写在一个知青点·····················微　润
水车·····························廖雪方
科学家的慧眼与胆识（二首）·········郑振飞
退休了的钢轨·····················桂汉标
走吧，青春·····························范　方
专利权·····························卓　凡
汽笛欢歌·····························邱煜民
早晨的故事·····························李凤山
浪花集（二十首）·······洪　帆　刘湘如　刁永泉等

评论

关于新诗创作问题的讨论
愿新人们走向成熟·····················杨匡汉
中国新诗自我形象的演进及其流派初探
　　·····················傅子玖　黄后楼
无根寂寞的倾诉——《又见棕榈，又见棕榈》的思想

和艺术 ································ 陆士清

美术

翔（漆画） ····························· 江　声
屠一道树根艺术作品选登
霓裳之舞（中国画） ················· 舒传熹

1980 年第 10 期　刊名:《福建文艺》
目录

小说

凤仙花素描一帧 ····················· 谢　璞
选择 ······························· 王平平
啊，朋友…… ······················ 毛小榕
并非爱情的故事 ····················· 吴孔宜
烟消云散 ··························· 林铁今
飘下来的裙子 ······················ 唐　敏

散文

茶香春浓 ················ （中国香港）黄河浪
回廊琵琶延月明 ····················· 黄明定
用音符架起的桥 ····················· 王钦之
蝉噪林愈静 ························· 贾祖璋

诗歌

繁星集

历史的冷藏库（五首） ··············· 叶延滨
早阳（外一首） ····················· 陈所巨
我还怕什么 ························· 孙武军
瞎穗（外一首） ····················· 才树莲
我和你（三首） ····················· 顾　城
西瓜子 ···························· 梁小斌
小船上…… ························· 蔡荣电
海港乐曲（二首） ··················· 陈仲义
生命·彩蝶（二首） ················· 朱槐生
法医学的明珠 ······················ 阿　芳
我赞美瓷的饭碗 ····················· 赵英华
香港之歌（二首） ········ （中国香港）碧　沛

海峡两岸

回归情（五首） ····················· 王晓廉
日月潭 ···························· 童嘉通
未寄的信 ··························· 季涤尘
珊瑚 ······························· 郑成义
相思树苗 ··························· 田永昌

评论

关于文艺的社会效果二题 ············· 李联明

关于新诗创作问题的讨论

诗歌问题浅见 ······················ 宋　垒
浅辨"人民之情" ···················· 林　云
"政治色彩"质疑 ···················· 杨松霖
写出人物灵魂中奇特的私衷（创作谈） ·· 丁元昌
删与敷（谈谈艺术辩证法） ··········· 陈　纾

美术

养鸡能手（磨漆画） ················· 廖国宁
牧歌（雕塑） ······················ 王继权
剪纸一组 ··························· 张永辉
山村风光（中国画） ················· 王维宝

1980 年第 11 期　刊名:《福建文艺》
目录

小说专辑

"土地爷" ·························· 曾毓秋
走向天国的红卫兵 ··················· 季　仲
黎文贵中士 ························· 林新仪
求宿记 ···························· 王芸亭
好事多磨 ··························· 林微润
心迹 ······························· 青　禾
杨柳青青 ··························· 张建萍
忏悔 ······························· 林松尧

诗歌

唐山情

唐山情 ···························· 陆　櫆
越过大洋 ··························· 李小雨
写在侨乡代书室 ····················· 任　越
思乡筷 ···························· 邢书第
归根（外一首） ····················· 芦　荻
香港素描 ················ （中国香港）杨贾郎

山高水长

竹山笛音 ··························· 黄文忠
山高水长 ··························· 贾长厚
晴光 ······························· 郑成义
银瀑布山 ··························· 彭燕郊
牧鸭图 ···························· 孙新凯
分红归来 ··························· 古　钟
仲夏诗叶 ··························· 钱　钢

评论

关于新诗创作问题的讨论

从舒婷抒什么情说到"善" ············· 边　古
这条路行得通 ······················ 李　更

愈是诗，愈是创造的…………………曹长青　赵振鹏
外来形式及其他……………………………………翁友本
关于"欧化"…………………………………………柴海涛
人民智慧之花
　——喜读《榕树文学丛刊》民间文学专辑……陈　卓
"思乡之心永不死灭"
　——读《台湾散文小辑》………王慧骐　潘宝明
"唱自己的歌"
　——介绍台湾"校园歌曲"………………………王斯瑶
黎烈文和改进出版社（福建文学史资料）……赵家欣

美术
菊（磨漆画）…………………………………………萼　梅
书法两幅（选自全国书法篆刻展览）
　……………………………………张人希　陈奋武
渔村（水粉画）………………………………………林汉源

1980 年第 12 期　刊名:《福建文艺》
目录

小说
心心相印……………………………………………李　栋
啊，人材……………………………雨时　如月
动力…………………………………………………方　川
紫色的水葫芦花……………………………………竹　林
游客…………………………………………………西　涧

散文
带刺的猕猴桃………………………………………马　明
石头…………………………………………………宋祝平
市声…………………………………………………吴　文
吾抒吾见（杂文二则）……………………………吴国豪

侨乡风情
像片…………………………………………………蔡力哲
侨乡画页……………………………………………陈瑞统
故乡寒梅已著花……………………………………陈志泽

诗歌
庐山风云录（外一首）……………………………左一兵
长夏盐滩随想………………………………………兰炯熹
农具吟（二首）……………………………………澍　雨
乞丐……………………………（中国香港）葛关福
群芳圃（地县刊物作品选载）
年轻的心……………………………………………林　祁
海上吟………………………………………………甄　琴
化石…………………………………………………季振华
生命的折射…………………………………………万　千

园丁集
写在教案本上（三首）……………………………刘瑞光
僻静的山村（二首）………………………………朱槐生
窗口剪影……………………………………………邱滨玲
熄灯之后……………………………………………施敏华
人物描写（六首）…………………峻　翔　陈文和
　郑　南　晓　帆　石进福　沈良意

花草集（三首）……………………………………徐如麒
白兰花………………………………………………姜金城

评论
关于新诗创作问题的讨论
一股不可遏制的新诗潮……………………………刘登翰
开拓诗歌的新领域…………………………………陈志铭
八闽文讯：认真探讨新诗创作问题
让我们永远记住
　——浅评长篇小说《海囚》……………………蔡海滨
把被颠倒了的人颠倒过来…………………………陈　纾

美术
静物（漆画）………………………………………王炳耀
书法二帧（选自全国书法展览）……罗　丹　沈觐寿
历史小说《金瓯缺》插图…………………………刘旦宅
马（磨漆画）………………………………………吴　川

1981 年第 1 期　刊名:《福建文学》
目录

七公做寿……………………………………………姚文泰
附：一篇发人深思的好小说………………………予　闻
月亮，月亮…………………………………………郑乃臧
我和年年……………………………………………张　力
今天的报纸还没来…………………………………光　明
夏天里的最后一朵玫瑰……………………………施　群

散文
叶挺将军囚居桂林的时候…………………………马　宁
哭石榴………………………………………………邓星雨
在那遥远的地方……………………………………杨西北
海外女作家的深情——访於梨华………………林承璜
萍踪识小……………………………（中国台湾）林　藜

诗歌
呵，命运……………………………………………顾　工
九曲溪………………………………………………蔡其矫
心花集（五首）……………………………………杨大矛
夏天之歌……………………………（中国香港）王心果

从深夜到黎明（歌词二首）·············陈侣白
春鸟（外一首）·····················林茂春
旋梯···························彭燕郊
握手···························练文修

爱情诗一束
爱情诗（三首）·····················韩作荣
"假面具"·······················蔡荣电
红豆树·························夏　雄
织席人·························孙新凯
恋情···························阿　红
挑女婿·························邱煜民

评论
艺术个性问题浅谈（创作论坛）···········刘心武
青春诗论（十则）·········杨　炼　徐敬亚　顾　城
高伐林　李发模　张学梦　骆耕野　梁小斌　陈仲义
王小妮

学会观察人（创作之友）···············徐　荆
《团圆》——一篇真切感人的好作品········陈春庆
八闽文讯
编后语

美术
海望（油画）·····················范艾青
三月的风——献给植树节（油画）·········郑方伟
书法作品二帧·············潘主兰　林宪民
祖国的呼唤（木刻）·········郑学恭　王建平

萍踪识小·················（中国台湾）林　藜

诗歌
武夷——万种的神奇·········（中国香港）何　达
雨曲···························赵丽宏
相信自己吧·······················薛宗碧
大海之歌·······················刘文琴

返乡曲
鲤城花灯夜·······················黄文忠
北山恋·························刘　章
返乡撷拾·······················戴泉明
乡音新唱·······················朱谷忠

八闽短笛（十六首）··········范　方　文　丙　任　越
张如腾　王耀东　陈云其　冬　泉　王中朝　吴国梁
王者诚　徐晓鹤

评论
思想解放与新时期的文学潮流···········顾　骧
生活、书籍与诗
——兼答读者来信·················舒　婷
文坛学步杂谈·····················孔捷生
读《临窗集》·····················俞元桂
我怎样学习写作·········[英]R.史蒂文生　周林东译

美术
霞（油画）·······················卢和欣
闽南女（水印木刻）·················陈晋江
盼（木刻）·······················张地茂
侨乡四季（之一）···················陈宗光

1981 年第 2 期　刊名:《福建文学》
目录

小说
爱国的"叛国者"···················叶永烈
绝处获生记·······················庄东贤
"维纳斯"号上的奇遇·················路　克
雪白雪白的蘑菇···················柯厥后
郁郁园中柳·······················王迎春
大胡子恋爱记·····················王宏甲

散文
美的猎影·······················何　为
"窗内和窗外的世界"
——访散文作家何为·················陈侣白
揭开"阿波丸"之谜（报告文学）·········章　武
盆中桂林·······················韩静霆
围炉···························黄明定

1981 年第 3 期　刊名:《福建文学》
目录

小说·散文
女作者专辑
到檐头下避雨（小说）···············宋　绾
小冉冉（小说）·····················陈凤金
蓦然间（小说）·····················周美文
临归之日（小说）···················林　哲
真的（小说）·····················陈　恬
啊！鼓浪屿（散文）·················莫　耶
寻找（散文）·····················刘小敏
菇（散文两题）···················陈庆儿

监狱里的故事（小说）···············沈世豪
崎岖路上的女人（小说）·············黄安民

闽南无处不相思（散文）————————李灿煌
含羞草感（杂文）————————陈 中
星月（散文）————————叶公觉
萍踪识小（散文·连载之三）————（中国台湾）林 藜

诗歌
在报社接待室（三首）————————季振邦
车旅随想（三首）————————朱 红
向日葵·大树（二首）————————杨 滨
海滩即兴（外一首）————————黄文山
爱的颤音（二十一首）————柯愈勋 陈文和 潘俊龄
夏雄强 弓 丁芒 陈仲义 魏颜华 陶家明
闽中行————————谢逢松
游武夷————————陈景汉

评论
从舒婷的诗谈到王蒙的小说——文学随想————陈骏涛
略谈当前文学表现手法的创新————————夏文生
谈宋祝平散文的特色————————石温莹 谢春池
关于新诗创作问题的讨论
诗，向着人的内心世界挺进————————俞兆平
古怪诗论琐议——关于"五四"新诗革命和历史上的
三次大讨论————————丁 力

美术
青春（水粉画）————————方大川
桥（中国画）————————陈 羽
浪中郎（中国画）————————陈胜民
喜归帆（油画）————————范艾青

1981 年第 4 期　刊名:《福建文学》

目录

啊，凤凰村————————姚更青
此生此夜————————祝兴义
歧途————————毛小榕
我不该笑啊……————————袁 敏
无花果————————周 矢

散文
万元美金奖获得者（报告文学）————————傅溪鹏
散文诗会
初春之歌（三题）————————李 耕
玉兰花树（外一首）————————傅子玖
海边，有一片半月形的沙滩————————黄文山
风啊，风啊……————————许琼琳
涨潮（外一首）————————陈树民

思乡————————陈志泽
致母亲————————王毓欣

敦煌行————————蔡 群 国 勤
高傲的战马————————刘再复
螺号声声————————林文宝
青芝寺纪游————————唐 震

诗歌
石板路，给了我一串沉吟————————武 朔
随感小札（五首）————————李武兵
春草集（十二首）————————林茂春

八闽诗笺
九曲溪组曲————————宫 玺
闽江————————刘登翰
接笋峰青松————————倪世璧
村渡————————谢春池
武夷岩茶————————姜金城
题林则徐故居————————陈继光
群芳圃（地县刊物作品选载）————肖 春 未 名
峻 翔 林成彬 曾 阅 柳良栋

评论
读书与写作（创作论坛）————————蔡其矫

广开言路
争鸣与抬杠————————魏 拔
琐谈"自我调整"————————杨际岚
一种不利于争鸣的反证法————————徐振辉
心灵的净化与美的享受
——读李栋的《心心相印》————————罗传洲
关于新诗创作问题的讨论
新诗——行进在探索之路————————徐敬亚
也谈"朦胧"诗————————左一兵
朦胧————————曾 阅

美术
鱼美人（水粉画）————————陈一峰
珍惜吧，青春的时光（宣传画）————————朱榕晨
月光曲（中国画）————————何纲基
渔歌（中国画）————————曾 坚

1981 年第 5 期　刊名:《福建文学》

目录

一九八〇年本刊优秀短篇小说评选揭晓

短篇小说专辑

夕阳山外山·····················陶 棨
斯泉涓涓·······················张 力
韧···························田珍颖
翻滚的金龙河····················李新昆
无风带··················何晓秋 邱伟鸣
寒夜里的呼唤····················王文径
父母心························卢 腾
浮沉·························吴 茜

诗歌

我依然喜欢——红色················谢春池
峥嵘岁月的怀念（三首）··············陈运和
致大桥·······················郑振飞
煤窑创业歌（二首）················邱煜民
林溪之歌（外一首）················黄文忠
水乡风采（四首）·················孙新凯
秋风歌························刘小龙
列车上（二首）···················朱槐生
露珠集（十一首）········陈仲义 许琼琳 何 仃
刘永乐 袁学林 曾仰忠 茅 草 张永忠 杨承浩

评论

生活·灵感·创新（创作论坛）···········李 栋
漫谈文学的突破和创新（文学创新放谈）·····练文修
让诗回到自己的轨道上来（关于新诗创作问题的讨论）·····················钟 文
"简炼是才能的姐妹"（创作之友）·········张春吉
愿更多的处女作问世（读者中来）·········郑宗群

美术

鸽子·军舰（油画）·················李晓伟
未来（水粉画）···················陈 仁
南风（中国画）··············谢云飞 翁振新
望（木刻）·····················谢瑞良

1981 年第 6 期　刊名:《福建文学》

目录

反映新时代　描写新人物···········本刊编辑部

报告文学

信念与毅力之歌·············秦杰民 王金屏

小说·散文

戒烟························姚文泰
月亮························韦 薇
我和师姐·················施建国 易浩漾
山村来客······················乡 村
突围························张 镭
访长崎（散文）···················林 林
瓶（散文）·····················严 阵

儿童文学

庭院·四婶妈和小巷……（散文）·········郭 风
我和花猫（小说）·················杨植材
小黄莺唱歌（童话）················黄衣青
给祖国花朵的礼品（诗九首）
·········安造计 潘仲龄 王宜振 阿 清 阿 明

诗歌

海峡两岸
回归情（三首）···················王晓廉
高山族民间舞····················于宗信
潮水捎回的遗嘱···················海 南
相思树下望台湾··············林亚顺 沈双叉
八闽短笛（七首）··············未 名 林 祁
刘溪杰 张元锦 刘 章 姚文光

评论

成绩可观　还要努力
——《福建文学》一九八〇年获奖小说读后···魏 拔
谈文学创新的思想武器（文学创新放谈）·····徐 荆
散文创作断想（创作论坛）·············沈仁康
郭风散文诗的意境美················李元洛

关于新诗创作问题的讨论

把最好的精神食粮贡献给人民···········郭启宗
写出孩子的特色和情趣
——读长篇小说《在一个夏令营里》········傅 萍
《福建文学》一九八〇年短篇小说评选授奖大会在福州举行······················山 风

美术

竹林（中国画）————————————王维宝

仲夏夜曲（中国画）————————翁祖团

海之恋（木刻）————————————陈　铎

刺桐花开兆丰年（中国画）————徐美碟

1981 年第 7 期　刊名：《福建文学》
目录

革命回忆录

越过茫茫的草地————————————杨成武

小说

良种————————————————————傅必文

钱先生的合家欢————————————刘观德

似水年华————————————————沈仁康

我那口子————————————————季　仲

长街夜声（速写）————陈文和　林水土

素兰（速写）————————————————李绪茂

散文

用血昭示的信念————————————张　惟

竹山春晓————————————————叶志坚

效外静静的小溪旁————————————万国智

眷眷赤子心————————————————王岱平

诗歌
献给七月的歌

南寨广场漫步（外一首）————蒋夷牧

圳背岩洞————————————————林　祁

勘探————————————————————谢春池

鼓山金匾————————————————沈乡人

过家门————————————————————石　英

情满湘江————————————————陈瑞统

指挥部的台阶————————————陈志铭

山乡，宁静的月夜————————吴凤章

东山西岭（外一首）————————朱谷忠

竹山春歌（二首）————————孙新凯

古庙春色————————————————陈金茂

创业（外一首）————————————商家云

网箱，公社的鱼库————————陈所巨

煤窑迎春（二首）————————邱煜民

汛前的汛——————————白　煤　孙福枝

红绿灯下（外一首）————————罗怡芳

盼归情（四首）————————于宗信　李　由

评论

文学创作的准备（创作论坛）————丁　玲

广开言路

开展实事求是的争鸣————————朱先树

尽到"扳道夫"的责任————————周书文

"删削些黑暗，装点些欢容"————杨知秋

思想·感情·气魄
————评蒋夷牧的部分诗作————————沈宏菲

我省召开青年文学作者座谈会（八闽文讯）———山　风

美术

芝鼎长春（中国画）————————郑乃珖

陈扬坤摄影艺术作品

初春（水粉画）————————————朱介顺

1981 年第 8 期　刊名：《福建文学》
目录

小说

在绿色的界碑旁————————————尚　列

马江海战（历史小说）————————李大刚

心灵————————————————————黄新心

春水微波————————————————青　禾

我的"番客"叔叔————————————苏　晖

雪中雪————————————————蒋学道

报告文学

"包"氏传奇————————————————宋祝平

散文

海的女儿————————————————洪　群

山海情————————————鲍周义　洪　泓

探索"鲍珍"奥秘————————————许崇安

海外来稿

拉让江的细诉————————[新加坡]郑子瑜

故乡土（外一题）————————[菲律宾]忆　梅

月是故乡明————————（中国香港）张思鉴

诗歌

军旗红

机场的夜（外二首）————————毕长龙

小岛短笛（四首）————————杨德祥

海巡————————————————————黄亚洲

唐山情

游子心歌（二首）————————陈志泽

回乡曲（二首）————————（中国香港）黄河浪

葵扇·秦琴（二首）————————陈官煊

"归来堂"陈文和

乡思（二首）————————————李灿煌

客轮 ·· 刘永乐
集美 ·· 王耀东
夜海听涛 ·· 杨　牧
关于颜色的诗（二首）······························· 杨　炼
皂泡 ·· 施肃中
印象三首 ·· 张品成

评论

我阅读的中外文学作品 ················ 茅　盾遗作
学贯中外，别成一体 ·················· 庄钟庆
努力塑造多样化的新人形象（创作论坛）

沈文元　丘　峰

关于新诗创作问题的讨论

告别迷雾，走向人民 ·················· 陈瑞统
新诗讨论与诗歌的批评标准 ·········· 吴思敬

名作家

漫话名作家的创作（创作之友）······ 温祖荫
我省召开文艺评论座谈会（八闽文讯）······ 夏文生

美术

响竹（油画）·························· 于振立
农家小景（中国画）·················· 孙文铎
冬忙（中国画）······················ 安云鹏
秋（油画）·························· 张洪赞

1981 年第 9 期　刊名:《福建文学》
目录

小说

花王招亲 ······························ 黄　瀚
暮年爱侣 ···················· （中国香港）尚　政
被烈火灼伤过的人们（三篇）·········· 曾毓秋
人生之路 ······························ 庄东贤
在一个小站 ···························· 南　翔
在爱情的十字路口 ···················· 樊悟纪
海棠院 ······························ 宋　绾

地县刊物小说选刊

在被蹂躏的国土上 ···················· 林水清
星汉灿烂的时候 ······················ 朱雨麟
落叶 ································ 陈锦清

评论

鲁迅的人格力量与艺术气魄 ·········· 刘再复

关于新诗创作问题的讨论

时代精神与表现自我 ········ 费振刚　方克强
理性·个性·形象性 ·················· 陈祥耀

读者中来

《无花果》的美学价值何在 ·········· 罗良德
赞《无花果》的心理描写 ············ 李怀埙

美术

鲁迅和日本朋友（油画）············ 李树基
杜甫（中国画）······················ 刘昌华
连心杯（木刻）······················ 卢宪民
基石（木刻）························ 安　滨

1981 年第 10 期　刊名:《福建文学》
目录

小说

湖畔人家 ······························ 杨少衡
木生啊，木生…… ···················· 林有谈
梧桐街风情 ···························· 聂鑫森
蒲公英 ································ 张建萍
阳台上的歌声 ························ 万卷书
"空中小姐" ·························· 陈维成

报告文学

"能人"列传 ·························· 宋祝平

散文

辛亥战场缅怀 ························ 林萱治
故乡的花 ······························ 何少川
榴梿常青 ······························ 郭建尧
万年青 ································ 楚　舟
荔浦村散记 ·························· 陈诗哲

诗歌
阳光灿烂

葛洲坝诗草（二首）·················· 刘登翰
水乡风采 ······························ 孙新凯
这里，是繁忙的港湾 ················ 阿　芳
废河床上 ······························ 马绪英
绿色的旋律（二首）·················· 潘　秋
高楼，在废墟上矗起…… ············ 黄东成
绿色的希望（二首）·················· 薛宗碧
背 ·································· 刁永泉

海峡两岸

在海峡这一边（二首）··············· 倪世璧

回归情（三首）..............................王晓廉
乡思（二首）...................（中国台湾）廖　群

海恋
日月贝....................................未　名
给海鸥....................................王者诚
海树......................................陈树民
汽笛......................................彭志坚
船头望海..................................朱吉成
夜..李根红
归航......................................李根宝
海..文　丙

评论
文艺批评与文艺繁荣........................傅　萍
谈鲁迅小说文体的创新......................许怀中
感情的诗化................................林兴宅
不可忽略形式及其规律
　——兼谈新诗的"朦胧"...............汪　政　三　义
海外华工生活的历史画卷
　——评长篇小说《异乡奇遇》..............康　林

美术
渔岛（油画）..............................张文斌
夏（中国画）..............................王维宝
手中有粮（木刻）.....................王　强　卢宪民

1981 年第 11 期　刊名:《福建文学》
目录

报告文学
黄植诚归来................................蔡记真

小说
山泉.........................雨　时　如　月
牛郎哥哥..................................孙新凯
"铁拐李"..................................曾　照
香港式的烦恼...................（中国香港）连　云
悠悠钟声..................................小　文

散文
京华三日记................................郑朝宗
青石板的歌................................胡汉平
和谐......................................陈丹燕
蛤蟆渡....................................谢瑞元
塔魂......................................周秉恒

散文诗页
海峡情思.......................（中国台湾）鲁　平
秋风......................................汪　平
码头......................................黄　蜂
洁白的山茶花..............................徐常波
小溪......................................由　理

诗歌
我心中的画（十三首）......................黄文忠
炎夏三题..................................朱　红
无题（赠友人）............................朱展华

诗的花坞
　　　　　　　　　　　　　　林　希　陈瑞统
于跃江　郭　廓　薛锡祥　林　斌　方竟成　许琼琳
洪　帆　思华文

评论
关于性格描绘的断想（创作论坛）............蔡师勇
政治风云、思想深度和艺术形象
　——读几部描写悲欢离合的中篇小说........曾文渊
挺秀的新竹
　——评黄文忠的诗........................俞兆平
浸透爱国深情的含泪歌声
　——谈舒婷的《祖国呵，我亲爱的祖国》....林锡潜
似曾相识的乡土语言........................斯　然
读者中来（五则）
省文联组织作家深入闽北参观访问（八闽文讯）

美术
愿大地长春（中国画）......................沈启章
为国争光（水粉画）........................林有光
启明星（油画）.....................陈宗光　陈宗荣

1981 年第 12 期　刊名:《福建文学》
目录

报告文学
水漫山城之后..............................章　武

小说
挂牌......................................吴　铧
李石滚买箩筐..............................陈章华
想见时难别亦难............................季　仲
我们厂里的年轻人..........................翁树杰
苦恼的华西里..............................何　飞
迎新记....................................林　珏
小尾......................................王伟伟

散文

月夜瓜洲 ————————————————————叶志坚
我又见到相思树了 ——————————————田　野
叶子 ————————————————————————韩静霆

诗歌
爱情诗小辑
真实的梦境（八首）————————————郭志杰
门 ——————————————————————————王家新
无题 ————————————————————————陈继光
夜（外一首）——————————————————王慧骐

爱的印象（二首）——————————————蔡荣电
融合（外一首）————————————————阮　霞
战火下（三首）————————（中国香港）黄河浪
"淘金"惊梦（三首）————————————丘　陵
停电（外一首）————————（中国香港）王心果

地县刊物诗歌选载
给一位失足的青年朋友————————————荆　桦
给 ——————————————————————————夏　雄
树叶书签 ————————————————————林　祁
月 ——————————————————————————潘升玑

评论
从生活的散文中提炼生活的诗（创作论坛）———李联明
试论鲁迅小说的线索与格局 ————————牧　知
关于《戒烟》的通信 ————————王光明　姚文泰
"真正的艺术是忽视艺术的"（创作之友）——陈　抒

美术
晾（中国画）——————————————————方金河
中医学院的外国留学生（中国画）——————梁照堂
鸽筝（木刻）——————————————————卢宪民
丰收曲（木刻）————————————————袁振璜

1982 年第 1 期　刊名:《福建文学》
目录

小说
讨债 ————————————————————————姚文泰
10 排 1 号 ————————————————————孟国楚
书记算命 ——————————————瞿新华　方克强
执法者 ————————————————————————王宏甲
香港小姑子 ——————————————————陆　毅

百草园
飞 ——————————————————————————林培堂
拍照 ————————————————————————洪　泓

等 ——————————————————————————金　鹿
失败 ————————————[日]星新一著　李有宽译

散文
钏路的一个夏天 ————————————————何　为
黄金日月今又来 ————————————————姚鼎生
闽北纪行 ————————————————————何泽沛

中学生作文获奖作品选登
我和母亲 ————————————————————郭　俊
强中更有强中手 ————————————————葛　梅
纤夫颂 ————————————————————————洪鹭云
合影 ————————————————————————汪　华

诗歌
群山深处的报春花（三首）————————陈侣白
工厂诗抄（二首）——————————————孙友田
渔港"元宵节" ————————————————刘小龙
访富记 ————————————————————————邱滨玲
春播 ——————————————————————————静　影
春光秋色（十五首）————————吴凤章　景　涛
唐大同　崔合美　马绪英　郭晓晔　沙　白　丁　芒

台湾文学之窗
一杆"称仔"（小说）————————（中国台湾）赖　和
台湾新文学的先驱者——赖和（评论）————张默芸

评论
漫话编故事与写人生（创作论坛）————余　如
更多更好地反映当代青年的生活 ————许耀铭
诗艺，点点滴滴 ——————————————阿　红
漫话名作家的创作（创作之友）————温祖荫
《湖畔人家》人物谈（新作漫评）————辛　予

编后语

美术
帆（磨漆画）——————————————————余明惠
高山深谷是我家（中国画）————————进　连
青松挺且直（中国画）————————————李硕卿
田头饭（中国画）——————————————方金河

1982 年第 2 期　刊名:《福建文学》
目录

小说
爱的正数与负数 ————————————————杨　柳
风雨元宵 ——————————————蒋夷牧　王岱平

柔情似水⋯⋯⋯⋯⋯⋯⋯⋯⋯⋯⋯⋯青　禾
芳草青青⋯⋯⋯⋯⋯⋯⋯⋯⋯⋯⋯⋯吴　曦
新同学阿乡⋯⋯⋯⋯⋯⋯⋯⋯⋯⋯⋯林　樱
郑成功的传说（二则）⋯⋯⋯⋯冬　青　方　舟

报告文学
神奇的眼睛⋯⋯⋯⋯⋯⋯⋯⋯张海勋　洪　伟

散文
能⋯⋯⋯⋯⋯⋯⋯⋯⋯⋯⋯⋯⋯⋯⋯梦　周
海的怀念⋯⋯⋯⋯⋯⋯⋯⋯⋯⋯⋯林懋义
朴美的野石子⋯⋯⋯⋯⋯⋯⋯⋯⋯苏　晨

海外来稿
亲人信笺⋯⋯⋯⋯⋯⋯⋯⋯［菲律宾］忆　梅
仰望星空（外一章）⋯⋯⋯（中国香港）郑梓敬

诗歌
海峡两岸
宝岛的怀念（二首）⋯⋯⋯（中国台湾）廖　群
寄远（四首）⋯⋯⋯⋯⋯⋯⋯⋯⋯吴凤章
泉山之恋⋯⋯⋯⋯⋯⋯⋯⋯⋯⋯⋯陆　橧
台湾鸽哨⋯⋯⋯⋯⋯⋯⋯⋯⋯⋯⋯陈文和
海峡彩虹⋯⋯⋯⋯⋯⋯⋯⋯⋯⋯⋯倩　晴
写在郑成功的故乡（二首）⋯⋯⋯陈志泽
鲁迅与郑成功⋯⋯⋯⋯⋯⋯⋯⋯⋯陈瑞统

诗的花坞（十五首）⋯⋯⋯舒　婷　袁学林　陈志铭
王维洲　方竟成　刘景童　徐　康　黄　淮　薛锡祥
邹　进　肖元赏　肖元庆　顾　城　颜如璇

台湾文学之窗
秋割⋯⋯⋯⋯⋯⋯⋯⋯⋯⋯（中国台湾）季　季
未婚妈妈的哀愁
——读季季小说集《涩果》⋯⋯⋯张默芸

评论
沿着正确方向　把文艺工作搞得更活跃⋯⋯⋯山　风
开拓更加宽广的创作天地⋯⋯⋯⋯⋯草　云
与人为善的文艺批评
——读瞿秋白《画狗罢》⋯⋯⋯⋯宋志坚
散文和散文家的自我修养（创作论坛）⋯⋯孙绍振
当代青年心灵世界的探索（近作名篇欣赏）⋯⋯徐　学

美术
马蹄莲（磨漆画）⋯⋯⋯⋯⋯⋯⋯陈德龙
幸福年（油画）⋯⋯⋯⋯⋯⋯⋯⋯杨浩石
路在我们脚下（油画）⋯⋯⋯⋯⋯陈宗光
绣（水粉画）⋯⋯⋯⋯⋯⋯⋯⋯⋯陈一峰

1982 年第 3 期　刊名：《福建文学》
目录

小说
下棋看五步⋯⋯⋯⋯⋯⋯⋯⋯⋯⋯李　栋
人生七十⋯⋯⋯⋯⋯⋯⋯⋯⋯⋯⋯魏　拔
管水⋯⋯⋯⋯⋯⋯⋯⋯⋯⋯⋯⋯⋯杨少衡
静静的甬道⋯⋯⋯⋯⋯⋯⋯⋯⋯⋯戴冠青

新作者之页
小镇闲话⋯⋯⋯⋯⋯⋯⋯⋯⋯⋯⋯张小波
"没米乐"邹洪颇⋯⋯⋯⋯⋯⋯⋯⋯温济清

报告文学
"活神仙"林如高⋯⋯⋯⋯⋯李玉光　游　冰

散文
登天游⋯⋯⋯⋯⋯⋯⋯⋯⋯⋯⋯⋯宋祝平
元夜宫灯思无穷⋯⋯⋯⋯⋯⋯⋯⋯李灿煌
牛山岛纪行⋯⋯⋯⋯⋯⋯⋯⋯⋯⋯冯秉瑞
放生⋯⋯⋯⋯⋯⋯⋯⋯⋯⋯⋯⋯⋯郑行栋

诗歌
水上人家（二首）⋯⋯⋯⋯⋯⋯⋯孙新凯
翠绿的海岛（五首）⋯⋯⋯⋯⋯⋯陈钊淦
旅人情（二首）⋯⋯⋯⋯⋯⋯⋯⋯蒋夷牧
情洒乡邮路（二首）⋯⋯⋯⋯⋯⋯邱滨玲
"农民旅行团"（三首）⋯⋯⋯⋯⋯陈文和
城市交响曲（三首）⋯⋯⋯⋯⋯⋯卓　凡
二舅家的砖瓦房⋯⋯⋯⋯⋯⋯⋯⋯蔡文祥
铃声⋯⋯⋯⋯⋯⋯⋯⋯⋯⋯⋯⋯⋯唐　祈
唐山情⋯⋯⋯⋯⋯⋯邢书第　西　彤　任　越
张诗剑　柯　原

台湾文学之窗
那片血一般红的杜鹃花（小说）⋯⋯⋯白先勇
《现代文学》、白先勇和"放逐主题"（评论）
⋯⋯⋯⋯⋯⋯⋯⋯⋯⋯⋯⋯⋯⋯耘　之

评论
脱尽败叶发新枝⋯⋯⋯⋯⋯⋯⋯⋯夏　村
时代感和乡土气
——读姚文泰的三个短篇⋯⋯⋯⋯刘登翰
博而能一（创作论坛）⋯⋯⋯⋯⋯潘旭澜
试论人物性格的复杂性（创作论坛）⋯⋯柴海涛

美术
春风（油画）⋯⋯⋯⋯⋯⋯⋯⋯⋯胡振德

乡曲（中国画）────────────林俊龙　李淑华
醉（中国画）───────────────────陈胜民
生活的启示（油画）─────────────────郑　工
泥潭春秋（油画）──────────────────徐光培

1982 年第 4 期　刊名:《福建文学》
目录

本刊一九八一年优秀短篇小说评选揭晓

小说
家贼─────────────────────林微润
土与手────────────────────毛志成
通通的心事──────────────────傅如龙
青青二月兰──────────────────宋　绾

百草园
雨后小河边──────────王慧骐　王慧骏
街戏─────────────────────杨钧炜
晚霞似火───────────────────李文章
三妹的连衣裙─────────────────吴　曦

报告文学
搏击者────────────────────陶嘉善

散文
《闽居纪程》自序───────────────何　为
流水依依古廊桥────────────────黄文山
太姥山试胆──────────────────闫海峰

诗歌
蚯蚓之歌（十四首）───────────────潘　秋
火的赞歌───────────────────文　丙
残废人之歌（四首）──────────────桑民强
春的律动（三首）───────────────张永忠
诗三首────────────────────时盛麟

台湾文学之窗
吊人树（小说）──────────（中国台湾）王　拓
台湾乡土作家王拓（评论）─────────刘蔚文

评论
坚持真实性和理想性的统一（创作论坛）─────练文修
在菲律宾马尼拉新潮文艺社座谈会上的发言──郭　风
写出人物性格的多样性和复杂性
──评长篇小说《黄毛丫头》──────────钟本康
关于《黄毛丫头》的通信──────────姚鼎生
矫情、自我和时代（本省中青年诗人评介）

──读潘秋的诗──────────────刘登翰
努力写出福建的地方特色来──────────青　山
精妙的艺术构思（近作名篇欣赏）───────陈志铭

美术
崇武印象（中国画）──────────────陈胜民
晨（磨漆画）─────────────────王锡程
白描花卉四幅──────郑益坤　郑百重　施宝霖　陈公泉
农妇（雕塑）─────────────────崔静洲

1982 年第 5 期　刊名:《福建文学》
目录

短篇小说专辑
乡土─────────────────────姚文泰
无声的歌───────────────────青　禾
姑嫂─────────────────────黄　瀚
大红聘书───────────────────杜成维
蛏壳船上───────────────────孔　屏
玉琵琶────────────────────林鼎安

新作者之页
谁之过────────────────────赖妙宽
可喜的第一步（编后絮语）─────────予　闻

报告文学
"红娘"之歌──────────────────林礼明

诗歌
本省中青年诗人评介
晨光的辙印（十三首）─────────────陈文和
从生活中汲取诗情（评论）
──读陈文和的诗──────────赵增锴　吴之瑜

农村人物素描（二首）─────────────黄文忠
山村，在微笑（二首）─────────────薛宗碧
希望（二首）─────────────────叶延滨
海港抒情诗（二首）──────────────邢书第
关于诗的诗（二首）───────────林茂春　蒋夷牧
王慧骐　刘　章　樊发稼　施肃中

台湾文学之窗
泥沼中的金鲤鱼（小说）───────（中国台湾）吴浊流
吴浊流在台湾反帝反封建文学中的地位───────包恒新

评论
为有源头活水来
──学习毛泽东同志的文艺源泉论──────李联明
文艺的民族性和世界性的辩证法

——学习毛泽东同志关于文艺继承、借鉴论述的一点体会·······················许怀中

关于《爱的正数与负数》的讨论
要写得真实一点，美一点···················傅 萍
心灵暗影的潜望·····························罗传洲

八闽文讯（三则）

美术
乡行（磨漆画）·····························刘建敏
夕（磨漆画）·······························陈晋江
儒林外史《范进中举》插图五幅（版画）······杨思陶

1982 年第 6 期　刊名:《福建文学》
目录

报告文学
啊，面包树·································朱佩国

小说
绿雪花·····································朱兆雪
对头·······································杨少衡
淡水·······································夏 帆
借东风·····································陈章汉
生日（儿童文学）···························李年古
秘密行动（儿童文学）·······················郑 健

新作者之页
兰溪水清清·································林丹娅
清亮的镜子（编后絮语）·····················海 粟

散文
踩街·······································宋祝平
春雪
——悼念碧沛·····························林 华
张师傅卖夜点（少年习作）···················陈 玲
难于忘怀的小事（少年习作）·················林龙源

诗歌
颂歌二篇···································蔡其矫
萎靡的水仙花·················（中国香港）碧 沛

神话与历史
神话草（四首）·····························赵丽宏
金陵杂咏（二首）···························叶庆瑞
名将与爱犬·································高进贤

诗的花坞（八首）···········杨 洋 范 方 薛卫民
蔡秋声 陈志泽 鲍国忠
献给祖国的花朵（儿童诗五首）
··············潘仲龄 陈官煊 王慧骐

台湾文学之窗
成龙之后（小说）···························杨青矗
台湾著名工人作家杨青矗（评论）···········黄拔光

评论
"海的子民"的歌吟
——论蔡其矫和他的诗·············谢 冕 王光明
规律·框框·评论（创作论坛）···············赵 自
心灵美的创造（近作著名篇欣赏）
——《内当家》李秋兰形象赏析···········黄毓璜

关于《爱的正数与负数》的讨论
让我们的作品如生活一样绚丽多姿···········杨 柳
谈谈《爱的正数与负数》的得与失···········古远清

《福建文学》一九八一年优秀短篇小说评选授奖大会、省短篇小说作者座谈会福州举行（八闽文讯）

美术
理想之花（水粉画）·························陈昆华
在海边（中国画）···························丁 丹
李维杞素描作品选登（三幅）
雨后（木刻）·······························王柏生

1982 年第 7 期　刊名:《福建文学》
目录

散文特辑（上）
辑前小语···································编 者
家乡味·····································肖 乾
画廊的夜晚·································端木蕻良
汤岛满·····································何 为
水仙花·····································郑 敏
乡愁·······································郑朝宗

蕉风椰影试品文·····························柯 灵
《野草集》后记·····························白 刃

柳叶·······································袁 鹰
紫藤萝瀑布·································宗 璞
信···姜德明
我的心又飞向佛罗伦萨·······················张守仁
天鹅祭·····································韩静霆
十八磉磻桥·································贾平凹

海之魂 ················· 宋祝平
海的怀念 ················· 赵家欣
茉莉花 ·············（中国香港）彦 火
我摘下一片绿叶 ············· 于宗信
绿色的思念 ················· 郭永桴
从圈圈里跳出来（杂文）········· 宋志坚

小说
经理人选 ················· 吴 铧
一束无法邮递的信 ············ 张 翎
启程吧，理想号 ············· 王伟伟
新县长轶闻 ················· 楚 良
妻子 ··················· 黄凯演

百草园
没错 ··················· 何梅官
离魂记 ················· 黄海根
开戒 ··················· 王毓欣
捷蛤的灵魂 ········ [黎巴嫩] 拉加·T.纳瑟
黄嘉琬 黄后楼译

诗歌
本省中青年诗人评介
海上渔歌（十首）············· 刘小龙
在探索的道路上（评论）········· 练文修

绚丽的色彩（十道）········· 邱滨玲 振 扬
任海鹰 曾 阅 刘瑞光 郭成建 左一兵 周银宝
海恋（六首）············ 李 月 彭志坚 陈仲义
韩 青 何 汀 叶庆瑞

评论
创作论坛
漫谈散文的生活广度和思想深度 ····· 俞元桂
散文必须创艺术之新 ··········· 吴周文
何为散文的人物描写 ··········· 王家伦

关于《爱的正数与负数》的讨论
技巧与真意之间 ············· 张玉钟
珍惜你的爱 ················· 刘 思

中国作家协会福建分会举办一九八二年全省中短篇小
说、诗歌、儿童文学优秀作品评选办法

美术
黄昏（磨漆画）············· 吴卫东
丰收乐（油画）········· 郑秉雄 董国清
侨乡春晓（中国画）········ 陈自昭 黄耀亭
天都峰（磨漆画）············· 郑光祖

1982 年第 8 期　刊名:《福建文学》
目录

小说
她们就这样分手 ············· 张聚宁
故园之思 ················· 母国政
世事人情 ················· 庄东贤
白眉仙 ················· 杨国荣
白粿 ··················· 宋 恒

新作者之页
藤枝竹 ················· 许若沛
开掘题材 写出新意（编后絮语）····· 阿 买

百草园
心花 ··················· 田荔琴
玲玲和翠翠 ················· 翁振华
叔叔 ··················· 谢 默
如梦初醒 ················· 江宇崧

散文
"十七里"游记 ············· 林 非
钟情（报告文学）············· 刘登翰
常在河边走 ················· 阎海峰
小岛海鸭场 ················· 傅崧山

诗歌
彩色的山村（六首）··········· 朱谷忠
劳动美、田园美及其他（评论）····· 杨健民

军旗红
海试（外一首）············· 李松涛
根的赞美 ················· 杨德祥
不灭的星星 ················· 李维佳
搭石旁 ················· 刘向东

爱的琴弦
爱的屐印（五首）············· 秋 筱
小夜曲（二首）············· 施肃中
姑娘，请不要 ············· 蔡荣电
相思草（二首）············· 张洪波
玫瑰 ··················· 魏颜华
眼睛 ··················· 黄东成
邮 ··················· 张励志

台湾文学之窗
乡村教师（小说）············· 陈映真
台湾乡土文学和陈映真的作品（评论）··· 黄拔光

评论

非韧不可（创作论坛） ········ 草 云

"他心里装着老百姓"

——喜读《下棋看五步》 ········ 弓 千

传统美德的新光彩

——《乡土》谈片 ········ 杨际岚

关于《爱的正数与负数》的讨论

他们在作弄感情 ········ 艾 芝

评《爱的正数与负数》的格调情趣 ········ 罗守让

美术

江南水乡（磨漆画） ········ 陈歌华

高山族青年（油画） ········ 梁照堂

侨乡胡椒分外香（水粉画） ········ 蔡文虎

蔗村五月风也甜（中国画） ········ 李 松

1982 年第 9 期　刊名:《福建文学》
目录

高举十二大旗帜，发展文艺好形势 ········ 本刊编辑部

小说

拱桥那里 ········ 筱 敏

送你几朵蕹菜花 ········ 涂吉安

鸭狮王下山 ········ 方 华

我的老丈人 ········ 陈 草

约会 ········ 西 涧

新作者之页

爱的复苏 ········ 晓 平

深入探究　合理可信（编后絮语） ········ 余 如

散文

摘取皇冠上的宝石（报告文学） ········ 黄文山

瞧那些年轻人 ········ 刘小敏

河 ········ 傅子玖

诗歌

本省中青年诗人评介

季节的抒情（五首） ········ 刘登翰

薰热的风（评论） ········ 周美文　范 方

诗的花坞（十三首） ········ 陈金茂　郭成建

马绪英　李根红　林四端　方竟成　曲庆玮　顾 工

夏 雄　严君权　林 斌　黄征辉

绿叶小集

榕树吟 ········ 黄文忠

绿叶集 ········ 聪 聪

台湾文学之窗

传奇（小说） ········ 洪醒夫

台湾退役军人的乡愁（评论） ········ 包恒新

评论

到底"说明"了什么

——评说《时代的报告》的"本刊说明" ········ 鲁 人

关于"文学任务"的思考（创作论坛） ········ 刘再复

关于《爱的正数与负数》的讨论

荒唐信中巧寓针砭 ········ 刘人云

要尊重人物的性格逻辑 ········ 张 煊

美术

珊瑚（漆画） ········ 郑益坤

古榕（漆画） ········ 陈思纯

郑成功部将（雕塑） ········ 李维杞　王维权

曦（油画） ········ 郭 宁

1982 年第 10 期　刊名:《福建文学》
目录

散文特辑（下）

"干扰" ········ 巴 金

祖父和灯火管制 ········ 冰 心

教堂一隅 ········ 邵燕祥

舢版 ········ 单 复

集美，我来了 ········ 黑 婴

《尺泽集》后记 ········ 孙 犁

《唱吧，山溪》后记 ········ 郭 风

《香港内外》后记 ········ （中国香港）陶 然

湄屿潮音 ········ 陈国俊

侨乡小吃 ········ 黄明定

刺桐树下 ········ 陈日升

荷亭听雨 ········ 章 武

畲山除夕 ········ 谢瑞元

晨星 ········ 梦 周

雪 ········ 陈慧瑛

山的回忆 ········ 郑 锹

黄山石 ········ 张胜友

车从灾区来 ········ 陈佐洱

妈妈的早晨 ········ 汪梅田

鲨的赞歌（知识小品） ········ 冯秉瑞

肉铺目击记（杂文）⋯⋯⋯⋯⋯⋯⋯杨际岚

小说
新闻镜头⋯⋯⋯⋯⋯⋯⋯⋯⋯⋯⋯赵　自
舞蹈病⋯⋯⋯⋯⋯⋯⋯⋯⋯⋯⋯⋯关　鸿
端午⋯⋯⋯⋯⋯⋯⋯⋯⋯⋯⋯⋯⋯刘观德
明天⋯⋯⋯⋯⋯⋯⋯⋯⋯⋯⋯⋯⋯袁一平
礼品⋯⋯⋯⋯⋯⋯⋯⋯⋯⋯⋯⋯⋯吴天增

新作者之页
小街人⋯⋯⋯⋯⋯⋯⋯⋯⋯⋯⋯⋯马　车
从生活中发掘人情美（编后絮语）⋯青　山

诗歌
本省中青年诗人评介
水乡风采（十首）⋯⋯⋯⋯⋯⋯⋯孙新凯
读《水乡风采》断想（评论）⋯⋯⋯徐　荆
海峡两岸
寄远（四首）⋯⋯⋯⋯⋯⋯⋯⋯⋯吴凤章
喜重逢（二首）⋯⋯⋯⋯⋯⋯⋯⋯倪世璧
跑道，在深情呼唤⋯⋯⋯⋯⋯⋯⋯王性初
隔着海峡的爱（二首）⋯⋯⋯⋯⋯郭志杰
"台湾路"⋯⋯⋯⋯⋯⋯⋯⋯⋯⋯⋯邢书第

地县刊物诗作选登
色彩赋⋯⋯⋯⋯⋯⋯⋯⋯⋯⋯⋯⋯陆　橏
诗二首⋯⋯⋯⋯⋯⋯⋯⋯⋯⋯⋯⋯杨钧炜
写在家乡的土地上（三首）⋯⋯⋯蔡桂章

评论
散文的容量⋯⋯⋯⋯⋯⋯⋯⋯⋯⋯李炳银
序曾毓同志的《三月清明》⋯⋯⋯张　炯

关于《爱的正数与负数》的讨论
不要忘记文艺的典型性⋯⋯⋯⋯⋯郭启宗
从审美价值上来看⋯⋯⋯⋯⋯⋯⋯罗良德

八闽文讯（三则）

美术
鹿饮（漆画）⋯⋯⋯⋯⋯⋯⋯⋯⋯林彬三
明月竹影（漆画）⋯⋯⋯⋯⋯⋯⋯郑金胜
秋后（中国画）⋯⋯⋯⋯⋯⋯⋯⋯林路深
古稀之年（中国画）⋯⋯⋯⋯⋯⋯郭东建

1982 年第 11 期　刊名:《福建文学》

目录

短篇小说专辑
中秋节的前夜⋯⋯⋯⋯⋯⋯⋯⋯⋯王芸亭
最后一场演出⋯⋯⋯⋯⋯⋯⋯⋯⋯张健行
还原⋯⋯⋯⋯⋯⋯⋯⋯⋯⋯⋯⋯⋯金沙水
沟壑⋯⋯⋯⋯⋯⋯⋯⋯⋯⋯⋯⋯⋯虞福生
骨肉⋯⋯⋯⋯⋯⋯⋯⋯⋯⋯⋯⋯⋯张　鉴
"干久利"还乡⋯⋯⋯⋯⋯⋯⋯⋯⋯林微润
四十二斤半⋯⋯⋯⋯⋯⋯⋯⋯⋯⋯陈文富
清晨，蓝天上只有鸽子⋯⋯⋯⋯⋯陈毅达
写小说的儿子和当厂长的爸爸⋯⋯冰　凌
愿硕果满枝头（编后絮语）⋯⋯⋯张　源

百草园
名字⋯⋯⋯⋯⋯⋯⋯⋯⋯⋯⋯⋯⋯王山而
晨⋯⋯⋯⋯⋯⋯⋯⋯⋯⋯⋯⋯⋯⋯林培堂
钓⋯⋯⋯⋯⋯⋯⋯⋯⋯⋯⋯⋯⋯⋯曾　源

诗歌
本省中青年诗人评介
我歌唱希望的花朵（诗十一首）⋯刘溪杰
明月溶情　雨花写意
——刘溪杰诗作艺术特色的评析⋯⋯俞兆平
旅闽杂咏⋯⋯⋯⋯⋯⋯⋯⋯⋯⋯⋯段　云
涨潮⋯⋯⋯⋯⋯⋯⋯⋯⋯⋯⋯⋯⋯薛宗碧
可爱的乡亲（三首）⋯⋯⋯⋯⋯⋯邱滨玲
我在春天的原野上奔跑⋯⋯⋯⋯⋯黄东成
香港一瞥（二首）⋯⋯⋯（中国香港）张诗剑

台湾文学之窗
台湾诗选（十二首）
海峡彼岸的声音（评论）⋯⋯⋯⋯耘　之

评论
时代要求我们再前进
——编余随感⋯⋯⋯⋯⋯⋯⋯⋯⋯⋯魏　拔
长短·瞬间·剪辑
——短篇小说杂谈⋯⋯⋯⋯⋯⋯⋯⋯潘旭澜
巧妙地利用时间因素
——短篇小说艺术构思谈片⋯⋯⋯⋯陈　纾

美术
深秋（漆画）⋯⋯⋯⋯⋯⋯⋯⋯⋯周峨嵋
石钟山苏轼夜泊处（中国画）⋯⋯梁桂元
河畔（中国画）⋯⋯⋯⋯⋯⋯⋯⋯许钦松
晨曲（漆画）⋯⋯⋯⋯⋯⋯⋯⋯⋯张　明

1982 年第 12 期　刊名:《福建文学》
目录

小说

暮雨中的自行车 .... 孙绍振
炊烟升起的地方 .... 张贤华
凤凰街的早晨 .... 青　禾
月光溪畔 .... 李海音
灯 .... 魏石生
元宵夜，在南下的列车上 .... 宋　绾
桌子 .... 刘小敏

散文

纪念碑 .... 宋祝平
无尾桥 .... 万国智
畲山春 ....（畲族）蓝兴发
散文诗会（十题）............ 曾毓秋　陈文和　陈元麟
李　耕　魏久环

台湾文学之窗

桃花眼（小说）.. 李　乔
生活中，谁没有爱呢?（评论）...................... 张默芸

诗歌
本省中青年诗人评介

时间的呼唤（十六首）.................................... 范　方
探索者的轨迹（评论）.................................... 周俊祥

绚丽的色彩

金溪情思（二首）.. 白　煤
山中野餐 .... 振　扬
胶林曲 .... 徐如麒
水 .... 邱煜民
黄昏，百鸟归巢的时辰 .... 刘希涛
桃花渡 .... 钱万成
田野短歌（二首）.. 张　波
绿色农家（外一首）.. 黎叔夏
他，走在回家的路上 .... 曹汉俊
瓷展馆巡礼 .... 周荣昌
插秧 .... 袁学林
渔港二题 .... 徐常波
建材保管员 .... 刘景童
盐场走水员 .... 吴树敬

评论
创作论坛

近年小说形式漫谈 .... 南　帆
长征精神万年长 .... 张文苑
他寻找自己 .... 蔡海滨

读者·作者·编者
本刊一九八二年总目录

美术

渔村（漆画）.. 廖国宁
渔妇和渔网（雕塑）.. 曹　恒
春天来（木刻）.. 许宪生
展翅（漆画）.. 程德龙

1983 年第 1 期　刊名:《福建文学》
目录

小说

一个将军的遗嘱 .... 朱向前　张聚宁
敢于认错　不失英雄（编后絮语）................ 余　如
彩色的篝火 .... 田珍颖
在"我们的海滩" .... 张　力
叶笛又吹响了 .... 王尔坚　王尔雄
妻子和她的船长 .... 林丹娅
带香的风轻轻吹过 .... 陈　草
乡风 .... 叶志坚

台湾文学之窗

艳茉莉夫人（小说）................（中国台湾）丛　甦
怯生生的眼睛和阴沉沉的悲剧（评论）........ 耘　之

散文

父亲（新作者之页）.. 陈庆德
忆闽南（三章）.. 陈　犀
射白鹇 .... 陈佐洱
山街的成长 .... 吴　文
林区小火车抒情 .... 陶家明

诗歌

地上的星光（七首）.. 蒋夷牧
为今天发言（评论）.................... 杨际岚　林　祁

新荷集

海浮石及其他（四首）.................................... 鲍国忠
雪 .... 林　斌
足球（讽刺诗）.. 杨钧炜
将军和女儿（小叙事诗）................................ 文　丙
追赶时间（外一首）.. 陈志铭
香岛浮世绘（三首）................（中国香港）郑梓敬
一颗种子 ....（中国台湾）黄河清

评论

关于创作方法多样化问题的思考（创作论坛）
.... 陈骏涛

说"眼高手低"（谈艺录）⸺⸺⸺⸺⸺⸺郑朝宗
彭老，我想告诉您……（新作漫评）⸺⸺⸺锦　襄
读《拱桥那里》断想（新作漫评）⸺⸺⸺翁绳馨
台湾画坛五十年回顾⸺⸺⸺⸺⸺⸺⸺谢里法

美术
春（油画）、惠安姑娘（雕塑）⸺⸺杨参军　杨祺瑞
盛装的山地姑娘、手足之情（台湾画廊）
⸺⸺⸺⸺⸺⸺⸺⸺⸺⸺⸺⸺颜水龙

1983 年第 2 期　刊名:《福建文学》
目录

小说
游乡⸺⸺⸺⸺⸺⸺⸺⸺⸺⸺⸺⸺陈　创
告密者⸺⸺⸺⸺⸺⸺⸺⸺⸺⸺⸺邱伟鸣
袁老石买车（新作者之页）⸺⸺⸺⸺⸺康　洪
打鱼人家（新作者之页）⸺⸺⸺⸺⸺林德发
浓彩淡墨写生活（编后絮语）⸺⸺⸺⸺海　粟
今宵月正圆⸺⸺⸺⸺⸺⸺⸺⸺⸺翁树杰
蓝色的多瑙河⸺⸺⸺⸺⸺⸺⸺⸺顾培军
挡板外⸺⸺⸺⸺⸺⸺⸺⸺⸺⸺曾　照
晚霞血一样红⸺⸺⸺⸺⸺⸺⸺⸺张冬青

台湾文学之窗
快乐的人（小说）⸺⸺⸺⸺⸺⸺⸺王祯和
"小人物"的代言人⸺⸺王和祯（评论）⸺⸺黄拔光

散文
生命⸺⸺⸺⸺⸺⸺⸺⸺⸺⸺⸺⸺任凤生
武夷深处遇"蛇神"⸺⸺⸺⸺⸺⸺⸺方　璞
江滨的早晨⸺⸺⸺⸺⸺⸺⸺⸺⸺颜纯钧
琵琶情话⸺⸺⸺⸺⸺⸺⸺⸺⸺⸺韩静霆
向往⸺⸺⸺⸺⸺⸺⸺⸺⸺⸺⸺洪　泓
玩具柜前的春天⸺⸺⸺⸺⸺⸺⸺⸺晓　帆
桃金娘⸺⸺⸺⸺⸺⸺⸺⸺⸺⸺⸺陈炎荣

诗歌
强者的素描（二首）⸺⸺⸺⸺⸺⸺⸺夏　雄
闽北山行二首⸺⸺⸺⸺⸺⸺⸺⸺⸺黄文忠
历史的隧道及其他（三首）⸺⸺⸺⸺⸺潘　秋
春风辞⸺⸺⸺⸺⸺⸺⸺⸺⸺⸺⸺刘　章

新荷集
生活在微笑（二首）⸺⸺⸺⸺⸺⸺⸺郭成建
乡情（三首）⸺⸺⸺⸺⸺⸺⸺⸺⸺鲁　平
诗的花坞（十七首）　　　　　聂鑫森　陈运和
于耀江　何立伟　何　仃　陈志泽　陈金茂　饶阶巴
桑　李武兵　唐大同　李根红　易　山　牛向途

评论
为人物性格设置环境（创作论坛）⸺⸺⸺孙绍振
关于散文诗⸺⸺⸺⸺⸺⸺⸺⸺⸺王光明
香港文学一瞥⸺⸺⸺⸺⸺（中国香港）彦　火
闲而非闲（谈艺录）⸺⸺⸺⸺杨茂林　李文田

美术
霁雪（中国画）　秋趣（中国画）⸺⸺⸺王鸿勋
雕塑人体（台湾画廊）⸺⸺⸺⸺陈夏雨　陈英杰

1983 年第 3 期　刊名:《福建文学》
目录

小说
哦，七朵金色的水仙花⸺⸺⸺⸺⸺⸺汪梅田
县城的剧场⸺⸺⸺⸺⸺⸺⸺⸺⸺肖　也
那片绿色的地方⸺⸺⸺⸺⸺⸺⸺⸺林丹娅
生儿育女⸺⸺⸺⸺⸺⸺⸺⸺⸺⸺陈美卿
从生活的万花筒里拾起的⸺⸺⸺⸺⸺吴　茜
小恙望君归⸺⸺⸺⸺⸺⸺⸺⸺⸺汪宝珍
旋律⸺⸺⸺⸺⸺⸺⸺⸺⸺⸺⸺泓　莹
背挎包的人⸺⸺⸺⸺⸺⸺⸺⸺⸺刘　霄
下水饺和擦皮鞋⸺⸺⸺⸺⸺⸺⸺⸺唐　敏

台湾文学之窗
玫瑰⸺⸺⸺⸺⸺⸺⸺⸺（中国台湾）林海音
从玫瑰的自杀谈起（评论）⸺⸺⸺⸺⸺张默芸

散文
参星与商星⸺⸺⸺⸺⸺⸺⸺⸺⸺陈慧瑛
做一个真实的人⸺⸺⸺⸺⸺⸺⸺⸺刘小敏
静静的冬夜⸺⸺⸺⸺⸺⸺⸺⸺⸺岱　平
落叶⸺⸺⸺⸺⸺⸺⸺⸺⸺⸺⸺丹　慧
一朵小花⸺⸺⸺⸺⸺⸺⸺⸺⸺⸺舒　婷
翡翠雨⸺⸺⸺⸺⸺⸺⸺⸺⸺⸺张建萍
手⸺⸺⸺⸺⸺⸺⸺⸺⸺⸺⸺⸺黄雅致

诗歌
本省中青年诗人评介
不泯的心迹（二十二首）⸺⸺⸺⸺⸺秋　筱
生活的歌，从这里唱起（评论）⸺⸺⸺⸺魏　然

海上与陆地的花朵（三首）⸺⸺⸺⸺⸺黄锦萍
月亮啊⸺⸺我忠实的旅伴⸺⸺⸺⸺⸺陈慧瑛
水竹·果园（二首）⸺⸺⸺⸺⸺⸺⸺郑健成

书 ……………………………………… 施俊霞
心歌·童歌（二首）……………………… 伊 漪
夏的微笑（二首）………………………… 林 祁
铁索桥 …………………………………… 杨秋月
三月的雨夜（二首）……………………… 李肖男
距离 ……………………………………… 巧 妹
流泉歌（二首）…………………………… 阮 霞
星星 ……………………………………… 林翠英
太平山的早晨 ………………… （中国香港）路 羽

评论
欣喜与祝愿 ……………………………… 周美文
漫谈冰心与庐隐的文学创作 …………… 陈钟英
生活的回声和思考 ……………………… 艾 芝
偶感·拾零 ……………………………… 肖 梅

美术
春雨、牧歌（雕塑）……………………… 时 宜
白衣少女、吹笛 ……… （中国台湾）李梅树 陈 进

1983 年第 4 期　刊名:《福建文学》
目录

油条与豆浆 ……………………………… 南 风
梨园角 …………………………………… 马 车
心律 ………………………… 雨 时 如 月
红蓝黄白黑 ……………………………… 李 栋
迷人的命题 ……………………………… 傅如龙
未名诗社纪事 …………………………… 杨国荣
千丝万缕 ………………………………… 叶永烈
一个教员的暑期生活 …………………… 杨少衡
姐姐和她的朋友 ………………………… 杨 争
哦，奖状 ………………………………… 田荔琴
苦菜子 …………………………………… 方 草
绿萍的青春 ……………………………… 陈 娟
我欲问青天（台湾文学之窗）…………… 毕 璞

评论
关于现实主义精神的一点想法（创作论坛）…… 郭 风
试论用心理分析的方法刻划人物（创作论坛）
　　　　　　　　　　　　周溶泉 徐应佩
"暮雨中"美的憧憬（新作漫评）………… 林 焱
对《一个将军的遗嘱》的评论（共三篇）
　　　　　　　尤 廉 杨佩瑾 金筱玲

美术
水乡（丙稀画）智慧之光（局部）……… 袁运甫
风景二幅 ………………………………… 郭雪湖

1983 年第 5 期　刊名:《福建文学》
目录

改革的浪花
新桃花源传奇（报告文学）……………… 宋祝平
权威（小说）……………………………… 吟 鸥
"骡马"北行记（小说）………………… 李大刚
行进在重建的公路上（小说）…………… 曾毓秋
时代的召唤（评论）……………………… 啸 马

小说
天井 ……………………………………… 姚克明
山村五大妈 ……………………………… 林微润
花儿的芳香 ……………………………… 赖妙宽
她们之间 ………………………………… 吴 逸

百草园
父亲的布老鼠 …………………………… 李海音
春雨 ……………………………………… 曾 源
女作者 …………………………………… 陈启初
无事生非 ………………………………… 黄韵台
从引爆到熄火 …………………………… 高进贤
小岛月圆 ………………………………… 光 明
小站纪事 ………………………………… 纪瑞如
嗓鹏（翻译小说）……… ［日］川端康成著 诸 梁译

台湾文学之窗
岬角上的新娘（小说）…………………… 宋泽莱
透过那新娘的倩影（评论）……………… 黄重添

诗歌
本省中青年诗人评介
闽南乡音（散文诗·八题）……………… 陈志泽
诗的散文和散文的诗（评论）…………… 孙绍振

八闽诗踪
闽南诗思（散文诗·二题）……………… 邹荻帆
闽江 ……………………………………… 吕 剑
八闽二题 ………………………………… 青 勃
情寄武夷山（二首）……………………… 宫 玺
闽海诗踪（二首）………………………… 宗 鄂
高山平湖的歌 …………………………… 陈侣白
高山草甸 ………………………………… 郑成义
题"水鸣韶"避暑洞 …………………… 黄秋莘
透明的早晨
步行街随想 ……………………………… 倪世璧
护林碑 …………………………………… 缪国庆
候车曲 …………………………………… 陈 放

车上素描························陈瑞统
牧鸭图··························陈文和
透明的早晨（三首）··············丁　可
赞发电站························莫西芬
夏天、流着热····················孙福枝

评论
《森林，人在深邃幽远中》序········张　炯
吉光片羽谈宗璞··················江雁心

美术
花卉二幅························郑大千
春之花（油画）故乡的土壶（油画）··张义雄

1983 年第 6 期　刊名:《福建文学》
目录

《福建文学》一九八二年优秀短篇小说评选获奖作品
中国作家协会福建分会一九八二年中篇小说、短篇小说、诗歌、儿童文学优秀作品评选获奖作品

小说
老根全与小桃梅··················陆永基
雨蒙蒙的早晨····················陈美卿
志丕····························谷　白
朋友····························文　平
抓阄儿··························阎欣宁
涧水兰··························苏　晖
视角····························陶　然
丽雅与秀梅······················青　禾

百草园
例外····························林　樱
笋（儿童文学）··················筱　竹
买鱼····························延　青

散文
万石岩踪迹······················石　在
故乡人物志（散文诗五题）··········刘再复
别情····························赵丽宏
寓言二则························鲍国忠

台湾文学之窗
台湾散文小辑·····琦　君　秀　亚
晓　风　王鼎钧　萧　白　叶　珊
一束秀逸多采的三色堇（评论）······庄明萱

诗歌
本省中青年诗人评介
抒情与沉思（九首）··············陈瑞统
情思的光洁度与诗的艺术美（评论）··阿　红

大理诗笺（二首）················寒　星
川鄂行（六首）··················陈钊淦
暖泉的歌（外一首）··············龙彼德
人字坡························叶庆瑞

献给祖国的花朵
风筝集（五首）··················刘溪杰
海上集（三首）··················徐常波
童心集（二首）··················陈官煊
寄····························邱滨玲

评论
透过文学这个窗户················曾镇南
原型改造管见（创作论坛）········苏浩峰
为了写感情而有意丢开感情（谈艺录）··陈　纾

美术
泉州宗教石刻（摄影）············张子固
台湾儿童画（三幅）

1983 年第 7 期　刊名:《福建文学》
目录

努力开创我省文学事业的新局面········程　序
在全省一九八二年文学评奖授奖大会上的致词
····························郭　风

小说
你才三十岁······················陈　村
厂花····························廖红球
故乡的石甬道····················小　文
"冒尖户"退奖····················胡　柯
赴约····························王不夭
三角庐··························黄新心
"大美人"的婚事··················刘小敏
卖茶水的女人（新作者之页）········黄春林

百草园
克····························林培堂
归····························刘德明
重要任务························敏　明
最后一节课（小说）··············欧阳子
层层深入　步步进逼（评论）········阙丰龄

散文

远去的航船⋯⋯⋯⋯⋯⋯⋯⋯⋯⋯刘征泰

寄不去的礼物⋯⋯⋯⋯⋯⋯⋯⋯⋯田　野

谜乡小记⋯⋯⋯⋯⋯⋯⋯⋯⋯⋯⋯李灿煌

香江素描⋯⋯⋯⋯⋯⋯（中国香港）子　敬

诗歌

本省中青年诗人评介

港湾变奏曲（散文诗七首）⋯⋯⋯⋯傅子玖

以诗为质　以文为形（评论）⋯⋯⋯刘登翰

青年四首⋯⋯⋯⋯⋯⋯⋯⋯⋯⋯⋯蔡其矫

这里，印着瞿秋白的身影（二首）⋯黄文忠

软木画·海树·惠安石匠（三首）⋯郭志杰

神·人·魂（三首）⋯⋯⋯⋯⋯⋯钟祖基

落叶的歌⋯⋯⋯⋯⋯⋯⋯⋯⋯⋯⋯舒　柱

新荷集

煤（外一首）⋯⋯⋯⋯⋯⋯⋯⋯⋯施肃中

架壑舟断想（外二首）⋯⋯⋯⋯⋯周鲁闽

翠绿的音符（三首）⋯⋯⋯⋯⋯⋯黄锦萍

地县刊物诗作选登

乡心（二首）⋯⋯⋯⋯⋯⋯⋯⋯⋯蔡桂章

天上的歌（二首）⋯⋯⋯⋯⋯⋯⋯张　迅

皱纹⋯⋯⋯⋯⋯⋯⋯⋯⋯⋯⋯⋯⋯黄秋苇

蝴蝶⋯⋯⋯⋯⋯⋯⋯⋯⋯⋯⋯⋯⋯黄　蜂

寒星的叹息⋯⋯⋯⋯⋯⋯⋯⋯⋯⋯张永虹

评论

"自由联想""意识流"及其他（创作论坛）⋯张德林

浅谈主题的多义性（创作论坛）⋯⋯钟本康

新作读后

独特的感受　可贵的发现⋯⋯⋯⋯郑夭采

命运·心理·行动⋯⋯⋯⋯⋯⋯⋯房向东

《游乡》的得与失⋯⋯⋯⋯⋯⋯⋯王义武

全省一九八二年文学评奖授奖大会在福州举行（八闽文讯）

四刊联合举办小说创作讲习班

美术

水彩花卉二幅⋯⋯⋯⋯⋯⋯⋯⋯⋯徐靖沂

海鲜·风景（油画）⋯⋯⋯（中国台湾）吴炫三

1983年第8期　刊名:《福建文学》

目录

小说

约瑟先生⋯⋯⋯⋯⋯⋯⋯⋯⋯⋯⋯蔡其英

海鸥⋯⋯⋯⋯⋯⋯⋯⋯⋯⋯⋯⋯⋯张建萍

三级教授⋯⋯⋯⋯⋯⋯⋯⋯⋯⋯⋯夏　帆

大雨瓢泼的时候⋯⋯⋯⋯⋯⋯⋯⋯筱　敏

十八岁的姑娘⋯⋯⋯⋯⋯⋯⋯⋯⋯庄东贤

海哟，海⋯⋯⋯⋯⋯⋯⋯⋯⋯⋯⋯王炳根

炊烟化入晚霞⋯⋯⋯⋯⋯⋯⋯⋯⋯叶明山

月色溶溶⋯⋯⋯⋯⋯⋯⋯⋯⋯⋯⋯万卷书

台湾文学之窗

李苹的三个尴尬时期（小说）⋯⋯⋯曾心仪

曾心仪小说的独特性（评论）⋯⋯⋯黄重添

散文

沅水思悠悠

——记张学良将军囚居凤凰山的日子⋯⋯谭士珍

价值⋯⋯⋯⋯⋯⋯⋯⋯⋯⋯⋯⋯⋯裴耀松

花匠老魏⋯⋯⋯⋯⋯⋯⋯⋯⋯⋯⋯姜　彬

吃谈⋯⋯⋯⋯⋯⋯⋯⋯⋯⋯⋯⋯⋯高洪波

"文章阁"⋯⋯⋯⋯⋯⋯⋯⋯⋯⋯黄征辉

曲线⋯⋯⋯⋯⋯⋯⋯⋯⋯⋯⋯⋯⋯张如腾

军旗红

兵的位置（二首）⋯⋯⋯⋯⋯⋯⋯李松涛

写在夜幕上（二首）⋯⋯⋯⋯⋯⋯杨德祥

蓝天翱翔（二首）⋯⋯⋯⋯⋯⋯⋯郭晓晔

诗歌

彩色的生活

咏海上花园⋯⋯⋯⋯⋯⋯⋯⋯⋯⋯王剑清

乡村的笑容（三首）⋯⋯⋯⋯⋯⋯朱谷忠

鱼塘，高山的笑靥⋯⋯⋯⋯⋯⋯⋯薛宗碧

三月春⋯⋯⋯⋯⋯⋯⋯⋯⋯⋯⋯⋯林　斌

彩色的生活

火红的秋天（三首）⋯⋯⋯⋯⋯⋯丁　可

缫丝女工⋯⋯⋯⋯⋯⋯⋯⋯⋯⋯⋯张德强

报捷⋯⋯⋯⋯⋯⋯⋯⋯⋯⋯⋯⋯⋯杨钧炜

诗的花坞

竹枝词（外一首）⋯⋯⋯⋯⋯⋯⋯黄东成

种子⋯⋯⋯⋯⋯⋯⋯⋯⋯⋯⋯⋯⋯陈文和

菜园晨曲（外一首）⋯⋯⋯⋯⋯⋯林茂春

弓与箭⋯⋯⋯⋯⋯⋯⋯⋯⋯⋯⋯⋯严君权

彩贝 ························· 刘小龙
冰雪世界（外一首）··········· 赖松廷
海边拾贝（二首）············· 张永忠
我的手也是一片大地··········· 杨　洋

评论
关于现实主义和它的发展（创作论坛）··· 王光明
追求思想和艺术的更臻成熟······· 刘登翰
预计到读者的智慧（谈艺录）····· 草　云

新作读后
让故事情节再发展············· 黄金义
《梨园角》告诉读者什么呢?······ 赖贞嵩

难得一现·亭亭玉立（摄影）····· 陈扬坤
风景·花·猫（台湾画廊）···· 吴　昊　刘奇伟

1983 年第 9 期　刊名:《福建文学》
目录

小说
太平无事················· 高晓声
创作手记················· 陈　耕
那两束玫瑰··············· 邓晨曦
是晚霞，又是晚霞··········· 毛志成
月光（新作者之页）········· 阮　霞
牛（新作者之页）··········· 池应智

百草园
路遇··················· 郑周盛
形象··················· 李红祥
人之初·················· 肖宗林
捕蛇者·················· 黄思兴

台湾文学之窗
蛙声（小说）············· 郑清文
此间别有洞天处（评论）······ 庄明萱

散文
宣判前的较量（报告文学）····· 陆永和
榕城小品
广场述怀················· 协　和
叫卖声声················· 李　凯

诗歌
本省中青年诗人评介
生活的脚印（九首）········· 曾　阅
诗"种子"的新生（评论）······ 林　焱

闽南音诗（二首）··········· 吴凤章
水乡风采（二首）··········· 文　丙
榕树和山岩··············· 圣　野
课堂··················· 鲁　兵
采柑··················· 刘永乐
广场，新的调色板··········· 宋　瑜
雨中··················· 刘辉考
山村，在旋转············· 陈宦煊

沉思集
沉思集（四首）············ 张肃中
大自然的花朵（五首）········ 峻　翔
求是篇（六首）············ 马君伟
沙粒集（二首）············ 刘湘如
断章集（三首）············ 黄　淮
随感录（三首）············ 张新泉
春雷··················· 商家云
浪花··················· 任海鹰
绝壁小花（外一首）········· 达　黄
雨（外一首）············· 东方渔笛
草木篇（二首）············ 骆汉木
锁（外一首）············· 叶曙光

评论
漫谈小说创作（创作论坛）····· 高晓声
春泥喷芳················· 蔡厚示
沿长征线路采访的作者满载而归（八闽文讯）

美术
植树·梳·渔女·········· 吴镜初　龙　翔　李秀勤
阿里山松林·海浪（台湾画廊）··· 杨三郎

1983 年第 10 期　刊名:《福建文学》
目录

小说
当代女唐吉诃德轶闻录········· 刘小敏
亦谐亦庄，真实可信（编后絮语）·· 洪　伟
遥远的黄昏路·············· 林丹娅
希望的云霞（编后絮语）······· 海　粟
第九十九次约会以后········· 李大刚
为三十周岁，干杯··········· 海　迪
不被承认的爱情（新作者之页）··· 林茂清
她到晃岩云··············· 杨少衡
在湛蓝湛蓝的海水里·········· 陈　草
唉，这个丫头（新作者之页）···· 李怀峪
心香数朵（台湾文学之窗）······ 琼　瑶

评论

小说的灵魂在哪里? ……………………………… 蒋子龙
谈爱情描写的历史内容与社会意义 …………… 杨健民

散文

武夷山人物画 ……………………………………… 章　武
窗帘 ………………………………………………… 陈祥荣
晴雪 ………………………………………………… 李连泰
桥楼风雨夜 ………………………………………… 谢瑞元
笋赋 ………………………………………………… 犁　人

诗歌

城市诗情（二首）………………………………… 倪世璧
可爱的乡亲（二首）……………………………… 邱滨玲
竹山行（四首）…………………………………… 黄文忠
摄影二题 …………………………………………… 朱　红
调动歌（讽刺诗）………………………………… 杨钧炜
海峡两岸
那条路,你还记得吗? ……………（中国台湾）廖　群
望乡人（三首）…………………………………… 范　方
海浪·海潮（二首）……………………………… 沧　波
思归曲（二首）…………………………………… 赵红雁
窗前 ………………………………………………… 朱国钦
星 …………………………………………………… 李根红
心的和弦（九首）………………………… 孙友田　林　祁
蔡荣电　陈仲义　武兆强　陈孔腾　如　心　剑　南
阿　杰　陈泽芳

美术

对（雕塑）头像（雕塑）………………… 吴镜初　龙　翔
台南孔庙（油画）风景（油画）………………… 廖继春

1983 年第 11 期　刊名:《福建文学》
目录

小说

短篇二题 …………………………………………… 李海音
杂毛狗牯
山里同年哥
丙城碎事 …………………………………………… 杨国荣
那支歌的下一句是什么? ………………………… 颜纯钧
等待邦杰 …………………………………………… 罗　乔
遥远的路 …………………………………………… 肖　也
公道人 ………………………………………（畲族）雷德和
舟泛春溪 …………………………………………… 林德发
山道上的那间小屋（新作者之页）……………… 张家祥

散文

蕉风椰雨玛琅月
——文学传记《陈嘉庚》之一章 ………… 单　复　傅子玖

诗歌

泉州古船（外一首）……………………………… 刘溪杰
都市风雨（二首）………………………………… 梁谢成
1 条输油管道这样说 ……………………………… 黄　宏
思想者 ……………………………………………… 何吉明
愿你像红鹤鸟一样飞翔 …………………………… 蒋庆丰

本省中青年诗人评介

侨乡风情（六首）………………………………… 李灿煌
五彩的歌（八首）………………………………… 林　祁
感受·诗情·哲理（评论）……………………… 练文修

评论

再论现实主义精神和多样的创作方法（创作论坛）
……………………………………………………… 邹　平
笔下新意在求索
——读李海音的两篇小说 ……………………… 季　仲
谈艺术结构最佳化（谈艺录）…………………… 张振宇
一曲"人情美"的短歌（新作读后）…………… 洪　群

美术

簸箩（油画）……………………………………… 林以友
石工（油画·局部）……………………………… 洪瑞生
望海·食（台湾画廊）………………… 陈银辉　李石樵

1983 年第 12 期　刊名:《福建文学》
目录

小说

雁过留声（新作者之页）………………………… 林茂生
毛咕（新作者之页）……………………………… 陈　震
银杏树阁楼 ………………………………………… 姚克明
有这样一个姑娘 …………………………………… 赖妙宽
待撤换的镇长 ……………………………………… 林微润
探监 ………………………………………………… 谢爱珍
滥竽充数（新作者之页）………………………… 黄邦策

百草园

再见 ………………………………………………… 北　北
永远的泪珠 ………………………………………… 郑启五
乔迁第一夜 ………………………………………… 洪　泓
拾荒人（台湾文学之窗）………………………… 孟　瑶

散文

书橱的故事 ………………………………………… 万国智

珠联璧合诗意淳 ………………………… 吴周文
圆的海 …………………………………… 王维洲
彩色的乡情 ……………………………… 陈国俊
母亲和赤崁楼 …………………………… 杨 飞
铃响 ……………………………………… 阮 霞

诗歌
彩色的生活
水乡风情（三首）………………………… 孙新凯
喜雨，灌醉了山村 ……………………… 贺羡泉
海边瓜地 ………………………………… 魏铭磐
勘测畅想曲 ……………………………… 庄则平

唐山情
笋干 ……………………………………… 周敏生
乡情 ……………………………………… 蔡桂章
认识 ……………………………………… 谢春池
日出掠影 ………………………………… 蒋夷牧
刺桐花 …………………………………… 陈瑞统
诗的花坞（十四首）……………… 安造计 达 黄
郑伟文 郭 廓 曾 阅 任 越 张志鹏 曾 宏
郭玉山 雷 雯 刘 犁 柳良栋 袁学林 苏 南

评论
在毛泽东文艺思想指引下前进
——纪念毛泽东同志诞辰九十周年
纪念毛主席诞辰九十周年 ……………… 郭 风
写在革命大书边上 ……………………… 何 为
努力探索社会主义文艺的规律 ………… 李联明
常新的命题 ……………………………… 魏 拔
文艺作品要表现新时代的风貌 ………… 林德冠
省市文艺界部分同志座谈二中全会精神加强学习，站
在清除精神污染斗争前列（八闽文讯）
也谈创作方法多样化问题 ……………… 曾镇南
《炊烟升起的地方》序 …………………… 鲁彦周

美术
才溪女（国画·局部）…………………… 陈若晖
乡曲（油画·局部）……………………… 高一呼
竞妍（摄影）……………………………… 陈扬坤

1984 年第 1 期　刊名:《福建文学》
目录

清除精神污染，繁荣社会主义文艺 ……… 夏 村

小说
差十分钟，三点 ………………………… 邓晨曦

给人以振奋感（编后絮语）……………… 阿 践
天鹅 ……………………………………… 叶明山
美的追求　美的情致（编后絮语）……… 青 山
青果 ……………………………………… 王 平
无形的路 ………………………………… 青 禾
富翁的晚年 ………………… ［留美学生］李 成
"药葫芦"外传 …………………………… 陈 垦

百草园
又是仲秋 ………………………………… 何立伟
如此病人 ………………………（中国香港）陈 娟

新作者之页
寻找失落的梦 …………………………… 陈福民
可喜的一笔（点评）……………………… 晓 正
依财嫂 …………………………………… 姚 震
《依财嫂》小议（点评）………………… 青 山

台湾文学之窗
死巷 ……………………………………… 姚宜瑛

翻译小说
这个吻终身难忘
………… ［联邦德国］尤尔根·托瓦尔德　麦湛雄译

散文
古巷深处（报告文学）
——一起发人深省的故意伤害案 ……… 陈章汉

散文处女地
在这桃花盛开的地方 …………………… 毓 建
写给石级 ………………………………… 虞 名

诗歌
新月集（十五首）
——本省青年诗作者专辑 ……… 郭志杰 施肃中
黄秋苇 刘景童 林 斌 邱滨玲 陶家明 叶卫平
商家云 林春茂 汤养宗 鲁 平 周鲁闽 杜 星
春之声（八首）………… 郭晓晔 熊光炯 张德强
卓 凡 丁 可 薛卫民 陈所巨 梁小斌

评论
评"新的美学原则"……………………… 郑松生
各辟蹊径见契机
——本省部分青年作者小说抒情性漫议 ……… 张国祯

福建文史资料剪辑
现代作家与闽中风物（一）……………… 柯文溥
文坛纵横（八则）

美术

大王峰日出（摄影）·······黄福坤
贝多芬像（雕塑）·······［法］布德尔
布德尔与贝多芬像（封底名画简介）·······洪惠镇

1984 年第 2 期　刊名：《福建文学》
目录

小说

水浮萍，不再飘泊的水浮萍·······张　镒
放眼于今天生活（编后絮语）·······海　粟
爱，是一首无声的歌·······杨　威
一阕悲壮的英雄乐意（编后絮语）·······青　山
特赦之后·······刘小兵
残烛·······林孙珍
唉，这些"条子工"·······刘心明
小阿弟和"假小子"·······南　翔

新作者之页

大修·······陈　杰
一个淡蓝色的梦·······君　寂

百草园

不惑之年·······张自生
项链·······黄海根
价·······宋永贤
军礼·······许秀妹

台湾文学之窗

金屋泪·······吴　痴

散文

七星街风俗画（报告文学）·······武　文
澎湖湾的渔火·······陈锦清
南洋风情录（二章）·······林斌龙

诗歌

岷江上游看漂木·······陈志铭
城市诗情（四首）·······潘　秋
终点——新的起点·······叶延滨

乡情浓似酒

妻子的垫肩·······吴国平
乡情，流出心中的恋歌（二首）·······刘益善
迟开的蔷薇花（二首）·······陈金茂
我的儿女（二首）·······左一兵
母亲·······陈　放
流萤·······蔡桂章
妈妈哟，我要·············柯竹影

溪畔·······谷　青
高枝上的雀巢·······刘希涛

评论

"自我"、"自由"评析·······李联明

小说艺术谈

漫谈人物性格的复杂性·······张德林

作品争鸣

评《当代女唐吉诃德轶闻录》
理想·爱情·现实·······陈永强
现实中的理想和理想中的现实·······戴永明

福建文史资料剪辑

现代作家与闽中风物（二）·······柯文溥
文坛纵横（七则）

美术

城市建设者（雕塑）·······魏天宇
鼓音（日本画）·······上村松园
上村松园与《鼓音》（封底名画简介）·······洪惠镇

1984 年第 3 期　刊名：《福建文学》
目录

小说

心曲·······王海玲
镜子·······王小鹰
桥的交响·······方　方
尼姑，尼姑·······（中国香港）陈　娟
月牙镰刀般弯·······林丹娅
文凭世界·······唐　宁
没有桥梁的渡口·······张建萍
路，怎么走?·······洪荔生

新作者之页

"眼镜院"·······夏　枫
把人物对照地描写（点评）·······山　风

台湾文学之窗

永恒的羽翼·······张曼娟

散文

"北京姆"（报告文学）·······林祁　艾芝
刘妈的秘密·······郑　敏
女友·······刘小敏
小楼春雨·······陈慧瑛

诗歌

给他（四首）——————————————林 子
不沉的幸福（外一首）———————————秋 筱
写在春天里（四首）———————————黄锦萍
海边短吟（三首）————————————梅绍静
孩子的海——————————————————林 祁
母爱————————————————————马丽华
平行线————————————————————泓 莹
油菜花——————————————————————伊 路

评论

努力表现"新的人物，新的世界"——————高少锋
散文诗的领域在拓展
——谈刘再复的近作———————————盛 生
"凝视着一个遥远的焦点"
——读袁和平的《森林，人在深邃幽远中》———王光明

美术

春·新曲（装饰画）————————————陈子川
花神（雕塑）—————————————[法]迈约尔

1984 年第 4 期　刊名:《福建文学》
目录

中短篇小说专号
中篇小说

长城的儿女————————————————沈仁康

短篇小说

龙狮兄弟篇———————————————黄 瀚
听，听，云雀——————————————顾培军
异乡自祭————————————————陈锦清
妈孙俩————————————（中国香港）尚 政
她，一早就走了—————————————王 火
鸥——————————————————————邓 洁
周艳冰传奇（《闽都别记》故事新编选载之一）
——————————————————————张传兴

新作者之页

小溪，在遥远的记忆里———————————肖 东

台湾文学之窗

真空世界————————————————迎 晨

翻译小说

真理岛—————[美]乔治·麦克卢姆作　赖耀先译

评论

小说艺术谈
人与物————————————————张德林
余味曲包————————————————罗守让
新作读后（两篇）——————陈达专　陈子任
现代作家与闽中风物（三）———————柯文溥
文坛纵横（四则）

美术

五月（油画）———————[苏]雅勃隆斯卡娅
女体操运动员们（油画）—————[苏]塔利贝尔

1984 年第 5 期　刊名:《福建文学》
目录

小说

生命在于运动——————————————周 矢
夜风暖融融———————————————孙 颙
小桥流水人家——————————————李海音
新光————————————————————姚文泰
屠户————————————————————高进贤
老处长和他的鸡—————————————聿 月
荣誉————————————————————黄春林
归来————————————————————郑锦明

新作者之页

鸭湖纪事————————————————何永先
脚踏坚实的土地（编后絮语）———————庄东贤

百草园

一只风筝————————————————颜纯钧
苦竹林——————————————————池庆翔
"财政部长"———————————————郭开桂

台湾文学之窗

蓝色试验————————————————詹志宏

散文

声如千骑疾（报告文学）—————————叶永烈
浮光掠影看长崎—————————————万里云
椰雨蕉风动乡情—————————————朱展华

诗歌

喷香流蜜的田野（四首）—————————陈文和
城市诗笺（三首）————————————郭成建
茶溪村纪事（二首）———————————黄文忠
在那闽江中游（二首）——————————倪世璧
马路，奔腾的旋律————————————高继恒

跨海电缆 ————————————— 林培堂
井下森林 ————————————— 贺彦豪
船老大 —————————————— 陈云其

地县刊物诗作选载
山里人家（二首）————————— 袁学林
山城街 ——————————————— 谢春池

评论
未成曲调先有情 ————————— 林建法
"散文之乡"新笛声 ——————— 叶公觉

福建文史资料剪辑
现代作家与闽中风物（四）——— 柯文溥
摄影小说一二三 ——————— 韩子善

美术
矿工（油画、局部）——————— 滕 英
拿着贝壳的小渔夫（雕塑）—— [法] 卡尔普

1984 年第 6 期　刊名:《福建文学》
目录

小说
山城人间喜剧 ————————— 曾毓秋
"司令"夫人 ————————————— 汪宝珍
老布尔什维克和小"布尔乔亚" —— 闫欣宁
新官上任 ————————————— 翁树杰
黄昏，窗外风轻轻吹 ————— 田珍颖
传世的家风 ————————————— 沈虎根

新作者之页
都因为有了她们 ————————— 徐 平
我们 303 室 ————————————— 施晓宇

百草园
无法记录的病例 ————— 叶小红　叶曙光
主人与客人 ————————————— 林松尧
薄礼 ——————————————— 田荔琴
台阶上 ——————————————— 黄海根

黄衣女传奇（《闽都别记》故事新编选载之二）
———————————————————— 张传兴

台湾文学之窗
米粉嫂 ——————————————— 荻 宜

散文
青青和涛涛（报告文学）————— 刘登翰
浮光掠影看长崎（续一）————— 万里云

诗歌
大副·孕妇（二首）——————— 宋 瑜
乡村风情画（三首）—————— 朱谷忠
山口酒店（外一首）—————— 缪国庆
我和我的家庭 ————————— 徐如麒
太阳能浴室 ————————————— 宋 琳
隧道口 ——————————————— 田家鹏
春，起飞了 ————————————— 洪 泓
娶小伙 ——————————————— 文 丙
孩子和风筝 ————————————— 杨学贵
野草 ——————————————— 袁学林

给祖国花朵的礼品
孩子和世界（三首）—————— 潘仲龄
钢琴（外二首）————————— 陈官煊
弟弟的小船（外一首）————— 宁江炳
我的小飞机 ————————————— 施敏华
放牛娃 ——————————————— 邱滨玲
妈妈——孩子最初的世界 ————— 伊 路

评论
现实主义精神——社会主义文学的凝聚力 —— 邹 平

新作读后
一代人的幸运 ————————— 王 屏
《天鹅》之美 ————————————— 管 宁

福建文史资料剪辑
现代作者与闽中风物（五）——— 柯文溥

美术
林则徐纪念像（雕塑）————— 李维杞
骑鲸（蛋彩画）————————— 维克内

1984 年第 7 期　刊名:《福建文学》
目录

小说
爆炸 ——————————————— 黄春林
风，扬起一片枯叶 ——————— 林敦和
潮水 ——————————————— 张 力
B 角 ——————————————— 方家骊
归 ——————————————————— 泓 莹
萤火虫 ——————————————— 何 飞

新作者之页
播种 ……………………………… 陈锦标

百草园
投 ………………………………… 郭忠庆
难忘今宵 ………………………… 刘 星
观察灵魂 ………………………… 赵德明
一张三轮车票 …………………… 方朝晖

台湾文学之窗
黑衣人 …………………………… 王文兴

翻译小说
蜘蛛网 ……… ［秘鲁］胡·拉·里贝罗著 彭慕泽译

散文
海峡之子（报告文学）………… 鲍周义 朱佩国
游奉化溪口记 …………………… 冯秉瑞
浮光掠影看长崎（续二）……… 万里云

诗歌
瑞金组诗（三首）……………… 黄文忠
历史的丰碑
——谒马江昭忠祠 …………… 倪世璧
人物素描（二首）……………… 陈官煊
银行抒情诗（二首）…………… 陈 放
为改革者造像 …………………… 姚振函
石头的母亲 ……………………… 崔合美
欢乐的山野（二首）…………… 冯恩昌

域外二题（二首）……………… 朱 红
港岛风雨（二首）………（中国香港）张诗剑
多棱镜 …………………………… 黄东成

评论
略说茅盾怎样看待现代派 ……… 庄钟庆

新作读后
曲径通幽 ………………………… 阮温凌
独特的性格 美的灵魂 ………… 林锡潜

福建文史资料剪辑
现代作家与闽中风物（六）…… 柯文溥

美术
惠安渔市（国画）……………… 张培成
弹吉他的女人（油画）……… ［美］德·坎帕

1984 年第 8 期　刊名:《福建文学》

目录

短篇小说
今天是撒谎节 …………………… 陈 垦
点评 ……………………………… 山 风
离休常委的一天 ………………… 许若沛
点评 ……………………………… 莫 健
绿色的黄昏 ……………………… 金沙水
研究所长与轮渡“歌星”………… 李 栋
余校长流泪了（新作者之页）… 午 菲

台湾文学之窗
征婚启事（小说）……………… 繁 露

翻译小说
离婚的条件 ……… ［罗］拉斯洛·巴拉斯基 周上之译

微型小说
按规章办事 ……………………… 沙叶新
雾茫茫 …………………………… 温济清
报考 ……………………………… 李伟中

报告文学
大海为他塑像 …………………… 夏 雄

散文诗
散文诗页 …………… 郭 风 张如腾 甘景山
陈文和 陈志泽 李 耕 唐大同 延 青 陶家明
徐铁牛 施肃中 陈云其 桑恒昌 陶 然

散文
在红军长征的路上 ……………… 柳名理
浮光掠影看长崎（续三）……… 万里云

诗歌
军人的前方 ……………………… 马绪英
女兵 ……………………………… 郭晓晔
我的翼尖上有两颗星星 ………… 王知十

评论
拿出真正艺术家的勇气 反映变革的现实
………………………… 林德冠 王启敏
由编辑获奖想到的 ……………… 秦 力
关于散文诗 ……………………… 郭 风
郭风散文诗的独特风格 ………… 陈志铭

八闽文讯
登攀的台阶　扬帆的风
——本刊复印十周年茶话会侧记·············陈　岚
"改革者"报告文学联合征文启事

美术
吹洞箫的少女·····························郑征泉

八闽文讯
《台湾文学选刊》创刊

美术
春桑（雕塑）·························李含美
着衣舞女像（蜡塑）··············［法］德　加

1984 年第 9 期　刊名:《福建文学》
目录

报告文学
"七级总理"万冠华·······················庄东贤

短篇小说
龙凤彩带·····················闽　水　陈　璇
蝶斑（新作者之页）·····················兰　兮
我和新来的妈妈（新作者之页）···········林艺聪
大溪柳小溪柳·························乡　村
睡衣·································陆昭环
"牡丹圣手"和他的儿子·················王　火
又是九月重阳·························周元镐

台湾文学之窗
安排（小说）·························艾　雯

翻译小说
垃圾场···············［美］阿兰·帕顿著　李嘉娜译

诗歌
文明城（二首）·························高伐林
发生在中国农村的新鲜事（二首）·········文　丙
乡韵（二首）·························翁景贵
竹山画册（三首）·····················孙新凯
山乡新曲（二首）·····················王忠范
短诗一束·············山　涧　杨钧炜　马腾宙
丁其明　石太瑞　陈官煊　郭成建　刘　章　任　越
宁江炳　白　荻　丁　可

评论
我爱，所以我沉思·····················刘再复
漫说角度种种（小说艺术谈）···········李不显

新作读后
一支心曲吐衷肠·························杨健民
悬念相环　平中见奇·····················周上之

1984 年第 10 期　刊名:《福建文学》
目录

电影文学剧本
陈嘉庚·································洪永宏

短篇小说
红楼女眷·····························权延赤
偷渡者（新作者之页）·················柯达群
五年祭·································王文径

台湾文学之窗
陌生人（小说）·························陈艳秋
报告文学
她，揭开了序幕的一角·················刘登翰

散文
"金三角"咏···························曾毓秋
摇篮交响曲·····························谢春池
生命·····························（中国香港）彦　火
泉州游子在峨眉·························廉正祥

诗歌
海峡两岸·············孙友田　廖　群　李松涛
范　方　张新泉　邢书第　冯　杰　李仕淦
写给红色的土地·················徐万明　黄文忠
陈志铭　郭蔚球

评论
创作方法新探·························李振声
此时无声胜有声（新作读后）···········沉　洲
来函照登·····························叶公觉

八闽文讯
本刊组成新的编委会
《台湾文学选刊》创刊号受到欢迎
武夷山散文笔会纪实

美术
人·时间（油画）·····················林以友
特区企业的 × ÷ ＋ －（漫画）·············洪敦品

丁汀幽默画
和平纪念碑（石雕）————————————————[日]北村西望

1984 年第 11 期 　刊名:《福建文学》
目录

中篇小说
木变石戒指————————————————刘心武

报告文学
中国女排的"秘密武器"————————————许耀铭

短篇小说
子民————————————————雨　时　如　月
"将军楼"轶事（新作者之页）————————杨联源
春雨潇潇————————————————青　禾
偏爱露财的人————————————————庄东贤
两瓶红葡萄酒————————————苏　晖　彭志君
一棵芒果树的毁灭————————————方朝晖

翻译小说
搭便车的少女————————[印度]乌莎·苏拉马妮安著
何亮亮译

台湾文学之窗
悲歌（小说）————————————————吴锦发

散文
山城水清清————————————————沈世豪
海上仙乐————————————————林群英

诗歌
美的沉思（三首）————————————施肃中
寿山石（三首）————————（中国香港）黄河浪
唱给鸳鸯的歌————————————————陈侣白
旅行会议（讽刺诗）————————————林四端
诗七首————————郭志杰　高继恒　郑伟文　梅艺辛

评论
我的路还在前面
——《何为散文选》跋————————————何　为
读何为散文二十年————————————叶公觉
文学欣赏方法论三题————————————林兴宅

美术
一万年太久（油画）————————阮界望　韩家榕
花灯（油画）————————————————[美]萨金特

摄影小说
一片被吹动的树叶————————————————志　毅等

1984 年第 12 期 　刊名:《福建文学》
目录

中篇小说
盆景大王的儿子们————————————————毛志成

短篇小说
啊，这些海和尚（新作者之页）————————杨金远
林荫奏鸣曲————————————鉴一帆　董建伟
警戒线————————————————陆昭环
别了，老地方————————————————国　政
女工宿舍————————————————魏继新
抛锚————————————————邓晨曦

台湾文学之窗
情人（小说）————————————————三　毛

翻译小说
奇怪的顾客————————————[日]星新一著　徐耀华译

报告文学
藤野萍踪————————————————陈章汉

散文
小小篱笆————————————————朱碧森
鼓浪屿之晨————————————————延　青

诗歌
彩色的浪花（十四首）————————郭成建　时盛麟
陈文和　孙新凯　夏　冰　秋　筱　翁景贵

评论
鲁迅小说中"我"的艺术功能————————徐　学
与社会发展同步————————————————闽　水

新作读后
龙飞凤舞新天地————————————————阮温凌
她给山城带来了春意————————————陈佩贤

美术
人物习作（油画）————————————————薛行彪
红衣服（日本画）————————————[日]向井久万

本刊启事
省文讲所举办首届讲习班

1985 年第 1 期　刊名:《福建文学》
目录

报告文学

黄金海岸上的一只风球 ················ 黄文山

中篇小说

城市之夏 ················ 闰　水　陈　璇

短篇小说

插曲 ················ 杨少衡

爱的旅行 ················ 兰　兮

初会 ················ 李怀峪

评论

努力反映生活的前进步伐

——读《福建文学》一九八四年的报告文学 ···练文修

作家的"艺术功力" ················ 张德林

台湾文学之窗

白色的酢浆草（小说） ················ 荆　棘

诗歌

爱的旋律 ·········· 刘小龙　蔡桂章　鲍国忠

鲁　萍　潘　秋　涂有荣　朱槐生　剑　南　马及时

廖　群　熊　火　曾　宏　骆汉木　阿　杰　蒋澄民

美术

我们的十平方（油画） ······ 陈宗光　李晓伟

厦门特区掠影（速写） ················ 吴伟程

谐趣 ················ 朱森林等

皮格马利翁（油画） ················ [意]巴捷利尼

1985 年第 2 期　刊名:《福建文学》
目录

中篇小说

海湾上的草原 ················ 张　力

短篇小说

我·你·他 ················ 中　申

红衫 ················ 杨林山　曾少祥

黑帆 ················ 张　荟

报价 ················ 庄维明

亚妹子 ················ 许步书

诗歌

山水情深（十二首） ·········· 张德强　胡　箫　黄文忠

施树宗　陈官煊　黄锦萍　蔡桂章　陈建中　剑　文

新荷集（八首） ·········· 施清泉　陈孔腾　徐　铭

贾志坚　马腾宙　骋　弓　杨　洋　童　心

台湾文学之窗

我们 ················ 晓　风

散文

回归曲（五首） ·········· 陈锦清　吕洪军　顾传菁

张雪杉　黄明定

评论

环境造就性格　性格征服环境 ················ 钟本康

关于现实主义精神与创作方法多样化问题讨论简介

················ 晓　行

山城雾雨抒情思

——现代作家与闽中风物（七） ················ 柯文溥

读者广场 ·········· 田　野　俞元桂　廖　群等

美术

海螺 ················ 郑征泉

黑衣女人像（日本画） ················ 中村大三郎

封面设计 ················ 唐　磊

摄影小说

悟 ················ 阿　才等

1985 年第 3 期　刊名:《福建文学》
目录

《福建文学》佳作奖 1983 年——1984 年获奖作品

短篇小说

幸福的妻子 ················ 兰　兮

会唱歌的海螺（新作者之页） ················ 郑　枫

娇娇和她的"大兵" ················ 张聚宁

漫漫的柏油路 ················ 筱　敏

海潮 ················ 张　玲

芳龄易逝 ················ 胡　辛

小巷，弯弯曲曲延伸 ················ 范小青

阿毛，青青和雪雪（新作者之页） ················ 陈红云

翻译小说

漂流 ······ [乌拉奎]奥拉西奥·基罗加著　庄陕宁译

女作者专号

台湾文学之窗

东山寺的那一日（小说）……………孙春华

散文

月光……………………………………张建萍
等待……………………………………汪梅田
少女心情总是诗（七章）……………吕纯晖

诗歌

活泼的春天（抒情诗二十六首）………伊　路　何陵枫
秋　筱　林　祁　孙桂贞　白　梦　黄锦萍　陆　萍
竹　影　阿拉坦托娅

评论

新作读后
富有青春气息的文学思考……………青　山
不可漠视的痛苦………………………张　佳
幸福、迷人之乐曲……………………林　焱

美术

春水绿如蓝……………………………李华英
大岞山船歌……………………………韦江琼
欧罗巴…………………………………［日］杉山宁

1985 年第 4 期　刊名:《福建文学》
目录

本省中篇小说专号
海湾上的酒巴…………………………张　力
点评……………………………………滚　滚
红草蓝…………………………………张建萍
点评……………………………………山　风
歌舞团来了个美国指挥………………王嘉桢
点评……………………………………余　真
欢迎你到望岗来………………李　栋　逆　风
点评……………………………………予　闻
八闽文讯三则

短篇小说

"电脑"的对手…………………………尹　平
鱼汤秘方………………………………周　矢
黑马跳过界河…………………………闫欣宁
他要清晨悄悄离去……………………陈　旭
在软卧车厢里…………………………赵文泽

省文学讲习所学员作品小辑
七月流火………………………………游慈琛

秋天的烦恼和童话……………………陈毅达
蛮妹子…………………………………黄春林
男中音…………………………………郑启平

散文

山乡二题………………………………周同宾
呵，母亲………………………………沈世豪
簏子和风笛……………………………申文钟

评论

艺术上的"三级跳"……………………王炳根
一群美的探索者………………黄海根　陈　越

微型小说

科学……………………………………陈　曦
竞选前夜………………………（中国香港）杨贾郎
广告时代………………………………［日］星新一

诗歌

随楼层升高的思绪（二首）…………王燕生
诗的呼喊………………………………高继恒
老师（外一首）………………………郭成建
青春诗页（十二首）………陈仲义　陈所巨　施树宗
丁　可　郭志杰　叶延滨　金　峰　顾　城　黄相荣
嘉　梁等

美术

秋风，娓娓叙说着长城…………………陈方远
花之路…………………………………邵鲁江
木刻小品（三幅）……………………张　艳
夏日……………………………………［苏联］埃尔别尔格

1985 年第 6 期　刊名:《福建文学》
目录

福建省第二届（1983—1984 年）优秀文学作品奖获奖
作品

短篇小说

围堰……………………………………季　仲
车祸……………………………………高行健
封面……………………………………薛炎文
邮中孤品………………………陈秋生　莫大祥
秋风纨扇图……………………………杨国荣
丹桂……………………………………姜锋青
采购员"麻哥"…………………………曾毓秋
占座（微型小说）……………………施晓宇

新作者之页
贝蒂......吴 赳
父亲......何国宝

散文
进京杂记......林丹娅
"方塘"之畔觅诗魂......万国智

杂文诗
照影篇......刘 征

诗歌
欢唱的彩色（七首）
......陈金茂 袁学林 林德冠 王耀东 陈承茂
小小的绿叶（儿童诗十一首）
......陈官煊 爱 众 潘仲龄 许 可
求贤与爱才（讽刺诗二首）......林四端

评论
立体构思和开放性结构......郑万隆

新作读后
《插曲》二人谈......阮温陵 王义武
《警戒线》的艺术价值......谢春池

美术
微风......王秋霞
南疆采风......张欣欣
闽南行（组画选登）......程 勉
旅游者（雕塑）......[美]汉 森

1985 年第 7 期　刊名:《福建文学》

目录

洁白的祝福......舒 婷
小天使......顾 城
夜行笔记......徐 刚
那留在心中的记忆......张守仁
月亮的海......唐 敏
觅石记......和 谷
飘在山乡的云......碧 森

菲律宾的花朵......郭 风
春的踪迹......许怀中
Klim 奶粉罐......郑 敏
鸟趣......柳 嘉
重访深圳......田 野

绿意......卓 如
悔不当初……......姜德明
星星在天上......王小鹰
乡村银幕之梦......石 英
杨柳小小酒家......陈慧瑛
小雨中的回忆......岱 平
歪嘴仔......斯 妤

游记
雁荡抒情......赵丽宏
说沙漠......王维洲
绿色的迷宫......林万春

杂文
白马非马（杂文剧·丁仃插图）......刘 征
说申公巫臣......郑朝宗
寻梦......（中国香港）东 瑞
一阔脸就变......杨际岚
"教训归教训"和教训的教训......宋志坚
武夷一桂林断想......黄大铣
小谈幽默......施晓宇

八闽风物志
闽居二题......章 武
洛阳桥畔人家......谢春池
西洪印象......万国智
妈祖神 天后宫......延 青
彩色饭......谢瑞元
凤城汤池小记......涂祥生

域外随笔
岛国情趣......何少川
美国文明面面观......李 成

散文诗
山泉（外三章）......陈文和
淡蓝色的回流（四章）......李 耕
古塔·台风......陈志泽
青藏高原二题......甘景山
甜滋滋的旋律（二章）......秋 筱
校庆日......陈 犀
茉莉花似的夜晚......沉 洲
苏醒的河滩......孙福枝
铁的事实（二章）......陆 檣
夜......骆汉木
露水与浪花（二章）......徐慎贵
绿脉......叶光炎

评论

寻找回来的历史⋯⋯⋯⋯⋯⋯⋯王光明

"意境"和"意象"辨析⋯⋯⋯⋯⋯叶公觉

现代作家与闽中风物（二题）⋯⋯柯文溥

补白

两角钱的感叹⋯⋯⋯⋯⋯⋯⋯阿拉坦托娅

水的联想⋯⋯⋯⋯⋯⋯⋯⋯⋯⋯白　煤

美术

蟹酒⋯⋯⋯⋯⋯⋯⋯⋯⋯⋯⋯朱屺瞻

道⋯⋯⋯⋯⋯⋯⋯⋯［日］东山魁夷

山水情⋯⋯⋯⋯⋯⋯⋯⋯⋯⋯⋯朱宇南

无声诗⋯⋯⋯⋯⋯⋯⋯⋯⋯⋯⋯卜维勤

1985 年第 8 期　刊名:《福建文学》
目录

小说

闽海小说界

越过崇山（中篇）⋯⋯⋯⋯⋯⋯⋯李海音

青色幽默（短篇）⋯⋯⋯⋯⋯⋯⋯李海音

写给卫星与木犁的时代⋯⋯⋯⋯⋯李海音

向幽闭世界探寻⋯⋯⋯⋯⋯⋯⋯源　源

荡街⋯⋯⋯⋯⋯⋯⋯⋯⋯⋯⋯海　迪

明月升起之前（新作者之页）⋯⋯许　刚

十一月⋯⋯⋯⋯⋯⋯⋯⋯⋯⋯⋯马未都

报复⋯⋯⋯⋯⋯⋯⋯⋯⋯⋯⋯庄东贤

新楼里的邻居⋯⋯⋯⋯⋯⋯⋯⋯郁　笼

报告文学

闽菜大师"双强"⋯⋯⋯⋯⋯⋯⋯许耀铭

华山，奇险掩饰着美⋯⋯⋯⋯⋯王宗仁

诗歌

让长江流进脉管⋯⋯⋯⋯⋯⋯⋯田家鹏

今夜，我巡航（三首）⋯⋯⋯⋯⋯郭晓晔

在"五世同堂"银杏林前⋯⋯⋯⋯时盛麟

故乡——我的火把⋯⋯⋯⋯⋯⋯周嘉堤

校园诗情（大学生诗作 14 首）⋯⋯⋯吴兴科　郑日丰

曹大臣　邹振东　李龙年　邹昌玉　熊日华　张小云

钱万成　嘉　梁　黄茂端　荀红艳　池晓东

评论

复合的抒情风格与寻根的主题⋯⋯孙绍振

摄影小说形式探索⋯⋯⋯⋯⋯⋯明　白

我对写小说的一些想法⋯⋯⋯⋯马未都

美术

故乡的小河⋯⋯⋯⋯⋯⋯⋯⋯⋯高一呼

阳光·风⋯⋯⋯⋯⋯⋯⋯［苏联］缅林捷里

摄影小说

路遇⋯⋯⋯⋯⋯⋯⋯⋯⋯李大平　张　宏等

1985 年第 9 期　刊名:《福建文学》
目录

闽籍香港作家专号

散文

水仙花开了⋯⋯⋯⋯⋯⋯⋯⋯⋯梅　子

都市随想⋯⋯⋯⋯⋯⋯⋯⋯⋯⋯巴　桐

青青橄榄树⋯⋯⋯⋯⋯⋯⋯⋯⋯黄河浪

回忆中的明天⋯⋯⋯⋯⋯⋯⋯⋯古　剑

雨中行⋯⋯⋯⋯⋯⋯⋯⋯⋯⋯⋯舒　非

诗歌

广角镜及其他⋯⋯⋯⋯⋯⋯⋯⋯张诗剑

佳节抒怀⋯⋯⋯⋯⋯⋯⋯⋯⋯⋯黄河浪

长篇小说

丽都饭店艳尸记⋯⋯⋯⋯⋯⋯⋯陈　娟

怒海余生⋯⋯⋯⋯⋯⋯⋯⋯⋯⋯陈浩泉

中篇小说

京都秋梦⋯⋯⋯⋯⋯⋯⋯⋯⋯⋯东　瑞

短篇小说

父与子⋯⋯⋯⋯⋯⋯⋯⋯⋯⋯⋯尚　政

失忆⋯⋯⋯⋯⋯⋯⋯⋯⋯⋯⋯杨贾郎

评论

谈谈闽籍旅港作家群⋯⋯⋯⋯⋯巴　桐

1985 年第 10 期　刊名:《福建文学》
目录

小说

闽海小说界

双声道⋯⋯⋯⋯⋯⋯⋯⋯⋯⋯⋯杨少衡

看看马儿驮的什么⋯⋯⋯⋯⋯⋯杨少衡

小说之外⋯⋯⋯⋯⋯⋯⋯⋯⋯⋯杨少衡

与时代脉搏同频共振⋯⋯⋯⋯⋯沉　洲

天职⋯⋯⋯⋯⋯⋯⋯⋯⋯闽　水　陈　璇

船家风流⋯⋯⋯⋯⋯⋯⋯⋯⋯⋯杨金远

狗葬⋯⋯⋯⋯⋯⋯⋯⋯⋯⋯⋯陈　垦

宽余 ···································· 叶明山
三色板 ································ 陆昭环

小说

玉湖行 ································ 翁树杰
热带鱼 ································ 张建萍
悠悠白云去 ···························· 曹克胜

评论

文学独创性随想 ························ 李丕显
我何以喜欢他们的小说 ················ 郭 风
关于小说《鱼汤秘方》的通信 ······ 王汶石 周 矢
人们在严肃地工作 ···················· 陈允豪

美术

女学生 ································ 沈行工
丁仃笔下的画家肖像 ·················· 丁 仃
波卡妮小姐 ···················· 〔罗〕布郎库西

1985 年第 11 期 刊名:《福建文学》
目录

在中国作家协会福建分会
第三次会员代表大会上的祝词 ·········· 何少川

迎着社会主义文学的黄金时代阔步前进
——在中国作家协会福建分会第三次会员代表大会上
的报告 ······························ 郭 风

小说

龙骨 ···························· 陈秋生 莫大祥
雾 ·························· (中国香港)巴 桐
动摇 ································· 青 禾
小院人家 ······························ 杨爱国
最后一场械斗 ·························· 邓晨曦
对话，将要开始 ························ 田珍颖

评论

亭亭净植 香远益清 ···················· 叶公觉
人的精神世界的画像 ·················· 陈 纾

报告文学

桃源风流 ······························ 庄东贤

散文

故乡的鸟 ······························ 何少川
青色的贝江 ···························· 万里云

诗歌

山水情深（十八首）········ 蔡其矫 黄文忠 李发模
缪国庆 陈仲义 施肃中 柴德森 邢书第
沉思与假想（二十二首）···· 陈文和 施 予 姚学礼
丁 可 汤养宗 鲍国忠 陶家明 胡品文 树 宗
宁江炳 抒 心 陈锡民

美术

夏至 ································ 李豫闽
菲德拉 ·························· 〔法〕卡巴奈尔
芥末居杂记选 ·························· 黄永玉

1985 年第 12 期 刊名:《福建文学》
目录

中篇小说

他、她和她的版纳野牛 ················· 李 栋

短篇小说

绿色回归线 ··························· 金 平
那遥远的渔村 ·························· 杨金远
夜路 ································· 陈天岚
树神 ································· 雪 垅
森林气息 ····························· 屈兴岐

散文

处女海 ································ 洪 群
海记 ································· 任凤生
森林中的"绿宝石" ···················· 陈文和
福厦路浅唱 ···························· 李连泰

翻译散文

森林小品六则 ········· 〔苏〕米·普里什文 张守仁译

诗歌

湛蓝的大海 ·················· 汤养宗 杜 星 杨 牧
熊光炯 陈所巨 杨 洋 宋 琳 林 祁 郭志杰
胡 笳 宋 瑜 宁 宇 贾志坚 嘉 梁 袁治扬
达 黄 王者诚
翠绿的林莽 ········ 陈金茂 沈天鸿 雷恩奇 夏 冰

评论

从生活深处来 ·························· 陈孝全
拂来阵阵海风 ·························· 杨际岚

美术

海港之晨 ···················· 朱基元 许镇川 童 均
松针 ·························· 〔美〕安塞尔·当斯亚

月光曲 --- 沈　亮
林中沐浴（局部）----------------------------- ［法］毕沙罗

1986 年第 1 期　刊名:《福建文学》
目录

小说
横碑 --- 阎欣宁
归来的灰鸽 ------------------------------------- 曾昭寿
买鱼 --- 翁树杰
青春变奏曲 ------------------------------------- 林艺聪
我们遭到拦截（新作者之页）--------------------- 江　虹
生活流程中爱的觉醒（点评）--------------------- 石　见
丝丝（小小说）--------------------------------- 长　随

探索之页
城疫 --- 姚　霏
《城疫》笔谈 ----------------------------------- 余真等

散文
梯子沟突围 ------------------------------------- 杨成武
福州之行 ------------------ ［英］A.S.柏特　莫　名译
拣贝壳的姑娘 ----------------------- ［菲律宾］黄春安

诗歌
蓓蕾与落英 ------- 秋　筱　谢春池　刘小龙　颜　溶
林茂春　陈茂欣　张洪波　曾　阅　詹昌政　黄锦萍
阿拉坦托娅　施清泉　卓　凡　刘益善　蔡荣电
序和跋 --- 倪淼森
龙柱（外一首）--------------------------------- 潘　秋
报纸编辑 --------------------------------------- 高继恒
改革者的辩词（三首）--------------------------- 张雪杉

评论
彼岸之光 --------------------------------------- 林兴宅
漫话当代小说的结构 ----------------------------- 钟本康
散文诗的内在音乐美 ----------------------------- 王光明
现代作家与闽中风物（九）----------------------- 柯文溥

美术
日冕 --- 黄永砯
枇杷熟了 --------------------------------------- 周天黎
版画新作 ------------------------- 吴家跃　米金铭
博尔盖泽夫人像 --------------------- ［意］卡诺瓦

1986 年第 2 期　刊名:《福建文学》
目录

小说
闽海小说界
冷水坑人家 ------------------------------------- 海　迪
教犁 --- 海　迪
我就是我（创作谈）----------------------------- 海　迪
归去来?（评论）------------------------------- 林　焱
断路碑 --- 汪　洪
高盈九号趣闻 ----------------------------------- 吴琪捷
藐姑射山之死 ----------------------------------- 施　群
落舟滩 --- 宋树根
再塑一个她 ------------------------------------- 凌耀忠

散文
不沉的海 --------------------------------------- 曾毓秋
塑像和纪念碑 ----------------------------------- 何少川
立春 --- 犁　人
武夷山生物拾趣 --------------------------------- 张　震

诗歌
有声有色的世界 ------------- 范　方　鲁　萍　陈文和
倪世璧　孙新凯　翁景贵　杨子忱
故乡月明 --------- 沈天鸿　陈锡民　吴迪安　李剪藕
杨永年　陈志泽　苏文华　王仲元

评论
小说的虚构——"可能"的选择 ------------------- 南　帆
瓶无新旧　酒必芳醇 ----------------------------- 陈　岑
把握艺术的黄金点 ------------------------------- 张振宇
现代作家与闽中风物（十）----------------------- 柯文溥

苗风浦同志因病逝世

美术
啊，南极 --------------------------------------- 查　立
竹林隐士（电影剧连环画）
朝阳 ------------------------------ ［日］梅原龙三郎

1986 年第 3 期　刊名:《福建文学》
目录

小说
闽海小说界
环境风 --- 袁和平
茶色玻璃 --------------------------------------- 袁和平

题外絮语（创作谈）·································袁和平

客从远方来·······································郑启平
乳黄色的电话机···································陈元麟
绿荫中的红房子···································武阳滨
港商赵经理·······································亚　瑟

探索之页
黑马群···北　村
《黑马群》笔谈···································林兴宅等

散文
夏天的谷场·······································吕纯晖
东山手记···林丹娅
炊烟纪事···黄明定
在鼓岭的日子（同题散文）
·······························王世彦　郑枫　林祁

诗歌
永久的缅怀（革命历史题材征文）···黄文忠　柴德森
讽刺三题···林四端
一个资本家的素描·······························黄东成
奉献与馈赠（抒情诗七首）
············高元兴　陈志铭　谢春池　田家鹏　黄静芬
绿叶上的露珠（短章十四首）···········武兆强　李根红
陈　刚　丁　可　侯四明　赵　风　文　丙　沈用大
陈官煊　莫西芬　程　楷　元　庆　元　赏

评论
文学·文化·心态·································宋耀良
真挚的感情　纯净的诗风··························徐　荆
留在《微贱的人》中的历史地方印记············柯文溥

美术
收获（分层粉雕）·································陈方远
陈方远线描小品
入浴的蒲赛克···································〔英〕里　东

鹧鸪涧···黄　瀚
折光···陆景林
当真迹发现之后·······················施建国　施胜国

诗歌
闽南"金三角"之行
闽南行吟（六首）·································陈钊淦
闽南短笛（四首）·································朱谷忠
侨乡，枕着电视波睡了·····························刘永乐
虎崆滴玉···刘小龙
世界正在窗外急剧地相互交替（外一首）·······顾　工

散文
闽南"金三角"之行
闽南日记···郭　风
冬天的桔园·······································何　为
赵家堡记···袁和平
绿色礼赞···季　仲
虾趣···海　滨
崛起的港口·······································陈文和
化作春泥更护花···································魏　拔
骆驼祭···章　武

评论
小说观念更新笔谈
小说的自觉意识···································周介人
当代小说中的理性精神·····························吴　亮
小说是什么?·····································程德培
小说和角度·······································蔡　翔

美术
春日（中国画）···································尉晓榕
秋叶无声·····························蔡国强摄影　林祁配诗
奥尔洛娃（油画）·······················〔俄〕谢洛夫

1986 年第 4 期　刊名:《福建文学》

目录

小说
闽海小说界
双镯···陆昭环
关于惠安女（创作谈）·····························陆昭环
在禁锢的心灵点一盏灯·····························蔡海滨
曜变···王文径
迪斯科的风波·····································权延赤

1986 年第 5 期　刊名:《福建文学》

目录

本省中篇小说专号
闽海小说界
升弧···阎欣宁
长寿的断想（创作谈）·····························阎欣宁
士兵王国的咏叹调（评论）·························王炳根
草绿色的工棚下···································金沙水
顽强地生活（创作谈）·····························金沙水
那一片永恒而新鲜的绿色（评论）···············林建法

探索之页

平安夜　平安夜⋯⋯⋯⋯⋯⋯⋯⋯⋯⋯⋯⋯⋯⋯⋯郑　枫
鸟粪岛⋯⋯⋯⋯⋯⋯⋯⋯⋯⋯⋯⋯⋯⋯⋯⋯⋯⋯王伟伟

青春（油画）⋯⋯⋯⋯⋯⋯⋯⋯⋯⋯⋯⋯⋯⋯⋯⋯范艾青
温暖（摄影小说）⋯⋯⋯⋯⋯⋯⋯⋯⋯⋯⋯⋯⋯⋯石　楠
哀悼伊卡洛斯（油画）⋯⋯⋯⋯⋯⋯⋯⋯⋯［英］德列哈

1986 年第 6 期　刊名:《福建文学》
目录

短篇小说

闽海小说界
孝子⋯⋯⋯⋯⋯⋯⋯⋯⋯⋯⋯⋯⋯⋯⋯⋯⋯⋯⋯庄东贤
房子的梦⋯⋯⋯⋯⋯⋯⋯⋯⋯⋯⋯⋯⋯⋯⋯⋯⋯庄东贤
在困惑中思索（创作谈）⋯⋯⋯⋯⋯⋯⋯⋯⋯⋯庄东贤
你别无选择⋯⋯⋯⋯⋯⋯⋯⋯⋯⋯⋯⋯⋯⋯⋯⋯袁滚滚
城池⋯⋯⋯⋯⋯⋯⋯⋯⋯⋯⋯⋯⋯⋯⋯⋯⋯⋯⋯杨少衡
车祸⋯⋯⋯⋯⋯⋯⋯⋯⋯⋯⋯⋯⋯⋯⋯⋯⋯⋯⋯游慈深

中篇小说

南山情⋯⋯⋯⋯⋯⋯⋯⋯⋯⋯⋯⋯⋯⋯⋯⋯⋯⋯马　车

散文

丹青记⋯⋯⋯⋯⋯⋯⋯⋯⋯⋯⋯⋯⋯⋯⋯⋯⋯⋯卓钟霖
我的一帧生活照⋯⋯⋯⋯⋯⋯⋯⋯⋯⋯⋯⋯⋯⋯廖金璋
寻诗⋯⋯⋯⋯⋯⋯⋯⋯⋯⋯⋯⋯⋯⋯⋯⋯⋯⋯⋯申文钟

评论

诗与美的巡礼⋯⋯⋯⋯⋯⋯⋯⋯⋯⋯⋯⋯⋯⋯⋯李　黎
童心的诗的世界⋯⋯⋯⋯⋯⋯⋯⋯⋯⋯⋯⋯⋯⋯江　健
青春回归曲⋯⋯⋯⋯⋯⋯⋯⋯⋯⋯⋯⋯⋯⋯⋯⋯阮温陵

诗歌

青年文学社团之窗
春笋集——八闽诗社作品选登（十八首）⋯⋯郭志杰
潘　秋　王性初　杜星桅　多哈　雷郑也
可　可　田　默　夏冰　朱春花　草心　丘有滨
他们表现着希望（评论）⋯⋯⋯⋯⋯⋯⋯⋯⋯王光明
海庙（小说）⋯⋯⋯⋯⋯⋯⋯⋯⋯⋯⋯⋯⋯⋯⋯黄一虹
沉思与遐想（二十三首）⋯⋯陆　樯　伊　路　施肃中
翼　华　鲍国忠　陈毅达　林茂春　连惠忠　方竟成
黄秋苇　薛宗碧　刘　军
山水情深（二十首）⋯⋯⋯⋯梁上泉　黄文忠　文　丙
倪世璧　黄锦萍　张公勤　沈天鸿　高继恒　郭成建
袁学林

美术

守护神⋯⋯⋯⋯⋯⋯⋯⋯⋯⋯⋯⋯⋯⋯⋯⋯⋯⋯邵鲁江
鲁江画选（三幅）⋯⋯⋯⋯⋯⋯⋯⋯⋯⋯⋯⋯⋯邵鲁江
达那厄（雕塑）⋯⋯⋯⋯⋯⋯⋯⋯⋯⋯⋯⋯［法］罗　丹

1986 年第 7 期　刊名:《福建文学》
目录

女孩子的花⋯⋯⋯⋯⋯⋯⋯⋯⋯⋯⋯⋯⋯⋯⋯⋯唐　敏
关于女人（报告散文）⋯⋯⋯⋯⋯⋯⋯⋯⋯⋯⋯刘小敏
烟火人间⋯⋯⋯⋯⋯⋯⋯⋯⋯⋯⋯⋯⋯⋯⋯⋯⋯王世彦
山里的风⋯⋯⋯⋯⋯⋯⋯⋯⋯⋯⋯⋯⋯⋯⋯⋯⋯林艺聪
毓园雨迹⋯⋯⋯⋯⋯⋯⋯⋯⋯⋯⋯⋯⋯⋯⋯⋯⋯林　祁
致亡妇⋯⋯⋯⋯⋯⋯⋯⋯⋯⋯⋯⋯⋯⋯⋯⋯⋯⋯郭　风
冰灯·闪光的遗憾⋯⋯⋯⋯⋯⋯⋯⋯⋯⋯⋯⋯⋯碧　森
失落的“玫瑰海”⋯⋯⋯⋯⋯⋯⋯⋯⋯⋯⋯⋯⋯刘登翰
红帆⋯⋯⋯⋯⋯⋯⋯⋯⋯⋯⋯⋯⋯⋯⋯⋯⋯⋯⋯廖静仁
武夷相思豆⋯⋯⋯⋯⋯⋯⋯⋯⋯⋯⋯⋯⋯⋯⋯⋯洪　群
未名沟随想⋯⋯⋯⋯⋯⋯⋯⋯⋯⋯⋯⋯⋯⋯⋯⋯陈章汉
友与情⋯⋯⋯⋯⋯⋯⋯⋯⋯⋯⋯⋯⋯⋯⋯⋯⋯⋯石　英
兰蟹图⋯⋯⋯⋯⋯⋯⋯⋯⋯⋯⋯⋯⋯⋯⋯⋯⋯⋯王维洲
重檐下的飞天⋯⋯⋯⋯⋯⋯⋯⋯⋯⋯⋯⋯⋯⋯⋯万国智
“士多”拍卖记⋯⋯⋯⋯⋯⋯⋯⋯⋯⋯⋯⋯⋯⋯杨羽仪

游记

澳门近在咫尺⋯⋯⋯⋯⋯⋯⋯⋯⋯⋯⋯⋯⋯⋯⋯何　为
观九鲤飞瀑记⋯⋯⋯⋯⋯⋯⋯⋯⋯⋯⋯⋯⋯⋯⋯王仲莘
罗湖渔村⋯⋯⋯⋯⋯⋯⋯⋯⋯⋯⋯⋯⋯⋯⋯⋯⋯碧　野

探索之页

不能出卖的影子⋯⋯⋯⋯⋯⋯⋯⋯⋯⋯⋯⋯⋯⋯楼肇明
低音箫：吹一曲你⋯⋯⋯⋯⋯⋯⋯⋯⋯⋯⋯⋯⋯吕纯晖
记住这雨⋯⋯⋯⋯⋯⋯⋯⋯⋯⋯⋯⋯⋯⋯⋯⋯⋯张建萍

抒情小品

小巷深处⋯⋯⋯⋯⋯⋯⋯⋯⋯⋯⋯⋯⋯⋯⋯⋯⋯林万春
三石记⋯⋯⋯⋯⋯⋯⋯⋯⋯⋯⋯⋯⋯⋯⋯⋯⋯⋯洪　泓
麦草扇⋯⋯⋯⋯⋯⋯⋯⋯⋯⋯⋯⋯⋯⋯⋯⋯⋯⋯谢瑞元
还魂草⋯⋯⋯⋯⋯⋯⋯⋯⋯⋯⋯⋯⋯⋯⋯⋯⋯⋯杨学贵
那个老人⋯⋯⋯⋯⋯⋯⋯⋯⋯⋯⋯⋯⋯⋯⋯⋯⋯陈茂欣
畲山猎趣⋯⋯⋯⋯⋯⋯⋯⋯⋯⋯⋯⋯⋯⋯⋯⋯⋯延　青
故乡的童谣⋯⋯⋯⋯⋯⋯⋯⋯⋯⋯⋯⋯⋯⋯⋯⋯陈瑞统
小屋情怀⋯⋯⋯⋯⋯⋯⋯⋯⋯⋯⋯⋯⋯⋯⋯⋯⋯谢春池
酒瘾⋯⋯⋯⋯⋯⋯⋯⋯⋯⋯⋯⋯⋯⋯⋯⋯⋯⋯⋯高洪波
早春的思索⋯⋯⋯⋯⋯⋯⋯⋯⋯⋯⋯⋯⋯⋯⋯⋯李　援
自然的女儿⋯⋯⋯⋯⋯⋯⋯⋯⋯⋯⋯⋯⋯⋯⋯⋯赖玲玲

人物掠影

在海边，艾青说 ………………………… 姜德明
世纪同龄人的乡思 …………………… 章　武
煮梦 …………………………………… 傅子玖

杂文·随笔

叶裹小集（寓言式杂文） ……………… 刘　征
自然的恋情（随笔） ………………… 熊召政
纽约客的孤独（留美随笔） …………… 李　成

译文

森林小品 ………… ［苏联］米·普里什文　张守仁译
枯叶 ……… ［西班牙］古斯塔沃·阿道夫·贝克尔
彭慕泽译

菲律宾华人散文小辑

红贝花开的早上 ……………………… 晨梦子
归途 …………………………………… 诗　雁
落叶 …………………………………… 秋　笛

散文诗

彩雨集 ………………………………… 陈志泽
冰块着火了 …………………………… 黄祯国
花草篇 ………………………………… 杨健民
南国掠影 ……………………………… 杨德祥
这蓝色的海之波 ……………………… 李　耕
散文诗一束 …………………………… 徐慎贵
采煤工 ………………………………… 张如腾
山里人 ………………………………… 李大葆
夏日的心迹 …………………………… 沉　洲
心的一隅 ……………………………… 黄一虹
分别 …………………………………… 郝子奇
根·藤 ………………………………… 方航仙
嘉峪关情怀 …………………………… 甘景山
破冰船 ………………………………… 王德进
矿灯 …………………………………… 刘永乐
黄山人字瀑 …………………………… 桂向明
春天头帕上的翡翠 …………………… 邹昌玉
我的通讯录 …………………………… 灵　焚

补白

关于散文创作和鉴赏的问卷调查情况 …… 朱谷忠

评论

孔孟风骨　幽默文章 ………………… 徐　学
散文的历史感 ………………………… 叶公觉
散文的自我与超越 …………………… 王英琦
现代诗之直觉 ………………………… 陈仲义

美术

丁仃墨韵 ……………………………… 丁　仃
福建画院首届展览作品选
缪斯们 ……………………………… ［法］德　尼

1986 年第 8 期　刊名:《福建文学》
目录

蔡其矫作品讨论会文稿选登

海神（组诗） ………………………… 蔡其矫
邹荻帆、张志民同志的来信
蔡其矫诗作朗诵会自序 ……………… 蔡其矫
诗人的命运（评论） ………………… 谢　冕
"生命有力量医治创伤"（评论） …… 吴　嘉

短篇小说

别了，黄金洲 ………………………… 涂吉安
阿 O ………………………………… 金沙水
今夜相聚小红楼（新作者之页） ……… 余以琳
玫瑰色的星期天 …………… 闰　水　陈　璇
小狗之死 …………………………… 苗风浦
在最后的阵地上（革命历史题材征文） … 黄砾明
人，在沙原上（新作者之页） ………… 丁　真
春雾 …………………………………… 林微润

微型小说

网 …………………………………… 温济清
吻（翻译小说） ……… ［英］威廉·桑森　戴秀芬译

散文

家庭笔会
婚礼奏鸣曲 …………………………… 韩静霆
抻面戏谑曲 …………………………… 王作勤
雪的摇篮曲 …………………………… 韩　剑
虎岭遐思（革命历史题材征文） ……… 张　惟
海上迪斯科 …………………………… 章孝安

诗歌

水上"吉普赛"（六首） ……………… 汤养宗
永恒的艺术（九首） …… 鲁　萍　薛卫民　张德强
黄锦萍　王耀东　邢海珍
时代的灵光（四首） ……… 白　煤　张公勤　林　斌

评论

海与人 ……………………………… 俞兆平

美术

绿音符····································唐中仙

唐中仙作品三幅····························唐中仙

泉································[法]安格尔

1986 年第 9 期　刊名:《福建文学》
目录

小说

奶油蛋糕与排课表··························薛家柱

坡地··································北　北

国际玩笑································郑启五

噢,苏姗娜···························王　祥　宋绾

鸽子··································黄蓓佳

探索之页

这支乐谱无调性····························哈　雷

报告文学

力玛莉、哈娜和阿曼达·······················黄文山

诗歌

园丁颂(八首)···········伊　路　庄伟杰　陈文和

校园诗情(大学生诗选)(十四首)·············陈寿星

邱滨玲　许　诺　刘　利　游锦寿　冰　晶　钱万成

胡昌文　绿　音　方　文　向以鲜　刘　原

童韵(十三首)···········陈文和　陈官煊　连惠忠

杨　洋　潘仲龄　夏　冰　蔡桂章

散文

海边的歌·······························缪　士

校园雨································谢春池

长安山漫笔······························方彦富

青春的回忆······························顾传菁

寸草集(大学生散文之页)

·················杨民君　张佩星　冯燕君

评论

小说观念更新笔谈

纵向的探索和横向的检测·····················孙绍振

我观小说的特质与功能·······················林兴宅

叙事之"事"······························南　帆

超越故事:小说在这里起飞···················王光明

小说:嫁接的年代·························王炳根

小说观念的选择····················李洁非　张　陵

我心目中的散文··························蔡葆真

美术

翠谷································张华青

素描作品································许　江

海上泛舟····························[法]鲍纳尔

1986 年第 10 期　刊名:《福建文学》
目录

小说

闽海小说界

决斗(中篇小说)··························张　力

红树籽的传说(创作谈)·····················张　力

此人便是吴兹安(评论)·····················袁和平

女儿茶································邓晨曦

走向青天································青　禾

探索之页

魔枪·神卵·圣偷·························戈　戎

太阳照在西墙上····························范小青

醉酒二题································徐万明

伯公································黄海根

散文

旱船·高跷·····························周同宾

我心中的一座古屋··························任凤生

黄龙一日记······························廉正祥

雨中的福州西湖····························蓝　天

西溪河大爆破速写··························孙福枝

在"我们的瓦格纳城"·······················舒　柱

诗歌

海峡两岸(十首)···············陈金茂　莫文征

彭泉瀚　于宗信　林凌鹤　林茂春

青春诗页(七首)···············陈　放　雷恩奇

钱万成　邢海珍　陈嘉平　聘　弓

你才十八岁(五首)·············薛卫民　黄祯国

张公勤　洪　泓　朱孟良

探索诗页(七首)···············陈所巨　黄静芬

秋　月　施清泉　沈天鸿　汪　挺

她是女人(小叙事诗)·······················南　野

评论

纪念鲁迅先生逝世五十周年

"五四"时期鲁迅的"为人生"与俄国"为人生派"

·····························许怀中

且从《狂人日记》说起·······················李丕显

《双镯》座谈纪要··························张冬青

美术

黄阿忠作品（八幅）——————————————黄阿忠
死与生——————————————————［奥］克里姆特

蔡国强作品四幅——————————————蔡国强
接吻（雕塑）——————————————［罗］布朗库西

1986 年第 11 期　刊名：《福建文学》
目录

小说

幽灵——————————————————权延赤
残冬——————————————————游慈琛
街角——————————————————梁　青
打开舷窗————————————————李云良
色变（探索之页）——————————————沉　洲
蓝天下　黄土上——————————————徐　平
石中璞从文记———————————————姚克明
带刀的艺术家———————————————李大刚

小小说

茶壶——————————————————陈　叙
竹竿——————————————————陈　叙
风波一、二————————————————施晓宇
感恩——————————————————刘　思

散文

买螺——————————————————楚燕遐
姑嫂塔，游子心中的歌————————————黄春安
香飘无花岛———————————————陈国俊
编辑的信————————————————高　信
流失的箭矢（探索之页）———————————北　村

诗歌

水乡人物画（三首）—————————————沈天鸿
石林（外一首）——————————————莱　笙
讽刺三题续篇———————————————林四端
诗的花坞（十二首）——————阿拉坦托娅　徐　正
邢海珍　石太瑞　李龙年　金谷　左一兵　林　斌
翁景贵　张　彪　高琴　舒柱
短笛集（十九首）——————袁学林　黄　淮　鲍国忠
洪　泓　陶家明　连惠忠　王友新

评论

逆向思维与作家的美学发现————盛子潮　朱水涌
小说人物形象塑造三题————————周书文
伟业千秋映汗青——————————蔡厚示
情趣：浓缩了野味—————————杨健民

美术

白房子——————————————————蔡国强

1986 年第 12 期　刊名：《福建文学》
目录

《小说选刊》、《福建文学》联合召开小说创作座谈会
取长补短　定能突破————————————傅　活
小说创作管见———————————————张日凯
艰苦的路程————————————————季　仲
立足本省　扶植新人————————————蔡海滨
呼吁与思索————————————————陆昭环
生活与象征————————————————海　迪
在"零的突破"之前—————————————唐　敏
去外婆家————————————————丹　娅
超脱困境————————————————林　焱

小说

挂在墙上的背带裙
——《天生是个女人》之二————————陆星儿
汤丸店的女主人——玉疃镇人物之一————翁树杰
腹地————————————————雨时如月
远山牧歌————————————————姚　霏
通向地狱的路———————————————洪　波
石鸡——————————————————叶志坚
魔窟——————————————————何国宝
茉莉——————————————————王国力
重温旧梦————————————————林鼎安

散文

我心中的岛————————————————王世彦
行路难—————————————————郑　枫
相思结几重————————————————黄明定
樟树，故乡的云——————————————方　叶
诱惑，三百九十六克————————————陈仲义

诗歌

迷濛的夜色（爱情诗 42 首）——————戴砚田　沈天鸿
施肃中　陈嘉桂　关劲潮　钱梦祥　南也　李学圭
黄祯国　夏雄　卓凡　陈官煊　陈泽芳　洪　放
陈文和　林　斌　林登豪　丁保玲

评论

小说意识的解放——评《城疫》、《黑马群》、《平安
夜，平安夜》————————————————南　帆

美术

片云——————————————————杨思陶

小说创作座谈会剪影⸺⸺⸺⸺⸺⸺⸺夏加尔

1987 年第 1 期　刊名:《福建文学》
目录

小说

闽海小说界

井巢⸺⸺⸺⸺⸺⸺⸺⸺⸺⸺刘　星

娜杰日塔迷人的蓝色⸺⸺⸺⸺⸺⸺刘　星

不寻常的起跳（评论）⸺⸺⸺⸺⸺戈　戎

富贵婶（"故乡水"征文选登）⸺⸺郭碧良

白光⸺⸺⸺⸺⸺⸺⸺⸺⸺⸺⸺陈胜民

黑房间⸺⸺⸺⸺⸺⸺⸺⸺⸺⸺吴力声

冶城石踪⸺⸺⸺⸺⸺⸺⸺⸺⸺张　逸

再见吧，E⸺⸺⸺⸺⸺⸺⸺⸺⸺畅建康

海在远方⸺⸺⸺⸺⸺⸺⸺⸺⸺尹家民

八闽文讯：省作家协会召开"马宁作品讨论会"

散文

第二石林遐想曲⸺⸺⸺⸺⸺⸺⸺林万春

山下是水色⸺⸺⸺⸺⸺⸺⸺⸺⸺贾宝泉

鞋（外一篇）⸺⸺⸺⸺⸺⸺⸺⸺陈　肃

故乡　故乡⸺⸺⸺⸺⸺⸺⸺⸺⸺泓　莹

无名峰遐思⸺⸺⸺⸺⸺⸺⸺⸺⸺陆永和

吃田螺⸺⸺⸺⸺⸺⸺⸺⸺⸺⸺吴　文

诗歌

边缘（组诗）⸺⸺⸺⸺⸺⸺⸺⸺田家鹏

从深山走向大海（评论）⸺⸺⸺⸺刘登翰

亲情　乡情（十一首）⸺⸺陈侣白　陈金茂

刘　章　刘益善　蔡桂章　杨振东　郭成建　丁　可

冯　杰　钱万成

"皇帝"分等级（讽刺诗）⸺⸺⸺⸺杨钧炜

街头有担蝈蝈笼⸺⸺⸺⸺⸺⸺⸺张德强

评论

新时期文学十年论稿选登

社会问题小说的演化⸺⸺⸺⸺⸺宋耀良

文学对自身的反思⸺⸺⸺⸺⸺⸺颜纯钧

美术

心⸺⸺⸺⸺⸺⸺⸺⸺⸺⸺⸺⸺卢如来

卡拉的晚钟⸺⸺⸺⸺⸺[西班牙]达　里

1987 年第 2 期　刊名:《福建文学》
目录

小说

武林外史⸺⸺⸺⸺⸺⸺⸺⸺⸺莫　名

山精⸺⸺⸺⸺⸺⸺⸺⸺⸺⸺⸺张冬青

女友⸺⸺⸺⸺⸺⸺⸺⸺⸺⸺⸺寒　云

山镇夕照⸺⸺⸺⸺⸺⸺（中国香港）巴　桐

一个女心疾患者的手记⸺⸺⸺⸺⸺简兆麟

鱼冢⸺⸺⸺⸺⸺⸺⸺⸺⸺⸺⸺陈孔屏

蚬河弯弯⸺⸺⸺⸺⸺⸺⸺⸺⸺孙新凯

街景⸺⸺⸺⸺⸺⸺⸺⸺⸺⸺⸺赖妙宽

报告文学

彼岸与此岸⸺⸺⸺⸺⸺⸺⸺⸺⸺傅溪鹏

散文

咖啡厅之夜⸺⸺⸺⸺⸺⸺⸺⸺⸺静　影

鸭肉冻⸺⸺⸺⸺⸺⸺⸺⸺⸺⸺曾　予

武夷山的树⸺⸺⸺⸺⸺⸺⸺⸺⸺沈世豪

大理花街⸺⸺⸺⸺⸺⸺⸺⸺⸺张永权

诗歌

扭曲的乡风⸺⸺⸺⸺⸺⸺⸺⸺⸺文　丙

绚丽的色彩⸺⸺⸺⸺翁景贵　茹　茹　洪　泓

鲍国忠　薛宗碧　陈文和　王耀东

探索诗页⸺⸺⸺⸺⸺陈所巨　李发模　薛卫民

梁小斌　孙昕晨　陈锡民

评论

新时期文学十年论稿选登

小说现状和模式的艺术思考⸺⸺⸺北　村

诗的朦胧美及其"度"⸺⸺⸺⸺⸺陈志铭

你正潜入海的深层⸺⸺⸺⸺⸺⸺佘树森

美术

李华英陶瓷艺术⸺⸺⸺⸺⸺⸺⸺李华英

奥菲莉亚⸺⸺⸺⸺⸺⸺⸺⸺[英]密莱司

1987 年第 3 期　刊名:《福建文学》
目录

小说

庄生井⸺⸺⸺⸺⸺⸺⸺⸺⸺⸺了　因

怀念⸺⸺⸺⸺⸺⸺⸺⸺⸺⸺⸺卢建中

玫瑰与年糕⸺⸺⸺⸺⸺⸺⸺⸺⸺陈宁娜

陶醉⸺⸺⸺⸺⸺⸺⸺⸺⸺⸺⸺曾　予

潜艇艇长和他的实习副长⋯⋯⋯⋯⋯宋树根
机关⋯⋯⋯⋯⋯⋯⋯⋯⋯⋯⋯⋯⋯⋯南　帆
不应沉没的世界⋯⋯⋯⋯⋯⋯⋯⋯⋯肖　东
家⋯⋯⋯⋯⋯⋯⋯⋯⋯⋯⋯⋯陈炳坤　马星辉
江南水乡，有这么个妹子⋯⋯⋯⋯⋯章左声
花杆红笔⋯⋯⋯⋯⋯⋯⋯⋯⋯⋯⋯⋯山　夫

散文

在黎明前的黑暗中（传记文学）⋯⋯姜金城
深山月⋯⋯⋯⋯⋯⋯⋯⋯⋯⋯⋯⋯⋯方　叶
少年和琴声（外一章）⋯⋯⋯⋯⋯⋯汪梅男
谈金色⋯⋯⋯⋯⋯⋯⋯⋯⋯⋯⋯⋯⋯徐　平

诗歌

坚韧的温柔（八首）⋯⋯⋯⋯⋯⋯⋯伊　路
路，在你的脚下延伸（评论）
——读伊路诗随想⋯⋯⋯⋯⋯⋯⋯史　星
女人的心迹（本省女诗人爱情诗专辑十首）
⋯⋯⋯秋　筱　林　祁　许仙娥　黄锦萍　黄静芬
春笋集⋯⋯⋯⋯⋯⋯舒　婷　范　方　黄文忠
程　楷　林登豪　沈用大　林敬华　黄秋苇　夏　冰
陈　宙　刘小龙　孙新凯　王祥康　丁茂福　鸣　鹏

评论

茅盾——作家的知友和导师⋯⋯⋯⋯王维燊
新时期文学论稿选登
重视变态心理的描写⋯⋯⋯⋯⋯⋯钟本康
笔谈诗歌创新
人与世界的相遇⋯⋯⋯⋯⋯⋯⋯⋯王家新

美术

篓之绘⋯⋯⋯⋯⋯⋯⋯⋯⋯⋯⋯⋯⋯王国建
一个斑点⋯⋯⋯⋯⋯⋯⋯⋯⋯［俄］康定斯基

1987 年第 4 期　刊名:《福建文学》
目录

小说

闽海小说界
那头是吾家⋯⋯⋯⋯⋯⋯⋯⋯⋯⋯⋯丹　娅
玉箸岩⋯⋯⋯⋯⋯⋯⋯⋯⋯⋯⋯⋯⋯丹　娅
"谈"（创作谈）⋯⋯⋯⋯⋯⋯⋯⋯丹　娅
在明净与单纯中透视人生（评论）⋯管　宁
老婚⋯⋯⋯⋯⋯⋯⋯⋯⋯⋯⋯⋯⋯⋯汪宝珍
四鸡图⋯⋯⋯⋯⋯⋯⋯⋯⋯⋯⋯⋯⋯施晓宇
红铜唢呐⋯⋯⋯⋯⋯⋯⋯⋯⋯⋯⋯⋯熊正良
艾尔玛⋯⋯⋯⋯⋯⋯⋯⋯⋯⋯⋯⋯⋯袁　军
独户⋯⋯⋯⋯⋯⋯⋯⋯⋯⋯⋯⋯⋯⋯江　虹

单四舅⋯⋯⋯⋯⋯⋯⋯⋯⋯⋯⋯⋯⋯范丽青

散文

茶的祖家和品茶艺术（随笔）⋯⋯⋯秦　牧
我的梦⋯⋯⋯⋯⋯⋯⋯⋯⋯⋯⋯⋯⋯何　飞
唉，傻瓜⋯⋯⋯⋯⋯⋯⋯⋯⋯⋯⋯⋯黄　婷
飘浮的小斗笠⋯⋯⋯⋯⋯⋯⋯⋯⋯⋯孔　屏
残缺的楼群⋯⋯⋯⋯⋯⋯⋯⋯⋯⋯⋯莱　笙
冷湖的黄昏⋯⋯⋯⋯⋯⋯⋯⋯⋯⋯⋯刘铁柯

诗歌

哭滩（四首）⋯⋯⋯⋯⋯⋯⋯⋯⋯⋯汤养宗
甜城忆（外一首）⋯⋯⋯⋯⋯⋯⋯⋯胡　笛
一天有你的两个世界（外二首）⋯⋯郭志杰
诗的花坞（十四首）⋯⋯⋯⋯陈官煊　张公勤
詹昌政　马腾宙　林德冠　李龙年　黄凤祝　黄　飞
阿拉坦托娅

评论

小说观念更新笔谈
叙述结构、地域精神与神话世界⋯⋯袁和平
让小说更接近心灵⋯⋯⋯⋯⋯⋯⋯陆昭环
为了更真切地再现生活⋯⋯⋯⋯⋯唐　敏
超载语言功能⋯⋯⋯⋯⋯⋯⋯⋯⋯海　迪
啊，啊，啊⋯⋯⋯⋯⋯⋯⋯⋯⋯⋯李海音
换符谈⋯⋯⋯⋯⋯⋯⋯⋯⋯⋯⋯⋯杨少衡
底层社会的色、型、味⋯⋯⋯⋯⋯王兆军
你说出了我们女孩子的心⋯⋯⋯⋯许劲草

美术

洪瑞生油画作品选⋯⋯⋯⋯⋯⋯⋯洪瑞生
照镜子的女孩⋯⋯⋯⋯⋯⋯［美］洛克威尔

1987 年第 5 期　刊名:《福建文学》
目录

小说

赶夜⋯⋯⋯⋯⋯⋯⋯⋯⋯⋯⋯⋯⋯⋯游慈琛
且说风情（评论）⋯⋯⋯⋯⋯⋯⋯曾镇南
新作者之页
静静紫云山⋯⋯⋯⋯⋯⋯⋯⋯⋯⋯江子辰
山中岁月（二题）⋯⋯⋯⋯⋯⋯⋯陈树民
三块洪武年间留下的城砖⋯⋯⋯⋯李　凯
最后一趟森林小火车⋯⋯⋯⋯⋯⋯谢　默
澄泥⋯⋯⋯⋯⋯⋯⋯⋯⋯⋯⋯⋯⋯⋯梁　晴
虾公⋯⋯⋯⋯⋯⋯⋯⋯⋯⋯⋯⋯⋯⋯林　斌
响沙滩⋯⋯⋯⋯⋯⋯⋯⋯⋯⋯⋯⋯⋯刘　华
晚秋的咖啡⋯⋯⋯⋯⋯⋯⋯⋯⋯⋯张锐锋

散文

白色土························张立勤
悼大姐························陆昭环
江之舞························张秀枫
五百扬之鳄····················高友良
最是恨别时（"故乡水"征文）········任凤生
万里送国宝····················甘景山

诗歌

香港诗页（八首）···············孙新凯
广角镜（讽刺诗四首）············林四端
短诗荟萃（三十五首）······郭成建 陈金茂
丁 可 鲁 萍 邱滨玲 严君权 陈官煊 连惠忠
同题三色抒情诗（二题六首）
·····················宫 玺 黎焕颐 姜金城

评论

关于散文观念··················郭 风
诗歌创新与传统美学··············莱 笙
走向复合的文学创作··············何 龙
艾芜笔下的厦门和闽西············柯文溥

美术

红虹诗情（油画六幅）············吴红虹
盲眼少女·················[英] 米莱斯

1987年第6期　刊名:《福建文学》

目录

坚持文艺的社会主义方向
——纪念《讲话》发表45周年········何少川
纪念《在延安文艺座谈会上的讲话》发表45周年作
协福建分会、《福建文学》编辑部、《当代文艺探索》
编辑部联合召开座谈会

小说

驼鸟行动计划（童话）············裴慎勤
关于《驼鸟行动计划》（评论）·······郭 风
五十五双眼睛和一条裙子··········梦 帆
早汛·······················陈应松
小溪上的海魂··················陈浩志
柳阿婆的故事··················迟子建
心影··················（中国香港）颜纯钩
五匹野马·····················黑 楠
汽水·······················萧 微
咖啡·······················李 援

散文

话说三坊七巷··················姚鼎生
虎岗行······················沈世豪
黄河的性格····················龙彼德
满归的佛光····················湛 岭
落叶的意绪····················汪 平
游子之恋（"故乡水"征文）········何 侃

诗歌

大海的女娲（组诗）··············杨 洋
笑佛，种子及其他（组诗）·········陈文和
艰难的雕塑（组诗）··············潘 秋
钟馗与你（外一首）··············刘小龙
稻草人与泥菩萨（外一首）·········张如腾
童心集··········陈官煊 金 矛 林 斌 潘仲龄

评论

审美理想与小说突进··············李丕显
形象思维断想与札记··············邹 平
新时代的赞歌···············心 城 营 官
红楼秘法识小录·················曾毓秋

美术

韩继宁作品选··················韩继宁
西班牙舞姿（雕塑）··········[法] 德 加

1987年第7期　刊名:《福建文学》

目录

散文

舒婷散文三题··················舒 婷
唐敏散文二题··················唐 敏
章武散文二题··················章 武
李灿煌散文二题·················李灿煌
对于四月的认识（外四章）·········郭 风
暮色忆念中的大佛···············楼肇明
武夷换骨·····················张抗抗
方位·······················和 谷
北方·夕阳····················张建萍
天池絮语·····················杨羽仪
古老的月亮····················陈慧瑛
女友·······················朱谷忠
"野"劲·····················王维洲
福州姑娘·····················王国力
晋江，人和土地的传奇············万国智
梦的追寻（"故乡水"征文）········洪 泓
溪之程······················黄文山
石敢当······················陈章汉

罗汉果与麦饭石⋯⋯⋯⋯⋯⋯高洪波
诤友二题⋯⋯⋯⋯⋯⋯⋯⋯傅子玖

抒情小品十二家
祠堂⋯⋯⋯⋯⋯⋯⋯⋯⋯⋯周同宾
千户村⋯⋯⋯⋯⋯⋯⋯⋯⋯竹　子
市场街风采⋯⋯⋯⋯⋯⋯⋯林万春
龙川⋯⋯⋯⋯⋯⋯⋯⋯⋯⋯张　惟
灯船⋯⋯⋯⋯⋯⋯⋯⋯⋯⋯曾毓秋
醉石⋯⋯⋯⋯⋯⋯⋯⋯⋯⋯施圣扬
二十岁的秋天⋯⋯⋯⋯⋯⋯哈　雷
跑步者⋯⋯⋯⋯⋯⋯⋯⋯⋯碧　森
话说土笋冻⋯⋯⋯⋯⋯⋯⋯陈元麟
围墙⋯⋯⋯⋯⋯⋯⋯⋯⋯⋯林如求
匆匆走过⋯⋯⋯⋯⋯⋯⋯⋯林　祁
在海边⋯⋯⋯⋯⋯⋯（蒙古族）舒　洁

随笔·杂文
杂说骈文⋯⋯⋯⋯⋯⋯⋯⋯舒　展
"淀粉类爱好者"（外一篇）⋯⋯杨际岚
国饮·Cock Cola·茶道⋯⋯⋯施晓宇

散文诗
生活的回声（三章）⋯⋯⋯⋯陈志泽
浪花上的诗韵（二章）⋯⋯⋯蔡文祥
粗弦上的颤音（二章）⋯⋯⋯李　耕
岸的抒情（五章）⋯⋯⋯⋯⋯杨德祥
西行草（二章）⋯⋯⋯⋯⋯⋯甘景山
梵高和向日葵⋯⋯⋯⋯⋯⋯桂向明
乌金⋯⋯⋯⋯⋯⋯⋯⋯⋯⋯刘永乐
女人的眼泪（三章）⋯⋯⋯⋯黄祯国
陨石（外一章）⋯⋯⋯⋯⋯⋯柯龙翔
散文诗一束⋯⋯⋯⋯⋯⋯⋯徐慎贵
江边行⋯⋯⋯⋯⋯⋯⋯⋯⋯孙福枝
敦煌：石窟上的藻井⋯⋯⋯⋯宋　琳
雨中⋯⋯⋯⋯⋯⋯⋯⋯⋯⋯郭琼芹
驼骨⋯⋯⋯⋯⋯⋯⋯⋯⋯⋯李大葆
乡景（三章）⋯⋯⋯⋯⋯⋯⋯蓝云昌
自行车·老渔民⋯⋯⋯⋯⋯⋯陈作二
海滩⋯⋯⋯⋯⋯⋯⋯⋯⋯⋯王宪明
期待（外一章）⋯⋯⋯⋯⋯⋯王慧骐

评论
笔谈散文创新
散文的自我超越⋯⋯⋯⋯⋯佘树森
新兴的散文呼唤新的散文理论⋯⋯徐　学
旅外散文的新开拓⋯⋯⋯⋯叶公觉
生活之树常青⋯⋯⋯⋯⋯⋯一　秋

庐隐笔下的鼓岭景物⋯⋯⋯⋯柯文溥
诗讯⋯⋯⋯⋯⋯⋯⋯⋯⋯⋯昭　见

美术
孙志纯插图艺术⋯⋯⋯⋯⋯孙志纯
野菊⋯⋯⋯⋯⋯⋯⋯[瑞士]保罗·克利

1987 年第 8 期　刊名：《福建文学》

目录

小说
闽海小说界
山水呼啸⋯⋯⋯⋯⋯⋯⋯⋯叶志坚
写我熟悉又令我激动的东西⋯⋯叶志坚
为有源头活水来（评论）⋯⋯⋯龙　城
你拱进了我的堑壕⋯⋯⋯⋯⋯刁　斗
在乡下⋯⋯⋯⋯⋯⋯⋯⋯⋯寒　云
哭泣吧青蛙⋯⋯⋯⋯⋯⋯⋯张　卡
我错在哪里⋯⋯⋯⋯⋯⋯⋯廖一鸣
临风的时候⋯⋯⋯⋯⋯⋯⋯林　祁
金香炉⋯⋯⋯⋯⋯⋯⋯⋯⋯陈进昌
酒力⋯⋯⋯⋯⋯⋯⋯⋯⋯⋯武阳滨

评论
关于文学的功利观问题⋯⋯⋯张春吉
诗歌创新与"二为"⋯⋯⋯⋯练文修
散文创新的点滴体会⋯⋯⋯⋯蔡葆真
文讯二则

散文
私人信件⋯⋯⋯⋯⋯⋯⋯⋯郑　枫
吟边琐记⋯⋯⋯⋯⋯⋯⋯⋯陈一凡
散和聚⋯⋯⋯⋯⋯⋯⋯⋯⋯魏　拔
秋天的情愫⋯⋯⋯⋯⋯⋯⋯庞俭克
延伸的心迹（故乡水征文）⋯⋯黄明定
石狮的石狮子⋯⋯⋯⋯⋯⋯王人秋

诗歌
海岬雄姿（三首）⋯⋯⋯⋯⋯黄文忠
军旗红（四首）⋯⋯⋯史　赋　张公勤　闫振中
湛蓝的大海（十四首）⋯⋯⋯汤江波　孙友田
倪淼森　刘德亮　剑　南　王自亮　洪　放　傅天琳
闫世宏　连惠忠　张春潮

美术
吴昌钦国画小品
坚毅⋯⋯⋯⋯⋯⋯⋯[美]杰克·毕尔
画盘⋯⋯⋯⋯⋯⋯⋯⋯⋯⋯李华英

1987 年第 9 期　刊名:《福建文学》
目录

小说

闽海小说界

一只爱哭的猫 ················ 唐　敏

耐性 ························ 唐　敏

女人的座席 ·················· 唐　敏

故事的一半是寓言 ············ 林　焱

客串 ························ 姚社成

浴池之役 ···················· 杨少衡

赌局 ························ 何　也

听说——永远没有错! ········ 黄凤祝

月夜 ························ 李景田

乡下小女子 ·················· 蔡淑玉

送榛子（小小说二题）········ 陈祥龙

散文

香魂祭（故乡水征文）········ 洪　群

无字碑 ······················ 沉　洲

山房夜梦 ···················· 吴建华

赌的诱惑与爱的彷徨 ·········· 黄祯国

崖松 ························ 方　叶

评论

论"改革文学"及其深化 ········ 张　炯

新时期小说形态的演化及其走向 ···· 朱水涌　盛子潮

教师节专辑

大丘岌山民 ·················· 林万春

不愿被采访的人 ········ 裴耀松　张如腾

园丁的足迹 ·················· 黄　瀚

童韵（外一首）·············· 陈文和

童话的岛屿（诗）············ 王　红

诗与画 ··········· 陈钊淦　朱谷忠　阿　辛

宋　瑜　哈　雷　昭　见　延　青　静　影

跟踪教学谜 ·················· 杨金远

"我相信，每个学生都能教好" ···· 艾　芝

人生加减法 ·················· 黎　子

一片童心在稚儿 ·············· 方彦富

诗歌

城市诗意 ········· 王兴圣　黄祯国　陈　放　杨雨文

山水情深（八音）············ （中国香港）犁　青

[美国]秦　松　詹昌政　蔡和协　陈嘉平　林登豪

姚学礼　聘　弓

美术

魏传义书画作品

在六月宁静的天空下 ······· [苏联]阿历克赛、谢尔盖

1987 年第 10 期　刊名:《福建文学》
目录

小说

京城来了名角儿 ·············· 周百义

彼岸樱 ······················ 潇　琴

蛐蛐·市长 ·················· 钱玉亮

半径圈 ······················ 徐泽红

老歪其人 ···················· 李红祥

等速螺线上的女郎 ············ 南　风

沉船 ························ 杨金远

灵泉 ························ 金沙水

古河 ························ 何志国

散文

联邦德国万里行 ·············· 季　仲

看云 ························ 黄静芬

猫眯 ························ 甘跃华

诗歌

相思的花瓣（五首）·········· 李剪藕

读李剪藕的诗断想（二则）······ 蔡其矫

旅港掠影（二首）············ 黄东成

沉思与遐想 ·········· 王耀东　袁学林　夏　冰

莱　笙　苏裒裒　连惠忠　胡昌文　夏　雄　黎叔夏

刘湘如　程　楷　洪　泓　林　抒

评论

十年文学思潮概述 ············ 宋耀良

散文写作随想 ················ 俞元桂

现代作家与闽中风物（十三）···· 柯文溥

美术

等待（水彩二幅）············ 翁星宇

沈远画选（国画五幅）·········· 沈　远

人与草木（雕塑）············ [意]珊卓拉·齐亚

1987 年第 11 期　刊名:《福建文学》
目录

小说

河街 ························ 黄晓萍

白谷 ························ 沈贻炜

那条小木船 ………………………………… 张　力
宝贝女儿 …………………………………… 何　飞
甜水洼 ……………………………………… 章　频
砂球 ………………………………………… 林　焱
玩蛇人的唢呐 ……………………………… 邹　镇

散文
绍兴　我心中的诗 ………………………… 许怀中
忽忽三十年 ………………………………… 俞元桂
祈愿 ………………………………………… 吴　维

报告文学
"观音"显灵 ……………………………… 庄东贤

诗歌
麻辣歌（讽刺诗九首）…………………… 陈官煊
蝴蝶风筝（外一首）……………………… 张德强
那人（三首）……………………………… 范　方
远山的女人（四首）……………………… 夏　冰
窗花 ………………………………………… 黄　飞

评论
文艺创作与理性渗透 ……………………… 郑松生
诗歌流派的观察视角 ……………………… 俞兆平
写实与象征的宁馨儿 ……………………… 曾焕鹏

美术
林超新作 …………………………………… 林　超
再会了 D. ………………………… [美]大卫·沙尔

诗歌
她的故事（外三首）……………………… 李发模
敦煌 ………………………………………… 沈天鸿
绚丽的色彩 …………………… 白　煤　鲍国忠
李苏卿　张公勤　邱滨玲　卓中坚　邢海珍

公路之歌专辑
我们实在渺小 ……………………………… 袁和平
后卓的诗情 ………………………………… 朱谷忠
月照黄沙 …………………………………… 林鼎安
道班女人 …………………………………… 哈　雷
陌路备忘 …………………………………… 陈章汉
雾岭火光 …………………………………… 陈文和
路工·行人（诗二首）…………………… 陈钊淦
台风意象 …………………………………… 谢春池
人和路（外一章）………………………… 静　影
路说 ………………………………………… 阿　辛
公路诗情（三章）………………………… 朱国钦
道班二题 …………………………………… 黄瑞华

评论
新时期的散文诗 …………………………… 王光明
已经实现的和不曾实现的 ………………… 陈素琰
黄大铑历史小说的审美特征片谈 ………… 白　峰

美术
周向一作品选 ……………………………… 周向一
风景与黄鸟 …………………… [瑞士]保罗·克利

1987 年第 12 期　刊名:《福建文学》
目录

小说
逝波二勺 …………………………………… 聂鑫森
生日礼物 …………………………………… 薛炎文
梦游女 ……………………………………… 野　莽
红十字 ……………………………………… 吴碧莲
浮萍 ………………………………………… 王国力
"闽南首富"返乡记（"故乡水"征文）… 庄东贤
绣花婆 ……………………………………… 张　张
套狗 ………………………………………… 林如求
老段 ………………………………………… 冰　凌

散文
沧海遗珠（报告文学）…………………… 曾鼎尧
在水一方（外一篇）……………………… 赖玲玲

1988 年第 1 期　刊名:《福建文学》
目录

纪实文学
一个畸态的阴性社会 ……………… 丹　雨　哈雷

小说
"闽海小说新岸"专号
爷爷·鸳鸯婆·我及柳哥 ………………… 何　也
水边城边 …………………………………… 陈宁娜
瓜蜜鱼 ……………………………………… 林世恩
古树·鹰·老人 …………………………… 林志远
等待出售的阿西 …………………………… 寒　云
十九岁档案 ………………………………… 沛　仁
南方的水稻土 ……………………………… 陈惠国
天车 ………………………………………… 黑　楠
青眼 ………………………………………… 北　原
裸夜 ………………………………………… 刘莉生

评论

文学创作随感二题 ⸺⸺⸺⸺⸺⸺⸺ 荒 煤
要打开心灵的窗子
要采集美好心灵的花朵
体育教练与文学评论家比较 ⸺⸺⸺⸺⸺ 魏 拔

美术

闽江风情画展选（一）
青草地 ⸺⸺⸺⸺⸺⸺⸺⸺⸺⸺⸺⸺ 王福阳
瓷舞/竹担歌/闽江之子 ⸺⸺⸺⸺⸺⸺ 黄继葵

1988 年第 2 期　刊名:《福建文学》
目录

小说

父亲树 ⸺⸺⸺⸺⸺⸺⸺⸺⸺⸺⸺⸺ 陈劫夫
保姆颂 ⸺⸺⸺⸺⸺⸺⸺⸺⸺⸺⸺⸺ 郑启五
英梅嫂上任记 ⸺⸺⸺⸺⸺⸺⸺⸺⸺ 徐金湘
也算哭了一场 ⸺⸺⸺⸺⸺⸺⸺⸺⸺ 廖西岚

"故乡水"征文

一抔黄土 ⸺⸺⸺⸺⸺⸺⸺⸺⸺⸺⸺ 陆昭环
雨夜，那一声再来 ⸺⸺⸺⸺⸺⸺⸺ 邓晨曦

散文

夜行笔记（二章）⸺⸺⸺⸺⸺⸺⸺⸺ 徐 刚
战友情 ⸺⸺⸺⸺⸺⸺⸺⸺⸺⸺⸺⸺ 何少川
西双版纳风情录 ⸺⸺⸺⸺⸺⸺⸺⸺ 廉正祥
迷人的大龙湫瀑布 ⸺⸺⸺⸺⸺⸺⸺ 万里云
溪滩之恋 ⸺⸺⸺⸺⸺⸺⸺⸺⸺⸺⸺ 汪 平
小站 ⸺⸺⸺⸺⸺⸺⸺⸺⸺⸺⸺⸺⸺ 张如腾

诗歌

鱼王·鱼岛（二首）⸺⸺⸺⸺⸺⸺⸺ 汤养宗
生命树（三首）⸺⸺⸺⸺⸺⸺⸺⸺⸺ 龙彼德
爱的琴弦（三十五首）⸺⸺⸺ 刘小龙　詹昌政　黄祯国
姜 桦　梁谢成　陈锡民　袁学林　黄 星　柴寿宇
徐芳龄　达 黄　空林子　郭维东　翁景贵　李俊杰
石一宁　曹 骥　于宗信　舒小曼

评论

文学对时代的全方位追踪 ⸺⸺⸺⸺⸺ 张毓书
独立尊严高于人情 ⸺⸺⸺⸺⸺⸺⸺ 魏 拔
散文创新断想 ⸺⸺⸺⸺⸺⸺⸺⸺⸺ 叶公觉

美术

龙（封面）⸺⸺⸺⸺⸺⸺⸺⸺⸺⸺⸺ 陈一峰
闽江风情画展选（二）

山村/水阁/松林/古庙（封二　封三）⸺⸺ 陈一峰
冬日瓜果（水彩）（封底）⸺⸺⸺ ［美］福瑞克顿

福建文学（1986—1987·9）作品被转载情况

1988 年第 3 期　刊名:《福建文学》
目录

小说

告别积雨云 ⸺⸺⸺⸺⸺⸺⸺⸺⸺⸺ 宋树根
无序 ⸺⸺⸺⸺⸺⸺⸺⸺⸺⸺⸺⸺⸺ 海 迪
多情 ⸺⸺⸺⸺⸺⸺⸺⸺⸺⸺⸺⸺⸺ 魏心宏
最后的三弦（"故乡水"征文）⸺⸺⸺⸺ 谢春池
爱情的风波（"故乡水"征文）⸺⸺ ［菲］王人秋
八月的午后（"故乡水"征文）⸺⸺⸺⸺ 张鲁滨
金船（"故乡水"征文）⸺⸺⸺⸺⸺⸺ 张 力

散文

融雪 ⸺⸺⸺⸺⸺⸺⸺⸺⸺⸺⸺⸺⸺ 楚 楚
女儿梦 ⸺⸺⸺⸺⸺⸺⸺⸺⸺⸺⸺⸺ 斯 妤
可贵的中国心（［故乡水］征文）⸺⸺⸺ 李灿煌
武夷茶 ⸺⸺⸺⸺⸺⸺⸺⸺⸺⸺⸺⸺ 吴 文
生命绿 ⸺⸺⸺⸺⸺⸺⸺⸺⸺⸺⸺⸺ 任凤生

福建省作家、企业家联谊会成立

"中国潮"报告文学征文

从西边落下去的，由东方升起来 ⸺⸺⸺⸺ 黄文山

诗歌

圣洁之地（四首）⸺⸺⸺⸺⸺⸺⸺⸺ 黄锦萍
乡愁（外一首）⸺⸺⸺⸺⸺⸺⸺⸺⸺ 小 城
女性特殊的敏感（评论）
⸺⸺读黄锦萍的诗 ⸺⸺⸺⸺⸺⸺⸺ 史 星
隔洋的思念（八首）⸺⸺⸺⸺（中国香港）黄河浪
亲情·乡情（七首）
⸺⸺⸺ 伊 路　伊 漪　陈志铭　华 卓　胡昌文

评论

小说形态的分化和融合 ⸺⸺⸺⸺⸺⸺ 钟本康
大时代中的小家子气 ⸺⸺⸺⸺⸺⸺⸺ 魏 拔
我们的散文伙伴
⸺⸺任凤生散文集《生命绿》小序 ⸺⸺⸺ 何 为
舒婷、唐敏散文近作印象 ⸺⸺⸺⸺⸺ 谢大光

美术

啊，长城 ⸺⸺⸺⸺⸺⸺⸺⸺⸺⸺⸺ 华 塑
布雷恩和他的战利品 ⸺⸺⸺⸺⸺ ［法］加 曼

1988 年第 4 期　刊名:《福建文学》
目录

小说

交交黄鸟（中篇小说）—————————了　因
遗孀—————————————————项柏林
枯萎的葡萄————————————————余以琳
"三省庄"纪事————————————————陈　旭
远处青山—————————————————沙开华
第一次值勤————————————————罗　雀

"中国潮"报告文学征文

天堑·通途————————————————林　焱
谣言——非生理性癌症（企业界掠影）——马星辉

散文

斯特莱伦纪行————————————————袁和平
不妨走走茫荡山———————————————刘小敏
秋夜泛舟避风塘—————————（中国香港）陶　然

诗歌

写在起飞的土地上（三首）————————林德冠
温泉大厦掠影（五首）——————————郭志杰
击水篇（三首）————————————————陈文和
初雪（外三首）—————————（中国香港）秦岭雪
沉思与遐想（三十三首）——————梁谢成　张雪杉
袁学林　陈金茂　抒　心　严君权　张励志　薛宗碧
王士华　李龙年

评论

新时期文学的现实主义精神—————————邹　平
力度：贴近时代与超越自我————————曾焕鹏

美术

闽江风情画展选（三）
中国画作品———————————————张自生
熟睡的吉普赛女人————————————卢　梭

1988 年第 5 期　刊名:《福建文学》
目录

小说

闽海小说界

鱼眼————————————————————黄　瀚
白瑞香———————————————————黄　瀚
夹缝之思（创作谈）————————————黄　瀚

短小说专辑

喜筵————————————————————凌　纾
老杜————————————————————何　也
舞蹈的木杵————————————————安孝义
她的诗集需要个序————————————林承璜
伍子胥与申包胥（历史小说）——————顾小虎
夏夜————————————————————徐常波
山猪宴———————————————————曾毓秋
郁金香———————————————————陈　静

"中国潮"报告文学征文

董启农和他的蜗牛————————————武阳滨
天时·地利·人和————————————刘　牛

散文

三度芳洲———————————————————贾宝泉
紫塞思绪———————————————————宋新月
太阳马———————————————————张立勤
女儿的夜晚————————————————徐　平
幽谷听蝉———————————————————方　叶
海说————————————————————叶卫平

诗歌

麻辣歌（讽刺诗十二首）————————陈官煊
悄悄地说……（短诗十首）——————林　祁
绚丽的色彩（诗五首）——————李岂林　王学芯
袁学林　黄锦萍　陈太顺

评论

市民文学论纲————————————————李丕显
《被遗忘的南国梦》序———————————邹荻帆

企业界掠影

军人·企业家—————————————阿　洲　赵　立

美术

黄坚作品选————————————————黄　坚

1988 年第 6 期　刊名:《福建文学》
目录

"中国潮"报告文学征文

解放————————————————————唐　敏

纪实文学

青灯古佛
——尼姑和关于尼姑————————————郭碧良

小说
黑衣杀手 .... 李海音
大荒 .... 项柏林
再等等 .... 王国力

散文
寻瞻林纾墓 .... 李树春
九鲤湖记胜 .... 林如求
野马踪迹 .... 高友良
绝非多余的滋味 .... 李 援
轮之花 .... 杨世膺

诗歌
生命 .... 蔡其矫
讽刺四题 .... 林四端
音画世界（十首）
.... 陈金茂 阿 梦 田家鹏 张德强

评论
中国新时期文学中的人道主义要说 .... 李 劼
一棵争夺阳光的树
——谈章武的散文创作 .... 谢逸溪
故乡来的诗 .... 曾镇南

美术
福建当代书画展赴加拿大作品选
.... 鲁 君 翁开恩 陈北辰等

1988 年第 7 期　刊名：《福建文学》
目录

"中国潮"报告文学征文
中国大团圆前奏曲 .... （中国香港）巴 桐

昔日军营
围墙（小说） .... 袁 艺 尚 烈

闽都别记
福粥（小说） .... 邓晨曦

小说二篇
日偏食 .... 刘益善
第一站口 .... 丁 真

香港专稿
风雨潇潇（小说） .... 夏 马
刮目相看《福建文学》（评论） .... 璧 华

历史沉思
回音壁（诗四首） .... 施肃中
读青年诗人施肃中的诗作 .... 范 方 莱 笙

山水情深
黄岗山奇观（三首） .... 陈文和
金湖札记 .... 朱谷忠
湛蓝的思绪（四首） .... 薛宗碧
处女岛抒怀 .... 毛志成

选择：建立中华民族新文学讨论
文化性格：选择的惶惑 .... 谢 冕
未来的文学 .... 南 帆
时代呼唤大境界的作品 .... 贾平凹

散文四章
塑像人 .... 刘志坚
故纸恋 .... 伍立杨
小鸟和守林老人 .... 吴 然

美术新作
闽江风情画展选（四）
油画：橄榄（局部）/渔火（局部） .... 郑方伟

1988 年第 8 期　刊名：《福建文学》
目录

"中国潮"报告文学征文
石狮众生相
屠夫信徒 .... 肖复兴
石诗 .... 肖复兴
卖扑克牌的白面少年 .... 厚 荣
玩具女皇 .... 林 祁
第二性征的美学 .... 朱谷忠
时针不必往前拨 .... 曾鼎尧
"风水宝地" .... 耘 之

中篇小说
日蚀 .... 王世彦

香港专稿
生死澄明（小说） .... 颜纯钩

小说三篇
连阴雨 .... 亚 子
驴头 .... 李 平
小菲的星空 .... 程绍殷

散文诗苑
日出、海思及其他（五章）------------陈志泽
浅蓝色的画外音（五章）------------李 耕
闲花野草（三章）------------唐大同
礁石·石阶·泥泞（三章）------------张如腾
童年的风------------甘景山
爱的踪迹------------陈小玲

选择·建立中华民族新文学讨论
打破被动接受西方文化的恶性循环------------孙绍振
旋出文艺新潮的涡流------------何 龙

企业界掠影
油水与鱼水------------赵可华 阿 洲

"故乡水"征文获奖作品名单及评奖活动

美术
菱花（油画·局部）------------沈行工

1988 年第 9 期　刊名:《福建文学》
目录

小说二题
门（小说）------------丹 娅
历史学教授的退休生活（小说）------------海 迪

金三角
沉夜（小说）------------施 群

人世间
废墟（小说）------------青 禾
博猫士（小说）------------周 矢
礼物（小说）（新作者之页）------------冯国满

心的天宇（散文五章）
秋季黄昏中的那一片天宇------------芸 芸
雨季又来了（外一章）------------黄静芬
你说人生有春也有秋------------北 北
天籁------------田家鹏
男人的海------------汪梅田

百草园
三位一体（小小说）------------王锦闽
效仿（小小说）------------今 声

诗的花坞
铿然的名字（六首）------------范 方

沉默的情怀（三首）------------郭成建
人群（三首）------------达 黄
短诗六首------------李发模 黄雪梅 岩 鹰 黄 橙
孙文胜 陈志铭

选择:建立中华民族新文学讨论
建设有中国特色的社会主义文学------------张 炯
自然，文学困惑中的一种选择------------朱水涌 盛子潮

履痕游踪（散文四章）
凤冠山有两株怪木------------万国智
御豆架下------------谢瑞元
东郊秋趣------------林万春
山庵------------方 叶

企业界掠影
京莆非凡------------舟 皿
本刊声明

香江书画
庄重文先生为本刊题辞
中国画选------------蔡金章

1988 年第 10 期　刊名:《福建文学》
目录

社会档案
老温的工作问题------------何永选
愉悦------------杨少衡

人世间
三月的小雨淅沥沥------------阿 勇
疤祥------------丁 真
填命------------野 莽
盼------------周百义

诗苑
村里的女人（二首）------------陈所巨
感觉（外一首）------------沈天鸿

履痕游踪
大山野吃------------沉 洲
怪杰的故乡------------张自生
自然三题------------俞 帆
索桥夜色------------傅子玖

选择:建设中华民族新文学讨论
建立作家与读者的审美新秩序------------张 陵
"我痛恨所有的神灵"------------莫 言

在历史的结合部上……………………………李丕显

短篇新作
棋道……………………………………………曾昭寿
爱的琴弦（诗十二首）……………沈用大　卓　凡　陈嘉桂
黄锦萍　秋　筱　曾　阅　林登豪　缪国庆　贾志坚
江　边　钱万成
新潮诗隅（六首）……………梅绍静　孙昕晨　吕德安

随笔·小品
龙大"骗记"（小品）…………………………力　声
螺丝屁股（随笔）……………………………宋志坚

企业界掠影
赤子情怀
——记香港实业家曾星如……………………夏　马
梦幻奏鸣曲………………………………………颜　希

名家书画
林锴作品

1988 年第 11 期　刊名:《福建文学》
目录

人世间
唐平县委会有两个秀才……………………徐金湘
西楼札记…………………………………张建萍
没有季节的人……………………………宋清海
电话的风波………………………………郭开桂

天涯海角
木瓜寨纪事………………………………施晓宇

小说处女地
一个乡村中学女生的日记…………………王炳辉

人生环宇
香港漫笔………………………………………季　仲
健谈家…………………………………………孙　苏
野郎记…………………………………………刘　章

闽中赋
请到大田来……………………………………林万春
"文化厂长"的韬略……………………………林　野

汤泉的风云人物………………………………郑新甸
新厂长和他的娇妻……………………………辛　苏
我是燃烧的煤…………………………………廖允武
永不满足的"野心"………………………吴孝桢　秋　雯

铭溪柳青青………………………………………学　坚
带刺的玫瑰（讽刺诗十二首）……………………红辣子
离别与重逢（三首）……………………………陈官煊
音画世界（七首）……………………黄　橙　谢春池
蔡芳本　铁　鹏　陈嘉平　伊　伊　袁学林

选择:建立中华民族新文学讨论
我看中国小说…………………………………袁和平
新时期文学的世纪末选择……………………邹　平

企业界掠影
他塑造了一个企业的形象…………………阿　洲　将　旧

美术
范艾青作品选…………………………………范艾青
杂技艺人………………………………………毕加索

1988 年第 12 期　刊名:《福建文学》
目录

人世间
蟋蟀刘…………………………………………聂鑫森
记忆……………………………………………南　帆
湿鞋……………………………………………少木森

小说
狗急跳墙………………………………………何光喜
蟑螂仙…………………………………………王伟伟
六狗……………………………………………朱忠运
晨………………………………………………黄叶飞
阳台上的少女…………………………………乔木森
长明灯…………………………………………王　哲

人生环宇
军中岁月………………………………………林微润
七点钟的小路（外一章）……………………王维洲
明月晚风柳丝飘………………………………陶　然
海意……………………………………………李　刚
追寻冯梦龙的遗踪……………………………王　凌

诗歌
生命的边缘（四首）…………………………王性初
寻觅……………………………………………陈侣白
诗的花坞（十首）……………………茹　菇　黄祯国
林　斌　钟琼奎　闻　禾　丁为群　洪　泓　邓万鹏
吴东升　庄伟杰
沉思与遐想（十七首）………………刘湘如　张励志
连惠忠　胡昌文　洪天来

选择：建立中华民族新文学讨论
出路：生命自由意识的觉醒⸺⸺⸺⸺⸺林兴宅
宏扬民族的艺术精神⸺⸺⸺⸺⸺⸺钟本康
关于散文现状⸺⸺⸺⸺⸺⸺⸺⸺李炳银

企业界掠影
异军有骏马⸺⸺⸺⸺⸺⸺⸺⸺⸺裴耀松
守门、拣破烂及其他⸺⸺⸺⸺张如腾　苏俊雄
受命于困境⸺⸺⸺⸺⸺⸺陈炳坤　马星辉

名家书画
容生画选

1989 年第 1 期　刊名:《福建文学》
目录

人世间
紫十字架⸺⸺⸺⸺⸺⸺⸺⸺⸺项小米
四姑娘机台⸺⸺⸺⸺⸺⸺⸺⸺⸺寄　丹

小说处女地
梦岛黄昏⸺⸺⸺⸺⸺⸺⸺⸺⸺邱　煜

纪实文学
古堡幽梦⸺⸺⸺⸺⸺⸺⸺⸺⸺王文径

短篇小说
妄想症⸺⸺⸺⸺⸺⸺⸺⸺⸺⸺景　风

"中国潮"报告文学征文
无言的证明⸺⸺⸺⸺⸺⸺哈　雷　林登豪

人生环宇
海花⸺⸺⸺⸺⸺⸺⸺⸺⸺⸺许怀中
香港街头的二胡声⸺⸺⸺⸺⸺⸺吴建华
扒车的小孩与连环画⸺⸺⸺⸺⸺里　遥
第一次觉察到女人的……⸺⸺⸺⸺莱　笙
回忆黄药眠先生⸺⸺⸺⸺⸺⸺⸺李万钧
明日⸺⸺⸺⸺⸺⸺⸺⸺⸺⸺北　村

诗圃
名山启示录⸺⸺⸺⸺⸺⸺⸺⸺薛宗碧
带血的琴声（二首）⸺⸺⸺⸺⸺茹　菇
梳理的情绪（二首）⸺⸺⸺⸺⸺黄东成
古碑·古墓（二首）⸺⸺⸺⸺⸺关劲潮
读《阿Q正传》⸺⸺⸺⸺⸺⸺魏铬罄
海椒园（讽刺诗七首）⸺⸺⸺⸺林四端

企业家风采
短裤之歌⸺⸺⸺⸺⸺⸺⸺⸺⸺庄东贤

文讯
"中国"潮征文评奖揭晓
第二届征文已经开始

1989 年第 2 期　刊名:《福建文学》
目录

福建文学
社会档案
更年期综合症⸺⸺⸺⸺⸺⸺⸺黄奕谦
原罪⸺⸺⸺⸺⸺⸺⸺⸺⸺⸺江子辰
老寿星⸺⸺⸺⸺⸺⸺⸺⸺⸺翁树杰

人世间
燥热天气⸺⸺⸺⸺⸺⸺⸺⸺⸺华　康
桃色事件⸺⸺⸺⸺⸺⸺⸺⸺⸺林　斌
双牛缘⸺⸺⸺⸺⸺⸺⸺⸺⸺了　因

小说
夕死⸺⸺⸺⸺⸺⸺⸺⸺⸺⸺游慈琛
中魔⸺⸺⸺⸺⸺⸺⸺⸺⸺⸺严丽霞
记性⸺⸺⸺⸺⸺⸺⸺⸺⸺⸺何玉茹

诗圃
父性的天空（二首）⸺⸺⸺⸺⸺汤养宗
火山口、石灰石及其他（五首）⸺关劲潮
宝钢二题⸺⸺⸺⸺⸺⸺⸺⸺⸺王耀东
沉思与遐想（十一首）⸺⸺⸺黄文忠　梁谢成
伊　路　施敏华　岩　泉　谢春池　陈文经　陈文和

企业家风采
一个香港企业家的悲喜沉浮⸺⸺⸺林雨纯

评论
创新的意义与困难⸺⸺⸺⸺⸺⸺李振声
试谈散文的振兴⸺⸺⸺⸺⸺⸺何绵山
探亲文学诞生了⸺⸺⸺⸺（中国香港）碧　骅

名家书画
盛觉远画集⸺⸺⸺⸺⸺⸺⸺⸺盛觉远

1989 年第 3 期　刊名:《福建文学》
目录

闽海风情
海岬上的新娘 ································ 邓晨曦
山野之风 ·································· 李海音

人世间
屋痴 ····································· 姚　琦
街灯 ····································· 许　刚
全自动洗衣机 ······························ 庄东贤
投标 ····································· 青　禾

"中国潮"报告征文文学
生命奥秘探索录 ···························· 刘增新

山水情深
诗三首 ··································· 蔡其矫

山海回音（五首） ·························· 黄文忠
金湖游（三首） ···························· 詹昌政
大湖石林·一线天（六首） ··················· 张如腾

人生环宇
天生是个女人 ······························ 黄一虹
回娘家 ··································· 冯秉瑞

评论
散文：呼唤着哲学意识 ······················ 毛乐耕
胡扯 ····································· 陈　村
创作与"观照" ···························· 王　欣

名家书画
李明久画选

1989 年第 4 期　刊名:《福建文学》
目录

"中国潮"报告文学征文
在文化古城中寻觅 ·························· 季　仲
绿色的梦 ·························· 陈炳坤　黄启明
菜篮子的咏叹调 ···························· 厚　薄

面向樵川
在石灵塔的下面 ················ 哈　雷　炳　辉　良　仁
绿色的闽北粮仓 ···························· 施晓宇
化雪时节 ·································· 北　村

笑迎八面来风 ······························ 楚　楚
山道弯弯 ·························· 江智泗　方玉瑞

阳光并不稀薄
化肥沉思录 ································ 马星辉
别无选择 ·································· 温克祥
邵武大地上的兴化人 ························ 叶志强
拭去尘埃的果实 ···························· 杨　斌
"抠"来的城市 ···························· 林景勇
制服苍龙 ·································· 沙剑萍
老枫树下 ·································· 林春含
太阳月亮大地 ······························ 黄晓如
槎溪之路 ·································· 白　云

浸渍绿色的香甜
未名山庄素描 ······························ 章　武
读山 ····································· 黄文山
外园的梦 ·································· 朱谷忠
冰雪中的暖意 ······························ 许　刚

双叶草
蛇年话蛇 ·································· 陈广淦
良朋益友话爱鸟 ···························· 傅书松

铁城人物
浅谈李纲的咏史词 ·························· 周传豹
严羽品格三题 ······························ 陈声政

陌上桑
胡县令妒才毁地脉 ·················· 陈炳坤　马星辉
没有皇帝没有官 ···························· 吴木金

1989 年第 5 期　刊名:《福建文学》
目录

福建文学一九八八年佳作奖名单
金三角
母子礁 ··································· 陈　草
红光 ····································· 张　力

人世间
危险的夏天 ································ 蒋豈文
弥留 ····································· 陈　旭

幽默小说
出关 ····································· 莫　名

中国潮报告文学征文
非常石狮⋯⋯⋯⋯⋯⋯⋯魏献忠　张水龙
飘摇的歌声⋯⋯⋯⋯⋯⋯⋯⋯⋯⋯李清安

人生环宇
绿窗⋯⋯⋯⋯⋯⋯⋯⋯⋯⋯⋯⋯林万春
葫芦⋯⋯⋯⋯⋯⋯⋯⋯⋯⋯⋯⋯周同宾
你的生日⋯⋯⋯⋯⋯⋯⋯⋯⋯⋯黄静芬
南平有座茫荡山⋯⋯⋯⋯⋯⋯⋯陈祥龙

八闽诗圃
香港情思（五首）⋯⋯⋯⋯⋯⋯孙新凯
飞上天空（四首）⋯⋯⋯⋯⋯⋯陈　放
乡情浓似酒（五首）⋯⋯郑清为　洪　泓　扬晓茅
探索诗偶（六首）
　　　陈锡民　崔　晟　孙昕晨　姜　桦

评论
散文的优美之虑⋯⋯⋯⋯⋯⋯⋯林　兵
畅游闽江话文学⋯⋯⋯⋯⋯亦　岸　南　庄

美术
心境⋯⋯⋯⋯⋯⋯⋯⋯⋯⋯⋯⋯洪惠镇
厦门大学艺术教育学院⋯⋯⋯魏传义　洪瑞生
师生作品选⋯⋯⋯⋯⋯⋯⋯⋯⋯李维杞等

1989 年第 6 期　刊名:《福建文学》
目录

"中国潮"报告文学征文
惠东女人⋯⋯⋯⋯⋯⋯⋯⋯蒋维新　谢春池

闽海风情
走出拐子巷⋯⋯⋯⋯⋯⋯⋯⋯⋯林世恩
总经理小姐⋯⋯⋯⋯⋯⋯⋯⋯⋯蔡超超

人世间
小巷之丧⋯⋯⋯⋯⋯⋯⋯⋯⋯⋯鲁晓南
鬼木匠⋯⋯⋯⋯⋯⋯⋯⋯⋯⋯⋯姚舍尘
退党⋯⋯⋯⋯⋯⋯⋯⋯⋯⋯⋯⋯李志勇

八闽诗圃
致海难者及其父亲（五首）⋯⋯李岂林
雨丝片羽⋯⋯⋯⋯⋯⋯王士华　严君权　温文茂
张励志　钟琼奎　彭天喜　任　越　郑清为

大墙内外（"培新"之页）
流星⋯⋯⋯⋯⋯⋯⋯⋯⋯⋯⋯⋯黄锦萍

失重的人性⋯⋯⋯⋯⋯⋯⋯⋯⋯林　焱
戴大盖帽和理光头的维纳斯信徒⋯⋯林可基

福建杂文征文
雍中县县长会议纪要⋯⋯⋯⋯⋯方友义
盐的贵贱及其衍思⋯⋯⋯⋯⋯⋯徐全利
脆弱种种⋯⋯⋯⋯⋯⋯⋯⋯⋯⋯房向东

评论
叙事迷宫的营造与困境⋯⋯⋯⋯朱水涌
关于传达及其他⋯⋯⋯⋯⋯⋯⋯张　宇

名家书画
贤谋写意⋯⋯⋯⋯⋯⋯⋯⋯⋯⋯曾贤谋

1989 年第 7 期　刊名:《福建文学》
目录

"中国潮"报告文学征文
中国夜生活
——文化差异纪实⋯⋯⋯⋯⋯⋯邓晨曦

人世间（小说六篇）
喷嚏⋯⋯⋯⋯⋯⋯⋯⋯⋯⋯⋯⋯项柏林
金银侯⋯⋯⋯⋯⋯⋯⋯⋯⋯⋯⋯阎欣宁
合房⋯⋯⋯⋯⋯⋯⋯⋯⋯⋯⋯⋯杨金远
芝麻绿豆官⋯⋯⋯⋯⋯⋯⋯⋯⋯晓　东
酒神⋯⋯⋯⋯⋯⋯⋯⋯⋯⋯⋯⋯泓　莹
味⋯⋯⋯⋯⋯⋯⋯⋯⋯⋯⋯⋯⋯陈文径

人生环宇（散文二篇）
活祭⋯⋯⋯⋯⋯⋯⋯⋯⋯⋯⋯⋯万国智
飘落的雏菊⋯⋯⋯⋯⋯⋯⋯⋯⋯黄明定

福建杂文征文
警惕"鬼打墙"⋯⋯⋯⋯⋯⋯⋯余　仁
妄考"蹲门貂"⋯⋯⋯⋯⋯⋯⋯陈铁存

大墙内外（"培新"之页）
灵魂的劣马⋯⋯⋯⋯⋯⋯⋯⋯⋯许　丹
命运的连环结⋯⋯⋯⋯⋯⋯⋯⋯吴　乐
沉重的步履⋯⋯⋯⋯⋯⋯⋯⋯⋯温琴光

美术作品
知己图⋯⋯⋯⋯⋯⋯⋯⋯⋯丁　仃　万　山
访菲速写⋯⋯⋯⋯⋯⋯⋯⋯⋯⋯劳崇聘
油画二幅⋯⋯⋯⋯⋯⋯⋯⋯⋯⋯姜建中

1989 年第 8 期　刊名:《福建文学》
目录

人世间
生死界 ···················· 陈毅达
国课 ······················ 吴碧莲
白蘑菇 ···················· 刘国民
女人的铜锣 ··········· 郑宜焜　詹鄞森

"中国潮"报告文学征文
人口爆炸忧与患 ············ 哈雷山夫

小说四篇
飘 ························ 海　迪
证 ························ 林微润
天晴没日头 ················ 沉　洲
此路不通 ·················· 林鸿民

小小说
错位 ······················ 林如求
结 ························ 吴鹰厦
买螃蟹 ···················· 单小平

福建杂文征文
职称"难"、"滥"说 ········· 陈俊明
圆滑的变迁 ················ 张若愚
再来发牢骚 ················ 王亚平

评论
终极的麻烦 ················ 孙　津
再度革命 ·················· 赵　玫

企业界掠影
中国式的企业家 ············ 舟　皿

名家书画
郑征泉作品

1989 年第 9 期　刊名:《福建文学》
目录

"中国潮"报告文学
海峡走私潮 ··········· 魏献宗　张水龙

小说
岛界 ······················ 宋树根
矮墙 ······················ 康延平

窑供 ······················ 刘　勇
白圈 ··············· 曾少祥　杨林山
黑蝙蝠 ···················· 陈建鸿
一个人 ···················· 北　原

八闽诗圃
我们的小城（三首） ········ 杜　星
都市沉思录（二首） ········ 夏　雄
现实被她脱得赤裸（三首） ···· 伊　路
诗二首 ···················· 夏　冰
海椒园（讽刺诗六首） ······ 林四端

散文
浮螺 ······················ 孔　屏

新花地
新兵与老兵 ················ 陈泳红
虾蛤岛散步 ················ 庄则平
挂在葡萄树梢的童心 ········ 文　阳

福建杂文征文
论"朴素的感情" ··········· 宋志坚
"不在其位　不斉其笑" ······ 何　龙

评论
文学：民族的与世界的 ······ 南　帆

名家书画
郭东健人物画选 ············ 郭东健

1989 年第 10 期　刊名:《福建文学》
目录

中篇小说
朱门风景 ·················· 林　斌

短篇小说
姑母 ······················ 何　也
彩色的谋杀 ················ 钱国丹
新街 ······················ 祝春亭
七杀 ······················ 陈惠国
夏天的影子 ················ 何志国

闽海潮
星星梦 ···················· 洪　群

人生环宇
泉州二题 ·················· 杨世膺

张家帮·叶家帮 ———————————— 李志川
馋小子的心事 ———————————— 李齐芳

福建杂文征文
论潇洒 ——————————————— 施晓宇
人心如镜 ——————————————— 杨际岚

散文诗页（二十一章）
深港/瓶中水等 ——— 李 耕 丁 可 林四端 江 华
路 漫 刘德亮 刘永乐 甘景山 徐天喜 朱谷青
郑其岳 李大葆 忆 敏 桂向明 柯龙翔 空林子

大墙内外（培新之页）
逃犯的克星 —————————————— 阿 洲
这是一片坚实的土地 ———————————— 张大虎
高墙情 ——————————————— 夏西虹

评论
论现实主义和现代主义的分歧 ——————— 沈金耀

名家书画
王和平的花鸟画 ————————————— 王和平

1989 年第 11 期　刊名:《福建文学》
目录

报告
铁血情缘 ——————————————— 张德崇

小说
蓝热 ———————————————— 石国仕
醉鸟 ———————————————— 张文宝

人世间
无题 ————————————————— 王 子
浮山写生 ——————————————— 洪 涛
男人、女人、阴阳人 ————————————— 陈春龙

百草园（小小说）
哲学副教授 ——————————————— 房向东
分房轶事 ——————————————— 今 声
走马灯 ———————————————— 甘鹏飞
病友 ————————————————— 王保卫

大墙内外（培新之页）
带你走进大墙 —————————————— 厚 薄
黄的困惑 绿的复苏 ——————— 谢逸溪 林可基

诗的花坞
水濛濛的星星 —————— 黄建宗 秋 筱 萧 岚
关劲潮 绿 音 黄文忠 林登豪 谢宜兴 王祥康
许 可 胡昌文 洪 放 陈锡民

企业家风采
天边，有玫瑰色的云 ———————————— 哈 雷

名家书画
北辰画选 ——————————————— 陈北辰

1989 年第 12 期　刊名:《福建文学》
目录

林中寄语
绿色心情 ——————————————— 林心华

小说
父母官 ———————————————— 陈祥龙
火狐 ————————————————— 刘 星
HBSAG 阳性——健康带菌 ——————————— 陈无奈
山鬼 ————————————————— 宋 恒
进城的末班车 —————————————— 南 风
柠檬黄 ———————————————— 郑仁宏
老人会 ———————————————— 郭钰胜
山城女 ———————————————— 朱学新
旅途 ————————————————— 陈绿源

闽海潮
纸都，纸都 ———————————— 青 山 金 荣

人生环宇
最后一只茶杯 —————————————— 于芝春
南平抒怀 ——————————————— 刘光舟

延津诗会
山村（外二首） —————————————— 袁学林
咏南平菊展 ——————————————— 徐肖剑
水电工地诗情（三首） ————————————— 白 煤
闽水渔家（二首） ————————————— 夏 冰
山野回音（三首） ————————————— 黄文忠
台风语片 ——————————————— 程 楷
并非幻觉——为女作家白薇爱情写照 —————— 高 琴
武夷拾趣（三首） ————————————— 黄睦平
西湖的雨 ——————————————— 张国峰
交通灯（外一首） ————————————— 潘升玑
不是忏悔（散文诗） ———————————— 陈 宙

寓言

外国名胜寓言 ———————————————— 吴　捷

美术

梁桂元近作 ———————————————— 梁桂元
老巷 ———————————————————— 韩继宁

《芙蓉》

【简　介】

　　综合性文学双月刊。湖南文艺出版社主办。创刊于1980年。创刊初期为季刊，1982年第1期改为双月刊。常年刊发小说、散文、随笔、剧本等。其以坚守文学的严肃、纯正、经典为中心，反映现代人命运沉浮与心态矛盾，具有很强的代表性。

期刊号：1980 年第 1 期—1989 年第 6 期

编者的话

　　春回大地，万紫千红。在迎接八十年代的凯歌声中，《芙蓉》文学丛刊作为一份小小的礼物，敬献给向社会主义现代化进军的英雄人民！

　　《芙蓉》将着力反映实现社会主义现代化的伟大斗争，提出并回答时代和人民所迫切关心的新问题，塑造当代人物的艺术形象，展现新长征的壮丽图景。

　　《芙蓉》将深入揭批林彪、"四人帮"的极左路线，鞭挞封建主义、资产阶级的意识形态和旧的习惯势力，为实现四化扫清障碍、擂鼓助阵。

　　《芙蓉》将认真贯彻党的文艺路线，执行"百花齐放、百家争鸣"、"古为今用"、"洋力中用"的方针，努力做到题材、形式、风格的多样化，成为人民群众所喜闻乐见的一份"精神食粮"。

　　《芙蓉》将依靠和团结一切有为的专业和业余作者，互相竞赛，互相促进，不断提高，成为浇灌香花的一块园地。

　　《芙蓉》以发表大中型的作品为主，殷切希望省内外的专业和业余作者给予关心和支持，踊跃投稿。

　　《芙蓉》将认真听取各方面的反映，不断总结提高，殷切期望广大读者提出宝贵的建议和要求，使丛刊办得朝气蓬勃、多采多姿！

1980 年第 1 期　刊名：《芙蓉》
目录

编者的话

小说

戊戌喋血记（长篇连载）———————————— 任光椿
柳全忠进山（长篇选载）———————————— 蔡天心
甜甜的刺莓（中篇）—————————— 土家族　孙健忠
老猎人的梦（中篇）—————————————— 张步真
路卡（短篇）————————————————— 贺良凡
谁该调走（短篇）——————————————— 梁水根
开一朵"金蔷薇"（短篇）———————————— 谢　璞

散文、随笔

长沙大火前后 ——————————————— 周立波遗作
悼念周立波同志 ——————————————— 胡青坡
永远留在我们心中 ——————————————— 高　缨
访伊春林海 ————————————————— 秦　牧
耕堂书衣续录 ————————————————— 孙　犁

剧本

为了幸福，干杯 ——————————————— 水运宪

诗歌

诗十四首 —————————————————— 田　汉遗作
希望之歌 —————————————————— 未　央
第一个早晨 ———————————————— 苗族　石太瑞
棕榈树下有和平（外一首）———————————— 邹荻帆

作家谈创作

与青年作者谈创作问题 ————————————— 张天翼
浅谈当前的创作问题 ————————————— 康　濯

开始了第二个青年时代 —————————刘绍棠

作家研究

叶紫传略 —————叶雪芬 王亚元 舒其惠
论梅里美 —————————————柳鸣九

外国文学

住在沟沿 —————[日]志贺直哉 楼适夷译
暗号 ———————[法]莫泊桑 郑其行译

美术

在故乡（湘西写生）—————————黄永玉
山花（雕塑）———————————孙霁民

论《山乡巨变》的艺术成就 ——————马焯荣

作家谈创作

我这三十年 ———————————康 濯
思想、技巧及其他 ————————茹志鹃

评论

创作与生活漫谈 ————————胡代炜
谈《第二次握手》的爱情描写 ————王维玲

外国文学

火光（散文）
—————[俄国]柯罗连科 张铁夫 廖子高译
生命线（小说）
———[美国]罗伯特·海因来因 王逢振 史天陆译

美术

吴冠中作品选
长沙写生 ————————————邵 宇

1980 年第 2 期 刊名:《芙蓉》
目录

小说

母亲（中篇）————————————丁 玲
狼烟（长篇选载）—————————刘绍棠
戊戌喋血记（长篇连载）—————任光椿
穿刺（短篇）————————————张 扬
早春的雪花（短篇）————————周健行
起诉（短篇）————————————韩少功
相思泪（短篇）————————————沈仁康

电影文学剧本

冼星海在巴黎——王朝柱 蔡安安 蔡元元 刘国祥
铁甲〇〇八 ———————金敬迈 李宝林

诗歌

怀少奇同志（二首）————————魏传统
西归纪事 —————————————贺锦斋
诗十首 ——————————————聂绀弩
生日（外一首）———————————柯 原
断想 ———————————————于 沙
爱情短歌 —————————————田舒强
怀军歌作者郑律成同志 ———————放 平

散文随笔

登金刚山 —————————————周而复
忆南洋 ——————————————白 刃
在聂华苓家里 ——————（中国香港）何 达
如果他还在我们中间 ————————勉 思
雾中树挂 —————————————赵 洁

作家研究

周立波的创作活动 ————————雷声宏

1980 年第 3 期 刊名:《芙蓉》
目录

小说

在没有航标的河流上（中篇）————叶蔚林
他们是兄弟（中篇）————————杨克祥
壮岁旌旗（中篇）—————————彭明道
曹雪芹（长篇选载）————————端木蕻良
偏执的心（短篇）—————————王西彦
我的老师和她的爱人（短篇）————孙健忠
实习生（短篇）———————————茹志鹃
门外一株合欢树（短篇）—————刘心武
妻子（短篇）————————————王一飞

剧本

百花公主（戏曲）—————————范 舟
瓜儿为什么这样甜（电视剧）————陈健秋
月到中秋分外明（电影文学）————艾明之

散文

我母亲的生平 ———————————丁 玲
一个历史上的城市共和国 —————叶君健
香榭丽舍这条街 —————————阎纯德
忆南洋（续）————————————白 刃

外国文学

阿吉兹·涅辛作品四篇————徐 鹃 徐 玫译

诗歌

七月诗情（五首）·············夏　阳　聂鑫森　田章夫
好书不厌百回读·······················曾　三
寄·····························田　间
沁园春·为刘少奇同志平反···············杨第甫
新的渴望·························石太瑞
旧作七律二首·······················周谷城
喇叭声声（组诗）····················李贤刚
回乡偶吟·························吴奔星
春草集（散文集）····················姚　荃

评论

谈谈攀登文学艺术高峰的问题···············胡　真

作家谈创作

我是怎样写作报告文学的·················黄　钢
关于《戊戌喋血记》的创作···············任光椿
要在基本功上多下功夫··················萧　殷

历代作家在湖南

屈原在湖南························周寅宾

本刊举办中篇小说征文评奖启事

美术

秋山放筏（中国画）···················曾晓浒
岳阳楼（中国画）····················徐照海

1980 年第 4 期　刊名：《芙蓉》
目录

小说

二度梅（中篇）·····················刘绍棠
在密林中（中篇）····················郑启幕
地狱与天堂（中篇）···················竹　林
黑影（中篇）·······················王志钦
乐大娘（长篇片断）···················肖　玉
补偿（短篇）·······················王　璞
小镇理发师（短篇）···················杨干华
手印（短篇）·······················李英儒
奇婚记（短篇）·····················王以平
通向心灵的琴声（短篇）·················慕　贤
圈套（短篇）·······················罗先明

电影剧本

羿之死·····················郭松元　林美君

散文

灯前漫谈录························秦　牧
延安散记·························胡　真
彭总西北行·························莫　耶
悼立波··························峻　青

作家研究

丁玲的微笑························白　夜
论丁玲的早期创作····················袁良骏
也谈《太阳照在桑土河上》···············赵　园

诗歌

九华珍闻（叙事诗）···················严　阵
题《龙胆紫集》
临江仙··························赵朴初
七律···························黄　乃
七律···························杨第甫
七律···························周昭怡

虹及其他·························弘　征
花草小集（四首）····················刘助儒
果实篇··························胡的清
护士的歌（二首）····················刘维廉
满江红··························彭　靖

评论

论诗的含蓄························李元洛
风格漫谈·························吴奔星
深入生活小议·······················陈树立

历代作家在湖南

涕尽湘江岸························周寅宾

外国文学

板球·············[美]阿弗罗·曼哈顿　周微林译

美术

封面设计·························曾东凡
漱玉图··························程十发
归····························胡　抗

1981 年第 1 期　刊名：《芙蓉》
目录

小说

工厂奇人（中篇）····················陈国凯
山道弯弯（中篇）····················谭　谈
奠（中篇）·························晓　宫

X（短篇）⋯⋯⋯⋯⋯⋯⋯⋯⋯⋯⋯段良工
芙蓉酒（短篇）⋯⋯⋯⋯⋯⋯⋯胡乃武
沅水边的怀念（短篇）⋯⋯⋯⋯刘丕林
破晓的鸡鸣（短篇）⋯⋯⋯⋯⋯安　静

报告文学
囚徒⋯⋯⋯⋯⋯⋯⋯⋯谢望新　李钟声

散文
深谷回声⋯⋯⋯⋯⋯⋯⋯⋯⋯⋯柯　蓝
乡思的朝和暮⋯⋯⋯⋯⋯⋯⋯⋯杨　沫
芙蓉·枫叶·爱晚亭⋯⋯⋯⋯⋯徐　刚
忆南洋⋯⋯⋯⋯⋯⋯⋯⋯⋯⋯⋯白　刃
访问天鹅之邦⋯⋯⋯⋯⋯⋯⋯⋯陈禹山

电影文学
白马红姑⋯⋯⋯⋯⋯⋯⋯⋯⋯⋯梁　信
曹雪芹外传⋯⋯⋯⋯⋯⋯⋯⋯⋯于乾浩

作家谈创作
创作与师承⋯⋯⋯⋯⋯⋯⋯⋯⋯刘绍棠
漫谈小说创作⋯⋯⋯⋯⋯⋯⋯⋯林斤澜
时代召唤艺术⋯⋯⋯⋯⋯⋯⋯⋯蒋子龙
文学与人学⋯⋯⋯⋯⋯⋯⋯⋯⋯梁　信

诗歌
缅怀贺帅⋯⋯⋯⋯⋯⋯⋯⋯⋯⋯张平化
森林幻想曲⋯⋯⋯⋯⋯⋯⋯⋯⋯韦　丘
桂殿秋——还乡⋯⋯⋯⋯⋯⋯⋯白　杨
江南诗草（六首）⋯⋯⋯⋯⋯⋯芦　荻
东南纪行（四首）⋯⋯⋯⋯⋯⋯羊春秋
我们不会只有一个秋天⋯⋯⋯⋯徐晓鹤
群星与太阳（外一首）⋯⋯⋯⋯刘舰平
傍山石栏（外一首）⋯⋯⋯⋯⋯骆晓戈
信仰⋯⋯⋯⋯⋯⋯⋯⋯⋯⋯⋯⋯王晨牧
联想⋯⋯⋯⋯⋯⋯⋯⋯⋯⋯⋯⋯许　宏
柳哨（外一首）⋯⋯⋯⋯⋯⋯⋯宋才逢

评论
从象征派诗论想到"引进"象征派⋯⋯⋯⋯阿　红

文艺通讯
芙蓉盛会　文苑心音⋯⋯⋯⋯本刊记者

外国文学
哈谢克讽刺小说两篇⋯⋯⋯⋯张铁夫译
序曲⋯⋯⋯⋯⋯约翰·麦克那特著　周微林译

美术
八十年代第一春⋯⋯⋯⋯⋯⋯⋯关山月
私语⋯⋯⋯⋯⋯⋯⋯⋯[日]伊东深水

1981 年第 2 期　刊名:《芙蓉》
目录

中篇
黑谷白狐⋯⋯⋯⋯⋯⋯⋯⋯⋯⋯叶蔚林
螺旋⋯⋯⋯⋯⋯⋯⋯⋯⋯⋯⋯⋯蒋子龙
将军与菊花石⋯⋯⋯⋯⋯⋯⋯⋯张步真

长篇
芭芭拉的故事（选载）⋯⋯（中国香港）阮　朗

短篇
同志交响曲⋯⋯⋯⋯⋯⋯⋯⋯⋯韩少功
围墙⋯⋯⋯⋯⋯⋯⋯⋯⋯⋯⋯⋯罗如圭

报告文学
飞吧，海鸥⋯⋯⋯⋯⋯⋯⋯⋯⋯王以平

悼念茅盾同志
热泪盈盈的哀悼⋯⋯⋯⋯⋯⋯⋯康　濯

笔谈
我们的道路充满阳光⋯⋯⋯⋯⋯任光椿
让热血在我们心中沸腾⋯⋯⋯⋯未　央
也谈"社会效果"⋯⋯⋯⋯⋯⋯胡代炜

散文
芦沟桥事变前后⋯⋯⋯⋯⋯⋯⋯黄秋耘
第一次值星⋯⋯⋯⋯⋯⋯⋯⋯⋯江　帆
故乡的沙滩⋯⋯⋯⋯⋯⋯⋯⋯⋯杨业基

剧本
望断云天（七场话剧）⋯⋯李俊彬　刘永骥

作家谈创作
萧殷文学随谈录⋯⋯⋯⋯⋯⋯谢望新整理

作家与作品
沈从文和他的《连城》⋯⋯⋯⋯汪曾祺

诗歌
悼邓华同志（七律）⋯⋯⋯⋯⋯莫文骅
沁园春——学习中央文件⋯⋯⋯杨第甫
芙蓉诗会⋯⋯⋯⋯⋯⋯石太瑞　田章夫
杨大矛　于宗信　张斯侠　刘宝田　澍　雨　唐　湜

贾长厚　李昆纯　程　政　刘　群

山川断想（四首）⸺⸺⸺⸺⸺⸺⸺孙友田

故乡（三首）⸺⸺⸺⸺⸺⸺⸺⸺于　沙

牧鸭谣（外一首）⸺⸺⸺⸺⸺⸺舒　柯

云海寄语（外一首）⸺⸺⸺⸺⸺佟明光

君山诗草（七绝四首）⸺⸺⸺⸺吴丈蜀

观菊展（七绝二首）⸺⸺⸺⸺⸺韦　雁

美术

女社员⸺⸺⸺⸺⸺⸺⸺⸺⸺⸺黄　珂

晨牧⸺⸺⸺⸺⸺⸺⸺⸺⸺⸺⸺胡　抗

大学生⸺⸺⸺⸺⸺⸺⸺⸺⸺⸺胡　杰

剑⸺⸺⸺⸺⸺⸺⸺⸺⸺⸺⸺⸺扬　雪

1981 年第 3 期　刊名：《芙蓉》
目录

中篇

大海知道他⸺⸺⸺⸺⸺⸺⸺⸺叶蔚林

二灵子⸺⸺⸺⸺⸺⸺⸺⸺⸺⸺赵清学

金叶木莲⸺⸺⸺⸺⸺⸺⸺⸺⸺古　华

短篇

李同生养鱼⸺⸺⸺⸺⸺⸺⸺⸺李昌明

雨中茉莉香⸺⸺⸺⸺⸺⸺⸺⸺荣笑雨

长篇选载

凤满潇湘⸺⸺⸺⸺⸺⸺柯　蓝　文　秋

电影文学剧本

翠翠⸺⸺⸺⸺⸺⸺⸺⸺徐昌霖　黄祖模

文学回忆录

面临撒旦的挑战⸺⸺⸺⸺⸺⸺王西彦

报告文学

报春花开⸺⸺⸺⸺⸺⸺⸺⸺⸺陈广生

诗歌

鲜红的太阳⸺⸺⸺⸺⸺⸺⸺⸺黄东成

羊肚子毛巾⸺⸺⸺⸺⸺⸺⸺⸺田章夫

洪湖的卖甘蔗老人⸺⸺⸺⸺⸺孙　决

水乡支委会⸺⸺⸺⸺⸺⸺⸺⸺文　丙

云中山下⸺⸺⸺⸺⸺⸺⸺⸺⸺邢　野

天籁二题⸺⸺⸺⸺⸺⸺尚久骖　吴云龙

城乡赋（二首）⸺⸺⸺⸺⸺⸺聂鑫森

芙蓉诗会⸺⸺⸺⸺朱　健　罗子英　钟黔宁

颜　流　彭建祖　李曙光　刘　犁　刘逊昆　陆元友

隐士⸺⸺战士⸺⸺⸺⸺⸺⸺⸺顾　工

望西洞庭二首（旧体诗）⸺⸺⸺林散之

三湘新咏（旧体诗）⸺⸺萧伯科　萧湘雁等

散文

港岛杂感⸺⸺⸺⸺⸺⸺⸺⸺⸺陈残云

忆南洋⸺⸺⸺⸺⸺⸺⸺⸺⸺⸺白　刃

曲折的公路⸺⸺⸺⸺⸺⸺⸺⸺秦兆阳

早期佚文一束⸺⸺⸺⸺⸺⸺⸺周立波

一束带露的山茶花⸺⸺⸺胡光凡　李华盛

架线的小路⸺⸺⸺⸺⸺⸺⸺⸺李　松

作家与作品

找到了自己⸺⸺⸺⸺⸺⸺⸺⸺刘锡诚

思想与艺术的统一⸺⸺⸺⸺⸺竹　冰

漫步木兰溪畔⸺⸺⸺⸺⸺⸺⸺王朝垠

美术

万方争颂换人间（书法）⸺⸺⸺费新我

鲁迅笔名印选（篆刻）⸺⸺⸺⸺钱君匋

速写⸺⸺⸺⸺⸺⸺⸺⸺⸺⸺⸺肖惠祥

1981 年第 4 期　刊名：《芙蓉》
目录

纪念鲁迅诞生一百周年

学习鲁迅的革命战斗精神⸺⸺⸺焦林义

纪念鲁迅　学习鲁迅⸺⸺⸺⸺⸺王　驰

中篇

水碾⸺⸺⸺⸺⸺⸺⸺⸺⸺⸺⸺孙健忠

江和岭⸺⸺⸺⸺⸺⸺⸺⸺⸺⸺黄　钲

企业家⸺⸺⸺⸺⸺⸺⸺⸺⸺⸺况浩文

春意浓浓⸺⸺⸺⸺⸺⸺⸺⸺⸺杨振文

长篇选载

浑河的风暴⸺⸺⸺⸺⸺⸺⸺⸺蔡天心

结冰的心⸺⸺⸺⸺⸺⸺⸺⸺⸺李　岸

短篇

锈铁泛光⸺⸺⸺⸺⸺⸺⸺⸺⸺刘春来

云细末呷喜酒⸺⸺⸺⸺⸺⸺⸺澍　雨

小楼上下⸺⸺⸺⸺⸺⸺⸺⸺⸺汪　洋

报告文学

老牛羸病犹奋蹄⸺⸺⸺⸺⸺⸺章　明

诗歌

从上海到长沙⸺⸺⸺⸺⸺田 汉
芙蓉诗会⸺⸺⸺⸺谷 曼 杨德祥 王农鸣
刘 章 熊召政 袁伯霖 赵怀庆
三色堇（四首）⸺⸺⸺⸺⸺胡的清
碧绿的星（外一首）⸺⸺⸺⸺顾 城
芙蓉赞（二首）⸺⸺⸺⸺⸺郭光豹
水调歌头·读《毛泽东选集》⸺⸺⸺杨第甫
浪淘沙·瞻仰毛主席遗容⸺⸺⸺毛远翔
旧体诗词
⸺⸺⸺郭味农 刘 虚 李曙初 唐 霁 唐筱村
南斯拉夫译诗三首⸺⸺⸺王 歌 高行健 范宝慈

散文

篝竹火把⸺⸺⸺⸺⸺⸺韦 丘
日观峰上⸺⸺⸺⸺⸺⸺严 阵
《古典诗词艺术探幽》序⸺⸺⸺⸺秦 牧
老人与山⸺⸺⸺⸺⸺⸺宋梧刚
俞平伯的《杂拌儿》⸺⸺（中国香港）林 真
"蜜蜂接待站"⸺⸺⸺⸺⸺崔合美
透过这一个窗口⸺⸺⸺⸺⸺世 捷

评论

植根于湘西大地——关于孙健忠作品的断想⸺雷 达
论孙健忠小说中的妇女形象⸺⸺郭小东 陈剑晖
论孙健忠创作的民族特色⸺⸺⸺蒋 静
本刊召开中篇小说《山道弯弯》座谈会⸺本刊记者

美术

鲁迅和瞿秋白⸺⸺⸺⸺⸺俞启慧
《非洲童话选》插图选⸺⸺⸺⸺陈衍宁

1982 年第 1 期　刊名:《芙蓉》
目录

长篇连载

辛亥风云录⸺⸺⸺⸺⸺⸺任光椿

中篇

振荡⸺⸺⸺⸺⸺⸺⸺郭 襄
余波⸺⸺⸺⸺⸺⸺⸺孙 颙
荡顺风船的角色⸺⸺⸺⸺⸺胡乃武

短篇

邵氏兄弟⸺⸺⸺⸺⸺⸺邓友梅
作田户主⸺⸺⸺⸺⸺⸺雷德高
龙二爷赶圩⸺⸺⸺⸺⸺⸺胡 英

散文

湘情⸺⸺⸺⸺⸺⸺⸺陈大远
桐花杂想⸺⸺⸺⸺⸺⸺萧 离
北戴河的贝壳和诗⸺⸺⸺⸺⸺徐 刚
天池记胜⸺⸺⸺⸺⸺⸺沈仁康

评论

论秦牧散文的艺术特色⸺艾治平 翁光宇 黄卓才
普通的妇女　美好的心灵⸺⸺刘 勇 刘伦至

诗歌

咏菊⸺⸺⸺⸺⸺⸺⸺屈正中
山水情思⸺⸺⸺⸺⸺颜家文 陈继光
纪 鹏 龙彼德 姜琍敏
芙蓉诗会⸺⸺⸺⸺胡天风 丁 芒 李根红
李 更 杨里昂 宋才逢 王心果 华继文 隆振彪

传记文学

无名勇士传⸺⸺⸺⸺⸺⸺金学铁

美术

侗乡春雨⸺⸺⸺⸺⸺⸺卜维勤
支柱⸺⸺⸺⸺⸺⸺⸺张怀江
木刻四幅⸺⸺⸺⸺⸺⸺力 群
贵在创造⸺⸺⸺⸺⸺⸺吕 梁

1982 年第 2 期　刊名:《芙蓉》
目录

长篇连载

辛亥风云录⸺⸺⸺⸺⸺⸺任光椿

中篇

把彩霞献给蓝天⸺⸺⸺⸺⸺黄砾民
逝者如斯夫⸺⸺⸺⸺⸺⸺张廷竹
夜香港⸺⸺⸺⸺⸺⸺⸺张士敏
爸爸不在家⸺⸺⸺⸺⸺⸺蔡德东

短篇

优秀分子马长生⸺⸺⸺⸺⸺肖建国
村干娘⸺⸺⸺⸺⸺⸺⸺英 武
风雪矿山⸺⸺⸺⸺⸺⸺刘春来

诗歌

新的时代·春的赞歌⸺⸺⸺⸺刘 章 周应节
王中朝 左宗华 雨良英 王泉源 程 致
彭庆元 彭浩荡 何立伟
漓江晓渡（外二首）⸺⸺⸺⸺佟明光

时间·月 .... 林　希
南疆寄语（二首）............................ 张斯侠　刘福林
旧唱新吟录 .... 吴丈蜀　羊春秋　谭业伟
湘雁　李震　傅洁秋　吕亮耕　朱虎庄　刘　牧

散文
芙蓉赋 .... 萧　琦
驾帆者的歌 .... 杨亚基
啊，洱海 .... 鲁之洛

评论
创作随谈录 .... 萧　殷
喜读《戊戌喋血记》...................（中国香港）林　真
论周立波作品的阴柔美 .... 刘健安

美术
西行速写 .... 姜　堃　胡抗　胡杰
敦煌写生 .... 陈白一　郑小娟
春蚕 .... 邓泽纯

洞庭掠影（三首）.................................. 崔合美
洛美情诗选（四首）..................（中国香港）何　达
追求（外三首）.................................... 朱　健
寓言诗二首 .... 刘　征
诗四首 .... 无名氏
旧体诗五首 .... 陶　键　黄　钟

评论
重新学习　继续实践 .... 康　濯
评论在发展 .... 罗　荪
瞧出了历史小说的将来 .... 何孔周
一曲爱国主义的颂歌 .... 宋遂良
阐扬民族精魂于历史风云之间 .... 凌　宇
向人物的灵魂深处开掘 .... 胡良桂
从语言形象到视觉形象 .... 何共淮

作家谈创作
创作随谈录 .... 萧　殷
诗缘 .... 张志民

外国文学
井上靖小说两篇 .... 林怀秋　王　璞译

美术
张守义插图选
苗家风情画选 .... 姜　堃
蒲公英 .... 邹敏纳

1982 年第 3 期　刊名:《芙蓉》
目录

中篇
花天锦地 .... 刘绍棠
龙苟 .... 吴雪恼
寻找 .... 谢　璞

短篇
牧羊女 .... 蒋海平
记忆里的一抹阳光 .... 刘维康
弱者 .... 刘　炜
"酒仙"谷老倌 .... 聂鑫森

长篇连载
风雨山中路 .... 谭　谈

散文
师友 .... 管　桦
在"海的女儿"铜像面前 .... 叶君健
灵子 .... 徐　静
湖（外一章）...................................... 李　耕

诗歌
芙蓉诗会 .... 田章夫　姜文岩　周少尧
刘犁　陈笑容　振扬　汪洁　张辉池　彭浩荡
杨成杰　吴子江　孙翔
地方志（二首）.................................... 邹荻帆

1982 年第 4 期　刊名:《芙蓉》
目录

中篇
中国人 .... 仇学宝
乡巢 .... 罗石贤
绿魂 .... 彭晓立

短篇
光棍长娃 .... 田增翔　陶　正
第 22 号病室 .... 刘佑平
小钟嘀嗒响 .... 何其烈

长篇选载
前夜 .... 秦兆阳

散文
《靳以选集》序 .... 巴　金
时代的颂歌 .... 胡　真
不需寻觅的根 .... 张　沛

砂洲上 .... 刘芝凤
海之情 .... 金荣光

电影剧本
飘零者 .... 晓 鹿

诗歌
芙蓉诗会 .... 孙友田 郭光豹 莫少云 潘万提
石太瑞 饮 可 林 澎 刘国萍 凯 韵 周保林
我歌唱伟大的七月 .... 朱子奇
大海的儿子（小叙事诗） .... （回族）高 深
有赠三章 .... 田 汉
词二首 .... 田星六

评论
革命现实主义的胜利 .... 朱日复
浓郁的时代气息，鲜明的人物性格 .... 张永如

外国文学
心脏 .... ［苏］法吉里·伊斯康杰尔
张铁夫译 廖子高校

美术
藏族老人 .... 朱乃正
新疆速写 .... 刘秉江
西德行 .... 李继生
树 .... 邹敏纳

1982 年第 5 期 刊名:《芙蓉》
目录

《芙蓉》文学奖获奖作品名单
致读者 .... 本刊编辑部

中篇
苦草花 .... 殷慧芬 楼耀福
傻丫头 .... 浩 然
追寻 .... 黄砾明
几度夕阳红 .... 陈维成

短篇
小说两篇 .... 蒋子龙
平静的湖水 .... 艾 芜
风从哪里吹来 .... 尚久骖 吴云龙

新人新作
天底下 .... 刘汉任
卖花带的姑娘 .... 杨雪舞
野渡 .... 瞿振振
读两篇新人新作的感想 .... 叶蔚林

长篇
乱世少年 .... 萧育轩

电影文学剧本
阎罗号 .... 刘光杰 陈 鲁

散文
《中国古今游》序 .... 冯 牧
彭总的故乡 .... 刘 真
异国乡音 .... 从维熙
夜露 .... 刘宏伟
英国文学一瞥 .... 冯骥才

诗歌
走遍大地 .... 邵燕祥
运河帆情（四首） .... 雁 翼
七绝四首 .... 屈正中
舞 .... 骆 文
向往（外一首） .... 黄东成
春城杂咏（二首） .... 刘人寿
芙蓉诗会 .... 毛 锜 谷 曼 农 鸣
侯自佳 谭仲池 欧阳蒂

评论
为了悲剧不重演 .... 陈望衡
逆水行舟 115 天 .... 莫应丰
从几位湖南作家看学习《讲话》的意义 .... 冯健男
创新漫笔 .... 林文山
根深·叶茂 .... 小 兵

外国文学
出租的房间 .... ［法国］高尔蒙 白 丁译

美术
风景小品 .... 吴冠中 朱 辉 谢惠钧
乐山大佛 .... 叶 欣
花卉 .... 马 刚

1982 年第 6 期 刊名:《芙蓉》
目录

中篇小说
那晨风，那柳岸 .... 韩少功
吴门忠义谱 .... 树 菜
绿荷 .... 彭伦平

长篇选载

柳林前传 ──────────────────── 周健明

短篇小说

姊子 ────────────────────── 林彰善
白蝴蝶 ───────────────────── 刘正新
高高的梧桐树 ──────────────── 张健行

新人新作

青菜青 ────────────────────── 骆 炬
我们成了家 ─────────────────── 宋子刚
植根生活的新花（评论）────────── 蒋国斌

报告文学

请你理解她 ──────────────────── 关 鸿

诗歌

青春诗翼────── 聂鑫森　张天明　骆晓戈　贾长厚
王中朝　文 丙　楼 冰　陈笑侠　田 岚　罗长江
胡建军　雨良英　叶 笛　罗建国　朱 赫　周立新
顾 偕　刘 群　丁立人
旧体诗词────────── 曹 瑛　杨第甫　李聪甫
刘 征　曾次兰
今情，往情────────────────── 张志民
致大雁 ──────────────────── 王燕生
园丁的低语 ──────────────────── 郑 玲
海峡诗情（三首）──────────────── 于宗信
树叶 ─────────────────────── 戈 金

散文

《心潮集》序 ───────────────── 王首道
回眸 ─────────────────────── 韩少华
星期天 ───────────────────── 柯 原
崴嵬太华西峰 ───────────────── 王维洲
动物写生 ───────────────────── 少 鸿

评论

再论《芙蓉镇》──────────────── 雷 达
真实·严峻·和谐───────── 缪俊杰　何启治
森林鸟族启示录 ───────────────── 古 华
提高人们的文艺欣赏和鉴别能力 ─────── 王 驰
关于革命现实主义的若干问题 ──────── 姚雪垠
新的生活，新的矛盾──────────── 胡代炜

美术

新春 ─────────────────────── 周至禹
秋 ──────────────────────── 邓成用
壮族姑娘 ────────── 张德华作　阎淑琴摄影
林间 ─────────────────────── 于 筠

1983 年第 1 期　刊名：《芙蓉》

目录

小说

工厂姑娘（中篇）──────────────── 陈国凯
苦楝树（长篇）──────────────── 竹 林
接龙（短篇）──────────────── 叶之蓁
戴金色十字架的姑娘（中篇）──────── 王一飞
庄稼人（短篇二篇）──────────── 叶君健
如愿（短篇）──────────────── 李万里
春归（中篇）──────────────── 莫 耶

笔谈

一点诚意 ───────────────────── 谢 璞
描绘新的乡镇风情 ─────────────── 古 华
多给农民好的精神食粮 ───────────── 孙健忠
追随新时代，拥抱新生活 ──────────── 谭 谈
开创文艺创作新局面 ───────────── 康 濯
迎春 ─────────────────────── 任光椿
小小的愿望 ───────────────────── 叶蔚林
展望未来，我们充满信心 ──────────── 周健明
人民需要健康力量 ─────────────── 水运宪
下一步怎么办 ───────────────── 草应丰

评论

无止境斋书简钞 ─────────────── 姚雪垠
鲁之洛作《览奇集》序 ────────────── 胡 真
脚下的路，是闪光的路 ──────────── 阿 红
五年来长篇小说创作的一个轮廓 ─────── 孙武臣
读者论坛（两篇）────────── 程建汉　张先瑞

诗歌

芙蓉诗会────── 罗子英　李根红　顾 工　周应节
张伟成　朱光天　颜昌海　程 政　骆 之　袁伯霖
周少尧　谭仲池　倪 鹰　钟黔宁　陈 阵　许 宏
周声华　陈笑侠
阳关（外一首）──────────────── 唐 湜
千岛湖（三首）──────────────── 郑成义
旧体诗词────────── 萧伯科　萧长迈　陶晋圭
萧湘雁　王建文　黄 钟

散文

新西兰游简 ───────────────── 周而复
端阳·在屈原家乡 ─────────────── 公 刘
城·山·水 ───────────────── 萧 离
草叶（散文诗）──────────────── 李 耕
童年的绿 ────────────── 张斯侠　何腾念

美术

湖南风光（组画）

————————徐芝麟　田希祖　王孟林　范　宇

曲径通幽————————————————瞿亚申

1983 年第 2 期　刊名:《芙蓉》
目录

小说

杨波萝和车队的哥儿们（中篇）——————陈纪祥

五十四号墙门（中篇）————————————张廷竹

鬼使神差（中篇）——————————————孙　卓

热带惊涛录（长篇选载）——————————陈残云

乔迁之喜（短篇）——————————————白　桦

记圣诞红（短篇）——————————————无名氏

生活在呼唤（短篇）————————————曾果伟

雪雁（翻译）——————［英］保罗·凯立科著　任小萍译

剧本

追花（电影文学）————————————————陈　芜

诗歌

湘行拾诗（三首）——————————————周良沛

葛洲坝放歌（二首）————————————放　平

在田野上，歌唱（四首）——————————石太瑞

芙蓉诗会——————郭光豹　宋梧刚　雨良英

钟毅岗　张伟成　夏　天

散文

到斯特鲁加过节——————————————康　濯

访"风雨茅庐"——————————————姜德明

江上————————————————————钟　涛

专题

纪念蒋牧良同志逝世十周年

遥望南天慰忠魂——————————————周而复

怀牧良——————————————————严怪愚

试论蒋牧良小说的讽刺艺术————————杜方智

评论

关于塑造社会主义新人形象的几个问题———缪俊杰

美术

张家界图卷（局部）————————————赖少其

风景小品二帧——————————王修武　傅忠诚

1983 年第 3 期　刊名:《芙蓉》
目录

小说

走出沼泽地（中篇）————————————谢　静

风吹月季（中篇）————————————张事业

白话（短篇）——————————————戴厚英

青春的旋律（中篇）————————————王文锦

网（短篇）————————————————林　鹿

光环（中篇）——————————————刘　炜

人，不是石头（中篇）——————————小　牛

特写

H 号沉没之谜————————————————张士敏

散文

过海日记————————————————蒋子龙

访葛琴——————————————————高　旅

一支古老的歌——————————————谭士珍

黄山探胜————————————————杨梅生

小凤——————————————————罗星辉

植物写生————————————————少　鸿

洞庭风俗画————————————————易允武

评论

《袖珍诗丛》序——————————————贺敬之

《袖珍诗丛·青年诗辑》集后————————周良沛

掘进在生活的矿藏——————————谢明德　唐维安

生活的折光————————————————杨光治

意蕴深永的新传奇————————————曾镇南

华侨战斗生活的史诗————————————贾益民

作家谈创作

和湖南青年作者谈创作——————————丁　玲

小说创作随谈——————————————汪曾祺

诗歌

吊屈原——————————————————曾　卓

重访潇湘（八首）————————————韩　笑

无烟煤（外一首）————————————孙友田

背兜——————————————————刘国平

芙蓉诗会——————田章夫　丁　鲁　李　更　张天明

漖雨　孙翔　廖静仁　周志强　杨　庆　罗长江

姜漖川　伍砺矛　欧阳蒂　聂鑫汉　吴子江　乔延凤

彭庆元　周怀立

旧体诗词——————吴丈蜀　羊春秋　刘人寿

陶晋圭　黄　钟

传记文学

白薇东奔······何　由　丁　波

美术

舞台速写······左　钧
文学作品插图······肖洁然

1983 年第 4 期　刊名:《芙蓉》
目录

小说

蓝天，也是属于你的（中篇）······赵丹涯
小路遥遥（中篇）······谭　谈
孀居（中篇）······徐绍武
红鬼瓦斯卡（译文）······［俄］高尔其著　章海陵译

新人新作

小说两篇（短篇）······董秋生

剧本

赤壁之战（电影文学）······梁　信

散文

湘行二记······汪曾祺

报告文学

春风快绿江南岸······方　正　欧阳佳

专题

沉痛悼念萧三同志

您是春风······朱子奇
萧三青少年时代轶事点滴······萧子风
长留的忆念······康　濯

评论

王蒙创新试验的性质和方法问题······金宏达
古华的创作道路和艺术个性初探······张永如
知音与敌对······王朝闻

美术

亲家······满维录
樵······邹洛夷
文学作品插图二幅······张月明

1983 年第 5 期　刊名:《芙蓉》
目录

小说

淡灰色的眼珠（中篇）······王　蒙
散板的进行曲（中篇）······谭合成
蟠龙镇（中篇）······龚笃清
古老的紫铜锣（中篇）······熊尚志
天边一钩弯弯的月亮（中篇）······龙会吟
此香悠悠（短篇）······陈　龄
稻香村里这家人（短篇）······刘　勇
山寨月（短篇）······（土家族）胡　港

散文

礼貌的对白与芝麻汤丸······［美］木令耆
宝岛：传说和现实······于宗信
细流集（散文诗）······管用和

剧本

范蠡与西施······雁　翼

诗歌

诗海采珠······艾　青　张志民　邹荻帆
绿　原　公　刘　邵燕祥　未　央
美国之旅······李　瑛
视野······林　希
芙蓉诗会······顾　工　刘　章　农　鸣　张玉庭
黄东成　丁慨然　易殿选　崔合美　贾长厚　陈佩芸
何立伟　杨铁原　文　丙　刘　群　谭仲池　宋才逢
陈达专　朱湘儒　赵怀庆
旧体诗词······刘　征　任光椿　陶　健　梁宜苏

评论

个性·环境·典型性······谢望新
谈《将军吟》中彭其的人物塑造······胡代炜
一株美丽稚嫩的花······叶蔚林

1983 年第 6 期　刊名:《芙蓉》
目录

小说

繁星，缀满苍穹（中篇）······何　群
阳台居士（中篇）······邢凤藻
美女山风情（中篇）······周昌义
爆竹声声（中篇）······刘汉勋
裁缝女（中篇）······曹家健
海不扬波（长篇选载）······刘美贤　张以文

艺术系的同学（短篇）————————许　健
自信（短篇）————————[美]凯瑟琳·布拉雪著
冯亦代　郑之岱译

剧本
潮汐（电影文学）————————成　浩

散文
大地的心灵————————刘白羽
恻恻吞声　生死两别————————柳无忌
江上快艇————————雷　加
海南神韵————————柳　嘉

报告文学
优胜者和他的缺陷————————卞毓方　魏　强

诗歌
求疵小品（两首）————————刘　征
敦煌之旅（二首）————————毛　锜
昭君台————————刘益善
淡水篇————————季振华
飞来的红玫瑰（三首）————————柏　桦
淡蓝色的小花————————龙　龙

评论
繁荣社会主义文艺的指导方针————————缪俊杰
略论丁玲的散文创作————————杨桂欣
爱国主义的大纛，历史小说的华章
————读《辛亥风云录》————————吴　群

专题
纪念毛泽东同志诞辰九十周年
雨————————田章夫
一条小路的歌————————肖青玲
永恒的怀念————————孙　翔
写在秋收起义的土地上（二首）————————张伟成

美术
庆功酒————————孙　平
插图二帧————————林　华

1984 年第 1 期　刊名:《芙蓉》
目录

小说
无边的边地（中篇）————————郭小东
云遮月（中篇）————————马新川
博音河哟，水晶晶花（中篇）————（蒙古族）察森敖拉

在母校实习（中篇）————————李永芹
莫道离情，莫道离情（中篇）————————肖建国
下马纪事（中篇）————————廖训让
雄兔脚扑朔（短篇）————————（苗族）石太瑞
棋道————————罗　锐
四个夏天（翻译小说）
————————[美]乔伊斯·卡洛尔·奥茨　吕　明译

作家谈创作
创作随想录————————萧　殷

诗歌
芙蓉诗会
——湖南作者小辑————————郑　玲　陈笑侠　郭　辉
凯　韵　颜昌海　廖静仁　颜家文　罗予英　饮　可
许　宏　戴奇林　罗建国　振　扬　覃柏林　廖泽川
夏　天　侯自佳　彭建祖　谢　繁
菲律宾乐园————————韦　丘
夜韵（外一首）————————芦　荻
诗二首————————李发模
春鸟（外一首）————————张斯侠
旧体诗词————————杨第甫　王建文　弘　征
陈善壎　王和政

散文
伟大的一课——访南散记之一————————公　刘
驼影斑斑————————（蒙古族）查　干
海之歌（三章）————————王维洲
努力开放——《夹竹桃集》序————————苏　晨
永兴一条街——西沙群岛散记————————柯　原
矿灯————————贾　炜

评论
前车之鉴————————李元洛
反映现实生活，推进社会改革————————张学敏　朱　兵
历史感，爱国情————————韩　抗
继存·借鉴·突破————————陈达专
寓深沉于平淡————————魏　威

1984 年第 2 期　刊名:《芙蓉》
目录

小说
梅花坪（中篇）————————彭天翼
云海（中篇）————————（白族）张　长
盖着蓝天　枕着大地（中篇）————————彭见明
青山　绿水　人家（中篇）————————罗欣荣

我们这个班（短篇）-----------------王柏松
信访办主任轶事（短篇）-----------国　政
她的一天（短篇）-----------------刘阳春
一声喊叫（中篇）---------[苏]康·伏罗比耶夫
章海陵译

报告文学
青岛从东方飞来-----------------林　河

散文
一路乡音出阳关-----------------谭　谈
何须世外觅桃源-----------------柯　蓝
《齐鲁金戈》序-----------------焦林义
住院-----------------------陈大远

诗歌
芙蓉诗会
新诗-----------紫荻　朱健　姚天元
刘犁　谷曼　沈国清　钟黔宁　陈蕙芳　聂鑫汉
周应节　钟毅岗　欧阳蒂　龚鹏飞
旧体诗词---------胡遐之　李曙初　萧湘雁　郑国栋
我的心，停泊在不冻的港湾（外一首）------罗　飞
大海的礼赞（组诗）-----------（满族）佟阴光

评论
前进中的徘徊-----------------凌　宇
叶蔚林论-----------------雷　达
"我只认你是一方土地"-----------魏　威

诗歌
白山黑水（组诗）-----------------韩　笑
海之恋-----------------------金　蝉
海鸥的村-----------------------邹荻帆
湘西写意-----------------------崔合美

评论
在弯弯的山道上探索前行-----------曾镇南
留在风雨山中路上的脚印-----------文　仪
评谭谈中篇小说中的爱情描写-----------陆建华
美在朴素中-----------------------谢明德

1984 年第 4 期　刊名:《芙蓉》
目录

小说
我本该是一棵树（中篇）-----------赵丹涯
神秘的塔尔达奇火山（中篇）-----------郑万隆
青青苦竹山（中篇）-----------------钟铁夫
从前线来的小伙子（中篇）-----------田舒强
战火中的凤凰（中篇）-----------------袁修广
走进人群里（短篇）-----------------文　萍
抖抖老太（短篇）-----------------孙　禹
幸福只有这一次（短篇）-----------刘佑平

报告文学
"妈妈——老师"-----------蔡德东　贺文龙

诗歌
海颂-----------------------聂鑫森
短歌二章-----------------------杨里昂

散文
旅埃花絮-----------------------古　华
人物志-----------------------刘再复
巷尾随想曲-----------------------周　实
同孙用同志相处的日子-----------公　盾

评论
湘南小镇风情-----------------初　林
传递时代新信息的使者-----------凌　宇
别忘了"美是生活"-----------------陈望衡

1984 年第 3 期　刊名:《芙蓉》
目录

小说
单家桥的闲言碎语（中篇）-----------潮　清
昨夜风暴过洞庭（中篇）-----------赵凤凯
云端里的山寨（短篇四题）-----------王一飞
书生与"强盗"（中篇）-----------蒋和森
大海的眼睛（中篇）-----------江　林　阎朝科
苦酒（中篇）-----------------峭　石
关不住的春光（中篇）-----------农　鸣
木雕菩萨和他的风流儿媳（短篇）------谢春阳
凌风阁（短篇）-----------------聂鑫森

散文
樱岛散记-----------------------姜德明
长留记忆的精神-----------------康　濯
在西出阳关的路上-----------------肖　炜

1984 年第 5 期　刊名:《芙蓉》
目录

小说

一山二虎（中篇）————————谭　力　昌　旭
三月的人（中篇）————————————郭小东
轮声（中篇）————————————————赵宇共
僻乡女人（中篇）————————————叶志坚
深深的桃坞（中篇）——————————戴启棠
碑（中篇）————————————————谭　谈
假鲁班与真木匠（短篇）————————刘德珠
一滴绿色的水珠（短篇）————————喻咏槐
迎亲图（短篇）————————————赵日茂

报告文学

绿色王国的"皇帝"————————————谭士珍

散文

春城最多绿颜色————————————薛尔康
香满天下泉水情————————————刘志坚
采集————————————————————李长廷

评论

文学随谈录——————————————萧　殷
有关"闲方"的闲话——————————阿　明

诗歌

庆祝中华人民共和国成立三十五周年
旧体诗词—————杨第甫　屈正中　羊春秋
山——山——山————————————杨　牧
秧（外一首）——————————————李根红
河边————————————————————刘　犁
鼓山春晓————————————————林　祁
春天————————————————————梅绍韵
街心花园————————————————李发模
祖国，我的早晨————————————彭庆元
漂洗夏布衣裳的姑娘——————————张伟成
啊，木叶————————————————舒　柯
木梯————————————————————钟毅岗

1984 年第 6 期　刊名:《芙蓉》
目录

小说

平庸的七四届（中篇）————————李永芹
爹，你为啥不问问俺（中篇）————张　平

记者（中篇）————————————————史中兴
过河卒子（中篇）—————————————建　森
他们，无儿无女（中篇）———（苗族）吴雪恼
南后街风情（中篇）——————————朱月瑜
湾里一蔸蝴蝶花（短篇）————————小　牛
四奶奶（短篇）————————————刘冬冠
龙凤工厂区旧址（短篇）————————响　响
"看守内阁"（短篇）——————————安　宁

报告文学

周小舟在大瑶————————伍国庆　吴淑庭
骆驼啊，骆驼————————————————袁世捷

散文

武陵山中————————————————碧　野
天子山一日————————————————峻　青
桃花源随想————————————————苏　晨

诗歌

窑洞灯光————————————————韩　笑
血的再版————————————（中国台湾）洛　夫

评论

闲言碎语后面的独特构思————————牛玉秋
本来的和应该的————————————林为进
她从萌动的大地站起————————————长　觥
人性探索的新足迹——————————朱日复

1985 年第 1 期　刊名:《芙蓉》
目录

小说

序幕（中篇）——————————雨　时　如　月
雾界山传奇（中篇）——————————古　华
爸爸，我一定回来了（中篇）————达　理
美女山闲话（中篇）——————————周昌义
高高的跳台上（中篇）————————肖复兴
小站人家（中篇）———————南　翔　严丽霞
本报拟见报稿（短篇）————————江作苏
分房（短篇）————————————————郑从善

散文

湘西北旅行————————————————郭　风
旧地重游话苏联————————————王　燎

诗歌

红草莓，红草莓（三首）————————罗长江
海石花————————————————————洋　雨

只认识太阳的游客 ················ 田章夫
我乡间的小屋 ···················· 之 熹
一棵翠绿的果树 ·················· 胡代炜

评论

论文学评论队伍的建设 ············ 李冰封
向人生的深处开掘 ················ 凌 宇
作家的观察力和内省力 ············ 关 鸿
艺术的一次新试验 ················ 胡德培

1985 年第 2 期　刊名：《芙蓉》
目录

小说

为君唱支风流歌（中篇） ······ 郑 柯 子 华
会"葡萄话"的女教师（中篇） ···· 无口君
四合院风情（中篇） ·············· 刘孝存
骗来的新娘（中篇） ·············· 赵清学
船跑香港（中篇） ················ 陈 草

新人新作

最后一次远牧（短篇） ············ 李秋华
晚晴（短篇） ···················· 李焕振
蓝色的信笺（短篇） ·············· 罗 宁
黑皮开店（短篇） ················ 徐克映

散文

记者日记 ························ 刘宾雁
锦绣谷 ·························· 丘 峰

评论

潇湘一奇 ························ 谢望新
《潮清中篇小说集》序 ············ 胡 真
《一山二虎》人物谈 ·············· 宾 堂
新鲜的视野　独特的角度 ·········· 罗守让

诗歌

爱的旅程 ························ 野 曼
从南方起飞的鸟（外一首） ········ 石太瑞
圣餐之夜 ························ 邹荻帆
诗二首 ·························· 徐文彬
醒世录（二首） ·················· 莫西芬

外国文学

爱情与才华的赌博 ········ ［法］莫洛亚著　李 华译

1985 年第 3 期　刊名：《芙蓉》
目录

小说

歪歪井有个李窑主（中篇） ········ 殷德杰
少女头像（中篇） ················ 母国政
告别了，昨天的记忆（中篇） ······ 张笑天
溪水静静地流（中篇） ············ 毛履均
南风轻轻吹（中篇） ·············· 少 鸿
半边街（短篇） ·················· 聂鑫森
惆怅（短篇） ···················· 张事业
神的那只左手（短篇） ············ 晓 舟
山魂（短篇） ···················· 詹幼鹏
老师，你听我说（短篇） ·········· 周 艺

外国文学

第三任丈夫 ········ ［美］伊迪丝·沃顿著　龙芳元译

散文

一篇为存档而写的自传 ············ 陈贻焮
再望金门 ························ 苏 晨
老夫依旧恋太行 ·················· 高 原

诗歌

湘西行吟（三首） ················ 刘 犁
深圳抒情（二首） ················ 谭日超
我的大自然（二首） ·············· 田章夫
农民的形象 ······················ 刘舰平
寻月 ···························· 张亚平
我们是时代的脚手架 ·············· 廖静仁

评论

今日农村风情画 ·················· 何镇邦
周立波和他的家乡 ················ 冯健男
有无技巧 ························ 金宏达

1985 年第 4 期　刊名：《芙蓉》
目录

小说

霜月（中篇） ···················· 熊正良
一本难念的经（中篇） ············ 魏世祥
小巷抒情诗（中篇） ·············· 刘 涛
都市里，有一支歌（中篇） ········ 晓 城
大院里有座女儿楼（中篇） ···· 夏 真 王 毅
危楼记事之三（短篇） ············ 李国文
半边街来了个"内国人"（短篇） ···· 杨东生

月有阴晴圆缺（短篇）————————————禹 舜
晒谷场上（短篇）————————————曾益德
公牛（短篇）————————————残 雪

散文
蜜泪————————————黄永玉
静静的栗树山————————————叶 梦
长留于天地之间的英魂————————————张翅翔

作家书简
试着笑一笑————————————李国文
幽默感与《危楼记事》————————————雷 达

电影剧本
一箭仇————————————吴果迟

诗歌
爱情十四行诗————————————金 蝉
故乡三首————————————罗子英
你还会再来么?————————————晓 燕
瑰奇的海————————————高 光
拾纸屑的老太婆————————————舒 放

评论
李元洛的诗论————————————古远清

1985 年第 5 期　刊名:《芙蓉》
目录

小说
这里有泉水（中篇）————————————胡 辛
金寡妇和她的女儿们（中篇）————————————李永芹
远逝的涛声（中篇）————————————彭见明
兴隆庵冬话（短篇）————————————王 平

外国文学
苏伦茨的最后行动（中篇）————[苏]格·格拉德科夫
阿·谢尔盖耶夫著　廖子高译

墙上的缺口（短篇）————[英]格尔克斯著　彭志齐译

大海和歌剧院（短篇）
————————[法]皮埃尔·嘎马拉著　李　翻译

报告文学
南极好汉————————————朱幼棣

电影剧本
萧萧————————————孙健忠　萧 琦

散文
挪威另一位国王————————————周而复

诗歌
在北方（三首）————————————罗长江
炊烟升起来了（外一首）————————————于 沙
边塞月照草原马（三首）————————————阿拉坦托娅

评论
文学需要高度————————————古 华
质朴情真————————————胡代炜

1985 年第 6 期　刊名:《芙蓉》
目录

中篇小说
男性王国的女人————————————郭 襄
陨落的星————————————石 村
章鬼————————————许广跃
淡紫色的蝴蝶结————————————赵 玫
生子当如————————————范小青
王怀孔老二事略————————————万 一

短篇小说
别掉泪，紫葡萄————————————凌 寒
她在镜中消逝————————————奥 林
蓦然回首————————————尹俊卿
土地呵，土地————————————张心平
接妻————————————鲁之洛
结婚那一天————————————何 顿
仇"作家"闲话————————————李永鳌

报告文学
微笑的竹园————————————谢 静　段亚兵

诗歌
我要编一只小船————————————顾 城
桂林二题————————————孙友田
记忆————————————杨里昂
旅港掠影————————————黄东成
歌与酒（外一首）————————————石太瑞
我的桔园（外一首）————————————刘凤湘
芙蓉诗会————————————曾仕让　颜昌海　张辛汗
天 韵　杨梅生　欧阳蒂　欧阳茜

散文
陈干娘————————————范若丁
水爹和老汤————————————胡天风

评论

张天翼小说的人物描写特色 ……………………… 杜元明

古华近作漫评 ……………………………………… 丘　峰

1986 年第 1 期　刊名:《芙蓉》
目录

作家天地

舍巴日（中篇）…………………………………… 孙健忠

着眼于民族精神文化的变迁与更新 …………… 龙长顺

从意念世界到性情天地 ………………………… 周　实

孙健忠这个人 …………………………………… 石太瑞

小说

少女·逃犯·狗（中篇）………………………… 金　鑫

诞生交响乐（中篇）…………………………… 孙　禹

古里——鼓里（短篇）………………………… 蔡测海

生的权力（短篇）……………………………… 田慧刚

远山里有座吊脚楼（短篇）…………………… 缪　士

一代风流

魔鞋 ……………… 胡拥军　陶小爱　谭合成　杨楚建

诗歌

诗四组 …………………………………………… 匡国泰

覆船山（外一首）……………………………… 肖汉初

文坛纵横

根·源泉·当代性 ……………………………… 日　复

文学寻"根"之我见 …………………………… 韩　抗

散文

东京零羽 ………………………………………… 潘旭澜

通俗文学

梁吕怪杰 ………………………………………… 吴　扬

评论

《芙蓉镇》俄文版序 ……… ［苏］谢曼诺夫　王　勇译

外国文学鉴赏

春宵·夜莺在歌唱 ……… ［苏］列武诺夫著　维　敏译

多情却似总无情 ………………………………… 维　敏

1986 年第 2 期　刊名:《芙蓉》
目录

小说

他们来自三棱石碑（中篇）…………………… 赵丹涯

美女山月儿（中篇）…………………………… 周昌义

就"骂人的教师"答读者（短篇）…………… 傅建中

瓜地薰风（短篇）……………………………… 李伯勇

女律师拦车（短篇）…………………………… 刘阳春

佩红符号的人（短篇）………………………… 左宗华

作家天地

竟是人间城廓（中篇小说）…………………… 徐晓鹤

也算是创作谈（创作手记）…………………… 徐晓鹤

文学：过去与现在的动态联结和转换（评论）

……………………………………………………… 周　实

那热情机智而幽默的笑（特写）……………… 慕　贤

文坛纵横

海阔天空夜论诗 ………………………………… 李元洛

"朦胧诗"以外的话 …………………………… 池　越

文学的探索谈片 ………………………………… 王亨念

一代风流

错位的命运 ……………………………………… 舒崇福

通俗文学

赛马俱乐部行动 …………… ［法］保尔-卢·苏利策著

肖　旻译

诗歌

唱给爱情（五首）……………………………… 紫　陌

诗二首 …………………………………………… 骆晓戈

既然春天已经来了（外一首）………………… 银　云

大山的留念 ……………………………………… 向书豪

悲戚的正义之师 ………………………………… 李　瑜

花蕾（外一首）………………………………… 钟毅岗

将军垂钓 ………………………………………… 王　静

井冈儿 …………………………………………… 朱子奇

散文

井湾里，我的乡亲啊 ………………………… 廖静仁

给美景铺路 ……………………………………… 戴砚田

武冈戏趣 ………………………………………… 鲁安仁

躲月 ……………………………………………… 海　天

剧本

猴歌 ……………………………………………… 李俊彬

评论

美的花，沾珠带露的花 ································ 彭志齐

1986 年第 3 期　刊名:《芙蓉》
目录

小说

雪崩（中篇）······························· 佘学先
三个模特儿（中篇）············· 李胜英　李永亮
情债（中篇）····························· 陈泽顺
小街情（短篇）··························· 南　城
张一刀（短篇）··························· 赵和平
杜撰的故事（短篇）······················· 刘亨安
蛙变 ································· 李约拿

作家天地

晴朗的天空（中篇）······················· 蔡测海
文学门外谈（创作手记）··················· 蔡测海
走出自己的影子（评论）··················· 凌　宇
乡巴佬进了"世界名人录"（特写）········· 颜家文

文坛纵横

我所透视的文学大潮 ····················· 吴若增
"敲碎"与"缀合" ······················· 金宏达

诗歌

湘西拾翠（三首）························· 苗　木
山里人（外一首）························· 彭国梁
五月的南方（外一首）····················· 颜　静
龙首崖（外三首）························· 韩　笑

一代风流

胡筠 ································· 刘运华

通俗文学

票友 ································· 孙步康

散文

感忆邓拓同志 ··························· 康　濯

外国文学鉴赏

老林故事
　············ [美]彼得·泰勒著　冯亦代　郑之岱译
故事·理性·美感 ····················· 阿　明

评论

沸腾的生活　动荡的观念 ················· 魏　威

编读往来

谈匡国泰的四组诗 ······················· 未　央
来信选登 ··························· 李元洛等

1986 年第 4 期　刊名:《芙蓉》
目录

小说

将要死在海上的人（中篇）················· 许广跃
血驴膏（中篇）··························· 聂鑫森
斗蟋传奇（短篇）························· 任光椿
我·邻居·我（短篇）····················· 兆　光
无题（短篇）····························· 朱　健
山脚下（短篇）··························· 刘云夔

作家天地

罪过（中篇）····························· 谭　谈
树叶·人·命运（创作谈）················· 谭　谈
他在弯弯的山道上奋进（特写）············· 舒　诚
发掘生活中的美（评论）··················· 罗守让

诗歌

芙蓉散文诗会 ············· 于　沙　聂鑫森　骆　之
罗子英　张天明　颜家文　陈惠芳　李昆纯　刘杰英
徐　静　于　何　文　丽　周　波　王一飞　蒋祖暄
小　小　龚立华
当我们谈起爱情 ························· 苏　敏
芦荡男子汉 ····························· 胡拥军
两只眼睛 ····························· 邹　进
修船工 ································· 刘鸿夫

散文

怀念丁玲 ····························· 黄起袁
让我们共同回忆…… ····················· 陈明仙
永难忘怀的爱 ··························· 陈惠芬
灵与肉的对话 ··························· 李绍谦
瓦特大街的窟窿 ························· 张抗抗

文坛纵横

对色彩和模式的寻求 ····················· 胡宗健
高深与清浅 ····························· 黄子平
批评的严肃与不严肃 ····················· 李庆西
你不如……你应当…… ··················· 吴　亮

通俗文学

死亡日历（中篇）········· [日]横沟正史著　曹雅玲译

评论

美与力之歌 ····························· 胡代炜

外国文学鉴赏

火灾（中篇）────────［苏］拉斯普京著　徐振亚译

外国文学鉴赏

人是一个秘密────────────────────肖　晓

编读往来──────────────────────朱辉军等

1986 年第 5 期　刊名:《芙蓉》
目录

作家天地

火宅（中篇）──────────────────韩少功
韩少功论（评论）──────────────────曾镇南
韩少功印象（特写）────────────────骆晓戈

小说

癫狂（中篇）──────────────────仇学宝
拳击手小酒馆（中篇）──────────────蒋海平
画眉（短篇）──────────────────梁　晴
瘌狼别西卜（短篇）────────────────董炳新
莲花儿（短篇）────────────────张连荣
李满爷和他的老花狗（短篇）────────────张小牛

一代风流

贺绿汀命运交响曲（报告文学）────────────史中兴

诗歌

猎人（组诗）──────────────────龚湘海
乡村墓志铭（三首）────────────────刘　犁
名片（外一首）────────────────汪承栋
武陵诗草────────────曹　菁　赖汉屏　刘冰兰
杨　杰　王道济　彭则光　徐顺之　聂其俊　刘栋材
冉世冠　饮　可　阮先鲍
想念──────────────────────杨孟芳

文坛纵横

小说创作的深化：哲理概括──────────────余三定
主体的文学──────────────────阿　明

通俗文学

夕阳落在山那边（中篇）──────────────罗　乔
散文
木雕禽鸟（外三章）────────────────郭　风

电影文学

指挥棒上的女神────────潘伯荣　武珍年　张万春

评论

那曾熟悉的大漠驼铃────────────────伟　玮

1986 年第 6 期　刊名:《芙蓉》
目录

小说

世风（中篇）──────────────────朱月瑜
小巷深处酒旗风（中篇）──────────────萧育轩
梦非梦（中篇）────────────────黄加满
我要离开你（短篇）────────────────李万里
故里人物（短篇）────────────────余建明
四月雾（短篇）────────────────张焕南
回去告诉你（短篇）────────────────晓　舟

作家天地

成功者（中篇）────────────────肖建国
文化的困惑（评论）────────────────韩　抗
建国的几件事（特写）──────────────刘国纯

电视文学

啊，老同学────────────────────陈健秋

散文

辛酸的回忆────────────────────陈登科
洁白的雪花────────────────────王志宏
翠湖鸥影────────────────────崔合美
青岛风采────────────────────王　俞
海恋──────────────────────徐守贤
承德散记────────────────────张先瑞

一代风流

光明行──────────────────────廖文伟

文坛纵横

"魔鬼"的诱惑力────────────────欧阳君

诗歌

诗三首──────────────────────郑玛丽
老船（外二首）────────────────谢午恒
爱的备忘录（组诗）────────────────于　沙
在南方（外二首）────────────────聂　沛
朦胧的花（组诗）────────────────石太瑞
卷一支烟（外一首）────────────────邓映如
夏天随想曲（外一首）──────────────邓汝珍
初夏（二章）────────────────周晓萍
芙蓉诗会────────────聂鑫汉　黄东成　杨辉周
熊育群　姚天元　彭泽成　孙友田

通俗文学

陪爱人看潮去⋯⋯⋯⋯⋯⋯⋯⋯⋯李静华　李渔村

外国文学鉴赏

花斑马（中篇）⋯⋯［美］威廉·福克纳著　奇　青译
高超技艺的典型代表⋯⋯⋯⋯⋯⋯⋯⋯李野光

评论

立波七年祭⋯⋯⋯⋯⋯⋯⋯⋯⋯⋯⋯胡光凡
女人的错误就是想做男人吗⋯⋯⋯⋯⋯万晓红
从生活深层采掘的矿藏⋯⋯⋯⋯⋯⋯⋯张　鹄

1987 年第 1 期　刊名:《芙蓉》
目录

一代风流

市长李瑞环⋯⋯⋯⋯⋯⋯⋯⋯⋯石　坚　马津海

小说

蓝瞳（中篇）⋯⋯⋯⋯⋯⋯⋯⋯⋯⋯李亚南
人不是候鸟（中篇）⋯⋯⋯⋯⋯⋯⋯⋯余学先
沉默的高原（中篇）⋯⋯⋯⋯⋯⋯⋯⋯朱幼棣
八仙（中篇）⋯⋯⋯⋯⋯⋯⋯⋯⋯⋯熊正良
天下第一吃（短篇）⋯⋯⋯⋯⋯⋯⋯⋯王健和
精卫岛（短篇）⋯⋯⋯⋯⋯⋯⋯⋯⋯⋯骆　炬
告别猎枪（短篇）⋯⋯⋯⋯⋯⋯⋯⋯⋯田曙光
不圆的圆圈（短篇）⋯⋯⋯⋯⋯⋯⋯⋯刘晓喻
裂缝（短篇）⋯⋯⋯⋯⋯⋯⋯⋯⋯⋯⋯季　仲

座谈纪要

对话·切磋·交流
——本刊在京召开文艺评论家座谈会发言纪要
⋯⋯⋯⋯⋯⋯⋯⋯⋯⋯⋯⋯⋯⋯⋯本报记者

诗歌

辰河潺潺流
——隆回诗歌作者群编辑⋯⋯⋯罗长江　匡国泰
胡光曙　马萧萧　黄维一　刘晓平　李丽明　静　嶷
之　熹　范卓保　小　凤　王国忠　肖　虹　刘　娴
宁仲书　彭建洪　欧阳蒂　金　沙
深夜望月（外一首）⋯⋯⋯⋯⋯⋯⋯⋯苏　敏
我的业余生活⋯⋯⋯⋯⋯⋯⋯⋯⋯⋯曾仕让

散文

边街⋯⋯⋯⋯⋯⋯⋯⋯⋯⋯⋯⋯⋯⋯廖静仁
访欧纪行⋯⋯⋯⋯⋯⋯⋯⋯⋯⋯⋯⋯常才智
政治与文学⋯⋯⋯⋯⋯⋯⋯⋯⋯⋯⋯骆宾基
梦话世界⋯⋯⋯⋯⋯⋯⋯⋯⋯⋯⋯⋯林目清

文坛纵横

艺术创造中的自觉与不自觉⋯⋯⋯⋯⋯朱辉军

文学评论

时代大潮推动着艺术觉醒⋯⋯⋯⋯⋯⋯缪俊杰
对人的价值与尊严的肯定⋯⋯⋯⋯⋯⋯胡德培

1987 年第 2 期　刊名:《芙蓉》
目录

小说

哥，你象水（中篇）⋯⋯⋯⋯⋯⋯⋯⋯韩　冬
布洛陀梦幻（中篇）⋯⋯⋯⋯⋯⋯⋯⋯文　萍
偷越铁栅栏（中篇）⋯⋯⋯⋯⋯⋯⋯⋯李叔德
散点透视（中篇）⋯⋯⋯⋯⋯⋯⋯⋯⋯李聚良
圣火（中篇）⋯⋯⋯⋯⋯⋯⋯⋯⋯⋯⋯郭　辉
伏牛山绣像（短篇）⋯⋯⋯⋯⋯⋯⋯⋯范若丁
虎牙项练（短篇）⋯⋯⋯⋯⋯⋯⋯⋯⋯金国政
空地（短篇）⋯⋯⋯⋯⋯⋯⋯⋯⋯⋯⋯陶永喜
码头（短篇）⋯⋯⋯⋯⋯⋯⋯⋯⋯⋯⋯夏汉泉

文坛纵横

湖南作家群对审美自律领域的拓展⋯⋯⋯⋯刘景好
长篇小说的艺术：多维时空⋯⋯⋯⋯⋯胡良桂

通俗文学

神秘的军车⋯⋯⋯⋯⋯⋯⋯⋯⋯⋯⋯聂建长

诗歌

天圆地方（组诗）⋯⋯⋯⋯⋯⋯⋯⋯⋯向书豪
巨石⋯⋯⋯⋯⋯⋯⋯⋯⋯⋯⋯⋯⋯⋯郑玛丽
致女友（外一首）⋯⋯⋯⋯⋯⋯⋯⋯⋯舒清忠
"猴子"⋯⋯⋯⋯⋯⋯⋯⋯⋯⋯⋯⋯⋯彭国良
闯灯塔⋯⋯⋯⋯⋯⋯⋯⋯⋯⋯⋯⋯⋯万晓红

散文

他有一双满溢爱的眼睛⋯⋯⋯⋯⋯⋯⋯刘士杰
汨罗招屈魂赋⋯⋯⋯⋯⋯⋯⋯⋯⋯⋯张啸虎

一代风流

力拔山兮气盖世⋯⋯⋯⋯⋯⋯⋯⋯⋯王文斌

电影剧本

腾龙杯⋯⋯⋯⋯⋯⋯⋯⋯⋯⋯周全胜　左　辛

评论

西西弗的悲剧⋯⋯⋯⋯⋯⋯⋯⋯⋯⋯龚曙光

1987 年第 3 期 刊名:《芙蓉》
目录

一代风流
寻觅神龙⋯⋯⋯⋯⋯⋯⋯⋯⋯⋯⋯⋯⋯⋯⋯郑 柯

小说
真主陪伴你（中篇）⋯⋯⋯⋯⋯⋯⋯⋯⋯⋯金 鑫
我们家的女人们（中篇）⋯⋯⋯⋯⋯⋯⋯吕 斌
祖传绝技（中篇）⋯⋯⋯⋯⋯⋯⋯⋯⋯⋯⋯彭 匋
有一座美丽的祠堂（中篇）⋯⋯⋯⋯⋯⋯曾维浩
迷人的河湾（短篇）⋯⋯⋯⋯⋯⋯⋯⋯⋯彭晓立
五味子（短篇）⋯⋯⋯⋯⋯⋯⋯⋯⋯⋯⋯哈 雷
女儿岩（短篇）⋯⋯⋯⋯⋯⋯⋯⋯⋯⋯⋯向本贵
放排佬的歌（短篇）⋯⋯⋯⋯⋯⋯⋯⋯⋯胡友新
虎谷（短篇）⋯⋯⋯⋯⋯⋯⋯⋯⋯⋯⋯⋯李秋华
断了的 A 弦（短篇）⋯⋯⋯⋯⋯⋯⋯⋯⋯黄 勇

诗歌
断想⋯⋯⋯⋯⋯⋯⋯⋯⋯⋯⋯⋯⋯⋯⋯⋯谢颐城
飘流魂⋯⋯⋯⋯⋯⋯⋯⋯⋯⋯⋯⋯⋯⋯⋯祖 荫
男子汉寻找斗牛场⋯⋯⋯⋯⋯程兴国 成慧芳
无题（外一首）⋯⋯⋯⋯⋯⋯⋯⋯⋯⋯⋯白 马
深山琴声⋯⋯⋯⋯⋯⋯⋯⋯⋯⋯⋯⋯⋯⋯陈蕙芳
致小鸟⋯⋯⋯⋯⋯⋯⋯⋯⋯⋯⋯⋯⋯⋯⋯龙 龙

文坛纵横
横在潭上的索子⋯⋯⋯⋯⋯⋯⋯⋯⋯⋯⋯雷池月

通俗文学
雪的离别⋯⋯⋯⋯⋯⋯［日］夏树静子 李有宽译

散文
故乡琐记⋯⋯⋯⋯⋯⋯⋯⋯⋯⋯⋯⋯⋯⋯罗长江
石头高木⋯⋯⋯⋯⋯⋯⋯⋯⋯⋯⋯⋯⋯⋯苏 晨
故乡的河⋯⋯⋯⋯⋯⋯⋯⋯⋯⋯⋯⋯⋯⋯刘 犁
爱的回忆⋯⋯⋯⋯⋯⋯⋯⋯⋯⋯⋯⋯⋯⋯龙松贵

外国文学鉴赏
女人之家⋯⋯⋯⋯⋯⋯［苏］库尔恰特金著 王 璞译
库尔恰特金小说中的象征艺术⋯⋯⋯⋯王 璞

评论
一束报春花⋯⋯⋯⋯⋯⋯⋯⋯⋯⋯⋯⋯⋯肖 兵
她为何离开他⋯⋯⋯⋯⋯⋯⋯⋯⋯⋯⋯⋯沈太慧

1987 年第 4 期 刊名:《芙蓉》
目录

小说
滩歌（中篇）⋯⋯⋯⋯⋯⋯⋯⋯⋯⋯⋯⋯刘 勇
生活是蓝色的（中篇）⋯⋯⋯⋯⋯⋯⋯史中兴
某日（中篇）⋯⋯⋯⋯⋯⋯⋯⋯⋯⋯⋯⋯何立伟
圆圈（中篇）⋯⋯⋯⋯⋯⋯⋯⋯⋯⋯⋯⋯滕章贵
庆把式（中篇）⋯⋯⋯⋯⋯⋯⋯⋯⋯⋯⋯饮 可
活的草篷（短篇）⋯⋯⋯⋯⋯⋯⋯⋯⋯⋯赵锐勇
紫木寨足音（短篇）⋯⋯⋯⋯⋯⋯⋯⋯⋯郑国茂
恋爱函授处（短篇）⋯⋯⋯⋯⋯⋯⋯⋯⋯金国政
盘山路（短篇）⋯⋯⋯⋯⋯⋯⋯⋯⋯⋯⋯周保林
一级残废与驼背女人（短篇）⋯⋯⋯⋯陈可爱

一代风流
星和星盘的轨迹⋯⋯⋯⋯⋯⋯⋯⋯⋯⋯⋯曾德凤

诗歌
白龙洞（外三首）⋯⋯⋯⋯⋯⋯⋯⋯⋯⋯彭燕郊
九寨蝶（组诗）⋯⋯⋯⋯⋯⋯⋯⋯⋯⋯⋯晏 明
维纳斯及其他（外一首）⋯⋯⋯⋯⋯⋯谢蓄洪
七月⋯⋯⋯⋯⋯⋯⋯⋯⋯⋯⋯⋯⋯⋯⋯⋯苏玉光
秋天的玫瑰⋯⋯⋯⋯⋯⋯⋯⋯⋯⋯⋯⋯⋯李永芹

通俗文学
小林团长和头牌花旦⋯⋯⋯⋯⋯⋯⋯⋯余通化

文坛纵横
近期湖南小说得失片论⋯⋯⋯⋯⋯⋯⋯胡宗健
略谈湖南近十年创作的得失⋯⋯⋯⋯⋯萧 为
试谈湖南近年小说的"回溯"现象⋯⋯余三定

散文
流动的积淀（外三篇）⋯⋯⋯⋯⋯⋯⋯赵丽宏
夜走长江⋯⋯⋯⋯⋯⋯⋯⋯⋯⋯⋯⋯⋯⋯张钟声

作家生活
在小城里⋯⋯⋯⋯⋯⋯⋯⋯⋯⋯⋯⋯⋯⋯谭 谈

手记
谈"癌"⋯⋯⋯⋯⋯⋯⋯⋯⋯⋯⋯⋯⋯⋯⋯张 扬

评论
追随时代的步伐
——《新浪潮前奏曲》座谈会发言摘要⋯⋯晓 悦
丰富而深邃的心理世界⋯⋯⋯⋯⋯⋯⋯刘 强

1987 年第 5 期　刊名:《芙蓉》
目录

作家天地

走过山庄原野（短篇一组）·············彭见明
生命潮汐涌动的世界（评论）···········宾　堂
见明是个实在的人（特写）·············钟铁夫
雨连绵（中篇）·······················董炳新
大学生活流（中篇）···················毕冰宾
大写的小人物（中篇）·················罗云虎
好佬（中篇）·························阚迪伟
殇（短篇）···························阿　金
蜘蛛（短篇）·························胡　刚
超度（短篇）·························王英琦
牛皮客（短篇）·······················张辛汉
爱，在遥远的梦里··········· 唐名芳　唐国芳
水月（短篇）·························萧建生

报告文学

浓酒烈焰两地情·······················卢祖煌

通俗文学

奥米伽指令···············〔美〕乔恩·兰德著
文　力　戴　建译

诗歌

夏天主题（组诗）·····················聂　沛

七月素描（组诗）·····················向书豪
八月的果园···························西　川
夏天·······························彭国梁
烧夏·······························陈惠芳
苗乡的四月八（外一首）···············石太瑞
蝌蚪诗·······························廖泽川
金鞭岩（外一首）·····················胡天风
爱的花絮（散文诗）···················刘定中
诗词四首·····························杨汇泉

散文

海南岛的回忆·························苏　叶

作家生活手记

随航日记·····························叶蔚林

文坛纵横

从亭面糊说到深入生活·················罗敏中

评论

江涛海浪楚人诗·······················李元洛

1987 年第 6 期　刊名:《芙蓉》
目录

小说

骑白骏马的人（中篇）·················云　杉
酒道仙人（中篇）·····················麦祥和
族徽（中篇）·························许特生
青春回旋曲（中篇）···················郑　芸
矮板凳（短篇）·······················王　平
报社蒙太奇（短篇）···················刘新平
渡女（短篇）·························山　君

诗歌

一种感觉（组诗）·····················周晓萍
南国行吟草（外二首）·················彭志齐
历史的沉思···························周之德

通俗文学

明亮的总是那一瞬间···················何　子
奥米伽指令
···············〔美〕乔恩·兰德著　文　力　戴　建译

文坛纵横

艺术与女性···························关　鸿

散文

台湾人看草原·························陈若曦
海外游子·····························禹　舜

评论

社会主义文艺功能漫议·················胡代炜
一幅通俗的民族历史画卷···············卢　玲

美术

封面设计·····························章桂征
晨曦（封二·木刻）···················王　炜
速写二幅（封三）·····················马新儒

1988 年第 1 期　刊名:《芙蓉》
目录

小说

似锦年华（中篇）·····················韩　冬
大风起兮（中篇）·····················李亚南

夏天最后一朵玫瑰（中篇）·······················赵　坤
金色的钥匙（短篇）·····························卢建中
对于阿乘的设想和结局（短篇）···················黄　石
嫡传弟子（短篇）·······························周宜地
太阳下的梦（短篇）·····························胡　港
丑姑娘（短篇）·································唐汇军

纪实文学
大押解····································何建明

文坛纵横
人的力量··································陈达专
批评的困窘····························罗　红　余江涛
"新潮"的悲哀·······························笙　歌

报告文学
红颜色　绿颜色·····························节延华
没有拉住的死亡·····························姚晓华

诗歌
郑玲的诗··································郑　玲
大山的风采（二首）···························谭仲池
童年的小脚窝······························之　熹
映山红····································邓映如
男人的眼泪································晓　牛
芦叶····································胡拥军

散文
阳戏····································向启军
牛市····································谭士珍
消殒····································陈秀燕

评论
读《桃花源新记》···························周应节

1988 年第 2 期　刊名:《芙蓉》
目录

纪实文学
钱，疯狂的困兽·····························谢德辉

小说
浣江还是静静流（中篇）·······················赵锐勇
深山远雾（中篇）···························李胜利
一出喜剧演成的悲剧（中篇）···················鲁之洛
没种和有种的男人（短篇）·····················刘　丹
山中流来那道溪（短篇）·······················骆　炬
津县的骄傲（短篇）·························梁水根

恶习（短篇）·······························胡　英

文坛纵横
超越，小说的重要品性·······················余三定

报告文学
这里有八千双高擎的手·······················郑　柯
香港风云人物李嘉诚·························邱　昶

诗歌
日落····································忆　沩

散文
在别一个国度里···························凌　宇
天涯散记··································乔　平

评论
《夜阑人静时》序···························缪俊杰

沉痛悼念黄起衰同志
你永远与我们同在···························黎维新
哭起衰····································张　行
心血涓涓到砚边···························萧育轩
挽联选

1988 年第 3 期　刊名:《芙蓉》
目录

小说
热土（中篇）·······························牛伯成
坑（中篇）·····························东进生　王圣民
战俘（中篇）·······························石国仕
早春（中篇）·······························潘宇凡
初夏（短篇）·······························畅　达
癫男疯女（短篇）···························龙永文
杂烩（短篇）·······························陈知柏
山瑰（短篇）·······························陶永喜
夏天的小手（短篇）·························周晓萍

报告文学
美的迷惘··································郝敬堂

文坛纵横
对当前文学运动态势的看法·····················全　荣

通俗文学
龙回头····································赵清学

诗歌

湘南行 ····················· 陈惠芳
雪落无声 ··················· 王中朝
平壤情 ····················· 谷　曼
冬日的河滩 ················· 龚湘海
石阶 ······················· 黄杰臣

散文

夕阳的诱惑 ················· 银　云
海上晨曦 ··················· 李名国

评论

屹立于时间的风中 ··········· 李元洛

1988 年第 4 期　刊名:《芙蓉》
目录

小说

青天（中篇） ··············· 晓　宫
蓝鳄（中篇） ··············· 宋树根
打野（中篇） ··············· 国　政
祸根（中篇） ··············· 李胜利
爱情是蓝色的（短篇） ······· 梁晓驼
荒唐的岁月（短篇） ········· 章海陵
人生不只一条路（短篇） ····· 青　菲
明天太阳依旧（短篇） ······· 甘小浪

纪实文学

来自死牢的报告 ············· 吴　瑕

作家天地

古意图·经历 ··············· 何立伟
别无他言 ··················· 何立伟
慢话立伟 ··················· 王　平
静夜里的歌者 ··············· 杨铁源

散文

梦迴波兰 ··················· 梅汝恺
在莫斯科停留 ··············· 叶君健
透明的思索 ················· 李一安
我和你的故事 ··············· 廖静仁
寂静的山谷 ················· 欧阳斌

通俗文学

泪洒孤坟 ··················· 王德钦

诗歌

捕捞起水中的倒影（外一首） · 顾　工
旧体诗三首 ················· 雍文华

塔 ························· 李丽琼
早恋 ······················· 李利拉
五月之夜 ··················· 潘万提
不必回答 ··················· 钟　声
假如 ······················· 庄银娥
假若…… ···················· 欧阳蒂

评论

文学中的爱与美 ············· 余　严

1988 年第 5 期　刊名:《芙蓉》
目录

小说

城市与女人（中篇） ········· 易介南
黑泥（中篇） ··············· 翁新华
副省长和他的女秘书（中篇） · 翁树杰
大戈山狂想曲（中篇） ······· 蒋继锋
魔镜（中篇） ··············· 野　莽
逃出上海（短篇） ··········· 操剑锋
永恒的列车（短篇） ········· 蔡未名
春秋之恋（短篇） ··········· 李绍谦
天才即将诞生（短篇） ······· 胡友新

诗歌

追寻录 ····················· 饮　可
处女岛 ····················· 王开林
孤独（外一章） ············· 月　奴
湘西吟 ····················· 周之德
老寿星的笑 ················· 舍　之

散文

祝融峰下两姐妹
　——龙应台、琼瑶故乡行 ··· 单新元
遥远的小山村 ··············· 罗长江

报告文学

来自烟草王国的秘闻 ········· 郝敬堂
芬芳的死神 ················· 金国政

文坛纵横

文人相轻和文人相吹 ········· 池　越

评论

另一种审美感觉：灵觉
　——读周晓萍组诗《一种感觉》 · 刘　强
石太瑞的爱——《恋歌四重唱》序 · 未　央
本刊重要启事

1988 年第 6 期　刊名:《芙蓉》
目录

小说

第四律师事务所（中篇）⋯⋯⋯⋯⋯⋯莫怀戚
阴谋（中篇）⋯⋯⋯⋯⋯⋯⋯⋯⋯⋯蔡未名
夏至时（中篇）⋯⋯⋯⋯⋯⋯⋯⋯⋯费　力
秀才（中篇）⋯⋯⋯⋯⋯⋯⋯⋯⋯⋯郑　柯
南岭的微观（中篇）⋯⋯⋯⋯⋯⋯⋯骆　炬
老插（中篇）⋯⋯⋯⋯⋯⋯⋯⋯⋯⋯祝春亭
误差⋯⋯⋯⋯⋯⋯⋯⋯⋯⋯⋯⋯⋯⋯罗　雀
喜鹊塘（短篇）⋯⋯⋯⋯⋯⋯⋯⋯⋯郭　明
屋顶（短篇）⋯⋯⋯⋯⋯⋯⋯⋯⋯⋯潘　峰
12 条规矩和第十二个徒弟（短篇）黄三畅
卡罗索的太阳（短篇）⋯⋯⋯⋯⋯⋯王静怡

作家天地

作品三题⋯⋯⋯⋯⋯⋯⋯⋯［加拿大］陈若曦
机缘
——陈若曦印象⋯⋯⋯⋯⋯⋯⋯⋯卢　璐
我读陈若曦的小说⋯⋯⋯⋯⋯⋯⋯韩　抗

报告文学

胥四海和他的股份公司⋯⋯⋯⋯⋯唐镇洲
龟苓膏效应⋯⋯⋯⋯⋯⋯⋯⋯⋯⋯湘　涛

诗歌

二十四节气（组诗）⋯⋯⋯⋯⋯⋯匡国泰
那一片海滩⋯⋯⋯⋯⋯⋯⋯⋯⋯⋯熊育群
水调歌头⋯⋯⋯⋯⋯⋯⋯⋯⋯⋯⋯朱惠然
心境⋯⋯⋯⋯⋯⋯⋯⋯⋯⋯⋯⋯⋯王丹慧
田婶⋯⋯⋯⋯⋯⋯⋯⋯⋯⋯⋯⋯⋯谢蓄洪
桥（外一首）⋯⋯⋯⋯⋯⋯⋯⋯⋯王　杉
海魂⋯⋯⋯⋯⋯⋯⋯⋯⋯⋯⋯⋯⋯刘定中
秋思（外一首）⋯⋯⋯⋯⋯⋯⋯⋯邓映如

散文

夜的南岳⋯⋯⋯⋯⋯⋯⋯⋯⋯⋯⋯刘鸿伏
抱犊岭记⋯⋯⋯⋯⋯⋯⋯⋯⋯⋯⋯枭　蟒
牧狼人⋯⋯⋯⋯⋯⋯⋯⋯⋯⋯⋯⋯董炼妮
月夜垂钓⋯⋯⋯⋯⋯⋯⋯⋯⋯⋯⋯吴荫循

评论

本刊重要启事
谢德辉和他的"个体户文学"⋯⋯⋯周佩红

1989 年第 1 期　刊名:《芙蓉》
目录

长篇小说

荒唐世事⋯⋯⋯⋯⋯⋯⋯⋯⋯⋯⋯陈国凯

报告文学

SOS:公路战争（中国潮报告文学征文）
⋯⋯⋯⋯⋯⋯⋯⋯⋯⋯⋯李　矗　郝敬堂

纪实文学

新"乌龙山剿匪记"⋯⋯⋯⋯⋯⋯⋯王业武

1989 年第 2 期　刊名:《芙蓉》
目录

小说

粉红色的诱惑（长篇）⋯⋯⋯⋯⋯肖建国
迷乱（中篇）⋯⋯⋯⋯⋯⋯⋯⋯⋯陈知柏
东家（中篇）⋯⋯⋯⋯⋯⋯⋯⋯⋯刘庆邦

纪实文学

来自首都的经济内参
——繁荣下的危机⋯⋯⋯⋯⋯⋯⋯陈义风
白色死亡
——中国贩毒、吸毒一窥⋯⋯景　风　王　勤
我们年轻⋯⋯⋯⋯⋯⋯⋯⋯⋯⋯⋯陈祖芬
长篇纪实文学《钱，疯狂的困兽》上海讨论会纪要

1989 年第 3 期　刊名:《芙蓉》
目录

长篇小说

哀感扬州罗曼史⋯⋯⋯⋯⋯⋯⋯⋯梅汝恺

"中国潮"报告文学征文

野性的疾风
——关于婚外恋现象与民族机制的抵御⋯⋯莫　楠

中篇小说

彷徨⋯⋯⋯⋯⋯⋯⋯⋯⋯⋯⋯⋯⋯何世勤
曲终情未了⋯⋯⋯⋯⋯⋯⋯⋯⋯⋯雪　妮

1989 年第 4 期　刊名:《芙蓉》
目录

小说

陌生世界（长篇）————————————王心丽
附：王心丽《一个倒霉鬼的话》
淌血的无名河（中篇）————————林家品
飘坠（中篇）————————————————姜　坤

纪实文学

丑陋的北京人（"中国潮"征文）
——一个北京人眼中的北京人————陈义风
中越边境现状纪实
——从战场到商场的变迁——————刘　丹

1989 年第 5 期　刊名:《芙蓉》
目录

长篇小说

夕阳黑田铺————————————————屈国新

长篇纪实文学

震惊世界的江南命案——————————高润祥

中篇小说

子夜鞭影————————————————莫怀戚
绿叶婆娑————————————————龚淑君

1989 年第 6 期　刊名:《芙蓉》
目录

小说

男人要有三角肌（长篇）————————赵丹涯
金秋（中篇）————————————————刘绍棠
红尘（中篇）————————————————张　放
古镇（中篇）————————————————何　顿
小店故事（中篇）——————————————山　海

纪实文学

走向深渊————————————————陈宁康

《甘肃文艺》
（《飞天》）

【简　介】

　　综合性文学月刊。甘肃省文学艺术界联合会主办。创刊于1950年，1981年1月由《甘肃文艺》更名为《飞天》。刊登作品体裁主要有小说、诗歌、散文、报告文学和文学评论等。其于80年代设立的"大学生诗苑"栏目，刊发了很多重要的诗作，这些青年诗人常被评论界视为"第三代诗人"。

期刊号：1976年第1期—1989年第12期

1976年第1期　刊名：《甘肃文艺》
目录

词二首······毛泽东
水调歌头　重上井冈山　一九六五年五月
念奴娇　鸟儿问答　一九六五年秋

世上无难事　只要肯登攀······《人民日报》、《红旗》杂志、《解放军报》一九七六年元旦社论

全党动员　大办农业　为普及大寨县而奋斗
为普及大寨县挥笔上阵（短评）······甘　毅

擂响进军的战鼓（报告文学）······本刊记者
向着伟大的目标（报告文学）······本刊记者
武威报告（报告文学）······李田夫　陇　山
擎旗记（小说）······张　锐
水阔浪高（小说）······刘　玉
礼县行（诗·五首）······秦川牛
石花迎春（诗）······社员　张国宏
杨柳湾（散文）······解放军某部　芦振国
他还是当年那股劲（陇剧清唱）······李应魁
春潮滚滚（速写）······李　嵬速写　伍　竹配诗
农田基建工地上的老队长（摄影）······刘耀东

热情支持社会主义的新生事物

报春花（小说）······（藏族）尕藏才旦
河西放歌（诗·七首）······嘉　昌
知识青年······林　染　杜振涛　工人　唐光玉
沙漠新苗（组诗）······李学艺
朝阳路（诗）······汪浩德
喜看今日银达乡（相声）······刘庆生　姜利平
歌唱"马背小学"（歌曲）······原树勋词　梅如林　曲
代表会后（年画）······陈　延
向阳花开（年画）······工人　王铁城

搞修正主义必然要当投降派······甘肃省党校写作组
农业学大寨的带头人（文艺评论）······季成家
可喜的努力（文艺评论）
······兰大中文系七三级文艺评论组
评批《水浒》诗歌选（诗·八首）
······庆阳县八里庙大队社员
朝霞满天（小小说）······李德文
金色的大雁（美术电影文学剧本）······冉　丹
春霞（戏曲）······王海容　肖培彦　王　霖
第二小分队（歌剧）······王萌鲜
投降派的嘴脸（对口词）······高仲选

1976年第2期　刊名：《甘肃文艺》
目录

坚持文艺革命，反击左倾翻案风······初　澜
否定文艺革命是为了复辟资本主义
······北京大学、清华大学大批判组
光辉的诗篇
——学习毛主席词二首······支克坚　孙克恒
一代诗风工农开（评论）
——评银达乡农民诗······季成家

群众文艺的新成果（评论）

——甘肃省群众业余文艺调演述评····祁 越 锐 翔

战歌嘹亮（评论）

——谈诗歌集《红牧歌》····················春 潮

为了明天（话剧）························王萌鲜

调度（话剧）················平凉地区运输公司业余文艺

宣传队集体创作 秦济民 执笔

喜事新风（陇剧）···············甘肃省教育局业余文艺

宣传队集体创作 施 达 执笔

甘山的春天（散文）························王 殿

背铺盖卷的人（小说）······················王宁远

步步登高（小说）····················社员 余振东

草原之夜（儿童文学）······················法 兰

冲锋的号角（诗·八首）····李云鹏 师日新 张杏莲

鲜花盛开文化乡（民歌）····社员 魏松年 孙登文等

陇山旗如画（诗·五首）

···········夏 羊 杨培中 顾克华 卢燕平

碾台前的故事（叙事诗）····················刘志清

驾牛姑娘（叙事诗）····················社员 张国宏

宣讲之前（年画）························宋武征

四新图（年画）··························周大正

开门办学好（年画）························康兴德

又一口新井（年画）················秦 文 李宝峰

甘肃省群众业余文艺调演部分歌舞节目速写

·································玉 明等

全党总动员 普及大寨县（歌曲）

·····················雪 犁词 庄 壮曲

韩大娘访农大（兰州鼓子）

···········省曲艺调演学习班集体创作 赵燕翼 执笔

回击（单弦联唱）

···········省曲艺调演学习班集体创作 袁 茨 执笔

红梅报春百花开（陇南影子腔）

················省曲艺调演学习班集体创作

努力反映无产阶级同走资派的斗争（短论）····甘 毅

样板戏是报春的红梅（评论）

··················银光化学材料厂工人写作组

文艺创作要坚持以阶级斗争为纲（评论）·······李志民

阶级斗争是个纲（歌曲）·········敬 东词 音 召曲

社会主义新生事物赞（诗·八首）

···········丁生智 袁永兴 马成翼等

卡尔古丽（小说）···················工人 陈 礼

红鹰（小说）·····················工人 世 隆

春雷滚滚（小说）··················工人 徐捷先

草原的女儿（散文）············解放军某部 李 鉴

红梅回来了（表演唱）····················苏 治

红小兵高唱新儿歌（儿歌·十首）

···········李世栋 逯新泉 张彩霞等

塔塔尔汗（儿童文学）······················赵燕翼

琵琶新曲（小说）··················工人 吕 燃

后山岭（小说）··························张克杰

实心眼启启（小说）··················社员 王汉英

雪山红鹰（叙事诗）························师日新

学演革命样板戏（年画）····················董兆惠

厂办大学育新人（年画）··············工人 傅东星

治河工地学"龙江"（摄影）·············社员 贺宏

1976 年第 3 期　刊名:《甘肃文艺》

目录

中共中央关于华国锋同志任中共中央第一副主席、国务院总理的决议

中共中央关于撤销邓小平党内外一切职务的决议

天安门广场的反革命政治事件

··········《人民日报》工农兵通讯员 《人民日报》记者

吴德同志在天安门广场广播讲话

伟大的胜利······················《人民日报》社论

天安门广场事件说明了什么?·······《人民日报》社论

批判邓小平 反击右倾翻案风

热烈欢呼党中央的英明决议

把反击右倾翻案风的斗争进行到底（诗·八首）

···········吉洞初 傅金城 周爱国等

1976 年第 4 期　刊名:《甘肃文艺》

目录

在斗争中建设党

·········《人民日报》、《红旗》杂志《解放军报》社论

"文化大革命"永放光芒

——纪念中共中央一九六六年五月十六日《通知》十

周年·····························《人民日报》、

《红旗》杂志、《解放军报》编辑部

新人新作

胜利进行曲（长诗）························周国汉

再试锋芒（小说）··················工人 李骏阳

重任在肩（小说）··················工人 李中兰

丈量（小说）————————社员 肖滋云
催春的战士（散文）—————工人 严黎歌
为文艺新军出阵而喝采（杂文）————伍 竹

獠牙礁上战匪特（报板书）————陈志刚等改编
保卫天安门（三人快板）————省曲艺调演学习班
集体创作 徐 列 执笔
雪莲（河州调）——————省曲艺调演学习班
集体创作 李津生 执笔
新委员（陇东渔鼓）———省曲艺调演学习班集体创作
奔流（小说）——————————何生祖
火红岁月的战歌（诗·十三首）
——————杨 雄 杨有年 杨德茂等

无产阶级文艺的战斗任务—————龚龙泉
文艺革命成果必须用战斗来保卫————朱 健

与修正主义文艺黑线对着干
剪纸艺术放异彩————————刘玉柱
深入生活写诗篇—————————工人 傅金城

把反击右倾翻案风的斗争进行到底（歌曲）
————嘉 昌 叔 铭 唐光玉词 马德泉曲
红太阳永远放光辉（歌曲）
————————张立人 牟豪戎词 卜锡文曲

把反击右倾翻案风的斗争推向新高潮（宣传画）
——————————工人 余义虎
鲜花献给天安门的保卫者（宣传画）
——————————冯 力 王文忠
学习理论 深入批邓（剪纸）————社员 方秀玲
剪纸艺术开新花
——宁县早胜公社农民剪纸选
————————社员 张粉莲 赵群叶等

金色的路标（诗）—————————工人 张培众
毛主席恩情比海深（诗）—————社员 张国宏
战士怀念毛主席（诗）——————战士 黄建祥
悲痛化作力千钧（诗）———工农兵学员 黎 阳
爹亲娘亲没有毛主席亲（诗）————刘志清
在毛主席遗像前（诗）——————工人 傅金城
毛主席永远活在我们心中（诗）——（东乡族）汪玉良
毛主席抚育我们成长（诗）————知识青年 林 染
毛主席，永远不落的太阳（诗）————何 来
永远高唱《东方红》（诗）—————苏锐钧
宝书照亮万里程（诗）———————嘉 昌
红太阳永放光辉（诗）——————陈 斌
毛主席《复电》照征途（诗）————郑锡荣
毛主席指路我们走（诗）—————社员 杨国泽
长征路上的誓言（诗）——解放军某部 熊永杰
金光道上大步跨（诗）——————董义昌
一张珍贵的照片（诗）——老赤卫队员 徐生俊
肩负重任上讲台（诗）—————工人 孙兴亚
高举红灯来接班（诗）—————工人 鲍振川
勇跨征鞍永向前（诗）———（藏族）伊丹才让
永远为毛主席站岗（诗）
——兰州部队文工团话剧队集体创作 张 勇执笔
继承遗志 革命到底（诗）—————吴辰旭
挥泪继承主席志 誓将遗愿化宏图（诗·八首）
——————————马 骏等
毛主席指引金光道 革命路上步不停（诗·十二首）
——————————宋演成等
挥泪继承主席志，誓将遗愿化宏图（速写）
——————兰州军区美术创作学习班
红太阳光辉永照征途（散文诗）————甘 毅
毛主席培育了我们———八四八零八部队政治部文化科
红太阳永照银达乡
——酒泉县银达乡公社银达乡大队党支部
巨大的鼓舞————————甘肃省话剧团
我们的队伍向太阳（散文）————万 军 向 阳
毛主席和我们心连心（散文）————工人 曹永安
汽笛长鸣（散文）————————工人 李民发

1976 年第 5 期　刊名：《甘肃文艺》
目录

伟大的领袖和导师毛泽东主席永垂不朽
中国共产党中央委员会　中华人民共和国全国人民代表大会常务委员会
中华人民共和国国务院　中国共产党中央军事委员会
告全党全军全国各族人民书
在伟大的领袖和导师毛泽东主席追悼大会上
中共中央第一副主席、国务院总理华国锋同志致悼词

继承毛主席的遗志　把无产阶级革命事业进行到底
陇原儿女怀念毛主席（文艺通讯）————本刊记者

1976 年第 6 期　刊名：《甘肃文艺》
目录

华国锋主席像
中国共产党中央委员会　中华人民共和国全国人民代表大会常务委员会
中华人民共和国国务院　中国共产党中央军事委员会
关于建立伟大的领袖和导师毛泽东主席纪念堂的决定
中共中央关于出版《毛泽东选集》和筹备出版《毛泽东全集》的决定

热烈欢呼党中央的两项英明决定

千万颗红心向北京（诗）
————————兰州炼油厂工人业余文艺创作组
热烈欢呼中央两项英明决定（诗）————苏 森
红太阳光辉心头照（诗）————工人 梁存明
蒙古族人民的心愿（诗）————王开辉
华主席站在舵位上（散文诗）————甘 毅
华主席登上天安门（诗）————卞云沛
中南海的喜讯（诗）————李志红
我们在银河旁设岗（诗）——解放军某部 彭 龄
除四害，人心大快（诗）————工人 李资仁
战无不胜呵，我们的党（诗）————陈明华
胜利颂（诗）————高 戈
奔腾的洪流（诗）————苏锐钧
华主席像挂上火车头（诗）
————————工人 洪 彬 胜 德 心 华

大游行前的夜晚（诗）————李云鹏
汗水浇红大寨花（诗·十二首）————周学义等
热烈欢呼华国锋主席为我们党的领袖（宣传画）
————————————————张学乾

彻底揭发批判王张江姚反党集团

彻底清算"四人帮"破坏毛主席革命文艺路线的滔天
罪行————————————肃 文
斥"四人帮"扼杀《创业》的无耻谰言
————————甘肃省电影发行公司大批判组
歌颂毛主席教育路线的一出好戏
————————西北民族学院大批判组
一个反党乱军的政治口号——兰州部队政治部创作组
学习鲁迅 批判"蛀虫"————王德省
誓同王张江姚反党集团斗争到底（套色木刻）
————————————————芦欣石

长征的浪花（散文）——解放军某部 尉立青 杨闻宇
决战的一年（报告文学）
————————永昌县委报道组 本刊记者
春天的脚印（散文）————曹永安
帐篷（散文）————王宗仁
高高的云杉树（小说）————颜明东
支农线上（故事）————工人 郗辉庭

本色（独幕话剧）————赵叔铭
搬家（陇剧）————李应魁

延安作风（剪纸）————社员 张玉珍
山谷通明（剪纸）————战士 侯向林 王宗学

目录

你办事，我放心（油画）
————湛北新 黄乃源 秦天健 刘文西
绣金匾（歌曲）————陕北民歌

无限怀念敬爱的周总理

周恩来总理永垂不朽（诗）————吴辰旭
人民的好总理（诗）————张书申
陇塬儿女的怀念（诗）————何 来
崇高的"习惯"（诗）————周国汉
周总理指挥我们唱战歌（诗）————谢 言
延水长流忆总理（散文）——解放军某部 姚 明
无限的怀念（散文）————肃 文
周总理和我们心连心（散文）————王庚南
亲切的接见（素描）————杨国选 石广利

领袖华主席 人民热爱您

舵手颂（诗）——解放军某部 李 镜
陇山陇水唱赞歌（诗）————张俊彪
光辉的基石（诗）————夏 羊
心中的歌（诗）————贵 荣
喜迎领袖像（诗）————工人 王国槐
连续作战（诗）————工人 陈明华
手捧华主席像（诗）——解放军某部 赵东原 刘文正
米酒和赞歌（散文）————葛 贤
光明礼赞（散文）————冉 丹
各族儿童歌唱华主席（小演唱）————法 兰
华主席和我们心连心（素描）——解放军某部 杨华明

园丁之歌（湘剧高腔）——长沙市碧湘街完小原作
长沙市湘剧团改编柳仲甫执笔

深揭狠批王张江姚反党集团

一个阴险卑鄙的政治大阴谋————吴承绪
搭在诗歌上的反革命黑箭————伍 竹
刺刀对准"四人帮"（枪杆诗）————岳存模 刘玉池
剥画皮（相声）————郑振怀
打倒"四人帮" 保卫党中央（对口快板）
————————解放军某部 李 鉴
大寨人痛打白骨精（快板书）————高 戈

全党动员 大办农业 为普及大寨县而奋斗

紧跟华主席 建设大寨县（诗·十二首）
————————秦汝哲 李 治 赵敬中等
战士不怕征途难（报告文学）——解放军某部 尉立青
跃进曲（小说）————张 锐

水跃金霞（小说）————————社员 王汉英
故乡松（散文）——————————工人 李民发
迎春曲（诗·四首）—————————贾治龙等
山村红医（木刻）——————————刘过之
甘肃省文化局召开全省文艺创作座谈会

1977 年第 2 期 刊名:《甘肃文艺》
目录

延河，请告诉我（诗·外三首）———工人 傅金城
周总理的歌声（诗·二首）——高 戈 周国汉
贴心人（对口剧）——————————易希高

向雷锋同志学习（诗·三首）
　　　　　　　　马纪梁 刘锡祥 沙绍群等
诗传人民之心声
——读悼念周总理诗词有感—————李云鹏

深揭狠批四人帮 学习大庆掀高潮
铁人故乡的春天（诗·三首）————李老乡
寄大庆战友（诗）——————————邱祖铭
高炉颂（诗）————————工人 王志军
兰化战歌（诗·三首）
　　　　　　工人 致 雄 吴建山 贺 平
发愤歌（诗）————————社员 杨 雄
踏上炼厂的路（诗）————工人 王蜀凉
咱为祖国织春天（诗）———工人 冯亚光
"快锤"（诗）————————工人 林矶培
铁人队伍在前进（报告文学）————本刊记者
不是最后一课（散文）———————邱祖铭
从战场到战场（散文）———————王兰玲
大跃进的战鼓（散文）———————窦新国

《反击》是"四人帮"篡党夺权的毒箭
——省文艺创作学习班批判反党电影《反击》发言摘
登—————————曹 杰 尕藏才旦 金吉泰等
批判"四人帮"的"三突出原则"————牟豪戎
人民的心声 战斗的歌
——痛斥"四人帮"践踏"花儿"的罪行———赵仁奎

卧牛掌（小说）——————————王萌鲜
兄弟（小说）———————————赵燕翼
踩浪少年（儿童文学）———————李百川
雪莲花（歌舞剧）—————————李幼容
省级文化系统召开大会批判反动影片《反击》（简讯）
华主席和翻身农奴心连心（油画）——张学乾
鞠躬尽瘁（素描）——————————李 巍
翻身道情（国画）—————————吴家骅

激流之歌（油画）—————————常书鸿

1977 年第 3 期 刊名:《甘肃文艺》
目录

热烈欢呼《毛泽东选集》第五卷出版
华主席送来红五卷（诗）———社员 王汉英
五卷的光辉照人间（诗）———战士 唐明达
春到矿山（诗）——————————邱祖铭
车间的节日（诗）—————工人 柳西建
喜读《毛选》第五卷（诗）—————刘启舒
毛主席教导时时记心中（诗）————张祥康
甘露歌（诗）———————————徐 枫
十里厂区火样红（诗）———工人 徐志义
雄文指征途（散文）————工人 傅金城
一道喜讯传四方（歌曲）——龚龙泉词 阎正容曲
毛主席著作阳光照（歌曲）——晏建中词 焦凯曲
红太阳光辉照草原（套色木刻）——朱 冰 唐一文
亿万人民的心愿（宣传画）—————汪兴中
坚持文艺为工农兵服务的正确方向
——纪念《在延安文艺座谈会上的讲话》发表三十五
周年—————————————————文 兵
春风赋（诗）
——毛主席《在延安文艺座谈会上的讲话》发表三十
五周年献辞—————————————吴辰旭

一把扳手（小说）—————————曹 杰
在千度灼热面前（小说）——工人 李栋林
攀登新高峰（小说）————工人 金 岩
水欢人笑（小说）—————————李 禾
草原（小说）———————————李积义
二〇四（故事）——————社员 王兴发
义务看田员（儿童文学）——————冯浩菲
革命指头历险记（童话）——社员 金吉泰

必须有更真切的批评
——学习鲁迅对于文艺批评的论述和实践的札记
　　　　　　　　　　　　　　　　牟豪戎

环境、性格、情节和场面
——学习马、恩典型化理论的笔记————刘庆章

格桑梅朵（独幕话剧）———————法 兰
起宏图（油画）——————————马万友
颂歌献给华主席（年画）——工人 白树镛
欢呼《毛泽东选集》第五卷出版（剪纸）
　　　　　　　　　　　　　　雪 松 铁 城

1977 年第 4 期　刊名:《甘肃文艺》
目录

热烈庆祝党的十届三中全会的胜利召开
中国共产党第十届中央委员会第三次全体会议公报
历史盛会　四海欢歌（诗·十二首）
　　　　　　　　　　　　孙瑞卿　罗祖孝等

隆重纪念中国人民解放军建军五十周年
诗三首　　　　　　　　　　　　　　肖　华
井冈山高情又长（散文）　　　　工人　傅金城
毛主席送子务农（连环画）　刘长青文　李秀峰画
松明灯辉映吕梁（散文）　田增胜　尚旭中　吴熙平
灿烂的星光（散文）　　　　　　　　徐光明
周副主席纺线线（连环画）　刘长青文　许　陵画
刻在心上的丰碑（散文）　　　　　　喻萌任
忆朱总司令二、三事（散文）　老红军　宋人绥
革命的纪实　战斗的凯歌
　　——读朱德同志的诗　　　　　　孙克恒
人民的总司令（连环画）　刘长青文　赵玉明画
红旗十月满天飞（散文）　　　　　　马纪梁
每当唱起洪湖的歌（散文）　王兰玲　张俊彪
贺龙跟着毛主席（散文）　　　　　　洪　波
贺龙培育的"战斗队"（连环画）
　　　　　　　　　　刘长青文　王　骊画
南渡乌江（革命回忆录）　　　　　　肖　华
出塞曲（革命回忆录）　　　　　　　郭　鹏
八路鞋（散文）　　　　解放军某部　邹廷霞
沿着毛主席建军路线永向前（诗）　　曹焕荣
"八一"军旗颂（诗）　　　　　　　嘉　昌
难忘的岁月（诗·二首）　解放军某部　曹树莹
腊子口的诗（组诗）　　解放军某部　廖代谦
歌满蓝天
　　——兰州部队空军战士诗抄　黄建祥　姜凡振等
而今迈步从头越（油画）　　　　　　沈尧伊
周总理在长征途中（木刻）　　　　　刘过之
红旗漫卷西风（浮雕）
　　　　兰州华林山烈士陵园纪念浮雕创作组
一切为了前线（浮雕·局部）
　　　　兰州华林山烈士陵园纪念浮雕创作组

热烈欢呼华主席党中央关于甘肃省委领导的重要指示
欢腾的黎明（诗）　　　　　　　　　伍　竹
春风催征帆（诗）　　　　　　　　　杨映祥
街头烈火（诗）　　　　　　　　　　孟庆龙
重任在肩大步跨（诗）　　　　工人　陈明华
决心书（诗）　　　　　　　　　　　张俊彪
阿依莎（小说）　　　　　　　工人　康　民

冬水（小说）　　　　　　　　　　　景　风
闯关的人（小说）　　　　　　工人　世　隆

《战长年》向谁作战（评论）----兰州铁路局大批判组

杂文
"老娘"与"女皇"　　　　　　陈光惠　王海亭
冒充"龙种"的"跳蚤"　　　　　　　光　明
"灵童"及其灵魂　　　　　解放军某部　谢永清

1977 年第 5 期　刊名:《甘肃文艺》
目录

热烈拥护党的第十一次全国代表大会的胜利召开
华主席在中国共产党第十一次全国代表大会上的政治
报告（摘要）
进军的号角（诗）　　　　　　　　　张祖赞
心在欢唱（诗）　　　　　　　　　　李云鹏
欢腾的草原（诗）　　　　（蒙古族）玛·乌尼乌兰
节日的山村（诗）　　　　　　社员　陶来宽
欢腾的哨所（诗）　　　　　　　　　杨新润
新的里程碑（诗）　　　　　　映　祥　雪　亭
浇铸工人战炉前（诗）　　　　工人　王培彦
科研战士的祝贺（诗）　　　　工人　杜　琪
河西欢歌（诗）　　　　　　　　　　嘉　昌

毛主席永远活在我们心中
怀念和心愿（散文）　　　　　　　　常书鸿
深切怀念毛主席（散文）　　　　　　程士荣
梅花欢喜漫天雪（油画）　　　　　　常书鸿
毛主席永远和我们在一起（素描）　　晓　岗
在毛主席纪念堂里（诗）　　　　　　张俊彪
毛主席恩情深似海（诗）　　　　　　雍　涛
我的心，飞向毛主席纪念堂（诗）　　夏　羊
战士的怀念（诗）　　　　解放军某部　杨映祥
纪念堂颂（诗）　　　　　　　　　　吴辰旭
火种（诗）　　　　　　　　　　　　孟庆龙

华主席和我们心连心
唱不尽对华主席的无限爱（诗）----（东乡族）马自祥
华政委谱写的爱民曲（组诗）　　　　师日新
闪光的镜头（诗）　　　　　　工人　江俊涛
军行马峪村（诗）　　　　　　　　　俞守仁
情满易家湾（诗）　　　　　　战士　唐元峰
诗四首　　　　　　　　　　　　　　肖　华

奔腾的石羊河（小说）　　　　　　　王萌鲜
书记的"书记"（小说）　　　　　　张　锐

太阳出山之前（小说）⋯⋯⋯⋯⋯⋯⋯⋯易希高
你追我赶（小说）⋯⋯⋯⋯⋯⋯⋯⋯⋯马清胜
婆媳俩（小说）⋯⋯⋯⋯⋯⋯⋯⋯工人 曹天有
不息的歌声（散文）⋯⋯⋯⋯⋯⋯⋯⋯⋯何 伦

赤裸裸的反革命叫嚣
　——剖析《战长年》的反动主题⋯⋯⋯伍 竹
《战长年》与"三突击"⋯⋯⋯⋯⋯⋯⋯刘庆章
也谈"蛆虫成圣"（杂文）⋯⋯⋯⋯⋯⋯杏 果
"项庄舞剑，意在沛公"新解（杂文）⋯巴 叶
赶着毛驴去延安（秧歌剧）⋯⋯高仲选 李应魁
墙头记（京剧）⋯⋯⋯⋯⋯甘肃省京剧团编剧组
到劳动大学去（中国画）⋯⋯⋯⋯⋯⋯师锋光
跟着毛主席长征（雕塑）⋯⋯⋯⋯⋯⋯汪兴中
再攀高峰（年画）⋯⋯⋯⋯⋯⋯⋯⋯⋯马芳华
十月留影（中国画）⋯⋯⋯⋯⋯⋯⋯⋯吴家骅
书法四祯⋯⋯⋯⋯丁希农 马竞先 赵 正等
刻印六方⋯⋯⋯⋯陈伯希 应中逸 马 悦等

1977 年第 6 期　刊名:《甘肃文艺》
目录

攻关（诗）⋯⋯⋯⋯⋯⋯⋯⋯⋯⋯⋯⋯叶剑英
读《攻关》⋯⋯⋯⋯⋯⋯⋯⋯⋯⋯⋯⋯方 毅

红军不怕远征难（长征组歌）⋯⋯⋯⋯肖 华
大路向阳（长篇小说选载）⋯⋯⋯⋯⋯黄权舆
"特别"书记（小说）⋯⋯⋯⋯⋯⋯⋯⋯陈 田
礼物（小说）⋯⋯⋯⋯⋯⋯⋯⋯社员 王汉英
红霞半天（小说）⋯⋯⋯⋯⋯⋯⋯⋯⋯何登焕
一副白金（小小说）⋯⋯⋯⋯⋯⋯⋯⋯纪卓瑶

霞姑娘的歌（诗·三首）⋯⋯⋯⋯⋯⋯马廷勋
汽笛高唱跃进歌（诗·七首）
　　　　　　李资仁 江长胜 程光源
征山战水学大寨（诗·五首）⋯杨 雄 张国宏
写在反修前哨的诗（诗·六首）⋯唐元峰 柏 秋

养猪姑娘（小说）⋯⋯⋯⋯⋯⋯⋯⋯⋯李 江
飞燕迎春（散文）⋯⋯⋯⋯⋯⋯⋯⋯⋯唐光玉
苹果熟了（小戏曲）⋯⋯⋯⋯⋯⋯⋯⋯嘉 昌
华政委巧计保公粮（说唱）⋯⋯⋯⋯⋯柳德祥
家常饭（小戏曲）⋯⋯⋯⋯⋯⋯⋯杜自勉 张 方
暴雨之前（小戏曲）⋯⋯广河县文艺宣传队集体创作
鲁逢旭执笔
伟大进军的生动写照
　——重读《红军不怕远征难》（长征组歌）歌词
⋯⋯⋯⋯⋯⋯⋯⋯⋯⋯⋯⋯⋯⋯⋯⋯穆长青

殷切的期望　前进的动力
　——学习毛主席关于调整文艺政策的重要指示
⋯⋯⋯⋯⋯⋯⋯⋯⋯⋯⋯⋯⋯⋯⋯⋯管益农
"霸主"与"霸旗"（杂文）⋯⋯⋯⋯⋯徐光明

毛主席和朱德同志在挑粮路上（油画）
⋯⋯⋯⋯⋯⋯⋯⋯⋯⋯⋯邓 澍 侯一民
会师楼（中国画）⋯⋯⋯⋯⋯⋯刘万里 周嘉福
今日腊子口（中国画）⋯⋯⋯⋯⋯⋯⋯杨 林
浪里蛟（油画）⋯⋯⋯⋯⋯⋯⋯战士 胡远骏

1978 年第 1 期　刊名:《甘肃文艺》
目录

陈毅诗词选
怀念·回忆·决心（散文）⋯⋯⋯⋯⋯常书鸿
一首写在一九七六年一月的诗（诗）⋯赵 戈
难忘的会见（散文）⋯⋯⋯⋯⋯⋯⋯⋯徐 刚
永刻心扉的教诲（散文）⋯⋯⋯⋯⋯⋯刘万仁
胜利时想起周总理（诗）⋯⋯⋯⋯⋯⋯李 镜
周总理的手臂（诗）⋯⋯⋯⋯⋯⋯⋯⋯高 平
心声（诗）⋯⋯⋯⋯⋯⋯⋯⋯⋯⋯⋯⋯杨文林
涝池边的怀念（诗）⋯⋯⋯⋯⋯⋯⋯⋯于辛田
祖国颂（歌词·十一首）⋯⋯⋯陈宗凤 于忠正
夏 羊 何 来 康尚义 师日新 汪玉良 张书绅
李云鹏 吴辰旭 单澄平 张立人等

砸烂精神枷锁　夺取新的胜利⋯⋯⋯⋯曲子贞
成绩不容否定　枷锁应当砸碎
　——甘肃省话剧团走访记⋯⋯⋯⋯⋯本刊记者

无罪的罪人（电影文学剧本·上集）
⋯⋯⋯⋯⋯⋯⋯⋯⋯⋯⋯武玉笑 刘 南
中秋雨（小说）⋯⋯⋯⋯⋯⋯⋯⋯⋯⋯王萌鲜
白菊（小说）⋯⋯⋯⋯⋯⋯⋯⋯⋯⋯⋯陈云高
蓝蓝的天（儿童文学）⋯⋯⋯⋯⋯⋯⋯李百川
尕羊羔登山（童话）⋯⋯⋯⋯⋯⋯⋯⋯金吉森

抓纲治国势无敌（诗）⋯⋯⋯⋯⋯⋯⋯林 草
词二首⋯⋯⋯⋯⋯⋯⋯⋯⋯⋯⋯⋯⋯⋯王沂暖
心中的阳光（诗·四首）⋯⋯⋯⋯⋯⋯伊丹才让
深山探宝细寻求（创作漫谈）⋯⋯⋯⋯赵燕翼
伟大的马克思列宁主义者
　——毛泽东、周恩来（油画）⋯于 牧 艾民有
要知松高洁　待到雪化时（木刻）⋯⋯张 杰
井冈杜鹃红似火（中国画）⋯⋯⋯⋯⋯王晋元
华主席和我们在一起（歌曲）⋯雪 犁词 岳 松曲

1978 年第 2 期　刊名：《甘肃文艺》
目录

毛主席给陈毅同志谈诗的一封信

诗词二首 ························· 肖　华

形象思维是文艺创作的客观规律 ········· 刘让言
《西行》——形象思维的杰作 ··········· 陈志明
向民歌学习 ····················· 孙克恒

回忆大跃进　攀登新高峰 ············· 铁　军
文艺的政治性与真实性 ··············· 牟豪戎

无罪的罪人（电影文学剧本·下集）··· 武玉笑　刘　南

清油河上的婚事（小说）············· 贾平凹
春夜（小说）··················· 浩　岭
钻天杨礼赞（散文）··············· 碧　野
春的喜歌（散文）················· 曹　杰
山花烂漫时（散文）··············· 刘　玉
名字（儿童文学）················· 谷德明
红公鸡和大白鸭（童话）············· 刘启舒

钻杆·汗珠·白杨（诗·三首）········· 李学艺
呵，好一个机械手（诗）············· 徐光明

华主席到水乡来（水粉画）··········· 刘秉礼
绿洲新景（油画）················· 薛晓林
石油又要添新花（木刻）········· 颜重鼎　苏崇延

伟大祖国　乘胜前进（歌曲）····· 张立人词　焦　凯曲

1978 年第 3 期　刊名：《甘肃文艺》
目录

华主席给《人民文学》的光辉题词
迎春曲（民歌·十二首）
　　　　　　　　　马自祥　唐光玉　孙华文等
左翼文艺运动永垂史册
——批判"文艺黑线专政"论全盘否定三十年代文艺
的反动谬论 ··················· 赵　戈
报告（小说）··················· 鲍振川
龙驹寨的故事（小说）··············· 黄　英
风雪阿拉苍（长篇小说选载）··········· 朱光亚
补课（散文）··················· 何　伦
星钟（散文）··················· 王兰玲

红花献亲人（散文）··············· 尉立青
银锁（儿童文学）················· 张　锐
阿克佬佬的花木碗（藏族童话）········· 赵燕翼

赞歌颂党情满怀（民歌·十二首）··· 戴建国　徐建彤等
老铁杵（诗）··················· 夏　羊
铁大嫂（诗）··················· 于　进
"火线突击队"（诗）··············· 刘锡祥
十个同名的姑娘（叙事诗）··········· 苗得雨
心灵的呼唤（独幕话剧）············· 潘　俊
考小李（对口快板）··············· 熊万军

简论"形象思维"与"逻辑思维"的主要特点
——艺术与科学的区别及其相关问题 ····· 洪毅然
读诗随笔
——漫谈抒情诗的意境 ············· 林家英
律诗平仄浅谈 ··················· 陈志明

风雪大别山（国画）··············· 石　齐
深宵灯火明（水粉画）··············· 陈　延
普通一兵（油画）················· 肖焕群
长征路上大寨田（国画）············· 杨　林

1978 年第 4 期　刊名：《甘肃文艺》
目录

中华人民共和国国歌 ·········· 集体填词　聂　耳曲
献给五届人大的颂歌（诗·九首）
　　　　　　　　雪　犁　吴辰旭　汪玉良等

我心中的泉（诗）
——献给敬爱的周总理八十诞辰 ········· 伊丹才让
光辉的诗篇　生动的教材
——读《周总理青年时代诗选》········· 王福成
短篇二题（小说）················· 贾平凹
一篇未完的小说（小说）············· 田　瞳
正点（小说）··················· 鲍振川
鸿雁（小说）··············· 李秋明　柴茂卿
王家院的小戏（小说）··············· 金吉泰
翁婿之间（小说）················· 何生祖

鹧鸪山一条路（散文）··············· 王兰玲
鸭头绿洮砚（儿童文学）············· 李百川
小斑头迁险记（童话剧）············· 杨　雄
拾玉花（小戏曲）················· 党鸿枢

"启示我的是事实"
——鲁迅小说艺术谈之一 ············· 吴小美

百花争艳（国画）…………………………马　晞
高洁（中国画）……………………………杨春晖
热烈祝贺五届人大和五届政协第一次会议开幕
………………………………………………郭文涛

神州万里鲜花开（歌曲）………赵之洵词　叶正华曲

1978 年第 5 期　刊名:《甘肃文艺》
目录

延安（诗）…………………………………肖　华
学习《讲话》精神　进行新的长征
——纪念毛主席《在延安文艺座谈会上的讲话》发表
三十六周年………………………………吴　坚
掀起群众文化活动的新高潮………………霍仰山

《新的长征》征文启事……………………本刊编辑部

踏遍青山人未老（报告文学）……………尉立青
宝贵的"数据"（报告文学）………………景　风
当年的"不锈钢"（报告文学）……………朱光亚

最新最美的画（小说）……………………尕藏才旦
友谊（小说）………………………………世　隆
报春花（小小说）…………………………田　瞳
闯关（小小说）……………………………杨涧哗
石头姑娘（小小说）………………………焦炳琨
憨牛（小小说）……………………………冯有源
老颜（小小说）……………………………刘永丰
欢乐的会见（散文）………………………焦荣祖
严冬（散文）………………………………陈锦清

歌声（诗）…………………………………公　刘
永恒的怀念（诗词三首）…………………谢逢松
"周恩来号"礼赞（诗）……………………路永华
驼铃声声（诗）……………………………张俊彪
风雪钻台（诗）……………………………肖　川
炉前工（诗）………………………………江长胜
装矿短歌（诗）……………………………王国槐
矿山坑木（诗）……………………………郭　歌
山花一簇（诗）……………………………左可国
深山春雷（诗）……………………………曹　敦
梅豆花儿开（诗）…………………………张庆明
公社书记（诗）……………………………何　珂
汗水漂船过"黄河"（诗）…………………张　铭
工棚（诗·外一首）………………………任国一
当我翻阅作业的时候（诗）………………汪浩德

革命曙光大放光芒
——漫谈京剧《曙光》的思想和艺术…………谢昌余

胜利的节日（油画）……………郭绍纲　蚁美楷
情意更比湖水深（年画）…………………承　力
又一个黎明（木刻）………………唐一文　朱　冰
戈壁之晨（国画）…………………………晓　岗
鱼水情（国画）……………………………韩不言
竹雀图（国画）……………………………耿　汉

1978 年第 6 期　刊名:《甘肃文艺》
目录

新长征中的怀念…………………………宋　平

献给勇于攀登科学高峰的同志们（油画）
………………………常书鸿　李承仙　谭运德
向前冲（歌曲）……………刘爱芝词　易　炎曲
试看陇原换新装（诗）……………………邓品珊
继续长征（词）……………………………侯　亢
玉关行（诗）………………………………阎　纲
千军竞跃新长征（诗）……………………于忠正
努力实现总任务（歌曲）………新　陇词岳　松曲
花儿一束（花儿·三首）…………马自祥　马如基
论文的春天（诗）…………………………王蜀凉
长征新曲（诗）……………………………马加仲
《宪法》说到咱心里（诗）…………………马纪梁
新长征赋（散文诗）………………盛　鸣　延　凤
学生（散文）………………………………孟新有
宏图在胸（散文）…………………………赵　毅
一盏灯（快板）……………………………毛发祥

白雪（小说）………………………………王萌鲜
初春（小说）………………………………韩　扬
小站纪事（小说）…………………………王家达
贡献（小说）………………………………易希高
华政委派来的秧歌队（散文）……………牛　木
翅膀（散文）………………………………张　隽
"金箭号"返航（科学童话）………………潘　俊
红红（儿童文学）…………………………吉光安

唱给红领巾的歌（诗·四首）……朴康平　刘崇善等
地球是个运动员（儿歌·六首）…邓元杰　曹树莹等
青春在闪光（诗）…………………………马廷勋
老阿伊看见了自己的"梦"（诗）…………华　杰
喜看陇剧《枫洛池》再生（评论）…………余　斌
历史将判决：谁是真正的罪人（评论）……雷茂奎

比学赶帮好（中国画）——————招炽挺 邬邦生
为实现四个现代化而奋斗（宣传画）——————张学乾
小克斯的心意（油画）——————陈 延
书法两幅——————陈伯希 丁希农
荷花（中国画）——————李云山
梅花（中国画）——————冯 晨

1978 年第 7 期　刊名：《甘肃文艺》

目录

深入揭批四人帮修正主义文艺路线
彻底肃清四人帮在文艺战线的流毒——————本刊记者

河西垦区之歌（歌曲）——————肖 华词 易 炎曲
中华颂（歌曲）——————吴辰旭 洪元基词 张 枭曲
在新的长征路上（诗·十五首）
——————杨 眉 刘振环 王蜀凉 曹永安等
责任（独幕话剧）——————黄 风
对手赛（相声）——————杨吴新

美妙的事业（报告文学）——————刘 玉
夏夜（小说）——————浩 岭
朋友（小说）——————徐志义
高粱开花的时节（小说）——————李生德
"活雷达"（小说）——————金 炎
挑女婿（小说）——————曹天有
会师楼短诗（三首）——————何 来
沙漠中的绿树（诗·外二首）——————韩作荣
民歌——诗歌创作的开路先锋——————季成家
重看影片《祝福》（文艺随笔）——————陈剑虹
诗的容器和容量（文艺随笔）——————徐应佩 周溶泉
谈心理描写（文艺随笔）——————吴功正

新作短评
鼓起幻想的翅膀
——读童话《孕羊羔登山》、《红公鸡和大白鸭》
——————王德省

写人物　写性格
——读小说《书记的"书记"》——————周立成
构思运匠心　浓墨传激情
——读短篇小说《白菊》——————苗 林
喜读《踩浪少年》——————魏虎德
关于《律诗平仄浅谈》一文的通信——尹向东 陈志明

春潮激荡百花艳（中国画）——————有 信
春晓（中国画）——————丁 东

1978 年第 8 期　刊名：《甘肃文艺》

目录

沉痛悼念卓越的无产阶级文化战士郭沫若同志
满江红 一九七一年游览刘家峡水电站作（郭沫若同志遗墨）
永久的纪念——————赵 正
长征道上诗四首——————肖 华
石榴的传说（诗）——————李 雁
沙漠深处的红星（诗·外一首）——————李 镜
攀枝花红了（诗·外两首）——————李小雨
敌前布雷（诗）——————张严理
网（诗）——————曹树莹
心愿（诗）——————胡友琳
穿草鞋的老兵（诗）——————徐光明

本色（小说）——————权廷赤
演员日记（小说）——————陆 新 李胜梁
究竟是谁犯了罪（小说）——————王珠全
老干家（小说）——————李益裕

草木春秋（报告文学）——————王守义

理想树（诗·三首）——————潘竞万

格萨尔王传（藏族长篇史诗选载）——————王沂暖译
玉斯哈进面馆（东乡族民间故事）
——————（东乡族）马自祥
红松林（藏族现代民间传说）——————魏泉鸣
蒙古族古代民间童话三则——————郝苏民翻译整理
饭店新风（相声）——————沈时孝
从《创业史》看"三突出"的破产（评论）——————阎 纲

新作短评
形象鲜明　主题突出
——读短篇小说《中秋雨》——————雨 竹
一篇冲破禁区的作品
——读《清油河上的婚事》——————梁国宁

更喜岷山千里雪（油画）——————陈宁尔 王方雄
陇南春潮（国画）——————杨志印
突破天险腊子口（中国画）——————吴家骅

老书记听课（歌曲）——————吕宏声词 王 戈曲

1978 年第 9 期　刊名:《甘肃文艺》

目录

西游杂咏（诗·七首）——————叶剑英
诗励陇原换新装（诗）
——喜读叶副主席《西游杂咏》　肖　华
陇原儿女争和唱——————谢昌余

写在毛主席纪念堂（诗·三首）——————廖代谦
边区的礼物（诗）——————张俊彪
杨开慧——党的骄傲（诗·二首）——————傅金城
蓑草岭上（散文）——————李云鹏

悼念罗瑞卿同志（诗·二首）——————肖　华
像黄河之水汹涌澎湃（诗）——————赵　戈
大寨行（诗·二首）——————侯　亢
山花（诗·六首）——————于忠正
学大寨（诗）——————王如东
大寨路（诗）——————潘竞万
风雪里（诗）——————嘉　昌
唱一口大寨"连池水"（诗）——————刘志清
爸爸的无形臂膀（小说）——————鲍振川
初战（小说）——————高天白
严峻的时刻（小说）——————汪玉良　栋　林
不眠之夜（散文）——————徐捷先
红旗飘扬（儿童文学）——————王秉才

西出阳关（电影文学剧本）——————曹仲高

采"莲"行（散文）——————雪　犁　辰　旭　刘　玉
花儿一束（十二首）——————雪　犁　刘　玉　辰　旭
心里话汇成口中歌（诗·三首）——————林　草
莲花山礼赞（诗）——————赵　岚
莲花山新歌（歌曲）——————祝正祥词　阎正容曲

浓郁的生活气息　可喜的艺术探索（评论）——彭庆怀
"工农饼"和"杰米扬的汤"（文艺随笔）——王太广
让彩色缤纷的风格旗帜高高飘扬（文艺随笔）
——————陈志明
我们是久经风雨的英雄民族（歌曲）
——————康尚义词　包学良曲
岁寒知青松（中国画）——————莫建成
杜鹃花（中国画）——————董吉泉
延安窑洞里有马列主义（油画）——————杨华明

1978 年第 10 期　刊名:《甘肃文艺》

目录

诗词三首——————毛泽东

献给十月的歌
金色的北京（新民歌·十一首）
——————魏泉鸣　马自祥　胡晓峰等
毛主席回到我们中间（诗·外一首）——————张严理
巨照（诗）——————夏　羊
伫望着人大会堂（诗）——————纪　梁
光辉的曲范（组诗）——————师日新
山中访金秋（诗）——————李松涛

为《红河激浪》的冤案平反昭雪（评论）——————李文瑞
唯心主义形而上学的破产（评论）
——为话剧《岳飞》辩诬——————郗惠民
深入批判"四人帮"制造《三上桃峰》事件的罪行
——————本刊记者

阿尔太·哈里（中篇小说选载）——————赵燕翼
梨园春雨（小说）——————黄　英
桃花红艳艳（小说）——————马　光
铁裁缝（小说）——————刘芳森
我与"赵默默子"（小小说）——————蔡亚华
牧羊人（小小说）——————冯有源
吴燕（散文）——————石　磊

阿娜（叙事诗）——————汪玉良
"铁河"奔流（诗）——————任国一

科研迷的亲事（小喜剧）——————杨建国
我们都叫京生（小演唱）——————赵叔铭

林海晨曦（中国画）——————徐福山　范有信
大利加草原（中国画）——————春　晖
工地英雄（中国画）——————家　骅
荷花令箭（中国画）——————刘万里
金色的秋天（水彩）——————张阶平

1978 年第 11 期　刊名:《甘肃文艺》

目录

新疆之行（诗七首）——————肖　华
莫高窟巧遇（散文）——————陈　萱
绚丽的生命（报告文学）——————赵辛而
妈妈的眼泪（小说）——————曹永安

喜事（小说）　　　　　　　　　　　王汉英
回春（小说）　　　　　　　　　　　肖芳贤
辞典（散文）　　　　　　　　　　　胡迅雷
琴声（散文）　　　　　　　　　　　周如镜
花花连衣裙（散文）　　　　　　　　张　敏
遥远的传说（散记）　　　　　　　　铁　军
关于推广高产作物问题（小说）　　　李　禾
生活问题（小说）　　　　　　　　　阚建彬

铸剑拦腰斩沙龙（诗·四首）　　　　林　草
风车谣（诗）　　　　　　　　　　　唐光玉
听歌（诗）　　　　　　　　　　　　孙华文
养鹿歌（诗）　　　　　　　　　　　晏建中
药浴短歌（诗）　　　　　　　　　　郭　超
草原的傍晚（诗）　　　　　　　　　杜振涛
戈壁勘探队（诗）　　　　　　　　　吴淮生
山花一簇（诗·六首）　　　　　　　左可国
菊花茶（诗·外一首）　　　　　　　江长胜
夜航组曲（诗·三首）　　　　　　　乔　良
海阔天高（诗·三首）　　　姜凡振　马仲加
我们来了（诗）　　　　　　　　　　李武兵
我歌唱祖国的黄昏（诗）　　　　　　吴辰旭

光辉诗章动地歌（评论）
　　——学习毛主席诗词三首　　　　王福成
威武雄壮　叱咤风云（评论）
　　——浅谈话剧《西安事变》的人物塑造
　　　　　　　　　赵　毅　王家大　王守义
大胆的创造　优异的成果（评论）
　　——评话剧《西安事变》　颜廷亮　陈进波
藏族儿童（油画写生）　　　　　　　娄傅义
公社新羔（年画）　　　　　　　　　承　力
哈达铺写生（中国画）　　　刘万里　周嘉福
共青团员之歌（歌曲）
　　　　　　牟豪戎　邵永强词　王学诗曲

1978 年第 12 期　刊名:《甘肃文艺》
目录

华主席为《天安门诗抄》题写书名
西安事变（十一场话剧）
　　——程士荣　郑　重　姚运焕　胡耀华　黄景渊
努力培育新的文艺花朵
　　——记话剧《西安事变》座谈会　　本刊记者

深切的怀念
满江红（词）　　　　　　　　　　　王沂暖
韶山日出映天红（诗）　　　　　　　邓品珊

红日颂（诗·五首）　　　　　　　　于忠正
最亮的明灯（诗）　　　　　　　　　陈宗凤
巍巍井冈山（诗·三首）　　　　　　马廷勋
金辉永存（诗）　　　　　　　　　　廖代谦
毛主席交给我方向盘（诗）　　　　　江俊涛

诗人兴会唱陇原
乘车赴刘家峡（诗）　　　　　　　　徐光耀
西北行（诗）　　　　　　　　　　　张庆田
诗二首　　　　　　　　　　　　　　王昌定
陇西行（诗·十首）　　　　　　　　田　兵
草地行（诗·四首）　　　　　　　　梁上泉
莫高窟遐思（诗·三首）　　　　　　韩　瀚
党河曲（诗·外一首）　　　　　　　石太瑞
咏石油河（诗）　　　　　　　　　　冼　宁
奖（诗·三首）　　　　　　　　　　侯树槐
万山一峡众水收（诗）　　　　　　　熏　风

额济纳旗散记（散文）　　　　　　　曹百龙
归来（小说）　　　　　　　　　　　李百川
端阳（小说）　　　　　　　　　　　贾平凹

《中国少数民族文学作品选》教材编写及学术讨论会
在兰州召开　　　　　　　　　　　　本刊记者
重建我国民族民间文学（撮要）　　　钟敬文
大力发掘搜集民族民间文学　　　　　杨亮才
《阿诗玛》——"我们民族的歌"　　　黄　铁
壮族民歌简介　　　　　　兰鸿恩　韦其麟
格萨尔王传（藏族长篇史诗选载）　　王沂暖译
嘎达梅林之歌（蒙古族民间叙事长诗选载）
　　　　　　　　　　　　　　　　　郝苏民译

坚持以革命现实主义为基础（评论）
　　——兼谈《于无声处》等作品给我们的启示　刘庆章
理直气壮地反映生活的真实（评论）　陈志明

不灭的明灯（中国画）　　　欧　洋　杨之光
沙塞军民鱼水情（套色木刻）　　　　陈伯希
读（木刻）　　　　　　　　王惠仪　方　向
刘家峡（铜版画）　　　　　　　　　周大正
高原新种（木刻）　　　　　　　　　胡有全

1979 年第 1 期　刊名:《甘肃文艺》
目录

进军的号角（诗·七首）
　　——热烈欢呼党的十一届三中全会公报的发表
　　　　　　马自祥　魏泉鸣　吴辰旭　张文轩　吕宏声

天安门诗抄（诗·三十三首）

周总理赞（诗·六首）————————于忠正

周总理的衬衣（诗）————————叶文福

不倦的纺车（诗）————————何　来

春天的摇篮（诗）————————徐光明

花与诗（诗）————————于辛田

甘肃中部地区纪事（诗·三首）————张书申

敬献给周总理的诗（诗·四首）————师日新

壮歌催开神州花（评论）

——读开安门诗抄————————孙克恒

实践是检验文艺作品的唯一标准（评论）

——为话剧《"8·26"前夜》昭雪————余　斌

香花（独幕话剧）————————李天木

冬花赋（散文）————————胡迅雷

在新生活面前（小说）————————路　遥

戴红花的人（小说）————————刘芳森

雄鸡再唱（小说）————————赵燕翼

到珠穆朗玛峰去（科学幻想故事）————费金深

奶姑娘（小说）————————邢振中

鸡蛋里的骨头、匕首及其他（文艺随笔）——吴　月

向"笑话"取点经（文艺随笔）————王缵叔

情真意远　别具一格

——喜读短篇小说《演员日记》————龚龙泉

高原水乡（中国画）————————周嘉福

祖国的江河大地（木刻）————————沈北雁

幸福的帕哈太克里（木刻）————————陈　延

丹心碧血寄人间（套色木刻）————————肖　弟

春（中国画）————————李宝峰

1979 年第 2 期　刊名:《甘肃文艺》

目录

怀念彭德怀同志————————肖　华

闻捷同志骨灰安放仪式在上海举行

闻捷诗选

怀念闻捷同志————杨文林　于辛田　曹　杰

刘传坤　师日新

青松的见证（六场歌剧）——刘万仁　康尚义　何志刚

春天的召唤（小说）————————王萌鲜

长跑（小说）————————成　祖

屋檐下的笑声（小说）————————祝正祥

姐姐的心（小说）————————杨来生

白禾与黄鹤（神话小说）————————穆长青

金色的大海（诗）————————伊丹才让

犟队长（诗）————————于　进

山村新电工（诗）————————高　戈

散会后（诗）————————曹焕荣

请你尝粒枸杞果（诗）————————王蜀凉

治沙站的土屋（诗·外一首）————————罗祖孝

八盘峡（诗）————————汪泾洋

油田诗页（诗·三首）————————李小雨

电锯飞转（诗）————————李先成

初恋（诗·三首）————————贾长厚

给图书管理员（诗）————————栾贵彬

青峰红梅（诗）————————何国栋

现实主义三题（论文）————————支克坚

藏族姑娘（油画写生）————————娄付义

炳灵寺风光

——姊妹峰（摄影）————————陈之涛

舞剧《丝路花雨》（剧照）————甘肃省歌舞团供稿

双鸡（中国画）————————韩不言

溪边（中国画）————————韩不言

1979 年第 3 期　刊名:《甘肃文艺》

目录

发扬艺术民主　迎接文苑新春————————本刊记者

水库泛舟（诗）————————杨植霖

无声的歌（散文）————————李秀峰

献礼（小说）————鲍振川　赵俊岭

站在莹哥的坟前（小说）————————田　瞳

恨（小说）————————刘晓冬

生活的异彩（小说）————赵　梁　于文平

八月的婚礼（小说）————————曹　杰

老实人与聪明人（小说）————————根　成

忆柳（散文）————————苏小卫

迎春（散文）————————周如镜

草地之歌（小歌剧）————————吴汉杰

玉门关的心声（诗）————————吴辰旭

塞上情怀（诗·三首）————————李老乡

"老当家"（诗·外一首）——————嘉　昌
起飞吧，五彩的孔雀（诗·外一首）——唐光玉
山区新貌（诗·五首）——————敬　东
登钻塔（诗·外一首）——————高　平

甘肃古代著名作家及其代表作考略————穆长青
可爱的白雪（新作短评）—————朱敦源
要真实地反映生活（新作短评）———徐光明

我的叔叔于勒（小说）———————[法国]莫泊桑
莫泊桑的小说《我的叔叔于勒》（评介）——王培青

维族姑娘（油画写生）—————陈　延
敦煌风光（油画写生）—————来祖秀
一道难题（套色木刻）—————张朝东
金翅飞云端（木刻）——————晓　岗
瀚海绿浪（套色木刻）—————王兴智

1979 年第 4 期　刊名:《甘肃文艺》
目录

我省组成文学艺术创作评奖委员会————本刊记者

周总理组歌（歌词）——————杨俊文
历史的哨兵（诗）——————夏　羊
"我们的总导演"（诗·外一首）———傅金城
天安门情思（诗）——————曹永安
剑歌（诗）————————苏锐钧

怒吼吧，二月十七日的黎明（诗·外一首）——李　镜
按照祖国母亲的意志（诗）—————张书申
杜鹃花（散文）——————金　钥

葬悔（小说）———————刘芳森
孩子呀，妈妈的宝贝儿（小说）———康　民
星蚀（报告文学）——————刘　玉
"全家乐"（散文）——————石　磊
"复课"（散文）——————文　立
月下老（散文）——————赵海清

在天风云涛中（小说）—————权延赤
道路（小说）———————王树华
果园新人（小说）——————王民举
不守职责的战士（小说）—————齐　鸿

新婚之后（独幕话剧）—————苑同禄

春雨（诗·外一首）——————张国宏

黄河……落叶（诗）—————张俊彪

阿宝（小说·中外名著欣赏）———（清）蒲松龄
读蒲松龄的小说《阿宝》（作品评介）——王福成

花卉（中国画）——————何晓峰
满目青山夕照明（套色木刻）———唐一文
陇南杜甫草堂（中国画）————杨立强
北京吹来春天的风（歌曲）——马千里词　岳　松曲

1979 年第 5 期　刊名:《甘肃文艺》
目录

省文艺局省文联召开落实政策座谈会
给过去批错了的作品和作者平反
坚持原则　放眼未来（短评）———本刊评论员

大雁北去（四幕话剧）—————武玉笑

火炬颂（诗）—————盛　鸣　延　风
寄自南方边境（诗）——————敏　歧

怀念我们的好爸爸
——闻捷（散文）——————赵咏桔　赵咏苹　赵咏梅
盐（小说）———————刘新陆
怪人的故事（小说）——————费金深
送别（小说）———————王汉英

阳关新声（诗四首）——————梁上泉
古井遐想（诗）——————李松涛
春歌（诗五首）——————左可国
焊花问答（诗）——————熊立人
在铺路工地上（诗）——————文景泉
工程师的"难题本"（诗）————江长胜
多了一张图（诗）——————庞向荣
烧火工抒怀（诗）——————江俊涛
"老梨树"（诗）——————王蜀凉
自省笺（诗三首）——————张雪杉

关于文艺工农兵方向的一些认识（论文）
—————————————季成家

可喜的收获
——全省庆祝建国三十周年文艺献演首轮演出评述
————————————周　顿　孙吉康

柳毅传（传奇小说·中外名著欣赏）——（唐）李朝威
谈《柳毅传》的写作艺术（评介）———霍旭东
细节描写浅谈（文艺随笔）————刘　琦

维族姑娘（写生）——————————师锋光
他来信了（中国画）——————————承 力
葡萄姑娘（套色木刻）——————————刘开业
八哥（中国画）——————————李云山
玉兰（中国画）——————————王天一
山茶花（中国画）——————————范有信
柿（中国画）——————————杜廷楹

1979 年第 6 期　刊名:《甘肃文艺》
目录

继续解放思想　繁荣小说创作——————本刊记者

西疆杂咏（诗·十首）——————————肖 华
贺老总！请您再来听我朗诵（诗）————赵 戈
夜莺飞去了（诗）——————————宁 宇

在桥梁工地上（特写）——————————刘宾雁
一篇锋芒未减的特写（评论）——————雷 达

我们爱学习　我们爱劳动（儿歌·十二首）
　　　　　　　　苏 奋　刘启舒等
少年李贡（传记小说）——————————赵燕翼
红柳堡（小说）——————朱光亚　芦振国

沙枣花盛开的季节（小说）——————任旭生
水姑娘（小说）——————————杨涧哗
血肉（小说）——————————劤延庆
最深情的歌（散记）——————————铁 军

岭南风物（诗·三首）——————————韦 丘
双璧赞（诗）——————————石 英
平台明月夜（诗）——————————陈忠干
海悼（诗）——————————吕 剑
幸福的金桥（诗·二首）——————伊丹才让
塞外新一代（诗·四首）——————师日新
血写的证书（叙事诗）——————————李云鹏

现实主义又三题（论文）——————————支克坚
忠心耿耿　光明正直（论文）——————胡德培

歌（中国画）——————————李宝峰
春闹枝头（雕塑）——————————汪兴中
试飞（套色木刻）——————————朱 冰
枇杷（中国画）——————————高雪风
白菜蘑菇（中国画）——————————高雪风
小鸡（中国画）——————————高雪风

1979 年第 7 期　刊名:《甘肃文艺》
目录

努力繁荣诗歌创作——————————本刊记者

落叶无声（小说）——————————王萌鲜
冰桥（小说）——————————李百川
拨浪鼓又响了的时候（小说）——————李中和
短篇二题（小说）——————————金吉泰
"智多星"斗法（小说）——————————张 锐
闹红（小说）——————————张承智
你好呵，大山（散文）——————————王兰玲
花的启示（散文）——————————周如镜
海歌赋（散文）——————————李生德
戈壁新庄春意浓（散文）——————光 群
中州访古小记（游记）——————————赵俪生

致大海（诗）——————————徐 刚
飞流（诗）——————————柴德森
空军诗页（诗·二首）——————————宫 玺
沙海雷达兵（诗·二首）——————廖代谦
醒着的导弹（诗）——————————霍景维
练（诗）——————————吕宏声
海豚的审判（寓言诗）——————————何 来
班长（叙事诗）——————————杨文林

《雪》的联想（论文）——————————王 蒙

桨声灯影里的秦淮河（散文·名著欣赏）—朱自清
桨声灯影里的秦淮河（散文·名著欣赏）—俞平伯
两篇风格不同的同题散文（评介）——————王保生

要支持群众的业余文艺创作活动——————李文衡
深入生活　反映四化（新作短评）
——浅谈刘芳森的两篇小说——————徐光明
泪进若倾泻（新作短评）
——读《站在莹哥的坟前》——————秦 勃
美的小河，美的诗（新作短评）
——读《井场边，一条小河》——————阿 红

亲（雕塑）——————————罗代奎
摘葡萄（中国画）——————————李明强
迎春（中国画）——————————郝进贤
绣球花（摄影）——————————李绍云

1979 年第 8 期　刊名:《甘肃文艺》
目录

与世长存（诗）————————————杨植霖
让这血的记忆永远燃烧（诗）—————赵　戈
祭奠与思考（诗）————————————吴辰旭
胆识篇（诗）—————————————伊丹才让
诗二首（诗）—————————————高　平
让我们经常想起这件事（诗）—————张书申

井冈兰（诗）—————————————傅金城
军毯赋（诗）—————————————辛耀午
光闪闪的钢轨（诗）——————————王燕生
军驼（诗·外一首）——————————马绪英
热（诗）———————————————徐大海

丝路花雨（舞剧）
　　　甘肃省歌舞团《丝路花雨》创作组集体编剧
　　赵之洵执笔
花雨缤纷友谊诗————————————本刊记者
《丝路花雨》创作随笔————————晏建中
艺术与友谊的颂歌
　　——评大型舞剧《丝路花雨》————梁胜明
"丝国"盛世舞婆娑
　　——试谈《丝路花雨》的舞蹈创作——高金荣
阳关古调翻新曲
　　——谈《丝路花雨》的音乐———岳　松　邸作人
彩笔绘丝路
　　——谈《丝路花雨》的舞台美术——陈伯希　江富艾

贺老总和我们在一起（革命回忆录）——莫　耶
大战老君殿（传记文学）———————张俊彪

"特级献礼"始末记（小说）—————车　未
远飞的歌声（小说）——————————李　禾
挽救（小说）—————————————大　卫
梦春曲（散文）———————————文秀清
战斗的歌（散文）——————————邹廷霞
黎明前（小说）———————————何生祖

广开"材"路（短论）————————蒋萌安
道德理想的呐喊（评论）
　　——评话剧《大雁北去》——————刘锡诚
燃烧的斗争生活的火焰（评论）
　　——读《火烧林家寨》以后致作者——谢昌余
大胆实践　努力探索（述评）————赵　毅

万卡（小说·名著欣赏）———[俄国]契诃夫

短篇小说的艺术特点（评介）————雪　深

《丝路花雨》剧照————————————甘　新
《丝路花雨》剧照（四幅）——————陈之涛
《丝路花雨》舞台速写（十五幅）
　　　　　　　　李明强　杨志印　朱　冰

1979 年第 9 期　刊名:《甘肃文艺》
目录

陇东行（诗·六首）——————————肖　华
十周年祭（诗）———————————杨植霖
西北行（诗·八首）——————————魏传统
题新刊何其芳诗稿（诗）———————俞平伯
诗三首————————————————邓品珊
长城新貌（诗·六首）————————于忠正
红花曲（诗）———————————盛　鸣　延　凤
碧玉（诗·三首）———————————李云鹏
庐山诗（诗）————————————阎　纲
海南剪影（诗·四首）————————徐　刚
历史的回声（诗·五首）———————雷抒雁
时间是生命的流水（诗·外二首）———廖代谦
北京抒情诗（诗·三首）———————韩作荣
呵，莫高窟（诗·外一首）——————宗　鄂
伊犁风情（诗·六首）————————杨文林
小路（诗·外一首）——————————李　鹏
冬夜（诗·外一首）——————————蔡其矫
香岛（诗·外一首）——————————王蜀凉
我记得，常在你的窗下（诗）————顾子欣
随想曲（诗·二首）——————————段　玫
南行八绝句（诗·八首）———————王沂暖
叶子的歌（诗·二首）————————张书申
静悄悄的战线（诗·五首）—————吴辰旭
一个绿色的梦（诗）—————————于辛田
写在运动场上（诗·三首）—————郭　歌
在热带植物园里（诗·二首）————雷　霆
肖像（诗）——————————————高　平
笼头和套马杆（诗）—————————法　兰
灯（诗）———————————————傅金城
油田指挥员（诗·三首）———————石　英
唱给巴丹吉林的恋歌（诗）—————董培勤
月亮、星星（诗·二首）———————吕宏声
高原车笛（诗·三首）————————江俊涛
走在时间的前面（诗）————————王洪涛
天河的桥墩（诗）——————————伊丹才让
钻工睡着了（诗·外一首）——————刘　玉
农村从灾害中醒来（诗）———————尧山壁
大雁呵，请在母亲草原降落（诗·外一首）—张之涛

湖边对话（诗）⸻朱 雷
子午岭日出（诗）⸻曹焕荣
洮河情谊歌（诗·三首）⸻师日新
山乡秋色（诗）⸻刘志清
树与小鸟（诗·外一首）⸻林 染
老书记，你在想啥（诗）⸻张国宏
进山（诗）⸻刘 章
沙打旺（诗）⸻潘竞万
草原的笑声（诗）⸻李松涛
唱给泾河的歌（诗·二首）⸻高 戈
公社商店（诗）⸻嘉 昌
渠畔抒怀（诗）⸻任国一
邀（诗）⸻马廷勋
采木耳（诗）⸻陈明华
海滨二题（诗·二首）⸻韩嗣仪
伏虎手（诗）⸻江长胜
唱给小朋友的歌（儿歌·五首）
⸻乔宇峰 刘启舒 王文焕等
花儿朵朵（民歌·十九首）
⸻雪 犁 康乐县文化馆搜集整理
陇坂红军行（诗·二首）⸻夏 羊
信（诗）⸻王 也

巴亭鼓乐声（小说）⸻徐绍武
三战友（小说）⸻许金坤
开会（小说）⸻王学信
寒夜（小说）⸻清 波
花牛情（散文）⸻胡迅雷

请勿围捕啄木鸟（文艺随笔）⸻唐 挚
有竞赛，文艺才能繁荣（文艺随笔）⸻郑荣来
长期积累 偶然得之（文艺随笔）⸻赵增锴

胭脂（小说·名著欣赏）⸻（清）蒲松龄
引人入胜 发人深思（评介）⸻霍旭东

新书架
生动曲折 新鲜有趣
——《阿尔太·哈里》读后⸻如 山
新花迎着春光开
——散文集《星钟》简介⸻马 牧
《沙浪河的涛声》值得一读⸻郑 义

读者中来
张骞不是甘肃人⸻莫 邪
牛僧儒籍贯小考⸻刘有为

李秀峰同志追悼会在兰举行

烟花万千（油画）⸻常书鸿
哀思（雕塑）⸻何 鄂
碧口写生（中国画）⸻邱立新
关外新容（中国画）⸻潘 瑞
山樱八哥（中国画）⸻芦世汉

1979 年第 10 期　刊名:《甘肃文艺》
目录

喜看舞剧《丝路花雨》⸻吴晓邦
贵在创新
——舞剧《丝路花雨》观后⸻叶 宁
古代敦煌舞蹈艺术的复兴
——看舞剧《丝路花雨》有感⸻李承祥
尝试创建敦煌乐舞新学派
——舞剧《丝路花雨》观后感⸻兆 先
丝绸之路（词）⸻阴法鲁
丝绸之路观舞偶成（诗）⸻董锡玖
绚丽多彩的民族舞剧新花（评论）
——漫谈《丝路花雨》的创作和演出
⸻谢昌余 李文衡

勇于探求 深入开掘（评论）
——读十篇小说漫笔⸻雷 达
根植在人民中的金梁玉柱（评论）
——评京剧《南天柱》⸻金行健

南天柱（八场京剧）⸻单澄平

蓝色的女儿河（小说）⸻浩 岭
在百分之九十里（小说）⸻赵启强

1979 年第 11 期　刊名:《甘肃文艺》
目录

冬不拉情歌（小说）⸻陈 礼
复仇（小说）⸻景 风
迷路（小说）⸻赵燕翼
爆米花的人（小说）⸻陈卜智
支前插曲（小说）⸻鲍振川
利甲（儿童文学）⸻杨 鹤
虫虫迷（儿童文学）⸻王守义
龙珠洲（儿童文学）⸻徐志义

桥（叙事诗）⸻柴德森
雨中凭吊（诗）⸻赵 戈
斗浪图（诗）⸻金 谷
故乡（诗·四首）⸻沙 鸥

朝气篇（散文诗）⋯⋯⋯⋯⋯⋯⋯⋯⋯⋯⋯⋯⋯高洪波

新长征短篇
云岭行（诗）⋯⋯⋯⋯⋯⋯⋯⋯⋯⋯⋯⋯⋯⋯于　进
洮河木材水运歌（诗）⋯⋯⋯⋯⋯⋯⋯⋯⋯张西轩
深山小站（诗）⋯⋯⋯⋯⋯⋯⋯⋯⋯⋯⋯⋯李新华
绿色的云（诗）⋯⋯⋯⋯⋯⋯⋯⋯⋯⋯⋯⋯霍景维
砂粒（诗）⋯⋯⋯⋯⋯⋯⋯⋯⋯⋯⋯⋯⋯⋯杨有年
心愿（诗）⋯⋯⋯⋯⋯⋯⋯⋯⋯⋯⋯⋯⋯⋯包秋阳

小蒺藜
某君画像（诗·三首）⋯⋯⋯⋯⋯⋯⋯⋯⋯贾长厚
闹钟的话（诗）⋯⋯⋯⋯⋯⋯⋯⋯⋯⋯⋯⋯李　升
剧场里"座无虚席"（诗）⋯⋯⋯⋯⋯⋯⋯周　华
谁知在想啥（诗）⋯⋯⋯⋯⋯⋯⋯⋯⋯⋯⋯方立平

《纪要》与极左（文艺短论）⋯⋯⋯⋯⋯⋯诸　泓
借问冷风何处来（文艺短论）⋯⋯⋯⋯⋯吴　月
文艺新潮头和工农兵方向（文艺短论）⋯刘庆璋
老调子该唱完了（文艺短论）⋯⋯⋯⋯⋯欣　雨

致大海（诗·名著欣赏）⋯⋯⋯⋯⋯〔俄〕普希金
一篇充满幽愤和革命激情的诗（评介）
　——谈普希金的《致大海》⋯⋯⋯⋯⋯刘让言
漫谈唐诗的繁荣（评论）⋯⋯⋯⋯⋯⋯⋯吴庚舜

小八路（油画）⋯⋯⋯⋯⋯⋯⋯⋯⋯⋯⋯陈兴华
晨（中国画）⋯⋯⋯⋯⋯⋯⋯⋯⋯⋯⋯⋯承　力
浩气贯长虹（木刻）⋯⋯⋯⋯⋯⋯⋯⋯⋯沈北雁
骆驼背上的好医生（油画）⋯⋯⋯⋯⋯⋯王胜利
夜深（套色木刻）⋯⋯⋯⋯⋯⋯⋯⋯⋯⋯陈向东

1979 年第 12 期　刊名：《甘肃文艺》
目录

甘肃省出席全国第四次文代会代表团离兰赴京
宋平杨植霖同志接见代表并讲话⋯⋯⋯⋯本刊记者

反对教条主义　加强文艺评论
　——记者文联召开的文艺理论座谈会⋯⋯本刊记者

我的叔父 S 将军（小说）⋯⋯⋯⋯⋯⋯⋯易希高
夜车（小说）⋯⋯⋯⋯⋯⋯⋯⋯⋯⋯⋯⋯田　瞳
小城奇遇（小说）⋯⋯⋯⋯⋯⋯⋯⋯⋯⋯王家达
不堪回首（小说）⋯⋯⋯⋯⋯⋯⋯⋯⋯⋯王　平
阿扎锐（小说）⋯⋯⋯⋯⋯⋯⋯⋯⋯⋯⋯朱光亚
薄情（小说）⋯⋯⋯⋯⋯⋯⋯⋯⋯⋯⋯⋯焦炳琨
住房问题（小说）⋯⋯⋯⋯⋯⋯⋯⋯⋯⋯李生德

约法三章（小说）⋯⋯⋯⋯⋯⋯⋯⋯⋯⋯庞瑞林
春秀（小说）⋯⋯⋯⋯⋯⋯⋯⋯⋯⋯⋯⋯李益裕
黄河在歌唱（散文）⋯⋯⋯⋯⋯⋯⋯⋯⋯冉　丹
五月桂（散文）⋯⋯⋯⋯⋯⋯⋯⋯⋯⋯⋯李本深

荒漠的夜（散文诗·外一章）⋯⋯⋯⋯⋯舒　畅
月夜望兰州（诗）⋯⋯⋯⋯⋯⋯⋯⋯⋯⋯廖代谦
繁花赋（诗·十三首）⋯⋯⋯⋯⋯⋯⋯⋯贾舒云
战士和坦克（诗·外一首）⋯⋯⋯⋯⋯⋯翼　华
百灵鸟·你错了（诗）⋯⋯⋯⋯⋯⋯⋯⋯曹树莹
炮手就位（诗·外一首）⋯⋯⋯⋯⋯⋯⋯李今蒲
哨所的路（诗）⋯⋯⋯⋯⋯⋯⋯⋯⋯⋯⋯林　萍

新长征短笛
高高的脚手架（诗）⋯⋯⋯⋯⋯⋯⋯⋯⋯文景泉
老铁头（诗·外一首）⋯⋯⋯⋯⋯⋯⋯⋯文　苑
歌（诗·外一首）⋯⋯⋯⋯⋯⋯⋯⋯⋯⋯李　振
沸腾的采场（诗）⋯⋯⋯⋯⋯⋯⋯⋯⋯⋯王静坤
写在校园的诗传单（诗·三首）⋯⋯⋯⋯敬　东
前后课桌（诗）⋯⋯⋯⋯⋯⋯⋯⋯⋯⋯⋯曹焕荣
校园晨曲（诗·二首）⋯⋯⋯⋯⋯⋯⋯⋯何绍义
信（诗）⋯⋯⋯⋯⋯⋯⋯⋯⋯⋯⋯⋯⋯⋯令　明

一切危害人民群众的黑暗势力必须暴露之（评论）
⋯⋯⋯⋯⋯⋯⋯⋯⋯⋯⋯⋯⋯⋯⋯⋯⋯李文瑞
艺术虚构浅议（评论）⋯⋯⋯⋯⋯⋯⋯⋯史川仁
鲁迅小说的景物描写（评论）⋯⋯⋯⋯⋯刘滋培

春风沉醉的晚上（小说·名著欣赏）⋯⋯郁达夫
郁达夫和他的《春风沉醉的晚上》（评介）⋯林　亨
一字之差（读者中来）⋯⋯⋯⋯⋯⋯⋯⋯曹维群

鹰（中国画）⋯⋯⋯⋯⋯⋯⋯⋯⋯⋯⋯⋯刘万里
岷山之声（中国画）⋯⋯⋯⋯⋯⋯⋯⋯⋯杨　林
哥德巴赫猜想（素描）⋯⋯⋯⋯⋯⋯⋯⋯高凤鸣
国画写生⋯⋯⋯⋯⋯⋯⋯⋯⋯⋯⋯⋯⋯⋯张兆鹏
水彩写生⋯⋯⋯⋯⋯⋯⋯⋯⋯⋯⋯⋯⋯⋯张　琮

1980 年第 1 期　刊名：《甘肃文艺》
目录

愿花雨遍洒人间
　——献给新的一年⋯⋯⋯⋯⋯⋯⋯⋯⋯杨植霖

文代会归来
迎接文艺的春天⋯⋯⋯⋯⋯⋯⋯⋯⋯⋯⋯赵燕翼
文艺理论也需要发展⋯⋯⋯⋯⋯⋯⋯⋯⋯刘让言
感受·思索·愿望⋯⋯⋯⋯⋯⋯⋯⋯⋯⋯汪玉良

愿"花儿"唱得更有情⋯⋯⋯⋯⋯⋯苏　平
无边春色来天地⋯⋯⋯⋯⋯⋯⋯郝苏民

猎熊者的归来（小说）⋯⋯⋯⋯⋯路　野
北极光下的幽灵（中篇小说连载）⋯宋宜昌
归宿（小说）⋯⋯⋯⋯⋯⋯⋯⋯庞瑞垠
七月里（小说）⋯⋯⋯⋯⋯⋯⋯杨显惠
不速之客（小说）⋯⋯⋯⋯⋯⋯石　磊
武将率文兵（革命回忆录）⋯莫　耶　杨子江
地声（散文）⋯⋯⋯⋯⋯⋯⋯⋯董　墨

甘肃漫游
积石山下探古窟⋯⋯⋯⋯⋯⋯⋯吴　月
到海边（诗·三首）⋯⋯⋯⋯⋯曹永安
王之涣的新歌（诗）⋯⋯⋯⋯⋯林　染
台灯与路灯（寓言诗·外二首）⋯顾　城
散步、等待及其他（诗·四首）⋯温首明
市中心的碉堡（诗）⋯⋯⋯⋯⋯晓　路
秋实篇（诗·四首）⋯⋯⋯⋯⋯陈晓光
秋雨（诗）⋯⋯⋯⋯⋯⋯⋯⋯熊立人
小花，开在约会的地方（诗）⋯⋯王泽群
带火的情书（诗）⋯⋯⋯⋯⋯⋯江长胜
亮晶晶的小河（诗）⋯⋯⋯⋯⋯杜振涛

新芽
拜师（小说）⋯⋯⋯⋯⋯⋯⋯⋯王世伟
欣欣生意观新花（评介）
——读《拜师》后随谈⋯⋯⋯⋯秦　勃
值得探索的文学现象（评论）
——评悲剧《大雁北去》⋯⋯⋯高天白
从观众的掌声想到文艺的功能（文艺随笔）⋯仲呈祥
门外汉的一点建议（文艺随笔）⋯吾　愚

历代甘肃作家
阴铿⋯⋯⋯⋯⋯⋯⋯⋯⋯⋯⋯林家英

名著欣赏
舞会的精灵（小说）⋯⋯⋯[挪威]基兰德
一个叛逆的女性（评介）
——读《舞会的精灵》⋯⋯韩耀成　朱小鸥

文坛争鸣
一九七九年部分报刊及简报上出现的文艺理论方面几个有争论的问题（资料）

丝路曲（水粉）⋯⋯⋯⋯⋯⋯⋯刘　敏
中国人民的老朋友——路易·艾黎（木刻）⋯王自刚
静夜（木刻）⋯⋯⋯⋯⋯⋯⋯⋯晓　岗
风餐露宿（套色木刻）⋯⋯⋯⋯沈北雁

祝贺⋯⋯⋯⋯⋯⋯何　鄂雕塑　陈之涛摄影

1980 年第 2 期　刊名:《甘肃文艺》
目录

心锁（小说）⋯⋯⋯⋯⋯⋯⋯⋯周如镜
无题（小说）⋯⋯⋯⋯⋯⋯⋯⋯匡文立
北极光下的幽灵（中篇小说连载）⋯宁宜昌
风雪茫茫（小说）⋯⋯⋯⋯⋯⋯牛正寰
醋（小说）⋯⋯⋯⋯⋯⋯⋯⋯⋯孟　梦
小丁儿（小说）⋯⋯⋯⋯⋯⋯⋯陈仁川
公开的秘密（小说）⋯⋯⋯⋯⋯法　兰
"疯"大姐（报告文学）⋯⋯⋯⋯刘　玉
捕蛇姑娘（散文）⋯⋯⋯⋯李　歌　乐富美
贝壳·珍珠（散文）⋯⋯⋯⋯⋯冯　耘

甘肃漫游
"长城主宰"嘉峪关⋯⋯⋯高凤山　胡宗礼
词二首⋯⋯⋯⋯⋯⋯⋯⋯⋯⋯王沂暖
西山红叶（诗·外一首）⋯⋯⋯韩作荣
与张志新同志谈心（诗·五首）⋯李松涛
抒情与思考（诗·三首）⋯⋯⋯刘湛秋
时间（诗）⋯⋯⋯⋯⋯⋯⋯⋯高　平
无言的启示（诗）⋯⋯⋯⋯⋯⋯穆长青
名言与名花（诗·外一首）⋯⋯高天星
公社大地颂（诗）⋯⋯⋯⋯⋯⋯张雪杉
凤凰（诗）⋯⋯⋯⋯⋯⋯⋯⋯程　鹏
草原牧笛声（诗·三首）⋯⋯⋯师日新
赛马（诗）⋯⋯⋯⋯⋯⋯⋯⋯何　奇
周末（诗）⋯⋯⋯⋯⋯⋯⋯⋯王维舟
黄昏（诗）⋯⋯⋯⋯⋯⋯⋯⋯王　度
我没有察觉（诗）⋯⋯⋯⋯⋯⋯陶彦明
播种未来（诗）⋯⋯⋯⋯⋯⋯⋯华　玉
我之歌（诗）⋯⋯⋯⋯⋯⋯⋯⋯陶彦明
赠给一个乐队指挥（诗·外一首）⋯于晓阳

新芽
一个"老运动员"的故事（小说）⋯黄大炘
读《一个"老运动员"的故事》（评介）⋯郗慧民
谈敦煌壁画中"经变"里的伎乐（论文）⋯刘恩伯
鲜花·纸花及其他（文艺随笔）⋯朱先树
翻筋斗的恶习何时了（文艺随笔）⋯路　滔
"白描"初探（论文）⋯⋯⋯⋯⋯唐再兴

甘肃历代作家
李公佐⋯⋯⋯⋯⋯⋯⋯⋯⋯⋯魏明安

名著欣赏

霍小玉传（传奇小说）————————————（唐）蒋　防
忠于生活逻辑的性格描写（评介）————————周先慎
爱（中国画）————————————————李宝峰
霜重色愈浓（油画）————————————恩广智
菊花（中国画）—————————————马负书
葡萄（中国画）—————————————李葆竹
玉兰（中国画）—————————————何晓峰

1980 年第 3 期　刊名:《甘肃文艺》
目录

加强形式和任务的学习　繁荣我省文学艺术创作
————————————————————本刊记者
甘肃省文联关于贯彻第四次全国文代会精神的意见
（摘要）
在那个早晨（小说）————————————柏　原
多福大爷之死（小说）———————————张念远
过渡（小说）——————————————鲍振川
"乐天派"刘老幺（小说）——————————浩　岭
不允许重复的审判（小说）—————————李功国
巡诊途中（小说）————————————孙志诚
寂静的小院（小说）———————————祝正祥
北极光下的幽灵（中篇小说连载）——————宋宜昌
散文二题——————————————山　谷
河西怀古二则—————————————陈晋铉

甘肃漫游

秋游麦积山——————————————黄　英
《丝路花雨》剧评（诗）——————————公　刘
爱的职责（诗）————————————黄晋甫
记忆的花瓣（诗·四首）——————————怀　舜
夜行军时……（诗）———————————顾　工
彩色的砾石（诗）————————————夏　羊
希望（诗·外一首）———————————晓　蕾

雁阵（诗·外五首）———————————徐填北
梧桐树（诗）—————————————安墨田

新芽

纸的联想（诗）————————————郝明德
诗，在思索（评介）———————————李　朋

名著欣赏

奔（小说）——————————————丁　玲
丁玲和她的《奔》———————————吴小美

试论几个文艺创作问题（评论）———————何火任

甘肃历代作家

赵壹——————————————————陈志明

文坛争鸣

一九七九年文艺理论战线探讨的一些问题（资料）

《甘肃文艺》举办"一九八〇年优秀短篇小说奖"评
选启事
沉思（油画）—————————————娄付义
敦煌一窟（油画）——————田友庄　胡远骏
猫（中国画）—————————————原国正
层峦映红（中国画）———————————王永德
陇南山区春来早（中国画）—————————张世禄

1980 年第 4 期　刊名:《甘肃文艺》
目录

泉（小说）——————————————余振东
北极光下的幽灵（中篇小说连载）——————宋宜昌
不能忘却的昨天（小说）——————————尕藏才旦
明月中秋（散文）————————————胡迅雷
榆树的记忆（散文）———————————张志清
满天星斗（电影文学剧本）—————————郑　重

甘肃漫游

当归之乡——————————————李百川

三军会师（长诗选载）——————————何　来
良心袋·望远镜及其他（诗·四首）—————吴辰旭
疏勒河畔的恋歌（组诗）——————————林　染
摇篮（诗·外一首）———————————唐光玉
星花（诗·六首）————————————汪泾洋
游泳的启示（诗）————————————陈茂欣
道路和希望（诗）————————————曾维群
星下（诗）——————————————王泽群

新芽

洁白的银耳花（小说）———————————张董家
让爱情变得更加纯洁（评介）
——《洁白的银耳花》读后—————————湘　胜
《丝路花雨》给我们的启示————《解放日报》评论员
试论文学创作中的"暴露"问题（论文）———宝　藏
谈诗的隐露曲直（文艺随笔）————————张德林

甘肃历代作家

邢澍——————————————————李鼎文

名著欣赏

与陈伯之书（散文）——————————（梁）丘 迟
草长莺飞 珠圆玉润（评介）
——读《与陈伯之书》——————————彭 铎

文坛争鸣

一九七九年关于部分短篇小说的争论（资料）

瓜园小景（中国画）——————————赖深如
弦声绕石林（中国画）——————————冯 力
考生（油画）——————————杨力行
老贫农（素描）——————————来祖秀
营业员（油画）——————————张学乾
裕固族妇女（油画）——————————佘国纲

1980 年第 5 期　刊名:《甘肃文艺》

目录

九个兄弟民族省区文艺期刊编辑工作会议在昆明举行

历史的回声

痛定思痛的时刻（诗）——————————张书申
忏悔（诗）——————————高 平
不要往这里看（诗·外一首）——————————李中兰
思念与悔恨（组诗）——————————李 镜
春天的思念（诗·二首）——————————吴辰旭
无题（诗）——————————万家斌

李季诗选（八首）
一束红柳祭李季（诗）——————————赵 戈
庚申之春悼李季（散文）——————————徐 刚
悼李季（散文）——————————王建国
陇上的怀念（散文）
——————————曹 杰 杨文林 于辛田 清 波 刘传坤

新芽

我的战友（小说）——————————李君初
挖掘日常生活的新意（评介）
——读《我的战友》随感——————————雪 深
呵，人们!（小说）——————————匡文立
饱蘸血泪的信（小说）——————————王昌定
鬼灵精外传（小说）——————————世 隆
北极光下的幽灵（中篇小说连载）——————————宋宜昌
舅舅的褡裢（散文）——————————范兰生

甘肃漫游

祁连冰川行——————————费金深

诗七首——————————肖 华
石油城素描（诗·四首）——————————嘉 昌
沙漠里的队伍（诗·三首）——————————马绪英
河西访友（诗）——————————徐 明
《丝路花雨》舞缤纷（诗·三首）——————————宝 玲

名著欣赏

麦琪的礼物（小说）——————————[美国]欧·亨利
简洁而感人（评介）
——评《麦琪的礼物》——————————晴

甘肃历代作家

王嘉——————————颜廷亮

文坛争鸣

恢复社会主义现实主义的传统——————————谢昌余

画龙点睛的警策（文艺随笔）——————————王志明 潘世秀
读者来信综述
烽火硝烟（油画）
——我国古代四大发明之一——————————李坦克
高桥（油画）——————————陡剑岷
泉（雕塑）——————————罗代奎
雪莲（雕塑）——————————孙纪元
探索（雕塑）——————————汪兴中

1980 年第 6 期　刊名:《甘肃文艺》

目录

立身篇（小说）——————————陈忠实
毕竟东流去（小说）——————————王家达
最后的微笑（小说）——————————赵海清
抢救（小说）——————————陆 新 李胜果
风沙线上的点地梅（散文）——————————潘竞万
北极光下的幽灵（中篇小说连载）——————————宋宜昌

新芽

爷爷的眼泪（小说）——————————罗骥德
《爷爷的眼泪》读后（评介）——————————陈志明
反正篇（组诗）——————————尧山壁
高山测试记（组诗）——————————李 鹏
填表（诗）——————————王五星
呵，落雨了（诗）——————————陈明华
"招贤榜"（诗·外一首）——————————曹焕荣
药·花（诗·八首）——————————贾舒云
感怀（词）——————————樊 军
登麦积山（诗）——————————陈剑虹
砂粒集（散文诗·五首）——————————徐光明

给小朋友的礼物

埋在沙漠里的童话（童话）—————————————————金吉泰
镜子（小说）——————————————————————————李　岸
大白狗的故事（故事）————————————————————张俊彪
儿时忆趣（散文）——————————————————————兰　玲
熊的寓言（寓言·五则）——————————————————凝　溪
红花歌（儿歌·外一首）——————————————————王文焕
我到今天才明白（儿歌）——————————————————李宗勋
桥（儿歌·外一首）————————————————————吴大宇
撕呀撕羊毛（儿歌）————————————————————田　地
小益虫，贡献大（儿歌·五首）———————————————刘启舒

甘肃漫游

洮州绿石含风漪————————————————————————徐自民

名著欣赏

素芭（小说）——————————————————[印度]泰戈尔
一篇耐读的作品（评介）
　　——读泰戈尔的《素芭》————————————————席必庄

甘肃历代作家

秦嘉和徐淑————————————————————————雷树田
浅释夸张与夸大（文艺随笔）————————————————张德林
漫话"对比"（文艺随笔）—————————————————李　伟

新作短评

真切的悲剧
　　——读《风雪茫茫》—————————————————李怀埙
一颗采自生活的露珠
　　——简评《在那个早晨》————————————————董汉河
引人思索的插图————————————————————————赵万堂

文坛争鸣

关于"文艺是阶级斗争的工具"争论的综述（资料）

翔（水粉画）——————————————————————————杨　鹏
坏不坏（中国画）—————————————————————丁　东
荷花（中国画）——————————————————————曹德春
密林深处（中国画）————————————————————米　瑛
湖畔（水粉画）——————————————————————于　天

他是个好人（小说）————————————————————柏　原
鼠患（小说）——————————————————————————蒲士义
北极光下的幽灵（中篇小说连载）——————————————宋宜昌

茨岩塘的桐子树（诗·外一首）———————————————石太瑞
春天的信息（诗）————————————————————伊丹才让
天鹅（诗）————————————————————艾堤哈力·吾斯曼
赛里木湖（诗·外一首）————————————穆泰里甫·朵玛洪
白洋淀（诗）——————————————————————————晓　雪
牧场掠影（诗·五首）——————————————————蔡国瑞
心里头揣着个"四化"（花儿）———————————————丁生智
哈萨克情歌（十首）——————————孙　涛　常世杰搜集整理
维吾尔族民歌（六首）———————————————李怀玉搜集整理
布耐素（回族宴席曲）————————————————雪　梨搜集整理
裕固族谚语————————————————————才让丹珍搜集整理
台湾相思（诗·四首）——————————————————徐　刚
献给小草（诗）——————————————————————崔合美
山乡春讯（诗·三首）——————————————————姚学礼
第二次进山（诗）————————————————————万家斌
陇山月夜（诗）——————————————————————呼岩鸾

赤孜拉妫的传说（东乡族民间故事）————————————马自祥整理
蒙古族动物故事（三则）——————————————————霍尔查译
藏族民间故事（二则）——————————————————索　代整理
蒙古族民间故事（二则）———————————————玛·乌尼乌兰整理
火种的故事————————————————郭怀玉口述　钟福祖整理

再论少数民族民间文学的搜集和整理（论文）———————朱宜初
略论少数民族机智人物故事（论文）————————————黄　泊
编后

封面设计————————————————————————————刘　敏
希望（油画）——————————————————————————周大正
雨后（中国画）——————————————————————承　力
丰收（中国画）——————————————————————田致鸿
远航（雕塑）——————————————————————————汪兴中
莲花山花儿会（装饰画）——————————————————曹　直

1980 年第 7 期　刊名:《甘肃文艺》
目录

阿克塞牧歌（小说）—————————————任　衡　张　敏
西琼渡口（小说）——————————————————————赵燕翼
人民代表（小说）——————————————————————王兴发

1980 年第 8 期　刊名:《甘肃文艺》
目录

《丝路花雨》在香港————————————————————程士荣
重逢《丝路花雨》（诗）—————————（中国香港）何　达
姐妹易嫁（小说）——————————————————————权延赤
寸草春晖（小说）——————————————————————石　磊

新芽

宽恕（小说）——————————————————————————何道华

读后絮语（评介）——————————司徒之南

烦恼（小说）——————————————贺抒怀
熟人（小说）——————————————徐绍武
儿女（小说）——————————————京　夫
北极光下的幽灵（中篇小说连载）————宋宜昌

甘肃漫游
名城颂——————————————————碧　野
带血的界碑（诗·外一首）——————————柯　原
汗溪河（诗）————————————————张希海
大江放排（诗）———————————————李志清
第一场冬雪（诗）——————————————刘建民
"会飞的剑"（诗）——————————————霍景维
泪珠（诗）—————————————————张俊彪
不悲的挽歌（诗）——————————————郝明德
这些"笔"……（诗）————————————廖代谦
梅花开在身边（诗·四首）——————————沙　鸥
苦苦菜与窝窝头（诗）————————————吕宏声
心（诗）—————————————————郭维东
彩贝（诗·外一首）—————————————舒占才
一块砖（诗）————————————————江长胜
火花（电影文学剧本）————————————莫　耶

新作短评
人们，记着这呼声！—————————————李　芃
启示和鼓舞—————————————————元鸿仁
探索·借鉴·创新———————————————彭庆怀

名著欣赏
琵琶行（并序）———————————（唐）白居易
古典叙事诗的杰作（评介）——————————林家英

甘肃历代作家
吴镇————————————————————惠尚学
春天（雕塑）————————————————赵保宁
春（中国画）————————————————吴山明
藏族女孩（中国画）—————————————李宝峰
荷（中国画）————————————————张光宇
葫芦（中国画）———————————————孙　良

新芽
团委分来了一个姑娘（小说）—————————山　佳
一篇瑕瑜互见的小说（评介）—————————陈志明
北极光下的幽灵（中篇小说连载）————宋宜昌

甘肃漫游
阳关、玉门关游记——————————————赵　毅
观舞剧《丝路花雨》（诗·四首）——（中国香港）张树人
拉开窗纱（诗·三首）————————————匡文留
苦思（诗·四首）——————————————于晓阳
爱情诗（诗·三首）—————————————韩作荣
鱼的声音（诗）———————————————张雅歌
霞光曲（诗）————————————————朱子国
无题（诗·四首）——————————————高　戈
恋爱·婚姻·家族（诗）———————————苏锐钧
醒来的笑（诗·外一首）———————————姚　莹
悔（诗·二首）———————————————王雨谷
一位驾驶员的歌（诗·外二首）————————李　晴
夜合欢（诗·外一首）————————————廖华歌
车过华家岭（诗）——————————————赵学敏
火花（电影文学剧本）————————————莫　耶
实事求是地按客观规律办事——————————陈　光

名著欣赏
丑小鸭（童话）———————————[丹麦]安徒生
从真实的生活里产生出来的童话（评介）———王培青

文坛争鸣
一九八〇年上半年关于部分短篇小说的争鸣（资料）

历代甘肃作家
李翱————————————————————王干一
赵燕翼和他的《阿尔太·哈里》（评论）———雷　达
《长诗〈古堡〉插图》（四幅）————————姜付义

1980 年第 9 期　刊名:《甘肃文艺》
目录

大杂院的悲欢（小说）————————————李益裕

遥远的山村（小说）—————————————刘　玉
柳溪河，请你作证（小说）——————————李　禾

1980 年第 10 期　刊名:《甘肃文艺》
目录

在甘肃省文学艺术工作者第二次代表大会上的讲话
————————————————————杨植霖
为繁荣社会主义新时期的文学艺术而奋斗———吴　坚
甘肃省文联第二届委员会委员、主席、副主席和各协
会主席、副主席名单
酒（小说）—————————————————康　民
路灯（小说）————————————————路　野
烛（小说）—————————————————陈于思
黄金梦（小说）———————————————王守义

愿望（小说）……………………刘根成
北极光下的幽灵（中篇小说连载）……宋宜昌
山野的呼唤（散文）………（拉祜族）石安达

走向大漠（诗·三首）……………曹永安
卖杏（诗）…………………………向　荣
羊栏，打开了（诗）………………曹焕荣
坚强的信念（诗）…………………张国宏
在河两岸（诗·外一首）…………段　玫
昆明行（诗·二首）………………王蜀凉
悬崖梅（叙事诗）…………………李老乡

当代西方文学纵横观………………赵一凡

历代甘肃作家
梁肃…………………………………瑞　需

名著欣赏
车中（小说）………………………王统照
思想，回到现实中来（评介）
——谈谈《车中》…………………支克坚

文坛争鸣
近一年多现实主义理论探讨概述（资料）

封面设计……………………………吴　祯
雁归陇南（套色木刻）……………朱　冰
有趣的书（油画）…………………杜咏樵
插图选（三幅）……………………文　岩

1980 年第 11 期　刊名:《甘肃文艺》
目录

虹（小说）…………………………景　风
夜里的光（小说）…………………柏　原
发生在我们生活中的事情（小说）……清　波
痴（小说）…………………………何宪章
待业者（小说）……………………李生德
反弹琵琶的姑娘（报告文学）……曹永安
车过小陇山（散文）………………王兰玲
村头夜宿（散文）…………………阚建彬
北极光下的幽灵（中篇小说连载）……宋宜昌

思想和心灵的喷泉
生活的意象（诗·三首）…………嘉　昌
春的旋律（诗·外一首）…………李　鹏
电子的印象（诗·外一首）………何　来
梦（诗）……………………………陈　默

秋兴三首（诗）……………………郝明德
给（诗·三首）……………………高　戈
戈壁酒会（诗·外一首）…………杜振涛
秋（诗·外一首）…………………林　染
走廊风情（诗·二首）……………唐光玉
早晨（诗）…………………………吕宏声
我是一个山果（诗）………………贾治龙
草恋（诗）…………………………匡文留
回声（诗）…………………………万家斌

存在主义文学
——“当代西方文学流派讲话”之二……赵一凡
发人深省之作（新作短评）………岸　波
充满民族生活气息的佳作（新作短评）……元鸿仁
“单单属于我们自己的眼睛”（文艺随笔）……胡德培

名著欣赏
彼特利克夫人（小说）………[英国]哈　代
悲剧与冷嘲（评介）
——哈代和他的《彼特利克夫人》……晴

历代甘肃作家
傅玄…………………………………穆长青

文坛争鸣
怎样开展文艺批评
——关于《档案》的争议中提出的一个问题（资料）
来稿来信综述

蓝天，您早（水印套色木刻）……杨华明
马可波罗（木刻拓片）……………刘吾魁
沙洲明镜（木刻）…………………张　趋
迎春小品（中国画）………………赖深如

1980 年第 12 期　刊名:《甘肃文艺》
诗歌专号　目录

鼓山呵，我要你猛捶！（诗）……张志民
木兰围场行吟（诗·五首）………田　间
黄河母亲的呼唤（诗）……………杨植霖
诗八首………………………………肖　华
西北行（组诗）……………………魏传统
都市抒情诗（诗·六首）…………徐　刚
故都抒怀（诗·二首）……………李　鹏
明鉴篇（诗·三首）………………伊丹才让
寄给春天的诗笺（组诗）…………夏　羊
我是……灯（诗·外一首）………郝明德
鬼神小集（组诗）…………………李松涛

歌满绿洲（诗·四首）……………………………… 林　染
秋山情（组诗）……………………………………… 王　昕
在蜜蜂的王国里（组诗）…………………………… 熊立人
高原诗情（诗·三首）……………………………… 廖代谦
铁塔巍巍（诗·三首）……………………………… 温首明
送给大海的时装（诗·外一首）…………………… 柴德森
喜看油流（诗·外一首）…………………………… 吴　超
怀念（诗·外一首）………………………………… 赵之洵
故乡情（诗·三首）………………………………… 李发模
漂在月光里的歌（组诗）…………………………… 刘芳森
漪轮（诗）…………………………………………… 匡文立
云中的梦（诗）……………………………………… 王蜀凉
雨后晨兴（诗）……………………………………… 安墨田
思（诗）……………………………………………… 贾治龙
云（诗）……………………………………………… 高　戈
劳动诗四首…………………………………………… 彭　铎
诗二首………………………………………………… 王凤显
河西吟（诗·三首）………………………………… 王如东
诗三首………………………………………………… 张季纶
赞花（词）…………………………………………… 于忠正
来信照登……………………………………………… 王沂暖
漓江情思（诗·三首）……………………………… 吴辰旭
桂林偶思（诗·外二首）…………………………… 纪　鹏
桂林——阳朔诗絮（诗·三首）…………………… 阿　红
蜀中杂咏（诗·二首）……………………………… 何　来
莲花山短句（诗·二首）…………………………… 肖　川
这是化石吗?（诗·外一首）……………………… 吕宏声
生命（诗）…………………………………………… 康志强
记忆里的小村（组诗）……………………………… 匡文留
扶桑花开了（诗·外二首）………………………… 刘祖慈
编辑（诗）…………………………………………… 马　牧
致一位姑娘（诗）…………………………………… 穆长青
归侨之歌（诗·二首）……………………………… 傅金城
泪水（诗）…………………………………………… 赵海清
牦牛（诗）…………………………………………… 潘竞万
驼（组诗）…………………………………………… 王维章
枣树（诗）…………………………………………… 陈　默
天（诗·外二首）…………………………………… 魏　诃
炊烟（叙事诗）……………………………………… 刘志清
过去的日月（诗·四首）…………………………… 任国一
藏族情歌（十二首）………………… 邵永强　邵永静　整理
洮岷情歌（十二首）………………………… 雪　犁　搜集整理
你的……（诗）……………………………………… 孙　涛
不打棍子不戴帽（诗·外二首）…………………… 张维芳
办公室见闻（诗·二首）…………………………… 王四林
关于兰州的烟（诗）………………………………… 张之涛
名称与功能（诗）…………………………………… 李际隆
米拉尕黑（叙事诗）………………………………… 汪玉良
非洲黑人诗选（五首）………………………… 李国香译

话说"新诗危机"（评论）………………………… 彭　放
关于诗的随想（文艺随笔）………………………… 高　平
读诗琐记（文艺随笔）……………………………… 段　玫
高平和他的《古堡》（评论）……………………… 高洪波

历代甘肃作家
金銮………………………………………………… 李鼎文

名著欣赏
戴望舒诗六首
戴望舒的诗（评介）………………………………… 孙克恒

优（雕塑）………………………………………… 龙绪理
运瓜图（木刻）…………………………………… 胡有全
我们与时间（木刻）……………………………… 朱晓东
昆仑风光（中国画）……………………………… 舒春光

1981 年第 1 期　刊名:《飞天》

目录

飞天寄语——写在卷首的话

小说
打通关…………………………………………… 陈士濂
作品欣赏第一课………………………… 梁晓声　文乐然
无形的主宰……………………………………… 赵启强
路………………………………………… 陆　新　李胜果
浪花猜想曲……………………………………… 匡文立
悼词……………………………………………… 周梅森

新芽
静静的田野（小说）…………………………… 王民举
多一些生活气息（评介）……………………… 湘　胜

诗歌
翅膀…………………………………………… 郑育林
给飞天的邀约信（二首）……………………… 田　间
飞天之歌……………………………………… 杨若飞
丝路采桑（三首）…………………………… 李云鹏
旧作两首……………………………………… 公　刘
星（外一首）………………………………… 秋　荣
天安门前（组诗）…………………………… 叶文福
"中"字形象的启示…………………………… 边国政
我生命的光…………………………………… 何继军
遗失启事……………………………………… 江民新
一条横铺的楼梯……………………………… 李晓峰
夜的眼（外一首）…………………………… 贾小维
生活的漩涡（二首）………………………… 展　远

心与手 ···················· 郭春潮
打八哥 ···················· 刘耀辉
公社的早晨 ·················· 王凌云

外国文学欣赏
科莫湖畔觅芳踪（小说）
　　　　[奥地利]斯蒂芬·茨威格　韩耀成译
哥隆聂尔特案件（中篇惊险小说连载）
　　　　[苏]斯达尼斯拉夫·加加林　王绍武译

我与文学
我停留在艺术门外 ·············· 刘宾雁
关于《一个冬天的童话》 ··········· 遇罗锦

文坛争鸣
一幅茫茫风雪图的社会本质 ·········· 李文衡
我们需要什么样的悲剧 ············ 陈剑虹
《在社会的档案里》讨论续录（资料）

评论
荒诞派戏剧
——当代西方文学流派讲话之三 ········ 裴小龙
瑰丽新颖　多彩多姿
——敦煌民间文学漫谈（上） ········· 张鸿勋
谈飞天 ···················· 段文杰

美术
舞（装饰画） ················· 曹丽珍
笛声（油画） ················· 卢欣石
金秋（中国画） ················ 刘　敏
嫦娥奔月（壁画稿局部） ··········· 何　山

1981 年第 2 期　刊名:《飞天》
目录

小说·散文
叫我怎么说 ·················· 杨润哗
山里人 ···················· 王萌鲜
可怜慈母心 ·················· 蒋　韵
未来的…… ·················· 文素琴
敦煌寻幽 ···················· 严　阵
哥隆聂尔特案件（中篇惊险小说连载）
　　　　[苏]斯达尼斯拉夫·加加林　王绍武译

诗歌
大学生诗苑
北邙山拾梦 ·················· 刘芳森
诗誓（外三首） ················ 峙　军

灯下（外一首） ················ 于　进
冬天的诗 ···················· 星　梓
企求（外一首） ················ 黄大明
我和你 ···················· 彭金山
给林浩英 ···················· 薛卫民
浓荫 ····················· 李春林
辙迹（六首） ················· 牟　明
我的……（三首） ··············· 陈　放
三峡思絮（三首） ··············· 高　戈
山中秋（三首） ················ 阎振甲
摘榆钱（外一首） ··············· 尹进强

剧本
爱在心灵深处（五幕话剧） ·········· 武玉笑

新芽
姑娘在微笑（小说） ·············· 田永利
在笑声的后面（评介） ············· 洪　波

我与文学
我、你、他 ·················· 刘心武

文坛争鸣
典型环境并不是整个社会的缩影 ········ 牟豪戎
她值得同情吗? ················ 路　石
中篇小说《飞天》引起争论（资料）

评论
自由的文学与资产阶级自由化 ········· 陈丹晨
"垮掉的一代"
——当代西方文学流派讲话之四 ········ 赵一凡
瑰丽新颖　多彩多姿
——敦煌民间文学漫谈（下） ········· 张鸿勋
婀娜舞腰似柳枝（附图八幅）
——谈敦煌壁画中"经变"舞姿的动作特点···· 刘恩伯

美术
背得溪泉归（雕塑） ·············· 罗代奎
藏族老人（国画） ··············· 张兆鹏
演员（国画） ················· 秦　文
敦煌壁画临摹本------中央工艺美院供稿　何山复制

1981 年第 3 期　小说专号期　刊名:《飞天》
目录

小说
摔老盆 ···················· 孙方友
青春的旋律 ·················· 杨显惠

六老婆 ……………………… 王吉呈
跳过 ……………………… 邵振国
愿你们自重 ……………………… 邹志安
隔 ……………………… 蔡其康
牛的故事 ……………………… 张　敏
黑色的梦 ……………………… 刘芳森
叛逆者的爱 ……………………… 牛正寰
森林之夜 ……………………… 浩　岭
红泥塑像 ……………………… 邹廷霞
二把手 ……………………… 李中兰
哥隆聂尔特案件（中篇惊险小说连载）
　　　[苏]斯达尼斯拉夫·加加林　王绍武译

新芽
抹仓记（小说） ……………………… 王兆瑞
农民的愿望实现了（评介） ……………………… 石　言

外国文学欣赏
生存卡（小说） ……… [法]马赛尔·艾梅　韩　中译

我与文学
满纸荒唐言 ……………………… 张贤亮

评论
坚持唯物辩证法，文艺批评才能发展 ……………………… 葛　琼
试论鲁迅作品中的模特儿 ……………………… 木　斧
法国新小说派
　　——当代西方文学流派讲话之五 ……………………… 吴岳添

文坛争鸣
它使人不忘记历史 ……………………… 祁　渠
关于金牛媳妇 ……………………… 李镇清
略谈《风雪茫茫》的真实性和典型性 ……………………… 王志明
我们为什么不能这样写"悲剧"？ ……… 元鸿仁　陈家璧

关于王蒙近作的讨论（资料）

美术
舞蹈家（中国画） ……………………… 冯　力
西海春潮（木刻） ……………………… 晓　岗
拉卜楞之晨（木刻） ……………………… 颜重鼎
琵琶新声（壁画稿局部） ……………………… 何　山

1981 年第 4 期　刊名:《飞天》

目录

小说·散文
堂堂男子汉 ……………………… 刘　恒
吉他 ……………………… 飒　飒
她，去了…… ……………………… 王世伟
心愿 ……………………… 庞瑞林
旅途 ……………………… 李家齐　何道华
小院人家 ……………………… 吴季康
爱情——也会是一杯苦酒 ……………………… 齐　鸿
活着的人 ……………………… 祖本源
哥隆聂尔特案件（中篇惊险小说连载）
　　　[苏]斯达尼斯拉夫·加加林　王绍武译
"月亮·小河"（散文） ……………………… 赵绽锋
"小魔鬼"与《四川姑娘》（散文） ……………………… 李小为

新芽
一盏灯（小说） ……………………… 陈自仁
唯重真实方生动（评介） ……………………… 陇　山

诗歌
大学生诗苑（15首） ……… 黄宗信　长　木　应向东
曾小平　黄祈子　选　来菲　王韶华　赵　阳
胡喜成　叶延滨

眼睛（外一首） ……………………… 廖华歌
心底的情歌（三首） ……………………… 韩英珊
读信 ……………………… 安墨田
你这可爱的姑娘 ……………………… （朝鲜族）任晓远　陈雪鸿译
飞行员和我 ……………………… 向　荣

诗歌
观舞剧《丝路花雨》 ……………………… 马少波
希望 ……………………… 唐　祈
敦煌秋（三首） ……………………… 高　平
车过陇原（五首） ……………………… 杨　牧
雨（外一首） ……………………… 孔令更
春天来了 ……………………… 于晓阳

外国文学欣赏
白兔的电车（小说）
　　… [西德]恩斯特·克罗伊德尔　舒昌善译
伊·亚·冈察洛夫在符登堡（小说）
　　… [西德]冈特·布鲁诺·富克斯　舒昌善译

我与文学
熏陶·训练·追求 ……………………… 雷抒雁

文坛争鸣
关于心灵美 ……………………… 立　之
美，是不能忘记的 ……………………… 何火任
也谈《风雪茫茫》 ……………………… 沙　平
两年来关于人性问题的论争（资料）

评论

黑色幽默
——当代西方文学流派讲话之六 ·············赵启光
敦煌彩塑（附图五幅）·······················欧阳琳
读者来信来稿摘录

美术

碧湖芳草（中国画）························张朝东
盼（中国画）·····························绍　泉
成长（中国画）··························承　力

1981 年第 5 期　刊名:《飞天》
目录

新芽

觉醒（小说）····························刘忠立
让心灵更美好吧（评介）····················志　成

小说·散文

牛友·································刘寄奴
带血的玫瑰·····························路　野
大帽子底下的小人物·······················史焕生
海之歌································李　禾
选择································李兴桥
高秋林的悲剧····························吉学沛
哥隆聂尔特案件（中篇惊险小说连载）
　　　　　［苏］斯达尼斯拉夫·加加林　王绍武译
访绍兴鲁迅故居··························穆长青
在西夏人生活过的地方······················王勤台
永远面向新的生活
——李季剪影····························舒　霈

诗歌

云，白亮亮的云（外一首）···················温首明
草原黄昏（外一首）·······················毛秀璞
初访草原（三首）························王洪涛
第一缕炊烟（外二首）······················旭　宇
大漠井架·····························郭维东
椰乡行（外一首）·························冯麟煌
小艇·······················关振东　林举英
天池行（外一首）·························汪　诚
登泰山（三首）··························朱　竹
捕捞小唱（三首）·························鹿说之
你为啥还要问（外一首）····················贾志坚
爱的心弦（三首）·························武兆强
雪路································刘惠生
生活的启示（四首）·······················左可国
摇落的果实（散文诗）······················桑恒昌

外国文学欣赏

心（小说）·················［德］亨利希·曼　李士勋译

我与文学

我是唱颂歌长大的·························高　平
关于《伤痕》及其他·······················卢新华

文坛争鸣

也评《风雪茫茫》·························孙宪文
一篇失败之作····························李克安
真而不美·····························流　云
关于"朦胧诗"的讨论（资料）

评论

始知五岳外　别有他山尊·····················吴庚舜
敦煌壁画中的"西域"音乐·····················欧阳琳

美术

飞吧，鸽子（雕塑）·······················汪兴中
中流击水（雕塑·局部）····················汪兴中
凝思（雕塑）····························汪兴中

1981 年第 6 期　刊名:《飞天》
目录

坚持四项原则　继续解放思想
促进文艺更加发展和繁荣·····················本刊记者
悼念文学巨人茅盾·························本刊编辑部
艺评书简·····························冯　牧

小说

隔墙一枝南瓜藤··························陈　礼
乡村································陈忠实
我的两个上级·····················陆　新　李胜果
心·······························王汉英
婆媳································梁　毅
片石色相·····························喆　夫
哥隆聂尔特案件（中篇惊险小说连载）
　　　　　［苏］斯达尼斯拉夫·加加林　王绍武译

新芽

归途（小说）···························多红斌
心灵的搏斗（评介）·······················伍　竹

儿童文学

看《马兰花》时的回忆（小说）·················浩　岭
小羊羔远征记（童话）······················马廷森
黎明（散文）····························张志清

·小红花·（儿童诗十首）

小白杨在歌唱（外一首）......陈显荣

洞（外一首）......陈官煊

小天窗（二首）......贾小维

老师的笑（外一首）......郭殿文

分苹果......董培勤

延河问答......孙华文

孩子的眼睛（散文诗）......刘湛秋

外国文学欣赏

献给钱德拉的鲜花（小说）

......［印度］霍扎·阿赫马德·阿巴斯　梁科颖译

诗歌

别调集（散文诗）......刘　章

献给同代人（外二首）......刘　勇

青春（外二首）......张石贵

我寻找失去的爱......刘锡祥

咏蝉（外一首）......宫　玺

花地（外一首）......傅金城

歌钻塔红灯（外一首）......师日新

蓝色的炊烟......金克义

桃花树下......申爱萍

即使他是工人......李晓峰

民歌八首......叶　锦　曾祥林等

我与文学

和读者朋友说几句话......舒　婷

评论

前进和探索的新足印......谢昌余

敦煌壁画中的故事画《微妙比丘尼变》......欧阳琳

文坛争鸣

关于《风雪茫茫》讨论的来稿综述

一九八〇年以来关于部分作品的评论

一九八〇年《甘肃文艺》短篇小说获奖作品

美术

船（摄影）......李绍云

他......虞大伟

强者......肖　冬

看鱼......锺　锐

春女的心愿......李　君

枯兰露......匡文立

公文包的秘密（中篇惊险小说连载）

......［法］让·布鲁斯著　刘　山译

散文

随想录......周绍昌

黄金叶......孟新有

冰流......迎　春

下吧，小雨点......吕洪军

新芽

春风（小说）......曹治渊

吹开心扉的春风（评介）......古　月

诗歌

致青年......杨植霖

在党的阳光下（九首）......吴辰旭　何　来　李云鹏

于辛田　高　平　汪玉良　南　航　伊丹才让等

我们时代的主旋律

——"振兴中华诗歌朗诵音乐会"诗辑

为了振兴中华......赵　戈

我是中国人......孙　毅

诗歌

致青年的朋友......吴春岗

给女友的信......贾继红

从高山挖一块矿石投入熔炉......呼岩鸾

大学生诗苑（16首）......李建波　叶延滨　程光炜

沈　奇　长　木　星　梓等

短诗五首......郑成义　袭小龙　赵雪勤

外国文学欣赏

巴德先生的锦囊妙计（小说）

......［英］多萝西·L.塞耶斯著　尹晓煌译

非洲黑人诗三首......李国香译

我与文学

我怎样写文学笔记......赵燕翼

评论

走向春光明媚的大地

——评《爱在心灵深处》......高天白

艺术作品的标题......高尔太

搜尽奇峰打草稿......赵　捷

1981 年第 7 期　刊名：《飞天》

目录

小说

自觉肩起建设精神文明的历史重任......本刊评论员

楼基下沉......柏　原

敦煌壁画中的生活画《折柳图》-------------欧阳琳
读者中来

文坛争鸣
关于几个短篇小说的争论（资料）-------------杰理整理

美术
维族少女（油画）-------------周大正
丝路幻想曲-------------田立为
化妆室里-------------胡远骏

1981 年第 8 期　刊名:《飞天》
目录

革命回忆录
浩气传千秋
——怀念朱总司令-------------肖　华

小说
"蹩脚娘们"-------------陈焕新
路灯下-------------戈悟觉
沙妮-------------金吉泰　焦熙生
春水在下面奔流-------------文素琴
昨夜星辰-------------李百川
啼笑篇-------------李益裕
公文包的秘密（中篇惊险小说连载）
-------------［法］让·布鲁斯著　刘　山译

新芽
相逢（小说）-------------李　莉
《相逢》略议（评介）-------------苏　森

诗歌
诗二首-------------汪　锋
超越-------------丁　芒
歌（外一首）-------------树　民　学　敏
往事-------------赵丽宏
转娘家-------------王五星

边地风情
草地云雨（外一首）-------------方　赫
植（外一首）-------------王维章
这座大山-------------马省台
蹄印和辙印（外一首）-------------和　谷

诗歌
酒家-------------林　希
蜘蛛及其他（散文诗）-------------许　淇

大学生诗苑（16 首）-------曹　剑　李建波　黄　祈
刘晋寿　陈建林　董培勤　吴稼祥　小　野　王家新
罗　巴　刘　勇　那　红　子　国等

外国文学欣赏
金丝鸟与少女（小说）
-------------［日］山川方夫著　刘金才译
排演（小说）-------------［苏］H.顿巴泽著　冀元璋译

我与文学
深入生活谈片-------------陈国凯

评论
给赵启强同志的信（作家书简）-------------萧　殷
坚定社会主义文学创新的正确方向-------------李功国
高尔基的《年轻的文学及其任务》读后-------------鲁　耘
敦煌边饰图案-------------欧阳琳
读者中来

文坛争鸣
一九八〇年关于艺术典型问题的探讨（资料）
-------------李　伦整理

美术
归（雕塑）-------------罗代奎
奶羔（雕塑）-------------罗代奎
风（雕塑）-------------罗代奎

1981 年第 9 期　刊名:《飞天》
目录

为高水平的革命文学而斗争的伟大革命文学家
——纪念鲁迅诞生一百周年-------------支克坚

小说
月光照着的小路-------------文素琴
匍匐前进-------------赵启强
淘金篇-------------柏　原
门铃-------------余振东
女兵来到我们连-------------乔宇峰
财富-------------沙　炯
惊蛰前-------------何　岳
青山恋啊绿水留-------------张凤林
公文包的秘密（中篇惊险小说连载）
-------------［法］让·布鲁斯　刘　山译

新芽
两个兜的兵（小说）-------------江西平

你身边的"这一片"绿叶（评介）————立 子

诗歌
思想与心灵的喷泉
绍兴行（组诗）————万家斌
采撷自戈壁和绿洲（组诗）————林 染
光，在大地上徘徊（组诗）————李老乡
清洁车，在静静的夜里————郝明德
开拓者（外二首）————冷 焰
给同代人（外三首）————阳 飔
返校路上（组诗）————张杉龄
黎明之歌————匡文留
短诗四首————人 邻

诗歌
自然二题————陈 斌
我最平常————第广龙
生活里的星光————卫兰英
旋黄声声————刘志清
歌声笑声————汪浩德
大学生诗苑（33首）————崔 桓 张子选
杜 宁 尚春生 曹长林 冯 诚 高 寒 彭金山
李江卫 汪幼琴 于 进 雷 宇 阎旭东 秦 放
宾 雅 成 倬

外国文学欣赏
一个硬心肠的人（小说）
————[意]阿尔贝托·莫拉维亚 刘明正译

我与文学
给一位青年作者的信————叶蔚林

评论
漫谈若干新人形象的时代内容————李文衡
浅谈艺术的节奏————于培杰
唐代的彩塑菩萨————孙纪元

文坛争鸣
关于文艺真实性的讨论（资料）————白 烨

美术
求知（木刻）————李炳光
牧人之女——卓玛（木刻）————晓 岗
祁连春晓（木刻）————孙兴学
憩（木刻）————沈北雁

1981 年第 10 期　刊名：《飞天》
目录

一些著名作家艺术家先后来甘肃参观访问————本刊记者
诗七首————肖 华

小说·散文
画毡————李百川
椅垫————梁晓声
铜笛————周 矢
农民马力夫————金吉泰
乐园在这儿演出————牛正寰
江南风采（散文）————山 谷
登五老峰的浮想（散文）————柯秀英
激流凯歌（报告文学）————赵学敏 陇 山
公文包的秘密（中篇惊险小说连载）
————[法]让·布鲁斯 刘 山译

新芽
镜头（小说）————林恩瑜
可喜的变化（评介）————至 诚

诗歌
我歌唱我————陈 默
声音的歌————姚学礼
西北十四行诗组（四首）————唐 祈
无病者的呻吟（组诗）————熊立人
五月（三首）————李 钢
给一个年轻的苦闷者————李加健
星期天，下雨了————王久辛
工长————修党成
琢磨·思索·心灵————孙华文

诗歌
眸子闪耀火星————牟 明
向昨天告别————李 鹏

大学生诗苑（15首）————英 华 徐敬亚 沙 新
杨 雄 姜诗元 董启荣 兰 泉 张小红 韩 霞
曹 昉 张智全 姜维平

外国文学欣赏
命运的巧合（小说）
————[日本]森村诚一 刘子敬 李佩译

我与文学
《祸起萧墙》的前前后后
——复给热心读者的一封信————水运宪

也是成人的知己……………………………宗　璞

评论

再论《狂人日记》和《狂人日记》…………徐夕明
九色鹿的故事………………………………段文杰
可喜的收获…………………………………蓬　蒿

文坛争鸣

一九八〇年关于部分中篇小说的争论（资料）

美术

盼（木刻）…………………………………于　天
午憩（木刻）………………………………肖　弟
初升的太阳（木刻）………………………马永沛
岷山归牧（木刻）…………………………张　趋

1981 年第 11 期　小说专号　刊名:《飞天》
目录

学习鲁迅，砥砺精神，为振兴中华而奋力………吴　坚
对文艺批评要有一个正确的态度…………本刊评论员

小说

任免记………………………………………刘根成
马哈儿………………………………………刘忠立
"刁德一"外传………………………………殷小莫
失去了的…………………………………王世伟
商探杂记……………………………………王晓新
棉田明月夜…………………………………韩石山
三步两个桥…………………………………田　瞳
晚霞满天……………………………………邹廷霞
月亮，在疏林那边升起……………………效延庆
"铁达尼"号沉船案（科学幻想小说）……费金深
微型小说三题………………………………郭新民

公文包的秘密（中篇惊险小说连载）
　　　　　　　　　［法］让·布鲁斯　刘　山译

新芽

医马…………………………………………琛　世
真实地反映生活……………………………李　愚

我与文学

时间不是空白的……………………………叶　辛

文坛争鸣

关于几个短篇小说的争鸣（资料）

评论

莫高窟里的"极乐世界"图…………………关友惠
读者中来

美术

反弹琵琶（雕塑）…………………………孙纪元
猎手（雕塑）………………………………孙纪元
佛（雕塑）…………………………………孙纪元

1981 年第 12 期　刊名:《飞天》
目录

小说

幸福沟轶事…………………………………杏　果
三请老筏客…………………………………王家达
乡土恋………………………………………喆　夫
公文包的秘密（中篇惊险小说连载）
　　　　　　　　　［法］让·希鲁斯　刘　山译

诗歌

流沙坠简（七首）…………………………公　刘
两广二题……………………………………赵之洵
写在西子湖畔（组诗）……………………唐光玉
生活的意象（二首）………………………嘉　昌
心的历程（三首）…………………………向　荣
肩……………………………………………郑纯方
细雨…………………………………………安　米
雨后日记（四首）…………………………徐捷先
短诗二题……………………………………吕宏声

大学生之页

国魂（小说）………………………………晨　钟
男婚女嫁（小说）…………………………张　锐
路，本来是弯的……（小说）……………汪保尔
撞车记（小说）……………………………李民发

大学生诗苑（28 首）…………周国平　刘人云
沈天鸿　许　辉　王剑冰　胡述范　易殿选　立　立
丽　丽　戴达奎　邢　凯　冯　诚　刘国尧　李　岩
邓万鹏　于　跃　于耀江　刘少安　刘芳森　胡喜成
宋哲峰　曹庆文
《大学生诗苑》漫评…………………………公　刘

散文

夕阳无限好…………………………………张俊彪
淹不没的螃蟹地……………………………曹玉模
子午岭掠影…………………………………李志民
柳絮飘飘……………………………………夏　景

我与文学

也谈创作苦闷期 ································ 孔捷生

评论

真实朴素的生活画页 ····················· 谢昌余

敦煌壁画中的甘蔗王故事 ············· 万庚育

文坛争鸣

如何理解恩格斯关于典型环境和典型人物的论述
（资料）

美术

复生（中国画）····························· 马芳华

1982 年第 1 期　刊名：《飞天》
目录

让我们奋飞——飞天寄语

小说·散文

追求 ··· 京　夫
清晨，她站在马路上 ····················· 蒋　韵
汗水流在哪里？ ···························· 韩仁均
舞会上的邂逅 ······························· 陈传敏
何处觅知音 ·································· 庞瑞林
高有福和他的儿子 ············· 张昌华　贺景文
月痕 ··· 何亚京
春雷 ··· 张承智
借地 ··· 刘　玉
我和萧军的姻缘（散文）··············· 王德芬
伸向佛朗哥的枪口（中篇惊险小说连载）
················· ［日］谷克二著　杨生怀译

新芽

绿荫下（小说）···························· 于维国
喜读《绿荫下》（评介）················ 延　年

诗歌

诗词之页（19 首）··········· 杨植霖　吴世昌　傅庚生
蒋云台　谢宠匡扶　刘滋培

大学生诗苑（14 首）······· 程光炜　黎　宏　周伟林
陈建林　周培玉　朱昌平　曹　剑　俞　民　王遂河
刘　虹　薛卫民　哲　野　武志元
丝路诗情（12 首）··········· 瞿　琮　韩作荣　郭同旭
肖　川　郭维东　莫文征
乡情（三首）······························ 尧山壁
会计室的窗口（外二首）··············· 萧振荣

瓜乡谣（二首）··························· 左一兵
瓜架（外一首）··························· 陈官煊
小河边 ·· 孟　河
故乡二题（散文诗）····················· 徐光明

外国文学欣赏

鳏夫的衣服（小说）
·············· ［意大利］格拉齐娅·黛莱达　冯玉律译

我与文学

我与文学 ···································· 鲁彦周

评论

施宝瑞像故事（敦煌艺术介绍）······ 孙修身

文坛争鸣

一九八一年关于部份短篇小说的讨论（资料）

其他

《飞天》评奖启事
《飞天》一九八一年总目录

美术

封底（敦煌壁画临摹）··················· 段兼善
天体之谜（雕塑）························· 何　鄂
新娘（雕塑）······························· 何　鄂
晚年（雕塑）······························· 何　鄂

1982 年第 2 期　刊名：《飞天》
目录

小说

心扉 ·· 蔡　磊
家住红楼七层 ······························ 刘根成
流星 ·· 何生祖
出诊 ·· 吴焱文
离离草（中篇小说）····················· 颜明东
伸向佛朗哥的枪口（中篇惊险小说连载）
················· ［日］谷克二著　杨生怀译

新芽

猫眼与星光（小说）····················· 杜万青
《猫眼与星光》读后（评介）··········· 李　今

诗歌

大学生诗苑（15 首）······· 吴稼祥　朱文根　王长乐
韩　霞　辛　磊　褚家生　韩　云　谢迎秋　闻　民
周同馨　程　宏　于小龙

杜鹃鸟叫了（外一首）⋯⋯⋯⋯⋯⋯范　源
拓荒曲（二首）⋯⋯⋯⋯⋯⋯⋯⋯阎振甲
这个农民⋯⋯⋯⋯⋯⋯⋯⋯⋯⋯万家斌
画天的笔（外一首）⋯⋯⋯⋯⋯⋯廖代谦
水乡女⋯⋯⋯⋯⋯⋯⋯⋯⋯⋯⋯兰正文
草原短笛⋯⋯⋯⋯⋯⋯⋯⋯⋯⋯文　丙
拉萨街头之夜⋯⋯⋯⋯⋯⋯⋯⋯高　平
峨眉掇趣⋯⋯⋯⋯⋯⋯⋯⋯⋯⋯高　戈
高原鸟乡⋯⋯⋯⋯⋯⋯⋯⋯⋯⋯夏　羊
快站起来⋯⋯⋯⋯⋯⋯⋯⋯⋯⋯力　辛
我的目光⋯⋯⋯⋯⋯⋯⋯⋯⋯⋯李松涛
愿⋯⋯⋯⋯⋯⋯⋯⋯⋯⋯⋯⋯⋯傅金城
诗词之页（25首）⋯⋯⋯孙艺秋　袁第锐　胡　征
王家广　刘滋培　李　超　李伏伽　李加建　邓品珊
张质生　雷树田　李敬泰　张季纶

我与文学
我与唐诗⋯⋯⋯⋯⋯⋯⋯⋯⋯⋯公　刘

评论
积极描写现实生活　努力塑新人形象
尸毗王割肉救鸽（敦煌艺术介绍）

文坛争鸣
一九八一年关于塑造社会主义新人的讨论（资料）

美术
油画写生⋯⋯⋯⋯⋯⋯⋯⋯⋯⋯周大正
丝路行⋯⋯⋯⋯⋯⋯⋯⋯⋯⋯⋯文　岩

1982 年第 3 期　刊名:《飞天》
目录

小说·散文
酒泉姑妈⋯⋯⋯⋯⋯⋯⋯⋯⋯⋯刘心武
丑角⋯⋯⋯⋯⋯⋯⋯⋯⋯⋯⋯⋯王家达
苦荞花⋯⋯⋯⋯⋯⋯⋯⋯⋯⋯⋯喆　夫
老雷头⋯⋯⋯⋯⋯⋯⋯⋯⋯⋯⋯世　隆
风雨涤荡着思绪⋯⋯⋯⋯⋯⋯⋯陈　创
卖石榴⋯⋯⋯⋯⋯⋯⋯⋯⋯⋯⋯安可君
沙生植物园纪行（散文）⋯⋯⋯⋯梁　林
兰花赋（散文）⋯⋯⋯⋯⋯⋯⋯李运彩
伸向佛朗哥的枪口（中篇惊险小说连载）
⋯⋯⋯⋯⋯⋯［日］谷克二著　杨生怀译

新芽
唱给他的歌（小说）⋯⋯⋯⋯⋯严　军
一支优美的歌（评介）⋯⋯⋯⋯肖　金

风波（小说）⋯⋯⋯⋯⋯⋯⋯⋯韩绍祖
《风波》读后（评介）⋯⋯⋯⋯⋯古　月

诗歌
丝路诗情（13首）⋯⋯⋯浪　波　尧山壁　商　欣
霍景维　陈佩芸　林　染

大学生诗苑（21首）⋯⋯⋯于　跃　马　莉　达　黄
朱　伟　唐长胜　白　德　汪东根　杜　南　陆　健
吴尚华　田玉川　杜　宁　董启荣　阿吉日勋泰
诗词之页（16首）⋯⋯⋯朱盛昌　陆兆钺　王伯敏
王家广　匡　扶　黄　珮
致 UFO⋯⋯⋯⋯⋯⋯⋯⋯⋯⋯吴辰旭
瑞雪图（外一首）⋯⋯⋯⋯⋯⋯王绥青
风儿已不再响⋯⋯⋯⋯⋯⋯⋯于　克
星星⋯⋯⋯⋯⋯⋯⋯⋯⋯⋯⋯黄秉荣
我爱⋯⋯⋯⋯⋯⋯⋯⋯⋯⋯⋯魏　珂
戈壁行（三首）⋯⋯⋯⋯⋯⋯⋯于世春
太阳与月亮⋯⋯⋯⋯⋯⋯⋯⋯穆长青

外国文学欣赏
巴黎的裁决（小说）
⋯⋯⋯⋯［英］伦纳德·梅里克著　郭　洛译

我与文学
眼泪，我奋力攀摘的蜜果⋯⋯⋯⋯徐绍武

评论
为进一步繁荣我省少数民族文学创作而奋斗⋯⋯武玉笑
内在的光芒
——读《蹩脚娘们》⋯⋯⋯⋯⋯志　成
不健康的创作倾向
——评《棉田明月夜》⋯⋯⋯⋯余开伟
月光王施头的故事（敦煌艺术介绍）⋯⋯樊锦诗

文坛争鸣
一九八一年以来关于部分中篇小说的讨论（资料）

美术
沿着丝绸之路的民间舞蹈（水粉画）
⋯⋯⋯⋯安跃华　陈家齐　冯天中
崛起（雕塑）⋯⋯⋯⋯⋯⋯⋯⋯汪兴中
放牧归来（中国画）⋯⋯⋯⋯⋯兆　鹏
清溪流水洗毛褐（中国画）⋯⋯⋯承　力

1982 年第 4 期　刊名：《飞天》
目录

小说·散文

啸歌出金石（历史小说）……………………………周国汉
不肖之子……………………………………………李益裕
自豪…………………………………………………邹志安
红袄…………………………………………………王吉星
木工三师傅…………………………………………刘　刈
凡人家信简抄………………………………………何道华
林曲儿………………………………………………张董家
蛛丝马迹……………………………………………张思明
陇乡短笛（小小说二题）…………………………祝正祥
酒泉溯源（散文）…………………………………李生德
伸向佛朗哥的枪口（中篇惊险小说连载）
　　　　　　　　　　　[日]谷克二著　杨生怀译

新芽

新妈（小说）………………………………………董利宣
从生活中去发掘（评介）…………………………兴　年

诗歌

大学生诗苑（23 首）…………………崔泽善　许德民
陈春林　盛子潮　何蔚萍　祁　智　刘希全　吴东升
时志明　周铁山
游子的心声…………………………………………海洪涛
织……………………………………………………马自祥
青山情………………………………………………毛敬文
水滴歌………………………………………………子　页
都市抒情曲（三首）………………………………夏　雄
迟到的笋（外一首）………………………………唐大同
纺织女工……………………………………………张永久
诗词之页（14 首）…………………刘海声　袁第锐
王沂暖　李　超　裴　慎

外国文学欣赏

第三个钮扣（小说）
　　　　　　　　　　[苏]鲍·希拉叶夫著　阎树声译

我与文学

冷水泡茶慢慢浓……………………………………古　华

评论

我们这里的年轻人
——简评 1981 年《飞天》部分小说中的青年形象
　　　　　　　　　　　　　　　　　　　　谢昌余
暎子深山奉亲（敦煌艺术介绍）
　　　　　　　　　　　马竞驰　卢秀文　方　萌

文坛争鸣

一九八一年关于文艺反映社会生活本质问题的论争
（资料）

美术

沿着丝绸之路的民间舞蹈…安跃华　陈承齐　冯天中
敦煌壁画临摹………………………………………冯　力
诗歌装饰画选登

1982 年第 5 期　刊名：《飞天》
目录

开掘精神文明的甘美之泉——飞天寄语
重学《讲话》札记…………………………………王礼逊

小说

拱桥水月……………………………………………孙家玉
团委书记……………………………………………虞大伟
九连环………………………………………………严黎歌
在骆驼城车站………………………………………任云鹏
蝶儿…………………………………………………浩　岭
唉，姑娘们…………………………………………景　风
最需要的……………………………………………刘钦烈
麝香…………………………………………………尕藏才旦
伸向佛朗哥的枪口（中篇惊险小说连载）
　　　　　　　　　　　[日]谷克二著　杨生怀译

新芽

新路曲（小说）……………………………………朱　龙
小路通向远方（评介）……………………………肖　为

诗歌
塞声

敦煌组诗（四首）…………………………………唐　祈
我幸运地歌唱………………………………………郝明德
吟在西岳华山（组诗）……………………………林　染
我的诗，在抛物线上………………………………李　鹏
这是真的吗？曾经…………………………………匡文留
大学生诗苑（17 首）………………孙晓刚　罗贵昌
叶延滨　俞　民　付卓洋　沈天鸿　宋立民　刘　宏
邢玉卓　马　季
诗词之页（13 首）…………彭　铎　叶元章　何光年
夏　羊　苏局仙　陈济汉　王凤显
"更新"的春歌………………………………………边国政
生活的旋律（组诗）………………………………赵雪勤
晨雾（外二首）……………………………………谢　聪
遥望…………………………………………………叶向阳
我认识我脚下的土地………………………………潞　潞

外国文学欣赏
爱与空虚（小说）
　　　　　　　[日]松本清张著　李　佩　刘子敬译

我与文学
从实招来 ································ 陈建功
迂回缓慢的行进 ······················ 赵启强

评论
莫高窟里的菩萨造型（敦煌艺术介绍）········ 方　萌
《大学生诗苑》印象（读者中来）

文坛争鸣
关于文学作品表现爱情问题的讨论（资料）

美术
帕米尔情话（水粉画）（封面）
　　　　　　 安跃华　陈承齐　郝　祥
青春之光（水粉画）（封二） ·············· 曹丽珍
煦风吹不尽（木刻）（封三） ·············· 苏　郎
老树叶绿（木刻）（封三） ················ 耿　汉
夜舞（装饰画）（封底） ·················· 文　岩

1982 年第 6 期　刊名:《飞天》
目录

小说
梨园弟子 ···························· 邵振国
赴约 ································ 李　禾
吃党户 ······························ 徐凤情
九月 ································ 王萌鲜
下海的人们 ·························· 杨显惠
伸向佛朗哥的枪口（中篇惊险小说连载）
　　　　　　　　 [日]谷克二著　杨生怀译

儿童文学小辑
燕燕的作文（小说） ···················· 谌　容
佩丽（小说） ························ 傅连理
团圆饭（小说） ······················ 高援朝

诗歌
塞声
断想四章 ···························· 伊丹才让
采自故乡的草莓（四首） ················ 李云鹏
春风牵来的牧歌（组诗） ················ 唐光玉
夜班车，驰向黎明 ···················· 何继军
山区行（组诗） ······················ 安墨田
他们还年轻（组诗） ···················· 阳　飚

归路（外一首） ······················ 高海咏
大学生诗苑（12 首） ·········· 晓　峰　刘跟社
卓　凡　陈彦宜　钱吕明　黄大明　何敬君　颜昌海
李金平　王治明
诗词之页（19 首） ·········· 夏征农　谢　堂　霍松林
韩　渊　胡喜成　裴怀安

剧本
西去的驼铃声（四幕话剧） ·············· 武玉笑

我与文学
觅向生活深处 ························ 曹　杰

敦煌艺术介绍
敦煌壁画中的团扇艺术 ·················· 李振甫

文坛争鸣
关于长篇小说《人啊，人！》的讨论（资料）

美术
丝路明珠（水粉画） ·········· 安耀华　陈承齐　郝　祥
戈壁之光（油画） ·············· 恩广智　曹丽珍
叫我怎能不歌唱（油画） ················ 樊吕梁
力量（油画） ························ 何　伟
丰收图（壁画局部） ···················· 曹丽珍

1982 年第 7 期　刊名:《飞天》
目录

一九八一年《飞天》短篇小说获奖作品

小说
"留只腿"小传 ························ 陈焕新
春天的朦胧诗 ························ 匡文立
未断的线 ···························· 杏　果
行云流水 ···························· 康　民
"土作家"轶事 ························ 金吉泰
伸向佛朗哥的枪口（中篇惊险小说连载）
　　　　　　　　 [日]谷克二著　杨生怀译

新芽
芬芳（小说） ························ 彭益成
希望之光在闪耀（评介） ················ 志　成

诗歌
塞声
寄意遥远的星座（组诗） ················ 何　来
生活的意象（三首） ···················· 嘉　昌

月牙泉命题诗一组 ……………………… 向 荣 崔 桓
郝明德 李 鹏 高 戈 唐光玉
在画展大厅里，一个矿工（外一首）……… 人 邻
离别 ……………………………………… 李 述
大学生诗苑（16首）…………………… 曹 剑 尚春生
彭国强 杨争光 周雪峰 冯颖贤 崔永进 叶流传
肖 琦 王 健 安 源 方怀南
乡村抒情诗（组诗）……………………… 余以建
钟情 ……………………………………… 张德祥
对语 ……………………………………… 张先德
小雨点（四首）…………………………… 唐元锋
寓意草 …………………………………… 姚 莽
诗词之页（12首）……………………… 谢 宠 程千帆
马录程 孙艺秋 金行健 宋 廊

外国文学欣赏
淡淡夫妻情（小说）
[苏联]卡尔达别克·奈曼巴耶夫著 乡 华译

我与文学
道是无情却有情 ………………………… 京 夫

评论
敦煌彩塑的衣褶（上）…………………… 孙纪元
读者中来（二则）……………………… 天 海 黄忠信

文坛争鸣
一九八一年文艺理论研究概观（资料）

美术
春回草原（水粉画）…………………… 于 天 陈承齐
金鱼（中国画）…………………………… 韩不言
天鹅（中国画）…………………………… 韩不言
虾（中国画）……………………………… 韩不言
荷花（中国画）…………………………… 韩不言
人民大会堂甘肃厅壁画初稿（局部）…… 李坦克

1982年第8期　刊名:《飞天》

目录

小说·散文
花花的悲剧 ……………………………… 牛正寰
针织姑娘 ………………………………… 贾平凹
手 ………………………………… 陆 新 李胜果
重婚记 …………………………………… 马春阳
庆端阳 …………………………………… 高尔太
我们这个四合院 ………………………… 严 军
"臭豆腐"先生轶事 ……………………… 樊德溪

散文二题（散文）………………………… 胡迅雷
碧口水库掠影（散文）…………………… 王兰玲
四方集（散文四章）……………………… 嘉 昌

新芽
笼子里的小鸟（小说）…………………… 雷 力
小鸟应飞翔（评介）……………………… 郭 致

诗歌
塞声
出塞（组诗）……………………………… 林 染
起飞（外一首）…………………………… 向 荣
机械师 …………………………………… 廖代谦
访拉卜楞寺（二首）……………………… 李 镜
给妈妈的信 ……………………………… 崔 桓

大学生诗苑（22首）…………………… 尚春生 周伦佑
老 嘎 刘 珂 孙武军 张 真 李玉成 赵 坤
张黎明 李珊利 郭春俭 李坚毅 吴春岗 陆 健
周成海 王前锋
兰州近郊（外二首）……………………… 蔡其矫
列车上拾到的诗（三首）………………… 杨 牧
有这样一个小山村（组诗）……………… 张庆明
机翼托着一个明丽的早晨（外一首）…… 李松涛
春，也在我心里 ………………………… 秋 枫
湖山之间（二首）………………………… 卢庆平
一尊静静的雕像 ………………………… 裴小龙
诗词之页（15首）……………………… 胡 风 刘 梓
徐振辉 张珍怀

外国文学欣赏
被禁锢的少女（小说）
[印]莫汉·拉盖什著 王化国译

我与文学
日积跬步致千里 ………………………… 叶文玲

评论
努力肩负精神文明建设的重任
——《飞天》"新芽"小说漫评 ………… 张志清
文艺随笔五题 ……………… 高 平 任遂虎 冠 勇
杨德华 徐剑君

敦煌艺术介绍
敦煌彩塑的衣褶（下）…………………… 孙纪元

文坛争鸣
部分小说争鸣中反映出来的关于当代青年形象塑造的
问题（资料）

美术

哈萨克的传说（水粉画）————安耀华

日月同心（中国画）————马芳华

藏族儿童（中国画）————张兆鹏

藏族姑娘（中国画）————王巨洲

秋声（水粉画）————于 天 承 齐

1982 年第 9 期 刊名:《飞天》
目录

小说·散文

小草————虞大伟

血肉————冯萌献

鸣————王守义

小沟边，草地上————李惠新

鸡鸣早起————柏 原

老袁辞职————于维国

深夜里发生的事情————徐志义

李季书简

手捧素笺忆深情————谢介龙

生命的拼博（散文）————莫 耶

新芽

镜子（小说）————王振华 阎宝生

从镜子里看到的（评介）————陇 山

诗歌
塞声

乡土的眷恋（组诗）————汪玉良

青青的腊树林————郝明德

乡村酒店————杨德禄

迎亲的"手扶"进了庄————王五星

妻子的爱————陈明华

明亮的车窗————李资仁

唱个山歌试妹心（情歌十首）————雪 犁 搜集整理

天山偶忆三题————章德益

高飞的鹰————黄德涵

草原风情（二首）————宁 宇

山乡诗笺（四首）————阎振甲

崇文塔感赋————峭 石

落叶小集————蓝 曼

大学生诗苑（20 首）——叶延滨 沈天鸿 雪 海 吴春岗 孙晓刚 张海宁 王思风 徐国强 尚 方 莱 笙

诗词之页（13 首）————孙耘动 陈济汉 刘 章 吴世昌 姚 莹 金紫恒 张秋红

外国文学欣赏

一篇小说的诞生（小说）————〔挪威〕赫尔格·哈格鲁普著 阎树声译

浪子归来（小说）————〔美〕彼德·哈米尔著 唐若水译

开着的窗户（小说）————〔英〕萨基著 李清毅译

无聊（小说）————〔日〕星新一著 刘艺峰译

我与文学

散文浅探————魏钢焰

评论

它打开了我们的心扉————晓 蓉等

文艺随笔三题————唐代凌等

别具特色的莫高窟西夏装饰（敦煌艺术介绍）————刘玉权

文坛争鸣

关于"新的美学原则"问题的讨论（资料）

美术

人大会堂甘肃厅壁画初稿（局部）——杨 鹏 娄溥义

静（中国画）————秦 文

雪莲（中国画）————承 力

读（中国画）————宝 峰

绿夏（中国画）————曹丽珍

1982 年第 10 期 刊名:《飞天》
目录

小说

田园————陈忠实

八月十五月儿圆————梁晓声

珍珠女————孙家玉

"椰头"郭山林————杜万青

太平镇上————林恩瑜

小兴河上有座桥————曹仲高

开窍————世 隆

新芽

喜梅（小说）————戚子明

写自己熟悉的（评介）————石 农

诗歌

大学生诗苑（21 首）——苏 力 凌代坤 李淳之 彭国梁 峻 翔 卓 凡 张 华 史秀图 黄 荣 马 凌 程 宏 李景耀 李其纲 张雁池 朴康平

诗歌
塞声

山峦	李政民
漠海放线（外一首）	温首明
长城鸟鸣（外一首）	师日新
拉萨游兴（三首）	高平
流逝在山村里的时光（组诗）	熊立人
追寻（外一首）	陈宝山
丝路遗踪	苏锐钧
关于人的诗（三首）	任国一
阳台上站着一个老人	张德强
农家小景（三首）	宋文杰
夏天的品德	何抒秀

塞上短句（三首）	肖川
大漠车队（外一首）	郭维东
夜宿	杨子忱
诗词之页（15首）———叶元章 匡 扶 肖 华	
夏 羊 张 蓁	

外国文学欣赏
帮帮好人（小说）———［苏］阿纳托利·科尔萨科夫
肖 辉译 马 争校

作家纪事
"风雨茅庐"外纪（上）———黄萍荪

我与文学
后边的路短 前边的路长———晓 凡

评论

从田园走向社会	余 斌
《苦荞花》的情节结构和主题	李文衡
细节描写与人物刻画	向阳红
天王与武士（敦煌艺术介绍）	蒋毅明

文坛争鸣
关于几个短篇小说的争论（资料）

美术

古陶新韵（装饰画）	曹丽珍
浴（石版画）	陈 延
晨（油画）———田立为	王守树
小鹿（中国画）	王燕安
山情（装饰画）	杨 鹏

1982 年第 11 期　刊名:《飞天》

目录

小说

新春情	喆 夫
在静静的温泉下	伊 萍
走在山间的小路上———周 矢	郭培杰
长着长尾巴的花鸟	田信军
祭鬼	汪保尔
王大顺小传	效延庆
浪漫与现实	李民发
侏儒	晓 蕾

新芽

请你不要望着我	乔 里
小议《请你不要望着我》（评介）	李 愚

诗歌
塞声

攀枝花，英雄的花	于辛田
唱给敦煌（二首）	赵之洵
西藏散歌（四首）	罗 洛
护线兵的歌	力 辛
雨后胭脂山（外一首）	曹永安
返青的田野（二首）	刘志清
丁香（外一首）	张俊彪
晨（外一首）	高 凯
肩的礼赞（散文诗）———（白族）	那家伦
芒种节	姚振函
地平线	薛亦然
度假时的沉思	张雪杉
一束蒺藜花（四首）	张维芳
草籽篇	梅绍静
大学生诗苑（24首）———宋 琳 钱吕明	徐建勋
艾之风 王春平 李剑虹 岳 丁 丁玉萍 孔路原	
辛 磊 曹汉俊 何 锋 刘 海 岳智强 石 岚	
诗词之页（19首）———胡 风 裴慎之 谢 东	
聂凤乔 赵晶晶	

外国文学欣赏
真情话（小说）
———［意］路易吉·皮蓝德娄著　冯玉律译

作家纪事
"风雨茅庐"外纪（中）———黄萍荪

我与文学
我的文学之路———刘 真

得之山水的 ABC ·············· 匡文立

评论

飞天的新生代
——《大学生诗苑》述评 ······ 谢 冕
一步一步地攀登 ·············· 李 愚
读者中来（四则） ············ 燕林等
"塞上诗会"在银川召开（文艺消息）

敦煌艺术介绍

浅说胡腾舞 ·················· 孙修身

文坛争鸣

"问题小说"讨论综述（资料）

美术

杏儿黄了（装饰画） ············ 文 岩
下海的人（插图） ············ 薛晓林
唉，姑娘们（插图） ············ 晓 林
重婚记（插图） ·············· 文 岩
被禁锢的少女（插图） ·········· 宝 峰
溪边（水粉画） ············ 郝 祥 雪 泉

1982 年第 12 期 刊名：《飞天》
目录

小说·散文

河西恋 ·················· 杨显惠
小白屋 ·················· 田 夫
心 ·····················王家达
暑 ·····················李岩希
割爱 ·····················易希高
儿子走后 ·················· 何 伦
杨柳依依 ·················· 孟新有
那里能唱歌 ·················· 赵向毅
影无凭 ·················· 廖华歌
乡情 ·················· 芦振国
无穷花 ·················· 李江树
石榴花开了 ·················· 钱立言
碧口桂花树 ·················· 张俊彪

新芽

宽恕（小说） ·············· 赵玉芳
《宽恕》读后 ·············· 金 风

诗歌
塞声

疏勒河满足而欣喜（外一首） ······ 何 来

边疆的献诗（组诗） ············ 唐 祈
我生产着我 ·················· 姚学礼
黄土高原——化合的海 ·········· 焦丽达
麦垛，正向前方延伸 ············ 王佑生
化纤工人与蒲公英 ············ 王维舟
清晨——妈妈啊 ·············· 憨 煤
播（外一首） ·················· 憨 煤
这就是春天 ············ （回族）高 深
在腾格里沙漠中（四首） ···· （蒙古族）查 干
不是梦的梦 ·················· 赵亦吾
龙潭的追求 ·················· 赵福辰
虹的独白 ·················· 马绍中
大学生诗苑（22 首） ······ 聂还贵 麻 光 赵和旭
吴尚华 王爱中 张子选 黄 骏 程宝林 白 弓
胡万俊 邵振永 杨 柳 王永聚 邵好学 迟荣辉
李淑旺 何君健 周建华
诗词之页（11 首） ······ 谢 宠 张耘动 金紫恒
郑 文 袁第锐 王沂暖

外国文学欣赏

期待的女人（小说）
············ ［法］桑达尔·波诺-玛莱斯克著 杨松河译

我与文学

在学习中探索 ·················· 汪玉良

敦煌艺术介绍

敦煌壁画中的唐代供器 ············ 李振甫

文坛争鸣

近来来关于"共同美"问题的讨论（资料）

美术

庆丰收（装饰画） ············ 杨 鹏 陈承齐
风霜起高峡（木刻） ············ 苏 朗
鹰（木刻） ·················· 恩广智
戈壁寻宝（木刻） ·············· 张 跃
织毡女（装饰画） ·············· 安耀华

1983 年第 1 期 刊名：《飞天》
目录

小说

菊花重开的时候 ·············· 蔡 磊
争场 ·····················邵振国
魏司务进京 ·················· 权延赤
三家院 ·················· 章 频
青山遮不住 ·················· 景 风

获胜者⋯⋯⋯⋯⋯⋯⋯⋯⋯⋯⋯黄文兴
火剋金⋯⋯⋯⋯⋯⋯⋯⋯⋯⋯⋯李益裕
在那个地方⋯⋯⋯⋯⋯⋯⋯⋯⋯刘　刘

新芽
灯光（小说）⋯⋯⋯⋯⋯⋯⋯⋯⋯黄　陌
在比较中思考（评介）⋯⋯⋯⋯⋯闻　迅

诗歌
大学生诗苑（19首）⋯⋯⋯⋯黄云鹤　柯　平
陆孝生　邓善洁　陈作炳　段瑞秋　人　邻　卓松盛
张子逸　张小波　顾　昕　方　向

塞声
在田野上（组诗）⋯⋯⋯⋯⋯⋯⋯高　凯
青峰及其他（三首）⋯⋯⋯⋯⋯⋯昌　耀
炊烟（外一首）⋯⋯⋯⋯⋯⋯⋯⋯李政民
沙漠的儿子⋯⋯⋯⋯⋯⋯⋯⋯⋯董培蝎
妈妈，别这样⋯⋯⋯⋯⋯⋯⋯⋯童亚玲

诗歌
遥远的回声（组诗）⋯⋯⋯⋯⋯⋯薛卫民
别曲⋯⋯⋯⋯⋯⋯⋯⋯⋯⋯⋯⋯武兆强
游中南海随笔（二首）⋯⋯⋯⋯⋯边国政
诗三首⋯⋯⋯⋯⋯⋯⋯⋯⋯⋯⋯曾静平
给砍柴的孩子⋯⋯⋯⋯⋯⋯⋯⋯胡学武
诗词之页（16首）
⋯⋯⋯⋯凌国星　谢　宠　王家广　马竞先

外国文学欣赏
假钞票的故事（小说）
　　[意]阿尔贝托·莫纳维亚著　阎树声译

作家纪事
"风雨茅庐"外纪（下编一）⋯⋯⋯黄萍荪

我与文学
两栖杂述⋯⋯⋯⋯⋯⋯⋯⋯⋯⋯汪曾祺

敦煌艺术介绍
漫谈莫高窟早期壁画中虎的形象⋯⋯刘玉权

文坛争鸣
围绕《时代的报告》"本刊说明"的一场争论（资料）

美术
《敦煌乐舞》壁画稿局部⋯⋯⋯⋯李建群
藏女（石雕）⋯⋯⋯⋯⋯⋯⋯⋯王志刚
初升的太阳（中国画）⋯⋯⋯⋯⋯由旭声
《似锦年华》壁画稿局部⋯⋯⋯⋯李建群

1983 年第 2 期　刊名:《飞天》
目录

小说·散文
风波⋯⋯⋯⋯⋯⋯⋯⋯⋯⋯⋯⋯王民举
本届桥牌联赛⋯⋯⋯⋯⋯⋯⋯⋯王世伟
杏花村落⋯⋯⋯⋯⋯⋯⋯⋯⋯⋯匡文立
霞光中的少女⋯⋯⋯⋯⋯⋯⋯⋯浩　岭
夜行车⋯⋯⋯⋯⋯⋯⋯⋯⋯⋯⋯何生祖
镍都今年22岁（报告文学）⋯⋯⋯曹永安
地下"动物园"（散文）⋯⋯⋯⋯贾平凹
宴会厅里的梅花（散文）⋯⋯⋯⋯肖　凡
华山三石题记（散文）⋯⋯⋯⋯⋯郭新民
绿的河（散文）⋯⋯⋯⋯⋯⋯⋯和　谷

新芽
小雨（小说）⋯⋯⋯⋯⋯⋯⋯⋯贺新耘
读《小雨》之后（评介）⋯⋯⋯⋯一　凡

诗歌
大学生诗苑（21首）⋯⋯⋯⋯⋯李　磊
郑建君　张　潮　祁　智　许德民　罗巴江　潇
邢　凯　苏　群　孔路原　刘荣升　林锡潜　陈春林
张　杰　田　华　达　黄

塞声
玉门诗抄（组诗）⋯⋯⋯⋯⋯⋯⋯杨　树
我高原上的一家（组诗）⋯⋯⋯⋯陈　默
春的定义（外一首）⋯⋯⋯⋯⋯⋯嘉　昌
出塞（外二首）⋯⋯⋯⋯⋯⋯⋯林　染
金渠⋯⋯⋯⋯⋯⋯⋯⋯⋯⋯⋯⋯王　庆
我生产雷，我生产火⋯⋯⋯⋯⋯霍景维
山影（外一首）⋯⋯⋯⋯⋯⋯⋯杨子忱
竹林青青（三首）⋯⋯⋯⋯⋯⋯唐大同
小憩，我掏出那张毕业像（外一首）⋯⋯雷恩奇

滴翠的竹园（外二首）⋯⋯⋯⋯⋯野　草
发向腾格里的信⋯⋯⋯⋯⋯⋯⋯黄　默
诗词之页（15首）⋯⋯⋯胡喜成　胡　征　乔先之
富寿荪　魏明安　丘良任　林从龙

外国文学欣赏
意大利的天空（小说）
⋯⋯⋯⋯⋯[法]弗朗索瓦·萨冈著　吴岳添译

作家纪事
"风雨茅庐"外纪（下编二）⋯⋯⋯黄萍荪

我与文学
难得自知 —————————— 林斤澜

评论
寄希望于自己的园地
——西北师院诗会座谈《大学生诗苑》诗作
生活的多样化与诗的特色
——一九八二年《塞声》漫评 ———— 孙克恒
这火是有希望的
——为夏羊创作四十年而作 ———— 何　来

敦煌艺术介绍
敦煌壁画中菩萨造型的依据 ———— 欧阳琳

文坛争鸣
关于"两结合"问题的讨论概述（资料）
发展少数民族文学创作开创甘肃多民族文艺事业的新
局面（文讯）

美术
绣（装饰画）———————————— 安耀华
四季春（中国画）———————— 吴山明
回娘家（装饰画）———————— 石兰英
黄金地（丙烯画）———————— 曹丽珍
驼铃声声（装饰画）—————— 钟　荣

1983 年第 3 期　刊名:《飞天》

目录

小说
大学生进行曲 —————————— 陆　新　李胜果
遇困在戈壁 ———————————— 傅　冰
他们相会在海滨 ———————— 严黎歌
晨曦洒在这里（中篇小说）———— 邵振国
夕阳西下时 ———————————— 乔　里
舅舅 ———————————————— 许金坤
出路 ———————————————— 何宪章
修鞋 ———————————————— 贾　克
爱情不是演戏（报告文学）—— 王宗仁　常　思

新芽
可怜天下父母心（小说）———— 陈维中
可贵的特色（评介）—————— 李　愚

诗歌
塞声
新大陆散章（三首）—————— 段　玫
汽车，行驶在弯弯的山路上 —— 李　述

黑虎哥和我 ———————————— 高海咏
舞台，艺术的海 ———————— 刘邦慧
思乡 ———————————————— 梁　燕
黄河的孩子 ———————————— 匡文留
无题草 ———————————（蒙古族）韩　霞
抒情诗三首 ———————————（藏族）丁玉萍
在三路汽车站 ———————— 贾舒云

大学生诗苑（17 首）———— 王　健　曹汉俊　俞　民
刘　勇　于　跃　廖伦忠　马　季　李登建　王春平
李　斌　郁　斌　刘希全　卢景林

诗词之页（15 首）———— 孙丕任　王玉祥　陆兆钺
刁永泉　孙其芳　郑　文　陈剑虹　张　蓁

外国文学欣赏
巴斯塔布尔夫人的惊恐（小说）
———————— ［英］萨基著　谷　闻　苏　戈译

我与文学
在写作中断时期 ———————— 邓友梅

评论
《云雾草》序 ———————————— 孟伟哉
有益的探索　微弱的信息
——读《下海的人们》———————— 卫　中
也应该注意的创作倾向
——评《下海的人们》———————— 天　海
在如此平淡的生活面前
——读《庆端阳》———————————— 张明廉
读者中来 ———————————————— 秋　枫等

敦煌艺术介绍
莫高窟艺术中的动物画 —————— 方　萌

文坛争鸣
一九八二年几个中篇小说的争论（资料）

美术
月光曲（壁画稿局部）—————— 关　雷
丝路新弦（木刻）———————— 晓　岗
杏熟时节（中国画）———————— 马芳华
傣族姑娘（中国画）———————— 马芳华
鹤的传说（装饰画）———————— 钟　嵘　宗孟

1983 年第 4 期　刊名:《飞天》
目录

一九八二年《飞天》文艺评奖揭晓

小说·散文

蜜月·······························赵根荣
白驼·······················任　衡　张　颖
天若有情···························梁晓声
拐杖的故事·······················（回族）李志坚
月夜·······················（藏族）扎西东智布
噢，阿利玛··················（东乡族）舍·尤素夫
雨思（散文）··················（满族）金彦君

新芽

红案组的哥儿们（小说）···················肖　凡
开挖生活的泉眼（评介）···················古　月

诗歌

大学生诗苑（18 首）·······于　坚　金汝平　刘鸿伏
邵　璞　吴淑君　申斯春　徐　芳　钱叶用　许建平
邵振永　童中贵　邓学政
《飞天》一九八二年大学生诗歌评奖揭晓

塞声

从沙漠飘出的歌（组诗）············（蒙古族）韩　霞
草地上拾得的诗（组诗）···········（藏族）道吉坚参
充实的微笑（外二首）············（回族）沙　新
回乡素描（二首）··············（回族）周梦诗
光的绿色屏障················（回族）张杏莲
雅鲁藏布的色谱（组诗）··········（藏族）伊丹才让
山乡灯光（散文诗）············（回族）马晓军

诗词之页（19 首）··········陈　略　叶元章　沈元伟
穆长青　王　见　孙运河　陈济汉　仇向阳　吴淮生

外国文学欣赏

诱人的泡泡刺（小说）
···········[苏]洛·叶尔莫莉耶娃著　刘　骧译

作家纪事

忆何其芳同志·······················野　谷

我与文学

脚印·····························罗　洛

评论

试评何来近期的诗作··················李幼苏

敦煌壁画中的西域商队（敦煌艺术介绍）·······蒋毅明

文坛争鸣

关于贾平凹创作的讨论（资料）

美术

乐神（中国画）······················何　山
反弹琵琶（雕塑）·····················孙纪元
天趣（雕塑）·······················何　鄂
笛声（雕塑）·······················罗代奎

1983 年第 5 期　刊名:《飞天》
目录

小说

昨日风雨·························陈焕新
杜二撇子·························李　泉
这块乐园呵·························李惠新
眷恋····························清　波
青烟，从古城墙下升起（中篇小说）···········王萌鲜
绝窍····························刘金星

新芽

生活是这样美好（小说）·················刘晓玲
一个巧妙的安排（评介）·················早　乙

诗歌

诗苑之友（10 首）····刘国尧　冯　诚　宋立民　吴东升
大学生诗苑（16 首）·······卜凡中　吴　伟　刘曙光
曹　鹏　崔以琳　任永恒　朱晓军　周恒发　李彬勇
贾　羽　陈　敏　李　屹　方文竹

塞声

将军与城（组诗）·····················李　瑜
莫高窟，有一位姑娘（外三首）··············阳　飓
我是石油河的女儿·····················李　鹏
六盘山松·雾·······················蔡学士
花的音符（外一首）····················周云峥
多彩的四季（组诗）····················胡学武
湖（二首）························木　斧
大西北之旅（三首）····················浪　波
雪莲寄情·························李　振
相思在北方·························黄　默
你没有走·························峭　石
题赠失恋的 L·······················韩英珊
诗词之页（19 首）··········匡　扶　王沂暖　肖　华
张举鹏　袁第锐

外国文学欣赏
轻轻的呼唤（小说）
　　　　　　　　　　　　——［俄］伊·阿·蒲宁著　冯玉律译

作家纪事
何其芳琐忆————————————————何海若

我与文学
创作道路上的回顾————————————张石山

文艺随笔
漫谈文学作品的格局————————————叶水涛
谈谈艺术作品中的变形————————————梁永安

文坛争鸣
关于现代派问题讨论概述（资料）

美术
乐神（中国画）————————————————何　山
金城抒怀（油画）——————————————姜建华
笛声（木刻）————————————————恩广智
甜（木刻）——————————————————康兴德

1983 年第 6 期　刊名:《飞天》
目录

小说·散文
漩涡————————————————————广　峻
富有之家——————————————————郭从远
他送她一支铅笔————————————————陈卓乾
靠山街————————————————————四　海
锣声的召唤—————————————————王晓新
做工————————————————————汪泓波
离休之前——————————————————李兴桥
无名卫士——————————————————渭　水
拣乌鱼盖的孩子————————————————刘钦烈
山啊，告诉我什么?（散文）————————周如镜
一条清清的埝渠（散文）——————————牛正寰
阿哥留下一支歌（散文）——————————冯　军

新芽
白鸽·金豹·红柳（小说）—————————萧　鸣
读《白鸽·金豹·红柳》（评介）—————闻　迅

诗歌
塞声
大山孕育的故事（组诗）——————————郝明德
荒野的素描（组诗）————————————周　涛
在南疆（组诗）————————————————杨　牧

天山的线条（外一首）———————————章德益
大学生诗苑（21 首）———————聂卫平　金富贵　童中贵
子　剑曹　勇朱继君　忆　敏吴　霖张　擎
吴久冰　小　舟　仲加宪　袁国美　王　煦　戴静凌
张　云　张宏森
诗词之页（18 首）——————陈九思　富寿荪　刘海声
匡荣归　裴慎之
果实向谷仓叩门（外二首）—————————绿　藜
我的汗————————————————————江长胜

外国文学欣赏
假如我有三天看得见（小说）
　　　　　　　　　　——［美］海伦·凯勒著　刘冬妮译

我与文学
上路·弯路·山路————————————谭　谈

评论
《争场》提出的严肃课题——————————魏　珂
熠熠生辉的司务长————————————刘明武
短而深的一篇好小说————————————徐本礼
一篇出新之作—————————————向阳红
一个不真实的形象————————————江　德

文坛争鸣
关于部分农村题材小说的争鸣（资料）

美术
花神（中国画）————————————————何　山
泉水叮咚（雕塑）——————————————王志刚
小雨点（雕塑）————————————————王兴中
春来了（雕塑）————————————————王志刚

1983 年第 7 期　刊名:《飞天》
目录

小说
鹅湖水妹子——————————————————叶明山
悠悠马莲河——————————————————喆　夫
落日沉寂的小站————————————————庐　野
小河从他心上流过————————————————高　鲁
旋转的车轮——————————————————张新建
二旦和双蝶——————————————————衣冠履
矿灯，多情的眼睛————————————————万　一
小组会上——————————————————汪玉祥
淡淡的甜——————————————————汪　洋
小数点————————————————陈　重世　隆

微型小说四题 —————————— 金吉泰

新芽
相识在早晨（小说） —————— 徐贵祥
读《相识在早晨》（评介） ——— 闻 迅

诗歌
黎明，我宣告萌芽（外二首） —— 杨松杰
我愿意有这样的夜 ——————— 嘉 梁
石榴树（外一首） —————— 邵燕祥
阴雨天 ————————————— 曹 敦

大学生诗苑（22 首）——— 宋 琳 蔡春芳 尹清轶
祁 智 毛 汉 武永利 李 磊 刘 云 蒋旭光
张 杰 陶 炼 于 跃 王亚西 张子选

塞声
肉蹄及其他（三首） ————— 何 来
思念布隆吉尔 ———————— 林 染
青铜峡，跃出一轮太阳 ———— 肖 川
绿洲抒情诗 ————————— 郭维东
热处理（外二首） —————— 姚学礼

诗词之页（19 首）—————— 王玉祥
张珍怀 汪长祥 王云波 林从龙 张天弓 吴庚舜
谢崇德 金紫衡 黄伟慎

外国文学欣赏
帕克妈妈（小说）
　　　　[英] 凯瑟琳·曼斯菲尔德著　夏丽君译
"你甭和迈克尔说话"（小说）
　　　　[美] 维·奥尔森著　毕小宁译

我与文学
蝴蝶总是要跟它的蛹决裂的 —— 景 风

评论
浪花里飞出时代的歌 ————— 谢昌余
让艺术五颜六色地年轻 ——— 华东师大"夏雨"诗社
他们同太阳一样年轻 ————— 高 戈
心灵的发掘与自我意识的复归 — 陈德宏

文坛争鸣
围绕文艺评论问题的讨论（资料）

美术
节日（水粉画） —————— 安耀华
奇峰对陇原（中国画） ——— 王文芳
甘肃甘谷大象山（中国画）—— 王文芳

晨（装饰画） ———————— 安耀华

1983 年第 8 期　刊名:《飞天》
目录

小说·散文
她和他们 —————————— 肖复兴
街心有片绿荫 ———————— 柏 原
早晨七点钟 ————————— 倪 土
临街一间屋 ————————— 陈焕新
在明媚的春天里 ——————— 吴 彬
家务纠纷 ————————— 杏 果
老魏的博物馆 ———————— 秦 晗
雪雾雾 ————————————— 田 夫
骨肉之间 ————————— 史文彬
枫（散文） ————————— 叶 梦
白霜花（散文） ——————— 李逢春

新芽
抹不掉的记忆（小说） ———— 高 原
清浅的小溪（评介） ————— 童 霖

诗歌
大学生诗苑（24 首）——— 程宝林 何绍义 陈宇光
郑建军 郑小光 欧阳昱 崔泽善 郭 葳 陈 敏
达 黄 封新成 林有盛 周忠良 康 康 李大中

塞声
镍都生活素描（二首） ———— 曹永安
我飞翔（外一首） —————— 廖代谦
阳光下的复活（组诗） ———— 张思奇
祭情河（外一首） —————— 高 平
船上 ————————————— 刘江生
长城，风景线（外一首） ——— 夏 羊
给大同河 ————————— 晓 何

诗词之页（21 首）—————— 杨植霖 胡喜成 兰正文
孙耘动 陈九思 沙元伟 詹亚园 何之硕

外国文学欣赏
生涯（小说）———— [法] 安德烈·莫洛亚著　王士元译

我与文学
迷人而艰辛的事业 —————— 贺抒玉

评论
创作的"主见"及其他（文艺随笔）—— 周政保
烦中取简（文艺随笔） ———— 金 予
从给石狮添尾巴谈起（文艺随笔）——陈自仁

文坛争鸣

近年来关于现实主义理论的探讨（资料）

美术

孔雀之乡（装饰画）—————————————钟　嵘
沃土——灿烂的文化（人民大会堂甘肃厅壁画）
—————————————————李坦克　李建群
陇原春华（人民大会堂甘肃厅壁画）
—————————————————娄溥义　杨　鹏
沃土——灿烂的文化（人民大会堂甘肃厅壁画局部）
—————————————————李坦克　李建群
养鸡姑娘（装饰画）—————————————梁宗孟

1983 年第 9 期　刊名:《飞天》
目录

小说

树上的鸟儿—————————————————王　戈
当着组织的面说————————————————曹正路
冬雁———————————————————王良瑛
夏夜———————————————————武永杰
白浪涌沙滩————————————————陈金堂
野狐湾———————————————————映　泉
一家人——————————————————林恩瑜
生活，是五光十色的—————————————文素琴
啊，极顶—————————————————费金深

新芽

委屈（小说）————————————————金　堂
为普通劳动者讴歌（评介）——————————一　真

诗歌

大学生诗苑（20 首）———————张子选　董光辉　欧　沙
刘中国　罗　巴　刘　频　邵　璞　王德祥　刘荣升
尹志杰　毕　郁　张　真　李汉荣　乔玉钢

塞声

高原泼墨（组诗）——————————————刘宏亮
人群里，我吹响铜哨（组诗）—————————高　凯
美丽的喀纳斯（组诗）————————————田先谣
造化的醇酿（五首）—————————————伊丹才让
卖冰棍的少女————————————————殷纪平
乡野素描（组诗）——————————————陈应松
弹棉花——————————————————袁永庆
父女———————————————————张朝晖
船厂素描三幅（组诗）————————————钱国梁
诗词之页（14 首）——————王希凡　姚雪垠　裴慎之
何国栋　王沂暖　张季纶　王　见

外国文学欣赏

莉丽（小说）——————————［冰岛］赫尔多尔·奇里扬·
拉克司奈斯著　唐凤楼译

我与文学

我是被"逼上梁山"的作家——————————张　扬

评论

在现实主义的道路上开拓前进———孙吉康　康文龙
法国现代诗歌片论——————————————罗　洛

文坛争鸣

关于《崛起的诗群》一文的讨论（资料）

美术

草原（壁画稿局部）—————————————李建群
拉卜楞寺晚照（中国画）———————————陈天铀
林中（中国画）——————————————冯　力
东乡风情图（中国画）————————————沈风涛
小憩（中国画）——————————————雷　春

1983 年第 10 期　刊名:《飞天》
目录

兰州漫忆—————————————————伍修权

小说·散文

琵琶女——————————————————寇云峰
乡思———————————————————张品成
中通外直—————————————————孙家玉
芭蕉寨的故事————————————————颜昌海
当噩耗传来的时候——————————————丹　萍
诱惑———————————————————蒋　韵
女女进城—————————————————谷树明
第二十三张"全家福"————————————牟　强
小路———————————————————梅子涵
他在村外徘徊————————————————刘　玉
小屋（散文）————————————————金彦君
小巷春秋（散文）——————————————徐光明

新芽

星期二上午，雨……（小说）————————韩　春
一篇短小清新的作品（评介）—————————李　愚

诗歌
塞声

西流河——————————————————沈孝达
特殊记忆里的篁村（组诗）——————————李云鹏
雪，土伯特女人和她的男人及三个孩子之歌———昌　耀

我的思念（组诗）————————————————杨　树
甜蜜蜜的葡萄园（组诗）——————————唐光玉
机场，一位老农（外一首）——————————向　荣
大学生诗苑（19首）————陈文邦　廖长华　刘　昕
彭国梁　李清风　唐元峰　王　寅　夏勇刚　李建华
汪建民　康义逵　黄　垡　李国华　田玉川　刘益人
诗词之页（23首）————王仕六　兰正文　杨植霖
王　忠　周济人　孙其芳　雷树田　李信仓

外国文学欣赏
乐队里的小人物（小说）
————————————[挪威] T.涅德缪丝著　钱竹铭译

我与文学
走自己的路————————————————————金　河

评论
摹写生活激流里的浪花（文艺简讯）
——我省召开首次部分青年小说作者、作品讨论会

探索·追求·前进
——简评匡文立文学创作的特色————————钱觉民
新的阻塞
——谈当前的流行诗————————————————陈　超
关于诗的随想————————————————————高　平

文坛争鸣
一九八二年关于部分中篇小说争论的综述（资料）

美术
花神（中国画）————————————————————何　山
归途（雕塑）————————————————————汪兴中
莲花童子（雕塑）————————————————————何　鄂
黄河儿女（雕塑）————————————————————何　鄂
飞天之舞（水彩画）——————————————————曹立侃

1983 年第 11 期　刊名:《飞天》

目录

改版告读者

小说·散文
湖畔——————————————————————————谭元亨
省长选秘书————————————————————阖建彬
萌芽——————————————————————————刘春来
雪路上的脚印————————————————————王振武
明溪谍————————————————————————张聚宁
船——————————————————————————杨争光

夕阳下的"金字塔"——————————————————钟海成
月皎皎——————————————————————————傅连理
猎狼——————————————————————————阎国瑞
水月（散文）——————————————————————张董家

新芽
飞吧，我心爱的鸽子（小说）————————————赵　穗
生活充满着希望和光明（评介）————————————海　若

诗歌
塞声
诗，幻梦和现实的选择——————————————汪玉良
县城里，贴着一张招工广告（外一首）————姚学礼
我以西北的名义————————————（回族）沙　新
别了，青年时期——————————————————仇　非
大娘的照片——————————————————————李政民
小院晨曲——————————————————————杜海涛
牵牛花——————————————————————————李建荣
初夏——————————————————（回族）李淳之
我是一条黑色的河——————————————————郭兰芳
大学生诗苑（21首）————邵克难　姜龙飞　冯金彦
陈燕妮　谷文通　王承典　宋庆平　曹远秋　俞　郁
薛亦然　汪东根　嘉　平　杜　南　刘亮明　吴　笛
游国华　封新成　邹侗生
诗词之页（17首）——————————赵品光　黄德彰
雍文华　徐通翰　柏仰苏　刘海声
边城素描（外一首）——————————————————柏　桦
春之歌（外一首）——————————————————韦晓吟
雪花——————————————————————————梁谢成
一个爆米花的老人——————————————————屈文琨
鹰的羽毛（外一首）——————————————————和　谷
高山雨燕——————————————————————柴德森

外国文学欣赏
雨伞（小说）————————[日]川端康成著　谢　丽译
窍门（小说）————————[苏]左琴科著　阎树声译
强盗的苦恼（小说）————[日]星新一著　程　焱译

我与文学
星辰、喷泉、花树及其他——————汪浙成　温小钰

评论
《风雪茫茫》及其他
——读牛正寰部分小说创作————————————魏　珂
诗在诗外
——简谈组诗《圭山组曲》美感表现————————张福言
作家的知识（文艺随笔）——————————————杜建国
写出语言的"原味儿"（文艺随笔）————————程安东

文坛争鸣

关于部分电影剧作的争鸣（资料）

美术

花神（中国画）————————————————————————何　山
燕来了（中国画）————————————————————————罗承力
春（中国画）————————————————————————————李　伟
赶集路上（中国画）————————————————————————雷　春
摘沙枣（中国画）————————————————————————曹丽珍

1983 年第 12 期　刊名:《飞天》
目录

指引我们前进的精神力量
　　——学习邓小平同志《祝辞》的体会————本刊编辑部

小说·报告文学

淡淡的馨香————————————————————————————萧　鸣
娘老了————————————————————————————————雷建政
齿轮、蚯蚓、蜂————————————————————————王守义
旅伴————————————————————殷慧芬　楼耀福
街面房子————————————————————————————谢鲁渤
海棠，海棠————————————————————————————季　丹
松巴峡之夜————————————————————————————章　频
水火并举（报告文学）————————————————————公　刘

新芽

星光闪闪（小说）————————————————————————娄小青

诗歌
塞声

镍都歌（组诗）————————————————————————师日新
绿洲，在沙漠中崛起（二首）————————————————郭　廓
塞上晨曲（外一首）————————————————————————何　理
我站在兰州黄河大桥上————————————————————孙友田
铺路者————————————————————————————————吕宏声
生活的意象（三首）————————————————————————嘉　昌
大学生诗苑（16 首）————余艳波　钱光耀　张宏森
　于奎潮　冰岛　程宝林　简宁　史玉峤　徐建勋
　李浔　金山　郁斌　孙家林
巴黎掠影（三首）————————————————————————赵之洵
南行诗笺（三首）————————————————————————罗　洛
"顶替"————————————————————————————————肖振荣
日月山眷念——————————————（东乡族）舍·尤素夫

外国文学欣赏

天草之旅（小说）——————[日]上林晓著　赵博源译

我与文学

追求的足迹————————————————————————————木　青

评论

浓郁的乡土气息　崭新的人物风貌
　　——浩岭小说创作漫评————————陈德宏　龚龙泉
思考·发现·开掘
　　——略谈柏原的小说创作————————————陈自仁

文坛争鸣

近年来关于创作中自觉性与非自觉性问题的讨论（资料）

美术

乐神（中国画）————————————————————————何　山
敦煌壁画故事连环画（选页）————恩广智　曹丽珍
牧笛（装饰画）————————————————————————钟　嵘

1984 年第 1 期　刊名:《飞天》
目录

中篇小说

名人和她的女儿————————————————————————陆星儿
人间烟火（上篇）————————————————————————梁晓声

短篇小说

西北大槐树————————————————————————————王大鹏
难哟，走过来的路————————————————————————刘忠立
金发姑娘埃米————————————————————————————黄蓓佳
他和他的世界————————————————————————————魏　人

新芽

杏树（小说）————————————————————————————卜有发
来自生活　以情感人（评介）————————————————任　珂

诗歌

蚕阿婆————————————————————————————————伍权民
他回来了————————————————————————————————杨大矛
这红蓝铅笔呀（外一首）————————————————————苗得雨
琵琶乐————————————————————————————————鄢家发
船娘————————————————————————————————————刘益善
从女儿走向母亲————————————————————————抒　倩
汲（散文诗）————————————————————————————李锦辉
牛葬————————————————————————————————————黄　宏

塞声

情满翠林————————————————————————————晏建中
敦煌二题————————————————————————————————胡　昭
青海的山（外一首）————————————————————————西　彤

创业者的礼赞 …………………… 汪玉良
察尔汗抒情 ……………………… 高　深
锡铁山 …………………………… 沈仁康

大学生诗苑（19首）……… 于　坚　伊　甸　何香久
李剑虹　洪卫标　宋　斌　群　增　龚鹏飞　戚华海
张协奎
诗苑之友（10首）………… 张小红　周成海　彭金山
诗词之页（14首）………… 张永球　陈逊璋　刘惜愚
郑　文　杨路平　林从龙　马竞先　吴淮生

外国文学品评
太阳·老人·少女（小说）………… ［苏］舒克申
一尊普通劳动者的雕像（评介）
——读小说《太阳·老人·少女》 ………… 高　戈

我与文学
幼功——文学的底功 …………………… 航　鹰

评论
清除精神污染　繁荣文艺创作
走向文学创作的开阔地
文坛摘萃

文坛争鸣
一九八三年短篇小说争鸣综述（资料）

美术
敦煌伎乐（中国画）………………… 何　山
飞天（雕塑）………………………… 孙纪元
藏族少女（中国画）………………… 于衍堂
维吾尔老人（中国画）……………… 师峰光
朝鲜族姑娘（中国画）……………… 王巨洲
花市归来（中国画）………………… 刘旦宅

1984 年第 2 期　刊名:《飞天》
目录

中篇小说
制片主任 …………………………… 方　方
空气依然在颤动 …………………… 庐　野

短篇小说
赵家祠堂 …………………………… 浩　岭
蝉的歌唱 ………………………… 夏　真　王　毅
鉴藏 ………………………………… 李廷华
他悄悄离去 ………………………… 谭成健
明月知我心 ………………………… 罗　珠

好一个老面瓜 ……………………… 张方文
古老的小镇（小小说）……………… 郭锦辉
捎脚（小小说）……………………… 张中定
夜色中有一颗星（小小说）………… 汪　铧

新芽
女人的麻烦事（小说）……………… 庚致信
愿你生活得更美好（评介）………… 海　笑

诗歌
大学生诗苑（17首）……… 张小波　许天喜　田飞君
熊国泰　邹侗生　胡鸿菲可　郑继华　张小川
尚可新　刁　斗

塞声
春到草原（外一首）……… （蒙古族）阿拉坦托娅
兰州（外一首）……………………… 梁如云
致小胡杨 …………………………… 王　也
文物树 ……………………………… 荷　重
白圈伸向远方 ……………………… 蔡椿芳
漠风（外二首）……………………… 夏　羊
鹰铃儿响 …………………………… 白　渔
草原鹰赞 …………………………… 毛　锜
水珠吟 ……………………………… 李　振
采摘小集（9首）………… 张雪杉　于忠诚　新　芝
笑　波　熊召政　崔克明　怀　白　阮大华　贾长厚

散文诗页（5首）………………… 刘玉芳　刘　震
那家伦　安　南
诗词之页（24首）………… 谢　宠　匡荣归　袁第锐
匡　扶　刘海声　潘　毅

外国文学品评
野芍药花（小说）………… ［苏］伊琳娜·拉克莎
有益的启示（评介）………………… 章秀华

我与文学
我也在寻找"青鸟" ………………… 陆星儿

作家纪事
关于茅盾的《创作的准备》 ……… 夏　阳

文坛争鸣
一九八三年部分中篇小说争鸣（资料）

评论
文坛摘萃
读者短评 ………………… 徐思华　钟学谦　毛汉生
江　德　李幼苏

美术

敦煌之舞（中国画）……………………………何　山
搏浪（城市建设雕塑设计）……………………汪兴中
星空（雕塑）……………………………………王志刚
追鱼（喷水池雕塑设计）………………………罗代奎

1984 年第 3 期　刊名:《飞天》
目录

中篇小说

当一个婴儿诞生的时候…………………………程乃珊
小草上的露珠……………………………………徐绍武

小说·散文

驴吉普……………………………………………李彦清
第五把手…………………………………………纪会芳
宁子………………………………………………彭江红
眷恋………………………………………………张　武
远方的路…………………………………………王家达
沙山、泉水和我（散文）………………………李佩芝
果腹漫忆（散文）………………………………杨闻宇
敦煌夜曲（散文）………………………………吴晓民

新芽

马兰花开（小说）………………………………贾立新
"新芽"对话录（评介）…………………………早　乙

诗歌

太阳的朋友（28 首）……………………阳　飏　李　述
高　凯　梅　子　王新泉　白　帆　匡文留　向　荣
林　染　人　邻
大学生诗苑（16 首）……………斯　达　王秋彧　张华中
彭江红　封新成　苏历铭　史成芳　沈国清　孔　伟
胡学群　俞　萍
诗苑之友（9 首）…………………周同馨　英　华　张子选
诗词之页（14 首）…………………潘　毅　魏经邦　王长顺
赵品光　李声高　夏　羊　荀运昌

外国文国品评

三月（小说）…………………………………[苏]米舒拉
在春天的气息里……（评介）…………………李民发

我与文学

心灵的追求………………………………………黄蓓佳

评论

陆星儿近作印象（评介）
——读《名人和她的女儿》及其他……………余　斌

真实感人的新篇（评介）
——读《难哟，走过来的路》…………………龚龙泉
灵魂的画像（评介）
——读《西北大槐树》…………………………徐学清
文坛摘萃十二则

文坛争鸣

关于小说创作提高与突破的讨论（资料）

美术

青春展翅（《青年生活向导》组画之一·贵州人民出
版社供稿）……………………………………王　晖
雀雀（雕塑）……………………………………汪兴中
晴朗的高原（木刻）……………………………陈元武
草地聚会（木刻）………………………………陈元武
织（装饰画）……………………………………安耀华

1984 年第 4 期　刊名:《飞天》
目录

中篇小说

天地之间…………………………………………阚建彬
三叶草……………………………………………张品成

短篇小说

颁奖大会明天开…………………………………赵根荣
寻找的故事………………………………………方　方
屋外，有片世界…………………………………严　军
看看龙山去………………………………………王世伟
站票………………………………………………韩石山
神医顾伯钧………………………………………聂鑫森
带睫毛的剪影……………………………………牟　强
香香………………………………………………雁　舒
大喊大叫的女人…………………………………京　夫

新芽

底色（小说）……………………………………张金彤
简析《底色》（评介）…………………………李　愚

诗歌
塞声

赛里木情思………………………………………公　刘
草原，女人们的轶事（组诗）…………………韩　霞
古道印象…………………………………………鄂家发
先驱者最后的信息………………………………何　来
秋天的故事………………………………………汪文勤
戈壁缫丝厂（外一首）…………………………春　华
走出楼兰的废墟…………………………………谷　闰

火焰中的歌 ————————— 子　页

大学生诗苑（21首）————— 程宝林　晓　路　宋庆平
李剑虹　温相强　石玉坤　杨榴红　子　剑　曹　勇
谭珍明　吴建芳
诗词之页（18首）————————————— 陈　略
叶元章　王　见　林　平　吴淮生　孙丕任　魏经邦
张　述　阮莲芳　陈九思

外国文学品评
红色鹿皮帐篷（小说）————— ［苏］佐里伊·巴拉扬
浅谈《红色鹿皮帐篷》（评介）————————— 金　禾

我与文学
文学的路就是人生的人 ————————— 谭元亨

评论
入妙文章本平淡（文艺随笔）————————— 金　予
《塞下曲》与艺术的真实（文艺随笔）——————— 孙乃修
文坛摘萃

文坛争鸣
一九八三年报告文学讨论综述（资料）

美术
大海的情思（水粉画）（贵州人民出版社供稿）
——————————————————— 王　晖
小花（版画）———————————————— 陈　延
摘花仕女（中国画）————————————— 陈　延
少女肖像（版画）—————————————— 陈　延
高原山村（版画）—————————————— 陈　延
艺术的魅力（水粉画）（贵州人民出版社供稿）
——————————————————— 王　晖

1984 年第 5 期　刊名:《飞天》
目录

中篇小说
水蜜桃 ——————————————————— 吴翼民
你留下一支什么歌 ————————————— 谭　谈

短篇小说
倩倩哭了 —————————————————— 王清学
捕鹰人和鹰 ———————————————— 许和平
小红伞 ——————————————————— 肖　亮
油泼面 ——————————————————— 李克之
半个月亮爬上来 —————————————— 沈治平
绿色的梦 —————————————————— 文　兰

老处女 ——————————————————— 孙月沐

新芽
买瓮（小说）———————————————— 旭　阳
出新意　忌浅薄（评介）—————————— 陇　山

诗歌
我十八岁（"爱国主义朗诵诗征稿"获奖作品选登）
——————————————————— 冯　诚
我们来创造草原（"爱国主义朗诵诗征稿"获奖作品
选登）—————————————————— 李云鹏
改革，这是宣告 —————————————— 曲庆玮
多侧面群像的自传 ————————————— 金　辉
爱的小站（三首）—————————————— 陆　萍
安子 ——————————————————— 何小竹
马魂 ——————————————————— 唐晓渡
走出阳关去 ———————————————— 王中朝
我买来一张地图 —————————————— 余守春
峨嵋山短歌（二首）————————————— 白　航
天鹅湖烟雨 ———————————————— 田先瑶
大学生诗苑（18首）——— 钱夙伟　蔡　翼　周伦佐
王若冰　唐元峰　于荣健　逯心德　张国南　张　莹
尚可新　袁晓岩　杨吉哲
诗苑之友（11首）——— 董培勤　戴达奎　薛卫民
诗词之页（14首）——— 张永球　赵品光　李文实
梁　辰　李钦云　黄　钟　林家英

外国文学品评
玛丽娅的礁石（小说）————————— ［苏］沃罗宁
似明珠光采照人（评介）—————————— 贺　建

作家纪事
记戴望舒同志二三事 ———————————— 程代熙

我与文学
我写《制片主任》—————————————— 方　方

评论
方方创作漫评 ——————————————— 雷　达
文坛摘萃（11 则）

文坛争鸣
一九八三年关于诗歌讨论的部分意见综述（资料）

美术
乐神（中国画）——————————————— 何　山
蝴蝶（雕塑）———————————————— 王志刚
鸽子（雕塑）———————————————— 王志刚
乐园（雕塑）———————————————— 王志刚

朝霞（水彩画·贵州人民出版社供稿）————王　晖

1984 年第 6 期　刊名:《飞天》
目录

中篇小说
混交林地的阳光————叶明山
过去的事情————韩石山

短篇小说
结结实实立住————毛志成
秀荃妹子————谭元亨
白桦林里的约法三章————小　流
海的女儿————周如镜
火神————柏　原
一个乡下孩子的来信————浩　岭
村宴————李伯勇

新芽
胖妮（小说）————王旺斌
读《胖妮》（评介）————古　月

诗歌
大学生诗苑（19 首）————倪志云　陈文邦　喻德林
韩　雨　杨川庆　冯　博　陈惠芳　许祖兆　谷文通
姚永标　杨卓玛　马国煜　陈燕妮　于国民　史玉峤
赵培光　辛　镭
大西北，建设者之歌————燎　原
春雷在矿山炸响————江长胜
美丽的牵牛花————雷恩奇
妈妈的思念————雷有让
高原上的孩子（组诗）————陈　默
伊犁风采————唐光玉
太阳的飞翔————张改娟
我，拾到一个海上的星期天————吴　忠
安西瓜————尧山璧
阳坡上的歌（外一首）————王育慧
当我吃下这串葡萄————边国政
诗词之页（15 首）————夏　羊　富寿荪　黄　钟
王沂暖　吴亚卿　杨伟群　关水青　姚　莹　李曙初

外国文学品评
最后的谈话（小说）————[苏] 楚科夫斯基
感人至深的自我牺牲精神（评介）————叶　萌

我与文学
柳暗花明又一村————杨　镰

评论
在生活的阳光里（评论）————高　戈
文坛摘萃（11 则）

文坛争鸣
关于创作中现代派倾向的讨论（资料）

美术
敦煌乐舞（中国画）————何　山
舞（壁饰画）————邓　珩
临夏风情（中国画）————王黎明
假日（水粉画·贵州人民出版社供稿）————王　晖

1984 年第 7 期　刊名:《飞天》
目录

一九八三年《飞天》文艺评论奖揭晓

中篇小说
七级台阶————陈焕新
东边日出西边雨————王萌鲜

短篇小说·散文
列车穿过夜幕————马秀文
花花嫂————李长廷
风————陈　垦
春天的道路————刘芳森
那时候————蔡　磊
单色堇————李中和
滚牛坡————王兴发
故乡的杏花（散文）————尤永杰
吊兰儿（散文）————方　澂

新芽
山里，莓子红了（小说）————昭　云
凝重的诗意美（评介）————周　触

诗歌
开发大西北的勇士————戴砚田
果园月光曲（外一首）————东　虹
铺天盖地的风沙（外一首）————段　玫
大漠上，有条彩色的河————刘惠生
建筑师和他的建筑群（组诗）————王建勇
在我们的车间（组诗）————高海咏
她们是年轻的村妇————李政民
将军与城（组诗）————李　瑜
我要走进大楼————董玉村
苹果园诗草（三首）————王广宇

大学生诗苑（25首）——————伊甸 蓝马 周山
师向阳 李志伟 刘浏 吴嘉梁 张红冰 靳文章
柯平 陆嘉栋 吴寅菁 刘亚丽 段瑞秋 梅斯
邹祖尧 杨漪
《飞天》一九八三年大学生诗歌评奖揭晓

诗词之页（18首）——————王玉祥 李声高 王孙
李曙初 马录程 裴怀安 卢维明 陈济汉 裴慎之
张光辉

外国文学品评
卡扎柯娃抒情诗（五首）——————————谷羽译
细腻的诗的触角（评介）——————————刘湛秋
我与文学
虽道无意却有意—————————————朱春雨
文坛摘萃（14则）

文坛争鸣
部分中篇小说的争鸣（资料）

美术
风华正茂（水彩画·贵州人民出版社供稿）——王晖
鹿鸣水欢（版画）————————————晓岗
草原雷雨（版画）————————————陈元武
挤羊奶（版画）—————————————周大正
乐神（中国画）—————————————何山

1984 年第 8 期　刊名:《飞天》
目录

中篇小说
红叶啊红叶—————————————陈继光
青山夕照明—————————————莫耶

短篇小说
天山——多情的山————————————方威
带甜味的晓风————————————齐建平
同在这块天底下————————————章频
发生在骨科诊所里———————————孙方友
比金钱更宝贵的—————————————杏果

新芽
邻居齐"大汉"————————————王天恩
新巧的角度（评介）———————————李愚

诗歌
大学生诗苑（26首）——————若子 钱凤伟 陈良和
许卫国 火兴明 凌代坤 鹿锋 曾进强 黄亚洲

陈忠 韩旭 董礼智 周萍 杨迅滋 杨永康
廖五洲 朱霭 冯现科 李霞

塞声
远空，一点骑影（外二首）————————章德益
四月，桃花盛开的时候（组诗）————————吴辰旭
泾河绿叶—————————————刘志清
钻塔从西北走向东北———————————庞壮国
驼背—————————————韩英珊
夜莺（外一首）————————————周涛
诗词之页（14首）——————林平 艾风 叶钟华
丁芒 徐振辉 涂宗涛 林从龙 阚家蓂 赵越
生活的原野（组诗）———————————李松涛
进山的姑娘—————————————姚学礼
小河边—————————————李占学
夏曲—————————————张翠涛

外国文学品评
疯狗（小说）——————————［苏］亚·穆斯达芬
《疯狗》及其动物小说（评介）———————谭健

我与文学
诗歌回忆片断—————————————唐祈

评论
站在新的起跑线上
——读获一九八三年《飞天》文艺奖的小说——谢昌余
鲜活 美好 蕴藏
——读获一九八三年《飞天》文艺奖的诗———何来
倾听来自生活的声音———————————孙克恒
文坛摘萃（9则）

文坛争鸣
典型问题讨论综述（资料）

美术
智慧之门（水粉画·贵州人民出版社供稿）——王晖
中学生（中国画）———————————李葆竹
丝路人物写生————————————师峰光 呼喜江
美的沐浴（水粉画·贵州人民出版社供稿）——王晖

1984 年第 9 期　刊名:《飞天》
目录

中篇小说
高家港纪事—————————————王大鹏
银狐—————————————四海

短篇小说

拐脚马 ································ 李海鸣

猎人之死 ·························· 沈天鸿

情愫 ······························ 曹 杰

月光随想曲 ························ 王清学

大年初一 ·························· 陈卜智

长大了你就会知道 ················ 方 芳

电话里的骂声 ···················· 金兴安

新芽

磁场（小说） ···················· 王正廉

从进取中寻觅美好（评介） ········ 海 若

诗歌

大学生诗苑（22 首） ········ 张华中 任民凯 丹 若

邹侗生 黄云鹤 张俊兰 杨章林 公茂臣 马启昕

徐 泽 杜 南 朱一鸣

诗苑之友（12 首） ········ 刘 云 朴康平 沈 奇

塞声

飞出地质队的情歌（组诗） ········ 贾继红

镍都歌（组诗） ·················· 师日新

奔马出土的地方 ·················· 宗 鄂

我在哨位上（二首） ·············· 新 犁

故乡行（二首） ·················· 许金坤

彩色的田野（组诗） ·············· 梁谢成

山雨情思（外一首） ·············· 徐著文

下井（外一首） ·················· 陈钧叶

拆除 ······························ 丁 芒

诗词之页（17 首） ········ 詹亚园 马哲金 李声高

沙寄萍 陈九思 韩成武 刘家魁

外国文学品评

"你好，莲卡！"（小说） ·········· ［苏］T.德罗波特

在心灵与心灵之间（评介） ········ 下 蹊

我与文学

我怎样爱上文学这一行 ············ 邓 刚

作家纪事

从梦幻中醒来

——何其芳在天津南开中学 ········ 李 辉

文坛摘萃

文坛争鸣

关于典型历史及其发展趋向的争鸣综述（资料）

美术

开拓未来（水彩画） ·············· 王 晖

晨光（雕塑） ···················· 王志刚

小燕、鸽子（雕塑） ·············· 王志刚

生活的诗意（水彩画） ············ 王 晖

1984 年第 10 期　刊名：《飞天》

目录

让改革化为作家笔底的波澜 ········ 本刊评论员

中篇小说

蜿蜒的公路 ······················ 牛正寰

根 ······························ 效延庆

短篇小说

呵，北方的苍穹 ·················· 许和平

朗朗晴天 ························ 田 瞳

提亲 ···························· 李叔德

潭边 ···························· 朱广贤

寻觅，在大漠 ···················· 桑 苗

楼角那边 ························ 李培俊

一个说不清主题的故事 ············ 王 连

金瘸子的莲花落 ·················· 赵沫英

散文

故乡的杨柳 ······················ 果瑞卿

四月桃花落红雨 ·················· 子 里

兰州别情 ·················· （回族）张 央

新芽

遇难黄带子谷（小说） ············ 缪武文

大时代的小滴（评介） ············ 秦 勃

诗歌

祖国颂

在奥运会的制高点上 ·············· 李云鹏

中国的天空 ······················ 高 平

祖国之恋 ························ 汪玉良

祖国，又是金秋 ·················· 商 欣

海的思念 ························ 施肃中

大学生诗苑（20 首） ········ 宋 斌 菲 可 阳 飏

王 燃 萧春雷 邵振永 邓善洁 宋庆平 王德明

盛雁珺 丁宗皓 屈文焜 徐卫新

星花小集

矿井的印象（外一首） ············ 刘玉珠

小城，在改建中 ·················· 吴梦龙

背影 ···························· 陈文香

夜读 ···························· 霍 军

一个纺织工人的心愿 ················ 孙惠德
伴侣（外一首） ··················· 李景南
请你告诉我 ······················ 王淑兰
我愿…… ························· 杨建仁
滨河路致黄河 ····················· 周如镜
让路 ······················ （东乡族）舍·尤素夫

诗词之页（17首） ········· 来向荣 夏羊 王玉祥
富寿荪 黄钟 马哲金 马竞先 许永璋 张春生

外国文学品评
雪撬路（小说） ············· ［苏］谢·扎雷金
看似平常实奇崛（评介） ·············· 金况

我与文学
"无暇居"的联想 ·················· 聂鑫森

评论
风格论（文艺随笔） ················ 刘梧樾
艺术辩证法二题（文艺随笔） ··········· 周斌
文坛摘萃（13则）
读者中来

文坛争鸣
关于创作心理规律的讨论（资料）

美术
火红的青春（水粉画） ··············· 王晖
乌兰从军（版画） ················· 殷维国
母与子（独幅版画） ················ 陈延
一家人（中国画） ················· 王黎明
敦煌伎乐（中国画） ················ 何山

1984 年第 11 期　刊名：《飞天》
目录

中篇小说
四楼上的媳妇们 ··················· 薛勇
双股槐 ························· 王吉呈

短篇小说·散文
秋雨不成珠 ····················· 陈焕新
奖金刚刚到手 ···················· 刘忠立
在古老的海滩上 ··················· 李春光
一个村子，一户人家 ················ 刘以琳
大地知道我的心 ··················· 金堂
母亲 ························· 王连启
初春（散文） ···················· 韩持

新芽
雪庄纪事（小说） ·················· 雪琪
创作需要真情实感（评介） ············· 古月

诗歌
塞声
草原沸腾了 ····················· 唐祈
灵感在西陲飞动（二首） ·············· 何来
柴达木即兴（组诗） ················ 韦野
辽阔的戈壁（组诗） ················ 戴砚田
旗帜树 ························ 潘竞万

大学生诗苑（24首） ······· 张锋 张中定 达黄
少公 苗强 张小波 于坚 翁景贵 简宁
潘洗尘 张清华 义海 漆进茂 唐华

高高的脚手架 ···················· 李振
拾麦穗的女孩 ···················· 张水舟
深秋，我播种…… ················· 韦晓吟
雪莲 ························· 李其纲
军营垂柳 ······················ 李民政
父亲的前额 ····················· 陈桂林
看亚当斯影展 ···················· 苏敏
河边 ························· 杜振涛
雪鸡长鸣 ······················ 李少安
夜书 ························· 贾继红
他走了…… ····················· 郭伟
诗词之页（16首） ·········· 阿垅 谢宠 党立德
张存福 钱梦龙 孙大海 钟志清

外国文学品评
禁忌（小说） ·············· ［苏］阿斯塔菲耶夫
樱桃毕竟是甜美的（评介） ············· 里芃

我与文学
我走过的足迹 ···················· 李叔德

评论
读《三叶草》 ···················· 朱斌
唐大为的人生历程 ················· 林为进
当物质与精神一度失去平衡 ············ 吴秉杰
难如人意的生活一幕 ················ 刘志武
文坛摘萃（15则）

文坛争鸣
关于创作方法问题的讨论（资料）

美术
平凡的事业（水彩画） ··············· 王晖

牧羊女（油画）⸺⸺⸺⸺⸺⸺吴 弘
月牙泉畔（油画）⸺⸺⸺⸺⸺张学乾
沃土（油画）⸺⸺⸺⸺⸺⸺姜建华
敦煌伎乐（中国画）⸺⸺⸺⸺何 山

1984 年第 12 期 刊名:《飞天》
目录

中篇小说
咱们工人有力量⸺⸺⸺⸺⸺赵根荣
农夫歌⸺⸺⸺⸺⸺⸺⸺⸺欧汉华

短篇小说·散文
妈妈也还年轻⸺⸺⸺⸺⸺⸺王 戈
茫茫大地⸺⸺⸺⸺⸺⸺⸺映 泉
检讨⸺⸺⸺⸺⸺⸺⸺⸺苏景义
拜拜⸺⸺⸺⸺⸺⸺⸺⸺李天芳
新寡⸺⸺⸺⸺⸺⸺⸺⸺林恩瑜
山音⸺⸺⸺⸺⸺⸺⸺⸺张董家
缺憾⸺⸺⸺⸺⸺⸺⸺⸺梅子涵
月亮巷⸺⸺⸺⸺⸺张 洪 陈 村
酒味⸺⸺⸺⸺⸺⸺⸺⸺刘钦烈
李子情愫（散文）⸺⸺⸺⸺凤 子
千里驼铃动朔方（散文）⸺⸺杨闻宇

新芽
东去的列车（小说）⸺⸺⸺李天香
一段旅程一幅侧影（评介）⸺里 芃

诗歌
塞声
大漠风尘（外二首）⸺⸺⸺杨大矛
大山的精灵⸺⸺⸺⸺⸺⸺张 赞
鸟巢⸺⸺⸺⸺⸺⸺⸺⸺王维章
牧人与草⸺⸺⸺⸺⸺⸺⸺刘 镇
草原（三首）⸺⸺⸺⸺⸺李小雨
牧家幼儿园（外一首）⸺⸺阿拉坦托娅
女兵班长⸺⸺⸺⸺⸺⸺⸺殷建国
母亲的雕像⸺⸺⸺⸺⸺⸺朝 闻

大学生诗苑（21 首）⸺⸺王建民 程宝林 朱根亮
崔以琳 张爱萍 陈桂林 阎旭东 傅 浩 李尚才
周亚平 张 欣 单之蔷 伍方斐 邵克雄

歌唱我们的土地⸺⸺⸺⸺石太瑞
泰山挑伕队⸺⸺⸺⸺⸺⸺冯 诚
写在案头的话⸺⸺⸺⸺⸺伍权民
锻工的爱情⸺⸺⸺⸺⸺⸺黄 默

我们，一群补习生⸺⸺⸺⸺张中定
海，落在了村边⸺⸺⸺⸺⸺王振喜
心花⸺⸺⸺⸺⸺⸺⸺⸺⸺赵 阁

诗词之页（11 首）⸺⸺⸺王玉祥 林家英 吴世昌
陈志明 杨友直 孔祥元 陈鹏举 王长顺 孙育方

外国文学品评
《尤尔卡》、《柳勃卡》、《冰窟窿》（小说）
⸺⸺⸺⸺⸺⸺⸺⸺［苏］克拉夫琴科
克拉夫琴科和他的微型小说（评介）⸺雷 华

我与文学
文学·气质·成才之路⸺⸺⸺赵本夫
文坛摘萃（13 则）

文坛争鸣
社会主义文艺商品性争鸣综述（资料）

美术
运动与青春（水彩画）⸺⸺⸺王 晖
茇茇草（油画）⸺⸺⸺⸺娄 婕 侯黎明
丝路古窟（漆画）⸺⸺朱 冰 金永祥 常国宣
巍巍祁连（漆画）⸺⸺朱 冰 金永祥 常国宣
花神（中国画）⸺⸺⸺⸺⸺何 山

1985 年第 1 期 刊名:《飞天》
目录

迎接新的挑战⸺⸺⸺⸺⸺本刊编辑部

中篇小说
叶茂和桂桂⸺⸺⸺⸺⸺⸺峭 石
我，李麻子，假小子⸺⸺⸺刘晓东

短篇小说
十年一觉钓龟梦⸺⸺⸺⸺⸺阎国瑞
士兵和孩子⸺⸺⸺⸺⸺⸺李 逊
擦边球⸺⸺⸺⸺⸺⸺⸺⸺俞泽波
一个乡下老人的遗言⸺⸺⸺浩 岭
凤愿⸺⸺⸺⸺⸺⸺⸺⸺陈凤金
在××次列车七车厢里⸺⸺京 夫
夏天的约会⸺⸺⸺⸺⸺⸺孙 梅
落花时节⸺⸺⸺⸺⸺⸺⸺张 行
保姆⸺⸺⸺⸺⸺⸺⸺⸺吴广川
木楼上明灯闪亮⸺⸺⸺⸺⸺金吉泰

新芽

油姑娘（小说）························陈卫基
一首采油工的交响曲（评介）··············波　源

诗歌
塞声
美景唤河西·························杨植霖
植一个绿色的世界·····················秋　枫
天山情（外一首）·····················杨岳云
月亮和星星（外一首）··················第广龙
炼钢（外一首）·······················王天青

大学生诗苑（20首）·······袁　超　王　寅　杜爱民
郭力家　汪建民　景　敏　傅　亮　苗　强　毛　毛
张洪海　冯慧君

诗苑之友（8首）··········周伦佑　宋　琳　于　进
老战士的心（外一首）··················羊　超
拉萨风姿·························吕宏声
我是青年吗·························敏　卓
生命···························苏　敏
人工感冒（外一首）····················石　河
北方小集（散文诗）···················唐大同

诗词之页（16首）··········林　平　袁第锐　党立德
张志贤　吕子玉　胡若嘏　匡荣归　孙其芳　王沂暖
碧玉箫　吴丈蜀

海外华人文学作品品评
夜奔（小说）·························庄　因
那堪风雨助凄凉（评介）·················梁若梅

我与文学
生活的馈赠·························王　蓬

文坛争鸣
关于部分反映改革题材小说的争鸣（资料）
文坛摘萃（17则）
文坛信息（3则）

美术
青春（水彩画）·······················王　晖
山丹丹——路易·艾黎在甘肃（雕塑）·········罗代奎
纺织女（雕塑）·······················何　鄂
苏醒（雕塑）·························罗代奎
我的祖母（油画）·····················王　晖

1985 年第 2 期　刊名：《飞天》

目录

中篇小说
寒窗···························封筱梅
在那深深的山坳里·····················唐致信

短篇小说
能人街新事·························薛　勇
冬天的记忆·························岳治成
铁栅栏···························董宇峰
绿地···························蔡　磊
走资派和放羊娃·······················莫　耶
新仇···························丁　茂

新芽
醉（小说）·························周彩人
写人，写活生生的人（评介）··············古　月

诗歌
塞声
我是那个小村养大的（外一首）············贾治龙
陇上行···························苗得雨
丝路，一支古老的羌笛（外一首）···········陈　默
树苗，连着边疆（外一首）················翼　华
出牧···························韩　持

大学生诗苑（23首）·······菲　可　章孔斌　陈惠芳
李雪章　冯仲伟　王　寅　陈锡民　刘文品　孙　滢
杨云才　俞　凌　顾　土　紫　荆　方　军

化工城，一部雕塑（外一首）··············潘　烽
我不顾一切地爱你（外一首）··············杨　树
故乡的马背（外一首）··················赵忠贵
卖花姑娘·························徐　侨
踏青歌（外一首）·····················屈文焜
"疯"母亲（散文诗）···················许　淇

诗词之页（18首）··········张翰勋　吴天任　冯其庸
华钟彦　倪向阳　柏　丽　陈　略

外国文学品评
小白船（小说）·················［苏］谢苗诺夫
短篇小说的画面与音响（评介）············窦　石

我与文学
漫长的追求·························甘铁生

评论

艺术断想 ————————————————————— 谭　建
"创作三阶段"得失论 ——————————————— 胡德培
文坛摘萃（15 则）

文坛争鸣

系统论、控制论、信息论与文艺理论的创新（资料）

美术

纺织姑娘（油画）———————————————— 翟欣建
历史的回声（木刻）—————————————— 张　趋
喜饮丰收奶（木刻）—————————————— 胡有全
风和日丽（木刻）———————————————— 陈元武
硕果（壁画稿局部）——————————— 娄溥义　杨　鹏

1985 年第 3 期　刊名:《飞天》
目录

中篇小说

夭折 ———————————————————————— 陈忠实
本是同根生 ————————————————————— 云晓璎

短篇小说

森林，一抹晨曦 ——————————————————— 王　炼
这里，架起一座桥 —————————————————— 雷建政
没有酒窝的姑娘 ——————————————————— 昌　洪
风吹草儿青青 ———————————————————— 雪　琪
兽医赵光荣 ————————————————————— 张　武
草莓子 ——————————————————————— 响　响
玉三郎 ——————————————————————— 段景礼
我的病友哈斯木汗 —————————————————— 何生祖

新芽

我的"黑金子娃娃"（小说）———————————— 孟子为
《我的黑金子娃娃》小析（评介）———————— 海　若

诗歌
塞声

敦煌（外一首）———————————————————— 方　冰
在兰州（组诗）———————————————————— 师日新
龙狮咏啸的神韵（组诗）——————————————— 伊丹才让
库姆塔格（外一首）—————————————————— 林　染
"骆驼" ——————————————————————— 匡文留

大学生诗苑（26 首）————— 柯　平　冯征修　邹佴生
　任惠敏　杨欣乔　李雪川　朱伟福　李　勤　马　芒
　漆进茂　孙　滢　钱万成　吴淑君　马启昕　佘湘群
　义　海
诗苑之友（13 首）—————————————— 李珊利　李　磊

孙晓刚　忆　敏
诗词之页（21 首）—————— 赵品光　柏仰苏　张珍怀
詹亚园　马　铃　胡又来　戴笠人　魏经邦　杨发钰

在"人字瀑"前 ——————————————————— 柴德森
普查 ———————————————————————— 李占学
致 D·D ——————————————————————— 苏　敏
风呵，别把他摇醒 —————————————————— 贺继新
玫瑰园 ——————————————————————— 王天胜
晒场上有这么个老汉 ————————————————— 叶延滨
送别（外一首）———————————————————— 茅　地

外国文学品评

黑象（小说）—————————————— ［意］阿里哥·傅托伊
弹虽在指声在意（评介）——————————————— 吴　兰

我与文学

在生活的深处 ————————————————————— 孙少山

文坛争鸣

关于"人物性格的二重组合原理"的争鸣（资料）
文坛摘萃（15 则）
文坛信息（11 则）

美术

硝烟里的山茶（油画）————————————————— 王功新
祁连水（油画·选自第六届全国美展）
———————————————————— 恩广智　曹丽珍
远处飘来的柳絮（油画）——————————————— 薛晓林
晨（油画）—————————————————————— 张旋鹰
春日（水粉画）———————————————————— 钟　嵘

1985 年第 4 期　刊名:《飞天》
目录

坚决贯彻中国作协四次代表大会精神

清除"左"的影响　保障创作自由
迎接文艺创作的黄金时代 —————————————— 李子奇
通过大鼓劲和大团结　达到大繁荣和大发展 —— 程士荣
不再等（诗）————————————————————— 杨植霖

中篇小说

音德尔大坂的牧歌 —————————————————— 景　风
月儿呀，月儿 ————————————————— 井　石　武泰元

短篇小说·散文

黑色的折光 ————————————————————— 李亚南
傍晚 ———————————————————————— 王萌鲜

牛歌⋯⋯⋯⋯⋯⋯⋯⋯⋯⋯⋯⋯朱广贤
泥泞⋯⋯⋯⋯⋯⋯⋯⋯⋯⋯⋯⋯宋知贤
石窟洞传奇⋯⋯⋯⋯⋯⋯⋯⋯长　江
手中情⋯⋯⋯⋯⋯⋯⋯⋯⋯⋯焦炳琨
蛇仙⋯⋯⋯⋯⋯⋯⋯⋯⋯⋯⋯⋯张　弛
故乡的馈赠（散文）⋯⋯⋯⋯廖华歌
重见牛心石（散文）⋯⋯⋯⋯李东岳
山门内外（散文）⋯⋯⋯⋯⋯杨　萼

新芽
南迦巴瓦纪行（散文）⋯⋯⋯张文敬
神奇的画卷（评介）⋯⋯⋯⋯古　月

诗歌
塞声
青纱帐进行曲（组诗）⋯⋯⋯薛卫民
大漠之恋⋯⋯⋯⋯⋯⋯⋯⋯⋯高　深
喜鹊沟（外一首）⋯⋯⋯⋯⋯力　辛
春的恋歌⋯⋯⋯⋯⋯⋯⋯⋯⋯裴云天
在天山南北，我象⋯⋯⋯⋯⋯高　平
苏干湖畔的清晨⋯⋯⋯⋯⋯⋯张国宏
大学生诗苑（16首）⋯⋯⋯郝明德　傅　浩
张　锋　杨　勋　易　非　尚仲敏　苏明泉　钱文亮
苏历铭　邵长根　李福盛

煤层埋着⋯⋯⋯⋯⋯⋯⋯⋯⋯李建华
致罐笼操作手⋯⋯⋯⋯⋯⋯⋯江长胜
我是快乐的售货员⋯⋯⋯⋯⋯冷慰怀
山间水库（外二首）⋯⋯⋯⋯李旭辰
淡蓝的工作证⋯⋯⋯⋯⋯⋯⋯郭　伟
X的眼睛⋯⋯⋯⋯⋯⋯⋯⋯⋯杨建仁
春野抒情（三首）⋯⋯⋯⋯⋯晓　杰
断想录（散文诗）⋯⋯⋯⋯⋯郝虎林
诗词之页（16首）⋯⋯⋯谢　宠　严古津　马哲金
叶元章　刘起钎　马骙程　陈济汉　土屋尚

海外华人文学作品品评
岁除（小说）⋯⋯⋯⋯⋯⋯⋯白先勇
愁肠已断无由醉（评介）⋯⋯梁若梅

我与文学
新起点上的思索⋯⋯⋯⋯⋯⋯王　戈
文坛摘萃（15则）

文坛争鸣
对"十七年"农村题材小说的再评价（资料）

美术
瞬间（水粉画）⋯⋯⋯⋯⋯⋯杨　山

《人才谈成才》插图之一（木刻）⋯⋯聂昌硕
大漠飞鸿（木刻·选自第六届全国美展）⋯⋯晓　岗
大漠奇观（木刻·第六届全国美展获奖作品）
⋯⋯⋯⋯⋯⋯⋯⋯⋯⋯⋯⋯⋯孙兴学

1985 年第 5 期　刊名:《飞天》
目录

中篇小说
我们这群大学生⋯⋯⋯⋯⋯⋯陈传敏
残荷⋯⋯⋯⋯⋯⋯⋯⋯陆　新　李胜果

短篇小说
海商法讲师⋯⋯⋯⋯⋯⋯⋯⋯陈卓乾
伤心的礼物⋯⋯⋯⋯⋯⋯⋯⋯胡尔朴
药娘和药女⋯⋯⋯⋯⋯⋯⋯⋯董天柚
小园枸杞红⋯⋯⋯⋯⋯⋯⋯⋯杨　鹏
心苦⋯⋯⋯⋯⋯⋯⋯⋯⋯⋯⋯张　征
陈大头受罚记⋯⋯⋯⋯⋯⋯⋯张俊彪
第一把手⋯⋯⋯⋯⋯⋯⋯⋯⋯张志秀

新芽
磨刀石（小说）⋯⋯⋯⋯⋯⋯姜星涛
关于《磨刀石》的通信（评介）⋯⋯古　月

诗歌
塞声
种子·旋律·山杏树（组诗）⋯李云鹏
快速的礼赞（外一首）⋯⋯⋯廖代谦
原油，在老区山野间流淌⋯⋯吕宏声
北方的雾（外一首）⋯⋯⋯⋯蒋海将

大学生诗苑（21首）⋯⋯⋯施元树　苗　强　邓善洁
吴逸飞　耿　翔　鄢元平　野　风　李祖平　吴　浩
张星星　龚鹏飞　毛济伟　寒世民　孙建舜　杨　春
诗苑之友（11首）⋯⋯⋯⋯孙武军　韩　霞
刘　勇　田玉川

诗词之页（21首）⋯⋯⋯韩成武　来向荣　李祖新
许永璋　李钦云　杨伟群　王云波
山里人（外一首）⋯⋯⋯⋯⋯薛卫民
磨花的姑娘们（外一首）⋯⋯李　鹏
哦，北方⋯⋯⋯⋯⋯⋯⋯⋯⋯杨　皓
北方的婚礼⋯⋯⋯⋯⋯⋯⋯⋯雷　霆

外国文学品评
红苹果（小说）⋯⋯⋯⋯［苏］艾特玛托夫
"红苹果"隐于绿叶后面（评介）⋯⋯舒　升

我与文学
我与文学 ⋯⋯⋯⋯⋯⋯⋯⋯⋯⋯⋯ 魏继新
文坛摘萃（10 则）

文坛争鸣
关于《故土》和《绿化树》的争鸣综述（资料）

美术
鸟声（油画）⋯⋯⋯⋯⋯⋯⋯⋯⋯⋯ 魏连福
亲人（中国画）⋯⋯⋯⋯⋯⋯⋯⋯⋯ 师锋光
民乐后生（中国画）⋯⋯⋯⋯⋯⋯⋯ 曹建华
绿色希望（中国画）⋯⋯⋯⋯⋯⋯⋯ 王铁成
荒漠新绿（中国画）⋯⋯⋯⋯⋯⋯⋯ 曹建华
春雪（油画）⋯⋯⋯⋯⋯⋯⋯⋯⋯⋯ 秦 龙

1985 年第 6 期　刊名:《飞天》
目录

甘肃省委省政府给青年作家邵振国授奖

一九八四年《飞天》文艺评奖揭晓

中篇小说
信祭，在大戈壁上 ⋯⋯⋯⋯⋯⋯⋯⋯ 李 镜
隘口 ⋯⋯⋯⋯⋯⋯⋯⋯⋯⋯⋯⋯⋯ 金 石

短篇小说·散文
白色的灾难 ⋯⋯⋯⋯⋯⋯⋯⋯⋯⋯ 桑 苗
蓝蓝的火焰 ⋯⋯⋯⋯⋯⋯⋯⋯⋯⋯ 李海鸣
轨道 ⋯⋯⋯⋯⋯⋯⋯⋯⋯⋯⋯⋯⋯ 来 临
他，向大山深处走去 ⋯⋯⋯⋯⋯⋯⋯ 何 奇
鲤鱼书 ⋯⋯⋯⋯⋯⋯⋯⋯⋯⋯⋯⋯ 王凤梧
他们又在那里相逢 ⋯⋯⋯⋯⋯⋯⋯⋯ 陈 垦
嗨，这些哥们儿姐儿们 ⋯⋯⋯⋯⋯⋯ 刘 刘
麻糖（散文）⋯⋯⋯⋯⋯⋯⋯⋯⋯⋯ 王修艺
童年（散文）⋯⋯⋯⋯⋯⋯⋯⋯⋯⋯ 张联亭
一片冰心在玉壶（报告文学）⋯⋯⋯⋯ 郑世隆

新芽
沙枣飘香的时候（散文）⋯⋯⋯⋯⋯⋯ 戈 燕
这一颗"沙枣"（评介）⋯⋯⋯⋯⋯⋯ 波 源

诗歌
塞声
西部写意（三首）⋯⋯⋯⋯⋯⋯⋯⋯ 何 来
拓荒的世纪（外一首）⋯⋯⋯⋯⋯⋯⋯ 梁 南
阳关（外一首）⋯⋯⋯⋯⋯⋯⋯⋯⋯ 张同吾
墨绿的塔松林（外一首）⋯⋯⋯⋯⋯⋯ 章德益

乌鲁木齐印象（外一首）⋯⋯⋯⋯⋯⋯ 渭 水
《飞天》一九八四年大学生诗歌评奖揭晓

大学生诗苑（20 首）⋯⋯⋯ 潞 潞　沈 健　张晓阳
燕晓冬　沈国清　张 强　柳海志　朱刘华　冯慧君
王福同　何凌风　王晓丹　李龙年　周庆荣　乔红兵
张中定
诗词之页（17 首）⋯⋯⋯⋯⋯ 刘毓璜　杨鸿章　邬惕吾
孙耘动　何满子　孙正任　陈中寅　刘海声　林 锴

闪耀吧，昨夜的星 ⋯⋯⋯⋯⋯⋯⋯⋯ 关 睢
他在雨中行 ⋯⋯⋯⋯⋯⋯⋯⋯⋯⋯ 张继续
醒来的山村 ⋯⋯⋯⋯⋯⋯⋯⋯⋯⋯ 许金坤
石林断想 ⋯⋯⋯⋯⋯⋯⋯⋯⋯⋯⋯ 刘惠生
随军的妻子 ⋯⋯⋯⋯⋯⋯⋯⋯⋯⋯ 刘鸿儒
水车（散文诗三章）⋯⋯⋯⋯⋯⋯⋯⋯ 吴辰旭
阿杰雅诗选译 ⋯⋯⋯⋯⋯⋯⋯⋯⋯ 刘让言译

海外华人文学作品品评
郑重的晚上（小说）⋯⋯⋯⋯⋯⋯⋯⋯ 袁则难
何事长向别时圆（评介）⋯⋯⋯⋯⋯⋯ 梁若梅

我与文学
迷人的伴侣 ⋯⋯⋯⋯⋯⋯⋯⋯⋯⋯ 简 嘉

评论
苦辣酸甜尽在文中（评介）⋯⋯⋯⋯⋯ 陈清宇
文坛摘萃（16 则）

文坛争鸣
关于通俗文学的讨论（资料）

美术
四月海（油画局部）⋯⋯⋯⋯⋯⋯⋯⋯ 王克举
节日（中国画）⋯⋯⋯⋯⋯⋯⋯⋯⋯ 罗承力
陈延国画作品三幅 ⋯⋯⋯⋯⋯⋯⋯⋯ 陈 延
我的鸽子（油画）⋯⋯⋯⋯⋯⋯⋯⋯ 蔡 蓉

1985 年第 7 期　刊名:《飞天》
目录

小说·散文
煤炭战线专页
敬你一杯山楂酒（中篇小说）⋯⋯⋯⋯ 蔡 华
山的回音（小说）⋯⋯⋯⋯⋯⋯⋯⋯ 清 波
夺光阴（小说）⋯⋯⋯⋯⋯⋯⋯⋯⋯ 于维国
呵，界山碑（小说）⋯⋯⋯⋯⋯⋯⋯⋯ 黄卫平
告别十九岁（小说）⋯⋯⋯⋯⋯⋯⋯⋯ 张爱华

绝技（小说）————————————————井绍云
人兽之间（小说）——————————————金光中
焉（小说）—————————————————李其纲
别梦依稀（中篇小说）————————————朱光亚

讽刺小说
对鼠宣战————————————————————许　辉
家宴———————————————————————秦　玉
儿子降生之后——————————————————季　宇

海子里，有白天鹅（散文）——————————祝正祥
黄河浪里的羊皮筏（散文）——————————李　升
犬声（散文）———————————————————和　谷

新芽
稿费（小说）———————————————————高东泰
短作短谈（评介）————————————————波　源

诗歌
塞声
在西部中国（三首）———————————————晓　萱
塞上三吟（三首）—————————————————宋宏志
一部蕴藏着热力的巨著——————————————朱志伟
阳光、骏马和少年（外一首）———————————刘宏亮
大漠边，有她一幅画————————————————刘　澜
雨中华山行—————————————————————刘明达

大学生诗苑（22首）——————田全民　阳　飚　于维东
周亚平　王清平　渠　伟　赵月梁　栾国康　梁志龙
张嘉异　王　凡　钱凤伟　丁慎毅　张　檣　赵小陇
丁学明　易应林　孙淑章　李茂鸣　吴大康

静夜写意——————————————————————渭　水
为了……——————————————————————曲庆玮
邮票——心————————————————————于宗信
砥柱中流——————————————————————王志敏
专业户大楼————————————————————李自国
登葛洲坝——————————————————————芳　玉
薛涛吟———————————————————————张国宏
孩子们的世界（散文诗三首）———————————嘉　昌
诗词之页（19首）——————杨茂林　李　易　黄罗斌
汪民全　霍松林　裴慎之　关水清　徐通翰　林家英
李克定　杨豫怀

外国文学品评
把我年轻轻的一个人丢下（小说）
　　　　　　　　　　　　　　　　[苏]穆·卡里姆
把温暖赠献给别人（评介）————————————季成家

我与文学
我与我的传记文学————————————————张俊彪
文坛摘萃（17则）

文坛争鸣
关于部分小说的争论（资料）

美术
鸽子（丙烯画）——————————————————曹丽珍
生命与运动（雕塑）———————————————王志刚
马兰花（木雕）——————————————————汪兴中
蝴蝶（雕塑）———————————————————王志刚
笛声（装饰画）——————————————————于　筠

1985 年第 8 期　刊名:《飞天》
目录

中篇小说
古寺下，有个绿色的铁皮房———————————路纪予
古渡后传——————————————————————胡乃武

短篇小说
生日，生日—————————————————————赵根荣
朦胧纱———————————————————————李彦清
在那遥远的地方——————————————————赵燕翼
蓝天里，有一颗流星———————————————黄越城
处江湖之远————————————————————金吉泰
金銮殿的故事———————————————————权延赤
棒槌哥哥——————————————————————徐朝夫
路口———————————————————————齐建平
外景地———————————————————————郭新民
第十九个—————————————————————扎西东珠
毕业作业——————————————————————杏　果
成功所付出————————————————————刘　刘
狗肉大师贺喜———————————————————朱迅翎

新芽
生死关头（小说）————————————————张照民
开掘变革时期的人性美（评介）———————————鲁　东

诗歌
塞声
一句话———————————————————————浪　波
这不是梦——————————————————————于辛田
该给我们留名———————————————————陈友胜
呵，绿洲——————————————————————子　页
绿色的大潮————————————————————杨德禄
沐雨———————————————————————杨绍武

大学生诗苑（22首）------刘建民　傅　亮　郝建文
张忠军　由　甲　华海庆　邓善洁　赵　煦　赵秀杰
张黎明　牛其领　王祥华　温　弦

车队的女司机-------------------------------朱冬石
爱的思念---------------------------------程　维
套马-----------------------------------萧　潇
小树这样长大-----------------------------王文焕
采药人---------------------------------黄　默
写给检尺员-------------------------------柴德森
手表，拖在他的掌心-----------------------杨静福

诗词之页（15首）------黄　钟　张牧石　寇梦碧
蔡厚示　陈祥耀　钱梦龙　卢维明　侯孝琼　沈轶刘
彭鹤濂　陈伯华

外国文学品评
一台宏大的收音机（小说）-------------[美]契　佛
以小见大　勺水兴波（评介）-----------------谭　健

我与文学
我与我的文学-----------------------------郑九蝉

评论
追求多样化的可贵努力（评论）
——读获一九八四年《飞天》文艺奖的小说和散文
--谢昌余
我们的份量（评介）
——大学生诗苑获奖诗评----------------------任民凯
文坛摘萃（14则）

文坛争鸣
关于"西部文学"的讨论综述（资料）

美术
乐神（中国画）---------------------------何　山
人才谈成才插图之二（木刻）-----------------聂昌硕
骑手（木刻）-----------------------------顾国建
共勉（木刻）-----------------------------冯涨础
四月海（油画局部）-----------------------王克举

1985 年第 9 期　刊名:《飞天》

目录

总结经验，检阅成果，表彰行进
迎接文学创作的大繁荣
甘肃省第二次文学评奖获荣誉奖和优秀作品奖名录

中篇小说
"马太效应"研究-------------------------任　衡
烂宪书和任扣香-------------------------王家达

短篇小说
最后一个猎人---------------------------张　弛
见过大世面的年轻人-----------------------雪　琪
这儿还有红灯---------------------------赵根荣
野菊花--------------------------------李中和
夜追----------------------------------尕藏才旦
大漠恩怨-------------------------------李田夫

惊险小说
凶犯的报复-------[美]约翰·霍金斯　沃德·霍金斯

新芽
房檐下的鸽子（小说）---------------------董玉村
生活·角度（评介）-----------------------古　月

诗歌
塞声
山村教师（外一首）-----------------------郝明德
黄河引吟-------------------------------高洪波
凉州，有一段悲壮的历史-------------------陈　默
一座新的校舍---------------------------灵　奇
葡萄园情歌-----------------------------郭维东
致酒钢--------------------------------丹　青

大学生诗苑（19首）------沈　健　梅越平　贾秀清
金晓辉　尚仲敏　朱　江　莫俊荣　宰雪眠　胡兰芳
陈桂林　彭松年　朱　瑜　苗　松　成志杰
诗苑之友（8首）-------简　宁　王若冰　王家新
致——--------------------------------易殿选
荞花开了-------------------------------毛菁文
男人和女人的故事-----------------------韩　持
女兵肩头落下一只小鸟---------------------李民政
思-----------------------------------渭　水
农技夜校-------------------------------李旭辰
我的牧鞭-------------------------------孔令明
诗词之页（20首）------袁第锐　王沂暖　碧玉箫
夏　羊　孙其芳　陈济汉　黄罗斌　张春生　王长顺
王玉祥

外国文学品评
假梦真戏（小说）-------[乌拉圭]胡·卡·奥内斯
虚实难分　扑朔迷离（评介）-----------------金　禾

我与文学
生命说：不!---------------------------蔡测海

文坛摘萃（8 则）

文坛争鸣
文学评论方法论讨论综述（资料）

美术
雪莲（中国画）-----------------------------何　山
雾（中国画）-------------------------------刘国辉
甜蜜（中国画）-----------------------------罗承力
采云图（中国画）---------------------------王铁成
金秋（装饰画）-----------------------------钟　嵘

1985 年第 10 期　刊名:《飞天》

目录

中篇小说
我曾是一个海盗-----------------------------庐　野
疏勒河迷失方向-----------------------------杨显惠

小说·散文
自塑---------------------------------------毛志成
杂志推销员的奇遇---------------------------陈秋生
飞过大桥的琴声-----------------------------王旺斌
路、少女、足印-----------------------------天　香
流星-------------------------------------虞大伟
哦，冰箱---------------------------------刘俊光
街角的祭坛和游击队的红领巾（散文）---------陈舜瑶
江之声（散文）-----------------------------沈天鸿
蓝鸽子（散文）-----------------------------傅　冰

新芽
婚事（小说）-------------------------------杨守信
要从多方面下功夫（评介）-------------------海　若

惊险小说
大墙下的间谍战--------------------[日本]高柳芳夫

诗歌
塞声
拉萨纪行（组诗）---------------------------丹真公布
在兰州（组诗）-----------------------------师日新
秋天，一个真实的故事-----------------------汪玉良
接新娘的路上-------------------------------姚学礼
大漠深处的树杰-----------------------------廖代谦

大学生诗苑（18 首）-------胡　蓝　肖春雷　刘再如
杨　漪　孟志强　伍方斐　徐迅雷　仝晓锋　飞　廉
漆进茂　吴　旭　彭学明　盛雁珺

诗词之页（19 首）----------韩宇廷　富寿苏　杨伟群
汪民全　何绍南　程绍海　万云骏　胡若嘏　陈　略
顾浩君
诗七首-------------------------------------高　平
思念-------------------------------------李发模
风雨思-----------------------------------陈茂欣
云影-------------------------------------贾长厚

外国文学品评
火鹤马（小说）----[智利]弗·科洛亚内　杨启藩译
"老谋深算"的火鹤马（评介）-----------------陈　颂

我与文学
我的习作探索历程---------------------------唐　湜
武玉笑小传---------------------------------党鸿枢
文坛摘萃（9 则）

文坛争鸣
关于小说艺术创新的争鸣（资料）

美术
梭罗少女（油画）---------------巴苏基·阿卜杜拉
和睦（雕塑）-------------------------------何　鄂
起跑（雕塑）-------------------------------罗代奎
神州气概（雕塑）---------------------------龙绪理
缅甸少女（油画）---------------巴苏基·阿卜杜拉

1985 年第 11 期　刊名:《飞天》

目录

西部文艺：寻求突破面向未来的旗帜
向肖华同志致敬（诗）-----------------------杨植霖
我要采一束最红的杜鹃花（诗）
——献在肖华同志的灵前---------------------赵　戈

中篇小说
印在挂历上的姑娘---------------------------薛兰会
雨丝-------------------------------------顾　冰

小说
星恋-------------------------------------李春光
树叶儿，沙沙沙-----------------------------贺抒玉
他和他的死---------------------------------何昌宇
马车碾过荒滩-------------------------------颜明东
云雀-------------------------------------国　生
梦境-------------------------------------昭　云
兴元娘子---------------------------------陈望尘
吹糖老鼠的老人-----------------------------墨　默

新芽

白尾巴公鸡（小说）————————————娇　梅
文贵真实（评介）————————————海　若

惊险小说

大墙下的间谍战（连载之二）————［日本］高柳芳夫

诗歌
塞声

洮河之恋————————————————邵军祥
雪山下，有条小河————————————朱志伟
马的脊背————————————————班　果
护林员————————————李引进　道　今
在枯林深处————————————————吴义龙
高山母亲的心————————————————王叔平
涂染————————————————————柳希茂
问山里老人籍贯————————————薛卫民
矿井边，美人蕉开了————————————张敦孟
鱼塘情趣————————————————李兴茂

大学生诗苑（18首）————钟建武　张稼文　牟吉信
碧　涛　素　沙　刘建民　峥　枫　陈进坚　张　缨
田永元　鹿　鸣　胡昌文　唐跃生
诗苑之友（3首）————崔　桓　郁　斌　尚春生
我的故乡在这里（二首）————————周所同
情满山乡（二首）————————————徐著文
脚手架上，我勾砖缝————————————张晓健
塔吊和少女————————————————刘　渊
诗词之页（13首）————王亚平　沙寄萍　许白凤
吴亚卿　张智深　赵品光　赵绍康

外国文学品评

狄奈斯库诗抄（五首）————［罗马尼亚］狄奈斯库
把墙劈开（评介）————————————罗　洛

我与文学

吹尽狂沙始到金————————————浩　岭

评论

真而梦，梦而真
　——评小说《十年一觉钓龟梦》————李学通
弥漫着时代氛围的折光————————薛永健
自我与生活之间
　——评小说《告别十九岁》————陈自仁
好一个"黄土地长出的蓝花花"————高　戈
文坛摘萃（10则）

文坛争鸣

关于小说创作中"人与自然"的讨论综述（资料）

美术

祝福（油画）————————巴苏基·阿卜都拉
舞步（雕塑）————————————王志刚
风（雕塑）——————————————罗代奎
童谣（雕塑）————————————王志刚
峇厘少女（油画）——————巴苏基·阿卜都拉

1985 年第 12 期　刊名：《飞天》
目录

黄河文学展望（首届黄河笔会纪要）

中篇小说

复仇————————————————————孙方友

短篇小说

金刚石梦幻曲————————————————少　鸿
雨中——————————————————————蓝　天
月牙湖的故事————————————————蒋　琏
新厂长上任————————————————黄越城
消失了，那白天的月亮和夜晚的太阳————李惠新
牛和尚画虎————————————————朱广贤
男子汉————————————————————陈卫基

报告文学

甘肃的老百姓真好————————黄景渊　史　溶

惊险小说

大墙下的间谍战（连载之三）————［日］高柳芳夫

新芽

锅盔世家的衰落（小说）——————————峻　岭
在喜气中迎接变革（评介）————————李大耀

诗歌
塞声

铝盔闪光的岗位（外一首）————————唐光玉
钻塔，一支神箭（外一首）————————赵　强
石油大嫂————————————————秦克温
戈壁情（外一首）————————————许　谦
野骆驼之歌————————————————夏　羊
月夜——————————————————————戴惠霞
草原上的女人（外一首）————————张子选
瀚海瑰宝————————————————王蜀尤
大钳——钻工的手————————————杨桂茂
大学生诗苑（21首）————丹　若　傅　浩　林　荫
杨增能　苏东国　刘廷璧　祖　云　舒　畅　龚湘海
唐　欣　刘　中　韩　艳　王鑫彪　王晓林　曹　伟

东部的反馈 —————————— 丁　芒
小城，五月的故事（外一首）——— 韩兴贵
验车桥 ———————————— 江俊涛
外婆的小村 —————————— 信国波

诗词之页（18首）——————— 寇梦碧　吴淮生　唐星照
叶元章　徐献国　徐景峰　匡荣归　汪长祥

外国文学品评
白象似的群山 —————————[美]海明威
弃繁从简　言短味长（评介）——— 薛永健

我与文学
谈我自己 ——————————— 李发模

评论
关于《夭折》的一封信 ————— 王汶石
令人思索的命运四重奏
——读中篇小说《夭折》 ——— 董汉河
对一代人的艺术开掘
——读中篇小说《寒窗》 ——— 屈　选
赵燕翼小传 —————————— 季成家
文坛摘萃（12则）

文坛争鸣
关于文学"寻根"问题的讨论（资料）

美术
艺伎 ————————————[日]伊东深水
《人才谈成长》插图之二（木刻）— 聂昌硕
油厂的旋律（木刻）—————— 孙元吉
生态平衡（木刻）——————— 白树镛
夏日 ————————————[日]伊东深水
《飞天》一九八五年总目录

黑土·春雨 ————————— 浩　岭
荒诞而又真实的故事 ————— 陈金堂
这回不算 ——————————— 玉　笋
腊月里的唢呐声（散文）——— 黄富强
江南风采（散文）—————— 山　谷

侦破小说
冒牌警察破案记 —————————[日]日下圭介著

新芽
泾河弯弯（小说）—————— 根　林
月亮圆了的时候（小说）——— 郭晓霞
等……（小说）——————— 苏建新
反光镜（小说）——————— 魏　斌
雨中（小说）———————— 杨思辉

诗歌
西部之声
寄古人 ——————————— 邵燕祥
绵长的热情线 ———————— 肖　川
大西北抒怀 ————————— 木　斧
黄河的孩子 ————————— 匡文留
大漠日出（外一首）————— 劲　扬
鹰（外一首）———————— 时星原
手鼓舞 ——————————— 曲　近

大学生诗苑（17首）————— 王建民　曾静平　杨　春
阿　冬　袁晓岩　朱洪东　白书庄　冰　航　蒋旭光
诗词之页（14首）————— 蓝正文　许白凤　韩成武
荒　芜　魏经邦　唐　济　谢　堂　裴怀安　芋　农
张曼西
青年诗坛（20首）————— 陈燕妮　文乾义　缪国庆
蒯凤洁　万碧东　陈丽萍　奕　林　雷有让　梅　子
唐守远　刘亚丽

外国文学欣赏
上层社会的贵夫人（小说）——[巴西]塞绕·波尔多

我与文学
我是怎样走上文学之路的 ——— 刘兆林

评论
笑的力量 ——————————— 谢昌余
灵魂塑造的思考 ——————— 龚龙泉
她真情地抒写着人生 ————— 周政保
文坛摘萃（四则）

文坛争鸣
"西部文艺研讨会"讨论综述（资料）

1986 年第 1 月号　刊名:《飞天》
目录

更强烈地拨动感应生活的心弦 ———— 本刊编辑部

中篇小说
人鹰 ———————————— 程　海

短篇小说·散文
奇且克，我的故乡 —————— 方　威
只看他看看这身西装裙 ————— 陈卓乾
小城的梦 —————————— 谢友鄞
迷茫的丛林 ————————— 张存学
没有星星的地方 ——————— 阿拉提·阿斯木

美术

荷（中国画）------------------文 岩

壁饰浮雕------------------龙绪理

飞天壁饰浮雕------------------文 岩

蜡舞（中国画）------------------陈之川

1986 年第 2 期　刊名：《飞天》
目录

中篇小说

老枪------------------李江树

流行色------------------蒋焕孙

短篇小说

特殊的东西------------------潘文伟

军人安魂曲------------------庐 野

儿子今年十七岁------------------阎国瑞

洁白的鸡毛------------------何生祖

能源------------------金 石 彭 城

墙上爬着一只蜗牛------------------张象吉

青草与奶牛------------------王天恩

玉溪流情思------------------袁慧光

阁楼上的琴声------------------陈于思

散文

喜期------------------杨闻宇

村野三章------------------和 谷

我那遥远的哈吉尔草原在呼唤

------------------白鄂·高利亚琦·僧格

心灵之音------------------尚贵荣

新芽

古城墙下的小铺（小说）------------------金耀东

爱笑的小姑娘（小说）------------------杨秀敏

怨（小说）------------------王 琴

丝路随记（散文）------------------桢 干

邂逅（小说）------------------钦 烈

诗歌

西部之声

西部十四行诗组（三首）------------------唐 祈

西部光与色的交响乐------------------刘宏亮

嘉峪关（外一首）------------------陈 默

黄土高原的向日葵------------------杨 然

别的信笺（外二首）------------------道吉坚赞

雅不赖盐池（散文诗）------------------吴辰旭

站在地质家的纪念碑前------------------嘉 昌

大学生诗苑（22 首）------------------陈应松 余笑忠 殷 红
张为良 天目河 王 玉 戴凌云 李景南 宁志刚
童 迪 武砺旺 吴学文 肖 鹏 于伯生 王琪博
徐 梅 葛维政 阳 子

诗词之页（17 首）------------------常任侠 徐翰逢 碧玉箫
陈九思 邬惕吾 王沂暖 马骙程 来向荣

青年诗坛（26 首）------------------迟 续 刘 刚 刘玉花
栗国栋 张晓健 马 或 王 桦 萧 杨 熊江彬
谭 颖 车霁云 乔延凤 吴 霖 鄢家发 陈松叶
胡文平 冯 军

外国文学欣赏

可怜的母亲（小说）

------------------[厄瓜多尔]霍阿金·加耶戈斯·拉腊

我与文学

割舍不断的情思------------------肖复兴

评论

追求人生价值的高层次------------------陈德宏

诱惑面前当自重------------------安 可

高平小传------------------张明廉

文坛摘萃（10 则）

文坛争鸣

关于文学观念问题的争鸣（资料）

美术

鸣（中国画）------------------文 岩

腾飞（壁饰浮雕）------------------罗代奎 王铁成

飞天壁饰浮雕------------------罗代奎

祝福（中国画）------------------陈之川

1986 年第 3 期　刊名：《飞天》
目录

中篇小说

观海笔记------------------任 衡

阳光下的童话------------------李海鸣

短篇小说

一缕星辉在黎明隐去------------------雷建政

组稿记------------------马其德

土地------------------赵本夫

花子收金------------------赵 新

定盘心------------------胡宗礼

当军人需要妻子的时候 —————————————哈斯乌拉
哥们，为三十岁干杯—————————郑世隆 金凤翔
吻别昨天的幻梦————————————————陈兰云

侦破小说
委托商店之门————————————[日]夏树静子

新芽
启巴————————————————————孙浩东
醉雨————————————————————康志勇
濛濛的雨—————————————————刘小平
买鱼————————————————————罗国钦

诗歌
西部之声
请戴上"骆驼"的胸章（外一首）——————梁 南
墓群（外一首）————————————————杨 敏
玉门魂（外一首）———————————————王燕生
那个爱流泪的女人（外一首）———————贾治龙
废墟里的幽灵————————————————韩 霞
新春————————————————————毛菁文

大学生诗苑（22首）——————王红梅 沈之琴 俞 凌
权 善 吕 新 贾秀清 李丽琼 胡述范 陆少平
天目星 肖 红 李绚 郁 兰 丁蔚文 白雪婷
吴丽丽 萨黛特
诗词之页（15首）——————————林 锴 谢 堂 夏羊
沈家庄 胡剑琴 黄席群 章士正 欧阳造极 赵仲
牧 施菊轩 张联芳

青年诗坛（26首）——————————刘国萍 于荣健 杜 输
王志林 咸 沟 钟红燕 胡伶俐 王冬君 徐 垦
谭建国 张凤臣 卢守仁 李 委 郭建民 赵玉萍
阎维红 韩 东 菇 菇

外国文学欣赏
蔷薇色（小说）———————[法]丹尼尔·布郎瑞

我与文学
从文琐事录—————————————————舒 升

评论
敏锐的发现 深沉的思索（评介）—————刘俐俐
一面照耀灵魂的镜子（评介）———————胡 磊
文坛摘萃（9则）

文坛争鸣
对一九八四年部分获奖小说的争鸣（资料）

美术
海之声（中国画）———————————————文 岩
出浴图（中国画）———————————————杨福音
福音（中国画）————————————————秦 文
陇原之灵（中国画）——————————————邹晓萍
苏州姑娘（装饰画）——————————————顾小加

1986 年第 4 期　刊名:《飞天》
目录

报告文学
不远就是光泉———————————阳 光 谭元亨

中篇小说
组织问题—————————————————丁 茂

短篇小说
邮仇————————————————————陈秋生
大漠骄子—————————————————桑 苗
抢潮头鱼的父子———————————————王廉明
爱神的悲喜剧————————————————王立纯
野情————————————————————张董家
哥哥————————————————————达悟呆
悄然来去的爱情———————————————焦炳琨

散文
黄河思———————————————————李佩芝
讨小海———————————————————沉 洲
车过娘娘坝—————————————————李运彩
夜，静悄悄—————————————————孙 梅

侦破小说
委托商店之门（续）———————[日]夏树静子

新芽
把关（小小说）———————————————阎昊东
孺子马（小小说）———————————————唐建光
彩云，向远方慢慢飘去（散文）——————魏千乙

诗歌
西部之声
河之天趣（组诗）———————————————何 来
中国西部的煤（二首）————————————孙友田
酒钢印象（外一首）——————————————江长胜
出钢时刻—————————————————尚春生
在八月的喀什河谷——————————————林 染
撒播————————————————————廖代谦
吹号者（外一首）———————————————曹树莹

靠向牛群 ———————————————— （藏族）完玛央金

大学生诗苑（21首）———— 朱 穗 林 雪 吴胜华
牟吉信 张协奎 北 炜 胡晓靖 赵 刚 叶天蔚
彭代雄 龚学明 高一峰 两 毛 君 闻 白战海
叶 舟 冰释之 赵 焰 魏 平
诗词之页（15首）———— 杨茂林 张永球 朱根勋
胡又来 谢福云 林 平 李声高 林家英 张 达
杨友直 陈济汉 李克定
青年诗坛（21首）———— 余 波 孟景舟 杨桂茂
潘上九 陈德勇 灵 奇 廖春恒 杨学军 夏 斌
柳 村 孙丽玲 胡昌文 赵健雄 菲 可 赵万斌

剧本
艾黎在山丹（话剧）———— 姚运焕 张 明 周兴甫

外国文学欣赏
海滩（小说）———————— ［法］阿伦·荷比葛列叶

我与文学
路漫漫而修远兮 ……………………………… 庞瑞垠

评论
从《飞天》看大学生诗歌审美观念流变 ———— 吴 晟
黄河给了她奔涌的诗情 ———————————— 阮 梦
文坛摘萃（10则）

文坛争鸣
关于文学加强社会责任感的讨论（资料）

美术
生命之春（油画）———————————————— 王 晖
绣春图（中国画）———————————————— 刘国辉
草原的早晨（中国画）————————————— 赵 星
山神巡世图（中国画）————————————— 赵凤迁
同学（油画）————————————————————— 翟欣建

1986 年第 5 期　刊名:《飞天》
目录

中篇小说
季风 ———————————————————————— 王世伟
妈妈是吉卜赛人 ———————————————— 金吉泰

短篇小说
买书 —————————————————————————— 季 宇
迟归 —————————————————————————— 查代文
芝麻巷口 ——————————————————————— 孙志诚

无花果 ———————————————————————— 常占国
快活的郝三爷 ————————————————— 王兆瑞
红红的月季花 —————————————————— 方 芳
哈拉苏拉凉面店 ————————————————— 李栋林

散文
毛驴儿 ———————————————————————— 白生金
散文二题 ——————————————————————— 朱 鸿

戏剧之页
寻找幸福的人 —————————————————— 武玉笑

新芽
西去古浪峡（小说）—————————————— 王 琳
月儿坝（小说）————————————————— 冯庆楠
失职（小说）——————————————————— 胡天保
男人（小说）——————————————————— 根 林
一双旅游鞋（小说）—————————————— 原 路
北国春赞（散文）——————————————— 王新林

诗歌
西部之声
虎的身影（外二首）—————————————— 沙 陵
西北高原的节奏 ————————————————— 秦春温
这里，诞生了一个新生命 —————————— 段金泉
龙羊峡 ————————————————————————— 李玉林
雌性的大西北（外一首）———————————— 高 平
老人与兽 ——————————————————————— 丹 若
出圈 —————————————————————————— 蒋兆钟
山情 ———————————————————————— 舍·尤素夫
女人·集市 —————————————————————— 黄 默
我调配 ……………………………………………… 曹 牧

大学生诗苑（21首）————————————— 唐 欣
柯 平 南 轩 张卫东 杨 石 马培军 薛大营
韩少君 鲁 克 侯继伟 张 凡 马健禄 张 晨
舒 鹰 李 城 吴晨骏
诗词之页（22首）———— 詹亚园 霍松林 寇梦碧
裴慎之 林 平 富寿荪 陈剑虹 丁 芒 杨伟群
青年诗坛（25首）———————————————— 毕生华
王斌智 赵明荣 灵 奇 唐守运 张忠培 胡文平
张 赞 吴 强 贺春发 李文彬 苏震亚 徐芳春
王雪娟 李秀兰 祁云海 陈祝华 丹 青 吴修祥
轩维晋 潘向东 赵宝海

外国文学欣赏
捕鱼（小说）——— ［萨尔瓦多］萨尔瓦多尔·阿茹埃

我与文学
我学习写作的"情况汇报" ·············师日新

文坛争鸣
关于近期小说中性心理描写的讨论（资料）
文坛摘萃（5 则）

美术
天鹅湖（油画） ·····················文 岩
黄土高原的新层次（塑料版画） ·······莫 测
阳光 夕阳（木刻） ·················恩广智
沙啸（水粉画） ·····················马 青

1986 年第 6 期　刊名:《飞天》
目录

中篇小说
贤孝春秋 ···························张 弛
应是飞鸿踏雪泥 ·····················景 风

短篇小说
呵，男人们 ·························蔡 磊
带枪的汉子 ·······················道吉坚赞
编辑下乡 ···························王家达
昨夜西风 ···························匡文立
思维蒙太奇 ·························赵启强
白蔷薇金蔷薇 ·······················牛正寰

新芽
草木又一春（小说） ·················梁之骏
走出凉棚（小小说） ·················唐建光
夏夜（小小说） ·····················王有华
大树下（小小说） ···················张中定
喊山（散文） ·······················塞 北
生活（散文） ·······················王宏德
园丁小曲（散文诗） ·················何劭君

诗歌
西部之声
写进沙漠的论文（外一首） ···········郭维东
西部书法 ···························章德益
驼队，大漠的雁阵 ···················陈 青
"红线线"（外一首） ·················姚学礼
河西走廊的记忆 ·····················许 谦
山野小溪的歌声（二首） ·············刘志清
林海伐木工 ·························王叔平
古古拉冰大坂 ·······················孔令明
远眺华山（外一首） ·················张国宏

秦腔 ·····························陈友胜

大学生诗苑（23 首） ·······朱 霭 卢桂元 邓万鹏
陈桂林 宰雪眠 苗 强 杨永康 山 丹 荣 荣
吴新宇 陈默实 付友山 杨祝祥 林乐山 宁天心
诗词之页（23 首） ·········林 锴 来向荣 韩成武
詹焜燿 谢福云 林 平 冯其庸 张育芳 陈伯华
周玉甫 徐弘道 李祖新
青年诗坛（29 首） ·········张晓健 非 易 王建疆
齐宗弟 张治泽 巧 英 刘 刚 王作文 袁景和
张延明 高自刚 三 空 万碧东 杨润勤 黄龙忠
俞东明 马 或 方 岩 冷慰怀 刘思忠 栗国栋
刘高琥 戴惠霞 谭 颖 毕生华 王冬君

外国文学欣赏
和家具杂物共度八月节 ···········[意]阿·贝维拉夸

我与文学
回眸一瞥 ···························陈 冲

评论
一幅绚丽的风俗画（评介） ···········艾 兰
《定盘心》与时代困惑（评介） ·······管卫中
情真意远 独具特色（评介） ·········龚龙泉
文坛摘萃（8 则）

文坛争鸣
关于几篇小说的讨论（资料）

美术
夜大学生（油画） ···················王 晖
故土（雕塑） ·······················王志刚
飞天壁饰（浮雕） ···················龙绪理
捻（中国画） ·······················何 山

1986 年第 7 期　刊名:《飞天》
目录

中篇小说
大雾同硝烟一个颜色 ·················李彦清

短篇小说
哦，乌青马 ·························陈作犁
牧人 ·····························杜曼纳母嘉
山里，雨下个不停 ···················卜发有
姥姥的布娃娃 ·······················张爱华
史方氏 ···························王清学
迷惘 ·····························王兴发

远在天边 ———————————— 田　曈
美的追寻 ———————————— 刘思龙
大丈夫的小诺言 ———————— 乔宇峰

新芽
山大王 A.B.C.（小说）————— 王　琳
"自由派"轶事（小说）———— 贺小翠
小花阿姨（小说）—————— 王　伟
子午岭遐想（散文）————— 杨声笑
我爱你，小草（散文）———— 张志明

戏剧之页
热血（六场现代京剧）———— 袭诗唐

诗歌
西部之声
西部风（外二首）—————— 殷　实
列车西去（外一首）————— 柯　原
八月的鸣沙山（外一首）—— 刘惠生
那山，那马（外一首）———— 张子逵
结构和谐的素材（组诗）—— 伊丹才让
柿乡姑娘（外一首）————— 李旭辰
江边采风（外一首）————— 姜　华

山村行 ———————————— 李碓各
青纱账 ———————————— 杨静福
大学生诗苑（19 首）——— 楼　冰　刘再如　刘　峭
罗　勇　李立君　吴元成　王柏霜　尹俭峰　朗永栋
任惠敏　林　曙　刘腾云　葛　跃
诗词之页（16 首）——— 王亚平　黄　钟　叶元章
赵志熙　碧玉箫　林　锴　王长顺　许永璋　陈伯华
胡若碬
散花集（7 首）——— 柴德森　力　辛　王　湛
张来信　牧之羊　桂兴华
青年诗坛（22 首）——— 张　凯　李文彬　高　阳
王韶华　徐芳春　李文斗　薛志庆　贺春发　蒙树坤
于　进　陈　诚　凌　云　迟　续　余　波　廖晓华
杨惠芳　张　莉　杭月花　常　歌　刘玉花　张少华

外国文学欣赏
临终的自述（小说）——— [美]马克·吐温

作家纪事
忆曹靖华先生 ———————— 宋如山

我与文学
我与文学 ———————————— 檀　林

文坛争鸣
关于文艺主题问题的讨论（资料）

文坛摘萃（9 则）

美术
杜甫诗意图（中国画）———— 吴　声
藏家采花节（木刻）————— 曹丽珍
古道月明（木刻）—————— 张　趋

1986 年第 8 期　刊名:《飞天》
目录

中篇小说
淡水湖，咸水湖 ——————— 高　澍

短篇小说
离校周 ———————————— 李亚南
远山 —————————————— 魏　强
没有尾巴的故事 —————— 林　林
丑 ——————————————— 王晓斌
失败者 ———————————— 海　波
山菊花 ———————————— 廖福萱
旋风 —————————————— 江广生
老人的屋 —————————— 万　一

报告文学
荆棘载途　耿耿忠心 ——— 黄景渊　史　溶

新芽
留在陇南山区的梦（小说）—— 刘志英
划圈（小说）———————— 安　宁
稚（小说）————————— 王　伟
支持（小说）———————— 龚万里
窗花（小说）———————— 杨　柳
村歌三题（散文）————— 孙家敏
黄土情（散文）——————— 陈德勇

莫耶同志逝世 ——————— 本刊记者
莫耶，一个真正的女兵 —— 赵　戈
忆莫耶同志 ————————— 严寄洲

诗歌
西部之声
白杨，西部生命的投影（组诗）—— 赵　强
钻塔，在中国的天空下（外一首）—— 赵福辰
塞上行（外一首）—————— 子　页
猎手，山中的强者（外一首）—— 东　虹

痴情的女园艺师（外一首）————————刘　渊
脊背上隆起的"山"————————————任国一
马莲河畔的清晨————————————高仲选

大学生诗苑（22首）————————————柏常青
石　厉　王　剑　马健禄　张学虎　张　晨　马　野
麦地娜　郝建文　赵保元　荣金花　萨黛特　林　林
赵　煦　况玉生　王连升
诗词之页（19首）————————————王亚平
胡剑琴　王玉祥　田俊江　匡荣归　黄罗斌　黄　钟
王希凡　汪长祥　胡又来
青年诗坛（28首）——————晓　舸　刘　琦　马新民
王斌智　杨桂茂　余学如　徐著文　赵明荣　徐　雁
尹　娟　柳希茂　工　雨　张治泽　东　方　阎维红
王非易　袁景和　马殿邦　李谠呈　孟景舟　赵　未
刘宗文　吕长河　杨阔林

外国文学欣赏
房间和街道（小说）————[意] 阿尔贝托·莫拉维亚

我与文学
我的回顾————————————————汤吉夫

评论
斑斓生活的回声————————————谢昌余
当代诗情的启示————————————孙克恒

文坛争鸣
关于文学主体性的讨论（资料）
文坛摘萃（5则）

美术
舞姬——————————————[日本] 伊东深水
自然与人（水粉画）————————————秦　勇
花与少女（水粉画）————————————秦　勇
女孩与白马（油画）————————————尚尔云

1986年第9期　刊名:《飞天》

目录

中篇小说
土木水火————————————————宇　峰
喜马拉雅山北边————————————朱光亚

短篇小说
秋叶——————————————————庞瑞琳
淡白的太阳————————————————蒋　韵
殉志碑——————————————————程多富

古朴——————————————————虞大伟
十六七岁那时候————————————郑元祥
骆驼山·骆驼滩————————————韩绍祖
半蔫汉沙里哈————————————张庆信
黑森林里的故事————————————张宗栻
不明白的事————————————————贾汝恒

新芽
野鸭滩上的鬼火（小说）————————王建强
在帷幕拉开之前（小说）————————梁之骏
月儿亮光光（小说）————————————于　进
交易（小说）————————————————吕　新
宴（小说）——————————————————茅　庐

诗歌
西部之声
希望的迁徙（组诗）————————————李云鹤
西行草（二首）————————————————汪玉良
骑马的民族（外一首）————————————罗　巴
少女遗下一串谜语（外一首）——————王振喜
田野上的歌（三首）——————————怀　德　马　牧
石榴树——————————————————郭建新
大学生诗苑（15首）————乔玉钢　邵长武　沈　健
董　林　宗琮　张锋　海燕　黄灿然　郑保章
夏　阳　耀尘　李志明　任　流
诗词之页（23首）————————羊敬德　李　栬　土屋尚
杨鸿章　徐翰逢　周槐庭　宋承焜　蓝正文　唐圭璋
青年诗坛（29首）————————文乾义　杨　子　王志林
黄　勇　郭建民　范新民　陆世风　葵　田　樊　洪
阎映泉　戴惠霞　张风臣　赵玉萍　胡小梅　卢宗仁
冯鹤鸣　刘高琥　金　明　黄忠龙

外国文学欣赏
一个世界的终结（小说）
————————[西德] 乌夫岗·希迪斯海墨

我与文学
我的自述————————————————高志辰

评论
起飞的翅膀会掀起尘沙————————高　平
力的颂歌　爱的凝结————————————郭春明
于"凡人奇事"中透视社会文化心理———张兴劲
文坛摘萃（4则）

文坛争鸣
对陈涌《文艺学方法论问题》一文的争鸣（资料）

美术

雨	胜田哲
汲水图（中国画）	周思聪
入耳牧笛声声情（中国画）	承 力
忙中小闲（中国画）	承 力
黄河母亲（纪念雕塑部分）	何 鄂

1986 年第 10 期　刊名:《飞天》
目录

中篇小说

盲流	孙方友

短篇小说

故乡，有一位战神	黄越城
又是二月	寒 洁
我那留在记忆里的梦	李康美
专车的故事	赵胜利
正月里，是新年	赵 新
生活从黄昏开始	刘兴元
绝种	草 实
渔家女	宋传恩
古寺镇	李泽民
山泉	杨有年

散文

衣着絮语	杨闻宇
玉关情思	嘉 昌

新芽

山口（短篇小说）	塞 北
乡间路上（短篇小说）	曾明伟
梅雨声声（短篇小说）	胡建中
母亲的忌日（短篇小说）	晏菊仙
油菜花儿黄（短篇小说）	王彦琪

诗歌

西部之声

在那高高的山岗上（组诗）	师日新
西北人的胸怀（外一首）	秦克温
宣传队的姑娘们（外一首）	李民政
历史镜框里的浮雕（外一首）	高炯浩
最后的幻念（外一首）	夏 羊
雨，缠缠绵绵（外一首）	艾 文

大学生诗苑（21 首）-------- 何伯阳　陈应松　唐旺盛
任惠敏　范德平　方 舟　潘 灵　彭学明　王祥华
陈鸣华　梦 石　田先瑶　符红霞　陈永斌　葛长银

青年诗坛（24 首）------- 李文彬　何首乌　张 赞
蒙树坤　刘长江　程宝林　尚长文　俞东明　张延明
潘上九　吴修祥　张宏伟　孙淑章　高 阳　轩维晋
徐 雁　冷慰怀　毛菁文

诗词之页（14 首）------- 唐 济　朱根勋　郑楚材
汪 玢　施南池　赵吕光　陈 略　徐培均　张智深
王希凡　寇梦碧　邓伯言

外国文学欣赏

女人（小说）	［多米尼加］胡安·包什

我与文学

文学生涯中的三次危机	朱光亚

评论

人与大自然关系的雄浑乐章	刘俐俐
评小说《昨夜西风》中的诗化倾向	陈莉群

文坛争鸣

关于军事文学的讨论综述（资料）	
文坛摘萃（4 则）	

美术

如月夫人	［日］甲斐庄楠音
星光（雕塑）	王志刚
飞天壁饰浮雕	文 岩
岩鸽（油画）	薛晓林

1986 年第 11 期　刊名:《飞天》
目录

面对大西北文学世界的思考

中篇小说

夏天的拒绝	李 逊
盆地	康志勇

短篇小说

索伦人的后裔	谭英凯
群众演员丁富宽	袁汝学
含口银珠	姚克明
吃平伙	舍·尤素夫
鬼谷	何 奇
变了质的花生油	窦卫华
草木有本性	莘 青
山水	劾延庆

新芽

隔壁人家 ———————————— 魏 斌
冷娃 ————————————————— 谢维博
署名 ————————————————— 李建林
戏迷 ————————————————— 张孝恭
"蓝布裙"与"喇叭裙" ————————— 王 芳
锤炼开掘之功（评论）——————— 李 愚

诗歌

远山（组诗）———————————— 刘毅然
十行抒情诗（组诗）——————— 独 白
猩红的骆驼刺花（四首）————— 林 染
献给沙漠（组诗）——————————— 吕 新
少女和春天（二首）——————— 马合省
西部之声（14 首）———— 李苏卿 蒋兆钟 黄东成
李玉林 韩 霞 屈文焜 拉目栋智 刘兰鹏
赵怀侠 王五星 刘风华
大学生诗苑（23 首）—————— 朱维国 自 成 群 岛
朱晓东 吴淑君 紫 荆 郑 汉 钱扬斌 王黎明
查结联 刘亚丽 李广仓 倪向阳
诗词之页（21 首）———— 史蕴光 韩成武 唐 济
黄罗斌 李平太 来向荣

外国文学欣赏

靴子下的面包（小说）
———————————— ［智利］尼高美德斯·古斯曼

我与文学

无人企及的追恋—————————— 何 来

文坛争鸣

关于深入生活问题的讨论（资料）

美术

横栏 ———————————— ［日］甲斐庄南音
午茶（木刻）——————————— 王公懿
月牙泉（木刻）————————————— 朱 冰
迷（木刻）——————————————— 冯涨础
小夜曲·海滨（木刻）——————— 王庆国
月朦胧（中国画）——————————— 赵 星

1986 年第 12 期　刊名:《飞天》
目录

中篇小说

老人 —————————————————— 郭灿东
困窘的小号 ————————————— 晓 蕾

短篇小说

梦中的合欢树 ———————————— 薛 勇
山城的小粮站 ———————————— 赵根荣
老桥 —————————————————— 李 伟
冬天的一个星期日 —————————— 柏 原
民工 —————————————————— 范兰生
黑猫 —————————————————— 李伯勇
唉，达尔玛…… ———————————— 邓九刚
老磨坊 ———————————————— 缑光明
远去的鼓声 ————————————— 吴广川

新芽

看鱼池的小伙子（小说）——————— 刘 英
本孝先生（小说）——————————— 唐建光
西裤（小说）————————————— 原晓棉

诗歌

一个女人的发现 ———————————— 秦桂芬
冬天的情绪（外一首）———————— 易 非
多思的季节 —————————————— 刘夏萍
最后一次和你跳舞（外一首）———— 嘉 梁
莫高窟的黄昏（外一首）——————— 白 梦
忘却以及其他（组诗）———————— 沙 漠
西北之月 ——————————————— 洪 放
西部之声（11 首）————— 周 鹤 韩英珊 木 斧
尚春生 刘 斌
诗词之页（15 首）————— 许永璋 周槐庭 蔡淑萍
吴 军 杨 霜 韩宇廷 李克定 杨豫怀
大学生诗苑（25 首）———— 刘 原 贾 雷 朱 明
王建民 马 野 郑 毅 俞 剑 潘 泳 李 南
葛维政 尚仲敏 向以鲜 郭肖华 赵 琳 潘树国

外国文学欣赏

地道（小说）
——————— ［巴拉圭］奥古斯托·罗亚·巴斯托斯

我与文学

收获与耕耘 —————————————— 陈忠实
李季小传 ——————————————— 王建国
文坛摘萃（8 则）

文坛争鸣

关于新时期长篇小说创作的讨论（资料）

美术

仕女 —————————————— ［日本］胜田哲
藏族妇女（中国画）—————————— 李葆竹
陇南风情小品 ————————— 王燕安 刘 毅
岁月（油画）————————————— 顾国建

1987 年第 1 期　刊名:《飞天》
目录

中篇小说
桃柳榆 ···牛　垦

短篇小说
黑门楼 ···王世伟
化蝶 ···蒋　琏
不安的荒滩 ·····································张存学
我那唱"世巴"的舅舅哟 ·························扎西东珠
孤城 ···雷建政
虔诚 ···道吉坚赞
还魂草 ···张承智
望子树 ···路　笛
豪雨 ···虞翔鸣
好死者 ···孟子为

散文
泉城一日 ·······································张俊彪
泾阳人 ···子　页
樱花梦 ···周如镜
嘉峪关风雨雕 ···································苏寿林

新芽
乡村"律师"（小说）·····························闵华松
录相机效应（小说）·····························曹自成

诗歌
西部之声
山羊九色鹿及一位女人（组诗）···················李云鹏
高原上的小屋（外二首）·························梅　青
崖畔上的莓子（外一首）·························汪文勤
乌孙山（外一首）·······························唐光玉
写给北朝的飞天 ·································贺丽文
瘸腿的牧羊人和狗 ·······························刘锡祥
大学生诗苑（19 首）········雨　川　夏雪红　蒋立波
张泽南　余文中　俞　郁　于小伟　陈祥谦　元　刚
王士学　杨云才　于世涌　高　明　舒　瑾　杨海君
诗词之页（19 首）···········吴亚卿　李云桦　詹焜燿
谢　堂　朱根勋　王沂暖　吴天任　王学信　夏　羊
匡荣归　邬惕吾
青年诗坛（13 首）···········赵跟喜　达　黄　陈永刚
艺　辛　王玉玲　梅　斯　张德强　谷　润　潞　潞
何劭君

外国文学欣赏
工兵克利（小说）··········[美]唐纳德·巴塞尔姆

我与文学
三言两语 ·······································莫　伸

文坛争鸣
关于新时期文学十年评价的讨论（资料）
文坛摘萃（四则）

美术
朝 ·····································[日本]胜田哲
牧雪（木刻）···································赵青章
赠别（水胶版）···························任　杰　文　岩
山妹子（木刻）·································莴立才
雨后（国画）···································罗承力

1987 年第 2 期　刊名:《飞天》
目录

黄河的沉思

中篇小说
追光 ···何天保
大风口 ···刘寄奴

小说·散文
红白鹭 ···沉　洲
淡淡的石硅花 ···································桑　平
归 ···蔡　磊
来也匆匆　去也匆匆 ·····························章　频
花祭 ···武振东
词与曲 ···张　芡
山中纪事二题 ···································张董家
马贼 ···嘎　子
星 ···陇　竹
天·地·粮食（散文）·····························杨闻宇

新芽
影壁（小说）···································乔钟良
翠竹（散文）···································黄军勇
故乡的柿子（散文）·····························李青云

诗歌
西部之声
高原·诗人（外一首）·····························杨　然
凉州的月亮（外一首）···························高　平
骆驼（外一首）·································黄邦君
蝶梦 ···毛　翰
原野（外一首）·································洋　雨
夜空到拂晓 ·····································廖代谦

黄河的女儿（外一首）⋯⋯⋯⋯⋯⋯⋯⋯匡文留
导游老人⋯⋯⋯⋯⋯⋯⋯⋯⋯⋯⋯⋯⋯⋯陈少禹
山泉⋯⋯⋯⋯⋯⋯⋯⋯⋯⋯⋯⋯⋯⋯⋯⋯邓伯言

大学生诗苑（22首）⋯⋯⋯⋯胡　冬　龚鹏飞　甘霞东
童洪星　李　新　史　欣　王宜振　何泽云　王红彬
郑　洁　刘国荣
诗词之页（15首）⋯⋯⋯⋯⋯富寿荪　何光年　陈九思
王希凡　陈廷栋　叶元章　陈济汉
青年诗坛（22首）⋯⋯⋯⋯⋯⋯⋯⋯⋯⋯⋯⋯路新荣
王韶华　迟　续　尹　娟　廖百如　王建疆　高云霄
展积满　孙湛泉　蓝　幽　黄福群　马殿邦　程冬年
赵建华　悠　悠　徐　垦

外国文学欣赏
破晓（小说）⋯⋯⋯⋯⋯⋯⋯⋯⋯⋯［苏］诺索夫

文坛争鸣
关于当前文学语言问题的讨论（资料）

文坛摘萃（10则）

美术
芭蕾舞女⋯⋯⋯⋯⋯⋯⋯⋯［菲］加尔西亚·拉玛斯
少女（中国画）⋯⋯⋯⋯⋯⋯⋯⋯⋯⋯⋯⋯段兼善
岁月、牧归（中国画）⋯⋯⋯⋯⋯⋯⋯⋯⋯李宝峰
消夏图（中国画）⋯⋯⋯⋯⋯⋯⋯⋯⋯⋯⋯郭文涛
蕉林曲（中国画）⋯⋯⋯⋯⋯⋯⋯⋯⋯⋯⋯李秀峰

1987 年第 3 期　刊名:《飞天》
目录

中篇小说
山石外传⋯⋯⋯⋯⋯⋯⋯⋯⋯⋯⋯⋯⋯⋯⋯舒　升
一个赶皮车的女人⋯⋯⋯⋯⋯⋯⋯⋯⋯⋯⋯唐光玉

短篇小说
朋友老灰⋯⋯⋯⋯⋯⋯⋯⋯⋯⋯⋯⋯⋯⋯⋯赤亚鹃
断裂的生命⋯⋯⋯⋯⋯⋯⋯⋯⋯⋯⋯⋯⋯⋯任斌武
渔户和他的儿子⋯⋯⋯⋯⋯⋯⋯⋯⋯⋯⋯⋯王家达
啊，童年⋯⋯⋯⋯⋯⋯⋯⋯⋯⋯⋯⋯⋯⋯⋯邵振国
社会关系⋯⋯⋯⋯⋯⋯⋯⋯⋯⋯⋯陆　新　李胜果
黑风⋯⋯⋯⋯⋯⋯⋯⋯⋯⋯⋯⋯⋯⋯⋯⋯⋯畅　达
演戏⋯⋯⋯⋯⋯⋯⋯⋯⋯⋯⋯⋯⋯⋯⋯⋯⋯于维国

新芽
三月雨⋯⋯⋯⋯⋯⋯⋯⋯⋯⋯⋯⋯⋯⋯⋯⋯崔丽华
考察⋯⋯⋯⋯⋯⋯⋯⋯⋯⋯⋯⋯⋯⋯⋯⋯⋯杨发福

无题⋯⋯⋯⋯⋯⋯⋯⋯⋯⋯⋯⋯⋯⋯⋯⋯⋯窦玉兰

诗歌
内流河（外二首）⋯⋯⋯⋯⋯⋯⋯⋯⋯⋯⋯陈所巨
敦煌诗群（组诗）⋯⋯⋯⋯⋯⋯⋯⋯⋯⋯⋯秦　松
西安别（组诗）⋯⋯⋯⋯⋯⋯⋯⋯⋯⋯⋯⋯叶延滨
请收留我⋯⋯⋯⋯⋯⋯⋯⋯⋯⋯⋯⋯⋯⋯葛根图娅
出去走一走（组诗）⋯⋯⋯⋯⋯⋯⋯⋯⋯⋯金遂成
西部之声（14首）⋯⋯⋯⋯⋯⋯刘玉珠　陈　默　渠芒
肖　川　李　瑜　啸　虎　刘长江

大学生诗苑（18首）⋯⋯⋯⋯陈俊峰　万　新　张佩星
张稼文　李凤安　陈寿星　宁　可　舟　子　叶　斌
蔡晓冬　马海轶　张学虎　唐振海
诗词之页（22首）⋯⋯⋯⋯⋯林　锴　林家英　王达津
苏仲翔　巫君玉　赵志熙　田子馥　张智深　袁第锐
黄罗斌　王玉祥
散花集（9首）⋯⋯⋯⋯⋯⋯⋯浪　波　刘　章　梁谢成
张来信　李子光

我与文学
走向黄河，走向土地⋯⋯⋯⋯⋯⋯⋯⋯⋯⋯匡文留

作家纪事
创造社成立前后⋯⋯⋯⋯⋯⋯⋯⋯⋯龚济民　方仁念

文坛争鸣
对《危机！新时期文学面临危机》一文的讨论（资料）

美术
翔（水粉画）⋯⋯⋯⋯⋯⋯⋯⋯⋯⋯⋯⋯⋯肖　火
孙滋溪插图作品
苏朗插图作品

1987 年第 4 期　刊名:《飞天》
目录

中篇小说
口哨⋯⋯⋯⋯⋯⋯⋯⋯⋯⋯⋯⋯⋯⋯⋯⋯⋯肖嗣文
大什字醉酒⋯⋯⋯⋯⋯⋯⋯⋯⋯⋯⋯⋯⋯⋯张恩奇

短篇小说
希望⋯⋯⋯⋯⋯⋯⋯⋯⋯⋯⋯⋯⋯⋯⋯⋯⋯丁　茂
野妞⋯⋯⋯⋯⋯⋯⋯⋯⋯⋯⋯⋯⋯⋯⋯⋯⋯王旺斌
军营静悄悄⋯⋯⋯⋯⋯⋯⋯⋯⋯⋯⋯⋯⋯⋯河　平
红胡子舅爷⋯⋯⋯⋯⋯⋯⋯⋯⋯⋯⋯⋯⋯⋯李　子
卖艺童子⋯⋯⋯⋯⋯⋯⋯⋯⋯⋯⋯⋯⋯⋯⋯王兴发
在那弯弯曲曲的小河⋯⋯⋯⋯⋯⋯⋯⋯⋯⋯杨声笑

茉莉花开⋯⋯⋯⋯⋯⋯⋯⋯⋯⋯⋯⋯⋯杨　鹏
南风⋯⋯⋯⋯⋯⋯⋯⋯⋯⋯⋯⋯⋯⋯⋯徐贵祥
呼啸的山风⋯⋯⋯⋯⋯⋯⋯⋯⋯⋯⋯⋯张庆信
那边的月⋯⋯⋯⋯⋯⋯⋯⋯⋯⋯⋯⋯⋯殷德杰

新芽
滴泪的山林（小说）⋯⋯⋯⋯⋯⋯⋯⋯孙浩东
无题两章（小小说）⋯⋯⋯⋯⋯⋯⋯⋯浩　歌
黄昏曲（小小说）⋯⋯⋯⋯⋯⋯⋯⋯⋯甘　霖

诗歌
西部之声
伊犁歌吟（组诗）⋯⋯⋯⋯⋯⋯⋯⋯⋯何　来
我们有过自己的名字（外一首）⋯⋯⋯赵　强
敦煌博物馆情思⋯⋯⋯⋯⋯⋯⋯⋯⋯⋯刘惠生
红柳沟驿站⋯⋯⋯⋯⋯⋯⋯⋯⋯⋯⋯⋯王　彩
草原⋯⋯⋯⋯⋯⋯⋯⋯⋯⋯⋯⋯⋯⋯⋯许金坤
我们自己的野游日⋯⋯⋯⋯⋯⋯⋯⋯⋯王忠范
五月五⋯⋯⋯⋯⋯⋯⋯⋯⋯⋯⋯⋯⋯⋯姚学礼
戈壁三题（散文诗）⋯⋯⋯⋯⋯⋯⋯⋯嘉　昌

大学生诗苑（20首）⋯⋯⋯⋯⋯⋯⋯⋯马永波
孟凡元　丁蔚文　胡昌文　赵秀杰　叶　舟　廖星凌
吴初霞　洪　烛　杨　红
诗词之页（17首）⋯⋯⋯⋯马家楠　陈廷栋　裴慎之
吴淮生　苏仲翔
青年诗坛（23首）⋯⋯⋯⋯弓永建　张小平　牧之羊
曹福原　王进军　凡　斯　张精锐　晓　舸　张世杰
朱　霭　非　易　轩维晋　刘晓舟　许俊德　第广龙
王五星　廖爱生　卢卫平　峥　枫　鲁春梅

我与文学
朝觐者之路⋯⋯⋯⋯⋯⋯⋯⋯⋯⋯⋯⋯邵兰生
文坛摘萃（9则）

文坛争鸣
一九八六年部分中篇小说争鸣（资料）

美术
追溯（雕塑）⋯⋯⋯⋯⋯⋯⋯⋯⋯⋯⋯何　鄂
敦煌情思（版画）⋯⋯⋯⋯⋯⋯⋯⋯⋯陆仁发
《伊索寓言》插图四幅⋯⋯⋯⋯⋯⋯⋯李恒辰
文学作品插图一幅⋯⋯⋯⋯⋯⋯⋯⋯⋯黄冠余

1987 年第 5 期　刊名:《飞天》
目录

中篇小说
荒唐的喊水泉⋯⋯⋯⋯⋯⋯尚久骖　吴云龙
勤勤、奶奶和妈妈⋯⋯⋯⋯⋯⋯⋯⋯⋯杨　啸

短篇小说
无名者⋯⋯⋯⋯⋯⋯⋯⋯⋯⋯⋯⋯⋯⋯金　石
鳝群⋯⋯⋯⋯⋯⋯⋯⋯⋯⋯⋯⋯⋯⋯⋯刘晓滨
乡下事⋯⋯⋯⋯⋯⋯⋯⋯⋯⋯⋯⋯⋯⋯叶明山
驿道上的客栈⋯⋯⋯⋯⋯⋯⋯⋯⋯⋯⋯诺　晗
阿全⋯⋯⋯⋯⋯⋯⋯⋯⋯⋯⋯⋯⋯⋯⋯段瑞夏
急流⋯⋯⋯⋯⋯⋯⋯⋯⋯⋯⋯⋯⋯⋯⋯王　君
王煎饼的故事⋯⋯⋯⋯⋯⋯⋯⋯⋯⋯⋯傅连理
成山老汉赶集⋯⋯⋯⋯⋯⋯⋯⋯⋯⋯⋯张子良
冷焰⋯⋯⋯⋯⋯⋯⋯⋯⋯⋯⋯⋯⋯⋯⋯张锐锋

散文
鹰猎⋯⋯⋯⋯⋯⋯⋯⋯⋯⋯⋯⋯⋯⋯⋯夏　青
相思草原梦⋯⋯⋯⋯⋯⋯⋯⋯⋯⋯⋯⋯郭国庆
祝福你——山丹⋯⋯⋯⋯⋯⋯⋯⋯⋯⋯徐　刚

新芽
卷发（小说）⋯⋯⋯⋯⋯⋯⋯⋯⋯⋯⋯何天谷
路，伸向远方⋯⋯⋯（小说）⋯⋯⋯⋯周慰军
树荫（小说）⋯⋯⋯⋯⋯⋯⋯⋯⋯⋯⋯刘心秀
春（散文）⋯⋯⋯⋯⋯⋯⋯⋯⋯⋯⋯⋯张志明

诗歌
西部之声
我，寻寻觅觅⋯⋯
——怀念诗星闻捷⋯⋯⋯⋯⋯⋯⋯⋯⋯夏　羊
嫁接之歌⋯⋯⋯⋯⋯⋯⋯⋯⋯⋯⋯⋯⋯李政民
黄河老艄⋯⋯⋯⋯⋯⋯⋯⋯⋯⋯⋯⋯⋯杨德禄
这些男人的女人们⋯⋯⋯⋯⋯⋯⋯⋯⋯冯宏宁
船队⋯⋯⋯⋯⋯⋯⋯⋯⋯⋯⋯⋯⋯⋯⋯李玉林
戴荷包⋯⋯⋯⋯⋯⋯⋯⋯⋯⋯⋯⋯⋯⋯姚学礼
乡镇早市⋯⋯⋯⋯⋯⋯⋯⋯⋯⋯⋯⋯⋯峭　岗
山里的孩子⋯⋯⋯⋯⋯⋯⋯⋯⋯⋯⋯⋯金　静
博斯腾湖⋯⋯⋯⋯⋯⋯⋯⋯⋯⋯⋯⋯⋯刘　渊
逐日者⋯⋯⋯⋯⋯⋯⋯⋯⋯⋯⋯⋯⋯⋯贾治龙

大学生诗苑（17首）⋯⋯⋯⋯石　人　李　成　雷平阳
李祖平　毛　毛　江　滨　夏　风　花　边　自　成
陈为伟　杨　勋　郝洪军　赵　焰　伊　沙
诗词之页（13首）⋯⋯⋯⋯刘振环　邬惕吾　蔡淑萍
陈竹君　毛谷风　李吟西

散花集（9 首）————伊丹才让　柴德森　雨　田
李光云　丑介元
青年诗坛（22 首）————谢蓄洪　华万里　海　燕
雪村付　丛林祁　林夕　胡杨　陈昌华
徐　泽　渭　水

我与文学
我与我的小说————————————————————————何　嶽

文坛争鸣
关于"女性文学"的讨论（资料）

文坛摘萃（9 则）

美术
静夜思（国画）——————————————————————马芳华
环（雕塑）——————————————————————————王志刚
梦乡（雕塑）————————————————————————龙绪理
风儿轻轻吹（雕塑）—————————————————王志刚
实践（雕塑）————————————————————————汪兴中

1987 年第 6 期　刊名:《飞天》
目录

中篇小说
非血缘孪生兄弟———————————————————————郑元祥
冰河溯行图————————————————————————————黄富强

短篇小说
浪人的故事————————————————————————————周绍义
交班之际————————————————————————————孔强新
老狼——————————————————————————————————康志勇
哑鸽——————————————————————————————————延　青
半仙——————————————————————————————————任云鹏
孔明渡——————————————————————————————叶卫东
情韵——————————————————————————————————忠　洁
妖魔山中————————————————————————————韩绍祖
大叶儿王————————————————————————————崔　桓

散文
微山湖拾缀————————————————————————————朱迅翎
高原的山————————————————————————————刘恩龙
山湖——————————————————————————————————和　谷

新芽
王家岭人物（小说）——————————————————张敬东
往事（小说）————————————————————————和军校
林中枪声（小说）——————————————————邹建民

上下之间（小说）——————————————————邓书煤
在那遥远的小山村（散文）———————————王界亭

诗歌
西部之声
西行拾踪（组诗）——————————————————吴辰旭
琵琶声声——————————————————————————沙　陵
大西北，一条河谷（组诗）———————————马林帆
故乡的涝池————————————————————————郭建民
吹麻滩（外一首）——————————————————高　深

大学生诗苑（22 首）————吴逸飞　阿　信　杨于军
高　戈　杨　雄　张泽林　陈默实　郭　鸣　许小娟
丁　椰　李如密　王唤春　韩新东
诗词之页（19 首）————王亚平　徐翰逢　施光梅
周槐庭　王学信　杨发钰　雪　祁　鹿祥兵　唐湘麟
王长顺　丛　丹　寇梦碧
青年诗坛（26 首）————晓　舸　黄忠龙　路大侠
项俊平　李六正　谢晓阳　吴书纯　王斌智　顾爱民
阎维红　冷慰怀　廖五洲　吴　强　王五星　朱兴友
江　哲　过河卒　田应时　熊利萍　赵明轩

我与文学
驴唇马嘴篇————————————————————————李本深

读者中来
公孙大娘"剑器"质疑——————————————阎广智
关于杜诗中"剑器"的异释———————————匡　扶

文坛争鸣
关于"女性文学"的讨论（二）
文坛摘萃（9 则）

美术
团日（油画）————————————————————————张　恳
伙伴（油画）————————————————————————顾国建
冬季马拉松（油画）——————————————————薛晓林
两个女孩（油画）——————————————————钟　嵘
吉庆有余（雕塑）——————————————————罗代奎

1987 年第 7 期　刊名:《飞天》
目录

人民是文艺工作者的母亲——————————本刊编辑部

中篇小说
张老大卖粮记————————————————————————张俊彪
大院轶事——————————————————————————蔡学士

短篇小说

两个男子汉 .... 马新川
野猪池哀歌 .... 朱忠运
紫色的梦 .... 庞瑞琳
说媒 .... 郑楼声
爱的陀螺 .... 徐海砚
无声的荒沟 .... 赵　熙
工会阴晴天 .... 肖　凡
河庙 .... 王兆瑞
沼泽 .... 焦炳琨
微型小说四题 ------ 郭新民　张云海　李栋林

新芽

丧事（短篇小说） .... 乔钟良
喜期（短篇小说） .... 蒲自明
北塬风情（散文三题） .... 丁天光
云盘山深处（短篇小说） .... 马尚平

诗歌

西部之声
这一个筏子客（外一首） .... 汪玉良
跋涉者（外一首） .... 刘　渊
路碑（外一首） .... 郭维东
遗产 .... 曹谷溪
他们（外一首） .... 黄　默
山地歌声（外一首） .... 郝明德
山里人 .... 杨静福

大学生诗苑（24首）------ 阿　信　唐　欣　权　军
雪　潇　贾秀清　蓝　屿　赵保元　窦盘文　谢朝晖
光　宇　牟　瑜　马　野　石　流　杨永康　李兴义
丁　良　夏中琪
诗词之页（16首）------ 何光年　汪　玢　赵银库
叶元章　蔡淑萍　施光梅　吴　军　李云桦　邓伯言
散花集（20首）------ 僧　格　梁　燕　晓　梅
柳　沄　李占学　森　森　张定远　王冬君　余燕双
程彦珍　文清赛让

我与文学

艰难之思 .... 昌　耀

文坛争鸣

关于"女性文学"的讨论（三）（资料）

文坛摘萃（6则）

美术

马驹（中国画） .... 罗承力
人同天地春（中国画） .... 王燕安

哺育（中国画） .... 张兆鹏
思维（雕塑） .... 汪兴中

1987 年第 8 期　刊名:《飞天》
目录

中篇小说

魂系老山 .... 张广平
果花儿 .... 郭灿东

短篇小说

门房小天地 .... 王家达
同路人 .... 赵启强
血的撞击 .... 阚建彬
没味儿的中专生 .... 张岷洮
骆驼草 .... 张　锐
高原上飘过一朵云 .... 康　民
变奏 .... 高英华
风，吹落的熟果 .... 舍·尤素夫
鸡瘟 .... 蒲士义

新芽

老屈头的故事（小说） .... 王德志
哑女（小说） .... 陕海青
黄儿（小说） .... 成双保
分房（小说） .... 孙　侠

诗歌

西部之声
塔式吊，大西北神奇的手臂 .... 尚春生
洮河水运组歌 .... 师日新
父亲 .... 雪　潇
出猎之前 .... 杨　春
野山 .... 刘兰鹏
牧人与酒 .... 孔令明
乐士驿 .... 田先瑶
山里红 .... 灵　奇
姑娘追 .... 牟　瑜
我的诗 .... 任国一

大学生诗苑（23首）------ 王红梅　龚后雨　黄伯益
朱光甫　卢泽明　荣　荣　史玉峤　沈天鹰　马　峰
万向东　元　刚　陆军如　张卫东　崔中华　孟景舟
黄灿然　黄尧华　肖　薇　胡剑锋　熊　也
诗词之页（12首）------ 吴祖刚　王亚平　来向荣
李云桦　卢维明　马录程　郭建民　李国桢　董　晋
青年诗坛（33首）------ 葵　田　方　谦　庙　亭
王韶华　黄旭升　冯明林　潘上九　曲湘春　苏震亚

毛　草　铁　城　顾寿霖　英　颖　周苍林　李说呈
奇　琳　李合付　冯鹤鸣　徐　垦

阿　杰　茗　荔　常清源　姚永标　艳　齐　季　文
杨森君　张远伐　佚　名
诗词之页（18首）--------马家楠　谢　堂　赵品光
黄希群　吴祖刚　林家英　吕同文

我与文学
我好像明白了一点点----------------------------高尔品

我与文学
我为什么写长诗------------------------------------周　涛

文坛争鸣
关于新时期青年文学创作的研究----------------青　人

文坛摘萃（10则）

文坛争鸣
关于社会主义文艺审美理论的讨论（资料）
文坛摘萃（11则）

美术
文学插图作品一帧--------------------------------王书朋
文学插图作品两帧--------------------------------王怀庆
芭蕾舞女（中国画）------------------------------蒋采萍

美术
七九河开（油画）--------------------------------王功新
装点青春更美好（水粉画）----------------------马芳华
小院（油画）------------------------------------孟小为
裕固族少女（雕塑）------------------------------何　鄂

1987 年第 9 期　刊名:《飞天》
目录

中篇小说
良心的验证--------------------------------------大　淼
爱的启迪--季　宇

短篇小说
唐塔--张　弛
皮毛管孔话阿三--------------------------------詹政伟
我是否认识你------------------------------------山　里
她看见了黄河------------------------------------田　曈
女贩子--李中和
白狐--何　奇
人与人--陈沪生
响鼓--王兆文
闰二月--舟扬帆

新芽
过河（小说）------------------------------------贾常温
贵生与媳妇（小说）----------------------------齐连国
初雪（小说）------------------------------------吴汉宾
孝妇河的叹息（小说）--------------------------王　伟
那里有一片白杨林（小说）----------------------展　翔

诗歌
《蜀籁》及其他（19首）----鄢家发　娜　夜　宗　琮
梅　斯　余述平　陈惠芳　张克峰　房泽田　王五星
西部之声（12首）--------邓伯言　邓家恂　刘惠生
许　谦　王叔平　郑文艺　李智俊　时星原　刘功业
冯宏宁　潘竟万　王惠平
大学生诗苑（19首）------戈　健　蒋立波　陶发美

1987 年第 10 期　刊名:《飞天》
目录

中篇小说
我心中不能没有你--------------------------------毛　疾
椅子世界的奥秘----------------------------------汶　清

短篇小说·散文
雪夜--冉　丹
多余的人--------------------------金凤翔　郑世隆
严肃的来去--------------------------------------白志强
白色的水塔--------------------------------------汪　骢
阿峥--华　东
迷乱之春--何亚京
那儿接近蓝天------------------------------------马　丁
元老普华--------------------------------------尕藏才旦
洁白的梦--庞一川
散文六题--------------李　升　王士学　田绪晨
周　矢　久　辛　李　岩

新芽
微型小说八题--------------郭　毅　崔丽华　黎　夫
宋　毛　刘勇德　浩　汉　刘晓鹏　苏建新
多写微型小说（短评）----------------------------李　愚

诗歌
西部之声（14首）----------姚学礼　唐光玉　王　彩
徐晓阳　李民政　冯贵华　曾　瀑　孙守南　孟希工
大学生诗苑（26首）--------雁　南　江　堤　彭公穆
胡　健　宗焕平　汪　威　宋连斌　江　滨　江　健
张　莹　童洪星　安于空　韩万胜　苏振亚　丁友星

田　昀　刘　军
青年诗坛（27首）┈┈┈┈┈┈　房　华　程冬年　刘晓舟
雷　霆　阚延晶　张忠谦　夏　斌　高自刚　李龙年
薛志庆　毕生华　魏　宗　赵玉萍　张小平　尚　军
解家福　王进军　张柏松　陈金山　周兆军　安庭勇
胡晓忠　贾梅英　银成邦　王登玉
诗词之页（14首）┈┈┈┈┈┈　林　平　张悦光　董　晋
冯其庸　文玉衡　胡又来　王创业　潘　毅　陈剑虹

我与文学
黑洞中的光点┈┈┈┈┈┈┈┈┈┈┈┈┈┈┈┈┈┈　李斌奎

文坛争鸣
关于《民族化：一个防御性的口号》一文的争鸣
（资料）

文坛摘萃（8则）

美术
妈妈的吻（木刻）┈┈┈┈┈┈┈┈┈┈┈┈┈┈┈┈　苏　朗
朱冰访德木刻组画选登
黄河卵石雕刻集萃┈┈┈┈┈┈┈┈┈┈┈┈┈┈┈┈　钟　浩

1987 年第 11 期　刊名:《飞天》
目录

中篇小说
菜因克尔频率九寨沟和两条鱼┈┈┈┈┈┈┈┈　李岩希
长满艾蒿的河谷┈┈┈┈┈┈┈┈┈┈┈┈（哈尼族）诺　晗

短篇小说·散文
慷慨┈┈┈┈┈┈┈┈┈┈┈┈┈┈┈┈┈┈┈┈┈┈┈┈　扬　帆
蜘蛛弯的圣餐┈┈┈┈┈┈┈┈┈┈┈┈┈┈┈┈┈┈　王守义
滴水崖下的磨坊┈┈┈┈┈┈┈┈┈┈┈┈┈┈┈┈　李泽民
电话·世态┈┈┈┈┈┈┈┈┈┈┈┈┈┈┈┈┈┈┈┈　韦　昕
留下这片金黄┈┈┈┈┈┈┈┈┈┈┈┈┈┈┈┈　哈斯乌拉
在轻轻摇晃的列车上┈┈┈┈┈┈┈┈┈┈┈┈┈┈　刘　立
机缘┈┈┈┈┈┈┈┈┈┈┈┈┈┈┈┈┈┈┈┈┈┈┈　李伯勇
秋水伊人┈┈┈┈┈┈┈┈┈┈┈┈┈┈┈┈┈┈┈┈　张爱华
秋风里，一片枯叶┈┈┈┈┈┈┈┈┈┈┈┈┈┈┈　张庆信
边巴啦，扎喜德勒（散文）┈┈┈┈┈┈┈┈┈┈　吕宏声

新芽
南门外的事┈┈┈┈┈┈┈┈┈┈┈┈┈┈┈┈┈┈┈┈　丁　言
阵雨┈┈┈┈┈┈┈┈┈┈┈┈┈┈┈┈┈┈┈┈┈┈┈　刘　英
奖券┈┈┈┈┈┈┈┈┈┈┈┈┈┈┈┈┈┈┈┈┈┈┈　曹剑虹
殉情者┈┈┈┈┈┈┈┈┈┈┈┈┈┈┈┈┈┈┈┈┈　张中定
军功┈┈┈┈┈┈┈┈┈┈┈┈┈┈┈┈┈┈┈┈┈┈┈　宋　森
西部之声（15首）┈┈┈┈┈┈　秦克温　孔　林　晓　蕾

靳亚利　曹焕荣　潘大华　杨德录

远去的云（18首）┈┈┈┈┈┈　雨　田　罗　累　王中朝
牟吉信　任宏志　石　云　叶　坪　徐　康　郁　笛
大学生诗苑（20首）┈┈┈┈┈┈　彭辉武　刘泰亨　路　漫
孙文辉　高　崎　冯静辉　余艳波　马彦平　陈剑文
丁　良　郭洪江　张　冬　张广喜　夏　雨
诗词之页（16首）┈┈┈┈┈┈┈┈┈┈┈┈┈┈┈┈　叶玉超
黄席群　唐　济　宋　廓　何侠宝　周槐廷　陈竹君
张文轩　关水青　尚守学

我与文学
寄望于"有朝一日"┈┈┈┈┈┈┈┈┈┈┈┈┈┈┈┈　权延赤

评论
为呼唤绿色而歌┈┈┈┈┈┈┈┈┈┈┈┈┈┈┈┈┈　于辛田
林染与这片土地┈┈┈┈┈┈┈┈┈┈┈┈┈┈┈┈┈　石　厉
春来陇原柳色新┈┈┈┈┈┈┈┈┈┈┈┈┈┈┈┈┈　秦中吟

文坛争鸣
关于新时期文学"向内转"问题的讨论（资料）

文坛摘萃（六则）

美术
作家肖像（版画）┈┈┈┈┈┈┈┈┈┈┈┈┈┈┈┈┈　严　仲
顾国建版画作品二幅
桃花会（国画）┈┈┈┈┈┈┈┈┈┈┈┈┈┈┈┈┈　段兼善

1987 年第 12 期　刊名:《飞天》
目录

纪念《飞天》二百期┈┈┈┈┈┈┈┈┈┈┈┈┈┈┈　杨文林

中篇小说
残哥老胡┈┈┈┈┈┈┈┈┈┈┈┈┈┈┈┈┈┈┈┈┈　张先德
初夏的重逢┈┈┈┈┈┈┈┈┈┈┈┈┈┈┈┈┈┈┈　梁沪生

短篇小说·报告文学·散文
绿色的纪念碑（报告文学）┈┈┈┈┈┈┈┈┈┈　孙志诚
阿丽玛的歌声┈┈┈┈┈┈┈┈┈┈┈┈┈┈┈┈┈┈　李若冰
夏令时·大错车┈┈┈┈┈┈┈┈┈┈┈┈┈┈┈┈┈　闻　章
今日荒唐┈┈┈┈┈┈┈┈┈┈┈┈┈┈┈┈┈┈┈┈　权延赤
三弯一直┈┈┈┈┈┈┈┈┈┈┈┈┈┈┈┈　陆　新　李胜果
相片与糖葫芦┈┈┈┈┈┈┈┈┈┈┈┈┈┈┈┈┈┈　孟子为
罪人┈┈┈┈┈┈┈┈┈┈┈┈┈┈┈┈┈┈┈┈┈┈┈　赵　新
散文五题┈┈┈┈┈┈┈┈┈┈　朱　鸿　吴　刚　叶　梦
秦川杨　李应魁

新芽

《热土》等五篇--------朱小雄　赵建国　刘万苍
郭定华　张志明

诗歌

西部之声（17首）--------嘉　昌　潘竞万　刘玉珠
秦川牛　江俊涛　峭　岗　景　郁　宋长玥
岭南花絮（组诗）--------（中国香港）犁　青
青年诗坛（28首）--------田应时
路有成　俞东明　吴书纯　何劭君　迟　续　刘亚丽
林　夕　汪幼琴　程宝林　李望琳　柳希茂　王洪杰
彭武胜　黄福群　刘立辉　单金钊　赵明荣　胡晓忠
赵建华　王　湛　刘同新
大学生诗苑（27首）--------戈　野　阿　浑　陈　铿
李小兵　阮化文　左　堤　林小红　晓　岚　周　龙
苏全洲　胡从发　任保胜　拓荒犁　金　波　杨金白
夏红星　马青山
诗词之页（17首）--------陈九思　富寿荪　袁第锐
林家英　张君义

评论

挑在牛角上的山花--------杨文林
艺苑盛会喜空前--------赵　毅

我与文学

我是沙漠里追蓝蝴蝶的孩子--------林　染

文坛争鸣

关于"改革文学"的讨论（资料）

文坛摘萃（12则）

美术

外国作家肖像--------严　仲
西部人肖像作品选登--------崔延和等
和咱步子不一样--------马一青

1988 年第 1 期　刊名:《飞天》
目录

从实道来--------飞天寄语
"中国潮"报告文学征文百家期刊联名启事

小说

绝迹--------张永成
故人三记（笔记体小说）--------叶延滨
热月（中篇）--------邹安和
赝品--------沈　羽

金镯子--------管清娥
大火--------冯文超
镇雨炮（中篇）--------王作文
卖牛--------杨有年
b 小调回旋曲--------陶　来
酒客--------顾明守

新芽

浮躁之情--------姜兴中
调解--------张敬东
绛色呢子短大衣--------魏千乙

诗歌

杂诗七首--------公　刘
无鹰的天空（组诗）--------阿　信
有些时刻有些地点（组诗）--------翟永明
碧潭（组诗）--------梅绍静
快乐图（组诗）--------阿　元
短诗五首--------林　祁　陈锡民　黄晓华　阎映泉

大学生诗苑（21首）
诗词之页（17首）

评论

改革中农灵魂的开掘与文明理想的追寻
　——中篇小说《祁连人》笔谈--------支克坚
许文郁　陈德宏　刘　玉　徐　亮
文学的路，纤夫的路（我与文学）--------陈焕新
论新时期先锋文艺思潮的艺术价值观念--------陈　晋
沟通·激励·发展（文艺简讯）--------山　风

美术

牧人（中国画）--------曹建华
插图作品四幅--------赵　星
春与诗（雕塑）--------李　津

1988 年第 2 期　刊名:《飞天》
目录

金石（中篇）--------文　平
黑戈壁（中篇）--------康志勇
心吻--------李伦新
抛刀--------杨　鹏
窝囊--------陈忠实
搏斗狂想曲（荒诞小说）--------谭英凯
脐带--------陈映实
花花绿绿一条街--------俞跃进
升迁--------叶其光

微型小说四题 ························· 李 江 苗克义
还愿 ·································· 李涌泓
草鞋 ·································· 方洪友

新芽
三个钻工（小说）······················· 和军校
石板街轶事（小说）····················· 何天谷
山那边（小说）························· 李红艳
最后一个球（小说）····················· 王慧敏

诗歌
山中（组诗）·························· 刘志刚
那一片高原（组诗）····················· 张子选
红皮鸡蛋的太阳（组诗）··················· 第广龙
黄色的信号旗（外一首）··················· 吴修祥
大学生诗苑（18 首）
青年诗坛（26 首）

评论
过一生，不像过田野那样容易（编辑春秋）···· 阿 红
于有限中追索无限 ····················· 许文郁
论近年诗歌创作中的平民意识··············· 程光炜
关于革命历史题材创作问题的讨论（文坛争鸣）
文坛摘萃（5 则）

美术
陇西画展美术作品选登（四幅）
牵马人（油画）························· 顾国建

1988 年第 3 期　刊名:《飞天》
目录

把最好的精神食粮奉献给人民
——在甘肃中青年作家创作座谈会上的讲话···· 李子奇
文学繁荣：寄望于中青年作家··············· 本刊评论员

小说
一个老兵·复员兵······················· 于荣健
杏树 ·································· 黄富强
山风 ·································· 白 玉
盼·隐痛 ······························ 凌 寒
光棍汉，光棍汉························· 张金彤
金簪 ·································· 李金凤
夏夜 ·································· 孙和林
现在不是另一个手出现的时候··············· 叶 舟
我和癫痫女还有一个疯子·················· 赵根荣
银色林 ······························· 李江树
祭猎 ·································· 墨 默

妖药 ·································· 张 敏
你要点什么··························· 刘连群
人迹匆匆（中篇）················· 陈黎星 王肇岐

报告文学 散文
带血跋涉的铁脚板（"中国潮"征文）········· 刘 玉
访茅盾故居随想录（散文）················ 清 波
云梦三章（散文）······················· 周如镜

新芽
污染（小说）·························· 刘 英
邪念（小说）·························· 赵 吾

诗歌
蛐蛐儿的曲曲（组诗）···················· 娜 夜
格尔木的故事························· 张万舒
半敞开的心扉（外二首）·················· 白 梦
彼此的微笑（组诗）····················· 葛根图娅
短诗六首 ····························· 伊甸等
大学生诗苑（20 首）
诗词之页（19 首）

评论
文学观念与生活观念（我与文学）··········· 周政保
历史和理论的一致和悖论·················· 殷国明
甘肃文学：沉默中的思索与躁动············· 楚 风

美术
清水湾的歌（中国画）···················· 李淑华
蕉荫（中国画）························· 张德育
鸡斗·姑嫂（中国画）···················· 韦江琼
河西风韵（油画）······················· 关启兴

1988 年第 4 期　刊名:《飞天》
目录

中国西部，一颗蓝星闪耀（"中国潮"报告文学征
文）······························· 张恩奇
心之桥（编读往来）

诗歌
如果我不死（组诗）
困惑与向往的发现（何来）················ 石 厉
东方之光（组诗）······················· 李小雨
兵妻子·明信片及其他（组诗）············· 张春燕
西部的黄手绢（二首）···················· 胡 杨
青年诗坛（29 首）

大学生诗苑（26 首）

小说
无品夫人	金吉泰
渣滓	孙民纪
女人	杨静福
桃花潭的呼唤	李泽民
钮扣	李有干
坐四方	李平
她属于谁	吴广川
试玉	山谷
迷失（中篇）	蔡磊
老病	轩锡明
惑	孔强新

新芽
牛歌（小说）	牛勃
疑难杂症（小说）	董宗仁
五榆村（散文）	映石
祖母（散文）	贾国友

散文
金城之光	费子
我去寻找大海	李俊芬

评论
新时期小说的双层空间与多维结构	王彪
雪豹的沉重低啸	谢昌余
我的文学自白（我与文学）	邵振国
关于文学创作中感觉问题的讨论（文坛争鸣）	
文坛摘萃（4 则）	

美术
山泉（中国画）	陈之川
天下雄关（木刻）	晓岗
捻线乐（木刻）	胡有全
一样的土地，一样的月光（油画）	王琪

1988 年第 5 期　刊名:《飞天》
目录

小说
我无法介绍我（中篇）	赤亚鹃
老寨	刘醒龙
光之光（中篇）	阎强国
唐娜（中篇）	韩天航
野鸬鹚	吴海峰
矮个张大鹏	丁念保

孤城	肖亮

报告文学
歌之梦（"中国潮"征文）	张宝儒　雎剑波

散文
我印象中的克恒	支克坚
怀念克恒	高平

新芽
溶溶月色夜（小说）	牛积成
家族"趣事"（小说）	路阳
月儿圆圆（小说）	庞士俊

诗歌
灼热的柔情（组诗）	林染
梦乡的家园（组诗）	石流
五月风（外二首）	庞壮国
生命篇（组诗）	奕林
短诗八首	路漫等
大学生诗苑（23 首）	
诗词之页（14 首）	

评论
神圣而苦涩的职业（编辑春秋）	白航
历史将选择主潮	许明
八十年代散文与五、六十年代散文的比较研究	张云初
杏树园在成熟	徐亮

美术
春风（雕塑）	王志刚
旋律（雕塑）	王志刚
力（雕塑）	杨振荣
风筝（油画）	钟嵘

1988 年第 6 期　刊名:《飞天》
目录

小说
白家酒馆（中篇）	孙方友
望户（中篇）	李伯勇
冬天的忧郁	景风
电视镇上的淡事	王家达
灾难	墨白
俺娘	常胜国
沙河	雷建政
流星	周绍义

分界线 王旺斌
在茅村（三题） 李沛华

新芽
一声枪响之后（小说） 肖方明
出去变只白鸽子（小说） 慧群
我们是兄弟（小说） 齐连国

散文
闲话搬家 贺抒玉
陇东窑洞 陇山
戈壁海市 夏青

诗歌
忘却的夏日（组诗） 冯诚
每首诗都是井口（组诗） 李元胜
从结尾到开头（组诗） 马玉堂
为一株枸杞喝彩 吴治国
孩子和我（二首） 吴辰旭
自画像（外一首） 张五成
青年诗坛（23 首）
大学生诗苑（22 首）

评论
也谈耕耘，也问收获（编辑春秋）
对精短之作的热切呼唤 安可
当代神话：母性的崇仰 王斌 赵小鸣
关于近年来诗歌语言问题的讨论（文坛争鸣）
文坛摘萃（4 则）

美术
黑驼与白驼（油画） 张有龙

1988 年第 7 期 刊名：《飞天》

目录

报告文学
第二次出发（"中国潮"征文） 张庆豫

小说
金刚般若（中篇） 张弛
决斗（中篇） 唐光玉
柔软的布日古德沙山 张爱华
死浴 冉丹
人头石像与野草莓果 晓剑
背街·请调（二题） 赵锁勤
寻找母亲要你寻找的 孟子为
伊甸园外 洪兆惠

巧娘 刘玉峰
次生林 冰河

新芽
吹着口哨走过去（小说） 杨建林
儿子捡了个钱包（小说） 朱冬才
微型小说八题 廖岷等

诗歌
最后一束山菊（组诗） 雪潇
山塬（组诗） 耿翔
倾听（组诗） 王建渐
岩画及其他（短诗 8 首） 刘兰鹏等
大学生诗苑（18 首）
诗词之页（19 首）

评论
我与文学批评 张炯
作为一种文学思潮的感伤浪漫主义 陈剑晖
小说真实性理论思辨 孙侃

美术
丰收（水彩画） 张阶平
黄果树瀑布·黄山晨曦（水彩画） 侯占荣
迹（中国画） 杨悦甫

1988 年第 8 期 刊名：《飞天》

目录

小说
长烟落日处（中篇） 雪漠
"新芽"未必不是一棵小树（评论） 陈德宏
卞风二题 余振国
儿歌 崔德明
黑帆 左泓
小站站长 高平
无票乘客 张楠
迷濛 姚舍尘
出山 少峰
红蜈蚣 马丁
雨的印迹 徐肖楠
难回他一封信 窦卫华
囚 龚飞

新芽
坟（小说） 文蔚
鸡味店主人（小说） 刘水
你应能理解她（小说） 周长生

散文

热血沸腾话当年 ————————————————— 谭碧波

这地方，这地方人哪 ———————————————— 牛正寰

海南岛纪行 ———————————————————— 张俊彪

诗歌

冬天的吉他声（组诗）————————————————— 朵生春

平凡的岁月（组诗）—————————————————— 殷 实

水缘（外一首）———————————————————— 李经艺

闲散的主题（组诗）————————————————— 程琼婷

大学生诗苑（22首）

青年诗坛（28首）

评论

批评与批评家的文化心理批判 ————————————— 陈 墨

柳笛声中闻乡音 ———————————————————— 孙吉康

脚踏实地走自己的路（我与文学）————————————— 郭灿东

关于二十世纪文学与当代文学的讨论（文坛争鸣）

文坛摘萃（5则）

心之桥（编读往来）

美术

版画四幅 ——————————————————————— 张国琳

1988年第9期　刊名:《飞天》
目录

本刊编辑部举办庆祝建国四十周年征文评奖

报告文学

丝路潮（"中国潮"征文）—————————— 翟禹钟　梁胜明

小说

紫色的木棉 ————————————————————— 刘国骋

太阳雨 ——————————————————————— 王海棠

牌位 ———————————————————————— 四 海

呼唤 ———————————————————————— 王默讽

伊人 ———————————————————————— 康志勇

杀猪 ———————————————————————— 冯 杰

匠心 ———————————————————————— 任云鹏

多年以前　多年以后 —————————————————— 刘润和

小小说五题 ————————————————————— 张进等

新芽

垛子王（小说）——————————————————— 胡天保

黄灯笼（小说）——————————————————— 王改正

二嫂（小说）———————————————————— 马尚平

微型小说三题 ————————————————————— 李红艳等

诗歌

漂泊之爱（组诗）——————————————————— 张中定

听雪（外一首）——————————————————— 安墨田

寻（组诗）————————————————————— 刘梦琳

面向世界（组诗）——————————————————— 梁晓明

斜雨（组诗）———————————————————— 阮文生

近风（外一首）——————————————————— 吕 新

一个人在远方（外一首）———————————————— 姜 桦

姑苏行（外一首）——————————————————— 石玉坤

大学生诗苑（19首）

诗词之页（18首）

评论

也无风雨也无晴（编辑春秋）—————————————— 王 愚

文学忏悔的地位、意义与神话复活 ———————————— 宋耀良

论精神滑坡现象 ——————————————————— 李明泉

抑郁焦灼的现代幽灵 ————————————————— 常金生

美术

舞（铜雕）————————————————————— 麻 昌

拜松图（中国画）——————————————————— 伯 羲

归牧图（中国画）——————————————————— 孔立公

僧钵图（中国画）——————————————————— 郭万士

晓春图（中国画）——————————————————— 张国正

1988年第10期　刊名:《飞天》
目录

小说

清明图 ——————————————————————— 邵振国

漂泊生涯（中篇）——————————————————— 熊正良

第十二棵白桦树（中篇）———————————————— 浩 岭

硕石 ———————————————————————— 匡文立

童蒙时光 ————————————————————— 李不空

新生 ———————————————————————— 娄炳成

绛红色笔记本 ———————————————————— 许 辉

生意经 ——————————————————————— 王建强

外面的世界 ————————————————————— 薛 勇

新芽

难唱曲（小说）——————————————————— 李士俊

芳草青青（小说）——————————————————— 甘 草

四村的人们（小说）————————————————— 王新军

天籁（小说）———————————————————— 映 石

那里一片墨绿（小说）————————————————— 牛积成

诗歌

桑子的诗（组诗）————————桑　子
复活之光（组诗）————————叶延滨
搏浪之歌——————————————尚春生
山雾————————————————刘志清
变奏的忧郁（二首）——————苏锐钧
孤独者（外一首）——————————翼　华
大学生诗苑（26 首）
青年诗坛（29 首）

评论

回顾与心声（我与文学）————陈孝英
以形式取胜的可能——————————胡　平
西部诗的新生代——————————管卫中
新时期小说中爱情题材的主体性走向————丁念保

文坛摘萃（4 则）

美术

草原的路（版画）————————张　趋
肖像（中国画）————————郝惠芬
肖像（中国画）————————冯　力
惜别（中国画）————————段兼善

小说

兰州上空的鹰（中篇纪实文学）————耿　耿
上贤村童话————————————唐炳良
野鹤————————————————寄　丹
白烟————————————————胡　沙
绿杨柳——————————————方　芳

新芽

雪夜阿卡其（小说）——————梁克锋
桥（小说）————————————李一清
猝不及防（小说）————————秦　雨
燃不尽的篝火（小说）————张志明

散文

悼肖军先辈——————————陈宗凤
祁连山的云（外一章）————林　染
固原行色——————————————杨闻宇

诗歌

大学生诗苑（24 首）
诗词之页（17 首）

理论

新诗的新与诗的寡情期——————高　平
农民的理想与农民的局限————屈　选
作家脚下的路（我与文学）————张广平
近二年关于农村题材小说的讨论（文坛争鸣）

1988 年第 11 期　刊名:《飞天》
目录

第二届"中国潮"报告文学征文百家期刊联名启事

民族花环

诺言实现（小说）————————道吉坚赞
山顶那一弯新月（小说）————达悟呆
大力士斯让端主（小说）————刁桑吉
镜界？ 境界？（小说）——————李无言
沟通（小说）————————————尕藏才旦
划票（小说）————————————汪玉祥
童年（散文）————————————铁木尔
我是洮河的女儿（散文）————陈玉芳
秋天和爱情（组诗）——————才旺瑙乳
粗陋的摇篮曲（组诗）————完玛央金
雪域、秘诀及其他（诗 10 首）——伊丹才让
我想起我们的祖先（组诗）————葛根图娅
这也是人生（长诗）——————汪玉良
我们的民族（诗）————————贺继新
诗：面临各种方式和层次的体验（评论）————贾　羽
雪山印象（油画）————————桑吉才让
淡淡月（中国画）————————赫丽叶

1988 年第 12 期　刊名:《飞天》
目录

小说

魔方（中篇）————————————李景田
将军跪（中篇纪实文学）————郭　晨
我之恋——————————————辛　华
浪漫五百滩——————————丁晓禾
轻轻地把头摇——————————庞瑞林
"二大头"轶事——————————丁　茂
眉心痣——————————————刘　玉
八月的述说——————————马天剑
狗头金——————————————夏　青
晨练————————————————草　实
村里出了一只老虎——————李　升
海夜（散文）————————————刘恩龙

诗歌

西北十四行组诗（四首）————唐　祈
西藏二题——————————————王燕生

经历（外二首）············马青山
崆峒传奇（三首）··········姚学礼
旅途··················梁谢成
雪青马（外一首）··········匡文留
青年诗坛（28 首）
大学生诗苑（19 首）

岁月·我们的船（长庆专页）
典型·共产（小说二题）·······路小路
哥儿们的船（小说）·········羊倌
鸳鸯洞（小说）···········夏步海
戒尿（小说）············程天骄
无梦的夜（小说）··········冰泉
那件事发生时我在跟前（小说）···王静凯
白色骨灰盒（小说）·········杨光
忧愤（小说）············杨虎林
演变（小说）············毛丽萍
沉重的黄土梁（散文）········丛林
龙吟（诗 12 首）··········黟群等

评论
从我的头发说起（我与文学）····李镜
孤独者的困惑············高戈
文学批评的困惑和转换·······陈晋
关于文艺社会效应和文艺价值的讨论（文坛争鸣）

美术
裸魂（黑白画）···········姜建华
生命（黑白画）···········王兵
非洲印象（黑白画）·········由旭升
山舞（中国画）···········薛从伦

1989 年第 1 期　刊名:《飞天》
目录

小说
不是关于大裆裤和变色近视镜的故事····王德民
饿··················王德民
"软幽默"与"大裆裤"（评论）····魏珂
雨伤················王作文
唾脸················王作文
王作文小说印象（评论）·······管卫中
一个无聊的冬夜，两个没意思的故事··王立
丑陋的树根·············胥海莲
唉，不能起飞的鸽子·········陶来
游乐场（中篇）···········刘小兵
重影················魏秋星
妇道················樊跃琴

怪圈················朱晓琳
阿巴拉姑传（中篇）·····齐铁民　鞠显友

新芽
酥油香（小说）···········陕海清
桥头绿荫下（小说）·········涂磊
四等小站故事（小说）········张生平
遥寄疏勒河（散文）·········刘心秀

诗歌
什么在锯着灵魂···········何来
请原谅吉他和我（组诗）·······何香久
当心独白（三首）··········老凯
远足（四首）············陈虹
体味孤独（外一首）·········吴允锋
周总理故居断想···········吴清阳
在长江之源（散文诗）········肖黛
大学生诗苑（16 首）·········高新昌等
诗词之页（19 首）··········丁芒等

评论
由不惑而知命
——论何来的诗歌创作········叶橹
创作的随意性：对传统艺术思维框····谭朝炎
论现代史诗模式···········扶桑
心之桥（编读往来）

美术
中国画五幅·············王巨洲

1989 年第 2 期　刊名:《飞天》
目录

小说
才殇················田申
岔口嵝岘（二题）··········李志久
幽谷作证··············张慧
极不知足··············赵根荣
箍·················郭群
重新组装（中篇）··········白山
泥屋················徐广泽
捉贼················赵新
迎接老鼠··············朱冬才
绝户················杨静福
蓝花碗里的小麻雀（中篇）······邬显荣

新芽
痴狗白白（小说）··········姚响经

"麻雀"外传（小说）……………………廖 岷
黄鸟（小说）……………………………李舰林
呼噜（小说）……………………………杨志斌
失落（小说）……………………………赵 吾
微型小说三题……………………………滕德诚等

诗歌
再答夕阳（四首）………………………薛卫民
骑马进入冬天（六首）…………………张子选
黄山云影（二首）………………………乔延风
又见荒原（三首）………………………郭维东
境遇（三首）……………………………姚振函
大学生诗苑（16 首）……………………张爱国等
青年诗坛（24 首）………………………程 琦等

评论
新诗、纯诗以及反诗……………………章亚昕
草原的沉思
——评青年诗人韩霞的草原诗作………雷体沛
生活创造艺术还是艺术创造生活………王 杰等
关于重写文学史问题的讨论（文坛争鸣）
金城举办迎春诗会（文讯）

美术
国画四幅…………………………………王铁城

美丽的小雪人（小说）…………………圣 端
寻觅（小说）……………………………王界亭
上槐村新传奇（小说）…………………成双保
溶溶中秋月（小小说）…………………牛 勃
不落的星（小小说）……………………余长印
"文革"纪事（小小说）…………………武 英

诗歌
一种领悟（组诗）………………………王若冰
有一种鸟（组诗）………………………罗 巴
静风（组诗）……………………………杨 春
山那边（组诗）…………………………伊 伊
故宫断想（外一首）……………………刘惠生
太空舞……………………………………孟 翔
从一扇无人把守的门走过（外一首）…醉 舟
水姑（外一首）…………………………李朗霆
大学生诗苑（25 首）……………………张书明等

评论
非个性化——对第三代诗创作的解释…程光炜
魂谜于文学之海（我与文学）…………杨闻宇
精神症患者——新神话的英雄…………周大卫

美术
国画新作五幅……………………………薛从伦

1989 年第 3 期　刊名：《飞天》
目录

报告文学
黄土地之梦（"中国潮"征文）………高东泰
泥瓦筑春秋（"中国潮"征文）………李 富

小说
潮间………………………………………张 昆
屹崂村记事………………………………黄建国
六点前别让她知道………………………徐绍武
山调（中篇）……………………………阎强国
赌博人生…………………………………王鲁平
有一班公交车……………………………王国祥
痴情女……………………………………张广敬
糊纸马的何四爸…………………………阎 伟
小说二题…………………………………许伟杰

新芽
喜事（小说）……………………………马尚平
一锅宽心面（小说）……………………刘 水
死屋手记（小说）………………………张智永

1989 年第 4 期　刊名：《飞天》
目录

小说
净身………………………………………赵光鸣
炊烟………………………………………景 风
中学校长备忘录（中篇）………………王 松
滑坡………………………………………王旺斌
2356 弄…………………………………冯 杰
春江花月夜………………………………周天步
归来分归去………………………………李新立
今夜月光淡淡……………………………建 彬
轻松………………………………………张庆豫
井队来了姐儿们（中篇）………………路小路

新芽
陈氏兄弟（小说）………………………滕德诚
邻居（小说）……………………………刘生文
山那边是云（小说）……………………欧 晓
女儿·妻子·母亲（小说）……………马觉武
赏菊周王城（散文）……………………吕红翔

诗歌

痛苦或者缠绵（组诗）————————申世家
苦夏（组诗）————————韩兴贵
爱是雪（组诗）————————洋　雨
湖畔（外一首）————————倪　嘉
大学生诗苑（25首）————————李杰等
青年诗坛（24首）————————倮伍拉且等

评论

知识分子独立人格的象征————————马永强
漫话编辑与作者（编辑春秋）————————王鸿谟
纯真————————石　厉
关于近年文学批评问题的讨论（文坛争鸣）

美术

雕塑新作五幅————————王志刚

1989 年第 5 期　刊名:《飞天》
目录

小说

艰难的告别（中篇）————————胡尔朴
"当代英雄"与"黑色幽默"（中篇）————————蔡　磊
黑马、猎神、风景线（小小说十题）————————杞伯等
苍茫西部————————雪　琪
月晕————————雪　漠
首领————————牛正寰
谷地————————李泽民
男孩子不能没有父亲————————段中杰
春歌————————峭　石
岳父————————阙迪伟

新芽

邪念（小说）————————闵华松
平衡（小说）————————宋进喜

散文

呜呼，我今年七十岁了————————陈宗凤
柴达木风情录————————安可君

诗歌

矮树林（四首）————————翼　华
失去时间的备忘录（四首）————————叶延滨
无调之歌（二首）————————毛朝阳
山珠（三首）————————华万里
西部之旅（三首）————————吴辰旭
遗憾（外一首）————————潘万提
戈壁野语（外二首）————————于　卓
大学生诗苑（30首）————————公然等

评论

意象化：一种小说本体结构模式————————张毓书
何其相似又十年
——二十年代与新时期小说创作之比较
————————吴小美　王喜绒
留有印象的生活和幻想（我与文学）————————伊　蕾
而小不小————————苗得雨
心之桥（编读往来）

美术

雕塑作品二幅————————罗代奎
雕塑作品三幅————————何　鄂

1989 年第 6 期　刊名:《飞天》
目录

兰州军区军旅作家近年专辑

暮色（小说）————————李　镜
绑架（中篇）————————唐　栋
清平世界（小说）————————李本深
军婆（小说）————————李彦清
寻找格桑花（小说）————————徐广泽
旋转人生（中篇）————————陈作犁
一个礼拜（组诗）————————周　涛
我在今天所知道的爱（诗四首）————————殷　实
随笔二章（散文）————————杨闻宇
湘西散记（散文）————————朱光亚
树祭（散文）————————贺晓风
文学战线上的西北野战军（评论）————————草　青
新闻性的奥秘（理论）————————周政保　韩子勇

诗歌

夜的回想（组诗）————————张精锐
我无法走近你（组诗）————————汪幼琴
古丽罕的草原（三首）————————唐光玉
脚印（外一首）————————倪国强
大学生诗苑（21首）————————李京等
青年诗坛（25首）————————李仲旭等

新芽

阿正（小说）————————郭文洁
情变（小说）————————史文彬
那一片丛林（小说）————————廖　岷
烦恼（小说）————————赵建国
毕发癫子（小说）————————李应富
喔，海棠花儿（散文）————————薛宗林

评论

三十五年话童话 ·······················赵燕翼
文学角色的喜与悲（理论）·············程金城

美术

木俑作品选登 ·························鹿耀世
时光（雕塑）·························龙绪理
四行（雕塑）·························李 津

1989 年第 7 期　刊名:《飞天》
目录

庆祝建国四十周年特辑
走向九十年代（诗歌笔谈）·····吕 迭 张同吾
陈 超 韩 东 管卫中 阿 信 嘉 昌

群鸟之鸣
以河的方式进行（四首）·················高 尚
仰望鸟群（七首）·····················阿 信
远梦（十首）·························娜 夜
诗五首 ····························石 厉
《振动》之一（五首）··················朵生春
酒缸 ·····························王久辛
男人在外（五首）·····················叶 舟
状况及其他（四首）····················桑 子

风景与秘授
美利坚风景（六首）····················公 刘
一九八九：四月的歌（六首）··············唐 祈
大错 ·····························周 涛
南粤鹧鸪天·诗之祭（四首）··············杨文林
漂泊者（三首）·······················何 来
倒流的时光（三首）····················章德益
雨季（外一首）·······················张同吾
关于铸犁的秘授（五首）·················李云鹏
维也纳指挥（二首）····················段 玫
无家的灵魂（三首）····················乔延凤
白杨林静立的原野（五首）···············林 染
陌生酒瓶（二首）·····················陈所巨
瀑布前的丁香（外一首）·················龙彼德
第三只眼睛（外一首）··················黄 淮
寻梦人（外二首）·····················刁永泉
梦 ······························黄东成
敦煌女画家 ·························高 平
痴人说梦录（四首）····················王燕生

花的原野
在我们的村庄（三首）··················完玛央金

火焰飘扬的时候（三首）·················倮伍拉且
远路（三首）·························汪玉良
在原野（外一首）····················葛根图娅
深浅不均的脚印（五首）·················伊丹才让
马蹄声声（外一首）····················金 哲
无边的大海（四首）····················袁冬苇

大学生诗苑（24 首）···········洪治纲 车前子等
诗词之页（17 首）·············谢 宠 王亚平等

梦痕
伊蕾和她的朋友们（五首）···············伊 蕾
紫色的星空（四首）····················贾秀清
旧梦之痕（三首）·····················李经艺
我选择水（五首）·····················王 慧
完结（三首）·························匡文留
黑色的旗帜（外一首）··················刘亚丽
留给我自己（三首）····················王冬君

晴明短笛（22 首）·············张天男 伍立杨等
曲折的延伸（58 首）···········马青山 杨永康等
青年诗坛（34 首）·············第广龙 黎 欣等
诗的视野与风景（评论）·················高 戈
写忧而造艺（评论）····················周政保
诗不能拯救一切（兰大诗歌研讨会纪要）
近期关于诗歌问题的讨论（文坛争鸣）
无题（油画）·························高海军
《飞鸟集》插图二幅 ····················文 岩
夏之梦（油画）·······················朱乃正

1989 年第 8 期　刊名:《飞天》
目录

西北大学作家班小说专辑
驮队明天出发 ·························张冀雪
鹅毛大雪 ···························迟子建
不如归去 ····························少 鸿
鬼魂迷失（中篇）·····················魏世祥
人之初 ·····························毛守仁
诱惑 ·····························白志强
故事的事故 ··························清 雪
我思 ······························余小沅
福子的故事 ··························熊正良
生命的叙述（中篇）····················王 刚

散文十六家
岁月之雪 ····························李佩芝
三月书简 ····························唐 祈
清流园 ·····························和 谷

海上有仙山————————————杨闻宇
栅栏与原野（外一题）—————完玛央金
萧萧暮雨子规啼———————————范克峻
白月亮————————————————海　飞
散文二题—————————————————栗　子
重逢与悼念———————————————穆长青
漫话西安姑娘—————————————皑　冬
人颂（三章）———————————————嘉　昌
平凉女子—————————————————姚学礼
我的苦菜花———————————————田绪晨
青青的岛　幽幽的夜—————————石云龙
重访贡玛—————————————————朱光亚
林湖秋歌—————————————————王志平

新芽
炊烟（小说）———————————————张占辉
"数学王国"掠影（小说）——————胡天保
古壶（小说）———————————————贾　亮
小小说三题———————————————冰　竹等

诗歌
诗十五首—————————————————支　峰等
大学生诗苑（22首）————————杨如雪等

评论
哦，我那土拨鼠一般的童年（我与文学）——王家达
文学，面对金钱的诱惑（评论）—————石　明
人性的挽歌（评论）———————————伟　锋

美术
韦博文油画新作五幅

1989 年第 9 期　刊名:《飞天》
目录

庆祝建国四十周年特辑小说专号
老盘古（中篇）———————————康志勇
死亡村庄（中篇）——————————王守义
鸽子楼—————————————————王家达
我的同学S君———————————————王家达
九色鹿—————————————————邵振国
棋摊——————————————————张永成
金沟里的军车———————————秦明胜
覆灭——————————————————王作文
西北狼—————————————————雷建政
唉，妈妈—————————————————蒋玉明
黄昏——————————————————田　曈
追兔——————————————————黄富强

伤别——————————————————张庆豫
一片冬麦　一片高粱———————来　临
画———————————————————张冀安

新芽
山里人—————————————————西　宇
驴运——————————————————海　泉

评论
十年：陇上小说创作简论——————许文郁
清平世界里的暮色人生——————程　亘
编辑工作的苦和乐（编辑春秋）——袁　风

美术
油画作品两幅————————恩广智　曹丽珍
油画作品一幅———————————罗如琪
国画作品一幅———————————宋宏云

1989 年第 10 期　刊名:《飞天》
目录

庆祝建国四十周年特辑（三）
小说
村谚（中篇）———————————————张　弛
飘忽的硝烟（中篇）————————邹志安
在劫难逃（中篇）——————————费金深
上帝今天休息———————————匡文立
石屋·雪屋————————————————李　兵
世事——————————————————季　宇
餐桌——————————————————阚建彬
黑太阳及钢丝上的鸽子———————张爱华
绿锈——————————————————叶　舟
牮子——————————————————冯文超

新芽
平衡（小说）———————————————闵华松
春诉（小说）———————————————刘春友

报告文学
太阳从枪口升起（"中国潮"征文）——顾柄枢

诗歌
青年诗坛（25首）—————————晓　舸等
大学生诗苑（24首）————————张久森等

评论
历史的潮流与文学的潮流——————支克坚
崎岖壮丽的四十年

——建国以来甘肃文学艺术发展简略回顾——士　榕
独角鲁与《村谚》
——张弛小说简论————魏晓东

美术

国画两幅————马芳华
秋趣（中国画）————高其曾
春色（中国画）————马负书
归牧图（中国画）————李宝峰

1989 年第 11 期　刊名:《飞天》
目录

报告文学

斑竹的怀念（"中国潮"征文）————杨　鹏
黄楼的主人（"中国潮"征文）————浩　岭　金耀奎

小说

透明的月光————商　欣
黑土地————河　平
同一个太阳————李有干
风雪敲击着小窗————萧　鸣
昨天的故事（中篇）————郭　全
神墙————黄　飞
奇石————朱忠运
流光————阎强国
知心话————凌　寒
牛倌阿生————莫雅鸿
大火————左　泓
问鼎寺修缮记————刘成思
酒后————林承璜

新芽

忏悔（小说）————赵波涛
秤砣（小说）————向立成
遗像前（小说）————陈良璧
老马（小说）————杨守信
小小说四篇————文蔚等

诗歌

竹林青青（外四首）————刘惠生
凝神————马永波
树的油画（外一首）————师永刚
独立石屋————陈桂林
夏季口哨（外一首）————勾　勾
君临时刻（组诗）————何鑫业
哑巴寡妇以前的男人————杨　光
送你回家（二首）————谷　磬

诗七首————刘　虹等

评论

我的文学之路（我与文学）————冯德英
现实主义的新收获（评论）————魏　珂
扎根本土　超越本土（评论）————吴小美
历史的悲剧和人的命运（评论）————陈　墨
心之桥（编读往来）

美术

藏女（中国画）————段兼善
牛犊（中国画）————罗承力
锦绣年华（中国画）————李秀峰
童年（中国画）————汪智荣
草山云雾（中国画）————杨志印
祁连冬雪（中国画）————杨志印

1989 年第 12 期　刊名:《飞天》
目录

小说

卸任————鱼　舟
铁路合子————王民举
空响————叶　林
黑潮（中篇）————樊殿武
血谷————廖润柏
黑滩————朱剑钟
包银的马鞍子————何　奇
皎洁的月亮————刘立波
人与兽————杨有年
换屋————晓　苏

报告文学

寻找失落的价值————张　平

散文

我还外婆一支摇篮曲————富　饶
鸡缘————武　英

新芽

表姥（小说）————姚响经
王老牛与陈长头（小说）————袁今观
秋天的梦（小说）————邹建民
意外（小小说）————张　涛

诗歌

南行诗四首————黎　欣
村庄————石　流

叙事及赠与（组诗）⸺⸺⸺⸺⸺⸺李元胜
说一说马⸺⸺⸺⸺⸺⸺⸺⸺秦安江
梵高的耳朵（外一首）⸺⸺⸺⸺彭国梁
白塔山情思⸺⸺⸺⸺⸺⸺⸺孙重贵
大学生诗苑（26首）⸺⸺⸺⸺叶青等
青年诗坛（28首）⸺⸺⸺⸺⸺张学虎等

评论

大西北沸腾生活的激情颂歌⸺⸺⸺黎　光
文学美的社会价值和功能实现⸺⸺李文衡
暗香如许恋故园⸺⸺⸺⸺⸺⸺安福学
关于小说创作新现实主义的讨论（文坛争鸣）

美术

菊颂（中国画）⸺⸺⸺⸺⸺⸺马一青
曙光之吻（版画）⸺⸺⸺⸺⸺晓　岗
奋飞（版画）⸺⸺⸺⸺⸺⸺⸺朱　冰
敦煌梦（版画）⸺⸺⸺⸺⸺⸺白树镛
捻（油画）⸺⸺⸺⸺⸺⸺⸺⸺顾国建

《广东文艺》
（《作品》）

【简　介】

　　综合性文学月刊。广东省作家协会主办。创刊于1972年，1978年由《广东文艺》更名为《作品》。刊登作品内容详实，主要反映广东地区丰富多彩的社会风貌，同时探讨有关创作问题。刊登作品主要有中短篇小说、散文、报告文学、诗歌和评论等。

期刊号：1978 年 7 月号—1989 年第 12 期

1978 年 7 月号　刊名：《作品》
目录

沉痛哀悼卓越的无产阶级文化战士郭沫若同志逝世
红花岗（诗）⸺⸺⸺⸺⸺⸺郭沫若遗作手迹
英雄树下花争放（南来杂诗九首）⸺⸺郭沫若遗作
唁电⸺⸺⸺⸺⸺广东省文学艺术界联合会等
怀念郭老⸺⸺⸺⸺⸺⸺⸺⸺欧阳山
为《广东文艺》改名《作品》致读者⸺⸺编辑部

评论

题材多样化与人物多样化⸺⸺⸺⸺欧阳山
赶快建立文学队伍！⸺⸺⸺⸺⸺肖　殷
《不朽的城》后记⸺⸺⸺⸺⸺⸺杜　埃

谈薮

想起了"江毒深"⸺⸺⸺⸺⸺⸺伊仲一

刹住短篇不短之风 ………………………… 林蓓之
长篇小说也要精炼 ………………………… 王　知
改造小议 …………………………………… 辛远茶
对话 ………………………………………… 黄　葵

小说·散文
南山孔明（报告文学）………… 杨昭科　杨开勤
复婚 ………………………………………… 舒　展
开门红 ……………………………………… 陈国凯
最宝贵的 …………………………………… 王　蒙
血泪史（长篇小说《瑶家寨》选载）……… 梁梵杨
泥土之歌 …………………………………… 周　敏
碧绿的友谊 ………………………………… 李　耐
严冬 ………………………………………… 陈锦清
齿发篇 ……………………………………… 岑　桑

土地（散文）……………………………… 秦　牧
努力冲刺　刷新纪录 ……………………… 秦　牧
生活感受与艺术构思（创作谈）………… 张　绰

诗歌
诗一首 ……………………………………… 茅　盾
大寨夏望（外一首）……………………… 侯　甸
诗词二首 …………………………………… 陆向苍
向荒原进军（二首）……………………… 艾　青
科学家剪影（三首）……………………… 桂汉标
新叶（三首）……………………………… 蔡其矫
红花草 ……………………………………… 刘　章
航灯 ………………………………………… 林顺光
蜡烛 ………………………………………… 胡　昭
梅关两叠 …………………………………… 韦　丘
茶乡小景 …………………………………… 崔汝先
战秋旱 ……………………………………… 黄莺谷
履带的印迹（外一首）…………………… 柯　原

诗品
学诗偶拾 …………………………………… 红　亭
诗贵创造 …………………………………… 郑　越
比喻要精当 ………………………………… 李　翰
诗话贵在有"话" ………………………… 陈绍伟

春花（油画局部）………………………… 徐坚白
沙萌阿凤（国画写生）…………………… 杨之光
瑶寨新歌（剪纸）………………………… 林载华
山英（木刻）……………………………… 邓子敬

1978 年 8 月号　刊名：《作品》
目录

小说·散文
姻缘 ………………………………………… 孔捷生
啊，书 ……………………………………… 杨文志
黑板的诞生 ………………………………… 王　陌
副长 ………………………………………… 罗同松
标语 ………………………………………… 江广生
蓝湖遇险（长篇小说《瑶家寨》选载）…… 梵　杨
瓦尔特·施纳夫历险记 …………… [法] 莫泊桑
悼念蔡楚生同志 …………………………… 王为一
战士终究是战士 …………………………… 司马小萌
荔枝蜜小赋 ………………………………… 华　棠

评论
诗歌创作与形象思维 …………… 曾敏之　翁光宇
读《姻缘》………………………………… 林蓓之
谈雕塑《大刀进行曲》…………………… 迟　轲

图解政策——导致作品概念化（创作谈）…… 肖　殷
反其道而行之（杂文）…………………… 艾　彤

谈薮
创作要上去　作家要下去 ………………… 庄　犁
闯禁区 ……………………………………… 江励夫
"应景"与寿命 …………………………… 司　荼
几付笔墨 …………………………………… 湛伟恩

诗歌
彩石吟 ……………………………………… 向　明
桐花芬芳 …………………………………… 郭兆甄
凝视"老帅"画卷 ………………………… 西中扬
硬骨头六连短歌（三首）………………… 瞿　琮
在卫星飞回的地方 ………………………… 苏方学
蒙族水兵 …………………………………… 郑　南
边防潜伏哨 ………………………………… 于　最
远和近 ……………………………………… 姚成友
拟林彪政变记 ……………………………… 林　林
读冯道传有感 ……………………………… 杨伟群
大白熊和干巴猴（寓言诗）……………… 马　良

诗品
谈比喻 ……………………………………… 莫少云
学诗偶拾 …………………………………… 红　亭
论诗绝句 …………………………………… 弘　征

美术

雕塑《大刀进行曲》中老农的头像···· 潘 鹤 梁明诚
雕塑《大刀进行曲》及其局部 ···· 潘 鹤 梁明诚
周总理《春日偶成》诗二首（篆刻）····· 周哲文
红莲（国画）···· 钱君匋

1978 年 9 月号　刊名:《作品》
目录

评论

评李希凡的《要塑造典型》···· 李冰之
"能言鹦鹉毒于蛇"···· 楼 栖
谈《紫薇》和《绿色的全影》···· 迟 轲

文艺书简

多田正子给欧阳山同志的信···· 多田正子
欧阳山同志给多田正子的复信···· 欧阳山

小说·散文

凤凰（报告文学）···· 杨羽仪
时间就是生命（报告文学）···· 陈焕展
被践踏的勋章···· 丘超祥 郭玉山 廖 琪
木哥···· 岑之京
我家里的故事···· 沈 寂
祖国的春燕···· 蒋和荣 林伟宝
忠诚于党的文艺事业···· 韩舞燕
怀念林遏···· 周 敏
检查之前（独幕话剧）···· 周 金 陈大远

谈薮

庄辛辛与白俊峰···· 唐雨墨
为何惧"新"？···· 谢望新
葫芦和空中楼阁···· 江励夫
请关心科普读物的写作···· 张奥列

诗歌

对先烈的回答···· 李 瑛
春色满壮乡···· 包玉堂
映出四化七彩图（民歌六首）···· 吕 宇 杨 戈等
金波滚滚拍长天（民歌四首）···· 魏林兴 黄焕新等

诗品

气为干···· 赵元三
凝炼小议···· 郑泳涛 苏志良

美术

紫薇（水彩画）···· 王肇民
绿色的苹果、西湖三潭印月（水彩画）···· 王肇民

怒啄害人虫（国画）···· 陈雨田
转战太行——陈毅同志诗意（国画）
···· 王维宝 梁 令
江记口诀（漫画）···· 曾 钺

1978 年 10 月号　刊名:《作品》
目录

小说·散文

山谷风烟（长篇小说选载）···· 陈残云
民族祭——鲁迅先生丧仪杂忆···· 黄新波
生命之歌···· 张 绰 关振东
锁王传略···· 孔捷生
直罗战号···· 李悦强
轮声···· 李科烈
诗中景·景中诗···· 韦 轩
寓言（四则）···· 梁淇湘 王文锦 莫 邪

评论

论李希凡之自我"解剖"···· 李冰之
评长篇小说《牛田洋》···· 朱若坚
关于短篇小说《开门红》的讨论
对《开门红》的两点意见···· 陈锦润
一篇耐人寻味的小说···· 陈辉祥

谢惠敏形象的启示（创作谈）···· 斯 宁
记黄宾虹《画学篇》书卷···· 王贵忱

谈薮

如此"文艺理论家"···· 于 群
艺术之花与形式风格···· 谢望新
儿童文学与"六·一文学"···· 阿 山

诗歌

甘泉长流···· 钟永华
大山笑了···· 黄子平
别向我欢呼，雪浪花···· 郭玉山
甜蜜的蔗海···· 洪三泰
港湾的胸脯···· 孙 伦
梨之歌···· 任红举
炼···· 王永海
搭棚工之歌···· 朱光天
黑海明珠（词）···· 欧 初
掌声的抗议···· 林建平
画虾自题···· 李浩泉

诗品

联想、夸张与求实···· 李世全

《比喻要精当》一文异议⋯⋯⋯⋯牛 颂 张运华等
皎然拜会韦苏州⋯⋯⋯⋯⋯⋯⋯⋯⋯⋯黄 雨

美术

园中晨色（国画）⋯⋯⋯⋯⋯⋯⋯⋯⋯李 山
黄宾虹《画学篇》书卷
井冈飞练（国画）⋯⋯⋯⋯⋯⋯⋯⋯⋯李 庚

1978 年 11 月号　刊名:《作品》
目录

小说·散文

山谷风烟（长篇小说选载）⋯⋯⋯⋯⋯陈残云
玉姣新声⋯⋯⋯⋯⋯⋯⋯⋯⋯⋯⋯⋯峻 骧
雁来红⋯⋯⋯⋯⋯⋯⋯⋯⋯⋯⋯⋯⋯杜 埃
在祖国的怀抱里⋯⋯⋯⋯⋯⋯⋯⋯⋯紫 风
阳光下⋯⋯⋯⋯⋯⋯⋯⋯⋯⋯⋯⋯⋯黄计钧
奴隶英雄⋯⋯⋯〔美国〕弗瑞德列克·道格拉斯
鸡鸣不已⋯⋯⋯⋯⋯⋯⋯⋯⋯⋯⋯⋯黎先耀

寓言（两则）⋯⋯⋯⋯⋯⋯⋯⋯⋯⋯刘自球
黑手（杂文）⋯⋯⋯⋯⋯⋯⋯⋯⋯⋯杨 嘉

诗歌

垦荒者之歌（外一首）⋯⋯⋯⋯⋯⋯⋯艾 青
望夫歌⋯⋯⋯⋯⋯⋯⋯⋯⋯⋯⋯⋯⋯罗 沙
苦读⋯⋯⋯⋯⋯⋯⋯⋯⋯⋯⋯⋯⋯⋯郭伟强

诗品

含蓄的艺术⋯⋯⋯⋯⋯⋯⋯⋯⋯⋯⋯曾敏之
诗在功夫外⋯⋯⋯⋯⋯⋯⋯⋯⋯⋯⋯陈汉才
随感⋯⋯⋯⋯⋯⋯⋯⋯⋯⋯⋯⋯⋯⋯张 参
歌从心中出⋯⋯⋯⋯⋯⋯⋯⋯⋯⋯⋯李钟声
从《啊，书》所想到的（创作谈）⋯⋯欧阳翎

评论

银幕上的豫堃和历史上的豫堃
——关于电影《林则徐》的人物处理问题⋯⋯岑 桑
关于短篇小说《开门红》的讨论
这种勇气是好的⋯⋯⋯⋯⋯⋯⋯⋯⋯陈焕展
要注意典型性⋯⋯⋯⋯⋯⋯⋯⋯⋯⋯黎国雄
新人物，新的风情⋯⋯⋯⋯⋯⋯⋯⋯崔 仑
不够真实⋯⋯⋯⋯⋯⋯⋯⋯⋯⋯⋯⋯力 钧
有新意　写得活⋯⋯⋯⋯⋯⋯⋯⋯⋯梁树庭
更要注意内在美⋯⋯⋯⋯⋯⋯⋯⋯⋯谢伟成

谈薮

无"韧"不成书⋯⋯⋯⋯⋯⋯⋯⋯⋯湛伟恩

创作有"秘诀"吗?⋯⋯⋯⋯⋯⋯⋯⋯黄树森
小议业余创作⋯⋯⋯⋯⋯⋯⋯⋯⋯⋯东 平
"一字师"的启示⋯⋯⋯⋯⋯⋯⋯⋯⋯谈 诗

美术

墨兰（国画）⋯⋯⋯⋯⋯⋯⋯⋯⋯⋯王兰若
移山（套色木刻）⋯⋯⋯⋯⋯⋯⋯⋯陈 望
比萨的斜塔（访问意大利写生）⋯⋯沈柔坚
二比零、塔如林立（速写）⋯⋯⋯⋯林 墉
团结起来为建设社会主义的现代化强国而奋斗（篆
刻）⋯⋯⋯⋯⋯⋯⋯⋯⋯⋯⋯⋯⋯钱君匋

1978 年 12 月号　刊名:《作品》
目录

小说·散文

告状⋯⋯⋯⋯⋯⋯⋯⋯⋯⋯⋯⋯⋯⋯未 燎
龙伯⋯⋯⋯⋯⋯⋯⋯⋯⋯⋯⋯⋯⋯⋯陈国凯
认亲⋯⋯⋯⋯⋯⋯⋯⋯⋯⋯⋯⋯⋯⋯郭伟强
老俵哥嫂⋯⋯⋯⋯⋯⋯⋯⋯⋯⋯⋯⋯倪 镳
山谷风烟（长篇小说选载）⋯⋯⋯⋯⋯陈残云
巴巴·努尔⋯⋯⋯〔巴基斯坦〕艾·纳·卡斯米
崇高的爱情及其来源⋯⋯⋯⋯⋯⋯⋯黎先耀
帆之歌⋯⋯⋯⋯⋯⋯⋯⋯⋯⋯⋯⋯⋯杨亚基

诗歌

浪花·火焰·爱情⋯⋯⋯⋯⋯⋯⋯⋯弘 征
甜⋯⋯⋯⋯⋯⋯⋯⋯⋯⋯⋯⋯⋯⋯⋯孙 伦
莲歌（外一首）⋯⋯⋯⋯⋯⋯⋯⋯⋯李昆纯
在密林里（二首）⋯⋯⋯⋯⋯⋯⋯⋯符启文
"不结盟"者（外一首）⋯⋯⋯⋯⋯⋯杨光治
如果我们必须死⋯⋯⋯⋯〔美〕麦 凯 荒 芜译

诗品

读艾青新作⋯⋯⋯⋯⋯⋯⋯⋯⋯⋯⋯陈锡南
冲破"禁区"　解放诗歌⋯⋯⋯⋯⋯洪 达
诗韵点滴⋯⋯⋯⋯⋯⋯⋯⋯⋯⋯⋯⋯姬盛羽
关于《蜡烛》⋯⋯⋯⋯⋯⋯⋯⋯⋯⋯天 椒

评论

从实践检验文艺⋯⋯⋯⋯⋯⋯本刊特约评论员
继续肃清流毒⋯⋯⋯⋯⋯⋯⋯⋯本刊评论员
论《北山记》的人物塑造及其他⋯杨 嘉 江 萍
关于短篇小说《开门红》的讨论
也谈典型性问题⋯⋯⋯⋯⋯杨晓平 潘顺明等
是真实的典型吗?⋯⋯⋯⋯⋯⋯⋯⋯杨建华
先进人物也是平凡的⋯⋯⋯⋯⋯⋯⋯江励夫

此状告得奇（创作谈）·························章以武

谈薮

"放"——实践和民主·························祝红亭
艺术价值的尺度·························陈景春
"心有余悸"另一类·························宇文蔾

美术

野塘丽色（国画）·························方人定
旱年不旱（国画）·························方人定
柳江河畔写生·························黄笃维
水仙、山水（国画）·························谢海若

1979 年第 1 期　刊名:《作品》
目录

小说·散文

崇高的品格——忆舅父陶铸生活上的二三事···刘志修
劫后银花带血开·························孔捷生
动荡的青春·························孔捷生
寒夜的来客·························张雄辉
两任所长·························郁　茏
"想得通"·························梁广道
逛东陵——漫步在乾隆和慈禧的坟头上·········秦　牧
在太阳初升的地方·························黄庆云
大庆，我们的骄傲·························曾　炜
忆谷柳·························黄秋耘
朝鲜战地日记·························黄谷柳遗作

评论

装点此关山，今朝更好看
——重读《三家巷》《苦斗》·················黄伟宗
如何评价《开门红》·························楼　栖

谈薮

有感于创作上的"捂"·························易　准
"长官意志"一瞥·························范怀烈
有胆无权与有权无胆·························张奥列
《望乡》和坚壁清野主义·························戈　琛

杂文

还有一个"滚珠工厂"·························李冰之
无题有感·························李亦明
读史二题·························曾敏之
一得录·························雷　铎

诗歌

祈求（外一首）·························蔡其矫

《在达卡公园里》·························顾子欣
寄汨罗（外二首）·························柯　原
红果树·························吕　剑
咏梅（七律）·························杨奎章
元素之歌·························怀　志
《诗人——劳动者》·················[苏联]马雅可夫斯基

诗品

破形而上学的说教·························宋　恺
关于诗·························韩　波辑

美术

热风（油画）·························黄中如
丰碑——七六年的清明（油画）·················夏　晔
夔门栈道（国画写生）·························林丰俗
凌云山（国画写生）·························郝学军

1979 年第 2 期　刊名:《作品》
目录

茅盾同志的信
豪情依旧可拏云（诗歌·散文）·········周　扬　夏　衍
林默涵　光未然　韦君宜　杜　埃

在广东省文学创作座谈会上的发言

为恢复革命现实主义的传统而斗争·············欧阳山
不能留尾巴·························杜　埃
批判"黑线"论　实现文艺民主·················陈残云
彻底推倒"文艺黑线"论·························萧　殷
谈谈领导文学创作的问题·························于　逢
解放思想，为迎接一场伟大的历史性转变而创作
·························韦　丘
春风桃李灿若火
——记广东省文学创作座谈会·················本刊记者
思想的光芒——重读陶铸同志的两本书·········齐兰贞

诗品

唐代采砚石不止一处·························刘演良
《随感》的随感·························若　为
一字未安细推敲·························韩觉民　陆志平

小说·散文

我应该怎么办?·························陈国凯
选择·························邹月照　熊　诚
早春·························周　敏
冬天的雷雨·························苏叔阳
夜歌·························李钟声
祖国的笑容多么美!·························易　征

诗歌

怀陶铸，承遗志，干四化⋯⋯⋯⋯⋯⋯张作斌
读《于无声处》⋯⋯⋯⋯⋯⋯⋯⋯⋯陆向苍
站在叶帅旧居前⋯⋯⋯⋯⋯⋯⋯⋯⋯郑　南
五月五⋯⋯⋯⋯⋯⋯⋯⋯⋯⋯⋯⋯瞿　琮
自赏诗七题⋯⋯⋯⋯⋯⋯⋯⋯⋯⋯张志民
寄自南疆的报告（二首）⋯⋯⋯⋯⋯吕海沐
"第一把手"（讽刺诗二首）⋯⋯⋯⋯林建平
老画家李铁夫（评论）⋯⋯⋯⋯⋯⋯李育中

美术

未完成的老人像（油画）⋯⋯⋯⋯⋯李铁夫
瓶菊（水彩画）⋯⋯⋯⋯⋯⋯⋯⋯李铁夫
三峡图（国画）⋯⋯⋯⋯⋯⋯⋯⋯⋯刘　仑
梅花春酒图（国画）⋯⋯⋯⋯陈锦雄　陈君励

1979 年第 3 期　刊名:《作品》
目录

关于社会主义新时期的文学艺术问题
——一九七八年十二月九日在广东省文学创作座谈会
上的讲话⋯⋯⋯⋯⋯⋯⋯⋯⋯⋯⋯周　扬

学习周总理《在文艺工作座谈会和故事片创作会议上
的讲话》笔谈
文艺工作者的严师和诤友⋯⋯⋯⋯周　敏
真"敢"了吗?⋯⋯⋯⋯⋯⋯⋯⋯⋯胡希明
遵人民之命　说心里的话⋯⋯⋯⋯肖　玉

小说·散文

不仅仅是爱情⋯⋯⋯⋯⋯⋯⋯⋯⋯艾明之
在小河那边⋯⋯⋯⋯⋯⋯⋯⋯⋯⋯孔捷生
分房子⋯⋯⋯⋯⋯⋯⋯⋯⋯⋯⋯⋯舒　展
滨海传（长篇小说选载）⋯⋯⋯⋯⋯吴有恒
看不见的创伤（翻译小说）
　　　　　克斯法劳德著　艾　湫译
绿浪⋯⋯⋯⋯⋯⋯⋯⋯⋯⋯⋯⋯⋯骆　巨
寓言⋯⋯⋯⋯⋯⋯⋯⋯⋯⋯⋯⋯邝金鼻

诗歌

忆故乡大埔⋯⋯⋯⋯⋯⋯⋯⋯饶彰风遗作
这伙人，真邪门⋯⋯⋯⋯⋯⋯⋯⋯章　明
提起了"四人帮"⋯⋯⋯⋯⋯⋯⋯刘　章
爸爸的一首遗诗⋯⋯⋯⋯⋯⋯⋯⋯饶海珠

诗品

诗尽人间兴⋯⋯⋯⋯⋯⋯⋯⋯⋯⋯嘉　宜
郭老笑退之⋯⋯⋯⋯⋯⋯⋯⋯⋯⋯黄莲中

放"野马"⋯⋯⋯⋯⋯⋯⋯⋯⋯⋯学　思
领导、编辑也有责任⋯⋯⋯⋯⋯⋯符启文

美术

潜海姑娘（油画）⋯⋯⋯⋯⋯⋯⋯张绍城
越秀之晨（油画）⋯⋯⋯⋯⋯⋯⋯恤　珠
仙人球（国画）⋯⋯⋯⋯⋯⋯⋯⋯梅文鼎
漓水青（国画）⋯⋯⋯⋯⋯⋯⋯⋯李仁康

1979 年第 4 期　刊名:《作品》
目录

总结经验　奋勇前进
——在广东省文学创作座谈会上的讲话⋯⋯⋯林默涵

学习周总理《在文艺工作座谈会和故事片创作会议上
的讲话》笔谈
艺术家要面对人民⋯⋯⋯⋯⋯⋯⋯梁　信
认真学习，解放思想⋯⋯⋯⋯⋯⋯华　嘉

小说·散文

弈林健将杨官璘（报告文学）⋯⋯⋯翁澜前
他属于那一类人⋯⋯⋯⋯⋯⋯⋯⋯郁　茏
活路——一个越南老人的遭遇⋯⋯莫少云
滨海传（长篇小说选载）⋯⋯⋯⋯⋯吴有恒
怀念肖珊⋯⋯⋯⋯⋯⋯⋯⋯⋯⋯⋯巴　金
呆日南天奠丽尼⋯⋯⋯⋯⋯⋯⋯⋯杨　嘉
西南边陲行⋯⋯⋯⋯⋯⋯⋯⋯⋯⋯邱为民
西沙风情（之一）⋯⋯⋯⋯⋯⋯⋯丁导生

诗歌

遥寄台湾⋯⋯⋯⋯⋯⋯胡希明　陈文澜　黄轶球
秦咢生　刘逸生　吴三立　潘允中　朱庸斋
写在革命文物展览馆（三首）⋯⋯⋯崔合美
朋友自远方来（二首）
——美国友好人士韩丁在友谊农场⋯⋯⋯中　流
春日·距离⋯⋯⋯⋯⋯⋯⋯⋯⋯⋯谭日超
颁奖⋯⋯⋯⋯⋯⋯⋯⋯⋯⋯⋯⋯秦　白

诗品

要写人　不写神⋯⋯⋯⋯⋯⋯⋯⋯陈绍伟
诗要有"味"⋯⋯⋯⋯⋯⋯⋯⋯⋯李剑文

寓言两则⋯⋯⋯⋯⋯⋯⋯⋯⋯⋯⋯朱　红

美术

春花烂漫（国画）⋯⋯⋯⋯⋯⋯⋯黎雄才
侨乡台山街景（油画写生）⋯⋯⋯⋯郭绍纲

1979 年第 5 期　刊名:《作品》
目录

小说·散文

血染的早晨 ···················· 吕　雷
方卫忠的礼拜日 ················ 曹鸿翔
心理学家 ······················ 峻　骧
一天二十三小时…… ············ 梁广道
"哑蛋"的秘密 ················· 丽　娜
乳娘英格儿（外国文学）
　　　　　 艾诺·卡乐丝作　艾　湫译
弓长岭寻"龙"记 ··············· 蹇先艾
西沙风情（之二） ·············· 丁导生
香岛掌故（三则） ·············· 秦淮碧

谈薮

关键在哪里? ··················· 陈　炳
"文艺法庭"刍议 ··············· 秋　耘
从剧本"烫手"说起 ············ 黄树森
"审查"补议 ··················· 韦　祺

杂文

清官戏与民主 ·················· 李亦明
旧戏新看 ······················ 晴　燕

美术

春消息（国画） ················ 黄永玉
枫叶小鸟（国画） ·············· 陈树人
缅桅花开（水粉画）、竹林春晓（国画）
　　　　　　　　　 郑　爽　王　立
文姬著述图（国画） ············ 单柏钦

主题、典型及其他（创作谈）
——《开门红》讨论中出现的问题 ····· 楼　栖
社会主义文学的批判任务（评论）··· 谢望新　赖伯疆

南飞雁唱诗辑

盆景 ·························· 艾　青
衷心的祝愿——献给南来的长辈和战友 ···· 韦　丘
剪取海天一角 ·················· 傅　仇
访海公墓 ······················ 雁　翼
南海·远洋船队 ················ 蔡其矫
榕树 ·························· 孙静轩
拾贝者的觉醒 ·················· 雷　霆
南海的情人——一个水兵的话 ····· 徐　刚
由神秘果想到的（外一首） ······ 玉　杲
清澜港——赠友人 ·············· 胡　昭

捡贝谣 ························ 陈忠干
珠江晚风（外一首） ············ 廖公弦
沙面的早晨 ···················· 周良沛
小船 ·························· 康志强
冬天的橡胶林 ·················· 白　渔
太阳河 ························ 傅天琳
传说与现实 ···················· 邹荻帆
初恋 ·························· 唐大同
温泉 ·························· 师日新
心香 ·························· 肖　川
海星（外一首） ················ 刘祖慈
羊城留别 ······················ 吕　剑

1979 年第 6 期　刊名:《作品》
目录

小说

被蹂躏的灵魂 ·················· 杨干华
患难之中 ······················ 庄东贤
新贵 ·························· 李汝琳
磁力 ·························· 黄天源
荔枝上市的时节 ················ 梁厚祥

散文

心心相通的路 ·················· 张铁珊
光斑在南海跳跃 ················ 韦　丘
云蒸霞蔚看抽纱 ················ 陈焕展
相思鸟 ························ 章以武

讽刺小品（三则）···· 朱　弘　莫　邪　赵绍义　何玉生

作家书简 ·············· 廖沫沙　杜　埃
散文创作谈（创作谈） ··········· 秦　牧
当前文艺创作和理论批评中的一些问题
——作协广东分会评论工作委员会会议讨论记实
　　　　　　　　　　　　 ······· 本刊记者
几点质疑（评论） ·············· 孔之见
香港画家的作品（评论） ········ 黄蒙田

谈薮

弄潮儿 ························ 施　强
鼓舞人们向前看 ················ 易　准
还要写 ························ 张奥列

诗歌

南疆怒火（三首）······· 苏方学　蔡宗周　莫少云
古迹的遐想 ···················· 芦芒遗作
崎岖行（三首） ················ 郭玉山

青春的秘密————————马雅可夫斯基作 飞白译
诗二首————————————————————钟敬文
皱纹————————————————元 浦 李 镇

露珠集————————————————————管用和

诗品
诗中不可无人————————————————萧嘉子
站到伟大转变的前列————————————李 彤

作品讨论
《我应该怎么办?》及其他————————江励夫
文艺作品必须坚持典型性和真实性
——对《我应该怎么办?》的一些意见————咏 华

美术
春(水彩画)————————————————欧阳乃沾
山鸡(油画)————————————————陈学书
桂林(国画)————————————————方召麟
东涌棚户(国画)————————————————陈 迹
桂林(油画)————————————————文 敏

1979 年第 7 期　刊名:《作品》
目录

散文
他们这样回答……————————————沈仁康
战地日记————————————————陈定兴
马来西亚散记(之一)————————————华 嘉
"走鬼"记————————————————谢君谊
深圳河畔……————————————————虹 雷

小说
春风吹又生————————————张 绰 关振东
难友————————————————————万 捷
傅春华————————————————————郭民新
苦力春秋————————————————东 涛
那顿午餐(外国文学)
　　　　　[英]萨默塞特·莫姆作 许 水译
曹雪芹为什么写《红楼梦》(讽刺小品)
　　　　　　　　　　　　朱 弘 莫邪

对揭批"四人帮"的小说创作的讨论
子君悲剧的典型意义和真实性
——兼与咏华同志商榷————————秦家伦
能这样写悲剧吗?
——评《我应该怎么办?》————————高哲民
创作上的两个问题

——评《我应该怎么办?》————————冯华德

杂文
"炒拆"发微————————————————司马玉常
一脉相传————————————————章 明

评论
评长篇小说《无产者》————————何锡洪
刻出来的战斗诗章
——谈新波版画的特色————————王 立

诗歌
英雄之花(三首)————姚成友 蔡宗周 瞿 琮
怀老舍先生(外一首)————————————方 晴
一分地的故事————————————胡 笳 戴安常
写在人妖颠倒的日子(三首)————————汪 抗
台湾情思————————————————林 玉
金竹街————————————————孙 伦

美术
晨(国画)————————————————刘济荣
风景·漓江(水彩画)————————梁德祥 麦少峰
自卫还击 保卫边疆(速写)————————许钦松
红棉(石刻)————————————————孙 煌
荷花(国画)————————————————诸 涵
漓江深处(油画)————————————————涂 克

1979 年第 8 期　刊名:《作品》
目录

三年文艺大见成效(评论)————————欧阳山
对《向前看呵! 文艺》的意见(评论)————顾 骧
小说
浩浩大江流————————————————吕 雷
感情————————————————————郁 茹
三进鸭寮————————————————梁广道
首长电话————————————————邹月照
通粤使————————————————何维鼎

散文
生命的最后一刻————————————孙洪生
马来西亚散记(之二)————————————华 嘉
须和田行————————————————林 林
北国的春天————————————————杨若飞
飞吧(寓言)————————————————凝 溪

谈薮
停播·通报·事件————————————邵 云

竞赛与"为主"⸺⸺⸺⸺⸺⸺⸺⸺⸺谢望新
总结经验⸺⸺⸺⸺⸺⸺⸺⸺⸺⸺湛伟恩

对揭批"四人帮"的小说创作的讨论
对《我应该怎么办?》等小说创作问题的座谈纪要
⸺⸺⸺中山大学中文系中国现代文学教研室
黄宁婴同志追悼会在广州举行
悼念黄宁婴同志诗词(八首)
⸺⸺⸺⸺李 门 邹荻帆 欧外鸥等
田汉同志遗诗二首⸺⸺⸺⸺⸺⸺田汉遗作

诗歌
老榕树抒情⸺⸺⸺⸺⸺⸺⸺⸺⸺邵燕祥
我被禁锢得太久太久……⸺⸺⸺⸺顾 工
屠夫(外一首)⸺⸺⸺⸺⸺⸺⸺蔡其矫
无题⸺⸺⸺⸺⸺⸺⸺⸺⸺⸺吕 剑
失眠的海⸺⸺⸺⸺⸺⸺⸺⸺⸺韦 丘
天上有星星千万颗⸺⸺⸺⸺⸺⸺张庆明
寄情(二首)⸺⸺⸺⸺⸺⸺⸺⸺宫 玺
蜜蜂和邮箱⸺⸺⸺⸺⸺⸺⸺⸺张 长
冰的赞歌⸺⸺⸺⸺⸺⸺⸺⸺⸺叶延滨
雨(外一首)⸺⸺⸺⸺⸺⸺⸺⸺雷 雯
民主、自由及其他⸺⸺⸺⸺⸺⸺赵焕明
根和穗⸺⸺⸺⸺⸺⸺⸺⸺⸺⸺梁立松
瑶山金秋⸺⸺⸺⸺⸺⸺⸺⸺⸺莎 红
题五羊石⸺⸺⸺⸺⸺⸺⸺⸺⸺毛 锜
花城⸺⸺⸺⸺⸺⸺⸺⸺⸺⸺⸺方 敬

诗品
老话重提⸺⸺⸺⸺⸺⸺⸺⸺⸺红 亭
诗歌在起飞⸺⸺⸺⸺⸺⸺⸺⸺朱 安
诗与哲理⸺⸺⸺⸺⸺⸺⸺⸺⸺丁永淮

美术
雀跃图(国画)⸺⸺⸺⸺⸺⸺⸺关山月
十月的丰收·姑溪河大桥(布贴画)⸺陈 民
红花朵朵献英雄·人民的关怀(速写)⸺招炽挺
田间英秀·诉求(木刻)⸺⸺⸺⸺蔡迪支

1979 年第 9 期　刊名:《作品》
目录

排除极左思潮干扰,乘胜前进
⸺⸺作协广东分会部分会员座谈会纪实⸺本刊记者

小说
疯姑娘⸺⸺⸺⸺⸺⸺⸺⸺⸺⸺杨文志
桃花水发的时候⸺⸺⸺⸺⸺⸺⸺王瑞金

红花溪畔的喜剧⸺⸺⸺⸺⸺⸺⸺彭 匈
思旧赋(台湾小说)⸺⸺⸺⸺⸺⸺白先勇
搁在兜里的爱情⸺⸺⸺⸺⸺⸺⸺苏世光

散文
回忆我的爸爸何家槐⸺⸺⸺⸺⸺何世鲁
夜归⸺⸺⸺⸺⸺⸺⸺⸺⸺⸺⸺陶 然

大花猫养老鼠(寓言)⸺⸺⸺⸺⸺邝金鼻
黄宁婴同志遗作
诗品录
素材·构思·技巧(诗评)⸺⸺⸺殷 勤
部分省文艺期刊负责人举行座谈会　探讨在社会主义
新时期如何办好文艺期刊⸺⸺⸺⸺本刊记者

对揭批"四人帮"的小说创作的讨论
也谈文艺作品必须坚持典型性和真实性
⸺⸺与咏华同志商榷⸺⸺⸺⸺⸺刘剑星
评《作品》发表的两篇小说
⸺⸺《我应该怎么办?》和《在小河那边》⸺杨 箭
春天里的又一股冷风⸺⸺⸺⸺⸺⸺任 川
文艺的社会功能不容忽视
⸺⸺由《我应该怎么办?》结尾所想到的⸺严承章

谈薮
对实践的恐惧和反扑
⸺⸺评"歌德派"及其他⸺⸺⸺⸺黄树森

美术
令箭荷花(国画)⸺⸺⸺⸺⸺⸺林凤青
文成公主(石湾陶瓷)⸺⸺⸺⸺⸺庄 稼
伏虎罗汉(石湾陶瓷)⸺⸺⸺⸺⸺刘泽棉
孔雀(石湾陶瓷)⸺⸺⸺⸺⸺⸺梅文鼎
木屋之火·农村春色(国画)⸺⸺⸺黄般若

1979 年第 10 期　刊名:《作品》
目录

文学生活五十五年
⸺⸺在日本东京读卖大礼堂的演讲⸺⸺欧阳山

散文
中国人的足迹⸺⸺⸺⸺⸺⸺⸺⸺秦 牧
台湾回归⸺⸺⸺⸺⸺⸺⸺⸺⸺龙江女
丰收之喜⸺⸺⸺⸺⸺⸺⸺⸺⸺欧阳翎

小说
冒名者⸺⸺⸺⸺⸺⸺⸺⸺⸺⸺尤凤伟

忧郁的眼睛 ……………………………… 朱崇山
P市的一件小事 ………………………… 于　土
爱侣 ……………………………………… 王雨谷

总结经验　批判极左　繁荣创作
——对当前文艺问题的一些看法
　　　　　　　　黄培亮　沈仁康　黄树森

对揭批"四人帮"的小说创作的讨论
文艺批评不容再挥舞棍棒
——评《评《作品》发表的两篇小说》……… 杨　群
致杨箭 …………………………………… 梅冰华
能说"忘记了工农兵"吗?
——文艺书简 ………………………… 范怀烈
《我应该怎么办?》发表以后
——来稿来信摘登

《花满侨乡路》诗辑
新会——新会 …………………………… 西　彤
山海赠答 ………………………………… 芦　荻
侨联会 …………………………………… 孙　伦
华侨电站抒情（三题）…………………… 桂汉标
诗人和海燕 ……………………………… 黄　雨
侨乡月 …………………………………… 韶文景
灯前 ……………………………………… 李钟声
祝酒 ……………………………………… 谭朝阳
侨胞心声（五题）………………………… 郑　南
水乡恋 …………………………………… 洪三泰
葵乡行（三首）…………………………… 殷　勤
清风 ……………………………………… 李鸿业
留言 ……………………………………… 韦　丘

美术
解放（油画）……………………………… 刘仁毅
思（油画）………………………………… 涂志伟
带飞（油画）……………………………… 汤集祥
莫负春光（油画）………………………… 陈衍宁
大棒的抗议·妖魂未散（漫画）………… 冰　兄

1979 年第 11 期　刊名:《作品》

目录

小说
伤疤考据家 ……………………………… 毛志成
爱的天平 ………………………………… 陈锦鸿
试制小说 ………………………………… 祖　慰
破案之后 ………………………………… 庞太熙
蕾蕾 ……………………………………… 刘　洁

散文
他们这样办! …………………………… 陈国凯
镇口行 …………………………… 张　绰　关振东

合水恋曲（特写）………………………… 郭玉山
煤炭与石灰（寓言）……………………… 凝　溪
骏马拉磨（寓言）………………………… 林植峰

评论
打掉《纪要》的幽灵
——斥"根本任务"论和反"写真实"论 … 易　准
大胆正确地表现人民内部矛盾 …… 梁水台　余素纺
人体造型的艺术语言 …………………… 汪　凯

杂文
居其位而知其任 ………………………… 李冬青
说"软藤缠死硬树"……………………… 金钦俊
"说真话有罪"辨 ………………………… 舒　展

谈薮
关于"不准"和"禁止"…………………… 陈也欢
文艺批评要按艺术规律办事 …………… 张木桂
也谈"当务之急"………………………… 朱海生

诗歌
诗三题 …………………………………… 公　刘
羊城赋（四题）…………………………… 雁　翼
南岛情思（三首）………………………… 唐大同
生活 ……………………………………… 孔捷生
映山红 …………………………………… 弘　征
看花一年纪感（词）……………………… 金尧如
有这样一个"检查组"…………………… 方　殷
血红的玫瑰 ………………… （中国香港）黄河浪
窗帘 ……………………………… 周世勤　李逸江
蔗糖与乳浆 ……………………………… 浪　波
鹦鹉 ……………………………………… 张雪杉

诗品
"造"诗者 ………………………………… 于　之
品诗二律 ………………………………… 李汝伦

美术
猛士——献给为真理而斗争的人（雕塑）… 唐大禧
椰香（水粉画）…………………………… 钟安之
喜开镰（雕塑）…………………………… 胡　博
蔡文姬（雕塑）…………………………… 郑　觐
刘三姐（雕塑）…………………………… 詹行宪

1979 年第 12 期　刊名:《作品》

目录

文艺新长征的战斗纲领——学习邓小平同志在全国文代会上的祝辞 …………………… 本刊编辑部

小说

输血 …………………………………………… 杨干华
山区主任李树 ………………………………… 储福金
折射之光 ……………………………………… 张雄辉
法庭上 ………………………………………… 陶 然
新房 …………………………………………… 郑集思

散文

耐人寻味的性格 ……………………………… 字 心
三访汤原 ……………………………………… 陈 明

幸福的道路
——《草明小说选》前言 …………………… 草 明
篇短意赅（评论）
——评杨干华的短篇小说 …………… 谢望新　李钟声
"写活了"的领袖形象（创作谈）
——高尔基描写列宁的启示 ………… 廖高群　简梧秋
杜桐和他的《甘工鸟》（诗评）………… 黄 雨　庆 英

杂文

芒芙篇 ………………………………………… 老 烈
闲话不倒翁 …………………………………… 江南月
答读者问
——关于白先勇的小说《思旧赋》…………… 编者

诗歌

蜀中吟 ………………………………………… 杨 石
做梦耳 ………………………………………… 欧外鸥
归来（三首）………………………………… 沙 鸥
呵，静谧的村子 ……………………………… 谭日超
大鼓和洞箫 …………………………………… 林贤治
海上遐思（外一首）………………………… 满 锐
美 …………………………………………… 石 英
在故乡的讲坛上 ……………………………… 陈广斌

美术

百合花（磨漆画）…………………………… 蔡克振
万象更新（木刻）…………………………… 阿 涛
春之歌、煤山（套色木刻）………… 杜应强　罗映球
瓜果满园、赛龙夺锦（木刻）……… 陈柏坚　丁 锐

1980 年第 1 期　刊名:《作品》

目录

小说

警告 …………………………………………… 刘宾雁
英雄和他的父亲（报告文学）………… 唐平岳　刘良凯
这里正是早晨 ………………………………… 林 骥
接官记 ………………………………………… 余松岩
乡思 …………………………………………… 季 仲

散文

马尼拉情思 …………………………………… 杜 埃
花 …………………………………………… 陆国松
战南海（特写）……………………………… 郁 茏
古榕浮翠有天堂 ……………………………… 韦 轩
"自己的声音"（评论）……………………… 何孔周
《月兰》欣赏（创作谈）…………………… 岑 桑

谈薮

应当重视文艺批评 …………………………… 楼 栖
"衙门作风"与文艺 ………………………… 杨 群
"横加干涉"——"冷藏法"………………… 梁 贤
"创作方法"小议 …………………………… 师竹山
开路与堵路 …………………………………… 谭子艺

杂文

"佛"与"殿"………………………………… 金钦俊
从况钟的笔到武大爷的砖头 ………………… 李亦鸣
文学信箱（三则）………………… 广东省文联办公室

诗歌

唱给春天的恋歌 ……………………………… 陈日生
月下花魂（五题）…………………………… 叶文福
效游（七律二首）…………………………… 黄施民
七绝 …………………………………………… 杨讷维
对比·受骗·聪明人 ………………………… 黄 雨
蒺藜 …………………………………………… 蓝 曼
愿望 …………………………………………… 朱 红
写给混凝土 …………………………………… 刘益善
致一位水手 …………………………………… 马红卫
锁匙 …………………………………………… 陈 迅

诗品

朱草、浊气、诗 ……………………………… 刘 凤
写诗也要"节约"……………………………… 陈雪玲

《作品》稿约 ………………………… 《作品》编辑部

周总理像（石雕）·····················曹崇恩
花海人潮除夕夜（油画）·············周树桥
荷竹（国画）·······················刘昌潮
南岛山水（木刻）···················张运辉

1980 年第 2 期　刊名:《作品》
目录

关于作家的立场及其他
——在作协广东分会文学院创作座谈会上的发言
·····································欧阳山

小说
选代表·····························刘振华
"垮不了的人"·······················傅国帆
画像·······························中　申
并非小事···························梵　杨
买像章历险记·······················戴启篁
台风·······························田　野

散文
野马岛游记·························钱歌川
当渔歌唱起来的时候·················紫　风
一个弹琵琶的沙湾人·················谭朝阳
圈阅（小品文）·····················三江水

寓言
伯乐走了以后·······················艾　湫
蚯蚓的评判　狐狸找水潭·············陈乃祥

评论
别具一格的历史画卷
——读陈残云同志的《山谷风烟》···张　绰　关振东

谈薮
谈民主空气·························宇文藜
端起你的"金饭碗"···················章以武
有感于"先寄些标点来"···············陈　炳

文学信箱
怎样选主题、议论和形象的关系···广东省文联办公室

诗歌
中国要开始一个新的时代·············原　甸
感时·······························叶　春
竖琴（外三首）·····················丁　芒
海魂曲（四首）·····················郭玉山
潜海意趣（二首）···················邓海南
为家庭恢复名誉·····················常　江

给爱人·····························杨　炼
等·································李声明
我愿化作一片白帆···················司徒杰
风·································赵健雄
呵，妈妈···························贺东久
老兵的爱情·························西中扬
化肥厂抒情·························海鹏彦

诗品
叙事和抒情·························洪　达
咏山吟水亦动情·····················姬盛羽
新诗的语言锤炼·····················陈也欢

美术
少女头像（木雕）···················曹国昌
冰花（摄影）·······················潘晋拔
花鸟（国画）·······················李凌云
西藏纪行（速写）···················詹忠教

1980 年第 3 期　刊名:《作品》
目录

神州九亿争飞跃，长征接力有来人（诗词七首）
·····························韦　丘　黄　雨等
对于左翼作家联盟的意见···············鲁　迅

八十年代第一春笔谈·······欧阳山　陈残云　秦　牧
王　起　楼　栖　金敬迈　杨　群　欧外鸥　芦　荻
黄庆云　郁　茹　李育中　紫　风　陈国凯　孔捷生

小说
戈迪乌丝绳结·······················伊　始
讲真话的人·························王杏元
在彩色电视机里·····················章以武
各有千秋···························丁小莉
伯姆·······························牧　惠

散文
深圳巡礼···························郑家光
红墙·······························黄廷杰
大理石赋···························孙玉芳
白云山记···························李钟声

评论
在新的课题面前
——从反官僚主义的小说谈起·············刘锡诚

创作谈

武松杀嫂和石秀杀嫂

——谈典型人物的个性化问题···········吴功正

文学信箱

意笔和工笔···········秦 牧

诗歌

诗二首···········黄新波

诗二首附记···········陈残云

但愿——还是张志新的事···········朔 望

十月出峡（外两首）···········侯 甸

诗三首···········赖少其

满江红

——八十年代第一春忭怀···········黄施民

为了女儿（诗剧）···········顾 工

流星小集（四首）···········柯 原

我喜欢……···········姚成友

问号···········顾鹏程

问候（外一首）···········岑 琦

贝壳（外一首）···········王 武

抓雪鸟···········包玉堂

地物新篇···········刘冰川

诗品

只有一句的讽刺诗···········欧嘉年

诗歌短语···········黄石公

美术

养鸡姑娘（国画）···········黄 胄

林影淡淡（摄影）···········蔡少华

春歌（国画）···········凌镜清

南瓜图（国画）···········高剑父

1980 年第 4 期　刊名:《作品》

目录

评论

关于当前文艺创作和文艺思想的片段意见

——在一次座谈会上的发言摘要···········冯 牧

小说

家庭纪事···········陈国凯

逐鹿问鼎之路（报告文学）

——记著名举重家陈镜开···········翁澜前

好汉不掉泪···········岑 桑

过山瑶···········骆 炬

卞和三献（故事新编）···········左 泥

由于一个派斯（翻译小说）

···········易勃腊吉姆·贾利斯　山　水译

散文

奇特的碑志···········吴新邦

美丽的海湾···········杜 埃

赤壁游船话榄雕···········华 棠

天涯草···········张振金

玉屏萧今昔···········雷弟祥

文学信箱

关于生活细节的描写···········萧 殷

谈薮

浩劫与繁荣···········柳 嘉

坐下来，探讨点学问···········梁 信

论文审查即景···········盛祖宏

欣赏与借鉴

《典论论文》语译和评介（附：曹丕《典论论文》原文）···········曾扬华

诗歌

槟榔树（外一首）···········陈 迅

春归（三首）···········王中朝

热嘲集（二首）···········易和元

贝片集···········苏 丹

陨石···········王晓岭

早落的果子···········傅天琳

"炮窝"歌···········叶知秋

潜水姑娘···········洪三泰

上行杯·晚霞曲···········饶 华

陵园的秋菊···········王树人

猎手···········卢光远

献给菲律宾青年（翻译诗）

···········何塞·黎萨尔作　古村 林彬译

诗品

诗歌自注不宜多···········吴思敬

诗园棘艾录···········杨光治

"真想不到！"···········黄莲中

诗丛絮语（二则）···········浪 波 符启文

美术

春牛图（国画）···········李可染

荷鸭·杜鹃绣球（国画）···········陈卓坤

版纳景色（国画）···········王晋元

山水（国画）···········陈洞庭

1980 的第 5 期　刊名:《作品》

目录

在广东省文学艺术工作者第二次代表大会上的祝辞
　　　　　　　　　　　　　　　　　　吴南生

挑起人类灵魂工程师的担子，为祖国社会主义文艺的
繁荣作出贡献
——在广东省文学艺术工作者第二次代表大会上的报
告　　　　　　　　　　　　　　　　欧阳山

小说
春夜　　　　　　　　　　　　　　　　邹月照
交通监理　　　　　　　　　　　　　　凌云尚
寻根记　　　　　　　　　　　　　　　黄庆云
香岛华灯下　　　　　　　　　　　　　沧　源
脖子上的G　　　　　　　　　　　　　祖　慰
偶然见到的事　　　　　　　　　　　　易　巩

散文
哭李季　　　　　　　　　　　　　　　洪　流
访松　　　　　　　　　　　　　　　　马凌霜
相思情——怀念泰国友人　　　　　　　胡思升
民间笑话（三则）　　　　　　　　　　龙启群整理

文学信箱
关于人物个性　　　　　　　　　　　　萧　殷
关于《警告》的问答　　　　　　　　　黄秋耘

杂文
"唯上"杂谈　　　　　　　　　　　　牧　惠
衣饰的沧桑　　　　　　　　　　　　　司马玉常

诗歌
梅园述怀　　　　　　　　　　　　　　李坚真
咏梅　　　　　　　　　　　　　　　　周钢鸣
春夜，火车疾驶　　　　　　　　　　　邹荻帆
湖光散曲（四首）　　　　　　　　　　韦　丘
数码，闪光的歌　　　　　　　　　　　苏方学
砖厂二题　　　　　　　　　　　　　　桂汉标
海恋（二首）　　　　　　　　　　　　姜金城
汽笛　　　　　　　　　　　　　　　　林伟宝
汽车喇叭叫了三声　　　　　　　　　　莫少云
滴水集　　　　　　　　　　　　　　　宗　鄂

诗品
诗的百花齐放和独树一帜　　　　　　　刘不朽
"咫尺应须论万里"　　　　　　　　　姬盛羽

美术
走出温室的玫瑰（麻胶版）　　　　　　新波遗作
启明星——一个纪念碑的设想（木刻）　新波遗作
年青人（木刻）　　　　　　　　　　　新波遗作
建设后第一次出海（木刻）　　　　　　新波遗作

1980 年第 6 期　刊名:《作品》

目录

真正大可驰骋的广阔天地
——关于发扬光大革命文学的现实主义传统　秦　牧

小说
律师之家　　　　　　　　　　　　　　高尔品
入伙　　　　　　　　　　　　　　　　吴茂信
这里是桃花源　　　　　　　　　　　　丁小莉
山深闻鹧鸪　　　　　　　　　　　　　张雄辉
明仔的星期天（科学幻想小说）　　　　大　明
探望　　　　　　　　　　　　　　　　海　笑

散文
头两次见到周总理　　　　　　　　　　李伯钊
古藏王墓遐想　　　　　　　　　　　　蔡贤盛
在和一位美国朋友共同工作的日子里　　李　政

寓言
寓言五则　　　　　　　　　　　　　　凝　溪等
蜜蜂的辩论　　　　　　　　　　　　　陈乃祥

评论
文艺批评标准质疑　　　　　　　　　　朱洪国
决不会忘却　　　　　　　　　　　　　艾　若

创作谈
关于诗的几个问题
——答读者问　　　　　　　　　　　韦　丘

文学信箱
关于雕塑《猛士》的创作
——兼答读者　　　　　　　　　　　唐大禧

谈薮
在平等基础上"争鸣"　　　　　　　　邵　云
从烧"炮仗"想到争鸣　　　　　　　　陈也欢

杂文
桌子底下踢脚尖　　　　　　　　　　　老　烈

诗歌

女犯彼尔施科娃（小叙事诗）——————伯　己
儿歌四首——————————————潘仲龄
流蜜的水乡（二首）————————陈俊年
致富篇（二首）——————————孙　伦
一点儿（谐趣调）————————欧嘉年
随想录—————————————纪　鹏
三言两语的小诗————————石　敢

诗品

从"翠纶桂饵"说起————————梁鉴江
银针·棒喝——————————杨光治

美术

新花（雕塑）——————————林毓豪
电影宣传画选（水粉）——————郭炳安
姜花（国画）——————————姜　今
海湾（水彩画）————————杨家聪
放木排（木刻）————————罗超群

1980 年第 7 期　刊名：《作品》
目录

小说

"公鸡窝"风云记————————孟华甫
在权力的交椅上————————廖红球
孙猴子———————————衍　虹
眩目的光辉——————————叶轼灵
工伤————————————瞿　航
将军的纪念——————————高雪晨
皮（翻译小说）————[英]罗阿尔德·达尔著
温烈光译

散文

崎岖的征程——————————陈残云
荔枝红
——黄宁婴同志逝世一周年——————芦　荻
我爱番薯——————————陈焕展

评论

构思·感情·生活
——读洪三泰的诗——————李钟声　谢望新

流派介绍

凡尔纳和威尔斯的争论————————杜　渐

谈薮

文艺三年备考小录————————魏　田

"干预文艺"浅析————————张木桂
"鱼骨天线"引起的联想————————张奥列

文学信箱

关于歌颂"叱咤风云"的无产者——————郑荣来

杂文

漫话"刀钝怪肉老"————————金钦俊

诗歌

知心话—————————————陈衍庆
忍无可忍的眼泪————————欧外鸥
海的幻想——————————筱　敏
忧—————————————张永枚
南疆边寨歌（三首）————————莎　红
会—————————————洪三泰
森林和绿叶——————————刘湛秋
星（外一首）————————曲有源

诗品

"红牙板"与"铁绰板"————————江乐山
诗理外论——————————管用和

美术

处处留春（国画）————————潘晋拔
水乡秋趣（国画）————————王维宝
雨后（水彩画）————————周锡珧
舞蹈演员、归侨少女（油画）——————梁照堂

1980 年第 8 期　刊名：《作品》
目录

小说

魔海的秘密（连载）——————林文烈　王要真
未完的乐章——————————韦　娄
清明三月三——————————王金梁
半疯狂的人——————————李赐光

散文

怀念陈赓将军————————黄　力
奇特的边防小镇————————陆国松
黄埔恋—————————————谭朝阳
西沙情趣——————————李恒茂
采"仙草"——————————庞业明
啄木鸟和大树（寓言）————————蓝运彰

评论

一只翅膀飞不起来————————陈善文

文学信箱

人物语言要性格化⋯⋯⋯⋯⋯⋯⋯⋯⋯⋯洪 达

杂文

买牛与登月的启示⋯⋯⋯⋯⋯⋯⋯⋯⋯⋯章 明
法权之间⋯⋯⋯⋯⋯⋯⋯⋯⋯⋯⋯⋯⋯曾敏之
从曹操待人说起⋯⋯⋯⋯⋯⋯⋯⋯⋯⋯陆钊珑
鸦鹊声里辨忠谀⋯⋯⋯⋯⋯⋯⋯⋯⋯⋯钟子硕
"铁交椅"与戒烟⋯⋯⋯⋯⋯⋯⋯⋯⋯⋯江励夫

谈薮

文艺批评与棍子⋯⋯⋯⋯⋯⋯⋯⋯⋯⋯赖伯疆
有感于"是非之地"⋯⋯⋯⋯⋯⋯⋯⋯⋯蔡运桂
歌唱家的启示⋯⋯⋯⋯⋯⋯⋯⋯⋯⋯⋯宇文藜

流派介绍

自然主义流派简介⋯⋯⋯⋯⋯⋯⋯⋯⋯山 水

读者之声

关于《警告》的来信⋯⋯⋯⋯⋯⋯⋯⋯一读者

诗歌

十月秋山（外二首）⋯⋯⋯⋯⋯⋯⋯⋯阮章竞
火箭发射场诗情（二首）⋯⋯⋯⋯⋯⋯瞿 琮
彩火⋯⋯⋯⋯⋯⋯⋯⋯⋯⋯⋯⋯⋯⋯韩英珊
在掩蔽部里（外一首）⋯⋯⋯⋯⋯⋯⋯郭光豹
登陆点⋯⋯⋯⋯⋯⋯⋯⋯⋯⋯⋯⋯⋯杨德祥
过秦始皇陵墓（外二首）⋯⋯⋯⋯⋯⋯许 行
沿溪山抒情（外一首）⋯⋯⋯⋯⋯⋯⋯欧阳翎
断想小札⋯⋯⋯⋯⋯⋯⋯⋯⋯⋯⋯⋯阎宪奇
傻话（二首）⋯⋯⋯⋯⋯⋯⋯⋯⋯⋯张海云
犁⋯⋯⋯⋯⋯⋯⋯⋯⋯⋯⋯⋯⋯⋯⋯王 野
星花小集⋯⋯⋯⋯⋯⋯⋯⋯⋯⋯⋯⋯黄 淮

诗品

要短得其所⋯⋯⋯⋯⋯⋯⋯⋯⋯⋯⋯陈绍伟
剪刀与缝纫机⋯⋯⋯⋯⋯⋯⋯⋯⋯⋯赵健雄

美术

巴山蜀水（国画）⋯⋯⋯⋯⋯⋯⋯⋯关山月
春到广州（国画）⋯⋯⋯⋯⋯⋯⋯⋯王恤珠
油棕园（国画）⋯⋯⋯⋯⋯⋯⋯⋯⋯蔡迪支
昆仑山下（国画）⋯⋯⋯⋯⋯⋯⋯⋯梁世雄

1980 年第 9 期 刊名:《作品》

目录

小说

魔海的秘密（续完）⋯⋯⋯⋯林文烈 王要真
鸡的故事⋯⋯⋯⋯⋯⋯⋯⋯⋯⋯⋯⋯吴鸿道
勒索⋯⋯⋯⋯⋯⋯⋯⋯⋯⋯熊 诚 邹月照
月光下⋯⋯⋯⋯⋯⋯⋯⋯⋯⋯⋯⋯⋯万 捷
虔诚的欺骗⋯⋯⋯⋯⋯⋯⋯⋯⋯⋯⋯李向理
杀手初出击⋯⋯⋯⋯⋯⋯⋯⋯⋯⋯⋯阮 朗

散文

林溪诗话⋯⋯⋯⋯⋯⋯⋯⋯⋯⋯⋯⋯韦 丘
青春长在⋯⋯⋯⋯⋯⋯⋯⋯⋯⋯⋯⋯梵 杨
消失了的问号⋯⋯⋯⋯⋯⋯⋯⋯⋯⋯闻 慧

创作谈

林冲的独特道路
——谈典型人物的性格逻辑问题⋯⋯⋯吴功正

杂文

说勇⋯⋯⋯⋯⋯⋯⋯⋯⋯⋯⋯⋯⋯⋯陆钊珑
"深可畏"者一⋯⋯⋯⋯⋯⋯⋯⋯⋯⋯牧 惠

谈薮

"小录"之续⋯⋯⋯⋯⋯⋯⋯⋯⋯⋯⋯魏 田
"阴影文学"辨⋯⋯⋯⋯⋯⋯⋯⋯⋯⋯金 谷
从"看不到一星痰迹"说开去⋯⋯⋯⋯郑心伶

评论

灵魂雕塑的艺术探求
——读陈国凯的《代价》及其他小说⋯⋯李孟昱
也谈《警告》⋯⋯⋯⋯⋯⋯⋯⋯⋯⋯陈善文

读者之声

希望把《文学信箱》继续办下去⋯⋯⋯梁 养
插图应切题⋯⋯⋯⋯⋯⋯⋯⋯⋯⋯⋯袁玉琪
要熟悉描写的生活⋯⋯⋯⋯⋯⋯⋯⋯孙立学

诗歌

红绿灯及其他⋯⋯⋯⋯⋯⋯⋯⋯⋯⋯张 浪
保护（外一首）⋯⋯⋯⋯⋯⋯⋯⋯⋯郭玉山
时代，呼唤着人才⋯⋯⋯⋯⋯⋯⋯⋯黄河浪
诗人，请给煤写一首礼赞诗⋯⋯⋯⋯潘家辉
海怨——台湾情思（组诗）⋯⋯⋯⋯罗子英
八声甘州（挽词）⋯⋯⋯⋯⋯⋯⋯⋯马冰山
香满街巷⋯⋯⋯⋯⋯⋯⋯⋯⋯⋯⋯松 华
饥饿的眼睛⋯⋯⋯⋯⋯⋯⋯⋯⋯⋯沈 吟

花瓣集 ································· 郭宝臣

诗品

鲜桃与烂桃 ······················· 姬盛羽
这种"诗品"笔法好 ················· 翟永康

美术

白族演员（油画）··················· 欧 阳
水乡人家（国画）··················· 李仁康
老猎手（油画）····················· 恽圻苍
舞蹈演员（油画）··················· 袁 浩

1980 年第 10 期　刊名:《作品》
目录

小说

南溪河畔 ························· 覃志端
丑角 ····························· 王 火
嫁不出去的姑娘结婚了 ············· 袁德波
绿洲上的暗影 ····················· 木 青
陈笑影 ··························· 李筱峰
翠绿的信笺 ······················· 王小鹰
闲不住 ··························· 马壬寅
一万元 ··························· 陶 然
海难 ····························· 田 野

散文

心声 ····························· 字 心

评论

谈艺术民主——文艺领导问题片语 ····· 杜 埃

杂文

说长道短 ························· 老 烈
但愿同属皆如虎 ··················· 王健强

文学信箱

短篇小说和散文的区别 ············· 罗 辛

谈薮

从恩格斯评《济金根》想到的 ········· 吴世枫
文艺批评的独白 ··················· 黄大德
"社会效果"对话录 ················· 郑 艾
"知音"、"识器"及其他 ··········· 祝 辉

读者之声

真实些，准确些——对《律师之家》的意见（二则）
····························· 王国栋　李金声

诗歌

江南草（二首）··················· 张志民
赶秋 ····························· 石太瑞
罗湖桥头的哨兵（三首）············· 吕海沐
五指山恋歌 ······················· 王晓廉
油城的风 ························· 朱光天
驼峰抒情 ························· 蔡宗周
墟场小景 ························· 孙 伦
草原素描（外一首）··············· 崔合美
弹在丰收弦上（三首）············· 王志学
挎竹筒的伯雅 ····················· 罗铭恩
谁说我不像个将军 ················· 赵 洪
寄给风云 ························· 张雪杉
这时刻，姑娘…… ················· 谭炯寰
京广线上 ························· 田章夫
海水 ····························· 任海鹰

诗品

"点"与"染" ··················· 杨光治
"一掌"寄深情 ··················· 雷一扶

美术

花（水彩画）····················· 周铭开
贵妃醉酒（油画）··················· 冯玉琪
港（油画）······················· 尹国良
西双版纳的孙塔（水彩画）··········· 谭云森
雨后（水彩画）··················· 罗国贤
秋水·榕荫垂钓（国画）············· 张石培

1980 年第 11 期　刊名:《作品》
目录

小说

心理危机 ························· 张雄辉
发生在澡堂的故事 ················· 黄佳星
一顶灰呢帽 ······················· 王不天
邮票 ····························· 佳 峻
融雪 ····················· 黄天源　吴 灼
悔 ······························· 廖 琪
给上帝的一封信
············· 格烈果里奥·洛佩斯-伊-范戴斯　赵德成译

散文

多田正子与欧阳山《高干大》········· 谢素娟
登上景山之巅 ····················· 紫 风

评论

评"文艺要反映生活本质"的种种误解
————————————————梁水台　余素纺

作家手记

随感录————————————————萧　殷

流派介绍

荒诞派文学————————————————谢常青

谈薮

要敢于争鸣————————————————赖伯疆
从"Ｚ·马卡"想到的————————————雨　纯

小论坛

"第一"论可以解释李煜词和莎翁戏剧————石　成
对政治标准的一点看法————————————李建平

读者之声

《魔海的秘密》在时差计算上有误————————陈国强
不应有的差错————————————————李　诚
对凡尔纳"笔记本"的存疑——————————郝炳炽
《皮》的插图失真————————————肖少华

文艺简讯

我省举办今年短篇小说、散文新人新作评奖
我省部分作家、评论家和报刊文艺编辑到各地参观
访问

诗歌

深圳吟（七律二首）————————————黄施民

雨后集

夏夜幻想曲————————————————林贤治
一个吹笛的牧童————————————————马　莉
鹿————————————————郭玉山
良药篇————————————————桂汉标
拜神者————————————————陈小奇
写在荒废的"大寨田"上————————————张　浪
他为我画像————————————————筱　敏
舟楫辞————————————————庞　薄
脸————————————————朱小丹
林中小路————————————————陈衍庆
无题————————————————肖　雁
听海————————————————余　荼

诗品

"用常得奇"————————————————陈世明
只是一句反诘的话————————————长　力

美术

黄山樱花（水彩画）————————————胡钜湛
红碟与苹果（水彩画）————————————张文博
深居（水彩画）————————————梁锡鸿
《高干大》日译本插图选————————————古　元
墨竹（国画）————————————王　立

1980 年第 12 期　刊名：《作品》

目录

小说

海风轻轻吹————————————————吕　雷
乡下人————————————————孔捷生
窃贼————————————————陈庆祥
生日晚餐————————————————龚知敏
我们组来了个怪青年————————————王不天
暴雨——————————[印度]那·刚格巴德海　袁　杰译

散文

秋蟹————————————————林　以
马和马铃铛————————————————曲　海

创作谈

主题的开掘————————————————楼　栖

作家手记

偶思集————————————————萧　玉

杂文

最后的表演————————————————章　明
无名者·关系户————————————马冰山
也谈执法和施礼————————————陆钊珑
观天杂记————————————————再　至

评论

从唱兵歌到探求社会与人生
——谈柯原的诗————————李钟声　谢望新

文艺随笔

略谈"手"的塑造————————————谷福成
要讲点器量————————————————严承章

小论坛

《文艺批评标准质疑》的质疑————————张春宁

诗歌

静夜思————————————————雷抒雁
天涯草————————————————冯麟煌

思富经 ————————————————— 西 彤
在葵乡 ————————————————— 李小雨
庐山诗草 ———————————— 芦 荻 李汝伦
动物园杂咏 ———————————————— 黄 雨
帆影 —————————————————— 洪三泰
阳朔风光 ————————————————— 宋大仁
生命力 —————————————————— 周 涛
土地的呼吁 ————————————————— 王 武

诗品

诗海摸虾录 ————————————————— 陈瑞统
先自然后高妙 ———————————————— 俞小红

美术

花鸟（国画）————————————————— 田世光
观鱼（油画）————————————————— 吴冠中
水乡村景（水彩画）———————————— 叶桂渭
海口晨曦（油画）—————————————— 吴宏树
神州啊，神州（油画）———————————— 刘宇一

1981 年第 1 期　刊名:《作品》
目录

小说

柳暗花明（长篇选载之一）————————— 欧阳山
他调不了我的心 —————————————— 陈国凯
初会 ——————————————————— 仇启明
野牛的庆幸（寓言）————————————— 陈乃祥

散文·香港行

香港散记 ————————————————— 陈残云
重访香港印象录 —————————————— 秦 牧
鱼·水·船 ————————————————— 黄庆云
透过灯红酒绿看香港 ———————————— 紫 风

评论

新诗向何处探索？ ————————————— 黄 雨
孔捷生和他的追求 ————————————— 于 逢

文学信箱
创作没有秘诀
——答民生同志问 ————————————— 萧 殷

杂文

堵塞，还是疏导？ ————————————— 老 烈
不是废话 ————————————————— 马冰山
莫当“现代刘老老” ———————————— 章 明
有术与无术三题 —————————————— 江励夫

作家手记

乡下拾零——生活手记 ———————————— 杨干华

诗歌

面对香港，我思忖…… ——————————— 郑 南
潮汕抒情（二首）—————————————— 郭光豹
夜市速写 ————————————————— 颜 烈
象当年把大刀一挎 ————————————— 阿 红
审判！ 严正的审判 ————— 梵 杨诗 冰 兄画
审“女皇” ——————————— 李汝伦诗 冰 兄画
信仰 ——————————————————— 海鹏彦
在“牛栏”前 ————————————————— 杨 学
吊钟花 —————————————————— 张跃虎
“内阁总理”（讽刺诗）———————————— 孔祥友

诗品
应当高尚、美丽 —————————————— 朱 安

美术

东坡得砚图（国画）————————————— 范 曾
孔雀公主（国画）—————————————— 杨之光
吉鸿昌就义前后（连环画选载）——————— 詹忠效
啊！ 大海（木刻）—————————————— 潘行健

1981 年第 2 期　刊名:《作品》
目录

小说

打赌 ——————————————————— 陈志旭
女庭长 —————————————————— 曹玉模
污染 ——————————————————— 钟志谦
走向那一个世界 —————————————— 丁小莉
忘掉的安慰 ———————————————— 燕 星
柳暗花明（长篇选载）———————————— 欧阳山
蠢驴（翻译小说）
—————— ［瑞士］塔利乌斯·博里那尔著　周振文译

评论

意识流向何方？
——致杨干华同志 ————————————— 于 逢
“山药蛋”与意识流 ————————————— 杨干华
吃惊之余
——就新诗的探索方向与黄雨同志商榷————— 林英男
晦涩·朦胧·觉醒 —————————————— 洪三泰

杂文

骨朽人间骂未销 —————————————— 秦 牧
闲话尾巴 ————————————————— 牧 惠

文学信箱

"意识流"简介

——答读者问 ································· 本刊资料组

诗歌

友声篇（外一首） ····························· 杨　石
射日者 ··· 王淑臣
民族的花环
大地的报答（外一首） ················ （朝鲜族）金　哲
珠海有多深 ·························· （壮族）黄　青
访孙中山故居感怀 ···················· （回族）高　深
晨 ································ （苗族）石太瑞

春风短笛（20首） ········· 柯　原　龙彼德　李　放
陈忠明　邓文斐　李发模　文　丙　叶景贤　姚成友
徐续华　米　军　李声明　王成钊　戚未全

诗品

"叹"出了新意 ··························· 王正选

美术

李清照（国画） ························· 王西京
梅花扇面（国画） ······················ 赖少其
龙虎斗（连环画选载） ··················· 张绍城
黄山（国画） ··························· 赖少其

并存·竞赛 ·························· 黄保民
并不可取的"抗争"和"追求"
——《吃惊之余》读后 ··················· 杨光治

作家手记

海涅吃茶店
——留东杂忆 ···························· 林　林

杂文

"无字碑"的联想 ························· 江南月
解铃还须系铃人 ························· 章　明

诗歌

会歌唱的竹林（小叙事诗） ··············· 瞿　琮
不死的茶亭（小叙事诗） ················· 陈俊年
海滨拾句 ······························· 韩作荣
黄昏 ································· 陈所巨
参观出土文物有感（二首） ··············· 孙友田
悲哀 ································· 张雨灵
爱 ································· 张永枚

美术

李白（国画） ··························· 单柏钦
珠海特区风貌（摄影） ··················· 潘晋拔
风姿（水彩画） ···················· （中国香港）麦少峰
千家万户（水彩画） ················· （中国香港）陈球安
国画小品 ······························· 齐良芷

1981 年第 3 期　刊名：《作品》
目录

小说

执法者 ································· 沈志伟
"十个女儿九个贼" ······················· 卢一基
金医生告状 ···························· 王文锦
丽丽 ································· 白　水
替身 ···························· （中国香港）东　瑞
柳暗花明（长篇选载之三） ··············· 欧阳山
林浩英为什么去香港？（报告文学）

卢光远　李　彤

散文

《家》·"家"·家 ······················· 陆寿钧
古林奇观 ······························· 吴　之

评论

"再认识"的结论是什么？
——评《对"深入生活"这个口号的再认识》

吕彦竹
首先应让人看得懂 ······················· 艾　青

1981 年第 4 期　刊名：《作品》
目录

悼念我国伟大的革命作家茅盾同志
广东省文联、中国作家协会广东分会唁电
牢记茅盾同志的苦口婆心，刻苦改造思想 ········ 欧阳山

小说·散文

华洋之间 ······························· 黄庆云
月老 ································· 吴鸿道
悲哀 ································· 庄东贤
窗外雨淅淅 ···························· 丁小莉
香港纪行 ······························· 陈残云
柳暗花明（长篇选载之四） ··············· 欧阳山
桑叶和蚕（寓言） ······················· 郁　茹

创作谈

关于创造艺术形象的断想 ················· 萧　殷

谈薮

"生活手记"谈片 ··········· 易 准
生命力、"趋时风"及其他 ········· 李孟昱
读《乡下人》随想 ··········· 张奥列

杂文

假道学古今谈 ············· 石 流
注意自己的耳朵 ············ 宇文藜

评论

不可"无我" 不能"唯我" ········· 赵 鹰
在"我"和"世界"之间 ········· 马 莉

流派介绍

"黑色幽默"简介 ············ 常 青

诗品

"诗盲"品诗 ·············· 方 祥
数学老师品诗 ············· 谢兴华

诗歌

延安诗词五首 ············· 郑星燕
香岛感怀 ·········· （中国香港）黄河浪
写在民族山乡间（三首） ····· （壮族）莎 红
牧人的敬礼 ·············· 秦克温
花市·宾馆 ·············· 罗 沙
马樱花（外一首） ··········· 雷 奔
海的梦幻 ··············· 李 琦
妈妈，别再给我唱摇篮曲 ········ 朱 榕
印花姑娘 ··············· 司徒杰
山野掇拾 ··············· 林 玉

美术

水乡春绿（国画） ··········· 凌镜清
乡土故里寻梦（水印木刻） ······· 梁鼎英
与月争辉（国画） ··········· 梅文鼎
霞春（无笔水彩画） ·········· 吴金狮
猫（国画）、虎仔（国画） ···· 苏森桃 王为政

1981 年第 5 期 刊名：《作品》

目录

悼念我国伟大的革命作家茅盾同志
挚诚的悼念 ·············· 陈残云
读茅盾同志《八十自述》诗 ······· 秦 牧
遥望北天——深切悼念茅盾同志 ····· 于 逢

小说·散文

一杯美国水 ············· 望东树子
异化的心灵 ·············· 正 凡
教师与屠夫 ·············· 王杏元
春夜访富记 ·············· 戴胜德
双喜临门 ··············· 杨羽仪
西苑小记 ··············· 李钟声
香港纪行（之二） ··········· 陈残云
柳暗花明（长篇选载完） ········ 欧阳山

评论

评现代派诗论中文版 ·········· 黄 雨
在四个坚持中贯彻"双百"方针 ····· 蔡运桂

杂文

生路与死路 ·············· 马冰山
春节杂想 ··············· 老 烈

诗品

"朦胧"小议 ·············· 鲁 梁
语言锤炼见功夫 ············ 朱 安

诗歌

边防之春
海关诗页（三首） ··········· 赵元星
边防之春（二首） ··········· 姚成友
木棉开花的时节 ············ 姜金城
观察哨情思 ·············· 马绪英
山泉 ·················· 黄东成
在水塘边 ··············· 莫少云
音信 ·················· 任海鹰

羊城杂咏
花城三首 ··············· 李野光
绿色的歌 ··············· 叶延滨
白孔雀开屏 ·············· 骆晓戈
给掌鞋老人 ·············· 许 行
猴戏 ·················· 张名河

诗二首 ················· 吕 剑
胶林与蔗园 ·············· 洪三泰

美术

荔香（国画） ·············· 姜 今
金色的秋天（水粉画） ········· 雷 坦
烟花三月（国画） ··········· 叶 维
家乡风味（国画） ··········· 黄安仁

1981 年第 6 期　刊名:《作品》
目录

悼念忠诚的无产阶级文艺战士周钢鸣同志
悼钢鸣（四首）————————————————杨应彬
忠诚的战士之歌
　——哀悼周钢鸣同志————————————于　逢
回忆《救亡进行曲》的创作—————周钢鸣（遗作）
我走向新的土地（重载）——————周钢鸣（遗作）
广东文艺界沉痛追悼周钢鸣同志逝世（简讯）

小说·散文
书签————————————————————林丙坤
春意正浓
　——南沙访富散记——————————张　绰　关振东
落果————————————————————韦　丘
孙文上书—————————————————余松岩
小巷——————————————————————严　阵
香港纪行（连载完）————————————陈残云
薄暮——————————————————————陈家基译

评论
也谈周炳————————————————————李天平
评选有助于繁荣创作————————————黄秋耘

杂文
多磕头少说话之类————————————————老　烈
读《红》二题————————————————————牧　惠

诗品
诗，需要精神的稀有元素——————————丁永淮
"兴"与"酒"————————————————————梁　衡

一九八○年广东省新人新作（短篇小说）评选当选作
品篇目

诗歌
唱给小朋友的歌
窗外长长的沙滩（外一首）——————————金　帆
莲蓬举起绿杯杯—————————————————吴　珹
是谁又在讲脏话—————————————————喻德荣
写在全国植树日—————————————————王成钊
作业本（外一首）————————————————潘仲龄
雨娃娃，你哭啥—————————————————李富祺
帐篷村——————————————————————常　江
在小站上————————————————————蔡宗周
纺织厂诗絮————————————————————陈朝行
漓江边的山————————————————————叶知秋

无题（四首）———————————————————丁　芒
读史杂咏————————————————————陆向苍

美术
同乐图（国画）——————————————————王亚妮
秋光（国画）———————————————————张石培
祖国（国画）———————————————————王玉钰
江南烟雨六月天（国画）——————————————张　步

1981 年第 7 期　刊名:《作品》
目录

专论
党与文艺——中国共产党诞生六十周年断想———杜　埃

小说·散文
我们和"苏维埃"—————————————————郑集思
序幕——————————————————————林经嘉
村姑——————————————————————吴茂信
黄桥烧饼外传——————————————————张　威
天边出现了几颗小星————————————————覃志端
从乡里来的栗子—————————————————和　子
不愉快的晚餐——————————————————李前忠
求实的人————————————————————郑　达
泥土的气息————————————————————柳　嘉
鸽绣图——————————————————————陈焕展
金桂飘香————————————————————谢继贤
九嶷山上白云飞—————————————————杨　鹏
寓言两则————————————————————海代泉

欣赏与借鉴
金圣叹论小说创作————————————————黄天骥

作家手记
生活手记————————————————————陈国凯

文艺随笔
精神文明与美的创造————————————————李孟昱
从王国维评龚自珍一首诗谈起————————————李　林
羞赧的小花————————————————————沈仁康

诗歌
七月，我想唱支歌（五首）——————————筱　敏
党旗啊党旗
　——献给党的六十周年诞辰————————————郑　南
边哨的旋律（二首）————————————————黄蒲生
峨嵋丰韵（二首）————————————————郑成义
还你一个金色的秋天————————————————陈衍庆

美术

红棉（国画）————————————————林丰俗

草原奔牧（国画）————————————刘济荣

龙潭飞瀑（国画）————————————郝鹤君

榕荫栖鹭（国画）————————————张治安

1981 年第 8 期　刊名:《作品》
目录

小说·散文

空山新雨后————————————————陈宜浩

渔场三月水————————————————冯　峥

绿洲来客————————————————木　青

冤家路窄————————————————冯　梧

浪花呀浪花————————————————吕　雷

西瓜风波————————————————廖　琪

老主任"送礼"————————————————刘昌勇

沙田柳绿————————————————梁厚祥

看涨————————————————————苏　晨

悼钢鸣————————————————黄庆云

回忆和悼念————————————————林焕平

评论

紫风散文的诗意美————————————吴周文

恩格斯的批评是对的

——重读《致玛·哈克奈斯》——————许世茂

曙光在头上……————————————李以庄

杂文

所谓人情难却————————————陆钊珑

"阿爷"是谁?————————————————老　烈

诗品

博采口语入新诗————————————袁文龙

诗与胆识————————————————陈世明

岭南风物

黎寨风情拾零————————————吴　愧

诗歌

渔家的歌（二首）————————————冯麟煌

通什情思（二首）————————————彭庆元

黎村小夜曲————————————————张跃虎

对面那户人家————————————————陈日生

希望·需要·自信————————————朱　榕

整洁的街道一行诗（外一首）—————张　浪

街头偶拾（三首）————————————林贤治

在地球的磅秤上（外一首）—————章德益

失落了的幻想————————————巴　兰

年龄————————————————————李霁宇

在海边————————————————徐晓鹤

美术

牡丹（国画）————————————————林凤青

春早（国画）————————————————郑叔方

残雪（油画写生）————————————田大军

黄山烟云（国画）————————————黄笃维

渔家夫妇（木刻）————————————罗远潜

1981 年第 9 期　刊名:《作品》
目录

纪念鲁迅诞辰一百周年

鲁迅投射在新时代的光辉————————秦　牧

"余在广州"（国画）————————————潘晋拔

鲁迅（石雕）————————张松鹤　曹崇恩

小说·散文

秋嫂————————————————————徐朝夫

苦苦————————————————————岑　桑

姻缘之路————————————白　水　慎　光

她从小溪的尽头来————————————黄佳星

科员胡阿才————————————————邹月照

假如你是我————————————————陈大劳

"小辣椒"和"瞌睡虫"————————————王进新

王老贵笑了————————————————新　学

鹧鸪声声————————————————陈钦然

评论

塑造新的人物、新的性格（创作谈）———楼　栖

清新的图画（诗评介）————————罗　辛

文学信箱

关于文学的真实与逼真————————刘锡诚

诗歌

水乡秀色————————————————郭玉山

汽笛（外一首）————————————蔡其矫

雨后集

我的诗（外一首）————————————程绮洛

桉树林开花了（外一首）————————洪三诃

荔枝蜜————————————————温　斌

故乡的树————————————————张小明

五指山情歌（外一首）————————罗铭恩

西村那个管水员————————————张　放

钓鱼台 ————————————— 张铭新
海水浴 ————————————— 辛　磊
夜风呵，轻轻…… ————————— 卢忠仁
心曲 ——————————————— 春　晖

美术

宾主图（国画） ————————— 徐启雄
夏日（国画扇面） ——————— 黄志坚
峨嵋金顶（国画扇面） ————— 邓耀平

1981 年第 10 期　刊名:《作品》
目录

小说·散文

葡萄，是甜的，还是酸的? ——— 慕　贤
爱情不愿驾到的角落 ————— 邱恒聪
一张船票 ———————————— 许　次
人马恋 ————————————— 龚知敏
在茫茫的黑夜里 —————— 曹文轩
蛇妹 ——————————————— 何　芷
彭湃回来了 —————— 王　曼　杨　永
信念 ——————————————— 蔡泽民
边境河这边 ————— 虹　雷　雨　纯
宴会 ————— [英]尼·蒙萨拉特　嘉　骥译

评论

告别过去　面向未来 ————— 杨奎章
更诗化，更哲理化 ——— 谢望新　李钟声
钢铁的花束（诗评介） ————— 林　凡

谈薮

到生活的旋涡中去 —————— 艾　彤
把兴趣集中于人物吧! ————— 黄大德
新人·时代特征 ——————— 李孟昱

杂文

老虎、绵羊及其他 —————— 老　烈
从愚公的移山到小草沟人的创业 — 钟子硕

诗歌

钢铁奏鸣曲 ————————— 李名方
无字《经济学》 ——————— 韦　丘
海关速写（外一首） ————— 谭日超
一刹那之歌 ————————— 陈忠干
清晨，在待业青年小吃店 ——— 桂汉标
来自大兴安岭的信（二首） —— 于　之
致珠江（三首） ——————— 陈满平
武夷偶遇（外一首） ————— 陈瑞统

林炊 ——————————————— 冯麟煌
日出（外一首） ——————— 柯愈勋
生日礼物（外一首） ——— [旅菲华侨]云　鹤
在万千山水之外 ————— [新加坡]石　君
卡玛尔，我的儿子
———— [巴勒斯坦]瓦·卡玛尔　古　村　林　彬译

诗品

想象，植根于生活 —————— 陈绍伟
"我"和命题 ————————— 杨光治

美术

春喧（国画） ———————— 周彦生
晨光（油画局部） —————— 陈衍宁
归侨姑娘（油画） —————— 恽圻苍
朱墨点染满山红（国画） ——— 陈卓坤

1981 年第 11 期　刊名:《作品》
目录

挣脱了十字架的耶稣 ————— 张雄辉
农技师和公社书记 —————— 杨干华
远处，有一盏渔灯 —————— 冯　峥
何必当初 ———————————— 陈庆祥
欢喜 ——————————————— 韦　丘
鞋匠 ——————————————— 陆北威
文坛志异（之一） —————— 陈国凯
苦恼 ——————————————— 沈仁康
从澡房里飘出来的歌声 ———— 李意珍
这些卖膏药的…… ——————— 伊　始
润姆死了 ———————————— 陆昭环
宋璟毁碑（历史小说） ———— 黄茂初
新人前进的足印
——读吕雷的短篇小说 ————— 易　准
在精短的篇幅中寻求巧思
——读丁小莉的短篇小说 —— 谢望新　李钟声

美术

春（大理石雕） ——————— 李炳荣
夏（油画） ————————— 田　波
叶挺在狱中（木刻） ————— 莫雨根
晓风残月（木刻） ——— 蔡迪支　许钦松
春游（国画） ———————— 汤集祥
下期要目预告

1981 年第 12 期　刊名:《作品》

目录

伟大的鲁迅
——九月二十五日在广东省、广州市纪念鲁迅诞辰
一百周年大会上的报告 ························ 欧阳山

小说·散文

社会名流 ······································ 杨干华
醉猫轶事 ······································ 张雄辉
密锣紧鼓 ······································ 肖　玉
清清的碧潭水 ·································· 陈宜浩
香锦 ·· 王小鹰
箱根风情 ······································ 林　林
大漠的歌 ······································ 哲　中
鸟投林 ·· 谭朝阳
埃及夜曲 ················· [英] 爱·戈伊坦　家　骥译
歌酣情满老山界 ································ 莫孝川

诗歌

从法卡山到葛洲坝 ······························ 瞿　琮
北戴河·山海关 ································ 芦　萍
羊城诗笺 ······································ 西中扬
诗人,有只眼睛注视着大自然
——西窗诗话 ································ 阿　红

南疆北国

白云山夜眺 ···································· 寒　星
叶(外一首) ·································· 郑　南
笑 ·· 陈日生
你早,山村 ···································· 黄莺谷
家乡的风 ······································ 林贤治
聪明泉 ·· 赵鹏万
山花 ·· 李相珏
月与花 ·· 王　野
给一位女营业员 ································ 莫西芬
我歌唱春天 ···································· 孙来今
炉边 ·· 于德成
湖光月夜 ······································ 张兴泰

美术

驼铃(木雕) ···················· 蔡修齐　曹国昌
珠江晨曦(油画) ·············· 徐东白
飞流直下(油画) ·············· 谢兰昆
思乡曲(雕塑) ················ 方国良
花神(木雕) ·················· 罗丽芳

1982 年第 1 期　刊名:《作品》

目录

小说·散文

虎鲨之吻 ······································ 秦　牧
如今她是个大人了 ······························ 黄虹坚
沙葛顾问何顺添 ································ 岑之京
美人鱼之谜(科学幻想小说) ···················· 胡　根
"三八"节传奇 ································ 谭日超
大粒痣 ····························· [新加坡] 紫　曦
为了振兴中华——法卡山漫笔 ···················· 柯　原
中南九州行 ···································· 郑万鹏

创作谈

生活——创作"三步"谈 ························ 杨干华

谈薮

沸腾的生活在召唤 ······························ 程贤章
切忌坐在"Piatachok"上面
——"深入生活"随想 ······················ 陈　炳
从关山月放牛说起 ······························ 江励夫
托尔斯泰的"生活" ···························· 林泽生

评论

散文园地里的新花
——读杨羽仪的散文 ··············· 刘剑星　贾益民
如何看待社会主义时期的悲剧 ············· 刘伟林

广东革命文学史料

广州左联杂忆(上) ···························· 杜　埃

诗歌

写地国境线上 ························· (壮族) 莎　红
鞍山素描 ······································ 沈仁康
一张茶几 ······································ 王方武
香港素描 ····················· (中国香港) 黄河浪

雨后集

黎明 ·· 罗铭恩
"1"的礼赞 ···································· 李华丰
黎寨风情 ······································ 倪峻宇
城市掠影 ······································ 林建平
储蓄 ·· 黄焕新
挂钥匙的孩子 ·································· 蔡宗周

诗品

乱弹"愤怒出诗人" ···························· 刘不朽

美术

果乡曲（国画）································叶其青
第一次携手（油画）
——孙中山与李大钊在国民党"一大"
··王恤珠　夏　晔
春在枝头（国画）·························汤文选
北上军号（国画）·························刘　仑

1982 年第 2 期　刊名：《作品》
目录

小说·散文

那失落了的……······················张雄辉
鲍威尔······································赞　春
奇迹··庄东贤
追月··余松岩
母子会······································田　野
婆媳··谭秋莲
2408 部队出征记·····················艾　彤
飞向世界··································黄庆云
我站在珠穆朗玛峰下··············蔡贤盛
在祖国第一个橡胶园里···········曾庆松
月夜掇鱼··································赵曙光
粉笔的生命观（寓言）·············陈乃祥

语言艺术

探索文学的语言艺术（理论连载）·····秦　牧
文学是语言的艺术
表达意思是一件容易的事情吗？
各国作家锤炼语言的故事

广东革命文学史料

广州左联杂忆（中）···················杜　埃

诗品

"以少许胜多多许"·····················杨宝祥

评论

自家酿的"苦酒"——评李剑的《醉人花丛》及《谁酿的苦酒》·····················吕彦竹
开创文艺批评的新生面···········杨奎章
奇妙的角度
——读张雄辉的短篇小说·····谢望新　李钟声

诗歌

春风短笛
我愿··旭　宇
京华短吟··································文　丙

山菊·野樱·······························蓝　幽
唱给车笛的歌···························王忠学
金鸡山抒怀·······························江　河
春晓··逯庚福
夜，在广场·······························筱　敏
桂林诗草··································罗源文
海南之冬··································郭玉山

美术

时间和空间（油画）···················关则驹
长河颂（国画）···························关山月
黄山石笋缸、黄山桃花溪畔（国画）·····黄　云
甜蜜季节（木版水印）···············廖　哲

1982 年第 3 期　刊名：《作品》
目录

小说诗辑

特区女经理·······················陈　茹　张黎明
自梳女（中篇）···························杜　埃
不幸的幸运儿···························姜琍敏
云遮月······································万　捷
三香茶社··································祁敬国
"花裤子"重返河东记··············朱华山
母女心······································陈向阳
今天不回家······················（中国香港）陶　然

评论

普通人中的先进典型
——评《柳暗花明》中的周炳·········李天平
一花一世界·一叶一如来
——题材的内在规律之一：多样性·····黄树森

语言艺术

探索文学的语言艺术（理论连载）·····秦　牧
热爱伟大祖国的美妙语言
在自己脑子里建立一座语言仓库

广东革命文学史料

广州左联杂忆（完）···················杜　埃

文学信箱

涓涓细流与长江大河··················胡德培

文艺动态

我省开展对《人啊，人！》的讨论·······张奥列

诗品

"思而得之" ·····宋 垒

诗歌

献给运动员的花束

自由飞·曲线 ·····筱 敏

弹床·跳水台上 ·····沈仁康

边边舞 ·····陈忠干

黎明 ·····郭玉山

鞍马骑手 ·····郑 南

跳伞场短句 ·····李钟声

献给运动员的花束 ·····西 彤

女作者诗页

老师·妈妈 ·····何燕屏

凌晨，静悄悄 ·····刘允章

我是一只蚕 ·····春 晖

白兰树下 ·····程绮洛

美术

小蕾（雕塑） ·····林毓豪

"启蒙"（水印木刻） ·····于秉正

月光（水印木刻） ·····盛 檬

母亲情（水印木刻） ·····潘行健

南海渔村（木刻） ·····王建国

黄山西海群峰（钢版画） ·····曾继康

1982 年第 4 期 刊名：《作品》
目录

小说·散文

弱者与强者 ·····张雄辉

小李和海仔 ·····江 萍

蕉乡纪事 ·····陈残云

文坛志异（之二） ·····陈国凯

鲤鱼 ·····王秋生

车站 ·····范若丁

乡村轶事 ·····梁广道

初春 ·····苏小红

老两口游埠 ·····（中国香港）陈 敏 冶 明

势利者 ·····[加拿大]莫利·加拉汉 陈家基译

语言艺术

探索文学的语言艺术（理论连载） ·····秦 牧

从"司空见惯"谈起

语言感受的灵敏度

评论

爱的奇谈 ·····黄 雨

关于《人啊，人！》的成败得失

——小说讨论会纪要 ·····本刊记者

诗品

"欢愉之辞难工"辨 ·····陈世明

诗歌

桥 ·····邹荻帆

南海钻井平台抒情 ·····洪三泰

角落 ·····张相林

水乡风采 ·····管用和

滇行诗笺 ·····纪 鹏

深圳特区二题 ·····赵元星

村头驶过一辆"摩托" ·····郑启谦

写在立春时刻 ·····黎焕颐

红豆与鲜花 ·····杨 渡

林区的孩子 ·····朱 雷

筏上人家 ·····左一兵

向往 ·····赵培南

美术

水乡小景（国画） ·····凌镜清

初阳（国画） ·····林 墉

五马图（国画） ·····刘勃舒

藏族小学生（国画写生） ·····陈伟巨

大海之子（国画） ·····莫各伯

1982 年第 5 期 刊名：《作品》
目录

小说·散文

心的轨迹 ·····林经嘉

三年后相会 ·····龚如敏

不能发表的新闻 ·····郭伟强

向前走吧！ ·····卢一基

雕像 ·····戴厚英

多余的人 ·····陈定兴

她是美丽的 ·····曹鸿翔

流花湖是流诗湖 ·····野 曼

特区的新春 ·····贺 朗

落霞紫 ·····马凌霜

评论

划时代的文献

——纪念《在延安文艺座谈会上的讲话》

发表四十周年并漫谈革命现实主义与革命浪漫主义相

结合的创作方法⋯⋯⋯⋯⋯⋯⋯⋯⋯杜　埃
重温《讲话》　继续前进⋯⋯⋯⋯⋯吕彦竹

语言艺术
探索文学的语言艺术（理论连载）⋯⋯秦　牧
语言大街上的一块绊脚石——艰涩
流畅自然的文笔

诗品
"白描"与"想象"⋯⋯⋯⋯⋯⋯⋯⋯王英志

诗歌
歌乡行⋯⋯⋯⋯⋯⋯⋯⋯⋯⋯⋯⋯寒　星
绿色，我的追求⋯⋯⋯⋯⋯⋯⋯⋯郭光豹
发现⋯⋯⋯⋯⋯⋯⋯⋯⋯⋯⋯⋯⋯孙友田
一个握大锤的⋯⋯⋯⋯⋯⋯⋯⋯⋯张永久
呼唤与寻觅⋯⋯⋯⋯⋯⋯⋯⋯⋯⋯宗　鄂

雨后集
我二十六岁生日⋯⋯⋯⋯⋯⋯⋯⋯郑集思
断裂力学的开篇⋯⋯⋯⋯⋯⋯⋯⋯钱超英
晚村小景⋯⋯⋯⋯⋯⋯⋯⋯⋯⋯⋯江　潇
港湾⋯⋯⋯⋯⋯⋯⋯⋯⋯⋯⋯⋯⋯杨湘粤
我是小岛⋯⋯⋯⋯⋯⋯⋯⋯⋯⋯⋯靳生彪
五色玫⋯⋯⋯⋯⋯⋯⋯⋯⋯⋯⋯⋯招小波
有一棵树⋯⋯⋯⋯⋯⋯⋯⋯⋯⋯⋯辛　磊
绿之歌⋯⋯⋯⋯⋯⋯⋯⋯⋯⋯⋯⋯康　庄
山月⋯⋯⋯⋯⋯⋯⋯⋯⋯⋯⋯⋯⋯张　浪
我骄傲　我是祖国的园丁⋯⋯⋯⋯司徒杰

美术
沙田女（油画）⋯⋯⋯⋯⋯⋯⋯⋯陈子刚
一九七九年的春天（国画局部）⋯⋯陈振国
春山（水彩画）⋯⋯⋯⋯⋯⋯⋯⋯王立中
树林（水粉画）⋯⋯⋯⋯⋯⋯⋯⋯张文斌
晨风（水粉画）⋯⋯⋯⋯⋯⋯⋯⋯蚁美楷

1982 年第 6 期　刊名:《作品》
目录

小说·散文
在农场，我有三个好朋友！⋯⋯⋯⋯郁　茹
人之将死⋯⋯⋯⋯⋯⋯⋯⋯⋯⋯⋯余松岩
"'三二〇'皇帝"⋯⋯⋯⋯⋯⋯⋯王文锦
银色的彩带⋯⋯⋯⋯⋯⋯郑潜云　郑逸夫
碰撞⋯⋯⋯⋯⋯⋯⋯⋯⋯⋯⋯⋯⋯陈宜浩
割麦时节⋯⋯⋯⋯⋯⋯⋯⋯⋯⋯⋯尹述贵
澳门散记⋯⋯⋯⋯⋯⋯⋯⋯⋯⋯⋯江励夫

国香⋯⋯⋯⋯⋯⋯⋯⋯⋯⋯⋯⋯⋯郭建英
海上擒"龙"人⋯⋯⋯⋯⋯⋯⋯⋯蔡少尤

评论
评《春天的童话》的错误倾向
——在一次座谈会上的发言⋯⋯⋯⋯易　准
《铁冠图》、《永昌演义》和《李自成》的比较
——题材的内在规律之二：带有主观性⋯⋯黄树森

文艺简讯
一部资产阶级思想腐蚀性的作品
——小说《春天的童话》座谈会简讯

语言艺术
探索文学的语言艺术⋯⋯⋯⋯⋯⋯秦　牧
语言大街上的另一块绊脚石——含糊
描绘事物的清晰度

广东革命文学史料
陈黄光和潘皮凡的文艺活动⋯⋯⋯李筱峰
广东省一九八一年新人新作评奖揭晓

诗歌
都市晨光曲⋯⋯⋯⋯⋯⋯⋯⋯⋯⋯陈俊年
海滩抒情⋯⋯⋯⋯⋯⋯⋯⋯⋯⋯⋯晏　明
诗词二首⋯⋯⋯⋯⋯⋯⋯⋯⋯⋯⋯黄施民
诗画配⋯⋯⋯⋯⋯欧外鸥　黄　雨诗　冰　兄画
渔家⋯⋯⋯⋯⋯⋯⋯⋯⋯⋯⋯⋯⋯丁　芒
夜听松涛⋯⋯⋯⋯⋯⋯⋯⋯⋯⋯⋯万忆萱
夜，转场的列车⋯⋯⋯⋯⋯⋯⋯⋯马合省
工地诗意⋯⋯⋯⋯⋯⋯⋯⋯⋯⋯⋯李霁宇
丝绸之路从这里开始⋯⋯⋯⋯⋯⋯陈所巨
妻子⋯⋯⋯⋯⋯⋯⋯⋯⋯⋯⋯⋯⋯邓玉贵
木棉花⋯⋯⋯⋯⋯⋯⋯⋯⋯⋯⋯⋯林润洪
孩子和小鸟⋯⋯⋯⋯⋯⋯⋯⋯⋯⋯唐伟源

诗品
烘宾托主　相得益彰⋯⋯⋯⋯⋯⋯陈　略

美术
歌（油画）⋯⋯⋯⋯⋯⋯⋯⋯⋯⋯尹　易
《红楼梦》人物（国画）⋯⋯⋯⋯陈政明
草原小英雄（国画）⋯⋯⋯⋯⋯⋯刘大为
山乡（国画）⋯⋯⋯⋯⋯⋯⋯⋯⋯李仁康

1982 年第 7 期　刊名：《作品》
目录

小说·散文

我和老头儿 ……………………………… 李兰妮
总工程师的烦扰 ………………………… 郑　力
弱者 ……………………………… 刘焕鲁　李世权
中奖之后 ………………………………… 戚积广
白色的小楼 ……………………………… 金　潮
俏冤家 …………………………………… 原　力
乔迁之忧 ………………………………… 李茂兰
赛船日 …………………………………… 仇启明
一个新画派的诞生 ……………………… 于　土
青青泡桐林 ……………………………… 闻　山
海峡风（外一章）……………………… 陈志泽
北方森林曲 ……………………………… 许　淇

语言艺术

探索文学的语言艺术（理论连载）…… 秦　牧
语言大街上的又一块绊脚石——罗嗦
谈简洁
饱满的形象

评论

《小城之夜》序言 ……………………… 萧　殷

谈薮

从两副对联说到文艺批评 ……………… 曹思彬
关于"文艺评论"的断想 ……………… 欧安年

杂文

您贵姓? ………………………………… 老　烈
且说捡破烂 ……………………………… 陆钊珑

广东革命文学史料

陈黄光和潘皮凡的文艺活动 …………… 李筱峰

诗品

论写诗之诗 ……………………………… 欧外鸥

诗歌

花城诗笺 ………………………………… 西中扬
海外日记 ………………………………… 金　哲
海滩二章 ………………………………… 蓝　曼
造酒者及其他 …………………………… 胡　昭
海岛上 …………………………………… 张永枚
在西安历史博物馆 ……………………… 许　行
小巷深处 ………………………………… 宫　玺
知音 ……………………………………… 马恒祥
题红岩村 ………………………………… 韩瑞亭
产院诗情 ………………………………… 王成钊
果餐 ……………………………………… 陈达光
珠江印象 ………………………………… 杨永年
绿色化工城 ……………………………… 徐启文
夜话 ……………………………………… 马　寻
清晨，我在深山采伐 …………………… 张　伟
柳笛 ……………………………………… 查代文
深山别墅 ………………………………… 谭德生
谷场月色 ……………………………… 笑　波　艾　丹
海的言语 ………………………………… 胡世宗

诗画配

贪官行（讽刺诗）…………… 黄　雨诗　曾　钺配画

美术

珠海渔女
——特区珠海市市徽（花岗岩雕）
……………… 潘　鹤（制作者：潘鹤、段积余、段起来）
晨（油画）……………………………… 李自健
春雨江城（国画）……………………… 李行简
花（木刻）……………………………… 王立莎
三河坝（嘉应风光之一，木刻）……… 罗映球

1982 年第 8 期　刊名：《作品》
目录

小说·散文

关于公鸡和母鸡的故事 ………………… 李意珍
电视演员的爱情 ………………………… 张　鑫
晚风送来一支歌 ……………… 曹鸿翔　武阳滨
金竹花 …………………………………… 丁小莉
回旋的琴音 ……………………………… 林　骥
图纸上的墨迹 …………………………… 胡海峥
等待末班车 ……………………………… 张雄辉
徐州遐思 ………………………………… 王　曼
翠竹 ……………………………………… 陈　肃
黄兴故居行 ……………………………… 欧阳敏
纽带 …………………………………… 伊　始　廖　琪

语言艺术

探索文学的语言艺术（理论连载）…… 秦　牧
语言的宝库在当代人的口头上
古代词语的生命力
外来词的吸收和消化

广东革命文学史料

陈黄光和潘皮凡的文艺活动 …………… 李筱峰

文学信箱

怎样写生活手记·····················杨干华

评论

生活摇篮唤起的创作激情
——读伊始的短篇小说·····················谢望新 李钟声

杂文

杨联康的铁脚板·····················贺 青
"镜子"面面观·····················赖海晏

诗品

诗人的洞察力·····················野 曼

诗歌

前线纪事·····················罗 沙
战地诗情·····················柯 原
"抬杠"篇·····················苗得雨
轨道·····················唐大同
胡枝花·····················（朝鲜族）任晓远
蜜蜂，又飞回来了·····················姚成友
山魂·····················朱光天
海岸上的星·····················石 鲁
钢枪·····················贺东久
西沙望月·····················曾凡华
醒着的了望站·····················张朴夫
早晨，在边境的墟场·····················杜佐祥
门被轻轻叩响·····················王维君
春雨·····················彭文祥
夏天的太阳·····················[英国]R.L.斯蒂文生作
古 村 林 彬 译

美术

故乡小路（油画）·····················刘仁毅
从比黄花瘦——李清照词意（国画）·····················陈政明
南疆猎巡 合练（木刻）·····················刘友国 计凤鸣
春江（重彩画）·····················汤集祥
胶园曲（油画）·····················陈 海

1982 年第 9 期　刊名:《作品》
目录

烽火星洲·····················陈残云
种瓜得豆·····················李 栋
淡绿色的窗幔·····················朱崇山
仁慈的古锐先生·····················于 土
见习秘书·····················骆怀东
利口福下田·····················何健烈

走过盘陀的路途之后·····················曾应枫
寻找·····················岑之京
梦·····················刘剑星
两个师兄·····················戴胜德
最珍贵的……·····················赵元星

语言艺术

探索文学的语言艺术（理论连载）·····················秦 牧
珍贵的民族共同语
标点符号——文章中的无声英雄
错字别字——书面语中的沙砾

创作谈

正确看待创作上的苦闷期·····················陈国凯

美术

侨乡女儿（油画）·····················李醒滔 梁照堂
收获时节（国画）·····················盛姗姗
渔家乐（木刻）·····················郑友深 肖映川
故乡风雨情（木刻）·····················黄庭相
故土（国画）·····················黄安仁

1982 年第 10 期　刊名:《作品》
目录

党的光辉和文学事业
——参加十二大札记·····················秦 牧

小说·散文

慈父·····················姜琍敏
马福利下乡·····················罗 锐
后补之缺·····················乔 斯
客人请客·····················章 明
爱的旋律·····················王文锦
复仇·····················里 汗
再见·····················王学荣
派克尔苔太太打虎记（外国文学）
·····················[英]萨 奇 江宇应译
银河情思·····················罗源文
崖门访古·····················谭朝阳

语言艺术

探索文学的语言艺术（理论连载）·····················秦 牧
感怀的火花和语言的喷泉
驯伏文学这头"野兽"

评论

从"相识的朋友"到"知心的朋友"

——题材的内在规律之三：融汇构思始终————黄树森
从《三家巷》看文学作品如何吸收方言土语
——————————————————————张维耿　黎运汉
此中有真意
——评王小鹰的短篇小说————————海渭　丹薇
生活的赞歌
——介绍《在祖国大地上歌唱》——————黄燕

诗歌
在祖国大地上歌唱————————————————郑南

南疆北国
北京给予的————————————————————陈秀庭
翠亨村诗笺————————————————————殷勤
富乡行——————————————————————肖文苑
赶集归来————————————————————莫少云
巴马歌圩抒情————————————————————刘英
收获清风的季节————————————————————孙伦
脚印——————————————————————莎白
题照——————————————————————曲有源
播种者————————————————————龙彼得
夏————————————————————————吕海沐
公园记咏————————————————————张雪杉
你呵，希望————————————————————金帆
钢厂情思————————————————————丁慨然
摄影棚巡礼————————————————————李名方
绣花曲————————————————————朱谷忠
湖畔黄昏————————————————————崔合美
在五指山里————————————————————张跃虎
高高的贮木场————————————————————郑莹

美术
在祖国的土地上（水印木刻）————————许川如
亲情（油画）————————————————————黄坤源
洞口（水彩画）————————————————————涂夫
珠江旭日（水彩画）————————————————陈吾
油画写生（二幅）————————————————宫昭堃

纽约散记————————————————————黄秋耘
乡居小记——————————————————————碧野
如飞的南岳————————————————————柳嘉
冰趣——————————————————————平青
古罗马两面神的厄运（寓言）————————金马

语言艺术
探索文学的语言艺术（理论连载）————————秦牧
生活知识和丰富语言
中国气派和民族风格

评论
离开了人物的真实关系，作品的情节只会悬空（创
作谈）————————————————————萧殷
从"小猫的屁股摸不得"说起（谈数）————————杨群
文学的"扶正祛邪"与精神文明（谈数）——————林蓓之
芦荻风格
——读《芦荻抒情》————————————欧阳翎
崭露尖角的新荷
——读《雨后集》————————————————朱安

诗歌
故乡情————————————————————叶知秋
庐山三叠泉————————————————————邹荻帆
乡井诗草————————————————————冯麟煌
锁——————————————————————晓钢
我的心是精巧的火柴盒————————————桂汉标
花鸟篇——————————————————林林　陈明远
雨后集————————卢忠仁　张慧谋　邹振辉　陈知柏
陈迅　辛磊　陈小奇　张芸　关飞　刘居上
李挺奋　黎华强　何海燕　王贵荣　陈阵

诗品
不要重复自己————————————————陈绍伟

美术
绣花女（雕塑）————————————————李炳荣
归侨画家余本（油画）————————————汤小铭
新花（油画）————————————————————黄希舜
中学生（油画）————————————————————杨尧
水乡小景（国画）————————————————张石培

1982 年第 11 期　刊名:《作品》
目录

小说·散文
遥远的回声————————————————————杜峻
藏王的后裔————————————————————峻骧
小石头飘流记————————————————————江萍
"摩托车"翻车记————————————————陈庆祥
关——————————————————————廖红球
燕巢——————————————————————卢一基

1982 年第 12 期　刊名:《作品》
目录

小说·散文
在坑坑洼洼的路上————————————————筱敏
起重春秋————————————————————荆璞

落月田 …………………………………… 李志强
神锄太保 …………………………………… 曹鸿翔
"轩园"轶事 ………………………… 林骥 欧阳明
算帐 …………………………………… 覃志端
在生活的道路上 …………………………… 刘昌勇
燕岩散记 …………………………………… 丘均
在喜鹊欢叫的时候 ………… 杨开勤 杨昭科 占前广

语言艺术
探索文学的语言艺术（理论连载） ………… 秦牧
掌握文学语言的音乐美
譬喻——语言艺术之花

评论
把文学的精神灯光拨得更亮 ………………… 易准
韦丘致孙伦（作家书简） …………………… 韦丘
读《落月田》 ………………………………… 梁信
抒写人物心灵之美
——黄天源小说浅探 ……………………… 张奥列

诗歌
迟到的浪花 …………………………………… 野曼
深圳写生 …………………………………… 郭玉山
亚热带风景画 ………………………………… 胡笳
碧绿的乡情 ……………… 冰夫 陈日生 唐奇
苏冬 何吉明 蔡宗周 李萌 于宗信 樊帆
朱金晨 罗铭恩 黄东成 韦晓吟 韩青

诗品
两条不同的"线谱"
——意象谈片 ……………………………… 杨光治

美术
旅游新客（油画） …………………………… 王恤珠
果果（国画） ………………………………… 王玉珏
岭上松姿定，路歧人语哗
——郭沫若诗意（国画）（封二画题以此为准）
……………………………………………… 陈洞庭
渊（国画） …………………………………… 王维宝

1983 年第 1 期　刊名:《作品》
目录

小说·散文
文化局长"孙二娘" ………………………… 苏方桂
鼠楼轶事 …………………………………… 许行
"老当根豆腐汤"与人生 …………………… 张陆
斗牛奇事（科幻小说） ……………………… 陈广群

监狱外的罪犯 ………………………………… 沈寂
已是初春 …………………………………… 冯华
黄宝珍 …………………………………… 李筱峰
血沸千度的音符 ……………………………… 易征
南国天池传奇 ………………………………… 庞业明

评论
创作随想录 …………………………………… 萧殷
要从生活中去发掘题材
创新、新意和深化
瑶家风情画
——梵杨小说简评 ………………… 郭小东 陈剑晖

杂文
灵魂的工程师和工程师的灵魂 ……………… 黄雨
莫失"他信力" ……………………………… 虞丹

广东革命文学史料
少年时代的东平 ……………………………… 丘健生

诗歌
写在丝绸印花厂 ……………………………… 司徒杰
交叉点 …………………………………… 黄蒲生
诗的自白 ………………………… （蒙古族）查干
葱绿的希望 …………………………………… 何仃
律诗三首 …………………………………… 潘佛章

雨后集
冶铀厂抒情 …………………………………… 李华丰
矿山二题 …………………………………… 吕学煌
夏日放歌 …………………………………… 程民生
深圳湾畔的足迹 ……………………………… 黄振超
"责任田" …………………………………… 刘德谦
顾问 …………………………………… 梁水兴
接 …………………………………… 黄丰友
致雷州 …………………………………… 黄坤岳
鞋 …………………………………… 刘永雄
假如我是一颗露珠 …………………………… 肖小平

诗品
新诗话要"新" ……………………………… 陈世明

美术
友谊之舞（油画） …………………………… 李忠良
荷花玉兰（水彩画） ………………………… 王肇民
珠海风光（油画写生两幅） ………………… 雷坦
江雨霏霏·踏谷歌（木刻） ………………… 许钦松

1983 年第 2 期　刊名:《作品》

目录

小说·散文

"七品夫人"卖凉茶 ———————————— 李意珍
水到渠成 ———————————————— 赵其玉
深圳散记 ———————————————— 曾　炜
渔女献宝 ———————————————— 黄庆云
难产 —————————————————— 贾　毅
市长的小名 —————————————— 杨钧炜
甲午锈锚环 —————————————— 李恒茂
生活，不仅是你和我 ————————— 黄天源
手挽手 ————————————————— 郑万鹏
柑乡情 ————————————————— 陈　熙

杂文

"道德的报春花" ——————————— 秦　牧
马二先生的风格 —————————— 章　明
窗边琐话 ————————————————— 老　烈

评论

创作随想录 —————————————— 萧　殷
艺术的感染力
秦牧散文风格的发展 ———————— 杨奎章
美的享受
——读《越秀丛书》三种 ——————— 廖晓勉

诗歌

瑶寨风情 ————————————————— 莎　红
土地，绿色的教科书 ———————— 陈所巨
桔红桔红的柑林 —————————— 郭光豹
还魂草 ————————————————— 邓玉贵
火车上，我和一位香港同胞聊天 —— 姚成友
武夷山诗笺 ————— 郑成义　宁　宇　赵丽宏
南疆北国 ——————— 肖　川　王知十　于　之
高　深　柳　沄　佟明光　朱　彻　春　秋　颜　烈
任海鹰　夏　雄　郭　鸣

诗品

关于诗的闲话（一） ———————— 岑　桑

美术

余音（油画） ————————————— 陈衍宁
舞蹈演员（油画） —————————— 潘鸿海
春晓（国画） ————————————— 叶　维
祖母（油画） ————————————— 黄中羊
田田（油画） ————————————— 沈远骏
本期插图 ————————————————— 伍启中

1983 年第 3 期　刊名:《作品》

目录

小说·散文

文坛志异（之三） —————————— 陈国凯
寻常的一天 —————————————— 郑　达
柳望 —————————————————— 陈伯坚
雨季 —————————————————— 杜　埃
翠江雁来红 ———————————— 单　复　傅子玖
呵，美丽奇幻的宝塔花（报告文学）
——记在国际比赛获首奖的杂技新秀戴文霞
—————————————— 徐启文　林泽生
渡口 —————————————————— 王　曼
小说两篇 ————————————————— 郭伟强

创作谈

小说不是生活的任意再现 ————— 萧　殷

评论

培养高尚的审美情趣 ———————— 蔡运桂
动情的诗，力度的诗
——读野曼的《爱的潜流》 ———— 谢望新　李钟声
杨干华和他的小说 ————————— 易　准

诗品

关于诗的闲话（二） ———————— 岑　桑
从"骠悍的蝴蝶"说起 ——————— 杨光治

文艺简讯

独标一格的《天南》 ———————— 天　水

诗歌

"假小子"——女经理 ——————— 韦　丘
春天的风 ————————————————— 向　明
珠江之夜 ————————————————— 朱　红
南国花木 ————————————————— 骆　之
啤酒发电（讽刺诗） ———————— 桂汉标
江南二题 ————————————————— 禾　青

女作者诗页

侨乡二唱 ————————————————— 伍志红
时间 —————————————————— 张　烨
编织 —————————————————— 商英红
温暖的旋律 —————————————— 张　芸
蜜蜂，孩子，梦 ————— （蒙古族）阿拉坦托娅

散文诗一束

云哟 —————————————————— 贾长厚
墨浪花 ————————————————— 桂兴华

致友人······顾　文

晚浴······倪峻宇

云海······李　耕

美术

兵对将（油画）······高玉华

赤橙黄绿青蓝紫（油画）······李志中

宾至如归（水彩画）······叶献民　游尚志

宏伟的蛇口特区·深圳文锦渡（速写）······潘晋拔

罗湖之晨（水粉画）······王恤珠

蛇口别墅区（油画）······王恤珠

本期插图······冯树恩

1983 年第 4 期　刊名:《作品》
目录

小说·散文

呵，我的嘎子哥！······李兰妮

追求······张士放

开创新局面的人（报告文学）······贺　朗　傅　真

香港归来创新业······陈残云

准是她······林　骥

两盒录音带······覃志端

觅······杨宪光　柏宁湘

三接秦大妈······阎俊杰

爱是一种谬误······［美国］麦克斯·沙曼

周山林　朱新峰译

评论

论知青小说······郭小东

创作随想录······萧　殷

想象

由花想到

"百货中百客"

——题材的内在规律之四：适应的广泛性······黄树森

广阔天地新画图

——《作品》小说集粹简介······韦　轩

诗品

心灵的火花······吴智钢

诗歌

山里的气息······廖公弦

野花·萤火·准星······洪三泰

童年有童年的梦幻······顾　工

新老总······陈忠干

花村素描······莫少云

春风短笛······田永元　李建辉　王中朝

沈良意　张仕超　李富祺　刘　扬　张　珉　龚希柱

雨后集······韩小鹰　莫　非　文　清　苏　力

陈　荷　林有霖　紫　栗　谢东阳

美术

特区风貌

罗湖高楼平地起　朝夕相辉（摄影）

······崔　峰　潘晋拔

蛇口新城（油画）······王恤珠

为建设蛇口添砖瓦（摄影）······崔　峰

罗湖桥——通往香港的关口（油画）······王恤珠

回乡之路（摄影）······潘晋拔

奇特边镇沙头角（摄影）······潘晋拔

本期插图······张绍城

1983 年第 5 期　刊名:《作品》
目录

小说·散文

引力场······张雄辉　张伟平

方教授焚稿断痴情······万　捷

小镇裁缝······岑之京

毛驴墓志铭······王凤梧

智斗"氧气王"······张天林

新闻风波······［美］马克思·舒尔曼　陈　蓬译

远望······里　汗

三访硇洲养貂场······祝　宇

寄自海外······马荫隐

作家通信

关于《普通女工》的通信······孔捷生

评论

坎坷历尽春意浓

——读孔捷生的中篇小说《普通女工》······易　准

杂文

"大"字褒贬谈······微　音

还是琐活······老　烈

作家谈创作

我的创作历程（上）······杜　埃

作家手记

人物鳞爪录······杨干华

谈薮

现代派文学一议······蔡运桂

"中国菜"与文艺繁荣······赖伯疆

诗歌

金轮·春风 —————————— 西中扬
憨厚的山村 —————————— 时永福
走向地平线 —————————— 王燕生
田野交响曲 —————————— 孙 伦
岭南花吟 —————————— 陈绍伟
黄昏时我在旷野 —————————— 周 涛

青春三重奏

太阳的履历 —————————— 程宝林
法律在歌唱 —————————— 张小明
大街二重奏 —————————— 陈小奇
长长的街路…… —————————— 吕海沐
一棵榕树的童话 —————————— 黎华强
走向奔腾的大海 —————————— 钱国梁
我是一名养路工 —————————— 黄坤岳
花海拾翠 —————————— 杜佐祥
爱…… —————————— 施肃中

美术

金锁匙（油画） —————————— 熊德琴
湖光映山村（国画） —————————— 蔡迪支
行旅图（国画） —————————— 陈金章
芳华洲·红棉水榭（国画） —————————— 单剑峰

1983 年第 6 期　刊名：《作品》
目录

小说·散文

谁是可怜人 —————————— 李意珍
"芙蓉"日记 —————————— 熊 诚
姑苏残云 —————————— 高友群
老羊工的后代 —————————— 郑 力
他，是一个丑角 —————————— 潘大林
乡间幽默 —————————— 杨羽仪

初绽的蓓蕾

泡菜的故事 —————————— 衍 虹
《泡菜的故事》读后 —————————— 范怀烈

评论

振作精神，努力把创作搞上去 —————————— 陈国凯
向生活的深度和广度进军 —————————— 杨干华
回乡生活的感受 —————————— 孔捷生
开始认识生活的"敏感区" —————————— 吕 雷
总结经验，开创新局面 —————————— 雪 岭

作家谈创作

我的创作历程（下） —————————— 杜 埃

文讯

广东文学评论工作怎样开创新局面？ ———— 本刊记者

诗品

诗意的开掘 —————————— 沈仁康

诗歌

八十年代，和中国知识分子

一起奔行 —————————— 钱超英
桃花源 —————————— 蔡其矫
在口岸上 —————————— 赵元星
洗足木曜日
　　　[英国]威廉·布莱克 古 村 林 彬译
童心集 —————————— 王 野 姜金城 梁兰平 潘仲龄
陈官渲 文 丙 刘崇善 孙华文 徐小寒

美术

怀（油画） —————————— 何建成
春（水彩画） —————————— 陈馥初
猕猴乐园（木刻） —————————— 杨麟阶
夏梦（木刻） —————————— 钟钢城
归宁（木刻） —————————— 罗昌明 杨依现
松鹰图（国画） —————————— 许典水
小河旁（木刻） —————————— 崔军培

1983 年第 7 期　刊名：《作品》
目录

小说·散文

骑兵连长外传 —————————— 钱石昌
竞选 —————————— 邓 炯
醉眼和泪眼 —————————— 刘永年
山长水远 —————————— 关照禧
珠莎回山记 —————————— 陈钦然
他，决意迟到一次 —————————— 李 文
二妹子 —————————— 冯 峥
稚兴 —————————— 柳 嘉
紫禁城情思 —————————— 杨光治
客家风情 —————————— 丘 峰
迷人的"嵯峨野" —————————— 海 笑
瑰宝 —————————— 蔡泽民

评论

曹靖华谈散文创作 —————————— 古岭新
率真如风，热情如火

——韦丘诗集《青春和爱情的故事》代序……岑 桑
东北解放战争的历史画卷
——评介长篇小说《高梁红了》……王德昌
语言"树林"花胜火
——秦牧新著《语林采英》读后……湛伟恩

作家手记
人物鳞爪录（续）……杨干华

诗歌
赞安珂……杨应彬诗 吴南生书
长堤，我的歌……司徒杰
忠魂曲……节延华
历史博物馆……刘益善
包围……姚成友
重回故乡拾到的……李发模
一个孩子，在阿富汗……易 山
雨后集……王 武 陈 迅 王祥华 谭炯寰
王贵荣 彭小红 郭继联
南疆北国……田章夫 郑定友 于 最
钟永华 罗铭恩 唐 奇

美术
红棉——广州市市花（国画）……沈文江
冰河的遗迹（国画）……刘国松
秋舟、渔村晨歌（摄影）……马元浩
三月（油画）……张亚冰
阳朔龙角山（水粉画）……梁 荣
中国作家协会广东分会一九八二年新人新作评奖揭晓
征文评奖启事（本刊举办《作品》优秀短篇小说
评奖）

1983 年第 8 期 刊名:《作品》
目录

小说·散文
第六次哭泣（报告文学）……周文韶 沈宏菲
幸运儿之谜（报告文学）……傅 真 张 弘
捕蛇者新说——南行见闻之三……草 明
画眉鸟不叫了……邹月照
鸡声茅店月……钱世明
他还在小镇里……陈 明
物各有主……袁穆伦
边城的空间和节奏……杨羽仪
短篇小说两题……［日］星新一著 陈 浩译

初绽的蓓蕾
出嫁前夕……李前忠

嚼橄榄儿——读《出嫁前夕》……欧阳翎

评论
读关振东的诗……陈残云
水乡画面，沙田风光
——余松岩短篇小说集《追月》序……秦 牧
评邹月照的短篇小说……张 绰
青年作家的广阔道路
——谈一九八二年广东的新人新作……陈善文
在新的起跑线上……柯 原

争鸣
也谈知青小说
——兼与郭小东同志商榷……王爱英

诗歌
读叶帅诗词选集……张作斌
美国之旅……李 瑛
士兵，伟大的播种者……黄蒲生
我是一发子弹……刘德谦
边防短笛……瞿 琮
光明的儿子……廖启良
怒……张永枚
赤湾……黄振超
散落的珍珠……洋 滔
出征……容仲连

诗品
运用之妙，存乎一心……黄 雨

美术
山河颂（中国出口商品交易会壁画局部）
……李仁杰 李金明 张石培 曾发古
知春图、驻春图（国画）……张治安
江南水乡（国画二幅）……郑叔方

1983 年第 9 期 刊名:《作品》
目录

小说·散文
追鱼……张祖荣
"油饼"脱锅……苏方桂 蓝日新
父女之间……黎珍宇
海滨·椰林·明月……姜 彬
沙田趣事……陈庆祥
金圈儿和顺儿……望东榭子
真挚……李大伟
五比一……光 群

珠江口巡礼

珠江口的航行 ………………………………… 沈仁康
桂山岛散记 …………………………………… 茜　菲
海岛石矿经理人 ……………………………… 廖　琪
伶仃灯守赞 …………………………………… 吕　坪
伶仃洋诗情 …………………………………… 郭玉山
灯守 …………………………………………… 鲁　逊
水尺钟 ………………………………………… 余　荼
航标灯 ………………………………………… 郑　莹

评论

论现代派 ………………………… 林焕平　袁鼎生
正因写实，转为新鲜 ………………………… 游焜炳
"须发不宜排列整齐" ………………………… 贺光鑫
请珍惜已故作家的作品 ……………………… 野　曼

诗歌

椰乡，美在流淌…… ………………………… 冯麟煌
南国诗草 ……………………………………… 杨永年
在华侨博物馆里 ……………………………… 黄东成
新港短歌 ……………………………………… 何展图
爱情诗两首 …………………（朝鲜族）宋祯焕　张琏瑰译
秋思集 …………… 姜强国　何海燕　陈　情　张良火

诗品

诗话小品（二则） …………………………… 于宗信

美术

清漓帆影·海山复旦图（国画） ……………… 黄安仁
黄埔晴空（水彩画） ………………………… 李醒滔
曙光（油画） ………………………………… 陈舫枝
椰林湖畔·甜蜜的季节（水印木刻） ………… 邓子敬
玉女拦江（国画） …………………………… 刘天树
幽崖绿水（国画） …………………………… 谢　锴

1983 年第 10 期　刊名：《作品》
目录

小说·散文

两颗星 ………………………………………… 姜琍敏
韭菜与墨兰 …………………………………… 杨干华
漫长的身影 …………………………………… 张　力
深夜客敲门 …………………………………… 庄东贤
心愿 …………………………………………… 白　马
"哈哈镜"中人 ………………………………… 康　健
井水清清 ……………………………………… 张　翅
末代补锅匠 …………………………………… 陈　梦
咏石篇

———缅怀陈毅和张茜同志 …………………… 陈明远
南粤，多像我的故乡 ………………………… 石　英
毗邻香港的渔村 ……………………………… 廖虹雷

评论

反常合道 ……………………………………… 胡宗健
评论杂议 ……………………………………… 严承章
关于"无技巧" ………………………………… 李挺奋

杂文

南郭处士的后代 ……………………………… 茹梓杻
琐话篇第三 …………………………………… 老　烈
两种"盯" ……………………………………… 元　三
美，在生活中 ………………………………… 赖海晏

诗歌

生活，在向你微笑 …………………………… 桂汉标
为文艺界知识分子住房难而呼 ……………… 张　申
散文诗之页 ……………… 蓝　曼　陆　萍　谢东阳
南疆北国 ………………… 朱　彻　蔡宗周　易殿选
崔合美　黄士杰　李挺奋　黄焕新　温　斌　潘　秋
张　芸　张仕超　许　行

诗品

别出心裁与别出怪僻 ………………………… 陈绍伟

美术

绿色的故乡（油画） ………………………… 李金明
林泉春晓（国画） …………………………… 关山月
天涯海角（国画） …………………………… 王　立
出嫁图（国画） ……………………………… 汤集祥

1983 年第 11 期　刊名：《作品》
目录

小说·散文

我的岳父 ……………………………………… 龚知敏
前面又是陡坡 ………………………………… 张雄辉
新来的电工班长 ……………………… 黄书要　黄冰亮
那姑娜湖之夜 ………………………………… 杜　埃
"水兵"与"空姐" ……………………………… 戴胜德
丘平 …………………………………………… 李筱峰
亲情 …………………………………………… 谭朝阳
渔歌子 ………………………………………… 罗学蓬

悼念萧殷同志诗文

痛悼革命文学战士萧殷 ……………………… 秦　牧
萧殷同志千古 ………………………… 田　间　葛　文

哭萧殷 ……………………………………………… 赖少其

敬悼萧殷同志 …………………………………… 曾敏之

萧殷教我当编辑 ………………………………… 韦　丘

悼萧殷同志 ……………………………………… 张作斌

记忆，撞击着心扉…… …………………………… 吕　雷

痛悼萧殷同志 ………………… 作家广东分会文学院敬挽

萧殷同志追悼会在穗举行 ……………………… 本刊讯

评论

评《人啊，人！》 ……………………………… 龙　乙

更以风霜育剑魂

——评黄雨的讽刺诗 ………… 郭小东　黄汉忠　陈剑晖

诗歌

西沙诗情 ………………………………………… 柯　原

通向故乡的路 …………………………………… 叶知秋

南国采撷 ………………………………………… 宗　鄂

浪花集（之八） ………………………………… 杨　山

五朵红云下 ……………………………………… 朱光天

力原 ……………………………………………… 李云鹏

求是篇 …………………………………………… 马君伟

雨后集 ………………… 陈知柏　王睦武　洛　英　金唯忠
王永进　杜国光　钟泳天　林继宗　杨百辉　罗瑞玲
邓妙蓉　董俊生　李陆明

诗品

白云小稿 ………………………………………… 楚天舒

美术

咸水歌（油画） ………………………………… 涂志伟

脊梁（油画） …………………………………… 邵增虎

古锣台（国画） ………………………………… 陈衍宁

黎歌（国画） …………………………………… 伍启中

1983 年第 12 期　刊名:《作品》

目录

小说·散文

马拉松宴会 ……………………………………… 霍　达

创业者的精神（报告文学） …………………… 黄向青

布娃娃、又一个布娃娃 ………………………… 关夕芝

古塔下的一块空地 ……………………………… 李延庆

何直教授 ………………………………………… 江　萍

萧殷与文学青年 ………………………………… 陶　萍

雨花台石 …………………………… ［菲律宾］忆　梅

失眠之烦恼 ………………… ［日］星新一著　李有宽译

失题 ……………………………………………… 苗　青

作协广东分会讨论西方现代派和异化问题 …… 本刊记者

评论

坚持和发展毛泽东文艺思想 …………………… 楼　栖

自强者之歌

——读《作品》新近发表的三篇报告文学 …… 艾　彤

人格，一棵独立支持的大树

——读陈残云散文集《异国乡情》随想 ……… 谢望新

只觉时流好尚偏

——也谈艺术创新之路 ………………………… 李　翰

谈薮

"十四频道"偶感录 …………………………… 张奥列

拿出"拳头产品"来 …………………………… 钟晓毅

诗歌

深山，铀在闪光 ………………………………… 李华丰

我要告诉你一座城市 …………………………… 苏　力

听一个水手谈远航 ……………………………… 叶延滨

田野诗絮 ………………………………………… 孙　伦

南疆北国 …………………… 欧阳翎　寒　星　金　哲
高伐林　李霁宇　白　金　李瑞明　汤世杰　倪峻宇
莫西芬　李竞兴　黄锦萍

诗品

数学与诗情 ……………………………………… 白　帆

美术

晨练（国画） …………………………………… 梁兰波

秋霞（国画） …………………………………… 潘晋拔

特区女经理（国画） …………………………… 张绍城

乡情（国画） …………………………………… 吴钊洪

水清情长（油画） ……………………………… 曾胜发

1984 年第 1 期　刊名:《作品》

目录

小说·散文

朱氏父子的新家 ………………………………… 傅国帆

罗浮山里炼丹人（报告文学） ………………… 紫　风

桃花屯的两户人家 ……………………………… 郭　华

玉壶冰 …………………………………………… 姚忠瑞

误解 ……………………………………………… 周健行

婷婷 ……………………………………………… 梁广道

妻爱 ……………………………………………… 野　曼

春嫂 ……………………………………………… 杨新乔

敲门 ……………………………………………… 孙　伦

小说二题 ………………………………………… 刘　策

胸章——7 号 …………………………………… 李昭淳

评论

关于当前文艺形势、创作、评论及其他
——杜埃、秦牧、楼栖、华嘉、张绰、岑桑、陈国凯
访问纪实 ································ 本刊记者
儿童小说的新收获
——读王曼的《小兵的脚印》 ············· 李钟声
杂议《评论杂议》 ····················· 李 翰

诗歌

香港杂碎 ··························· 韦 丘
给特区一位总经理 ····················· 洪三泰
访意诗二首 ························· 阮章竞
松江浪 ····························· 韩 笑
断头石俑前的沉思 ····················· 张化声

青海诗笺

巴音河与德令哈 ················· （满族）胡 昭
万丈盐桥 ····················· （回族）高 深
西宁在迎候 ················· （东乡族）汪玉良
格尔木之夜 ························· 毛 锜
屋顶花园——撒拉族风情之三 ············· 白 渔

诗品

生活，呼唤着诗 ····················· 严 炽

美术

特区风貌
沸腾的海滨、特区新邨（摄影） ············· 潘晋拔
九洲港喜迎飞翔船　高速公路在延伸（摄影）
 ································ 金 古
今日香洲（摄影） ············· 金 古　周家发
美丽富饶的桂山岛（摄影） ··············· 翠 凤

1984 年第 2 期　刊名:《作品》
目录

初绽的蓓蕾

大榕树坊的故事 ····················· 吴丽嫦
"悬念"手法的运用
——读《大榕树坊的故事》 ··············· 邵 云
市侩 ····························· 赖汉衍
《市侩》读稿随记 ····················· 范怀烈

小说·散文

海边，有一丛白浪花 ··················· 丁小莉
从西半球飞来的叶子（特写） ············· 李春晓
生活的逗号 ························· 朱崇山
理发世家 ··························· 彭 匈

对号入座 ··························· 钱石昌
魔幻之城
——访问墨西哥随感 ··················· 黄庆云
我们找到了成熟的海葡萄
——加拉加斯纪事 ····················· 韦 丘
骊骏图
——西北纪行 ······················· 柳 嘉

评论

是"崛起"还是倒退?
——《作品》编辑部召开的诗歌座谈会纪要
 ····························· 史 纵整理
文学界的寿星群 ····················· 秦 牧
激流勇进的阳刚美
——苏晨的《常砺集》读后 ··············· 宋协周

文学信箱

正确地对待清除精神污染 ················· 吕彦竹

诗歌

北部湾浪花 ················· （壮族）莎 红
高原祝酒歌 ························· 黎焕颐
致扑克的公开信 ····················· 苗得雨
精卫的传说 ························· 张雪杉
水碾 ····························· 沈天鸿
黎明的鸟声 ························· 陈瑞统
人生 ····························· 刘舰平
钱塘小曲 ··························· 文 丙
归帆 ····························· 梁谢成

文艺简讯

《南方日报》《作品》《当代文坛》联合召开长篇小说
《热带惊涛录》座谈会

美术

胶林鸟语（油画） ····················· 王华福
九连山颂（国画） ····················· 林镜秋
客家山乡（水粉画） ··················· 罗昌明
在高山上（套色木刻） ················· 罗映球

1984 年第 3 期　刊名:《作品》
目录

小说·散文

两情若是久长时（中篇小说） ············· 陈国凯
新娘的橙皮书 ······················· 郁 茏
扶他上马送一程 ····················· 赵和琪
京华拾瓣 ··························· 杨光治

我的二叔 —————————————— 红　胜
跑步…… ———————————————— 戴胜德
在乡村的公路上 ————————— 郑亚南
外国微型小说两篇　　［日］星新一著　盛树立译

诗歌
·岭南诗窗·
初放的山稔花
妻子对祖国这样说 ————————— 任健庭
中国，我是解放牌 ————————— 吴迪安
这婆婆 ——————————————————— 唐　奇
煅烧 ————————————————————— 朱池德
倒影 ————————————————————— 余　壮
一丝丝晶亮的语言 ————————— 何秀卿
瀑中 ——————————————————— 梁小燕
睛窗絮语
几枝山稔入窗来 ——————————— 郭玉山

女声小集
乡情曲 ——————————————————— 杨爱玲
晨 ————————————————————— 筱　敏
小诗三首 ———————————————— 卢　迈
写在端午 ———————————————— 樱　子
收割手
　———— ［英］威廉·瓦兹瓦斯作　林　彬　古　村译

评论
试论邓小平文艺思想 ———————— 林焕平
"自由化——异化——现代派"析 ——— 杨奎章
时间跨度与艺术概括（创作谈） —— 胡德培
生活，教我写作（创作谈） ———— 吴丽嫦
《题材纵横谈》序 ————————— 黄培亮
面向生活，从生活中找灵感
　——熊诚和他的小说 ———————— 张奥列
抄袭是可耻的行为 ————————— 本刊编者

美术
照影、迎春（国画） ——————— 林　枝
春水、春归（国画） ——————— 凌镜清
花朵、怀抱（木刻） ——————— 王建国

1984 年第 4 期　刊名：《作品》
目录

专论
文学作品要宣扬社会主义的人道主义
　——学习胡乔木《关于人道主义和异化问题》
　————————————————————— 本刊评论员

广州采贝
空中璇宫 ——————— 刘　军　李棠辉　李逢安
记中国大酒店 ——————————— 罗文锦　曾国祥
牛车、马车·的士、巴士 ——————— 符启文
小云雀又唱了 ————————————— 李　彤
阿婷的心愿 ——————————————— 伊　始
香港游 ————————————————— 杨羽仪

港台之窗
平安夜 ——————————（中国香港）陶　然
回家·无地 —————————（中国台湾）许达然

小说·报告文学
我们说过友谊天长地久 ——————— 邹月照
夕阳 ——————————————————— 蓝日新
鸡心项链 ———————————————— 姚克明
发生在森林里的故事 ———————— 丘超群

文艺简讯
四位广东诗人的诗集出版 —————— 钟　树
中国作家协会广东分会、广州文化谘询公司联合举办
《诗与歌》朗诵演唱会

评论
一部反映华侨生活的现实主义力作
　——与友人谈陈残云的《热带惊涛录》————— 杨　越
生活·情感·诗
　——读《心灵的彩翼》致西彤 ——————— 李钟声
沈仁康散文的艺术特色
　——读散文集《彩贝与山桃花》—————— 艾　彤

创作谈
值得重视的一个现象 ———————— 洪　达

诗歌
汕厦行 ————————————————— 杨　石
天涯的旋律 —————————————— 冯麟煌
呼唤你，改革的风 ————————— 杨大矛
雨后集 ——————— 邓世禄　赵　军　黎华强
唐德亮　丘树宏　方　石　邹振辉

诗品
天涯芳草带泥香 ——————————— 丹　谷

美术
广州立体交响诗（摄影） —————— 潘晋拔
嫁（油画） —————————————— 黄　勤
金铺苗岭（油画） ————————— 黄文波
月光（国画） ————————————— 曾道宗

1984 年第 5 期　刊名:《作品》
目录

广州采贝

饮茶·吟唱·诗人 ————————————— 容　彦
广州图书馆漫笔 ————————————— 卢锡铭
赤岗那个地方 ————————————— 陈俊年
云香园和它的经理 ————————————— 江励夫
美，在青年中 ————————————— 安　超

小说·报告文学

花儿为什么这样美（报告文学）————————— 郁　茹
登古长城记 ————————————— 峻　青
爱，在小店里 ————————————— 杨　岗
第十三楼 ————————————— 陈天泽
不算坎坷的爱情 ————————————— 姚忠瑞
魔匣 ————————————— 卢一基
文艺天地·（三则）————————————— 邵云等

评论

棉红又是一年春
——读杨石同志的《东湖诗草》————————— 罗源文
魅力来自深情
——谈野曼的散文创作 ————————————— 岑　桑
《岭南作家漫评》小记 ————————————— 黄培亮

创作谈

理想，在创作中 ————————————— 吕国康

读者小议

读《我的岳父》 ————————————— 胡孟雄
《渔歌子》读后 ————————————— 钟志海

文艺简讯

长篇小说《爱的复苏》出版 ————————————— 金　重

诗歌

珠江散曲 ————————————— 梁　辰
诗四首 ————————————— 屠　岸
边防军的妻子 ————————————— 姚成友
致青年朋友 ————————————— 赵元星
节日里，我举起烫金的借书证 ————————— 司徒杰
果园撷芬 ————————————— 聂鑫森
长街短歌 ————————————— 桂兴华
爱神带来的启示 ————————————— 放　平

诗品

不单单是描绘生活场景 ————————————— 陈绍伟

美术

新娘（水彩画）————————————— 杨家聪
黄山小景·水乡傍晚（国画）————————— 麦国雄

1984 年第 6 期　刊名:《作品》
目录

小说·散文

序曲在后面的乐章（中篇）————————————— 蒋丽萍
富裕户和女雇工 ————————————— 庞太熙
月，悄悄西移 ————————— 丁小莉　周文韶
捎给乡下的桔子 ————————————— 丘超祥
寻踪觅迹会亲人 ————————————— 王　曼
穿行在文明花丛之中 ————————————— 祝　宇
塞班岛纪游 ————————————— 马家伦

港台之窗

香港的年轻人 ————————————— 杨羽仪
访港见闻 ————————————— 游雁凌
岛国天堂夏威夷 ————————（中国香港）华　莎
他乡 ————————————（中国台湾）邵　個

评论

"无技巧"境界 ————————————— 赵　鹰
《上弦月集》诗的美 ————————————— 韦　轩

诗歌

西柏林诗二首 ————————————— 邹荻帆
相思子（叙事诗）————————————— 罗　沙
温泉读书偶成（词三阕）————————————— 黄施民
香港掠影 ————————————— 黄东成
深圳抒情 ————————————— 金　帆
归途 ————————————— 朱谷忠
海之恋 ————————————— 张志鹏
雨后集 ————————— 程　衍　熊少严　傅也平　潘健生
欧阳婷

读者小议

"觉今是而昨非" ————————————— 尉东平
关山度若飞 ————————————— 月　生

本刊启事两则
中国作家协会广东分会一九八三年新人新作评奖揭晓

美术

入夏（油画）————————————— 冼燕萍
装盐（木刻）————————————— 王　婧
午餐（木刻）————————————— 方宝价

等到月儿圆（套色木刻）…………………申福厚
送蕉女（木刻）……………………………郑振强

1984 年第 7 期　刊名:《作品》
目录

小说
小跛子的罗曼史………………苏方桂　苏　醒
特事特办……………………………………陈荣光
正在消逝的"代沟"………………………肖　玉
足印…………………………………………谭日超
人选问题……………………………………陈定兴
小城深巷之恋（初绽的蓓蕾·东平点评）…吴亮华

特区剪影
在特区，一只燕子正展开金翅膀………张黎明　陈　茹
开在澳门海滨的鲜花………………………关振东
一块神奇的土地………颜　烈　杨　泽　廖　琪
赞美嘉宾路…………………………………萧玉崇

评论
生活，严峻而又多情
——读陈国凯的中篇《两情若是久长时》…艾　彤
一个编辑眼里的艺术是非…………………易　征
《圣地》艺术漫笔…………………………李天平
提高对生活的理解能力……………………李钟声

广州采贝
一串熟葡萄……………………李春晓　袁效贤
艺宛采英录…………………………………林　超
写在十字街头的乐章……………王树群　张仲芳

诗歌
他，就埋在他的嘱托下……………………阿　红
白竹朗之歌…………………………………招小波
寄不到台湾的三封家书……………………时永福
"舍身崖"前的思考………………………郭光豹
秋海棠赋……………………………………李汝伦
参加整党感怀………………………………张作斌
采桑子二首…………………………………罗源文
南疆北国………………廖晓勉　胡西淳　黄新中
　　　王贵荣　吕杰汉　李伟新　甄　雄　白　槐

文艺简讯
首届"《花城》文学奖"揭晓

诗品
诗的散步……………………………………圣　野

读者小议·（两则）……………张化祥　胡泽兵

美术
勤奋出人才（宣传画）……………………程　英
村姑美容（油画）…………………………陈海慧
雨后（国画）………………………………许　荣
春游（国画）………………………………李仁康

1984 年第 8 期　刊名:《作品》
目录

小说·散文
头条新闻………………………李春晓　袁效贤
退党…………………………………………林丙坤
道是无情却有情……………………………曾　炜
丝绸之路上的敦煌…………………………沈仁康
初恋的回光…………………………………张雄辉
栅栏即将拆除………………………………张天林
黑眼圈的女人………………………………冯　峥
界河边，有一个小村子（《特区剪影》）
　　　　　　　　丘超祥　廖　琪　虹　雷
特殊学校的特殊校长（报告文学）…江励夫　潘庆能

港台之窗
澳门剪影……………………………………陈残云
弃儿…………………………（中国香港）林　湄
独生子………………………（中国台湾）王尚义

广州采贝
璀璨的群星…………………………………阮志远
珠江口之歌…………………………………郑　莹
花城拾翠……………………………………司马玉常
养蛇者说……………………………………吴丽嫦

评论
努力描绘时代的风貌………………黄培亮　欧阳翎
此山、此水、此人
——读韩笑诗集《南国旅伴》札记…………韦　丘
《新绿林传》的写作及其他………………里　汗
续谈《走出五岭山脉》……………………谢望新

诗歌
韵律，飘展在流动的国土…………………陈知柏
我的职业：军人……………………………王久辛
边塞的思念…………………………………姜强国
午夜，一位军人的妻子……………………宋冬生
黎明，神圣和庄严一起诞生………………刘毅然
愿你端出一个深邃而透明的海（诗品）……郭玉山

文艺天地（五则）⸺⸺⸺⸺安　康等

美术
初夏时节（水印木刻）⸺⸺⸺⸺郑　爽
老帅与小将（国画）⸺⸺⸺⸺刘济荣
世世代代·南海号子（国画）⸺⸺梁照堂

1984 年第 9 期　刊名:《作品》
目录

小说·散文
千里飞车
⸺⸺年青改革者的不平坦的道路　　蒋　迅　彭　澍
天涯沦落人⸺⸺⸺⸺⸺周继昌
当代青年⸺⸺⸺⸺⸺吉文军
镜子⸺⸺⸺⸺⸺舒永明
善恶之间（初绽的蓓蕾　槐　丽点评）⸺邓　炯
蜜爱⸺⸺⸺⸺⸺洪三泰
"出头鸟"之歌（报告文学）⸺戚　休　何　锹

港台之窗
梦醒时（小说）⸺⸺（中国香港）白　洛
时间⸺⸺⸺⸺⸺杨羽仪
海外见闻录⸺⸺⸺⸺［泰国］吴继岳

广州采贝
发廊之春⸺⸺⸺⸺⸺江励夫
画人奇遇⸺⸺⸺⸺⸺梁朝泰

特区剪影
深圳的客家妹⸺⸺⸺⸺陈乃学
渔民村夕照⸺⸺⸺⸺⸺叶明镜

文艺天地·（两则）⸺⸺⸺王　云　佩　霞

评论
小叙事诗片议
⸺⸺罗沙诗作读后⸺⸺⸺黄桷树
新人的脚步
⸺⸺廖琪的《等待判决的爱》序⸺王　曼
诗艺赏析⸺⸺⸺⸺⸺苗得雨

读者小议⸺⸺⸺王一飞　田　戈　任道光
茅余根　黄文峰　夏水根　彭妙艳

诗歌
生者与死者⸺⸺⸺⸺⸺雷抒雁
天涯雨⸺⸺⸺⸺⸺王祥华

特区⸺⸺⸺⸺⸺王扬泽
深圳短章⸺⸺⸺⸺⸺黄振超
寓言诗二首⸺⸺⸺⸺⸺宫　玺
雨后集⸺⸺⸺陈绍伟　薛广明　利庆伟
吴浩贤　洪三河　叶文健　林　军

诗品
写诗力戒鬼画符⸺⸺⸺⸺包　文

美术
印度舞蹈（国画）⸺⸺⸺⸺杨之光
江边（水彩画）⸺⸺⸺⸺李醒滔
晨（水彩画）⸺⸺⸺⸺⸺覃奕汉
夜（水彩画）⸺⸺⸺⸺⸺张文博
葵乡晨（水彩画）⸺⸺⸺⸺周铭开

1984 年第 10 期　刊名:《作品》
目录

小说·散文
大宾馆之夜（中篇）⸺⸺⸺高尔品
人神对⸺⸺⸺⸺⸺陈源斌
秋月，是那样迷蒙⸺⸺⸺赖汉衍
爱的奇迹（报告文学）⸺⸺⸺李春晓
"月下老人"之歌（广州采贝）⸺符启文
"胡伯乐"相马（初绽的蓓蕾）⸺李志强

诗歌
历史和人（组诗）⸺⸺⸺⸺吴迪安
飞吧，中国的大鹏⸺⸺⸺郑　南
唱给十月的歌⸺⸺⸺熊少严　中　森
叶知秋　张　浪　西中扬　江　潇
文艺天地·（两则）⸺⸺⸺马葵生

港台之窗
读一本饶有情趣的游记⸺⸺⸺秦　牧
海外见闻录⸺⸺⸺⸺［泰国］吴继岳

评论
走在生活潮浪的前头（创作谈）⸺朱　安
一个编辑眼里的艺术是非⸺⸺易　征
工厂的五彩图
⸺⸺简评《陈国凯中篇小说集》⸺郑　莹
爱，是沉重的
⸺⸺浅谈两篇有争议的爱情小说⸺张奥列
让形象说话
⸺⸺如何正确评价《序曲在后面的乐章》⸺马雪吟

美术

新浪（油画）-----------------陈衍宁
寸草心（油画）-----------------周树桥
新港（国画）-----------------马文西

1984 年第 11 期　刊名:《作品》
目录

小说·报告文学

爱与恶的忏悔（中篇小说）

-----------------姚银安　汪葵　崔叶卿
探亲-----------------江萍
爱的喜剧-----------------陈庆祥
《草莽龙蛇传》（新武侠小说长篇连载）

-----------------（中国香港）梁羽生
"关系网"里的罪恶（报告文学）----王连志　庞业明
门岗（初绽的蓓蕾·东平点评）-----------------张勋祥

广州采贝

自豪篇——广交会纪事-----------------容彦
"黄金"之光-----------------文兄

港台之窗

在自助餐厅里-----------------杨羽仪
海外见闻录-----------------［泰国］吴继岳

文艺简讯

中国作家协会广东分会广州文化咨询服务公司联合举
办《诗与歌》朗诵演唱会

评论

我写《序曲在后面的乐章》-----------------蒋丽萍
被呼唤的文学和文学的呼唤-----------------伊始
梁羽生的新武侠小说-----------------朱安
读者小议-----------------剑雄　史雨泯　思樵
美与丑的辩证法-----------------胡宗健

诗歌

天山之路-----------------阮章竞
繁花簇簇的旅途（六首）-----------------野曼
在鲁迅的故乡-----------------柯原
南疆北国-----------------温斌　韩英　新芝　颜烈

诗品

令人神往的手茧-----------------杨光治

美术

故乡甜在赤子心（宣传画）-----------------李醒滔　梁照堂

平台日夜（水印木刻组画）-----------------叶志鸿

1984 年第 12 期　刊名:《作品》
目录

小说·散文

睡狮-----------------孔捷生
舞会如期举行-----------------吕雷
蓝色的梦（中篇小说）-----------------朱崇山
他们在特区的土地上（报告文学·特区剪影）

-----------------廖虹雷
草莽龙蛇传（长篇连载）-----------------（中国香港）梁羽生
圩场上-----------------覃志端

诗歌

海上胡思录-----------------黄雨
战争印象-----------------黄浦生
南疆北国-----------------赵亦吾　郑成义　张永权
时红军　王又安

评论

面对通俗文学崛起的思索-----------------陈绍伟
《创作随谈录》编后记-----------------弘征
用生活彩线编成的花环-----------------韩伯泉
读者小议-----------------思樵
文艺简讯

美术

鸳鸯林（油画）-----------------吴正斌
峡江云图（国画）-----------------陈章绩
丹霞远眺·百瀑峥嵘（国画）-----------------马流洲

1985 年第 1 期　刊名:《作品》
目录

小说·散文

分居之后（中篇小说）-----------------江川
豆蔻年华-----------------筱敏
江汉夺标记（报告文学）-----------------程贤章　廖红球
布宜诺斯艾利斯九月十一日街一二〇九号

——致阿根廷女作家路易丝·迈尔西蒂-----------------韦丘
播种-----------------王曼　杨永
蓝草湖-----------------聂鑫森
卖网记-----------------姜琍敏
草莽龙蛇传（长篇连载）-----------------（中国香港）梁羽生

港台文学

冷暖自知（小说）————————（中国香港）林 湄

评论

文学要努力反映改革的形势
——在"八四年文学与改革研讨会"上的讲话
————————————————————杨应彬

情节、细节、真实性
——读陈国凯《两情若是久长时》———罗源文
应当尊重作家的劳动————————————王小南
为什么要混淆视听————————————周 政

诗歌

散文诗页————————纪 鹏 季振华 季振邦
李挺奋 邝瑞琴 陈兴东
乡情集————————————————刘 章
肃立马克思墓前————————————林 林
夏意————————————（中国香港）王心果

美术

放————————————————晋 拔
惠州汤泉（国画）————————————卓剑锋

1985 年第 2 期 刊名:《作品》
目录

小说

无题————————————————陈国凯
人生难得一知己（报告文学）——————方 亮
多情的蜜————————————————洪三泰
心灵的撞击————————————————余松岩
一个复仇女人之死
————————[美]爱德华·D.霍克作 陈家基译
草莽龙蛇传（长篇连载）——（中国香港）梁羽生

散文

南湖感事（粤海采贝）————————韦 丘
隐士，还是战士————————————傅 真
捕蛇轶事————————————————丘 峰
文艺天地（二则）————————————李 惠

诗歌

新鲜的乡情————————————————姚成友
乡恋————————————————————陈达光
重返烟囱旁————————————————弘 征
西行拾意————————————————刘 镇
晒谷————————————————————金唯忠

评论

时代的风，吹拂着文学的船帆——————朱 安
天真渐老冷思多————————————王 磊
生活的风情画————————————————黄 虹

美术

丹顶鹤（国画）————————————林凤青
兰氏家族·水画（国画）————————尚 涛
林泉（国画）————————————————陈金音
春雨杜鹃山（国画）————————————刘天树

1985 年第 3 期 刊名:《作品》
目录

任仲夷给中国作家协会广东分会第三次会员代表大会
的贺信

文艺简讯

中国作家协会广东分会选出第三届理事和主席团；并
聘请（任）顾问、秘书长

小说·散文

在 Y 型大楼里————————————陈荣光
一个想当然的特大案件（报告文学）——陈天泽
特区，那一群年青人————————————朱俊武
隐私————————————————————阳 磊
除夕夜————————————————————邹小童
咸杂二公的权杖————————————张雄辉
姑娘，你表错了情————————————冰 凌
草莽龙蛇传（长篇连载）——（中国香港）梁羽生

粤海采贝

蛇餐馆勾奇————————————曾昭仁 陈洁明

港台之窗

访港散记————————————————廖启良

评论

自然·猴子·人
——读《"狗咬豹"和它的主人》随感———孔捷生
创作琐谈————————————————艾 彤

诗歌

三月花泛————————（蒙古族）阿拉坦托娅
张 芸 张丽萍 涓 涓 力 平 陈 怡
春风短笛————————化玉志 杨立山 陈小奇
黄 淮 周嘉堤 洪 泓
女兵畅想曲————————————————史 赋

美术

少女（油画）..黄中羊
水乡世家（水印木刻）............................潘行健
水乡嫁娘（水印木刻）............................廖慧兰
江南水乡（国画）................................郑叔方

1985 年第 4 期　刊名:《作品》
目录

报告文学

价值观，企业家的灵魂............................杜　峻
在那桃花盛开的地方
——青年歌唱家蒋大为的故事....................刘慧心
"我就是我"
——记民族舞蹈家陈翘..........................王　颖

小说·散文

呵，太平洋的锋面................................何卓琼
她走路的样子....................................舒　展
那一个个黑洞....................................舒　华
艇家女..宁泉聘
乔迁..薛尔康
九曲之歌..柳　嘉
草莽龙蛇传（长篇连载）................（中国香港）梁羽生

评论

创作有自由，评论也要有自由......................韦　丘
读《睡狮》（作家书简）
——给孔捷生..................................贾平凹
我怎样写《桔红色的校徽》（创作谈）..............黄虹坚
人品和诗品水乳交融的诗集........................烜　明
缤纷诗园别一枝..................................程　平

诗歌

红豆，在我心窝（三首）..........................洋　雨
渔家行（三首）..................................莫少云
邻居（外一首）..................................陈所巨
夜，在山城（组诗）......................（壮族）莎　红
南疆北国............洛　英　王学信　吕海沐　谭德生

美术

腾飞吧，特区！（宣传画）................李醒滔　梁照堂
峭壁凌空一万重（国画）..........................梁世雄
春意盎然（水印木刻）............................邓子敬

1985 年第 5 期　刊名:《作品》
目录

报告文学

法律宽恕了她............................游雁凌　陈洋南
华南一把刀............................罗铭恩　何其超

小说

A 城的诱惑......................................卢一基
梦幻般的青春（中篇小说）........................伊　妮
宝蓝色的"五十铃"..............................丁小莉
看不见的风云....................................谢　明
故乡水碓间......................................丘超祥
草莽龙蛇传（长篇连载）................（中国香港）梁羽生

港台之窗

香港旅行散记（之一）............................邹富明

粤海采贝

五星大酒店纪事..................................江励夫

评论

初识信息社会新人物..............................祖　慰
《走，到春天去》读后............................欧阳翎

诗歌

走，到春天去....................................李少凌
悼歌——奠诗人谭日超............................韦　丘
重逢——赠 FY 同志......................（遗作）谭日超
请寄来..黄　堃
生命的使者......................................莫　非

美术

相思（油画）....................................鸥　洋
椰风（水彩画）..................................陈秀娥
南风（工笔绢画）................................徐启雄
微风（油画）....................................尹国良

1985 年第 6 期　刊名:《作品》
目录

小说

笛....................................（中国台湾）张系国
从香港来的商人（中篇）................（中国香港）张君默
如烟似雾的爱..........................（中国香港）陶　然
洞....................................（中国台湾）张至璋
财神到................................（中国香港）杨贾郎
象牙球................................（中国台湾）彭　歌

草莽龙蛇传（长篇连载）————（中国香港）梁羽生

散文

母亲，你是中国最根深的力量————（中国台湾）叶维廉
我的台湾之旅（中篇连载）————（中国香港）华　莎
香港旅行散记（之二）————邹富明

港台文坛人物

余光中印象————潘亚暾
刀光剑影的"织梦者"——梁羽生————韦　轩

诗歌

水仙乡（外三首）————余光中
白鸽————黄河浪
在机场上————舒巷城
忆江南二题————马博良
铜莲说（外一首）————古苍梧

美术

松鼠（国画）————方楚雄
兰石幽趣（国画）————杨和明
带露迎风（国画）————杨和明
南国红五月（国画）————林峥明

1985 年第 7 期　刊名:《作品》
目录

小说

一个猎艳者的兴衰（中篇报告小说）————陈定兴
荷里活第八号汽车旅馆（中篇小说）————苏　炜
特区记者————李兰妮
"蛇王"之战————廖晓勉
台上台下————孙　冕
计算机————陈焕展
捕蜂人————覃志端
造型的人们————韦纬组

初绽的蓓蕾

课间十五分钟（闻兴点评）————谢瑞娟

散文

我的台湾之旅（中篇连载）————（中国香港）华　莎

报告文学

女盗————易　成　方文和
设计特区的年轻人————王扬泽　文　兄
兔司令————杨昭科　杨开勤
美的旋律————吴丽嫦

评论

《杨干华小说选》序————陈国凯

美术

美的追求者————王东甫摄　韦　丘诗
山村（国画）————李仁康
黎寨喜新居（木刻）————邓子芳　蔡于良

1985 年第 8 期　刊名:《作品》
目录

港台之窗

艺坛隐形人物现形记————（中国台湾）林今乔
一个旅人心目中的香港————王　曼
我的台湾之旅（连载）————（中国香港）华　莎

小说

冷与热————耿毅军
天使之吻————[英]安诺德·贝内特著　松　涛译
越轨————邹月照
小桥那边（蓓蕾初绽）————余列克　陈俊良
玉兰花真香————庄东贤
耙蛤蜊的海妹子————冯　峥

报告文学

心血，装饰了大地————严　江　廖　苏

特区剪影

花枝俏————柯　蓝

粤海采贝

小小"皮鞋屋"————李春晓

杂文

海棠诗社的盛衰————牧　惠

诗歌

在祖国大陆的最南端（组诗）————陈　文
夜思（外一首）————田　间
阳光下（小叙事诗）————缪永忠
枫（小叙事诗）————瞿　琮

评论

他，发现了诗的精灵————洪三泰
"附庸风雅"辩————杨光治
跋易征《文学絮语》增订本————林　埔
暖春随笔————李云扬
纪游文与独特感受（创作谈）————赵海洲

精巧的构思——读（小桥那边）—————文 兄

美术

星（油画）—————————————吴海鹰
海角（国画）—————————————尚 涛
盛夏（水印木刻）——————————刘其敏
行情（水印木刻）——————————杨仰秋
新街——————————————————阳 云

1985 年第 9 期　刊名:《作品》
目录

小说

不应错失的错失—————————王金屏
瘟病悄悄潜入孤岛—————————叶 林
不问苍生问鬼神—————————伯 仲
倒塌了的纪念碑—————————叶宗翰
保护色——————[日]星新一著　李有宽译
天使之吻（长篇连载）——[英]安诺德·贝内特著
松 涛译

散文

祇园祭—————————————郑万鹏
正白旗村三十九号————————陈绍伟
草原的梦—————————————哲 中

粤海采贝

海上红树林————————————张振金

港台之窗

我的台湾之旅（连载）———（中国香港）华 莎

初绽的蓓蕾

女研究生和她的三个男朋友—————李 勤
读《女研究生和她的三个男朋友》——朱 安

评论

贵在"对生活新的发现"————————丘 峰
评孔捷生的《普通女工》—————赵雅瑶
他从丝绸之路启程————————严 炽
一点辩证（读者小议）——————伍 仲

诗歌

诗二首—————————————光未然
丝绸之路在我脚下延伸——————程 衍
南疆北国——————樱 子　郭良原　郭光豹
朱谷忠　匡文留　柳 沄　冯金彦　施肃中

美术

孔雀女（雕塑）——————关伟显　郑 觐
侨乡小渡（油画）————————王恤珠
希腊——奥林匹克（雕塑）————梁明诚
弓（雕塑）—————————————李汉仪

1985 年第 10 期　刊名:《作品》
目录

小说

飞短流长的小镇—————————熊尚志
都市三章——————————————曾 樾
爱情三记—————————————陈海萍
薄荷——————————————————梁 晴
香港风情三题——————（中国香港）东 瑞
鱼帖——————————————————成汉飚
呵，小熊座————————————李学仁
"拼命三郎"和他的朋友们—————朱玉琪
强中更有强中手—————————孔 良
鸡笼、茴香豆和洋楼————————丹 圣
开着的窗——————[英]萨基著　清 源译
天使之吻（长篇连载）
[英]安诺德·贝内特著　松 涛译

散文

咪依鲁回到人间—————————姜 彬

初绽的蓓蕾

热咖啡（小说）——————————梁 潜

点评

浅尝《热咖啡》——————————海 云

港台之窗

我的台湾之旅（长篇游记连载）
—————————————（中国香港）华 莎

评论

甜果好吃—————————————流沙河
关于《何直教授》————————杨 嘉
心灵观察的三级跳————————赵 鹰
创作束缚四题————————————金实秋

诗歌

坦戈（组诗）————————————韦 丘
岛上（组诗）————————————张永枚
香港情诗（组诗）——————（中国香港）王心果
8 号风球（外一首）—————（中国香港）张克深

美术

春风（国画）⋯⋯⋯⋯⋯⋯⋯⋯⋯⋯姜　今

女青年（国画）⋯⋯⋯⋯⋯⋯⋯⋯陈振国

轻舟已过万重山（国画）⋯⋯⋯⋯许　荣

草原鸿雁（国画）⋯⋯⋯⋯⋯⋯⋯刘济荣

傍水居（国画）⋯⋯⋯⋯⋯⋯⋯⋯凌镜清

枯木逢春（国画）⋯⋯⋯⋯⋯⋯⋯梁占峰

文艺简讯

中国作家协会广东分会第一届（一九七九——一九八四）文学评论奖获奖篇目

1985 年第 11 期　刊名：《作品》
目录

小说

"独立王国"奏鸣曲（中篇小说）⋯⋯朱永祥

有女二十八⋯⋯⋯⋯⋯⋯⋯⋯⋯⋯余未人

兰之韵⋯⋯⋯⋯⋯⋯⋯⋯⋯⋯⋯⋯戴胜德

静水湾⋯⋯⋯⋯⋯⋯⋯⋯⋯⋯⋯⋯杨新乔

曾伯聘经理⋯⋯⋯⋯⋯⋯⋯⋯⋯⋯苏方桂

敲诈⋯⋯⋯⋯⋯⋯⋯〔美〕杰弗里·沃尔曼著

张美芳译

天使之吻（长篇连载）

⋯⋯⋯⋯⋯〔英〕安诺德·贝内特著　松　涛译

报告文学

沉浮⋯⋯⋯⋯⋯⋯⋯⋯⋯⋯⋯⋯⋯卢锡铭

飞吧，雪白的信鸽⋯⋯⋯⋯林丙坤　张富文

港台之窗

猕猴桃在香港⋯⋯⋯⋯⋯⋯⋯⋯⋯杨羽仪

我的台湾之旅（连载）⋯⋯⋯（中国香港）华　莎

散文

攀上五指山⋯⋯⋯⋯⋯⋯⋯⋯⋯⋯崔合美

评论

文艺领导也应是服务⋯⋯⋯⋯⋯⋯游焜炳

读沈仁康的《诗意美及其他》⋯⋯黄　虹

他们应该离婚⋯⋯⋯⋯⋯⋯⋯⋯⋯蔡运桂

预告着满天星斗！⋯⋯⋯⋯⋯⋯⋯潘亚暾

诗歌

驮马·歌者⋯⋯⋯⋯⋯⋯⋯⋯⋯⋯萧　获

黄山两首⋯⋯⋯⋯⋯⋯⋯⋯⋯⋯⋯蔡其矫

金缕曲⋯⋯⋯⋯⋯⋯⋯⋯⋯⋯⋯⋯黄施民

漓江遐想⋯⋯⋯⋯⋯⋯⋯⋯⋯⋯⋯杨光治

乡梦二首⋯⋯⋯⋯⋯⋯⋯⋯⋯⋯⋯赵元瑜

南风里的乡情⋯⋯⋯⋯⋯⋯吴迪安　刘毓华等

美术

吉卜赛舞蹈（国画）⋯⋯⋯⋯⋯⋯伍启中

1985 年第 12 期　刊名：《作品》
目录

小说·散文

女市长和她的丈夫⋯⋯⋯⋯⋯⋯⋯卢一基

现代军魂（报告文学）⋯⋯吴世斌　陈定兴　廖琪

长恨之谜（中篇小说）⋯⋯⋯⋯⋯廖晓勉

手杖⋯⋯⋯⋯⋯⋯⋯⋯⋯⋯⋯⋯⋯许　行

天使之吻（长篇连载）

⋯⋯⋯⋯⋯〔英〕安诺德·贝内特著　松　涛译

海岸那一片灯光⋯⋯⋯⋯⋯⋯⋯⋯杨亚基

粤海采贝

重访梅子镇⋯⋯⋯⋯⋯⋯⋯⋯⋯⋯黄玉逑

香雪迎春早⋯⋯⋯⋯⋯⋯⋯⋯⋯⋯阮志远

"南商公司"的生意经⋯⋯⋯⋯霍冠荣　邓毅富

港台之窗

我的台湾之旅（连载）⋯⋯⋯（中国香港）华　莎

夏收集（诗辑）

在工厂那座树林里（组诗）⋯⋯⋯张　浪

煤海随想曲（二首）⋯⋯⋯⋯⋯⋯桂汉林

在这个时刻开放自己⋯⋯⋯⋯⋯⋯李少凌

折服（外三首）⋯⋯⋯⋯⋯⋯⋯⋯张　凌

我不敢（外一首）⋯⋯⋯⋯⋯⋯⋯梁彩云

两条美丽的河⋯⋯⋯⋯⋯⋯⋯⋯⋯黄洁端

小河（外一首）⋯⋯⋯⋯⋯⋯⋯⋯练景升

没有墓碑的纪念（三首）⋯⋯⋯⋯周忠明

秋天，一个金色的童话（外一首）⋯⋯丘树宏

评论

殷勤为折一枝归

——章以武小说集《应召女郎之泪》序⋯黄培亮

美的巡礼——读柳嘉散文集《山山水水》⋯钟晓毅

特区的新人——读《淡绿色的窗幔》⋯向　彤

美术

令箭荷花（国画）⋯⋯⋯⋯⋯⋯⋯郑瑜龙

老画家——冯钢百　胡根天（油画）⋯徐坚白

南北瓜果（油画）⋯⋯⋯⋯⋯⋯⋯徐坚白

秋林、三亚渔港（油画）…………………谭雪生

1986 年第 1 期　刊名：《作品》

目录

小说

春与秋的竞赛…………………………………木　青
竹妮……………………………………………贺景文
翰林巷的公民们………………………………廖　琪
他和"影子厂长"……………………唐铁海　于炳坤
晓风残月………………………………………袁穆伦
古庵奇遇………………………………………谢　明
天使之吻（长篇连载）
……………………[英]安诺德·贝内特著　松　涛译

散文

望云楼随笔……………………………………曾敏之
净化了灵魂的人（粤海采贝）………………周文韶

报告文学

夏里巴，夏里巴………………………………沈仁康

初绽的蓓蕾

书呆子和老先进（东平点评）………………曾应菁

港台之窗

我和台湾之旅…………………（中国香港）华　莎

广东青年诗作专集

我属于帆（六首）……………………………王祥华
爸爸的女儿……………………………………司徒杰
下沉……………………………………………任健庭
雨后集……………廖雨兵　卢英伟　宋慧乡　黄丽雯

诗品

读《我属于帆》………………………………杨光治

评论

二十年代新文学运动的一点启示……………夏晓远
关于诗的书简
——读《孔雀泉》致洪三泰同志………………胡世宗
诗的角度………………………………………吕国康
谈短篇小说的结尾艺术………………………马雪吟

美术

傣族姑娘（国画局部）………………………刘文西
雨·喜羊图（国画）…………………………梁培龙
客家阿婆（国画）……………………………罗幼新

1986 年第 2 期　刊名：《作品》

目录

小说

出国归来………………………………………陈国凯
系心结…………………………………………崔叶卿
明星们………………………………崇　健　宗　旋
四〇一室住客…………………………………朱树诚
美的沟通………………………………………郁　苂
珍贵的礼物……………………………………王光辉
厨子阿三………………………………………丘陶亮
依依青山情……………………………………杨　城
老实终自在……………………………………黄廷杰
夜女郎………………………（中国香港）张君默
昭陵滩…………………………………………聂鑫森
天使之吻（长篇连载）
……………………[英]安诺德·贝内特著　松　涛译

初绽的蓓蕾

河边拾回的爱（文兄点评）…………………林荣芝

散文

小溪心曲………………………………………刘　军

粤海采贝

岳飞战鼓的厄运………………………………陈贵全
岐江晚望………………………………………刘居上

港台之窗

香港印象录（一）……………………………曾　炜
我的台湾之旅（连载）………………（中国香港）华　莎

诗歌

雨，细细的雨…………………………………雁　翼
女性，爱的雕塑………………………………柯　原

南疆北国…………………罗铭恩　姚成友　黄东成
邓玉贵　曾凡华

评论

注重提高创作质量……………………………游焜炳
也谈"多识草木鸟兽之名"…………………吕国康
"灌溉"与"剪除"的口号应予废弃…………许桂燊

美术

鹭（国画局部）………………………………潘晋拔
霜后·库区果园（水粉画）…………………李丰雄
山泉（国画）…………………………………黄定成

1986 年第 3 期 刊名:《作品》
目录

小说·散文

一树名花映名城 .... 陈残云
"菲晤黎涌" .... 胡希张
荒诞的故事 .... 曾樾
风筝，在风中（中篇） .... 李挺奋
在长形高地上 .... 李国伟
两个钓鱼人和一个鱼王 .... 潘文伟
金桔初嫁炎荒 .... ［菲律宾］黄春安
天使之吻（长篇连载）
.... ［英］安诺德·贝内特著 松涛译

初绽的蓓蕾

疯子 .... 陈大劳
亮色 .... 李迅
舞彩缤纷 .... 吴智钢
蓓蕾三月又几枝
——《初绽的蓓蕾小辑》读后 .... 边边

粤海采贝

盛开的红棉 .... 沈云
归去来兮 .... 陈红星

《作品》征文启事

港台之窗

香港印象录（二） .... 曾炜
我的台湾之旅（连载） .... （中国香港）华莎

诗歌

我来到黑龙江 .... （中国香港）犁青
赠犁青 .... 吕剑
涨潮的七月 .... 谢东阳
星星之歌 .... 黎华强
鼋头渚 .... 于之

评论

犁青尚在耕耘 .... 原甸
从翻译奖谈到文学翻译 .... 韦轩
开拓者的第一行足印
——读廖琪小说集《等待判决的爱》 .... 连峻径

美术

春归（国画） .... 刘仑
速写三幅 .... 赵瑞椿
庐山含鄱口（国画） .... 庞泰嵩

1986 年第 4 期 刊名:《作品》
目录

小说

"八·二八"婚变 .... 岑之京
淡蓝色的草坪 .... 赵敏
我们班的"巴尔扎克" .... 王不天
二哥哥 .... 黄春林
吻 .... 黄焕新
镶了黑边的照片 .... 李其宏
等 .... 冯植
天使之吻（长篇连载）
.... ［英］安诺德·贝内特著 松涛译

初绽的蓓蕾

逆境 .... 崽崽

点评

唯真情实感才能动人 .... 并岛

粤海采贝

南海明珠协奏曲 .... 韦丘
春砂赋 .... 李光文

港台之窗

庙街 .... 朱崇山
我的台湾之旅 .... （中国香港）华莎

诗歌

青春变奏曲 .... 吴迪安 任红举
桂汉标 李少凌 张欣 熊少严
多彩的生活 ...... 苗得雨 杨山 梁以墀 李富祺

评论

突破原有的审美模式 .... 张奥列
略谈人物性格的支撑点与丰富性 .... 竺柏岳
一个促人警醒的青年形象 .... 张化祥

美术

葡萄（水彩画） .... 胡国良
夜静（水彩画） .... 胡钜湛
觅（水彩画） .... 黄亦生
西澳大利亚风光（速写） .... 蔡迪支
古刹探胜（国画） .... 阳日
张家界闺门铃 .... 林敦厚

1986 年第 5 期　刊名:《作品》
目录

小说报告文学专号

小说

明天，充满诱惑力 ································· 丁小莉

我和唐·吉诃德和她 ······························ 昌　洪

天堂里的盒子 ····································· 朱崇山

阿拉伯 ··· 邹月照

天使之吻（长篇连载）
···························· ［英］安诺德·贝内特著　松　涛译

港台之窗

我的台湾之旅 ························ （中国香港）华　莎

澳门青年文学奖获奖小说选登

澳门的文苑新翠（评论） ························· 陈残云

家在澳门（小说） ···················· （中国澳门）陆美嫦

时装设计师（小说） ·················· （中国澳门）黄淑媛

泰妹（小说） ······················· （中国澳门）陈雨润

初绽的蓓蕾

令人烦恼的看相术 ······························· 朱伟杰

点评

"巧"与"拙"

——读《令人烦恼的看相术》 ····················· 并　岛

报告文学

泥炭土的命运 ····························· 何　芷　郑湛文

"爱"的沉沦 ····································· 游雁凌

从"打铁仔"到企业家 ············· 林楚欣　卢一基　廖　琪

美术

无力春烟里（国画局部） ························· 赵少昂

窥鱼塘畔立多时　自有雄风隐草泽（国画） ········· 赵少昂

葡萄·边寨风情（水彩画） ······················· 曹立侃

1986 年第 6 期　刊名:《作品》
目录

小说

红楼拾遗 ··· 章　明

厨房狂想曲 ······································· 舒　雁

迷失 ··· 王海玲

乡土小说二题 ····································· 丘超祥

桥头的小屋 ······································· 郁　越

天使之吻（长篇连载）
························ ［英］安诺德·贝内特著　松　涛译

澳门青年文学奖获奖散文选登

介绍澳门青年文学奖获奖散文 ····················· 秦　牧

飞哥之死（高级组冠军） ························· 吴国昌

名胜下的孩子（高级组亚军） ····················· 区锦源

关老师（初级组冠军） ··························· 陈宛冰

初绽的蓓蕾

借用阶段 ··· 易理忠

点评

情绪：社会共同心理的观照

——读小说《借用阶段》 ························· 张奥列

羊城二十四小时

商业城·股票·太阳镜 ··························· 江励夫

粤海采贝

剑麻之乡 ··· 艾　彤

诗歌

透过窗口（三首） ······························· 王燕生

二十四岁（组诗） ······························· 梁彩云

我心中的飞来峰 ································· 郭光豹

龙吟水乡（组诗） ······························· 莫少云

阿里山的姑娘（三首） ··························· 于宗信

江水依依 ··· 任晓远

下班路上，一群女工 ····························· 刘希涛

评论

一部气势磅礴的佳作

——林经嘉中篇新作《急流》讨论会纪要

通古今之邮，融中西之论

——读香港黄维梁的诗论 ························· 李元洛

文艺简讯

广东省第五届新人新作评奖揭晓

美术

高山鸟瞰（国画） ······························· 王　立

千瀑争辉（国画） ······························· 胡其根

1986 年第 7 期　刊名:《作品》
目录

小说·报告文学

岸——一幕真实的惊险剧·······················李春晓

绿色的纽带·······································于爱香

烟君子···庄东贤

周末的故事·······································曾　樾

海耐头家的大事···································冯　峥

全聚德···罗建琳

特效药（外一篇）·································虞　冰

小小说两篇·······································陈耿之

山村小曲·······································廖　振

天使之吻（长篇连载）

　　　　　［英］安诺德·贝内特著　松　涛译

特区剪影

驾龙腾飞的人（报告文学）·························沈仁康

龙湖，升腾的龙（诗歌）····西　彤　王扬泽　颜　烈

粤海采贝

心中飘浮的轻舟···································卢锡铭

寓言

寓言两则·······································陈乃祥

初绽的蓓蕾

哀乐声声·······································姚之坦

点评

于无声处听哀歌···································井　岛

诗歌

缅怀与崇敬·······································公　刘

生命的意象·······································黄蒲生

北国之夏·······································蔡宗周

美与开放·······································蔡其矫

啊，神女·······································叶知秋

雪中···庞壮国

细流集···圣　野

评论

第五届新人新作奖漫议·····························孔捷生

拂去尘埃见本色

——论《新诗集》在新诗史上的地位·············陈绍伟

文艺简讯

广东第二届（1983—1985）"鲁迅文学奖"揭晓

《珠江文丛》新书目

美术

丽日桃花（国画局部）·····························叶绿野

国香·憩（木刻）·································钟钢城

渔港初晓（木刻）·································邓子芳

1986 年第 8 期　刊名:《作品》
目录

小说

那"西伯利亚"小屋·································张黎明

熊吼···张健人

雾珠···张　为

心灵法庭·······································肖　玉

媳妇初过门·······································黄唐进

人造卫星·······································叶宗翰

天使之吻（长篇连载）

　　　　　［英］安诺德·贝内特著　松　涛译

报告文学

马尔马拉海的奇迹·································丁　炜

医海彩珠人·······································覃志端

港台之窗

"不走皇后大道"···································朱崇山

香港啊香港·······································欧嘉年

羊城二十四小时

吃经

——写于"食在广州第一家"·····················杨羽仪

鸽市风采·······································黄泳瑜

评论

"粤军"如何突破?

——广东青年作家创作实践研讨会感觉·············廖启良

历史小说《长恨之谜》及其他·······················杨光治

诗歌

东方的微笑·······································柯　原

我们就是世界的交响乐·····························赵　婧

富乡纪事·······································郑启谦

珠江的黎明·······································姜金城

秋天的向往·······································晨　梅

现代城市畅想曲···································林汉秋

九龙壁···王家新

美术

高原上的节日（国画）·····························陈衍宁

在大海的怀抱　阳光下的海滩（木刻）————许钦松
初春·深山雨歇（水粉画）————罗昌明

戏剧人物（国画）————陈雨田　关　良
春望（国画）————林峥明
秋醉、似水流年（水印木刻）————邓子敬

1986 年第 9 期　刊名:《作品》
目录

小说

空中霓虹————廖晓勉
都市除夕——八六————张雄辉
猫·鼠·人————时　学
深夜，响起一阵敲门声————青　禾
谷地————海　迪
私奔————［俄］屠格涅夫著　黄伟经译
一分钱的爱情————郑蔚帆

报告文学

眼泪和血汗，都滴洒在瑶山上————常　征

粤海采贝

瓷花赋————丘陶亮

羊城二十四小时

假如我是广州市长————罗铭恩

初绽的蓓蕾

呵，茶花————高小莉

点评

素质和起点
——读《呵，茶花》随想————文　兄

港台之窗

影星出走记————冯湘红

诗歌

南半岛铜质的阳光————温　斌
二十九岁————筱　敏
南疆北国————周　民　陈　泯　谈宝森
李光云　王知十　刘　虹　黄坤岳　李宜高

评论

试论秦牧旅游小品的美学价值————黄向农
小论简炼————曾汉华

本刊启事

美术

飞跃的心（插花艺术）————万　海

1986 年第 10 期　刊名:《作品》
目录

小说·散文

妻从乡间来————蒋锡元
星期三，再见!————燕　燕
幸运 ABC————（中国香港）东　瑞
飞机失事以后————万　捷
余波————崽　崽
海龙————瞿　琮
买柴记————陈庆祥
观察团的余波
——边城纪事之九————陈伯坚
红帆————杨亚基

粤海采贝

金三角里的金娃娃
——东莞见闻琐记————韦　丘
珍珠梦————林炳泉

报告文学

大瑶山隧道的品格————沈仁康

初绽的蓓蕾

舞会————朱雄全

点评

展现人物心灵的轨迹
——《舞会》读后————张奥列

散文诗

丛林三曲————郑　莹
市长————许　淇

诗歌

写在台湾的诗篇————（中国香港）犁　青
盲歌手————（中国香港）黄河浪
边塞军人————洪三泰
林则徐——伊犁————孙友田
玫瑰色的风————汪国真　懿　翎　朱谷忠　洪　江

评论

南国新枝秀——广东省第五届新人新作获奖中篇小说
漫评————柯　可

歌唱生活的艺术
——读郭玉山诗集《南方甜甜的爱》······黄 虹
珠江，飘来一束浪花
——简介《珠江文丛》（第一辑）及其作者······轼 子

美术
双鱼图（国画）······陈永锵
古文明曲组画······梁照堂
声喧乱石中　色静深松里（国画）
——王维诗意······单剑锋
春晨（国画）······李仁康

1986 年第 11 期　刊名:《作品》
目录

小说
毋忘我······余心诚
被检举的诈骗犯······李 更
闪电······李国伟
地火侠魂（长篇选载）······余松岩
好运，在黄土垅中穿行······丘超祥
刺李树开花的时候······[英]乔司灵·布罗克著
唐若水译
狗肉铺内外······崇 健　宗 旋
小城的记忆······李英群
雨夜莲塘河（初绽的蓓蕾）······李仕彬
小说二题······郑 年

散文
扶桑，正当秋光好······万国智
小品两题······（中国澳门）陶 里

粤海采贝
来自太阳岛的报告······阮志远

作家书简
澳洲来鸿······芦 荻

羊城二十四小时
吃鸡小记······黄泳瑜

特区剪影
风光旖旎大鹏湾······肖玉崇
珠海的声音······倚 天

诗歌
送椅······张永枚
别——同题三色抒情诗······宫 玺　黎焕颐　姜金城

雨后集······蓝 江　刘德谦　时培华　吉程翼
黎 轩　颜启胜　王 武　周忠明　杨国胜　陈 浩
黄 萍　黎明天

评论
没有探索就没有文学······游焜炳
直率坦诚，不拘一格
——评《鸥外鸥之诗》······连介德　黄思天
评陈国凯的《好人阿通》······邓国伟

美术
孙中山（国画）······刘济荣
癸丑血案（连环画选登）······潘晋拔　林峥明
渊源（国画）······刘国玉

1986 年第 12 期　刊名:《作品》
目录

小说
狱炼······张雄辉
花城雨······蒋海平
旧梦······谢 明
那汉子和他的大水牯······蒙 萌
残月······姜琍敏
渔味香小店······冯 峥
对岸，有丛山稔花······陈堪进
远山······田 瑛
民工宴······郁 苊
北京时间······仇 岚

特区剪影
我爱月季花······骆国京
哨兵、古榕、山歌王
——中英街剪影······李宜高

粤海采贝
风雨看龙船······杨羽仪

诗歌
南疆北国······施肃中　陈所巨　白 草
柯 平　傅也平　王祥华　佟 石　王贵荣　郑定友
唐德亮　苏卓生　谢 鸿　周 吉　梁健生　邓国材
李红光　林桂珍

评论
义有多解，引人寻索
——诗歌语言弹性美札记······李元洛
李汝伦诗词集《性灵草》序······华钟彦
"题材学"的新开拓

——读黄树森的《题材纵横谈》⋯⋯⋯⋯⋯丘　峰

美术

凌波仙子（油画）⋯⋯⋯⋯⋯⋯⋯⋯⋯鸥　洋

舞蹈速写⋯⋯⋯⋯⋯⋯⋯⋯⋯⋯⋯⋯梁伟明

河边小埗·斜阳鸭未归（油画）⋯⋯⋯陈舫枝

1987 年第 1 期　刊名:《作品》
目录

小说

人模⋯⋯⋯⋯⋯⋯⋯⋯⋯⋯⋯⋯⋯⋯卢一基

歌星不是星⋯⋯⋯⋯⋯⋯⋯⋯⋯⋯⋯方家骏

母女曲⋯⋯⋯⋯⋯⋯⋯⋯⋯⋯⋯⋯⋯王海玲

雨夜，在山坳里⋯⋯⋯⋯⋯⋯⋯⋯⋯张天平

力与美的变奏⋯⋯⋯⋯⋯⋯⋯⋯⋯⋯何　锹

此时无声⋯⋯⋯⋯⋯⋯⋯⋯⋯⋯⋯⋯黄叶飞

报告文学

一个成功者的悲喜剧⋯⋯⋯⋯⋯⋯⋯黄纯斌

散文

法、理、情

——访美走笔⋯⋯⋯⋯⋯⋯⋯⋯⋯⋯刘学强

吃食和文学⋯⋯⋯⋯⋯⋯⋯⋯⋯⋯⋯汪曾祺

文竹⋯⋯⋯⋯⋯⋯⋯⋯⋯⋯⋯⋯⋯⋯王业群

粤海采贝

甘泉从心上喷涌⋯⋯⋯⋯⋯⋯⋯⋯⋯林建征

初绽的蓓蕾

老人与少女⋯⋯⋯⋯⋯⋯⋯⋯⋯⋯⋯赵　婧

谈仙说佛

神仙太守鲍靓⋯⋯⋯⋯⋯⋯⋯⋯⋯⋯黄　雨

评论

寻寻觅觅，志在千里

——孔捷生论⋯⋯⋯⋯⋯⋯⋯⋯⋯⋯游焜炳

伪托与抄袭⋯⋯⋯⋯⋯⋯⋯⋯⋯⋯⋯思　樵

诗歌

再生的红玫瑰⋯⋯⋯⋯⋯⋯⋯⋯⋯⋯刘　虹

邮票⋯⋯⋯⋯⋯⋯⋯⋯⋯⋯⋯⋯⋯⋯桂汉标

同龄人　两地书⋯⋯⋯⋯⋯⋯⋯⋯⋯姚成友

从此⋯⋯⋯⋯⋯⋯⋯⋯⋯⋯⋯⋯⋯⋯樱　子

生活的哲理⋯⋯⋯⋯⋯⋯⋯⋯⋯⋯⋯西中扬

深圳⋯⋯⋯⋯⋯⋯⋯⋯⋯⋯⋯⋯⋯⋯罗子英

三色水⋯⋯⋯⋯⋯⋯⋯⋯⋯⋯⋯⋯⋯龙彼德

文艺简讯

广东十二位青年作家赴京参加第三次全国青年创作会

议⋯⋯⋯⋯⋯⋯⋯⋯⋯⋯⋯⋯⋯⋯⋯本刊讯

美术

春笛⋯⋯⋯⋯⋯⋯⋯⋯⋯⋯⋯⋯⋯⋯林毓豪

淤泥不染·春水游鱼⋯⋯⋯⋯⋯⋯⋯陈卓坤

1987 年第 2 期　刊名:《作品》
目录

报告文学

表现现代文明之美

——作协广东分会三届二次理事会侧记

⋯⋯⋯⋯⋯⋯⋯⋯⋯⋯⋯⋯本刊记者　杨　辛

风浓雨浓情更浓

——黄埔港迎送英国女王皇家游艇纪实⋯⋯陈庆祥

小说

蜜月里的独木桥⋯⋯⋯⋯⋯⋯⋯⋯⋯刘宏伟

白旗⋯⋯⋯⋯⋯⋯⋯⋯⋯⋯⋯⋯⋯⋯昌　洪

寂寞青枣树⋯⋯⋯⋯⋯⋯⋯⋯⋯⋯⋯洪　风

新来的女清洁工⋯⋯⋯⋯⋯⋯⋯⋯⋯宁泉骋

车祸⋯⋯⋯⋯⋯⋯⋯⋯⋯⋯⋯⋯⋯⋯熊　诚

增寿记⋯⋯⋯⋯⋯⋯⋯⋯⋯⋯⋯⋯⋯林丙坤

天平⋯⋯⋯⋯⋯⋯⋯⋯⋯⋯⋯⋯⋯⋯陈　雪

初绽的蓓蕾

壮骥伏枥⋯⋯⋯⋯⋯⋯⋯⋯⋯⋯⋯⋯聿　忠

点评

《壮骥伏枥》读后⋯⋯⋯⋯⋯⋯⋯⋯文　兄

谈仙说佛

高士安期生⋯⋯⋯⋯⋯⋯⋯⋯⋯⋯⋯黄　雨

粤海采贝

勇于进取的人⋯⋯⋯⋯⋯⋯⋯⋯⋯⋯仇启明

"跳龙门"秋色⋯⋯⋯⋯⋯⋯⋯叶佩谋　吴　涯

港台之窗

情重香江一本书⋯⋯⋯⋯⋯⋯⋯⋯⋯韦　轩

评论

艺术的诗和不艺术的研究

——一种诗歌研究方法浅谈⋯⋯⋯⋯王林书

成语与写作

　　——《写作成语类典》代序 ·············· 楼　栖

诗歌

春的希冀（雨后集）·············· 黄海凤　黎华强
林才康　巫山人　冯春华　周　伟　张文峰
地球，我的座标点 ·························· 颜廷奎
生活多思 ································ 苗得雨
关于诗的广告诗 ························· 戚积广

美术

晚馨图（国画）························· 汤集祥
远古·等待（陶瓷）····················· 邓箭今
寒林漠漠·西陵峡口（国画）·············· 林敦厚

1987 年第 3 期　刊名：《作品》
目录

小说

家庭教师日记 ·························· 关夕芝
现代“拿破仑” ·························· 黄　华
如血残阳 ···························· 童江南
昭示 ······························· 王文锦
最后的凤凰花 ·························· 柳　明
秘诀即将公开 ·························· 张天林
茶花村的丈夫们 ························· 李宜高

初绽的蓓蕾

深深的仄巷 ···························· 王　坚
读《深深的仄巷》随想（点评）················ 文　兄
应该由我选择 ·························· 杨声灿
审美价值因素——现代意识和承载量（点评）

································· 钟　岚

粤海采贝

流蜜的土地 ··························· 方松和

谈仙说佛

幻术家轩辕集 ·························· 黄　雨

寓言

指虎为马·老鼠敬神 ····················· 邝金鼻

诗歌

爱的回声（女作者诗页）···· ［泰国］楚兰达　罗瑞玲
邓妙蓉　陆少平　晨　梅　张　凌　江佩玲

评论

创作喜悦中的干扰和诱惑

　　——在全国青年文学创作会议开幕式上的讲话

································· 王　蒙
读林文烈小说印象 ······················ 王　曼

美术

郁金香（摄影）························· 万　海
头像雕塑 ···························· 廖慧兰
今宵月色好·摘杨桃（国画）·············· 莫各伯

1987 年第 4 期　刊名：《作品》
目录

小说

怅惘 ······························· 李国文
傻青住院记 ···························· 吴　欢
遗落的雨 ···························· 孙　泱
“卫生模范街” ·························· 廖　琪
哑儿 ······························· 熊尚志
6——8 诙谐曲 ·························· 陈知柏
沉浮 ······························· 邓　炯
十八里山路 ··························· 高小莉
黄花草 ······························ 田　瑛

港台之窗

三探香江记 ··························· 陈残云

粤海采贝

旅汕偶拾 ···························· 王　曼

散文

武夷山中七日 ·························· 紫　风
西桥仪园鼓百家 ························· 苏　晨

羊城二十四小时

黄埔港两章 ··························· 郑　莹

初绽的蓓蕾

爱的波澜 ···························· 林继宗
橙花 ······························· 陈耿之

谈仙说佛

箍桶仙陈楠 ··························· 黄　雨

评论

诗人的迷途与诗的迷失

　　——再评《中国诗坛一九八六现代诗群体大展》

································· 陈绍伟

说"自我"·····················洪 达

诗歌
南疆北国交响曲······················刘 章 黄东成
刘明达 罗凌 于之 于最
我是一条森林的脐带······················金 哲
小诗一束······················林 子

美术
春苗（国画局部）······················关 怡
化作春泥（国画）······················关 伟
晨（油画）······················梁光泽
蜜桃（水彩画）······················涂 夫

卢忠仁 金鸿为 熊少严 邹振辉 杨云凌

评论
"不朽之盛事"断想录······················李汝伦
为伊消得人憔悴
——谈最佳角度······················王林书

文艺简讯
中国作家协会广东分会成立诗词组·············本刊讯
《少男少女》杂志即将创刊·············本刊讯

美术
合作画展作品选····赵少昂 黎雄才 关山月 杨善深
莱茵河畔·追溯（油画）······················李金明

1987 年第 5 期 刊名:《作品》
目录

小说
真诚（三篇）······················杨晓升
看似荒唐······················王不天
风的季节······················陆昭环
花神······················李 鹰
古寨落英······················谢 明
"想念"运动（外一篇）······················庄东贤
小镇二题······················张文宝
雨中的猫儿······················[美]海明威 陈炳藻译
孔丘讲座侧记······················徐代思
雾笛·······[美]雷·布拉德伯里 袁广达 袁雄有译

初绽的蓓蕾
老更······················陆秀兰

点评
于原则处见精神
——读《老更》······················范怀烈

港台之窗
三探香江记······················陈残云

粤海采贝
死火山的晨梦······················张优怀 张振金

谈仙说佛
韩湘子······················黄 雨

诗歌
诗辨······················黄施民
青春畅想曲······················谢柏梁 伊甸

1987 年第 6 期 刊名:《作品》
目录

小说
寻找······················曹克胜
魔瓶（外一篇）······················筱 敏
青年阿德之烦恼······················岑之京
心债······················卢一基
铁手神医······················许乐山
细岗······················杨雪萍
碎花瓷碗里的梦······················丘超群
童歌······················郑 莹

港台之窗
三探香江记······················陈残云

我与文学
我自天涯海角来······················廖晓勉

粤海采贝
真有如生活在水果之乡······················容 彦
"风扇王国"漫游······················陈 风

散文
雨花石······················艾 彤

诗歌
西行旅途上的逗点······················沈仁康
香港，香港······················郑 南
侨乡十行诗······················向 明 郭玉山 朱光天
蔡宗周 黄蒲生
京华诗情······················禾 青
关于阳台的情绪······················刘功业

评论

腾飞的时代需要腾飞的文学——喜读《作品》月刊近
期发表的一批报告文学作品·····················卓世明

一点文坛断想·····································之　瑾

读《侨乡十行诗》·································杨光治

重要启事

中国作家协会广东分会

美术

黑山松（盆景）·································树　恩（供稿）

阳光下·田娃（雕塑）···························邓子敬

1987 年第 7 期　刊名:《作品》
目录

小说

戏痴···熊尚志

归···陈定兴

她死了···张莉莉

黑窗···孙　泆

雾锁楼台·······························程贤章　王杏元

纯直的童话·····································李其宏

报告文学

花城的五光十色·································柳　嘉

饮料王国的报春花：健力宝·······················沈仁康

初绽的蓓蕾

苦吻···卢继定

人生价值的升华（点评）·························文　兄

四海风

缅甸风情（上）·································曾　炜

粤海采贝

三华李的故乡···································卢锡铭

散文

西北石浮·······································晓　洋

诗歌

海滨短章·······································芦　荻

采桑女···赵元瑜

雨后集·······························陈明斐　杨国胜　纪少雄

陈博文　刘晓艳　海　湛　方华英

作家书简

严辰谈《鸥外鸥之诗》

评论

以丑为美，艺术趣味的低落·························朱　安

生存·温饱·发展

——一个业余写作人的自白·······（中国香港）东　瑞

启事两则

中国作家协会广东分会

《作品》编辑部

美术

嬉（国画）·····································黄少华

雨中情·海棠（托印版画）·························何国华

鹰（国画）·····································杨家聪

1987 年第 8 期　刊名:《作品》
目录

小说

乳燕···木　青

紫裳···丹　娅

冷月亮···何继青

报告文学

一个奇特的女人和她奇特的事业·····················蔡玉明

情系故乡·······································何　锹

当代军人

军中一奇花·······························陈培学　白　岚

初绽的蓓蕾

油漆队里的姑娘们·································胡志祥

旋转的"万花筒"（点评）·························并　岛

四海风

缅甸风情（下）·································曾　炜

粤海采贝

万斛清凉酹百花·································张健人

谈仙说佛

艺人蓝采和·····································黄　雨

文艺简讯

广东人民广播电台、海南人民广播电台、《作品》文
学杂志社联合举办海南诗会

天涯行吟（诗辑）

海南四月·······································洪三泰

在天涯···筱　敏

橡胶林——绿色的丰碑 ⋯⋯⋯⋯⋯⋯ 陈俊年
海南岛啊，我的海南岛 ⋯⋯⋯⋯⋯ 西 彤
呵，故乡，故乡 ⋯⋯⋯⋯⋯⋯⋯⋯ 郭玉山
草之歌 ⋯⋯⋯⋯⋯⋯⋯⋯⋯⋯⋯⋯ 李士非
海南别 ⋯⋯⋯⋯⋯⋯⋯⋯⋯⋯⋯⋯ 韦 丘

当代诗词
故国情 ⋯⋯⋯⋯⋯⋯⋯⋯⋯⋯⋯⋯ 芦 荻
吊屈原 ⋯⋯⋯⋯⋯⋯⋯⋯⋯⋯⋯⋯ 吕千飞
粤港澳作家珠海市联欢 ⋯⋯⋯ （中国澳门）佟立章
惠州无酒精啤酒厂投产成功 ⋯⋯⋯ 黄培亮
与女战友游岳麓山 ⋯⋯⋯⋯⋯ （女）罗 密
登虎门沙角炮台 ⋯⋯⋯⋯⋯⋯⋯⋯ 梁鉴江
山水吟 ⋯⋯⋯⋯⋯⋯⋯⋯⋯⋯⋯⋯ 李曙初

评论
"新"从何来 ⋯⋯⋯⋯⋯⋯⋯⋯⋯⋯ 游焜炳
奇妙的诗境洞天
——评西中扬抒情诗集《玫瑰色的梦》 ⋯⋯⋯ 华子安

美术
桃熟季节（国画）⋯⋯⋯⋯⋯⋯⋯⋯ 罗镜泉
国画人物 ⋯⋯⋯⋯⋯⋯⋯⋯⋯⋯⋯ 林峥明

1987 年第 9 期 刊名:《作品》
目录

小说
那么静静的一边脸 ⋯⋯⋯⋯⋯⋯⋯ 陈炳藻
湿稻草 ⋯⋯⋯⋯⋯⋯⋯⋯⋯⋯⋯⋯ 操剑锋
大山里的故事 ⋯⋯⋯⋯⋯⋯⋯⋯⋯ 王爱英
古画 ⋯⋯⋯⋯⋯⋯⋯⋯⋯⋯⋯⋯⋯ 凤 群
冬日，暖融融的 ⋯⋯⋯⋯⋯⋯⋯⋯ 赖汉衍
噢——她比你先到 ⋯⋯⋯⋯⋯⋯⋯ 杨若木

散文
情系故土小桥头 ⋯⋯⋯⋯⋯⋯⋯⋯ 吴丽嫦
塔克拉玛干的故事 ⋯⋯⋯⋯⋯⋯⋯ 李亚平
粤海采贝
腾飞吧，先达 ⋯⋯⋯⋯⋯⋯ 王厚基 邓国材
无酒精啤酒的故事 ⋯⋯⋯⋯ 丘超祥 钟 慧

初绽的蓓蕾
翠仔 ⋯⋯⋯⋯⋯⋯⋯⋯⋯⋯⋯⋯⋯ 周飞明
重视写实功力的训练（点评）
——《翠仔》读后 ⋯⋯⋯⋯⋯⋯⋯ 夏 桑
给陶萍同志的信 ⋯⋯⋯⋯⋯⋯⋯⋯ 王 蒙
风范永存

——在龙川且萧殷塑像揭幕典礼上的发言 ⋯⋯ 唐达成
萧殷塑像碑文 ⋯⋯⋯⋯⋯⋯⋯⋯⋯ 吴有恒

诗歌
绿色的怀念 ⋯⋯⋯⋯⋯ 陆 环 赵 婧 王 敏
张希倩 伊惠英
泰山行 ⋯⋯⋯⋯⋯⋯⋯⋯⋯⋯⋯⋯ 柯 原
岁月拾遗 ⋯⋯⋯⋯⋯⋯⋯⋯⋯⋯⋯ 张雪杉
塞纳河之梦 ⋯⋯⋯⋯⋯⋯⋯⋯⋯⋯ 陈 泯

评论
广东长篇小说创作三题
——兼评《胭脂河》、《天堂众生录》、《流动的雾》
⋯⋯⋯⋯⋯⋯⋯⋯⋯⋯⋯⋯⋯⋯⋯ 谢望新

美术
香可可（水印木刻）⋯⋯⋯⋯⋯ 邓子芳 黎 明
国画山水 ⋯⋯⋯⋯⋯⋯⋯⋯⋯⋯⋯ 凌镜清

1987 年第 10 期 刊名:《作品》
目录

小说
我十四岁（中篇小说）⋯⋯⋯⋯⋯⋯ 刘西鸿
去向何方 ⋯⋯⋯⋯⋯⋯⋯⋯⋯⋯⋯ 姜琍敏
春寒彻骨 ⋯⋯⋯⋯⋯⋯⋯⋯⋯⋯⋯ 青 禾
那支歌总在对面唱着⋯⋯⋯⋯⋯⋯⋯ 张宗栻
傻仔坤自传 ⋯⋯⋯⋯⋯⋯⋯⋯⋯⋯ 昌 洪
埋在铁树底下的故事 ⋯⋯⋯⋯⋯⋯⋯ 张 翅
贝拉小姐的舞会 ⋯⋯ ［英］伊夫林·瓦涅著 楼 钢译
你·我·他 ⋯⋯⋯⋯⋯⋯⋯⋯⋯⋯ 丁小莉

报告文学
恩平绣锦 ⋯⋯⋯⋯⋯⋯⋯⋯⋯ 丘 峰 林牧夫
在废墟上叠起的百万家财
——记阳春县陂面造纸厂 ⋯⋯⋯⋯ 蔡少尤

初绽的蓓蕾
入静 ⋯⋯⋯⋯⋯⋯⋯⋯⋯⋯⋯⋯⋯ 何木有
照见云影的小潭（点评）⋯⋯⋯⋯⋯ 并 岛

传记文学
孙逸仙在镜湖医院 ⋯⋯⋯⋯⋯⋯⋯ 刘居上

文艺简讯
《作品》编辑部、潮州市文联联合举办潮州笔会
⋯⋯⋯⋯⋯⋯⋯⋯⋯⋯⋯⋯⋯⋯⋯ 潮 笔

诗歌

抒情诗二首 …………………………………… 刘湛秋

日月沉浮 …………………………………… 芦 萍

白天鹅之故乡水 …………………………… 郭光豹

人与自然 ………………… 田章夫 鲁 萍 陈咏华

当代诗词

神农架 …………………………………… 刘田夫

抗战诗抄 …………………………………… 丁 力

麻花堂杂诗 ………………………………… 荒 芜

兴安大火二首 ……………………………… 熊 鉴

萧殷塑像揭幕 ……………………………… 楼 栖

评论

读"文坛志异"之后 ……………………… 蔡运桂

出之贵实,用之贵虚

——谈诗的形象和"抽象" ……………… 王林书

美术

红梅图(国画) ………………………… 关山月

月照石莲(国画) ……………………… 区 晖

蓝花红果(国画) ……………………… 刘晓鸣

1987 年第 11 期 刊名:《作品》
目录

岭南散文八家

晨昏漫步录 ………………………………… 秦 牧

花城鸟语 …………………………………… 紫 风

阿炳墓前的杜鹃花 ………………………… 岑 桑

不死 ………………………………………… 苏 晨

磨碟沙潮汐 ………………………………… 柳 嘉

桥和桥及桥 ………………………………… 范若丁

红舞鞋 ……………………………………… 筱 敏

大东海的五色人 …………………………… 杨羽仪

四海风

榴梿初熟看狮城 …………………………… 陈残云

童话国与自由城 …………………………… 孔捷生

小说

古壶 ………………………………………… 徐朝夫

番鬼坟 ……………………………………… 吕 雷

晚情 ………………………………………… 刘大平

报告文学

凯旋之路 …………………………………… 胡海峥

我与文学

这是一个真实而幻想的天地 ……………… 木 青

诗歌

诗三首 ……………………………………… 白 桦

未曾修饰的心态 …………………………… 阿 红

十行抒情诗三首 …………………………… 子 页

雨后集…周 伟 陈 文 周 吉 刘鲁宁 何伟华

评论

呓语·谜语·胡语 ………………………… 李元洛

有意味的形式 ……………………………… 陈志红

生活酿造了诗 ……………………………… 谭桂贤

美术

热带鱼(水彩画) ……………………… 胡钜湛

野趣图(国画) ………………………… 潘晋拔

油画写生 ………………………………… 黄力生

1987 年第 12 期 刊名:《作品》
目录

小说

特区女人(纪实小说) …………………… 罗建琳

人圈(中篇小说) ………………………… 江 川

树根 ………………………………………… 余正荣

穿过目光的丛林 …………………………… 朱光雪

春夜雨 ……………………………………… 曾 錞

报告文学

红土地,黄金叶 …………………………… 卢一基

钢化的性格 ………………………………… 黄全舜

散文

南疆纪行 …………………………………… 阮章竞

散文二题 …………………………………… 黄国钦

四海风

榴梿初熟看狮城 …………………………… 陈残云

诗歌

妙龄时光 …………………………………… 莫少云

不惑集 ……………………………………… 高 深

爱的印象 ………………… 木 青 郑成义 李 瑜

施肃中 陈志泽 莫 励 梁彩云

当代诗词

题云阳张飞庙 ……………………………… 胡焕章

浣溪纱⋯⋯⋯⋯⋯⋯⋯⋯⋯周退密
论诗三绝⋯⋯⋯⋯⋯⋯⋯⋯王自成
千秋岁⋯⋯⋯⋯⋯⋯⋯⋯⋯陈竹君
游大觉寺⋯⋯⋯⋯⋯⋯⋯⋯方淑慎
牧羊⋯⋯⋯⋯⋯⋯⋯⋯⋯⋯刘　章
诗三首⋯⋯⋯⋯⋯⋯⋯⋯⋯张智深

评论
沈仁康小说漫评⋯⋯⋯⋯⋯⋯蔡运桂
也是对改革现实的一种理解
　——《家庭教师日记》读析⋯张奥列
阴柔而深邃的美
　——读莫少云的《妙龄时光》⋯杨光治

美术
浪击天涯（油画）⋯⋯⋯⋯⋯雷　坦
河谷（水彩画）⋯⋯⋯⋯⋯⋯罗宗海
绿野尖兵（水彩画）⋯⋯⋯⋯杨家聪
恋（水印木刻）⋯⋯⋯⋯⋯⋯陈诚谋
餐（油画）⋯⋯⋯⋯⋯⋯⋯⋯吴礼泉

1988 年第 1 期　刊名:《作品》
目录

小说
并非笑话——文坛志异⋯⋯⋯陈国凯
驼背与聋哑⋯⋯⋯⋯⋯⋯⋯⋯哲　夫
红裤子⋯⋯⋯⋯⋯⋯⋯⋯⋯⋯野　莽
青青子衿⋯⋯⋯⋯⋯⋯⋯⋯⋯燕　子
不速之客⋯⋯⋯⋯⋯⋯⋯⋯⋯卢振海
陪客⋯⋯⋯⋯⋯⋯⋯⋯⋯⋯⋯黄全舜

报告文学
绿色畅想曲⋯⋯⋯⋯⋯艾　彤　林炳泉

粤海采贝
在服装王国里⋯⋯⋯⋯英　健　德　林　廖　琪
四海风
榴梿初熟看狮城⋯⋯⋯⋯⋯⋯陈残云
访匈散记⋯⋯⋯⋯⋯⋯⋯⋯⋯白　槐

青春世界
门⋯⋯⋯⋯⋯⋯⋯⋯⋯⋯⋯⋯桂汉标
春天的笑声⋯⋯⋯⋯⋯⋯⋯⋯吕学煌
瑶山，瑶山⋯⋯⋯⋯⋯⋯⋯⋯唐德亮
世界就是这样⋯⋯⋯⋯⋯⋯⋯张　凌
泪水里流出的诗⋯⋯⋯⋯⋯⋯赵　靖
岁月的平衡⋯⋯⋯⋯⋯⋯⋯⋯黄海凤

心愿⋯⋯⋯⋯⋯⋯⋯⋯⋯⋯⋯林桂珍
一个少女的日记⋯⋯⋯⋯⋯⋯邓妙蓉
神秘岛⋯⋯⋯⋯⋯⋯⋯⋯⋯⋯罗瑞玲
男子汉⋯⋯⋯⋯⋯⋯⋯⋯⋯⋯冯春华

评论
青春的歌吟⋯⋯⋯⋯⋯⋯⋯⋯欧阳翎
诗化的小说——《白门柳》⋯⋯张解民
用心写出的现实人生
　——黄虹坚创作窥探⋯⋯⋯⋯陈志红

美术
荷塘憩鹤（国画）⋯⋯⋯⋯⋯喻继高
梅克夫人（油画）⋯⋯⋯⋯⋯胡正宇
荷（国画）⋯⋯⋯⋯⋯⋯⋯⋯林　墉
淋菜图·鸭场（国画）⋯⋯⋯汤集祥

1988 年第 2 期　刊名:《作品》
目录

小说
还我一个我⋯⋯⋯⋯⋯⋯⋯⋯良　芹
紫衣裳⋯⋯⋯⋯⋯⋯⋯⋯⋯⋯张　梅
"怜"居⋯⋯⋯⋯⋯⋯⋯⋯⋯庄东贤
小说二题⋯⋯⋯⋯⋯⋯⋯⋯⋯李前忠
黑谷人⋯⋯⋯⋯⋯⋯⋯⋯⋯⋯杨　城
胜诉⋯⋯⋯⋯[英]格雷厄姆·格林著　李广生译
假面具⋯⋯⋯[西德]马克斯·冯·德尔·格吕恩著
易　文译

粤海采贝
天涯芳草染青山⋯⋯⋯⋯⋯⋯韦　丘
点石成金⋯⋯⋯⋯⋯⋯吴　涯　罗瑞森
羊城撷彩⋯⋯⋯⋯⋯⋯⋯⋯⋯莫孝川
瑶乡猎话⋯⋯⋯⋯⋯⋯⋯⋯⋯林　超

四海风
榴梿初熟看狮城⋯⋯⋯⋯⋯⋯陈残云
珊瑚岛掠影⋯⋯⋯⋯⋯⋯⋯⋯易　准

初绽的蓓蕾
珍儿⋯⋯⋯⋯⋯⋯⋯⋯⋯⋯⋯黄仰岳
《珍儿》的形象塑造及其他（点评）⋯文　兄

诗歌
梁实秋之女⋯⋯⋯⋯⋯⋯⋯⋯鸥外鸥
书案上的朋友⋯⋯⋯⋯⋯⋯⋯孔　林
我拥抱绿色⋯⋯邹雨林　李　里　汪国真　洪　波
鸽子烟缸⋯⋯⋯⋯⋯⋯⋯⋯⋯薛广明

当代诗词

丁卯中秋寄各国诗家 ································ ［新加坡］张济川

书生 ·· 黄　雨

沁园春·重游余荫山房 ································· 何永沂

创作谈

诗缘 ·· 岑　桑

评论

从岑参到猫耳洞 ······································· 西　子

于微细处见博大

——读《家庭教师日记》 ······················· 王　曼

欲哭无泪，欲喊无声

——《纯真的童话》读后 ······················ 岑　谨

美术

"夺"

——广州天河体育中心主雕（晋拔摄） ········ 罗丽芳

金风五月·嬉水（国画） ····························· 伍启中

晨曲·漓江晓雾（国画） ······························· 王维宝

1988 年第 3 期　刊名：《作品》

目录

初绽的蓓蕾

男大学生宿舍（中篇小说） ························· 陈破空

我说《男大学生宿舍》（点评） ··················· 张奥列

小说

纸棺材 ··· 刘宏伟

一路同行 ··· 陈　迅

心谷，幽深幽深…… ······································· 宁泉聘

看林人 ··· 张丛海

男孩·女孩·男人·女人 ······························· 张庆田

李家坡，有一个专业户 ································· 刘益善

红圈圈　蓝圈圈 ··· 孙正宁

粤海采贝

脊梁和碑石 ··· 黄德林　廖　琪

特区剪影

她要平衡点 ··· 廖虹雷

四海风

她唱《黄水谣》 ··· 高　缨

她们的天空

酸柠檬　苦咖啡 ··· 晓　钢

语言峰巅 ··· 梅绍静

花山岩画 ··· 陈　谦

红帆 ··· 林　琳

冬夜偶遇 ··· 陈　蕾

杯子 ··· 孙大梅

又近夕阳 ··· 晨　梅

我走出了军校的大门 ····································· 肖小平

乡村和你 ··· 徐金丽

评论

"改革文学"首先应是文学 ····························· 游焜炳

歌唱的流星

——读秦岭雪诗集《流星群》 ······················· 陈志泽

美术

旋律——广州天河体育中心二号雕塑 ·········· 李炳荣

朦胧·静静的水面（油画） ····························· 王恤珠

山乡（国油） ··· 邓耀平

1988 年第 4 期　刊名：《作品》

目录

"中国潮"报告文学征文

宝珠在握 ··· 舒大沅

南雄，找到了自己的形象 ····························· 陈明星

小说

陀螺 ··· 肖复兴

月下情 ··· 龙莆尧

瞎子的呼唤 ··· 黄国钦

对门，又响起了音乐声 ································· 丘陶亮

特辑

惠阳踏歌行 ···················· 张健人　陈定兴　廖红球

初绽的蓓蕾

周末，雨飘飘 ··· 刘春兰

比较中的个性亮色（点评） ··························· 文　兄

散文

长城漫笔 ··· 黄秋耘

故乡女性 ··· 方松和

诗歌

如梦的南方——台湾诗草 ················ （中国香港）黄河浪

归去来 ··· 沈展云

心之帆 ··· 梁谢成

南疆北国 ························· 姚成友　苏韶芬　谭松兴

评论

曲高和寡与雅俗共赏 ……………………………… 游焜炳

刘西鸿的意义 ………………………… 丘 岳 费 勇

日渐深重的忧患意识

——评曾应枫近年来的小说创作 ……………… 司徒杰

当代诗词

咏纳兰容若 ………………………………………… 王玉祥

诗二首 ……………………………………………… 文中俊

登南岳祝融峰 ……………………………………… 熊东遨

浣溪沙·上海淀山湖二首 ………………………… 丁道衡

戏为三绝 …………………………………………… 谢 堂

绝句二首 …………………………………………… 郭伟光

美术

体育之光

——广州体育馆 …………………………………… 李炳荣

树（系列油画之四之十三）……………………… 王夏刚

灵岩（国画）……………………………………… 李国华

1988 年第 5 期　刊名:《作品》
目录

"中国潮"报告文学征文

珠江春雨新潮急 …………………………………… 周文韶

五人印象 …………………………………………… 孟晓云

厄尔尼诺现象 ……………………………………… 龚海南

小说

满月·女人之间 …………………………………… 黄虹坚

理发的故事 ………………………………………… 邹月照

冲破三角区 ………………………………………… 周 琼

干枯的九里香 ……………………………………… 廖华强

并非荒唐的荒唐事 ………………………………… 陈大喜

小小说之页

可爱的小报告 ……………………………………… 吉文军

坟井 ………………………………………………… 张文宝

失踪了的单车 ……………………………………… 丘陶亮

都怪我们少问一句 ………………………………… 林荣芝

肠梗塞 ……………………………………………… 黄国钦

散文

凝思篇 ……………………………………………… 黄 浩

哑女 ………………………………………………… 方松和

粤海采贝

爱莲人家 …………………………………………… 蔡泽民

诗歌

海外诗缘 …………………………………………… 野 曼

都市之魅 …………………………………………… 鞠 英

东岳行吟 …………………………………………… 叶知秋

茕茕的灯 …………………………………………… 唐 湜

古镇之醉 …………………………………………… 李发模

夏威夷游记 ………………………………… ［美国］非 马

苏州恋 ……………………………………………… 潘健生

海南岛的冬夜 ……………………………………… 朱 彻

评论

别了"朦胧诗"，挽留"朦胧美" …………………… 吴奔星

时代的强音

——读《我唱白云　我唱绿树》随感 …………… 杨光治

《胭脂河》引起的思考 …………………………… 杨 箭

美术

飞流（摄影）……………………………………… 梅 炜

早春（水粉画）…………………………………… 罗昌明

小溪（油画）……………………………………… 何坚宁

客家山村（国画）………………………………… 刘国玉

1988 年第 6 期　刊名:《作品》
目录

小说

期待奇迹 …………………………………………… 杨雪萍

长路（长篇选载）………………………………… 江 萍

设想者 ……………………………………………… 关 飞

最后一招 …………………………………………… 庄东贤

"幽灵堡"琐事（之一、之二）…………………… 曾应枫

红海榄，白海榄 …………………………………… 黄康俊

天花板上的论文 …………………………………… 张黎明

小小说

故意 ………………………………………………… 吉文军

中国潮

成功的底色 ………………………………………… 何 锹

散文

雕塑大海 …………………………………………… 丁 炜

诗歌

红土诗情 …………………………… 温 斌 陈 迅 李陆明

陈 文 海 湛 陈 通 洪三河 洪三川 洪 江

杨月娟 钟秀兰 毛 球 李栋林

短诗三首 ………………………… 邓玉贵 黄 灿 帅珠扬

当代诗词

京西喜遇台湾作家⸺⸺⸺⸺⸺⸺邵燕祥 史 璧

王拓有赠⸺⸺⸺⸺常任侠 毕朔望 冒舒湮 李汝伦

二绝句⸺⸺⸺⸺⸺⸺⸺⸺⸺黄培亮

虞美人·苦丁斋自咏⸺⸺⸺⸺⸺⸺丁 芒

诗评

红土地的歌⸺⸺⸺⸺⸺⸺⸺⸺陈绍伟

评论

改革时代的艺术开拓

⸺⸺一九八七年《作品》小说掠影⸺⸺钟晓毅

现代小说艺术的危机和生机⸺⸺⸺殷国明

美术

小琴手（油画）⸺⸺⸺⸺⸺⸺⸺陈逸飞

春天的欢歌·"母与子"（国画）⸺⸺沈坚毅

金山（国画）⸺⸺⸺⸺⸺⸺⸺庞泰嵩

1988 年第 7 期　刊名:《作品》
目录

"中国潮"报告文学专号目录

大转移⸺佛山市石湾区纵横⸺⸺⸺孔捷生

序⸺⸺⸺⸺⸺⸺⸺⸺⸺伊 始 熊 诚

第一章　沧桑陶都⸺⸺⸺⸺⸺⸺杨亚基

1.天问

2.涅槃的火精灵

3.斩缆开船

4.潘村启示录

第二章　世事如棋局局新

1.圆桌会议

2.欧 Sir

3.造血·变通·反馈环

第三章　浪潮、浪潮

1.城市里的"村庄"

2.村庄里的"城市"

3.大路朝东

4.乡村道路

第四章　契机

1.奇人庞年

2.台湾围的故事

3.灵感摩力克

4.乐得华的传奇

5."外籍军团"

第五章　垄上行

1.郊边"阿信"

2.八十亩围耕塘人

第六章　看不见的战线

尾声　不定式⸺⸺与中国流

炫目的蔡氏家族⸺⸺⸺⸺⸺⸺杨羽仪

男儿、女儿与冷门、热门

⸺⸺中国女子手球队采访日记⸺⸺陈咏华

大山，充满着希望⸺⸺⸺廖 琪 郭慧君

谁识英雄胆⸺⸺⸺⸺⸺⸺⸺蔡少尤

按摩女⸺⸺⸺⸺⸺⸺⸺⸺袁 炳

写给时代的壮歌（评论）

⸺⸺读《宝珠在握》和《珠江春雨新潮急》⸺⸺陈志红

文艺简讯

广东省第六届新人新作奖揭晓

美术

广州⸺⸺⸺⸺⸺广州美术学院附中集体创作

经济开发区城市雕塑（沈军摄）

水印木刻二幅⸺⸺⸺⸺⸺邓子芳 黎 明

水乡国画选⸺⸺⸺⸺⸺⸺⸺刘启端

1988 年第 8 期　刊名:《作品》
目录

小说

命运变奏曲⸺⸺⸺⸺⸺⸺⸺贺抒玉

产科病房⸺⸺⸺⸺⸺⸺⸺⸺王海玲

大江，爱的涟漪⸺⸺⸺⸺⸺⸺木 青

"国际会议"⸺⸺⸺⸺⸺⸺⸺岑 桑

湖边二题⸺⸺⸺⸺⸺⸺⸺⸺陆昭环

桑绿情正浓⸺⸺⸺⸺⸺⸺⸺仇启明

小小说一辑

血的秘密⸺⸺⸺⸺⸺⸺周冰冰 虞 生

失窃记

想象派

散文

怀叶圣老⸺⸺⸺⸺⸺⸺⸺⸺郭 风

"扬帆"荔枝海⸺⸺⸺⸺⸺⸺苏 晨

美在花城

⸺⸺广州电视广告模特大奖赛侧记⸺⸺柳 嘉

诗歌

访意诗抄⸺⸺⸺⸺⸺⸺⸺⸺叶延滨

树·寒枝⸺⸺⸺⸺⸺⸺⸺⸺蔡其矫

天涯情绪⸺⸺⸺⸺⸺⸺⸺⸺冯麟煌

诗二首························邹荻帆
来，到那坡上去··················朱子庆
紫红色的记忆
——紫荆花开时的怀想···········宋健慧
辉灿的年华·····················潘万提
古塔························李富祺

评论
意境·哲理寻踪
——读杨雪萍《期待奇迹》·········严瑞昌

中国潮
艰难的跋涉···············胡海峥 林建超

美术
思（摄影）·····················林孙杏
国画二幅······················单剑峰
国画选·······················张绍城

1988 年第 9 期　刊名：《作品》
目录

小说
老羊和小羊的故事··················筱敏
不能仅仅是模特··················毛志成
哈教授的周末黄昏·················海南
失去平衡的天平··················陶大钊
河啸·························梁潜
鞋·······艾安娜·伊奥妮德·阿达米德作 范英妍译
黄河旋律······················余国强

小小说
悸··························晓雯

"中国潮"
上帝不垂爱（系列报告文学之一）···余松岩 王崧芳

散文
竹·························叶运丁
春水北风······················晓洋

诗歌
短诗四首·······················蓝曼
警觉的草·····史赋 野夫 周忠明 陈亚平
蓝皮日记·····················陈知柏
江南雨季·····················刘益善
小镇·························唐奇

评论
时代大潮的记录
——读报告文学《大转移》·········严瑞昌
创现新的意象世界
——读樱子的诗·················洪三泰
一腔豪气唱大风
——读《中国的旋风》············陈志红

美术
明月圆圆（国画）·················凌镜清
黎族风情（水印木刻系列画）··········邓子敬
随想曲（水粉画）·················陈荣彪
轻风满面落藤花·荷韵（国画）·········季建国

1988 年第 10 期　刊名：《作品》
目录

小说
不老会旋律······················雁舒
天是蓝的，海也是蓝的···············宋树根
清清山泉水
——《山乡变奏曲》之四············海静
第十个人（中篇连载）
　　　[英]格雷厄姆·格林著　陈家基译
胎教························苏定华
末班船·······················李仕彬
特区女临时工····················杨声灿

"中国潮"
跃出低谷
——（系列报告文学之二）·······余松岩 王崧芳
开拓者的足迹
——记广东省政协委员孔繁逸·········张富文

诗歌
三月之暮······················陈所巨
溶化的白色魂····················谌红英
野营小唱·······················于最
校园诗絮·········吴才华 汪威 丘岳
阿全 程学源 党英 刘怀宇 欧阳伟光 应春山

评论
现代和当代：两代文学反思的一个侧面·····洁泯
文艺：在商品经济的海洋里··········游焜炳
文学碎语·······················艾彤

美术
海湾（摄影）·····················梅炜

晨光·古榕树下（水彩画）⋯⋯⋯⋯⋯⋯彭强华
国画动物（局部）⋯⋯⋯⋯⋯⋯⋯⋯黄少华

1988 年第 11 期　刊名:《作品》
目录

小说
铁皮屋（中篇小说）⋯⋯⋯⋯⋯⋯⋯杨　群
鸟嘁⋯⋯⋯⋯⋯⋯⋯⋯⋯⋯⋯⋯林丙坤
板斧⋯⋯⋯⋯⋯⋯⋯⋯⋯（土家族）田　瑛
第十个人（翻译小说连载）
　　　　　［英］格雷厄姆·格林著　陈家基译

"中国潮"
花儿为什么这样红⋯⋯⋯⋯⋯⋯⋯廖　琪
不负造化（系列报告文学之三）⋯余松岩　王崧芳

粤海采贝
人生百味"致美斋"⋯⋯⋯⋯⋯⋯⋯钟丽思

文艺简讯
两则

诗歌
摄于北江之源的几幅彩色照片⋯⋯⋯韦　丘
寻找和谐⋯⋯⋯⋯⋯⋯⋯⋯⋯⋯姜强国
雨后集⋯⋯⋯⋯⋯黎华强　张文峰　容仲连
八炎奎　唐名生　卢　潮　梁步宁　翁奕波

评论
冲破禁锢之后
——丘超祥小说集《迷乱的乐章》序⋯黄培亮
她活得真滋润
——读李兰妮的小说集《池塘边的绿房子》⋯杨苗燕
读《黑吊钟》
——兼谈广东小说界的躁动与探索⋯⋯钱超英

美术
海棠（摄影）⋯⋯⋯⋯⋯⋯⋯⋯范伟平
长江源·天山人家（国画）⋯⋯⋯⋯乐建文
西双版纳风情（国画）⋯⋯⋯⋯⋯周　波

1988 年第 12 期　刊名:《作品》
目录

小说
小船漂呀漂⋯⋯⋯⋯⋯⋯⋯⋯⋯邓学聪

临街的坟⋯⋯⋯⋯⋯⋯⋯⋯⋯⋯野　莽
去找我的天空⋯⋯⋯⋯⋯⋯⋯⋯洪　风

第十个人（翻译小说连载）
　　　　　［英］格雷厄姆·格林著　陈家基译

四海风
泰国采风录⋯⋯⋯⋯⋯⋯⋯⋯⋯秦　牧
骑士精神绅士风⋯⋯⋯⋯⋯⋯⋯刘学强

"中国潮"
西江发大水（系列报告文学之四）⋯余松岩　王崧芳
现代"大禹"⋯⋯⋯⋯⋯⋯⋯廖　琪　林下风
北行情思⋯⋯⋯⋯⋯⋯⋯⋯⋯⋯郑　莹

粤海采贝
恩城，锦城
——侨乡恩城镇市政建设素描⋯⋯⋯吴迪安
薰风中的奇迹⋯⋯⋯⋯⋯⋯李广生　陈显平

诗歌
老区印象⋯⋯⋯⋯⋯⋯⋯⋯⋯⋯欧运通
从音乐中诞生的灵感⋯⋯⋯⋯⋯黄蒲生
朝霞⋯⋯⋯⋯⋯⋯⋯⋯⋯⋯⋯张杰光

评论
寓言深邃的小说
——筱敏的《老羊和小羊的故事》评析⋯严瑞昌
从周作人看鲁迅⋯⋯⋯⋯⋯⋯⋯李育中

美术
月色（盆景摄影）⋯⋯⋯⋯⋯⋯⋯晓　君
龙的传人（泥雕）⋯⋯⋯⋯⋯⋯毛桂珍
桔（工笔国画）⋯⋯⋯⋯⋯⋯⋯王季华
荔乡（国画）⋯⋯⋯⋯⋯⋯⋯⋯胡其根

1989 年第 1 期　刊名:《作品》
目录

小说
杨朱之死（故事新编）⋯⋯⋯⋯⋯刘　金
歌声没有归宿⋯⋯⋯⋯⋯⋯⋯⋯陈　霆
搬家——"幽灵堡"琐事之三⋯⋯⋯曾应枫
普通人的故事——《孩儿眼》之十三⋯哲　夫
第十个人（翻译小说连载）
　　　　　［英］格雷厄姆·格林著　陈家基译
分飞⋯⋯⋯⋯⋯⋯⋯⋯（中国香港）冯湘红
赴会⋯⋯⋯⋯⋯⋯⋯⋯⋯⋯⋯王不天

青藏高原行

明代古刹瞿昙寺（青藏高原行札记之一）⋯⋯陈若曦

粤海采贝

从他们的眼睛想起的⋯⋯⋯⋯⋯⋯⋯⋯⋯⋯陶 萍

散文

访王安故居⋯⋯⋯⋯⋯⋯⋯⋯⋯⋯⋯⋯⋯⋯海 笑
生命的微笑⋯⋯⋯⋯⋯⋯⋯⋯⋯⋯⋯⋯⋯⋯王业群

诗歌

遐想与凝思⋯⋯⋯⋯⋯⋯⋯（中国香港）梨 青
动物情趣⋯⋯⋯⋯⋯⋯⋯⋯（中国香港）黄河浪
武夷山岩记⋯⋯⋯⋯⋯⋯⋯（中国香港）王心果

梅州笔会专辑

风乍起（小说）⋯⋯⋯⋯⋯⋯⋯⋯⋯⋯⋯⋯陈冠强
喵喵（散文）⋯⋯⋯⋯⋯⋯⋯⋯⋯⋯⋯⋯⋯胡希张
学期末的自我鉴定（诗）⋯⋯⋯⋯⋯⋯⋯⋯廖 君
泥土的梦（诗）⋯⋯⋯⋯⋯⋯⋯⋯⋯⋯⋯⋯薛广明
少女形象淡描（诗）⋯⋯⋯⋯⋯⋯⋯⋯⋯⋯黄莺谷
落叶梧桐（诗）⋯⋯⋯⋯⋯⋯⋯⋯⋯⋯⋯⋯丘一峰

评论

现实在这里沉思——评长篇小说《商界》⋯⋯严瑞昌
以文学为方式的思考——我看《商界》⋯⋯⋯谭庭浩

美术

竹（中国画）⋯⋯⋯⋯⋯⋯⋯⋯⋯⋯⋯⋯⋯关山月
百袋鼠图·立而生风（中国画）⋯⋯⋯⋯⋯姚迪雄
渔村曙色（水印木刻）⋯⋯⋯⋯⋯⋯⋯⋯⋯黄亦生
群山晓云（中国画）⋯⋯⋯⋯⋯⋯⋯⋯⋯⋯马流洲

1989 年第 2 期　刊名:《作品》
目录

小说

戏外有戏⋯⋯⋯⋯⋯⋯⋯⋯⋯⋯⋯⋯⋯⋯⋯安文江
琴逐逝水流⋯⋯⋯⋯⋯⋯⋯⋯⋯⋯⋯⋯⋯⋯张永枚
月亮舞会⋯⋯⋯⋯⋯⋯⋯⋯⋯⋯⋯⋯⋯⋯⋯胡良骅
古洞⋯⋯⋯⋯⋯⋯⋯⋯⋯⋯⋯⋯⋯⋯⋯⋯⋯刘学江
情殇⋯⋯⋯⋯⋯⋯⋯⋯⋯⋯⋯⋯⋯⋯⋯⋯⋯郑国茂
男人的目光（翻译小说）⋯⋯⋯⋯［美］厄文·肖作
坤 仪 葆 蕾译

小小说小辑

金马·香客⋯⋯⋯⋯⋯⋯⋯⋯⋯⋯⋯⋯⋯⋯陈应松
送蜜橙⋯⋯⋯⋯⋯⋯⋯⋯⋯⋯⋯⋯⋯⋯⋯⋯黄开林

组阁⋯⋯⋯⋯⋯⋯⋯⋯⋯⋯⋯⋯⋯⋯⋯⋯陈春生
又一份请柬⋯⋯⋯⋯⋯⋯⋯⋯⋯⋯⋯⋯⋯⋯陈明星
难点的炮竹⋯⋯⋯⋯⋯⋯⋯⋯⋯⋯⋯⋯⋯⋯陈大喜

青藏高原行

古城西宁换新装（青藏高原行札记之二）⋯⋯陈若曦

粤海采贝

瑶山管天人⋯⋯⋯⋯⋯⋯杨昭科 廖 琪 郑 鑫
新桃花源记⋯⋯⋯⋯⋯⋯⋯⋯⋯⋯⋯⋯⋯⋯阮志远

特区剪影

"中英街"放歌⋯⋯⋯⋯⋯⋯⋯⋯⋯⋯⋯⋯李宜高
湾仔诗情⋯⋯⋯⋯⋯⋯⋯⋯⋯⋯⋯⋯⋯⋯⋯黄 俊

诗歌

诗十首⋯⋯⋯⋯⋯⋯⋯⋯⋯⋯⋯⋯⋯⋯⋯⋯黄 浩
歌声⋯⋯⋯⋯⋯⋯⋯⋯⋯⋯⋯⋯⋯⋯⋯⋯⋯黄东成
诗的彩虹——寄台湾诗人⋯⋯⋯⋯⋯⋯⋯⋯于宗信
岛国情——访菲律宾诗抄⋯⋯⋯⋯⋯⋯⋯⋯农冠品
异国风记——访奥地利诗抄⋯⋯⋯⋯⋯⋯⋯苗得雨
三月花泛（女作者诗页）⋯⋯⋯⋯⋯陈佩芸 赵 婧
林婵娟 陆少平 盘妙彬 余筠华 钟洁玲 周漫华

评论

以传统的命题反映现实的愚昧——谈《胎教》
⋯⋯⋯⋯⋯⋯⋯⋯⋯⋯⋯⋯⋯⋯⋯⋯⋯阿 文
文学的"俗"命运⋯⋯⋯⋯⋯⋯⋯⋯⋯⋯⋯叶砺华
女性的寻觅——女性文学三题⋯⋯⋯⋯⋯⋯吴玉柔

美术

石斛兰（摄影）⋯⋯⋯⋯⋯⋯⋯⋯⋯⋯⋯⋯罗镜清
清水·秋林（油画）⋯⋯⋯⋯⋯⋯⋯⋯⋯⋯罗幼新
篆刻⋯⋯⋯⋯⋯⋯⋯⋯⋯⋯⋯⋯⋯⋯⋯⋯⋯姜 今
春山云起　高山平湖两岸青（国画）⋯⋯⋯邓子敬

1989 年第 3 期　刊名:《作品》
目录

小说

谢天谢地（中篇小说）⋯⋯⋯⋯⋯⋯⋯⋯⋯刘宏伟
哦，那地方⋯⋯⋯⋯⋯⋯⋯⋯⋯⋯⋯⋯⋯⋯庄东贤
我们也是月亮⋯⋯⋯⋯⋯⋯⋯⋯⋯⋯⋯⋯⋯黄海凤
数字变奏曲⋯⋯⋯⋯⋯⋯⋯⋯⋯⋯⋯⋯⋯⋯宁泉骋
哭笑两难（外一篇）⋯⋯⋯⋯⋯⋯⋯⋯⋯⋯黄叶飞

青藏高原行

塔儿寺（青藏高原行札记之三）⋯⋯⋯⋯⋯陈若曦

粤海采贝

"雪海"情思 ……………………………… 丘　蕙

散文

品画三题 …………………………………… 赵丽宏
足音 ……………………………………… 柳　嘉

诗歌

某种情感的抒情方式 ……………………… 孟　畅
散文诗页 ………………… 林　埔　饶　远　梦　云
谢东阳　张　进　夏　娃　郑　敏　王　迅

评论

质朴自然　情真意深
——读刘宏伟的中篇小说《谢天谢地》……… 严瑞昌
雷锋创作断想 ……………………………… 钟晓毅
金线串珠　生辉耀目
——饶远抒情童话结构初探 …… 沈妙光　曾宗远

美术

一片温馨（摄影） ………………………… 赵善广
夏日·南翔古漪园（油画） ……………… 任微音
曹雪芹·吴昌硕肖像（中国画） ………… 罗镜泉
夏日·池塘（水彩画） …………………… 王建国

1989 年第 4 期　刊名:《作品》
目录

小说

这一切属于你 ……………………………… 雁　舒
逃窜的柠檬黄 ……………………………… 蒋丽萍
蓝色星裙 …………………………………… 柳河生
打狼 ……………………………………… 范军昌

澳门青年文学奖获奖小说选登

澳门的青春花朵（评论） ………………… 陈残云
归心似箭 ………………… （中国澳门）区柏秋
厄运 ……………………… （中国澳门）陈杰宽
茶钱 ……………………… （中国澳门）潘秋恩

港台之窗

香江漫语 …………………………………… 李翼民

本刊特稿

美国风情录 ………………………………… 黄文湘

青藏高原行

唐番古道的今貌（青藏高原行札记之四） …… 陈若曦

粤海采贝

被忽视和忘却的土地 …………… 廖　琪　吴泽华

诗歌

山与海的奏鸣（诗辑）……… 赵　婧　欧运通　桂汉标
罗瑞玲　梁彩云　周　伟　邓妙蓉　黄海凤　郑凤英
刘晓燕　温　斌　毛　球　李陆明　李　舟　戚伟明
陈　通　洪三河　海　湛　洪　江　李飞容　符　琳
杨月娟　林桂珍

评论

生命的形式
——试从生命美学的角度评《珠水龙蛇传》…… 韩　强
论诗的"间离效果" ……………………… 姚国建

美术

舞蹈演员（油画） ………………………… 关则驹
信息（水彩画） …………………………… 杜启锋
时代的节拍（油画） ……………………… 孔繁生
夕阳·树荫下（油画） …………… 艾有民　吴燕生

1989 年第 5 期　刊名:《作品》
目录

小说

你为什么会喝错药 ………………………… 哲　夫
老实大夫 …………………………………… 杨　彦
在那遥远的黑梁村 ………………………… 朱忠运
匪碑 ……………………………………… 林丙坤
猫来穷，狗来富 ………………… ［新加坡］流　军

初绽的蓓蕾

电话小姐 …………………………………… 苏小英

四海风

三藩市见老马 ……………………………… 曾　炜

本刊特稿

美国风情录（连载）
——二、旧金山的《唐人街》 …………… 黄文湘

澳门青年文学奖获奖散文选登

介绍澳门青年的获奖散文 ………………… 秦　牧
淡淡的创痕 ……………………… （中国澳门）洪倩萍
澳门，我的家 …………………… （中国澳门）周卓君
假如 ……………………………… （中国澳门）黄淑媛

"中国潮"

流淌蜜汁的土地 ………………………… 李建纲

"冲浪者"之歌

——记惠州市燃料工业总公司经理高萍 佩 高 苏方桂

诗歌

诗二首 …………………………………… 李 瑛

街巷透视 ………………………………… 姚成友

房霸 ……………………………………… 钟思惠

南疆北国 …………………… 曲有源 潘大华 刘桂阳

朱 彻 杨湘粤 王知十 曹 骥

评论

程贤章近期创作思路

——读《从祖庙到自由神》 ………………… 张奥列

读黄雨《听车楼集》 ……………………… 芦 荻

美术

潮（摄影） ……………………………… 蒙海旦

若峪唐诗书法画（国画） ………………… 若 峪

博士·导师（油画） ……………………… 李国辉

初暖（油画） ……………………………… 廖剑华

李星子国画选 …………………………… 李星子

1989 年第 6 期 刊名:《作品》

目录

小说

灵姐——"幽灵堡"琐事之五 ……………… 曾应枫

原谅我有时没情绪 ……………………… 王 敏

流行眼病 ………………………………… 郑明标

"妖精"来到牛头营 ……………………… 何木有

玉钱 ……………………………………… 陈大劳

女巫 ……………………………………… 李乔亚

短短的长街 ……………………………… 廖华强

初绽的蓓蕾

少年阿由之烦恼 ………………………… 梁海恬

"中国潮"

一个真实的神话

——拷贝广州东华实业股份有限公司 ……… 章以武

四海风

碧瑶梦影 ………………………………… 袁 鹰

本刊特稿

美国风情录（连载）

——三、纽约风光 ……………………… 黄文湘

诗歌

濠江流韵

——澳门五月诗社诗辑 ……… 云惟利 陶 里

高 戈 懿 灵 汪浩瀚 胡晓枫 淘空了 冯刚毅

玉 文 凌楚枫 江思扬

都市忧梦 ………………………………… 洪三泰

铁门口·家门口 ………………………… 熊少严

评论

在悲壮的深沉中反思

——谈孔捷生短篇小说《北京马拉松》 ……… 严瑞昌

文化屏幕中的奴性角色

——读《戏外有戏》的一点思考 …………… 李运抟

美术

比翼腾飞

——广州海印大桥（摄影） ……………… 余 荼

朱顶兰（国画） ………………………… 晋 拔

水印木刻三幅 …………………………… 邓子平

1989 年第 7 期 刊名:《作品》

目录

小说

鬼火·圣火 ……………………………… 毛志成

大洋彼岸黄河的儿女（中篇纪实文学） …… 曾应菁

蓝色瞬间 ………………………………… 孙建成

北方也有相思树 ………………………… 海 南

海里，有我一片红树林 ………………… 周飞明

劫 ……………………………………… 陈知柏

牵牛花 …………………………………… 陈致和

散文

宁静 ……………………………………… 符策暖

清明烧纸 ………………………………… 木 青

本刊特稿

美国风情录（连载）

——四、机会之邦 ……………………… 黄文湘

"中国潮"

青山遮不住

——记广东省惠来县供销综合贸易总公司总经理袁文

锦 ……………………………………… 吴志鸿

诗歌

都市十行诗 ……………………………… 蔡宗周

矫形篇 …………………………………… 野 曼

海南组诗 ──────────── 叶知秋
五指山风 ──────────── 倪峻宇
鹿回头：追寻 ──────── 吕海沐
水乡的卡拉 OK ──────── 张　浪
乡下的树 ──────────── 邹振辉
香港浅水湾的观音菩萨 ── 周永基

评论
何必"忌口"现实主义 ──── 游焜炳
换一种活法如何?
　──杂谈当前某些文艺现象 ── 文　易

美术
一月收蔗（油画） ────── 王国俊
春夏秋冬（国画） ────── 林若熹
雨林奇（国画） ─────── 陈新华
花地（油画）　春潮（油画） ── 梁镇雄　陈宏新

1989 年第 8 期　刊名:《作品》
目录

小说
沉舟 ──────────────── 姜琍敏
野鸟和歌 ──────────── 张化芦
相见时难《大都会》系列短篇之一 ── 耿毅军
圆点──《大都会》系列短篇之一 ── 郑　毅
欢乐今宵 ──────────── 吴茂信
隐私面临（曝光） ────── 黄济群
绿的价值 ──────────── 何开广
三颗星 ──────（中国香港）东　瑞
三家院 ──────────── 黄仰岳
被同情的人 ──── （中国香港）王心果

"中国潮"
冷暖自知 ──────────── 方　亮
面对历史的选择 ────── 胡海峥　冯　华

散文
一个老金融家的心态 ──── 杨羽仪

本刊特稿
美国风情录（连载）
　──五、美籍亚裔学生 ──── 黄文湘

诗歌
绍兴小诗 ──────────── 沈仁康
浓荫 ──────────────── 陈日生
爱的和弦 ──────────── 晨　枫

井冈新姿 ──────────── 郭光豹
回归集 ──────────────── 圣　野
心之帆 ──────────── 梁谢成

评论
文学商品化与商品化的文学 ──── 梁　昭

美术
一月收蔗（油画）（封面） ──── 王国俊
春夏秋冬（国画）（封底） ──── 林若熹
雨林奇（国画）（封二） ────── 陈新华
花地（油画）春潮（油画）（封三） ── 梁镇维　陈宏新

1989 年第 9 期　刊名:《作品》
目录

小说
丐王（传奇小说） ────── 苏方桂
还魂 ──────────────── 陈定兴
田螺宴 ──────────── 陆北威
垂直线（小小说） ────── 杨建国
冬季里的燕玲 ────────── 张　梅
说吃二题 ──────────── 虹　雷
在哪里错过了你 ──────── 费　勤
墨西哥的司炉工 ──── ［美］威·伊·巴瑞德著
事情并没有完（小小说） ── 李广生译

散文
谁可相依 ──────────── 王业群
感情小品四则 ────────── 张守仁

初绽的蓓蕾
布谷鸟说：不如归去 ──── 郑家荣

本刊特稿
美国风情录（连载）
　──六、"香蕉"与"竹升" ──── 黄文湘

诗歌
我们角逐 ──────────── 黎焕颐
山的诱惑 ──────────── 白　金
完美自己 ──────────── 李富旗
玫瑰与美女──访泰诗抄 ──── 钟泳天
风──给韵之二 ──────── 万缘了子

评论
情理并茂　浑然天成
　──曾敏之散文创作散论 ──── 钟晓毅

美术

春雨如酥（国画）（封面）⋯⋯⋯⋯⋯⋯ 袁动群
渔讯（油画）（封底）⋯⋯⋯⋯⋯⋯⋯ 蚁美楷
人欢水笑（油画）（封底）⋯⋯⋯⋯⋯ 宏　基
童年的伙伴（水粉）（封二）⋯⋯⋯⋯ 刘晓鸣
傍晚·莲花山下（国画）（封三）⋯⋯ 黄　云

美术

春回大地（中国画）（封面）⋯⋯⋯⋯ 袁晓岑
奶奶的世界（中国画）（封底）⋯⋯⋯ 陈宝增
桑田（中国画）（封二）⋯⋯⋯⋯⋯⋯ 梁如洁
山情（中国画）（封二）⋯⋯⋯⋯⋯⋯ 郭明堂
风影（中国画）（封三）⋯⋯⋯⋯⋯⋯ 曾祥熙

1989 年第 10 期　刊名:《作品》
目录

小说

情梦⋯⋯⋯⋯⋯⋯⋯⋯⋯⋯⋯⋯⋯⋯ 杨晓升
舞人⋯⋯⋯⋯⋯⋯⋯⋯⋯⋯⋯⋯⋯⋯ 方家骏
天宫评聘职称记事（故事新编）⋯⋯ 黎根树
唉，男人⋯⋯⋯⋯⋯⋯⋯⋯⋯⋯⋯⋯ 李　贤
深夜里（小小说）⋯⋯⋯⋯⋯⋯⋯⋯ 唐名生

江门笔会专辑

花王（小说）⋯⋯⋯⋯⋯⋯⋯⋯⋯⋯ 商　河
赛铁牛（小说）⋯⋯⋯⋯⋯⋯⋯⋯⋯ 罗复生
阿林的悲剧（小说）⋯⋯⋯⋯⋯⋯⋯ 李　金
去意彷徨（散文）⋯⋯⋯⋯⋯⋯⋯⋯ 黄倩娜
蓝月亮（散文诗）⋯⋯⋯⋯⋯⋯⋯⋯ 谌红英
孩子们（诗）⋯⋯⋯⋯⋯⋯⋯⋯⋯⋯ 岑颖武
早晨时刻（诗）⋯⋯⋯⋯⋯⋯⋯⋯⋯ 李白云
临窗而坐（诗）⋯⋯⋯⋯⋯⋯⋯⋯⋯ 达　文
初春的晚上（诗）⋯⋯⋯⋯⋯⋯⋯⋯ 冯桢炯
走吧（诗）⋯⋯⋯⋯⋯⋯⋯⋯⋯⋯⋯ 吴建明
侨乡女厂长（诗）⋯⋯⋯⋯⋯⋯⋯⋯ 禤凯文
雨沉沉下着（诗）⋯⋯⋯⋯⋯⋯⋯⋯ 吴迪安

报告文学

明珠，又熠熠闪光——记全国卫生工作集体先进单位
水东镇⋯⋯⋯⋯⋯⋯⋯⋯ 张　光　徐　文译

本刊特稿

美国风情录（连载）
——七、游览华盛顿特区⋯⋯⋯⋯⋯ 黄文湘
献给祖国母亲的歌（组诗）
一个追求者的咏叹调⋯⋯⋯⋯⋯⋯⋯ 西　彤

评论

关于当今诗美走向的思考⋯⋯⋯ 陈世明　黄昌之
诗坛偶记⋯⋯⋯⋯⋯⋯⋯⋯⋯⋯⋯⋯ 杨光治

文艺简讯

长篇小说《祸水》即将出版
《少男少女》编辑部代办邮购

1989 年第 11 期　刊名:《作品》
目录

小说

职称问题（中篇小说）⋯⋯⋯⋯⋯⋯ 安文江
棍棒教育——行行重行行（之一）⋯ 伊　始
乌山人物（三题）⋯⋯⋯⋯⋯⋯⋯⋯ 野　莽
陌巷⋯⋯⋯⋯⋯⋯⋯⋯⋯⋯⋯⋯⋯⋯ 陈　迅
姑娘悄悄离去⋯⋯⋯⋯⋯⋯⋯⋯⋯⋯ 谭秋莲
人·曾·绳⋯⋯⋯⋯⋯⋯⋯⋯⋯⋯⋯ 西中扬

初绽的蓓蕾

夏天里最后一朵玫瑰⋯⋯⋯⋯⋯⋯⋯ 梁彩云

散文

身心盛开的女人——大亚湾札记（之五）⋯⋯ 何卓琼
孤独的吴山⋯⋯⋯⋯⋯⋯⋯⋯⋯⋯⋯ 艾　彤

四海风

马六甲，我还要来的⋯⋯⋯⋯⋯⋯⋯ 东　瑞

"中国潮"

炮台二重奏⋯⋯⋯⋯⋯⋯⋯⋯⋯⋯⋯ 黄济群

粤海采贝

那座奖杯，有四条支柱⋯⋯⋯⋯ 尹　凡　谢健大

本刊特稿

美国风情录（连载）——
八、山姆大叔与美国生活方式⋯⋯⋯ 黄文湘

诗歌

唱给一株小草的情歌⋯⋯⋯⋯⋯⋯⋯ 司徒杰
回去⋯⋯⋯⋯⋯⋯⋯⋯⋯⋯⋯ [旅美]刘荒田
芳洲挹翠——佛山诗社选辑⋯⋯ 黄爱卿　陆华章
谭炯寰　郑启谦　严国山　黄树芝　彭乐田　何巧英
周亮潜　汾　流

评论

评崇实的阅读心态⋯⋯⋯⋯⋯⋯⋯⋯ 张惠年